DICTIONNAIRE
DE
SOCIOLOGIE

ISBN 2-85 036 578-5 (Le Robert)
ISBN 2-02 030 801-0 (Seuil)

Collection DICTIONNAIRES LE ROBERT / SEUIL

DICTIONNAIRE DE SOCIOLOGIE

sous la direction de

André AKOUN et Pierre ANSART

LE ROBERT SEUIL

PRINCIPAUX COLLABORATEURS

ÉDITION

Gonzague RAYNAUD (LE ROBERT)

Jean-Louis SCHLEGEL (SEUIL)

RÉDACTION

sous la direction de

André AKOUN

Pierre ANSART

AUTEURS

André AKOUN
Professeur émérite de sociologie à la Faculté des sciences humaines et sociales de la Sorbonne, université Paris V - René Descartes

Pierre ANSART
Professeur émérite de sociologie à l'université Paris VII - Denis Diderot

France AUBERT
Maître de conférences en sociologie à l'université Paris VII - Denis Diderot

Francis BALLE
Professeur à l'université Paris II, directeur de l'Institut de recherche en communication, ancien Vice-Chancelier des universités de Paris

Jean-Claude BARBIER
Maître de recherche au Centre d'études de l'emploi, professeur associé à l'université Paris VII-Denis Diderot

Marc BARBUT
Directeur d'études à l'EHESS, Centre d'analyse et de mathématiques sociales.

Jean-Michel BERTHELOT
Professeur à la faculté des sciences humaines et sociales de la Sorbonne, université de Paris-V - René Descartes

Philippe BESNARD
Directeur de Recherche au CNRS Institut d'études politiques de Paris

Jean-Paul BILLAUD
Chargé de Recherches au CNRS, LADYSS (laboratoire "Dynamiques sociales et recomposition des espaces "), université Paris X - Nanterre

Raymond BOUDON
Membre de l'Académie des sciences morales et politiques, professeur à la Sorbonne - université Paris IV

Alain BOURDIN
Professeur de sociologie, Directeur du laboratoire " Théorie des mutations urbaines " (CNRS), Institut français d'urbanisme, université Paris VIII

Alban BOUVIER
Maître de conférences de sociologie à l'université Paris IV - Sorbonne

Pierre BRECHON
Professeur de science politique à l'Institut d'études politiques de Grenoble, chercheur au CIDSP (Centre d'informatisation des données sociopolitiques)

Bruno BREVAN
Maître de conférences en sociologie à l'université Paris V - René Descartes

Jean CAZENEUVE
Professeur émérite à la Sorbonne. Membre de l'Institut

Martine CHAUDRON
Maître de Conférences en sociologie à l'université - Paris VII - Denis Diderot

Bernard CHAVANCE
Professeur de sciences économiques à l'université - Paris VII - Denis Diderot

François CHAZEL
Professeur de sociologie à l'université Sorbonne-Paris IV

Patrick CINGOLANI
Maître de conférences en sociologie à l'université - Paris VII - Denis Diderot

Ariel CORDIER
Maître de conférences en sciences de l'éducation à l'École normale supérieure de Fontenay / Saint-Cloud

Alain COULON
Professeur de sciences de l'éducation à l'université - Paris VIII - Saint-Denis

Charles-Henry CUIN
Professeur de sociologie à l'université Victor-Segalen - Bordeaux II

Mireille DADOY
Chargée de recherche au CNRS, Laboratoire Georges Friedmann, CNAM

André-Marcel D'ANS
Professeur d'anthropologie à l'université Paris VII - Denis Diderot

Annick DECOUX-BARRAU
Professeur de sociologie à l'université Paris V - René Descartes

Lilyane DEROCHE-GURCEL
Chargée de recherche au CNRS, Laboratoire de sociologie de la culture européenne à Strasbourg,

Félicité DES NETUMIERES
Centre de recherche en économie et statistique, Laboratoire de sociologie quantitative

Alain DROUARD
Directeur de Recherche au CNRS, UMR Roland Mousnier, Paris

François DUBET
Professeur de sociologie à l'université Victor Segalen - Bordeaux II

Jean-Pierre DURAND
Professeur de sociologie, directeur du Centre de recherches Pierre Naville, université d'Evry

Claude DURAND
Directeur de recherche au CNRS, Sociologie du travail

Jean-Marc DUTRENIT
Professeur de sociologie à l'université Lille-III

Olivier FAURE
Maître de conférences à la Sorbonne, université Paris V - René Descartes

Pierre FOUGEYROLLAS
Professeur émérite de sociologie à l'université Paris VII-Denis Diderot

Marcel FOURNIER
Professeur de sociologie à l'université de Montréal, Québec (Canada)

Philippe FRITSCH
Professeur de sociologie à l'université Lumière - Lyon 2

Léon GANI
Professeur de démographie à l'université Paris V - René Descartes

Vincent DE GAULEJAC
Professeur de sociologie à l'université Paris-VII - Denis Diderot, directeur du laboratoire de changement social

Jacques GOLDBERG
Professeur de sociologie à l'université Paris V - René Descartes

Yves GRAFMEYER
Professeur à l'université Lumière - Lyon 2. Directeur du groupe de recherche sur la socialisation (laboratoire associé au CNRS)

François GRESLE
Professeur de sociologie à l'université de Paris I-Panthéon-Sorbonne

Louis GRUEL
Maître de conférences de sociologie à l'université de Rennes-II - Haute Bretagne

Anne-Marie GUILLEMARD
Professeur de sociologie à l'université Paris V - René Descartes

Mohamed HARBI
Maître de conférences en science politique à l'université. Paris VIII - Saint-Denis

Claudine HAROCHE
Directeur de recherche au CNRS

Danièle HERVIEU-LEGER
Directeur d'études, École des hautes études en sciences sociales

Claudine HERZLICH
Directeur de recherche au CNRS

Monique HIRSCHHORN
Professeur de sociologie à l'université Paris V - René Descartes

Olivier IHL
Professeur de science politique à l'Institut d'études politiques de Grenoble, chercheur au CIDSP (Centre d'informatisation des données socio-politiques))

Jacques ION
Directeur de recherche au CRESAL (Centre de recherches et d'études sociologiques appliquées de la Loire), université de Saint-Etienne et université Lumière - Lyon II

Claude JAVEAU
Professeur ordinaire à l'Université libre de Bruxelles

Henri-Pierre JEUDY
Chargé de recherche au CNRS (sociologie)

Philippe LABURTHE-TOLRA
Professeur d'anthropologie sociale à la Faculté des sciences humaines et sociales à l'université de Paris V - René Descartes

Michel LALLEMENT
Professeur de sociologie à l'université de Rouen

Hugues LAMARCHE
Directeur de recherche au CNRS, université Paris-X

François LAPLANTINE
Professeur d'anthropologie à l'université Lumière - Lyon II

Gilbert LAROCHELLE
Professeur en philosophie politique, université du Québec à Chicoutimi

Laurence LE DOUARIN
Doctorante en sociologie à l'université Paris V - René Descartes

Michel MAFFESOLI
Professeur de sociologie à l'université Paris V - René Descartes, directeur du CEAQ (Centre d'étude sur l'actuel et le quotidien) et du Centre de recherche sur l'imaginaire

Patrice MANN
Professeur de sociologie à l'université de Nice - Sophia Antipolis

Pierre MARTIN
Ingénieur de recherche au CNRS, Institut d'études politique de Grenoble, CIDSP (Centre d'informatisation des données socio-politiques)

Olivier MARTIN
Maître de conférences en sociologie à la Faculté des sciences humaines et sociales de l'université Paris V - René Descartes

Dominique MERLLIE
Professeur de sociologie à l'université de Paris VIII-Saint-Denis

Philip MILBURN
Maître de conférences en sociologie à l'université de Metz

Magali MONSAVOIR
Docteur en sociologie

Jean-Michel MORIN
Maître de conférences en sociologie à l'université de Paris V - René Descartes

Henri NADEL
Maître de conférences en sciences économiques à l'université Paris VII - Denis Diderot

Gérard NAMER
Professeur émérite de sociologie à l'université Paris VII - Denis Diderot

Brigitta ORFALI
Maître de conférences en sociologie à l'université Paris V - René Descartes

Serge PAUGAM
Directeur de recherche au CNRS, Observatoire sociologique du changement (Fondation nationale des sciences politiques/CNRS)

Michel PERONI
Maître de conférences en sociologie à l'université Lumière - Lyon II, CRESAL (Centre de recherches et d'études sociologiques appliquées de la Loire)

Alain PESSIN
Professeur de sociologie à l'université Pierre Mendès-France de Grenoble

Pascal PETIT
Directeur de recherche au CNRS en poste au CEPREMAP (Centre d'études prospectives d'économie mathématique appliquée à la planification)

Louis PINTO
Directeur de recherche au CNRS, CSU (Cultures et sociétés urbaines)

Anne RAULIN
Maître de conférences en anthropologie à l'Université de Paris V-René Descartes, Laboratoire d'anthropologie urbaine, CNRS

Françoise REUMAUX
Professeur à l'université de Poitiers

Claude RIVIERE
Professeur à la Faculté des sciences humaines et sociales de l'université Paris V - René Descartes

Catherine ROLLET
Professeur de démographie à l'université à l'université de Versailles - Saint-Quentin en Yvelines, Laboratoire " Printemps " (CNRS)

Françoise ROPE
Maître de conférences en sociologie à l'université de Picardie - Jules Verne

Corinne ROSTAING
Maître de conférences en sociologie à l'université Lumière -Lyon II

Valérie SACRISTE
ATER en sociologie à l'université Paris V - René Descartes

Antoine SAVOYE
Laboratoire des sciences de l'éducation à l'université de Paris-VIII - Saint-Denis

François de SINGLY
Professeur de sociologie à la Faculté des sciences humaines et sociales de la Sorbonne, université Paris V - René Descartes

Philippe STEINER
Maître de conférences de sociologie à l'université Paris-IX Dauphine

Maryse TRIPIER
Professeur de sociologie à l'université Paris-VII - Denis Diderot, directrice de l'unité de recherches " Migrations et Société ", CNRS

Dominique VINCK
Professeur à l'université Pierre Mendès-France et à l'Institut National Polytechnique de Grenoble, membre du laboratoire CRISTO (Centre de recherche sur l'innovation socio-technique et organisations industrielles [Grenoble]).

Patrick WATIER
Professeur de sociologie à l'université Marc-Bloch- Strasbourg, directeur du Laboratoire de sociologie de la culture européenne, CNRS

Michel WIEVIORKA
Directeur d'études à l'École des hautes études en sciences sociales

Claude ZAIDMAN
Maître de conférences en sociologie à l'université Paris VII - Denis Diderot

La traduction des termes figurant à l'entrée des articles a été assurée par Jesus García-Ruiz pour l'espagnol, par Simonetta Tabboni pour l'italien et par Jean-Louis Schlegel pour l'allemand

INFORMATIQUE ÉDITORIALE
Karol GOSKRZYNSKI

RÉVISION LEXICOGRAPHIQUE
LECTURE CORRECTION
Nicole CHIAVÉRINI
Christiane POULAIN

SECRÉTARIAT D'ÉDITION
Françoise MORIN

Maquette : Gonzague RAYNAUD
Couverture Laetitia BERTRAND

PRÉFACE

1 UN DICTIONNAIRE ADAPTÉ AUX SPÉCIFICITÉS DU VOCABULAIRE SOCIOLOGIQUE

Toute connaissance scientifique construit un vocabulaire qui lui est propre, où elle puise les instruments de son expression et une part significative de ses outils d'analyse. Ce vocabulaire ne cesse de susciter des problèmes et de constituer un objet de réflexion : chaque recherche opère ses choix parmi les termes proposés et chaque innovation révise des définitions ou, éventuellement, forge un ou plusieurs néologismes. Un changement de modèle explicatif ou de théorie (en sociologie on dit souvent *paradigme*) entraîne nécessairement une révision des définitions conceptuelles. La sociologie n'échappe pas à cette loi commune : son histoire est émaillée de débats sur les termes et rythmée par des innovations de vocabulaire.

Mais le langage de la sociologie affronte des difficultés particulières, qui tiennent à l'historicité de ses objets et à la pluralité de ses modes d'approche. La sociologie se propose de comprendre et d'expliquer les activités sociales dans toute leur diversité et leur complexité, des plus stables ou permanentes aux plus changeantes et inattendues. Ces objets d'étude, les *pratiques sociales*, sont marqués par le devenir et les mutations : il faut donc s'attendre à ce que de nouveaux termes soient proposés, ou d'anciens remaniés, pour désigner des formes nouvelles d'activité. De plus, les *actions sociales* sont éminemment complexes et susceptibles d'approches nombreuses et diverses. Comme le soulignait Durkheim dans son cours de 1913 -1914 sur le pragmatisme : *« Le réel est inépuisable, non pas seulement dans sa totalité, mais dans chacune de ses parties constituantes. Tout objet de connaissance offre donc place à une infinité de points de vue possible »*. Il faut donc s'attendre à ce que ces approches différentes, complémentaires ou opposées, proposent des définitions diverses des mêmes concepts, en disposent selon leur propre problématique ou forgent des néologismes dont elles ont besoin pour souligner l'originalité de leur perspective.

Ces difficultés se trouvent accrues du fait des ambitions de la sociologie à comparer les phénomènes, les structures ou les actions*. La sociologie prétend donner des moyens intellectuels pour penser le particulier (telle pratique rituelle) et, d'autre part, comparer les pratiques pour dégager de ces comparaisons des essais de généralisation (le rituel religieux). Comme l'anthropologue, le sociologue affronte le défi de devoir proposer des concepts universels susceptibles de s'appliquer à des pratiques comparables, tout en sachant que ces structures ou ces actions comparées ne sont pas rigoureusement identiques dans les différents systèmes sociaux.

L'intérêt particulier de la sociologie et, peut-être, la raison de la fascination qu'elle exerce résident précisément dans cette ambiguïté, inscrite dans son projet fondamental d'être à la fois une science empirique, descriptive, au plus près de l'expérience quotidienne et, d'autre part, une science comparative, s'interrogeant sur les généralités, comme sur les structures et les logiques non visibles.

*(voir ces termes dans le dictionnaire)

2 LES TROIS SOURCES TERMINOLOGIQUES DU VOCABULAIRE SOCIOLOGIQUE

Cette ambiguïté fondamentale se retrouve dans le vocabulaire, où l'on doit s'attendre à trouver à la fois des concepts empiriques (ou *a posteriori,* selon la dichotomie kantienne), désignant des pratiques concrètes (la *conversation, l'interaction),* et des concepts généraux (*a priori*), désignant des rapports universels (*conflit, fonction).* Enfin, des concepts abstraits sont proposés dans le langage des différentes méthodes, qualitatives ou quantitatives, concepts qui désignent des pratiques formelles (*codage, correspondance)* applicables à toute recherche. Un vocabulaire de la sociologie, pour être aussi complet que possible, doit nécessairement inclure ces différents registres. C'est l'objectif que nous nous sommes proposé : restituer, d'une part, ce triple caractère du vocabulaire de la sociologie, empirique, théorique et méthodologique, et montrer la nécessité de définir les objets de la sociologie et de s'adapter aux cas particuliers (tel système scolaire, tel problème urbain) ; et, d'autre part, définir aussi rigoureusement que possible les concepts généraux, qui permettent de penser l'universel (l'*anomie,* la *culture*) et de formaliser les méthodes de recherche, celles de la statistique sociologique, par exemple.

La nomenclature. Nous avons donc voulu, dans ce *Dictionnaire de la sociologie,* ne rien écarter de ces complexités et répondre aux différentes questions que se posent le chercheur en sociologie, l'étudiant ou tout lecteur concerné par les problèmes sociaux. On trouvera donc rassemblés ici :

1 les concepts abstraits qui sont propres au langage sociologique dans son ambition universelle (*action, anomie, domination, idéologie, système social) ;*

2 les termes qui renvoient aux problèmes épistémologiques que rencontre toute recherche à caractère sociologique (*connaissance, neutralité axiologique, objet* et *objectivité,* article dans lequel nous présentons la problématique épistémologique en sociologie). On soupçonne combien ces concepts, pour prendre tout leur sens, exigeront critique et redéfinition ;

3 les termes qui forment le vocabulaire pratique des différentes méthodes de la sociologie (*discours, contenus, khi-carré* ou *khi-deux, variable).* C'est l'un des objectifs de ce dictionnaire de bien rappeler que le langage des méthodes ne doit pas recevoir un traitement séparé du vocabulaire sociologique, mais qu'il doit être clairement intégré dans le langage sociologique comme il doit l'être dans les recherches qui y recourent ;

4 les expressions qui, traditionnellement, désignent les grandes théories qui ont marqué ou marquent actuellement les travaux sociologiques et qui font partie de la réflexion critique (*positivisme, marxisme, fonctionnalisme...).* Ces exposés trouvent aussi place dans l'article à caractère historique que le lecteur trouvera à l'entrée « SOCIOLOGIE » *;*

5 les termes qui désignent les phénomènes sociaux fondamentaux et qui permettent de penser transversalement les ensembles sociaux (*structure, fonction, symbolique)* On ne doit pas s'étonner que nombre de ces termes soient communs aux différentes sciences sociales : ils soulignent la continuité des échanges et des dialogues entre ces disciplines ;

6 les concepts représentant des phénomènes qui, sous des formes toujours renouvelées, se retrouvent dans les différentes sociétés (*contrôle social, croyances).* Enfin, on trouvera ici, amplement commentés, les concepts qui désignent les domaines privilégiés de la recherche et qui sont constitués en véritables champs particuliers de la sociologie (*éducation, organisation, sport, travail).* Dans cette dernière catégorie, la liste retenue peut évidemment être discutée. En effet, toute pratique sociale peut faire l'objet d'une sociologie spécifique, donnant lieu à des problématiques propres et à la formation

d'une spécialité. On peut imaginer que se développera, dans l'avenir, une sociologie des polices, par exemple, qui se constituera en un domaine relativement spécifique. Notre critère de sélection n'a été en rien dogmatique : nous avons retenu ici les domaines effectivement explorés et largement débattus (l'*éducation,* par exemple), et nous avons délaissé les domaines qui ne sont pas, ou pas encore, développés. Sur ce point, notre dictionnaire s'inscrit dans le présent des recherches et n'exclut nullement des élargissements ultérieurs.

L'index des auteurs. Le lecteur constatera rapidement que nous nous sommes refusés à consacrer des entrées particulières aux grands auteurs de la sociologie, contrairement à un usage fréquent dans ce genre d'ouvrage. On ne trouvera donc pas d'articles consacrés aux sociologues d'hier et d'aujourd'hui. Il nous semble, en effet, que la sociologie est parvenue à un point de développement où elle possède son vocabulaire propre, et qu'il est plus utile de s'arrêter sur les significations des concepts et des méthodes que de rechercher comment un sociologue a nuancé une définition ou un instrument méthodologique. Cependant, le lecteur trouvera, dans le développement des articles, des références précises aux auteurs permettant de préciser leur apport à l'élaboration du concept analysé. Ces références sont regroupées dans l'INDEX, en fin d'ouvrage, sous le nom de chaque auteur, de sorte que le lecteur pourra trouver, à travers les articles, d'amples indications sur les personnes et un exposé de leurs thèses principales.

3 SOCIOLOGIE ET SCIENCES SOCIALES

Une question importante et d'une difficulté particulière est posée par la pluralité des sciences sociales et l'impossibilité de séparer radicalement la sociologie de la démographie ou des sciences économiques, par exemple. Des choix sont, sur ce point, nécessaires dès lors qu'il s'agit de composer un dictionnaire de sociologie et non des sciences sociales en général. Trois disciplines proches ont été sollicitées qui nous paraissent indispensables au repérage des concepts sociologiques : l'anthropologie, la démographie et la psychologie sociale.

L'anthropologie. De l'anthropologie, selon la tradition classique de la sociologie depuis Durkheim et Mauss, nous retenons des concepts fondamentaux (*coutume, mythe, parenté),* qui sont, en fait, communs avec la sociologie et participent à ses problématiques. Sont aussi retenues les critiques des théories (*évolutionnisme, diffusionnisme)* que ne peuvent ignorer les approches sociologiques.

La démographie. Les liens de la sociologie avec la démographie sont si importants qu'il nous a paru souhaitable de mettre ici en question une fâcheuse séparation trop souvent pratiquée. On trouvera donc développés non seulement des concepts essentiels de la démographie (*âge, population, natalité),* mais aussi des méthodes propres à la démographie (*table démographique).*

La psychologie sociale. L'ouverture du vocabulaire sociologique aux concepts de la psychologie sociale est à la fois plus habituel et plus malaisé : on s'est efforcé de faire place aux concepts les plus fréquents (*attitude, champ social, groupe)*, indispensables à l'expression sociologique, mais sans entrer dans le vocabulaire expérimental qui introduirait à des problématiques extérieures aux préoccupations sociologiques. Dans le même esprit, nous avons cru indispensable d'introduire un certain nombre de concepts propres aux sciences politiques (*élections, légitimité, parti)*, la sociologie politique établissant des liens étroits entre sociologie et sciences politiques.

4 SOCIOLOGIE ET PHILOSOPHIE

Tout en ouvrant ainsi le dialogue de la sociologie avec les sciences sociales, nous n'avons pas exclu le recours à la philosophie pour les concepts qui ont pour origine la réflexion philosophique (*aliénation, domination*), ou qui sont aujourd'hui valablement éclairés par cette même perspective (*individualisme, liberté*). Ces détours nous semblent justifiés pour mieux comprendre l'histoire de ces concepts, mais aussi pour mieux saisir les significations des phénomènes qui nous sont contemporains.

5 OPTIONS LEXICOGRAPHIQUES

On ne s'étonnera pas de trouver, dans ce dictionnaire, des articles de longueurs très inégales. En effet, nous avons tenu à offrir au lecteur une nomenclature très étendue (plus de 900 articles), comportant à la fois des concepts fondamentaux et amplement débattus (*action, structure*) et des termes techniques ne posant guère de difficulté (*agrégat, graphique*). C'est donc très intentionnellement que nous avons longuement développé l'analyse des concepts désignant des domaines considérables (*communications de masse, famille*), et réduit à quelques lignes le commentaire des termes techniques. La rédaction de ces brefs commentaires a été effectuée, le plus souvent, par les deux responsables de ce *Dictionnaire de sociologie*.

Un dictionnaire « critique ». Ce dictionnaire a été rédigé dans une ambition *critique* : il importe donc de préciser le sens de ce terme. Communément pris dans le sens de *critique sociale* effectuée à partir de la position politique d'un locuteur dénonçant les tares de la société critiquée, il peut encore désigner des polémiques formulées entre sociologues au nom d'une théorie jugée plus proche de la réalité : aucune de ces significations n'entre en jeu dans notre projet. Par *critique,* nous entendons une réflexion à vocation épistémologique et heuristique, visant à montrer au lecteur comment un concept a évolué au cours des recherches et des débats théoriques, comment il revêt des nuances significatives dans les différentes problématiques contemporaines. Et de même, pour les concepts propres aux méthodes, l'accent se trouve placé non sur les difficultés des méthodes non retenues, mais sur le caractère opératoire des méthodes exposées. Le but de ce dictionnaire est donc de rompre avec l'illusion qui tend à confondre les mots avec une réalité tenue pour vraie, comme si les vocables étaient clairs par eux-mêmes et porteurs de significations univoques. Le but est, au contraire, d'engager le lecteur dans une attitude de réflexion et de recherche, dans le mouvement de la recherche sociologique qui est non pas un processus de critique polémique, mais une quête de vérité et de construction de la connaissance. C'est à cette position critique et créatrice que nous souhaitons associer le lecteur.

Importance du débat en sociologie. Ce choix commande notre attitude à l'égard des différentes écoles sociologiques. On sait que la sociologie n'a cessé de se développer à travers des paradigmes successifs (positivisme, marxisme, évolutionnisme...) et de progresser grâce aux querelles entre ces divers paradigmes. Et les débats se poursuivent. Face à cette très longue histoire, deux attitudes seraient possibles : l'une consisterait à ignorer les discussions, l'autre à adhérer sans réserve à l'un des paradigmes contemporains en négligeant les modèles concurrents. La première attitude laisserait entendre que les débats d'écoles sont inutiles et que la sociologie contemporaine est parvenue à une scientificité définitive. La seconde suggérerait qu'une seule école est valide. On ne trouvera ici reproduit aucun de ces deux présupposés. Nous ne pensons aucunement que les débats théoriques soient sans importance ni fécondité pour la recherche. Ce serait rejoindre un étroit positivisme que de croire achevée la critique des concepts, alors qu'elle est une condition permanente de la réflexivité et de la lucidité. Et de même, nous pensons que ce n'est aucunement notre rôle que d'opter pour une école sociologique et d'en imposer les choix. Notre projet est, sur ce point, d'exposer aussi clairement que possible les principes des différents paradigmes, sans vaine polémique, d'en faire comprendre les raisons et les significations, puis d'inciter le lecteur à poursuivre ses réflexions et ses investigations propres.

6 LA STRUCTURE DES ARTICLES

Ces principes nous ont conduits à tracer les grandes lignes de la rédaction des articles longs :

1 On trouvera rappelée, en quelques mots, l'*étymologie* du concept. Ce rappel fournit matière à réflexion sur l'histoire séculaire de certains, sur leurs significations essentielles et sur l'histoire longue de l'objet désigné. Toutes ces indications sont extraites du *Dictionnaire historique de la langue française,* dirigé par Alain Rey (éd. Dictionnaires Le Robert), auquel on se reportera pour une histoire détaillée des mots.

2 Quatre *traductions* (en allemand, anglais, espagnol et italien) font suite à l'étymologie. Il s'agit là non seulement de signaler les termes équivalents, mais de suggérer à quel point la langue sociologique est effectivement devenue internationale, tout en signalant les nuances et les difficultés de traduction dont il convient d'être averti.

3 Les *corrélats*, c'est à dire les concepts par lesquels un terme est éclairé, sont placés après les traductions et renvoient à d'autres entrées du dictionnaire. Ils sont souvent indispensables pour comprendre les dénotations et connotations d'un concept et pour éviter les simplifications provisoires imposées par les limites d'un article, et permettent de trouver de plus amples développements.

4 La *définition* que l'on trouvera avant le développement de l'article ne doit pas faire illusion. Il est nécessaire de proposer une première indication synthétique qui a pour fonction d'écarter les malentendus éventuels et d'annoncer les problèmes. Toutefois, c'est à la fin de l'article que la véritable définition se dégage avec toutes ses nuances, mais elle ne peut alors se résumer en quelques mots : elle est lestée de la problématique que le concept annonce.

5 Le corps des *articles* n'obéit pas à un programme imposé. Bien des articles longs évoquent l'histoire du concept lorsque celle-ci est éclairante, mais ce détour est inutile, par exemple, pour les articles relatifs à la méthode. Il a été demandé aux spécialistes des différents domaines de choisir les accentuations qui leur paraissaient les plus utiles à retenir en fonction des significations de chaque concept. Ces accentuations sont souvent matérialisées par des titres et des intertitres permettant de suivre la démarche analytique, qu'il s'agisse d'exposés historiques ou synthétiques. Ces sous-titres permettent parfois d'enrichir la nomenclature et peuvent constituer de véritables sous-entrées.

6 Ces articles font apparaître qu'un concept sociologique prend tout son sens et ses nuances exactes au sein des différents paradigmes. Ils revêtent aussi leur pleine signification par leur mise en œuvre dans les recherches concrètes. Les concepts sociologiques ne sont pas des atomes dont la signification est figée. Ce dictionnaire a l'ambition de démontrer que le langage sociologique est une langue vivante, que ses concepts sont l'objet d'une réflexion exigeante et que c'est bien cette critique permanente qui les rend précis et opératoires.

7 *Titres d'œuvres et noms d'auteur.* Afin de faciliter la recherche bibliographique et la consultation du dictionnaire par l'INDEX, nous avons présenté les titres d'œuvres dans une typographie spéciale (italique légèrement graissé) et les noms d'auteurs en petites capitales.

8 *Citations.* Les citations, aisément repérables par leur présentation en italique, permettent de retrouver les termes dans leur contexte original. Elles sont généralement précédées ou suivies d'une date indiquant soit la référence explicitée dans la bibliographie finale (éd. 1978 par exemple) soit l'édition dans la bibliographie consultée.

9 Les *bibliographies* qui terminent les articles s'inscrivent dans le même esprit. Elles sont volontairement limitées à quelques titres exemplaires qui prolongent la ou les problématiques exposées et permettent au lecteur de poursuivre ses investigations.

7 UNE ŒUVRE COLLECTIVE

Enfin, soulignons que ce dictionnaire critique est une œuvre résolument collective. La sociologie recouvre aujourd'hui une connaissance si étendue, ses objets et ses domaines sont si divers, qu'une seule personne ne saurait prétendre les maîtriser tous, à moins de se limiter à des généralités. Dans la mesure où nous voulions offrir au lecteur les synthèses les plus précises et les plus proches des recherches récentes, nous devions faire appel aux sociologues les plus qualifiés dans chaque domaine de recherche. Le lecteur attentif constatera que les auteurs ne se réfèrent pas tous au même type d'approche, et que des nuances d'appréciation se manifestent. Cette relative diversité nous a paru préférable à tout dogmatisme et bien faite pour amener le lecteur lui-même à une posture de réflexion et de recherche face aux complexités des problèmes sociaux. Sans abandonner leur option théorique, tous les auteurs de cet ouvrage ont cherché à amener le lecteur à cette attitude réflexive qui répond à l'esprit de ce dictionnaire. Tous les articles longs comportent l'indication du nom de leurs auteurs. Qu'ils trouvent ici l'expression de notre reconnaissance pour la qualité de leur participation à cette stimulante entreprise. Remercions aussi les éditeurs pour le soutien permanent qu'ils nous ont apporté et la complète liberté qu'ils nous ont assurée dans nos choix.

Pierre ANSART André AKOUN

A

SOCIÉTÉ D'ABONDANCE

du latin *abundantia* « grande quantité de biens, de vivres, de fruits »

all. ÜBERFLUSS	esp. ABUNDANCIA
angl. AFFLUENT SOCIETY	ital. ABBONDANZA

voir : CAPITALISME, CONSOMMATION, SOCIÉTÉ INDUSTRIELLE

Situation économique caractérisée par la grande quantité des biens et des services disponibles, où la production dépasse largement les besoins de la consommation.

La *société d'abondance* a constitué l'un des mythes les plus fréquents dans l'histoire, à l'exemple du récit de la Genèse dans la Bible. En fait, et contrairement à l'image d'une humanité archaïque écrasée par la pénurie, des sociétés sans écriture ont connu une situation où les besoins matériels étaient largement satisfaits. SAHLINS (1972) a montré qu'en de telles sociétés la notion de besoins illimités étant inexistante, les individus ne sont pas contraints de produire plus qu'ils ne l'estiment nécessaire ; les besoins sont satisfaits avec un minimum d'efforts. Dans les sociétés industrielles, bien que l'abondance n'atteigne qu'une partie de la société, elle entraîne une transformation des rapports économiques : obligation, non plus de satisfaire les besoins, mais d'en créer de nouveaux ; obligation de stimuler la consommation afin de soutenir la production et l'emploi (GALBRAITH, 1958). L'abondance reste le but des sociétés productivistes, qui font de l'augmentation des consommations un bien en soi.

Pierre ANSART

bibliographie

GALBRAITH John Kenneth, *L'Ère de l'opulence* (1958), Calmann-Lévy, 1986.

SAHLINS Marshall D., *Âge de pierre, âge de l'abondance, l'économie des sociétés primitives* (1972), Gallimard, 1979.

ABSOLUTISME

voir : DÉMOCRATIE

Conception politique et système de gouvernement élaborés au XVIe s. contre les divisions féodales et tendant au renforcement du pouvoir royal.

Le régime de Louis XIV (1660-1715) en fournit une illustration exemplaire : le pouvoir royal, idéologiquement fondé sur un droit divin, est proclamé souverain, limité seulement par les « *lois fondamentales du royaume* » et les devoirs du monarque à l'égard de ses sujets.

L'extension du concept à des régimes despotiques au pouvoir concentré et sans limites impose une autre définition du terme : en effet, l'absolutisme du XVIIe siècle faisait davantage appel au mode « traditionnel » de la domination (WEBER, 1922), au pouvoir symbolique (BURKE, 1995), qu'à la violence physique (ELIAS, 1969).

Pierre ANSART

bibliographie

« Absolutisme, totalitarisme, despotisme », in *Revue française d'histoire des idées politiques*, n° 5, 1997.

BURKE Peter, *Louis XIV. Les Stratégies de la gloire*, Seuil, 1995.

ELIAS Norbert, *La Société de cour* (1969), Flammarion, 1985.

MOUSNIER Roland, *La Monarchie absolue en Europe du Ve siècle à nos jours*, PUF, 1982.

ACCOMMODATION

voir : ASSIMILATION, ÉCOLE DE CHICAGO, INTÉGRATION

Modification d'un individu ou d'un groupe en réponse aux particularités de leur milieu. L'opposition entre les deux termes *accommodation* et *assimilation* désigne deux processus qui peuvent être différenciés. Ainsi, dans une situation de contact interculturel, un groupe minoritaire peut se transformer, s'adapter aux conditions du contexte culturel et économique en créant des formes originales d'adaptation. Il peut, au contraire, s'intégrer totalement au contexte majoritaire, être assimilé, en adoptant tous les caractères de ce contexte.

Pierre ANSART

bibliographie

PIAGET Jean, *Épistémologie des sciences de l'homme*, Gallimard, 1972.

ACCOMPLISSEMENT

voir : ASPIRATION, FINALITÉ, MOTIVATION, PERFORMANCE, VALEUR

1 Au sens commun du terme, réalisation d'une tâche, achèvement d'un programme d'activités.

2 Dans le registre des valeurs, idéal de réalisation de soi et des autres : dans le vocabulaire des corporations, l'homme *accompli*, par opposition à *apprenti* ou à *jeune homme*, est celui qui est parvenu au sommet de l'art et jouit de ce fait d'un prestige particulier au sein de la corporation. En ce sens, ce terme peut traduire le mot anglais *achievement* et désigner un type de motivation pour réaliser des valeurs et des buts répondant aux aspirations de l'acteur.

Pierre ANSART

bibliographie

MC CLELLAND David C., *The Archieving Society*, New York, Free Press, 1967.

PARSONS Talcott, *Sociological Theory and Modern Society*, New York, Free Press, 1967.

ACCULTURATION

néologisme américain (1880) à partir du latin *cultura* « action de cultiver la terre » et au figuré « action d'éduquer l'esprit »

all. AKKULTURATION	esp. ACULTURACIÓN
angl. ACCULTURATION	ital. ACCULTURAZIONE

voir : ANTHROPOLOGIE, CULTURE, DÉCIVILISATION, DÉCULTURATION

Le célèbre Memorandum for the Study of Acculturation *(1936), signé par* REDFIELD, LINTON *et* HERSKOVITS, *présente l'acculturation comme « l'ensemble des phénomènes qui résultent d'un contact continu et direct entre des groupes d'individus de cultures différentes et qui entraînent des changements dans les modèles culturels initiaux de l'un ou des deux groupes ».*

Il ne s'agit ni d'un simple changement culturel ni de purs faits de diffusion ou d'assimilation, mais bien de modification de besoins et de comportements en train de se produire, non sans heurts, défis, blocages, refus, dérobades, mais aussi avec acceptation plus ou moins sélective et réorganisation culturelle.

Variables de situation. Comme variables d'analyse de l'*acculturation*, on pourra prendre :

1 l'ampleur des changements culturels selon les groupes : colonisation globale, échanges économiques restreints, implantation de petites Églises étrangères. L'acculturation touche ou la société globale ou certains groupes de population en contact ;

2 les circonstances des contacts : désirés dans les intérêts du tourisme ou imposés par une guerre, plus ou moins bien tolérés dans le cadre de certaines migrations professionnelles, réalisés au Canada ou au Brésil dans une optique de peuplement, parfois planifiés (comme l'influence américaine issue du plan Marshall). Ce qui est imposé entraîne souvent des déstructurations de la culture d'origine et des hostilités latentes ; au contraire, les contacts voulus n'induisent que des ajustements, dans un cadre souvent amical ;

3 la taille et le poids respectifs des cultures en contact : selon que le volume démographique (sex-ratio, pyramide des âges...) ou politique des populations provoque des déséquilibres entre majoritaires et minoritaires, selon que des cultures ethniques sont déjà proches et parentes (Yoruba du Nigéria, Fon du Bénin, Éwé du Togo) ou éloignées par leur mode de vie (Asiatiques en France). L'emprunt n'est jamais unilatéral mais réciproque, et va souvent des cultures les plus prestigieuses vers les moins prestigieuses, des plus complexes aux moins complexes ;

4 le facteur écologique et local : imitation des comportements de la métropole ou de la vieille capitale, interinfluences dans les régions frontalières, rapport rural-urbain.

Types de processus. Malgré une sourde opposition de la culture native à la culture conquérante, a lieu généralement un processus de sélection et d'acceptation partielle de traits extérieurs. La culture Gaucho s'enracine dans une tradition d'élevage local et dans l'importance du cheval pour les immigrés allemands au sud Brésil. Par contre, malgré l'influence japonaise pendant la dernière guerre, l'Océanie n'a pas substitué une culture du riz à celle du taro en raison d'incompatibilités dans les habitudes de travail. Dans le cas des Anglais à Fidji, c'est la culture anglaise qui a interdit au *vulgum pecus* le port du short réservé aux fonctionnaires.

Sélectionnés, les traits adoptés sont aussi parfois réinterprétés, l'objet d'usage courant devenant par exemple valeur ornementale : femmes grecques du XIXe siècle démonétarisant les pièces de la reine Victoria en les perçant pour orner leur foulard ; Russes des campagnes adoptant le port des bottes pendant les fêtes et non, comme les gens des villes, par temps de pluie.

Le choc entre cultures peut entraîner, comme l'a montré LINTON, une réorganisation de la culture emprunteuse. Un changement de type de culture du riz chez les Tanala de Madagascar, sous l'influence des Betsileo, développe la sédentarité, la propriété foncière et les inégalités économiques.

Formes de combinaisons culturelles et de refus.

1 Les exemples amérindiens ou afro-lusitaniens nous montrent la construction d'une culture métisse (pagelança ou candomblé du Brésil) ;

2 l'absorption de sa propre culture dans une autre, refusée à la première génération de migrants, peut se produire à la seconde (Italiens, Maghrébins en France) ;

3 par réaction de contre-acculturation, certains cherchent à brandir des valeurs significatives de leur culture d'origine (foulard des filles islamiques) ;

4 JAULIN a appelé *décivilisation* ou *déculturation* la perte des traits essentiels d'une culture originaire annihilée par le contact avec les étrangers, ainsi des Bari d'Amazonie. Ailleurs, les crises d'identité issues de ces contacts s'expriment éventuellement par la délinquance et des troubles de la personnalité.

Dialectique donneur-receveur. De l'ouvrage de BASTIDE, *Anthropologie appliquée*, ressortent quelques idées majeures : les formes sont plus aisément transférables que les fonctions. Plus la forme est éloignée de la culture receveuse, plus elle est difficile à accepter ; les éléments techniques et matériels d'une culture sont plus aisément transférables que les éléments symboliques ou idéologiques. Comme d'anciennes significations sont attribuées à des éléments nouveaux, de nouvelles valeurs changent le sens culturel de formes anciennes. La sélection s'opère selon la tendance profonde de la culture preneuse : les matchs de football chez les Gahuku de Nouvelle-Guinée ne se terminent qu'à égalité de parties gagnées, parce que la culture autochtone n'est pas de compétition. Un trait culturel est d'autant mieux accepté qu'il prend signification en accord avec la culture receveuse. Point d'acculturation à sens unique ! La causalité externe stimule la causalité interne qui en réalité la filtre. L'acculturation relève

de trois types, selon le genre de pression :
1 spontanée et libre, ni dirigée ni contrôlée ;
2 organisée et forcée, dans l'esclavage et la colonisation, mais à effet souvent partiel ;
3 planifiée dans un cadre ou capitaliste ou communiste (lequel a prétendu construire une culture prolétarienne).

Claude RIVIÈRE

bibliographie

BASTIDE Roger, *Anthropologie appliquée*, Payot, 1971.

HERSKOVITZ Melville J., *Les Bases de l'anthropologie culturelle* (1948), Payot, 1967.

JAULIN Robert (textes réunis par), *La Décivilisation. Politique et pratique de l'ethnocide*, PUF, 1974.

REDFIELD Robert, LINTON Ralph, HERSKOVITS Melville J., « Memorandum for the Study of Acculturation », in *American Anthropologist* (1936), vol. 38, nº 1, pp. 149 à 152.

ACCUMULATION DU CAPITAL

voir : CAPITALISME, VIOLENCE

Dans *Le Capital*, MARX fait de « *l'accumulation primitive du capital* » une phase historique particulière. Commencée au XIVe siècle, dans une période d'affaiblissement de la féodalité, elle aurait été caractérisée par la violence exercée contre les paysans pour les déposséder de leurs terres et faciliter ainsi leur prolétarisation. À cette phase de violence ouverte, le capitalisme aurait substitué ensuite la violence moins visible de l'accumulation par l'extorsion des plus-values.

TOURAINE a proposé de distinguer les grands types sociaux à partir de quatre types d'accumulation (1973) :

- la *société agraire* traditionnelle, à faible taux d'accumulation, où la majeure partie de la production est consommée,
- la *société marchande*, où l'accumulation porte sur la répartition des biens,
- la *société industrielle*, où l'accumulation porte sur l'organisation du travail (modèle analysé par Marx),
- et, enfin, la *société post-industrielle*, dans laquelle l'accumulation porte sur les sciences et les techniques engendrant le développement de la production.

La question des choix économiques et politiques concernant l'orientation de l'accumulation du capital est une question permanente des sociétés industrielles. Elle explique en partie les conflits sociaux et la crise de l'État-Providence. L'État est sommé d'arbitrer entre la nécessité de l'accumulation du capital, d'une part, et l'urgence des redistributions sociales, d'autre part : son incapacité à faire face à ces tâches contradictoires conduit, selon DAHRENDORF (1972), aux crises de légitimité.

Pierre ANSART

bibliographie

DAHRENDORF Ralf, *Classes et conflits de classes dans la société industrielle* (1957), Mouton, 1972.

MARX Karl, *Le Capital* (1867), éd. M. Rubel, « Économie I », « La Pléiade », Gallimard, 1965.

TOURAINE Alain, *Production de la société*, Seuil, 1973.

ACTEUR

du latin *actor* « celui qui agit, qui fait mouvoir », dérivé de *agere* « faire »

all. AKTOR	esp. ACTOR
angl. ACTOR	ital. ATTORE

voir : ACTION, AGENT, PARADIGME, THÉORIE

Individu qui réalise des actions, joue un rôle, remplit des fonctions, selon des motivations et pour des fins qui lui sont, en tout ou partie, personnelles.

1 Le vocabulaire sociologique tend à distinguer les deux concepts d'*agent* et d'*acteur*. Par *agent*, on désigne l'individu qui exécute une tâche, qui est essentiellement déterminé à agir par des conditions qui lui sont imposées. Par *acteur*, on désigne l'individu qui agit selon ses propres desseins, selon ses propres motivations. Le fait de jouer un rôle dans une organisation ou une bureaucratie n'exclut pas que l'individu puisse se comporter en acteur : dans la mesure où il exécute le rôle prescrit selon ses propres besoins, en l'adaptant ou en modifiant les interactions dans lesquelles il se trouve impliqué, il se comporte, dans une certaine mesure, en acteur. À certaines conditions, ce terme peut être appliqué à un collectif. Une entreprise, une institution qui coordonnent les comportements de leurs membres dans des actions communes et assurent une continuité à leurs initiatives constituent des acteurs de la vie économique ou institutionnelle. Il y a lieu de rechercher, en particulier, quels sont les types de motivation des acteurs (WEBER, 1922), les types d'interactions suscitées (PARSONS, 1952), les modèles de rationalité (BOUDON, 1983), les rapports qu'entretiennent les acteurs au sein des différents types d'organisation (CROZIER, FRIEDBERG, 1977).

2 Au sens étroit du terme, l'*acteur* est celui qui joue un rôle dans une pièce de théâtre. L'originalité existentielle et sociale de cette situation a été fortement soulignée dans le cadre de la sociologie du théâtre (DUVIGNAUD, 1965).

Pierre ANSART

bibliographie

BOUDON Raymond, *La Logique du social, introduction à l'analyse sociologique*, « Pluriel », Hachette, 1983.

CROZIER Michel, FRIEDBERG Erhard, *L'Acteur et le système, les contraintes de l'action collective* (1977), Seuil, 1981.

DUVIGNAUD Jean, *L'Acteur, esquisse d'une sociologie du comédien*, Gallimard, 1965.

TOURAINE Alain, *Le Retour de l'acteur, essai de sociologie*, Fayard, 1974.

ACTIF(S) ET POPULATION ACTIVE

du latin *activus* « actif », dérivé du verbe *agere* « agir, faire, mettre en mouvement »

all. AKTIV, WIRKSAM	esp. ACTIVO
angl. ACTIVE, GAINFULLY EMPLOYED	ital. ATTIVO

voir : CHÔMAGE, EMPLOI, ÂGE, SALAIRE, SALARIÉ

En sociologie, on désigne par actifs l'ensemble des personnes qui ont un emploi, une activité professionnelle, qui participent à la population active.

L'ensemble des *actifs* constitue la *population active* d'un pays. Pour l'INSEE, depuis le recensement de

1954, la population active comprend les personnes employées, c'est-à-dire celles qui déclarent exercer une activité professionnelle rémunérée, et les personnes disponibles à la recherche d'un emploi. La population active est ainsi définie comme l'ensemble des salariés, des non-salariés (dont les aides familiaux), des chômeurs à la recherche d'un emploi (non pas de tous les chômeurs, mais de ceux qui sont considérés par l'État comme chômeurs, c'est-à-dire qui correspondent aux critères officiels), des membres du clergé ainsi que des jeunes du contingent. La comptabilisation des actifs dans un pays est opérée à l'occasion du recensement national de la population.

Mireille DADOY

bibliographie

INSEE, *Annuaire statistique de la France 1982. Résultats de 1981*, ministère de l'Économie et des Finances, 1982.

SOCIOLOGIE DE L'**ACTION**

du latin *actio* « façon d'agir »

all. TAT, HANDLUNG, AKTION	esp. ACCIÓN
angl. ACTION	ital. AZIONE

voir : COMPRÉHENSION, CONCEPT, ÉPISTÉMOLOGIE, HABITUS, INTERACTION, PARADIGME

Manifestation matérielle ou symbolique d'une volonté individuelle ou collective au sein d'une situation sociale.

Le terme d'*action*, désignant l'activité du sujet individuel ou collectif, recouvre l'un des concepts fondamentaux de la sociologie et soulève l'un de ses problèmes essentiels. En effet, selon l'importance et la signification qui sont données à ce terme, l'objet même de la sociologie se trouve redéfini et repensé. De plus, comme on va le souligner ici, toute une part de la sociologie moderne se trouve placée sous le signe des « sociologies de l'action ».

I. LE PROBLÈME DE L'ACTION À LA NAISSANCE DE LA SOCIOLOGIE.

1 Saint-Simon. Historiquement, la réflexion sur l'action et sur les modes collectifs d'action se trouve exprimée dès les prémisses de la sociologie, au début du XIXe siècle, comme on le voit dans l'œuvre de SAINT-SIMON. Ce qu'il nomme alors *« la science de l'histoire »* s'oppose à la conception essentialiste traditionnelle selon laquelle la société était un organisme naturel et non historique. Saint-Simon affirme, au contraire, au lendemain de la Révolution de 1789, la transformation historique des *« organisations sociales »* (Saint-Simon, 1819-1820). Il caractérise l'Ancien Régime et la « société industrielle » par leurs deux « modes d'action » : le premier, orienté vers la guerre et la défense militaire, le second entièrement orienté vers la production et le développement de l'« industrie ». Dans la société de la Restauration dont il est contemporain, il distingue les classes sociales selon le critère de l'action dite *positive* : la classe des producteurs ou « classe des industriels » étant la seule véritablement active, c'est-à-dire créatrice de biens matériels ou culturels, opposée à la classe déclinante des nobles et des parasites. De plus, pour favoriser l'avènement de la société industrielle, Saint-Simon appelle la classe des industriels à entreprendre une action politique cohérente, fondée sur la prise de conscience de sa situation, visant à coordonner les activités créatrices dans une association commune des actions productives.

2 Marx. Cette conception saint-simonienne se poursuit dans l'œuvre de MARX : c'est bien, là encore, l'action du travail qui entraîne les changements historiques et Marx appelle la classe des prolétaires à l'action politique qui sera le moteur de la révolution sociale. Le thème de l'action n'est donc pas absent des analyses de Marx, à différents niveaux, économique, politique et historique. Cependant l'analyse économique du ***Capital*** met l'accent moins sur l'action sociale que sur les structures économiques, leurs contradictions et leur devenir : c'est le but de cette analyse que de découvrir les rapports sociaux de production, la division des classes, les lois de transformation qui imposent la succession des modes de production. L'action sociale est essentiellement considérée au sein des causalités qui résident dans les contradictions structurelles du capitalisme. Dans certaines pages du ***Capital***, Marx évoque même un déterminisme économique qui serait comparable au déterminisme des phénomènes naturels et qui ferait des actions les conséquences, les effets de causes déterminantes.

3 Durkheim. On peut considérer les théories de DURKHEIM et de WEBER comme deux tentatives de reconsidérer l'action humaine en écartant l'hypothèse du déterminisme économique. Dans les ***Règles de la méthode sociologique*** (1894), Durkheim donne pour objectif à la sociologie, non l'étude des structures économiques, mais l'étude objective de tous les « faits sociaux », des « idées et des sentiments » non moins que les comportements. Les actions sociales se définissent comme l'ensemble *« des manières d'agir, de penser et de sentir, extérieures à l'individu et qui sont douées d'un pouvoir de coercition en vertu duquel elles s'imposent à lui »* (Durkheim, 1988, p. 97). L'objet de la sociologie serait donc d'étudier les actions sociales, les conduites collectives, avec le souci d'en analyser les modèles qui s'imposent aux individus comme les croyances ou la langue s'imposent aux membres d'une religion ou d'une aire linguistique.

4 Weber. La perspective de Weber, sans écarter le souci de l'explication, place au centre des préoccupations la compréhension des actions. Cette insistance sur la compréhension et l'interprétation *(verstandnis)* prend appui sur une réflexion critique concernant la distinction entre les sciences de la nature et les sciences de la culture (histoire, sociologie). Alors que Durkheim cherche à rapprocher les méthodes sociologiques des méthodes objectives des sciences naturelles, et donc à souligner l'extériorité des modèles d'action par rapport aux individus, Weber cherche à étudier les significations subjectives, à les comprendre, et à expliquer les actions à partir de ces significations. Il définit en ces termes la sociologie et son objet : *« Nous appellerons sociologie* [...] *une science qui se propose de comprendre par interprétation l'activité sociale et par là d'expliquer causalement son déroulement et ses effets. Nous entendons par* activité *un comportement humain* [...] *quand et pour autant que l'agent ou les agents lui communiquent un sens subjectif »* (Weber, 1971, p. 4).

Weber fait suivre cette définition d'une esquisse de typologie des activités sociales. Cette typologie fait apparaître une diversité des significations subjectives ; elle montre combien la rationalité n'est pas la seule détermination. Cette typologie distingue, en effet, quatre formes d'activités sociales selon qu'elles sont déterminées d'une manière :

1 *rationnelle en finalité*, lorsque les attentes de l'individu sont des moyens pour parvenir rationnellement à une fin,

2 *rationnelle en valeur*, réalisant une croyance (morale ou religieuse, par exemple),

3 *affective*, c'est-à-dire déterminée par un sentiment ou une émotion,

4 *traditionnelle*, enfin, réalisée conformément aux coutumes non critiquées.

Une même activité sociale peut d'ailleurs combiner, à des degrés divers, plusieurs de ces types.

On voit quels critères sont proposés pour identifier le caractère social de l'action :

- Le premier invite à considérer l'activité comme étant celle d'un sujet individuel ou collectif. Loin de ne voir dans les réalités sociales que des structures ou des rapports socioéconomiques dont les sujets seraient les agents passifs, cette définition de l'activité sociale fait des sujets agissants le centre de l'attention sociologique.
- Un deuxième critère attribué par WEBER à l'action sociale est celui de la signification. C'est dire que l'action a un sens pour le sujet lui-même, elle est réalisée selon des intentions (rationnelles ou émotionnelles...) et comporte aussi des significations pour autrui. Ce sera l'un des buts de la sociologie (comme de l'histoire) que de reconstituer ces significations, ces attentes, ces attitudes des individus qui sont explicatives des actions.
- Enfin, un troisième critère de définition ajoute qu'une activité est sociale lorsqu'elle se rapporte au comportement d'autrui et s'oriente dans son déroulement par rapport à cet autrui. Cette dernière indication sera amplement approfondie par l'interactionnisme*.

II. LA SOCIOLOGIE ENTRE SUBJECTIVISME WÉBÉRIEN ET OBJECTIVISME DURKHEIMIEN.

Cette définition de l'action est-elle radicalement opposée à la conception de DURKHEIM ? Les discussions sur ce point tendent soit à approfondir la distance entre ces deux conceptions, soit à les rapprocher. On peut, à l'extrême, opposer complètement au « subjectivisme » et au formalisme de Weber l'« objectivisme » et le scientisme de Durkheim. Mais si l'on considère les travaux de l'un et de l'autre plutôt que les définitions et les citations partielles, on constate bien des rapprochements possibles et éclairants. Dans *L'Éthique protestante et l'esprit du capitalisme* (1905), par exemple, Weber reconstitue avec une grande richesse de détails les significations que les puritains calvinistes donnent à leur ascétisme ; il se propose de comprendre et de faire comprendre ces comportements dont il fait l'une des sources, l'une des *« causes »*, de l'accumulation du capital. Mais il précise, dans l'introduction de cet ouvrage, que le capitalisme n'a plus besoin de cet esprit fondateur et qu'il constitue, au XXe siècle, un système objectif, un « immense cosmos », imposant ses contraintes aux comportements individuels. Ce capitalisme développé exigerait donc, pour être analysé, d'être considéré objectivement dans la pesanteur de ses contraintes. En d'autres termes, l'analyse des significations n'exclut pas, pour les objets qui le requièrent, une analyse proche de celle de Durkheim. Et réciproquement, dans son enquête sur Le Suicide, ce dernier se propose, fidèle à ses principes, d'expliquer les « lois » du suicide à partir des données statistiques; mais, ayant à expliquer les cas de suicides qu'il qualifie d'*anomiques*, il reconstitue les expériences des sujets, s'efforce de comprendre leurs attitudes et leurs significations subjectives et, comme le conseille Weber, il explique ces comportements par les significations et les déceptions individuelles. La question de l'action sociale est bien, en effet, une question générale de la sociologie que ne peut éviter aucune sociologie consciente de ses principes et de ses méthodes. Si l'on s'arrête sur la période 1920-1960, on peut souligner plusieurs reformulations théoriques qui ont pu, non sans raison, mais en des voies divergentes, revendiquer le patronage de Weber. Citons les travaux de SCHÜTZ, de ARON et de PARSONS.

1 Aron. Aron s'est attaché à développer la critique wébérienne de la philosophie de l'histoire et ses conséquences pour une réfutation du marxisme. La théorie de l'action et de l'interprétation qui est au centre de la pensée de Weber condamne, selon Aron, les philosophies de l'histoire et l'illusion du déterminisme historique. L'action humaine ne saurait être réduite à des lois identiques aux lois de la nature ; le déroulement de l'histoire ne saurait ni être expliqué par des lois extérieures aux actions humaines, ni prévu comme l'on peut prévoir le déroulement d'une expérience de physique. De même, une classe sociale ne saurait être assimilée à une réalité objective dont on pourrait annoncer l'évolution et les comportements. Toutes ces critiques excluent à la fois le fatalisme historique, le déterminisme économique et l'illusion marxiste de prétendre prévoir la révolution sociale. Aux yeux de Raymond Aron, le recours critique aux propositions de Weber permet ainsi d'échapper au scientisme et aux idéologies qui en découlent.

2 L'approche phénoménologique de Schütz. Schütz (1899-1959), peu soucieux de l'opposition entre wébérianisme et marxisme, retient de Weber ce qui peut éclairer l'action individuelle dans la vie quotidienne. En 1935 aux États-Unis, il polémique contre le behaviorisme et reprend les arguments wébériens contre le positivisme scientiste. La question qu'il pose est celle, non de l'explication des phénomènes sociaux objectifs, mais celle de la compréhension de l'action. Entre l'objectivisme behavioriste réduisant l'individu à ses comportements apparents et le subjectivisme qui le réduit à ses états de conscience, Schütz affirme qu'*« une autre attitude fondamentale est possible* [...]. *Elle revient à accepter naïvement le monde social avec tous les alter ego et les institutions qui s'y trouvent comme un univers signifiant pour l'observateur, dont la seule tâche scientifique consiste à décrire et à expliquer les expériences que lui-même et ses co-observateurs peuvent en faire »* (Schütz, éd. 1984). Il se propose donc de décrire l'action de l'acteur dans son environnement social, de comprendre les rapports intersubjectifs et d'examiner les rapports de compréhension entre les acteurs. Schütz réintroduit ainsi dans l'observation de l'activité sociale les philosophies phénoménologique et de l'intentionnalité. La compréhension des actions d'autrui s'opère, par exemple, par la connaissance des intentions d'autrui et de ses motifs : « *L'on peut prouver que toutes les relations sociales telles qu'elles sont comprises par moi, être humain vivant naïvement dans un monde centré sur moi, ont comme prototype la relation sociale qui me relie à un alter ego individuel avec qui je partage temps et espace.* » Ce sera un objet privilégié de cette sociologie de la vie quotidienne que d'étudier, par exemple, comment les acteurs recourent à des « typications » pour comprendre et se comporter dans le monde social. Schütz reprend ici la problématique de l'idéal-type wébérien, non plus au sein d'une critique épistémologique mais au sein d'une description des intersubjectivités : il s'agit d'examiner comment les individus, pour comprendre leur environnement social et pour se comporter par rapport à autrui, recourent à des types sociaux, à des modèles synthétiques de conformité entre les motifs et les actes, ou à des modèles de statut social. En projetant ces types sur son expérience, l'acteur s'attend à certaines conduites et organise son expérience en conséquence. La théorie de l'action telle que la conçoit Schütz est ainsi dans la continuité de certaines thèses de Weber, mais il en néglige les parties historiques et la problématique des rapports entre les contraintes économiques et les actions sociales.

3 Le « structuro-fonctionnalisme » de Parsons. L'effort de PARSONS fut, au contraire, d'élargir le champ de recherche et de constituer une théorie générale de l'action en intégrant les apports de DURKHEIM et de WEBER. Dans cette perspective synthétique, l'objectivisme communément attribué à Durkheim et le subjectivisme attribué à Weber ne sont pas incompatibles, pourvu que cette opposition soit surmontée dans une théorie générale de l'action. Ce dépassement est possible, selon Parsons, dès lors que l'on élargit la considération de l'action et qu'on la replace dans l'ensemble de ses contextes. L'action humaine, c'est-à-dire l'ensemble de toutes les conduites (comportements objectifs mais également les pensées, sentiments, aspirations et désirs), se situe toujours et simultanément dans quatre « contextes » :

. le contexte biologique, celui de l'organisme avec ses besoins et ses exigences,
. le contexte psychique, celui de la personnalité étudiée de façon privilégiée par la psychologie,
. le contexte social, celui des interactions qui se déroulent entre les individus et les groupes, étudiées par la sociologie,
. le contexte culturel, celui des normes, des modèles, des valeurs, des idéologies et connaissances, que privilégie l'anthropologie.

Toute action humaine est, dans cette perspective, globale, « molaire » : elle s'inscrit dans les quatre contextes à la fois et résulte d'une interaction de forces ou d'influences provenant de chacun de ces contextes. L'acte suppose un acteur, une finalité ou un but, une situation composée de conditions et de moyens, des normes et valeurs selon lesquelles sont choisis les buts immédiats. Le système social est le mode d'organisation de ces actes et de la pluralité des acteurs Parsons développe la thèse selon laquelle tout système social doit résoudre deux problèmes fondamentaux, la production et l'intégration, et, pour ce faire, doit satisfaire à quatre fonctions : l'adaptation (par l'économique), la poursuite des buts (par le politique), l'intégration (par le droit), la stabilité normative (par la socialisation). Cette vaste construction de Parsons n'a pas manqué de susciter les critiques. Du point de vue de la théorie de l'action, les critiques le plus souvent formulées ont concerné son abstraction et sa tendance à réduire l'action aux seules considérations des structures et des fonctions. En qualifiant de « *grande théorie* » et d'« *empirisme abstrait* » la construction parsonienne, MILLS lui reprochait son éloignement par rapport aux réalités concrètes et son manque d'opérationnalité. Quant au qualificatif de « structuro-fonctionnalisme » généralement usité pour la caractériser, il met l'accent sur une limite de cette théorie : on souligne ainsi le fait qu'en majorant l'étude des structures et des fonctions constantes Parsons était entraîné à négliger les actions critiques et déviantes (créatrices ou destructrices) et à majorer les actions conformes à l'ordre social.

4 L'interactionnisme. Ces critiques n'atteignent pas, au même titre, le vaste courant d'étude des interactions qui peut, lui aussi, être situé partiellement dans le sillage du paradigme wébérien. Les sources de l'interactionnisme sont néanmoins très nombreuses et, parmi ses inspirateurs, il conviendrait de citer, à côté de Weber, Schütz et Durkheim, la phénoménologie (HUSSERL), le formalisme (SIMMEL) et la psychosociologie de G. MEAD. Weber donnait la définition suivante : « *l'activité* [...] *d'après son sens visé par l'agent ou les agents, se rapporte au comportement d'autrui, par rapport auquel s'oriente son déroulement* » (Weber, 1971, p. 4). L'œuvre de Mead, plus proche de la psychologie sociale que de la sociologie, pourrait être considérée comme un libre développement de cette définition wébérienne. Dans son ouvrage de 1934, *L'Esprit, le soi et la société*, Mead place au centre de son investigation le déroulement des interactions et analyse plus particulièrement le processus de constitution de la personne, le *soi*, à travers la succession des relations interpersonnelles. Selon son analyse, la formation du *soi* s'opérerait par une succession d'intériorisations par le sujet des rôles d'autrui, et par la coordination progressive de ces expériences. La personne progresserait par intériorisation du rôle de l'autre et l'intériorisation de l'« *autrui généralisé* ». Mead, sans chercher à répondre aux problèmes généraux de l'action sociale ou du système social, attirait l'attention sur les possibilités d'une analyse détaillée des interactions. Les travaux de l'École de Chicago* ont été fortement influencés par cette orientation de recherche.

5 Interactionnisme symbolique et ethnométhodologie. L'interactionnisme symbolique, ainsi que l'ethnométhodologie se rattachent à cet ample paradigme de la sociologie de l'action, non sans différences et originalités spécifiques. Dans ces différentes recherches, il s'agit bien de privilégier l'étude des actions, soit en majorant l'étude des interactions (GOFFMAN, 1961), soit en privilégiant l'étude des effets de ces interactions sur les personnalités, l'étude des négociations et renégociations des acteurs, ou la création des normes à travers les interactions (GARFINKEL).

6 Théorie de l'action rationnelle et individualisme méthodologique. Et de même encore, les théories de l'action rationnelle (ELSTER), qui généralisent l'hypothèse wébérienne du comportement rationnel par finalité, et l'individualisme méthodologique, qui met au centre de sa problématique les actions individuelles, s'inscrivent parmi les nombreuses ramifications de la théorie de l'action.

7 Rôle de la théorie de l'action et diversité des théories. On voit ainsi l'ampleur des possibilités théoriques ouvertes par la théorie de l'action. La diversité même de ces problématiques pourrait faire douter que cette théorie comporte une relative cohérence dans ses hypothèses. Et, de fait, les frontières de cette théorie sont largement ouvertes en des voies différentes, de la psychosociologie aux sciences économiques. Cependant un problème central demeure, problème qui, sous des abords différents, se trouve formulé par WEBER, DURKHEIM ou PARSONS : celui de l'action dans son contexte social réinterprété comme un système d'actions. Un double problème est ici posé concernant simultanément l'action individuelle d'une part, et le système social d'autre part. Une tentation est toujours renaissante : celle de contourner cette difficulté en centrant l'étude soit sur le seul sujet (par exemple, dans la théorie de l'action rationnelle) soit sur le système social et ses structures (Parsons). Or un intérêt majeur de la théorie de l'action est précisément de surmonter cette dualité et de faire de l'action du sujet dans les systèmes (ce qui est la définition même de l'action sociale) un problème essentiel requérant réponse.

III. LES RÉPONSES DE LA SOCIOLOGIE CONTEMPORAINE.

Examinons comment des recherches récentes, celles de CROZIER, TOURAINE et BOURDIEU, formulent ce problème et se proposent d'y répondre.

1 Organisation bureaucratique et organisation ouverte chez Crozier. En étudiant successivement deux systèmes organisés selon deux modèles différents (une organisation bureaucratique et une organisation ouverte), Crozier met en relief combien les définitions abstraites et générales de l'action restent insuffisantes pour éclairer les types concrets d'action. Dans les deux cas, il s'agit bien de systèmes d'action, d'organisations intégrées des rôles et des travaux en vue d'une production de biens ou de services. Mais, dans le cas du *« phénomène bureaucratique »*, toutes les actions sont rigoureusement imposées et normées par des réglementations explicites, alors que, dans le système ouvert, les marges de liberté et de négociations sont permanentes et motivantes. Certes, les comportements des acteurs doivent, dans les deux cas, être considérés comme des actions réalisées selon des intentions et des significations (selon la définition wébérienne), mais les contrôles, les rôles et leur intériorisation, les attitudes des agents à l'égard des finalités de l'entreprise sont profondément différents dans les deux modèles d'organisation. On le voit dans le cas des interactions : dans l'organisation bureaucratique, les interactions et les relations de face-à-face sont précisément évitées et perçues comme une source de danger par les différentes catégories, alors qu'elles font partie de la dynamique de l'entreprise dans un système ouvert. La leçon essentielle qui se dégage de ces études est bien que l'approche concrète des actions sociales exige de distinguer fortement les systèmes d'action et de vérifier comment se déroulent les actions individuelles et catégorielles dans les différents systèmes.

2 Historicité et sociologie actionnaliste chez Touraine. Touraine énonce une critique qui n'est pas sans rapport avec la perspective de Crozier. Il dénonce l'opposition commune entre l'objectif et le subjectif, entre la structure et l'action et il appelle à substituer à une sociologie de la société une « sociologie des acteurs ». Il souligne, d'une part, que la réalité sociale doit être repensée comme un *« système d'actes »* et, d'autre part, que l'action du ou des sujets doit être appréhendée comme porteuse de significations, de sens et d'intentionnalité. Ce sera l'objet d'une sociologie « actionnaliste » que d'étudier les relations entre les sujets individuels ou collectifs et le système dans son ensemble. Le dilemme entre le système et les acteurs est écarté sans ambiguïté dans l'étude privilégiée des mouvements sociaux. Cette recherche fait, en effet, des individus des acteurs participant à des degrés divers au changement social, affrontant des obstacles, visant des objectifs, plus ou moins conscients de leurs possibilités et de leur propre position sociale. La sociologie se trouve redéfinie en ces termes : elle n'a pas pour objet l'étude des structures et des « faits sociaux », mais le mouvement *(« l'historicité »)* par lequel les sociétés ne cessent de se faire, de se transformer elles-mêmes par les actions, les conflits, les négociations et les compromis.

3 La fausse antinomie structures/action : sujets socialisés et espace social chez Bourdieu. Bourdieu affirme de son côté la nécessité d'échapper à la fausse dichotomie des structures et de l'action. La sociologie ne peut pas se réduire à la seule analyse des logiques structurelles, comme a pu le proposer l'anthropologie structurale. Elle ne saurait s'y réduire, puisque toute formation sociale est faite de forces et de significations, *« de forces et de sens entre des groupes ou des classes »* (Bourdieu, PASSERON, 1970, p. 20). Mais elle ne saurait se réduire à l'étude d'un *Homo sociologicus* abstrait dont les actions obéiraient à une raison subjective sans liens ni enracinement sociaux. Ce serait, au contraire, le problème central d'une théorie de l'action que d'analyser comment les sujets socialisés agissent dans l'espace social, comment ils sont préparés à certains types d'action, comment et pourquoi ils choisissent certaines pratiques et non d'autres. L'étude des *habitus* a pour but de montrer comment les comportements individuels et les choix se déroulent dans l'espace social, comment les modèles de comportement et de jugement sont intériorisés lors de l'éducation, comment les sujets tendent à reproduire ces modèles et ainsi, à participer, non sans réadaptations et ajustements, à la reproduction sociale. Ce serait l'objet de la sociologie que de rendre compte des comportements des agents sociaux, de leur « raison pratique », par l'étude des *habitus*, des *positions* sociales, des *capitaux* économiques et culturels, des conduites de reproduction et de *distinction* (Bourdieu, 1979, éd. 1984). Une théorie de l'action ainsi comprise aurait pour objectif de surmonter les antinomies des structures et des actions, en restituant aux actions individuelles ou collectives leur genèse et leur caractère intrinsèquement social.

Pierre ANSART

bibliographie

ARON Raymond, *Introduction à la philosophie de l'histoire ; essai sur les limites de l'objectivité historique* (1938), Gallimard, 1986.

BOURDIEU Pierre, *Raisons pratiques. Sur la théorie de l'action*, Seuil, 1984.

CROZIER Michel, FRIEDBERG Erhard, *L'Acteur et le système. Les contraintes de l'action collective* (1977), Seuil, 1981.

ELSTER Jon, HYLLAND Aanund, *Foundations of Social Choice Theory*, Cambridge UP, 1990.

GOFFMAN Erving, *Les Rites d'interaction* (1967), Éd. de Minuit, 1974.

MEAD George H., *L'Esprit, le soi et la société* (1934), PUF, 1963.

PADIOLEAU Jean G., *L'Ordre social, principes d'analyse sociologique*, L'Harmattan, 1986.

PARSONS Talcott, *The Social System*, Londres, Tavistock, 1952.

SIMMEL Georg, *Sociologie et épistémologie*, PUF, 1981.

SCHÜTZ Alfred, *Le Chercheur et le quotidien. Phénoménologie des sciences sociales* (1971), Klincksieck, 1987.

TOURAINE Alain, *Production de la société*, Seuil, 1973.

QUÉRÉ Louis (sous la dir. de), *La Théorie de l'action. Le sujet pratique en débat*, Éd. du CNRS, 1993.

WEBER Max, *Économie et société* (1922), Plon, 1971.

ACTION COLLECTIVE

du latin *actio* « fait de rendre grâce, de manifester » et *collectivus* « qui groupe, qui rassemble »

all. KOLLEKTIVE HANDLUNG	esp. ACCIÓN COLECTIVA
angl. COLLECTIVE ACTION	ital. AZIONE COLLETTIVA

voir : SOCIOLOGIE DE L'ACTION, ACTIONNALISME, DYNAMIQUE SOCIALE, INTERACTION, PARADOXE D'OLSON

Ensemble des pratiques coordonnées d'un groupe pour la défense de ses valeurs et de ses intérêts.

Les sociologues, comme les historiens, décrivent et cherchent à expliquer les *actions collectives* et s'interrogent sur leur émergence. Dans **Misère de la philosophie** (1847), MARX décrit en ces termes le processus par lequel les prolétaires seraient nécessairement amenés à s'organiser en action politique : « *Les conditions économiques avaient d'abord transformé la masse du pays en travailleurs. La domination du capital a créé à cette masse une situation commune, des intérêts communs. Ainsi cette masse est déjà une classe vis-à-vis du capital, mais pas encore pour elle-même. Dans la lutte,* [...] *cette masse se réunit, elle se constitue en classe pour elle-même. Les intérêts qu'elle défend deviennent des intérêts de classe. Mais la lutte de classe à classe est une lutte politique* » (1950, pp. 208 à 209). Plus sceptique sur ce passage nécessaire de la situation d'exploitation à l'action révolutionnaire, WEBER fait dépendre l'analyse des actions collectives d'une analyse plus précise des situations de classe. Il conviendrait de considérer non la classe comme une entité constituée, mais les situations de classe, les statuts et les chances des différents individus à parvenir aux différentes positions sociales. C'est seulement dans le cas où les situations de classe seraient fortement homogènes que des actions collectives seraient probables.

Parmi les nombreux débats qu'a suscités, dans les années 60, ce problème de l'action collective, la théorie des mouvements sociaux élaborée par TOURAINE a été éclairante pour certains mouvements (féministes, étudiants, écologistes). Touraine souligne que trois clarifications sont requises pour qu'un véritable « *mouvement social* », apte à modifier l'orientation sociale (le *modèle culturel*, 1973), prenne forme. La première désigne les obstacles et les opposants à combattre (O) ; la deuxième permet une définition de l'identité du sujet agissant (I) ; la troisième formule les buts à atteindre et dessine une image du modèle social à construire (T).

Ces diverses théories supposent l'existence d'une potentialité fondamentale d'un groupe ayant des intérêts communs à s'ériger en sujet et à mener une action collective. C'est à cette thèse largement répandue que s'oppose la critique d'OLSON inspirée du modèle de l'analyse économique. Cette critique part du constat qu'en de très nombreux cas un groupe étendu, dont tous les membres ont les mêmes intérêts à défendre, se révèle précisément incapable d'organiser une action commune. Olson en conclut à la nécessité d'abandonner la thèse générale de l'action nécessaire des groupes larges et de lui substituer une analyse en termes de choix rationnels des individus privés composant le groupe.

Des réponses plus éclectiques ont été proposées, telle celle de SMELSER, qui additionne une série de conditions objectives et subjectives qui seraient tenues pour favorables à l'émergence d'une action collective : conditions objectives de privation, croyances communes, mobilisation autour d'un leader, possibilités de s'opposer à des forces adverses, aptitudes ou faiblesse des agences de contrôle social à s'opposer à ces initiatives. Cette liste de présupposés conduit à une analyse empirique des genèses et à la reconnaissance des particularités socio-historiques.

Pierre ANSART

bibliographie

MARX Karl, *Misère de la philosophie* (1847), A. Costes, 1950.

OLSON Mançur, *Logique de l'action collective* (1966), PUF, 1978.

SMELSER Neil J., *Theory of Collective Behavior*, New York, Free Press, 1963.

TOURAINE Alain, *Production de la société*, Seuil, 1973.

TOURAINE Alain, WIEVIORKA Michel, DUBET François, *Le Mouvement ouvrier*, Fayard, 1984.

ACTIONNALISME

voir : SOCIOLOGIE DE L'ACTION

Théorie sociologique mettant au centre des investigations la problématique de l'action sociale.

Ce terme est fréquemment utilisé pour désigner les travaux d'Alain TOURAINE.

*

* *

ACTIVITÉ

du latin médiéval *activitas* « action, activité »

all. AKTIVITÄT, BESCHÄFTIGUNG, TÄTIGKEIT	esp. ACTIVIDAD
angl. ACTIVITY	ital. ATTIVITÀ

voir : ACTION, EMPLOI, PROFESSION, SOCIOLOGIE DU TRAVAIL

1. Dans l'analyse du travail, ensemble des actes concrets, des gestes précis, des mouvements, des opérations mentales, des prises d'information, des raisonnements et des décisions qui constituent l'intervention d'un opérateur, d'un travailleur dans une tâche, un poste de travail, une fonction, un emploi, et aussi dans le sport, les loisirs, le travail domestique.

2. Activité professionnelle : *emploi, occupation, profession rémunérés (pour les salariés) ou qui procurent des ressources (pour les indépendants).*

1 La sociologie du travail est amenée à faire une analyse du travail, afin d'appréhender et de décrire les principes qui fondent la division du travail, ses modes d'organisation et de coopération (pouvoir, participation, cercle de qualité, droit d'expression, spécialisation/polyvalence, exécution/enrichissement des tâches), ainsi que les formes de gestion de la main-d'œuvre (formation, niveau de qualification, rémunération). L'analyse de l'*activité* constitue l'objet de recherche central de la psychologie et de l'ergonomie, et seulement une méthode d'approche pour l'objet de recherche de la sociologie du travail : la division du travail et les rapports sociaux de travail. Il existe de multiples formes d'analyse du travail, selon les objectifs, les démarches, les variables retenues (DADOY, HENRY, 1990). Ainsi, l'ethnométhodologie s'est fait une spécialité de l'analyse des échanges verbaux entre deux personnes dans l'exercice du travail.

2 En sociologie de l'emploi, le terme *activité* se réfère à la situation professionnelle de l'individu, qu'il soit effectivement actif ou à la recherche d'un emploi. Pour l'INSEE, sont considérées comme *actives* les personnes qui, la semaine précédant le recensement national, ont exercé une activité rémunératrice (même si la personne était en congés annuels payés ou en congé maladie) ou ont cherché du travail.

Mireille DADOY

bibliographie

BENGUIGUI Georges, GRISET Antoine, MONJARDET Dominique, *La Fonction d'encadrement*, « Bibliothèque du CEREQ », Documentation française, 1977.

DADOY Mireille, « Rôle et place de l'analyse du travail dans les systèmes d'évaluation de la qualification du travail », in *Le Travail humain* n° 2, 1991.

DADOY Mireille, HENRY Claude, HILLAU Bernard, TERSSAC Gilbert de, TROUSSIER Jean-François, WEILL-FASSINA Annie, *Les Analyses du travail. Enjeux et formes*, « Études du CEREQ », Documentation française, 1990.

DUBOIS Pierre, DURAND Claude, CHAVÉ Daniel, LE MAÎTRE Ginette, *L'Autonomie ouvrière dans les industries de série*, Groupe de sociologie du travail, 1976.

LAVILLE Antoine, *L'Ergonomie*, « Que sais-je ? », PUF, 1976.

LESNE Marcel, MONTLIBERT Christian de, *Formation et analyse sociologique du travail. Essai sur l'analyse qualitative des situations de travail*, « Bibliothèque du CEREQ », Documentation française, 1972.

MARUANI Margaret, REYNAUD Emmanuèle, *Sociologie de l'emploi*, « Repères », La Découverte, 1993.

MONJARDET Dominique, *Ce que fait la police. Sociologie de la force publique*, La Découverte, 1996.

MONTMOLLIN Maurice de, *L'Intelligence de la tâche*, Berne, Peter Lang, 1984.

OMBREDANE André, FAVERGE Jean-Marie, *L'Analyse du travail. Facteur d'économie humaine et de productivité*, PUF, 1955.

QUÉRÉ Louis (sous la dir. de), *La Théorie de l'action. Le sujet pratique en débat*, Éd. du CNRS, 1993.

TERSSAC Gilbert de, *L'Autonomie dans le travail*, PUF, 1992.

ADAPTATION

emprunté au latin *adaptare* « ajouter à »

all. ANPASSUNG	esp. ADAPTACIÓN
angl. ADAPTATION	ital. ADATTAMENTO

voir : ÉTHOLOGIE HUMAINE, SYSTÉMISME

1 L'*adaptation* au sens biologique est un processus par lequel l'organisme réagit aux transformations du milieu pour rétablir avec ses propres ressources un équilibre qui a été troublé.

2 Selon PARSONS, l'*adaptation* est une exigence fonctionnelle consistant, pour un système social, à se procurer des ressources — en biens et en services — d'agents humains, afin de se maintenir et d'évoluer.

3 En analyse systémique, il s'agit des réactions d'un système aux échanges avec les divers milieux qui le stimulent.

4 En psychologie sociale, l'*adaptation* de l'individu est un processus d'ajustement à un groupe d'appartenance, favorisé par la socialisation primaire et les expériences.

Claude RIVIÈRE

ADHÉSION

emprunté (1374) au latin *adhaesio*, dérivé de *adhaerere* « être attaché »

all. BEISTIMMUNG	esp. ADHESIÓN
angl. ASSENT	ital. ADESIONE

voir : ARGUMENTATION

Adhérer, c'est donner son assentiment, dire (ou se dire) qu'on est d'accord.

La question essentielle est de savoir si les procédures qui sont *efficaces* pour emporter l'*adhésion* sont *valides* logiquement, empiriquement ou moralement, et réciproquement. On peut, en effet, emporter la conviction en usant consciemment de stratagèmes divers, fondés par exemple sur l'autorité ou la séduction, mais on peut aussi tromper les autres en toute bonne foi en se trompant soi-même parce qu'on adhère, sans le savoir, à des propositions fausses ou parce qu'on commet, sans s'en apercevoir, des fautes de raisonnement (paralogismes). Inversement, les meilleures raisons du monde peuvent échouer à convaincre parce que celui qui argumente ne se soucie pas assez de son auditoire, des croyances que celui-ci entretient, des valeurs qu'il partage, des passions qui l'animent. À ces deux problèmes, symétriques et essentiels, s'en ajoutent deux autres, tous deux d'une grande modernité : d'un côté, on aurait tendance à penser que, pour adhérer à une croyance, il faut d'abord la comprendre. Pourtant les croyances religieuses (avec leurs « mystères ») et les mythes semblent un démenti notable à cette présupposition. D'un autre côté, on pourrait penser qu'il suffit d'adhérer à une position pour agir conformément à celle-ci; mais la volonté est faible et on agit parfois contre ce qu'on estime pourtant être son plus grand bien (par exemple en continuant à beaucoup fumer tout en étant convaincu que c'est nocif pour la santé).

Alban BOUVIER

bibliographie

ENGEL Pascal, « Les Croyances », in Denis KAMBOUCHNER, *Notions de philosophie*, « Folio », Gallimard, 1995, t. 2, pp. 9 à 101.

SPERBER Dan, *Le Savoir des anthropologues. Trois Essais*, Hermann, 1982.

ADMINISTRATION

du latin *administrare* « prêter son aide » ; il signifie depuis longtemps en droit civil « gestion d'un bien » ; on retrouve ce sens dans les expressions *conseil d'administration, administration industrielle et générale* (Fayol), et dans la formule célèbre de Saint-Simon *« on a remplacé le gouvernement des hommes par l'administration des choses ».*

all. VERWALTUNG	esp. ADMINISTRACIÓN
angl. ADMINISTRATION	ital. AMMINISTRAZIONE

voir : BUREAUCRATIE, ÉTAT, MANAGEMENT, ORGANISATION

Ensemble des agents chargés d'appliquer les lois et de mettre en œuvre les services publics, d'après les directives du gouvernement ou de ses représentants.

Concrètement, les nombreux agents de l'*administration* servent de grandes missions d'État : justice, défense, sécurité intérieure, affaires étrangères, finances, éducation et culture, santé et emploi, équipement, transports, agriculture, industrie... On trouve aussi une fonction publique territoriale (régions, départements, communes) et la sécurité sociale. Le point commun à toutes ces administrations, c'est qu'elles fournissent des services collectifs, financés par des prélèvements obligatoires (impôts ou cotisations sociales). Il ressort de cela qu'une entreprise publique n'est pas une administration. Un ouvrier de chez Renault, un employé du Crédit Lyonnais, un cheminot ou un pilote d'Air France ne sont d'ailleurs pas des fonctionnaires.

Pour cerner les organisations spécifiques que sont les administrations, il convient d'examiner leurs positions :

1 face à l'État ;
2 face aux usagers-citoyens-contribuables ;
3 engagées dans un processus de modernisation.

1 L'ADMINISTRATION FACE À L'ÉTAT. En droit, le politique commande à l'administratif. En fait, l'homme politique ne connaît jamais tous les rouages des services publics. Il est en outre souvent soumis aux aléas du calendrier électoral. De ce fait, la compétence technique et la continuité sont incarnées par le fonctionnaire qui connaît ses dossiers et peut opérer dans la durée. WEBER est un des premiers à avoir perçu ce renversement possible des rapports où des appareils administratifs puissants deviennent de véritables socles de l'État. Plutôt rassuré, il estime que la direction administrative instaure une domination légitime, beaucoup plus rationnelle que celle exercée par un chef charismatique ou une tradition immuable. Il vante la bureaucratie qui normalise le recrutement, l'emploi, la carrière et le statut des fonctionnaires pour en faire des agents protégés et donc objectifs, intègres, indépendants. Quarante-cinq ans après, ARON reprend cette analyse avec moins d'optimisme. Quand la frontière s'efface trop entre l'administration et le politique, on arrive à une fusion qui peut devenir perverse. C'est même un trait typique qui, complété par d'autres traits (contrôle de l'économie et des médias, terreur, parti unique...), caractérise le passage de la démocratie au totalitarisme*. Ce passage n'a rien d'inéluctable, d'autant que l'administration est aussi en rapport avec les usagers.

2 L'ADMINISTRATION FACE AUX USAGERS. Pour un usager exposé aux formulaires et aux guichets, l'administration a de multiples visages : accueil dans une mairie, contrôle du fisc, feuille de sécurité sociale... L'analyse de cette *« administration en miettes »*, menée par DUPUY et THOENIG, montre les rapports très différenciés établis par les fonctionnaires pour les usagers. La loi est la même pour tous ; mais des arrangements adaptés à chaque cas, à chaque sollicitation, sont adoptés avec souplesse et créativité, à tous les niveaux de la hiérarchie. Il en va de même dans les relations entre les administrations ou encore avec les entreprises. Des sociologues libéraux aussi bien que socio-démocrates s'accordent pour reconnaître l'efficacité des « lobbies » pour orienter les décisions politiques ou administratives en leur faveur. PADIOLEAU le montre pour le « lobbying » des sidérurgistes de 1945 à 1980 ; BAUER et COHEN pour l'énergie, la communication, l'électronique, la chimie... des années 70-80 en France. Entre l'image de la bureaucratie puissante et celle de multiples agences soumises à un public exigeant, l'administration est partout engagée dans des réformes vers plus de déconcentration et de proximité.

3 VERS LA MODERNISATION. La tradition colbertiste, jacobine et napoléonienne laisse des strates successives de centralisation administrative en France. Le poids des hauts fonctionnaires et des grands corps d'État se retrouve dans toutes les décisions. Aussi, toute réforme ne peut passer qu'avec leur assentiment. GRÉMION montre comment ceux-ci rétrécissent le contenu de la réforme des départements et des régions dans les années 60. JAMOUS montre qu'il faut la position de marginal sécant du professeur DEBRÉ — en contact avec les médecins, les politiques, les administratifs, les étudiants — pour faire aboutir la réforme des études médicales et des structures hospitalières. La modernisation est donc possible. En témoigne encore l'action menée par Serge Vallemont à l'Équipement dans les années 80. Il est certain que le cadre institutionnel conditionne la place qu'occupe l'administration dans la société. Après TOCQUEVILLE, COHEN-TANUGGI compare la France et l'Amérique du Nord. En France, un droit administratif dérogatoire du droit civil immunise l'appareil d'État contre une mise en cause trop directe de ses responsabilités. En Amérique, la régulation est identique pour les individus, les groupes privés et la fonction publique.

Pour conclure sur la seule administration, deux grands modèles coexistent dans le monde : l'anglo-saxon et le français. TROSA suggère d'emprunter à chacun ce qu'il a de meilleur. Il faudrait pour cela différencier des centres de responsabilité proches des usagers (comme les « agences » anglo-saxonnes) tout en intégrant l'ensemble au service du public (comme dans l'idéal français). On retrouve ici le problème central de toute organisation.

Jean-Michel MORIN

bibliographie

ARON Raymond, « Dimensions de l'ordre politique », in *Démocratie et totalitarisme*, Gallimard (1965) ; rééd. « Idées », 1972, chap. III, pp. 53 à 71.

BAUER Michel, COHEN Élie, *Les Grandes Manœuvres industrielles*, Belfond, 1985.

COHEN-TANUGGI Laurent, *Le Droit sans l'État. Sur la démocratie en France et en Amérique*, PUF, 1985.

DUPUY François, THOENIG Jean-Claude, *L'Administration en miettes*, Fayard, 1985.

GRÉMION Catherine, *Profession : décideurs. Pouvoir des hauts fonctionnaires et réforme de l'État*, Gauthier-Villars, 1979.

JAMOUS Haroun, *Sociologie de la décision. La Réforme des études médicales et des structures hospitalières*, Éd. du CNRS, 1969.

PADIOLEAU Jean, *Quand la France s'enferre. La Politique sidérurgique de la France depuis 1945*, « Sociologies », PUF, 1981.

TROSA Sylvie, *Moderniser l'administration. Comment font les autres ? Approche comparative en France, au Royaume-Uni et en Australie*, « Service Public », Éd. d'Organisation, 1995.

VALLEMONT Serge, *Moderniser l'administration. Gestion stratégique et valorisation des ressources humaines*, Nathan, 1991.

WEBER Max, « Le Métier et la vocation d'homme politique », in *Le Savant et le politique* (trad. J. Freund, introduction R. Aron), Plon (1959) ; rééd. « 10/18 », UGE, 1969, pp. 99 à 185.

WEBER Max, « La Domination légale à direction administrative bureaucratique », in *Économie et Société* (trad. Éric de Dampierre *et alii*), Plon (1971) ; rééd. « Agora », Pocket, 1995, t. 1, chap. III-2, pp. 290 à 301.

ADOLESCENCE

du latin *adulescencia*, même sens

all.	DIE JUGEND (« la jeunesse »), JUGENDALTER, DIE JUGENDLICHEN	esp.	ADOLESCENCIA, JUVENTUD
angl.	ADOLESCENCE, YOUTH	ital.	ADOLESCENZA

voir : CLASSE D'ÂGE, CONTRE-CULTURE, CYCLE DE VIE

L'adolescence (la jeunesse) caractérise cette classe d'âge qui débute avec la sortie de l'enfance (c'est-à-dire avec la maturité sexuelle) et s'achève, à une frontière qui varie selon les milieux sociaux, avec l'entrée définitive dans la société et l'accession à une fonction et à un statut reconnus comme étant ceux d'un adulte.

Acceptons pour vrai que la condition d'adulte est accordée quand l'individu reçoit le droit de prendre part — dans les limites que la société fixe au comportement adulte normal — à des responsabilités sexuelles, économiques, civiques, culturelles, cultuelles, etc. Ainsi la jeunesse est-elle, entre l'enfance et le temps des responsabilités, ce groupe qui campe dans des sortes de limbes sociaux, et les adolescents ces êtres qui, alors même qu'ils possèdent la plénitude de leurs forces, se voient soumis à une situation de gratuité, de facticité, d'asepsie sociale, sous la protection vigilante des institutions et de ceux pour qui elles semblent avoir été faites, les adultes à part entière. Dans les sociétés anciennes où les rôles et les statuts étaient clairement délimités, l'adolescent, occupant une place reconnue par la société globale, admettait les contraintes imposées par sa condition. Celles-ci faisaient partie du cycle social et de sa régulation « naturelle ». Mais dans les sociétés modernes, l'impossibilité d'une définition rigide et permanente des statuts de l'adolescent et de l'adulte fait que les rapports entre générations sont perpétuellement ambigus, concurrentiels et menacés. Par- dessus tout, la tendance des sociétés modernes à pérenniser cette période de l'adolescence, à la faire s'étendre parfois dix, quinze ans ou plus, permet difficilement de la qualifier d'intermédiaire et contribue à transformer la jeunesse en un état social existant par lui-même et déployant ses demandes propres.

Cette jeunesse, constituée en réalité sociale et porteuse de problèmes spécifiques, est une « invention » récente. Elle n'a pas deux siècles. Son apparition est liée aux possibilités économiques, pour une société, de soustraire à l'obligation du labeur un nombre de plus en plus grand d'individus et pour un temps de plus en plus long, afin de leur faire acquérir le savoir et les techniques exigés par le progrès et son accélération. À cela s'ajoute le processus d'extension de la privatisation du sujet ainsi que le devenir d'une famille qui se rétrécit et où triomphe « la loi du cœur ». Longtemps cette jeunesse ne fut que la jeunesse d'une école au recrutement étroit. Mais l'extension de la scolarité, la massification des universités entraînent une mutation quantitative. Devenue démographiquement une force, cette jeunesse est désormais comme une classe sociale et fait qu'on parle d'elle comme d'un « problème de la jeunesse ».

Crise de la jeunesse ? Cette jeunesse qui, dans chacune de ses attitudes, cherche à s'affirmer comme groupe distinct avec son style de vie, sa contre-culture, ses mots de passe, ses normes vestimentaires, pose-t-elle, de nos jours, un problème radicalement différent de celui que posaient la « flamboyante jeunesse » du temps de Francis Scott Fitzgerald, la « génération perdue » de Hemingway ou, plus loin encore, la jeunesse romantique européenne dans la torpeur bien-pensante de la Restauration, après la grande secousse napoléonienne ? N'y a-t-il qu'une différence résultant de la différence démographique ou bien y a-t-il un problème spécifique de la jeunesse avec ses paroxysmes ?

La caractéristique essentielle de la société industrielle est à cet égard l'accélération de l'histoire. Il y a aujourd'hui plus de différences que jamais entre deux générations. Une vie d'homme dans la société actuelle implique la traversée de paysages sociaux extrêmement différents. L'adolescent s'y trouve le contemporain d'une société tout entière étrangère à celle qu'a connue son propre père. Celui-ci tend à se référer aux modèles de relations qui le liaient à son propre père. Ainsi des temps différents existent au sein de cette société qui n'est, encore moins qu'une autre, jamais totalement contemporaine d'elle-même. Et l'adulte ne peut manquer de reconnaître que le modèle auquel il rapporte ses attitudes est inadéquat. D'où un sentiment d'inquiétude devant une jeunesse qui lui est étrangère et un sentiment de culpabilité, puisque le présent authentique — le présent de « demain » — est celui de la jeunesse, non celui de l'adulte ; car l'accélération de l'histoire n'est pas subie comme une fatalité mais vécue comme la valeur suprême de la société : le progrès. Acquiescer au devenir, poser que les valeurs authentiques ne sont pas celles d'hier mais celles de demain, faire de l'adhésion au mouvement la sagesse suprême, mène à conclure que ce sont les fils qui doivent enseigner aux pères. Mais c'est là une conséquence impossible et qui n'est acceptée que dans les domaines — de plus en plus importants, il est vrai — de la mode, des mœurs, du style d'existence et des vacances ; jamais, en l'état actuel des choses, dans ce qui relève du pouvoir économique ou politique.

La jeunesse expérimente donc l'ambiguïté d'un état qu'on lui concède. Elle découvre qu'elle incarne ou qu'elle crée des valeurs et des aspirations reprises par tous (la beauté, la sexualité, le plaisir, le loisir), mais elle découvre aussi qu'admirer la jeunesse, ce n'est pas accepter les jeunes. Il n'est pas difficile de comprendre que, face à ce monde qui à la fois la pose idéalement et la nie concrètement, elle se constitue en contre-société, en contre-culture et en inventant son propre imaginaire. Il n'y a pas, en vérité, de crise de la jeunesse mais une mutation profonde de la société, dans la confusion nouvelle de ses statuts familiaux et générationnels.

André AKOUN

bibliographie

DEBESSE Maurice, *L'Adolescence* (1979), « Que sais-je ? », PUF, 1993.

GALLAND Olivier, *Sociologie de la jeunesse* (1991), Armand Colin, 1997.

LAPASSADE Georges, *L'Entrée dans la vie* (1963), Anthropos, 1997.

AFFECT ET AFFECTIVITÉ

du latin *affectio* « attitude psychologique résultant d'une action externe ou interne »

all. AFFEKT, AFFEKTIVITÄT	esp. AFECTO
angl. AFFECT	ital. AFFETTO

voir : ÉMOTION, PASSION, PSYCHANALYSE ET SOCIOLOGIE, RÉVOLUTION

1. Affect : dimension subjective des états psychiques élémentaires depuis l'extrême de la douleur jusqu'au plaisir intense.

2. L'affectivité désigne l'ensemble des émotions, des sentiments et des passions individuels et collectifs.

1 La réflexion présociologique. La réflexion présociologique a abondamment décrit et distingué différentes formes de l'*affectivité* collective. PLATON construit une typologie du désir selon les trois classes sociales qu'il distingue : les désirs sensuels des artisans, le courage des guerriers, l'amour de la sagesse chez les philosophes. Il souligne aussi combien les passions dominantes sont différentes selon les constitutions : avidité des richesses dans les oligarchies, passion des honneurs dans les timocraties. MACHIAVEL décrit les passions dominatrices des grands, les désirs d'indépendance du peuple et sa haine à l'égard des puissants. TOCQUEVILLE fait une large place aux sentiments pour expliquer la stabilité des sociétés aristocratiques et la mobilité propre aux sociétés démocratiques. Dans ces dernières, trois passions « générales et dominantes » se mêlent ou s'opposent : la passion des biens matériels qui se substitue à la passion aristocratique de l'honneur, la passion omniprésente de l'égalité et, enfin, la passion de la liberté. Il y a tout lieu de craindre, selon Tocqueville, que la passion exigeante de l'égalité ne l'emporte et détourne les citoyens des démocraties de défendre leur propre liberté (Tocqueville, 1835-1840).

2 Les fondateurs de la sociologie. Ce problème des affectivités n'a pas été négligé par les fondateurs de la sociologie. MARX fait des périodes révolutionnaires des phases d'affectivité intense. Comme il l'écrit en évoquant la Révolution de 1848 : « [en ces périodes] *l'enthousiasme extatique est l'état permanent de la société* » (1852). Ces passions diverses, de peur, de colère, de haine, ont des conséquences directes dans l'action révolutionnaire : elles portent les uns au-delà d'eux-mêmes et les aident à réaliser les ruptures et les créations sociales ; elles détournent les autres, par la peur, de participer à l'action collective. DURKHEIM, dans *De la division du travail social*, différencie la solidarité mécanique et la solidarité organique par deux formes et deux intensités affectives : les sociétés à solidarité mécanique unissent les individus par des sentiments forts et intensément collectifs alors que la solidarité organique ne relie les individus que par des sentiments faibles et diffus. WEBER oppose au processus d'intellectualisation et de désenchantement du monde moderne les multiples attachements propres à la domination traditionnelle et les enthousiasmes qui entourent le chef charismatique. Quant à la connaissance des conduites affectives, elle requiert une méthode et une attitude spécifiques : la méthode compréhensive dont Weber fait une méthode caractéristique de la sociologie.

3 L'apport de Freud. FREUD a contribué à la sociologie des affectivités par le biais de la socio-psychanalyse des liens sociaux. Il propose, dans *Psychologie collective et analyse du moi*, l'analyse des « *structures libidinales* » qui rapprochent les individus par la communauté des identifications. Ces structures affectives peuvent se renforcer ou s'affaiblir : on le voit dans le cas typique de la panique où, par exemple, l'annonce de la mort du chef a pu, dans les guerres antiques, provoquer la débandade d'une armée par la destruction des identifications.

4 Sociologie des affectivités. Malgré cette longue tradition, les recherches sur les affectivités constituent un domaine délicat pour la sociologie et matière à contestation. Le souci d'objectivation, les méthodes quantitatives conduisent à négliger les données qualitatives de l'expérience. De plus, le privilège accordé aux déterminants économiques ou aux seuls comportements individuels et rationnels détourne d'étudier les émotions, sentiments et passions dans leurs dimensions sociales. Les domaines de manifestation des affectivités sont cependant multiples. Le monde de la vie privée, univers de la recherche des plaisirs et aussi celui des plus grandes souffrances, n'est pas isolé de la vie publique et requiert l'analyse sociologique. Aussi bien l'intérêt porté aux sociologies de la vie quotidienne et des rapports interpersonnels (LEFEBVRE, 1958 ; FERRAROTTI, 1981 ; MAFFESOLI, 1979) conduit à réinterroger la vie affective et à lui restituer son caractère d'objet sociologique. Cependant la vie privée n'est pas le seul domaine des affectivités. Les organisations, avec leurs rapports de pouvoir et leurs conflits, sont des lieux permanents de satisfactions et de frustrations. L'analyse structurale du fonctionnement des hiérarchies peut aider à comprendre l'intensité des jalousies et des haines dès lors que ces structures organisent la conquête des biens rares et contestés comme les titres ou les honneurs (BOURDIEU, 1984). S'accumulent en ces rivalités les investissements et les jalousies, peu intelligibles pour ceux qui ne participent pas à ces concurrences. Dans les entreprises industrielles, les méthodes de rationalisation du travail, comme le taylorisme* des années 30, cherchaient à éliminer toute affectivité des relations de travail au profit des activités parfaitement impersonnelles et mécanisées, mais les expériences ultérieures ont montré l'illusion qu'il y avait à proscrire les désirs et les affects dans le travail comme dans les rapports sociaux de l'entreprise. Et de même, une institution créée pour satisfaire des besoins sociaux (enseigner, juger, soigner) suscite nécessairement satisfactions et insatisfactions, plaisirs et douleurs. Les objectifs qu'elle vise sont sujets à estimations, favorables ou défavorables, à contestation dans leur principe et dans leur réalisation.

La vie politique est un domaine privilégié de l'étude des affectivités. La dimension socio-affective y est partout présente : *dans* les partis, où s'affrontent les jalousies et les convoitises, *entre* les partis où se proclament les appels à la confiance et à l'hostilité. Parvenus au pouvoir, les hommes politiques sont tenus d'appeler à la tolérance et à faire aimer l'avenir (ANSART, 1983). BRAUD fait l'hypothèse que la consolidation institutionnelle des démocraties est largement due à « *l'aptitude supérieure des démocraties à gérer, sans les étouffer, les dynamismes émotionnels qui traversent la société : frustrations sociales et agressivité, désirs d'illusions et peurs multiples, indifférence rampante coupée de politisations brusques* » (1991). L'importance et les conséquences de ces affects obligent à nuancer la distinction fréquemment proposée entre les sociétés marquées par l'affectivité et celles qui seraient caractérisées par la « neutralité affective ».

Pierre ANSART

bibliographie

ANSART Pierre, *La Gestion des passions politiques*, Lausanne, L'Âge d'Homme, 1983.

ANSART Pierre, *Les Cliniciens des passions politiques*, Seuil, 1997.

BOURDIEU Pierre, *Homo academicus*, Éd. de Minuit, 1984.

BRAUD Philippe, *Le Jardin des délices démocratiques*, Presses de la FNSP, 1991.

BRAUD Philippe, *L'Émotion en politique. Problèmes d'analyse*, Presses de la FNSP, 1996.

DURKHEIM Émile, *De la division du travail social* (1893), PUF, 1996.

LEFEBVRE Henri, *Critique de la vie quotidienne*, L'Arche, 1958.

MARX Karl, *Le 18-Brumaire de Louis Bonaparte* (1852), Éditions sociales, 1969.

PARSONS Talcott, *The Social System*, New York, Free Press, Londres, Collier MacMillan, 1951.

TOCQUEVILLE Alexis de, *De la démocratie en Amérique* (1835-1840), « Folio », Gallimard, 2 vol., 1986.

WEBER Max, *Essais sur la théorie de la science* (1922), Presses Pocket, 1992.

AFFINITÉ

voir : AFFECT, RÉSEAU

Relations d'attirance ou de préférence à l'intérieur d'un groupe entre personnes en fonction de leur similitude ou complémentarité.

CLASSE D'ÂGE ET PYRAMIDE DES ÂGES

du latin populaire *aetaticum* par les formes *edage, eage* (1080)

all. LEBENSALTER, ALTERSKLASSE, ALTERSPYRAMIDE	esp. (CLASE DE) EDAD, PIRAMIDE DE EDADES
angl. AGE	ital. (CLASSI DI) ETÀ, PIRAMIDE DELLE ETÀ

voir : ADOLESCENCE, COHORTE, DÉMOGRAPHIE, GÉNÉRATION, POPULATION, VIEILLESSE

Âge : *moment de la vie exprimé par le nombre d'années révolues depuis la naissance.*

CLASSE D'ÂGE. L'*âge* est l'une des trois dimensions (avec les dates du calendrier et la génération ou la cohorte) permettant de repérer les faits démographiques dans le temps et d'analyser une population en terme de *classe d'âge*. C'est donc une variable essentielle dans toutes les études sur la population, qu'il s'agisse de la procréation, de la constitution des unions, des migrations, de la mortalité. La détermination de l'âge comme critère de classement exprimé par un nombre d'années révolues (âge atteint au dernier anniversaire) ou par une date de naissance a été rendue possible par l'extension progressive des registres paroissiaux puis de l'état civil en Europe à partir du XVIe siècle et par l'organisation périodique de recensements.

La mesure du temps et la notion d'âge dépendent de pratiques sociales, culturelles et administratives qui changent selon les époques et les civilisations. Ainsi, dans plusieurs pays d'Asie (Chine, Corée, etc.), on utilise un calendrier lunaire fondé sur un cycle de douze ans. À sa naissance, un enfant est considéré comme étant âgé d'un an car la période de gestation est comptée pour une année de vie. Des données précises relatives à l'âge ne peuvent être obtenues lors des enquêtes dans ces pays que si l'on demande aux personnes interrogées leur date de naissance d'après le calendrier lunaire ou occidental (Population Council, 1971).

Dans les sociétés modernes, l'âge de l'état civil est constamment rappelé aux individus par les formalités administratives, les normes légales, les anniversaires, etc. L'âge légalement mesuré diffère de la représentation sociale des classes d'âges (les « jeunes », les « adultes », les « vieux ») dont la terminologie et la délimitation évoluent selon les rapports de force entre les groupes sociaux et les générations en vue d'accéder à certaines positions de pouvoir ou de modifier les conditions d'entrée ou de sortie de la vie active, la répartition des richesses ou celle des privilèges (LENOIR, 1990).

PYRAMIDE DES ÂGES. La structure par âge et par sexe d'une population peut être illustrée par un graphique : la *pyramide des âges* (généralement représentée au 1er janvier d'une année donnée, date à laquelle l'âge et la génération coïncident). Cette structure peut se traduire par année d'âge correspondant à une génération ou par groupes d'âges, généralement quinquennaux, chacun d'eux regroupant cinq générations.

La pyramide des âges est constituée par deux histogrammes accolés (la population féminine à droite, la population masculine à gauche par convention). Les anniversaires qui séparent chaque tranche d'âge ou groupe d'âges sont indiqués sur l'axe vertical central, les effectifs réels ou proportionnels (pour effectuer des comparaisons) sur l'axe horizontal.

Ce graphique permet de visualiser l'importance relative des effectifs de chaque génération (ou groupe de générations) dans la population totale. Il traduit aussi son régime démographique, selon qu'il s'agit d'une population « jeune » (base large résultant d'une natalité élevée, étagement fortement marqué) ou « vieille » (base étroite due à une natalité basse, étagement faiblement marqué), avec les niveaux de mortalité correspondants.

Enfin, la pyramide des âges reflète les grands traits de l'histoire de la population pendant un siècle (pertes de guerres et naissances empêchées par les conflits ou les crises, impact de l'immigration ou de l'émigration).

Léon GANI

bibliographie

DAGUET Fabienne, *Un siècle de démographie française, structure et évolution de la population de 1901 à 1993*, INSEE, série « Démographie, Société », n° 47-48, décembre 1995.

LENOIR Rémi, « Objet sociologique et problème social », in *Introduction à la pratique sociologique*, Dunod, 1990, pp. 53 à 100.

VALLIN Jacques, *La Démographie*, La Découverte, 1992.

EFFET D'ÂGE

voir : ENQUÊTE LONGITUDINALE

L'âge est une variable toujours délicate à utiliser. Mettre en évidence un changement d'état ou de comportement selon l'âge des individus ne suffit pas toujours à conclure qu'il s'agit d'un *effet d'âge*. Constater par exemple que les femmes de 45 ans ont en moyenne plus d'enfants que les femmes de 25 ans laisse évidemment le champ libre à une interprétation en terme d'âge. Mais derrière l'effet de l'âge peut également se cacher un *effet de génération*. Il est en effet très possible d'imaginer que les femmes qui ont 45 ans aujourd'hui appartiennent à une génération plus féconde que celle des femmes qui ont 25 ans, et que celles-ci, quand elles auront 45 ans, auront toujours moins d'enfants en moyenne que les précédentes.

Pour distinguer ce qui relève de l'âge de ce qui est relatif à la génération, pour démêler ces deux effets, il est nécessaire d'avoir à sa disposition une enquête longitudinale*. Dans l'exemple considéré ici, pour pouvoir conclure à un effet de l'âge, il faut d'abord s'assurer que les femmes de 45 ans n'avaient pas déjà plus d'enfants que les femmes de 25 ans, quand elles avaient leur âge.

Notons pour terminer que ce qu'on appelle *effet de génération* n'est pas autre chose qu'un signe de changement social, qu'il ne suffit pas de constater, mais qu'il est nécessaire d'expliquer.

Félicité des NÉTUMIÈRES

AGENT

emprunt au latin *agens*, participe présent substantivé de *agere* « agir »

voir : ACTEUR, ACTION, HABITUS, ORGANISATION, RÔLE

Celui qui a pour fonction d'agir pour autrui, pour une collectivité ou un gouvernement.

La distinction entre les concepts d'*agent* et d'*acteur* permet d'illustrer deux conceptions de l'action et de l'auteur de l'action. Une analyse soulignant la force des déterminations sur les sujets désignera, plus volontiers, les individus comme des *agents sociaux*, porteurs de dispositions inculquées (BOURDIEU, 1972), ou de fonctions imposées par les exigences du système (PARSONS, 1951). Au contraire, une analyse cherchant à souligner la marge de liberté des sujets usera davantage du terme d'*acteur* (CROZIER et FRIEDBERG, 1977).

Pierre ANSART

bibliographie

BOURDIEU Pierre, *Esquisse d'une théorie de la pratique*, précédée de *Trois études d'ethnologie kabyle*, Genève, Droz, 1972.

CROZIER Michel, FRIEDBERG Erhard, *L'Acteur et le système, les contraintes de l'action collective* (1977), Seuil, 1981.

PARSONS Talcott, *The Social System*, New York, Free Press, Londres, Collier MacMillan, 1951.

AGRÉGAT ET AGRÉGATION

voir : ÉMERGENCE, INDIVIDUALISME MÉTHODOLOGIQUE, EFFETS PERVERS

Le terme d'*agrégat* est utilisé par DURKHEIM pour désigner tout groupement humain avant toute caractérisation de ses organisations et institutions particulières.

Le terme d'*agrégation* est utilisé aujourd'hui pour désigner la dynamique qui résulte de la juxtaposition ou de l'interaction des comportements individuels. Dans cette signification, il a une portée essentielle dans le cadre de l'individualisme méthodologique. Suivant le principe selon lequel les phénomènes collectifs doivent être interprétés à partir des choix, préférences ou actions individuelles, il importe d'expliquer les structures et les comportements collectifs comme des effets d'agrégation. On cherchera alors à expliquer ces processus d'agrégation, soit, par exemple, par la coïncidence des préférences individuelles, soit par l'influence d'un environnement identique, soit par la pression de règles communes, ou par tout autre facteur favorable à ces processus. Cette agrégation des actions individuelles peut, en bien des cas, rendre compte de l'émergence d'effets pervers.

Pierre ANSART

bibliographie

BOUDON Raymond, *La Logique du social. Introduction à l'analyse sociologique*, Hachette, 1979.

SCHELLING Thomas C., *La Tyrannie des petites décisions* (1978), PUF, 1979.

AGRESSION ET AGRESSIVITÉ

voir : BANDE, URBANISME, VIOLENCE

Agression : *attaque violente contre une personne.*
Agressivité : *manifestations de l'instinct d'agression.*

En psychologie et en psychologie sociale, un large débat a opposé deux thèses sur les causes de l'*agressivité* et des *agressions*. L'une, dont FREUD peut être considéré comme le théoricien, attribue au sujet des pulsions naturelles le portant, selon des modalités individuelles multiples, aux agressions envers autrui. L'autre, plus inspirée des expériences de psychologie sociale, majore la relation entre l'agressivité et la frustration, et donc les facteurs exogènes.

Ce débat n'est pas sans signification en sociologie puisque la question se repose de savoir, dans un cas social concret, si l'agression est essentiellement liée aux dynamismes des sujets, éventuellement à leur culture, ou, au contraire, aux conditions du milieu dans lequel ils sont engagés et dont ils sont victimes. En se limitant au cas des agressions urbaines, on doit noter la grande pluralité des formes de violence et leurs degrés : depuis les bousculades dans un lieu public jusqu'aux coups et blessures, depuis les expressions actives ayant une forme ludique (lazzis, tags...) jusqu'aux diverses délinquances. Dans le cas de la ville, on a suggéré (RÉMY, VOYÉ, 1981) que des agressions sont souvent liées au non-respect des limites et des règles du territoire de chacun. En ce sens, l'intrusion est ressentie comme d'autant plus violente par les victimes qu'elle concerne un espace collectif hautement chargé de symbolique collective (résidence privée, quartier pour une bande juvénile).

Pierre ANSART

bibliographie

DOLLARD JOHN, DOOB Leonard W., MILLER Neal E., MOWRER O. Hobart, SEARS Robert R., *Frustration and Agression*, New Haven, Yale UP, 1939.

RÉMY Jean, VOYÉ Liliane, *Ville, ordre et violence : formes spatiales et transaction sociale*, PUF, 1981.

AIRE CULTURELLE

all. KULTURGEBIET	esp. ÁREA CULTURAL
angl. CULTURE AREA	ital. AREA CULTURALE

voir : CULTURALISME, RELATIVISME

Espace géographique et social où s'échangent et se répandent des caractéristiques culturelles communes.

C'est un concept forgé par l'anthropologie culturelle pour rendre compte de systèmes de valeur et de modes de vie des membres d'une même culture ou de plusieurs cultures partageant des points communs. Concept opératoire, l'*aire culturelle* n'implique pas du tout une conscience commune reconnue et partagée. Comme l'écrit HERSKOVITS : « *Les individus d'une société donnée sont si proches de leurs traditions qu'ils sont beaucoup plus impressionnés par les différences entre eux et leurs voisins que par les ressemblances. Or, pour le savant qui considère un continent entier, ces différences sont minimes.* »

André AKOUN

bibliographie

HERSKOVITS Melville J., *Anthropologie culturelle*, Payot, 1967.

SONDAGE ALÉATOIRE

du latin *alea* « coup de dé »

all. ZUFALLS-	esp. ALEATORIO
angl. RANDOM SAMPLE	ital. ALEATORIO

voir : SONDAGE

L'adjectif *aléatoire* apparaît d'abord en droit au XVIe siècle, puis dans le langage courant au XIXe siècle, et enfin en statistique et en musique de nos jours, pour évoquer la présence et l'action du hasard.

Félicité des Nétumières.

ALIÉNATION

du latin *alienatio* « vente, renonciation », choisi au XXe s. pour traduire l'allemand *Entfremdung*, désignant chez Hegel, puis Marx, l'état dans lequel l'être humain est détourné de son être et de sa conscience véritables

all. ENTFREMDUNG	esp. ALIENACIÓN, ENAJENACIÓN
angl. ALIENATION	ital. ALIENAZIONE

voir : DOMINATION, MARXISME

Processus par lequel une dimension de l'être social est objectivée par le sujet humain qui, de ce fait, se trouve, dans la méconnaissance, assujetti à sa propre création.

Le terme a une grande variété de significations selon qu'il s'inscrit dans le registre juridique (où il désigne le transfert, d'un propriétaire à un autre, de l'*usus*, l'*abusus* ou le *fructus* d'une chose), psychiatrique (où il désigne l'aliénation mentale), théologique (où il désigne l'acte par lequel Dieu s'extériorise dans sa création), philosophique (dans la philosophie allemande, hégélienne et posthégélienne) ou sociologique.

Chez FEUERBACH, la notion reçoit un contenu que la sociologie critique reprendra. Elle désigne l'aliénation religieuse. Dieu, nous est-il dit, est la transposition, dans le ciel, de l'essence de l'homme devenue étrangère à son producteur. Celui-ci s'assujettit alors à sa propre création érigée en sujet absolu. On voit, dans cette analyse, se dessiner les grandes lignes du concept, avec cette dialectique de l'imaginaire où le réel s'irréalise et où l'irréel se réalise dans un processus où le Soi devient Autre dans la méconnaissance.

C'est cependant avec MARX que la notion se fait concept sociologique. Dans les *Manuscrits* de 1844 on lit : « *L'*aliénation *de l'ouvrier signifie non seulement que son travail devient un objet, une existence extérieure, mais que son travail existe en dehors de lui, indépendamment de lui, étranger à lui et devient une puissance autonome vis-à-vis de lui, que la vie qu'il a prêtée à son objet s'oppose à lui, hostile et étrangère.* » Cette aliénation dans le produit du travail implique l'aliénation dans l'acte même de la production. « *Dans son travail* [l'ouvrier] *ne s'affirme pas mais se nie, ne se sent pas à l'aise mais malheureux, mortifie son corps et même son esprit. En conséquence, l'ouvrier n'a le sentiment d'être auprès de lui-même qu'en dehors de son travail et, dans le travail, il se sent en dehors de soi.* » On retrouvera un approfondissement de ces analyses dans la notion de *réification* de LUKÁCS, par laquelle il cherche à rendre compte de la pétrification des rapports humains dans la société marchande. Plus près de nous, alors que le monde ouvrier laisse une place grandissante aux « encadrements », la notion d'aliénation sera utilisée pour décrire les différentes formes d'aliénation bureaucratique et politique (cf. l'École de Francfort). Elle tendra parfois à devenir une sorte de concept-valise qui indexe tous les petits et grands mécontentements des sociétés modernes et l'explication purement verbale de ses malaises identitaires. Si, malgré ces dérives, la notion d'aliénation a une richesse incontestable, il reste qu'elle se défait difficilement d'une incontestable ambiguïté. Elle reste attachée aux postulats de ses origines philosophiques où un Sujet (par exemple le prolétariat), dépossédé de son être, le récupère dans l'acte de sa désaliénation. On est dans l'illusion sociale, avec son messianisme lié à celui des philosophies de l'histoire et son utopie d'une humanité totalement maîtresse de soi et transparente à elle-même.

D'autres tentatives ont été faites (notamment par SEEMAN) pour sociologiser le concept, voire l'ouvrir à une approche quantitative, au risque d'un appauvrissement de la notion. Mais dans ces tentatives de faire de l'aliénation un concept positif, on est amené à en réduire son objet à une simple pathologie, équivalente, en sociologie, de l'aliénation mentale en psychiatrie ou encore à une variété de l'anomie*.

André AKOUN

bibliographie

FEUERBACH Ludwig, *L'Essence du christianisme* (1864), Maspero, 1968.

LEFORT Claude, « L'Aliénation comme concept sociologique », *in Cahiers internationaux de sociologie*, janvier-juin 1955.

LUKÁCS György, *Histoire et conscience de classe*, Éd. de Minuit, 1960.

SEEMAN Melvin, « On the Meaning of Alienation », in *American Sociological Review*, XXIV, 6, 1959.

SEEMAN Melvin, « Organization and Powerlessness. A Test of the Mediation Hypothesis », in *American Sociological Review*, XXIX, 2, 1962.

VIDAL Daniel, « Un cas de faux concept : la notion d'aliénation », in *Sociologie du travail*, Seuil, 1969.

ALLÉGEANCE

emprunté (1661) à l'anglais *allegiance*, de l'ancien français *li(e)jance* « condition de l'homme lige »

all. UNTERWÜRFIGKEIT	esp. JURAMENTO DE FIDELIDAD
angl. ALLEGIANCE	ital. FEDELTÀ

voir : FÉODALISME, LIEN SOCIAL

1. Ce terme juridique désigne, en régime de féodalité, l'obligation d'obéissance et de fidélité, engagée sous serment, par le vassal à l'égard du suzerain dont il était le sujet.

2. Il désigne aujourd'hui l'acte par lequel une personne reconnaît sa dépendance par rapport soit à un État et à ses institutions en tant que citoyen, soit à un chef politique dont il accepte les directives et dont il reçoit protection en retour.

*
* *

ALLIANCE

du latin *alligare* « attacher à, mettre avec »

all. BÜNDNIS, ALLIANZ, VERBINDUNG	esp. ALIANZA
angl. ALLIANCE	ital. ALLEANZA

voir : ENDOGAMIE, INCESTE, MARIAGE, PARENTÉ

Acte par lequel des personnes ou des groupes contractent un engagement réciproque.

La science politique conçoit l'*alliance* comme un accord conclu entre partis (alliance électorale, parlementaire, gouvernementale) ou entre États, par traités (la Sainte Alliance), en vue d'atteindre des objectifs communs sans toutefois que l'autonomie des groupes soit en cause. En France, on connaît en 1924 le Cartel des gauches, en 1936 le Front populaire, en 1972 l'Union de la gauche.

En science des religions, l'Ancien Testament donne de multiples exemples d'accords entre Dieu et les hommes : avec Noé après le déluge, avec Abraham ensuite, puis avec Moïse sorti d'Égypte avec le peuple hébreu, alliance solennellement célébrée au Sinaï et représentée par les Tables de la Loi mises sous reliquaire (l'Arche d'alliance). Les prophètes célèbrent l'alliance de Dieu et de son peuple. Dans le Nouveau Testament, les évangélistes et Paul parlent du *« sang de l'alliance nouvelle »* à propos de l'Eucharistie, tout en se référant à l'Exode et à Jérémie.

En anthropologie, l'*alliance par le sang* est une forme archaïque de foi jurée entre partenaires, qui par consommation d'un peu de sang de l'autre, après légère incision, crée une sorte de fraternité entre individus ou groupes qui ont ainsi fortement symbolisé leur contrat mutuel. Dans un cadre d'anthropologie de la parenté, l'alliance matrimoniale lie deux individus de sexe différent par un faisceau de droits et d'obligations mutuelles. Elle opère un remaniement de la structure sociale légitimé par la coutume. Elle conditionne les processus de filiation, de résidence, d'appellation, d'héritage, d'attitudes et ouvre la voie à la procréation légitime dans le groupe conjugal. Généralement, un rite religieux ou civil de mariage solennise le changement de statut des nouveaux époux et la création de liens juridiques, sociaux, économiques... entre le groupe de filiation du mari et celui de la femme.

L'alliance par mariage obéit à la règle d'exogamie, qui interdit d'épouser certains parents proches. Si l'échange des femmes, à l'instar de l'échange des biens et des messages, a pour fonction d'étendre les réseaux de rapports sociaux, il arrive qu'un mariage préférentiel soit prescrit notamment entre cousins croisés. Ce type d'échange restreint, LÉVI-STRAUSS le différencie de l'échange généralisé qui brise la réciprocité en ce que le donneur de femmes à un groupe est receveur de femmes d'un autre groupe, le sens du don des femmes étant toujours le même, parfois à échéance d'une ou deux générations. Lorsque au lieu de ces échanges directs, une femme est compensée par un symbole admis appelé dot : bœuf, objet, somme d'argent..., on parle d'échange indirect. Dans les sociétés polygames peuvent être recommandés le lévirat (coutume d'épouser la veuve ou les veuves d'un frère aîné décédé) ou le sororat (remplacement d'une épouse décédée par l'une de ses sœurs plus jeune, ou encore participation d'une ou de plusieurs sœurs à la vie conjugale de leur aînée).

Claude RIVIÈRE

bibliographie

DUMONT Louis, *Introduction à deux théories d'anthropologie sociale*, Mouton, 1971.

FOX Robin, *Anthropologie de la parenté* (1967), Gallimard, 1972.

LÉVI-STRAUSS Claude, *Les Structures élémentaires de la parenté*, Mouton, 1949.

ALTRUISME

du latin *alter* « autre »

all. ALTRUISMUS, NÄCHSTENLIEBE	esp. ALTRUISMO
angl. ALTRUISM	ital. ALTRUISMO

voir : AFFECT, INDIVIDUALISME, SENTIMENT

Attitude morale qui privilégie autrui et qui pose que dans ce rapport à l'autre, l'individu s'élève au-dessus de lui-même et de son amour-propre.

Ainsi, dans la tradition biblique, il n'est amour de Dieu qui ne soit amour du prochain et amour de l'étranger. En ce sens, l'*altruisme* n'est pas affaire de sentiment : il est fondement même de la réalisation de soi, inséparable de l'exigence de l'universel, c'est-à-dire de l'humanité. Comme l'écrit MONTESQUIEU : « *Si je savais quelque chose qui me fût utile et qui fût préjudiciable à ma famille, je la rejetterais de mon esprit. Si je savais quelque chose utile à ma famille et qui ne le fût pas à ma patrie, je chercherais à l'oublier. Si je savais quelque chose utile à ma patrie et qui fût préjudiciable à l'Europe, ou bien qui fût utile à l'Europe et préjudiciable au genre humain, je la regarderais comme un crime.* »

Cette identification de l'altruisme à l'universalité est au principe des démocraties modernes ; en ce sens, elles se distinguent de l'ethnocentrisme* naturel des sociétés qui réduisent l'humanité à l'espace de leur propre territoire et rejettent comme radicalement autres, barbares, sauvages, ces « autrui » étrangers. Ce qui ne signifie pas pour autant une coexistence non conflictuelle, et l'universalisme ne garantit pas une communauté fraternelle (rappelons que Caïn et Abel étaient frères).

André AKOUN

AMBIGUÏTÉ

emprunté (1495) au latin *ambigere*, composé de *ambi* « de côté et d'autre » et de *agere* « pousser, marcher »

all. ZWEIDEUTIGKEIT	esp. AMBIGÜEDAD
angl. AMBIGUITY	ital. AMBIGUITÀ

voir : ADHÉSION, ARGUMENTATION

Caractère de ce qui a plusieurs sens et ne permet pas une interprétation univoque.

On peut s'interroger sur la nature et sur la fonction de l'ambiguïté.

1 Concernant sa nature, différentes théories s'affrontent, selon qu'on considère qu'il s'agit d'un phénomène relevant de la *langue* (auquel cas, on distingue l'ambiguïté par polysémie, elle-même de différentes sortes, de l'ambiguïté par simple homonymie) ou de la seule *parole* ou du seul *discours* (auquel cas cela permet de rendre compte du fait que les mots polysémiques ou homonymiques ne créent pas forcément d'hésitation, un contexte étant donné, sur leur signification véritable). Les sciences sociales sont confrontées à l'ambiguïté de termes très généraux, comme ceux de *liberté*, de *droit*, etc., ou plus particuliers, comme celui de *cadre* (ceux qui se considèrent comme cadres ne sont pas forcément considérés comme tels dans les catégories de l'INSEE). Des phénomènes de polysémie, il est encore utile de distinguer les phénomènes liés au « vague », à l'imprécision des termes du lexique et renvoyant notamment aux croyances et, de façon générale, à ce qui concerne les phénomènes continus et susceptibles de degrés (l'expression *je crois* est très « vague » au sens où elle peut, selon les contextes, renvoyer à un degré de croyance très fort ou au contraire très faible).

2 Concernant la fonction de l'ambiguïté : d'un point de vue épistémologique, l'ambiguïté est forcément à pourchasser; mais d'un point de vue social ou politique, il y a des ambiguïtés providentielles en termes d'efficacité, notamment si on met la paix civile au-dessus de tout.

Alban BOUVIER

bibliographie

FUCHS C. (éd.), *Aspects de l'ambiguïté et de la paraphrase dans les langues naturelles*, Berne, Peter Lang, 1985.

AMITIÉ

du latin *amicitia*, même sens

all. FREUNDSCHAFT	esp. AMISTAD
angl. FRIENDSHIP	ital. AMICIZIA

voir : AFFECT, MŒURS, SENTIMENT

D'après le Petit Robert, « sentiment réciproque d'affection ou de sympathie qui ne se fonde ni sur les liens du sang ni sur l'attrait sexuel. »

Dans la tradition gréco-latine l'*amitié* est objet de culte : en même temps, c'est un objet de la philosophie, en particulier de la morale. Aristote en distingue trois espèces : celle fondée sur l'utilité, celle fondée sur le plaisir, et la dernière, l'idéal à atteindre, sur la vertu. Pour CICÉRON, l'amitié est ce qui accorde les choses divines et humaines.

Le statut de l'amitié, la valeur de référence qu'elle constitue, les (mâles) vertus qui lui sont conférées à travers les témoignages, la littérature ou la morale sont diversifiés dans le temps et dans l'espace. « *À l'invention qui régit chaque rencontre particulière correspondent des conditions historiques de possibilité. Chacun agence les modèles dont il dispose en fonction de la position qu'il occupe : l'amitié fournit des repères sociaux autant qu'elle permet d'affirmer une identité, une singularité* » (VINCENT-BUFFAULT). L'amitié apparaît tardivement dans le champ des sciences sociales, elle est incrustée dans les interrogations sur les phénomènes de sociabilité (relations sociales, réseaux), d'une part, et les analyses des représentations (imaginaire des relations, « utopie intimiste »), d'autre part. Le concept d'amitié n'est pas objectivement « mesurable ». Les objets étudiés sont ceux définis par les sujets eux-mêmes, à savoir les relations amicales déclarées et les valeurs assignées à ce type d'affect particulier. Néanmoins, il ressort que les pratiques comme les définitions obéissent à des régularités socialement marquées. Les relations amicales sont très largement des relations d'élection sociale. On constate en effet une homologie d'âge, de position sociale, de position dans le cycle de vie et dans une moindre mesure de sexe. La durée de vie et l'étendue de ces relations sont socialement régulées de la même manière. Les affects subissent des régulations et des modelages sociaux. « *L'amitié est fille de l'égalité* », écrit PROUDHON, indiquant intuitivement les conditions sociales de son émergence, l'idée du fondement de l'amitié sur la ressemblance sociale.

Mais la quasi-homogénéité statistique n'entraîne pas une disposition égale des classes ou des groupes à créer des relations amicales ou à en tirer le même « bénéfice » social. L'hypothèse de variations des investissements affectifs et de leurs incidences sociales est un domaine encore peu abordé en sociologie. Il y a des enjeux psychiques et sociaux de l'amitié. Cela implique que la société est active dans la direction des affects et dans l'instillation des valeurs qui les soutiennent.

Le niveau des représentations, des discours est le second axe dominant dans les études sur l'amitié. On y repère des valeurs invariantes et universelles : la confiance, la confidence, la complicité, le partage, l'entraide. Ces valeurs renvoient à la dimension du déterminisme individuel de l'amitié et jouent comme une espèce de négation des variations sociales de cet affect.

France AUBERT

bibliographie

ALLAN Graham A., *A Sociology of Friendship and Kinship*, Londres, Allen & Unwin, 1979.

ARISTOTE, *Éthique à Nicomaque*, Garnier-Flammarion, 1992.

AUBERT France, « Compter ses amis », in *Variations sociologiques*, L'Harmattan, 1992.

BIDART Claire, *L'Amitié, un lien social*, La Découverte, 1997.

BOURDIEU Pierre, « Le Capital social. Notes provisoires », in *Actes de la recherche en sciences sociales*, n° 31, 1980, pp. 2 et 3.

CICÉRON, *L'Amitié*, Éd. Mille et une nuits, 1995.

DEGENNE Alain, FORSÉ Michel, *Les Réseaux sociaux*, Armand Colin, 1994.

MAISONNEUVE Jean, LAMY Lubomir, *Psycho-sociologie de l'amitié*, PUF, 1993.

MONTAIGNE Michel de, *Essais*, « La Pléiade », Gallimard, 1980.

PARADEISE Catherine, « Sociabilité et culture de classe », in *Revue française de sociologie*, n° 21, 1980, pp. 571 à 597.

REOHR Janet Ruth, *Friendship ; an Exploration of Structure and Process*, Londres, Garland Publications, 1991.

VINCENT-BUFFAULT Anne, *L'Exercice de l'amitié. Pour une histoire des pratiques amicales aux XVIIIe et XIXe siècles*, Seuil, 1995.

WILLMOTT Peter, *Friendship Networks and Social Support*, Policy Studies Institute, Londres, 1987.

*
* *

ANALOGIE

du latin *analogia*, emprunté au grec *analogia* « proportion »

all. ÄHNLICHKEIT	esp. ANALOGÍA
angl. ANALOGY	ital. ANALOGIA

voir : FORME, HOMOLOGIE

1. Au sens premier, c'est l'identité du rapport qui unit deux à deux plusieurs couples. Ainsi, en mathématique, on appelle raisonnement par analogie *le raisonnement qui permet, connaissant trois termes, de calculer le quatrième (calcul de la quatrième proportionnelle).*
2. Au sens large, le raisonnement analogique *permet de conclure à partir d'une ressemblance des objets sur lesquels on raisonne.*

L'*analogie,* nous dit Gaston BACHELARD, peut constituer un « *obstacle épistémologique* », qui résulte d'une simple métaphore qui s'ignore comme telle. C'est ainsi que procède la connaissance préscientifique. Par exemple, comparer, comme le fait ARISTOTE, le rôle du sang dans l'organisme aux canaux d'irrigation dans un jardin, sans tenir compte que le sang est d'abord circulation et que dans l'irrigation l'eau se perd dans la terre. Le concept scientifique, conclut Bachelard, tourne le dos à l'analogie et se méfie de l'image. Cependant, on peut objecter à une condamnation absolue et reconnaître que, précautions prises, l'étude d'un objet peut fournir des modèles transposables ailleurs (ainsi en est-il de l'importation de modèles biologiques, ou encore un certain type de holisme), et que c'est là une forme heureuse du raisonnement par analogie. De même on peut souligner le rôle heuristique de l'analogie dans la découverte.

Il reste qu'il y a un « *démon de l'analogie* », plus particulièrement dans les sciences sociales. Il suffit d'évoquer la façon dont les premiers sociologues assimilaient la société à un être vivant (COMTE, SPENCER). Il faut noter la force de conviction que suscite le raisonnement analogique. Cette conviction est à comprendre comme force de l'imagination et comme expression naturelle du vécu. Après tout, n'infère-t-on pas des sentiments d'autrui à partir de leur expression et de leur analogie avec les nôtres ?

André AKOUN

ANALYSE DE CONTENU

all. INHALTANALYSE	esp. ANÁLISIS DE CONTENIDO
angl. CONTENT ANALYSIS	ital. ANALISI DEL CONTENUTO

voir : ÉPISTÉMOLOGIE, MÉTHODES, SOCIOLINGUISTIQUE

Ensemble de procédures de réduction d'un univers de significations (textes et/ou images) en unités de sens et d'analyse de leurs liens internes et externes, en vue d'en révéler une configuration significative pertinente.

D'abord consacrée à des études de presse autour des années 20, l'*analyse de contenu* s'est rapidement étendue à tous les types de discours. Elle est devenue dans les sciences humaines et sociales un instrument de référence des chercheurs.

1 Caractères généraux. Divers points communs se retrouvent dans une multiplicité de techniques en permanente évolution :

1 OBJECTIF DE L'ANALYSE : il s'agit d'extraire d'un cor-

pus de textes un sens échappant à l'intuition immédiate et permettant d'inférer diverses caractéristiques de son (ou de ses) émetteur(s). Cet objectif très général peut aussi bien s'inscrire dans une visée scientifique fondamentale que servir des intérêts pratiques immédiats;

2 PRINCIPES GÉNÉRAUX : l'univers d'analyse est constitué d'un *corpus* de textes (questions ouvertes d'un questionnaire, entretiens, coupures de presse, tracts, discours officiels, manuels scolaires, etc.) ou d'images, répondant à un certain nombre de critères : *exhaustivité* (ou *représentativité*, s'il s'agit d'un échantillon), *homogénéité*, *pertinence* par rapport à la problématique de la recherche. Chaque objet du corpus (chaque texte s'il s'agit d'un ensemble de textes, ou chaque entretien) est découpé selon des règles rigoureusement identiques, en *unités de sens* et, si nécessaire, en *unités de comptage*. Les premières constituent les *catégories* dans lesquelles l'analyse va traduire le discours étudié ; les secondes l'instrument de leur décompte (phrase, paragraphe, nombre de mots, etc., selon la formule *n* unités de sens par unité de compte). La nature des unités de sens définies par le chercheur (formes lexicales, thèmes, propositions, relations logiques, figures de style, ruptures, etc.) commande des opérations de *réduction* et de *codification*. Le matériau ainsi obtenu, traduisant le corpus d'étude selon la perspective induite par la problématique, est soumis à de nouvelles procédures, soit de réduction pour parvenir à une ou plusieurs matrices formelles, soit de comparaisons internes pour repérer des co-occurrences, des jeux d'association et d'exclusion, soit de confrontation avec certaines caractéristiques objectives des émetteurs, etc. Sur la base de ces ultimes transformations s'opère la dernière phase de l'analyse : l'interprétation;

3 CRITÈRES : l'analyse doit être *exhaustive* (ne pas laisser de résidu inexpliqué), *fidèle* (tout lecteur honnête doit pouvoir rétablir les équivalences entre le discours initial et sa forme réduite ultime), *objective* (les même items doivent pouvoir être analysés de la même façon par des personnes différentes) et *pertinente* (en cohérence avec la problématique initiale et les objectifs qu'elle déterminait, exploratoires ou probatoires). En pratique, exhaustivité et fidélité sont modulables selon le type d'analyse, tandis que l'objectivité peut donner lieu à des procédures de contrôle formelles (par test) ou informelles (par saturation).

2 Les techniques d'analyse. Recenser et classer les diverses techniques utilisées est une tâche difficile. On ne peut ici, au-delà de l'opposition, peu pertinente en l'occurrence, entre quantification et analyse qualitative, qu'esquisser certaines lignes organisatrices.

1 L'analyse peut porter sur des *significations* ou sur des *indicateurs formels* : dans le premier cas, il pourra s'agir — c'est la situation la plus simple (BARDIN) — de l'*analyse thématique* (découpage du texte en un ensemble fini de thèmes), ou de l'*analyse lexicale* (portant sur les champs lexicaux dominants du corpus), ou de l'*analyse propositionnelle* (ramenant les textes à une liste finie de propositions standardisées) (GHIGLIONE), ou de l'*Evaluative Assertion Analysis* d'OSGOOD (recensant les opinions des locuteurs et mesurant leur intensité). Dans le second cas, l'étude porte sur la structuration du lexique et de la syntaxe des textes étudiés. Divers indices peuvent être construits (nombre moyen de mots par phrase, pourcentage de mots différents, pourcentage de mots outils, etc.), rendant possible l'*analyse lexicométrique* exhaustive du corpus. D'un point de vue clinique, des entretiens peuvent être analysés du seul point de vue des divers indicateurs énonciateurs de troubles (répétitions, silences, ruptures, lapsus, etc.).

2 L'analyse peut être *transversale* ou *longitudinale* : dans le premier cas, le développement linéaire des textes est laissé de côté au profit de leur découpage en unités déterminées. L'important n'est pas l'enchaînement séquentiel, mais les diverses confrontations intertextuelles des unités de sens dégagées. La plupart des analyses présentées ci-dessus sont de ce type. Dans le second cas, les textes sont considérés comme un travail du sens en construction (d'UNRUG). L'émetteur y est directement présent à travers une pensée qui s'organise, se perd, évite ou résout des tensions. L'*analyse de l'énonciation*, attentive notamment aux formes argumentatives, figures de rhétorique et scories diverses (lapsus, ruptures, contradictions, etc.), est, ainsi définie, particulièrement adaptée au traitement d'entretiens.

3 L'analyse peut être *descriptive* ou *herméneutique* : dans le premier cas, elle vise à fournir un résumé du corpus accentuant des traits indiscernables à la simple lecture ; dans le second, elle prétend atteindre des modèles de significations *latents* (Rémy), organisant la construction mentale de la réalité chez les émetteurs *(herméneutique collective)* ou des structures formelles définissant des matrices *inconscientes* de production du sens *(analyse structurale)*.

Les diverses techniques d'analyse de contenu constituent des outils indispensables, dont le fondement reste flou et le maniement délicat. Le texte y est, selon les perspectives, un *message*, un *reflet*, un *symptôme*, un *effet matriciel*, un *espace de négociation symbolique*. Le développement récent de logiciels d'analyse automatique du discours met à la portée de tous un outil dont la puissance masque mal les pièges en induisant le sentiment d'une traduction « objective » du corpus en une configuration de sens déterminée. Seul un lien étroit avec une problématique rigoureuse, définissant strictement le statut des analyses à mener dans le cadre de la recherche conduite, est susceptible de limiter ces risques. Cependant, d'un point de vue global, la faible cumulativité des techniques, l'irréductible labilité de l'interprétation, les risques constants d'artificialisme invitent à une vigilance épistémologique permanente.

Jean-Michel BERTHELOT

bibliographie

BARDIN Laurence, *L'Analyse de contenu*, PUF, 1977.

RÉMY Jean, RUQUOY D. (éd.), *Méthodes d'analyse de contenu et sociologie*, Facultés universitaires Saint Louis, Bruxelles, 1990.

GHIGLIONE Rodolphe, BEAUVAIS Jean-Louis, CHABROL C., TROGNON A., *Manuel d'analyse de contenu*, Armand Colin, 1980.

d'UNRUG M.-C. , *Analyse de contenu et acte de parole*, Éditions universitaires, 1974.

ANALYSE DÉMOGRAPHIQUE

du grec « délier, décomposer » *(analyse)*, et de *démographie*

all.	DEMOGRAPHISCHE ANALYSE	esp.	ANÁLISIS DEMÓGRAFICO
angl.	DEMOGRAPHIC ANALYSIS	ital.	ANALYSI DEMOGRAFICA

voir : DÉMOGRAPHIE, POPULATION, TABLE DÉMOGRAPHIQUE

Analyser consiste à séparer un tout complexe en ses différents éléments mais aussi à identifier les interactions entre ces mêmes éléments pour comprendre la dynamique et la spécificité de l'ensemble étudié.

L'analyse démographique s'applique ainsi à analyser les populations humaines.

En démographie, l'*analyse* s'appuie sur des données numériques brutes (recensements, état civil, enquêtes, statistiques administratives diverses) pour déterminer, par différentes méthodes, les caractéristiques des phénomènes observés et leur contribution à la dynamique des populations. Un champ très étendu de l'analyse démographique s'organise autour de l'approfondissement des mécanismes de renouvellement des groupes humains par les entrées (naissances, immigration), les sorties (décès, émigration) et la coexistence des générations, groupes d'individus qui constituent une population à un moment donné de son histoire (PRESSAT, éd. 1969). Par son rôle majeur dans la transformation des données d'observation en résultats élaborés, l'*analyse démographique* caractérise la discipline dont elle constitue le « noyau dur ».

Analyse transversale et analyse longitudinale. C'est surtout dans la deuxième moitié du XXe siècle que l'analyse démographique a pris une importance considérable dans les travaux de recherche sur les populations et que ses ramifications sont devenues de plus en plus complexes et diversifiées.

- En effet, jusqu'à la dernière guerre, les phénomènes démographiques étaient étudiés presque exclusivement dans le cadre périodique où les données étaient collectées, par année ou groupe d'années. C'est pourquoi l'*analyse transversale* dominait largement les recherches sur la population — la mortalité étant prioritaire. Peu de travaux étaient consacrés à la succession des faits (naissances, mariages, décès) tout au long de la vie d'une génération (HENRY, 1972). Or, les indicateurs transversaux (ou indicateurs du moment), qui mesurent un phénomène dans les limites d'une « coupe » annuelle, combinent des données relatives à plusieurs générations, observées à un moment précis de leur histoire. De ce fait, leur interprétation est délicate, car les indicateurs transversaux peuvent varier significativement par suite d'effets conjoncturels ou de crises, mais aussi au cours des années qui s'ensuivent. Ainsi, les indicateurs du moment sont particulièrement sensibles aux phénomènes d'anticipation, de report ou de rattrapage dans le calendrier de la nuptialité et de la fécondité (VALLIN, 1992).
- Plus récemment, le développement de l'*analyse longitudinale*, qui suit, dans le temps, le parcours d'une génération ou d'une cohorte, a notamment permis d'étudier en profondeur l'évolution de la fécondité et de la reproduction. Cependant, l'analyse longitudinale est exigeante en données puisqu'il faut, pour connaître la descendance finale d'une génération de femmes, trente à trente-cinq ans d'observations annuelles. Le raisonnement longitudinal trouve, depuis quelques années, un vaste champ d'application avec la mise au point de dispositifs d'enquête très variés auprès d'échantillons observés de manière continue, ou panels*. On peut ainsi étudier les facteurs de risque favorisant les cancers féminins grâce au suivi d'une cohorte de femmes, les effets des politiques sociales en matière d'emploi, de nuptialité ou de fécondité auprès d'un panel de ménages ou encore les trajectoires scolaires de panels d'élèves, etc.

Les deux types d'analyse, longitudinale et transversale, se distinguent et se complètent dans toutes les recherches sur les populations (CALOT, 1992). L'analyse démographique trouve de nouveaux prolongements avec l'exploration de l'hétérogénéité des populations vue sous un angle dynamique (COURGEAU, 1989), l'élaboration des perspectives avec migrations, l'analyse des statistiques imparfaites produites notamment dans les pays en développement.

Taux. Les taux sont des indices *« à base empirique »* (Pressat, éd. 1969) d'un emploi très large en sociologie comme en démographie. Ils mesurent la fréquence d'apparition d'un événement précis dans une populations donnée au cours d'une période de temps, généralement l'année. Il existe une grande variété de taux qui dépendent des événements étudiés mais aussi, et surtout, des caractéristiques des populations moyennes auxquelles ils sont rapportés.

Quotients. Les quotients sont des indices fondés sur la notion de probabilité. Selon certaines modalités qui définissent les différents quotients, on rapporte les événements (mariages, naissances, décès, etc.) à la population concernée en début de période, c'est-à-dire celle qui est soumise au risque étudié durant la durée d'observation. La construction de tables démographiques comme la table de mortalité repose sur l'utilisation des quotients.

Léon GANI

bibliographie

CALOT Gérard, « Relations entre indicateurs démographiques longitudinaux et transversaux », in *Population*, nº 5, 1992, pp. 1189 à 1240.

COURGEAU Daniel, *Analyse démographique des biographies*, Éd. de l'INED, 1989.

HENRY Louis, *Démographie, analyse et modèles*, Larousse, 1972.

« Pour une vision unifiée des méthodes de l'analyse démographique », in *Population*, nº spécial, septembre 1977, pp. 35 à 51.

PRESSAT Roland, *L'Analyse démographique* (1961), PUF, 1969.

VALLIN Jacques, *La Démographie*, La Découverte, 1992.

ANALYSE DES CORRESPONDANCES MULTIPLES (ACM)

Pas d'équivalent étranger (méthode spécifiquement française)

voir : ANALYSE FACTORIELLE DES CORRESPONDANCES

Technique automatique de dépouillement d'enquête.

Au commencement de toute étude, le chercheur passe toujours un temps qui peut se révéler très long à « sentir les données », c'est-à-dire tout d'abord à découvrir la population de son fichier, à la décrire à l'aide de ses principales caractéristiques, puis à sélectionner les variables dont il peut supposer qu'elles auront quelque chose à voir avec le sujet de son étude. Classiquement, cette étape s'effectue en construisant des tableaux statistiques (tris* à plat et tris* croisés), permettant de mettre en évidence la variabilité de l'échantillon, ainsi que les premiers liens entre les variables de l'enquête. Bien évidemment, plus il y a de variables, plus ce travail peut s'avérer pénible. En l'absence d'autres outils, le chercheur se borne alors à n'effectuer que quelques croisements, ceux qui lui semblent les plus pertinents, en fonction de suppositions qu'il aura pu formuler par ailleurs. L'ACM, en revanche, permet en quelque sorte d'automatiser cette étape, sans qu'il soit nécessaire d'émettre la moindre hypothèse préalable concernant les associations éventuelles entre les différentes variables. D'un point de vue technique, les données brutes apparaissent sous la forme d'un nuage de points dans un espace qui a autant de dimensions qu'il y a de variables introduites dans l'analyse. L'ACM cherche alors à construire un nouvel espace sur lequel sont projetés les points du nuage initial. Ce nouvel espace est conçu de manière à concentrer le maximum de l'information contenue dans les données initiales, à partir d'un minimum de dimensions.

Prenons comme exemple une cuisinière ayant à sa disposition toutes sortes d'ingrédients qu'elle ne connaît pas et à partir desquels elle cherche à confectionner un bon repas. Le chercheur est comme cette cuisinière, incapable de savoir quels sont les aliments qui vont s'accorder entre eux, ni d'imaginer la saveur finale du plat qu'elle proposera à ses convives. Bien entendu, elle a la possibilité de chercher à connaître le goût des aliments en les testant un par un, puis deux à deux, et si elle est un tant soit peu méthodique, on peut imaginer qu'elle finira par bien les connaître tous. Mais cette quête risque de lui prendre du temps (et de lui donner une bonne indigestion).

Il va de soi qu'elle préférerait pouvoir disposer de critères de classement, même grossiers, qui lui permettraient de se faire une idée des grandes catégories d'aliments. L'analyse factorielle, réalisée sur les caractéristiques des denrées, peut l'aider : on imagine que celle-ci lui fournirait un espace de saveurs pour les deux premiers axes, opposant le sucré au salé, d'une part, et l'acide à l'amer, d'autre part. Un autre axe opposerait le liquide au solide, un autre encore le gras au maigre et, pourquoi pas, le cher au bon marché, etc. En projetant ensuite le nom de chacun des ingrédients en variables supplémentaires sur l'espace créé, elle verrait apparaître des familles d'aliments, qu'elle aurait tout loisir ensuite de combiner et de cuire à sa guise. Elle saurait par exemple qu'une pomme est plutôt sucrée, acide, solide, dépourvue de matières grasses, etc. Sur l'axe des prix, elle verrait sans doute s'opposer le caviar et la soupe en sachet...

Les difficultés que rencontre le sociologue sont comparables à celles de notre cuisinière. Grâce à l'ACM, il sera en mesure de visualiser la diversité de son échantillon, à partir de classements automatiques qui vont lui permettre de faire émerger une structure cohérente. En projetant *orthogonalement* le nuage de points initial sur un espace à deux dimensions (celles de sa feuille de papier), il obtiendra la meilleure approximation possible de ses données. Cependant, il est bien évident qu'il va perdre une partie de l'information initiale en projetant un espace multidimensionnel sur une simple surface, même si cette surface a été construite pour en conserver le maximum. Et sans doute aura-t-il besoin d'examiner également un ou deux axes supplémentaires, qui apparaîtront sur un second graphique, pour améliorer sa connaissance des données.

L'interprétation des graphiques. Avant de s'intéresser à la lecture des graphiques, quelques remarques s'imposent.

1 Tout d'abord, il faut toujours être conscient que l'ACM est une technique fondée sur le tri à plat et le tri croisé simple (c'est-à-dire de profondeur 2). L'ACM repère les axes principaux, à partir de l'examen des écarts à l'indépendance, dans le grand tableau rassemblant tous les tris croisés entre toutes les variables de l'analyse (tableau de BURT). D'une certaine manière, l'ACM nous renseigne automatiquement sur les croisements de variables qui sont le plus éloignés de la situation d'indépendance, c'est-à-dire sur les liaisons statistiques les plus fortes qui existent dans le fichier de départ. Nous ne sommes pas ici dans le domaine de l'analyse multivariée (⇒ RÉGRESSION), même si l'on manipule un grand nombre de variables.

2 Seconde remarque, les variables dites « actives » introduites dans l'analyse et qui vont servir à la construction des axes sont toutes traitées par l'ACM sur le même plan. On cherche en effet, au cours de cette opération, à repérer des associations, mais *pas de liaison d'ordre causal*, ce qui implique *qu'il n'y a pas de variable dépendante ou indépendante*. Pour cette raison, il ne faut introduire que des variables situées sur un même plan conceptuel (*variables d'état* ou *pratiques*, mais pas les deux en même temps). Dans le premier cas, on construit un espace de caractéristiques, dans le second un espace de pratiques, mais la construction d'un espace mixte poserait de sérieux problèmes d'interprétation.

3 Ce n'est qu'une fois l'espace construit qu'il est possible d'ajouter des variables situées à un autre niveau, par le biais de la projection des variables dites « supplémentaires ». Ces variables supplémentaires servent à conforter l'interprétation des axes, à vérifier qu'ils ont bien un sens. On dit souvent qu'il faut réaliser l'analyse en prenant les pratiques comme variables actives, et les caractéristiques comme variables supplémentaires (avec, comme sous-entendu, que ces dernières vont expliquer les premières). Ceci n'est pas forcément indispensable, dans la mesure où la notion de causalité, encore une fois, est étrangère à l'esprit même de l'ACM.

4 Que nous apprend la lecture des graphiques ?

- En premier lieu, on voit se dessiner un espace social structuré par les variables qui ont le plus contribué à sa construction. Par exemple, le premier axe opposera les jeunes aux moins jeunes, et le second axe les diplômés aux « sans diplôme ». Ou alors, si on a choisi de représenter un espace de pratiques, le premier axe opposera des pratiques éducatives visant à développer l'autonomie de l'enfant à des pratiques plus traditionnelles et davantage axées sur la surveillance et le contrôle, etc.

. En second lieu, on verra « *apparaître des proximités entre certains des individus et certaines de leurs pratiques,* [...] *selon une logique statistique et probabiliste, et non pas déterministe* » (DESROSIÈRES, 1995). En d'autres termes, il sera possible d'affirmer, au vu de la faible distance angulaire qui sépare les points sur le graphique, que les mères cherchant à exercer une surveillance forte sur leurs enfants ont plutôt telle ou telle caractéristique. Ou encore que ce sont les jeunes sans diplôme qui ont le plus tendance à regarder *Robocop 2* quand ce film passe à la télévision. Mais rien ne permet de dire que c'est l'âge ou le niveau de diplôme qui détermine le choix des programmes télévisés, dans la mesure où on a seulement mis en évidence des co-occurrences, et rien de plus.

Félicité des NÉTUMIÈRES

bibliographie

CIBOIS Philippe, *L'Analyse factorielle*, « Que sais-je ? », PUF, 1983.

CIBOIS Philippe, *L'Analyse des données en sociologie*, « Le Sociologue », PUF, 1984.

DESROSIÈRES Alain, « Classer et mesurer : les deux faces de l'argument statistique », in *Réseaux*, n° 71, mai-juin 1995.

ANALYSE DES DONNÉES

Pas d'équivalent étranger (technique spécifiquement française : ce qu'on entend par *data analysis* dans les pays anglo-saxons est très différent de l'*analyse des données* française).

voir : STATISTIQUES SOCIOLOGIQUES

Ensemble de techniques statistiques d'aide à la description des liens entre deux ou plusieurs variables.

Son objectif premier est de permettre au chercheur d'appréhender le plus simplement possible la masse de données dont il dispose et d'en extraire l'information pertinente, par la mise en évidence rapide des principales corrélations entre les variables ou des croisements de modalités les plus marquants. Bien antérieures à leur arrivée en France dans les années 60, ces méthodes ont été mises au point aux États-Unis dans les années 30, notamment à partir des travaux d'HOTELLING. Pour reprendre une expression consacrée, l'*analyse des données* est « *un aveu d'ignorance* », « *un radar tourné vers le brouillard* » (CATTELL, 1952), qui « *sert avant tout à dépeindre à grands traits les dimensions les plus importantes d'une variation dans un nouveau champ de recherche* » (HIRSCHI et SELVIN, 1975). C'est donc, en premier lieu, lors de la phase exploratoire que l'analyse des données se présente comme un outil particulièrement utile. Il s'agit d'autre part d'un outil de description. Dans la mesure où sont seulement mises en évidence des co-occurrences, rien ne permet d'interpréter les proximités entre modalités ou caractères en termes de causalité ou de déterminisme.

Le principe général de la technique consiste à considérer les données brutes comme un nuage de points dans un espace de grande dimension et de construire un nouvel espace sur lequel sont projetés les points du nuage initial. Ce nouvel espace est conçu de manière à concentrer le maximum de l'information contenue dans les données initiales, à partir d'un minimum de dimensions. Ceci permet d'obtenir une représentation graphique simple des éléments les plus significatifs contenus dans les données peu lisibles dont on dispose.

La mise en œuvre d'une analyse de données dépend du type de données qui sont utilisées. Si on se trouve face à un tri croisé entre deux variables qualitatives, on a recours à l'Analyse Factorielle des Correspondances (AFC). Lorsqu'on travaille sur un fichier contenant des variables quantitatives, on met en œuvre une Analyse en Composantes Principales (ACP). Enfin les fichiers contenant des variables qualitatives (ou considérées comme telles) sont étudiés à l'aide de l'Analyse des Correspondances Multiples (ACM). Il existe par ailleurs d'autres méthodes plus poussées, comme l'Analyse Discriminante, ou la Classification.

Félicité des NÉTUMIÈRES

bibliographie

BOUROCHE Jean-Marie, SAPORTA Gilbert, *L'Analyse des données*, « Que sais-je ? », PUF, 1980.

CATTELL R. B., *Factor Analysis*, New York, Harper, 1952.

HIRSCHI T., SELVIN H. C., *Recherches en délinquances. Principes de l'analyse quantitative*, Mouton, 1975.

LEBART Ludovic, MORINEAU Alain, FÉNELON Jean-Pierre, *Traitement des données statistiques*, Dunod, 1979.

VOLLE Michel, *Analyse des données*, Economica, 1981.

ANALYSE FACTORIELLE DES CORRESPONDANCES (AFC)

Pas d'équivalent étranger (méthode spécifiquement française)

voir : ANALYSE DES CORRESPONDANCES MULTIPLES

Technique de lecture automatique des tris croisés.

L'*analyse factorielle des correspondances* (AFC) est une méthode d'aide à l'analyse des relations entre deux variables qualitatives. Mise au point par BENZÉCRI en France dans les années 60, elle permet la lecture rapide d'un tableau croisé (ou tableau de contingence) de grande dimension. D'une manière générale, on étudie un tableau croisé pour repérer en quoi la situation que l'on considère s'éloigne de la situation d'indépendance (⇒ KHI-DEUX). C'est dans cet écart que réside l'information utilisée dans le commentaire qu'on en fait. Dans un tableau de grande dimension (qui a beaucoup de lignes et de colonnes), l'examen de ces écarts est long et fastidieux. On a alors recours à l'AFC qui permet de remplacer le tableau des écarts par une série de tableaux à une dimension (c'est-à-dire parfaitement résumables par le produit de leurs marges). Chacun de ces tableaux en soi n'est pas plus lisible que le tableau des écarts, mais ils permettent la construction d'un nouvel espace dont les premières dimensions suffisent à rendre compte de la « majeure » partie de l'information de départ.

Un tableau de contingence à n lignes et p colonnes ($n > p$) est de dimension p. Cela signifie qu'il est possible de le représenter graphiquement sur un espace composé de p axes. L'AFC recherche alors, parmi tous les espaces à p dimensions possibles, celui qui permet de représenter le maximum de l'information dans les premiers axes, de manière à ne pas avoir à les examiner tous. On parvient ainsi en général, avec seulement 2 ou 3 axes, à obtenir une très bonne approximation des écarts à l'indépendance. L'information contenue dans le tableau de contingence est mesurée par son Khi-deux. Chacun des axes représente une fraction de cette information, décroissante du premier au dernier, et mesurable également. Par exemple, on peut se trouver dans le cas où l'examen de la position des modalités projetées sur le 1er axe donne 60% de l'information du départ, que le 2e axe apporte 20% d'information supplémentaire et que le 3e axe fournisse encore 10% d'information. Ainsi, avec seulement 3 axes, on est assuré de rendre compte de 90% des écarts à l'indépendance.

La proximité angulaire des modalités projetées sur l'espace créé par l'AFC fait rejaillir immédiatement les conjonctions les plus saillantes, et leur éloignement les oppositions les plus flagrantes. Il est alors possible d'apprécier très rapidement les points importants contenus dans le tableau croisé de départ. CIBOIS, notamment, a donné des exemples de mise en œuvre de l'AFC (Cibois, 1983, 1984).

Félicité des NÉTUMIÈRES

bibliographie

CIBOIS Philippe, *L'Analyse factorielle*, « Que sais-je ? », PUF, 1983.

CIBOIS Philippe, *L'Analyse des données en sociologie*, « Le Sociologue », PUF, 1984.

ANALYSE INSTITUTIONNELLE

emprunt (XIIe s.) au latin classique *institutio* « disposition, arrangement, méthode » et « formation, éducation, instruction »

voir : ACTION, CONFLIT SOCIAL, IDÉOLOGIE, INSTITUTION, ORGANISATION

Analyse des structures et fonctions des institutions visant, à travers cette méthode, à l'étude exemplaire des phénomènes sociaux.

Les institutions* étant définies dans leur plus grande généralité comme toutes formes « instituées » (mœurs, coutumes, lois), leur analyse systématique revêt une signification très étendue et vise à rejoindre l'analyse du social lui-même considéré dans ses formes diverses. Cette perspective peut trouver son origine exemplaire dans le ***Discours sur l'inégalité*** (1755), où ROUSSEAU fait de la propriété privée l'institution fondamentale dont l'industrie, le commerce, le luxe, sont les conséquences. Dans cette perspective, l'analyse de l'institution fondatrice introduit à une critique générale de l'ordre social. Et de même, MARX, dans ses œuvres de jeunesse, en faisant des institutions étatiques non la rationalité universelle, mais, au contraire, une superstructure oppressive, fait de l'analyse des institutions l'introduction à une analyse générale de l'organisation sociale.

Une analyse systématique appelle, tout d'abord, dans l'esprit de l'École de DURKHEIM*, à étudier les structures objectives d'une institution, à en décrire la logique d'organisation et de fonctionnement (CHEVALLIER, 1981). Dans cette perspective, une institution a sa réalité spécifique, ses divisions propres, ses relations internes de pouvoir, son identité. L'étude des fonctionnements et des dysfonctionnements conduit, d'autre part, à mesurer l'unité et les disparités, l'efficacité et les faiblesses de l'institution considérée. En replaçant l'institution dans la totalité sociale qui l'entoure, l'analyse institutionnelle observera les processus d'institutionnalisation et les processus par lesquels s'effectue la transformation de l'instituant en institué. Les sociologies structuralistes, fonctionnalistes, actionnalistes, répondent à ces objectifs selon l'originalité de leur approche : une sociologie structurale sera attentive aux homologies de structure entre les différentes institutions (religieuse, politique, éducative) ; une sociologie fonctionnaliste invitera à considérer le rôle fonctionnel ou dysfonctionnel d'une institution au regard de la société globale. Une sociologie des mouvements* sociaux, de même qu'une sociologie des révolutions, recherchera par quelles actions de rupture ou par quel processus un mouvement social peut se constituer, être en mesure de rompre le système institutionnel et de créer une nouvelle normativité sociale. Orientant cette analyse dans un sens critique, LAPASSADE et LOUREAU (1970) ont souligné l'efficacité des interventions psychanalytiques et psychosociologiques dans la transformation des institutions. Au-delà des interventions à vocation thérapeutique, ils ont proposé de définir et de pratiquer une analyse institutionnelle comme « *une méthode d'intervention sur le terrain, et non plus seulement comme méthode thérapeutique ou pédagogique* » (1976, p. 173). Une telle « socianalyse » cherche, par les interventions des analystes, à donner la parole aux différents membres de l'institution dans laquelle se déroule l'intervention, pour les amener à constituer un savoir sur leur institution et aussi à prendre conscience des non-savoirs liés aux structures sociales. Ce serait la tâche de l'analyste social que d'écouter cette parole sociale libérée des contraintes, de la renvoyer aux acteurs pour les aider à prendre conscience de ce non-savoir, de leur place, de leur rôle et des rapports sociaux de l'institution dont ils sont membres. Les analystes sociaux interviennent alors comme des « analyseurs », c'est-à-dire comme des praticiens qui, par les contradictions qu'ils introduisent dans la logique institutionnelle, provoquent les membres concernés à s'exprimer sur l'institution, puis, éventuellement à agir sur les rapports institutionnels selon leur propre analyse de la situation.

Pierre ANSART

bibliographie

CASTORIADIS Cornelius, *L'Institution imaginaire de la société*, Seuil, 1975.

CHEVALLIER J., « L'Analyse institutionnelle », in *L'Institution*, CURRAP, PUF, 1981.

LAPASSADE Georges, LOURAU René, *Clefs pour la sociologie* (1970), Seghers, 1976.

SAVOYE Antoine (éd.), *Perspectives de l'analyse institutionnelle*, Méridiens Klincksieck, 1988.

ANALYSE SECONDAIRE

all. SEKUNDÄRANALYSE	esp. ANÁLISIS SECUNDARIO
angl. SECONDARY ANALYSIS	ital. ANALISI SECONDARIA

voir : ANALYSE DES DONNÉES

Désigne toute étude réalisée à partir d'un fichier de données établi préalablement et à d'autres fins que celles de l'étude en question.

Les enquêtes Emploi, que l'INSEE réalise tous les ans pour répondre aux besoins de statistiques sur la population active et le chômage entre deux recensements, sont utilisées par de nombreux chercheurs tant en économie qu'en sociologie. C'est un exemple parmi d'autres.

Travailler sur des données préconstruites pose un certain nombre de problèmes. En premier lieu, la loi Informatique et Liberté de 1978 interdit *a priori* toute *analyse secondaire* d'un corpus de données individuelles, en stipulant que tout fichier doit être détruit dès lors que l'étude pour laquelle il a été réalisé est achevée. Dans les faits, une certaine souplesse dans l'application de la loi permet aux grands organismes producteurs de données de conserver leurs enquêtes et même de les diffuser, à condition toutefois d'assurer l'anonymat des personnes interrogées.

Plus généralement, il est bien rare que l'on puisse, dans une enquête réalisée par d'autres et dans un but différent de celui qu'on se fixe, trouver rigoureusement la matière nécessaire à la démonstration que l'on se propose d'effectuer. La plupart du temps, il manque dans l'enquête telle ou telle question que l'on aurait souhaité spontanément poser, telle variable permettant d'appréhender tel type de détermination sociale. Ou encore, il peut arriver que la catégorie d'individus à laquelle on s'intéresse ne soit que très faiblement représentée dans l'enquête, parce que celle-ci a été réalisée au plan national et que l'on travaille au niveau d'une région, qu'elle concerne l'ensemble des enfants scolarisés à une certaine date et qu'on ne s'intéresse qu'à ceux qui fréquentent un collège, etc.

Malgré ces difficultés, le recours à l'analyse secondaire reste bien souvent indispensable, compte tenu du coût de fabrication d'une enquête, qu'un chercheur isolé n'a pas souvent les moyens d'assumer.

Félicité des NÉTUMIÈRES

ANALYSE UNIVARIÉE

all. UNIVARIANZ-ANALYSE	esp. ANÁLYSIS UNIVARIANTE
angl. UNIVARIATE ANALYSIS	ital. ANALISI UNIVARIATA

voir : STATISTIQUES SOCIOLOGIQUES

Ensemble des techniques permettant d'appréhender simplement la distribution d'une variable.

Les données dont on dispose à la suite d'une enquête par questionnaire apparaissent sous la forme d'un fichier qui contient, pour les *n* individus de l'échantillon, les réponses aux *p* variables de l'enquête. Avant de commencer à analyser les liens éventuels qui peuvent exister entre les différentes variables ou d'établir des différences de comportement selon les catégories d'individus, il est fortement recommandé de chercher à prendre connaissance de l'information contenue dans le fichier, variable par variable, et de la résumer de la manière la plus appréhendable possible. Cette série d'opérations prend le nom d'*analyse univariée*.

La manière de procéder varie en fonction de la nature des variables. Lorsqu'on a affaire à une variable qualitative (ou que l'on a décidé de considérer comme qualitative), on a recours au tri* à plat. À l'inverse, les variables dont on choisit de conserver la nature quantitative se résument à l'aide du calcul de la moyenne et de la variance de la série.

Concernant les variables quantitatives, il est très difficile de privilégier *a priori* l'une ou l'autre de ces mises en forme statistique. Au début du XIXe siècle, il paraissait impensable dans l'esprit de MOREAU DE JONNES, créateur du Bureau de la Statistique générale de France (SGF, 1883), d'utiliser autre chose que des tris à plat, seuls à même, selon lui, de représenter la diversité. QUÉTELET, à l'inverse, fondait à la même époque ce qui allait devenir les bases de la sociologie quantitative en ne s'appuyant que sur l'usage de la moyenne. Plus généralement, il est important, dans ce débat toujours plus ou moins d'actualité, de garder à l'esprit l'idée que ces outils statistiques sont des créations sociales qui, au même titre que d'autres, ont une histoire et qu'ils ont été produits dans un contexte bien particulier, pour répondre à des questions bien précises. Ainsi, restent indéfectiblement liés la question que l'on juge pertinente au cours de sa recherche, l'outil statistique que l'on utilise, le langage dont on se sert pour commenter les résultats et l'éventuelle action qui suivra en réponse à la question posée. Il est possible d'éclairer ce propos par l'exemple simple de la fécondité. Effectuer un tri à plat sur la variable « nombre d'enfants » ou calculer le nombre moyen d'enfants qu'ont eus les membres de l'échantillon ne peut relever de la même problématique, ni conduire au même type de commentaire. Dans le premier cas, on s'intéresse à la dispersion de la taille des familles, et dans le second il ne peut s'agir que d'une tentative d'évaluer le nombre total d'enfants présents dans la population au moment de l'enquête. Dire qu'il faut que chaque femme ait 2,1 enfants pour assurer le renouvellement des générations est un énoncé absurde au sens littéral. Il n'a de sens que lorsqu'il devient le support d'un discours sociopolitique de type nataliste, d'un jugement de ce qui est bon ou non pour la société à un moment donné, et quand il vise à la mise en œuvre d'actions publiques pour atteindre ce but.

Félicité des NÉTUMIÈRES

bibliographie

DESROSIÈRES Alain, « Refléter ou instituer : l'invention des indicateurs statistiques », Communication aux Journées d'étude sur « Les indicateurs sociopolitiques aujourd'hui », Observatoire interrégional du politique et Association française de sciences politiques, 1996.

ANARCHIE

latin *anarchia*, du grec *anarkhia*, de *an-*, préfixe privatif, et *archè* « principe, commandement »

all. ANARCHIE	esp. ANARQUÍA
angl. ANARCHY	ital. ANARCHIA

voir : DOMINATION, ORDRE SOCIAL

Situation d'une communauté ou d'une société dépourvue de pouvoir central, de gouvernement.

1 Pendant la Révolution de 1789, ce terme fut employé polémiquement et péjorativement par les chefs révolutionnaires contre les mouvements populaires hostiles à leur pouvoir. PROUDHON, après 1840, inverse la signification traditionnelle et fait de l'*anarchie* qu'il qualifie de « positive » l'état sociétaire harmonieux qui résulterait de la suppression de l'appareil gouvernemental et bureaucratique. Loin qu'une société sans pouvoir central soit impossible, c'est, tout au contraire, l'absence de ce pouvoir oppressif qui rendrait possible le libre épanouissement des rapports sociaux. En ces années antérieures à 1848, Proudhon prenait pour modèle l'ample mouvement des libres « associations », qui se développaient alors sans l'intervention des pouvoirs publics et, souvent, dans la clandestinité. Le Mutuellisme lyonnais, créé par les canuts pour résister au pouvoir de leurs maîtres commerçants et qui visait à organiser librement la production des soieries, fut un modèle concret pour la définition positive de l'anarchie. En ce sens — une organisation sociale spontanée dépourvue de pouvoir central —, l'anarchie peut caractériser des situations très diverses, depuis les sociétés préindustrielles organisées hors de tout pouvoir extérieur jusqu'aux mouvements ou groupes autogérés créant leurs propres normes d'organisation.

2 Au sens traditionnel du terme, situation de désordre et d'incohérence.

Pierre ANSART

bibliographie

CLASTRES Pierre, *La Société contre l'État : recherches d'anthropologie politique*, Éd. de Minuit, 1974.

LEACH Edmund Ronald, *Les Systèmes politiques des hautes terres de Birmanie. Analyse des structures sociales Kachin* (1954), Maspero, 1972.

PROUDHON Pierre Joseph, *Idée générale de la révolution au XIXe siècle* (1851), Genève, Slatkine, 1982.

ANARCHISME

all. ANARCHISMUS	esp. ANARQUISMO
angl. ANARCHISM	ital. ANARCHISMO

voir : DOMINATION, ÉTAT, INDIVIDUALISME, POUVOIR

Doctrine dénonçant les aliénations imposées par les pouvoirs économique, politique et symbolique, prônant la suppression de l'État et la libre organisation des groupements sociaux.

La critique et le refus des pouvoirs trouvent une première expression chez les cyniques et les stoïciens grecs. De tels accents ne sont pas absents de certaines morales des XVIIe et XVIIIe siècles. La théorie anarchiste, cependant, se constitue au début du XIXe siècle à partir de trois œuvres fondatrices. GODWIN, dans les ***Recherches sur la justice politique*** (1793), oppose aux pouvoirs arbitraires, politiques et sociaux, le principe absolu de la raison. PROUDHON dénonce successivement le « vol » imposé aux travailleurs par la propriété capitaliste (1840), l'aliénation politique exercée par l'État centralisé et la soumission intellectuelle maintenue par les religions. STIRNER, dans ***L'Unique et sa propriété*** (1845), fait du *moi* individuel la seule réalité, condamnant ainsi radicalement toute valeur transcendante et toute illusion politique. Ces critiques, issues de traditions intellectuelles différentes, se rejoignent dans une même dénonciation de l'État et des idéologies politiques qui le légitiment. L'État, loin d'être la source de l'ordre social, est, selon Proudhon, au principe des violences sociales et des hiérarchies oppressives. L'émancipation des hommes supposerait une triple libération, politique, économique et idéologique, dans un fédéralisme anarchiste généralisé. Ces thèses ont donné lieu à des interprétations nombreuses, parmi lesquelles : l'anarchisme chrétien (TOLSTOÏ), l'anarchisme collectiviste, qui a suscité de multiples débats contre la tendance marxiste au sein de la Première Internationale (BAKOUNINE), l'anarchisme individualiste dans le prolongement de la pensée de Stirner. La sensibilité anarchiste se manifeste de manière diffuse ou explicite en de multiples formes de contestation sociale : mouvements étudiants, recherches économiques ou écologiques de tendance libertaire, créativité artistique.

Pierre ANSART

bibliographie

BAKOUNINE Mikhaïl, *Fédéralisme, socialisme, anti-théologisme*, Stock, 1895.

BOOKCHIN Murray, *The Philosophy of Social Ecology, Essays on Dialectical Naturalism*, Montréal/New York, Black Rose Books, 1990.

GODWIN William, *Recherche sur la justice politique* (1793), trad. Benjamin Constant, Québec, Presses de l'Université Laval, 1972.

PESSIN Alain, *La Rêverie anarchiste*, Méridiens, 1982.

PUCCIARELLI Mimmo (éd.), *La Culture libertaire*, Lyon, Atelier de création libertaire, 1997.

PROUDHON Pierre Joseph, *Idée générale de la révolution au XIXe siècle* (1851), Genève, Slatkine, 1982.

STIRNER Max, *L'Unique et sa propriété* (1845), Pauvert, 1960.

ANCÊTRE

du latin *antecessor* « prédécesseur »

all. AHN, VORFAHR	esp. ANTEPASADO
angl. ANCESTOR	ital. ANTENATO

voir : CLAN, LIGNAGE, TOTÉMISME

L'archéologie montre que depuis des temps anciens on rend un culte à certains défunts pour les rendre favorables dans l'au-delà ; sont particulièrement vénérés, dans beaucoup de religions archaïques, ceux qui ont eu un rôle important par leur prolificité, leur intégrité physique et psychique, leurs exploits ou par leur vie exemplaire. En Grèce et dans la Rome ancienne, en Chine, au Japon, en Afrique, on les considère comme régénérateurs biologiques du lignage, garants de l'ordre moral et social, protecteurs de leurs descendants auxquels ils assurent la prospérité. Mais le culte (libations, offrandes, sacrifices) s'adresse surtout aux principaux ancêtres qui n'ont pas sombré dans l'oubli.

Claude RIVIÈRE

ANDROCRATIE

voir : FÉMINISME, GENRE

En anthropologie, système social structuré selon la suprématie masculine.

*
* *

ANGOISSE SOCIALE

du latin *angustia* d'abord « lieu resserré », puis « gêne » en latin ecclésiastique

all. ANGST	esp. ANGUSTIA
angl. ANGUISH	ital. ANGOSCIA

voir : AFFECT, ÉMOTION, PANIQUE, SENTIMENT

Malaise individuel ou collectif caractérisé par une crainte diffuse pouvant aller de l'inquiétude à la panique.

1 Dans le vocabulaire de la psychiatrie, l'*angoisse* désigne les états de peur intense, éventuellement non motivés objectivement et provoquant des inadaptations dans les comportements.

2 Sans qu'il soit possible de transposer, telle quelle, cette notion à des phénomènes collectifs, elle permet de caractériser une gamme étendue de comportements collectifs depuis les états les plus intenses comme les paniques collectives jusqu'aux affects diffus comme les peurs et les anxiétés. Ces sentiments et comportements sont fréquemment associés aux situations de menaces, de violences, de catastrophes ou de désorganisation sociale. DURKHEIM établit un rapport entre les états d'anxiété et le suicide anomique (⇒ ANOMIE) : il fait l'hypothèse que les situations d'anomie favorisent les anxiétés et les *« occasions de souffrir »* (1897), entraînant, par voie de conséquence, un taux plus élevé de suicides.

Pierre ANSART

bibliographie

ANSART Pierre, *Les Cliniciens des passions politiques*, Seuil, 1997.

DELUMEAU Jean, *La Peur en Occident : XIV e-XVIII e siècles, une cité assiégée*, Hachette, 1985.

DURKHEIM Émile, *Le Suicide* (1897), PUF, 1991.

FREUD Sigmund, *Malaise dans la civilisation* (1930), PUF, 1971.

LEFEBVRE Georges, *La Grande Peur de 1789*, Armand Colin, 1988.

SOCIOLOGIE ANIMALE

emprunté (fin XIIe s.) au latin *animal, animalis* « être vivant, mobile, doté du souffle vital »

all. TIERSOZIOLOGIE	esp. ANIMAL SOCIOLOGÍA
angl. ANIMAL SOCIOLOGY	ital. ANIMALE SOCIOLOGIA

voir : COMMUNICATION ANIMALE

La sociologie animale étudie les structures et les mécanismes sociaux des différentes espèces animales.

La *sociologie animale* apporte un appui utile aux sciences sociales par les comparaisons (similitudes ou différences), les méthodes d'investigation ou les nouveaux problèmes qu'elle suscite.

Paramètres du phénomène social animal. Le nombre des espèces animales du monde vivant est immense (probablement beaucoup plus d'un million et demi). Un très grand nombre d'entre elles s'avèrent sociales ou présentent au moins à un moment ou un autre de leur cycle de vie une phase sociale. Mais le phénomène social se présente sous des formes extrêmement différentes d'une espèce à l'autre ou d'un groupe zoologique à l'autre. Devant la multiplicité des types sociaux du monde animal une définition unitaire est difficile. Tout rassemblement d'animaux ne peut, d'emblée, être qualifié de *social*, car les individus peuvent se retrouver réunis en un même lieu, par le seul fait qu'ils sont attirés par un facteur physique (chaleur ou lumière...) ou chimique (odeur ou nourriture...). Ces sources stimulantes sont indépendantes des individus eux-mêmes.

1 *Interattraction et système de communication.* Pour que l'on puisse reconnaître dans un rassemblement un véritable phénomène social, il faut que l'individu exerce une action sur le groupe et réciproquement, chaque individu stimulant ses congénères de façon spécifique (au sein de l'espèce). Ce phénomène est désigné sous le nom d'*interattraction*, c'est-à-dire l'attraction réciproque entre partenaires sociaux. En fait, un système social est avant tout *un système de communication* (⇒ COMMUNICATION ANIMALE) : les individus émettent et reçoivent des signaux qui produisent des réponses fiables et consistantes tandis que les rôles d'émetteurs et de récepteurs sont interchangeables. En dehors de l'interattraction, la communication se retrouve dans les autres paramètres qui caractérisent le phénomène social :

2 Les *effets de groupe*. Les stimulations sensorielles exercées par les individus les uns sur les autres induisent des modifications importantes sur chacun d'eux, modifications autant morphologiques — changements de forme ou de couleur — que physiologiques et comportementales — alimentation, appétit, métabolisme, longévité, comportement sexuel, régulation sociale.

3 Le *système dominance-hiérarchie*. Lorsque deux animaux adultes de la même espèce se rencontrent, ils se comportent l'un en face de l'autre suivant un statut hiérarchique établi d'abord par une compétition suivie d'une habitude ou d'un rituel marquant la dominance d'un individu sur l'autre (accès prioritaire à la nourriture, aux femelles ou à certains sites privilégiés) ; le statut hiérarchique s'instaure en même temps qu'une forme relativement pacifique de comportement. De très nombreux paramètres interviennent dans l'établissement de cette dominance d'un individu sur l'autre : la taille, le poids et la force physique de l'animal, ses conditions physiologiques (santé générale, fatigue, taux d'hormones sexuelles, phase du cycle). La crainte et l'émotivité sont essentielles. À ce niveau, intervient l'influence de la petite enfance et, notamment, la mauvaise qualité ou la privation de contacts maternels et sociaux, qui peuvent avoir des conséquences dans l'établissement des liens sociaux et de la structure sociale à l'âge adulte.

4 Le *phénomène de territoire*. Espace exclusif marqué et défendu avec beaucoup de soin par un individu ou un groupe d'individus, et dans lequel celui-ci ou ceux-ci ne tolèrent pas d'autres congénères. Le territoire assure le repos et une certaine sécurité ; il favorise surtout la reproduction et l'élevage des jeunes.

Sociologie animale et sociétés humaines. Les études comparatives entre les sociétés animales et humaines sont intéressantes pour la compréhension de l'origine et de l'évolution des sociétés humaines.

1 Les recherches peuvent s'effectuer sur une très large gamme d'espèces animales. Les modèles animaux fournissent, en particulier, des renseignements et des méthodes de travail. Ils présentent un grand intérêt pour tenter de comprendre les causes ultimes de la socialité, notamment en comparant l'organisa-

tion sociale, le régime, le domaine vital et les caractères de l'environnement, la taille du groupe d'individus et le poids et la taille de l'organisme individuel. Pour de nombreux auteurs, l'organisation sociale est la réponse donnée par l'évolution biologique à un jeu de pressions sélectives. La base d'une certaine structure sociale serait due aux stratégies que les individus utilisent pour résoudre leurs nécessités de base — obtenir de la nourriture, éviter les prédateurs et se reproduire. Les groupes se constituent lorsque les résultats sont plus performants en compagnie d'autres individus que tout seul.

2 La *démographie animale* s'est beaucoup développée au cours des dernières années et a pu apporter de nombreux renseignements en démographie humaine. Des comparaisons et des modèles animaux de comportement humain peuvent s'avérer très utiles. Des expériences impossibles chez l'homme peuvent être tentées sans difficulté chez l'animal. On a ainsi effectué dans des conditions naturelles des études de la stabilité, de la croissance ou de l'explosion de populations animales très diverses.

3 Les *modèles de comportement d'agression* apportent des éléments intéressants et applicables à l'étude de l'agression chez l'homme ; ils suggèrent parfaitement les questions appropriées et les points de départ de la recherche clinique. Les résultats obtenus soulignent notamment l'importance de l'évaluation des entrées sensorielles et des cibles autant que des influences endocriniennes durant le développement précoce et le stress. Les études précises et expérimentales par les expériences de privation ont montré tous les apprentissages intervenant au cours des interactions avec la mère et les autres jeunes de même âge. On a pu comprendre comment *s'opérait une socialisation harmonieuse au sein du groupe des pairs*. En particulier, les jeunes primates ont des périodes de socialisation durant lesquelles il est impératif que certains stimuli sociaux soient présents pour initier les processus d'apprentissage nécessaires ensuite à leur vie d'adulte social.

Jacques GOLDBERG

bibliographie

GOLDBERG Jacques, *Les Sociétés animales*, Lausanne, Delachaux et Niestlé, 1998.

GRASSÉ Pierre-Paul, *L'Homme en accusation. De la biologie à la politique*, Albin Michel, 1990.

ANIMISME

du latin *anima* « souffle, air », puis « principe de vie », « âme » en latin ecclésiastique

all. ANIMISMUS	esp. ANIMISMO
angl. ANIMISM	ital. ANIMISMO

voir : ANTHROPOLOGIE, CORPS

Attitude religieuse traditionnelle attribuant une âme aux choses, plantes ou phénomènes naturels.

L'*animisme*, selon TYLOR (1871), se définit comme croyance en des êtres spirituels. La notion d'*âme*, à l'origine de toute religion, fusionnerait l'idée d'un principe de vie et celle d'un double ou d'un fantôme impalpable, séparable du corps, par exemple dans le rêve ou dans la sorcellerie. Dans le développement de l'animisme, Tylor considère plusieurs étapes : croyance au double, attribution d'une âme aux animaux puis aux objets, culte des mânes et des ancêtres, fétichisme, idolâtrie, polythéisme, monothéisme.

Le terme *animisme* subsiste mais dépouillé de ces hypothèses évolutionnistes. L'anthropologie moderne montre que, différente du culte des esprits, la religion ne saurait en dériver historiquement, que selon les sociétés varient le nombre et la forme des âmes attachées ou non à un corps, que l'âme n'est généralement considérée ni comme émanation d'un *mana*, force diffuse et indifférenciée, ni comme esprit-génie résidant dans une réalité matérielle, ni comme prototype de la notion de moi au sens moral et juridique. Tout n'est pas jugé animé dans la nature. Et chez l'homme une importance plus grande est accordée à la puissance d'animat *(anima)* qu'à la faculté de représentation *(animus)*. L'animatisme, selon R. R. MARETT (1909), serait une tendance à traiter les objets comme vivants, idée différente de la propension des cultures archaïques à peupler l'univers d'esprits bienveillants ou malveillants.

Claude RIVIÈRE

bibliographie

FROELICH Jean-Claude, *Animismes*, Orante, 1964.

LÉVY-BRUHL Lucien, *L'Âme primitive*, Alcan, 1927.

TYLOR Edward Burnett, *La Civilisation primitive* (1871), Reinwald, 1876-1878, 2 vol.

ANOMIE

du grec *anomos* « dépourvu de règle, de norme ou de loi »

all. ANOMIE	esp. ANOMIA
angl. ANOMIE, ANOMY	ital. ANOMIA

voir : ALIÉNATION, AUTORITÉ, DÉVIANCE, DIVISION DU TRAVAIL, ÉCOLE DE DURKHEIM, INTÉGRATION, SUICIDE

Selon Durkheim, 1. absence ou insuffisance de règles sociales dans une communauté ;
2. pour l'individu, insuffisante réglementation sociale des aspirations individuelles provoquant une frustration.

L'histoire des usages de ce mot, une des très rares inventions lexicales de la discipline sociologique, permet de discerner plusieurs significations assez différentes les unes des autres, voire contradictoires.

1 L'ANOMIE CHEZ DURKHEIM. C'est DURKHEIM qui a inscrit le mot *anomie* dans le vocabulaire de la nouvelle discipline qu'il entendait fonder. Il l'emprunte à GUYAU, philosophe sociologisant, qui, dans *Esquisse d'une morale sans obligation ni sanction* (1885), puis dans *L'Irréligion de l'avenir* (1887), désigne par ce terme, par opposition à l'*autonomie* kantienne, l'individualisation des critères de conduite et des croyances, processus à la fois inéluctable et souhaitable à ses yeux. DURKHEIM ne peut accepter cet individualisme anarchisant et va au contraire considérer l'anomie comme un phénomène pathologique.

1 Dans sa thèse de doctorat *De la division du travail social* (1893), Durkheim appelle *anomie* une des formes anormales de la division du travail : c'est l'absence ou l'insuffisance d'une réglementation permettant d'assurer la coopération entre les différentes fonctions sociales spécialisées. Les exemples en sont les crises économiques, l'antagonisme entre les capitalistes et les travailleurs, ou encore la perte de l'unité de la science du fait d'une spécialisation croissante. Dans ces trois cas, manquent des contacts continus entre les différents rôles sociaux qui ne per-

çoivent pas qu'ils participent à une entreprise commune.

2 Dans *Le Suicide*, Durkheim appelle *suicide anomique* celui qui provient d'une insuffisante réglementation sociale des aspirations individuelles. L'ouverture de l'horizon du possible — une période d'expansion économique ou bien l'affaiblissement du lien matrimonial en raison de la diffusion du divorce (ce sont les deux domaines choisis par Durkheim) — va provoquer l'indétermination de l'objet du désir ou, ce qui est équivalent, l'illimitation du désir. D'où résultera nécessairement une frustration. Ce « mal de l'infini » tend à devenir chronique dans les sociétés industrielles fondées sur la doctrine du progrès et sur la concurrence dans un marché qui tend à devenir universel.

3 À côté de cette anomie (socioéconomique ou sexuelle) « progressive », Durkheim évoque aussi une anomie « régressive » qui relève en fait du « fatalisme ». Cette dernière notion, peu élaborée par Durkheim, décrit l'incapacité d'intérioriser une norme inacceptable parce que injuste, imposée de l'extérieur ou encore excessivement répressive. Le fatalisme s'oppose donc à l'anomie, comme l'altruisme à l'égoïsme (autres types de suicide). Mais c'est sans doute parce que Durkheim n'a pas défini clairement l'anomie par rapport à son contraire que le mot va connaître une singulière évolution sémantique. L'anomie n'est pas un thème permanent de sa pensée, davantage centrée sur la question de l'intégration. D'ailleurs, le mot comme le concept disparaissent de son œuvre après 1901 et n'ont aucune postérité chez ses disciples ou collaborateurs.

2 L'ANOMIE APRÈS DURKHEIM.

1 L'anomie est redécouverte dans les années 30 aux États-Unis à l'université Harvard. L'usage de ce mot chez MAYO, PARSONS ou MERTON permet de se démarquer de la tradition d'étude de la désorganisation sociale développée à l'Université de Chicago. Le succès que connaît le texte de Merton, *Structure sociale et anomie*, en ses diverses versions (1938, 1949, 1957), contribue à la diffusion du terme en même temps qu'à la métamorphose du concept. Même s'il n'en donne pas une définition claire, Merton finit par identifier l'anomie à la situation où l'individu est dans l'impossibilité, du fait de sa position dans la structure sociale, d'atteindre un objectif défini et même prescrit par la culture de la société où il vit. Pour résoudre cette contradiction, l'individu peut s'engager dans des comportements déviants, notamment par l'usage de moyens illicites : ce « mode d'adaptation » déviant est appelé « innovation » par Merton. Alors que l'anomie était caractérisée chez Durkheim par l'illimitation des fins, Merton l'identifie à la limitation des moyens (licites) d'atteindre un but bien déterminé.

2 La révolution sémantique qu'a connue la notion s'accomplit pleinement dans la sociologie américaine des années 1955-1970, avec l'usage, dans de nombreuses enquêtes par questionnaire, d'échelles d'attitude destinées à mesurer la contrepartie psychique de l'anomie sociale. La plus célèbre fut l'« échelle d'anomia », élaborée par SROLE (1956). Elle est en fait un indicateur d'une vision pessimiste du monde, du sentiment que l'on n'a pas de prise sur son sort, du renoncement à tout espoir, qui caractérisaient chez Durkheim le fatalisme, c'est-à-dire le contraire de l'anomie. Pourtant les travaux empiriques utilisant ces échelles d'attitude étaient fondés sur le postulat d'une unicité du concept d'anomie depuis Durkheim (en passant par Merton). L'*anomie* devient une notion interchangeable avec celle d'*aliénation* que l'on s'efforce au même moment de rendre opérationnelle par des échelles d'attitude.

3 Dans les années 60, l'anomie fut considérée comme le concept sociologique par excellence, en dépit (ou en raison) de la confusion sémantique qui l'entourait. Parce qu'elle permettait de jeter un pont entre la référence aux classiques qui fournissent les théories et l'enquête par questionnaire destinée à tester les hypothèses déduites de ces théories, l'anomie a servi, un temps, d'emblème à la pratique de recherche dominante (par opposition à l'analyse écologique ou l'observation sur le terrain qu'avait privilégiées l'École de Chicago).

Les *échelles d'anomie* furent contemporaines des principales autres traditions usant du même terme. C'est également du milieu des années 50 à la fin des années 60 que se répandit l'anomie dans la sociologie du suicide (avec une signification durkheimienne) et dans les recherches sur la délinquance (inspirées en général de Merton). Que le même mot, recouvrant des significations contraires, ait connu son plus grand succès au même moment et dans la même discipline montre assez que son usage a eu une fonction plus décorative que cognitive. Cela est plus vrai encore des usages multiples et dispersés du terme, dont la variété défie l'inventaire.

Philippe BESNARD

bibliographie

BESNARD Philippe, *L'Anomie, ses usages et ses fonctions dans la discipline sociologique depuis Durkheim*, PUF, 1987.

BESNARD Philippe, BORLANDI Massimo, VOGT Paul, (rééd.), *Division du travail et lien social. La thèse de Durkheim un siècle après*, PUF, 1993.

DURKHEIM Émile, *De la division du travail social* (1893), PUF, 1994.

DURKHEIM Émile, *Le Suicide. Étude de sociologie* (1897), PUF, 1991.

GUYAU Jean-Marie, *Esquisse d'une morale sans obligation ni sanction*, Alcan, 1885.

MERTON Robert K., « Structure sociale, anomie et déviance » (1949), in *Éléments de théorie et de méthode sociologique*, Armand Colin, 1997, pp. 163 à 187.

ANORMAL

voir : ALIÉNATION, ANOMIE

Le problème de l'application aux pratiques sociales de la dichotomie du *normal* et de l'*anormal* est posé par DURKHEIM dans les *Règles de la méthode sociologique*. Selon ce texte de 1895, devraient être qualifiées de *pathologiques* des fréquences exceptionnelles. Par exemple, le fait du crime peut être considéré comme *normal* puisque son existence est attestée dans toutes les sociétés, mais on peut considérer comme *pathologique* une fréquence exceptionnellement élevée de cette violence.

Pierre ANSART

bibliographie

DURKHEIM Émile, *Règles de la méthode sociologique* (1895), Flammarion, 1988.

ANTAGONISME

voir : ANTINOMIE, CONTRADICTION, MARXISME

Compétition structurelle entre deux forces, entre deux individus ou groupes pour l'obtention d'un même bien.

Le vocabulaire marxiste distingue les *contradictions*, qui peuvent être utiles au développement, des *antagonismes* qui opposent irrémédiablement les agents sociaux et devraient être supprimés. Les différents paradigmes sociologiques tendent, soit à majorer l'importance et les conséquences des antagonismes, soit à en minorer la réalité. Comme l'écrit Edgar MORIN, critiquant ces interprétations exclusives : « *Les théories sociologiques n'arrivent pas à concevoir l'unité des antagonismes ni l'antagonisme dans l'unité. Les unes ne voient que l'unité du système social, les autres ne voient que les antagonismes ; pour les premières les antagonismes sont secondaires, pour les secondes l'unité est façade ou masque* » (1984, p. 118).

Pierre ANSART

bibliographie

MORIN Edgar, *Pour sortir du XXe siècle*, Nathan, 1984.

ANTHROPOLOGIE ET SOCIOLOGIE

du grec *anthrôpos* « homme » et *logos* « discours, étude »

all. ANTHROPOLOGIE	esp. ANTROPOLOGÍA
angl. ANTHROPOLOGY	ital. ANTROPOLOGIA

voir : CAS, ENQUÊTE, ÉPISTÉMOLOGIE, ETHNOCENTRISME, MÉTHODES

Anthropologies au pluriel. Plus ambigu que le mot *sociologie*, le terme d'*anthropologie* laisse perplexe. Le philosophe l'entend comme discours abstrait sur l'homme en général *(anthropos)* ou discours mettant l'homme (et l'humanité de l'homme) au fondement de sa réflexion. Le médecin pense à l'anthropologie physique qui a pour objet les caractères anatomiques, physiologiques et pathologiques des êtres humains en fonction de leurs race, sexe, hérédité, nutrition... Le spécialiste de sciences sociales distingue généralement entre :

1 l'*ethnographie* (NIEBUHR, 1810), comme travail d'observation et d'écriture comportant collecte, enregistrement et description empirique (graphie) de faits humains, généralement dans les sociétés exotiques ;

2 l'*ethnologie* (CHAVANNES, 1787), comme élaboration des matériaux vivants, après analyse et interprétation, pour construire des modèles par comparaison et synthèse théorique. Ce terme continue d'être en vogue en France bien qu'on tende à lui substituer celui d'*anthropologie sociale et culturelle* ;

3 l'*anthropologie sociale*, définie par l'école britannique, comme établissant les lois de la vie en société sous l'angle du fonctionnement des institutions telles que famille et parenté, classes d'âge, organisation politique, etc. ;

4 l'*anthropologie culturelle*, née aux États-Unis vers 1910 avec BOAS, qui accorde une importance particulière aux objets et aux phénomènes de transmission de la culture.

Des histoires parallèles. Tandis qu'au XIXe siècle les remous des révolutions politique et industrielle entraînent, avec COMTE notamment, la naissance de la sociologie, trois phénomènes convergents poussent à la fondation de l'ethnologie dans les sociétés savantes : l'intérêt romantique pour l'exotique, la stimulation philosophique kantienne en vue d'élaborer un savoir unifié sur l'homme et enfin le projet colonial ravivé sous Louis-Philippe. L'histoire naturelle oriente vers l'anthropologie physique et l'esprit d'antiquaire vers les collections et classifications de produits provenant de diverses « races et ethnies ». La sociologie reste marquée par la philosophie et le réformisme social qui l'ont parrainée, encore qu'un même projet de réforme accompagne aussi la visée de « civilisation » des dits *primitifs*.

Dans les années 1860-1870, les recherches de BACHOFEN, TYLOR, MORGAN sur les cultures dites *archaïques* sont contemporaines de celles de LE PLAY, MARX, SPENCER, ESPINAS sur l'Occident. Mais alors, l'ethnologie s'intéresse aux sociétés relativement homogènes et de petite échelle, sans histoire connue, dites *primitives, traditionnelles, sans écriture*. L'objet de la sociologie, moins distant et plus visible que celui de l'ethnologie, porte sur l'étude des sociétés complexes, hétérogènes, à forte profondeur historique, dites évoluées, industrialisées, lettrées, modernes, en privilégiant la méthode des enquêtes par échantillon sur de vastes ensembles et non, comme en ethnologie, les inventaires descriptifs complets des cultures de petite dimension. Si la sociologie et l'anthropologie prétendent bien expliquer les faits sociaux dans leur totalité, leur objet respectif les sépare, comme le remarque KROEBER débattant avec PARSONS dans les années 50. La concurrence se déplace ensuite, par un diktat des sociologues, vers la valorisation de leur science comme « abstraite » face à une anthropologie « concrète », qui ne saurait que recueillir les vestiges d'une histoire sans écrits ni monuments.

Des voies convergentes. Au-delà de ces chicanes, il faut constater que les deux disciplines ont voyagé de pair en suivant la même voie des grandes fresques historiques, puis celle de la patiente accumulation de documents. Les deux demeurent liées aux théories et aux politiques de leur époque. Elles développent des thématiques communes (institution, intégration, fonction, structure, adaptation), se construisent par des démarches comparatives et des critiques analogues et complémentaires.

Un brillant mariage s'effectue dans l'École de Chicago, lorsque l'étude pilotée par MAYO sur la Western Electric s'effectue avec le sociologue WARNER et deux anthropologues, l'un indianiste, LOWIE, l'autre océaniste, RADCLIFFE-BROWN. Il s'agit non seulement d'étudier les cultures d'immigrants polonais mais d'emprunter, pour une meilleure connaissance sociologique, les méthodes d'observation participante et d'enquête par informateurs propres à l'anthropologie. À partir de 1935, Columbia ravit la vedette à Chicago et insiste sur l'importance des méthodes quantitatives. La seconde guerre passée, les conflits de voisinage s'apaisent : les anthropologues se consacrent à l'étude de sociétés complexes (réseaux politiques en Inde, parenté américaine, anthropologie urbaine, économie informelle) ; les sociologues, eux, se penchent sur les aspects symboliques du comportement, sur les microrelations d'ordre culturel et analysent le politique, l'économique, le développement dans les sociétés du tiers-monde. Les deux disciplines cherchent à résoudre de concert la question du passage inductif du local au global. L'anthropologie se veut à la fois culturelle et sociale et échange avec la sociologie des méthodes, des objets et des terrains, par exemple à propos de la culture d'entreprise, des rapports familiaux et ethniques dans le travail (recrutement, déroulement des opérations, transmission des savoirs, etc.). GODELIER note, par exemple, le rôle de la parenté dans les raports de production des petites entreprises ; WARNIER aborde l'usage des liturgies spécifiques dans le domaine du politique.

Claude RIVIÈRE

bibliographie

BOUDON Raymond, *Les Méthodes en sociologie*, PUF, 1969.

CUISENIER Jean, SEGALEN Martine, *Ethnologie de la France*, PUF, 1986.

ANTINOMIE

voir : ANTAGONISME, CONTRADICTION

Contradiction entre deux lois, entre deux principes.

MARX, s'inspirant sur ce point de la philosophie hégélienne, fait de la révolution le moment de dépassement *(Aufhebung)* des antinomies sociales. Dès les années 1850, PROUDHON critiquait, avec ***De la justice dans la révolution et dans l'Église***, cette théorie de la « synthèse » et faisait du pluralisme, du maintien des antinomies, la caractéristique de toute société vivante : « *L'antinomie ne se résout pas ; là est le vice fondamental de toute la philosophie hégélienne. Les deux termes dont elle se compose se balancent, soit entre eux, soit avec d'autres termes antinomiques* [...] » (1988, t. 1, p. 567).

Pierre ANSART

bibliographie

MARX Karl, *Préface à la critique de l'économie politique* (1859), éd. M. Rubel, « La Pléiade », Gallimard, 1977, t. 1.

PROUDHON Pierre Joseph, *De la justice dans la révolution et dans l'Église* (1858), Fayard, 1988, t. 1.

APOLITISME

du grec *polis* « la cité » et *politikos* « politique »

voir : POLITISATION

Attitude, comportements de désintérêt vis-à-vis de la vie politique ou refus volontaire d'y participer se fondant sur des choix idéologiques.

Quelle qu'en soit la raison ou la cause, l'*apolitisme* implique toujours une dévalorisation du politique. L'apolitisme conjoncturel — qu'on ramène arbitrairement à des paramètres tels que l'abstention électorale ou la faiblesse des partis politiques, tant dans leur recrutement que dans leur audience — implique une analyse en profondeur de la société pour voir si c'est signe de crise ou au contraire signe de l'acceptation tranquille d'un système démocratique, qui autorise le droit au désintérêt civique.

L'apolitisme idéologique a plusieurs formes. Il peut être lié à l'apolitisme syndical extrapolé en doctrine libertaire : l'anarcho-syndicalisme. Il peut s'inscrire dans le refus maurrassien de la démocratie. Il peut aussi dériver d'un activisme révolutionnaire pour qui « *élections piège à cons* » (comme on disait en mai 68), et qui lui oppose les vertus du spontanéisme ou celui des minorités agissantes.

Il est évident que tout apolitisme doctrinal est en réalité un choix politique contre un système et la volonté de lui en substituer un autre. En dernière analyse, tout apolitisme doctrinal se nourrit d'une critique de la démocratie représentative, voire de son refus radical.

André AKOUN

APPAREIL

voir : BUREAUCRATIE, COERCITION, CONTRAINTE, INSTITUTION

Le terme d'appareil désigne l'organisation combinée de moyens administratifs, bureaucratiques, militaires ou policiers, et suggère un fonctionnement à caractère mécanique, excluant toute possibilité de contestation.

ALTHUSSER attribue à MARX une telle conception qui fait des *appareils idéologiques d'État* des organismes répressifs traversant tout l'édifice social et interdisant toute forme de résistance. Cette expression n'est pas dénuée de pertinence pour caractériser le fonctionnement des institutions totalitaires.

Pierre ANSART

bibliographie

ALTHUSSER Louis, « Idéologie et appareils idéologiques d'État », in *La Pensée*, n° 151, juin 1970, pp. 3 à 38.

APPRENTISSAGE

du latin *apprehendere* « prendre, saisir », au sens physique et moral

all. LEHRE	esp. APRENDIZAJE
angl. LEARNING	ital. APPRENDIMENTO

voir : ATTITUDE, COMPORTEMENT, CONDUITE, IMITATION, MÉMOIRE, SOCIALISATION

Processus de modification des comportements individuels et des conduites sociales lié à la socialisation.

L'étude de l'*apprentissage*, selon FISCHER (1991), occupe une place importante dans la théorie de la socialisation. Cette étude comporte trois principaux volets : l'apprentissage instrumental, l'apprentissage social, l'approche sociocognitive.

Pour présenter les théories du renforcement liées à l'étude des phénomènes d'apprentissage, DEUTSCH et KRAUSS (1972) signalent trois orientations majeures de ce domaine : l'associationnisme, le behaviorisme, l'hédonisme. Ensuite, ils montrent que l'étude expérimentale de l'apprentissage est issue de travaux sur le conditionnement classique et sur le conditionnement instrumental chez l'animal. Les premiers ont été développés par le physiologiste russe PAVLOV, les seconds par le psychologue américain THORNDIKE dans le domaine de l'apprentissage par essais et erreurs. « *Cette procédure consiste à donner ou ne pas donner une récompense ou une punition après que l'animal a fourni une réponse donnée* » (1972, p. 88).

Dans l'inventaire des principaux concepts de l'apprentissage, DEUTSCH et KRAUSS énumèrent la force de réponse, l'extinction (ou diminution de la force de la réponse en l'absence de renforcement), le stimulus discriminatoire, le renforcement ; l'impulsion, la généralisation du stimulus, la discrimination. En dehors de ces théories, les auteurs évoquent les théories de l'apprentissage social, notamment celles qui privilégient le rôle de l'imitation. Après les travaux de DOLLARD et MILLER, ils mentionnent BANDURA et WALTER, qui accordent également un rôle important à l'imitation dans l'acquisition du comportement de déviance ou de conformité.

LEYENS cite aussi Bandura, qui distingue deux phases dans l'apprentissage social : « *À une phase d'acquisition pendant laquelle le sujet-élève apprend par observation le comportement d'un modèle, succède éventuellement une phase de performance lorsque le sujet reproduit le comportement du modèle* » (1979, p. 38).

WINNYKAMEN (1990) examine la fonction instrumentale de l'imitation dans l'acquisition de savoirs et savoir-faire chez l'enfant. Elle retient trois champs de conduite : « *L'acquisition des compétences langagières et communicatives ; l'acquisition de savoirs et savoir-faire sociaux et relationnels ; enfin, les concepts et règles de résolution de problèmes* » (1990, p. 18). Pour situer sa contribution, elle présente les positions des psychologues de l'apprentissage et des psychosociologues du développement.

Pour FISCHER, « *l'apprentissage social ne considère plus comme éléments d'apprentissage les actions externes, mais plutôt les processus internes en œuvre chez un individu, tels que l'observation et l'imitation d'autrui* » (1991, p. 14). Cependant, il estime que cette théorie de l'apprentissage social est limitée car elle ne prend pas assez en compte « *la capacité des individus à penser et agir par eux-mêmes* » (1991, p. 20). Il cite d'autres théories, dont celle du développement sociocognitif, qui intègrent cette dimension.

Ariel CORDIER

bibliographie

BENDURA Albert, *L'Apprentissage social*, Mardaga, 1980.

CHAMPY Philippe, ÉTÉVÉ Christiane *et alii*, *Dictionnaire encyclopédique de l'éducation et de la formation*, Nathan, 1994.

DEUTSCH Morton, KRAUSS Robert M., *Les Théories en psychologie sociale*, Mouton, 1972.

FISCHER Gustave-Nicolas, *Les Domaines de la psychologie sociale*, t. 2, *Les Processus du social*, Dunod, 1991.

LE NY Jean-François, *Apprentissage* (1985), Encyclopædia Universalis, 1997.

LEYENS Jacques-Philippe, *Psychologie sociale*, Mardaga, 1979.

MILLER Neal E., DOLLARD John, *Social Learning and Imitation*, New Haven (Conn.), Yale UP, 1941.

RAYNAL Françoise, RIEUNIER Alain, *Pédagogie : dictionnaire des concepts clés, apprentissages, formation, psychologie cognitive*, ESF, 1997.

WINNYKAMEN Fayda, *Apprendre en imitant*, PUF, 1990.

*
* *

APTITUDE

du latin *aptus* « ajusté à, approprié à »

all. EIGNUNG, FÄHIGKEIT	esp. APTITUD, CAPACIDAD
angl. ABILITY, APTITUDE, DISPOSITION	ital. ATTITUDINE, CAPACITÀ

voir : CAPACITÉ, COMPÉTENCE

Disposition qui fait qu'un individu est considéré comme adapté aux tâches d'une profession ou d'un emploi ; cette disposition, qui présuppose un substrat anatomique, physiologique, neurophysiologique et biologique conforme à celui requis pour une tâche donnée, est en fait orientée, développée, consolidée par l'éducation et la formation, dans le but de rendre l'individu propre à une activité spécifique, professionnelle notamment. Dans ce sens, l'aptitude est acquise.

Depuis un siècle, le terme d'*aptitude* est surtout en usage dans la psychologie différentielle et la psychologie du travail. Il fait référence à des caractéristiques physiques ou psychiques hypothétiques, censées expliquer la différenciation des performances individuelles observées : par exemple, la mémoire, l'attention, la représentation spatiale, la dextérité manuelle, l'endurance, l'écoute des autres. GALTON a été le premier à en faire l'étude à la fin du XIXe siècle. Ces caractéristiques hypothétiques, considérées comme élémentaires, détectées par des tests d'aptitudes, étaient appréhendées globalement par les tests d'intelligence de BINET et SIMON (1911) et définissaient un indicateur unique (âge mental ou quotient intellectuel), tandis que THURSTONE (1938, éd. 1944) s'est efforcé d'en faire une décomposition par l'analyse factorielle.

La notion d'*aptitude* a suscité de grands débats sur la question de la distinction entre l'inné et l'acquis, au sein de la psychologie elle-même, puis entre la psychologie et la sociologie. Ces dispositions, constatées notamment au moment de l'embauche, sont-elles naturelles, donc innées, ou acquises ? Pour certains psychologues (par exemple, CLAPARÈDE, qui était aussi médecin), les aptitudes peuvent être considérées comme des caractéristiques élémentaires, supposées fondamentales, voire primaires, liées à une base biologique. Elles seraient ainsi inscrites dans le génome de chaque individu. L'intelligence serait alors une fonction active d'adaptation aux situations nouvelles, par opposition à l'instinct (adaptation innée) et à l'habitude (adaptation acquise). En 1945, NAVILLE, qui est à l'époque un praticien de la psychologie et un spécialiste de l'orientation professionnelle, soutient que les aptitudes sont des constructions sociales, organisées par la formation et l'entraînement systématique. La seule aptitude fondamentale de l'être humain est une disposition naturelle à l'activité en général et à l'acquisition de comportements. En outre, la structure et le contenu des emplois étant variables selon les modes de production et l'état de la division du travail, chaque société, à un moment donné de son histoire et de son développement, s'efforce de produire les aptitudes conformes à ses besoins. Les aptitudes sont donc construites et déterminées socialement.

Finalement, les psychologues adopteront une définition à mi-chemin entre les deux positions, comme en témoigne la définition donnée par PIÉRON en 1951 :

« *Ce mot* [aptitude], *souvent employé à tort comme synonyme de capacité, désigne le substrat constitutionnel d'une capacité, préexistant à celle-ci, qui dépendra du développement naturel de l'aptitude, de la formation éducative éventuellement, et de l'exercice ; seule la capacité peut être objet d'évaluation directe, l'aptitude étant une virtualité.* » Toutefois, pour le sociologue, entre ces virtualités et leur concrétisation de fait, s'interposent en réalité les représentations sociales, les diverses formes de la socialisation, les orientations de la formation et surtout les spécifications de la division du travail, propres à chaque groupe social. De surcroît, dans ce processus de production d'aptitudes utiles à la société interviennent, à côté de la contrainte et de la souffrance de l'apprentissage, deux facteurs dont les ressources sont à la fois psychologiques et sociales : le désir et le plaisir.

Mireille DADOY

bibliographie

CLAPARÈDE Édouard, *Comment diagnostiquer les aptitudes chez les écoliers*, Flammarion, 1924.

GALTON Francis, *Natural Inherance*, Londres, MacMillan, 1889.

HUTEAU Michel, *Les Conceptions cognitives de la personnalité*, PUF, 1985.

NAVILLE Pierre, *Théorie de l'orientation professionnelle*, Gallimard, 1945.

PIÉRON Henri, REUCHLIN Maurice *et alii*, « L'Utilisation des aptitudes. Orientations et sélection professionnelles », in *Traité de psychologie appliquée*, t. 3, PUF, 1954.

REUCHLIN Maurice, « La Psychologie différentielle » (1969), in *Le Psychologue*, n° 39, PUF, 1990.

SPEARMAN Charles, *Les Aptitudes de l'homme, leur nature, leur mesure* (1932), Conservatoire national des Arts et Métiers, 1936.

STROOBANTS Marcelle, *Savoir-faire et compétences au travail. Une sociologie de la fabrication des aptitudes*, Éd. de l'Université de Bruxelles, 1993.

THURSTONE Louis Leon, *Primary Mental Abilities. A Factorial Study of Perception* (1938), Chicago UP, 1944.

ARBITRAIRE

du latin *arbitrarius* « du témoin, de l'arbitre », en français (1525) « qui procède du bon plaisir », puis (1611), péjorativement, « qui procède du caprice »

all. WILLKÜR	esp. ARBITRARIO
angl. ARBITRARY	ital. ARBITRARIO

voir : ABSOLUTISME, DÉCISION, DOMINATION

Expression de la seule volonté, sans tenir compte de l'observation des règles.

Relevant plutôt des sciences politiques, la question de l'*arbitraire* ne semble guère avoir été étudiée par la sociologie. Ce concept est déterminant dans les conflits sociaux, dans les mécanismes de décision et les procédures de négociation. Tenu pour un attribut du pouvoir, l'arbitraire est l'objet même des dénonciations publiques quand il traduit l'intransigeance d'un gouvernement. Il est ambivalent : d'une part, il se présente comme la menace du pouvoir absolu, du totalitarisme, et, d'autre part, il reste l'expression même des libertés collectives et individuelles, le moteur des critiques et des revendications. Dans les sociétés démocratiques, les négociations et les prises de décision ont toujours pour finalité implicite de « résoudre l'arbitraire ». Le devenir de la démocratie repose-t-il sur la gestion collective permanente de l'arbitraire ? Si un tel concept semble désigner ce à partir de quoi une société ne cesse de restructurer ses modalités d'organisation, il en demeure d'autant plus difficilement analysable. Ce qu'un groupe ou un individu nomment « arbitraire » peut ne pas l'être pour les autres. Pour le sociologue, cette question de l'arbitraire devrait être prise comme le symptôme de la puissance critique dans l'émergence des conflits et dans les modes de légitimation et de négociation mis en place. C'est en affirmant son propre arbitraire que le sujet croit exercer sa souveraineté dans le corps social. Mais la reconnaissance de l'arbitraire se partage également, et c'est autour d'elle que se trament des liens sociaux. Comme l'arbitraire ne peut être une fin en soi, il reste le potentiel de négation critique qui permet à une société de réajuster les règles de sa cohésion.

Henry-Pierre JEUDY

bibliographie

BOLTANSKI Luc, THÉVENOT Laurent, *De la justification*, Gallimard, 1990.

JEUDY Henry-Pierre, *Éloge de l'arbitraire*, PUF, 1993.

ARCHAÏQUE

Terme qui, en concurrence avec d'autres, tels *sociétés sans écriture*, a remplacé l'adjectif « primitif » ; ce dernier comportait une connotation péjorative et ne se justifiait que dans une interprétation évolutionniste. Le terme *archaïque* est employé pour désigner les populations non dotées des techniques modernes et de la pratique de l'écrit. La publication par LÉVY-BRUHL de son ouvrage intitulé ***La Mentalité primitive*** (1922) fut suivie de vifs débats : l'auteur y affirmait l'existence d'une mentalité spécifique, opposée et irréductible aux normes de la pensée scientifique. Il a émis des réserves à l'égard de cette thèse dans ses derniers écrits.

Pierre ANSART

bibliographie

LÉVY-BRUHL Lucien, *La Mentalité primitive*, Alcan, 1922.

LÉVY-BRUHL Lucien, *Carnets*, PUF, 1998.

ARCHÉTYPE

du grec *arkhetupon* « type primitif » et « modèle »

all. ARCHETYP	esp. ARQUETIPO
angl. ARCHETYPE	ital. ARCHETIPO

voir : INCONSCIENT, STRUCTURE

Le mot désigne, conformément à son étymologie grecque, une sorte de prototype ou de paradigme, c'est-à-dire un modèle original et idéal, comme le sont les Idées chez Platon.

C'est JUNG qui a répandu l'usage de ce terme à partir de 1912 et qui lui a conféré une valeur technique dans sa conception d'un inconscient collectif où les inconscients individuels s'enracinent. Dans l'analyse des rêves, Carl Jung découvre des images qui ne peuvent être rapportées à l'histoire personnelle du rêveur. Ces images sont des contenus psychiques collectifs, dans lesquels se manifestent des *archétypes*. On retrouve ces contenus psychiques dans les mythes. Les archétypes sont donc des structures communes à toute l'humanité, *« les organes de l'âme »*. Les archétypes sont, dans l'homme, une sorte d'*a priori* de l'espèce sur le plan mental (comme le sont les instincts sur le plan vital). Aussi les retrouve-t-on chez les individus les plus différents, chez les peuples les plus éloignés, sans influence mutuelle. Dans la même ligne d'inspiration, une certaine anthropologie (VAN DER LEUW, ELIADE) utilisera la notion d'archétype pour désigner les symboles fondamentaux qui servent de matrice à des séries de représentations. Au sens large, l'archétype désigne une image primordiale, l'image mère, celle qui alimente les images « personnelles » et qui les nourrit à partir d'un même fonds « archaïque », qu'exploitent mythologies et religions.

À cette notion d'archétype empruntée à Jung, LÉVI-STRAUSS oppose sa notion de structure, qui n'implique aucun contenu représentatif, aucune image, mais désigne un modèle opératoire qui permet, dans une pluralité d'ensembles, de voir dans ceux-ci des *variantes* dont elle est la règle de variabilité.

André AKOUN

bibliographie

JUNG Carl Gustav, *Psychologie de l'inconscient* (1952), Le Livre de Poche, 1996.

ELIADE Mircea, *Le Mythe de l'éternel retour : archétypes et répétition*, Gallimard, 1949.

LÉVI-STRAUSS Claude, *L'Anthropologie structurale*, Plon, 1958.

SOCIOLOGIE DE L'**ARGENT**

du latin *argentum* désignant l'argent en tant que métal, ou argenterie, et, depuis Plaute, la monnaie d'argent

all. GELD	esp. DINERO
angl. MONEY	ital. DENARO

voir : ALIÉNATION, CONFIANCE, DÉSENCHANTEMENT, ÉCONOMIE, POUVOIR, RATIONALITÉ

Équivalent général des échanges dont la légitimité repose sur une instance tierce, distincte des échangistes, et sur leurs expectations réciproques.

Lorsqu'elle traite de l'*argent,* la sociologie met en valeur les conditions proprement sociales d'une économie monétaire développée, souligne le rôle de la calculabilité et s'intéresse au mode de légitimation étatique ainsi qu'aux sentiments psychosociaux, telle la confiance, qui assurent la foi dans l'usage de la monnaie comme moyen d'échanges. L'argent, en ce sens, n'est pas une qualité physique, mais pour parler comme MAUSS, c'est *« une notion, une institution, une foi »*. L'argent pour établir son règne dépend donc de croyances ou encore de représentations collectives qui conduisent à se dessaisir d'un bien ou d'une marchandise pour un signe sans valeur intrinsèque. L'argent se caractérise, d'une part, par ses fonctions d'équivalent général, de médium de communication généralisé, par son rôle dans la perception du temps, la place des attentes et des anticipations réciproques qu'il induit, d'autre part. En tant que moyen d'échange généralisé, il favorise l'échangeabilité universelle, arrache tout produit de *« son cadre local, naturel et individuel »* (MARX). De même, SIMMEL insistera sur le rôle de l'argent dans le processus de différenciation sociale : il favorise l'action à distance, en se jouant des frontières et des limites territoriales. L'ampleur et l'intensité du rôle de l'argent *« se montrent d'abord en tant que victoire sur la distance* [...]. *Seule la conversion monétaire des valeurs rend possibles ces liaisons d'intérêts qui ne posent absolument plus la question de la distance spatiale entre les intéressés »* (*Philosophie de l'argent*, p. 612).

Le passage du caractère substantiel au caractère fonctionnel de l'argent, de l'argent métallique à l'argent fiduciaire, la victoire sur la distance vont dépendre de conditions sociales précises. Pour qu'elle se réalise pleinement, pour que l'usage de l'argent se généralise, il faut supposer une confiance que les échanges en nature ne présupposaient pas : confiance entre les interactants qui s'appuie par ailleurs sur *« la relation des sujets économiques au pouvoir central, émetteur et garant de la monnaie »*. En lieu et place d'échanges particuliers entre sujets économiques, il faut faire intervenir un tiers garant. La mise en place d'un étalon de mesure universel, favorise, comme y insiste WEBER, la comparabilité généralisée de toutes les marchandises, elle développe la rationalité arithmétique, la calculabilité. La prise en compte du marché et de ses probabilités d'évolution dans le futur repose sur l'acquisition d'une disposition concernant l'avenir, disposition à se projeter imaginairement dans le futur, en contrôlant autant que faire se peut le hasard. Sans une telle disposition, il n'y aurait ni pratique d'investissement, ni planification, ni spéculation boursière envisageables. Cette fonction de l'argent a été soulignée de manière particulièrement limpide par SIMIAND lorsqu'il écrit : *« C'est ce pouvoir d'anticipation ou de représentation, voire de réalisation anticipée d'une valeur future, qui est la fonction essentielle de la monnaie »* (*La Monnaie, réalité sociale*, pp. 81 et 82).

Et l'on peut ajouter, après Mauss, que la notion d'attente, d'escompte de l'avenir est une forme fondamentale de la pensée collective, qui doit retenir l'attention au moins autant que *« les expressions contrainte, force, autorité* [que] *nous avons pu utiliser autrefois »*. L'argent est alors un phénomène social total ; ses conséquences touchent le style de vie moderne, abstraction, intellectualisation, indifférence lui sont intimement liés, et il devient le symbole pur de l'échange.

Patrick WATIER

bibliographie

LUHMANN Niklas, « Zur Theorie symbolisch generalisierter Kommunikationsmedien », in *Zeitschrift für Soziologie*, 22, 1974.

MARX Karl, *Introduction générale à la critique de l'économie politique* (1857), « La Pléiade », Gallimard, 1965.

MAUSS Marcel, « Les Origines de la notion de monnaie », in *Œuvres 2*, Éd. de Minuit, 1974.

MOSCOVICI Serge, *La Machine à faire des dieux*, Fayard, 1988 (chap. VIII).

ORLÉANS André, « Réflexions sur la notion de légitimité monétaire, l'apport de G. Simmel », in *Simmel et les normes sociales*, L'Harmattan, 1996.

PARSONS Talcott, *Politics and Social Structure*, New York, Free Press, 1969.

SIMIAND Félix, *La Monnaie, réalité sociale*, Annales sociologiques, série D (Sociologie économique), fascicule 1, 1934, pp. 1 à 86.

SIMMEL Georg, *Philosophie de l'argent* (1900), PUF, 1987.

SOCIOLOGIE DE L'ARGUMENTATION

du latin *argumentatio*, dérivé de *argumentari* « démontrer »

all. SOZIOLOGIE DER ARGUMENTATION	esp. SOCIOLOGÍA DE LA ARGUMENTACIÓN
angl. SOCIOLOGY OF ARGUMENTATION	ital. SOCIOLOGIA DELL' ARGOMENTAZIONE

voir : SOCIOLOGIE DE L'ACTION, ADHÉSION, SOCIOLOGIE DE LA CONNAISSANCE

On peut assigner comme objet à la sociologie de l'argumentation *l'étude de la dimension sociale des procédures par lesquelles on emporte la conviction d'un auditoire mais aussi des procédures par lesquelles on « s'autopersuade ».*

C'est l'une des formes les plus récentes de la sociologie de la connaissance et, pour cette raison, elle reste encore largement à construire. L'étude de l'argumentation présente une face sociologique évidente dans la mesure où, pour convaincre efficacement un auditoire, il faut s'appuyer sur des principes reconnus par tous, donc des sortes de *lieux communs*, parfois figés eux-mêmes dans des adages, dictons ou proverbes que DURKHEIM comptait, dans les ***Règles de la méthode sociologique*** (chapitre II, *in fine*), au nombre même des institutions sociales. Les procédures d'argumentation ne sont donc pas uniquement psychologiques ou « privées », mais comportent bien des éléments sociaux ou « publics » reconnaissables comme tels et quasiment autonomes. Sans qu'il y ait quelque revendication d'héritage que ce soit, la théorie des *topoi* (mot grec, au singulier : *topos*) des linguistes français DUCROT et ANSCOMBRE peut être perçue comme amorçant une sociolinguistique de ces lieux communs (en grec : *topoi koinoi*). Certains anciens élèves ou/et collaborateurs de BOURDIEU et PASSERON (auteurs du très durkheimien ***Métier de sociologue***), comme BOLTANSKI et THÉVENOT, ont inspiré des recherches dans cette direction en s'intéressant aux principes de justification propres aux diverses sphères des sociétés, les *topoi* présents dans une culture étant souvent assez dissonants et nécessitant parfois alors arrangements et compromis.

Mais on voit aussi qu'on peut envisager une sociologie de l'argumentation qui, tout en se fixant l'étude des *topoi*, cherche à examiner en quoi ceux-ci sont construits par les individus et élaborés par eux dans l'interaction. Une sociologie de type interactionniste pourrait donc elle-même intégrer une sociologie de l'argumentation (WILLARD). La sociologie de l'action de WEBER peut être également relue de cette façon, ***L'Éthique protestante*** montrant par exemple *de facto* comment Benjamin FRANKLIN a participé à la promotion du *topos* propre aux économies capitalistes (par opposition aux économies de simple subsistance) : « Le temps, c'est de l'argent. » Mais dans le paradigme wébérien, c'est moins le fait de s'adresser à des interlocuteurs ou à un « auditoire » qui est considéré comme digne d'attention que le fait de se donner à soi-même des justifications et, plus ou moins consciemment, des raisons d'agir ou de croire. BOUDON a donné une ampleur particulière à ce thème dans ***L'Art de se persuader***. C'est bien sûr néanmoins dans la mesure où ces raisons sont communes à un groupe ou qu'elles sont susceptibles de le devenir qu'elles intéressent la sociologie ; toutefois, les règles (ou les *a priori*) qui rendent possibles les inférences sont bien loin d'être nécessairement déjà figées et, avant de devenir collectives et communes, elles peuvent avoir été bien personnelles et très « privées ». Il y a donc parfois une remontée nécessaire jusqu'à la psychologie, mais celle-ci n'est jamais sollicitée que pour autant qu'elle peut éclairer l'explication de phénomènes collectifs.

On peut se fixer aussi pour tâche d'analyser le rôle sociologique spécifique de ce qu'il y a de plus procédural dans les argumentations (alors que ce qui précède s'intéresse encore à ce qu'il y a de plus substantiel dans celles-ci). Ce sont des auteurs comme TARDE et PARETO qui ont suggéré, en l'érigeant parfois, comme ce dernier, en véritable programme, une analyse sociologique de ces procédures, PERELMAN est — réciproquement — le seul des grands théoriciens de l'argumentation à se référer explicitement à leur œuvre. Chez Tarde, il s'agit essentiellement d'analyser le rôle de la persuasion dans la diffusion des croyances et dans leur dérive ; de ce point de vue, le *topos* de Franklin apparaîtrait comme une dérive typique dont il faudrait analyser le mécanisme (dérive à partir des principes calvinistes qui valorisaient le temps passé au travail au nom du salut spirituel de l'individu et pas du tout au nom de l'accroissement du profit...). Des auteurs comme SPERBER se situent dans ce lointain mais explicite héritage en articulant une théorie de la rhétorique communicationnelle à une théorie de la diffusion des représentations. Chez Pareto, il s'agit de s'intéresser aux procédures non seulement de diffusion mais aussi de construction des justifications et de proposer, en même temps, une classification détaillée de ces procédures, l'accent étant mis sur la recherche des fautes ou des « biais » de raisonnement les plus fréquents ou *les plus communs*. Certaines des analyses de BOUDON *(ibid.)* et de ses élèves vont plutôt dans cette direction, le but étant toutefois clairement de rechercher s'il n'y a pas une raison cachée derrière l'irrationalité apparente.

Alban BOUVIER

bibliographie

L'Année sociologique, vol. 44, 1994 et vol. 45, 1995/1 : « Argumentation et sciences sociales ».

ANSCOMBRE Jean-Claude, DUCROT Oswald, *L'Argumentation dans la langue*, Bruxelles, Mardaga, 1983.

BOLTANSKI Luc, THÉVENOT Laurent, *De la justification. Les économies de la grandeur*, Gallimard, 1991.

BOUDON Raymond, *L'Art de se persuader des idées fragiles, douteuses ou fausses*, Seuil, 1990 ; rééd. « Points », 1992.

BOUVIER Alban, *L'Argumentation philosophique. Étude de sociologie cognitive*, PUF, 1995.

Colloque de Cerisy, *L'Argumentation*, LEMPEREUR Alain (sous la dir. de), Bruxelles, Mardaga, 1991.

GRIZE Jean-Blaise, *De la logique à l'argumentation*, Droz, 1982.

Hermès, nos 15 et 16, « Argumentation et rhétorique » (I et II), 1995.

MCEVOY Sébastien, *L'Invention défensive. Poétique, linguistique, droit*, Éd. Métailié, 1995.

PARETO Vilfredo, *Traité de sociologie générale* (1916), Droz, 1968.

PERELMAN Chaïm, *Traité de l'argumentation*, Bruxelles, Éd. de l'Université de Bruxelles, 1958.

PLANTIN Christian (sous la dir. de), *Lieux communs, topoi, stéréotypes, clichés*, Kimé, 1993.

SPERBER Dan, *La Contagion des idées. Théorie naturaliste de la culture*, Odile Jacob, 1996.

TARDE Gabriel de, *La Logique sociale*, Alcan, 1895.

TOULMIN Stephen Edelston, *Les Usages de l'argumentation*, PUF, 1993.

ARISTOCRATIE

du grec *aristokratia* « gouvernement des meilleurs »

voir : CLASSE SOCIALE

1. Terme appliqué à l'Antiquité et désignant une forme de gouvernement exercé par un petit nombre de personnes, une classe généralement héréditaire.
2. Au sens moderne, classe, héritière de la féodalité, qui détenait le pouvoir ; par suite, ensemble des nobles et des privilégiés.

Dans ses écrits sur l'histoire (***L'Ancien Régime et la Révolution***, 1856), et sur la démocratie (***De la démocratie en Amérique***, 1835-1840), Tocqueville présente les éléments d'une sociologie de l'aristocratie. Comparant *« l'état social »* de la France et celui de l'Angleterre au XVIIIe siècle, TOCQUEVILLE note que, dans les deux cas, l'*aristocratie* ne se définissait plus exclusivement par la transmission héréditaire. À côté de la noblesse, faisaient partie de l'aristocratie les anoblis et les *« roturiers riches et éclairés »*. En Angleterre, l'aristocratie se renforça de l'entrée dans ses rangs des privilégiés de la richesse et du savoir, alors qu'en France l'aristocratie tendit à se refermer sur les familles nobles ; elle prit ainsi les traits d'une caste*, renforçant les mécontentements du tiers état et préparant dès lors les mouvements révolutionnaires.

Tocqueville use du même terme pour qualifier le régime politique où l'essentiel des pouvoirs appartient à cette aristocratie : il oppose, en ce sens, la *« constitution aristocratique »* au régime démocratique.

Pierre ANSART

bibliographie

TOCQUEVILLE Alexis de, *De la démocratie en Amérique* (1835-1840), « Folio », Gallimard, 1986, 2 vol.

SOCIOLOGIE DE L'**ART**

du latin *ars, artis* « façon d'être, façon d'agir »

all. KUNST	esp. ARTE
angl. ART	ital. ARTE

voir : CHAMP SOCIAL, CULTURE, HISTOIRE ET SOCIOLOGIE, IDÉOLOGIE

Étude systématique de toutes les significations sociales des arts et des pratiques chargées de valeur esthétique.

L'œuvre d'art, peinture, sculpture, forme architecturale, pose à la sociologie des problèmes spécifiques. Une tradition humaniste, diffuse ou explicite, répugne à voir l'œuvre d'art sociologiquement contextualisée et expliquée, opposant à ce risque de réductionnisme l'expérience personnelle et intransmissible du beau. Cependant la *sociologie de l'art* ne vise aucunement à nier l'expérience esthétique, elle ne fait qu'interroger la création, la production, la diffusion des œuvres, avec le projet d'en découvrir toutes les significations sociales et les spécificités. Elle poursuit ainsi les objectifs que désignait DURKHEIM, attentif à analyser toutes les œuvres de civilisation et à comprendre les représentations sociales qui s'y rapportent. En ce sens, l'œuvre d'art offre au regard sociologique de nombreux objets de recherche en raison de la richesse de ses significations ; elle pose aussi des problèmes spécifiques, car si l'œuvre est un fragment culturel, elle peut aussi transcender le présent et se charger de valeurs au-delà de son milieu originel.

Cette richesse de significations explique l'étendue des approches possibles et l'inventivité particulière qui marque les travaux de sociologie de l'art qui, pour certains, sont proches de l'histoire de l'art et, pour d'autres, dialoguent avec la philosophie et l'esthétique.

1 ETHNOLOGIE ET HISTOIRE DE L'ART. La sociologie de l'art a trouvé ses origines, en premier lieu, dans l'histoire de l'art. En effet, si l'histoire de la peinture par exemple (HAUSER, FAURE) se préoccupait des transformations des formes et des écoles, elle comportait de multiples remarques et informations sur les contextes sociaux et politiques, sur les commanditaires des œuvres, sur les motivations et les transformations de la demande sociale, toutes questions que retiendra la sociologie de l'art et dont elle fera problème. L'histoire de l'art a pu ainsi constituer l'une des introductions à la formation des paradigmes sociologiques.

L'anthropologie et l'ethnologie ont pu aussi apporter des éléments exemplaires de réflexion en traitant les créations propres aux cultures étudiées comme des documents révélateurs des mœurs, des croyances ou des rapports de pouvoir. L'anthropologue s'interrogeant sur la religion de l'ancienne Égypte trouve dans la statuaire des temples et dans les objets mortuaires les traces des croyances et de leurs modes d'expression. La pratique de l'anthropologue fait de l'objet un témoin, un révélateur des significations multiples des mœurs, des imaginaires, des institutions sociales et politiques. L'objet est perçu comme un document sociologique et peut prendre place dans une histoire sociale de l'art.

2 DE L'HISTOIRE À LA SOCIOLOGIE. Dans les années 50, FRANCASTEL a illustré ce passage de l'histoire de l'art à la sociologie dans ses études sur la peinture de la Renaissance italienne au XVe siècle. Sans délaisser les apports de l'histoire, il met au centre de sa recherche l'espace figuratif de cette peinture, marqué par la géométrie et la découverte de la perspective, et met en relation ce nouvel espace plastique avec la transformation de la culture à cette époque. L'histoire fait ainsi place à une sociologie de l'art visant à rendre compte des connaissances et des modes de perception d'une époque et à comprendre une expérience de l'espace propre aux hommes de ce temps. Non seulement *« l'artiste appartient à la société dans laquelle il vit »* (Francastel, 1970, p. 14), mais il participe à un système de représentation qu'il porte, dans sa peinture, à la perfection esthétique. Il ne s'agit pas de rappeler cette évidence selon laquelle une œuvre participe d'une époque, mais d'analyser les différentes figures de cette participation. Ces questions ont valeur universelle et peuvent être renouvelées pour toutes les créations plastiques.

3 LES FONCTIONS DE L'ART. La question de la place et du rôle de l'art dans la vie sociale offre à la sociologie un champ rendu hautement significatif par le comparatisme. À grands traits, ces comparaisons mettent en relief la profonde variabilité des conceptions de l'art et des relations sociales qui s'y rapportent. Dans les sociétés traditionnelles, les objets rituels ne sont aucunement considérés comme des œuvres d'art ; ils sont intégrés dans les usages et les croyances dont ils tirent toute leur signification. Le regard moderne qui transforme le masque africain en objet d'une perception esthétique lui attribue des significations qu'il n'avait aucunement pour ses créateurs. De même, les instruments des cérémonies sacrées, les chants ou l'architecture des temples n'étaient pas perçus comme moyen de jouissance esthétique, mais à travers toute la symbolique qui les chargeait de significations religieuses.

Cette importance et cette relativité des expériences artistiques ont été paradoxalement rappelées par les régimes totalitaires, qui ont cherché à restituer aux arts une fonction sociale et politique. Ces régimes redoutaient l'indépendance de la création artistique, le refus des fonctions éducatives exprimé par la formule « l'art pour l'art » ; ils ont suscité, en URSS, dans l'Allemagne hitlérienne, dans la Chine communiste, un art de propagande reproduisant l'idéologie officielle. À l'opposé de cette situation de dépendance politique, les diverses écoles de peinture postérieures au XIXe siècle (dadaïsme, surréalisme...) se sont proposé de signifier des thèmes critiques et dénonciateurs de l'ordre établi.

4 LA CRÉATION ARTISTIQUE. L'un des problèmes les plus pertinents de la sociologie de l'art concerne celui de sa création : l'art paraît se situer au-delà des nécessités et des besoins ; il semble, dans l'art moderne, évoluer par rejet des formes devenues communes. Or les comparaisons anthropologiques rappellent combien la création artistique change radicalement de signification selon les cultures. Le souci du changement et de l'affirmation individuelle ne peut trouver place dans une culture où les formes culturelles expriment la pérennité et la fidélité aux origines mythiques. Pour les sociétés de la modernité, les problématiques ont revêtu des formes différentes au cours du temps. Depuis la période romantique qui a idéalisé l'image de l'individualité artistique et fait une règle du renouvellement des formes, la tentation est forte d'assimiler la création au rejet des normes et au désir d'échapper au conformisme. Le but de la recherche serait, en ce sens, de comprendre les modes de rupture, conscients ou inconscients, qui portent à la création. Mais en d'autres situations, n'y a-t-il pas création par déplacement, par transfert d'une pratique à une autre ? C'est l'hypothèse proposée par PANOFSKY pour la création de l'architecture gothique. D'après cette hypothèse, l'invention de cette architecture rigoureusement ordonnée, alliant unité de l'ensemble et harmonie des formes, serait, par déplacement, la mise en application d'un mode de pensée et de perception, d'un *habitus* acquis dans l'éducation scolastique, fait de rationalité, d'ordre, de clarté, d'exigence de hiérarchie conceptuelle.

5 LA SOCIOLOGIE DES ARTISTES. Il revient à la sociologie de l'art de s'interroger sur les artistes et leur statut en retenant les leçons du comparatisme. Celui-ci montre combien le statut de l'artiste contemporain, pressé d'affirmer son originalité, est éloigné du statut ancien où l'artiste produisait ses œuvres dans un monde de significations partagées par tous. BOURDIEU a proposé de repenser le statut de l'artiste dans l'ensemble du champ culturel constitué par tous les agents de la production culturelle. Cette construction théorique souligne l'autonomie du champ artistique aujourd'hui par rapport aux anciennes instances de contrôle (religion, pouvoir politique) et, simultanément, l'organisation de ce champ dont l'artiste est l'un des agents. Sa position dans ce champ socioculturel répond à sa position au sein de la classe dominante. Au XIXe siècle, les artistes comme les intellectuels ont constitué une fraction subordonnée de cette classe, position ambiguë prenant la forme d'une revendication à légiférer en matière artistique et d'un mépris affiché à l'égard du bourgeois servile et industrieux. Mais si l'artiste acquiert une certaine autonomie par rapport aux autres champs (économique, politique), il occupe une position dans le champ artistique et s'y trouve en situation de concurrence avec ses pairs, candidats à l'innovation et à la notoriété. Il se trouve face aux différentes instances de légitimation (marché de l'art, maisons d'édition, musées...) parmi lesquels il va devoir choisir et composer.

Cette construction du champ artistique n'est pas nécessairement en contradiction avec les recherches concernant un artiste particulier, car l'étude de la trajectoire* d'un créateur, enrichie éventuellement d'une approche psychologique ou psychanalytique, aura pour tâche de montrer comment l'artiste fait ses choix au sein de ces contraintes multiples et remanie ses finalités, comment il sauve, en certains cas, son expérience esthétique personnelle.

6 LA SOCIOLOGIE DES PUBLICS. La construction du champ artistique serait incomplète sans la considération des publics. L'étude attentive du public de la peinture hollandaise aux XVIe-XVIIe siècles, par exemple, montre l'étroitesse des liens entre les bourgeois commanditaires et les peintres de cette époque. L'acheteur discute avec le peintre des dimensions du tableau attendu, des couleurs dominantes, des personnages qui seront représentés, des objets symboliques qui seront exhibés, non sans laisser entendre quelle légitimation de lui-même il attend de la peinture. Aujourd'hui, cet acheteur éclairé a fait place à un public composite d'amateurs et de consommateurs souvent anonymes, dont la présence indispensable se meut en légitimité par le biais du marché.

La sociologie des publics est devenue, au sein de la sociologie de l'art, un domaine relativement autonome en raison de son importance pratique. En effet, pour les gestionnaires de musées ou de théâtres, c'est une question essentielle que de connaître l'importance des fréquentations et leurs raisons d'être, et de pouvoir, autant que possible, prévoir les taux de visites. L'enquête menée par BOURDIEU et ses collaborateurs en 1966 faisait apparaître, pour les musées d'art, une forte dichotomie entre les visiteurs de musées (issus en majorité des classes privilégiées, titulaires de diplômes supérieurs) et les non-visiteurs (Bourdieu, 1966). Depuis cette date, de nombreuses initiatives ont été prises, tendant à la fois à ouvrir des expositions exceptionnelles attirant des publics plus larges, facilitant l'accès aux musées par des campagnes de publicité et à établir de nombreux programmes pédagogiques en direction des élèves. Ces initiatives ont, dans une certaine mesure, remis en question la dichotomie des publics. Toutefois, les observations attentives montrent que les publics ne sont pas indifférenciés, que celui des expositions de peinture, par exemple, et celui des musées des techniques ne sont pas identiques. Les données exclusivement quantitatives sur le nombre des entrées sont très insuffisantes et peuvent faire illusion sur la « démocratisation » des musées d'art. Les enquêtes plus fouillées portent non seulement sur les chiffres de fréquentation, mais sur les comportements à l'intérieur des salles (solitaires ou en groupes, en familles, lents ou rapides, concentrés sur quelques objets ou dispersés...) et sur les rapports multiples que les visiteurs entretiennent avec les œuvres. Un type de comportement a, par exemple, retenu l'attention : le vandalisme lors d'expositions de sculptures en plein air et, plus largement, les iconoclasmes à travers l'histoire (GAMBONI, 1983). De tels comportements sont révélateurs de rapports agressifs généralement occultés.

7 LES MARCHÉS DE L'ART. L'étude des marchés de l'art éclaire la place de l'art dans le monde contemporain (MOULIN, éd. 1989). Elle montre la complexité des circuits nationaux et internationaux, où interviennent de multiples acteurs en relation de connivence ou de concurrence (critiques d'art, conservateurs, experts, acheteurs, galeristes, mécènes, collectionneurs, commissaires-priseurs) et de nombreuses institutions (galeries, musées, ventes aux enchères, ministères publics, municipalités). Les circuits commerciaux obéissent à des règles diverses, depuis la vente des objets reproductibles et peu coûteux (photographies, chromos, reproductions, lithographies) jusqu'au marché des œuvres uniques d'artistes parvenus à la notoriété internationale. Le commerce des œuvres anciennes est un marché étroit, mais à haute visibilité. Le commerce contemporain des œuvres d'art fait apparaître toute la complexité des instances de légitimation et d'exclusion, la spécificité de l'œuvre d'art, à la fois bien de consommation et bien symbolique, la fluctuation des goûts des acheteurs, les phénomènes et les effets de mode. Ces enquêtes conduisent nécessairement à une réflexion sur le statut de l'artiste dans le monde contemporain et sur les sens de l'art aujourd'hui.

8 LES POLITIQUES CULTURELLES. La compréhension des phénomènes artistiques ne peut faire l'économie d'une prise en considération du rôle de l'État. En France particulièrement, le ministère de la Culture a vocation de soutenir la création et la diffusion des œuvres d'art et symbolise la volonté de l'État d'intervenir en ce domaine. Ce ministère intervient à plusieurs niveaux, depuis les subventions régulièrement renouvelées aux grands musées nationaux et aux institutions de formation jusqu'aux attributions de subventions ponctuelles d'assistance aux artistes ou de crédits d'incitation à la création. La gestion et la distribution de ces fonds publics ne peuvent se faire sans le développement d'une bureaucratie centrale et démultipliée au niveau local, sans la mise en place de nombreuses commissions consultatives chargées des acquisitions publiques ou de la protection des artistes. Le ministère ambitionne non seulement de protéger le patrimoine national, mais aussi d'inciter à la création : le Fonds d'incitation à la création, par exemple, a pour mission d'aider à la création et à la diffusion (aides à l'édition, aux expositions, aux centres d'art contemporain, aux expériences d'animation en milieu scolaire, carcéral, etc.) (Moulin, 1992, p. 106).

Une telle administration de l'art a des conséquences nécessairement importantes et suscite inévitablement des contestations. Elle fonctionne, à des degrés divers, comme source de légitimation sans que ses décisions puissent faire l'unanimité dans la concurrence des personnes et des écoles, et sans que les soupçons de favoritisme, de partialité politique ou de clientélisme puissent être évités.

9 SOCIOLOGIE ET PHILOSOPHIE DE L'ART. Les cloisonnements académiques tendent à dissocier, comme deux domaines distincts, la philosophie de l'art et la sociologie. Ce cloisonnement n'est pas totalement artificiel, car la méditation esthétique sur l'œuvre d'art, hors de son temps et de la société où elle fut créée, ouvre à des analyses qui ne sont pas du ressort de la sociologie. Mais la sociologie de l'art pose un ensemble de questions qui rejoignent, en fait, des questions universelles sur l'art et ouvre ainsi au dialogue avec la réflexion esthétique. La sociologie interroge l'œuvre dans sa spécificité d'œuvre d'art, porteuse de sens, engendrée dans un univers de significations sociales et culturelles. L'artiste, anonyme ou fortement identifié, anxieux de respecter l'attente des croyants dans l'art religieux, ou résolu à exprimer sa différence et ses indignations, s'adresse à un public qui l'approuve ou qu'il veut créer. L'art a cette spécificité de se charger de sens et de dialogue, de constituer un fragment de l'univers symbolique dont il est à la fois dépositaire de valeurs et créateur. Le regard sociologique rejoint ainsi le regard de l'herméneute en le complétant. On ne peut donc éviter que la sociologie ne conduise à reposer la question philosophique de la signification de l'art sans abandonner sa perspective historique et relativiste. La question étant, pour la sociologie, de concentrer sa réponse sur le monde actuel et de savoir quel est le sens de l'art aujourd'hui ou si, comme le suggérait HEIDEGGER, l'art a perdu son sens dans un monde *« dépouillé de ses dieux et de son Dieu »*.

Rappelons deux thématiques opposées. Ce fut l'un des thèmes de l'École de Francfort que d'insister sur les ravages provoqués par l'industrialisation de l'art et l'organisation d'une industrie de la culture (ADORNO, éd. 1991). L'extension des formes commerciales, la transformation de l'œuvre en marchandise, la consommation généralisée mèneraient à une disparition de l'expérience esthétique véritable et, en d'autres termes, à une mort de l'art. Adorno suggère que le régime capitaliste aboutirait, par d'autres chemins, aux aliénations de l'art administré des régimes totalitaires. Loin d'être une « débarbarisation » de l'homme, la culture actuelle en serait l'échec (*id.*, p. 109).

À cette réponse pessimiste, on peut opposer la réponse antérieure de tous les mouvements inspirés de près ou de loin par la critique anarchiste, qui ont précisément voulu faire de l'art une forme de libération et qui ont vu dans les créativités artistiques autant de messages libérateurs. Les impressionnistes des années 1900-1930 vivaient leur art comme un moyen symbolique de se libérer des routines et de redécouvrir, à travers une nouvelle connaissance de la lumière, la nature même. Les surréalistes les plus conscients de leur provocation appelaient à remettre en question, après FREUD, les répressions intériorisées et à redécouvrir l'authenticité pulsionnelle. L'art serait le véhicule moderne de la négativité.

La sociologie ne conduit pas à des conclusions aussi tranchées. Elle tente de faire l'inventaire des significations actuelles de l'art et en exhibe les fascinantes diversités. L'explosion de la technique a multiplié les publics de cultures différentes, de formations culturelles diverses. Elle a démultiplié les produits culturels, sauvé de l'oubli et protégé des monuments du passé ou brassé les images dans un chaos d'émotions. Elle multiplie la nature des expériences esthétiques, dégradant les unes et raffinant les moyens d'expression des autres. Le champ culturel est devenu un monde hautement concurrentiel, aux messages indéfinis en nombre et en contradictions. L'art participe à cet éclatement moderne des messages, mais il reste, pour beaucoup, l'antidote à l'anxiété face à ces contradictions. Il permet d'être au monde en participant à d'autres perceptions de ce monde, et de s'en distancier.

Pierre ANSART

bibliographie

ADORNO Theodor W., *Théorie esthétique* (1970), Klincksiek, 1974 ; *The Culture Industry, Selected Essays on Mass Culture*, Londres, Routledge, 1991.

BELL Daniel, *Les Contradictions culturelles du capitalisme* (1976), PUF, 1979.

BOURDIEU Pierre, DARBEL Alain, *L'Amour de l'art, les musées et leur public*, Éd. de Minuit, 1966.

DUVIGNAUD Jean, *La Sociologie de l'art* (1967), PUF, 1984.

FRANCASTEL Pierre, *La Réalité figurative. Éléments structurels de sociologie de l'art*, Gonthier, 1965.

FRANCASTEL Pierre, *Études de sociologie de l'art*, Denoël-Gonthier, 1970.

GADAMER Hans Georg, *L'Actualité du beau* (1977), Alinéa, 1992.

GOLDMANN Lucien, *La Création culturelle dans la société moderne*, Denoël-Gonthier, 1971.

MOULIN Raymonde, *Le Marché de la peinture en France* (1967), Éd. de Minuit, 1989.

MOULIN Raymonde, *L'Artiste, l'institution et le marché*, Flammarion, 1992.

WIND Edgar, *Pratiques culturelles des Français, description démographique, évolution 1973-1981*, Services des études et recherches du ministère de la Culture, Dalloz, 1982.

WIND Edgar, *Art et anarchie* (1963), Gallimard, 1988.

ARTEFACT

emprunt à l'anglais, d'abord en médecine, et désignant toute altération de la chose observée facilitant son examen et risquant d'en fausser le résultat (d'où le sens de « notion créée ad hoc »),

voir : CODE, ENQUÊTE, MÉTHODES

Altération non intentionnelle de résultats d'enquête engendrée par les procédures.

Une critique réflexive des procédures d'observation ou d'enquête s'attache à découvrir si une altération des phénomènes observés (un *biais*) n'a pas été introduite par les méthodes elles-mêmes sans que l'observateur en ait été conscient. Cette critique s'applique exemplairement aux sondages d'opinion, pour lesquels il y a lieu de rechercher si certains résultats ne sont pas, en tout ou partie, dus à la formulation des questions posées ou aux conditions de réalisation du questionnaire.

Pierre ANSART

bibliographie

BOURDIEU Pierre, PASSERON Jean-Claude, CHAMBOREDON Jean-Claude, *Le Métier de sociologue* (1968), Mouton-Bordas, 1983.

MERLLIÉ Dominique, *Les Enquêtes de mobilité sociale*, PUF, 1994.

ARTIFICIALISME

voir : ANALYSE INSTITUTIONNELLE, INSTITUTION

Doctrine tendant à faire des phénomènes sociaux le résultat de conventions arbitraires.

Bien que le débat entre naturalisme et *artificialisme* n'ait pas été explicite en sociologie, cette antinomie éclaire deux tendances opposées des paradigmes sociologiques : l'une appelle à considérer les faits sociaux comme des données et privilégie les méthodes inspirées des sciences de la nature (SPENCER, DURKHEIM), l'autre appelle à les considérer comme l'œuvre des intentions, des transactions et des contrats (conventionnalisme).

Pierre ANSART

bibliographie

DURKHEIM Émile, *Règles de la méthode sociologique* (1895), PUF, 1988.

MONNEROT Jules, *Les faits sociaux ne sont pas des choses*, Gallimard, 1946.

ARTISANAT

de l'italien *artigiano* « celui qui exerce un art », du latin *ars, artis* « talent, habileté, métier, profession »

all. HANDWERKERSCHAFT, HANDWERKER	esp. ARTESANÍA « activité artisanale », ARTESANADO « ensemble des artisans »
angl. CRAFT INDUSTRY (statut), ARTISANS, ARTISAN CLASS (classe sociale)	ital. ARTIGIANATO

voir : CAPITALISME, OUVRIER, SOCIOLOGIE DU TRAVAIL

1. Mode de production traditionnel des artisans.
2. Ensemble des artisans.

Si le mot *artisan* est attesté de longue date dans la langue française (1536), le terme d'*artisanat* est pour sa part récent ; il apparaît à la fin du XIXe siècle (selon ZARCA, 1986), mais ne sera institutionnalisé que par la loi du 10 juin 1923, accordant un régime fiscal spécial aux artisans, puis par la loi du 26 juillet 1925, portant création des Chambres de métiers. La préoccupation centrale du législateur était et reste d'organiser un secteur économique, menacé par l'entreprise industrielle.

L'*artisanat* est défini par WEBER (1923) comme un mode de production proche du type de production domestique, dont il se distingue essentiellement par la relation marchande à la clientèle. Il s'oppose au mode de production industriel par l'absence de machines complexes et par la prédominance du travail manuel. En France, l'artisanat est défini par la loi et une réglementation administrative stricte : par un mode de production spécifique (en principe, travail manuel, donc peu de capital fixe ; travail autonome ; non-séparation des fonctions de production et de vente du produit) ; par des critères de taille de l'entreprise (aucune précision en 1925 ; moins de 5 salariés en 1962 ; moins de 10 salariés en 1976 ; mais les aides familiales ne sont pas comptabilisées) ; par une liste d'activités économiques fixée en annexe de la loi. À partir de 1925, la création des Chambres de métiers, destinées à représenter les intérêts des artisans et à développer la formation des jeunes, tend à provoquer une assimilation entre *artisanat* et métiers traditionnels. L'*artisan* est soumis à l'obligation de s'inscrire au registre des métiers depuis la loi du 27 mars 1934 (décret d'application en août 1936). La tenue de ce registre, parfois mal contrôlée, notamment au niveau des radiations, a souvent été la cause d'erreurs statistiques. La mise en place du Répertoire informatisé des métiers en 1962 devait faciliter la gestion de l'information des artisans ; elle fut accompagnée de l'instauration, par l'INSEE, de la notion de Secteur des métiers qui recouvre quasiment l'artisanat tel qu'il est défini par la législation ; depuis l'établissement de la nouvelle Nomenclature des activités françaises (NAF) en 1993, la prise en charge du registre par l'INSEE a notablement amélioré les données.

L'entreprise artisanale connaît depuis un siècle une évolution sensible qui, tout en assurant sa survie, en modifie progressivement les contours. Outre l'assouplissement du critère de taille (bientôt probablement moins de 15 salariés), les réformes les plus remarquables sont les suivantes : transformation de l'entreprise en SARL, permettant à l'employeur de se déclarer salarié de sa propre entreprise lorsqu'il n'en est pas l'actionnaire majoritaire ; renforcement des exigences de formation : longtemps seulement formé sur le tas (l'inscription au registre des métiers n'étant soumise à aucun requis de diplôme), l'artisan est aujourd'hui obligé de passer le brevet de maîtrise ; la loi du 6 juillet 1996 impose désormais une nouvelle obligation : la possession du CAP. L'entreprise artisanale est également affectée par des changements sociaux notables : réduction du nombre de conjoints associés à l'entreprise sans être salariés ; disparition progressive des aides familiaux (les enfants d'artisans préfèrent se destiner à d'autres professions) ; subordination forte de l'artisan aux donneurs d'or-dres. Elle a été fortement ébranlée par la destruction-déstructuration de l'appareil économique, à la suite de la crise pétrolière d'octobre 1973. Constamment menacée de disparition depuis le XIXe siècle, elle s'est néanmoins maintenue dans les secteurs qui n'exigent que peu d'investissements en matériel, dans lesquels l'efficience du processus de production ne repose pas sur la parcellisation des tâches, où la relation directe du producteur avec la clientèle reste encore privilégiée, et donc, dans lesquels le service rendu demeure pratiquement impossible à standardiser. En 1997, sur 794 432 entreprises artisanales, 37% relevaient du bâtiment, 13% de l'alimentation, 12% de la réparation, 15% des services.

Mireille DADOY

bibliographie

AUVOLAT Michel, LAVIGNE Jean-Claude, MAYERE Anne, *L'Artisanat en France. Réflexion générale et prospective*, Documentation française, 1985.

CASELLA Philippe, TRIPIER Pierre, *Qualification sociale et professionnelle dans l'artisanat du bâtiment*, « Recherches », Plan Construction et Architecture, 1988.

DEBRÉ Michel, *L'Artisanat, classe sociale*, Dalloz, 1934.

DURAND Marc, FRÉMONT Jean-Paul, *L'Artisanat en France*, « Que sais-je ? », PUF, 1979.

FRANCES Simone, *Où va l'artisanat français ? Enquête sur le mode de vie et l'idéologie des artisans ébénistes de la Seine*, Éd. du CNRS, 1961.

GRESLE François, « Les Petits Patrons. Naissance et renaissance d'une classe sociale », in *Bulletin de la société française de sociologie*, vol. II, n° 4, juin 1975.

GRESLE François, « L'Indépendance professionnelle », in *Revue française de sociologie*, vol. XXII, n° 4, octobre-décembre 1981.

GRESLE François, *Indépendants et petits patrons. Pérennité et transformation d'une classe sociale*, Champion, 1981.

JAEGER Christine, *Artisanat et capitalisme*, Payot, 1982.

WEBER Max, *Histoire économique. Esquisse d'une histoire universelle de l'économie et de la société* (1923), NRF, Gallimard, 1991.

ZARCA Bernard, *Survivance ou transformation de l'artisanat dans la France d'aujourd'hui*, thèse de doctorat de sociologie, Presses de la FNSP, 1983.

ZARCA Bernard, *L'Artisanat français. Du métier traditionnel au groupe social*, Economica, 1986.

ASCENDANCE ⇒ FAMILLE

ASILE

du grec *asulon* ou du latin *asylum* (1355) « lieu inviolable, refuge »

all. IRRENANSTALT	esp. ASILO, MANICOMIO
angl. ASYLUM	ital. MANICOMIO

voir : ALIÉNATION, DOMINATION, INSTITUTION

Établissement privé ou d'assistance publique où sont soignés les malades mentaux.

Il faut attendre le début du XIXe siècle pour que des hôpitaux soient consacrés exclusivement aux soins des malades mentaux, qui étaient jusqu'alors mélangés aux vieillards, aux indigents et aux criminels. La loi de 1838 marque l'institutionnalisation de l'asile. Elle décrète l'obligation de secourir les « incurables » et de soigner les malades dits curables, transformant l'asile en un instrument de soins.

C'est aux États-Unis qu'une tradition de recherches sociologiques s'est établie, avec des études portant principalement sur l'organisation interne des hôpitaux psychiatriques ; elles dénoncent leur archaïsme, sans remettre en cause leur fonction. Dans la lignée interactionniste, l'ouvrage de GOFFMAN, ***Asiles***, se montre plus critique. Pour lui, l'asile, la prison, le couvent, la caserne sont des institutions totales qui, en dépit de leurs finalités officielles, ont pour objectif le gardiennage des hommes et pour caractéristiques la coupure avec la vie normale, la promiscuité entre « reclus » et la déshumanisation de la vie quotidienne. Dans les années 60-70, de nombreuses voix s'élèvent contre le caractère antithérapeutique de l'institution asilaire. Le mouvement antipsychiatrique (SZASZ, LAING, COOPER, BASAGLIA, FOUCAULT) s'interroge sur l'idée de « maladie mentale », souhaite démédicaliser la psychiatrie et dénonce la transformation des patients en objets dont on dispose.

La mise en œuvre de nouveaux traitements, la sectorisation, l'hospitalisation librement consentie (de plus en plus majoritaire), la reconnaissance de droits aux malades (loi de juin 1990 qui a abrogé la loi de 1838) ouvrent la voie d'une prise en charge plus humaine. L'hôpital psychiatrique, qui a perdu son appellation officielle d'*asile* en 1937, s'appelle aujourd'hui *centre hospitalier spécialisé en psychiatrie*.

Corinne ROSTAING

bibliographie

CASTEL Robert, *L'Ordre psychiatrique*, Éd. de Minuit, 1976.

FOUCAULT Michel, *Folie et déraison. Histoire de la folie à l'âge classique* (1961), rééd. « Tel », Gallimard, 1972.

GAUCHET Marcel, SWAIN Gladys, *La Pratique de l'esprit humain. L'institution asilaire et la révolution démocratique*, Gallimard, 1980.

GOFFMAN Erving, *Asiles. Étude sur la condition sociale des malades mentaux* (1961), Éd. de Minuit, 1968.

OGIEN Albert, *Le Raisonnement psychiatrique*, « Réponses sociologiques », Méridiens-Klincksieck, 1989.

NIVEAU D'**ASPIRATION**

du latin *aspiratio* « ferveur, inspiration »

all. ANSPRUCH	esp. ASPIRACIÓN
angl. ASPIRATION	ital. ASPIRAZIONE

voir : ATTITUDE, HABITUS

Fait qu'un individu ou un groupe désire atteindre un objectif par lequel il juge ses résultats et performances.

Les expériences menées en 1930 dans le laboratoire de LEWIN montraient que le sentiment de réussite ou d'échec n'était pas lié au résultat, mais au fait d'avoir atteint ou non le but que le sujet s'était fixé. Ce *niveau d'aspiration* joue un rôle important dans les attitudes et attentes professionnelles, et il influence les motivations, frustrations et satisfactions. Socialement, les niveaux d'aspiration sont informellement liés aux modèles d'éducation et de socialisation ; ils constituent des critères de satisfaction et d'insatisfaction dans les trajectoires individuelles ; ils font l'objet d'une redéfinition incessante dans les conflits sociaux et selon les appels idéologiques.

Pierre ANSART

bibliographie

CHOMBARD DE LAUWE Paul-Henry, *Pour une sociologie des aspirations*, Denoël-Gonthier, 1971.

ASSIMILATION

voir : INTÉGRATION

1 Dans le sens anthropologique du terme, l'*assimilation* désigne le fait qu'un élément culturel exogène se trouve intégré dans l'ensemble d'une culture sans que cette dernière en soit profondément modifiée.

2 Dans la sociologie des rapports interculturels, l'*assimilation* désigne le fait qu'un individu ou un groupe intègre la totalité des traits culturels (langue, croyances, mœurs) de la culture dominante en abandonnant ses caractéristiques antérieures. Ce processus connaît, en fait, de multiples degrés, depuis la totale assimilation (intermariages, intégration culturelle...) jusqu'aux diverses formes de différenciation et de résistance à cette assimilation.

Pierre ANSART

bibliographie

THOMAS William I., ZNANIECKI Florian, *Le Paysan polonais en Europe et en Amérique. Récit de vie d'un migrant* (1919), Nathan, 1998.

ASSOCIATION

du latin *associare* « joindre, unir », du radical latin *socius* « compagnon »

all. VEREIN	esp. ASOCIACIÓN
angl. ASSOCIATION	ital. ASSOCIAZIONE

voir : ACTION COLLECTIVE, AUTOGESTION, COMMUNAUTÉ, SOCIOLOGIE DU TRAVAIL

Le terme, employé depuis le milieu du XVIIIe siècle, désigne l'action de se réunir durablement et, par extension, tout groupement d'individus unis dans un but déterminé (association politique, syndicale, professionnelle, etc.).

En France, le terme est employé dans le sens plus restreint circonscrit par la loi de 1901 et désigne alors exclusivement un groupement à but non lucratif et œuvrant hors de la sphère politique et syndicale. Dans cette acception, la notion correspond au vocabulaire anglo-saxon du bénévolat *(voluntary work, voluntary action)*.

La notion générale d'*association*, l'adjectif « volontaire », l'idée de contrat renvoient ainsi la question associative aux grands problèmes de la sociologie comme de la modernité politique : rappelons que l'opposition conceptuelle communauté/ société constitue, selon NISBET (1984), la structure essentielle des paradigmes fondateurs de la sociologie ; quant à la liberté d'association, elle est considérée comme une des caractéristiques essentielles des sociétés démocratiques (TOCQUEVILLE), et l'empilement des intérêts regroupés dans les structures associatives est présenté comme le substrat des formations sociales anglo-saxonnes. L'analyse de la forme associative se trouve ainsi singulièrement compliquée par les discours et les enjeux sociopolitiques dont elle est l'objet. Comment par exemple ne pas relever, en France, que l'attention des historiens comme des sociologues pour le fait associatif se développe surtout quand, à l'encontre de l'idéologie républicaine, ce qu'on appelle crises du lien social et de la représentation politique fait qu'on en appelle aux corps et groupements intermédiaires ?

L'approche du fait associatif, qui relève à la fois de la sociologie de l'action collective, de la sociologie des sociabilités et de la sociologie politique, s'est faite sur plusieurs fronts : de l'analyse de la démographie associative, on retiendra un mouvement séculaire d'expansion, mais c'est aussi un mouvement de spécialisation : tendent à diminuer le nombre des associations polyfonctionnelles très souvent inscrites dans des réseaux fédératifs, et à se généraliser celles à monoactivités voire celles centrées sur des publics spécifiques. Ce processus correspond aussi à une moindre emprise des réseaux idéo-politiques et à l'émergence d'engagements individuels s'affranchissant des appartenances primaires. Les travaux sociographiques indiquent à la fois une féminisation du recrutement et des compositions sociales étroitement liées à la nature des activités. Les approches qualitatives soulignent la double dimension, sociabilitaire et politique, de l'association. Parce que l'association peut être expression d'intérêts individuels, voire de groupes sociaux, sont aujourd'hui analysés les processus qui font advenir une cause sur la place publique, la variété des régimes d'action et des modes de légitimité (par exemple, affaiblissement de la légitimité par le nombre) et le rôle croissant de l'expertise dans le fonctionnement associatif.

Jacques ION

bibliographie

BARTHÉLÉMY Martine, « Les Associations dans la société française, un état des lieux », in *Les Cahiers du CEVIPOF*, n° 10, (2 vol.), Presses de la FNSP, juin 1994.

« Espaces et temps associatifs », n° spécial de *La Revue de l'économie sociale*, n° 14, avril 1988.

ION Jacques, *La Fin des militants ?*, L'Atelier, 1997.

LAVILLE Jean-Louis, SAINSAULIEU Renaud (éd.), *Sociologie de l'association. Des organisations à l'épreuve du changement social*, Desclée de Brouwer, 1997.

MEISTER Albert, *Vers une sociologie des associations*, Éditions ouvrières, 1972.

MIRE, *Produire des solidarités. La part des associations*, Fondation de France/Ministère des Affaires sociales, 1997.

NISBET, *La Tradition sociologique*, PUF, 1984.

PASSARIS Solange, RAFFI Guy, *Les Associations*, La Découverte, 1984.

TOCQUEVILLE Alexis de, *De la démocratie en Amérique* (1835-1840), « Folio » Gallimard, 1986 (2 vol.).

ATOME SOCIAL

voir : ACTEUR, ACTION, DÉLIANCE, INTERACTION

Par analogie avec les sciences physico-chimiques, désigne le plus petit élément isolable et constitutif de la société, c'est-à-dire l'individu.

La sociologie, se donnant pour objet les relations sociales, tend à répudier l'image de l'*atome social*, celle de l'individu autosuffisant et sans action sur autrui. Néanmoins, l'image est souvent évoquée et retenue pour sa valeur symbolique : elle oblige à préciser quelle autonomie un paradigme sociologique reconnaît à l'individu, quels liens sont définis entre le sujet et le social.

ATOMISATION. Le terme d'*atomisation* désigne les processus qui accentuent la séparation entre les acteurs sociaux et l'affaiblissement de leurs liens réciproques.

Pierre ANSART

bibliographie

BOUDON Raymond, *La Logique du social, introduction à l'analyse sociologique* (1979), Hachette, 1983.

ELIAS Norbert, *La Société des individus* (1987), Fayard, 1991.

MERTON Robert K., *Éléments de théorie et de méthode sociologique* (1957), Plon, 1965.

ATTENTE

du latin *attendere* « tendre à ; porter attention à »

all. WARTEN	esp. ESPERA
angl. EXPECTATION	ital. ASPETTATIVA

voir : ORGANISATION, POUVOIR, RÔLE, STATUT, TRAJECTOIRE

Dans le déroulement des interactions, ajustement de l'individu à une situation anticipée ; fait de compter sur une conduite d'autrui.

Reprenant les analyses de LINTON sur le statut et les rôles, MERTON souligne qu'à chaque statut social (familial, professionnel...) correspondent des *attentes* normatives différentes. Le patient attend de son médecin qu'il le soigne, comme le médecin attend du patient qu'il lui décrive ses symptômes. Le déroulement des interactions s'effectue en conformité avec ces attentes réciproques, comme il est rendu possible par celles-ci. Cependant, les partenaires ont des positions différentes et ainsi des attentes différenciées. « *Par exemple, les membres d'un comité de parents d'élèves appartiennent souvent à des strates socio-économiques très différentes et l'instituteur sera pris dans un conflit entre les attentes des parents, celles de ses collègues et celles du directeur* » (Merton, 1965, p. 285). Ainsi, chaque détenteur de rôles se trouve dans une structure instable, où ses partenaires ont des attentes diverses et d'intensité variable à son égard ; le plus puissant a le plus de chances d'imposer ses propres attentes. Le détenteur de rôles se trouve conduit soit à satisfaire aux attentes, soit à concilier les exigences divergentes, soit à tenter de leur résister.

Les attentes ne sont pas sans effets sur le niveau de satisfaction. Dans le domaine de la sociologie du travail, GOLDTHORPE et ses collaborateurs ont montré que l'expérience du travail n'était pas seulement définie par les conditions objectives, mais aussi par les attentes qu'en avaient les ouvriers, ces attentes étant déterminées par l'itinéraire familial et professionnel de chacun.

Ces analyses des attentes au niveau microsociologique peuvent éclairer la réflexion sur le pouvoir. Le détenteur d'un pouvoir anticipe, à tort ou à raison, les réactions de ses subordonnés et agit en fonction de ces attentes. Les subordonnés, quant à eux, peuvent adopter des conduites qui satisfont aux attentes effectives du pouvoir ou ruser pour y échapper. Les idéologies, les médias, qui exaltent les pouvoirs en place, symboliques ou politiques, peuvent contribuer à la docilité des assujettis en faisant de la conformité aux attentes des puissants une forme de l'accomplissement* positif.

Une conception fonctionnaliste des attentes a tendance à insister sur la cohérence* des attentes de rôles et sur le soutien qu'elles apportent dans la vie quotidienne et dans les relations sociales intégrées. Une conception stratégique, plus attentive à la liberté des partenaires dans un système d'action, souligne davantage les incertitudes au sein des attentes réciproques. Comme le montrent CROZIER et FRIEDBERG (1977), au lieu de se conformer aux attentes de ses partenaires, un acteur social peut introduire une incertitude sur la manière dont il remplira son rôle et maintenir le doute dans leur perception. Il visera ainsi à élargir sa marge de liberté tout en limitant celle de ses partenaires. Les attentes peuvent donc être, soit un élément essentiel du déroulement prévisible des interactions, soit un moyen et une cible pour l'acteur.

Pierre ANSART

bibliographie

CROZIER Michel, FRIEDBERG Ehrard, *L'Acteur et le système, les contraintes de l'action collective*, Seuil, 1977.

GOLDTHORPE John Harry, LOCKWOOD David, BECHOFER Franck, PLATT Jennifer, *L'Ouvrier d'abondance, 1969-1971*, Seuil, 1972.

MERTON Robert K., *Éléments de théorie et de méthode sociologique*, Plon, 1957.

ROCHEBLAVE-SPENLÉ Anne-Marie, *La Notion de rôle en psychologie sociale*, PUF, 1969.

ATTITUDE

du latin *aptitudo* « aptitude », et *actitudo* « situation, position du corps »

all. EINSTELLUNG	esp. ACTITUD
angl. ATTITUDE	ital. ATTEGIAMENTO

voir : APPRENTISSAGE, PSYCHOLOGIE SOCIALE, REPRÉSENTATIONS SOCIALES, VALEUR

L'attitude est une disposition mentale, d'ordre individuel ou collectif, explicative du comportement social.

Introduite en psychologie expérimentale, cette notion a été utilisée par la psychologie sociale, la psychologie cognitive et la sociologie.

En 1935, ALLPORT, précurseur de l'approche cognitive, a donné une définition générale de l'attitude, que cite VALLERAND : « *Une attitude représente un état mental et neuropsychologique de préparation à répondre, organisé à la suite de l'expérience et qui exerce une influence directrice ou dynamique sur la réponse de l'individu à tous les objets et à toutes les situations qui s'y rapportent* » (1994, pp. 331 et 332). Pour MAISONNEUVE, « *l'attitude consiste en une position (plus ou moins cristallisée) d'un agent (individuel ou collectif) envers un objet (personne, groupe, situation, valeur)* » (1973, p. 107). THOMAS et ALAPHILIPPPE définissent l'attitude comme « *un état mental prédisposant à agir d'une certaine manière lorsque la situation implique la présence réelle ou symbolique de l'objet de l'attitude* » (1983, p. 5).

Ils explicitent les différentes dimensions cognitives, affectives et conatives de la structure de l'attitude : l'aspect affectif est constitué par « *l'attrait ou la répulsion que le sujet éprouve pour l'objet* » (1983, p. 20). La dimension cognitive concerne les caractéristiques que le sujet attribue au stimulus. La troisième composante de l'attitude concerne les intentions ou les décisions relatives à l'action. Ils évoquent plusieurs recherches contemporaines qui développent ces divers aspects : à côté d'un travail important d'ADORNO sur la personnalité autoritaire, qui montre les relations entre attitudes sociales et variables de personnalité, des recherches ont été menées pour apprécier soit la liaison entre l'attitude et le comportement, soit la relation entre l'opinion (déclaration verbale) et le comportement. Ces auteurs affirment que les travaux sur le concept d'attitude ont suscité l'élaboration des théories de l'apprentissage et des théories de la consistance cognitive. Parmi ces dernières, ils distinguent la théorie de HEIDER ou théorie de l'équilibre, la théorie de la dissonance cognitive et la théorie de l'attribution. Ils montrent que ces théories ont été influencées par la théorie du champ et le point de vue gestaltiste de LEWIN.

Par ailleurs, le caractère social de l'attitude a été développé par le fondateur de la psychanalyse, la notion d'âme collective rassemblant « *les idées sociales des membres du groupe, les stéréotypes, les représentations, les attitudes* » (1983, p. 48). Pour rendre compte de la formation des attitudes, Thomas et Alaphilippe traitent des interactions entre l'organisme et le milieu. Deux types de conception sur la formation des attitudes se sont développés : d'une part, l'attitude serait intériorisée depuis l'enfance au titre des composantes stables de la personnalité ; d'autre part, des théories soulignent l'effet de l'environnement psychologique et social immédiat sur les attitudes, en particulier l'importance des groupes de référence auxquels l'individu est confronté et qu'il va devoir choisir.

Pour expliquer le changement d'attitude, il est fait état de plusieurs processus : la pression coercitive, le conformisme, les méthodes de persuasion (et d'argumentation), le changement collectif de systèmes de normes. Trois processus de changement consécutifs aux pressions sociales sont mis en évidence : la soumission, l'identification et l'intériorisation.

Pour évaluer les attitudes, les psychosociologues ont mis au point des échelles qui permettent de les mesurer à l'aide d'indicateurs verbaux, ainsi que d'autres méthodes indirectes de mesure. Par ailleurs, l'évaluation des attitudes interpersonnelles au sein d'un groupe a donné lieu à une théorisation par MORENO autour d'un test sociométrique. BOUDON montre que pour expliquer le comportement individuel, les sociologues comme les psychologues ont utilisé la notion d'attitude, notamment pour étudier le problème des préjugés raciaux. En effet, les comportements et les opinions sont influencés par des dispositions internes, sources de distorsions perceptives pour l'individu. Il évoque aussi les travaux d'ADORNO sur les attitudes antisémites et ethnocentriques inscrites dans un système, l'ethnocentrisme correspondant à la tendance à survaloriser son propre groupe d'appartenance. Les recherches de STOUFFER sur les anticommunistes passionnels et celles de NEWCOMB sur les processus de formation et de changement d'attitudes politiques dans un établissement d'enseignement supérieur sont également citées.

Ariel CORDIER

bibliographie

ALEXANDRE Victor, MOLES Abraham, *Les Échelles d'attitude*, Éditions universitaires, 1971.

ALLPORT Gordon W., « Attitude », *in* C. Murchison (éd.), *Handbook of Social Psychology*, Worcester (Mass.), Clark UP, 1935.

BOUDON Raymond, *Les Attitudes* (1985), Encyclopædia Universalis, 1997.

MAISONNEUVE Jean, *Introduction à la psychosociologie*, PUF, 1973.

TAPIA Claude, ROUSSAY P., *Les Attitudes : questions-exercices, corrigés-exemples*, Éd. d'Organisation, 1991.

THOMAS Raymond, ALAPHILIPPE Daniel, *Les Attitudes* (1983), « Que-sais-je ? », PUF, 1993.

VALLERAND Robert J., *Les Fondements de la psychologie sociale*, Gaëtan Morin, 1994.

AUDIENCE

emprunt au latin *audientia*, dérivé de *audire* « entendre » et « écouter »

all.	EINSCHALTQUOTE	esp.	AUDIENCIA
angl.	AUDIENCE	ital.	UDIENZA, PUBBLICO

voir : COMMUNICATIONS DE MASSE

En sociologie des mass media, l'audience désigne le public destinataire du message. C'est un groupement étendu, hétérogène et anonyme.

C'est ainsi que dans une enquête par sondage la similitude des réponses obtenues provient de l'identité des réactions à un même message et non d'une concertation entre sondés. La valeur de cette notion est utilitaire et instrumentale. Elle permet, en particulier aux publicitaires, de mesurer l'ensemble des personnes touchées par leur message dans un support donné. Mesure quantitative aveugle, la notion d'*audience* reste tributaire de tous les *a priori* d'une sociologie des communications de masse qui réduit l'analyse des publics à la notion passive de « masses ».

En télévision, l'audience est mesurée par un audimètre qui permet de connaître l'émission regardée, le temps passé et le nombre de spectateurs, mais, évidemment, ne rend aucun compte des réactions qualitatives face à l'émission. *« L'Audimat »*, dans une télévision dépendante des crédits publicitaires, est un paramètre important dans la politique des programmes.

André AKOUN

AUDIOVISUEL

voir : COMMUNICATIONS DE MASSE, TÉLÉVISION

Le terme, ambigu, est aujourd'hui utilisé essentiellement pour désigner la télévision et ses techniques dérivées.

C'est d'abord dans les milieux de l'enseignement que le terme a été forgé pour désigner l'alliance d'images et de sons dans des techniques au service de la pédagogie ; il visait alors essentiellement le couplage du magnétoscope et du projecteur de diapositives. Il s'est ensuite étendu aux techniques du cinéma, de la télévision et à l'ensemble des « images parlantes », puis, dans une extension discutable, à l'ensemble des techniques, tant auditives (téléphone, radio, magnétophone) qu'audiovisuelles (télévision, cinéma, magnétoscope et toutes autres techniques dérivées).

André AKOUN

AUTARCIE

du grec *autos* « soi-même », et *arkein* « suffire »

all.	AUTARKIE, UNABHÄNGIGKEIT	esp.	AUTARQUÍA
angl.	AUTARKY	ital.	AUTARCHIA

voir : MONDIALISATION, POUVOIR, TOTALITARISME

État d'une cité, d'un pays, qui se suffit à lui-même.

Trois modèles d'autarcie peuvent être distingués :

1 L'*autarcie* que l'on peut qualifier de « naturelle » était la situation des petits groupes préindustriels vivant en autosubsistance et sans relations d'échange avec des groupes extérieurs. Idéalisant cette autosuffisance, ARISTOTE souhaitait que la Cité soit peu étendue et qu'elle assure par elle-même à ses habitants un bien-être suffisant.

2 FICHTE, le premier, a prôné, en 1800, une *autarcie institutionnelle* destinée, en évitant l'influence perturbatrice du commerce extérieur, à faire régner le bien-être dans un État national. Le régime autoritaire des Togukawa, du milieu du XVIIe siècle à la fin du XIXe au Japon, peut être rapproché de cette conception de l'État rationnel fermé.

3 Enfin, le national-socialisme allemand mit en place une *autarcie d'expansion* conçue comme l'instrument d'une préparation à la guerre. Elle impliquait une mobilisation des forces économiques et la soumission de toute la population à un pouvoir totalitaire.

Pierre ANSART

bibliographie

FICHTE Johann G., *L'État commercial fermé* (1800), Lausanne, L'Âge d'Homme, 1980.

HEILPÉRIN Michel A., *Le Nationalisme économique* (1960), Payot, 1963.

PERROUX François, *Autarcie et expansion, Empire ou Empires*, Librairie de Médicis, 1940.

AUTOBIOGRAPHIE, BIOGRAPHIE ET HISTOIRE DE VIE

du grec *bios* « vie » et *graphein* « écrire »

all.	LEBENSGESCHICHTE	esp.	AUTOBIOGRAFÍA, BIOGRAFÍA, HISTORIA DE VIDA
angl.	LIFE HISTORY	ital.	AUTOBIOGRAFIA, STORIE DI VITA

voir : ACTEUR, ACTION, IDENTITÉ, PERSONNE, VIE QUOTIDIENNE

Méthodes d'investigations qui consistent à produire de la connaissance à partir de récits de vie.

L'engouement pour l'approche biographique participe d'une évolution de la sociologie qui accorde plus d'importance au sujet, au vécu et à la subjectivité des acteurs, pour comprendre les phénomènes sociaux. Des récits de vie ont été utilisés en sociologie de façon épisodique. On peut rappeler les travaux de l'École de Chicago* et de l'École polonaise dans les années 20 et 30 (THOMAS, ZANIECKI) et le travail de LEWIS avec une famille mexicaine à la fin des années 50. En France, la méthode biographique est revenue au premier plan sous l'impulsion de BERTAUX (1974).

1 **Histoire de vie et récit de vie.** On distingue l'« histoire de vie » *(life history)*, qui désigne l'histoire réelle telle qu'elle peut être reconstituée par un historien biographe, et le « récit de vie » *(life story)*, qui désigne la narration, par la personne elle-même, de son existence. Mais cette distinction simple est en fait ambiguë. Il existe un rapport étroit entre la vie telle qu'elle se déroule et la vie telle qu'on se la raconte. Comme le souligne DOUBROVSKY (1989, p. 75), *« quand on se raconte, ce sont toujours des racontars. On parle d'histoires vraies. Comme s'il pouvait y avoir des histoires vraies ; les événements se produisent dans un sens et nous les racontons en sens inverse ».* Il y a une inversion entre l'histoire telle qu'on la raconte dans un récit et l'histoire comme suite d'événements et de situations. Cette inversion révèle une distance entre le temps social, dominé par la chronologie, et le temps psychique qui ouvre la possibilité d'une récursivité. Dans l'activité fantasmatique, le présent, le passé et le rêve se confondent. Le temps imaginaire échappe à la contingence chronologique. Par ailleurs, ce que l'on vit conduit à réécrire et à reconstruire, c'est-à-dire à élaborer autrement, ce qui a été vécu auparavant, donc à le « vivre » d'une autre façon. C'est dans ce sens que l'on peut dire que le présent change le passé.

En fait ce n'est pas le passé qui change, mais les rapports qu'un sujet entretient avec son histoire. D'où l'intérêt de distinguer trois niveaux d'analyse :

. L'individu est produit par l'histoire. L'identité se construit à partir, d'une part, des événements personnels qu'il a vécus et qui forment la trame de sa biographie, histoire singulière et unique, d'autre part à partir des éléments communs à sa famille, à son milieu, à sa classe d'appartenance, qui le positionnent comme un être sociohistorique. Comme produit de ses conditions d'existence, il est une condensation des rapports sociaux au sein desquels il s'inscrit.

. L'individu est un acteur de l'histoire. Il est porteur d'historicité, c'est-à-dire de la capacité d'intervenir sur ce qui le produit, d'agir sur les déterminations, non pas pour les supprimer, mais pour en modifier les effets. Et c'est cette capacité d'action qui le positionne en tant que sujet dans un mouvement dialectique entre ce qu'il est et ce qu'il devient. *« Une vie est une pratique qui s'approprie les rapports sociaux (les structures sociales), les intériorise et les retransforme en structures psychologiques par son activité de déstructuration-restructuration »* (FERRAROTTI, 1983, p. 50).

. L'individu est producteur d'histoire. Par ses activités fantasmatiques, sa mémoire, sa parole, des écrits, il fabrique des reconstructions du passé, comme s'il voulait, faute d'en contrôler le cours, en maîtriser le sens.

2 Valeur sociologique de la méthode biographique. La méthode biographique a profondément modifié la question des rapports sujet/objet dans la recherche : elle permet de reconnaître au savoir individuel une valeur sociologique. Il s'agit alors de *« traiter l'homme ordinaire non plus comme un objet à observer, à mesurer, mais comme un informateur, et par définition comme un informateur mieux informé que le sociologue qui l'interroge »* (BERTAUX, 1980). Cette position a été critiquée par BOURDIEU dans son article sur l'illusion biographique (1986). Il y dénonce les présupposés de cette théorie, selon laquelle l'existence aurait un sens et l'inclination *« à se faire l'idéologue de sa propre vie »*. Le « sujet », selon Bourdieu, n'est pas à même de rendre compte des processus qui structurent les positions qu'il occupe dans l'espace social et les déplacements qu'il a pu opérer.

En définitive, ce n'est pas le récit de vie qui est producteur de sens, mais le va-et-vient entre ce qu'un individu peut raconter de sa vie et les éléments d'analyse qu'un chercheur peut produire sur ce « discours ». Celui-ci permet en effet d'approfondir simultanément la réalité « objective », c'est-à-dire le contexte social extérieur qui constitue la trame sociale d'une existence, et l'univers mental, c'est-à-dire les représentations que les acteurs produisent sur la société.

3 Le récit de vie en sociologie clinique. Dans une perspective de sociologie clinique (GAULEJAC, 1987), le récit de vie est utilisé comme un outil d'historicité. Il permet au sujet de « travailler » sa vie. Raconter son histoire est un moyen de jouer avec le temps de la vie :

. travail sur le passé afin de restaurer, de réparer, de relier... par exemple, en dénouant la honte d'un secret de famille qui perturbe la transmission intergénérationnelle, en réhabilitant ce qui a été invalidé, en renouant les fils de la mémoire pour retrouver « le temps perdu »;

. travail sur le présent, sur l'histoire « incorporée », c'est-à-dire sur la façon dont elle est agissante en soi, aujourd'hui. Si on ne peut changer le passé, on peut changer son rapport à ce passé, en comprenant en quoi cette histoire est toujours présente en soi ;

. travail sur l'avenir en tant que celui-ci est déterminé par l'histoire. C'est de la capacité des hommes de se situer par rapport à leur passé que dépend leur capacité de se projeter dans un avenir.

Vincent de GAULEJAC

bibliographie

BERTAUX Daniel, « Histoires de vies ou récits de pratiques ? Méthodologie de l'approche biographique en sociologie », in *Cordes*, n° 23, 1974.

BERTAUX Daniel, « L'Approche biographique : sa validité méthodologique, ses potentialités », in *Cahiers internationaux de sociologie*, volume LXIX, 1980.

BOURDIEU Pierre, « L'Illusion biographique », in *Actes de la recherche en sciences sociales*, n° 62/63, 1986.

DOUBROVSKY Serge, *Le Livre brisé*, Grasset, 1989.

FERRAROTTI Franco, *Histoire et histoires de vie*, Librairie des Méridiens, 1983.

GAULEJAC Vincent de, *La Névrose de classe*, Hommes et groupes, 1987.

GAULEJAC Vincent de, *Sociologie et psychanalyse des récits de vie*, Current Sociology, Biographical Research, volume 43, n° 2/3, Sage Publications, Londres, 1987.

LEGRAND Michel, *L'Approche biographique*, Desclée de Brouwer, 1993.

LEWIS Oscar, *Les Enfants de Sanchez* (1961), Gallimard, 1963.

PINEAU Gaston, LE GRAND Jean-Louis, *Les Histoires de vie*, « Que sais-je ? », PUF, 1993.

AUTOGESTION

de l'adjectif et pronom grec *autos* « le même ; de lui-même », et du latin *gestio* « action de gérer »

all. SELBSTVERWALTUNG	esp. AUTOGESTIÓN
angl. SELF-MANAGEMENT	ital. AUTOGESTIONE

voir : BUREAUCRATIE, CAPITALISME, ÉTAT, MANAGEMENT, SOCIALISME

Par opposition à la gestion hétéronome, où les décisions sont prises par des pouvoirs extérieurs aux travailleurs, prise en charge par les travailleurs de la gestion et de l'organisation de leur entreprise.

Bien que le terme soit récent (postérieur à 1945), le projet social et politique de la gestion autonome a été esquissé dans la première moitié du XIXe siècle par différents auteurs tels OWEN, FOURIER, BUCHEZ. Dénonçant à la fois la propriété privée des entreprises et l'étatisation communiste, Proudhon prône, en 1848, l'élimination du pouvoir capitaliste, l'appropriation du capital par les ouvriers et employés, la prise des décisions par les seuls producteurs (1851). Ce projet a été reformulé par les Conseils ouvriers après la Première Guerre mondiale en Allemagne (1918-1923), dans les mouvements de résistance contre le pouvoir soviétique en Hongrie, et partiellement réalisé en Yougoslavie à partir de 1950, jusqu'à l'éclatement de l'État en 1991. La revendication de l'*autogestion* est entretenue par les mouvements anarchistes et libertaires ; elle prend une forme concrète dans les nombreuses opérations de reprise et de gestion d'une entreprise par les employés eux-mêmes.

Pierre ANSART

bibliographie

ANSART Pierre, *Naissance de l'anarchisme. Esquisse d'une explication sociologique du proudhonisme*, PUF, 1970.

NOZICK Robert, *Anarchie, État et utopie* (1974), PUF, 1988.

PANNEKOEK Anton, *Les Conseils ouvriers (1936-1947)*, Bélibaste, 1974.

PROUDHON Pierre Joseph, *Idée générale de la révolution au XIXe siècle* (1851), Genève, rééd. Slatkine, 1982.

ROSANVALLON Pierre, *L'Âge de l'autogestion*, Seuil, 1976.

AUTONOMIE

du grec *autonomos* « qui est régi par ses propres lois »

all. AUTONOMIE	esp. AUTONOMÍA
angl. AUTONOMY	ital. AUTONOMIA

voir : ACTION COLLECTIVE, AUTARCIE, AUTOGESTION, BUREAUCRATIE, DÉTERMINISME

Capacité d'un individu ou d'un groupe d'agir et de se déterminer librement, selon ses propres désirs et volontés.

La question de l'*autonomie* se pose aux différents niveaux de :
1 l'individu,
2 des institutions,
3 des relations politiques,
4 du système social.

1 Déterminisme sociologique et liberté individuelle. La question de l'*autonomie* individuelle départage, à grands traits, deux tendances sociologiques. DURKHEIM et son école, après MARX, ont tendu à inventorier les structures, les institutions et les normes s'imposant aux individus et régulant leurs conduites dans un ensemble culturel. Au contraire, WEBER, puis les sociologies de l'action ont tendu à souligner les marges d'autonomie des acteurs sociaux.

Confronté aux observations, ce débat peut être relativisé, car les situations concrètes ne confirment pas l'opposition entre le déterminisme et la liberté, mais des changements incessants, des accroissements et des pertes d'autonomie. L'étude des situations de travail, par exemple, montre que l'histoire de l'industrialisation s'est accompagnée d'une diminution des autonomies ouvrières qu'entretenait l'artisanat*. Mais elle montre aussi que le développement technologique restitue, pour les opérateurs et les techniciens, des marges plus grandes d'autonomie et de responsabilité dans la gestion de leur travail. La tâche du sociologue est alors d'étudier dans quelles mesures les conditions et les rôles déterminent les comportements ou ménagent des marges de liberté, ou comment les acteurs se créent des espaces d'autonomie contre les injonctions reçues.

2 La question de l'autonomie de l'État et des institutions. La question de l'autonomie des institutions départage aussi deux orientations sociologiques, redoublant une évolution historique : l'une souligne les correspondances sinon l'unité des sous-systèmes, économique, social et politique, l'autre rappelle leur autonomie relative. Les débats au sein du marxisme ont été exemplaires à ce sujet. ENGELS ainsi que LÉNINE avaient affirmé que l'État était totalement dénué d'autonomie et qu'il n'était qu'un appareil au service de la classe dominante. Contre cette thèse faisant de l'État un « reflet » de l'ordre économique, certains marxistes (POULANTZAS, 1976) ont argumenté la thèse de l'autonomie relative de l'État, s'opposant ainsi à la réduction du politique à l'économique.

3 L'autonomie comme projet et revendication. Sur le plan politique, l'autonomie, comme projet, signifie le droit pour une cité ou une nation de surmonter son hétéronomie, sa subordination à une puissance extérieure. Sur le plan social, les revendications d'autonomie peuvent revêtir de multiples formes : revendication pour une catégorie sociale de s'organiser en association indépendante, pour une fraction syndicale d'échapper au contrôle de la centrale, pour une région d'échapper en partie aux décisions de l'État.

4 Autonomie du système social et irréductibilité des faits sociaux. La question de l'autonomie du système social par rapport à son environnement est un thème commun aux théories de DURKHEIM, de WEBER ou de PARSONS. Durkheim définit les faits sociaux par leur irréductibilité, leur autonomie par rapport aux phénomènes naturels et biologiques, comme il en affirme l'irréductibilité à la psychologie.

Pierre ANSART

bibliographie

BOURRICAUD François, *Esquisse d'une théorie de l'autorité*, Plon, 1970.

CASTORIADIS Cornélius, *L'Institution imaginaire de la société*, Seuil, 1975.

CLASTRES Pierre, *La Société contre l'État : recherches d'anthropologie politique*, Éd. de Minuit, 1974.

QUÉRÉ Louis, *La Théorie de l'action, le sujet pratique en débat*, Éd. du CNRS, 1993.

AUTORÉGULATION

voir : BUREAUCRATIE, HOMÉOSTASIE, SYSTÉMISME

Régulation d'un système social, d'une fonction, sans intervention extérieure.

Ce terme constitue un élément essentiel de la théorie des systèmes et de l'approche systémique. Il désigne les mécanismes de contrôle interne et de rétroaction assurant la stabilité et le maintien d'un système (institution, organisation, ville...) en réponse aux perturbations venues du milieu. Bien que ces processus ne puissent pas être isolés dans le fonctionnement complexe des systèmes sociaux, ce concept invite à considérer les forces de stabilité des systèmes et leur résistance éventuelle aux forces de changement.

Pierre ANSART

bibliographie

ROSNAY Joël de, *Le Macroscope. Vers une vision globale*, Seuil, 1975.

DAREL Yves, *La Reproduction sociale : systèmes vivants, invariance et changement*, Anthropos, 1973.

AUTORITÉ

du latin *auctoritas*, dérivé de *auctor* « fondateur, instigateur » et aussi « possédant le pouvoir d'imposer l'obéissance »

all. AUTORITÄT, MACHT	esp. AUTORIDAD
angl. AUTHORITY	ital. AUTORITÀ

voir : INSTITUTION, MORALE, POLITIQUES PUBLIQUES, POUVOIR, SOCIALISME

La notion d'autorité suppose l'adhésion à des injonctions émanant d'un pouvoir contraignant. Elle est aussi dépendante de la reconnaissance, par celui qui s'y soumet, d'une institution ou d'une personnalité qui paraît digne de confiance, de respect ou d'admiration.

Autorité et pouvoir : origines et histoire. La notion d'*autorité* prend des sens différents en fonction de la nature du pouvoir dont elle émane. Si l'on suit la distinction de WEBER, à la première forme de domination répond une autorité intimement liée aux traditions : l'autorité qui en est l'expression paraît « naturelle », fondée sur des coutumes et des croyances communes.

Le mot et le concept d'autorité sont d'origine romaine, et la civilisation occidentale doit à cette origine la distinction entre pouvoir et autorité : le Sénat romain détient l'autorité, mais ne possède pas le pouvoir. Après la chute du régime monarchique, l'autorité de la République sera légitimée par les « lois », et celles-ci le seront par la « raison ». On peut alors évoquer un « pouvoir rationnel légal », selon la typologie de WEBER, qui se manifesterait autant à travers les différentes institutions, les professions et l'éducation qu'au niveau du pouvoir gouvernemental. L'autorité sera reconnue si l'institution, la personnalité ou l'organisation qui l'exercent peuvent prouver leur compétence, et se justifier si elles se trouvent contestées.

La crise de l'autorité dans la société contemporaine. Mais, comme le remarque Hannah ARENDT, dans les sociétés contemporaines, la crise profonde de l'autorité est, au départ, issue de la montée des totalitarismes. La classification de Weber dégage des *types-idéaux* de pouvoir, mais elle n'exclut pas des formations mixtes où coexistent une autorité traditionnelle et une autorité s'appuyant sur des lois en principe rationnelles. Arendt montre que c'est précisément l'effondrement des autorités traditionnelles, notamment en Allemagne et en Russie, pendant les années 20-30, qui fut à l'origine d'une nouvelle forme de pouvoir et de la domination par une autorité charismatique qui est le troisième type de pouvoir distingué par Weber. Le charisme caractérise une autorité de nature « mystique » : l'identification à un chef, étayée sur une confiance aveugle, non réfléchie, à des idéologies flattant la soif de puissance et d'asservissement des autres nations, a subjugué les masses populaires, notamment dans l'Allemagne nazie. Les hiérarchies, indissociables des autorités constituées, ont été alors légitimées par la force, et acceptées grâce à l'emprise exercée par des chefs redoutés et admirés.

Fondements et légitimité de l'autorité. Selon DURKHEIM, il n'est pas de société sans autorité porteuse de règles contraignantes. Il s'élevait, dès le début du XXe siècle, contre les *« aspirations anarchiques »* qu'il décelait dans les idéologies hostiles aux réglementations sociales. Il n'était pas pour autant favorable à un renforcement de l'autorité étatique, car l'anonymat de l'État et sa puissance tendent à isoler les individus, à les placer dans une situation d'anomie. Durkheim suivait sur ce point MONTESQUIEU : les autorités d'ordre moral et social doivent émaner essentiellement des pouvoirs intermédiaires, représentés par les organisations professionnelles, les associations, les familles. L'autorité repose sur un système d'échanges entre l'individu et le groupe ; la contrainte ne se dissocie plus alors du sentiment d'appartenance et de la responsabilité ; elle exprime symboliquement *« l'identité* [...] *entre les individus qui appartiennent au même groupe »* (BOURRICAUD, 1961). Durkheim estimait que l'égalité devant la loi n'assurait pas la protection d'une collectivité contre les risques d'oppression par une minorité. Comme ROUSSEAU, il avait conscience que les intérêts individuels et collectifs tendraient toujours à s'opposer ; aussi l'autorité devait-elle être de nature morale, fondée sur des croyances et des valeurs communes, capables d'être intériorisées par les consciences individuelles.

Les réflexions de Hannah ARENDT rejoignent sur certains points les conceptions de Durkheim. Elle a récusé la confusion possible entre autorité, violence et pouvoir. Elle a rappelé l'importance des références morales et même religieuses, auxquelles eurent recours les nouveaux fondateurs de l'idéal démocratique, au XVIIIe siècle et pendant les révolutions américaine et française. L'obéissance à une autorité politique au nom des lois, serait-ce au nom des principes de la raison, ne peut éliminer les menaces de tyrannie. Comment concilier l'exercice de la démocratie et la soumission à une autorité ? Les problèmes posés par la sécularisation du politique et du social, à l'époque moderne, restent objets d'interrogation. L'expérience historique a montré l'impuissance d'un régime *« rationnel-légal »*, selon la typologie de WEBER, réglementant la vie sociale et politique selon des normes démocratiques, à s'opposer à l'emprise des idéologies totalitaires. Plus les pouvoirs sont limités, plus il apparaît que le politique doit être lui-même soumis à une autorité morale forte et respectée.

AUTORITARISME. Quelle que soit l'étendue du pouvoir qu'on lui reconnaît, l'autorité de l'État peut être fondée sur des fonctions imposées par les conditions d'existence d'une communauté. SAINT-SIMON lui attribue une autorité ne relevant que de *« l'administration des choses »*. D'où la nécessité de faire appliquer des règles garantissant la protection d'une vie en commun, assurée par une administration en principe non assujettie aux pouvoirs politiques (par exemple, l'exercice du pouvoir judiciaire, la perception des impôts). Cette légitimité n'annule pas, néanmoins, les menaces d'autoritarisme ; d'où les discussions toujours ouvertes relatives au rôle de la bureaucratie, aux perversions possibles de son action, à la dépendance par rapport aux pouvoirs politiques de fonctions apparemment neutres.

Pierre ANSART

bibliographie

ADORNO Theodor W., FRENKEL-BRUNSWIK Elise, LEVINSON Daniel J., SANFORD R. Nevitt, *The Authoritarian Personnality*, New York, Harper, 1950.

ARENDT Hannah, « Qu'est-ce que l'autorité ? », in *La Crise de la culture*, Gallimard, 1972.

BOURRICAUD François, *Esquisse d'une théorie de l'autorité* (1961), Plon, 1969.

DURKHEIM Émile, *L'Éducation morale*, PUF, 1963.

FROMM Erich, *La Peur de la liberté* (1941), Buchet/Chastel, 1963.

JOUVENEL Bertrand de, *Du pouvoir*, Genève, Bouquin, 1947.

MONTESQUIEU, *L'Esprit des lois*, « La Pléiade », Gallimard, 1951.

ROUSSEAU Jean-Jacques, *Œuvres politiques*, « La Pléiade », Gallimard, 1964.

WEBER Max, *Économie et société* (1922), Plon, 1971, t. 1.

AUTRUI, L'AUTRE

du latin *alius* « autre »

all. ANDERE	esp. OTRO
angl. OTHER	ital. ALTRUI

voir : INTERSUBJECTIVITÉ

Autrui, c'est l'autre, semblable à moi et différent de moi ; celui face à qui, avec qui ou contre qui, je m'appréhende comme individu, c'est-à-dire comme l'autre de l'autre.

Individu et société : problématique. La question d'*autrui* est de celles qui nouent différentes problématiques. D'abord celle de savoir si le sujet en tant qu'individu, l'homme, est une réalité en soi, à laquelle s'ajoute la nécessaire relation à autrui, ce qui ferait de la société une réalité seconde, extérieure. Dès qu'on s'interroge de la sorte, on est amené à penser les rapports qui peuvent lier individu et société en termes de cause et d'effet et à voir dans l'individu et dans la société deux objets en soi, deux réalités séparées. Or une telle séparation est impraticable, aussi bien au niveau du fait qu'au niveau du concept. Au niveau du fait, puisqu'il n'est pas d'individu humain dont l'individualité ne renverrait pas à la culture dans laquelle il s'inscrit, et qu'inversement on voit mal ce que seraient les institutions sociales en dehors des individus qui les actualisent, qui les effectuent. Il en est de même au niveau du concept : un tel réalisme mènerait la réflexion à des impasses, celle du sociologisme ou celle du psychologisme, soit qu'on parte de la société et qu'on échoue à retrouver l'individu — sinon sous la forme d'un fantôme, reflet mécanique de la société et de ses institutions —, soit qu'on parte de l'individu et qu'on voie s'évanouir la réalité sociale, réduite à n'être que le milieu des comportements de l'individu. La difficulté du problème, son insolubilité peut-être, tient à ce qu'il s'agit de comprendre deux symbolismes et non pas deux réalités, qui sont à la fois inséparables et irréductibles l'une à l'autre. Le problème divise la sociologie comme il divise la philosophie. On peut le résumer ainsi : *comment un homme est-il à la fois différent de tous les autres hommes, semblables à certains hommes et semblable à tous les hommes ?*

Les origines philosophiques du problème. Puisque le débat a d'abord été philosophique avant de devenir un débat de la sociologie, rappelons-en la thématique. La philosophie, depuis DESCARTES, a fait apparaître une notion nouvelle : la notion de *sujet* (terme qui apparaît au XIXe siècle avec le sens cartésien de « substance pensante » douée d'un libre arbitre) ; un sujet qui s'enrichit métaphysiquement de tout ce dont la nature s'est appauvrie lorsqu'elle a cessé d'être *cosmos* pour devenir *« res extensa »* (chose étendue dénuée de conscience). Ainsi se pose l'individu, propriétaire privé de son soi dans une solitude originaire, et qui voit dans le monde social un lieu où des volontés libres se croisent et s'accordent ou s'opposent, ce que HEGEL appellera, dans les *Principes de la philosophie du droit*, *« l'athéisme du monde moral »*.

Avec Hegel s'impose la nécessité de découvrir, dans l'être même de l'homme, l'inscription de l'*autre*, et de montrer que le sujet conscient de soi ne peut advenir que dans le champ du collectif. Il y a quelque chose de paradoxal à enfermer le sujet dans une conscience de soi solitaire puisqu'en effet cette dernière ne peut logiquement être telle que parce qu'elle se saisit dans sa différence, avec et par une autre conscience de soi, semblable et également singulière. C'est ce qu'établit la section A du chapitre IV de *La Phénoménologie de l'esprit*, intitulée « Autonomie et dépendance de la conscience de soi ».

C'est simplement, pour dire l'essentiel, prendre en compte le fait que l'homme est un être de langage ; que le langage est le lieu même de sa naissance et donc qu'il implique que l'Autre soit celui à qui je m'adresse pour que, de sa réponse possible, je tire la certitude que je suis et la nature de ce que je suis. C'est peut-être là que réside la découverte indépassable de FREUD et de la psychanalyse.

L'approche sociologique. Le débat se retrouve dans la sociologie. Il est implicite dans le structuralisme. Il jalonne toute une sociologie nourrie de psychanalyse (par exemple celle de KARDINER). Mais il était déjà dans l'œuvre de George Herbert MEAD, qui s'inspirait lui-même de Charles Horton COLEY (1929), un des pères de la psychologie sociale américaine.

Mead considère qu'il n'y a ni *soi*, ni *conscience de soi*, ni *communication* en dehors d'une structure qui s'institue à travers des échanges entre des acteurs orientés les uns vers les autres. C'est de cette interaction sociale que naît le Soi. Ainsi est mise au centre la notion de *rôle*. La conscience de soi se constitue au fur et à mesure que l'individu est capable de comprendre sa propre contribution par rapport à celle des autres, et cela ne peut se faire que dans la mesure où il est capable de se mettre à la place des autres. Ainsi, à mesure que le système des échanges se complexifie et s'étend, chacun sera capable d'avoir une représentation globale du jeu des autres et de prendre alors le rôle d'un « autrui généralisé » *(the generalised other)*.

André AKOUN

bibliographie

MEAD George Herbert, *Le Moi, le Soi et la société* (1934), PUF, 1965.

KARDINER Alexandre, *L'Individu dans la société* (1939), Gallimard, 1969 (cf. très importante introduction de Claude LEFORT).

RÓHEIM Géza, *Psychanalyse et anthropologie* (1950), Gallimard, 1967.

AVORTEMENT

du latin *abortus*, du verbe *aboriri* « naître avant »

all. ABTREIBUNG angl. ABORTION	esp. ABORTO ital. ABORTO

voir : ANALYSE DÉMOGRAPHIQUE, PLANIFICATION DES NAISSANCES, POLITIQUE DE POPULATION

Dans le sens moderne, c'est l'expulsion ou l'extraction de l'utérus d'un fœtus avant sa limite de viabilité. L'OMS recommande de prendre comme critères de viabilité la durée de la gestation (28 semaines), le poids (1 000 grammes) et la taille (35 centimètres).

L'*avortement* peut être spontané, on l'appelle alors aussi *fausse couche*, ou provoqué. En France, les avortement provoqués sont soit des *avortements thérapeutiques* (sans limitation de durée de grossesse), liés à l'existence d'un risque pour la mère ou pour l'enfant, soit des *interruptions volontaires de grossesse* (IVG) rendues légales par la loi Veil, adoptée en 1975 (et limitées aux 12 premières semaines de la grossesse).

À côté de la contraception ou en cas d'échec de celle-ci, l'avortement est l'un des moyens dont se servent les familles pour limiter leur descendance ou espacer le intervalles entre les naissances. Le recours à l'avortement varie beaucoup selon les pays : il est beaucoup plus fréquent en Europe de l'Est qu'en Europe de l'Ouest. En France, le nombre des IVG s'est stabilisé depuis 1985 autour de 170 000 (220 000 en tenant compte des avortements non déclarés), soit une moyenne de 0,5 avortement par femme. Dans les conditions récentes, 4 femmes sur 10 recourent au moins une fois à l'avortement. La plupart (5/6e) n'y recourent qu'accidentellement, les autres pratiquent une contraception lâche qui les conduit à recourir plusieurs fois à l'IVG. Les conditions sanitaires de l'avortement sont fondamentales pour supprimer les risques encourus par les femmes : autant ces conditions sont aujourd'hui favorables dans les pays industrialisés, entraînant très peu de décès, autant elles laissent à désirer dans de nombreux pays du tiers-monde (l'avortement n'est pas partout légal), ce qui contribue à augmenter sensiblement la mortalité maternelle.

Catherine ROLLET

bibliographie

AVDEEV Alexandre, BLUM Alain, TROITSKAJA Irina, « Histoire de la statistique de l'avortement en Russie et en URSS jusqu'en 1991 », in *Population*, n° 4-5, 1994, pp. 903 à 934.

BLAYO Chantal, « Le Point sur l'avortement en France », in *Populations et sociétés*, n° 325, juin 1987.

*

* *

AXIOME ET AXIOMATISATION

du grec *axioma*, du verbe *axioun* « juger digne, valable »

all. AXIOM angl. AXIOM	esp. AXIOMA ital. ASSIOMA

voir : DÉDUCTION, INDUCTION, MODÈLE

Axiome : *en mathématiques et en logique modernes, proposition admise arbitrairement à la base d'une théorie.*
Axiomatisation : *formalisation logique des énoncés en un système hypothético-déductif reposant sur un ou plusieurs axiomes.*

AXIOME. Les *axiomes* étaient conçus à l'origine (cf. EUCLIDE) comme des propositions tout à fait évidentes dont on peut déduire des propositions qui le sont moins. On a fini (notamment à partir de la découverte, au XIXe siècle, de géométries non euclidiennes) par douter que de telles propositions primitives soient vraiment accessibles, et par se contenter plus ou moins, selon les disciplines, de propositions primitives dont on *postule* seulement la vérité. Il y a là, en fait, un problème fondamental : doit-on donner nécessairement un sens réaliste aux axiomes que l'on énonce ou peut-on se satisfaire de leur donner un statut conventionnaliste ou au moins conjectural, du moment que les conséquences qu'on en tire sont, quant à elles, en accord avec le réel ?

AXIOMATISATION. Selon le développement de la théorie envisagée, il peut être plus ou moins opportun de l'*axiomatiser*. L'*axiomatisation* a en effet l'avantage d'expliciter ses principes et de faciliter ainsi l'estimation de sa cohérence logique, mais elle peut aussi détourner l'analyse de son contenu même, voire alourdir considérablement l'appareil théorique sans présenter, pour autant, un gain heuristique effectif.

À supposer que l'axiomatisation soit féconde et qu'on s'entende sur sa portée, c'est un autre problème ensuite, et propre aux sciences sociales, de savoir si on peut formuler des propositions primitives sur des entités abstraites (comme le pouvoir, la violence, etc., cf. BOURDIEU et PASSERON : « *Tout pouvoir de violence symbolique* [...] *ajoute sa force propre* [aux rapports de force existants] ») ; si on doit se limiter à des axiomes portant sur des entités collectives concrètes (cf. BOUDON : « *Il n'y a pas adéquation exacte entre la structure éducationnelle et la structure sociale de* [telle société] *X* ») ; voire si on doit introduire, en outre, comme dans la théorie de la décision ou la *théorie du choix rationnel*, des axiomes portant sur les individus eux-mêmes (exemple « les hommes sont égoïstes »).

Alban BOUVIER

bibliographie

BOUDON Raymond, *L'Inégalité des chances. La mobilité sociale dans les sociétés industrielles* (1973), Armand Colin, 1979.

BOURDIEU Pierre, PASSERON Jean-Claude, *La Reproduction. Éléments pour une théorie du système d'enseignement*, Éd. de Minuit, 1970.

KAST Robert, *La Théorie de la décision*, La Découverte, 1993.

B

BANDE

voir : BANLIEUE, GROUPE, URBANISATION

Terme utilisé pour désigner, le plus souvent, les petits groupes de jeunes provisoirement solidaires dans des activités ludiques ou agressives. Les travaux sociologiques mettent l'accent sur la dialectique des relations entre l'environnement adulte et ces groupements temporaires en insistant sur la ségrégation sociale (ROBERT et LASCOUMES, 1974), sur les réactions réciproques d'agressivité, et/ou sur les difficultés opposées aux aspirations juvéniles par les conditions sociales.

Pierre ANSART

bibliographie

ESTERLÉ-HEDIBEL Maryse, *La Bande, le risque et l'accident*, L'Harmattan, 1997.

ROBERT Philippe, LASCOUMES Pierre, *Les Bandes de jeunes, une théorie de la ségrégation*, Éditions ouvrières, 1974.

BANLIEUE

composé de *ban* et de *lieue* (sur le modèle du latin médiéval *bannileuga*), terme de féodalité désignant l'espace d'environ une lieue, autour d'une ville, dans lequel l'autorité faisait proclamer les bans et avait juridiction

all. STADTRAND, VORORT	esp. AFUERAS
angl. SUBURB	ital. PERIFERIA

voir : ÉCOLE DE CHICAGO, HABITAT, MÉTROPOLE, URBANISME

Ensemble des agglomérations qui entourent une grande ville et qui dépendent d'elle pour certaines fonctions sociales.

L'accroissement des populations et l'extension de l'urbanisation ont entraîné le développement des cités établies à proximité de la grande ville et l'instauration de rapports évolutifs entre ces agglomérations et la ville.

Le même concept recouvre des réalités d'une si grande diversité que les sociologues ont à préciser quel type de *banlieue* est l'objet d'étude. Le critère de distance différencie la « grande » banlieue (la plus éloignée de la métropole) et la « petite ». Le type d'habitat différencie la banlieue pavillonnaire, constituée de maisons particulières, des grands ensembles collectifs. La composition démographique différencie les quartiers mono-ethniques des quartiers pluri-ethniques. Les modes de vie distinguent les banlieues habitées essentiellement par les classes moyennes et supérieures des banlieues pauvres et sous-équipées.

Les violences urbaines aux États-Unis ont fortement attiré l'attention sur la banlieue dès les années 30 et suscité une partie des travaux de l'École de Chicago*. Les violences manifestées en Angleterre dans les années 60 et en France paraissent avoir de nombreux points communs avec les violences que connaissent les États-Unis : déréliction, chômage, discrimination raciale. Elles ont des expressions comparables : formation de bandes, délinquance, commerce de drogues, affrontements avec la police. De fortes divergences existent néanmoins. Ces phénomènes donnent lieu à de multiples interventions de politique publique, à des politisations médiatiques, à l'émergence de nouveaux acteurs individuels et collectifs, au niveau local et régional.

Pierre ANSART

bibliographie

BASTIÉ Jean, *La Croissance de la banlieue parisienne*, PUF, 1961.

BODY-GENDROT Sophie, *Ville et violence, l'irruption de nouveaux acteurs*, PUF, 1993.

GRAFMEYER Yves, JOSEPH Isaac, *L'École de Chicago, naissance de l'écologie urbaine*, Champ urbain, 1979.

MESSU Michel, *La Société protectrice. Le cas des banlieues sensibles*, Éd. du CNRS, 1997.

PINSON Daniel, *Des banlieues et des villes, dérive et eurocompétition*, Éd. de l'Atelier, 1992.

RÉMY Jean, VOYÉ Liliane, *Ville, ordre et violence*, PUF, 1981.

BARRIÈRE

voir : NIVEAU, STRATIFICATION

L'image de la *barrière*, signifiant une séparation difficilement franchissable entre deux espaces, est reprise par GOBLOT dans son essai de 1925, *La Barrière et le niveau*. Il développe la thèse selon laquelle la distance entre la bourgeoisie et l'ensemble des autres classes sociales serait d'ordre culturel et scolaire : elle serait marquée par l'obtention du diplôme du baccalauréat et la poursuite des études supérieures. Ce diplôme autoriserait l'entrée dans la classe bourgeoise et donnerait à ceux qui l'auraient obtenu une égalité de niveau. Cet essai a donné lieu à de nombreuses reprises et critiques : il majore à l'extrême le système des représentations et des valeurs, ainsi que les dispositions liées au capital culturel et aux diplômes.

Pierre ANSART

bibliographie

GOBLOT Edmond, *La Barrière et le niveau, essai sociologique sur la bourgeoisie française moderne* (1925), Brionne, Gérard Monfort, 1984.

BASE

voir : IDÉOLOGIE, MODE DE PRODUCTION, INFRASTRUCTURE ET SUPERSTRUCTURE

L'image de la *base matérielle*, opposée à l'ensemble des superstructures, sert, dans le vocabulaire marxiste, à majorer l'importance des facteurs économiques au détriment des facteurs politiques, culturels ou idéologiques. L'image reste utilisée à des fins descriptives, pour désigner, dans une interaction ou une action collective, les conditions tenues pour essentielles au déroulement des pratiques.

Pierre ANSART

BESOINS

issu du francique *bisunni* « soin, souci », au pluriel (1665), « tout ce qui est nécessaire pour vivre ou travailler »

all. BEDÜRFNISSE	esp. NECESIDAD
angl. NEED	ital. BISOGNO

voir : MODE DE VIE, MOTIVATION, PUBLICITÉ

Exigences naturelles ou sociales médiatisées par le milieu culturel.

La sociologie ne peut faire l'économie d'une réflexion sur les *besoins* puisque toute formation sociale, pour exister, doit permettre leur satisfaction. Elle problématise cette notion car elle est amenée à souligner que toute culture modèle les besoins humains et leur mode de satisfaction. Elle doit analyser comment s'opère cette socialisation.

L'économie classique faisait des besoins la source de l'activité économique : en s'exprimant, les besoins créent la demande des biens et entretiennent le cycle de la production-consommation. Dans une conception simplifiée, on suppose que les besoins sont naturels et la demande permanente.

Les analyses sociologiques de la consommation éloignent radicalement d'un tel schéma : VEBLEN, en mettant en relief les phénomènes de consommation ostentatoire, montrait que les besoins d'acquisition n'étaient pas liés à la matérialité de l'objet, mais qu'ils étaient soutenus par les rivalités sociales et les luttes de prestige, le désir d'acquérir des symboles de statut. Ces analyses ont été amplement confirmées depuis leur formulation et l'on peut retenir l'idée générale selon laquelle toute culture informe les besoins des individus. La culture ne socialise pas seulement les besoins alimentaires, elle modèle des besoins relationnels, besoins d'accomplissement, de réussite sociale, d'affirmation, d'estime de soi, de sécurité, d'affiliation, de reconnaissance. De même, l'organisation sociale engendre des besoins collectifs selon ses institutions (besoin d'éducation, d'information...). Rien ne permet de penser que ces besoins divers seront parfaitement identiques selon les individus et les classes sociales et qu'ils seront, en tout, intégrés et fonctionnels. Des besoins ressentis comme personnels peuvent entrer en contradiction avec des besoins sociaux, engendrant des situations de frustration et, éventuellement, de conflit.

Pierre ANSART

bibliographie

BON Jérôme, *L'Étude des besoins de la population ; marketing des services publics*, Éd. d'Organisation, 1980.

HERSCOVICI Alain, *La Demande suscitée dans le domaine culturel : analyse de la relation entre les différentes demandes culturelles*, Centre national de la fonction publique territoriale, 1989.

VEBLEN Thorstein, *Théorie de la classe de loisir* (1899), Gallimard, 1970.

BIAIS ⇒ ARTEFACT

LES BIENS

all. GÜTER	esp. BIENES
angl. PERSONAL ESTATE, GOODS	ital. BENI

voir : ART, CAPITAL, CULTURE, SYMBOLIQUE

Dans une perspective motivationnelle, la distinction des trois « P » : *Pouvoir, Propriété, Prestige*, désigne, à grands traits, trois types d'appropriation que les sujets sont portés à rechercher. Une analyse plus précise distinguera, parmi les *biens* de prestige, de très nombreuses formes telles que les honneurs, les titres, les dignités, les supériorités hiérarchiques, les reconnaissances...

Dans une perspective objectiviste, les biens désignent toutes les valeurs publiques et privées, matérielles et immatérielles, appartenant à une collectivité. La sociologie de la culture analyse particulièrement la place et l'importance des biens artistiques, culturels, symboliques.

Pierre ANSART

LOI BINOMIALE

Loi de probabilité particulière permettant de calculer la probabilité d'occurrence d'un événement, lorsque deux événements sont possibles.

Le nombre de « pile » que l'on obtient lorsqu'on lance une pièce de monnaie plusieurs fois varie d'une série de lancers à l'autre. Cependant la probabilité d'obtenir x « pile » quand on lance une pièce n fois est fixe, et peut se calculer dès lors que l'on connaît la probabilité Π d'obtenir « pile » quand on lance la pièce une fois ($\Pi = 0,5$ quand la pièce n'est pas truquée). Appelons X le nombre de « pile » au cours de n tirages. La probabilité que ce nombre soit égal à x vaut :

$$Pr(X = x) = \frac{n!}{x!(n-x)!}\Pi^{x}(1-\Pi)^{n-x}$$

Exemple : Probabilité d'obtenir exactement 5 « pile » lorsqu'on effectue 10 tirages (avec une pièce non truquée) :

$$Pr(X = 5) = \frac{10!}{5!5!}0{,}5^5$$

$$= \frac{(10\times 9\times 8\times 7\times 6\times 5\times 4\times 3\times 2)}{(5\times 4\times 3\times 2)\times(5\times 4\times 3\times 2)}\times(0{,}5)^{10} \approx 0{,}25$$

On dit alors que X suit une *loi binomiale*, que l'on note $\beta(n, \Pi)$. Le modèle de la pièce de monnaie s'applique lorsqu'on tire un échantillon au hasard et que l'on a affaire à une variable* à deux modalités*.

Supposons que dans une population*, une proportion Π des individus* prend la modalité* 1 (et (100 – Π) la modalité 2). Si on tire au hasard *n* individus dans cette population et qu'on calcule sur cet échantillon le nombre d'individus T prenant la modalité 1 (ou, ce qui revient au même, la proportion P = T/n), la probabilité que P soit égale à Π vaut :

$$Pr(P = \Pi) = Pr(T = n\Pi)$$

$$= \frac{n!}{n\Pi!(n-n\Pi)}\Pi^{n\Pi}(1-\Pi)^{n-n\Pi}$$

Exemple : Lors d'une élection au cours de laquelle s'affrontent deux candidats A et B, la proportion de votants pour A est de 60%. Si on tire au hasard 10 personnes parmi la population des électeurs, la probabilité que le pourcentage de votants pour A dans l'échantillon soit égal à 60% (ou encore que le nombre T de votants pour A soit égal à 6) est de :

$$Pr(P = 0{,}6) = Pr(T = 10\times 0{,}6) = Pr(T = 6)$$

$$= \frac{10!}{6!(4)!}0{,}6^6(0{,}4)^4 = 0{,}25$$

Ceci signifie qu'en tirant un échantillon de 10 personnes on n'a qu'une chance sur quatre (25%) d'y trouver le même pourcentage que dans la population. Contrairement à ce que l'on a coutume de penser, la probabilité de tomber exactement sur le « bon » chiffre *diminue* avec la taille de l'échantillon tiré : dans un échantillon de 20 personnes, la probabilité de trouver exactement 12 votants pour A est de 18%.

En revanche, dans un échantillon de taille 10 la probabilité de trouver entre 50 et 70% de votants pour A est de 66%, alors qu'elle s'élève à 75% dans un échantillon de 20 personnes. En conclusion, il est quasiment impossible d'obtenir à partir d'un échantillon la même proportion que dans une population. Mais plus l'échantillon est grand, plus la proportion qu'on y trouve a de chance d'être « proche » de la proportion de la population.

Quand la taille de l'échantillon est importante, la loi binomiale peut être approximée par une loi normale*

$$N\left(\Pi, \sqrt{\frac{\Pi(1-\Pi)}{n}}\right)$$

Félicité des NÉTUMIÈRES

bibliographie

WONNACCOTT Thomas, WONNACCOTT Ronald, *Statistique*, 2e édition, Economica, 1995.

BIOGRAPHIE ⇒ AUTOBIOGRAPHIE

BIOLOGIE ET SOCIOLOGIE

terme forgé (1802) à partir des éléments grecs *bios* « vie, manière de vivre » et *logos* « discours »

all. BIOLOGIE	esp. BIOLOGÍA
angl. BIOLOGY	ital. BIOLOGIA

voir : SOCIOLOGIE ANIMALE, SOCIOBIOLOGIE

Les relations complexes entre l'étude des êtres vivants et la sociologie se sont situées à trois niveaux distincts :

1 La comparaison (ou la confusion) entre l'organisme vivant et l'organisation sociale prolonge un thème traditionnel assimilant la société à un ensemble d'organes fonctionnellement interdépendants. Cette conception organiciste, qui n'est pas sans liens avec des idéologies ultraconservatrices, n'a été que rarement développée en sociologie (WORMS, 1896).

2 Beaucoup plus importants pour l'histoire des théories sociologiques ont été le débat épistémologique et la question de l'utilité des modèles biologiques pour l'interprétation des faits sociaux. Tout en faisant de la société un « hyperorganisme », SPENCER considérait les sciences biologiques comme la meilleure introduction à la science sociale, et son étude la meilleure formation pour le futur sociologue. Les concepts fondamentaux tels que *structure* et *fonction* n'étaient-ils pas élaborés dans le cadre de la biologie puis transposés en sociologie ? DURKHEIM a dénoncé ce recours à la biologie et affirmé la spécificité des concepts sociologiques ; cependant le caractère expérimental de sa méthode, la distinction du *normal* et du *pathologique*, l'attention apportée à l'étude des fonctions, la recherche des lois ne sont pas sans rappeler les principes énoncés par le biologiste Claude BERNARD.

3 La sociobiologie et l'éthologie ont relancé le débat à partir d'autres présupposés. Il s'agit alors, sans revenir nécessairement à un déterminisme biologique sommaire, de reprendre la discussion sur le poids respectif de l'inné et de l'acquis et d'examiner ce qui, dans les comportements sociaux, prolongerait le patrimoine génétique (WILSON, éd. 1975). Là encore ces hypothèses ont été mises en question par la majorité des écoles sociologiques.

Pierre ANSART

bibliographie

SAHLINS Marshal D., *Critique de la sociobiologie*, Gallimard, 1980.

SPENCER Herbert, *Principes de sociologie* (1877-1896), Baillière, 1878-1898, 4 vol.

WILSON Edward O., *L'Humaine Nature*, Stock, 1979.

WORMS René, *Organisme et société*, Giard et Brière, 1896.

BOÎTE NOIRE

voir : SYSTÉMISME

Expression issue du vocabulaire du systémisme, elle désigne un élément dont on décide de ne pas faire une analyse interne et dont on ne retient que les fonctions et les effets au sein du système étudié.

Pierre ANSART

BONHEUR

formé (1121) de l'adjectif *bon* et du dérivé latin *heur* « chance, sort, condition »

all. GLÜCK	esp. FELICIDAD
angl. HAPPINESS	ital. FELICITÀ

voir : MORALE, VALEUR

État de satisfaction complète par-delà les plaisirs et joies momentanés.

Bonheur, béatitude, paradis. Ce concept, très mal défini, a inspiré, en général, les philosophes et les théoriciens révolutionnaires (« le Bonheur est une idée neuve en Europe » Saint-Just), plus que les sociologues. On l'assimile généralement à un état de satisfaction complète. KANT ajoute qu'il implique une certaine durée. Il importe de le distinguer de la béatitude qui est plutôt une notion religieuse ou métaphysique, et qui, comme celle de paradis, concerne la félicité que l'on espère connaître dans un autre monde. Dans ces conditions, l'aspiration vers un *bonheur* total, voire éternel, peut fort bien avoir des répercussions sur les attitudes dans la vie sociale.

C'est ainsi que dans l'Égypte ancienne, le paradis (ou la déification) fut d'abord réservé aux pharaons, puis aux nobles, et que la doctrine osirienne l'ouvrit à tous ceux qui apprenaient les formules sacrées. Cette véritable révolution religieuse accomplie sous le Moyen Empire abolit une des barrières qui séparaient profondément la plèbe de l'aristocratie.

Les sociétés primitives. Dans beaucoup de sociétés primitives, comme l'a bien montré LÉVY-BRUHL, la notion d'un bonheur dans l'au-delà ne jouait pas un rôle aussi important car, avec la croyance en la résurrection, le séjour dans le monde des morts ne durait pas longtemps.

L'Antiquité grecque et romaine. Dans l'Antiquité grecque et romaine, les croyances concernant le séjour des morts ne semblent pas avoir eu de grandes répercussions sociales, mais la quête d'une morale liée à la notion de salut, avec notamment l'orphisme et les mystères, exerça une influence sur une partie de la population, cependant que les philosophes ARISTOTE, PLATON, PLOTIN cherchèrent à mieux définir les conditions d'un bonheur ici-bas, en le rattachant plus ou moins à l'ordre du monde.

Les religions judéo-chrétiennes. C'est avec les religions judéo-chrétiennes que la promesse d'un salut lié à la conduite personnelle fit prévaloir la vie éternelle sur la recherche d'un bonheur fugitif.

On pourrait suivre ainsi l'évolution des croyances et attitudes sociales en relation avec la dualité entre bonheur terrestre et promesse de paradis éternel.

De la Renaissance au XVIIIe siècle. La Renaissance marqua le progrès du bonheur plus ou moins laïcisé, mais c'est surtout au XVIIIe siècle, avec les philosophes des Lumières, que la notion de bonheur sur terre eut des implications dans la vie sociale. À cette époque fleurirent les Traités sur le bonheur. Cependant, MAUZI indique très justement que cette vogue n'est pas la preuve d'un grand optimisme dans l'ensemble des classes sociales, car elle peut révéler « *autant l'inquiétude des âmes que l'assurance des moralistes* ». Sur ce thème, on notera la polémique entre l'optimiste LEIBNIZ et le pessimiste VOLTAIRE, en même temps que se dessinait un mouvement pour réconcilier la recherche du bonheur sur terre avec la volonté de gagner le ciel. Toutes ces discussions entre intellectuels ne furent pas sans avoir des échos dans l'ensemble de la société.

Le XIXe siècle. Après la chute de l'Empire, la défaite laissa dans une partie de la population un sentiment de déception que les romantiques baptisèrent « mal du siècle ». Mais se développa aussi, avec la montée en puissance de la bourgeoisie, une assimilation du bonheur à la tranquillité et à la réussite matérielle, sans grande référence à l'idéal religieux et en opposition avec l'idéal romantique. Quant au marxisme, il accorde beaucoup moins de place au bonheur qu'à la disparition des différences de classe.

L'ère industrielle et la société moderne. L'ère industrielle fait prédominer la notion de confort sur celle de bonheur. Enfin, la société moderne renforce cette évolution par l'influence de la publicité qui vante les produits de consommation et qui propose comme modèles les stars du cinéma ou de la télévision.

Le débat sur le terrain concerne surtout la part de la religion, celle des médias et celle des intellectuels dans une civilisation où les sondages indiquent, en général, que les habitants des pays industrialisés se considèrent plutôt comme heureux mais sont moins sûrs que leurs concitoyens le soient. Enfin, la conception du bonheur est dominée tantôt par les caractères objectifs, tels que la santé ou l'argent, tantôt par une certaine idée de la morale sociale ou encore par la question de savoir si la recherche du bonheur peut favoriser le progrès social, ce que nie DURKHEIM, et si elle conduit à une conception utilitariste des relations humaines, comme le pense TÖNNIES.

Le bouddhisme. Il faut ajouter à cela que dans l'Extrême-Orient le bouddhisme exerce une influence importante en proposant l'idéal du *nirvâna*, ce qui peut porter au pessimisme ou à une conception particulière du bonheur, comme le soutient IKEDA.

Jean CAZENEUVE

bibliographie

CAZENEUVE Jean, *Bonheur et civilisation*, PUF, 1966.

CAZENEUVE Jean, *De l'optimisme*, Fayard, 1987.

DURKHEIM Émile, *De la division du travail social* (1893), PUF, 1996.

GURVITCH Georges, *Traité de sociologie*, PUF, 1960, t. 2, chap. 3.

LEPRINCE-RINGUET Louis, *Science et bonheur*, Flammarion, 1975.

MAUZI Robert, *L'Idée du bonheur au XVIIIe siècle*, Armand Colin, 1965.

MORIN Edgar, *L'Esprit du temps*, Grasset, 1962.

PIROT Jean, *Progrès et bonheur*, Alcan, 1914.

POLIN Raymond, *Le Bonheur considéré comme l'un des beaux-arts*, PUF, 1965.

*

*   *

BOUC ÉMISSAIRE

du latin *caper emissarius* « bouc symbolique chassé vers l'extérieur »

all. SÜNDENBOCK	esp. CHIVO ESPIATORIO, VICTIMA PROPICIATORIA
angl. SCAPEGOAT	ital. CAPRO ESPIATORIO

voir : FOULE, IDÉOLOGIE, MIMÉTISME, STIGMATISATION, VIOLENCE

Agent social auquel des accusateurs attribuent, illusoirement, les maux collectifs.

Chaque année, selon le Lévitique, une cérémonie rituelle transférait les impuretés du peuple d'Israël sur un bouc qui était lâché et chassé dans le désert. Par référence à ce rituel, on désigne, par cette expression de *bouc émissaire*, la répétition de ce processus par lequel, en de multiples circonstances et sous des formes très diverses, une communauté tend à attribuer à un individu ou un groupe rival la cause de ses propres maux et souffrances.

Les explications de ces processus violents se situent à plusieurs niveaux. La psychologie aide à comprendre le mécanisme de projection agressive sur une cible réelle ou symbolique. La psychologie des foules met en relief la dynamique par laquelle une foule se constitue en groupe actif et trouve une unité provisoire contre une cible désignée comme la cause de ses maux (LE BON, 1895). L'approche sociohistorique souligne la grande diversité de ces phénomènes et certaines constantes dans leurs manifestations. C'est, le plus souvent, durant les périodes de crise matérielle ou politique (famine, catastrophes naturelles, guerres...) que s'exacerbent ces possibilités de violence. Les cibles en sont désignées selon des schémas propres à la culture dominante, elles peuvent être différenciées selon des critères ethniques, linguistiques, économiques, religieux. Un ensemble de croyances et de préjugés accompagne et rend possible le processus victimaire ; les suspects se voient accusés de malfaisance concernant les tabous de la culture dominante : hérésie religieuse, incroyance, crimes sexuels, violence à l'égard des enfants, vols de biens. Les suspects sont accusés d'être nuisibles à la société tout entière, quels que soient leur force réelle et leur nombre (GIRARD, 1982). Les degrés de violence auxquels conduisent ces processus s'étendent depuis la violence symbolique des stigmatisations jusqu'aux persécutions.

Sous une forme atténuée, des processus sociaux se trouvent soutenus plus ou moins fortement par de tels mécanismes. DURKHEIM formule l'hypothèse selon laquelle la sanction qui frappe le déviant prend place, en partie, dans ce processus victimaire : le coupable est perçu comme la cause d'un mal collectif et la sanction qui le frappe permet au groupe de réaffirmer les valeurs communes (Durkheim, 1893). En psychiatrie sociale, SZAZS a suggéré que la maladie mentale pouvait être non seulement l'image du trouble dont on se défend, mais aussi l'aboutissement d'un processus de désignation et de constitution de la maladie par la famille et le milieu social du malade. L'utilisation de ce schéma persécutoire est abondamment renouvelé dans les joutes et les conflits politiques : dans les polémiques idéologiques, le parti adverse tend à être désigné comme la cause de tous les maux et comme l'incarnation du mal ; le schéma de la représentation persécutoire constitue une importante ressource symbolique dans les luttes partisanes.

Pierre ANSART

bibliographie

DURKHEIM Émile, *De la division du travail social* (1893), PUF, 1986.

GIRARD René, *Le Bouc émissaire*, Grasset, 1982.

LE BON Gustave, *La Psychologie des foules* (1895), PUF, 1981.

SZAZS Thomas S. (1974), *Le Mythe de la maladie mentale*, Payot, 1975.

BOURGEOISIE

du latin *burgus* « tour fortifiée » et « ensemble d'habitations fortifiées »

all. BOURGEOISIE, BÜRGERSTAND	esp. BURGUESÍA
angl. BOURGEOISIE	ital. BORGHESIA

voir : ARGENT, CLASSE SOCIALE, CONFLIT SOCIAL, DOMINATION, LUTTE DES CLASSES, MARXISME

Classe sociale privilégiée détentrice de biens matériels, culturels, et de pouvoir.

1 Du Moyen Âge au XIXe siècle. Ce terme a une histoire si complexe et a donné lieu à tant de controverses que son usage en sociologie est problématique. Il désigne, dès le XIe siècle, les gens des villes, les commerçants, détenteurs de biens, qui s'efforcent d'échapper à la juridiction féodale. Au cours de la période monarchique, se forment plusieurs différenciations au sein de la bourgeoisie : le développement du commerce et des artisanats favorise l'apparition de corporations et jurandes, de manieurs d'argent, de légistes titulaires de charges judiciaires, de fonctionnaires royaux. À la veille de la Révolution de 1789, cette classe composite constitue la partie la plus dynamique de la nation ; elle détient le quasi-monopole de la vie économique et se heurte à l'accaparement, par la noblesse, des institutions politiques. TOCQUEVILLE (1856) fait de la Révolution l'aboutissement de ce long processus de renforcement de la bourgeoisie dans les cadres d'une structure politique périmée. Le déroulement de la Révolution fait apparaître les divisions de cette classe et particulièrement, l'opposition entre la bourgeoisie d'affaires, proche des Girondins et plus conservatrice, et celle des légistes, avocats et procureurs, plus doctrinaire, plus proche des milieux populaires et du jacobinisme.

2 Le XIXe siècle. Le XIXe siècle marque l'avènement au pouvoir de cette bourgeoisie qui détient alors non seulement la direction des grandes institutions politiques, mais aussi le pouvoir industriel, financier et, dans une large mesure, culturel. L'analyse de MARX souligne la dichotomie entre cette classe dominante et le prolétariat et fait de cette contradiction le fondement dynamique du capitalisme. La bourgeoisie est, dans cette perspective, l'agent de l'exploitation, mais elle est aussi la force dynamique, destructrice de l'immobilisme féodal, nécessairement portée à accroître les forces productives au milieu des contraintes de la concurrence économique. Ce schéma d'analyse n'empêche pas de reconnaître les divisions de cette classe. Marx distingue quatre formes de capital et quatre fractions correspondantes : les bourgeoisies foncière, commerciale, industrielle et financière.

Le débat s'ouvre au milieu du XIXe siècle sur l'évolution de la bourgeoisie et sur le développement possible des classes moyennes. Alors que Marx donne pour inévitable la bipolarisation de la société et l'érosion de la petite bourgeoisie (petits commerçants et artisans), Tocqueville voit dans la démocratie le cadre politique de *« l'égalisation des conditions »* et donc de l'extension des classes moyennes. Dès cette époque, PROUDHON trace une distinction qui sera amplement reprise après lui entre la « grande » bourgeoisie (fondée sur le capital industriel et la finance nationale et internationale), la « moyenne » et la « petite » bourgeoisie.

3 La sociologie contemporaine. La réticence de la sociologie contemporaine à reprendre ce concept tient à sa grande généralité et à l'incertitude de ces distinctions. Il reste néanmoins utilisé dans les approches structurales et globalisantes des formations sociales pour souligner l'étendue des inégalités entre les classes, les relations de domination politiques, économiques et culturelles (BOURDIEU, 1979).

Pierre ANSART

bibliographie

BECHHOFER Franck, ELLIOT Brian, *The Petite Bourgeoisie : Comparative Studies of Uneasy Stratum*, Londres, Basingstoke, MacMillan, 1981.

BLACKBOURN David, EVANS Richard J., *The German Bourgeoisie : Essays on the Social History of the German Middle Class from the Late Eighteenth to the Early Twentieth Century*, Londres, Routledge, 1991.

BOURDIEU Pierre, *La Distinction, critique sociale du jugement*, Éd. de Minuit, 1979.

DAUMARD Adeline, *Les Bourgeois et la bourgeoisie en France depuis 1815*, Flammarion, 1990.

MORAZÉ Charles, *Les Bourgeois conquérants*, PUF, 1985.

TOCQUEVILLE Alexis de, *De la démocratie en Amérique*, 1835-1840, « Folio », Gallimard, 1986, 2 vol.

VACHET André, *L'Idéologie libérale, l'individu et sa propriété*, Anthropos, 1970.

VENÈ Gian Franco, *L'Ideologia piccolo borghese : riformismo e tentazioni conservatrici di una non classe nell'Italian repubblicana, 1945-1980*, Venise, Marsilio, 1980.

BUDGET DE FAMILLE

emprunté (1764) à l'anglais *budget* « état annuel des recettes publiques »

all. LEBENSHALTUNG	esp. PRESUPUESTO FAMILIAL
angl. FAMILY BUDGET	ital. BILANCI FAMILIARI

voir : ETHNOLOGIE, MONOGRAPHIE, VIE QUOTIDIENNE

Instrument d'analyse du mode et du niveau de vie d'une population, par l'inventaire comptable des « recettes » et des « dépenses » d'unités familiales représentatives.

Dresser des *budgets de familles* est une pratique qui émerge avec la microéconomie physiocratique. Mais l'étude des budgets familiaux ne voit véritablement le jour qu'au XIXe siècle, grâce à des économistes versés dans la statistique et les questions sociales (comme les Belges DUCPÉTIAUX et VISSCHERS, l'Allemand ENGEL), et surtout à LE PLAY. Celui-ci élabore un cadre budgétaire dont il fait la pierre angulaire de sa méthode dite des « monographies de familles » (1855).

Le budget selon Le Play comprend une partie « recettes » où figurent les revenus familiaux et leurs sources (par exemple, les salaires des membres de la famille avec les types de travaux correspondants). Outre le salaire, Le Play mentionne les « subventions » (rétributions telles que allocations ou droits d'usage) et les « industries de la famille » (produits de travaux effectués par la famille pour elle-même, comme l'exploitation d'un jardin). La partie « dépenses » est divisée en cinq sections (nourriture, habitation, vêtements, « besoins moraux, récréations et service de santé », « industries, dettes, impôts et assurances »).

Une fois établi, le budget prend place dans la monographie de la famille, en regard de données « qualitatives » qui l'expliquent et qu'il éclaire. C'est donc, chez Le Play et ses continuateurs, un instrument en vue de la connaissance approfondie et exhaustive de la famille et non pas, comme chez les statisticiens, la source de données extensives pour l'évaluation du niveau de vie et, plus tard, le calcul de la comptabilité nationale ou de l'indice des prix.

Rompant avec l'analyse finalisée des statisticiens comme avec la recherche monographique le playsienne, HALBWACHS donne un nouvel essor aux études budgétaires. À travers le budget, il analyse non plus le mode d'existence de la famille, mais la consommation de la classe ouvrière dont les dépenses constituent la trace tangible. En faisant du budget un « fait social consolidé », susceptible d'être étudié en lui-même, Halbwachs ouvre la voie à des recherches portant sur les habitudes de consommation des classes et des groupes sociaux.

La polyvalence du budget de famille, en tant qu'instrument d'analyse, explique sa fécondité et la variété des travaux auxquels il a donné lieu. Si la pratique des monographies leplaysiennes s'est quasiment éteinte, l'établissement de budgets familiaux reste au fondement de grandes recherches extensives entreprises par des organismes officiels (BIT, instituts d'études économiques et statistiques), mais aussi de recherches microsociales sur les pratiques domestiques.

Signalons, enfin, la transposition, dans les années 60, de la démarche budgétaire à l'étude du temps social. Des enquêtes internationales sur les *budgets**-*temps* ont notamment servi de base empirique aux recherches sur les loisirs et la vie quotidienne.

Antoine SAVOYE

bibliographie

DUCPÉTIAUX Édouard, *Budgets économiques des classes ouvrières en Belgique*, Imprimerie Hayez, Bruxelles, 1855.

ENEAU Denise, MOUTARDIER Mireille, *La Structure des budgets familiaux en 1985*, INSEE, 1990.

HALBWACHS Maurice, *La Classe ouvrière et les niveaux de vie* (1913), réimp. Gordon et Breach, 1970.

JAVEAU Claude, *Les Vingt-quatre heures du Belge*, Éd. de l'Institut de Sociologie de l'ULB, Bruxelles, 1970.

LAZARSFELD Paul, *Philosophie des sciences sociales*, Gallimard, 1970.

LE PLAY Frédéric, *Les Ouvriers européens*, Imprimerie impériale, 1855.

LE PLAY Frédéric, *La Méthode sociale* (1879), Méridiens-Klincksieck, 1989.

PERROT Jean-Claude, « La Comptabilité des entreprises agricoles dans l'économie physiocratique », in *Annales ESC*, mai-juin 1978, pp. 559 à 578.

SAVOYE Antoine, *Les Débuts de la sociologie empirique*, Méridiens-Klincksieck, 1994.

SZALAÏ Alexandre *et alii*, « Recherche comparative internationale sur les budgets-temps », in *Études et conjonctures*, septembre 1966, pp. 103 à 188.

BUDGET-TEMPS

voir : MODE DE VIE, MONOGRAPHIE, VIE QUOTIDIENNE

Les recherches sur la distribution des temps et des activités se réalisent le plus souvent à partir de questionnaires écrits. Il est demandé aux personnes échantillonnées d'indiquer leurs activités au cours de la journée selon une périodicité précise. Ces enquêtes permettent de connaître l'emploi du temps des personnes concernées, leur répartition du temps entre le travail, les transports, la vie familiale, les loisirs... Les données sont utilisées pour mieux connaître les modes de vie selon les catégories sociales et, éventuellement, leurs difficultés majeures sur ce sujet.

Pierre ANSART

bibliographie

CORIAT Benjamin, *L'Atelier et le chronomètre*, Bourgois, 1979.

PRONOVOST Gilles (sous la dir. de), *Temps et société*, Institut québécois de recherche sur la culture, Montréal, 1989.

BUREAUCRATIE

de *bureau* et du grec *kratos* « le pouvoir »

all. BÜROKRATIE	esp. BUROCRACIA
angl. BUREAUCRACY	ital. BUROCRAZIA

voir : ADMINISTRATION, DIVISION DU TRAVAIL, EXPERT, TECHNOCRATIE ET TECHNOBUREAUCRATIE.

Une décomposition littérale du mot permet d'y repérer l'amalgame de deux éléments désignant respectivement un espace administratif (les bureaux) *et la préséance d'une forme de contrôle* (-cratie).

1 ÉTYMOLOGIE ET HISTOIRE : LES ORIGINES D'UNE CONNOTATION PÉJORATIVE. Le croisement de ces éléments dans un même terme consacre aujourd'hui la reconnaissance d'un mode de gestion des organisations privées et publiques auquel nul secteur de la société ne semble échapper. D'ailleurs, l'expansion du phénomène au cours des deux derniers siècles a favorisé le vaste usage de cette formule dans une pluralité de langues : *bureaucracy* (en anglais), *burocrazia* (en italien), *Bureaukratie*, puis *Bürokratie* (en allemand) et *burocracia* (en espagnol). Le renvoi à l'étymologie n'est pas d'un grand secours pour en saisir la portée contemporaine dans la mesure où elle présente un caractère anecdotique : la table d'écriture des porte-parole officiels dans la France de l'Ancien Régime était recouverte d'une pièce de vêtement, la bure, sur laquelle ils avaient l'habitude d'œuvrer pour consigner les actes des registres. Le bureau devint par la suite non seulement un meuble, mais le symbole d'une intendance autorisée à relayer les décrets du roi auprès de la population par l'intermédiaire d'un fondé de pouvoir. De nos jours, le langage courant ne garde nulle trace de cette origine, même si l'emploi de certaines images y fait penser, notamment dans le vocabulaire de la disqualification de l'existence du bureaucrate comme « rond-de-cuir », selon la satire popularisée par Courteline en 1893 (*Messieurs les ronds-de-cuir*).

Vincent de Gourmay, critique de la bureaucratie. L'invention du terme *bureaucratie* par Vincent de GOURMAY en 1745 paraît comporter une condamnation de ce qu'il représente. L'incursion croissante des appareils de l'administration publique dans la société, la centralisation des décisions et la concentration du pouvoir aux mains d'une légion de fonctionnaires suffisent amplement, au milieu du XVIIIe siècle, à nourrir la méfiance des penseurs du libéralisme et, de manière générale, des partisans d'une philosophie naturaliste. De l'apparition du néologisme jusqu'à aujourd'hui, le raisonnement ne cesse d'en porter une connotation dépréciative, en référence, bien sûr, à la supputation d'une vérité supérieure : pourquoi tant s'ingénier à faire des règles et des normes alors que la nature, l'autorité suprême des physiocrates, avait pourtant si bien ordonné le monde ? Il est significatif, selon SAUVY, que ce soit aussi Vincent de Gourmay qui ait frappé le précepte : « laissez-faire », et l'ait transformé en mot d'ordre pour stigmatiser l'omnipotence des mécanismes de la gouverne. De toute évidence, le combat contre l'absolutisme monarchique a partie liée avec un tel investissement sémantique du concept de bureaucratie et la plupart des penseurs du XIXe siècle en perpétuent l'impulsion critique. Dans cet esprit, le défi du rapprochement avec la nature repose donc sur une volonté de contenir le pouvoir administratif, voire sur une tentative de substituer, chez les utopistes en particulier, la régie des hommes à celle des choses.

La bureaucratie éternelle. Malgré les innovations du lexique et la singularité des contextes idéologiques du XVIIIe siècle, la bureaucratie n'est en rien une construction de l'Occident moderne. Le développement qu'on lui connaît fut précédé, en réalité, par une expérience d'au moins deux millénaires dans des civilisations aussi différentes que celles de la Chine ancienne, des empires romain et ottoman, de la Cité des Incas dans l'Amérique précolombienne, etc. Si la figure du bureaucrate n'y correspondait guère à celle, tantôt tragique, tantôt comique, que proposent les allégories de Courteline, Gogol, Kafka ou même Orwell, les composantes fondamentales s'y retrouvent : une distribution hiérarchique du pouvoir, une délégation du commandement du haut vers le bas, une organisation du territoire en unités administratives englobées sous l'emprise d'un centre métropolitain, une référence à la règle du statut et de l'honneur chez les serviteurs du monarque, un partage des responsabilités entre les chargés d'affaires, etc. Par exemple, la bureaucratie impériale chinoise disposait d'une « fonction publique » suffisamment consistante pour entreprendre et conduire une politique de grands travaux. Des réalisations aussi spectaculaires que le creusage des canaux d'irrigation pour l'agriculture, l'instauration d'un système d'éducation relativement uniforme à l'échelle de l'Empire et l'édification de la Grande Muraille furent considérablement facilitées par le recours au centralisme administratif de la bureaucratie.

2 LES TEMPS MODERNES. De multiples variables contribuent à refaçonner la pratique de cette institution en Occident au sortir du Moyen Âge et à lui conférer un essor inédit.

De la bureaucratie despotique à la « rationalité » bureaucratique. Sur le plan politique, les bases d'une justification de la bureaucratie comme instance intermédiaire entre le pouvoir central et le citoyen surgissent avec la montée en puissance de l'autorité royale, l'émergence de l'État, son identification à un territoire, à une nation et, plus tard, à une langue. La fixation de la résidence du roi, la formation d'une armée permanente, la propagation de la loi écrite, la percée consécutive des lettrés, etc., participent au gonflement de l'intendance. Au XVIIIe siècle, l'avènement de la démocratie représentative modère le despotisme des bureaucraties d'antan et lui fournit un autre vecteur de légitimation. Il secoue les représentations symboliques au sein de l'administration et provoque, grâce au principe de la souveraineté populaire, un renversement de son axe de gravité au profit de l'individu, érigé sinon en bénéficiaire immédiat, du moins en répondant ultime. Sur le plan des idées, l'ordre bureaucratique fait fond sur l'admiration suscitée par la rigueur des mathématiques dans le champ du savoir. Il absorbe l'aspiration à l'exactitude et à la méthode, notamment dans la tenue des finances de l'État. Il se consolide lentement, mais de manière décisive, par la mise sur pied d'un système de comptabilité publique, par la planification budgétaire des revenus et des dépenses anticipés, par une rémunération de type salarial des commis de l'État, par l'instauration d'un régime stable de collecte des impôts, bref par un désir de mesurer, de tout calculer en vue de l'efficacité et de la performance. L'industrialisation, l'urbanisation et l'expansion du capitalisme ajoutent, sur le plan économique, un supplément de technicité au dispositif de la bureaucratie et transfigurent cette institution en une force politique de première envergure. Sous la pression des nécessités de la vie civile et de la guerre, du nationalisme et de l'impérialisme, des organisations toujours plus structurées naissent en réponse à l'élargissement de la rationalisation et de la complexification.

- D'une part, les retombées de la révolution industrielle soulèvent un vent de progrès qui pousse la bureaucratie à prendre en charge l'installation des infrastructures publiques et, ensuite, la conception d'une stratégie de redistribution collective.
- D'autre part, les instabilités de l'économie, telles qu'elles sont vécues lors de la dépression de 1929 par exemple, se soldent aussi par l'intervention accrue du gouvernement pour atténuer les humeurs du marché et pour instaurer des programmes contre les inégalités (cf. le New Deal de Roosevelt).

Ainsi, le modèle bureaucratique doit ses conditions d'accomplissement à l'une et à l'autre de ces deux occurrences, puisqu'il constitue à la fois un principe de mise en ordre des acteurs sociaux et un expédient au désordre qui en résulte quelquefois. Ses possibilités se révèlent d'autant plus fortes qu'il reste identifié, à tort ou à raison, à la rationalité elle-même. Pareil potentiel d'adaptabilité le rend perméable à souhait aux couleurs de l'idéologie qu'il dessert, socialiste ou capitaliste, et susceptible d'intégrer tout régime politique où s'impose une gestion de l'espace public.

Hegel et Marx : administration ou bureaucratie ? Bien avant que TAYLOR ne mette à l'essai ses célèbres méthodes de segmentation des activités sur les chaînes de production industrielle, la bureaucratie procure un laboratoire d'expérimentation du fractionnement de la responsabilité. Premier théoricien à lui donner une légitimité conceptuelle, HEGEL voit, dans le processus d'abstraction des tâches, un moment de la médiation entre le peuple et le pouvoir en même temps que la promesse de leur réconciliation. Lieu de division du travail et de synthèse, *« l'administration est l'esprit de l'État »*, écrit-il, le point de rencontre de la société civile et du système politique. Cette note laudative trouve, chez MARX, une réponse au vitriol : *« La bureaucratie n'est pas l'esprit de l'État, mais son manque d'esprit. »* LAPASSADE considère que le choix du libellé, mélioratif pour l'un (« administration » : Hegel), péjoratif pour l'autre (« bureaucratie » : Marx), marque le glissement vers un discrédit définitif du second, position sur laquelle les traditions libérale et marxiste n'ont jamais cessé de s'accorder. *« L'esprit bureaucratique, relève Marx, est un esprit foncièrement jésuitique, théologique. Les bureaucrates sont les jésuites et les théologiens de l'État. »*

3 LE XXe SIÈCLE : VERS UNE THÉORIE DE LA BUREAUCRATIE. La notion de bureaucratie ne fut admise à la dignité de l'*organon* dans le domaine des sciences sociales qu'à la faveur d'un déplacement du débat. À la fin du XIXe siècle, les polémiques à son sujet, inspirées qu'elles avaient été par les intransigeances des diverses doctrines, se montrent impuissantes à traduire toute la complexité des enjeux liés à ce phénomène. D'ailleurs, au milieu du XXe siècle, SCHUMPETER soulignera le caractère interchangeable des conséquences du socialisme et du capitalisme sur le développement de la bureaucratie (cf. *Capitalisme, socialisme et démocratie*, éd. 1942). En lieu et place de la quête d'un Graal idéologique pour parachever le projet d'un ordre bureaucratique, pour en limiter les dégâts le cas échéant, toujours en référence à la nature humaine ou à une convivialité exemplaire, les regards se tournent vers l'étude de sa légitimation. Le passage de la philosophie à la sociologie, de la profession des valeurs à l'analyse de leurs effets empiriques, offre au mot *bureaucratie* une deuxième carrière, plus fondamentale que la première, trop encline à en faire au mieux un slogan de la résistance, au pire une des catégories de l'invective. Dès lors, la préoccupation des penseurs, qui en feront désormais la théorie plutôt que le jugement, est de savoir si les chances de la démocratie s'y multiplient ou, au contraire, s'y jouent dans le péril d'une fin prochaine.

Weber : le rationalisme pessimiste. WEBER est à l'origine de ce renouveau intellectuel dans le sillage duquel la plupart des problématisations contemporaines de la bureaucratie trouveront le point de départ de leur contribution pour en faire apercevoir la spécificité. Le sociologue allemand discerne dans cette institution les symptômes de la rationalisation et de l'intellectualisation inhérents à la modernité elle-même. Son champ d'observation, il le décèle dans la configuration de l'État prussien qui fusionne la rigidité de l'organisation hiérarchique, la référence simultanée à la rationalité et à la légalité pour asseoir la légitimité du contrôle social, la transposition des attitudes militaires dans l'aménagement de la vie civile. Les leçons qu'il en retire semblent avoir été déterminantes dans sa prédilection pour un rationalisme pessimiste. Rationaliste en effet, il pressent la puissance d'attraction qu'exerce la diffusion d'une mentalité logique à l'échelle de la société entière et estime, dans sa vision idéaltypique (⇒ TYPE-IDÉAL), les humains aptes à y modeler leurs conduites. Pessimiste malgré tout, il s'alarme de la négativité possible du « désenchantement du monde » et décèle par anticipation le nihilisme qui guetterait, à son terme, l'aboutissement de cette tendance à l'impersonnalité. Ainsi, la bureaucratisation tient-elle du constat d'un changement global et, par surcroît, d'une inquiétude potentielle. De cette manière, l'acception neutre du terme finit, chez WEBER, par être rattrapée, en filigrane, par la connotation traditionnelle que lui avait attribuée autrefois Vincent de GOURMAY, ou du moins elle est ainsi réinstituée. La tension entre bureaucratie et démocratie s'esquisse, dans l'héritage d'inspiration wébérienne, sur le fond du conflit de leur domination respective. Le modèle rationnel-légal de la première fait contraste, en principe, avec les emportements charismatiques des meneurs de peuple qui tendent à prévaloir dans la pratique de la seconde. La compétence technique et la qualification des effectifs s'opposent, en corollaire, au règne des passions et de la quantification majoritaire des suffrages. *Le Savant et le politique* (1919) présente cette antithèse qui départage les figures de l'expert et du militant, la responsabilité et la conviction sur le plan éthique. *Économie et Société* (1922) insère la notion de bureaucratie dans les catégories de la sociologie et lui réserve une place de choix. Du reste, pour Weber, elle correspond à une organisation ayant des règles écrites et publiques, une procédure d'action rationnelle et de décision anonyme, un système de nomination et non d'élection, une hiérarchie dans les relations sociales, une régulation autoritaire des positions et, somme toute, une inclination à la recherche du maximum d'objectivité. Toutes les opérations de cette mécanique de précision ne s'activent qu'à partir d'un algorithme de différenciation appliqué *in extenso* et en toutes choses : entre la sphère privée et la vie professionnelle, entre l'opinion individuelle et le code prescrit par la fonction, entre la personne et le poste qu'elle occupe, entre les subalternes et leurs supérieurs dans une distribution verticale du pouvoir, entre la politique et la technique, etc.

LE PILIER DÉMOCRATIQUE DE LA BUREAUCRATIE ET LA « LOI D'AIRAIN DE L'OLIGARCHIE ». Selon toute vraisemblance, Weber ne croyait pas que l'on puisse croiser des acteurs concrets ni des situations qui répondent à l'intégralité de cette description dans la réalité. Son architecture de la bureaucratie, un tantinet platonicienne dans la mesure où elle peint les contours non d'une Cité utopique mais d'une organisation idéale sans toutefois en prescrire la nécessité, finit néanmoins par être appréhendée comme un sabordement du pilier démocratique.

MICHELS, MOSCA, MANNHEIM. Du moins est-ce avec une argumentation de cette nature que MICHELS devança le schéma wébérien en énonçant une critique qui tint lieu, à toute fin pratique, d'avertissement : les sociétés commencent dans la démocratie et s'achèvent dans l'oligarchie, la bureaucratie étant aujourd'hui ce point de passage de l'un à l'autre. Loin d'admettre, comme GRAMSCI le fera, qu'il soit possible de concevoir une centralisation qui ne débouche pas sur un nouvel aristocratisme, Michels tire ses illustrations du cas des partis sociaux-démocrates et des syndicats allemands dont l'orientation, observe-t-il, est appropriée par les dirigeants. Sa « loi d'airain de l'oligarchie » décrit l'évolution interne des organisations au premier chef, mais concerne, en dernière instance, tout le régime politique, lequel devient consécutivement en proie aux foyers de subversion qui pullulent partout dans la vie sociale. Bien qu'il y ait contradiction entre sa thèse et celle de Weber, mais convergence implicite avec la critique de l'élitisme de MOSCA, MICHELS a eu le mérite, avec ces auteurs, de discerner dans la bureaucratie davantage que le bras séculier du système politique. Avec MANNHEIM, il craint le potentiel totalitaire d'une intelligentsia fonctionnant comme une caste dans la direction des affaires communes.

La mouvance trotskiste. De *La bureaucratisation du monde* (1939) de RIZZI à *L'Ère des organisateurs* (1941) de BURNHAM, la hantise du pouvoir oligarchique des administrateurs de l'État perdure. D'une part, Rizzi dénonce, à la suite de TROTSKI, le « collectivisme bureaucratique » de l'Union soviétique et propose le néologisme *statisme* pour en singulariser la désignation. D'autre part, le philosophe américain Burnham, chef de file d'un mouvement associé à cette même dissidence trotskiste, lui fait écho en endossant le constat d'une ascension inéluctable des gestionnaires, à telle enseigne qu'il en parle comme s'il s'agissait d'une révolution *(« management revolution »)*.

La mouvance marxiste. Des penseurs critiques d'allégeance marxiste plus ou moins marquée comme Simone WEIL, Henri LEFEBVRE et Claude LEFORT viendront ajouter à ce pressentiment négatif à l'égard de la bureaucratie en dévoilant respectivement l'hégélianisme de la division du travail, la montée des technocrates et l'apparition d'une formation sociale ayant des règles spécifiques.

Après Weber. Dès le début des années 30, la sortie d'une perspective wébérienne de stricte obédience était déjà consommée. Les ratés du capitalisme révélés par la Grande Dépression et les processus d'abstraction de la décision au sein de la bureaucratie ont tous deux témoigné des limites de l'idéalisme rattaché autant à la régulation par la *« main invisible »* (SMITH) qu'à la splendeur d'une machine administrative sans faille.

La théorie des dysfonctions : MERTON. Si MISES et HAYEK persistent et signent leur embarras à voir se développer une bureaucratie d'État dans les sphères économiques, le sociologue MERTON découvre les aspects dysfonctionnels des organisations bureaucratiques. Selon lui, la rationalité instrumentale des procédures et le rabattement sur le neutralisme d'une simple *« administration des choses »*, comme disait SAINT-SIMON, ne résistent pas au défi de leur mise en pratique. Des effets pervers surgissent, un « déplacement de buts » se manifeste dans l'action, de telle sorte que les moyens de la gestion se changent, à l'usage, pour représenter des fins en elles-mêmes. Une subrogation des objectifs se produit à la faveur d'une dynamique d'autonomisation et de transcendance. À l'interrogation, sans cesse relancée depuis MARX, consistant à savoir si la bureaucratie occupe une position d'auxiliaire ou de prépondérance vis-à-vis de l'État, une réponse commence, avec MERTON, à se dégager. Les études de LAPASSADE et de PERROW vont la parachever en observant une récurrence : toute organisation cherche à se reproduire et à s'étendre dans le temps et dans l'espace. Le spectre des oligarques fait ainsi place à celui du système omnipuissant.

La théorie des dysfonctions aura permis de lever le voile sur un certain nombre de dimensions que ni la logique des organigrammes ni l'ingénierie d'une planification centralisée ne laissaient soupçonner. Dans la foulée des révisions qu'elle active, on eut tôt fait de s'apercevoir que le formalisme peut aussi devenir un « idéologème » de la bureaucratie, à l'instar des philosophèmes idéologiques produits par les mouvements doctrinaux. Des cadres d'action plus immuables que les finalités qu'ils servent firent béer une brèche dans les analyses classiques des organisations. La reconstruction de la chaîne des incidences pragmatiques fit apparaître, au-delà des savantes épures, des sous-entendus et des irréductibilités informelles. L'être humain, autrefois considéré comme une simple pièce d'engrenage dans la machine, parut offrir une résistance dont on avait mésestimé l'ampleur. Les expériences de MAYO sur l'importance de la variable humaine en milieu de travail donnèrent une actualité à la dimension affective, aux coalitions créées en marge du système, aux comportements de protection et de défense des individus, etc. Ainsi, sur le plan théorique, un humanisme fit contrepoids au rationalisme dans la conception de la bureaucratie, la redécouverte d'une liberté de l'acteur tempéra les rigueurs du déterminisme organisationnel. Somme toute, la pédagogie liée à cette orientation pointa vers un décalage entre l'expérience vécue et le schéma retenu, pour le décodage duquel les travaux de GOULDNER et de BLAU apportèrent un précieux apport, surtout en tentant d'élucider les modalités d'action à tous les niveaux de la fonction bureaucratique.

Théorie des jeux et théorie des « choix rationnels ». Des expériences empiriques conduites aux États-Unis sous l'influence des sociologues RIESMAN et WHYTE, ainsi que les concepts élaborés par des analystes comme MARCH et DAHL ont incité, dans les années 50 surtout, à une relecture de la place de l'acteur au sein des organisations. La théorie des jeux et celle dite des « choix rationnels » sont venues redonner à l'individu la marge de manœuvre et la capacité de décision qu'il avait antérieurement perdues. Les explications par la prépondérance du facteur humain, si elles détectèrent des résistances à une logique trop belle pour être vraie, trop parfaite pour correspondre à la fonctionnalité réelle, furent fondées davantage sur des observations que sur une véritable heuristique.

Crozier. Une sorte de compromis allait s'élaborer, comme CROZIER le note, entre un rationalisme (l'acteur reconnu capable de délibération et de choix au sein d'un système) et un humanisme (la personne tenue pour irréductible aux impératifs des appareils de la bureaucratie). Ensuite, encore fallait-il rendre compte de l'utilisation que l'individu fait de ce pouvoir, de sa gestion des conflits et des contrôles. Le modèle de Crozier contribua, en France, à cet éclaircissement (cf. *Le Phénomène bureaucratique*, 1963). Sa réponse fut de démontrer que chacun tente, dans l'organisation, de maîtriser une « zone d'incertitude » et de récupérer à son profit cette variable inconnue pour y consolider sa position stratégique. L'interprétation de Crozier suggère une vision de la bureaucratie comme entité résistante et rebelle à tout changement, sinon à toute souplesse. Pour cette raison, des mécanismes d'adaptation sont mis en place par ceux qui y œuvrent afin de surmonter l'hostilité des rapports de force.

Fonction de la bureaucratie dans la démocratie. La bureaucratie a donc toujours eu mauvaise presse. D'hier à aujourd'hui, elle est, en effet, l'argument traditionnel dont usent les hommes et les femmes politiques pour en appeler à une libération de la société qui, n'eût été de son omniprésence, disposerait, peut-on supposer, de tous les moyens de son accomplissement. Libéraux et marxistes, protagonistes de la « droite » et partisans de la « gauche », intellectuels et citoyens ordinaires, tous rappellent, non sans quelques remontrances au passage, que seule l'atténuation de ce phénomène procure une garantie d'authenticité du social avec lui-même. On en traite avec la même espérance que celle qui animait, jadis, les théoriciens du dépérissement de l'État. Néanmoins, quels que soient les jugements que l'on énonce à son égard, trop fréquemment guidés par une vision moraliste et essentialiste de la « bonne société », il faut bien admettre que l'exercice de la démocratie représentative paraît impensable, de nos jours, sans la médiation administrative d'une bureaucratie.

Gilbert LAROCHELLE

bibliographie

BLAU Peter, *The Dynamics of Bureaucracy*, Chicago, University of Chicago Press, 1955.

BURNHAM James, *L'Ère des organisateurs*, Calmann-Lévy, 1947.

CROZIER Michel, *Le Phénomène bureaucratique*, Seuil, 1963.

EISENSTADT Samuel, *Bureaucracy and Bureaucratization*, New York, Johnson, 1972.

GOULDNER Alvin W., *Patterns of Industrial Bureaucracy*, New York, Free Press, 1954.

GURVITCH Georges, *Industrialisation et technocratie*, Armand Colin, 1949.

LAPASSADE Georges, *Groupes, organisations, institutions*, Gauthier-Villars, 1974.

LAROCHELLE Gilbert, *L'Imaginaire technocratique*, Montréal, Éditions du Boréal, 1990.

MICHELS Robert, *Les Partis politiques*, Flammarion, 1971.

MISES Ludwig von, *La Bureaucratie*, Librairie de Médicis, 1946.

PERROW Charles B., *Organizational Analysis : a Sociological View*, Belmont, Books-Cole, 1970.

RIZZI Bruno, *La Buraucratisation du monde*, Champ Libre, 1976.

SCHUMPETER Joseph, *Capitalisme, socialisme et démocratie*, Payot, 1954.

WEBER Max, *Économie et société*, Plon, 1971.

WHYTE William H., *L'Homme de l'organisation*, Plon, 1959.

C

LA NOTION ADMINISTRATIVE DE CADRE

voir : CAPACITÉ PROFESSIONNELLE, CAPITALISME, SOCIOLOGIE DU TRAVAIL

La notion de *cadre* se définit, en premier lieu, par les fonctions exercées : sont considérés comme tels les membres des organisations, entreprises et administrations exerçant des fonctions d'encadrement. S'y ajoutent les titulaires de postes de travail exigeant une marge d'initiative et de responsabilité, ainsi que les postes supposant des qualifications élevées. Les critères de définition ont donc une marge d'indétermination et font régulièrement l'objet de contestations. Malgré ces incertitudes, les cadres remplissent des fonctions statutairement reconnues, leur recrutement est soutenu par des organisations spécifiques, ils se regroupent en des syndicats distincts ou en des catégories particulières au sein des syndicats de salariés. BOLTANSKI a montré (1982) l'intérêt d'étudier ce groupe dans une perspective de sociologie historique, permettant d'analyser comment cette catégorie s'est historiquement construite à travers un travail de rassemblement, d'autodéfinition, de luttes sociales pour la reconnaissance.

Pierre ANSART

bibliographie

BOLTANSKI Luc, *Les Cadres : la formation d'un groupe social*, Éd. de Minuit, 1982.

GRUNBERG Gérard, MOURIAUX René, *L'Univers politique et syndical des cadres*, Presses de la FNSP, 1979.

LAMONT Michèle, *La Morale et l'argent. Les valeurs des cadres en France et aux États-Unis*, Éd. Métailié, 1995.

CAPACITÉ PROFESSIONNELLE

du latin *capacitas* « capacité », dérivé de *capax* « qui peut contenir, capable »

all. BERUFLICHE EIGNUNG, BERUFLICHE FÄHIGKEIT	esp. CAPACIDAD, APTITUD
angl. ABILITY, CAPABILITY, CAPACITY	ital. ABILITÀ, CAPACITÀ

voir : COMPÉTENCE, POUVOIR

Qualité qui assure la possibilité de réussir dans une activité, dans une tâche, grâce à la possession des aptitudes et des compétences de référence requises par cette tâche. Cette qualité s'exprime dans un comportement observable, voire mesurable.

La *capacité*, évaluée dans une épreuve concrète, résulterait de la possession de certaines aptitudes, d'une configuration de compétences, face à une tâche donnée. Des nuances séparent toutefois les trois notions : l'aptitude est souvent considérée comme une disposition naturelle, un talent donné à la naissance, tandis que la capacité et la compétence sont plus fréquemment perçues comme acquises et évolutives ; la capacité, comme l'aptitude et la compétence, est déterminée par l'évaluation d'un comportement dans une situation donnée. Mais tandis que la compétence est associée à un savoir-faire théorique et pratique délimité très précis, lié à une situation définie, la capacité est une estimation globale d'un ensemble de savoir-faire, par rapport à des critères explicites définis par une loi ou une règle. Elle contribue à classer l'individu dans la catégorie des capables, selon les critères fixés pour cette catégorie ; elle n'exclut pas néanmoins l'opportunité ou la nécessité d'acquérir de nouveaux savoir-faire opératoires pour exécuter une tâche très spécifique.

La notion de *capacité* est souvent employée au pluriel, au même titre que celles d'aptitude et de compétence, pour désigner la pluralité des qualités plus spécifiques qui la déterminent, et donc, par glissement, la composent. Par exemple : capacité d'innovation, capacité de se responsabiliser, capacité d'autonomie. Au contraire de la notion de compétence, très connotée du côté des qualités intellectuelles, la notion de capacité est plus polyvalente (dextérité, capacité d'endurance). Ainsi, les conventions collectives prévoyaient des abattements de salaire, par rapport aux barèmes conventionnels, pour les travailleurs *« à capacité physique diminuée »*.

En 1956, dans son *Essai sur la qualification du travail*, NAVILLE, après avoir récusé l'idée d'aptitudes innées (Naville, 1945), assouplit quelque peu sa position puisqu'il ne rejette pas la notion de *« capacités brutes »* antérieures à la formation, donc produites par la socialisation et des entraînements opérés dans la sphère familiale, mais probablement liées aussi à des prédispositions physiques (taille, substrat neurophysiologique qui conditionne les coordinations neuromotrices, sensibilité segmentaire) : *« L'analyse ne retient souvent comme composantes de la qualification que des capacités ou des qualités partielles, spécifiques ou globales, de nature physique ou intellectuelle, c'est-à-dire des formes de comportement que tel indi-*

vidu possède ou acquiert à un plus haut degré que tel autre. Ces capacités ne sont d'ailleurs utiles qu'en fonction d'un travail qui les requiert. Cependant, les capacités professionnelles sont toujours acquises et se greffent en quelque sorte sur les capacités brutes des individus. L'apprentissage et l'éducation accentuent ainsi une différenciation qui existe déjà à l'état naturel, quoique dans une marge plus réduite » (NAVILLE, 1956, pp. 88 et 89).

Capacité, aptitude et compétence. Pour situer la notion de capacité par rapport à celles d'aptitude et de compétence, et afin d'arrêter les perpétuelles confusions entre elles, on peut dire que, sur un substrat physiologique, neurophysiologique et biologique donné à la naissance, la socialisation, la formation sur le tas et l'entraînement systématique vont contribuer à construire des aptitudes et des compétences qui vont favoriser la réussite dans une tâche clé délimitée, représentative d'un emploi ou d'une catégorie d'emplois ; le contrôle de la réussite à cette tâche, effectué au cours d'un essai professionnel ou d'un examen, va objectiver la capacité de l'individu à tenir un emploi correspondant dans cette tâche et provoquer la reconnaissance de cette capacité par l'attribution d'un diplôme ou d'une qualification.

La difficulté de l'application de la capacité du travailleur vient du fait que, dans un système de formation sur le tas, rares étaient les occasions offertes à un travailleur d'objectiver ses qualités et ses capacités, en raison de l'augmentation de salaire qui risquait d'en résulter pour l'entreprise. La formation initiale, sanctionnée par un diplôme, a pour ambition d'instituer un repère social des capacités générales de l'individu à un type d'activité, afin de faciliter le recrutement. Le diplôme ne représente toutefois qu'un indicateur global de ces capacités et ne garantit nullement l'adaptation à un emploi concret précis.

Mireille DADOY

bibliographie

Code civil, Dalloz, 1992, p. 352 ; pp. 629 à 631 ; p. 730.

Code du travail, Dalloz, 1998, p. 579.

NAVILLE Pierre, *Théorie de l'orientation professionnelle*, Gallimard, 1945.

NAVILLE Pierre, « Essai sur la qualification du travail », in *Recherches de sociologie du travail*, n° 1, Rivière, 1956.

PIÉRON Henri, *Vocabulaire de la psychologie*, PUF, 1951.

CAPITAL

du latin *capitalis* « de la tête », dérivé de *caput* « tête »

all. KAPITAL	esp. CAPITAL
angl. CAPITAL	ital. CAPITALE

voir : CAPITALISME, CLASSE SOCIALE, DOMINATION, ÉCONOMIE, EXPLOITATION

1. Au sens économique du terme : somme d'argent produisant un intérêt ;
2. dans sa signification sociologique : tout bien procurant des avantages sociaux.

CAPITAL ET CAPITAL HUMAIN. Dans son sens étroit, le *capital* désigne toute somme d'argent ou tout bien susceptible de produire un intérêt. Cette définition fait peu de cas du capital humain, et la réflexion sociologique s'est attachée à rappeler l'importance de cette forme de capital et la complexité de ses composantes. Le capital humain n'est pas seulement composé par le nombre des personnes employées dans une production, mais aussi par les connaissances et les compétences diverses de ces personnes, quels qu'en soient les modes d'acquisition. Il est aussi composé par les aptitudes et possibilités des consommateurs, puisque l'économie suppose des acheteurs aptes à désirer et à utiliser les produits. La notion de *capital intellectuel*, par exemple, évoque une composante du capital humain et désigne les potentialités propres à un niveau de connaissance acquis à travers un processus de formation. Et l'on peut aussi considérer les institutions productrices de savoir, telles que les institutions scolaires ou les laboratoires de recherche, comme des capitaux, en ce sens qu'elles sont productrices de services, de compétences et de savoir-faire. Une conception étroitement économique du capital s'avère ainsi insuffisante pour rendre compte des différentes formes de capitaux productifs.

CAPITAL CULTUREL. BOURDIEU s'est proposé d'étendre les significations de ce concept afin d'analyser la circulation des différents biens dans l'espace social. Au capital économique s'ajoutent, en particulier, le *capital culturel*, le *capital social* et le *capital symbolique*. Le capital culturel, comme le font apparaître les enquêtes sur les étudiants (Bourdieu et PASSERON, 1964), est nettement distinct selon les classes sociales et rend compte de l'inégale performance des enfants issus des différentes classes sociales. Ce capital culturel peut être entendu en trois sens : sous la forme incorporé, il désigne l'ensemble des dispositions durables acquises au cours de la socialisation (l'*habitus**) ; sous la forme objective, il désigne les biens culturels (livres, œuvres d'art...) ; sous sa forme institutionnelle, il désigne les biens reconnus socialement et porteurs d'efficacité, les diplômes scolaires, par exemple.

CAPITAL SOCIAL. Le *capital social* désigne une autre forme de capital, lié à la possession durable d'un réseau de relations sociales ou à l'appartenance à un groupe stable que l'individu peut mobiliser dans ses stratégies. Ce capital est variable en volume et en potentialités selon les relations concernées : *« Le volume du capital social que possède un agent particulier dépend de l'étendue des liaisons qu'il peut effectivement mobiliser et du volume de capital (économique, culturel ou symbolique) possédé en propre par chacun de ceux auxquels il est lié »* (Bourdieu, 1980).

CAPITAL SYMBOLIQUE. Le *capital symbolique* enfin désigne les titres, les honneurs, le prestige, qui soulignent les inégalités et les légitiment.

RELATIONS ENTRE LES FORMES DE CAPITAL. Ces différents capitaux peuvent devenir productifs, efficients, dans les concurrences pour l'appropriation des biens rares. Ils ne sont pas sans liens les uns avec les autres et peuvent être convertis selon les règles de l'*économie des pratiques*. Ainsi, un agent social détenteur d'un capital économique possède les moyens de convertir une part de ce capital en capital symbolique ou politique. Un capital économique est simultanément un facteur de pouvoir. Une telle conception des différents capitaux introduit à des indications sur la théorie de la domination. Elle introduit aussi à une interprétation de l'inégalité sociale et de la reproduction des inégalités. L'étude du système scolaire et de ses effets est exemplaire de ce rapport étroit entre la distribution des capitaux et la reproduction des inégalités. Selon Bourdieu (1970), les enfants des différentes classes sociales abordent l'école avec des *habitus* différents et se trouvent en face d'un capital symbolique institutionnalisé dont ils sont plus ou moins éloignés. La valeur du capital linguistique dont dispose chaque élève est fonction de la distance entre la maîtrise linguistique scolaire et sa propre maîtrise. L'enfant issu d'un milieu défavorisé se trouve donc placé dans un rapport de force où la répartition des capitaux est inégale et où il se voit désigné comme moins qualifié. La faiblesse du capital culturel des parents, face au capital scolaire légitime, se trouve reproduite pour ce qui concerne l'enfant ; le système scolaire vient ainsi confirmer l'inégalité sociale et la distribution inégalitaire des capitaux.

Pierre ANSART

bibliographie

BOURDIEU Pierre, PASSERON Jean-Claude, *Les Héritiers, les étudiants et leurs études*, Éd. de Minuit, 1964.

BOURDIEU Pierre, *La Reproduction*, Éd. de Minuit, 1970.

BOURDIEU Pierre, *Le Sens pratique*, Éd. de Minuit, 1980.

CAPITALISME

all. KAPITALISMUS	esp. CAPITALISMO
angl. CAPITALISM	ital. CAPITALISMO

voir : ÉCONOMIE, GLOBALISATION, PLANIFICATION

Régime socio-économique de production et de consommation supposant la propriété privée, le salariat et la régulation par le marché.

Le régime de production capitaliste, entraînant nécessairement la formation et le renouvellement de rapports sociaux particuliers et inégalitaires, n'a cessé d'être un objet privilégié de réflexion pour la sociologie.

ORIGINES ET HISTOIRE. L'apparition dans l'histoire des premières formations capitalistes renvoie à des origines discutées selon la définition donnée. Dès l'Antiquité, à Rome, la production des biens et denrées fait l'objet d'une organisation rigoureuse, d'une construction juridique, mais reposant sur l'esclavage. Au Moyen Âge, les villes italiennes et hanséatiques, les ports, constituent des lieux de concentration de capitaux, engagés dans des opérations de production et de commerce, et rapportant intérêts. À Bordeaux, dès avant le XVIe siècle, les armateurs engagent des capitaux importants dans la construction de navires, dans les achats de marchandises et dans les assurances maritimes. L'évolution des mots accompagne l'évolution des pratiques. Au XVIe siècle, le mot *capital* apparaît pour désigner, non plus ce qui est « important, essentiel », mais aussi la « partie principale d'un bien financier, par rapport aux intérêts qu'il produit », au XVIIe siècle, c'est « la somme que l'on fait valoir dans une entreprise ». Le mot *capitaliste* signifie, au XVIIIe siècle, l'état de la personne riche, en possession d'un capital. Ce terme n'est pas sans comporter, dans les milieux populaires, une signification péjorative, conformément aux morales religieuses qui réprouvent l'intérêt et l'usure. L'extension de ce capitalisme commercial donne ainsi lieu à des réactions opposées : les autorités étatiques (Colbert) sont portées à les favoriser pour accroître les richesses et la collecte des impôts ; les théoriciens du mercantilisme appellent à une accumulation des réserves d'or et d'argent ; les philosophes des Lumières espèrent du développement du commerce la pacification des nations, tandis que l'opinion populaire réprouve le plus souvent l'accumulation des richesses et perçoit le capitaliste sous les traits du « Marchand de Venise » de Shakespeare ou de « l'Avare » de Molière.

Le XVIIIe siècle. À partir du XVIIIe s. s'organise le capitalisme industriel, en Angleterre, puis sur le continent européen, avec les caractéristiques qui seront celles du capitalisme « classique » : économie décentralisée où l'équilibre de la production et de la consommation est réalisé dans un marché concurrentiel *(la main invisible du marché)*, où les marchandises s'échangent sur les bases de la propriété privée et de la liberté d'entreprise. C'est ce modèle qu'ont théorisé les économistes libéraux (SMITH, MALTHUS, RICARDO, puis SAY, BASTIAT). Ces auteurs, tout en étant convaincus de l'efficacité du marché, sont amenés à évoquer les transformations profondes dans les conditions de travail et dans les relations sociales. Adam Smith, dans son œuvre de 1776, ne doute pas que le travail soit la condition de la richesse, que la bonne organisation économique résulte des intérêts individuels, que la loi de l'offre et de la demande permette le dynamisme des marchés, mais il reconnaît aussi que la répartition des richesses n'a rien d'égalitaire car, dit-il, *« la rente et le profit mangent le salaire, et les classes supérieures de la nation oppriment l'inférieure »*. Dans sa célèbre présentation de la division du travail dans les manufactures, il montre l'accroissement de la production qui en résulte et la diminution des coûts, mais il note aussi que la mécanisation rend inutiles les savoirs de l'artisan et réduit le travail à des gestes mécaniques rendant les compétences inutiles.

Le XIXe siècle. La contestation de ce modèle d'analyse et l'émergence d'un nouveau paradigme sont largement dues aux conflits sociaux qui se sont développés en France, particulièrement, dans les années 1820-1848. Des métiers connaissent des phases de chômage massif provoquées par des crises sectorielles ou générales, les bas salaires entraînent des grèves dans les grandes villes, des émeutes rendent visible la fracture entre propriétaires des manufactures et ouvriers. Dans les années 1840, se constituent des écoles critiques (le saint*-simonisme, le communisme), qui appellent à une réorganisation économique. BURET, issu de l'école saint-simonienne, trace, en 1840, les grandes lignes de la critique socialiste du capitalisme. Il rassemble des données statistiques sur les salaires pour montrer que le développement industriel, loin de mener à une élévation générale des niveaux de vie, conduit à la concentration des richesses dans la classe possédante et au paupérisme de la classe des ouvriers. L'accroissement de la richesse produite serait, selon son analyse, parallèle à l'extension de la misère, en France comme en Angleterre, en raison de l'accaparement de la plus-value par les propriétaires. Buret décrit la transformation des conditions de travail, la disparition des petits ateliers à la mesure de l'extension des entreprises et, par là, la disparition des liens traditionnels entre l'employeur et ses employés et entre les ouvriers eux-mêmes. Dans les années 1840-1850, PROUDHON, BLANC, MARX, BAKOUNINE développent et actualisent cette analyse. C'est alors qu'apparaissent simultanément les mots de « capitalisme » et de « socialisme » dans des acceptions qui subsistent encore aujourd'hui.

Capitalisme et libéralisme. Cette critique sociale contient une théorie du capitalisme qui s'oppose au modèle libéral, et l'insistance mise sur ce mot illustre ce changement de paradigme. Pour BURET, comme pour PROUDHON et MARX, la production n'est pas un ensemble aléatoire d'initiatives diverses, mais une certaine organisation sociale, une répartition des hommes selon le critère de la propriété ; les apparentes « lois économiques » (l'échange des biens, la fixation des valeurs, l'appropriation de la plus-value) ne sont que les conséquences de la structure sociale, de la division en classes sociales inégales. Comme Marx le développe dans *Le Capital* (1867), le capital n'est pas un rapport économique, mais un certain rapport social entre le détenteur des moyens de production et l'ouvrier, détenteur de sa seule force de travail. Le concept de capitalisme prend donc une signification historique et sociologique : il s'agit, non d'un ensemble de lois universelles, mais d'un système social particulier, un *mode de production* historique qui se définit par la structure de ses rapports sociaux.

Les présupposés du modèle libéral et de la critique « socialiste ». Toutefois, si l'opposition est profonde entre cette définition sociale du capitalisme et le modèle libéral, il faut aussi apercevoir les points qui leur sont communs. Ils ont en commun de placer au centre du système économique le fait de la propriété privée et de subordonner tous les rapports sociaux à ce seul déterminant, sans prendre la mesure des autres facteurs sociaux (l'organisation des groupes primaires, la dynamique des entreprises, les solidarités nationales, les attitudes culturelles...) (MADJARIAN, 1989). Ils ont aussi en commun d'admettre sans critique la conception du progrès par le développement industriel et ne peuvent interroger les contradictions provoquées par cette évolution. Enfin, ils élaborent peu la question du rôle de l'État dans la croissance économique. Les libéraux ne lui reconnaissent qu'une fonction de « gendarme » et de maintien de l'ordre ; les marxistes orthodoxes en vinrent, au contraire, à l'ériger en agent exclusif de la planification.

LE XXe SIÈCLE. Les fondateurs de la sociologie, sans constituer une unanimité face à ces problèmes, ont eu tendance à mettre en question le modèle libéral et à faire surgir d'autres questions inaperçues par ces deux schématisations.

1 DURKHEIM s'inquiète, dans les années 1900, de la désintégration des liens sociaux qu'entraîne, à ses yeux, le développement du capitalisme : ce serait le rôle de la sociologie que d'analyser les faits d'anomie dans le monde de la production et d'en proposer des remèdes.

2 Quant à WEBER, en étudiant la formation de l'éthique protestante, il cherche à ouvrir de nouvelles interrogations sur le fonctionnement culturel du capitalisme, non sans évoquer ses inquiétudes sur la montée de la rationalisation et de la bureaucratisation, conduisant, par la voie capitaliste comme par la voie socialiste, au « désenchantement du monde ».

Les réalisations du capitalisme au XXe siècle devaient montrer les limites des deux modèles tels qu'ils ont été formulés au XIXe siècle. La révolution d'Octobre en Russie, l'instauration des fascismes, l'évolution des États, la création de nouvelles nations ont fait apparaître de nouveaux capitalismes. Sans chercher à proposer un inventaire de leurs diverses formes, on peut en distinguer trois types idéaux et rappeler quels problèmes sociaux différents ils ont soulevés :

- le capitalisme d'État,
- les régimes de social-démocratie,
- les régimes qualifiés de libéraux.

1 Le capitalisme d'État. La révolution soviétique a ouvert la voie à une entreprise volontariste de destruction de la propriété privée et à la construction d'un capitalisme d'État (CHAVANCE, 1989). Loin de s'en remettre au dynamisme d'un marché considéré comme anarchique, une planification contrôlée devait se substituer aux initiatives privées et assurer une gestion scientifique du capital. Dans ce système autoritaire, la sociologie, l'étude des rapports sociaux, ne pouvait se voir accorder qu'un rôle subordonné, obligée qu'elle était de se soumettre aux impératifs politiques.

2 Les régimes socio-démocrates. Le modèle socio-démocrate tel que l'Allemagne, la France, les pays du nord de l'Europe en fournissent l'illustration poursuit une longue histoire commencée au XIXe siècle, et caractérisée par des équilibres variables entre secteur public et secteur privé, des régimes de protection sociale particulièrement développés. Cette situation où coexistent un capitalisme d'État (financier, industriel) et un capitalisme de marché a favorisé un développement multiforme de la sociologie du travail, des conflits et des mouvements sociaux, des classes sociales, des cultures...

3 Le capitalisme libéral. Le modèle du capitalisme libéral tel que l'illustrent les États-Unis ne reproduit pas le libéralisme tel que l'imaginaient SMITH ou WALRAS. Les interventions de l'État sont décisives dans des secteurs clés (armement, politique économique internationale, protection sociale, contrôles juridiques, enseignement). Toutefois, les règles générales de l'économie de marché (liberté d'entreprendre, respect de la propriété privée, limitation de la fiscalité, règles juridiques défendant les régulations par le marché) y sont relativement plus assurées que dans les structures socio-démocratiques. Une telle situation a favorisé l'émergence de sociologies attentives aux changements sociaux rapides, aux mobilités sociales, à l'urbanisation. On peut penser qu'elle a créé un climat propice à l'émergence de paradigmes plus ouverts à l'étude des comportement individuels et influencés par l'analyse économique.

LES EFFETS DE LA MONDIALISATION : DES QUESTIONS TOUJOURS OUVERTES. La mondialisation des échanges et l'extension de l'économie de marché consécutives à l'effondrement des régimes communistes créent des conditions nouvelles pour les recherches sociologiques sur le capitalisme. La confrontation internationale des capitalismes (Europe, États-Unis, Japon et autres) repose les questions permanentes des rapports entre le capitalisme et les structures sociales et politiques : les « encastrements » de l'économique dans le social sont-ils identiques dans les différentes aires culturelles ? Les dynamismes socio-économiques obéissent-ils aux mêmes logiques ? Les fonctions étatiques, sociales, culturelles y sont-elles différentes, et avec quelles conséquences ?

Pierre ANSART

bibliographie

BELL Daniel, *Les Contradictions culturelles du capitalisme* (1976), PUF, 1979.

BURET Eugène, *La Misère des classes ouvrières en Angleterre et en France*, Paulin, 1840.

CHAVANCE Bernard, *Le Système économique soviétique*, Nathan, 1989.

HAYEK Friedrich August, *La Présomption fatale : les erreurs du socialisme*, PUF, 1993.

MADJARIAN Grégoire, *Le Complexe Marx*, L'Harmattan, 1989.

MARX Karl, *Le Capital* (1867), éd. M. RUBEL, « La Pléiade Économie », Gallimard, 1979.

POLANYI Karl, *La Grande Transformation ; aux origines politiques et économiques de notre temps* (1944), Gallimard, 1983.

WALRAS Léon, *Éléments d'économie politique pure* (1873), Economica, 1988.

WEBER Max, *Économie et société* (1922), Plon, t. 1, 1971.

CARACTÈRE NATIONAL

du latin *character* « marque au fer ; caractère d'un style »

voir : SOCIOLOGIE DE LA CULTURE, IDENTITÉ, IDÉOLOGIE, NATION, PSYCHOLOGIE SOCIALE

Ensemble des mœurs, attitudes et représentations, attribué de façon distinctive à une nation.

1 Cette notion a une origine très ancienne, que l'on pourrait appeler le *caractère culturel*. Ainsi, Hérodote repère des traits de mœurs et des croyances qui différencient les Grecs des Égyptiens et d'autres non-Grecs, et César oppose volontiers les coutumes et les comportements des Gaulois à ceux des Romains. Tacite fait de même à l'égard des Germains.

2 À notre époque, l'étude du caractère national a été rénovée par les travaux des ethnologues et des psychanalystes sur la *personnalité de base*, c'est-à-dire sur les fondements culturels de la personnalité (KARDINER, LINTON), bien que ces recherches aient concerné des sociétés non organisées en nations. L'identité culturelle nous paraît aujourd'hui comporter un niveau ethnique ou régional (breton, provençal, etc.), un niveau proprement national (français), enfin un niveau continental (européen) parmi d'autres exemples possibles.

Pierre FOUGEYROLLAS

bibliographie

DUFRENNE Mikel, *La Personnalité de base*, PUF, 1953.

FREUD Sigmund, « Psychologie collective et analyse du moi » (1921), in *Essais de psychanalyse*, Payot, 1963.

LINTON Ralph, *Le Fondement culturel de la personnalité* (1945), Dunod, 1965.

STOETZEL Jean, *La Psychologie sociale*, Flammarion, 1963.

CARCÉRAL ⇒ ASILE

CARRIÈRE

de l'italien *carriera* « chemin de chars », qui vient lui-même du latin populaire *carriara*

voir : MODE DE VIE, MŒURS, TRAJECTOIRE

Le terme désigne la progression d'un individu dans sa vie professionnelle, envisagée le plus souvent dans un sens positif, comme dans l'expression « faire carrière ».

L'analyse des *carrières* en tant que trajectoires liées à une organisation de l'activité professionnelle, à des contextes sociaux et à des stratégies individuelles et/ou collectives constitue ainsi l'un des objets de la sociologie des professions. Mais c'est aux interactionnistes que l'on doit la conceptualisation du terme. De l'usage commun, ils reprennent la dimension diachronique et l'idée d'étapes, de seuils, c'est-à-dire d'un enchaînement de phases, mais ils y ajoutent la signification que cet enchaînement revêt pour l'individu, étant bien entendu que cette signification est construite socialement. La carrière sert alors à identifier et à décrire, voire à modéliser dans un contexte donné un processus subjectif de transformation, par exemple, dans le rapport à l'activité professionnelle, le passage d'une idéalisation initiale du métier à une conception plus réaliste. Le concept ainsi défini ne se limite pas nécessairement à la vie professionnelle. Il peut s'appliquer à d'autres expériences biographiques qui s'inscrivent dans une temporalité et comportent une évolution significative, comme celle de la vie conjugale ou même celle d'une longue maladie.

Monique HIRSHHORN

bibliographie

HUGHES Everett C., *Men and Their Work*, Glencoe, Free Press, 1958.

SUAUD Charles, *La Vocation. Conversion et reconversion des prêtres ruraux*, Éd. de Minuit, 1978.

SUTHERLAND Edwin H., *Le Voleur professionnel* (1937), SPES, 1963.

ÉTUDE DE CAS

voir : MONOGRAPHIE

1 L'expression *étude de cas* est, le plus souvent, employée dans le travail social : elle désigne le regroupement systématique des informations et des analyses concernant une personne en difficulté ou une situation familiale pour lesquelles des solutions à leurs problèmes sont recherchées.

2 Plus largement, en anthropologie et en sociologie, les monographies constituent des études de cas particuliers et exemplaires. Ces travaux monographiques ont une longue tradition, inaugurée au XIXe siècle par les travaux de Frédéric LE PLAY et ses collaborateurs sur la condition des ouvriers en France et en Europe.

Pierre ANSART

bibliographie

LE PLAY Frédéric, *Les Malouga. Une famille pyrénéenne au XIXe* (1857), Nathan, 1994.

*
* *

CASTE

emprunté (1615) au portugais *casta* « race », puis « classe de la société hindoue » (1659)

voir : CLASSE SOCIALE

Sa parenté étymologique avec le mot *chaste* met en relief que la notion de *caste* se réfère à une idée de *pureté*. De fait, il s'agit d'une unité sociale fondée tout à la fois sur une endogamie rigoureuse et une spécialisation professionnelle définissant le rôle de la caste au sein de la société globale. Cette dernière organise la coexistence d'un certain nombre de populations théoriquement distinctes au point de vue génétique, mais rassemblées par un unique système de croyances religieuses et d'interactions rituelles.

André Marcel d'ANS

CATASTROPHE

voir : CHANGEMENT, CRISE, TEMPORALITÉ

À l'opposé des sociologies tournées vers l'étude des processus ordonnés, la sociologie des *catastrophes* se donne pour objet l'étude des phénomènes sociaux qui apparaissent au cours des catastrophes. L'attention se porte essentiellement sur les catastrophes naturelles (tremblements de terre, éruptions volcaniques, raz de marée) et technologiques (explosions nucléaires, accidents d'avion) pour étudier le déroulement des désorganisations sociales et des paniques. Le but de ces travaux est de rechercher les moyens préventifs pour limiter les dégâts sociaux et psychosociaux de ces phénomènes.

Pierre ANSART

bibliographie

DUCLOS Denis, *La Peur et le savoir : la société face à la science, les techniques et leurs dangers*, La Découverte, 1989.

CATÉGORIES SOCIOPROFESSIONNELLES (CSP)

du grec *katêgoria* « accusation » ; cf. *catêgorein* « accuser, rendre visible »

all. BERUFSKATEGORIE, BERUFSSTAND	esp. CONDICIÓN SOCIOECONÓMICA
angl. SOCIAL CLASS, SOCIO-ECONOMIC STATUS	ital. CATEGORIA SOCIALE

voir : CLASSE SOCIALE, CLASSEMENT, PROFESSION, STATUT, STRATIFICATION SOCIALE

L'objectif du classement des catégories socioprofessionnelles (CSP) est de permettre un classement social des individus (ou des ménages) à partir d'informations sur leur profession.

Si les indicateurs statistiques de statut ou de milieu social reposent généralement sur un critère professionnel (plutôt que d'autres comme le revenu, le diplôme, etc.), le système français des CSP présente des spécificités, comme son caractère récent, son unicité et le fait qu'il ne hiérarchise pas la totalité de ses catégories (à la différence, par exemple, des *social classes* centenaires du *Registar-General* britannique, totalement hiérarchisées et concurrencées par d'autres systèmes de classement).

Les catégories socioprofessionnelles de l'INSEE ont pris deux formes successives qui se sont imposées aux autres utilisateurs :

1 la première s'est stabilisée à partir du recensement de 1954 (« code des catégories socioprofessionnelles [CSP] »),

2 la seconde étant la refonte de ce système inaugurée avec le recensement de 1982 (« nomenclature des professions et catégories socioprofessionnelles [PCS] »).

Il y a un contraste entre le bricolage de la première version, qui répondait plutôt à une demande extérieure à l'INSEE et ne s'est pas fixée d'un seul coup (des différences non négligeables distinguent les classements des recensements de 1962 et de 1954), et les études et consultations importantes qui ont conduit à l'outil plus complexe de la deuxième version, même si elle systématise plus qu'elle ne les modifie les options implicites de l'ancien code. PORTE souligne (et exagère sans doute) le pragmatisme ou l'empirisme de sa méthode pour trouver *« celle des classifications qui, parmi toutes les classifications pensables, donne les corrélations les plus fortes avec les caractéristiques les plus diverses des personnes classées »* (Porte, 1961, p. 243). En cherchant à adapter cet outil d'analyse à l'évolution des emplois et de la structure sociale, DESROSIÈRES, THÉVENOT et leurs collaborateurs construisent explicitement un « espace à deux dimensions » dans un souci théorique proche des analyses de BOURDIEU.

Dès la première version du code, le métier ne suffisait pas à déterminer la CSP, d'autres informations étant nécessaires sur les conditions de son exercice (salarié ou indépendant, avec plus ou moins de salariés dans le deuxième cas). La nouvelle version suppose d'autres informations que le seul intitulé de la profession ; en particulier, pour les salariés, le classement professionnel dans l'entreprise peut répartir les mêmes « métiers » dans des groupes différents. Alors que code des métiers et code des CSP étaient distincts (même s'ils ont été articulés pour le codage), la nomenclature des PCS inclut un niveau très détaillé (en 455 postes d'actifs) pour les « professions » : aux deux niveaux des groupes (catégories à un chiffre) et des catégories (à deux chiffres), s'ajoute un troisième niveau (à quatre chiffres), celui des professions ; par exemple, la profession 4331 des assistantes sociales fait partie de la catégorie 43 des « Professions intermédiaires de la santé et du travail social » et du groupe 4 des « Professions intermédiaires ».

La filiation étant visible, même à travers des changements terminologiques, entre les deux versions, on peut les présenter en faisant ressortir les correspondances entre les groupes ; celles-ci ne sont cependant que partielles, de nombreux cas de classement étant différents dans les deux systèmes.

Voir l'encadré page ci-contre.

Dominique MERLLIÉ

bibliographie

BOLTANSKI Luc, *Les Cadres : la formation d'un groupe social*, Éd. de Minuit, 1982.

CHENU Alain, *Les Employés*, « Repères », La Découverte, 1994.

CHENU Alain, « La Descriptibilité statistique des professions », in *Société contemporaine*, n° 26, 1997.

ÉVOLUTION DE LA NOMENCLATURE DE L'INSEE ENTRE 1962 (CSP) ET 1982 (PCS)

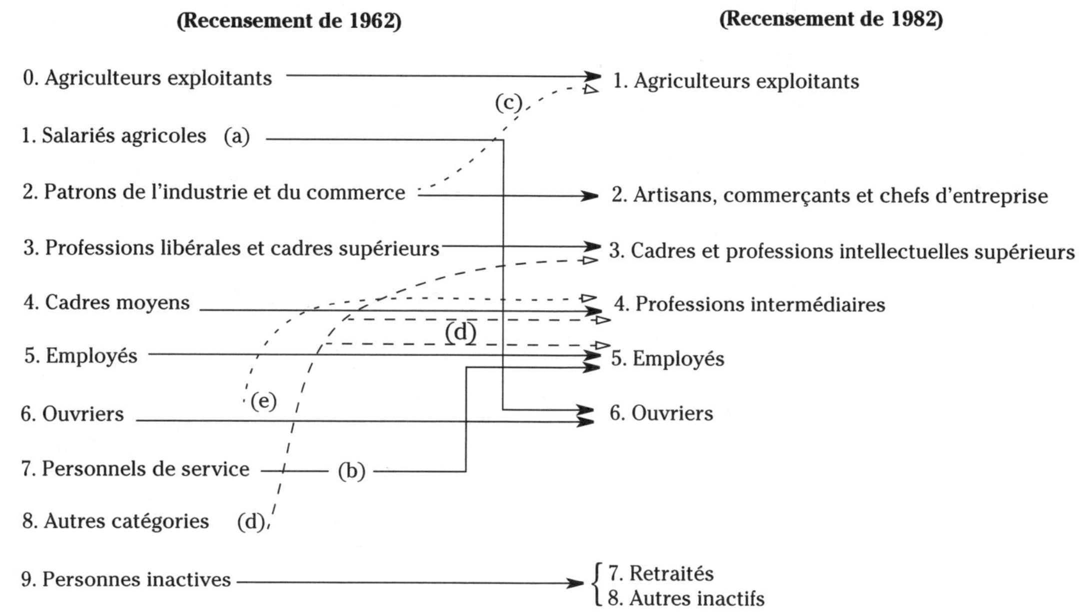

Les traits pleins désignent les passages principaux, les traits en pointillés des cas particuliers. (a) Le groupe des *salariés agricoles* devient une catégorie du groupe 6. (b) Le groupe des *personnels de service* devient une catégorie du groupe 5. (c) Les *patrons pêcheurs* passent du groupe 2 au groupe 1. (d) Les *artistes* sont intégrés à une nouvelle catégorie du groupe 3, le *clergé* devient une catégorie du groupe 4, l'armée et la police forment principalement une catégorie du groupe 5. (e) Les *contremaîtres* passent du groupe 6 au groupe 4.

DESROSIÈRES Alain, « Éléments pour l'histoire des nomenclatures socioprofessionnelles », in *Pour une histoire de la statistique*, 1, INSEE, 1977.

DESROSIÈRES Alain, THÉVENOT Laurent, *Les Catégories socioprofessionnelles*, La Découverte, 1988, 3e éd. 1996.

DURIEZ Bruno *et alii*, « Institutions statistiques et nomenclatures socioprofessionnelles » in *RFS*, XXXII, n° 1, 1991.

INSEE, *Code des catégories socioprofessionnelles*, 6e éd., 1977.

INSEE, *Nomenclature des professions et catégories socioprofessionnelles*, 1983, 2 vol.

MERLLIÉ Dominique, « Une nomenclature et sa mise en œuvre : les statistiques sur l'origine sociale des étudiants », in *ARSS*, n° 50, 1983.

PORTE Jean, « Les catégories socioprofessionnelles », in Georges FRIEDMANN, Pierre NAVILLE (dir.), *Traité de sociologie du travail*, Armand Colin, 3e éd. t. 1, 1970.

SEYS Baudouin, *De l'ancien code des CSP à la nouvelle nomenclature des PCS, Archives et Documents*, n° 156, INSEE, 1986.

THÉVENOT Laurent (dir.), *Les Catégories socioprofessionnelles et leur repérage dans les enquêtes, Archives et Documents*, n° 38, INSEE, 1981.

* * *

CAUSALITÉ STATISTIQUE

all. KAUSALITÄT	esp. CAUSALIDAD (estadística)
angl. CAUSALITY	ital. CAUSALITÀ (statistica)

voir : STATISTIQUES SOCIOLOGIQUES

On considère qu'il existe une relation causale entre deux variables dans une enquête par questionnaire* lorsque sont vérifiées les trois propositions suivantes :*
(1) Il existe une liaison statistique entre la variable X et la variable Y,*
(2) X précède Y dans l'ordre temporel,
(3) La corrélation entre X et Y subsiste lorsque l'on contrôle l'effet d'autres variables qui peuvent avoir un lien avec X ou Y.*

Ceci est en fait très proche de ce que DURKHEIM cherchait à conceptualiser dans les ***Règles de la méthode sociologique***. Après avoir affirmé au chapitre V que « *la cause déterminante d'un fait social doit être cherchée parmi les faits sociaux* antécédents » (critère 2), il annonce au début du chapitre VI : « *Nous n'avons qu'un moyen de démontrer qu'un phénomène est cause d'un autre, c'est de* comparer les cas où ils sont simultanément présents ou absents *et de chercher si* les variations qu'ils présentent *dans ces différentes combinaisons de circonstances témoignent que l'un dépend de l'autre* » (critères 3 et 1). Citons également LAZARSFELD qui, avec l'« analyse multivariée », pose les bases de la mise en œuvre pratique de ce raisonnement, dont l'instrument privilégié est aujourd'hui la régression multiple.

Il faut cependant nuancer un peu le propos et comprendre de quel type de cause il est ici question. Dire que le sexe explique le salaire, parce qu'on a réussi à mettre en évidence l'existence d'un effet propre du sexe sur le niveau de salaire, ne signifie pas qu'il existe une détermination d'ordre fonctionnel entre le sexe et le salaire (au sens où sont liés la vitesse, la distance parcourue et le temps qu'il faut pour la parcourir). Nous sommes ici dans un schéma probabiliste. Cela veut dire que le modèle ne permettra jamais de connaître précisément et de manière absolue la modalité prise par la variable dépendante pour un individu, même si on en connaît toutes les caractéristiques. En revanche, il sera à même de nous donner la loi de probabilité qui régira, pour cet individu, la variable que l'on a expliquée. Plus simplement, on ne pourra pas dire que tel individu qui a tel sexe, tel âge, tel niveau de diplôme, telle origine sociale, telle profession... va passer tant d'heures par semaine devant la télévision. Par contre, l'analyse nous révélera que cet individu a telle probabilité de ne jamais la regarder, telle probabilité d'y consacrer une heure, deux heures, et ainsi de suite.

Remarquons en dernier lieu que la recherche de relations causales entre variables ne peut se faire sans précaution. En effet, dans ce type de démarche, on n'est jamais à l'abri, dès lors que l'on cherche à annihiler l'effet de variables pour mettre en évidence une causalité, de la création d'un univers factice, tout à fait éloigné des configurations réelles du monde social. En cherchant à éliminer tout effet de structure*, on déconstruit la réalité, et ce faisant, on s'interdit toute considération sur la composition des groupes sociaux. Or, *« ce parasitage* [l'effet de structure] *est aussi un autre nom de la configuration historique, qui constitue* [...] *la seule réalité empirique »*, nous rappelle PASSERON. Plus encore, ce type de raisonnement peut conduire, si l'on n'y prend pas garde, à des « non-sens historiques », à des interrogations absurdes, analogues à celle du paradoxe de SIMIAND, c'est-à-dire cherchant *« comment vivrait un chameau, si restant chameau il était transporté dans les régions polaires, et comment vivrait un renne, si restant renne, il était transporté dans le Sahara »*. Bref, on risque sans cesse d'oublier que *« les cooccurrences ne sont données dans la réalité qu'*ainsi et pas autrement *»*. Le travail du sociologue consiste justement à les repérer.

Félicité des NÉTUMIÈRES

bibliographie

DURKHEIM Émile, *Règles de la méthode sociologique* (1895), PUF, 1937.

LAZARSFELD Paul, « L'Interprétation des relations statistiques comme procédure de recherches », *in* Raymond BOUDON, Paul LAZARSFELD (éd.), *L'Analyse empirique de la causalité*, Mouton, 1966.

PASSERON Jean-Claude, « Ce que dit un tableau et ce qu'on en dit », in *Le Raisonnement sociologique*, Nathan, 1991.

* * *

CAUSE ET CAUSALITÉ

du latin *causa*, terme ayant deux significations : un sens juridique « intérêts d'une partie dans un procès », et celui de « motif, raison, cause » ; comme préposition (placée après le mot), *causa* signifie [illegible]

all. GRUND, URSACHE	esp. CAUSALIDAD, CAUSA
angl. CAUSE	ital. CAUSA

voir : DÉTERMINISME, FONCTIONNALISME, IMPUTATION CAUSALE, INDIVIDUALISME MÉTHODOLOGIQUE, OBJET, OBJECTIVISME.

Antécédents, conditions, facteurs, structures ou actions auxquels sont imputées des conséquences effectives et qui font l'objet d'une recherche scientifique.

Le problème de la causalité en sociologie. L'ambition initiale de la sociologie étant d'expliquer les phénomènes sociaux, le problème des *causalités* s'est posé dès ses origines. DURKHEIM énonce, dans les *Règles de la méthode sociologique*, le double principe selon lequel, d'une part, la sociologie se propose d'expliquer les phénomènes sociaux, et, d'autre part, *« la cause déterminante d'un fait social doit être cherché parmi les faits sociaux antécédents »*. Ce sera ainsi l'objet du *Suicide* de rechercher quelles conditions sociales favorisent l'élévation du taux des suicides et quelles conditions sociales en protègent les individus.

La critique de WEBER, sans récuser entièrement ce type de recherche explicative par les causes, met en question l'illusion spéculative selon laquelle l'on pourrait parvenir à établir des lois sociologiques et en déduire l'explication du concret. La prise en considération de l'intentionnalité des conduites et des significations impose d'écarter l'illusion du déterminisme objectif. Weber n'en écarte pas pour autant le problème de la causalité : la recherche des régularités reste utile pour connaître les probabilités objectives ; de même, la recherche de « l'imputation causale » à caractère historique est un objectif majeur.

Les réponses de la sociologie contemporaine. La sociologie contemporaine répond à ce problème permanent en distinguant plusieurs types de causalités et plusieurs méthodes d'approche : statistique, fonctionnaliste, structurale, interactionniste.

1 La recherche statistique aborde le problème en recherchant comment une variable dite dépendante peut être une résultante, exprimable dans le langage mathématique, d'une ou de plusieurs variables indépendantes. Un tel paradigme rend possible l'énoncé d'hypothèses causales, la recherche de modèles différents de causalité : linéaire, multivariée, circulaire, probabiliste. Il permet de mesurer l'intensité de la liaison causale sans recourir à la notion de déterminisme puisque le but est de découvrir des probabilités.

2 Hors du paradigme statistique, les théories sociales (le structuralisme, le fonctionnalisme...) ont élaboré un mode de réponse en termes de « conditionnement » de la partie par la totalité. La dichotomie marxiste de l'infrastructure et de la superstructure émet l'hypothèse d'une causalité structurale, faisant du rapport d'exploitation, de la contradiction entre l'appropriation capitaliste et la force de travail la structure déterminante de tout l'édifice social. Et l'on peut rapprocher de cette vision totalisante le fonctionnalisme, qui fait de

l'ensemble fonctionnel intégré la cause véritable des pratiques singulières.

3 C'est à une démarche opposée qu'appelle une sociologie de l'action et, en particulier, l'individualisme méthodologique. Le but est alors d'étudier les modalités des « émergences », d'examiner comment, de la rencontre des choix et des décisions individuels, émergent, par agrégation, des régularités ou des changements. On s'écarte ici de la possibilité d'énoncer des lois et, si l'on peut repérer des éléments causatifs, ils ne peuvent être que particuliers et issus de processus singuliers.

4 De même, l'interactionnisme qui se propose de restituer la conduite des acteurs et le déroulement de leurs échanges ne se donne pas pour objet la recherche de causes, mais observe les conduites réciproques, les comportements intentionnels, la poursuite des buts et des finalités. Cependant, la prise en compte des contraintes n'est pas exclue, car l'observation du microsociologique n'empêche pas de référer la situation d'interaction aux contraintes qui en conditionnent le cadre et le « décor ».

Ainsi la sociologie n'impose pas un schéma exclusif de causalité, mais elle propose d'inventorier, par des méthodologies différentes et situées à des niveaux différents du social, la complexité indéfinie des relations de contrainte et/ou de créativité.

Pierre ANSART

bibliographie

BOUDON Raymond, LAZARSFELD Paul (dir.), *L'Analyse empirique de la causalité*, Mouton, 1966.

DESCHAMPS Jean-Claude, *L'Attribution et la catégorisation sociale*, Berne, Lang, 1977.

GRADA Eraldo de, *L'Attribuzione causale : teoria classiche e sviluppi recenti*, Bologne, Il Mulino, 1992.

HEIL John, MELE Alfred, *Mental Causation*, Oxford, Clarendon Press, 1993.

KARPINSKI Jakob, *Causality in Sociological Research*, Dordrech, Kluwer Academic Publications, 1990.

OGIEN Ruwen, *Les Causes et les raisons*, Nîmes, Chambon, 1995.

CENSURE

emprunté (1387) au latin *censura* « charge, dignité du censeur », puis « jugement, examen »

voir : CONTRAINTE, CONTRÔLE SOCIAL

Contrôle et, éventuellement, interdiction d'écrits et d'expressions, pour des raisons politiques ou idéologiques.

1 Au sens étroit du terme, contrôle des écrits et publications par des pouvoirs d'État, pour des motifs politiques.

2 Par extension, tout exercice de contrôle au sein d'une organisation (parti, organe de presse...), visant à supprimer les expressions non conformes aux normes et règles définies par les dirigeants de l'organisation.

AUTOCENSURE. L'*autocensure* désigne le fait, pour les agents de l'organisation, d'éviter par eux-mêmes les expressions déviantes.

Pierre ANSART

bibliographie

BAILLAUD Bernard, GRAMONT Jérôme de, HÜE Denis (sous la dir. de), *Censures et interdits*, in *Cahiers Diderot*, n° 9, PU Rennes, 1997.

SUMNER Colin (sous la dir. de), *Censure, Politics and Criminal Justice*, Milton Keynes, Philadelphie, Open UP, 1990.

CENTRE ET PÉRIPHÉRIE

voir : DOMINATION

Cette opposition a été renouvelée dans les années 50 comme un argument critique à l'égard de l'évolutionnisme. Contre l'illusion d'une évolution identique entre les différentes nations, cette distinction met l'accent sur les différences structurelles entre les pays industrialisés et les pays en voie de développement. Elle suggère que le dynamisme socio-économique se concentre dans les nations riches et relègue les nations pauvres dans une situation périphérique, ou, selon un vocabulaire proche, dans une relation de « développement inégal ».

Cette opposition a de nombreuses applications possibles : entre la ville (siège des lieux de décision) et les banlieues, entre la nation colonisatrice et ses colonies, entre le siège d'une entreprise multinationale et ses succursales. Elle peut introduire à une analyse différentielle des rapports de pouvoir et de domination.

Pierre ANSART

bibliographie

SHILS Edward Albert, *Selected Papers 2, Centre and Periphery. Essays in Macro-Sociology*, Chicago, University of Chicago Press, 1975.

CÉRÉMONIE

emprunt (1226) au latin *caerimonia*, désignant le culte, la vénération religieuse

voir : MŒURS, RELIGION, RITE, SOCIABILITÉ, SOCIALITÉ

Manifestation solennelle accordée à un événement qui concerne un groupe social.

Les célébrations du culte religieux constituent l'exemple typique des *cérémonies*. Effectuées selon des règles définies, selon une liturgie, elles condensent dans une scène significative des symboles, des pratiques rituelles intentionnelles (marquer un événement important, établir une relation avec la divinité, effectuer un rite propitiatoire). DURKHEIM, qui accorde une grande importance à l'étude des cérémonies, en souligne le caractère universel à travers la diversité des religions et en propose des analyses à caractère structurel et fonctionnel. La cérémonie serait une expression revivifiée, une réalisation idéalisée des valeurs de la communauté. Simultanément, les cérémonies qui rassemblent les individus d'un groupe archaïque se déroulent dans un climat « d'effervescence collective » qui traduit, non la peur du divin, mais « des sentiments de joyeuse confiance » (1991, p. 393), reliés à la « puissance morale » de la collectivité. Ces interprétations peuvent aussi être significatives pour des cérémonies profanes (militaires, sportives) qui marquent des événements importants de la vie commune.

L'étude microsociologique de cérémonies de la vie quotidienne (rites du repas, cérémonie du thé) conduit à inverser le mode d'approche. Au lieu de considérer la cérémonie dans sa signification imposée, la microsociologie invite à considérer la cérémonie comme un drame, une scène, où les acteurs vont s'efforcer de se présenter favorablement et permettre aux partenaires d'y jouer leur rôle (GOFFMAN, 1959).

Claudine HAROCHE

bibliographie

DURKHEIM Émile, *Les Formes élémentaires de la vie religieuse* (1912), PUF, 1994.

GOFFMAN Erving, *La Mise en scène de la vie quotidienne. La Présentation de soi* (1959), Éd. de Minuit, 1973.

CHAMP SOCIAL

du latin *campus* « plaine » (champ pour la guerre ou la culture)

all. (gesellschaftliches) FELD, BEREICH	esp. CAMPO (social)
angl. (social) FIELD	ital. CAMPO (sociale)

voir : ESPACE, GROUPE, INTERVENTION, POSITION

1. Dans les sciences, champ désigne un espace limité réservé à certaines opérations ou doué de propriétés.
2. En physique, espace où se manifeste un phénomène déterminé en tout point (exemple : le champ magnétique, qui est en même temps un champ vectoriel).
3. Notion au carrefour de la psychologie sociale et de la sociologie, ayant donné lieu à la théorie du champ.

La notion de *champ* a été théorisée en psychologie et en sociologie respectivement par LEWIN et BOURDIEU.

1 LEWIN. Lewin, psychologue américain d'origine allemande, formé à l'École de la Gestalt, a élaboré au tournant des années 50 une *théorie du champ* qui fait partie de la théorie cognitive. Selon FAUCHEUX, cette théorie montre que *« ce qui détermine le comportement, c'est la façon dont l'individu se représente le monde sur le plan psychologique »* (1975, p. 19). Pour SILLAMY, elle *« permet de décrire et de comprendre la conduite d'un individu ou d'un groupe, à partir de l'analyse des relations entre les faits et les événements qui s'y produisent »* (1980, p. 216).

Lewin décrit plusieurs notions : le champ psychologique individuel, le champ psychologique du groupe et le champ social dans lequel ce groupe est situé. Selon Faucheux, les deux premiers *« relèvent du comportement individuel ou de groupe, le dernier relève des événements sociaux et fournit les cadres sociaux où s'inscrivent les comportements »* (1975, p. 20). Selon GERGEN (1984), Lewin voyait le monde psychologique comme un champ composé de régions interdépendantes constituées par l'espace de vie, la personne et l'environnement. D'après Sillamy, ce terme de champ social désigne chez Lewin *« l'ensemble des variables sociologiques telles que les groupes, les sous-groupes, les membres, les barrières, les canaux de communication qui coexistent à un moment donné et ont un effet décelable sur les comportements individuels ou collectifs »* (1980, p. 1110). La théorie du champ de Lewin est à l'origine du développement de la recherche-action, en particulier pour l'étude des groupes réels. Selon DUBOST (1987), le courant contemporain de l'intervention psychosociologique s'est développé de façon autonome par rapport aux conceptions de Lewin.

2 BOURDIEU. En sociologie, parmi les travaux de Bourdieu sur divers champs de concurrence (économique, politique, sportif), une grande partie de son œuvre est consacrée, selon Ansart, à l'analyse des champs de production symbolique, tels les champs artistique et de production culturelle.

Selon Bourdieu, *« les champs se présentent à l'appréhension synchronique comme des espaces structurés de positions (ou de postes) dont les propriétés dépendent de leur position dans ces espaces et qui peuvent être analysées indépendamment des caractéristiques de leurs occupants »* (1989, p. 113). Il précise ensuite : *« La structure du champ est un état du rapport de force entre les agents ou les institutions engagés dans la lutte ou, si l'on préfère, de la distribution du capital spécifique qui, accumulé au cours des luttes antérieures, oriente les stratégies ultérieures »* (1989, p. 14).

Pour CORCUFF, Bourdieu a une représentation pluridimensionnelle de la société : « [...] *l'espace social est composé d'une pluralité de champs autonomes définissant chacun des modes spécifiques de domination* [...]. *Et le champ du pouvoir apparaît comme le lieu de mise en rapport des champs et des capitaux divers »* (1995, p. 35).

Ariel CORDIER

bibliographie

ANSART Pierre, *Les Sociologies contemporaines*, « Points », Seuil, 1990.

BOURDIEU Pierre, *Questions de sociologie*, Éd. de Minuit, 1989.

CORCUFF Philippe, *Les Nouvelles Sociologies*, Nathan, 1995.

DUBOST Jean, *L'Intervention psychosociologique*, PUF, 1987.

GERGEN Kenneth J., GERGEN Mary M., *Psychologie sociale*, Études vivantes, 1984.

LEWIN Kurt, *Psychologie dynamique. Les relations humaines* (textes traduits et présentés par Claude FAUCHEUX, Marguerite FAUCHEUX, Jean-Marie LEMAINE), PUF, 1975.

SILLAMY Norbert, *Dictionnaire de psychologie*, Bordas, 1980.

CHANGEMENT SOCIAL

du latin *cambiare* « échanger, troquer », d'où « se transformer, devenir différent »

all. WANDEL	esp. CAMBIO
angl. CHANGE	ital. CAMBIAMENTO

voir : CAUSE, ÉVOLUTION, MARXISME, RÉVOLUTION

Transformation significative, partielle ou générale, du système social dans ses différents composantes et modes d'action.

La sociologie s'est initialement définie comme la connaissance des *changements sociaux*. SAINT-SIMON et COMTE se proposent d'analyser les bouleversements des systèmes sociaux et d'en rendre compte. Le débat oppose, dès l'abord, Saint-Simon, qui majore le fait de l'industrialisation et y voit le centre des changements, à Comte qui, par la Loi des trois états, fait du devenir intellectuel le véritable moteur de l'Histoire.

Au milieu du XIXe siècle, MARX construit un modèle d'analyse historique et matérialiste. Il distingue, dans l'histoire, et particulièrement dans l'évolution du capitalisme, deux types de changements, l'un progressif, l'autre révolutionnaire. Dans le premier, ce sont les faits économiques structurels, l'exploitation, la concurrence, l'extorsion de la plus-value qui, en se cumulant, obligent l'ensemble du système à évoluer et à poursuivre le développement des forces productives. L'approfondissement de ces contradictions conduit au second type de changement : la révolution, qui, provoquée par la contradiction entre le développement des forces productives et le système institutionnel, entraîne la destruction du régime de production.

À cette conception révolutionnaire, les évolutionnistes ont opposé une vision progressive des changements fondés sur différents dynamismes. SPENCER fait du changement un processus universel du simple au complexe, de l'homogène à l'hétérogène, du militaire à l'industriel, processus dans lequel les changements secondaires se trouveraient organiquement subordonnés. DURKHEIM ne souscrit pas à cette théorie évolutionniste, mais en retient néanmoins l'idée d'un passage à la complexité, le changement de la solidarité mécanique à la solidarité organique.

Dans la sociologie contemporaine, le structuralisme, en ses différentes versions (LÉVI-STRAUSS, 1958, PARSONS, 1951), a constitué une audacieuse tentative de mettre l'histoire entre parenthèses pour centrer l'attention sur les processus endogènes de changement. Mais les nombreuses critiques faites à ce modèle (BALANDIER, 1970) en ont souligné les limites et la nécessité de prendre aussi en compte les processus exogènes au système considéré. La multiplicité des changements (politiques, militaires, institutionnels, culturels...) contraint la sociologie à prendre en compte l'ensemble des causes des changements ainsi que la diversité de ses formes.

Les causes sont diverses et le plus souvent interreliées. Les changements démographiques, déjà évoqués par MALTHUS et soulignés par DURKHEIM, ont des conséquences considérables sur les plans économique, institutionnel ou culturel. Les transformations scientifiques et techniques modifient à la fois les conditions de travail et la consommation, et ne sont pas sans conséquences sur les pratiques culturelles. Les valeurs et les croyances, les idéologies, facteurs de régulation ou de conflit, ont des effets éventuellement multiplicateurs. C'est la tâche difficile de la sociologie que de mettre en relief les types de changements les plus significatifs à travers les interrelations entre ces facteurs.

Les formes du changement ne sont pas moins diverses, et les modèles du XIXe siècle ne sont pas nécessairement obsolètes. On peut, dans la complexité des changements sociaux contemporains, repérer des évolutions, des révolutions ou des mutations. En de multiples cas, dans les organisations et institutions, des changements progressifs se font en raison de dysfonctionnements, d'échecs, à travers des conflits secondaires dont la cumulation opère les transformations. Les changements à caractère révolutionnaire qui se produisent renouvellent les caractères de violence et de rapidité que connurent les révolutions du passé. Enfin, les exemples ne manquent pas de changements par mutation, qui affectent toutes les dimensions des structures et des pratiques sociales sans qu'ils prennent le caractère d'une rupture révolutionnaire limitée dans le temps.

Pierre ANSART

bibliographie

ADAM Gérard, REYNAUD Jean-Daniel, *Conflits du travail et changement social*, PUF, 1978.

ANSART Pierre, *Idéologies, conflits et pouvoir*, PUF, 1977.

BALANDIER Georges (sous la dir. de), *Sociologie des mutations*, Anthropos, 1970.

BALANDIER Georges, *Sens et puissance, les dynamiques sociales* (1971), PUF, 1986.

CARON François (sous la dir. de), « L'Innovation technologique, facteur du changement. Résistance ou adaptation, reflet des mentalités », in *Innovation technologique et civilisation*, Éd. du CNRS, 1989.

COSER Lewis A., *Les Fonctions du conflit social* (1956), PUF, 1982.

LÉVI-STRAUSS Claude, *Anthropologie structurale*, Plon, 1958.

MENDRAS Henri et FORSÉ Michel, *Le Changement social*, Armand Colin, 1983.

PARSONS Talcott, *The Social System*, New York, The Free Press, 1951.

SMELSER Neil J., *Social Change in the Industrial Revolution*, Londres, Routledge and Kegan Paul, 1959.

TOURAINE Alain, *Production de la société*, Seuil, 1973.

CHARISME

du grec *charisma*, dérivé de *charis* « la grâce, l'aide de Dieu » ; le terme *charisme* appartient d'abord au vocabulaire théologique

all. CHARISMA	esp. CARISMA
angl. CHARISM	ital. CARISMA

voir : AUTORITÉ, DOMINATION, LÉGITIMITÉ ET LÉGITIMATION, TYPE-IDÉAL

Le terme charisme *désigne à l'origine soit des dons (don des langues, don de guérir...) soit une capacité d'attraction psychologique, accordés par Dieu à un individu pour le bien spirituel de ceux qu'il rencontre et rassemble.*

1 Le prophète, envoyé de Dieu et reconnu comme tel par ses fidèles, est par excellence une figure charismatique. C'est à WEBER que l'on doit l'usage sociologique du terme. Il ne se contente pas en effet de voir dans le charisme une caractéristique de l'activité prophétique. Il en fait d'une manière beaucoup plus générale, aussi bien dans le domaine religieux que dans celui de la politique, de l'art, voire même de la finance... une des sources de la domination *(Herrschaft)*, c'est-à-dire de la capacité d'un individu à obtenir des autres qu'ils se soumettent à sa volonté et en reconnaissent la légitimité. Dans le cas de la domination charismatique, le chef ne tire son autorité que de lui-même, de sa capacité à convaincre, à entraîner, à mobiliser autour de ses idées et de ses projets. En cela, elle se distingue selon Weber des dominations fondées sur d'autres légitimités : celle de la tradition ou celle de l'ordre rationnel-légal. Mais Weber ne se contente pas d'identifier le charisme dans le cadre de l'application de la méthode idéal-typique aux formes de domination ; il en analyse également les conséquences sociales. Une première conséquence est le caractère émotionnel de la communauté qui se trouve ainsi constituée. Une autre, qui découle de la précédente, est la dimension révolutionnaire. Reposant sur l'adhésion totale à la personne du chef, la communauté est nécessairement en rupture avec l'ordre établi, qu'il soit légal ou traditionnel. Une troisième conséquence, liée également à la personnalisation de la domination, réside dans la difficulté pour la domination charismatique de se « routiniser », de s'institutionnaliser. Aucune des solutions possibles, des rituels de réactivation symbolique à la transmission héréditaire en passant par la désignation d'un nouveau chef, n'apparaît vraiment satisfaisante. Cela fait de la domination charismatique une forme transitoire qui ne se survit qu'en recourant aux autres formes de légitimité et en perdant une partie de son sens.

2 Par la suite, le concept de charisme a été fréquemment repris, en particulier par les politologues, mais le plus souvent à de simples fins de caractérisation d'une forme de pouvoir.

3 Un emploi intéressant est celui de l'historien et sociologue SENNETT, qui voit dans le charisme sécularisé une force mystificatrice, profondément « incivile » en ce qu'elle centre l'attention des citoyens sur la personnalité et l'image des hommes politiques au détriment des idées qu'ils prétendent défendre.

Monique HIRSHHORN

bibliographie

EISENSTADT Shmuel Noah, *Max Weber on Charisma and Institution Building, (Selected Papers)*, Chicago, The University of Chicago Press, 1968.

SENNETT Richard, *Les Tyrannies de l'intimité* (1974), Seuil, 1979.

WEBER Max, *Le Savant et le politique* (1919), Plon, 1958.

WEBER Max, *Économie et société* (1922), Plon, 1971, t. 1, partie 1, chap. 3, sections 4 et 5, pp. 249 à 262.

WEBER Max, *Le Judaïsme antique* (1920), Plon, 1970, chap. 2, pp. 358 à 502.

CHEF ET CHEFFERIE

du latin populaire *capum*, forme altérée du latin classique *caput* « tête »

all. HÄUPTLING, CHEF, FÜHRER	esp. JEFE
angl. CHIEF, CHIEFTANCY	ital. CAPO

voir : ANTHROPOLOGIE, BANDE, SOCIOLOGIE DE L'ÉTAT

CHEF. Dans les sociétés à bandes (aborigènes australiens, Pygmées du Kalahari) et dans les sociétés à pouvoir diffus, de faible armature institutionnelle (Lobi du Burkina, Amérindiens d'Amazonie), le chef est celui qui a acquis temporairement influence et prestige sur un groupe en raison de compétences décisionnelles, de performances techniques, d'un talent oratoire, d'une réussite dans le traitement des conflits internes et externes. À la différence du chef d'État ou de gouvernement dans nos sociétés modernes, il ne détient un pouvoir que dans des secteurs limités par des rôles concurrents : conseil des notables, prêtre de la terre, chef de marché, magicien-chamane. Comme un chef d'entreprise actuel, il accepte les responsabilités et sait se faire obéir.

Dans les systèmes politiques appelés *chefferies*, qui sécrètent des institutions visant à faire échec au pouvoir personnel et à la dérive étatique (CLASTRES), le chef au statut acquis par titre héréditaire, nomination ou élection, a une fonction symbolique de représentant de l'unité du groupe sur lequel il exerce un pouvoir de décision, lié à un rôle de modérateur des conflits. Le titulaire de la chefferie (ce mot désignant et l'office et le territoire) obtient en échange de ses responsabilités des avantages économiques (biens et services avec obligation de munificence), des privilèges sexuels (grand nombre d'épouses, droit de cuissage), des préséances religieuses et des fonctions cérémonielles comme médiateur entre hommes et dieux et garant de l'ordre du cosmos.

Le pouvoir revêt souvent un caractère sacré par rattachement généalogique du chef à de premiers ancêtres mythiques ou par une idéologie de la concentration de la vitalité du groupe dans le chef respecté et redouté qui le représente.

CHEFFERIE. La chefferie dans les régimes non monarchiques est une communauté territoriale à base régionale, non purement clanique, dirigée par un chef, régulateur social et chargé des affaires de la collectivité. Elle peut être restreinte, c'est-à-dire sans administration ni force publique permanente, ou développée, comme dans les systèmes oligarchiques de la fédération cheyenne de la prairie nord-américaine. Elle se caractérise par :

1. des rapports étroits d'un groupe restreint, mais à population hétérogène, avec son territoire et le surnaturel ;
2. des échanges contractuels ou déterminés par des rapports de force (tribut et redistribution) ;
3. la combinaison chez le chef de formes d'autorité provenant de la parenté (famille prédominante historiquement ou mythiquement), du prestige, du sacré, d'une coercition limitée par manque d'appareil monopolisant la force ;
4. la différenciation de l'appareil politique et des hiérarchies sociales.

En Océanie domine la chefferie à *Big Man*, « l'homme important », ayant un pouvoir mérité par son ardeur à produire ou à rassembler des richesses qu'il redistribue lors d'échanges matrimoniaux ou qu'il met, lors de guerres, au service de sa tribu. En Afrique, les chefferies traditionnelles, aux densités démographiques et aux dynamismes différents, ont été très affectées par la colonisation, qui a utilisé le chef local comme relais du pouvoir étranger, a modifié les découpages territoriaux et les modes de recrutement, et qui a donc fait perdre de la fonctionnalité et du prestige à l'institution. La valeur légitimatrice de la chefferie peut être la conquête (Alur, Yao), la profondeur historique stable (Bambara, Nyakyusa), les dimensions spatiales (Somalie, Lunda). Tandis que certaines chefferies (Bamiléké du Cameroun) ont un pouvoir politique fort, d'autres résultent de la désagrégation d'un système étatique (Malinlé de Guinée, Rowzi du Zimbabwé) ; d'autres encore sont plutôt démocratiques en ce que le chef est le mandataire des familles (Mangbetu, Guro).

Claude RIVIÈRE

bibliographie

BALANDIER Georges, *Anthropologie politique*, PUF, 1967.

CLASTRES Pierre, *La Société contre l'État*, Éd. de Minuit, 1974.

SERVICE Elman R., *Primitive Social Organization. An Evolutionnary Perspective*, New York, Random House, 1962.

ÉCOLE DE CHICAGO

voir : GANG, MÉTHODES, VILLE, VOISINAGE

Ensemble de recherches réalisées à l'Université de Chicago entre 1915 et 1940, et qui occupent une place originale et marquante dans l'histoire de la sociologie américaine.

Thomas et Znaniecki. William I. THOMAS, qui fut l'un des premiers professeurs du département d'anthropologie et de sociologie de la jeune université, a joué un rôle décisif dans la naissance de cette école qui connaîtra son plein développement après la Première Guerre mondiale. L'œuvre monumentale qu'il consacre, avec ZNANIECKI, aux immigrants d'origine polonaise (1918) se veut à la fois empirique et scientifique. Autrement dit, elle se démarque aussi bien d'une sociologie purement spéculative que des « enquêtes sociales » de l'époque, imprégnées de préjugés normatifs et d'attitudes moralisatrices. Pour Thomas, la connaissance de la réalité sociale passe par l'étude objective des pratiques, et notamment par le contact direct avec les personnes. À partir d'un matériau diversifié (lettres, récits de vie, témoignages, archives publiques et privées...), il analyse les processus de désorganisation et de réorganisation qui affectent les migrants polonais. Souvent d'origine rurale, ces derniers sont confrontés dans la grande ville américaine à d'autres conditions d'existence et à un nouvel environnement social, linguistique et culturel.

Park et Burgess : les problèmes de l'immigration. Au cours des années 20, et en particulier sous l'impulsion de PARK et de BURGESS, se mettent en place d'amples programmes de recherche qui explorent trois grands domaines liés : l'immigration et les relations entre communautés ; le monde urbain ; les phénomènes de déviance* et de criminalité. Leurs monographies de populations d'origine étrangère ont apporté une contribution majeure à la connaissance des ruptures et des adaptations qui découlent de la migration, tant à l'échelle des communautés qu'à celle des expériences individuelles. Ces travaux s'inscrivaient dans un contexte d'intense débat public sur la gestion des flux migratoires et sur l'intégration des immigrés. Les sociologues de Chicago ont eux-mêmes pris une part active à ces débats. Contre les interprétations biologisantes invoquant des spécificités raciales, ils s'attachent à étudier concrètement les conditions de vie des différents groupes issus de l'immigration, la diversité des parcours individuels au sein de la société américaine, le renforcement des tensions interculturelles par les inégalités économiques. La plupart d'entre eux adhèrent aux thèses assimilationnistes selon lesquelles les générations suivantes sont appelées à perdre une bonne partie de leurs traits distinctifs et, surtout, à participer activement au fonctionnement de la société d'accueil. Toutefois, ils insistent avec force sur l'importance des institutions communautaires et des regroupements territoriaux, qui assurent aux migrants, au moins à titre transitoire, une fonction de relais sur la voie de l'intégration.

Le darwinisme de l'école. La ville de Chicago, dont la croissance rapide se nourrissait en permanence de nouveaux apports migratoires, était aux yeux de ses sociologues un « laboratoire social » privilégié pour l'étude des relations entre les groupes sociaux. L'écologie animale et végétale, alors en plein essor dans le prolongement de la théorie darwinienne, leur fournit un cadre de référence pour penser ces relations en termes de compétition, d'invasion-succession, de dominance, de conflit, de symbiose... L'ambition de Park était de fonder ainsi une véritable « écologie humaine », permettant de saisir l'ensemble des rapports entre les citadins et leur milieu. Dans leurs travaux empiriques, Park et ses collaborateurs ont accordé un intérêt prépondérant aux tensions qui traversent le monde urbain, aux multiples formes de mobilité qui l'animent (Burgess), aux phénomènes de désorganisation et de crise qui se manifestent par la marginalité, la délinquance et la criminalité (ANDERSON, SHAW, THRASHER).

L'unité méthodologique. En dépit de la diversité des techniques mises en œuvre par ses chercheurs, l'École de Chicago se caractérise par une grande unité méthodologique. Deux exigences dominent :

- prendre en compte les significations subjectives que les individus accordent à leurs propres actes et aux situations dont ils font l'expérience ;
- saisir les pratiques en relation avec les milieux de vie qui leur donnent sens. Les documents personnels, les récits de vie, les entretiens ont été très largement utilisés pour explorer le point de vue des acteurs.

D'autre part, les sociologues de Chicago ont eu régulièrement recours à l'observation directe, aux études de cas, aux monographies de quartiers ou de groupes humains localisés. Ces approches de type « qualitatif » ont toutefois été combinées avec l'exploitation de données statistiques et de sources documentaires.

Influence de l'école après les années 30. Vers la fin des années 30, le centre de gravité de la sociologie américaine se déplace vers les universités de la côte Est, où va dominer un nouveau paradigme alliant la théorie fonctionnaliste et l'enquête quantitative. L'influence de l'École de Chicago continuera néanmoins à s'exercer sur divers courants qui en sont parfois directement issus : étude des milieux de travail (HUGHES) ; sociologie des interactions dans la vie quotidienne (GOFFMAN, BLUMER) ; théorie de « l'étiquetage » des comportements déviants (BECKER).

Yves GRAFMEYER

bibliographie

ANDERSON Nels, *Le Hobo : sociologie du sans-abri* (1923), Nathan, 1993.

BECKER Howard S., *Outsiders. Études de sociologie de la déviance* (1963), Métailié, 1985.

COULON Alain, *L'École de Chicago*, « Que sais-je ? », PUF, 1992.

GRAFMEYER Yves, JOSEPH Isaac, *L'École de Chicago. Naissance de l'écologie urbaine*, Aubier, 1994.

PARK Robert E., BURGESS Ernest W., *Introduction to the Science of Sociology* (1921), Chicago, University of Chicago Press, 1969.

PENEFF Jean, *La Méthode biographique : de l'École de Chicago à l'histoire orale*, « U », Armand Colin, 1990.

SHAW Clifford R., *Delinquency and Crime Areas in Chicago*, Chicago, University of Chicago, 1929.

THRASHER Frederik M., *The Gang* (1927), Chicago, University of Chicago, 1963.

WIRTH Louis, *Le Ghetto* (1928), PU Grenoble, 1980.

CHIFFREMENT

voir : CODAGE STATISTIQUE

Synonyme de *codage*, du fait que les catégories sont souvent identifiées et saisies au moyen de chiffres.

CHIFFRE NOIR

Écart entre la mesure possible d'un phénomène et la réalité de celui-ci.

1 La notion de *chiffre noir* prend racine dans les travaux criminologiques anglo-saxons et exprime le décalage qui existe entre l'enregistrement statistique et la « réalité » sociale.

Toute étude sur la criminalité se heurte au caractère ambigu des chiffres présentés dans les statistiques officielles, dans la mesure où ceux-ci fournissent principalement une information sur l'activité des services en charge de la répression (police, gendarmerie, tribunaux, etc.). En dehors de ce biais méthodologique conséquent, les criminologues sont confrontés au *chiffre noir* de la criminalité, c'est-à-dire, aux rapports insaisissables qu'entretiennent *criminalité légale*, ou *apparente*, et *criminalité « réelle »*. La *criminalité légale* correspond à l'ensemble des condamnations prononcées par la juridiction répressive, c'est-à-dire le total des infractions décelées et sanctionnées enregistrées dans les statistiques du ministère de la Justice, qui opère un comptage annuel des décisions judiciaires. La *criminalité apparente* correspond au nombre total de crimes et délits enregistrés par les services de la police et ceux de la gendarmerie, et portés à leur connaissance par voie de plaintes, dénonciations ou procès-verbaux : ces infractions sont décelées mais pas forcément sanctionnées, et sont comptabilisées trimestriellement par le ministère de l'Intérieur. La *criminalité « réelle »* correspond, elle, à l'ensemble des infractions effectivement commises dans la société à un moment donné, qu'elles soient ou non décelées. Concrètement, il apparaît judicieux d'utiliser pour représenter la criminalité réelle la métaphore de « l'iceberg », la partie immergée et indéfinissable représentant le *chiffre noir*, la partie émergée la criminalité légale ou apparente.

2 Par extension, la notion de chiffre noir peut être utilisée dans bien d'autres domaines, dès lors qu'une partie du phénomène étudié échappe à l'enregistrement statistique, pour des raisons inhérentes au mode d'appréhension lui-même. On peut citer en exemple les statistiques du chômage, dont on sait bien qu'elles dépendent pour une grande part de la définition « officielle » qui en est donnée et qui peut varier d'une année sur l'autre en fonction des enjeux politiques ou économiques du moment. Mais davantage encore, la méthode de recensement des chômeurs reposant sur la déclaration des intéressés, il paraît inévitable que la mesure du chômage qui en découle ne soit qu'une sous-estimation de la « réalité » du phénomène.

Félicité des NÉTUMIÈRES

*
* *

CHÔMAGE

du latin (XIIe-XIIIe s.) *caumare, cauma*, eux-mêmes issus du grec *kauma* « chaleur brûlante (fièvre ou soleil) »

all. ARBEITSLOSIGKEIT	esp. PARO, DESEMPLEO
angl. UNEMPLOYMENT	ital. DISOCCUPAZIONE

voir : CRISE, EMPLOI, EXCLUSION, FLEXIBILITÉ, PRÉCARITÉ, TRAVAIL

1. Le chômage se définit d'abord comme une inactivité forcée due au manque de travail, d'emploi (situation sociale objective) ;
2. il est aussi un statut reconnu et encadré par des règles qui le définissent et des institutions de gestion et de soutien des chômeurs ;
3. enfin, il est un vécu subjectif dans les trajectoires des individus privés d'emploi.

1 TYPES DE CHÔMAGE.

1 Le *chômage structurel* désigne un déséquilibre sur une longue période entre offre et demande d'emploi, dû à une crise économique ou à une forte hausse de la productivité du travail sans accroissement correspondant des débouchés.

2 Le *chômage* est dit *frictionnel* lorsque le faible taux de chômage (2 à 3%) a pour cause essentielle une inadéquation qualitative entre les offres d'emploi et les qualifications proposées par les demandeurs d'emploi.

3 Le *chômage technique* caractérise une situation de chômage partiel, avec une réduction imposée des horaires de travail par l'employeur en raison de la faiblesse des débouchés ou des difficultés d'approvisionnement : le chômage technique est partiellement indemnisé (selon les pays) par l'employeur et par l'État.

4 Le *chômage de longue durée* correspond à une période continue de chômage, supérieure à douze mois (en France), à partir de laquelle les chances de retrouver un emploi diminuent tandis que les conditions de vie sociales et psychologiques des individus se dégradent ; le chômage de longue durée croît dans les situations de chômage structurel et touche plus particulièrement les travailleurs âgés : depuis le milieu des années 80, il dépasse 30% du total des inscrits à l'ANPE.

2 LE PROBLÈME DE LA MESURE DU CHÔMAGE. La mesure du chômage rencontre nombre de difficultés tandis que les gouvernements sont largement évalués par leur opinion publique sur leur capacité à réduire celui-ci : d'où leur tentation d'utiliser des instruments de mesure qui minorent les taux de chômage ou proposent des « effets de loupe » sur toute réduction du nombre de chômeurs. Ceci apparaît d'autant plus aisé que la catégorie « chômage » est floue : un chômeur désespéré ne se déclare plus chômeur, un passage imposé au travail à temps partiel n'entre pas dans les données, les préretraités ou les stagiaires ne sont pas comptabilisés comme chômeurs, etc. Un continuum entre emploi et chômage se crée, que tranchent des conventions statistiques qui ne rendent plus compte d'une réalité devenue extrêmement complexe, tandis que les populations touchées par la précarisation à travers un *chômage tournant* représentent plus du tiers de la population active en Europe.

Les difficultés à saisir statistiquement le chômage apparaissent concrètement en France à travers les divergences de résultats des trois sources de données :

- le recensement général de la population (les individus s'y déclarent chômeurs eux-mêmes),
- l'enquête annuelle emploi de l'INSEE, qui fournit les statistiques au sens du Bureau international du Travail (est chômeur toute personne sans emploi, disponible pour travailler et à la recherche effective d'un emploi salarié ou non),
- les chiffres fournis par l'ANPE (demandes d'emploi enregistrées et corrigées des variations saisonnières).

Les données INSEE (au sens du BIT) minorent, à la fin des années 90, de 400 000 le nombre des chômeurs par rapport aux chiffres les plus faibles de l'ANPE (chômeurs de catégorie 1, c'est-à-dire à la recherche d'un emploi à temps plein et à durée indéterminée) et de 900 000 par rapport au nombre de demandeurs d'emploi, même à temps partiel et saisonnier, de la même ANPE.

3 LES FACTEURS DU CHÔMAGE. Le chômage est inhérent à l'organisation économique et sociale du capitalisme : dès le XIXe siècle, l'exode rural entassait les demandeurs d'emploi dans les villes minières ou industrielles faisant pression sur les salaires, l'allongement de la journée de travail et favorisant le maintien de conditions de travail déplorables, y compris pour les femmes et les enfants. MARX a dénommé *« armée de réserve des travailleurs »* cette population prête à travailler à n'importe quelles conditions pour survivre. La crise de l'emploi ponctue l'histoire du capitalisme : crise de 1919-1920, crise de 1929 (20 à 30% de la population active au chômage en Europe, 13 millions de chômeurs aux États-Unis en 1933).

LES PAYS DE L'OCDE. Les Trente Glorieuses ont vu le chômage réduit à un chômage frictionnel dans la quasi-totalité des pays de l'OCDE. Mais, depuis 1974, nombre de ceux-ci sont à nouveau entrés dans une crise structurelle de l'emploi : le taux de chômage y passe de 2,9% au début des années 70 à 8,7% en 1994 ; en France, le nombre de chômeurs passe de 450 000 en 1974 (3% de la population active) à 3,1 millions en 1997 (12,8% au sens du BIT).

1 *Le travail féminin.* Selon certains analystes, la hausse du chômage résulte du fort développement du travail féminin, et tout particulièrement de celui des femmes mariées ; d'où leur appel au travail à temps partiel pour cette catégorie de demandeurs d'emploi.

2 *Les rigidités du marché du travail.* Pour d'autres — quelquefois les mêmes —, le fort taux de chômage s'expliquerait par la rigidité du marché du travail, c'est-à-dire par le refus par les travailleurs d'une plus grande flexibilité du travail, d'une plus grande mobilité géographique, du travail à temps partiel ou d'emplois déqualifiés.

3 *L'accroissement de la productivité.* Ces facteurs peuvent certes expliquer partiellement le maintien d'un fort taux de chômage en Europe en particulier, mais les causes fondamentales résident dans le très fort accroissement de la productivité du travail face à une progression très inférieure de la demande de biens et de services. Si cette dernière se situe aujourd'hui à 2 ou 3% par an, les gains de productivité du travail atteignent 5 à 7% dans l'industrie manufacturière, voire 10 à 12% dans certaines firmes : les technologies de l'information et de la communication fondent en partie cet accroissement de la productivité du travail (traitement automatique de l'information dans le secteur tertiaire, automatisation dans l'industrie...), mais l'essentiel de celui-ci provient des nouvelles rationalisations du travail mises en œuvre à partir du modèle japonais.

4 *Gains de productivité et durée du travail.* Les gains de productivité ne s'accompagnant pas — à demande quasi constante — d'une réduction de la durée du travail, l'offre d'emploi ne peut que diminuer ou au mieux stagner au moment où de nouveaux demandeurs d'emploi — jeunes en particulier — se présentent sur le marché du travail. D'où les taux de chômage élevés des années 80-90. C'est la raison pour laquelle on peut parler de « croissance sans emplois », croissance faible il est vrai (entre 1,5 et 2,5% annuellement depuis une décennie dans la plupart des pays de l'OCDE) mais accompagnée de la restauration des marges des entreprises à des niveaux élevés. Seuls quelques pays paraissent échapper à cette tendance lourde.

Le Japon. Au Japon, les méthodes de calcul du chômage et l'existence d'un « chômage caché » (ou sans emploi) dans l'appareil d'État, dans l'agriculture très subventionnée, dans le commerce de détail, voire dans certaines grandes entreprises, minorent le taux de chômage (3,6% en 1997) par rapport aux estimations des experts occidentaux (de 7 à 10% selon les sources) : il s'agit là d'une forme de régulation macroéconomique qui semble aujourd'hui remise en cause.

La Grande-Bretagne. En Grande-Bretagne, le relativement faible taux de chômage (5 à 6%) repose, d'une part, sur le faible nombre de jeunes entrant chaque année sur le marché du travail et, d'autre part, sur le développement d'emplois précaires et mal rémunérés (le salaire minimum rétabli par le gouvernement travailliste est très bas) depuis la déréglementation thatcherienne.

La Hollande. En Hollande, le taux de chômage officiel (6%) masque un taux réel de près de 25% selon l'OCDE si l'on y inclut les travailleurs qui préfèrent se déclarer invalides plutôt que chômeurs, pour des raisons de niveaux d'allocations.

Les États-Unis. Aux États-Unis, le faible taux de chômage (4,6%) s'explique d'une part par l'économie florissante, elle-même due à une sous-évaluation de 15 à 20% de la monnaie universelle qu'est le dollar, d'autre part par la création massive d'emplois précaires et mal rétribués, en particulier dans les services : il n'est pas rare qu'un salarié occupe deux emplois pour obtenir l'équivalent du SMIC français.

4 SOCIOLOGIE DU CHÔMAGE.

Les catégories de chômeurs. Le chômage ne frappe pas tout le monde de la même manière : la vulnérabilité des travailleurs dépend de la catégorie socioprofessionnelle, de l'âge, du sexe, du diplôme, de l'origine ethnique, de la région de résidence, etc. Le chômeur type a longtemps été un homme de plus de 45 ans, sans qualification reconnue, plutôt d'origine étrangère et habitant une ville « désindustrialisée ». Depuis le début des années 80, cette image n'a plus cours. Les femmes sont plus nombreuses que les hommes, en particulier si l'on comptabilise les demandeurs d'emplois à temps partiel acceptant un contrat à durée déterminée. *« Le taux de chômage diminue en raison inverse de l'âge : près d'un quart des* *jeunes actifs de moins de 25 ans sont au chômage, contre 10,1% des actifs âgés de 25 à 49 ans et 7,3% des actifs âgés de 50 ans et plus. Néanmoins, les actifs d'âge intermédiaire représentent près des deux tiers du stock de chômeurs contre 22,9% pour les plus jeunes et 11,5% pour les plus âgés* » (DEMAZIÈRE, 1995). Si l'on croise les critères de sexe et de diplômes, les chiffres atteignent des sommets : environ 45% des jeunes femmes sans diplôme de 15 à 24 ans sont au chômage. Dans tous les cas, le taux de chômage diminue en fonction de la valeur reconnue du diplôme possédé : 5% des cadres supérieurs sont au chômage contre 15% d'ouvriers. En même temps, les cadres, les travailleurs indépendants sont à leur tour de plus en plus touchés par le chômage : le taux a doublé de 1989 à 1995 (plus de 7%).

Multiplicité des formes de chômage. Au-delà de l'analyse critique des chiffres proposés, qui tendent à constituer des catégories homogènes (jeunes des banlieues, femmes cherchant un emploi après avoir élevé leurs enfants, chômeurs de longue durée de plus de 50 ans, etc.), les sociologues ont construit des objets pertinents et diversifié leurs méthodes pour approcher la multiplicité des situations : mixage des périodes de chômage aidé et d'emploi, installation dans le chômage durable, alternance d'emploi et de travail au noir ou d'activités répréhensibles, etc. Car le chômage ne saurait être unique, et surtout il ne constitue pas une période sans activité ni revenus.

Chômage et politiques de l'emploi. D'une part, les allocations chômage et, d'autre part, les dispositifs d'aide à l'insertion et à la réinsertion des chômeurs (qui se confondent nécessairement avec les politiques de l'emploi) constituent avec le revenu minimum d'insertion (créé en 1989) les moyens d'existence des chômeurs et des exclus de l'emploi tout autant que l'espoir de se former ou d'accroître leur employabilité. Le régime d'assurance contre le chômage (créé en 1958) tend, en raison de l'accroissement du taux de chômage, à indemniser moins longtemps et à des niveaux en réduction les bénéficiaires, tout en excluant certaines catégories comme les jeunes ou les femmes. Les dispositifs des politiques de l'emploi rassemblent les *stages de formation* (les fréquente-t-on pour se former ou, après multiplication de ceux-ci, pour la seule indemnité afférente ?), les *instruments de discrimination positive* (primes diverses, allégements fiscaux ou de charges sociales...) en direction des entreprises privées pour qu'elles embauchent plus facilement certaines catégories de travailleurs et les *créations d'activités dans le secteur intermédiaire ou dans les collectivités territoriales* (création en 1989 des « contrats emploi solidarité » dits CES qui reposent sur des contrats de travail à mi-temps). Le rendement de ces dispositifs apparaît plutôt faible, ne débouchant que trop rarement sur une réelle formation ou sur de véritables emplois : les aides aux entreprises — celles-ci exigent en permanence leur accroissement pour embaucher des jeunes à bas niveau de qualification — n'ont jamais atteint les objectifs affichés et introduisent de nouveaux déséquilibres au seul bénéfice des entreprises.

Le vécu des chômeurs. L'analyse du vécu des chômeurs révèle des situations tout autant diversifiées et quelquefois biaisées par des projections personnelles. Les variétés de comportement et de perception des individus dépendent de leur histoire personnelle. D'où la tentation de multiplier les trajectoires de vie, toutes différenciées, qui éliminent largement les déterminants sociaux pour privilégier les seuls traits de la personnalité. Dans le chômage (comme dans les tâches répétitives et monotones effectuées dans les emplois peu qualifiés), le travailleur doit sortir de sa condition immédiate et créer pour lui-même des attentes et des espoirs qui le libèrent de celle-ci. Telle est la condition de sa survie mentale et intellectuelle. D'où la structuration des journées à travers des emplois du temps rigoureux et l'investissement dans des activités bénévoles de substitution pour retrouver un rôle social. D'où aussi, pour les chômeurs qui ne disposent pas de ces ressources, le risque de dérapage, de marginalisation et d'exclusion sociale définitive (SCHNAPPER, 1994).

Les solidarités de l'environnement social et familial. La solidarité familiale joue en général un rôle central dans l'acceptation du chômage : solidarité matérielle, partage des moyens d'existence et surtout solidarité affective. Depuis le fort développement du chômage avec la tendance à sa normalisation — à travers en particulier la normalisation des emplois atypiques et de la précarité —, les attitudes envers les chômeurs se sont profondément modifiées : du rejet ou au moins de la condescendance, l'environnement social et familial est passé au soutien actif (recherche combinée d'emploi en particulier). En même temps, cette solidarité du cercle familial ne s'accompagne guère d'une solidarité entre chômeurs ; à ce jour, les mouvements de chômeurs ont toujours échoué dans leur tentative de les rassembler : est-ce en raison de leur dispersion ou bien parce que les revenus perçus émoussent leurs potentialités revendicatives ? Les révoltes individuelles ne manquent pourtant pas de s'exprimer lors des entretiens avec des sociologues ou avec des journalistes.

5 LE CHÔMAGE ET LA VALEUR TRAVAIL. Les niveaux atteints par le chômage dans certains pays de l'OCDE agissent comme des secousses telluriques déstabilisant la société tout entière. D'où de nombreuses interrogations sur le devenir du travail et plus généralement sur la disparition de la valeur morale du travail. Les enquêtes montrent pourtant que les chômeurs, y compris les jeunes chômeurs les moins favorisés du point de vue professionnel, aspirent à trouver un emploi stable avec un contenu intéressant : leurs comportements montrent à l'évidence, et contre toute idée reçue, qu'ils mettent le travail et la famille en tête des valeurs qu'ils font leurs.

Que la valeur travail ne puisse rester indéfiniment une valeur cardinale est un fait éprouvé, mais pour disparaître elle doit être remplacée comme le furent les valeurs religieuses hier par d'autres valeurs... comme celle du travail. La fin du travail n'est ni vérifiée ni souhaitée, vu son rôle dans la construction de la cohésion sociale, au-delà des clivages et des contradictions sociales.

La question posée est plutôt, dans les pays à fort taux de chômage, celle d'un autre partage du travail entre actifs occupés et chômeurs, dans lequel tous seraient rémunérés à plein tarif grâce aux fonds aujourd'hui utilisés à entretenir les sans-emploi (plus de 300 milliards de francs par an en France), mais en ne travaillant que 65 à 85% de la durée actuelle du travail. Que de telles régulations puissent bannir ainsi le chômage souligne combien celui-ci est d'abord une construction sociale.

Jean-Pierre DURAND

bibliographie

BENOIT-GUILBOT Odile, GALLIE Duncan (dir.), *Les Chômeurs de longue durée*, Actes Sud, Arles, 1992.

BESSON Jean-Louis, COMTE Maurice, *La Mesure du chômage*, « Repères », La Découverte, 1998.

BINI Paolo Caza (sous la dir. de), *Disoccupazione, Interpretazioni et punti di vista*, Naples, Liguori, 1992.

BOUILLAGUET Patricia, GUITTON Christophe (sous la dir. de), *Le Chômage de longue durée. Comprendre, agir, évaluer*, Syros, 1992.

DEMAZIÈRE Didier, *La Sociologie du chômage*, « Repères », La Découverte, 1995.

FREYSSINET Jacques, *Le Chômage*, « Repères », La Découverte, 1994.

GUITTON Christophe, SIBILLE Hugues (sous la dir. de), *Former pour insérer. Évaluation d'une politique de lutte contre le chômage de longue durée*, Syros, 1992.

LEDRUT Raymond, *Sociologie du chômage*, PUF, 1966.

PUGLIESE Enrico, REBEGGLANI E., *Occupazione e disoccupazione in Italia (1945-1995)*, Rome, Edizioni Lavoro, 1997.

SALAIS Robert, BAVEREZ Nicolas, REYNAUD Benedicte, *L'Invention du chômage*, PUF, 1986.

SCHNAPPER Dominique, *L'Épreuve du chômage*, Gallimard, 1981.

CINÉMA

mot composé par les frères Lumière (1892) à partir du grec *kinêma* « mouvement »

all. FILMKUNST	esp. CINE
angl. CINEMA	ital. CINEMA

voir : COMMUNICATIONS DE MASSE, SPECTACLE

Inventé comme technique pour étudier le mouvement animal, le cinéma est devenu le premier média audiovisuel de masse.

Le *cinéma* est le produit, sociologiquement intéressant, de deux séries de déterminations : un processus technique au service des laboratoires de psychophysiologie et un instrument au service du besoin de satisfactions imaginaires de la société moderne. Aussi, cette seconde logique s'imposant, le cinéma est à l'origine d'un nouveau type d'industrie de l'imaginaire que poursuivra la télévision : l'industrie de l'audiovisuel de masse. Producteur de *spectacle*, le cinéma organise d'abord sa production autour de la *star*, qui fait prolonger l'imaginaire cinématographique, hors écran, dans la vie quotidienne et devient ainsi un modèle social de comportement (MORIN, 1957).

À côté de sa nature de divertissement le cinéma remplit aussi une fonction, d'imprégnation doctrinale ou de propagande. C'est le cas, de façon importante, dans les sociétés totalitaires (STALINE affirme en 1924 : « *Le cinéma est le plus grand moyen d'agitation des masses* »), mais c'est aussi le cas, de façon beaucoup moins prioritaire, dans les sociétés démocratiques, lorsque la conjoncture s'y prête.

Né dans les baraques foraines à partir de sa première projection en 1898, devenu dans les années 20-30 un véritable besoin de la société des loisirs, avec ces « cathédrales du rêve » que sont les palaces luxueux et géants (jusqu'à plus de 40 000 places), il commence une lente décrue dès la fin des années 30. Le développement de la télévision l'accélérera, en même temps qu'elle imposera son type de demande dans la production des films et deviendra une des sources de leur financement et de leur distribution.

Aujourd'hui le cinéma occupe une place double ; d'une part, il vise un large public à dominante juvénile et offre un produit qui privilégie le gigantisme et le spectaculaire pour proposer autre chose que de la télévision ; d'autre part, il crée des films à cible précise, dont le public s'apparente à celui des théâtres.

André AKOUN

bibliographie

MORIN Edgar, *Les Stars*, Seuil, 1957.

CITÉ

du latin *civitas*

all. STADT	esp. CIUDAD
angl. TOWN	ital. CITTÀ

voir : DÉMOCRATIE, URBANISME, VILLE

Le terme est en général utilisé dans un sens puisé de l'Antiquité grecque et désigne la dimension politique d'un territoire dont les habitants sont soumis à leurs propres lois.

Comme Thucydide le fait dire à Périclès : « *Le pouvoir de la Cité n'a pas d'autre raison que de protéger le citoyen contre toute oppression, qu'elle vienne du dehors ou du dedans.* » Il souligne ainsi que la Cité a une transcendance qui lui vient de son *telos* (« fin, but »), celui d'être une communauté de citoyens soumis à une loi égale pour tous, lieu des relations des hommes entre eux et des hommes avec les dieux.

Héritière de la *polis* grecque, la cité n'est donc pas une ville définie territorialement ou administrativement, mais toujours une entité sociale envisagée comme un organisme collectif qui se reconnaît dans une histoire et dans une culture. C'est pourquoi le terme renvoie plus souvent à une sociologie politique ou à une sociologie de la culture qu'à une sociologie urbaine, laquelle usera plus communément du terme de ville.

André AKOUN

bibliographie

BASTIÉ Jean, DEZERT Bernard, *La Ville*, Masson, 1991.

CASTELLS Manuel, *La Question urbaine* (1972), Maspero, 1982.

CHATELET François, *La Naissance de l'histoire*, Éd. de Minuit, 1964.

* * *

CITOYENNETÉ

du latin *civitas* « condition de citoyen »

all. STAATSBÜRGERSCHAFT	esp. CIUDADANÍA
angl. CITIZENSHIP	ital. CITTADINANZA

voir : ÉTAT, EXCLUSION, INTÉGRATION, LÉGITIMITÉ, NATION

Terme politique apparu peu avant la Révolution pour désigner le statut de citoyen octroyé aux membres à part entière de la communauté, par référence à la cité grecque antique prise comme modèle.

1 Nombre de sociologues classiques (DURKHEIM, WEBER, et plus tard PARSONS) se sont interrogés sur les moyens d'asseoir sur des bases solides les sociétés individualistes modernes. De ce point de vue, la mise en œuvre de la citoyenneté permettrait de donner un contenu moral et politique à la solidarité « organique » qui les caractérise.

2 C'est le sociologue anglais MARSHALL qui, dans une conférence appelée à un grand retentissement (1949), a mis en évidence l'importance du concept et ses diverses dimensions. Lui-même en distinguait trois.

- La première — qui se serait imposée au XVIIIe siècle — serait de nature *civile* ; l'individu se voit alors reconnu la liberté de pensée, de parole, de croyance et, sur un autre plan, d'ester en justice, de passer des contrats.
- La deuxième serait *politique* ; devenue effective au XIXe siècle, elle suppose la reconnaissance du droit de vote et la participation, même limitée ou indirecte, à l'exercice du pouvoir politique dans le cadre d'un État-nation et par le truchement de parlements.
- La troisième, qui n'apparaît qu'au XXe siècle, est de nature *sociale* ; elle correspond à la montée en puissance de l'État de *Welfare*, par services sociaux et école interposés, procurant à ses membres une certaine protection médicale et sociale ainsi qu'un niveau d'éducation minimum garanti.

On a beaucoup reproché à Marshall sa vision trop occidentale et trop historiciste de la citoyenneté, mais sans réussir à lui substituer un autre modèle explicatif d'aussi vaste portée.

3 Aujourd'hui, deux grandes conceptions dominent. Pour les uns, la citoyenneté renvoie à la communauté politique que forment les citoyens au sein d'un État fort à la française, qui assure, par son action propre, l'égalité de tous. Dans cette perspective, le « bon citoyen » est celui qui participe activement à la vie de la collectivité nationale ; il s'agit d'une citoyenneté *étatique*. Pour d'autres, maintenant plus nombreux, la citoyenneté se donne à voir au niveau local, dans des communautés restreintes. Le bon citoyen est celui qui s'investit dans la vie associative, et qui agit dans le cadre de groupes intermédiaires échappant peu ou prou à l'emprise de l'État ; on a affaire alors à une citoyenneté *démocratique*, sur laquelle se penchent prioritairement les sociologues et politistes anglo-américains.

4 Très récemment, quelques-uns n'ont pas craint de remettre en question le caractère universaliste de la théorie marshallienne en prônant une approche « différenciée », « multiple », voire « en cubes » de la citoyenneté qui aboutit à privilégier des critères particularistes d'appartenance identitaire, qu'ils soient « nationalistes », culturels ou ethniques.

François GRESLE

bibliographie

BENDIX Reinhard, *Nation-building and Citizenship*, Berkeley, University of California Press, 1977.

BRUBAKER Rogers, *Citoyenneté et nationalité en France et en Allemagne*, Belin, 1997.

HEATER Derek, *Citizenship*, Londres, Longman, 1990.

MARSHALL Thomas H., *Class, Citizenship and Social Development* (1950), Chicago, University of Chicago Press, 1977.

MARSHALL Thomas H., « Nation, nationalisme et citoyenneté », in *L'Année sociologique*, vol. 46-1, 1996.

SPINNER Jeff, *The Boundaries of Citizenship. Race, Ethnicity and the Liberal State*, Baltimore, John Hopkins University Press, 1994.

CIVILISATION

du latin *civis* « citoyen »

all. KULTUR, ZIVILISATION	esp. CIVILIZACIÓN
angl. CIVILIZATION	ital. CIVILIZZAZIONE

voir : SOCIOLOGIE DE LA CULTURE

1. Le terme apparaît au XVIIIe siècle d'abord avec le sens de « ce qui rend les individus plus aptes à vivre en société », puis d'« évolution vers un progrès matériel, social et culturel », et le résultat de cette évolution, par opposition à barbarie, sauvagerie et état de nature.
2. Associé au verbe civiliser *« faire accéder (un groupe) à l'état de civilisation », il devient une notion idéologique justifiant les entreprises coloniales européennes. Dès lors, la civilisation s'identifie à l'idée de « progrès technique » et de « valeurs universelles ».*

Mais on ne saurait en rester à cette origine. La distinction que faisait FEBVRE (*Civilisation, le mot, l'idée*, 1930) permet d'entrevoir une conception évolutive : la civilisation succède à une période de non-civilisation (sauvage) et, d'autre part, une conception plus large et plus conforme à la sociologie : chaque groupe humain développe un type propre de civilisation, c'est-à-dire un ensemble de valeurs, d'idées, de techniques, de conditions matérielles qui le définissent.

Il est difficile de séparer la première conception (celle de MORGAN, par exemple) des jugements de valeur qu'elle véhicule, fût-ce à l'insu de ceux qui la développent. Comment ne pas être amené à considérer comme *inférieures* et *sauvages* les sociétés antérieures à la civilisation et définies par le manque de ce qui aura permis aux autres sociétés de se « civiliser », que ce soit l'urbanisation, l'écriture, ou l'avènement du politique et de l'État (voir la critique qu'en fait CLASTRES dans *La Société contre l'État*) ?

CIVILISATION et CULTURE. Cette conception évolutive relève en fait de la philosophie de l'histoire. Contre l'ethnocentrisme qui la caractérise, la sociologie et l'anthropologie définissent aujourd'hui la *civilisation* de façon telle qu'on voit mal sa différence avec la *culture*. Déjà TYLOR, dans son livre *Primitive Culture* (1871), écrivait : « *Le mot culture ou civilisation* [...] *désigne tout complexe comprenant à la fois les croyances, les arts, la morale, les lois, les coutumes et les autres facultés et habitudes acquises par l'homme dans l'état social.* »

Sans donner de définition générale de la civilisation, MAUSS se contentera de dire que celle-ci se distingue de la culture par son volume et son extension supranationale.

Si, en sociologie, la notion de civilisation ne vaut que pour autant qu'elle se sépare de toute hiérarchie de valeur, le terme demeure dans son sens différentiel, marquant ainsi la supériorité morale de la civilité sur ce qui la nie et qui est, au sein même d'une société, sa part de barbarie.

André AKOUN

bibliographie

CAZENEUVE Jean, *Bonheur et civilisation*, Gallimard, 1966.

CAZENEUVE Jean *et alii, Histoire des dieux, des sociétés et des hommes*, Hachette, 1984.

FEBVRE Lucien, MAUSS Marcel *et alii, Civilisation, le mot, l'idée*, La Renaissance du livre, 1930.

MORGAN L H., *La Société archaïque* (1877), Anthropos, 1971.

SPENGLER Oswald, *Le Déclin de l'Occident* (1922), Gallimard, 1943.

CIVILITÉ

emprunté (vers 1370) au latin impérial *civilitas* « sociabilité, courtoisie »

all. ZIVILITÄT	esp. CIVILIDAD
angl. CIVILITY	ital. URBANITÀ

voir : ANALYSE CONVERSATIONNELLE, MŒURS, POLITESSE, SOCIABILITÉ

Observation des règles de politesse et du savoir-vivre qui régissent la vie en société.

1 Les titres des manuels du savoir-vivre écrits aux XVIIe et XVIIIe siècles (les « *Traités de civilité puérile et honnête* ») exprimaient clairement une conception normative de la *civilité*. Ces traités avaient pour objectif d'expliquer, surtout aux enfants, les règles qu'il était nécessaire d'observer pour entretenir de bonnes relations avec son entourage. L'objectivité des règles était donnée pour évidente, mais la finalité n'était pas dénuée d'hédonisme : la civilité était une valeur à atteindre et, simultanément, une source de plaisir. Les salons du XVIIIe siècle constituèrent un modèle d'une heureuse et brillante réalisation de la civilité par la conversation.

2 ELIAS s'est proposé, dans ses ouvrages sur l'évolution de la civilisation en Europe du XVIe au XIXe siècle, de faire l'histoire de la civilité. Son objectif était non seulement de décrire cette évolution, mais aussi de redonner aux formes de civilité une importance historique qui était communément négligée par l'historiographie. Dans ce processus de civilisation, il souligne certains moments essentiels et significatifs : l'ouvrage d'ÉRASME, *De civilitate morum puerilium libellus* (1549), qui condamne le manque de civilité des mœurs guerrières, la cour de Louis XIV qui introduit le raffinement des relations dans un contexte de cour (1969), les sociétés du siècle des Lumières qui font de la civilité une valeur civilisatrice. Elias met en relation ce progrès de la civilité avec la monopolisation de la violence par l'État au cours de la même période et avec le développement de la maîtrise des affects. Dans ses derniers articles (1989), ayant à expliquer ce qu'il appelle la crise de « décivilisation » de la période du totalitarisme nazi, il retient, parmi les hypothèses explicatives, le maintien de mœurs violentes dans la petite bourgeoisie allemande au début du siècle, et en donne pour illustration la pratique du duel parmi les étudiants.

3 Les travaux de GOFFMAN ont repris le problème dans une autre perspective en cherchant, non à rendre compte de la civilité par la transformation des structures, mais à comprendre les situations ordinaires (la rue, la conversation, les relations hospitalières) où ne cessent de se construire des formes de civilité. Dans cette nouvelle perspective, on ne peut faire du savoir-vivre un ensemble de règlements imposés, mais il convient, tout au contraire, de dégager les réinventions permanentes des interactions. Les personnes sont engagées dans des situations toujours vulnérables. Des regards échangés, une présentation, une conversation apparemment anodine comportent des dangers permanents de malaise, d'embarras, de perte de face. Les acteurs usent de multiples procédés pour éviter les échecs, la rupture des interactions, et pour réussir à sauver la face pour eux-mêmes et pour les autres. La civilité recourt à des usages, à des codes, mais en ne cessant de les rectifier et de les réinventer.

Claudine HAROCHE

bibliographie

DUCLOS Denis, *De la civilité. Comment les sociétés apprivoisent la puissance*, La Découverte, 1992.

ELIAS Norbert, *La Civilisation des mœurs* (1939), Calmann-Lévy, 1973.

ELIAS Norbert, *La Société de cour* (1969), Flammarion, 1985.

ELIAS Norbert, *The Germans*, Polity Press Blackwell, 1997.

GOFFMAN Erving, *Les Rites d'interaction* (1967), Éd. de Minuit, 1974.

MENSION-RIGAU Éric, *Aristocrates et grands bourgeois*, Plon, 1994.

CLAN

voir : ETHNIE ET ETHNICITÉ

1 Terme d'origine gaëlique désignant, en anthropologie, un groupe exogame, en ligne paternelle ou maternelle. En raison de la diversité des organisations particulières de ces ensembles, le critère retenu pour caractériser un clan est le fait que ses membres se définissent par rapport à un ancêtre commun, légendaire ou mythique.

2 Le terme est utilisé en sociologie de façon métaphorique pour désigner un sous-groupe uni par un fort esprit de solidarité (« l'esprit de clan ») et qui ne se conforme pas totalement à son milieu d'appartenance, par exemple au sein d'un parti politique.

Pierre ANSART

*
*   *

CLASSE SOCIALE

du latin *classis* « division du peuple, répartition des individus en catégories d'âge, de fortune ou de rang »

all. KLASSE	esp. CLASE
angl. CLASSE	ital. CLASSE

voir : CONFLIT SOCIAL, HABITUS, IDÉOLOGIE, LUTTE DES CLASSES

Ensemble non institutionnalisé des individus manifestant des caractéristiques économiques et culturelles communes, des comportements comparables, par opposition aux castes, états et ordres, définis par la transmission héréditaire.

ORIGINES ET HISTOIRE.

Le terme de *classe* était couramment employé dans la pensée présociologique. PLATON, décrivant la Constitution oligarchique de Sparte, indique que cette cité est divisée en deux classes rivales : celle des riches familles dominantes et celle des pauvres « qui ne rêvent que de révolution » (*La République*, 555d). ARISTOTE souligne, dans la cité athénienne, l'importance des classes moyennes ; il y voit un gage de stabilité politique (*Politique*, IV, 4). Ces auteurs tiennent pour acquise l'existence de classes différenciées par leur rang dans la cité, par leur même place sociale et politique. La question de la reproduction de ces classes devient cruciale dans les sociétés de castes et d'ordres rigoureusement définies par les règles de la transmission héréditaire. Dans l'Ancien Régime, la noblesse se distingue par la naissance et l'ancienneté, qui fondent sa légitimation.

LE XIXe SIÈCLE.

Au XIXe siècle, la notion de classe se redéfinit par opposition à cette transmission héréditaire et n'exclut pas les mobilités ascendante et descendante, le passage de certains de ses membres d'une classe vers une autre, supérieure ou inférieure.

Redéfini en ces termes, le concept de *classe sociale* est devenu un enjeu théorique majeur dans les débats sociologiques depuis le début du XIXe siècle. En effet, la définition de la classe introduit à l'interprétation générale de la société et de son évolution. En majorant l'importance de la division en classes, on tend vers une représentation objectiviste et globalisante, vers une représentation conflictualiste des rapports sociaux.

SAINT-SIMON. L'importance de cette définition des classes se perçoit bien dans l'œuvre de SAINT-SIMON. Celui-ci stigmatise les anciennes castes, le clergé et la noblesse, qu'il désigne comme des forces déclinantes (1819-1820). À ces vestiges des anciens ordres devenus parasitaires, il oppose l'ensemble des « producteurs », qu'il rassemble dans le terme de « classe industrielle ». Par ce concept, il entend toutes les professions de l'agriculture, du commerce et de l'industrie, qui ont pour caractéristique commune de participer utilement à la production et à la circulation des biens. Au sein de cette classe d'*associés*, des hiérarchies fonctionnelles se constituent, fondées non plus sur l'arbitraire de la naissance, mais sur les compétences et les *capacités*. Ainsi, dans l'organisation sociale future, la *société industrielle*, les savants, les artistes et les chefs industriels auront une prééminence sur les autres membres de la classe industrielle, mais elle sera justifiée par leur fonction, leur mérite, leur apport à l'*association*. Saint-Simon ajoute que cette association n'est pas réalisée et que subsiste un rapport de domination entre les possédants et les non-possédants. Vers 1825, cette dernière indication fut développée par l'École saint-simonienne dans sa dénonciation de « l'exploitation de l'homme par l'homme ».

MARX. Dans ce débat où la définition du mot engage toute la conception de l'organisation sociale, l'œuvre de MARX a revêtu une place exceptionnelle dans l'histoire de la sociologie et ne cesse de constituer un pôle de référence et de critique.

1 **La lutte des classes : bourgeoisie et prolétariat.** Dans *Le Capital*, Marx fait du rapport conflictuel entre la classe bourgeoise, propriétaire des moyens de production, et le prolétariat, propriétaire de sa seule force de travail, le fondement structurel du capitalisme. Dans le procès de travail ne cesse de se renouveler l'extorsion de la plus-value (le « vol », selon l'expression de PROUDHON) et ainsi le rapport social d'exploitation. La division de la société en classes et la lutte des classes sont donc les phénomènes fondamentaux du mode de production capitaliste et déterminent son devenir. La classe sociale se trouve ainsi définie par des critères socio-économiques : elle est formée de l'ensemble des individus qui occupent la même position dans le procès de production et que sépare le rapport à la propriété. Cet antagonisme peut être généralisé et considéré comme un trait permanent de l'histoire : selon la formule du *Manifeste de 1848* : « *L'histoire de toute société jusqu'à nos jours est l'histoire des luttes de classes.* » Cette conception associe donc étroitement les caractéristiques économiques (la place dans le processus de production) et le conflit qui oppose nécessairement les deux classes antagonistes.

2 **La multiplicité des classes.** Cependant ce schéma fondamental, systématiquement analysé dans *Le Capital*, ne décrit que les dimensions structurelles du mode de production et néglige la dynamique des transformations historiques sur laquelle Marx a, dans ses ouvrages historiques, accumulé analyses et hypothèses. Dans la dynamique des conflits réels, il importe de montrer que les deux classes, bourgeoisie et prolétariat, ne s'opposent pas comme deux camps affrontés. À la fin du manuscrit du *Capital*, Marx indique rapidement que « *les salariés, les capitalistes et les propriétaires fonciers constituent les trois grandes classes de la société moderne...* », mais, dans les ouvrages consacrés à la Révolution de 1848, il distingue plusieurs classes et fractions de classe : la bourgeoisie industrielle, l'aristocratie financière, la bourgeoisie commerçante, la petite bourgeoisie, la classe paysanne, le prolétariat et le sous-prolétariat. C'est à travers cette complexité sociale que le mouvement de la classe prolétarienne se heurte à de multiples obstacles. C'est dans ce contexte marqué par la complexité que Marx interroge la mutation des classes et, particulièrement, l'avènement de la classe ouvrière à l'action révolutionnaire.

3 **Paysannerie et prolétariat.** L'analyse sociohistorique conduit à différencier radicalement deux situations de classe qu'illustre l'opposition entre la paysannerie et le prolétariat. Dans *Le 18 Brumaire de Louis Bonaparte*, Marx fait de la classe paysanne une classe non moins exploitée que le prolétariat par la classe bourgeoise, mais portée néanmoins au con-

servatisme politique en raison de son morcellement et de ses conditions de vie. Les paysans parcellaires français, qui vivent pour l'essentiel en autosubsistance, manquent de relations réciproques qui leur permettraient de prendre conscience de leurs véritables intérêts ; ils constituent une classe économique, une classe de fait, mais non une classe consciente d'elle-même. Pour le prolétariat, au contraire, les conditions de vie, l'expérience des relations réciproques, le rassemblement en un même lieu de travail, l'expérience des grèves, la mise en place des « coalitions » ouvrières sont autant d'éléments essentiels à la transformation de la classe en force politique. La diffusion de la théorie révolutionnaire est aussi un facteur important sinon décisif de sa transformation en mouvement politique. Comme Marx l'écrivait dès avant 1848 : *« La théorie se change en force matérielle en pénétrant les masses. »* Enfin, le rôle du parti ouvrier, que Marx conçoit comme un organe d'expression des groupes ouvriers, ne peut être négligé.

4 **La société sans classes.** Il importe d'ajouter que la conception historique des classes conduit Marx à faire de la division de la société en classes un phénomène provisoire destiné à être surmonté par la révolution prolétarienne qui marquerait la fin du système des classes. La disparition du mode de production capitaliste entraînerait la disparition de la division de la société en classes et l'avènement de la société sans classe. Comme il est affirmé dans le *Manifeste de 1847* : *« Si le prolétariat, dans sa lutte contre la bourgeoisie, se constitue forcément en classe, s'il s'érige par une révolution en classe dominante et, comme classe dominante, détruit par la violence l'ancien régime de production, il détruit, en même temps que ce régime de production, les conditions de l'antagonisme des classes, il détruit les classes en général et, par là même, sa propre domination comme classe »* (Marx, ENGELS, 1954, p. 49).

Tocqueville. Marx faisait de la bourgeoisie et du prolétariat les deux classes décisives et prévoyait l'affaiblissement, à ses yeux inéluctable, des classes moyennes. Dès ce milieu du XIXe siècle se trouvaient ainsi opposées deux conceptions de l'évolution sociale entraînant deux conceptions des classes moyennes et deux définitions de la classe. TOCQUEVILLE, étudiant, dans les années 1830-1835, « l'état social » de la société nord-américaine, pronostiquait, tout au contraire, l'extension et la diversification de ces classes moyennes, par un double phénomène de mobilité sociale et de déprolétarisation. Pour lui, *« l'état social »* propre à la démocratie entraînerait nécessairement vers une plus grande *« égalité des conditions »* et donc vers une extension des classes moyennes. L'inégalité entre les riches et les pauvres subsiste, mais, comme il l'écrit dans *De la démocratie en Amérique* : *« À vrai dire, quoiqu'il y ait des riches, la classe des riches n'existe point ; car ces riches n'ont pas d'esprit ni d'objets communs, de traditions ni d'espérances communes. Il y a donc des membres, mais point de corps »* (1961, t. 2, p. 224). Aux yeux de Tocqueville, l'existence des classes définies par le critère de la propriété n'est pas contestable, mais le régime démocratique exclut que la classe possédante puisse se clore sur elle-même et s'ériger en classe hégémonique. Par un effet en retour du politique sur le social, le régime démocratique aurait pour conséquence générale de favoriser la mobilité sociale et de limiter les ségrégations de classe. Cette conception de Tocqueville ouvrait la voie à une reprise du problème en termes de stratification sociale puisque au lieu de souligner les frontières de classe, l'attention se trouvait orientée vers la pluralité des différenciations à l'intérieur des classes, supérieure, moyenne et inférieure.

LE XXe SIÈCLE : CONCEPTIONS RÉALISTE, NOMINALISTE ET DYNAMIQUE.

Ces débats esquissaient déjà l'opposition entre deux conceptions générales que l'on peut qualifier de « réaliste » et de « nominaliste » (ARON, 1967) ; il conviendra aussi d'évoquer les conceptions que l'on peut qualifier de « dynamiques ».

1 LA CONCEPTION RÉALISTE. La définition de Marx illustre sans ambiguïté une conception réaliste de la classe. Quelle que soit l'étendue de quelques phénomènes de mobilité : le fait, par exemple que des intellectuels issus de la bourgeoisie puissent rejoindre les attitudes politiques des ouvriers, ou, au contraire, que des sous-prolétaires puissent se rapprocher de la classe dominante, ces faits sont considérés comme secondaires. Pour Marx, le fait déterminant de la division de la société en classes est bien la structure du mode de production capitaliste qui fait des classes sociales des ensembles réels et objectifs. La définition proposée par GURVITCH est exemplaire de cette conception : *« Les classes sociales sont des groupements particuliers de fait et à distance caractérisés par leur suprafonctionnalité, leur tendance vers une structuration poussée, leur résistance à la pénétration par la société globale et leur incompatibilité radicale avec les autres classes »* (1966, p. 204).

2 LA CONCEPTION NOMINALISTE : WEBER. Une conception nominaliste met en question ce réalisme, non pour nier nécessairement l'idée de classe, mais pour souligner la grande diversité des statuts, pour mettre en doute l'idée d'un déterminisme de classe et introduire d'autres critères de classement.

L'œuvre de WEBER peut être considérée comme introductive à cette réflexion critique à l'égard des conceptions réalistes. Il critique, en particulier, l'illusion fréquente, issue d'une lecture simplifiée de MARX, consistant à faire de la classe une unité de fait, comparable à une communauté. Or, si une classe peut constituer « le fondement possible et fréquent de l'action communautaire », elle ne l'est pas nécessairement et d'autres facteurs doivent être pris en compte pour expliquer l'émergence de l'action collective. Il propose de considérer, non le fait des appartenances de classe, mais les « chances » propres aux différents individus, et, d'autre part, d'insister sur leur « statut ».

1 **« Situation de classe » et « chance d'accès aux biens ».** Tout en reconnaissant l'apport de Marx à la théorie des classes, Weber réfère ce concept de classe à la situation des individus sur le marché des biens et du travail. Sur le marché, les individus entrent en compétition comme échangistes et le terme de *classe* doit désigner l'ensemble des individus ayant des chances comparables d'accès aux différents biens, à partir d'une « situation de classe » commune. Weber cite comme éléments de cette situation de classe : *« [...] la chance typique d'accès aux biens, à certaines conditions de vie matérielles et*

à certain mode de vie personnel, chance déterminée par l'importance et le type de pouvoir, ou l'absence d'un tel pouvoir, permettant de disposer de biens ou d'un certain revenu, dans un ordre économique donné » (Weber, 1971, p. 309).

2 **Situation de classe et statut des individus.** Toutefois une telle identité de situation n'est pas suffisante pour expliquer l'émergence d'une « conscience de classe » et d'une action de classe. Le statut et la participation des individus à un même statut corrige et complète la notion de classe. Les individus peuvent être placés dans une même situation de classe et, simultanément, participer à des statuts différents. Weber définit le statut par le rôle et la fonction sociale que remplit un individu, et insiste sur les représentations, positives ou négatives en termes de prestige, d'honneur, qui s'attachent à un statut. Dans le jeu des interactions, les statuts sont perçus comme situés dans une hiérarchie depuis les plus élevés jusqu'aux moins chargés de prestige. Cette hiérarchie est intériorisée par les individus qui tendent, s'ils sont situés dans un statut élevé, à défendre leur position. La situation de classe et la hiérarchie des statuts ne sont donc pas identiques dans leurs caractéristiques et dans leurs effets. Les valeurs qui sont poursuivies peuvent se rapprocher ou se différencier. Dans l'attachement aux statuts de prestige peuvent demeurer des valeurs qui rappellent celles qui étaient propres aux ordres : valeurs de l'honneur, mépris des richesses, consommation ostentatoire. À l'intérieur d'une même catégorie de statuts se déroulent des conflits et des concurrences qui ne se réduisent pas aux concurrences économiques ; de même, entre les différents statuts, se jouent des concurrences pour la conquête des prestiges. Cette distinction entre *situation de classe* et *statut* permet, selon Weber, de mieux comprendre l'émergence d'une conscience de classe et d'une éventuelle action collective. L'action organisée d'une classe rencontre des conditions favorables lorsque classe et statut sont, à grands traits, confondus comme c'est le cas pour les ouvriers. Pour cette classe, en effet, le rapport entre situation de classe et statut est étroit : le bas niveau des rémunérations et une identité des statuts opposés aux statuts des dirigeants d'entreprise constituent les conditions favorables à l'émergence d'une action de type communautaire. Cependant il faut encore ajouter d'autres éléments indispensables à cette émergence : concentration des oppositions contre un pôle visible (les chefs d'entreprise plus que les actionnaires), rassemblement des travailleurs en un même lieu, présence de leaders capables de présenter des objectifs intelligibles. Une action de classe ne peut tirer toutes ses explications de la seule situation de classe.

3 LA CONCEPTION DYNAMIQUE : TOURAINE. Par-delà cette opposition entre réalisme et nominalisme, il faut considérer l'apport d'une sociologie dynamique des classes, soucieuse à la fois de souligner la place des classes dans les structures et la transformation de leurs rapports. Une telle sociologie tente d'intégrer des éléments de l'approche marxiste, mais de reconsidérer les rapports entre les classes, les conflits, et aussi l'importance des représentations communes et des idéologies dans leurs changements.

L'actionnalisme de Touraine : les rapports de classe. Dans son ouvrage, *Production de la société* (1973), TOURAINE écarte l'analyse sociologique en termes de classes objectives au profit d'une analyse en termes de rapports de classes. Dans cette perspective actionnaliste, les classes se définissent moins par leurs caractéristiques factuelles que par les rapports dynamiques qui peuvent être d'alliance, de concurrence ou de conflit avec les autres forces sociales. La société est pensée non comme un agencement de structures, mais dans son *historicité*, c'est-à-dire dans l'action qu'elle exerce sur elle-même, sur ses pratiques et sur l'orientation de cette action. Cette historicité est elle-même l'enjeu des rapports de classes, en ce sens que la classe dirigeante s'approprie la direction de l'orientation sociale : elle « s'identifie à l'historicité », en partie contre les classes dominées. Il y a donc bien un conflit fondamental, mais qui ne se réduit pas à l'affrontement entre des intérêts pour l'appropriation du capital. Le conflit a un enjeu dynamique : celui de l'historicité, c'est-à-dire des orientations de l'action historique : « *Les rapports de classe ne sont pas seulement liés à des forces de production, à un état de l'activité économique et de la division technique du travail ; ils sont l'expression en termes d'acteurs sociaux de l'action historique elle-même, de la capacité de la société d'agir sur elle-même par l'investissement* » (1973, p. 31).

La double dialectique des classes sociales. Dès lors que les classes sont considérées comme des acteurs sociaux, le conflit entre la classe dirigeante et les classes dirigées devient intelligible. Le conflit fondamental oppose la classe dirigeante, qui sert l'historicité mais l'utilise aussi à son profit, et une « classe populaire » qui résiste à cette domination. Touraine redéfinit ainsi les classes à travers ce « système d'action historique » et fait apparaître ce qu'il appelle une « double dialectique des classes sociales ». La classe dirigeante aurait nécessairement deux caractères opposés et complémentaires.

- D'une part, elle est l'agent de réalisation du « modèle culturel » et collectif : elle gère l'investissement et l'oriente.
- D'autre part, elle exerce une contrainte sur l'ensemble de la société, et elle se sert de la dynamique sociale pour constituer son propre pouvoir.

Cette conception exemplairement dynamique conçoit les classes comme des acteurs sociaux et non plus comme des agencements objectifs et structurés, mais elle reste fidèle, dans une certaine mesure, au réalisme, en assimilant les classes à des sujets unifiés par l'action et par des enjeux susceptibles de donner naissance à des mouvements sociaux.

4 NOUVELLES PERSPECTIVES. L'importance de ce problème des classes a suscité de très nombreuses recherches et théorisations. Les grandes orientations de l'anthropologie et de la sociologie ont rencontré ce problème et apporté de nouvelles perspectives.

1 **Classe sociale et anthropologie.** La question a été posée par les anthropologues de savoir si la notion de classe était applicable aux sociétés traditionnelles, qui connaissent aussi des hiérarchies, des inégalités de statuts, des distinctions de prestige et de pouvoir, généralement légitimées par une mythologie. La très grande diversité des formes sociales y rend très problématique l'application des différenciations propres aux sociétés industrielles : les différen-

ciations s'y formulent davantage à partir des critères d'âge, de sexe, de parenté, de lignage, de clans, d'associations religieuses, politiques ou économiques. Certaines associent un système d'« *ordres* » (aristocrates, hommes libres, esclaves) et un système de *castes* fondé sur la profession, chacun de ces systèmes ayant sa propre stratification et sa hiérarchie (BALANDIER, 1968).

2 **Les protoclasses.** Toutefois, il a été suggéré que certaines sociétés traditionnelles faisaient apparaître, sinon ces classes, du moins des « protoclasses » dessinant des potentialités de transformation en classe économique. Le *mode de production asiatique* pourrait être considéré comme une société de classes dans laquelle l'exploitation du travail se réaliserait à travers des formes communautaires de possession du sol (GODELIER, 1969).

3 **Le fonctionnalisme.** Les recherches fonctionnalistes, sans abandonner la notion de classe, ont mis l'accent sur l'extrême différenciation des rôles et des fonctions, sur le caractère complémentaire de ces différenciations. DURKHEIM tendait à considérer que les conflits de classe étaient liés à la contradiction entre les aspirations culturelles et les conditions concrètes de réalisation de ces aspirations, faisant ainsi de ces conflits un symptôme de désorganisation. Halbwachs, dans le même sens, insistait sur la nécessité de prendre en considération la psychologie des classes pour en comprendre l'action (HALBWACHS, 1912).

STRUCTURALISME GÉNÉTIQUE ET INDIVIDUALISME MÉTHODOLOGIQUE. Pour terminer, et pour rappeler l'importance de la conception des classes dans les débats théoriques, il faut souligner que les différents paradigmes conduisent à faire de l'importance accordée à cette question un enjeu majeur de leur opposition. Évoquons sur ce point l'opposition entre le structuralisme génétique et l'individualisme méthodologique, qui conduisent, soit à majorer l'importance des déterminismes de classe, soit à les minimiser, sinon à les nier.

Bourdieu. Dans ses premiers travaux, BOURDIEU soulignait fortement la nécessité de replacer chaque classe sociale dans la totalité sociale et de prendre en compte le fait que chaque classe est affectée par les relations qui l'unissent aux autres parties de la structure. Chaque classe doit un ensemble de « propriétés de position » à cette place relative dans la structure (Bourdieu, 1966). Un ensemble de recherches et d'enquêtes sur les pratiques culturelles des étudiants (1964), sur la fréquentation des musées (1966), sur les pratiques artistiques (1979) montreront combien ces pratiques se différencient selon les classes sociales ou, en d'autres termes, selon les positions occupées par les individus dans l'espace social. L'approfondissement de cette réflexion conduit à s'interroger sur les conditions de la reproduction des distances de classe, sur les luttes culturelles qui se déroulent entre elles et qui se traduisent par les efforts des classes moyennes pour se distinguer de la classe populaire, comme par les efforts déployés par les membres des classes supérieures pour se distinguer de la classe moyenne (1979). À travers ces différents travaux, se confirme le projet de tirer toutes les conséquences du constat de la hiérarchie des classes au niveau des pratiques culturelles.

L'individualisme méthodologique. L'objection de principe de l'individualisme méthodologique à ce type d'approche est, précisément, de lui opposer une procédure d'investigation à partir non pas des structures et des collectifs, mais à partir des individus. La question se posera en termes non plus de classe, mais en termes de comportements et de jugements, de choix et de décisions individuels, pour examiner quelles régulations, quelles émergences se réalisent, à partir de l'agrégation des conduites. Cependant le fait de la division en classes peut resurgir dans le cheminement de l'enquête, car il est possible que les choix des individus apparaissent comme orientés par une situation de classe. On le voit dans le problème de l'égalité des chances (BOUDON, 1973), où les parents des milieux populaires ont tendance à percevoir les études longues comme coûteuses et inaccessibles à leurs enfants, tandis que les parents des classes privilégiées ont tendance à porter des jugements opposés. La question des classes sociales réapparaît donc, même si c'est au terme de l'enquête.

5 **SOCIÉTÉ MODERNE ET DIVISION DE CLASSE.** En dehors des débats théoriques, on peut penser que la question des classes sociales ne pourra que se transformer en raison des changements sociaux, comme elle n'a cessé de le faire antérieurement. Les changements qui affectent les sociétés européennes : érosion de la classe paysanne, décomposition de la classe ouvrière, affaiblissement des identités de classe, renforcement des identités ethniques, extension du salariat, développement de nouvelles technologies et du secteur tertiaire, internationalisation et mondialisation des échanges, tous ces phénomènes de transformation conduisent nécessairement à repenser les divisions de classe, leur définitions et leurs relations.

Pierre ANSART

bibliographie

BALANDIER Georges, *Sens et puissance, les dynamiques sociales*, PUF, 1981.

BENDIX Reinhard, LIPSET Seymour Martin (éd.), *Class, Status, and Power : a Reader in Social Stratification*, Glencoe, Free Press, 1966.

BOUDON Raymond, *L'Inégalité des chances ; la mobilité sociale dans les sociétés industrielles*, Armand Colin, 1973.

BOURDIEU Pierre, DARBEL Alain, *L'Amour de l'art ; les musées et leur public*, Éd. de Minuit, 1966.

BOURDIEU Pierre, PASSERON Jean-Claude, *La Reproduction*, Éd. de Minuit, 1970.

BOURDIEU Pierre, *La Distinction, critique sociale du jugement*, Éd. de Minuit, 1979.

DAHRENDORF Ralph, *Classes et conflits de classes dans la société industrielle*, Paris-La Haye, Mouton, 1972.

GURVITCH Georges, *Études sur les classes sociales*, « Médiations », Gonthier, 1955.

HALBWACHS Maurice, *La Classe ouvrière et les niveaux de vie* (1913), Londres-Paris, Gordon and Breach, 1970.

MARX Karl, *Le Capital* (1867), « La Pléiade », Gallimard (M. RUBEL, éd.), 1965.

MICHELAT Guy, SIMON Michel, *Classe, religion et comportement politique*, Presses de la FNSP/Éd. sociales, 1977.

MILLS Wright C., *Les Cols blancs* (1951), Maspero, 1966.

TOURAINE Alain, *Production de la société*, Seuil, 1973.

WEBER Max, *Économie et société* (1922), Plon, 1971.

CLASSEMENT

de *classe*, du latin *classis* « classe de citoyens susceptibles d'être appelés sous les armes »

voir : CATÉGORIES SOCIOPROFESSIONNELLES, CHIFFREMENT, CLASSE SOCIALE, CODAGE, SOCIOLOGIE DE LA CONNAISSANCE

Opération de rangement dans une ou des catégories, ou résultat de cette opération.

Dans les sciences de la vie, le *classement* des espèces a longtemps constitué un objectif important (classification par genres et espèces de LINNÉ). Soucieux de fonder la sociologie comme science positive, DURKHEIM consacre au classement des espèces sociales un chapitre des ***Règles de la méthode sociologique*** (1895) précédant celui qui porte sur l'explication. Établir des classifications et ranger des éléments par ailleurs différents dans l'unité de catégories ou classes correspondant à des attributs qu'ils ont en commun est d'abord une activité cognitive générale, nécessaire à l'usage du langage et à la vie en société. C'est aussi une activité sociale, et on peut, avec Durkheim et MAUSS, s'interroger sur le fondement social de l'activité classificatoire (« De quelques formes primitives de classification », 1903).

Plus spécifiquement, toute observation systématique suppose que les faits soient classés dans des catégories homogènes : constituer et expliciter ces catégories est nécessaire pour l'analyse et la communication des observations. Lorsque l'observation prend une forme statistique, le classement des unités observées au moyen de codes* ou nomenclatures est dit *codage** ou *chiffrement**.

Dominique MERLLIÉ

CLIENTÈLE

voir : GROUPE

Réseau social particulier caractérisé par les relations verticales, dans lesquelles des personnes de pouvoir et de ressource inégaux sont alliées pour la défense de leurs intérêts.

La puissance des réseaux de clientèle peut entrer en conflit avec les pouvoirs politiques légitimes, se développer face à la faiblesse de l'État central et participer à cet affaiblissement. Le terme de *clientélisme* désigne le fait et l'extension de cette situation.

SOCIOLOGIE CLINIQUE

du latin *clinicus*, calque du grec *klinikos* « qui concerne le lit »

all. KLINISCHE SOZIOLOGIE	esp. SOCIOLOGÍA CLÍNICA
angl. CLINICAL SOCIOLOGY	ital. SOCIOLOGIA CLINICA

voir : MÉTHODES, OBJECTIVITÉ

La clinique consiste au sens propre à observer directement « au lit du malade », c'est-à-dire à prendre en compte la personne dans sa totalité en écoutant le vécu de sa souffrance.

L'objet de la méthode clinique est « *l'étude de la personne totale en situation et en interaction* » (REVAULT D'ALLONNES *et alii*, 1989, p. 18). Elle favorise l'émergence d'une parole en situation, dans une relation à la fois intersubjective et sociale. En sociologie, elle consiste à saisir les individus au cœur de leur existence, c'est-à-dire le sujet aux prises avec son histoire, ses désirs, son milieu social, ses aspirations, sa famille, ses émotions... Elle se veut à l'écoute des sujets, proche du réel dans ses dimensions affectives et sociales, attentive aux enjeux inconscients individuels et collectifs. Elle s'intéresse aux phénomènes sociaux et institutionnels dans leur dimension rationnelle mais également imaginaire, pulsionnelle et symbolique. Elle cherche à démêler les nœuds complexes entre les déterminismes sociaux et les déterminismes psychiques dans les conduites individuelles et collectives.

Le terme apparaît aux États-Unis, en 1930, à l'Université de Yale, dans laquelle est proposée la création d'un département de sociologie clinique. Issue de la sociologie médicale, sa définition évolue pour désigner un champ multidisciplinaire centré sur l'analyse et l'intervention : « *L'analyse clinique se veut une approche critique des croyances, des politiques et des pratiques, supposant le changement des situations* » (FRITZ, 1993, p. 38).

En France, une perspective clinique est présente dès le début de la sociologie (ENRIQUEZ, 1993). Elle s'inscrit dans ce courant qui estime que les phénomènes sociaux ne peuvent être appréhendés « totalement » que si l'on y intègre la façon dont les individus les vivent, se les représentent, les assimilent et contribuent à les produire. L'expression « sociologie clinique » ne sera vraiment reconnue que dans les années 80 lorsque, sous l'impulsion conjointe de sociologues canadiens (SÉVIGNY, HOULE, RHÉAUME) et français (Enriquez, GAULEJAC), l'Association internationale de sociologie et l'Association internationale des sociologues de langue française reconnaîtra l'existence de comités de recherche en sociologie clinique. La revue ***International Sociology*** lui consacre un numéro spécial en 1997 (vol. 12, nº 2).

Pour autant l'approche clinique a suscité bien des réticences au sein de la communauté des sociologues dominée par le paradigme de l'objectivité. Par exemple, les auteurs de l'ouvrage ***Le Métier de sociologue*** considéraient comme une malédiction d'avoir affaire à « *des objets qui parlent* » (BOURDIEU, CHAMBOREDON, PASSERON, 1969, p. 64). Si, en effet, le sens d'un acte ne se réduit jamais à la conscience que l'acteur peut en avoir, on ne peut pour autant exclure le fait que nous avons affaire à des « sujets qui parlent ». La subjectivité est un élément incontournable pour comprendre les conduites, les comportements, les attitudes, les relations et les rapports sociaux. Beaucoup de sociologues se méfient du « vécu », par crainte de l'empirisme, du subjectivisme, du psychologisme. Ils le considèrent comme un résidu ou un obstacle à la connaissance. Il y a effectivement un risque à réduire le monde social aux représenlations que s'en font les acteurs et à faire bon marché de la règle fondatrice de la sociologie, qui consiste à « *traiter les faits sociaux comme des choses* » (DURKHEIM, 1895, p. 15). Pourtant, l'explication sociologique ne peut jamais faire abstraction d'une reprise par la conscience : « *La preuve du social ne peut être que mentale ; autrement dit* [...], *toute interprétation doit faire coïncider l'objectivité de l'analyse historique ou comparative avec la subjectivité de l'expérience vécue* » (LÉVI-STRAUSS, 1960, p. XXVI).

Il s'agit donc en définitive d'intégrer le vécu des acteurs comme un élément de connaissance et un élément à connaître. Cette intégration ne va pas sans risque : *« Le vécu est a la fois porteur de sens et d'illusion, de savoir et de dissimulation, de vérités et de déformations, de persuasion et de neutralisation, de distance et d'implication. Son expression n'est que partiellement directe. Comme le roman, il opère une reconstruction de la réalité pleine de richesse, de contradictions et d'ambiguïtés »* (REVAULT D'ALLONNES, 1989, p. 81).

La sociologie clinique se développe au cœur de ces contradictions entre l'analyse et le vécu, entre l'objectivité et la subjectivité, entre la raison et l'émotion. Les faits sociaux n'obéissent pas aux lois de la physique, mais sont produits par des sujets sociohistoriques qui interviennent en permanence dans la création de la société, non seulement à travers des rapports de force, des règles, des normes, mais également des croyances et des passions. Entre l'illusion déterministe qui voit l'homme comme un objet passif ou une sorte de produit intériorisé de la société, et l'illusion libérale, qui le considère comme un électron libre indépendant de toute attache et qui agit par ses propres choix, la sociologie clinique cherche à saisir l'histoire des hommes comme des moments de rupture, de continuité et/ou de choix, qui s'élaborent dans des espaces incertains et qui ne sont ni le produit du libre arbitre, ni la conséquence logique de déterminations structurelles, mais des réponses que les individus et les groupes apportent face à des situations contradictoires.

L'objet de la sociologie clinique se construit à l'articulation entre l'analyse des rapports structuraux, des pratiques concrètes des acteurs sociaux et des réponses personnelles que chaque individu apporte pour tenter de se positionner en sujet de son histoire.

Vincent de GAULEJAC

bibliographie

BOURDIEU Pierre, CHAMBOREDON Jean-Claude, PASSERON Jean-Claude, *Le Métier de sociologue*, Mouton/Bordas, 1965.

DURKHEIM Émile, *Règles de la méthode sociologique* (1895), PUF, 1981.

ENRIQUEZ Eugène, HOULE Gilles, RHÉAUME Jacques, SÉVIGNY Robert, *L'Analyse clinique dans les sciences humaines*, Montréal, Éditions Saint-Martin, 1993.

ENRIQUEZ Eugène, « L'Approche clinique : genèse et développement en France et en Europe de l'Ouest », in *Sociologies cliniques* (dir. Vincent de GAULEJAC et Shirley ROY), Desclée de Brouwer, 1993.

FRITZ Jan, « La Sociologie clinique aux États-Unis », in *Sociologies cliniques*, Desclée de Brouwer, 1993.

GAULEJAC Vincent de, *La Névrose de classe*, Hommes et groupes, 1987.

GAULEJAC Vincent de, ROY Shirley (dir.), *Sociologies cliniques*, Desclée de Brouwer, 1993.

LÉVI-STRAUSS Claude, « Introduction à l'œuvre de Marcel Mauss », *in* Marcel MAUSS, *Sociologie et anthropologie*, PUF, 1960.

REVAULT D'ALLONNES Claude, *La Démarche clinique en sciences humaines*, Dunod, 1989.

*

* *

CODAGE STATISTIQUE

du latin *codex* « tronc d'arbre », puis « tablette d'écorce servant à écrire », puis « livre ». Le terme apparaît pour la première fois vers 1960, en théorie de l'information

all. KODIERUNG	esp. CODIFICACIÓN
angl. CODING	ital. CODIFICAZIONE

voir : CATÉGORIES SOCIOPROFESSIONNELLES, CLASSEMENT, PROFESSION

Opération qui consiste à traduire les réponses aux questions posées dans un questionnaire dans un langage numérique, en vue de leur traitement statistique.

Il s'agit de définir les variables* de l'enquête, de leur attribuer des modalités, et de faire coïncider les réponses des personnes interrogées avec lesdites modalités. Concernant par exemple le sexe de l'enquêté, le codage affecte le chiffre 1 aux hommes et le chiffre 2 aux femmes (ou l'inverse, puisque les chiffres attribués n'ont aucune valeur en soi et relèvent de l'arbitraire du codeur).

En général, cette opération est scindée en deux temps. La première partie (création du code, c'est-à-dire définition des variables et fixation des modalités) a lieu au moment de la conception du questionnaire, et l'opération de codage proprement dite (utilisation du code, par affectation des modalités aux réponses) s'effectue après la passation du questionnaire, juste avant la saisie informatique. Mais parfois, notamment lorsque sont posées des questions ouvertes ou semi-ouvertes, les deux opérations s'effectuent au vu des réponses fournies.

D'une manière générale, coder une enquête revient à opérer des regroupements et des simplifications, dans le but de permettre d'appréhender simplement la masse hétérogène d'informations fournies par les enquêtés. De ce fait, l'opération de codage est une opération de classification, c'est-à-dire une mise en équivalence d'objets différents, dont on suppose qu'ils peuvent être comparés et placés ensemble sous une même étiquette générale. Ainsi, du fait de la construction a priori des catégories qui sous-tendent la construction des variables, le codage peut être vu comme l'étape de mise en pratique du processus d'objectivation du réel, tel qu'il se manifeste dans une enquête par questionnaire.

L'étape de création du code (ou de construction des variables) obéit à un certain nombre de règles, qui permettent d'éviter de tomber dans le piège des découpages auxquels on pense spontanément et qui bien souvent suivent le schéma préconçu d'une vision du monde forcément limitée par les contours de l'expérience personnelle.

[1] La première de ces règles consiste pour chaque variable à proposer une liste de modalités qui se différencient les unes des autres grâce à des critères *objectifs*, de manière que l'enquêté y trouve sa place sans ambiguïté. Il s'agit là de l'intuition durkheimienne selon laquelle un fait social ne peut être considéré comme une chose qu'à la condition qu'il rassemble un *« groupe de phénomènes préalablement définis par certains critères extérieurs qui leur sont communs »*. Cette idée, que reprend HÉRAN quand il affirme qu'*« un phénomène social se laisse d'autant mieux objectiver qu'il l'est déjà dans la réalité sociale »*, nous rappelle que la sociologie s'appuie toujours sur des catégories construites par d'autres

disciplines ou par les institutions, quitte à les critiquer ou à les redresser. Ainsi, la détermination de la variable « sexe » repose-t-elle sur un critère provenant de la biologie, la variable « état matrimonial » est adossée au droit, etc.

2 La seconde règle concerne l'efficacité du code que l'on établit. Il va de soi que les découpages n'ont d'intérêt que s'ils sont discriminants d'un certain nombre de pratiques ou de comportements. Enfin, il est à souhaiter que le code présente une certaine stabilité et une certaine robustesse, ce qui ne veut pas dire que les variables sont définies une fois pour toutes : dans la mesure où la réalité sociale est changeante, de nouvelles catégories sont toujours à construire.

Félicité des NÉTUMIÈRES

bibliographie

DESROSIÈRES Alain, « Comment faire des choses qui tiennent : histoire sociale et statistique », in *Histoire et Mesure*, n° IV-34, 1989.

DURKHEIM Émile, *Règles de la méthode sociologique* (1895), PUF, 1981.

HÉRAN Frédéric, « L'Assise statistique de la sociologie », in *Économie et Statistique*, n° 168, 1984.

CODE ET CODIFICATION

du latin juridique *codex* « tablette, livre »

all. KODE, KODIERUNG	esp. CÓDIGO, CODIFICACIÓN
angl. CODE, CODING	ital. CODICE, CODIFICAZIONE

voir : ANALYSE DE CONTENU, CATÉGORIES SOCIOPROFESSIONNELLES, CLASSEMENT, ENQUÊTE, QUESTIONNAIRE

Au sens juridique, un code est un recueil ordonné de la réglementation dans un domaine donné (Code pénal, Code de la route, etc.).

Plus généralement, une pratique est *codifiée* si elle est soumise à des règles ou une organisation stable.

1 Au sens linguistique, un *code* est un système mettant en relation des significations et des symboles. La sociologie du langage et de la communication rencontre cet usage du terme, qu'on peut illustrer par l'opposition établie par BERNSTEIN entre le « code restreint », auquel tend à se limiter le parler des membres des classes populaires, et le « code élaboré », auquel ont accès les membres des classes supérieures.

2 Dans l'analyse documentaire et la construction statistique, les codes sont des instruments destinés à classer systématiquement des observations dans des catégories définies et articulées entre elles : *coder* consiste à classer les observations individuelles dans les catégories leur correspondant (souvent identifiées par des numéros, de sorte que *codage* se dit aussi *chiffrement*, et *codeur/se* chiffreur/se). Établir des codes (ou des nomenclatures) et les appliquer à des informations tirées d'enquêtes ou d'autres documents correspond ainsi à une partie au moins de l'« analyse de contenu ». Cette phase de la production des informations statistiques est souvent négligée dans les analyses, bien qu'elle soit déterminante. Mais ces opérations ne se limitent pas aux données quantifiées : l'ethnographe ou le praticien de l'observation *in situ* sont conduits aussi à coder leurs observations pour les classer et les rendre communicables.

Règles de la codification. Pour soumettre la diversité du matériel empirique recueilli à une organisation qui en permette l'analyse, un code doit répondre à des impératifs de logique et d'efficacité. Les catégories d'une même variable doivent être exhaustives (tous les éléments peuvent être classés) et exclusives (chaque élément relève d'une seule catégorie). Si la première exigence est facile à satisfaire (ne serait-ce que par une catégorie « autres »), la seconde, qui suppose l'homogénéité de la dimension analysée, peut être problématique du fait que le matériel à classer comporte généralement des formes de flou ou de polysémie. Pour être utiles à l'analyse, les catégories doivent être pertinentes, c'est-à-dire adaptées aux questions ou hypothèses de la recherche ; elles doivent aussi être assez détaillées pour livrer à l'analyse un matériel riche ou diversifié, mais cependant limitées pour ne pas l'encombrer de détails superflus. L'usage de plusieurs niveaux, où des catégories générales sont subdivisées en sous-catégories plus détaillées, peut permettre d'adapter les codes à des conditions d'utilisation différentes (cf. les trois niveaux des « PCS », professions et catégories* socioprofessionnelles).

Enquête de terrain. Dans l'enquête de terrain et l'observation, les opérations de catégorisation (former les catégories d'analyse) et de codage (les appliquer) sont en interaction continue : les catégories seront modifiées si elles apparaissent inadaptées. Dans les enquêtes statistiques, la division du travail peut être totale entre le « taxinomiste », qui fixe la nomenclature, et les « chiffreurs », qui l'appliquent : la précision des instructions de codage et la formation des codeurs sont déterminantes pour l'homogénéité et la qualité des résultats. Cette homogénéité est contrôlable par la mesure de la fidélité : le codage est fidèle si sa répétition sur le même matériel (avec un autre codeur ou, pour le même, à un moment différent) conduit au même résultat.

Enquête par questionnaire. Dans les enquêtes par questionnaire, la nature et la forme des questions a une incidence sur les codes construits pour analyser les réponses. On peut distinguer :

- les questions ouvertes, dont la forme et le contenu des réponses ne sont pas prédéterminés,
- les questions fermées ou précodées, qui incluent l'opération de classement ou de codage dans la réponse elle-même.

Lorsqu'il ne s'agit pas de variables* déjà codifiées dans la pratique sociale (comme le sexe ou la situation matrimoniale), les deux procédures peuvent conduire à des résultats différents ou incomparables : une question dont les réponses possibles sont préétablies est, de ce fait, différente de la « même » question sous forme ouverte et, en déléguant le codage à chaque enquêté, elle ne permet pas de s'assurer de son homogénéité.

Plus généralement, l'élaboration des codes ou grilles d'analyse est tendue entre un pôle théorique, où les catégories, construites en fonction de la problématique du chercheur, peuvent prendre une forme systématique mais abstraite, qui rend difficile ou artificielle leur application au matériel analysé, et un pôle empirique, où les catégories, très proches de celles des informateurs et de leur vocabulaire, peuvent être faciles à mettre en œuvre mais ne pas permettre de déboucher sur une analyse sociologique ou des comparaisons.

Dominique MERLLIÉ

bibliographie

BERNSTEIN Basil, *Langage et classes sociales*, Éd. de Minuit, 1975.

CARTWRIGHT Darwin P., « L'Analyse du matériel qualitatif », *in* Léon FESTINGER, Daniel KATZ (sous la dir. de), *Les Méthodes de recherche dans les sciences sociales*, PUF, 1974.

CHEVRY Gabriel R., « Classements, nomenclatures et codes » et « Chiffrement des questionnaires », in *Pratique des enquêtes statistiques*, PUF, 1962.

DESROSIÈRES Alain, « Classer et coder », in *La Politique des grands nombres*, La Découverte, 1993.

JUAN Salvador, « L'Ouvert et le fermé dans la pratique du questionnaire », in *Revue française de sociologie*, XXVII, n° 2, 1986.

MERLLIÉ Dominique, « Comment vous êtes-vous connus ? » 1. Une expérience de codification multiple, 2. Code patent, code latent », *ARSS*, n°s 57-58, 1985, et n° 70, 1987.

MERLLIÉ Dominique, « Les Catégories socioprofessionnelles à l'épreuve de la réitération : une mesure de la fidélité du classement dans une enquête administrative », in *Population*, XLV, n° 6, 1990.

MERLLIÉ Dominique, « Suicides : modes d'enregistrement », *in* Jean-Louis BESSON (dir.), *La Cité des chiffres*, Autrement, 1992.

THÉVENOT Laurent, « Une jeunesse difficile. Les fonctions sociales du flou et de la rigueur dans les classements », *in* Jean-Louis BESSON (dir.), *La Cité des chiffres*, Autrement, 1992.

THÉVENOT Laurent, « Des chiffres parlants : mesure statistique et jugement ordinaire », *in* Jean-Louis BESSON (dir.), *La Cité des chiffres*, Autrement, 1992.

COERCITION

voir : CONTRAINTE, DOMINATION, UTOPIE, VIOLENCE

Les deux termes *contrainte* et *coercition* sont souvent utilisés comme des synonymes pour désigner les actions tendant à forcer à des comportements ou absence de comportements, contre le gré des assujettis. Toutefois, le terme de *contrainte* peut être employé pour désigner des actions ponctuelles ou limitées, alors que le terme de *coercition* s'emploie pour désigner les contraintes diffuses et générales. C'est en ce sens que DURKHEIM emploie ce terme pour désigner la force contraignante des faits sociaux sur l'individu : « *Voilà donc un ordre de faits qui présentent des caractères très spéciaux : ils consistent en des manières d'agir, de penser et de sentir, extérieures à l'individu, et qui sont douées d'un pouvoir de coercition en vertu duquel ils s'imposent à lui* » (1988, p. 97). L'absence totale de coercition est l'un des thèmes significatifs des utopies sociales.

Pierre ANSART

bibliographie

DURKHEIM Émile, *Règles de la méthode sociologique* (1895), Flammarion, 1988.

FOUCAULT Michel, *Surveiller et punir* (1966), Gallimard, 1993.

COGESTION

voir : AUTOGESTION, GESTION, MANAGEMENT

Gestion de l'entreprise assurée en commun par le chef d'entreprise et les salariés.

La *gestion en commun* dans les entreprises se situe au centre de plusieurs problèmes essentiels : rapports entre le capital et le travail, entre la direction et les employés, rapports entre le patronat et les syndicats ouvriers, relations de pouvoir, participation aux décisions, gestion des ressources humaines... Elle suppose une certaine conception de l'entreprise qui s'oppose à la fois aux visions conflictualistes de l'économie et aux pratiques technocratiques. De ce fait, elle donne lieu à des débats syndicaux et politiques considérables, ainsi qu'à la mise en place de législations particulières. La pratique de la cogestion en Allemagne *(Mitbestimmung)* est souvent donnée en exemple au niveau européen.

Pierre ANSART

bibliographie

DAVID Marcel (sous la dir. de), *La Participation des travailleurs à la gestion des entreprises privées dans les principaux pays d'Europe occidentale*, Dalloz, 1954.

LAVILLE Jean-Louis *et alii*, *L'Évaluation des pratiques de gestion participative dans les PME et les coopératives*, Office des publications officielles des Communautés européennes, CRIDA/LSCI, 1989.

LOJKINE Jean, *Le Tabou de la gestion : la culture syndicale entre contestation et proposition*, Éditions ouvrières, 1996.

MARTY Marie-Odile, SAINSAULIEU Renaud, TIXIER Pierre-Éric, *Les Fonctionnements collectifs du travail*, Centre de sociologie des organisations, 1978.

PROCESSUS COGNITIF ET COGNITIVISME

dérivé du latin *cognoscere* « connaître »

all. KOGNITIV	esp. COGNOSCITIVO
angl. COGNITIVE	ital. CONOSCITIVO

voir : ACTION COLLECTIVE, SOCIOLOGIE DE L'ARGUMENTATION, RÉFLEXIVITÉ

Qui concerne la connaissance et ses processus.

Le développement des sciences cognitives dans les domaines de la psychologie, de l'économie, de l'informatique, des neurosciences, de la linguistique ou de l'intelligence artificielle a conduit différents courants de la sociologie à renouveler les analyses des *processus cognitifs* dans les pratiques sociales. En fait, les traditions anthropologique et sociologique avaient, antérieurement, accumulé d'abondantes données sur les représentations, les croyances, les processus de compréhension, les systèmes de connaissance, les idéologies.

Cependant, la focalisation de la réflexion sur les cognitions conduit à s'interroger moins sur les croyances à caractère collectif que sur les actes cognitifs et sur leur signification dans les pratiques sociales, suivant en cela les principes généraux énoncés par WEBER. On s'interrogera ainsi sur les argumentations (BOUVIER, 1995), sur les justifications (BOLTANSKI, 1991), sur les assentiments volontaires, sur les processus de réflexivité. La critique sociologique réexamine, en particulier, les théories économiques du « choix rationnel », comme elle reprend le grand problème des mouvements sociaux pour en reconsidérer les genèses (BOUDON, Bouvier, CHAZEL, 1997).

Pierre ANSART

bibliographie

BOLTANSKI Luc, THÉVENOT Laurent, *De la justification : les économies de la grandeur*, Gallimard, 1991.

BOUDON Raymond, BOUVIER Alban, CHAZEL François, *Cognition et sciences sociales*, PUF, 1997.

BOUVIER Alban, *L'Argumentation philosophique. Étude de sociologie cognitive*, PUF, 1995.

DEMAILLY André, LE MOIGNE Jean-Louis, *Sciences de l'intelligence, sciences de l'artificiel*, PU Lyon, 1986.

ERMINE Jean-Louis, *Les Systèmes de connaissances*, Hermès, 1996.

VIGNAUX Georges, *Les Sciences cognitives, une introduction*, La Découverte, 1992.

COHÉSION

du latin *cohaesum*, supin de *cohaerere* « être attaché ensemble »

all. KOHÄSION	esp. COHESION
angl. COHESION	ital. COESIONE

voir : CONFLIT SOCIAL, INTÉGRATION, RELIANCE, SOCIALISATION

Caractère d'un ensemble dont les parties sont liées logiquement les unes aux autres.

En psychologie sociale, la *cohésion* désigne la solidarité des membres d'un groupe résultant de la communauté de but, de normes et de méthodes d'action, ainsi que de l'attraction réciproque des individus du groupe. Au niveau des groupes larges, la cohésion est problématique. DURKHEIM fait de la division du travail social le fondement de la cohésion propre aux sociétés industrielles (solidarité *organique*). Cette conception met au fondement de la cohésion sociale les rapports économiques et les rapports de cohérence entre l'économie et la société. Cependant les moyens qui fondent la cohésion sont divers selon les configurations historiques : elle a pu être assurée de façon privilégiée par l'identité des mœurs, par la prégnance du politique, par les moyens idéologiques de persuasion, ou encore par des combinaisons toujours particulières de ces différents moyens.

Pierre ANSART

bibliographie

EME Bernard, LAVILLE Jean-Louis (sous la dir. de), *Cohésion sociale et emploi*, Desclée de Brouwer, 1994.

COHORTE DÉMOGRAPHIQUE ET GÉNÉRATION

all. KOHORTE, GENERATION	esp. COHORTE, GENERACIÓN
angl. COHORT, GENERATION	ital. COORTE, GENERAZIONE

voir : CLASSE D'ÂGE, JEUNESSE

Indice permettant de mesurer sommairement l'intensité du peuplement en rapportant le nombre des habitants à la superficie d'un territoire donné.

COHORTE. En démographie, on définit la *cohorte* comme étant l'ensemble des personnes ayant vécu (ou subi) un même événement statistiquement repérable, au cours d'une période donnée (mois ou année), généralement l'année civile. Ainsi, on parlera de la cohorte des femmes divorcées en 1994 (événement commun : le divorce survenu au cours d'une année, 1994), de la cohorte des élèves inscrits en classe de 6ᵉ en 1995 (démographie scolaire) ou encore de la cohorte des entrants en prison en février 1983 (démographie carcérale). La constitution de la cohorte est donc fondée sur un événement origine à partir duquel le suivi dans le temps peut s'effectuer afin d'observer les autres événements relatifs à cette cohorte.

GÉNÉRATION. La *génération* est, pour les démographes, une cohorte particulière puisqu'il s'agit de l'ensemble des personnes nées au cours d'une année civile ; exemple : la génération née en 1950. Il s'agit, dans ce cas, d'une génération *réelle* qui est observée de manière continue ou rétrospective. On peut ainsi s'intéresser à la mortalité, la nuptialité ou la fécondité au cours d'une période donnée, généralement l'année. Dans ces conditions, on constitue une génération ou une cohorte *fictive* à laquelle on applique les probabilités (réelles) calculées pour la période d'observation.

Le remplacement des générations constitue un champ d'étude important en démographie ; il s'agit de connaître le nombre de filles, issues d'une génération féminine soumise à mortalité, qui remplaceront leur mère au terme de la période de procréation de cette génération. Si ce rapport est égal à l'unité (taux net de reproduction = 1), la génération assure son remplacement. La croissance ou la décroissance de la population dépendent, à la longue, du maintien de cet indice au dessus ou en dessous de la valeur 1 (PRESSAT, 1969). On calcule aussi, pour une année donnée, le taux net de reproduction dit « du moment » qui peut illustrer l'état conjoncturel de la fécondité mais dont l'interprétation est délicate ; cet indicateur est sans valeur prédictive concernant le remplacement des générations.

À mesure que les générations vieillissent, leurs caractéristiques quantitatives et qualitatives changent (diminution du nombre de survivants, proportion croissante des femmes, dégradation de l'état de santé, etc.). C'est « l'effet d'âge* » qui explique une part importante des différences dans la situation des générations observées simultanément à une date donnée. Cependant, chaque génération a son histoire propre qui, dans une certaine mesure, la distingue des autres. Ainsi, les générations nées pendant la Deuxième Guerre mondiale sont appelées « classes creuses » car elles sont moins nombreuses que les précédentes ou surtout, les suivantes. On parlera donc d'un « effet de génération » marquant la trajectoire historique propre à chacune d'entre elles.

La sociologie, comme le montre ATTIAS-DONFUT, aborde la question des générations sous un angle philosophique et historique, à partir du XIXᵉ siècle. Pour COMTE, le renouvellement des générations, s'effectuant selon un mouvement continu et graduel, marquerait le rythme du progrès social. Celui-ci ne serait possible que par un processus d'accumulation résultant de l'influence exercée par chaque génération sur la suivante. L'approche cyclique est empruntée par le mathématicien COURNOT afin de rechercher l'intelligibilité du changement historique. Il distingue des « coupures séculaires » fondées sur des cycles de trois générations dans lesquels s'organisent la transmission de l'expérience et la pérennité des idées au cours du siècle.

La démarche sociologique s'affirme plus nettement dans la typologie des générations qu'élabore MENTRÉ en 1920. Les changements sociaux, l'avancée des connaissances, l'effervescence esthétique et intellectuelle se produiraient de manière discontinue du fait de la succession de générations familiales, sociales, historiques ou spirituelles selon des rythmes propres à chaque catégorie. Mentré fait intervenir des mécanismes sociaux informels qui permettent la diffusion des idées et façonnent les mentalités d'une génération donnée. En dépit d'une « vision monolithique d'une génération sociale » et d'une idéologie nationaliste qui marque sa conception de la société-nation (Attias-Donfut, 1988), Mentré a eu, selon MANNHEIM (1928), *« le mérite d'avoir produit le premier tableau historique d'ensemble de ce problème »*. Mannheim distingue dans chaque « ensemble générationnel » des « unités de génération » distinctes qui réagissent différemment aux mêmes conditions historiques. Les idées, les valeurs, les comportements changent avec l'arrivée de nouvelles générations et par leur contact avec l'héritage culturel accumulé.

La question des générations connaît un regain d'intérêt auprès des sociologues depuis une vingtaine d'années avec notamment les enquêtes et les analyses d'Attias-Donfut sur les rapports intergénérationnels, le vieillissement, les générations « sexuées », l'espace générationnel. Ces questions se posent aujourd'hui dans un contexte sociodémographique profondément modifié par la coexistence prolongée de plusieurs générations et par les transformations structurelles des conditions de travail, d'emploi et de retraite.

Léon GANI

bibliographie

ATTIAS-DONFUT Claudine, *Sociologie des générations*, PUF, 1988.

ATTIAS-DONFUT Claudine, LAPIERRE Nicole (dir.), « Génération et filiation », in *Communications*, n° 59, Seuil, 1994.

GODARD Francis, « Sur quelques voies ouvertes par une sociologie des générations », in *Annales de Vaucresson*, n°s 30-31, 1991, pp. 9 à 24.

HENRY Louis, *Démographie, analyse et modèles*, Larousse, 1972.

MANNHEIM Karl, *Le Problème des générations* (1928), Nathan, 1990.

MAUGER Gérard, « La Théorie des générations de Karl Mannheim et la théorie de l'habitus », in *Annales de Vaucresson*, n°s 30-31, 1991, pp. 59 à 78.

PRESSAT Roland, *L'Analyse démographique*, PUF, 1969.

COLLECTIF

voir : COMMUNAUTÉ, CONSCIENCE COLLECTIVE, REPRÉSENTATIONS SOCIALES

Qui comprend ou concerne un ensemble de personnes participant à des activités communes.

1 Employé comme substantif, le terme *collectif* s'applique à une pluralité d'agents participant de manière concertée à une activité commune (un syndicat, une entreprise...), ce qu'expriment les expressions telles que « collectif d'usagers, collectif de défense ».

2 Par contre, employé comme adjectif, son usage peut soulever des difficultés considérables, ainsi que le montre l'expression durkheimienne de « conscience* collective ». Ce terme n'acquiert de précision que dans le cas où les liens et interactions qui s'établissent entre les agents sont précisés. Seules de telles précisions permettent de comprendre en quoi un ensemble d'individus forme une *collectivité* unie par des liens spécifiques.

Pierre ANSART

bibliographie

DURKHEIM Émile, *De la division du travail social* (1893), PUF, 1996.

PARSONS Talcott, *The Social System*, New York, Londres, The Free Press, Collier MacMillan, 1951.

TOURAINE Alain, *Production de la société*, Seuil, 1973.

COLLECTIVISME

voir : SOCIALISME

Doctrine prônant la mise en commun des moyens de production au sein d'une société fondée sur l'association.

Ce terme fut introduit dans les débats de la Première Internationale par les anarchistes pour s'opposer au communisme centralisateur des disciples de MARX. Il fut ensuite repris dans un sens proche de la doctrine communiste, mais en conservant, contre le communisme exclusivement économique, une signification sociale et associative.

Pierre ANSART

COLONIE

emprunté au latin *colonus* « cultivateur » et « habitant d'une colonie »

all. KOLONIE	esp. COLONIA
angl. COLONY	ital. COLONIA

voir : CENTRE ET PÉRIPHÉRIE, MÉTROPOLE

Le fait colonial est la relation de dépendance économique, politique, culturelle, imposée à une société par une autre.

On trouve une définition de la dépendance économique des *colonies* dans le « Pacte colonial » au XVIIe siècle. Il y est dit que les colonies ne peuvent exporter que vers la métropole et n'importer que de celle-ci ; que les transports entre métropole et colonies sont l'exclusivité de la marine nationale ; enfin que les colonies ne peuvent pas manufacturer leurs propres produits. Un tel régime très restrictif fut abandonné au milieu du XIXe siècle sans que soit jamais abandonnée la finalité d'une dépendance économique. Quant à la dépendance politique elle se caractérise par une sujétion juridique qui peut être directe ou indirecte sous la forme d'un *protectorat*. Dans les faits, les territoires coloniaux connaissent deux catégories de population : les *colons* et les *indigènes*. La société des colons n'est pas homogène ; elle a ses clans plus ou moins rivaux, plus ou moins fermés les uns aux autres, aux origines ethniques diverses, dont les éléments sont inégalement distants de la société indigène ; mais dont la situation exige qu'elle forme un tout. La société indigène est, elle aussi, divisée, des divisions liées à sa propre histoire ou résultant de la colonisation. Elle est travaillée par des courants de pensée divers qui vont des messianismes religieux aux formes les plus modernes et les plus radicales des idéologies nées en Europe, en même temps qu'elle réactualise un passé précolonial qui devient mythique.

On ne saurait analyser la situation coloniale en faisant abstraction de cette violence économique, politique, culturelle, pour n'y voir que les effets de la rencontre entre civilisations techniquement avancées et civilisations retardataires.

La contestation du fait colonial se développe dès la colonisation, au sein même de la société colonisatrice. Ainsi VITORIA (1492-1540), dans son **De Indiis**, rejette les justifications religieuses qui légitimaient la colonisation comme une lutte contre les païens et les idolâtres. De même voit-on, avec le mythe du *bon sauvage*, se développer un discours critique contre la pseudo-mission civilisatrice. Citons MONTAIGNE dans ses **Essais** : « *Ils* [les Indiens] *sont sauvages de même que nous appelons sauvages les fruits que nature, de soi et de son propre ordinaire, a produits ; là où, à la vérité, ce sont ceux que nous avons altérés par notre artifice et détournés de l'ordre commun que nous devrions appeler plutôt sauvages.* » Avec la grande expansion coloniale du XIXe siècle, le discours de réprobation moral se fera politique. En 1834 apparaît le terme *coloniste*, désignant les partisans de l'occupation de l'Algérie, les *anticolonistes* s'y opposant. Et c'est au début du XXe siècle que naît le vocable polémique *colonialiste*, dans le discours socialiste.

C'est évidemment cette expansion coloniale et ses résultats dans notre monde qui intéressent le sociologue, celles qu'évoque Jules FERRY en 1890 : « *De 1815 à 1850 l'Europe était casanière et ne sortait guère de chez elle* [...]. *C'était l'époque des annexions modestes et à petits coups, des conquêtes bourgeoises et parcimonieuses. Aujourd'hui ce sont des continents que l'on annexe* [...]. *La politique coloniale est une manifestation internationale des lois éternelles de la concurrence.* » MARX y avait vu le résultat des crises internes au capitalisme et LÉNINE y verra le signe de « *l'impérialisme, stade suprême du capitalisme* » (titre de l'un de ses écrits de 1917).

La fin de la Première Guerre mondiale et la révolution bolchevique marquèrent le début du reflux. Mais c'est surtout après la Deuxième Guerre mondiale que la décolonisation devint irrésistible, tantôt de façon relativement pacifique tantôt dans des soulèvements populaires et dans des guerres longues et dures. La France eut le privilège de la décolonisation la plus longue et la plus conflictuelle, liée aux formes de sa colonisation.

André AKOUN

bibliographie

BALANDIER Georges, *Sociologie de l'Afrique noire*, PUF, 1963.

CÉSAIRE Aimé, *Discours sur le colonialisme*, Présence africaine, 1955.

MEMMI Albert, *Portrait du colonisé*, précédé de *Portrait du colonisateur*, Pauvert, 1966.

PLUCHON Pierre, BOUCHE Denise, *Histoire de la colonisation française*, Fayard, 1991.

COLS BLANCS

Terme d'origine anglo-saxonne *(white-collar)*, utilisé pour différencier les employés et techniciens des ouvriers, désignés par l'expression « cols bleus », ces termes recouvrant la distinction entre les tâches manuelles et non manuelles.

Pierre ANSART

bibliographie

MILLS C. Wright, *Les Cols blancs* (1951), Seuil, 1966.

COMMUNAUTÉ

du latin *commune* « ce qui appartient à plusieurs »

all. GEMEINSCHAFT	esp. COMUNIDAD
angl. COMMUNITY	ital. COMUNITÀ

voir : SOCIÉTÉ et l'article ci-dessous COMMUNAUTÉ ET SOCIÉTÉ

La communauté est l'ensemble social dont les membres partagent des valeurs et se reconna issent des liens forts d'appartenance de chacun avec chacun et avec le tout communautaire.

1 TÖNNIES. La notion de *communauté* reçoit un sens nouveau, avec TÖNNIES qui intitule son livre « Communauté et société » *(Gemeinschaft und Gesellschaft)*. Simpliste, voire manichéiste, l'analyse proposée par Tönnies n'est cependant pas sans intérêt. Elle offre un jeu d'oppositions qui, d'une certaine façon, traduit, sinon la modernité vécue, du moins la façon dont elle se pense dans sa différence d'avec les sociétés prémodernes. La communauté est, selon Tönnies, de l'ordre de l'organique, du fusionnel, unité substantielle dont les membres tirent leur identité propre du seul fait de leur participation communautaire, consciente ou inconsciente. La *société*, au contraire, se définit comme un ensemble contractuel, une alliance d'intérêts entre des individus séparés originellement.

Cette opposition radicale détermine la nature du lien social, intime et viscéral dans la communauté, calculé et égoïste dans la société.

2 MARX. On trouve, paradoxalement, un écho de cette approche romantique chez MARX, quand il évoque, dans le **Manifeste du parti communiste**, la bourgeoisie « *qui a détruit toutes les conditions féodales, patriarcales, idylliques. Elle a déchiré les liens multicolores qui attachaient l'homme à son supérieur naturel pour ne laisser subsister d'autre lien entre l'homme et l'homme que l'intérêt tout nu* [...] *Frissons sacrés et pieuses ferveurs, enthousiasme chevaleresque, mélancolie béotienne, elle a noyé tout cela dans l'eau glaciale du calcul égoïste* ».

On peut retenir que l'alternative communauté-société, dans sa sécheresse réductrice, nous rappelle que le lien social oscille entre deux fantasmes-limites : celui d'une société indivise, corps-un et, d'autre part, celui d'une désagrégation du corps social par l'individualisation absolue de ses membres, fantasme où s'exprime la hantise du corps morcelé. Mais c'est entre ces deux extrêmes qu'il faut penser la communauté réelle, ou plutôt les communautés, qui ne sont que très rarement totalement fusionnelles et jamais totalement calculatrices. Il n'est pas de société contractuelle qui ne soit investie par l'affectif et par l'imaginaire du corps partagé et, d'autre part, malgré les illusions du totalitarisme ou les lyrismes postmodernes sur la fusion orgiaque, dionysiaque, affective, des nouvelles « tribus », il n'est pas de communauté qui anéantisse l'individu comme tel, exception faite de certaines sectes ou certaines communautés religieuses mystiques.

3 PLATON ET ARISTOTE. Mais c'est là un débat aussi ancien que celui de la philosophie politique ; il opposa déjà ARISTOTE à PLATON. Dans le livre V de *La République*, ce dernier écrivait : « *Peut-on citer pour l'État un plus grand mal que celui qui le divise et d'un seul en fait plusieurs, et un plus grand bien que celui qui l'unit et le rend un ? Or ce qui unit, n'est-ce pas la communauté des joies et des peines* [...] *? Au contraire, ce qui divise, n'est-ce pas l'égoïsme de la joie et de la douleur* [...] *?* »

La Cité n'est donc une que si les citoyens partagent une affectivité collective et récusent toute joie et toute peine personnelles, toute subjectivité séparée. Mais, dit Aristote, quelle Cité peut réaliser une telle unité qui ne se trouve que dans l'individu ? La Cité n'est pas la famille, elle est toujours plurielle et divisée.

4 DURKHEIM. Évoquant les communautés archaïques, Platon y décrivait un mode de solidarité sociale qui ne peut pas ne pas être rapproché de cette solidarité que DURKHEIM nomme *mécanique* et qu'il dit être celle des sociétés primitives, où l'homme appartient à ses dieux, vit dans le soi ou le Tout, le soi et le Tout étant dans un rapport de réciprocité intégrale. Il n'en va pas de même lorsque la société est divisée et que surgit en son sein une nouvelle catégorie sociohistorique : l'individu. C'est cette société que Durkheim caractérise comme société de la solidarité *organique* et qui comporte le risque d'une anomie* dissolvante ; elle encourage en effet l'individu à exiger son accomplissement individuel, et elle en arrive à lui faire oublier la vie collective. Le consensus n'est plus vécu comme naturel ou tenu pour sacré par la religion qui le fonde, mais, compris comme l'accord réfléchi des sociétaires par-delà les contradictions d'intérêts, il devient le problème majeur de la société. Ainsi, quand le lien social est tout entier conçu comme un lien associatif volontaire entre sujets originellement libres, quand s'est dissoute la société communautaire, quand on passe de la *communauté* à la *société*, la recherche du consensus devient la tâche la plus urgente. Elle est, en effet, celle à laquelle la société démocratique moderne est affrontée. Celle-ci, en quelque sorte, « défait » le lien communautaire vécu comme naturel dans les sociétés antérieures avant de le reconstituer artificiellement comme lien de convention et de contrat. La société démocratique est ainsi, en son fondement même, une « dissociété » qui recoud ce qu'elle a décousu.

Sans nier la valeur heuristique de cette dichotomie communauté-société, sous quelque forme que ce soit, on ne saurait l'accepter telle quelle. La réalité sociologique est autre. Elle donne à voir une grande ramification de liens associatifs, qui impliquent ou qui suscitent des investissements imaginaires et affectifs forts. Ces « comités », ces « amicales », ces « partis », ces « syndicats », qu'analyse TOCQUEVILLE (dans *De la démocratie en Amérique*), reconstituent un tissu social menacé. C'est dans ces communautés diverses, qu'elles soient professionnelles, idéologiques, politiques, religieuses ou de partage de valeurs ou de divertissements commun que nous pouvons le mieux étudier la façon dont l'intérêt partagé engendre du communautaire, au sens ou l'alliance crée des liens identitaires. La société est ainsi une mosaïque de communautés et cette pluralité de *communautés* interdit la fusion holistique de la *société*.

André AKOUN

bibliographie

ELIAS Norbert, *La Société des individus*, Fayard, 1991.

REDFIELD Robert, *The Little Community*, Chicago, University of Chicago Press, 1956.

TÖNNIES Ferdinand, *Communauté et société : catégories fondamentales de la sociologie pure* (1887), Retz-CEPL, 1977.

COMMUNAUTÉ ET SOCIÉTÉ : CATÉGORIES FONDAMENTALES DE LA SOCIOLOGIE PURE (ouvrage de TÖNNIES).

en all. GEMEINSCHAFT UND GESELLSCHAFT

voir : ANOMIE, COMMUNAUTÉ, LIEN SOCIAL, SOCIÉTÉ

C'est à TÖNNIES qu'on doit ce couple de notions, dans un ouvrage qui le rendit célèbre et eut une incontestable influence. Ces notions reposent selon lui sur deux formes de la volonté humaine : la volonté organique et la volonté réfléchie. Dans la *communauté* (qui naît de la famille et en garde les caractéristiques), la morale s'exprime spontanément par les liens profonds du sang, de l'amitié et de la foi, vécus avec intensité. Dans la *société*, au contraire, biens et individus sont « *organiquement séparés* » ; l'échange est le seul contenu de la vie sociale ; il est manifesté par le contrat, qui est une relation conventionnelle. La profondeur du lien communautaire s'oppose à l'artifice du lien sociétaire.

DURKHEIM, dans un esprit identique, opposera société à *solidarité mécanique* et société à *solidarité organique*. FRIEDMANN parlera du *milieu naturel* des campagnes et du *milieu technique* des villes. Cette dichotomie « communauté/société » distribue ainsi les diverses formes de lien social et de société en deux grands types, la communauté fondée sur l'affectif et la société sur le rationnel. La péréquation garde une grande séduction dans toute une littérature sociologisante. Elle alimente un courant antimoderniste ou postmoderne, qui privilégie le fusionnel abyssal sur l'individualisme et sur les liens de réciprocité citoyenne. C'est ainsi que Tönnies écrit : « *La grande ville et la société en général représentent la corruption et la mort du peuple.* »

Écho à cette sensibilité critique, venu d'autre horizon mais chantant la même antienne, Paul Claudel fait dire dans sa pièce *L'Otage* à son héros, le baron de Coufontaines et Dormant : « *Je regarde autour de moi, et il n'y a plus de société entre les hommes, mais seulement la " Loi ", comme ils disent, et le texte imprimé à la machine, la volonté inanimée, idole stupide. Où est le droit, il n'y a plus d'affection.* »

André AKOUN

bibliographie

TÖNNIES Ferdinand, *Communauté et société : catégories fondamentales de la sociologie pure* (1887), Retz-CEPL, 1977.

COMMUNICATION ANIMALE

voir : SOCIOLOGIE ANIMALE

Ensemble des échanges et transferts d'information se déroulant entre animaux de même espèce.

Tout système social est avant tout un système de communication. Chaque membre de la société est émetteur et récepteur de signaux spécifiques.

Au plan biologique, on peut définir la communication comme l'action qu'exerce un organisme (ou une cellule) sur un autre organisme (ou une autre cellule) en modifiant le comportement du receveur de façon adaptative. L'étude de la *communication animale* est parfaitement interdisciplinaire : et des spécialistes d'horizons très différents s'y intéressent car elle peut fournir des modèles de recherche et de réflexion pour les communications proprement humaines, tout spécialement dans les communications non verbales qui partagent souvent leur origine avec les communications animales.

La communication est, d'abord, une propriété de la matière vivante et la communication animale émerge, elle-même, des communications que l'on peut déceler à tous les niveaux de la matière vivante :

- les processus génétiques très lents qui se déroulent de génération en génération au cours des périodes de l'évolution. Le code génétique constitue une mémoire génétique de l'individu et de l'espèce transmettant de l'information sur de très longues périodes de temps (siècles et plus).
- les processus physiologiques (métaboliques) permettent aux cellules de communiquer entre elles par des moyens plus rapides (hormones et autres molécules chimiques transportées dans le milieu intérieur). L'information métabolique est incorporée aux molécules messagères et rend les cellules capables de se reproduire, de se développer et de se maintenir en vie. Ces processus de communication s'étendent sur des heures, des jours ou des années.
- les organismes ont besoin de répondre encore plus rapidement à certains événements de l'environnement sur des durées pouvant ne pas excéder l'ordre de la seconde, voire de la milliseconde. Cela est rendu possible par les cellules nerveuses ou neurones, aboutissement d'une spécialisation très particulière au cours de l'évolution, qui a précisément perfectionné l'une des caractéristiques de toute cellule, la *sensibilité*, capacité de réagir à toute stimulation provenant du milieu. La sensibilité cellulaire s'est encore perfectionnée, au niveau de certaines cellules, au point de faire émerger une propriété nouvelle, la *sensorialité*, réception spécialisée plus élaborée des stimuli extérieurs. Les cellules sensorielles se sont ensuite regroupées en organes sensoriels (organes des sens) qui ont élaboré, au cours du perfectionnement évolutif des espèces, un système de connexion entre elles et les organes moteurs capables de répondre ; c'est ainsi que s'est constitué le système nerveux. L'ensemble de ces connexions permettra ensuite la communication animale.

Un monde propre pour chaque espèce. Signaux et informations. Chaque espèce animale vit dans un monde qui lui est propre, défini par ses perceptions sensorielles particulières. Elle développe des moyens de communication adéquats et adaptés. La communication animale se révèle, en tout premier lieu, comme un transfert d'informations convoyées par des signaux ou des combinaisons de signaux différents, émis en direction des animaux de la même espèce (la communication entre individus d'espèces différentes pose des problèmes d'une autre nature). Les signaux agissent sur tous les canaux possibles : visuel, acoustique, olfactif... même les ultrasons (comme chez les Cétacés ou les Chauves-souris) ou les infrasons (comme chez les Baleines ou les Éléphants) ou signaux électriques(Poissons électriques Mormyres ou Gymnotes) interviennent dans l'orientation et la communication.

Communication animale et langage humain. L'homme est, certes, la seule espèce à posséder le langage verbal qui permet l'émission de séquences de mots, de propositions, ou de phrases ; des règles complexes et bien déterminées transmises, au moins en partie, par la culture, en régissent l'ordonnance. Le langage humain est, en effet, conventionnel et appris dans le contexte social. Pourtant, certaines espèces animales émettent elles aussi des séquences complexes de signaux nécessitant un apprentissage. Certaines espèces d'oiseaux établissent de cette façon de véritables dialectes d'un lieu à l'autre et ne peuvent communiquer si le mode de communication n'a pas été appris.

L'opposition radicale entre signal inné, stéréotypé, automatique chez l'animal et la capacité d'émissions apprises et symboliques chez l'homme est donc maintenant dépassée, surtout si l'on tient compte, en outre, de la possibilité d'utilisation de symboles par les Singes Anthropoïdes.

Pourtant, la communication animale n'est jamais futile alors que le langage humain peut véhiculer des images irréelles ou permettre la spéculation, la fraude ou le mensonge. Quant au langage humain, il est le seul système de communication dans le monde vivant ayant la capacité d'exprimer des messages à propos du langage lui-même. Les comparaisons les plus sûres mais aussi les plus intéressantes peuvent se faire certainement au niveau des communications non verbales ; certaines d'entre elles se retrouvent chez l'animal et chez l'homme. La richesse, la diversité des expressions — mimiques, postures, gestes, intonations — dans la communication non verbale humaine est telle qu'il est souvent très difficile de déterminer l'origine de ces signaux : biologique ou culturelle.

Certaines de ces expressions (sourire, rire, pleurs, salutations, flirt, colère) se retrouvent dans toutes les cultures humaines (universaux) ; les affects primaires (joie, tristesse, colère, surprise, dégoût) sont associés, le plus souvent, à des expressions faciales présentes un peu partout dans les populations humaines. Les recherches étho-ethnologiques doivent se poursuivre pour dresser un bilan plus précis. La complexité, la dépendance intellectuelle et cognitive rendent la communication verbale humaine tout à fait unique, au moins dans son aspect quantitatif. Si la communication animale et la communication humaine sont difficiles à comparer au niveau verbal, des résultats intéressants et prometteurs existent au niveau des affects et du non-verbal.

Jacques GOLDBERG

bibliographie

GOLDBERG Jacques, *Les Sociétés animales*, Delachaux-Niestlé, 1998.

COMMUNICATIONS DE MASSE OU MASS MEDIA

all. MASSENKOMMUNIKATION	esp. COMUNICACIONES DE MASAS
angl. MASS MEDIA COMMUNICATIONS	ital. COMUNICAZIÓNE DI MASSA, MASS MEDIA

voir : CINÉMA, ÉMETTEUR, INFLUENCE, RÉCEPTEUR, TÉLÉVISION

Les communications de masse *ou* mass media *— mot utilisé aussi en français et issu du mariage de l'anglais* mass *et du latin* media*, pluriel de* medium *— désignent des techniques de diffusion de messages, liées au progrès scientifico-technique.* Media *désigne les supports : presse, radio, cinéma, télévision, et, aujourd'hui les NTC (nouvelles techniques de communication, liées à l'informatique et à la révolution du numérique).* Mass *désigne les récepteurs et les effets sur eux des médias.*

À définir l'audience par la notion de *masse*, on induit implicitement que cette audience est indifférenciée, « massive » et dominatrice. La notion de *mass media*, dans ses équivoques, souligne cependant le sentiment d'originalité et l'ambivalence que les nouvelles techniques de communication suscitèrent à leur origine.

La société de communication. Grande presse, radio, cinéma, télévision, magnétoscope, minitel, multimedia : les moyens se sont multipliés, d'information et de communication, et ce sous le signe de la vitesse. La planète rapetisse, l'ubiquité abolit le lointain. Cet avènement d'une communication sans limites de publics ni de distances est peut-être ce qui caractérise, plus que tout autre phénomène, notre temps. D'où, parfois, sa dénomination de *société de communication*. C'est une dénomination qu'il faut expliquer. Toutes les sociétés sont des sociétés de communication. Cependant, dans nos sociétés, la communication joue un rôle nouveau. Les anciennes médiations sociales — corporation, village, famille, paroisse — se sont affaiblies et n'ont plus cette permanence qui caractérisait la société traditionnelle, grâce à quoi l'individu recevait l'évidence de son identité. Obligé de « faire le point » sans cesse et pour son propre compte, l'individu dans nos sociétés a besoin d'une masse énorme d'informations, perpétuellement renouvelées et actualisées, pour être en état de répondre aux sollicitations d'un monde en continuel bouleversement.

D'autre part, l'affaiblissement des groupes intermédiaires, l'éloignement et l'abstraction de ce qui incarnait, hier encore, la communauté vivante, créent un manque que les médias visent à combler en offrant de nouvelles formes de liens sociaux, dans un modèle réticulaire qui allie l'isolement de chacun et sa relation potentielle avec tous, n'importe quand.

Enfin il faut ajouter que nos sociétés sont des sociétés séculières, qui ne se pensent plus fondées sur un ordre transcendant. Dès lors, c'est par le débat et donc par la communication que sera construit l'accord qui légitimera le lien social et le vivre-ensemble. Comme l'écrit HEGEL dans ses *Principes de la philosophie du droit* : « *Le principe du monde moderne exige que ce que chacun accepte lui apparaisse comme quelque chose de légitime.* » C'est-à-dire comme quelque chose qui résulte, au moins en apparence, d'une discussion libre (d'où l'importance de la notion d'opinion publique).

Pourtant, paradoxalement, nos sociétés peuvent aussi bien être définies comme des sociétés où la communication y est la plus problématique ; en effet, à considérer l'évolution du paysage médiatique, apparaît la constitution d'un univers saturé de messages où plus rien ne semble véritablement être dit ni être entendu et d'où tout sens est absent. Plus les médias développent leur autonomie — et donc leurs « effets » —, et plus il apparaît qu'ils n'aboutissent qu'à fabriquer un *élément* (au sens où on dit de la mer qu'elle est un élément) composé d'images qui est aussi bien communication et incommunication.

Communication et information. Une autre remarque doit être faite quant à la sociologie des mass media. Trop souvent, celle-ci reste dans une logique où la communication est identifiée à l'information (message, transmission de son contenu et réception). Or il n'est pas évident que la communication soit dominée par le souci utilitaire d'informer, et les ratés de la réception sont peut-être, comme les lapsus pour FREUD, révélateurs d'une autre logique.

L'information prise dans son sens strict peut, en effet, être définie comme la circulation d'informations dont le contenu, transporté d'un lieu à un autre, modifie et enrichit la « connaissance » qu'ont les agents sociaux de leur monde. C'est une activité dont on peut concevoir qu'elle engendre des informateurs professionnels, agents de transmission d'un savoir. Mais la communication implique autre chose que la relation positiviste du message envoyé et du message reçu avec pertes mesurables. Il y a du sens dans l'adage populaire : « *Ce n'est pas parce qu'on n'a rien à dire qu'on doit se taire.* » Car « *ne rien dire* », c'est encore « *dire* ». Ainsi donc, *informer* n'est jamais exempt de communication avec ses implicites obscurs, et *communiquer*, d'autre part, prend l'apparence de l'information. L'étude de cet entrelacement complexe dans le système médiatique implique une référence au « *monde* » dans lequel il se déroule et ne renvoie pas aux modèles offerts par les ingénieurs de télécommunication.

1 UNE SOCIOLOGIE EMPIRIQUE. L'histoire des médias est d'abord celle des mutations technologiques qui les rendent industriellement possibles, puis, le progrès aidant, de plus en plus sophistiqués. C'est aussi l'histoire d'une mutation sociopolitique : l'avènement des temps modernes et de ce type de société appelée la « *société démocratique* » (sans entendre, par ce terme, une forme particulière de gouvernement, mais le bouleversement dans la façon dont les hommes pensent leur rapport au monde, à autrui, à eux-mêmes, et qui s'exprime par la sécularisation du politique et par l'individualisme).

La recherche sur les communications de masse s'est centrée sur le trajet des messages, de l'agent-émetteur au sujet-récepteur, et sur la réponse de ce sujet. Le modèle se traduira dans le paradigme de LASSWELL tel qu'il l'expose dans son article intitulé « Structure et fonction de la communication dans la société » : « *On peut décrire une action de communication en répondant aux questions suivantes : qui dit quoi, par quel canal, avec quel effet ? L'étude scientifique du processus de communication tend à se centrer sur l'une ou l'autre de ces questions. Le spécialiste du " qui " (le communicateur) s'attache à l'étude des facteurs qui engendrent et dirigent la communication. Nous nommons cette subdivision du domaine analyse de régulation* (control analysis). *Le spécialiste du " dit quoi " pratique l'analyse de contenu* (content analysis). *Celui qui étudie surtout la radio, la presse, le cinéma et les autres médias de communication participe à l'analyse des médias* (media analysis). *Lorsque le centre d'intérêt est constitué par les personnes atteintes par les médias, nous parlons d'analyse de l'audience* (audience analysis). *Si le problème traité est celui de l'impact sur les récepteurs, il s'agit d'une analyse des effets* (effect analysis). »

Ce paradigme dominera la sociologie des mass media durant des décennies. On privilégie l'émetteur et on ne verra dans le récepteur qu'un sujet passif.

Les premières enquêtes intéressantes qui sortiront de ces approches et qui détermineront la suite des études sociologiques furent les enquêtes menées par LAZARSFELD en 1940, à l'occasion de la campagne présidentielle Roosevelt-Wilkie, sur un échantillon de 3 000 électeurs de l'Ohio. À ces enquêtes s'ajoutera celle faite dans une ville de l'État de New York pour l'élection présidentielle de 1948 (BERELSON, 1955).

Ces enquêtes révèlent l'influence d' «*opinion leaders* » (guides d'opinion). En effet, les personnes ayant changé d'intention de vote déclarent l'avoir fait non sous l'influence directe de la campagne des candidats, donc des médias, mais sous l'influence de personnes de leur entourage. Le « *face to face contact* », le contact personnel, est plus important que l'action directe des médias. Ce qui est ainsi souligné c'est l'importance des groupes primaires et de proximité comme source des attitudes et des valeurs qui déterminent, chez l'individu, les formes de réception des messages. D'où la conclusion quant à l'action des médias : ils agissent selon un « *two step flow of communication* » et ont besoin de relais entre eux et le public. Nous sommes loin des hypothèses du livre de TCHAKOTINE, *Le Viol des foules par la propagande politique*. Nous ne sommes pas devant un individu mitraillé par les messages et soumis à leur influence, mais devant un individu inséré socialement et qui filtre les messages.

Remarquons que TARDE avait, dans un article publié dans la *Revue de Paris* en 1899 et réédité dans son ouvrage, *L'Opinion et la foule* (1901), analysé le rôle de la conversation dans la formation des opinions, et la façon dont la presse alimente les conversations. Tarde soutient que les moyens de communication de masse (en l'occurrence le journal) n'ont qu'une influence directe faible sur l'opinion, sauf s'ils sont repris comme sujets de conversation.

De recherches en recherches, la sociologie d'enquête découvrira qu'il n'y a pas un public massif mais des publics différenciés, que les messages sont toujours polysémiques et soumis à interprétation, bref, comme l'écrit MC QUAIL : « *L'effet de la communication ne peut se comprendre que dans une optique de réciprocité. L'émetteur de la communication agit sur le récepteur, mais il est à son tour conditionné par ce dernier. C'est la raison pour laquelle il est si difficile de déterminer les effets de la communication politique (et de toute communication de masse) résultat de ce va-et-vient permanent.* »

Et HALLORAN expliquera : « *Nous devons nous distancer de telle ou telle étude des effets de la télévision ou des effets de la lecture des journaux. En réalité, ce n'est pas la vraie question à se poser. La vraie question à se poser n'est pas de savoir ce que la télévision " fait " du public mais bien de savoir ce que telles catégories de gens, dans des situations différentes, avec des goûts, des mœurs et des prédispositions différents, font des médias dans les différentes situations. C'est la question de leur utilisation : comment des gens situés dans des structures sociales et des cultures déterminées utilisent-ils les médias ?* »

2 APPROCHES HOLISTIQUES. Parallèlement aux enquêtes et analyses empiriques se développent des tentatives d'approche holistique et des théorisations en vue d'une modélisation intégrant l'ensemble des formes de communication.

Shannon. Il y eut ainsi la théorie mathématique de l'information de SHANNON (1948). Le modèle de Shannon était celui d'un ingénieur soucieux de l'acheminement efficace d'un message, au meilleur coût possible. La préoccupation essentielle sera celle accordée à la performance du canal, en vue d'éliminer au maximum pertes et bruits.

Il y eut aussi, dans un esprit voisin, les travaux de WIENER sur la cybernétique. La communication y est également réduite à un transport d'information et on ne s'étonnera pas de voir inscrites dans le même paradigme, et soumises aux mêmes mesures la communication intersubjective, la communication homme-machine et la communication machine-machine. C'est ainsi que Wiener écrit dans son livre *Cybernétique et société* (1954) : « *Quand je donne un ordre à une machine, la situation ne diffère pas fondamentalement de celle qui se présente quand je donne un ordre à une personne* », et il conclut : « *Ainsi la théorie de la régulation dans les réalisations ingénieur soit par un humain, soit par un animal ou une mécanique, est un chapitre de la théorie des messages.* »

Moles. Un écho de ce type d'approche « scientifique » se trouve en France dans les travaux de MOLES (*Sociodynamique de la culture*, 1967), dont l'ambition fut de bâtir une théorie de la circulation des produits culturels par le canal des moyens des mass media. Et c'est ainsi que les notions de « *feed-back* », de « redondance », de « bruit », d'« homéostasie », d'« autorégulation », toutes importées de la cybernétique, se virent érigées en concepts clés d'une science de la communication. Il faut voir dans cette ambition l'illusion du sociologue à vouloir établir dans son domaine des lois semblables à celles de ses collègues des sciences mathématiques. Ceci le mène à simplifier les phénomènes sociaux pour qu'ils puissent se soumettre à des « lois ».

Roland Barthes. Dans le même esprit mais en se référant à une autre science, une autre approche s'appuiera sur les démarches de la linguistique structurale. En France on peut évoquer les tentatives de Roland BARTHES (*Mythologies*) pour élaborer une sémiologie générale, incluant la culture de masse, comme appendice de la linguistique. Les autres approches holistiques des mass media seront des considérations sur les rapports entre la société et le système médiatique, abordé comme système culturel global.

La réaction critique de l'École de Francfort. Face au souci des sociologues empiristes, dont les travaux ont été un moteur essentiel du progrès dans la sociologie des mass media, se développa d'abord toute une sociologie critique qui posait que l'acte de communication ne pouvait être compris sans référence à la société globale dans laquelle il se déroulait. Une société qui sera appréhendée, sous l'influence de l'École de Francfort tributaire de ses présupposés marxistes (ADORNO, MARCUSE et, dans une certaine mesure, aujourd'hui, HABERMAS), à partir de ses caractéristiques économico-politiques. On peut noter que si la sociologie empirique insiste sur la grande relativité de l'influence des médias, la sociologie critique, au contraire, met l'accent sur l'action du système communicationnel comme instrument du contrôle social. Ses questions seront, de façon privilégiée : « Qui contrôle les instruments de communication (et de manipulation) ? Au bénéfice de qui ? » On est, on le voit, devant des divergences théoriques mais aussi — et surtout —, comme le notent MISSIKA et WOLTON, devant une opposition politique qui portait *« autant sur une interprétation du modèle de la démocratie occidentale que sur une analyse du rôle que peuvent y jouer les médias »* (*La Folle du logis*, 1983). Malgré ces a priori qui ont pesé sur la sociologie critique, on ne saurait sous-estimer son rôle dans une réorientation théorique.

McLuhan et l'École de Francfort. D'une tout autre nature est la conception de McLuhan qui pose l'ensemble des médias comme un système qui, par sa nature même, engendre des effets sociaux spécifiques. C'est l'apport de MCLUHAN que d'avoir ainsi provoqué un nouveau regard. Face aux nouvelles technologies de communication, est-on devant un simple changement de support dans une communication toujours semblable à elle-même ? McLuhan souligne que la façon dont un message est émis importe plus que le contenu de ce message. *« Le message c'est le médium »*, écrit-il, précisant que *« les sociétés ont toujours été remodelées bien plus par la nature des médias par lesquels les hommes communiquent que par le contenu de la communication. »*

De cette considération selon laquelle les médias sont inséparables du message, McLuhan tire une typologie. Ainsi voudra-t-il montrer que l'invention de l'écriture et sa culmination dans l'invention de l'imprimerie ont imposé la primauté de la vue sur les autres sens pour appréhender le monde et ses messages et ont changé le fonctionnement de la pensée en obligeant à traduire pensées et sentiments dans des codes de lecture : elles ont ainsi créé un nouveau type d'homme, individualiste. Avec l'avènement de l'ère audiovisuelle, la communication orale est réhabilitée ; l'oreille, et non plus exclusivement l'œil, reprend ses droits dans la communication. Dès lors on peut retrouver à l'échelle planétaire le village d'avant l'individualisation par l'écriture et voir surgir un nouveau tribalisme : *« Le fait que les sociétés closes sont le produit de la parole, du tam-tam ou d'autres technologies de l'oreille laisse prévoir, à l'aube de l'âge électronique, l'englobement de la grande famille humaine tout entière en une seule tribu globale. »*

Ces analyses de McLuhan sont hypothéquées par cette sorte de philosophie de l'histoire simpliste, qui lui fait diviser le Grand Temps de l'humanité en trois moments : la société primitive orale, la galaxie Gutenberg et enfin la planète Marconi. Quant à la dynamique du passage d'une société à l'autre, elle est produite par une causalité technologique : la technologie des médias. À la société orale tribale aurait succédé le temps de l'écriture et du livre. À un univers où les informations étaient reçues par tous les sens succède un univers « vu » et « déchiffré » comme un texte. Les lettres forment des mots et le défilé des mots doit être scrupuleusement suivi, selon une continuité linéaire, pour que soit appréhendé le sens de la phrase puis du texte. S'impose ainsi une civilisation de l'ordre, de la clarté où dominera l'esprit d'analyse. Où dominera aussi une rationalité bureaucratique hiérarchisée : celle de l'État centralisateur.

Si l'écriture a favorisé un certain type de rapport au monde et un certain type d'homme, les médias audiovisuels vont produire un autre type de rapport au monde et un autre type d'homme. Le monde de l'image est un monde immédiatement habitable, sans apprentissage de codes et sans décodage. Il est fait d'apparences qui donnent le sentiment d'une réalité présente. Le spectacle n'est pas reçu comme une parole, c'est un univers qui s'impose dans sa présence épaisse et illusoire et qui induit une participation affective du spectateur. Les yeux, les oreilles captent les images, les boivent, alors que dans l'acte de lecture, l'intellect doit décoder les petits signes abstraits qui dansent devant le lecteur. Et l'image imposera sa marque, désormais, à l'écriture elle-même, nous dit McLuhan : *« La lecture du journal n'est plus une lecture au sens où nous l'entendions avant. Par cette lecture, en effet, je ne recueille pas des messages mais je prends un bain communautaire : je plonge en quelque sorte dans la baignoire communautaire pour me retrouver en participation avec l'ensemble de la société. »*

Les approches mcluhaniennes — et celle de l'École de Toronto, qu'on désigne parfois comme *École du déterminisme technologique* — ont suscité, de la part de nombre de sociologues, un rejet dont la vigueur fut à la mesure de l'enthousiasme provoqué auprès d'autres chercheurs. Puis les choses reprirent leur équilibre et, en 1987, KATZ pouvait écrire : *« Quand bien même nous aurions quelques réticences à admettre qu'il existe un lien entre la linéarité imposée par l'imprimerie et la disposition des chaînes de montage ou des voies de chemin de fer, il n'est pas absurde de penser que les technologies de communication nous mettent en rapport les uns avec les autres selon des modalités qui sont largement indépendantes de messages transmis ».*

3 MÉDIAS ET SOCIÉTÉ.

1 Riesman et le monde de l'image. Ce monde de l'image, monde de l'immédiateté, RIESMAN — dans *La Foule solitaire*, ouvrage qui fit date — nous le montre habité par l'homme extrodéterminé *(other-determinated)* : de moins en moins soucieux d'intériorité, de plus en plus dépendant des autres dont il guette l'approbation et les applaudissements : *« Tous les extrodéterminés ont ceci en commun que l'attitude de l'individu est orientée par ses contemporains — ceux qu'il connaît personnellement et même ceux qu'il ne connaît qu'indirectement par l'intermédiaire d'un ami ou des communications de masse... Les buts que l'individu extrodéterminé se fixe varient avec et selon cette influence ; seul l'effort en tant qu'attitude et l'attention constamment accordée aux réactions d'autrui persistent sans changement durant toute l'existence. Cette volonté* *de garder le contact avec les autres se traduit par une stricte " conformité de comportement ".* »

Cette analyse de l'homme extrodéterminé, RIESMAN l'inscrit lui aussi dans une sorte de typologie des sociétés qu'il différencie en société « *tradition-directed* », où l'individu se trouve inséré dans le tissu social grâce à la tradition et obéit à des règles qui s'imposent à lui comme des règles intangibles ; puis en société « *inner-directed* », où les individus, confrontés à un devenir social rapide qui bouleverse leur horizon, doivent être capables d'invention et d'adaptation et être pourvus comme d'un gyroscope individuel, fruit de l'éducation, qui leur permet d'être livrés à eux-mêmes en maintenant le cap.

Ces travaux de synthèse — ceux de MCLUHAN comme ceux de Riesman ou d'autres — ont le mérite d'analyser les mutations civilisationnelles où sont impliqués autant qu'ils l'impliquent les nouveaux médias. Cependant ces analyses demeurent contestables par l'idée dominante que les médias sont les matrices de types de sociétés, alors qu'il nous paraît que c'est l'inverse : parce qu'ils s'accordent à la logique latente d'un type de société, les médias fonctionnent, s'imposent et imposent leur propre logique.

2 **Sennet.** Souligner ce lien caché entre la façon dont une société organise son espace et les technologies qui s'y inscrivent rapproche un certain nombre d'auteurs, parmi lesquels il faut citer SENNETT et HABERMAS. La société moderne, celle qui balbutie dès la Renaissance, a changé le rapport des hommes au monde et à eux-mêmes. Une nouvelle logique signifiante est née du bouleversement que fut la rupture de la société avec tout fondement transcendant ou naturel, et ce par l'avènement d'un homme qui s'y substitue.

L'ouvrage de Sennett n'est pas à proprement parler une étude sur les médias. Cependant il n'y a aucun scandale à l'inscrire dans un tel registre. L'analyse qu'il fait de ce qu'il appelle « *la perte de l'homme public* » va de pair avec la façon dont il conçoit l'action des nouveaux médias dans le triomphe d'une « *société de l'intimité* ».

« *Les communications électroniques sont l'un des moyens par lesquels la notion même de vie publique a été étouffée. Les médias ont énormément accru la quantité des connaissances que les groupes sociaux ont les uns des autres, mais ils ont également rendu tout contact réel superflu.* » Et il montre comment les médias répondent à des « *impulsions culturelles qui se sont formées depuis cent cinquante ans* » ; ils incarnent le paradoxe d'un espace public vide, c'est-à-dire « *le paradoxe de l'isolement et de la visibilité* ». La modernité, nous dit Sennett, vide l'espace public sous l'effet d'un impératif de transparence généralisée. D'une part, la production en masse et le règne généralisé de la marchandise homogénéisent diverses couches sociales dans leur apparence et en uniformisent les signes, auparavant distinctifs. D'autre part, la sécularisation supprime toute référence transcendante, tout système préexistant donnant sens. La vie publique devient une obligation formelle et la vie intime, privée, se voit surchargée de signification et de valeur. En quelque sorte, il y a mort de l'acteur social, au sens théâtral du terme, derrière lequel se dissimulait une vie privée, et promotion de l'*authenticité*, c'est-à-dire de la valeur de l'homme intime offert, soumis à la visibilité. Cette dynamique ne peut que trouver dans les médias son meilleur espace. Dans une approche historique, Sennett montre que, alors qu'au XVIIIe siècle existait un équilibre entre espace privé et espace public, cet équilibre se voit bouleversé avec l'émergence du capitalisme industriel tout au long du XIXe siècle et le passage d'une relation impersonnelle et théâtralisée entre les hommes dans la vie publique à une relation intimiste entre individus qui veulent « communiquer ». On passe ainsi graduellement d'une société du jeu théâtral et de la convention, avec anonymat des personnes qui n'ont pas à attester d'une identité personnelle intime pour donner crédibilité à leurs propos, à une société de la communication, qui réfère les propos à la personne qui les tient et évalue l'authenticité de ceux-ci en fonction de la sincérité de celle-là. Ceci implique, évidemment, que l'avant-scène ne soit plus la scène publique et son théâtre, mais l'homme privé et sa subjectivité.

Le domaine privé, désormais, affirme sa prééminence sur le domaine public, la famille devient forteresse contre un monde public de la guerre économique et de l'amoralité, monde dangereux où ne s'aventurerait pas seule une femme de bonne éducation. La société se fait intimiste. L'espace public ne se prête plus aux échanges expressifs entre individus. Le côté théâtral de la vie disparaît et, avec lui, paradoxalement, les repères identitaires.

3 **Habermas.** Habermas, lui aussi, s'interroge sur cette décomposition de la sphère publique au XVIIIe siècle, dans les cafés et les salons ; elle trouve dans la presse l'instrument de son développement. Cette sphère publique est le lieu où s'organise une société fondée sur la communication rationnelle. Nous intéresse, indépendamment des spéculations philosophico-politiques d'Habermas, l'analyse qu'il offre du processus de décomposition de l'espace public et de la place qu'y occupent les médias. Notons que les médias ne sont pas la cause du processus mais ils s'y inscrivent parfaitement.

« *Les nouveaux médias captivent le public des spectateurs et des auditeurs, mais en leur retirant par la même occasion toute distance émancipatoire, c'est-à-dire la possibilité de prendre la parole et de contredire. L'usage que le public des lecteurs faisait de sa raison tend à s'effacer au profit des simples opinions sur " le goût et l'attirance ", qu'échangent des consommateurs ; et même le fait de parler de ce qu'on a consommé, cette contre-épreuve des expériences du goût, est intégré au processus de consommation lui-même.* » Cette logique de la modernité mène d'un univers de l'individualisme citoyen à un univers de l'individualisme narcissique, postmoderne. Rien ne la traduit mieux que le changement de sens du mot *publicité* qui, au XVIIIe siècle, renvoyait à l'acte de rendre publics les actes du pouvoir et de les arracher au secret de l'arbitraire et qui, aujourd'hui, renvoie à la promotion marchande dans un discours séducteur. L'étude du phénomène publicitaire peut, d'une certaine façon, être une voie royale pour comprendre cet entrelacement d'un devenir social et d'un devenir médiatique. Ainsi nous faut-il nous interroger « *sur ce qui accorde la publicité au présent social.* [...] *comprendre comment le monde se publicise non par l'effet mécanique de la publicité mais parce que la publicité est l'écho " image et son " de ce monde qu'elle contribue à installer* » (AKOUN, 1994).

Ce processus est naturellement accentué avec les nouvelles technologies qui relient télévision et autres médias à l'ordinateur, qui ouvrent sur le multimedia et sur les autoroutes de l'information comme Internet. S'impose progressivement une logique « télé » qui abolit les distances et rend floue la frontière entre espace public et espace privé domestique. Par exemple, le développement du télétravail détruit les anciennes identités communautaires du travail en entreprise, il accentue le « retrait » de la sphère publique et en même temps publicise la sphère privée. D'autre part se fabrique, dans un mélange qui fait de l'imaginaire un réel — et du réel un abstrait — le monde du virtuel. Il faut cependant se méfier des prospectives et des utopies apocalyptiques. Il n'est pas de problème qui n'invente sa solution, laquelle est toujours imprévisible.

André AKOUN

bibliographie

AKOUN André, *La Communication démocratique et son destin*, PUF, 1994.

AKOUN André, *Sociologie des communications de masse*, Hachette, 1997.

BALLE Francis, *Médias et société*, Montchretien, 1996.

BERELSON Bernard *et alii*, *Voting : A Study of Opinion Formation in a Presidential Campaign*, Chicago, University of Chicago Press, 1955.

CAZENEUVE Jean, *La Société de l'ubiquité : communication et diffusion*, Denoël-Gonthier, 1972.

KATZ Elihu, « Communication Research since Lazarsfeld », *Public Opinion Quaterly*, vol. 5, Winter 51, 1987.

LASSWELL Harold, « Structure et fonction de la communication dans la société », *in* BRYSON Lyman, *The Communication of Ideas*, New York, Harper, 1948.

MC QUAIL, *in* CURRAN, GUREVITCH, WOOLLACOTT, *Mass Communication and Society*, Londres, Arnold, 1977.

WOLTON Dominique, *Éloge du grand public*, Flammarion, 1990.

COMMUNISME

VOIR : MARXISME

Idéologie et mouvement politique préconisant la mise en commun des moyens de production.

Si l'on a pu parler de *communisme* primitif au sujet des pratiques communautaires des Indiens d'Amérique, ou du communisme de PLATON en raison du système collectiviste préconisé dans *La République* (mais qui était fondé sur l'esclavage), ou bien encore de l'idéal communiste de différents mouvements populaires en Allemagne et en Angleterre, c'est avec le siècle des Lumières et la Révolution française que le communisme tend à se constituer en une véritable doctrine, fondée sur la critique de la propriété, et qu'apparaît un nouveau type d'organisation révolutionnaire, par exemple la conjuration des Égaux. Durant la première moitié du XIXe siècle, ce double héritage théorique et pratique se perpétua notamment à travers les tentatives d'insurrections menées par BLANQUI. En théorisant les conditions de passage réelles vers le communisme et en les liant à l'évolution de la lutte des classes dans les pays occidentaux, MARX et ENGELS adaptèrent ainsi ce qui ne semblait être qu'une utopie aux besoins et à la pratique du mouvement ouvrier, permettant du même coup l'essor de la doctrine et de l'organisation politique (⇒ MARXISME).

COMPAGNONNAGE

voir : CORPORATION

Les *compagnonnages* désignaient, dans l'Ancien Régime, les associations ouvrières différenciées par métier et regroupées dans les « devoirs ». Également dissous par la Révolution en 1787 (Loi Le Chapelier) en même temps que les corporations* de métier, ils ont, en fait, subsisté jusqu'à ce que, progressivement, les syndicats ouvriers s'y substituent. Certains compagnonnages subsistent (dans l'industrie du bois, par exemple), exerçant des fonctions d'apprentissage et de formation.

Pierre ANSART

bibliographie

COORNAERT Émile, *Les Compagnonnages en France, du Moyen Âge à nos jours*, Éditions ouvrières, 1966.

GUÉDEZ Annie, *Compagnonnage et apprentissage*, PUF, 1994.

MÉTHODES COMPARATIVES

du latin *comparare* « apparier », d'où « assimiler » et « confronter »

all. VERGLEICHEND	esp. COMPARATIVO
angl. COMPARATIVE	ital. COMPARATIVO

voir : ÉPISTÉMOLOGIE, MÉTHODES, OBJECTIVATION

Dans les ***Règles de la méthode sociologique***, DURKHEIM fait de la *méthode comparative* la méthode essentielle de la sociologie et fournit, par le jeu des rapprochements, par l'analyse des identités et des différences, les moyens de « l'administration de la preuve ». À défaut de pouvoir recourir à l'expérimentation, la méthode comparative fournit au sociologue le moyen de prouver ses conclusions par l'étude comparée des structures et des évolutions. La méthode des variations concomitantes, qui repère les similitudes, y trouve à s'appliquer : « *Dès lors qu'on a prouvé que, dans un certain nombre de cas, deux phénomènes varient l'un comme l'autre, on peut être certain qu'on se trouve en présence d'une loi* » (1988, p. 225). Les exposés contenus dans ***Le Suicide*** appliquent ces principes par la comparaison entre les taux de suicides dans les différentes conditions sociales.

Il faut rappeler que la méthode comparative avait été mise en œuvre avant Durkheim par les penseurs politiques, par exemple, par TOCQUEVILLE dans ***De la démocratie en Amérique***. Tocqueville met en relief les caractères essentiels de la démocratie grâce à la comparaison avec les régimes aristocratiques. Il applique cette comparaison à tous les éléments qui lui paraissent significatifs, les mœurs, les associations, la condition féminine... et ne cesse de construire des éclairages réciproques entre ces deux « ordres sociaux ». Aujourd'hui tous les phénomènes sociaux font l'objet de comparaisons nationales et internationales. Les sociologies spécialisées comparent les systèmes scolaires, les conditions de travail, les comportements politiques, les pratiques religieuses... Toute logique sociale peut être éclairée par le recours aux comparaisons. Celles-ci peuvent se faire soit diachroniquement (entre des temps différents), soit synchroniquement (pour des phénomènes contemporains), en faisant appel aux méthodes qualitatives ou quantitatives.

Les méthodes comparatives ne cessent de montrer leur fécondité. Toutefois, elles requièrent un maniement scrupuleux ; elles peuvent, en effet, en l'absence d'un tel contrôle, autoriser des oppositions ou rapprochements approximatifs, sinon hasardeux.

Pierre ANSART

bibliographie

ARMER Michael, GRIMSHAW Allend D. (sous la dir. de), *Comparative Social Research. Methodical Problems and Strategies*, New York, John Wiley, 1973.

BERTHELOT Jean-Michel, *L'Intelligence du social, le pluralisme explicatif en sociologie*, PUF, 1990.

DURKHEIM Émile, *Règles de la méthode sociologique* (1895), Flammarion, 1988.

HOLT Robert T., TURNER John E. (sous la dir. de), *Les Données politiques du développement économique. Tendances actuelles*, Hachette, 1970.

JACQUOIS Guy, *Généalogie d'une méthode : le comparatisme*, Louvain La Neuve, Peeters, 1989.

SEILER David Louis, *Comportement politique comparé*, Economica, 1985.

SEILER David Louis, *La Politique comparée en questions*, Bordeaux, IEP, 1994.

COMPÉTENCE

du latin *competentia* « proportion, juste rapport », dérivé de *competere* « aboutir au même point »

all. KOMPETENZ, FÄHIGKEIT angl. COMPETENCE, COMPETENCY	esp. COMPETENCIA, CAPACIDAD ital. COMPETENZA

voir : CAPACITÉ PROFESSIONNELLE, PERFORMANCE

1. Aptitudes, connaissances générales et professionnelles, théoriques et pratiques, de nature plutôt intellectuelle, savoirs, savoir-faire et savoir-être qui conditionnent un comportement, notamment la réussite dans une tâche précise, et qui se vérifient dans une épreuve concrète.

2. Pouvoir et habilitation conférés par une autorité à une personne pour faire certains types d'intervention.

3. Adaptation et efficacité d'une certaine forme d'organisation du système de production et du système de travail, par rapport aux normes et objectifs fixés.

1 LA GRAMMAIRE GÉNÉRATIVE. En linguistique, la notion de *compétence* est apparue vers 1964-1965, dans les travaux de CHOMSKY (1967, 1992) sur la grammaire générative. Pour cet auteur, la compétence renvoie à la capacité d'un locuteur-auditeur d'une langue donnée, immergé dans une communauté linguistique, de construire et de reconnaître l'infinité des phrases grammaticalement correctes et d'attacher une interprétation sémantique à l'infinité d'entre elles qui sont dotées de sens ; le terme désigne ainsi le savoir appris et possédé inconsciemment par le sujet parlant, qui porte sur le système de règles de la langue que celui-ci a très tôt intériorisé, au cours de la phase de socialisation, et qui lui permet de comprendre et de produire un nombre infini de phrases. Ce savoir est implicite ; il n'est pas directement observable ; il ne s'explicite que dans l'acte de la parole (la *performance*, dans le langage de Chomsky). La grammaire générative est, selon Chomsky, la théorie linguistique explicite proposée pour rendre compte de cette compétence. Selon Chomsky, pour que s'élabore cette compétence, certaines conditions sont nécessaires : d'une part, un appareillage physiologique et neurologique, dont sont normalement dotés tous les êtres humains à leur naissance (la capacité d'entendre des sons, la capacité de produire des sons, etc.) ; d'autre part, un environnement humain qui stimule le jeune enfant à parler et à comprendre des énoncés. Enfin, le fait que les règles de chaque langue soient en nombre limité, en cohérence avec les capacités limitées de l'esprit humain.

2 L'ERGONOMIE COGNITIVISTE. Cette théorie de Chomsky a particulièrement séduit les psychologues du travail et les ergonomes cognitivistes, qui cherchent à comprendre et à décrire des processus de raisonnement dans l'activité concrète du travail, afin de mieux former les opérateurs à leur tâche. En effet, si les ergonomes s'intéressent plus aux comportements réels qu'aux modèles théoriques sous-jacents à ceux-ci, l'étude des performances concrètes est indispensable à celle des systèmes théoriques qui les rendent possibles (DE MONTMOLLIN, 1984). C'est par ce biais de l'ergonomie cognitiviste que, au cours des années 80, les entreprises, confrontées à des restructurations du système de production, à un rythme de plus en plus rapide en raison de la concurrence nationale et internationale, se sont approprié le terme ; il leur importait de mieux appréhender le travail réel des opérateurs, afin de mieux les préparer à leur tâche pour les rendre plus fiables et performants. Mais alors que la notion de compétence, chez Chomsky, désignait un savoir et un savoir-faire généraux, transversaux à toute activité humaine, les entreprises ont utilisé le terme pour désigner des savoirs et des savoir-faire liés à des tâches spécifiques, ce qui explique le pluriel. Toutefois, comme chez Chomsky, ces savoirs et savoir-faire ne sont pas directement saisissables, mais sont inférés à partir de l'observation du comportement, notamment dans les situations de travail singulières de traitement des pannes. Il faut noter, cependant, l'accent que les employeurs mettent également sur les savoir-être des salariés, depuis 1975.

3 QUALIFICATION ET COMPÉTENCE. Les sociologues (DADOY, DEMAILLY, DUBAR, MONTJARDET, PIRTTEM, STROOBANTS, TREPOS, ZARIFIAN) ne pouvaient très longtemps échapper à ce mouvement langagier de fond. La tentation fut forte de se saisir de ce vocable (sens 1) habillé de vêtements neufs, pour marquer la rupture profonde supposée entre les technologies anciennes, analysées avec la notion de qualification, et les nouvelles technologies, présumées exiger des niveaux de formation supérieurs, en raison soit du caractère plus abstrait ou de la complexité plus grande du travail, soit d'exigences plus élevées liées à des politiques managériales (qualité du produit, fiabilisation du procès de travail), soit enfin de problèmes techniques (pannes nombreuses dans une phase de rodage du procès de production, impossibilité de rationaliser et de contrôler le travail d'exécution). Avec la multiplication des recherches, le caractère idéologique de l'opposition entre qualification et compétence est apparu plus clairement. Il n'en demeure pas moins des connotations différentes dans l'usage des deux termes. La notion de compétence fait davantage référence aux savoirs, aux savoir-faire, aux savoir-être exigés de l'exécutant pour l'efficience du système homme-machine dans une tâche concrète précise, tandis que la notion de qualification, lorsqu'elle se réfère à la formation, renverrait plutôt à une configuration générale de savoirs, savoir-faire, savoir-être, définie dans un référentiel, dispensée dans une formation officielle, située dans une grille de niveaux de formation, sanctionnée par un diplôme et reconnue dans les conventions collectives et les grilles de salaire ; la notion de qualification est, elle, connotée fortement par la référence à une grille de rémunération. De surcroît, à partir du moment où l'Éducation nationale s'est fixé pour tâche de produire des compétences (1985), le débat porte sur la distinction, possible ou pas, entre les savoirs et les savoir-faire acquis à l'école, qui sont basiques, généraux et transférables, et les savoirs et les savoir-faire spécifiques à une tâche précise, locaux, opératoires, qui sont par définition peu transposables dans une autre situation de travail. L'attention nouvelle des directions d'entreprise sur les compétences opératoires, c'est-à-dire sur les savoir-faire réels, offre une opportunité de les faire reconnaître dans la qualification du travailleur, malgré de fortes résistances des employeurs à associer compétences et rémunération.

4 Il faut en outre distinguer entre la *compétence* (sens 2), comme évaluation de l'adéquation de la conception d'un système homme-machine à l'ensemble du procès de production (repérage des dysfonctions du système, choix de l'opérateur, de son niveau de formation), dont la responsabilité incombe à l'encadrement qui conçoit le poste et y affecte un travailleur, et les *compétences* (sens 1), qui renvoient à la liste des savoir-faire opératoires spécifiques, exigés pour maîtriser un poste de travail précis et portant sur l'évaluation du travailleur et de sa capacité d'adaptation à ce poste. Dans le premier cas, sont évalués la conception de la division du travail et de l'organisation du travail, le choix des opérateurs et leur préparation à leurs postes par la direction ; dans le deuxième cas, sont jugés les savoirs et les comportements d'un agent face à une tâche concrète. Enfin, la compétence (au sens 2) se réfère plutôt à la division du travail, au découpage des missions en unités cohérentes et à l'attribution d'un noyau de tâches à chaque travailleur, qui lui confère le pouvoir et le devoir de les réaliser.

Mireille DADOY

bibliographie

CHOMSKY Noam, *Le Langage et la pensée*, Payot, 1968.

CHOMSKY Noam, « L'Approche linguistique », in *Théories du langage. Théories de l'apprentissage. Débat entre Jean Piaget et Noam Chomsky* (recueilli par Massimo PIATTELLI-PALMARINI), Seuil, 1979.

DADOY Mireille, « De la qualification aux compétences » ; « La Codification du travail et de l'emploi face aux transformations des systèmes de production », in *La Sociologie du travail et la codification du social*, Pirttem/Université de Toulouse, 1990.

DEMAILLY Lise, « La Qualification ou la compétence professionnelle des enseignants », in *Sociologie du travail*, nº 1, Dunod, 1987, pp. 59 à 69.

DUBAR Claude, « La Sociologie du travail face à la qualification et à la compétence », in *Sociologie du travail*, nº 2, Dunod, 1996, pp. 179 à 193.

LE BOTERF Guy, *De la compétence*, Éditions d'Organisation, 1994.

STROOBANTS Marcelle, *Savoir-faire et compétences au travail. Une sociologie de la fabrication des aptitudes*, Bruxelles, Éditions de l'Université de Bruxelles, 1993.

TANGUY Lucie, ROPÉ Françoise, *Savoirs et compétences. De l'usage de ces notions dans l'école et l'entreprise*, L'Harmattan, 1994.

TRÉPOS Jean-Yves, *Sociologie de la compétence professionnelle*, PU Nancy, 1992.

ZARIFIAN Philippe, « L'Émergence du modèle de la compétence », *in* F. STANKIEWICZ (sous la dir. de), *Les Stratégies d'entreprise face aux ressources humaines*, Economica, 1988, pp. 77 à 82.

COMPÉTITION

de l'anglais *competition* emprunté au bas latin *competitio* « accord, candidature rivale »

all. WETTKAMPF	esp. COMPETICIÓN
angl. COMPETITION	ital. COMPETIZIONE

voir : CAPITAL, CONFLIT SOCIAL, DISTINCTION, FAIT SOCIAL TOTAL

Situation de rivalité où s'affrontent des concurrents individuels ou collectifs pour obtenir un gain selon des règles communes.

1 Tout en désignant une forme de lutte sociale, le terme de *compétition* exclut, dans sa définition, les débordements de la violence non maîtrisée. Il met l'accent sur les normes fixant les détails des comportements autorisés, en vue de l'obtention du bien recherché (pouvoir, prestige, gains pécuniaires). L'exemple du *potlatch**, au cours duquel des tribus rivalisent en exhibant des biens, éventuellement en les détruisant ostensiblement, est illustratif de ce qu'est une compétition. Le rituel interdit le recours à la violence, et la destruction possible des biens souligne aussi que l'obtention des avantages matériels n'est pas l'objectif exclusif (MAUSS, 1923).

Les compétitions revêtent des formes multiples. La vie économique ne cesse de se dérouler à travers des compétitions dans le domaine de la production comme dans la conquête des marchés. Elle se manifeste aussi dans la consommation où, comme l'a montré VEBLEN, la recherche des biens n'est pas seulement liée à la satisfaction des besoins, mais aussi à la quête de l'affirmation de soi par l'ostentation des biens acquis (1893). Un modèle universel de compétition est offert par les spectacles sportifs, dans lesquels deux athlètes ou deux équipes rivalisent selon des règles minutieuses, sous le regard des arbitres et des publics, pour conquérir la victoire.

2 Le *darwinisme** *social* a fait de la compétition le prolongement, dans la vie sociale, de la lutte des espèces, et la condition de la progression sociale, idéalisant ainsi un aspect partiel, mais hautement significatif, des sociétés modernes.

Pierre ANSART

bibliographie

BOURDIEU Pierre, *La Distinction, critique sociale du jugement*, Éd. de Minuit, 1979.

MAUSS Marcel, « Essai sur le don, forme et raison de l'échange dans les sociétés archaïques » (1923), in *Sociologie et Anthropologie*, PUF, 1983.

VEBLEN Thorstein, *Théorie de la classe de loisir* (1893), Gallimard, 1970.

COMPLEXITÉ

all. KOMPLEXITÄT	esp. COMPLEJIDAD
angl. COMPLEXITY	ital. COMPLESSITÀ

voir : SYSTÉMISME

Dans le *Cours de Philosophie positive*, Auguste COMTE différencie les phénomènes sociaux des organismes étudiés par la biologie, et indique que les faits sociaux sont les plus complexes que les sciences aient à étudier. Ce degré supérieur de complexité a été fortement souligné par la théorie des systèmes, faisant des systèmes sociaux ouverts des ensembles éminemment complexes. Dans ses travaux de théorie sociologique, Edgar MORIN a mis l'accent sur cette complexité qu'il désigne par le terme d'*hyper-complexité*, en signifiant par là que la complexité du social surpasse les complexités de tout autre ordre de phénomènes, car elle intègre non seulement les relations sociales mais aussi celles des contextes physiques, biologiques et écologiques. Il en conclut que les méthodes propres à la sociologie devraient répudier tout schéma simplificateur au profit de la pluralité des méthodes et des modèles d'interprétation.

Pierre ANSART

bibliographie

DEMAILLY André, LE MOIGNE Jean-Louis, *Sciences de l'intelligence, Sciences de l'artificiel*, PU de Lyon, 1986.

LEWIN Roger, *La Complexité. Une théorie de la vie au bord du chaos*, InterÉditions, 1994.

MORIN Edgar, *Introduction à la pensée complexe*, ESF Éditeur, 1990.

COMPORTEMENT

du latin *comportare* « porter, transporter », puis « se comporter, agir de telle manière envers quelqu'un », réintroduit par Piéron (1908) comme équivalent de l'anglo-américain *behavior*

voir : CONDUITE

1. Au sens propre, se comporter c'est agir, réagir, et le comportement est une suite d'actions ou de réactions.
2. Au sens large, le comportement est l'ensemble des conduites de l'individu dans son environnement proche ou dans sa société.

1 PSYCHOLOGIE. La notion de *comportement* est d'un usage naturel en psychologie, où elle a connu sa légitimité dans l'effort pour donner à la recherche des bases objectives, imperméables au subjectivisme du chercheur. Mettant l'accent exclusif sur ce qui est objectif et mesurable, la notion de comportement a suscité le behaviorisme. C'est contre cet objectivisme réducteur que la notion de comportement a été remplacée chez les psychologues « cliniciens » par la notion de *conduite*.

2 SOCIOLOGIE. En sociologie il y a un écho au behaviorisme des psychologues. C'est, par exemple, en sociologie politique, étudier les processus politiques du seul point de vue de l'intervention des agents sociaux, indépendamment du corps doctinal ou idéologique qui les sous-tend.

André AKOUN

*
* *

SOCIOLOGIE DE LA COMPRÉHENSION ET MÉTHODE COMPRÉHENSIVE

du latin *comprehensio*, lui-même venant de *comprehendere* « saisir ensemble », « comprendre », la *compréhension* signifie au sens littéral « le fait de prendre avec soi »

all. VERSTEHEN	esp. COMPREHENSIÓN
angl. COMPREHENSION, UNDERSTANDING	ital. COMPRENSIONE

voir : HERMÉNEUTIQUE, MÉTHODES, PHÉNOMÉNOLOGIE, TYPE-IDÉAL

Compréhension : *acte de connaissance portant sur un comportement, une conduite, un sentiment humain, un savoir ou un raisonnement logique.*

COMPRÉHENSION ET EXPLICATION. En tant qu'opération mentale, la *compréhension* suppose l'existence si ce n'est d'une identité, tout au moins d'une proximité entre le sujet connaissant et l'objet de la connaissance. Toute activité intellectuelle, toute production d'un savoir ne mobilise donc pas nécessairement la compréhension. Un raisonnement philosophique ou mathématique sera compris en tant qu'il est un produit de la capacité logique de l'esprit humain, un comportement humain en tant qu'il est humain, c'est-à-dire référé à des motifs ou des motivations qui ont du sens pour un homme. En revanche, un phénomène physique n'est pas compris, il est construit, mis en évidence et, lorsqu'il est rapporté à des causes ou à une loi, expliqué.

MÉTHODE COMPRÉHENSIVE ET QUERELLE DES MÉTHODES. Ce n'est donc qu'avec le développement de sciences qui prennent l'esprit lui-même comme objet que le problème de la compréhension se trouve posé. Appliqué dans un premier temps par les historiens et les philosophes allemands à la saisie d'événements historiques, de totalités culturelles singulières, le choix d'une méthode compréhensive qui, en l'occurrence, était surtout une démarche individualisante, a entraîné de très vifs débats, dont la célèbre « querelle des méthodes » en Allemagne à la fin du XIXe siècle. Car si l'on s'en tient à la formule de DILTHEY, dont la position était très radicale : « *Nous comprenons l'esprit, nous expliquons la nature* », l'enjeu n'était rien moins que l'unité même de la connaissance scientifique.

1 **Critique de la méthode compréhensive.** Pour les adversaires de la méthode compréhensive, la proximité entre le sujet et l'objet, qui fonde la possibilité et la nécessité de recourir à la compréhension, ne peut garantir l'objectivité de la connaissance. Elle laisse au contraire libre cours à la multiplicité des interprétations dont l'évidence, même lorsqu' elle est partagée, demeure subjective. Seule, l'explication, parce que susceptible, au moins en principe, d'une vérification expérimentale, réalise l'accord des esprits et constitue une véritable méthode scientifique. Dans cette optique, la seule voie semblait être, comme le faisait DURKHEIM en France pour la sociologie, d'accommoder les exigences de la méthode explicative aux caractéristiques de l'objet, ce qui implique en l'occurrence de traiter le fait social, qui n'est pas une chose, à la manière d'une chose.

2 **Weber fondateur de la méthode compréhensive.** L'intérêt de la démarche de WEBER, qui doit être considéré comme le véritable introducteur de la méthode compréhensive en sociologie, est d'être

une tentative, en grande partie réussie, pour concilier la spécificité des phénomènes sociaux et les exigences de la connaissance scientifique telles que définies pour les sciences de la nature. Partant du constat que tout phénomène social est en dernière analyse le produit de l'action des individus et que ceux-ci donnent un sens à leurs comportements, il prône l'usage de la compréhension, mais à condition de le raisonner et de l'encadrer. Cela suppose que l'on abandonne une représentation univoque de la signification comme sens subjectif :

- d'abord parce que celle-ci peut être aussi le sens objectivé d'un univers culturel comme le protestantisme, ou le sens fonctionnel négocié intersubjectivement,
- ensuite parce qu'elle conduirait inévitablement la sociologie compréhensive à privilégier l'empathie et à se perdre dans les méandres de l'interprétation.

SENS SUBJECTIF ET SENS RECONSTRUIT. Même lorsque le point de départ de l'analyse sociologique est le sens subjectif des acteurs individuels, celui-ci ne constitue pas véritablement son objet. Weber distingue en effet soigneusement la compréhension « actuelle », celle du sens subjectif, d'une compréhension rationnelle de la motivation, qui passe par la réinscription de l'acte dans un contexte et par une attribution de la rationalité à l'acteur. Comme il le reconnaît explicitement, cette signification reconstruite peut être relativement éloignée du sens subjectif, et il serait erroné de considérer que l'acteur se comporte toujours de manière rationnelle. Il est bien plus probable que l'affectivité joue un rôle déterminant dans l'action humaine. Cependant, ce n'est qu'au prix de cette reconstruction que l'on peut faire de la méthode compréhensive une méthode scientifique et l'associer à l'explication. En effet, et c'est là encore un des points par lesquels Weber prend distance vis-à-vis d'une conception trop autonome de la méthode compréhensive, l'explication n'est point séparable de la compréhension. Aucune interprétation, si évidente soit-elle, ne peut être considérée comme valable indépendamment de l'application à son égard des méthodes de l'imputation causale. Mais réciproquement, les explications causales ne sont réellement satisfaisantes que lorsqu'elles sont réellement interprétées de manière significative.

LES « VERSIONS » POST-WÉBÉRIENNES DE LA MÉTHODE COMPRÉHENSIVE. La solution wébérienne, qui n'est pas exempte de certaines ambiguïtés, en particulier sur le rapport entre le sens visé subjectivement et le sens reconstruit rationnellement, a dès lors constitué le cadre de référence à partir duquel se sont développées de nombreuses versions de la méthode compréhensive.

1 **Schütz : méthode compréhensive et savoir immédiat.** L'une des plus intéressantes est celle de SCHÜTZ. Car il enrichit l'analyse wébérienne de l'apport phénoménologique en reprenant le problème de la compréhension en amont. Il ne l'aborde pas uniquement comme un problème épistémologique et méthodologique, mais comme forme particulière de savoir immédiat sur les activités humaines. Au lieu de récuser sans plus l'intuition ou l'empathie, il tente de mettre en évidence ce sur quoi elles reposent. Si elles existent, c'est parce que le monde social interpersonnel est un monde pénétré de sens dans lequel chaque individu comprend, croit ou veut comprendre le comportement des autres. À travers des procédures collectives de typification, les individus interprètent le monde de leur réalité quotidienne. La vision de la méthode compréhensive s'en trouve donc quelque peu modifiée. La reconstruction du sens n'est pas seulement le fait de la connaissance savante, elle est aussi présente dans la connaissance ordinaire. Il n'y a donc pas entre les deux de solution de continuité. La méthode compréhensive prolonge le savoir immédiat. Elle cherche le sens du sens, ce qui n'exclut nullement que les constructions au second degré soient, comme le voulait Weber, élaborées selon des règles objectives et mises à l'épreuve des régularités causales.

2 **Boudon : l'individualisme méthodologique.** Une autre version est celle qui s'est élaborée plus récemment dans le cadre du paradigme actionniste, présenté par BOUDON. Le premier principe qui renvoie directement à Weber et à SIMMEL est de revenir aux actions, croyances et comportements individuels pour rendre compte des phénomènes sociaux. Cet individualisme méthodologique implique donc que l'explication d'un phénomène social passe, au moins pour une part, par la mise en œuvre d'une méthode compréhensive. L'apport à l'égard de la réflexion wébérienne ne se situe plus, comme dans le cas de Schütz, en amont, mais beaucoup plus en aval. Car il s'agit cette fois des modalités de la connaissance savante. Dans la ligne de la méthode wébérienne d'attribution de la rationalité à l'acteur en tant que fondement de la possibilité d'une compréhension objective, Boudon propose de partir d'une conception élargie de la rationalité, définie de manière sémantique et non conceptuelle. Sera dit rationnel tout comportement qui peut correspondre à de bonnes raisons. Sans abandonner la distinction wébérienne entre sens subjectif et un sens reconstruit rationnellement, cette version de la méthode compréhensive permet de faire une plus grande part à la complexité des significations vécues et construites par les individus.

LA SOCIOLOGIE CONTEMPORAINE. D'une façon générale, on peut considérer que la sociologie contemporaine, à travers ses différents courants (actionnisme, ethnométhodologie, interactionnisme symbolique, sociologie de l'action, de l'expérience...), se retrouve dans l'affirmation d'une sociologie compréhensive, qui traite les phénomènes sociaux comme ce qu'ils sont, le produit d'actions humaines.

Monique HIRSCHHORN

bibliographie

BOUDON Raymond, *Traité de sociologie*, PUF, 1992.

DILTHEY Wilhelm, *Introduction à l'étude des sciences humaines*, PUF, 1942.

DILTHEY Wilhelm, *Le Monde de l'esprit*, Aubier, 1950.

WEBER Max, *Économie et société* (1922), Plon, 1971.

WEBER Max, *Essais sur la théorie de la science* (1922), Plon, 1965.

WILLIAME Robert, *Les Fondements phénoménologiques de la sociologie compréhensive : Alfred Schütz et Max Weber*, La Haye, Martinus Nijhoff, 1973.

COMPROMIS

voir : COMPÉTITION, CONFLIT SOCIAL, CONTRADICTION, TRANSACTION SOCIALE

À l'opposé de la réprobation morale suspectant le compromis de correspondre à un abandon de valeurs (ou « compromission »), la vie sociale et politique d'une démocratie fait incessamment appel aux *compromis*, c'est-à-dire à la recherche d'accords supposant des concessions réciproques.

bibliographie

BAREL Yves, *Le Paradoxe et le système. Essai sur le fantastique social*, PU Grenoble, 1989.

CONCEPT

du latin *conceptus* « action de contenir » et, dans un sens tardif abstrait, « pensée, conception de l'esprit »

all. BEGRIFF	esp. CONCEPTO
angl. CONCEPT	ital. CONCETTO

voir : SOCIOLOGIE DE LA COMPRÉHENSION, PARADIGME, THÉORIE, TYPE-IDÉAL

Élément du vocabulaire exprimant une idée générale et abstraite pemettant de rassembler une diversité d'objets.

Comme tout langage scientifique, la sociologie use de *concepts* spécifiques qui désignent soit des relations abstraites *(détermination, fonction, structure)*, soit des êtres concrets *(individus, groupes, associations)*, soit des processus *(interaction, mutation)*, soit des propriétés *(dominant, dominé)*, ou des types de pratiques *(travail, éducation, interactions symboliques)*...

CONCEPT SCIENTIFIQUE ET LANGAGE NATUREL. Un problème spécifique se pose à la sociologie du fait qu'elle étudie aussi les pratiques langagières, les mots et les notions du langage dit « naturel ». Elle est amenée à reprendre des éléments de ces langages, les noms des professions ou des institutions par exemple, et, d'autre part, à se doter de concepts éloignés du vocabulaire quotidien *(anomie*, latent...)* ou redéfinis *(structure, fonction...)*. La distinction kantienne entre concepts a posteriori, ou empiriques, et concepts a priori, abstraits, éclaire partiellement cette distinction.

RÉALISME SCIENTIFIQUE ET RATIONALISME (OU RÉALISME) CRITIQUE. Le débat philosophique entre l'empirisme et le rationalisme se reproduit en sociologie et se trouve illustré par l'opposition entre le réalisme et le rationalisme critique. En réaction contre l'idéalisme hégélien, MARX ne doute pas que les concepts socio-économiques tels que *classe sociale, mode de production* correspondent aux propriétés et à l'essence de réalités objectives. L'effort de la science tendrait à dégager les concepts des approximations et des illusions du langage naturel, et à les définir selon les propriétés des réalités elles-mêmes. Pour WEBER, au contraire, le concept ne saurait être de quelque façon une simple copie de la réalité. Le concept est une construction symbolique et il importe de rendre compte du travail de construction qui le rend pleinement intelligible. Ainsi le concept de *féodalité* est issu d'un travail de sélection et de composition qui retient quelques traits jugés essentiels. Dans cet exemple, le concept n'est aucunement une image ou un reflet du réel, mais une synthèse mentale, un « type*-idéal », un instrument révisable qui permet d'organiser des réalités diverses. Il y aura lieu de le conserver s'il s'avère opératoire, d'en modifier la définition ou de l'abandonner si un autre concept s'avère plus riche de possibilités heuristiques (Weber, 1922). Dans ces débats sur le concept s'opposent aussi deux conceptions de la sociologie, l'une tendant vers ce que l'on peut appeler un « réalisme scientifique », aspirant à constituer une reproduction fidèle du réel, et l'autre un « réalisme critique », insistant sur l'activité de construction du savoir à travers l'indéfini des pratiques humaines. Entre ces deux positions prennent place des positions nuancées, car le concept sociologique ne saurait être ni réduit à une reproduction du réel, ni arbitraire. Le travail de la sociologie se situe dans cette dialectique permanente.

CONCEPT ET PARADIGME. Ajoutons que toute définition précise d'un concept ne peut être achevée qu'au sein du paradigme dont il fait partie. Il prend son sens exact dans l'ensemble des hypothèses et du dispositif logique que constitue un paradigme. Aussi faut-il s'attendre qu'un même mot revête des significations différentes dans des ensembles théoriques différents : le mot « classe », qui désigne, dans la conceptualisation marxiste, l'ensemble réel des individus qui ont la même position dans un mode de production, signifiera seulement, dans une analyse formelle, tout ensemble rangé dans une même catégorie pour les besoins de l'analyse. À l'extrême limite de ces oppositions, un concept clé dans un paradigme peut n'être pas utilisé dans un autre.

Pierre ANSART

bibliographie

BOURDIEU Pierre, PASSERON Jean-Claude, CHAMBOREDON Jean-Claude, *Le Métier de sociologue, préalables épistémologiques* (1968), Mouton-Bordas, 1983.

WEBER Max, *Essais sur la théorie de la science* (1922), Presses Pocket, 1992.

CONCURRENCE

du latin *concurrens*, de *concurrere* « courir ensemble de manière à aller vers le même point », puis « prétendre à la même chose en même temps » avec l'idée de compétition, d'affrontement

all. KONKURRENZ, WETTBEWERB	esp. CONCURRENCIA, COMPETENCIA
angl. CONCURRENCE	ital. CONCORRENZA

voir : CAPITALISME, ÉCONOMIE

Compétition entre individus ou collectivités pour l'obtention et l'accroissement de bénéfices.

1 La signification positive de la *concurrence* a été élaborée, en premier lieu, dans les théories économiques libérales, où elle est tenue à la fois comme le principe organisateur des échanges et comme un outil d'analyse. Elle signifie, dans ce contexte, la confrontation pacifique entre producteurs pour le profit le plus élevé, entre travailleurs et propriétaires pour l'élévation des salaires (WEBER, 1922).

2 La critique sociale du capitalisme a surtout mis l'accent (PROUDHON, MARX) sur les méfaits sociaux des concurrences économiques, sur les violences des crises et du chômage, sur l'inégalité introduite par le système concurrentiel.

3 Les concurrences sociales ont des formes nombreuses, depuis les plus étendues jusqu'aux interactions interindividuelles. Les luttes sociohistoriques entre bourgeoisie et aristocratie peuvent être envisagées comme une forme de concurrence pour la légitimité (BOURDIEU, 1966, p. 866). Les conflits sociopolitiques pour la reconnaissance peuvent aussi être abordés dans une perspective de concurrence. De même toutes les stratégies défensives et offensives des divers groupements au sein d'une bureaucratie constituent des formes ouvertes ou larvées de concurrence. L'analyse sociologique requiert d'en analyser les enjeux, les structures, les possibilités stratégiques, sans négliger les investissements psychosociologiques auxquels ces concurrences donnent lieu (GAULEJAC, 1994).

Pierre ANSART

bibliographie

BOURDIEU Pierre, *La Distinction, critique sociale du jugement*, Éd. de Minuit, 1979.

GAULEJAC Vincent de, *La Lutte des places : insertion et désinsertion*, Desclée de Brouwer, 1994.

SALIN Pascal, *La Concurrence*, PUF, 1995.

WEBER Max, *Économie et société* (1922), Plon, t. 1, 1971.

CONDITION

voir : CLASSE SOCIALE, POSITION

Le terme ancien de *condition* reste utilisé pour désigner un ensemble de caractéristiques sociales qui ne se limitent pas aux traits économiques d'une catégorie sociale. Il évoque simultanément les mœurs, les représentations sociales, les mentalités : ainsi, la « condition féminine », la « condition ouvrière ». Le terme est cependant peu employé et n'est retenu que pour annoncer le domaine à étudier.

CONDITIONNEMENT ⇒ CAUSE ET CAUSALITÉ

CONDUITE

du latin *conducere* « faire aller avec soi, mener ensemble »

all. LEITUNG	esp. CONDUCTA
angl. BEHAVIOR	ital. CONDOTTA

voir : CHAMP SOCIAL, COMPORTEMENT

Ensemble des phénomènes matériels et symboliques par lesquels un individu en situation tend à réaliser ses possibilités et à réduire les tensions qui, en compromettant son intégrité, le mettent en mouvement.

CONDUITE ET COMPORTEMENT. C'est ainsi que LAGACHE définissait la *conduite* pour la différencier de la notion de *comportement* qui lui paraissait mécaniste. En effet, la conduite implique la notion de champ, la définition d'une causalité du symbolique et non exclusivement du matériel, la notion de situation, qui implique que le champ renvoie à un sujet qui est donateur — conscient ou non — du sens qui s'objective dans le champ, enfin la conduite ne peut jamais être réduite au simple effet de causes, elle est aussi créativité et donc histoire ouverte.

PSYCHOLOGIE CLINIQUE ET SOCIOLOGIE PHÉNOMÉNOLOGIQUE. Cette notion spécifique à la psychologie a pour intérêt, en sociologie, de ne réduire l'action de l'agent social ni à l'effet de la structure sociale ni, inversement, à voir en lui la cause souveraine de ses actes. En fait, la notion de conduite implique que soit prise au sérieux la dimension symbolique de l'espace social. Elle implique aussi la prise en compte du concret, c'est-à-dire la prise en compte du quotidien et du « vécu », et de transposer, en sociologie, le but assigné par Lagache (1949) : *« Envisager la conduite dans sa perspective propre, relever aussi fidèlement que possible les manières d'être et de réagir d'un être humain concret et complet aux prises avec une situation, chercher à en établir le sens, la structure et la genèse. »* À cette définition d'une psychologie « clinique » répond une sociologie « phénoménologique ».

André AKOUN

bibliographie

LAGACHE Daniel, *L'Unité de la psychologie*, PUF, 1949.

CONFIANCE

du latin *confidentia* « fait de se fier à quelqu'un ou à quelque chose »

all. VERTRAUEN	esp. CONFIANZA
angl. CONFIDENCE	ital. CONFIDENZA

voir : ÉCONOMIE, LOYAUTÉ, ORGANISATION, VIE QUOTIDIENNE

Fait d'attendre d'autrui des comportements favorables, par opposition aux conduites de méfiance.

1 L'opposition « ami-ennemi » évoque la distance entre le milieu où se déroulent les interactions non menaçantes et le milieu dont on se méfie. La famille ou la communauté symbolique dessinent communément les lieux des rapports confiants. Bien qu'elle fasse partie des évidences de la vie quotidienne, la *confiance* est une composante importante des activités sociales et donne lieu à de multiples interventions visant à la vérifier, à la développer ou à en sanctionner l'absence dans les différents secteurs d'activité. Dans les entreprises, et contrairement à une vision purement technicienne ou taylorienne, les rapports entre les agents suscitent des attentes complémentaires dans les limites du travail commun. Le mouvement dit des « relations humaines » a fortement souligné l'importance, pour le fonctionnement des organisations, des rapports de confiance ou de méfiance établis entre les différentes catégories de l'entreprise. Une plus grande marge de liberté et d'initiative des agents peut être assurée par un degré élevé de confiance réciproque. La remarque générale selon laquelle l'extension du capitalisme a supposé l'existence de rapports de confiance (dans les échanges commerciaux élargis, dans les règlements bancaires...) est, à ce sujet, éclairante. De même, l'économie informelle requiert, pour son renouvellement, des rapports suffisants de confiance. Au niveau politique, la perte de confiance est une menace permanente pour les détenteurs du pouvoir. En démocratie, les élections peuvent être considérées comme une procédure répétitive visant à redéfinir ou à vérifier la confiance, forte ou limitée, que les citoyens font à leurs dirigeants.

2 Du point de vue psychologique, l'importance de la *confiance en soi* et de ses différentes modalités a fait l'objet de nombreuses investigations. La socialisation favorise ou défavorise la formation de cette confiance par le biais des identifications et des représentations collectives positives.

Pierre ANSART

bibliographie

GIDDENS Anthony, *La Constitution de la société* (1984), PUF, 1987.

MAUSS Marcel, *Essai sur le don. Forme et raison de l'échange dans les sociétés archaïques* (1923-1924), repris dans *Sociologie et Anthropologie*, PUF, 1960.

PEYREFITTE Alain, *Société de confiance : essai sur les origines et la nature du développement*, Odile Jacob, 1995.

CONFIGURATION

du latin chrétien *configuratio* « action de façonner à la ressemblance de »

all. GESTALT, FORM	esp. CONFIGURACIÓN
angl. CONFIGURATION	ital. CONFIGURAZIONE

voir : FORME, STRUCTURE

Disposition d'un ensemble d'éléments placés en situation d'interdépendance.

1 HUSSERL utilise ce terme en 1891 pour qualifier des ensembles visuels ou conceptuels non dénombrables, dont la totalité n'est pas réductible à la somme des parties : au-delà d'une dizaine d'éléments, c'est en fait l'unité figurale de la totalité que l'on perçoit.

2 ELIAS, débiteur à ce titre de SIMMEL qu'il ne cite pas, utilise cette notion dans le sens défini par ce dernier : l'action réciproque qui corrige une perception des réalités sociales étroitement individualiste, voire atomistique. Simmel insiste sur le fait que la coexistence d'individus entretenant des relations réciproques engendre en chacun d'eux ce qu'on ne saurait expliquer à partir d'un seul. C'est au point de cette impossibilité de régression à l'unité qu'intervient la différence spécifique de la notion de configuration. En effet, l'interdépendance entre les individus, décisive en la matière, se conçoit comme une dynamique, une socialisation en perpétuelle évolution, dessinant les contours toujours mobiles d'actions réciproques dont les configurations varient en fonction de la présence ou du retrait de tel ou tel (initiative qui modifie la constellation dans son ensemble), de son intervention en fonction de telle facette de sa personnalité au sein de cercles sociaux au croisement desquels il se situe. Parler en termes de configuration revient à renoncer à une définition substantielle figée de l'individu et de la société pour adopter une perception qui fasse droit à la dimension de relation et de fonction où se donnent à lire toute la plasticité et la labilité des rapports sociaux.

Reprenant implicitement à son compte la thèse de SIMMEL, ELIAS s'exprime comme suit : « *Le terme de configuration sert à créer un outil conceptuel maniable, à l'aide duquel on peut desserrer la contrainte sociale qui nous oblige à penser et à parler comme si " l'individu " et " la société " étaient deux figures différentes et de surcroît antagonistes.* »

Éliane DEROCHE-GURCEL

bibliographie

ELIAS Norbert, *Qu'est-ce que la sociologie ?* (1970), « Monde en cours », Éd. de l'Aube, 1991.

SIMMEL Georg, *Sociologie. Recherches sur les formes de la socialisation* (1908), PUF, 1998.

SIMMEL Georg, *Questions fondamentales de la sociologie* (1917), in *Sociologie et épistémologie*, PUF, 1981.

CONFLIT SOCIAL

emprunté au latin impérial *conflictus* « choc, lutte, combat », au propre et au figuré

all. KONFLIKT, SPANNUNG KAMPF	esp. CONFLICTO
angl. CONFLICT, CLASH	ital. CONFLITTO

voir : AGRESSION, DIALECTIQUE, ÉMERGENCE, TENSION

1 Le thème du *conflit* occupe une place importante chez les sociologues classiques du XIXe siècle, ceux dont la pensée procède de HEGEL, comme MARX, aussi bien que chez les penseurs sociaux inspirés plus ou moins directement du darwinisme social, comme SPENCER ou SUMNER. Le concept tend à y décrire des antagonismes et des tensions qui trouvent leur expression dans des luttes ouvertes. La notion n'en reste pas moins entourée d'un halo sémantique important.

2 Dans *Économie et Société*, WEBER définit la lutte *(Kampf)*, comme « *une relation sociale pour autant que l'activité est orientée d'après l'intention de faire triompher sa propre volonté contre la résistance du ou des partenaires* ». La concurrence *(Konkurrenz)* y fait figure de lutte pacifique et la sélection *(Auslese)* y est assimilée à une « *lutte* [latente] *pour l'existence qui oppose les uns aux autres, sans l'intention significative de lutte, les individus ou les types humains en vue de leurs chances de vie ou de survie* ». S'il admet que toute lutte conduit à une sélection, Weber affirme en revanche que « n'importe quelle *sélection sociale n'est pas une lutte* ».

3 Si l'on en croit PARK et BURGESS, la compétition serait un processus permanent et généralisé au sein de la société, alors que le conflit serait un phénomène occasionnel, impliquant une action réciproque entre les parties en présence (Park et Burgess, 1924, p. 574). Le conflit ne saurait donc se confondre avec la compétition. On n'appellera pas *conflit* une partie de Scrabble ni une rivalité entre deux candidats pour l'obtention d'un poste universitaire. Pour qu'il y ait conflit, il faut que les litiges ou les controverses donnent lieu à des heurts manifestes.

4 À juste titre, BOULDING insiste sur le fait que, dans tout conflit, les buts visés par les protagonistes sont mutuellement incompatibles. C'est également à cette dimension que se réfère DAHRENDORF lorsqu'il écrit : « *Toute relation entre des ensembles d'individus qui comprend une différence irréductible d'objectif — par exemple, dans sa forme la plus générale, le désir de la part des deux parties d'obtenir ce qui n'est accessible qu'à l'une, ou en partie à l'une — sont, selon nous, des relations de conflit social* » (1957 ; 1972, pp. 136 et 137).

5 Pour TOURAINE, il ne peut y avoir de conflit là où il n'y a pas de rapports sociaux. Le conflit suppose ici encore l'existence d'un code commun d'action. Rapport d'opposition entre des acteurs sociaux qui participent au même ensemble (système d'action historique, institution ou organisation), le conflit permettrait alors au sociologue de « *retrouver les orien-*

tations et les combats à travers lesquels les hommes produisent leur société » (1973, p. 530).

FONCTIONS ET PLACE DANS L'HISTOIRE. Étroitement lié à l'existence des classes sociales, le conflit occupe une place centrale dans l'analyse marxiste du changement social. Moteur de l'Histoire, il en permettrait également la fin, grâce à l'abolition du mode de production capitaliste : « *L'antagonisme entre le prolétariat et la bourgeoisie est une lutte de classe à classe, lutte qui, portée à sa plus haute expression, est une révolution totale* » (1972, p. 179).

Simmel. Récusant tout historicisme qui tendrait à considérer la paix comme « *l'état originel de l'humanité qu'il s'agit de retrouver dans une paix finale entendue comme fin ultime, tandis que le conflit et la guerre seraient des états transitoires* », SIMMEL envisage le conflit non comme un accident dans la vie des sociétés, mais bien comme l'un de ses éléments constitutifs. Prolongeant la réflexion ouverte par KANT dans *Principes et politique*, la théorie simmelienne en vient ainsi à concevoir le conflit comme « *la résolution des tensions entre les contraires* ». Si la haine et l'envie, la misère et la convoitise sont bien des éléments de dissociation, le conflit, lui, serait « *un mouvement de protection contre le dualisme qui sépare* ». Forme d'interaction impliquant « *la communication, l'influence réciproque et la formation d'une nouvelle unité, parfois au prix de la destruction des composantes originelles* », un tel phénomène participerait à l'unité de la vie sociale et en serait même « *l'une des formes de socialisation les plus actives* ». En affirmant que tous les secteurs de la vie sociale ne se trouvent pas nécessairement affectés lorsqu'un conflit voit le jour, Simmel se démarque radicalement de la pensée de Marx dans laquelle le conflit est toujours censé revêtir la forme d'une guerre civile. Dahrendorf lui fait écho en rappelant de son côté que tous les conflits ne sont pas réductibles à des conflits de classes et que, lorsqu'un conflit de cette nature surgit, il peut aussi bien prendre la forme d'une guerre civile que d'une grève ou d'une négociation ordonnée. Le concept de conflit ne saurait par conséquent en rien préjuger du degré de violence qui s'instaure entre les protagonistes. C'est bien davantage à la recherche empirique qu'il appartiendrait de déterminer l'intensité de chaque conflit.

DES COMPOSANTES RATIONNELLES ET NON RATIONNELLES.

1 **Coser.** Reprenant le meilleur de SIMMEL, COSER montre, dans *Les Fonctions du conflit social*, que l'ordre et le désordre sont les deux faces d'une même réalité. Théorie du conflit et théorie de l'intégration n'étant plus conçues comme deux paradigmes rivaux, le conflit perd la centralité que lui avaient jusque-là réservée les sociologues marxistes. L'étude empirique du conflit va du même coup se découvrir de nouveaux cadres d'analyse.

2 **Crozier.** Avec CROZIER, la sociologie des organisations s'intéresse par exemple aux stratégies développées par les acteurs qui cherchent à accroître leur autonomie au sein des relations de travail. L'analyse stratégique va également porter son regard sur les relations internationales, avec le secret espoir d'empêcher les élites politiques et militaires de provoquer un holocauste nucléaire par erreur ou par inadvertance.

3 **Thomas Schelling et la théorie des jeux.** Réussir à anticiper les choix qu'effectuent des acteurs rationnels quand ils s'affrontent ou coopèrent, telle sera l'ambition que se fixeront des économistes comme MORGENSTERN et NEUMAN. Convaincu lui aussi que les choix des « joueurs » dépendent de la situation d'interdépendance stratégique, SCHELLING considère néanmoins que le parti pris de rationalité est un obstacle à la compréhension des situations de négociation dans la théorie des jeux. Soit par exemple une menace : il suffit que des « bruits » se glissent dans la communication pour qu'augmentent aussitôt les erreurs d'interprétations mutuelles. Si donc la théorie des jeux recèle une quelconque valeur heuristique, ce ne peut être qu'au regard des conflits qualifiés de « *réalistes* » par Coser, parce qu'ils sont « *dus à des frustrations concernant des demandes particulières et à des estimations de gains des participants et qui sont dirigés vers l'objet présumé de la frustration* » (1956 ; 1982, p. 87). Si tel devait être le cas, il resterait encore à trouver le moyen de « modéliser » la gestion de conflits « non réalistes », c'est-à-dire des conflits dont la principale caractéristique serait, selon Coser, le besoin urgent de libérer une tension.

CONTRÔLE SOCIAL ET MODES DE RÉGULATION.

1 S'il est vrai que, selon la formule de GIRARD, la *mimésis* du désir engendre le conflit, on peut s'étonner de constater que les hommes ne passent pas plus de temps à s'entre-déchirer. La philosophie politique, avec HOBBES, apporte un élément d'explication à la domestication de cet état de nature.

2 Le regard porté par l'anthropologie a cependant le mérite d'être plus concret, en nous dévoilant le rôle joué par les rites. Les stratégies préventives de protection (l'évitement) et de réparation qu'étudie GOFFMAN nous donnent ainsi à voir des « *systèmes d'accords de non-empiètements* », permettant aux acteurs d'éviter toute rupture au cours des échanges sociaux. Il en va de même des exutoires, plus ou moins institutionnalisés, qui prémunissent les collectivités contre les impacts d'une violence potentielle. L'ironie ou les manifestations théâtralisées de certaines tensions font souvent office de soupapes de sécurité. Socialement contrôlés et ratifiés, certains conflits ont toutefois pour finalité « d'assainir l'atmosphère ».

3 **Rituels d'inversion et bouc émissaire.** L'anthropologie politique nous offre de nombreuses illustrations de ces cas de violences masquées. Dans *Order and Rebellion in Tribal Africa*, GLUCKMAN décrit la façon dont les « actes à rebours » et les rituels d'inversion parviennent à contenir certaines formes de violence collective. *Ventilsitten* est précisément le mot qu'introduit l'ethnologue allemand SCHURTZ pour désigner les conventions et institutions qui, dans les sociétés primitives, servent à canaliser une agressivité latente. Dirigée en dehors du groupe, l'expression de ce potentiel d'hostilité peut avoir des effets cathartiques. Ainsi la sorcellerie des Navahos apparaît-elle à KLUCKHOHN comme une institution permettant au groupe de détourner une agression directe vers des objets de substitution. Dans *La Violence et le sacré*, Girard montre de même comment, en détournant la violence sur une victime, le rituel du sacrifice en vient à libérer les tensions accumulées au sein du groupe. Bien qu'étant de nature à créer une nouvelle situation conflictuelle avec l'objet de substitution, le

détournement cathartique — par le biais de la sorcellerie ou du bouc émissaire — aurait pour conséquence de préserver durablement la collectivité de toute menace de divisions internes.

4 Régulé par les dispositifs normatifs, le conflit aurait également pour particularité de participer à la production de nouvelles normes. Il revient là encore à Simmel d'avoir mis en évidence la capacité du conflit à contribuer à la régulation sociale, à inventer des normes et des règles communes aux forces en présence. Du compromis — nullement assimilable à de la compromission —, Simmel nous dit qu'il est l'*« une des plus grandes inventions de l'humanité »*. Notant, dans le même ordre d'idée, que l'institutionnalisation des conflits de classes aura permis aux travailleurs d'obtenir des avantages sans avoir besoin de recourir à la guerre civile, Dahrendorf distingue trois grands modes de régulation des conflits dans les sociétés modernes : la *conciliation*, la *médiation* (qui suppose que les deux parties en conflit acceptent de consulter un tiers) et l'*arbitrage* (qui, dans sa forme politique, vise à trouver un compromis acceptable entre les deux parties, et, dans sa forme juridique, à se prononcer sur le bien-fondé des positions en conflit).

5 **Rôle de la concertation.** Symptômes d'un déficit de régulation, les conflits n'en finissent pourtant pas de poser problème. Comment reconnaître à la fois leur aspect positif et en limiter l'expression, de crainte qu'ils ne sclérosent les processus de décision ? Les forums de discussions, lieux de consultation et de concertation des « usagers », constituent une formule à laquelle ont de plus en plus fréquemment recours les décideurs lors de l'élaboration et de la mise en œuvre des politiques publiques. Ce modèle pragmatique d'action, qui n'a plus pour unique finalité d'édicter des normes, vise à encourager la « communication des points de vue ». Encore faut-il s'assurer que la parole qui s'y exprime reste à l'écart de toute manipulation ou intention démagogique.

Patrice MANN

bibliographie

BOULDING Kenneth Ewart, *Conflict and Defense*, New York, Harper & Row Publishers, 1962.

COSER Lewis A., *Les Fonctions du conflit social* (1956), PUF, 1982.

CROZIER Michel, FRIEDBERG Ehrard, *L'Acteur et le système*, Seuil, 1977.

DAHRENDORF Ralf, *Classes et conflits de classes dans la société industrielle* (1957), Mouton-La Haye, 1972.

GIRARD René, *La Violence et le sacré*, Grasset, 1972.

GLUCKMAN Max, *Order and Rebellion in Tribal Africa*, Londres, Faber & Faber, 1963.

GOFFMAN Erving, *Les Rites d'interaction*, Éd. de Minuit, 1974.

MARX Karl, *Misère de la philosophie* (1847), Éditions sociales, 1972.

PARK Robert E., BURGESS Ernest, *Introduction to the Science of Sociology*, Chicago, Chicago University Press, 1924.

SCHELLING Thomas C., *Stratégie du conflit* (1963), PUF, 1986.

SIMMEL Georg, *Le Conflit* (1908), Circé/poche, 1995.

TOURAINE Alain, *Production de la société*, Seuil, 1973.

WEBER Max, *Économie et Société* (1922), Plon, 1971 (« Agora », Pocket, 1995), t.1 et 2.

CONFORMISME

du latin *conformis* « dont la forme est semblable au modèle »

all. ANGEPASSTHEIT, KONFORMISMUS	esp. CONFORMISMO
angl. CONFORMISM, CONFORMITY	ital. CONFORMISMO

voir : INFLUENCE, MENTALITÉ, POUVOIR, VIE QUOTIDIENNE

Acceptation plus ou moins confuse ou lucide des modèles et des normes dominants dans la société.

1 Dans son acception la plus contraignante, en ce qu'elle convoque l'unilatéralité de rapports de domination, la notion, lointainement dérivée de l'*hexis* aristotélicienne, renvoie pour partie à l'*habitus* décrit par BOURDIEU : un *« système de dispositions durables et transposables »*, d'autant plus efficace et sournois qu'il s'imposerait de façon non consciente à l'individu, lui dictant, en fonction de sa classe sociale, le comportement et les valeurs propres à maintenir les rapports de force en place, ceux qui assurent en général aux dominants le maintien de leur hégémonie et contiennent les dominés dans une position inférieure dont ils sont bien inspirés de ne pas chercher à s'affranchir. Par ailleurs l'*habitus*, comme habitude et expérience acquise dans un certain contexte, familial par exemple, aurait la faculté, par capillarité, d'informer les autres contextes, professionnels, matrimoniaux, amicaux et autres, si bien que le phénomène d'intériorisation de ce qui est jugé convenable en fonction de l'appartenance à telle classe se diffuserait à l'ensemble des cercles sociaux fréquentés par le même individu, et le contiendrait dans l'espèce de fatalisme apte à lui faire reproduire, inconsciemment ou de façon non volontaire, la situation de dénuement plus ou moins grand qui est la sienne et le soumet à la classe dominante.

2 Au sujet du système scolaire et du thème controversé de la reproduction des élites, BOUDON a montré en quoi le schématisme de l'*habitus*, par son caractère unilatéral supposant la domination active des classes dites supérieures et la soumission passive, conformiste, des classes dites inférieures, occultait la part de liberté, d'initiative et de choix de tous les acteurs concernés : les membres des classes « dominées » seraient moins enclins à favoriser une scolarisation longue de leurs enfants, moins par soumission au modèle, leur enjoignant de ne pas quitter leur condition, que par un calcul rationnel des risques et des gains prévisibles, les incitant à préférer dans bien des cas des études courtes. Dans son étude de la société américaine, TOCQUEVILLE s'est intéressé à un phénomène constitutif de la démocratie, le nivellement des conditions lié à l'attrait pour l'égalité. Il en ressort l'idée d'un conformisme moins imposé par la prééminence (inexistante en l'occurrence) d'une classe sur les autres que librement consenti par les sujets eux-mêmes en fonction de leur élection de la majorité comme vecteur de l'opinion générale à laquelle il convient d'accorder leur suffrage.

3 Dans un sens non réducteur, le conformisme peut apparaître comme un mode de socialisation, comme l'a montré TARDE, établissant, à côté de l'invention, le rôle de l'imitation. De façon encore plus nette, SIMMEL observe le côté suprapersonnel perceptible dans le conformisme, tout à la fois une recherche d'approba-

tion qu'on obtient par l'observance de codes propres à une société lorsque l'on abdique ou tient en lisière les inflexions de la personnalité les moins compatibles avec le consensus social, et à l'opposé, l'affirmation de soi que paradoxalement autorise l'adoption de normes vestimentaires, comportementales et autres. En ce dernier sens, le conformisme constitue l'écot que l'on verse à la société, la menue monnaie, en échange de laquelle la façade convenable que l'on offre au regard d'autrui, l'adoption d'une mode par exemple, tisse le voile derrière lequel il est loisible d'accorder à sa liberté intérieure l'espace qui lui serait autrement contesté. Entre soumission, adaptation et stratégie, le conformisme ne saurait être compris de façon univoque.

Éliane DEROCHE-GURCEL

bibliographie

BOUDON Raymond, *L'Inégalité des chances*, Armand Colin, 1973.

BOURDIEU Pierre, *Le Sens pratique*, Éd. de Minuit, 1980.

SIMMEL Georg, *La Tragédie de la culture* (1895), Rivages, 1988, pp. 88 à 126.

TARDE Gabriel de, *Les Lois de l'imitation* (1890), Genève, Slatkine-Ressources, 1979.

TOCQUEVILLE Alexis de, *De la démocratie en Amérique* (1840), t. 3 et 4, « Folio », Gallimard, 1961.

CONGRUENCE

du latin *congruens* « qui convient »

voir : ANOMIE, DÉSORGANISATION

Adaptation réciproque, rapport non conflictuel, entre deux ou plusieurs éléments sociaux.

L'approche fonctionnaliste tendait à souligner l'accord, la *congruence* entre les valeurs et les comportements, ainsi que la cohérence des rôles assumés par les différents individus. Cette congruence était cependant reconnue comme incomplète. Comme l'indiquait MERTON : *« Il n'y a pas de société sans normes gouvernant les conduites. Mais les usages, les mœurs, et les contrôles institutionnels peuvent être plus ou moins congruents avec les valeurs fondamentales »* (Merton, 1965, pp. 170 et 171). L'absence de congruence conduirait, dans cette perspective, à une forme d'anomie* au sens durkheimien du terme.

On peut supposer que les rôles individuels et les codes sociaux sont le plus souvent en congruence au sein d'une communauté ; l'individu moderne, au contraire, est confronté à l'*incongruité* des rôles, c'est-à-dire à l'obligation d'agir selon différents modèles dans les divers domaines de son action.

Pierre ANSART

bibliographie

MERTON Robert K., *Éléments de théorie et de méthode sociologique* (1957), Plon, 1965.

*

* *

SOCIOLOGIE DE LA CONNAISSANCE

de *connaître*, du latin *cognoscere* « apprendre, prendre connaissance de » avec valeur inchoative du suffixe *-scere* exprimant commencement et progression

all. WISSEN	esp. CONOCIMENTO
angl. KNOWLEDGE	ital. CONOSCENZA

voir : CONSTRUCTIVISME, IDÉOLOGIE, MYTHE, RELIGION, SOCIOLOGIE DES SCIENCES

Recherches sur les multiples relations entre les savoirs (religieux, politiques, scientifiques, artistiques, etc.) et les structures, fonctions et pratiques sociales.

1 LES SOURCES PHILOSOPHIQUES : CONNAISSANCE ET PROGRÈS SOCIAL. L'étude des relations entre les *connaissances* et les pratiques sociales accompagne toute l'histoire de la philosophie. PLATON s'interrogeait sur l'efficacité des mythes pour le maintien des rapports pacifiques entre les citoyens et sur la nécessaire distribution des savoirs entre les différentes classes sociales. Au XVIIIe siècle, la querelle entre la foi et la raison a favorisé le développement de thèses contradictoires sur les fonctions des religions et des sciences : les philosophes des Lumières tendant à faire du progrès des connaissances rationnelles le signe et la cause majeure du progrès social. Cette tendance rationaliste se poursuit chez les premiers inspirateurs de la sociologie ; CONDORCET (1795) ne doute pas de l'intime correspondance entre le système des connaissances et l'organisation des sociétés successives : le progrès de l'esprit humain, celui des connaissances et des sciences, fonde le progrès et se confond avec lui. COMTE prolonge cette inspiration évolutionniste et intellectualiste par sa « loi des trois états », théorie pour laquelle l'histoire de l'humanité est essentiellement celle des idées, depuis la pensée théologique jusqu'à la philosophie positive. Pour Comte, la sociologie est, en premier lieu, une sociohistoire de la connaissance et rend possible l'avènement du système positiviste.

2 LES FONDATEURS DE LA SOCIOLOGIE.

1 **La critique marxiste de l'idéologie.** Les principaux fondateurs de la sociologie (MARX, WEBER, DURKHEIM) ont marqué une rupture par rapport à cette philosophie intellectualiste. Dans *L'Idéologie allemande* (1845), Marx pose le problème du rôle de la philosophie dans les rapports sociaux de classe ; il associe l'élaboration de la pensée philosophique à la domination sociopolitique. La question qui se trouve ainsi posée n'est pas celle de la validité de la pensée philosophique (qui n'est pas intégralement niée), mais celle des relations entre la pensée dominante et la division sociale. L'abstraction philosophique serait en rapport avec la distance établie entre la bourgeoisie dominante et les classes dominées ; les intellectuels trouveraient dans l'exercice de cette forme de pensée une confirmation de leur position et une justification de leur appartenance de classe dans un pays économiquement retardataire. La théorie de l'idéologie* est au centre de cette critique : la philosophie peut être considérée comme une idéologie, c'est-à-dire comme un système de représentations ayant des fonctions sociales d'occultation* et comparable, en cela, aux illusions religieuses.

2 **Réévaluation du rôle des croyances religieuses : Weber**. *L'Éthique protestante et l'esprit du capitalisme* (Weber, 1905) peut être lue comme une critique du

matérialisme historique et comme une réévaluation du rôle historique des croyances religieuses et mystiques. En s'interrogeant sur le rôle du calvinisme dans la genèse du capitalisme, Weber reprend le problème traditionnel du rôle social des religions, mais déplace le débat en analysant la genèse et les effets des croyances, des attitudes morales (l'*ethos*), qui vont se révéler favorables à un certain type d'action économique. Dans cette perspective, il ne s'agit pas de limiter la réflexion aux seuls contenus, aux significations explicites d'une philosophie ou d'une religion, mais de s'interroger sur les attitudes induites, sur les habitudes et les types de subjectivité qu'elles peuvent renforcer. En ce sens, une secte religieuse peut avoir une efficacité historique considérable par ses effets indirects, non voulus, beaucoup plus que par les dogmes proclamés.

3 **Apports méthodologiques de Durkheim.** Les apports de Durkheim se situent davantage au niveau méthodologique. Dès *De la division du travail social* (1893), il montre l'intérêt, pour une sociologie de la connaissance, de faire appel à l'anthropologie et aux méthodes comparatives. Ce recours à l'anthropologie permet de fonder les principes généraux d'une sociologie de la connaissance : l'étude des sociétés sans écriture montrerait, par exemple, que les catégories logiques fondamentales (le temps, l'espace, la causalité...) sont structurées conformément aux formes sociales et y puisent leur origine : « *C'est le rythme de la vie sociale qui est à la base de la catégorie du temps : c'est l'espace occupé par la société qui a fourni la matière de la catégorie d'espace*[...] » (1937, p. 628). La méthode comparative confirme ces principes : elle montre combien les fonctions des croyances collectives sont essentiellement différentes dans les communautés archaïques et les sociétés industrielles : les sociétés à *solidarité mécanique* font apparaître une forte homologie* des formes entre les structures du mythe et les structures sociales, une intensité des croyances collectives très éloignée de l'expérience des sociétés à *solidarité organique*. Ce serait le but d'une sociologie de la connaisssance que d'étudier ces différences et de faire comprendre la nature et le rôle des représentations, les fonctions de la conscience* collective, dans les différentes sociétés.

3 SOCIOLOGIES DE LA CONNAISSANCE APRÈS DURKHEIM. Après cette période fondatrice, les recherches dans ce domaine ont surtout diversifié les questions et souligné les limites des constructions antérieures. Dans les années 1930-1950, de nombreuses études, d'inspiration marxiste (LUKÁCS, 1920 ; ALTHUSSER) ou inspirées de la phénoménologie (SCHELER, 1926), ont montré l'ampleur des possibilités heuristiques. GURVITCH soulignait l'étendue des objets susceptibles d'être étudiés par la sociologie de la connaissance dont il distinguait plusieurs genres, depuis la connaissance de la vie quotidienne jusqu'à la connaissance plus abstraite. Il distinguait les connaissances : « *perceptive du monde extérieur... d'autrui*[...] *des Nous, des groupes, des sociétés*[...] *de bon sens ou de sens commun*[...] *technique*[...] *politique*[...] *scientifique*[...] *philosophique* » (Gurvitch, 1968, p. 122). Cette énumération montrait l'ampleur des problèmes soulevés par la sociologie de la connaissance et l'impossibilité de la limiter à l'examen traditionnel des croyances communes ou des principes logiques censés déterminer l'ensemble des savoirs.

Le développement des sciences et des techniques, l'extension de leurs conséquences sociales, la diversification des savoirs et leur affrontement dans la mondialisation* des échanges ont entraîné une large extension des problématiques. Rappelons ici les problèmes généraux que posent les différentes sociologies des connaissances à travers l'étude :

. de leur création,
. de leur communication,
. de leur réception.

1 Les conditions sociales de la création intellectuelle et de l'innovation sont, par exemple, un objet essentiel de recherche pour la sociologie des sciences*. L'organisation du laboratoire, les relations sociales internes, les réseaux d'information constituent des conditions significatives de la création scientifique et technique. Les recherches sur les échanges et les concurrences au sein des unités de recherche, et entre ces unités, font apparaître les conséquences décisives de ces relations dans la créativité scientifique (LATOUR, 1988).

2 La question de la communication des connaissances, peu abordée dans la sociologie antérieure à 1940, s'est imposée comme un problème majeur avec le développement des moyens de communication et la prise de conscience de leurs effets. L'étude des conditions sociales de la communication s'impose aujourd'hui dans tous les genres de connaissance, scientifique, politique ou culturel. Elle porte à la fois sur les instruments symboliques et les langages (cf. la sociolinguistique*), et sur les structures sociales de la communication. C'est un objectif que d'analyser les structures de moyens de communication, leurs rapports de force et de pouvoir, les soutiens et les obstacles aux diffusions, la distribution des autorités internes et externes qui procurent aux connaissances des surcroîts d'audience, des sélections ou des censures. C'est aussi un objet de sociologie de la connaissance que d'analyser, par exemple, les instances de légitimation des savoirs et les rivalités entre les types de légitimation (NAMER, 1985). Elle étudie les rôles variables que jouent, dans les différents milieux, les médiateurs privilégiés : prêtres, savants, vulgarisateurs, leaders politiques, chefs de sectes, rejoignant en cela la sociologie des intellectuels* et de leur rôle social.

3 C'est enfin un objet de sociologie de la connaissance que d'étudier les conditions de la réception des connaissances et d'analyser toutes les raisons pour lesquelles des savoirs sont reçus, approuvés, recherchés ou rejetés par les différents groupes sociaux. L'étude des communications politiques offre un terrain privilégié pour ce type de recherche, mais les réceptions des savoirs scientifiques ont aussi leurs diversités, leurs différenciations et leur histoire.

4 **VÉRITÉ DES SAVOIRS ET PROBLÉMATIQUES CONSTRUCTIVISTES.** On peut se demander si la grande diversification de ces recherches ne conduit pas à abandonner les ambitions qui étaient celles des fondateurs de la sociologie de la connaissance, qui en attendaient des réponses aux questions fondamentales de la vérité des différents savoirs. De telles ambitions ne sont plus celles des sociologies contemporaines sou-

cieuses de distinguer les connaissances, de différencier les savoirs scientifiques et leurs procédures propres. Mais la question des catégorisations sociales reste posée : ainsi les problématiques constructivistes, qui tendent à mettre en évidence, dans tous les domaines de la vie sociale, les modes de construction du réel et font de la réalité sociale un processus permanent de création, restituent aux connaissances leur immanence créatrice et poursuivent les hypothèses générales de la sociologie de la connaissance (BERGER et LUCKMANN, 1966).

Pierre ANSART

bibliographie

BERGER Peter, LUCKMANN Thomas, *La Construction sociale de la réalité* (1966), Armand Colin, 1996.

BLOOR David, *Wittgenstein, a Social Theory of Knowledge*, Londres, MacMillan Press, 1983.

DURKHEIM Émile, MAUSS Marcel, « Essai sur quelques formes primitives de la classification », in *L'Année sociologique* (1901), 6, 1.

GURVITCH Georges, « Sociologie de la connaissance », in *Traité de sociologie* (1960), PUF, t. 2, 1968, 3e éd.

MANNHEIM Karl, *Idéologie et Utopie* (1936), M. Rivière, 1956.

MERTON Robert K., « La Sociologie de la connaissance », in *La Sociologie au XXe siècle*, PUF, t. 1, 1947.

MARX Karl, ENGELS Friedrich, *L'Idéologie allemande* (1845), Éditions sociales, 1968.

NAMER Gérard, *Court Traité de sociologie de la connaissance*, Librairie des Méridiens, 1985.

SCHELER Max, *Problèmes de sociologie de la connaissance* (1926), PUF, 1993.

WEBER Max, *L'Éthique protestante et l'esprit du capitalisme* (1905), Plon, 1981.

CONSCIENCE COLLECTIVE

all.	KOLLEKTIVBEWUSSTSEIN	esp.	CONCIENCIA COLECTIVA
angl.	COLLECTIVE CONSCIOUSNESS	ital.	COSCIENZA COLLETTIVA

voir : DIVISION DU TRAVAIL, REPRÉSENTATIONS SOCIALES, SOLIDARITÉ SYMBOLIQUE

La notion de conscience collective, centrale dans l'œuvre de Durkheim, fait référence à l'existence d'un ensemble de valeurs communes au sein d'un même groupe.

1 LA DÉFINITION DE DURKHEIM. La *conscience collective* est un concept dont la présence se remarque dans *De la division du travail social* lorsque DURKHEIM définit le point de départ (la solidarité mécanique) du processus évolutif qui mène aux sociétés modernes, assises sur la division du travail (la solidarité organique). Dans cet ouvrage, on trouve la définition suivante : *« L'ensemble des croyances et des sentiments communs à la moyenne des membres d'une même société forme un système déterminé qui a sa vie propre ; on peut l'appeler la* conscience collective *ou commune. »* (1996, p. 46). Dès le départ, la conscience collective désigne l'importance attribuée par l'auteur à l'existence d'un ensemble de valeurs communes : cette dimension de la vie sociale rend possible une communication émotionnelle d'une part, rationnelle d'autre part, entre les individus appartenant à un même groupe.

2 CONSCIENCE COLLECTIVE ET CONSCIENCE SOCIALE. La méthode de l'auteur exclut l'idée selon laquelle la conscience collective serait obtenue en additionnant ce qu'il y a de commun aux différentes consciences individuelles ; la perspective est renversée : selon la forme de la cohésion sociale, suite au processus de socialisation, les consciences individuelles auront pour contenu les éléments de cette conscience collective. Toutefois, la conscience collective n'est pas toute la conscience sociale : des fonctions psychiques ne lui appartiennent pas comme c'est, par exemple, le cas des développements scientifiques. Elle forme un système et, de ce fait, la conscience collective représente une vision du monde structurée et cohérente. Finalement, elle a une vie propre car elle a un rythme et une durée qui va bien au-delà de la vie des individus et, à ce titre, elle réunit les différentes générations entre elles.

3 CONSCIENCE COLLECTIVE ET DIVISION DU TRAVAIL. L'usage de ce concept est étroitement lié à la définition de la solidarité mécanique ou par similitude. Dans cette forme de cohésion sociale, la division du travail est faible ou très faible, au point que les individus y sont considérés comme similaires. La similarité sociale permet de comprendre la prégnance que Durkheim attribue à la conscience collective dans ce type social : celle-ci est d'autant plus puissante qu'elle constitue une part plus importante des consciences individuelles. Le contenu de la conscience collective est caractérisé par la précision et l'intensité des sentiments, par leur proximité à la religion et par l'importance attachée au collectif par rapport à l'individu. À l'inverse, dans les sociétés où la division du travail est fortement développée, la différenciation sociale qui en découle explique que les individus ne possèdent chacun qu'une faible partie de la conscience collective ; c'est la division du travail qui se substitue à la conscience collective pour assurer l'essentiel de la cohésion sociale. Les sentiments communs, moins nombreux, sont aussi moins précis et moins vifs ; ils perdent leur proximité vis-à-vis de la religion. La montée en puissance de la division du travail produit donc une modification importante du statut de la conscience collective, qui s'affaiblit en termes de diffusion et en termes de force des sentiments qui y sont associés : cela débouche sur un polymorphisme moral qui, selon Durkheim, caractérise les sociétés modernes. Toutefois, il insiste sur le « culte de l'individu » et le sentiment de justice, qui forment une dimension importante de la conscience collective dans les sociétés modernes.

4 DROIT RÉPRESSIF ET DROIT RESTITUTIF : UN INDICATEUR DE LA PRÉGNANCE DE LA CONSCIENCE COLLECTIVE. Comme à son habitude, Durkheim objective sociologiquement les différences conceptuelles dont il vient d'être question ; il construit un indicateur de la prégnance décroissante de la conscience collective en rapportant le droit répressif au droit restitutif. Dans le cadre de la solidarité mécanique, les atteintes à la conscience collective concernent l'ensemble des individus, elles touchent des sentiments précis et vifs, elles mettent en jeu des faits sociaux considérés comme sacrés : la société va se défendre avec force contre de tels crimes et elle va prononcer des peines de nature répressive pour marquer sa désapprobation – désapprobation dont Durkheim souligne le caractère émotionnel en la qualifiant parfois de vengeance. Cette réaction exerce d'ailleurs un effet en retour sur les sentiments communs, qui sortent renforcés dans l'esprit des individus. Dans le cas de la solidarité organique, les crimes peuvent occasionner seulement un froissement de sentiments spéciaux à telle partie des individus ; par ailleurs, dans une telle société, il importe d'assurer la perpétuation du lien fonctionnel existant entre les individus : en d'autres termes, la continuité qui convient à la division du travail sociale s'accommode plutôt d'une peine obligeant l'individu criminel à faire ce qu'il convient qu'il fasse (peine restitutive) plutôt que de l'éliminer (peine répressive). Le rapport droit répressif / droit restitutif diminue donc avec l'importance croissante de la division du travail et avec l'amoindrissement de la conscience collective.

5 LA QUESTION DU SUPPORT SOCIAL DE LA CONSCIENCE COLLECTIVE. Y a-t-il un support social spécifique de la conscience collective ? Durkheim ne fournit pas de réponse définitive sur ce point, mais il est intéressant de noter qu'il a parfois eu l'occasion de souligner que l'État, correctement organisé, pouvait jouer un rôle important dans l'émergence d'une conscience collective plus claire et plus réfléchie, à même d'orienter en connaissance de cause l'évolution sociale d'une part, de réguler les aspirations et les comportements individuels d'autre part. Si pouvait se faire jour, ainsi que Durkheim le souhaite, une structure politique où chaque secteur spécialisé soit représenté par le truchement d'un groupement professionnel, alors ces groupements auraient la possibilité de faire communiquer les individus et les institutions politiques centrales de telle manière que les sentiments collectifs puissent prendre de l'énergie et évoluer au gré des besoins nouveaux qui apparaissent dans les sociétés modernes. Durkheim, qui se voit reprocher d'hypostasier la conscience collective, n'insistera guère sur une conception qui fait de l'État l'expression claire des sentiments communs d'un groupe social ; toutefois, il est intéressant de noter qu'il y a ainsi un premier point de passage entre le concept de conscience collective et celui d'idéal, concept dont on sait qu'il joue un rôle grandissant dans l'œuvre sociologique de Durkheim une fois qu'il en a terminé avec son étude sur le suicide.

6 LA CONSCIENCE COLLECTIVE DANS LES SOCIÉTÉS MODERNES : LES « REPRÉSENTATIONS COLLECTIVES ». Comme l'ont souligné de nombreux commentateurs, Durkheim est un peu embarrassé pour définir ce qu'il advient de la conscience collective dans les sociétés modernes : elle ne disparaît pas complètement, mais qu'en reste-t-il au juste ? On a depuis longtemps fait remarquer que ce concept s'efface peu à peu pour laisser le devant de la scène au concept de représentations collectives. Celles-ci sont le produit de l'association des individus et dépendent de la forme que prend cette association. L'autonomie relative qu'il convient d'accorder à la vie psychique individuelle vis-à-vis de son substrat biologique doit aussi prévaloir lorsqu'il s'agit des représentations collectives vis-à-vis du substrat matériel de la société. Cela provient du fait que les représentations collectives peuvent se combiner pour donner naissance à de nouvelles représentations encore plus éloignées de la base matérielle de la vie sociale ; de ce fait, il y a, selon Durkheim, des lois spécifiques aux représentations collectives. Et il n'y a pas lieu de s'étonner que des représentations collectives (notamment le culte de l'individu) demeurent dans le cadre d'une société fondée sur la division du travail ; cela permet de mieux comprendre l'importance accordée aux questions cognitives et symboliques dans la dernière partie de l'œuvre de l'auteur, et le souci qu'il affiche de voir se développer une sociologie de l'idéal collectif.

7 LE CONCEPT D'« IDÉAL » ET LA NOTION DE CONSCIENCE COLLECTIVE. *Les Formes élémentaires de la vie religieuse* font clairement apparaître que l'existence d'un idéal et les conditions sociales de son apparition sont des faits sociaux susceptibles, à l'instar de n'importe quel autre fait social, d'être expliqués par le sociologue ; ce dernier ne doit pas baisser les bras devant l'explication des conditions axiologiques qui rendent possible la vie sociale. L'ouvrage explique que l'idéal est le produit des consciences individuelles lorsque l'association des individus prend des formes exceptionnelles, comme c'est le cas dans les moments d'effervescence sociale, dit DURKHEIM, où la régulation sociale se relâche. Cet idéal, avec les représentations symboliques et les rites qui y sont associés, permet aux individus d'agir avec plus de détermination et de puissance, et assure une cohésion sociale plus forte. Ainsi on retrouve finalement des pans importants de ce qui était présenté initialement sous le concept de conscience collective.

Philippe STEINER

bibliographie

DURKHEIM Émile, *De la division du travail social* (1893), PUF, 1996.

DURKHEIM Émile, « Représentations individuelles et représentations collectives », in *Sociologie et Philosophie* (1924), PUF, 1996.

DURKHEIM Émile, *Les Formes élémentaires de la vie religieuse* (1912), PUF, 1994.

GURVITCH Georges, « Le problème de la conscience collective dans la sociologie de Durkheim », in *La Vocation actuelle de la sociologie*, PUF, 1969, t. 2.

PARSONS Talcott, *The Structure of Social Action. A Study in Social Theory with Special References to a Group of Recent European Writers* (1937), Glencoe, Free Press, 1949.

CONSENSUS

du latin *consensus* « accord », dérivé de *consentire* « être d'un même sentiment, être d'accord »

all. ÜBEREINSTIMMUNG	esp. CONSENSO
angl. CONSENSUS	ital. CONSENSO

voir : COMMUNAUTÉ, HOLISME, LIEN SOCIAL

La notion nous vient de COMTE, qui emprunte le terme à la physiologie. Il y désigne l'interdépendance des organes dans le tout de l'être vivant.

Comte y voyait plus qu'une métaphore assimilant la société à un organisme. La notion est utilisée souvent dans un halo de significations. Pour simplifier, disons qu'elle implique deux niveaux de sens.

1 En premier lieu, elle interroge sur la façon dont se construit et s'instruit une volonté commune parmi des individus séparés, et elle renvoie à l'analyse des règles et des débats qui organisent la vie politique et la citoyenneté.

2 Au sens plus profond, la notion renvoie à ce lien social implicite, inconscient, qui explique que, par-delà ce qui les oppose, les membres d'une communauté se reconnaissent une identité partagée, des symboles communs, etc.

Le *consensus* tend à produire de l'ordre là où il n'y aurait que désordre et à instituer la paix là où il n'y aurait, comme disait HOBBES, que la guerre de tous contre tous (c'est bien sur la nature et « l'origine » de ce consensus que s'interrogeaient les penseurs du contrat* social). Le degré de consensus peut varier, mais il ne saurait y avoir de société sans consensus ou sans contrat implicites, d'avant tout contrat explicite.

3 CONFLIT ET CONSENSUS. Un des débats de la sociologie est la façon dont elle articulera la notion de consensus et la notion de conflit, en particulier les conflits de classes. Quand l'accent est mis sur le conflit, la déchirure sociale, la lutte de classes, le consensus est analysé dans son caractère illusoire et sa réalité coercitive, dans sa nature idéologique et ses mécanismes de persuasion. Quand l'accent est mis sur le développement de l'individualisme, sur la fragilisation du civisme, sur la « postmodernité », le consensus devient un simple espace stratégique, la valeur suprême n'étant plus l'association mais le moi et son agglutinement en « familles », « tribus » et autres communautés identitaires, d'où l'image de l'autre comme semblable et différent s'estompe.

André AKOUN

CONSIDÉRATION

voir : INTERACTION ET INTERACTIONNISME, POLITESSE

Une des formes particulières de la politesse et de la reconnaissance d'autrui dans les rapports interindividuels

La *considération* peut être définie comme une forme de respect spécifique envers une personne ou un groupe, fondée sur les mérites, les compétences ou toute autre valeur reconnue. Due à la personne en raison de son rang, dans l'Ancien Régime, elle s'attache davantage à la personne dans une culture démocratique et fait l'objet de concurrence et, éventuellement, de contestation.

Pierre ANSART

bibliographie

HAROCHE Claudine, VATIN Jean-Claude (sous la dir. de), *La Considération*, Desclée de Brouwer, 1998.

SOCIOLOGIE DE LA CONSOMMATION

du latin *consumare*, de *cum* « avec » et *summa* « somme » : « faire le total de » d'où « accomplir, mener à son terme, à son achèvement »

all. KONSUM	esp. CONSUMO
angl. CONSUMPTION	ital. CONSUMO

voir : BESOINS, PUBLICITÉ

Étude de l'utilisation sociale des biens pour la satisfaction des besoins.

Les recherches sociologiques sur la consommation ont tenté de mettre en évidence ses dimensions sociales, ses variations selon les groupes sociaux, ses significations imaginaires.

1 Dans l'*Introduction générale à la Critique de l'économie politique* (1857), MARX souligne que la production des biens et leur consommation ne sauraient être dissociées dans le fonctionnement du mode de production : elles sont donc dialectiquement liées. « *Sans production, pas de consommation, mais sans consommation, pas de production non plus, celle-ci n'ayant pas de but sans l'autre* » (1965, p. 243). La production a pour finalité la consommation, et celle-ci rend possible la demande de production. Le système suppose l'existence de producteurs, de même qu'il doit produire des consommateurs disposés à acquérir les biens produits.

2 Contrairement à une hypothèse économiste qui supposerait que la consommation varie uniformément selon l'échelle des revenus, les sociologues observant les modes de consommation ont montré les variations de la structure des besoins selon les différentes catégories sociales. VEBLEN (1899) mettait déjà en lumière l'impossibilité de comprendre la demande des biens à partir de l'hypothèse de l'uniformité des besoins. Il soulignait, par la notion de « *consommation ostentatoire* », que la consommation des classes riches est largement caractérisée par le souci de se distinguer. À ce niveau, le coût élevé de certains biens ne détourne pas de l'acquisition mais peut, au contraire, la motiver. De même, HALBWACHS montrait que les classes ouvrières des années 30 avaient des choix de consommation particuliers et que, par exemple, lorsque le niveau de revenu augmentait, la part relative du budget consacré à l'alimentation tendait à diminuer.

SOCIÉTÉ DE CONSOMMATION. On ne peut négliger dans la consommation contemporaine la part importante prise par la publicité et les particularités de l'imaginaire du consommateur, qui associe étroitement la consommation aux plaisirs et à l'accomplissement de soi. La critique de la « société de consommation » s'est particulièrement attachée à analyser toutes les conséquences de cet enfermement dans la consommation.

Une nouvelle dimension sociale est apparue dans les années 30 avec l'émergence des associations pour la défense des droits des consommateurs et pour la qualité des produits. Ce mouvement a été largement repris par les administrations publiques et organisé étatiquement, mais sa pérennité confirme la socialisation de la consommation et l'ampleur du travail social permanent qui s'exerce sur les besoins et leurs représentations.

Pierre ANSART

bibliographie

BOURDIEU Pierre, *La Distinction, critique sociale du jugement*, Éd de Minuit, 1979.

HALBWACHS Maurice, *L'Évolution des besoins dans les classes ouvrières*, Alcan, 1933.

MARX Karl, *Introduction générale à la Critique de l'économie politique* (1857), « La Pléiade », Gallimard, Économie I, 1965.

MIÈGE Bernard, *La Société conquise par la consommation*, PU Grenoble, 1989.

RUFFAT Michèle, *Le Contre-pouvoir consommateur aux États-Unis, du mouvement social au groupe d'intérêt*, PUF, 1987.

CONSTRUCTIVISME

de l'adjectif latin *constructivus* « bâti, édifié »

all. KONSTRUKTIVISMUS	esp. CONSTRUCTIVISMO
angl. CONSTRUCTIONISM	ital. COSTRUTTIVISMO

voir : SOCIOLOGIE DE L'ACTION, CATÉGORIES SOCIOPROFESSIONNELLES, CHANGEMENT, REPRODUCTION

Théorie sociologique tendant à considérer la réalité sociale comme un processus en construction permanente, et proposant des modèles d'analyse correspondant à cette perspective.

Le *constructivisme* peut être considéré comme une réaction contre les schémas dualistes qui risquent de morceler la réalité sociale, de créer des oppositions artificielles et de rendre les actions sociales difficilement intelligibles (CORCUFF, 1995).

LE CONSTRUCTIVISME ET LA CRITIQUE DES DICHOTOMIES TRADITIONNELLES.

1 Ainsi, la dichotomie proposée par MARX de la substructure et des superstructures, qui reprend, en d'autres mots, l'opposition philosophique du matérialisme et de l'idéalisme, posait, au sein même de cette théorie sociohistorique, des difficultés difficilement surmontables. Une telle opposition, faisant des rapports économiques la cause déterminante de l'ordre social et des changements, rend problématique la dynamique de l'action révolutionnaire et contestable la théorie de l'idéologie dont Marx faisait un élément essentiel de sa démonstration.

2 De même, la dichotomie dont DURKHEIM fait un principe de la sociologie scientifique et qui oppose le collectif, seul reconnu comme objet de la sociologie, et l'individu particulier l'entraîne à des difficultés qu'il ne surmonte qu'en apportant des restrictions à ses principes. Dans *Le Suicide*, il dégage des lois de fréquence, mais lorsqu'il esquisse l'explication des conduites de suicide, il est plusieurs fois amené à proposer des explications psychologisantes qui visent à analyser les comportements et les réactions subjectives des sujets.

fécondité du constructivisme dans la recherche théorique. Un ensemble de travaux théoriques et empiriques ont souligné les risques de ces dualismes artificiels et proposé des modèles de dépassement.

1 ELIAS, récusant la dichotomie du social et de l'individuel, se propose d'étudier les *configurations* et les *formations sociales*, puis les processus dans lesquels les individus se trouvent engagés et qui sont les conditions de leurs actions. L'étude d'une cour royale, par exemple, fait apparaître une configuration complexe dont nul n'est totalement le maître, dans laquelle chaque rôle social existe et trouve sa place et ses marges d'initiative (Elias, 1969).

2 BERGER et LUCKMANN ont formulé les principes généraux du constructivisme en faisant du social une création permanente et en s'interrogeant sur le rôle des connaissances dans cette construction (1966). Berger a appliqué en particulier cette conception à la religion (1967), en s'interrogeant sur le rôle des croyances dans les définitions de la réalité. La phénoménologie se trouve repensée dans cette perspective constructiviste.

3 Les travaux de BOURDIEU peuvent aussi être donnés en exemple des tentatives pour surmonter les impasses des dualismes. On peut interpréter la notion d'*habitus** comme un moyen de dépassement du dualisme traditionnel du déterminisme et de la liberté. Les pratiques et les adaptations qui sont rendues possibles par l'intériorisation de l'habitus ne sont ni totalement déterminées ni indépendantes de toute formation préalable : les pratiques sont rendues possibles par les « inculcations » acquises, mais celles-ci permettent à l'agent de s'ajuster aux circonstances nouvelles.

4 **L'individualisme méthodologique.** C'est aussi cette dichotomie du déterminisme et de la liberté que cherche à surmonter l'individualisme méthodologique. En réaction contre les théories holistes qui majorent les causalités et les déterminations, l'individualisme cherche à souligner la réalité des choix, des décisions individuelles, ainsi qu'à étudier l'émergence des phénomènes collectifs à partir de ces conduites individuelles et, ainsi, la construction du collectif à partir des comportements individuels. Ces approches théoriques ne sauraient être confondues, elles s'opposent nettement sur d'autres points, mais elles ont en commun de chercher le dépassement des oppositions traditionnelles et une même orientation vers la détection des processus de construction des réalités sociales.

FÉCONDITÉ DU CONSTRUCTIVISME DANS LA RECHERCHE EMPIRIQUE. Des recherches empiriques illustrent cette perspective constructiviste et peuvent en montrer la fécondité.

1 **Les catégories sociales.** Alors que la sociologie objectiviste tend à considérer les catégories sociales comme des données et qu'elle use de modèles quantitatifs pour en étudier les caractéristiques, la perspective constructiviste pose, au contraire, la question de savoir comment une catégorie sociale s'est créée, et à travers quelles actions pratiques et symboliques. Étudiant la catégorie des *cadres*, BOLTANSKI montre la fécondité d'une approche sociohistorique qui, au lieu de faire de cette catégorie une donnée, étudie, sur la période des années 1930-1960, *« le travail de regroupement* [...], *le travail social de définition et de délimitation »* qui a permis à des employés de niveau supérieur, remplissant des fonctions très diverses dans les entreprises, de s'organiser et d'objectiver leur ensemble flou (BOLTANSKI, 1982). Ce travail de construction d'une nouvelle catégorie sociale a revêtu des formes très diverses : symboliques (déclarations, formulations de nouvelles définitions), politiques (interventions auprès des pouvoirs publics), institutionnelles (auto-organisation, syndicalisation).

2 **Une révision du concept d'identité sociale.** Le constructivisme conduit à réviser le concept plurisignifiant d'identité*. La tendance spontanée pousse à attribuer aux groupes sociaux, aux classes et aux ethnies, une identité définie dont les éléments seraient transmis de génération en génération, et un sentiment d'identité commune propre à chacun des individus du groupe. L'approche constructiviste met en question une telle représentation (que l'on peut qualifier de « naturaliste », en ce qu'elle tend à naturaliser des traits culturels), et invite à considérer les entreprises permanentes, répétitives ou innovantes, qui sont menées pour maintenir ces traits communs et combattre les tentations déviantes de désidentification. Loin de répéter le discours des idéologues ou des porte-parole toujours tentés de faire des identités des données substantielles, le constructivisme

appelle à étudier le travail symbolique qui est mené, pour de multiples raisons, afin de convaincre les individus de leur identité.

3 **Sociologie des organisations.** Un troisième exemple peut être choisi dans la sociologie des organisations. Là encore, c'est une tentation commune que de considérer les organisations comme des ensembles de structures et de fonctions stables, ou encore comme des systèmes imposés nécessairement par l'état des forces économiques. Le constructivisme invite, au contraire, à considérer les organisations comme des « *construits sociaux* » (CROZIER, FRIEDBERG, 1977), c'est-à-dire comme des systèmes vivants, mis en place pour réaliser des objectifs, traversés de rapports sociaux divers et en partie conflictuels, en transformation permanente. L'étude des rapports de pouvoir, dans une telle perspective, ne prend pas pour point de départ l'image d'un parfait dualisme entre un pouvoir omnipotent et des employés passifs, mais se propose d'observer comment se déroulent les rapports de pouvoir dans leur inégalité, leurs négociations et leurs compromis. Il ne s'agit plus d'étudier séparément les structures, les fonctions ou encore les conflits, mais de comprendre et d'expliquer le processus quotidien de construction qui fait d'une entreprise une réalité en devenir.

CONSTRUCTIVISME ET SOCIOLOGIE DE LA CONNAISSANCE. Le constructivisme conduit aussi à reprendre le problème des concepts et des catégories, et intervient dans les débats de sociologie de la connaissance. Il remet en question les théories substantialistes ainsi que les théories traditionnelles, rationalistes ou empiristes, des concepts, et propose de les examiner comme des constructions opératoires ; il est proche en cela des propositions de WEBER sur la construction des types*-idéaux. Les recherches de l'ethnométhodologie sur la construction des règles et des normes illustrent bien l'esprit du constructivisme et ses conséquences épistémologiques.

CONSTRUCTIVISME, SYSTÉMISME ET THÉORIES DE L'ACTION. Le constructivisme s'inscrit donc dans une critique des conceptions substantialistes et analytiques, récurrentes en sociologie, qui tendent à faire des phénomènes sociaux des faits quasi naturels dont il conviendrait de décomposer les parties pour mieux les observer. Il poursuit la critique des oppositions abstraites, déjà formulée par le systémisme, et la critique de l'objectivisme, déjà formulée par la théorie des systèmes d'action. Il se différencie toutefois du systémisme comme des théories de l'action en ce qu'il y ajoute une conception particulière de la sociologie et de son objet, qui sera de considérer tous les processus de construction sociale, la réalité sociale et les conceptualisations comme le produit de cette construction permanente (BERGER et LUCKMANN, 1966). Toutefois le constructivisme ne préjuge pas des interprétations particulières des différentes recherches ; il dessine un espace de questions et invite à formuler des hypothèses sur les différentes formes de construction des réalités.

Pierre ANSART

bibliographie

BERGER Peter, LUCKMANN Thomas, *La Construction sociale de la réalité*, Armand Colin, 1996.

BERGER Peter, *La Religion dans la conscience moderne. Essai d'analyse culturelle*, Éd. du Centurion, 1971.

BOLTANSKI Luc, *Les Cadres*, Éd de Minuit, 1982.

CORCUFF Philippe, *Les Nouvelles Sociologies, constructions de la réalité sociale*, Nathan, 1995.

CROZIER Michel, FRIEDBERG Ehrard, *L'Acteur et le système, les contraintes de l'action collective*, Seuil, 1977.

DUBET François, *Sociologie de l'expérience*, Seuil, 1994.

ELIAS Norbert, *La Société de cour* (1969), Fayard, 1985.

THOMASON Burke C., *Making Sense of Reification : Alfred Schütz and Constructionist Theory*, Londres, Basingstoke, MacMillan Press, 1982.

CONTENU ⇒ ANALYSE DE CONTENU

CONTEXTE

voir : ENVIRONNEMENT, LES MÉTHODES (EN SOCIOLOGIE), SYSTÈME SOCIAL

Ensemble des circonstances et des relations sociales extérieures au phénomène étudié et dont celui-ci dépend partiellement.

Selon les choix théoriques et méthodologiques de la recherche, le *contexte* peut être négligé ou, au contraire, défini et systématiquement étudié. Ainsi, une étude portant sur les rapports d'autorité dans une entreprise pourra se focaliser sur les seules tensions et stratégies propres à ces rapports internes, ou choisir de comprendre ces relations inégales à partir de leur contexte macrosocial (institutionnel, politique, culturel). L'importance à accorder au contexte dépend des choix heuristiques et ne saurait faire l'objet d'une règle épistémologique générale.

Pierre ANSART

CONTINGENCE

voir : DÉSORDRE, DÉTERMINISME, ÉVÉNEMENT, HASARD

Caractère des événements et des phénomènes dont l'existence ou la succession n'apparaissent pas comme soumis à une nécessité.

La question de la *contingence*, c'est-à-dire de la possibilité qu'un événement social arrive, ou n'arrive pas, n'a cessé de poser problème à la réflexion sociologique.

1 Une sociologie des structures et des déterminants (dans la tradition de MARX ou DURKHEIM) tend, sinon à nier, du moins à limiter fortement la contingence.

2 Au contraire, une sociologie de l'événement (PARETO, BOUDON) tend, au contraire, à majorer la contingence et à rapprocher ainsi la sociologie de l'histoire.

L'antinomie du déterminisme et de la contingence soulève des problèmes permanents concernant les marges de liberté des acteurs, les possibilités des changements et des ruptures, les théories du changement social et de la reproduction.

Pierre ANSART

bibliographie

BALANDIER Georges, *Le Désordre, éloge du mouvement*, Fayard, 1988.

BOUDON Raymond, *La Place du désordre ; critiques des théories du changement social*, PUF, 1984.

GURVITCH Georges, *Déterminismes sociaux et liberté humaine ; vers l'étude sociologique des cheminements de la liberté*, PUF, 1963.

TABLEAU DE CONTINGENCE

Nom donné au tri croisé, dans le cadre de l'analyse factorielle des correspondances.

CONTRADICTION

du latin *contradictio* « action de parler contre », puis « relation existant entre deux notions incompatibles »

all. WIDERSPRUCH	esp. CONTRADICCIÓN
angl. CONTRADICTION	ital. CONTRADIZIONE

voir : COMPÉTITION, CONFLIT SOCIAL, DIALECTIQUE, LUTTE DES CLASSES, MARXISME

1. Opposition dynamique et conflictuelle entre deux forces sociales.
2. Situation de tension où se trouve placé un individu ou un groupe et qui l'oblige à trouver une réponse.

1 Pour MARX, la *contradiction* n'est pas seulement une relation logique, mais une loi inhérente aux réalités sociohistoriques et une catégorie indispensable pour les interpréter : toute formation sociale comporte une contradiction entre deux composantes en conflit. Le capitalisme*, reposant sur l'extorsion de la plus-value, oppose, dans une contradiction fondamentale, la classe possédant les moyens de production et la classe ouvrière ne détenant que sa force de travail. Cette contradiction est à la fois structurelle et essentiellement dynamique, elle engendre l'accumulation du capital* et son développement. À partir de cette contradiction se déploient un ensemble de contradictions secondaires et de formations idéologiques visant à en occulter la réalité.

2 Hors de cette conception marxiste de la contradiction, ce terme désigne, sur le plan symbolique, toute opposition entre propositions incompatibles. Sur le plan des rapports sociaux, il désigne l'affrontement, manifeste ou latent, entre forces sociales, en l'absence de règles admises par les intéressés.

3 Une troisième signification introduit la contradiction dans l'expérience des acteurs sociaux. La contradiction est alors celle que ressentent les sujets et qu'ils s'efforcent de surmonter en créant un nouveau modèle de conduite (HERVIEU-LÉGER, 1986, pp. 226 et 227).

Pierre ANSART

bibliographie

BELL Daniel, *Les Contradictions culturelles du capitalisme*, PUF, 1976.

HERVIEU-LÉGER Danièle (avec la collaboration de Françoise CHAMPION), *Vers un nouveau christianisme*, Éd. du Cerf, 1986.

MARX Karl, *Préface à la Critique de l'économie politique*, in *Œuvres*, I, « La Pléiade », Gallimard, 1977.

*
* *

CONTRAINTE

du latin *constringere*, de *cum* « ensemble » et de *stringere* « serrer ; presser ; lier ensemble ; enchaîner ; réprimer, contenir »

all. ZWANG	esp. COACCIÓN
angl. CONSTRAINT	ital. COSTRIZIONE

voir : DÉVIANCE, INSTITUTION, ORDRE SOCIAL, TRANSGRESSION, VIOLENCE

Ce qui entrave la liberté d'un individu ou d'un groupe et l'oblige à des actes ou absences d'actes non désirés.

1 Les philosophes des Lumières avaient fortement opposé aux *contraintes* féodales les idéaux de liberté, laissant entendre que ces contraintes pouvaient et devaient être abolies dans un monde de liberté.

2 MARX reprend les grandes lignes de ce thème révolutionnaire, non sans préciser la nature de ces contraintes. Si le mode de production capitaliste est un système contraignant qui enserre chacun dans l'ordre des classes sociales, la contrainte économique pèse, au premier chef, sur les prolétaires qui sont contraints de vendre leur force de travail pour subsister, qui subissent les aléas des crises, et, secondairement, sur les détenteurs des moyens de production (Marx, 1844).

3 DURKHEIM attribue aux faits sociaux deux caractéristiques essentielles : leur extériorité par rapport aux consciences individuelles et leur action contraignante sur les consciences et les comportements : « *Voilà donc un ordre de faits qui présentent des caractères très spéciaux : ils consistent en des manières d'agir, de penser et de sentir, extérieures à l'individu, et qui sont doués d'un pouvoir de coercition en vertu duquel ils s'imposent à lui* » (1988, p. 5).

4 GIDDENS poursuit cette indication en proposant de distinguer trois significations du terme *contrainte* : la contrainte matérielle, la contrainte associée à des sanctions et la contrainte structurelle ; il décrit cette troisième forme comme « *fixant des limites sur l'éventail d'options dont dispose un acteur ou un ensemble d'acteurs, dans un contexte donné ou dans un type de contexte* » (Giddens, 1987, p. 235).

5 Pour sa part, WEBER soulignait la pluralité des formes de contrainte sociopolitique en les référant aux différents types de domination. Si, en effet, toute domination politique exerce une contrainte, il conviendrait de distinguer les formes de contrainte selon les types de domination : au sein de la domination traditionnelle, les croyances acceptées confirment le respect reconnu aux autorités et facilitent l'obéissance ; dans la domination charismatique, les citoyens sont portés affectivement à se soumettre au prophète entouré d'amour et d'admiration. C'est dans la domination légale que le citoyen perd les raisons de sa confiance affective et doit accepter rationnellement les contraintes légalement décidées et imposées.

Pierre ANSART

bibliographie

DURKHEIM Émile, *Règles de la méthode sociologique* (1895), Flammarion, 1988.

GIDDENS Anthony, *La Constitution de la société*, PUF, 1987.

MARX Karl, Manuscrits de 1844, in *Œuvres*, « La Pléiade », Gallimard, t. 2, 1968.

WEBER Max, *Économie et société* (1922), Plon, t. 1, 1971.

CONTRAT

terme emprunté au bas latin juridique *contractus* « convention, pacte, accord »

all. VERTRAG	esp. CONTRATO
angl. CONTRACT	ital. CONTRATTO

voir : LIEN SOCIAL

Accord explicite entre parties individuelles ou collectives en vue d'une pratique commune.

La notion de *contrat*, supposant l'accord d'une ou plusieurs volontés s'engageant pour une action commune selon des règles et des obligations réciproques, prolonge une longue tradition religieuse et politique (SAINT AUGUSTIN, HOBBES, LOCKE, ROUSSEAU). Dans la société contemporaine, les contrats revêtent des formes multiples : économiques (contrats d'achat, de vente, de location), de travail (contrats d'embauche, conventions collectives), culturelles (contrats d'édition, contrats d'acteurs), scolaires (contrat pédagogique), interpersonnelles (contrat de mariage).

Une question qui se pose à la sociologie générale est de s'interroger sur le sens et l'étendue de ces formes et pratiques contractuelles dont on peut faire l'essentiel du lien* social.

1 Dans la sociologie des organisations, par exemple, une tendance qui peut être qualifiée de *contractualiste* (MARCH et SIMON, 1958) tend à expliquer « l'équilibre de l'organisation » par le principe général du contrat. Chaque participant chercherait, en permanence, à obtenir de l'organisation la rétribution au moins équivalente à ce qu'il estime lui apporter. Chacun serait ainsi engagé dans une négociation permanente dont le renouvellement assurerait le maintien de l'organisation. Ce modèle contractualiste est susceptible de nombreuses applications.

2 DURKHEIM et son école, en mettant l'accent sur la réalité des institutions, proposaient un modèle d'explication opposé, ne faisant du contrat que l'actualisation de l'institué. Pour Durkheim, les institutions définissent les formes des contrats, elles en imposent, pour l'essentiel, les conditions aux contractants. C'est en ce sens qu'il indique qu'il y a dans tout contrat toujours plus qu'il n'est dit explicitement. En deçà des contrats, Durkheim renvoie à l'ensemble des institutions sociales, des représentations sociales, qui conduit les individus à s'engager dans les conditions du contrat. Il revient au sociologue d'observer précisément, dans les cas étudiés, ce qui revient à l'institué et qui informe les relations contractuelles, et ce qui revient aux initiatives des contractants. La question du lien social est en jeu dans cette ambiguïté.

Pierre ANSART

bibliographie

BRIÈRE Marc, GRAND'MAISON Jacques, *Un nouveau contrat social*, Montréal, Leméac, 1980.

CROZIER Michel, FRIEDBERG Ehrard, *L'Acteur et le système*, Seuil, 1977.

FARRUGIA Francis, *Archéologie du pacte social : des fondements éthiques et sociopolitiques de la société moderne*, L'Harmattan, 1994.

MARCH James G., SIMON Herbert Alexander, *Les Organisations* (1958), Dunod, 1974.

PAVAGEAU Jean, *Le Lien social et l'inachèvement de la modernité*, L'Harmattan, 1997.

CONTRAT SOCIAL

du latin *contrahere* « s'engager pour une action commune »

all. GESELLSCHAFTSVERTRAG	esp. CONTRATO SOCIAL
angl. SOCIAL CONTRACT	ital. CONTRATTO SOCIALE

C'est l'acte, qui est en même temps pacte originaire, par lequel les hommes passent de l'état de nature à l'état social : le fondement de toute légitimité politique repose sur cet accord premier des hommes qui décident de s'associer pour que s'érige la loi.

La notion de *contrat social* se retrouve, certes, dans l'Antiquité, lorsque, contre SOCRATE et les philosophes, les sophistes définissent la société (et le langage) comme résultant d'une convention. De même, cette idée de contrat se retrouve chez SAINT AUGUSTIN. Mais, c'est évidemment avec les XVIIe-XVIIIe siècles que la notion se fait fondement théorique chez des auteurs comme HOBBES, PUFENDORF, SPINOZA, LOCKE, ROUSSEAU. Ce qui naît alors, c'est la réflexion politique moderne.

Postulant un « état de nature », les contractualistes font de la société politique le résultat d'un contrat originaire. Dès lors, la société est une réalité qui ne peut être référée qu'à elle-même. Sa norme ne relève, désormais, ni de l'ontologie ni du théologique, mais résulte de l'acte de réciprocité qui la constitue.

Ce « contrat » n'est évidemment pas à poser comme un événement historique réel. Il est ce à partir de quoi le social et le politique deviennent pensables, comme le rappelle LÉVI-STRAUSS : « ROUSSEAU *et ses contemporains ont fait preuve d'une intuition sociologique profonde quand ils ont compris que des attitudes et des éléments culturels tels que le contrat et le consentement ne sont pas des formations secondaires*[...] *ce sont les matières premières de la vie sociale, et il est impossible d'imaginer une forme d'organisation politique dans laquelle ils ne seraient pas présents* » (1955).

André AKOUN

bibliographie

LÉVI-STRAUSS Claude, *Tristes Tropiques*, Plon, 1955.

CONTRE-CULTURE

voir : ADOLESCENCE, SOCIOLOGIE DE LA CULTURE, INDIVIDUALISME, JEUNESSE, MODE DE VIE

Ensemble de productions culturelles (littéraires, musicales, plastiques) et de comportements ludiques s'opposant à la culture désignée comme dominante.

Ce terme a été formulé dans les années 60, tout d'abord aux États-Unis, pour désigner un mouvement aux formes multiples, s'exprimant dans la littérature, la critique sociale, la musique, la danse, les arts plastiques, la poésie, avec une même orientation critique à l'égard de l'ordre culturel et des modes de vie majoritaires désignés comme rétrogrades. À ce mouvement s'est associé un ensemble de pratiques, majoritairement juvéniles, résolument anti-conformistes : consommation de drogues, érotisme, recherches d'expériences psychologiques extraoccidentales. Les événements de mai 1968 en France renouvelèrent certaines caractéristiques de ce mouvement.

Les interprétations sociologiques de ce mouvement ont été nombreuses, soit complémentaires, soit opposées. Certaines ont insisté sur l'antagonisme traditionnel des générations et sur la rébellion d'une génération parvenant à l'âge adulte. D'autres y ont vu une véritable insurrection contre l'ordre technobureaucratique dans toutes ses formes, économiques, culturelles et politiques. On a souvent souligné le renfort qu'a apporté au mouvement la guerre au Vietnam et son rejet par la jeune génération. D'autres, enfin, ont vu dans ce mouvement une véritable dissidence créatrice d'une nouvelle culture, plus libre, plus hédonique et tournée vers l'épanouissement personnel.

Le débat demeure quant aux innovations de ce mouvement et sur la question de savoir dans quelle mesure il était en rupture avec la culture antérieure.

Pierre ANSART

bibliographie

BELL Daniel, *Les Contradictions culturelles du capitalisme*, PUF, 1979.

ROSZAK Theodore, *Vers une contre-culture : réflexions sur la société technocratique et l'opposition de la jeunesse* (1968), Stock, 1970.

CONTRÔLE SOCIAL

Formé de *contre* et de *rôle* au sens juridique de « registre » : emprunt au latin médiéval *contra rotulus* « registre *(rôle)* tenu en double, l'un servant à vérifier l'autre » (d'où *contre*). Par métonymie, « vérification », puis « surveillance »

all. KONTROLLE, ÜBERWACHUNG	esp. CONTROL
angl. CONTROL	ital. CONTROLLO

voir : CONTRAINTE, LIBERTÉ

Fait, pour une personne ou une institution, d'exercer une surveillance sur des activités et d'en vérifier la conformité à des normes.

FORMES DE CONTRÔLE SOCIAL. Dans les ***Règles de la méthode sociologique***, DURKHEIM fait des contrôles sociaux une donnée inhérente à toute organisation sociale. L'histoire fait apparaître une extrême diversité de leurs formes. On peut suggérer, à grands traits, que les contrôles décisifs sont, dans les Cités telles que les décrit PLATON, à prédominante politique ; dans les théocraties, d'ordre religieux et rituel ; dans les sociétés modernes, à prédominance économique. Les contrôles peuvent aussi évoluer rapidement selon les conjonctures : étroits en temps de guerre, plus relâchés en temps de paix.

Toutes les institutions et organisations sociales exercent, par des moyens divers, des formes de contrôle sur les activités individuelles et collectives : institutions de contrôle publiques (contrôle fiscal), de police (contrôle des déviances), éducatives (contrôle des savoirs), économiques (contrôle des coûts), ou encore sanitaires, sportives...

LES CONTRÔLES INFORMELS. La sociologie porte particulièrement son attention sur les contrôles informels, moins visibles et moins perçus que les contrôles institutionnalisés, ainsi que sur les traits généraux du contrôle social. En effet les contrôles des conduites ne sont pas seulement le fait des institutions publiques mais aussi des groupes primaires (familles, groupes de pairs), où peuvent s'exercer des contrôles intenses et contraignants. Les questions à poser dans les situations concrètes peuvent être formalisées : Qui contrôle qui ? Qu'est-ce qui est contrôlé (quels comportements ou performances) ? Par quels moyens ? Avec quels résultats ? De plus, la sociologie est attentive aux corrélations entre les formes particulières de contrôle et soucieuse de dégager leurs articulations ou contradictions. Elle est amenée à soulever le problème de la légitimité des contrôles et de la légitimité des autorités chargées de les exercer. À ce titre, elle rencontre les problèmes de la théorie sociologique et interroge les différents paradigmes. En ce sens, elle a pu être considérée comme une recherche fondamentale et de valeur universelle (ROUCEK, 1978).

AUTOCONTRÔLE ET INTÉRIORISATION DES MODÈLES SOCIAUX. Un point important a retenu l'attention : celui de l'intériorisation des contrôles. Dans une perspective sociohistorique, ELIAS fait du processus de civilisation celui de l'autocontrôle des instincts et des affects, dont les sociétés de cour, hautement ritualisées, seraient une étape significative (1939). Du point de vue synchronique, l'intériorisation des modèles sociaux dans le processus de formation de l'*habitus* peut être une réponse au problème de l'apprentissage de la maîtrise de soi (BOURDIEU, 1980). Au niveau du petit groupe et des institutions, l'ethnométhodologie rappelle, par contre, que les contrôles ne viennent pas seulement au groupe de l'extérieur, mais qu'ils peuvent faire l'objet d'une création, d'une invention et d'une négociation.

Les travaux récents mettent en lumière une forte contradiction entre l'idéologie dominante des libertés individuelles et l'intensité des contrôles administratifs, économiques et symboliques, portant sur les comportements et, selon FOUCAULT, sur le corps de chacun dans la société contemporaine.

Pierre ANSART

bibliographie

BELL Daniel, *Les Contradictions culturelles du capitalisme*, PUF, 1979.

BOURDIEU Pierre, *Le Sens pratique*, Éd. de Minuit, 1980.

CUSSON Maurice, *Le Contrôle social du crime*, PUF, 1983.

ELIAS Norbert, *La Civilisation des mœurs* (1939), Calmann-Lévy, 1991.

GIBBS Jask P., *Norms, Deviance and Social Control : Conceptual Matters*, Ann Arbor, 1993.

ROUCEK Joseph Slabey (éd.), *Social Control for the 1980 : a Handbook for Order in a Democratic Society*, Westport, Greenwood Press, 1978.

CONVERSATION ET ANALYSE CONVERSATIONNELLE

emprunté (v. 1160) au latin *conversatio* « fréquentation, commerce, intimité », puis, après 1537, « échange de propos familiers »

all. GESPRÄCH	esp. CONVERSACIÓN
angl. CONVERSATION	ital. CONVERSAZIONE

voir : SOCIOLOGIE DE LA CULTURE, INTERACTION ET INTERACTIONNISME, SOCIOLINGUISTIQUE

Échange langagier entre deux personnes ou entre membres d'un groupe.

Le but des *analyses de conversation* est de dégager toutes les formes, tous les moyens et conséquences des interactions verbales, tout d'abord entre deux partenaires. Ces recherches sont issues principalement de la théorie des actes de langage, soucieuse d'étudier le discours comme action, étendue aux situations interactives et interlocutives. Étudiant ces échanges communicatifs, la linguistique multiplie les analyses sur les moyens verbaux utilisés, sur les « compétences » des sujets à produire et à interpréter les énoncés, sur les effets sémantiques et pragmatiques. Ces études font l'objet de plusieurs approches disciplinaires issues, en particulier, de la psychologie, de la psychologie sociale, de la sociolinguistique, de l'ethnolinguistique, de la psychiatrie.

L'apport de la psychologie sociale à l'analyse conversationnelle s'est avéré important, ainsi les travaux de GOFFMAN sur les échanges en milieu psychiatrique ou les études de l'École de ALTO sur le « double lien* » et ses conséquences pour la pathologie de la communication.

Les approches ethnosociologiques des communications trouvent dans ces recherches des ressources fécondes. Elles peuvent aussi redécouvrir une longue tradition de remarques nombreuses faites dans l'Antiquité classique, où les structures linguistiques étaient considérées comme des moyens au service d'utilisations comme le montre *La Rhétorique* d'ARISTOTE. Et de même, les moralistes tels MONTAIGNE, LA ROCHEFOUCAULD ou VAUVENARGUES ont accumulé des notations perspicaces sur les échanges verbaux, leurs règles et leurs rites, les prises de parole, l'art de converser et l'art de se taire. Les objectifs particuliers de la sociologie des conversations se situent à plusieurs niveaux. Au niveau du sujet parlant, la sociologie peut se proposer d'élaborer la notion abstraite de compétence langagière et, mieux, d'étudier la maîtrise pratique de la langue telle qu'elle est constituée dans un groupe particulier et liée à des normes complexes d'utilisation et de réception. Au niveau du groupe restreint, la compétence communicative apparaît comme un ensemble d'aptitudes où les savoirs linguistiques et les savoirs socioculturels sont intimement mêlés : comme le montre Goffman, le sujet doit respecter les normes dans leur subtilité locale s'il veut témoigner de sa « normalité » (1986, p. 91).

Ces études relèvent de la sociologie de la vie quotidienne en y apportant un ensemble de considérations et d'infléchissements originaux. La sociologie des conversations met en scène les individus en tant qu'acteurs de leurs comportements et en tant qu'acteurs sociaux utilisant des compétences intériorisées, connaissant les normes et les ajustant, sachant rapporter et articuler les normes privées, locales, institutionnelles, et éventuellement politiques, sachant choisir, par exemple, les thèmes de conversation et éviter les thèmes localement inconvenants.

Pierre ANSART

bibliographie

BANGE Pierre, *Analyse conversationnelle et théorie de l'action*, Hatier-Didier, 1992.

KERBRAT-ORECCHIONI Catherine, *Les Interactions verbales*, t. 1, Armand Colin, 1995.

*

* *

CONVICTION

du latin *convictio*, de *convincere* « convaincre »

all. GESINNUNG	esp. CONVICCIÓN
angl. CONVICTION	ital. CONVINZIONE

voir : MORALE, RESPONSABILITÉ

À l'opposé du doute et du cynisme, adhésion intime et continue à des idéaux.

Max WEBER distingue et oppose deux types de morale : l'éthique de la *conviction* et l'éthique de la responsabilité. L'éthique de la conviction se caractérise par une totale adhésion à des valeurs ressenties comme incontestables et par l'absence de prise en considération des conséquences pratiques des actes conformes à cette éthique : « *Il y a une opposition abyssale entre l'attitude de celui qui agit selon les maximes de l'éthique de la conviction — dans un langage religieux nous dirions : "Le chrétien fait son devoir et, en ce qui concerne le résultat de l'action, il s'en remet à Dieu"* » —, et l'attitude de celui qui agit selon l'éthique de la responsabilité qui dit : « *Nous devons répondre des conséquences prévisibles de nos actes* » (Weber, 1959, p. 187). Le choix entre ces deux éthiques ne saurait être résolu par une option rationnelle. En effet, pour Weber, les évaluations affectives entre ces valeurs sont irréductiblement divergentes : aucune connaissance scientifique ne peut décider s'il faut s'orienter selon l'éthique de la conviction ou selon l'éthique de la responsabilité.

Dans le domaine de la politique, ce « paradoxe éthique » prend un relief particulier. Puisque l'exercice de la domination est fondé sur le moyen de la violence* légitime, l'homme politique, si fidèle qu'il veuille être à l'éthique de la conviction, ne peut éviter de recourir aux moyens de force et de contrainte. Il doit donc faire appel à la morale de responsabilité, mais aucune science ne peut le dispenser de choisir entre les deux exigences morales. L'ordre des valeurs est soumis à un conflit insurmontable, à une « guerre des dieux ».

Pierre ANSART

bibliographie

WEBER Max, *Le Savant et le politique* (1919), Plon, 1959.

WEBER Max, *Sociologie des religions*, Gallimard, 1996.

CONVIVIALITÉ

emprunté à l'anglais *conviviality* « goût des réunions et festins », du latin *convivere* « vivre, manger ensemble »

all. GESELLIGKEIT, HARMONISCHES ZUSAMMENLEBEN	esp. CONVIVIALIDAD
angl. CONVIVIALITY	ital. CONVIVIALITÀ

voir : ALIÉNATION, SOCIABILITÉ, SOCIALITÉ, SOLIDARITÉ

Mode d'existence en commun, fondé sur l'authenticité des rapports humains, la richesse et la réciprocité des échanges entre individus.

Ivan ILLICH a formé le néologisme anglais *conviviality*, d'après *convivial*, pour qualifier une société qui retrouverait les caractéristiques de la société préindustrielle. Bien avant lui, TÖNNIES avait publié en 1887 *Gemeinschaft und Gesellschaft* (« Communauté et société »). Le premier terme est en consonance avec la notion de *convivialité* en supposant une volonté instinctive : celle des sociétés traditionnelles qui intègrent à peu près toutes les facettes de la personnalité de leurs membres, à l'image des corporations médiévales auxquelles le compagnon est lié non seulement au titre de son métier mais aussi au plan de considérations matrimoniales, confessionnelles, juridiques, etc. La convivialité, mythe ou réalité, s'oppose en fait aux caractéristiques de la société moderne capitaliste, à l'impersonnalité des rapports dont WEBER a montré qu'elle caractérise le système bureaucratique fortement hiérarchisé, où l'application de la règle qui s'impose à toute la hiérarchie des fonctionnaires est supposée garantir chacun contre l'arbitraire éventuel de ses supérieurs. La convivialité, tout au rebours, se veut la riposte à cette société à la fois rationnelle et génératrice d'anonymat, où règne, avec l'impersonnalité des procédures, le déni d'un humanisme perçu comme obsolète ; elle entend restaurer une entente quasi fusionnelle entre des individus mus par un idéal de gratuité, affranchis aussi bien des contraintes de la recherche du profit que des conflits propres à une existence consacrée essentiellement à l'accumulation des signes de la réussite professionnelle. Sans se référer explicitement à l'idée de convivialité, HALBWACHS décrivait la vie ouvrière comme un univers entièrement dominé par la relation avec la matière, et comme telle, pourrions-nous dire, privée de tout le registre généreux et fraternel attaché à cette notion ; cet isolement s'est propagé depuis à d'autres catégories sociales en sorte que la revendication de convivialité connaît une large diffusion, depuis le « cocooning » jusqu'aux sophistications informatiques des forums d'Internet.

Éliane DEROCHE-GURCEL

bibliographie

ILLICH Ivan, *Une société sans école*, Seuil, 1971.
ILLICH Ivan, *La Convivialité*, Seuil, 1973.

COOPÉRATION

du latin chrétien *cooperatio* « œuvre commune avec un autre », composé de *cum* « avec, ensemble » et *operari* « agir »

all. KOOPERATION, ZUSAMMENARBEIT, MITARBEIT	esp. COOPERACIÓN
angl. COOPERATION	ital. COOPERAZIONE

voir : ANARCHISME, AUTOGESTION, ORGANISATION

Collaboration, volontaire ou non, entre plusieurs individus ou groupes pour réaliser en commun une tâche plus ou moins complexe, notamment dans la fabrication d'un produit ou d'un service.

FORMES DE COOPÉRATION. Coopérer, c'est opérer ensemble, agir conjointement avec quelqu'un d'autre, joindre ses efforts pour un but commun. La *coopération* se réalise lorsque des communications, des interactions sociales entre personnes ou entre groupes permettent, par l'association des activités de chacun, de se prêter de l'aide, en vue d'un résultat supérieur à ce que pourrait produire la somme des réalisations individuelles. La coopération peut être spontanée ou organisée, formelle ou informelle, volontaire ou forcée.

FONCTIONS DE LA COOPÉRATION. La coopération, dont le terme apparaît au XVe siècle, est l'un des problèmes majeurs de toutes les sociétés, qu'elles soient limitées, comme dans les sociétés traditionnelles, ou qu'elles soient très diversifiées et complexes comme dans les sociétés modernes. Elle concerne toutes les activités humaines (vie familiale, sport, loisirs, politique, défense du groupe social), et tout particulièrement la production de biens et de services. Elle peut être analysée au niveau macrosocial comme au niveau microsocial (famille, unité de production, organisations). L'organisation sociale est un système de relations coopératives (PARSONS). La division du travail dans tous les segments de la société (division sexuelle du travail dans la famille et la société ; division manufacturière dans les ateliers ; division technique et sociale du travail entre postes de travail et entre fonctions, entre concepteurs et exécutants, entre encadrement et exécutants ; division sociale du travail entre professions et activités économiques) entraîne obligatoirement une phase de coopération afin d'assurer, par l'échange de l'information et la convergence des efforts, la coordination, la cohérence, l'efficacité, la rentabilité des activités concrètes. Une coopération parfaite entre tous les participants à un procès de production serait à la base de la qualification collective d'un collectif de travailleurs.

CONDITIONS DE LA COOPÉRATION ET ENCADREMENT. Pour se réaliser de manière optimale, la coopération suppose un certain nombre de conditions : des intérêts communs ; un consensus minimum sur les buts à atteindre ; la participation volontaire, plutôt que la coercition ; un accord sur les modes de désignation de celui qui assumera le rôle de coordinateur ; l'élaboration en commun des règles ; la justice sociale dans les contributions et les rétributions ; la confiance* entre les acteurs. Les fonctions d'encadrement, toujours très délicates à assumer, sont souvent décisives dans l'efficience d'un collectif. Dans une organisation hiérarchisée, les fonctions d'encadrement (concepteur, collecteur d'information, décideur, planificateur, contrôleur) font rarement l'unanimité. Assurées trop autoritairement et sans instance de régulation, elles contribuent au contraire à détruire la confiance et à provoquer des réactions de défense, individuelles ou collectives, telles que les met en évidence l'École des relations humaines.

IMPORTANCE DU THÈME DE LA COOPÉRATION. La question de la coopération a été l'un des thèmes majeurs des utopistes (FOURIER), des économistes (MARX) et des sociologues (DURKHEIM, WEBER) des XIXe et XXe siècles. Elle reste aujourd'hui l'un des sujets favoris des économistes, des sciences de la gestion et des sociologues, dans les champs du travail, de l'organisation et de l'entreprise, notamment dans une problématique d'efficience du collectif de travail. Quatre facteurs, entre autres, rendent la coopération à la fois nécessaire et très difficile à réaliser : la complexité de la tâche commune à effectuer, le nombre de personnes impliquées dans le processus de production, la division sociale du travail, les différenciations individuelles, culturelles et sociales. Imposée par la spécialisation et la parcellisation des tâches, la coopération est loin d'être une activité naturelle. Elle fait toute la complexité du management* dans les unités de production. Elle est à la fois l'un des lieux de construction du lien* social et la principale bénéficiaire de ce lien social. Durkheim faisait ainsi de la coopération nécessaire entre tous les segments d'une société le fondement du lien social, établi sur la solidarité mécanique dans les sociétés traditionnelles, organique dans les sociétés modernes.

LA COOPÉRATION DANS LES UNITÉS DE PRODUCTION. La construction de la coopération dans les unités de production, longtemps organisée de manière autoritaire et centralisée, fait depuis trois décennies l'objet d'analyses particulièrement fines, autour des thèmes suivants : travail théorique/travail réel, groupes semi-autonomes, qualification collective, apprentissage collectif, confiance, réseaux, rationalisation. Paradoxalement, le relèvement du niveau de formation professionnelle de la population active, l'organisation du travail centrée sur la reconnaissance d'un espace d'autonomie accordé à l'exécutant, les politiques de mobilisation et de responsabilisation du travailleur dans son travail ont conduit à mettre en lumière le rôle essentiel de la coopération de chacun dans l'efficience du travail collectif.

COOPÉRATION ET PARTICIPATION. L'introduction accélérée de nouvelles technologies et les nouvelles politiques d'organisation du procès de production (attention aux désirs de la clientèle, production en petites séries et « juste-à-temps », qualité totale, sous-traitance), imposées par l'acuité de la concurrence* internationale et la fragmentation des marchés, ont obligé les entreprises à repenser le système de travail, à remettre en cause le découpage entre types de fonction (production et entretien, production et bureau d'études ou bureau des méthodes), à davantage associer les exécutants à la recherche de solutions aux problèmes rencontrés (cercles de qualité, groupes d'expression, certification de procédures). La coopération redonne aux travailleurs un statut de collaborateurs qualifiés, disposant d'informations et d'une expérience précieuses pour les concepteurs du procès de production. La participation des travailleurs à la mise au point des dispositifs de production contribue ainsi à revaloriser l'exécutant et à lui reconnaître un rôle déterminant dans la réussite de l'entreprise. Cette participation devient alors une étape dans la reconnaissance de la citoyenneté* du travailleur dans l'espace de la production. Il faut toutefois souligner la contradiction entre cette reconnaissance du travailleur collectif et l'émergence concomitante de pratiques d'individualisation de la rémunération.

Mireille DADOY

bibliographie

ALTER Norbert, *Sociologie de l'entreprise et de l'innovation*, PUF, 1996.

BERNOUX Philippe, *La Sociologie des entreprises*, Seuil, 1995.

CORIAT Benjamin, WEINSTEIN Olivier, *Les Nouvelles Théories de l'entreprise*, Le Livre de Poche, 1995.

MARTIN Dominique, *Participation et changement social dans l'entreprise*, L'Harmattan, 1990.

REYNAUD Jean-Daniel, *Les Règles du jeu*, Armand Colin, 1989.

SAINSAULIEU Renaud, *Sociologie de l'organisation et de l'entreprise*, Presses de la FNSP, 1988.

ZARIFIAN Philippe, *La Nouvelle Productivité*, L'Harmattan, 1990.

*
* *

CORPORATION

voir : COMPAGNONNAGE, SYNDICAT ET SYNDICALISME

Association socialement reconnue de membres d'une même profession, comportant des règlements et des privilèges particuliers.

1 Dans l'Ancien Régime, association des maîtres et compagnons d'une même profession. Sous une forme renouvelée, les *corporations* ont été reconstituées en Italie pendant la période fasciste, au Portugal, en France par le gouvernement de Vichy, dans le but de résister aux pressions libérales et de contrôler politiquement les professions. Le terme de *corporatisme* reste utilisé, soit pour désigner la doctrine favorable à l'organisation des professions en organismes permanents, soit pour désigner la tendance des syndicats professionnels à défendre leurs intérêts sans considération de l'intérêt général.

2 Hors de ces nuances critiques, le terme *corporation*, ou *néocorporation*, est usité pour désigner des entreprises ou groupes industriels à visée cogestionnaire et constituant des médiations institutionnelles entre les États et les forces du travail.

Pierre ANSART

ANTHROPOLOGIE ET SOCIOLOGIE DU **CORPS**

issu (v. 881) du latin *corpus* « corps », différencié de « âme, esprit »

all. KÖRPER	esp. CUERPO
angl. BODY	ital. CORPO

voir : ANTHROPOLOGIE ET SOCIOLOGIE, SOCIOLOGIE DE L'ART, MÉDECINE, SEXUALITÉ, VIE QUOTIDIENNE

Étude de toutes les implications sociales, de la socialisation, des usages, des rituels, des expressions, comme des contrôles et techniques du corps.

RITES CORPORELS ET CULTURE. En étudiant les *techniques du corps* dans son article de 1936, MAUSS reprend une longue histoire pré-anthropologique des étonnements face à la diversité des usages et des rites corporels. Dans les ***Essais*** (1580), MONTAIGNE faisait une recension baroque des multiples rituels de salutation ou d'affrontement à travers les différentes sociétés. Il cherchait à démontrer la relativité des coutumes et se trouvait amené à souligner le caractère multiforme des rites corporels. Dans l'école de DURKHEIM, en 1905, HERTZ retient comme exemple le fait singulier de la prééminence de la main droite sur la main gauche « méprisée », considérée comme inférieure ; la droite symbolise le pouvoir et la rectitude. Il reviendrait à la sociologie, indique Hertz, de contribuer à élucider ce fait, caractéristique d'une « institution sociale », que les côtés droit et gauche de notre corps possèdent des valeurs inégales.

Le thème général qui se trouve exposé dans ces premiers travaux est celui du rapport entre corps et culture : on montre que le corps est inscrit dans l'ordre de la culture, contrairement à l'illusion commune qui situe le corps dans le seul registre de la nature. Notre corps se trouve, contrairement à notre sentiment de séparation entre notre environnement social et l'expérience de nos sensations corporelles, modelé par cet environnement. Ce thème anthropologique a suscité de nombreuses voies d'investigation. Il y a lieu de s'interroger sur la socialisation du corps, sur les modes de transmission des modèles sociaux à l'enfant. Il y a lieu aussi de montrer la pluralité des usages sociaux du corps, de démontrer comment les diverses cultures forment les individus à user différemment de leur corps. L'étude des rites, reprise dans cette perspective, montrera comment les gestes appris et signifiants dans un milieu culturel manifestent, comme l'exposait MONTAIGNE, une fascinante diversité. Enfin, et s'il en est ainsi, on pourra interroger nos gestes comme source de significations et toute notre gestualité comme un langage.

L'ACQUISITION DE LA SYMBOLIQUE CORPORELLE. L'importance de la transmission des modèles corporels est bien illustrée par les quelques cas d'enfants abandonnés ayant survécu grâce à des animaux : le « sauvage de l'Aveyron » recueilli en 1800 par le pédagogue Jean ITARD, les deux fillettes indiennes, Amala et Kamala, recueillies par des loups et retrouvées par un pasteur, en 1920. Ces quelques cas démontrent la malléabilité du corps humain et comment des enfants abandonnés ne développent pas certaines aptitudes et acquièrent d'autres comportements. Amala et Kamala, respectivement âgées, semblait-il, d'un an et demi et huit ans au moment de leur découverte, ont une constitution physique particulière : maxillaires proéminents, canines longues, paumes, coudes et genoux marqués d'épaisses callosités. Leurs sens ont reçu d'autres développements : elles voient sans difficulté la nuit, pour repérer un objet, elles retroussent leurs narines et trouvent sa direction en humant l'air. Cette formation dans le milieu animal s'accompagne d'une absence d'expressions de satisfaction et de plaisir. Ces fillettes semblent ne connaître que les émotions de colère et d'impatience, n'éprouver fortement que les sensations de faim et de douleur. Elles n'ont acquis aucun langage et plusieurs années seront nécessaires pour que l'une d'elles parvienne à dire quelques mots.

Des recherches comparatives sur les socialisations corporelles montrent la spécificité culturelle de ces apprentissages et leurs conséquences. BATESON et MEAD, dans *Balinese Character* (1942), présentent une série de photographies prises au cours de leur enquête sur la société balinaise. On y voit les gestes de la mère transmettant à son enfant un modèle particulier de comportement corporel, où la frustration succède à la conduite affectivement fusionnelle. Une mère appelle son fils qui s'approche et se blottit contre sa poitrine. Un instant, la mère et l'enfant semblent s'adonner à un échange affectif ; mais dès que l'enfant prend l'initiative, la mère s'en désintéresse. Bateson et Mead entendent montrer comment, à travers ces comportements, tout un ensemble d'attitudes sont transmises : apprentissage de l'entente et de la frustration, accoutumance à la réserve, forte maîtrise des affects et de leur manifestation. Dans les cultures européennes, l'étude des éducations respectives des garçons et des filles montre aussi la subtilité des différenciations (BELOTTI, 1974). L'enfant est ainsi formé par la transmission des modèles corporels, dans ses gestes et dans son affectivité.

LES TECHNIQUES DU CORPS ET LES RITUELS. Dans son article publié en 1936, MAUSS choisit d'analyser les différents modèles d'usages ou de « techniques du corps » qui sont transmis de génération en génération (« *J'entends par ce mot technique les façons dont les hommes, société par société, d'une façon traditionnelle, savent se servir de leur corps* » [1983, p. 365]). Mauss décrit des exemples de ces techniques qu'il classe selon l'ordre biographique : techniques concernant la naissance, l'enfance, l'adolescence, l'âge adulte (sommeil, repos, activités, danse, nage, mouvements de force, soins du corps, techniques de consommation, de reproduction). Cette longue énumération, où Mauss multiplie des exemples contrastés à travers des cultures éloignées dans le temps et dans l'espace, le conduit à s'interroger sur l'intérêt de ce type d'études. Elles nous rappellent, écrit-il, que la relativité des cultures se situe aussi au niveau du corps et de la gestualité. Elles montrent aussi que les cultures modifient simultanément, par les techniques corporelles, le physiologique, le psychologique et le social. « *Ce qui ressort très nettement de celles-ci, c'est que nous nous trouvons partout en présence de montages physio-psycho-sociologiques de séries d'actes* » (*id.*, p. 384).

Cette gestualité peut être, dans les rituels, chargée de significations sociales et politiques. Dans le salut qui marque la rencontre, le fait de s'incliner, de se tenir à distance, de se découvrir ou de conserver son chapeau peut métaphoriquement signifier le rapport statutaire, l'infériorité ou la supériorité. Dans les rituels de l'ordre féodal, le fait, pour le vassal, de plier le genou, de s'incliner, de se tenir face au suzerain, exprime la déférence, comme le geste du seigneur manifeste la supériorité et la promesse de la protection (LE GOFF, 1964).

LE LANGAGE CORPOREL. Dans les interactions symboliques, les postures, les gestes, les mimiques constituent des signes, des appels à l'attention du partenaire, à la connivence, ou des expressions de réserve. Le corps ne cesse de participer aux expressions, non sans reprendre plus ou moins docilement le code culturel de l'expression des émotions. La complexité d'un type de langage corporel se repère aisément dans les rites d'interaction, dans les codes de salutation par exemple (serrer la main ou non, toucher le corps ou l'éviter) qui participent à la constitution de la relation selon des modalités culturelles à la fois imposées et modifiées par chacun.

LA DIVERSITÉ DES CHAMPS DE RECHERCHE. Les recherches contemporaines s'attachent à inventorier les multiples figures, constructions et usages des corps dans l'hygiène et la médecine (VIGARELLO, 1978 ; HERZLICH, 1969), dans l'éducation (ULMAN, 1993 ; BOLTANSKI, 1971), dans les pratiques sportives contrastées (BOUET, 1968 ; BROHM, 1976 ; LE BRETON, 1990), dans les épreuves d'affrontement ludique des dangers (BAUDRY, 1991). La surabondance des représentations hédoniques, mettant en scène toutes les figures du corps de plaisir, de bien-être et de sensualité, ne peut être négligée dans une sociologie de la vie quotidienne. Enfin l'étude des imaginaires met en relief la prégnance de l'image du corps pour symboliser l'unité sociale désirée ou redoutée : le langage naturel fait un usage multiple de la métaphore organiciste et corporelle (« le corps social », « corps politique », « le corps d'armée », « l'esprit de corps ») (SCHLANGER, 1995).

Claudine HAROCHE

bibliographie

BAUDRY Patrick, *Le Corps extrême : approche sociologique des conduites à risque*, L'Harmattan, 1991.

BOLTANSKI Luc, « Les Usages sociaux du corps », in *Annales, Économies, Sociétés, Civilisations*, vol. XXVI, n° 1, 1971, pp. 205 à 233.
BOUET Michel, *Signification du sport*, Éditions universitaires, 1968.
BROHM Jean-Marie, *Sociologie politique du sport*, PU Nancy, 1992.
DEFRANCE Jacques, *La Fortification des corps. Essai d'histoire sociale des pratiques d'exercice corporel*, EHESS, 1978.
HERZLICH Claudine, *Santé et maladie, analyse d'une représentation sociale*, Mouton, 1969.
LE BRETON David, *Sociologie du corps*, « Que sais-je ? », PUF, 1993.
LE BRETON David, *Anthropologie du corps et modernité* (1990), PUF, 1998.
LE GOFF Jacques, *La Civilisation de l'Occident médiéval* (1964), Flammarion, 1982.
MAUSS Marcel, « Les Techniques du corps » (1936), in *Sociologie et Anthropologie*, PUF, 1950.
OUTRAM Dorinda, *The Body and the French Revolution. Sex, Class and Political Culture*, New Haven et Londres, Yale UP, 1989.
SCHLANGER Judith, *Les Métaphores de l'organisme*, L'Harmattan, 1995.
ULMAN Jacques, *Corps et civilisation, Éducation physique, médecine, sport*, Vrin, 1993.
VIGARELLO Georges, *Le Corps redressé. Histoire d'un pouvoir pédagogique*, Delarge, 1978.

CORPUS

voir : ANALYSE DE CONTENU

Ensemble de documents ou de données choisis servant de base à l'étude d'un phénomène.

La constitution du *corpus*, c'est-à-dire le choix des textes représentatifs qui feront l'objet de traitement et d'interprétation, marque la phase préliminaire d'une analyse de contenu. Elle exige que les documents choisis soient représentatifs d'un ensemble et qu'ils soient susceptibles d'être analysés et interprétés.

Pierre ANSART

CORRÉLATION

du latin *correlatio* « relation mutuelle »

voir : CAUSALITÉ STATISTIQUE

La corrélation étudie la comparaison entre séries statistiques en cherchant à déterminer si ces séries varient de la même façon.

On peut étudier par exemple l'évolution du taux de suicides et du taux de chômage depuis le début du siècle.

Le coefficient de corrélation varie entre –1 et 1. Plus le coefficient est proche de l'unité (en valeur absolue), plus la corrélation entre les deux séries statistiques est forte. On peut être tenté de passer d'une corrélation forte à des conclusions dans le domaine de la causalité. Il est important de préciser que l'existence d'une corrélation ne prouve pas l'existence d'une relation de cause à effet entre deux caractères. Elle prouve au plus une relation d'interdépendance (relations concomitantes). De même, l'absence de corrélation n'est pas une démonstration de l'inexistence d'une relation de cause à effet. En revanche, si deux séries sont indépendantes, alors le coefficient de corrélation sera toujours nul. En fait, et par-delà une discussion philosophique sur la notion de causalité, qui est bien trop souvent obérée par le statisticien, la corrélation entre deux variables* peut être produite par l'action directe ou indirecte des variations d'une variable sur les variations de l'autre, par l'action de chacune des variables sur l'autre, par l'action d'une cause commune extérieure (encore appelée dans le jargon du statisticien « hétérogénéité non±observable »), par une corrélation due au hasard. Autant de raison de ne pas conclure trop vite à des relations causalistes.

Calcul :

Corrélation : $\rho = \dfrac{Cov(x, y)}{\sqrt{VarX \times VarY}}$

Exemple : Distribution conjointe de X le revenu du mari et Y le revenu de sa femme

y \ x	10	20	30	40	p(x)
10	20 %	4 %	1 %		25 %
20	10 %	36 %	9 %		55 %
30		5 %	10 %		15 %
40				5 %	5 %
p(y)	30 %	45 %	20 %	5 %	100 %

Moyenne de X :

$10*0.25 + 20*0.55 + 30*0.15 + 40*0.05 = 20$

Variance de X :

$(-10)^2*0.25 + 0^2*0.55 + 10^2*0.15 + 20^2*0.05$
$= 25 + 0 + 15 + 20 = 60$

Moyenne de Y :

$10*0.30 + 20*0.45 + 30*0.20 + 40*0.05 = 20$

Variance de Y :

$(-10)^2*0.30 + 0^2*0.45 + 10^2*0.20 + 20^2*0.05$
$= 30 + 0 + 20 + 20 = 70$

Covariance de X et Y :

	10	20	30	40
10	(10-20)(10-20) 20 % = 20	(10-20)(20-20) 4 % = 0	(10-20)(30-20) 1 % = -1	0
20	(20-20)(10-20) 10 % = 0	(20-20)(20-20) 6 % = 0	(20-20)(30-20) 9 % = 0	0
30	0	(20-20)(20-20) 5 % = 0	(30-20)(30-20) 10 % = 10	0
40	0	0	0	(40-20)(40-20) 5 % = 20

Cov(x,y)=20 + - 1 + 10 + 20 = 49

Ici $\rho = \dfrac{49}{\sqrt{60 \times 70}} = 0{,}76$

Propriété : $\boxed{-1 \leq p \leq 1}$

Si le coefficient est positif la corrélation est positive : plus X augmente, plus Y augmente.
Si le coefficient est négatif la corrélation est négative : plus X augmente, plus Y diminue.

Si le coefficient est égal à 1 ou -1, la corrélation est parfaite.

Félicité des NÉTUMIÈRES

bibliographie

WONNACOTT Thomas et WONNACOTT Ronald, *Statistique*, Economica, 2e édition, 1995.

CORRUPTION

voir : DÉLINQUANCE, DÉVIANCE, INSTITUTION

Action visant à détourner un acteur social de ses fonctions licites, en particulier par des moyens financiers.

L'action de *corruption* vise soit une personne, soit le fonctionnement d'une organisation, soit l'ensemble des institutions. Visant une personne, elle tend à détourner (par l'argent, par des promesses, par des menaces ou tout autre moyen) un acteur de ses fonctions licites (ex. : corruption de fonctionnaire). Visant une organisation publique, elle tend à fausser les règles admises afin d'en tirer profit (ex. : corruption électorale, sportive) (MERTON, 1965, p. 131). Enfin, en un sens plus général que l'on trouve chez les philosophes comme MACHIAVEL et MONTESQUIEU, la corruption sociale suggère l'altération généralisée des institutions et leur détournement à des fins privées.

Pierre ANSART

bibliographie

MERTON Robert K., *Éléments de théorie et de méthode sociologique*, Plon, 1965.

MONTESQUIEU, *L'Esprit des lois* (1748), « La Pléiade », Gallimard, 1977, t. 1, p. 44.

COSMOPOLITISME

du grec *kosmopolitês* « citoyen du monde »

voir : MONDIALISATION, NATIONS

1. Fait d'accueillir de multiples nations.
2. Disposition d'accueil également ouverte à toutes les nationalités.

Le *cosmopolitisme* désigne à la fois des données de faits, un système d'attitudes, des doctrines et des valeurs.

1 De grandes villes et, traditionnellement, les ports constituent des lieux où se côtoient, selon des conditions diverses, des citoyens issus de nombreuses nations différentes.

2 D'autre part, le cosmopolitisme désigne un ensemble d'attitudes favorables aux contacts et aux échanges avec des membres de cultures et de nations diverses.

3 Enfin, des doctrines religieuses (le bouddhisme, le christianisme), philosophiques (le stoïcisme), sociales (le saint-simonisme*) ou politiques (l'internationalisme marxiste) ont été, selon des argumentations propres, favorables aux rapprochements et aux échanges avec les citoyens de toutes les nations et cultures du monde.

Pierre ANSART

bibliographie

HABERMAS Jürgen, *La Paix perpétuelle ; le bicentenaire d'une idée kantienne*, Éd. du Cerf, 1996.

MORIN Edgar, KERN Anne-Brigitte, *Terre-Patrie*, Seuil, 1996.

COUTUME

du latin *consuetudo* « habitude, manière d'agir propre à un peuple »

all. SITTE	esp. COSTUMBRE
angl. CUSTOM	ital. COSTUME

voir : ANTHROPOLOGIE ET SOCIOLOGIE, SOCIOLOGIOE DE LA CULTURE, MYTHE

COUTUME, USAGE, HABITUS. Le sens du mot *coutume* s'est affadi pour revêtir dans le vocabulaire actuel celui d'*usage*, d'habitude folklorique plus ou moins facultative, si bien qu'on est conduit à lui substituer le vocable d'*habitus* pour lui redonner de la force. Or, la coutume est dans les sociétés traditionnelles, et dans la vieille Europe, tant qu'elle ne se réfère pas au droit romain écrit, la norme juridique du comportement social, fondée sur l'autorité souveraine des ancêtres* ou de la tradition*. La plupart du temps, elle informe spontanément la conduite (c'est l'habitus*), mais son caractère obligatoire surgit en cas d'infraction, et se traduit par la sanction ou la mise à l'écart du déviant. Les taxes les plus anciennes et rigides, celles des douanes, s'appellent en anglais *customs*. Un malentendu risque de s'établir ainsi entre les peuples de droit écrit et des sociétés sans écriture créditées d'une fausse liberté.

LIBERTÉ DES MŒURS ET COUTUME. MORGEN, « découvrant » en 1889 le site de Yaoundé, s'extasie sur ses habitants qui chantent et dansent au clair de lune : *« Comme ils étaient heureux, ces hommes, par rapport à une grande partie des gens de chez nous qui doivent supporter la misère et la faim, et auxquels est refusé le sommeil de la nuit à cause des soucis du lendemain ! Ici, tout le monde vit au jour le jour, insouciant et gai ; tous les besoins et tous les désirs sont comblés*[...] » (fin du chapitre IV). Cette liberté par rapport aux dures nécessités se redoublait d'une totale liberté sexuelle avant le mariage.

ZENKER (1895, p. 49) est frappé par cette coutume chez les jeunes filles, prodigues de leurs faveurs. *« La renommée d'une fille, dit le proverbe, s'accroît du nombre de ses amants, comme celle d'une rivière du nombre de ses cascades*[...] »

Toutefois, cette liberté même reste soumise à la coutume, connaît la pudeur, n'a rien de la licence débridée dont rêve l'étranger. L'adultère dans le mariage est durement châtié. Les satisfactions sexuelles marginales, du baiser à l'homosexualité, sont soit complètement inconnues, soit terriblement réprimées. Sous l'empire de la coutume, la conduite se pense davantage en termes d'obligations et d'interdits qu'en terme de permissivité. Le sujet humain est conçu davantage comme sujet de devoirs que comme sujet de droits.

LA COUTUME FACE À LA MODERNITÉ. Les évolutions ou révolutions de l'Afrique moderne se sont glissées dans des interstices que la coutume n'avait pas pensé à colmater : sur la côte Mina (Ghana, Togo, Bénin), la petite liberté d'aller au marché est devenue pour certaines femmes, les « mamies Benz », l'occasion d'acquérir de la fortune et donc une réelle puissance ; au Cameroun méridional, la distance et l'indépendance que prenait le jeune marié en allant « percer la brousse » hors du village de son père sont probablement l'une des raisons de la rapide modernisation du pays ; partout ailleurs, l'école, pensée par les parents comme substitut du stage d'initiation à visée sociale intégrative et conservatrice, s'est révélée être au contraire ferment de subversion par rapport à l'ordre établi... Or, dans la tradition, en profondeur, le culte des ancêtres rendait la Loi du Père indépassable, même si l'adulte pouvait être entraîné à une certaine autonomie personnelle. D'où la canonisation de l'obéissance à la coutume laissée par les anciens. L'initiative individuelle, c'est-à-dire la liberté en acte, reste en général assez mal vue, surtout si elle heurte le conformisme et le communitarisme de règle, même si chaque société montre une marge plus ou moins grande de tolérance vis-à-vis de ses originaux ou de ses aliénés. Sous les masques du puritanisme et d'un certain manichéisme, les coups de boutoir de la modernité se heurtent à une coutume assez rigide (le « bon » étant celui qui pense « comme il faut » dans la conjoncture idéologique présente, le « mauvais » étant l'autre). L'effet de cette rigidité, c'est que, quand elle cède, elle ne laisse guère de place qu'au rapport de force, à l'anomie*, plutôt qu'à une liberté* tempérée par la réflexion.

CONSÉQUENCES DE LA COLONISATION. Sur le plan social, l'épisode colonial a fait craquer les carcans.

1 On passe alors souvent d'un extrême à l'autre, à l'excessive licence que THÉ a notée chez les femmes du Cameroun. Mais cette licence n'épargne pas les anciens chefs de la société, qui, en secouant les chaînes de la coutume pour n'en garder que les avantages, y provoquent des distorsions : c'est ainsi que se produit dans certains pays l'inflation de la dot au bénéfice des pères, ou ailleurs l'utilisation abusive du produit des récoltes collectives au profit d'un seul patron (par capitalisation d'épouses, de voitures, d'argent, etc.). Là encore, l'anomie devient la règle.

2 En sens inverse, les anciens esclaves, refusant la liberté que leur offrait le colonisateur, ne voulaient pas quitter leur maître, certains de jouir de sa protection en toute sécurité, puisque ce maître n'était pas moins soumis qu'eux à la coutume sacrée qui lui imposait ce devoir envers ses dépendants. Même si la coutume s'effrite peu à peu, la liberté civile ne pourra être en Afrique que le résultat d'une longue conquête.

PRÉGNANCE DE LA COUTUME. Dans *Un totalitarisme sans État*, DUVAL s'étonne, en citadin moderne, de constater dans un village du Burkina Faso cette prégnance de la coutume. La solidarité* traditionnelle est telle que chacun a toujours des comptes à rendre à tous, et que l'on n'y distingue pas vie publique et vie privée. Chacun est solidaire dans les transgressions comme dans les bénédictions, le but recherché est une totale transparence réciproque.

TRANSPOSITION DE LA COUTUME DANS LES INSTITUTIONS MODERNES DES PAYS DU TIERS MONDE. D'une certaine manière, la vie civile dans maint pays du tiers monde demeure actuellement dépendante d'un pareil modèle : chacun doit rendre des comptes à tous, et le chef d'État rêve d'être le *Big Brother* de *1984*, le directeur de conscience chez qui tout citoyen viendra puiser ses normes. Aussi la police est-elle partout inquisitoriale, demandant à chacun d'où il vient, où il va et pourquoi. La sacralisation de la coutume se reporte sur l'autorité militaire, policière et politique, et tout se passe comme si c'était un véritable blasphème que de contester cette autorité.

On retrouve ici la canonisation du père, la persistance du complexe d'Œdipe qu'ont analysée les psychologues et les sociopsychanalystes. La preuve en est que dans la plupart de ces États, les condamnés politiques sont plus maltraités que les autres : on leur refuse le droit d'écrire, de recevoir lettres, colis, visites, secours spirituels, etc., bref de communiquer, comme s'ils s'étaient exclus de l'humanité. Ce n'est pas seulement dans la Guinée de Sékou Touré que se trouvent les *« prisons d'Afrique »*, c'est dans la plupart des autres pays où droits de l'homme et liberté sont déniés sous divers prétextes. S'il y a blasphème là où il y a crime politique, n'est-ce pas que les autorités d'aujourd'hui ont pris la place des rois divins d'autrefois et tentent d'absolutiser la coutume ?

Philippe LABURTHE-TOLRA

bibliographie

ALATA Jean-Paul, *Prison d'Afrique. Cinq ans dans les geôles de Guinée*, Seuil, 1983.

Amnesty International : rapports annuels (en français) depuis 1984.

DUVAL Maurice, *Un totalitarisme sans État. Essai d'anthropologie politique à partir d'un village burkinabé*, L'Harmattan, 1986.

MORGEN Curt von, *À travers le Cameroun du sud au nord* (1893), Publications de la Sorbonne, 1982.

ORTIGUES Marie-Cécile et Edmond, *Œdipe africain*, Plon, 1973.

ORWELL George, *1984*, NRF, 1976.

THÉ Marie-Paule de, *Des sociétés secrètes aux associations modernes : la femme dans la dynamique de la société beti 1887-1966*, thèse de 3e cycle, Sorbonne, 1970.

ZENKER Georg, « Yaunde », *Mittheilungen von Forschungsreisenden und Gelehrnten aus den deutschen Schutzgebieten*, t. 8, Berlin (1895) ; trad. Philippe LABURTHE-TOLRA, in « Yaoundé d'après Zenker », in *Annales de la Faculté des Lettres et Sciences humaines de l'Université fédérale du Cameroun*, nº 1, Yaoundé, 1969.

CRÉDIBILITÉ

voir : LÉGITIMITÉ ET LÉGITIMATION

Les réflexions sur la *crédibilité* peuvent contribuer à éclairer les phénomènes de croyance. Il s'agit d'expliquer pourquoi, dans une culture donnée ou dans un groupe particulier, un jugement, une croyance, une certaine définition de la situation sont crédibles alors qu'ils ne le sont pas dans un autre groupe. Cette propension doit être référée à la culture du groupe, mais aussi à sa situation objective. BERGER remarque qu'une croyance religieuse aura plus de chances de susciter l'adhésion dans un système social dont les institutions auront des homologies avec le système religieux, ces institutions contribuant à rendre « plausible » le système de croyances.

Pierre ANSART

CRIMINALITÉ ET CRIME

du latin *crimen* « accusation »

all. KRIMINALITÄT	esp. CRIMINALIDAD
angl. CRIME	ital. CRIMINALITÁ

voir : CHIFFRE NOIR, CONTRÔLE SOCIAL, DÉLINQUANCE, DÉVIANCE, DROIT, JUSTICE

Ensemble des actes et des comportements individuels ou collectifs enfreignant la législation pénale.

CRIMINOLOGIE ET SOCIOLOGIE. La *criminalité* et la délinquance* sont sous le double regard de la criminologie et de la sociologie. La première, à l'ombre de la science juridique, analyse les comportements criminels à partir des catégories juridiques (types d'infraction) auxquelles elle rapporte des explications d'ordre psychosocial. La sociologie tend pour sa part à ne pas être tributaire des classifications du droit, considérant que la rationalité de l'action sociale déviante ne peut se réduire, en creux, à celle du droit et relève donc de logiques transversales. Un meurtre passionnel doit être distingué d'un homicide crapuleux, la consommation de drogues du trafic international, les malveillances sexuelles parentales du commerce de la pédophilie... Cette alternative d'approches s'inscrit dans la continuité du débat théorique inauguré par TARDE et DURKHEIM à la fin du XIXe siècle : alors que l'un cherche les déterminants de la criminalité plutôt dans les logiques psychiques des conduites individuelles ou collectives (l'imitation), l'autre y voit un phénomène social spécifique (« *sui generis* »).

FACTEURS DE LA CRIMINALITÉ. La sociologie s'attache à observer la construction sociale de la criminalité, par l'examen des transactions entre normes pénales et formes de déviances (cf. sociologie de la déviance*, du droit*, de la justice*). Aussi, plus qu'une pure étiologie du crime, c'est une analyse de ses conditions d'émergence que la sociologie tend à effectuer, au travers de l'analyse du contexte social dans lequel il s'inscrit.

La structure sociale. La *structure sociale* constitue l'un des critères retenus par les chercheurs pour interpréter les phénomènes de délinquance, dont la fréquence augmente lorsqu'on descend dans la hiérarchie. Les catégories sociales les plus défavorisées sont largement surreprésentées dans les statistiques du crime. Le droit contribue à définir et à limiter les conditions d'un accès aux biens sociaux (valeurs symboliques et économiques), qui leur est par définition difficile : les chances d'avoir recours à des moyens illicites augmentent d'autant. Parallèlement, les comportements délinquants tendent à se reproduire, portés par leurs propres valeurs et référents, constitutifs d'une forme de « *culture délinquante* » véhiculée par un « milieu » : exploits criminels, séjours en prison, caïdat, etc. Certaines communautés peuvent également constituer un terrain favorable au développement de pratiques illicites dans la mesure où leur système de valeur et d'organisation le suscitent : mafia*, systèmes de vendetta, délinquance en « col blanc »...

La révolte face à la société. Une autre source de comportements criminels tient à la *révolte* exprimée par certains face à une société qui ne leur procure pas ce qu'ils en attendent ; elle peut être plus ou moins politisée, allant du « terrorisme » jusqu'aux incivilités commises par une jeunesse désœuvrée.

Situations microsociales. Enfin, nombre de *situations microsociales* (famille, voisinage...) favorisent des manifestations très locales de délinquance, dans lesquelles il faut inclure une grande partie de la criminalité sexuelle et « passionnelle », mais aussi de la toxicomanie.

MÉTHODOLOGIE. Sur un plan méthodologique, l'analyse de la criminalité rencontre des difficultés liées aux instruments d'observation et de mesure, qui sont tributaires des taxinomies juridiques et des dispositifs judiciaires. Les variations statistiques dépendent notamment des plaintes déposées, des affaires élucidées et des condamnations prononcées. Ainsi, l'augmentation récente des chiffres en matière de viols ou de sévices sur enfants s'explique plus par des changements liés à la révélation des faits (on hésite moins à déposer plainte ou à les signaler qu'auparavant) que par un accroissement effectif des infractions. De même, la disparition de délits mineurs des données tient à leur « déjudiciarisation » : les plaintes sont classées sans suite ou résolues en médiation et disparaissent des statistiques (détention de cannabis, chèques sans provision, etc.). En réalité, le crime ne peut être pris comme un état objectif, mais tient au jugement que la société porte sur des actes : il est perpétuellement redéfini.

Philip MILBURN

bibliographie

BESSETTE Jean-Michel, *Sociologie du crime*, « Le Sociologue », PUF, 1982.

DUBET François, *La Galère : jeunes en survie*, « Points », Seuil, 1987.

OGIEN Albert, *Sociologie de la déviance*, « U », Armand Colin, 1995.

PICCA Georges, *La Criminologie*, « Que sais-je ? », PUF, 1983.

ROBERT Philippe *et alii*, *Les Comptes du crime*, L'Harmattan, 1995.

ROCHÉ Sebastian, *La Société incivile. Qu'est-ce que l'insécurité ?*, « L'épreuve des faits », Seuil, 1996.

CRISE

du latin *crisis* « phase décisive d'une maladie »

all. KRISE	esp. CRISIS
angl. CRISIS	ital. CRISI

voir : MUTATION, RÉVOLUTION, VIOLENCE

Phase de tension, de malaise, de désordre social.

Le terme de *crise* s'entend à plusieurs niveaux, économique, politique ou social, et il peut désigner des phénomènes d'intensité variée. Au niveau économique, le même terme s'emploie pour désigner soit une phase critique et limitée (« crise monétaire »), soit une phase beaucoup plus importante et frappant toute l'économie d'une nation. De même, au niveau politique, le terme désigne également un conflit gouvernemental et une situation de menace pour les institutions (« crise de régime »).

CRISE SOCIALE. Une ambiguïté comparable atteint la notion de *crise sociale*, et reflète la difficulté à cerner son importance dans une conjoncture donnée.

MARX. MARX tend à élargir la signification du concept car, selon les formulations du *Manifeste du parti communiste*, le mode de production capitaliste est, structurellement, un régime de crise sociale : dès son apparition et dès lors que s'est instauré le régime d'exploitation du prolétariat, la crise sociale déchire les liens féodaux et oppose propriétaires et non-propriétaires. Cette crise s'approfondit à mesure du développement des forces productives et conduit à une révolution par le passage de la crise sociale à la crise politique.

Weber. Plus attentif aux cultures et aux valeurs, WEBER fait des messianismes un exemple privilégié des crises sociales. C'est lorsque s'approfondissent les troubles sociaux et les contradictions entre les valeurs que tendent à surgir les messianismes, qui sont à la fois un symptôme de crise et leur mode provisoire de résolution.

Durkheim. DURKHEIM, s'attachant à faire un diagnostic des conditions sociales dans la période 1880-1914, situe la crise à la fois au niveau économique et au niveau social. La crise sociale a pour fondement l'autonomisation de la sphère économique et la croissance de la division du travail, provoquant les formes d'anomie*, d'absence de règles, qui constituent une forme de pathologie sociale.

Les sociologies contemporaines. Les sociologies contemporaines, sans proposer une réponse uniforme, insistent soit sur les aspects sociopolitiques et les rapports de pouvoir (CROZIER, 1970) ; soit sur les aspects structurels de la division sociale (BOURDIEU, 1989), soit sur les conflits de valeurs et d'identités. Force est de reconnaître qu'un certain recul dans le temps est indispensable pour mesurer exactement l'importance et l'étendue véritable d'une crise sociale.

Pierre ANSART

bibliographie

CROZIER Michel, *La Société bloquée*, Seuil, 1970.

MARC-LIPIANSKY Mireille, *Crises et crise*, Nice, Presses d'Europe, 1997.

ROSANVALLON Pierre, *La Crise de l'État-Providence*, Seuil, 1981.

CROYANCE

du bas latin *credentia* « fait de croire »

all. GLAUBE	esp. CREENCIA
angl. BELIEF	ital. CREDENZA

voir : PROCESSUS COGNITIF ET COGNITIVISME, IDENTITÉ, IDÉOLOGIE

Assentiment donné à une doctrine ou à des faits vraisemblables ou possibles.

IMPORTANCE DE CE THÈME D'ANALYSE EN SOCIOLOGIE. Le fait des *croyances* constitue un problème essentiel et permanent des recherches sociologiques. Les fondateurs de la sociologie ont attribué à l'histoire des croyances une importance centrale et à leur explication une place décisive. COMTE fait de la Loi des trois états la dimension essentielle de l'histoire et l'explique fondamentalement par le devenir des sciences et de la raison. DURKHEIM et WEBER, malgré leurs divergences, ne doutent pas que la division du travail, la modernisation, le développement et l'influence croissante de la pensée scientifique seront des facteurs puissants de l'affaiblissement des croyances indémontrables. Ces thèses n'étaient pas incompatibles avec une explication de type utilitariste* : MARX attribuait aux changements des modes de production les mutations concomitantes des croyances, mais il n'excluait pas que les classes dominantes aient tendance à retenir les croyances les plus conformes à leurs intérêts.

DEUX TYPES D'INTERPRÉTATION. Deux orientations très générales peuvent être distinguées dans l'interprétation des croyances.

1 Conceptions holistes. Les conceptions holistes ont tendance à souligner les conditions déterminantes des croyances, qu'elles soient économiques, structurelles ou culturelles. Tout en soulignant le rôle historique des religions, Weber fait de la rationalisation sociale la cause générale de la régression de « l'enchantement » du monde. FOUCAULT, dans *Les Mots et les choses* (1966), propose d'analyser les discontinuités de la structure des savoirs *(« l'épistémè »)*, et fait de ces bouleversements structurels le fondement des changements intellectuels. Dans une perspective, non plus structuraliste mais fonctionnaliste, une conception unitaire de la culture (MALINOWSKI, 1961 ; DUMONT, 1966) fait des croyances un système intégré et intégrateur qui tend à s'imposer aux individus d'une même totalité culturelle.

2 Sociologies individualistes. C'est à une tout autre perspective qu'invitent les sociologies individualistes : la question posée est alors de savoir non plus quels déterminants portent à adhérer à telles croyances, mais pourquoi un acteur social se porte vers telle croyance. BOUDON formule la question en termes de *« rationalité subjective »* (1992) : comment expliquer que l'acteur social conçoive une croyance comme vraie et rationnelle ? L'analyse des stratégies individuelles peut fournir une réponse à cette question : l'acteur social, confronté à des problèmes et à des situations de décision dont il ne peut maîtriser la complexité, peut y faire face en utilisant des stratégies cognitives telles que la stratégie de simplification, dans la vie quotidienne ou, éventuellement, dans le travail scientifique. Un autre exemple de stratégie cognitive peut être donné par la confiance mise dans les autorités ou les experts : ne pouvant connaître toutes les conséquences de ses propres choix, l'individu est porté à faire confiance, à *croire* dans la compétence des experts et à s'en remettre à leurs décisions.

APPORTS DE LA PSYCHOLOGIE SOCIALE. Entre ces deux possibilités théoriques schématiquement opposées, les expériences de psychologie sociale apportent des réponses éclairantes. Les expériences exemplaires sur la dissonance* cognitive (FESTINGER, 1957) ou sur le pouvoir de suggestion du groupe sur l'individu (ASCH), montrent l'ambiguïté des influences de l'environnement sur les croyances individuelles. Dans les analyses du conformisme* (social ou intellectuel), se repèrent à la fois l'influence de la culture dominante et, simultanément la manifestation de stratégies individuelles : l'acteur, subissant la pression multiforme du groupe peut, consciemment ou inconsciemment, éviter les conduites déviantes dont le coût risquerait d'être très élevé pour lui et les bénéfices faibles. Il peut aussi y trouver des bénéfices en termes de renforcement de son identité et de son image sociale. Sans doute une sociologie de la croyance doit-elle être attentive à ces dialectiques des contraintes et des réponses individuelles dans les différentes situations sociales.

Pierre ANSART

bibliographie

ANSART Pierre, *Idéologies, conflits et pouvoir*, PUF, 1977.

ARON Raymond, *L'Opium des intellectuels*, Gallimard, 1955.

ASCH Solomon E., *Social Psychology*, Oxford UP, 1987.

BOUDON Raymond (dir.), « Connaissance » in *Traité de sociologie*, PUF, 1992.

DUMONT Louis, *Homo hierarchicus. Essai sur le système des castes*, Gallimard, 1966.

FESTINGER Leon, *A Theory of Cognitive Dissonance*, Evanston, Row, Petersen and C°, 1957.

MALINOWSKI Bronislaw, *Une théorie scientifique de la culture* (1944), Maspero, 1968.

NEEDHAM Rodney, *Belief, Language and Experience*, Oxford, Blackwell, 1972.

SENTIMENT DE CULPABILITÉ

all. SCHULDGEFÜHL	esp. SENTIMIENTO DE CULPABILIDAD
angl. GUILT FEELING	ital. SENSO DI COLPA

voir : ATTITUDE, ÉMOTION, PSYCHANALYSE ET SOCIOLOGIE, SENTIMENTS

Sentiments de faute ou de honte, fortement liés à la culture et aux impératifs moraux inculquant et entretenant ces sentiments.

Les sentiments de faute sont exemplairement entretenus par les religions : leurs appels, en exaltant les idéaux et en condamnant les défaillances morales, incitent le fidèle à intérioriser les interdits, à lutter contre ses propres désirs, à ressentir ses manquements comme des fautes. Cette action de culpabilisation n'est cependant pas le seul fait des religions Toute culture, toute idéologie, comporte des mécanismes de contrôle des affectivités et d'entretien des sentiments de culpabilité sous des modalités différentes. La distinction entre des « civilisations de la honte » qu'illustrerait la culture homérique (DODDS, 1959) et des civilisations de la faute suggère deux formes différenciées de culpabilisation : la première, marquée par le contrôle communautaire des individus par le biais des règles de l'honneur, la seconde, marquée par une plus forte intériorisation des normes et l'inquiétude morale correspondante. Cette distinction idéal-typique* a le mérite de rappeler la pluralité des formes de culpabilité et des processus de culpabilisation.

Pierre ANSART

bibliographie

BENEDICT Ruth, *Échantillons de civilisations* (1935), Gallimard, 1950.

DODDS Eric Robertson (1959), *Les Grecs et l'irrationnel*, Flammarion, 1977.

GAULEJAC Vincent de, *Les Sources de la honte*, Desclée de Brouwer, 1996.

*
* *

CULTE

dérivé du latin *colere*, dont l'un des sens est « adorer »

all. VEREHRUNG, KULT	esp. CULTO
angl. CULT	ital. CULTO

voir : ANCÊTRE, RELIGION, RITE

Ensemble des manifestations extérieures d'une religion.

Dérivé du latin *colere* « cultiver, honorer », le mot *culte* a une extension plus large que le terme de *liturgie*. Une liturgie comporte une certaine variété de rites. C'est vers la fin de la Renaissance que devient courant dans le christianisme la désignation par « culte divin » de ce qu'au Moyen Âge on nommait « service divin » ou « divins offices », et à la Renaissance « rites et cérémonies ». En France, le Consulat, s'inspirant du droit romain, instaure la liberté des cultes, c'est-à-dire la possibilité de manifestations extérieures de la religion.

Au sens large, le culte implique des marques de soumission et de déférence à l'égard de puissances jugées éminentes (culte divin ou lâtrie, culte des saints ou dulie, culte impérial à Rome et au Japon, culte des morts et des ancêtres, cultes syncrétiques). Au sens restreint, il exclut les croyances et organisations religieuses et désigne seulement l'ensemble des rites et cérémonies en hommage à des êtres ou à des objets estimés sacrés (culte des héros, des idoles, des reliques). Le « culte populaire » opère un autre glissement puisqu'il manifeste une vénération à l'égard d'images pieuses, d'animaux amis des saints (le totem était aussi considéré comme lié à un ancêtre), de témoins symboliques de puissances sacrées : feu, source, rocher, soleil.

Un éthos cultuel et culturel. Dans le catholicisme, le culte comprend les hommages rendus sous forme de prières, exhortations, offrandes, sacrements, offices publics... au créateur et à des hommes participant à la sainteté de Dieu. Aux attitudes intérieures de foi, espérance, charité, s'adjoignent des expressions extérieures sensibles : signes de croix, génuflexions, célébration du sacrifice de la messe représentant rituellement le mystère de la mort et de la résurrection du Christ pour la rédemption de l'homme.

Prédication et prière forment dans le protestantisme luthérien et calviniste l'acte principal du culte. Mais l'éthos culturel doit faire de l'existence une œuvre constante de service à la gloire de Dieu. Vécue comme valeur morale, l'attitude de piété propre au culte ne saurait se réduire à l'administration des rites.

La liturgie juive est moins un rite qu'une ordonnance *(mitswa)*, mais surtout l'initiation à une manière d'être. Pratiqué dans la famille et à la synagogue, le service liturgique est essentiellement communautaire, présidé par un officiant qui n'est pas nécessairement rabbin, enseignant-prédicateur.

Dans l'hindouisme, le culte s'étend à la vie entière : manière de se vêtir, de se nourrir, de procréer, d'accueillir les événements et les âges successifs, de se purifier par des bains, de célébrer les joies et les peines, car tous les efforts *(âshrama)* d'ordre moral, spirituel et social contribuent à insérer chaque être selon sa caste *(varna)* dans l'Ordre permanent *(dharma)* des êtres et des choses.

Le culte impérial. Dans le monde romain du début de notre ère, on passe du culte du souverain rendu jusqu'alors au « génie » de l'empereur, à la vénération d'Auguste, *imperator*, qui détient les auspices suprêmes, les clés de la victoire et de la prospérité collective. Sauf paranoïa de Caligula et de Commode, les Romains n'ont jamais cru en un empereur-dieu même s'ils ont eu une attitude de piété à l'égard de ce qu'ils considèrent en lui comme l'excellence économique, guerrière et sociale. Et même, lorsque en 251, fut étendu à tout l'empire, par des statues, emblèmes, prosternations, encensement... le culte de l'empereur, celui-ci fut considéré comme *divus* et non *deus*. Vestiges historiques : le césaro-papisme et la royauté sacrée des monarchies d'Occident !

Le culte des morts et des ancêtres. Le culte des ancêtres en Océanie, en Afrique, en Extrême-Orient s'inscrit dans une perspective de continuité du phylum social et de renouvellement cyclique de la vie. Régénérateurs du lignage, les ancêtres sont censés assurer paix, santé, bien-être à leurs descendants et garantir l'ordre social et moral coutumier. En Afrique, après les rites de mort et de funérailles, on invoque les défunts, on leur offre des libations et des sacrifices en des lieux déterminés pour les rendre favorables dans l'au-delà et éviter qu'ils ne soient des âmes errantes nuisibles. En Chine, on se prosterne devant l'autel supposé contenir leur âme, on psalmodie des prières, on brûle des encens, on offre des sacrifices, notamment dans les lignées seigneuriales.

Les cultes syncrétiques. Dans les cultes vaudous transportés avec l'esclavage, dès le XVIIe siècle, du golfe de Guinée vers Haïti et le Brésil, des rites institutionnalisés, accomplis dans un cadre associatif hiérarchisé, permettent par l'intermédiaire de ministres du culte et d'individus privilégiés sujets à la transe de faire communiquer la communauté religieuse avec les esprits. Dans les cultes *pagelança* d'Amazonie, le chamanisme indien se mêle à des rites d'inspiration chrétienne. Dans le *candomblé* de Bahia ou la *macumba* de Rio, confréries, calendrier, code éthique, culte des saints chrétiens subissent l'influence de rites africains. Le spiritisme du Français Allan KARDEC se répand dans les couches moyennes catholiques brésiliennes. Dans le culte *twiti* du Gabon, l'ancêtre civilisateur Nzamé est identifié simultanément à Adam fautif et à son double, le Christ rédempteur. Le culte principal comporte consommation d'un hallucinogène, l'*éboga*. Au Zaïre, c'est en Simon Kimbangu que s'incarne le Saint-Esprit, et l'on vient en pèlerinage au lieu de naissance du prophète, Nkamba : la nouvelle Jérusalem céleste.

Claude RIVIÈRE

bibliographie

BASTIDE Roger, *Les Religions africaines au Brésil*, PUF, 1960.

KIRCHÄSSNER Alfred, *La Puissance des signes. Origines, formes et lois du culte*, Mame, 1962.

RIVIÈRE Claude, *Socio-anthropologie des religions*, Armand Colin, 1997.

CULTURALISME

voir : SOCIOLOGIE DE LA CULTURE, RELATIVISME

L'ANTHROPOLOGIE CULTURELLE. Avec BENEDICT, LINTON, KARDINER, MEAD, naît dans les années 30 l'École du *culturalisme* américain au sein d'une nouvelle discipline : l'anthropologie culturelle, fondée par BOAS et attentive aux aspects techniques, linguistiques et mythiques d'une culture. Cette école culturaliste focalise l'attention sur les liens entre culture et personnalité et se préoccupe de montrer comment s'opère inconsciemment ou consciemment le façonnement de la personnalité par la culture à travers ses institutions et par le jeu de modèles *(patterns)* qui peuvent être des règles ou des pratiques habituelles.

L'ACCULTURATION. La culture, en tant que mode de vie acquis d'un peuple, est relativement stable mais sujette à des changements continus, souligne Linton qui s'intéresse aussi avec REDFIELD et HERSKOVITS aux processus d'acculturation, c'est-à-dire aux contacts et heurts entre cultures différentes. À Kardiner, on doit l'idée de personnalité de base comme ensemble d'institutions primaires (famille, éducation) et secondaires (religion, idéologies, folklore) donnant une configuration psychologique particulière aux membres d'une société donnée. Benedict dégage des types psychologiques particuliers (apollinien et dionysiaque) chez les Indiens des plaines américaines. Mead montre aussi en Océanie les modèles spécifiques issus de certaines formes d'acculturation.

Claude RIVIÈRE

SOCIOLOGIE DE LA CULTURE

du latin *cultura* « action de cultiver la terre », ce terme prend, au XVIe s., le sens moral de « développement des facultés intellectuelles par des exercices appropriés »

all. KULTUR	esp. CULTURA
angl. CULTURE	ital. CULTURA

voir : ANTHROPOLOGIE, IDÉOLOGIE, MYTHE, RELIGION

Étude des pratiques symboliques, individuelles et collectives, dans tous leurs aspects relationnels, leurs significations, fonctions et conséquences sociales.

CULTURE, NATURE, CIVILISATION. Le concept de *culture* est l'un des plus employés en anthropologie, en ethnologie et en sociologie, mais il ne peut être utilisé qu'avec précaution tant il est riche d'ambiguïtés et de confusions. Si l'on retient, en effet, que toute pratique humaine est simultanément une pratique culturelle par opposition à ce que serait la nature, tous les faits sociaux, toutes les relations sont des faits de culture et tous les domaines qui relèvent des études sociologiques illustrent des dimensions de la culture. L'emploi de ce terme impose donc d'en faire la critique. L'histoire du concept éclaire certaines ambiguïtés actuelles. Le mot latin *cultura*, qui signifiait le soin apporté au travail de la terre a pris au XVIe siècle, un sens actif et figuré désignant le fait de développer une faculté, un art. Au XVIIIe siècle, le terme se généralise et est utilisé pour désigner « la culture des lettres, des arts, des sciences ». À la fin du siècle, *culture* finit par être employé pour désigner la formation et l'éducation, il se trouve associé, dans le contexte de l'idéologie des Lumières, aux idées de raison, d'évolution, de progrès. Il est alors proche, dans sa signification, du mot « civilisation » qui désigne le raffinement des mœurs mais, plus généralement, le processus qui arrache l'homme à l'irrationalité et conduit à l'amélioration universelle des institutions.

LE XIXe SIÈCLE : « CULTURE » ET « KULTUR ». C'est sur ce point que s'est ouverte la polémique, menée par des écrivains allemands pendant et après la période napoléonienne. Il s'agissait alors, pour les intellectuels de la bourgeoisie allemande, d'opposer aux cours princières et à la philosophie française des Lumières les valeurs nationales. Le concept de *Kultur* est alors repris dans un sens particulariste et positif pour exalter les caractéristiques de la nation allemande. HERDER exalte, en ce sens, le génie national de chaque peuple, le *Volksgeist*, la langue, les particularités populaires, contre l'universalisme de la « civilisation » et l'impérialisme du siècle des Lumières français. Cette querelle symbolique est poursuivie par les auteurs romantiques, elle se prolonge au XIXe siècle. Les auteurs français, issus de la tradition universaliste de la Révolution de 1789, se refusent à enclore la culture dans les particularités nationales ou ethniques et conservent au mot *culture* sa signification universalisante.

CULTURE ET ETHNOLOGIE. C'est à la fin du XIXe siècle, que viendra, de l'ethnologie, la réponse à ce débat par le rapprochement des deux significations et l'abandon des nuances normatives qui leur étaient inhérentes. Les ethnologues contemporains de SPENCER, réservés à l'égard de son évolutionnisme, reprennent le terme de *culture* en ne lui donnant qu'un sens descriptif. Comparant, rapprochant les sociétés qu'ils étudient, ils usent de ce terme pour désigner les usages, les croyances, les techniques, tous objets d'étude dont ils font la description.

ANTHROPOLOGIE ET SOCIOLOGIE.

Dans son ouvrage de 1871, *Primitive Culture*, TYLOR, anthropologue britannique, synthétise les deux significations en ces termes : *« Culture ou civilisation, pris dans son sens ethnologique le plus étendu, est ce tout complexe qui comprend la connaissance, les croyances, l'art, la morale, le droit, les coutumes et les autres capacités ou habitudes acquises par l'homme en tant que membre de la société »* (1871, p. 1). Cette définition attribue au terme de culture la plus grande extension, conciliant ainsi les tenants de la *Kultur* et de la *Zivilisation*. Elle intègre dans ce « tout complexe » les créations de l'art, les croyances religieuses autant que les « coutumes », terme très général et qui peut comprendre les usages comme les savoir-faire de la technique. La culture désigne ainsi tout ce qui est créé et transmis par l'homme, tout ce qui n'est pas donné par la seule nature et par l'hérédité biologique. De plus, ainsi conçue, elle renvoie non à des savoirs exceptionnels et individuels mais bien à la vie sociale et collective dans toutes ses formes. Cependant une définition aussi large ne pouvait être que préliminaire et était susceptible de nombreuses interprétations liées à la diversité des sociétés et fragments culturels étudiés. En 1952, KROEBER et KLUCKHON distinguaient plus de cent cinquante définitions qu'ils classaient en six catégories : descriptive, historique, normative, psychologique, génétique et structurale. En effet, un concept recouvrant toutes les formes sociales créées est susceptible d'approches multiples. Rappelons ici les principaux débats communs à l'anthropologie et à la sociologie ainsi que leurs apports.

L'ANTHROPOLOGIE CULTURELLE. Peu de domaines de l'anthropologie ont autant apporté à la réflexion sociologique que celui des cultures, et les distinctions entre ethnologie, anthropologie, sociologie y sont incertaines. Un premier débat significatif a concerné la question du relativisme et la contestation de l'évolutionnisme. Étudiant, durant les années 1886-1899, les tribus indiennes de la côte nord-ouest des États-Unis, BOAS met en relief les profondes différences entre ces populations et fait apparaître beaucoup plus les diversités culturelles que les ressemblances. Ce faisant, il récuse l'idée de race, commune à l'époque, et l'hypothèse d'un lien entre les traits physiques et les traits mentaux. Les différences que l'anthropologie physique était tentée d'attribuer aux différences biologiques sont seulement des différences de culture, acquises et transmises. Dans le même mouvement de pensée qui majore les traits spécifiques et particuliers de chaque culture, Boas conteste la valeur du schéma évolutionniste, qui distinguait des stades successifs dans une échelle progressive et enfermait chaque culture dans une phase particulière de l'évolution universelle. On peut ainsi attribuer à Boas la conception du *relativisme culturel*, qui signifie non seulement que chaque culture est unique et particulière, mais aussi que tout ensemble culturel doit être abordé dans ses particularités, ses détails, par-delà tout préjugé ethnocentrique.

Poursuivant cette critique de l'évolutionnisme, MALINOWSKI étudie, dans les années 1915-1918, les populations des îles Trobriand au sud de la Malaisie, et met en relief la cohérence fonctionnelle propre à chaque culture. Il érige ainsi le fonctionnalisme en théorie et en méthode d'observation. Chaque culture constituant un ensemble cohérent où chaque coutume, chaque croyance, remplit une fonction dans la totalité, il convient d'observer en détail chaque fragment pour saisir comment il s'insère fonctionnellement dans le tout pour satisfaire les besoins de la population. La contestation de ce fonctionnalisme permettra une mise en évidence de tout ce que cette théorie tend à occulter : les contradictions culturelles, les dysfonctionnements, les conflits et, pour DURKHEIM, les contraintes*, les contrôles*, l'anomie*.

Parmi les questions communes à l'anthropologie, l'ethnologie et la sociologie, et mises en évidence par les débats sur la culture, on doit aussi compter l'apport concernant les faits de contact entre les cultures. Attentifs, dans les années 1900-1935, aux phénomènes liés aux immigrations, anthropologues et sociologues américains se sont donné pour tâche d'observer les rapports entre les différents groupes d'immigrants à travers leurs relations culturelles. Le concept d'acculturation avait été proposé dès 1880 pour désigner le processus de transformation de la culture d'un groupe en raison de son contact permanent avec un autre groupe. En 1936, dans un *Mémorandum pour l'étude de l'acculturation*, REDFIELD, LINTON et HERSKOVITS proposaient de définir l'acculturation comme l'ensemble des phénomènes résultant du contact continu entre groupes de cultures différentes entraînant des changements dans les modèles *(patterns)* initiaux des groupes en présence. Ils proposaient de réserver ce terme aux changements exogènes, résultant des influences extérieures, et de le différencier de l'« assimilation » c'est-à-dire de l'intériorisation complète, par un groupe dominé, de la culture du groupe dominant. Un nombre considérable de questions se trouvaient ainsi posées sur les rapports interculturels : comment, par quels intermédiaires privilégiés, s'effectuent les contacts ? Quelles sont les conséquences du climat d'hostilité, de tolérance ou d'estime réciproque entre les groupes ?

Quelles sont les conséquences des différences de taille, de puissance, entre les groupes, ou des différences de complexité entre les cultures particulières ? Prolongeant ces travaux, Herskovits a montré que se produisent, non de simples adoptions ou reproductions des modèles culturels mais des « réinterprétations » par lesquelles des éléments retenus peuvent être repensés à travers des significations anciennes ou recevoir une nouvelle signification par réinterprétation des formes anciennes. Les phénomènes d'acculturation sont alors à reconsidérer : il ne s'agit pas nécessairement d'une simple transformation de la culture, mais éventuellement d'une création de nouveaux modèles culturels.

Les rapports et les échanges conceptuels entre ces travaux à caractère anthropolique et les recherches de l'École de Chicago*, menées dans la même période, sont étroits. Les sociologues de cette école, THOMAS, ZNANIECKI, PARK, effectuaient alors sur des groupes et classes sociales des observations selon des problématiques parallèles. Un ensemble de concepts proches étaient proposés et discutés dans le sillage des recherches sur les relations interculturelles : outre *acculturation* (et contradictoirement), *déculturation*, *décivilisation*, *désorganisation*, *sous-culture*.

CHAMPS D'ÉTUDE DE LA SOCIOLOGIE DE LA CULTURE.

La sociologie de la culture se trouve donc face à des champs de recherche considérable, où la description des comportements côtoie les réflexions synthétiques sur le sens et sur les mutations des cultures contemporaines. Rappelons successivement :

- l'étude descriptive des pratiques culturelles ;
- l'étude des pratiques différentielles et de leurs relations ;
- l'analyse des institutions culturelles ;
- les questions de méthodes et de théorisation ;
- les réflexions synthétiques sur ces sujets. On vérifiera que nombre de ces problèmes renvoient à des questions fondamentales de la sociologie.

1 LES PRATIQUES CULTURELLES. Toutes les pratiques liées à la culture font l'objet de descriptions et repérages : retenons quelques exemples parmi les plus importantes. Les pratiques linguistiques constituent un champ essentiel concernant à la fois la sociologie de l'éducation, la sociolinguistique, la sociologie des communications, depuis l'étude des relations symboliques dans les interactions quotidiennes jusqu'aux analyses des discours politiques. De même, sont objet d'une attention particulière les comportements de fréquentation des lieux de culture, musées, théâtres, spectacles dont les évolutions importent à nombre d'agents culturels. La science des religions peut être citée dans ces travaux sur les cultures et les pratiques. De même encore les recherches sur les écoutes et choix des divertissements médiatiques, les lectures. L'ampleur du champ désigné par le terme de culture s'est accrue de façon significative dans le vocabulaire usuel par l'adjonction de nouveaux domaines de pertinence variable. Outre les distinctions entre culture littéraire, scientifique, technique, l'anthropologie sociale propose les termes de « culture du corps », « culture affective », ou pour désigner des pratiques locales : culture urbaine, paysanne, régionale. Les sciences politiques se proposent d'étudier les « cultures politiques » et leurs niveaux d'élaboration. Enfin, pour désigner des opinions ou des préjugés, la polémique invite à réfléchir, par exemple, sur la « culture du soupçon ». Ces inventivités du langage naturel, pour partielles qu'elles puissent être, mettent l'accent sur la relativité des objets désignés, mais aussi sur le halo complexe, intellectuel, affectif et comportant néanmoins une certaine cohérence, qui les entoure et que suggère le mot de culture.

2 LES PRATIQUES DIFFÉRENTIELLES. L'étude des pratiques culturelles conduit nécessairement à celle de leurs différences et pose toutes les questions relatives aux stratifications sociales. L'histoire culturelle mène à distinguer les cultures « noble, bourgeoise, ouvrière, populaire », suivant les structures de la hiérarchie sociale. La question est valablement posée de savoir s'il est possible de repérer aujourd'hui une « culture dominante » et une culture dominée, et si cette distinction est pertinente (BOURDIEU, 1989). C'est aussi une question que de savoir dans quelle mesure il y a lieu de distinguer une « culture de la masculinité » et une « culture de la féminité ».

3 LES INSTITUTIONS CULTURELLES. C'est une autre perspective qui est choisie dès lors que sont mises en observation les institutions culturelles et leur logique de production : Églises, écoles, institutions de sciences ou de divertissement. Cette perspective permet de se dégager d'une analyse statique de la culture et de mettre à l'examen sa production et sa reproduction. On est alors conduit à considérer les finalités de l'institution mais aussi celles de ses membres et, éventuellement, leurs conflits internes.

Dans ses travaux de sociologie des religions, WEBER invite à considérer, non seulement les croyances et les rituels, mais aussi les Églises dans leur organisation interne, plus ou moins hiérarchisée ; par-delà leur vocation institutionnelle à réitérer les appels à la dévotion, il invite à observer les logiques des prêtres et officiants qui sont les « dispensateurs de biens de salut ».

Pour les systèmes éducatifs, dont le rôle est central dans la diffusion des connaissances et des modèles sociaux, plusieurs perspectives sont possibles, externe et interne. TOURAINE, étudiant le système universitaire aux États-Unis, met en relation l'état de la culture au XIXe siècle et la transmission de ce modèle culturel au sein des universités. Indirectement, il éclaire, par différence, le système universitaire français et suggère de le référer au système hautement centralisé qui aurait trouvé dans l'université l'une de ses réalisations (TOURAINE, 1972). Dans une perspective d'analyse interne, Bourdieu insiste, par contre, sur la culture propre à l'école et à ses professeurs, culture susceptible d'être imposée aux enfants et, parmi ceux-ci, à ceux qui sont issus d'une autre culture.

Ces questions conduisent à reconsidérer l'exercice du pouvoir au sein de ces institutions, en lui-même et dans ses effets sur les publics. Précisément parce que la culture a des dimensions d'arbitraire, on ne peut éviter que des dissensions s'y produisent et que s'y exercent des autorités et des pouvoirs. Une Église fortement centralisée en est un exemple : les autorités y détiennent un pouvoir de formuler ou de corriger le dogme qui servira de référence aux responsables du dogme. Les écoles, selon des formules propres aux différents États, dispensent des programmes que les professeurs doivent expliquer et développer. La presse écrite offre un exemple éclairant de cet exercice d'un pouvoir culturel au sein d'une institution : tout journal est détenu par un propriétaire, groupe de presse, parti politique ou, dans les régimes totalitaires, par le pouvoir central lui-même, et, à des degrés très divers, tous les journalistes qui y sont attachés doivent s'exprimer selon la ligne culturelle et politique du journal. Ces directions et ces pouvoirs sont inéluctablement des lieux de conflit et de négociation.

4 LES CHOIX THÉORIQUES ET MÉTHODOLOGIQUES. Une question aussi considérable que celle de la culture se trouve nécessairement au carrefour des théorisations et des choix méthodologiques. L'importance même du fait culturel est en question, de l'économisme, d'une part, qui tend à considérer les faits de culture comme des effets secondaires (la version matérialiste du marxisme* y conduit), jusqu'au culturalisme qui fait des systèmes culturels l'essentiel des systèmes sociaux. Les problèmes de théorisation sociologique peuvent, certes, être éludés dans les travaux strictement descriptifs qui se limitent à une pratique particulière ou se proposent d'en faire une restitution phénoménologique. Par contre, le problème ne peut être évité par l'anthropologie et la sociologie dès lors qu'elles ambitionnent de répondre aux problèmes du rôle de la culture et de ses conséquences multiples dans les pratiques sociales. Ainsi l'évolutionnisme, le diffusionnisme, le fonctionnalisme furent autant de tentatives pour répondre à ces problèmes de fond, en faisant de la culture soit un ensemble quasi naturel évoluant selon des lois repérables, soit une histoire faite de la diffusion des traits culturels, soit encore un ensemble fonctionnel et relatif, propre à chaque société particulière. Dans ces débats multiples, le structuralisme a marqué une tentative pour mettre en relation les structures culturelles et les structures sociales et pour examiner toutes les conséquences de ces concordances (LÉVI-STRAUSS, 1958). Le structuralisme pouvait se revendiquer de la tradition durkheimienne attentive à restituer les faits de culture, les faits religieux, par exemple, pour en étudier les rapports étroits avec les structures sociales et leurs effets sur l'activité collective (Durkheim, 1912). Le constructionisme, plus attentif à la création incessante des formes culturelles dans tous les domaines, des sciences, des techniques et des arts, appelle au contraire à mieux comprendre comment les cultures sont créatrices des pratiques sociales, participent aux perceptions, aux définitions des situations, à toutes les pratiques dans leurs significations objectives et intériorisées.

5 LES CONFLITS DE CULTURES. La question du devenir de la culture n'est pas du seul ressort de la sociologie. Elle est une question permanente et particulièrement aiguë dans les périodes de mutation historique où les esprits s'interrogent sur le changement des valeurs et des croyances (SAINT AUGUSTIN à la fin de l'Empire romain ; SAINT-SIMON ou MARX après la chute de l'Ancien Régime et au début de la révolution industrielle). Les débats sur les révolutions culturelles, sur la mondialisation des cultures ou sur l'enfermement sur elles-mêmes des cultures menacées, sur les processus de déculturation ou de décivilisation, sur les phénomènes de transformation des œuvres culturelles en marchandises, sur les impositions culturelles, sur les conformismes favorisés par les médias, sur les occultations idéologiques et le fonctionnement des censures, ne cessent de resurgir entre les divers locuteurs et intellectuels : journalistes, critiques, responsables politiques, autorités morales et religieuses. Le sort de la culture fait l'objet d'une interrogation et d'une critique permanentes.

La sociologie n'a pas vocation à trancher seule ces débats qui débordent la connaissance scientifique et mobilisent les croyances, les idéologies et les intérêts des groupes d'acteurs. Ses apports sont cependant considérables, en particulier pour mieux comprendre ces débats et en analyser les orientations contradictoires. Il lui appartient de déceler dans ces appels et ces avertissements les rapports de sens et les rapports de force qui leur sont sous-jacents, et de montrer comment se jouent, dans les querelles d 'images et de mots, les processus de paix ou les processus de violence.

Pierre ANSART

bibliographie

AUBÉ-BOURLIGNEUX Jocelyne, BARBE Jean-Paul, MARTINEZ-VASSEUR Pilar (sous la dir. de), *Le Fait culturel régional*, Université de Nantes, 1996.

BADIE Bertrand, *Culture et politique*, Economica, 1983.

BALANDIER Georges, *Anthropologie politique*, 1967, PUF, 1984.

BENEDICT Ruth F., *Échantillons de civilisations* (1943), Gallimard, 1950.

BOAS Franz, *The Social Organization and the Secret Societies of Kwakiutl Indians* (1897), New York, Johnson, 1970.

BOURDIEU Pierre, *La Noblesse d'État. Grandes écoles et esprit de corps*, Éd. de Minuit, 1989.

CERTEAU Michel de, *La Culture au pluriel* (1980), Seuil, 1993.

CUCHE Denys, *La Notion de culture dans les sciences sociales*, La Découverte, 1996.

DURKHEIM Émile, *Les Formes élémentaires de la vie religieuse : le système totémique en Australie* (1912), PUF, 1967.

HERSCOVICI Alain, *Économie de la culture et de la communication. Éléments pour une socio-économique de la culture dans le capitalisme avancé*, L'Harmattan, 1994.

KROEBER Alfred L., KLUCKHOHN Clyde, *Culture. A Critical Review of Concepts and Definition*, New York, Vintage Books, 1952.

LE THANH KHOI, *Culture, créativité et développement*, L'Harmattan, 1992.

LÉVI-STRAUSS Claude, *Anthropologie structurale*, Plon, 1958.

MALINOWSKI Bronislaw, *Une théorie scientifique de la culture* (1944), Maspero, 1968.

REDFIELD Robert, LINTON Ralph, HERSKOVITS Melville Jean, « Memorandum for the Study of Acculturation », in *American Anthropologist* (1936), t. 38, nº 1, pp. 149 à 152.

THOMAS William I., ZNANIECKI Florian, *Le Paysan polonais en Europe et aux États-Unis* (1918-1920), trad. partielle, Nathan, 1998.
TOURAINE Alain, *Université et société aux États-Unis*, Seuil, 1972.

CYCLE

terme emprunté au latin *cyclus* issu du grec *kuklos* « roue, cercle »

all. ZYKLUS	esp. CICLO
angl. CYCLE	ital. CORSO

voir : CYCLE DE VIE, ÉCONOMIE, REPRODUCTION

Série de phénomènes se renouvelant dans un ordre constant.

L'idée de *cycle* dans le sens d'une révolution nécessaire et de retour périodique des mêmes phénomènes était familière à la pensée grecque. PLATON fait de la succession des constitutions, de l'oligarchie à la démocratie, puis à la tyrannie, un devenir nécessaire et répétitif. VICO, au XVIIIe siècle, fait de l'histoire un cycle de trois âges ; celui de la religion, celui des héros et des guerres, puis l'âge humain, poussé lui-même à la décadence conduisant à un nouveau cycle identique.

Les sciences économiques ont redéfini cette notion à partir de l'observation de l'histoire des économies, en prenant en compte les alternances des phases d'expansion, de stagnation, de récession et de reprise. Ces observations ont conduit à distinguer différents types de cycles depuis les cycles courts telles les variations saisonnières des prix, jusqu'aux cycles longs exprimant des mouvements de fond et pouvant se dérouler sur plusieurs décennies. Ces théories conservent un caractère hypothétique.

La sociologie, sans aucunement revenir aux philosophies de l'histoire, peut repérer des cycles courts et s'interroger sur des oscillations répétitives. Les changements des modes offrent des exemples de cycles brefs. TARDE a tenté de les expliquer à partir de sa théorie de l'imitation : lorsqu'un objet (un type de vêtement) ou un goût sont en faveur dans l'élite sociale, il tend à être imité et à se diffuser dans le public, mais il perd alors sa fonction de distinction sociale et l'élite a tendance à l'abandonner pour un autre, l'objet cesse d'être à la mode. Des explications plus complexes sont nécessaires pour tenter d'expliquer les oscillations sociopolitiques telles les alternances de centralisation / décentralisation, d'étatisation / désétatisation, d'autoritarisme / libéralisation, rigorisme / laxisme. En certains cas, on peut discerner des oscillations liées aux décisions politiques : un désordre suscite une réglementation rigoureuse qui, elle-même, suscite des réactions et des effets pervers obligeant à revenir à l'état antérieur. Les idéologies ne sont pas exemptes de ce type de cycle : une doctrine suscite l'approbation, puis son application entraîne des effets inattendus et ressentis comme nuisibles, provoquant le rejet de cette idéologie et le renforcement de son contraire. Ces suggestions restent néanmoins hypothétiques en raison de l'essentielle complexité des phénomènes étudiés.

Pierre ANSART

bibliographie

TARDE Gabriel de, *Les Lois de l'imitation* (1890), Genève, Slatkine, 1979.

CYCLE DE VIE

all. LEBENSLAUF, LEBENSVERLAUF	esp. CICLO DE VIDA
angl. LIFE COURSE, LIFE CYCLE	ital. CORSO DI VITA

voir : JEUNESSE, VIEILLESSE

Le concept de cycle de vie évoque la manière dont est socialement organisé dans une société, à un moment donné de son histoire, le parcours des âges de la vie en étapes successives plus ou moins nombreuses, que les individus franchiront au cours de leur existence.

HISTOIRE. L'anthropologie et l'histoire ont souligné la grande relativité de ce schéma et mis en évidence son caractère culturel. Ainsi, ARIÈS (1973) a montré que l'enfance comme étape autonome du cycle de vie n'existe pas encore au Moyen Âge et n'émerge que tardivement, à partir du XVIIIe siècle, avec la bourgeoisie et la mise à l'écart des enfants dans des institutions spécialisées dans l'éducation.

ANTHROPOLOGIE. L'anthropologie a bien mis en évidence que chaque société avait sa manière de découper en âges distincts le cours de l'existence humaine, de distribuer rôles et fonctions sociales pour chaque âge, et de fixer les formes de solidarité ou de compétition qui relient ces différents âges. Elle a contribué à établir que les âges, tout comme le sexe, constituent les matériaux premiers de la différenciation et de la structuration sociales. Chaque société, à chaque moment de son histoire, détient un code sociologique de l'âge par lequel elle réinterprète les distances chronologiques et biologiques qui séparent les individus (BALANDIER, 1974).

SOCIOLOGIE. La sociologie a systématisé ces résultats en considérant le cycle de vie comme une institution de base de la société, un élément central de tout ordre social, qui est au cœur du processus de socialisation des sujets sociaux. Ce regain d'intérêt des sociologues pour le concept de cycle de vie est relativement récent. Il doit beaucoup à deux sociologues américains qui, dans le début des années 70, ont refondé la sociologie du *life course* ou des « âges » (NEUGARTEN, 1973 et RILEY, 1972). Dès lors, le terme de « cycle de vie » *(life cycle)* va être, dans les travaux américains, plus particulièrement réservé à l'étude du cycle de vie familiale ; celui-ci traite des séquences d'événements qui scandent la dynamique de la constitution de la famille depuis le mariage et la naissance du premier enfant jusqu'à sa progressive dissolution avec le phénomène du « nid vide », lié au départ des enfants du domicile parental, et la mort.

Vie individuelle et institutions sociétales. Le succès du concept de parcours des âges dans la littérature sociologique contemporaine tient sans doute à ce qu'il permet de jeter un pont entre les vies individuelles et les institutions sociétales. Il permet de traiter des interactions entre une microsociologie des trajectoires individuelles biographiques et une macrosociologie de la manière dont l'institution du cycle de vie structure les parcours individuels, règle leur horizon temporel et les inscrit en conséquence dans un rapport au temps et à l'avenir propre à chaque société. L'étude des modes d'organisation sociale du cycle de vie a conduit à identifier un certain nombre de notions qui constituent autant d'outils conceptuels pour son analyse. Nous les évoquerons successivement.

1 En premier lieu, elle distingue le nombre des âges ou étapes qui composent le parcours.

2 En second lieu, elle s'attache à la nature des transitions d'un âge à l'autre. Elle étudie les repères qui en marquent le seuil et peuvent être de type chronologique ou événementiel. Elle s'interroge sur les calendriers selon lesquels sont franchies ces étapes et le caractère plus ou moins ritualisé et standardisé du passage d'un âge à l'autre.

3 En troisième lieu, sont discernés des contenus sociaux, des fonctions et des identités correspondant à chaque étape d'âge.

4 Enfin, l'organisation sociale de cycle de vie permet d'identifier des formes de solidarité ou de compétition entre les âges et les générations (ROUSSEL et GIRARD, 1982).

L'allongement de la jeunesse. Au plan des individus, leur biographie est inscrite dans ce parcours structuré des âges de la vie et peut revêtir des aspects de prévisibilité, d'incertitude ou de brouillage des agendas, selon le niveau d'institutionnalisation et de normalisation du cycle de vie. Les travaux sociologiques le plus récents se sont attachés à interpréter les transformations actuelles de l'organisation sociale du cycle de vie. Ainsi, on a souligné « l'allongement de la jeunesse » qui, nettement circonscrite autrefois entre enfance et âge adulte, est aujourd'hui simultanément plus précoce avec l'émergence de l'adolescence et plus tardive, puisqu'elle s'étire en postadolescence, avec le report de l'entrée sur le marché du travail et le recul du mariage ou de l'engagement dans la vie de couple (GALLAND, 1991). Mais le débat demeure ouvert sur la signification de ce phénomène, au regard de la transformation de l'institution du parcours des âges. Galland y voit une stratégie pour différer l'entrée dans l'âge adulte, et la constitution d'un nouvel âge de la vie, alors que d'autres y voient les prémices de biographies plus incertaines et d'une diversification des parcours de vie (BLÖSS, 1997).

Le troisième âge. À l'autre bout du cycle de vie, les recherches portant sur la vieillesse et la transition entre activité et retraite font des constats du même ordre. L'âge de la vieillesse s'allonge et se différencie. Les gains d'espérance de vie aux âges élevés conduisent à identifier une grande vieillesse distincte de l'âge de la retraite active, qui a donné lieu, dans les années 60, à l'émergence d'un « troisième âge » (GUILLEMARD, 1986). Mais surtout, la vie de travail se raccourcit et s'interrompt de plus en plus prématurément, interposant entre activité et retraite une nouvelle étape d'âge déjà marquée par le vieillissement professionnel, alors que sur tous les autres repères du seuil d'entrée dans la vieillesse, ces individus appartiennent encore à l'âge adulte (axe familial, matrimonial, capacité sociale et physique...) (Guillemard, LEGARÉ, ANSART, 1995). Cette désorganisation des calendriers a été interprétée comme le signe d'une mutation en profondeur du cycle de vie. On assisterait à une « désinstitutionnalisation » du cycle de vie ternaire qui s'était mis en place avec l'avènement de la société industrielle (Guillemard, 1993). L'organisation du cycle de vie en trois étapes principales fortement hiérarchisées, dont le travail constitue l'étape centrale, encadrée par la jeunesse, vouée à la formation pour se préparer au travail et par la vieillesse associée à l'inactivité, a été largement le produit du développement des systèmes de retraite. Ces derniers ont représenté un puissant facteur d'institutionnalisation et de consolidation de son organisation ternaire (KOHLI, 1987).

Cycle de vie « flexible ». Mais avec le développement des sorties anticipées d'activité, à travers une multiplicité de nouveaux dispositifs qui n'ont plus rien à voir avec les systèmes de retraite, tout l'ordonnancement tripartite du parcours des âges vacille. La sortie de la vie active tout comme l'entrée dans la vie ne se résument plus à une transition réglée du travail à la retraite ou du système éducatif au marché du travail. Des désordres sont repérables dans la séquence immuable des âges de la vie. Toute représentation continue et prévisible du déroulement de la vie devient en conséquence difficile. Le parcours des âges se détemporalise. Il n'inscrit plus les individus dans une temporalité longue avec une trajectoire continue et standardisée et des repères chronologiques fixes. Un nouveau cycle de vie flexible (BEST, 1980) semble se substituer au schéma ternaire d'organisation des âges de la vie.

Anne-Marie GUILLEMARD

bibliographie

ARIÈS Philippe, *L'Enfant et la vie familiale sous l'Ancien Régime*, Seuil, 1973.

BALANDIER Georges, *Anthropo-logiques*, PUF, 1974.

BEST Fred, *Flexible Life Scheduling*, New York, Praeyer, 1980.

BLÖSS Thierry, *Les Liens de famille. Sociologie des rapports entre générations*, PUF, 1997.

GALLAND Olivier, *Sociologie de la jeunesse. L'entrée dans la vie*, Armand Colin, 1997.

GUILLEMARD Anne-Marie, *Le Déclin du social. Formation et crise des politiques de la vieillesse*, PUF, 1986.

GUILLEMARD Anne-Marie, « Emploi, protection sociale et cycle de vie », in *Sociologie du Travail*, n° 3, 1993, pp. 257 à 284.

GUILLEMARD Anne-Marie, LEGARÉ Jacques, ANSART Pierre (sous la dir. de), *Entre travail, retraite et vieillesse. Le grand écart*, L'Harmattan, 1995.

KOHLI Martin, « Retirement and the Moral Economy. An Historical Interpretation of the German Case », in *Journal of Aging Studies*, 1987, pp. 125 à 144.

NEUGARTEN Bernice, DATAN Nancy, « Sociological Perspectives on the Life Cycle », *in* BALTES P., SCHAIE W. (éd.), *Life Span Development Psychology*, New York, Academic Press, 1973.

RILEY Matilda, JOHNSON Marilyn E., FONER Anne, « A Sociology of Age Stratification Aging and Society », in *Aging and Society*, t. 3, New York, Russell Sage Foundation, 1972.

ROUSSEL Louis, GIRARD Alain, *Régimes démographiques et âges de la vie*, in *Actes du VIIe Colloque de Démographie*, PUF, t. 1, 1982, pp. 15 à 23.

D

DARWINISME SOCIAL

voir : COMPÉTITION

Cette expression désigne la théorie, attribuée à DARWIN mais plus proche de l'évolutionnisme de SPENCER, selon laquelle le conflit et la sélection naturelle des plus aptes constitueraient le fondement véritable de la vie sociale. Il conviendrait, selon cette conception, de transposer au monde social les principes découverts dans les sociétés animales, principes qui font apparaître, au fondement des relations, les lois de la lutte pour la vie et la survie des meilleurs. Spencer voyait là l'une des explications de l'évolution ; il associait, d'autre part, à cette théorie des conclusions hostiles à tout interventionnisme étatique : l'État n'a pour fonction que de réguler, par le droit, les actions concurrentielles du marché. Le darwinisme social devenait ainsi un argument en faveur de l'idéologie de l'individualisme économique et politique.

Dans *De la Division du travail social*, DURKHEIM dénonce la réduction du social à des schémas issus d'une philosophie naturaliste et le danger d'expliquer les compétitions sociales par des modèles biologiques et anhistoriques.

Pierre ANSART

bibliographie

DURKHEIM Émile, *De la division du travail social* (1893), PUF, 1991.

SPENCER Herbert, *Principes de sociologie*, Baillère, 1878-1898.

DÉCENTRALISATION ⇒ CENTRE ET PÉRIPHÉRIE

SOCIOLOGIE DE LA DÉCISION

emprunté (1314) au latin *decisio*, désignant l'action de trancher une question, la solution, l'arrangement, la transaction

all. ENTSCHEIDUNG	esp. DECISIÓN
angl. DECISION	ital. DECISIONE

voir : ACTION, CHANGEMENT, DÉTERMINISME, MANAGEMENT, NÉGOCIATION

Étude des conditions et des processus par lesquels sont opérés, dans l'incertitude, les choix engageant l'avenir.

1 On peut, à larges traits, distinguer deux tendances dans la tradition sociologique. Elles correspondent à deux dimensions générales des processus de décision. Une sociologie qui place les institutions au centre du social est fortement portée à réduire l'importance des prises de décision ou à les assimiler à l'actualisation des finalités institutionnelles. DURKHEIM, par exemple, étudiant le droit ou la religion, en observe les structures et les homologies avec l'ordre social, mais ne s'attarde pas sur les innovations et changements qui seraient décidés, et dans quelles circonstances, au sein des lois ou des dogmes. Ce modèle institutionnel n'est pas sans implications. Le juge est invité à appliquer la loi, à proscrire l'arbitraire ; une conception étroite de la jurisprudence en fait une actualisation rigoureuse des normes écrites. La mise en cause de ce modèle est essentiellement issue des considérations politiques et économiques. La vie politique rend visibles des décisions d'assemblées ou de leader qui ne peuvent être réduites à la répétition institutionnelle. Mais c'est plus encore l'activité économique et les problèmes de la rationalisation des décisions qui ont donné leur essor aux recherches sur la décision.

2 À la différence du modèle durkheimien, les théories de la décision ont donné lieu à d'amples travaux sur la rationalité des décideurs, sur les aides à la décision, sur les processus de prise de décision en situation d'incertitude. La sociologie de la décision a pour tâche de rendre compte des différents modèles des processus décisionnels, depuis les systèmes bureaucratisés jusqu'aux systèmes les plus ouverts qui prennent en compte les incertitudes et la marge de liberté liée aux décisions.

3 Les structures bureaucratiques, politiques ou industrielles, ont pour caractéristique d'interdire à leurs membres de transgresser les limites de leurs rôles ou de les modifier. Seuls sont habilités à prendre des décisions les quelques dirigeants, eux-mêmes portés, pour des raisons propres aux pesanteurs bureaucratiques et aux difficultés à faire exécuter les ordres, à réduire leur marge de liberté. Tout le système détourne des prises de décision et accumule les obstacles à leur réalisation (CROZIER, 1963). On peut se demander comment peuvent se prendre et se réaliser des décisions dans de tels systèmes hautement bureaucratisés. Le cas de la réforme des études médicalo-hospitalières, en France, dans les années 1958, précisément étudié par JAMOUS, apporte une réponse éclairante à cette question. L'auteur montre que cette réforme a été rendue possible par l'étendue des dysfonctionnements du régime antérieur et par la prise de conscience qu'ils ont suscitée, par les mécontentements des jeunes médecins vivement critiques à l'égard de la formation reçue et non menacés par sa modification, et aussi par la capacité où ont été quelques techniciens d'élaborer un ensemble cohérent de solutions techniques (Jamous, 1969). Cependant l'auteur ajoute qu'aucune de ces potentialités n'aurait abouti si n'était intervenue une personnalité respectée jouant un rôle de leader charismatique. En assumant la réforme auprès des instances politiques, qui lui étaient favorables, et auprès du corps médical, ce leader (le docteur Robert DEBRÉ) put obtenir de bouleverser les obstacles routiniers. Le modèle proposé par Jamous situe le processus de décision dans cette contradiction entre les inerties et l'intervention du leader.

4 Les processus de décision dans les organisations ne sauraient être réduits à un schéma unique, et les décisions ne sont pas prises identiquement dans une entreprise de petite dimension et dans une multinationale. Toutefois un ensemble de phénomènes liés aux développements de l'information, à la mondialisation des échanges, majorent à la fois l'importance des décisions et leur réalisation. On insiste alors sur les caractéristiques des situations, marquées par les marges d'incertitude, dans lesquelles les décideurs sont conduits à arrêter leur décision industrielle, technique, commerciale ou financière. Une attention particulière est apportée à toutes les « aides à la décision » : rassemblement et critique des informations, intervention des experts, recours aux ressources informatiques et aux technologies de l'information. Il s'agit d'examiner comment ces sources et scénarios peuvent être utilisés pour parvenir aux choix jugés rationnels, sans que, néanmoins, toutes les marges d'erreurs et d'imprévisibilités puissent être annihilées.

Pierre ANSART

bibliographie

JAMOUS Haroun, *Sociologie de la décision, la réforme des études médicales et des structures hospitalières*, Éd. du CNRS, 1969.

JAMOUS Haroun, GRÉMION Pierre, *L'Ordinateur au pouvoir*, Seuil, 1978.

KAST Robert, *La Théorie de la décision*, La Découverte, 1993.

SCHOLZ R. W. (éd.), *Decision Making under Uncertainty*, North Holland, 1983.

DÉCIVILISATION

voir : CHANGEMENT, CULTURE

bibliographie

BALANDIER Georges, *Conjugaisons*, Fayard, 1997.

JAULIN Robert (textes choisis par), *La Décivilisation. Politique et pratique de l'ethnocide*, Complexe-PUF, 1974.

TOURAINE Alain, *Pourrons-nous vivre ensemble, égaux et différents ?* Fayard, 1997.

Déculturation *(voir article ci-dessous).*

DÉCODER ⇒ CODAGE ET CODE

DÉCULTURATION

terme récent (v. 1963), composé de la particule privative *de*, et du latin *cultura* « action de cultiver la terre » et, au figuré, « action d'éduquer l'esprit »

all. ENTZIVILISIERUNG	esp. DECULTURACIÓN
angl. DECULTURATION	ital. DECULTURAZIONE

voir : ÉCOLE DE CHICAGO, DÉSOCIALISATION, DÉSORGANISATION

Perte, pour un groupe social, de l'ensemble de ses propres formes culturelles.

La théorie évolutionniste supposait une progression permanente des sociétés ; elle suggérait que les cultures qui ne participaient pas à cette évolution progressive étaient seulement en retard par rapport aux sociétés dites évoluées. L'abandon de cette vision historique, la reconnaissance des spécificités culturelles, l'étude des colonisations et des décolonisations ont conduit, au contraire, à reconnaître les violences exercées contre des ensembles culturels, leur altération sous l'emprise des apports extérieurs et, éventuellement, leur destruction. Le terme de déculturation ne désigne pas nécessairement des processus violents tels que des situations de guerre, mais, plus particulièrement, les processus de désorganisation culturelle provoqués par le contact entre cultures de puissance inégale. La régression de nombreuses communautés amérindiennes face au développement de la société industrielle au cours des XIXe et XXe siècles présente des situations exemplaires de déstructuration et de déculturation. LÉVI-STRAUSS, dans *Tristes tropiques* (1980), décrit les conséquences destructrices du contact, pour des cultures tribales, avec la société occidentale. Ces cultures complexes et exigeantes, propres à des petites communautés au Centre du Brésil, avaient pu, dans le passé, conserver leur richesse culturelle grâce à leur isolement. Leur mise en présence de la culture moderne, infiniment plus puissante, ne peut que les décomposer et les anéantir. Lévi-Strauss s'interroge sur les conséquences de cette déculturation : disparition des formes d'art, des connaissances et des savoir-faire propres aux tribus considérées, disparition des systèmes de signification et des rapports sociaux structurants. Cet exemple illustre les situations nombreuses dans lesquelles, contrairement aux idéologies du progrès et des acculturations positives, le contact culturel se traduit par une domination destructrice et la disparition de la culture la plus faible. Ces processus de déculturation ont pu prendre, ailleurs, des formes diverses et provoquer des effets contrastés. La colonisation, en mettant en présence une culture politiquement dominante et des groupes dominés, a pu entraîner des processus de désorganisation socioculturelle. Des révolutions politiques ont cherché à détruire systématiquement des cultures religieuses. Plus généralement, la progression des sciences et des techniques, le développement de la culture de masse ont pu favoriser la destruction des cultures locales telles que les cultures paysannes et villageoises (BOURDIEU et SAYAD, 1964).

Les sociologues critiques, tels ADORNO et MARCUSE, membres de l'École de Francfort, prêtent à la déculturation un caractère de grande généralité : ils attribuent ces processus aux développements économiques, technologiques, propres au régime capitaliste. Loin d'adhérer à l'idéologie du progrès qui postule l'unité des progrès scientifiques et culturels, ils se proposent de montrer que le progrès scientifique et technique engendre une régression déculturante. Dans *L'Homme unidimensionnel* (1964), MARCUSE développe la thèse selon laquelle les sociétés industrielles avancées, désorganisent, en l'absorbant, la culture et sa créativité. L'appareil de production et sa technologie tendraient à constituer un univers à caractère totalitaire redéfinissant l'ensemble des formes de contrôle et de cohésion sociale, étendant son emprise sur tous les besoins individuels et collectifs. Dès lors la culture, avec ce qu'elle implique de création et de liberté critique, tend à disparaître. Elle fait place à l'industrie des loisirs et de l'information, qui impose des attitudes, des habitudes et des réactions intellectuelles et émotionnelles, conformes aux exigences du système. La culture fait place à l'enfermement social et politique ; à l'homme cultivé succède « l'homme unidimensionnel », incapable d'opposition et de conscience critique, satisfait de la fausse liberté imposée par la rationalité technocratique. Le concept de déculturation est néanmoins usité avec précaution par les anthropologues et sociologues, car la perte des formes culturelles antérieures peut aussi être la condition de l'acquisition de modèles nouveaux, éventuellement mieux adaptés à une situation nouvelle.

Pierre ANSART

bibliographie

BOURDIEU Pierre, SAYAD Abdelmalek, *Le Déracinement, la crise de l'agriculture traditionnelle en Algérie*, Éd. de Minuit, 1964.

LÉVI-STRAUSS Claude, *Tristes Tropiques*, Plon, 1980.

MARCUSE Herbert, *L'Homme unidimensionnel, essai sur l'idéologie de la société industrielle* (1964), Seuil, 1970.

TOCQUEVILLE Alexis de, *De la démocratie en Amérique* (1835-1840), « Folio », Gallimard, 1966.

DÉDUCTION ET INDUCTION

du latin *deductio* et *inductio*

all.	DEDUKTION INDUKTION	esp.	DEDUCCIÓN INDUCCIÓN
angl.	DEDUCTION INDUCTION	ital.	DEDUZIONE INDUZIONE

voir : AXIOME, ÉPISTÉMOLOGIE, PARADIGME, THÉORIE

L'usage le plus fréquent de ce couple conceptuel est très laxiste, d'une part parce qu'on fait comme s'il désignait deux procédures de raisonnement quasiment symétriques (raisonnements concluant respectivement de l'universel au particulier et du particulier à l'universel ou, au moins, au général), d'autre part parce qu'on tend à voir dans l'*induction* et la *déduction* les deux mouvements essentiels et successifs de la démarche scientifique. Or on a, à partir du XVIe siècle, majoré le rôle de l'induction dans les sciences, par saine réaction, au demeurant, contre les excès spéculatifs de la théorisation purement philosophique ; mais l'établissement de lois générales a été fautivement conçue comme élaborée à partir de l'accumulation d'observations particulières, alors que l'élément essentiel de la découverte scientifique réside dans l'introduction d'hypothèses explicatives, lesquelles ne sont nullement données dans l'expérience mais requièrent l'inventivité de l'imagination. On a parfois donné, en s'inspirant de PEIRCE, le nom d'*abduction*, à ce processus spécifique de découverte des hypothèses, remontant régressivement des faits à un principe explicatif. On remarquera par ailleurs que si l'on peut prétendre « déduire » un certain nombre de conséquences empiriques des hypothèses explicatives formulées, c'est souvent en ajoutant plus ou moins explicitement un certain nombre de principes auxiliaires intermédiaires qui précisent les principes explicatifs, un peu comme les arrêtés d'application d'une loi stipulent la loi en question, de sorte qu'il y a rarement déduction stricte des principes explicatifs généraux aux hypothèses empiriquement testables.

Alban BOUVIER

bibliographie

BLANCHÉ Robert, *Le Raisonnement*, PUF, 1973.

DÉLIANCE

voir : ANOMIE, CONTRE-CULTURE, DÉSINTÉGRATION, RELIANCE

Processus d'affaiblissement ou de destruction des liens sociaux entraînant la désintégration des communautés.

Concept sociologique et psychosociologique proposé pour désigner les phénomènes de désintégration des liens sociaux, illustrés par la disparition des groupes primaires, la famille, la paroisse, le village, l'atelier. Marcel BOLLE DE BAL y voit une maladie sociale : *« Il s'agit d'un manque de liens humains, d'une carence des structures sociales incapables d'assurer ces relations directes* [...] *chargées d'affectivité qui font la joie et la difficulté de vivre ensemble »* (1985, p. 117). Cette déliance résulte d'une conjonction de facteurs : urbanisation, affaiblissement des croyances religieuses, rationalisation de la production, destruction des liens entre l'homme et son œuvre, développement de l'informatisation, chômage. Si la déliance est *sociale*, elle est aussi *culturelle* en ce sens qu'elle concerne l'ensemble des échanges et communications. Elle a aussi une signification psychologique, la personne se trouvant coupée de ses racines intérieures et, à la limite, coupée du monde extérieur. Cette déliance suscite des réactions et des désirs de reliance.

Pierre ANSART

bibliographie

BOLLE DE BAL Marcel, *La Tentation communautaire. Les Paradoxes de la reliance et de la contre-culture*, Bruxelles, Éd. de l'Université de Bruxelles, 1985.

BOLLE DE BAL Marcel (sous la dir. de), *Voyages au cœur des sciences humaines. De la reliance*, L'Harmattan, 2 vol., 1996.

DÉLINQUANCE ⇒ DÉVIANCE

DEMANDE ⇒ CONSOMMATION

DÉMOBILISATION ET MOBILISATION

⇒ ACTION COLLECTIVE

DÉMOCRATIE

du grec *dêmos* « peuple » et *kratein* « commander »

all. DEMOKRATIE	esp. DEMOCRACIA
angl. DEMOCRACY	ital. DEMOCRAZIA

voir : CITOYEN, CONTRAT, INDIVIDUALISME, MODERNITÉ

La définition la plus simple est : le gouvernement du peuple par le peuple. Elle n'acquiert son plein sens qu'en considération de ce qu'elle exclut : le pouvoir d'une autorité qui ne tirerait pas sa légitimité du peuple mais d'un ordre extérieur et supérieur. Cependant, cette notion de peuple n'est pas sans obscurité et sa compréhension comme son extension varieront au long de l'histoire de la démocratie moderne.

Il reste que la *démocratie* n'est pas seulement un ensemble institutionnel mais qu'elle est un type de société appuyé originellement sur une conception de l'homme inscrite dans ce qui est comme son Décalogue : ***La Déclaration des droits de l'homme et du citoyen***, et d'abord dans le principe qui déclare : « *Les hommes naissent libres et égaux en droits.* » Dès lors les pratiques politiques se devront d'être organisées de telle sorte que, fondées sur l'adhésion de ceux qui seront soumis à la loi (dont ils sont censés être les auteurs), elles ne contreviennent pas à cette liberté considérée comme le fondement du politique. C'est cela que théorisent les philosophes du Contrat, les premiers penseurs de cette modernité, quelles que soient leurs différences d'analyse et de déduction. Sur le plan des institutions politiques, cela implique que l'individu-citoyen dispose de droits politiques ; ceux d'être électeur, évidemment, avec les prérogatives qui garantissent la liberté de ses choix : liberté d'opinion, liberté de la presse, liberté d'association, liberté de réunion, etc.

L'individu reconnu dans sa particularité et dans sa liberté, consubstantielle à son être, est ce par quoi la démocratie moderne diffère de la démocratie antique d'Athènes. La démocratie moderne implique la différenciation entre l'individu privé, égoïste, attaché à ses opinions, ses croyances, son statut économique, et le citoyen se hissant au statut de législateur ayant en vue l'intérêt commun, qui est d'abord l'intérêt de chacun comme individu libre. Benjamin CONSTANT l'exprime dans son discours prononcé à l'Athénée royal de Paris en 1819, ***De la liberté des Anciens comparée à celle des Modernes*** : « *Le but des anciens était le partage du pouvoir social entre tous les citoyens d'une même patrie. C'était là ce qu'ils nommaient liberté. Le but des modernes est la sécurité dans les jouissances privées ; et ils nomment liberté les garanties accordées par les institutions à ces jouissances.* »

Individu d'une part, citoyen de l'autre : dans la péréquation de ce moi égoïste et de ce je universel s'institue l'espace de la démocratie moderne, démocratie représentative dont MONTESQUIEU a exposé la philosophie (***L'Esprit des lois***) : « *Le grand avantage des représentants, c'est qu'ils sont capables de discuter des affaires. Le peuple n'y est point du tout propre* [...]. *Il ne doit entrer dans le gouvernement que pour choisir ses représentants ; ce qui est très à sa portée.* » Quant aux députés, comme le déclarera la Constitution de 1791, « *ils ne seront pas les représentants d'un département particulier, mais de la nation entière* » (Constitution de 1791, titre III, sect. 3, art. 7). Ainsi s'exprimerait la volonté de la nation qui n'est pas une somme ou une résultante de la volonté des individus, mais un vouloir issu des « citoyens », agissant comme membres du Souverain.

Cette relation entre l'État, en démocratie, et l'individu, il nous semble que HEGEL mieux que tout autre a su l'exprimer lorsque, distinguant *l'État universel* (l'État moderne) de *la Belle Cité* (Athènes), il explique que l'État moderne reconnaît l'individu dans sa particularité extrême et l'individu reconnaît dans l'État sa propre universalité.

DE LA DÉMOCRATIE POLITIQUE AUX DROITS SOCIAUX. La révolution industrielle fit apparaître une nouvelle approche, qui s'incarnera par ailleurs dans l'avènement de la sociologie comme « science » et comme pratique : c'est l'irruption du social, qui voit dans l'approche originelle individualiste et politique une occultation de la réalité sociale de l'homme. MARX ira au bout de cette analyse avec sa critique de la Déclaration des droits de l'homme dans ***La Question juive*** et avec sa réduction du politique à une superstructure déterminée par l'infrastructure économique, infrastructure ayant pour fonction de légitimer et d'occulter les rapports de classe.

La liberté était principe ; elle s'inscrit désormais dans une historicité qui parfois se fait philosophie de l'histoire, dont elle deviendrait la fin dans tous les sens de ce mot. Il faut réfléchir sur les effets pervers d'une critique, par bien des côtés pertinente, qui s'inscrit dans l'opposition de la « liberté abstraite » et de la « liberté concrète », la première étant définie comme une forme de l'aliénation politique au lieu d'y voir la condition de possibilité de l'autre comme revendication et processus. Est-ce à dire que la démocratie trouble sa propre nature en se faisant exigence de droits sociaux ? Évidemment non. Mais ceux-ci ne sont que la suite, le complément de la démocratie comme forme politique et n'altèrent en rien la péréquation société civile et État ; espaces privés et espaces publics. L'individu libre en reste le fondement. Le statut de la propriété, les conditions du travail et les modes de rémunération, la garantie de l'emploi et toutes les institutions qui, sous le titre général de sécurité sociale, protègent l'individu contre les risques de la vie ou les aléas de la chance ne contredisent pas à l'exigence démocratique.

LA MODERNITÉ DÉMOCRATIQUE, UNE RUPTURE RADICALE. De la modernité démocratique on peut dire qu'elle s'est définie par la façon dont elle a transformé le problème de l'altérité.

1 **Contrat social et état de nature.** La notion d'*état de nature*, que les penseurs du contrat social posent comme originaire — c'est-à-dire comme fondement et non comme origine — est à comprendre comme la théorisation jubilatoire d'une déconstruction des sociabilités organiques qui existaient alors et se légitimaient par le recours à une transcendance religieuse. Leur trajet intellectuel reprenait celui de DESCARTES, dans ses ***Méditations métaphysiques*** : renonçant à toutes certitudes établies, déliant tout ce qu'une culture finissante reliait encore, il aboutit, dans l'ascèse de son doute hyperbolique, à l'évidence première du sujet pensant *(Cogito ergo sum)*. Ainsi le penseur du droit naturel pose-t-il l'individu comme le préalable ontologique à toute autre position d'existence et se heurte-t-il à la nécessité de recomposer le lien social et politique perdu. Cette

recomposition, à partir de l'individu comme réalité-fondement, se fera sous la forme de l'association, c'est-à-dire d'une recherche de ce qui peut être commun à des individus originellement séparés et ayant la qualité première d'être des êtres libres *de naissance*.

C'est dans cet espace théorique que se dépassera une altérité radicale originelle pour s'ouvrir à une universalité possible de l'homme en tant qu'homme. Ainsi seront définis, à partir d'une dualité intrasubjective s'objectivant dans l'espace social, d'un côté l'espace public, celui de l'homme législateur, citoyen de l'universel, et de l'autre, l'espace privé, celui de l'homme égoïste, prisonnier de sa propre particularité. S'organise ainsi une dialectique de la similitude et de la différence : tout homme est semblable à tout homme, et chaque homme diffère de chaque homme. L'Autre est à la fois « mon semblable mon frère » et cette présence opaque, ce mystère de son être propre par quoi il m'agresse. La *Déclaration des droits de l'homme et du citoyen* (il faut noter l'importance de cette dualité : l'Homme et le Citoyen) sanctifie la nouvelle péréquation dans la fragilité de son équilibre : l'humanité, lieu de l'universel où les hommes se reconnaissent dans l'identité de leur humanité ; le moi de chacun, lieu de la particularité où les individus trouvent leur identité dans l'affirmation de leurs différences.

2 **L'homme privé et l'homme civique.** La fiction d'un *état de nature*, d'un *contrat social* entre individus, est une construction *a priori* fondatrice de la modernité politique. Mais on ne saurait faire de cet ensemble l'exposé d'une genèse historique réelle ni la description d'un vécu originel. On ne saurait croire qu'une construction rationnelle puisse s'imposer sans que soient précisés les investissements imaginaires qui lui donnent chair. Il nous faut comprendre comment une décomposition du fusionnel traditionnel engendre de nouveaux investissements, qui se légitimeront intellectuellement dans l'espace philosophique, juridique et politique. Il n'est pas de lien social qui puisse se résumer à une association calculatrice de l'intérêt commun. L'équilibre des investissements qui ordonnent l'homme démocratique est à la merci de l'effacement d'un des termes : que s'efface *l'homme privé*, et ce sont toutes les abstractions d'un universalisme ouvert aux intégrismes modernes et aux totalitarismes d'un humanisme poisseux. *We are the world*, chante l'Humaniste dans le vide d'une humanité sans arc-en-ciel. Inversement, que s'efface *l'homme civique* et c'est la dérive narcissique de la postmodernité avec ses polycentrismes réticulaires et ses tribalismes.

Dans *La Nausée*, SARTRE fustige l'humanisme de l'Autodidacte qui a l'Homme plein la bouche. Et il énumère sans tendresse : « *Le philosophe humaniste qui se penche sur ses frères comme un frère aîné et qui a le sens des responsabilités, l'humaniste qui aime les hommes tels qu'ils sont, celui qui les aime tels qu'ils devraient être, celui qui veut les sauver avec leur agrément et celui qui les sauvera malgré eux, celui qui veut créer des mythes nouveaux et celui qui se contente des anciens, celui qui aime dans l'autre sa mort, celui qui aime dans l'homme sa vie, l'humaniste joyeux qui a toujours le mot pour rire, l'humaniste sombre qu'on rencontre surtout aux veillées funèbres. Ils se haïssent tous entre eux en tant qu'individus, naturellement — pas en tant qu'hommes.* » Quant à la suprématie et l'exclusivisme du moi privé, peu est besoin de références tant l'actualité est en résonance avec ses corporatismes, ses hédonismes aseptisés, d'un dionysiaque bourgeois, son *cocooning*, comme disent les publicitaires, ces nouveaux maîtres à penser.

3 **La démocratie comme rupture culturelle.** Le véritable malentendu consiste à voir dans la démocratie une culture succédant à d'autres alors qu'il faut y voir une rupture radicale (ce que notait TOCQUEVILLE qui écrivait, dans le dernier chapitre de *De la démocratie en Amérique* : « *Je remonte de siècle en siècle jusqu'à l'Antiquité la plus reculée, je n'aperçois rien qui ressemble à ce qui est sous mes yeux. Le passé n'éclairant plus l'avenir, l'esprit marche dans les ténèbres* ») qui peut être comprise comme l'avènement d'un *Credo* — impératif catégorique — inscrit dans le marbre des « Droits de l'homme *et* du citoyen » et se faisant source d'investissements aussi forts que ceux dont furent l'objet les rois, « oints du Seigneur ». On ne peut poser comme réelle — alors qu'il s'agit d'une *idée régulatrice* — la relation individu-universel, en faisant abstraction de la nécessité où est l'individu concret de se territorialiser, de s'inscrire dans des familles, des classes, des cultures. La vraie question est que ces insertions soient des médiations vers l'universel et non des enfermements. Qu'elles s'inscrivent elles-mêmes dans un universel particulier (par exemple la Nation). Que donc soit rendu possible cet espace de droit dont l'individu-citoyen est supposé être à la fois la *source* et la *fin*.

De la Nation, figure politique de la modernité, SCHNAPPER nous dit dans *La France de l'intégration* que, née symboliquement avec la Révolution française, « *elle a été une forme politique qui a transcendé les différences entre les populations, qu'il s'agisse des différences objectives d'origine sociale, religieuse, régionale ou des différences d'identité collective, et les a intégrées en une entité organisée autour d'un projet politique commun* ».

LA DÉMOCRATIE AUJOURD'HUI.

1 **L'Europe et la démocratie.** Ainsi en est-il de la Nation moderne qui s'inscrit dans une dynamique où elle figure l'universel par rapport aux particularismes qu'elle subsume et où elle serait elle-même particularité par rapport à cet universel idéal que serait l'Humanité. La question, aujourd'hui est celle-ci : ce jeu de l'universel et du particulier, peut-on imaginer qu'il puisse fonctionner avec cette nouvelle médiation qu'est l'Europe ? Celle-ci peut-elle cesser d'être un instrument économique pour devenir un foyer d'investissement identitaire et d'ouverture ? Un *êthos* européen est-il en train de naître ? Et qu'en est-il de la Nation ?

2 **Démocratie et société de communication.** De même la question se pose des effets du passage de la société industrielle à la société des communications, avec le délitement des liens sociaux, tout cet ensemble que certains regroupent dans la notion vague de « postmodernité ». Le déclin des liens sociaux, en France, est indissociable du déclin de l'État « tutélaire », sur la structuration identitaire, comme le décrit Schnapper dans *Six manières d'être européen* (1990) : « *La société française a longtemps reposé sur l'opposition entre l'État et la vie privée. Le discours*

officiel assure que l'État est l'agent de l'universel et donc de la modernité, tandis que la vie privée, dominée par la famille, l'Église catholique et les notables locaux, est le domaine de la tradition, des croyances, des privilèges et de l'affectivité [...]. *Bien que l'État continue à se placer au-dessus de la société et à se définir comme le pouvoir séculier au service du progrès, le monde privé et, plus généralement, la société civile sortent peu à peu de l'infériorité où l'État les avait enfermés.* » Les deux bras séculiers — l'armée et l'école — ne remplissent plus leur ancien rôle. L'armée n'est plus le lieu d'encadrement et de brassage qu'elle fut et l'école n'est plus cette Église/armée des « hussards de la République ».

3 **Le repli sur la famille et les microsolidarités.** Dans ce déclin, il semble que la prédiction de TOCQUEVILLE concernant l'accroissement des investissements dans la famille se confirme. Il écrivait, dans *De la démocratie en Amérique* : « *La démocratie détend les liens sociaux, mais elle resserre les liens naturels. Elle rapproche les parents dans le même temps qu'elle sépare les citoyens.* »

Le repli sur la famille est évident, même s'il est celui d'une famille rétrécie, monoparentale, ainsi que le renforcement des liens affectifs en son sein. Mais cette famille a vu fortement décliner sa fonction de sociabilisation, c'est-à-dire qu'elle n'inculque plus des aptitudes à vivre en société. En ce sens elle accompagne et accentue le repliement narcissique de l'individu, cette forme accentuée d'individualisme égotiste qui abolit le sujet au profit d'un moi qui ne se satisfait que dans les réseaux où il est en relation spéculaire avec des *semblables*. Ce que la famille ne fait plus, ni l'école ni l'armée, l'entreprise peut-elle le faire ? La fin du taylorisme entraîne le déclin des solidarités syndicales. Les syndicats n'arrivent pas à se libérer d'une logique d'extériorité par rapport à l'entreprise et à s'adapter au modèle participatif ou au modèle communautaire.

Restent les réseaux de proximité, les associations, les bandes, voire les ghettos, créateurs de solidarités communautaires plutôt que de liens sociaux. Le tissu social se compose (ou se décompose) de microsolidarités, avec un nombre important d'exclus. Reste cette autre forme de lien qu'est celui que tissent les médias dans leur affinement.

André AKOUN

bibliographie

AKOUN André, *L'Illusion sociale*, PUF, 1985.

BURDEAU Georges, *La Démocratie*, Seuil, 1990.

FERRY Luc, RENAUT Alain, *Des Droits de l'homme à l'idée républicaine*, PUF, 1985.

SCHNAPPER Dominique, *La Communauté des citoyens, sur l'idée moderne de nation*, Gallimard, 1994.

* * *

DÉMOGRAPHIE ET SOCIOLOGIE

composé (1855) des éléments d'origine grecque *démo-*, de *dêmos* « peuple » et *-graphie*, de *graphein* « écrire »

all. DEMOGRAPHIE	esp. DEMOGRAFÍA
angl. DEMOGRAPHY	ital. DEMOGRAFIA

voir : ANALYSE DÉMOGRAPHIQUE, DENSITÉ, PEUPLE, POPULATION

Démographie : *discipline dont l'objet est l'étude des populations humaines comme ensembles ou sous-ensembles ayant leur dynamique propre. À partir de données statistiques, la démographie décrit et analyse les phénomènes qui déterminent la composition et l'évolution des groupes humains dans le temps. De ce fait, la démographie est en relation avec toutes les disciplines des sciences humaines et sociales.*

1 ORIGINES.

1 **L'« arithmétique politique ».** Les bases scientifiques communes de la *démographie* et de la *sociologie* se situent, historiquement, dans un mouvement intellectuel, celui de l'« arithmétique politique », qui, partant de l'Angleterre (PETTY, GRAUNT) et de la Hollande (HUYGHENS, WITT, HUDDE), se diffuse en Europe aux XVIIe et XVIIIe siècles (avec SÜSSMILCH, MOHEAU, KING, parmi bien d'autres). L'idée nouvelle développée par les « arithméticiens » a été de considérer la population et la société comme des objets d'analyse susceptibles d'être observés, mesurés et comparés.

De manière tout à fait novatrice pour l'époque, l'approche quantitative des faits démographiques et sociaux va permettre d'établir des relations entre ces phénomènes, d'identifier des régularités, d'opérer des classements, d'évaluer les différences. Au cours du XVIIe siècle, ces observations portent avant tout sur les décès et sur les ravages que provoquent les épidémies. Avec justesse, CHEVALIER (1951) remarque que la démographie n'a grandi qu'aux époques de forte mortalité et par une réflexion sur la mortalité. C'est en étudiant de manière systématique les bulletins de mortalité, établis à la demande des édiles de Londres pour connaître l'état des pertes dues à la peste, qu'un maître drapier autodidacte, Graunt, commence en 1662, l'étude scientifique des faits de population. Après une critique minutieuse des sources de données, Graunt transforme pour la première fois des listes de chiffres en tableaux statistiques, examine les causes de décès, calcule les fréquences, tente d'évaluer le nombre des habitants et leur accroissement. La rigueur de sa démarche fait dire à LÉVY (1992) que Graunt avait fait le premier compte rendu d'enquête démographique. Bien plus, il a recherché « *dans l'exploitation ingénieuse et prudente de données médiocres les lois qui président à l'état et à l'évolution d'une population* » et tracé, le « *modèle* » d'une table de mortalité (VILQUIN, 1977).

2 **Moheau.** Une deuxième avancée scientifique majeure est due à Moheau avec la publication, en 1778, de ses *Recherches et considérations sur la population de la France*. Dans cet ouvrage qui peut être considéré comme le premier traité de démographie qui ait jamais paru, les analyses sur la mortalité, la fécondité, les phénomènes migratoires et l'effectif de la population de la France se prolongent par des observations qualitatives essentielles sur les mœurs de l'époque et sur leurs conséquences démographiques. Le fil conducteur de cette réflexion selon BOURGUET (1994) est « *le primat accordé au social sur le*

naturel » et la recherche des « *causes politiques, civiles et morales* » qui déterminent la croissance ou le déclin de la population. MOHEAU donne ainsi le programme de la « démographie qualitative » lorsqu'il traite des lois, des impôts, du luxe ou des mœurs, car c'est en fonction de leurs incidences démographiques qu'il se prononce et qu'il décrit la crise de la société française dans les dernières années de l'Ancien Régime.

3 **Malthus.** C'est aussi dans un climat de crise et de révolution sociale et économique que mûrit, en Angleterre, l'*Essai sur le principe de population* (1798). Chez MALTHUS, note judicieusement CHEVALIER, la doctrine précède l'enquête statistique. Mais cette doctrine traduit aussi un état de fait : accélération des « *enclosures* », exode rural massif et désordonné, crise des structures industrielles, montée de la pauvreté et émeutes de la misère. On peut considérer que la question sociale et la misère sont au cœur de la théorie malthusienne sur la population.

2 LE XIXe SIÈCLE.

1 **Le premier congrès international de statistiques.** Cet aspect de l'*Essai* et les prises de position politiques qui l'accompagnent vont susciter une importante production théorique mettant en relation les aspects démographiques, l'organisation politique, les rapports entre groupes sociaux. C'est sans doute dans la recherche des « lois de population » permettant d'expliquer la « surpopulation » ou, au contraire, la « dépopulation » que les convergences disciplinaires sont les plus productives et les plus originales au cours du XIXe siècle.

À cette époque, commence véritablement l'ère statistique avec l'organisation des recensements périodiques et le fonctionnement régulier de l'état civil. Des données sur la mortalité par âge, par cause, par profession sont publiées, rendant possible l'élaboration d'une nomenclature des causes de décès qui sera présenté par FARR au premier Congrès international de statistique tenu à Paris en 1855. « *La démographie sort de ses langes* », notent Jacques et Michel DUPÂQUIER.

2 **« Physiologie sociale » et naissance des termes « démographie » et « sociologie ».** C'est d'ailleurs au cours de cette période que la démographie et la sociologie sont désignées par des termes spécifiques. L'expression « physiologie sociale » — reprise ensuite par DURKHEIM — est utilisée par SAINT-SIMON pour qualifier l'étude de la « société en actes ». COMTE lui substitue une autre appellation : celle de « sociologie », hybride gréco-latin qui souligne plus nettement le positionnement discursif, théorique, sur l'organisation sociale. Il se distingue du terme de « démographie », employé pour la première fois par GUILLARD en 1855 dans un ouvrage intitulé *Éléments de statistique humaine ou démographie comparée*. L'étymologie de ce terme est significative de la spécialisation qui caractérise la nouvelle discipline : en effet, il s'agit de « décrire » (dérivé du mot grec *graphein*) la population *(dêmos)*, mais ce dernier mot signifie aussi « peuple, société ». Guillard donnait d'ailleurs deux définitions de la démographie : l'une, au sens large, couvrirait « *l'histoire naturelle et sociale de l'espèce humaine* » ; l'autre, au sens restreint, serait « *la connaissance mathématique des populations, de leurs mouvements généraux, de leur état physique, civil, intellectuel et moral* ». Guillard semble privilégier la deuxième proposition, estimant que la démographie est « *une science de faits, et qui répugne aux raisonnements abstraits. Elle est jeune et n'a pas encore de théorie : peut-être est-il à souhaiter qu'elle n'en soit jamais affublée. Elle a ses principes propres* [...] *qui s'appuient exclusivement sur la loi des grands nombres ou calcul des probabilités.* » Tout en reprenant les travaux de QUÉTELET et en répondant à Malthus (il distingue deux Malthus, l'un de « gauche » qu'il appuie, l'autre de « droite » qu'il combat), Guillard pense en sociologue par la diversité des thèmes qu'il inscrit dans le champ de la démographie. Il analyse ainsi la criminalité selon différents critères : région, religion, activité, notant au passage que « *le démon qui damne et qui tue, c'est le chômage* ». C'est également un véritable bilan de l'instruction populaire et de l'illettrisme qu'il établit et en sociologue-démographe il étudie, statistiques à l'appui, la situation des professions dans différents pays d'Europe, soulignant les difficultés d'une telle comparaison par suite de la pluralité des définitions.

3 **Dumont.** *Démographie* et *sociologie* sont aussi étroitement imbriquées dans la problématique que DUMONT développe dans un livre publié en 1890, *Dépopulation et civilisation*. Prenant acte de l'importance des statistiques publiques pour les sciences sociales, il considère que « *depuis que les registres de l'état civil sont tenus régulièrement et qu'il se fait des recensements périodiques, la sociologie tient à sa disposition des ressources que n'eut jamais aucun philosophe* ». Mettant en relation l'évolution démographique et les structures politiques et sociales, Dumont tente de montrer que, dans un régime démocratique marqué par l'individualisme, la mobilité ascendante aussi bien sociale que culturelle ou scientifique, qu'il désigne sous l'appellation de « capillarité sociale », devient la cause principale de la baisse de la fécondité, notamment au sein des classes moyennes. Les changements dans les motivations des familles sont étudiés dans une perspective historique, trait d'union entre démographie et sociologie pour lesquelles la durée est une dimension essentielle.

3 LE XXe SIÈCLE.

1 **Durkheim.** L'importance numérique de la population, mesurée par sa densité, constitue selon Durkheim (1893), un facteur important de la transformation historique des sociétés. La densité démographique favoriserait la « densité morale et sociale » qui caractérise les sociétés complexes. Il considère que « *la condensation de la masse sociale, surtout si elle est accompagnée d'un accroissement de la population, détermine nécessairement des progrès de la division du travail* ». Cependant, l'extrême densité de la population peut rendre difficile la vie des habitants ; ces derniers, au lieu de se spécialiser, émigrent vers d'autres régions. Durkheim privilégie cette notion de densité pour tenter d'expliquer les mouvements de population, affirmant qu'« *il est impossible que les peuples les plus forts ne tendent pas à s'incorporer les plus faibles, comme les plus denses se déversent chez les moins denses ; c'est une loi mécanique de l'équilibre social non moins nécessaire que celle qui régit l'équilibre des liquides* ». Si Durkheim laisse pressentir, dans sa troisième et dernière définition de la sociologie, la pluridimensionalité de son objet, il lui a cependant manqué, selon GURVITCH (1962), « *une*

reconnaissance nette de la pluralité de méthodes complémentaires pour étudier la réalité sociale ».

2 **Halbwachs.** C'est précisément cette démarche — dans laquelle sociologie et démographie apparaissent comme étant à la fois complémentaires et singulières — qui s'affirme dans un ouvrage intitulé *Morphologie sociale*, que HALBWACHS publie en 1938, quelques années avant sa disparition tragique au camp de Buchenwald. Halbwachs considère que les faits de population ont « leur nature propre et doivent être envisagés en eux-mêmes, indépendamment de tous les autres ». Les « racines démographiques » des phénomènes sociaux ont, selon Halbwachs, une *« réalité spécifique et autonome en ce sens qu'il faut expliquer des faits de population par d'autres faits de population »*.

Qu'il s'agisse d'étudier des ensembles confessionnels, politiques ou économiques, Halbwachs montre que *« les faits de population pénètrent de toutes parts dans le cadre des sociologies particulières, et c'est en ce sens qu'il existe une morphologie au sens plus large, qui étudie la population et ses formes dans leurs rapports avec les diverses activités de la société »*. Réciproquement, ces faits de population sont aussi des faits sociaux car, selon Halbwachs, *« derrière tous ces faits de population, nous apercevons une activité collective qui élabore en quelque sorte les données biologiques et les oriente »*. Leurs fluctuations peuvent ainsi s'expliquer par différentes causes qui s'entrecroisent. Enfin, Halbwachs distingue un dernier niveau qui contiendrait *« le mot de l'énigme »*, lequel se situerait dans *« l'illusion commune au groupe »* et ses représentations collectives. D'une certaine manière, on trouve dans cet ouvrage important aussi bien les fondements théoriques justifiant la spécificité de la démographie que les éléments constitutifs d'une sociologie de la population.

3 **Stoetzel.** Le problème des relations entre les deux disciplines est à nouveau posé par STOETZEL dans la première livraison de la revue *Population* (nº 1, 1946). Il considère que *« dès le niveau méthodologique de leur conceptualisation les faits démographiques relèvent de la sociologie »*. Mais les recensements et l'état civil, en tant qu'opérations administratives, imposent des cadres *« hautement artificiels »* qui *« masquent l'allure réelle des phénomènes de population et leurs liaisons avec les faits sociaux et culturels »*.

4 LE PROBLÈME DES SOURCES ADMINISTRATIVES. Les principales données qui constituent la matière première de la démographie sont issues de sources administratives ; le monopole quasi total de l'État sur le choix, la définition et la procédure de collecte des données démographiques a, pendant longtemps, empêché toute intervention de la recherche sur les étapes préalables à l'observation des faits de population. Cette dépendance institutionnelle a vraisemblablement contribué à distinguer la démographie, « science tournée vers l'action de l'État » (LENOIR, 1995), de la sociologie, considérée comme porteuse d'idées critiques, voire subversives.

Cependant, pour être opérationnels, les définitions légales et les systèmes d'observation des faits de population ont dû tenir compte de réalités complexes et changeantes, qu'il s'agisse de la constitution des unions, des configurations nouvelles dans lesquelles s'inscrit la fécondité, des transformations des situations professionnelles et des temps d'activité, des caractéristiques culturelles, linguistiques, religieuses, etc.

1 **Le préalable sociologique de la démographie.** Il est aujourd'hui admis qu'une connaissance sociologique préalable des réalités qui doivent faire l'objet d'une étude démographique est indispensable *« si l'on veut contrôler à la fois le contenu formel des concepts, mais aussi leur signification démographique et sociale »* (GÉRARD, 1995).

D'autre part, des changements importants sont apparus à partir du moment où la recherche démographique a pu bénéficier d'une reconnaissance sociale formelle, avec la création d'institutions spécialisées (en France, l'Institut national d'études démographiques a été créé en 1945) dotées de moyens propres. Cette situation nouvelle a permis de repositionner la recherche par rapport à une demande sociale de plus en plus diversifiée, de conduire des enquêtes sur des thèmes définis avec une certaine autonomie, de produire une très grande variété de données utilisables par les démographes comme par les sociologues.

Ces tendances peuvent être observées en Europe comme aux États-Unis à partir de la grande enquête conduite à Indianapolis par KISER et WHELPTON sur les facteurs sociaux et psychologiques agissant sur la fécondité. Comme le montre CALDWELL (1996), les recherches sociodémographiques se développent en Grande-Bretagne et en Suède à partir des années 50. En France, les enquêtes menées par l'INED, notamment celles de GIRARD sur les attitudes à l'égard des immigrés, les facteurs sociaux et culturels de la mortalité infantile, la réussite sociale, le choix du conjoint, l'observation longitudinale d'une promotion d'élèves, etc., confirment l'importance du fonds commun — thématique et statistique — dans lequel puisent les deux disciplines. Pour la sociologie, *« l'importance de la démographie* [...] *tient plus fondamentalement à ce que le “ substrat social ” de la sociologie c'est l'homme, mais l'homme en nombre* [...] *»* (SICOT, 1995).

2 **La méthode sociologique en démographie.** Réciproquement, si la démographie s'est « sociologisée » pour reprendre l'expression de Gurvitch, elle a cependant développé une autonomie méthodologique dans le domaine de l'analyse démographique qui, par ses concepts et ses méthodes spécifiques, constitue *« un maillon essentiel de la recherche en démographie »* (PRESSAT, 1961). Ayant ses origines dans le traitement des données censitaires et d'état civil, son importance est devenue telle que toute enquête quantitative faisant intervenir les variables démographiques essentielles (âge, sexe, état matrimonial, nombre d'enfants, etc.) doit tenir compte des exigences de l'analyse dès la conception de la recherche, de l'élaboration des questionnaires et de la collecte des données.

Les orientations fondamentales de l'analyse (*« séparer les facteurs dont dépendent les faits de population, isoler les phénomènes à l'état pur »* [HENRY, 1972]) se prolongent par d'autres voies de recherche visant à explorer les interactions entre les phénomènes démographiques et l'hétérogénéité des populations observées. Le recueil et l'analyse des biographies individuelles se situeraient ainsi dans *« un courant beaucoup plus général qui recoupe toutes les sciences humaines »* (COURGEAU, 1989) et notamment la sociologie, l'anthropologie et la psychologie.

[3] **Fait sociologique et fait démographique.** Au-delà de l'analyse, la recherche des causes agissant sur les phénomènes de population constitue une base à la fois essentielle et très problématique dans les relations entre sociologie et démographie. Pour GIRARD, les faits démographiques *« ne sauraient être compris sans référence au cadre social dans lequel ils s'inscrivent. »* En conséquence, *« toute tentative d'explication en démographie est de nature sociologique »* (Girard, 1984). Cependant, la démarche explicative implique que les hypothèses puissent s'organiser dans un champ théorique où elles pourraient être vérifiées. Or, estime ROUSSEL, il ne s'est pas établi de « véritable processus cumulatif » entre les analyses démographiques et les recherches sociologiques qui permettraient d'assurer cette vérification. Ainsi, la théorie de PARSONS mettant en relation le système de valeurs d'une société donnée et les comportements démographiques a été démentie par les faits, alors même qu'il avait été le plus loin dans la recherche d'une logique unificatrice entre la sociologie et la démographie. Roussel considère donc que les deux disciplines sont demeurées extérieures l'une à l'autre car *« le sociologue part d'une explication trop générale pour rejoindre les données démographiques précises, tandis que le démographe a toujours affaire, au-delà de l'apparente ponctualité du donné mesurable, à une réalité trop fondamentale pour qu'il puisse en rendre compte par un ou plusieurs facteurs sociaux »* (Roussel, 1985). Roland PRESSAT ne dit rien d'autre quand il souligne que la recherche des causes agissant sur les phénomènes démographiques relève d'une *« ambition illusoire tant la chaîne des implications plausibles au bout de laquelle se situe la situation considérée apparaît sans fin »* (Pressat, 1996).

De nouvelles voies sont néanmoins explorées à partir de la reconnaissance de l'hétérogénéité complexe des populations, avec toutes les implications théoriques et méthodologiques qu'implique ce constat depuis la phase d'observation des faits socio-démographiques jusqu'à la recherche des interrelations avec les autres éléments du système social et culturel dans lequel ils s'inscrivent.

Léon GANI

bibliographie

CALDWELL John C., « Demography and Social Science », in *Population Studies*, 50 (3), 1996, pp. 305 à 333.

DUMONT Arsène, *Dépopulation et civilisation* (1890), Economica, 1990.

DURKHEIM Émile, *De la division du travail social* (1893), PUF, 1991.

GIRARD Alain, *L'Homme et le nombre des hommes*, PUF, 1984.

GÉRARD Hubert, PICHÉ Victor (sous la dir. de), *La Sociologie des populations*, Québec, Canada, PU de Montréal, AUPEL-UREF, 1995.

GUILLARD Achille, *Éléments de statistique humaine*, Guillaumin et Cie, 1855.

GURVITCH Georges (sous la dir. de), *Traité de sociologie*, PUF, 1962.

HALBWACHS Maurice, *Morphologie sociale* (1938), Armand Colin, 1970.

PRESSAT Roland, *L'Analyse démographique* (1961), PUF, 1969.

« Recherche et enseignement en démographie : réflexions diverses », in *Demografia : Analisi e Sintesi*, Rome, Università La Sapienza, 1996, pp. 241 à 251.

ROUSSEL Louis, « Démographie et sociologie : deux disciplines solidaires », in *European Journal of Population*, 1, 1985, pp. 61 à 80.

STOEZEL Jean, « Sociologie et démographie », in *Population*, 1, 1946, pp. 79 à 89.

DÉNOMBREMENT ⇒ DÉCHIFFREMENT

DENSITÉ DE POPULATION

emprunté au latin *densitas* « épaisseur », de *densus* « épais, serré, touffu »

all. BEVÖLKERUNGDICHTE	esp. DENSIDAD DE POBLACIÓN
angl. POPULATION DENSITY	ital. DENSITÀ DI POPOLAZIONE

voir : ENVIRONNEMENT, POLITIQUE DE POPULATION, POPULATION

Indice permettant de mesurer sommairement l'intensité du peuplement en rapportant le nombre des habitants à la superficie d'un territoire donné.

La *densité* est le rapport de la *population* à une superficie donnée, exprimé en habitants par kilomètre carré. Cet indicateur permet d'évaluer les différences dans la répartition des hommes de manière commode, mais néanmoins trompeuse. Très variable à l'échelle des États, la densité est d'autant moins significative que l'espace considéré est plus vaste et offre des conditions naturelles plus différenciées. Des niveaux de densité apparemment comparables peuvent ainsi recouvrir des modes de vie et des formes d'organisation sociale, des systèmes de production et un aménagement de l'espace d'une très grande diversité. Cet indicateur doit donc être situé dans un contexte socio-démographique, économique et historique spécifique pour pouvoir être interprété convenablement, en relation avec d'autres informations significatives.

La *densité de la population* a été considérée par DURKHEIM (1893) comme étant un élément déterminant du progrès car, selon lui, la concentration des hommes vivant en société transforme et multiplie les rapports qu'ils établissent entre eux. Pour Durkheim, la division du travail varie donc en raison directe du volume et de la densité des sociétés.

HALBWACHS (1938) se situe dans la même ligne de pensée ; toutefois, il souligne que la densité de population n'est, au point de vue statistique, qu'une « expression incomplète » de la manière dont les hommes se distribuent sur un territoire. Halbwachs estime que l'ensemble des faits de population est en rapport de cause à effet, ou inversement, avec la densité démographique qui exercerait son influence sur tous les domaines de la vie économique, sociale et religieuse.

Léon GANI

bibliographie

DURKHEIM Émile, *De la division du travail social* (1893), PUF, 1991.

HALBWACHS Maurice, *Morphologie sociale* (1938), Armand Colin, 1970.

DÉONTOLOGIE

du grec *deon* (génitif : *deontos*), participe présent du verbe *dein* « falloir ; être nécessaire »

all. BERUFSETHIK, DEONTOLOGIE	esp. DEONTOLOGÍA
angl. DEONTOLOGY	ital. DEONTOLOGIA

voir : ÉTHIQUE, MORALE, VALEURS

La notion de déontologie recouvre deux sens :
1. la science morale qui apprend à connaître les devoirs ;
2. ensemble des devoirs qu'impose à des professionnels l'exercice de leur métier.

BENTHAM est un des premiers auteurs à aborder la notion de *déontologie*. Il l'utilise dans le sens de l'évaluation d'une action, en cherchant à élaborer une arithmétique morale. « *La tâche du moraliste éclairé,* dit Bentham, *est de* démontrer *qu'un acte immoral est un faux calcul de l'intérêt* personnel, *et que l'homme vicieux fait une estimation erronée des plaisirs et des peines.* »

De fait, les codes de ce qui est considéré comme réglant les conduites se cantonnent essentiellement à certaines professions et, initialement surtout, au domaine de la médecine. En ce sens, cela suppose l'existence d'un ordre professionnel ou d'une institution qui codifie les règles. L'histoire des sciences sociales ne révèle pas de préoccupation majeure ni sur la genèse, ni sur la nécessité de fonder éthiquement des pratiques professionnelles. Les interrogations sur les pratiques et les effets de celles-ci sont rares.

La plupart des métiers des sciences humaines, y compris celui de sociologue, ne font pas l'objet de prestation de serment ni de charte fixant des limites morales à leurs actes. Seuls quelques principes consensuels ou quelques usages communs traversent les pratiques, sans jamais avoir été cristallisés dans un code. Entre l'observance convenue de l'« anonymat » dans les enquêtes de terrain et celle légalisée par l'institution de la loi « Informatique et libertés », le champ tant théorique que pratique de la déontologie est dans ce domaine scientifique largement en friche.

Très généralement, on note dans la littérature en usage dans les sciences humaines, une frontière très mince, voire un brouillage, entre les notions de déontologie, d'éthique et de morale.

France AUBERT

bibliographie

BENTHAM Jeremie, *Deontology ; (together with) A Table of the Springs of Action ; the Article on Utilitarism* (1834), (Amnon GOLDWORTH, éd.), 1983.

BRUYER R., *Les Sciences de l'homme et les droits de l'homme*, Bruxelles, Pierre Mardaga, 1984.

ETCHÉGOYEN Alain, *La Valse des éthiques*, Bourin, 1991.

ETCHÉGOYEN Alain, « Éthique professionnelle », in *Sociétés contemporaines*, n° 77, L'Harmattan, 1991.

ETCHÉGOYEN Alain, « Éthique professionnelle et expériences de terrain », in *Journal des anthropologues*, n° 50-51, Association française des anthropologues, 1992-1993.

FILLOUX Jean-Claude *et alii*, *Éthique, épistémologie et sciences de l'homme*, L'Harmattan, 1996.

DÉPOLITISATION ⇒ POLITISATION

DÉRIVATION

Les deux termes de *résidu* et de *dérivation* constituent deux concepts essentiels du vocabulaire de PARETO et concernent l'analyse des actions *non logiques*. Pareto oppose les actions logiques (dans lesquelles les moyens sont logiquement liés au but) et les actions non logiques où cette relation n'existe pas (exécuter une danse pour provoquer la pluie). Il réfère ces actions non logiques à une part constante qu'il nomme *résidu*, correspondant aux instincts, désirs, sentiments, besoins, goûts subjectifs, et à une part variable ou *dérivée* qui consiste en un travail accompli pour expliquer ou légitimer l'action. Par exemple, l'instinct des combinaisons, le « besoin de manifester ses sentiments par des actes extérieurs » ou la « persistance des agrégats » constituent ce que Pareto nomme des *résidus*. Les changements, les manifestations verbales, les argumentations moralisatrices, les légitimations de l'ordre social sont des *dérivations*. Les philosophies sociales, les idéologies politiques, sont, dans ce vocabulaire, des *dérivations*.

Pierre ANSART

bibliographie

PARETO Vilfredo, *Traité de sociologie générale* (1916), Genève, Droz, 1968.

VALADE Bernard, *Pareto, la naissance d'une autre sociologie*, PUF, 1990.

DÉSACRALISATION

voir : DÉCULTURATION, DÉSENCHANTEMENT, RELIGION, SÉCULARISATION

Action de destruction du caractère sacral ; passage du sacré au profane.

Ce terme désigne les processus de désaffection pour les rites et les institutions d'une religion, l'abandon des pratiques et des significations sacrées. Dans ***L'Éthique protestante et l'esprit du capitalisme***, WEBER montre comment la *désacralisation* peut correspondre à un transfert du sacré et à sa transformation : ce qui, pour le puritain, était perçu comme une vocation en vient à être exercé comme un métier : à la désacralisation succède, en ce cas, une forme de resacralisation.

Pierre ANSART

bibliographie

HERVIEU-LÉGER Danièle (avec la collab. de Françoise CHAMPION), *Vers un nouveau christianisme ?*, Cerf, 1986.

WEBER Max, *L'Éthique protestante et l'esprit du capitalisme* (1905), Plon, 1981.

DÉSENCHANTEMENT

du latin (1554) *incantere* « désenchanter, rompre le charme »

all. ENTZAUBERUNG	esp. DESENCANTO
angl. DISENCHANTMENT	ital. DISINCANTO

voir : BUREAUCRATIE, DÉLIANCE, RAISON, RELIGION, VALEUR

Le désenchantement signifie la cessation du charme, du sortilège, et par extension la déception qui en résulte.

Chez WEBER, ce terme renvoie à la vision du monde qui résulte, aujourd'hui, du développement de l'intellectualisation, de la rationalisation et, corrélativement, de l'effondrement des univers symboliques, en particulier des univers religieux. Le monde n'est plus enchanté. C'est le règne de la bureaucratie, de l'univers rationnel-légal. Mais loin de faire disparaître l'irrationalité, le procès de rationalisation contribue à la rendre plus visible. N'étant plus protégés par des systèmes de croyances qui donnaient du sens à leurs expériences, les hommes prennent conscience de l'imprévisibilité des événements, de l'affectivité et de l'antagonisme qui traverse les valeurs ainsi que des paradoxes des conséquences. C'est sur ces deux dernières manifestations de l'irrationalité que WEBER insiste le plus, car elles mettent en cause la morale elle-même. L'antagonisme des valeurs ne permet pas en effet de maintenir la cohérence des choix. Il n'y a pas d'unité des valeurs. Le beau ne va pas nécessairement de pair avec le bien, le tolérance peut s'opposer à la justice. Quant au paradoxe des conséquences, il confronte l'homme à la dissociation des intentions et des résultats. On peut vouloir le bien et faire le mal et il arrive que pour faire le bien, on doive choisir de faire le mal. Le *désenchantement* laisse place à la déception, voire au désespoir, et il n'y a d'autre issue pour Weber que dans un volontarisme lucide : chacun doit choisir son dieu ou son démon. Inscrite dans une philosophie wébérienne qui doit beaucoup à NIETZSCHE, la notion de désenchantement a été souvent reprise dans les analyses contemporaines de la modernité ou de la postmodernité.

Monique HIRSCHHORN

bibliographie

GAUCHET Marcel, *Le Désenchantement du monde*, Gallimard, 1985.

MAFFESOLI Michel, *Au creux des apparences. Pour une éthique de l'esthétique*, Plon, 1990.

WEBER Max, *Le Savant et le politique* (1919), Plon, 1958.

WEBER Max, *Essais sur la théorie de la science* (1922), Plon, 1965.

DÉSIR

du latin *desiderare*, littéralement « cesser de contempler l'étoile, l'astre », d'où moralement « constater l'absence de »

all. WUNSCH	esp. DESEO
angl. WISH, DESIRE	ital. DESIDERIO

voir : LIBIDO, MIMÉTISME, PSYCHANALYSE

Le désir est le mouvement qui pousse l'individu à vouloir posséder un objet ou réaliser une fin qui lui paraissent conformes à l'image qu'il a de sa propre individualité.

Tant en philosophie que dans les disciplines anthropologiques, la notion de *désir* s'oppose à la notion de *besoin*. Alors que le besoin est de l'ordre de l'instinct et signifie que les demandes de l'animal résultent d'un code inné — le code biologique de son espèce —, le désir est d'une tout autre nature. Il implique à la fois langage et institution. L'homme n'est pas soumis à un ordre de demandes que lui dicterait sa « nature ». Il *désire* des objets qu'un code social lui désigne comme étant permis et désirables et, dans le même temps, il individualise sa demande dans cet espace socioculturel, il la fait « sienne » et peut (une opposition qui n'exclut pas mais implique l'espace culturel) choisir la transgression et désirer l'interdit et l'indésirable.

Que le désir implique le besoin est une évidence : l'homme est un être biologique. Mais le désir ne se réduit pas au besoin. Les mêmes besoins sexuels de l'espèce humaine n'expliqueront jamais la multitude des formes possibles du mariage. Le besoin n'a pas d'histoire, contrairement au désir qui implique l'institution sociale. Il en résulte que le désir est d'abord contrainte, dérive, sublimation de la tendance et qu'il implique toujours une satisfaction indirecte, oblique, une satisfaction qui fait de l'objet du désir un objet signifiant, renvoyant à autre chose qu'à lui-même et, de ce fait, toujours ouvert à un glissement qui l'associe à n'importe quel substitut et l'ouvre à la névrose. Anthropologisant l'analyse hégélienne de « la conscience de soi », KOJÈVE nous offre une analytique de ce « désir » constitutif de l'humain qu'on peut résumer ainsi : la réalité humaine ne peut se constituer qu'à l'intérieur d'une réalité biologique, le besoin animal est la condition nécessaire mais non suffisante pour qu'existe le désir de l'homme. Mais alors que le besoin porte sur un objet *naturel* et satisfait donc un *moi naturel*, le désir doit, lui, porter sur un autre objet qu'un objet naturel et s'en faire la négation. Cet autre objet ne peut être que le *désir du désir de l'autre* ; un objet n'est désirable qu'en tant qu'il est objet du désir de l'autre. Le désir implique l'intersubjectivité, la pluralité des « consciences de soi ». C'est dans cette même tradition que s'inscrivent les travaux de FREUD et leur reprise simplifiée chez GIRARD dans sa description du désir mimétique comme fondement de l'homme en tant qu'homme. Disons pour résumer que le désir que l'homme manifeste est nourri de symboles et montre, dans ces rituels, ces contournements, ces étrangetés, son acceptation de soumettre la vie à un ordre qui la dépasse et lui donne sens ou non-sens.

André AKOUN

bibliographie

FREUD Sigmund, *L'Avenir d'une illusion* (1927), PUF, 1995.

GIRARD René, *Mensonge romantique et vérité romanesque* (1961), Hachette, 1985.

KARDINER Abram, *L'Individu dans sa société* (1939), Gallimard, 1969.

LEFORT Claude, *Les Formes de l'histoire*, Gallimard, 1978.

LÉVI-STRAUSS Claude, « Histoire et ethnologie », in *Revue de métaphysique et de morale,* 1949.

MAUSS Marcel, *Sociologie et anthropologie* (1950), PUF, 1997.

DÉSOCIALISATION

voir : DÉCULTURATION, IDENTITÉ, SOCIALISATION

Processus au cours duquel une socialisation antérieure est détruite.

Ce processus est repéré dans les cas de « lavage de cerveau » ou de conversion à une secte contraignante. GOFFMAN en donne pour exemple la désidentification qui est imposée à l'entrée dans une institution « totale », lorsqu'un individu est dépersonnalisé, dépouillé de son identité antérieure.

Pierre ANSART

bibliographie

GOFFMAN Erving, *Asiles. Étude sur la condition sociale des malades mentaux* (1961), Éd. de Minuit, 1975.

DÉSORDRE

de *ordre*, préfixé négativement, du latin *ordo* « arrangement des éléments d'un tout »

all. UNORDNUNG, UNRUHE	esp. DESORDEN
angl. DISORDER	ital. DISORDINE

voir : CONTINGENCE, DÉTERMINISME, HASARD, MOUVEMENT, ORDRE

État de confusion, de désorganisation dans le fonctionnement social.

Les philosophies sociales ont le plus souvent accordé une valeur positive à l'*ordre* (PLATON, COMTE), et fait du *désordre* une dimension négative, éventuellement destructrice du social. Parmi les fondateurs de la sociologie, le *désordre* a été perçu soit comme un moment historiquement exceptionnel (la révolution, pour MARX), soit comme une menace et une source de souffrances qu'il était nécessaire de combattre (l'anomie, pour DURKHEIM).

Une socioanthropologie du désordre souligne, au contraire, la permanence des multiples formes de désordre et combien toute société s'y trouve confrontée. BALANDIER montre que les sociétés traditionnelles expriment dans leurs mythes cette proximité de l'ordre et du désordre (1988). Le mythe fait souvent le récit d'un chaos primitif d'où a émergé, par une lutte confuse, l'ordre du monde. Cependant, ce dernier est toujours à reconstituer. Des cérémonies, des danses miment ces alternances ; de multiples rituels rappellent ces relations et réalisent des conversions du désordre en ordre.

Les sociétés contemporaines affrontent, en fait, de multiples figures du désordre (l'événement imprévu, l'accident, l'épidémie, la violence, le terrorisme...) et comportent des mécanismes visant soit à contenir ces désordres soit à les utiliser dans les processus de changement. Sur le plan théorique, ce fait des désordres infirme les théories du déterminisme sociologique et les ambitions de prédire les évolutions, les développements futurs, à partir du présent. Les théories du développement social et les politiques correspondantes se heurtent aux imprévus, aux désordres, et à l'impossibilité de parvenir à la prédictibilité des phénomènes sociaux. L'analyse du comportement des acteurs met en relief les incertitudes introduites par les choix et les décisions des individus : les choix personnels troublent des processus décisionnels et rendent imprévisibles les innovations qui ne se réduisent pas aux exigences du système (BOUDON, 1984).

À ces menaces des désordres, les réponses sont diverses : le totalitarisme en est une, qui soumet toutes les anomalies à son pouvoir. Le repli dans les traditions sacralisées en est une autre. L'idéologie néolibérale tente de répondre pragmatiquement : elle invite à réaliser un ordre par le mouvement en préconisant les réformes économiques, la mobilité des personnes et des biens, l'innovation, le culte du changement. Dans ce contexte, le mouvement est engendré en tous lieux par les sciences, les techniques, les inventions liées à la concurrence, entraînant de multiples désordres créateurs d'ordres ou d'arrangements provisoires.

Pierre ANSART

bibliographie

BALANDIER Georges, *Le Désordre, éloge du changement*, Fayard, 1988.

BOUDON Raymond, *La Place du désordre* (1984), PUF, 1991.

Centre universitaire de recherches administratives et politiques de Picardie, *Désordre(s)*, PUF, 1997.

DUPUIS Jean-Pierre, *Ordres et désordres. Enquête sur un nouveau paradigme*, Seuil, 1990.

DÉSORGANISATION

voir : ANOMIE, ÉCOLE DE CHICAGO, DÉCULTURATION, INDIVIDUALISME

Processus de décomposition des règles et institutions sociales entraînant des phénomènes de délinquance et de violence.

Dans leur ouvrage consacré à l'immigration polonaise à Chicago dans les années 1910-1920, THOMAS et ZNANIECKI distinguaient deux types de désorganisation. La famille rurale serait désorganisée par l'irruption de nouvelles valeurs de consommation qui modifient les comportements économiques ; quant à la communauté traditionnelle, elle serait désorganisée par l'absence d'opinions communes qui conduirait à la disparition de la solidarité. La notion de « désorganisation sociale » est, en ce sens, proche du concept durkheimien d'anomie.

Dans son enquête sur les milieux italiens de la même ville (1943), WHYTE met en question cette stigmatisation qu'il impute, polémiquement, à une sociologie de classe moyenne, méfiante à l'égard des groupes extérieurs perçus comme marginaux : il se propose de démontrer que ces groupes ont leurs propres normes et leur organisation sociale autonome.

Pierre ANSART

bibliographie

THOMAS William Isaac, ZNANIECKI Florian, *Le Paysan polonais en Europe et en Amérique* (1919), Nathan, 1998.

WHYTE William Foote, *Street Corner Society : la structure sociale d'un quartier italo-américain* (1943), La Découverte, 1996.

DESPOTISME ORIENTAL

À la liste des modes de production, MARX ajoute le *despotisme oriental*. Celui-ci se caractériserait par l'appropriation et l'organisation, par un pouvoir central, des moyens de production ; l'exemple typique en est donné par les anciens empires, détenteurs de la maîtrise des eaux (ancienne Égypte, Chine). Marx reprenait ainsi, en l'adaptant, une tradition intellectuelle du XVIIIe siècle faisant des empires orientaux et moyen-orientaux des régimes centralisés et tyranniques.

Dans les années 50, des auteurs critiques du régime soviétique (WITTFOGEL) ont comparé ce régime au despotisme oriental tel que Marx l'avait décrit, suscitant alors une vive polémique.

Pierre ANSART

bibliographie

WITTFOGEL Karl, *Le Despotisme oriental* (1957), Éd. de Minuit, 1964.

DÉTERMINISME

adaptation de l'allemand *Determinismus* (1790), du latin *determinare* « marquer les limites, borner, limiter »

all. DETERMINISMUS	esp. DETERMINISMO
angl. DETERMINISM	ital. DETERMINISMO

voir : CAUSE, CONTINGENCE, ÉPISTÉMOLOGIE, MÉTHODOLOGIE, PARADIGME

Conception générale du réel selon laquelle tout événement ou tout phénomène peut être ramené à un enchaînement nécessaire de relations, idéalement exprimables sous forme de lois mathématiques et susceptibles d'en permettre la prévision, voire la reproduction.

Le terme est introduit tardivement (première moitié du XIXe siècle), mais le concept s'élabore tout au long de la période classique. Il est étroitement associé à la méthode expérimentale et au rationalisme mathématique qui marquent la rupture galiléenne. À l'aube du XIXe siècle, le physicien LAPLACE en donne la formulation la plus dépouillée et la plus spectaculaire : *« Nous devons envisager l'état présent de l'univers comme l'effet de son état antérieur et la cause de celui qui va suivre. Une intelligence qui* [...] *connaîtrait toutes les forces dont la nature est animée et la situation respective des êtres qui la composent* [...] *embrasserait dans la même formule les mouvements des plus grands corps de l'univers et ceux du plus léger atome ; rien ne serait incertain pour elle et l'avenir, comme le passé, serait présent à ses yeux »* (***Essai philosophique sur les probabilités***, 1814).

Cette conception peut s'exprimer sous diverses formes et à divers niveaux : elle tend à penser la réalité comme un vaste système où tout état de choses se déduit rigoureusement d'un autre ; elle bannit la contingence et le hasard, ramenés à l'ignorance des séries causales déterminant les événements singuliers ; elle privilégie le schème explicatif de la causalité, dont elle développe une conception mathématique en liant par une fonction toute variation d'un phénomène y à divers phénomènes $x_1, x_2 ..., x_n$ du même système ; elle engendre un modèle rationnel de l'action, fondé sur la prévision et le calcul. Dans cet espace de significations, le déterminisme classique peut aussi bien se muer en un scientisme étroit et borné que fonctionner comme un principe métathéorique recteur.

La sociologie naissante l'appréhende selon des modalités contrastées. DURKHEIM fait du principe de causalité le point d'ancrage de la scientificité et, en 1895, décline dans les ***Règles de la méthode sociologique***, les formes de son application aux phénomènes sociaux. ***Le Suicide***, paru peu après, en est une brillante illustration ; il relève, statistiques à l'appui, que la tendance à se donner la mort varie selon divers facteurs sociaux. Inversement, sensibles à l'inscription historique du social et au rôle déterminant des significations dans l'action humaine, les philosophes et les sociologues allemands insistent sur la singularité des phénomènes sociaux. Selon WEBER, l'infini enchevêtrement des causes concrètes fait qu'en sciences sociales la connaissance procède toujours du point de vue de l'analyste et que les régularités repérées ne sont que des instruments pour cerner la spécificité des phénomènes.

La crise du déterminisme au XXe siècle. Le rapport originaire du déterminisme à une conception semblant incarner la scientificité ne cesse de se complexifier tout au long du XXe siècle. Les sciences physiques, introduisant avec le principe d'HEISENBERG l'incertitude dans la connaissance des phénomènes élémentaires, ouvrent une brèche qui ne cessera de s'élargir. Les sciences humaines oscillent entre tenants de l'expérimentalisme et défenseurs des approches cliniques ou compréhensives. La psychanalyse freudienne, associant une conception déterministe à une approche herméneutique du psychisme, basculera selon les courants d'un versant à l'autre.

Dans un débat toujours renaissant, trois figures semblent l'emporter.

1. La première, fidèle à l'héritage classique, fait du déterminisme l'horizon ultime de toute connaissance scientifique.
2. La deuxième, se réclamant souvent du postmodernisme, entend briser le carcan et abolir la frontière entre pensée scientifique et pensée esthétique.
3. La troisième voit dans un déterminisme souple et multiple un simple postulat de raison : déterminisme et indéterminisme, comme contingence et nécessité, continuité et discontinuité, ordre et désordre, forment un couple antithétique, structurant la pensée rationnelle sans possibilité de trancher rationnellement entre les termes (HOLTON).

Le déterminisme serait ainsi un postulat recteur selon lequel, dans l'infinie diversité des phénomènes, il y plus d'intérêt pour la connaissance à poser l'existence de liens, de régularités, de structures, que celle d'un désordre généralisé.

Jean-Michel BERTHELOT

bibliographie

BALANDIER Georges, *Le Désordre*, Fayard, 1988.

BERTHELOT Jean-Michel, *Les Vertus de l'incertitude*, PUF, 1996.

BOUDON Raymond, « Déterminismes sociaux et liberté individuelle », in *Effets pervers et ordre social*, PUF, 1977.

DURKHEIM Émile, *Règles de la méthode sociologique* (1895), PUF, 1988.

HOLTON Gerald, *L'Imaginaire scientifique*, Gallimard, 1981.

WEBER Max, *Essais sur la théorie de la science* (1904-1917), Plon, 1965.

SOCIOLOGIE DU DÉVELOPPEMENT

formé (v. 1170, *desvoloper*) du préfixe *des* et de l'ancien français *voloper* « envelopper »

all. ENTWICKLUNG	esp. DESAROLLO
angl. DEVELOPMENT	ital. SVILUPPO

voir : DÉTERMINISME, ÉCONOMIE, ÉVOLUTION, MARXISME, PARADIGME

Études comparatives de toutes les formes d'expansion économique, politique et culturelle, dans leurs dimensions et conséquences sociales.

Les fondateurs de la sociologie ont, pour la plupart, assigné à cette nouvelle science l'étude des changement sociaux liés aux mutations socioéconomiques. SAINT-SIMON fait de la « science de l'homme » l'étude des bouleversements sociaux de l'organisation féodale à la « société industrielle ». MARX centre ses analyses sur le développement du capitalisme et ses conséquences historiques.

L'étude des développements économiques et culturels constitue un thème essentiel de réflexion, sous des formes différentes, chez SPENCER, WEBER, DURKHEIM.

1 La *sociologie du développement* a été redéfinie après la Seconde Guerre mondiale avec le mouvement de décolonisation, l'émergence de nouvelles nations, la différenciation entre nations dites « développées » et « sous-développées ». La distinction s'est alors opérée entre la sociologie du développement, attentive aux transformations sociales et économiques des nations du tiers monde, et les études des développements particuliers dans les nations industrialisées.

L'importance prise par les impératifs de la croissance dans les pays du tiers monde après 1950 a suscité l'extension des recherches sociologiques, en rapport avec les bouleversements politiques et économiques. Parmi les nombreux travaux consacrés à ces problèmes de 1950 à 1980, trois écoles peuvent être distinguées :

[1] Une première école, active aux États-Unis, accordait la priorité aux recherches sur la « modernisation ». Fortement influencée par le fonctionnalisme et le structurofonctionnalisme, ces travaux envisageaient le développement comme une évolution de la tradition à la modernité facilitée au niveau économique par l'économie de marché et les investissements étrangers, au niveau social par l'adoption des institutions occidentales, et au niveau politique par l'évolution vers le régime démocratique. Dans les débats qui se sont déroulés durant la guerre froide, cette tendance théorique fut souvent critiquée pour son ethnocentrisme et pour sa confusion avec les modèles occidentaux.

[2] Le modèle d'analyse marxiste a été repris par de nombreux travaux et adapté aux conditions particulières des nations dépendantes. Les concepts marxistes de classe, d'exploitation, de reproduction du capital, d'inégalité sociale, se trouvèrent au centre de ces analyses, non sans un souci d'ajustement aux situations postcoloniales. À l'opposition entre bourgeoisie et prolétariat, ces travaux substituaient l'opposition entre nations dominantes et nations dépendantes, entre centre et périphérie. À l'exploitation de la classe ouvrière, certains travaux substituaient le pillage des matières premières. Le modèle en termes de classes donnait lieu à des réélaborations en termes de « bourgeoisie nationale », de « classe ouvrière en formation ». Ce modèle conduisait à interroger le développement dans le cadre général de la mutation des « modes de production » (GODELIER) et des idéologies (BENOT, 1969). Enfin l'implication politique était souvent revendiquée dans le contexte de la guerre froide et du soutien des nations socialistes (URSS, Chine) aux pays en voie de développement.

[3] Dans le même temps, un ensemble de travaux fondés sur la critique de l'anthropologie telle qu'elle avait été pratiquée au sein des sociétés africaines donnait naissance à une nouvelle anthropologie et à une « sociologie des mutations » (BALANDIER, 1970). Dans cette perspective, il s'agissait moins de limiter les recherches à un cadre théorique ou de construire une théorie englobante que d'analyser précisément tous les bouleversements sociaux pour en montrer les contradictions ou les cohérences (adaptation des lignages et des structures familiales, urbanisation précipitée, extension des bidonvilles, émergence de nouvelles élites urbaines...). La sociologie actionnaliste poursuivait cette tendance tout en majorant l'importance des acteurs sociaux (TOURAINE, 1965).

[3] L'effondrement des régimes communistes et l'affaiblissement de l'autorité du modèle correspondant ont entraîné l'abandon d'une sociologie marxiste du développement sans que les difficultés qu'elle avait abordées aient disparu : les problèmes à considérer se sont plutôt multipliés.

2 La régression du modèle marxiste et cette multiplication des questions posées ont favorisé le rapprochement des *sociologies du développement* entre les différentes nations. Ainsi, les recherches sur les développements des villes ou du monde rural ont tendu, après les années 80, à se rapprocher et les comparaisons internationales sur les diverses formes du développement ont connu une importante extension. Nombre de recherches internationales centrent leur problématique sur les effets sociaux du développement économique, non sans pluraliser les questions pour étudier les impacts de l'économique sur les besoins, sur les structures communautaires ou sur les pratiques religieuses, par exemple. Inversement, les comparaisons internationales ouvrent la voie à une reprise de la question : en quoi les formes sociales traditionnelles freinent-elles ou favorisent-elles le développement économique ? On retrouve ainsi la question que posait Weber dans *L'Éthique protestante*. Une question générale se trouve donc reposée au carrefour des sociologies du développement, celle de savoir en quoi, pourquoi et selon quelles modalités le culturel intervient dans le processus des développements (MCCLELLAND, 1967).

Pierre ANSART

bibliographie

BALANDIER Georges, *Sociologie actuelle de l'Afrique noire : dynamique sociale en Afrique centrale* (1955), PUF, 1982.

BÉNOT Yves, *Idéologies des indépendances africaines*, Maspero, 1972.

BOURDIEU Pierre, SAYAD Abdelmalek, *Le Déracinement*, Éd. de Minuit, 1964.

CARDOSO Fernando Henrique, *Politique et développement dans les sociétés dépendantes*, Anthropos, 1971.

FREYSSINET Jacques, *Le Concept de sous-développement*, Mouton, 1966.

GODELIER Maurice, *Horizons. Trajets marxistes en anthropologie*, Maspero, 2 t., 1977.

GUNDER-FRANK André, *Le Développement du sous-développement. L'Amérique latine*, Maspero, 1970.

KADT Emmanuel de (éd.), *Sociology and Development*, Londres, Tavistock, 1974.

MCCLELLAND David C., *The Achieving Society*, New York, The Free Press, 1967.

RODINSON Maxime, *Islam et capitalisme*, Seuil, 1966.

*

* *

DÉVIANCE

dérivé de dévier, emprunté au latin *deviare* « s'écarter du droit chemin »

all. DEVIANZ	esp. DESVIACIÓN
angl. DEVIANCE	ital. DEVIANZA

voir : CONTRÔLE SOCIAL, DISQUALIFICATION, DISSIDENCE, DROIT, NORME

Non-respect des modèles idéologiques et comportementaux institutionnellement agréés.

1 DÉVIANCE, DÉLINQUANCE, CRIMINALITÉ. Sachant que toute collectivité sociale est associée à un répertoire de représentations et de comportements explicitement ou implicitement prescrits, recommandés, désapprouvés ou prohibés, donc à des normes plus ou moins contraignantes, plus ou moins nouées à des sanctions positives (approbation tacite, éloge, récompense...) ou négatives (signes de réprobation, raillerie, demande d'excuse ou de réparation, châtiment corporel...), la *déviance* peut se définir — par opposition à la *conformité* — comme transgression des normes, violation des interdits, manquement aux obligations ou du moins adoption de postures contrevenant aux usages, esquivant ou défiant les injonctions des foyers d'autorité, déjouant les attentes de l'entourage... La déviance se distingue donc du champ juridique de la délinquance et de la criminalité parce qu'elle peut accueillir des manifestations déliées de toute codification formelle et de toute sanction pénale (certaines formes d'excentricité vestimentaire, par exemple) et, plus fondamentalement, parce qu'elle est comme la simple marque en creux d'une norme, cette norme fût-elle propre à un sous-groupe géographique, professionnel, culturel.

2 ANALYSE SOCIOLOGIQUE ET CATÉGORIES JURIDIQUES. Bien entendu, le fait que le concept de déviance puisse, provisoirement, effacer la frontière entre une transgression désapprouvée mais tolérée et une violation relevant de l'application des lois criminelles ne signifie pas que les sociologues soient indifférents à la diversité des formes ou des degrés de déviance : simplement, ils ne subordonnent pas leur traitement des faits sociaux aux découpages juridiques, ne considèrent pas comme allant de soi le tri et la hiérarchisation légaux des « atteintes » aux normes sociales. Qu'ils s'interrogent sur le rôle des « entrepreneurs de morale » dans la criminalisation des buveurs d'alcool ou fumeurs de marijuana (BECKER, 1963), sur la contribution que la stigmatisation des écarts initiaux peut apporter à la cristallisation de modes de vie déviants *(ibid.)* ou sur la complaisance dont bénéficient des malversations financières, identifiées à des « crimes en col blanc » (SUTHERLAND, 1940), les sociologues considèrent la délimitation et la gestion institutionnelle des transgressions comme des questions, objets de recherche au même titre (épistémologique) que les transgressions elles-mêmes. Sans doute la disposition à mettre en cause les classements et les procédures juridiques est-elle particulièrement prononcée du côté de la sociologie dite « critique » ou « du soupçon », et on pourra se rappeler que la première prise de position publique de Marx fut une dénonciation de la conversion en crime d'une coutume rurale : l'habitude paysanne de glaner le petit bois des propriétés forestières (MARX, 1842) ; mais l'indépendance à l'égard des énoncés du droit n'en est pas moins au principe de toute sociologie de la déviance et, dans un texte fondateur, Durkheim — bien qu'il accordât aux règles juridiques une fonction éminente de cristallisation des mœurs et de formalisation des contraintes collectives — écrit de façon un peu provocante que le crime témoigne, *« au même titre que l'innovation »*, de l'inégale adhésion des individus aux normes institutionnelles (DURKHEIM, 1901).

3 LES INTERPRÉTATIONS SOCIOLOGIQUES DU PHÉNOMÈNE DE DÉVIANCE. L'un des corrélats majeurs de cette « profanation » du droit est la disposition sociologique à rendre compte des transgressions, fussent-elles des violations des lois criminelles, en termes de processus socialement « fondés », aussi explicables que la conformité par l'analyse des relations entre les conduites adoptées et les configurations dans lesquelles elles ont émergé. Cette disposition, qui implique toujours d'une certaine façon un travail d'identification de la « part » prise par la société dans la violation de ses règles, peut se traduire cependant par des démarches sensiblement différentes selon les options épistémologiques (en particulier selon les places respectivement réservées aux déterminismes et aux stratégies, aux structures et aux acteurs) et selon les postures politiques (évaluation de la société et définition du mandat social du sociologue). On pourra relever ainsi plusieurs modes de traitement d'un même mécanisme, occupant une place éminente dans l'interprétation sociologique de la déviance : le fait que certains individus ou groupes puissent être soumis à des pressions ou injonctions contradictoires, sur le modèle du *double-bind* mis en évidence par l'approche clinique des souffrances mentales.

1 **Merton.** Ainsi MERTON associe l'anomie (le « dérèglement » suscité par les conditions sociales elles-mêmes) moins à des ruptures critiques des liens de solidarité — dans une filiation durkheimienne (Durkheim, 1897) — qu'à des effets de structure incitant « normalement », c'est-à-dire de façon prévisible, certains individus ou groupes d'individus à commettre des infractions ou à se soustraire aux codes sociaux (Merton, 1949). Et, en se référant à la civilisation américaine dont il avait l'expérience directe, il soulignait qu'une société valorisant la réussite financière, codifiant les moyens moralement honorables et juridiquement acceptables de satisfaire cette ambition mais rendant le succès « légitimement obtenu » hautement improbable, tendanciellement hors d'atteinte, pour un grand nombre d'individus (notamment ceux appartenant au monde du travail manuel), une telle société, donc, rend fréquemment incompatibles le maintien de l'estime de soi et le respect conjoint des objectifs valorisés et des conduites licites. À côté des conduites de conformité au modèle, la structure sociale elle-même peut inviter ainsi certains acteurs à adopter des modes d'adaptation parallèles, variables selon leur milieu, mais aussi leur histoire familiale, leur apprentissage informel de schémas cognitifs et comportementaux : évasion (exil, retrait dans le vagabondage...), rébellion (orientation vers le bouleversement des structures sociales), criminalité (poursuite de la réussite financière par des voies illégales), résignation rituelle (abandon de l'espoir de promotion et transformation du respect des règles en finalité se suffi-

sant à elle-même), etc. Une telle perspective théorique ne voit donc dans le vol, par exemple, ni une aberration, ni une conséquence mécanique de la misère : elle lui accorde plutôt le statut d'option tactique simultanément déviante et structurellement raisonnable, répondant à l'impossibilité, pour certains acteurs, de concilier l'ambition de réussite matérielle, ambition stimulée par la culture ambiante, et le respect des procédures légales, autre injonction sociale.

2 **Bourdieu.** On retrouve dans un autre courant sociologique, celui de BOURDIEU, l'établissement d'un lien entre déviance et impasse structurelle, violence et occupation d'une position rendant (objectivement et subjectivement) impossible, ou du moins improbable, le respect conjoint du but assigné et des règles du jeu social. Ainsi, lorsqu'il évoque « *la violence désespérée de ces adolescents qui cherchent dans l'action réduite à l'infraction un moyen d'accéder à une forme reconnue d'existence sociale* » (Bourdieu, 1982), il renvoie à la conjonction d'un impératif anthropologique incontournable (à l'enjeu des enjeux, à la quête de raisons d'exister, de justifications indissociablement sociales et vitales), d'une contrainte symbolique (la consécration sociale est distinctive et implique la concurrence pour l'existence reconnue) et d'une inscription négative : l'exclusion des dignités, titres, fonctions ou missions attestant une habilitation sociale... Cependant l'approche de Bourdieu est sensiblement plus tragique que celle de MERTON : elle noue étroitement l'arbitraire culturel des distinctions à la trivialité des rapports de forces matérielles, accorde moins de place aux négociations stratégiques qu'à l'imposition violente d'un destin et ne concède guère aux infractions populaires plus de sens que ne leur en octroie l'ordre culturel dominant - la misère ici voue spontanément aux velléités *misérables* de reconnaissance, quel que soit le registre : soumission, révolte, transgression... (cf. en particulier Bourdieu, 1991).

3 **Berger et Luckmann.** Le clivage entre déviance « choisie » (fût-ce dans le cadre d'un choix matériellement et culturellement restreint) et déviance « subie » (imprimée par l'histoire sociale, fût-ce à travers le prisme de l'intériorisation des chances — ou plutôt malchances — objectives) fait bien signe vers deux statuts significativement différents de l'expérience sociale mais qui ne sont peut-être pas incompatibles dans un espace théorique cohérent. Berger et Luckmann leur ménagent à l'une et à l'autre une place, en distinguant les contextes de socialisation régissant l'expérience critique de l'identité (BERGER et LUCKMANN, 1966). Ils n'excluent pas que la disqualification sociale puisse être une destinée, que les stigmatisés soient assujetis au « programme institutionnel » qui leur assigne une condition indigne, sans autre recours que le ressentiment individuel ou la rage (ratifiant plus que contestant leur statut d'infériorité). Mais ils indiquent aussi que même dans une société excluant toute manifestation publique d'une contre-identité, ces stigmatisés peuvent éventuellement constituer une communauté marginale, redéfinir collectivement leurs caractéristiques comme points d'honneur ou emblèmes, institutionnaliser clandestinement une échelle de valeurs parallèle, en somme créer les conditions sociales d'une identité positive, plausible parce qu'attestée par des *significant others*. Dans le même souci d'appréhender la complexité du processus d'acculturation, et notamment la concurrence entre les définitions de la réalité et des rôles, Berger et Luckmann sont attentifs aux marges d'autonomie cognitive et affective, associées notamment aux phases de socialisation. Le petit garçon qui adopte une conduite efféminée, parce qu'en période stratégique, nodale, de socialisation primaire, son père est absent, avec un entourage significatif réduit à sa mère et à ses sœurs aînées, des incitations orales à une conduite virile moins consistantes que les modèles de comportement effectivement observés, est affectivement plus chevillé à son identité déviante que l'adolescent qui, aux yeux de sa famille, se prépare à recevoir la consécration d'un diplôme au moment même où, aux yeux de ses compagnons de sortie, il se dispose à voler une voiture pour prouver son audace et sceller son intégration au groupe de pairs ; et cet adolescent est lui-même moins distant des rôles affectés que le col blanc qui témoigne chaque jour au bureau de sa maîtrise des convenances et n'en joue pas moins, la nuit, d'autres personnages, disons : parieur clandestin ou *drag-queen*. La déviance « naturalisée », susceptible de devenir destin à défaut d'assistance thérapeutique, et la déviance jouée, enfilée comme un rôle disponible sur le marché, apparaissent ici comme des cas limites ou des pôles, plus que comme des figures engageant des conceptions contrastées du monde social.

Léon GANI

bibliographie

BECKER Howard P., *Outsiders. Studies Sociology of Deviance*, New York, Free Press, 1963.

BERGER Peter, LUCKMANN Thomas, *The Social Construction of Reality*, Londres, Doubleday, 1966.

BOURDIEU Pierre, *Leçon sur la leçon*, Éd. de Minuit, 1982.

BOURDIEU Pierre, « Introduction à la socio-analyse » ; « L'Ordre des choses » ; « Une vie perdue », in *Actes de la recherche en sciences sociales*, n° 90, 1991.

DURKHEIM Émile, *Règles de la méthode sociologique* (1895), Flammarion, 1988.

DURKHEIM Émile, *Le Suicide*, Alcan, 1897.

MARX Karl, Troisième article sur les délibérations de la sixième diète rhénane, *Rheinische Zeitung*, octobre-novembre 1842 (trad. Maximilien Rubel, sous le titre « Les débats sur la loi relative aux vols de bois », *in* Karl MARX, *Œuvres*, t. 3, « La Pléiade », Gallimard 1965).

MERTON Robert K., « Social Structure and Anomie », in *American Sociological Review*, III, 1939.

MERTON Robert K., *Social Theory and Social Structure ; Toward the Codification of Theory and Research*, Glencoe, Free Press, 1949.

SUTHERLAND Edwin Hardin, « White Collar Criminality », in *American Sociological Review*, V, 1940.

SUTHERLAND Edwin Hardin, « Is "White Collar Crime" a Crime ? », in *American Sociological Review*, X, 1945.

DIACHRONIE

du grec *dia* « à travers » et *khronos* « temps »

voir : STRUCTURALISME

1 **La définition linguistique chez Saussure.** Le terme, ainsi que le mot complémentaire et opposé *synchronie*, a été introduit par SAUSSURE, dans son

Cours de linguistique générale, publié en 1916. Par *diachronie*, Saussure entend l'évolution de la langue que traite la *linguistique historique*. Par *synchronie* il entend l'état d'une langue à un moment de son histoire, telle qu'elle est étudiée par la *linguistique statique*. Son originalité première sera de considérer qu'il faut associer et non opposer les deux approches, sans nier l'opposition. À cette différence entre *synchronie* et *diachronie* s'ajoute chez lui à une autre différence : celle de *langue* et *parole* dont l'importance n'est pas moins grande et s'y rapporte.

2 L'extension du concept et le structuralisme. Ces concepts ont largement dépassé le champ de la linguistique et des fonctions purement descriptives de ses notions, telles qu'elles se présentaient chez Saussure. Il en est allé ainsi du structuralisme, en ethnologie (LÉVI-STRAUSS) ou en psychanalyse (LACAN). Les distinctions entre *synchronie* et *diachronie*, et entre *langue* et *parole*, ont bouleversé les sciences humaines dans les années 60. Déjà MAUSS, dans les années 30, avait diagnostiqué que « *la sociologie serait certes bien plus avancée si elle avait procédé partout à l'imitation des linguistes* » (éd. 1951).

L'excès de leur succès, l'extension abusive de leur domaine, leur usage souvent purement métaphorique ont suscité une réaction critique et un retour à un empirisme moins soucieux de théorisation. Il n'en reste pas moins que ces concepts, utilisés avec rigueur, ont une incontestable fonction heuristique.

Dans L'*Anthropologie structurale*, Lévi-Strauss explique ce recours à la linguistique structurale et cite l'héritier de Ferdinand de Saussure, le fondateur de la phonologie structurale, Nicolas TROUBETSKOY ; il montre le caractère paradigmatique de la révolution (sorte de révolution kantienne) qu'il introduisit en linguistique.

Quant à Lacan, tout résulte de son affirmation princeps : « *L'inconscient est structuré comme un langage* », qui l'amène à s'intéresser en psychanalyste à la logique du signifiant, par-delà le signifié.

André AKOUN

bibliographie

MAUSS Marcel, *Sociologie et anthropologie*, PUF, 1951.

DIALECTIQUE

du grec *dialegein*, composé de *dia* « à travers, entre » et *legein* « parler », d'où « échange de paroles ou de discours, dialogue »

all. DIALEKTIK	esp. DIALÉCTICO
angl. DIALECTICS	ital. DIALETTICA

voir : CONTRADICTION, ÉPISTÉMOLOGIE, MARXISME, MÉTHODES

1. Méthode de discussion pour les philosophes grecs.
2. Processus dynamique et concept rendant compte de la réalité sociohistorique pour les théoriciens marxistes.

1 Les origines philosophiques. Ce concept a une longue histoire et a joué un rôle important dans les rapports complexes entre la philosophie et la sociologie. Pour PLATON, la *dialectique* désigne l'art du dialogue et de la discussion, mais elle est aussi une science : la juste méthode intellectuelle qui permet de saisir la totalité des phénomènes. Suspectée de sophisme par DESCARTES, elle est reformulée par HEGEL comme le mouvement même de l'Idée qui est le dépassement permanent des contradictions vers la synthèse. Mais c'est la critique, par MARX, de cette conception qui a introduit la question de la place de la dialectique en sociologie.

2 Marx. Marx prend, en effet, pour point de départ la dialectique hégélienne, mais il en dénonce l'idéalisme : « *Chez lui elle marche sur la tête ; il suffit de la remettre sur les pieds pour lui trouver une physionomie tout à fait raisonnable* » (1965, p. 558). Ce renversement conduit à redéfinir radicalement la notion de *dialectique* et à la considérer non plus comme le devenir du concept, mais bien comme le devenir de la réalité sociohistorique. L'objet de la science historique sera de découvrir et d'analyser les dialectiques sociales : les contradictions socioéconomiques, leurs tensions dans la totalité sociale et leur progression vers un nouveau moment du processus historique. Le matérialisme dialectique se propose de distinguer les termes qui sont en contradiction et en rapport de négation réciproque au sein d'une totalité. Quant au matérialisme historique, il cherche à découvrir le mouvement dialectique de la société et, exemplairement, à dévoiler, dans le conflit de la bourgeoisie et du prolétariat, le devenir historique vers la révolution et l'avènement du communisme.

3 Proudhon. Cette destruction postulée des antagonismes, dans une synthèse qui les surmonterait en les absorbant, a donné lieu à la contestation de PROUDHON (1846), ouvrant ainsi la voie à de nouvelles interprétations de la dialectique appliquée aux réalités sociales.

4 Gurvitch. Pour GURVITCH, la dialectique, telle que Marx la conçut, n'est que l'une des figures possibles des dialectiques : la « polarisation » où deux forces sont en antagonisme radical. D'autres figures sont possibles et, en fait, plus fréquentes : par exemple, la « complémentarité », où des termes, en partie opposés, sont nécessaires l'un à l'autre, se complètent ou se compensent, l'« implication mutuelle », où des éléments apparemment hétérogènes sont, en réalité, immanents les uns aux autres...

5 La sociologie contemporaine. Le désintérêt relatif des sociologues contemporains à l'égard de ces débats tient largement au caractère scolastique qu'ils ont revêtu autour du marxisme. Les théories sociologiques n'excluent pas l'étude des contradictions, des négations et des mutations, mais les intègrent en des modèles plus nombreux et mieux protégés des risques du dogmatisme.

Pierre ANSART

bibliographie

GOLDMANN Lucien, *Recherches dialectiques*, Gallimard, 1959.

GURVITCH Georges, *Dialectique et sociologie*, Flammarion, 1962.

MARX Karl, *Le Capital*, « Postface de la seconde édition » (1873), « La Pléiade », Gallimard, 1965.

PROUDHON Pierre-Joseph, *Système des contradictions économiques* (1846), Genève, Rivière-Slatkine, 1982.

*
* *

DIALOGUE

du grec *dialogos* « entretien, discussion »

all. ZWIEGESPRÄCH	esp. DIÁLOGO
angl. DIALOGUE	ital. DIALOGO

voir : CITÉ, CITOYEN, DÉMOCRATIE

1. Échange verbal entre deux interlocuteurs recherchant les éléments d'un accord entre eux. En ce sens dialogue *et* consensus *sont deux notions qui s'impliquent mutuellement.*
2. En sociologie politique, la démocratie implique le dialogue comme mécanisme de la volonté générale.

Prise dans un sens large, la notion évoque l'origine de la philosophie. Or qu'implique le dialogue socratique ? D'abord, que les interlocuteurs acceptent l'espace du langage et non celui de la violence et du glaive pour voir triompher leur « point de vue », c'est-à-dire la conception qu'ils ont de leurs intérêts, voire de ce qui fait leur raison de vivre. Mais cette renonciation à la force implique autre chose ; c'est la croyance de chacun qu'il y a un intérêt qui leur est commun et que, par-delà leurs différents, quelque chose les rassemble et qui est, pour le philosophe, le fait que *« les hommes sont des êtres de raison »*.

Ce qu'il nous faut retenir ce sont les présupposés de tout dialogue. D'abord qu'il y ait dualité d'opinion et polémique. Ensuite qu'il y ait accord pour dialoguer. Mais surtout, dialoguer implique non une relation à deux, un face à face mortifère, mais une relation à trois : une relation avec ce qui demeure le sol commun à chacun et qui les transcende ; ce par quoi chacun prend acte de ce qu'il est un *moi* différent d'autrui et un *je* membre d'un *nous* (la famille, la citoyenneté, la communauté universelle des hommes, etc.).

Ainsi le dialogue implique d'abord qu'on soit d'accord sur l'essentiel. Ensuite que cet accord qui réduit le dialogue à la recherche des moyens en vue de réaliser une fin commune est ce par quoi s'institue la *Loi*.

André AKOUN

bibliographie

AKOUN André, *L'Illusion sociale*, PUF, 1989.
CHATELET François, *Platon*, « Folio », Gallimard, 1989.
GOFFMAN Erving, *Les Rites d'interaction*, Éd. de Minuit, 1974.

DIASPORA

emprunt récent (1908) au grec *diaspora* « dispersion »

voir : ÉMIGRATION

Le terme grec diaspora *renvoie objectivement au phénomène historique de la dispersion des juifs à travers le monde.*

On s'accorde le plus souvent à distinguer deux phases dans la *diaspora* : la première répond à une volonté d'essaimage des communautés, la seconde obéit à la nécessité de fuir les persécutions qui, du Moyen Âge à l'avènement du national-socialisme en Allemagne, ont frappé les juifs dispersés. La diaspora peut devenir une notion idéologique qui permet à des communautés minoritaires de revendiquer une identité commune à partir d'une culture, d'une religion, d'une histoire partagées et mythifiées. L'exemple le plus paradoxale du rôle de la croyance dans l'histoire est le sionisme, qui transforme un phénomène historique de dispersion en une diaspora sacralisée, impliquant la légitimation du Retour.

Remplacer le terme d'*émigration* voire de *dispersion* par celui de *diaspora* signifie qu'on veut ouvrir le phénomène, qu'il résulte de la simple émigration ou de la contrainte, à une revendication d'identité communautaire, voire politique et « nationale ». Ainsi en est-il des Arméniens, des Kurdes. Ainsi en fut-il du mouvement « Back in Africa » de Noirs américains.

André AKOUN

DICHOTOMIE

voir : LANGAGE, MÉTHODES

Méthode de raisonnement et d'analyse par division duelle ; méthode mathématique dont use le démographe.

D'abord terme de botanique désignant la division par deux des rameaux et des pédoncules sur la tige, il a désigné par analogie un mode de raisonnement qui procède par division en deux d'un objet. On prend un terme, et on le divise, et ainsi de suite.

En mathématique, la méthode de *dichotomie* a eu une importance considérable dans le développement des concepts fondamentaux de l'analyse : dans *La Théorie des fonctions analytiques* (1797), LAGRANGE (1736-1813) utilise une variante de cette méthode pour démontrer le principe fondamental du calcul différentiel, suivant lequel une fonction admettant une dérivée positive est croissante. BOLZANO (1781-1848), dans *Une preuve analytique...* (1817), et CAUCHY (1789-1857), dans son *Cours d'analyse à l'École polytechnique* (1821), utilisent la dichotomie pour démontrer le théorème des valeurs intermédiaires. L'école de Weierstrass (1815-1897) y fait appel systématiquement pour démontrer les théorèmes fondamentaux sur les fonctions continues (existence d'un maximum, continuité uniforme).

André AKOUN

DICTATURE

latin *dictatura*, de *dictator* désignant le magistrat provisoirement investi de tous les pouvoirs

all. DIKTATUR	esp. DICTADURA
angl. DICTATORSHIP	ital. DITTATURA

voir : FASCISME, PROPAGANDE, TOTALITÉ

Concentration de tous les pouvoirs politiques entre les mains d'un seul individu ou d'un groupe restreint.

Le terme de *dictature* est emprunté au vocabulaire politique de la République romaine. En cas de crise, un « dictateur », magistrat investi de pouvoirs quasi absolus pour une durée limitée (six mois en principe), était nommé. Puis on en revenait à l'organisation normale des pouvoirs publics. Aujourd'hui, la notion de dictature s'est très éloignée de cette conception romaine et s'identifie plutôt à la notion grecque de *tyrannie*.

Comme le dictateur romain, le tyran grec était investi de pouvoirs absolus. Mais la différence est que ces pouvoirs il les avait conquis et les maintenait par la violence, non par des procédures légales. Aujourd'hui aussi, quel que soit le type de dictature, son installation et sa « légitimité » reposent sur la force (armée, police, milices, etc.). Cependant, il n'est de pouvoir qui puisse durablement se dispenser d'une « légitimation ». Celle-ci fera du « chef » l'incarnation du corps social et la propagande, doublant la répression, organisera les investissements d'amour et de sacralité autour de sa personne et en fera un chef charismatique.

La dictature, aujourd'hui, trouve, à sa disposition de nouvelles technologies de persuasion idéologique. C'est là un paramètre important, qui fait comprendre combien les dictatures tiennent au monopole de la parole dictatoriale. Le verbe a pour fonction d'occulter la contrainte.

Enfant de la crise du social et s'offrant comme dépassement de celle-ci en vue de reconstituer l'unité du corps social déchiré, la dictature, qu'elle soit conservatrice, réactionnaire ou révolutionnaire, est toujours habitée par le fantasme d'être le chemin qui mène à un ressourcement en même temps qu'à un retour, à un autre niveau de perfection, à l'origine perdue. Ainsi la « dictature du prolétariat », dont parle MARX et qui n'a de la dictature que la rupture qu'elle introduit dans l'histoire, est elle aussi habitée par le messianisme de la naissance d'un monde nouveau qu'elle annonce (le communisme est décrit comme la sortie du règne de la nécessité et l'entrée dans le règne de la liberté) en même temps que le retour à un temps inaugural perdu, celui de la société sans classes primitive.

André AKOUN

bibliographie

ARON Raymond, *Démocratie et totalitarisme*, « Idées », Gallimard, 1965.

MANENT Pierre, *Tocqueville et la nature de la démocratie*, Julliard, 1982.

STRAUSS Léo, *De la tyrannie* (précédé de *Hiéron* et *Xénophon,* et suivi de KOJÈVE Alexandre, *Tyrannie et sagesse*), Gallimard, 1954.

DIFFUSIONNISME

emprunté (1314) au latin *diffundere* « étendre en versant, répandre », au figuré « porter au loin »

all. DIFFUSIONISMUS	esp. DIFUSIONISMO
angl. DIFFUSIONISM	ital. DIFFUZIONISMO

voir : CENTRE ET PÉRIPHÉRIE, CULTURE, ÉVOLUTIONNISME

Théorie expliquant les transformations socioculturelles par la diffusion d'éléments culturels à partir de foyers originaires.

On doit au courant anthropologique appelé *diffusionnisme,* apparu dans les années 1910, une critique de l'évolutionnisme linéaire en lien avec des études géographiques de la circulation et de la distribution d'éléments culturels à partir de certains foyers d'invention supposés rares et originaires. Les itinéraires d'emprunts de traits culturels, leur vitesse de diffusion, les aires où se trouvent des traits analogues constituent les thèmes majeurs d'une recherche faisant appel à la linguistique, à l'archéologie et à l'histoire. On s'intéresse aussi aux modifications survenues, aux circonstances favorables ou défavorables à la diffusion.

Trois écoles émergent :

1 l'école britannique, avec ELIOT-SMITH et PERRY comme chefs de file, s'appuie sur des analogies fallacieuses pour prouver l'origine égyptienne (même des pyramides mayas) et solaire (même de l'Inca péruvien) de toute civilisation ;

2 l'école germano-autrichienne, avec GRAEBNER et SCHMIDT, puis FROBENIUS, formule les idées de traits culturels, de complexes culturels géographiquement déterminables ;

3 l'école américaine regroupe des disciples de BOAS : SAPIR, WISSLER, KROEBER..., et insiste sur la fermeté d'association relative de certains traits culturels, sur la présupposition nécessaire d'une acquisition technique avant l'apparition de certains traits (sériation), sur les aires chronologiques de diffusion concentrique, la distance exprimant la durée.

Ces théories trop mécanicistes sous-estiment les capacités imaginatives de l'homme (les inventions surgissent en des foyers divers), négligent trop les directions et rythmes de migrations, ne tiennent pas compte des mécanismes psychologiques de l'adoption ou du refus sélectif de certains traits. L'emprunt peut être incomplet ou fragmentaire. L'objet emprunté, dépouillé de sa signification originelle, peut être affecté à un autre usage : d'utilitaire il devient objet de prestige, religieux ici il n'est qu'esthétique ailleurs. Tout transfert d'une culture à l'autre s'opère avec pertes, ajouts et remodelages.

Claude RIVIÈRE

bibliographie

KROEBER Alfred, *Anthropology*, Harcourt, 1923.

SCHMIDT Wilhelm, KOPPERS W., *Völker und Kulturen*, Habbel, 1924.

DIRECTIVITÉ

voir : AUTORITÉ, ENTRETIEN, LIBERTÉ, POUVOIR

Fait, pour une instance supérieure (parent, éducateur, patron), de définir et d'imposer les finalités et les moyens de réalisation d'une activité.

L'opposition des termes *directif* et *non-directif* a été renouvelée par les travaux de ROGERS en pédagogie (1961), puis généralisée et appliquée à d'autres domaines. La non-directivité désigne alors une attitude thérapeutique ou éducative visant à établir une relation d'écoute, et à donner au sujet soigné ou éduqué la plus grande liberté d'expression. Dans l'entretien non directif, l'initiative est laissée à l'interviewé de choisir les thèmes de l'entretien, par opposition au questionnaire dans lequel les questions lui sont imposées.

Pierre ANSART

bibliographie

ROGERS Carl Ransom, *Le Développement de la personne* (1961), Dunod, 1996.

*

* *

DISCOURS

du latin *discurrere* « courir de différents côtés », puis à la fin de l'empire (Théodose) « parler »

all. GESPRÄCH	esp. DISCURSO
angl. SPEECH	ital. DISCORSO

voir : ANALYSE DE CONTENU, IDÉOLOGIE

Terme didactique désignant toute expression, individuelle ou collective, écrite ou orale, faisant l'objet d'un traitement, d'une analyse méthodique.

Le *discours*, dès la philosophie grecque, se présente comme un objet de rhétorique dont la finalité est la cohérence. Ainsi Aristote décrit-il la logique qui préside au discours concluant (théorie du syllogisme). Mais du discours qui est parcours vers la vérité (logos) au discours instrument de démagogie et de persuasion (celui des sophistes), il y a une importante différence quant à la nature du langage. Dans le premier cas le discours se soucie de sa propre exigence interne ; dans le second, il est au service du désir de séduire. Le sociologue et le psychanalyste s'intéresseront de façon prioritaire au sens caché, y compris leurs auteurs, de ces discours où s'investit autre chose que l'exposé sans sujet du discours scientifique.

La linguistique fait également du discours un objet de son étude. La phrase est souvent son unité linguistique, certes, mais la linguistique pourra considérer la séquence des phrases dans un énoncé et parlera alors de *discours* si elle peut formuler des règles d'enchaînement des phrases. Comme l'écrivent SUMPF et DUBOIS : *« Certes, si l'on borne la linguistique à la phrase, on renverra les règles du discours à d'autres modèles et à d'autres méthodes, en particulier au sujet parlant et à la psychologie ; mais si l'on considère que la linguistique doit rendre compte des énoncés produits et/ou productibles, il convient de définir des enchaînements selon les méthodes qui ont présidé à l'établissement des règles de la phrase. »*

La sociologie usera certes des acquis formalistes de la linguistique, mais son attention se portera plus sur l'analyse des discours en vue d'y faire apparaître un autre sens, derrière les modes de combinaison des phrases et des mots. C'est le but des analyses de contenu, ainsi que de l'étude des idéologies en tant qu'elles usent de signifiants caractéristiques (cf. l'étude de ce qu'on nomme la « langue de bois »).

André AKOUN

bibliographie

DUBOIS Jean, SUMPF Joseph, « Problèmes de l'analyse du discours », in *Langages*, n° 13, 1969.

FAYE Jean-Pierre, *Les Langages totalitaires*, Hermann, 1980.

HABERMAS Jürgen, *De l'éthique de la discussion*, Cerf, 1992.

DISCRIMINATION

voir : EXCLUSION, INÉGALITÉ, RACISME, SEXISME

Action de séparer, de distinguer des individus ou des groupes selon des critères sociaux particuliers.

1 La *discrimination* peut être positive ou négative. Un cens électoral désigne les citoyens qui peuvent participer à l'élection en raison de leur niveau de fortune. Le terme est, néanmoins, le plus souvent usité pour désigner les formes de distinction négative, le racisme, par exemple, par lequel les individus sont désignés selon leurs traits corporels et stigmatisés péjorativement. L'anthropologie classique, attentive à décrire la pluralité des ethnies, tendait à expliquer les discriminations négatives par l'ethnocentrisme des différents groupes, par les préjugés et les stéréotypes négatifs entretenus contre les autres. L'étude des conflits dans les sociétés colonisées et dans les sociétés industrielles ont conduit à situer les discriminations dans les rapports de pouvoir et de domination et à les rapporter à ces situations.

2 Plus récemment, le concept de *discrimination* a été employé pour désigner les rapports inégalitaires entre les sexes sur le marché du travail et des emplois. Il a été suggéré de l'employer pour caractériser certaines situations concernant les populations âgées. Il est convenu d'appeler *discrimination positive* les mesures prises pour favoriser légalement des groupes que les conditions sociales communes tendent à défavoriser.

Pierre ANSART

bibliographie

ELIAS Norbert, SCOTSON John L., *The Established and the Outsiders* (1965), Londres, Sage Publications, 1994.

PARAMÈTRE DE DISPERSION

du latin *dispergere* « répandre çà et là, éparpiller »

all. ZERSTREVUNG	esp. parametro de DISPERSIÓN
angl. (numerical measures of) VARIABILITY	ital. parametro de DISPERSIONE

voir : STATISTIQUE

Quantité permettant de porter un jugement sur l'homogénéité, par rapport à un indicateur de tendance centrale, d'une série de mesures d'une variable quantitative, faites sur des individus appartenant à une certaine population ou un échantillon.*

L'indicateur de tendance centrale ne suffit pas à résumer une série, dans la mesure où deux séries peuvent avoir la même moyenne et des dispersions très différentes.

Exemple : 2.2.2.2.10.18.18.18.18
et 9.9.9.9.10.11.11.11.11

Les principaux paramètres de dispersion sont :

. L'Étendue : E = Max – Min. Cette mesure est très sensible aux valeurs aberrantes et ne tient pas compte de toutes les observations.

. L'Écart absolu moyen (EAM) : il s'agit de la moyenne de tous les écarts à la moyenne en valeur absolue. Exemple :

1,2,4,5,7,8,9,10,11,13.
Moyenne = 7 EAM = 3,2

. L'Écart quadratique moyen (EQM) :

EQM = 1/10 [36 + 25 + 9 + 4 + 0 + 1 + 4 + 9 + 16 +36]
= 140/10 = 14

. La Variance et l'Écart-type qui est une racine carrée de la Variance :

s2 = 1/9 [36 + 25 + 9 + 4 + 0 + 1 + 4 + 9 + 16 + 36]
= 140/9 = 15,55

Ces indicateurs sont, comme la moyenne, sensibles aux valeurs aberrantes.

Félicité des NÉTUMIÈRES

bibliographie

WONNACOTT Thomas, WONNACOTT Ronald, *Statistique*, Economica, 2e éd., 1995.

DISQUALIFICATION SOCIALE

emprunté à l'anglais *disqualification* (1711-1714) du moyen français *qualifier* « priver des qualifications nécessaires à un but, une entreprise »

all. SOZIALE DISQUALIFIZIERUNG	esp. DESCALIFICACIÓN SOCIAL
angl. SOCIAL DISQUALIFICATION	ital. SQUALIFICA SOCIALE

voir : CHÔMAGE, DROIT, EXCLUSION, PAUVRETÉ, STIGMATISATION

Le concept de disqualification sociale, utilisé dans les recherches sur la pauvreté correspond au processus de refoulement hors du marché de l'emploi de franges nombreuses de la population. Les expériences vécues de la relation d'assistance en accompagnent les différentes phases. Il met donc l'accent à la fois sur le caractère multidimensionnel, dynamique et évolutif de la pauvreté et sur le statut social des pauvres pris en charge au titre de l'assistance.

NAISSANCE DU CONCEPT : SIMMEL. Si ce concept est relativement récent en sociologie, on peut voir son origine dans les travaux de Georg SIMMEL au début du XXe siècle. Simmel a en effet publié en 1907, dans une revue confidentielle, un texte intitulé *Soziologie der Armut* [« Sociologie de la pauvreté »], qu'il a repris ensuite en 1908 sous le titre *Der Arme* [« Les Pauvres »] dans son célèbre ouvrage *Soziologie.*

La pauvreté comme relation d'assistance. L'analyse de Simmel est avant tout théorique. L'objet d'étude qu'il propose n'est pas la pauvreté ni les pauvres en tant que tels, mais la relation d'assistance entre eux et la société dans laquelle ils vivent. Il s'agit pour lui de comprendre les modes de constitution de la catégorie de pauvre et les liens qui la rattachent au reste de la société. Selon Simmel, « *le fait que quelqu'un soit pauvre ne signifie pas encore qu'il appartienne à la catégorie spécifique des pauvres. Il peut être un pauvre commerçant, un pauvre artiste, ou un pauvre employé, mais il reste situé dans une catégorie définie par une activité spécifique ou une position.* » Et il ajoute : « *C'est à partir du moment où ils sont* assistés, *peut-être même lorsque leur situation pourrait normalement donner droit à l'assistance, même si elle n'a pas encore été octroyée, qu'ils deviennent partie d'un groupe caractérisé par la pauvreté. Ce groupe ne reste pas unifié par l'interaction entre ses membres, mais par l'attitude collective que la société comme totalité adopte à son égard.* »

La pauvreté comme « construction » sociale. De façon peut-être encore plus explicite, il précise que « *les pauvres, en tant que catégorie sociale, ne sont pas ceux qui souffrent de manques et de privations spécifiques, mais ceux qui reçoivent assistance ou devraient la recevoir selon les normes sociales. Par conséquent, la pauvreté ne peut, dans ce sens, être définie comme un état quantitatif en elle-même, mais seulement par rapport à la réaction sociale qui résulte d'une situation spécifique* ». La pauvreté, telle qu'il l'entend, est donc non seulement relative, elle est construite socialement. Son sens est celui que la société lui donne.

LA RELATION POPULATION PAUVRE / SOCIÉTÉ. La disqualification sociale correspond à l'une des formes possibles de cette relation entre une population désignée comme pauvre en fonction de sa dépendance à l'égard des services sociaux et le reste de la société. Cinq éléments principaux permettent de définir cette relation.

[1] Le premier est la stigmatisation des assistés (COSER, 1965). Le fait même d'être assisté assigne les « pauvres » à une carrière spécifique, altère leur identité préalable et devient un stigmate marquant l'ensemble de leurs rapports avec autrui. Lorsque la pauvreté est combattue et jugée intolérable par la collectivité dans son ensemble, son statut social ne peut être que dévalorisé. Les pauvres sont, par conséquent, plus ou moins contraints de vivre leur situation dans l'isolement. Ils cherchent à dissimuler l'infériorité de leur statut dans leur entourage et entretiennent des relations distantes avec ceux qui sont proches de leur condition. L'humiliation les empêche de développer tout sentiment d'appartenance à une classe sociale.

[2] Le deuxième élément du concept de disqualification sociale renvoie au mode spécifique d'intégration qui caractérise la situation des « pauvres ». L'assistance a une fonction de régulation du système social (GANS, 1972). Si les pauvres, par le fait d'être assistés, ne peuvent avoir qu'un statut social dévalorisé qui les disqualifie, ils restent malgré tout pleinement membres de la société, dont ils constituent pour ainsi dire la dernière strate. En ce sens la disqualification sociale n'est pas synonyme d'exclusion. Non seulement la situation des populations que le concept de disqualification sociale permet d'analyser sociologiquement relève d'une forme d'exclusion relative, mais révèle surtout, en elle-même, des relations d'interdépendance entre les parties constitutives de l'ensemble de la structure sociale. La disqualification sociale permet d'analyser la marge et le processus qui y conduit, mais aussi ce qui à la fois la rattache au centre et la constitue comme partie intégrante du *tout* qu'est la société.

[3] Le troisième élément du concept renforce encore le caractère équivoque de la notion d'exclusion en ce qu'il souligne que les pauvres, même lorsqu'ils sont dépendants de la collectivité, ne restent pas dépourvus de possibilités de réaction. S'ils sont stigmatisés, ils conservent des moyens de résistance au discrédit qui les accable (PAUGAM, 1986). Plusieurs travaux ont montré que les pauvres regroupés dans des habitats socialement disqualifiés peuvent résister collectivement — ou parfois individuellement — à la désapprobation sociale en tentant de préserver ou de restaurer leur légitimité culturelle et par là même leur inclusion sociale (GRUEL, 1981, 1985 ; SELIM, 1982).

[4] Le quatrième élément du concept est lié au résultat selon lequel ces modes de résistance au stigmate et d'adaptation à la relation d'assistance varient, selon la phase du processus de disqualification dans laquelle se trouvent les pauvres. Les assistés ne constituent pas une strate homogène de la population. Pour la collectivité, les « pauvres » constituent une catégorie bien déterminée, puisqu'elle est institutionnalisée par l'ensemble des structures mises en place pour lui venir en aide, mais elle ne constitue pas pour autant un ensemble social homogène du

point de vue des individus qui la composent. Pour rendre compte de cette hétérogénéité, Serge Paugam a élaboré à partir d'une enquête réalisée à Saint-Brieuc une typologie des modes de relation à l'assistance (Paugam, 1991). Il a distingué trois types de relation aux services d'action sociale — celui des *fragiles* (relation ponctuelle), celui des *assistés* (relation régulière ou contractuelle) et celui des *marginaux* (relation infra-assistancielle) — en distinguant pour chacun d'entre eux plusieurs types d'expériences vécues, soit sept au total : la *fragilité intériorisée*, la *fragilité négociée*, l'*assistance différée*, l'*assistance installée*, l'*assistance revendiquée*, la *marginalité conjurée*, la *marginalité organisée*. Cette typologie tient compte à la fois de la stratification des « pauvres », en partie institutionnalisée par le « ciblage » des populations effectué par les différents services d'assistance — chaque organisme ayant plus ou moins défini son mode d'intervention en fonction d'une ou plusieurs catégories de la population repérées comme pauvres —, et du sens que les individus confrontés à la nécessité d'avoir recours à ces services donnaient à leurs expériences. Une enquête complémentaire réalisée entre 1990 et 1991 auprès des allocataires du revenu minimum d'insertion (RMI) a permis d'analyser dans le temps les évolutions de cette population et de passer ainsi de l'analyse des types de relation à l'assistance à l'analyse des conditions du passage d'une phase à l'autre de ce processus (Paugam, 1993).

5 Enfin, le cinquième élément, issu de travaux de comparaison des formes sociales de la pauvreté dans les sociétés contemporaines, conduit à préciser les conditions sociohistoriques de ce processus de disqualification sociale (PAUGAM, 1996). Le recours accru à l'assistance qui le caractérise s'explique par trois facteurs principaux : un niveau élevé de développement économique, associé à une forte dégradation du marché de l'emploi ; une plus grande fragilité des liens sociaux, en particulier dans le domaine de la sociabilité familiale et des réseaux d'aide privée ; un État social qui assure au plus grand nombre un niveau de protection avancé, mais dont les modes d'intervention auprès des populations défavorisées se révèlent en grande partie inadaptés. Ce processus conduit à une diversification accrue des pauvres, puisque ces derniers sont nombreux, issus de catégories sociales diverses, à faire l'expérience de la précarité et du chômage qui les refoule, peu à peu, dans la sphère de l'inactivité et de la dépendance où ils sont assimilés à d'autres pauvres ayant connu des trajectoires différentes. L'ampleur de ce phénomène affecte l'ensemble de la société et devient ce que l'on a appelé la « nouvelle question sociale », menaçante pour l'ordre social et la cohésion nationale. La disqualification sociale est une relation d'interdépendance entre les « pauvres » et le reste de la société ; elle génère une angoisse collective, car de plus en plus de personnes sont considérées comme appartenant à la catégorie des « pauvres » ou des « exclus », et beaucoup, dont la situation est instable, craignent de le devenir ; d'autant plus que les solidarités familiales et les possibilités de participation à l'économie informelle, qui permettent d'amortir l'effet du chômage dans les régions moins développées — comme le Sud de l'Europe par exemple —, se révèlent plus faibles et moins organisées socialement. Dans ces conditions, la dépendance à l'égard des institutions d'action sociale est plus manifeste pour des franges nombreuses de la population.

Serge PAUGAM

bibliographie

COSER Lewis A., « The Sociology of Poverty », in *Social Problems*, vol. 13, 1965, pp. 140 à 148.

GANS H. J., « The Positive Functions of Poverty », in *American Journal of Sociology*, vol. 78, 2, septembre 1972, pp. 275 à 289.

GRUEL Louis, *Échos d'un village ouvrier. Mode de vie et appropriation culturelle de l'espace à la cité d'urgence de Cleunay*, Rennes, ADSEA d'Ille-et-Vilaine, 1981.

GRUEL Louis, « Conjurer l'exclusion. Rhétorique et identité revendiquée dans des habitats socialement disqualifiés », in *Revue française de sociologie*, XXVI, 3, 1985, pp. 431 à 453.

PAUGAM Serge, « Déclassement, marginalité et résistance au stigmate en milieu rural breton », in *Anthropologie et sociétés*, vol. 10, 2, 1986, pp. 23 à 36.

PAUGAM Serge, *La Société française et ses pauvres. L'expérience du revenu minimum d'insertion*, PUF, 1995.

PAUGAM Serge, « Poverty and Social Disqualification. A Comparative Analysis of Cumulative Social Disadvantage in Europe », in *Journal of European Social Policy*, 6 (4), 1996, pp. 287 à 303.

PAUGAM Serge, « Pauvreté et exclusion : la force des contrastes nationaux », *in* Serge PAUGAM (éd.), *L'Exclusion, l'état des savoirs*, La Découverte, 1996, pp. 389 à 404.

PAUGAM Serge, *La Disqualification sociale. Essai sur la nouvelle pauvreté*, PUF, 1997.

SELIM Monique, « Rapports sociaux dans un quartier anciennement industriel. Un isolat social », in *L'Homme*, XXII, 4, 1982, pp. 77 à 86.

SIMMEL Georg, *Les Pauvres* (1908), « Quadrige », PUF, 1998.

DISSIDENCE

emprunté au latin *dissidens*, de *dissidere* « être séparé, éloigné », d'où « être en désaccord »

all. SPALTUNG (au sens de « scission »), DISSIDENT, REGIMEKRITIKER (au sens récent de « dissident »)	esp. DISIDENCIA
angl. DISSIDENCE	ital. DISSIDENZA

voir : IDÉOLOGIE, RÉBELLION, RÉPRESSION, TOTALITARISME

Mouvement social clandestin, ensemble d'attitudes de contestation d'un ordre politique établi.

1 Au XIXe siècle, ce terme évoquait les désaccords d'opinion. Il a repris une actualité fortement significative pour désigner le mouvement des intellectuels s'opposant à l'idéologie et au pouvoir dominants, particulièrement au sein de l'URSS et des démocraties populaires jusqu'en 1989. Ce mouvement de dissidence, sans organisation structurée ni unité, était le fait d'écrivains, de savants (SOLJÉNITSYNE, SAKHAROV) et d'artistes, qui, par leurs déclarations, leurs écrits et leurs œuvres, dénonçaient les oppressions et les violences du régime, mettant ainsi en accusation les dirigeants et faisant de l'idéologie officielle un discours mensonger. La violence des sanctions qui les frappèrent (internement, exil, condamnations à mort) a révélé l'importance décisive, pour les pouvoirs établis, du maintien de la conformité des

expressions, des images, des signes, de la totalité du système symbolique. Ces intellectuels brisaient le monopole idéologique du pouvoir, révélaient des souffrances cachées, transgressaient les interdits de la censure. Le pouvoir avait lieu de craindre que ces critiques soient accueillies positivement par la population, qu'elles affaiblissent la légitimité des dirigeants et qu'elles n'entraînent ainsi la formation d'une opposition aux conséquences incontrôlables.

2 Hors de cette situation totalitaire, le terme de dissidence peut s'appliquer à tout mouvement de scission et de contestation dans une communauté idéologique (Antigone et Socrate étant emblématiques de la dissidence éthique et politique). Ces phénomènes ne sont pas sans analogie avec les « hérésies » dans l'histoire des religions.

Pierre ANSART

bibliographie

LEFORT Claude, *Un homme en trop*, Seuil, 1975.

DAVID-JOUGUEAU Maryvonne, *Le Dissident et l'institution*, L'Harmattan, 1989.

ROTMAN Roger, *Dissidence et dissident(e)s*, Le Sycomore, 1982.

SOLJENITSYNE Alexandre, *L'Archipel du Goulag, 1918-1956*, Seuil, 1976, 3 vol.

DISSONANCE COGNITIVE

du latin *dissonantia* « désaccord » et de *dissonare* « rendre les sons discordants »

all. KOGNITIVE DISSONANZ	esp. DISONANCIA COGNOSCITIVA
angl. COGNITIVE DISSONANCE	ital. DISSONANZA COGNITIVA

voir : ATTITUDE, INFLUENCE, OPINION PUBLIQUE

Théorie explicative des changements d'attitude, centrée sur la mise en relation d'éléments cognitifs perçus comme antinomiques.

1 FESTINGER a été l'initiateur de cette théorie en 1957. MONTEIL (1990) évoque la position de ce fondateur qui définit la *dissonance* comme un état de tension déclenchant des réponses susceptibles de la réduire. La théorie de la dissonance permet l'exploration de voies nouvelles dans le domaine du rapport entre conduites sociales et cognition. *« L'individu en présence de l'existence simultanée d'éléments de connaissance qui, pour des raisons diverses, ne s'accordent pas sera conduit à un effort pour les mieux faire s'accorder. Lorsque dans le rapport entre deux éléments cognitifs (comportements, croyances, opinions, sanctions...), l'un implique la négation de l'autre, un état de dissonance apparaîtra chez l'individu et un processus de réduction de dissonance sera mis en œuvre »* (1990, p. 133). Les situations susceptibles de provoquer la dissonance sont très variables, ainsi que les différentes façons de la réduire : elle peut être la conséquence de décisions prises, issue d'une tentation, le produit d'un effort, le résultat d'une soumission forcée, en rapport avec une menace. Monteil mentionne en particulier les différents types de cognition qui sont construits suite au vécu de ces situations.

2 Par ailleurs, la *dissonance* semble relever d'un conflit intrapsychique qui a des effets variables selon que l'individu est isolé ou qu'il dispose de ressources sociales liées à son ancrage dans un groupe. Citant DOISE, Monteil inscrit cette théorie de la dissonance dans les processus d'influence sociale qui régissent *« les modifications de perceptions, jugements, opinions, attitudes ou comportements d'un individu provoqués par sa connaissance des perceptions, jugements, opinions d'autres individus »* (1990, p. 116).

De même, BEAUVAIS et JOULE (1981) signalent que les modes de réduction de la dissonance conduisent à des changements d'attitude. Par ailleurs, ils remarquent que l'étude expérimentale de la théorie de la dissonance a donné lieu à plusieurs controverses : les effets de dissonance ont d'abord été contestés par les tenants de la théorie du renforcement ; plus tard, l'interprétation des résultats expérimentaux en terme de réduction de la dissonance a été aussi mise en cause. Pour leur part, Beauvais et Joule privilégient la théorie de la rationalisation des conduites effectives. Ils attribuent deux significations au mot dissonance : *« Il désigne d'abord un type de relation entre cognitions, d'autre part un état psychologique lié à la pesanteur que prend à un moment donné dans l'univers cognitif, une cognition particulière »* (1981, p. 113). Ils reprennent en particulier Festinger, qui définit *« les unités de base »* de la cognition en termes de *« connaissances, opinions ou croyances sur l'environnement, sur soi-même ou sur son propre comportement »* (1981, p. 49).

Les relations entre cognitions relèvent de l'implication psychologique qui renvoie à des relations de neutralité (ou de non-pertinence), des relations de consonance, des relations de dissonance. Pour un approfondissement de la dissonance, ils insistent sur la nécessité de mettre en perspective les conditions situationnelles ou circonstances mentionnées par FESTINGER.

Ariel CORDIER

bibliographie

BEAUVAIS Jean-Louis, JOULE Robert, *Soumission et idéologies, Psychosociologie de la rationalisation*, PUF, 1981.

DOISE Willem, DESCHAMPS Jean-Claude, MUGNY Gabriel, *Psychologie sociale expérimentale*, Armand Colin, 1978.

FESTINGER Leon, *A Theory of Cognitive Dissonance*, Stanford, Californie, Stanford University Press, 1957.

MONTEIL Jean-Marc, *Éduquer et former, perspectives psycho-sociales*, PUF, 1990.

POITOU Jean-Pierre, *La Dissonance cognitive*, « U Sociologie », Armand Colin, 1974.

DISTANCE SOCIALE

du latin *distantia* « éloignement » dérivé de *distare* « être placé à une certaine distance de »; *socialis* « fait pour la société, vivant en société »

all. SOZIALE ENTFERNUNG, DISTANZ	esp. DISTANCIA SOCIAL
angl. SOCIAL DISTANCE	ital. DISTANZA SOCIALE

voir : ATTITUDE, CLASSE, LIEN SOCIAL, PRÉJUGÉ, VALEUR

C'est une variable explicative dans la formation des attitudes vis-à-vis de différents groupes sociaux ou communautés.

1 GRAWITZ définit la *distance sociale* comme *« le degré d'intimité ou d'éloignement séparant les individus ou les groupes, en fonction de valeurs, de coutu-*

mes, de préjugés dans lesquels interviennent hiérarchie, classe, statuts » (1988, p. 118).

2 FISCHER met en relation les notions de lien et de distance sociale : la relation de l'individu avec autrui est *« déterminée par rapport à une catégorie sociale définie, à un rôle, à une classe sociale. Cet ensemble de facteurs détermine toute relation en créant des distances socioculturelles entre les individus »* (1987, p. 37).

3 Pour BOURDIEU, *« la distance sociale réelle d'un groupe à des biens doit intégrer la distance géographique qui dépend elle-même de la distribution du groupe dans l'espace et, plus précisément, de sa distribution par rapport au "foyer des valeurs économiques et culturelles" »* (1979, p. 136). BOGARDUS a proposé en 1923 une échelle d'attitude mesurant la distance sociale interethnique, échelle modifiée en 1933.

4 Selon ALEXANDRE, *« ce test a trait à une forme spéciale de distance sociale, celle de la distance groupe-personne ou la distance qui existe entre une personne et les groupes formés par les races, les occupations et les religions »* (1971, p. 82).

Cette échelle d'attitude est surtout utilisée actuellement dans les pays anglo-saxons. La base de données ERIC fait état de travaux empiriques effectués auprès de populations diversifiées.

Ariel CORDIER

bibliographie

ALEXANDRE Victor, *Les Échelles d'attitude*, Éditions universitaires, 1971.

BOGARDUS Emory Stephen, *A Social Distance Scale*, Los Angeles, University of Southern California, 1933, pp. 265 à 271.

BOURDIEU Pierre, *La Distinction. Critique sociale du jugement*, Éd. de Minuit, 1979.

FISCHER Gustave-Nicolas, *Les Concepts fondamentaux de la psychologie sociale*, Dunod, 1987.

GRAWITZ Madeleine, *Méthodes des sciences sociales*, Dalloz, 1974.

GRAWITZ Madeleine, *Lexique des sciences sociales*, Dalloz, 1988.

THOMAS Raymond, ALAPHILIPPE Daniel, *Les Attitudes*, « Que sais-je ? », PUF, 1983.

DISTINCTION SOCIALE

du latin *distinctio* « fait de séparer, de différencier »

all. AUSZEICHNUNG, VORNEHMHEIT, UNTERSCHIED	esp. DISTINCIÓN
angl. DISTINCTION	ital. DISTINZIONE

voir : CAPITAL CULTUREL, CHAMP CULTUREL, CLASSE, HOMOLOGIE, POSITION

État de ce qui est perçu comme différent ; supériorité qui place une personne ou une catégorie sociale au-dessus des autres.

Dans un régime d'ordres ou de castes dans lesquelles les identités sont transmises par la naissance, les *distinctions* sociales sont essentiellement stables et font obstacles aux efforts déployés pour parvenir à de plus hautes distinctions (TOCQUEVILLE, 1830-1835). Dans une société plus ouverte et marquée par les mobilités ascendante et descendante, la *distinction* fait l'objet d'incessantes stratégies de différenciation. BOURDIEU, dans l'étude qu'il a consacrée à ce sujet (1979) développe la thèse selon laquelle les stratégies individuelles dans le domaine culturel, qui semblent se déployer en ordre dispersé, participent dynamiquement au renouvellement des inégalités. Le « champ culturel » offre, en effet, aux différents agents sociaux les moyens de la distinction. Les biens culturels sont eux-mêmes classés selon un ordre de distinction (théâtre classique / théâtre de boulevard, par exemple) et ainsi « classants », en ce sens que les agents sociaux se différencient en les choisissant. Les détenteurs de capital économique manifestent leur aisance à détenir des signes culturels légitimes tels que les voyages ou la possession d'œuvres d'art. Les détenteurs de capital culturel confirment leur propre distinction par les lectures, le goût de la musique classique ou l'intérêt pour le théâtre d'avant-garde. Une relation d'homologie* unit l'espace des productions et l'espace social (public intellectuel / bourgeois / populaire). Ainsi, le champ culturel fonctionnerait comme système de classement et offrirait aux agents sociaux l'occasion de stratégie de distinction contre les membres des autres classes. Selon cette analyse, l'enjeu de ces stratégies de distinction est bien la conquête de la légitimation et, fondamentalement, la légitimation de la domination.

Pierre ANSART

bibliographie

BOURDIEU Pierre, *La Distinction. Critique sociale du jugement*, Éd. de Minuit, 1979.

DIVISION DU TRAVAIL

du latin *divisio* « partage, répartition », et du latin populaire *tripalarier* « torturer, tourmenter avec le *tripalium* »

all. ARBEITSTEILUNG	esp. DIVISIÓN DEL TRABAJO
angl. DIVISION OF LABOUR	ital. DIVISIONE DEL LAVORO

voir : CONSCIENCE COLLECTIVE, ÉCONOMIE, SOLIDARITÉ, UTILITARISME

La division du travail est une structure sociale dans laquelle entrent en relation des individus spécialisés, ayant des rôles différenciés.

1 LE PROBLÈME ORIGINAIRE SELON DURKHEIM. La société moderne pose, selon DURKHEIM, un problème social de la plus haute importance, problème qui est au point de départ de sa réflexion sociologique : comment les individus deviennent-ils plus solidaires alors même qu'ils sont plus autonomes ? La *division du travail social* constitue le cœur de la réponse du sociologue français.

Lorsqu'on examine ce phénomène sans s'arrêter à la hausse de productivité du travail et à la richesse accrue qu'elle permet, la division du travail signifie deux choses.

[1] Premièrement, les différents travaux où chaque producteur dépend des autres (ses fournisseurs, mais aussi ses clients comme le formalise Wassilly LEONTIEFF par un tableau input-output) s'organisent en un ensemble fonctionnel ; sans cela, la séparation des travaux ne pourrait se maintenir.

[2] Deuxièmement, la division du travail signifie que l'individu doit se spécialiser au lieu de se perdre dans les sables du dilettantisme.

Il y a donc, en réunissant ces deux niveaux d'analyse, une forme de cohésion qui découle du fait de la division du travail ; cette cohésion repose et suppose des différences entre les individus du fait même de la spécialisation qui est la leur. Cette cohésion d'individus différents et autonomes au sein de leur sphère d'activité, Durkheim la qualifie de « solidarité organique », en opposition à une « solidarité mécanique » où la cohésion résulte de la similitude existant entre les individus d'un même ensemble social, similitude qu'il associe à l'absence ou à la faiblesse de la division du travail dans certains groupes sociaux.

2 CRITIQUE DES EXPLICATIONS ÉCONOMICISTES ET MODÈLE ÉVOLUTIONNISTE. DURKHEIM explicite son refus des explications économicistes de la division du travail en se référant à l'origine et au fonctionnement de la division du travail.

1 Sur le premier point, il refuse l'idée selon laquelle les résultats (bénéfiques) anticipés de la division du travail peuvent en expliquer l'origine ; il faudrait en effet supposer que l'on sait ce que sont les résultats d'un phénomène que l'on ne connaît pas. En lieu et place, il construit un modèle causal avec effets de rétroaction, modèle comportant une dimension évolutionniste : avec la croissance de la densité sociale et morale (le nombre des individus et l'intensité de leurs relations), apparaît la possibilité d'une différenciation des rôles sociaux (la division du travail), en raison d'une dispersion plus grande des individus d'une part, de conditions de vie plus difficiles, d'autre part. L'emprise de la conscience collective s'affaiblit nécessairement, ce qui favorise un approfondissement de la différenciation des rôles. Une fois ce processus enclenché, Durkheim fait place à l'influence des anticipations, puisque des idéaux ou des représentations claires peuvent accélérer ou orienter le développement de ce fait social décisif dans la constitution morphologique des sociétés modernes.

2 Sur le deuxième point — le fonctionnement de la division du travail —, Durkheim considère que la vie sociale ne peut pas être décrite comme une société essentiellement formée d'individus réglant leurs relations sur la base du libre-contrat. En effet, celui-ci suppose de longs tâtonnements, de longues négociations pour être élaboré d'abord, pour être modifié selon les exigences d'une vie sociale éminemment changeante, ensuite ; or, le temps fait défaut pour que de telles procédures contractuelles se mettent en place, alors même que nous contractons sans cesse. En conséquence, Durkheim considère que la généralisation du libre-contrat repose sur l'existence de conditions non contractuelles du libre-contrat, c'est-à-dire d'institutions sociales qui lient les contractants sans qu'ils le veuillent.

3 LES LIMITES DE LA DIVISION DU TRAVAIL. À l'instar des économistes, Durkheim n'est pas aveugle devant les limites de la division du travail social ; quatre d'entre elles retiennent plus particulièrement son attention : l'absence d'une réglementation assurant la coopération entre les différentes fonctions sociales (ce qu'il dénomme la division du travail anomique), l'exagération de la place prise par l'autorité ; l'inégale opportunité des chances et l'iniquité des contrats entre patrons et ouvriers (division du travail contrainte) ainsi que le trop grand morcellement des tâches. Ce sont là, dit-il, des formes pathologiques que peut prendre la division du travail, mais, en soi, ceci ne contredit pas les fonctions socialisatrices du phénomène lorsqu'il se déroule dans des conditions normales.

Comment cette normalité peut-elle être rétablie lorsqu'elle a été perturbée ? C'est certainement l'une des grandes tâches auxquelles Durkheim pense dans la première partie de son œuvre. Sa réflexion s'appuie sur les conditions morales de la vie sociale. La vie sociale suppose un ensemble de règles selon lesquelles s'organisent les relations entre les individus ; mais ces règles ne peuvent ni être énoncées (et encore moins imposées) par l'État, ni être formulées par ceux que cela concerne directement ; en effet, au moment où écrit l'auteur, les individus dans les différents secteurs de la division du travail social n'ont pas d'institutions chargées de les réunir et de les représenter. En conséquence, Durkheim appelle de ses vœux des groupements professionnels. Ces institutions seraient chargées d'une part de réunir les diverses composantes d'une profession (ouvriers et patrons) pour qu'elles élaborent les règles du groupe social qu'elles forment et qu'elles pacifient leurs relations intéressées ; d'autre part, elles seraient chargées de représenter politiquement les groupes sociaux spécialisés auprès de l'État et de l'administration. Cette réflexion de grande ampleur sur la structure sociale et politique reste toutefois dans les limbes, puisqu'après lui avoir donné beaucoup d'importance, Durkheim la délaisse pour considérer de plus près les dimensions symboliques et cognitives de la vie sociale à travers l'étude des religions « élémentaires ».

4 Pour les conceptions des autres écoles, se reporter à l'article CLASSE SOCIALE.

Philippe STEINER

bibliographie

ALEXANDER Jeffrey, *The Antinomies of Classical Thought : Marx and Durkheim*, Berkeley, California UP, 1982.

BESNARD Philippe, BORLANDI Massimo, VOGT Paul (éd.), *Division du travail et lien social. Durkheim un siècle après*, PUF, 1993.

DURKHEIM Émile, *De la division du travail social* (1893), PUF, 1991.

STEINER Philippe, « Durkheim et le fait social économique », in *Revue française de sociologie*, 1992.

DIVORCE ⇒ FAMILLE

DOMINANCE ⇒ DOMINATION

DOMINATION

du latin *dominatio* « fait de commander, souveraineté »

all. HERRSCHAFT	esp. DOMINACIÓN
angl. DOMINATION	ital. DOMINAZIONE

voir : BUREAUCRATIE, CLASSE, ÉTAT, FÉMINISME, POUVOIR, VIOLENCE

Fait, pour un groupe social, d'exercer une influence déterminante sur une catégorie sociale, une classe, un genre, une nation.

1 Pouvoir et domination. Le fait de la *domination* entendue au sens large comme le fait, pour une classe sociale, une institution, un État, d'exercer son emprise sur un ensemble social, constitue un problème central pour la sociologie. Une ample tradition philosophique a précédé, sur ce sujet, la recherche sociologique et posé les questions concernant les formes de la domination dans les différentes constitutions (PLATON, ARISTOTE), de l'exercice des violences (MACHIAVEL), de la légitimité des dominations (Jean-Jacques ROUSSEAU). Dans cette tradition, les concepts de *pouvoir* et de *domination* ne sont pas clairement distingués, puisque la domination se manifeste par l'exercice du pouvoir de contraindre. Mais le concept de *domination* inclut, par-delà le caractère éventuellement ponctuel et fonctionnel du pouvoir, la notion d'extension généralisée du pouvoir et d'inégalité structurelle entre dominants et dominés.

2 Marx et Weber. MARX et WEBER ont ouvert la voie à deux approches divergentes de la domination.

1 Pour Marx, c'est l'étude du mode de production et de sa caractéristique essentielle, le mode de propriété, qui permet l'analyse de la domination et de ses différentes formes. Ainsi, la communauté primitive, qui ne comporte pas d'appropriation privée, exclut les rapports de domination et place tous ses membres dans un rapport d'égalité naturelle. Dans le mode de production capitaliste, plus que dans tous les régimes antérieurs, le rapport de propriété structure tous les rapports sociaux, oppose radicalement la classe propriétaire des moyens de production, la bourgeoisie, et la classe des non-propriétaires, le prolétariat. La domination s'inscrit donc dans les structures socio-économiques, et le clivage dominants / dominés n'est autre que le clivage de la domination économique. L'État qui est chargé d'exercer les rapports de domination n'est qu'un appareil au service de la classe dominante. Toutefois, Marx ajoute deux correctifs à cette thèse générale. Tout d'abord, les rapports de domination ne sont pas visibles aux yeux de tous les agents sociaux : le bourgeois se plaît à penser que l'inégalité sociale est fonctionnelle et bénéfique pour tous, conformément à l'idéologie du libéralisme. Les idéologues qui confirment ces illusions participent à la reproduction effective de la domination. De plus, comme le montre Marx dans ***Le 18 Brumaire de Louis Bonaparte***, l'État n'est pas toujours un instrument docile entre les mains de la bourgeoisie : dans les phases d'intensification de la lutte des classes, l'État se donne une certaine autonomie et se charge seul de la domination sociale et politique (Marx, 1852).

2 Sans rejeter l'ensemble de ces thèses, Weber associe le fait de la domination et la question de la légitimation. Tout rapport de domination suppose, en effet, en dehors du rapport de pure violence, un système de justification visant à obtenir un minimum de « volonté d'obéir » de la part des assujettis. Dès lors, la typologie des formes de domination renvoie à la typologie des fondements possibles de la légitimité : la tradition, le charisme, le « rationnel-légal ». La *« domination traditionnelle »*, écrit Weber, repose *« sur la croyance quotidienne en la sainteté des traditions valables de tout temps et en la légitimité de ceux qui sont appelés à exercer l'autorité par ces moyens »* (1971, p. 222) : elle se fonde sur les coutumes et sur les croyances, comme le Moyen Âge européen en fournit l'exemple. La « domination charismatique » est d'un tout autre ordre : elle est exercée par un chef reconnu pour ses qualités exceptionnelles, prophète, chef de guerre ou grand démagogue. Quelle que soit l'origine de ce caractère d'exception, c'est alors la reconnaissance par les dominés qui décide du *charisme* du chef au sein de cette *communauté émotionnelle*. Cette domination charismatique est nécessairement fragile et la mort du chef en marque souvent le terme. La troisième forme, la *domination rationnelle ou légale*, par contre, peut connaître une plus grande stabilité : elle repose *« sur la croyance en la légalité des règlements arrêtés et le droit de donner des directives qu'ont ceux qui sont appelés à exercer la domination par ces moyens »*. C'est alors l'autorité qui s'impose en vertu d'une « légalité » (fondée, par exemple, sur le suffrage universel en démocratie) et la croyance en la compétence définie par des règles écrites. Aux yeux de Weber, l'administration bureaucratique, impersonnelle et rigoureuse, est la forme moderne de cette domination légale.

3 Touraine. La question de la domination sociale au sein des sociétés contemporaines rejoint les débats généraux sur les rapports de classe et, au niveau théorique, l'opposition entre holisme et individualisme. TOURAINE a développé la thèse selon laquelle la société postindustrielle, en déplaçant le centre de gravité social de la production (comme c'était le cas au temps de Marx), vers la créativité scientifique et culturelle, avait bouleversé le rapport de domination et sa nature. La domination sociale n'appartiendrait plus à une classe de propriétaires des moyens de production, elle serait désormais accaparée par des couches sociales et des professions diverses : hommes politiques, technocrates, experts des organismes transnationaux, gestionnaires des grands groupes industriels. Les dominés ne seraient plus seulement les travailleurs démunis de moyens de production, mais tous les dépossédés des moyens modernes du pouvoir : biens culturels, compétences économiques ou scientifiques. La classe dominante, selon cette analyse, n'est pas un groupe fermé : elle est l'ensemble de tous ceux qui peuvent mobiliser des ressources sociales au profit du développement scientifique et technique, et qui, de ce fait, tirent profit des appareils qu'ils dirigent. À l'opposé, la classe populaire est dirigée et dominée, elle participe à la mise en œuvre du développement sans pouvoir l'orienter. Cette nouvelle forme de domination traverserait donc l'ensemble des rapports sociaux autour d'un conflit central (Touraine, 1993).

4 Bourdieu et Foucault. La contribution de BOURDIEU porte particulièrement sur les conditions de reproduction de la domination et sur la place de la culture* dans cette reproduction. L'étude exemplaire de l'école (1964, 1970) montre comment cette institution participe à la reproduction des rapports de domination. En écartant les enfants issus des classes populaires au nom de critères propres à l'institution, en légitimant les échecs de ces enfants, l'école a pour fonction de justifier, aux yeux de tous, les titres scolaires et d'assurer ainsi la légitimation de l'ordre établi. Et, de même, les grandes écoles (1989), dont le public est essentiellement constitué par des élèves issus des classes supérieures, assurent la reproduction des dominants. Les travaux de Michel Foucault peuvent être, dans une certaine mesure, rapprochés de cette orientation en ce qu'ils radicalisent cette analyse de la domination et l'étendent aux contrôles des corps et de la sexualité ; FOUCAULT prend, pour lieu emblématique de la domination, l'organisation des prisons (1975).

5 L'approche individualiste. L'approche individualiste, dans ses différentes versions, développe une critique de ces théories globales de la domination sur deux points : elle doute que les rapports sociaux s'organisent selon un schéma opposant deux entités distinctes ; de plus, elle oppose à ces théories la critique générale de l'individualisme selon laquelle les changements sociaux ne peuvent se saisir qu'à partir des comportements individuels. Selon cette critique, il importerait, non de construire des théories englobantes, mais d'observer comment les individus, dans leurs choix et selon leurs connaissances propres, réagissent aux conditions qu'ils perçoivent comme dominatrices.

Pierre ANSART

bibliographie

CHAZEL François, « Pouvoir, structure et domination », in *Revue française de sociologie*, XXIV, 3, 1983, pp. 369 à 393.

FOUCAULT Michel, *Surveiller et punir. Naissance de la prison*, Gallimard, 1975.

GIDDENS Anthony, *La Constitution de la société*, PUF, 1987.

MARX Karl, *Le 18 Brumaire de Louis Bonaparte* (1852), Éditions sociales, 1963.

PERROUX François, *Indépendance de l'économie nationale et interdépendance des nations*, Aubier-Montaigne, 1969.

TOURAINE Alain, *Production de la société*, Seuil, 1993.

WEBER Max, *Économie et société* (1922), Plon, t. 1, 1971.

DON ET CONTRE-DON

du latin *donum* « action de donner »

all. GABE	esp. DON
angl. GIFT	ital. DONO

voir : ANTHROPOLOGIE, ÉCOLE DE DURKHEIM, ÉCHANGE, LIEN SOCIAL

1. Action de donner, par affection ou compassion, sans esprit de retour.
2. Disposition innée à réussir une activité.

1 L'action de donner concerne toute prestation de biens ou services qui se fait sous le signe de la gratuité — elle n'exige rien en retour — et qui se veut une manifestation volontaire d'affection (cadeaux faits aux enfants, aux membres de la famille ou aux amis) ou de compassion (aumône, don aux bonnes œuvres, don d'organe). De telles transactions ont souvent un caractère cérémoniel, par exemple lorsqu'il s'agit de souligner un événement important de la vie d'un individu (initiation, mariage) ou d'un groupe (don offert au moment de la signature d'un contrat ou d'un traité). Donner c'est aussi se donner, donner quelque chose de soi : l'idée de don est en effet étroitement associée à celle de sacrifice (don de soi, faire don de sa vie). Lorsque le don prend une dimension juridique (droit administratif ou civil), on parlera de donation pour désigner le contrat qui lie le donateur au donataire : le donataire peut être une personne morale ou une institution (don à un musée, par exemple).

En anthropologie, depuis le texte fondateur de MAUSS intitulé ***Essai sur le don***, paru en 1925, le don apparaît comme un échange, et plus spécifiquement comme un échange différé de biens (mais aussi d'autres choses : politesses, festins, rites, femmes, etc.) entre des groupes qui « s'obligent entre eux » ; tout se passe comme s'il y avait un « contrat » qui, comme on le voit dans le *potlatch*, liait le groupe qui donne et celui qui reçoit : il y a l'obligation de donner, de recevoir et enfin de rendre. Entre les deux groupes, s'instaure un double rapport : un rapport de solidarité — l'un partage — et un rapport de supériorité — l'autre se met en dette. Tout refus d'un don constitue une offense, et celui qui reçoit doit donc rendre, c'est-à-dire faire un *contre-don*. Cette dernière obligation tient, selon Mauss, à « l'esprit de la chose » (le *hau*).

L'étude de Mauss sera l'objet d'un très large débat : données incomplètes selon FIRTH dès 1929, contresens sur le terme de *hau*, selon SALHINS (1976). Des étudiants et de proches collaborateurs poursuivent des recherches sur l'échange : Marius BARBEAU au Canada, Marcel GRANET en Chine, René MAUNIER en Algérie. Georges BATAILLE, fondateur du Collège de sociologie (début 1937), s'inspire des travaux de Mauss pour développer la notion de « dépense » et entreprendre l'analyse de la transgression qui le conduit après la guerre à l'exposé systématique de sa théorie tragique de l'économie générale. Lorsqu'il publie, en 1950, ***Sociologie et anthropologie***, LÉVI-STRAUSS accorde une place centrale à l'***Essai sur le don*** : c'est, écrit-il, le « chef-d'œuvre de Mauss ». Même s'il critique sévèrement Mauss (qui se serait laissé berner par les indigènes), l'auteur des ***Structures élémentaires de la parenté*** reconnaît sa dette et présente Mauss comme un précurseur du structuralisme : le don s'inscrit dans un système d'échange généralisé de biens (par exemple des femmes) et implique la réciprocité. L'échange devient un concept clé de l'anthropologie. Mais tout ne se donne pas. GODELIER et WEINER mettent pour leur part en évidence ce qu'ils appellent le paradoxe du don : il y a des choses qu'on doit garder (par exemple les objets sacrés ou la terre). En sociologie, d'aucuns trouvent appui sur l'***Essai sur le don*** pour critiquer toute sociologie de l'intérêt et promouvoir un Mouvement anti-utilitarisme en sciences sociales ***(Le Bulletin du MAUSS)***.

2 Un don est une disposition innée qui permet à celui qui l'a de réussir des choses avec succès : « être doué pour ». Il peut s'agir soit de pouvoirs extraordinaires — par exemple le don de guérir ou, en histoire religieuse et en théologie, le don des langues ou les dons du Saint-Esprit —, soit de talents et de dispositions que l'on considère comme naturels (don pour les sciences, les langues, les arts). Don ou héritage culturel ? Le débat est au cœur du monde de l'éducation, surtout depuis la multiplication des travaux en sociologie de l'éducation : toute référence au don relève de l'idéologie (du don).

Marcel FOURNIER

bibliographie

BATAILLE Georges, *La Part maudite*, Éd de Minuit, 1967.

BOURDIEU Pierre, PASSERON Jean-Claude, *La Reproduction. Éléments pour une théorie du système d'enseignement*, Éd. de Minuit, 1971.

FIRTH Raymond, *Primitive Economics of the New Zealand Maori*, Londres, Routledge, 1929.

FOURNIER Marcel, *Marcel Mauss*, Fayard, 1994.

GODBOUT Jacques T., CAILLÉ Alain, *L'Esprit du don*, La Découverte, 1994.

GODELIER Maurice, *L'Énigme du don*, Fayard, 1996.

LÉVI-STRAUSS Claude, « Introduction à l'œuvre de Marcel Mauss », *in* Marcel MAUSS, *Sociologie et anthropologie*, PUF, 1950, pp. IX à LII.

MAUSS Marcel, « Essai sur le don. Forme et raison de l'échange dans les sociétés archaïques » (1925), in *Sociologie et anthropologie*, PUF, 1950, pp. 142 à 280.

SAHLINS Marshall, *Âge de pierre, âge d'abondance*, Gallimard, 1976.

WEINER Annette, *Inalienable Possessions : The Paradox of Keeping-while-Giving*, Berkeley, University of California Press, 1992.

DONNÉES

du latin *dare* « donner »

all. DATEN	esp. DATOS
angl. DATA	ital. DATI

voir : ENQUÊTE, MÉTHODES, STATISTIQUE

1 Le vocable *donnée* est utilisé en statistique à partir de 1755. Il a pour sens ancien « aumône, distribution » et s'est limité par la suite dans son utilisation à quelques sens spécialisés : mathématique (1755), statistiques, psychologie, informatique, où il est la transcription de l'anglais *data*. Il désigne par extension l'élément fondamental servant de point de départ à un raisonnement et à un développement.

2 En sciences sociales, le terme de *donnée* recouvre plusieurs acceptions.

1 **Données quantitatives et données qualitatives.** De façon élémentaire, l'on effectue généralement une distinction entre les données qualitatives et quantitatives. On associe aux premières des matériaux tels que les entretiens ou les archives, et aux secondes tout élément chiffré servant de *substratum* au propos scientifique. En fait, cette distinction est quelque peu erronée, car dans la pratique, l'analyse chiffrée se dichotomise elle-même en deux sous-groupes de données, à savoir les données qualitatives comme le sexe ou la religion, et les données quantitatives comme l'âge ou le revenu du ménage.

2 **Données d'enquêtes et données de séries chronologiques.** Par-delà cette dichotomie première, les données dont se sert le chercheur en sciences sociales sont de deux types. Elles proviennent soit d'enquête, et sont constituées par les réponses faites à un questionnaire, soit de séries chronologiques telles que l'évolution du taux de suicide ou de criminalité sur une période donnée. Les unes comme les autres doivent faire l'objet de la plus grande prudence. En effet, les données, quelles qu'elles soient, sont construites. Lorsqu'elles sont le résultat d'une enquête par questionnaire, elles sont tributaires des questions et de la formulation de celles-ci. Lorsqu'il s'agit de séries chronologiques, elles dépendent fortement du mode d'appréhension du phénomène et de sa représentation sociale à un instant donné de l'histoire.

3 Le « donné » et le « construit ». Le vocable *donnée* est donc mal choisi, car d'une part, dans les sciences d'une façon générale et en sciences sociales d'une façon plus particulière, rien n'est jamais donné et tout est à divers degrés le produit d'un construit théorique ou social ; et d'autre part, cette construction a un coût et rien dans ce domaine n'est jamais gratuit.

Félicité des NÉTUMIÈRES

DOUBLE LIEN

du latin *ligare* « attacher, fixer, unir »

all. DOPPELBINDUNG	esp. DOBLE PARENTESCO
angl. DOUBLE BIND	ital. DOPPIO LEGAME

voir : AFFECT, COMMUNICATION

Réception de messages contradictoires, verbaux ou non verbaux, enfermant deux ou plusieurs personnes dans une situation d'impuissance.

Dans un article de 1956, BATESON et ses collaborateurs font du *double lien* une explication de la schizophrénie. Dans une telle situation, un enfant, par exemple, reçoit de sa mère ou de ses deux parents des messages contradictoires qui le privent de toute réponse adaptée. Cette situation de double contrainte serait essentiellement un trouble de la communication. Une application littérale de ce concept ne peut être réalisée sur des groupes sociaux étendus. Cependant cette hypothèse a incité à analyser la structure des communications sociales et leurs effets sur les représentations et les comportements (WATZLAWICK, 1977). On peut, en effet, faire l'hypothèse que des situations de ce type peuvent se constituer, où des catégories sociales sont placées dans des conditions de double contrainte génératrices de réactions ou de non-réactions particulières. ELIAS a proposé d'étendre ce schéma du double lien à l'analyse de certaines configurations sociohistoriques en écartant toute référence directe à la schizophrénie. Par exemple, dans une situation de danger, des individus perçoivent les menaces à travers leur affectivité et leur imagination ; cette forte émotivité peut diminuer leurs chances d'une appréciation critique de la situation et renforcer ainsi le niveau de vulnérabilité. Le double lien, objectif et subjectif, aurait pour résultat le renforcement des difficultés et, éventuellement, l'impossibilité de réagir.

Pierre ANSART

bibliographie

BATESON Gregory, JACKSON Don D., WEAKLAND John H., « Towards a Theory of Schizophrenia », in *Behavioral Scientist*, 1, 1956.

ELIAS Norbert, *Engagement et distanciation* (1983), Fayard, 1993.

WATZLAWICK Paul, *L'Invention de la réalité. Comment savons-nous ce que nous croyons savoir ?* (1977), « Points Essais », Seuil, 1996.

*

* *

SOCIOLOGIE DU DROIT

dreit (XIIe s.), du latin *directus* « droit, en ligne droite »

all. RECHTSSOZIOLOGIE	esp. (sociología) JURÍDICA
angl. (sociology of) LAW, (sociolegal) STUDIES	ital. (sociologia del) DIRITTO

voir : CONTRAT, CONTRÔLE SOCIAL, CRIME, JUSTICE, NORMES

Le droit : *ensemble des normes juridiques et réglementaires auxquelles doivent se conformer les acteurs et les ensembles sociaux, et qui sont produites par les institutions légitimées par ceux-ci.*

GÉNÉRALITÉS. Contrairement à la science juridique, qui considère le *droit* comme un objet en soi et examine les logiques formelles inhérentes aux textes réglementaires et à leur application, la sociologie se penche sur la place qu'occupe le droit dans les rapports sociaux, et sur la manière dont une société construit un édifice juridique qui contribue à sa cohésion. Pour elle, le droit représente une forme élaborée de la codification des comportements individuels, des positions et des échanges, des organisations et des institutions. Il constitue un corpus de normes, dont la spécificité tient à leur condition de validité. Ainsi, alors que le caractère contraignant des normes qui régissent les interactions sociales ordinaires (salutations, respect, confiance, etc.), est assuré par les relations elles-mêmes, ce sont des institutions suprêmes de la société (principalement l'État) qui sont chargées d'assurer le respect, la définition et l'application des normes juridiques, autrement dit leur légitimité. Le droit constitue ainsi un agent essentiel de stabilité de l'ordre social, grâce à son caractère universel et impersonnel, mais aussi par le fait de sa valeur suprême, de sa légitimité, indispensable à son efficacité dans l'exercice du contrôle social. À ce titre, le droit a tout lieu d'être considéré comme l'un des objets majeurs de la sociologie, dans la mesure où il constitue un facteur prééminent de l'intégration sociale.

ORIGINES. Le processus de fondation de la discipline sociologique a attribué au *droit* une place prépondérante. Son rôle de ciment du lien social en a fait un élément central de l'analyse de la formation de l'être collectif, avec la religion, dont il constitue l'une des formes sécularisée de la sacralité. Cette analyse a été entamée à la fin du XIXe siècle à travers l'Europe, en particulier par SPENCER en Angleterre, TÖNNIES et WEBER en Allemagne, et DURKHEIM en France. Malgré quelques divergences, tous s'accordent pour identifier deux formes logiques de l'intégration des collectivités humaines, formes auxquelles renvoie la distinction introduite par Tönnies entre communauté et société. Chacune est étayée par des règles collectives spécifiques et contraignantes. Pour Spencer et Tönnies, le *statut* est la forme juridique essentielle dans les « communautés » ; y sont associées des règles rigides fixées par la tradition (famille, production, autorité, fonction religieuse, etc.), assurant la pérennité de l'ordre social mais interdisant l'initiative individuelle. Celle-ci est rendue possible dans les « sociétés » (« industrielles », selon Spencer), où elle est cadrée par un droit de type contractuel : le contrat fixe les limites dans lesquelles l'activité sociale peut s'exercer, et il constitue le support principal des rapports sociaux. À cela correspondent deux idéal-types historiques : celui d'une société segmentée (féodalisme, hindouisme, etc.) où les sujets sont soumis au droit de leur caste, et celui d'une société démocratique, où tout citoyen connaît le même régime juridique.

Dans la distinction qu'il opère entre les deux types d'intégration sociale, Durkheim retient également les formes juridiques comme un élément prévalent, mais le critère déterminant réside selon lui dans la sanction en cas de transgression. Elle constitue en effet le moyen de rétablir l'ordre social un moment troublé, et son examen révèle les principes qui le maintiennent. Dans une forme sociale répondant à une faible division du travail — à solidarité mécanique —, « la peine... doit être avant tout une *expiation* du passé » (Durkheim, 1991, p. 55), c'est-à-dire une punition proportionnée à l'infraction, censée l'effacer symboliquement. On a alors affaire à un droit *répressif*, qui se démarque du droit *restitutif* associé, quant à lui, à la solidarité organique. Dans ce cadre, où la division du travail social est très prononcée, la sanction « se réduit à une simple *remise en état* » (*ibid.*, p. 79) de l'ordre social ; elle consiste principalement à obliger l'auteur de l'infraction à se soumettre à la loi. Cette seconde forme juridique, restitutive, ne se limite pas au droit pénal, mais autorise l'émergence d'un droit coopératif (civil, contractuel, administratif, du travail, etc.).

Malgré son caractère fondamental lors de la fondation de la discipline, le droit n'a pas été une préoccupation majeure des sociologues — théoriciens et chercheurs — durant ses périodes de maturation. La sociologie française contemporaine n'a redécouvert l'objet juridique que très tardivement. Le débat théorique se localise au plan international.

APPROCHES THÉORIQUES. Si chacun, parmi les courants de la sociologie, s'accorde à reconnaître au droit une place prépondérante dans l'émergence du lien social, les interprétations quant aux processus rationnels qui associent droit et société connaissent des différences sensibles. On distinguera ici deux types d'approches théoriques.

[1] La première insiste sur la dimension de *légitimité* du droit. Elle s'inscrit dans la continuité des réflexions de Weber. Selon lui, le droit assure la stabilité de l'ordre social dans la mesure où il *« s'affirme grâce au prestige de l'exemplarité et de l'obligation, autrement dit de la* légitimité » (Weber, 1995, p. 30). Le droit est le moyen qu'utilise l'État pour assurer la cohésion sociale, mais il détient sa propre légitimité dans la formalisation (« droit formel ») rationnelle des textes juridiques, qui acquièrent ainsi une validité en soi. La mise en application du droit repose sur la valeur affectée aux gardiens du temple juridique (tribunaux, professions du droit, etc.). Par le respect de la procédure, ils garantissent la rationalité empirique de l'application des textes (« droit matériel »).

Les travaux de Pierre BOURDIEU inscrivent ces considérations dans sa théorie des champs. Le droit détient le monopole légitime de la codification, monopole qui résulte de son pouvoir d'universalisation des normes, de nomination du réel et de formalisation juridique. Acquérant ainsi l'autonomie d'un champ structural, c'est-à-dire doté d'une dynamique d'opposition interne, il est un « principe de constitution de la réalité » (Bourdieu, 1986, p. 10) grâce à l'efficacité symbolique qu'il tient de la légitimité de ses textes (lois) et de ses instances (juristes). Du point de vue de cette approche légitimiste, le droit participe d'une problématique de la domination sociale.

2 Le second type d'approche insiste sur le rôle de *régulation* du droit. Les théories fonctionnalistes considèrent que le droit remplit une fonction spécifique dans le système social, irréductible à la légitimité de l'État. Pour Talcott PARSONS, le droit permet aux membres d'une société de cadrer leur action, de régler leurs conflits, de sanctionner les déviances, autrement dit de réguler les rapports sociaux. Il remplit une fonction « interstitielle », au sens où il favorise l'articulation entre l'acteur et le système social, et entre les sous-systèmes. Niklas LUHMANN ajoute une dimension supplémentaire à cette vision en considérant le droit comme un sous-système autonome, « autopoïétique », produisant ses propres logiques, séparées de celle du système social global qu'il contribue pourtant à constituer.

Dans sa *Théorie de la justice*, John RAWLS, qui inspire nombre de sociologues actuels, estime que le droit permet d'assurer l'équité nécessaire à l'équilibre social ; conjointement, les normes juridiques doivent répondre à ce principe de justice. Le sociologue allemand Jürgen HABERMAS développe, pour sa part, une conception innovante du droit, qu'il considère comme une instance « de médiation entre faits et valeurs », dans la continuité de sa théorie de l'action communicative. Les instances juridiques permettent d'attribuer de la valeur aux faits sociaux (effectifs ou en projet) et de rapporter les valeurs sociales (la morale) à la factualité. Traiter, comme le font ces auteurs, le droit en termes de justification ou de médiation suppose, sur un plan méthodologique, d'y voir une instance d'argumentation et d'interprétation. Comme le note Anthony GIDDENS, *« la formulation discursive d'une règle est déjà une interprétation de cette règle »*.

ORIENTATIONS DE RECHERCHE. Elles peuvent être rapportées à trois problématiques majeures : la question de l'*opérationnalisation* du droit, celle de son *autonomisation* et celle de sa *formation*.

1 **Opérationnalisation du droit.** La sociologie classique a observé le droit en opération dans les tribunaux et les officines (sociologie judiciaire) et dans l'apprentissage et l'application des normes fondamentales (socialisation, déviance, contrôle social). Les approches les plus innovantes proposent de le considérer comme une ressource que les acteurs mobilisent. Les normes juridiques constituent un référent permettant aux acteurs de s'ajuster pour qualifier l'action, les réseaux et les objets communs dans lesquels ils sont engagés, notamment lorsqu'une controverse surgit à leur égard. Le droit est interpellé comme agent de stabilisation des rapports sociaux, dessinant des espaces de compétence. Ce processus peut être analysé dans divers domaines du lien social, comme la famille, l'administration, les organisations productives, les politiques de l'État, etc.

2 **Autonomisation du droit.** Le recours aux instances juridiques (professions du droit, tribunaux) s'avère nécessaire lorsque les acteurs ne disposent pas des ressources juridiques suffisantes pour opérer l'ajustement. Pour le divorce, par exemple, la légitimité de la référence juridique permet aux avocats d'orienter les justiciables vers un compromis acceptable de la séparation. Ainsi, les actes juridiques courants contribuent à l'autonomisation des rationalités sociales du droit, inséparables des pratiques et des logiques professionnelles des juristes (magistrats, avocats, professeurs, notaires, syndics, etc.) ; le sociologue examinera ces dernières, plutôt que les textes eux-mêmes.

3 **Formation du droit.** Le processus de constitution des textes juridiques ne peut pour autant être ignoré d'une sociologie politique du droit, qui se démarque d'une explication politicojuridique (constitutionnelle). Quels que soient les domaines sur lesquels ils portent, les textes législatifs résultent en effet de l'intervention conjointe de plusieurs types d'instances, dont le « législateur » (parlement et gouvernement) constitue à la fois l'arbitre et le moyen de validation politique. Les orientations des diverses législations répondent aux interpellations d'agents sociaux concernés que sont les associations, les syndicats, les représentants de branches industrielles, des experts souvent réunis en commissions *ad hoc* ou des réseaux de pression. À quoi s'ajoute l'intervention des juristes, appelés à donner un contenu juridique aux choix politiques, ce qui n'est pas sans conséquence sur la portée des textes. Le travail sociologique consiste alors à rendre raison de ce jeu d'influences réciproques et de ses conséquences dans la norme juridique et dans son usage social.

Au final, la recherche en sociologie du droit semble vouée à un développement notable, dans une société contemporaine instable qui tend à accroître son recours aux instances juridiques.

Philippe MILBURN

bibliographie

BOURDIEU Pierre, « La Force du droit », in *Actes de la recherche en sciences sociales*, n° 64, septembre 1986, pp. 3 à 19.

CLAM Jean, *Droit et société chez Niklas Luhmann. La contingence des normes*, PUF, 1997.

COMMAILLE Jacques, *L'Esprit sociologique des lois*, PUF, 1994.

DURKHEIM Émile, *De la division du travail social* (1893), PUF, 1991.

HABERMAS Jürgen, *Droit et démocratie : entre faits et normes*, « NRF essais », Gallimard, 1997.

RAWLS John, *Théorie de la justice*, « La Couleur des idées », Seuil, 1987.

ROCHER Guy, « Le Droit et la sociologie du droit chez Talcott Parsons », in *Sociologie et sociétés*, vol. 21, n° 1, avril 1989, pp. 187 à 204.

WEBER Max, *Sociologie du droit*, PUF, 1986.

WEBER Max, *Économie et société* (1922), Plon, 1995.

DUALISME

voir : MONISME

Démarche doctrinale qui fait appel à deux principes irréductibles d'explication.

Notion philosophique, le dualisme s'oppose au monisme, qui affirme l'unité de l'être dans la multiplicité de ses attributs et de ses manifestations. Le dualisme occidental oppose ainsi la matière et la pensée, le corps et l'âme. Sa forme la plus élaborée est le cartésianisme. On peut considérer qu'en sociologie, la différence nature/culture, posée comme essentielle, est une forme de dualisme, de même la différence radicale posée entre sciences de la nature et sciences de la culture.

André AKOUN

DURÉE ⇒ SOCIOLOGIE DU TEMPS

ÉCOLE DE DURKHEIM

voir : ANOMIE, CONSCIENCE COLLECTIVE, DIVISION DU TRAVAIL, ÉCONOMIE, SUICIDE

DURKHEIM s'est montré soucieux de traduire concrètement certaines de ses idées sur la division du travail de manière à favoriser le développement de la sociologie scientifique qu'il appelle de ses vœux : il faut se spécialiser et ne pas en rester à un dilettantisme trop répandu, tout en liant entre eux les différents domaines de la science sociale. La création, avec l'aide de Célestin BOUGLÉ, de *L'Année sociologique* (1897-1913, première série ; 1925-1927, deuxième série) se révèle d'une importance capitale sur ce point.

***L'Année sociologique* : première série (1897-1913).** Durkheim recrute une série de collaborateurs (46 personnes au total ont participé à cette œuvre collective) en puisant assez systématiquement dans le milieu dont il est lui-même issu : l'agrégation (4/5 des collaborateurs de *L'Année* ont réussi ce concours) et l'École normale supérieure (la moitié des collaborateurs y ont été élèves). Il est remarquable de constater que l'équipe, recrutée directement ou indirectement (Marcel MAUSS et François SIMIAND ont une certaine autonomie en la matière) par Durkheim, n'est pas constituée d'inconditionnels de son œuvre. Plusieurs d'entre eux ont marqué leurs distances vis-à-vis des thèses énoncées dans les *Règles de la méthode sociologique* ou dans *Le Suicide* (c'est le cas de Simiand ou de Bouglé). L'unité est donc médiocre sur le terrain de la doctrine ; en revanche, elle est importante lorsqu'il s'agit de travailler à la constitution de la sociologie comme une science véritable. Un effort considérable est alors fourni en termes d'informations diffusées (*L'Année* consacre l'essentiel de ses pages à des comptes rendus, parfois très longs, d'ouvrages ou d'articles de revues scientifiques — ce qui est d'ailleurs symptomatique à une époque où l'article n'était pas encore le vecteur essentiel de la diffusion de la recherche) et en termes de recherches originales (*L'Année* contient toujours un — ou deux — « Mémoire original », développant des recherches effectuées dans le groupe essentiellement, mais pas exclusivement). De ce fait, l'activité de l'équipe durkheimienne se rapproche du fonctionnement d'un véritable centre de recherches. Deux domaines de *L'Année* sont l'occasion de voir à l'œuvre ces efforts : la sociologie religieuse (dirigée par Mauss) et la sociologie économique (dirigée par Simiand). Le premier domaine constitue un creuset dans lequel s'élaborent certaines des idées essentielles de DURKHEIM et de Mauss, celles qui seront à la base des travaux les plus connus des deux hommes par la suite (respectivement : *Les Formes élémentaires de la vie religieuse* et l'*Essai sur le don*). Le deuxième domaine stimule l'activité de Simiand lorsqu'il s'agit de passer au crible de sa verve critique les travaux des économistes allemands de l'école historique — pour lesquels il a une certaine sympathie — et ceux de l'école néoclassique, dont le caractère abstrait lui déplaît fortement. À côté de ces deux grands domaines, figurent aussi la sociologie générale, la sociologie juridique, l'étude de la morphologie sociale (mobilité géographique, la ville, etc.) ; bien que plus limitées, des tentatives en direction de la sociologie esthétique ou de l'étude du langage doivent être mentionnées.

La revue *Notes critiques. Sciences sociales* (1903-1906). Tout ce travail exige beaucoup des membres de l'équipe ; une partie d'entre eux se retrouve autour d'une revue animée par Simiand (*Notes critiques. Sciences sociales*, 1903-1906) pour un travail du même genre, mais avec une tonalité plus politique ; aussi, à partir de 1909, la revue ne paraît-elle plus qu'une fois tous les trois ans de manière à laisser plus de temps à chacun pour ses travaux et publications personnelles ; une série d'ouvrages s'adosse alors à la revue pour constituer une collection chez l'éditeur Alcan. Ce travail porte ses fruits : *L'Année* constitue une référence et elle est prise en compte dans les revues de sciences sociales en France et à l'étranger.

LE DÉVELOPPEMENT DE L'ÉCOLE ENTRE LES DEUX GUERRES. Il n'en reste pas moins que la sociologie n'est que faiblement implantée dans l'Université française. L'intitulé des chaires est révélateur de cet état de fait : Durkheim n'occupe à la Sorbonne qu'une chaire de « Science de l'éducation et sociologie » ; il faut attendre 1927 pour que HALBWACHS ait, à Strasbourg, une chaire uniquement intitulée « Sociologie ». Avec la Grande Guerre, le destin frappe le maître, la revue et l'équipe. Ébranlé par la mort de son fils au front, Durkheim meurt en 1917, et un grand nombre de collaborateurs disparaissent dans la tourmente ou en sortent usés.

***L'Année sociologique* : deuxième série (1925-1927).** Il faut attendre le milieu des années 20 pour que *L'Année* reparaisse, grâce aux efforts de Mauss. L'affaire sera de courte durée : seul le premier volume paraît d'une manière complète, le second, tronqué, s'interrompt curieusement au milieu d'un article de Mauss. Une nouvelle tentative se fera jour avec la parution des *Annales sociologiques* (1934-1942), où l'on observe un maintien des grandes catégories de *L'Année*, mais aussi un fort renouvellement du personnel avec l'apparition de jeunes chercheurs.

Au sortir de la Grande Guerre, le groupe réuni par Durkheim se scinde en deux si on le considère à partir des activités professionnelles privilégiées par les uns ou par les autres. Un premier groupe, que l'on a qualifié de « chercheurs », va prolonger le travail scientifique dans la lignée de celui entrepris avant-guerre par Durkheim ou par eux-mêmes. Parmi ces derniers, on peut retenir les noms de Maurice Halbwachs, Marcel Mauss et François Simiand : le premier s'illustre par ses travaux sur le suicide et sur la psychologie collective ; le second, atypique, par ses travaux de sociologie religieuse et d'anthropologie (dont la fameuse étude sur le don) ; le troisième, par ses travaux de statistiques, de sociologie et d'histoire économiques. Ils font d'ailleurs tous trois une carrière couronnée par leur entrée au Collège de France : Mauss à la chaire de sociologie (1930), Simiand à la chaire d'histoire du travail (1932) et enfin Halbwachs à la chaire de psychologie collective (1944).

Le second groupe est formé par ceux que l'on peut qualifier d'« enseignants », au sens où leur place ne repose pas essentiellement sur leur production intellectuelle (ils publient des ouvrages de vulgarisation ou à propos de la sociologie), mais sur leur rôle dans le système scolaire, et cela à plusieurs niveaux. Célestin Bouglé est étroitement associé à la direction de l'École normale supérieure (directeur adjoint en 1927, il en devient le directeur en 1935 jusqu'à sa mort en 1940) ; d'autres, comme René HUBERT, Paul LAPIE ou Georges DAVY, occupent des places importantes dans l'administration universitaire (doyen, recteur, jury d'agrégation, inspection générale). Il faut d'ailleurs rappeler que l'institution scolaire est, selon Durkheim, une institution de premier plan lorsqu'il s'agit d'implanter la sociologie en tant que science ou lorsqu'il s'agit de contribuer au relèvement moral, auquel il a consacré une large partie de sa réflexion.

De ces deux groupes, on retiendra bien sûr l'excellence intellectuelle qui anime l'œuvre des chercheurs. Ces derniers ont acquis une solide renommée, au niveau national et international, grâce à des travaux dont certains restent, encore de nos jours, de solides références. Toutefois, d'un point de vue institutionnel, le résultat est plus problématique. Ni les « chercheurs » ni les « enseignants » n'ont réussi à créer une école, avec des lieux institutionnels universitairement reconnus, capable de porter ses fruits une fois qu'ils n'auront plus eux-mêmes l'occasion d'intervenir, même si une exception peut être faite pour Marcel MAUSS dont plusieurs grands anthropologues français — au premier rang desquels figure Claude LÉVI-STRAUSS — de la deuxième moitié du XXe siècle ont reçu une impulsion marquée.

La Seconde Guerre mondiale, encore une fois, met brutalement un terme à ce qui pouvait exister de la première école de DURKHEIM (SIMIAND disparaît en 1935, Mauss survit pendant l'Occupation puis s'affaiblit mentalement, HALBWACHS meurt en déportation à Buchenwald). À la Libération, la reconstruction de la sociologie française s'effectue par le biais des apports issus de la sociologie américaine et, dans ce contexte, l'idée même d'une école de Durkheim s'est éteinte d'elle-même.

Philippe STEINER

bibliographie

ALEXANDER Jeffrey, *The Antinomies of Classical Thought : Marx and Durkheim*, Berkeley, California UP, 1982.

BESNARD Philippe (éd.), « Les Durkheimiens », numéro spécial de la *Revue française de sociologie*, 1979.

BESNARD Philippe (éd.), *The Sociological Domain. The Durkheimians and the Founding of French Sociology*, Paris et Cambridge, Cambridge UP-MSH, 1981.

FOURNIER Marcel, *Marcel Mauss*, Fayard, 1994.

HEILBRON Johann, « Les Métamorphoses du durkheimisme : 1920-1940 », in *Revue française de sociologie*, 1985.

KARADY Victor, « Durkheim, les sciences sociales et l'Université : bilan d'un semi-échec », in *Revue française de sociologie*, 1976.

STEINER Philippe, *La Sociologie de Durkheim*, La Découverte, 1994.

DYNAMIQUE SOCIALE

emprunté (1692) au grec *dunamikos* « puissant, efficace », dérivé de *dunamis* « force »

all. SOZIALE DYNAMIK	esp. DINÁMICA SOCIAL
angl. SOCIAL DYNAMICS	ital. DINAMICA SOCIALE

voir : CHANGEMENT, DÉVELOPPEMENT, FORCE, PROGRÈS

Par opposition aux approches statistiques, étude des forces de changement, de transformation économique, sociale, culturelle.

Lorsque COMTE accrédite le terme de sociologie, il divise cette nouvelle discipline en deux parties : la *statistique* et la *dynamique sociale*. Cette dernière se définit comme science des lois du progrès et s'intéresse particulièrement aux changements issus des révolutions politique et industrielle, d'un début d'urbanisation et d'un positivisme scientifique annonçant la laïcisation. Mais sous l'influence d'un évolutionnisme dominant à l'époque, on se focalise sur quelques faux problèmes : celui des origines (créationnisme ou développementalisme), celui des étapes par lesquelles passerait nécessairement l'histoire de l'humanité, celui des lois universellement explicatives. Tandis que MARX met au centre de la dynamique les conflits de classes, TOCQUEVILLE perçoit la démocratisation et l'égalisation des conditions comme la tendance majeure du modèle américain de changement social.

Tout le début du XXe siècle sera soucieux d'éclairer les ressorts fondamentaux des changements : DURKHEIM dessine une nouvelle division du travail, impulsée par des changements morphologiques de la population entre autres ; WEBER voit dans l'éthique protestante le système de valeurs incitant à la généralisation de l'esprit capitaliste en Occident, SCHUMPETER insiste sur le rôle des entrepreneurs dans les changements techniques et économiques. Après la Seconde Guerre mondiale, la psychologie sociale approfondit la dynamique des groupes restreints. Aux États-Unis surgit aux côtés de MOORE un courant de recherche sur l'urbanisation et l'industrialisation. À Manchester et Cambridge, autour de GLUCKMAN et de LEACH, se développe une anthropologie dynamique.

Tandis que les instruments d'analyse fonctionnelle, structurale, systémique se révèlent inadaptés à la saisie de ce qui change dans nos sociétés et *a fortiori* dans l'orientation du futur, des sociologues comme Etzioni, BALANDIER, Boudon proposent de nouvelles orientations pour éclairer des questions capitales, comme les asynchronies du changement, les manipulations des règles, les remous dans les processus d'innovation, les effets pervers de programmes planifiés, la place du désordre sous-évaluée par rapport aux déterminismes globaux.

Cadres d'analyse. Une typologie permet de guider l'analyse à partir de critères importants :

1. origine des changements : dynamique externe et dynamique interne, le dedans d'une société amplifiant ou filtrant, selon ses traditions et expériences, les impulsions du dehors ;
2. amplitude : dynamique de fonctionnement, de réforme, de changement structurel ;
3. visibilité : dynamique manifeste et dynamique latente ;

4 intentionnalité : dynamique naturelle et dynamique délibérée ;
5 intégration aux normes : dynamique recherchée et dynamique effective ;
6 découpage analytique : cinématique (images successives comme au cinéma) et énergétique (ressorts profonds, forces sous-jacentes en action).

Dans le traitement de la dynamique sociale, quelques points importants balisent, selon ETZIONI, les développements sur le sujet : les secteurs et sphères du changement ; les orientations des changements selon leur importance, leur fréquence, leur rythme ; les facteurs, conditions et causes de changements ; les processus de changement ; les agents qui participent au changement comme promoteurs, animateurs, symboles, soutiens ; les possibilités de prévision et de planification des changements (GALBRAITH, BELL, BRZEZINSKI, de JOUVENEL...).

Dynamique multilinéaire et désordre. Point de sens unique et obligatoire du changement ! Point de facteur universellement prédominant ! Les centres moteurs sont généralement multiples, se déplacent dans l'espace et subissent dans le temps des ascensions et déclins. Selon BALANDIER, les systèmes sociaux, aux éléments hétérogènes et approximativement ajustés, se transforment avec des asynchronies et des décalages, par exemple dans le passage de la colonisation à l'indépendance de l'Afrique. L'auteur considère comme particulièrement révélateurs les contestations, conflits et crises mettant en évidence les imperfections d'un système. Toute société est pour lui le lieu de l'inédit et tout ordre social revêt un caractère problématique (cf. *Le Désordre*). *La Place du désordre* de BOUDON montre l'ouverture des choix dans tout processus décisionnel, l'effet de hasard dans la rencontre de séries causales indépendantes, l'imprévisibilité de conduites également rationnelles, l'impossibilité de prédire des innovations qui ne sont pas seulement des réponses à des besoins du système. Le déterminisme « par plaques » tempère un pseudo déterminisme global dans l'explication de la dynamique sociale.

Claude RIVIÈRE

bibliographie

BALANDIER Georges, *Sens et puissance*, PUF, 1971.
BALANDIER Georges, *Le Désordre*, Fayard, 1988.
BELL Daniel, *Vers la société post-industrielle* (1973), Laffont, 1976.
BOUDON Raymond, *La Place du désordre*, PUF, 1984.
ETZIONI Amitai, *The Active Society*, New York, Free Press, 1968.
LEACH Edmund R., *Les Systèmes politiques des hautes terres de Birmanie. Analyse des structures sociales Kachin* (1954), Maspero, 1972.
MENDRAS Henri, FORSÉ Michel, *Le Changement social*, Armand Colin, 1983.
MOORE Barrington, *Political Power and Social Theory. Six Studies*, Harvard UP, 1958.
RIVIÈRE Claude, *L'Analyse dynamique en sociologie*, PUF, 1978.
SCHUMPETER Joseph A., *Théorie de l'évolution économique* (1912), Dalloz, 1935.
SMELSER Neil, *Social Change in the Industrial Society*, Londres, Routledge and Kegan Paul, 1959.

DYSFONCTION

du grec *dus* qui exprime l'idée de manque ou de difficulté, et du latin *functio* « accomplissement, exécution »

all. FUNKTIONSSTÖRUNG	esp. DISFUNCIÓN
angl. DYSFUNCTION	ital. DISFUNZIONE

voir : FONCTIONNALISME, PARADIGME, THÉORIE

Trouble ou conséquence négative d'un fonctionnement social.

1 Le terme de *dysfonction* est un mot hybride, résultant de la combinaison d'un préfixe d'origine grecque *(dus)*, qui exprime une idée de difficulté, et d'un mot directement transposé du latin *functio* : il sert d'ordinaire à qualifier un trouble du fonctionnement.

2 Plus précisément, dans le langage des sciences sociales, il désigne toute contribution négative de l'élément étudié au système social ou culturel dont il fait partie, qu'elle mette en danger la continuité de ce système ou simplement le maintien d'une de ses propriétés. Dans l'ensemble des conséquences observables auxquelles donne lieu le phénomène examiné, les dysfonctions englobent toutes *« celles qui affaiblissent l'adaptation ou l'ajustement du système »*, pour reprendre la caractérisation de MERTON dans son paradigme de l'analyse fonctionnelle (point 3).

C'est une tentation fréquente, parmi les utilisateurs de l'analyse fonctionnelle, que de ne pas tenir compte des dysfonctions : certains auteurs ont en effet limité leurs observations aux contributions *positives* de leur objet d'étude, c'est-à-dire, au sens strict, à leurs fonctions ; et MALINOWSKI a justifié cette pratique en affirmant de façon catégorique que tout élément social ou culturel standardisé sert une fonction à certains égards vitale. Dénonçant, pour sa part, « le postulat du fonctionnalisme universel » qui s'exprime dans cette position, Merton invite le chercheur à adopter une démarche plus respectueuse des faits : il doit, dans un premier temps, être attentif à l'ensemble des conséquences du phénomène sociologique analysé ; et dans les cas où le phénomène comporte à la fois des conséquences fonctionnelles et des conséquences dysfonctionnelles, il est ainsi en mesure, dans un second temps, d'établir ce que Merton appelle « le solde net du faisceau de conséquences », c'est-à-dire de déterminer lequel des deux types de conséquences l'emporte. Toutefois une dernière précaution s'impose : il convient de spécifier de façon rigoureuse l'unité à laquelle on rapporte la fonction, car un élément donné dont on vient de montrer qu'il est fonctionnel par rapport à telle sphère déterminée de la société peut être simultanément dysfonctionnel par rapport à telle autre.

François CHAZEL

bibliographie

MERTON Robert K., *Éléments de théorie et de méthode sociologique*, trad. H. Mendras, Plon, 1965 ; rééd., Brionne, G. Monfort, 1983.

E

ÉCART-TYPE

voir : PARAMÈTRE DE DISPERSION, STATISTIQUE

Racine carrée de la variance.

ÉCHANGE

dérivé de *changer* (du latin *cambiare*) par préfixation, « opération par laquelle on échange des biens »

all. TAUSCH	esp. CAMBIO
angl. EXCHANGE	ital. SCAMBIO

voir : DON ET CONTRE-DON, ÉCONOMIE, MARIAGE, PARENTÉ, STRUCTURALISME

Opération de cession moyennant contrepartie. Par analogie, toute communication réciproque.

ÉCHANGES MARCHANDS ET NON MARCHANDS. L'*échange* est la règle fondamentale de toute relation sociale. Cependant, ce ne sont pas seulement des biens qui circulent, mais des services, des personnes dans l'alliance matrimoniale, des messages et des symboles présents dans les domaines linguistiques, politiques et religieux, comme le remarque LÉVI-STRAUSS. Cette circulation dépend étroitement des rapports de parenté, de voisinage, de statut social, ce qui influe sur le volume et les délais des dons et contre-dons. Alors que le troc et l'échange monétaire sont les formes de l'échange marchand, le partage, le don, la réciprocité, la redistribution constituent les modalités principales de l'échange non marchand, selon POLANYI.

POTLATCH ET KULA. Après que BOAS eut analysé le *potlatch* dans l'Ouest canadien comme don ostentatoire impliquant compétition, lutte pour l'influence et le prestige, que MALINOWSKI eut étudié la *kula*, vaste circuit d'échange de valeurs diverses à caractère esthétique, économique, politique et religieux dans les îles de la Mélanésie, MAUSS fonda son *Essai sur le don* (1925) sur les obligations de donner, de recevoir et de rendre avec surplus. En fait, le partage et beaucoup de dons n'impliquent pas cette dernière obligation et le prêt à intérêt ne s'applique qu'à la circulation des marchandises.

ÉCHANGE ET REDISTRIBUTION. Différente de la pure réciprocité des sociétés agro-pastorales, qui appelle le contre-don, soit au même moment, soit à échéance, la redistribution, dans les chefferies* et les empires notamment, est un processus selon lequel une instance centrale rassemble des prestations de biens ou de travail (tribut, corvée), puis en redistribue les fruits aux prestataires et autres ayants droit. Si les sociétés marchandes prenant en compte la valeur-travail et l'utilité marginale cherchent à maximiser le profit, les sociétés non marchandes fonctionnent surtout par contrat tacite de réciprocité. Néanmoins il serait erroné, selon PERROUX, de penser que l'économie de générosité soit absente du progrès économique mondial.

Claude RIVIÈRE

bibliographie

MAUSS Marcel, *Essai sur le don* (1925), in *Sociologie et anthropologie*, PUF, 1950, chap. 2.

POLANYI Karl, ARENSBERG Conrad, *Les Systèmes économiques dans l'histoire et dans la théorie* (1957), Larousse, 1975.

ÉCHANTILLON

de l'ancien français *eschandillon* « petit instrument de mesure, étalon », issu du latin *scala* « échelle »

all. PROBE	esp. MUESTRA
angl. SAMPLE	ital. CAMPIONE

voir : QUESTIONNAIRE

Un échantillon *est un ensemble restreint d'individus provenant d'une population, qui servent de support à l'étude que l'on réalise.*

Répondant au questionnaire*, ils fournissent au chercheur les données sur lesquelles il va travailler. Il est en effet bien souvent impossible d'interroger toute une population pour des raisons de coût, ce qui conduit le chercheur à focaliser son attention sur une sous-partie de celle-ci, pour ensuite extrapoler les résultats qu'il établit à la population tout entière (⇒ INFÉRENCE STATISTIQUE). Il y a diverses façons de sélectionner cette sous-partie (⇒ SONDAGE ou ÉCHANTILLONNAGE), qui permettent de réaliser plus ou moins bien cette généralisation, et qui ont donc une importance capitale quant à la validité du discours tenu autour des résultats de l'étude.

Félicité des NÉTUMIÈRES

ÉCHANTILLONNAGE

voir : [2] SONDAGE

Terme apparu au xve siècle, il signifie le « droit perçu pour l'étalonnage des mesures » ; au XIXe siècle, il désigne l'action de prélever une petite quantité d'une marchandise, pour en faire connaître la qualité. L'usage statistique du terme (« procédure de constitution d'un échantillon ») apparaît vers 1950.

Félicité des NÉTUMIÈRES

ÉCOLOGIE

du grec *oikos* « demeure, habitat » et *logos* « science »

all. EKOLOGIE	esp. ECOLOGÍA
angl. ECOLOGY	ital. ECOLOGIÀ

voir : ÉCOSYSTÈME, ESPACE, SYSTÉMISME

1. Science des interrelations entre les êtres vivants et leur milieu.
2. Attitude et doctrine tendant à préserver les milieux naturels.

ÉCOLOGIE DES ÉCOLOGUES, ÉCOLOGIE DES ÉCOLOGISTES. Définir l'*écologie* comme la science des interrelations entre les êtres vivants et le milieu où ils vivent, ou encore comme la science des écosystèmes, c'est déjà faire un choix parmi les sens de ce terme qui, outre cette acception scientifique, désigne communément un « courant d'idées », un mouvement social et politique, en tout cas un ensemble de pratiques qui impliquent le rapport des hommes avec leur environnement, mais aussi entre eux.

Même si les écologues entendent n'être point confondus avec les écologistes, il est sociologiquement pertinent d'observer qu'un même mot désigne une discipline scientifique et un mouvement de pensée et d'action. Pour nécessaire que soit l'étude des groupements écologiques ou celle des politiques publiques environnementales, la recherche ne peut s'y limiter sans passer à côté de son objet. En effet, dans cette sphère d'activité plus qu'ailleurs peut-être, la thématique scientifique constitue une référence privilégiée : l'action publique, bien au-delà de la seule action des pouvoirs publics, engage une pluralité d'agents sociaux que concernent à divers titres les relations entre le vivant et l'environnement, mais dont l'engagement, quelle qu'en soit la forme, se réfère *in fine* à la science écologique. Les quelques enquêtes qui ont été menées auprès des militants écologistes s'accordent à y reconnaître l'importance des fractions des classes moyennes, à fort capital culturel.

DE LA CRITIQUE DES TECHNOCRATIES À L'ÉCOLOGISME. Pourtant, dans les années 60 et 70, les mobilisations massives et radicales (contre le « tout nucléaire », contre des opérations destructrices d'espace et d'espèces, etc.) allaient de pair avec la critique aiguë des sciences et des techniques, associée au refus de toute organisation politique durable, même si cette période a été très féconde en initiatives et en structures d'action.

Des catastrophes écologiques comme l'échouage du *Torrey Canyon* (1967) ou de l'*Amoco Cadiz* (1978), l'explosion de Soveso (1976) ou de Tchernobyl (1986) n'ont pas été pour peu dans le développement de la sensibilité écologique aux effets du mode de vie des sociétés industrielles sur des régions et des populations. Mais s'agissant de phénomènes concernant la biosphère (« effet de serre », « trou d'ozone », etc.), leur mise en évidence et leur imputation causale à l'activité humaine furent à l'origine l'objet de controverses scientifiques entre spécialistes. Si, d'ordinaire, l'histoire de l'écologie comme celle des autres sciences s'analyse en termes de changements de paradigme — en commençant par celui qui imposa le modèle des interactions entre organismes et milieux, de HAECKEL (1866) à TANSLEY (1935) et à LINDEMAN (1942) —, elle ne peut se comprendre sans mettre en relation les problématisations scientifiques avec l'écologisme, qui vise à « penser globalement et agir localement ».

En France comme dans d'autres pays européens, les années 80 ont été celles de la structuration de l'écologie politique (« die Grünen » en 1980, « les Verts » en 1984), mais également de l'ouverture des grands partis politiques et de grands groupes industriels aux préoccupations environnementales. Toutefois cette imprégnation écologiste paraît n'avoir eu jusqu'à présent que peu d'effet à l'échelon international. Cinq ans après le Sommet de la Terre (Rio, 1992), le bilan est négatif : sans parler de la dégradation des espaces naturels et de ses effets sur la biodiversité, non seulement la limitation énergétique semble inacceptable aux « pays du Sud », mais surtout, des pays dominants (en particulier les États-Unis) s'y refusent et préconisent un système « souple », la Banque mondiale se proposant de gérer un « fonds carbone » (*Le Monde*, 24 juin 1997).

JEU SOCIAL, ENJEUX ÉCOLOGIQUES ET SCIENCE ÉCOLOGIQUE. Expliquer l'extension de l'écologisme en même temps que l'incapacité à relever les défis écologiques qui se font plus pressants suppose la pluralité des approches scientifiques (naturelles, sociales, économiques et politiques). Comprendre le « jeu social » et les enjeux des « combats » écologistes implique avant tout que soient étudiés des réseaux relationnels complexes, sur plusieurs niveaux, mais surtout que soit analysé le champ scientifique dans ses rapports aux autres champs en prenant pour objet la construction sociale de la science écologique.

Philippe FRITSCH

bibliographie

ABÉLÈS Marc (dir.), *Le Défi écologiste*, L'Harmattan, 1993.

ACOT Pascal, *Histoire de l'écologie*, PUF, 1988.

BOY Daniel, LE SEIGNEUR Vincent Jacques, ROCHE Agnès, *L'Écologie au pouvoir*, Presses de la FNSP, 1995.

CONTI Laura, *Qu'est-ce que l'écologie ?*, Maspero, 1978.

DELÉAGE Jean-Paul, *Histoire de l'écologie, une science de l'homme et de la nature*, La Découverte, 1992.

DROUIN Jean-Marc, *L'Écologie et son histoire*, Flammarion, 1991.

LEBRETON Philippe, *La Nature en crise*, Éd. Sang de la terre, 1988.

RAMADE François, *Éléments d'écologie appliquée*, Édiscience/McGraw-Hill, 1978.

SAINTENY Guillaume, *Les Verts*, PUF, 1992.

ÉCONOMIE ET SOCIOLOGIE

du grec *oikonomos*, composé de *oikos* « maison » et de *nomos* « règle, usage, loi »

all. WIRTSCHAFT und SOZIOLOGIE	esp. ECONOMÍA y SOCIOLOGÍA
angl. ECONOMY and SOCIOLOGY	ital. ECONOMIÀ e SOCIOLOGIA

voir : ÉPISTÉMOLOGIE, PARADIGME, THÉORIE

NAISSANCE DE LA SOCIOLOGIE ET CRITIQUE DE L'ÉCONOMIE CLASSIQUE. Tôt dans son histoire, la *sociologie* s'est trouvée confrontée aux questions d'*économie* ainsi qu'aux méthodes et aux théories propres aux spécialistes de ce domaine. Les thèses de l'école classique, telles qu'elles ont été promues notamment par SMITH et RICARDO, ont été ainsi matière à bien des critiques. Dans ses *Cours de philosophie positive* (1830-1842) et dans son *Système de politique positive* (1854), COMTE n'a pas de mots assez durs pour fustiger une théorie qu'il juge abstraite et métaphysique, car trop encline à ignorer l'intrication des faits économiques, moraux et intellectuels. La critique se fait plus virulente encore sous la plume de MARX. Dans *Le Capital* (1887) notamment, et bien qu'il bénéficie d'une partie de l'héritage problématique de l'économie politique anglaise, il n'épargne guère les économistes classiques, incapables selon lui de mettre à nu les véritables ressorts du capitalisme. Lorsqu'il rend raison de l'aliénation, des fondements de la valeur et des prix, du fétichisme de la marchandise ou encore des crises, Marx cherche, à l'inverse, à articuler dynamique des rapports sociaux et évolution économique.

LA FIN DU XIXe SIÈCLE : RÉVOLUTION MARGINALISTE EN ÉCONOMIE, RECONNAISSANCE INSTITUTIONNELLE DE LA SOCIOLOGIE. À la fin du XIXe siècle, les relations entre économistes et sociologues évoluent nettement. La révolution marginaliste bouleverse le paysage intellectuel des économistes tandis que la sociologie commence à acquérir, dans quelques pays européens, une reconnaissance institutionnelle. Les interrogations privilégiées par ceux que l'on considère aujourd'hui comme les pionniers de la sociologie ne sont pas alors sans empiéter directement sur le terrain économique. Certains, comme WEBER, démarrent d'ailleurs leur carrière comme économistes. DURKHEIM s'appuie à ses débuts sur les acquis de l'économie institutionnaliste allemande, avant de prendre ses distances à mesure qu'il gagne en reconnaissance institutionnelle. À l'ombre des perspectives inaugurées par Marx, WEBER, le premier, réfléchit sur les fondements religieux des comportements économiques : *L'Éthique protestante et l'esprit du capitalisme* (1905) ne constitue qu'une pièce de l'ensemble des travaux conduits dans une telle perspective. Ce faisant, Weber s'inscrit, de façon critique il est vrai, dans la mouvance de l'école historique allemande. L'originalité première de cette école est d'accumuler de nombreux matériaux empiriques pour analyser les évolutions des formes de l'industrie et éviter ainsi l'abstraction des économistes néoclassiques, dont MENGER est à ce moment une des figures emblématiques. En France, Durkheim entame le dialogue avec les économistes classiques dès son travail de thèse consacré à la division du travail social (1893). Sans véritablement forcer le trait, l'on peut dire qu'il inverse le schéma communément admis par les économistes : alors que ceux-ci font de la division du travail une condition de l'enrichissement et du bonheur des sociétés, Durkheim soutient que la spécialisation des fonctions et l'interdépendance sont plutôt la conséquence d'un vaste mouvement de gravitation du monde social en direction d'une forme de solidarité de type organique. Plus généralement, au tournant du siècle et sur fond de transformations économiques et sociales importantes, les croisements problématiques entre sociologie et économie ne sont pas rares. SIMMEL et PARETO, pour ne citer qu'eux, fournissent également des contributions importantes au sein et à l'intersection de ces deux disciplines.

DU DÉBUT DU SIÈCLE À LA SECONDE GUERRE MONDIALE. Au début du XXe siècle, avec la disparition de la première génération de sociologues reconnus, le dialogue entre sociologie et économie s'épuise rapidement. Il est bien quelques grandes figures du durkheimisme, comme SIMIAND, pour maintenir le pont entre les deux disciplines. Ce dernier s'intéresse aux déterminants sociaux de l'évolution des salaires, à la monnaie, aux institutions économiques, au rôle des représentations et des mentalités économiques, etc. D'autres recherches marquent également l'époque, à commencer par celles de SCHUMPETER sur l'innovation et les cycles économiques, celles de HALBWACHS sur la consommation ou encore celles de VEBLEN sur la classe de loisir. Mais bien que restés dans les annales de la sociologie économique, ces chercheurs ne font pas véritablement école. Aux États-Unis, sous l'influence de HUGHES notamment, l'École de Chicago multiplie les enquêtes sur le travail et les professions et mord sur une terre jusqu'alors considérée comme chasse gardée des économistes.

LES ANNÉES 50.

1 **La grille fonctionnaliste.** Mais il faut attendre les années 40 et 50 pour que, sur la base de travaux qui n'ont plus rien d'ethnographique, le statut de l'économique soit à nouveau pensé de façon originale en termes sociologiques. Dans *Economy and Society* (1956), PARSONS et SMELSER tentent ainsi d'analyser le système économique en appliquant la fameuse grille fonctionnaliste AGIL. Mais bien que Smelser s'emploie dans de nombreux autres ouvrages à explorer plus concrètement les ressorts de la vie économique, la démonstration reste trop générale et abstraite pour convaincre véritablement.

2 **Le thème du désencastrement hors du social.** Mais la réflexion la plus stimulante est certainement redevable à POLANYI. Dans *La Grande Transformation* (1944), celui-ci montre que les événements traumatiques qui jalonnent les années 30 et 40 (crise économique, montée du fascisme) sont l'aboutissement d'une utopie dévastatrice, à savoir le désencastrement de l'économique hors du social en une période où le marché autorégulateur devient la forme de régulation dominante. Bien qu'il soit sujet à interprétations variables, ce thème de l'encastrement *(embeddedness)* est devenu central pour de nombreux socio-économistes contemporains, dont GRANOVETTER (1985) au premier chef.

LA SOCIOLOGIE ÉCONOMIQUE CONTEMPORAINE. Après plusieurs décennies de relative léthargie, la sociologie économique bénéficie à partir des années 60 d'un nouveau regain d'intérêt. La persistance de poches de pauvreté dans les pays riches, les écarts de développement d'un pays à l'autre ou encore les inégalités sur le marché du travail, au détriment des femmes notamment, suscitent dans un premier temps des analyses critiques telles que les théories de la segmentation ou les « nouvelles » approches marxistes de l'État. Plus récemment, la mondialisation des échanges et l'accélération des flux de capitaux poussent à la reconsidération des modes de fonctionnement concrets des marchés. À la différence des socio-économistes des années 50 qui raisonnaient en différenciant l'économique et le social, mais à la différence également des économistes néoclassiques, toujours sensibles aux hypothèses de rationalité individuelle et d'équilibre général, tout un ensemble de sociologues entend bien rendre compte désormais des systèmes économiques et des marchés comme de véritables structures sociales.

Analyses culturalistes et institutionnalistes. Une première stratégie de recherche invite à fouiller le sol de nos pratiques économiques pour mettre au jour leurs racines multiples. IRIBARNE (1989) estime en ce sens que chaque pays est dépositaire d'une culture propre qui définit les droits et les devoirs de chacun. Par exemple, héritage de l'Ancien Régime, les relations sociales en France seraient toujours déterminées par la logique de l'honneur : dans les entreprises, les individus agiraient moins en référence à des règles officielles qu'en vertu d'un sens du devoir défini par le groupe auquel ils appartiennent. Moins sensibles aux sirènes culturalistes, d'autres chercheurs insistent pour leur part sur le poids des institutions (l'école, l'entreprise, les relations professionnelles) dans la mise en forme des pratiques économiques spécifiques à chaque pays (MAURICE, SELLIER, SILVESTRE, 1982). Les recherches de BAGNASCO sur le développement des districts industriels montrent plus clairement encore que le marché est une construction sociale. En Italie, en effet, le modèle de développement basé sur la petite entreprise n'a pu obtenir un succès aussi éclatant qu'en raison d'une relative continuité dans la structure sociale (le localisme notamment) qui a favorisé les synergies entre production marchande flexible et liens communautaires entre producteurs.

Le dépassement des hypothèses néoclassiques : Favereau et White. Une seconde manière d'aborder sociologiquement les faits économiques consiste à analyser le fonctionnement des marchés particuliers en dépassant les hypothèses néoclassiques standards. Un tel détour est d'autant plus intéressant que, comme l'a montré FAVEREAU (économiste français des conventions), sous le terme de marché, l'on désigne des phénomènes très variés qui vont des marchés d'organisations (entreprises en concurrence) aux organisations anti-marché (comme le « marché » du travail des grandes entreprises qui est en fait étroitement réglementé). Revisitant lui aussi les postulats de l'économie néoclassique, le sociologue anglo-saxon WHITE développe une modélisation des relations entre producteurs et consommateurs en termes d'interactions et anticipations croisées. Sur un marché, note White, « *chaque producteur observe les objectifs que se fixent les autres producteurs, en termes de quantités produites et de revenus, et la concrétisation ou non de ces observations détermine le maintien du marché ou sa disparition* » (1981, p. 44). Autrement dit, cas particulier de prophétie autoréalisatrice, la croyance en la stabilité des structures de marché oriente les comportements des acteurs économiques de telle sorte que ces structures puissent effectivement fonctionner de manière durable. L'économiste américain AKERLOF s'est lui aussi intéressé à ce phénomène de prophétie autoréalisatrice et a tenté également d'intégrer des concepts sociologiques comme ceux de caste, de don-contre-don ou de coutume dans des modèles économiques. Sa formalisation du marché de l'automobile d'occasion *(market for Lemmons)* est devenue aujourd'hui un classique. Tout l'intérêt de ce travail est de montrer que lorsque des biens de qualités inégales sont vendus sur un marché, le prix ne peut servir d'indicateur unique pour signaler à la fois l'état de rareté des produits et la qualité de ces derniers. Si tel est malgré tout le cas, dans la mesure où les bonnes et les mauvaises occasions sont vendues au même tarif, les acheteurs, incertains de la qualité réelle de chaque véhicule, vont plutôt peser à la baisse sur les prix. Une sorte de loi de Gresham se met alors en place : insatisfaits des cours, les vendeurs de bonnes voitures se retirent, les mauvaises occasions se multiplient et les prix chutent plus encore. Le marché est condamné à disparaître.

Les travaux contemporains : régulation des marchés et rôle de la confiance. Au total, les travaux contemporains situés à l'intersection de l'économie et de la sociologie des marchés débouchent sur des conclusions qui relativisent le rôle du prix dans la coordination et l'échange. Il ne fait ainsi plus de doute que l'affichage d'indicateurs de qualité (les « marques » des produits, la « qualification » des travailleurs) contribue tout autant au bon fonctionnement des marchés que la régulation par les prix. Le rôle de la confiance a été également souligné avec vigueur au cours des années 80 et 90. Qu'il s'agisse des liens qui unissent producteurs et consommateurs, salariés et employeurs, donneurs d'ordre et sous-traitants..., la confiance est un précieux moyen pour stabiliser la relation d'échange, pour neutraliser les risques d'opportunisme ou encore pour éviter la renégociation permanente entre acteurs économiques. En bref, et selon le mot de KARPIK (1996), la confiance permet de transformer des contrats fragiles en engagements crédibles. Telle est bien souvent la condition *sine qua non* au bon fonctionnement des organisations et des systèmes économiques.

Importance des analyses du marché du travail. En raison de la crise profonde que subissent les sociétés salariales actuelles, une place de choix est réservée, dans les travaux récents, au marché du travail. De nombreuses transformations ont affecté ce marché bien particulier : chômage de masse, précarisation de la relation d'emploi, tertiairisation, accès massif des femmes à l'emploi, mise en place de nouvelles stratégies des ressources humaines... Aussi les trajectoires et les identités professionnelles, le monde vécu du chômage, les discriminations à l'embauche et dans le travail, la pauvreté et la désaffiliation sociale... sont-ils autant de thèmes qui, depuis les années 80, favorisent les regards croisés d'économistes et de sociologues. Un des travaux les plus stimulants dans le domaine de la sociologie de l'emploi est à mettre au crédit de GRANOVETTER (1974). À une époque où la question du chômage ne se pose pas encore avec force, Granovetter enquête auprès d'une population de 275 cols* blancs d'un faubourg de Boston et constate que les individus ayant le plus de succès dans la chasse à l'emploi ont eu recours à des contacts professionnels (liens faibles) plutôt qu'à des liens familiaux ou d'amitié (liens forts). Ce théorème de la force des liens faibles a été soumis depuis à de nouvelles épreuves empiriques et l'on a pu notamment montrer que ce dernier vaut surtout pour des populations relativement âgées et qualifiées.

Le dialogue interdisciplinaire entre la théorie des jeux et la critique anti-utilitariste. Outre de nombreuses recherches novatrices, la création au cours des années 80 d'associations spécialisées, comme la Society for Advancement of Socio-Economics, est un bon indicateur de la vigueur actuelle de la sociologie économique. Si, par ce biais notamment, le dialogue interdisciplinaire a gagné en puissance, les tensions et ambiguïtés n'en demeurent pas moins importantes. Le raffinement méthodologique de l'analyse économique néoclassique continue d'abord de séduire certains sociologues (comme COLEMAN), qui n'hésitent plus à mobiliser des outils de formalisation sophistiqués comme la théorie des jeux pour développer des approches en termes de choix rationnels. À l'opposé, rassemblés sous la bannière de la *Revue du MAUSS*, les anti-utilitaristes français jettent le soupçon sur la pertinence d'un usage généralisé et exclusif du paradigme néoclassique de l'intérêt dans les sciences sociales. Dans l'entre-deux, les approches sont foisonnantes : socio-économie du développement et de l'action collective (HIRSCHMAN), sociologie de la morale économique (ETZIONI), école française de transaction (WILLIAMSON), sociologie de l'économie solidaire (LAVILLE), etc. Bien qu'elles soient loin de converger, ces problématiques n'en témoignent pas moins d'une réelle reviviscence du dialogue entre sociologues et économistes et, par là même, elles mettent heureusement fin à de trop nombreuses décennies d'ignorance réciproque.

Michel LALLEMENT

bibliographie

AKERLOF George A., *An Economic Theorist's Book of Tales*, Cambridge, Cambridge University Press, 1984.

BAGNASCO Arnaldo, TRIGLIA Carlo (1988), *La Construction sociale du marché. Le défi de la troisième Italie*, Éd. de l'ENS Cachan, 1993.

CAILLÉ Alain, *Critique de la raison utilitaire*, « Agalma », La Découverte, 1989.

COLEMAN James, *Foundations of Social Theory*, Cambridge, Harvard UP, 1990.

GISLAIN Jean-Jacques, STEINER Philippe, *La Sociologie économique* (1890-1920), « Sociologies », PUF, 1995.

GRANOVETTER Mark, *Getting a Job*, Chicago, University of Chicago Press, 1974.

GRANOVETTER Mark, « Economic Action and Social Structure : The Problem of Embeddedness », in *American Journal of Sociology*, vol. 91, nº 3, Novembre, 1985, pp. 481 à 510.

IRIBARNE Philippe d', *La Logique de l'honneur*, « Points Essais », Seuil, 1993.

JACOB Annie, VÉRIN Hélène (éd.), *L'Inscription sociale du marché*, « Logiques sociales », L'Harmattan, 1995.

MARUANI Margaret, REYNAUD Emmanuèle, *Sociologie de l'emploi*, « Repères », La Découverte, 1993.

MAURICE Marc, SELLIER F., SILVESTE Jean-Jacques, *Politique d'éducation et organisation industrielle en France et en Allemagne*, 1982.

PARSONS Talcott, SMELSER Neil J., *Economy and Society. A Study of Economic and Social Theory*, Londres, Routledge & Kegan Paul Ltd, 1956.

POLANYI Karl, *La Grande Transformation* (1944), « Bibliothèque des sciences humaines », Gallimard, 1983.

SMELSER Neil J., SWEDBERG Richard (éd.), *Handbook of Economic Sociology*, Princeton UP, Russel Sage Foundation, 1994.

SWEDBERG Richard, 1987, *Une histoire de la sociologie économique*, « Sociologie économique », Desclée de Brouwer, 1994.

WHITE Harrison C., « Production Markets as Induced Role Structures », in S. LEINHARDT, *Sociological Methodology*, San Francisco, Jossy-Bass Publishers, 1981, pp. 1 à 59.

ÉCONOMIE SOCIALE

voir : COOPÉRATION, ÉCONOMIE, SOLIDARITÉ

Par économie sociale, on entend l'ensemble des activités et organisations socio-économiques qui échappent à la fois au secteur capitaliste et au secteur étatisé.

On peut y distinguer trois ensembles.

1. En premier lieu, les coopératives (de travail, de consommateurs, agricoles, scolaires...) qui prolongent une pratique apparue au milieu du XIXe siècle.
2. En second lieu, les mutuelles (de retraite, d'assurances, d'aide sociale), éventuellement en concurrence avec le secteur bancaire, et qui se fondent, comme au XIXe siècle, sur le principe de la solidarité et non sur celui du profit.
3. Enfin, les multiples associations non lucratives (sportives, scolaires, religieuses, amicales, de défense du patrimoine...), répondant à divers besoins de la population.

Ce vaste secteur hétérogène est le lieu de multiples expériences sociales de coopération, de solidarité, de créativité.

Pierre ANSART

bibliographie

CAIRE Guy, *Économie et politiques sociales*, Dalloz, 1990.

DESROCHE Henri, *Pour un traité d'économie sociale*, Coopérative d'information et d'édition mutualiste, 1983.

ÉCOSYSTÈME

créé après 1945, du grec *oikos* « maison » et *sustema* « assemblage »

all. ÖKOSYSTEM	esp. ECOSISTEMA
angl. ECOSYSTEM	ital. ECOSISTEMA

voir : ÉCOLOGIE, ESPACE, SYSTÉMISME

Association d'un ensemble d'espèces animales et végétales à un environnement physico-chimique spécifique.

L'*écosystème* a été défini comme l'association d'une communauté vivante d'espèces animales et végétales (biocénose) à un environnement physico-chimique spécifique (biotope). Leur interaction permanente implique des flux incessants d'énergie ainsi que des cycles de nutrition (« chaînes alimentaires ») et de reproduction, qui établissent la stabilité du système.

Inventé par TANSLEY (1935) et adopté par LINDEMAN (1942), ce concept fait partie d'un système conceptuel qui, dès la fin du XIXe siècle, a été constitutif de la science écologique, à partir de changements d'orientation théorique dans les sciences naturelles et à l'occasion de problèmes pratiques. L'analyse des présupposés de cette notion (évolution spontanée, équilibre systémique) et des controverses qu'elle soulève (délimitation arbitraire ou problématique, etc.) témoignent de l'intérêt d'une sociologie qui, outre l'étude des politiques environnementalistes, outre celle des idéologies, des pratiques et de leurs agents, prend pour objet la construction sociale de l'écologie comme science de référence.

Philippe FRITSCH

bibliographie

DROUIN Jean-Marc, *La Naissance du concept d'écosystème*, thèse, Paris I, 1984.

ÉCRITURE

du latin *scriptura* « écrit, art d'écrire, écriture »

all. SCHRIFT	esp. ESCRITURA
angl. WRITING	ital. SCRITTURA

voir : INFORMATIQUE, LECTURE, LITTÉRATURE

Représentation de la pensée ou de la parole par des signes.

L'apparition de l'*écriture* a entraîné des conséquences si considérables dans l'histoire qu'elle est désignée comme critère de distinction entre les civilisations. D'une part, les « sociétés sans écriture », de culture orale, comportent un ensemble de traits communs. D'autre part, « *Un peuple ne peut profiter des acquisitions antérieures que dans la mesure où elles se trouvent fixées par l'écriture* » (LÉVI-STRAUSS, 1961, p. 29).

Les enquêtes sur les pratiques d'écriture font apparaître l'extrême diversité de ces pratiques selon l'âge, le sexe, la profession, la formation scolaire. Elles en soulignent les significations sociales multiples (scolaires, professionnelles, ludiques, affectives) ainsi que les conséquences sur la constitution des identités, le mode de rapport à autrui, la maîtrise du temps, l'objectivation de soi. Le développement des moyens informatiques fait naître de nouvelles formes de l'écriture et de la langue, marquées, en particulier, par la profusion des messages, la rapidité des usages, la pluralité des codes.

Pierre ANSART

bibliographie

CHARBONNIER Georges, *Entretiens avec Claude Lévi-Strauss*, Julliard, 1961.

CHAUDRON Martine, SINGLY François de (éd.), *Identité, Lecture, Écriture*, Centre Georges-Pompidou, 1993.

FABRE Daniel (éd.), *Écritures ordinaires*, Centre Georges-Pompidou, POL, 1993.

*
* *

SOCIOLOGIE DE L'ÉDUCATION

du latin *edicatio* « action d'élever (des animaux, des plantes) ; éducation, formation de l'esprit »

all. SOCIOLOGIE DER ERZIEHUNG	esp. SOCIOLOGÍA DE LA EDUCACIÓN
angl. SOCIOLOGY OF EDUCATION	ital. SOCIOLOGIA DELLA EDUCAZIONE

voir : APPRENTISSAGE, CULTURE, ÉCRITURE, ÉCOLE DE DURKHEIM, FORMATION

Étude de la formation des enfants, élèves et étudiants, des systèmes éducatifs, de leurs formes et leurs effets, ainsi que des relations entre l'éducation et le contexte social.

La *sociologie de l'éducation* n'est évidemment qu'une branche de la *sociologie* et reprend ses méthodes, ses modes d'interprétation, ses configurations intellectuelles propres. Quant à l'objet d'étude *éducation*, il est entendu ici au sens plus large que « l'école » (le système scolaire) et comprend, parce qu'elle est liée à l'école et à la formation des jeunes, la socialisation effectuée dans les familles. Toutefois il n'inclut pas (par convention) la formation des adultes.

En France, les travaux de DURKHEIM, au début du siècle, sur les relations entre école et société, qui connaissent encore un impact considérable, n'ont pas été poursuivis (sauf exceptions comme celle de NAVILLE) avant que la sociologie de l'éducation ne s'institutionnalise comme dans la plupart des pays développés à partir des années 60, on le voit avec le développement des travaux de l'Institut national d'études démographiques sous la direction de GIRARD (1962). Il n'existe pas de revue spécifique de sociologie de l'éducation comme aux États-Unis, en Grande-Bretagne ou plus récemment en Allemagne. Les travaux dans ce domaine sont publiés par les revues de sociologie (*Revue française de sociologie*, *Actes de la recherche en sciences sociales*, *L'Année sociologique*, par exemple) ou des revues de sciences de l'éducation comme *La Revue française de pédagogie* mais aussi dans des revues plus institutionnelles dépendant du ministère de l'Éducation nationale comme *Éducation et formations* ou *Formation-Emploi*.

À la différence de ce que plusieurs analystes pensent pouvoir conclure, notre propre exposé des recherches existantes nous amène à dégager plus que de véritables ruptures, des juxtapositions et des réorientations. C'est ainsi que se poursuivent et se renouvellent les approches dans l'espace conceptuel du moment, en fonction des nouveaux questionnements et des transformations sociales en cours.

1 PERMANENCE DES QUESTIONNEMENTS EN RÉFÉRENCE À LA SOCIÉTÉ GLOBALE. Depuis les années 60, la production en sociologie de l'éducation se caractérise par la permanence des questionnements sur le système éducatif dans ses rapports à la société globale, même s'ils sont renouvelés par des approches plus sophistiquées et l'introduction de nouvelles dimensions.

École et société. Majeure dans les années 60 et 70, la sociologie de l'éducation centrée sur la référence à la société globale insiste sur les rapports entre école et société, parfois en termes déterministes : telle société, telle école, parfois en termes plus interdépendants : telle société, telle école, telle société. Le rôle de l'individu est soit minimisé en tant qu'« agent » (BOURDIEU et PASSERON et les théories de la reproduction, 1970, BAUDELOT et ESTABLET, 1971), soit maximisé et l'on parle d'« acteur » (BOUDON et l'individualisme méthodologique, 1973), soit encore pris en considération dans une perspective socio-historique comme agent élément d'un groupe, médiateur à la fois de la reproduction et du changement (ISAMBERT-JAMATI, 1970). Tous analysent les inégalités sociales et scolaires, d'où la place très importante accordée à la dimension de l'origine sociale des élèves, mais ce sont les théories conflictualistes de la reproduction qui vont rapidement dominer le champ en France. Les catégories construites font désormais partie de la culture sociologique commune (classes sociales ou catégories socioprofessionnelles, âge, segment, filière). Ainsi les enquêtes sociologiques menées par les organismes administratifs tant sur les flux ou les carrières scolaires que sur la mobilité sociale ou la valeur d'usage des diplômes en matière d'insertion professionnelle s'inscrivent dans cette problématique avec souvent une visée comparative.

Durant les années 80, la question du *genre* prend de plus en plus d'importance au fur et à mesure que la position des filles dans l'école est perçue comme remarquable ; la dimension *nationalité* occupe une plus grande place ; elle est débattue quand l'immigration est présentée comme un problème social et politique ; d'autres catégories sont affinées comme celle des *jeunes*, compte tenu de la prolongation des scolarités.

Depuis 1985, le suivi de panels par la Division à l'Évaluation et la Prospective permet de rendre compte du cheminement des élèves en sixième. Mais on peut observer une certaine réorientation de cet organisme : il publie de multiples résultats concernant l'effet des politiques publiques nationales ou locales du point de vue des structures scolaires, des programmes, de la formation des maîtres, de l'organisation des établissements. Plus qu'à une conception critique de la sociologie, ces travaux répondent au rôle d'accompagnement et de régulation des politiques, dans une perspective gestionnaire et managériale jugée indispensable pour le bon fonctionnement de l'organisation de l'enseignement. On retrouve en filigrane les théories du capital humain, une sorte de fonctionnalisme technocratique : les effets d'une bonne politique ou d'une bonne organisation devraient mener à une élévation du niveau des connaissances, et du nombre de diplômés ainsi qu' à une meilleure adéquation « formation-emploi ».

Les données statistiques globales alimentent deux débats : d'une part sur la pertinence des catégories, d'autre part sur les techniques statistiques, que les sociologues quantitativistes soient liés aux économistes ou qu'ils soient résolument engagés dans la problématique de la démocratisation de l'enseignement. Le questionnement sur les inégalités perdure, mais il se fait de manière moins exclusive en termes de classes sociales ; on y adjoint les catégories « genre* » (DURU, 1990), origines nationales ou encore comparaisons privé/public (LANGOUËT et LÉGER, 1997) ; ou encore, dans de nombreux cas, les catégories internes au système, comme l'origine scolaire et les filières.

Les analyses d'unités plus restreintes comme les quartiers et l'établissement se développent : par exemple, en France, sur les effets de la politique de « zones d'éducation prioritaires », en Grande-Bretagne sur les effets du « marché », sur la composition du public des établissements (demandes de dérogation, évitement des quartiers populaires), sur les résultats scolaires (obtention des diplômes, acquisition des connaissances). Est mis en évidence, pour certains, non plus les inégalités perçues dans une optique néomarxiste ou républicaine, mais ce que certains sociologues appellent les effets de « concurrence » dans un « marché » scolaire, où les « consommateurs d'école », acteurs rationnels dotés de stratégies, vont puiser en fonction de leur intérêt propre (BALLION, 1982). Dans une autre perspective, à la fois socio-historique et interactionniste, certains analysent les diverses logiques qui président à l'offre de scolarisation, considérée comme phénomène majeur (BRIAND et CHAPOULIE, 1992).

Les questions de mobilité sociale, enfin, participent de la problématique des inégalités : elles demeurent vives et concernent souvent, on va le voir, les formations professionnelles et leurs effets.

Éducation, formation et division du travail. Le terme *formation* est polysémique en français. Il désigne en effet à la fois la formation en général (et en ce sens on pourrait le confondre avec « éducation », au point que certains souhaiteraient même le voir englober tout ce qui a trait à l'éducation) et la formation professionnelle, scolarisée ou non. Le questionnement est néanmoins crucial en particulier depuis les transformations économiques et la crise de l'emploi dans les pays développés. Il porte :

- 1 sur les processus et les effets des formations, en particulier par rapport à la recherche d'ajustement entre les formations et les emplois. En France, il s'agit principalement de deux segments scolaires — l'enseignement technique et professionnel et l'enseignement supérieur ; dans les autres pays, la perspective dépend de l'organisation plus ou moins formelle des formations ;
- 2 sur l'insertion sociale et professionnelle des jeunes : l'ensemble de ce domaine de recherches était resté peu investi dans les années 70 où l'on se préoccupait avant tout du lien entre diplômes et place dans la hiérarchie sociale, et en particulier la reproduction des élites : on situait toutes les autres catégories en référence aux élites comme si les autres formations ne pouvaient être analysées qu'en négatif par rapport au sommet de la hiérarchie sociale, lieu des cumuls des capitaux scolaire, culturel et social sinon économique. Ces théories de la reproduction, en se centrant sur les rapports entre école, prestige et pouvoir, masquaient le rôle formateur de l'école. Or, les travaux des années 80 montrent que si les inégalités subsistent, et même s'accentuent pour une partie non négligeable de la population, l'école n'en transmet pas moins des savoirs et savoir-faire au plus grand nombre, et la détermination des contenus de l'enseignement a des conséquences sur la société elle-même. Le déplacement vers l'objet « formation » devient majeur dans les pays européens. Tentative est faite pour mener ces travaux sur les formations professionnelles en associant les sociologies de l'éducation et du travail (TANGUY, 1986). En France, le rôle de l'enseignement professionnel, ses transformations, sa mise en concurrence avec d'autres formes d'apprentissage sont

au centre des analyses sur les effets éventuels de la multiplication des diplômes professionnels et l'accès aux places dans la division du travail, sans négliger le procès de formation et de socialisation des futurs ouvriers, employés ou techniciens. Ces questionnements revêtent peu de place dans les travaux sur l'orientation, qui restent dominés par les approches psychologiques ou psychosociales autour du « projet » professionnel ou par l'approche de l'acteur rationnel. Un point de vue sociologique avait pourtant été publié après la Seconde Guerre par NAVILLE (1945) : sa critique de l'usage de la notion d'aptitude, alors qu'il s'agit d'ajuster les flux d'élèves en fin de scolarité à la division du travail, reste pertinente aujourd'hui, par exemple pour éclairer le très fréquent usage de la notion de compétences (ROPÉ, Tanguy, 1994). Depuis les années 90, les transformations économiques et technologiques, les nouvelles formes d'organisation du travail exacerbent la tension entre diplômes et expérience et conduisent à une recomposition de la formation professionnelle : des collaborations sont tentées d'une part entre sociologies de l'éducation et du travail, d'autre part de façon pluridisciplinaire entre sociologie, histoire et sciences économiques et juridiques. Outre les travaux macrosociologiques classiques sur la mobilité sociale en liaison avec le « parchemin », la sociologie de l'éducation se préoccupe des effets de la prolongation de la scolarité et de « l'inflation des diplômes » : dès lors que le chômage des diplômés se développe, des frustrations apparaissent dans les couches moyennes, voire populaires, qui ont « investi » dans la scolarisation et se retrouvent « déclassées » au regard des espoirs mis dans les diplômes.

Cependant, faire apparaître les régularités observables aux divers échelons de la société et de l'institution scolaire n'explique pas les mécanismes sous-jacents à leur construction ou à leur reproduction. C'est pourquoi la sociologie tente d'apporter des outils d'analyse et des réponses en se centrant sur un aspect majeur de l'éducation : la circulation et la transmission des savoirs et savoir-faire par les enseignants aux jeunes générations issues de tous les milieux sociaux. L'interdépendance « système-acteurs » va être au centre des analyses, qu'elles donnent la première place aux déterminismes sociaux et culturels ou aux logiques des acteurs. On peut constater d'ailleurs que la tension entre ces deux points de vue se manifeste beaucoup moins dans les publications de recherches empiriques existantes, où une sorte de complémentarité dialectique prédomine, que dans les débats théoriques ou épistémologiques.

2 SYSTÈME, PROCESSUS ET ACTEURS : DÉPLACEMENT ET INTERDÉPENDANCE DES QUESTIONNEMENTS. Depuis les années 80, en particulier, on observe le déplacement des questionnements sur les enseignants, les élèves et les familles. Ils sont perçus par les uns comme des agents, mais avec une marge de manœuvre due à « l'autonomie relative » du système, par d'autres comme des acteurs rationnels anticipant les coûts et les bénéfices de leur action ; chez d'autres encore, ils « construisent » eux-mêmes la réalité au quotidien, dans l'interactionnisme. La perspective dynamique devient alors centrale, chacun tentant de rendre compte des transformations ou des résistances aux transformations de l'école, soit soumise aux changements plus globaux de la société, soit contribuant à les pérenniser ou à les construire.

Ainsi, dans la description et l'explication des comportements, les attributs sociaux des individus deviennent un élément parmi d'autres, et le sens qu'ils donnent à leur action devient plus important. Selon le poids accordé aux contraintes structurelles ou situationnelles dans lesquelles ils interviennent, ils seront certes perçus comme « agents » ou comme « acteurs », mais ce qui domine dans l'ensemble des recherches, c'est l'interdépendance entre individus et société, ou entre individus et institution, ou entre individus et situation.

La question des savoirs transmis. La question des *savoirs* transmis par l'école n'est pas nouvelle mais elle est restée assez longtemps peu étudiée en France, même si au début du siècle DURKHEIM (1938), dans *L'Évolution pédagogique en France*, analysait le système d'enseignement depuis ses origines, retraçant les finalités éducatives et les programmes en rapport avec l'état de la société.

1 En 1970, c'est dans la lignée de cette perspective socio-historique mais en introduisant les agents de l'institution, qu'ISAMBERT-JAMATI analyse sur un objet circonscrit — les lycées de 1860 à 1960 — le sens donné aux savoirs transmis par les enseignants eux-mêmes ; ces derniers orientent leur action selon certaines valeurs, temporellement variables, notamment selon les fonctions exercées par les lycées compte tenu des rapports sociaux existants. Simultanément BOURDIEU (1967) met l'accent sur l'homologie des structures entre « systèmes d'enseignement » et « systèmes de pensée ».

2 *Au milieu des années 70*, les travaux de sociolinguistique vont remettre en cause les contenus d'enseignement en matière d'apprentissage de la langue maternelle dont la maîtrise paraît majeure à l'école ; mais c'est en Grande-Bretagne que se développe, en réaction à « l'arithmétique politique » dominante, la sociologie du curriculum (FORQUIN, 1990). L'accent est mis sur le caractère contingent des modes d'élaboration et de transmission des contenus d'enseignement, les apports critiques de la sociologie de la connaissance étant convoqués. Divers courants alimentent ces recherches : marxiste, durkheimien, interactionniste et phénoménologique. En France et en Suisse, la question des savoirs est souvent liée à celle *des pratiques enseignantes*, qui varient à la fois selon les enseignants et selon les publics auxquels ils s'adressent (Isambert-Jamati, 1990, PLAISANCE, 1986). À partir d'observations de pratiques dans les classes, est analysée la fabrication de « l'excellence scolaire » et des inégalités au quotidien (PERRENOUD, 1984).

3 *Depuis le milieu des années 80*, les politiques françaises dites de « discrimination positive » en faveur, essentiellement dans les quartiers urbains, des aires regroupant massivement les élèves des couches populaires y compris ceux qui sont issus de l'immigration, ont suscité plusieurs travaux de recherche qui concernent à la fois les pratiques enseignantes à l'égard des élèves, mais aussi celles des familles populaires dans ces quartiers (LÉGER et TRIPIER, 1986, HENRIOT-VAN ZANTEN, 1990).

Les études sur le groupe professionnel des enseignants. Quant aux recherches sur les enseignants en tant que groupe professionnel dans la structure de classe (Berger, 1979, Tanguy, 1991), elles relèvent autant de la sociologie du travail que de la sociologie de l'éducation, qui fait porter l'accent sur l'effet/formation.

Échec scolaire et enseignants. D'autres recherches se centrent davantage sur le rapport enseignant/échec scolaire et dévoilent les contradictions entre les idéaux affichés et les conduites réelles ou les variations des pratiques, discriminatoires à l'égard des élèves des milieux populaires, voire même stigmatisantes à l'égard des élèves d'origine étrangère. Que les enseignants perçoivent négativement des modes de vie de la culture des familles populaires n'est pas nouveau (cf. le handicap socioculturel), mais ce rejet revêt une acuité particulière dans les zones d'éducation prioritaires (ZEP), puisque l'institution voudrait qu'enseignants, parents d'élèves et travailleurs sociaux soient là moteurs de la réussite scolaire ; or, de fait, c'est la mobilisation des familles de la classe moyenne qui souvent est prise en considération, alors que celle des familles populaires est déniée ou incomprise. Tout en intégrant les travaux de Bourdieu, certains sociologues adoptent enfin une perspective anthropologique sur les relations d'interdépendance entre les configurations familiales populaires et l'école (Lahire, 1995).

Le rapport élèves/école. Contrairement à la Grande-Bretagne, où le courant de critique culturelle, largement fondé sur l'observation dans les classes et dans les établissements, met en scène les élèves de la classe ouvrière résistant à la culture académique dominante (Willis, 1977), on se préoccupait peu en France des élèves dans leur rapport à l'école. Cependant depuis la fin des années 80, avec l'extension de la scolarisation en particulier dans le second cycle du secondaire, le regard se porte sur les jeunes générations ; les jeunes sont vus soit comme des consommateurs d'école, soit comme des agents « désorientés », soit encore comme les sujets d'une expérience socialisatrice spécifique : désenchantement à l'égard de l'institution, dont ils perçoivent précocement le rôle sélectif et destructeur de l'estime de soi (Dubet, 1996). Dans une perspective plus psychosociale, proche d'un courant important de la sociologie du curriculum britannique, on tente d'analyser la scolarisation sous l'angle de l'appropriation des savoirs par des élèves issus de milieux sociaux différents lorsqu'ils suivent le même cursus ; cette appropriation apparaît comme une activité spécifique, qui met en jeu les pratiques enseignantes, le choix et la mise en forme scolaire des savoirs, le degré d'implication des parents et la mobilisation personnelle de l'élève (Bautier et Rochex, 1997).

Par ailleurs, des approches microsociologiques portent sur les trajectoires, en particulier celles des enfants des couches populaires qui ont « réussi » : certains y voient la faillite des déterminismes, d'autres y entrevoient des relations complexes qu'il convient d'élucider entre biographies individuelles (très répandues en Allemagne) et réussite scolaire (Terrail, 1995).

Rôle de l'établissement scolaire. Enfin puisque les interactions enseignants/familles/élèves se déroulent autour de l'établissement scolaire, celui-ci est parfois pris comme unité d'analyse pertinente, en particulier en Angleterre par les ethnologues comme Woods (1983), en France par Derouet (1992), dont les analyses centrées sur le discours des acteurs illustrent les principes généraux, moteurs de leur action. Des observations fines des pratiques des agents au sein des établissements permettent d'identifier les interactions entre acteurs collectifs, individus et contraintes structurelles.

La sociologie de l'éducation entre l'illusion pédagogique et le fatalisme sociologique. Les lieux dans lesquels s'inscrivent les sociologues : organismes de recherche, départements de sociologie ou de sciences de l'éducation, instituts de formation, ne sont pas étrangers aux objets et aux approches. Entre illusion pédagogique et fatalisme sociologique, il arrive que la sociologie de l'éducation soit en concurrence avec les sciences de l'éducation, souvent plus proches des logiques institutionnelles ou de logiques plus normatives que des logiques de sociologie critique. L'étendue du domaine et ses cadres sociaux, les traditions culturelles et intellectuelles dans lesquels se construisent les questionnements et les problématiques ne sont pas partout les mêmes (Zagefka, 1997). Ainsi, en Grande-Bretagne, la sociologie de l'éducation s'est certes construite comme une branche de la sociologie, mais elle s'enseigne principalement dans les instituts de formation des enseignants ; on y distingue les *Sociologies for education* orientées sur les intérêts des praticiens de la *Sociology of education*, plus centrée sur les rapports entre éducation et société. Les débats qui animent le domaine sont ceux qui traversent l'ensemble de la sociologie : chaque cadre conceptuel, en portant l'accent sur les stabilités ou les dynamismes, traduit une conception globale de la société dans son rapport à l'individu ou aux groupes sociaux.

Diversité des approches globales et des études empiriques. L'étendue et la complexité du domaine de l'*éducation* permet cependant une grande diversité des approches, à travers l'analyse de multiples sous-objets. Ainsi des recherches à caractère global coexistent avec des recherches massivement centrées sur les dynamiques individuelles ou collectives. Mais à considérer la plupart des travaux empiriques, on observe une complémentarité des diverses techniques de recueil des données et donc une certaine cumulativité des résultats. De plus, les chercheurs tendent à prendre en considération l'interdépendance non seulement des sous-objets entre eux, mais aussi des contraintes situationnelles dans lesquelles ils s'inscrivent.

Apports des diverses branches de la sociologie et des autres sciences. La sociologie de l'éducation s'enrichit depuis longtemps des travaux de l'histoire et des sciences économiques, et aujourd'hui des apports de l'ethnologie et de la psychologie sociale. Elle se renforce en établissant des liaisons avec d'autres branches de la sociologie : sociologie de la connaissance et de la culture, sociologie du travail et des organisations, sociologie de la socialisation et sociologie urbaine, afin de rendre intelligibles les transformations de l'école en liaison avec d'autres transformations sociales.

Françoise Ropé

bibliographie

Baudelot Christian, Establet Roger, *L'École capitaliste en France*, Maspero, 1971.

BOUDON Raymond, *L'Inégalité des chances. La mobilité sociale dans les sociétés industrielles*, Armand Colin, 1973.
BOURDIEU Pierre, « Systèmes d'enseignement, systèmes de pensée », in *Revue internationale des sciences sociales*, vol. XIX, 1967, pp. 367 à 409.
BOURDIEU Pierre, PASSERON Jean-Claude, *La Reproduction. Les étudiants et la culture*, Éd. de Minuit, 1970.
DEROUET Jean-Louis, *École et justice*, Métailié, 1992.
DUBET François, Martucelli Danilo, *À l'école*, Seuil, 1996.
DURKHEIM Émile, *L'Évolution pédagogique en France* (1938), rééd. « Quadridge », PUF, 1990.
ISAMBERT-JAMATI Viviane, *Crises de la société, crises de l'enseignement*, PUF, 1970.
ISAMBERT-JAMATI Viviane, *Les Savoirs scolaires*, L'Harmattan, 1990.
LANGOUËT Gabriel, LÉGER Alain, *Le Choix des familles. École publique ou école privée ?*, Faber, 1997.
LÉGER Alain, TRIPIER Maryse, *Fuir ou construire l'école populaire ?*, Méridiens-Klincksieck, 1986.
NAVILLE Pierre, *Théorie de l'orientation professionnelle* (1945), Gallimard, 1972.
PERRENOUD Philippe, *La Fabrication de l'excellence scolaire*, Droz, 1984.
PLAISANCE Éric, *L'Enfant, la maternelle et la société*, PUF, 1986.
ROPÉ Françoise, TANGUY Lucie (sous la dir. de), *Savoirs et compétences. De l'usage de ces notions dans l'école et dans l'entreprise*, L'Harmattan, 1994.
TANGUY Lucie, *L'Enseignement professionnel en France, des ouvriers aux techniciens*, PUF, 1991.
ZAGEFKA Polymnia (textes réunis par), *Sociologie de l'éducation en Europe depuis 1945*, Fontenay-Saint-Cloud, ENS Éditions, 1997.

EFFET BRUT

Effet « apparent » d'une variable sur une autre, tel qu'on peut le mettre en évidence dans un tri* croisé ou dans une corrélation*, incluant un éventuel effet* de structure.*

EFFET DE STRUCTURE

voir : STRUCTURE

On parle d'effet de structure dès lors que l'on croit mettre en évidence l'évolution d'un phénomène ou que l'on pense mesurer l'effet d'une variable sur une autre, alors qu'une autre variable non prise en compte est en réalité à l'œuvre.*

1 Si dans une entreprise le salaire moyen au cours de l'année 1 est de 7 750 F/mois, et qu'il est de 7 500 F au cours de l'année 2, il est tentant de conclure que les salaires ont baissé. Or il est parfaitement possible d'obtenir ces chiffres moyens alors qu'individuellement tous les salaires ont augmenté. Il suffit pour cela que la structure des postes dans cette entreprise se soit modifiée.

	Année 1		Année 2	
	Salaires	Nombre	Salaires	Nombre
Cadres	10 000	100	12 000	50
Employés	7 000	50	8 000	50
Ouvriers	4 000	50	5 000	100

2 Reprenons ici l'exemple de LAZARSFELD posant les bases de l'analyse multivariée. Après avoir constaté que les jeunes auditeurs s'intéressaient moins aux programmes religieux à la radio que les plus âgés, il se demande si on peut y voir « *le signe d'un moindre attachement des jeunes aux valeurs religieuses* ». Mais avant de conclure à un effet de l'âge, il introduit, comme variable supplémentaire dans l'analyse, le niveau d'instruction. Celle-ci est fortement liée à l'intérêt pour les programmes religieux et, en contrôlant par cette nouvelle variable, la relation précédente disparaît. C'est donc parce que les jeunes ont un niveau d'éducation plus élevé que leurs aînés qu'ils écoutent moins d'émissions à caractère religieux, et non pas parce qu'ils sont jeunes. Du point de vue du niveau d'études, la population des jeunes ne possède pas la même structure que la population des plus âgés, ce qui conduit à fausser les résultats mis en évidence en première instance.

Félicité des NÉTUMIÈRES

*
* *

EFFET NET

voir : EFFET BRUT, EFFET DE STRUCTURE, RÉGRESSION

Effet « propre » d'une variable sur une autre, une fois éliminé l'effet de structure.

EFFICACITÉ SYMBOLIQUE

emprunté (XIVe s.) au latin classique *efficax* « qui produit l'effet attendu »

all. WIRKSAMKEIT	esp. EFICACIA
angl. EFFICACITY	ital. EFFICIENZA

voir : LANGAGE, SOCIOLINGUISTIQUE, SURDÉTERMINATION, SYMBOLIQUE

Effets sur les pratiques individuelles et collectives des signes, messages et symboles.

L'*efficacité* du signe sur les comportements, du langage sur les actions, est une expérience de la vie quotidienne (AUSTIN, 1970). Le sifflet de l'arbitre fait débuter le match, le feu rouge arrête l'automobiliste. Mais tout un ensemble de conditions sont requises pour que cette efficacité se produise. En tant que signifiant, il faut que le symbole ait un sens et puisse faire l'objet d'un contenu mental ; en tant qu'objet, visuel ou sonore, il doit s'insérer dans l'univers matériel, mais il faut encore qu'un consensus* social soit établi entre ces significations (ISAMBERT, 1979).

Dans l'article qu'il a consacré à cette question, LÉVI-STRAUSS montre, sur l'exemple des pratiques magiques, que l'efficacité est assurée par les convergences des croyances et des représentations, par le consensus qui entoure la pratique du chaman (1958). L'*efficacité symbolique* doit donc être analysée comme un effet social se réalisant dans un contexte donné. Le coup de sifflet est un son sans conséquences hors du terrain, il ne prend sa signification sportive que dans le contexte ludique compris par les joueurs et les spectateurs. Analysant le sens des messages, BOURDIEU souligne qu'un message n'est tel qu'en fonction de la personne qui l'énonce, de son rôle et du pouvoir qui lui incombe, des relations entre le locuteur et les récepteurs, du contexte situationnel dans lequel la parole est prononcée (1982). L'efficacité symbolique ne peut être comprise qu'en reconstituant cet ensemble de sens et de rapports de forces qui compose la situation sociale.

Pierre ANSART

bibliographie

AUSTIN John L., *Quand dire, c'est faire* (1965), Seuil, 1970.

BOURDIEU Pierre, *Ce que parler veut dire, l'économie des échanges linguistiques*, Fayard, 1982.

ISAMBERT François-André, *Rite et efficacité symbolique*, Éd. du Cerf, 1979.

LÉVI-STRAUSS Claude, *Anthropologie structurale*, Plon, 1958.

ÉGALITARISME

voir : COMMUNISME

Conception qui pose que, les hommes étant égaux en droit, tout doit être fait pour que cette égalité soit réalisée positivement dans l'espace social. C'est une dérive qui conclut, de l'égalité des citoyens (égalité politique), à l'égalité des sujets sociaux, l'État étant en général juge, médiateur et garant de l'égale division des biens.

Il y a des degrés dans la conception de l'*égalitarisme*, depuis les conceptions social-démocrates qui veulent promouvoir, en toute légitimité, une harmonisation entre le système de la liberté démocratique et celui de la solidarité sociale, jusqu'à ces utopies d'un égalitarisme absolu, que doit accompagner de toute nécessité la terreur (par exemple, le régime, d'un communisme absolu, de Pol Pot au Cambodge).

Il y a cependant un égalitarisme des sociétés démocratiques individualistes. C'est celui que note TOCQUEVILLE lorsqu'il écrit que cette même égalité qui rend l'individu indépendant de chacun de ses concitoyens en particulier le livre isolé et sans défense à l'action du plus grand nombre. Cette dynamique égalitariste dans les mœurs peut être nommée dictature de l'opinion ou conformisme de la pensée.

André AKOUN

ÉGALITÉ

issu du latin *aequalitas* « égalité »

all. GLEICHHEIT	esp. IGUALDAD
angl. EQUALITY	ital. UGUAGLIANZA

voir : CITOYEN, DÉMOCRATIE

L'égalité, conçue comme civique et politique, consiste à considérer que chacun égale chacun en tant que citoyen. C'est évidemment une égalité symbolique, qui n'implique pas une égalité réelle des conditions sociales, des « chances » de départ, etc.

Si on considère que la ***Déclaration des droits de l'homme et du citoyen*** française, elle-même précédée de la ***Déclaration d'Indépendance*** américaine, est l'acte de naissance de la modernité, il importe donc de voir ce que cette notion d'*égalité*, qu'accompagne la notion de liberté et de droit au bonheur, signifie comme avènement, comme rupture et comme futur.

Quand il est *déclaré à la face du monde* que *les hommes naissent libres et demeurent égaux en droits*, de quelle égalité s'agit-il ? Non pas d'une égalité abstraite, comme MARX en fait le reproche (dans *La Question juive*), mais d'une égalité symbolique : l'égalité qui fait que chacun est législateur et sujet. Car chacun est *également libre*, une égalité originaire que ne peut ni définir ni satisfaire aucune positivité et qui laisse ouverte la différenciation de chacun dans l'espace social (qui est espace des *inégalités sociales*). Mais puisque désormais l'homme se pense source de son propre état civique et social, toutes les inégalités réelles, et en particulier l'inégalité qui fait qu'il y a des riches et des pauvres, changent de sens. Hier considérées comme relevant de la nature des choses, de la volonté de Dieu ou du simple mauvais sort, elles n'étaient pas politisées a priori. Désormais elles le sont. Comme dit ARENDT (*Essai sur la révolution*, 1963), il y a politisation de la misère. Désormais naît un mouvement social qui organise son utopie autour de la revendication d'une égalité sociale concrète.

Notons cependant que cette dynamique de la revendication sociale implique le préalable de la ***Déclaration des droits de l'homme et du citoyen***, qui fait de l'homme la source de l'homme, et donc ayant droit à avoir des droits.

Reste ce que note TOCQUEVILLE : l'antinomie entre liberté et égalité qui, faisant sacrifice de la première au profit de la seconde, voit s'élever au-dessus des individus « *un pouvoir immense et tutélaire, qui se charge seul d'assurer leur jouissance et de veiller sur leur sort. Il est détaillé, prévoyant et doux*[...] *Il pourvoit à leur sécurité, prévoit et assure leurs besoins, facilite leurs plaisirs, conduit leurs principales affaires, dirige leur industrie, règle leurs successions, divise leurs héritages*[...] *C'est ainsi que tous les jours il rend moins utile et plus rare l'emploi du libre arbitre* » (***De la démocratie en Amérique***).

André AKOUN

bibliographie

AKOUN André, « Les Droits de l'homme, a priori de la démocratie », in *Hermès*, n° 19, Éd. du CNRS, 1996.

ARENDT Hannah, *Essai sur la révolution* (1963), Gallimard, 1967.

BÉNÉTON Philippe, *Le Fléau du bien : essai sur les politiques sociales occidentales, 1960-1980*, Laffont, 1983.

MEYER-BISCH Patrice, *Les Droits culturels, une catégorie sous-développée des droits de l'homme*, Fribourg, Éd. universitaires, 1993.

*
* *

ÉGLISE ET SECTE

Église : du latin populaire *eclesia*, emprunt au grec *ekklesia*, désignant l'assemblée des citoyens et, dans le Nouveau Testament, celle des fidèles
Secte : du latin *secta* « manière de vivre », « ligne de conduite politique », « parti, secte »

all. KIRCHE, SEKTE	esp. IGLESIA, SECTA
angl. CHURCH, SECT	ital. CHIESA, SETTA

voir : CROYANCE, ÉNERGIE SOCIALE, IDÉOLOGIE, RELIGION, SYMBOLISME

L'Église et la secte sont deux formes typiques de groupement religieux qui correspondent à deux visions opposées de la réalisation de l'idéal chrétien. L'Église est une institution de salut qui vise à étendre son emprise sur la société entière. La secte regroupe un petit nombre de purs qu'elle sépare radicalement du monde.

La sociologie wébéro-troeltschienne des groupements religieux. WEBER a posé, dans *L'Éthique*, puis dans *Économie et société*, les fondements de l'opposition classique entre deux types de corps religieux : l'Église, communauté naturelle au sein de laquelle on naît, et la Secte, groupement volontaire de croyants dans lequel on entre après une conversion personnelle. Mais c'est le sociologue allemand TROELTSCH qui a donné toute son ampleur à cette opposition en l'articulant — dans ses *Soziallehren* — à une typologie historique des grandes périodes du christianisme. « Institution de salut », l'Église est en charge de la rédemption universelle : elle assure pour tous les hommes la transmission de la grâce et doit, pour réaliser sa mission, embrasser toutes les sociétés et toutes les cultures. Institution sainte, dont la pureté ne dépend pas de celle de ses membres, elle n'impose à ses fidèles ordinaires que des exigences religieuses minimum et réserve l'intensité religieuse à un petit nombre de virtuoses, en même temps qu'elle requiert un corps de spécialistes spécialement formés à cet effet pour gérer et distribuer les biens de salut. Cette visée universelle et ce régime de « double éthique » la disposent à entretenir des liens de compromis avec la culture et la politique de son temps, afin d'étendre son emprise sur la société. À l'opposé de l'action en extension qui caractérise l'Église, la Secte est caractérisée par l'intensité de l'engagement quotidien qu'elle requiert de ses membres. Ceux-ci sont des croyants régénérés qui entrent dans le groupe en vertu d'un choix personnel. Aucune spécialisation ministérielle, aucune médiation du rapport aux Écritures ne sont imaginables au sein d'une communauté égalitaire fondée sur le lien contractuel qui lie les convertis. La fidélité religieuse exige d'eux un travail permanent de purification et de sanctification personnelles : la sainteté du groupe dépend de la pureté de chacun et de la correction fraternelle qui s'exerce en son sein. Alors que l'Église s'efforce de s'incorporer le plus grand nombre possible de fidèles, la Secte s'ouvre exclusivement à des individus « religieusement qualifiés », dont le témoignage collectif (simplement exemplaire ou activement militant, voire révolutionnaire) doit confondre la culture et la politique mondaines appelées à s'effacer devant l'ordre divin. Hors de tout compromis avec le monde profane, la Secte affirme, en marge de la société, la radicalité de l'exigence évangélique. L'erreur serait de considérer que les types « Église » et « Secte » peuvent servir à classer directement les groupes religieux historiquement ou empiriquement repérables : chaque groupe religieux observable combine, dans des proportions variables, des traits de type Église et des traits de type Secte. Les grandes Églises, catholiques et protestantes, présentent des traits de type Secte, et des processus d'ecclésification peuvent être mis au jour dans des groupes minoritaires désignés, du fait de leur retrait du monde, comme des Sectes.

La perspective troeltschienne a en propre de faire apparaître la tension entre deux conceptions de la réalisation de l'idéal chrétien, qui induisent des types différenciés — négociation ou sécession — de rapport au monde, et qui se cristallisent dans des formes opposées de sociation religieuse. Cette tension, présente dès l'origine du christianisme, se déploie (en se transformant en fonction des conditions sociales, économiques, politiques, culturelles et intellectuelles) sur toute la durée de son histoire. TROELTSCH met l'accent sur l'apport décisif des Sectes, et particulièrement des Sectes puritaines issues de la Réforme radicale, à la formation des idéaux du monde moderne. En contestant — au nom d'une conception individuelle et subjective de la sanctification — l'effort de l'Église pour élargir son emprise sur un monde finalement accepté tel qu'il est, la Secte a contribué non seulement à la progression de la liberté religieuse, mais également à la différenciation des sphères religieuse et politique et au changement social. En valorisant l'expérience intime du contact avec le divin, en même temps que l'égalité des croyants engagés dans cette expérience, elle a favorisé l'affirmation d'un individualisme et d'un égalitarisme en affinité — même s'ils ont peu de chose à voir avec les valeurs de la démocratie — avec la culture moderne de l'individu. C'est en considérant le développement, dès le XIVe siècle — au-delà de la seule réaction au formalisme cultuel —, de cette conception personnelle, immédiate, sensible et antidogmatique de l'expérience chrétienne que Troeltsch est conduit à ajouter au diptyque « Église-Secte » le troisième volet typique, celui du « spiritualisme mystique ». Suscitant au-dedans et au-dehors des groupements religieux constitués des réseaux fluides d'affinités spirituelles, le type mystique cristallise, selon Troeltsch, le principe de la religiosité individuelle caractéristique de la modernité.

Des sectes historiques aux « nouveaux mouvements religieux » contemporains. La typologie wébéro-troeltschienne des groupements religieux a connu une fortune considérable chez les sociologues des religions. Remaniée et complétée par de nombreux auteurs (anglo-saxons surtout, tels NIEBUHR, qui lui ajoute le type mixte de la « dénomination » pour la mieux adapter au contexte nord-américain, YINGER ou GLOCK), elle est aujourd'hui mise à contribution pour traiter des « Nouveaux mouvements religieux » contemporains, au-dedans ou au-dehors de la sphère chrétienne. La notion sociologique de la Secte entre en collision, à ce point, avec l'usage commun du mot « Secte », qui sert à désigner, de façon péjorative, la « mauvaise religion » : celle dont la dangerosité sociale est attestée — sous sa forme la plus extrême — par les suicides collectifs ou les massacres dans lesquels des fidèles aveuglés ont été entraînés par des gourous dévoyés. Si l'outil troeltschien, mis au point pour caractériser, à partir de l'histoire, les logiques du rapport chrétien au monde, est d'une grande utilité pour penser les processus contemporains de l'individualisation et de la subjectivisation des croyances, il est peu pertinent pour construire une cartographie sociologique des nouveaux groupes religieux. De nombreux chercheurs s'efforcent de contourner les passions sociales que cristallise la notion de « secte » en dressant d'autres typologies. S'agissant des « nouvelles religions » organisées, on retiendra par exemple les trois types identifiés par BECKFORD : les « groupes-refuges », qui offrent à leurs membres la protection d'une communauté et d'un mode de vie entièrement intégré ; les « groupes réformistes », qui se proposent de changer la société par l'exemplarité ou par l'action : les « groupes de libération » enfin, qui offrent à une clientèle d'adeptes un ensemble de services de développement personnel. En élargissant la perspective aux mouvements de renouveau à l'œuvre au sein des traditions religieuses historiques et aux groupes et réseaux multiformes qui constituent l'ensemble flou de la « nouvelle religiosité », on peut distinguer trois courants majeurs :

. un courant spiritualisant, syncrétique, visant le développement personnel et l'enrichissement de la conscience ;
. un courant conversionniste qui met l'accent sur la rupture intérieure et le changement de la vie du converti ;
. un courant utopique enfin, qui vise l'anticipation communautaire d'un monde renouvelé.

En identifiant ces courants typiques, pratiquement toujours combinés entre eux, on mesure en même temps l'inadéquation du mot « Secte » pour embrasser la réalité hétérogène des nouveaux groupes religieux.

Danièle HERVIEU-LÉGER

bibliographie

BECKFORD James A. (sous la dir. de), *New Religious Movements and Rapid Social Change*, Londres, Sage, 1986.

GLOCK Charles Y., BELLAH Robert N., *The New Religious Consciousness*, Berkeley, California University Press, 1974.

GLOCK Charles Y., HAMMOND Phillip E., *Beyond the Classics, Essays in the Scientific Study of Religion*, New York, Harper & Row, 1973.

NIEBUHR Richard H., *The Social Sources of Denominationalism*, New York, Henry Holt Co., 1929.

ROBBINS Thomas, ANTHONY Dick, RICHARDSON James, « Theory and Research on Today's New Religions », in *Sociological Analysis*, vol. 39, n° 2, 1978.

SÉGUY Jean, *Christianisme et société. Introduction à la sociologie de Ernst Troeltsch*, Éd. du Cerf, 1980.

TROELTSCH Ernst, *Soziallehren der christlichen Kirchen und Gruppen*, Tübingen, Mohr, 1912 (traduction des *Conclusions* par M. L. LETENDRE, in *Archives de sociologie des religions*, n° 11, 1961).

TROELTSCH Ernst, *Protestantisme et modernité*, Gallimard, 1991.

WALLIS Roy, *The Elementary Forms of the New Religious Life*, Londres, Routledge and Kegan Paul, 1983.

WEBER Max, *L'Éthique protestante et l'esprit du capitalisme*, Plon, 1964.

WEBER Max, *Économie et Société*, Plon, 1971.

WILSON Brian, *The Social Dimension of Sectarianism. Sects and New Religious Movements in Contemporary Society*, New York, Oxford University Press, 1990.

YINGER J. Milton, *Religion, Society and the Individual*, New York, MacMillan, 1957.

ÉGOÏSME

du latin *ego* « je »

all. SELBSTSUCHT	esp. EGOISMO
angl. SELFISHNESS	ital. EGOISMO

voir : INDIVIDUALISME

L'égoïsme est une notion difficilement séparable de son origine morale lorsqu'elle caractérise le fait, pour l'individu, de considérer que son moi est la fin suprême et la norme de ses conduites. La sociologie en usera de façon éphémère pour stigmatiser les formes d'un individualisme coupé de tout civisme avant de se donner un concept plus objectif : l'anomie. Quant à la psychologie, elle forgera la notion de narcissisme.*

À l'*égoïsme*, à la décadence des mœurs qui substitue au civisme la guerre incessante entre groupes, classes, individus, MONTESQUIEU (***L'Esprit des lois***, V, II) opposait le civisme des Anciens, qui faisaient passer le bien de l'État avant leur intérêt particulier.

Opposant la démocratie chez les Anciens et chez les Modernes, CONSTANT a une tout autre approche. L'amour ancien de la République lui paraît être, dans nos sociétés, une fiction ouverte sur les despotismes. Aujourd'hui, écrit-il (dans ***L'Esprit de conquête***, ch. VI), les hommes *« n'ont ni le temps ni le goût de s'occuper eux-mêmes des affaires publiques. Ils en délèguent bien volontiers la gestion à des représentants »*. Et il souligne la différence à faire entre la sphère de la vie privée et de la société civile et celle de l'État et de la politique.

En fait, la question est plus complexe, d'où l'importance de la notion d'anomie*. L'individualisme est ouvert à deux développements. Soit il s'inscrit comme liberté qui reconnaît la transcendance du civisme, soit il s'enferme dans l'absolu de son particularisme et n'ouvre alors sur aucune universalité. On peut, si l'on veut, parler alors d'égoïsme.

André AKOUN

ÉLECTION ET SOCIOLOGIE ÉLECTORALE

du latin *electio* « choix »

all. WAHL	esp. ELECCIÓN
angl. ELECTION	ital. ELEZIONE

voir : COMMUNICATION DE MASSE, SOCIOLOGIE POLITIQUE

Processus de désignation d'une ou de plusieurs personnes par un vote.

Le développement de la *sociologie électorale* au XXe siècle est lié à celui des élections libres qui lui ont fourni la matière de départ : les résultats électoraux dans des élections concurrentielles. Tout d'abord, à partir des résultats électoraux, les analystes se sont efforcés de comprendre les comportements électoraux en confrontant leur répartition géographique avec celles d'autres données, sociales et historiques (SIEGFRIED, 1913). Ce type de méthode n'est pas sans présenter des risques : l'erreur classique en écologie liée au risque d'inférer à tort à partir de données agrégées un comportement individuel, ou l'insuffisance méthodologique dans l'enquête historique, signalée dans le cas de Siegfried par BOIS (1971).

LA RÉVOLUTION DES SONDAGES. Les sondages ont révolutionné l'analyse électorale à partir des grandes enquêtes américaines, en permettant d'accéder directement à l'électeur. Les chercheurs de l'université de Columbia ont d'abord développé un modèle explicatif du vote basé sur les catégories sociales (LAZARSFELD, 1954). Ceux de l'université du Michigan ont ensuite mis en évidence l'importance de la proximité partisane (CAMPBELL, 1960) dans le vote et la faible compétence politique des électeurs.

LES MOTIVATIONS ÉLECTORALES : « HARD ISSUES » ET « EASY ISSUES ». L'électoraliste doit toujours tenir compte du fait que, contrairement à lui-même, la grande majorité des électeurs n'a d'intérêt qu'épisodique, au mieux, pour la vie politique. De nombreux travaux ont par la suite permis de préciser les liens complexes unissant le vote, l'image des candidats, la proximité partisane et les positions des électeurs et des candidats sur les questions politiques (les fameuses *Issues* de la science politique d'outre-Atlantique), en particulier en discriminant les questions politiques suivant leur caractère plus ou moins proche de la vie quotidienne des électeurs *(easy Issues)* ou, au contraire, relativement théorique *(hard Issues)*. Les *easy Issues*, comme les relations interraciales, l'immigration, le chômage ou la délinquance, sont en effet beaucoup plus susceptibles d'influencer le vote de la masse des électeurs et de provoquer des réalignements électoraux, même si elles ne sont en réalité pas moins complexes que les *hard Issues* comme les questions de politique étrangère. L'analyse de l'impact des questions politiques a permis de mettre en évidence le caractère décisif de la lutte pour les clivages. C'est bien souvent celui qui réussit à imposer la question principale débattue pendant la campagne électorale qui gagnera l'élection. Ces analyses ont également montré le caractère décisif des jugements portés a posteriori par les électeurs sur le pouvoir en place : c'est surtout le gouvernement sortant qui gagne ou qui perd l'élection, les programmes ayant souvent peu d'importance. Ce qui est loin d'être contradictoire avec un minimum de rationalité de la part d'électeurs à la sophistication politique limitée.

L'ANALYSE DES RÉSULTATS ÉLECTORAUX. Mais les sondages, qui ne sont pas sans poser de nombreux problèmes (représentativité de l'échantillon, sincérité et réalité des opinions déclarées), n'ont pas supprimé la nécessité de l'analyse des résultats électoraux eux-mêmes. GOGUEL avait montré l'importance de la géographie électorale pour faire apparaître les différences de vote des milieux ruraux et urbains à l'élection présidentielle de 1965, suivant la tradition politique locale. Les résultats électoraux permettent également de mettre en évidence l'influence personnelle des candidats, soit géographique, les fameux « amis et voisins » de l'incontournable KEY Jr. (1949), ou dans le temps, comme dans le cycle électoral municipal de MARTIN (1996). Ce dernier travail s'inscrit dans le prolongement de celui de PARODI (1983) sur la comparaison d'élections d'enjeux différents. Toute étude d'une élection générale doit maintenant à la fois prendre en compte les informations fournies par les enquêtes d'opinion réalisées au moment de l'élection et l'analyse des résultats électoraux eux-mêmes. Il serait également souhaitable que l'analyse électorale prenne plus en compte les récents développements de l'analyse du vote comme rituel social.

Pierre MARTIN

bibliographie

BON Frédéric, « Qu'est-ce qu'un vote ? », in *H. Histoire*, n° 2, juin 1979, Hachette, pp.105 à 121.

CAMPBELL Angus *et alii*, *The American Voter*, Wiley, 1960.

CARMINES Edward G., STIMSON James A., *Issue Evolution, Race and the Transformation of American Politics*, Princeton UP, 1989.

FRANKLIN Mark N., *The Decline of Class Voting in Britain*, Oxford, Clarendon Press, 1985.

GAXIE Daniel (dir.), *L'Explication du vote : un bilan des études électorales en France*, Presses de la FNSP, 1985.

HAMILTON Richard F., *Who Voted for Hitler*, Princeton UP, 1982.

INGELHART Ronald, *The Silent Revolution*, Princeton UP, 1977.

KEY V. O. Jr., *The Responsible Electorate*, Cambridge (Mass.), Harvard UP, 1966.

KEY V. O. Jr., *Southern Politics*, New York, Knopf, 1949.

LANCELOT Alain, *L'Abstentionnisme électoral en France*, Presses de la FNSP, 1968.

LANCELOT Alain, « L'Orientation du comportement politique », in *Traité de science politique*, sous la dir. de Madeleine GRAWITZ, Jean LECA, t. 3, pp. 367 à 428, PUF, 1985.

LAZARSFELD Paul *et alii*, *The People Choice : Voting* (1944), Chicago, University of Chicago Press, 1954.

LINDON Denis, WEILL Pierre, *Le Choix d'un député*, Éd. de Minuit, 1974.

MARTIN Pierre, *Le Vote Le Pen*, Note de la Fondation Saint-Simon, 1996.

NIEMI Richard G., WEISBERG Herbert F., *Classics in Voting Behavior*, Washington, CQ Press, 1993.

PERRINEAU Pascal, YSMAL Colette (dir.), *Le Vote de crise*, Presses de la FNSP, 1995.

SIEGFRIED André, *Tableau politique de la France de l'Ouest sous la IIIe République*, Armand Colin, 1913.

ÉLITE

issu (1080, *eslire*) du latin populaire *exlegere*, formé de *ex* et de *legere* « cueillir, choisir, rassembler »

all.	ELITE	esp.	LO MÁS SELECTO, ÉLITE
angl.	ELITE	ital.	« ELITE », (à l'écrit, présenté avec des guillemets)

voir : CLASSE SOCIALE, DOMINATION, ÉGALITÉ, STRATIFICATION

Ensemble des personnes considérées comme les meilleures dans une pratique sociale particulière et dotées, notamment, de pouvoir et d'influence politique.

1 Ce terme peut désigner un petit nombre de personnes aux compétences et aux performances exceptionnelles et objectivement vérifiables (*élite* scientifique, sportive).

2 Il revêt une signification moins neutre dès lors qu'il est associé aux rapports de pouvoir. Il soulève alors le problème de la légitimité. Ce problème est posé par MILLS dans son livre de 1956, *L'Élite du pouvoir.* L'auteur y récuse à la fois la thèse de MARX fondant le pouvoir sur la propriété et la thèse libérale d'un ordre politique démocratique et autonome.

L'élite du pouvoir, sans être une classe homogène, serait un « groupe de status* », au sens wébérien du terme, c'est-à-dire détenant un ensemble de rôles stratégiques. Aux États-Unis, cette élite se composerait des dirigeants des trois grandes hiérarchies institutionnelles : politique, économie, armée. Une même solidarité, fondée sur la coïncidence d'intérêts objectifs et de similitudes sociales, unirait ces dirigeants.

PROBLÈMES SOCIOLOGIQUES. La notion d'*élite* pose trois types de problèmes : le premier concerne la composition de ce groupe, son recrutement, sa formation et sa culture propre (MOSCA) ; le deuxième, celui de sa légitimité, acceptée (PARETO) ou contestée (Mills) ; enfin, celui de son rôle social et de ses fonctions. Sur ce dernier point, la thèse de Pareto sur la « circulation des élites » a apporté une réponse contestée : l'incessante circulation des élites contribuerait à l'équilibre de l'ordre social. Le blocage de cette mobilité sociale entraînerait l'immobilisme ou une révolution assurant le remplacement d'une élite par une autre.

Pierre ANSART

bibliographie

MILLS Charles Wright, *L'Élite du pouvoir* (1956), Maspero, 1969.

MOSCA Gaetano, *Elementi di scienza politica* (1896), trad. angl. *The Ruling Class*, New York, McGraw-Hill, 1939.

PARETO Vilfredo, *Traité de sociologie générale* (1916), Genève, Droz, 1968.

ÉMERGENCE

voir : ACTION COLLECTIVE, DÉTERMINISME, INDIVIDUALISME MÉTHODOLOGIQUE

Pour « l'individualisme méthodologique », un *effet émergent* est le résultat non voulu et imprévu — parfois opposé aux intentions des acteurs (effet pervers*) — d'une agrégation d'actions individuelles dans un système d'interdépendance. L'*émergence* ainsi entendue est une notion clé dans l'analyse de phénomènes collectifs tels que la rumeur financière, par exemple. Plus généralement elle prend valeur d'explication du changement social à partir de l'étude du comportement individuel.

Cependant, prendre l'individu comme unité de référence sociologique est un principe qui fait question ; en outre, l'émergence n'est jamais, dans la langue savante ou commune, que la désignation d'un phénomène qui marque une rupture et dont le surgissement permet de repérer d'où et quand il sort, sans que cela suffise à en expliquer l'apparition soudaine.

Certes, le repérage des *surfaces d'émergence* d'objets de discours a constitué pour FOUCAULT (et d'autres après lui) un outil de recherche fécond, apte à montrer comment ici des pratiques, là des politiques publiques, ailleurs des institutions, sont nées de dispositions prises à d'autres fins. Mais comprendre pourquoi une formation discursive est ce qu'elle est implique que l'analyse des conditions sociales de sa « problématisation » et de son émergence soit menée de pair avec l'étude du « champ des événements discursifs ».

Philippe FRITSCH

bibliographie

ANSART Pierre, *Les Sociologies contemporaines*, Seuil, 1990.

BOUDON Raymond, *La Logique du social*, Hachette, 1979.

BOURDIEU Pierre, *Les Règles de l'art*, Seuil, 1992, pp. 278 à 280.

FOUCAULT Michel, *L'Archéologie du savoir*, Gallimard, 1969.

ÉMETTEUR

du latin *emittere* « lancer hors de, produire »

all. SENDER	esp. EMISOR
angl. TRANSMITTER	ital. EMITTENTE

voir : COMMUNICATIONS DE MASSE, RÉCEPTEUR

En théorie de l'information, l'émetteur est ce qui transforme une information en un message physique destiné à être acheminé dans un canal et à être décodé par le récepteur.

Lorsque MCLUHAN pose que « le média est le message », il souligne que la technologie n'est pas neutre et qu'elle surdétermine les messages. Un même message n'est pas le même selon qu'il est émis par la radio, par la télévision ou par la presse. Mais le sociologue ne peut en rester à cette approche technique. Il doit prendre en compte que l'*émetteur* est l'instrument au service d'un communicateur qui ne peut, dans son intention communicationnelle, être séparé de l'image qu'il se fait de ceux à qui son message est destiné. La communication forme un tout qui ne se découpe pas selon le vieux schéma de LASSWELL : qui (émetteur) dit quoi (message), par quel moyen (canal), pour qui (récepteur).

André AKOUN

ÉMOTION

du latin *movere* « mouvoir »

all. ERREGUNG, AUFREGUNG	esp. EMOCIÓN
angl. EMOTION	ital. EMOZIONE

voir : CHARISME, IDÉOLOGIE, PASSION, PSYCHANALYSE, SENTIMENTS

Excitation vive et limitée dans le temps, accompagnée de manifestations physiques et culturelles différenciées selon leur contexte social.

1 Dans le langage du XVIIe siècle, l'*émotion* désigne une agitation populaire qui peut se transformer en une sédition.

2 L'*émotion* est un terme plurisignifiant qui désigne un trouble provisoire, des changements physiologiques et psychologiques et, simultanément, des modes d'expression et des jugements normatifs sur ces manifestations. En ce sens, l'émotion désigne une conduite particulièrement significative de la relation entre *nature* et *culture*. Les émotions font, dans toute culture, l'objet d'une éducation formelle et informelle qui valorise ou dévalorise des objets donnés pour émouvants et oriente les modes de contrôle des réactions (ELIAS, 1939). Les modes d'expression des émotions sont un objet privilégié de cette éducation : les expressions acceptées ou tolérées sont relatives à l'âge et au sexe de l'enfant. Comme le soulignent les théories phénoménologiques et cognitives, l'émotion ne se réduit pas à une sensation physique : elle correspond à un mode de relation avec l'environnement (la peur d'une menace) et vise un objet perçu comme signifiant (la colère devant un comportement perçu comme agressif) ; elle répond à des habitudes inculquées et à un code culturel (par exemple, les expressions de joie ou de deuil). Une émotion positive (l'admiration) ou négative (l'irritation) sont simultanément des évaluations personnelles et culturelles de la situation, en relation avec les normes sociales. Dans un contexte donné, l'émotion fait l'objet d'appréciations qui vont de l'approbation à la réprobation ; l'absence de réaction émotionnelle peut aussi être jugée défavorablement. Les émotions sont une cible des discours et des manifestations politiques, qui visent à susciter des réactions affectives favorables à la cause défendue, selon la logique émotionnelle de l'amour et de la haine.

Pierre ANSART

bibliographie

BRAUD Philippe, *L'Émotion en politique*, Presses de la FNSP, 1996.

DURKHEIM Émile, *Les Formes élémentaires de la vie religieuse* (1912), PUF, 1968.

ELIAS Norbert, *La Civilisation des mœurs* (1939), Calmann-Lévy, 1973.

PAPERMAN Patricia, OGIEN Ruwen (sous la dir. de), *La Couleur des pensées, sentiments, émotions, intentions*, Éd. de l'EHESS, 1995.

SOUSA Ronald de, *The Rationality of Emotion*, Cambridge (Mass.), MIT Press, 1987.

EMPATHIE

du grec *em, en* « dedans », et de *pathos* « ce qu'on éprouve », terme introduit en psychologie par Lipps en 1903

all. EINFÜHLUNG	esp. EMPATÍA
angl. EMPATHY	ital. EMPATIA

voir : COMPRÉHENSION, SYMPATHIE

Expérience et intuition immédiate des sentiments d'autrui.

Le débat autour du concept d'*Einfühlung* a été significatif pour différencier radicalement les méthodes propres aux sciences humaines des méthodes utilisées dans les sciences de la nature. Reprenant une partie des thèses de DILTHEY, WEBER souligne l'originalité de cette connaissance d'autrui, par laquelle un sujet comprend immédiatement le sens de certaines actions et expressions d'autrui et est capable, en quelque sorte, de se mettre à sa place. Cette intuition, qui ne saurait avoir de signification dans les sciences naturelles, peut aider à comprendre les motivations et les réactions émotionnelles d'autrui et, par là, les significations vécues que l'autre donne à son action. Elle ne saurait constituer, néanmoins, la seule méthode d'une sociologie compréhensive.

Pierre ANSART

bibliographie

DILTHEY Wilhelm, « Introduction aux sciences de l'esprit » (1883), in *Œuvres Critique de la raison historique*, Éd. du Cerf, 1992.

WEBER Max, *Économie et société* (1922), Plon, 1965, t. 1.

*

* *

EMPIRISME

du grec *empeiros* « qui a l'expérience », par opposition à « théorie »

all. EMPIRISMUS	esp. EMPIRISMO
angl. EMPIRICISM	ital. EMPIRISMO

voir : ENQUÊTE, MÉTHODES

1. Au sens originel l'empirisme est ce qui se rapporte à l'expérience, aux sensations, aux perceptions.
2. Au sens épistémologique, c'est l'affirmation que le savoir est sous la dépendance du recueil des faits et d'eux seuls. En ce sens, empirisme et positivisme sont des termes analogues.

En sociologie, l'*empirisme*, dans le meilleur de son sens, désigne, de façon générale la tradition de l'observation sociologique et psychosociologique par enquêtes. Ce souci de l'enquête existe dès le début de la sociologie ; il se retrouve avec DURKHEIM (« traiter les faits sociaux comme des choses ») et triomphe avec LAZARSFELD. En fait, il n'est pas de sociologue sérieux qui puisse récuser le moment de l'enquête. La divergence intervient sur le statut et sur le sens à donner à ce qu'elle offre.

André AKOUN

bibliographie

BERTHELOT Jean-Michel, *La Construction de la sociologie*, « Que sais-je ? », PUF, 1991.

LAUGIER-RABATÉ Sandra, *L'Anthropologie logique de Quine ; l'apprentissage de l'obvie*, Vrin, 1992.

MOREAU DE BELLAING Louis, *Critique de l'empirisme en sociologie*, L'Harmattan, 1992.

SAVOYE Antoine, *Les Débuts de la sociologie empirique*, Méridiens-Klincksieck, 1994.

EMPLOI

du latin (XIe siècle) *implicare* « enlacer, engager », mais utilisé dans son sens moderne d'« occuper quelqu'un », à partir du XVIIe s. seulement

all. BESCHÄFTIGUNG, ARBEITSSTELLE	esp. EMPLEO
angl. EMPLOYMENT, JOB	ital. OCCUPAZIONE

voir : CHÔMAGE, EMPLOYABILITÉ, EXCLUSION SOCIALE, SALAIRE, SOCIOLOGIE DU TRAVAIL

1. Pour l'individu, activité rémunérée manifestant une certaine stabilité.
2. En économie, somme du travail humain effectivement employé et rémunéré.

1 Dans son sens déterminé (*job* en anglais), un *emploi* désigne une situation faite à une personne dans laquelle celle-ci échange un temps de travail contre un revenu (salaire et avantages divers liés à des caractéristiques personnelles et aux pratiques sociales en vigueur dans le pays et la profession considérés) avec son employeur (société, État, collectivités territoriales, associations, particuliers, etc.) ou dans laquelle cette personne échange sur le marché des biens ou des services qu'elle a produits individuellement. On distingue les emplois salariés à temps plein des emplois à temps partiel, dont le nombre croît avec le développement du chômage. De même, la nature du contrat de travail importe : contrat à durée indéterminée (CDI) ou contrat à durée déterminée (CDD) ou encore contrat d'intérim ; ces formes d'emploi précaire se multiplient depuis la crise de 1974.

2 L'*emploi*, au sens indéterminé, désigne la somme des emplois, c'est-à-dire la somme du travail humain effectivement employé et rémunéré dans un système économique.

SITUATION DE L'EMPLOI. La « situation de l'emploi » fait référence au taux d'occupation des personnes désirant un emploi : depuis la fin des Trente Glorieuses (1945-1975), les pays industrialisés ne parviennent plus au plein emploi au sens traditionnel du terme. Aux États-Unis et en Grande-Bretagne, la réduction du taux de chômage repose en partie sur le développement des emplois précaires et très mal rémunérés *(poor jobs)*, tandis qu'en Scandinavie, en Allemagne, en Italie ou en France les gouvernements multiplient — souvent en vain — les dispositifs de politique de l'emploi (Fonds national pour l'emploi, ANPE, Délégation interministérielle à l'emploi en France), qui assistent plus les chômeurs qu'ils ne soutiennent la création d'emplois.

SOCIOLOGIE DU TRAVAIL ET SOCIOLOGIE DE L'EMPLOI. Depuis le début des années 80, nombre de sociologues du travail proposent que leur discipline se transforme en sociologie de l'emploi. Il s'agirait de renverser la perspective scientifique en montrant que la question de l'emploi (stabilité ou précarité, temps plein ou temps partiel, ségrégation dans l'accès à l'emploi selon l'âge, le sexe et l'origine sociale ou ethnique, etc.) est première par rapport à la question du travail : car c'est à partir du statut et du genre d'emploi occupé que se constituent les clivages sociaux et les identités dans le monde du travail. Ainsi « *la relation d'emploi est un construit social en même temps qu'un phénomène de marché* » (MARUANI et REYNAUD, 1993).

Jean-Pierre DURAND

bibliographie

Actes du colloque de la revue *Travail et emploi*, in *L'Évolution des formes d'emploi*, La Documentation française, 1989.

BAGNASCO Arnaldo, *La Costruzione sociale del mercato*, Bologne, Il Mulino, 1988.

BOYER Robert, *La Fexibilité du travail en Europe*, La Découverte, 1986.

BRUNHES Bernard *et alii*, *Choisir l'emploi*, Commissariat général du Plan, La Documentation française, 1993.

BUTERA Federico, *Dalle occupazioni industriali alle nuove professioni*, Milan, Franco Angeli, 1987.

FERNANDEZ F., GARRIDO L., TOHARIA L., « Empleo y paro en Espana, 1976-1990 », in F. MIGUELEZ-LOBO, C. PRIETO, *Las Relaciones laborales en Espana*, Madrid, Siglo XXI, 1991.

KERGOAT Danièle, *Les Femmes et le travail à temps partiel*, La Documentation française, 1984.

MARUANI Margaret, NICOLE Chantal, *Au labeur des dames. Métiers masculins, emplois féminins*, Syros-Alternatives, 1989.

MARUANI Margaret, REYNAUD Emmanuèle, *Sociologie de l'emploi*, « Repères », La Découverte, 1993.

ROLLÉ Pierre, *Travail et salariat. Bilan de la sociologie du travail*, Grenoble, PUG, 1988.

SUPIOT Alain, *Critique du droit du travail*, PUF, 1995.

TRIPIER Pierre, *Du travail à l'emploi*, Bruxelles, Éditions de l'Université Libre de Bruxelles, 1991.

WUHL Simon, *Les Exclus face à l'emploi*, Syros-Alternatives, 1992.

EMPLOYABILITÉ

de l'anglais *employability* « capacité d'accéder à un emploi » ; lui-même venant de *employ*, occupation procurant des ressources.

angl. EMPLOYABILITY,
all., esp., ital. : pas d'équivalent attesté

voir : ADAPTABILITÉ, CAPACITÉ PROFESSIONNELLE, CHÔMAGE, COMPÉTENCE, EMPLOI, GESTION DES RESSOURCES HUMAINES, HANDICAP

1. Capacité d'obtenir et tenir un emploi.
2. « Espérance objective ou probabilité plus ou moins élevée que peut avoir une personne à la recherche d'un emploi d'en trouver un » (LEDRUT, 1966, p. 68).
3. Par extension, ensemble de qualités et de savoirs d'un individu qui le rendent apte à accéder à un emploi ou à conserver son emploi en s'adaptant à l'évolution de celui-ci.

La notion d'*employabilité*, relativement récente dans le langage courant et administratif en France, a connu une évolution assez rapide au cours des dernières années. Introduit par LEDRUT (1966), le concept a d'abord retenu l'attention de l'administration puis des économistes du travail, avant d'entrer en usage dans les entreprises. GAZIER (1990) a présenté une excellente synthèse de la notion et des pratiques qui y sont associées aux États-Unis.

TYPOLOGIE DES EMPLOYABILITÉS. Trois formes d'employabilité sont apparues dans la littérature GAZIER (1990) : l'*employabilité moyenne* au niveau d'un pays, qui évolue dans le temps ; l'*employabilité catégorielle*, liée à de grandes catégories de main-d'œuvre (femmes/hommes, classes d'âge, aveugles, cardiaques) ; l'*employabilité individuelle*, qui tient compte de particularités individuelles (socialisation, nationalité, comportements, formation). L'employabilité dépend en première instance de l'appréciation par un employeur des capacités productives d'une personne.

LA NOTION AU DÉBUT DU XXe SIÈCLE. Les notions d'*employability* et d'*unemployability* sont apparues en Grande-Bretagne et aux États-Unis au début du XXe siècle (BARNETT, 1904 ; BAVERIDGE, 1909), avec une acception vague : « capacité ou incapacité d'accéder à un emploi ». Ces termes sont à rapprocher de ceux d'*aptitude* et d'*inaptitude* utilisés en France depuis la Révolution, lors de l'incorporation des jeunes dans l'armée.

Le New Deal. Ils ont pris un sens plus précis au cours de la grande crise de l'emploi qui a suivi le krach boursier de 1929, dans le cadre des dispositifs d'aide aux chômeurs mis en place par le président des États-Unis, F. D. Roosevelt, de 1933 à 1940, au cours du New Deal. L'*employability* devint alors le critère dichotomique opératoire de répartition de la population en difficulté entre ceux qui étaient aptes à remplir des emplois publics de secours, financés sur un programme spécial par l'Administration fédérale, et ceux qui ne l'étaient pas et qui, de ce fait, devaient être pris en charge par les agences locales d'assistance aux pauvres. Cette définition opératoire de l'*employability* était assez sommaire : était alors déclarée employable une personne âgée de 16 à 65 ans, capable et désireuse de travailler, et ne présentant pas de déficience fonctionnelle (GAZIER, 1989).

L'EMPLOYABILITÉ DIFFÉRENTIELLE. Parallèlement à ces pratiques sommaires de classement se profilait une réflexion sur la notion d'employabilité, visant à mettre en évidence des typologies de degrés d'*employabilité (employabilité différentielle),* selon les caractéristiques des individus (handicaps physiques, mentaux et comportementaux) et selon l'aggravation des tensions sur le marché du travail. Dans cette perspective, de 1950 à 1980, l'employabilité devint à la fois l'objectif des politiques publiques d'aides à l'emploi en direction des chômeurs (améliorer le niveau d'employabilité de la population au chômage) et le critère d'évaluation de ces mêmes politiques publiques : leur succès était jugé au nombre de personnes rendues à l'emploi.

L'EMPLOYABILITÉ CATÉGORIELLE. Pour Ledrut (1966), l'*employabilité* est *catégorielle* ; elle se mesure par la probabilité de sortir du chômage, en prenant pour indicateur le pourcentage de chômeurs de plus d'un an dans le total des chômeurs d'une catégorie : les femmes de plus de 50 ans, par exemple. Les économistes du travail (GERME, MICHON, Gazier) ont ajouté un nouvel indice, celui de la vulnérabilité d'une catégorie, calculée à partir du taux de nouveaux chômeurs de moins d'un mois par exemple, par rapport à l'ensemble des effectifs de cette catégorie ; les deux taux sont complémentaires. Ainsi, en 1984, le pourcentage des chômeurs nouveaux par rapport aux effectifs de la catégorie de main-d'œuvre considérée était de 1,6% pour les jeunes femmes de moins de 25 ans et de 0,08% pour les femmes de plus de 50 ans. En revanche, le pourcentage de chômeurs de plus d'un an sur l'ensemble des chômeurs de la catégorie étudiée s'élevait à 38% pour les jeunes femmes et à 72% pour les femmes de plus de 50 ans (Gazier, 1991). Les femmes de plus de 50 ans avaient alors une vulnérabilité vingt fois plus faible que les jeunes femmes, mais, une fois au chômage, leurs chances de reclassement étaient deux fois plus faibles.

EMPLOYABILITÉ, POLITIQUES DE L'EMPLOI, CONJONCTURE. La définition de l'*employabilité* est liée bien évidemment, d'une part, au rationnement de l'emploi, d'autre part, aux politiques d'embauche et d'emploi des employeurs, en fonction du type d'emploi (technicité plus ou moins grande, relation à la clientèle) et des exigences de qualités professionnelles pour les tenir. L'amélioration des conditions de travail a entraîné la disqualification de la force physique et augmenté l'employabilité des femmes ; le développement de la formation professionnelle initiale a provoqué le relèvement des acquis de niveau de formation et la fragilisation de la population sans formation. D'une façon générale, l'extension du salariat contribue à resserrer les critères de l'employabilité : la décision d'embauche dépend d'un décideur qui ne connaît pas le candidat et qui a donc tendance à se donner des critères objectivables (curriculum vitae, diplômes, tests d'embauche, entretien, essai professionnel). La définition de l'employabilité est ainsi très relative : elle dépend des périodes et des pays, de l'état du marché du travail, du type d'emploi ; elle est sous l'emprise du pouvoir discrétionnaire des employeurs. Dès lors, les programmes publics de traitement du chômage auront pour objectif explicite d'accroître l'employabilité de la population en difficulté, notamment par la formation et les aides à l'insertion professionnelle, ciblées selon les publics. Ces politiques sont toutefois plus adaptées aux jeunes sans formation qu'aux travailleurs plus âgés, dont les niveaux de salaire élevés deviennent des handicaps à l'emploi, dans une conjoncture où les entreprises font pression sur la masse salariale pour améliorer leur compétitivité.

FORMATION ET EMPLOYABILITÉ. Si l'évaluation de l'employabilité dépend de la conjoncture économique et des politiques d'emploi des entreprises, l'une des causes principales en reste néanmoins, dans le salariat, l'absence de formation, dont l'incidence est également sujette à des appréciations variées selon les circonstances : le cas des handicapés illustre bien cet aspect. Ainsi, les indépendants qui possèdent leurs moyens de travail peuvent avoir des critères d'embauche moins sélectifs vis-à-vis de membres de leur famille, que par ailleurs ils connaissent bien, que des décideurs ordinaires sur le marché du travail. En revanche, d'autres familles peuvent avoir une influence néfaste sur la construction des capacités de leurs enfants handicapés, lorsqu'elles renoncent, parfois trop vite, à donner une formation à des jeunes qui, dès lors, risquent d'être définitivement exclus du marché du travail. Il faut signaler à cet égard que les institutions de formation dans notre pays sont loin de répondre aux besoins de la population qui présente des déficiences. On ne peut toutefois manquer de noter le paradoxe de la société moderne, dans laquelle est revendiqué le droit à l'emploi pour tous, y compris pour les handicapés, avec l'argument d'un progrès technique qui favoriserait dorénavant la réalisation, au moment même où ces performances techniques condamnent au chômage une large fraction de la population, en raison d'un saut de productivité spectaculaire.

EMPLOYABILITÉ ET FORMES DE SOCIALISATION. Le thème de l'*employabilité* et de son opposé, l'*inemployabilité,* tend toutefois depuis deux décennies à prendre une acception plus générale, qui déborde de beaucoup la sphère des handicaps classiques. Ainsi cette question est apparue indirectement à la fin des années 70, lorsque, à l'occasion de plusieurs mesures d'aides à l'insertion professionnelle des jeunes sans formation (stages Barre, etc.), l'analyse des causes des succès et des échecs de ces opérations a mis en lumière les comportements dysfonctionnels de certains jeunes en difficulté ; les notions de *savoir-être* et de *qualifications sociales* ont alors cherché à rendre compte des qualités construites dans les processus de socialisation, qui sont à la base des relations avec les autres et qui sont essentielles dans l'exercice du travail : la maîtrise de soi, la présentation vestimentaire, l'écoute de l'autre, la ponctualité, la politesse, le respect des consignes et des engagements, la capacité à communiquer, à coopérer, etc. En plus de la possession des capacités physiques et mentales de tout être humain normal, les formes de socialisation se sont alors révélées comme des facteurs déterminants de l'employabilité, dans les nouveaux systèmes de travail dans lesquels l'efficacité du travailleur est directement dépendante de la coopération avec l'encadrement, le groupe de travail et le client.

EMPLOYABILITÉ, NIVEAU DE FORMATION ET CAPACITÉ D'ADAPTATION. Un nouveau palier est aujourd'hui atteint dans l'usage de la notion d'employabilité dans les entreprises. Après avoir concerné les handicapés et les chômeurs, puis les jeunes en cours d'insertion, la question de l'employabilité est maintenant appliquée aux salariés en activité. Le thème n'est pas tout à fait nouveau. Depuis le développement de la formation initiale, le patronat ne cesse de clamer que la seule qualité indispensable à la main-d'œuvre est une grande capacité d'adaptation. Et en effet, l'accélération du rythme de l'évolution technique et les incessantes restructurations de l'appareil de production ont attiré l'attention des employeurs sur cette propriété qui, jusque-là, ne semblait pas avoir fait problème et que l'Éducation nationale est accusée de ne pas mettre suffisamment en évidence dans ses références et programmes. C'est d'ailleurs pour répondre en partie à cette nouvelle exigence des systèmes de travail que les entreprises ont relevé le niveau d'exigence de formation à l'embauche, après avoir décelé une relation entre niveau de formation et capacité d'adaptation. Toutefois, dans la plupart des situations, au moment d'implanter de nouvelles technologies, les entreprises préfèrent licencier ou mettre en retraite anticipée leur ancien personnel pour embaucher des jeunes non compromis par d'anciennes habitudes de travail. Un arrêt de la Cour de cassation (Chambre sociale), en 1992, a mis un coup d'arrêt à cette pratique de facilité. Désormais, les entreprises sont tenues de préparer leur personnel à cette évolution. L'employabilité de la main-d'œuvre, c'est-à-dire la capacité non seulement à suivre l'évolution technologique de son emploi, mais aussi à s'adapter à de nouveaux emplois, est devenue un objectif des politiques de gestion du personnel. Mais, incapables de mettre en place une gestion des ressources humaines qui permette une garantie de l'emploi dans l'entreprise ou le groupe, les entreprises préfèrent souvent s'engager dans une préparation au retour sur le marché du travail. Le personnel est maintenant sommé d'augmenter le spectre de son employabilité, non pas par l'entraînement à de nouvelles tâches concrètes qui déboucherait sur une polyvalence, par exemple, mais par l'acquisition et l'entretien de compétences générales susceptibles d'ouvrir à de futurs emplois non connus, dans l'entreprise ou à l'extérieur. Ainsi, loin de représenter une avancée positive, le thème de l'employabilité suscite des réticences des travailleurs vis-à-vis de cette nouvelle orientation des politiques patronales, dans la mesure où elle sous-tend la précarité de l'emploi.

Mireille DADOY

bibliographie

BARNETT, « The Unemployed and the Unemployable », in *Economic Review*, juillet 1904.

COLIN Jean-François, WELCOMME Dominique, « L'Employabilité des demandeurs d'emploi », in *Travail et emploi*, n° 9, 1981.

GAZIER Bernard, *Employabilité de crise et crise de l'employabilité*, Paris, Université Paris I/Séminaire d'économie du travail, 1989.

GAZIER Bernard, « L'Envers du plein emploi. Eléments d'analyse épistémologique des normes d'employabilité », in *Economies et Sociétés*, 1989, n° 2, pp. 135 à 156.

GAZIER Bernard, *Économie du travail et de l'emploi*, « Précis », Dalloz, 1991, pp. 76 à 79.

GAZIER Bernard, « L'Employabilité : brève radiographie d'un concept en mutation », in *Sociologie du travail*, Dunod, 1990, vol. XXXII, n° 4, pp. 575 à 584.

GAZIER Bernard, FOURNA Alain, MENDES S., *L'Employabilité. Analyses et expériences*, Paris, Université Paris I/Séminaire d'économie du travail, 1987, p. 117.

GERME Jean-François, MICHON François, BOUFFARD E., *Sélectivité du chômage et indicateurs*, 1974.

GRIFFIN Hélène, « Employability of Workers in the Relief Population », in *Sociology and Social Research*, New York, vol. XIX, juillet-août 1935, n° 6, pp. 555 à 561.

LEDRUT Raymond, *Sociologie du chômage*,« Bibliothèque de sociologie contemporaine », PUF, 1966, p. 547.

MICHON François, *Chômeurs et chômage*, « Publications de l'Université Paris I Panthéon-Sorbonne, série Sciences économiques, n° 4 », PUF, 1975, p. 291.

NIXON Russel A., *The Problem of Employability*, PhD thesis, Harvard University, avril 1940, 400 p.

OUTIN Jean-Luc, « Trajectoires professionnelles et mobilité de la main-d'œuvre. La construction sociale de l'employabilité », in *Sociologie du travail*, Dunod, 1990, vol. XXXII, n° 4, pp. 469 à 489.

PELOSSE Joëlle, SAURET Christian, THIERRY Dominique, « Employabilité : Définition et enjeux », in *Personnel*, Paris, revue de l'Association Nationale des Directeurs et Chefs de Personnel, 1996, mai, n° 369, pp. 6 à 8 (numéro spécial « Compétences, organisation, formation »).

ENCULTURATION

néologisme américain

all. ENKULTURATION	esp. ENCULTURACIÓN
angl. ENCULTURATION	ital. INCULTURAZIONE

voir : ACCULTURATION, CULTURE, DÉCULTURATION

Processus de transmission, par adhésion ou imposition, d'une culture d'un groupe à un autre groupe.

Ce processus désigne la manière dont les comportements typiques d'une famille, d'une région, d'un pays sont appris et transmis à l'individu par l'éducation, l'imitation et le conditionnement. Il s'agit donc, dans une perspective de reproduction sociale (et non de changement, qu'évoque le terme « acculturation »), de l'ensemble des moyens par lesquels l'homme, spécialement dans son enfance, mais aussi tout au cours de sa vie, assimile les traditions de son groupe (HERSKOVITS) et les reproduit sans s'en apercevoir. Synonyme de socialisation, l'enculturation est à la fois la transmission de la culture d'une génération à l'autre et la manière dont l'identité personnelle se construit en assumant en grande partie les traits spécifiques à la société à laquelle on appartient.

Claude RIVIÈRE

ENDOGAMIE ET EXOGAMIE

du grec *endon* « dedans » *(endogamie), exô* « dehors » *(exogamie), gamos* « mariage »

all. ENDOGAMIE,EXOGAMIE	esp. ENDOGAMIA, EXOGAMIA
angl. ENDOGAMY, EXOGAMY	ital. ENDOGAMIA, ESOGAMIA

voir : EXOGAMIE, HOMOGAMIE ET HÉTÉROGAMIE, INCESTE, PARENTÉ

L'*endogamie* est l'obligation pour l'individu de choisir son conjoint dans le groupe auquel il appartient. Il peut s'agir de groupes de parenté (mariage préférentiel entre cousins parallèles), de groupes territoriaux (tels des isolats géographiques) ou de groupes dont les individus ont le même statut social (endogamie de caste).

L'*exogamie*, selon MACLENNAN qui en a forgé le terme, est l'interdiction d'épouser une personne appartenant à son propre groupe de parenté (lignage, clan) ou bien à son groupe local *(exogamie de village)* ou à un groupe de statut social identique (cf. hétérogamie).

Claude RIVIÈRE

ENDOGÈNE ET EXOGÈNE

du grec *endon* « en dedans » *(endogène)*, *exô* « dehors » *(exogène)* et *genos* « naissance, origine »

voir : CHANGEMENT SOCIAL, DÉVELOPPEMENT

L'opposition entre les facteurs *exogènes* et *endogènes* a surtout été affirmée au sein des discussions sur le changement social. Deux types de cas peuvent, en effet, s'opposer. En de nombreuses situations, on constate que des éléments extérieurs à un système social le modifient et provoquent une série de changements : une innovation scientifique ou technique entraîne un bouleversement dans la production, un investissement financier issu de l'étranger enclenche un processus industriel, une guerre vient interrompre un développement. En d'autres cas, au contraire, on constate que les changements sont dus à des facteurs endogènes : des divisions altèrent les relations dans un parti politique et provoquent son affaiblissement, une entreprise dégage des bénéfices et en tire les moyens de son extension. Dans les débats politiques concernant le développement, se sont ainsi opposés les tenants du « développement endogène », appelant à se méfier des apports étrangers, et les défenseurs des investissements externes.

Toutefois, dans la réalité, il n'est pas toujours possible de séparer sans ambiguïté les facteurs internes et externes et cette dichotomie requiert d'être vérifiée dans les situations considérées.

Pierre ANSART

bibliographie

MENDRAS Henri, *Le Changement social*, Armand Colin, 1983.

TOURAINE Alain, *Production de la société*, Seuil, 1973.

ÉNERGIE SOCIALE

emprunt (v. 1500) au bas latin *energia* « force, énergie »

all. ENERGIE angl. ENERGY	esp. ENERGIA ital. ENERGIA

voir : SOCIOLOGIE DE L'ACTION, ACTION COLLECTIVE, MOUVEMENT SOCIAL

Terme employé métaphoriquement pour exprimer la force, le dynamisme d'un groupe ou d'une organisation sociale.

Dans le récit qu'il fait de la Révolution de 1848, en France, MARX note que l'*énergie sociale* manifestée par les révolutionnaires dans leurs actions augmentait ou diminuait selon les conjonctures de la lutte des classes et des polémiques politiques (Marx, 1852). La notion d'énergie désignerait ainsi la force, la vigueur commune, susceptible de grandes variations et dont l'intensité pourrait conduire à des effets considérables dans le déroulement des conflits. Dans un sens non révolutionnaire, PARSONS s'est interrogé sur les conditions de renforcement ou d'affaiblissement de l'énergie sociale. Il les fait dépendre, dans son modèle systémique, des sous-systèmes politique et économique auxquels il prête une faible information mais une forte énergie, et donc une force considérable de conditionnement. Il faudrait, dans cette perspective, attendre des sous-systèmes politique et économique des effets majeurs sur l'énergie sociale.

Hors de cette conception holiste, WEBER avait rappelé que les différents groupes sociaux ne manifestent pas la même énergie. Les sectes, placées dans une situation minoritaire, sont davantage portées aux initiatives et aux protestations que les grands groupes majoritaires. OLSON poursuit ce type de réflexion en mettant en évidence les raisons pour lesquelles les membres des grands groupes sont peu portés aux initiatives et donc peu enclins à faire advenir une action sociale.

Pierre ANSART

bibliographie

MOSCOVICI Serge, *Psychologie des minorités actives*, PUF, 1996.

OLSON Mançur, *L'Action collective* (1966), PUF, 1978.

PARSONS Talcott, *The Social System*, Glencoe, Free Press, 1951.

EN-GROUPE ET HORS-GROUPE

voir : PSYCHOLOGIE SOCIALE

Termes communs aux sociologues et aux psychologues pour désigner les membres d'un groupe d'appartenance (en-groupe) *par opposition à ceux qui n'en font pas partie* (hors-groupe).

Utilisée sous les termes de *out-group* et *in-group* par William G. SUMNER, cette opposition, qui se ramène à celle de *nous* et des *autres*, fait de ces derniers un élément de la cohésion des premiers. La compétition et le conflit, jusqu'à un certain degré, renforcent la solidarité.

ENQUÊTE

du latin *inquisitum*, participe passé de *inquirere* « s'enquérir, chercher à découvrir »

all. UNTERSUCHUNG angl. INQUIRY	esp. INQUIESTA ital. INCHIESTA

voir : ÉPISTÉMOLOGIE, ENTRETIEN, MÉTHODES, OBJECTIVATION, PARADIGME, QUESTIONNAIRE, THÉORIE

Ensemble de la démarche de production de données ou d'informations en vue de répondre à un questionnement sociologique.

FONDEMENTS ÉPISTÉMOLOGIQUES : ATTITUDE OBJECTIVISTE ET ATTITUDE PHÉNOMÉNOLOGIQUE. La démarche d'*enquête* renvoie au rapport entre théorie et empirie, à la question de l'objet, de l'objectivation, aux problèmes de validation d'hypothèses, de légitimité, de pertinence, de signification, d'interprétation des résultats. Les procédures suivies dans les sciences sociales, et plus particulièrement en sociologie, sont bornées par deux postures (pas nécessairement contradictoires) à l'égard du monde social. La première s'exprime dans un courant positiviste — il y a des lois sociales sous-jacentes —, la seconde dans un courant d'inspiration phénoménologique, qui porte l'accent sur les individus, le sens qu'ils donnent à leur conduite, leurs rôles d'acteurs sociaux. Le paradigme prédominant de la sociologie, qui se prolonge jusque vers les années 70, est dans le droit-fil d'une combinaison théorique alliant généralement DURKHEIM et MARX, qui pose le déterminisme social des phénomènes humains et le principe de coercition* de la société sur les individus. Ce paradigme intègre les règles durkheimiennes d'une posture à l'égard des faits sociaux fondant la démarche sociologique de rupture avec le sens commun et de construction de l'objet, et la problématique marxiste de la nature de classe des rapports sociaux avec la détermination (en dernière instance) des modes de penser et d'interpréter le monde (idéologies, superstructures) par les manières des sociétés de produire et de se reproduire (mode de production, infrastructures). L'attitude positiviste théorisée par COMTE remonte à la conception de SAINT-SIMON, qui rompt en particulier avec les conceptions métaphysiques et juridiques de la société.

POSITIVISME ET STRUCTURALISME GÉNÉTIQUE : LA STATISTIQUE COMME CRITÈRE DE SCIENTIFICITÉ. Le fondement empirique de la vision positiviste est dans la statistique, dans la mise en œuvre et en relation de mesures quantitatives. L'approche quantitative n'apparaît pas seulement comme garant de rigueur et de scientificité d'une démarche empirique mais aussi comme système opératoire de validation d'hypothèses de dépendances ou d'interrelations entre des variables. Le schème positiviste implique que la tâche du sociologue est de découvrir des « lois » derrière le voile des apparences, des discours et de la « gangue » des représentations, des sentiments, des idéologies. Dans cette conception, les individus sont considérés comme n'étant pas immédiatement conscients de cette emprise sociale. Mais surtout ils ne constituent que la base d'unités comptabilisables et agrégeables. Ils ne sont en aucun cas considérés du point de vue de leur réalité d'acteurs, ou de ce qui les agit. Les avantages de cette démarche sécrètent ses inconvénients. La démarche conduit à un certain désintérêt pour le sujet. La scène est vide de ses acteurs et surtout, les dimensions temporelles étant gommées, elle est a-chronique. Mais c'est une démarche qui vaut pour la spécification de l'objet, pour en dégager les structures indépendamment des effets que les acteurs peuvent susciter par leurs actes sur ces mêmes structures.

La posture du « structuralisme génétique » (ANSART), qui résume cette conception positiviste, a été servie par la mise en œuvre d'une « chaîne de production » devenue quasi canonique dans le cadre d'une organisation de la recherche conçue pour elle (laboratoires, division du travail entre chercheurs, techniciens, administratifs, contrats en réponse à des appels d'offre spécifiant les moyens techniques et matériels et la temporalité généralement très courte des opérations).

LE PÔLE PHÉNOMÉNOLOGIQUE. La réaction contre ce schème théorique emprunte aux courants américains, en particulier ceux inspirés de l'ethnométhodologie et de l'interactionnisme, mais aussi de la sociologie compréhensive wébérienne. Le paradigme de l'interactionnisme postule un type de détermination des situations sociales du côté des sujets. L'acteur individuel devient dès lors une unité d'analyse. Les sujets sont considérés comme des acteurs susceptibles de choix, d'initiatives, de stratégies. La mise en relief des caractères cognitifs, des compétences et des performances des acteurs, de leurs savoirs, de leurs attentes, de la gestion qu'ils opèrent de leur rôle permet d'éclairer les phénomènes de l'intérieur, du point de vue des acteurs qui les vivent. « *La démarche compréhensive s'appuie sur la conviction que les hommes ne sont pas de simples porteurs de structures, mais des producteurs actifs du social, donc des dépositaires d'un savoir important qu'il s'agit de saisir de l'intérieur par le biais des systèmes de valeurs des individus* » (KAUFMANN).

L'ethnométhodologie. L'ethnométhodologie, très largement dérivée de méthodes initialisées en anthropologie, privilégie des formes d'observation, de mise en situation ou d'implication sur un terrain et des types de questionnement renvoyant aux discours d'interlocuteurs centrés sur leur propre perception de leur situation et au sens qu'ils donnent à leurs actes. La méthode consiste à mettre au jour les procédures par lesquelles les acteurs analysent, inventent, réalisent leurs interactions, définissent leur situation et engendrent leurs activités communes. Cette posture va trouver son fondement méthodologique dans les techniques de recueil de données de type qualitatif. L'accent est porté sur l'approfondissement de l'information auprès du sujet, en privilégiant sa parole et le sens qu'il donne à sa parole, ses actes et la rationalisation de ses actes, en décryptant aussi les interactions qui s'expriment éventuellement dans les événements analysés. À l'inverse de la posture positiviste, cette démarche exige la plupart du temps de la part du chercheur de s'engluer dans l'objet étudié, voire d'être en communion avec le terrain, « *de patauger dans la boue puis d'aller essuyer ses chaussures dans les salons bourgeois* » (HOGGART).

Limites de la démarche compréhensive. Cette démarche de type compréhensif, utilisée comme seul instrument d'investigation, soulève les questions de la généralisation des observations et de leur interprétation. Une autre limite théorique possible de ce type d'approche tient aux usages mêmes de cette méthodologie de la description qualitative. D'une part, il y a un caractère infini de ce qui peut être décrit, qui risque de repousser indéfiniment les interprétations. À l'inverse, on a pu assister à un saut trop rapide à l'interprétation, sans respect d'un protocole de recherche rigoureux, en généralisant à partir d'exemples ni nécessairement idéaux-typiques ni statistiquement représentatifs. Cependant, les voies actuelles de la sociologie sont celles d'un intérêt croissant pour ce type d'observation anthropologique, avec un développement de l'offre dans cette direction de travail.

APPROCHE STRUCTURALISTE ET APPROCHE PHÉNOMÉNOLOGIQUE : UNE ALLIANCE NÉCESSAIRE. Les deux pôles évoqués ci-dessus sont des extrêmes entre lesquels se situent les sociologies. La recherche empirique dominante allie l'approche structuraliste à l'approche phénoménologique. Les deux modes d'approche sont compatibles, ils doivent permettre de fournir des éclairages complémentaires sur un même objet. Les seuls critères validant le choix des options d'investigation, donc l'articulation des techniques, sont ceux de la « productivité » (apport en termes d'accroissement de capital de connaissances), de capacité à valider des hypothèses de relations entre variables (ce terme de « variable » ne se restreignant pas à une « mesure quantitative »), de compréhension intime des phénomènes, de fiabilité des généralisations possibles.

PROTOCOLE D'UNE ENQUÊTE EMPIRIQUE. La production sociologique basée sur l'enquête empirique suit un protocole logique strict, même si l'ordre des opérations peut être bousculé ou faire l'objet d'allers et retours, en fonction d'aléas théoriques ou empiriques apparaissant au cours de l'aventure de la recherche elle-même. Très généralement, l'investigation sociologique de ce type est en relation avec une demande sociale. Celle-ci peut être inspirée par une demande politique, saisie par des événements sociaux perçus, ou vécus, comme ingérables, imprévisibles ou inquiétants par rapport à une conception politique de l'équilibre social. La démarche commence donc par la construction d'une problématique en relation avec les questions placées souvent à la « Une » des quotidiens, considérées comme symptomatiques de l'« air » du temps.

1 *La première phase, celle de construction de l'objet,* comporte deux étapes.

1 La première, qu'on nomme généralement rupture, est centrée sur le positionnement théorique. Il s'agit de se dégager du sens commun, des « prénotions », de clarifier les concepts, d'en élaborer éventuellement des définitions provisoires en balayant les travaux proches existants, en repérant les champs théoriques sous-jacents, en situant les courants et les débats.

2 La deuxième, qu'on considère comme l'étape de construction proprement dite d'une problématique, précise le questionnement à la base de la recherche, en proposant des hypothèses et un modèle d'analyse. Celui-ci précise les relations entre les concepts, c'est-à-dire généralement entre les variables qui les « mesurent ».

Un concept n'est pas directement mesurable. Il faut alors pouvoir en mesurer des signes de leur expression dans la réalité (indicateurs). Un concept se décompose généralement en plusieurs dimensions qui ne sont pas directement mesurables non plus. Chaque dimension sera « identifiée » par des éléments directement observables de la réalité. Le lien entre les indicateurs et le concept qu'ils sont censés exprimer est encore de l'ordre de l'hypothèse. Ainsi, le concept de classe sociale ne peut se mesurer directement. On peut, en théorie, concevoir qu'il peut être repéré selon plusieurs dimensions, par exemple par la possession de différents capitaux (social, culturel, économique...). Ces dimensions elles-mêmes ne pourront être saisies que par des données repérables, voire quantifiables. Ce sont les indicateurs qui semblent le mieux exprimer ces différentes notions : ainsi de nombreuses études classiques retiennent une batterie d'indicateurs comme le niveau de revenu, l'appartenance à une catégorie socioprofessionnelle, le niveau de diplômes, les pratiques culturelles, etc. Dans cet exemple, comme dans toute recherche, il conviendra de s'interroger sur la pertinence des indicateurs retenus, c'est-à-dire sur le lien significatif qu'il y a entre les indicateurs et la « variable » ou concept « mesuré ». Cette recherche d'indicateurs est un moment central du travail puisqu'elle va permettre de passer des hypothèses à des propositions empiriquement vérifiables. C'est à cette étape que va donc se poser la question des données qu'il sera nécessaire de collecter.

2 *La deuxième phase, celle du constat empirique,* concerne l'univers des données et de leur traitement. On peut la décomposer en plusieurs étapes : la première étape consiste à choisir un terrain d'études (l'entreprise, l'école, un quartier, une catégorie de population, etc.), et la population qui fera l'objet de l'observation (nombre de personnes, type d'échantillon) ; la deuxième étape consiste dans le choix des techniques de collecte de données, techniques fondées sur la production verbale ou non verbale d'informations. Ces techniques, plus ou moins standardisées, sont celles qui se fondent sur l'entretien et l'observation. D'une part, de l'entretien non directif au questionnaire fermé propre généralement à la technique des sondages peuvent être construits toutes espèces d'outils (récits de vie, entretiens semi-directifs, questionnaires...). D'autre part, entre l'observation à distance et l'immersion complète dans la population étudiée peuvent s'élaborer des instruments de recherche qui se caractérisent par la plus ou moins grande implication de l'observateur dans son objet d'étude. Un dernier type d'outils de collecte de données, plus rarement utilisé, consiste en jeux ou tests.

3 *La troisième étape sera celle de la formalisation des données recueillies.* Elle passe nécessairement par un travail d'analyse de contenu. Celui-ci va consister à la fois à classer l'information, soit dans le but de construire des catégories qui pourront faire l'objet de codage et de préparation à un travail d'analyse quantitative, soit dans un but d'interprétation directe, donc d'analyse qualitative. L'analyse quantitative fera l'objet de l'analyse des données permettant la « démonstration » statistique de la validité des hypothèses.

4 *La dernière étape sera celle de l'exposé et de l'interprétation des résultats.* Elle inclut la comparaison des résultats conjecturés avec ceux qui sont obtenus. La recherche de la signification des écarts constitue une mise à l'épreuve critique de la problématique. L'examen de la fiabilité des résultats et de leur pertinence sera le test fondamental du rapport de la théorie à l'empirie.

Selon la problématique construite, l'enquête empirique peut suivre soit une stratégie hypothético-déductive, soit une stratégie inductive. Ceci ne modifie pas la logique générale de la démarche, d'autant que la méthode inductive qui part des données pour rechercher des régularités qu'il s'agira d'interpréter par rapport à un appareil théorique peut s'inscrire à différentes étapes de la recherche.

France AUBERT

bibliographie

ALTHABE Gérard, *et alii* (dir.), *Vers une ethnologie du présent*, Éd. de la Maison des Sciences de l'Homme, 1992.

ANSART Pierre, *Les Sociologies contemporaines*, Seuil, 1990.

BERTAUX Daniel, *Les Récits de vie*, « 128 », Nathan, 1997.

BLANCHET Alain, GOTMAN Anne, *L'Enquête et ses méthodes : l'entretien*, « 128 », Nathan, 1992.

BOURDIEU Pierre, *La Misère du monde*, Seuil, 1993.

BOURDIEU Pierre, PASSERON Jean-Claude, CHAMBOREDON Jean-Claude, *Le Métier de sociologue* (1983), Mouton, 1996.

CHAMPAGNE Patrick, LENOIR Rémi, MERLLIÉ Dominique, PINTO Louis, *Initiation à la pratique sociologique*, Dunod, 1990.

COMBESSIÉ Jean-Claude, *La Méthodologie en sociologie*, La Découverte, 1996.

DURKHEIM Émile, *Règles de la méthode sociologique* (1895), Flammarion, 1988.

GRAFMEYER Yves, JOSEPH Isaac, *L'École de Chicago*, « Champ urbain », Aubier, 1984.

KAUFMANN Jean-Claude, *L'Entretien compréhensif*, Nathan, 1996.

LAZARSFELD Paul, « Des concepts aux indices empiriques », in *Le Vocabulaire des sciences sociales*, Mouton, 1965.

LECLERC Gérard, *L'Observation de l'homme. Une histoire des enquêtes sociales*, Seuil, 1979.

MATALON Benjamin, GHIGLIONE Rodolphe, *Les Enquêtes sociologiques*, « Théorie et Pratique », Armand Colin, 1976.

PENEFF Jean, *La Méthode biographique*, Armand Colin, 1990.

SCHWARTZ Olivier, *Le Monde privé des ouvriers*, PUF, 1990.

SCHWARTZ Olivier, « L'Empirisme irréductible », postface à l'édition française de ANDERSON Nels, *Le Hobo*, Nathan, 1993, pp. 265 à 308.

SINGLY François de, *L'Enquête et ses méthodes : le questionnaire*, « 128 », Nathan, 1992.

ENQUÊTE DÉMOGRAPHIQUE

all. DEMOGRAPHISCHE UNTERSUCHUNG	esp. ENCUESTA DEMOGRÁFICA
angl. DEMOGRAPHIC SURVEY	ital. INDAGINE DEMOGRAFICA

voir : ANALYSE LONGITUDINALE, CYCLE DE VIE, DÉMOGRAPHIE, RECENSEMENT

Une enquête démographique a pour but de fournir des données sur un (ou des) sujet(s) démographique spécifique, à partir d'un questionnaire appliqué à un échantillon de la population.

On recourt à l'*enquête* soit parce que ni le recensement, ni l'état civil (ou l'association des deux systèmes) ne suffisent pour explorer des sujets spéciaux, soit parce que ces deux modes de collecte ne fonctionnent pas régulièrement. Ainsi les pays industrialisés ont été conduits à mener des enquêtes par sondage pour mieux connaître les caractéristiques de la population active, de la famille, les phénomènes de mortalité différentielle, les comportements sexuels, l'état de l'opinion publique sur des sujets comme le divorce, la contraception, l'avortement, les migrations. Pour appréhender scientifiquement la question des différences sociales face à la mort, l'INSEE a été conduit à constituer par deux fois, lors de recensements, un échantillon représentatif de personnes adultes, personnes qui ont fait l'objet d'un *suivi longitudinal* grâce à l'état civil. On a pu alors calculer un certain nombre d'indicateurs de mortalité *(taux, quotients, espérance de vie)* par catégorie socioprofessionnelle et saisir les tendances sur une période de vingt ans.

Dans les pays moins développés, les enquêtes pallient les insuffisances de l'état civil : ce sont des sujets comme la fécondité, la mortalité, les conditions sanitaires que l'on souhaite éclairer grâce à elles. À la suite de quelques expériences limitées, des institutions scientifiques soutenues par le FNUAP (Fonds des Nations Unies pour les activités en matière de Population) ont lancé successivement trois séries d'enquêtes sur la fécondité, la santé et les familles. Ces enquêtes sont menées selon un même principe, celui de l'*enquête rétrospective* à un seul passage. Il s'agit là d'une méthode tout à fait différente de celle exposée ci-dessus. On interroge en effet une fraction de la population sur des caractéristiques présentes et surtout sur des événements vécus antérieurement. Comme la fécondité préoccupait alors avant tout les scientifiques, on a interrogé dans chaque pays un échantillon de femmes âgées de 15 à 50 ans en leur demandant de reconstituer l'historique de leur vie matrimoniale et de leur vie féconde. Les données recueillies dépendent donc étroitement de la *mémoire* des individus.

Ces enquêtes ont fait progresser la connaissance de la situation de la fécondité dans le monde en précisant les niveaux, les tendances depuis la Seconde Guerre, le rôle de variables intermédiaires comme l'allaitement, l'abstinence, le décès prématuré des enfants ; mais elles ont également permis une meilleure connaissance des formes des unions conjugales, de leur durée, des ruptures d'union et de la santé des familles : recours aux vaccinations, thérapies familiales, connaissance et pratiques de la contraception, etc.

L'intérêt de ces enquêtes réside dans la durée relativement courte et dans le coût peu élevé de ces opérations. Leurs limites sont liées au mode d'obtention des données : la formation des enquêteurs joue un grand rôle dans l'exactitude des données recueillies. D'autres enquêtes, dites *à passages répétés*, ont été conduites, mais avec des résultats parfois difficiles à interpréter du fait des *sorties d'observation*. Dans les pays développés, la pratique des enquêtes par voie postale ou par téléphone est devenue fréquente. Cependant, quel qu'en soit l'intérêt, les démographes s'accordent à penser que les enquêtes démographiques ne doivent pas conduire les pays à renoncer à faire progresser leur système d'état civil, seule méthode sûre et régulière d'observation du mouvement de la population.

En somme, sans constituer la panacée, les enquêtes ont heureusement complété les autres sources de la démographie, ce qui a eu aussi pour résultat de rapprocher les pratiques des démographes de celles des sociologues.

Catherine ROLLET

bibliographie

Clins d'œil de démographes à l'Afrique et à Michel François, CEPED, 1995.

SPIRA Alfred, BAJOS Nathalie, *Les Comportements sexuels en France*, La Documentation française, 1993.

ENTENTE

voir : COMPRÉHENSION

Dans son *Essai sur quelques catégories de la sociologie compréhensive* (1913), WEBER développe une analyse de l'*entente* et en fait l'une des catégories de l'activité communautaire. « *Nous entendons par entente* (Einverständnis) *le fait qu'une activité qui s'oriente d'après les expectations que suscite le comportement d'autrui possède une chance " valant " empiriquement de voir ses expectations se réaliser, pour la raison qu'il existe objectivement une probabilité selon laquelle les autres considéreront pratiquement eux aussi ces expectations comme significativement " valables " pour leur propre comportement, malgré l'absence de tout accord préalable* » (1992, p. 341). L'échange monétaire en est un exemple clair : tout échange de monnaie implique une relation significative avec l'activité future d'une multitude indéterminée d'individus qui possèdent de l'argent et sont prêts à en échanger. C'est cette entente implicite, cet « accord préalable », qui rend possible et indéfiniment renouvelé l'échange des valeurs monétaires.

Pierre ANSART

bibliographie

WEBER Max, « Essai sur quelques catégories de la sociologie compréhensive », in *Essais sur la théorie de la science* (1922), « Pocket », Plon, 1992.

ENTREPRENEUR

composé (v. 1140) de *entre* et *prendre*

all. UNTERNEHMER angl. MANAGER, ENTREPRENEUR (« brasseur d'affaires »)	esp. EMPRESARIO ital. IMPRENDITORE

voir : ARTISANAT, ÉCONOMIE, ENTREPRISE, MANAGEMENT

Personne qui dirige une entreprise.

VÉRIN (1982) retrace l'évolution du sens du mot depuis le XIIIe siècle. Il évoque toujours une combinaison de force et de ruse, de prise de risque et de calcul.

Au-delà de celui qui entreprend une démarche ou de celui qui réalise un travail sur contrat (l'entrepreneur de construction, de peinture, de transport...), l'*entrepreneur* est celui qui développe une entreprise. Dans cette optique, « *la capacité cruciale de l'entrepreneur, c'est d'être le premier à percevoir, dans les interstices du système de production actuel, les situations potentielles où existent des occasions d'offrir aux autres la possibilité de réaliser ce à quoi ils aspirent dans des conditions d'échange supérieures à celles dont ils avaient jusqu'à présent connaissance* » (KIRZNER).

Concrètement, l'amalgame est souvent fait entre entrepreneur et manager, chef d'entreprise, capitaliste, travailleur indépendant, voire artisan. Certains réservent ce terme aux créateurs d'entreprise ; d'autres l'appliquent aussi aux repreneurs. GILDER se limite à des gens qui s'obstinent à développer une offre nouvelle. MINGUET étudie les chefs d'entreprise comme constituant un patronat. ZARKA se focalise sur les artisans, inclassables en théorie marxiste parce qu'ils sont trop pauvres pour être capitalistes et trop libres pour être prolétaires.

En fait, l'entrepreneur remplit une fonction spécifique dans l'économie. Ce rôle est identifié par l'économie politique française (CANTILLON, SAY) et par l'école autrichienne (SCHUMPETER, MISES, KIRZNER). Qu'il s'agisse « *d'acheter à un prix certain et de revendre à un prix incertain* » (Cantillon) ou d'innover par une « destruction créatrice » (Schumpeter), cela revient à constituer un réseau coordonné d'acteurs dans un contexte incertain et donc risqué. C'est ce qui ressort de la définition de Kirzner ou de la synthèse de CASSON.

Cette fonction ne se confond donc ni avec celle de manager, ni avec celle de chef d'entreprise, ni avec celle de propriétaire. Mises donne l'exemple de celui qui se lancerait dans l'agriculture sans posséder aucune ferme ni travailler lui-même la terre ou diriger des équipes, mais qui mettrait en relation compétences agricoles, engrais, machines, terres et capitaux. Certains prétendent qu'il en va de la fonction entrepreneuriale (oser de nouvelles mises en relation) comme de la fonction commerciale (avoir le souci des clients) : le mieux est qu'elles soient portées par le plus grand nombre dans une entreprise.

Jean-Michel MORIN

bibliographie

CANTILLON Richard, *Essai sur la nature du commerce en général* (1755), rééd. INED, 1952.

CASSON Mark, *L'Entrepreneur* (1982), Economica, 1991.

GILDER George, *L'Esprit d'entreprise*, Fayard, 1985.

KIRZNER Izrael, *Competition and Entrepreneurship*, Chicago, The University of Chicago Press, 1973.

MINGUET Guy, *Chefs d'entreprise dans l'Ouest*, « Sociologies d'aujourd'hui », PUF, 1993.

MISES Ludwig von, *L'Action humaine. Traité d'économie* (1949), PUF, 1985.

SAY Jean-Baptiste, *Traité d'économie politique* (1803), et *Cours complet d'économie politique pratique* (2e éd., 1840), Flammarion, 1996.

SCHUMPETER Joseph, *Théorie de l'évolution économique, recherches sur le profit, le crédit, l'intérêt et le cycle de conjoncture* (1911), Dalloz, 1935, chap. II, pp. 81 à 137.

VÉRIN Hélène, *Entrepreneurs, entreprises, histoire d'une idée*, PUF, 1982.

ZARKA Bernard, *L'Artisanat français. Du métier traditionnel au groupe social*, Economica, 1986.

ENTREPRISE

dès le XIIe s., le mot apparaît avec ses deux composantes *entre* et *prendre*. Il évoque ainsi une « prise » d'initiative qui s'interpose « entre » plusieurs partenaires

all. UNTERNEHMEN angl. ENTERPRISE	esp. EMPRESA ital. IMPRESA, INTRAPRESA

voir : ENTREPRENEUR, MANAGEMENT, ORGANISATION

Entité ou organisation autonome de production de biens ou de services à finalité marchande.

Le sens actuel est double. Il désigne soit une tentative de faire quelque chose (projet, dessein, aventure...), soit une organisation de prestataire de services ou de biens à caractère marchand. Dans cette deuxième acception, l'*entreprise* est un réseau où des entrepreneurs proposent des produits à des clients, en réalisant cette offre par recours à des travailleurs, en mettant en œuvre des moyens financés d'abord par des propriétaires, ceci dans des conditions où chacun tire avantage des efforts qu'il consent. Concrètement, l'entreprise se caractérise par la vente de produits (ce qui ne suppose pas toujours de les fabriquer). Elle se démarque ainsi de l'administration, qui ne vend rien et se finance par prélèvements obligatoires. L'entreprise se distingue aussi des particuliers qui ont des activités économiques pour leur propre usage sans rien échanger. Le cas de celui qui cuisine ou bricole à la maison est simple. La frontière n'est pas toujours aussi aisée à tracer, au point que la comptabilité nationale classe les « entreprises individuelles » (EI) dans le secteur des... « ménages ». Ce type d'entreprise n'ayant pas de statut juridique spécifique, on ne peut distinguer le cas où un véhicule sert à livrer les clients de celui où il permet de se promener en famille.

Pour appréhender ce qu'est l'entreprise, quelques précisions empiriques et théoriques sont utiles avant d'en cerner les acteurs et le système.

1 DONNÉES EMPIRIQUES ET PRÉJUGÉS. On pense souvent à l'entreprise comme si elle était toujours : grande, industrielle, éternelle, fermée. L'étude de données empiriques conduit à corriger ces représentations communes. Il y a deux millions de très petites entreprises (moins de 9 salariés) pour quelques centaines de grandes entreprises (plus de 1 000 salariés) en France.

Le secteur des services pèse depuis longtemps plus lourd que celui de l'industrie.

Une entreprise créée sur deux ne dépasse pas l'âge de 5 ans. Il y a des dizaines de milliers de cessations d'activité par an. L'entreprise n'est pas fermée sur elle-même. Comme le rappelle avec force PERROUX, ce qui est visé n'est pas la satisfaction des membres internes, mais l'ouverture vers des clients solvables dans des conditions rentables.

2 VIDE THÉORIQUE ET RECHERCHES. Chez les juristes, il n'y a pas un droit de l'entreprise : les catégories de celui-ci sont éclatées entre droits civil, commercial, social, fiscal et droit des sociétés.

Chez les économistes, l'entreprise est la grande oubliée des théories classiques, marxistes ou keynésiennes. Un rattrapage récent se fait jour. Avec les analyses de COASE, ALCHIAN et DEMSETZ, JENSEN, MECKLING et WILLIAMSON, les théories des droits de propriété, de l'information, de l'agence ou des coûts de transaction commencent à donner corps à cette entité, placée entre l'individu et les forces du marché. Chez les sociologues, l'observation de l'entreprise a longtemps été écartelée entre l'étude du travail et l'analyse des organisations. Or, il y a d'autres lieux de travail que l'entreprise et d'autres formes d'organisation que celles de l'entreprise. Avec SAINSAULIEU, SEGRESTIN, ALTER..., une école reconnaît la spécificité de l'entreprise en France. Mais c'est surtout pour faire ressortir son éventuelle fonction d'institution sociale.

3 DES ACTEURS FONDAMENTAUX. Outre l'entrepreneur, trois catégories d'acteurs fondamentaux peuvent être distinguées en première analyse dans l'entreprise : le client, le travailleur, le propriétaire. Le client veut un produit satisfaisant, d'un bon rapport qualité-prix. Le travailleur cherche à obtenir une rémunération équitable de ses efforts. Le propriétaire espère rentabiliser ses capitaux investis. L'entreprise représente un moyen de coordonner les actions au sein de cette triade. Il est en effet possible de réunir tous ces objectifs pour les poursuivre de concert. En même temps, des tensions peuvent survenir à tout instant car chaque catégorie continue à privilégier son propre objectif. Les stratégies de ces acteurs fondamentaux, complétées par celles des concurrents, fournisseurs, pouvoirs publics..., permettent d'analyser l'entreprise comme un système particulier.

4 UN SYSTÈME PARTICULIER. Un système complexe résulte des stratégies d'acteurs. D'abord, il est plus rapide d'y modifier des procédures de gestion ou des modes de production que de voir évoluer les mentalités ou la « culture d'entreprise » ; ce qui prend plusieurs années d'intervention d'après les descriptions de JAQUES. Ensuite, le « projet d'entreprise » n'est pas toujours premier. Contrairement à ce que l'intuition laisse penser, la stratégie globale ne détermine pas toujours la structure d'entreprise. CHANDLER montre que souvent la structure conditionne la stratégie de l'entreprise : visions et ambitions émergent alors des organigrammes et procédures. ANASTASSOPOULOS et ses collègues en déduisent qu'il y a enchevêtrement entre stratégie, structure, culture et décisions dans l'entreprise.

Enfin, le plus important n'est pas ce qui se passe « dans » l'entreprise mais bien ce qui se passe « autour », dans cet environnement qui conditionne son fonctionnement et ses performances. La tentation est grande d'élargir l'étude de l'environnement à la société tout entière pour faire de l'entreprise une « affaire de société ». C'est la tentative de l'école conduite par SAINSAULIEU et SEGRESTIN, relayés par BERNOUX et THUDEROZ, voire CORIAT et WEINSTEIN. Ces auteurs veulent présenter l'entreprise comme une institution qui aurait une fonction citoyenne (comme la famille, l'Église ou l'État). On peut plutôt penser, avec LANDIER, qu'après le culte de l'« État-Providence » des années 70 et celui de l'« entreprise-Providence » des années 80 le réenchantement de l'entreprise est déjà passé. Reste une entreprise qui servira toujours à rémunérer des travailleurs, des propriétaires, des fournisseurs et les pouvoirs publics, à condition de satisfaire des clients.

Jean-Michel MORIN

bibliographie

ALTER Norbert, *Sociologie de l'entreprise et de l'innovation*, « 1er cycle », PUF, 1996.

ANASTASSOPOULOS Jean-Pierre *et alii*, *Pour une nouvelle politique d'entreprise. Contingence et liberté*, PUF, 1985.

BERNOUX Philippe, *La Sociologie des entreprises*, « Points », Seuil, 1995.

CHANDLER Alfred, *Stratégies et structures de l'entreprise* (1962), Éd. d'Organisation, 1972, rééd. « Les classiques E. O. », 1989.

COASE Ronald, « La Nature de la firme » (1937), in *Revue française d'économie*, Fayard, hiver 1987, vol. II, 1, pp. 133 à 157.

CORIAT Benjamin, WEINSTEIN Olivier, *Les Nouvelles Théories de l'entreprise*, « Références », Le Livre de Poche, 1995.

JAQUES Elliot, *Intervention et changement dans l'entreprise* (1951), Dunod, 1972.

JENSEN Michael, MECKLING William, « Theory of the Firm : Managerial Behavior, Agency Cost and Ownership Structure », in *Journal of Financial Economics*, 3 oct. 1976, pp. 305 à 360.

LANDIER Hubert, *Dessine-moi une vie active*, Village mondial, 1995.

PERROUX François, « L'Entreprise », in *Le Capitalisme*, « Que sais-je ? », PUF, 1948, pp. 16 à 33.

SAINSAULIEU Renaud, *Sociologie de l'organisation et de l'entreprise*, Presses de la FNSP et Dalloz, 1987.

SEGRESTIN Denis, *Sociologie de l'entreprise*, « U », Armand Colin, 1992.

THUDEROZ Christian, *Sociologie des entreprises*, « Repères », La Découverte, 1997.

WILLIAMSON Olivier E., *Les Institutions de l'économie*, Inter-Éditions, 1995.

ENTRETIEN

composé (1481) de *entre* et *tenir* « échange de parole »

all. GESPRÄCH	esp. ENTREVISTA
angl. INTERVIEW	ital. INTERVISTA

voir : ANALYSE DE CONTENU, CONVERSATION, INTERACTION, MÉTHODES

Situation de communication orale plus ou moins directive entre interlocuteurs poursuivant un objectif de connaissance.

Au sein des méthodes d'enquête, l'*entretien* s'oppose au questionnaire. Celui-ci fournit au sociologue, grâce aux lois de la statistique, des résultats souvent exacts. Mais qui interroge apparaît facilement comme un inquisiteur. Dès qu'il s'agit de recherches qualitatives fines s'impose l'entretien, c'est-à-dire l'échange, la conversation, moment essentiel de la méthode anthropologique ou ethnologique. Comme le mot l'indique, l'entretien suppose réciprocité entre les interlocuteurs, voire implique déférence de celui qui en prend l'initiative. Au lieu de peser, il doit apporter réconfort et plaisir dans un climat de confiance et d'amitié (qu'on songe à l'anglais *entertainment*). Ce qui suppose une longue durée incomprise de nos questionneurs pressés. On ne peut certes se passer de poser des questions telles que le « ça va ? » de politesse, mais il importe de s'en tenir d'abord à ces thèmes neutres. Pour aller plus loin, on pourra prendre exemple sur MOULIN (p. 14, notes 4 & 5) et ses questions « lénifiantes », destinées à tirer des collectionneurs des indications sur le prix payé pour leurs tableaux. Dans la plupart des communautés, taire les « secrets de famille » reste de rigueur vis-à-vis de l'étranger.

L'informateur le moins réticent est souvent un marginal, qui a vécu ailleurs ou autrement, avec qui un dialogue « authentique » semble s'établir. Or, il arrive qu'il se trouve justement en conflit avec sa communauté et tente d'attirer l'enquêteur dans son camp. Mais à travers le propos conventionnel comme à travers le propos « orienté », on parvient à saisir le présent sans en avoir l'air à condition de laisser courir les associations libres et de ne pas transformer l'entretien en interrogatoire. Cependant, même l'entretien le plus directif peut rendre service, car ce sont les quiproquos, les dérapages qui produisent du sens et incitent à chercher la cohérence sur un autre plan, engendrant un « malentendu productif ». Il devient ainsi intéressant de poser des questions pour lesquelles la réponse est déjà connue : la façon de répondre ou de ne pas répondre est en soi instructive.

Dans *La Route des morts* (p. 28), GUIDIERI relate comment, chez les Fataléka des îles Salomon, le vieux Ngéréa a cru à tort qu'il lui demandait de jouer de la flûte. En se cachant, il se met à chanter et à siffler dans une bouteille. Plus tard, l'anthropologue comprend qu'il a chanté des chants réservés aux femmes et interdits aux étrangers : il a commis une double transgression culturelle, comme preuve qu'il faisait tout son possible pour admettre Guidiéri dans le groupe. Autre malentendu productif : Guidiéri (p. 401) demande comment on obtient une pierre polie. On lui répond par un mythe sans rapport apparent. C'est signifier qu'aucune explication n'est concevable sans référence à ce phénomène humain qu'est le mythe. Les malentendus peuvent conduire à des impasses provisoires. C'est l'histoire des échecs initiaux de FAVRET-SAADA (cf. article MAGIE).

Autre impasse du dialogue, celle rapportée par SPERBER (pp. 81 à 83). Un vieil ami à lui, Filaté, un Dorzé de l'Éthiopie méridionale, lui confie une nouvelle qui est en même temps un secret : « Tu sais qu'il y a des dragons au sud. On a enfin vu le dragon au cœur doré qu'on cherchait depuis si longtemps. Partons donc le chasser ensemble ! – Excuse-moi, répond Sperber, mais... je n'ai pas de fusil... » L'anthropologue réfléchit ensuite sur son impossibilité d'avouer à Filaté son incrédulité. L'altérité était si grande qu'il a préféré l'esquiver...

On voit à travers ces exemples comment se relativise et se remet en question l'ethnologie. Le dernier cas paraît constituer un butoir. Pourtant il ne fait que manifester l'ambiguïté centrale, constitutive de l'entreprise qui consiste à saisir l'autre en tant qu'autre. L'une des meilleures méthodes pour obtenir des réponses aussi libres que possible au fil d'un entretien ouvert est la méthode biographique, celle qui consiste à demander aux gens de bien vouloir raconter leur vie. La richesse des résultats sera fonction du champ de confiance établi.

Or, la vraie confiance réciproque amène l'enquêteur non seulement à raconter, mais même à insérer logiquement en retour sa propre vie dans l'espace d'intimité que lui ouvrent ses hôtes.

L'ethnologue peut basculer dans le monde de l'autre, y devenir prêtre ou fidèle, chef ou esclave, s'y marier, y faire des affaires, abandonner pour une vie tout à fait autre la recherche du savoir moderne. Le cas n'est pas rare d'Occidentaux qui s'orientalisent (souvent dans quelque *ashram*) ou qui s'africanisent : ainsi l'artiste autrichienne Susanne Wenger, devenue prêtresse de la déesse yoruba Oshun à Oshogbo en Nigeria, ou VERGER, consacré à Bahia *babalawo*, grand-prêtre et devin dans un culte afro-brésilien ; ce qui ne l'a pas empêché de rendre compte de ses expériences en termes rationalistes pour le CNRS et d'autres instances scientifiques occidentales. La réciprocité devient ainsi totale.

Philippe LABURTHE-TOLRA

bibliographie

BLANCHET Alain, GOTMAN Anne, *L'Enquête et ses méthodes : l'entretien*, Nathan, 1992.

CHESI Gert, *Susanne Wenger. Ein Leben mit den Göttern*, Perlinger, Wörgl, 1980.

COPANS Jean et JAMIN Jean (sous la dir. de), *Aux origines de l'anthropologie française*, Le Sycomore, 1978.

FAVRET-SAADA Jeanne, *Les Mots, la mort, les sorts. La sorcellerie dans le bocage*, Gallimard, 1977.

GEERTZ Clifford, *Ici et Là-bas. L'anthropologue comme auteur* (1988), Métailié, 1996.

GÉRANDO Joseph Marie de, « Considérations sur les méthodes à suivre dans l'observation des peuples sauvages » (1799), in Remo GUIDIERI, *La Route des morts*, Seuil, 1981.

GOODY Jack, *L'Homme, l'écriture et la mort. Entretiens avec P. E. Dauzat*, Les Belles Lettres, 1996.

LABURTHE-TOLRA Philippe, *Critiques de la raison ethnologique*, PUF, 1997.

MOULIN Raymonde, *Le Marché de la peinture en France*, Éd. de Minuit, 1967.

SPERBER Dan, *Le Savoir des anthropologues*, Hermann, 1982, pp. 81 à 83.

VERGER Pierre, *Dieux d'Afrique* (1960), Métailié, 1983.

ENTROPIE

du grec *entropê* « action de rentrer en soi-même », terme proposé par le physicien allemand Clausius en 1850

all. ENTROPIE	esp. ENTROPIA
angl. ENTROPY	ital. ENTROPIA

voir : SYSTÉMISME

Cette notion d'entropie, en thermodynamique, indique que dans un système isolé une partie de l'énergie initialement disponible se dissipe irrévocablement sous forme de chaleur inutilisable et donc que tout système isolé évolue dans le temps vers le désordre. Après qu'a été démontrée l'extension de l'entropie tant dans l'énergie que dans la matière, la loi de l'entropie, qu'on peut désigner comme mesure du degré de désordre dans un ensemble fermé, s'est étendue à d'autres disciplines, telles que la biologie, l'économie, la sociologie.

Pourtant, tant en biologie qu'en sociologie, l'idée d'évolution est plutôt associée à une croissance de l'organisation, à la complexisation de ses structures. Si la biologie a réussi à comprendre cette apparente contradiction sans renoncer aux lois de l'*entropie*, il n'en va pas de même dans le domaine des sciences humaines où la notion ouvre à une réflexion sur la relation entre ordre et désordre dans une société donnée. En sociologie de l'information, les travaux de SHANNON (1948) ont repris la notion d'entropie pour montrer comment l'information est une entropie négative (négentropie), puisqu'elle est une activité en opposition avec le désordre spontané de l'univers des signes. Enfin, il n'est pas interdit de voir dans la dualité pulsion de vie et pulsion de mort chez FREUD une transposition du conflit entre dynamisme organisationnel et entropie.

André AKOUN

bibliographie

ATLAN Henri, *L'Organisation biologique et la théorie de l'information*, Hermann, 1992.

BALANDIER Georges, *Le Désordre*, Fayard, 1988.

FORSÉ Michel, *L'Ordre improbable : entropie et processus sociaux*, PUF, 1989.

WIENER Norbert, *Cybernétique et société* (1954), « 10/18 », UGE, 1962.

ENVIRONNEMENT ⇒ ÉCOLOGIE

*
* *

ÉPISTÉMOLOGIE

terme introduit en France (1901) dans une traduction de Russel ; du grec *epistêmê* « science » et *logos* « discours »

all. EPISTEMOLOGIE, WISSENSCHAFTSLEHRE	esp. EPISTEMOLOGÍA
angl. EPISTEMOLOGY	ital. EPISTEMOLOGIA

voir : PARADIGME, POSITIVISME, SOCIOLOGIE, THÉORIE

Théorie critique et analytique de la science.

L'*épistémologie* s'est détachée de la philosophie de la connaissance pour constituer au XXᵉ siècle une discipline partiellement autonome. Elle est associée à la philosophie (théorie de la connaissance) et à l'histoire des sciences ainsi qu'à la logique.

SPÉCIFICATIONS. Selon le point de vue qu'elle adopte, l'épistémologie admet diverses spécifications : on distinguera une *épistémologie générale*, s'attachant aux traits communs des diverses sciences (valeur, origine logique et portée), d'*épistémologies régionales*, attentives à la spécificité de disciplines (et plus particulièrement de leur méthode) ou d'ensembles disciplinaires ; des *épistémologies internes*, produites par autoréflexion au sein des champs scientifiques, et une *épistémologie externe*, constituée en discipline autonome ; une *épistémologie normative*, visant à tracer une ligne de partage claire entre science et non-science, et une *épistémologie analytique* (ou descriptive), cherchant à saisir les procédures de construction de la connaissance scientifique. Dans un sens large, mais critiqué, le terme désigne l'étude des processus psychiques de connaissance.

L'épistémologie contemporaine a privilégié, à travers le positivisme logique, une épistémologie externe, générale, où les procédures d'analyse étaient mises explicitement au service d'une intention normative, démarcatrice (opérer une distinction claire entre science et non-science) et réductrice (ramener la diversité des sciences à un langage protocolaire commun). Les apories rencontrées par ce courant dans la réalisation de son programme (la crise des fondements des mathématiques et de la physique, avec la théorie relativiste et la mécanique quantique), le développement simultané d'une histoire et d'une philosophie des sciences attentives au développement concret des disciplines ont entraîné un renversement de perspective, illustré par le succès des ouvrages de KUHN et de FEYERABEND. Si cette nouvelle tendance, associée à une approche sociologique radicale *(le programme fort)* prétendant faire descendre la science de son piédestal et la ramener au statut d'activité ordinaire, a des vertus démythifiantes, elle n'évite ni les dérapages idéologiques ni l'aporie relativiste.

SCIENCES SOCIALES ET ÉPISTÉMOLOGIE. Les sciences sociales et plus particulièrement la sociologie entretiennent des rapports difficiles avec l'épistémologie. Se réclamant, à leur fondation, d'un modèle de scientificité élaboré par les sciences de la nature et thématisé par l'épistémologie générale, elles appréhendent très vite leur écart par rapport à ce modèle. Cet écart, marqué notamment par les limites de la mathématisation des phénomènes sociaux, suscite deux évaluations contradictoires : soit une dévalorisation de la sociologie, considérée au mieux comme une discipline préscientifique, dépourvue de tout intérêt pour l'épistémologie générale, soit la revendication d'une spécificité épistémique, incarnée dès le début du siècle dans l'opposition entre *sciences de la nature* et *sciences de l'esprit*, et développée par la philosophie allemande. Cette opposition marque, tout au long de l'histoire de la sociologie, l'horizon d'une réflexion épistémologique essentiellement interne et polémique, se nourrissant d'un débat permanent entre trois figures dominantes : celle d'une soumission du savoir sociologique à l'exigence critique de la réflexion philosophique (École de Francfort) ; celle de son inscription dans le formalisme strict du rationalisme expérimental (DURKHEIM, LAZARSFELD) ou dans la rigueur renouvelée du rationalisme appliqué (BOURDIEU), celle enfin d'une articulation irréductible entre exigence du sens et contrôle des faits (tradition compréhensive de WEBER, SIMMEL, SCHÜTZ).

De façon plus contemporaine, le pluralisme épistémologique, manifesté par la coexistence au sein de la sociologie de divers programmes et paradigmes, favorise deux tendances : l'une, relativiste, se nourrit d'un certain radicalisme politique, notamment dans les pays anglo-saxons, et noue des affinités multiples avec les nouvelles études sur la science ; l'autre, rationaliste, prend des formes diverses : refondation critique des sciences sociales (HABERMAS), renouvellement d'une épistémologie interne de type analytique, centrée sur la spécificité du raisonnement sociologique (PASSERON) ou le fondement logico-cognitif du pluralisme sociologique (BERTHELOT) ; approfondissement et explicitation, au sein de courants sociologiques déterminés, d'une logique d'analyse propre, comme celle de l'individualisme méthodologique (BOUDON, COOLEMAN) ou de l'ethnométhodologie.

Jean-Michel BERTHELOT

bibliographie

ADORNO Theodor W., POPPER Karl, *De Vienne à Francfort. La Querelle allemande des sciences sociales*, Complexe, Bruxelles, 1977.

BERTHELOT Jean-Michel, *L'Intelligence du social*, PUF, 1990.

BOUDON Raymond, *La Logique du social : introduction à l'analyse sociologique*, Hachette, 1983.

BOURDIEU Pierre, CHAMBOREDON Jean-Claude, PASSERON Jean-Claude, *Le Métier de sociologue*, La Haye, Mouton, 1966.

DURKHEIM Émile, *Règles de la méthode sociologique* (1895), Flammarion, 1988.

HABERMAS Jürgen, *Logique des sciences sociales et autres essais*, PUF, 1987.

PASSERON Jean-Claude, *Le Raisonnement sociologique*, Fayard, 1991.

SCHÜTZ Alfred, *Le Chercheur et le quotidien*, Méridiens-Klincksieck, 1987.

WEBER Max, *Essais sur la théorie de la science*, Plon, 1965.

ÉPREUVE

voir : COMPRÉHENSION

Parmi les nombreuses significations de ce mot dans le langage courant (éprouver un malaise, une émotion...), la sociologie retient son sens compétitif. Explicites dans le domaine des sports (pour désigner des compétitions) et dans le domaine scolaire (concours et examens), les *épreuves* sont des procédures permettant de juger une personne ou un groupe, de les classer ou de leur conférer un diplôme, une distinction. Une signification plus étendue peut être analysée dans la vie quotidienne, où un sujet peut ressentir comme une épreuve telle relation interpersonnelle où des configurations sociales mettent à l'épreuve des acteurs dans des relations de rivalité, dont les enjeux peuvent être la reconnaissance de soi et d'autrui, l'estime de soi et celle d'autrui.

Pierre ANSART

ÉQUILIBRE ET DÉSÉQUILIBRE

voir : SYSTÉMISME

Les notions d'*équilibre* et de *déséquilibre* prennent sens dans une théorie systémique et cybernétique du social. Ainsi, PARSONS fait de l'équilibre un concept significatif de l'analyse en termes de système et, des oscillations entre équilibre et déséquilibre, un processus repérable. Les déséquilibres se produisent au sein du système et n'affectent le plus souvent que les unités ou les sous-systèmes du système. Le déséquilibre entraîne une tension et, après cette perturbation, un nouvel équilibre se substitue à l'équilibre antérieur sans modifier le système global. Parsons distingue en ce sens « changement d'équilibre » et « changement de structure » : les changements de structure, le plus souvent dus à des facteurs exogènes, entraînent des changements en profondeur du système alors que les retours à l'équilibre n'affectent que les relations entre les sous-systèmes.

Pierre ANSART

bibliographie

PARSONS Talcott, *The Social System*, Glencoe, Free Press, 1951.

ROCHER Guy, *Talcott Parsons et la sociologie américaine*, PUF, 1972.

ÉQUIVALENT FONCTIONNEL

voir : DYSFONCTION, FONCTIONNALISME, PARADIGME, THÉORIE

Par *équivalent* ou *substitut fonctionnel* ou encore par *alternative fonctionnelle*, MERTON désigne tout élément standardisé susceptible de satisfaire, dans une situation donnée, une exigence fonctionnelle déterminée. Il rejette en effet ce qu'il appelle « le postulat de nécessité », consistant à considérer, à la manière de MALINOWSKI, certaines formes sociales ou culturelles comme indispensables. Il faut se garder de voir dans telle ou telle institution la seule réponse adaptée à un ensemble bien circonscrit de contraintes structurelles. Merton recommande au contraire au chercheur, dans son paradigme de l'analyse fonctionnelle (point 7), de prendre en considération la gamme des équivalents propres à servir, dans un contexte spécifique, une fonction définie. Cette recommandation est d'autant plus cruciale qu'elle s'accorde avec le « théorème majeur de l'analyse fonctionnelle » en sa seconde proposition : *« De même qu'un seul élément peut avoir plusieurs fonctions, de même une seule fonction peut être remplie par des éléments interchangeables. »* La validité de ce type d'analyse n'est assurée que si les équivalents fonctionnels ont fait l'objet de l'attention requise.

François CHAZEL

bibliographie

MERTON Robert K., *Éléments de théorie et de méthode sociologique*, trad. Henri MENDRAS (1965), Brionne, Monfort, 1983.

ÉROS

voir : DÉSIR, LIBIDO, PSYCHANALYSE, SEXUALITÉ

Chez les Grecs, Éros, fils de la déesse Aphrodite, est le dieu de l'amour. Son nom est devenu le terme par lequel on désigne le désir au sens général.

Dans ***Le Banquet***, PLATON en fait le fils de *Penia* (pauvreté) et de *Poros* (expédient) et soutient une continuité (et non une rupture) entre désir sensuel et élan spirituel vers l'être. La tradition chrétienne reprend le terme de *Éros* au sens de désir amoureux, possessif, et l'oppose à *Agapê*, charité chrétienne et amour oblatif véritable. Mais c'est le sens que donne la psychanalyse freudienne à Éros, et à son opposé Thanatos, qui intéresse les sciences de l'homme. C'est seulement dans sa seconde théorie des pulsions que FREUD introduit ce couple conflictuel. Auparavant il avait distingué entre pulsions du moi (d'autoconservation) et pulsions sexuelles et voyait dans cette distinction la preuve que la psychanalyse n'était pas un pansexualisme. Mais à ce dualisme de ses débuts, il substituera très vite un monisme centré sur Éros et la libido. Les pulsions du moi sont tout aussi libidinales que les pulsions sexuelles, et elles ne sont que l'investissement de la libido non sur des objets mais sur le moi (théorie du narcissisme).

ÉROS ET THANATOS. À partir de l'étude de la compulsion de répétition (retour perpétuel du même), Freud introduit dans ***Au-delà du principe de plaisir*** cette pulsion de mort qui, nous dit-il, tend à faire retrouver l'état inanimé antérieur à la vie, comme si la vie psychique était hantée par le *« principe de Nirvanâ »*. Cette notion de pulsion de mort est sous-jacente à son analyse du ***Malaise dans la civilisation***. Elle a été rejetée par certains psychanalystes ou conservée comme la conséquence de la répression dans les sociétés de classe et non plus comme une force originaire. Ainsi en est-il de MARCUSE, dans la lignée des travaux de REICH. Il n'est pas certain que cet affadissement du tranchant freudien soit d'un apport enrichissant. Quoi qu'il en soit, Éros et son opposé Thanatos sont des notions que le sociologue ne peut méconnaître. Elles lui rappellent que l'espace social est toujours *aussi* un espace d'investissements, où les significations qui le constituent impliquent une économie de la libido.

André AKOUN

bibliographie

ENRIQUEZ Eugène, *De la horde à l'État*, Gallimard, 1983.

FREUD Sigmund, *Essais de psychanalyse*, Payot, 1965.

FREUD Sigmund, *Malaise dans la civilisation*, PUF, 1970.

GREEN André, *Narcissisme de vie, narcissisme de mort*, Éd. de Minuit, 1984.

MARCUSE Herbert, *Éros et civilisation*, Éd. de Minuit, 1963.

*
* *

ESCHATOLOGIE

du grec *eskhatos* « qui se trouve à l'extrémité, dernier », et *logos* « discours »

voir : UTOPIE

Doctrine religieuse ou idéologique concernant la fin, le but idéal de l'humanité, et dans laquelle ce thème est significatif de l'ensemble de la doctrine.

Ainsi, le marxisme, en faisant du prolétariat le sauveur de l'humanité et du communisme la fin de l'Histoire, comporte, peut-on dire, une dimension eschatologique.

Pierre ANSART

ESPACE

du latin *spatium* « étendue, espace, espace de temps »

all. RAUM	esp. ESPACIO
angl. SPACE	ital. SPAZIO

voir : CHAMP SOCIAL, NATION, PHILOSOPHIE, TEMPS

Milieu, caractérisé par l'extériorité de ses parties, structurant et structuré par les actions sociales.

À partir des cosmogonies, la philosophie et les sciences, notamment les mathématiques, ont défini l'*espace* contre les représentations communes ou, pour mieux dire, dans un rapport dialectique avec le sens commun. Considéré tour à tour comme contenant ou contenu, limité ou indéfini, invisible ou se confondant avec la réalité physique — élargie à l'« étendue des airs » ou au cosmos —, assimilé au *« milieu où ont lieu les phénomènes observés »* (DESCARTES), mais inconnaissable (SPINOZA) ou indiscernable (LEIBNITZ), *« forme a priori de la sensibilité »* (KANT) ou abstraction à partir des données de l'expérience, l'espace est demeuré une notion fondamentalement problématique.

Si les philosophes du début du siècle s'accordèrent pour y voir *« une production ou une construction de l'esprit »* (LALANDE), il s'en fallait de beaucoup pour que soit reconnu le caractère social de cette construction. Pourtant, du point de vue de la sociologie, l'espace n'est jamais qu'espace social. Il l'est, pour ainsi dire, dans sa matérialité, car du territoire à l'univers, il se trouve toujours socialement marqué, divisé, disputé ou négocié, ignoré ou exploré, aménagé ou préservé, etc., mais aussi toujours socialement perçu, représenté, vécu et conçu ; c'est le cas de la notion courante autant que du concept scientifique ou philosophique. DURKHEIM et MAUSS l'ont montré : *« Les premières catégories logiques ont été des catégories sociales »* (***Année sociologique***, 1901-1902), et, en particulier, *« c'est l'espace occupé par la société qui a fourni la matière de la catégorie d'espace »*. De multiples descriptions ethnologiques et sociologiques n'ont cessé de rendre manifeste, à travers la variété des formes de relations et de représentations, l'invariance du caractère social de l'espace, tant l'espace pensé que l'espace objectif et transformé. Mais la spatialisation des rapports sociaux a pour conséquence que toute action sur l'espace a des incidences sur l'organisation sociale (cf. le cas des villages Bororo analysé par LÉVI-STRAUSS dans ***Tristes Tropiques***). C'est pourquoi la question des rapports entre l'espace et la société est aussi celle du pouvoir (étatique notamment) et des rapports de domination, que l'analyse privilégie la contrainte globale, la cohésion sociale ou bien les contradictions et les oppositions.

Rappeler que l'espace est une construction sociale, ce n'est pas oublier, par sociologisme anthropocentrique, que l'humanité est récente sur la Terre et qu'elle compte pour peu à l'échelle de l'univers ; c'est expliquer la dynamique sociale (affrontements et négociations) d'appropriation de l'espace, de définition de ses usages et de sa perception — c'est donc aussi reformuler sociologiquement les interrogations écologiques sur l'aménagement de l'espace —, mais c'est surtout se donner le moyen de comprendre comment « *l'espace des positions sociales* » (BOURDIEU) donne forme à l'espace matériel et symbolique, en portant le regard sur les agents sociaux de cette traduction et sur leur action.

Philippe FRITSCH

bibliographie

BOURDIEU Pierre, *La Distinction*, Éd. de Minuit, 1979.

BOURDIEU Pierre, *Méditations pascaliennes*, Seuil, 1997, pp. 157 et 158, 161 à 163.

DURKHEIM Émile, MAUSS Marcel, « De quelques formes primitives de classification », in *Année sociologique*, VI, 1901-1902, pp. 1 à 72.

DURKHEIM Émile, *Les Formes élémentaires de la vie religieuse* (1912), PUF, 1968.

LEFÈBVRE Henri, *La Production de l'espace*, Anthropos, 1974.

MONTLIBERT Christian de, *L'Impossible Autonomie de l'architecte*, PU Strasbourg, 1995.

ESPÉRANCE DE VIE

du latin *sperare* « considérer quelque chose comme devant se réaliser » et *vita* « vie, existence »

all. LEBENSERWARTUNG	esp. ESPERANZA DE VIDA
angl. LIFE EXPECTANCY	ital. SPERANZA DI VITA

voir : ÂGE, CYCLE DE VIE, TABLE DÉMOGRAPHIQUE, VIEILLISSEMENT

Évaluation du nombre d'années restant à vivre à partir d'un âge pris comme référence.

L'*espérance de vie*, ou *vie moyenne*, est une notion centrale en démographie et elle constitue l'un des critères essentiels de l'état de santé d'un pays. C'est le nombre d'années que peut espérer vivre en moyenne un individu dans un contexte et à une époque donnés. L'indicateur le plus fréquemment utilisé est celui de l'espérance de vie *à la naissance*, mais il peut être utile de calculer l'espérance de vie à d'autres âges, à 20 ans, 60 ans, 80 ans, etc. Dans les années 90, l'espérance de vie à la naissance en France est de 74 ans pour les hommes et de près de 82 ans pour les femmes (1996). Ces indices sont calculés non pour un individu isolé, mais pour une *cohorte*, *cohorte réelle* ou *fictive*. Les calculs sont exclusivement menés à partir des données des *tables de mortalité* et nécessitent donc des opérations relativement longues.

Historiquement, l'espérance de vie a considérablement augmenté depuis le XVIIIe siècle, passant de moins de 30 ans à plus 75 ans (moyenne pour l'Europe et pour les deux sexes). C'est même un des aspects majeurs de la *transition démographique*. Mais les progrès n'ont pas touché de la même façon les différents âges de la vie. C'est la baisse de la mortalité dans l'enfance et la jeunesse qui explique la poussée de l'espérance de vie à la naissance dès le XIXe siècle, provoquant, pendant un temps, le *rajeunissement* de la population. Jusqu'à la Seconde Guerre mondiale, l'espérance de vie aux âges élevés, disons 60 ans, n'a guère augmenté ; elle n'a véritablement décollé qu'avec l'usage des antibiotiques après 1945. Depuis, les années supplémentaires sont dues au succès de la lutte contre la mortalité aux grands âges, ce qui contribue au *vieillissement* de la population.

Dans le monde contemporain, l'espérance de vie est un résumé significatif du niveau sanitaire des différents États et, plus généralement, un indicateur de développement. En 1997, on évaluait l'espérance de vie aux niveaux suivants : 71-79 ans pour l'Europe sans la Russie (le premier nombre concerne les femmes, le second les hommes), 71-76 ans pour l'Océanie, 68-74 ans pour l'Amérique, 64-67 ans pour l'Asie, 52-55 ans pour l'Afrique et 58-72 ans pour la Russie. Les derniers chiffres reflètent la dégradation sanitaire et socio-économique en Russie depuis le début des années 90.

Indicateur commode pour résumer l'état de santé d'un pays ou d'une époque, l'espérance de vie, qui est une moyenne, masque les disparités qui peuvent exister à l'intérieur d'un pays. Elle recouvre des expériences très différentes selon les régions, les classes sociales, les sexes. Si la différence hommes-femmes est bien établie, à défaut d'être parfaitement expliquée — en France, les femmes peuvent espérer vivre huit ans de plus que les hommes —, d'autres différences sont moins connues. À 35 ans, d'après l'INSEE, un manœuvre a une espérance de vie inférieure de huit ans à celle d'un cadre supérieur, 35,8 ans pour les premiers, 44 ans pour les seconds. Les différences sociales, loin de s'atténuer, paraissent persister lorsque l'on compare les périodes 1960-1969 et 1980-1989.

Pour mieux rendre compte des progrès à venir et des efforts à fournir, on calcule aujourd'hui pour chaque sexe l'*espérance de vie sans incapacité*, c'est-à-dire le nombre moyen d'années à vivre en bonne santé. Celle-ci est mieux répartie entre les sexes et elle paraît progresser légèrement plus vite que l'espérance de vie totale. On peut donc envisager d'augmenter la quantité d'années vécues tout en améliorant la qualité de celles-ci, c'est-à-dire d'« *ajouter des années à la vie et de la vie aux années* », selon l'expression de SAUVY : défi majeur de notre fin du XXe siècle et du siècle prochain.

Catherine ROLLET

bibliographie

DESPLANQUES Guy, *Cycle de vie et milieu social*, INSEE, 1987.

DUPAQUIER Jacques et Michel, *Histoire de la démographie*, Perrin, 1985.

Haut Comité de la Santé publique, *La Santé en France*, La Documentation française, 1994.

PRESSAT Roland, *L'Analyse démographique*, PUF, 1973.

ROLLET Catherine, *Introduction à la démographie*, Nathan, 1995.

SAUVY Alfred, *Les Limites de la vie humaine*, Hachette, 1961.

« Tous les pays du monde », in *Population et sociétés*, n° 304, août 1995.

ESSENCE ⇒ PHÉNOMÉNOLOGIE

ESTHÉTIQUE ⇒ ART

ESTIMATION STATISTIQUE

du latin *aestimare* « évaluer le prix d'une chose »

all. STATISTISCHE SCHÄTZUNG	esp. ESTIMACIÓN ESTADÍSTICA
angl. STATISTICAL ESTIMATION	ital. STIMA STATISTICA

voir : INFÉRENCE, RISQUE D'ERREUR

Estimer une grandeur dans une population consiste à calculer une valeur approchée de cette grandeur à partir des données* $\{x_i;\ i = 1...n\}$, issues d'un échantillon* tiré au hasard dans cette même population.*

Par exemple :

$$\bar{x} = \frac{1}{n}\sum_{i=1}^{n} x_i \text{ est une estimation}$$

$$\text{de la moyenne } \mu = \frac{1}{n}\sum_{i=1}^{N} x_i \text{ dans la population}$$

$$s^2 = \frac{1}{n-1}\sum_{i=1}^{n} (x_i - \bar{x})^2 \text{ est une estimation}$$

$$\text{de la variance } \sigma^2 = \frac{1}{N}\sum_{i=1}^{N} (x_i - \mu)^2$$

Félicité des NÉTUMIÈRES

bibliographie

WONNACOTT Thomas et WONNACOTT Ronald, *Statistique*, Economica, 1995.

SOCIOLOGIE DE L'ÉTAT

emprunt du latin classique *status* « action de se tenir, position, situation » ; terme utilisé depuis la fin du XIVe s. (v. 1500) pour désigner un groupement humain soumis à une même autorité, puis (1549) l'autorité souveraine qui s'exerce sur l'ensemble d'un peuple et d'un territoire

all. STAAT	esp. ESTADO
angl. STATE	ital. STATO

voir : DOMINATION, NATION, POUVOIR

Spécialisation sociologique ayant pour objet l'État et, particulièrement, l'étude de ses relations avec la société globale.

De PLATON à HEGEL, s'est développée une *philosophie de l'État* qui a mêlé les jugements de réalité sur la nature et les fonctions de l'État et les jugements de valeur sur la meilleure forme de gouvernement. De TOCQUEVILLE à WEBER, à KELSEN et à ARON, la sociologie de l'État peut se définir comme une spécialisation de la sociologie ayant l'État pour objet et, surtout, comme une tentative d'élucider les rapports existant entre l'État et la société globale.

L'actuelle sociologie de l'État a eu des précurseurs. Dans sa *Politique*, Aristote est surtout un philosophe, mais dans la *Constitution d'Athènes*, il annonce le parti pris d'objectivité de la sociologie de l'État. Au XIVe siècle, IBN KHALDOUN étudie les relations entre le pouvoir d'État et le pouvoir des tribus berbères dans un esprit présociologique. Dans ses *Discours sur la première décade de Tite-Live* (1513-1515), MACHIAVEL tire de l'Histoire romaine des enseignements relatifs au fonctionnement du pouvoir d'État se voulant objectifs, et HOBBES, dans *Le Léviathan* (1651), désacralise l'État en le comparant à un monstre de la Bible et en justifiant son utilité sociale. Enfin, dans *L'Esprit des lois* (1748), MONTESQUIEU n'est pas seulement un juriste et un philosophe. En montrant les rapports qui existent entre la royauté et le sentiment nobiliaire de l'honneur, entre la république et la vertu des citoyens, enfin entre le despotisme et la crainte partagée par tous, il procède à une véritable analyse sociologique avant la lettre.

Tocqueville. Dans *De la démocratie en Amérique* (1835), TOCQUEVILLE montre la relation qu'il a observée sur le terrain entre une société « *sans états* », ce qui veut dire sans les trois ordres (clergé, noblesse, tiers état), et le régime politique des États-Unis ; il fait voir aussi le rôle des églises protestantes et des associations communautaires dans l'établissement et le fonctionnement du régime américain. Dans *L'Ancien Régime et la Révolution* (1856), il montre que le centralisme déjà présent dans la monarchie française, surtout depuis François Ier, a été conservé et aggravé par la Révolution, surtout sous la Terreur (1793-1794), et par l'Empire napoléonien. À travers les deux ouvrages précités, il apparaît comme le fondateur de la sociologie de l'État à l'intérieur d'une conception globale plus vaste, que l'on peut appeler *science politique* ou *sociologie politique*.

Weber. WEBER apporte une contribution importante à cette discipline en distinguant, dans *Économie et société*, trois types de la domination politique : le type *traditionnel* fondé sur le sacré, le type *rationnel* « reposant sur la croyance en la légalité des règlements et du droit », enfin, le type *charismatique* résultant de l'action d'une personnalité exceptionnelle, type dont on a dit qu'il constituait une « prévision » des dictatures du XXe siècle.

Kelsen. KELSEN qui fut, en 1918, l'auteur de la constitution de la République autrichienne, a ouvert la sociologie de l'État sur une nouvelle problématique, en refusant de considérer l'État comme la source du droit ou comme une réalité soumise au droit car, pour lui, l'État et le droit sont identiques. On ne peut véritablement parler d'État que lorsque le pouvoir global n'est plus personnalisé et se confond avec le droit qu'une société s'est donné. Cela signifie que l'État idéal est la démocratie, qui ne doit pas être confondue avec les régimes qui se disent démocratiques et qui ne le sont qu'imparfaitement. On trouve actuellement l'influence de Kelsen dans les conceptions de l'*État de droit*.

Arendt et Aron. Citons enfin ARENDT et ARON qui, chacun à sa manière, ont exposé une théorie sociologique de l'État totalitaire. Aujourd'hui, la plupart des

États subissent un processus d'affaiblissement et parfois de décomposition qui rend d'autant plus utile le développement de la *sociologie de l'État*.

Pierre FOUGEYROLLAS

bibliographie

ARENDT Hannah, *Le Système totalitaire* (1951), Seuil, 1972.

ARON Raymond, *Démocratie et totalitarisme*, Gallimard, 1965.

ENGELS Friedrich, *L'Origine de la famille, de la propriété privée et de l'État* (1884), Éditions sociales, 1972.

HOBBES Thomas, *Le Léviathan* (1651), Sirey, 1971.

KELSEN Hans, *La Démocratie, sa nature, sa valeur*, Dalloz, 1932.

MACHIAVEL Nicolas, *Discours sur la première décade de Tite-Live* (1513-1515), in *Œuvres complètes*, « La Pléiade », Gallimard, 1955.

TOCQUEVILLE Alexis de, *De la démocratie en Amérique* (1835), « 10/18 », UGE, 1963.

TOCQUEVILLE Alexis de, *L'Ancien Régime et la Révolution* (1856), « Idées », Gallimard, 1962.

ÉTHIQUE

du bas latin *ethica* « morale », issu du grec *ethikon* « habituel », de *ethos* « coutume, usage »

all. ETHIK	esp. ÉTICA
angl. ETHICS	ital. ÈTICA

voir : MŒURS, MORALE, VALEURS

L'éthique *est la science de la morale. Cette science s'oriente soit du côté de ses fondements, soit du côté de l'étude de l'ensemble de principes moraux qui régissent les conduites humaines.*

La première orientation visera l'analyse des principes qui vont ordonner le choix moral, donc des référents théoriques des conduites, la seconde se tournera vers le corpus des valeurs constituant une éthique. De fait, plusieurs sociologies de l'éthique s'appuient spécifiquement ou simultanément sur l'une ou l'autre de ces orientations. On peut les circonscrire entre celle qui traite du statut et du traitement philosophiques du concept, celle qui le traite comme un ensemble construit de valeurs en en faisant une variable d'analyse sociologique (l'éthique comme donné social), et celle qui s'intéresse à sa construction (quelles sont les conditions sociales et historiques de l'élaboration d'un dispositif fixant des limites à l'action sur l'homme ou la personne).

La première orientation dérive de l'approche philosophique. L'***Éthique à Eudème***, l'***Éthique à Nicomaque***, la ***Grande Éthique*** d'ARISTOTE, l'***Éthique*** de SPINOZA et les ***Fondements de la métaphysique des mœurs*** de KANT constituent les grandes sources de ces études des fondements de la morale. Les développements de ces filiations en sociologie n'occupent pas une place institutionnellement forte. La réflexion philosophique en tant que telle croise en effet souvent la question de la production d'éthique (LADRIÈRE, JEUDY, PHARO, FELLOUS...).

La seconde orientation peut se subdiviser. Une première ligne est historiquement illustrée par les travaux de WEBER, chez qui la notion d'éthique renvoie plutôt à celle d'*ethos*. On peut classer dans cette même rubrique les travaux de sociologie religieuse qui s'intéressent à l'essence des croyances en rapport avec des phénomènes sociaux (à l'image de l'*Éthique protestante et l'esprit du capitalisme*) et les travaux portant sur les systèmes de valeur en acte dans les champs sociaux (ex. ethos de classe). La deuxième ligne renvoie à une interrogation très contemporaine. Elle s'intéresse au processus de production de l'éthique. Dans cette perspective, il y a la mise en évidence de la nature sociale de l'objet éthique. Cette réflexion est née des interrogations de la bioéthique, celles-là mêmes qui ont conduit à l'institution des comités d'éthique, en particulier avec « *les pratiques de contrôle génétique liées au diagnostic prénatal fournissant aux sociologues un cas crucial d'adaptation éthique à des pratiques nouvelles, voire d'innovation éthique* » (ISAMBERT).

Les superpositions et les entrecroisements des domaines de la morale, de la déontologie et de l'éthique dans les sciences humaines dénotent un certain flou de frontières conceptuelles.

France AUBERT

bibliographie

ARISTOTE, *Éthique à Nicomaque*, Vrin, 1979.

ARISTOTE, *Éthique à Eudème*, Vrin, 1991.

BRUYER Raymond, *Les Sciences de l'homme et les droits de l'homme*, Bruxelles, Pierre Mardaga, 1984.

DIENER Edward, CRANDALL R., *Ethics in Social and Behavioral Research*, Chicago, The University of Chicago Press, 1978.

FELDMAN J., FILLOUX J. -C., LECUYER B. P., SELZ M., VICENTE M., *Éthique, épistémologie et sciences de l'homme*, « Logiques sociales », L'Harmattan, 1996.

GOSSELIN Gabriel, *Une éthique des sciences sociales, la limite et l'urgence*, L'Harmattan, 1992.

ISAMBERT François-André, « Éthique et génétique », in *Revue française de sociologie*, 1980, n° 3, pp. 331 à 354.

ISAMBERT François-André, *De la religion à l'éthique*, Éd. du Cerf, 1992.

JEUDY Henri-Pierre, *Éloge de l'arbitraire*, PUF, 1993.

KANT Immanuel, *Fondements de la métaphysique des mœurs*, Le Livre de Poche, 1993.

KANT Immanuel, *Leçons d'éthique*, Le Livre de Poche, 1997.

LADRIÈRE Paul, GRUSON Claude, *Éthique et gouvernabilité*, 1992.

Sociologie de l'éthique, numéro spécial *Année sociologique*, vol. 30, 1979-1980.

SPINOZA Baruch, *Éthique*, Gallimard, 1993.

WEBER Max, *L'Éthique protestante et l'esprit du capitalisme* (1920), Plon, 1964.

ETHNIE ET ETHNICITÉ

dérivé savant (1896) du grec *ethnos* « race, peuple, nation, tribu »

all. ETHNIE	esp. ETNIA
angl. ETHNOS	ital. ETNIA

voir : ANTHROPOLOGIE, ETHNOLINGUISTIQUE, ETHNOLOGIE

Ethnie : *ensemble formé par des individus que rapprochent un certain nombre de caractères de civilisation (langue, culture).*
Ethnicité : *1. caractère de ce qui est ethnique.*
2. sentiment de former un peuple.

PEUPLE ET ETHNIE. Compte tenu de la vogue qu'a connu l'ethnologie, et à supposer que l'*ethnie* et l'*ethnicité* en constituent l'objet, on serait porté à croire que ces deux notions ont reçu depuis longtemps une définition claire. Ce n'est pourtant pas le cas : en mettant la « culture » au centre de leurs intérêts et en considérant implicitement que là où celle-ci cesse de se manifester se situe forcément la limite de l'ethnie, les ethnologues d'expression française se sont habitués à faire de l'ethnie un mot équivalent de « peuple », en tant qu'instance chargée de donner corps à la culture et d'assurer sa perpétuation.

ETHNIE ET TRIBU. Par ailleurs, livré aux dérives du langage courant, le mot « ethnie » est devenu vaguement synonyme de « tribu », entité archaïque et turbulente censée avoir donné naissance au « tribalisme », tare politique couramment assignée à l'Afrique décolonisée. Cette acception péjorative devait entraîner la réaction de nombreux anthropologues issus de l'enseignement de BALANDIER, lesquels ont développé la thèse que les « ethnies » d'Afrique ne sont nullement des survivances anachroniques d'essences ancestrales, mais représentent au contraire le résultat de la projection, à l'époque coloniale, d'une image de la *nation* propre aux Européens, sur des formations politiques et sociales résultant de l'histoire africaine, dont le sens échappait aux nouveaux arrivants.

À la longue, le jeu des opportunismes et des accommodements finit cependant par donner corps à cette fiction selon laquelle à chaque « territoire » doit forcément correspondre un « peuple » ou une « ethnie » avec sa langue, sa culture et ses institutions. Postérieurement à la décolonisation, cette idéologie devait servir de motif à des querelles byzantines, d'autant plus insolubles qu'à l'*ethnie*, entité idéologique et non instituée, nul ne peut assigner de bornes incontestables. De fait, selon qu'on adopte le point de vue des uns ou des autres, on en comptera toujours un nombre différent au sein de tel ou tel *ethnosystème*. Celui-ci est l'ensemble des formations sociales en situation d'interaction, au sein duquel les *endo-* et les *exo-identifications* dessinent des délimitations plus ou moins larges, les premières tendent à se subdiviser sans fin sur des critères autovalorisants, tandis que les secondes pratiquent, vis-à-vis de l'extérieur, des regroupements globalisants sur des motifs généralement péjoratifs.

Barth : les frontières ethniques. S'attachant à redéfinir l'ethnie par rapport à l'histoire, les africanistes français furent amenés à se ranger aux vues qu'avait développées le Norvégien BARTH, lequel posait qu'en l'absence de critères décisifs permettant de définir ce que pourraient être, en soi, l'ethnie ou la culture, c'est « la frontière ethnique qui définit le groupe, et non le matériau culturel que celui-ci renferme ». Rejoignant ainsi le point de vue de LEACH, qui estimait que la culture n'est que « l'habit » du groupe social, Barth ajoute qu'il ne s'agit que d'une vêture circonstancielle, puisqu'il s'avère que *« la plus grande partie de la substance culturelle qui, à un moment donné, est associée à une population humaine n'est en rien contrainte par la frontière ethnique : cette substance peut varier, être apprise et changer, sans aucune relation décisive avec le maintien des frontières du groupe ethnique »* (1954).

Par ailleurs, Barth démontre qu'à l'origine les frontières ethniques prennent naissance dans le contrôle que différents segments de population s'assurent sur les ressources propres aux diverses « niches » qui coexistent au sein d'un même territoire, dans la mesure où ces ressources, toutes considérées comme d'intérêt par les différents groupes qui composent le système, concourent à l'équilibre global de celui-ci. Si, après l'effacement des facteurs qui les font naître, les frontières ethniques manifestent l'étonnante persistance qu'on leur connaît, c'est que, de façon comparable au genre ou au rang, l'affiliation ethnique exerce une contrainte sur le sujet, non pas seulement dans des situations sociales déterminées, mais dans la gamme complète de ses interactions. Barth n'en prend pas moins soin de souligner que les frontières ethniques ne sont pas des barrières infranchissables : certains individus peuvent les traverser sans forcément mettre en péril leur pertinence sociale.

LA NOTION SOCIOLOGIQUE D'ETHNICITÉ. Ainsi définie, non pas comme une sorte de *Volkstum* (âme ou personnalité collective découlant du partage d'une culture), mais comme la « perception du fait de former un peuple » *(sense of peoplehood)*, la notion d'ethnicité ne s'applique pas seulement aux peuples exotiques qu'on a dits « primitifs » ; elle sert tout aussi bien à l'analyse sociologique de solidarités et de rivalités que motive le partage de l'ascendance, et qu'on rencontre avec fréquence dans les sociétés modernes qui incluent le résultat de flux migratoires récents.

André Marcel d'ANS

bibliographie

AMSELLE Jean-Loup, M'BOKOLO Elikia (éd.), *Au cœur de l'ethnie. Ethnies, tribalisme et État en Afrique*, La Découverte, 1985.

BARTH Fredrik (sous la dir. de), *Ethnic Groups and Boundaries. The Social Organization of Culture Difference*, Londres, George Allen & Unwin, 1969.

LEACH Edmund, *Les Systèmes politiques des hautes terres de Birmanie* (1954), Maspero, 1972.

POUTIGNAT Philippe, STREIFF-FENART Jocelyne, *Théories de l'ethnicité*, PUF, 1995.

ETHNOCENTRISME

du grec *ethnos* « peuple »

all. ETHNOZENTRISMUS	esp. ETNOCENTRISMO
angl. ETHNOCENTRISM	ital. ETNOCENTRISMO

voir : ANTHROPOLOGIE, ÉPISTÉMOLOGIE, ETHNIE, ETHNOLOGIE ; GÉNOCIDE, VIOLENCE

Tendance à faire de son groupe d'appartenance le seul modèle de référence.

L'*ethnocentrisme* est une attitude de mépris de la différence culturelle. Il consiste à juger les formes morales, religieuses, sociales, d'autres communautés selon les normes de la société à laquelle on appartient, à estimer les différences comme une anomalie, à stigmatiser les coutumes des autres, dépréciées comme sauvages, barbares, primitives, étranges : Italiens appelés *Macaronis* par les Français, Français nommés *Froggies* par les Anglais non consommateurs de grenouilles. Ce comportement relève d'un ostracisme à l'égard de l'étranger à sa propre culture. L'ethnocentrisme peut recouvrir l'orgueil local, l'esprit de corps des employés d'une entreprise, l'intolérance, il est présent dans les conflits internationaux sous des formes d'expression dangereuses pour l'ordre social. Il se développe par le choc des cultures et les identités revendiquées, chez les dominés comme chez les dominants. L'exotisme, en tant que culte du pittoresque, retient les curiosités et les bizarreries des autres, et peut conduire à l'ethnocentrisme. Le racisme se traduit par du rejet et de l'hostilité. Sous sa forme extrême, l'ethnocentrisme conduit à l'élimination d'autres peuples ou d'autres cultures *(génocide, ethnocide)*. Une telle attitude ethnocentrique n'est absente d'aucune civilisation esclavagiste, ni de la civilisation occidentale qui a colonisé d'autres mondes jugés immatures ou attardés. Elle est partout sous-jacente : chez le pseudo-aryen, chez l'Indien, l'Arabe, le Bantou (*Muntu* signifie l'homme) comme chez l'Européen monogame et monothéiste qui brocarde le polygame et le polythéiste. La démarche de l'ethnologue suppose au contraire une attitude de sympathie, de compréhension et d'analyse objective à l'égard de n'importe quelle culture.

Claude RIVIÈRE

bibliographie

JAULIN Robert, *La Paix blanche*, Seuil, 1970.

JAULIN Robert (textes réunis par), *La Décivilisation. Politique et pratique*, Complexe/PUF, 1974.

LÉVI-STRAUSS Claude, *Race et histoire*, UNESCO, 1952.

ETHNOCIDE

composé du grec *ethnos* « peuple » et du suffixe *-cide* (cf. *génocide*)

Destruction de la civilisation d'un groupe ethnique par un autre groupe plus puissant.

L'*ethnocide* est généralement analysé comme une conséquence de l'ethnocentrisme*.

ETHNOGRAPHIE

composé (1819) du grec *ethnos* « groupe, nation ; peuple » et *graphein* « écrire »

all. ETHNOGRAPHIE	esp. ETNOGRAFÍA
angl. ETHNOGRAPHY	ital. ETNOGRAFIA

voir : ANTHROPOLOGIE, ETHNOLOGIE, MONOGRAPHIE

Étude à vocation monographique d'une société ou d'une institution.

Le vocabulaire rendu classique par LÉVI-STRAUSS distingue *ethnographie*, *ethnologie* et *anthropologie* sociale. L'ethnographie correspond à l'enquête de base qui s'attache à décrire soit un objet particulier, soit un ensemble global matériel ou institutionnel au sein d'un groupe humain, pour en constituer une monographie (par exemple, la maison provençale, la divination chez les Azandé).

L'ethnologie rapproche des traits comparables d'un groupe à l'autre, tels les attitudes vis-à-vis de l'oncle maternel ou les dons qui s'échangent à l'occasion des mariages. L'anthropologie sociale s'attache à tirer des lois à partir des deux niveaux de recherche précédents. Par exemple, la coutume générale qui interdit l'inceste entre proches parents permet à Lévi-Strauss de cerner la loi d'échange et de redistribution des femmes qui caractérise la société humaine (cf. article PARENTÉ).

Dans la pratique, les trois niveaux de recherche interfèrent constamment. Une bonne description suppose déjà une bonne formation théorique, et l'énoncé d'une loi réclame le retour continuel aux faits, avec sa confrontation scrupuleuse aux détails et aux exceptions (par exemple, les cas du pharaon et de l'Inca en ce qui concerne l'inceste). C'est un peu comme si l'on voulait opposer dans la maîtrise d'une langue le vocabulaire, la grammaire et la stylistique. L'ethnographie n'a guère de sens si elle ne tend pas à l'ethnologie, et de là à l'anthropologie ; mais elle en constitue la base expérimentale et scientifique. Aussi, avec le retour à l'empirisme qui suit l'échec des entreprises systématiques, voit-on les meilleurs ethnologues anglo-saxons, dès MALINOWSKI et EVANS-PRITCHARD jusqu'à GEERTZ et GOODY, revendiquer leur qualité d'ethnographes, même si la possibilité de la compréhension d'autrui est contestée par certains Américains « postmodernes ».

Philippe LABURTHE-TOLRA

bibliographie

GEERTZ Clifford, *Ici et là-bas. L'anthropologue comme auteur* (1988), Métailié, 1996.

GÉRANDO Joseph-Marie de, « Considérations sur les méthodes à suivre dans l'observation des peuples sauvages » (1799), in Jean COPANS, Jean JAMIN (sous la dir. de), *Aux origines de l'anthropologie française*, Le Sycomore, 1978.

GOODY Jack, *L'Homme, l'écriture et la mort. Entretiens avec P. E. Dauzat*, Les Belles Lettres, 1996.

LÉVI-STRAUSS Claude, *Anthropologie structurale*, Plon, 1958.

ETHNO-HISTOIRE

Par opposition à l'histoire des nations et des relations internationales, recherches historiques centrées sur une ethnie et ses transformations au cours du temps.

ETHNOLINGUISTIQUE

voir : ANTHROPOLOGIE, ETHNOGRAPHIE, ETHNOPSYCHIATRIE

Étude des particularités linguistiques propres à telle ou telle société.

Il est banal de constater qu'entre l'élaboration de la pensée et le langage dans lequel cette pensée s'énonce un rapport ne peut manquer de s'établir. Mais un rapport de quel type, et agissant dans quelle direction : du langage vers la pensée ou, à l'inverse, de la *culture* vers la *langue*, cette dernière n'étant vue que comme un instrument de la première ?

Le relativisme de Humboldt. C'est Wilhelm von HUMBOLDT qui, au début du XIXe siècle, inaugure le débat moderne sur cette question. On redécouvre aujourd'hui l'extraordinaire fécondité de son approche, même si, pendant des décennies, ses points de vue ont été considérés comme obscurs par les tenants d'une ethnolinguistique trop empressée d'envisager la relation de la langue à la culture comme s'établissant d'objet à objet.

De fait, Humboldt se montrait essentiellement intéressé par l'observation des différents moyens que les langues mettent en œuvre pour s'approcher, toutes plus ou moins — et chacune à sa manière propre — d'un idéal d'expression de l'intelligence humaine. Estimant que cette dernière est par nature unique, et considérant que c'est « la substance phonétique » propre aux langues concrètement parlées qui constitue le facteur poussant celles-ci vers la diversité, le linguiste allemand assignait donc à la pensée une position prééminente. Mais ce n'est pas pour autant qu'elle passait à ses yeux pour conformer la langue. Selon Humboldt, c'est plutôt cette dernière qui, en détournant la pensée d'une expression idéalement unique mais illusoire, confère aux pensées nationales (nous dirions aujourd'hui : aux « cultures ») une personnalité distincte, en les limitant toutes par référence aux possibilités, abstraitement conçues, de l'expression humaine. Le relativisme humboldtien n'excluait donc nullement l'universalité de la pensée.

Sapir et Whorf. Lorsqu'un siècle plus tard, les Nord-Américains SAPIR et WHORF renouent avec la réflexion qu'avait inaugurée Humboldt, ils abordent le problème dans un état d'esprit très différent. Entretemps, en effet, sur la base de l'hypothèse qui fait de la langue le simple véhicule de la pensée, la linguistique s'est fortement charpentée en une discipline empirique, dont la rigueur des méthodes, directement calquées sur celles des sciences de la nature, exerce une fascination très grande sur l'univers encore très « littéraire » des sciences de l'homme. Rien d'étonnant par conséquent à ce que, dans ce qu'il est convenu d'appeler « l'hypothèse Sapir-Whorf », on constate que la langue a pris les devants sur la pensée au point de passer cette fois pour la déterminer. Ou, plus exactement, la *prédéterminer* puisque, assignant à la langue un rôle de classificateur et d'organisateur de l'expérience sensible, Sapir et Whorf la font en fait intervenir en amont de la pensée, en agissant sur la perception du monde, et en fournissant les catégories de sa conceptualisation.

C'est en fonction de l'hypothèse Sapir-Whorf que se sont élaborées les études classiques de l'ethnolinguistique, massivement concentrées sur la nomenclature des termes désignant les couleurs, les parties du corps ou les appellations de parenté, de même que les classifications astronomiques, météorologiques, zoologiques ou botaniques... On le voit : il s'agissait essentiellement d'études terminologiques, s'intéressant aux segmentations opérées par la langue sur des réalités qu'un peu naïvement on supposait perçues d'une façon identique, tout être humain étant censé apercevoir les mêmes couleurs, les mêmes étoiles, les mêmes plantes et les mêmes animaux ; énumérer d'une manière comparable les parties de son anatomie, et analyser les « positions parentales » en fonction d'une même combinatoire de ces notions prétendument « simples et universelles » que seraient : père, mère, fils, fille, frère, sœur, mari et femme...

La révolution malinowskienne. Si de telles perspectives d'étude apparaissent aujourd'hui désuètes, c'est qu'entre-temps la conception instrumentale du langage (envisagé, depuis SAUSSURE, comme une simple technique de communication permettant de faire transiter des informations codées d'un cerveau vers un autre) a cédé du terrain devant une autre conception, dont on trouve la première esquisse dans l'œuvre de MALINOWSKI. S'attachant à classer les énoncés d'après leur fonction, celui-ci constate en effet qu'alors que, dans les langues occidentales, les énoncés courants servent effectivement le plus souvent à exprimer de la pensée, dans les langues « primitives », en revanche, ces énoncés servent prioritairement à « réaliser une action ».

Une ethnographie comparée des « actes de parole ». Ce que Malinowski identifie ainsi en tant que « fonction phatique » préfigure ce que son compatriote AUSTIN définira plus tard comme étant le « rôle performatif » des « actes de langage », et donc la « force illocutoire » qui est constitutive de leur efficacité. Toutefois, en prenant ses exemples dans le monde contemporain, AUSTIN montre que le « rôle performatif » des « actes de langage » n'est pas quelque chose de spécifique aux langues des « primitifs ».

Cette modification des priorités invoquées dans la définition du langage (qu'on envisage désormais comme mode d'interaction sociale plutôt que comme moyen de communication de la pensée) implique une révision fondamentale des objectifs de l'ethnolinguistique. Davantage concernée par une ethnographie comparée des actes de parole, celle-ci est amenée à délaisser l'étude des particularités lexico-sémantiques censées déterminer le locuteur dans la conceptualisation du monde environnant.

ETHNOPHASIES ET IDIOMES. Dans le même mouvement, le relativisme culturel, qui imprègne volontiers ces simples juxtapositions de conceptualisations différentes, est en voie de repli devant la constatation que les *ethnophasies* (parlers dont il est fait usage dans les sociétés d'oralité) et les idiomes que la grammatisation a érigés en systèmes explicites sont des objets hétérogènes. De fait, dès lors que les actes de langage portent l'imprégnation d'un métalangage normatif chez le sujet parlant, la pratique de ces *langues institutionnalisées* ne peut que différer radicalement de l'usage qui est fait de la parole dans une société d'oralité.

André Marcel d'ANS

bibliographie

AURROUX Sylvain, *La Révolution technologique de la grammatisation. Introduction à l'histoire des sciences du langage*, Liège, Mardaga, 1994.

AUSTIN John L., *Quand dire, c'est faire* (1962), Seuil, 1970.

GOODY Jack, *La Raison graphique. La domestication de la pensée sauvage*, Éd. de Minuit, 1979.

HALLIDAY Michael A. K., *Spoken and Written Language*, Oxford University Press, 1989.

MALINOWSKI Bronislaw, *Les Jardins de corail*, Maspero, 1974.

MOREAU Marie-Louise (éd.), *Sociolinguistique. Concepts de base*, Liège, Mardaga, 1997.

SAPIR Edward, *Le Langage. Introduction à l'étude de la parole* (1921), Payot, 1953.

TRABANT Jürgen, *Humboldt et le sens du langage*, Liège, Mardaga, 1992.

WHORF Benjamin Lee, *Linguistique et anthropologie* (1956), Denoël-Gonthier, 1969.

*
* *

ETHNOLOGIE

du grec *ethnos* « classe d'êtres d'origine et de conditions communes » et *logos* « discours »

all. ETHNOLOGIE	esp. ETNOLOGÍA
angl. ETHNOLOGY	ital. ETNOLOGIA

voir : ANTHROPOLOGIE, ETHNOGRAPHIE, ETHNOPSYCHIATRIE

Discipline inductive s'attachant à procéder à des extrapolations à partir de l'observation de sociétés de petite taille, habituellement exotiques.

Ethnologie est un terme ambigu, qui ne s'est jamais complètement débarrassé du stigmate d'avoir initialement eu pour signification, à la fin du XVIIIe siècle, l'« étude comparative des races humaines ». Ceci amène maints « ethnologues » à préférer s'appliquer l'appellation d'*anthropologues*, certes moins riche d'évocations aventureuses et exotiques, mais mieux sauvegardée des indésirables connotations que l'histoire compliquée de cette discipline n'a cessé d'associer au nom de l'ethnologie.

Schoolcraft. C'est aux États-Unis que se sont constituées les premières pratiques de l'ethnologie en tant que discipline scientifique. Henry Rowe SCHOOLCRAFT passe pour en être le fondateur. Affecté pour des raisons administratives, de 1819 à 1841, sur la frontière américano-canadienne, chez les Indiens Chippewa, il devient le pionnier de l'enquête de terrain et de l'observation participante. Après son retour sur la côte Est, en même temps qu'il se consacrait à la publication d'une œuvre considérable (descriptive, encyclopédique et même vulgarisatrice) sur l'Indien d'Amérique, Schoolcraft prit une part décisive dans l'institutionnalisation de la discipline en présentant aux régents de la Smithsonian Institution, dès leur première réunion en 1846, son *Plan pour l'investigation de l'ethnologie américaine*. Assignant à l'ethnologie l'étude « des faits et de l'histoire dûment vérifiés », et recommandant qu'on y utilise les méthodes des sciences exactes, Schoolcraft y dessine l'action que conduira, à partir de 1869, le Bureau of American Ethnology.

Morgan et le thème de la parenté. C'est aux États-Unis également, à travers l'œuvre de MORGAN, que prirent naissance les spéculations théoriques qui vont agir d'une façon décisive sur le développement de l'ethnologie, la pourvoyant de son thème de prédilection : la parenté. Procédant au départ à partir de données recueillies chez les Iroquois, ensuite généralisées grâce à une entreprise comparative menée à l'échelle de la planète, Morgan publie, en 1877, une vaste fresque évolutionniste visant, ni plus ni moins, à brosser le parcours de l'humanité « depuis la sauvagerie jusqu'à la civilisation en passant par la barbarie ». Il y affiche la conviction que le progrès général de l'humanité est en corrélation directe avec l'évolution des formes de la parenté, depuis la mêlée sexuelle primitive jusqu'à l'aboutissement que représente le mariage monogame. Articulant l'évolution de la famille avec celle des techniques et des formes d'organisation sociale, l'œuvre de Morgan attira l'attention d'ENGELS, qui s'en inspire explicitement lors de la rédaction de *L'Origine de la famille, de la propriété privée et de l'État*.

L'étude des mythes dans l'Europe du XIXe siècle. Entre-temps, en Europe, la réflexion sur la diversité des civilisations s'accroche encore au vieux thème de la similitude entre les « antiquités anciennes et les antiquités modernes ». Principalement, c'est de la comparaison des mythes que s'alimentent ces supputations sur les possibles convergences entre les civilisations de l'Antiquité et celles des peuples sauvages contemporains. Les mythes s'assurent ainsi une position centrale, aux côtés de la parenté, en tant qu'objets fétiches de l'ethnologie.

Enfin, la convergence qui tant bien que mal finit par s'établir entre ces vieilles problématiques issues de l'époque classique et l'évolutionnisme en provenance de l'œuvre de Morgan a pour effet de nantir l'ethnologie de son sujet par excellence : le « primitif ». Tombé — pour des raisons non précisées — en panne d'évolution, cet énigmatique représentant d'époques révolues concentrera durablement sur lui une fascination mêlée d'attendrissement, voire de vénération, en tant que témoin supposé d'un paradis perdu.

Une ethnologie spéculative : le structuralisme. Le structuralisme et la psychanalyse parfairont le portrait du « primitif » en donnant de lui l'image d'un infatigable producteur de symboles, attaché à constituer sa pensée et ses actes sous forme de rébus uniquement accessibles à une intelligence de type divinatoire. Perdure ainsi jusqu'à nos jours, et singulièrement en France, une ethnologie purement spéculative. À travers le sauvage, ses symboles, ses structures, sa parenté et ses mythes, ce sont nos sociétés et le destin général de l'humanité qui sont visés, bien plus qu'il ne s'agit — comme pourtant il siérait à une science sociale — de l'étude objective de ces populations dont la richesse culturelle (?) s'assortit couramment de carences économiques et d'exclusion du politique. Pour d'autres approches du structuralisme* et de la notion de structure*, nous renvoyons aux articles de ce dictionnaire.

Par comparaison avec leurs collègues américains, ce n'est que tardivement que les Européens se sont mis à l'observation directe. À la fin du XIXe siècle, cette tendance apparut tout d'abord en Allemagne, où l'ethnographie se développe dans le sillage de l'anthropogéographie. Après 1918, la perte de ses colonies par l'Allemagne rognera les ailes de cette *Völkerkunde*, dont le diffusionnisme ne réussira pas toujours à éviter la compromission avec l'idéologie nazie.

Malinowski et l'anthropologie britannique. En revanche, c'est la Première Guerre mondiale qui, un peu fortuitement, permettra à MALINOWSKI de développer l'observation sur le terrain dont, à sa suite, l'anthropologie britannique se fera une règle. Conjuguée avec la politique d'*indirect rule* pratiquée dans l'Empire, l'orientation fonctionnaliste de cette anthropologie l'amènera à collaborer sans fard avec l'administration coloniale. Ceci ne sera guère de mise en France, où il faut attendre le début des années 30 pour voir, telle la Mission Dakar-Djibouti (1931-1933), des expéditions ethnologiques se rendre enfin dans les pays colonisés. Une notable exception toutefois : le pasteur Maurice LEENHARDT qui, dès le début du siècle, entreprend de conjuguer l'ethnographie avec l'apostolat en Nouvelle-Calédonie.

Balandier. Ce n'est qu'après la Seconde Guerre mondiale qu'on verra des chercheurs français partir en nombre sur le terrain. Toutefois, certains d'entre eux, tel BALANDIER, délaisseront bientôt l'ethnologie proprement dite pour concentrer leurs réflexions sur les décolonisations qui s'annoncent. Celles-ci laisseront l'ethnologie décontenancée, la lançant de façon désordonnée vers des objets nouveaux : la paysannerie, les marginaux et les déviants de toutes sortes, voire même, dernièrement, le cyber-espace et le monde de l'entreprise...

Curieuse destinée en somme pour une discipline qui ne sut jamais s'atteler à l'étude de son véritable objet : l'*ethnicité*, et qui, lâchant la proie pour l'ombre dans ses rapports éclectiques avec la linguistique, omit de tirer de celle-ci les éléments qui lui eussent permis d'appréhender, dans le cadre d'une ethnolinguistique digne de ce nom, ce qui sépare les mondes sociaux que fonde l'oralité de ceux qui s'élaborent en fonction de l'écriture et de ses dérivés : différence essentielle, que dissimule plus qu'elle ne la révèle la routinière confrontation entre le « primitif » et « l'Occident ».

André Marcel d'ANS

bibliographie

BONTE Pierre, IZARD Michel *et alii* (éd.), *Dictionnaire de l'ethnologie et de l'anthropologie*, PUF, 1991.

GEERTZ Clifford, *Ici et là-bas. L'anthropologue comme auteur* (1988), Métailié, 1996.

LABURTHE-TOLRA Philippe, WARNIER Jean-Pierre, *Ethnologie. Anthropologie*, PUF, 1993.

LÉVI-STRAUSS Claude, *Tristes Tropiques*, Plon, 1955.

MORGAN Lewis H., *La Société archaïque* (1877), Anthropos, 1971.

SCHULTE-TENCKHOFF Isabelle, *La Vue portée au loin. Une histoire de la pensée anthropologique*, Lausanne, Éd. d'En bas, 1985.

ETHNOMÉTHODOLOGIE

terme formé (1954) par Garfinkel des mots grecs *ethnos* « groupe » et *methodos* « voie, direction qui mène au but »

all. ETHNOMETHODOLOGIE	esp. ETNOMETODOLOGÍA
angl. ETHNOMETHODOLOGY	ital. ETNOMETODOLOGIA

voir : MACRO ET MICROSOCIOLOGIE, MÉTHODES

Analyse systématique des méthodes et des procédures que les individus utilisent pour accomplir leurs actions dans la vie quotidienne.

L'expression *ethnométhodologie* a été, selon son créateur GARFINKEL, inventée en 1954, à l'occasion d'une recherche sur les jurés de tribunaux. L'analyse des enregistrements de leurs délibérations montra que les membres de ces jurys populaires parvenaient, sans aucune formation juridique particulière, à se comporter en jurés. Comment étaient-ils capables d'examiner un délit et de se prononcer sur la culpabilité de ses auteurs ? Comment pouvaient-ils, n'étant pas des experts juridiques, prendre des décisions qui relevaient de l'expertise ? Telle était la question de départ de Garfinkel.

LA NOTION D'ETHNOMÉTHODE. Il pensa d'abord que les jurés, en tant que membres vivant dans la société au sein de laquelle la chose était jugée, employaient des procédures de sens commun pour accomplir leur tâche, pourtant spécialisée. Ils pouvaient faire ce travail parce qu'ils avaient une connaissance détaillée des structures et des organisations sociales dans lesquelles ils vivaient habituellement, et qu'ils connaissaient les assemblages singuliers, banals mais ingénieux, par lesquels les membres d'une société vivent ensemble et exhibent à autrui leur compétence sociale de membres de la société. Les jurés utilisaient des procédures et une logique de sens commun, des « ethnométhodes », afin d'évaluer la pertinence des arguments avancés au cours du procès. Mais lorsqu'on les interviewait, ils se défendaient d'employer les procédures de sens commun de tout un chacun et suggéraient qu'ils se comportaient en fait, au cours de l'audience, comme s'ils avaient eu affaire à une recherche de type scientifique : ils avaient en quelque sorte à « enquêter », en tant qu'« experts » du monde social, sur la véracité ou la pertinence sociologiques des arguments avancés : *« J'avais affaire à des jurés qui mettaient en œuvre une méthodologie[...] C'est ainsi que le mot ethnométhodologie a été utilisé au départ. " Ethno " suggérait d'une manière ou d'une autre qu'un membre dispose du savoir de sens commun de sa société. C'est aussi simple que cela et la notion d'ethnométhodologie était prise dans ce sens »* (Garfinkel, 1968).

L'ethnométhodologie ne doit donc pas être entendue comme une méthodologie spécifique de l'ethnologie, ni comme étant une nouvelle approche méthodologique de la sociologie. Son projet scientifique est d'analyser les méthodes, ou, si l'on veut, les procédures, que les individus utilisent pour mener à bien les différentes opérations qu'ils accomplissent dans leur vie quotidienne. C'est l'analyse des façons de faire ordinaires que les acteurs sociaux ordinaires mobilisent afin de réaliser leurs actions ordinaires. Cette méthodologie profane — que GARFINKEL appelle *« le raisonnement sociologique pratique »* —, que les membres d'une société ou d'un groupe social utilisent constamment afin d'objectiver le monde, constitue le corpus de la recherche ethnométhodologique. L'ethnométhodologie considère les faits sociaux non comme des choses, mais comme des accomplissements pratiques, qui sont le produit de l'activité continuelle des hommes et qui mettent en œuvre des savoir-faire, des procédures, des règles de conduite, des modes d'organisation ; leur analyse constitue la véritable tâche du sociologue : *« Les études ethnométhodologiques analysent les activités de tous les jours comme des méthodes que les membres utilisent pour rendre ces mêmes activités visiblement rationnelles et rapportables à toutes fins pratiques, c'est-à-dire descriptibles »* (Garfinkel, 1967, p. VII).

ETHNOMÉTHODES ET DESCRIPTIBILITÉ DU MONDE. Si nous sommes capables de rendre compte des activités des individus, c'est grâce à l'existence d'une propriété « naturelle » du monde, que Garfinkel a appelée *accountability* (qu'on peut traduire par descriptibilité) : nous vivons dans un monde qui est descriptible, intelligible, analysable. Cette descriptibilité se révèle dans les actions pratiques que nous engageons dans notre vie quotidienne. Ces accomplissements pratiques font l'objet, de la part des acteurs eux-mêmes, de commentaires incessants : *« Le monde se présente lui-même par l'intermédiaire des dispositifs qu'il a mis en place pour se commenter »* (ROSE, 1993, p. 37). Cette autoprésentation du monde s'appuie sur, et dans le même temps révèle, les ethnométhodes qui fondent la vie sociale du groupe considéré. C'est pourquoi, sur le plan méthodologique, la pratique de l'ethnométhodologie exige, chaque fois que c'est possible, que le sociologue se rende directement témoin des phénomènes qu'il veut observer et analyser ; ce qui suppose, à des degrés divers, une position d'observateur participant.

Alain COULON

bibliographie

Cahiers de recherche ethnométhodologique, Laboratoire de recherche ethnométhodologique, Université de Paris VIII.

CICOUREL Aaron, *La Sociologie cognitive*, PUF, 1979.

COULON Alain, *Ethnométhodologie et éducation*, PUF, 1993.

COULON Alain, *L'Ethnométhodologie*, « Que sais-je ? », PUF, 1996, 4ᵉ éd.

COULON Alain, *Le Métier d'étudiant. L'entrée dans la vie universitaire*, PUF, 1997.

GARFINKEL Harold, *Studies in Ethnomethodology*, Englewood Cliffs, NJ, Prentice-Hall, 1967.

GARFINKEL Harold, *Proceedings of the Purdue Symposium on Ethnomethodology*, Institute Monograph Series, nº 1, Institute for the Study of Social Change : Purdue University, 1968.

GARFINKEL Harold « Qu'est-ce que l'ethnométhodologie ? », *in* K. VAN METER, *La Sociologie*, Hachette, 1992, pp. 649 à 674.

HERITAGE John, *Garfinkel and Ethnomethodology*, Cambridge, Polity Press, 1984.

ROSE Edward, « Conversation avec Harvey Sacks : analyse avec modifications et corrections », in *Cahiers de recherche ethnométhodologique*, nº 1, juin 1993, pp. 25 à 40, Laboratoire de recherche ethnométhodologique, Université de Paris VIII.

WIDMER, Jean, *Langage et action sociale*, Éditions universitaires de Fribourg, 1986.

ETHNOMUSICOLOGIE

du grec *ethnos* « peuple », du latin *musica* « musique » et du grec *logos* « discours »

all. MUSIKETHNOLOGIE	esp. ETNOMUSICOLOGIA
angl. ETHNOMUSICOLOGY	ital. ETNOMUSICOLOGIA

voir : ART, CULTURE, ETHNIE, FOLKLORE, MUSIQUE

Discipline qui étudie les musiques traditionnelles du monde entier (musiques de tradition orale occidentales, musiques savantes et populaires non occidentales).

Au tournant du siècle, en Allemagne et en Europe centrale, naît la musicologie comparée (comparaison et classification en laboratoire des instruments de musique par HORNBOSTEL et SACHS ; collecte sur le terrain de chansons paysannes, pour étudier les principes de filiation et de diffusion des mélodies, par BARTOK et KODALY). Aux États-Unis, ce sont plutôt les études monographiques sur les musiques des tribus indiennes qui se multiplient.

Le développement de la discipline s'est accompagné d'une réflexion sur son objet et sur ses méthodes. Est-elle une sous-discipline de la musicologie, ce qui implique de privilégier l'étude des éléments musicaux (structures sonores, instruments, voix), ou plutôt une section de l'ethnologie qui favorise l'approche du contexte socioculturel ? Suivant quelles normes recueillir, conserver, analyser les documents sonores et les observations *in situ* ?

Les ethnomusicologues sont placés devant un dilemme : ils s'accordent à reconnaître que la musique est universelle et, à la fois, que chaque société connaît des spécificités. Ce qui explique la coexistence de deux types d'ouvrages : les grandes synthèses mondiales et les monographies localisées. Les sociétés traditionnelles connaissent le changement, mais sous l'influence des moyens de communication de masse et de la diffusion à l'échelle mondiale des musiques occidentales, certaines traditions tendent à disparaître. Une « ethnomusicologie d'urgence » s'emploie à valoriser auprès des membres de ces sociétés leur patrimoine musical et à le faire découvrir aux Occidentaux par des spectacles, des ateliers, des publications, des films, des enregistrements.

Bruno BREVAN

bibliographie

Cahiers de musiques traditionnelles, Ateliers d'ethnomusicologie, Genève, depuis 1988.

BLACKING John, *Le Sens musical*, Éd. de Minuit, 1980.

BRAILOIU Constantin, *Problèmes d'ethnomusicologie*, Genève, Minkofff, 1973.

Musique en Jeu, nº 28, Seuil, 1977.

ROUGET Gilbert, *La Musique et la transe*, Gallimard, 1980.

SCHAEFFNER André, *Origine des instruments de musique* (1936), Mouton, 1968.

ZEMP Hugo, *Musique Dan*, « Les Cahiers de l'Homme », Mouton, 1971.

ETHNOPHASIE ⇒ ETHNOLINGUISTIQUE

ETHNOPSYCHIATRIE

de *ethno-* (voir *ethnie*) et *psychiatrie*

voir : ANTHROPOLOGIE, ETHNIE, ETHNOGRAPHIE

Étude et traitement différenciés des maladies mentales en fonction de la pluralité des cultures.

L'*ethnopsychiatrie* est une démarche pluridisciplinaire et une pratique thérapeutique fondée sur celle-ci, qui s'efforce de comprendre la dimension culturelle des troubles mentaux et la dimension psychiatrique des cultures, en évitant le double écueil qui consisterait l'un à relativiser toute la psychiatrie, l'autre à psychiatriser toute la culture.

NAISSANCE ET FORMATION DE L'ETHNOPSYCHIATRIE. Cette discipline, aujourd'hui en pleine expansion, s'est constituée à partir des jalons suivants :

1 **La psychiatrie transculturelle.** Celle-ci trouve son point de départ dans le voyage que KRAEPELIN (1865-1926) effectua à la fin de sa vie pour vérifier si les critères nosologiques européens de son époque étaient universels ou non. La psychiatrie transculturelle est une psychiatrie essentiellement comparative qui étudie les différences dans la nature et la fréquence des troubles mentaux lorsque l'on passe d'une société à une autre.

2 **L'ethnopsychologie.** Celle-ci est aussi qualifiée de « psychologie des peuples » ; dans le premier quart du XXᵉ siècle, elle vise à construire, à partir d'une constellation de caractéristiques à la fois historiques et psychologiques, une connaissance des caractères nationaux : la germanité, l'italianité, l'hispanité.

3 **L'anthropologie culturelle.** Celle-ci se forme aux États-Unis à partir des années 30 avec l'école appelée « Culture et Personnalité » (qualifiée aussi de *culturalisme*). Les auteurs les plus représentatifs de ce mouvement, qui sont tous des élèves de BOAS, étudient les caractères distinctifs des comportements des individus appartenant à une même culture, considérée comme une totalité irréductible à une autre. MEAD, procédant à la confrontation de deux populations de Nouvelle-Guinée, estime que l'une, les Arapesh, aspire à la paix, alors que l'autre, les Mundugumor, est commandée par une agressivité proprement cannibale. Ce qui est alors considéré comme la personnalité déviante chez les premiers (l'individu violent) apparaîtra chez les seconds comme parfaitement normal, c'est-à-dire conforme à l'idéal du groupe, et inversement. Dans la même optique, BENEDICT oppose la culture « apollinienne » des Indiens Pueblo du Nouveau-Mexique à l'exaltation et à la rivalité « dionysiaque » des habitants de l'île de Dobu.

4 **L'anthropologie psychanalytique.** Pour fonder l'universalité du psychisme humain et du complexe d'Œdipe, FREUD explore le territoire des sociétés « primitives ». Dans ses quatre ouvrages anthropologiques — *Totem et tabou* (1915), *L'Avenir d'une illusion* (1927), *Malaise dans la civilisation* (1929), *Moïse et le monothéisme* (1938) —, il élabore une *méthodologie des correspondances* : il existe des relations entre la névrose obsessionnelle et la religion, entre l'hystérie et l'art dramatique, entre la paranoïa et la philosophie. Les processus qui sont à l'œuvre dans le psychisme et qui peuvent être appréhendés à partir de la démarche du clinicien trouvent des correspondances précises dans les matériaux culturels recueillis par l'ethnologue sur le terrain.

Ce sont les travaux de DEVEREUX (1908-1985) qui peuvent être considérés comme fondateurs de l'ethnopsychiatrie (appelée aussi par ce dernier « ethnopsychanalyse »). Devereux propose et expérimente un certain nombre de concepts, mais d'abord une épistémologie — *l'épistémologie de la complémentarité* — élaborée à partir de la relation d'incertitude de HEISENBERG. Elle consiste à la fois dans l'*impossibilité* de tenir au même moment un discours psychiatrique (ou psychanalytique) et un discours ethnologique (ou sociologique), et en la *nécessité* d'articuler ce double discours. Dans cette perspective, les mécanismes psychiques sont envisagés comme la face « interne » des processus culturels, qui peuvent être qualifiés d'« externes » : le psychisme est de la culture intériorisée (« introjectée » disent les psychanalystes), et la culture du psychisme projeté.

LES CONCEPTS OPÉRATOIRES DE L'ETHNOPSYCHIATRIE. La démarche de l'ethnopsychiatrie se dote également d'un certain nombre d'instruments opératoires.

1 **L'universalité de la culture.** Le concept d'universalité de *la* culture, qui apparaît lorsqu'on passe des *variations* culturelles observées par l'ethnographe aux processus de la *variabilité* analysés par l'anthropologue : de même que la compréhension de la personnalité d'un individu n'est pas épuisée par la connaissance de ce qu'il dit, mais consiste à mettre en relation ce qu'il affirme de lui-même et ce qui lui échappe (son inconscient), une culture donnée, pour devenir un véritable objet de connaissance scientifique de l'ethnopsychiatrie, ne saurait seulement être appréhendée dans ses aspects manifestes, mais aussi dans les pans d'elle-même qui lui échappent. C'est donc dans la saisie du mouvement de va-et-vient entre ce qui est *manifeste* et ce qui est *refoulé* (d'un individu à lui-même ou à un autre, d'une culture à elle-même ou à une autre) que se construit la démarche ethnopsychiatrique ;

2 **La déculturation.** Le concept de *déculturation* permet de rendre compte du processus qui consiste à détacher les matériaux de culture de la matrice qui leur donnait un sens pour les métamorphoser en symptômes. C'est un processus de désinvestissement social, non seulement de la culture à laquelle on appartient, mais de toute culture ; il a pour corollaire un appauvrissement de la personnalité et une souffrance de l'individu.

Il est possible de distinguer ici deux formes majeures de déculturation : la *déculturation névrotique* (ou *névrose culturelle*) et la *déculturation psychotique* (ou *psychose culturelle*).

- La *déculturation névrotique* est une réinterprétation de la réalité à partir de « modèles d'inconduite » (LINTON) fournis par la culture à laquelle appartient l'individu. Ainsi la fréquence des réactions hystériques au début du XXe siècle dans les sociétés européennes peut être mise en relation avec les institutions familiales patriarcales, particulièrement rigides et puritaines de cette époque.
- La *déculturation psychotique* de la culture ne consiste plus seulement à imposer à la réalité une distorsion perceptive ; elle peut aller jusqu'à la négation absolue du monde extérieur et d'un système symbolique commun dans lequel l'individu refuse de s'insérer ou qu'il ne peut plus partager. C'est ce que l'on peut observer dans les processus de la « bouffée délirante », psychose hallucinatoire brutale, extrêmement répandue en Afrique noire ; elle a été particulièrement étudiée par l'école ethnopsychiatrique de Dakar (COLLOMB, 1965) ou encore de la *schizophrénie*, développée essentiellement dans les sociétés hyper-industrialisées, technologisées et urbanisées qui morcellent l'existence et dépersonnalisent les rapports humains. Il existe des cas extrêmes de négation psychotique systématique d'une culture par elle-même. Ce sont ceux des *cultes de cargo* en Nouvelle-Guinée, dans lesquels la société, pour attirer les biens de l'Occident, détruit les ressources dont elle dispose, ou encore de la secte du « Temple du Peuple » en Guyana, qui, en 1978, procéda au suicide collectif de neuf cent vingt-trois personnes.

L'ETHNOPSYCHIATRIE CLINIQUE. C'est sur ces instruments, explorant les relations entre le psychisme et la culture, qu'a été construite une ethnopsychiatrie clinique, qui est aujourd'hui confrontée à trois types de situations :

- des situations que NATHAN (1986) qualifie d'*intraculturelles* : le thérapeute et son client appartiennent à la même culture ;
- des situations qui peuvent être qualifiées de *transculturelles* (DEVEREUX, 1970) ou d'*interculturelles* (Nathan, 1986) : le thérapeute et son client n'appartiennent pas à la même culture (un psychanalyste allemand prend en charge un malade

turc, ou un Français a recours à un guérisseur sénégalais) ;

. des situations, ou plus exactement une exploration *métaculturelle* des processus engagés entre le thérapeute et son client. Cette dernière consiste à interpréter les troubles mentaux non en fonction de telle ou telle culture, mais en fonction des catégories universelles de *la* culture et des processus eux aussi universels de l'acculturation et de la déculturation.

Les préoccupations de l'ethnopsychiatrie, enfin, ne se réduisent nullement à la compréhension des maladies mentales. Ainsi que l'a écrit Devereux, *« le concept de base de l'ethnopsychiatrie doit être non pas celui de la pathologie, mais celui de la sublimation »*. Les applications de cette démarche sont extrêmement nombreuses : l'étude de l'imaginaire artistique, politique, religieux, la compréhension des relations interculturelles dans le domaine du commerce, du tourisme, des stratégies géopolitiques, de la diplomatie.

François LAPLANTINE

bibliographie

BASTIDE Roger, *Sociologie des maladies mentales*, Flammarion, 1965.

BASTIDE Roger, *Le Rêve, la transe, la folie*, Flammarion, 1972.

COLLOMB Henri, « Bouffées délirantes en psychiatrie africaine », in *Psychopathologie africaine*, 1965, I, 2.

DEVEREUX Georges, *Essais d'ethnopsychiatrie générale*, Gallimard, 1970.

DEVEREUX Georges, *Ethnopsychanalyse complémentariste*, Flammarion, 1972.

LAPLANTINE François, *L'Ethnopsychiatrie*, PUF, 1988.

NATHAN Tobie, *La Folie des autres*, Dunod, 1986.

ETHNOPSYCHOLOGIE

voir : ETHNOLOGIE

Recherches sur les psychologies individuelles et collectives, sur les attitudes, les mentalités, les habitus propres à un groupe, une population, en fonction de leur culture particulière.

ETHNOSCIENCE

voir : ETHNOLOGIE

Ensemble des formes qu'empruntent les domaines du savoir au sein des différentes traditions qu'il est convenu de nommer « cultures » : ethnobotanique, ethnozoologie, ethnoastronomie, etc. Pour l'essentiel, il ne s'agit en fait que de taxonomies pragmatiques indigènes, car on n'imagine pas qu'il puisse exister d'ethnophysique, d'ethnochimie, et moins encore d'ethnosociologie.

André Marcel d'ANS

ÉTHOLOGIE HUMAINE

voir : SOCIOLOGIE ANIMALE, BIOLOGIE ET SOCIOLOGIE, INSTINCT

L'objet de l'*éthologie* étant l'étude des conduites animales dans leur milieu naturel (SAINT-HILAIRE, 1855), l'*éthologie humaine* se donne pour but l'étude des comportements humains donnés pour universels ainsi que des instincts et des besoins naturels. Les travaux de LORENZ sur l'agressivité comparée des animaux et des hommes ont été exemplaires dans ce domaine.

Cette approche est susceptible de bien des interprétations, depuis les tentatives de réduire dogmatiquement les comportements humains aux structures et aux fonctions biologiques, comme a tenté de le faire la sociobiologie, jusqu'aux hypothèses comparatives qui peuvent servir de cadre provisoire à une observation des interactions (GOFFMAN, 1981).

Pierre ANSART

bibliographie

ARCI, *Éthologie des communications humaines : aide-mémoire méthodologique*, PU Lyon, 1993.

FEYEREISEN Pierre, *L'Éthologie humaine*, PUF, 1987.

GOFFMAN Erving, *Façons de parler*, Éd. de Minuit, 1987.

LORENZ Konrad, *L'Agression, une histoire naturelle du mal*, Flammarion, 1969.

ÉTIOLOGIE

emprunt savant (XVIe s.) au grec tardif *aitiologia* « recherche, exposition des causes », terme d'abord employé en médecine et en philosophie.

all. ETIOLOGIE	esp. ETIOLOGÍA
angl. AETIOLOGY	ital. EZIOLOGIA

voir : CAUSE, IMPUTATION CAUSALE, INDIVIDUALISME MÉTHODOLOGIQUE, MARXISME

Recherche des causes ; science des causes.

La recherche et la désignation des causes constituent un problème fondamental de la sociologie, comme le souligne DURKHEIM dans les ***Règles de la méthode sociologique***. Il y pose le principe selon lequel les causes d'un fait social ne peuvent être recherchées que dans les faits sociaux eux-mêmes. À grands traits, on peut opposer les paradigmes holistes (MARX, Durkheim, PARSONS, BOURDIEU), qui tendent à rechercher les causes dans les structures ou les fonctions sociales, et, à l'opposé, les paradigmes individualistes (PARETO, BOUDON), qui invitent à rechercher les causes dans les choix et les comportements individuels dont l'agrégation fait apparaître, par émergence, les régulations sociales. Entre ces deux positions schématiquement opposées, nombre de travaux cherchent à dépasser cette antinomie en précisant les interactions entre les individus et les structures, entre les individus, entre les acteurs et les systèmes, et font de l'ensemble de ces interactions les causes dialectiques des phénomènes sociaux.

Pierre ANSART

bibliographie

BOURDIEU Pierre, PASSERON Jean-Claude, CHAMBOREDON Jean-Claude, *Le Métier de sociologue* (1983), Mouton, 1996.

DURKHEIM Émile, *Règles de la méthode sociologique* (1895), Flammarion, 1988.

WEBER Max, *Essais sur la théorie de la science* (1919), UGE, 1992.

ÉTRANGER

du latin *extraneus* « du dehors, extérieur »

all. FREMD (« d'un autre groupe, d'une autre culture »), AUSLÄNDISCH (« d'un autre pays »)	esp. EXTRANJERO
angl. STRANGER, FOREIGNER	ital. STRANIERO

voir : ETHNICITÉ, EXCLUSION, IMMIGRATION, RELATIONS INTERETHNIQUES

Si l'on reprend la distinction entre foreigner *et* stranger, *se dégagent deux acceptions du terme : le « non-national » qui est devenu d'usage courant, et « l'autre », qui peut être de même nationalité.*

De PLATON à HEGEL, la philosophie s'est engagée dans une réflexion sur la dialectique du *même* et de l'*autre*. Selon TABBONI (1996), cette dialectique, attestée par les travaux anthropologiques, est indépassable. Prolongeant FREUD, elle pense que l'*ambivalence* de la société renvoie à celle de l'individu, confronté, dès son enfance, au double mouvement de recul devant l'*étranger* en vue de la préservation de l'identité, et du désir d'ouverture, la confrontation à l'altérité étant garante de son développement personnel. Restent une série de questions plus sociologiques : comment se produit, à un moment donné, dans une société donnée, la catégorisation de l'« étranger » ? Qui est étranger ? Pour qui ? Quelles sont les modalités historiques concrètes de la gestion de l'altérité ?

La tradition sociologique dispose d'une réflexion sur la figure de l'étranger dont SIMMEL a posé les bases. La relation à l'étranger est pour lui un archétype de l'activité de construction de l'identité d'un groupe social, résultat d'une tension entre *distance* et *proximité*. *« L'étranger est un élément du groupe lui-même, tout comme le pauvre et les divers " ennemis intérieurs ", un élément dont la position interne et l'appartenance impliquent tout à la fois l'extériorité et l'opposition »* (Simmel, 1908). ELIAS, à travers les notions d'*insiders* et d'*outsiders*, substitue à l'idée de distance culturelle a priori celle d'une position relative et construite, sans référence à l'identité des personnes (ELIAS, 1965). Si, pour Simmel, la figure de l'étranger (le commerçant, l'entrepreneur, le dissident) est celle de l'élément modernisateur qui ouvre une brèche dans des sociétés traditionnelles et culturellement homogènes, elle a subi de grands changements dans les sociétés occidentales contemporaines, elles-mêmes plus fragmentées.

Les migrations massives en provenance du tiers monde, appuyées sur une hiérarchisation des peuples, ont conduit à la dévalorisation de l'étranger, devenu *immigré*, et à la réactualisation de sa position de *bouc émissaire*.

La France est marquée par des représentations très contrastées de son rapport à ses étrangers. Un certain nombre de figures s'y superposent : celle de l'*immigré-réfugié-juif* avant-guerre s'adresse particulièrement aux professions libérales le plus souvent françaises, celle de l'*immigré-ouvrier-ex-colonisé* a prévalu dans les années 60, celles du *sans-papiers* et du *jeune « beur »-chômeur-délinquant* prennent aujourd'hui le relais ; ces évolutions montrent que cette catégorisation a peu à voir avec la nationalité et la supposée distance culturelle.

Maryse TRIPIER

bibliographie

ELIAS Norbert, SCOTSON John L., *The Established and the Outsiders*, Londres, Frank Cass, 1965.

SIMMEL Georg, *Digressions sur l'étranger* (1908), extraits in *L'École de Chicago, naissance de l'écologie urbaine*, traduit et présenté par Yves GRAFMEYER et Isaac JOSEPH, Champ urbain, 1979, pp. 53 à 59.

TABBONI Simonetta, « Le Multiculturalisme et l'ambivalence de l'étranger », in Michel WIEVIORKA (sous la dir. de), *Une société fragmentée*, La Découverte, 1996, p. 25.

ÉTUDE DE CAS ⇒ CAS

ÉTUDIANT

du latin *studium* « zèle, application au travail », d'où « étude »

all. STUDENT	esp. ESTUDIANTE
angl. STUDENT	ital. STUDENTE

voir : ADOLESCENCE, INTELLECTUEL, JEUNESSE

Véritable catégorie sociale dans nos sociétés, les étudiants sont cette partie de la jeunesse qui campe en dehors du circuit du travail le temps d'acquérir une formation intellectuelle universitaire destinée en principe à en faire de futures élites et de futurs cadres.

Les universités, au sens où nous l'entendons aujourd'hui, datent du XIXe siècle. Mais il y a plus de ressemblances entre l'*étudiant* du XVe siècle et celui du XIXe qu'entre ce dernier et l'étudiant d'aujourd'hui. La rupture se fait au lendemain de la dernière guerre. L'étudiant d'avant les années 50 reste le frère de Moreau, décrit par FLAUBERT dans *L'Éducation sentimentale* (1840). Frédéric sait, d'un savoir sans inquiétude, que ses études, menées avec dilettantisme, lui assurent une carrière, qu'elle soit politique, administrative, juridique ou médicale. L'université, en dehors des diplômes, lui inculque une certaine aisance du comportement, la conscience aiguë d'une supériorité intellectuelle, fondement de sa future supériorité sociale, et cette sorte d'aristocratisme en harmonie avec une société globale qui voit dans la science et dans le savoir la source de sa modernisation. Bref, l'étudiant est un « héritier ». L'étudiant d'aujourd'hui est soumis à des études qui se prêtent mal au dilettantisme et, dans le même temps, il n'a plus la garantie, au sortir de l'université, d'une insertion professionnelle à la mesure de ses diplômes.

La première cause en est la croissance considérable des effectifs étudiants. Si on prend comme source d'information les rapports de l'OCDE, on passe, en France, de 130 000 étudiants en 1950 à 499 000 en 1968 (date choisie pour sa symbolique). Ils n'étaient que 30 000 en 1900 et 78 000 en 1930. Et cette statistique démographique, loin de ralentir, n'a cessé de s'élever. Cette massification a transformé la composition sociale du milieu étudiant, où dominent désormais les enfants des classes moyennes. Si la faible représentation — quoiqu'en augmentation — des fils d'ouvriers pondère lourdement l'image d'une démocratisation, il reste que l'université s'éloigne de son ancien élitisme. Les inégalités n'ont plus l'aspect massif de classe qui était le leur. Elles passent par des mécanismes bien plus subtils que ceux de l'exclusion sociale (BOURDIEU et PASSERON, 1964). Parfois, du reste, ces mécanismes sont le simple effet pervers d'une massification qui engendre un perpétuel allongement des études (BOUDON, 1977). La même massification entraîne une mutation analogue du milieu enseignant. Les professeurs d'université sont de plus en plus nombreux, assistés d'un nombre croissant d'assistants. Ils sont, de ce fait, moins auréolés de ce prestige qui était le leur et qui semble avoir déserté les chaires au profit des médias.

Pénétré du sentiment d'une déchéance sociale injuste, le monde étudiant n'est plus celui de la bohème mais un monde soumis à la loi de la compétition et de la concurrence. En même temps qu'il perd sa spécificité corporatiste, ce monde se découvre une autre spécificité : celle de la jeunesse, qui, dans nos sociétés, se pense de plus en plus comme une « classe » égale en droits à la « classe » des adultes. C'est ainsi que s'expliquent les mouvements où étudiants et jeunes développent une contestation politique qu'habille n'importe quelle rhétorique. Au monde étudiant ancien, avec son espace social clos et protégé, se substitue un milieu de formation qui sera de plus en plus ouvert aux différents âges de la vie, avec l'impérieuse nécessité des recyclages exigés par l'évolution des techniques.

André AKOUN

bibliographie

BOUDON Raymond, *Effets pervers et ordre social*, PUF, 1977.

BOURDIEU Pierre, PASSERON Jean-Claude, *Les Héritiers*, Éd. de Minuit, 1964.

EUGÉNISME ET EUGÉNIQUE

eugénisme est construit sur *eugénique*, emprunt (1883) à l'anglais *eugenic*, du grec *eu* « bon », et *genos* « race »

all. EUGENISMUS	esp. EUGENISMO
angl. EUGENICS	ital. EUGENESIA

voir : CONTRÔLE SOCIAL, DARWINISME SOCIAL, RACISME

L'eugénisme est une doctrine et un mouvement social et politique visant l'amélioration de l'espèce humaine par le contrôle et la sélection de la procréation.

Les substantifs féminin *eugénique* et masculin *eugénisme* sont la traduction française de l'anglais *eugenics*, terme forgé en 1883 par le pionnier du mouvement, Sir Francis GALTON (1822-1911), cousin de DARWIN, auteur de plusieurs ouvrages consacrés au problème de l'hérédité : ***Hereditary Genius*** (1869), ***English Men of Science: Their Nature and Nurture*** (1874), ***Inquiries into Human Faculty*** (1883), ***Natural Inheritance*** (1889). Galton définit l'eugénisme comme *« l'étude des facteurs soumis au contrôle social et susceptibles d'augmenter ou de diminuer les qualités soit physiques soit mentales des futures générations. Son but est de régler les unions humaines de façon à obtenir le plus grand nombre d'individus aptes à composer la société considérée comme la meilleure »*. Quant aux moyens préconisés, ils relèvent soit de l'eugénique « négative », soit de l'eugénique « positive ». La première veut empêcher les porteurs de tares, de maladies héréditaires et de malformations graves de se marier et de se reproduire, en usant de moyens qui vont de la ségrégation à la stérilisation. La seconde, « positive », veut encourager les « bien doués », les « forts », c'est-à-dire les porteurs de caractères favorables, physiques et intellectuels, à se reproduire davantage.

Un sujet tabou. En raison des crimes commis en son nom par les nazis (euthanasie, extermination de masse, expérimentations), l'eugénisme est devenu un sujet tabou. Mais son histoire ne se résume par dans cette dérive criminelle. La diffusion internationale de l'eugénisme au début du XXe siècle n'exclut pas des spécificités nationales. L'eugénisme américain n'est pas l'eugénisme anglais ou français. Les pays d'Europe du Nord ont pratiqué un eugénisme « démocratique » fondé sur la notion d'eugénisme « volontaire » et sur des lois votées par les parlements nationaux aux termes de débats démocratiques.

Une idéologie « scientifique ». Au-delà de sa composante utopique — les eugénistes, et Galton le premier, imaginèrent des sociétés idéales reposant sur la sélection artificielle des procréateurs —, l'eugénisme peut être défini comme une « idéologie scientifique », c'est-à-dire un discours mêlant et amalgamant des propositions et des données hétérogènes, les unes se présentant comme scientifiques, en ce qu'elles se réfèrent à la connaissance de l'hérédité humaine, les autres étant des jugements de valeur arbitraires et indémontrables sur les groupes humains, classés et jugés « supérieurs » ou « inférieurs », « bien doués » ou « dégénérés », « tarés », « faibles d'esprit ».

Eugénisme, racisme, hygiénisme. Comme toutes les idéologies, l'eugénisme prétend expliquer l'état de la société moderne, et en particulier sa tendance à la « dégénérescence », par la suppression de la « sélection naturelle », et définir les conditions et les modalités de sa « régénération ». L'eugénisme recoupe, sans se confondre avec eux, d'autres courants d'idées tels que le darwinisme social, le racisme et l'hygiénisme. À la différence du racisme, qui postule le caractère inéluctable de la décadence et de la mort des sociétés « métissées », l'eugénisme ne condamne pas toujours le métissage et affirme la possibilité de « régénérer » la société par la mise en œuvre de la sélection artificielle et l'amélioration des conditions de vie.

L'eugénisme est un passage obligé pour comprendre les débats bioéthiques contemporains.

Alain DROUARD

bibliographie

ADAMS Mark B. (éd.), *The Wellborn Science : Eugenics in Germany, France, Brazil and Russia*, New York, Oxford University Press, 1990.

DROUARD Alain, *L'Eugénisme en questions*, Ellipses, 1999.

GALTON Francis, *Inquiries into Human Faculty and its Development* (1883), Londres, J.M. Dent & Co., 1907.

KEVLES Daniel J., *Au nom de l'eugénisme génétique et politique dans le monde anglo-saxon*, PUF, 1995.

LA HAYE JOUSSELIN Henri de, *L'Idée eugénique en France*, Limoges, 1989.

NISOT Marie-Thérèse, *La Question eugénique dans divers pays*, Bruxelles, Librairie Falk Fils, Georges Van Campenhout, successeur, 1929.

PROCTOR Robert N., *Racial Hygiene : Medicine under the Nazis*, Cambridge, (Mass.), Harvard UP, 1988.

SCHNEIDER William H., *Quality and Quantity : The Quest for Biological Regeneration in Twentieth Century France*, New York, Cambridge UP, 1990.

WEINDLING Paul, *Health, Race and German Politics Between National Unification and Nazism, 1870-1945*, New York, Cambridge UP, 1989.

ÉVÉNEMENT

du latin *evenire* « sortir ; avoir un résultat ; se produire »

voir : CONTINGENCE, DÉTERMINISME, ÉTIOLOGIE, INDIVIDUALISME MÉTHODOLOGIQUE

Tout ce qui se produit de façon contingente sans avoir été prévu, et qui peut modifier les conditions d'existence de personnes ou de groupes.

Le statut accordé à l'*événement* peut permettre de distinguer les différents paradigmes sociologiques, soit qu'ils en minimisent l'intérêt, soit qu'ils lui restituent importance et signification. Ainsi MARX, comme DURKHEIM, tend à réduire la signification de l'événement au profit des structures et des lois. Pour Durkheim, c'est précisément le but de la sociologie que de se détourner des faits particuliers et d'étudier les régularités dont les événements ne sont que les signes. La sociologie ainsi entendue se distingue radicalement de l'histoire événementielle. Au contraire, une sociologie qui récuse la recherche des lois et qui privilégie les choix et les comportements individuels tend à restituer au singulier, à l'événement, toute son importance d'objet à comprendre et à expliquer.

Pierre ANSART

bibliographie

ARON Raymond, *Introduction à la philosophie de l'histoire* (1938), PUF, 1986.

BOUDON Raymond, *La Logique du social : introduction à l'analyse sociologique*, Hachette, 1983.

DURKHEIM Émile, *Le Suicide* (1897), PUF, 1991.

ÉVOLUTION ET ÉVOLUTIONNISME

du latin *evolutio* « action de dérouler, de parcourir »

voir : BIOLOGIE ET SOCIOLOGIE, CHANGEMENT, DÉTERMINISME

Théorie générale du changement social, faisant de l'histoire un processus nécessaire de la horde à l'État-nation, de l'homogène à l'hétérogène, par stades successifs.

Les théories postulant une *évolution* de l'histoire ont connu de nombreuses versions dans la pensée présociologique jusqu'à CONDORCET. Dans l'œuvre de SPENCER, la philosophie de l'histoire fait place à une vision déterministe qui emprunte à la biologie ses concepts directeurs. Assimilant la société à une réalité « supra-organique », Spencer fait du passage de l'homogène à l'hétérogène la loi fondamentale de l'évolution. Les sociétés évolueraient des stades primitifs (soumis à l'homogénéité) aux stades modernes par la différenciation des parties et la spécialisation des fonctions. Cette loi universelle conduirait à la création de vastes ensembles sociaux et, en particulier, mènerait des régimes militaires aux sociétés industrielles.

Ainsi conçu l'évolutionnisme se définit par son rapprochement avec les modèles biologiques. Cependant, des formes atténuées et non biologiques de l'évolutionnisme ne sont pas absentes de théories plus récentes.

Marx. MARX fait de la succession des modes de production une évolution nécessaire impulsée par le développement des forces productives ; l'humanité évoluerait, par stades, depuis le communisme primitif jusqu'au communisme.

Durkheim. DURKHEIM critique radicalement le recours de Spencer aux modèles biologiques, mais retient néanmoins le thème général d'une évolution de la solidarité mécanique à la solidarité organique, de l'indifférencié au différencié.

Parsons. De même, PARSONS, qui oppose à l'évolutionnisme une conception structurelle et fonctionnelle de la société, perçoit néanmoins dans l'histoire des sociétés une évolution (non plus unilinéaire mais multilinéaire) à partir du critère de la progressive différenciation sociale.

CRITIQUE DE L'ÉVOLUTIONNISME. La critique de l'évolutionnisme est venue de différentes orientations théoriques. Le fonctionnalisme et le culturalisme, en insistant sur l'unité et la spécificité de chaque ensemble culturel, détournent des philosophies de l'histoire ou de ce qui en tient lieu, et mettent en doute l'existence de lignes repérables d'évolution continue. De même, les théories de l'action, en mettant au centre des interprétations les conduites et les choix des acteurs, nient l'intérêt des théories globalisantes et réductrices. Enfin, les contestations du déterminisme atteignent les évolutionnismes en ce qu'ils retiennent des hypothèses à caractère déterministe, d'ordre biologique ou économique. Dans ces débats sont aussi en jeu les idéologies du progrès.

L'ÉVOLUTIONNISME DE L'HISTOIRE DES TECHNOLOGIES. Cependant un certain évolutionnisme réapparaît sous différentes formes et, en particulier, à partir de l'histoire des technologies. Cette histoire fait apparaître, en effet, une évolution, discontinue à court terme, mais continue à long terme, dans le sens de l'accroissement du pouvoir des hommes sur la nature. Toutefois, si cette évolution est repérable, elle n'entraîne pas, comme l'espéraient les philosophies du progrès, une continuité ni une évolution parallèle des systèmes sociaux et ne permet pas de justifier le paradigme évolutionniste.

Pierre ANSART

bibliographie

MUMFORD Lewis, *Technique et civilisation* (1946), Seuil, 1950.

SOROKIN Pitirim A., « Dynamique socioculturelle et évolutionnisme », in Georges GURVITCH (éd.), *La Sociologie au XXe siècle*, PUF, 1947, pp. 96 à 121.

SPENCER Herbert, *Principes de sociologie* (1877-1896), Baillière, 4 vol., 1878-1898.

EXCLUSION SOCIALE

du latin *excludere* « ne pas laisser entrer ; ne pas admettre »

all. GESELLSCHAFTLICHER AUSSCHLUSS	esp. EXCLUSIÓN SOCIAL
angl. SOCIAL EXCLUSION	ital. ESCLUSIONE SOCIALE

voir : CHÔMAGE, DISQUALIFICATION SOCIALE, PAUVRETÉ, STIGMATISATION

Action de renvoyer un individu ou un groupe d'un endroit où il avait précédemment sa place.

Comme le paupérisme a pu l'être au XIXe siècle, la notion d'*exclusion* est aujourd'hui au cœur du débat social et politique, en particulier en Europe, mais son usage est si varié et si imprécis qu'elle reste souvent floue et parfois équivoque. De ce fait, elle correspond davantage à un paradigme social qu'à un véritable concept sociologique (PAUGAM, 1996).

EXCLUSION ET SCIENCES SOCIALES : UN « CONCEPT-HORIZON ». Néanmoins, sur des sujets aussi sensibles que l'exclusion, les sciences sociales, en particulier la sociologie, sont toujours partie prenante du débat social. La notion d'exclusion ne s'est pas constituée dans le champ de l'action politique indépendamment des recherches menées en sciences sociales. Que ce soit au milieu des années 60 où elle fit son apparition (KLANFER, 1965), dans les années 70 où elle connut une première période de forte diffusion (LENOIR, 1974) ou dans la dernière décennie du XXe siècle où elle est devenue une catégorie hégémonique de la pensée sociale, la notion d'exclusion a toujours été utilisée à la fois comme catégorie de réflexion et d'action publique et comme objet de recherche. À chacune de ses phases, au moins de façon implicite, des travaux ont été menés en référence à cette notion, soit pour attirer l'attention sur une réalité qui restait méconnue (PÉTONNET, 1968, LABBENS, 1969), soit pour en étudier de façon plus approfondie les mécanismes, éventuellement à l'aide de concepts plus élaborés (DONZELOT, 1991, CASTEL, 1991, FERRÉOL, 1993, BOURDIEU, 1993, Paugam, 1993, XIBBERAS, 1993, ROOM, 1995). C'est dans ce sens que l'exclusion est en quelque sorte un concept-horizon. Sans être directement une catégorie de la pensée scientifique, elle contribue à structurer de nombreuses recherches. Elle correspond à un foyer virtuel qui permet de dire un certain nombre de choses et autour duquel s'organise une partie du savoir des sciences sociales.

CRISE DES IDENTITÉS ET SPÉCIFICITÉS ACTUELLES DES INÉGALITÉS. Ce concept-horizon suscite aujourd'hui plusieurs préoccupations théoriques au cœur de la tradition sociologique, en particulier celle de la reproduction des inégalités, celle du relâchement des liens sociaux et de la crise des identités. Se référer à la notion d'exclusion conduit à mettre l'accent sur les spécificités actuelles des inégalités (BALIBAR, 1992). Tout en se reproduisant, ces dernières, ainsi que les formes diverses de ségrégation, deviennent plus complexes et nécessitent, par conséquent, d'autres instruments d'analyse. Les situations d'instabilité, qu'elles soient d'ordre professionnel (précarité du statut de l'emploi, chômage), familial (rupture conjugale, recomposition des familles) ou social (difficultés d'accès au logement...), se sont diffusées. La difficulté consiste alors à analyser les inégalités non plus de façon statique, c'est-à-dire en identifiant les groupes défavorisés et en recherchant pourquoi leur condition sociale n'évolue pas, mais, au contraire, à repérer dans des trajectoires diverses les processus qui conduisent certains individus à un cumul de handicaps et d'autres à un cumul d'avantages, à l'origine d'une nouvelle forme de fragmentation sociale.

LE RELÂCHEMENT DES LIENS SOCIAUX. L'idée qui préside à de nombreux travaux menés en référence à la notion d'exclusion est également que les liens sociaux se relâchent. Cette idée n'est pas nouvelle. Elle était déjà, on le sait, au centre des préoccupations de DURKHEIM. Le relâchement des liens sociaux qui se manifeste dans différentes sphères de la vie collective (le travail, la famille, le quartier, l'école) correspond aux ratés des processus de socialisation, lesquels peuvent se traduire par une remise en question au moins partielle des identités individuelles et collectives. L'absence de perspectives d'emploi stable et le chômage menacent de détruire l'identité professionnelle, le divorce ou la séparation fragilisent souvent l'identité familiale et provoquent parfois un isolement durable. Par ailleurs, si les liens sociaux se relâchent, c'est aussi paradoxalement parce que la société devient, du moins en apparence, plus démocratique. Si les inégalités se renouvellent, les frontières entre les groupes sociaux apparaissent aujourd'hui moins visibles qu'au début du siècle ou qu'au milieu de celui-ci. Les aspirations peuvent être, de ce fait, plus grandes, d'autant que le niveau global d'éducation et de formation ne cesse de s'élever et que la société dans son ensemble continue à s'enrichir. Le sentiment que certaines barrières sociales s'estompent et le brouillage plus ou moins volontaire des statuts sociaux créés par l'État-Providence provoquent une fluidité des identités et, par là même, une difficulté plus grande à organiser son existence en fonction des attentes collectives de groupes sociaux déterminés. Dès lors, le problème essentiel pour de nombreux individus est celui de la menace de perdre la place qu'ils occupent dans la société, c'est-à-dire le lien fragile qui les relie aux autres.

En définitive, tout en cherchant à s'affranchir de l'usage courant de la notion d'exclusion et à affirmer la spécificité de leur raisonnement, les chercheurs contribuent à répondre aux questions à la fois sociales et sociologiques qui en sont à l'origine.

Serge PAUGAM

bibliographie

BALIBAR Étienne, « Inégalités, fragmentation sociale, exclusion. Nouvelles formes d'antagonisme de classe ? », in Jacques AFFICHARD, Jean-Baptiste de FOUCAULD, *Justice sociale et inégalités*, Éd. Esprit, 1992.

BOURDIEU Pierre, « Les Exclus de l'intérieur », in Pierre BOURDIEU (sous la dir. de), *La Misère du monde*, Seuil, 1993.

DONZELOT Jacques, *Face à l'exclusion. Le modèle français*, Éd. Esprit, 1991.

FÉRRÉOL Gilles, *Intégration et exclusion dans la société française contemporaine*, PU Lille, 1993.

KLANFER Jules, *L'Exclusion sociale. Étude de la marginalité dans les sociétés occidentales*, Bureau de recherches sociales, 1965.

LENOIR René, *Les Exclus, un Français sur dix*, Seuil, 1974.

PAUGAM Serge, *Précarité et risque d'exclusion en France* (avec Jean-Paul ZOYEM et Jean-Michel CHARBONNEL), « Documents du CERC », n° 109, La Documentation française, 4e trimestre 1993.

PAUGAM Serge (sous la dir. de), *L'Exclusion, l'état des savoirs*, « Textes à l'appui », La Découverte, 1996.

PÉTONNET Colette, *Ces gens-là*, Maspero, 1968.

ROOM Graham (sous la dir. de), *Beyond the Threshold. The Measurement and Analysis of Social Exclusion*, Bristol, The Policy Press, 1995.

XIBBERAS Martine, *Les Théories de l'exclusion. Pour une construction de l'imaginaire de la déviance*, « Sociologies au quotidien », Méridiens-Klincksiek, 1993.

EXOGAMIE ⇒ ENDOGAMIE

EXOGÈNE ⇒ ENDOGÈNE

EXPÉRIENCE SOCIALE

emprunt (v. 1265) au latin *experientia* « épreuve, essai, tentative », puis « expérience acquise, pratique »

all. ERFAHRUNG	esp. EXPERIENCIA
angl. EXPERIENCE	ital. ESPERIENZA

voir : ACTEUR, ACTION, CONSTRUCTIVISME, ÉCHANGE

Rapports dynamiques et réflexifs que le sujet entretient avec son environnement social.

UN CONCEPT NON CLASSIQUE. L'*expérience sociale* désigne la double activité d'un sujet qui « éprouve » le monde, qui se construit lui-même, qui « expérimente ». Même si la notion d'expérience sociale ne fait pas partie du vocabulaire classique de la sociologie, bien des « pères fondateurs » l'ont utilisée, MEAD et SIMMEL notamment. Ils se sont démarqués de la sociologie classique en insistant sur la distance entre l'acteur et le système, distance comblée par l'expérience sociale elle-même. Plus la société est complexe, moins elle est constituée par des institutions capables de transformer efficacement des valeurs en rôles et des rôles en personnalité, plus les individus sont tenus de produire eux-mêmes le sens de leur action et de leur identité. La socialisation n'est jamais totale : elle suppose des acteurs capables de construire leur propre expérience et leur autonomie, de développer des explicitations et des critiques.

L'EXPÉRIENCE SOCIALE DANS UNE DOUBLE MISE À DISTANCE. L'expérience sociale apparaît quand les acteurs mettent à distance leurs identités et leurs pratiques, construisent une distance à eux-mêmes, ne se réduisent pas à leur socialisation et aux attentes d'autrui. La sociologie de l'expérience sociale exige une double mise à distance.

- D'un côté, l'expérience sociale suppose que l'action ne se réduise pas à la rationalité limitée d'un sujet visant à optimiser ses investissements et ses bénéfices.
- D'un autre côté, l'expérience sociale implique que l'action ne soit pas totalement réductible à l'accomplissement d'un programme et de codes sociaux intériorisés selon le modèle durkheimien de la « contrainte » ou selon le modèle de l'habitus*.

Sans doute les acteurs sont-ils à la fois rationnels et socialisés, mais ils ne se réduisent à aucune de ces logiques et surtout, rien ne prouve que ces deux logiques soient compatibles.

On parlera d'expérience sociale quand les acteurs sont confrontés à plusieurs logiques de l'action et qu'ils doivent les combiner, les hiérarchiser et produire ainsi leur subjectivité et le sens propre de leur action. La notion d'expérience sociale apparaît quand le sujet a des « problèmes » à résoudre et quand les « solutions » ne sont pas déjà là. Elle se substitue à celle de rôle lorsque les sujets ne disposent pas de modèles de conduite réglés et préétablis, lorsqu'ils doivent eux-mêmes construire leur identité, définir les situations et leurs rapports aux autres. L'expérience est un « travail » de l'acteur.

LOGIQUES DE L'ACTION ET EXPÉRIENCE SOCIALE. On peut représenter ce travail comme une combinatoire entre plusieurs logiques de l'action différentes, parfois contradictoires, mais que les individus doivent agencer pour construire leur expérience et se construire dans le même mouvement. Il est possible, en s'inspirant notamment de WEBER, de distinguer trois grandes logiques.

- La première est celle de l'intégration sociale par laquelle un individu vise son intégration dans la société
- La deuxième est une logique stratégique, définie par un ajustement des moyens aux fins dans un système de concurrence.
- La dernière est une logique de subjectivation, où le sujet se définit par son identification et sa distance à des modèles culturels, par ses convictions et ses engagements.

On peut considérer que les sociétés modernes multiplient les situations dans lesquelles ces diverses logiques cessent d'être congruentes et complémentaires. C'est donc aux individus de construire leurs expériences en articulant ces diverses logiques.

L'EXPÉRIENCE SOCIALE COMME VERSANT SUBJECTIF DE LA PRODUCTION DE LA SOCIÉTÉ. Si l'expérience sociale est une activité subjective, les diverses logiques de l'action qui la composent sont, elles, objectivement définies par les appartenances, les ressources et les modèles culturels qui préexistent aux acteurs. Mais toutes ces logiques ne forment plus un système en dehors de l'activité des sujets eux-mêmes. Ainsi, la sociologie de l'expérience vise à montrer comment, conformément au programme de la modernité, la vie sociale est une auto-production, tant au niveau des individus qu'à celui des pratiques collectives. L'expérience est le versant subjectif et individuel de la production de la société.

Les difficultés et les épreuves liées à la construction des expériences sociales ne sont pas également réparties. Les divers individus sont plus ou moins intégrés, ils disposent de plus ou moins de ressources, ils se heurtent à plus ou moins d'obstacles pour affirmer leur autonomie. Ainsi, la capacité d'être le sujet ou l'auteur de sa propre vie est aussi un problème social et un problème de domination.

François DUBET

bibliographie

BERGER Peter, LUCKMANN Thomas, *La Construction sociale de la réalité*, Méridiens-Klincksieck, 1986.

DUBET François, *Sociologie de l'expérience*, Seuil, 1994.

ELIAS Norbert, *La Société des individus*, Fayard, 1991.

GOFFMAN Erving, *Les Cadres de l'expérience*, Éd. Minuit, 1991.

HABERMAS Jürgen, *Théorie de l'agir communicationnel*, Fayard, t. 1 et 2, 1987.

MEAD George Herbert, *L'Esprit, le soi et la société*, PUF, 1963.

SIMMEL Georg, *La Sociologie de l'expérience du monde moderne*, Méridiens-Klincksieck, 1986.

TOURAINE Alain, *Critique de la modernité*, Fayard, 1992.

WEBER Max, *Économie et société* (1922), Plon, 1971.

*

* *

EXPERT

du latin *expertus* « éprouvé, qui a fait ses preuves »

all. SACHVERSTÄNDIGER, EXPERTE	esp. EXPERTO
angl. EXPERT	ital. ESPERTO

voir : BUREAUCRATIE, TECHNOCRATIE

L'expertise, par exemple l'expertise judiciaire, est le recours, par une instance politique sociale, juridique, ou autre, à un particulier reconnu comme expérimenté dans un métier, un art ou une science, afin d'obtenir de ses compétences les renseignements dont il est besoin pour éclairer une décision à prendre. Les experts produisent un rapport technique que n'accompagne aucun avis sur le choix à prendre.

Le principe de la modernité démocratique a consisté à distinguer l'ordre du savoir et l'ordre du politique, c'est-à-dire l'ordre de la connaissance et celui de la volonté. Le pouvoir politique tire sa légitimité de sa fonction de représentation et renvoie à l'idée d'une volonté commune, et non à sa capacité à se faire reconnaître comme pouvoir de « celui qui sait ». Le pouvoir décide, mais il a besoin de s'entourer des éléments de savoir que lui fournissent des *experts*.

WEBER définit l'expertise comme un monopole légitime d'une compétence attestée, fondée sur la spécialisation du savoir et la délégation d'autorité légale. Il y voit la caractéristique essentielle de la rationalité bureaucratique, cette forme d'organisation propre aux sociétés modernes à domination de type rationnel légal. Parmi les traits principaux de cet état, relevons la prédominance de la qualification comme règle d'accès aux différentes fonctions, à l'exclusion d'autres critères (relations de parenté, de clientèle, etc.). Ceci implique un système de contrôle qui permette de détecter et de sanctionner ces qualifications. Ce système bureaucratique, producteur d'experts, permettrait une gestion objective des personnes en dépersonnalisant les activités. Mais cette dépersonnalisation est-elle aussi réussie que semble le croire Weber ? En particulier, subsiste-t-elle lorsque s'unissent expertise et pouvoir, soit que le pouvoir se présente sous le masque de la compétence et du savoir, soit que l'expert se voie attribuer, parce que expert, des pouvoirs politiques ?

La dépersonnalisation n'est souvent qu'une mise en scène abstraite, qui n'aseptise nullement les relations personnelles de clientélisme ou de classes, ni les effets de l'autonomisation de l'institution bureaucratique et sa tendance à persévérer dans son être et à se reproduire. Ainsi la démocratie se fait-elle technocratie. Ce qui mérite réflexion particulière, c'est cette nécessité où se trouvent les pouvoirs de se donner le masque du savoir et de la compétence pour légitimer une gestion politique, ce en quoi se manifeste la dépendance à l'esprit du temps et sa sacralisation de la science.

André AKOUN

bibliographie

AKOUN André, « L'Impossible Expertise », in *La Bureaucratisation de la recherche en éducation et en sciences sociales*, Éd. du CRP Canada, 1995.

BURNHAM James, *L'Ère des organisateurs* (1941), Gallimard, 1947.

LEFORT Claude, *Éléments d'une critique de la bureaucratie*, Genève, Droz, 1990.

WEBER Max, *Le Savant et le politique*, Plon, 1963.

WEBER Max, *Économie et société*, Plon, 1971.

EXPERTISE

dérivé d'« expert » (XVIe s.), qui vient lui-même du latin *expertus*, participe passé du verbe *experiri* « faire l'expérience de »

all. SCHÄTZUNG, BEGUTACHTUNG	esp. PERITACIÓN PERITAJE
angl. EXPERT EVALUATION	ital. PERÌZIA

voir : COMPÉTENCE, EXPERT, PROFESSION, SOCIOLOGIE DE LA SANTÉ, SYSTÈME-EXPERT

1. En droit, l'expert est un spécialiste dans un domaine donné, dont les connaissances de très haut niveau sont reconnues par les deux parties en litige et qui est appelé par un juge pour procéder à une expertise, c'est-à-dire pour examiner une question de fait selon les règles de l'art de sa spécialité et donner un avis compétent, purement technique, qui aidera le juge à trancher le conflit. L'expertise désigne la mesure de justice qui vise à demander à un expert de produire un rapport sur un fait empirique qui exige des savoirs techniques précis, afin d'aider le juge à apprécier le délit.
2. En psychologie cognitive, l'expertise renvoie à l'analyse très fine de l'activité concrète d'un opérateur-expert et à sa transcription en une série d'algorithmes formalisés dans un logiciel d'aide à la décision.
3. En sociologie, l'expertise désigne le savoir et l'expérience savants de l'expert dans une spécialité technique donnée, dont la spécificité monopolisée constitue le fondement et l'identité de chaque profession (PARADEISE).

La notion d'*expertise* est apparue au XIVe siècle (la forme graphique actuelle *expertise* seulement au XVIe siècle), alors que l'adjectif *espert* est en usage dès le XIIIe siècle (la forme *expert* date du XVIe siècle). Était alors *expert* celui qui avait acquis une grande habileté par la pratique, par l'expérience. Le terme d'expertise au XVIe s. désignait ainsi l'« habileté ».

La notion d'expertise s'est précisée à partir du XVIIIe siècle, lorsque, après la refonte du Code qui en précise la définition, les tribunaux s'attachent des experts dans toutes les spécialités susceptibles de connaître des différends. Dès lors, l'expert, inscrit sur une liste officielle, est censé être le meilleur de sa spécialité ; ses avis font autorité et sont acceptés par toutes les parties en présence. Cette idée d'excellence et de compétence officiellement reconnue connote désormais fortement ce terme d'*expert* et son dérivé, l'*expertise*. Toutefois, l'usage de l'expertise par la justice présuppose, en théorie, que la technicité d'une profession l'emporte sur l'expression et l'interprétation personnelles du praticien. En d'autres termes, les experts d'une même spécialité sont considérés comme interchangeables (PARADEISE), parce que leurs techniques sont censées se référer à des principes universels. C'est ignorer la diversité de fait des pratiques et des écoles au sein d'une même profession. Dès lors, l'expertise perd son caractère de vérité absolue et l'expertise se voit aujourd'hui opposer une contre-expertise. Néanmoins, le recours à l'expertise n'a cessé de s'étendre dans la société moderne (TRÉPOS), en raison de l'incapacité du juge, expert en droit, de maîtriser tous les champs du savoir nécessaires pour trancher un litige. L'expert s'oppose en fait au profane, au simple amateur et même au professionnel moyen (TRÉPOS).

« L'expertise est une image accomplie des traits de la professionnalité » (Paradeise). *« La connaissance experte est d'abord celle d'un grand nombre de procédures spécialisées dont la fonction essentielle est inférentielle : elles établissent des liens entre des choses qui n'ont pas forcément de lien entre elles »* (Merchiers, Pharo, p. 61). L'expertise est devenue une réalité banale de la société actuelle (Trépos).

RÔLE DE L'EXPERT : FACTEURS DE SON EXTENSION DANS LA SOCIÉTÉ CONTEMPORAINE. L'usage des termes *expert* et *expertise* a connu une grande extension dans le monde du travail contemporain, depuis 1970 environ, en raison de cinq facteurs essentiels :

. la croissance rapide de la recherche scientifique et de l'application de ses résultats, qui favorise l'émergence de nouvelles spécialités professionnelles et impose la fragmentation des savoirs pour renforcer l'efficacité ;
. la multiplication des situations sociales imposant l'intervention d'un expert (procès, assurances) ;
. le développement de la recherche sur les systèmes*-experts, corrélatif à l'expansion de l'informatique et des sciences cognitives ;
. l'attention portée à l'analyse de l'activité concrète, aux compétences opératoires, donc à l'expérience, pour améliorer la qualité de la production, définir et stabiliser des procédures normalisées, élaborer des systèmes d'aide à la décision ;
. l'importance prise par l'expérience concrète réelle, gage de la performance, en opposition à la formation initiale et aux diplômes dont la prolifération, liée au développement de l'enseignement supérieur et la prolongation de la durée des études, a mis en évidence que les savoirs opératoires ne peuvent se construire que par la pratique. La formation initiale est en effet de plus en plus centrée sur la transmission des savoirs formalisés, les seuls qui peuvent être diffusés par la parole et l'écrit, donc avec des moyens limités, tandis que la production des savoir-faire opératoires supposerait infiniment plus de matériel et de temps. Le repérage et l'objectivation de ces savoir-faire concrets sont à la base du relèvement des exigences vis-à-vis des opérateurs, ainsi que de l'élaboration de systèmes*-experts sophistiqués dans les secteurs de pointe (automation, nucléaire, médecine). Par ailleurs, depuis les lois Auroux de 1982, les comités d'entreprise (entreprises d'au moins mille salariés) et les comités d'hygiène, de sécurité et des conditions de travail (entreprise d'au moins cinquante salariés) peuvent se faire aider par des experts en comptabilité, en technologie, en sécurité, dans l'exercice de leurs fonctions. L'expert est devenu une figure familière du monde de la production et du travail.

PROFESSIONS LIBÉRALES ET EXPERTISE. L'étude de la notion d'expertise en sociologie s'est développée dans les années 80, sous la double influence du droit et de la psychologie, pour désigner la compétence professionnelle d'une profession (au sens large), le corps de connaissances techniques et de pratiques spécifiques à la base de la constitution et de l'identification d'une profession, dans la division sociale du travail. Alors qu'en psychologie des systèmes-experts le terme d'expertise est employé même pour l'analyse du travail des ouvriers et des employés, PARADEISE tend à l'utiliser plutôt pour les professions appelées en expertise par la justice, c'est-à-dire les professions au sens anglo-saxon. Ainsi, l'expertise des professions libérales, les seules à bénéficier d'un monopole, se distinguerait de la compétence des cadres et de la qualification des ouvriers. Le vocable apparaît comme particulièrement approprié, dans la perspective de la sociologie des professions, pour traiter des savoirs techniques de très haut niveau des professions libérales, pour mettre l'accent sur le caractère de spécialité étroite, d'excellence et d'exception de ces savoirs. La profession constituée se caractérise en effet par un savoir expert, un contrôle de l'accès à la formation et à l'exercice de la spécialité, un code de déontologie pour empêcher l'abus de pouvoir que confère le savoir, sous la direction d'un conseil de l'ordre. L'expertise sur laquelle repose une profession désigne ainsi un savoir technique rare et de très haut niveau (généralement enseignement supérieur), dont la profession s'efforce de maintenir la qualité et la performance, en échange d'une reconnaissance officielle, d'un statut protégé et de privilèges particuliers.

Ce type de comportement, déjà manifeste dans les corporations de métiers aux XIIIe et XIVe siècles, pour des activités économiques certes plus manuelles que celles des professions libérales, avait conduit à la suppression de ces corporations à la Révolution française ; à la fin du XIXe siècle, cependant, certaines professions d'ordre intellectuel (médecins, avocats) se sont efforcées de reconquérir un statut particulier, au nom de la nécessité de protéger le public des charlatans.

CONSEIL DE L'ORDRE PROFESSIONNEL ET EXPERTISE. Pour convaincre l'État de bénéficier de ce régime particulier, la profession doit déployer une argumentation incisive sur le thème d'une expertise spécifique, de très grande qualité, dont seuls les pairs sont en état de juger la pertinence des pratiques. La profession se constitue alors en ordre, sous la direction du conseil de l'ordre, seul compétent pour apprécier le contenu, la légitimité et les limites de l'expertise qui la fonde, pour organiser les modes de formation et d'évaluation des compétences qui la distinguent des autres professions, afin de contrôler ainsi l'accès à la profession et d'instituer, par la même occasion, un monopole, voire une certaine rareté, de l'exercice de la profession, afin de préserver ses privilèges. Une telle stratégie de professionnalisation n'est possible que pour les professions dont l'expertise rare est constamment alimentée par la science et qui répond à un besoin essentiel d'une large partie de la population (les professions libérales, mais aussi certaines activités liées à la santé et à la sécurité).

L'EXPERTISE FACE AUX PROGRÈS ET À LA SPÉCIALISATION DES SAVOIRS. Cette expertise, axe central de la professionnalisation d'un groupe professionnel particulier, n'est cependant jamais définitivement acquise. Elle se trouve en permanence menacée, non seulement par l'irruption de nouvelles découvertes, de nouvelles spécialités qui apparaissent sur des segments très ciblés pour lesquels la science officielle se révèle peu efficace, mais aussi par la diffusion rapide des connaissances parmi les usagers qui en deviennent plus exigeants et critiques. En outre, la multiplication des connaissances s'accompagne d'un mouvement de division du travail et de spécialisation des savoirs et des pratiques sur des corpus plus limités, pour augmenter l'efficacité du geste professionnel, aux dépens de la maîtrise de la totalité du processus qui était à l'origine de la fondation de la profession. C'est le travail des responsables de la profession de veiller en permanence à la qualité des prestations, en échange d'un monopole de l'exercice. Dès lors, chaque profession se voit obligée de recomposer en permanence son expertise et de déployer une rhétorique appropriée pour convaincre de la légitimité de ses pratiques à la fois ses ressortissants, les professions concurrentes, les usagers et l'État (Paradeise). La recherche sociologique sur l'expertise porte essentiellement sur les conditions sociales d'émergence et d'usage de ces pratiques, sur ses formes diverses, sur son rôle et sa signification dans la société, sur ses limites et ses ambiguïtés (TRÉPOS, 1996).

Mireille DADOY

bibliographie

BESSY C., CHATEAURAYNAUD F., « Les Ressorts de l'expertise », in *Raisons pratiques*, n° 4, 1993, *Les objets dans l'action*, Éd. de l'EHESS.

BOURDIN Alain, « La Figure de l'expert », in Jean-François Guillaume LEGRAND, Didier VRANCKEN, *La Sociologie et ses métiers*, L'Harmattan, 1995.

CASTEL Robert, « L'Expert mandaté et l'expert instituant », in *Situations d'expertise et socialisation des savoirs*, Saint-Étienne, CRESAL, 1985.

COLLINS Harry M., *Experts artificiels. Machines intelligentes et savoir social*, Seuil, 1992.

CRESAL, *Situations d'expertise et socialisation des savoirs, Saint-Étienne*, CRESAL, 1985.

DODIER Nicolas, *L'Expertise médicale. Essai de sociologie sur l'exercice du jugement*, Métailié, 1993.

JOHNSON T. J., *Professions and Power*, MacMillan, 1972.

MAURICE Marc, « Propos sur la sociologie des professions », in *Sociologie du travail*, Seuil, 1972, n° 2, pp. 213 à 225.

MERCHIERS Jacques, PHARO Patrick, « Éléments pour un modèle sociologique de la compétence d'expert », in *Sociologie du travail*, vol. XXXIV, 1992, n° 2, pp. 47 à 63.

MOULIN Raymonde, QUEMIN Alain, « La Certification de la valeur de l'art. Experts et expertises », *Annales. Économies, Sociétés, Civilisations*, n° 6, 1994.

PARADEISE Catherine, « Rhétorique professionnelle et expertise », in *Sociologie du travail*, Dunod, 1985, n° 1, pp. 17 à 31.

SARFATI-LARSSON Magali, *The Rise of Professionnalim*, Berkeley, University of California Press, 1977.

THEYS Jacques, KALAORA Bernard, *La Terre outragée. Les experts sont formels*, in « Mutations Science en société n° 1 », *Autrement*, 1992.

TRÉPOS Jean-Yves, *Sociologie de la compétence professionnelle*, Nancy, « Espace social », PU Nancy, 1992.

TRÉPOS Jean-Yves, *La Sociologie de l'expertise*, « Que sais-je ? », PUF, 1996.

*
* *

EXPLICATION

emprunt au latin classique *explicatio* « action de présenter clairement »

all. ERKLÄRUNG	esp. EXPLICACIÓN
angl. EXPLANATION	ital. SPIEGAZIONE

voir : CAUSE, DÉTERMINISME, ÉPISTÉMOLOGIE, ÉTIOLOGIE, STRUCTURALISME

Recherche des éléments, formes, causes, processus, contradictions, permettant de rendre compte des phénomènes sociaux étudiés.

En se constituant au XIXe siècle, la sociologie était portée par l'ambition générale d'expliquer les phénomènes sociaux et historiques. Le projet de COMTE ou de HEGEL était d'expliquer le devenir, soit par les évolutions de la pensée philosophique, soit par le devenir de la dialectique. Pour MARX, le matérialisme dialectique avait pour vocation de dissiper ces illusions idéalistes et d'expliquer le devenir par les réalités sociales, les contradictions économiques et la lutte des classes.

Le débat se renouvelle au début du XXe siècle sans que l'objectif de l'explication soit abandonné. DURKHEIM pose, dans les ***Règles de la méthode sociologique***, le principe de l'autonomie de l'explication sociologique, selon lequel « *la cause déterminante d'un fait social doit être cherchée parmi les faits sociaux antécédents* », à l'exclusion des phénomènes biologiques ou psychologiques. WEBER critique la tentation de confondre la sociologie avec les sciences naturelles et l'application des notions de lois et de causalité. Il fait de la compréhension l'une des méthodes indispensables à la sociologie, mais il n'invalide pas la recherche des explications. L'explication des faits historiques particuliers, notamment, reste pour lui un objectif essentiel de la sociologie. Cette volonté d'expliquer les phénomènes sociaux est une ambition non moins présente dans les sociologies contemporaines et donne lieu à un débat permanent. Rappelons deux positions antagoniques : le structuralisme et les sociologies individualistes. L'analyse structurale, dans ses diverses versions, tend à expliquer les faits sociaux et leur fonctionnement par le fait des structures établies, qu'elles soient sociales, institutionnelles ou culturelles. Le mouvement de pensée est, dans cette perspective, de rechercher les causes des comportements et, particulièrement, de leur permanence et répétition.

Les sociologies individualistes et de l'action, plus proches des principes de Weber, cherchent, au contraire, à expliquer les faits sociaux à partir des actions individuelles. On prend, dans cette perspective, pour point de départ les attitudes, les choix et les décisions des individus, à comprendre leurs « raisons » et à examiner comment, de l'agrégation de ces choix et de ces conduites, se constituent, « émergent » les régularités et les changements. Les travaux à caractère phénoménologique et descriptif poursuivent cette critique, ils recherchent la compréhension des conduites et non plus les explications causales soupçonnées de rester fidèles au positivisme scientiste. Toutefois, en privilégiant l'étude des formes (SIMMEL), de la vie quotidienne ou du symbolisme, ces analyses ambitionnent d'ouvrir la voie à de nouvelles explications. Elles contribuent à la réflexion sur les intentions, sur les imaginaires, sur les différentes formes de connaissances et leur actualisation. Elles récusent les explications positivistes, mais n'excluent pas la recherche d'explications plus proches de l'expérience individuelle et culturelle.

Il n'y a donc pas un modèle unique d'explication, mais un débat entre les différents modèles explicatifs. Tout se passe comme si la conscience de la complexité du social, jointe à la multiplication des recherches partielles, s'accompagnait d'une plus grande diversité des modèles. Des recherches microsociologiques proposent des explications circonscrites à leur sujet d'étude. Des traitements statistiques peuvent, à partir de données objectives, formaliser des relations explicatives et, éventuellement, opérer la falsification de certaines hypothèses. Aux tentatives dogmatiques du XIXe siècle, ont succédé à la fois un raffinement des explications partielles mais aussi une certaine prudence dans l'énoncé des explications globales.

Pierre ANSART

bibliographie

ANSART Pierre, *Les Sociologies contemporaines*, Seuil, 1993.

BOUDON Raymond, *La Logique du social : introduction à l'analyse sociologique*, Hachette Pluriel, 1983.

BOURDIEU Pierre, *Le Sens pratique*, Éd. de Minuit, 1980.

DURKHEIM Émile, *Règles de la méthode sociologique* (1895), Flammarion, 1988.

GIDDENS Anthony, *La Constitution de la société*, PUF, 1987.

WEBER Max, *Essais sur la théorie de la science* (1922), Presses Pocket, 1992.

EXPLOITATION

voir : CONFLIT, FÉMINISME, MARXISME

Action tendant à abuser d'un individu ou d'un groupe social à des fins intéressées.

1 La dénonciation de « *l'exploitation de l'homme par l'homme* » a été exprimée, pour la première fois sous cette forme, en 1830, dans le mouvement des jeunes saint-simoniens pour désigner l'extorsion des valeurs produites au cours du processus de production par les propriétaires capitalistes. MARX a placé cette exploitation aux fondements de sa théorie : elle constitue, selon *Le Capital*, le phénomène essentiel du capitalisme qui est fondé sur l'extorsion de la *plus-value* produite par la force du travail et constitutive du profit capitaliste. Dans cette théorie, l'exploitation n'est pas liée à des excès du capitalisme, mais caractéristique de sa nature et des rapports sociaux qui lui correspondent.

2 Le terme *exploitation* désigne toute relation dans laquelle un détenteur de privilèges ou de pouvoir exerce une violence contre des subordonnés à des fins personnelles : par exemple, exploitation des femmes par les hommes, exploitation des enfants à des fins sexuelles.

Pierre ANSART

EXPRESSION

voir : COMMUNICATION, CONVERSATION, LANGAGE, SOCIOLINGUISTIQUE, SYMBOLISME

Ensemble des signifiants écrits ou oraux, discursifs ou gestuels, produits et circulant dans un milieu social.

Les problématiques sociologiques multiplient les interrogations sur les émissions des *expressions*, sur leur circulation, leur réception et leurs effets. Une problématique de l'énonciation cherche à préciser quels sont les locuteurs et ce que signifie leur production langagière (tel locuteur est-il un porte-parole ? En quoi telle manifestation publique exprime-t-elle des mécontentements et lesquels ?). Une problématique de la circulation des énoncés cherche à préciser les règles qui définissent les prises de parole (qui est habilité à s'exprimer et en quelles circonstances ?), les interdictions et les censures (que convient-il de taire et pourquoi ?), et les relais des messages. Une problématique de la réceptivité interroge les conditions de la réception des messages (qui s'y expose ?), les retraductions et interprétations, les effets attendus et inattendus de ces réceptions. En toutes ces recherches, les expressions sont simultanément considérées comme des modes d'action.

Pierre ANSART

bibliographie

BOURDIEU Pierre, *Ce que parler veut dire, l'économie des échanges linguistiques*, Fayard, 1982.

F

FACTEUR

voir : ANALYSE FACTORIELLE DES CORRESPONDANCES, CAUSE

Élément qui concourt à un résultat, à un effet.

Comme dans les sciences physiques ou biologiques, le terme de *facteur* est employé, en sociologie, pour désigner tout élément ou condition participant à la production d'un phénomène. Au niveau le plus général du débat entre les disciplines, le projet épistémologique de DURKHEIM était de démontrer l'importance du facteur social et l'impossibilité d'expliquer le social par des facteurs psychologiques ou biologiques. Le terme de *facteur* prend un sens opératoire dans une recherche à caractère statistique alors qu'il s'agit de pondérer l'importance relative des facteurs déterminants et de valider une hypothèse à ce sujet.

Pierre ANSART

FACTION

emprunté (v. 1355) au latin *factio* « groupe de gens qui agissent ensemble », de *factum* « action de faire »

all. AUFRÜHRERISCHE GRUPPE, FAKTION	esp. FACCIÓN
angl. FACTION	ital. FAZIONE

voir : CONFLIT SOCIAL, MOUVEMENT SOCIAL, POLITIQUE DE POPULATION

Une faction est une force séditieuse au sein d'un groupe, d'une organisation ou d'un État.

Les gibelins et les guelfes, dans l'Italie des XIIIe et XIVe siècles, ou les hébertistes et les dantonistes, pendant la Convention, sont des exemples de *factions*. En tant qu'objet de réflexion sociologique, le factionnisme n'a suscité l'intérêt des chercheurs que récemment. Pour ZALD et ASH (1966, 1969, p. 479), l'hétérogénéité de la base sociale de l'organisation accroîtrait sensiblement les risques de divisions internes. Mais la vulnérabilité des organisations dépendrait également de la façon dont leurs membres ont été recrutés. Les organisations « inclusives », en imposant des conditions d'entrée très strictes à leurs adhérents, seraient plus sujettes au factionnisme que les organisations « exclusives » qui, elles, les accueillent sans contraintes. En utilisant les catégories conceptuelles proposées par HIRSCHMAN, on serait tenté de dire que, dans le second cas, les désaccords internes sont plus propices aux défections individuelles qu'aux prises de parole. Si l'on admet néanmoins que les débats internes font partie de la vie démocratique des organisations, la question est de savoir comment ce genre de division peut être surmonté par les acteurs. Étudiant les conséquences du factionnisme sur les capacités d'action des organisations protestataires, GAMSON (1975, pp. 99 à 108) montre que les chances offertes aux leaders d'arriver à contenir et à gérer d'éventuelles divisions varient en fonction du degré de bureaucratisation et de centralisation de ces organisations : un groupe faiblement bureaucratisé et non centralisé qui ferait l'expérience du factionnisme aurait donc une plus grande probabilité de connaître l'échec.

Patrice MANN

bibliographie

FIREY W., « Informal Organization and the Theory of the Schism », in *American Sociological Review*, nº 13, février 1948.

GAMSON W. A., *The Strategy of Social Protest*, Homewood (Illinois), The Dorsey Press, 1975.

HIRSCHMAN Albert O., *Défection et prise de parole*, Fayard, 1995.

ZALD M. N., ASH Roberta, « Social Movement Organizations : Growth, Decay and Change », in *Social Forces* (1966), vol. XLIV, pp. 327 à 341, repris dans B. MC LAUGHLIN (éd.), *Studies in Social Movements*, New York, Free Press, 1969, pp. 461 à 485.

FACTORIELLE ⇒ ANALYSE FACTORIELLE

FAIT SOCIAL

issu (v. 1160) du latin *factum*, de *facere* « action humaine » et notamment « action remarquable »

all. TATSACHE, FAKTUM	esp. FACTO
angl. FACT	ital. FATTO

voir : ANTHROPOLOGIE, ÉCOLE DE DURKHEIM, STRUCTURALISME ; FAIT SOCIAL TOTAL

Un fait social est un fait objectif dont les caractères ou les attributs sont les produits de l'association entre deux ou plusieurs individus ou du rapport entre des groupes sociaux et ne peuvent être réduits à des caractères ou des attributs psychologiques, biologiques ou physiques.

À la notion de *fait social* est liée l'idée d'*objectivité*. Est un *fait* ce qui est ou ce qui arrive : « Ceci est un fait », dit-on communément pour parler d'une réalité qui n'est ni illusoire, ni fictive. On ne peut nier le fait que l'Angleterre soit une île. En science, comme on le voit avec Claude BERNARD dans son ***Introduction à l'étude de la médecine expérimentale***, le mot *fait* prend un sens plus précis qui, associé à la démarche expérimentale, comporte une idée d'objectivité : on observe des faits, et les faits observés deviennent des données (*data*). Le positivisme reconnaît que seule la connaissance des faits est féconde.

La notion de *fait social* (angl. *social fact*) est étroitement associée au nom de DURKHEIM, pour qui le fait social est l'objet spécifique de la sociologie. Un chapitre des ***Règles de la méthode sociologique*** (1895) est consacré à la définition de cette notion : *« Est fait social toute manière de faire, fixée ou non, susceptible d'exercer sur l'individu une contrainte extérieure ; ou bien encore, qui est générale dans l'étendue d'une société donnée tout en ayant une existence propre, indépendante de ses manifestations individuelles »* (Durkheim, 1963, p. 14). Dans cette perspective, l'*institution* est le fait social par excellence (FAUCONNET et MAUSS, 1969, p. 150). Référence obligée, les ***Règles de la méthode sociologique*** sont loin de faire consensus. On ne s'entend pas toujours pour dire ce que sont les faits sociaux : s'agit-il de phénomènes collectifs ou tout simplement d'agrégats d'actions individuelles ? Et qu'en est-il de l'objectivité dans les sciences sociales ? On connaît bien la formule durkeimienne : *« Il faut traiter les faits sociaux comme des choses. »* Quelque cinquante ans plus tard, Jules MONNEROT rétorque : *« Les faits sociaux ne sont pas des choses. »* Les faits n'existent pas indépendamment de l'interprétation qu'on en donne ; ce sont, disent d'aucuns, plus portés vers le relativisme, des constructions sociales de la réalité.

Félicité des NÉTUMIÈRES

bibliographie

BERGER Peter, LUCKMANN Thomas, *La Construction sociale de la réalité*, « Sociétés », Méridiens-Klincksieck, 1986.

BORLANDI Massimo, « L'Individuel et le social », in Charles Henry CUIN (dir.), *Durkheim d'un siècle à l'autre*, PUF, 1995, pp. 249 à 265.

BUNGE Mario, *Finding Philosophy in Social Science*, Yale University Press, New Haven, et Londres, 1996.

DURKHEIM Émile, *Règles de la méthode sociologique* (1895), PUF, 1963.

FAUCONNET Paul, MAUSS Marcel, « La Sociologie, objet et méthode » (1901), *in* Marcel Mauss, *Œuvres*, t. 3, Éd. de Minuit, 1969, pp. 139 à 177.

LALANDE André, *Vocabulaire technique et critique de la philosophie*, PUF, 1956.

FAIT SOCIAL TOTAL

Tout fait en tant que social est total en ce sens qu'il est partie intégrante d'un tout (un système ou une structure) et qu'il s'incarne dans l'expérience individuelle.

L'expression est de MAUSS, qui a d'abord parlé de « phénomènes de totalité » (1924) et qui, dans son ***Essai sur le don*** (1925), en donne la définition suivante : il s'agit de tout fait social qui *« met en branle la totalité de la société et de ses institutions* [...] *et dans d'autres cas, seulement un très grand nombre d'institutions* [...]. *Tous ces phénomènes sont à la fois juridiques, économiques, religieux, et même esthétiques, morphologiques »* (Mauss, 1950, p. 274). Mauss pense au *potlatch*, dont il a tenté de décrire le fonctionnement comme un « tout », un système social entier. S'exprime ainsi sa volonté de relier l'individuel et le social et de concilier le général et le concret, tout en prenant en compte la complexité de la réalité sociale et humaine, avec ses diverses dimensions (sociologique, historique, physio-psychologique).

La notion de *fait social total* apparaît comme la notion maussienne par excellence (GURVITCH, 1963 ; CAZENEUVE, 1968 ; HOLLIER, 1972). On y trouve une invitation à recomposer le « tout » et à entreprendre une étude du « concret » qui soit aussi celle du « complet ».

Félicité des NÉTUMIÈRES

bibliographie

CAZENEUVE Jean, *Sociologie de Marcel Mauss*, PUF, 1968.

GURVITCH Georges, *La Vocation actuelle de la sociologie*, t. 2, PUF, 1963, p. 17 *sq.* et p. 442 *sq.*

HOLLIER Denis, « Malaise dans la sociologie », in *L'Arc*, n° 48 (à propos de Marcel Mauss), 1972, pp. 55 à 63.

KARSENTI Bruno, MAUSS Marcel, *Le Fait social total*, PUF, 1994.

LÉVI-STRAUSS Claude, « Introduction à l'œuvre de Marcel Mauss », in Marcel MAUSS, *Sociologie et anthropologie*, PUF (1950), 3e édition, 1966, pp. IX-LII.

MAUSS Marcel, *Essai sur le don. Forme et raison de l'échange dans les sociétés archaïques* (1925), in Marcel MAUSS, *Sociologie et anthropologie*, PUF (1950), 3e édition, 1966, pp. 143 à 279.

FALSIFIABILITÉ

emprunté (v. 1330) au latin médiéval *falsificare* « fausser, falsifier », construit à partir de *falsus* « faux ». En philosophie des sciences, emprunté à l'anglais *falsifiability*

all. VERFÄLSCHBARKEIT	esp. FALSIFIABILIDAD
angl. FALSIFIABILITY	ital. FALSIFICABILITÁ

voir : AXIOME, DÉDUCTION ET INDUCTION

Propriété d'un énoncé ou d'une hypothèse de pouvoir être infirmé.

La *falsifiabilité* (ou la *réfutabilité*) d'une hypothèse est supposée être un critère de reconnaissance des hypothèses scientifiques, par opposition aux pseudo-sciences (comme, selon POPPER, le marxisme ou la psychanalyse) ou à la métaphysique. Logiquement parlant, la réfutation d'une hypothèse nous apprend paradoxalement, en effet, quelque chose de plus sûr que sa vérification : si je suppose que « si *p* alors *q* » et que j'observe *q* (un fait), je ne peux en déduire que *p* (l'hypothèse) est vraie, mais seulement que *p* a bien résisté à cette première observation ; en revanche, si j'observais non *q*, je devrais en conclure que *p* est faux, c'est-à-dire que l'hypothèse est fausse (elle a été « falsifiée »). Popper en tire comme conséquence qu'il est de meilleure méthode (logique) de chercher à réfuter des hypothèses qu'à les vérifier. Le précepte n'est pas inutile, car une tendance fautive générale de l'esprit humain (un « biais » cognitif) est de voir dans toute confirmation d'une hypothèse une vérification de celle-ci, en étant aveugle, en revanche, à ce qui tend à l'infirmer et en introduisant même éventuellement à chaque infirmation des hypothèses supplémentaires (dites *ad hoc*) complexifiant à l'infini la théorie sans jamais renoncer à ses axiomes fondamentaux, tout cela pour éviter le désagrément d'avoir à revenir sur ses croyances initiales et donc à introduire en soi une « dissonance cognitive ». On a cependant rarement affaire à une hypothèse isolée, mais le plus souvent à une conjonction d'hypothèses, de sorte que ce qu'on teste, c'est toujours, en réalité, un ensemble d'hypothèses (problème dit du « holisme » de la vérification ou de Duhem-Quine) ; cela implique que, lorsqu' une observation n'est pas confirmée, tout ce qu'on peut en conclure, c'est que l'une des hypothèses au moins est fausse mais on ne sait pas laquelle. La prudence, mais non la logique, invite à suspecter alors la dernière hypothèse introduite, comme à ne pas rejeter en bloc une théorie qui s'avère par ailleurs féconde, surtout si on n'en a pas de meilleur substitut.

Alban BOUVIER

bibliographie

BOYER Alain, *Introduction à la lecture de Karl Popper*, Presses de l'École Normale Supérieure, 1994.

PASSERON Jean-Claude, *Le Raisonnement sociologique. L'espace non-poppérien du raisonnement naturel*, Nathan, 1992.

POPPER Karl, *La Logique de la découverte scientifique* (1934), Payot, 1978.

SOCIOLOGIE DE LA FAMILLE

emprunt tardif (1337) au latin classique *familia*, dérivé de *famulus* « serviteur », « ensemble de tous ceux qui vivent sous le même toit »

all. FAMILIE	esp. FAMILIA
angl. FAMILY	ital. FAMIGLIA

voir : ÂGE, COHORTE, DÉMOGRAPHIE, FÉCONDITÉ, FÉMINISME, IDENTITÉ

Il n'y a pas une définition univoque de la famille contemporaine. D'une part, les formes familiales sont diverses, du mariage à la cohabitation, de la famille classique à la famille monoparentale et à la famille recomposée. D'autre part, les individus et les institutions changent de point de vue selon leur intérêt. Au moment de la naissance, du mariage, de la mort, la famille se donne en représentation sous des contours différents. La famille, pour l'état civil, se distingue également de celle mise en œuvre par les politiques sociales. Elle est donc un groupe d'appartenance flexible.

LE RÔLE SOCIAL DE LA SOCIOLOGIE DE LA FAMILLE. Jusqu'aux années 70, la sociologie de la *famille* est considérée comme un domaine peu important. Pendant les années 1930-1970, c'est-à-dire la période durant laquelle la famille fait consensus social, avec le mariage, la division du travail entre l'homme pourvoyeur de revenu et la femme au foyer, les sociologues détournent leur attention de ce groupe. Et c'est au moment où ce modèle familial est contesté — tant par suite de la dénonciation de l'oppression féminine par les féministes que par les analyses que les partisans d'une éducation anti-autoritaire font des conséquences désastreuses pour l'enfant d'une éducation trop directive — que la famille devient un objet légitime. C'est dire combien le développement de ce domaine dépend pour une part d'enjeux sociaux : plus la « crise » de la famille classique s'amplifie avec la montée du divorce (après la création du divorce par consentement mutuel en 1975), du travail salarié des femmes (à partir de 1965), avec le développement de la cohabitation, et plus les travaux sur cette institution sont nombreux.

Cette relation est une preuve que la sociologie accompagne objectivement les changements sociaux : elle joue notamment un rôle de nomination, en proposant les nouvelles catégories de famille ; un rôle d'interprétation, en proposant des schèmes explicatifs sur l'évolution de la famille au débat public (qui se déroule autant dans les médias que dans la sphère du politique) ; un rôle d'expertise, en analysant les attitudes et les comportements correspondant à une question sociale. Ainsi la réforme du divorce s'est appuyée sur l'étude du décalage entre la norme juridique et les normes sociales. Ces trois rôles se recoupent. Par exemple, lorsque des sociologues proposent que les groupes composés d'une femme divorcée et de son enfant à charge, ou d'une femme mère célibataire, ou encore d'une veuve avec enfant, soient regroupés sous le même terme de « famille monoparentale », ils ne montent pas une opération simplement descriptive, « *mus par le souci légitime et louable de faire apparaître ces unités comme l'une des " variantes " que peuvent prendre les unités domestiques et non comme des formes " déviantes " de l'unité domestique " normale "* » (LEFAUCHEUR, 1988). Ils affirment par cette option que le mot « famille » ne désigne pas seulement la forme légitime créée par le mariage. Au début des années 80, le passage de famille au « singulier » à familles au « pluriel » a été l'objet de luttes idéologiques auxquelles les sociologues ont donc pris part, influencés notamment par des sociologues féministes.

Ensuite c'est la crise de l'État providence et ses conséquences qui a engendré un questionnement autour des parts respectives que doivent prendre les solidarités familiales et les solidarités étatiques. Les sociologues sont intervenus alors en révélant l'amplitude des échanges entre les générations et leurs inégalités selon les milieux sociaux (ATTIAS-DONFUT, 1995). Ils plaident pour le maintien des interventions de l'État parce que les personnes les plus démunies économiquement sont davantage celles qui perdent tout contact avec le réseau familial, et parce que l'action étatique soutient le procès de personnalisation ou d'individuation (ne serait-ce qu'en couvrant une part de son coût). La revendication de l'autonomie a pour effet de rendre nécessaires des aides de l'État pour les femmes au moment du divorce, pour les jeunes lorsqu'ils veulent prendre leur indépendance vis-à-vis des parents. On comprend qu'une sociologie de la famille est ou devrait toujours être, du fait de l'importance des enjeux autour de la famille, une sociologie politique scrutant les régulations externes de ce groupe (COMMAILLE, 1996).

La sociologie de la famille ne fluctue pas exclusivement au gré de la demande sociale ; elle a son autonomie relative. Les changements au sein de ce domaine correspondent également aux changements observés dans l'ensemble de la sociologie française. Jusqu'au milieu des années 80, l'attention a surtout porté sur la manière dont les familles contribuaient à la reproduction des rapports entre classes sociales et entre sexes. Par la suite, l'affaiblissement du poids du marxisme* et du structuro-fonctionnalisme* en sociologie a eu pour corollaire la redécouverte d'une sociologie davantage centrée sur les « acteurs » et sur le sens qu'ils donnent à leurs pratiques. Ont été lues et relues d'autres œuvres, notamment des classiques américains, promouvant l'interactionnisme et la construction sociale de la réalité par les individus. Le langage explicatif des grandes variables est, en partie, délaissé. Cela s'est traduit aussi par un déplacement dans les méthodes, avec une prépondérance accordée dans un premier temps aux enquêtes quantitatives, et dans un second temps aux enquêtes qualitatives, avec l'observation, l'entretien compréhensif ou le récit de vie.

L'INSCRIPTION DE LA FAMILLE DANS LES RAPPORTS SOCIAUX. La famille et sa contribution à la reproduction sociale : le travail pionnier de GIRARD sur le choix du conjoint (1964) a été une première analyse de la contribution de la famille à l'ordre social. Le mariage amoureux des années 30 à 60 n'avait pas rendu aveugles les hommes et les femmes. La force de l'homogamie traduit le fait que les conjoints qui se ressemblent, qui ont des valeurs sociales et culturelles proches, tendent à s'assembler. BOURDIEU a repris cette perspective en la systématisant, avec la notion de stratégies de reproduction (1972, 1974). Les pratiques mises en œuvre par les familles et leurs membres ont pour fonction première d'essayer de garantir au minimum à ces groupes le maintien de leur position dans l'espace social. La famille est définie prioritairement par une fonction externe, la contribution qu'elle assure à la reproduction sociale. L'ensemble des activités du groupe doit réaliser cet objectif, conscient ou non : la limitation des naissances, le choix du collège, de l'éducation morale, des amis et des relations... Les différentes espèces de capital accumulées par la famille et la lignée doivent être conservées à la génération suivante, sous une forme identique ou sous une autre forme, si la conversion du capital est nécessaire. Les familles se différencient selon la nature du capital possédé et l'amplitude des ressources.

Toutes les stratégies familiales n'ont pas été analysées avec la même attention. Ce sont sans doute les stratégies face à l'école qui ont été le plus étudiées, avec notamment le choix du collège ou du lycée, ou de l'école libre ou privée (LANGOUËT, LÉGER, 1997). Le placement de l'enfant dans une école privée dépend à la fois de l'histoire de ses parents et de sa propre trajectoire scolaire. Ces stratégies — qui incluent aussi le choix des langues et des options — sont d'autant plus indispensables que la scolarisation dans tous les milieux s'est accrue, et donc que la concurrence a augmenté. Le capital scolaire constitue un des enjeux principaux de la reproduction sociale, entraînant des effets importants sur le fonctionnement des familles et demandant une mobilisation d'une grande majorité d'entre elles.

L'autre temps de la vie privée le plus étudié est celui du choix du conjoint, c'est-à-dire le moment où se réalise (au sens économique) sur le marché matrimonial le capital accumulé pendant l'enfance. Ainsi BOZON et HÉRAN (1987, 1988) ont mené une enquête sur les mécanismes qui conduisent à l'alliance. La segmentation des espaces de rencontre, selon les milieux sociaux, rend compatibles l'amour libre et la défense des intérêts en jeu, puisque les parents n'ont pas à intervenir explicitement. Non seulement tout est mis en place pour que le fils ressemble au père (THÉLOT, 1982) — en équivalence de position sociale plus qu'en stricte identité —, mais aussi pour que le lien entre le fils et son conjoint ressemble au lien unissant son père et sa mère. Dans ces conditions, le jeu laissé aux individus reste nécessairement limité : les fils d'ouvriers qui deviennent cadres n'avaient pas un père ouvrier comme les autres. Les filles de cadre rencontrant leur conjoint dans un espace ouvert — espace matrimonial propre aux classes populaires — ne sont pas des filles de cadre comme les autres ; elles sont moins filles de cadre que les autres. Remonter encore plus en arrière à la recherche d'un passé explicatif, ou affiner toujours plus dans le découpage des fractions de classe, telle est la démarche qui n'intègre les éventuelles anomalies qu'à ce prix. Les mouvements d'une génération à l'autre résultent alors principalement de l'amplitude du capital possédé, la place accordée aux stratégies au sens strict et au jeu des acteurs semblant restreinte.

Tout en conservant le milieu social comme variable explicative de la famille, d'autres travaux centrent davantage leur attention sur le fonctionnement interne, sur les relations conjugales ou la pédagogie parentale (KELLERHALS *et alii*, 1982). Un des clivages les plus étudiés est celui qui oppose sur l'axe de l'extension de l'échange un pôle de la fusion et un pôle de l'autonomie. Grâce à la méthodologie des scénarios — histoires que les personnes interrogées doivent achever — on détecte la position sur cet axe. Souhaite-t-on passer tout son temps libre avec son conjoint ? Estime-t-on qu'on a le droit d'avoir des territoires privés sur lesquels le partenaire n'a pas le droit d'empiéter ? On découvre que les individus qui revendiquent le plus la fusion sont davantage issus de milieux populaires. Et inversement, les individus les mieux dotés en ressources sociales et culturelles sont davantage partisans de l'autonomie. Cela s'explique, selon Kellerhals, par le fait que les membres des classes moyennes et supérieures ont des « alternatives d'identité sociale » qui entrent en concurrence avec « les rôles et les statuts liés à la situation matrimoniale ». La famille compte plus pour ceux et celles qui n'ont pas les moyens d'avoir accès, du fait du niveau faible de leurs ressources, à d'autres sphères intéressantes. Le repli sur la famille est le signe d'une certaine pauvreté : les familles « bastion », peu ouvertes sur l'extérieur, se rencontrent plus en bas de la hiérarchie sociale.

LA FAMILLE ET LES RAPPORTS HOMMES/FEMMES. Dans les années 70, sous l'impulsion de MICHEL, les théories féministes obtiennent droit de cité dans la sociologie de la famille. « L'ennemi principal » ne figure plus sous les traits de la classe bourgeoise, mais de la classe des hommes. Pour DELPHY, les femmes mariées entrent dans un rapport de production spécifique dans lequel le mari s'approprie tout le travail effectué dans sa famille.

Selon une telle analyse, raisonner en familles de classes revient, en attribuant à tous les membres de la famille la position du « chef de ménage », à masquer le fait décisif : le rapport de dépendance de la femme vis-à-vis de son partenaire. La division du travail entre les conjoints ne se justifie plus, comme avec PARSONS, en référence au bon fonctionnement du groupe ; elle renvoie aux bénéfices que tirent tous les hommes de la sujétion féminine. Un des acquis de cette perspective a été de remettre en question la notion de travail, en intégrant les tâches ménagères dans la catégorie de travail domestique, et la coupure entre la sphère du travail salarié et celle du privé, entre le travail de production et celui de reproduction (BARRÈRE-MAURISSON, 1984).

La vie conjugale ne peut pas être définie sans considérer le genre des conjoints et le rapport social de sexe qui double leurs relations conjugales. Cela est perceptible dans les transformations des valeurs sociales et culturelles de l'épouse et de son mari, consécutives à leur entrée dans la vie conjugale et familiale. La fortune culturelle de la femme, approchée par son rendement sur le marché du travail, baisse comparativement à celle d'un homme disposant au départ du même capital. Cette différence peut être peu visible pendant le temps de l'union, les bénéfices pouvant être distribués égalitairement. C'est au moment de la séparation que le prix du mariage est payé par les femmes : la femme a pris du retard dans la valorisation personnelle de son capital, du fait de ses charges domestiques, contrairement à son partenaire (SINGLY, 1987). Les intérêts et les valeurs des épouses ne se confondent pas avec les intérêts et les valeurs de leurs maris. L'homogamie initiale entre les partenaires — même niveau scolaire, même origine sociale — n'anticipe qu'un des enjeux du mariage, la reproduction des classes sociales ; elle ne doit pas faire oublier la reproduction des sexes ou des genres, qui peut produire progressivement une hétérogamie.

Cette perspective permet de mesurer les effets différents de la vie commune. Elle rend compte des transformations des relations conjugales dans le cadre d'une théorie de la domination masculine, où l'amour n'est qu'illusion, et où tout changement, même favorable (comme l'extension du travail salarié pour la femme), est présenté surtout comme une augmentation des contraintes (avec la double journée), ou comme une euphémisation accentuée du rapport de forces entre l'homme et la femme. Vivre ensemble aurait pour objectif presque exclusif de maintenir les privilèges des hommes. Cet énoncé peut être rapproché de la perspective des rapports sociaux de classe, selon laquelle la famille sert davantage aux classes supérieures (qui ont surtout à se protéger), alors que pour les milieux populaires, elle peut être surtout un havre de paix au sein duquel la chaleur du foyer fait oublier la misère du monde. Dans les deux cas, la notion de famille est trompeuse — celle des hommes et celle des femmes, celle des cadres et celles des ouvriers ayant peu de points en commun ; le mot « commun » a pour fonction idéologique de créer une illusion de communauté.

LE CHANGEMENT D'ÉCHELLE D'OBSERVATION. Dans les années 80, sans abandonner nécessairement la thèse de la diversité des familles selon les milieux sociaux et les genres, des chercheurs ont éprouvé le besoin de modifier leur échelle d'observation. En se rapprochant des familles, par l'observation directe et par le récit des pratiques, ils ont voulu comprendre, par exemple (LAHIRE, 1995), comment des enfants de milieux populaires échappent au redoublement à l'école élémentaire — destin le plus probable — et comment certains parviennent même à avoir une bonne scolarité. Le détour par « le plus près » repose sur l'idée selon laquelle ce ne sont pas uniquement de grands facteurs, de grandes variables (la classe, le sexe, l'âge) qui produisent le réel. D'autres facteurs, d'autres traits agissent, imperceptibles dans l'analyse statistique, que seule la microanalyse peut détecter : telle famille met en pratique une vigilance morale donnant un sens à la mobilisation scolaire de tout le groupe, ou, à un autre niveau, tel homme considère de telle ou telle manière l'engagement professionnel de sa compagne (Singly, 1996). Cette orientation accorde crédit aux individus (le passage de la notion d'agent à celle d'acteur traduit ce mouvement), au sens subjectif de leurs pratiques et pas uniquement au sens objectif.

LES PRINCIPES ET LEUR MISE EN ŒUVRE. L'intérêt heuristique d'une telle démarche « au plus près » réside en particulier dans le fait qu'elle permet de comprendre l'écart entre les représentations et les activités qui devraient leur correspondre, entre ce que les individus *disent* de ce qu'ils font ou de ce qu'ils voudraient faire, et ce qu'ils font réellement. Comment expliquer que les couples de milieux populaires, tout en déclarant tout faire ensemble, ont beaucoup d'activités séparées ? Comment expliquer que les couples modernistes adoptent l'idée d'égalité au sein du couple et la mettent peu en œuvre ? En vivant au milieu de familles ouvrières du Nord, SCHWARTZ découvre des couples qui ne correspondent pas au type fusionnel. Plus précisément, il note une contradiction entre le système de référence des femmes et celui des hommes : le premier est centripète, le second est centrifuge. Les maris n'ont pas intériorisé le besoin de la vie conjugale avec la même intensité que leurs épouses : ils se « préservent des possibilités de fuite, de repli, de solitude parfois », avec la pêche, le bricolage, le café, ils cherchent à « se mettre en marge, à desserrer les contraintes sociales — y compris celles du couple —, à se garantir un ailleurs », alors qu'ils exigent que leurs épouses restent disponibles et se « portent garantes de la demande masculine ». La vie familiale et la vie privée ne coïncident pas. Chacun éprouve le besoin (historiquement produit) d'une certaine autonomie, autonomie qui ne prend pas la même forme selon les sexes.

En analysant les couples au moment de la retraite, CARADEC (1996) observe une variation de ces mouvements centripète et centrifuge. La femme réclame de sortir et l'homme de rester à la maison ! Cette inversion masque un enjeu semblable à celui des couples ouvriers du Nord : la vie à deux doit pouvoir être conciliée à une vie seule à certains moments (« seul » étant défini par rapport à la famille ; cela peut signifier être à plusieurs, avec des amis, des copines...). Lorsque l'homme est au foyer, l'espace domestique ne peut plus être détourné comme lieu féminin, et la femme souhaite alors le quitter. De ces recherches, il est possible de déduire que l'enjeu de la reconstruction identitaire au moyen d'une alternance entre vie familiale et vie personnelle varie peu socialement, contrairement aux travaux antérieurs qui caractérisaient les classes populaires par la fusion et les classes moyennes et supérieures par l'autonomie. Les différences résident plus dans la légitimité de la revendication de cette autonomie : ce sont les femmes les plus diplômées qui réclament le plus le droit d'avoir une vie à soi, et dans les formes de l'inscription de la vie « privée-privée ».

Si les individus qui font la demande la plus discrète d'une autonomie personnelle cherchent néanmoins à l'obtenir, à l'inverse, les individus les plus partisans du partage des tâches en restent souvent à la déclaration d'intention. KAUFMANN décrit avec finesse les arrangements que les hommes et les femmes font avec les principes de l'égalité (1992). Ceux-ci refusent l'enfermement dans des rôles fixés à l'avance, aussi condamnent-ils la routine, les habitudes. Pour eux, l'organisation de la famille doit reposer sur les goûts, les compétences de chacun. Ce mot d'ordre, justifié aussi par le souci d'une certaine équité entre les partenaires, reste en partie lettre morte. Certains processus conduisent à la coexistence entre une égalité proclamée et une spécialisation assumée : le « ça s'est passé tout seul », la force des socialisations sexuelles, notamment, font que la résultante des négociations conjugales ressemble assez au fonctionnement refusé au nom de la modernité domestique. La critique des habitudes n'interdit pas leur réapparition, quitte à ce que l'un ou l'autre conjoint (plus souvent la femme) se sente « piégé », « floué » éventuellement, et désire rompre.

LA CONSTRUCTION DE L'IDENTITÉ PERSONNELLE. Le changement d'échelle ne constitue pas uniquement une modification méthodologique. Il exprime une transformation du questionnement théorique sur les fonctions de la famille. Cette dernière n'est pas perçue exclusivement comme le groupe au sein duquel se reproduit la domination de classe et de genre. Elle est aussi un lieu qui permet, plus ou moins bien, la construction de l'identité personnelle. Dans « Le mariage et la construction de la réalité » (1960) où ils empruntent à la fois à HALBWACHS, à MEAD et à PARSONS, BERGER et KELLNER estiment que la vie commune a pour effet, grâce aux interactions constantes entre les conjoints, de valider la vision du monde de chacun et ainsi de stabiliser leur propre identité. La famille est autant un espace de socialisation secondaire pour les adultes qu'un espace de socialisation primaire pour les enfants.

Bon nombre de travaux des années 90 enrichissent cette perspective. Ainsi GOTMAN dément la coupure supposée avec la famille d'orientation (dans laquelle l'individu est né) en analysant la manière dont chacun s'approprie l'héritage de ses parents (1988, 1995). Le refus de l'héritage sous la forme de la dilapidation illustre l'impossible rupture entre socialisation secondaire et socialisation primaire. Ainsi Kaufmann (1992) démontre que ce sont les habitudes qui supportent davantage la construction du groupe conjugal que la conversation. Les résistances au partage des tâches ménagères à l'intérieur du couple, et à leur délégation à d'autres individus, constituent la preuve que l'individu se construit par la maîtrise du monde privé qui l'entoure. La stabilité du monde des objets compte au moins autant que celle apportée par les relations personnelles. Ainsi SCHWARTZ (1990) appréhende les limites du *nomos* conjugal, l'homme et la femme conservant une sphère privée qui ne se confond pas avec la vie de famille. L'existence d'une zone privée autorise le ressourcement intime, et elle est aussi un moyen de marquer la distance aux rôles, et ainsi de s'affirmer en tant que personne. Ainsi SINGLY (1993) décrit le processus de révélation de l'identité personnelle grâce au travail relationnel du conjoint ou du parent — en se servant du mythe de Pygmalion comme modèle de référence — sans que cela implique nécessairement la création d'un monde commun (en tout cas d'un monde très englobant). Avec ces apports, l'utilité de la perspective ouverte par Berger apparaît nettement : la famille est construite dans le jeu permanent des interactions de soi avec soi, ou de soi avec ses proches (interactions dont le modèle est, en partie, fixé selon des normes sociales).

LA NATURE DES CHANGEMENTS FAMILIAUX. Même si les débats sont rarement engagés explicitement, il est possible de repérer les lignes de clivage, théoriques, existant au sein de la sociologie de la famille.

1 Le premier oppose ceux qui estiment que la nouveauté est une illusion à ceux qui plaident pour la spécificité de la famille contemporaine. Les différences entre les manuels de SEGALEN et de Singly renvoient, pour une part, à ce clivage. Des ethnologues, soutenus par certains historiens (qui ne se reconnaissent pas dans la perspective d'ARIÈS, et qui sont plus proches de la démographie historique), reprennent l'énoncé de LÉVI-STRAUSS selon lequel « *il se pourrait que, dans sa puissance inventive, l'esprit humain eût très tôt conçu et étalé sur la table presque toutes les modalités de l'institution familiale* » (préface à **Histoire de la famille**, 1986). Les familles recomposées ont toujours existé, tout comme la famille nucléaire. La complexité des familles recomposées, avec des enfants ayant plusieurs parents, ne doit-elle pas être rapprochée de la circulation des enfants, fréquente dans les sociétés traditionnelles ? L'instauration de réseaux familiaux à la place de l'appartenance à une seule famille ressemblerait à une forme familiale fréquente dans l'histoire de l'humanité : l'individu serait inséré dans un système complexe de relations, il aurait une parenté en rien réduite aux membres de la famille de procréation et de la famille d'appartenance. Aujourd'hui, la parenté joue plus que jamais un grand rôle, contrairement à la thèse de Parsons qui soutient l'isolement de la famille nucléaire et urbaine : c'est ce que montre l'amplitude des flux d'argent et de services entre les générations. À l'opposé, d'autres sociologues pensent que la famille occidentale a une histoire, avec la montée du sentiment amoureux, de l'importance des liens affectifs, de la centration sur l'enfant (en relation avec l'importance de l'école). Une structure identique peut être observée dans plusieurs pays, à différentes époques — comme la famille nucléaire —, sans que cela implique une identité de fonctionnement et de fonctions. Le désaccord porte donc sur l'élément qui sert de support à la définition de la famille : soit la structure, soit le fonctionnement interne et les fonctions sociales.

2 Le deuxième clivage porte sur la nature du changement (dans le sous-ensemble de ceux pour qui le changement existe). D'un côté, certains affirment que la famille est en crise d'institution. Pour d'autres, la famille contemporaine s'est instituée sous une forme individualiste et relationnelle.

- Les premiers retiennent avant tout la baisse des mariages, la montée du divorce, la contestation de l'institution du mariage par la concurrence d'autres formes de vie commune. On est parvenu à une société qui serait déréglée, qui ne respecterait plus les impératifs d'une anthropologie humaine. Le « démariage », dissociant la dimension du couple et la dimension de la filiation, a entraîné un bouleversement tel qu'il est temps de *« refonder, autrement mais véritablement, l'ordre symbolique de la famille et de la parenté »* (THÉRY, 1993). L'évolution actuelle est donc une « dégradation », une « impasse » (ROUSSEL, 1989), une menace pour l'avenir de la société.

. D'autres proposent une interprétation différente. Le rapport distant vis-à-vis de l'institution du mariage et des rôles, la critique des liens de dépendance au sein de la famille ne signifient pas que la famille n'est plus une institution. Ce n'est pas parce qu'existe un certain « jeu » (au sens d'une pièce qui a du jeu) entre les individus et les places que tout est incertitude ou confusion. L'autorité du père peut prendre de nouvelles formes sans qu'il devienne mère ou copain. Une négociation entre conjoints, entre parents et enfant peut exister sans qu'il y ait abolition des positions. Les sociétés contemporaines inventent une manière de s'approprier la place occupée qui tolère une expression personnelle (SINGLY, 1996). L'espace de socialisation (primaire et secondaire) peut et doit devenir moins contraignant, moins stabilisé institutionnellement pour que la construction interactionnelle des identités puisse se réaliser dans le cadre des nouvelles exigences sociales.

François de SINGLY

bibliographie

ATTIAS-DONFUT Claudine (sous la dir. de), *Les Solidarités entre les générations*, Nathan, 1995.

BERGER Peter, KELLNER Hans, « Le Mariage et la construction sociale de la réalité » (1960), in *Dialogue*, 1988, n° 102, pp. 6 à 23.

BOURDIEU Pierre, « Les Stratégies matrimoniales dans le système des stratégies de reproduction », in *Annales ESC*, 1972, vol. 27, n° 4-5, pp. 1105 à 1127.

BOURDIEU Pierre, « Avenir de classe et causalité du probable », in *Revue française de sociologie*, 1974, volume XV, n° 1, pp. 3 à 42.

BURGUIÈRE André, KLAPISCH-ZUBER Christiane, SEGALEN Martine, ZONABEND Françoise (sous la dir. de), *Histoire de la famille*, Armand Colin, t. 1 et 2, 1986.

CARADEC Vincent, *Le Couple à l'heure de la retraite*, PU Rennes, 1996.

Collectif, *Le Sexe du travail. Structures familiales et système productif*, PU Grenoble, 1984.

COMMAILLE Jacques, *Misères de la famille, question d'État*, Presses de la FNSP, 1996.

DELPHY Christine, « Les Femmes dans les études de stratification », in Andrée MICHEL (éd.), *Femmes, sexisme et sociétés*, PUF, 1977, pp. 25 à 38.

GIRARD Alain, *Le Choix du conjoint*, INED-PUF, 1964.

GOTMAN Anne, *Hériter*, PUF, 1988 ; et *Dilapidation et prodigalité*, Nathan, 1995.

KAUFMANN Jean-Claude, *La Trame conjugale*, Nathan, 1992.

KAUFMANN Jean-Claude, *Le Cœur à l'ouvrage*, Nathan, 1997.

KELLERHALS Jean, PERRIN Jean-François, STEINAUER-CRESSON Geneviève, VONÈCHE Laura, WIRTH G., *Mariages au quotidien. Inégalités sociales, tensions culturelles et organisation familiale*, Lausanne, Favre, 1982.

LAHIRE Bernard, *Tableaux de famille*, Hautes Études-Gallimard-Seuil, 1995.

LANGOUËT Gabriel, LÉGER Alain, *Le Choix des familles. École publique ou école privée ?*, Éd. Fabert, 1997.

LEFAUCHEUR Nadine, « Les " Familles monoparentales " en questions », in *Dialogue*, n° 101, 1988, pp. 28 à 44.

ROUSSEL Louis, *La Famille incertaine*, Odile Jacob, 1989.

SCHWARTZ Olivier, *Le Monde privé des ouvriers*, PUF, 1990.

SEGALEN Martine, *Sociologie de la famille*, Armand Colin, 1996.

SINGLY François de, *Fortune et infortune de la femme mariée*, PUF, 1987.

SINGLY François de (sous la dir. de), *La Famille : l'état des savoirs*, La Découverte, 1991.

SINGLY François de, *Sociologie de la famille contemporaine*, Nathan, 1993.

SINGLY François de, *Le Soi, le couple et la famille*, Nathan, 1996.

THÉLOT Claude, *Tel père, tel fils ? Position sociale et origine familiale*, Dunod, 1982.

THÉRY Irène, *Le Démariage*, Odile Jacob, 1993.

FANATISME

emprunté au latin *fanaticus* « serviteur du temple », puis « inspiré, possédé par la divinité »

all. FANATISMUS	esp. FANATISMO
angl. FANATICISM	ital. FANATISMO

voir : CENSURE, CONTRÔLE SOCIAL, IDÉOLOGIE, LIBERTÉ

Adhésion passionnée à un dogme religieux ou politique, menant à la violence contre tout ce qui lui est étranger.

La grande pluralité des formes de *fanatisme* rend difficile une définition commune. La conception traditionnelle mettait l'accent, au XVIIIe siècle, sur l'adhésion aveugle et agressive aux croyances du groupe d'appartenance. Cette interprétation du fanatisme n'est pas absente des recherches actuelles qui soulignent l'importance des idéologies dans certains phénomènes de fanatisme politique (SIRONNEAU, 1982). Au sein de groupes déterminés, souvent minoritaires, les croyances communes peuvent revêtir un caractère sectaire et donner lieu à des comportements agressifs (CHOUVIER, 1982). Nombre de recherches expérimentales rejoignent les études historiques et soulignent, dans ces processus de passage à la violence, le rôle du petit groupe. Le groupe fanatique peut aussi constituer un pôle d'attraction pour des individus enclins psychologiquement à la violence. Des États totalitaires (nazi, soviétique) ont pu réunir tous ces éléments et assurer la réalisation d'un fanatisme d'État par la conjonction d'une idéologie légitimant la violence, sa monopolisation étatique, l'homogénéité des institutions sociales, et la terreur policière exercée contre les opposants. Une fois mis en place ce fanatisme d'État et ses organismes de contrôle, l'adhésion fervente de tous les exécutants n'est plus indispensable et une bureaucratie maintenue par une discipline policière peut suppléer à l'enthousiasme (ARENDT, 1951).

Pierre ANSART

bibliographie

ARENDT Hannah, *Le Système totalitaire* (1951), Seuil, 1972.

CHOUVIER Bernard, *Militance et inconscient*, Lyon, PU Lyon, 1982.

SIRONNEAU Jean-Pierre, *Sécularisation et religions politiques*, Mouton, 1982.

FASCISME

emprunt (1921) à l'italien *fascismo*, mot dérivé de *fascio* « faisceau », du latin *fascii*

all. FASCHISMUS	esp. FASCISMO
angl. FASCISM	ital. FASCISMO

voir : DICTATURE, TOTALITARISME

Mot aux significations multiples et ambiguës qui inclut le fascisme en Italie, le national-socialisme en Allemagne, le salazarisme au Portugal, le franquisme en Espagne, le fascisme, *à proprement parler, désigne le régime installé par Mussolini après sa marche sur Rome en 1922, appuyé sur des organisations d'encadrement : les* fasci *(les « faisceaux », que les licteurs portaient à Rome devant les premiers magistrats).*

FASCISME ET TOTALITARISME. Dira-t-on que le *fascisme* est un *totalitarisme* ? La réponse dépend du sens qu'on donne à cette notion et de la propension qu'on a à y inclure aussi bien les fascismes reconnus comme tels par les historiens que les régimes de l'URSS et des États qui lui étaient satellites. Notons cependant que le mot *totalitaire* est revendiqué par MUSSOLINI comme la vertu du fascisme et de sa forme d'État.

LE FASCISME COMME IDÉOCRATIE. Ce qui légitime la notion de fascisme comme catégorie politique au-delà de l'expérience mussolinienne, c'est l'ensemble des traits communs aux différents fascismes, en premier lieu le rejet catégorique du libéralisme, de la démocratie, du parlementarisme et de l'individualisme. Au sens propre, le fascisme se veut réactionnaire, rejetant la modernité qui lui paraît décomposition du corps social, conçu comme corps et unité organique. Il se veut re-naissance. Comprendre l'originalité du fascisme par rapport aux despotismes classiques revient à souligner sa spécificité : il s'agit d'une *idéocratie* (on parlera de religion séculière) qui s'impose et veut régner jusqu'au tréfonds de l'homme intérieur pour faire advenir un *homme nouveau*. Comme disait Mussolini : *« Je prends l'homme au berceau et je ne le rends au Pape qu'après sa mort. »* Cette « idéocratie » s'accompagne de manifestations collectives grandioses, de fêtes et de rituels qui visent à exalter la fusion de chacun dans le Tout et à organiser le *Corps-Un* de la société autour du Chef, du Duce, du Führer...

UN MOUVEMENT IDÉOLOGIQUE MILITANT : POLICE ET INFORMATION. L'instrument de la conquête et de la préservation du pouvoir est — selon l'expression de RODINSON — le « mouvement idéologique militant » : parti unique, fortement centralisé et hiérarchisé, qu'on ne saurait analyser avec les catégories de la science politique, qui sont bonnes pour l'analyse des partis inscrits dans un espace politique pluriel mais non pour ces réalités nouvelles qui trouvent un meilleur appareil conceptuel d'analyse dans la sociologie religieuse. Le « mouvement idéologique militant » n'inscrit jamais la pluralité compétitive des partis dans le principe de son existence. Ses deux piliers sont le contrôle de l'information (car il n'est d'autre réel, présent, passé ou futur, que celui conforme à la doctrine) et la police politique (au pouvoir d'intervention sans limites). Il ne se veut pas porteur d'objectifs politiques particuliers mais d'une vision totale du monde, fondement des nouvelles valeurs. Ces valeurs anti-individualistes impliquent toujours une sacralisation de la Nation et de son unité, que ne saurait contester ou miner une quelconque lutte des classes. Se voulant dépassement des conflits du libéralisme, les fascismes n'hésiteront pas à se présenter comme des formes nouvelles de socialisme national ; ils substituent à la notion de classe celles de profession et de corporation.

FASCISME ET NAZISME. On a tendance à confondre totalement *fascisme* et *nazisme*. Cette confusion ne correspond pas à l'histoire. Le racisme fut le point central de l'hitlérisme, non celui de Mussolini, de Franco ou de Salazar. Cette spécificité de la « race » comme fondement explique cette autre différence : l'importance relative de la notion d'État chez Hitler, alors que Mussolini déclarait : *« Tout dans l'État, rien contre l'État, rien en dehors de l'État. »*

André AKOUN

bibliographie

ARENDT Hannah, *Les Origines du totalitarisme* (1961), « Points Histoire », 3 vol., Seuil, 1998.
JACKEL Eberhard, *Hitler idéologue*, Calmann-Lévy, 1973.
HOFER Walther, *Le National-socialisme par les textes*, 1963.
MILZA Pierre, *Les Fascismes*, « Points Histoire », Seuil, 1985.
WEBER Eugen, *Varieties of Fascism*, Princeton, 1964.
REICH Wilhelm, *La Psychologie de masse du fascisme* (1933), Payot, 1972.
RAUSCHNING Hermann, *Hitler m'a dit*, Somogy, 1979.

FATALISME

Doctrine admettant une nécessité à l'œuvre dans les événements et l'impuissance des hommes à en diriger le cours.

Sans se constituer en doctrine, des attitudes à caractère *fataliste* se manifestent dans des groupes divers portés, par leur situation et la force des obstacles rencontrés, à percevoir leur condition comme irrémédiable. De telles attitudes peuvent avoir un caractère provisoire.

Pierre ANSART

FÉCONDITÉ ⇒ POLITIQUE DE POPULATION

FÉDÉRALISME

emprunté pendant la Révolution (1792) au bas latin *foederare* « unir par alliance », issu du latin classique *foedus* « traité d'alliance »

all. FÖDERALISMUS	esp. FEDERALISMO
angl. FEDERALISM	ital. FEDERALISMO

voir : CENTRE ET PÉRIPHÉRIE, DOMINATION, ÉTAT

Système liant des collectivités — cités, régions ou États — par des accords réciproques permettant de poursuivre en commun la réalisation d'objectifs politiques, économiques ou idéologiques.

Les débats permanents sur les formes et les caractères des régimes fédéralistes, régimes politiques décentralisés à des degrés divers, relèvent de la science politique. Toutefois, un ample courant sociologique, depuis MONTESQUIEU, a été particulièrement intéressé par les théories et les pratiques fédéralistes, soit qu'on y ait vu une condition de la participation active des citoyens à la vie publique

(TOCQUEVILLE), soit qu'on l'ait interprété comme un moyen de défense contre les centralisations à caractère bureaucratique ou militaire et le moyen de réorganiser tout le système économique (PROUDHON). Hors du domaine politique, de nombreuses structures sociales, économiques, syndicales, éducatives, sont, en fait, interreliées dans des liens fédéraux.

Pierre ANSART

bibliographie

ALBERTINI Mario, *Il Federalismo*, Bologne, Il Mulino, 1993.

BERGER Gaston, CHEVALLIER Jean-Jacques (sous la dir. de), *Le Fédéralisme*, PUF, 1956.

BRUGMANS Hendrik, *L'Europe des nations*, Librairie générale de droit et de jurisprudence, 1970.

FÉMINISME

formé sur le radical du latin *femina* « femme », par Fourier (1837), employé au XIXe s. de façon péjorative (Alexandre Dumas fils, 1872) ou revendicative (Hubertine Auclert, 1882), son utilisation devient courante vers 1900

all. FRAUENBEWEGUNG	esp. FEMINISMO
angl. FEMINISM	ital. FEMMINISMO

voir : CONFLIT SOCIAL, ÉGALITÉ, FAMILLE, GENRE, NATALITÉ

Courant d'idées et de luttes concernant les droits des femmes, le féminisme devient, dans certaines périodes historiques, un mouvement social et politique pour l'émancipation des femmes. Il désigne aussi un corpus théorique.

Le féminisme comme mouvement social. Certaines féministes distinguent deux « vagues » féministes. L'une, à la fin du XIXe siècle, qui se bat pour l'égalité des droits et qui est surtout marquée par le suffragisme, la lutte pour le droit de vote. Avec la seconde, dans les années 70, les femmes revendiquent une citoyenneté à part entière dans les pays démocratiques.

Les historiens situent à la fin du XIXe siècle « la belle époque » du *féminisme* en Europe. En France, pendant la IIIe République, le féminisme devient un mouvement aux expressions multiples, très présent sur la scène politique, avec des revendications concernant la maternité, l'éducation, le travail, la justice, la famille, la politique.

Dans les années 70, le Mouvement de Libération des Femmes (MLF), inspiré du *Women's lib* américain, se situe à la fois en continuité et en rupture avec le mouvement de contestation de Mai 68. Mouvement multiforme, non mixte, il donne la parole aux femmes pour mettre au jour toutes les formes de domination subies dans les institutions comme dans la vie quotidienne. Des slogans resteront célèbres pour leur ambiguïté même, tels « un homme sur deux est une femme » ou « le privé est politique ». La lutte victorieuse pour le droit à l'avortement conclura ce mouvement social. Un vocabulaire nouveau est né des luttes des femmes : patriarcat (comme système de domination des femmes), machisme, phallocratie, sexisme et anti-sexisme, harcèlement sexuel.

Le féminisme comme théorie politique. Les féministes des années 70 dénoncent la famille comme base de la société patriarcale. Lieu d'oppression spécifique pour les marxistes, elle représente pour les féministes radicales le lieu de l'exploitation des femmes, de l'appropriation de leur force de travail et de leur corps même. Les débats entre féministes vont tourner autour des origines de la domination masculine, dont, une fois écartées les théories du matriarcat primitif, on voit la permanence dans toutes les sociétés connues. Exploitation sexuelle, contrôle de la reproduction ou contradiction secondaire par rapport à la lutte entre classes sociales ? De ces prises de position théoriques découlent des stratégies concernant la désignation de « l'ennemi principal » et les alliances politiques. Le féminisme a vocation à représenter l'ensemble des femmes comme groupe dominé, mais le lien avec les autres formes de dominations et de luttes reste au cœur des débats. Aux États-Unis, les *Black feminists*, par exemple, revendiquent une approche qui prenne en compte en même temps « race, classe et genre ». La question reste celle des appartenances multiples, de leur articulation et de la priorité relative des luttes.

Féminisme de l'égalité et féminisme de la différence. En France, deux courants de pensée principaux se forment à partir de la dénonciation de la domination masculine. Les féministes radicales refusent toute affirmation d'une spécificité féminine qui, selon elles, sert de base aux discriminations entre les sexes. S'inspirant de Simone de BEAUVOIR et de sa célèbre formule : *« On ne naît pas femme, on le devient »*, elles considèrent le sexe comme une construction sociale. Le féminisme identitaire, inspiré par une réflexion critique sur la psychanalyse, s'appuie au contraire sur la différence biologique des sexes pour promouvoir une pensée de la dualité fondamentale du genre humain. Aux États-Unis, le féminisme post-moderniste s'inspire de ce dernier courant en le désignant sous le nom de *French feminism*.

Les études féministes. Le féminisme comme mouvement et comme théorie a inspiré le développement des recherches dans de nombreux champs scientifiques. En sociologie, tous les domaines sont revisités par la problématique des rapports sociaux de sexe et son paradigme de transversalité entre les champs sociaux : si les femmes constituent un groupe social sexué, elles ne constituent pas pour autant un groupe réel, isolable dans l'espace social. En ce sens, elles diffèrent des classes sociales ou des « minorités ». On est alors conduit à interroger la séparation entre espace privé et espace public, entre travail professionnel et travail domestique, entre démocratie formelle et exercice de la citoyenneté, etc.

Féminismes ? Le féminisme couvre une pluralité d'idées, de revendications, d'organisations, de perspectives théoriques. Il concerne des réalités sociales variées : on a opposé dans le passé féminisme « bourgeois » et « socialisme » féministe, et actuellement féminisme « occidental » et féminisme « du Sud ». Les féministes jouent à l'heure actuelle un rôle important sur le plan international au travers des organisations non gouvernementales (ONG).

Catherine ROLLET

bibliographie

« Continuités et discontinuités du féminisme », in *Cahiers du CEDREF*, no 4/5, Université Paris 7, 1996.

Crises de la société, féminisme et changement, GEF, Université Paris 7, Tierce, 1991.

Le Féminisme et ses enjeux. Vingt-sept femmes parlent, FEN, Edilig, 1988.

« Féminismes au présent », in *Futur antérieur*, L'Harmattan, 1993.

BARD Christine, *Les Filles de Marianne*, Fayard, 1995.

DAHLERUP Drude, *The New Women's Movement ; Feminism and Political Power in Europe and the USA*, Londres, Sage, 1986.

FAURE Christine (éd.), *Encyclopédie politique et historique des femmes*, PUF, 1997.

FOUGEYROLLAS-SCHWEBEL Dominique, « Le Féminisme des années 1970 », in *Encyclopédie politique et historique des femmes*, PUF, 1997.

HUMM Maggie (éd.), *Feminisms. A Reader*, Londres, Harvester, 1992.

KLEJMANN Laurence, *L'Égalité en marche*, Presses de la FNSP, 1989.

MICHEL Andrée, *Le Féminisme*, PUF, 1979.

PICQ Françoise, *Libération des femmes*, Seuil, 1993.

FÉODALISME

emprunté (1328) au latin médiéval *feodalis*, de *feodum* « fief »

voir : MODE DE PRODUCTION, PÉRIODISATION

On désigne par ce terme un système social propre au Moyen Âge européen, caractérisé par l'existence d'une hiérarchie de liens personnels, de subordinations vassaliques et comportant fiefs et seigneuries. Le système s'estompe à partir du XVIe siècle avec le développement politique des États et l'ascension économique de la bourgeoisie des villes.

1 MARX qui, dans l'esprit positiviste du temps, pensait que l'histoire a un sens et que chaque étape de l'évolution est le moment d'un progrès qui mène à la fin de l'histoire, définissait le *féodalisme* selon des critères purement économiques. Il se manifesterait d'abord par la domination des seigneurs propriétaires qui s'approprient, sous différentes formes (rentes ou nature ou argent, corvées), une partie du travail des paysans tenanciers. L'antagonisme entre féodaux d'une part, paysans et serfs émancipés des villes de l'autre constituerait le moteur de l'histoire. Marx n'a jamais traité d'une manière cohérente la dynamique du féodalisme. Ses écrits ont servi de justification au marxisme soviétique pour ériger en dogmes ce qui n'était, peut-être, qu'un cadre de recherche.

Les spécialistes du Moyen Âge européen n'ont pas validé les conceptions trop exclusivement économistes de Marx et totalement idéologiques chez ses héritiers. À l'instar de BLOCH, ils étudieront la « société féodale » fondée sur le fief, le contrat entre seigneurs et vassaux et les liens personnels. Dans un marxisme plus soucieux des réalités que des dogmes, on retiendra tout particulièrement les travaux de ANDERSON, qui mettent en évidence la diversité des modes de production féodaux dans l'Europe médiévale, avec comme conséquence une pluralité de modes de construction de l'État. Dans cette optique, le féodalisme apparaît, à nouveau, comme un phénomène social propre à l'Europe. La confusion conceptuelle avec l'institution grecque de la *pronoïa*, avec l'*iqta* islamique, terme désignant une concession administrative arbitrairement assimilée au *fief*, ou avec les *latifundia* d'Amérique latine est levée. Dès lors, le féodalisme apparaît comme un système favorable au changement et engageant une multiplicité de groupes sociaux et d'acteurs, les seigneurs propriétaires de la terre et la royauté, les communautés paysannes, les serfs émancipés des villes, artisans et bourgeois qui tentent de s'affranchir de la tutelle des aristocrates.

2 Pour le sens commun, cependant, le féodalisme désigne la domination des gros propriétaires, l'émiettement du pouvoir et un type de comportement arbitraire, sa principale caractéristique étant l'absence d'un pouvoir central.

Mohamed HARBI

bibliographie

ANDERSON Perry, *L'État absolutiste*, Maspero, 1978.

BLOCH Marc, *La Société féodale*, Albin Michel, 1968.

GODELIER Maurice, *Sur les sociétés précapitalistes*, Éditions sociales, 1970.

GUERREAU Alain, *Le Féodalisme, un horizon théorique*, Le Sycomore, 1980.

FÊTE

du latin *festa (dies)*, de *festus* « de fête, joyeux »

all. FEST	esp. FIESTA
angl. FEAST	ital. FESTA

voir : CULTE, LITURGIE, LOISIR, RITE, SACRÉ

Jour faste marqué par des manifestations et des réjouissances sociales.

La *fête* rompt avec le quotidien sans nécessairement l'inverser ni tourner au désordre ou à la dérision, sauf carnavals et fêtes des fous, qui agissent comme régénérateurs du corps social par le rire, le burlesque, la turbulence dionysiaque. Mais CAILLOIS (1950) accorde trop d'importance à l'idée de retour au chaos primordial.

Différente de la fête-transgression, qui a lieu lors de certains interrègnes africains, ou lors des Saturnales et Lupercales romaines, la fête-célébration mêle ou fait suivre la cérémonie et le divertissement. On peut échantillonner la fête religieuse selon qu'elle valorise une croyance capitale (Noël, Fête-Dieu, Pessah, Aïd-el-Kebir) ou qu'elle vise à assurer la protection d'un saint représentant une identité locale (fête patronale) ; la fête politique commémorant un événement national (14 juillet, 11 novembre) ou valorisant l'investiture d'un président de la République ; la fête locale, populaire, folklorique, liée parfois aux rythmes de la nature (feux de la Saint-Jean) ou regroupant pour une kermesse les habitants d'une contrée ; la fête familiale soulignant par des repas et des cadeaux un réseau affectif (fête des Mères, gâteau d'anniversaire).

Souvent la fête réaffirme à intervalles généralement réguliers, selon des cycles saisonniers, initiatiques ou linguistiques, le lien d'une communauté à son passé historique ou mythique et manifeste une identité collective par la décoration d'un espace, les danses, les musiques de circonstance, les costumes, les défilés et autres comportements spécifiques qui réinsèrent dans une tradition tout en agrégeant la communauté qui se célèbre et s'exalte elle-même, selon DURKHEIM.

Claude RIVIÈRE

bibliographie

DUVIGNAUD Jean, *Fêtes et civilisations*, Weber, 1973.

WUNENBURGER Jean-Jacques, *La Fête, le jeu et le sacré*, Éditions universitaires, 1977.

FÉTICHISME

emprunté au portugais *feitiço* « artificiel ; sortilège, amulette » (XVe s.), du latin *facticius* « factice »

all. FETISCHISMUS	esp. FETICHISMO
angl. FETICHISM	ital. FETICHISMO

voir : ALIÉNATION, IDÉOLOGIE, RÉIFICATION

En anthropologie, ensemble de pratiques et de croyances prêtant à des êtres animés ou des objets inanimés des propriétés surnaturelles. Métaphoriquement : projection, sur un objet, une personne ou une institution, de propriétés sociales.

Dans le vocabulaire de l'anthropologie, le *fétichisme* désigne des pratiques religieuses ou magiques attribuant à des objets divers (plantes, animaux, sites naturels...) des propriétés transcendantes. Dans le livre I du *Capital*, MARX fait du capitalisme la source d'un *fétichisme* : le « *fétichisme de la marchandise* ». Selon cette analyse, le mode de production capitaliste, en masquant le rapport d'exploitation et les rapports de classe, conduit à attribuer aux marchandises des valeurs propres et le pouvoir de s'échanger entre elles : « *C'est ce qu'on peut nommer le fétichisme attaché aux produits du travail, dès qu'ils se présentent comme des marchandises, fétichisme inséparable de ce mode de production* » (1965, p. 606). BOURDIEU évoque cette métaphore du fétichisme pour désigner le processus de représentation en politique (⇒ REPRÉSENTATIONS SOCIALES) : les agents sociaux, ne pouvant se constituer en tant que groupe, se dépossèdent de leur volonté politique au profit d'un représentant supposé incarner le groupe. Le fétichisme politique objective en une personne les propriétés du groupe.

Pierre ANSART

bibliographie

MARX Karl, *Le Capital* (1867), « La Pléiade », Gallimard, 1965.

BOURDIEU Pierre, « Espace social et genèse des classes », in *Actes de la Recherche en sciences sociales*, 52/53, 1984.

FICTION

du latin *fictio* « action de façonner » et « action de feindre (et son résultat) »

all. FIKTION, GESCHICHTE	esp. FICCIÓN
angl. FICTION	ital. FIZIONE

voir : COMMUNICATIONS DE MASSE, IMAGINAIRE SOCIAL

Ensemble des récits, contes, figurations imaginaires, dont on souligne, par ce terme, le caractère imaginaire.

L'étude sociologique des *fictions* ne cesse d'inventorier leurs multiples formes et leur importance dans les représentations collectives et dans les actions sociales, et de souligner l'impossibilité de dissocier l'imaginaire du réel. MARX note que c'est précisément au moment où les hommes sont engagés dans une action historiquement décisive qu'ils sont enclins à construire des images fictives d'eux-mêmes et de la réalité (1852). Les anthropologues ont montré combien les mythes, tout en exprimant les structures sociales, donnent sens aux activités communes et participent à leur effectuation (BALANDIER, 1967). L'analyse des fictions procure ainsi non seulement une meilleure compréhension des conduites et des intentions, mais aussi une clé pour comprendre les structures sociales et le dynamisme des conduites.

Les diverses fictions peuvent être d'autant plus importantes qu'elles se chargent de significations affectivement fortes, permettant identifications et répulsions, et elles peuvent servir de ressources aux acteurs pour exprimer leurs émotions et pour influencer autrui. On le voit en politique, où les polémiques donnent lieu à une profusion de fictions émouvantes tant dans les légitimations que dans les invalidations. Le développement des médias a offert un champ considérable à la production des fictions, modifiant les critères de distinction entre le fictif et le « réel ». Des activités de la vie quotidienne (loisirs, santé) se trouvent incessamment présentées, redéfinies, magnifiées ou vilipendées par un univers fictionnel multiforme, apte à susciter des désirs et des répugnances.

La fiction peut encore être construite pour aider à explorer les possibles, pour rendre le futur inquiétant ou rassurant par la science-fiction, ou la politique-fiction, contribuant ainsi à rendre incertaines les frontières du réel.

Pierre ANSART

bibliographie

BALANDIER Georges, *Anthropologie politique* (1967), PUF, 1984.

CURRIE Gregory, *The Nature of Fiction*, Cambridge UP, 1990.

GAUS Helmut, *The Function of Fiction : the Function of Written Fiction in the Social Process*, Gent, Story-Scientia, 1979.

PAVEL Thomas G., *L'Univers de la fiction*, Seuil, 1988.

PROPP Vladimir, *La Morphologie du conte* (1928), Seuil, 1970.

SANSOT Pierre, *Les Formes sensibles de la vie sociale*, PUF, 1986.

FIN, FINALITÉ ET FINALISME

du latin *finis* « limite, fin »

all. ZWECK / ZWECKMÄSSIGKEIT (FINALITÄT) / FINALISMUS	esp. FIN / FINALIDAD / FINALISMO
angl. PURPOSE / FINALITY / FINALISM	ital. FINE / FINALITÀ / FINALISMO

voir : CAUSE, ÉPISTÉMOLOGIE, PARADIGME

Une fin est l'objectif visé d'une activité.
La finalité définit le caractère propre d'une activité en tant qu'elle est orientée vers une fin.
Le finalisme est le caractère commun à toute doctrine mettant la finalité au principe de l'explication du réel.

PENSÉE FINALE ET PENSÉE CAUSALE. Ces trois termes sont des corrélats permettant de décrire une pensée appelée généralement *pensée finale*, par opposition à *pensée causale*. Un événement ou un phénomène donné (par exemple la fuite de Louis XVI à Varenne) sera selon le cas analysé comme la *résultante* d'un enchaînement déterminé de facteurs dans un contexte également déterminé (pensée causale), ou comme la réalisation d'une *fin* préexistante, associée à un *projet* ou à une *stratégie* spécifiques (pensée finale).

La pensée finale pose ainsi, comme antérieure à l'action, la représentation de la fin à réaliser. Cette représentation implique nécessairement une pensée — la fin existe d'abord idéellement, avant d'être ou non réalisée matériellement — et une *intentionnalité* : la fin existe comme but. Appliquée au cadre de l'activité humaine, la pensée finale est donc une pensée de l'activité consciente orientée vers une fin. Mais ce schème a été généralisé très tôt : la pensée archaïque, magique ou religieuse, aime à référer les événements à des intentions bienveillantes ou malveillantes émanant d'entités surnaturelles. Le cours de l'histoire humaine a été souvent pensé comme la réalisation de fins immanentes (inscrites dans son devenir rationnel) ou transcendantes (posées par une entité divine et annoncées dans des récits mythiques).

LA SOCIOLOGIE ENTRE FINALISME ET RÉDUCTIONNISME. Les sciences sociales, spécifiquement la sociologie, tentent de faire droit à la pensée finale, sans tomber dans le finalisme ou le spiritualisme. Elles la rencontrent notamment dans trois domaines :

1 l'analyse de l'action : faut-il penser le comportement des acteurs sociaux comme la résultante de déterminations sociales et culturelles incorporées (sous forme d'*habitus* par exemple), ou comme activité consciemment orientée vers une fin, selon la tradition de WEBER ? La première position, causale, ramène l'intentionnalité à un sentiment subjectif et illusoire dans son fondement ; la seconde, finale, se développe en théories des logiques d'action, allant de l'analyse mathématique de la décision à la reconstitution phénoménologique du sens ;

2 l'analyse du changement social : comment éviter les pièges eschatologiques du progrès, du sens de l'histoire, des « lendemains qui chantent », sans retomber dans un mécanisme aveugle de causes et d'effets ? Le problème est ici de saisir, dans l'action collective et l'histoire qu'elle engendre, l'articulation entre les conditions objectives et subjectives de l'action, entre les contraintes structurelles et les idéaux actanciels ;

3 l'analyse des systèmes : certains phénomènes sociaux comme certains phénomènes biologiques semblent devoir être expliqués par la fin qu'ils réalisent ou la fonction qu'ils remplissent dans le système où ils s'insèrent. Face à l'incertitude, les rituels archaïques soudent le groupe et le renforcent magiquement ; certaines institutions discordantes se maintiennent parce qu'elles remplissent des fonctions cachées. Comment analyser ces phénomènes sans tomber dans le fonctionnalisme*, variante du finalisme qui privilégie, dans l'explication des faits sociaux, le « pour que » sur le « parce que » ?

Dans ces trois domaines, l'effort commun de la sociologie, quelles qu'aient été ses vicissitudes, a été fondamentalement critique et analytique : il a visé à substituer aux facilités du finalisme et du réductionnisme, son antithèse mécaniste, l'exigence de la délimitation précise du cadre d'objet étudié et des schèmes d'analyse utilisables. Il a ainsi remplacé une inspiration *téléologique* par une orientation *téléonomique* (PAPERT) ; à un discours latent sur les fins (téléologie), toujours susceptible de resurgir pour investir l'un des trois domaines dégagés, il substitue une recherche de mécanismes de détermination finale (téléonomie), qu'il s'agisse de l'intentionnalité (dans l'analyse de l'action humaine, individuelle ou collective) ou du principe d'équilibre (dans l'étude des systèmes).

Jean-Michel BERTHELOT

bibliographie

PAPERT Seymour, « Remarques sur la finalité », in PIAGET Jean (sous la dir. de), *Logique et connaissance scientifique*, « Encyclopédie de la Pléiade », Gallimard, 1967.

FLUX (DE POPULATIONS)

La signification de ce terme en sociologie n'est pas sans rapport avec son emploi dans d'autres domaines *(flux financiers, flux de biens)*. Il est employé pour désigner des mouvements importants de populations obéissant à des déterminations diverses. Il est, en ce sens, employé pour exprimer les déplacements de populations entre États et leur importance démographique *(flux migratoires)*.

Pierre ANSART

FOLKLORE

emprunt (1877) à l'anglais *folk-lore* « science des peuples », de *folk* « peuple » (1000) et de l'ancien mot *lore* « savoir, connaissance »

voir : CULTURE, SOCIOLOGIE DE LA MÉMOIRE

Ensemble des traditions populaires propres à un pays, une région, une ville.

Entendu comme l'ensemble des croyances, légendes, poésies, chants, traditions populaires propres au passé d'une région, le *folklore* offre un champ d'étude non négligeable pour l'approche sociologique. Les problèmes que ne cesse de poser le folklore concernent directement les problématiques sociologiques. Peut-on expliquer ces traditions par la théorie dite des « survivances » ? Les rituels et les modes de sociabilité décrits sont-ils propres à des cultures surannées ou répondent-ils à des besoins sociaux permanents ? Quelles étaient les fonctions sociales de ces mythes et traditions ? Comment ces éléments permettent-ils d'éclairer les civilisations anciennes ? Pourquoi ces éléments culturels ont-ils perduré et comment se sont-ils transmis ? Quels usages en fait-on aujourd'hui, et pourquoi ?

Pierre ANSART

bibliographie

BELMONT Nicole, *Les Signes de la naissance*, Brionne, Monfort, 1983.

CERTEAU Michel de, *La Culture au pluriel*, « 10/18 », UGE, 1974.

CUISENIER Jean, *La Tradition populaire*, PUF, 1995.

KRAPPER Alexander G., *The Science of Folklore*, Londres, Metuen and C°, 1974.

SEGALEN Martine, *Ethnologie de la France*, PUF, 1993.

VAN GENNEP Arnold, *Le Folklore*, Stock, 1924.

VARAGNAC André, *Civilisation traditionnelle et genres de vie*, Albin Michel, 1948.

*
* *

FONCTION

emprunté (1566) au latin classique *functio* « accomplissement, exécution »

all. FUNKTION	esp. FUNCIÓN
angl. FUNCTION	ital. FUNZIONE

voir : ÉQUIVALENT FONCTIONNEL, EXPLICATION, FONCTIONNALISME, STRUCTURE, STRUCTURO-FONCTIONNALISME, THÉORIE

Contribution d'un élément (personne, groupe ou institution) à l'existence d'un ensemble social.

La notion de contribution d'une partie de la société à l'existence et à la vie de celle-ci est familière à la réflexion présociologique comme aux idéologies politiques. L'idéologie féodale fait des trois ordres les organes qui contribuent à la vie commune : à la noblesse, la *fonction* de défendre la communauté, au clergé, les fonctions de la prière et de la charité, au tiers état, les tâches fonctionnelles de la production. La sociologie, dès ses premiers développements, a donc eu à se défaire de ces images et de ces confusions.

CONCEPTION FONCTIONNALISTE DE LA FONCTION. Les fonctionnalismes*, sociologiques puis ethnologiques, ont attribué aux fonctions et au système de satisfaction des besoins un rôle explicatif quasi exclusif. SPENCER multiplie les analogies entre phénomènes biologiques et phénomènes sociologiques et fait de l'explication par les fonctions l'explication majeure des équilibres et des différenciations. Sa théorie de l'évolution, sans toutefois confondre la transformation des sociétés avec une loi biologique, évoque un schéma où la multiplication des fonctions (l'hétérogénéité) se substitue, par la survie des mieux adaptés, à la faiblesse des relations fonctionnelles propres aux sociétés archaïques. MALINOWSKI devait radicaliser ces indications en les déplaçant dans le domaine de l'anthropologie culturelle et en faisant de chaque élément d'une culture un élément fonctionnel intégré dans un système cohérent et poursuivant la satisfaction des besoins individuels et collectifs.

FONCTION ET FINALISME. Dans les *Règles de la méthode sociologique* (1895), DURKHEIM dénonçait ce type d'explication par les seules fonctions et ce retour illusoire à l'explication par les fins : « *La plupart des sociologues croient avoir rendu compte des phénomènes une fois qu'ils ont fait voir à quoi ils servent, quel rôle ils jouent* » (1988, p. 182). Il faudrait, au contraire, pour expliquer une institution, considérer tout d'abord ses causes, les conditions d'apparition qui lui ont donné naissance. Il se peut qu'au cours du temps les fonctions aient changé : « [...] *l'organe est indépendant de la fonction, c'est-à-dire que, tout en restant le même, il peut servir à des fins différentes* » (*ibid*., p. 184).

FONCTIONS MANIFESTES ET FONCTIONS LATENTES : MERTON. La question des fonctions ne peut cependant pas être éludée. MERTON a proposé deux préconditions au bon usage de cette notion (1957). En premier lieu, il souligne l'erreur qu'il peut y avoir à prétendre qu'une institution a une fonction par rapport à la totalité sociale. Il suffit de rappeler qu'une société n'est pas homogène, que les sous-systèmes y sont multiples, qu'un élément peut être fonctionnel dans un sous-système et dysfonctionnel pour les autres et pour l'ensemble. Merton introduit, d'autre part, une distinction éclairante entre les fonctions *manifestes* et les fonctions *latentes*. Certaines fonctions sont apparentes et dénuées d'ambiguïté : le système éducatif a pour fonction de transmettre les connaissances aux jeunes générations. Mais il assure bien d'autres fonctions (latentes) qui requièrent une attention critique : il peut tout à la fois participer au renouvellement des hiérarchies sociales, constituer, dans certaines circonstances, un relais pour des inculcations idéologiques, satisfaire les besoins d'un corps de fonctionnaires, etc. Cette notion de fonction latente met en garde contre les tentations de l'idéologie fonctionnaliste.

La réflexion sur les fonctions manifestes n'est pas inutile pour éclairer des formes de l'action. Pour une institution politique, par exemple, la proclamation réitérée des objectifs et des fonctions prend place dans la stratégie des dirigeants, légitime des modes d'action et, éventuellement, des règles normatives au sein du parti. La fonction manifeste n'exclut aucunement de nombreuses fonctions latentes, mais elle fait partie de l'action stratégique, bien loin de tout modèle organiciste. La notion de fonction requiert ainsi une critique permanente mais ne peut être éliminée de la démarche sociologique.

Pierre ANSART

bibliographie

DAVIS Kingsley, « Le Mythe de l'analyse fonctionnelle » (1959), repris dans Henri MENDRAS, *Éléments de sociologie*, « Textes », Armand Colin, 1978.

DURKHEIM Émile, *Règles de la méthode sociologique* (1895), Flammarion, 1988.

MALINOWSKI Bronislaw, *Une théorie scientifique de la culture* (1944), Seuil, 1970.

MERTON Robert K., *Éléments de théorie et de méthode sociologique* (1957), Plon, 1965.

RADCLIFFE-BROWN Alfred Reginald, *Structure et fonction dans la société primitive* (1952), Éd. de Minuit, 1969.

FONCTIONNALISME

du latin *functio* « accomplissement, exécution ; service public, office »

all. FUNKTIONALISMUS	esp. FUNCIONALISMO
angl. FUNCTIONALISM	ital. FUNZIONALISMO

voir : DYSFONCTION, ÉQUIVALENT FONCTIONNEL, PARADIGME, STRUCTURO-FONCTIONNALISME, THÉORIE

Théorie ethnologique et sociologique tendant à rapporter les phénomènes sociaux aux fonctions qu'ils assurent.

Le *fonctionnalisme* représente une orientation scientifique qui rapporte les phénomènes sociaux aux fonctions qu'ils servent. Pour comprendre le sens attribué ici à la notion de *fonction*, il convient de partir du développement de la physiologie, si étroitement lié à l'œuvre de Claude BERNARD. Dans le langage strict de cette discipline, la fonction désigne « *le mode d'action des appareils* » (Littré), c'est-à-dire l'acte spécial que chacun d'entre eux exécute et qui contribue, pour sa part, au maintien de l'organisme ; les diverses fonctions constituent en effet un ensemble coordonné d'opérations qui assurent conjointement la préservation de la vie. C'est cette acception qui a été reprise, par simple transposition, dans les sciences sociales. Par fonction, on entend donc généralement la contribution du phénomène examiné au maintien de telle ou telle propriété spécifique dans l'ensemble dont il relève et qui est souvent — mais pas nécessairement — considéré comme un système. Les explications fonctionnalistes en sociologie et en anthropologie ont de ce fait trouvé dans les explications fonctionnelles en physiologie leur premier modèle.

La mise en évidence de ce cadre général ne dispense nullement de reconnaître différentes versions du fonctionnalisme. Même s'il existe des classifications plus savantes, c'est un usage désormais établi que d'en distinguer trois formes principales.

1 LE FONCTIONNALISME CLASSIQUE. S'il a trouvé dans DURKHEIM et dans son école une source majeure d'inspiration, il s'est cristallisé dans l'œuvre d'anthropologues et d'ethnologues, dont MALINOWSKI et RADCLIFFE-BROWN sont les incontestables chefs de file. Ce fonctionnalisme acquiert tout son éclat, à la fois comme signe de ralliement et comme démarche théorique, au cours des années 30. La nature de leur objet d'étude — les sociétés primitives — ainsi que leur polémique contre les thèses diffusionnistes, partant d'un refus — fondé — de toute vision des sociétés qui les réduirait à des agrégats disparates, ont conduit ses représentants majeurs à surestimer le degré d'intégration et de cohésion des systèmes sociaux et à véhiculer par là une conception harmonieuse de l'ensemble social, qui n'accorde pas une place suffisante aux éventuels ébranlements créés par des conflits durables. C'est ce point qu'a dénoncé MERTON sous le nom de *« postulat de l'unité fonctionnelle »* ; et il a plus généralement reproché son caractère « absolu », qui associe, tout au moins dans le cas de Malinowski, à ce premier postulat les deux postulats conjoints de *« l'universalisme fonctionnel »* et de la *« nécessité »*. La force de cette critique a tendu à faire oublier l'existence de différences marquantes entre les conceptions de Malinowski et de Radcliffe-Brown : ainsi, on ne trouve nulle trace chez ce dernier de l'utilitarisme « biologisant » défendu par Malinowski.

2 LE FONCTIONNALISME RELATIVISÉ. Lié à la réflexion de Merton, il part de la critique du « fonctionnalisme absolu » et aboutit à l'élaboration d'un paradigme *formel*. La critique débouche en effet sur un ensemble de règles à observer, quant à la signification à donner à certains concepts cruciaux et quant à la formulation des problèmes, que Merton réunit dans son *« paradigme de l'analyse fonctionnelle en sociologie »*. Certaines règles découlent très directement de la critique : le chercheur est, entre autres, invité à *ne pas* négliger les possibles dysfonctions ou les éventuels équivalents fonctionnels. Mais l'originalité de sa démarche s'exprime plus particulièrement dans deux de ses recommandations : d'une part, la notion de fonction n'est plus uniquement référée, comme dans le fonctionnalisme classique, à la société globale, mais doit être envisagée par rapport à toute « une gamme d'unités », à partir du moment où le phénomène étudié a pour elles des conséquences identifiables. D'autre part, la distinction que propose Merton entre fonctions *manifestes* (c'est-à-dire les conséquences « comprises et voulues par les participants au système ») et fonctions *latentes* (à savoir les conséquences « qui ne sont ni comprises ni voulues ») permet d'écarter toute réduction de l'explication à un finalisme de type utilitariste.

3 LE STRUCTURO-FONCTONNALISME. Ce troisième type faisant l'objet d'un traitement spécifique, nous rappellerons simplement ici qu'il se caractérise, à la différence du précédent, par une orientation foncièrement systémique, ainsi que par l'identification de fonctions universelles auxquelles tout système social devrait satisfaire. PARSONS est la figure centrale de ce courant.

Le fonctionnalisme n'est plus aujourd'hui le paradigme dominant qu'il a pu constituer pour la sociologie anglo-saxonne dans les années 50. Si on laisse de côté les formes dégradées qui ont pu en faire une simple idéologie, tantôt conservatrice, tantôt structuralo-marxiste, il n'a pas toujours évité certains écueils majeurs — dont celui de la téléologie — et n'a pas globalement produit des explications à la hauteur de ses immenses ambitions. Il n'en représente pas moins une voie légitime de recherche. S'il est vrai que seule l'analyse causale permet d'expliquer la genèse d'un phénomène, on peut, comme DURKHEIM l'avait bien compris, rendre compte de son maintien en dégageant sa fonction, c'est-à-dire en faisant appel à une explication par les conséquences. On retrouve ainsi la distinction moderne entre la téléonomie (qui est de l'ordre du « comme si ») et la pure téléologie.

François CHAZEL

bibliographie

ALEXANDER Jeffrey (éd.), *Neofunctionalism*, Beverly Hills, Sage, 1985.

BOUDON Raymond, *La Crise de la sociologie*, Genève, Droz, 1971, chap. VII.

CHAZEL François, « La Place de la fonction dans l'explication : la part d'innovation de l'argument durkheimien », in Charles Henry CUIN (sous la dir. de), *Durkheim d'un siècle à l'autre*, PUF, 1997.

DAVIS Kingsley, « Le Mythe de l'analyse fonctionnelle », in Henri MENDRAS, *Éléments de sociologie*, « Textes », Armand Colin, 1978.

DURKHEIM Émile, *Règles de la méthode sociologique* (1895), Flammarion, 1988

MALINOWSKI Bronislaw, *Une théorie scientifique de la culture*, Maspero, 1968.

MERTON Robert K., *Éléments de théorie et de méthode sociologique* (1957), Plon, 1965.

NAGEL Ernest, « Une formalisation du fonctionnalisme » ; HEMPEL C., « La Logique de l'analyse fonctionnelle », in Pierre BIRNBAUM, François CHAZEL (sous la dir. de), *Théorie sociologique*, PUF, 1975.

RADCLIFFE-BROWN Alfred Reginald, *Structure et fonction dans la société primitive* (1952), Éd. de Minuit, 1969.

*

* *

FONDAMENTALISME

du latin *fondamentalis* « ce qui constitue la base de quelque chose »

all. FUNDAMENTALISMUS	esp. FUNDAMENTALISMO
angl. FUNDAMENTALISM	ital. FUNDAMENTALISMO

voir : IDÉOLOGIE, MOUVEMENT SOCIAL, RELIGION, SECTE

Au sens propre, désigne tout mouvement religieux appelant à un respect plus rigoureux des dogmes désignés comme fondamentaux. L'exhortation à une plus grande fidélité à l'égard des dogmes ou à une piété plus intense marque l'histoire de toutes les religions. En ce sens très général, le jansénisme ou le calvinisme, par exemple, pourraient être qualifiés de fondamentalismes. Mais le phénomène déborde le seul espace de la théologie et désigne aussi des groupes qui, dans le monde contemporain, induisent de leur croyance tout un positionnement et une pratique politiques.

On rapproche fréquemment le terme *fondamentalisme* de ceux de *traditionalisme* ou d'*intégrisme*. La confusion s'explique par les polémiques, mais aussi par une grande analogie. Cependant, le *fondamentalisme* renvoie d'abord à l'histoire du protestantisme, l'*intégrisme* à l'histoire du catholicisme ; quant à l'*islamisme*, il se désigne lui-même comme *traditionalisme* ou *fondamentalisme* et est désigné par ses contempteurs comme *intégrisme*. Il en va de même des mouvements désignés, dans le judaïsme, comme *ultra-orthodoxes*. Dans ces aires résultant toutes du monothéisme abrahamique, on retrouve, sous des modalités diverses, une double dénonciation : d'une part, une réaction contre les formes jugées abâtardies des pratiques au sein de la même religion, et, d'autre part, une vive réaction contre les conduites sociales jugées immorales (du modernisme au relâchement des mœurs).

Ces phénomènes offrent à la sociologie des religions et à la sociologie politique un champ de recherche non dénué de difficultés. S'il est relativement aisé de décrire les pratiques et d'analyser les écrits et documents des diverses tendances, il est plus malaisé d'en bien interpréter les significations sociales. Un point important de l'analyse sociologique concerne l'interprétation des évolutions depuis les croyances essentiellement religieuses aux prises de position et, éventuellement, aux idéologies politiques. On peut trouver un modèle de ce type d'approche chez WEBER, lorsqu'il étudie les processus de mutation qui vont des croyances calvinistes jusqu'aux pratiques économiques séculières. Dans l'espace du politique, il s'agira ici de saisir un autre glissement, de la foi religieuse aux idéologies politiques et à des pratiques qui, dans certains cas, aboutiront à la violence. Sans oublier que, dans bien des cas, les appels à une orthodoxie rigoureuse ne conduisent nullement au fanatisme.

Avant d'entrer dans le détail des histoires particulières, peut-être est-il opportun de s'interroger sur la signification de ces fondamentalismes dans l'espace de la modernisation, comme formes particulières d'un *retour du religieux* (expression, par ailleurs, peu apte à saisir la nature du phénomène).

LE FONDAMENTALISME CATHOLIQUE (INTÉGRISME). L'intégrisme, aujourd'hui chargé d'un sens polémique et vague, a une histoire qui s'inscrit dans celle du catholicisme. Le mot apparaît en Espagne à la fin du XIXe siècle et désigne un parti politico-religieux qui proclame : « *Nous voulons l'unité catholique avec ses conséquences et qu'aucun crime ne soit abominé et plus rigoureusement puni que l'hérésie, l'apostasie, les attaques contre la religion, la rébellion contre Dieu et son Église* [...]. *Nous tenons pour abominables la liberté de conscience, la liberté des cultes et toutes les libertés de perdition avec lesquelles les imitateurs de* LUTHER *bouleversent, corrompent et détruisent les nations.* »

Le mot réapparaît, sous la papauté de Pie X, dans le contexte de la lutte antimoderniste en Italie, en Allemagne et en France, pour désigner un petit réseau secret d'espionnage international (*Sodalitium pianum*, dit *la Sapinière*) au profit du Saint-Siège ; celui-ci est dirigé par un haut prélat, Mgr Umberto Benigni. On retrouve le terme « intégrisme », devenu désobligeant, pour désigner, en France, les courants au service de l'extrême droite maurrassienne jusque dans les années 30, les courants ralliés à l'Algérie française et à l'OAS dans les années 60 et, aujourd'hui, le mouvement initié par Mgr Lefebvre, en rupture avec Rome depuis 1976. Ainsi l'intégrisme devient-il, de fait, une force politico-religieuse qui puise dans les vieux fonds de l'extrême droite française. Cet intégrisme est un produit de l'histoire du catholicisme français tel qu'il se constitua contre la Révolution française. Après la Révolution française, la France catholique et traditionnelle, marquée par les actes de la Terreur, entame sa reconstruction religieuse avec le sentiment qu'il y a deux France. En 1801, la signature du Concordat établit un compromis avec la papauté pour assurer une paix religieuse. Il s'ensuit une division chez les catholiques entre libéraux partisans d'une adaptation et intransigeants. Longtemps le rapport de forces est favorable à ces derniers. Le Saint-Siège, estimant qu'il ne peut transiger sur les principes puisque la vérité y est engagée, se situe alors sur une position d'*intransigeantisme*. Au refus d'une société irreligieuse, condamnée par ses propres erreurs, s'oppose ainsi la vision d'une Église porteuse de la société à instaurer, l'idéal d'une nouvelle chrétienté, différente de celle du Moyen Âge, mais reposant sur les mêmes principes : « Pas de place pour le libéralisme ! » Les catholiques libéraux, eux, transigent avec la société moderne, lui font des concessions et se contentent du minimum pour la religion, qu'ils cantonnent dans les vertus de la famille et de l'individu. L'Église se rangera finalement, cahin-caha, du côté des réalistes contre les doctrinaires. En 1864, le *Syllabus* du pape Pie IX condamne les doctrines des modernistes, et cette condamnation d'une société de la liberté de conscience est réaffirmée en 1907, avec l'encyclique *Pascendi* de Pie X (après la tentative, en 1892, de ralliement à la République du pape Léon XIII). Cependant, un mouvement de réflexion contraire travaille sourdement l'Église et aboutit au concile de Vatican II (1962-1965). Contre Vatican II, dès lors qu'un catholicisme enraciné dans la Contre-Réforme se voit minorisé puis marginalisé par le renversement du rapport de force au sein de l'Église en faveur de l'esprit nouveau, une réaction intégriste se pose en héritière des intransigeants du XIXe siècle.

Trois pontificats séparent Pie X et Jean XXIII : Benoît XV (1914-1922), Pie XI (1922-1939), Pie XII (1939-1958). Les trois papes ont chacun renouvelé la condamnation du modernisme, sans qu'aucun péril précis soit dénoncé. Mais l'histoire ne se déroule pas de façon linéaire. L'équilibre se déplace alternativement au profit de l'une ou l'autre tendance. L'avènement de Benoît XV avait été marqué par une série de mesures discrètes qui rompaient clairement avec la ligne rigoriste de son prédécesseur sans cependant le désavouer en rien. Malgré de fortes résistances et quelques incidents mineurs, celui de Pie XI accentua ce mouvement (pour la France, par exemple, reprise des relations diplomatiques entre le Saint-Siège et la République, interrompues depuis 1904 ; naissance de l'Action catholique spécialisée, inaugurée par la Jeunesse ouvrière catholique (JOC) ; développement du syndicalisme chrétien ; et, surtout, condamnation, en 1926, de l'Action française, autour de laquelle se cristallisera l'opposition).

Pie XII avait été formé à l'école de Pie X (en 1911, il avait remplacé Benigni à la secrétairerie d'État), et ce n'est pas sans raison qu'il tenait tant à le canoniser. Tout au long de la Seconde Guerre mondiale, son souci dominant fut d'apparaître au-dessus des parties en conflit et d'échapper aux efforts des belligérants pour utiliser à leur profit l'influence du Saint-Siège. Il n'en avait pas moins cautionné, pour les catholiques américains, l'alliance des États-Unis et de l'Union soviétique. Mais si l'immédiat après-guerre facilita la poussée d'un progressisme chrétien, la conjoncture se renversa vite, et les dix dernières années de son pontificat favorisèrent ouvertement le mouvement inverse (décret du Saint-Office, 1er juillet 1949, sur la collaboration avec le communisme ; encyclique *Humani generis* en 1950 ; suppression des prêtres-ouvriers en 1954, etc.).

C'est dans ces conditions que l'intégrisme refit surface. Sous ce nom, on désigna en France un certain nombre d'organismes et de périodiques qui se réclamaient du traditionalisme catholique et combattaient les positions généralement prises par la presse et les mouvements catholiques. Les plus connus étaient *La Cité catholique* de Jean OUSSET et sa revue *Verbe* (devenue *Permanences*) ; *Itinéraires* de Jean MADIRAN ; *La Pensée catholique* de l'abbé Luc J. LEFÈVRE ; *Défense du foyer* de Pierre LEMAIRE ; *Nouvelles de chrétienté*, avec les Éditions Fernand Sorlot et les Éditions du Cèdre, un congrès international chaque année à Lausanne, un magazine intitulé *Le Monde et la vie*, etc. La guerre d'Algérie, l'attitude au Concile de la « minorité » et surtout, depuis ce moment, la résistance peu à peu organisée au mouvement des réformes postconciliaires donnèrent un nouveau regain à l'intégrisme. Sans doute n'est-il pas indispensable d'inventorier ici les nombreux titres d'une littérature abondante, imprimée ou polycopiée, faite de livres, de lettres, de manifestes ou de périodiques. Deux courants s'y dessinent : dans l'un, plus modéré, se reconnaissent *les silencieux de l'Église* ainsi que ceux qui sont soucieux d'éviter même l'apparence de schisme ; l'autre, plus intransigeant, affirme, quoi qu'il advienne, sa fidélité à un certain état de choses jugé seul compatible avec la véritable foi catholique (Mgr Lefebvre et le séminaire d'Écône, l'abbé de Nantes et la Contre-Réforme catholique en représentent deux formes dures). De la doctrine sociale de l'Église, le débat est maintenant porté au cœur des croyances théologiques : c'est autour du « nouveau catéchisme », de la « nouvelle messe », des interprétations bibliques de la forme du sacerdoce ou de l'intercommunion œcuménique que se prennent les positions divergentes.

Le phénomène est loin d'être spécifiquement français. Le monde s'est considérablement transformé avec deux guerres mondiales. On n'en continue pas moins de vivre, pour une part considérable, en fonction des problèmes posés au siècle dernier et dans des cadres de pensée et d'organisation hérités de cette époque.

Le mouvement de résistance à la société moderne est progressivement devenu mouvement de résistance à une transformation interne ; le programme de restauration d'une société chrétienne a fait place à la défense de valeurs religieuses menacées de décomposition. Deux types de catholicisme s'opposent : l'un est né de la Contre-Réforme au XVIe siècle, l'autre se propose une nouvelle réforme ; l'un se replie sur l'héritage, l'autre s'ouvre sur l'inconnu ; l'un a perdu le pouvoir et son influence va en se localisant, l'autre se cherche et ne s'est pas encore trouvé. Entre eux, l'incompatibilité est profonde, et les formes intermédiaires qui jalonnent l'intervalle présentent par rapport à eux un caractère hybride plus que les signes d'un troisième type original.

Dans ces polémiques, le souci des « intégristes » est de montrer que leur pensée s'identifie à l'orthodoxie catholique et à l'authentique tradition, à l'encontre de toutes les novations doctrinales jugées par eux « modernistes » ou « modernisantes ». Le souci de leurs adversaires, au nom de la même orthodoxie, est au contraire de tracer une *via media* entre les deux excès opposés du modernisme et de l'intégrisme.

Un événement a profondément modifié la situation : la décision de Mgr Lefebvre de consacrer quatre évêques le 30 juin 1988. Il s'est ensuivi leur excommunication par le pape Jean-Paul II et, dans cette situation de « schisme », un déchirement au sein de la mouvance traditionaliste du fait que certains voulaient éviter cette impasse (Jean Madiran, Romain Marie, Dom Gérard et l'abbaye du Barroux).

La messe selon l'ancien rite se célèbre dans plus de trente pays, en communion avec la Fraternité d'Écône et ses évêques. Malgré tout, l'intégrisme apparaît largement comme une particularité du catholicisme français, liée à un courant de pensée dont l'influence a beaucoup perdu de ses moyens et de ses racines. Ce serait oublier qu'il se veut d'abord fidélité à un passé chrétien. Dès lors, sous l'effet du concile de Vatican II, on assiste au dédoublement de ce traditionalisme catholique : l'un aux références préconciliaires, l'autre postconciliaire, favorisé par Jean-Paul II, mais sensible dès les dernières années de Paul VI. Entre eux, la « nouvelle messe » et la « liberté religieuse » restent la ligne de fracture qui n'admet pas de compromis.

Ce qui intéresse le sociologue, c'est de comprendre ce débat entre les exigences de la modernité et celles du christianisme, de comprendre la persistance d'un courant radical intégriste, de comprendre, enfin, ce qui, dans l'espace européen, a empêché l'enracinement majoritaire de cette conception du lien entre théologie et politique.

LE FONDAMENTALISME PROTESTANT. On peut dater des années 20 l'apparition et la diffusion du fondamentalisme protestant aux États-Unis. Ce mouvement fit suite à la publication d'une série de volumes intitulés *The Fundamentals*, composés d'articles écrits par des théologiens protestants contre les courants religieux libéraux jugés trop conciliants à l'égard du modernisme. Ces théologiens s'accordent à dénoncer les interprétations accommodantes de la Bible et font du texte sacré l'expression littérale de la vérité divine notamment dans le domaine moral. Ils réaffirment la divinité du Christ et le salut des âmes par sa vie, sa souffrance et sa résurrection. Ils appellent les fidèles au respect rigoureux de ce dogme et à l'engagement dans un prosélytisme actif. Après la Seconde Guerre mondiale, aux États-Unis, de nombreux mouvements dits « évangéliques » ont réinterprété ces principes au sein des diverses Églises et des sectes protestantes.

Transcription française de l'anglais *fundamentalism*, ce vocable *fondamentalisme* désigne une doctrine religieuse exprimée pour la première fois, comme telle, en 1895, dans un document en cinq points dits *fondamentaux*.

Les *Fundamentals* de 1895. Le fondamentalisme apparaît donc vers la fin du XIXe siècle, aux États-Unis et dans les milieux protestants traditionalistes. Il représente essentiellement une réaction contre le libéralisme théologique et le mouvement de l'« Évangile social » *(Social Gospel)*. C'est une réunion annuelle d'étude patronnée par certaines Églises « évangéliques » (Niagara Conference) qui publia, en 1895, le document en cinq points fondamentaux *(fundamentals)* d'où est né le fondamentalisme actuel. Contre les libéraux de la théologie et de l'action sociale, les rédacteurs de 1895 affirment : l'inspiration littérale des Écritures ; la divinité du Christ ; la naissance virginale de Jésus ; la valeur expiatrice et pleinement rédemptrice de la mort de Jésus ; la certitude du retour prochain du Christ pour le jugement. Ce dernier point est particulièrement important, car son accent pré-millénariste exclut tout engagement politique ou social des chrétiens. Seule la parousie peut mettre fin aux injustices sociales existantes. Par là s'explique le désintérêt à peu près total des fondamentalistes pour tous les mouvements de réforme sociale institutionnelle.

Les *Fundamentals* de 1895 furent largement répandus par les instituts bibliques fondés par le revivaliste MOODY et présents dans l'ensemble des pays anglo-saxons, ainsi que par l'Association interconfessionnelle de jeunes gens (YMCA). La plupart des dénominations protestantes ont été touchées, à un moment ou à un autre et dans certains de leurs quartiers, par le fondamentalisme, dont il faut souligner, au-delà de ses croyances précises, l'anti-intellectualisme et l'émotionnalisme. Les mouvements revivalistes modernes sont, en général, fondamentalistes (Billy GRAHAM et ses « croisades » en sont un exemple).

Le fondamentalisme ne se résume pas tout entier dans les *Fundamentals* de 1895 et leur influence postérieure. Il existait déjà de façon non systématisée et diffuse, en Grande-Bretagne et en Amérique, à l'intérieur de mouvements millénaristes contemporains de la Révolution française et de l'Empire napoléonien, ou postérieurs à eux. Ce premier fondamentalisme, telles les sectes issues du « réveil prophétique » du XIXe siècle, représente une certaine réaction aux idéaux politiques issus de la Révolution en même temps qu'à l'influence des sciences profanes sur les croyances chrétiennes.

Le darbysme. Parmi les hérauts de ce mouvement, il faut citer le nom de John Nelson DARBY, fondateur du darbysme ou assemblées des Frères. Son influence sur le réveil millénariste dans les pays anglo-saxons, de 1845 à 1878, fut importante. Elle rejoignit celle qu'exerçait la théologie calviniste conservatrice enseignée à Princeton vers les mêmes dates. Celle-ci apporta au millénarisme (celui des adventistes comme celui des darbystes ou d'autres groupes mineurs) l'appui de ses conceptions littéralistes de l'inspiration (inerrance de la Bible). Par la médiation de la Niagara Conference et de ses suites, millénarisme et conservatisme théologique convergent dans les *Bible Conferences* et les *Bible Institutes*, dont celui de Moody, à Chicago, sera le plus connu et le plus influent.

L'antidarwinisme aux États-Unis. Entre 1895 et 1914, le millénarisme littéraliste représenté par les *Fundamentals* de 1895 et le mouvement diffus précédent perd de son intensité. Il reste cependant important dans les « prédications de réveil » et surtout peut-être dans les missions « évangéliques » dans les pays non chrétiens. C'est autour de 1920-1930 que le fondamentalisme prend l'aspect sous lequel il est actuellement le plus connu. Au lendemain de la Première Guerre mondiale, il se révéla, en effet, sur la place publique dans la lutte menée par les conservateurs protestants de tous bords contre le darwinisme professé dans certains établissements publics d'enseignement (aux États-Unis). Pour débarrasser les écoles et les Églises des professeurs et des pasteurs défendant l'évolutionnisme, les fondamentalistes des Églises les plus diverses (surtout baptistes, presbytériennes, ainsi que celle des « Disciples ») se liguèrent. Ils tentèrent, souvent avec succès, de faire accepter certaines confessions de foi comme condition d'accès au pastorat dans leurs Églises et à l'enseignement dans leurs écoles. Une action politique concertée leur permit également, en certains États, d'éloigner des chaires d'enseignement public les candidats soupçonnés d'attachement aux points de vue darwinistes. L'État du Tennessee fut le premier, en 1925, à suivre les fondamentalistes sur ce chemin. Entre 1920 et 1930, le fondamentalisme cristallisa les craintes de tous les conservateurs sur l'antidarwinisme, pour créer un front commun des « antimodernistes ». Certains auteurs ont interprété ce phénomène comme un épisode de la lutte entre culture rurale et culture urbaine dans les États-Unis de l'époque. Les États ruraux du Middle West et du Sud furent, en effet, particulièrement sensibles à la fois au fondamentalisme et aux théories agrariennes du politicien W. J. BRYAN. La crise rurale qui a suivi la Première Guerre mondiale expliquerait ainsi — d'une certaine façon — la flambée fondamentaliste de la même période.

Jesus People et néopentecôtistes. Le fondamentalisme réapparaît dans les années 50-60 chez les hippies chrétiens *(Jesus People)*, issus de la contre-culture et travaillant en son sein. L'antipolitisme et le millénarisme traditionnel du fondamentalisme tendent à se combiner, dans les associations « évangéliques » d'étudiants en particulier, avec un certain souci sociopolitique. L'apparition des *Jesus People* et des mouvements néopentecôtistes dans la jeunesse des écoles, des universités et sur leurs marges empêchera ce mouvement de se poursuivre. Le fondamentalisme, en effet, se reconnaîtra jusqu'à un certain point dans ces phénomènes et tendra à s'y associer. Or on y retrouve et l'antipolitisme et le millénarisme de la tradition des *Fundamentals*. L'alliance n'est pourtant pas scellée de façon entière ni peut-être définitive entre les *straight* de l'« évangélisme » traditionnel et les jeunes protestataires. Ces derniers combattent en effet les valeurs « petites-bourgeoises » qui sont caractéristiques des « évangéliques », en matière de respectabililité sociale, de travail, d'individualisme, et ils refusent de s'intégrer à l'idée de la « mission messianique » des États-Unis, qui se trouve répandue dans les milieux fondamentalistes traditionnels.

LE FONDAMENTALISME JUIF (L'ULTRA-ORTHODOXIE JUIVE). Deux clichés : l'image du juif pieux, avec barbe, papillotes et costume traditionnel, séparé du monde et confit en prière et en lecture des textes sacrés ; et l'image du judaïsme, religion épargnée de toute tentation intégriste parce que religion sans Église et sans prosélytisme. Deux clichés, deux erreurs : il y a des juifs religieux installés dans la modernité et il y a un fondamentalisme juif qui aujourd'hui se fait, comme l'islamisme, idéologie politique.

Du fait de son histoire depuis la dispersion du peuple juif dans l'Antiquité, le judaïsme est divers, ne serait-ce que du fait de l'influence des milieux dans lesquels il se trouve. Après l'expulsion des juifs hors d'Espagne (1492), se développe presque sans partage parmi les élites juives orthodoxes l'influence de la Kabbale (ésotérisme et mysticisme). Au début du XVIIIe siècle, naît en Europe centrale un courant messianique : le hassidisme, qui suscite une immense religiosité populaire, laquelle effraie l'establishment rabbinique qui y voit des formes d'idolâtrie et un refus de la Lettre. Plus tard, le mouvement des Lumières juif (la Haskala) naît en Allemagne sous l'impulsion de Moïse MENDELSSOHN (1729-1786) et développe, contre le hassidisme, les valeurs de modernisation, de sécularisation, de refus du ghetto. Ces quelques exemples historiques ne servent qu'à souligner l'extrême diversité du judaïsme éparpillé dans le monde *(diaspora)*. L'ultra-orthodoxie s'affirme par son refus de la modernité en bloc. « *Toute innovation est interdite par la Tora* », soutient ainsi Moïse SOFER, rabbin de Presbourg de 1806 à sa mort en 1836. Lorsque à la fin du XIXe siècle émerge le nationalisme juif (le sionisme), les ultra-orthodoxes s'y opposeront avec force, car la renaissance d'Israël ne saurait être que sacrilège tant que n'est pas venu le Messie. Mais ce refus va évoluer au sein de l'État d'Israël et devenir un irrédentisme religieux (incarné par le « Bloc de la foi », créé en 1974 par Goush EMOUNIM) qui place au cœur de son programme la « terre d'Israël » et n'hésite pas à recourir à des actes terroristes. Depuis la guerre de 1967 et l'occupation de la Cisjordanie, l'ultra-orthodoxie en Israël se fait explicitement mouvement idéologique militant, qui s'apparente à son inverse abstrait et donc son semblable, le Hamas (mouvement islamiste palestinien).

À côté de ces paroxysmes, un fondamentalisme juif pacifique existe de par le monde, qui vise à une rejudaïsation des juifs et à la reconstitution de leur lien communautaire par le respect scrupuleux de la loi et de la tradition.

André AKOUN et Pierre ANSART

LE FONDAMENTALISME MUSULMAN (L'ISLAMISME). Ce terme, qu'il serait légitime d'évoquer au pluriel, met l'accent sur le retour à l'islam des origines. On remarquera cependant que l'unité de l'islam s'est déchirée dès le VIIe siècle, donnant naissance à trois tendances divergentes, l'une se réclamant de la tradition (sunnites), la seconde de la mystique d'Ali (chiites), gendre du prophète et quatrième calife, et la troisième de l'observance stricte des prescriptions coraniques : ce sont les « sortants » (kharijites). Ces derniers sont ainsi nommés parce qu'ils abandonnèrent Ali en 657 à la suite de sa décision d'accepter un arbitrage politique au lieu de défendre par les armes le califat, conformément au verset suivant du Coran : « *Si deux partis de croyants se combattent, rétablissez entre eux la concorde. Si l'un d'eux persiste en sa rébellion contre l'autre, combattez le parti qui est rebelle jusqu'à ce qu'il s'incline devant l'ordre de Dieu* » (XLIX).

L'islam sunnite. L'islam majoritaire « orthodoxe » sunnite est basé sur le Coran expliqué et commandé par l'exégèse *(tafsir)*, et complété par les dits et les actes du Prophète « divinement inspiré ». L'ensemble constitue la tradition *(sunna)*. C'est à partir de ces sources qu'en deux siècles et demi environ s'est faite l'élaboration du droit islamique *(charia)*, œuvre humaine nourrissant une « science » du droit *(fiqh)*. Au Xe siècle, la législation islamique s'est figée pour ne se renouveler qu'à partir du XIXe siècle.

La période pré-moderne. La période prémoderne a connu en Arabie centrale, en Inde et en Afrique, de nombreux mouvements fondamentalistes, dont le wahhabisme, doctrine puritaine et rigoriste à l'origine de la fondation de l'État séoudien (1832). À l'image de ses précurseurs, le fondamentalisme contemporain est à l'origine d'une réforme *(islah)* qui fait appel à la tradition des « pieux devanciers » *(salaf)*, d'où le qualificatif *salafiya*. Ce ne sont pas les partisans d'une théologie rationnelle — Syyed Ahmed Khan, en Inde, renouant avec le Mu'tazilisme (IX-Xe siècles) — qui marqueront ce courant de pensée. Ses principaux interprètes, le Persan Djamal Eddine Al Afghani (1838-1897) et son disciple l'Égyptien Mohammed Abduh, se proposent de « libérer la pensée du garrot de l'imitation » *(taqlid)*, de lutter contre les déformations qui résultent des siècles de décadence, de s'ouvrir totalement aux sciences modernes rejetées par les traditionalistes, enfin de limiter le despotisme du pouvoir par des assemblées consultatives, conformément au principe ismamique de la consultation *(shoura)*. Dans cet ordre d'idées, on se trouve plus proche du despotisme éclairé que de la démocratie. Demeurent chez ces fondamentalistes le refus de toute dissociation du politique et du religieux, la critique du nationalisme au bénéfice de l'appel au panislamisme et un culturalisme anti-occidental qui hypothèquent la réception de toute philosophie politique étrangère à l'islam. La tentative d'*aggiornamiento* reste donc à mi-chemin. Les partisans les plus éclairés d'une conception religieuse de la vie, des Égyptiens, produisent des œuvres d'une tonalité nettement moderniste. Olassem Amir (1865-1908) se fait le pionnier des droits de la femme dans le monde arabe, et Cheikh Ali Abd Razak analyse, en fonction des critères de la sociologie historique, la séparation de l'État et de la religion, en montrant que le califat est une institution temporelle. La riposte des docteurs de l'islam sera violente. La réaction conservatrice qui suivra le Syrien Rashid Reda, dont les conceptions sont proches du wahhabisme, annoncera le retour en force, avec les « Frères musulmans » en Égypte et Jamaat islami, d'un activisme anti-intellectuel. Comme le note Fazlar Rahman, « *ce qui leur a valu leur autorité auprès de la classe moyenne (en particulier auprès de la classe moyenne inférieure) n'est pas leur compréhension cohérente et systématique du passé, mais le fait qu'ils incarnent un mouvement de réaction contre les tendances modernisantes des couches supérieures de la société* ». Ces couches accaparent le progrès, dressant contre elles la masse profonde des pays musulmans tout en se montrant incapables de mettre en place un système éducatif moderne sans se couper des racines culturelles de leurs peuples. On comprend dès lors la mutation de l'islam en idéologie politique et l'émergence, avant même la révolution islamique en Iran, d'un néofondamentalisme axé sur la fusion totale du politique et du religieux.

Mohamed HARBI

bibliographie

BONNET Yves, *La Trahison des ayatollahs ou le dossier contre l'intégrisme*, Jean Picollec, 1995.

COHEN Shalom, *Dieu est un baril de poudre. Israël et ses intégristes*, Calmann-Lévy, 1989.

HERVIEU-LÉGER Danièle, « Les Fondamentalistes américains en politique », in *Lumière et Vie*, n° 186, *Le Courant fondamentaliste chrétien*, mars 1988.

KEPEL Gilles, *La Revanche de Dieu. Chrétiens, juifs et musulmans à la conquête du monde*, Seuil, 1991.

MIMOUNI Rachid, *De la barbarie en général et de l'intégrisme en particulier*, Presses Pocket, n° 2521, 1992.

SAUSSURE Thierry de *et alii*, *Les Miroirs du fanatisme. Intégrisme, narcissisme et altérité*, Genève, Labor et Fides, 1996.

WALZER Michael, *La Révolution des saints* (1965), Belin, 1987.

(sur l'islam)

ABDELMALEK Anouar, *Anthologie de la littérature arabe contemporaine*, Seuil, 1985.

MERAD Ali, *L'Islam contemporain*, « Que sais-je ? », PUF, 1996.

RODINSON Maxime, *Islam, politique et croyance*, Fayard, 1993.

ROY Olivier, *L'Échec de l'islam politique*, Seuil, 1992.

FONDEMENT

emprunt au latin classique *fundamentum* « fondation, base ; issue », du latin *fundare*

all. GRUNDLAGE	esp. FUNDAMENTO
angl. FOUNDATIONS	ital. FONDAMENTO

voir : FONDAMENTALISME, THÉORIE

Base sur laquelle repose un corps d'énoncés, un système de connaissances, un complexe de croyances ou de conduites, qui trouvent en elle à la fois origine et raison. Ainsi le fondement est-il un ensemble premier d'où tout se présente comme conséquence.

Mais en quel sens faut-il entendre ce caractère de primauté ? Le *fondement* est-il *origine* ou est-il *originaire* ? Pour comprendre le dilemme, voyons le statut de la notion d'« état de nature » dans les diverses théories du contrat* social. Cet état semble se présenter comme un stade historique, un moment inscrit comme le commencement de l'histoire réelle des hommes. Ici le fondement de la théorie est posé comme *origine*. Mais lorsque ROUSSEAU parlant de ce même état de nature dit « *qu'il n'existe plus, qu'il n'a peut-être jamais existé, qu'il n'existera probablement jamais* » et qu'en même temps il affirme la nécessité de cette notion, il fait du fondement un *originaire* ; ce qui doit être posé pour rendre raison et légitimité à un exposé. Le fondement est alors méta-empirique. Ainsi en sera-t-il de toute tentative de parler des origines (de la société, du langage, etc.). On n'en peut discourir qu'en acceptant ce fait : les fondements ne peuvent se donner que comme « roman des origines », dont l'intérêt est avant tout heuristique.

André AKOUN

FORCE

du latin *fortis* « fort, solide, vigoureux »

all. KRAFT	esp. FUERZA
angl. STRENGTH, FORCE	ital. FORZA

voir : AGRESSION, CAPITAL, CONFLIT SOCIAL, MARXISME

Puissance d'action physique ou symbolique d'un individu, d'un groupe ou d'une institution, susceptible de modifier une situation ou de résister à des changements.

Une conception conflictualiste souligne, dans l'organisation sociale, l'état des différentes forces et de leurs rapports. MARX perçoit, dans la structure du mode de production capitaliste, un rapport de force entre deux classes sociales ; la dynamique du système conduit au renforcement du prolétariat et à l'affaiblissement des forces bourgeoises. Le concept de *forces productives* associe la force de travail des travailleurs et les moyens matériels de production : c'est la combinaison des forces de travail et des moyens de production qu'exprime ce concept de *forces productives*, dont le développement est le moteur essentiel du devenir historique.

En un sens large, toute organisation constituée comporte, à des degrés divers, une certaine puissance d'action résultant d'une pluralité de sources. Ainsi, la force d'un parti politique résulte à la fois du nombre de ses adhérents et militants, des ressources financières dont il peut disposer, de l'efficacité de sa bureaucratie, mais aussi de la force d'attraction de son idéologie.

Plusieurs types de forces doivent donc être distinguées. Ainsi, l'opposition entre la force et le droit peut revêtir la forme d'un conflit entre un mouvement social et l'ordre des lois : le droit lui-même détient une force propre qu'est sa force symbolique. Selon BOURDIEU, « *le droit ne fait que consacrer symboliquement, par un enregistrement, qui éternise et universalise, l'état du rapport de force entre les groupes et les classes* » (1980, p. 229). Le droit, selon cette interprétation, contribue au maintien du rapport des forces sociales et vise à éviter le recours direct aux violences physiques.

Pierre ANSART

bibliographie

BOURDIEU Pierre, *Le Sens pratique*, Éd. de Minuit, 1980.

FORSÉ Michel, *L'Ordre improbable. Entropie et processus sociaux*, PUF, 1989.

FORMALISATION

du latin classique *formalis* « qui a telle forme », probablement d'après l'anglais *formalization* « réduction aux structures formelles »

all. FORMALISIERUNG	esp. FORMALIZACIÓN
angl. FORMALIZATION	ital. FORMALIZZAZIÓNE

voir : AXIOME, CODE, FORME, MODÈLE, PARADIGME, THÉORIE

Opération de substitution aux termes et aux énoncés du langage naturel de symboles logiques, en vue de constituer un langage de travail rigoureux et dépourvu d'ambiguïtés.

La logique classique distingue la *forme* de la *matière* d'une proposition ou d'un raisonnement. La première désigne la structure logique des énoncés, la seconde leur contenu. Dire « tout homme est mortel » équivaut à dire « tout x appartient à M ». La logique ne s'intéresse qu'à la forme des énoncés. Depuis le siècle dernier, elle use systématiquement de symboles pour remplacer tous les termes naturels et explore les conditions de validité de langages formels dont les mathématiques avaient donné dès l'Antiquité les premiers modèles.

La *formalisation* n'est pas seulement une opération de *traduction*. Elle permet de fixer de façon univoque la signification des termes et des énoncés et s'avère ainsi être un instrument fondamental de constitution des langages scientifiques (symbolisme mathématique, symbolisme chimique, etc.). Plus généralement, le Cercle de Vienne en a fait un outil d'analyse et de contrôle, permettant de traquer et d'extirper les simili-énoncés parasitant le discours scientifique. La formalisation a ainsi induit l'idéal d'une langue scientifique parfaite. Cet idéal, déjà avancé par DESCARTES et LEIBNIZ, va paradoxalement se déliter au moment même où il semblera triompher. Les avancées logiques et scientifiques du XXe siècle ont révélé qu'il n'était pas possible de construire un langage formel ultime (théorème de Gödel) et qu'il était toujours nécessaire, pour commenter un langage formel, de revenir au langage naturel.

Tard arrivées sur la scène scientifique, les sciences sociales recourent de façon diverse à la formalisation (GRANGER). La tentative de les soumettre au modèle physicaliste du positivisme logique (ZETTERBERG) y a eu peu de succès (NAVILLE). Le conflit entre méthodes quantitatives, recourant au langage des variables (BOUDON, LAZARSFELD), et méthodes qualitatives, se réclamant de la logique de la description et du récit, a parfois obscurci et durci une opposition peu fondée. La formalisation, en sociologie, ne se réduit pas au symbolisme mathématique — dont elle use largement dans ses analyses statistiques ou ses modélisations de l'action (Boudon) — et n'en fait pas davantage l'alpha et l'oméga de toute connaissance. Elle est, dans des contextes variés et sous des formes différentes, un instrument de codification d'items d'analyse, d'explicitation et de fixation de relations ou de combinaisons de relations : analyses de parenté, analyses de réseaux, analyses de contenu et plus généralement les diverses analyses structurales ont introduit au sein de leur discours l'armature de formalismes plus ou moins envahissants. Malgré des dérapages et, parfois, une sorte d'artificialisme ostentatoire, la formalisation ne tend pas à se substituer au discours, mais à en consolider le noyau rationnel. Elle peut enfin, dans une discipline marquée par la diversité des approches, constituer un irremplaçable outil d'analyse, permettant la confrontation réglée des programmes et des paradigmes (BERTHELOT).

Jean-Michel BERTHELOT

bibliographie

BERTHELOT Jean-Michel, *Les Vertus de l'incertitude*, PUF, 1996.

BOUDON Raymond, « Les Fonctions de la formalisation en sociologie », 1963, in *La Crise de la sociologie*, Genève, Droz, 1971.

GRANGER Gilles Gaston, *Pensée formelle et sciences de l'homme*, Aubier Montaigne, 1967.

NAVILLE Pierre, *Sociologie et logique*, PUF, 1982.

FORMALISME

dérivé du latin *forma* « forme »

all. FORMALISMUS	esp. FORMALISMO
angl. FORMALISM	ital. FORMALISMO

voir : ARCHÉTYPE, TYPE-IDÉAL, MODÈLE

Au sens propre, le formalisme implique qu'on considère la forme, abstraction faite de la matière. Ainsi en est-il de la logique formelle d'Aristote, premier modèle de formalisme. En sociologie, le formalisme implique la recherche de structures, de modèles, de formes appréhendés indépendamment de tout contenu empirique.

La notion a un rôle central dans la sociologie de SIMMEL, souvent désignée comme « sociologie de la forme » ou encore « sociologie formelle ». Elle résulte du kantisme de Simmel et de la plupart des sociologues allemands de ce temps. Pour KANT, l'accès aux choses (aux phénomènes), à leur perception et à leur connaissance implique que l'esprit impose ses formes : d'abord celles, *a priori*, de la sensibilité (l'espace et le temps), et ensuite les catégories de l'entendement. Pour Simmel, la connaissance des faits sociaux exige que le sociologue organise le réel à l'aide de formes, de modèles, sans lesquels il serait devant un monde de chaos (l'équivalent pour Kant du « divers de la sensibilité », avant que l'entendement y impose des unités et des stabilités). Peut-on trouver là quelque chose qui se rapproche de l'idéal-type wébérien ? C'est possible. On peut aussi y voir l'usage d'une notion abondamment utilisée aujourd'hui : la notion de *modèle*, qui est différente de la notion de loi, propre à la sociologie durkheimienne. Simmel repoussait cette dernière, écrivant que « *la manie de vouloir absolument trouver des " lois " de la vie sociale est simplement un retour au credo philosophique des anciens métaphysiciens : toute connaissance doit être absolument universelle et nécessaire* ».

André AKOUN

bibliographie

BERTHELOT Jean-Michel, *Les Vertus de l'incertitude*, PUF, 1996.

BOUDON Raymond, *À quoi sert la notion de structure ?*, Gallimard, 1968.

LÉVI-STRAUSS Claude, *Anthropologie structurale*, Plon, 1958.

PASSERON Jean-Claude, *Le Raisonnement sociologique*, Nathan, 1991.

WATIER Patrick (sous la dir. de), *Georg Simmel et les sciences humaines*, Méridiens-Klincksieck, 1992.

MARUANI Margaret et REYNAUD Emmanuèle, *Sociologie de l'emploi*, « Repères », La Découverte, 1993.

THÉLOT Claude, *Tel père, tel fils ? Position sociale et origine familiale*, Dunod, 1982.

FORMATION

du latin *formatio* « confection »

all. BILDUNG	esp. FORMACIÓN
angl. TRAINING	ital. FORMAZIONE

voir : APPRENTISSAGE, ÉDUCATION, EMPLOI, SOCIALISATION

Mise en œuvre de moyens visant à accroître les capacités intellectuelles et morales des individus.

Il n'est pas aisé de distinguer la *formation* de l'*éducation*, termes qui désignent tous deux la mise en œuvre de moyens visant à accroître les capacités intellectuelles et morales des individus. Par convention, on considérera que la ou les formations renvoient à des dispositifs pédagogiques, précis mais partiels, dans le cadre d'un plan général d'éducation de la personne ou de la population.

Les statisticiens ont été parmi les premiers à recourir au concept de formation. En 1964, l'INSEE réalisait une enquête dite « Formation, qualification professionnelle » (FQP) pour mesurer le niveau de qualification ainsi que la mobilité de la main-d'œuvre. Reconduite à diverses reprises sur un échantillon de 40 000 personnes, cette enquête est restée fidèle à son objectif initial : l'étude de la relation formation-emploi (même si des sociologues l'ont utilisée « secondairement », pour mettre au jour les mouvements de mobilité sociale que connaît la société française).

Répondant au même besoin, des « bilans formation-emploi » sont régulièrement établis, à partir d'enquêtes spécifiques qui tentent de cerner au plus près le devenir des jeunes au moment de leur entrée dans la vie active, tout en accordant une attention spéciale à leur *niveau de formation* initial. L'évaluation de leur compétence se fait à partir d'une nomenclature en six points, élaborée en 1969, qui prend en compte le niveau d'études atteint par les jeunes plutôt que les diplômes obtenus. Ce sont là des données utiles pour le sociologue, qui s'intéresse au lien toujours problématique entre la formation reçue, l'emploi offert et le statut espéré.

L'optimisme des années 70 n'est plus de mise, qui voyait les études comme un remède très efficace contre le chômage et, surtout, contre le déclassement social (BAUDELOT *et al.*, 1981). Il n'en demeure pas moins vrai que si *tous* les jeunes éprouvent des difficultés croissantes à s'insérer sur un marché du travail qui est devenu plus instable, moins rémunérateur et aussi moins gratifiant en termes de statut, ce sont ceux qui restent sans qualification qui pâtissent le plus de la montée du chômage et de la précarité sociale qui lui est associée.

François GRESLE

bibliographie

BAUDELOT Christian *et alii*, *Les Étudiants, l'emploi, la crise*, Maspero, 1981.

DUBAR Claude, *L'Autre Jeunesse. Jeunes stagiaires sans diplôme*, PU Lille, 1987.

FORMATION SOCIALE

voir : CONFIGURATION, HOLISME, MARXISME, SOCIÉTÉ

Société concrète marquée par son caractère historique.

Suivi de l'épithète « sociale », le terme est utilisé par MARX (et par les marxistes) comme quasi-synonyme de *société concrète* ou *historique*. C'est ainsi que la féodalité peut être saisie à travers des formations précises (l'anglaise, la française, l'allemande), qui sont autant de variations singulières à partir du même mode de production. ELIAS a repris l'idée en la dynamisant : la société étant faite d'individus liés entre eux par un réseau dense d'interrelations, l'expression *formation sociale* apparaît mieux à même que le mot *société* de rendre compte du mouvement sans cesse renouvelé des configurations sociales que ces mêmes individus parviennent ensemble à constituer.

François GRESLE

bibliographie

ELIAS Norbert, « Sociologie et histoire », in *La Société de cour* (1969), « Champs », Flammarion, 1985.

MARX Karl, « Travail salarié et capital » (1849), in *Œuvres*, « La Pléiade », Gallimard, t. 1, 1965.

FORME

dérivé du latin *forma*, lui-même dérivé du grec *morphè* « forme »

all. FORM	esp. FORMA
angl. FORM	ital. FORMA

voir : ACTION COLLECTIVE, CONFIGURATION, DIALECTIQUE, INTERACTION

Type d'organisation sociale, structure mobile, conservant une certaine indépendance par rapport aux contenus.

En sociologie, le créateur de cette notion est l'Allemand SIMMEL (1858-1918). Soucieux de créer pour la sociologie, discipline nouvelle, un domaine qui lui soit propre, il choisit d'éviter comme une impasse ce qui pour son homologue DURKHEIM constituait le programme de la sociologie : réunir l'ensemble de tout ce qui arrive dans la société et réduire tout l'individuel au social. Selon Simmel, on ne ferait ainsi que donner un nom nouveau à différentes disciplines, droit, économie, science religieuse, etc., sans rien changer à leur contenu, et donc sans proposer à la sociologie un champ qui ne serait pas redondant par rapport à ces disciplines. La nouvelle science ne s'épuise pas dans la recherche d'un nouvel objet, cet objet est déjà sous ses yeux avec le phénomène de la socialisation. Voici donc la tâche du sociologue : si la société est bien formée de l'ensemble des actions réciproques des individus, le travail du sociologue consiste à inventorier et à décrire les *formes* de ces actions réciproques. Il procède nécessairement par une abstraction qui sépare deux éléments liés dans la réalité : il abstrait du contenu de la socialisation sa forme, le contenu ne devenant social qu'autant qu'une forme lui est apposée. Les groupes sociaux les plus divers en fonction des fins qu'ils poursuivent adoptent pourtant des formes identiques, indépendamment de leurs buts : une association religieuse et une bande de conspirateurs adopteront par exemple la forme de la hiérarchie. L'imitation, la division du travail, les relations de domination et de subordination, le secret, la concurrence, voici quelques-unes des formes d'action réciproque. Il appartient au sociologue non pas de faire œuvre de psychologue, mais de se demander par exemple comment évoluent les divers stades de domination et subordination, jusqu'à quel point la domination est ou n'est pas compatible avec l'égalité. L'étude des formes trouve sa matière non pas seulement dans les grandes institutions instituées, Église, État, famille, mais dans des actions réciproques plus fugaces, par exemple dans le fait de se promener ensemble, de s'écrire, toutes activités sans lesquelles le lien social n'existerait pas.

Éliane DEROCHE-GURCEL

bibliographie

SIMMEL Georg, *Sociologie. Recherches sur les formes de socialisation* (1908), « Sociologies », PUF, 1998.

FOULE

du latin populaire *fullare* « fouler une étoffe, presser en appuyant à plusieurs reprises »

all. MENGE	esp. MULTITUD
angl. CROWD	ital. FOLLA

voir : COMMUNAUTÉ, LIEN SOCIAL

La foule est le rassemblement d'un groupe plus ou moins nombreux de personnes soumis à la pression d'une émotion collective et qui, de ce fait, semble faire que les individus perdent toute autonomie et se libèrent de leurs contraintes morales individuelles. En fait parler de la foule, c'est déjà opter pour une explication sommaire alors qu'il y a des foules.

Lorsque LE BON étudie la *foule* et nous montre comment les individus s'anéantissent au profit d'une âme collective *« qui les fait sentir, penser et agir d'une façon tout à fait différente de celle dont sentirait, penserait et agirait chacun d'eux isolément »* et lorsqu'il explique ce fait par la suggestibilité et par la contagion mentale, il nous propose une analyse, rudimentaire, certes, mais originale, qui introduit l'approche d'un phénomène social par les affects qu'il suscite ou qui dérivent de lui. Et on comprend que FREUD ouvre son étude sur « Psychologie collective et analyse du moi » par une évocation de l'ouvrage de Le Bon *« justement célèbre »* nous dit-il, ajoutant : *« Il s'occupe des modifications que l'individu subit dans la foule et les décrit dans des termes qui s'accordent avec les principes fondamentaux de notre psychologie de l'inconscient »*.

La contagion mentale, la suggestibilité, le sentiment de puissance invincible, en un mot, la « régression » au sens psychanalytique, peut-on les expliquer comme Le Bon par le pouvoir du meneur, la foule étant *« un troupeau qui ne saurait se passer de maître »* et celui-ci un illuminé *« recruté surtout parmi ces névrosés, ces excités, ces demi-aliénés qui côtoient les bords de la folie »* ? C'est, évidemment, faire d'une description très partielle et particulière une explication générale. La relation au meneur ou au chef charismatique exige une autre rigueur conceptuelle et, entre autres, impose la question : qu'est-ce qui fait la conjonction entre l'imaginaire collectif et le fantasme d'un seul ? Comment le délire de l'un peut-il, dans une alchimie où la psychanalyse a son mot à dire, porter l'effervescence d'une multitude à ce point de fusion où le réel s'abîme dans l'effusion destructrice de soi ?

La psychologie sociale et la sociologie ont mis en question ces approches simplificatrices, qui mêlent, dans la notion de *foule*, des comportements collectifs très différents les uns des autres. Pour ne prendre qu'un exemple, les lynchages ne s'apparentent pas à des sortes d'excitations collectives semblables aux convulsionnaires de Saint-Médard ou aux phénomènes de panique. Derrière l'horreur de leur spectacle, les lynchages ont un caractère conventionnel et se différencient, selon leur composition, en lynchages bien ordonnés, qui ne visent que *le châtiment du coupable*, et lynchages désordonnés qui frappent au hasard. Comme le constate STOETZEL dans sa ***Psychologie sociale***, la conduite individuelle a ses modèles dans chaque culture où elle est instituée ; la conduite affective collective aussi. Nous n'avons jamais affaire, en sociologie des groupes, à une masse anonyme, sans structuration interne, en quelque sorte a-sociale. La sociologie des foules a suivi le même chemin — est-ce étonnant ? — que celui de la sociologie des mass media. Celle-ci a d'abord vu dans le public une masse hypnotisée, et on a parlé de *viol des foules* (TCHAKHOTINE, 1938), avant de découvrir l'importance des relais sociaux, des leaders d'opinion, du rôle des groupes primaires, etc.

Une autre dimension du travail de Le Bon réside dans sa considération de la signification historique de ce qu'il appelle « l'ère des foules ». Il écrit : *« L'âge où nous entrons sera véritablement l'ère des foules... La voix des foules est devenue prépondérante. Elle dicte aux rois leurs conduites. Ce n'est plus dans les conseils des princes mais dans l'âme des foules que se préparent les destinées des nations »*, et il annonce : *« L'avènement des foules marquera peut-être une des dernières étapes de civilisations d'Occident. »*

Derrière cette sorte de frisson du bien-pensant offusqué et transi qui découvre l'entrée des masses dans la vie publique et l'intervention du nombre sur la scène politique, on retrouve ce désir légitime de cerner ce qui fait de la société moderne une société de rupture et ce sentiment — qu'analyse à la même époque TARDE — de l'importance nouvelle de l'opinion publique. Mais l'ensemble reste hypothéqué tant par des convictions préalables qui traversent les analyses que par l'amalgame du divers dans le simple.

André AKOUN

bibliographie

LE BON Gustave, *Psychologie des foules* (1895), Retz-CEPL, 1975 (avec une introduction de André AKOUN).

MOSCOVICI Serge, *L'Âge des foules*, Fayard, 1981.

STOETZEL Jean, *La Psychologie sociale*, Flammarion, 1978.

TARDE Gabriel, *Les Lois de l'imitation*, Alcan, 1890.

TARDE Gabriel, *L'Opinion et la foule* (1901), PUF, 1989.

TCHAKHOTINE Serge, *Le Viol des foules par la propagande politique* (1938), Gallimard, 1952.

ÉCOLE DE **FRANCFORT** ⇒ SOCIOLOGIE CRITIQUE

FRACTION, FRACTIONNISME ⇒ FACTION

FRACTURE

voir : DÉLIANCE, DOMINATION, EXPLOITATION

Rupture de la cohésion sociale par affaiblissement des liens sociaux, au détriment des catégories sociales défavorisées.

L'expression *fracture sociale* met l'accent soit sur la séparation politique entre gouvernants et gouvernés, soit sur la distance économique entre possédants et démunis, soit sur la distance entre les emplois protégés et les situations de précarité. Elle peut aussi souligner la cumulation de ces diverses formes de distance sociale. Cette expression n'est cependant utilisée en sociologie qu'avec réserve : elle évoque, en effet, une situation sans en préciser les caractères et sans en annoncer l'explication.

Pierre ANSART

bibliographie

PAUGAM Serge, *La Disqualification sociale. Essai sur la nouvelle pauvreté*, Éd. du CNRS, 1993.

FRUSTRATION

du latin *frustratio* « action de tromper, déception »

all. FRUSTRATION, FRUST	esp. FRUSTRACIÓN
angl. FRUSTRATION	ital. FRUSTRAZIONE

voir : ÉMOTION, PASSION, PSYCHANALYSE ET SOCIOLOGIE, SENTIMENT

Condition d'un sujet individuel ou collectif qui rencontre un obstacle insurmontable, extérieur ou intérieur, à la satisfaction d'un besoin ou d'une demande.

De nombreuses expériences faites en psychologie sociale expérimentale et en éthologie montrent la vivacité des réactions aux situations de *frustration*. Privé d'une satisfaction attendue, le sujet réagit par la colère, l'agressivité, la violence, ou encore par l'abattement ou l'autodépréciation. Selon les situations, les collectifs peuvent être des professions, des classes d'âge, des groupes de statuts ; les motifs de frustration et les objets recherchés peuvent être économiques ou symboliques. Le thème de la frustration est abondamment sollicité, explicitement ou implicitement, dans les conflits sociaux : le discours politique justifie, par exemple, les revendications par la situation de privation et la légitimité des attentes.

Pierre ANSART

bibliographie

DOLLARD John, DOOB Leonard W., MILLER Neal E., MOWRER O. Hobart, SEARS Robert R., *Frustration and Agression*, New Haven, Yale UP, 1939.

FUSION

du latin *fusus*, participe passé de *fundere* « répandre, disperser »

all. FUSION, VEREINIGUNG	esp. FUSIÓN
angl. FUSION	ital. FUSIONE

voir : COMMUNAUTÉ, FOULE

La fusion, au sens le plus général, est la combinaison ou l'interpénétration des êtres et des choses. En sociologie elle indique une des formes de l'intégration des individus dans la société et des relations entre eux.

On peut voir la nature des relations sociales fusionnelles dans ce que WEBER, dans sa sociologie religieuse, appelle les « communautés émotionnelles », des communautés de fidèles réunis autour d'un prophète exemplaire. Ou encore, chez DURKHEIM lorsque, dans *Les Formes élémentaires de la vie religieuse*, il évoque l'enthousiasme patriotique des révolutionnaires de l'An I, qui transportait les masses. De même retrouve-t-on ce fusionnel dans le type de lien que vise le totalitarisme, espace où triomphe l'Un, et qu'accompagne dans chacun des membres le sentiment océanique de coïncider avec la totalité et d'abolir l'individu séparé. Le fusionnel substitue à la communication, qui implique la non-confusion des sujets émetteurs-récepteurs, la communion, où il n'est d'autre sujet que le Nous indifférencié.

André AKOUN

bibliographie

FREUD Sigmund, *Essais de psychanalyse*, « Petite bibliothèque », Payot, 1975.

LE BON Gustave, *Psychologie des foules* (1895), Retz, 1975.

LEFORT Claude, *L'Invention démocratique*, Fayard, 1981.

G

GALAXIE GUTEMBERG

⇒ COMMUNICATIONS DE MASSE (McLuhan)

GANG

du mot anglais qui signifie « équipe »

voir : ÉCOLE DE CHICAGO, DÉSORGANISATION SOCIALE, DÉVIANCE, VIOLENCE

Bande organisée de malfaiteurs.

L'ouvrage que THRASHER publie en 1927 sur les *gangs* de Chicago représente une recherche pionnière sur la délinquance et la criminalité en milieu urbain. À partir de l'étude comparative de plus de 1 300 gangs, il analyse les conditions d'apparition et les modes de fonctionnement de ces bandes, qui regroupent principalement des adolescents ou de jeunes adultes. Les gangs, montre-t-il, se développent dans les interstices du tissu social et de l'espace urbain, au sein des groupes et des territoires qui sont les plus affectés par la désintégration des cadres familiaux, scolaires et professionnels de la socialisation. Ils constituent une réponse spontanée à ces phénomènes de désorganisation sociale.

Yves GRAFMEYER

bibliographie

THRASHER Frederik M., *The Gang* (1927), University of Chicago Press, 1963.

WHYTE William F., *La Structure sociale d'un quartier italo-américain* (1943), La Découverte, 1996.

GEMEINSCHAFT UND GESELLSCHAFT

⇒ COMMUNAUTÉ ET SOCIÉTÉ

GÉNÉRATION ⇒ COHORTE DÉMOGRAPHIQUE

GÉNOCIDE

composé du grec *genos* « naissance, race » et du suffixe *-cide* (cf. *homicide*), mot créé en 1944 par l'Américain LEMKIN, d'origine polonaise

all. VÖLKERMORD	esp. GENOCIDIO
angl. GENOCIDE	ital. GENOCIDIO

voir : CRIMINALITÉ ET CRIME, ETHNOCIDE, MÉMOIRE, VIOLENCE

Crime commis dans l'intention de détruire un groupe humain, national, ethnique ou religieux.

Le *génocide* dont ont été victimes les populations juive et tzigane dans l'Europe occupée par les nazis lors de la Seconde Guerre mondiale a donné lieu à des travaux considérables et a suscité des recherches sur les génocides historiquement antérieurs. Y contribuent les sciences historiques, la démographie, la psychologie sociale, la psychologie et la psychiatrie. La sociologie participe à ces travaux en approfondissant les recherches sur les causes sociales et idéologiques de ces massacres, sur les conditions institutionnelles et bureaucratiques qui les rendent possibles. Elle peut aussi fournir une grille d'analyse pour mieux comprendre les conflits symboliques autour des mémoires sociales de ces crimes.

Pierre ANSART

bibliographie

CHAUMONT Jean-Michel, *La Concurrence des victimes : génocide, identité, reconnaissance*, La Découverte, 1997.

DADRIAN Vahakn, *Histoire du génocide arménien*, Stock, 1996.

HIRSCH Herbert, *Genocide and the Politics of Memory : Studying Death to Preserve Life*, Londres, Chapel Hill, University of North Caroline Press, 1995.

KATZ Stephen T., *The Holocaust and Mass Death Before the Modern Age*, New York, Oxford, Oxford UP, 1994.

REICHLEIN Félix, *Les Amérindiens et leur extermination délibérée*, Lausanne, P. M. Favre, 1987.

GENRE MASCULIN ET FÉMININ

du latin *genus* « origine, naissance »

all. GATTUNG, GESCHLECHT	esp. GÉNERO
angl. GENDER	ital. GENERE

voir : CONFLIT, DOMINATION, FAMILLE, FÉMINISME, HIÉRARCHIE

Catégorie d'analyse qui permet de décrire le masculin et le féminin comme constructions sociales. Employé au singulier, il désigne l'organisation sociale des rapports entre hommes et femmes, rapport social lui-même considéré comme une institution.

En France, l'utilisation du terme de *genre* comme traduction du mot anglais *gender* est récente. Elle a fait son entrée dans le vocabulaire de la sociologie par le biais des études féministes. Les chercheuses féministes américaines (notamment en histoire, anthropologie et sociologie) utilisent d'abord ce concept pour distinguer le sexe social du sexe physiologique. Il s'agit de rejeter tout déterminisme biologique en mettant en évidence le caractère social — variable, arbitraire — des différences de sexe. Selon OAKLEY (1972) : « *Le mot " sexe " se réfère aux différences biologiques entre mâles et femelles, à la différence visible entre leurs organes génitaux et à la différence corrélative entre leurs fonctions procréatives. Le " genre ", par contre, est un terme qui renvoie à la culture : il se réfère à la classification sociale en " masculin " et " féminin ".* »

Du fonctionnalisme à la division sexuelle du travail. Ce concept permet de passer de l'analyse des rôles sexuels, caractérisés par la notion de complémentarité dans les recherches de type fonctionnaliste, à celle de la division sexuelle du travail caractérisée par l'oppression, dans les analyses inspirées du marxisme. DELPHY (1991) interroge la tradition sociologique durkheimienne : « *Quand on met en correspondance le genre et le sexe, est-ce qu'on compare du social et du naturel, ou est-ce qu'on compare du social avec encore du social, cette fois les représentations qu'une société donnée se fait de la " biologie " ?* » On assiste alors à un déplacement de la réflexion sur la différence des sexes : « *Le genre a trait non à la différence, mais à la différenciation sociale des sexes* » (MATTHIEU, 1991). Comme l'explique GOFFMAN (1977), ce ne sont pas les conséquences sociales de différences innées entre les sexes qui doivent être expliquées, mais la façon dont ces différences ont été (et sont) mises en avant pour justifier notre organisation sociale. Pour BOURDIEU (1990), « la violence symbolique » fonctionne grâce à une « somatisation des rapports de domination » et à une « construction sociale des différences anatomiques visibles ».

La dimension sexuée des pratiques sociales. La problématique du genre a permis d'introduire en sociologie la dimension sexuée des pratiques sociales : il existe deux groupes sociaux historiquement et sociologiquement différenciés. Les analyses féministes font apparaître les femmes comme sujets sociaux sexués sur fond d'un universel masculin du genre humain. Dans un deuxième temps, l'accent mis sur la bicatégorisation souligne la nécessité d'une analyse conjointe des hommes et des femmes : les hommes aussi constituent une catégorie sociale sexuée. Les recherches en termes de rapports sociaux entre les sexes ouvrent de nouvelles perspectives dans tous les domaines : on parlera du « sexe du travail », du « sexe du pouvoir », de la « rivalité entre les genres ». Enfin, dans certaines perspectives contemporaines, l'analyse du rapport social lui-même comme rapport de pouvoir est au centre de la réflexion. Pour SCOTT (1988), l'emploi du terme « genre » risque de masquer la réalité des rapports de domination, en ce qu'il n'implique pas nécessairement une prise de position sur l'inégalité ou le pouvoir. Pour elle, « *le genre est un élément constitutif de rapports sociaux fondés sur des différences perçues entre les sexes, et le genre est une façon première de signifier des rapports de pouvoir* ».

Claude ZAIDMAN

bibliographie

« APRE Atelier-production-reproduction », *Cahiers* n°s 1 à 7, IRESCO/CNRS, 1985-1988.

Le Sexe du travail, PU Grenoble, 1984.

BOURDIEU Pierre, « La Domination masculine », *in* « Féminin-Masculin », *Actes de la recherche en sciences sociales*, n° 84, MSH, 1990.

DELPHY Christine, « Penser le genre : quels problèmes ? », in *Sexe et genre. De la hiérarchie entre les sexes*, Éd. du CNRS, 1991.

GOFFMAN Erving, « The Arrangement Between the Sexes », in *Theory and Society*, 1977.

LAQUEUR Thomas W., *La Fabrique du sexe*, Gallimard, 1992.

MATTHIEU Nicole-Claude, *L'Anatomie politique*, Côté-Femmes, 1991.

OAKLEY Ann, *Sex, Gender and Society*, New York, Harper Colophon Books, 1972.

SCOTT Joan W., « Genre : une catégorie utile d'analyse historique », *in* « Le Genre de l'histoire », *Les Cahiers du GRIF*, n° 37/38, Tierce, 1988.

SINGLY François de, « La Rivalité entre les genres », in *Femmes et histoire*, Plon, 1993.

TILLY Louise A., « Genre, histoire des femmes et histoire sociale », in *Genèses*, 1990.

GÉOGRAPHIE ET SOCIOLOGIE

du grec *gê* « terre » et *graphein* « écrire »

all. GEOGRAPHIE, ERDKUNDE	esp. GEOGRAFÍA
angl. GEOGRAPHY	ital. GEOGRAFIA

voir : ENVIRONNEMENT, ESPACE, GÉOPOLITIQUE

UNE RELATION DE CONCURRENCE MASQUÉE. Un sociologue se passionne volontiers pour l'histoire, rarement pour la *géographie*. Dans un ouvrage récent, deux géographes (BAILLY, FERRAS, 1997), qui soulignent l'importance des relations entre la géographie et de nombreuses disciplines, estiment l'influence de la sociologie très faible. Cette « ignorance » réciproque dissimule des relations de concurrence ancrées dans une histoire complexe qui a de fortes spécificités françaises. Au tournant du XXe siècle, la sociologie et la géographie se développent parallèlement : création de grandes revues (notamment les *Annales de géographie* par DUBOIS et VIDAL DE LA BLACHE en 1891 et *L'Année sociologique*, par Durkheim, avec une première livraison en 1898), nouvelles chaires dans les universités, nombreux travaux, ceux de TARDE, de DURKHEIM et des durkheimiens d'une part, ceux de GALLOIS, DUBOIS, VIDAL, puis des vidaliens DEMANGEON,

BLANCHARD, VALLAUX, SORRE, etc., de l'autre, domination d'une école, vidalienne et durkheimienne, de part et d'autre.

LE POSSIBILISME DE VIDAL DE LA BLACHE ET LE DÉTERMINISME DE DURKHEIM. Une même conception de la démarche scientifique domine alors les deux disciplines : les vidaliens invoquent le modèle des sciences de la nature pour traiter des faits géographiques quand Durkheim veut traiter les faits sociaux comme des choses. Les Français sont fortement influencés par l'école allemande de géographie, en particulier par RATZEL, également présent dans *L'Année sociologique*, qui publie un article de lui et six comptes rendus de ses travaux signés par Durkheim. Ce dernier utilise Ratzel pour justifier sa conception d'une morphologie sociale rassemblant des sciences fragmentaires (dont la géographie) au profit de la sociologie. Il adhère parfois à son propos, notamment par l'importance qu'il attache aux rapports entre société et territoire (que Durkheim reproche à la sociologie de négliger) ou à sa théorie des migrations comme choix collectifs. Mais il reste fondamentalement critique, en particulier à l'égard du déterminisme qui consiste à expliquer le social par les caractéristiques naturelles. Or, même si Vidal de La Blache, comme le note RONCAYOLO, n'abandonne pas le naturalisme, il s'affranchit en partie du déterminisme en adoptant un point de vue « possibiliste », qui fait du paysage le résultat de choix humains, d'une action sur la nature. La critique des sociologues (notamment SIMIAND) porte également sur le choix stratégique des vidaliens : l'élaboration de monographies régionales (ce qui n'est pas alors l'orientation des sociologues).

LE PRIMAT DE LA GÉOGRAPHIE CHEZ SORRE ET GEORGE. Ultérieurement, les relations entre ces disciplines sont interrogées par des géographes, en particulier SORRE et GEORGE. Dans un contexte fortement marqué par le marxisme, ce dernier privilégie les déterminismes sociaux et inscrit la géographie dans la morphologie sociale. Mais, en même temps, il lui donne une sorte de primat en tant qu'instrument de comparaison et de totalisation : comment mieux prendre en compte l'ensemble des faits sociaux et leur composition, comment les comparer mieux, sinon à l'échelle des territoires, spécialité des géographes ?

LE DÉVELOPPEMENT D'UNE GÉOGRAPHIE SOCIALE ET CULTURELLE. Ces relations sont envisagées de façon beaucoup plus ouverte depuis une période récente (surtout après 1980), en particulier depuis que la géographie américaine prend ses distances avec le positivisme et les nouvelles démarches quantitatives. C'est ainsi que la théorie de la structuration de GIDDENS est revendiquée par les deux disciplines. En France, une géographie très cohérente sur le plan institutionnel mais épistémologiquement atomisée voit à la fois (outre un renouvellement de la géographie physique autour de l'environnement) la réussite de démarches quantitatives et modélisantes assez éloignées de la sociologie, l'affirmation d'une géographie sociale très active, qui utilise la sociologie sans entrer dans ses débats, enfin une géographie culturelle souvent brillante, qui entretient des relations ambiguës de proximité et de concurrence avec l'histoire, l'ethnologie et la sociologie.

LES RELATIONS ACTUELLES ENTRE GÉOGRAPHIE ET SOCIOLOGIE. Actuellement, les emprunts sont nombreux mais dissymétriques (au profit des géographes), et les relations sont faibles. Au-delà des recouvrements thématiques, qui posent peu de problèmes, les difficultés et les ouvertures possibles se concentrent sur trois points :

- 1 le rapport à l'action : la géographie se veut science de et pour l'action parce que son discours est accessible aux acteurs et souvent coproduit avec certains d'entre eux. Ce faisant, elle utilise, parfois de manière sauvage, des catégories et des instruments de la sociologie. Cette dernière est sollicitée pour jouer le même rôle et souvent s'en défend : la voracité de l'une et l'abstention de l'autre aboutissent à un affaiblissement de la manière dont on pense le rapport à l'action ;
- 2 les sociologues ignorent le territoire, sauf comme support d'une identité culturelle ou d'une entité politique. Les géographes territorialisent systématiquement tous les phénomènes sociaux. Cela rend difficile l'organisation du débat sur les processus par lesquels les phénomènes sociaux se territorialisent et sur la nature et l'importance de la dimension territoriale ;
- 3 la mise en œuvre des instruments des sciences sociales et même des théories sociologiques par les géographes est efficace, opérationnelle mais unidimensionnelle. Habituellement, les sociologues privilégient plutôt la relativisation de leurs instruments (pour le meilleur et parfois pour le pire), quitte à ne pas attacher assez d'importance à leur efficacité. Cette différence de point de vue deviendra productive si l'on passe du dialogue de sourds à l'interrogation réciproque.

Alain BOURDIN

bibliographie

BAILLY Antoine, FERRAS Robert, *Éléments d'épistémologie de la géographie*, « U », Armand Colin, 1997.

BENKO Georges K., *Les Nouveaux Aspects de la théorie sociale. De la géographie à la sociologie*, Caen, Paradigme, 1988.

CHEVALIER Jacques, PEYRON Jean-Pierre (sous la dir. de), *Au centre des villes, dynamiques et recompositions*, « Géographie sociale », L'Harmattan, 1994.

CLAVAL Paul, *Principes de géographie sociale*, LITEC, 1973.

CLOKE Paul, PHILO Chris, SADLER David, *Approaching Human Geography. An Introduction to Contemporary Theoretical Debates*, Londres, Chapman Publications, 1991.

GEORGE Pierre, *Sociologie et géographie*, PUF, 1966.

GEORGE Pierre, « Sociologie géographique », *in* Georges GURVITCH, *Traité de sociologie* (1958), PUF, vol. 1, 1967, pp. 255 à 256.

ISNARD Hildeber, RACINE Jean-Bernard, REYMOND Henri, *Les Problématiques de la géographie*, PUF, 1981.

MONTIGNY Gilles, *De la ville à l'urbanisation*, « Villes et entreprises », L'Harmattan, 1992.

SORRE Maximilien, *Les Rencontres de la géographie et de la sociologie*, Marcel Rivière, 1957.

* * *

GÉOPOLITIQUE

voir : GÉOGRAPHIE ET SOCIOLOGIE, POLITIQUE DE POPULATION

Étude des relations entre l'espace et la politique. Plus précisément, analyse de l'expression politique des intérêts liés à la circulation internationale et au contrôle de territoires déterminés.

Ce terme, utilisé pour la première fois par le Suédois KJELLEN (1864-1922) et repris par HAUSHOFER (1869-1946), universitaire lié au nazisme, définit, selon ARON (1984), la combinaison entre « *une schématisation géographique des relations diplomatico-stratégiques, avec une analyse géographico-économique des ressources* » et « *une interprétation des attitudes diplomatiques en fonction du mode de vie et des attitudes* ». La discipline géopolitique naît, à la fin du XIXe siècle, avec l'affirmation d'un enjeu politique majeur : la puissance mondiale.

L'école anglo-saxonne insiste sur la domination de la mer et oppose le « cœur du monde » (MACKINDER), correspondant à la Russie, aux *rimlands*, espaces charnières (européen, asiatique...) entre terre et mer. L'école allemande part de la relation entre État, territoire et culture, et privilégie la notion d'espace vital *(Lebensraum)*. Ce dernier permet de justifier l'expansionnisme allemand et l'étude des mouvements qui président à la constitution des grands ensembles (panslavisme, pangermanisme...). L'école française contemporaine de géopolitique, surtout représentée par des géographes tels que Yves LACOSTE, autour de la revue ***Hérodote***, est très marquée par la décolonisation et s'intéresse particulièrement aux formes actuelles des phénomènes nationaux.

Alain BOURDIN

bibliographie

ARON Raymond, *Guerre et paix entre les nations*, Calmann-Lévy, 1984.

MOREAU-DEFARGES Philippe, *Introduction à la géopolitique*, « Points », Seuil, 1994.

GÉRONTOCRATIE

voir : TRADITION

Organisation dans laquelle les pouvoirs sont exercés en fait et en droit par les membres les plus âgés.

Terme péjoratif souvent employé par ceux qui estiment excessif le pouvoir des aînés.

GESTE ⇒ CORPS

*
* *

GESTION

du latin *gestio*, de *gerere* « porter, se charger de, administrer » ; (« management » a été importé en français de l'anglais *management*, lui-même issu du français « ménager » ; « management » est devenu un équivalent international)

all. UNTERNEHMENS-FÜHRUNG	esp. GESTIÓN
angl. MANAGEMENT	ital. GESTIONE

voir : ÉCONOMIE, ORGANISATION, POUVOIR, SOCIOLOGIE DU TRAVAIL

Ensemble d'activités sociales à caractère instrumental, effectuées au sein des organisations : activités d'organisation, de pilotage, de planification, de décision et de contrôle. Celles-ci sont orientées par la recherche de la performance.

1 Ces activités sont formellement et normativement attribuées à des agents spécialisés (les cadres, ou « managers »), la plupart situés en position hiérarchique supérieure. *Management* et *gestion* sont des équivalents (une acception étroite de la notion ne retient que les activités qui se rapportent à l'enregistrement et au contrôle des coûts et des résultats financiers).

2 La gestion est aussi un corpus de connaissances. En dépit des découpages universitaires (en France, le domaine des « sciences de gestion »), elle ne constitue pas un champ disciplinaire homogène puisqu'elle mobilise des connaissances scientifiques et techniques d'origines diversifiées (comptabilité, gestion financière, sociologie, psychologie sociale, économie, etc.).

3 La gestion inclut enfin des activités normatives, qui se traduisent par la production de discours, recettes et outils pratiques construits par les gestionnaires (« managers ») pour soutenir et justifier leur action. Pour GIRIN, des « situations de gestion » existent dès lors que « *des participants sont réunis et doivent accomplir, dans un temps déterminé, une action collective conduisant à un résultat soumis à un jugement externe* » (1990).

ÉCONOMIE. En économie, dans le paradigme standard, la gestion n'a pas de statut. En effet, remarque FAVEREAU (1993), c'est seulement « *là où il y a une possible imperfection des décisions individuelles et collectives* » qu'elle peut trouver un espace. Chez les économistes du paradigme non standard, la gestion renvoie à la coordination des agents et aux sources de productivité et d'efficacité organisationnelle (coordination ne se résumant pas à la mise en œuvre de contrats et d'incitations).

SOCIOLOGIE. En sociologie, au-delà de la coordination, c'est d'action organisée qu'il s'agit, et de coopération d'acteurs. Les managers sont à même de reconnaître les limites d'une action gestionnaire fondée sur la domination et la manipulation (ZARIFIAN, 1996). La pratique de la gestion, le discours et le langage gestionnaires n'ont aucune vocation « naturelle » à être monopolisés par une catégorie d'acteurs ou un groupe social dominant. Dans un contexte social certes déterminé par les inégalités de pouvoirs et les rapports de force, la gestion peut sans doute, de manière croissante, être conçue comme un ensemble d'activités sociales qui requièrent la coopération, l'intercompréhension des acteurs (Zarifian), mais aussi la construction d'autres formes de légitimité des dirigeants et des simples managers.

Jean-Claude BARBIER

bibliographie

FAVEREAU Olivier, « Objets de gestion et objet de la théorie économique », in *Revue française de gestion*, n° 96, novembre-décembre 1993, pp. 6 à 12.

GIRIN Jacques, « L'Analyse empirique des situations de gestion : éléments de théorie et de méthode », *in* A. G. MARTINET (éd.), *Épistémologie et sciences de gestion*, Economica, 1990, pp. 141 à 182.

LEMOIGNE Jean-Louis, « Sur "l'incongruité épistémologique" des sciences de gestion », in *Revue française de gestion*, n° 96, novembre-décembre 1993, pp. 125 à 135.

ZARIFIAN Philippe, *Travail et communication, essai sociologique sur le travail dans la grande entreprise industrielle*, « Sociologies d'aujourd'hui », PUF, 1996.

GHETTO

emprunt à l'italien *ghetto* (1516), du nom d'une petite île de Venise où les Juifs de Venise furent assignés à résidence à partir de 1516

all. GETTO	esp. GHETTO
angl. GHETTO	ital. GHETTO

voir : DISCRIMINATION, EXCLUSION, RELIGION, SOCIOLOGIE URBAINE

Quartier urbain dans lequel est concentré un groupe ethnique ou religieux, par contrainte ou par choix.

1 Ce terme désignait les quartiers urbains dans lesquels, en Europe orientale, en Afrique du Nord et au Moyen-Orient, les communautés juives étaient concentrées.

2 Par extension, il désigne tout phénomène de concentration urbaine d'une population minoritaire et, métaphoriquement, l'isolement et la fermeture d'un groupe sur lui-même. Dans son étude sur ce sujet, WIRTH montre que le *ghetto* doit être compris comme un phénomène de psychologie sociale et d'écologie urbaine, mais il suggère qu'il répond aussi à un état d'esprit spécifique.

Pierre ANSART

bibliographie

WIRTH Louis, *Le Ghetto* (1928), PU Grenoble, 1980.

GLOBAL ET GLOBALITÉ

Le terme est utilisé par Georges Gurvitch. Il le définit ainsi : « Macrocosme de macrocosmes sociaux, possédant une souveraineté sociale sur tous les ensembles, secteurs, collectivités, éléments composants qui y sont intégrés, et une souveraineté juridique délimitant la compétence de tous les groupements (y compris l'État, dont la souveraineté politique n'a jamais cessé d'être relative et subordonnée, en dépit de toutes les apparences contraires). »

Cette notion, opposée à *totalité* ou à système, en diffère en ce qu'elle a l'ambition de désigner des réalités « concrètes » telles que la tribu, la Cité antique, la nation et, aujourd'hui, les réalités transnationales comme l'Europe. Séparée du système des hiérarchies de groupes développé par GURVITCH, elle est aujourd'hui assez peu utilisée en sociologie.

André AKOUN

bibliographie

BOURRICAUD François, « Sur la prédominance de l'analyse microscopique dans la sociologie américaine contemporaine », in *Cahiers internationaux de sociologie*, vol. 13, PUF, 1952.

GURVITCH Georges, *Vocation actuelle de la sociologie* (1950), PUF, 1963.

SOCIÉTÉ GLOBALE

voir : CIVILISATION, CULTURE, GLOBAL (ci-dessus), SOCIÉTÉ, TOTALITÉ

1 SOCIÉTÉ GLOBALE ET CONSCIENCE COLLECTIVE. La société globale est d'abord une unité psychique ; ses membres entretiennent entre eux des relations plus intenses qu'avec l'extérieur et se reconnaissent une commune identité. Comme l'écrit MERTON (*Éléments de théorie et de méthode sociologique*, 1953) : « *C'est bien parce que le comportement des individus est modelé sur les valeurs fondamentales de la société que l'on peut parler d'une masse d'hommes comme d'une société. Sans un fond de valeurs communes à un groupe d'individus, il peut certes y avoir des relations sociales, des échanges désordonnés entre les hommes, mais pas de société.* » Cette existence d'une représentation du monde propre à la société globale, qui fournit à ses membres les repères identificatoires et les vecteurs chargés d'interdits, de permission, d'espoirs, de résignations, etc., est peut-être l'essentiel de la société globale, ce que DURKHEIM exprimait dans sa notion ambiguë de « conscience collective ».

Société globale et culture. Cette unité psychique n'est pas infirmée par l'existence de groupes, classes, familles, castes ou autres réalités ayant aussi une symbolisation propre, car celle-ci reste sous la législation du système de représentation dominant. C'est ce que notait BOURRICAUD dans un article des *Cahiers internationaux de sociologie* (vol. 13, PUF, 1952). Il s'opposait alors à la dispersion des études microsociologiques aux États-Unis : « *La société globale, sa nature et les difficultés de son étude se font reconnaître de plus en plus clairement par les sociologues américains. Sous le nom de culture, ils se mettent à observer les manières de sentir, d'agir et d'évaluer, qui fournissent à des individus, par ailleurs différents, un terrain d'entente et des moyens de communication. Ainsi, au-delà des particularités par lesquelles les groupes se distinguent et s'opposent, l'unité d'une conscience collective commune tend-elle à s'imposer à l'observateur. Les études sur la culture ou le caractère national rappellent, à qui serait tenté de l'oublier, qu'une société est autre chose qu'une mosaïque de gangs, de syndicats ou de clubs.* »

2 TYPOLOGIES : LES SOCIÉTÉS GLOBALES ENTRE GROUPES SINGULIERS ET HUMANITÉ UNIVERSELLE. La notion de *société globale*, cependant, pose un problème qui apparaît dans l'élaboration des typologies. C'est que le sociologue est pris dans un dilemme que traduit Durkheim dans les *Règles de la méthode sociologique* : « *Il semblait,* écrit-il, *que la réalité sociale ne pouvait être l'objet que d'une philosophie abstraite et vague ou de monographies purement descriptives. Mais on échappe à cette alternative une fois qu'on a reconnu qu'entre la multitude confuse des sociétés historiques et le concept unique mais idéal de l'humanité il y a des intermédiaires : ce sont les espèces sociales.* » Ce souci de classement des sociétés globales dissimule souvent une hiérarchisation des sociétés, de la plus simple à la plus complexe, de la plus « sauvage » à la plus « civilisée ». En fait, le sociologue est pris entre deux tentations, celles-là mêmes qu'évoquait Durkheim :

- d'une part, il n'est jamais confronté qu'à des sociétés particulières, qui ont une individualité telle que le culturalisme a pu, à juste titre, revendiquer le droit de les considérer chacune dans son être propre, irréductible à tout autre — et il est vrai que le regard ethnographique se doit, pour exister, de se soumettre à cet impératif. Le projet qui en résulte nécessairement est bien celui de multiplier les monographies ;
- d'autre part, le sociologue est tenté de ne voir dans la diversité des sociétés que le mouvement même par lequel l'humanité, envisagée dans son unité et son unicité, organise son devenir ascendant jusqu'à ce point le plus élevé qui est, par une coïncidence admirable, la société du sociologue, celle qui a inventé la sociologie. Appréhendées comme des moments figés, les différentes sociétés sont alors identifiées à des étapes dans l'histoire des hommes.

C'est pourquoi les typologies des sociétés globales apparaissent souvent contingentes, parfois même dérisoires dans leur schématisme. Mais n'est-ce pas là la conséquence inéluctable d'une démarche qui prend pour modèle celle du naturaliste et qui traite les sociétés comme des réalités closes, justiciables des descriptions, des analyses et des procédures de la science positive ? La typologie des sociétés est le talon d'Achille des grandes théories sociologiques. Elle rend manifeste, en son intention même, ce que ces dernières doivent aux philosophies de l'histoire en même temps qu'au scientisme. Rappelons pour mémoire la classification de DURKHEIM, qui pose la fiction d'unités sociales simples dont la combinaison explique les diverses espèces sociales. On a ainsi la « horde », groupe dont la simplicité est telle qu'il se résout immédiatement, lorsqu'on l'analyse, en individus juxtaposés ; le « clan », première société réelle, juxtaposition de hordes, les « sociétés polysegmentaires simples », les « sociétés simplement composées », les « sociétés doublement composées », et ainsi de suite jusqu'aux « sociétés polysegmentaires complexes ».

3 LES DANGERS D'UN CULTURALISME ÉCLATÉ. Pour conclure, la notion de *société globale* doit être relativisée. À trop souligner la totalité originale et close que serait une société globale, on est amené à un culturalisme éclaté qui enregistre les milliers de sociétés globales et s'interdit toute systématisation entre elles. Quant aux typologies, leur arbitraire vient du rêve de construire une sorte de tableau de MENDELEÏEV des sociétés. Ce qui manquera toujours dans un tel tableau, c'est l'*histoire*, ce par quoi une société globale est non seulement ce qu'elle est, mais aussi ce qu'elle a été et ce qu'elle est appelée à devenir.

André AKOUN

bibliographie

BRAUDEL Fernand, « Histoire et sciences sociales : la longue durée », in *Annales*, 4, 1958.

CAZENEUVE Jean, « La Typologie des sociétés globales », in *Revue de psychologie*, 1967.

GURVITCH Georges, *Vocation actuelle de la sociologie* (1950), PUF, 1963.

JANNE Henri, *Le Système social*, PUF, 1968.

MAUSS Marcel *et alii*, *Civilisation, le mot, l'idée*, La Renaissance du livre, 1930.

GLOBALISATION ⇒ MONDIALISATION

GOÛT

du latin *gustus* « action de goûter, dégustation », puis « goût d'une chose », au propre et au figuré

all. GESCHMACK	esp. GUSTO
angl. TASTE	ital. GUSTO

voir : ART, DISTINCTION, HABITUS, HIÉRARCHIE

Ensemble des appréciations, collectives et individuelles, concernant les arts, les formes, les couleurs et les dispositions des objets, ainsi que les pratiques culturelles.

Le changement des *goûts*, les transformations lentes ou rapides des sensibilités, dans tous les domaines de la culture, depuis les arts jusqu'aux formes des vêtements ou la nourriture, offrent à l'histoire sociale un immense champ d'investigation. On s'interroge sur les raisons de ces changements, sur la nature des engouements, sur leurs conséquences sociales, sur les imaginaires qui les accompagnent. La sociologie des goûts privilégie les approches synchroniques, elle observe la distribution et la pluralité des préférences, les choix des différents publics, les multiples fonctions et expressions des goûts personnels et des modes collectives.

Dans son ouvrage *La Distinction* (1979), BOURDIEU s'est attaché à démystifier l'illusion du « don » personnel et à démontrer combien les goûts sont fortement corrélés avec les grandes divisions de l'espace social. La distribution des préférences dans la consommation des objets culturels peut être référée aux stratifications économiques, mais elle fait apparaître des classifications au sein de ces stratifications et des pratiques culturelles différenciées. Ces divergences sont objectivées dans des institutions culturelles qui se classent dans une hiérarchie et dont les pratiques sont classantes pour les utilisateurs : les amateurs des théâtres d'essai se « distinguent » du public plus populaire des théâtres de boulevard. Bourdieu associe étroitement la distribution sociale des goûts à la distribution des *habitus* dans l'espace social.

Pierre ANSART

bibliographie

BOURDIEU Pierre, *La Distinction. Critique sociale du jugement*, Éd. de Minuit, 1979.

FISCHLER Claude, *L'Homnivore*, Odile Jacob, 1993.

MONTANDON Alain, *Du goût, de la conversation et des femmes*, Faculté des lettres et sciences humaines de Clermont-Ferrand, 1994.

GRAPHIQUE

all. SCHAUBILD, GRAPHISCHE DARSTELLUNG	esp. GRÁFICO
angl. GRAPH	ital. GRAFICO

Le mode de représentation graphique d'une distribution statistique est étroitement lié à la nature du caractère observé. Ce dernier peut être quantitatif ou qualitatif. Un caractère est quantitatif lorsqu'il est mesurable, c'est-à-dire lorsqu'il existe une variable statistique mesurant ce caractère. Cette dernière est appelée variable discrète lorsqu'elle ne prend que des valeurs entières, telles que le nombre d'habitants d'une ville. On peut lui faire correspondre un graphi-

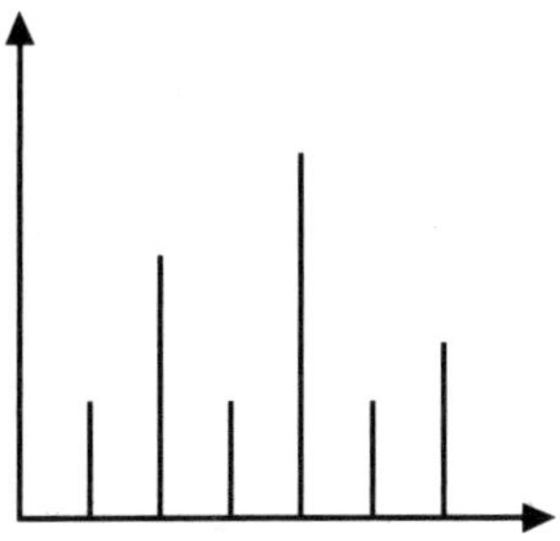

Fig. 1

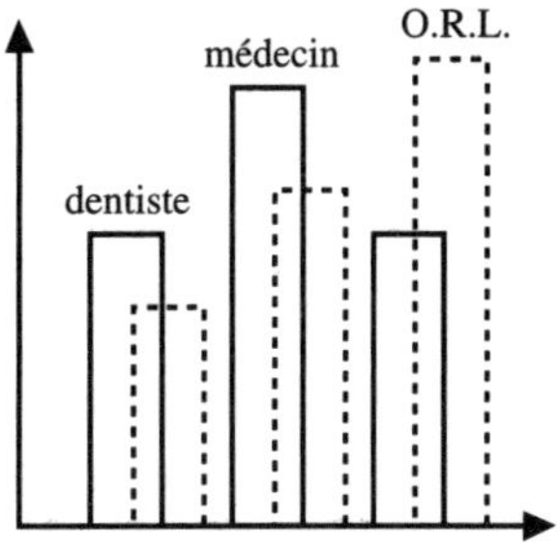

Fig. 3

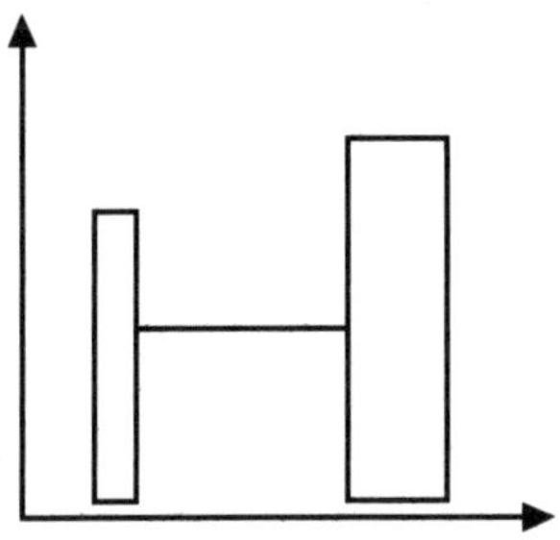

Fig. 2

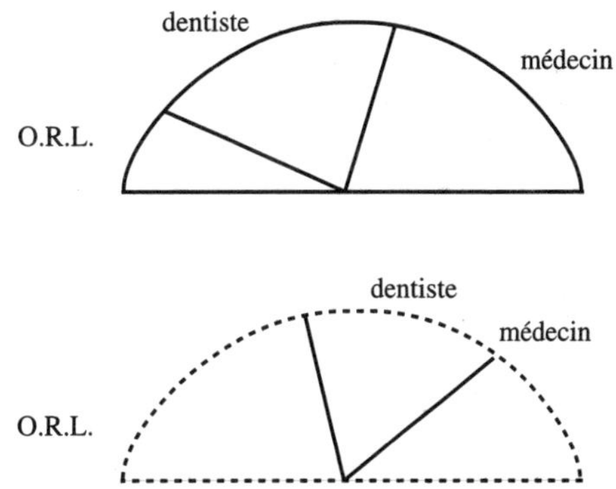

Fig. 4

------ Bas-Rhin

—— Alpes

que appelé diagramme en bâtons (fig. 1). Une variable est qualifiée de continue lorsqu'elle peut prendre toutes les valeurs se trouvant à l'intérieur d'un intervalle de variation, comme le revenu des salariés d'une entreprise. La représentation graphique des effectifs ou des fréquences d'une variable statistique continue est l'histogramme, dans lequel les effectifs ou les fréquences de chaque classe sont proportionnellement représentés par une aire (et non une hauteur) [fig. 2].

Un caractère est qualitatif lorsqu'il n'est pas mesurable, comme les catégories socioprofessionnelles. Dès lors, on élabore différentes rubriques qui serviront à constituer une nomenclature ou une classification. On utilise communément deux types de représentation graphique pour rendre compte des variables qualitatives, la représentation par « tuyaux d'orgue » (fig. 3) et la représentation circulaire ou « camembert » (fig. 4). S'il s'agit d'une représentation géographique, on parlera de cartogramme. Ci-dessous est représentée de façon fictive la part de certaines professions médicales dans le Bas-Rhin et les Alpes.

Félicité des NÉTUMIÈRES

GRATIFICATION

Dans le salariat, toute somme d'argent remise au salarié en plus de ce qui lui est dû, soit dans une situation exceptionnelle, soit selon des normes fixées par convention.

Dans un sens large, ce terme peut désigner tout ce qui, dans les rapports sociaux, est bénéfique et reçu comme tel par l'acteur. Ses nombreuses formes soulignent l'insuffisance de la définition en termes économiques : considération, estime sociale, reconnaissance, marques de déférence, gains de prestige et de pouvoir, satisfactions symboliques, supériorités statutaires, plaisirs liés aux identifications positives. Les concurrences et les conflits sociaux sont inintelligibles sans un inventaire des multiples gratifications qui renforcent les motivations des acteurs.

Pierre ANSART

GRÉGARISME

voir : FOULE

Tendance à se regrouper par attraction réciproque d'individus de même espèce. On parlait, en sociologie animale, d'instinct grégaire.

Par métaphore, on parlera de *grégarisme* à propos de ces regroupements où les individus recherchent la sécurité et la chaleur de la réunion avec d'autres qui sont identiques à soi. Le grégarisme est différent du phénomène de formation des foules, qui se forment sous l'emprise de circonstances précises, souvent émotionnelles et en fonction de l'environnement.

André AKOUN

GRÈVE

de *grève* « terrain constitué de sable et de gravier », vient l'homonyme *grève* (1805), du nom de la *place de Grève* (1260), au bord de la Seine à Paris, où se réunissaient les ouvriers qui attendaient l'embauche

all. STREIK	esp. HUELGA
angl. STRIKE	ital. SCIOPERO

voir : ACTION COLLECTIVE, CONFLIT, MOUVEMENT SOCIAL, TRAVAIL

Cessation volontaire et collective du travail.

GRÈVE, CONFLIT SOCIAL, RÉVOLTE. La *grève* et les *conflits sociaux* sont des notions importantes de la sociologie du travail : en effet, celle-ci a été conçue dès son origine comme intriquée dans l'étude des mouvements sociaux. En son sens restreint, la grève est définie comme un arrêt de travail temporaire décidé par un groupe de travailleurs pour exprimer une réclamation ou appuyer une revendication. Cette définition apparaît trop restrictive, car elle limite la grève à une action instrumentale à objectifs revendicatifs précis. Elle exclut notamment la grève révolte, qui exprime le « ras-le-bol » de la condition ouvrière, ainsi que les grèves politiques, par exemple les grèves politiques de mai 1968. La grève peut être l'expression d'une situation de crise révélatrice des luttes de classes : c'est la notion de grève comme expression d'un mouvement social.

GRÈVE ET ENTREPRISES.

L'école des « relations humaines ». L'école des relations humaines a réduit la grève à son aspect revendicatif et relationnel. Si les grèves sont l'expression des insatisfactions, il est possible de les réduire en mettant en œuvre des relations de travail plus humaines et plus démocratiques. Par une politique de concertation, d'information, d'explication des objectifs, on peut transformer le climat de l'entreprise en intégrant le syndicat à celle-ci ; mais cette stratégie a pour effet d'enfermer la grève dans les limites de l'entreprise et de ne pas prendre en compte ses aspects idéologiques.

L'école des « relations professionnelles » et la sociologie du *bargaining*. Plus réaliste est la sociologie du *bargaining* et des relations professionnelles. Devant la difficulté de masquer le conflit par des procédés de persuasion, on essaie d'en limiter les effets en l'insérant dans un système institutionnel bien défini. On s'efforce de l'aménager par des procédures qui le contiennent dans des limites raisonnables et même de le canaliser dans des voies constructives. Les procédures de *bargaining* ont pour but d'aboutir à des formes stables de relations industrielles. Cette école est représentée aux États-Unis par Clark KERR ; en France, l'analyse que fait MONTUCLARD de l'institution du comité d'entreprise va dans ce sens. Ce courant inspirera largement la problématique de la participation conflictuelle (REYNAUD) et sa théorie de la « régulation conjointe ». L'étude de la stratégie du conflit et de ses règles du jeu s'inspire de la théorie des jeux de Thomas SCHELLING. Cette approche suppose qu'on puisse cantonner le conflit dans le cadre d'une société stable à valeurs idéologiquement compatibles. Le conflit institutionnalisé se déroule entre groupes d'intérêt et non entre classes sociales.

Grèves à objectifs négociables et grèves à objectifs non négociables. Mais on peut soutenir que le groupe syndical, dans l'entreprise, poursuit ses propres buts, irréductibles aux buts patronaux. L'étude statistique comparative des grèves fait apparaître, suivant la conjoncture économique et sociale, un clivage entre deux types de grèves : des grèves à objectifs négociables (qui relèvent du *collective bargaining*) et des grèves à objectifs non négociables, qui marquent une rupture du rapport social de production et une manifestation de la lutte des classes. Dans ce dernier cas, il s'agit de créer un rapport de force appelant un changement social.

GRÈVE ET MOUVEMENT SOCIAL. À côté de ces thèmes « interdits » manifestant l'affrontement ou le refus de négocier, on peut relever, au-delà des revendications exprimées dans les conflits, des revendications latentes (portant sur l'autorité ou les conditions de travail) qui alimentent l'insatisfaction sans être traitées au niveau de la négociation. Cette insatisfaction industrielle profonde s'exprime, tout autant que dans la grève, par l'absentéisme, le freinage, le sabotage, les accidents du travail. Ce constat de l'irréductibilité des conflits à leurs aspects revendicatifs conduit à traiter ceux-ci comme des mouvements sociaux. C'est ainsi qu'ont été analysées les manifestations de mai 1968 ou l'insurrection des ouvriers sidérurgistes lorrains de 1979. Leur caractéristique est de déborder l'entreprise et de s'en prendre directement au pouvoir politique. La forme expressive et symbolique déborde leurs aspects instrumentaux. L'analyse du contenu revendicatif des grèves et des formes d'action est complétée par celle des orientations idéologiques, impliquant une conception de la société et de son avenir, mettant en cause les institutions et les relations de pouvoir dans la société. Le conflit en appelle alors à l'opinion publique (Longwy en 1979, grèves Renault à Vilvorde en 1997). Dans ce cas, le mouvement ouvrier est étudié comme sujet historique.

La société postindustrielle. Avec la société postindustrielle, le champ d'analyse des mouvements sociaux s'est étendu bien au-delà des conflits du travail : les études du Centre d'analyse et d'intervention sociologiques portent sur les mouvements antinucléaires, féministes, écologiques, régionalistes. Cela signifie que le champ des luttes de la société postindustrielle se transfère du travail sur de nouveaux enjeux : l'éducation, la santé, la sécurité, la communication, et que la contestation du pouvoir de domination, caractéristique du milieu industriel, s'étend à la culture, aux modes de vie et à l'ensemble des pratiques sociales.

Claude DURAND

bibliographie

DUBOIS Pierre *et alii*, *Grèves revendicatives ou grèves politiques ; acteurs, pratiques, sens du mouvement de mai 1968*, Anthropos, 1971.

DURAND Claude, *Chômage et violence. Longwy en lutte*, Galilée, 1981.

DURAND Claude, DUBOIS Pierre, *La Grève. Enquête sociologique*, Presses de la FNSP, 1975, partie I, chap. IV.

DURAND Michelle, « La Grève, conflit structurel, système de relations industrielles ou facteur de changement social », in *Sociologie du travail*, n° 3, 1979.

GRIFFIN J. I., *Strikes, a Study in Quantitative Economies*, New York, Columbia UP, 1938.

KERR Clark, « Industrial Conflict and Mediation », in *The American Journal of Sociology*, n° LX, 3 novembre 1954.

MONTUCLARD Maurice, « Pour une sociologie de la participation ouvrière dans les comités d'entreprise », in *Sociologie du travail*, n° 4, 1960.

REYNAUD Jean-Daniel, *Les Règles du jeu. L'action collective et la régulation sociale*, Armand Colin, 1989.

TOURAINE Alain, *Mouvements sociaux d'aujourd'hui. Acteurs et analyse*, « Économie et humanisme », Les Éditions ouvrières, 1982.

GROUPE

L'origine du mot *groupe* est double : italienne d'une part et remontant à 1688 (*gruppo* signifie « nœud, assemblage »), et germanique d'autre part (*kruppa* signifiant « masse arrondie »)

all. GRUPPE	esp. GRUPO
angl. GROUP	ital. GRUPPO

voir : CONFLIT, IDENTIFICATION, IDENTITÉ, PSYCHOLOGIE SOCIALE

Ensemble, large ou restreint, de personnes ayant des traits communs (opinions, goûts, activités).

Après avoir signifié la réunion de plusieurs personnages formant une unité organique dans une œuvre d'art, le mot désigne vers la moitié du XVIIIe siècle la réunion de plusieurs personnes en un même lieu. Ce n'est que tardivement que la notion investit les sciences sociales, notamment la sociologie et surtout la psychologie sociale, avec l'étude de la psychologie des foules (cf. LE BON). Il désigne alors un « ensemble de personnes ayant quelque chose en commun ».

Plusieurs courants importants sont à distinguer.

Le courant lewinien. LEWIN (psychologue social américain, 1890-1947), s'inspirant de la *Gestalttheorie* (psychologie de la forme), souligne que le *groupe* est un tout structuré dont les propriétés sont différentes de la somme des parties. Le groupe et son environnement constituent un « champ » dynamique dont la stabilité et les modifications s'expliquent par un jeu de forces psychosociales (pression des normes, résistance à l'influence, poursuite de buts par exemple). L'expérience la plus souvent citée de Lewin fut effectuée pendant la Seconde Guerre mondiale et visait à convaincre les ménagères américaines de consommer davantage d'abats. Elle démontra l'impact de la discussion de groupe sur le changement d'attitudes, alors qu'une simple conférence, donnée par des experts en diététique, amenait un changement moindre. Il apparaît, à travers de nombreuses expériences sur le sujet, que l'on change plus aisément les habitudes et les valeurs d'un groupe que celles d'un individu. Par ailleurs, la prise de décision en commun engage plus l'action qu'une décision individuelle.

Ses recherches sur le changement permettent à Lewin de dégager l'intéressante notion d'état quasi stationnaire : une situation de groupe est un état d'équilibre entre des forces psychosociales égales en grandeur et opposées en direction, et non pas seulement, comme le voudrait MORENO, un tissu d'attractions et de répulsions entre individus. En 1947, juste avant sa mort, Lewin met au point le *T-group* (groupe de diagnostic ou de base) avec ses disciples, à Bethel aux États-Unis. Il s'agit de réunir une dizaine de personnes ne se connaissant pas en un même lieu et sur plusieurs jours, afin de sensibiliser les participants aux processus psychologiques à l'œuvre dans les relations interpersonnelles dans « l'ici et maintenant », tandis qu'ils abordent les sujets de leur choix. Cette technique de groupe est depuis abondamment utilisée dans les méthodes de formation ou de thérapie. Cependant, si la valeur opératoire des notions fondamentales de la dynamique de groupe est certaine, la plupart de ces notions (force, équilibre, tension) ont été soit empruntées à la physique mathématique, soit construites de façon purement conceptuelle.

Le courant interactionniste. Malgré la difficulté de catégoriser les interactions que l'on observe au sein des groupes, certains chercheurs réussissent à mettre au point des classifications permettant de mieux comprendre la vie des petits groupes. Ainsi BALES, dont les catégories fournissent un instrument d'analyse et de classification pour les types et les processus d'interactions (et non les thèmes de discussion). Son système permet de comprendre le déroulement d'une discussion, le rôle des participants (leader ou déviant par exemple). Toute discussion passerait généralement d'une phase d'information à une phase d'évaluation, puis à une phase de recherche d'influence et, enfin, de décision. Utile, la perspective de Bales se veut avant tout empiriste et descriptive, et son ambition est de fonder la recherche sur l'observation de données immédiates, c'est-à-dire les processus d'interaction entre individus, sans rien emprunter *a priori* au langage des mathématiques. Elle reste cependant assez limitée, puisque les situations collectives envisagées sont presque exclusivement des discussions.

L'interaction étant au cœur des phénomènes relevant de l'étude des groupes, c'est l'échange entre les membres du groupe et entre ces derniers et le monde extérieur qui constitue l'articulation essentielle des processus de groupes, d'où la différence généralement constatée entre l'intragroupe et l'extragroupe. La dynamique des relations dans et hors le groupe souligne que les relations intragroupales relèvent souvent d'un domaine socioaffectif positif alors que les relations extragroupales relèvent d'un domaine socioaffectif plutôt négatif, d'où le clivage entre groupes d'appartenance et groupes de référence. Les groupes d'appartenance sont par exemple définis par l'âge, le sexe, l'origine ethnique, religieuse, socioprofessionnelle. Les groupes de référence sont plus divers : associations, partis politiques, groupes sportifs, etc. Dans la réalité sociale, les individus vont très souvent donner la primauté à ces derniers. De plus, cette multiplicité d'appartenances a des conséquences comportementales importantes.

Groupes et comparaison sociale. Les relations dans et hors le groupe s'articulent très souvent sur ce que FESTINGER nomme la comparaison sociale, qui désigne le processus par lequel les individus se comparent aux autres et peuvent ainsi assurer à la fois leurs ressemblances et leurs différences avec autrui. Ce processus éclaire le phénomène d'affiliation de l'individu au groupe, voire ses motivations d'adhésion. La fonction comparative est doublement sollicitée :

dans le groupe lui-même, par rapport aux autres membres du groupe — notamment par rapport au degré d'activisme (cf. la différence entre membres, adhérents et militants) —, et vis-à-vis des autres groupes. Dans le groupe, on parle de différenciation sociale en tant qu'elle intervient dans la constitution de l'identité sociale de l'individu. En effet, celui-ci valorise sa différence, c'est-à-dire son unicité personnelle ; il peut accepter la similitude si ce sont les autres qui lui ressemblent, et non pas l'inverse. Par sa différence, l'individu cherche à être socialement reconnu, à attirer l'attention des autres. Il recherche une originalité relative, à la fois le conformisme et la différence (par désir de plaire et volonté parallèle de protéger sa singularité), d'où l'idée de « conformisme supérieur du soi ». Chacun pense incarner de la façon la plus parfaite les idéaux, les normes et les règles de conduite appropriés à une situation ou à un groupe. En somme, chacun tend à être plus « royaliste que le roi »... Cette comparaison avec les pairs dans le groupe a par ailleurs des effets sur le climat du groupe, qui peut être coopératif ou compétitif.

Groupes et catégorisation sociale. Au niveau extragroupal, le processus de comparaison avec les membres d'un autre groupe s'appelle la catégorisation sociale. TAJFEL met en évidence la perception et la description de son environnement social par l'individu en termes de catégories. Deux fonctions essentielles de la catégorisation sociale sont à retenir :

- elle fournit des repères à travers lesquels l'environnement et les faits sociaux sont structurés et appréhendés ;
- elle participe à la constitution de l'identité sociale, car celle-ci est liée à la connaissance de son appartenance à certains groupes sociaux et à la signification émotionnelle et évaluative qui résulte de cette appartenance.

La catégorie implique d'emblée une différenciation des rôles. HANEY, BANKS et ZIMBARDO effectuent une expérience dans les années 70, dans laquelle ils divisent par tirage au sort les sujets en deux groupes : celui des prisonniers et celui des geôliers. Cette expérience se révèle très difficile : les geôliers sont en effet très durs avec leurs prisonniers, et ces derniers se mutinent ; la répression est si sévère que l'expérience est interrompue. On s'aperçoit qu'une simple catégorisation de groupe et l'attribution de rôles à des individus les amènent à jouer réellement ces rôles : ils se mettent véritablement dans « la peau des personnages ».

Groupes et influence sociale. Qu'il s'agisse de mouvements sociaux ou de minorités, les groupes sont également étudiés du point de vue de leur influence sociale. S'appuyant sur des travaux de psychologie sociale expérimentale, MOSCOVICI notamment propose un modèle génétique de l'influence, expliquant comment et pourquoi des minorités dites actives peuvent amener un changement social. S'opposant aux théories fonctionnalistes qui insistent sur le désir de conformité aux normes majoritaires des individus comme des groupes, sa théorie propose d'analyser la genèse de l'influence à travers le concept d'innovation et de cerner les styles de comportement (consistance, rigidité, autonomie, équité et investissement) qui favorisent l'influence minoritaire. Également pertinente pour l'étude des groupes, la théorie des représentations sociales élaborée par Moscovici se doit d'être ici évoquée puisque les représentations, de collectives, sont devenues sociales parce que insérées et produites dans et par des groupes sociaux.

Le courant psychanalytique. On ne saurait enfin occulter l'apport freudien sur le sujet. En effet, dans *Totem et tabou*, « Psychologie collective et analyse du Moi » ou encore *Malaise dans la civilisation*, FREUD s'intéresse au mythe fondateur de notre société : transposant au niveau social le complexe d'Œdipe, il articule son analyse sur l'idée de l'existence d'une horde primitive qui aurait pour chef un Père tout-puissant et tyrannique dont les fils ne sauraient se satisfaire, dans la mesure où ce dernier garderait pour lui toutes les femelles du groupe, d'où le renversement de ce Père honni par ses fils. Le meurtre du Père et l'identification à celui-ci deviennent les symboles qui fondent la loi (la morale, les institutions et la culture) dans la société. Tout groupe doit effectuer sur le plan symbolique un travail psychique interne de même ordre. On doit aussi à Freud la notion d'« illusion » caractérisant les membres d'un groupe, l'idée d'un amour réciproque entre le chef et les membres du groupe comme entre les membres du groupe entre eux.

Des psychanalystes anglais, notamment BION, reprennent la distinction de Freud pour l'étude des groupes. L'inconscient des groupes, selon cet auteur, s'appuie sur trois présupposés : la dépendance, la dynamique combat/fuite et enfin la formation d'un couple idéal. FOULKES travaille quant à lui sur les tensions internes et développe la notion de « groupe-analyse ». En France, ANZIEU s'intéresse aux métaphores courantes sur le groupe et propose l'analogie groupe/rêve en distinguant l'illusion groupale (ou tendance à un état fusionnel collectif) et les fantasmes de casse (qui répondent à l'angoisse de morcellement). BÉJARANO établit une distinction entre le bon et le mauvais objet qui désignerait notamment un transfert négatif sur un individu privilégié, par exemple le leader ou les hors-groupes. KAËS enfin généralise ces théories en travaillant sur l'hypothèse d'un appareil psychique groupal, constitué par les appareils individuels d'une part et par les institutions sociales et culturelles d'autre part. Quant à PAGÈS, il développe l'idée de relation immédiate en insistant sur la vie affective des groupes.

Aujourd'hui, la notion de *groupe* déborde largement du cadre de la psychologie sociale : elle est devenue transversale dans les sciences humaines et sociales, puisqu'elle permet de considérer les nombreux réseaux d'individus constitués ou se constituant dans la société. Toutes les disciplines s'y réfèrent, notamment pour analyser des groupes sociaux, des collectivités ou des organisations (perspective sociétale), ou encore la société globale (perspective sociale).

Birgitta ORFALI

bibliographie

ANZIEU Didier, *Le Groupe et l'inconscient. L'imaginaire groupal* (1975), Dunod, 1981.

ANZIEU Didier, MARTIN Jacques-Yves, *La Dynamique des groupes restreints* (1968), PUF, 1982.

BALES Robert F., *Interaction Process Analysis : A Method for the Study of Small Groups*, Reading, Massachusetts, Addison-Wesley, 1950.

BÉJARANO A., « Le Clivage de transfert dans les groupes », in *Perspectives psychiatriques*, n° 33, 1971.
BION Wilfred R., *Recherches sur les petits groupes*, PUF, 1965.
FESTINGER Leon, « A Theory of Social Comparison Processes », in *Human Relations*, n° 7, 1954.
FOULKES Siegmund H., *Psychothérapie et analyse de groupe*, Payot, 1970.
FREUD Sigmund, *Totem et tabou* (1913), Payot, 1943.
FREUD Sigmund, « Psychologie collective et analyse du Moi », in *Essais de psychanalyse* (1921), Payot, 1927.
FREUD Sigmund, *Malaise dans la civilisation* (1930), PUF, 1934.
KAËS René, *L'Appareil psychique groupal*, Dunod, 1973.
LE BON Gustave, *Psychologie des foules* (1895), PUF, 1963.
LEWIN Kurt, *Resolving Social Conflicts*, New York, Harper & Brother, 1948.
LEWIN Kurt, *Field Theory in Social Sciences*, New York, Harper & Brother, 1951.
MORENO Jacob L., *Fondements de la sociométrie* (1953), PUF, 1969.
MOSCOVICI Serge, *La Psychanalyse, son image et son public* (1961), PUF, 1976.
MOSCOVICI Serge, *Psychologie des minorités actives*, PUF, 1982.
PAGÈS Max, *La Vie affective des groupes*, Dunod, 1986.
TAJFEL Henri, « La Catégorisation sociale », *in* Serge MOSCOVICI, *Introduction à la psychologie sociale*, Larousse, t. 2, 1972.

GUERRE ⇒ POLÉMOLOGIE

GYNÉCOCRATIE

voir : ANDROCRATIE, FÉMINISME

Organisation sociale dans laquelle les pouvoirs sont exercés en fait et en droit par les membres féminins du groupe.

bibliographie

AUDIBERT Agnès, *Le Matriarcat breton*, PUF, 1984.
BACHOFEN Johann Jacob, *Du règne de la mère au patriarcat* (anthologie) (1861), Lausanne, Éd. de l'Aire, diffusion PUF, 1980.

H

HABITAT

du latin *habitare* « avoir habituellement, habiter »

all. SIEDLUNG, WOHNUNG angl. HOUSING	esp. VIVIENDA ital. INSEDIAMENTO

voir : ÉCOLOGIE, GÉOGRAPHIE, VIE QUOTIDIENNE

1. Ensemble des modalités d'occupation et d'usage de leur espace de résidence par des individus, des familles, des groupes.
2. Le logement en tant qu'il est l'objet d'une occupation et d'un usage (sens le plus habituel).

Le terme *habitat* vient des sciences naturelles, où il désigne le cadre écologique de la vie d'une espèce. Il est utilisé par les géographes et les ethnologues dans une perspective écologique ou culturelle (pour désigner des modèles ou des types d'inscription dans un cadre écologique). Pourquoi est-il très souvent préféré au terme *logement* ?

Lorsque ENGELS écrit *La Question du logement*, la difficulté de se loger, le surpeuplement, l'inconfort apparaissent comme des phénomènes majeurs résultant des injustices sociales et de l'exploitation. Le développement de l'État-Providence, et en particulier de l'habitat social, a conduit à estimer que ces problèmes étaient résolus et que, désormais, les questions essentielles pour la recherche aussi bien que pour l'action devenaient celles de l'appropriation et du mode de vie dans le logement, ce dernier terme étant réservé à la dimension économique (marché du logement). L'évolution actuelle de nos sociétés conduit à plus de prudence.

Alain BOURDIN

bibliographie

ASCHER François (éd.), *Le Logement en question*, La Tour d'Aigues, Éd. de l'Aube, 1995.

ENGELS Friedrich, *La Question du logement* (1872), Éditions sociales, 1976.

TOPALOV Christian, *Le Logement, une marchandise impossible*, Presses de la FNSP, 1987.

HABITUS

du latin « manière d'être », de « *habere* « se tenir »

all. HABITUS angl. HABITUS	esp. HABITO ital. ABITUDINE

voir : DÉTERMINISME, INCULCATION, REPRODUCTION, SOCIALISATION, SUJET

Ensemble des habitudes et des dispositions, propre à une culture ou à un milieu social, inculqué à l'individu au cours de la socialisation.

DÉFINITIONS. DURKHEIM emprunte ce terme au vocabulaire scolastique pour désigner l'ensemble des apprentissages, des dispositions acquises par l'enfant au cours de son éducation. ELIAS y recourt pour évoquer le type de personnalité psychologique formé par le processus de civilisation des mœurs en Occident (1939). Bourdieu reprend ce concept en le redéfinissant et en lui faisant jouer un rôle central dans sa théorisation des pratiques sociales.

BOURDIEU. L'insistance mise par BOURDIEU sur ce concept répond au souci d'échapper aux deux écueils de l'objectivisme et du subjectivisme. L'objectivisme « constitue le monde social comme un spectacle » et se borne à en établir les données régulières pour en dégager les relations statistiques sans en déchiffrer les significations (1980, p. 87). Dans sa version structuraliste, un tel objectivisme suppose que les individus sont déterminés par les relations structurées dans lesquelles ils sont placés, supposant ainsi résolue la question de la transformation des pratiques. À l'opposé, le subjectivisme se borne à dégager le sens dans le vécu immédiat. Dans sa version individualiste, l'intuitionnisme subjectiviste commente les expériences de l'acteur sans interroger les spécificités sociales de la pratique.

Une solution au problème de l'opposition social individuel. Le concept d'*habitus* propose un fil directeur pour échapper à cette contradiction qui renouvelle la fausse dichotomie du social et de l'individuel. Il est défini par Bourdieu comme l'ensemble des dispositions inculquées, intériorisées par les individus et telles qu'ils tendent à les reproduire en les adaptant aux conditions dans lesquelles ils sont engagés. Trois dimensions caractérisent donc l'*habitus*.

1 En premier lieu, il évoque les apprentissages (formels ou informels, dits ou non dits) qui forment, inculquent des modèles de conduite, des modes de

perception et de jugement, au cours de la socialisation. L'institution scolaire participe de façon exemplaire à cette inculcation*; elle a pour fonction de *« produire des individus dotés de ce système de schèmes inconscients (ou profondément enfouis) qui constitue leur culture, ou mieux leur* habitus, *bref de transformer leur héritage collectif en inconscient individuel et commun »* (1970, p. 148).

2 En deuxième lieu, l'*habitus* désigne ces dispositions en ce qu'elles sont intériorisées par chacun : il se produit, en effet, au cours de la socialisation ce que l'on peut appeler une « intériorisation de l'extériorité » et la formation d'un inconscient individuel et collectif.

3 En troisième lieu, l'*habitus*, système des dispositions acquises, est la capacité d'engendrer des pratiques : *« Cet habitus pourrait être défini [...] comme système des schèmes intériorisés qui permettent d'engendrer toutes les pensées, les perceptions et les actions caractéristiques d'une culture, et celles-là seulement »* (*ibid.*, p. 152).

Ce concept d'*habitus* conduit donc à reconsidérer la théorie de la motivation, la nature des liens sociaux et des pratiques sociales, à surmonter le dilemme du déterminisme et de la liberté. En raison même de ces multiples incidences théoriques, ce concept, ainsi interprété, a suscité de nombreuses discussions. Son usage non critique peut conduire, en effet, à renforcer les interprétations à caractère déterministe que Bourdieu souhaite, précisément, contester.

Pierre ANSART

bibliographie

BOURDIEU Pierre, *Esquisse d'une théorie de la pratique, précédée de trois études d'ethnologie kabyle*, Éd. de Minuit, 1970.

BOURDIEU Pierre, *Le Sens pratique*, Éd. de Minuit, 1980.

ELIAS Norbert, *La Dynamique de l'Occident* (1939), Calmann-Lévy, 1975.

ELIAS Norbert, *La Civilisation des mœurs* (1939), Calmann-Lévy, 1991.

PANOFSKY Erving, *Architecture gothique et pensée scolastique*, Éd. de Minuit, 1967.

HASARD

de l'arabe *az-zahr* « jeu de dés »

all. ZUFALL	esp. AZAR
angl. CHANCE	ital. CASO

voir : CAUSE, DÉTERMINISME, ÉMERGENCE, EXPLICATION

Arrive « par hasard » un phénomène inexplicable par les chaînes de causalité et qui ne pouvait donc être prévu. De ce point de vue, hasard est synonyme de contingence.

HASARD, CONTINGENCE, DÉSORDRE, ABSURDITÉ. La notion de *hasard* désigne ce qui, arrivant « sans raison », « sans intention », ne peut que heurter par son côté purement contingent ; c'est un coup imprévisible et inexplicable qui laisse « stupide ». De tout temps, l'effort des hommes et des sociétés a été de faire reculer le désordre apparent des événements et des phénomènes. Les mythes qui expliquent ce qui se passe par l'intervention des dieux et donc selon une logique de l'intention et de la volonté, les religions qui culminent en un Dieu créateur de tout, ou les sciences qui étendent à l'univers le principe du déterminisme et l'universalité des lois, ont toujours contenu ou nié le hasard. C'est-à-dire l'absurde. BERNOULLI et WALDEGRAVE, dès le XVIIIe siècle, cherchent à mathématiser le hasard par le calcul des probabilités et par la théorie des jeux, qui intéressent le sociologue. Les sciences intègrent aussi le hasard ; elles transforment, en physique, le déterminisme en une approximation macroscopique résultant d'indéterminismes (HEISENBERG) ; en biologie, elles associent, pour expliquer l'évolution, hasard et nécessité. Comme l'écrit MONOD, *« la sélection [...] opère sur les produits du hasard et ne peut s'alimenter ailleurs ; mais elle opère dans un domaine d'exigences vigoureuses dont le hasard est banni [...]. L'univers n'était pas gros de la vie ni la biosphère de l'homme. Notre numéro est sorti au jeu de Monte-Carlo »*.

LE HASARD ET LE FUTUR. En sciences de l'homme le hasard est une notion essentielle, qui désigne l'imprévisible absolu du futur (d'où le caractère dérisoire des prospectives qui se donnent pour autre chose que des probabilités et des paris). Les philosophies de l'histoire et toutes les illusions déterministes sont des formes de dénégation de la temporalité. Que ce qui est arrivé se prête après coup à explication ne saurait faire illusion. Comme le dit MERLEAU-PONTY, l'histoire a du sens, elle n'a pas UN sens. Passer de ce constat du sens à l'illusion d'un sens unique n'est que riposte illusoire à la dimension historique des sociétés et des hommes. ARISTOTE a très clairement exposé cet aspect du hasard dans un exemple célèbre de son *De interpretatione*. À propos de la contingence du futur, il écrit : *« Nécessairement il y aura une bataille navale demain ou il n'y en aura pas : mais il n'est pas nécessaire qu'il y ait une bataille navale, pas plus qu'il n'est nécessaire qu'il n'y en ait pas. »* Puisqu'on énumère les événements futurs concevables, il est logiquement nécessaire qu'une des éventualités ait lieu et que, cette éventualité se réalisant, elle puisse nous apparaître comme ayant été nécessaire. Telle est l'illusion de la non-contingence des choses.

André AKOUN

bibliographie

ARON Raymond, *La Philosophie critique de l'histoire*, Seuil, 1970.

BALANDIER Georges, *Le Désordre. Éloge du mouvement*, Fayard, 1988.

BOREL Émile, *Le Hasard*, Alcan, 1938.

MONOD Jacques, *Le Hasard et la nécessité*, Seuil, 1970.

HÉDONISME

du grec *hêdonê* « plaisir »

voir : ÉGOÏSME, POSTMODERNITÉ

L'hédonisme est cette conception qui fait du plaisir la norme et la fin de la conduite. En économie, c'est considérer la poursuite du maximum de satisfaction comme le but de toute activité économique.

Si l'on accepte le glissement analogique entre *hédonisme* et *égoïsme*, on peut classer le libéralisme économique comme un hédonisme en ce qu'il considère, depuis Adam SMITH, que l'intérêt privé est le moteur de l'économie et que la poursuite de fins égoïstes est source de l'harmonie du marché. Mais la notion de plaisir ne se confond de fait ni avec le calcul égoïste ni avec le bonheur (notion floue). Il faut en rester à ce qu'en professait ÉPICURE qui disait : « *Pour ma part, je ne sais ce qu'est le bien, si l'on écarte les plaisirs de la table, ceux de l'amour et tout ce qui charme les oreilles et les yeux* » (Diogène Laërce, X, 6) et qui précisait : « *Le plaisir du ventre est le principe et la racine de tout bien ; c'est à lui que se ramènent les biens spirituels et les valeurs supérieures.* » L'*hédonisme* est inséparable d'une nouvelle conception du corps, de sa signification et de sa place dans la hiérarchie des valeurs. En ce sens, la notion retrouve un certain intérêt auprès de sociologues de la postmodernité, qui voient dans la fin des transcendances civiques et des *grandes idéologies* caractéristiques de la modernité, et dans ce qu'ils désignent comme un retour au festif, à l'exaltation collective, au dionysiaque, la source de nouvelles formes de sociabilité.

Ajoutons qu'il est difficile de porter un regard analytique sur la notion de plaisir sans prendre en considération la psychanalyse et plus particulièrement le texte de Freud, ***Malaise dans la civilisation.***

André AKOUN

bibliographie

ÉPICURE, *Lettres et maximes*, trad. M. Conche, PUF, 1987.

MAFFESOLI Michel, *Le Temps des tribus*, Klincksieck, 1988.

HÉGÉMONIE

voir : CLASSE SOCIALE, DOMINATION, IDÉOLOGIE, MARXISME

Suprématie d'un État, d'une nation, d'une classe sociale sur ses rivaux.

Le sens traditionnel de ce concept a été renouvelé par GRAMSCI en termes d'*hégémonie* de classe. Selon cette conception, la suprématie ne serait pas nécessairement assurée par une domination politique, militaire ou policière, mais par une prépondérance sociale et idéologique telle, par exemple, que celle de la bourgeoisie en France aux XVIIIe et XIXe siècles, capable d'attirer à elle des fractions des autres classes sociales. La question se trouverait alors posée d'une *hégémonie* de la classe ouvrière révolutionnaire réalisant la primauté de la société civile sur la société politique.

Pierre ANSART

bibliographie

GRAMSCI Antonio, *Écrits politiques* (1914-1926), Gallimard, t. 1, 1974 ; t. 2, 1975 ; t. 3, 1980.

POULANTZAS Nicos, *L'État, le pouvoir, le socialisme*, PUF, 1978.

HÉRÉDITÉ

emprunt (v. 1050) au latin *hereditas* « ce dont on hérite », dans le sens abstrait ou concret

all. ERBFOLGE, ERBANLAGE	esp. HERENCIA
angl. HEREDITY	ital. EREDITARIETÀ

voir : SOCIOLOGIE ANIMALE, DÉTERMINISME, ÉTHOLOGIE

Transmission des caractères d'un être vivant à ses descendants par l'intermédiaire des gènes.

Le problème de l'influence relative des facteurs hérités et des facteurs environnementaux est un problème transversal aux sciences humaines et sociales. Il a longuement opposé en philosophie les théoriciens des idées innées, attachés à l'idée de « nature » humaine, et les sensualistes matérialistes. Il a été reformulé en psychologie, où se sont opposés, par exemple, les tenants de l'hérédité de l'intelligence aux défenseurs des facteurs éducatifs. Les nombreuses recherches des années 60 sur les jumeaux et sur les effets de l'adoption tentaient de répondre expérimentalement à cette question.

SOCIOLOGIE. En sociologie, la tendance largement dominante porte à majorer, dans l'esprit même de la discipline, les facteurs externes. DURKHEIM, dans les ***Règles de la méthode sociologique*** (1895), écarte toute tentative d'expliquer les phénomènes sociaux par des facteurs biologiques, selon le principe général de l'exclusive détermination sociale des phénomènes sociaux.

Cependant la question se trouve reposée sous deux formes.

1 **Ethologie.** En premier lieu, l'éthologie, et, plus radicalement, la sociobiologie ont renouvelé la question de savoir quels rapports il convient d'établir entre des comportements repérables au niveau animal et les comportements humains.

2 **Héritage social.** Une tout autre orientation analyse les rapports entre les attitudes et modèles intériorisés au cours de la prime enfance et les conduites ultérieures. Le problème est alors déplacé de l'hérédité biologique à l'héritage des toutes premières années — l'héritage social —, retrouvant sous une nouvelle forme le débat entre l'hérité (l'*habitus*) et l'acquis.

Pierre ANSART

bibliographie

EIBEL-EIBESFELDT Irenäus, *L'Homme programmé : l'inné, facteur déterminant du comportement humain*, Flammarion, 1975.

GRASSE Pierre-Paul, *L'Homme en accusation : de la biologie à la politique*, Albin Michel, 1980.

LEMAINE Gérard, *Hommes supérieurs, hommes inférieurs ? La controverse sur l'hérédité*, Armand Colin, 1985.

SKRZYPCZAK Jean-François, *L'Inné et l'acquis : inégalités « naturelles », inégalités sociales*, Lyon, Chronique sociale, 1981.

HÉRITAGE

du bas latin *hereditare* « donner ou recevoir en héritage »

all. ERBE	esp. HERENCIA
angl. INHERITANCE	ital. EREDITÀ

voir : ÉCONOMIE, HABITUS, HÉRÉDITÉ, REPRODUCTION

Les biens transmis par une personne décédée et recueillis par ses héritiers, descendants ou personnes désignées par testament.

1 L'*héritage* concerne un aspect important du fonctionnement des sociétés : la répartition et la transmission des biens. Il peut être traité comme un « phénomène social total », mais peu de sociologues l'ont fait. GOTMAN montre son caractère culturellement essentiel ; elle y voit le « précipité sanguin et aristocratique de l'eschatologie bourgeoise », la « cristallisation de toutes les valeurs bourgeoises et petites-bourgeoises » (1988, p. 3).

2 L'*héritage* n'est pas seulement matériel, mais culturel et social. De nombreux sociologues (notamment, en France, BOURDIEU et BERTAUX) ont montré comment s'opère la transmission dans ces deux domaines. L'idée d'héritage, c'est-à-dire de biens transmis, s'oppose alors à celle d'hérédité (caractéristiques génétiques). Il en va de même chez SIMMEL, qui raisonne à l'échelle des sociétés. Pour lui, les *formes* sociales (institutions ou représentations collectives) sont le produit de l'action des hommes, mais se détachent d'elle. Elles deviennent un héritage que les générations successives s'approprient ou abandonnent.

Alain BOURDIN

bibliographie

BERTAUX Daniel, *Destins personnels et structure de classe. Pour une critique de l'anthroponomie politique*, PUF, 1977.

BOURDIEU Pierre, *La Distinction. Critique sociale du jugement*, « Le sens commun », Éd. de Minuit, 1979.

GOTMAN Anne, *Hériter*, préface de Marc AUGÉ, « Économie en liberté », PUF, 1988.

HERMÉNEUTIQUE

du grec *hermeneuein* « exposer, traduire, expliquer »

voir : SYMBOLISME

Dans son sens premier, science de l'exégèse des textes sacrés bibliques, devenue par extension la science de l'interprétation des objets symboliques (art, mythes, conduites, textes, etc.) en vue de les déchiffrer, d'en rechercher les significations multiples cachées.

L'interprétation, qui est une catégorie essentielle des sciences de l'homme, pose le problème des critères de son objectivité, qui garantissent qu'elle n'est pas une pure projection subjective de celui qui interprète. C'est la difficulté de légitimation de la psychanalyse (rêves et symptômes sont l'objet d'une herméneutique sans fin) et de la sociologie compréhensive (WEBER). Mais cette difficulté — qui n'est pas une impossibilité — est le prix d'une science de l'homme qui ne se réduise pas à un positivisme scientiste.

André AKOUN

bibliographie

DURAND Gilbert, *L'Imagination symbolique*, PUF, 1956.

GADAMER Hans Georg, *Vérité et méthode* (1960), Seuil, 1976.

ORTIGUES Edmond, *Discours et symbole*, Aubier-Montaigne, 1962.

HÉROS

emprunt (Oresme, 1370-1374) au latin classique *heros* « demi-dieu ; homme de grande valeur », du grec *hêrôs* « chef, demi-dieu »

all. HELD	esp. HÉROE
angl. HERO	ital. EROE

voir : CHARISME, IMAGINAIRE SOCIAL, RELIGION, SECTE

Homme ou femme entouré d'une admiration particulière en raison de ses exploits ou de son œuvre en faveur du groupe.

La construction sociale du *héros* a revêtu de multiples modalités au sein des religions et des imaginaires politiques, depuis les demi-dieux des mythologies jusqu'au chef politique symbolisant la cité, la nation, le parti. Le clan se désigne par son héros éponyme, symbole de son identité. WEBER fait du chef charismatique un type-*idéal désignant le personnage exceptionnel qui, dans une phase de mutation sociale, obtient la confiance de ses concitoyens et assure sa domination par son caractère exemplaire, héroïque ou sacré. Les sociétés contemporaines multiplient les images héroïques éphémères. Les médias jouent un rôle essentiel dans la construction de personnages admirables, notamment dans les domaines du sport ou des arts, — héros émouvants rapidement construits et remplacés.

Pierre ANSART

bibliographie

AMALVI Christian, *De l'art et la manière d'accommoder les héros de l'histoire de France*, Albin Michel, 1988.

BAIRD Jay W., *To Die for Germany : Heroes in the Nazi Pantheon*, Bloomington, Indiana UP, 1990.

CARLYLE Thomas, *Les Héros* (1840), Maisonneuve et Larose, 1997.

DURET Pascal, *L'Héroïsme sportif*, PUF, 1993.

MORIN Edgar, *Les Stars*, Galilée, 1984.

WEBER Max, *Économie et société* (1922), Plon, t. 1, 1971.

HÉTÉROGAMIE ⇒ HOMOGAMIE

HÉTÉROGÉNÉITÉ

voir : ÉVOLUTIONNISME, HOLISME, INDIVIDUALISME

Caractère des ensembles composés d'éléments ou de groupes sociaux de nature différente.

SPENCER définit la « loi générale de l'évolution » comme un processus historique de progression de l'homogène à l'hétérogène. Considéré comme une réalité « super-organique », la société évoluerait à partir d'un stade primitif aux structures simples et homogènes, vers des stades d'*hétérogénéité* des parties et des fonctions. Comme en biologie, le processus d'hétérogénéisation caractériserait le développement et l'évolution des sociétés vers des stades supérieurs.

Sans reprendre cette philosophie de l'évolutionnisme et en se défendant d'y adhérer, DURKHEIM reprend, dans **De la division du travail social**, l'hypothèse générale du passage du simple (à solidarité *mécanique*) au composé (à solidarité *organique*). La division du travail est au fondement de l'hétérogénéité sociale constituée, non par l'isolement des parties et des individus, mais par leur complémentarité et leur interdépendance.

Pierre ANSART

bibliographie

DURKHEIM Émile, *De la division du travail social* (1893), PUF, 1991.

SPENCER Herbert, *Principes de sociologie* (1877-1896), Baillière, 4 t., 1878-1898.

HÉTÉRONOMIE ⇒ AUTONOMIE

HEURISTIQUE

voir : ÉPISTÉMOLOGIE, THÉORIE

Discipline qui se propose de dégager et de formuler les règles de la recherche et de la découverte.

Comme l'*heuristique* des différentes sciences, l'*heuristique* sociologique met moins l'accent sur les techniques codifiées et leur mise en œuvre que sur la critique réflexive, sur l'activité intellectuelle nécessaire au mouvement et au renouvellement de la recherche et de sa progression.

Pierre ANSART

bibliographie

BOURDIEU Pierre, CHAMBORÉDON Jean-Claude, PASSERON Jean-Claude, *Le Métier de sociologue*, Mouton-Bordas, 1983.

HIÉRARCHIE

emprunté au latin ecclésiastique *hierarchia* (IVe s.), du grec *hierarkhia* « gouvernement des choses sacrées »

all. HIERARCHIE	esp. JERARQUÍA
angl. HIERARCHY	ital. GERARCHIA

voir : BUREAUCRATIE, CONFLIT, MANAGEMENT, ORGANISATION

Ordre et subordination des personnes selon une série telle que chacun soit supérieur et/ou inférieur aux autres degrés.

La *hiérarchie* peut être considérée soit au niveau global de l'ordonnancement social, soit au niveau des institutions et organisations.

La hiérarchie sociale. Dans son sens générique, la *hiérarchie* désigne la structure inégalitaire qui traverse l'ensemble d 'une société : la répartition de la population en trois ordres dans l'Ancien Régime, par exemple. En ce sens, la hiérarchie est un phénomène universel : quelle que soit l'indéfinie diversité des structures sociales, toute société organisée comporte une distribution inégalitaire des biens et des pouvoirs entre les individus et les groupes. Mais cette distribution inégalitaire fait apparaître de multiples combinaisons et oblige à préciser quel principe fonde une hiérarchie et son renouvellement.

Retenons deux exemples radicalement contrastés. Étudiant le système traditionnel des castes aux Indes, DUMONT développe la thèse selon laquelle ce système de hiérarchie, depuis la caste des brahmanes jusqu'à celle des « hors castes » intouchables, est organisé selon les oppositions fondamentales du pur et de l'impur. Selon cette thèse, les multiples règles des rapprochements autorisés et des évitements, les interdits de la vie quotidienne, auraient pour point commun régulateur et donc comme fondement structurant la distinction sans cesse renouvelée entre la pureté des êtres, des gestes, des objets, et l'impureté. On peut opposer radicalement à cette société traditionnelle la société capitaliste telle que la décrit MARX ; selon son interprétation, cette société serait totalement structurée autour du principe de la propriété, opposant dialectiquement les détenteurs des moyens de production aux prolétaires, les premiers accumulant, par la détention des biens matériels, le pouvoir politique, les biens de prestige et les biens culturels.

Aucune de ces deux descriptions ne recoupe celle de DURKHEIM qui, pour les sociétés industrielles, fait de la division du travail le phénomène fondamental de l'organisation sociale et de la hiérarchie. Quelle que soit la validité de cette dernière interprétation, il reste à examiner comment se composent ou se contredisent les hiérarchies institutionnelles, la hiérarchie des genres, les stratifications culturelles, dans quelle mesure elles sont mobiles ou résistent au changement.

Les hiérarchies organisationnelles. Dans la seconde acception du terme, la *hiérarchie* se particularise pour désigner les divers systèmes hiérarchiques des institutions et organisations. Il est essentiel, dans cette perspective, de mesurer l'importance relative de la hiérarchie dans le fonctionnement de l'organisation et dans la gestion interne des conflits. On peut opposer, à grands traits, les systèmes dominés par les contraintes de la hiérarchie et les organisations plus fonctionnelles. Dans une institution ou une organisation de type bureaucratique, la hiérarchie des rangs et des fonctions conditionne l'essentiel des pratiques et des relations. Les échelons supérieurs sont les seuls à posséder les pouvoirs de décision, les tâches sont strictement définies et séparées, les conflits se concentrent sur les querelles de pouvoir et d'obéissance. Dans un système plus ouvert, la hiérarchie se doit d'être fonctionnelle, de rechercher la cohésion et la mobilisation des membres vers les objectifs à réaliser, d'assurer une mobilité au sein de l'organisation. En fait, une hiérarchie demeure, tout en étant bien différente, et ces ambiguïtés sont inévitablement source de tensions et de frustrations.

Pierre ANSART

bibliographie

BOURDIEU Pierre, *Homo academicus*, Éd. de Minuit, 1984.

CORNU Roger et LAGNAU Janina, *Hiérarchie et classes sociales : textes*, Armand Colin, 1969.

CROZIER Michel, *Le Phénomène bureaucratique*, Seuil, 1963.

DUMONT Louis, *Homo hierarchicus : le système des castes et ses implications*, Gallimard, 1979.

HURTIG Marie-Claude, KAIL Michèle, ROUCH Hélène, *Sexe et genre. De la hiérarchie entre les sexes*, Éd. du CNRS, 1991.

Ministère du Travail, *Les Formes hiérarchiques : travail et salaires dans 9 pays industrialisés*, La Documentation française, 1994.

HIÉROCRATIE

du grec *hieros* « sacré » et de *kratein* « commander, gouverner »

all. HIEROKRATIE	esp. HIEROCRACIA
angl. HIEROCRACY	ital. IEROCRACIA

voir : ANTHROPOLOGIE, DÉMOCRATIE

Gouvernement du sacré au sens large.

En réalité, la *hiérocratie* est une forme d'organisation sociale identifiant Église et État. L'obéissance contraignante aux lois s'opère par la promesse de bien-être ou de fortes sanctions dans l'au-delà. Dans les théocraties, qui en sont la forme privilégiée (Israël, Égypte, Chine impériale), un roi-prêtre domine, considéré parfois comme un Dieu vivant. Néanmoins, selon GURVITCH, la magie limite le pouvoir religieux, le mysticisme n'est que de surface et l'emprise religieuse sur le peuple demeure limitée.

Claude RIVIÈRE

HISTOIRE ET SOCIOLOGIE

all. GESCHICHTE und SOZIOLOGIE	esp. HISTORIA y SOCIOLOGÍA
angl. HISTORY and SOCIOLOGY	ital. STORIA e SOCIOLOGIA

voir : ARGUMENTATION, ÉVOLUTION, MUTATION, RÉVOLUTION, TEMPS

Les sciences historiques ont des origines beaucoup plus lointaines que celles de la sociologie : elles peuvent revendiquer la paternité de THUCYDIDE, historien athénien du Ve siècle avant Jésus-Christ, alors que la sociologie s'est constituée au début du XIXe siècle et fait figure, comparativement, d'une jeune science liée au développement des sociétés industrielles.

I. NAISSANCE D'UNE SCIENCE NOUVELLE : LA SOCIOLOGIE. La rupture effectuée par SAINT-SIMON et COMTE dans la première moitié du XIXe siècle s'est réalisée, dans leur esprit, par rapport à l'histoire. Il s'agissait, pour Saint-Simon, de rompre délibérément avec une science historique adonnée à étudier la succession des multiples événements particuliers, afin de construire un savoir des « organisations sociales » ou des « systèmes » sociaux et de leurs caractéristiques propres. Saint-Simon s'attachait à différencier le « système industriel » et le système féodal en partant de la thèse selon laquelle les années 1820 marquaient la mutation d'un type de société vers un tout autre système. Il supposait que ces systèmes avaient une durée considérable : ainsi indiquait-il que le système féodal avait duré quelques dix siècles. À partir de ces hypothèses, la sociologie (ou, selon son propre vocabulaire, la « science de l'homme ») aurait une tâche toute différente de celle de l'histoire, celle d'étudier les caractères généraux des systèmes sociaux : leurs finalités propres, les classes sociales et leurs rapports, la nature des pouvoirs, les relations sociales et leurs spécificités. De plus, cette nouvelle connaissance, surmontant les aléas du devenir, pourrait avoir l'ambition de constituer progressivement une véritable science ayant des caractères d'universalité tant par l'objet qui serait le sien (les types sociaux dans leur généralité, et non les événements particuliers) que par sa recherche des lois et des rapports constants. Elle aurait aussi l'ambition ultime d'éclairer l'avenir et donc de permettre une action politique cohérente et efficace. Malgré les profondes divergences quant à l'explication des phénomènes, les œuvres de Comte et de MARX prolongent cette conception de la rupture entre les sciences historiques et la sociologie.

Cependant, malgré ces ambitions, les recherches historiques et les recherches sociologiques ont entretenu, dès cette époque de fondation, des rapports beaucoup plus complexes faits de différences, de ressemblances et d'enrichissements réciproques. Si Saint-Simon s'efforce d'opérer une coupure épistémologique entre la « science de l'homme » et l'histoire, la matière de sa réflexion lui est largement procurée par les historiens et, par ailleurs, il n'échappe pas à la tentation de construire une nouvelle philosophie de l'histoire, avec les mêmes risques qui accompagnent l'entreprise de Comte.

TOCQUEVILLE, dans les années 1850, renouvelle cette rupture entre l'histoire et, peut-on dire, la sociologie, en énonçant clairement son projet de ne pas rédiger une histoire chronologique de la Révolution française, mais de répondre à des questions générales : comment expliquer la genèse de cette Révolution et comment rendre compte du fait qu'elle n'a pas répondu aux projets de ses instigateurs ? La pensée de Tocqueville, dans *L'Ancien Régime et la Révolution* (1856), se nourrit des recherches historiques tout en ouvrant à une réflexion nouvelle fondée sur la construction et l'exploration de questions posées à l'histoire.

II. L'APPORT DE DURKHEIM ET WEBER. Ces rapports complexes entre l'histoire et la sociologie ont aussi été précisés par les fondateurs de la sociologie au tournant du XIXe et du XXe siècle, comme on le voit chez DURKHEIM et WEBER. Durkheim enrichit sa réflexion sociologique beaucoup plus par l'anthropologie que par l'histoire. Dans son premier ouvrage, *De la division du travail social* (1893), il lui paraît plus éclairant de comparer la solidarité *organique* du monde moderne aux solidarités *mécaniques* des sociétés archaïques que de la comparer à ses diverses figures historiques. Sans qu'il juge nécessaire de justifier longuement ce choix, il laisse entendre qu'en comparant les structures sociales de sociétés très éloignées les unes des autres on aura plus de chances de comprendre l'originalité de la société contemporaine. Ainsi se marquerait nettement la distance entre l'histoire et la sociologie. Durkheim n'en tire aucune conclusion négative quant à l'importance de l'histoire et souligne l'intérêt que le sociologue aurait à mieux connaître les résultats de la recherche historique, mais ses questions et ses méthodes sont d'une autre nature.

Toutefois, dans le même temps, Weber propose une autre conception des liens entre la sociologie et l'histoire, moins soucieuse d'en marquer les divergences. Dans *L'Éthique protestante et l'esprit du capitalisme* (1901), il se donne pour but de comprendre une évolution historique particulière à partir d'une hypothèse concernant le rôle de la religion dans l'accumulation du capital. Dans une telle recherche, si la question (sociologique) écarte l'étude des complexités chronologiques, elle vise à interroger un devenir historique et pourra utiliser à la fois les matériaux assemblés par les historiens et recourir à certaines de leurs procédures : construction des types idéaux, recherche des imputations causales. Il s'agit moins d'opposer l'histoire et la sociologie que de poursuivre leur enrichissement réciproque. Ces interrelations complexes se poursuivent aujourd'hui. On ne saurait concevoir l'histoire et la sociologie comme deux univers intellectuels radicalement distincts. En fait, certains travaux de sociologie sont, de par leur choix d'objet ou leur option méthodologique, complètement éloignés des recherches historiques (par exemple, telle enquête de sociologie du travail) ou n'y recourent que pour des rappels provisoires ; d'autres, au contraire, cherchent dans les travaux des historiens des comparaisons et des matériaux qui leur sont indispensables (par exemple, telle recherche de sociologie de la famille).

III. HISTOIRE ET SOCIOLOGIE AUJOURD'HUI : DE NOUVEAUX RAPPORTS.

Cependant une autre perspective doit être mise en évidence. Au lieu d'opposer l'histoire et la sociologie dans leurs spécificités, il faut aussi les replacer, l'une et l'autre, dans leur contexte temporel. L'histoire et la sociologie peuvent participer à une problématique qui leur est commune et connaître des évolutions comparables. On le voit tout au long de la seconde moitié du XXe siècle en France, où l'on peut distinguer trois moments dans l'évolution des paradigmes communs.

1 LE STRUCTURALISME. On peut considérer l'ouvrage de LÉVI-STRAUSS, *Les Structures élémentaires de la parenté* (1949), comme l'œuvre fondatrice du courant structuraliste dans le domaine des sciences sociales. Il s'agit, dans cette étude comparative des structures de la parenté, d'écarter les particularités locales pour interroger les structures et les systèmes, d'en révéler les logiques et les mécanismes sous-jacents. Ce projet scientifique sera repris, selon des versions différentes, par des historiens comme par des sociologues. On peut rapprocher, par exemple, de ce paradigme le courant historique dit de la « Nouvelle Histoire » (LE GOFF *et alii*, 1978) et les premiers travaux de BOURDIEU sur les étudiants (1964). Ces historiens et sociologues ont en commun le même projet de se détourner des événements, des comportements individuels, au profit des déterminants et des causalités. Ils s'efforcent de mettre au jour « le système des positions sociales » (Bourdieu), d'étudier les relations plus que les sujets individuels, la « longue durée », le « temps long » plus que les événements, les classes sociales plus que les personnes, la culture matérielle plus que les inventions personnelles. Au sein de ce paradigme, historiens et sociologues ont un langage qui les rapproche ; des concepts privilégiés leur sont communs : structure, détermination, classe sociale, idéologie, longue durée... Des rapports étroits peuvent ainsi s'instaurer avec des travaux d'inspiration marxiste.

2 LE PARADIGME DYNAMISTE. Malgré la vocation impérialiste du paradigme structuraliste, bien des historiens et sociologues lui échappent dès cette époque et s'orientent dans une autre voie. Ils restent fidèles à une tradition plus ancienne invitant à l'étude privilégiée des changements, des évolutions, des révolutions. Dans les années 55-70, des anthropologues récusent le privilège apporté à l'étude des structures sociales pour lui substituer celle des mutations (BALANDIER, 1955) ; des sociologues se réfèrent plus à Weber qu'à Marx et placent au centre de leur théorie l'étude de l'*action sociale* (TOURAINE, 1965). Des historiens s'attachent à décrire et à expliquer les changements et leurs particularités : dans *Le Carnaval de Romans* (1979), LE ROY LADURIE montre comment les différentes catégories sociales changent de rôles et de relations au cours d'une fête rituelle devenue un affrontement sanglant. VOVELLE se tourne vers l'étude des *mentalités* pour en repérer et en expliquer les transformations. Dans ces préoccupations communes, l'attribution d'une recherche à l'histoire ou à la sociologie peut devenir problématique : les travaux d'ELIAS, par exemple, peuvent être lus comme des ouvrages d'histoire ou de sociologie (1973, 1975).

3 LES PARADIGMES INDIVIDUALISTES. Ces paradigmes, qu'illustre le plus vigoureusement l'*individualisme méthodologique*, ont en commun de s'opposer au structuralisme ainsi qu'au marxisme, à toute conception déterministe de l'histoire comme du social. Il s'agit, dans cette perspective, de prendre comme point de départ, non des catégories, des lois ou des conditions causales, mais l'observation des actions individuelles, des intentions, des représentations et des choix. En sociologie, on écarte l'illusion des régularités nécessaires et des lois et l'on cherche tout d'abord à comprendre les choix des acteurs. Ces préoccupations se retrouvent, sous des formes diverses, chez certains historiens. Alors que l'approche structuraliste appelait à écarter l'importance accordée aux individus, les historiens —, biographes, par exemple, —, reprennent l'exhortation de POPPER et se proposent de repenser toute situation comme un problème que l'acteur a eu à résoudre. À l'opposé des règles proclamées par la Nouvelle Histoire, écrire une biographie ce n'est plus analyser les déterminants qui ont pesé sur les acteurs, mais suivre les solutions successives qu'ils ont choisies et qui constituent une existence individuelle. Les rapports entre les histoires et les sociologies sont donc beaucoup plus divers et complexes que ne le laisserait croire le cloisonnement des disciplines. Certes des travaux particuliers d'histoire et de sociologie peuvent recourir à des méthodes complètement différentes, mais bien des travaux de ces deux disciplines ne cessent de croiser leurs préoccupations et de s'enrichir de leurs dialogues.

Pierre ANSART

bibliographie

BALANDIER Georges, *La Vie quotidienne au royaume de Kongo du XVIIe au XVIIIe siècle*, Hachette, 1955.

BOUDON Raymond, *La Logique du social : introduction à l'analyse sociologique*, Hachette, 1979.

BOURDIEU Pierre, PASSERON Jean-Pierre, *Les Héritiers. Les étudiants et leurs études*, Éd. de Minuit, 1964.

ELIAS Norbert, *La Dynamique de l'Occident*, Calmann-Lévy, 1975.

LACOUTURE Jean, *De Gaulle*, Seuil, 1965.

LE GOFF Jacques, *La Civilisation de l'Occident médiéval*, Arthaud, 1964.

LE GOFF Jacques (sous la dir. de), *La Nouvelle Histoire*, Retz - CEPL, 1978.

LE ROY LADURIE Emmanuel, *Le Carnaval de Romans. De la Chandeleur au mercredi des Cendres, 1579-1580*, Gallimard, 1979.

LÉVI-STRAUSS Claude, *Les Structures élémentaires de la parenté*, PUF, 1949.

TOURAINE Alain, *Théorie de l'action*, Seuil, 1965.

VOVELLE Michel, *Idéologies et mentalités*, La Découverte, 1985.

HISTOIRE DE VIE ⇒ BIOGRAPHIE

HISTORICISME

du latin *historia* « récit d'événements historiques » et aussi « récit fabuleux, sornette »

voir : RELATIVISME, TEMPORALITÉ

C'est la conception commune aux théories sociologiques selon laquelle l'histoire des sociétés, leur évolution et leur succession sont soumises à des lois.

L'*historicisme* est l'avatar sociologique des philosophies de l'histoire. Devant l'imprévisible de la temporalité, celles-là abolissaient celle-ci en faisant, selon un mot de KIERKEGAARD contre HEGEL, du *devenir* un *devenu*, puisque l'esprit se situe par la pensée à la fin de l'histoire et remonte le cours du temps comme on parcourt un espace, oubliant que le devenir, la temporalité ne sont ouverts sur rien qui soit avant que d'être.

Une tendance dominante en sociologie. L'historicisme a dominé la sociologie dès ses débuts. Était-ce le fait que, fille de la Révolution, elle en intégrait le dessein et l'âme ? Du fait d'être confrontée à un espace social que dominait le changement, fallait-il riposter à ses effets pervers ? Ou, plus simplement, le fait que la sociologie se veut science l'amène-t-elle à voir dans l'historicité un caractère qui ne différencie pas son objet de celui de la physique ou de la biologie, où le temps est sans mystère ?

Nature et Histoire. Le paradoxe est que, partant de l'ambition d'établir des lois universelles de l'évolution des sociétés (ainsi en fut-il de COMTE, de MARX, de SPENCER...), l'historicisme aboutit souvent à un effet contraire. Tout est soumis à l'histoire, y compris les théories et les valeurs. Dès lors l'ambition, qui fut celle des théoriciens du Contrat (social), de parler de « nature humaine » et de faire de cet *a priori* le socle de toutes les légitimités disparaît. On bascule dans le même éclectisme que celui des culturalismes les plus outranciers.

Comme l'écrit STRAUSS (dans *Droit naturel et histoire*) : « *Selon nos contemporains* [...] *toute pensée humaine est historique et par là incapable d'appréhender quoi que ce soit d'éternel. Tandis que, chez les Anciens, philosopher signifie sortir de la caverne, chez nos contemporains, toute démarche philosophique appartient à un " monde historique ", à une " culture ", à une " civilisation " ou à une* Weltanschauung, *en somme précisément à ce que Platon appelait la caverne. Nous appellerons cette théorie " l'historicisme ".* »

Comprendre et prévoir. On ne saurait cependant récuser l'historicisme au seul prétexte qu'il mine toute universalité du droit, du juste et de l'injuste, etc., et pas davantage au prétexte qu'il relativise voire qu'il mine toute prétention à la scientificité de la sociologie. WEBER montre que la prise en compte de l'historicité du monde humain, si elle récuse toute ambition d'une physique du social, n'interdit pas l'ambition de *comprendre* les phénomènes sociaux. Historicisme et prise en compte de l'historicité* ne représentent pas la même démarche de l'esprit. Comprendre après coup ce qui a eu lieu, et même le comprendre comme s'il était le résultat de causalités n'est pas la même chose que *prévoir* à partir de la croyance en des lois de l'histoire qui seraient enfin connues. La prospective, quand elle se barde de certitudes, n'est pas une sociologie mais une astrologie.

André AKOUN

bibliographie

GADAMER Hans Georg, *Le Problème de la conscience historique*, Louvain, 1963.

MERLEAU-PONTY Maurice, *Sciences de l'homme et phénoménologie*, CDU/SEDES, 1976.

STRAUSS Leo, *Droit naturel et histoire*, Plon, 1954.

WEBER Max, *Essai sur la théorie de la science*, Plon, 1965.

HISTORICITÉ

du grec *historikos* « qui concerne la connaissance d'une chose », en philosophie « dimension historique de l'existence » (Sartre, 1943)

voir : TEMPORALITÉ

Désigne le fait pour un individu, une collectivité, d'avoir conscience ou connaissance du caractère essentiellement historique de son être.

SOCIÉTÉS SANS HISTOIRE ET SOCIÉTÉS HISTORIQUES. Que de tout temps les hommes aient eu conscience que « le temps passe » et que « hier n'est pas demain » est une évidence. Mais le sens et l'importance donnés à ce sentiment diffèrent selon les sociétés. Celles dont la pensée est dominée par le mythe font du devenir de la vie un objet inessentiel, où s'actualise la perpétuelle répétition de l'originaire. Nos sociétés, au contraire, accordent une place centrale à l'idée d'un devenir qui ouvre sur un futur qui n'est inscrit nulle part, à partir d'un passé qui n'agit que par le sens qui lui est donné.

Ce sentiment de l'*historicité* est souvent inséparable d'un jugement de valeur qui conduit à considérer comme barbares les peuples qui ignorent ou refusent leur historicité. Ainsi voit-on sacralisée la distinction entre *sociétés sans histoire*, ces sociétés dites primitives, sans aucun sentiment de leur historicité, et sociétés historiques, conscientes d'un devenir qu'elles pensent maîtriser et qui leur donne le sentiment qu'elles sont maîtresses de leur destin. Mais l'échelle de valeur peut être inversée. Dès lors, heureuses sont dites les sociétés sans histoire (ou, comme dit CLASTRES, les sociétés *contre* l'histoire), et malheureuses et déchirées nos sociétés historiques aliénées.

CLASSES ET HISTOIRE. En fait, on doit rappeler que le rapport au temps n'est pas univoque. Des sociétés entières — celles qu'on a appelées sauvages ou primitives — ont une « ignorance » de leur passé et pratiquent le refus de penser un futur qui différerait de leur présent. Clastres y voit non pas un manque mais une façon pour ces sociétés d'organiser leur pérennité en faisant obstacle à toute division interne par laquelle s'engouffrerait l'historicité. Et il relie dans un rapport de cause à effet la division sociale et l'histoire. C'est une sorte de retournement savoureux de l'affirmation de MARX : « l'histoire de toute société est l'histoire de la lutte de classes » qui deviendrait « les sociétés sans lutte des classes parce que sans classes sont dispensées d'histoire ». Le paradoxe de la conscience de l'historicité, c'est qu'elle engendre, à partir de son apparente prise en compte, sa propre négation dans les philosophies de l'histoire, où le devenir perd son opacité et se voit soumis à des lois et à des étapes déterminées et prévisibles. Or l'*histo-*

ricité, c'est-à-dire le sentiment que le temps de l'histoire est de l'ordre de l'imprévisible, est niée dès lors qu'est nié l'événement : impensable avant sa venue, incontournable une fois là, il oblige à récuser l'illusion de la nécessité. Le social et l'histoire sont sous la dépendance du surgissement de l'aléatoire.

DES PHILOSOPHIES DE L'HISTOIRE AUX SOCIOLOGIES DE L'HISTOIRE. S'il fallait un auteur à l'origine des concepts d'une philosophie de l'histoire, avec un temps unique, linéaire et dramatique, avec péché, chute et réconciliation, nous le trouverions dans SAINT AUGUSTIN. Mais c'est à partir de la fin du XVIIIe siècle que fleurissent les conceptions de l'histoire comme évolution des sociétés selon des étapes déterminables à l'avance : HEGEL, COMTE, SPENCER, Marx. Et il serait erroné de croire que ce désir de soumettre l'histoire à un déterminisme ait disparu. On pourrait citer ROSTOW (*Les Étapes de la croissance économique*, 1960), mais aussi toutes ces sociologies qui donnent au social un fondement positif d'où tout dérive, que ce soit l'économique, la technique, la nature biologique de l'homme, etc.

SCIENCE ET HISTOIRE. Il est remarquable de noter que la sociologie française, lorsqu'elle s'est imposée dans l'Université, n'a eu de cesse de réduire l'histoire dont DURKHEIM disait qu'« *elle ne peut être une science qu'à condition de s'élever au-dessus de l'individuel* », sous-entendu : à condition de se faire sociologie (*L'Année sociologique*, 1903). Et SIMIAND rejette la prétention de l'histoire à être une science, parce qu'elle est fascinée par l'événement et par l'individu, lequel n'est, nous dit-il, qu'une *abstraction*. Mais il faut voir dans ce conflit une dispute de terrains, avec contentieux et empiétements réciproques, l'École des Annales, en histoire, a récupéré la sociologie au profit d'une histoire « rénovée ».

HISTORICISME ET RELATIVISME. L'historicité pose, enfin, un problème à la fois épistémologique, normatif et philosophique. Les termes en sont posés dans l'ouvrage de STRAUSS, *Droit naturel et histoire* (1954), où l'auteur souligne comment l'historicisme débouche sur un relativisme qui interdit toute norme politique ou sociale à fondement autre que conjonctural, occasionnel.

André AKOUN

bibliographie

ARON Raymond, *Introduction à la philosophie de l'histoire*, Gallimard, 1938.

CLASTRES Pierre, *La Société contre l'État*, Éd. de Minuit, 1974.

GURVITCH Georges, *Déterminismes sociaux et liberté humaine*, PUF, 1963.

NISBET Robert, *La Tradition sociologique*, PUF, 1984.

SIMIAND François, « Méthode historique et science sociale », in *Revue de synthèse historique*, vol. 6.

HOLISME

du grec *holos* « tout »

voir : GLOBAL, INDIVIDUALISME, MÉTHODES, TOTALITÉ

Le holisme, qui s'oppose aux conceptions purement mécaniques ou analytiques du social, considère que le Tout social est irréductible aux parties qui le composent, celles-ci ne pouvant être comprises qu'en fonction de leur situation par rapport à ce Tout qui les intègre.

La notion de *totalité* trouve ses origines d'abord dans la philosophie. On la rencontre au cœur du système hégélien, où chaque « monde » (grec, romain, féodal, etc.) voit les différents éléments qui le composent et qu'il subsume traduire en leur genre l'esprit d'un monde. Elle est ce qui différenciera la biologie des sciences physiques. Enfin elle s'est révélée d'un usage enrichissant en psychologie, dans la *Gestalttheorie*.

LA TOTALITÉ CLOSE. Cependant, la notion de totalité pose problème lorsqu'elle est comprise de façon rigide, et selon ce qu'en dit FOUCAULT pour mieux la récuser : « *On suppose qu'entre tous les événements d'une aire spatio-temporelle bien définie*[...] *on doit pouvoir établir un système de relations homogènes : réseau de causalités permettant de dériver chacun d'eux, rapports d'analogie montrant comment ils se symbolisent les uns les autres, ou comment ils expriment tous un seul et même noyau central ; on suppose, d'autre part, qu'une seule et même forme d'historicité emporte les structures économiques, les stabilités sociales, l'inertie des mentalités, les habitudes techniques, les comportements politiques, et les soumet tous au même type de transformation*[...] » Il va de soi qu'une telle conception d'une totalité close, où tout est dans un rapport spéculaire et où la connaissance de l'essence du Tout donne la vérité de chaque élément ou de chaque niveau, est difficilement acceptable. Elle implique l'idée d'une temporalité unique, dans une société totalement homogène à elle-même. Mais une société n'est jamais contemporaine à elle-même, et les temps y sont divers.

TOTALITÉ ET TEMPORALITÉ. Doit-on pour cela récuser une approche holistique au profit d'une approche où la notion de cause se substitue à celle de sens ? La catégorie de totalité doit, pour être heuristique, pouvoir concilier le fait qu'une société est *une* société, sans s'interdire de concevoir en elle des temps sociaux divers, qui à la fois la traduisent dans l'unité de son « esprit », s'en écartent et la réfractent, articulant ainsi primauté de l'unité du Tout et relative autonomie des éléments.

HOLISME ET INDIVIDUALISME. Dans un autre sens, et relevant d'un autre domaine que celui de l'épistémologie et sans rapport avec lui, on opposera, en sociologie politique, holisme et individualisme. DUMONT définit ce couple de notions ainsi : « *La plupart des sociétés valorisent en premier lieu l'ordre, donc la conformité de chaque élément à son rôle dans l'ensemble, en un mot la société comme un tout ; j'appelle cette orientation des valeurs " holisme ". D'autres sociétés, en tout cas la nôtre, valorisent en premier lieu l'être humain individuel ; à nos yeux, chaque homme est une incarnation de l'humanité tout entière, et comme tel il est égal à tout autre homme et libre. C'est ce que j'appelle* individualisme. »

André AKOUN

bibliographie

BALANDIER Georges, *Le Désordre*, Fayard, 1988.

DUMONT Louis, *Homo æqualis*, Gallimard, 1977.

DUMONT Louis, *Essai sur l'individualisme. Une perspective anthropologique sur l'idéologie moderne*, Seuil, 1991.

FOUCAULT Michel, *Archéologie du savoir*, Gallimard, 1969.

HYPPOLITE Jean, *Introduction à la philosophie de l'histoire de Hegel*, M. Rivière, 1948.

HOMÉOSTASIE

du grec *homoios* « semblable » et *stasis* « position »

voir : AUTORÉGULATION, SOCIOBIOLOGIE

Tendance que présentent les organismes à la stabilité et au rétablissement de l'équilibre en cas de modification introduite par l'environnement.

Le concept d'*homéostasie* a été créé en 1932 par CANNON en physiologie, et repris en cybernétique et dans la théorie des systèmes. Appliqué aux organisations sociales, le systémisme suggère de considérer une institution, une entreprise, comme un système ouvert maintenant sa structure et ses fonctions par l'intermédiaire de mécanismes de régulation interdépendants. *« Un tel système réagit à tout changement provenant de l'environnement, ou à toute perturbation aléatoire, par une série de modifications de grandeur égale et de direction opposée à celles qui lui ont donné naissance : ces modifications ont pour finalité le maintien des équilibres internes »* (ROSNAY, 1975, p. 117).

Pierre ANSART

bibliographie

ROSNAY Joël de, *Le Macroscope. Vers une vision globale*, Seuil, 1975.

HOMO ŒCONOMICUS ⇒ HOMO SOCIOLOGICUS

HOMOGAMIE ET HÉTÉROGAMIE

du grec *homos* « semblable » *(homogamie)*, *heteros* « autre » *(hétérogamie)* et *gamos* « mariage »

all. HOMOGAMIE, HETEROGAMIE	esp. HOMOGAMÍA, HETEROGAMÍA
angl. HOMOGAMY, HETEROGAMY	ital. OMOGAMIA, ETEROGAMIA

voir : ENDOGAMIE, MARIAGE

L'*homogamie*, appelée aussi *isogamie*, est le fait de choisir son conjoint dans le même lieu social et culturel que le sien propre. À l'inverse l'*hétérogamie* signifie l'alliance matrimoniale hors de son groupe statutaire et comporte, entre autres, deux formes : l'*hypergamie*, choix par une femme d'un conjoint de statut et de condition économique supérieurs aux siens (favorisant la mobilité ascendante des enfants), l'*hypogamie* illustrée par le cas de femmes de sang royal contraintes d'épouser un conjoint de statut inférieur.

Claude RIVIÈRE

HOMOGÉNÉITÉ ⇒ HÉTÉROGÉNÉITÉ

*

* *

HOMOLOGIE

du grec *homologia* « en accord avec »

all. HOMOLOGIE	esp. HOMOLOGIA
angl. HOMOLOGY	ital. OMOLOGIA

voir : SOCIOLOGIE DE LA CONNAISSANCE, FORME, HABITUS, HOLISME, STRUCTURE

Rapports d'équivalence, de similarité, entre formes sociales différenciées.

Considérant les systèmes de classification propres à des sociétés archaïques, DURKHEIM et MAUSS (1901) font l'hypothèse qu'ils sont en rapport de parallélisme avec les structures morphologiques, avec, par exemple, la répartition des clans au sein d'une même tribu. De même LÉVI-STRAUSS (1980), étudiant les productions de tribus indiennes, émet l'hypothèse d'une affinité structurale entre ces formes dessinées et la structure de ces sociétés.

HOMOLOGIE ET HABITUS. Cherchant à expliquer les principes de l'architecture gothique, PANOFSKY établit une homologie structurale entre les schèmes de la pensée scolastique et le plan de ces cathédrales : harmonie des composantes, symétrie des formes, équilibre, rationalité (1948). Il émet une théorie selon laquelle les habitudes mentales engendrées par l'enseignement scolastique sont à l'origine de la formation de l'architecture gothique. Généralisant cette explication, BOURDIEU retient cette théorie des homologies structurales qui seraient repérables entre les systèmes d'une même culture, ainsi qu'entre des systèmes de représentations et des structures sociales objectives (1974). Ces hypothèses confirmeraient la théorie de l'*habitus :* les schèmes propres à une culture seraient inculqués, assimilés inconsciemment par les individus, leur permettant d'engendrer une infinité d'applications particulières conformes aux structures objectives.

Pierre ANSART

bibliographie

ANSART Pierre, *Naissance de l'anarchisme, essai d'explication sociologique du proudhonisme*, PUF, 1970.

LÉVI-STRAUSS Claude, *Tristes tropiques*, Plon, 1980.

PANOFSKY Erwin, *Architecture gothique et pensée scolastique* (1948), Éd. de Minuit, 1974.

HOMO SOCIOLOGICUS

voir : ACTEUR, ACTION, DÉTERMINISME, ÉCONOMIE, INDIVIDUALISME MÉTHODOLOGIQUE

Cette expression a été créée dans les années 80. Elle conduit à une réflexion comparative entre le modèle de l'acteur tel qu'il est construit dans les sciences économiques et tel qu'il devrait être construit en sociologie. À grands traits, on associe au modèle de l'*homo œconomicus* celui d'un sujet rationnel, qui opèrent ses choix en calculant ses intérêts et en recherchant la maximisation de ses satisfactions. À l'opposé, la question se trouve posée de savoir si ce modèle du sujet libre, rationnel et calculateur, est pertinent en sociologie.

LES SOCIOLOGIES DÉTERMINISTES. Une ample tradition anthropologique et sociologique (COMTE, MARX, SPENCER, DURKHEIM), sans exactement poser le problème en ces termes, a opposé ces deux modèles en insistant plus sur les déterminants intériorisés par l'acteur que sur ses choix réfléchis. MARX admet que quelques intellectuels bourgeois seront capables de rejoindre la cause du prolétariat, mais, pour l'immense majorité des individus, il suppose qu'ils naissent dans leur classe et lui restent objectivement et subjectivement fidèles. DURKHEIM fait essentiellement du sujet le porteur de la conscience collective, il polémique contre toute conception contractualiste du lien social. Les anthropologies structuraliste et fonctionnaliste, à partir de postulats différents, corroborent cette perspective.

LES SOCIOLOGIES INDIVIDUALISTES. À l'opposé, les sociologies que l'on peut qualifier d'individualistes, en ce qu'elles majorent les choix et les décisions individuels, contestent cette opposition et soulignent les rapprochements qu'il y aurait lieu de faire entre les deux modèles. BOUDON fait de ce rapprochement théorique un aspect important de l'individualisme méthodologique. Ce rapprochement ne conduirait pas à nier les contraintes structurelles pesant sur les acteurs, mais en limiterait la pertinence explicative : *« Ces contraintes définissent pour les agents du système les limites du possible. Mais elles ne suffisent généralement pas à déterminer leurs comportements »* (Boudon, 1979, p. 4). Il ne s'agirait pas de substituer totalement à l'image de l'agent déterminé celle de l'acteur rationnel, mais d'utiliser l'axiomatique de type utilitariste pour libérer l'épistémologie sociologique des illusions du déterminisme.

PROBLÈME FONDAMENTAUX DE L'ANALYSE DU COMPORTEMENT. Le débat conduit ainsi aux problèmes fondamentaux de la conception de l'acteur social et aux analyses concrètes du comportement des individus. Rappelons que WEBER proposait de distinguer, pour les individus comme pour les groupes, quatre types idéaux de comportements. À côté des activités « rationnelles en finalité », proches du modèle de l'*homo œconomicus*, il distinguait, outre les activités affectives et traditionnelles, les activités « rationnelles en valeur », non sans ajouter qu'il s'agissait là de distinctions « idéal-typiques » : bien des comportements se situent en effet de façon ambiguë dans cette classification.

Pierre ANSART

bibliographie

BOUDON Raymond, *Effets pervers et ordre social*, PUF, 1979.

CAILLÉ Alain, *Critique de la raison utilitaire*, La Découverte, 1989.

DEMEULENAERE Pierre, *Homo œconomicus. Enquête sur la constitution d'un paradigme*, PUF, 1996.

WEBER Max, *Économie et société* (1922), Plon, t. 1, 1971.

HORDE

du tartare *orda*

all. HORDE	esp. HORDA
angl. HORDE	ital. ORDA

voir : BANDE, FOULE

Ce terme désigne, dans le cadre évolutionniste, la fiction d'un stade supposé primitif de l'organisation sociale, associée à l'idée d'un groupement de fait nomade et anarchique, instable et provisoire. DURKHEIM conçoit la horde comme l'agrégat le plus élémentaire, protoplasme du règne social, comme une société à segment unique. FREUD situe le meurtre du père dans ce contexte. Par métaphore, on emploie encore le terme de horde sauvage dans un vocabulaire guerrier, mais on reconnaît désormais qu'il s'agit d'une construction idéologique nulle part observée. Les anthropologues désignent par le terme de « bandes » les groupes peu organisés de chasseurs-cueilleurs nomades, d'ailleurs peu enclins à la guerre.

Claude RIVIÈRE

HUMANISME

du latin *homo*, adj. *humanus* « humain »

all. HUMANISMUS	esp. HUMANISMO
angl. HUMANISM	ital. UMANISMO

voir : INDIVIDU, INDIVIDUALISME, JUSTICE, LIBERTÉ

Terme regroupant l'ensemble des conceptions qui font de l'homme à la fois la racine et la valeur suprême de l'homme, sa fin.

HUMANISME ET MODERNITÉ. Chose surprenante : le terme d'*humanisme* ne date que de la seconde moitié du XIXe siècle. On le trouve chez BURCKHARDT, et, avant lui, chez VOIGT dans leurs travaux sur la Renaissance (1859). En effet, au sens historique, l'humanisme s'identifie avec la Renaissance et, s'il fallait lui donner une origine, on dirait qu'il naît à la suite de deux événements dramatiques : la prise de Constantinople par les Turcs, qui devait achever le processus de désunion entre les deux chrétientés, l'occidentale et l'orientale, et l'apparition de LUTHER, avec l'affichage à Wittenberg des quatre-vingt-quinze articles qui devaient diviser irrémédiablement la chrétienté occidentale. L'humanisme est donc, dans les décombres d'une universalité chrétienne, l'avènement de la modernité, quand l'humanité ne pense plus son installation dans le monde à partir du théocentrisme. Désormais l'homme est le père de l'homme et il a vocation, selon le mot de DESCARTES, à devenir *maître et possesseur de la nature*. On passe du monde clos et hiérarchisé du Moyen Âge à l'univers infini, régi par des lois, et dont l'homme est le roi. L'humanisme culminera dans ce qui est comme son Décalogue : la ***Déclaration des droits de l'homme et du citoyen*** (1789).

HUMANISME ET PROGRÈS. Idéologie du progrès, de la démocratie, conception de l'histoire de l'humanité comme un chemin de Lumières, l'humanisme s'est vu critiqué pour son abstraction idéalisante et sa fonction idéologique par MARX, qui lui oppose la réalité de la lutte des classes. Au-delà du marxisme, on a sou-les hommes » (voir le portrait de « l'humaniste » dans le roman de SARTRE, ***La Nausée***). Mais, avec la fin des expériences communistes, un renouveau de l'humanisme s'est manifesté. vent vu dans un humanisme devenu rhétorique politicienne une façon « d'aimer l'humanité et de détester

L'HUMANISME EN SOCIOLOGIE. En sociologie, l'humanisme, qui s'est vu identifié à toute explication sociologique où l'homme est posé comme sujet de son histoire, a été en butte aux critiques des structuralistes et de tout un courant s'affichant antihumaniste, dont le représentant le plus radical a été FOUCAULT.

André AKOUN

bibliographie

BALANDIER Georges, *Le Désordre*, Fayard, 1988.

BURCKHARDT Jakob, *La Civilisation de la Renaissance en Italie* (1859), Le Livre de Poche, 1986.

GARIN Eugenio, *Moyen Âge et Renaissance* (1954), Gallimard, 1989.

KOYRÉ Alexandre, *Du monde clos à l'univers infini*, PUF, 1962.

MARX Karl, *La Question juive* (1844), Aubier-Montaigne, 1969.

SARTRE Jean-Paul, *L'existentialisme est un humanisme*, Nagel, 1946.

HYPERGAMIE ET HYPOGAMIE

voir : HOMOGAMIE

Mariage d'une femme, par choix ou par obligation, avec un conjoint de statut supérieur au sien. Inversement, l'hypogamie désigne la situation où une femme épouse un conjoint de statut inférieur au sien.

Pierre ANSART

bibliographie

DUMONT Louis, *Homo hierarchicus : le système des castes et ses implications*, Gallimard, 1979.

I

IDÉALISATION

voir : CHARISME, DOMINATION, IDÉOLOGIE, PSYCHANALYSE ET SOCIOLOGIE

Processus idéologique par lequel un leader, une institution ou un groupe social se trouve exalté, magnifié, érigé en objet de l'amour collectif.

Le processus de l'*idéalisation*, dont le charisme est un exemple, peut confirmer l'identité du groupe, favoriser des formes d'identification à l'objet idéalisé, renforcer, éventuellement, les adhésions et les soumissions (FREUD, 1921 ; ENRIQUEZ, éd. 1983).

Pierre ANSART

bibliographie

FREUD Sigmund, « Psychologie collective et analyse du moi » (1921), in *Essais de psychanalyse*, Payot, 1977.

ENRIQUEZ Eugène, *De la horde à l'État*, Gallimard, 1983.

IDÉALISME

du latin *idea* « idée »

all. IDEALISMUS	esp. IDEALISMO
angl. IDEALISM	ital. IDEALISMO

voir : IDÉOLOGIE, MATÉRIALISME, RÉEL

Notion ambivalente : elle peut signifier une attitude où l'idéal prime sur le réel et qui s'oppose au réalisme, mais aussi, selon une tradition philosophique, la conception selon laquelle l'idée a le primat sur la matière.

Dans le premier sens, où domine une évaluation morale, on parlera du réalisme de l'homme politique et de l'idéalisme du militant. La sociologie a fait sienne le second sens, dans la tradition marxiste, à partir du couple *idéalisme/matérialisme*. Ainsi dira-t-on que le matérialisme historique de MARX a *remis sur ses pieds* l'idéalisme hégélien, en montrant que, derrière les idéologies, les illusions, les représentations du monde que se font les hommes, il y a une causalité matérielle : celle des forces productives et des rapports de production. Mais c'est là un débat théologique, qui influe peu sur la recherche en sciences de l'homme.

André AKOUN

bibliographie

MARX Karl, ENGELS Friedrich, *L'Idéologie allemande* (1845), *in* Karl MARX, *Œuvres*, « La Pléiade », Gallimard, t. 3, 1982.

IDÉAL-TYPE OU IDÉALTYPE ⇒ TYPE-IDÉAL

IDENTIFICATION

du latin scolastique *identificatio*, dérivé de *identificare* « rendre semblable »

all. IDENTIFIZIERUNG	esp. IDENTIFICACIÓN
angl. IDENTIFICATION	ital. IDENTIFICAZIONE

voir : CONFLIT, EMPATHIE, IDÉALISATION, IDÉOLOGIE

En psychosociologie, processus par lequel un sujet tend à s'intégrer, à se confondre avec un autrui ou avec un groupe ; en sociologie, processus qui favorise l'unité d'un groupe et entraîne les sujets à se conformer aux valeurs communes.

1 PSYCHOLOGIE. Dans *Psychologie collective et analyse du moi*, FREUD décrit trois formes d'*identification* et leur évolution :

. la première est celle de l'enfant qui cherche à reproduire l'image de son père ou de sa mère avant de s'en détacher ;
. la seconde est celle d'une foule où, selon cette analyse, tous les sujets font de leur chef leur « idéal du moi » ;
. la troisième est celle qui unit ces sujets entre eux par-delà les différences personnelles.

Les travaux de psychologie sociale ont distingué les nombreuses formes d'identification, au petit groupe, au groupe large, aux communautés. Ils en ont analysé les conséquences contradictoires : conformité, conformisme, renforcement des dynamismes ou, inversement, désidentification, identification à une bande, délinquance.

2 SOCIOLOGIE. Le concept est moins systématiquement utilisé en sociologie. Cependant, les processus d'identification se repèrent en de multiples phénomènes et pratiques.

Identification et socialisation : l'enfant. L'identification est fortement présente dans la socialisation : les apprentissages scolaires ne cessent de provoquer des processus d'identification, aux conséquences positives ou négatives (DUBAR, 1991). L'enfant s'identifie à un maître, à un groupe de pairs ou/et à un groupe de jeu. L'adolescence est communément marquée par un changement des identifications, parfois difficile ou traumatisant.

L'adulte. Selon les âges et selon les structures instituées, l'adulte s'identifie plus ou moins intensément à sa famille, son entreprise, son parti politique, sa nation. Les conséquences de ces identifications sont multiples et variables : forte adhésion à son propre rôle au sein d'une communauté, fidélité aux normes et aux valeurs du groupe, obéissance aux chefs, éventuellement forte intériorisation des préjugés et hostilité à l'égard des groupes adverses. Des identifications conflictuelles peuvent se dérouler dans une même entreprise : les dirigeants s'identifient, par exemple, aux objectifs de l'entreprise, les exécutants répugnant à le faire et s'identifiant davantage à un syndicat extérieur à l'entreprise (CROZIER, 1963).

Rôle des identifications dans les conflits politiques. Tout conflit politique comporte une telle dimension affective, les défenseurs des partis en compétition s'identifiant à des partis ou à des causes différentes. Ces identifications introduisent une tonalité émotionnelle dans les conflits et favorisent l'implication affective des électeurs. Le rejet de ces identifications peut comporter des significations et des conséquences importantes, depuis l'attitude critique, fortement prisée dans la tradition occidentale, jusqu'à la répression violente dans les régimes totalitaires. L'importance décisive de ces identifications dans les compétitions politiques et culturelles donne lieu à de multiples pratiques symboliques visant à favoriser les identifications et à décourager les indifférences : légitimation des leaders, exaltation des objectifs communs, valorisation du groupe d'appartenance, dénigrement des causes et des groupes concurrents. Les polémiques politiques se nourrissent de cet objectif permanent, celui d'entretenir et de renforcer les identifications positives.

3 L'identification désigne aussi le processus par lequel une institution, une idéologie, impose ou reconnaît une identité à une personne et, éventuellement, la contraint à modifier l'image qu'elle se fait d'elle-même. GOFFMAN analyse comment se développent certaines formes de cette emprise, notamment dans les asiles psychiatriques, et comment la personne réagit en présentant des constructions de son identité (1956).

Pierre ANSART

bibliographie

CROZIER Michel, *Le Phénomène bureaucratique*, Seuil, 1963.

DUBAR Claude, *La Socialisation. Construction des identités sociales et professionnelles*, Armand Colin, 1991.

CROZIER Michel, *Le Phénomène bureaucratique*, Seuil, 1963.

FREUD Sigmund, « Psychologie collective et analyse du moi » (1921), in *Essais de psychanalyse*, Payot, 1977.

GOFFMAN Erving, *La Présentation de soi* (1956), Éd. de Minuit, 1973.

SANDLER Joseph (éd.), *Projection, identification, identification projective*, PUF, 1991.

* * *

IDENTITÉ

emprunt au bas latin *identitas* « qualité de ce qui est le même, identité »

all. IDENTITÄT	esp. IDENTIDAD
angl. IDENTITY	ital. IDENTITÀ

voir : CULTURE, INTÉGRATION, PERSONNALITÉ DE BASE

Le mot identité, *qui vient du latin* idem *(le même), désigne ce dans quoi je me reconnais et dans quoi les autres me reconnaissent. L'identité est toujours attachée à des signes par lesquels elle s'affiche, de sorte qu'elle est à la fois affirmation d'une ressemblance entre les membres du groupe identitaire et d'une différence avec « les autres ».*

APPROCHES CULTURALISTES. Poser que l'*identité* est à la fois une et plurielle, c'est postuler qu'elle varie selon les cultures, même si elle est vécue comme inscrite en nature.

Culture et identité sexuelle : MEAD. Prenons l'identité qui semble la plus *naturellement* biologique, celle de l'homme et de la femme ; elle se voit inscrite dans les manières de l'*apparaître* : les vêtements d'abord, les manières du corps ensuite, la façon, enfin, dont on qualifiera certains traits et comportements comme étant de la nature d'une femme ou d'un homme. Dans son ouvrage *Mœurs et sexualité en Océanie* (1963), MEAD, compare, entre autres, les Arapesh et les Tchambulis. Chez les premiers, constate-t-elle, aucune différence de caractère entre les sexes. « *L'idéal Arapesh est celui d'un homme doux et sensible, marié à une femme également douce et sensible.* » Il en va différemment chez les Tchambulis, où les femmes ont un caractère dominateur ; elles travaillent, entretiennent entre elles des rapports de camaraderie, alors que les hommes se consacrent aux seules activités artistiques (danse, peinture, sculpture), se chamaillent entre eux, colportent des ragots, etc. Et Mead de conclure de son enquête : « *Un à un, des aspects du comportement que nous avions coutume de considérer comme faisant invariablement partie de la nature humaine, se révélèrent être simplement des résultantes du milieu.* »

BENEDICT. L'ouvrage de BENEDICT, *Échantillons de civilisation* (1935), constitue un écho à ce travail. Sa distinction est devenue classique, entre la conception *apollinienne* des Indiens pueblos et la conception *dionysiaque* des Indiens kwakiutl.

Identité et personnalité de base : KARDINER. On trouve enfin chez KARDINER (*L'Individu dans la société*, 1939) une théorisation de ces approches culturalistes. C'est ainsi qu'il construit la notion de *personnalité* de base* et distingue *institutions primaires* et *institutions secondaires* : les premières modèlent la personnalité de base qui, à son tour, modèle les secondes.

DISCUSSION DES APPROCHES CULTURALISTES. Sans entrer dans une discussion polémique sur les *a priori* des divers culturalismes, disons que s'ils montrent, à juste titre, la transcendance de la société et de sa culture sur l'individu, ils omettent la transcendance en retour de l'individu sur sa société. Or, c'est le nœud de ces deux transcendances qui caractérise, dans toute sa difficulté, la notion d'identité. Il faut en effet articuler ensemble deux ordres de problème.

1 **Une problématique substantification de la culture.** Le premier est bien celui de cette pluralité d'appartenances identitaires dont le sujet est comme le lieu de recoupement et dont il assure la cohérence, réelle ou vécue comme telle. Il faut alors se demander si, dans cet ensemble d'identités, on peut repérer une classification, une hiérarchie, voire un bricolage qui construirait un *moi* ; et si ce moi existe jamais pour lui-même ou comme simple vecteur d'intégration du *nous*. Car si l'identité individuelle passe par l'édification d'identités multiples, tâche à laquelle, d'ailleurs, s'emploient tous les systèmes culturels, peut-on en quelque sorte substantifier la culture ou la société et en déduire l'identité des individus qui s'y réfèrent ?

2 **Une ipséité irréductible sous les masques des identités.** Le second problème, précisément, sera de se demander s'il existe une ipséité sous les masques et sous les identités et que ne saurait ni expliquer ni dissoudre un quelconque sociologisme. Qu'en est-il du moi/je, un moi/je existe-t-il *en soi* ? Le premier ordre de questions relève de l'ethnologie et de l'anthropologie au sens le plus classique qui soit ; le second pose une interrogation qu'on peut qualifier de métasociologique, où la psychanalyse offre d'intéressantes hypothèses théoriques (⇒ INDIVIDU). À souligner la pluralité des identités à l'intérieur d'une société qui pose la question de savoir s'il est une identité collective qui fasse que les membres d'une société, par-delà toutes les différences, s'en reconnaissent bien membres ; en effet, comme l'écrivait BOURRICAUD (1952), « *au-delà des particularismes par lesquels les groupes se distinguent et s'opposent, l'unité d'une conscience collective et d'une situation commune tend à s'imposer à l'observateur. Les études sur la " culture " ou le " caractère national " rappellent à qui serait tenté de l'oublier qu'une société est autre chose qu'une mosaïque de gangs de syndicats ou de clubs.* »

IDENTITÉ, IMMIGRATION, INTÉGRATION. La notion d'identité occupe une place importante qui n'est pas de pure théorie, dans les questions d'immigration, d'intégration, de résistance culturelle, etc. Dans la mesure où l'appartenance à un groupe, à une culture, à une société est une façon de construire sa propre image de soi, on comprend que des problèmes se posent à un groupe qui se trouve immergé dans une société où il ne se reconnaît pas. Des logiques et des conflits surgissent alors, qui vont de la volonté d'intégration à la société nouvelle à la volonté contraire de résistance et de maintien de l'identité originaire.

CRISE D'IDENTITÉ ET ANOMIE. La mode est aujourd'hui de parler de crise d'identité dans nos sociétés et, en réaction à cette crise, d'une exacerbation identitaire qui substitue, à une identité collective jusqu'alors profondément vécue, le repli sur des familles idéologiques, des bandes, des sectes, des tribus, etc. Comprendre ce phénomène revient évidemment à s'interroger sur l'affaiblissement de l'identité nationale, sur l'affadissement de l'esprit civique et sur le désenchantement des grandes religions. Il s'agit là d'interrogations sur des formes spécifiques d'anomie – laquelle est toujours une maladie de l'identité par un affaiblissement des solidarités intégratives–, et sur de nouvelles solidarités qui pourraient naître.

MÉDIAS ET IDENTITÉ. Il faut souligner les nouveaux mécanismes de production d'identités, tant individuelle que collective, que nos sociétés mettent en œuvre, des identités que diffusent et que confirment les médias et la publicité, avec leurs classifications stéréotypées. Il reste que la modernité, en promouvant le « sujet psychologique » c'est-à-dire un moi subjectif privé de ses fondements rationnels, engendre un état d'inquiétude et de fragilité permanentes.

André AKOUN

bibliographie

BOURRICAUD François, « Sur la prédominance de l'analyse microsociologique dans la sociologie américaine contemporaine », in *Cahiers internationaux en sociologie*, XIII, 1952.

CAZENEUVE Jean, *La Personne et la société*, PUF, 1995.

KARDINER Abram, *L'Individu dans sa société* (introduction de Claude Lefort), Gallimard, 1939.

LE RIDER Jacques, *Modernité viennoise et crises de l'identité*, PUF, 1993.

VERNANT Jean-Pierre, *L'Individu, la mort, l'amour*, Gallimard, 1989.

IDÉOLOGIE

du grec *eidos* « idée » et *logos* « discours, raison »

all. IDEOLOGIE	esp. IDEOLOGÍA
angl. IDEOLOGY	ital. IDEOLOGIA

voir : ALIÉNATION, HABITUS, INCULCATION, INDIVIDUALISME MÉTHODOLOGIQUE, MARXISME

Système de significations, de représentations et de valeurs propre à un groupe social, concernant l'organisation et les normes, les légitimant ou les contestant, et participant à la régulation des attitudes et des comportements.

HISTOIRE. Le terme *idéologie* a été forgé par DESTUTT DE TRACY (1754-1836) pour mettre en place le projet d'une discipline étudiant la formation des idées à partir des sensations. Dans le contexte politique du premier Empire, ce terme fut repris pour désigner les intellectuels libéraux suspects d'opposition au régime. Dès lors, le mot revêt une connotation péjorative, donnant lieu à de multiples polémiques et à des interprétations divergentes. Cependant, si le mot était nouveau, le problème ne l'était pas : PLATON s'interrogeait déjà sur la fonction des mythes dans la cohésion sociale (***République***, 414-415), ARISTOTE analysait les techniques de persuasion dans l'action politique (***Rhétorique***, LI). Après MACHIAVEL, les philosophes des Lumières avaient fait de la réflexion sur le rôle social des croyances religieuses un lieu commun de discussion.

LES ORIGINES DU DÉBAT CONTEMPORAIN.

MARX : Critique de l'idéologie et lutte des classes. MARX fait de l'idéologie un concept majeur de sa théorisation, un objet d'étude et une introduction significative à la connaissance des formations sociales. La dialectique des infrastructures* et des superstructures situe exemplairement l'idéologie dans les superstructures, soit qu'elle désigne l'ensemble de celles-ci (le droit, la philosophie, la religion), soit qu'elle en désigne un élément particulier : la philosophie (Marx, 1845). L'idéologie est une instance conditionnée par la structure des rapports sociaux de production et ne recèle aucunement sa vérité en elle-même. Une critique en est nécessaire, et celle-ci renvoie, en dernière analyse, à la lutte des classes. Ainsi, l'apologie de la propriété privée ou la doctrine des droits de l'homme sont autant de significations illusoires qui correspondent à une phase particulière de l'histoire : le mode de production capitaliste. De telles idéologies ne sont cependant pas sans conséquences : elles constituent une inversion de la réalité, elles occultent les rapports d'exploitation et servent de légitimation au maintien de l'ordre bourgeois. Seule l'action révolutionnaire (la *praxis*), en détruisant les fondements matériels de l'idéologie, en dissiperait l'action mystificatrice.

Les héritiers de Marx : « idéologie prolétarienne » et « conscience de classe ». Les auteurs marxistes ont abondamment repris ces thèses, soit en les complétant, soit en les rendant plus dogmatiques. Ainsi Lénine élargit le sens du concept en faisant du projet révolutionnaire l'idéologie du prolétariat (LÉNINE, 1901) alors que Marx refusait cette extension et associait l'idéologie aux seules sociétés aliénées. LUKÁCS développe la thèse selon laquelle la conscience de classe du prolétariat serait seule capable, en raison des conditions d'exploitation de la classe ouvrière, d'accéder à la connaissance de la totalité sociale dans son développement révolutionnaire. En ce sens, l'idéologie prolétarienne serait porteuse de la vérité de l'histoire (Lukács, 1960).

Un retournement critique du terme : ARON. Ces diverses théories n'ont pas manqué de susciter de vives critiques qui en soulignaient précisément le caractère « idéologique ». Paraphrasant la formule de Marx qui faisait de la religion « l'opium du peuple », ARON qualifie ainsi ces « marxismes imaginaires » d'« opium des intellectuels », ou de « religions séculières » (Aron, 1960). L'idéologie se trouve ainsi définie comme une construction intellectuelle au service d'intérêts conscients ou inconscients et servant d'instrument de légitimation.

UN TOURNANT DANS L'APPROCHE DES IDÉOLOGIES : MANNHEIM. MANNHEIM s'efforce de rompre avec le caractère polémique de ces débats et de fonder une sociologie des idéologies dans le cadre général de la sociologie de la connaissance.

Le terme *idéologie* revêt alors un sens politiquement neutre dont les différentes formations peuvent faire l'objet d'études historiques et sociologiques.

Deux acceptions du terme « idéologie ». Dans son ouvrage, *Idéologie et utopie*, il propose de distinguer deux acceptions du terme « idéologie », le sens *total* et le sens *particulier* :

1 *L'idéologie comme travestissement. « C'est la conception particulière de l'idéologie qui est impliquée, lorsque le terme dénote que nous sommes sceptiques vis-à-vis des idées et représentations avancées par notre adversaire. Celles-ci sont alors considérées comme des travestissements plus ou moins conscients de la nature réelle d'une situation dont la reconnaissance exacte ne serait pas en accord avec ses intérêts »* (Mannheim, 1956, p. 42). Cette première acception n'écarte pas le soupçon de mensonge et ouvre à la polémique.

2 *L'idéologie comme objet d'une sociologie de la connaissance.* La seconde vise, au contraire, « l'univers intellectuel », la vision du monde *(Weltanschauung)*, d'une période, d'une formation sociale ou d'une classe sociale, en présupposant l'existence d'une correspondance entre une certaine situation sociale et cette structure intellectuelle. Pour Mannheim, l'idéologie ainsi définie devient un objet privilégié de la sociologie de la connaissance ; la tâche sera d'étudier les interrelations entre les systèmes de représentation et les situations sociohistoriques en tant que problème général de la sociologie.

« Idéologie » et « utopie ». Cette problématique permet de distinguer idéologie et utopie : l'idéologie tendrait à constituer une légitimation symbolique de l'ordre existant et serait normalement affirmée par les forces sociales dominantes ; l'utopie exprimerait une critique de l'ordre établi et la recherche de son dépassement par les groupes ou classes dominés.

PROBLÉMATIQUES ET RECHERCHES CONTEMPORAINES. Quels que soient les remaniements apportés au programme de Mannheim, cette problématique a ouvert la voie à des recherches multiples. Évoquons les recherches sur les genèses, diachronique ou synchronique, sur les fonctions et les liens avec les pratiques sociales, sur la transformation des idéologies et leur dynamique.

1 GENÈSE DES IDÉOLOGIES. L'étude historique de la formation de l'idéologie féodale, par exemple, se heurte aux difficultés de l'analyse régressive, que l'analyse structurale se proposera de surmonter.

L'approche historique : Duby et Dumézil. La conception trinitaire de l'ordre social, telle qu'elle s'exprime systématiquement dans le Haut Moyen Âge (DUBY, 1978), renouvelle la structure de la mythologie romaine et indo-européenne, qui hiérarchise le religieux, le pouvoir guerrier et le monde subordonné des paysans (DUMÉZIL, 1941). L'histoire des grandes idéologies (féodalisme, monarchisme, démocratie, individualisme...) s'inscrit ainsi dans la très longue durée, faite de répétitions et de transformations.

L'approche synchronique : Macpherson et Dumont. L'approche synchronique suspend cette interrogation historique et ses difficultés : elle se propose d'analyser comment une idéologie est générée par une structure sociale, selon quelles correspondances, homologies ou distorsions. Un ensemble de travaux se sont ainsi proposés d'analyser les correspondances entre les structures de l'économie marchande et l'idéologie libérale, entre « l'individualisme possessif » et sa traduction dans le libéralisme (MACPHERSON, 1971 ; DUMONT, 1983). Notons que de telles recherches soulignent le caractère spécifique de l'idéologie, qui n'est ni de l'ordre de la vérité ni de l'ordre de l'illusion. Contrairement aux affirmations de ses apologistes, une idéologie ne peut être confondue avec un savoir démontrable ; mais elle n'est pas non plus une pure illusion, ou une erreur qu'une épreuve critique pourrait dissiper. Dans un système social, elle forme la structure symbolique, l'ensemble des évidences pratiques et normatives que la majorité des agents ont intériorisées et qu'ils tendent à reproduire.

2 FONCTIONS DES IDÉOLOGIES ET LIENS AVEC LES PRATIQUES SOCIALES. C'est donc avant tout par ses fonctions sociales qu'une idéologie se caractérise et par son implication permanente dans les pratiques et les jugements.

Implication dans les pratiques : l'exemple des monarchies. L'idéologie monarchiste proclame les principes de l'ordre social légitime, le caractère sacré et intemporel du roi, la supériorité naturelle des nobles. Répétée sous de multiples formes, dans les discours sacrés, juridiques ou artistiques, l'idéologie monarchiste rappelle à chacun la normalité de l'ordre et l'interdiction de sa contestation. Directement ou par allusion, elle désigne les bonnes conduites politiques et les bons sentiments : l'amour du roi, le respect des grands, l'urgence d'obéir activement à l'ordre salutaire. Simultanément, l'idéologie avertit des dangers qu'encourt le bon ordre et quels sont ses ennemis : les princes rebelles qui menacent la générosité du roi, les forces extérieures au royaume, les suspects qui n'adhèrent pas à la religion commune. Sur le plan de l'ordre public, l'idéologie désigne les cibles des sanctions, elle légitime l'emploi de la force contre les opposants essentiellement nuisibles. Sur le plan de l'adhésion, les appels à l'amour du roi, les croyances assumées, incitent non seulement aux actions dociles, mais aussi aux attachements actifs et, éventuellement, au dépassement des intérêts personnels.

Dimension affective. Toute idéologie a, en effet, une dimension affective : l'absolutisme royal appelle à voir dans le roi un père généreux, source de paix et de vie ; il incite à se méfier des nobles et de tous les ennemis potentiels. Une idéologie organise un ordre de sentiments, appelle aux amours et aux hostilités définies comme légitimes (ANSART, 1977).

Rôle des appareils. De plus, pour comprendre les fonctions d'une formation idéologique, il faut considérer, outre les messages et les sentiments diffusés, les caractères particuliers des autorités chargées de les émettre, elles-mêmes placées dans des positions particulières et dans des rapports spécifiques. Les signifiants sont reproduits par des appareils (Églises, écoles, familles) qui les mettent en circulation et leur imposent leur marque selon leur nature institutionnelle.

Rôle et comportement des publics. Et là encore, les messages sont reçus de façon particulière par les différents publics, selon leur culture et leur appartenance de classe, soit qu'ils les tolèrent, soit qu'ils les intériorisent selon les multiples possibilités des identifications sociales. Tout le procès de production, de circulation et de consommation de ces significations doit aussi se comprendre en tenant compte des attentes, des besoins, des réactions de ces récepteurs, qui sont eux-mêmes engagés dans ce procès en tant que producteurs ou reproducteurs. C'est la construction de cet ensemble complexe qui permet de comprendre l'efficacité d'une idéologie dans son contexte particulier.

3 DYNAMIQUE ET TRANSFORMATIONS DES IDÉOLOGIES.

Les idéologies officielles. Les idéologies totalitaires du milieu du XXe siècle ont constitué un cas extrême et ont illustré les possibilités et les conséquences d'une idéologie et de son appropriation. Dans ces régimes, où le pouvoir central détient le monopole de la production des biens symboliques, l'idéologie officielle constitue un instrument indispensable au maintien du pouvoir. Dans cette situation où le pouvoir central cherche à exercer une emprise absolue sur la population, il est essentiel pour le pouvoir de briser toute expression critique. Dans la période stalinienne de l'Union soviétique (1930-1953), alors que la révélation des oppressions aurait pu avoir des conséquences destructrices pour le pouvoir, la production idéologique était l'objet, comme dans l'Allemagne hitlérienne, d'un contrôle sans faille (ARENDT, 1951). Le travail de reproduction de l'idéologie officielle est confié à des institutions spécialisées et délégué à toutes les grandes institutions de formation (l'école, l'armée, les familles) ; ces institutions de formation et d'inculcation deviennent simultanément des *appareils idéologiques d'État*, selon un modèle social conforme à la pratique des religions fortement instituées (ALTHUSSER, 1970).

L'idéologie révoltée. L'idéologie révoltée offre une configuration opposée. La distinction proposée par Mannheim entre l'idéologie et l'utopie doit être retenue avec précaution, car un même système discursif peut être utilisé à des fins contradictoires au prix de quelques remaniements. Le marxisme, qui constituait une critique de l'ordre établi, est devenu une idéologie totalitaire entre les mains du pouvoir soviétique. L'erreur à éviter serait de classer ces systèmes symboliques d'après leurs seuls contenus manifestes et selon les opinions de leurs défenseurs.

Nécessité d'une typologie critique des idéologies. Il convient, au contraire, de mettre en place une typologie critique, qui distinguera les idéologie non selon leurs seuls énoncés, mais selon leur insertion et leurs fonctions dans les situations historiques concrètes. Dans cette perspective, le critère essentiel de distinction porte moins sur les contenus et les argumentations que sur la relation effective au pouvoir politique et aux forces dominantes. En ce sens, la critique libérale des XVIIe et XVIIIe siècles, le mouvement de créativité socialiste de 1820 à 1848 offrent des cas exemplaires d'idéologie de contestation. L'importance historique en fut considérable : en dénonçant les inégalités, ces idéologies travaillaient à l'affaiblissement des loyautés, illégitimaient les obéissances, inversaient l'ordre des considérations, ouvraient un espace critique favorable aux oppositions.

LES IDÉOLOGIES EN RÉGIME DÉMOCRATIQUE.

1 **Pluralité des émetteurs d'opinion.** La situation des idéologies au sein d'un régime démocratique offre une configuration toute particulière. Tout à la fois la démocratie se fonde sur des principes donnés pour incontestables (le gouvernement du peuple par le peuple, les droits de l'homme et du citoyen), mais, simultanément, elle encourage la liberté de critique, la pluralité des partis et des opinions. À l'opposé du régime totalitaire où l'expression politique est réservée au seul pouvoir en place, le régime démocratique offre une scène permanente et juridiquement protégée aux conflits idéologiques. Chaque parti, chaque fraction de parti, pour exister sur cette scène, doit nécessairement émettre des jugements sur la vie sociale et politique, proposer une grille de lecture des événements et des décisions gouvernementales, évoquer des objectifs et des moyens pour les actions communes. Cette production des interprétations politiques n'est pas réservée aux seuls partis : le droit à l'expression offre la possibilité à de multiples acteurs individuels et collectifs (journaux d'opinion, syndicats, associations, groupements d'intérêt, etc.) de prendre position dans la concurrence des mots pour affirmer leurs thèses et leurs critiques.

2 **Pluralité des publics récepteurs.** La pluralité des publics s'ajoute à cette pluralité des émetteurs : la concurrence contribue à la création symbolique de nouveaux publics qui bousculent les frontières de classe. Ainsi, la représentation valorisante d'une

classe d'âge ou d'une classe sexuelle déplace les divisions et réunifie symboliquement ce que des idéologies politiques séparaient.

3 **Rôle des médias.** Le rôle idéologique des différents médias ne saurait être négligé dans ce pluralisme des interprétations : soit que les médias spécialisés (journaux engagés, radios communautaires) tendent à renforcer les identités particulières, soit que des médias généralistes tendent, au contraire, à inventer un langage commun pour des identités hétérogènes.

4 **Le « désenchantement du monde » et le thème de la fin des idéologies.** Ainsi la scène politique porte à l'extrême la diversité des expressions, l'affrontement des projets divergents, partiels ou généraux. Cette concurrence permanente renforce le scepticisme des citoyens à l'égard des systèmes idéologiques et de leurs certitudes. Toute expression, venant nécessairement d'un lieu particulier et visant à modifier le rapport des intérêts et des pouvoirs, suscite une dénonciation d'autant plus vive que les enjeux sont jugés importants. Il s'opère ainsi un travail permanent de décroyance, de « désenchantement du monde ». C'est dans ce contexte que prend sens le thème de « la fin des idéologies », qui a été souvent développé depuis la Seconde Guerre mondiale. Certains observateurs ont alors pensé que l'accès de toutes les nations aux mêmes problèmes (le développement industriel et technologique), et aux mêmes finalités (la croissance économique et l'élévation du niveau de vie), entraînerait la formation d'un consensus général sur les objectifs à poursuivre et la disparition des oppositions idéologiques. Toutefois, cette thèse postulait une définition très étroite des idéologies, limitée aux eschatologies dont le marxisme était le prototype. Mais bien d'autres formes d'idéologies ne cessent de se reproduire (nationales, ethniques, syndicales, professionnelles, régionales, etc.), en réponse aux multiples divisions et conflits.

4 ORIENTATIONS ÉPISTÉMOLOGIQUES ET DIMENSIONS CONTRADICTOIRES DE L'IDÉOLOGIE. La question de l'idéologie demeure l'un des débats permanents de la sociologie, en raison à la fois de l'importance historique des problèmes posés et de ses implications épistémologiques. En se limitant aux positions extrêmes du débat, on peut opposer deux orientations théoriques, l'une tendant à créditer les phénomènes idéologiques d'une forme d'objectivité, dans la lignée de Marx ou de DURKHEIM, l'autre tendant à majorer les choix et les décisions de l'individu face aux systèmes idéologiques. Ce débat, qui ne peut trouver sa solution que dans les études particulières, éclaire bien les dimensions contradictoires de l'idéologie.

Épistémologies fondées sur les structures de sens. L'anthropologue ou l'historien, qui examinent la singulière persistance d'une idéologie à travers le temps (l'idéologie du pur et de l'impur dans le régime des castes, qui a perduré durant quelque vingt siècles), ne peuvent manquer d'accorder à cette structure symbolique un mode d'existence et des fonctions normatives (DUMONT, 1966). Son investigation le porte à recomposer tous les éléments (linguistiques, juridiques, esthétiques...), dont la cohésion et la répétition constituent des logiques de sens et d'action structurant les comportements et les interactions.

Épistémologies individualistes. La critique individualiste souligne les dangers de telles interprétations qui risquent de substantifier les structures de sens. Elles peuvent, en effet, ériger des systèmes de signification en réalités objectives et leur prêter des forces de détermination sur les comportements. Or, dans le contexte des démocraties, les situations sont nombreuses où les individus se détournent d'une idéologie qui leur a été inculquée, choisissent d'en modifier des éléments selon leurs propres objectifs, usent des idéologies qui leur sont proposées comme de répertoires qui seraient à leur disposition (BOUDON, 1986). Ce débat ne saurait se clore au niveau des élaborations conceptuelles : la pluralité des situations idéologiques et des systèmes de représentations rendent largement compte de ces divergences et imposent de remanier les cadres d'interprétation selon la spécificité des systèmes symboliques étudiés.

Pierre ANSART

bibliographie

ALTHUSSER Louis, « Idéologie et appareils idéologiques d'État », in *La Pensée*, n° 151, juin 1970, pp. 3 à 38.

ANSART Pierre, *Les Idéologies politiques*, PUF, 1974.

ANSART Pierre, *Idéologies, conflits et pouvoir*, PUF, 1977.

ARENDT Hannah, *Le Système totalitaire* (1951), Seuil, 1972.

BIRNBAUM Norman, « L'Étude sociologique de l'idéologie (1940-1960) », in *La Sociologie contemporaine*, 1962, vol. IX, n° 2.

BOUDON Raymond, *L'Idéologie ou l'origine des idées reçues*, Fayard, 1986.

CASTORIADIS Cornélius, *L'Institution imaginaire de la société*, Seuil, 1975.

DUBY Georges, *Les Trois Ordres ou l'imaginaire du féodalisme*, Gallimard, 1978.

DUMÉZIL Georges, *Jupiter, Mars, Quirinus. Essai sur la conception indo-européenne de la société et sur les origines de Rome*, Gallimard, 1941.

DUMONT Louis, *Homo hierarchicus. Essai sur le système des castes*, Gallimard, 1966.

DUMONT Louis, *Homo æqualis. Genèse et épanouissement de l'idéologie économique*, Gallimard, 1977.

DUPRAT Georges (éd.), *Analyse de l'idéologie*, Galilée, t. 1, 1980 ; t. 2, 1983.

FREUD Sigmund, « Psychologie collective et analyse du moi » (1921), in *Essais de psychanalyse*, Payot, 1977.

MANNHEIM Karl, *Idéologie et utopie* (1929), M. Rivière, 1956.

MARCUSE Herbert, *L'Homme unidimensionnel. Essai sur l'idéologie de la société industrielle avancée*, Éd. de Minuit, 1968.

MARX Karl, ENGELS Friedrich, *L'Idéologie allemande* (1845), Éditions sociales, 1968.

VACHET André, *L'Individu et sa propriété*, Anthropos, 1970.

ILLUSION

emprunté au latin classique *illusio* « ironie, moquerie, objet de dérision », et aussi « erreur des sens, tromperie ; mirage, déception »

voir : IDÉOLOGIE, IMAGINAIRE

Qu'elle soit illusion d'optique, illusion des sens ou qu'elle soit ce dont on se berce quand on se berce d'illusions, dans son sens le plus général l'illusion est de la nature du mirage ou du délire. Elle n'est pas une erreur de jugement et n'est donc pas réfutable par un autre jugement.

ILLUSION ET ERREUR. Lorsque SPINOZA analyse l'illusion d'optique et qu'il montre que voir le soleil à cent pieds n'est pas changé par la connaissance de la vraie distance, l'*illusion*, nous dit-il, traduit le rapport du corps au monde et l'erreur vient du jugement qu'on porte sur ce rapport. L'intérêt de cette analyse est d'inscrire l'illusion dans la relation entre un sujet et son monde.

FREUD. C'est avec FREUD que cette problématique trouvera sa plus grande ampleur et qu'elle intéressera le sociologue. Dans *L'Avenir d'une illusion*, où l'illusion concerne l'illusion religieuse, il écrit : « *Une illusion n'est pas la même chose qu'une erreur ; une illusion n'est pas non plus nécessairement une erreur.* » Prenant l'exemple d'ARISTOTE, dont l'opinion était que la vermine était engendrée par l'ordure, Freud dit que c'est une *erreur* et qu'il serait impropre d'appeler cela une *illusion*. Au contraire, lorsque Christophe Colomb croit avoir trouvé une nouvelle route des Indes, il est, lui, dans l'illusion. « *La part de désir que comportait cette erreur est manifeste* [...]. *Ce qui caractérise l'illusion, c'est d'être dérivée des désirs humains.* » Cette analyse de Freud a le mérite, pour le sociologue, de lui permettre de distinguer entre l'ordre de l'opinion et l'ordre de l'idéologie, où se manifeste un investissement libidinal du groupe ; de comprendre aussi que l'illusion, à la différence de l'erreur, n'est pas dissipée par la réalité ou par la vérité. Renoncer à l'illusion ne signifie pas changer d'opinion et avoir le sentiment d'une rectification fructueuse, c'est subir une blessure narcissique qui mine ce par quoi un être affirme son identité.

ARON. De cette persistance de l'illusion et de la façon dont elle se maintient en intégrant, s'il le faut, ce qui la dénie, ARON donne, sur le mode ironique, une illustration dans *L'Opium des intellectuels* : « *Admirons ce mode de penser si typique de l'intelligentsia. On est parti de la reconnaissance de l'exploitation de l'homme par l'homme. On est passé à la révolution. On a attribué au prolétariat et à lui seul la capacité révolutionnaire. On a souscrit implicitement à la prétention du Parti communiste de représenter le prolétariat et, quand finalement on observe avec déception l'œuvre des staliniens, on ne met en question aucune des démarches antérieures*[...] *Si une révolution faite au nom du marxisme dégénère en tyrannie, la faute n'en sera ni* MARX *ni ses interprètes.* »

CHAMP SOCIAL ET CHAMP DU DÉSIR. Étudier sociologiquement une illusion, ce n'est donc pas en souligner l'erreur mais voir ce à partir de quoi et autour de quoi se constitue une « famille ». C'est détecter ce par quoi ces « familles » se reconnaissent dans le partage d'une *vision du monde*, parlent la même « langue », ont des repères identificatoires, des formules, des mots qui fonctionnent comme des « mots de passe » et sont des signes de reconnaissance. L'illusion ne saurait conduire à une psychologisation du champ social (ce à quoi se limitent bien des explications psychanalytiques des phénomènes collectifs), mais elle pose une interrogation : comment articuler ensemble champ social ou politique et champ du désir ? L'arrière-fond théorique est qu'il n'y a pas d'objets désirables par nature, mais seulement des sujets désirants. Dès lors, toutes les élaborations « amoureuses » sont plausibles, et tout objet peut devenir fétiche de l'illusion. On voit quel espace est ainsi offert au champ du politique, dès lors que capter amoureusement des sujets consiste à lier un discours à une demande inconsciente d'identité et de fantasmes.

André AKOUN

bibliographie

ARON Raymond, *L'Opium des intellectuels*, 1955.

BOUDON Raymond, *L'Idéologie ou l'origine des idées reçues*, Fayard, 1986.

FREUD Sigmund, *L'Avenir d'une illusion* (1927), Denoël & Steele, 1932.

MANNHEIM Karl, *Idéologie et utopie* (1931), M. Rivière, 1958.

IMAGE

du latin *imago* « image, représentation ; portrait, fantôme, apparence » par opposition à la réalité

all. BILD	esp. IMAGEN
angl. IMAGE	ital. IMMAGINE

voir : IDÉOLOGIE, MARXISME, PSYCHANALYSE, PSYCHOLOGIE SOCIALE, UTOPIE

1. Au sens propre l'image est la représentation, la reproduction, d'un objet matériel perçu par la vue. L'image est proche de l'imitation, de la copie.

2. Au sens général, l'image est devenue synonyme de représentation sensible, en opposition à une représentation intellectuelle.

SOCIOLOGIE DES COMMUNICATIONS ET CIVILISATION DE L'IMAGE. La notion d'*image* est utilisée en sociologie des communications au point d'avoir permis la construction de l'expression « civilisation de l'image », pour désigner notre monde où s'imposent les médias audiovisuels, un monde qui, selon MCLUHAN, est passé de *la galaxie Gutenberg* à *la planète Marconi*.

La représentation par l'image a toujours été dévaluée dans la tradition occidentale. Mauvaise copie, « maîtresse d'erreur et de fausseté », jouant sur le sensible et la séduction plutôt que sur la raison (*folle du logis*, disait PASCAL), elle héritait du refus juif et chrétien de l'idolâtrie, c'est-à-dire de l'adoration des images (Dieu ne saurait être représenté).

LA POLÉMIQUE AUTOUR DES MÉDIAS. La polémique est demeurée lorsque sont nés les médias de masse comme le cinéma et surtout la télévision. D'un côté, ceux qui considéraient les médias comme une extension de la culture vers des masses jusque-là exclues ; d'autres n'y voyaient qu'une entreprise de transformation du peuple en masses hypnotisées. Débat interminable et d'un intérêt sociologique nul, du fait même de son manichéisme (⇒ COMMUNICATIONS DE MASSE).

LA PROBLÉMATIQUE CRÉATION D'UNE ICONOLOGIE SCIENTIFIQUE. Un autre projet, plus ambitieux, fut celui d'élaborer une *science de l'image*, une *iconologie*. Mais peut-on étudier une image comme on étudie un message linguistique, en montrant qu'elle est un ensemble d'éléments interdépendants qui constituent, ensemble, une signification, un message ? Et comment prendre en compte la polysémie de toute image ? Surtout, comment traiter comme secondaire le fait que l'image (peinture, cinéma, télévision) est faite avec des signes analogiques de la réalité (avec des *images* précisément), d'où une universalité de sa perception, alors que les signes linguistiques sont arbitraires et ne signifient rien à qui ne possède pas la langue ?

« COMMUNICATION » ET « INFORMATION ». Ces questions butent en réalité sur une assimilation de la communication et de l'information. Que l'image soit un objet de communication et la manifestation d'une culture qui peut en douter ? Mais on ne saurait conclure qu'elle est porteuse d'une information.

André AKOUN

bibliographie

BARTHES Roland, *L'Aventure sémiologique*, Seuil, 1985.

MARIN Louis, *Études sémiologiques. Écriture, peinture*, Éd. de Minuit, 1972.

MCLUHAN Herbert Marshall, *La Galaxie Gutenberg*, Mame/Seuil, 1966.

METZ Christian, *Essais sémiotiques*, Klincksieck, 1977.

PANOFSKY Erwin, *Essai d'iconologie*, 1939.

IMAGINAIRE SOCIAL

terme créé en sociologie après 1945, du latin *imaginarius* « simulé, qui n'existe qu'en imagination », dérivé de *imago*

all. DAS IMAGINÄRE	esp. IMAGINARIO
angl. IMAGINARY	ital. IMAGINARIO

voir : IDÉOLOGIE, MARXISME, PSYCHANALYSE, PSYCHOLOGIE SOCIALE, UTOPIE

Ensemble des formes et des contenus imaginés s'inscrivant dans des expressions et des pratiques sociales.

LE PROBLÈME DU LIEN ENTRE REPRÉSENTATIONS ET PRATIQUES SOCIALES. Cette expression qui, sous cette forme, est postérieure à la Seconde Guerre mondiale, renouvelle un problème permanent de la tradition philosophique, celui des représentations collectives, croyances, religions, illusions, et de leurs relations avec les pratiques sociales. C'est néanmoins par les œuvres de MARX, FREUD et WEBER que s'est précisée une problématique de l'*imaginaire social*.

MARX. Alors que Marx semble, dans *Le Capital*, n'accorder d'importance qu'aux rapports sociaux de production, il met en relief, dans ses ouvrages historiques, l'intensité des rêves collectifs, l'importance des identifications imaginaires au cours des conflits révolutionnaires. Les chefs jacobins, affirme-t-il dans *Le 18 Brumaire de Louis Bonaparte*, ne purent accomplir leur œuvre historique qu'en s'identifiant aux héros de la Rome antique et en reprenant leurs symboles et leur langage. L'imaginaire est bien, selon ces pages, indispensable aux révolutions bourgeoises ou prolétariennes.

FREUD. Freud prolonge ces indications en s'interrogeant sur les liens entre les représentations politiques et les affects, entre l'imaginaire et les pulsions inconscientes. Étudiant, en particulier, les identifications affectives au chef politique, il émet l'hypothèse selon laquelle cette identification renouvellerait l'expérience infantile, vécue par chacun, de l'identification aux imagos parentales. L'individu trouverait dans l'imaginaire politique le moyen d'extérioriser ses désirs inconscients et de resexualiser son rapport au politique.

WEBER. *L'Éthique protestante et l'esprit du capitalisme* de Weber (1905) apporte une réponse exemplaire au problème complexe de la mise en œuvre des imaginaires et de leurs mutations au cours de leur réalisation. On voit, par cette analyse, comment un imaginaire théologique, le calvinisme, accompagné d'une ferveur particulière, peut inspirer tout un style de vie et d'accomplissement, un *ethos*, soutenir un profond changement des attitudes envers autrui et, finalement, favoriser l'accumulation primitive du capital.

MOUVEMENTS COLLECTIFS ET IMAGINAIRE SOCIAL. L'histoire sociale est riche de ces situations, où un mouvement collectif s'organise en créant un imaginaire dans lequel se confondent des représentations du futur, des symbolisations unifiantes, des définitions des rapports sociaux, des fondements idéologiques, qui participent à la formation d'une identité sociopolitique.

1 La formation de la classe ouvrière au XIXe siècle fut exemplaire de ce processus de construction d'une identité collective.

2 Le monde moderne, dans toutes ses dimensions, économiques, sociales, politiques, est non moins traversé de créations imaginaires.

- Dans le domaine de la consommation, la publicité s'efforce de construire, autour des objets, des images positives propres à susciter le désir des acheteurs. La publicité participe à la création de ce que BARTHES appelait de nouvelles *mythologies* (1957), qui associent aux marchandises toute une imagerie luxuriante.
- Et, de même, dans la production comme dans les activités financières, les projets et les décisions ne peuvent être formulés qu'en liaison avec des représentations cohérentes du futur.
- Une politique industrielle ou monétaire suppose une imagination du futur, d'autant plus indispensable et entretenue que cette imagination va contribuer à construire ce futur. D'où une profusion d'appels, d'exhortations, visant à imposer et à légitimer l'imaginaire économique des décideurs.
- Plus visiblement encore, les moyens modernes de communication de masse, la télévision et le cinéma, en particulier, ne cessent de produire et de diffuser des imageries collectives.
- Y participent aussi la littérature et les arts, qui tentent de produire incessamment de nouvelles images et, par là, d'exprimer en les modifiant les manières de voir et de percevoir le monde.

Pierre ANSART

bibliographie

BARTHES Roland, *Mythologies*, Seuil, 1957.

CASTORIADIS Cornélius, *L'Institution imaginaire de la société*, Seuil, 1975.

DURAND Gilbert, *Les Structures anthropologiques de l'imaginaire. Introduction à l'archétypologie générale*, Bordas, 1969.

FREUD Sigmund, « Psychologie collective et analyse du moi » (1921), in *Essais de psychanalyse*, Payot, 1977.

LE GOFF Jacques, *L'Imaginaire médiéval*, Gallimard, 1985.

MARX Karl, *Le 18 Brumaire de Louis Bonaparte* (1852), Éditions sociales, 1969.

WEBER Max, *L'Éthique protestante et l'esprit du capitalisme* (1905), Plon, 1981.

IMITATION

emprunt (v. 1236) au dérivé latin *imitatio* « imitation, copie » et, en latin chrétien (VIIe s.), « imitation d'exemples, de vertu »

all. NACHAHMUNG, IMITATION	esp. IMITACIÓN
angl. IMITATION	ital. IMITAZIONE

voir : CULTURALISME, CULTURE, DIFFUSION, MODE

Reproduction jugée positive d'une personne, d'une pratique, d'une action sociale.

La thèse de Tarde. Dans les dernières années du XIXe siècle, TARDE développe la thèse selon laquelle le phénomène de l'*imitation* serait une pratique sociale fondamentale, susceptible d'expliquer les faits de répétition ainsi que les changements culturels. Il en donne pour illustration les phénomènes de diffusion, les apprentissages, les croyances communes autant que les faits de mode. Les innovations, apparues dans les milieux dirigeants, se diffuseraient, par imitation, dans l'ensemble d'une société.

La critique de Durkheim. Ces thèses suscitent de vives critiques de la part de DURKHEIM, qui y voit une erreur épistémologique essentielle : celle d'expliquer les phénomènes sociaux par des processus psychiques.

Rôle de la notion en psychologie sociale. Les travaux de Tarde ont néanmoins favorisé les recherches dans le domaine de la psychologie sociale : sans retenir les thèses sur l'universalité de l'imitation, les expérimentations ont abondamment repris la question posée de la diffusion des traits culturels.

La sociologie est restée critique à l'égard des affirmations de Tarde sur l'importance et l'universalité de l'imitation. Les typologies proposées par Durkheim ou WEBER ont souligné la diversité des comportements et l'impossibilité de les réduire à un processus unique.

Pierre ANSART

bibliographie

TARDE Gabriel de, *Les Lois de l'imitation. Étude sociologique* (1890), Genève, Slatkine, 1979.

IMMANENCE

du latin classique *immanere* « demeurer dans », de *in* « dans » par assimilation, et *manere* « demeurer, rester, être dans »

all. IMMANENZ	esp. INMANENCIA
angl. IMMANENCE	ital. INMANENCIA

voir : TRANSCENDANCE

Est immanence ce qui est intérieur à l'être d'une réalité et ne renvoie, ni pour son existence, ni pour son explication, ni pour sa valeur, à aucun principe extérieur ou supérieur, c'est-à-dire à aucun principe transcendant. Cette thèse peut être résumée par l'énoncé : « Tout est intérieur à tout. »

Immanence et transcendance de la conscience collective chez Durkheim. En sociologie est *immanent* ce qui est intérieur à la réalité sociale considérée. Ainsi DURKHEIM dira de la conscience collective qu'elle est immanente à l'individu puisqu'elle n'existe qu'en lui et par lui, et qu'en même temps elle lui est transcendante puisqu'elle s'impose à lui. Il la définit ainsi : « *L'ensemble des croyances et des sentiments communs à la moyenne des membres d'une même société forment un système déterminé qui a sa vie propre ; on peut l'appeler la conscience collective ou commune. Sans doute n'a-t-elle pas pour substrat un organe unique ; elle est, par définition, diffuse dans toute l'étendue de la société ; mais elle n'en a pas moins des caractères spécifiques qui en font une réalité distincte. En effet elle est indépendante des conditions particulières où les individus se trouvent placés : ils passent et elle reste.* » (*De la division du travail social*, 1893).

Le « moi » particulier et le « je » universel. La modernité politique est ce moment où le pouvoir légitime n'est plus référé à une réalité et à un principe extérieurs mais où, à la suite des théoriciens du droit naturel, la racine du politique résulte de l'accord des hommes à se soumettre à une loi qui découle de leur volonté de vivre ensemble. Dès lors il n'est plus de source transcendante de la légitimité. Cependant, dans un espace d'immanence, comment donner une sacralité, une transcendance, à la loi ? Cela se fera par l'invention d'une sorte de « transcendance immanente », celle du citoyen sur le particulier à partir de la distinction, dans le sujet, de son *moi* particulier et de son *je* universel.

André AKOUN

bibliographie

DUMONT Louis, *Essai sur l'individualisme*, Seuil, 1983.
LEFORT Claude, *L'Invention démocratique*, Fayard, 1981.

IMMIGRATION

emprunt (1840) au latin *immigrare* « venir dans, s'introduire dans », formé de *in* et *migrare* « changer de résidence »

all. EINWANDERUNG, IMMIGRATION	esp. IMMIGRACIÓN
angl. IMMIGRATION	ital. IMMIGRAZIONE

voir : ETHNIE, MÉTISSAGE, MIGRATION, RELATIONS INTERETHNIQUES

Entrée dans un pays de personnes non autochtones venant y chercher un emploi.

UNE PROBLÉMATIQUE RÉCENTE EN SOCIOLOGIE. On ne trouve pas de références à l'*immigration* étrangère, pourtant importante depuis la deuxième moitié du XIXe siècle, chez les pères fondateurs de la sociologie française. Les travaux de GIRARD sur les réfugiés d'après-guerre et sur les débuts de l'immigration algérienne sont centrés sur la question de l'adaptation, mais ils restent sans suite. Ils renvoient à la sociologie américaine, que STOETZEL a introduite en France. Le véritable corpus fondateur d'une sociologie de l'immigration se trouve outre-Atlantique, en raison de la place centrale de ce mode de peuplement dans la construction de la nation. Elle puise dans la sociologie allemande la compréhension de la relation à l'étranger, alors que cette question n'est pas encore abordée dans la sociologie française.

LA SOCIOLOGIE AMÉRICAINE DANS L'ENTRE-DEUX-GUERRES. Dès l'entre-deux-guerres, les Américains produisent des travaux sur la structuration interne et la division des rôles dans les communautés d'immigrants : italo-américains dans *Street Corner Society* (WHYTE, 1943), juifs dans *Le Ghetto* (WIRTH, 1928). Ils abordent aussi l'appropriation de territoires urbains et les phénomènes de ségrégation (PARK, BURGESS, 1915), l'acculturation (THOMAS, ZNANIECKI, 1918). Liée au mythe du « melting-pot », cette sociologie est, sur le plan paradigmatique, distincte des travaux sur les relations *raciales*, illustrées par le problème noir. Les immigrants (européens) y sont désignés comme des *minorités ethniques*, distinctes des *minorités raciales* (Noirs, Indiens). Les travaux de l'École de Chicago en particulier constituent une base conceptuelle et méthodologique de premier plan. Les parcours des *immigrants* y sont théorisés sous le vocable de *cycle du migrant*, caractérisé par des étapes obligées, de la désorganisation à l'adaptation et à la réorganisation de l'univers social et culturel de populations venues à titre définitif.

L'IMMIGRATION EN FRANCE. L'immigration est en France séculaire et plurielle par ses origines, et son poids démographique a finalement été réévalué (TRIBALAT, 1991). Ainsi, au recensement de 1990, L'INSEE décompte, pour la première fois, la population *immigrée* : population étrangère ou d'origine étrangère née hors du territoire français métropolitain (critère de mobilité), séparément de la population étrangère (critère juridique de nationalité). Cependant, le contentieux historique autour des immigrations postcoloniales tend désormais, dans l'opinion publique, à constituer les populations originaires d'Afrique et du Maghreb en emblèmes de toute l'immigration.

IMMIGRÉS ET IMMIGRANTS. La sociologie française s'est intéressée à ce phénomène à partir de la grande vague migratoire des années 60 et de ses conséquences sociales et politiques. Parce que cette population était très majoritairement ouvrière, c'est le terme de *travailleurs immigrés* qui a été le plus souvent utilisé pour la décrire (TRIPIER, 1988). Sayad a spécifié le statut de l'immigration en France : une relation de domination se réduisant à l'instrumentalisation d'une main-d'œuvre, dont seul le travail dévalorisé assure la légitimité. La désignation française d'*immigré* connote une extériorité durable, contrairement aux États-Unis, où l'intégration à venir est contenue dans la notion d'*immigrant*. L'immigration est un état marqué par la précarité et les illusions collectives, dont celle du retour. SAYAD (1991) dénonce l'ethnocentrisme de la recherche dans les années 70, uniquement centrée sur l'immigré, occultant le fait que l'immigration suppose l'*émigration*, que l'immigré est et reste un *émigré*. Le transfert, dans l'usage courant, du qualificatif d'immigrés à des enfants nés en France qu'on oppose aux « Français de souche » révèle aujourd'hui un processus d'ethnicisation de l'identité nationale, insistant plus sur l'origine que sur la participation à une même communauté. L'immigration cesserait alors d'être un état provisoire, pour devenir un stigmate transmissible d'une génération à l'autre.

Maryse TRIPIER

bibliographie

GIRARD Alain, STOETZEL Jean, *Français et immigrés. L'Attitude française, l'adaptation des Italiens et des Polonais* (1953).

PARK Robert E., BURGESS Ernest W., MACKENZIE Roderick D., WIRTH Louis, « The City », in *L'École de Chicago, naissance de l'écologie urbaine*, Champ urbain, 1979.

SAYAD Abdelmalek, *L'Immigration ou les paradoxes de l'altérité*, Bruxelles, De Boeck Université, 1991.

THOMAS William I., ZNANIECKI Florian, *The Polish Peasant in Europe and America*, Chicago UP, 5 vol., 1918-1920.

TRIBALAT Michèle, *Cent Ans d'immigration, étrangers d'hier Français d'aujourd'hui*, « Travaux et documents », INED, cahier n° 131, PUF/INED, 1991.

TRIPIER Maryse, *L'Immigration dans la classe ouvrière en France*, L'Harmattan, 1988.

WHYTE William F., *Street Corner Society* (1943), La Découverte, 1995.

WIRTH Louis, *Le Ghetto*, Université de Chicago (1928), PU de Grenoble, 1980.

IMPACT

voir : ÉCOLOGIE, INFLUENCE

Effet d'une action particulière sur l'environnement social.

Le terme *impact* désigne les effets, les conséquences d'une action, d'une décision, d'un message, d'une réforme institutionnelle, sur les individus et sur le milieu social. Utilisé avec précaution en sociologie du fait de la complexité des retentissements, directs et indirects, immédiats et lointains, d'une action, il est retenu dans les études socioéconomiques et économico-politiques pour étudier les conséquences de modifications économiques, technologiques, organisationnelles (« études d'impact »).

Pierre ANSART

IMPLICATION

voir : IDENTIFICATION, IDENTITÉ, IDÉOLOGIE, INTÉGRATION

Engagement, d'intensité variable, des individus dans une pratique.

Désignant les degrés d'engagements affectif et pratique des sujets dans les pratiques collectives, le terme d'*implication*, issu de la psychologie et de la psychologie sociale, est retenu dans les études portant sur les processus et les techniques de renforcement ou d'affaiblissement des investissements. Les groupes primaires, familles, clans ou ethnies, sont des lieux traditionnels des implications, mais les partis politiques, les sectes, les organisations peuvent être, provisoirement ou durablement, des lieux d'implication forte, éventuellement en rapport avec des enjeux de pouvoir (GAULEJAC, 1991).

Pierre ANSART

bibliographie

AUBERT Nicole, GAULEJAC Vincent de, *Le Coût de l'excellence*, Seuil, 1991.

DUBAR Claude (éd.), *L'Autre Jeunesse. Des jeunes sans diplôme dans un dispositif de socialisation*, PU de Lille, 1987.

IMPUR ⇒ PUR ET IMPUR

IMPUTATION CAUSALE

du latin *imputatio* « compte, mémoire »

voir : CAUSE, TYPE-IDÉAL

Le terme, qui signifie « le fait d'attribuer quelque chose à quelqu'un », est utilisé dans le vocabulaire juridique pour l'établissement d'un lien entre un individu et un acte ou une situation.

En sociologie, le terme *imputation* n'est employé qu'à propos de l'établissement de la causalité. On parlera alors d'imputation causale. L'accent mis sur l'imputation, c'est-à-dire sur la désignation de la cause, renvoie chez WEBER à une conception selon laquelle la diversité infinie du réel et sa complexité inépuisable rendent illusoire la saisie des causes d'un phénomène. Pour y parvenir, il faudrait se livrer à une régression causale infinie. Il n' y a donc d'autre possibilité que d'opérer une sélection et de choisir d'imputer une ou plusieurs causes à un événement. En ce sens, l'imputation causale manifeste les limites du procès de connaissance.

Monique HIRSCHHORN

bibliographie

WEBER Max, *Essais sur la théorie de la science* (1922), Plon, 1965.

INCERTITUDE

voir : HASARD

Situation où les conditions sont incertaines, les issues partiellement ou totalement imprévisibles.

Les situations d'*incertitude* et les attitudes face à ces situations revêtent une importance significative dans les théories de l'action. Loin d'être le seul effet de l'ignorance, l'incertitude est inévitable dans une situation concrète où l'acteur doit faire ses choix sans connaître la totalité des conditions qui l'environnent et sans pouvoir prévoir les réactions futures des agents concernés par ses initiatives. De plus, dans les stratégies de l'acteur, le maintien d'une marge d'incertitude peut être un moyen d'assurer ses marges de liberté en entretenant autrui dans l'irrésolution et le doute quant à ses décisions. Le fait de l'incertitude donne lieu à de multiples pratiques interindividuelles et institutionnelles visant à réduire les incertitudes et leurs coûts.

Pierre ANSART

INCESTE

emprunt savant (fin XIIIe s.) au latin classique *incestum* « sacrilège », de *incestus* « impur » formé de *in* et de *castus* « vertueux, chaste »

all. INZEST	esp. INCESTO
angl. INCEST	ital. INCESTO

voir : INTERDIT, FAMILLE, MŒURS, PARENTÉ

L'inceste est une relation sexuelle interdite par une société en raison d'un lien parental étroit entre deux individus de sexe différent.

LE TABOU DE L'INCESTE : DIVERSITÉ ET UNIVERSALITÉ. Entre parents directs et enfants comme entre frères et sœurs, les relations sexuelles sont interdites (encore que, dans des clans royaux, Ptolémée en Égypte, chez les Incas, à Hawaï, comme chez les Azandés, il y ait eu dérogation au statut commun) ; mais le champ de la prohibition varie énormément, couvrant parfois des parents par alliance, des cousins très éloignés, des personnes liées par une parenté spirituelle. HÉRITIER (1994) propose une explication globalisante : on ne peut faire entrer en contact intime deux substances identiques sous peine d'effets maléfiques. Ainsi, dans certaines sociétés, sont interdits les rapports sexuels successifs d'un homme avec deux sœurs, ou d'un homme avec la mère et la fille, ce qui établirait une sorte de court-circuit.

ORIGINES DU TABOU DE L'INCESTE. Aux arguments de MORGAN et de MAINE justifiant la prohibition de l'inceste par les effets néfastes de la consanguinité, on objecte que cette clairvoyance eugénique ne date que du XVIe siècle européen et que la reproduction endogamique produit aussi des surdoués. À WESTERMARCK qui invoque le manque d'attrait et la répulsion qui résulteraient de l'accoutumance de personnes vivant ensemble, FREUD répond en plaçant l'Œdipe au cœur même de notre libido. Et LÉVI-STRAUSS note que s'il n'y avait pas attrait, les sociétés n'énonceraient pas un interdit aussi rigoureux. Déjà chez certains primates apparaît ce passage de la nature chaotique à la culture régulée. La fermeture de la famille biologique sur elle-même développerait la haine. La prohibition de l'inceste en tant que règle sévère et universelle dans l'humanité permet l'échange, la coopération et l'extension du champ des relations sociales. Elle relève d'un système symbolique de désignation des partenaires interdits, fort différent selon les sociétés.

Claude RIVIÈRE

bibliographie

HÉRITIER Françoise, *Les Deux Sœurs et leur mère*, Odile Jacob, 1994.

LÉVI-STRAUSS Claude, *Les Structures élémentaires de la parenté*, Mouton, 1949.

INCONSCIENT

du latin *conscientia*, dérivé de *cum* « avec » et *scire* « savoir, connaissance en commun, conscience »

all. UNBEWUSSTE	esp. INCONSCIENTE
angl. UNCONSCIOUS	ital. INCOSCIENTE

voir : AFFECT, HABITUS, INFORMEL, PSYCHANALYSE

Ensemble des processus agissant sur les comportements bien qu'ils échappent à la conscience.

LES THÉORIES DES PROCESSUS INCONSCIENTS. Le projet d'analyser et de rendre conscients des processus qui orientent les conduites sans être conscients a été formulé dès avant que FREUD ne propose la théorie de l'*inconscient*. Dans *Le Capital* (1867), MARX se proposait de faire connaître la logique des structures du mode de production capitaliste qui, selon son analyse, échappent à la conscience des protagonistes. Les ouvriers, qui vendent à son prix leur force de travail, sont inconscients des mécanismes de l'exploitation et croient que leur salaire rétribue leur travail. Les employeurs, qui sont engagés dans l'intensité de la concurrence, sont inconscients du fait qu'ils préparent leur propre disparition en renforçant les contradictions du système. Ce serait l'objet d'une critique de l'économie politique que de faire accéder à la connaissance ces processus qui échappent à la conscience.

INCONSCIENT, SOCIALISATION ET HABITUS. De nombreuses recherches sociologiques font l'hypothèse, sous des formes différentes, de processus inducteurs d'attitudes et de comportements échappant à la conscience des individus : on suppose, dans le cheminement de la socialisation, que les intériorisations et apprentissages s'opèrent, pour l'essentiel, en dehors du contrôle réfléchi ; on suppose aussi que l'éducateur établit avec l'enfant des rapports informels dont une large part lui échappe. BOURDIEU attribue au système scolaire la fonction d'inculquer les schèmes inconscients de la culture : l'école aurait pour fonction de « *produire des individus dotés de ce système de schèmes inconscients (ou profondément enfouis) qui constitue leur culture, ou mieux leur habitus, bref de transformer leur héritage collectif en inconscient individuel et commun* » (1970, p. 148). Ces modèles d'interprétation, qui définissent l'inconscient par le non conscient, ne conduisent pas nécessairement à la théorie psychologisante, sinon psychologiste, de « l'inconscient collectif (Jung et la théorie des archétypes, par exemple) ⇒ LOGIQUE SOCIALE.

CRITIQUE COGNITIVISTE DE LA NOTION D'INCONSCIENT. Ces théories, sous leurs diverses formes, font l'objet d'une critique de principe de la part du cognitivisme. Dans la mesure, en effet, où l'attention se porte sur les processus de la connaissance, sur les choix rationnels reconnus comme seuls significatifs, l'examen des processus inconscients se trouve écarté et invalidé.

Pierre ANSART

bibliographie

FREUD Sigmund, *Malaise dans la civilisation* (1930), PUF, 1971.

PANOFSKY Erving, *Architecture gothique et pensée scolastique*, postface de Pierre Bourdieu, Éd. de Minuit, 1967.

INCULCATION

voir : HABITUS, INCONSCIENT, INTÉRIORISATION, SOCIALISATION

Le terme *inculcation*, rare dans le langage courant au sens de « action d'inculquer », de « action de faire entrer quelque chose dans l'esprit de quelqu'un de façon durable » est employé en sociologie pour désigner aussi bien cette action que le processus même de constitution des habitus* ou des attitudes sociales acquises ; par suite il est parfois employé au pluriel *(les inculcations)* pour désigner les effets ou le résultat de ce processus qui intervient dans la socialisation des individus.

INDÉPENDANCE

du latin *dependere* « être suspendu à ; être sous l'influence » ; avec le préfixe *in* forme l'antonyme « qui ne dépend pas »

all. UNABHÄNGIGKEIT angl. INDEPENDANCE	esp. INDEPENDENCIA ital. INDIPENDENZA

voir : (SENS 1) AUTONOMIE, LIBERTÉ, NATION, RÉVOLUTION ; (SENS 2) KHI-DEUX

1. Situation d'une collectivité qui n'est soumise à l'autorité d'aucune autre.

2. En statistique, on parle d'indépendance entre deux variables lorsqu'elles ne sont pas associées statistiquement.

1 L'*indépendance* complète caractérise un groupe social autosuffisant, qui n'est rattaché par aucun lien, aucun rapport d'échange ou d'autorité à un autre groupe ; tel serait le cas d'une communauté sans écriture de petite dimension (CLASTRES, 1974). La recherche sociologique conduit à privilégier l'étude des interdépendances, à examiner comment une institution, une entreprise, peuvent défendre leur indépendance relative au milieu des relations économiques, sociales ou politiques. Les revendications d'indépendance constituent des dynamiques aux multiples formes, depuis les efforts d'un sous-groupe pour s'organiser indépendamment d'une majorité, jusqu'aux revendications à l'indépendance nationale. Elles peuvent se situer aux différents niveaux des pratiques : économiques, institutionnelles, culturelles (affirmations identitaires). Ces revendications d'indépendance représentent un élément essentiel des dynamiques sociales.

2 **STATISTIQUE.** Une variable est dite *indépendante* lorsque sa probabilité n'est pas affectée par la réalisation ou la non-réalisation d'une autre variable.

Pierre ANSART

Dans le cas de variables quantitatives, l'absence de corrélation est une condition nécessaire mais non suffisante d'*indépendance*. On détermine l'indépendance entre deux variables qualitatives grâce à un test d'indépendance (dit test du Khi*-deux), réalisé à partir de leur tri croisé.

Félicité des NÉTUMIÈRES

bibliographie

CLASTRES Pierre, *La Société contre l'État. Recherches d'anthropologie politique*, Éd. de Minuit, 1974.

FOUGEYROLLAS Pierre, *La Nation. Essor et déclin des sociétés modernes*, Fayard, 1987.

INDÉTERMINATION ⇒ CONTINGENCE

INDICE

emprunt au latin *indicium* « révélation, signe », dérivé de *index* « celui qui montre »

all. INDEXZAHL, INDEX angl. INDEX	esp. INDICE ital. INDICE

voir : MÉTHODE, MÉTHODOLOGIE

1. Quantité mesurant de façon synthétique l'évolution d'une grandeur (ou d'un ensemble de grandeurs) dans le temps, ou sa variation dans l'espace à un instant donné.
2. Quantité visant à fournir une mesure synthétique d'un phénomène complexe comme l'inégalité entre des individus, la concentration des ressources, la pauvreté, etc.*

1 **INDICE ÉLÉMENTAIRE.** Quand il s'agit de mesurer l'évolution d'une grandeur simple, s'exprimant par conséquent par un nombre unique, l'*indice* est le rapport entre la valeur prise par cette grandeur et une autre valeur qui est, soit celle prise lors d'une époque antérieure (dite « époque de base de l'indice »), soit celle prise en un autre lieu géographique choisi comme référence. On parle alors d'*indice élémentaire*.

L'ICS (INDICE COMPARATIF DE MORTALITÉ PAR SUICIDE). On peut par exemple construire un indice comparatif de mortalité par suicide (ICS). Celui-ci consiste à comparer la mortalité par suicide dans une population donnée à la mortalité par suicide dans une population de référence. Ainsi, il est possible de calculer un ICS en calculant le rapport entre le taux de suicide départemental de la population composée par les personnes âgées de 16 à 65 ans vivant dans le département x à une certaine date, noté $\varpi_{\text{dép } x}$ et le taux moyen de suicide dans la population des personnes âgées de 16 à 65 ans en France à cette même date (population de référence), noté ϖ.

On a ainsi, si S représente le nombre d'individus âgés de 16 à 65 ans qui se sont suicidés au cours de l'année *t* et P la population des individus âgés de 16 à 65 ans à la date *t* :

$$ICS = \frac{\frac{S_{\text{dép } x}}{P_{\text{dép } x}}}{\frac{S}{P}} \times 100 = \frac{\varpi_{\text{dép } x}}{\varpi}$$

. Si l'ICS du département est inférieur à 100, alors le taux de mortalité par suicide du département est inférieur à celui observé en France.
. Si l'ICS du département est égal à 100, alors le taux de mortalité par suicide du département est comparable à celui observé en France.
. Si l'ICS du département est supérieur à 100, alors le taux de mortalité par suicide du département est supérieur à celui observé en France.

INDICES SYNTHÉTIQUES. Mais, la plupart du temps, on cherche à synthétiser la variation d'un ensemble de grandeurs et non d'une grandeur simple. Par exemple, on souhaite mesurer l'évolution de la pauvreté d'un pays. On retient alors comme indice une moyenne* pondérée des indices élémentaires mesurant l'évolution des différentes grandeurs simples que l'on utilise comme indicateurs* approchant la notion de pauvreté (le revenu, le fait d'avoir une automobile, celui d'avoir un poste de télévision...) et qui composeront la grandeur complexe que devient l'indice d'évolution de la pauvreté. Ces indices dits *synthétiques* ont été établis à l'origine pour mesurer l'évolution des prix. Citons à ce sujet et pour mémoire les indices de Laspeyres, de Paasche et de Fisher.

2 PRINCIPAUX INDICES D'INÉGALITÉ.
[Voir figure 1.]

Félicité des NÉTUMIÈRES

1. Indice de Gini : $G = \frac{1}{2n^2\bar{x}} \sum_{i=1}^{n} \sum_{j=1}^{n} |x_i - x_j|$

2. Variance des logarithmes : $I = \frac{1}{n} \sum_{i=1}^{n} [\log x_i - \overline{\log x}]^2$

3. Indice de Theil : $T = \frac{1}{n} \sum_{i=1}^{n} \frac{x_i}{\bar{x}} \log\left[\frac{x_i}{\bar{x}}\right]$

x_i : revenu (ou salaire...) de l'individu *i*

$\bar{x}$ (et $\overline{\log x}$) : moyenne des revenus (et du logarithme des revenus) de la population (ou de l'échantillon)

n : taille de la population (ou de l'échantillon)

Ces trois indices d'inégalité se différencient principalement par le poids plus ou moins important qu'ils accordent à l'inégalité parmi les « riches » ou parmi les « pauvres ». Dans l'indice de Gini ce n'est pas tant l'écart entre le plus riche et le plus pauvre qui compte, mais bien plus le fait qu'il y ait un fort éclatement des revenus. Il est particulièrement sensible aux variations intervenant au centre de la distribution. La variance des logarithmes est davantage sensible à l'inégalité parmi les plus « pauvres » (le bas de la distribution) et l'indice de Theil à l'inégalité parmi les plus « riches » (le haut de la distribution).

[figure 1.]

INDIVIDU

du latin *individuus* « qu'on ne peut couper ; indivisible »

all. INDIVIDUUM, EINZELNE	esp. INDIVIDUO
angl. INDIVIDUAL	ital. INDIVIDUO

voir : ATOME SOCIAL, IDENTITÉ, PERSONNALITÉ DE BASE

1. Comme l'entend son étymologie, l'individu est ce qui n'est pas divisé ni divisible, sans perdre sa nature, son essence.
Dans les sciences de l'homme, l'individu est l'être humain considéré comme distinct des autres, le sujet concret. La question qui traverse la sociologie est évidemment celle de la relation individu / société.
2. Élément d'une population ou d'un échantillon, dont il constitue l'unité de base indivisible.

1 INDIVIDU ET SOCIÉTÉ. Dès lors qu'on s'interroge sur les rapports qui peuvent lier *individu* et *société*, on est amené à voir dans l'individu et dans la société deux réalités en soi et séparées dont on doit penser l'union. Or une telle séparation est impraticable, aussi bien au niveau du fait qu'au niveau du concept. Au niveau du fait, il n'est pas d'individu humain dont l'individualité ne renverrait pas à la culture dans laquelle il s'inscrit, et inversement on voit mal ce que seraient les institutions sociales en dehors des individus qui les actualisent, qui les effectuent. Il en est de même au niveau du concept, puisqu'un tel réalisme mènerait la réflexion à des impasses, celle du sociologisme ou du psychologisme : soit qu'on parte de la société et qu'on échoue à retrouver l'individu, sinon sous la forme d'un fantôme-reflet ; soit qu'on parte de l'individu et qu'on voie s'évanouir la réalité sociale, réduite à n'être que le milieu des comportements de l'individu. La difficulté du problème — son impossibilité peut-être — tient à ce qu'il s'agit de comprendre deux symbolismes (non pas deux réalités) qui sont à la fois inséparables et irréductibles l'une à l'autre.

On peut résumer la question des rapports entre l'individu et la société de la façon suivante : « Comment un homme est-il à la fois différent de tous les autres hommes, semblable à certains hommes et semblable à tous les hommes ? » La complexité du problème tient à la façon dont se nouent les déterminations *biologiques* et les déterminations *culturelles* dans la singularité d'une *existence*.

André AKOUN

2 STATISTIQUE. À chaque invoirdividu sont affectées les modalités des différentes variables de l'enquête qui correspondent à sa situation, telle qu'elle a été définie par les questions et le codage de l'enquête. Il n'a pas d'intérêt en lui-même et n'existe qu'en tant qu'il se retrouve être le support d'informations le concernant, par le biais de variables. Il est important de noter qu'il s'agit bien d'un élément de base de l'interrogation par questionnaire, et qu'à ce titre on appelle individu aussi bien la personne unique qui a répondu à l'enquête qu'un couple, voire même une famille tout entière, ou encore une entreprise, une ville, en bref n'importe quelle entité constituant l'unité de base d'un fichier.

Félicité des NÉTUMIÈRES

bibliographie

DUFRENNE Michel, *La Personnalité de base*, PUF, 1953.

ELIAS Norbert, *La Société des individus*, Fayard, 1991.

SAFOUAN Mustapha, *La Parole ou la mort : comment une société humaine est-elle possible ?*, Seuil, 1993.

1. INDIVIDUALISME

de *individu*, du latin *individuus* « non divisible »

all. INDIVIDUALISMUS	esp. INDIVIDUALISMO
angl. INDIVIDUALISM	ital. INDIVIDUALISMO

voir : COMMUNAUTÉ, ÉGOÏSME, HOLISME, HUMANISME

Utilisée par Lamennais en 1829, la notion d'individualisme s'opposait à celle de socialisme et s'inscrivait dans le champ de la politique. Elle était chargée, selon les auteurs qui l'utilisaient, soit d'une connotation négative soit d'une connotation positive. L'individualisme met au premier plan l'individu, ses intérêts, sa liberté, son égoïsme. Les socialismes, au contraire, accordent la priorité à la société dont l'individu ne serait que le produit.

HOLISME ET INDIVIDUALISME. Affirmer qu'il y a eu des individus depuis qu'existent des hommes, relève du truisme. Ce qui importe est la façon dont cet individu est pensé. L'*individualisme* fait passer d'une conception holistique de la société, où l'individu s'appréhende comme naturellement soumis au collectif, à une conception atomistique de la société où il s'appréhende comme axiologiquement premier. Ce changement est plus profond qu'il n'y paraît. Ce n'est pas le même individu qui, de soumis hier, devient roi aujourd'hui.

NAISSANCE DE L'INDIVIDUALISME ET MODERNITÉ.

La Déclaration d'indépendance américaine et la Déclaration des droits de l'homme. L'individualisme ne se réduit pas à la mutation du rapport social et politique. C'est une rupture plus radicale, qu'on peut trouver inscrite dans la Déclaration d'indépendance américaine du 4 juillet 1776 lorsqu'elle proclame : « *Nous tenons pour évidentes par elles-mêmes les vérités suivantes : tous les hommes sont créés égaux ; ils sont doués par le Créateur de certains droits inaliénables ; parmi ces droits se trouvent la liberté, la vie et la recherche du bonheur. Les gouvernements sont établis par les hommes pour garantir ces droits, et leur juste pouvoir émane du consentement des gouvernés.* » À regarder ce texte de près, on voit que l'individualisme y est qualifié de « *vérité(s) évidente(s) par elle(s)-même(s)* ». Il est devenu l'élément dans lequel les hommes désormais vivent. C'est dire que cette inscription, à laquelle fera écho la *Déclaration des droits de l'homme* de 1789, est l'aboutissement d'un long travail qui aura miné l'ordre ancien et produit ce séisme dans lequel on peut reconnaître l'acte de naissance du monde moderne.

ORIGINES. Les origines de l'individualisme ne sont pas historiquement déterminables avec précision. Dans *La Cité antique*, FUSTEL DE COULANGES fait du christianisme le début de la prise de conscience, par les individus, de leur autonomie. On pourrait remonter plus loin et voir dans l'histoire de la philosophie, des origines pré-socratiques jusqu'à la fin du XVIIIe siècle, la lente maturation d'un concept qui allait de pair avec la liberté de la raison. À cet égard, le rôle de Descartes, qui affirme avec force l'autonomie du jugement, est considéré comme historiquement déterminant. Mais ces sources, religieuses et philosophiques, ne sont sans doute pas les seules.

LA « SOCIÉTÉ DE L'INDIVIDUALISME ». Avec l'individualisme, une nouvelle logique réinscrit un thème peut-être ancien — l'individu —, mais dans une nouvelle configuration : l'homme se réapproprie le monde, se désigne lui-même comme source unique du sens et fondement des pouvoirs auxquels il se soumet. En ceci, il retrouve les valeurs fondamentales de l'humanisme, et l'histoire de celui-ci, plus ancienne, peut être considérée comme l'élément porteur de son avènement. L'individualisme transfère sur l'individu toutes les valeurs que l'humanisme fait porter par l'homme en tant que tel. Dans le même mouvement, il découvre en lui cette finitude qui lui rappelle qu'il n'est ni un dieu ni son propre maître, même s'il n'a pas de maître. C'est le temps du désabusement, ombre portée de l'orgueil prométhéen, l'autre versant de l'individualisme, qui deviendra chez WEBER le « désenchantement du monde ». On comprend dès lors que la société de l'individualisme porte en elle la fascination d'un substitut de ses manques et qu'elle soit ouverte à toutes les formations réactionnelles collectives : sectes, mysticismes infantilisants, ou encore grandes idéologies, religions séculières, « malaise de la civilisation ».

Tocqueville : l'individualisme comme caractéristique des sociétés modernes. On ne peut donc voir dans l'individualisme une simple doctrine morale et politique qu'on rapprocherait du libéralisme en économie. En ce sens, il faut souligner l'importance de la conception de TOCQUEVILLE, qui fait de la démocratie non pas seulement un type d'exercice et de légitimation du pouvoir mais une forme de société qui se retrouve en quelque lieu de la société qu'on analyse. Le sociologue est ainsi mieux inspiré que le politicologue. Il a une approche plus globale et fait de l'individualisme la caractéristique propre aux sociétés modernes, dans lesquelles de nouvelles formes de liens sociaux s'imposent, l'individu se pensant comme une réalité autonome, qui « décide », qui « choisit », qui est « libre » de ses opinions et croyances.

Durkheim. On peut retrouver le même type d'approche dans les analyses de DURKHEIM sur les formes de solidarité et d'anomie. Celles-ci montrent que la *division sociale du travail*, qui implique une *solidarité organique*, fait de chaque individu le complément de tous les autres et en même temps le différent de chaque autre. C'est le paradoxe d'une société qui rend objectivement chacun dépendant d'autrui, du fait du caractère parcellaire de sa tâche, et, en même temps, lui fait prendre conscience de sa « différence » par rapport à tout autre, du fait même de l'existence d'une infinité de rôles sociaux. Avec l'individualisme, l'image de la « personne humaine » remplace celle de la société. Mais que cette image de « la personne humaine » se dégrade en image narcissique où le moi se pense comme un absolu, et l'individualisme devient démaillage du tissu social et effacement de l'idéal civique.

Riesman. D'autres sociologues, après Durkheim et à partir d'autres préoccupations, ont également analysé la constitution et la montée de l'individualisme comme forme nouvelle du lien social et se sont attachés aux formes de son déclin. Ainsi en est-il de RIESMAN : il oppose le type de personnalité *inner-directed* (introdéterminé), caractérisé par l'intériorisation des idéaux, par la responsabilité morale (chacun est comme doté d'un « gyroscope intérieur » qui lui permet de maintenir seul le cap : c'est le type de l'individualisme), et le type postmoderne du *other-directed* (extradéterminé) : citoyen d'un monde où dominent les *mass media*, ce dernier cesse d'être soumis à un rigorisme intérieur, mais se soucie de son image, de ses relations, de son accord affectif avec ses diverses « familles ». Il n'est pas difficile de voir l'analogie avec les travaux de MCLUHAN, voire avec des recherches plus contemporaines sur la postmodernité et les nouvelles sociabilités qu'elle engendre.

Le « je » citoyen et le « moi » privé. À noter que l'individualisme, s'il implique une autonomie de l'individu contre tout holisme idéologique, pose en même temps la multiplicité dans l'individu, puisqu'il définit le « public » et le « privé », le *je* citoyen et le *moi* particulier. Non qu'il s'agisse là d'un clivage duel, mais d'un jeu de relations où s'articulent et s'ordonnent le particulier et l'universel.

André AKOUN

bibliographie

DUMONT Louis, *Essais sur l'individualisme*, Seuil, 1983.

DURKHEIM Émile, *De la division du travail social* (1893), PUF, 1986.

GAUCHET Marcel, *Le Désenchantement du monde*, Gallimard, 1985.

SENNETT Richard, *Les Tyrannies de l'intimité*, Seuil, 1979.

TOCQUEVILLE Alexis de, *De la démocratie en Amérique* (1835-1840), Gallimard, 1968.

VERNANT Jean-Pierre, *L'Individu, la mort, l'amour*, Gallimard, 1989.

WEBER Max, *L'Éthique protestante et l'esprit du capitalisme* (1920), Plon, 1964.

*
* *

2. INDIVIDUALISME MÉTHODOLOGIQUE

du latin *individuus* « indivisible », qui traduit le grec *atomos* « qu'on ne peut couper »

all. METHODISCHER INDIVIDUALISMUS	esp. EL INDIVIDUALISMO METODOLÓGICO
angl. METHODOLOGICAL INDIVIDUALISM	ital. INDIVIDUALISMO METODOLOGICO

voir : AGRÉGATION, COMPRÉHENSION, EXPLICATION, HOLISME, MÉTHODOLOGIE, RATIONALITÉ

Paradigme selon lequel expliquer un phénomène social quelconque, c'est en faire la résultante d'un ensemble de comportements individuels qu'il convient de comprendre.

1 LE PARADIGME DE L'INDIVIDUALISME MÉTHODOLOGIQUE. L'expression *individualisme méthodologique (IM)* désigne un paradigme, c'est-à-dire une conception d'ensemble des sciences sociales. Le principe de base en est que tout phénomène social résulte de la combinaison d'actions, de croyances ou d'attitudes individuelles. Il s'ensuit qu'un moment essentiel de toute analyse sociologique consiste à « comprendre » le pourquoi des actions, croyances ou attitudes individuelles responsables du phénomène qu'on cherche à expliquer. Enfin, selon l'individualisme méthodologique, la cause des actions, croyances et attitudes de l'acteur individuel réside dans le sens qu'elles ont pour lui : il adhère à une croyance, ou entreprend une action parce qu'elle fait sens pour lui.

2 HISTORIQUE. Si le paradigme de l'individualisme méthodologique est courant dans les analyses sociologiques les plus anciennes, il est identifié à partir de la fin du XIXe siècle. Pour désigner ce que nous appelons aujourd'hui individualisme méthodologique, l'économiste autrichien MENGER emploie l'expression d'« atomisme », bien malencontreuse, car elle semble ignorer que les individus sont insérés dans un contexte d'institutions, de règles, de traditions, de ressources, etc. L'expression d'« individualisme méthodologique » proposée par SCHUMPETER ne comporte pas ces connotations. À la suite de Menger, les économistes associent généralement au principe de l'individualisme méthodologique le principe selon lequel les actions individuelles obéiraient à des motivations utilitaristes. Mais une telle conjugaison n'a rien de nécessaire. L'individualisme méthodologique n'implique en aucune façon une représentation utilitariste du comportement, des attitudes ou des croyances. Ce point a été vu avec une parfaite clarté, notamment par WEBER.

3 TOCQUEVILLE. Le paradigme de l'individualisme méthodologique a été utilisé dans les sciences sociales depuis longtemps. Ainsi, TOCQUEVILLE l'utilise couramment. Dans *L'Ancien Régime*, il se demande par exemple pourquoi, à la veille de la Révolution, les intellectuels français croient aussi fermement à l'idée de la Raison avec un grand R, et pourquoi cette notion s'est répandue à la vitesse de l'éclair dans le public. Ce phénomène est énigmatique : on ne l'observe à la même époque ni en Angleterre ni aux États-Unis.

L'explication de Tocqueville fournit un excellent exemple d'application de l'individualisme méthodologique. Elle consiste à montrer que les Français de la fin du XVIIIe siècle ont de fortes raisons de croire à la Raison. À cette époque, les institutions françaises traditionnelles apparaissent à beaucoup comme illégitimes. Ainsi, elles veulent que la noblesse soit supérieure au tiers état. Or les nobles ne participent ni aux affaires politiques locales ni à la vie économique, et ils consument leur temps à Versailles. Ceux d'entre eux qui restent à la campagne sont d'autant plus accrochés à leurs privilèges qu'ils sont plus démunis : c'est pourquoi on les désigne par le nom d'un oiseau de proie, le *hobereau*. Une équation s'établit alors dans l'esprit de beaucoup d'individus, à savoir que

Tradition = Dysfonctions = Illégitimité,

et, par opposition,

Raison = Progrès = Justice.

C'est parce que cet argumentaire est latent dans la tête des individus que l'appel des « philosophes » à la Raison a rencontré un succès immédiat.

Les Anglais ont en revanche de bonnes raisons de ne pas croire à ces idées. En Angleterre, les nobles jouent un rôle important d'animation sociale, politique et économique au niveau local. La supériorité que leur accordent les mœurs et les institutions est donc perçue comme fonctionnelle et par suite comme légitime.

4 MAX WEBER. Weber utilise littéralement l'expression « individualisme méthodologique » : « *La sociologie elle aussi* [comme l'économie] *doit être conduite de façon strictement individualiste d'un point de vue méthodologique* » (lettre à Robert Liefmann du 9 mars 1920, citée par MOMMSEN, 1965). Il définit la « sociologie compréhensive » comme fondée sur l'individualisme méthodologique : « *La sociologie compréhensive (telle que nous la concevons) considère l'individu isolé et son activité comme l'unité de base, je dirai son "atome"* [...] *; sa tâche consiste à* [...] *réduire* [des concepts comme « État », « compagnonnage », « féodalisme », etc.] *à une activité " compréhensible ", ce qui veut dire, sans exception aucune, à l'activité des individus isolés qui y participent* » (Weber, 1965, pp. 344 à 345).

« Sens » et « Cause ». Weber fait un usage systématique de ce paradigme. Ainsi, toute sa sociologie de la religion est fondée sur le principe de méthode que les *causes* des croyances religieuses des sujets sociaux résident bien dans le sens qu'ils leur prêtent et, plus précisément, dans les raisons qu'ils ont de les endosser.

Bureaucratie et vision désincarnée de la transcendance. Pourquoi, dans la Rome antique ou dans la Prusse moderne, les fonctionnaires, les militaires et les politiques sont-ils attirés par les cultes qui, comme le mithraïsme ou la franc-maçonnerie, proposent une vision désincarnée de la transcendance, qui la voient comme soumise à des règles qui la dépassent et conçoivent la communauté des fidèles comme hiérarchisée sous l'effet de rituels initiatiques ? Parce que les articles de foi de ces religions sont congruents avec la philosophie sociale et politique de ces catégories sociales. Leurs membres croient qu'un système social ne peut fonctionner que sous le contrôle d'une autorité centrale légitime ; que ladite autorité doit être mue par des règles impersonnelles ; ils adhèrent à une vision fonctionnelle et hiérarchisée de la société ; ils pensent que cette hiérarchisation doit, comme c'est effectivement le cas dans l'État romain ou prussien, être fondée sur des compétences déterminées à l'aide de procédures formalisées. Les principes d'organisation politique de l'État « bureaucratique » leur semblent au total traduire une philosophie politique juste ; quant aux rituels initiatiques du mithraïsme ou de la franc-maçonnerie, ils les perçoivent comme exprimant les mêmes principes sur un mode métaphysico-religieux.

Paysans et magie. Autre exemple : les paysans adhèrent facilement à la magie, nous dit Weber, parce que les incertitudes caractéristiques des phénomènes naturels leur suggèrent que ces derniers sont gouvernés par des volontés capricieuses ; ils ont beaucoup de mal à admettre que l'ordre des choses puisse être soumis à une volonté unique, celle-ci impliquant un minimum de cohérence et de prévisibilité ; ils sont attirés par le polythéisme ou l'animisme plutôt que vers le monothéisme parce que ces « théories » leur paraissent davantage congruentes avec le caractère aléatoire des phénomènes naturels tels qu'ils les perçoivent.

Typologie des actions selon leurs motivations. L'action individuelle n'est pas toujours l'effet de raisons. Elle peut aussi résulter de l'attachement du sujet à des traditions ou encore de motivations affectives. Mais, dans la célèbre classification de *Économie et société*, Weber range les catégories de l'action « traditionnelle » et de l'action « affective » après les deux autres catégories, celle de l'action « instrumentalement » rationnelle et celle de l'action « axiologiquement » rationnelle parce qu'elles lui paraissent d'une importance moins grande pour le sociologue. Et, dans les analyses concrètes, il s'efforce toujours d'imputer actions et croyances à des raisons.

5 OBJECTIONS ET DISCUSSION. L'individualisme méthodologique a été la cible d'objections provenant tantôt de malentendus, tantôt de ce qu'il contredit des traditions de pensée influentes.

La tradition positiviste. Ainsi, il est généralement considéré comme inacceptable par ceux qui, consciemment ou non, endossent les principes du positivisme. Dans la tradition positiviste issue de DURKHEIM, la sociologie doit respecter la spécificité du social. Elle doit expliquer le social par le social. Un positiviste ne peut donc accepter l'idée que les causes des phénomènes sociaux résident dans la subjectivité de l'individu. En outre, selon les positivistes, la sociologie doit s'appuyer, comme toute science, sur des données observables. Or des « faits psychiques » — comme les « raisons » qui inspirent l'acteur social — sont inobservables.

Le structuralisme. Le principe positiviste selon lequel les états de conscience du sujet social ne sauraient intéresser l'analyse scientifique est adopté par le structuralisme, car les sujets sont pour ce mouvement de pensée de simples « supports de structure ».

Les mouvances freudiennes et marxiennes. Les traditions freudienne et marxienne ignorent les états de conscience du sujet pour une autre raison : parce que la conscience du sujet serait « fausse ».

Observabilité et scientificité. Cependant, que les raisons des acteurs ne soient pas directement observables n'implique pas qu'on doive les exclure de l'analyse scientifique. L'expérience nous enseigne au contraire que nous pouvons reconstruire avec certitude les raisons inspirant bien des actes ou croyances. De même, nous ne pouvons observer directement l'état magnétique d'un objet physique, mais nous pouvons l'induire à partir de ses « réactions » dans certaines situations.

Le « sociocentrisme » de l'individualisme méthodologique. Autre objection courante : la méthodologie proposée par l'individualisme méthodologique ignorerait que l'individualisme est propre aux sociétés modernes : c'est seulement dans ces sociétés que l'individu serait doté d'une autonomie suffisante pour être considéré à bon droit comme l'atome de l'analyse sociologique. Il est certain, il est vrai, que la valeur attribuée à l'individu varie avec les sociétés. Mais cela n'entraîne pas que ses actions et croyances s'expliquent différemment selon que le degré d'« individualisme » (au sens moral du terme) manifesté par les sociétés est plus ou moins élevé. L'horizon de l'individu est certes plus restreint dans une société « archaïque » que dans une société « moderne ». Il n'en résulte pas que le comportement du sujet obéisse à des principes différents dans les deux cas.

Cette objection relève de ce que PIAGET appelle le sociocentrisme : les sujets des sociétés « archaïques » nous paraissent appartenir à des mondes si éloignés du nôtre que nous en tirons facilement l'impression qu'ils *sont* différents de nous.

6 INTÉRÊT ÉPISTÉMOLOGIQUE DU PARADIGME INDIVIDUALISTE. Maints exemples indiquent que le paradigme de l'individualisme méthodologique conduit à des explications plus satisfaisantes que les paradigmes d'inspiration « holiste » (ceux qui nient la validité de l'individualisme méthodologique), même dans le cas des sociétés archaïques. Ainsi, on s'est demandé pourquoi, dans les sociétés villageoises traditionnelles d'Asie ou d'Afrique, les décisions collectives sont souvent prises à l'unanimité. L'explication courante de ce fait est de caractère « holiste » : les sujets de ces sociétés se ressentent, non comme des individus autonomes, mais comme les parties d'un tout, la communauté. Cette explication « holiste » peut être avantageusement remplacée par une théorie « individualiste » : ces sociétés villageoises vivent sous un régime précaire d'économie de subsistance. Dans une société de ce type, les plus démunis seraient menacés dans leur vie même par une décision collective imprudente, comme la suppression du droit de glanage. La règle de l'unanimité minimise le risque qu'une telle décision ne soit prise. Il suffit de remarquer que le droit de veto et la décision à l'unanimité sont les deux faces d'une même médaille pour mesurer l'arbitraire qu'il y a à expliquer ce type de règle constitutionnelle par l'hypothèse d'une dissolution de l'individu dans le groupe. Cette règle, qui donne à chacun le droit de s'opposer à tous les autres, maximise au contraire le pouvoir de l'individu au sein du groupe. De plus, la théorie « holiste » ne peut expliquer le fait que, dans ces sociétés, les décisions collectives soient prises à la suite de « palabres » souvent longues, alors que la théorie « individualiste » l'explique au contraire fort bien.

Réalisme de l'individualisme méthodologique. L'efficacité scientifique de l'individualisme méthodologique provient de ce qu'il respecte son objet mieux que les paradigmes holistes : l'acteur se meut dans un champ social, nous dit-il ; il est confronté à des « structures » qu'il doit accepter. Mais il dispose aussi d'une autonomie. Les sociologies holistes ont beaucoup de mal à expliquer les conflits sociaux, car les plus cruciaux proviennent de ce que l'individu rejette le réel au nom de l'idéal. Si l'*homo sociologicus* était un simple produit des inculcations et des contraintes que lui imposent les structures sociales, d'où tiendrait-il cette possibilité de refus ? D'où viendraient les valeurs, puisque tout jugement de valeur suppose, en lui-même, une capacité d'acceptation et de refus ?

Raymond BOUDON

bibliographie

BIRNBAUM Pierre, LECA Jean (sous la dir. de), *Sur l'Individualisme*, Presses de la FNSP, 1986.

BOUDON Raymond, *La Logique du social*, Seuil, 1983.

HAYEK Friedrich von, *Scientisme et sciences sociales*, (1952), Agora, 1986.

LAURENT Alain, *L'Individualisme méthodologique*, PUF, 1994.

POPKIN Samuel, *The Rational Peasant. The Political Economy of Rural Society in Vietnam*, Berkeley, University of California Press, 1979.

POPPER Karl, *Misère de l'historicisme*, Plon, 1956.

SIMMEL Georg, *Sociologie et épistémologie* (1918), PUF, 1981.

TOCQUEVILLE Alexis de, « L'Ancien Régime et la Révolution », in *Tocqueville. De la démocratie en Amérique. Souvenirs. L'Ancien Régime et la Révolution*, Laffont, 1986.

WEBER Max, *Wirtschaft und Gesellschaft* (1922), trad. partielle *Économie et société*, Plon, 1971.

WEBER Max, *Essais sur la théorie de la science*, Plon, 1965.

3. INDIVIDUALISME RATIONNEL

voir : INDIVIDUALISME MÉTHODOLOGIQUE

Le terme vient des analyses économiques et est couramment appliqué en sociologie.

L'*individualisme rationnel* met l'accent sur l'autonomie des acteurs et sur la rationalité de leurs choix. S'inspirant du modèle de l'homo* œconomicus cette perspective invite à expliquer l'action des individus par leur connaissance de la situation, par leur appréciation des possibles et par les objectifs qu'ils poursuivent. Ce modèle n'exclut pas la prise en considération des données institutionnelles qui délimitent le champ d'action et l'évaluation des ressources dont dispose l'acteur.

Pierre ANSART

bibliographie

ELSTER Jon, éd. *Rational Choice*, Oxford, Blackwell, 1968.

INDUCTION ⇒ DÉDUCTION

INDUSTRIALISATION

emprunt (1356) au latin *industria* « activité secrète », puis « activité » en général

all. INDUSTRIALISIERUNG	esp. INDUSTRIALIZACIÓN
angl. INDUSTRIALIZATION	ital. INDUSTRIALIZZAZIONE

voir : BUREAUCRATIE, DÉVELOPPEMENT, MARXISME, MUTATION

Processus de transformation sociale issu du développement du secteur industriel.

LE SAINT-SIMONISME. La question de l'*industrialisation* et de ses conséquences sociales a été posée dès les origines de la sociologie. SAINT-SIMON, dans ses écrits des années 1820, affirme non seulement l'importance nouvelle de l'industrie, mais surtout que ce développement entraînera nécessairement un changement complet de l'organisation sociale : le déclin des classes non productives, la régression de l'autorité politique, l'émergence de nouvelles formes de régulation sociale.

À partir de 1840, dans la mouvance du saint-simonisme, s'est formulée une conception critique des effets de l'industrialisation sur les rapports sociaux. BURET, dans son enquête sur la misère en Angleterre et en France (1840), développe la thèse selon laquelle la régression de l'artisanat et le développement du machinisme, loin d'améliorer la condition matérielle de la population, auraient eu pour conséquence de concentrer la richesse en un petit nombre de propriétaires et, en outre, de développer la misère par l'abaissement des salaires moyens et la dépossession des artisans.

PROUDHON ET MARX. Cette analyse est reprise par PROUDHON et MARX selon deux versions différentes. Dans *Le Système des contradictions économiques* (1846), Proudhon définit l'industrialisation comme un processus complexe, marqué par une série de contradictions liées au développement de la division du travail, des monopoles, de la propriété des capitaux. Dans *Le Capital* (1867), Marx écarte les contradictions qu'il tient pour secondaires et fait du conflit entre propriétaires et non-propriétaires, entre le capital et le travail, la contradiction fondamentale et explicative. Dans cette perspective, qui fait du capital une « relation sociale », l'industrialisation a pour condition et pour moteur véritable l'appropriation du sur-travail ou, en conséquence, la lutte des classes.

LE DÉBUT DU XXe SIÈCLE. Les sociologues du début du XXe siècle, sans reprendre ces conclusions révolutionnaires, n'ont pas moins souligné les conséquences sociales de l'industrialisation et fait des recherches sur ce sujet un chapitre majeur de la sociologie. Pour DURKHEIM, il faut voir dans l'extension de la division du travail le fait fondamental des sociétés modernes, qui les différencie radicalement des communautés anciennes et induit des maux particuliers, tels que la détérioration des liens sociaux et les risques d'anomie (1893). Pour WEBER, l'industrialisation entraîne nécessairement le phénomène général de la bureaucratisation qui serait caractéristique de toutes les sociétés industrielles.

DE 1950 À 1970 : LE CONTEXTE DE LA GUERRE FROIDE. Ainsi, dans cette tradition sociologique, le phénomène de l'industrialisation est moins considéré dans ses aspects partiels qu'envisagé dans son ensemble et dans ses conséquences sur la totalité des organisations sociales. C'est dans cet esprit que le problème a été repris dans les années 50-60, dans le contexte de la guerre froide. En supposant, en effet, la concordance des effets de l'industrialisation sur les différents systèmes sociopolitiques, on pouvait en conclure à la convergence nécessaire des régimes politiques de l'Est et de l'Ouest sous la pression des mêmes processus (bureaucratisation, régulation de la propriété et des investissements, développement des sciences et des techniques) (ARON, 1956).

Le développement des recherches sociologiques après les années 60 a conduit à la pluralisation des études et à une plus grande reconnaissance des différences entre les modèles d'industrialisation. Ces divergences ont été mises en évidence par les travaux de sociologie du développement ; ceux-ci ont en effet mis en question les conceptions — d'inspiration libérale ou marxiste — qui tendaient à rendre identiques tous les processus d'industrialisation.

LE RENOUVELLEMENT DE LA PROBLÉMATIQUE DANS LA SOCIOLOGIE CONTEMPORAINE. Sans que l'on puisse considérer ce débat comme clos, il a obligé à reconsidérer les problèmes de l'industrialisation dans leur ensemble et à renouveler la problématique des rapports entre les structures sociales et les transformations économiques. La sociologie comparée des organisations industrielles montre la diversité des voies de l'industrialisation : on ne saurait faire de ces processus un facteur exclusif et identique dans les différentes cultures. Tous les phénomènes économiques sont comme « encastrés » dans des structures sociales particulières et en portent la marque (GRANOVETTER, 1995).

Importance du développement des techniques de communication. Ces questions se trouvent renouvelées du fait, en particulier, du développement des techniques de communication. Bien des observateurs ont souligné, à partir des années 1965-1970 (BELL, 1967 ; TOURAINE, 1969), que le développement des sciences, des techniques, l'extension au niveau planétaire des communications de masse, conduisaient à de nouvelles formes sociales où le secteur secondaire, celui de l'industrialisation, n'était plus le phénomène central de l'évolution sociale.

Une ère post-industrielle ? À une période de près de deux siècles durant laquelle l'industrialisation fut le phénomène central des transformations avec leurs caractéristiques particulières (importance de la classe ouvrière, de la propriété privée, valorisation du travail...) succéderait une nouvelle ère, qualifiée de « post-industrielle », dont les acteurs principaux ne seraient plus les producteurs et les détenteurs de capitaux, mais de nouveaux acteurs tels que les scientifiques, les médiateurs, les concepteurs de programmes, les intermédiaires financiers, les « manipulateurs de symboles ».

Pierre ANSART

bibliographie

ARON Raymond, *Dix-Huit Leçons sur la société industrielle*, Gallimard, 1962.

BELL Daniel, *Vers la société post-industrielle*, Laffont, 1967.

BURET Eugène, *De la misère des classes laborieuses en Angleterre et en France*, J. Renouard, 1840, 2 vol.

DURKHEIM Émile, *De la division du travail social* (1893), PUF, 1996.

GRANOVETTER Mark, « Les institutions économiques comme constructions sociales, un cadre d'analyse », *in* A. ORLÉAN (sous la dir. de), *Analyse économique des conventions*, PUF, 1995.

SAINT-SIMON Henri de, *L'Organisateur* (1820), Anthropos, t.2, 1966.

INÉGALITÉ SOCIALE

transformation de l'ancien et moyen français *inéqualité* (v. 1290), emprunt savant au latin classique *inaequalitas* « inégalité ; diversité, variété »

all. SOZIALE UNGLEICHHEIT	esp. INEQUALIDAD SOCIAL
angl. SOCIAL INEQUALITY	ital. DISEGUAGLIANZA SOCIALE

voir : CLASSE SOCIALE, MOBILITÉ, RÉUSSITE SOCIALE, STATUT, STRATIFICATION

Distribution non uniforme d'un bien matériel ou symbolique socialement valorisé parmi les membres d'une société.

LES INÉGALITÉS SOCIALES : ORIGINES INDIVIDUELLES ET SOCIALES. Les *inégalités sociales* existant entre les individus peuvent affecter n'importe quelle espèce de possessions (richesse, instruction, information, etc.), de qualités (prestige, âge, état de santé, etc.) et de réalisations (diplôme, performance physique, autorité, etc.) dès lors que celles-ci sont susceptibles d'être réparties de façon non uniforme ; c'est le cas de presque toutes, à l'exception de la vie elle-même. Tenter de distinguer dans l'absolu entre celles qui seraient sociales et celles qui ne le seraient pas est donc un projet d'autant plus vain que, d'une part, beaucoup d'inégalités de forme psychique ou somatique (la santé, les compétences intellectuelles et physiques, etc.) sont déterminées ou affectées par quelque modalité de la vie sociale et que, d'autre part, il semble difficile, voire impossible, d'identifier une quelconque *différenciation individuelle* qui ne soit pas susceptible — ici et/ou là — de faire l'objet d'une évaluation collective et, donc, de constituer une inégalité sociale. Cela peut en effet être le cas de l'appartenance ethnique, de l'âge ou du sexe, mais tout autant de la taille, de la fécondité ou de la rouerie... Les inégalités sociales tiennent donc à l'instauration d'une structure ordinale au sein d'un système de différenciations.

INÉGALITÉS ET NORMES SOCIALES. Socialement déterminées ou socialement définies, ces inégalités valent donc à tout individu de jouir d'un sort plus ou moins enviable : toute évaluation collective est en effet corrélative de normes sociales et, de ce fait, attributive de sanctions positives ou négatives de nature économique, statutaire ou politique (DAHRENDORF, 1968) ; elles lui valent aussi de bénéficier de *chances inégales* (WEBER, éd. 1971) soit pour l'accès aux biens sociaux rares : la richesse, le prestige et le pouvoir ou l'autorité, soit pour la réalisation de « besoins » ou d'objectifs quelconques (BENDIX et LIPSET, éd 1966). Ces objectifs tout comme les modalités de leur réalisation varient selon les systèmes sociaux et les segments collectifs qui les constituent ; c'est donc la valorisation même des diverses inégalités sociales qui est différente d'une société ou d'un groupe social à l'autre.

La sensibilité collective à l'hétérogénéité sociale. Cela explique les fluctuations, dans le temps et dans l'espace social, de la sensibilité collective à l'hétérogénéité sociale (BLAU, éd. 1977) et, partant, à la définition même de ce qui est inégalité sociale et de ce qui ne l'est pas. Il semble ainsi que nos sociétés occidentales jugent plus défavorablement les inégalités civiques et juridiques (ou *de droit*) que les inégalités économiques et de pouvoir, qu'elles soient moins sensibles aux inégalités de prestige qu'à celles de considération et de traitement, soient plus scandalisées par celles qui proviennent de l'hérédité sociale que par celles qui peuvent être expliquées par les qualités ou les accomplissements personnels (CUIN, 1991). De façon générale, l'inégalité des conditions peut, dans la conscience collective, être partiellement compensée par (la croyance dans) l'*égalité des chances* — qui n'a d'ailleurs de signification que dans le contexte de la première (TOCQUEVILLE, éd. 1968)... Les potentialités de protestation et de conflit collectifs sont donc essentiellement relatives à la nature historique de cette perception plus qu'à la gravité « objective » de l'inégalité sociale.

Prépondérance de la richesse économique comme source des inégalités. Par le *pouvoir* qu'elle confère, l'inégale répartition de la propriété (ou, plus largement, de la richesse économique) a sans doute été longtemps à l'origine des inégalités sociales les plus significatives. Aujourd'hui, dans nos sociétés à forte division du travail, où propriété et gestion économiques se sont presque entièrement séparées, des compétences individuelles telles que l'instruction générale, la formation professionnelle, mais aussi l'information économique et sociale semblent devenir des facteurs primordiaux de la capacité d'accès aux biens socialement valorisés. Quant à l'inégalité de leur répartition dans une société donnée, elle tient à l'hétérogénéité des ressources et des opportunités offertes aux individus en fonction de leur origine sociale, culturelle ou encore géographique, de leur sexe ou de leur « race » (WILSON, éd. 1987), ainsi qu'à des phénomènes de *reproduction sociale* (BOURDIEU et PASSERON, éd. 1970) encore largement mystérieux. C'est dire si différenciations et inégalités (des conditions et des chances) s'engendrent et se renforcent mutuellement !

L'égalisation des chances scolaires. Ainsi, les espoirs mis dans les conséquences favorables d'une égalisation relative des chances scolaires sur les principales inégalités sociales sont d'autant plus amèrement déçus que les sociologues connaissent aujourd'hui le rôle déterminant du niveau d'instruction et de diplômes dans le processus d'acquisition du statut socioprofessionnel ; dans nos sociétés, ce dernier détermine les caractéristiques essentielles du statut social et donc la place dans la stratification sociale (BOUDON, éd 1973).

Interactions entre les différentes formes de l'inégalité. La réduction des inégalités les moins tolérées et l'augmentation de l'égalité des chances d'accéder aux ressources matérielles et symboliques les plus valorisées sont donc un objectif politique (CASTEL, éd. 1995). Celui-ci ne rencontre pas seulement l'inertie ou l'opposition des groupes détenteurs du pouvoir que confère la répartition dissymétrique des ressources de l'action sociale. Il se heurte également à notre importante ignorance de la dynamique des interactions complexes entre les différentes formes d'inégalité (GIROD, éd. 1971).

Charles Henry CUIN

bibliographie

BENDIX Reinhard, LIPSET Seymour M., *Class, Status and Power*, New York, Free Press, 1966.

BLAU Peter M., *Inequality and Heterogeneity*, New York, Free Press, 1977.

BOUDON Raymond, *L'Inégalité des chances*, Armand Colin, 1973.

BOURDIEU Pierre, PASSERON Jean-Claude, *La Reproduction*, Éd. de Minuit, 1970.

CASTEL Robert, *La Métamorphose de la question sociale*, Fayard, 1995.

CUIN Charles Henry, « Durkheim et l'inégalité sociale », in *Recherches sociologiques*, 22, 3, 1991, pp. 17 à 32.

DAHRENDORF Ralf, *Essays in the Theory of Society*, Stanford UP, 1968.

GIROD Roger, *Les Inégalités sociales*, PUF, 1971

TOCQUEVILLE Alexis de, *De la démocratie en Amérique* (1835-1840), Gallimard, 1968.

WEBER Max, *Économie et société* (1922), Plon, 1971.

WILSON W. J., *The Truly Disadvantage*, Chicago UP, 1987.

INERTIE

du latin *inertia* « maladresse, incapacité » et « inaction, indolence »

voir : MOUVEMENT SOCIAL, PARADOXE D'OLSON

Absence d'action ou de réaction de la part d'un groupe social dans une situation où ses réactions semblaient probables.

La question de l'*inertie sociale* a été posée en termes politiques dans la pensée présociologique. Dans son ***Discours de la servitude volontaire*** (1550), LA BOÉTIE pose la question de savoir pourquoi les citoyens d'une tyrannie (ou d'une monarchie absolue) obéissent au prince alors qu'ils sont victimes de ce pouvoir et seraient en mesure de s'y opposer. Sa réponse met en question le fonctionnement de la terreur politique, l'absence d'opposition de la part des victimes, une éventuelle complaisance dans la servitude. MARX rencontre ce problème en 1852, lors de l'élection de Napoléon III à la présidence de la République grâce au soutien des paysans parcellaires. Il attribue ce vote aux conditions de vie de ces agriculteurs, isolés les uns des autres et vivant davantage en relation avec la nature qu'avec les agents économiques de la ville (Marx, 1852). La question a été renouvelée dans le cadre de l'analyse utilitariste en termes de choix rationnels : OLSON explique l'inaction par les calculs individuels qui peuvent conduire « rationnellement » chaque individu à l'inaction (Olson, 1966).

Pierre ANSART

bibliographie

LA BOÉTIE Étienne de, *Discours de la servitude volontaire* ou *Contr'un* (1550), Payot, 1993.

MARX Karl, *Le 18 Brumaire de Louis Bonaparte* (1852), Éditions sociales, 1969.

OLSON Mançur, *Logique de l'action collective* (1966), PUF, 1978.

PARSONS Talcott, *Éléments pour une théorie de l'action* (1949-1953), Plon, 1955.

*
* *

INFÉRENCE STATISTIQUE

du latin *inferre* « alléguer »

all. FOLGERUNG	esp. INFERENCIA ESTADÍSTICA
angl. INFERENCE	ital. INFERENZA

voir : ÉCHANTILLON, FRÉQUENCE

L'inférence statistique désigne l'opération par laquelle il est possible de généraliser à une population les résultats établis à partir d'un échantillon.

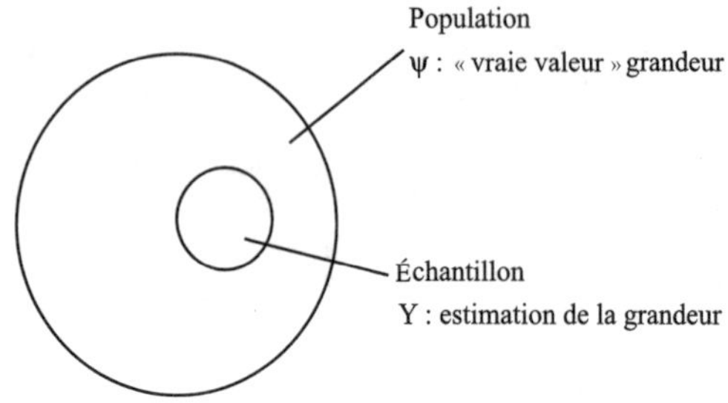

Cette opération ne va pas de soi, puisqu'il s'agit de tenir un discours sur le tout alors qu'on ne dispose d'informations que sur une partie de ce tout. Cependant, elle est rendue possible dès lors que l'on dispose d'un échantillon aléatoire de taille suffisante, dans la mesure où elle repose sur le calcul des probabilités et l'utilisation de ses lois. Selon la nature du résultat que l'on cherche à généraliser, on peut distinguer deux grands types d'inférence :

TYPE 1. En premier lieu, il peut s'agir de fournir pour la population une estimation de certaines grandeurs (moyennes, fréquences, différences de pourcentages ou de moyennes...) que l'on a calculées dans l'échantillon sur lequel on travaille. Par exemple, le but est de savoir ce que l'on peut dire d'une population de jeunes âgés de 16 à 25 ans lorsque l'on a établi que 43 % de ceux qui sont présents dans l'échantillon sont scolarisés.

TYPE 2. En second lieu, l'inférence permet d'établir dans quelle mesure une liaison mise en évidence entre deux ou plusieurs variables est effective ou si au contraire elle ne peut être imputée qu'aux hasards de l'échantillonnage, c'est-à-dire si elle ne vaut que pour l'échantillon particulier dont on dispose. On parle alors de test inférentiel (test du Khi-deux, test de Fisher, etc.). Dans les deux cas, l'inférence a un coût, que le chercheur peut choisir ou non d'assumer, mais dont il doit être conscient. Ce coût est double :

- D'une part, la généralisation conduit toujours à une perte de *précision* dans les résultats avancés. Il ne sera plus possible d'affirmer que 43 % des jeunes de 16 à 25 ans sont scolarisés ; on ne pourra plus fournir qu'un « intervalle de confiance », dont l'étendue varie en fonction notamment de la taille de l'échantillon utilisé. De même, dans la mesure* d'une dépendance entre phénomènes, on ne pourra plus fournir de chiffre quant à l'intensité du lien, mais seulement conclure à son existence (ou à son inexistence).
- À cette perte de précision s'ajoute une perte de *certitude* quant à la validité des résultats qu'on avance. De ce fait, chaque assertion est accompa-

gnée d'une certaine probabilité de se tromper, ou risque d'erreur. Ainsi, si l'énoncé « 43 % des jeunes âgés de 16 à 25 ans sont scolarisés » est valide pour les individus de l'échantillon, il faudra se contenter, concernant la population, d'un propos du type : « Il est possible d'affirmer avec 5 chances sur 100 de se tromper que la proportion de jeunes de 16 à 25 ans faisant des études est comprise entre 41 et 45 % ». De même, on ne pourra affirmer l'effet de l'origine sociale sur telle ou telle pratique qu'à condition d'assumer que cette proposition n'a que 95 ou 99 % de chances d'être vraie.

Félicité des NÉTUMIÈRES

bibliographie

WONNACOTT Thomas, WONNACOTT Ronald, *Statistique*, Economica, 1995.

INFLUENCE

emprunt (v. 1240) au latin médiéval *influentia* « flux provenant des astres et agissant sur les hommes et les choses »

all. EINFLUSS	esp. INFLUENCIA
angl. INFLUENCE	ital. INFLUENZA

voir : COMMUNICATIONS DE MASSE, EFFICACITÉ, INFLUENCE DES MÉDIAS, PRESSE, PROPAGANDE, TÉLÉVISION

Action sur autrui sans recours à la violence physique.

POUVOIR ET INFLUENCE. Dans son sens général, souvent repris en science politique et en sociologie, l'*influence* désigne l'action, par des moyens de pouvoir ou de persuasion, sur les comportements d'un individu ou d'un groupe. On suppose, en usant de ce terme, que les actions des sujets subissant cette influence n'auraient pas été identiques en son absence. Cependant, la distinction entre le pouvoir et l'influence n'est pas toujours clarifiée et les deux termes sont parfois confondus. Par exemple, l'étude de l'action d'un groupe de pression conduit, dira-t-on, à faire le bilan de son pouvoir d'influence sur les instances gouvernementales.

PERSUASION ET COERCITION. Cependant, quelles que soient ces difficultés, qui ne peuvent être résolues qu'en chaque étude concrète, il est opératoire de distinguer clairement le pouvoir et l'influence, en réservant à l'exercice du pouvoir les divers moyens de coercition. L'influence désigne alors l'action sur les attitudes, les représentations, les croyances, par les moyens de la persuasion, sans recours à la contrainte et, éventuellement, sans promesse de rétribution ou de récompense. Ainsi s'interroge-t-on sur l'influence d'un chef charismatique, de l'état-major d'un parti sur les militants. Le problème est d'autant plus délicat que ces agents d'influence anticipent usuellement les attentes des influencés, et évitent toute expression susceptible d'éveiller les résistances. C'est dans cette dialectique permanente que s'exerce l'influence et que résident les difficultés de son examen dans le domaine politique.

PSYCHOLOGIE SOCIALE. Les expériences de psychologie sociale sur l'influence au sein de petits groupes apportent des indications précieuses sur ses formes et ses mécanismes.

Pierre ANSART

bibliographie

BOURDIEU Pierre, *Esquisse d'une théorie de la pratique*, Genève, Droz, 1970.

KATZ Elihu, LAZARSFELD Paul Félix, *Personal Influence. The Part Played by People in the Flow of Mass Communication* (1955), Glencoe, Free Press, 1965.

LAZARSFELD Paul Félix *et alii*, *The People Choice. How the Voter Makes up His Mind in a Presidential Campaign* (1944), New York, Sloan and Pierce, 1968.

MONTMOLLIN Germaine de, *L'Influence sociale ; phénomènes, facteurs et théories*, PUF, 1977.

ROSENTHAL Robert, JACOBSON Leonore, *Pygmalion à l'école. L'attente du maître et le développement intellectuel des élèves* (1969), Casterman, 1983.

INFLUENCE DES MÉDIAS

all. EINFLUSS	esp. INFLUENCIA
angl. INFLUENCE	ital. INFLUENZA

voir : COMMUNICATIONS DE MASSE, POLITIQUE, POUVOIR, PROPAGANDE, PUBLICITÉ

L'influence désigne dans cette expression à la fois les modalités et les résultats de l'action d'un média sur un individu, sur une institution ou sur une activité quelconque : sont concernées la presse dans son ensemble ou un journal en particulier, la télévision, considérée de même à travers un programme ou une chaîne en particulier, ou bien dans sa globalité.

SOCIOLOGIE DES MÉDIAS ET PSYCHOLOGIE SOCIALE : LE PARADIGME LASSWELLIEN. L'étude de l'*influence des médias* remonte, en Europe et aux États-Unis, à la montée des propagandes dans les années 20. Depuis cette date, les études ainsi que la réflexion dans ce domaine ont été marquées par une alternance de replis et de renouveaux : cette alternance a très fidèlement suivi les variations de l'opinion quant au « pouvoir » supposé des médias sur les gens, sur leurs attitudes, sur leurs convictions et sur leurs comportements. L'examen de cette influence, de ses modalités et ses mécanismes, de sa portée et de sa signification comme de ses limites, a emprunté plusieurs directions, distinctes mais complémentaires.

La première s'est attachée à mettre au jour les chemins empruntés par les messages, qu'ils aient été transmis à l'origine pour informer, pour divertir, ou pour agir délibérément sur les opinions ou sur les agissements de leurs destinataires. LASSWELL affirme ainsi dès 1948 que l'on peut « décrire convenablement une action de communication en répondant aux questions suivantes : qui dit quoi, par quel canal, à qui, et avec quel effet ? ». Il définissait ainsi le cadre des recherches de la sociologie des médias, sociologie empirique ayant recours, pour l'essentiel, aux concepts forgés par la psychologie sociale.

LAZARSFELD. Cette question-programme confirme les premiers résultats obtenus par LAZARSFELD (*The People's Choice*, 1944) à l'occasion de l'élection présidentielle américaine de 1940 : les électeurs hésitants finissent, très nombreux, par voter comme leur entourage, ceux dont ils se sentent les plus proches. La problématique de ce schéma « linéaire » culmine avec le livre bilan que Lazarsfeld signe avec son élève KATZ en 1955 *(Personal Influence)* : selon eux, les messages en provenance des mass media atteignent d'abord certaines personnes plus « exposées », avant d'être filtrés et relayés auprès d'un public plus étendu. L'influence des médias, indirecte plutôt que directe, s'exercerait donc en deux temps, et par le truchement de véritables guides d'opinion.

UN CORRECTIF AU PARADIGME LASSWELLIEN : GUIDES D'OPINION ET MÉDIAS. L'influence des médias peut également être considérée à travers ses enjeux. La sociologie empirique confirme la thèse de la « reprise » de l'information par les guides d'opinion, en lui apportant certains correctifs qui permettent de préciser la façon dont ceux-ci se conjuguent avec celle des médias, et du même coup de déterminer les enjeux respectifs de l'une et l'autre de ces deux actions. Les guides auxquels on se fie quand on ne sait pas quoi faire ne sont assurément pas les mêmes selon qu'il s'agit de choisir un modèle de voiture, une marque de savonnette ou un futur président de la République. Et il est bien des domaines où l'action des médias s'exerce directement, immédiatement, sans aucun relais. Ainsi les notions de sensibilisation, d'information, de prescription et de socialisation viennent corriger la thèse du *two step flow of communication*, en montrant que les réseaux, les niveaux et les enjeux de l'influence sont nombreux et divers.

Médias, responsabilités individuelles et conscience collective. Cette influence doit enfin être évaluée au regard de ses propres ambitions, tant au niveau des valeurs que des idéaux de tous et de chacun. L'influence des médias permet-elle à chacun d'être plus responsable ? Ou bien n'impose-t-elle pas, avec le temps, la tyrannie d'un certain conformisme ? Est-elle ou non favorable à l'esprit civique et à l'esprit critique ? Conduit-elle les sociétés à se ressembler toujours davantage ? Ou bien permet-elle au contraire à chaque groupe, ou à chaque société, de cultiver sa différence, de défendre les valeurs auxquelles ils sont attachés ? Ces questions nous éloignent de la sociologie empirique et sont inséparables, en un sens, de l'image que la société moderne se donne à elle-même, de la conscience qu'elle prend d'elle-même.

CRITIQUE DU PARADIGME LASSWELLIEN. Elles ouvrent la voie à l'établissement de diagnostics « globaux » concernant les influences réciproques existant entre les médias de diffusion ou de communication, l'individu et la société. ELLUL et MCLUHAN ont ainsi rompu, au début des années 60, avec le paradigme lasswellien.

La complicité des « propagandés ». Inversant la représentation qui fait du propagandiste un apprenti sorcier, le premier considère que les « propagandés » ont en réalité une soif inextinguible de propagande et que, bien loin d'être des victimes, ils en sont les complices (*Propagandes*, 1962).

« Le message c'est le massage ». De même, le professeur canadien s'attache à démontrer, avec sa célèbre formule : « le message, c'est le média », que l'influence des médias n'est pas là où l'on croit la trouver, dans l'inculcation de messages, mais dans le « massage » que ces derniers ne manquent pas d'exercer dans un sens ou dans l'autre, selon qu'ils sont « chauds » ou « froids », sur les modes de penser, d'agir et de sentir de la société (*Pour comprendre les médias*, éd. 1964). La question de l'influence ne peut pas être posée, en réalité, dans le cadre d'une conception aussi réductrice de l'action des médias que celle suggérée par le schéma de la causalité linéaire de Lasswell. Il faut, comme le souligne AKOUN, prendre acte du fait qu'une société est fondamentalement « échange de signes » et que seule l'économie de cet échange « définit l'identité et organise les relations entre les hommes » (*La Communication démocratique et son destin*, 1994). En ce sens, l'interrogation sur l'influence des médias renvoie immanquablement vers celle du lien social, « du politique et de son telos ».

Francis BALLE

bibliographie

AKOUN André, *La Communication démocratique et son destin*, PUF, 1994.

BALLE Francis, *Le Mandarin et le marchand*, Flammarion, 1995.

BALLE Francis, *Médias et sociétés*, Montchrestien, 1997.

CAZENEUVE Jean, *La Société de l'ubiquité. Communication et diffusion*, Denoël/Gonthier, 1972.

CAZENEUVE Jean, *Et si plus rien n'était sacré*, Perrin, 1991.

CAZENEUVE Jean, *La Télévision en sept procès*, Buchet/Chastel, 1992.

ELLUL Jacques, *Histoire de la propagande*, « Que sais-je ? », PUF, 1967.

ELLUL Jacques, *Propagandes* (1962), « Classique des sciences sociales », Economica, 1990.

MCLUHAN Herbert Marshall, *Pour comprendre les médias. Les prolongements technologiques de l'homme*, Tours, Mame/Seuil, 1968.

MCLUHAN Herbert Marshall, *La Galaxie Gutenberg face à l'ère électronique*, Tours, Mame, 1972.

MOLES Abraham, *Théorie structurale de la communication*, Masson, 1986.

MOLES Abraham, *Les Sciences de l'imprécis*, Seuil, 1990.

SCHAEFFER Pierre, *Les Machines à communiquer*, Seuil, t. 1, 1970 ; t. 2, 1972.

INFORMATEUR

voir : COMMUNICATIONS DE MASSE

Celui qui donne de l'information.

Ce peut être celui qui, dans une enquête sociologique ou ethnologique, donne des informations à l'enquêteur, à charge pour celui-ci d'en relever les erreurs, les non-dits et les effets naturels de l'ethnocentrisme. Il en va autrement en sociologie des médias. L'*informateur* y est un professionnel (journaliste) qui est censé transmettre l'information au public, en éliminant au maximum tout investissement subjectif et toute ambiguïté dans le message. En ce sens l'informateur est théoriquement un communicateur d'un certain type qui vise à son propre effacement au profit du message.

André AKOUN

INFORMATION

du latin *informare* « façonner, former »

all. INFORMATION	esp. INFORMACIÓN
angl. INFORMATION	ital. INFORMAZIONE

voir : COMMUNICATIONS DE MASSE

L'information consiste, en sociologie de la communication, en un processus dont la finalité est de modifier l'environnement cognitif des agents. En ce sens, informer implique le transport d'une quantité donnée d'informations d'un lieu émetteur (l'informateur) à un lieu récepteur, par le moyen d'un support.

C'est une erreur de confondre *information* et *communication*. Sans le transport d'une information, celle-ci n'existe pas, contrairement à ce qui se passe dans la communication. Alors que l'information est ce qui lutte contre le bruit, l'entropie, la redondance, l'ambiguïté et vise à l'univocité, la communication a d'abord une fonction phatique (c'est ainsi que JAKOBSON nomme la fonction de mise en relation). Elle est langage dans la mesure où parler est autre chose que dire quelque chose. On peut parler pour ne rien dire. La communication joue du flou, de la connivence, du non-dit, de la séduction. Elle vise à instituer un espace commun et non à faire grandir un espace cognitif. La communication « fait sens », l'information « fait savoir », apporte des connaissances.

André AKOUN

bibliographie

AKOUN André, *La Communication démocratique et son destin*, PUF, 1994.

BOUGNOUX Daniel, *La Communication contre l'information*, Hachette, 1995.

MIÈGE Bernard, *La Pensée communicationnelle*, PU de Grenoble, 1995.

INFORMATIQUE ⇒ ORDINATEUR

INFORMEL

du latin *informis* « non façonné, brut ; mal formé »

voir : DÉVIANCE, FORMEL

Sans caractère officiel et reconnu ni règles explicites.

Par opposition aux activités formalisées répondant à des normes explicites, l'*informel* désigne tout ce qui, dans les pratiques sociales, échappe à la normativité et à la reconnaissance sociale. La frontière entre le formel et l'informel est imprécise, les rapports informels ne cessant d'accompagner les rapports formalisés et, éventuellement, d'interférer avec ceux-ci. La distinction est pertinente dans le cas d'activités où les interférences entre le formel et l'informel peuvent être observées : les relations pédagogiques, les relations de travail dans les entreprises, par exemple.

Pierre ANSART

INFRASTRUCTURE ET SUPERSTRUCTURE

voir : BASE, IDÉOLOGIE [1], MARXISME

Dans le vocabulaire de Marx, opposition et complémentarité entre les « bases matérielles » et l'ensemble des idéologies d'un mode de production.

La dualité de l'*infrastructure* et de la *superstructure* oppose, pour MARX, les conditions matérielles et les rapports sociaux de production d'une part, les formes idéologiques (droit, État, croyances), d'autre part. Cette théorisation a donné lieu à de nombreuses interprétations réductrices opposant les « réalités » économiques aux structures politiques et symboliques. Pour Marx, cependant, l'infrastructure est essentiellement constituée par les rapports sociaux de production et les forces productives que sont à la fois les forces matérielles et la force de travail. Dans le mode de production capitaliste, le concept d'infrastructure intègre donc la contradiction du travail et du capital et désigne le niveau dynamique du système. Les superstructures que sont le droit, l'État, les religions, les idéologies peuvent, dans cette perspective, être considérées comme secondaires au sens où elles sont conditionnées, sinon déterminées, par les substructures.

Pierre ANSART

bibliographie

MARX Karl, *Le Capital* (1867), « La Pléiade », Gallimard, t. 1, 1977.

INGÉNIERIE SOCIALE

dérivé (v. 1964) d'*ingénieur*, d'après l'anglais *engineering*

all. SOZIALENGINEERING	esp. INGENIERÍA SOCIAL
angl. SOCIAL ENGINEERING	ital. INGEGNERIA SOCIALE

voir : IDÉOLOGIE, INTERVENTION, SOCIOLOGIES

Mode de résolution des crises sociales combinant l'analyse scientifique et l'expérimentation sociale.

1 Bien que l'expression soit récente, on peut faire remonter l'*ingénierie sociale* à CONSIDÉRANT, disciple de FOURIER, qui proclamait : « *Les phalanstériens sont des ingénieurs sociaux* » (1841). Il est l'un des premiers à faire de la science sociale (fouriériste) l'instrument d'une transformation concrète de la société. Cette idée de rendre la science des sociétés opératoire est partagée par LE PLAY. Ses théories débouchent sur un programme de réformes dont la mise en œuvre appelle une ingénierie sociale. Ses continuateurs en définissent les modalités pratiques. Par exemple, en réponse aux conflits nés dans la grande industrie, CHEYSSON imagine que l'ingénieur assume un « rôle social » de régulation des relations entre le capital et le travail, fondée sur une connaissance objective du monde ouvrier. PICOT, quant à lui, multiplie les enquêtes sur la crise urbaine afin d'expérimenter de nouvelles formes d'habitat pour les classes ouvrières.

2 Après les leplaysiens, l'ingénierie sociale s'institutionnalise comme pratique d'expertise et de conseil, mais en s'éloignant de ses fondements théoriques et en perdant son caractère d'innovation sociale.

3 Aujourd'hui, dans un contexte de crise sociale où décideurs et politiques font de plus en plus couramment appel à la sociologie, le projet de combiner démarche cognitive et intervention sociale a pris une actualité nouvelle. La figure du sociologue-ingénieur social, qui analyse et remédie, réapparaît. Et, avec elle, le risque d'une dérive utilitaire de la sociologie, dénoncée par BOURDIEU ou CAILLÉ.

Antoine SAVOYE

bibliographie

COHEN Yves, BAUDOUIN Rémi (sous la dir. de), *Les Chantiers de la paix sociale (1900-1940)*, ENS Éditions Fontenay/Saint-Cloud, 1995.

GAULEJAC Vincent de, BONETTI Michel, *L'Ingénierie sociale*, Syros, 1995.

HENRY Olivier, « Le Conseil, un espace professionnel autonome ? », in *Entreprises et histoire*, nº 7, 1994, pp. 1 à 22.

MOLLET Albert (sous la dir. de), *Droit de cité*, L'Harmattan, 1986.

SAVOYE Antoine, *Les Débuts de la sociologie empirique*, Méridiens-Klincksieck, 1994.

INNOVATION ⇒ INVENTION

INSTINCT

emprunt au latin classique *instinctus* « instigation, excitation, impulsion »

all. TRIEB	esp. INSTINTO
angl. INSTINCT	ital. ISTINTO

voir : SOCIOLOGIE ANIMALE, HÉRÉDITÉ, SOCIOBIOLOGIE

Le mot est synonyme d'inné (littéralement « présent dès la naissance ») : en fait, l'instinct est déterminé par le patrimoine génétique (donc héréditaire), indépendamment de toute expérience provenant de l'environnement.

INSTINCT ET COMPORTEMENT SOCIAL. Le comportement instinctif peut nécessiter un temps de maturation et n'apparaître que quelques jours, voire quelques années après la naissance. Un comportement instinctif donné est propre à tous les individus d'une même espèce. Il est à la fois déterminé par l'état physiologique de l'individu (état endocrinien, nutritionnel) et par des stimulations externes. Stimulations internes et externes sont parfaitement intégrées et donnent au comportement instinctif son unité. C'est ainsi que GRASSÉ a pu en donner la définition synthétique suivante : *« L'instinct est la faculté* innée *d'accomplir,* sans apprentissage *préalable et en toute perfection, certains actes* spécifiques *sous certaines conditions du* milieu extérieur *et de* l'état physiologique *de l'individu. »* Dans les comportements sociaux, des comportements instinctifs interviennent autant que des comportements appris.

INFORMATIONS INNÉES ET ACQUISES. Les informations innées et acquises sont, en fait, presque toujours très profondément intriquées dans le comportement, et l'analyse scientifique a bien du mal souvent à démêler les deux.

Le comportement animal. Pourtant, quelques exemples montrent bien la réalité de ces comportements instinctifs : des pigeons, élevés dans des cages si petites qu'elles ne leur permettent pas de voler, volent ensuite aussi bien que les pigeons d'un groupe témoin qui ont eu toute liberté d'apprendre et de s'exercer au vol. Les espèces migratrices — poissons ou oiseaux — offrent de bons exemples de comportements innés ; ils effectuent leurs voyages au long cours et en connaissent les repères sans aucun apprentissage ou imitation. Les canetons couvés par des poules courent à l'eau dès l'éclosion, sans que la poule puisse parvenir à les en empêcher ! Les poussins élevés par une cane refusent, eux, de suivre leur mère adoptive à la mare. Les constructions animales (nids d'oiseaux, toiles d'araignées) sont parfaitement caractéristiques de leur espèce et sont parfaitement réalisées dès la première tentative.

L'instinct chez l'homme. Même dans l'espèce humaine, où les conduites innées organisées et complexes ont presque disparu, diverses tendances et réactions, segmentaires et automatiques, demeurent visibles. On a bien mis en évidence (EIBL-EIBESFELD) certaines tendances innées.

1 Des enfants aveugles et sourds de naissance manifestent les mêmes mimiques que des enfants normaux : rire, pleurs, froncement de sourcils, colère, moue, serrement de poings, peur de l'étranger au même stade, etc. ;

2 dans des groupes humains de culture différente, à travers le monde, le même chercheur a bien fait ressortir des universaux de comportement humain : salutations avec inclinaison, étreinte, souhaits de bienvenue, colère, menace, baiser, etc.

DÉCLENCHEUR. Les comportements instinctifs s'appuient sur des signaux, ou stimuli-signes, significatifs émis par un individu, qui déclenchent socialement (ces stimuli sont appelés *déclencheurs* ou *IRM, innate releaser mechanism*) des réactions spécifiques chez un animal de la même espèce.

Jacques GOLDBERG

bibliographie

GOLDBERG Jacques, *Fondements biologiques des sciences humaines. Évolution et complexification des êtres humains*, L'Harmattan, 1992.

INSTITUANT ET INSTITUÉ

⇒ INSTITUTIONNALISATION

INSTITUTION

emprunt au latin *instituere* « établir, fonder »

all. INSTITUTION, EINRICHTUNG, GRÜNDUNG	esp. INSTITUCIÓN
angl. INSTITUTION	ital. ISTITUZIONE

voir : BUREAUCRATIE, CONSTRUCTIVISME, HABITUS, ORGANISATION, RÔLE

Ensemble des formes sociales et des structures organisées, établies par les lois ou par la coutume.

LES INSTITUTIONS : CONVENTIONS OU ORDRE NATUREL ? Dans la philosophie politique traditionnelle, les *institutions* désignent l'ensemble des formes et des règles régissant la vie dans la cité. La question se posait alors de savoir si les institutions devaient être considérées comme des conventions, comme des artifices créés pour contenir les violences (HOBBES), ou comme l'expression d'un ordre naturel, d'une nature divine ou humaine (SAINT THOMAS). Dans *L'Esprit des lois*, MONTESQUIEU reprend la définition classique des institutions et désigne par là l'ensemble des règles « qui gouvernent les hommes », il souligne la nécessaire distinction entre les *mœurs* et les *lois* : *« Les mœurs et les manières sont des usages que les lois n'ont point établis, ou n'ont pas pu, ou n'ont pas voulu établir* [...]. *Il y a cette différence entre les lois et les mœurs que les lois règlent plus les actions du citoyen, et les mœurs règlent plus les actions de l'homme. »*

INSTITUTIONS ET FAITS SOCIAUX. Dans l'école durkheimienne, les institutions constituent les éléments structuraux par excellence : elles sont des « faits sociaux » caractérisés par leur permanence et par la contrainte qu'elles exercent sur les individus. La personne n'est pas créatrice des institutions (nul n'est créateur de sa langue maternelle), et celles-ci se manifesteront par la sanction en cas de résistance. Les fonctionnalistes insistent davantage sur le fait que chaque institution ne perdure qu'en raison des fonctions qu'elle remplit. Ainsi conçues dans leur généralité, les institutions forment l'objet même de la sociologie que DURKHEIM définit, dans la Préface à la deuxième édition des *Règles de la méthode sociologique*, comme *« la science des institutions, de leur genèse et de leur fonctionnement »* (1895). Les problèmes généraux de la sociologie se trouvent ainsi réunis dans l'étude des institutions : étude de leur formation, de leur objectivation, de leur fonctionnement, de leur signification intériorisée par leurs agents, et de leur routinisation.

SOCIOHISTOIRE DE LA GENÈSE DES INSTITUTIONS. Une sociohistoire de la genèse d'une institution peut recourir à la dialectique de l'instituant et de l'institué puisque la fondation fait apparaître un processus spécifique de création rapide (par une révolution), ou progressif. BERGER et LUCKMANN (1986) suggèrent que l'institutionnalisation se réalise à travers un triple processus :

. l'*extériorisation*, processus par lequel les institutions se détachent des individus qui les ont fait naître,
. l'*objectivation*, par laquelle elles acquièrent l'apparence d'une réalité objective,
. l'*intériorisation*, enfin, au terme de laquelle elles sont intériorisées par chacun.

La durée de l'institution, soutenue par l'illusion de leur naturalisation, constitue un problème à analyser dès lors qu'on considère l'institution non plus comme un simple fait objectif, mais comme une construction permanente, ainsi que le propose le constructivisme.

Le fonctionnement et la relative stabilité de l'institution supposent un ordre complexe de significations concernant sa définition, sa finalité, ses catégories et ses normes : l'institutionnalisation est réalisée à partir du moment où ces répertoires de signes et de symboles disposent d'une certaine stabilité, assurant un minimum de régularité et de prévisibilité.

INSTITUTION ET HABITUS. De plus, toute institution, pour subsister, doit obtenir de la part de ses membres leur participation. Celle-ci exige que les répertoires de symboles soient reconnus et utilisés par l'ensemble des membres selon les rôles et les positions de chacun. L'institution tend à imposer un système de dispositions durable, un habitus* acquis par apprentissage qui modèle les modes de perception, de jugement et d'action. Mais elle doit aussi procurer une motivation suffisante par des gratifications ressenties comme satisfaisantes et/ou par des représentations idéologiques affectivement positives.

INSTITUTION ET INITIATIVE INDIVIDUELLE. Les différentes institutions se distinguent fortement par les marges de jeu, de liberté, qu'elles laissent à chacun de leurs membres dans l'accomplissement de leur participation. Une institution très fortement bureaucratisée réduit à l'extrême les possibilités d'initiative ; une institution plus ouverte subordonne son dynamisme à la possibilité, pour ses agents, d'investir dans l'institution des tactiques et des stratégies relativement autonomes. Une institution ouverte et vivante manifeste en permanence des processus de construction, de déconstruction et de reconstruction.

Pierre ANSART

bibliographie

BERGER Peter, LUCKMANN Thomas, *La Construction sociale de la réalité* (1966), Armand Colin, 1996.

CASTORIADIS Cornélius, *L'Institution imaginaire de la société*, Seuil, 1975.

CHEVALLIER Jacques, *Institutions politiques*, LGDJ, 1996.

ETZIONI Amitaï, *Les Organisations modernes*, Duculot, 1971.

INSTITUTIONNALISATION

emprunté (1949) au latin *instituere* « établir, fonder »

all. INSTITUTIONNALISIERUNG	esp. INSTITUCIONALIZACIÓN
angl. INSTITUTIONALIZATION	ital. ISTITUZIONALIZZAZIONE

voir : ANALYSE INSTITUTIONNELLE, INSTITUTION, MUTATION, NORME, RÉVOLUTION

Processus par lequel une activité sociale se trouve mise en forme, organisée, dans une institution.

FORMES CONSCIENTES D'INSTITUTIONNALISATION.

1 **Délibération.** Ce processus, par lequel une pratique sociale se trouve érigée en institution, revêt une forme exemplaire lors d'une délibération décidant la création d'une législation nouvelle, mais il revêt d'autres formes moins manifestes.

2 **Conflit.** La mise en place d'une législation du travail dans la seconde moitié du XIXe siècle, dans les pays européens, est un exemple d'institutionnalisation. Comme l'évoque MARX à propos de l'Angleterre, ces décisions légales ont fait suite à une succession de conflits entre employeurs et ouvriers, à des pro-tes-tations réitérées contre les conditions de travail, contre le travail des enfants, et elles ont généré des modes de contrôle, des structures nouvelles telles les inspections du travail.

3 **Initiatives multiples.** Bien d'autres exemples plus limités peuvent être évoqués. Ainsi la sociologie elle-même a traversé ce processus d'insti-tutionnalisation : après une période d'initiatives multiples, tantôt individuelles (SAINT-SIMON, COMTE), tantôt collectives (autour de LE PLAY), l'enseignement de la sociologie a été officialisé avec DURKHEIM après 1890. Cette institutionnalisation a été féconde en conséquences : elle a favorisé la création de revues spécialisées, le développement d'échanges nationaux et internationaux, permis une plus large diffusion des recherches et des productions.

Instituant et institué. En retenant le caractère conflictuel de ces processus, l'analyse institutionnelle a thématisé l'opposition entre l'instituant et l'institué, faisant du premier terme le mouvement de critique, de contestation, et de l'institué l'ensemble des normes et des lois régissant les pratiques, et l'objet de la contestation (CASTORIADIS, 1975 ; LOURAU, 1970).

L'INSTITUTIONNALISATION COMME PROCESSUS ÉMERGENT DE TRANSFORMATIONS SOCIALES. Cependant, l'institutionnalisation peut aussi revêtir la forme d'un processus beaucoup plus lent et dénué de finalité consciente. BOURDIEU retrace en ces termes l'autonomisation de la production intellectuelle qui, après la Renaissance, a échappé progressivement à l'emprise religieuse, puis à l'autorité monarchique. Cette institutionnalisation de la production culturelle s'est réalisée, en particulier, par l'émergence d'instances spécifiques telles les Académies, indépendantes de l'Église et des pouvoirs d'État.

Ces instances, une fois mises en place, fonctionnent comme organismes de reconnaissance et de légitimation. Par exemple, l'école se voit chargée de distribuer des diplômes qui constituent, selon l'expression de Bourdieu, un « capital culturel institutionnalisé », dont le détenteur pourra faire usage. L'institué est chargé d'objectiver la formation du titulaire et de la légitimer.

Ainsi considéré, le processus d'institutionnalisation apparaît comme un processus fondamental des transformations sociales ; il se manifeste par des successions permanentes d'institutionnalisations d'importance très variable et de contestations. Cette perspective trouve une expression dans l'œuvre de GIDDENS, qui fait des structurations et des déstructurations un processus dynamique de la vie sociale.

Pierre ANSART

bibliographie

CASTORIADIS Cornélius, *L'Institution imaginaire de la société*, Seuil, 1975.

GIDDENS Anthony, *La Constitution de la société*, PUF, 1987.

LOURAU René, *L'Analyse institutionnelle*, Éd. de Minuit, 1970.

INSTRUMENTAL

voir : ANALYSE DE CONTENU, COMMUNICATION

On distingue, en analyse de contenu, un contenu simplement représentatif d'un contenu instrumental, qui a pour but de produire un certain effet sur le récepteur et dont l'analyse permet d'inférer le but, l'intention communicationnelle de l'émetteur.

André AKOUN

INTÉGRATION

du latin *integratio* « renouvellement, rétablissement »

all. INTEGRATION	esp. INTEGRACIÓN
angl. INTEGRATION	ital. INTEGRAZIONE

voir : ANOMIE, EXCLUSION, MÉTISSAGE, RÉGULATION SOCIALE, SOCIALISATION

Dans la sociologie durkheimienne, le concept d'intégration désigne le processus par lequel un groupe social, quelles que soient ses dimensions (de la famille à la nation), s'approprie l'individu pour assurer la cohésion du groupe. Même s'il s'agit d'une relation entre le groupe et l'individu, l'intégration définit une caractéristique du premier et non pas du second.

INTÉGRATION, SOCIALISATION ET RÉGULATION. Le concept d'*intégration* a servi à désigner soit le processus de socialisation dans son ensemble (par exemple, chez PARSONS), soit une des composantes de ce processus, l'autre étant la régulation ; la seconde acception est ici retenue. Un groupe est fortement intégré lorsque ses membres sont en interaction fréquente, qu'ils ont des passions identiques et partagent des buts communs (par symétrie on peut dire que le groupe est fortement régulé lorsque les interactions se déroulent dans un cadre hiérarchique, que les passions sont différenciées selon la place occupée dans la hiérarchie et qu'il existe des idéaux communs).

UN EXEMPLE : LA SOCIOLOGIE DU SUICIDE. Dans *Le Suicide*, DURKHEIM met en œuvre sa théorie de l'intégration en étudiant le suicide égoïste. Il montre alors que la famille protège d'autant plus du suicide que le groupe familial est plus dense (plus nombreux et plus étroitement relié). De même, il montre qu'à l'intérieur du groupe formé par les catholiques le taux de suicide est plus faible parce que cette religion encadre plus étroitement les croyants et unifie les passions qui sont les leurs. Finalement, il montre que le taux de suicide baisse considérablement lors des grandes commotions politiques (révolutions, certaines élections, guerres), parce que, alors, les buts communs sont vivement réactivés chez les individus.

Il vaut la peine de remarquer que les résultats établis par Durkheim sont, sur ce point, très solides : les études récentes confirment l'existence de nombre de ces régularités et les expliquent par des raisons identiques.

Philippe STEINER

bibliographie

BAUDELOT Christian, ESTABLET Roger, *Durkheim et le Suicide*, PUF, 1984.

BESNARD Philippe, *L'Anomie, ses usages et ses fonctions dans la discipline sociologique depuis Durkheim*, PUF, 1987.

DURKHEIM Émile, *Le Suicide. Étude de sociologie* (1897), PUF, 1997.

PARSONS Talcott, « Durkheim's Contribution to the Theory of Integration of Social Systems », in *Sociological Theory and Modern Society*, New York, Free Press, 1967.

STEINER Philippe, *La Sociologie de Durkheim*, La Découverte, 1994.

INTÉGRISME ⇒ FONDAMENTALISME

SOCIOLOGIE DES INTELLECTUELS

substantification de l'adjectif *intellectuel*, « qui a rapport à l'intellect, à l'entendement », du latin *intellectus*

all. INTELLEKTUELLE	esp. INTELECTUAL
angl. INTELLECTUAL	ital. INTELLETUALE

voir : CHAMP SOCIAL, CULTURE, IDÉOLOGIE, POLITIQUE

L'intellectuel est un producteur de biens culturels en lesquels ses pairs reconnaissent une qualité proprement intellectuelle.

ÉLÉMENTS ET CRITÈRES DE DÉFINITION. Cette définition apparemment tautologique demanderait que soit explicité chaque terme, qui n'est pas une donnée intemporelle mais le produit d'une histoire.

1 On peut, d'abord, partir de l'opposition traditionnelle entre des biens matériels dotés d'une valeur principalement économique et des biens culturels dont l'appropriation implique un appareillage symbolique de déchiffrement et d'évaluation. Parmi ces derniers, les biens intellectuels se caractérisent surtout par l'intelligibilité discursive (à la différence, par exemple, des biens artistiques).

2 La qualité proprement intellectuelle n'est pas une propriété intrinsèque, elle est affaire d'évaluation de la part des individus qui possèdent l'autorité nécessaire, garantie par des procédures formelles ou informelles.

3 Cela n'empêche pas qu'il puisse y avoir des incertitudes et des brouillages sur les frontières. L'autonomie de l'intellectuel par rapport aux pouvoirs extérieurs est à la fois une norme interne, le point d'honneur du groupe, et la loi en quelque sorte constitutive d'un univers où, pour exister, il faut reconnaître les enjeux les plus spécifiques (ne pas confondre l'importance des tirages d'un livre avec la valeur d'un jugement philosophique ou littéraire).

4 Le contenu et la forme des prises de position intellectuelles reflètent certaines caractéristiques de la position occupée dans l'univers intellectuel (consacré/non consacré, grand public/avant-garde...), et notamment cette caractéristique majeure qu'est le degré d'autonomie par rapport aux intérêts économiques, aux conventions sociales, etc.

Rôle civique des intellectuels et « engagement ». La compétence culturelle, qu'elle soit scientifique ou littéraire, associée à une liberté de jugement par rapport aux représentations dominantes, a pu porter les intellectuels (VOLTAIRE, ZOLA, SARTRE...) à s'opposer ouvertement aux valeurs et aux visions du monde des groupes sociaux dominants et à contester les apparences d'évidence qu'elles revêtent. Ils ont été ainsi conduits à « s'engager », à prendre position non pas pour satisfaire des intérêts immédiats, mais pour faire valoir un point de vue universel (raison, humanité...), autorisé par le capital collectif dont ils étaient détenteurs plus et mieux que d'autres.

Il reste que la conception du rôle civique de l'intellectuel a subi des remaniements et des reformulations prenant en compte l'acquis de l'expérience collectivement accumulée. L'une des questions les plus importantes consiste à se demander dans quelle mesure l'engagement, pour être autre chose qu'une protestation morale (avec les risques de l'usurpation et de la « belle âme »), permet d'utiliser vraiment le bien le plus propre de la fonction d'intellectuel, la connaissance critique du monde.

SOCIOLOGIE DES INTELLECTUELS. La sociologie des intellectuels ainsi comprise débouche sur un programme d'analyses empiriques précises.

Champs d'étude. On peut évoquer, à titre d'exemple, l'étude historique de la différenciation de figures spécifiques (poètes de cour, érudits, humanistes, publicistes, « intellectuels » en tant que tels...) ; l'analyse de la structure des positions en concurrence ; l'analyse des relations, à un moment donné, entre la production intellectuelle et les instances de diffusion et de critique, l'institution scolaire, les institutions politiques ; l'analyse des prises de position intellectuelles considérées en elles-mêmes et dans leur relation aux prises de position dans d'autres domaines, la politique, la religion, l'art...

Les impasses de l'attitude objectiviste. De telles recherches s'efforcent, en particulier, d'abolir la séparation traditionnelle entre les facteurs externes justiciables de la sociologie et les contenus internes réputés rebelles à une telle analyse. Elles permettent donc de surmonter les impasses d'une démarche d'allure objectiviste comme celles de KAUTSKY, de GRAMSCI, de KONRÁD et SZELÉNYI et de bien d'autres. En réduisant les intellectuels à un groupe social délimitable (par des titres, par des professions) et en en faisant les porteurs d'un petit nombre de fonctions sociales relativement pauvres (idéologiques, politiques, économiques), cette démarche est impuissante à rendre compte tant des principes internes de différenciation que des tensions entre les intérêts des agents et leurs contributions à une universalité qui les dépasse.

Louis PINTO

bibliographie

ANSART Pierre, *Idéologies, conflits et pouvoir*, PUF, 1977.

BOURDIEU Pierre, *Les Règles de l'art. Genèse et structure du champ littéraire*, Seuil, 1992.

CHARLE Christophe, *Naissance des « intellectuels ». 1880-1900*, Éd. de Minuit, 1990.

CHARLE Christophe, *Les Intellectuels en Europe au XIXe siècle. Essai d'histoire comparée*, Seuil, 1996.

GRAMSCI Antonio, *Œuvres choisies*, Éditions sociales, 1959.

KONRÁD György, SZELÉNYI Ivan, *La Marche au pouvoir des intellectuels*, Seuil, 1979.

MANNHEIM Karl, *Idéologie et utopie*, M. Rivière, 1956.

PINTO Louis, « La vocation de l'universel. La formation de la représentation de l'intellectuel vers 1900 », in *Actes de la recherche en sciences sociales*, n° 55, novembre 1984.

SCHUMPETER Joseph, *Capitalisme, socialisme et démocratie*, Payot, 1974.

INTENTIONNALITÉ

terme apparu dans son sens philosophique en 1931, dans une traduction de Husserl ; du latin *intentio* « tension, attention ; application de l'esprit à un objet de connaissance »

all. INTENTIONALITÄT	esp. INTENCIONALIDAD
angl. INTENTIONALITY	ital. INTENZIONALITÀ

voir : INTENTION, OBJET, SOCIÉTAL

*La phénoménologie définit l'*intentionnalité *comme le fait que toute conscience est* conscience de... *« Le mot intentionnalité, écrit* HUSSERL *dans ses* Méditations cartésiennes, *ne signifie rien d'autre que cette particularité foncière et générale qu'a la conscience d'être* conscience de *quelque chose, de porter, en sa qualité de* cogito, *son* cogitatum *en elle-même ».*

PHILOSOPHIE. La conscience reçoit ainsi une définition radicalement nouvelle. Elle n'a pas d'intériorité, pas de « contenu », mais est toujours relative à un « donné », à un « déjà là ». Elle est ouverture au monde. Il s'agit de renoncer à l'idée d'une subjectivité en soi qui serait une *substance* ; inversement, il s'agit de renoncer à un objectivisme scientiste qui fait l'impasse sur la conscience. La conscience est dans le monde, ouverte au monde, relation au monde. Elle est ce par quoi est donné *sens* aux choses, en les inscrivant dans un projet. Cette donation de sens ne fait pas de la conscience la souveraine absolue, car la manière d'être d'un sujet est corrélative du mode d'appréhension de l'objet. Monde et conscience ne sauraient être dénoués et saisis dans la pureté de leur être séparé. L'intentionnalité marque du sceau de l'ambiguïté une subjectivité qui n'est plus un lieu qu'on peut « inspecter ».

SOCIOLOGIE. La phénoménologie husserlienne trouve son répondant en sociologie, dans ce courant qui met au centre de la compréhension d'une société les significations qui ordonnent les actions des agents sociaux.

Le monde social comme interprétation. C'est ainsi que SCHÜTZ définira le monde social comme le résultat des interprétations du monde dans lequel vivent les individus et qu'ils construisent en fonction de leurs situations et de leurs projets. Chaque être humain, dans sa vie de tous les jours, passe son temps à donner des significations à des objets, à des relations, à des événements. Et ce sont ces interprétations qui déterminent son action. Le monde de la vie quotidienne est cette structure complexe de contextes d'interprétations enchevêtrés.

Sens et vie quotidienne. C'est une caractéristique importante que ce souci des sociologues phénoménologues d'interroger le sens des phénomènes de la vie quotidienne dans la naïveté de leur vécu. Ce qui est à penser désormais, ce ne sont pas des essences cachées, mais ce qui se donne en surface, dans l'apparaître. Et la quotidienneté reçoit ses lettres de noblesse. C'était déjà la caractéristique de l'ouvrage de SARTRE, *L'Être et le Néant*, qui fourmille de ces recours fascinants à la description phénoménologique des impensés de la vie quotidienne. On peut aussi remarquer que cette recherche du sens et ce souci de la « vie quotidienne » se trouvent également au cœur de la psychanalyse freudienne. Mais y a-t-il compatibilité entre la notion d'intentionnalité et celle d'inconscient ? Cette question trouve chez Sartre, dans la lignée du livre de Georges POLITZER, une réponse négative, mais de nombreux auteurs voient de possibles convergences (BINSWANGER, WAELHENS).

André AKOUN

bibliographie

BINSWANGER Ludwig, *Le Rêve et l'existence* (1930), Desclée de Brouwer, 1954.

EY Henri (sous la dir. de), *L'Inconscient. Colloque de Bonneval*, Desclée de Brouwer, 1966.

HUSSERL Edmund, *Méditations cartésiennes* (1929), Vrin, 1953.

SARTRE Jean-Paul, *L'Être et le néant*, Gallimard, 1943.

SCHÜTZ Alfred, *Le Chercheur et le quotidien. Phénoménologie des sciences sociales*, Méridiens-Klincksieck, 1987.

INTERETHNIQUE ⇒ RELATIONS INTERETHNIQUES

INTERACTION ET INTERACTIONNISME

du latin *inter* « à l'intérieur de » et *actio* « façon d'agir »

all. INTERAKTION	esp. INTERACCIÓN
angl. INTERACTION	ital. INTERAZIONE

voir : ACTION, PARADIGME, PSYCHOLOGIE SOCIALE, SYSTÈME, THÉORIE

1. Interférences entre variables explicatives au sein d'une structure causale.

2. Action réciproque, volontaire ou involontaire, de divers acteurs impliqués dans une situation ou un système, entraînant la transformation de cette situation ou de ce système.

3. L'interactionnisme regroupe un ensemble d'approches constituant les interactions entre acteurs comme élément explicatif fondamental des formes et des structures concrètes des situations et des systèmes. Spécifiquement, l'interactionnisme symbolique est un courant privilégiant les significations spontanément élaborées par les acteurs au cours de ces interactions.

Le terme d'*interaction*, en sociologie, relève de deux domaines ou de deux schèmes d'analyse différents, selon qu'il implique des variables statistiques ou des acteurs. Le terme d'*interactionnisme* ne s'applique qu'à la deuxième de ces acceptions.

1 Un ensemble de variables reliées entre elles par des liens de dépendance constitue une *structure causale*. Au sein d'une telle structure, il y a *effet d'interaction*, lorsque l'*action* d'une variable x sur une variable y est sous la dépendance d'une troisième variable t : ainsi, par exemple, l'effet de l'origine sociale (x) sur la réussite scolaire des enfants (y) s'accroît spécifiquement avec le niveau de diplôme de la mère (t). Cette situation peut être représentée par le schéma suivant :

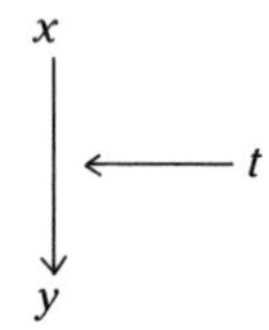

Cette structure a été intuitivement perçue par DURKHEIM dans *Le Suicide*, puis codifiée par LAZARSFELD. Le problème posé à la sociologie et que divers outils statistiques s'efforcent de résoudre est non seulement de décrire une structure causale à n variables, mais d'en *mesurer* les divers effets (BOUDON, 1967).

2 La seconde acception suppose un espace de rencontre entre des acteurs, c'est-à-dire entre des agents donnant un sens conscient à leur action. La structure de cet espace peut être fondamentalement de deux types : il peut s'agir d'un simple espace de contraintes physiques, comme une route, une plage ou un réseau téléphonique, ou d'un système de coopération, formalisé ou non, tel un groupe d'entraide ou une organisation. Dans le premier cas, l'agrégation d'actions indépendantes les unes des autres, mais soumises aux mêmes contraintes mécaniques, suscite des effets dits « pervers » parce que non désirés (Boudon), dont le modèle est l'encombrement routier ou le krach boursier. Dans le second, la sociologie des organisations a amplement montré que la formalisation imposée de la coopération allait de pair avec le développement de relations et d'interactions informelles parasitant l'ordre officiel (BERNOUX).

3 Ces deux systèmes d'interaction se donnent à voir dans des *situations*, c'est-à-dire des relations concrètes se déroulant en un lieu et un temps donnés. Ces situations peuvent être analysées comme un effet du système qui les fondent. Elles peuvent également être *décrites* dans le déroulement concret des interactions qui les constituent. Il apparaît alors que l'action de chaque acteur va dépendre du *sens* qu'il attribue à celle des autres : le simple fait de marcher dans une rue implique, pour éviter les heurts involontaires, aussi bien d'interpréter les attitudes d'autrui que de développer à leur intention des *parades* diverses (GOFFMAN). Développée dès les années 20 aux États-Unis, notamment à l'université de Chicago, cette approche va se transformer en un véritable courant, définissant un programme spécifique d'analyse du social, l'*interactionnisme symbolique*. Considérant qu'aucune situation ne peut se déduire mécaniquement d'un système, mais résulte à l'inverse de la *construction* de sens que réalisent les participants au travers de leurs interactions, il met en avant l'observation de *terrain* et la collecte de données *qualitatives*. Au lieu de rechercher derrière les phénomènes les *structures* censées les fonder (structurofonctionnalisme), il privilégie la description et l'analyse des *processus* par lesquels ils se réalisent. Cette orientation générale s'est appliquée à divers domaines : sociologie urbaine, sociologie de l'éducation, sociologie de la santé, etc. Elle a permis la constitution de théories, comme celle des rituels de construction du quotidien (Goffman) ou de l'*étiquetage* (BECKER) et continue d'être une orientation féconde de la recherche sociologique.

Jean-Michel BERTHELOT

bibliographie

BECKER Howard, *Outsiders. Études de sociologie de la déviance* (1963), Métailié, 1985.

BERNOUX Philippe, *La Sociologie des organisations*, Seuil, 1985.

BOUDON Raymond, *L'Analyse mathématique des faits sociaux*, Plon, 1967.

BOUDON Raymond, *Effet pervers et ordre social*, PUF, 1993.

GOFFMAN Erving, *La Mise en scène de la vie quotidienne*, Éd. de Minuit, 2 t., 1973.

QUEIROZ Jean-Manuel de, ZIOLKOVSKI Jarek, *L'Interactionnisme symbolique*, PU de Rennes, 1994.

STRAUSS André, *Miroirs et masques. Une introduction à l'interactionnisme* (1959), Métailié, 1992.

INTERDIT

du latin *interdicere* « défendre quelque chose à quelqu'un, interdire »

all. VERBOT	esp. PROHIBICIÓN
angl. PROHIBITED	ital. INTERDETTO

voir : INCESTE, PURETÉ ET SOUILLURE, SACRÉ, TABOU, TOTÉMISME

Interdiction exprimant une règle, impliquant une sanction et constituant le versant négatif de toute obligation.

INTERDIT ET TABOU. Tandis que le mot *tabou*, emprunté au polynésien, désigne une défense à caractère sacré dont la violation est supposée entraîner une impureté, une calamité ou une infortune sociale, l'interdit ordinaire, dans un contexte d'éthique sociale et politique, constitue le versant négatif de toute obligation positive.

INTERDITS ET ENCULTURATION. Les interdits constituent des éléments d'autoconservation sociale, de socialisation à la base de toute enculturation, de ségrégation en ce qu'ils sont spécifiques à un État, une caste, une classe, une collectivité, de sécurisation immunisatrice pour ceux qui les observent. FRAZER distingue, parmi les tabous religieux, des actes (inceste, meurtre, consommation de certains aliments), des personnes (rois, défunts, deuilleurs, femmes en menstruation), des choses (armes, sang, cheveux), des mots (noms de divinités, de parents, d'objets impurs). DURKHEIM lie la notion à celle de *mana*, comme force totémique engendrant des prohibitions alimentaires et sexuelles. FREUD considère le tabou comme une contrainte limitatrice du désir, réglée par la loi du père. Selon le degré de sanction, LÉVI-STRAUSS perçoit une indication de l'ordre des valeurs. DOUGLAS inscrit la violation d'interdit dans le contexte de la souillure et du danger de l'impureté.

TYPOLOGIE DES INTERDITS. La variété des situations, des formulations et des sanctions oblige à relativiser les distinctions entre tabous religieux et interdit politique, interdit moral (de tuer, sauf l'ennemi en cas de guerre) et interdit disciplinaire dans le cadre d'une organisation, interdit rationnel (ne pas polluer) et tabou superstitieux (ne pas passer sous une échelle). Il est des interdits qui dépendent de l'âge (permis aux adultes, interdit aux jeunes), du sexe (tabous menstruels), du champ social (famille, caste, ethnie), du statut des personnes (interdits imposés au prêtre), du temps et de l'espace. Outre les interdits généraux de nuire aux personnes et aux biens, les plus fréquents sont d'ordre alimentaire et sexuel. Il est aussi des interdits de contact (avec des cadavres), ou de dire, sauf par euphémisme (il a cassé sa pipe).

FONCTIONS DES INTERDITS. Moyen de défense de la société pour la survie de son identité culturelle, épreuve de soumission de l'individu aux détenteurs du pouvoir de sanctionner, l'interdit se présente comme un système de contrôle des hommes, de telle sorte que le langage du pouvoir se confond souvent avec le langage des interdits.

Claude RIVIÈRE

bibliographie

DOUGLAS Mary, *De la souillure*, La Découverte, 1992.

DURKHEIM Émile, « La Prohibition de l'inceste et ses origines » (1898), in *Textes*, Éd. de Minuit, 1975.

FRAZER James G., *Le Cycle du rameau d'or* (1890-1915), Laffont, 4 t., 1981-1984.

FREUD Sigmund, *Totem et tabou* (1912), Payot, 1947.

LÉVI-STRAUSS Claude, *Les Structures élémentaires de la parenté* (1949), Mouton, 1967.

MAKARIUS Laura, *Le Sacré et la violation des interdits*, Payot, 1974.

WEBSTER Hutton, *Le Tabou* (1942), Payot, 1952.

INTÉRÊT

du latin *interest* « il est de l'intérêt de ; il importe », 3e personne du singulier de *interesse* « être entre »

all. INTERESSE	esp. INTERÉS
angl. INTEREST	ital. INTERESSE

voir : INDIVIDUALISME MÉTHODOLOGIQUE, MOUVEMENT SOCIAL, PARADOXE D'OLSON, UTILITARISME

Ce qui est utile, profitable, à une personne ou à un groupe.

La notion d'*intérêt* pose des problèmes essentiels en sociologie, soit que l'on considère l'intérêt individuel (l'acteur social poursuit-il son intérêt ?), l'intérêt collectif (le groupe poursuit-il toujours son intérêt ?), les contradictions entre les intérêts et enfin les idéologies de l'intérêt.

. La question de savoir si l'acteur social poursuit essentiellement son intérêt individuel pose des problèmes d'analyse et, simultanément, des problèmes épistémologiques. Les modèles marxiste ou culturaliste mettent l'accent sur les déterminants économiques ou culturels des comportements individuels et mettent en doute le caractère proprement individuel des motivations. Les théories de l'action, l'individualisme méthodologique appellent au contraire à postuler le caractère rationnel de l'acteur et la liberté de ses choix (BOUDON, 1979).

. La notion d'intérêt collectif pose non moins de problèmes. L'on ne peut retenir l'hypothèse *a priori* selon laquelle tout groupe quel qu'il soit poursuit son intérêt. Il revient à l'observateur de vérifier comment se trouve élaborée la représentation de l'intérêt au sein d'une organisation ou d'une institution : par quels mécanismes et quels rapports de force les intérêts individuels sont-ils rendus compatibles ? Comment les conflits d'intérêt sont-ils surmontés (CROZIER, 1977) ?

. Une question significative est de savoir pourquoi, en bien des situations, des personnes qui ont des intérêts communs à défendre se révèlent incapables d'agir en ce sens et de se donner une organisation propre. Les sociologies objectivistes sont portées à souligner le rôle des divers obstacles qui empêcheraient de telles mutations. Dans une perspective d'analyse économique des comportements, OLSON suggère au contraire que l'individu privé, mesurant ses coûts et bénéfices, peut, dans de telles situations, estimer qu'il a peu intérêt à dépenser ses forces en une entreprise collective dont il retirera un bénéfice médiocre (Olson, 1966).

. En raison de ces difficultés à rendre compatibles les intérêts privés et les intérêts collectifs, la sociologie porte une attention particulière aux idéologies (morales, politiques, religieuses) qui construisent des représentations systématiques des intérêts communs. Une idéologie nationale, par exemple, redéfinit l'intérêt de la totalité nationale et pose le principe de la conciliation des intérêts des citoyens au sein de cette communauté. Il reste à observer dans quelle mesure ces citoyens acceptent cette définition et s'ils s'y conforment.

Pierre ANSART

bibliographie

CAILLÉ Alain, *Critique de la raison utilitaire*, La Découverte, 1989.

MARX Karl, *Les Manuscrits de 1844*, in *Œuvres*, « La Pléiade », Gallimard, 1968.

OLSON Mançur, *La Logique de l'action collective* (1966), PUF, 1978.

RANGEON François, *L'Idéologie de l'intérêt général*, Economica, 1986.

INTÉRIORISATION

du latin *interioritas* « caractère de ce qui est intérieur », au propre et au figuré

all. VERINNERLICHUNG	esp. INTERIORIZACIÓN
angl. INTERIORIZATION	ital. INTERIORIZZAZIONE

voir : ACCULTURATION, HABITUS, IDENTIFICATION, SOCIALISATION

Processus par lequel des formes culturelles sont transformées en normes, croyances, habitudes personnelles.

Reprenant le vocabulaire de FREUD et les indications de DURKHEIM sur la fonction de l'éducation, PARSONS définit l'*intériorisation* comme le processus d'assimilation des modèles sociaux, lesquels deviennent partie intégrante des personnalités psychiques. BOURDIEU fait de l'intériorisation le processus créateur de l'*habitus*, défini comme l'intériorisation des *« schèmes de perception, de pensée et d'appréciation communs à tout un groupe »* (1965, p. 24), ou comme l'*« intériorisation de l'objectivité » (ibid.*, p. 21). Ce processus est, le plus souvent, repéré dans la prime éducation et au cours de la scolarité, mais il peut aussi être observé dans les groupes professionnels ou les entreprises, où se produisent des mécanismes d'intériorisation de valeurs particulières à la profession ou au groupe de travail. Les débats concernant ce concept mettent en question l'extension et la permanence des intériorisations, une conception étroitement déterministe pouvant conduire à négliger le dynamisme des sujets.

Pierre ANSART

bibliographie

BOURDIEU Pierre, *Esquisse d'une théorie de la pratique, précédée de trois études d'ethnologie kabyle* (1965), Genève, Droz, 1972.

PARSONS Talcott, *Éléments pour une sociologie de l'action (1949-1953)*, Plon, 1955.

PERCHERON Annick, *L'Univers politique des enfants*, Armand Colin, 1974.

INTERSUBJECTIVITÉ

terme philosophique introduit en 1931 dans une traduction de Husserl ; du latin *inter* « à l'intérieur de deux » et *subjectivus* « qui se rapporte au sujet »

voir : AUTRUI, LIEN SOCIAL, OBJECTIVITÉ, OBJECTIVISME

Relation entre sujets qui implique un échange communicationnel : chacun reconnaît dans celui à qui il s'adresse un autre sujet, à la fois semblable et différent de lui.

1 PHILOSOPHIE. C'est à la philosophie qu'on doit d'avoir fait de l'*intersubjectivité* une notion fondamentale.

1 Comme relation essentielle à l'autre, et particulièrement dans la phénoménologie, le concept remonte à Hegel. Dans sa dialectique de la conscience de soi — maîtrise et servitude —, HEGEL fait de toute conscience de soi une conscience qui ne se pose que par la médiation d'une autre conscience de soi. L'homme est par essence intersubjectivité. Le terme s'est répandu à la suite des recherches de HUSSERL sur la constitution de l'*alter ego* et il a été vulgarisé, à sa suite, par les divers courants issus de lui. Notons cependant que SARTRE fait exception à cette règle. Dans *L'Être et le néant*, il n'a voulu voir d'abord dans le rapport du sujet à autrui que son côté négatif, aliénant (il modifiera son analyse dans sa *Critique de la raison dialectique*). Le regard de l'autre, identifié au regard de la Méduse, m'objective et m'enferme dans l'en-soi. Et on connaît sa phrase dans *Huis clos* : *« L'enfer c'est les autres. »* Avec le structuralisme* et des philosophes comme FOUCAULT, la notion d'intersubjectivité régressera, conséquence du rejet radical de toute philosophie du sujet, ce dernier étant posé comme simple effet des structures.

2 Le terme est également utilisé par Bachelard pour fonder l'objectivité* scientifique dans une attitude épistémologique proche du constructivisme en sociologie : l'objet scientifique n'est pas donné, mais construit dans un accord entre les sujets.

SOCIOLOGIE. La sociologie a hérité de la philosophie cette idée essentielle que le sujet n'est pas une monade (une substance autosuffisante) originaire.

L'intersubjectivité fonde le sujet dans son ipséité en même temps que dans sa relation à autrui. Mais le travail concret de l'anthropologue et du sociologue a surtout consisté à s'intéresser aux modes de communication interpersonnelle entre des sujets face à face, définissant ainsi l'intersubjectivité et les conditions de sa possibilité.

Observation, intersubjectivité et culture. Avec l'école de ALTO et des sociologues comme BATESON et WATZLAWICK ; avec aussi des sociologues comme GOFFMAN, l'intersubjectivité sera soumise aux rigueurs de l'observation concrète, d'abord en élargissant la notion de communication à toute relation impliquant, chez les acteurs, une intention communicative. Comme le montre HYMES en 1967, il est admis dans le contexte des Indiens ojibwa que les dieux parlent aux hommes par l'intermédiaire de coups de tonnerre et que les pierres dans le désert sont des signes déposés par eux pour aider les hommes. Ainsi, écrit Hymes, « *tout comportement et tout objet peuvent être communicatifs et l'éventail des possibilités communicatives est bien plus large et plus significatif que notre attention courante à la parole ne le révèle* ».

Dès lors, l'intersubjectivité présuppose la relation de l'homme à cet *Autre* qu'est la culture comme espace signifiant partagé. D'abord comme système de distribution des places, avec les rapports qui s'ensuivent (par exemple les rapports maître/élève, médecin/patient, parent/enfant, patron/employé ; rapports de hiérarchie, de familiarité, de proximité ou de distance, etc.). Ensuite comme espace d'affinités ou de rejet, espace des investissements pulsionnels où s'exercent les mécanismes inconscients de projection et d'identification.

La « face » et la place des acteurs sociaux. Goffman, analysant des situations de la vie quotidienne, montre que, dans la communication, une importance doit être donnée au souci du maintien de la *face*, de l'image positive de soi que l'on cherche à présenter aux autres par le langage, l'habillement, les postures et attitudes. Le monde social est assimilé à une scène de théâtre où chacun est acteur et spectateur, jouant un rôle et confirmant ou rejetant le rôle joué par autrui. On ne saurait, de ce fait, séparer la distribution des places* de la distribution des affects, puisque ceux-ci portent d'abord sur la place symbolique attribuée à l'autre et donc à soi-même. La sociologie montre ce que la philosophie présupposait et que la psychanalyse confirmait à sa façon : l'intersubjectivité se ramène au système communicationnel qui permet au sujet de reconnaître sa propre identité et de la faire reconnaître dans les échanges avec d'autres sujets en position de réciprocité, sous la législation d'une culture qui donne sens à la relation.

André AKOUN

bibliographie

AKOUN André, *La Communication démocratique et son destin*, PUF, 1994.

BERNE Éric, *Des jeux et des hommes*, Stock, 1975.

GOFFMAN Erving, *La Mise en scène de la vie quotidienne*, Éd. de Minuit, 1973.

GOFFMAN Erving, *Les Rites d'interaction*, Éd. de Minuit, 1974.

HYMES Dell, « L'Anthropologie de la communication », in *Human Communication Theory Original Essays*, New York, Holt, Rinhort et Winston, 1967.

MUCCHIELLI Alex, *Les Situations de communication*, Eyrolles, 1991.

WATZLAWICK Paul, *La Réalité de la réalité*, Seuil, 1978.

WINKIN Yves, *La Nouvelle Communication*, Seuil, 1981.

INTERVALLE DE CONFIANCE

all. VERTRAUENSABSTAND	esp. INTERVALO DE CONFIANZA
angl. CONFIDENCE INTERVAL	ital. SCARTO TIPO

voir : INFÉRENCE STATISTIQUE, LOI NORMALE

Calculer un intervalle de confiance revient à rechercher une certaine plage de nombres à l'intérieur de laquelle on peut affirmer, avec une probabilité fixée d'avoir raison, que se trouve la « vraie » grandeur que l'on recherche, c'est-à-dire celle de la population.

Le calcul d'un *intervalle de confiance* intervient lorsque l'on cherche à généraliser à une population un résultat que l'on a établie dans un échantillon aléatoire. Le cadre général est celui de l'inférence statistique.

On peut montrer que la différence entre la moyenne d'une variable calculée dans un échantillon et la moyenne de cette même variable de la population suit une loi normale. Ainsi, on sait que :

$$Pr\left(\bar{X} - 1,96\sqrt{\frac{s^2}{n}} \leq \mu \leq \bar{X} + 1,96\sqrt{\frac{s^2}{n}}\right) = 0,95$$

$\bar{X}$: moyenne dans un échantillon
μ : moyenne dans la population
s^2 : variance dans un échantillon
n : taille de l'échantillon ($n > 30$)

Cela signifie que, lorsqu'on a calculé une certaine moyenne $\bar{X}$ dans un échantillon, on peut affirmer, avec seulement 5 % de chances de se tromper, que la moyenne μ dans la population est comprise entre $\bar{X} - 1,96\sqrt{\frac{s^2}{n}}$ et $\bar{X} + 1,96\sqrt{\frac{s^2}{n}}$. Ces deux nombres constituent les bornes de l'intervalle de confiance.

De même pour une proportion :

$$Pr\left(P - 1,96\sqrt{\frac{P(1-P)}{n}} \leq \Pi \leq P + 1,96\sqrt{\frac{P(1-P)}{n}}\right) = 0,95$$

P : moyenne dans un échantillon
Π : proportion dans la population
n : taille de l'échantillon ($n > 100$)

De plus, la différence entre deux proportions (ou moyennes), calculées à partir de catégories distinctes dans un échantillon, suit également une loi normale. Supposons que l'on ait établi le tableau suivant :

	Femmes inactives	Femmes actives	Total	
Vivant en couple	18 %	82 %	100 %	n_1=1000
Vivant seules	15 %	85 %	100 %	n_2=2000

Dans quelle mesure la différence entre le taux d'activité des femmes seules (85 %) et celui des femmes vivant en couple (82 %) peut-elle être considérée comme reflétant une différence significative de comportement vis à vis de l'activité entre ces deux catégories dans la population ?

On sait avec 5 % de chance de se tromper que :

Différence

$$= (0,85 - 0,82) \pm 1,96\sqrt{\frac{0,85(1-0,85)}{1000} + \frac{0,82(1-0,82)}{2000}}$$

$$0,03 - 1,96{*}0,014 \leq \textit{Différence} \leq 0,03 + 1,96{*}0,014$$

$$0,0021 \leq \textit{Différence} \leq 0,057$$

Ainsi, il est possible d'affirmer que cette différence de 3 points dans les taux d'activité ne reflète pas seulement les fluctuations d'échantillonnage, mais qu'elle correspond à une différence réelle dans la population, et que cette différence est comprise entre 0,2 et 5,7 points.

Précisons que le risque d'erreur (ici 5 %) est fixé de manière arbitraire, et influe sur la taille de l'intervalle de confiance. En effet, celui-ci sera d'autant plus grand que le risque que l'on est prêt à assumer est faible. Si à un risque de 5 % correspond dans la formule un coefficient multiplicateur de 1,96, pour un risque de 10 % il faudra utiliser le chiffre 1,64, et pour un risque de 1 % le chiffre de 2,57 (⇒ LOI NORMALE).

Enfin, il faut ajouter que la largeur de l'intervalle de confiance décroît avec la taille de l'échantillon dont on dispose. Lorsque celle-ci est multipliée par 10, l'étendue de l'intervalle est divisée par $\sqrt{10}$. Ainsi, lorsqu'une différence entre deux pourcentages est non significative, cela peut être dû soit à une réelle absence de différence dans la population, soit au fait que l'échantillon est de taille insuffisante pour pouvoir conclure à l'existence d'une différence.

Félicité des NÉTUMIÈRES

INTERVENTION SOCIOLOGIQUE

emprunté (v. 1322) au bas latin juridique *intervention* « garantie, caution »

all. INTERVENTION	esp. INTERVENCIÓN
angl. INTERVENTION	ital. INTERVENTO

voir : INFLUENCE, INTÉRÊT, LOGIQUE SOCIALE, ORGANISATION, STRATÉGIE, TRAVAIL SOCIAL

Ensemble de pratiques interactives, gérées à la demande par des professionnels de sciences humaines, destinées à infléchir des stratégies dont dépend une logique sociale circonscrite.

L'INTERVENTION SOCIOLOGIQUE : UNE PRATIQUE RÉCENTE. L'*intervention sociologique* est longtemps restée enfermée dans l'antichambre des conseillers du Prince, sans dépasser la forme des rapports, livres, essais et critiques divers (MACHIAVEL, MONTESQUIEU, MARX, COMTE, DURKHEIM, et la plupart des sociologues jusqu'à nos jours). Aux États-Unis, Moreno fait figure d'ancêtre de l'intervention, et CROZIER en France a été longtemps le seul à pratiquer des interventions dans les organisations, au contact direct des acteurs, à partir de 1960. Puis TOURAINE a créé un « centre d'intervention sociologique » en 1970. Depuis 1980, beaucoup d'autres ont adopté l'intervention sociologique sous des formes multiples (DUBET, DUTRÉNIT, GAULEJAC, SCHWARTZ, WIEVIORKA, etc.) et sur les sujets les plus divers. Les uns et les autres ont apporté de très nombreux éléments de théorie et de méthode, dont un trop bref exposé trahirait les caractères originaux. En revanche, il n'est pas inutile d'en décrire les principales composantes sous forme synthétique.

LES INGRÉDIENTS OPÉRATOIRES DE L'INTERVENTION SOCIOLOGIQUE. Ces carrefours mettent en œuvre diverses micro-déterminations pédagogiques qui créent chez les participants de nouvelles capacités stratégiques, c'est-à-dire de nouveaux degrés de liberté. Quelle que soit l'école de pensée des intervenants, on trouve une série d'ingrédients opératoires de l'influence sur les acteurs :

1 faire *philosopher en groupe* sur les valeurs propres et externes (identité, opposition et totalité chez Touraine, critères de satisfaction chez Crozier et SAINSAULIEU, expression du vécu chez ROGERS et SCHWARTZ, recherche de la réciprocité chez Dutrénit, etc.) ;

2 organiser des *médiations entre les acteurs et l'extérieur* (leur faire mener eux-mêmes des parties de l'enquête chez MORENO ou Touraine, apporter leur connaissance du sujet à l'enquête auprès de tous) ;

3 *contractualiser le contenu des phases de l'intervention* (signature d'une convention d'intervention, de formation, d'étude interactive, de recherche-action...) ;

4 proposer des *enseignements cognitifs* (communiquer des résultats d'analyses sociologiques anciennes et/ou récentes à différents stades de l'intervention) ;

5 faire *appliquer les résultats* par les acteurs (nouvelles formes de mouvement social chez Touraine, nouvelles procédures d'organisation du travail chez Crozier, nouvelles expertises chez Dutrénit, Sainsaulieu et Schwartz).

Il va de soi que l'intervention sociologique est toujours tributaire des rapports de force qui se logent au creux des logiques sociales en œuvre à un moment donné de l'évolution d'une collectivité, mais que l'un de ses objectifs est toujours d'en modifier les termes. En ce sens, elle est une contribution de la sociologie aux sciences de gestion et aux sciences politiques.

Jean-Marc DUTRÉNIT

bibliographie

ANSART Pierre, *Les Sociologies contemporaines*, Seuil, 1990.

CROZIER Michel, FRIEBERG Erhard, *L'Acteur et le système*, Seuil, 1977.

DUBET François, *Les Lycéens*, Seuil, 1991.

DURKHEIM Émile, *Éducation et sociologie*, PUF, 1999.

DUTRÉNIT Jean Marc, *La Compétence sociale*, L'Harmattan, 1997.

HATEM Fabrice, CAZES Bernard, ROUBELAT, *La Prospective*, Economica, 1993.

MORENO Jacob L., *Fondements de la sociométrie*, PUF 1970.
ROGERS Carl R., *Un manifeste personnaliste*, Dunod, 1980.
SAINSAULIEU Renaud, *L'Identité au travail*, Presses de la FNSP, 1978.
SCHWARTZ Bertrand, *Moderniser sans exclure*, La Découverte, 1995.
TOURAINE Alain, *Le Retour de l'acteur*, Fayard, 1984.

INTERVIEW ⇒ ENTRETIEN

INTROJECTION ⇒ INTÉRIORISATION

INVENTION

voir : ART, SCIENCES

Création, par un individu ou un groupe, d'une forme, d'un savoir, d'une idée, d'une institution, d'objets nouveaux.

Toute *invention*, scientifique, organisationnelle, culturelle, apparaissant dans un milieu et se faisant à partir des éléments d'une culture, entretient nécessairement des rapports complexes avec les conditions sociales de sa production. Le problème très particulier de l'étude sociologique d'une invention est de découvrir à la fois les conditions favorables à son apparition et, d'autre part, de dégager la part d'imprévu et de rupture qui échappe précisément à la répétition sociale et culturelle. L'approche sociologique requiert, dans ce domaine, d'être complétée par les approches psychologique, psychosociologique et historique.

Pierre ANSART

bibliographie

VINCK Dominique, *Sociologie des sciences*, Armand Colin, 1995.

IRONIE

du latin *ironia* « ironie »

all. IRONIE	esp. IRONÍA
angl. IRONY	ital. IRONIA

voir : CRITIQUE, OBJECTIVATION, SOCIOLOGIE

Art de la dérision ou forme de moquerie consistant à détourner le sens des mots en utilisant certaines figures de rhétorique, notamment l'antiphrase.

Dans la philosophie, l'*ironie* relève toujours d'une position du sujet par rapport au monde ou aux autres. C'est une attitude adoptée qui permet de pratiquer un certain cynisme sans jamais être engagé socialement. Tout phénomène de société devient alors susceptible d'être tourné en dérision. L'ironie semble donc conforter une clôture du sujet sur lui-même et anéantir la possibilité d'une compréhension rationnelle ou sensible. Si un sociologue choisit d'être un ironiste, peut-il encore exercer son métier ?

Entretien et ironie. Dans une relation intersubjective — au cours d'un entretien —, l'ironie d'une situation ou d'un fait advient parfois sans être recherchée par le sociologue lui-même. Elle prend une forme objective pour deux raisons : elle naît des circonstances présentes et se manifeste comme l'effet d'une connivence provoquée par des retournements de sens.

L'ironie collective. On peut donc faire l'hypothèse d'une ironie collective, fondée sur le jeu d'une complicité inattendue et sur la parodie de l'interprétation. L'ironie n'est pas toujours *« une affaire intrinsèquement privée »* (RORTY), elle advient avec la complicité d'un doute partagé à l'égard des croyances communes. Pour le sociologue, l'ironie n'est analysable que si elle est réduite à ses modalités d'expression langagière, à des codes de la rhétorique. Au cours d'un entretien, c'est la forme elle-même de l'objectivation d'une situation qui peut devenir ironique, l'interviewé caricaturant sans le vouloir le discours sociologique au moment où il propose sa propre interprétation des faits. Dans la mesure où elle est contagieuse, l'ironie déstabilise la position du sociologue et le contraint à se méfier de ses préjugés méthodologiques. Au lieu d'être l'arme de la maïeutique, telle qu'elle était utilisée par SOCRATE, l'ironie se caractérise par un scepticisme commun.

Henry Pierre JEUDY

bibliographie

JANKÉLÉVITCH Vladimir, *L'Ironie*, Flammarion, 1986.
JEUDY Henry Pierre, *L'Ironie de la communication*, Éd. de La Lettre volée, 1996.
RORTY Richard M., *Contingence, ironie et solidarité*, Armand Colin, 1993.

IRRATIONNEL

du latin *ratio* « calcul, faculté de calculer »

all. IRRATIONAL	esp. IRRACIONAL
angl. IRRATIONAL	ital. IRRAZIONALE

voir : CULPABILITÉ, ÉMOTION, INDIVIDUALISME MÉTHODOLOGIQUE, PASSION, PSYCHANALYSE

Par opposition à rationnel, est qualifié d'irrationnel tout comportement individuel ou collectif non dirigé vers des fins rationalisables.

Les fondateurs de la sociologie, COMTE, MARX, SPENCER, ne doutaient pas que la sociologie s'inscrirait dans un mouvement de rationalité croissante et qu'elle participait à cette progression par sa propre scientificité. Bien que cette illusion positiviste ait été mise en échec par l'histoire du XXe siècle, le débat se poursuit.

L'ACTION INDIVIDUELLE. Au niveau de l'analyse de l'action individuelle, on peut opposer deux tendances extrêmes :

1. L'individualisme rationnel place au centre de ses analyses l'individu choisissant ses objectifs en vue de maximiser ses intérêts et minorer ses risques, à l'image de l'*homo œconomicus*.
2. À l'opposé, les sociologies attentives aux déterminants, économiques, culturels ou psychosociologiques, tendent à faire la part de tout ce qui peut limiter la rationalité de l'acteur : position de classe, croyances, pulsions, affects...

Le comportement individuel : un mélange de rationalité et d'irrationnel. De nombreuses expériences de psychologie sociale tendent à relativiser cette distinction du rationnel et de l'irrationnel. Les recherches sur l'influence (FESTINGER, 1957 ; MILGRAM, 1974), sur l'effet *placebo*, montrent que les comportements des sujets peuvent suivre (« rationnellement ») les consignes données et, simultanément, se diriger (« irrationnellement ») selon des influences incontrôlées. Dans une situation d'apprentissage scolaire, par exemple, l'enseignant se préoccupe de transmettre des contenus de connaissance, mais ses intonations, ses silences, ses postures corporelles, comme ses préjugés incontrôlés favorisent ou défavorisent la transmission. De même l'éducateur est sensible à la personnalité de ses élèves, aux apparences, aux physionomies ; et, de leur côté, les élèves sont sensibles aux suggestions, rassurés ou inquiets, bloqués dans leur compréhension ou soutenus par des interactions inconscientes. La distinction simple du rationnel et de l'irrationnel n'est pas clairement pertinente.

LES PRATIQUES COLLECTIVES. Au niveau des pratiques collectives, les distinctions idéal-typiques proposées par WEBER offrent des éléments de réponse : en distinguant quatre formes d'activités sociales (rationnelles en finalité, rationnelles en valeur, affectives et traditionnelles), il invite à limiter à la première de ces quatre formes la recherche de la rationalité. Les trois autres orientations ne sont pas nécessairement irrationnelles au sens que PARETO donne aux « actions non logiques » ou dénuées de raison. Weber ajoute qu'une même activité peut combiner plusieurs des types d'activité qu'il a distingués. On doit ajouter qu'une même activité peut être rationnelle en finalité pour un groupe social (le maintien de ses privilèges) et de type traditionnel pour le groupe dominé. L'agrégation des activités rationnelles (retirer ses avoirs bancaires en raison d'une rumeur de faillite) peut provoquer des conséquences irrationnelles (la banqueroute financière). Une succession de décisions rationnelles peuvent conduire à une situation irrationnelle pour l'ensemble du groupe. De même encore, des agents économiques font appel, par la publicité, à des réactions émotionnelles pour accroître rationnellement leurs ventes, sans que tous les achats puissent être qualifiés de rationnels. La distinction du rationnel et de l'irrationnel ne peut qu'être relativisée, mais elle demeure une distinction provocatrice et indispensable pour la réflexion sociologique.

Pierre ANSART

bibliographie

BOUDON Raymond, *L'Idéologie ou l'origine des idées reçues*, Fayard, 1986.

MILGRAM Stanley, *Obedience to Authority ; an Experimental View*, New York, Harper and Row, 1974.

ROSENTHAL Robert, JACOBSON Léonore, *Pygmalion à l'école. L'attente du maître et le développement intellectuel des élèves* (1969), Casterman, 1983.

WEBER Max, *Économie et société*, Plon, t.1, 1971.

IRRESPONSABILITÉ ⇒ RESPONSABILITÉ

IRRÉVERSIBILITÉ ⇒ RÉVERSIBILITÉ

ISOGAMIE ⇒ HOMOGAMIE

ISOLAT

voir : MARIAGE

Ensemble humain endogamique, sans rapports avec d'autres groupes.

L'isolement complet d'un groupe peut être lié soit à des conditions écologiques particulières, soit à des conditions culturelles, religieuses, ethniques ou sectaires. L'endogamie en est un caractère essentiel. Dans la société contemporaine, l'étude démographique de la nuptialité fait apparaître la permanence et la relativité des *isolats* : les mariages réunissent de façon privilégiée les membres d'une même classe sociale, d'une même profession (enseignants, fonctionnaires), d'une même ethnie (GIRARD, éd. 1970). MALINOWSKI donne à ce concept un sens différent : il désigne par ce terme un ensemble social découpé dans une totalité culturelle à des fins heuristiques.

Pierre ANSART

bibliographie

GIRARD Alain, *Le Choix du conjoint*, PUF, 1974.

MALINOWSKI Bronislaw, *Une théorie scientifique de la culture et autres essais*, Seuil, 1970.

ISOMORPHISME ⇒ HOMOLOGIE

J-K

JEU

du latin *jocus* « plaisanterie, badinage » (au pluriel *joci* « jeux »)

all. SPIEL	esp. JUEGO
angl. PLAY, GAME	ital. GIOCO

voir : ART, INTERACTION, THÉORIE DES JEUX, LOISIR, SPORT

Activité physique ou mentale qui n'a d'autre but, à l'origine, que le plaisir qu'elle procure, organisée selon des règles et parvenant à un succès ou un échec.

UNIVERSALITÉ DU JEU ET CLASSIFICATION DE CAILLOIS. Les *jeux* constituent des objets d'étude pour toutes les sciences sociales et humaines : anthropologie, histoire, psychologie sociale, sociologie, psychologie. Présents, en effet, dans les cultures sous des formes multiples, les jeux sont aussi d'une importance majeure dans l'éducation et dans les pratiques de loisir. Les anthropologues, après HUIZINGA (1938), ont souligné tout à la fois l'universalité des pratiques ludiques et la permanence de certaines catégories fondamentales à travers leurs diversités. CAILLOIS (1958) a proposé d'en opérer un classement en quatre rubriques selon que prédomine, dans les jeux considérés, la compétition *(agon)*, le hasard *(alea)*, le simulacre *(mimicry)*, ou le vertige *(ilinx)*. Un jeu collectif comme le football s'organise dans une compétition agonistique ; dans le jeu de dés, au contraire, le joueur est passif en attendant l'arrêt du sort ; dans le mime, il se divertit en imitant ; enfin, pour d'autres jeux, le but est d'atteindre l'étourdissement, le risque, le vertige.

JEU, CLASSE SOCIALE ET SOUS-CULTURE. La sociologie se trouve ainsi face à une grande variété de pratiques et elle se diversifie en de nombreux choix d'objets et de constructions d'objets. Distinguons les travaux sur les jeux organisés, puis les études du « jeu social ». Les études sociologiques des différents jeux soulignent les multiples implications et dimensions sociales des jeux. Ce ne sont pas les mêmes personnes qui se consacrent, de préférence, au rugby, au football, au tennis ou au golf. Les pratiques sportives ne sont pas sans rapport avec les différentes classes sociales (POCIELLO, 1995). Chaque pratique sportive répond, peut-on dire, à une certaine sous-culture, et entretient entre les participants une certaine modalité de la sociabilité. En même temps, chaque pratique génère des liens sociaux, depuis les échanges locaux jusqu'aux compétitions internationales en passant par l'édifice des clubs, associations, fédérations. Au niveau national et international, le jeu sportif se trouve pris dans un ensemble de contraintes économiques, institutionnelles, politiques, qui en soulignent l'évidente importance et risquent de laisser peu de place au seul plaisir du jeu. Dans un tel domaine, les études sont révélatrices de traits essentiels des sociétés modernes.

JEU SOCIAL. C'est un objet connexe mais différent que celui du « jeu social ». À partir, en effet, de la définition minimale du jeu (activité volontaire accomplie suivant des règles consenties mais impérieuses), il est fécond d'examiner les relations sociales dans cette perspective, de considérer l'acteur social agissant selon des règles et poursuivant ses objectifs. Dans ses travaux sur les interactions sociales, GOFFMAN met en relief le fait que l'interaction comporte une part de jeu dans lequel chacun doit s'adapter, choisir son rôle et le jouer face à autrui (1974). Dans leur approche stratégique des comportements au sein des entreprises (1977), CROZIER et FRIEDBERG font de chaque membre de l'organisation un acteur jouant son rôle selon ses propres finalités. Même les relations de pouvoir peuvent être envisagées comme un système réglé, tel un jeu, au sein duquel les acteurs jouent leur partie selon leur place et leurs moyens. Toutes les compétitions et les concurrences sociales comportent cette dimension agonistique.

L'EXPANSION DES JEUX DANS LE MONDE. Peut-on généraliser ces travaux et tenter d'apprécier l'expansion massive des jeux dans le monde actuel et ses significations ? Les prises de position sur ce sujet sont largement opposées, depuis les critiques qui soupçonnent ces jeux d'avoir partie liée avec les forces d'oppression et d'aliénation (BROHM, 1976) jusqu'aux phénoménologues décrivant les dimensions positives de ces multiples expériences ludiques (SANSOT, 1996).

Pierre ANSART

bibliographie

BROHM Jean-Marie, *Sociologie politique du sport*, Delarge, 1976.

CAILLOIS Roger, *Les Jeux et les hommes : le masque et le vertige* (1958), Gallimard, 1991.

CARSE John P., *Jeux finis, jeux infinis. Le Pari métaphysique du joueur*, Seuil, 1988.

CHATEAU Jean, *Le Réel et l'imaginaire dans le jeu de l'enfant : essai sur la genèse de l'imagination* (1967), Vrin, 1975.
GOFFMAN Erving, *Les Rites d'interaction*, Éd. de Minuit, 1974.
HUIZINGA Johan, *Homo ludens, essai sur la fonction sociale du jeu* (1938), Gallimard, 1988.
LE POGAM Yves, *Démocratisation du sport : mythe ou réalité ?*, Delarge, 1979.
MAURRIRAS-BOUSQUET Martine, *Théorie et pratiques ludiques*, Economica, 1984.
POCIELLO Christian, *Les Cultures sportives*, PUF, 1995.
SANSOT Pierre, *Les Gens de peu*, PUF, 1996.

JEUNESSE

du latin *juvenis* « jeune »

all. JUGEND	esp. JUVENTUD
angl. YOUTH	ital. GIOVINEZZA

voir : ADOLESCENCE, CYCLE DE VIE, FAMILLE

La jeunesse est le temps de la vie qui sépare la dépendance enfantine de l'autonomie de la maturité.

JEUNESSE ET ADOLESCENCE. Longtemps, dans les sociétés traditionnelles, la *jeunesse* a correspondu au temps de l'adolescence ; elle s'étendait sur une période relativement brève et, surtout, elle était scandée par des rites initiatiques qui en marquaient les droits et les devoirs et en ponctuaient la sortie.

L'ALLONGEMENT DE LA DURÉE DE LA JEUNESSE. D'abord dans les classes favorisées, puis dans toutes les catégories sociales, la durée de la jeunesse n'a cessé de s'accroître dans les sociétés modernes, notamment à partir des années 50 aux États-Unis et en Europe. Pour l'essentiel, cet allongement est lié au fait que l'entrée dans la vie active et la formation d'une famille interviennent de plus en plus tard. Dans la France contemporaine, le chômage des jeunes a encore accentué cet étirement de la jeunesse qui bouscule le calendrier traditionnel de la vie. Pour l'essentiel, la notion de *jeunesse* a partie liée avec la modernité. En suivant les travaux fondateurs des sociologues américains des années 50, on peut la caractériser par deux grands traits. Le premier d'entre eux est la relative anomie* : la jeunesse n'est ni l'enfance ni l'âge adulte, ni la dépendance ni l'autonomie. C'est le temps du moratoire, de l'expérimentation d'une certaine liberté ; l'incertitude est encore accrue par l'affaiblissement du contrôle social et des rites initiatiques. D'une certaine façon, le temps de la jeunesse est relativement « dangereux ». Mais par ailleurs, et en sens contraire, il est aussi celui d'une contrainte d'investissement dans l'avenir. Dans la mesure où le statut s'acquiert plus qu'il n'est hérité, les jeunes doivent s'engager dans des études et des formations professionnelles afin de construire, dans leur présent, leur statut d'adulte. De ce point de vue, l'expérience juvénile est fortement liée à l'école qui distribue les « espérances » des individus. La jeunesse est donc à la fois dominée par la liberté du moment et par la nécessité de se projeter dans l'avenir. Cependant, même si la jeunesse présente des traits homogènes, il y a autant de jeunesses que de conditions sociales et scolaires.

LA CULTURE JUVÉNILE DE MASSE. Le temps de la jeunesse est aussi caractérisé par une certaine autonomie culturelle. Dès les années 50, les tensions ont été gérées et réduites par l'adhésion à une culture juvénile de masse, notamment par le rock 'n' roll et diverses musiques populaires. Les modes et les styles juvéniles sont très largement produits par les industries culturelles, mais ils sont aussi des modes d'expression propres, comme peut l'être le rap aujourd'hui. Connaissant des épreuves spécifiques et partageant une certaine identité culturelle, la jeunesse peut se constituer en acteur collectif comme ce fut le cas dans les années 60 avec l'adhésion à la contre-culture, ou aujourd'hui, avec les mouvements des étudiants et des lycéens, ou bien encore avec les protestations des jeunes des banlieues.

JEUNESSE ET DÉVIANCE. Le temps de la jeunesse est celui des épreuves de l'entrée dans la vie et de la formation de soi à travers ces épreuves. Il est donc, depuis longtemps, caractérisé par certains risques dont celui d'une déviance et d'une délinquance spécifiques. De nombreux travaux de sociologues ont étudié les gangs*, les violences urbaines, les consommations de drogues... De même, les sociologues ont consacré de très nombreuses études à l'école en observant la manière dont les jeunes utilisent ou rejettent le système scolaire. Ils observent aussi les socialisations spécifiques des filles et des garçons.

SOCIOLOGIES DE LA JEUNESSE. Avec l'allongement de le jeunesse, la massification du système scolaire et la multiplication des problèmes d'insertion, les études n'ont cessé de se multiplier. Cependant, la sociologie de la jeunesse n'est pas une sociologie « particulière », dans la mesure où elle mobilise bien d'autres champs : éducation, culture, déviance, mobilité sociale... Plus la jeunesse s'allonge et se massifie, moins elle est un objet d'étude particulier.

François DUBET

bibliographie

BETTELHEIM Bruno, « The Problem of Generation », *in* E. H. ERIKSON (éd.), *Youth : Change and Challenge*, Londres, New York, Basic Book, 1963.
BOURDIEU Pierre, PASSERON Jean-Claude, *Les Héritiers. Les étudiants et la culture*, Éd. de Minuit, 1964.
CAVALLI Alessandra, GALLAND Olivier (sous la dir. de), *L'Allongement de la jeunesse*, Actes Sud, 1994.
CHAMBORÉDON Jean-Claude, « La Société française et sa jeunesse », *in* Jacques DARRAS, *Le Partage des bénéfices*, Éd. de Minuit, 1966.
COLEMAN James S., *The Adolescent Society*, New York, Free Press, 1961.
DUBET François, *La Galère. Jeunes en survie*, « Points », Seuil, 1995.
EISENSTADT Samuel N., *From Generation to Generation*, Londres, Routledge and Kegan Paul, 1956.
GALLAND Olivier, *Sociologie de la jeunesse*, Armand Colin, 1991, chap. II.
LAPASSADE Georges, *L'Entrée dans la vie*, Éd. de Minuit, 1965.
MANNHEIM Karl, *Le Problème des générations*, Nathan, 1991.
MEAD Margaret, *Le Fossé des générations*, Denoël-Gonthier, 1971.
MORIN Edgar, « Adolescents en transition », in *Revue française de sociologie*, VII, 1966.
PARSONS Talcott, PLATT G. M., « Age, Social Structure and Socialization in Higher Education », in *Sociology of Education*, Winter, 1970.

THÉORIE DES JEUX

voir : ÉPISTÉMOLOGIE, HASARD, MATHÉMATIQUES

On appelle théorie des jeux *(syn. :* théorie mathématique de la décision, praxéologie mathématique) *l'ensemble des outils et des méthodes mathématiques intervenant dans la formalisation des « jeux de société » et plus généralement de certaines situations de décision : celles où un agent (le « joueur », le « décideur ») doit choisir une décision parmi plusieurs qui sont possibles, tout en étant dans l'incertitude quant aux conséquences de celles-ci. Ces conséquences dépendent en effet soit du hasard (cas des loteries, de la roulette, etc.), soit des décisions que peuvent prendre un ou plusieurs autres agents (les échecs, le jeu de dames), soit des deux (Monopoly, bridge, poker, etc.).*

Si le domaine privilégié d'application de la *théorie des jeux* est celui des jeux de société, elle a aussi l'ambition de formaliser mathématiquement des situations beaucoup moins bien délimitées, dans lesquelles le décideur peut être un agent économique (chef d'entreprise ou gestionnaire de portefeuille, à titre d'exemples), voire un chef de guerre. De ces situations de la vie économique ou sociale, les jeux de société constituent des *représentations* simplifiées. La taille impartie au présent article ne permet pas d'y définir les principaux concepts de la théorie pour un lecteur qui n'est pas familier des mathématiques ; il y faudrait trop d'explications mathématiques préalables. On pourra, pour en savoir plus sur ce point, se reporter aux ouvrages de Pierre Rosenthiel, Marc Barbut et Georges Guilbaud. On se bornera donc ici à rappeler succinctement comment les mathématiques de la décision ont, au cours de leur histoire pluriséculaire, été le domaine de la science où sciences sociales et mathématiques ont eu le plus d'interaction et d'influence mutuelle.

NAISSANCE DU CALCUL DE PROBABILITÉS. Il y eut d'abord la théorie des *jeux de hasard pur* ; la mathématisation en commence avec le *De ludo alae* de CARDAN (1564), sinon plus tôt ; c'est d'un problème posé à propos d'un tel jeu par le chevalier de Méré que fut créé par PASCAL, dans un échange épistolaire avec FERMAT au cours de l'été 1654, le calcul des probabilités qui est devenu aujourd'hui l'une des branches les plus vivantes des mathématiques et les plus fécondes dans ses applications (dans les sciences dites « exactes » en particulier). Mais les contemporains de Pascal s'intéressaient aussi à des questions bien moins artificielles de décision face à l'incertitude, notamment celles que pose, dans un contexte juridique, la rédaction de contrats *équitables* dans lesquels le hasard intervient (contrats d'assurance, par exemple). Pascal et Fermat eurent des successeurs immédiats : dès 1657, Christian HUYGENS publie le premier traité de calcul des probabilités, sous le titre *De ratiociniis in ludo alae.*

LA STATISTIQUE INFÉRENTIELLE. En 1689, Jacques BERNOULLI démontre le théorème (connu aujourd'hui sous le nom de « loi des grands nombres ») qui fonde la *statistique inférentielle.* Or, là encore, la visée dépasse largement l'application aux seuls jeux de hasard ; dans la « lettre à un amy sur les parties du jeu de paume » annexée à son *Ars conjectandi* publié en 1713 après sa mort (1705), Jacques Bernoulli pose très clairement les bases de la *décision statistique* et de l'utilisation du calcul des probabilités, qui en est l'instrument théorique, dans divers domaines de ce que nous appelons « sciences sociales ». Son neveu et continuateur Nicolas BERNOULLI intitule sa thèse de doctorat (Bâle, 1715) *De usu artis conjectandi in jure.*

IMPORTANCE DES STATISTIQUES EN MÉTHODOLOGIE. Née à propos de questions qui se posent dans les sciences sociales, la statistique est devenue au XXe siècle l'un de leurs outils méthodologiques majeurs et le principal de ceux relevant des mathématiques (qu'on pense, par exemple, à l'importance des *sondages* d'opinion, ou des *tests d'hypothèses* pour la sociologie) : méthodes de ces sciences et techniques statistiques se sont mutuellement modifiées et confortées (⇒ STATISTIQUE).

LES MATHÉMATIQUES DE LA DÉCISION. Il y a les jeux de hasard ; il y a aussi, et surtout, ceux où intervient, uniquement ou en outre, l'*habileté des joueurs*, leurs tactiques et leurs ruses pour parvenir à leurs fins, et l'interaction entre les décisions prises par les uns et les autres. L'étude mathématique de tels jeux est esquissée dès le début du XVIIIe siècle. Plus tard viennent les travaux de CONDORCET sur les mathématiques de la *décision collective* des assemblées ou des jurys (1785 : *Essai d'application de l'analyse à la probabilité des décisions prises à la pluralité des voix*). Mais ce n'est qu'au XXe siècle que les mathématiques de la décision prennent vraiment corps, tant en ce qui concerne les situations de lutte ou de compétition entre les agents (jeux « à somme nulle » ou « duels », jeux de partage, etc.) que celles où il s'agit d'accorder entre elles les décisions individuelles (théories de l'*intérêt général*, ou de l'avantage collectif). Les travaux précurseurs sont ceux d'Ernst ZERMELO sur le jeu des échecs (1911), d'Émile BOREL sur la catégorie étendue des jeux dits à *information parfaite*, où intervient également le hasard (1921), et ceux de NEUMANN dès 1928.

MORGENSTERN ET NEUMANN. Mais ce n'est qu'en 1944 que ce dernier publie avec MORGENSTERN l'ouvrage considéré comme fondateur *Theory of Games and Economic Behavior.* La date de 1944 n'est pas fortuite. C'est l'époque de la guerre mondiale, celle où il est vital pour les dirigeants civils et militaires en Grande-Bretagne et aux États-Unis de rationaliser les décisions de toute sorte à prendre pour la logistique et la conduite des opérations, tant au niveau tactique qu'à celui de la stratégie. L'œuvre de von Neumann et Morgenstern a eu une influence considérable : la *théorie économique* (macroéconomie) en a été renouvelée, et tous ses développements ultérieurs entrent dans le cadre qu'ils ont tracé ; dans la gestion des entreprises (microéconomie), ce fut l'essor de la *recherche opérationnelle* (le terme *operations research* est issu directement des méthodes mathématiques pour les opérations militaires).

RÔLE DE LA THÉORIE DES JEUX DANS LES SCIENCES SOCIALES. Dans les sciences sociales au sens étroit du terme (sociologie, anthropologie, psychologie sociale), les « retombées » de la théorie des jeux ont été bien plus modestes. Il y eut, dans les années 50 et au début des années 60, de grands espoirs, en psychologie sociale notamment, mais fondés sur un malentendu induit par le mot *behavior.* La théorie, en effet, n'est pas *descriptive* des comportements des joueurs, mais essentiellement *normative.* Elle sert à rationaliser et à éclairer les choix de celui qui doit décider et, corrélativement, à fournir un cadre conceptuel précis et rigoureux pour étudier les situations de décision. Ce dernier point a bien été compris par PARLEBAS lorsqu'il applique la théorie des jeux à la sociologie des jeux sportifs.

On regrettera par contre que l'ethnologie n'ait pratiquement jamais exploité les possibilités offertes par le cadre formel de la praxéologie mathématique. C'est pourtant dans celui-ci que pourrait se faire l'étude comparative des jeux pratiqués par diverses sociétés, du point de vue sans doute le plus significatif : celui de la logique interne qu'implique sa règle pour chaque jeu.

Marc BARBUT

bibliographie

BARBUT Marc, « En marge d'une lecture de Machiavel : l'art de la guerre et la praxéologie mathématique », in *Annales ESC*, 25 mars 1970.

GRANGER Gilles Gaston, *La Mathématique sociale du marquis de Condorcet*, PUF, 1956.

GUILBAUD Georges Théodule, *Éléments de la théorie mathématique des jeux*, Dunod, 1968.

NEUMANN John von, MORGENSTERN Oscar, *Theory of Games and Economic Behavior*, Princeton UP, 1944.

PARLEBAS Pierre, *Éléments de sociologie du sport*, PUF, 1986.

ROSENTHIEL Pierre, BARBUT Marc, « Jeux et mathématiques », *in* Roger CAILLOIS (sous la dir. de), *Jeux et sport*, « La Pléiade », Gallimard, 1967.

ROUANET Henri, LE ROUX Brigitte, *Statistique en sciences humaines*, Dunod, 4 t., 1987-1995.

SAINT-SERNIN Bertrand, *Les Mathématiques de la décision*, PUF, 1973.

JUSTICE

du latin *justitia* « justice »

all. JUSTIZ, GERICHT [1] GERECHTIGKEIT [2]	esp. JUSTICIA
angl. JUSTICE	ital. GIUSTIZIA

voir : CONTRÔLE SOCIAL, INSTITUTION, LÉGITIMITÉ, NORME, VALEUR

1. Ensemble des institutions chargées de l'application des lois.

2. Ensemble des principes régissant légitimement l'ordre social.

1 La première signification désigne l'ensemble des institutions et des administrations chargées de régler les différends entre les citoyens, en jugeant et en décidant des arrêts et sanctions conformément au droit positif (par exemple, justice civile, commerciale, militaire, politique, internationale...). Les études sociologiques portant sur ces différentes formes de justice et de procédures sont particulièrement développées dans les domaines du droit, de la délinquance et de la criminalité. L'étude des idéologies politiques contribue à la compréhension des structures et des processus de décisions juridictionnelles.

2 La seconde définition désigne l'énoncé des principes généraux régissant l'ensemble social conformément aux valeurs du bien. En ce sens, le concept de justice fait l'objet de réflexion dans toutes les grandes philosophies depuis PLATON et ARISTOTE. Le siècle des Lumières a tenté de reformuler la question en termes de rationalité en recherchant comment, selon ROUSSEAU, une communauté pouvait s'organiser par un contrat conforme au droit et à la volonté générale. L'apport de l'anthropologie en ce domaine fut non seulement de montrer l'extrême relativité de la notion de justice (une société de castes, par exemple, n'associe aucunement l'égalité à sa représentation de la société légitime), mais aussi les liens étroits entre les images de la société estimée juste et la particularité des structures et des croyances. Simultanément, de multiples travaux soulignent l'importance de ces représentations, à partir desquelles se développent les légitimations et illégitimations.

Les sociologues n'ont pas cherché à redéfinir un idéal de justice, tâche qui revient à la philosophie politique, mais à discerner les logiques sociales et les contradictions éventuelles entre les réalités sociales et les idéaux proclamés. Deux écoles se sont opposées sur ce sujet dès le milieu du XIXe siècle. C'est, pour MARX, une nécessité structurelle du mode de production capitaliste que d'approfondir l'écart entre le niveau des salaires et l'accumulation du capital économique, de générer ainsi et de renforcer l'injustice sociale. PROUDHON précisait qu'à l'injustice économique s'ajoutaient les injustices politique et idéologique par la dépossession des moyens de pouvoir et des biens intellectuels. À la même époque, après LOCKE ou CONSTANT, TOCQUEVILLE estimait, au contraire, qu'un régime de liberté économique, sans satisfaire au mythe d'une répartition égalitaire des biens matériels, offrait suffisamment de rétributions au mérite et au travail pour être ressenti comme juste par la majorité des citoyens (Tocqueville, 1835-1840). Cette thèse répond, non sans nuances et réélaborations, à celle des théoriciens du libéralisme économique.

RAWLS a développé la thèse selon laquelle ne pourrait être estimée juste qu'une société acceptant le « principe de différence » selon lequel une priorité serait systématiquement accordée aux individus dont le niveau de bien-être serait le plus faible. Les inégalités devraient être organisées de façon qu'elles apportent aux plus désavantagés les meilleures perspectives en même temps que l'égalité des chances soit assurée. Une telle conception n'est pas dénuée d'implications de politique sociale. Elle s'inscrit adéquatement dans une société démocratique où les principes proclamés d'égalité des citoyens et des droits de l'homme entrent en contradiction permanente avec l'inégalité des ressources matérielles et culturelles.

Pierre ANSART

bibliographie

EWALD François, *L'État-Providence*, Grasset, 1986.

FITOUSSI Jean-Paul, ROSANVALLON Pierre *et alii*, *Le Nouvel Âge des inégalités*, Seuil, 1997.

NOZICK Robert, *Anarchie, État et utopie* (1974), PUF, 1988.

RAWLS John, *Théorie de la justice* (1971), Seuil, 1987.

VAN PARIJS Philippe, *Qu'est-ce qu'une société juste ?*, Seuil, 1991.

*

* *

TEST DU KHI-DEUX (X2)

angl. CHI 2. Cette graphie est parfois admise dans les textes français spécialisés.

voir : INDÉPENDANCE, LES MÉTHODES EN SOCIOLOGIE, SONDAGE

On détermine l'indépendance entre deux variables qualitatives grâce à la mise en œuvre d'un test d'indépendance, dit test du Khi-deux, réalisé à partir de leur tri croisé.

L'idée générale de ce test consiste à comparer le tableau des effectifs du tri croisé avec le tableau que l'on obtiendrait si les deux variables étaient indépendantes (tableau des effectifs théoriques). Si la distance entre ces deux tableaux dépasse un certain seuil, on en conclut qu'elle ne peut être attribuée aux seuls aléas de l'échantillonnage, et donc qu'on ne peut accepter l'hypothèse d'indépendance.

Considérons la population d'un petit bourg dans lequel on a effectué un sondage aléatoire pour connaître l'opinion sur la fermeture d'une classe d'école maternelle. Le maire souhaite savoir s'il existe un lien entre les réponses et le sexe des enquêtés. On obtient les résultats suivants :

Tableau des effectifs

	Pour	Indifférent	Contre	$n_{j.}$
Hommes	96	6	18	120
Femmes	24	14	42	80
$n_{.k}$	120	20	60	n = 200

Tableau des effectifs théoriques

	Pour	Indifférent	Contre	$n_{j.}$
Hommes	72	12	36	120
Femmes	48	8	24	80
$n_{.k}$	120	20	60	n = 200

$$n^*_{jk} = \frac{n_{j.} \times n_{.k}}{n} = f^*_{jk} \times n$$

Pour chaque case, on calcule l'écart à l'indépendance, c'est-à-dire la différence entre ce que l'on observe dans le tableau croisé de départ et le tableau des effectifs théoriques :

$$e_{jk} = n_{jk} - n^*_{jk}$$

Plus ces écarts sont élevés (en valeur absolue), plus on s'éloigne de la situation d'indépendance.

Tableau des écarts

	Pour	Indifférent	Contre
Hommes	24	- 6	- 18
Femmes	- 24	6	18

L'écart est identique entre 96 et 72 et entre 48 et 24. Pour savoir quelles sont les cases qui sont les plus éloignées de la situation d'indépendance ou les plus proches, on pondère chaque écart par son poids par rapport à l'effectif théorique :

$$x^2_{jk} = e_{jk} \times \frac{e_{jk}}{n^*_{jk}} = \frac{e^2_{jk}}{n^*_{jk}}$$

Tableau des écarts pondérés

	Pour	Indifférent	Contre
Hommes	8	3	9
Femmes	12	4,5	13,5

On calcule alors la distance (dite distance du Khi-deux) entre les tableaux en additionnant toutes les cases du tableau des écarts pondérés :

$$D^2 = \sum_j \sum_k \frac{e^2_{jk}}{n^*_{jk}} = 50$$

Enfin l'on effectue un test, dit *test du Khi-deux*. Ce test consiste à comparer la distance que l'on vient de calculer avec la valeur correspondante dans la table de la loi du Khi-deux. Cette table donne la distribution des différentes lois du Khi-deux, paramétrées par leur degré de liberté. Dans un test de ce type, le nombre de degrés de liberté est égal au produit du nombre de lignes du tableau moins une par le nombre de colonnes moins une ($ddl = (J-1)(K-1)$). On choisit alors la valeur qui correspond au seuil de risque d'erreur que l'on est prêt à assumer (en général 5 %). Ainsi, si D^2 est inférieur à cette valeur

$$(D^2 \leq X^2_{(J-1)(K-1);(1-\alpha)}),$$

alors on accepte l'hypothèse d'indépendance, c'est-à-dire qu'on considère que les écarts observés sont dus au seul hasard. Dans le cas contraire, on affirme qu'il y a effectivement association entre les deux variables (à 95 % si $\alpha = 5$ %)

Ici, J = 2, K = 3 donc (J–1)(K–1) = 1 2 = 2. On cherche à savoir si 50 est plus grand ou plus petit que le Khi-deux à 2 degrés de liberté à 95 %. Comme 50 est plus grand que 5,99, on peut affirmer, avec seulement 5 % de chance de se tromper, qu'il n'y a pas indépendance entre ces deux variables. On pourrait même l'affirmer avec 1 % de chance de se tromper, puisque 50 est plus grand que 9,21 (cf. tables).

Remarques :

. Le test du Khi-deux n'est valide que si les conditions suivantes sont réunies :

$$\begin{cases} n \geq 30 \\ n_{jk} \geq 1; \forall j, \forall k \\ \text{au moins 80 \% des effectifs } n_{jk} \geq 5 \end{cases}$$

. La distance D^2 est très sensible à la taille de l'échantillon. Ainsi, le test n'a plus beaucoup de sens dès lors qu'un échantillon est grand, parce que l'hypothèse d'indépendance est presque toujours rejetée.

. Indépendamment du test, le calcul de D^2 a d'autres usages. Il sert entre autres de fondement à l'analyse factorielle des correspondances*. Il est également utile dans la lecture rapide des grands tableaux croisés. En calculant la part prise par chacune des cellules dans la valeur de D^2, on voit apparaître facilement quels sont les croisements qui participent le plus aux écarts à l'indépendance :

	Pour	Indifférent	Contre
Hommes	= 8/50 = 16%	6 %	18 %
Femmes	24 %	9 %	27 %

. On constate que le comportement qui participe le plus à l'écart à l'indépendance est celui des « femmes contre ».

Félicité des NÉTUMIÈRES

L

LAÏCITÉ ET LAÏCISATION

du latin ecclésiastique *laïcus* « commun, du peuple », « non militaire »

all. LAÏZISMUS (Trennung von Kirche und Staat)	esp. LAÏCISMO
angl. SECULARITY	ital. LAICITÀ

voir : ÉTAT, PRIVÉ/PUBLIC, RELIGION, SACRÉ

On appelle laïcisation *le processus moderne d'autonomisation de la société et de la politique par rapport à la religion.*
La laïcité *désigne, plus spécifiquement, la conception française de la séparation de l'État et des institutions religieuses.*

Si le mot *laïcisation* — qui désigne le processus par lequel les diverses institutions sociales conquièrent leur autonomie par rapport à la religion — trouve sa traduction en différentes langues, le mot français *laïcité* est, en revanche, intraduisible. En droit, la *laïcité* est « *une conception politique impliquant la séparation de la société civile et la société religieuse, l'État n'exerçant aucun pouvoir religieux et les Églises aucun pouvoir politique* » (CAPITANT, 1936). Mais la notion renvoie, au-delà de la dissociation du religieux et du politique qui caractérise tous les pays modernes, au conflit qui a opposé, depuis la Révolution, l'Église catholique et la République. Avec BAUBÉROT, on peut identifier deux « seuils » historiques de laïcisation. Le premier correspond à l'instauration du pluralisme religieux et au desserrement des liens privilégiés d'une confession particulière avec la société civile et avec l'État. La Constitution de 1791 inaugure cette phase en refusant à l'Église catholique le statut de religion d'État, en même temps qu'elle affirme la liberté pour chaque citoyen « *d'exercer le culte auquel il est attaché* ». Avec le régime concordataire de 1801, l'utilité sociale de la religion demeure publiquement reconnue : les institutions religieuses sont traitées comme des institutions publiques et placées sous le contrôle de l'État. Avec la loi de séparation de l'Église et de l'État votée en 1905 s'ouvre un second seuil : celui de la privatisation. L'État garantit à chaque citoyen la liberté de professer sa religion s'il en a une. Mais la religion est affaire strictement personnelle et optionnelle, et l'État « *ne reconnaît, ne salarie ni ne subventionne aucun culte* ». Votée dans une « atmosphère de guerre de religions » (RÉMOND), la loi parvint, en dépit d'affrontements dont l'école reste un enjeu majeur, à pacifier les rapports entre l'État et l'Église, dès lors que la nature monarchique ou républicaine du régime cessa d'être au centre du débat. Le ralliement des catholiques à la République au cours du XIXe siècle et l'Union sacrée de 1914-1918 apaisèrent la « guerre des deux France » (POULAT). Mais le compromis qui vit le jour après 1945 rencontre aujourd'hui un autre défi : celui de l'adaptation du pacte laïque aux conditions d'une France multireligieuse, où l'islam est, par le nombre, la seconde religion après le catholicisme.

Danièle HERVIEU-LÉGER

bibliographie

BAUBÉROT Jean, *Vers un nouveau pacte laïque ?*, Seuil, 1990.

BAUBÉROT Jean, *La Laïcité, quel héritage ? De 1789 à nos jours*, Genève, Labor et Fides, 1990.

BOUSSINESCQ Jean, *La Laïcité française. Memento juridique*, Seuil, 1994.

GASPARD Françoise, KHOSROWKHAVAR Farhad, *Le Voile et la République*, La Découverte, 1995.

POULAT Émile, *Liberté, laïcité. La guerre des deux France et le principe de la modernité*, Cujas/Cerf, 1987.

RÉMOND René, *Introduction à l'histoire de notre temps. Le XIXe siècle, 1815-1914*, Seuil, t. 2, 1974.

LANGAGE

du latin *lingua* « langue »

all. SPRACHE	esp. LENGUAJE
angl. LANGUAGE	ital. LINGUAGGIO

voir : CULTURE, LINGUISTIQUE, SOCIOLINGUISTIQUE, STRUCTURALISME

Le langage parlé (d'où peut dériver secondairement un réseau d'écritures ou tout un jeu de gestes, d'expressions picturales) est l'outil de communication composé d'une chaîne de sons articulés qui produit et qui communique une pensée, c'est-à-dire du sens. La langue est un système conventionnel qui unit signifiant et signifié, et la linguistique est la science qui étudie la machinerie du langage comme système.

« LANGAGE ANIMAL » ET LANGAGE HUMAIN. Il est certain qu'il existe dans le monde animal des formes de communication qu'on se plaît à désigner, par analogie, comme langage animal. Cependant, cette analogie est trompeuse, tant la distance avec le langage humain est grande. En effet le langage animal, même chez les espèces les plus évoluées, n'est pas composé de signes mais de signaux indécomposables en unités minimales et il ne possède pas cette double articulation que MARTINET (*Éléments de linguistique générale*, 1960) définit ainsi : « *Chacune des unités qui résultent d'une première articulation est en effet articulée à son tour en unités d'un autre type.* » Ce qui permet, à partir d'un nombre relativement restreint de phonèmes, de former par leur combinaison un nombre non limité d'unités significatives. Citons aussi CHOMSKY qui dans *Le Langage et la pensée* (1968), souligne l'inutilité de vouloir rapprocher le langage animal du langage humain : « *Chaque système de communication animale connu utilise l'un des deux principes de base suivants : il consiste en un nombre fixé et limité de signaux, chacun étant associé à un comportement ou à un état émotionnel spécifique*[...] *; ou bien il utilise un nombre fixé et limité de dimensions linguistiques, chacune étant associée à une dimension non linguistique particulière, afin que la sélection d'un point le long de la dimension linguistique détermine et signale du même coup un certain point le long de la dimension non linguistique qui lui est associée.* »

Le langage animal n'articule aucun stockage d'informations résultant d'une histoire et d'une ouverture au temps, qui soit transmissible d'individu à individu. Il colle à des situations purement actuelles et a une fonction expressive et émotionnelle. Imagine-t-on un chien exprimer dans une sorte de discours : « aujourd'hui je suis triste, hier j'étais gai, je le serai demain » ? Quant aux autres langages qu'utilisent les hommes (langages gestuels, langages picturaux, langages écrits ou ces divers codes que forge la société), ils n'existent qu'à partir du langage *stricto sensu*.

LANGAGE, SENS, ESPACE SOCIAL. Cette différence radicale entre animal et homme, que la linguistique établit, oblige à s'interroger sur cette spécificité du langage qui institue chez l'homme l'univers de *sens*, lequel n'est ni celui de l'instinct ni celui d'une causalité mécanique, et qui est soumis à une autre sorte de causalité, la causalité *symbolique*. Le langage est ce qui institue l'humanité comme telle, ce qu'énonçaient déjà les penseurs de l'Antiquité grecque la plus lointaine, qui disaient « l'homme est un animal qui parle ». Cette affirmation fait tautologie avec cet autre énoncé « l'homme est un être qui ne se pose comme tel que dans la relation à d'autres sujets parlants, c'est-à-dire qu'il implique l'espace social ».

Ce jeu de renvoi entre individu et société, est conceptualisé par la linguistique dans la différence qu'elle pose entre langue et parole. La langue est le système de signes qui se combinent d'après des lois spécifiques et qui, comme telle, ne peut se réaliser dans aucun sujet. Elle ne *dit* rien, mais elle est ce à partir de quoi dire devient possible. C'est comme le contrat qui lie une communauté et la fait exister. La parole, elle, est individuelle et résulte de la façon dont un sujet parlant utilise le code de la langue pour créer du sens. Le sujet se forme et se transforme dans la parole et dans le discours qu'il communique. Parce que l'homme est un être du langage, peut-on en conclure que la linguistique est la science paradigmatique de la sociologie ? Ce fut le principe revendiqué par le structuralisme, et en particulier par LÉVI-STRAUSS. On peut s'interroger sur un projet qui est amené à réduire, de fait, l'interrogation sur le sens à la seule recherche des conditions et des formes de sa production, au risque de transformer la sociologie en une socio-logique. Mais il reste que le jeu de différence entre langue et parole peut être heuristique : il permet de penser le rapport individu/société, universalité/histoire, et d'une façon générale, le rapport structure/sens.

Indépendamment de ces questions épistémologiques fondamentales, la sociologie peut faire des différents langages une étude spécifique. Elle s'intéressera aux usages particuliers de la langue, en fonction des différences sociales, des différences régionales ou autres à l'intérieur d'une communauté linguistique. On peut inscrire à cet actif les travaux de BOURDIEU ou ceux de FAYE, dans son livre intitulé *Les Langages totalitaires*.

André AKOUN

bibliographie

BENVENISTE Émile, *Problèmes de linguistique générale*, Gallimard, 1980.

BOURDIEU Pierre, *Ce que parler veut dire*, Fayard, 1982.

CASSIRER Ernst *et alii*, *Essais sur le langage*, Éd. de Minuit, 1969.

CHOMSKY Noam, *Le Langage et la pensée*, Payot, 1968.

FAYE Jean-Pierre, *Les Langages totalitaires*, Plon, 1972.

LACAN Jacques, *Écrits*, Seuil, 1966.

MARTINET André, *Éléments de linguistique générale*, Armand Colin, 1960.

WOLFSON Louis, *Le Schizo et les langues*, Gallimard, 1970.

LATENT

du latin *latens* « caché, secret, mystérieux »

all. LATENT, UNTERSCHWELLIG	esp. LATENTE
angl. LATENT	ital. LATENTE

voir : FONCTION, MANIFESTE

Qui demeure caché, qui ne se manifeste pas.

Peut être considéré comme *latent* tout phénomène non visible susceptible de se manifester et d'avoir des effets dans des circonstances différentes : conflit, processus, fonction. MERTON a consacré à la distinction des fonctions latentes et manifestes une analyse souvent reprise. Il définit ainsi les deux termes *latent* et *manifeste* : « *Le second se réfère aux conséquences objectives qui, pour une unité déterminée (individu, groupe, société globale), contribuent en pleine conscience à son ajustement ou à son adaptation. Le premier se rapporte à des conséquences du même ordre, mais involontaires et inconscients* » (1965, pp. 114 et 115). L'analyse par VEBLEN de la consommation ostentatoire fournit un exemple de fonction latente : la consommation des biens a pour fonction manifeste la satisfaction des besoins, et elle assure bien cette fonction, mais elle répond aussi à bien d'autres fonctions (latentes) : élever ou confirmer le statut social, symboliser la puissance pécuniaire, acquérir et maintenir le prestige, provoquer l'estime et l'envie du public. Sans ces nombreuses fonctions latentes, le gaspillage ostentatoire serait inintelligible.

Pierre ANSART

bibliographie

MERTON Robert K., *Éléments de théorie et de méthode sociologique* (1957), Plon, 1965.

VEBLEN Thorstein B., *Théorie de la classe de loisir* (1899), Gallimard, 1970.

LEADER

de l'anglais (1822) *to lead* « mener, diriger » et *leader* « celui qui mène, dirige, conduit »

voir : MENEUR, PSYCHOLOGIE SOCIALE

Le leader est l'individu qui occupe une place privilégiée par le nombre des interactions auxquelles il participe. Il est un meneur du fait des suffrages qu'il recueille dans le groupe. Mais on distinguera le leader du meneur ou du chef parce que la notion est neutre, sans les résonances irrationnelles qui s'attachent au meneur et à son obscur charisme.

Les psychosociologues américains ont porté leur attention sur le rôle de l'autorité et du commandement *(leadership)* dans les groupes. Leurs recherches indiquent qu'il faut tenir compte non seulement des caractéristiques et de la compétence du *leader*, mais aussi de celles du groupe qu'il mène, de la situation dans laquelle il est appelé à le mener et de l'interaction entre ces différents facteurs. Le *leader* bénéficie d'une cristallisation des représentations collectives qui, se portant sur sa personne, font de lui le support de l'autorité. LEWIN a démontré la supériorité du leader démocratique sur le leader autoritaire dans les petits groupes. Mais il est difficile d'inférer des conclusions valables pour la société à partir de l'analyse de petits groupes.

LEADER D'OPINION. En sociologie de la communication, on appelle *leader d'opinion* l'individu qui joue un rôle dans la transmission des opinions. Ce rôle, il ne l'a pas recherché, mais le reçoit parce qu'il représente bien le groupe primaire auquel il appartient, que sa conformité par rapport aux normes du groupe soude celui-ci et qu'enfin il est plus exposé que d'autres aux médias et à leurs messages.

André AKOUN

bibliographie

ANZIEU Didier, MARTIN Jean-Yves, *La Dynamique des groupes restreints*, PUF, 1982.

KAUFMANN Pierre, *Kurt Lewin. Une théorie du champ dans les sciences de l'homme*, Vrin, 1968.

LEWIN Kurt, *Psychologie dynamique* (1935), PUF, 1959.

LECTURE

du latin *lector* « qui lit pour soi ; qui lit à haute voix pour le compte de quelqu'un »

all. LESEN	esp. LECTURA
angl. READING	ital. LETTURA

voir : ÉCRITURE, ÉDUCATION

Pratique culturelle de déchiffrement et de compréhension d'un texte écrit.

Toutes les indications anthropologiques sur l'importance de l'apparition de l'*écriture*, dans l'histoire de l'humanité, expriment simultanément l'importance de l'apparition de la *lecture*. Ces pratiques de lecture, antérieurement réservées aux religieux et aux classes cultivées, ont été généralisées par le développement de l'enseignement obligatoire. Comme on peut le prévoir, la distribution de ces pratiques reste fortement corrélée avec les trajectoires scolaires et les professions : les détenteurs de diplômes de l'enseignement supérieur pratiquent davantage la lecture que les non-détenteurs de ces formations.

Les échecs de l'apprentissages de la lecture *(illettrisme)* ont donné aux recherches sur la lecture une nouvelle actualité et reposé la question de savoir si le développement des médias audiovisuels ne favoriserait pas un désintérêt vis-à-vis de la lecture. Les enquêtes ne confirment pas les pronostics souvent exprimés à ce sujet, mais soulignent le maintien des lectures liées à la profession, surtout chez les hommes. Les jeunes filles et les femmes adultes restent davantage attachées à la lecture de loisir que les hommes.

Les enquêtes font apparaître la grande importance de la lecture pour la construction des personnes. À travers ses choix personnels et son propre mode de lecture, le sujet trouve à se définir, à construire son mode de relation imaginaire au monde et à nourrir la connaissance de lui-même (SINGLY, 1993).

Pierre ANSART

bibliographie

CHAUDRON Martine, SINGLY François de, *Identité, lecture, écriture*, Centre Georges Pompidou, 1993.

FRAENKEL Béatrice (sous la dir. de), *Ilettrismes. Variations historiques et anthropologiques*, PBI, 1993.

FRAISSE Emmanuel (sous la dir. de), *La Lecture étudiante*, PUF, 1993.

POULAIN Martine (sous la dir. de), *Pour une sociologie de la lecture : lecture et lecteurs dans la France contemporaine*, Cercle de la librairie, 1988.

POULAIN Martine, *Lire en France aujourd'hui*, Cercle de la librairie, 1993.

SINGLY François de, *Les Jeunes et la lecture*, Ministère de l'Éducation nationale, dossier « Éducation et formation », nº 24, 1993.

LÉGENDE ⇒ MYTHE

LÉGITIMITÉ ET LÉGITIMATION

du latin *legitimus* « conforme à la loi », lui-même issu de *lex* (génitif *legis*) « loi »

all. LEGITIMÄT LEGITIMATION	esp. LEGITIMACIÓN LEGITIMIDAD
angl. LEGITIMACY LEGITIMATION	ital. LEGITTIMITÀ LEGITIMAZIONE

voir : DOMINATION, ÉTAT, POUVOIR

Reconnaissance d'un ordre politique ou social non seulement comme pouvoir, mais comme autorité.

Depuis l'affirmation des théories du droit naturel, à la fin du Moyen Âge, la légitimité concurrence la notion de légalité pour signifier la qualité de ce qui est tenu pour juste. Un pouvoir peut être considéré comme légitime lorsque ses actions apparaissent conformes aux principes que le groupe sur lequel il s'exerce accepte et reconnaît comme siens. Qu'il s'agisse de la force du précédent (la tradition), de vertus jugées extraordinaires (le charisme) ou d'un statut juridique (la légalité rationnelle), ces valeurs impliquent des activités rituelles qui en consacrent l'emprise symbolique : cérémonie du sacre de Reims sous l'ancienne monarchie française, doctrine des « deux corps du roi » dans l'Angleterre médiévale, culte de la *shari'a* dans les pays de tradition islamique.

Olivier IHL

bibliographie

LAGROYE Jacques, « La Légitimation », in *Traité de science politique*, Madeleine GRAWITZ, Jean LECA (sous la dir. de), PUF, t. 1, 1985, pp. 395 à 467.

WEBER Max, *Économie et société* (1921), Plon, 1971.

LIBÉRALISME

du latin *liber* « libre »

all. LIBERALISMUS angl. LIBERALISM	esp. LIBERALISMO ital. LIBERALISMO

voir : ÉCONOMIE ET SOCIÉTÉ, IDÉOLOGIE, SOCIOLOGIE POLITIQUE

Doctrine qui naît, en France et en Angleterre, à la fin du XVIIIe siècle. Politique, elle prône une forme de régime fondé sur le parlementarisme, la pluralité des partis politiques, la liberté des individus et la sécularisation de l'État. Économique, elle est fondée sur le respect de la propriété privée et le marché.

Il faut noter que, contrairement à l'évolution du sens qui fait qu'aujourd'hui le *libéralisme* est vu d'abord dans son sens économique et s'oppose ainsi au socialisme, il fut d'abord une idéologie politique qui s'opposa à l'absolutisme, quelle qu'en soit sa nature. Cet anti-absolutisme se traduira par la méfiance à l'égard de tout pouvoir et de tout État qui ne connaîtrait pas de ces « freins et contrepoids » par lesquels « le pouvoir arrête le pouvoir » (MONTESQUIEU). Mais on ne saurait opposer de façon radicale libéralisme économique et libéralisme politique. Leur lien est évident. Ainsi interprète-t-on mal le mot d'ordre « laisser faire, laisser passer » qui découle du principe de liberté et donc du refus de voir l'État se mêler de la sphère économique. Ce libéralisme économique reprend à son compte l'idée que le marché a en lui son propre régulateur.

Il fut un temps — le XIXe siècle — où le libéralisme se voulait radical, avec pour objectif de réduire l'État à des fonctions minimales et où, contre lui et tout aussi radicale, s'élevait la revendication socialiste de l'abolition de la propriété privée et la primauté à accorder au principe de l'égalité sociale. Aujourd'hui la démocratie moderne se présente comme l'union de ces deux notions antithétiques : le *libéralisme*, qui présuppose un antagonisme entre l'homme et le pouvoir et implique de définir un État étroitement limité dans ses attributions, et la *démocratie sociale*, c'est-à-dire un système où une intervention de l'État en fonction de son devoir de solidarité permet d'apporter un correctif à l'inégalité des fortunes. Bref, au lyrisme de la « lutte des classes » s'oppose le balancement prosaïque entre un libéralisme social et une social-démocratie libérale.

Les deux libéralismes sont liés et s'appuient sur la Raison ; ils jugent la qualité du politique et de l'économique par l'étendue de la sphère qu'ils reconnaissent à l'initiative et à l'autonomie individuelle, en un mot à la liberté.

André AKOUN

bibliographie

BERNSTEIN Serge (sous la dir. de), *La Démocratie libérale*, PUF, 1998.

CONSTANT Benjamin, *De la liberté chez les modernes*, Le Livre de Poche, 1980.

MONTESQUIEU Charles de, *L'Esprit des lois* (1748), Gallimard, 1951.

TOCQUEVILLE Alexis de, *De la démocratie en Amérique* (1835-1840), Laffont, 1986.

LIBERTÉ

du latin *libertas* « liberté »

all. FREIHEIT angl. LIBERTY	esp. LIBERTAD ital. LIBERTÀ

voir : CONTRAT, DÉMOCRATIE, ÉGALITÉ, SUJET

Liber, en latin, est celui qui n'est pas servus. Ainsi la liberté se définit-elle non de façon abstraite et spéculative, mais en fonction de conditions sociales. Est libre qui est soumis à sa seule volonté.

LIBERTÉ, NÉCESSITÉ, CONTRAINTE. Si, en métaphysique, on oppose en général *liberté* et nécessité, en sociologie on opposera *liberté* et contrainte ; elle est héritière en cela de ce qu'en disait ARISTOTE. Comme dit MONTESQUIEU, « *la liberté est le droit de faire tout ce que les lois permettent ; et si un citoyen pouvait faire ce qu'elles défendent, il n'aurait plus de liberté, parce que les autres auraient tout de même ce pouvoir* » (*De l'esprit des lois*, 1748). Ainsi la liberté est-elle conçue comme une question politique au sens large, inséparable de la question de l'autorité, de l'ordre et de la loi. Mais on ne peut éviter de voir que cela implique une définition de l'homme comme sujet autonome et source de sa loi.

CONCEPTION ANTIQUE ET CONCEPTION MODERNE. La modernité s'est présentée sous la revendication de la liberté et a inscrit celle-ci en tête de son Décalogue, *Les Droits de l'homme et du citoyen* : « *Les hommes naissent et demeurent libres et égaux en droit.* » Mais cette conception de la liberté, qui met celle-ci au cœur même de l'individu, n'est pas celle qu'en avaient les Anciens. C'est ce constat de la relativité du sens de la liberté que CONSTANT met au centre de son analyse de la modernité. Chez les Anciens, nous dit-il, l'homme était homme *parce que* citoyen, et libre *parce que* intégré à une collectivité qui était l'essence même de son être individuel, de sorte que, comme l'écrivait HEGEL, pour le citoyen la mort n'était rien puisque lui survivait la République qui était sa propre immortalité. La modernité inverse cette relation individu/société. L'idée de liberté moderne implique l'*individualisme*. La liberté est première, la loi est seconde et elle résulte d'un contrat fondateur de la société politique. La loi a pour nature de garantir l'exercice de la liberté de chacun et d'organiser la coexistence des citoyens. Il en résulte, écrit Constant (1819), qu'« *il y a une partie de l'existence humaine qui, de nécessité, reste individuelle et indépendante et qui est de droit hors de toute compétence sociale* ». Est ainsi fondée l'existence de l'espace privé et des droits de l'homme intime.

Si la liberté est au fronton de la modernité, l'égalité l'est également. Et c'est le lien et l'antagonisme de ces deux fondements que TOCQUEVILLE analyse quand il voit l'espèce de despotisme qui naît de la primauté du second sur le premier : « *Je vois une foule innombrable d'hommes semblables et égaux qui tournent sans repos sur eux-mêmes pour se procurer de petits et vulgaires plaisirs dont ils emplissent leur âme.* [...] *Au-dessus s'élève un pouvoir immense et tutélaire, qui se charge seul d'assurer leur jouissance et de veiller sur leur sort. Il est absolu, détaillé, régulier, prévoyant et doux* » (*De la démocratie en Amérique*, livre II).

ÉGALITARISME. L'égalitarisme, qui est l'idéologie de l'égalité, juge l'organisation politique de la société à partir de la « juste » répartition des biens entre les individus et du rôle de l'État dans la chasse aux inégalités et l'imposition de la solidarité.

LIBÉRALISME. Le libéralisme, qui est l'idéologie de la liberté, juge l'organisation politique d'une société à partir de l'importance qu'elle accorde à l'autonomie individuelle et à l'initiative de chacun, ainsi qu'à l'étendue de la sphère privée. Ainsi s'institue une dynamique des démocraties modernes, pour autant que chacune des idéologies trouve son butoir dans l'existence active de l'autre.

André AKOUN

bibliographie

ARISTOTE, *Éthique à Nicomaque*, Vrin, 1959.

CONSTANT Benjamin, *De la liberté chez les modernes* (textes choisis et présentés par Marcel GAUCHET), Le Livre de Poche, 1980.

NICOLET Claude, *L'Idée républicaine en France*, Gallimard, 1982.

TOCQUEVILLE Alexis de, *De la démocratie en Amérique* (1835), Laffont, 1986.

LIBIDO

du latin *libido* « envie, désir » (de *libet mihi* « il me plaît de »)

all. LIBIDO	esp. LIBIDO
angl. LIBIDO	ital. LIBIDO

voir : DÉSIR

Au sens le plus général, la libido désigne le désir sexuel ou sensuel. Elle reçoit un sens qui se veut plus scientifique et plus performant pour la recherche, quoique non dépourvu d'ambiguïtés, chez Freud et dans la psychanalyse.

Citons FREUD (*Essais de psychanalyse*) : « *Libido. Nous désignons ainsi l'énergie (considérée comme une grandeur non encore mesurable) des tendances se rattachant à ce que nous résumons dans le mot " amour ". Le noyau de ce que nous appelons amour est formé naturellement par ce qui est communément connu comme amour et qui est chanté par les poètes, c'est-à-dire par l'amour sexuel dont le dernier terme est constitué par l'union sexuelle. Mais nous n'en séparons pas toutes les variétés de l'amour, telles que l'amour de soi-même, l'amour qu'on éprouve pour les parents et les enfants, l'amitié, l'amour des hommes en général, pas plus que nous n'en séparons l'attachement à des objets concrets et à des idées abstraites.* »

Ainsi la notion de *libido* renvoie à une énergie qui se spécifie selon l'objet sur lequel elle porte (déplacement des investissements) et selon les buts (refoulement, sublimation) selon les zones érogènes (orale, anale, etc.). Freud résumera plus tard la notion de *libido* à celle d'*Éros*, principe fondamental des pulsions de vie, et il lui opposera la notion de « pulsion de mort ».

Certes la notion de *libido* relève du champ de la psychanalyse et non de la sociologie, mais elle rappelle au sociologue que, derrière le jeu des institutions et des formes de sociabilité, il y a une énergie affective qui est la dynamique même du sujet, ainsi que son contraire, la pulsion de mort, plus profonde que la simple agressivité.

André AKOUN

bibliographie

FREUD Sigmund, *Essais de psychanalyse*, Payot, 1951.

FREUD Sigmund, *Malaise dans la civilisation* (1929), PUF, 1971.

LIEN SOCIAL

issu du latin *ligamen* « ce qui cherche à attacher, cordon », de *ligarer* « attacher, fiser, unir »

voir : COMMUNAUTÉ, SOCIABILITÉ, SOCIALITÉ,

Les liens sociaux sont ces formes de relations qui lient l'individu à des groupes sociaux et à la société, qui lui permettent de se socialiser, de s'intégrer à la société et d'en tirer les éléments de son identité. La sociologie des liens sociaux est donc à la fois celle des formes de la sociabilité et des formes du contrôle social. L'affaiblissement des liens sociaux engendre l'anomie.*

TYPES DE SOCIABILITÉ ET TYPES DE SOCIÉTÉ. Lorsqu'elle a pris en compte la question des formes du *lien social*, la grande tradition sociologique s'est attachée à mettre en relation types de sociabilité et types de sociétés. C'est vrai de MARX qui, décrivant les divers visages de l'aliénation dans une histoire qui est celle de la lutte des classes, montre quelles mutations amènent l'avènement du capitalisme, lequel déchire « les liens multicolores qui attachaient l'homme à son supérieur naturel dans la société féodale ». « *Frissons sacrés et pieuses ferveurs,* écrit-il dans le " Manifeste du parti communiste ", *enthousiasme chevaleresque, mélancolie béotienne sont noyés dans l'eau glacée du calcul égoïste.* » Dans le même sens, DURKHEIM distingue les sociétés à solidarité mécanique (faible différenciation entre individus et forte cohésion interne par la participation au tout) et les sociétés à solidarité organique (où la division du travail social entraîne l'avènement de la personne) ; il trace ainsi une évolution qui mène de l'archaïsme communautaire à l'individualisme moderne. De son côté, TÖNNIES oppose la communauté *(Gemeinschaft)*, enracinée dans les profondeurs de la nature et les liens du sang, à la société *(Gesellschaft)* où règnent les rapports contractuels et la loi écrite : une différence de sociabilité qu'illustre un personnage de *L'Otage*, de Paul CLAUDEL, récusant la nouvelle société née de la Révolution française et regrettant la société traditionnelle aristocratique.

TYPES DE PERSONNALITÉ ET TYPES DE SOCIÉTÉ. De même, RIESMAN rapporte les trois grands types de personnalité, qui sont autant de formes de sociabilité (la personnalité *tradition-directed*, la personnalité *inner-directed* et la personnalité *other-directed*), à trois types de sociétés qui se succèdent dans l'histoire : la société traditionnelle, la société industrielle et la société de consommation. Cette façon d'envisager la sociabilité dans son seul rapport à des types de sociétés globales apparaît schématique. Une société implique une multiplicité de groupes intermédiaires, stables ou éphémères, dans lesquels se manifestent des formes très diverses de sociabilité, de sorte que celles-ci ne sauraient être réduites à une seule. Sans doute l'approche macrosociologique demeure fondamentale car, au-delà des particularismes par lesquels les groupes se distinguent et s'opposent, l'unité d'une conscience collective s'impose à l'observateur, qui ne peut oublier qu'une société est autre chose qu'une mosaïque de familles, de classes, de clubs ou d'associations. Mais il est vrai que l'approche globale se prête trop souvent à un traitement journalistique facile, où les couplets sur la déréliction des sociétés modernes, atomisées et sans consensus, s'accompagnent des prophéties les plus sombres sur la civilisation de masse et son caractère moutonnier.

Or les liens sociaux, dans leur diversité, ne se réduisent pas à l'effet des macrostructures, et la crainte du sociologue devant les phénomènes interindividuels laissera longtemps à la seule psychologie sociale le soin de prendre en compte les configurations et la dynamique de la sociabilité dans les groupes restreints et dans les relations interpersonnelles. Ainsi, pour COOLEY, les groupes primaires sont « *caractérisés par l'association et la collaboration intime d'homme à homme* » ; en ce qui concerne les types de rapports interindividuels, « *l'association psychologique intime entraîne un certain degré de fusion des individualités dans un ensemble commun, de sorte que le " moi ", au moins à certains points de vue, réside dans la vie commune et les objectifs communs du groupe. Peut-être la manière la plus simple de décrire ce sentiment d'une totalité est-il de dire que le groupe est un " nous ".* » De même, MORENO réduit les manifestations de la sociabilité aux répugnances et aux attirances entre individus et groupements.

SOURCES DU LIEN SOCIAL. Mais on ne saurait penser le lien social ni à partir des petits groupes qui demeurent dans l'ombre portée de la société globale, ni à partir de l'individu, ni à partir de la société prise en tant que telle. À partir de l'individu ? Il suffit d'interroger le « Je » pour y découvrir la dimension latente du « Nous ». À moins de réduire la revendication du « Je » à l'affirmation vide « Je suis Je », le « Je » s'inscrit toujours dans un groupe, dans une classe, une famille, un registre d'où il tire sa propre identité personnelle : « je suis français », « je suis étudiant », « je suis femme », autant de formes d'appartenance à une réalité transindividuelle qui permettent de décliner son identité. Quant à la position inverse, conforme au positivisme sociologique, elle ne saurait satisfaire non plus lorsqu'elle substitue non pas un « Nous » au « Je », mais la société, posée comme une entité différente de toutes les subjectivités qu'elle intègre. Il faut donc se résoudre à étudier les liens sociaux aux différents niveaux où ils se présentent, sans les isoler de la société globale où ils sont vécus et en prenant en compte les investissements qu'ils impliquent et que la psychanalyse a étudiés. Car il n'est pas de lien social qui puisse être saisi hors des dynamiques affectives qui le portent.

FORMES DU LIEN SOCIAL. Le *lien social* peut donc être analysé dans les formes institutionnelles qui l'explicitent. Mais il existe aussi dans les rites d'interaction qui régulent les relations interpersonnelles et établissent les codes permettant la proximité entre individus. Ce sont les règles de la politesse par exemple (HALL, 1971). Enfin on le trouve dans des formes invisibles : relations informelles, réseaux de connivence, complicités muettes ou cachées qui doublent ou contournent les organigrammes officiels. Un exemple en est donné par la sociologie du travail : derrière l'organisation officielle fixant les normes de production et les relations entre ouvriers, elle découvre une sorte de gestion clandestine des travailleurs en vue d'adapter ces normes à leur réalité ou de les contourner, voire de s'y opposer et de les saboter dans un esprit de lutte de classes (MOULLET, 1992).

LIEN SOCIAL, INSTITUTIONS, IDÉOLOGIES. De la modernité d'hier à celle d'aujourd'hui, il y a comme un déclin des liens sociaux verticaux du fait de l'affaiblissement des grandes institutions, telles que l'armée et l'école qui remplissaient — du moins en France — une structuration des individus en de vastes ensembles à la fois sociétaires et communautaires. À cela s'ajoute l'effondrement des grandes idéologies : le civisme républicain, le communisme, et des Églises, comme le catholicisme. Il s'ensuit un renforcement des solidarités intermédiaires : repli sur la famille comme lieu de l'affectif et non plus comme pôle de sociabilisation préparant au « vivre en société », repli aussi sur des groupes d'affinité et de proximité — tribus, bandes, ghettos, etc. —, rôle primordial accordé aux microsociétés porteuses de valeurs particularisantes (ethnismes, fondamentalismes, etc.). Mais il est difficile d'en inférer une prospective apocalyptique. La société laisse mal prévoir son devenir et sa créativité.

André AKOUN

bibliographie

BAREL Yves, *La Société du vide*, Seuil, 1984.

BOURDIEU Pierre, *La Distinction*, Éd. de Minuit, 1979.

FORSÉ Michel, *La Fréquence des relations de sociabilité, typologie et évolution*, L'Année sociologique, 1993.

HALL Edward T., *La Dimension cachée*, Seuil, 1971.

MOULLET Michel, *Le Management clandestin*, InterÉditions, 1992.

REYNAUD Jean-Daniel, *Les Règles du jeu. L'action collective et la régulation sociale*, Armand Colin, 1997.

LIGNAGE

du latin *linum* « fil, corde »

all. STAMM, NACHKOMMENSCHAFT	esp. LINAJE
angl. LINEAGE	ital. LIGNAGGIO

voir : ANCÊTRE, CLAN, FILIATION

Un lignage est un groupe de filiation formé par les descendants directs, soit en ligne agnatique, soit en ligne utérine, d'un ancêtre commun.

Dans le premier cas, celui du *patrilignage* ou *lignage patrilinéaire*, l'appartenance au groupe se transmet par les hommes ; dans l'autre cas, celui du *matrilignage*, elle se transmet par les femmes. L'appartenance lignagère règle en général les questions d'alliance, de succession et d'autorité. Le choix de ne garder en considération qu'une seule ligne permet de regrouper au bout de cinq à six générations des centaines, voire des milliers d'individus — et même des centaines de milliers dans le cas des Tiv du Nigeria, qui ne forment qu'un seul lignage. Les membres du lignage peuvent retracer les liens généalogiques qui les unissent à leur fondateur et entre eux, ce qui les distingue du *clan*, dans lequel la parenté est postulée, mais sans qu'on puisse en préciser les liens et les rapports avec l'ancêtre mythique. Les lignages constituent des groupes conçus comme perpétuels, unités organiques ou *corporate groups* jouissant d'une durée bien supérieure à celle d'une vie ; ils assument les fonctions de l'État dont ils favorisent parfois la construction. Ils peuvent se fragmenter en segments, dont les rapports dialectiques ont été étudiés chez les Nuer. Dans la vie moderne, ils continuent à jouer un rôle aussi bien dans le commerce (en Extrême-Orient par exemple) que dans la politique (au Proche-Orient) et dans certaines organisations clandestines du type « mafia ».

Philippe LABURTHE-TOLRA

bibliographie

EVANS-PRITCHARD Edward E., *Les Nuers*, Gallimard, 1968.

FOX R., *Anthropologie de la parenté, une analyse de la consanguinité et de l'alliance*, Gallimard, 1972.

RADCLIFFE Brown, FORDE D. (éd.), *Systèmes familiaux et matrimoniaux en Afrique*, PUF, 1953.

SINGLY François de, *Sociologie de la famille contemporaine*, Nathan, 1992.

LINGUISTIQUE ⇒ SOCIOLINGUISTIQUE

SOCIOLOGIE DE LA LITTÉRATURE

du latin *litteratura* « écriture, production de livres par l'écriture »

all. LITERATUR	esp. LITERATURA
angl. LITERATURE	ital. LETTERATURA

voir : CULTURE, ÉCRITURE, MÉDIAS

Ensemble des œuvres écrites, des connaissances et des pratiques qui s'y rapportent.

Les textes littéraires constituent, pour la sociologie, un domaine privilégié de la recherche ; ils donnent lieu à une grande inventivité de problématiques. En effet, ces textes, de quelque genre qu'ils soient (épopée, poésie, théâtre, roman), offrent une matière exceptionnellement significative : ils portent la marque évidente de la culture dans laquelle ils sont composés et lus, et, simultanément, ils construisent des univers imaginaires obéissant à leur propre logique. La sociologie de la littérature tente d'interroger cet objet double, social et textuel, et ses relations multiformes. Distinguons ici quelques voies de recherche parmi les plus importantes.

1 Une première voie de recherche se propose de restituer précisément l'univers social présenté par l'œuvre elle-même. Le roman réaliste par exemple (BALZAC, MAUPASSANT, ZOLA) se prête aisément à cette reconstruction, mais la tragédie classique, les pièces de CORNEILLE, construisent aussi un univers politique précis avec ses conflits, ses hiérarchies, ses codes, ses valeurs, ses compromis et ses transactions. Cette approche fait de l'œuvre un document significatif du point de vue sociologique.

2 Une deuxième voie de recherche tente de répondre à la question majeure de cette sociologie ; celle des rapports entre les réalités sociales de l'époque concernée et les expressions littéraires. Les hypothèses inspirées de la théorie marxiste ont stimulé un ensemble de travaux étudiant les relations entre les structures sociales et les contenus littéraires (LUKÁCS, 1920). GOLDMANN a formulé l'hypothèse aventureuse selon laquelle les structures d'un univers romanesque pouvaient être homologues aux structures mentales de groupes sociaux contemporains de l'œuvre (Goldmann, 1964, p. 345). BAKHTINE, attentif aux complexités culturelles, a montré comment l'œuvre de RABELAIS transposait les thèmes de la culture populaire du Moyen Âge et de la Renaissance : le rire, la fête paysanne, le banquet, les images grotesques du corps (*« [...] Son œuvre constitue toute une encyclopédie de la culture populaire »)* (Bakhtine, 1970, p. 67).

3 Ces rapports ne se situent pas seulement entre des formes sociales et des contenus, mais, éventuellement, entre ces formes et les modes d'écriture. Il revient aussi à la sociologie de la littérature d'analyser ces liens privilégiés entre une culture, les choix langagiers et les formes d'écriture.

4 La sociologie des écrivains, de leur position sociale, de leur rôle effectif, offre un domaine d'étude d'autant plus significatif que cette position s'est considérablement modifiée au cours des siècles. Le XIXe romantique a vu se constituer un statut éminent de l'artiste, chargé des fonctions de révélateur des réalités sociales (Balzac, Zola) et de guide intellectuel et populaire (HUGO).

5 L'étude des systèmes de production et de diffusion offre une tout autre perspective, et non moins révélatrice. L'objectif est alors de reconstituer les réseaux complexes des maisons d'édition, des publications, des journaux et revues, qui, avec leurs moyens financiers et leurs politiques éditoriales, permettent, suscitent, orientent, empêchent les publications. Les censures y interviennent diversement, selon des critères commerciaux, politiques, religieux ou ethniques, imposant des rapports de force explicites ou implicites. De même, la diffusion obéit à des mécanismes subtils où interviennent à la fois les autorités des maisons d'édition et leurs concurrences, les instances de légitimation, les moyens financiers de la publicité et les choix commerciaux des médias. Bourdieu a proposé, avec la notion de *champ littéraire*, d'étudier les auteurs, les critiques, les appareils de consécration, comme un champ autonome avec ses propres règles de légitimité et de distinction, comportant ses enjeux et ses quêtes nécessaires d'originalité (BOURDIEU, 1992).

6 Enfin, la sociologie des lecteurs, de leurs choix, de leurs goûts, de leurs pratiques de lecture, importe tout particulièrement dans une société où la culture de masse conditionne largement la production littéraire. Une telle sociologie pose les problèmes de l'apprentissage de la lecture, de la socialisation par la lecture, des effets de la production et de la consommation des écrits ; elle souligne l'extrême diversité des genres, des styles et des imaginaires, le rôle important des médias dans les sélections et les diffusions.

Ajoutons que cette liste de six voies de recherche n'est pas exhaustive : bien des études croisent ces différentes possibilités ou les juxtaposent, et la recherche ne cesse d'explorer de nouvelles orientations.

Pierre ANSART

bibliographie

BAKHTINE Mikhaïl M., *L'Œuvre de Rabelais et la culture populaire au Moyen Âge et sous la Renaissance*, Gallimard, 1970.

BARTHES Roland, *Le Degré zéro de l'écriture*, Gonthier, 1965.

BOURDIEU Pierre, *Les Règles de l'art. Genèse et structure du champ littéraire*, Seuil, 1992.

ESCARPIT Robert, *Sociologie de la littérature*, PUF, 1986.

GOLDMANN Lucien, *Pour une sociologie du roman*, Gallimard, 1964.

HALL John, *The Sociology of Literature*, Londres-New York, Longman, 1979.

LUKÁCS György, *La Théorie du roman* (1920), Gallimard, 1989.

LITURGIE

emprunté au latin chrétien *liturgia* « service de Dieu, du culte »

all. LITURGIE angl. LITHURGY	esp. LITURGIA ital. LITURGIA

voir : CÉRÉMONIE, CULTE, FÊTE, RELIGION, RITE, SYMBOLE

Ensemble des formes rituelles et cérémonielles fixées par une Église ; par analogie, forme des rites profanes à caractère politique.

Avant de désigner au XVIIe siècle en Occident l'ordre des cérémonies et des prières dont se compose le culte religieux officiel rendu à Dieu par l'Église, le mot *liturgie* (*leitourgia*, de *leitos* : public, et *ergon* : œuvre) a signifié à Athènes et dans quelques villes grecques un service public coûteux rendu en faveur du peuple par les classes riches de la cité.

Dans le cadre du christianisme, la liturgie inclut les sacrements et les rites, ainsi que des offices culturels comme les prières de matines, laudes, vêpres ou complies qui ont un caractère public. En tant que prière d'une *Église particulière*, la liturgie revêt différentes formes dans le temps et l'espace (rite maronite, liturgie de saint Chrysostome). Même après l'unification des livres liturgiques romains qui a suivi le concile de Trente, des ordres religieux et des diocèses ont conservé par privilège certaines particularités dans les prières collectives, dans le chant liturgique, dans la symbolique comportementale et festive qui leur est associée. Le terme, depuis quelques décennies, a été utilisé pour désigner des ensembles de rites religieux en dehors du christianisme, mais aussi, de manière analogique, il est employé à propos de rites séculiers et profanes à caractère politique. Ce que nous appelons liturgies politiques (couronnement d'une reine, fête du 14 Juillet, transfert solennel au Panthéon des restes d'un grand homme, célébration du bicentenaire de la Révolution, dépôt de gerbe au monument aux morts...) a pour constante de valoriser une certaine forme de transcendance (nation, souverain, héros, fondation d'une institution représentative) et d'entretenir l'image fascinante et redoutable du pouvoir par des célébrations chargées de symboles qui l'auréolent de sacralité. Ces rites affichent une identité, mobilisent une collectivité et développent un loyalisme comme le font les liturgies religieuses.

Claude RIVIÈRE

bibliographie

GUARDINI Romano, *L'Esprit de la liturgie*, Plon, 1949.

RIVIÈRE Claude, *Les Liturgies politiques*, PUF, 1988.

LOBBY

emprunté (1843) à l'anglo-américain *lobby*, « couloir » et, par extension, « personne qui fréquente les couloirs d'une assemblée législative pour en influencer les membres »

voir : ÉCONOMIE ET SOCIÉTÉ, SOCIOLOGIE POLITIQUE

Groupement d'intérêts en vue d'exercer des pressions sur les pouvoirs publics. Le mot lobby *s'est imposé parce que c'est en faisant les couloirs que les lobbies interviennent auprès des élus ou des responsables administratifs.*

Les *lobbies* n'ont rien de secret ni de frauduleux. Mais le terme est doté de significations péjoratives, et le sociologue politique préférera parler de *pression groups* ou d'*interest groups* en anglais, de *Interessenverbände* en allemand. La France qui, par tradition jacobine et étatique, rejette l'idée d'une légitimité des groupes de pression (mais ce rejet ne compromet pas la réalité de leur existence) utilisera indifféremment le terme *lobby* ou groupe de pression.

André AKOUN

bibliographie

BASSO Jacques A., *Les Groupes de pression*, « Que sais-je ? », PUF, 1983.

GIULIANI Jean-Dominique, *Les Marchands d'influence. La France sous la pression des lobbies*, Seuil, 1991.

LOCUTEUR

voir : MESSAGE, RÉCEPTEUR

En linguistique, ce terme désigne la personne qui produit un énoncé destiné à une autre personne, désignée comme l'allocuté.

En grammaire le *locuteur* est en première personne, l'allocuté, en deuxième personne, et tout autre en troisième personne. Le linguiste Roman JAKOBSON utilise les termes de *destinateur* pour allocuteur et *destinataire* pour allocuté. En sociologie de la communication, on parle d'*émetteur* et de *récepteur*.

André AKOUN

LOGIQUE SOCIALE

adjectif emprunté (1536) au latin *logicus* « logique, raisonnable »

all. GESELLSCHAFTLICHE LOGIK angl. SOCIAL LOGICS	esp. LÓGICA SOCIAL ital. LOGICA SOCIALE

voir : INDIVIDUALISME MÉTHODOLOGIQUE, INTÉRÊT, ORGANISATION, RATIONALITÉ LIMITÉE, STRATÉGIE

Suite d'événements résultant de la combinatoire des stratégies des individus d'un ou plusieurs groupes, régulée par la réciprocité.*

LOGIQUE SOCIALE, CONSCIENCE COLLECTIVE ET INCONSCIENT COLLECTIF. Le concept de *logique sociale* a remplacé ceux d'inconscient collectif ou de conscience collective, qui ont trop souvent assumé des rôles de *deus ex machina* dans le raisonnement sociologique, à la suite des travaux d'OLSON aux États-Unis et de BOUDON en France. L'un et l'autre ont montré que ni les groupes sociaux ni la société ne sont dotés de conscience ou d'inconscient, mais que la seule logique sociale détectable est constituée par la combinaison — au sens statistique — des stratégies des *individus* formant les groupes et la société.

Le contexte, la cognition et les idéologies jouent évidemment un rôle, mais au niveau des *consciences individuelles*, pour soutenir les *bonnes raisons* que chacun se découvre d'agir comme il l'entend et qui sont le nœud gordien de la logique sociale. C'est pourquoi la logique sociale est paradoxale. En effet, les membres d'un groupe adoptent souvent des conduites opposées à l'obtention d'un bien collectif (dépenses de Sécurité sociale, défense du territoire, écologie, augmentation de salaires, etc.), car l'intérêt individuel consiste à laisser les autres agir sans s'impliquer soi-même : on laissera de préférence *les autres* dépenser moins, s'engager pour la patrie, purifier les effluents toxiques avant leur abandon, participer à une action syndicale, etc. Olson a montré que chacun avait mathématiquement intérêt à agir de la sorte tant qu'une seule personne participe à l'action d'économie ou de revendication. Mais il a aussi montré que la seule manière d'éviter ces conduites contraires à l'intérêt collectif consiste soit à rendre la participation obligatoire (impôts, service militaire ou civil), soit à associer un intérêt individuel manifeste au fait de participer à l'action collective. Ainsi l'American Medical Association reçoit les adhésions libres de tout le corps médical américain, parce que, en cas d'attaque devant les tribunaux, fréquente aux États-Unis, l'association offre une défense gratuite à ses membres. Cette découverte explique aussi la désertion des syndicats français par les salariés, à l'exception de ceux qui peuvent espérer quelque place de permanent ou de délégué.

LA NOTION DE RATIONALITÉ LIMITÉE. Outre les conduites individuelles, la logique sociale résulte d'une *rationalité limitée* dans laquelle sont enfermés les groupes d'acteurs. Construit par SIMON, prix Nobel d'économie, ce concept complète l'apport du paradoxe d'Olson. À supposer qu'un groupe ait pu surmonter les forces centrifuges de ses composants individuels, il reste que *sa* rationalité s'opposera souvent — et légitimement — à celle d'un autre. La rationalité départementale s'opposera à la rationalité régionale ou nationale, les administrateurs jeunes d'une entreprise voudront investir alors que les plus âgés préféreront distribuer des bénéfices, etc. Dans cette perspective, CROZIER a montré que *toute organisation pose un problème nouveau*. Il est en effet impossible de prévoir le devenir d'un groupe ou d'une institution à partir de quelques variables contextuelles. Il est essentiel de prendre en compte les stratégies des acteurs en présence, construites à partir des bonnes raisons qu'ils trouvent d'agir comme bon leur semble. En procédant ainsi, il est possible de prévoir à court ou moyen terme le devenir de tel ou tel sous-ensemble social. En revanche, comme l'a montré Boudon *(Effets pervers et ordre social)*, il est impossible de prévoir le devenir d'une société entière. Car les secteurs et sous-secteurs qui la constituent sont si autonomes et leurs stratégies si interactives que l'on est proche de la situation mathématique d'un système doté d'une infinité de variables, donc d'une infinité de solutions.

LOGIQUE SOCIALE DES CRISES. On connaît néanmoins, depuis les travaux de DOBRY, la logique sociale d'une *crise* comme celle de Mai 1968, ou celle de l'effondrement du système communiste : pendant longtemps, les acteurs s'estiment piégés par le système, mais n'acceptent de le contester que si de proches voisins le font déjà. Des sous-systèmes isolés entrent alors en communication et leur acteurs prennent des initiatives. Il en résulte un grand désordre jusqu'à ce qu'émerge un chef capable d'exprimer clairement et simplement ce que la majorité pense confusément, en vue d'effectuer des réformes.

Ces descriptions pourraient laisser croire que la logique sociale ne trouve d'autre limite que celle de la fantaisie de ses acteurs. Elle est en fait *régulée par la réciprocité*, découverte par MAUSS en 1922 : les acteurs se rendent don pour don et coup pour coup *selon leurs estimations* des échanges précédents. Une période de conflit, de chaos ou de guerre fait place, après le rapprochement progressif des antagonistes, à une spirale de réciprocité positive (développement). À terme surviennent des estimations conflictuelles des échanges, engendrant à nouveau une période de réciprocité négative, etc. Ce phénomène universel régule les stratégies individuelles et nourrit probablement des cycles socio-économico-historiques dont le détail reste à étudier. La logique sociale existe donc. Mais elle résulte des conduites individuelles en interactions permanentes, régulées par la réciprocité, indifférentes aux prétendus déterminismes contextuels ou techniques qui ont longtemps été un frein à la connaissance des sociétés humaines.

Jean Marc DUTRÉNIT

bibliographie

ANSART Pierre, *Les Sociologies contemporaines*, Seuil, 1990.

BOUDON Raymond, *La Logique du social*, Hachette, 1979.

BOUDON Raymond, *Effets pervers et ordre social*, PUF, 1980.

BOUDON Raymond, *La Place du désordre*, PUF, 1981.

BOUDON Raymond, *L'Art de se persuader. Des idées fragiles, douteuses ou fausses*, Seuil, 1991.

CROZIER Michel, FRIEDBERG Ehrard, *L'Acteur et le système*, Seuil, 1977.

DOBRY Michel, *Sociologie des crises politiques*, Presses de la FNSP, 1990.

MARCH James Gardner, SIMON Herbert Alexander, *Les Organisations*, Dunod, 1965.

MAUSS Marcel, « Essai sur le don », in *Œuvres*, Gallimard, 1970.

OLSON Mançur, *La Logique de l'action collective*, PUF, 1975.

LOISIR

du latin *licere* (présent *liceo*) « être permis », d'où *licentia* (ital.) « liberté, permission »

all. FREIZEIT	esp. OCIO
angl. LEASURE	ital. OZIO

voir : COMMUNICATIONS DE MASSE, CONSOMMATION, JEU

Ensemble des activités qui échappent à la contrainte et à l'organisation du travail.

TRAVAIL ET LOISIR. DUMAZEDIER, un des sociologues qui ont le mieux étudié empiriquement le *loisir*, en donne une définition plus précise : « *Le loisir est un ensemble mouvant et complexe d'occupations auxquelles l'individu s'adonne de plein gré soit pour se délasser ou se divertir, soit pour développer sa participation sociale, ses goûts, ses informations, ses connaissances ou ses aptitudes, après s'être libéré de toutes les* *obligations, professionnelles, familiales ou sociales.* » Le temps de loisir s'opposerait ainsi au temps de travail comme s'opposeraient la réalisation de soi et l'aliénation. Et le loisir induit à son tour l'organisation de moyens et d'incitations offerts à l'individu, d'où toute une industrie des loisirs. D'où, aussi, une interrogation sur la relation entre travail et loisir, dans laquelle ce serait le loisir qui, sous la forme de l'ennui et de l'inactivité, deviendrait la figure de l'aliénation.

HISTOIRE. Certes on peut étudier le loisir à partir de l'Antiquité grecque et romaine et rappeler qu'ARISTOTE voyait dans le loisir le lieu et le moyen de l'activité politique, philosophique des hommes libres alors que le travail revenait aux esclaves. Mais, sauf à retenir la dichotomie liberté/esclavage, la sociologie des loisirs s'accorde pour lier ceux-ci, dans la forme qui nous intéresse, au développement de la société industrielle. Les loisirs s'inscrivent alors comme une revendication du monde du travail et se développent à travers les luttes sociales qui engendrent les progrès dans la diminution du temps de travail, l'invention des congés payés, l'âge de la retraite. En même temps se développent les exigences sociales pour développer les moyens d'accès par tous à la culture, au sport, aux voyages, à tout ce qui fait du temps *libre* autre chose qu'un temps vide. Ainsi la sociologie des loisirs trouve sa place entre la sociologie du travail et la sociologie des pratiques culturelles. « *Si les navettes marchaient toutes seules*[...] », disait ARISTOTE soulignant ainsi la nécessité de l'esclavage. Nombreux ont été hier (depuis LAFARGUE, avec *Le Droit à la paresse*, en 1883, et, avant lui, FOURIER ou encore MARX, dans *L'Idéologie allemande*) et sont aujourd'hui, les auteurs d'utopies qui annoncent que la technique rendra un jour indispensable l'organisation de la société où le travail sera réduit à la portion congrue. On est loin de cet âge d'or où *les navettes marcheront toutes seules*, mais il est certain que le loisir a une part grandissante dans le temps d'une vie d'homme et dans son imaginaire. Ce serait cependant une erreur de conclure à la fin de la valeur travail. Ce dernier demeure l'axe autour duquel s'organise l'existence de l'individu et ce qui contribue à son identité.

DE L'INDIVIDUALISME CITOYEN À L'INDIVIDUALISME HÉDONIQUE. Réfléchir sur le temps de loisir et ses problèmes, c'est, plus profondément, s'interroger sur les formes de notre modernité. Lorsque MORIN, dans *L'Esprit du temps* (1961), écrivait : « *La vacance des grandes valeurs crée la valeur des grandes vacances* », il soulignait une évolution qui s'inscrivait tant dans le travail que dans le loisir et qui menait la société d'un individualisme citoyen à un individualisme hédonique, celui par lequel certains définissent la postmodernité. Qu'en serait-il d'une Cité où le temps libre ne serait pas temps de la participation politique (comme le rêvait Aristote), pour n'être que le temps de la consommation (société de « pourceaux », disait PLATON) ? On doit aussi s'interroger sur les heurs et malheurs de l'âge de la retraite. Celle-ci tend à s'inscrire dans une rupture radicale entre temps de travail et temps de loisir et s'identifie, dans l'imaginaire, comme le temps de la mort, dès lors que la retraite est retrait du monde actif.

En fait, il faut penser autrement qu'en termes d'opposition la relation travail/loisir. Il importe aujourd'hui de poser une complémentarité entre les deux termes. On peut même dire que ce qu'on a appelé parfois la *civilisation des loisirs* sera celle où, à l'opposition travail/loisir, se substituera la symbiose loisir/travail. Ainsi voit-on que l'organisation des loisirs est inséparable d'une réflexion sur l'organisation du travail et donc sur la société elle-même.

André AKOUN

bibliographie

BATAILLE Georges, *La Part maudite*, Éd. de Minuit, 1967.

DUMAZEDIER Joffre, *Vers une civilisation du loisir* ?, Seuil, 1972.

MAFFESOLI Michel, *L'Ombre de Dionysos*, Anthropos, 1982.

MORIN Edgar, *L'Esprit du temps*, Grasset, 1961.

VEBLEN Thorstein B., *Théorie de la classe de loisir* (1899), Gallimard, 1970.

ENQUÊTE **LONGITUDINALE**

du latin *longitudo* « longueur »- Le terme date du XIVe s. Il a gardé son sens originel (dans le sens de la longueur) et a perdu le sens de « relatif à la longitude » qu'il avait acquis au XVIe s.

all.	LÄNGSUNTERSUCHUNG	esp.	LONGITUDINAL (encuesta)
angl.	LONGITUDINAL (survey)	ital.	LONGITUDINALE (inchiesta)

voir : ÉCHANTILLON, ENQUÊTE

*On parle d'*enquête longitudinale *(par opposition à* enquête transversale*) quand on dispose d'observations répétées dans le temps.*

Il existe deux types d'*enquêtes longitudinales* : les enquêtes rétrospectives et les panels. Dans une enquête rétrospective, on interroge une fois un échantillon d'individus sur leur situation présente et sur leur situation passée. Cette méthode est peu coûteuse, mais se heurte au problème de la mémoire des individus. Pour constituer un panel, l'enquêteur sélectionne un échantillon qu'il retournera interroger plusieurs fois. La question de la mémoire ne se pose plus, et laisse la place au problème de l'attrition. Ce terme fait référence au fait qu'il n'est pas toujours simple de retrouver un an, voire plusieurs années plus tard, les individus qui ont accepté de participer à l'enquête. On « perd » des individus en cours de route, ce qui diminue d'autant la taille de l'échantillon et peut entraîner des biais de sélection. Mais l'inconvénient majeur du panel, par opposition à l'enquête rétrospective, tient au fait que l'on ne peut l'exploiter qu'après la dernière interrogation.

*

* *

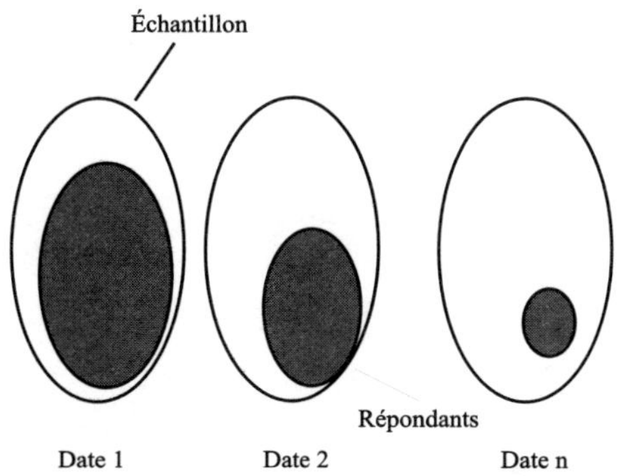

Attrition dans un panel

Félicité des NÉTUMIÈRES

LOYAUTÉ

voir : AFFECTIVITÉ, PARTI, PASSION, SENTIMENT

Fidélité à tenir ses engagements, attachement à une personne, une organisation, un parti, une nation.

Par ce qu'elle implique de continuité dans les rapports interpersonnels, la *loyauté* constituait un élément essentiel des rapports de dépendance propres au système féodal. Elle demeure significative dans l'entretien des régulations politiques au sein d'un parti, dans la participation active des membres d'une organisation, d'une association, d'une entreprise, où cette fidélité est fortement sollicitée.

Pierre ANSART

bibliographie

ETZIONI Amitai, *A Comparative Analysis of Complex Organizations*, New York, Free Press, 1961.

FLETCHER George Philip, *De la loyauté. Entre le communautarisme et le libéralisme*, Bruxelles, Éd. de l'Université de Bruxelles, 1996.

LUTTE DES CLASSES

all. KLASSENKAMPF	esp. LUCHA DE CLASES
angl. CLASS STURGLE	ital. LOTTA DI CLASSE

voir : CLASSE SOCIALE, CONFLIT, LATENT, MARXISME

Conflit entre les classes sociales fondé sur l'opposition de leurs intérêts.

MARX fait de la lutte des classes une nécessité structurale du mode de production capitaliste. Puisque, selon cette analyse, la propriété privée des moyens de production oppose radicalement les propriétaires de ces moyens et les prolétaires qui n'ont pour bien que leur force de travail, la lutte de ces deux classes est permanente et revêt des formes multiples, latentes ou manifestes. Dans le *Manifeste du Parti communiste* (1848), Marx résume cette thèse en ces termes : « *L'histoire de toute société jusqu'à nos jours, c'est l'histoire de la lutte des classes. Homme libre et esclave, patricien et plébéien, baron et serf, maître de jurande et compagnon, en un mot : oppresseurs et opprimés, se sont trouvés en constante opposition : ils ont mené une lutte sans répit, tantôt déguisée, tantôt ouverte, qui chaque fois finissait soit par une transformation révolutionnaire de la société tout entière, soit par la ruine des diverses classes en lutte* » (1965, pp. 161 et 162). La lutte des classes revêtirait deux formes essentielles : l'une, permanente et éventuellement non manifeste, l'autre visible, dans les affrontements politiques et l'action révolutionnaire.

Pierre ANSART

bibliographie

MARX Karl, *Manifeste du Parti communiste*, in *Œuvres*, « La Pléiade », Gallimard, t. 1., 1977.

M

MACHINISME

emprunté (v. 1377) au latin *machina* « invention » et, concrètement, « engin » spécialisé techniquement

all. MASCHINISMUS	esp. MAQUINISMO
angl. MECHANIZATION	ital. MACCHINISMO

voir : INFORMATIQUE, NUMÉRIQUE, TRAVAIL

Généralisation de l'emploi des machines en remplacement de la main-d'œuvre.

MACHINISME ET DÉTERMINISME HISTORIQUE. Dès le début du XIXe siècle, le développement du *machinisme* dans les industries textile et minière a suscité la réflexion critique. BURET, PROUDHON, ENGELS s'interrogent sur les conséquences sociales de ce développement, en particulier pour la condition ouvrière : chômage, déqualification des tâches, baisse des salaires. La question du « déterminisme historique » se trouve posée. MARX l'évoque en de brèves formules : « *Le moulin à bras suppose une autre division du travail que le moulin à vapeur* » (1950, p. 158). Ce problème des conséquences sociales du développement technique dans la production a donné lieu à des recherches considérables de 1920 à 1970 (TAYLOR, FRIEDMANN, NAVILLE...). Elles ont porté, en particulier, sur les effets des transformations techniques sur le travail ouvrier. Les perspectives se sont transformées à partir des années 60 sous l'effet des critiques du taylorisme et de la mécanisation des tâches, mais surtout en raison de l'apparition de méthodes nouvelles de production : automatisation, informatisation, renouvellement accéléré des techniques, intervention des nouvelles techniques de communication.

LES MUTATIONS DU XXe SIÈCLE. La question du machinisme telle qu'elle se posait au XIXe siècle fait place à d'autres problèmes sur les mutations des technologies dans l'entreprise (robotique, bureautique, informatisation) mais aussi dans la vie quotidienne et les espaces privés. De nouvelles questions concernent les usages sociaux de ces nouveaux outils, et le développement de formes culturelles liées à la généralisation des nouvelles technologies.

Pierre ANSART

bibliographie

BELL Daniel, *Vers la société post-industrielle*, Laffont, 1976.

DURAND Claude, *Le Travail enchaîné*, Seuil, 1978.

DURAND Jean-Pierre, DURAND-SEBAG Joyce, LOJKINE Jean, MATHIEU Christian, *L'Enjeu informatique. Former pour changer l'entreprise*, Méridiens-Klincksieck, 1986.

FORESTER Tom, *The Information Technology Revolution*, Cambridge, MIT Press, 1985.

FRIEDMANN Georges, *Problèmes humains du machinisme industriel* (1946), Gallimard, 1965.

NAVILLE Pierre, *Vers l'automatisme social ?*, Gallimard, 1963.

MACROSOCIOLOGIE, MICROSOCIOLOGIE

voir : ACTION, DÉTERMINISME, HABITUS, INTERACTION

La simplicité de la distinction masque des problèmes redoutables. Les phénomènes saisis au niveau *macrosociologique* sont globaux et caractérisent des sociétés entières ; l'approche *microsociologique* prend comme unité l'action individuelle, ponctuellement (décisions), séquentiellement (trajectoires), ou en situation d'interaction.

Comment analyser chaque niveau et se déprendre des explications spontanées qu'il suscite (existence d'entités collectives dans un cas, autonomie des sujets dans l'autre) ? Comment penser le passage de l'un à l'autre sans réduire les phénomènes macrosociologiques au seul prolongement des conduites individuelles ou les phénomènes microsociologiques à l'incarnation singulière de déterminismes globaux ?

HABITUS ET EFFETS ÉMERGENTS. La sociologie répond de façon plurielle. Ses grands courants ont tendance à privilégier un niveau aux dépens de l'autre, et leur différence se durcit parfois dans l'opposition entre holisme et individualisme méthodologiques. Se développent également des tentatives pluralisant les niveaux ou définissant des médiations : théorie de l'*habitus* (solution holiste au problème de l'analyse des pratiques), théorie des *effets émergents* (approche individualiste de phénomènes agrégés).

Jean-Michel BERTHELOT

MAGIE

du grec *magos* « mage »

all. ZAUBEREI, ZAUBERKUNST, MAGIE	esp. MAGIA
angl. MAGIC	ital. MAGIA

voir : EFFICACITÉ SYMBOLIQUE, SORCELLERIE

Dans une conception du monde supposant l'existence de puissances invisibles, mais soumises à des lois, la magie est la technique qui vise à soumettre à l'homme l'efficacité présumée des esprits ou forces occultes.

MAGIE NOIRE ET MAGIE BLANCHE. Le mot français comprend un large champ sémantique, unissant des contraires comme la *magie* blanche, purement bénéfique ou protectrice, et la *magie* noire ou sorcellerie, qui tente de nuire à autrui, voire de le tuer et de le dévorer mystiquement par l'envoûtement. En tout état de cause, le rite magique est censé mettre en œuvre un principe de causalité contraignant qui préfigure la science, dans l'indifférence à la valeur morale de l'acte, celui de l'agent ou celui du patient.

LA SORCELLERIE EN FRANCE. Ces conceptions subsistent partout, même en Europe, et sont toujours difficiles à pénétrer. C'est l'histoire des échecs initiaux de FAVRET-SAADA. Voulant se renseigner sur la croyance à la sorcellerie en France, elle se heurte d'abord à un mutisme hostile. *« Le silence m'observait »*, écrit-elle. Après divers détours, elle comprend qu'elle doit s'engager, accepter le défi à relever, se mettre en jeu selon des rapports de force qui sont conditions du dialogue, dans l'alternance permanente de deux rôles : celui où elle est censée « pouvoir », donc être sorcière ou désenvoûteuse, et celui où elle est censée « ne pas pouvoir », donc être victime et ensorcelée. Son expérience, comme celle de ROSNY plus tard (cf. *infra*), devient une suite d'actes, et non plus d'énoncés. Le terrain éduque, modifie l'anthropologue.

RÊVE ET MAGIE. Le rêve est pour la société traditionnelle la voie royale de l'accès des hommes à cet univers des esprits, ancêtres ou puissances qui commandent le monde d'ici-bas, lequel n'apparaît ainsi que comme émergence ou épiphénomène de cette surréalité. Par le rêve, pense-t-on, l'homme se dédouble, quelque chose de son âme, son ombre-image ou double, quitte son corps et connaît des aventures dans cet avant-monde caché. En Afrique centrale, le rêve est souvent utilisé comme moyen de légitimation. Le pouvoir charismatique d'un « chef » s'appuiera toujours sur la vision supposée des ancêtres de son lignage qui l'ont investi en rêve et qui authentifient son autorité (cf. BOT BA NDJOCK, p. 54 ; et la comédie de OYÔNÔ, où le chef prend ses sujets à témoin du fait qu'il a vu ses aïeux en songe). Révélation magique, le rêve peut aussi appeler à un rôle social, comme dans la vocation d'une célèbre guérisseuse que rapporte VINCENT dans son treizième entretien : *« Souffrant d'un goitre, cette femme est guérie durant un rêve où lui sont révélées également certaines feuilles et certaines écorces, avec le don de discerner les maladies. "À mon réveil, dit-elle, je pleurais, j'étais sûre de mourir après avoir vu des gens en rêve comme cela. Mais j'ai vu que j'étais guérie* [...] *" À la réflexion, elle est sûre que c'est Zamba qui est intervenu (Zamba est le nom que les missionnaires ont pris pour désigner Dieu). »* On constate ici le passage de la magie blanche à la religion.

LE RÊVE : VOYANCE ET CONNAISSANCE. Le rêve est sans doute l'un des fondements de la croyance en la sorcellerie, et en particulier de ces auto-accusations déconcertantes pour notre rationalisme. NEKES en donnait une explication dès 1913 à propos des Betis, qui sont les premiers à dire que la sorcellerie se pratique « comme en rêve », dans le secret de la nuit, alors que le rêve est par ailleurs sa réalité, ou plutôt, comme on vient de le dire, sa sur-réalité. *« Ce que le* nnem *(sorcier) a vu et souhaité en rêve se réalise. Ce n'est pas son apparence extérieure qui dénonce le* nnem *; lui-même n'est pas toujours conscient d'en être jusqu'à ce que ses mauvais rêves viennent s'accomplir* [...] *Quant à celui qui est tombé malade à cause du pouvoir de l'*evu *(organe de la sorcellerie), il a, lui aussi, éprouvé toute la machination en rêve : il a vu les sorciers danser autour de sa case ; tous ensemble, ils l'ont tiré du lit, couvert de petites blessures, ramené dans la case, et ils se sont évanouis comme ils étaient venus* [...] *»* (1913, p. 136).

Si, refoulées dans la vie diurne où la fraternité est de règle, la haine ou la peur se transfèrent dans le rêve, on comprend que le rêveur se dénonce ensuite comme acteur ou victime de la sorcellerie. Cependant, comme l'indique en langue *beti* la communauté de racine entre les mots qui signifient connaissance, songe et sorcier (le voyant ou le connaissant), il paraît incontestable que prédomine le caractère positif, fondateur et initiatique, du rêve. Au terme de sa longue recherche chez les Douala, de Rosny se fait « ouvrir les yeux », en particulier en racontant ses rêves à son mentor ; et c'est l'un de ces rêves mêmes qui lui paraît être le terme et l'objet de son initiation, quand il lui manifeste le caractère universel de la lutte et de la guerre.

Philippe LABURTHE-TOLRA

bibliographie

BOT BA NDJOCK Henri Marcel, « Prééminences sociales et systèmes politico-religieux dans la société traditionnelle bulu et fang », in *Journal de la Société des africanistes*, t. 30, 1960.

EVANS PRICHARD Edward E., *Sorcellerie, oracles et magie chez les Azandé* (1937), Gallimard, 1972.

FAVRET-SAADA Jeanne, *Les Mots, la mort, les sorts. La sorcellerie dans le bocage*, Gallimard, 1977.

LABURTHE-TOLRA Philippe, *Initiations et sociétés secrètes au Cameroun : les mystères de la nuit. Essai sur la religion bëti*, Karthala, 1985.

NEKES Hermann, « Totemistische manistische Anschauungen der Jaunde in ihren Kultfeiern und Geheimbünden », in *Koloniale Rundschau*, Berlin, 1913.

ORTIGUES Edmond, ORTIGUES Marie-Cécile, *Œdipe africain*, « 10/18 », Plon, 1973.

OYÔNÔ Guillaume, *Trois prétendants, un mari*, Yaoundé, CLE, 1964.

ROSNY Éric de, *Les Yeux de ma chèvre*, Plon, 1982.

VINCENT Jeanne-Françoise, *Traditions et transitions. Entretiens avec des femmes Bêti*, Berger-Levrault, 1976.

DIALECTIQUE DU MAÎTRE ET DE L'ESCLAVE ⇒ MÉDIATION

MAÎTRISE

du latin *magister* « chef, maître »

voir : AFFECT, ÉMOTION, PASSION, SENTIMENT

Relation d'emprise incluant un rapport de pouvoir entre forces interdépendantes.

1 Dans le sens d'une fonction sociale : ensemble du personnel chargé de l'encadrement des ouvriers dans une entreprise (chefs d'atelier, contremaîtres, chefs d'équipe).

2 Dans le sens de la maîtrise de soi, de la domination et du contrôle des manifestations émotionnelles : ELIAS a développé la thèse selon laquelle l'histoire de la culture occidentale, depuis le haut Moyen Âge, serait marquée par la transformation de l'« économie psychique » des individus et par le développement de la maîtrise de soi sur les manifestations affectives. Ce processus de maîtrise croissante serait consécutif au développement des pouvoirs de l'État et à l'extension de la monopolisation étatique de la violence.

Pierre ANSART

bibliographie

ELIAS Norbert, *La Civilisation des mœurs* (1939), Calmann-Lévy, 1973.

ELIAS Norbert, *La Dynamique de l'Occident* (1939), Calmann-Lévy, 1975.

FREUD Sigmund, *Malaise dans la civilisation* (1930), PUF, 1971.

MALADIE ⇒ SANTÉ

MALTHUSIANISME

all. MALTHUSIANISMUS	esp. MALTHUSIANISMO
angl. MALTHUSIANISM	ital. MALTHUSIANISMO

voir : DÉMOGRAPHIE, POPULATION

Terme désignant les idéologies et les politiques qui ont pour objectif la maîtrise de la croissance démographique, grâce à des mesures préventives en matière de natalité. En rapport déformé avec la pensée de Malthus et par extension, le malthusianisme qualifie toutes sortes de dispositions ou de vues restrictives dans le domaine économique, social ou culturel.

Malthus et Marx. En publiant en 1798, l'*Essai sur le principe de population*, Thomas Robert MALTHUS posait un problème dont les fondements sont toujours d'actualité : l'accroissement de la population et son rapport aux subsistances. Malthus souhaitait « améliorer l'état des pauvres » et éviter les bouleversements politiques et sociaux en réduisant la pression démographique. S'opposant aux lois d'assistance, refusant la contraception et l'avortement, Malthus préconisait « l'impératif de la contrainte morale » (célibat chaste et mariage tardif) pour réduire la natalité, ainsi qu'un effort d'éducation pour « éclairer le peuple » sur le principe de population et ses conséquences. Dans la première moitié du XIXe siècle, la bourgeoisie, qui redoute la croissance numérique des classes populaires, puise dans l'argumentaire malthusien pour exhorter les pauvres à la prévoyance. Malthus sera contredit au plan théorique et politique par les penseurs des différents courants socialistes, notamment MARX, qui considérait que la « surpopulation relative » dans le mode de production capitaliste résultait non d'une fécondité excessive de la classe salariée mais du processus même de l'accumulation du capital dans le cadre de ce système.

Le terme *malthusien*. Le terme *malthusien* reste encore connoté négativement puisqu'il évoque le conservatisme social et les politiques restrictives de toutes sortes. Ainsi, pour Meillassoux, en liant le principe de population à la production, « *le génie de Malthus aura été de révéler à la bourgeoisie ce qui deviendra l'une de ses préoccupations majeures : la nécessité d'intervenir dans la reproduction de la force de travail, c'est-à-dire sur la démographie des classes exploitées afin d'éviter que les besogneux ne tombent à sa charge* » (MEILLASSOUX, 1991).

Socialistes anglais et libertaires français. Toujours dans le champ politique, le *malthusianisme* sera réinterprété, par des courants socialistes en Grande-Bretagne ou libertaires en France, en vue de libérer, par le contrôle de la procréation, aussi bien le prolétariat que les femmes. Avoir peu d'enfants est un moyen pour réduire l'armée de réserve industrielle et donc le chômage, favoriser la hausse des salaires ouvriers et empêcher la guerre, issue des contradictions du capitalisme et du surpeuplement (HUOT lance en 1892 le slogan de « grève des ventres »).

Les néomalthusiens. Pour les « néomalthusiens » (PLACE, CARLISLE, DRYSDALE, BESANT en Angleterre ; ROBIN, PELLETIER en France), la question sociale est étroitement liée à la question sexuelle : la connaissance de la contraception est donc essentielle pour les femmes au nom de la libre maternité, d'un meilleur statut social, de l'hygiène, de la bonne éducation d'un nombre réduit d'enfants. On a donc pu parler d'un « néomalthusianisme antimalthusien » ; en effet, « *non seulement la Science et l'Hygiène remplacent Dieu et la Morale, mais la restriction des naissances devient à la fois un instrument de libération individuelle et un levier de révolution sociale* » (PERROT, 1984). De fait, le néomalthusianisme conteste la morale traditionnelle puisqu'il s'agit de donner au peuple la connaissance et les moyens de contrôler sa reproduction. C'est, en fin de compte, ce à quoi peuvent aboutir les programmes de planification des naissances, nationaux et internationaux, qui ont accompagné la baisse de la fécondité dans de nombreux pays (VAN DE VALLE, 1984).

L'actualité de Malthus. La relecture des œuvres de Malthus au regard des questions relatives à la dégradation de l'environnement et à la pollution des ressources naturelles, en relation avec la croissance démographique, notamment urbaine, révèle l'actualité d'une pensée qui « hante les incertitudes de notre futur » (LE ROY LADURIE, 1980).

Léon GANI

bibliographie

DUPÂQUIER Jacques, « Avez-vous lu Malthus ? », in *Population*, n° 2, mars-avril 1980, pp. 279 à 290.

FAUVE-CHAMOUX Antoinette (éd.), *Malthus hier et aujourd'hui*, Congrès international de démographie historique, Éd. du CNRS, 1984.

GENDREAU Francis, MEILLASSOUX Claude, SCHLEMMER Bernard, VERLET Martin, *Les Spectres de Malthus*, Edi, Orstom, Ceped, 1991.

PETERSEN William, *Malthus, le premier antimalthusien* (préface d'Emmanuel LE ROY LADURIE), Dunod, 1980.
POURSIN Jean Marie, DUPUY Gabriel, *Malthus*, Seuil, 1972.

MANA ⇒ INTERDIT

MANAGEMENT

Le mot anglais signifie déjà au XIXe s. « manier, diriger ». Il s'applique au pilotage d'une entreprise. Importé en France avec ce sens au XXe s., il est désormais accepté par l'Académie. En fait, le terme anglais viendrait lui-même du français *ménager* qui veut dire : « conduire avec soin, employer avec mesure, utiliser au mieux », comme dans l'expression : « Qui veut voyager loin ménage sa monture. »

all. MANAGEMENT	esp. MANAGEMENT
angl. MANAGEMENT	ital. MANAGEMENT

voir : ADMINISTRATION, GESTION, ORGANISATION

Le management désigne l'ensemble des techniques de gestion d'une organisation. Cela couvre les manières de prospecter, comparer, fournir, acheter, produire, stocker, travailler, rémunérer, financer, comptabiliser, contrôler.

Le *manager* n'est ni l'entrepreneur qui prend le risque d'instaurer de nouvelles relations économiques, ni le chef d'entreprise qui commande à des équipes de travail, ni le capitaliste qui possède les moyens de production. Le manager, c'est le technicien de la gestion, capable de rationaliser les organisations. Pour comprendre le rôle des managers, présentons leur arrivée au pouvoir, leurs démarches, la portée de leurs compétences.

1 LA RÉVOLUTION MANAGÉRIALE. Dans les années 20, BERLE et MEANS réalisent que les plus grandes entreprises américaines ont un actionnariat tellement dispersé — en raison de leur taille — qu'elles ne sont plus contrôlées par leurs propriétaires. Le pouvoir est alors exercé par ceux qui maîtrisent les techniques de gestion et accèdent aux postes de direction grâce à leurs compétences managériales.

Dans les années qui suivent, de nombreux analystes confirment ce diagnostic. Pour BURNHAM, ancien trotskyste, l'ère des managers succède à l'ère des capitalistes. Pour GALBRAITH, une imposante *technostructure* composée de spécialistes de la finance, du marketing et de la technologie exerce son emprise sur les grandes entreprises et, par suite, sur la société tout entière.

Dans une perspective plus historique, CHANDLER en conclut qe la *main visible* des managers guide l'économie, plus que la *main invisible* du marché.

2 LES DÉMARCHES DE GESTION. L'organisation scientifique du travail (OST), proposée par TAYLOR, conduit à différencier à l'extrême les tâches pour les confier à des spécialistes. La direction d'entreprise préconisée par FAYOL conduit — à l'inverse — à intégrer les efforts de chacun dans une action commune prévue, réalisée, contrôlée. Des auteurs comme DALTON renouvellent ces démarches — par ailleurs antagonistes — en montrant que le management comporte des relations de pouvoir, des conflits, des résolutions de problèmes et que les sentiments et les sanctions des managers ont une place importante dans ces processus. En étudiant les actions des managers au quotidien, MINTZBERG observe que leurs rôles prépondérants portent sur la communication, la négociation, la participation à des réunions.

3 MANAGEMENT INTERCULTUREL OU UNIVERSEL. Les techniques de gestion des organisations semblent avoir une portée très large. Les principes de base — de Fayol à Mintzberg — ont fait le tour du monde. Pourtant, certaines démarches réussissent mieux dans un contexte culturel que dans un autre : direction par objectifs en Amérique, cercles de qualité au Japon, cogestion en Allemagne, approche sociotechnique en Angleterre, équipes semi-autonomes en France. HOFSTEDE en déduit qu'il y a des différences culturelles dans le management. En même temps, des praticiens comme les Américains PETERS et WATERMAN ou le Français SERIEYX confirment que l'écoute du client, la mobilisation des intelligences ou le retour sur investissement restent des règles valables partout.

Jean Michel MORIN

bibliographie

BERLE Adolph, MEANS Gardiner, *The Modern Corporation and Private Property*, New York, MacMillan, 1932.
BURNHAM James, *L'Ère des organisateurs* (1941), Calmann-Lévy, 1947.
CHANDLER Alfred, *La Main visible des managers. Une analyse historique*, Economica, 1988.
DALTON Melvin, *Men who Manage. Fusions of Feeling and Theory in Administration*, Californie, John Wiley & Sons, 1959.
FAYOL Henri, *Administration industrielle et générale* (1916), Dunod, 1918 ; rééd. 1979.
GALBRAITH John Kenneth, *Le Nouvel État industriel. Essai sur le système économique américain* (1967), « Tel », Gallimard, 1989.
HOFSTEDE Gerd, BOLLINGER Daniel, *Les Différences culturelles dans le management. Comment chaque pays gère-t-il ses hommes ?*, Éd. d'Organisation, 1987.
MINTZBERG Henry, *Le Manager au quotidien. Les dix rôles du cadre*, Éd. d'Organisation, 1984.
PETERS Tom, WATERMAN Robert, *Le Prix de l'excellence*, InterÉditions, 1983.
SERIEYX Hervé, *Mobiliser l'intelligence de l'entreprise*, EME, 1982.
TAYLOR Frederik W., « Direction des ateliers » (1902), in *Revue de métallurgie*, juillet 1907 ; rééd. in *Organisation du travail et économie des entreprises*, « Les classiques E. O. », Éd. d'Organisation, 1990.
TAYLOR Frederik W., *Principes de l'organisation scientifique des usines* (1911), Marabout, 1967.

MANIFESTATION

du latin *manifestatio* « révolution, apparition (du Christ) », dérivé de *manifestare* « montrer, découvrir »

voir : ACTION COLLECTIVE, PARADOXE D'OLSON

Forme d'action collective visant à exprimer publiquement une revendication ou une émotion.

À la dimension instrumentale, qui en fait généralement un moyen de pression sur les autorités politiques, s'ajoute une dimension expressive (« rendre manifeste ») : en manifestant, les individus participent — directement ou indirectement — à la production d'identités collectives. L'institutionnalisation des stratégies de rues, sous la forme de cortèges manifestants, soulève, plus en amont, l'épineuse question de la « naissance » de la *manifestation*. Au regard des charivaris, qui prenaient généralement pour cibles des conduites relevant de la sphère privée et non de la sphère publique (ce qui conférait précisément à ces formes d'action collective un caractère prépolitique), la « naissance » de la manifestation paraît étroitement liée à la constitution d'un espace public, médiation entre la société et l'État. En rendant possible l'opinion publique (HABERMAS), la constitution de cet espace favorise l'élargissement du répertoire d'action collective et démarque la manifestation de certaines formes de confrontations violentes, telles que les émeutes (sans pour autant exclure, en certaines circonstances, que les manifestations puissent également connaître des issues de cette nature). Lié à l'essor de l'État démocratique, le développement des manifestations accompagne, au cours du XIXe siècle, l'émergence des organisations syndicales et partisanes. Plaidant pour l'instauration d'une « démocratie manifestante », ETZIONI y voit de nos jours l'indispensable correctif à une expression électorale qui se montre incapable de traduire la spécificité et la diversité des intérêts au sein des sociétés modernes. On peut néanmoins se demander si une telle exigence de pluralisme démocratique ne tend pas à sous-estimer l'opposition entre universalisme et particularisme. Car si la gouvernabilité des sociétés peut être menacée par un déficit de citoyenneté, elle peut tout autant l'être par un excès de particularismes.

Patrice MANN

bibliographie

CHAMPAGNE Patrick, « La Manifestation, la production de l'événement politique », in *Actes de la recherche en sciences sociales*, n° 52-53, juin 1984, pp. 18 à 41.

ETZIONI Amitai, *Demonstration Democracy*, New York, Gordon and Breach, 1970.

FAVRE Pierre (sous la dir. de), *La Manifestation*, Presses de la FNSP, 1990.

HABERMAS Jürgen, *L'Espace public. Archéologie de la publicité comme dimension constitutive de la société bourgeoise* (1962), Payot, 1978.

TILLY Charles, *La France conteste, de 1600 à nos jours*, Fayard, 1986.

MANIFESTE ⇒ LATENT

MARCHÉ

du latin *mercatus* « marchandise, échange » ou « lieu d'échange »

all. MARKT	esp. MERCADO
angl. MARKET	ital. MERCATO

voir : CAPITALISME, CONFLIT, CONSOMMATION, ÉCONOMIE, MARXISME

Mécanisme d'allocation ou processus de coordination des activités économiques, à travers l'échange et les prix, fondé sur la concurrence, à caractère décentralisé et supposant une autonomie des participants aux transactions.

Le concept de *marché* occupe une place centrale dans les théories historiques et économiques du capitalisme. Il possède de nombreuses significations et fait l'objet de controverses toujours actuelles, qui peuvent être éclairées par l'histoire des idées.

LES ÉCONOMISTES CLASSIQUES ET MARX. Chez les économistes classiques et chez MARX, le marché représente l'étendue sociale et spatiale de la demande pour une marchandise ; ainsi SMITH observe que la division du travail est limitée par l'extension du marché. Dans cette tradition, les prix de marché qui fluctuent sous l'influence des variations de l'offre et de la demande sont régulés par des normes sous-jacentes évoluant plus lentement : prix naturels chez les classiques ou valeur chez Marx. Le marché constitue la sphère de l'échange, qui dépend de la division du travail et de la sphère de la production, et qui coordonne cette dernière en l'adaptant aux besoins changeants de la société. Pour Marx, le marché et ses normes libérales et égalitaires constituent l'apparence, fausse mais toutefois nécessaire, du monde du capital et du travail salarié, où ces normes sont à la fois affirmées et niées.

LE COURANT NÉOCLASSIQUE. À la fin du XIXe siècle, les fondateurs du courant néoclassique moderne, WALRAS et MARSHALL, mettent les concepts de marché et d'équilibre au centre de la théorie économique. L'objet de l'échange (biens, services ou capitaux) est soumis à une offre et une demande dont la confrontation engendre un prix et une quantité déterminées, qui définissent l'équilibre du marché.

Économie de marché et marché auto-équilibrant. En libre concurrence absolue, tout marché singulier est auto-équilibrant, et l'ensemble des marchés interdépendants évolue spontanément vers l'équilibre général. Cette approche normative de Walras fonde le concept implicite d'économie de marché : *« Le monde peut être considéré comme un vaste marché général composé de divers marchés spéciaux, où la richesse sociale se vend et s'achète » (Éléments)*. Dans cette tradition, le marché concurrentiel pur représente au fond la norme idéale et optimale de l'allocation et de la coordination économiques, tandis que l'économie de marché(s) constitue le meilleur système possible du point de vue de l'efficacité voire de l'équité économique. Il est admis que la réalité historique s'éloigne de cet idéal, mais le progrès consistera à s'en rapprocher. L'école autrichienne (MENGER, MISES, HAYEK) considère plutôt le marché comme un processus issu d'un mouvement d'évolution, contraint par des règles, comme un « ordre spontané » résolvant au mieux le problème de l'acquisition et de la communication de la connaissance (Hayek). Avec une argumentation davantage dynamique et tout en évacuant comme non pertinente la question de la justice sociale, ce courant rejoint l'idée que le système fondé sur le marché est le seul fondamentalement rationnel.

Le XXe siècle : échecs du marché et interventions de l'État. La famille intellectuelle néoclassique, dont l'hégémonie théorique s'impose au XXe siècle malgré d'importantes contestations, va approfondir le thème, déjà présent chez les pères fondateurs, des exceptions, des limites ou des nuances liées au modèle idéal du marché. Ce mouvement a pour constante l'analyse de l'écart entre le monde réel et la vision normative du marché fournie par l'économie pure. La démarche de confrontation du réel au rationnel se traduit par la prise en compte des *imperfections* (de la concurrence), des *déséquilibres* (sur les marchés), de l'*asymétrie* (de l'information entre les échangistes) ; elle accroît sans doute le réalisme de la théorie, mais sans rompre le cordon ombilical vis-à-vis du modèle fondateur du marché et de l'irréalisme de ses hypothèses. Les situations jugées *a priori* exceptionnelles, mais en réalité fort communes, d'« échec du marché », dans les cas de monopole, pour les biens publics, en présence d'externalités ou de rendements croissants, justifient le remplacement local du marché par l'intervention de l'État.

Le retour du libéralisme radical. Toutefois cet argument est souvent remis en cause avec le retour du fondamentalisme du marché, porté par le libéralisme radical à la fin du XXe siècle, qui insiste au contraire et par principe sur les échecs de l'intervention publique et sur les vertus ontologiques du marché.

LES ÉCONOMISTES HÉTÉRODOXES. Chez les économistes hétérodoxes, la thèse du caractère autoéquilibrant du marché concurrentiel et l'argument de la « main invisible », selon lequel un ordre social rationnel fondé sur les marchés résulte spontanément de la recherche individuelle de son intérêt propre par chaque agent économique, ont été critiqués de diverses manières.

Keynes. Chez KEYNES par exemple, le capitalisme est structurellement instable, en particulier à cause des marchés financiers, il ne peut engendrer par lui-même l'équilibre sur le « marché du travail » ; quant à la main invisible, c'est un mythe.

Marx et Schumpeter. D'autres économistes non conformistes soulignent l'opposition entre le capitalisme et le modèle de l'« économie de marché » : pour MARX, l'économie capitaliste est un renversement dialectique de l'« économie marchande simple » ; pour SCHUMPETER, l'« économie de développement » capitaliste représente une rupture radicale vis-à-vis de l'« économie de circuit » dont le modèle est donné par l'équilibre général des marchés de Walras.

Braudel. Chez l'historien BRAUDEL, l'économie de marché caractérisée par des transactions locales, la concurrence et une certaine transparence, contraste avec le capitalisme, marqué par la longue distance, le monopole et l'opacité des échanges.

Polanyi. La critique de la « mentalité de marché » est développée par POLANYI, pour qui le marché est un « processus institutionnalisé » constituant, avec la réciprocité et la redistribution l'un des trois grands mécanismes d'intégration de l'histoire économique humaine. La tentative utopique, au XIXe siècle, d'étendre la régulation du marché de la sphère des produits aux « marchandises fictives » que sont le travail, la terre et la monnaie, a engendré au XXe siècle une catastrophe sociale, et un mouvement contraire d'intervention de l'État destiné à protéger la société de la dislocation qui en résultait.

Approches institutionnalistes. Depuis les années 80, diverses approches institutionnalistes, en économie et en sociologie, ont apporté une contribution importante à l'analyse du marché. Le rôle du cadre institutionnel conditionnant le fonctionnement effectif des marchés est souligné : lois et règlements, autorité interne ou externe de contrôle, garantie étatique des droits de propriété, régime monétaire, etc. La densité institutionnelle des divers marchés varie sensiblement, mais elle est toujours plus forte que dans l'interprétation minimaliste néoclassique. D'autres analyses considèrent les marchés dans un ensemble plus vaste et articulé de modes de coordination économiques, tels que les réseaux (GRANOVETTER), les associations (HOLLINGSWORTH) mais aussi l'État et les hiérarchies privées ou firmes (BOYER). La prise en compte de la place relative et de la diversité des marchés dans les capitalismes historiques passe ici par l'analyse des configurations institutionnelles nationales, typées mais évolutives, de modes de coordination.

Bernard CHAVANCE

bibliographie

BOYER Robert, « The Variety and Unequal Performance of Really Existing Markets : Farewell to Doctor Pangloss ? », in R. HOLLINGSWORTH et R. BOYER (sous la dir. de)., *Contemporary Capitalism : The Embeddedness of Institutions*, Cambridge, Cambridge UP, 1997.

FRIEDMAN Rose D., *Capitalisme et Liberté*, Laffont, 1971.

GUESNERIE Roger, *L'Économie de marché*, Flammarion, 1996.

HAYEK Friedrich, « L'Ordre de marché ou catallaxie », in *Droit, législation et liberté* (t. 2, chap. 10), PUF, 1995.

HIRSCHMAN Albert O., « Douceur, puissance et faiblesse de la société de marché : interprétations rivales de Montesquieu à nos jours », in Albert O. HIRSCHMAN, *L'Économie comme science morale et politique*, Gallimard/Seuil, 1984.

POLANYI Karl, *La Grande Transformation. Aux origines politiques et économiques de notre temps*, Gallimard, 1983.

ROBINSON Joan Violet, « Markets » (1974), in J. ROBINSON, *Collected Economic Papers*, t. 5, Oxford, Blackwell, 1979.

SWEDBERG Richard, « Markets as Social Structures », in N. SMELSER, R. SWEDBERG (éd.), *The Handbook of Economic Sociology*, Princeton (NJ), Princeton UP, 1994.

WALRAS Léon, *Éléments d'économie politique pure* (1873), Economica, 1988.

MARGE D'ERREUR

voir : ÉCHANTILLON, INTERVALLE DE CONFIANCE

Dans le cadre de l'inférence statistique, on calcule une *marge d'erreur* (ou *marge d'échantillonnage*) pour les grandeurs ou les coefficients que l'on cherche à estimer. Lorsque, dans un échantillon, l'on effectue une mesure de quelque ordre que ce soit, il faut être conscient que celle-ci n'est valable que pour les individus de l'échantillon. Dès lors que l'on cherche à en fournir une estimation pour la population tout entière, une prudence calculée conduit à ne plus avancer une valeur, mais un intervalle de valeurs (⇒ INTERVALLE* DE CONFIANCE) à l'intérieur duquel on espère fortement que se trouve la « vraie » grandeur que l'on recherche. Cette marge d'erreur correspond à l'étendue de l'intervalle en question.

Appelons Y la grandeur calculée dans un échantillon, Y la grandeur correspondante dans la population. Il serait abusif d'imaginer que Y puisse être exactement égal à Y. Mais il y a de grandes chances pour que ces deux chiffres soient « proches » l'un de l'autre. On établit ainsi que :

$$\Psi = Y \pm \textit{marge d'erreur}$$

Le calcul de cette marge dépend du type de mesure que l'on estime (pour le cas simple d'une moyenne ou d'une proportion, ⇒ intervalle de confiance). Pour les cas plus complexes, laissons les bons logiciels de statistique calculer la marge d'erreur à notre place.

Félicité des NÉTUMIÈRES

bibliographie

WONNACOTT Thomas H., WONNACOTT Ronald J., *Statistique*, Economica, 1995.

MARGINALITÉ

du latin *margo* « bord, bordure »

all. MARGINALITÄT	esp. MARGINALITAD
angl. MARGINALITY	ital. MARGINALITÀ

voir : ÉCOLE DE CHICAGO, ÉTRANGER, INTÉGRATION

Conduite ou personne non conforme aux normes.

On abordera le concept de *marginalité* suivant deux figures topologiques que suppose son acception commune : l'*entre* et le *dehors*. Le mot *marge*, en effet, désigne le pourtour *externe* de quelque chose, mais aussi l'espace *entre* deux choses qui se côtoient. Selon l'une ou l'autre représentation de la *marge*, on verra que les théories prennent des orientations dans une certaine mesure différentes.

1 La marginalité « entre » s'inscrit dans une sociologie de l'interaction, de l'intermédiaire, de la médiation. C'est alors à l'École de Chicago ainsi qu'à ses ascendants théoriques qu'il convient de la rattacher. PARK définit le marginal comme *« l'individu qui se trouve aux marges de deux cultures et adapté de façon incomplète ou non permanente à aucune des deux »*. La confrontation et le mélange des cultures produisent des types individuels ou collectifs d'hybridation qu'il convient dans la perspective de Park, de prendre comme des types expérimentaux d'études de l'évolution de la civilisation et du progrès. Dans *The Marginal Man*, STONEQUIST étudie les diverses manifestations concrètes de cette hybridation, du « sang-mêlé » à la « seconde génération immigrée ». Le concept de marginalité se rattache ainsi à la sociologie de SIMMEL, mais aussi à celle de Tarde. Le marginal s'apparente à l'*étranger* simmelien, celui grâce auquel le lointain se fait proche et le proche lointain ; mais il peut être aussi rapporté aux mécanismes d'imitation et de contre-imitation de TARDE. Ce dernier pose, à côté des effets d'entre-soi du groupe, le prestige et la puissance de séduction de l'étranger : l'éloignement dans l'espace agit dans les sociétés modernes comme naguère l'éloignement dans le temps.

2 La marginalité « dehors » renvoie soit à une sociologie de l'intégration, et le mot marginal désigne alors les défauts, les absences ou les dénis de l'intégration, soit, dans une tout autre perspective, elle conduit à une pensée de la puissance créatrice et subversive de l'hétérogène, le « dehors » étant puissance d'altération et de transformation du « dedans ».

TYPOLOGIE DE LA MARGINALITÉ « ENTRE ». Souvent associée à une représentation de la société comme totalité homogène, la première acception de la marginalité peut être rattachée à la sociologie de COMTE autant qu'à celle de DURKHEIM. Au fond, le premier parle « de l'incorporation du prolétariat à la société industrielle » — ce qui suppose préalablement son extériorité à celle-ci — et le second a produit la notion célèbre d'*anomie*, comme expression d'un dérèglement de la solidarité. Dans cette acception, les *marginaux* sont ceux qui se situent au plus loin de ce que l'on désigne comme le centre économique (production, distribution, redistribution), culturel (modèles culturels et religieux dominants, information ou savoir), politique (décision, représentation, action). Ces trois variables et leurs diverses spécifications distribuent différents types de marginalités, eux-mêmes susceptibles d'être abordés suivant une certaine graduation, autrement dit une plus ou moins grande « marginalisation ». Elles ne se recoupent pas l'une l'autre : une marginalité politique et juridique peut s'accompagner parfois d'une solide présence économique dans la société. Dans sa manifestation la plus extrême, cette marginalité s'identifie avec l'expérience des limites de la société, voire avec l'épreuve du passage à l'*extérieur*. Elle s'incarne alors dans la morphologie sociale, des bidonvilles, favelas, ghettos, le plus souvent à la *périphérie* de la ville. Dans la conjoncture actuelle, caractérisée par l'émergence d'un chômage de masse, de la flexibilisation et de la précarité du travail, la marginalité tend à se confondre tantôt avec la pauvreté et l'éloignement des modèles dominants de consommation, tantôt avec l'émergence de secteurs informels et l'expulsion de plus ou moins larges fractions de la population hors de l'univers de la propriété salariale.

MARGINALITÉ « DEHORS » ET « SOCIÉTÉS DE CONTRÔLE ». Le second sens du mot *marginalité* comme « dehors » s'inscrit dans le cadre des théories récentes qui ont insisté sur les formes disciplinaires des sociétés et, plus récemment, sur l'idée de sociétés de contrôle. Dans *L'Homme unidimensionnel*, MARCUSE voit *« the substratum of outcast and outsiders »* susceptible de subvertir de l'extérieur « le système » mais met aussi l'accent sur l'ensemble des attitudes d'échappement. En France principalement, et en relation avec leur nietzschéisme, FOUCAULT ou DELEUZE ont insisté sur les multiples figures du « dehors » dans la marginalité. Le premier, par exemple, parle de « la plèbe » comme de quelque chose qui serait « le mouvement centrifuge, l'énergie inverse, l'échappée » des relations de pouvoir ; le second explique qu'une « société se définit moins par ses contradictions que par ses lignes de fuite ». Sous l'action d'impulsions minoritaires de dégagement, ce sont d'abord les *limites* du pouvoir qui sont éprouvées ou transgressées. Mais le « dehors » peut être aussi entendu comme ce qui, pénétrant le dedans, en défait les clôtures. Dans la critique radicale de l'intériorité, la *marginalité* et les *marginaux* apparaissent comme la subversion des modèles de repliement individualiste et d'enfermement privé ou, en retour, comme l'ouverture de la société sur ses autres, nomades, parias, et étrangers.

Patrick CINGOLANI

bibliographie

FOUCAULT Michel, « La Pensée du dehors », in *Dits et écrits*, t. 1, Gallimard, 1994.

FOUCAULT Michel, « Pouvoir et stratégie », in *Dits et écrits*, t. 3, Gallimard, 1994.

GEREMEK Bronislaw, *Truands et misérables dans l'Europe moderne (1350-1600)*, Gallimard/Julliard, 1980.

MARCUSE Herbert, *L'Homme unidimensionnel*, Seuil, 1968.

PARK Robert E., *The Collected Papers of Robert E. Park*, t. 1 et 2, Free Press of Glencoe, 1950.

SIMMEL Georg, « Digression sur l'étranger », in *L'École de Chicago. Naissance de l'écologie urbaine*, Champ urbain, 1979.

SLOTERDIJK Peter, *Critique de la raison cynique*, Bourgois, 1983.

STONEQUIST Everett, *The Marginal Man*, New York, Charles Sribner's Sons (1937) ; rééd. 1961.

TARDE Gabriel de, *Les Lois de l'imitation*, Alcan (1890), Kimé, 1993.

MARIAGE

du latin *maritare* « unir des arbres à la vigne » et « donner en mariage »

all. EHE	esp. MATRIMONIO
angl. MARRIAGE	ital. MATRIMONIO

voir : DIVORCE, FAMILLE, MOBILITÉ, NATALITÉ

ANTHROPOLOGIE, SOCIOLOGIE ET DÉMOGRAPHIE DU MARIAGE. L'union entre un homme et une femme représente le mode de vie de la majorité de la population dans tous les pays du monde. Les stratégies mises en œuvre dans la conclusion des alliances, la diversité étonnante des formes de la vie en couple, les liens entre mariage et reproduction, les modifications profondes survenues dans les pays industrialisés en font un sujet de prédilection des sciences sociales. L'anthropologue cherchera à déceler les règles présidant aux alliances, le sociologue s'attachera à comprendre les déterminants sociaux de l'âge au mariage, du célibat, de la cohabitation, le démographe cherchera à mesurer les évolutions en cours et à adapter ses instruments d'observation.

DU MOYEN ÂGE AU XXe SIÈCLE. L'observation des unions est d'autant plus aisée qu'il s'agit d'événements ponctuels, bien situés dans le temps. Tel qu'il a été institué dans le courant du Moyen Âge, le mariage chrétien représente un tel modèle, facilement observable et mesurable. Monogamie, indissolubilité, virginité des époux sont les traits de ce mariage, que ponctue une cérémonie annoncée par des bans et enregistrée. L'enregistrement par l'Église a précédé l'état civil : c'est ce qui a permis, avec les recensements, des mesures précises comme celles de la fréquence de la nuptialité, de l'âge au mariage, de l'homogamie sociale, etc. Devenu le mode dominant de l'union conjugale en Europe occidentale, le mariage a évolué depuis le XIXe siècle vers une précocité et une intensité accrues.

LE RETOURNEMENT DES ANNÉES 60. Après des décennies d'évolution lente, le retournement des années 60 est net : les jeunes se marient plus rarement et plus tardivement, le mariage n'est plus le mode unique (ou presque unique) de la vie en couple.

La désaffection pour le mariage s'est accompagnée en effet depuis trois décennies d'une augmentation des autres formes de la vie commune, « cohabitation juvénile », union libre, moins facilement identifiables, ce qui rend la mesure du phénomène plus délicate. Ces unions en effet ne font pas l'objet d'un enregistrement par l'état civil et le recensement ne repère qu'imparfaitement les unions de fait. Aujourd'hui, en France, un couple sur dix n'est pas marié, la proportion étant d'autant plus élevée que le couple est jeune. C'est un mode de vie accepté socialement puisque deux couples sur trois le choisissent avant de se marier. Prélude au mariage pour une majorité des couples, c'est aussi un choix de vie définitif pour une minorité, dont témoigne la présence croissante de couples de célibataires avec enfants. Autrefois prohibé, le divorce, libéralisé en 1975, est devenu un mode de régulation des unions de plus en plus fréquent. Il mettrait fin à un mariage sur trois. Après le divorce, les couples se *recomposent*, donnant lieu à des configurations familiales complexes.

MODÈLE EUROPÉEN ET MODÈLES NON OCCIDENTAUX. Par certains des traits qui viennent d'être rappelés ici — diversification des formes de la vie conjugale, mobilité —, le modèle européen se rapproche quelque peu de l'expérience d'autres sociétés. L'union conjugale revêt en effet dans les sociétés indiennes, africaines ou océaniennes, par exemple, des formes extrêmement diverses, qu'une même personne peut expérimenter successivement : de la simple situation de fiancée, avec ou sans cohabitation, au concubinage sans mariage, au mariage, voire au mariage polygame, la jeune femme sénégalaise ou ivoirienne est appelée à connaître selon son âge, son ethnie, sa religion ou son lieu de résidence l'une ou l'autre de ces situations, sans oublier le divorce ou la répudiation. Une même tendance concerne l'ensemble des pays de la planète : le mariage pubertaire ou prépubertaire cède la place à des unions plus tardives, ce qui, parallèlement à la diffusion de l'instruction, tend à modifier la place de la femme dans le couple et la famille et à diminuer la fécondité.

Catherine ROLLET

bibliographie

GIRARD Alain, *Le Choix du conjoint*, PUF, 1964.

MEEKERS Dominique, « The Process of Marriage in African Societies : a Multiple Indicator Approach », in *Population and Development Review*, 18, 1, mars 1992, pp. 61 à 78.

MEULDERS-KLEIN Marie-Thérèse, THÉRY Irène, *Les Recompositions familiales aujourd'hui*, Nathan, 1993.

ROUSSEL Louis, *Le Mariage dans la société française*, INED-PUF, 1975.

MARXISME

all. MARXISMUS	esp. MARXISMO
angl. MARX(IAN)ISM	ital. MARXISMO

voir : ALIÉNATION, CAPITAL, CLASSE SOCIALE, DÉTERMINISME, HOLISME, IDÉOLOGIE, VIOLENCE

Ensemble des théories et interprétations socio-économiques et politiques élaborées par Karl Marx et poursuivies par les analystes et hommes politiques revendiquant leur fidélité à cette œuvre.

Par son contenu et par les développements et critiques qu'elle a suscités, l'œuvre de MARX (1818-1883), constitue un moment essentiel de l'histoire de la sociologie. Par la richesse de sa conceptualisation comme par les conséquences qu'elle a eues dans l'histoire politique du XXe siècle, elle reste une source importante de réflexions et de critique.

GENÈSE DE L'ŒUVRE. Comme Marx l'a lui-même suggéré, sa réflexion a opéré une synthèse critique de trois apports complémentaires : la philosophie allemande, la science économique anglaise et les théories du socialisme français.

1 De HEGEL et des « jeunes hégéliens », Marx reprend la conception historique et dialectique, l'interrogation sur le devenir humain à travers les aliénations et les contradictions ; de FEUERBACH, il retient la critique de l'idéalisme et le matérialisme ;
2 de SMITH et RICARDO, il reprend l'analyse du rapport capital/travail et la théorie de la valeur ;
3 de SAINT-SIMON et de PROUDHON, enfin, il reprend la critique sociale, la théorie du rôle politique des classes ouvrières et le projet révolutionnaire.

De plus, sa réflexion s'est amplement nourrie de la philosophie ancienne, des travaux des historiens et des premiers anthropologues comme MORGAN. Les œuvres de jeunesse, de 1842 à 1845, marquent une évolution rapide qui conduit de positions libérales à une théorie révolutionnaire. Critiquant tout d'abord la philosophie du droit de Hegel au nom de la pensée libérale (MARX, 1843), il reprend ensuite les thèmes du matérialisme de Feuerbach, puis formule, avec ENGELS, les principes du matérialisme dialectique. ***L'Idéologie allemande*** (1845) marque la rupture avec la tradition philosophique et le projet de jeter les bases d'une science de l'homme qui serait essentiellement une science de l'histoire. Ce projet conduit à une théorie du mode de production capitaliste qui constitue le centre de la réflexion de Marx après 1848.

UNE THÉORIE FONDÉE SUR L'ÉCONOMIE : CAPITAL ET TRAVAIL. Le Livre I du *Capital* (1867) expose à la fois une critique de l'économie politique et les principes fondamentaux de l'analyse du régime capitaliste. Le mouvement de l'analyse conduit à démontrer que les catégories de l'économie politique (marchandise, valeur d'échange, propriété, salaire, capital, travail), loin d'être, comme le prétendent les théoriciens classiques, des catégories économiques et éternelles, sont, en réalité, l'expression de rapports sociaux provisoires. En un mot : *« Le capital n'est pas un objet, mais un rapport social* [...] *»* (1960, L.III, t. 3, p. 193). C'est ce rapport social qui fait l'objet de l'investigation et qui se révèle être un rapport d'exploitation.

Valeur d'usage et valeur d'échange. Marx prend pour point de départ la distinction des économistes entre la valeur d'usage (qui répond à l'utilité que chacun trouve à une marchandise en fonction de ses besoins) et la valeur d'échange (qui prend la forme du prix et qui permet les échanges, la circulation indéfinie des marchandises). Comment expliquer l'essentiel du capitalisme, c'est-à-dire le fait qu'un capital investi dans une production puisse être producteur d'intérêt, de *plus-value*, qui est la raison d'être de l'investissement ?

Plus-value et travail. La réponse doit être recherchée dans une théorie de la valeur d'échange. Cette valeur d'échange n'a pour origine que l'activité humaine, le *travail* que les hommes consacrent à la production des biens. C'est en tant que cristallisation d'une même substance, en tant que résultat d'une dépense de force humaine, que les marchandises acquièrent leur valeur et font l'objet d'échanges indéfinis. La valeur ne provient que du seul travail ou, en d'autres termes, des forces humaines. La *plus-value* ne peut donc avoir pour origine que l'extorsion d'une partie des valeurs produites au cours du procès de travail par les travailleurs. Marx élabore ainsi l'intuition que Proudhon exprimait d'un mot : *« La propriété, c'est le vol »* (1840). Le capitaliste trouve sur le marché une marchandise douée de cette vertu spécifique de créer de la valeur : la *force de travail*, qui constitue le seul bien qui appartienne au prolétaire. Le rapport du capital et du travail est donc fondamentalement un rapport social d'exploitation dans lequel s'opposent le propriétaire des moyens de production, le capitaliste, et le propriétaire de sa seule force de travail, le travailleur.

Plus-value absolue et plus-value relative. Marx précise que cette extorsion de la *plus-value* revêt deux formes : la plus-value absolue et la plus-value relative.

1 La *plus-value absolue* est obtenue par l'allongement du temps de travail. Au cours de la journée de travail, l'ouvrier produit l'équivalent de ce qui lui sera payé en salaire, c'est le *temps nécessaire*, mais sa journée va au-delà de cet équivalent : cette autre partie de la journée correspond à un *surtravail* qui est producteur de la plus-value absolue. Cette première forme d'extorsion n'est pas indéfinie : elle se heurte aux limites biologiques du travail ouvrier, dont l'épuisement est inconciliable avec le besoin qu'a le capital de renouveler la force de travail. La seconde forme d'extorsion de la plus-value est plus complexe et échappe plus encore à la conscience ouvrière.

2 La *plus-value relative* s'opère par l'abaissement de la valeur des marchandises entrant dans la reproduction de la force de travail. En abaissant le coût des marchandises entrant dans la reproduction de la force de travail, le capitaliste abrège le temps de travail nécessaire, il diminue le coût de la force de travail et contribue ainsi à l'élévation du taux général de la plus-value.

Salaire et rapport social d'exploitation. Toute cette analyse de l'exploitation suppose une certaine théorie du salaire qui vient confirmer la nature du rapport social d'exploitation. La réponse de Marx à cette question ne s'éloigne pas de la théorie faisant du salaire l'équivalent de l'entretien des conditions d'existence. En effet, la valeur de cette marchandise qu'est la force de travail est, comme la valeur de toute autre marchandise, égale à la quantité de travail nécessaire à sa production ; en d'autres termes, le salaire correspond au temps de travail nécessaire à la production des moyens de subsistance. La loi du capitalisme* impose que le travail soit rétribué à son prix, c'est-à-dire selon la quantité de travail nécessaire à la production et à la reproduction de la force de travail.

CAPITALISME ET SYSTÈME SOCIAL.

La notion de « classe sociale ». Le concept de *classe sociale* prend donc une signification précise dans le système capitaliste. Ce mode de production est fondé sur le rapport antagoniste entre deux classes : la classe des propriétaires des moyens de production et la classe ouvrière rassemblant les détenteurs de leur seule force de travail. Ce rapport de production est un rapport de contrainte qui pèse sur la classe ouvrière : celle-ci ne peut en aucun cas subvenir à ses propres besoins et doit se soumettre au rapport d'exploitation. Marx définit ainsi la classe par la place des individus dans le procès de travail et selon le critère de la propriété — ou de non-propriété — des moyens de production. Cette définition n'exclut pas la présence d'autres classes et fractions de classe, mais elle fait de la lutte des classes un fait inhérent au capitalisme et de la bourgeoisie et du prolétariat les deux classes décisives pour l'évolution du système. On voit combien le régime capitaliste n'est pas exactement un système économique, mais bien un système social, un mode d'organisation des rapports sociaux.

La notion de « mode de production ». La notion de *mode de production* précise ce caractère historique et social des systèmes de production. Dans le mode de production féodal (et plus encore dans l'esclavage), les rapports de dépendance font que le serf appartient à son seigneur et ne saurait constituer une force de travail libre. Le mode de production capitaliste, issu de la décomposition du féodalisme, est donc bien un tout autre système social caractérisé, en particulier, par le statut de liberté de la force de travail. Le capitaliste trouve sur le marché un travailleur *libre*, c'est-à-dire pouvant disposer de sa propre force de travail. Le travailleur est, dans le mode de production capitaliste, libre de vendre sa force de travail et totalement contraint de le faire, faute d'autres moyens de subsistance. Le capitalisme est donc bien un mode de production historiquement situé, dont Marx souligne, d'autre part, le dynamisme : la concurrence qui oppose les capitalistes entre eux les oblige incessamment à améliorer leur production, à développer les forces productives, à provoquer l'extension du salariat et l'affaiblissement progressif des classes moyennes et paysannes. Dès lors s'approfondissent les contradictions qui annoncent la révolution sociale.

Le principe dialectique des révolutions. Dans la Préface à la *Critique de l'économie politique*, Marx énonce le principe dialectique des révolutions, celui de la contradiction entre le développement des forces productives et les rapports de production existants : *« À un certain stade de leur développement, les forces productives matérielles de la société entrent en contradiction avec les rapports de production existants, ou, ce qui n'en est que l'expression juridique, avec les rapports de propriété au sein desquels elles s'étaient mues jusqu'alors* [...] *Alors s'ouvre une époque de révolution sociale »* (1965, p. 273). Le capitalisme serait ainsi engagé dans un processus inéluctable d'autodestruction : le développement de la concurrence, l'extension du capital, provoqueraient le développement massif du salariat, la baisse progressive du taux de profit, l'aggravation des crises économiques, et finalement l'effondrement révolutionnaire de ce mode de production. Selon un schéma historique qui rappelle la dialectique hégélienne, le capitalisme créerait nécessairement sa négation et préparerait son dépassement.

LES ÉCRITS HISTORIQUES DE MARX : UN AFFINEMENT DES CONCEPTS. Les ouvrages historiques (*Les Luttes de classes en France* ; *Le 18 Brumaire de Louis Bonaparte* ; *La Guerre civile en France*), consacrés à l'analyse des crises révolutionnaires proposent, sans contredire les grandes lignes de la théorie économique, des analyses plus complexes et font intervenir d'autres facteurs, sociaux, politiques et idéologiques.

Les acteurs collectifs : classes et masses. Marx reconnaît alors que les affrontements entre classes ne se réduisent pas au conflit entre bourgeoisie et prolétariat. Dans la France de 1848, il distingue empiriquement non plus deux classes exclusives, mais sept classes ou fractions de classe : les grands propriétaires fonciers, l'aristocratie financière, la bourgeoisie industrielle, la petite bourgeoisie, la classe ouvrière, le lumpenprolétariat (ou sous-prolétariat) et la masse des paysans parcellaires. La conjoncture historique et ses hasards font surgir d'autres acteurs collectifs dont les conflits et les alliances font aussi partie du cours de l'histoire : ainsi la venue au pouvoir de Louis Bonaparte est provoquée par le vote des paysans parcellaires qui constituent une masse et non une classe consciente.

Prolétariat, conscience de classe et idéologie. La question décisive qui se pose est alors celle du prolétariat, de sa spécificité et de sa constitution en classe révolutionnaire. Là encore, Marx affirme tout d'abord la nécessité de cette transformation de la classe ouvrière à mesure du développement du capitalisme, puis reconnaît la complexité de ce processus. Après 1848, constatant la modération des organisations ouvrières anglaises, Marx souligne que des facteurs non immédiatement économiques interviennent et sont indispensables : « la passion révolutionnaire », un parti ouvrier révolutionnaire, la diffusion d'une « conscience de classe » proprement ouvrière. La question de l'idéologie n'est donc pas seulement une question théorique : elle concerne à la fois la théorie et la pratique.

COMMUNISME ET THÉORIE DE L'ÉTAT. La théorie de l'État complète la conception des idéologies et vient éclairer la définition marxienne du communisme. Là encore, il convient de distinguer les grandes lignes de la théorisation qui peuvent donner lieu à des formules lapidaires et les analyses plus circonstanciées qui introduisent à la complexité de l'histoire.

L'État comme superstructure et les rapports sociaux de production. La thèse générale fait de l'État une partie de la superstructure et donc un élément déterminé par les rapports sociaux de production. C'est en ce sens qu'une révolution sociale, bouleversant les rapports sociaux, entraînerait par voie de conséquence la transformation radicale de l'État. Mais l'État capitaliste, sans être extérieur à la société, est aussi un instrument aux mains de la classe dominante qui se l'approprie pour maintenir l'ordre établi, fût-ce par la violence. Les analyses historiques font apparaître à ce sujet une diversité de situations. Ainsi Marx différencie, dans l'histoire de l'État, la période violente de « l'accumulation primitive » qu'il situe à la fin du Moyen Âge. C'est seulement dans le capitalisme concurrentiel que les régulations économiques se substituent à l'arbitraire de l'État. Toutefois, l'État n'est pas absent du fonctionnement économique, comme on le voit dans le contrôle de la monnaie ou la mise en place de la législation du travail. Cette législation est obtenue à la suite des pressions ouvrières et elle porte les traces de la lutte des classes, mais l'État y joue un rôle provisoire d'arbitre.

État et répression. L'État n'est donc pas le simple reflet d'une structure économique, mais bien une force active qui répond à la domination de la classe bourgeoise. Il n'existe qu'en raison de l'antagonisme des classes et, dans les périodes insurrectionnelles, il devient l'instrument spécifique de la répression : l'État d'une société répressive se meut en appareil de répression. Le cas de l'État français illustre fortement cette action brutale. Marx retrace, dans *Le 18 Brumaire* et dans *La Guerre civile en France*, la longue histoire de la centralisation étatique et le phénomène d'autonomisation de l'État, particulièrement apparent sous le Second Empire. L'État prend alors la forme d'un pouvoir de violence, largement indépendant de la société civile et imposant son arbitraire aux classes en conflit. Il illustre la situation extrême d'une contradiction que la classe dominante ne parvient plus à maîtriser.

Communisme et société sans classe. La conception du communisme découle de ces prémisses économiques et politiques. Puisque la propriété privée des moyens de production est le principe central du mode de production capitaliste, l'appropriation collective détruirait radicalement tout le système économique et interdirait tout retour à l'exploitation. Le prolétariat, classe essentiellement dépossédée, en succédant à la bourgeoisie comme classe dominante, provoquerait la dissolution des classes puisqu'il en est, par lui-même, la négation. De même, la destruction des rapports sociaux propres au capitalisme entraînerait la transformation radicale de l'État, ou, selon la formule de *La Guerre civile en France* (1871) « sa destruction » et son remplacement par l'organisation fédérale des communes. Marx ajoute que cette révolution sociale nécessiterait l'intervention d'une « dictature du prolétariat » chargée de réaliser cette destruction progressive de l'État. Cependant Marx s'est obstinément défendu de construire une représentation plus précise de cette société communiste, estimant que, si l'on pouvait esquisser les grandes lignes du futur, il était impossible d'en prévoir les caractères particuliers.

LES HÉRITIERS DE MARX. L'histoire du marxisme après Marx est, en premier lieu, celle des théories politiques qui ont prétendu s'en inspirer.

Les théoriciens. Bien que tournées vers la pratique politique, ces théories comportaient un ensemble d'allégations concernant les mouvements sociaux. Ainsi LÉNINE soutient en 1902 que la conscience politique de classe ne saurait provenir du prolétariat et ne peut être élaborée que par des intellectuels révolutionnaires. TROTSKY, plus fidèle en cela à l'enseignement de Marx, maintient que seule la classe ouvrière peut accomplir la Révolution. Rosa LUXEMBOURG, après Octobre 1917, renouvelle la critique de l'État et de sa dégénérescence bureaucratique. MAO TSÉ-TOUNG, après 1966, met l'accent sur la nécessité d'une révolution culturelle et de la lutte contre la renaissance de l'idéologie bourgeoise. Toutes ces thèses, comme celles de KAUTSKY ou BERNSTEIN, comportaient des analyses sociales susceptibles d'être repensées dans une réflexion sociologique. Et, de même, les développements de la philosophie d'inspiration marxiste (LABRIOLA, 1906 ; GRAMSCI, 1914-1926 ; LUKÀCS, 1920 ; ALTHUSSER, 1970) énonçaient un ensemble d'hypothèses concernant la critique des réalités sociales, telles les théories de la violence en histoire, de la conscience de classe, du rôle hégémonique de la classe dominante...

Le paradigme marxiste en sociologie. Ce n'est cependant qu'après la fin de la Seconde Guerre mondiale et la victoire militaire de l'URSS que les modèles analytiques inspirés du marxisme ont été développés dans des recherches sociologiques. De 1945 à 1970 environ, le marxisme a constitué un paradigme important sinon prédominant dans les recherches anthropologiques et sociologiques : des objets d'étude et les concepts propres à la théorisation de Marx (classe sociale, mode de production, idéologie, État) ont donné lieu à de nombreuses contributions théoriques et empiriques.

1 La notion même de *classe sociale* a suscité de nombreuses réélaborations critiques et théoriques, soit pour souligner l'apport et les imprécisions de Marx sur ce sujet (GURVITCH, 1955), soit pour en chercher une redéfinition en termes de positions sur un espace social. La sociologie du travail a offert un champ privilégié à une application des théories de Marx sur l'aliénation ouvrière (NAVILLE, 1967 ; VERRET, 1979).

2 La notion de *mode de production*, permettant de donner une réponse à la théorisation des totalités sociales, a fourni à l'anthropologie une instrument privilégié (MEILLASSOUX, 1975 ; GODELIER, 1977).

3 La *sociologie de l'éducation* offre l'exemple d'un terrain auquel Marx s'était peu intéressé mais qui pouvait offrir un terrain favorable aux interprétations marxistes en termes de classe, d'idéologie et de domination culturelle.

4 Et, de même, si Marx avait peu analysé les *problèmes relatifs à la culture,* ses quelques indications sur l'art ou sur les religions pouvaient servir de points de départ à des travaux critiques sur les effets de légitimation culturelle, de transformation de la culture en marché des biens symboliques. Dans ce domaine, les travaux de l'École de Francfort ont constitué une prolongation et un dépassement important de la théorisation marxiste.

Sur le pouvoir politique et la question de l'État, les thèses de Marx sur l'appropriation du pouvoir par la classe dominante et les oppositions doctrinales sur ce sujet n'ont pas manqué de susciter des réinterprétations critiques (POULANTZAS, 1968).

Pierre ANSART

bibliographie

BAUDELOT Christian, ESTABLET René, *L'École capitaliste en France*, Maspero, 1971.

BOURDIEU Pierre, PASSERON Jean-Claude, *La Reproduction*, Éd. de Minuit, 1970.

CASTELLS Michel, *La Question urbaine*, Maspero, 1972.

GODELIER Maurice, *Horizons, trajets marxistes en anthropologie*, Maspero, t. 1 et 2, 1977.

GRAMSCI Antonio, *Écrits politiques* (1914-1926), Gallimard, 1980.

LEFEBVRE Henri, *La Pensée marxiste et la ville*, Tournai, Casterman, 1972.

LOJKINE Jean, *Le Marxisme, l'État et la question urbaine*, PUF, 1977.

MARX Karl, *Le 18 Brumaire de Louis Bonaparte* (1852), Éditions sociales, 1969.

MARX Karl, *Critique de l'économie politique* (1859), *Le Capital*, 1867, in *Œuvres*, « La Pléiade », Gallimard, éd. M. Rubel, t. 1, 1965.

NAVILLE Pierre, *Le Nouveau Léviathan*, t. 1 : *De l'Aliénation à la jouissance*, Anthropos, 1967.

POULANTZAS Nicos, *Pouvoir politique et classes sociales*, Maspero, 1968.

VERRET Michel, *L'Ouvrier français : l'espace ouvrier*, Armand Colin, 1979.

MASS MEDIAS ⇒ COMMUNICATIONS DE MASSE

MASSE ET MASSES

du latin *massa* « pâte », puis « objet formant un amas »

all. MASSE	esp. MASA
angl. MASS	ital. MASSA

voir : ALIÉNATION, COMMUNICATION, LIEN SOCIAL, MODERNITÉ, VIOLENCE

Multitude indifférenciée et opaque susceptible de se transformer en acteur historique irrésistible (les masses) ; ensemble de produits industriels et culturels fabriqués en grand nombre ou pour le plus grand nombre (production de masse, mass media).

Le terme est ambigu et relève de divers registres. Ses significations sont directes ou métaphoriques et visent à rendre compte de tendances centrales des sociétés modernes.

1 Registre morphologique. La *société de masse* substitue aux groupes traditionnels et à leur faisceau de relations personnelles l'indifférenciation et l'anonymat. Les solidarités concrètes, les marqueurs d'identité cèdent la place à des rapports abstraits, fonctionnels, désimpliqués. Atomisation, standardisation, uniformisation riment avec massification. Il s'agit d'une tendance profonde de la modernité affectant aussi bien les êtres que les choses et semblant exprimer une même et irrésistible soumission à une rationalisation bureaucratique et mercantile. Les associations de termes que l'usage a consacrées développent largement ces diverses connotations : *production de masse*, *culture de masse*, *mass media*...

2 Registre sociopolitique. Indifférenciée, physiquement présente (la foule) ou rituellement invoquée (les *masses populaires)*, la *masse* fait irruption sur la scène sociale et historique du XXe siècle. Ambiguë, elle est à la fois amorphe, mal circonscrite, silencieuse, et susceptible de se rassembler soudainement pour exploser en une violence brutale, ébranlant ou bouleversant la domination des élites en place. Tous les pouvoirs politiques contemporains s'en réclament : les démocraties parlementaires les sondent en permanence pour ajuster leur discours et leur rhétorique politique à une mise en scène médiatique ; les États totalitaires et leurs chefs se réclament de leur force tutélaire, à l'image de MAO TSÉ-TOUNG, les sacrant « véritables héros » de l'histoire et les dotant d'une « puissance créatrice illimitée ». Le XXe siècle a vu, à travers elles ou en leur nom, se côtoyer le sublime de l'émancipation des peuples et l'ignoble de leur extermination massive.

3 Registre rhétorique. Surchargée de connotations ambivalentes, la référence aux *masses* peut, dans la théorie sociale, valoir comme expression du tout : pour LE BON et CANETTI, la masse, irréductible à ses composantes individuelles, puissance autonome susceptible de tous les emballements, exprime la face sombre du monde moderne ; pour ORTEGA Y GASSET elle sacre le règne de la vulgarité, la tyrannie du « tout le monde », déjà annoncée par TOCQUEVILLE ; pour BAUDRILLARD, enfin, la *massification* des sociétés contemporaines, instrument de décomposition et d'atomisation, mène à un véritable néant, à une implosion du social.

Jean-Michel BERTHELOT

bibliographie

BAUDRILLARD Jean, *À l'ombre des majorités silencieuses*, Denoël/Gonthier, 1982.

CANETTI Elias, *Masses et puissance*, Gallimard, 1966.

ZYLBERBERG Jacques (éd.), *Masses et postmodernité*, Méridiens-Klincksieck, 1986.

MATÉRIALISME

du latin *materia* « matière »

all. MATERIALISMUS	esp. MATERIALISMO
angl. MATERIALISM	ital. MATERIALISMO

voir : IDÉALISME

Doctrine philosophique qui pose l'antériorité et la primauté de la matière sur l'esprit. En fait ce couple d'opposés (matérialisme/idéalisme) trouve un certain intérêt à l'avènement des sciences physico-mathématiques au XVIe s. ; intérêt que la naissance des sciences de l'homme ravivera.

Le débat n'intéresse le sociologue que pour deux raisons. En premier lieu dans la mesure où la réflexion sur le mode de scientificité de la sociologie semble impliquer soit la réduction de celle-ci au modèle physicomathématique (et donc un primat matérialiste), soit la spécificité des sciences de l'homme (et primat de l'idée). C'est là un débat théologique, qui extrapole au-delà de ses limites une interrogation purement épistémologique. En second lieu, la sociologie retrouve cette alternative *matérialisme-idéalisme* dans le marxisme. Contre HEGEL, qu'il prétend remettre sur ses pieds, MARX affirme un *matérialisme historique* qui consiste à poser que c'est le rapport matériel à la nature et donc les formes d'organisation de la production des biens qui est ce à partir de quoi s'édifie et se spécifie une société.

Le matérialisme dialectique, qui doit à peu près tout à ENGELS (dans son *Anti-Dühring*, 1878), étend le matérialisme historique, qui pouvait apparaître comme un choix principiel de méthode, à l'ensemble de la nature et construit, en voulant faire le contraire, une métaphysique, ouverte sur un positivisme scientiste qui n'intéresse la sociologie que comme interrogation sur la fonction de cette idéologie qui fut le bréviaire scolastique du stalinisme.

André AKOUN

bibliographie

ALTHUSSER Louis, *Pour Marx*, Maspero, 1969.

ARON Raymond, *D'une Sainte Famille à l'autre*, Gallimard, 1969.

MARX Karl, ENGELS Friedrich, *L'Idéologie allemande* (1845), Nathan, 1998.

*

* *

MATHÉMATIQUES ET SOCIOLOGIE

du grec *mathematikos* « qui désire apprendre, scientifique », et spécialement « qui concerne les mathématiques »

all. MATHEMATIK	esp. MATEMÁTICAS
angl. MATHEMATICS	ital. MATEMATICA

voir : AXIOME, FORMALISATION, THÉORIE DES JEUX, MESURE, MODÈLE

Les mathématiques, en offrant un langage formel pour l'étude des relations entre variables (attributs) sociologiques, constituent un outil d'investigation théorique et heuristique. Elles ne fournissent donc pas seulement des outils méthodologiques et des instruments de quantification (statistiques, probabilité), même si ceux-ci sont d'usage très fréquent.

1 HISTOIRE.

COMTE : l'impossible mathématisation de la sociologie. « *Toute idée de nombre effectif et de loi mathématique étant déjà directement interdite en biologie, elle doit être, à plus forte raison, radicalement exclue des spéculations encore plus compliquées de la sociologie* » (COMTE, éd. 1995, p. 218). Ces propos de Comte ne sont que le reflet de sa conception épistémologique du rôle des mathématiques en sociologie : la société et l'homme en société sont trop complexes et pas assez inertes pour pouvoir faire l'objet d'une science mathématisée ; l'historicité de l'homme et la nécessité de prendre la société dans sa totalité font que la sociologie échappe aux lois qui s'expriment en langue mathématique.

Ces propos de Comte font écho à la volonté théorique de savants comme le marquis de CONDORCET ou Adolphe QUÉTELET.

CONDORCET : « mathématique sociale » et science sociale. Schématiquement, Comte s'oppose à la volonté de ces savants d'énoncer des lois mathématiques (ou statistiques) universelles, permettant de décrire ou de prévoir l'évolution de la société et de ses constituants. Cette idée, inspirée du rôle des mathématiques dans les sciences de la nature et notamment en physique, suggérée par les développements de la philosophie des Lumières, est à l'origine de plusieurs travaux théoriques ou empiriques du XVIIIe siècle et du XIXe siècle. À la fin du XVIIIe siècle, Condorcet a proposé une « mathématique sociale » (expression forgée par Condorcet lui-même), qui se voulait non seulement une tentative pour introduire la mesure dans les sciences sociales, mais surtout une science générale de l'homme et de la société : la mathématique sociale a pour objet le fait humain et utilise des méthodes adaptées de la physique et des mathématiques. Mélange d'arithmétique politique et morale et de conception des choix collectifs, la théorie de Condorcet voulait également se constituer en système normatif de gouvernement des hommes et de leurs actions (la mathématique sociale constitue un « art social »).

QUÉTELET : la « physique sociale » et « l'homme moyen ». Dans le prolongement des travaux de Condorcet, le statisticien et sociologue belge Quételet a développé une « physique sociale », dont le cadre mathématique fournit un modèle descriptif et explicatif global pour des phénomènes aussi divers que les naissances, les suicides, les tailles et le poids des individus, les décès, les crimes ou les aliénations mentales dans une population. « *Nous pouvons énumérer d'avance combien d'individus souilleront leurs mains du sang de leurs semblables, combien seront faussaires, combien empoisonneurs* » (Quételet, 1835, p. 35). De l'existence de fortes régularités dans l'occurrence de ces phénomènes, il déduit sa théorie de l'homme moyen qui « *est, dans la société, l'analogue du centre de gravité dans les corps ; il est la moyenne autour de laquelle oscillent les éléments sociaux* » (Quételet, 1835, p. 44).

2 MATHÉMATIQUE ET SOCIOLOGIE : DEUX TENDANCES OPPOSÉES. Ces figures historiques permettent de saisir les formes certainement un peu caricaturées que peuvent prendre les réponses à la question du rôle des mathématiques dans l'étude de la société et de ses constituants :

- soit la nature des mathématiques rend impossible leur usage dans tout ce qui touche à l'homme et à sa vie en société (« l'homme ne saurait être réduit à des nombres et des équations ») ;
- soit les mathématiques sont pensées comme la voie naturelle, en tout cas nécessaire, pour atteindre la scientificité en sciences sociales (« il n'y a de science que du nombre et du mathé-matisable »).

Entre ces formes archétypales, l'histoire de la sociologie est riche d'autres attitudes devant la question du rapport entre mathématiques et sociologie. Nous pouvons par exemple penser au rôle que les instruments statistiques (données et raisonnements) jouent dans l'étude de DURKHEIM sur *Le Suicide* ; à la place centrale qu'occupent l'identification de lois mathématiques dans les études sur les inégalités socio-économiques et la construction d'indicateurs dans les recherches sur la mobilité* sociale (GINI, PARETO, LORENZ) ; à l'utilisation des instruments et concepts de la théorie mathématique des graphes dans l'analyse des réseaux sociaux et la psycho-sociologie des petits groupes ; ou encore, au rôle essentiel des méthodes et schèmes de l'analyse factorielle dans *La Distinction* de BOURDIEU

Les résistances au formalisme mathématique. Ces quelques exemples donnent à penser que l'usage des formalismes mathématiques en sciences sociales peut être justifié et productif. Les résistances à l'usage des mathématiques en sociologie sont néanmoins grandes : il apparaît souvent comme n'étant ni justifié ni profitable.

1 Non justifié, car mathématiques et sociologie sont perçues comme deux domaines du savoir totalement étanches l'un à l'autre : leur alliance, même ponctuelle, apparaît artificielle. La division disciplinaire des savoirs et du travail scientifique, le cloisonnement des communautés scientifiques, ne font que renforcer ce sentiment.

2 Étant artificielle, leur alliance ne peut pas être profitable : au mieux, mathématiques et sociologie n'ont rien à se dire ; au pire, ce qui ressort de leur union n'a pas de sens ou est entaché d'erreurs.

Des liens possibles aux liens historiques. Pourtant, nous allons voir que la rencontre des mathématiques et de la sociologie n'est pas une rencontre contre nature dont les produits seraient nécessairement artificiels et inutiles. Il y a au moins deux raisons à cela.

1 Les mathématiques peuvent participer, au même titre que tout autre langage ou dispositif de formalisation, à l'activité scientifique de description, de compréhension et d'explication des phénomènes.

2 La sociologie et les mathématiques sociales ne

sont pas deux disciplines historiquement et conceptuellement indépendantes : en raison de son passé commun avec d'autres disciplines, et en particulier les mathématiques, la sociologie a hérité de concepts, de méthodes et de schèmes mathématiques. Inversement, certains développement mathématiques sont nés de la recherche de réponses à des questionnements des sciences sociales. En même temps que l'exposé de ces deux raisons, nous analyserons les conditions du recours aux mathématiques en sciences humaines et sociales ainsi que les conséquences de ce recours.

B LES MATHÉMATIQUES COMME LANGUE AXIOMATISÉE DE FORMALISATION. Les mathématiques peuvent être considérées comme constituant une ou plutôt plusieurs langues axiomatisées.

Les objets mathématiques. Selon cette perspective, les objets mathématiques sont des objets abstraits, c'est-à-dire entièrement déterminés par leurs définitions : les propriétés des objets comme de leur cadre d'existence se déduisent directement du système axiomatique qui leur donne naissance. Celui-ci ne fait, la plupart du temps, qu'énoncer des relations entre objets. Les mathématiques peuvent donc être vues comme un langage des relations entre objets. Par nature, les relations peuvent être quelconques (fonctionnelles, causales, statistiques ou probabilistes), tout comme les objets (quantitatifs ou qualitatifs, uni- ou pluri-dimensionnels).

Modèle mathématique et liens sociaux. En tant que tel, ce langage peut trouver des applications dans tous les champs de la connaissance dès lors que l'analyse porte sur des relations entre entités : c'est le cas de la sociologie, qui peut être envisagée comme l'étude des liens entre les constituants (au sens large) de la société. L'objectif consiste alors à chercher à traduire en langue mathématique ce que l'analyse sociologique a permis de saisir et d'énoncer : le résultat de ce travail de traduction constitue le *modèle*.

LES CONDITIONS D'UNE BONNE MODÉLISATION. Bien évidemment, il existe des conditions à ce travail de traduction, qui ne va pas nécessairement de soi.

1 Le danger des paradis artificiels du formalisme. La première condition pour que l'intervention du formalisme mathématique puisse être fécond est que le travail d'élaboration théorique, la mise à distance critique des conceptualisations sociologiques ne soient pas écartés sous prétexte que des objets mathématiques interviennent : « *S'il faut mettre en garde contre les faux prestiges et les faux prodiges de la formalisation sans contrôle épistémologique, c'est qu'en donnant les dehors de l'abstraction à des propositions qui peuvent être empruntées aveuglément à la sociologie spontanée ou à l'idéologie, elle risque de suggérer que l'on peut faire l'économie d'un travail d'abstraction, seul capable de briser les ressemblances apparentes pour construire les analogies cachées* » (Bourdieu *et alii*, 1968, p. 78). Les mathématiques peuvent venir aider le sociologue dans son travail de vigilance empirique et théorique mais ne peuvent en aucun cas se substituer à ce travail. Le risque d'une telle substitution est aujourd'hui d'autant plus élevé qu'en permettant au sociologue de sous-traiter auprès de l'ordinateur l'analyse et le traitement de son matériau, les programmes informatiques l'incitent à abandonner l'essentiel du travail critique. En somme, il faut prendre garde aux dangers des « paradis artificiels du formalisme » (PASSERON, 1991, p. 154).

2 Critique et objectivation. Du coup, et là se situe la deuxième condition du recours au formalisme en sciences sociales, le langage des mathématiques doit lui-même être soumis, au même titre que tous les autres éléments intervenant dans le travail scientifique du sociologue, à la critique, à l'objectivation. Pas plus que la « raison graphique » (l'écriture, la mise en tableaux) n'est « un corrélat objectif, une représentation exacte de la parole » (GOODY, 1979, p. 8), la « raison mathématique » et la « raison statistique » ne sont des formes de représentation exacte et directe de la réalité, ni de l'image que le sociologue a de cette réalité. L'une comme l'autre doivent être vues et pensées comme des processus de traduction (modélisation) de cette réalité, ou plutôt de la langue naturelle dans laquelle sont énoncées les assertions sociologiques, et donc, en tant que traduction, comme des processus introduisant des distorsions. Les différences entre la logique du modèle et la logique de ce qu'ils représentent doivent donc être contrôlées.

De ces remarques découle la critique des épistémologies ou des approches méthodologiques qui prétendent dévoiler le réel par simple application de méthodes prétendument dégagées de tout *a priori*, de méthodes présentées comme n'imposant pas de modèle. Ce point de vue a rencontré un certains succès en France à partir de la fin des années 60 suite aux développements de l'informatique et des logiciels d'analyse des correspondances et, surtout, suite à l'épistémologie que leurs promoteurs y ont associée. Écoutons l'un d'entre eux : « *On voit comment l'analyse statistique s'affranchit des idées* a priori. *Des données aux résultats, l'ordinateur, insensible aux espérances comme aux préjugés du chercheur, procède sur la base ample et solide des faits définis et acceptés d'abord dans leur ensemble, puis dénombrés et ordonnés suivant un programme qui, parce qu'il ne sait pas comprendre, ne sait pas non plus mentir* » (BENZÉCRI, 1973, p. 24). Développer une telle position, c'est laisser croire que les méthodes peuvent échapper au travail critique alors que, aussi peu explicite soient-elles, il existe toujours une logique et une raison propres à une méthode : un formalisme peut permettre une représentation d'informations sociologiques, mais il ne faut jamais perdre de vue qu'il en détermine toujours, au moins partiellement, le contenu. Une critique identique peut être adressée aux approches qui visent à imposer des modèles trop forts à l'empirie sociologique : la modélisation doit être souple et remise en cause sans hésitation.

3 Subordination du formalisme mathématique à une conceptualité sociologique. Troisième condition, la formalisation en langue mathématique ne constitue pas une fin en soi mais seulement une étape intermédiaire : « *La sociologie, comme l'histoire ou l'anthropologie, ne peut parler, dans ses énoncés finaux, qu'en langue naturelle* » (Passeron, 1991, p. 373), c'est-à-dire dans la sémantique qui a permis de saisir les matériaux empiriques initiaux. Par exemple, lors de la lecture d'un tableau de contingence répartissant un échantillon d'individus selon deux variables (attributs) qualitatives, il est illusoire de croire que le tableau est, à lui seul, porteur de sens sociologique : ce sont les concepts qui lui sont sous-jacents, ce sont les contextes naturels de sa construction, qui vont lui conférer du sens et rendre possible son interprétation. En sociologie, l'usage de formalismes mathématiques doit donc être nécessairement suivi d'un retour au cadre conceptuel et sémantique par lequel est saisie la réalité sociologique.

Signalons enfin, même si cela ne constitue pas une condition spécifique à l'usage du formalisme en sciences sociales, qu'un modèle (une traduction) est nécessairement une représentation simplifiée et partielle de la réalité sociale : celle-ci est envisagée d'un certain point de vue et certains de ses traits sont volontairement ignorés. Un démographe qui s'intéresse à la fécondité des femmes peut être amené à délibérément écarter de son analyse des traits qu'il ne juge pas immédiatement pertinents ; un sociologue qui travaille sur les trajectoires sociales et professionnelles peut élaborer un modèle ne faisant intervenir, dans un premier temps au moins, que les informations sur les différents emplois ou positions sociales des individus le long de leur cycle de vie. Ainsi, ce qui est modélisé, ce n'est pas tant la réalité que la représentation ou la théorie qu'en a le sociologue.

4 LES MATHÉMATIQUES COMME SÉMANTIQUE. Nous avons jusqu'ici envisagé les mathématiques comme un langage axiomatisé dont les objets possèdent seulement une signification abstraite et arbitraire (car déterminée par un choix d'axiomes).

Des concepts apparemment formels. S'arrêter à cette vision, c'est envisager les mathématiques comme des systèmes figés, telles qu'elles sont exposées par exemple dans les ouvrages modernes présentant des théories axiomatisées « closes » et entièrement dé-substantialisées (c'est-à-dire détachées des problèmes empiriques qui ont pu les faire naître). S'arrêter à cette vision, c'est oublier que les objets mathématiques ont une histoire : ils sont nés dans un contexte où ils constituaient une réponse à des interrogations empiriques ; ils ont ensuite été utilisés dans des contextes chargés de sens par des chercheurs dont les préoccupations n'étaient pas nécessairement les mathématiques abstraites. En fait, le sens des objets mathématiques n'est pas fourni par leurs axiomatisations : il s'enrichit, au fil des usages (et des mésusages), de multiples significations supplémentaires issues du cadre et des circonstances de leurs emplois. Les passages de l'histoire de la sociologie à l'histoire des mathématiques sont possibles et ne se limitent pas à l'histoire d'une succession de découvertes. Les termes mathématiques représentent donc souvent des concepts et des outils sémantiquement riches, bien que recevant une définition entièrement formelle en apparence : dès lors, leur usage doit faire l'objet, comme tous les autres concepts ou termes utilisés dans les analyses sociologiques, de mise à distance critique.

Un exemple : cause et coefficient de corrélation. Par exemple, le coefficient de corrélation, qui peut recevoir une définition parfaitement abstraite, a longtemps été associé (et l'est encore parfois) à l'idée de recherche de cause commune à deux grandeurs variant simultanément. La critique de la notion de corrélation est nécessaire pour comprendre qu'elle n'est pas logiquement liée à celle de cause.

Lien historique entre grandes théories mathématiques et sciences de la société. Les objets mathématiques peuvent être d'autant plus chargés de sens emprunté aux différents champs de la connaissance que leur histoire est liée non seulement à l'histoire des sciences de la nature (physique notamment) mais aussi à l'histoire des sciences sociales (démographie, économie, psychologie notamment). À la lumière de leur histoire, les mathématiques n'apparaissent pas comme étrangères aux préoccupations sur l'homme ou la société : certains développements des mathématiques, notamment les théories du calcul des probabilités et les méthodes statistiques, sont directement nés de questions ou de recherches commencées dans les sciences de la société (« sciences morales »). Et ces développements ne concernent pas seulement quelques raffinements ponctuels de théories déjà existantes : des pans entiers de l'histoire des mathématiques sont liés à l'histoire des questionnements de l'homme sur lui-même et sa société. Le calcul des probabilités, la statistique inférentielle ou encore la théorie des jeux sont issus de préoccupations liés à des problèmes d'assurance, de décision de justice, de rationalisation des choix collectifs ou individuels, ou de significativité des résultats en psychologie (COUMET, 1970 ; DESROSIÈRES, 1993). Les méthodes statistiques d'analyse des données multidimensionnelles (analyses factorielles) sont issues de travaux de psychologues et psychosociologues anglo-saxons qui s'intéressaient à l'identification des aptitudes mentales et des attitudes sociales (MARTIN, 1997). Ainsi, seules les divisions disciplinaires contemporaines amènent aujourd'hui à considérer que les mathématiques n'ont pas de liens directs avec les sciences de la société.

En conclusion, c'est par un travail dialectique entre une langue formelle (ou « artificielle », pour reprendre les termes de Passeron, 1991) souvent chargée de sens et la langue « naturelle » que le sociologue peut rendre fructueux l'usage de formalismes ou de méthodologies mathématiques. Seul un va-et-vient contrôlé entre les objets axiomatisés des mathématiques, les sens multiples attachés à ces objets par l'histoire de leurs usages, et les objets sociologiques du cadre circonstancié de la recherche peut rendre justifié et profitable le recours aux mathématiques.

5 FÉCONDITÉ DU RECOURS AUX MATHÉMATIQUES. L'utilisation du formalisme ou de la méthodologie mathématique est donc exigeante. Cette exigence est la condition de sa fécondité. Quelles sont, justement, les formes spécifiques de cette fécondité ? Avant tout, les mathématiques ont une forte valeur heuristique : en rendant impératives la formulation claire des hypothèses, l'explicitation des intuitions et la clarification des concepts utilisés, elles offrent un bon moyen de dépasser le sens commun ou les évidences premières. Tenter, par exemple, de formaliser un réseau social par un graphe suppose que soient précisément définies la notion de lien social, les différentes natures de ces liens : c'est au sociologue de déterminer si des liens apparemment différents peuvent être représentés par une forme unique (un trait, une liaison mathématique) ou si, au contraire, il est nécessaire d'introduire une distinction et donc de prévoir plusieurs types de représentation mathématique des liens.

Inversement, en fournissant un langage presque universel (c'est-à-dire infiniment malléable), les mathématiques permettent de rapprocher des questions posées dans des contextes différents mais avec des formes proches : ainsi, LAZARSFELD a cherché à établir un cadre formel commun aux différentes conceptions de la « décision », au-delà des représentations qu'en ont les politologues, les psychologues et les sociologues. Ensuite, les mathématiques peuvent se substituer à l'intuition lorsque celle-ci est incapable de saisir toutes les conséquences d'un ensemble d'hypothèses ou de faits. En prenant le relais des capacités de calcul ou d'intuition de chacun, les mathématiques permettent d'analyser la logique et le fonctionnement des modèles lorsque ceux-ci sont trop complexes pour être intelligibles immédiatement. C'est notamment le cas des méthodes statistiques qui permettent d'appréhender d'importants volumes d'informations : sans le recours à des méthodes permettant de résumer et de rendre intelligible des données abondantes, leur analyse serait fastidieuse voire impossible. Au nombre des conséquences du recours au formalisme mathématique dans le travail d'élaboration sociologique, il faut compter le « façonnage des concepts sociologiques » par les concepts des mathématiques. Par leur histoire, certains concepts des sciences sociales présentent fondamentalement des traits hérités de leur formalisation mathématique. C'est, par exemple, le cas des questions de « mobilité sociale » ou « d'inégalités sociales », dont l'appréhension peut aujourd'hui difficilement se passer des schèmes mathématiques qui y sont depuis longtemps associés et qui contribuent incontestablement à leur énonciation.

6 EXEMPLES D'USAGES DES MATHÉMATIQUES EN SOCIOLOGIE. La sociologie n'est certainement pas la science sociale et humaine où le recours aux mathématiques est le plus fréquent : la linguistique, la psychologie et surtout l'économie possèdent des traditions plus anciennes et plus fortes d'utilisation des outils mathématiques. De plus, contrairement à l'économie (avec l'économétrie, la micro-économie et la macro-économie mathématique), à la psychologie (avec la psychophysique et les théories de l'apprentissage) ou à la linguistique (avec la théorie des grammaires formelles), la sociologie ne présente pas de domaines relevant complètement et incontestablement des mathématiques, même si certains d'entre eux en font un usage substantiel.

Il n'existe pas d'unité et de programme précis dans l'usage des mathématiques en sociologie : les usages sont ponctuels, dispersés, sans cadre général commun. Mais c'est une condition de leur utilisation : il ne saurait y avoir de cadre mathématique unique et complet aux sciences sociales puisque qu'il ne saurait y avoir de formalisation axiomatique universelle de toutes les opérations d'énonciation et de déduction du raisonnement scientifique. Citons simplement quelques exemples notables d'usage de mathématiques en sociologie : la théorie des graphes est particulièrement utile pour la sociologie des réseaux sociaux ou pour la psychosociologie des groupes (sociométrie) ; la théorie des jeux peut être mobilisée pour étudier les jeux sportifs ; la théorie des groupes est utilisée dans les recherches sur les modèles de parenté ; les processus markoviens sont utiles à l'étude du changement et de la mobilité sociale ainsi que dans les modèles de diffusion des opinions ou dans les modèles d'apprentissage ; les lois de distribution (log-normale, Pareto) trouvent des applications directes dans l'étude des inégalités ; l'algèbre matricielle est utilisée par le groupe Louis DIRN (OFCE) dans ses analyses des évolutions tendancielles de la société française. Mais les formes mathématiques les plus utilisées restent les formes statistiques et probabilistes : la méthodologie des enquêtes par questionnaires auprès d'un échantillon de taille élevée impose presque naturellement d'avoir recours à des outils statistiques pour étudier les relations entre les divers attributs observés.

Olivier MARTIN

bibliographie

BARBUT Marc, D'ADHÉMAR Claude, LECLERC Bruno, JULLIEN Pierre, *Mathématiques élémentaires, applications à la statistique et aux sciences sociales*, PUF, 1973.

BENZÉCRI Jean-Paul, « La Place de l'*a priori* », in *Encyclopædia Universalis, Organum*, 1973, pp. 11 à 24.

BOUDON Raymond, *L'Analyse mathématique des faits sociaux* (1967), « Recherches en sciences humaines », Plon, 1970.

BOURDIEU Pierre, CHAMBOREDON Jean-Claude, PASSERON Jean-Claude, *Le Métier de sociologue : préalables épistémologiques* (1968), Mouton, 1986.

COMTE Auguste, *Leçons de sociologie (Cours de philosophie positive, leçons 47 à 51)*, introduction et notes de Juliette GRANGE, « GF », Flammarion, 1995.

CONDORCET, *Mathématique et société*, choix de textes et commentaire Roshdi RASHED, « Savoir », Hermann, 1974.

COUMET Ernest, « La théorie du hasard est-elle née par hasard ? », in *Annales ESC*, n° 3, mai-juin 1970, pp. 574 à 598.

DESROSIÈRES Alain, *La Politique des grands nombres*, La Découverte, 1993.

ESPINOZA Miguel, *Les Mathématiques et le monde sensible*, Ellipses, 1997.

FELDMANN Jacqueline, « Regard sur la sociologie mathématique », in *Archives européennes de sociologie*, vol. 18, n° 1, 1977, pp. 179 à 193.

GOODY Jack, *La Raison graphique* (1977), trad. franç. J. Bazin et A. Bensa, « Le Sens commun », Éd. de Minuit, 1979.

LAZARSFELD Paul, *Philosophie des sciences sociales*, « Bibliothèque des sciences humaines », Gallimard, 1970.

MARTIN Olivier, *La Mesure de l'esprit. Origines et développements de la psychométrie, 1900-1950*, « Histoire des sciences humaines », L'Harmattan, 1997.

PASSERON Jean-Claude, *Le Raisonnement sociologique*, « Sciences sociales », Nathan, 1991.

QUÉTELET Adolphe, *Sur l'homme et le développement de ses facultés. Essai de physique sociale* (1835), « Corpus des œuvres de philosophie de langue française », Fayard, 1991.

*

* *

MATRIARCAT ET PATRIARCAT

du latin *mater* « mère » *(matriarcat)*, et *pater* « père » *(patriarcat)*, et du grec *archein* et *archeuein* « commander », ou *archê* « commandement, autorité »

voir : FILIATION, PARENTÉ, POUVOIR

Le *matriarcat*, conceptualisé dans le contexte évolutionniste du XIXe siècle, notamment par BACHOFEN (1861), serait un système politico-juridique dit *de droit maternel*, fondant l'organisation sociale sur la filiation matrilinéaire et sur le pouvoir des femmes. Après une phase primitive de matriarcat, l'humanité serait passée au stade du *patriarcat*, c'est-à-dire de la filiation patrilinéaire avec résidence patrilocale, autorité masculine et asservissement des femmes. Or aucune donnée archéologique historique ne permet de justifier ces thèses : ni celle du passage du matriarcat au patriarcat, ni celle d'un pouvoir dominant des femmes, sauf mythification des déesses-mères, car dans toutes les sociétés matrilinéaires connues (et dont certaines sont devenues patrilinéaires [jamais l'inverse]), le pouvoir et la responsabilité familiale sont généralement assurés par le frère de la mère, soit l'oncle maternel d'*ego*.

Claude RIVIÈRE

MATRILINÉARITÉ

du latin *mater* « mère »

voir : MATRIARCAT, PARENTÉ, PATRILINÉAIRE

Lorsque l'individu *ego* se rattache socialement à ses ascendants par sa mère, c'est-à-dire en ligne utérine, la société est matrilinéaire. Dans ce cas, le pouvoir et le contrôle social appartiennent aux hommes, généralement à l'oncle maternel (frère de la mère), qui exerce l'autorité sur les enfants de sa sœur. La matrilocalité consiste pour l'homme marié à habiter chez les parents de son épouse, l'uxorilocalité est l'installation du couple chez l'épouse dans un habitat proche de celui de ses parents. Mais il se peut que, comme chez les Ndembu de Zambie, la filiation soit matrilinéaire et le mariage virilocal, c'est-à-dire imposant l'installation chez le mari.

Claude RIVIÈRE

MÉCÉNAT

du latin *Maecenas* « mécène », nom d'un chevalier romain du Ier s. avant Jésus-Christ, protecteur des belles lettres

all. MÄZENATENTUM, FÖRDERUNG	esp. PATROCINADO
angl. PATRONAGE	ital. MECENATISMO

voir : ART, CULTURE

Protection morale et matérielle des arts et des artistes assurée par une personne ou une institution.

Le *mécénat*, qui institue un rapport de soutien de la part d'une personne fortunée ou d'une collectivité envers des artistes ou des activités artistiques, définit un échange spécifique, qui peut être assimilé à un don/contre-don. Le donateur procure à l'artiste les moyens de sa création et la reconnaissance de ses talents ; réciproquement, l'artiste donne au mécène les signes de la générosité et associe son nom à l'œuvre créée. Ces rapports de réciprocité inégalitaires se sont largement développés aux XVIe et XVIIe siècles, époques où les arts étaient hautement valorisés et les rapports sociaux statutairement inégalitaires. Ce rapport subsiste cependant sous la forme moins personnelle des subventions des États, collectivités et firmes, aux activités artistiques.

Le glissement de la fonction du mécène au *sponsor*, qui soutient toute activité à des fins de publicité commerciale, illustre le passage d'une culture où la quête du prestige a largement cédé la place aux mécanismes du marché.

Pierre ANSART

bibliographie

BREBISSON Guy de, *Le Mécénat*, PUF, 1986.

DEBBASCH Charles, LANGERON Pierre, *Les Fondations*, PUF, 1992.

SZYBOWICZ André, MAGISTRALI Sylvie, *Sponsoring et mécénat. L'exemple de l'environnement*, Éd. d'Organisation, 1988.

VESCIA Remo, *Le Mécénat : art de la communication, communication de l'art*, Economica, 1987.

MÉDECINE ⇒ SANTÉ

MÉDIA ⇒ COMMUNICATIONS DE MASSE, TÉLÉVISION, POSTMODERNISME

MÉDIANE

voir : ÉCHANTILLON, TENDANCE CENTRALE

On appelle médiane de la distribution d'une variable discrète la modalité qui permet de franchir le seuil de 50% des fréquences cumulées.

En d'autres termes, il s'agit de la valeur du « milieu » de la série, préalablement triée dans l'ordre croissant.

Exemple : soit la série de nombres :

$$\underbrace{5\ 6\ 6\ 7\ 7}_{5\ nombres}\quad\underbrace{(7)}_{médiane}\quad\underbrace{8\ 8\ 8\ 8\ 9}_{5\ nombres}$$

Dans le cas d'une variable continue connue regroupée en classes, la médiane est l'abscisse du point d'ordonnée 0,5 sur le polygone des fréquences cumulées. Il suffit alors d'effectuer une règle de trois, à l'intérieur de la classe pour atteindre le seuil des 50%.

Exemple : Supposons que 40% des individus de l'échantillon gagnent plus de 5000 F par mois et 60% plus de 6000 F, le salaire médian correspond à la somme au-dessus de laquelle se situe le salaire de 50% des individus.

$$Sal.\ méd. = 5000 + \left[\left(\frac{600-5000}{0,60-0,40}\right)\times(0,50-0,40)\right] = 5500$$

Félicité des NÉTUMIÈRES

bibliographie

WONNACOTT Thomas, WONNACOTT Ronald, *Statistique*, Economica, 1995.

MÉDIATION

du latin *mediatio*, correspondant au verbe *mediare* « être au milieu »

all. VERMITTLUNG	esp. MEDIACIÓN
angl. MEDIATION	ital. MEDIAZIONE

voir : ALIÉNATION, DÉSIR, HIÉRARCHIE, TRAVAIL

Entreprise destinée à créer des rapports entre des personnes, des acteurs sociaux.

HEGEL. Le concept de *médiation* est associé dans la pensée moderne à la philosophie de Hegel. Dans la préface de *La Phénoménologie de l'esprit* (1807), HEGEL insiste sur la nécessité de penser la *médiation*, le *devenir*, pour penser l'*absolu*. L'importance de l'hégélianisme et de sa critique dans la pensée allemande au XIXe siècle, détermine dans une large mesure l'évolution de ce concept dans la sociologie. On insistera moins ici sur les prolongements de celui-ci dans les théories du langage que dans celles du *travail* ou de l'*outil*, notamment dans l'œuvre de MARX et de SIMMEL.

Dialectique du maître et de l'esclave. Les derniers paragraphes du chapitre « Maîtrise et servitude » de *La Phénoménologie de l'esprit*, insistent plus particulièrement sur le travail. À la différence de l'animal qui consomme le monde et ne produit que celui-ci ou tout au plus se reproduit lui-même, l'homme fait par le travail l'épreuve du monde dans la suspension de son désir et, dans cette confrontation créatrice, il se retrouve comme monde. C'est en ce sens qu'il se rapporte médiatement à celui-ci, là où l'animal s'y rapporte immédiatement. Ce détournement et ce retardement, qui cultivent le désir dans le sens d'une sublimation, sont ce qui permet le truchement de l'outil et les diverses activités *intermédiaires* qui se situent entre le travailleur et la chose ouvrée.

MARX. Dans les *Manuscrits de 1844*, Marx reprend le schème hégélien mais, sous l'action du capitalisme notamment, en constate la corruption de fait. L'expropriation du travailleur a altéré la relation de soi à soi que permettait le travail ; celui-ci n'est, dans ces conditions, qu'un *moyen* de satisfaire des besoins. Cette aliénation est simultanément le retournement de la hiérarchie entre l'homme et l'animal. Ce que ce dernier acquiert immédiatement, maintenant l'homme l'acquiert médiatement. Il ne voit plus au bout du travail, qu'il vit désormais comme une contrainte, que la réparation de son activité animale.

SIMMEL. Les concepts de *médiation* et d'*intermédiaire* occupent une place capitale dans l'œuvre de Simmel, où l'on retrouve le schème hégélien. Dans la *Philosophie de l'argent*, Simmel ramasse sa réflexion en désignant l'homme comme *« l'être indirect » (das indirekte Wesen)* ou bien encore comme *« l'animal objectif » (das objektive Tier)*. Tandis qu'il explique que *« l'idée de* moyen (Mittel) *caractérise la position de l'homme dans le monde »* et qu'il fait servir à de nouvelles intuitions la théorie de l'outil, Simmel consacre l'argent comme *das absolute Mittel*. L'argent, comme médiation entre l'homme et le monde, et, à travers l'argent, l'échange, apparaissent au sociologue comme facteurs de sublimation, de sélection, et par conséquent d'étalonnage qui rend objectif le rapport de l'homme aux choses. Les essais qui précèdent cet ouvrage de Simmel comme ceux qui lui succèdent manifestent l'intérêt de cet auteur pour les diverses figures et statuts de l'intermédiaire et élargissent le champ de l'investigation sociologique de la *médiation*. La « Digression sur l'étranger » insiste sur le caractère à la fois territorialement fixé et détaché de l'*étranger* en regard du sédentaire ; la « Psychologie de la coquetterie » reprend la théorie platonicienne d'Éros être intermédiaire, mais montre surtout la *coquette* comme celle qui se tient dans l'entre-deux d'un jeu de la possession et de l'impossession, enfin « Pont et porte » fait de l'homme lui-même l'être de l'entre-deux : lui qui relie le séparé et sépare le relié.

Patrick CINGOLANI

bibliographie

HABERMAS Jürgen, « Travail et interaction » (1967), in *La Technique et la science comme idéologie*, « Médiations », Denoël-Gonthier, 1978.

HEGEL Georg Wilhelm Friedrich, *La Phénoménologie de l'esprit*, Aubier, 1941.

LÖWITH Karl, *De Hegel à Nietzsche*, Gallimard, 1969.

MARX Karl, *Manuscrits de 1844*, in *Œuvres*, « La Pléiade », Gallimard, 1968.

SIMMEL Georg, « Digression sur l'étranger » (1908), in *L'École de Chicago. Naissance de l'écologie urbaine*, Champ urbain, 1979.

SIMMEL Georg, *Philosophie de l'argent*, PUF, 1987.

SIMMEL Georg, « Psychologie de la coquetterie » (1909), in *Philosophie de l'amour*, Rivages, 1988.

SIMMEL Georg, « Pont et porte » (1909), in *La Tragédie de la culture*, Rivages, 1988.

MEMBRE

voir : ASSOCIATION, CORPS, GROUPE, ORGANISATION

Terme désignant toute personne reconnue comme faisant partie d'un groupe, d'une institution, par opposition aux individus extérieurs. Ce fait de la reconnaissance et de la désignation de l'appartenance constitue une dimension majeure des affiliations, des identifications et des ségrégations. Ce terme est souvent cité en exemple des images organicistes présentes dans le langage courant et, éventuellement, scientifique ; le « membre » désignant, en effet, étymologiquement, une partie du corps vivant.

Pierre ANSART

SOCIOLOGIE DE LA MÉMOIRE

du latin *memoria* « aptitude à se souvenir » et « ensemble des souvenirs », dérivé de *memor* « qui se souvient », « ce qui fait se souvenir »

voir : COMMUNAUTÉ, IDENTITÉ, PSYCHOLOGIE SOCIALE

HALBWACHS ET BERGSON. Mémoire collective et mémoire individuelle. Elle est fondée par Maurice HALBWACHS dans *Les Cadres sociaux de la mémoire* (1925). Déjà dans sa thèse *(La Classe ouvrière et les niveaux de vie)*, il avait proposé une lecture de la classe sociale en termes de mémoire : la classe ouvrière confrontée à la matière était exclue de la mémoire de la société. Contre le psychologisme de BERGSON, pour qui la mémoire essentielle est une mémoire individuelle, la sociologie de la mémoire part de l'hypothèse que chaque groupe est porteur d'une mémoire collective par rapport à laquelle la mémoire individuelle s'identifie. Se souvenir serait une réponse de l'individu à une question posée par la société. Les « cadres sociaux » sont le langage, l'espace et le temps ; ils sont les moyens dont le groupe se sert pour reconstruire « le passé en fonction de ses intérêts présents ». La mémoire collective d'un groupe implique une représentation de la société et du monde qui unifie la pratique du groupe : elle est à la fois savoir des faits et des hommes et leçon normative pour l' action future.

HALBWACHS : LA SECONDE SOCIOLOGIE DE LA MÉMOIRE.

1 **Souvenir et fragmentation des groupes.** De 1925 à sa mort, Halbwachs met en place une seconde sociologie de la mémoire, centrée sur la culture et les valeurs ; les rapports entre mémoire individuelle et mémoire collective, entre passé et présent, se renversent ; le souvenir était une réalité collective ; il devient une actualisation individuelle ; il était reconstruction du passé factuel en fonction du présent du groupe ; il devient reconstitution, pour l'individu, une valeur éternelle du passé pour la substituer au présent. La notion de mémoire collective s'éloigne de son sens premier (la mémoire d'un groupe) du fait de la multiplication à l'infini de groupes toujours plus fragmentés, toujours plus éphémères.

2 **La mémoire sociale comme trace de la mémoire collective.** Dans *La Mémoire collective* (1945), la sociologie de la mémoire individuelle cesse d'être identique à la sociologie de la mémoire du groupe parce que la mémoire individuelle se trouve au point de rencontre de deux mémoires collectives ; la mémoire individuelle n'était qu'un point de vue sur une mémoire collective ; elle devient une liberté à son égard. La mémoire collective est alors tout autant un courant de pensée et de mémoire transhistorique que la mémoire d'un groupe : la mémoire sociale devient le nouvel objet de la sociologie de la mémoire. Elle est ce qui reste en nous d'une ancienne mémoire collective sous forme de trace, d'histoire, de dégradation ou de substitut factice d'une mémoire collective ; sous forme de courant, elle peut être en amont ou en aval d'une éphémère mémoire collective.

3 **Transcendance du sujet par rapport aux mémoires collectives.** C'est le sujet qui porte en lui les mondes disponibles de la culture et des valeurs du passé ; la mémoire individuelle inclut les mémoires collectives et leur est transcendante ; elle s'identifie à la mémoire collective choisie. La sociologie de la mémoire culturelle, qui depuis l'article sur la « mémoire collective chez les musiciens » (1938), oppose la mémoire savante à une mémoire populaire devient une sociologie de la connaissance. Les cadres sociaux de la mémoire sont transformés : le langage devient un système de signes ; le temps est à la fois sociohistorique quant à l'événement et unique quant au sens d'une culture. L'espace collectif est à la fois la représentation savante découpée dans un espace social commun et une matière ; les espaces s'imprègnent des visions du monde et en assurent la réactualisation.

Causalité et finalité : le rationalisme sociologique. Halbwachs conçoit la sociologie de la mémoire comme un rationalisme empirique. Dans *La Topographie légendaire des Évangiles* (1941), il propose et détaille des lois de la mémoire collective mais il oppose son rationalisme sociologique au rationalisme de l'historien. BLOCH donnait au fait de mémoire un rôle de cause-agent contre le finalisme, qu'il stigmatisait dans le durkheimisme. Halbwachs répond implicitement dans *La Topographie* que la recherche des fins de la mémoire est compatible avec une recherche causale : au début il y a l'intention des pèlerins de localiser leurs croyances, à la fin se dégage une causalité et des lois. La sociologie de la mémoire d'Halbwachs contient comme un pari d'éternité. Déjà dans *Les Cadres sociaux*, la mémoire religieuse mystique peut être refoulée, mais non pas détruite : il n'y a pas d'oubli absolu. Ce sera dans la *Mémoire collective* le thème de la singularité éternelle de chaque temps social, actualisé ponctuellement par une mémoire collective.

Gérard NAMER

bibliographie

HALBWACHS Maurice, *La Topographie légendaire des Évangiles*, PUF, 1971.

HALBWACHS Maurice, *Les Cadres sociaux de la mémoire*, Albin Michel, 1994.

HALBWACHS Maurice, *La Mémoire collective* (éd. critique par Gérard NAMER), Albin Michel, 1997.

MIDDLETOWND E. D. (éd.), *Collective Remembering*, Londres, Sage publications, 1990.

NAMER Gérard, *Mémoire et société*, Méridiens, 1986.

NAMER Gérard, *Commémoration en France*, L'Harmattan, 1987.

MENEUR

du latin *minari* « menacer »

all. FÜHRER	esp. JEFE
angl. AGITATOR	ital. REGGITORE

voir : FOULE, LEADER

Le meneur est celui qui dirige une action collective ponctuelle souvent contestataire et effervescente.

MENEUR ET LEADER. Le mot *meneur* a en général une connotation péjorative, à la différence du mot *leader*. Il a cependant l'intérêt de souligner les mécanismes affectifs inconscients (identification, projection) qui y sont en jeu. C'est dans sa *Psychologie des foules* que LE BON décrit le meneur, en s'attachant à sa personnalité. Le meneur, dit-il, est un illuminé, recruté surtout parmi « ces névrosés, ces excités, ces demi-aliénés qui côtoient les bords de la folie ». Quant au mystère de son influence il réside dans la nature humaine, qui fait vite basculer dans la jouissance, pour chacun et pour tous, d'être mené. Et Le Bon ajoute cette remarque intéressante : « *Les meneurs tendent aujourd'hui à remplacer progressivement les pouvoirs publics, à mesure que ces derniers se laissent discuter et affaiblir. Grâce à leur tyrannies, ces nouveaux maîtres obtiennent des foules une docilité plus complète que n'en obtint aucun gouvernement.* » FREUD a souligné l'intérêt et les limites de ces analyses de psychologie collective (⇒ FOULE).

MENEUR ET CHEF CHARISMATIQUE. Le Bon étend la notion de foule, en y intégrant des groupes de nature diverse, qui vont de la foule au sens courant à la société elle-même, de sorte que son meneur s'apparente, dans une généralisation que le sociologue trouvera abusive, à tout chef charismatique (c'est ainsi que Le Bon fera de ROBESPIERRE l'exemple d'un meneur). La psychologie sociale, aujourd'hui, préfère limiter la notion de meneur au leader de manifestations ponctuelles et effervescentes et n'y voit pas un type de pouvoir politique, celui qui fait qu'une société se fait foule. Il est possible que cette modestie du psychosociologue lui fasse perdre une approche intéressante de l'économie libidinale, et des formes par lesquelles une société fusionne dans l'Un.

André AKOUN

bibliographie

FREUD Sigmund, « Psychologie collective et analyse du moi » (1920), in *Essais de psychanalyse*, Payot, 1981.

LE BON Gustave, *La Psychologie des foules* (1895), Retz, 1975.

MOSCOVICI Serge, *L'Âge des foules*, Complexe, 1991.

REICH Wilhelm, *La Psychologie de masse du fascisme* (1933), Payot, 1972.

MENTALITÉ

du latin *mens* (génitif *mentis*) « faculté intellectuelle, intelligence, pensée »

all. MENTALITÄT	esp. MENTALIDAD
angl. MENTALITY	ital. MENTALITA

voir : IDÉOLOGIE, MÉMOIRE, MOUVEMENT SOCIAL, OPINION

Ensemble de représentations communes, d'images, d'attitudes affectives, s'exprimant par des réactions et des comportements propres à un groupe, une classe sociale, une nation.

UNE NOTION INTERDISCIPLINAIRE. Cette notion peut sembler floue, car elle appartient à un champ interdisciplinaire relevant de l'histoire, de la sociologie, de la psychologie sociale et de la psychologie. Elle a pris de l'importance dans les études d'histoire sociale et en psycho-histoire, à partir de l'école historique des Annales, fondée par Marc BLOCH et Lucien FEBVRE avant 1940, puis des travaux de MANDROU et de DUBY. Ces études peuvent être situées dans le sillage de la méthode compréhensive de WEBER, et de sa tentative de décrire les différentes dimensions du vécu social et historique, à des moments déterminés de l'histoire. L'idée de mentalité évoque la conformité à des usages et des mœurs communes, à une sensibilité collective, l'adhésion à une culture spécifique. L'intégration des membres d'un groupe ou d'une nation à ces normes peut être assez forte pour que l'opinion commune paraisse naturelle ; ses caractéristiques peuvent alors être difficilement perceptibles aux yeux de l'historien ou du sociologue qui participe lui-même à cette mentalité.

Au contraire, lorsqu'il y a crise, menace de désintégration d'un groupe ou d'une nation, ou transformation profonde des croyances et des mœurs, apparaissent plus clairement les caractéristiques de la mentalité qui les imprègne. Ainsi, dans des recherches sur les causes de la transformation des mentalités pouvant expliquer la mutation révolutionnaire du XVIIIe siècle, Mandrou a étudié comment la diffusion de la littérature de colportage, avant la Révolution, a contribué à transformer la sensibilité des masses populaires. Après 1940, dans *L'Étrange Défaite* (1941), afin de saisir les origines de la débâcle, Bloch s'est interrogé non seulement sur les causes militaires et techniques de la défaite, mais sur l'incapacité de l'opinion et des mentalités à évoluer, à se représenter les menaces contenues dans l'expansionnisme du Troisième Reich.

OPINIONS ET MENTALITÉ. Une distinction est à établir entre opinion et mentalité. L'opinion désigne un ensemble de jugements et de représentations structurées et conscientes. Fidèles à la vision rationaliste des Lumières, au XVIIIe siècle, les révolutionnaires avaient la conviction de pouvoir transformer une opinion mystifiée en l'éclairant par des vérités conçues comme évidentes. L'évolution politique des deux derniers siècles a montré au contraire la persistance de ce que le philosophe ALAIN nommait des « forteresses d'opinion », dominées par l'intolérance ou le fanatisme, et inaccessibles à l'argumentation rationnelle ; elles traduisent la persistance de continuités culturelles. L'opinion est changeante par nature, mais elle est également le lieu de certitudes d'autant plus résistantes qu'elles ne sont pas fondées ; elle est donc essentiellement ambiguë. Cette ambiguïté se retrouve dans la notion de mentalité ; mais, à la différence de l'opinion, la mentalité désigne une tendance « lourde » des croyances et des représentations qu'une collectivité se fait du social, du politique, du religieux. Par nature, elle se prolonge, et elle ouvre à un « temps plus long » (Mandrou, 1964), dans lequel le sociologue et l'historien peuvent distinguer la part du conservatisme et de la nouveauté.

Les mentalités, plus que les opinions, expriment les sensibilités collectives fortement durables, fondées sur la mémoire d'un groupe ou d'une nation. On peut alors découvrir « une identité préservée » et les caractéristiques de « tempéraments collectifs » (VOVELLE, 1985). Mais dans les moments de mutations historiques, apparaît leur ambivalence. Un exemple-type en est donné par LEFEBVRE, qui décrit la Grande Peur de juillet 1789 dans les campagnes, en montrant comment les attitudes paysannes étaient simultanément « archaïques » et novatrices. Archaïques, car la défense organisée contre les « brigands » et des troupes étrangères (Anglais et Espagnols) qui, parfois plusieurs siècles auparavant, avaient envahi la France, témoignait de souvenirs ancestraux. La peur était aussi provoquée par un « complot aristocratique », qui était le produit de l'imagination collective. Cependant, les rassemblements de milices armées étaient une riposte à des représailles très plausibles d'une classe menacée dans ses privilèges, et ils préfiguraient, remarque Lefebvre, la levée en masse et une solidarité annonçant les fêtes de la Fédération de 1790.

RÔLE DES SUJETS COLLECTIFS : IDÉOLOGIES ET MENTALITÉS. La notion d'*idéologie politique* — qu'on peut définir comme une série de représentations conscientes formant un ensemble apparemment cohérent et reflétant les conditions d'existence et les intérêts d'un groupe, d'une classe sociale ou d'une nation — ne peut suffire à rendre compte du rôle des sujets collectifs en histoire et dans les mouvements sociaux, alors que l'étude des mentalités exige l'examen des sensibilités et de l'imaginaire social. Elles sont le lieu de mouvements émotionnels et de passions collectives, parfois d'origine inconsciente — et elles peuvent rendre compte des réactions socioéconomique et idéologique imprévisibles. Ainsi, la figure de Louis Napoléon a été identifiée à l'image prestigieuse de Napoléon Ier, et ce n'est pas une idéologie constituée qui peut expliquer, en 1851, le vote massif et inattendu des paysans en faveur de Louis Napoléon : cette réaction de type archaïque exprimait aussi le rejet motivé d'une République affaiblie et inefficace (ANSART, 1997). Après la débâcle de 1940, elle-même explicable aussi par une mentalité globalement défaitiste, le renouveau de la mentalité patriotique s'est appuyé sur des souvenirs nationaux anciens, remontant jusqu'au Moyen Âge.

Pierre ANSART

bibliographie

ANSART Pierre, *Les Cliniciens des passions politiques*, Seuil, 1997.

ARIÈS Philippe, *Le Temps de l'histoire*, Éd. du Rocher, 1954.

BLOCH Marc, *L'Étrange Défaite*, témoignage écrit en 1940, Gallimard, 1990.

LEFEBVRE Georges, *La Grande Peur* (1932), Armand Colin, 1988.

MANDROU Robert, *De la culture populaire aux XVIIe et XVIIIe siècles*, Stock, 1975.

MARX Karl, *Le 18 Brumaire de Louis Bonaparte* (1852), Éditions sociales, 1963.

TOCQUEVILLE Alexis de, *L'Ancien Régime et la Révolution* (1856), Gallimard, 1953.

VOVELLE Michel, *Idéologies et mentalités*, La Découverte, 1985.

VOVELLE Michel, *La Mentalité révolutionnaire*, Éditions sociales, 1985.

MÉRITOCRATIE

du latin *meritum* « salaire, acte méritant », dérivé de *merere* « gagner, mériter »

all. LEISTUNGSGESELLSCHAFT, VERDIENSTGESELLSCHAFT	esp. MERITO
angl. MERIT	ital. MERITOCRAZIA

voir : CAPACITÉ, HIÉRARCHIE

Système sociopolitique dans lequel les pouvoirs seraient confiés aux plus qualifiés.

Le rêve de voir les pouvoirs confiés aux plus compétents, aux plus méritants, a constitué une utopie aux multiples renouvellements depuis PLATON. Dans sa ***Lettre aux habitants de Genève*** (1802), SAINT-SIMON appelle ses concitoyens à élire une assemblée de savants qui serait censée apporter aux hommes l'esprit d'une politique pacifique universelle. Dans toute son œuvre, il ne cessera d'appeler à la promotion des « capacités » dans les différents domaines de la science, de l'art et des industries.

Toutefois, la méritocratie ne se limite pas à une utopie. Si elle n'est pas réalisée, des processus de sélection et de promotion sont, en fait, à l'œuvre tant dans les systèmes scolaires et de formation que dans les entreprises : ces processus ont théoriquement pour but de promouvoir les plus aptes aux différents échelons des hiérarchies. Le modèle weberien de la « domination légale à direction bureaucratique » suppose le fonctionnement de ces recrutements. On peut aussi remarquer que des pratiques de compétition, comme les sports, offrent aux publics les symboles légitimés de pratiques agonistiques pour la sélection des meilleurs. La désignation des compétences reste l'une des valeurs, et l'un des problèmes, des sociétés contemporaines.

Pierre ANSART

bibliographie

BURNHAM James, *L'Ère des organisateurs* (1947), Calmann-Lévy, 1969.

SAINT-SIMON Henri de, *Du système industriel* (1820-1822), in *Œuvres*, Anthropos, t. 3, 1966.

MESSAGE

du latin *missus*, participe passé de *mittere* « envoyer »

voir : COMMUNICATIONS DE MASSE, SYMBOLISME

Séquence de signaux ou de signes qu'un émetteur envoie à un récepteur par le moyen d'un canal.

Un *message* doit être codé, c'est-à-dire recevoir une forme qui le rende transmissible par le canal qu'il utilise. À la réception, le destinataire doit procéder au décodage. Il faut donc que locuteur et auditeur détiennent en commun, partiellement au moins, le code nécessaire à la transmission du message. La sociologie des communications situe, selon le paradigme de LASSWELL, le message entre émetteur et récepteur et l'étudie à travers la stratégie des émetteurs et l'évaluation de ses effets. Un message ne saurait donc être abstrait de ses contextes sociaux.

Pour mieux décoder un message la sociologie a créé une méthode pour le décomposer en ses divers éléments constitutifs : l'analyse de contenu. Celle-ci, essentiellement quantitative à ses débuts, est devenue aussi analyse qualitative.

André AKOUN

MESSIANISME

du latin chrétien *messias*, mot issu de l'araméen *meshihà* « oint (du Seigneur) »

all. MESSIANISMUS	esp. MESIANISMO
angl. MESSIANISM	ital. MESSIANISMO

voir : ESCHATOLOGIE, IDÉOLOGIE, RELIGION

Forme particulière de prophétisme politicoreligieux annonçant la venue d'un sauveur divin.

La croyance en l'avènement d'un monde délivré du mal se retrouve en de nombreux récits mythiques et particulièrement dans la Bible, où les prophètes évoquent un monde futur libéré de la souffrance par l'avènement d'un Messie. Dans la version millénariste, cette ère durerait mille années avant le jugement dernier. Cette croyance, maintes fois renaissantes, s'est effacée dans la tradition chrétienne au cours du haut Moyen Âge.

Le messianisme a repris et suscité de nombreuses expressions dans les pays colonisés où l'enseignement biblique avait été diffusé. Il a pris alors une forme politicoreligieuse : les porte-parole de ces peuples dominés par la puissance coloniale trouvèrent dans les textes religieux la trame d'une idéologie de la libération et de la reconquête de leur indépendance. En Afrique, en Amérique latine, de nombreuses sectes religieuses se sont emparées de ces thèmes au sein de croyances à caractère syncrétique.

Pierre ANSART

bibliographie

BLOCH Ernst, *Thomas Münzer, théologien de la révolution* (1921), Julliard, 1964.

COHN Norman, *Les Fanatiques de l'apocalypse* (1957), Payot, 1983.

DOZON Jean-Pierre, « Les Mouvements politico-religieux ; syncrétismes, messianismes, néo-traditionnalismes », *in* Marc AUGÉ (sous la dir. de), *Religion, représentations, idéologies. La construction du monde*, Maspero, 1974.

LANTERNARI Vittorio, *Les Mouvements religieux des peuples opprimés*, Maspero, 1962.

PEREIRA DE QUEIROZ Maria Isaura, *Réforme et révolution dans les sociétés industrielles. Histoire et ethnologie des mouvements messianiques*, Anthropos, 1968.

MESURE

du latin *mensura* « mesure »

all. MASS	esp. MEDIDA
angl. MEASUREMENT	ital. MISURA

voir : MATHÉMATIQUES, STATISTIQUE

Opération qui vise à l'appréhension d'un phénomène sous une forme chiffrée et quantifiable.

ESSOR DE LA STATISTIQUE AU XIXe SIÈCLE. « *Non seulement les chiffres gouvernent le monde, mais encore ils montrent comment le monde est gouverné* », pensait GOETHE. L'écrivain allemand avait très tôt perçu l'importance de la *mesure* dans le monde social qui lui était contemporain, tout en pressentant le danger. Au début du XIXe siècle, la statistique, considérée comme une science expérimentale, a pris un essor considérable dans les sciences morales. C'est au courant de ce siècle que l'on assista, en premier lieu en Allemagne, puis dans les autres pays européens, à un développement et un intérêt institutionnel pour la mesure et la statistique. Procédé de cartographie humaine et politique de l'État en Allemagne, la statistique est en France à la fois une affaire purement administrative, illustrée par la collecte plus ou moins hasardeuse de données d'état civil effectuée par les préfets, et un moyen d'évaluer « la santé morale » du pays. C'est ainsi que les premières données que l'on tente de recueillir concernent la criminalité, la délinquance, l'alcoolisme ou le suicide. La statistique et la mesure sont considérées comme des instruments susceptibles d'endiguer « l'amoralité ». Il n'y a pas de doute que l'État fit sienne l'ultime phrase du *Suicide* de DURKHEIM, à savoir qu'« *une fois qu'on a établi l'existence du mal, en quoi il consiste et de quoi il dépend, quand on sait,* par conséquent, *les caractères généraux du remède et le point auquel il doit être appliqué, l'essentiel n'est pas d'arrêter par avance un plan qui prévoit tout, mais de se mettre résolument à l'œuvre* » (p. 451).

MESURE, STATISTIQUE ET LOIS UNIVERSELLES. Au-delà d'une considération purement institutionnelle de la mesure et du rôle prépondérant que va jouer l'État dans l'administration et la fabrication du chiffre, un grand nombre de sociétés statistiques vont apparaître de façon conjointe. C'est l'époque de l'essor de l'Institut international de statistique, des grands congrès internationaux confrontant des outils statistiques et des premières comparaisons internationales. On pensait que la statistique, par l'intermédiaire de ses méthodes expérimentales, pourrait donner aux sciences qui ont pour objet l'homme vivant en société des fondements certains, en substituant la réalité des faits aux hypothèses kantiennes *a priori* et aux utopies. WOLOWSKI, en 1848, expliquait, dans *Études d'économie politique et de statistique*, que la statistique, par l'intermédiaire de la mesure, serait à même de découvrir des lois universelles, à l'instar de celles de la physique et de la mathématique, qui dominent la vie de l'humanité. « *La statistique,* disait-il, *peut borner son ambition actuelle à raconter fidèlement les phénomènes sociaux, à consigner dans des tableaux clairs, bien coordonnés, au moyen de quotités d'un sens défini et homogène. Ces tableaux par eux-mêmes donnent satisfaction à une curiosité légitime : ils suffisent pour guider dans l'appréciation des questions d'un intérêt puissant.* » C'est dans cet esprit qu'est publié, en 1897, *Le Suicide* de Durkheim, considéré comme l'ouvrage fondateur de la sociologie moderne. La mesure statistique en est l'instrument privilégié ; à partir de données chiffrées, Durkheim et ses disciples ou concurrents vont fonder l'explication sociologique d'un phénomène que d'aucuns ont longtemps considéré comme uniquement déterminé par des considérations individuelles et personnelles.

DIFFICULTÉS SCIENTIFIQUES D'UTILISATION DE LA STATISTIQUE. Il faut cependant garder à l'esprit que l'utilisation de la statistique, science de la mesure en sciences sociales, est toujours confrontée à la question de la fiabilité des données disponibles et du sens à leur attribuer.

Un exemple : l'analyse du suicide. L'analyse du suicide en fournit un exemple particulièrement éloquent, ainsi qu'en témoignent les nombreuses études menées autour de la question de sa mesure, la dernière en date en France étant celle de BAUDELOT et ESTABLET.

De facto, pour entreprendre une mesure du suicide, il faut considérer le fait social « suicide » comme une catégorie. Or, dans ce domaine deux logiques d'enregistrement coexistent :

- l'une est médicale, et le suicide y est l'une des catégories de « causes de décès », susceptible d'être codée, selon la nomenclature internationale de l'Organisation mondiale de la santé ;
- l'autre est juridique, et son principal cadre est l'article 81 du Code civil, stipulant que lorsqu'il y a des signes ou indices de mort violente, ou d'autres circonstances qui donnent lieu de le soupçonner, on ne peut procéder à l'inhumation qu'après qu'un officier de police, assisté d'un docteur en médecine, a dressé un procès-verbal de l'état du cadavre, accompagné des renseignements qu'il a pu recueillir sur les prénoms, nom, âge, profession, lieu de naissance et domicile de la personne décédée.

Dès lors, un certain nombre de questions s'imposent d'emblée lorsqu'on a dessein d'exploiter de telles sources de données : ces deux logiques *a priori* disjointes peuvent-elles converger vers une définition univoque du suicide ? Si oui, comment se combinent-elles ?

Il ne fait aucun doute que les deux logiques ont, si ce n'est des buts, tout au moins des enjeux bien dissemblables (par opposition à ce qu'écrivent Baudelot et Establet : « *Elles contraignent sociologues et statisticiens à proportionner leur propos aux dimensions de leur base de données ; qu'ils s'y résignent, l'objet dont ils traitent n'est rien d'autre que le suicide que médecins et policiers s'accordent à appeler ainsi* » (p. 53). En effet, la logique juridique inclut dans sa définition du suicide une clause de responsabilité. Elle ne se soucie en aucune manière de l'aspect physiologique du déroulement des faits, et porte plus volontiers sur la déresponsabilisation d'une institution telle que la prison ou l'hôpital, ou encore vise à éclaircir le terme d'un contrat en assurance ou lors de prêt notamment. La logique médicale a, quant à elle, une approche du suicide située à mi-chemin entre une définition symptomatologique ou pathologique et une définition insistant sur le traumatisme mortel lui-même.

Possibilité et pertinence d'une définition commune du suicide. Au-delà de ces deux logiques, il semble important de s'interroger sur la possibilité, voire sur la pertinence d'une définition commune du suicide. Si le sociologue est tenté de prendre pour argent comptant l'une ou l'autre des catégorisations, et donc, implicitement, leurs définitions, il n'est pas difficile d'entrevoir que la réalité d'un classement commun n'est qu'une abstraction. Dans la pratique, le déroulement de la procédure ne suit que très rarement son cours. La stricte application de l'article 81 du Code civil devrait amener *de jure* le judiciaire et le médical à se rencontrer sur le terrain lors d'un suicide. Or *de facto*, il est rare que le médecin, et souvent en toute bonne foi, observe les dispositions prévues par la loi. En effet, si le suicide entraîne dans la plupart des cas une intervention des forces de police ou de gendarmerie, la justice quant à elle n'interviendra jamais directement. Le suicide peut certes donner lieu à une investigation plus approfondie lorsque les causes de la mort apparaissent douteuses : il s'agit pour l'institution judiciaire de déterminer s'il s'agit réellement d'un suicide, ou d'un homicide dissimulé derrière les traits d'un suicide. Rappelons de manière anecdotique l'affaire Stavisky, qui, selon le titre des journaux, *« s'est suicidé d'une balle qu'on lui avait tiré dans la tempe »* ; il n'existe, contrairement à ce qui se passe pour la toxicomanie ou les accidents de la circulation, aucun service de la chancellerie chargé de l'appréciation juridique du suicide. De plus, la procédure et l'intervention de l'exécutif sont *de facto* différenciés, selon le lieu géographique de l'événement, selon que le traitement du suicide est effectué par la police (donc par une instance dépendant du ministère de l'Intérieur dressant des procès-verbaux de police) ou par la gendarmerie (donc par une instance dépendant du ministère de la Défense dressant des procès-verbaux de gendarmerie), selon que le lieu du décès est public ou privé, selon la présence et la nature (proches ou non de la victime) des témoins. Tout ceci n'est pas sans influence sur la procédure suivie lors d'un suicide. Inversement, il est à peu près clair qu'un médecin montrant un peu trop de diligence envers l'application de la loi se heurterait à la résistance de l'officier de police chargé du constat, estimant à la fois le décès comme non suspect et le parquet comme suffisamment encombré de dossiers par ailleurs.

L'enjeu de connaissance face aux intérêts. Ainsi, il existe au moins deux modes de production statistiques, parfois divergents, soumis à deux logiques tout aussi divergentes. Il y a fort à parier que la production de statistiques est empreinte d'enjeux situés en dehors du simple intérêt de la connaissance elle-même. En outre, cette production est soumise à d'autres éléments, liés à la fois à des processus sociaux et au lourd tabou qui pèse sur le suicide. Dès lors, il s'agit de faire de nécessité vertu, et pour le chercheur en sciences sociales de refréner des déductions hâtives de quelque mesure qu'il soit.

Félicité des NÉTUMIÈRES

bibliographie

BAUDELOT Christian, ESTABLET René, *Durkheim et le suicide*, PUF, 1990.

CHOKRANE Bertrand, *Analyse de la corrélation entre suicide et chômage en France de 1981 à 1992*, Mémoire de DEA de Sciences sociales (sous la dir. de C. BAUDELOT), EHESS-École normale supérieure (1995), « Le lien social », PUF (à paraître).

DURKHEIM Émile, *Le Suicide.* (1897), PUF, 1981.

MÉTAPHORE

du grec *metaphora* « transport », et depuis Aristote « changement, transposition de sens »

voir : LANGAGE, SIGNE, SYMBOLISME

La rhétorique classique définit la métaphore, figure de style, comme une comparaison abrégée (par exemple, le vers de Baudelaire « Entends la douce nuit qui marche » contient une double métaphore : « entendre la nuit » et « la nuit marche »). On définit aussi la métaphore comme un transfert de sens : un terme concret est alors pris pour un terme abstrait, et inversement (exemple chez Baudelaire : « cueillir des remords »).

ARISTOTE déjà, dans sa ***Poétique***, faisait, de la *métaphore* « le transport à une chose, d'un nom qui en désigne un autre ». Par exemple, transport ou du genre à l'espèce ou de l'espèce au genre ou de l'espèce à l'espèce. Il est évident que la tentation de la métaphore, comme celle de l'analogie, est à la fois heuristique et lourde de paralogismes en sociologie Ainsi en est-il des métaphores avec la science du vivant, avec la notion d'organisme, de fonction, etc. Le psychanalyste LACAN (***Écrits***, 1966) assimile métaphore et *condensation* freudienne (dans l'analyse que ce dernier fait du rêve), de même qu'il assimile métonymie et déplacement.

André AKOUN

bibliographie

LACAN Jacques, *Écrits*, Seuil, 1966.

RICŒUR Paul, *La Métaphore vive* (1975), « Points » Seuil, 1997.

*

* *

LES MÉTHODES EN SOCIOLOGIE

du grec *methodos*, formé de *meta* et de *hodos* « route, voie, direction qui mène au but »

voir : ÉPISTÉMOLOGIE, OBJET, OBJECTIVITÉ, SOCIOLOGIE

La question des méthodes en sociologie a souvent été simplifiée et réduite au conflit entre méthodes mathématiques et méthodes qualitatives. C'est là une façon caricaturale de poser le problème, et aujourd'hui on imagine mal un sociologue rejetant telles méthodes au profit exclusif de telles autres. Pourtant cette dualité conflictuelle dissimule un vrai problème, qui est celui de l'objet de la sociologie et donc de son traitement et du type de savoir attendu.

La question du sens à donner aux *méthodes* recouvre un dilemme épistémologique : la sociologie est-elle une science de même nature que les sciences exactes, et donc le sociologue peut-il espérer établir des lois, des relations causales ? Ou bien la sociologie est-elle un savoir d'un autre ordre parce que son objet est autre.

L'APPROCHE « SCIENTIFIQUE » DE DURKHEIM ET LA MÉTHODE « COMPRÉHENSIVE » DE WEBER. Le débat a été posé par DILTHEY. Il voulait distinguer entre la vocation des sciences physiques, qui est d'expliquer, c'est-à-dire établir des relations constantes entre les phénomènes, et les sciences humaines, qui ne sauraient dissoudre l'objet social dans le réseau des causes sans le perdre et qui, au lieu de l'expliquer, doivent le comprendre. Ainsi aurions-nous d'un côté DURKHEIM, édictant qu'« il faut traiter les faits sociaux comme des choses » et de l'autre WEBER, énonçant que les sciences de la culture doivent élucider des significations. On pourrait dire que cette opposition n'est qu'apparente. Weber fait de la compréhension de l'action des agents sociaux la fin de la recherche en sciences sociales. Mais qui contestera l'importance qu'il attribue à la démarche « objectiviste » et le rôle qu'aura joué la statistique dans la thèse sur « capitalisme et éthique protestante » ? Quant à Durkheim, dont la position épistémologique semble à l'opposé, son livre *Le Suicide*, se présente comme un travail où le souci d'une recherche de lois causales est revendiqué. Mais peut-on oublier son analyse de l'anomie, qui reste incompréhensible sans la prise en compte de la subjectivité de l'agent ? Cette convergence signifie que le sociologue, dans sa pratique, n'exclut aucune sorte d'approche, mais laisse entière la question de la nature du savoir sociologique.

SCIENCES DE LA NATURE, SCIENCES DE L'HOMME. Qu'il y ait différence, qui en douterait ? Mais cette différence résulte-t-elle simplement de la différence de complexité ? Dans les sciences de la nature, l'objet n'ayant pas d'histoire se prête donc à l'expérimentation et à l'établissement de lois, alors que, dans les sciences de l'homme, cet « objet », pris dans son historicité est singulier. Mais on peut aussi penser que la différence est d'un ordre plus radical et qu'elle doit être pensée tout autrement que conjoncturelle. Dans les sciences de l'homme, il s'agit de « sujets » ; tant du sujet qui tient le discours sociologique que du sujet social dont il fait l'objet de son discours. Objet et sujet sont dans un rapport d'intrication tel que le sujet, parlant de la société, ne peut faire oublier que, dans la société, il est autrement que comme un objet, un corps parmi d'autres corps, et que le discours tenu n'est pas à distance de son objet mais en fait partie.

Cette différence nous est mieux mesurable lorsque nous considérons le rapport que les différentes sciences entretiennent avec leur histoire ou leur généalogie. Les conditions d'apparition des sciences de la nature — leur généalogie et leur légitimation — sont extérieures au contenu de ces sciences. L'objet de la nature n'a pas en lui les raisons pour lesquelles un jour l'homme a décidé d'en faire l'étude. Il est posé comme étant là. Et la question de l'irruption de la science dans l'histoire des hommes est une question extérieure à la science de la nature. Les sciences de l'homme ne peuvent, quant à elles, échapper à l'exigence de rendre compte de leur propre genèse. La question de leur apparition est partie intégrante de ce qu'elles étudient. La problématique de la constitution de la sociologie fait partie de l'objet de la sociologie, et l'épistémologie de la sociologie implique, même non dite, une généalogie qui rende compte de la société où est advenue l'interrogation sociologique.

UNE TROISIÈME VOIE POUR LA SOCIOLOGIE ? Le discours du sociologue est-il semblable à celui du physicien ou bien n'est-il qu'un discours littéraire, une façon qu'aurait la société moderne de prendre conscience d'elle-même ? Ou faut-il qu'on imagine une troisième voie qui fasse du sociologue une subjectivité productrice d'un discours qui ne soit ni littéraire ni scientifique ? On peut souligner qu'il y a des savoirs qui ont leur rigueur et ne sont pas cependant des savoirs scientifiques au sens étroit du terme, mais en quoi cela infirmerait-il l'idéal de scientificité qui fut celui de Durkheim ? En fait, on ne peut répondre d'une façon qui satisfasse tous les sociologues, ce qui souligne la perpétuation d'une frontière interne à la discipline. Mais on peut chercher à réduire l'opposition. Lorsque l'anthropologue construit un diagramme du système de parenté dans une culture donnée, les corrélations qu'il établit peuvent se comparer à celles qu'un physicien établit lui-même à propos d'un processus physique. Mais il y aura sociologie seulement lors qu'est saisie la façon dont, dans cette culture, certains sujets aperçoivent d'autres sujets de leur génération comme leurs « parents » et qu'est comprise la structure personnelle et interpersonnelle et les rapports institutionnels qui rendent signifiants les diagrammes. Ainsi s'unissent la nécessité « objective » du diagramme et son insertion dans un autre lieu que celui des « lois ».

Concluons sur l'impossibilité de conclure. KANT disait : *« sans l'intuition le concept est vide ; sans le concept l'intuition est aveugle »*. Pastichons et disons que sans le traitement empirique rigoureux des données, la sociologie n'est qu'une spéculation vide et que sans une interrogation sur le sens du fait social, la sociologie n'est plus qu'une activité comptable aveugle.

André AKOUN

bibliographie

ANSART Pierre, *Les Sociologies contemporaines*, Seuil, 1990.

BOUDON Raymond, *La Logique du social*, Hachette, 1983.

SCHÜTZ Alfred, *Le Chercheur et le quotidien* (1971), Klincksieck, 1987.

SIMMEL Georg, *Sociologie et épistémologie* (1917), PUF, 1981.

WEBER Max, *Essais sur la théorie de la science* (1922), Plon, 1965.

MÉTIER

issu du latin *ministerium* « fonction de serviteur ; service, fonction » (en passant par le latin populaire *misterium*). Au cours du XIIe s. *mestier* est appliqué à l'exercice d'une profession

all. HANDWERK, BERUF	esp. OFICIO
angl. CRAFT	ital. MESTIERE

voir : ARTISANAT, PROFESSION

Notion de sens commun évoquant le contenu d'un travail peu réglementé, de nature plutôt manuelle ou mécanique, mais pas nécessairement (cf. les Chambres artisanales de métiers ou le « répertoire opérationnel des métiers » utilisé par l'Agence nationale pour l'emploi), ainsi que les savoirs et les savoir-faire qu'il entraîne. Ce mot, qui connaît de nombreuses acceptions, est à utiliser avec précaution. En sociologie, on lui préférera, selon le contexte, des termes tels que profession, carrière, fonction, rôle, voire pratique, auxquels sont octroyées des significations plus précises.

François GRESLE

MÉTISSAGE

de *métis*, du bas latin *mixticius*, latin classique *mixtus* « mélangé »

all. MISCHUNG	esp. MESTIZAJE
angl. INTERBREEDING	ital. INCROCIO (di razze)

voir : CULTURE, ETHNIE, MARIAGE

Mélange et croisement des cultures et des populations différentes.

Si ce terme apparaît pour la première fois en espagnol et en portugais dans le contexte de la colonisation (ainsi que les mots *mulâtre*, *créole*, *sang mêlé*), la notion se forme dans le champ de la biologie pour désigner les croisements génétiques et la production de phénotypes, c'est-à-dire de phénomènes physiques et chromatiques (couleur de peau) qui serviront de supports à la stigmatisation et à l'exclusion.

Du concept biologique au discours social. La première question posée par le *métissage* est celle de l'extension de cette notion à l'extérieur de la discipline (la biologie) dans laquelle elle s'est constituée. Si elle semble être acceptée par la linguistique (les langues créoles) et l'étude des religions, elle fait une entrée beaucoup plus timide dans le champ anthropologique (les croisements culturels), paraît hésiter dans celui de l'art (pour désigner par exemple le baroque) et devient problématique et pour certains même inacceptable dans le domaine de l'épistémologie. Pour montrer non seulement la légitimité et la pertinence de cette notion dans des champs extrêmement diversifiés et même tenter de la transformer en concept (LAPLANTINE et NOUSS, 1997), il convient de comprendre d'abord que le métissage n'est jamais seulement biologique. Toujours pris dans le social, il n'existe que par rapport aux discours tenus sur la notion même — qui oscillent entre le rejet pur et simple et la revendication — et face aux valeurs hégémoniques dominantes d'identité, de stabilité et d'antériorité.

Le refus du métissage. Le métissage a toujours existé sur fond d'antimétissage (comme le voyage et la découverte du multiple sur fond de sédentarité et d'évaluation à partir du même) c'est-à-dire sur un fond procédant d'une pensée qui privilégie l'ordre et l'origine. Les qualificatifs de *mulâtre, métis, créole, sang mêlé, mixte, hybride* ont été initialement forgés pour fustiger une tare due en ce qui concerne les mulâtres, à l'infériorité congénitale de l'ascendance africaine et, en ce qui concerne les métis, aux effets néfastes du climat américain. Le terme *mulatro* a, dès son origine (au début du XVIe siècle), une connotation péjorative. Dérivant de *mulet*, il désigne les descendants des Blancs et des Noirs. Quant au terme *mestiço* (ceux qui sont issus de l'union de Blancs et d'Indiens), il a une connotation de dégénérescence. La plupart des sociétés sont fondées sur le refus du métissage.

Le multiculturalisme aux États-Unis et au Canada. Elles entretiennent la formation et la reproduction de groupes séparés, tels qu'on peut les observer aujourd'hui notamment aux États-Unis et au Canada dans le phénomène de *multiculturalisme*. Cela ne signifie pas pour autant que le métissage soit absent de ces sociétés, mais il est refusé par le groupe dominant et aussi par les groupes dominés, qui le considèrent moins comme un modèle que comme une exception et dans bien des cas comme une aberration.

L'Amérique latine : sociétés composites et échelles de couleurs. Il convient de rappeler enfin que même dans les Amériques qualifiées de *métisses*, ces sociétés non pas *ataviques* mais *composites* (GLISSANT, 1996), formées dans le système raciste et paternaliste des plantations à partir de la rencontre des maîtres européens et des esclaves africains, les Blancs ont massivement refusé au cours de l'histoire la composante noire de la société. Il ont entretenu une obsession chromatique, une véritable phobie de la couleur noire, qui a donné lieu à la construction de nombreuses échelles de couleurs dont plusieurs comportent plusieurs dizaines de graduations allant du blanc le plus clair au noir le plus foncé. L'Amérique latine produit, réprime et valorise le métissage moins simultanément qu'alternativement, selon les circonstances auxquelles les individus et les groupes sociaux sont confrontés. Le métis a été le bouc émissaire des intellectuels brésiliens du XIXe siècle, et le métissage fut considéré comme responsable de tous les maux. *Métis* est alors synonyme d'*indolent, indiscipliné, imprévisible*, alors que le métissage est tenu pour responsable du retard culturel de la société. Cette perception trouve sa justification dans la pensée de GOBINEAU (théorie de la dégénérescence), mais aussi dans l'évolutionnisme de COMTE et l'idéologie du « blanchissement de la race », défendue au début par un des précurseurs de la sociologie brésilienne, ROMERO.

« Miscégénation » et « tropicalisme » chez Freyre. La publication de l'ouvrage de FREYRE, *Casa grande e senzala*, en 1933, représente incontestablement un tournant majeur dans la conception théorique du métissage. Freyre forge le concept de *miscégénation* pour rendre compte de la croissance d'un peuple nouveau forgé par la rencontre culturelle, mais aussi et d'abord sexuelle, des Indiens, des Africains et des Portugais. Il estime que la colonisation portugaise a été une « splendide aventure de dissolution », les conquérants lusitaniens se perdant et se fondant dans les autres cultures. De méprisé, le métissage devient orgueil d'être brésilien. Ce qui était dévalorisé à l'extrême se voit transformé en symbole national. Le fondateur de la sociologie brésilienne, qui n'a cessé de rappeler ce qu'il doit à BOAS, crée aussi le concept de *tropicalisme* (ou *lusotropicalisme*), qui est l'inverse du *différentialisme ethnique*, une pensée qui cependant n'est pas étrangère au Brésil de cette époque, où l'on se préoccupe en particulier de l'intégration des minorités, allemandes notamment. Le Brésil métis est considéré par Freyre comme le « Brésil basique, essentiel, populaire », le Brésil dans la « multiplicité des formes », qui est « combinaison, fusion, mélange ».

La transculturalité chez Ortiz. L'ethnologue et musicologue cubain ORTIZ peut être considéré avec FREYRE et, avant BASTIDE, comme l'un des tout premiers théoriciens du métissage. Dans un livre publié en 1940, il introduit le concept de *transculturalité* dans la pensée anthropologique. MALINOWSKI, dans une préface très enthousiaste à cet ouvrage, résume ainsi les idées d'Ortiz sur la transculturalité : *« C'est un processus dans lequel on donne toujours quelque chose en échange de ce que l'on reçoit. C'est un processus dans lequel les deux parties de l'équation sortent modifiées. Un processus dans lequel émerge une nouvelle réalité, composite et complexe, une réalité qui n'est ni l'agglomération mécanique de caractères, ni une mosaïque, mais un phénomène nouveau, original et indépendant. »*

L'expression « melting-pot ». Il convient de rappeler enfin l'existence d'une notion populaire très proche de la transculturalité. C'est l'expression de *melting-pot*, qui provient du titre d'une pièce de théâtre d'Israël ZANGWILL, représentée pour la première fois en 1908 à Washington et dédiée au président des États-Unis Théodore ROOSEVELT. Dans *Melting-Pot*, David, survivant du pogrom de Kichinev, rencontre la belle Véra, slave, orthodoxe et fille du bourreau de David. Dans le « creuset » de cette union, les différences vont se mélanger jusqu'à fusionner, toutes les populations de la terre se réconcilient pour ne faire qu'une seule nation. Il n'y a plus que des Américains. Remarquons ici que le mythe de *Melting-Pot* n'est pas sans rappeler la légende d'*Iracéma*, forgée au Brésil en 1857 par José de ALENCAR : de l'union d'un Portugais et d'une Indienne est née Iracéma — anagramme de *América* —, qui n'est pas seulement portugaise ni seulement indienne, mais symbole de la nation brésilienne dans ce qu'elle a d'universel.

Le métissage comme troisième voie. Les catégories de miscégénation (Freyre, 1974), de transculturalité (Ortiz, 1991 ; Bastide, 1970), de *melting-pot* (Zangwill, 1975), de mixité, d'hybride (CANCLINI, 1992), ou encore d'assemblage, de bricolage (LÉVI-STRAUSS, 1962), de composite (Glissant, 1996), demeurent néanmoins non seulement insuffisantes, mais inadéquates pour rendre compte du métissage, car elles supposent encore l'existence d'éléments ontologiquement et historiquement premiers qui se seraient accessoirement rencontrés pour produire du dérivé. On postule, à travers ces différentes catégories, l'existence de deux individus originellement « purs », ou, plus généralement, d'un état initial — racial, social, culturel, linguistique — d'un ensemble homogène, qui à un certain moment aurait rencontré un autre ensemble, donnant ainsi naissance à un phénomène « impur » ou « hétérogène ». Or le métissage contredit précisément la polarité *homogène / hétérogène*. Il s'offre comme une troisième voie entre la fusion totalisante de l'homogène et la fragmentation différencialiste de l'hétérogène. Le métissage est une composition dont les composantes gardent leur intégrité. Non seulement les individus ne s'appréhendent plus eux-mêmes à partir d'une matrice culturelle exclusive (qui serait européenne, africaine, malgache ou tamoule à la Réunion, portugaise, africaine, indienne au Brésil) ni ne forment des groupes *métis* séparés (comme en Inde pour les descendants des Anglais et des Hindous, ou en Afrique du Sud), mais ne se reconnaissent pas non plus dans une totalité différenciée (dans les années 30 au Brésil, l'*Estado novo* de VARGAS, crée, avec la samba, le paradigme d'une « pureté métisse » hégémonique, patriotique et défensive).

Le métissage — qui suppose la reconnaissance de l'autre en chacun de nous ainsi que l'acceptation de la pluralité, non comme fragilité provisoire mais comme valeur constituante — survient en particulier dans des sociétés comme le Brésil, les Caraïbes, l'île Maurice et l'île de la Réunion lorsque le flux des imbrications est tel qu'il devient vain de se demander à quel fleuve principal appartiennent les différents affluents, car la culture vers laquelle on va l'emporte sur la culture dont on vient.

François LAPLANTINE

bibliographie

ALANCAR José de, *Iracéma*, Aix, Alinea / Unesco, 1985.

BASTIDE Roger, *Le Prochain et le lointain*, Cujas, 1970.

BENOIST Jacques, *Les Martiniquais. Anthropologie d'une population métissée*, 1963.

BONNIOL Jean-Luc, *La Couleur comme maléfice*, Albin Michel, 1992.

CANCLINI Nestor Garcià, *Culturas hibridas*, Buenos Aires, Sudamerica, 1992.

FREYRE Gilberto, *Maîtres et esclaves*, Gallimard, 1974.

GLISSANT Édouard, *Introduction à une poétique du divers*, Gallimard, 1996.

LAPLANTINE François, NOUSS Alexis, *Le Métissage*, « Dominos », Flammarion, 1997.

LÉVI-STRAUSS Claude, *La Pensée sauvage*, Plon, 1962.

ORTIZ Fernando, *Contrapunteo cubano del tabaco y el azucar*, La Havana, Editorial de ciencias sociales, 1991.

ZANGWILL Israël, *The Melting-Pot*, New York, Arno Press, 1975.

MÉTROPOLE

du grec *métropolis* « ville-mère, ville qui a fondé d'autres villes, ville principale ou capitale »

voir : COLONIE, SOCIOLOGIE URBAINE, VILLE

Le terme métropole, qui désigne une capitale religieuse (où siège le métropolite), puis l'État dont dépend une colonie, s'applique actuellement aux très grandes villes.

1 GÉOGRAPHIE. Un premier usage, géographique et administratif, fait de la capitale politique une *métropole* : sa domination économique, sociale, son rayonnement culturel s'exercent alors sur un vaste territoire.

2 Mais ce terme est l'un de ceux que les sciences sociales utilisent pour marquer le caractère radicalement nouveau des grandes agglomérations du XXe siècle.

Les géographes montrent la nouveauté de l'organisation spatiale des agglomérations (avec la « mégalopolis », introduite par GOTTMANN en 1961), puis l'importance des effets urbains de la mondialisation (avec les « villes globales » de SASSEN en 1996).

3 **SOCIOLOGIE.** En sociologie, SIMMEL voit dans la métropole, centre de l'économie monétaire et de la plus haute division du travail, le lieu du processus d'intellectualisation de la vie individuelle et de la culture, de l'affirmation de la liberté personnelle et du cosmopolitisme. La modernité se concentre dans la métropole. Cette thématique a fortement influencé l'École de Chicago et revient aujourd'hui au centre des préoccupations de la sociologie urbaine.

Alain BOURDIN

bibliographie

GRAFMEYER Yves, JOSEPH Isaac, *L'École de Chicago. Naissance de l'écologie urbaine*, Champ urbain, 1979.

RÉMY Jean, *La Ville et l'urbanisation : modalités d'analyse sociologique*, Duculot, 1974.

SASSEN Saskia, *La Ville globale : New York, Londres, Tokyo*, Descartes et Cie, 1996.

MICROSOCIOLOGIE ⇒ MACROSOCIOLOGIE

MIGRATION(S)

du latin *migrare* « s'en aller d'un lieu, changer de résidence »

all. WANDERUNG, MIGRATION	esp. MIGRACIÓN
angl. MIGRATION	ital. MIGRAZIONE

voir : DÉVELOPPEMENT, ÉTAT, ÉTRANGER, NATION

« La *migration* est un déplacement de la population avec changement de résidence, d'une unité géographique à une autre [...] d'un espace de vie à un autre » (SIMON, 1995). *Définition qui exclut de ce champ de recherche sociologique les migrations pendulaires quotidiennes et le tourisme.*

Les *migrations* sont définies selon divers critères :

- 1 les espaces parcourus : les migrations intérieures et internationales se sont progressivement distinguées avec la montée en puissance des États-nations. Les *espaces migratoires* se sont étendus (QUIMINAL, 1991 ; TARRIUS, 1992) : *diasporas* et *réseaux* transnationaux relaient les regroupements de migrants *(colonies)* ;
- 2 les durées : saisonnières, durables, définitives, elles renvoient à des réalités économiques, sociologiques ou démographiques (migrations de travail, avec retour occasionnel ou définitif au pays, migrations de peuplement) ;
- 3 les causes : guerres, sous-emploi, recherche de qualification... On distingue habituellement les migrations subies (par exemple, les réfugiés) des migrations volontaires (par exemple, l'exode des cerveaux), les migrations spontanées des migrations organisées. L'évolution des courants migratoires renvoie aux relations globales entre États-nations ou régions à des stades différents de développement, aux rapports historiques entre métropoles et anciennes colonies, aux effets des législations nationales et supranationales (construction européenne, droit d'asile...).

Maryse TRIPIER

bibliographie

QUIMINAL Catherine, *Gens d'ici, gens d'ailleurs*, Bourgois, 1991.

SIMON Gildas, *Géodynamique des migrations internationales dans le monde*, PUF, 1995.

TARRIUS Alain, *Les Fourmis d'Europe*, L'Harmattan, 1992.

MILIEU

voir : ENVIRONNEMENT, SYSTÉMISME

Ensemble des conditions extérieures, naturelles ou sociales, dans lequel se déploie l'action d'une personne ou d'un groupe.

Ce terme, qui désigne l'environnement d'un sujet individuel ou collectif, n'acquiert de précision qu'après désignation des caractéristiques choisies et étudiées : milieu économique local ou international, politique, culturel. Dans une perspective systémique, l'attention se portera sur l'étude des relations dynamiques entre le sujet et les différents éléments de son environnement.

Pierre ANSART

MILITANT, MILITANTISME

du latin *militare* « être soldat, faire son service militaire » ; le terme est employé, à partir de la fin du XVIIe s., pour qualifier celui qui se bat pour ou contre une cause en s'efforçant de rallier autrui à ses convictions

all. STREITER, AKTIVIST, MILITANTER, MILITANZ	esp. MILITANTE, MILITANTISMO
angl. MILITANT, MILITANTISM	ital. MILITANTE, MILITANTISMO

voir : ACTION COLLECTIVE, ASSOCIATION, INTELLECTUEL, MOUVEMENT SOCIAL, PARTI, SYNDICAT

Dans un parti, un syndicat ou une association, le terme désigne un membre actif (opposé à sympathisant *et* simple adhérent*) mais son emploi n'implique pas forcément l'exercice d'une responsabilité dans la hiérarchie du groupement (on parlera ainsi des* militants de base*).*

Cette catégorie du langage commun a été longtemps utilisée ainsi dans les sciences sociales : dans des témoignages autobiographiques (LINHART, 1978), mais aussi dans les travaux historiographiques (MAITRON, 1964), ainsi que dans des enquêtes sociographiques, tant par les politologues que les sociologues du travail qui ont étudié, notamment sous les critères de sexe, d'éducation et de milieu social, les membres, les dirigeants ou les élus des partis et des syndicats. Si l'on excepte quelques rares travaux, comme ceux de MOTHÉ (1973), qui distingue trois figures : le tribun, le doctrinaire, l'administratif, ou encore les réflexions sur la catégorie française d'intellectuel, la question du *militantisme* n'a été souvent qu'un sous-produit des travaux sur l'action collective. La théorie des nouveaux mouvements sociaux (TOURAINE, WIEVIORKA, MELUCCI) privilégie une approche historiciste en termes d'acteurs collectifs. Du côté de l'individualisme méthodologique, à partir des travaux fondateurs d'OLSON et des analyses en termes de rétributions socioprofessionnelles et symboliques du militantisme, les développements de l'analyse stratégique et de la théorie anglo-saxonne de la mobilisation des ressources (OBERSCHALL, TILLY) ont surtout mis l'accent sur les configurations d'action, dans une perpective principalement politiste. Peu d'auteurs (MACADAM) ont abordé de front la question sociologique des pratiques militantes.

Par ce biais pourtant, la perpective tend à substituer à la question du militantisme celle de l'engagement *(commitment)* et du sens de ce dernier. Ainsi, en France, l'analyse, longtemps limitée au militantisme ouvrier politicosyndical, s'est peu à peu élargie à celle de l'engagement associatif sous toutes ses formes (familial, culturel, caritatif, etc.), d'autant qu'à côté d'un militantisme axé vers le progrès social semble aujourd'hui se constituer un militantisme orienté vers la prévention des risques (humanitaire ou écologique). Se trouvent alors posées, outre la question du rôle des influences familiales et des mouvements de jeunesse dans l'essor de l'activité militante, celle du lien entre engagement et identité personnelle et celle des rapports de l'engagement avec la constitution des identités collectives dans l'espace public. De même, l'interrogation sur le fonctionnement des groupements où s'exerçait traditionnellement l'activité militante permet de penser aujourd'hui des engagements à distance comme des engagements personnels à visée publique, sans support organisationnel.

Jacques ION

bibliographie

BARTHÉLÉMY Martine, « Les Associations dans la société française : un état des lieux », in *Les Cahiers du CEVIPOF*, n° 10, juin 1994.

BIRNBAUM Pierre, LECA Jean (sous la dir. de), *Sur l'individualisme*, Presses de la FNSP, 1990.

CHAZEL François (éd.), *Action collective et mouvements sociaux*, PUF, 1993.

DURIEZ Bruno, « Le Militantisme, un objet d'analyse ? », in *Les Dossiers de l'ADRAC*, n° 57, juillet 1989.

FILLIEULE Olivier (éd.), *Sociologie de la protestation. Les formes de l'action collective dans la France contemporaine*, L'Harmattan, 1993.

ION Jacques, PÉRONI Michel (sous la dir. de), *Engagement public et exposition de la personne*, La Tour d'Aigues, Éd. de l'Aube, 1997.

LINHART Robert, *L'Établi*, Éd. de Minuit, 1981.

MACADAM Doug, PAULSEN Robert, « Specifying the Relationship Between Social Ties and Activism », in *American Journal of Sociology*, vol. 99, 3, 1993, pp. 640 à 667.

MAITRON Jean, *Dictionnaire biographique du mouvement ouvrier français*, Éditions ouvrières, 1964.

MOTHÉ Daniel, *Le Métier de militant*, Seuil, 1973.

NEVEU Erik, *Sociologie des mouvements sociaux*, La Découverte, 1997.

PERRINEAU Pascal (sous la dir. de), *L'Engagement politique. Déclin ou mutation ?*, Presses de la FNSP, 1994.

POUJOL Geneviève, *Des élites pour la société de demain ?*, Toulouse, Érès, 1996.

*

* *

MILITARISME

emprunté au latin *militaris* « qui concerne le soldat, l'armée » ; le mot est employé à partir de 1815

all. MILITARISMUS	esp. MILITARISMO
angl. MILITARISM	ital. MILITARISMO

voir : DÉMOCRATIE, ÉTAT, FÉODALISME, GUERRE, SAINT-SIMONISME, VIOLENCE

Tout système politique fondé sur des valeurs guerrières ou militaires, que l'armée participe, directement ou non, au fonctionnement de la vie politique.

Partant de l'hypothèse que la guerre — qui a joué un rôle fondamental dans la genèse des premières sociétés — entrave désormais leur libre développement, des sociologues « classiques » comme SAINT-SIMON et SPENCER ont espéré que l'avènement d'un nouvel âge social, fondé sur le commerce et l'industrie, favoriserait la paix entre les peuples et entraînerait le dépérissement du militarisme. De telles vues ne sont plus de mise aujourd'hui. Le XXe siècle a montré que guerre et industrie pouvaient prospérer de concert, dans les démocraties pluralistes comme dans les régimes autoritaires ou totalitaires. Reste d'actualité le problème des rapports entre politiques, civils et militaires dans les démocraties libérales, marqués par le cantonnement des militaires dans leur fonction spécifique et par le passage inéluctable de l'armée de masse à l'armée professionnelle.

François GRESLE

bibliographie

BERGHAHN Volker, *Militarism : The History of an International Debate, 1861-1979*, New York, St Martin's Press, 1982.

HUNTINGTON Samuel, *The Soldier and the State : The Theory and Politics of Civil-Military Relations* (1957), New York, Vintage Books, 1964.

JANOWITZ Morris, *The Professional Soldier : A Social and Political Portrait*, Glencoe (Illinois), Free Press, 1960.

VAGTS Alfred, *A History of Militarism. Civilian and Military* (1937), New York, Meridian Books, 1959.

MILLÉNARISME ⇒ MESSIANISME

MIMÉTISME

du grec *mîmos* « acteur, bouffon, mime »

voir : IMITATION, MODE

En sociologie, la notion de mimétisme *désigne l'imitation volontaire ou inconsciente des modèles auxquels on cherche à s'identifier. Elle permet l'adaptation aux normes du groupe.*

1 La psychanalyse préfère les termes d'*intériorisation* ou d'*introjection* pour définir les processus inconscients par lesquels l'identité se construit dans les processus relationnels qui lui permettent d'intégrer normes et rôles.

2 GIRARD fait de la *mimesis* une notion centrale. Il explique la violence endémique dans toute société par le fait que les hommes qui vivent ensemble se haïssent ; ils le font parce qu'ils sont portés par un désir mimétique qui les pousse à vouloir s'imiter les uns les autres, à désirer ce que l'autre désire et, ainsi, à entrer dans une compétition sans fin. Pour réduire les tensions, les sociétés primitives choisissaient une victime émissaire sur laquelle était concentrée toute la violence collective et qui était ensuite mise à mort. C'est le sens de l'institution du « bouc émissaire », victime animale de substitution.

3 En sociologie animale, on dit qu'il y a *mimétisme* lorsqu'une espèce animale inoffensive imite la forme, la couleur ou l'allure d'une espèce naturellement défendue par son venin, sa mauvaise odeur ou tout autre moyen susceptible d'éloigner les prédateurs. Il ne s'agit pas d'espèces voisines, mais d'animaux qui n'ont rien de comparable au point de vue zoologique, sinon leur coloration extérieure.

André AKOUN

bibliographie

GIRARD René, *La Violence et le sacré*, Grasset, 1972.
WARD Peter, *Le Mimétisme animal*, Atlas, 1980.

MINORITÉ ET GROUPES MINORITAIRES

du latin *minor* (comparatif de *parvus* « petit ») « plus petit, moindre »

all. MINORITÄT	esp. MINORÍA
angl. MINORITY	ital. MINORANZA

voir : ACTION COLLECTIVE, ASSIMILATION, CONFLIT, INTÉGRATION, RELATIONS INTERETHNIQUES

Sous-groupe distingué du groupe majoritaire selon des critères divers (culturels, religieux, politiques et / ou ethniques) et entretenant avec le groupe dominant des relations diverses, de la neutralité au conflit.

1 Au sens le plus formel du terme, l'opposition *minorité / majorité* désigne une situation caractérisée par une disparité numérique : ainsi, un suffrage conduit à distinguer une majorité provisoire et une minorité.

2 **ANTHROPOLOGIE ET HISTOIRE.** Cependant, l'anthropologie et l'histoire usent du terme de « minorité » en un tout autre sens, où le nombre n'est pas l'essentiel mais où importent la distribution des pouvoirs et le traitement inégalitaire des statuts. En ce sens, ce terme n'est pas statistique mais sociologique ; il répond à des critères de différenciation variable. L'anthropologie et l'histoire fournissent ainsi de multiples exemples de situations où des minorités ont été définies selon des critères ethniques ou religieux et généralement exclues des pouvoirs politiques : dans l'Égypte ancienne, en Grèce et dans la Rome antiques.

3 **SOCIOLOGIE.** Plus que le terme de minorité, la sociologie retient celui de « groupe minoritaire » pour désigner tout sous-groupe placé dans une situation politique, sociale ou politique telle qu'il se considère comme exclu de certaines possibilités ou certains avantages, et le plus souvent en situation de résistance ou de tension contre la majorité.

Le processus de ségrégation. Les processus qui ont entraîné ou reproduisent la situation de ségrégation sont éminemment variables : historiques et économiques dans le cas des Amérindiens, spoliés de leur territoire historique aux États-Unis ; religieux dans le cas des protestants du XVIe siècle en France ; historiques et ethniques dans le cas des Noirs aux États-Unis ou des nombreuses minorités en Chine ; nationales dans le cas des immigrés en Europe. Une distinction essentielle doit être faite entre les ethnies territorialement attachées à leur sol (les Kurdes en Turquie, Iran et Irak), et, d'autre part, les diasporas, où les minorités ont émigré dans plusieurs nations et y occupent des situations diverses : Libanais ou Arméniens dans les pays occidentaux, Chinois dans les pays asiatiques.

Situation des groupes minoritaires. La situation et les possibilités d'action des groupes minoritaires dépendent, en premier lieu, du régime sociopolitique du pays où ils se trouvent. Les systèmes totalitaires ont cherché à exclure ou à contenir dans des cadres contraignants leurs minorités. Les régimes démocratiques, selon des législations diverses, offrent des conditions politiques et sociales plus tolérantes aux diversités sociales. On peut, à grands traits, différencier trois modèles vers lesquels tendent les démocraties contemporaines :

- le premier, *libéral*, met l'accent sur le droit individuel,
- le deuxième privilégie le *multiculturalisme*,
- le troisième enfin met en avant l'unité culturelle et le *communautarisme*.

Ces modèles différents, quels qu'ils soient, mettent en présence des groupes aux frontières incertaines et engagés dans les concurrences sociales, économiques et politiques.

DEUX AXES D'ÉTUDES SOCIOLOGIQUES. La sociologie est ainsi amenée à majorer deux problèmes : elle est amenée à étudier les relations entre ces minorités et les relations de tension ou de conflit entre minorités et majorités, d'une part ; d'autre part, elle s'interroge sur la formation des groupes minoritaires en groupes visibles et agissants.

[1] Le déroulement des tensions entre minorité et majorité offre à la sociologie un champ d'étude considérable. Retenons ici l'importance et les significations des conflits symboliques en situation démocratique, où le recours à la violence physique ne constitue pas l'arme principale sinon à titre de menace. Les conflits symboliques requièrent des moyens matériels. Ainsi, il s'agit bien d'obtenir et de conserver des instruments de diffusion (journaux, médias audiovisuels) et les moyens financiers de leur fonctionnement. Il s'agit, d'autre part, de construire des modes de raisonnement, des systèmes de représentations légitimant les revendications des droits particuliers. Ces représentations légitimantes ont des fonctions nombreuses : elles renforcent l'unité du groupe, confirment l'autorité des porte-parole, visent à la transformation plus ou moins profonde de la situation du groupe. La majorité, à travers ses organes d'expression ou ses institutions juridiques, peut réagir soit en intégrant ces revendications aux appareils institutionnels, soit en les refusant, soit encore en affirmant sa reconnaissance des revendications et en ne les réalisant que formellement.

[2] La transformation des groupes minoritaires en groupes visibles et agissants montre combien le critère du nombre est loin de constituer le critère essentiel de cette mutation. Cette question renvoie au problème plus général de l'action collective et des processus de mobilisation. En règle générale, l'identité des pratiques culturelles différentielles (une religion particulière, des mœurs partagés) constitue le facteur favorable, mais souvent insuffisant à la transformation d'une minorité en minorité active. Un

point important est celui de l'émergence de leaders d'opinion qui redéfinissent l'identité du groupe dans le sens de son affirmation et formulent des objectifs à l'action commune.

Pierre ANSART

bibliographie

BADIE Bertrand, JAFFRELOT Christophe (sous la dir. de), *État et communautarisme*, L'Harmattan, 1994.

GEORGES Pierre, *Géopolitique des minorités*, PUF, 1984.

HERNTON Calvin C., *Sexe et racisme aux États-Unis*, Stock, 1967.

MANN Patrice, *L'Action collective : mobilisation et organisation des minorités actives*, Armand Colin, 1991.

MOSCOVICI Serge, *Psychologie des minorités actives*, PUF, 1996.

PLANHOL Xavier de, *Minorités en Islam ; géographie politique et sociale*, Flammarion, 1997.

SANGUIN André Louis (sous la dir. de), *Les Minorités ethniques en Europe*, L'Harmattan, 1993.

TOWSEND Peter, *The Social Minority*, Londres, Lane, 1973.

MISCÉGÉNATION ⇒ MÉTISSAGE

MIXITÉ

du latin *mixtus*, participe passé de *miscere* « mélanger »

all. MISCHUNG, KOEDUKATION	esp. MIXTO
angl. COEDUCATION	ital. SCUOLA MISTA

voir : ÉDUCATION, GENRE

Caractère de ce qui est mixte, formé d'éléments de nature différentes. La mixité désigne, en sociologie, des situations de coexistence entre individus dotés de caractéristiques sociales différentes : on parle de mariage mixte (quant à l'origine nationale ou religieuse), d'école mixte (quant au sexe).

Le terme de *mixité* est surtout utilisé en pédagogie pour désigner l'enseignement en commun des filles et des garçons. Il est passé dans l'usage courant contre le mot *coéducation*, terme utilisé en anglais et plus souvent associé à un projet pédagogique concernant la cohabitation entre les sexes dans un espace social.

Le refus d'éduquer ensemble les filles et les garçons — dans les mêmes lieux, avec les mêmes programmes et les mêmes enseignants — se fondait sur le principe de séparation des rôles et des statuts des femmes et des hommes, tout autant que sur la peur de la promiscuité sexuelle. Avec l'accès des femmes à la pleine citoyenneté grâce au droit de vote et la construction européenne, l'égalité entre hommes et femmes devient progressivement le principe dominant, et la mixité scolaire est obligatoire dans les établissements publics (1976). On constate toutefois la persistance de fortes disparités d'accès, voire des phénomènes de ségrégation : la féminisation de certains secteurs va de pair avec les difficultés d'accès à certaines filières scolaires ou professionnelles.

La mixité n'est synonyme ni de l'égalité — qui est de l'ordre de la comparaison des droits et des situations — ni de la parité, qui renvoie à l'affirmation d'une dualité fondamentale des sexes dans l'espace social. Plus souvent étudiée en psychologie du point de vue des relations intergroupes, la situation de mixité fait encore l'objet de peu de recherches en sociologie. L'observation de la vie scolaire, surtout développée dans les travaux anglo-saxons, laisse ouverte la question des effets sociaux de la mixité : ébranlement ou reproduction, voire renforcement, des rapports hiérarchiques entre hommes et femmes et des stéréotypes de genre ?

Claude ZAIDMAN

bibliographie

BAUDOUX Claudine, ZAIDMAN Claude (sous la dir. de), *Égalité entre les sexes. Mixité et démocratie*, L'Harmattan, 1992.

BREUSE Édouard, *La Coéducation dans les écoles mixtes*, PUF, 1970.

DELAMON Sara, *Sex Roles and the School*, Londres, Methuen, 1990.

MOSCONI Nicole, *La Mixité dans l'enseignement secondaire : un faux-semblant ?*, PUF, 1989.

ZAIDMAN Claude, *La Mixité à l'école primaire*, L'Harmattan, 1996.

MOBILISATION ET DÉMOBILISATION

du latin *mobilis* « qui peut bouger, être déplacé »

all. MOBILISIERUNG	esp. MOVILIZACIÓN
angl. MOBILIZATION	ital. MOBILITAZIÓNE

voir : MOUVEMENT SOCIAL, MUTATION

Le terme de mobilisation *appartient originellement au langage militaire. Mobiliser (lat.* mobilis*), consiste à faire passer un corps sédentaire au service actif de guerre.*

Pour de nombreux penseurs socialistes allemands de la fin du XIXe et du début du XXe siècle, l'organisation de l'armée en guerre *(die Mobilmachung)* constitue un modèle de référence pour la mise en œuvre des luttes politiques. Si, entre les mains des faibles, l'organisation est une arme contre les forts, celle-ci « doit se conformer aux lois de la tactique » en exigeant « avant tout la facilité de la mobilisation » (MICHELS, 1913, p. 39). Simmel insiste sur l'indispensable « rassemblement des esprits et des forces » *(sich zusammen nehmen)* pour mener à bien un conflit. Avec la conversion des ressources humaines en ressources coercitives, la gestion unifiée du collectif peut s'opérer dans un espace élargi tout en garantissant une certaine rapidité d'exécution. Rendues disponibles pour une action collective, de telles ressources nécessitent toutefois d'être placées sous le contrôle d'une autorité acceptée (ETZIONI).

Les théoriciens de la mobilisation des ressources, et tout particulièrement OBERSCHALL, ont montré le rôle que jouait la structure sociale sur les conditions de recrutement des individus. En s'intéressant autant — sinon plus — au *processus* qu'au *niveau* de mobilisation, ils ont également eu le mérite de faire ressortir les obstacles inhérents à l'entrée dans l'action collective. Reprenant et parfois élargissant le paradoxe d'OLSON, ces auteurs occultent cependant tout ce que l'engagement des acteurs doit aux symboles d'identification et aux modèles de référence (NETTL). Or la logique de l'intérêt n'explique pas tout. Le succès d'une mobilisation dépend pour une large part de la capacité qu'ont les leaders de réactiver d'anciennes loyautés ou d'en créer de nouvelles — processus qui fait immanquablement appel aux composantes normatives et cognitives des systèmes de croyances. Sans compter que le recrutement n'est en lui-même qu'une étape dans le processus de mobilisation ; : pour que le mouvement arrive à son terme, encore faut-il que les leaders parviennent à maintenir en permanence le niveau d'engagement des acteurs. La victoire, la fatigue ou le compromis seraient pour Simmel les trois issues possibles au conflit ; ce seraient, par voie de conséquence, également les trois facteurs susceptibles d'expliquer la démobilisation des groupes de conflit.

Patrice MANN

bibliographie

CHAZEL François, « La Mobilisation politique : problème et dimensions », in *Revue française de science politique*, nº 3, 1975.

ETZIONI Amitai, « Mobilization as a Macro-Sociological Conception », in *British Journal of Sociology*, nº 19, 1968.

MICHELS Robert, *Les Partis politiques* (1913), Flammarion, 1971.

NETTL Paul, *Political Mobilization : a Sociological Analysis of Methods and Concepts*, Londres, Faber & Faber, 1967.

OBERSCHALL Anthony, *Social Conflict and Social Movements*, New York, Prentice-Hall, 1973.

OLSON Mançur, *Logique de l'action collective*, PUF, 1978.

SELZNICK Philip, *The Organizational Weapon*, Glencoe, Illinois, Free Press, 1960.

SIMMEL Georg, *Soziologie : Untersuchunges über die Formen der Vergesellschaftung* (1908), trad. du chap. V, *Le Conflit*, Circé/poche, 1995.

MOBILITÉ SOCIALE

du latin *mobilitas* « facilité à se mouvoir »

all. SOZIALE MOBILITÄT	esp. MOVILIDAD
angl. SOCIAL MOBILITY	ital. MOBILITÀ SOCIALE

voir : CLASSE SOCIALE, INÉGALITÉ, STRATIFICATION

Expérience individuelle ou collective de franchissement des degrés d'une hiérarchie sociale formelle.

Formulée en 1927 par SOROKIN, pionnier de la recherche sociologique dans ce domaine, l'expression renvoie aux mouvements individuels ou collectifs de passage d'une position sociale (qu'il s'agisse de « couches », « strates » ou « classes ») à une autre au sein de l'espace bidimensionnel que constitue la stratification sociale. Selon qu'elle concerne des positions de niveau hiérarchique équivalent ou non, cette *mobilité* sera *horizontale* ou *verticale* et, dans ce dernier cas, *ascendante* ou *descendante*. Selon qu'elle se déroule dans le cours d'une existence individuelle ou dans l'espace d'une ou plusieurs générations, elle sera dite *intra-générationnelle* (biographique) ou *inter-générationnelle* (entre générations) : dans ce dernier cas, elle apporte d'intéressantes informations non seulement sur le degré d'« ouverture » ou, au contraire, de « fermeture » des segments de la structure sociale, mais aussi sur le degré d'hérédité ou d'indépendance qui régit le processus de la « distribution sociale » des individus dans cette structure. C'est pour cette raison que les sociologues privilégient, dans une optique macroscopique, l'étude des phénomènes de mobilité *individuelle, verticale* et de *nature inter-générationnelle*.

1 MOBILITÉ ET STRATIFICATION SOCIALES. De fait, la notion même de mobilité sociale — dont il n'est pas indifférent de souligner qu'elle désigne un phénomène par son seul aspect positif : il n'y a pas d'entrée « immobilité sociale » dans ce dictionnaire, alors qu'il y a une entrée « inégalité sociale »... — est étroitement corrélative de celle de *stratification sociale*, c'est-à-dire d'une représentation hiérarchique, continuiste et « fluide » de la structure sociale. Si toute société est stratifiée, elle peut, *par ailleurs*, être ou non conçue comme un système de différenciations collectives plus ou moins tranchées, cristallisées et mutuellement pénétrables — c'est-à-dire comme un système de « classes » (au sens marxiste), voire d'ordres ou de castes. Or, dans les représentations dominantes de la structure sociale chez les Anglo-Saxons et chez nombre de leurs sociologues (auxquels on doit le haut degré de développement de la sociologie de la mobilité sociale), les sociétés démocratiques occidentales ne sont que des stratifications de groupes sociaux, et non des structures de « classes ». De ce fait, la mobilité sociale est réputée y être non seulement possible mais encore relativement *généralisée* parmi les différentes couches sociales, *intense* par ses taux et *ample* par la longueur de ses trajets — ces différentes mesures variant évidemment selon les catégories sociales employées.

Elle tient en effet dans les représentations et les croyances collectives un rôle que beaucoup d'auteurs ont pu juger déterminant pour le sort des sociétés industrielles modernes et, en particulier, la société nord américaine (CUIN, MERLLIÉ). Ainsi, pour TOCQUEVILLE (1835-1840), les États-Unis doivent leur stabilité sociale et politique à l'existence d'une forte mobilité sociale qui, en engageant les individus à poursuivre plutôt des objectifs de réussite personnelle que de promotion collective, prévient la frustration et les conflits sociaux qu'elle suscite, renforçant ainsi l'ordre social démocratique. Dans une perspective opposée mais parallèle, MARX (1852) y voyait un redoutable obstacle à la constitution d'une conscience de classe révolutionnaire dans le prolétariat. Pour beaucoup de marxistes, elle n'exprime cependant pas autre chose que l'inexorable mouvement de bipolarisation des classes sociales. En revanche, le courant social-démocrate allemand (BERNSTEIN, SOMBART, MICHELS) retrouve l'inspiration originelle de Marx en montrant que l'intense mobilité ascendante qui accompagne l'expansion des classes moyennes nuit au développement du réflexe socialiste (GOLDTHORPE). Mais c'est chez PARETO (1916) qu'apparaissent les premières analyses des causes et des conséquences de la mobilité sociale : parce que les changements historiques structurels réclament des dirigeants des qualités nouvelles, une « loi de circulation des élites » produit un renouvellement incessant de la classe dirigeante, et provoque d'intenses et amples mouvements favorables de mobilité verticale. Sorokin (1927) fera lui aussi l'apologie des sociétés « ouvertes », permettant à de « vraies aristocraties » de diriger efficacement des destins collectifs.

À travers l'étude de la mobilité sociale, c'est donc *l'évaluation des systèmes sociaux* qui est d'abord visée. On estime en effet que de forts taux de mobilité verticale sont le signe de la faiblesse des déterminismes sociaux pesant sur les destins individuels et donc de la possibilité offerte à chacun de réaliser librement ses ambitions de réussite sociale s'il en a le désir et les talents requis. Bref, ils sont le gage de *l'égalité des chances*, elle-même corrélative d'un état de démocratie politique et sociale censé être universellement désirable et donc protégé.

2 MESURES ET ANALYSES. Dans cette perspective, au cours des années 50 et 60, ont été multipliées les enquêtes à visée métrologique et comparative dans les principaux pays occidentaux (LIPSET et BENDIX), et ont été forgés et affinés un certain nombre de concepts analytiques originaux.

Mobilité parfaite. Il en est ainsi de la notion de *mobilité parfaite*, utilisée comme étalon de mesure de l'écart existant entre la mobilité empiriquement observée et celle existant dans une situation « idéale » de totale indépendance (statistique) entre l'origine sociale des individus et la position sociale atteinte par eux.

Mobilité structurelle et mobilité nette. Ou encore de la distinction analytique entre *mobilité structurelle* (simplement due à l'évolution morphologique de la structure sociale sous l'effet de facteurs technologiques, démographiques, voire politiques) et *mobilité nette* (ou de « circulation »), censée mesurer la seule influence du caractère plus ou moins égalitaire des chances sociales, ainsi que le degré de « fluidité » (ou d'« ouverture ») des différents statuts sociaux. Dire que les efforts entrepris dans le domaine de l'observation, de l'évaluation et de la mesure de la mobilité sociale n'ont pas été mesurés serait encore un euphémisme... (BOUDON, 1973).

Au plan des théories, on ne s'étonnera pas de constater que le phénomène de la mobilité ait été d'abord essentiellement conçu comme un processus fonctionnel, et expliqué comme résultant de la nécessité de distribuer, à chaque nouvelle génération, les individus qui conviennent dans les rôles qui nécessitent leurs talents. Ainsi, chez Lipset, Bendix et ZETTERBERG (1959), la mobilité sociale permet l'ajustement permanent d'une « offre » individuelle de compétences à une « demande » sociétale de rôles, qui fluctue sous l'effet de l'évolution de la division du travail ainsi que de la fécondité différentielle des groupes sociaux. Dans une inspiration plus parsonienne (et donc avec plus de succès auprès des sociologues anglo-saxons), BLAU et DUNCAN (1967) voient dans la forte mobilité caractérisant les sociétés industrielles la manifestation de l'orientation foncière « universaliste » de leur culture ; elle rend compte des principales causes structurelles de la mobilité ascendante : le progrès technologique et économique, la mobilité géographique vers les régions à fortes opportunités, la forte fécondité des classes défavorisées. Conçue comme le résultat de conduites individuelles normativement orientées, la mobilité sociale devient l'instrument de l'actualisation des tendances culturelles (« universalisme » et « accomplissement ») qui la produisent ! Dès lors que l'on en vient à considérer la structure sociale comme résultant, dans sa morphologie même, de la mobilité qui s'y produit, on s'intéressera moins à l'analyse des flux de mobilité qu'à celle du processus de l'« allocation statutaire » *(status-attainment)*, c'est-à-dire aux facteurs qui interviennent dans l'évolution des carrières individuelles et influencent celles-ci, facteurs parmi lesquels le niveau d'instruction et de diplôme semble bien jouer un rôle déterminant (DUNCAN, FEATHERMAN et Duncan).

3 INDIVIDUS ET STRUCTURES. L'individualisme théorique radical de cette orientation et, surtout, son incapacité à rendre compte de l'observation — paradoxale, en l'occurrence — du faible effet de la démocratisation scolaire sur la mobilité sociale conduiront un auteur comme BOUDON (1973) à exploiter la conception originaire de Sorokin dans une nouvelle perspective. Si l'on considère que, d'une part, le processus de l'allocation des positions sociales ne dépend pas seulement des caractéristiques des individus (origine sociale, niveau d'instruction) mais aussi de la répartition de ces positions dans la structure sociale et que, d'autre part, « structures » scolaire et sociale ne sont pas nécessairement congruentes entre elles, on comprend que, malgré le caractère « méritocratique » de la distribution sociale, le niveau d'instruction ne détermine pas mécaniquement la position sociale atteinte. Ainsi, la « structure » des diplômés ayant, du fait de la démocratisation scolaire de nos sociétés, évolué plus rapidement que la « structure » des positions sociales disponibles, et cette démocratisation ayant surtout bénéficié aux catégories les plus modestes, les individus des classes moyennes et, dans une moindre mesure, inférieures, ont connu une dégradation progressive des chances sociales attachées à leur niveau scolaire. En outre, cet « effet pervers » est redoublé par le fait que les intéressés, incités à accroître d'autant leur demande d'éducation, vont contribuer à accroître l'inadéquation entre les deux « structures ». Du même coup, l'« individualisme méthodologique » mis en œuvre par Boudon pour rendre compte de la formation de la demande d'enseignement et de la structure macroscopique de l'offre de diplômes sur le marché des positions sociales trouve une application particulièrement heureuse, qui affaiblit d'autant les thèses de la « fonction » *reproductrice* du système scolaire (BOURDIEU et PASSERON).

Dans une période plus inquiète de l'« exclusion » de masse que de l'inégalité des chances de promotion à l'intérieur du système socioprofessionnel, la mobilité sociale ne jouit visiblement plus de l'engouement sociologique qu'elle connaissait naguère. Elle demeure toutefois un instrument d'analyse privilégié d'un grand nombre de phénomènes importants : l'évolution de l'endogamie sociale, celle du statut des femmes, de l'intégration des jeunes immigrés, ou encore des comportements sociaux (en particulier politiques) des élus — ou des damnés — de la mobilité verticale (THÉLOT).

Charles-Henry CUIN

bibliographie

BLAU Peter M., DUNCAN Otis D., *The American Occupational Structure*, New York, Wiley, 1967.

BOUDON Raymond, *Mathematical Structures of Social Mobility*, New York/Amsterdam, Elsevier, 1973.

BOUDON Raymond, *L'Inégalité des chances. La mobilité sociale dans les sociétés industrielles*, Armand Colin, 1973.

BOURDIEU Pierre, PASSERON Jean-Claude, *La Reproduction. Éléments pour une théorie du système d'enseignement*, Éd. de Minuit, 1970.

CUIN Charles-Henry, *Les Sociologues et la mobilité sociale*, PUF, 1993.

DUNCAN Otis D., FEATHERMAN David L., DUNCAN Beverly, *Socio-economic Background and Archievement*, New York, Seminar Press, 1972.

GOLDTHORPE John, « Mobilité sociale et intérêts sociaux », in *Sociologie et société*, VIII, 2, 1976, pp. 7 à 36.

LIPSET Seymour M., BENDIX Reinhard, *Social Mobility in Industrial Society*, Berkeley / Los Angeles, University of California Press, 1959.

MARX Karl, *Le 18 Brumaire de Louis Bonaparte* (1852), Éditions sociales, 1963.

MERLLIÉ Dominique, *Les Enquêtes de mobilité sociale*, PUF, 1994.

PARETO Vilfredo, « Traité de sociologie générale », in *Œuvres complètes* (1916), Genève, Droz, 1964-1988.

SOROKIN Pitirim A., *Social Mobility*, New York, Harper and Brothers (1927) ; rééd. *Social and Cultural Mobility*, Glencoe, Free Press, 1959.

THÉLOT Claude, *Tel père, tel fils ? Position sociale et origine familiale*, Dunod, 1982.

TOCQUEVILLE Alexis de, *De la démocratie en Amérique* (1835-1840), Gallimard, 1961.

MODALITÉ ⇒ VARIABLE

LA MODE

du latin *modus* « mesure de surface », puis « limite », puis « manière de faire »

all. MODE	esp. MODA
angl. FASHION	ital. MODA

voir : MODERNITÉ, POSTMODERNITÉ

La mode est un mouvement dans le corps social, qui se caractérise par une diffusion rapide et un temps de vie court, de façons de se vêtir, de parler, de se comporter, de penser Impulsée par des minorités en vue de se distinguer, la mode est d'abord changement et implique sa mort rapide dans le démodé, auquel succède une autre mode.

MODE ET MODERNITÉ. MARX écrivait, parlant de son temps : « *Tous les rapports sociaux immobilisés dans la rouille, avec leur cortège d'idées et d'opinions admises et vénérées, se dissolvent ; ceux qui les remplacent vieillissent avant même de se scléroser. Tout ce qui était solide, bien établi, se volatilise, tout ce qui était sacré se trouve profané* [...] » Cette historicité déchaînée est le rythme même de la mode, et signifie ainsi le lien qui unit mode et modernité. Mais la mode n'est pas seulement cette soumission à un devenir débridé et indéterminé, elle en est aussi la riposte. Affirmation du nouveau comme tel et donc perpétuelle négation de ce qui est passé, c'est-à-dire démodé, la mode accentue le *tempo* de l'histoire dans une sorte de pastiche ludique. Ainsi libère-t-elle le devenir de l'angoisse dont il est porteur par la multiplication des naissances et des morts de formes futiles, qui miment et occultent d'autres morts sans renaissances. « Aventure sans risque », disait d'elle SIMMEL, la mode « donne à l'homme une sécurité que jamais même la religion ne lui a donnée » (Oscar WILDE).

Un individualisme de bandes. À sa façon, la mode est l'« esprit » de la modernité. Les sociétés modernes, démocratiques affichent à la fois l'individu comme absolu et l'égalité entre les hommes comme principe. Ainsi, en même temps qu'elles affirment l'individu roi, elles font de lui une entité abstraite dans un univers sans différence, où chacun est le semblable de chacun. La mode sera ce lieu privilégié où se nouent le souci de la différence et de la ressemblance. Elle permet d'afficher les signes de son individualité qui seront en même temps les signes partagés par le groupe. La mode invente ainsi un individualisme de bandes.

Être et paraître. Ce souci d'exhiber des signes souligne combien, dans la société moderne, l'être et le paraître se confondent et combien la reconnaissance sociale, sous l'abondance des médias, est tributaire de l'image offerte. FEUERBACH anticipait cela lorsqu'il écrivait : « *Notre temps préfère l'image à la chose, la copie à l'original, la représentation à la réalité, l'apparence à l'être* [...]. *Ce qui est sacré pour lui, ce n'est que l'illusion.* »

Du vêtement à la littérature. La mode envahit donc le corps social en son entier, si son domaine, loin de se réduire à la parure, au vêtement, aux mondanités, s'étend à tous les domaines. Il y a des « théories » et des « croyances » à la mode, comme il y a des vêtements « dernier cri ». Au reste, c'est dans le vêtement et dans la littérature qui l'accompagne que les caractères sont le mieux analysables et le plus analysés. En ce domaine se manifeste d'abord ce que VEBLEN appelait la *consommation ostentatoire*.

Le dandy. L'esprit de la mode triomphe lorsque s'estompe l'autorité des codes vestimentaires stables fondés sur la tradition et reflétant un univers hiérarchisé et figé. Alors naît le dandy, dont CARLYLE disait qu'il est « *un homme dont le devoir et l'existence consiste en le port du vêtement* [...]. *Comme d'autres s'habillent pour vivre, il vit pour s'habiller.* »

La presse de mode. La voix de la mode est la presse de mode (écrite ou télévisée). On y comprend mieux combien la mode est une activité de l'imaginaire. La « presse de mode » offre un monde sophistiqué, avec ses thèmes de jeunesse, de vacances, de disponibilité d'un corps fluide où le sérieux du travail est présent mais transformé en activité ludique et théâtralisée.

André AKOUN

bibliographie

BARTHES Roland, *Le Système de la mode*, Seuil, 1983.

BAUDRILLARD Jean, *De la séduction*, Galilée, 1979.

KÖNIG René, *Sociologie de la mode*, Payot, 1969.

VEBLEN Thorstein, *Théorie de la classe de loisir* (1899), Gallimard, 1970.

YONNET Paul, *Jeux, modes et masses*, Gallimard, 1985.

MODE D'UNE DISTRIBUTION, CLASSE MODALE

voir : PARAMÈTRE DE TENDANCE CENTRALE

1. On appelle mode de la distribution *d'une variable discrète la valeur la plus fréquemment choisie par les individus.*

2. Dans le cas d'une variable continue avec regroupements en classes, l'on parlera de classe modale. *Cette dernière correspond à un rectangle de hauteur maximale de l'histogramme de cette série.*

Ces notions indiquent l'existence d'une agglomération d'un caractère considéré.

Félicité des NÉTUMIÈRES

bibliographie

WONNACOTT Thomas, WONNACOTT Ronald, *Statistique*, Economica, 1995.

MODE DE PRODUCTION

all. PRODUKTIONSWEISE	esp. MODO DE PRODUCCIÓN
angl. MODE OF PRODUCTION	ital. MODO DI PRODUZIONE

voir : LUTTE DES CLASSES, MARXISME

Expression propre à la théorie marxiste et désignant les systèmes socioéconomiques.

MARX désigne par ce terme les différents systèmes de production qui se succéderaient au cours de l'histoire et en marqueraient les étapes essentielles : le communisme primitif, l'esclavagisme, le mode de production asiatique, le féodalisme, le capitalisme. Les deux composantes essentielles en sont, d'une part, les forces productives, leur degré de développement (instruments et forces de travail combinés) et les rapports sociaux de classes. De plus, cette substructure suppose nécessairement une superstructure qu'elle conditionne. Marx résume en ces termes cette théorie : « *Réduits à leurs grandes lignes, les modes de production asiatique, antique, féodal et bourgeois moderne apparaissent comme des époques progressives de la formation économique de la société. Les rapports de production bourgeois sont la dernière forme antagonique du procès social de la production* [...]. *Avec ce système social, c'est donc la pré-histoire de la société humaine qui se clôt* » (1965, pp. 273 et 274).

Pierre ANSART

bibliographie

MARX Karl, *Critique de l'économie politique*, préface (1959), « La Pléiade », Gallimard (éd. M. Rubel), Économie, t. 1, 1965.

MODE DE VIE, STYLE DE VIE

all. LEBENSART, LEBENSWEISE	esp. MODO DE VIDA
angl. WAY OF LIFE	ital. STILE DI VITA

voir : CULTURE, VIE QUOTIDIENNE

Ensemble des comportements caractéristiques d'un individu, d'un groupe social ou d'une société.

Aucun des deux termes ne fait l'objet d'un usage bien établi dans la tradition sociologique. D'ordinaire, la notion de *mode de vie* inclut non seulement les pratiques de consommation, mais aussi les formes de sociabilité et les emplois du temps libre. Elle recouvre donc une réalité plus large que le niveau de vie, qui ne retient que les consommations et qui vise à en estimer le volume global plutôt que la structure.

Dans quelle mesure, cependant, les façons de vivre dépendent-elles du montant des ressources dont on dispose ? Depuis HALBWACHS jusqu'à nos jours, les sociologues ont montré qu'il n'y a pas de lien mécanique entre les deux. Pour un même niveau de revenu, des différences parfois très marquées peuvent être observées dans la répartition des dépenses, dans la forme et la fréquence des contacts interpersonnels, dans les usages du temps. La catégorie socioprofessionnelle est l'un des indicateurs permettant de mettre en évidence ces écarts, surtout pour la structure des consommations. Elle doit cependant être combinée avec d'autres éléments d'appréciation de la diversité des modes de vie : opposition entre actifs et inactifs, rythmes de la vie de travail, classe d'âge, situation familiale, contexte d'habitat... Quand elle n'est pas un simple synonyme du *mode de vie*, la notion de *style de vie* met davantage l'accent sur les représentations et les valeurs qui donnent un sens subjectif aux pratiques : modèles culturels imprégnant durablement les attitudes propres à un groupe social ; ou, au contraire, dans certaines études de marketing, sensibilités plus volatiles, plus individualisées, davantage liées à l'air du temps.

Yves GRAFMEYER

bibliographie

HALBWACHS Maurice, *La Classe ouvrière et les niveaux de vie*, Alcan, 1912.

HERPIN Nicolas, VERGER Daniel, *La Consommation des Français*, « Repères », La Découverte, 1991.

JUAN Salvador, *Sociologie des genres de vie*, PUF, 1991.

SCARDIGLI Victor, *Les Modes de vie en Europe*, Éd. du CNRS, 1987.

MODÈLE ET MODÉLISATION

emprunt fait par le langage des arts (1542) à l'italien *modello* « figure destinée à être reproduite »

all. VORBILD	esp. MODELO
angl. MODEL	ital. MODELLO

voir : IMITATION, MATHÉMATIQUE (3), PARADIGME, THÉORIE, TYPE-IDÉAL

1. Dans les pratiques sociales, réalité ou image exemplaire que l'on s'efforce de reproduire.
2. En méthodologie sociologique, représentation construite, plus ou moins abstraite, d'une réalité sociale.

Les deux significations résumées dans les définitions ci-dessus doivent être nettement distinguées :

1 La première renvoie aux multiples pratiques par lesquelles un acteur individuel ou collectif cherche à reproduire, à imiter une forme objective ou imaginaire ou à s'en inspirer. Le rapport de l'art aux modèles est exemplaire de cette relation. Ainsi, le saint pour le croyant, le leader politique pour le militant, mais aussi une organisation sociale, une économie (socialiste, libérale), un système juridique peuvent constituer des modèles à imiter. Dans l'histoire de la sociologie, un débat de fond a opposé des tendances prenant pour modèles les sciences de la nature, comme la biologie, aux tendances soucieuses, telle l'école de DURKHEIM, d'affirmer l'irréductibilité des faits sociaux.

2 La seconde définition désigne les représentations construites par la réflexion sociologique, d'une pratique, d'un système, d'une situation sociologique. Le modèle ainsi entendu ne reproduit pas la réalité, il la simule en créant une approximation qui permet de penser et d'interpréter le réel. Ce travail de construction des modèles se situe à trois niveaux :

- [1] WEBER, critiquant les conceptions réaliste et empiriste, fait des concepts le résultat d'une construction intellectuelle, d'un choix des traits jugés pertinents d'un ensemble indéfini de situations. Le *type-idéal*, tel le féodalisme ou le capitalisme, est un modèle construit qui n'ambitionne pas d'évoquer toutes les formes concrètes de la féodalité ou du capitalisme, mais d'en représenter des aspects jugés fondamentaux ;

- 2 une pratique sociale intégrée et répétitive (un type d'enseignement, une relation de pouvoir, un jeu sportif) se prête à la modélisation. Il s'agit alors de réaliser une construction représentant le fonctionnement du système, les acteurs et leurs rôles, les interactions qui les relient ou les opposent. Le modèle est construit par un travail dialectique entre les faits d'observation et la formulation abstraite, il est susceptible de correction et de validation. Il peut, en certains cas, donner lieu à une formalisation mathématique ;
- 3 À un niveau plus général et qui se rapproche de la théorisation, un modèle interprétatif (l'intégration chez Durkheim, le « procès de civilisation » chez ELIAS) procure un schème global d'interprétation concernant un ample champ de données et en suggère une systématisation descriptive ou explicative. Il est susceptible de démonstration et d'invalidation.

Pierre ANSART

bibliographie

BERTHELOT Jean-Marie, *Les Vertus de l'incertitude : le travail de l'analyse dans les sciences sociales*, PUF, 1996.

PARLEBAS Pierre, *Sociométrie, réseaux et communication*, PUF, 1992.

WEBER Max, *Essais sur la théorie de la science* (1922), Presses Pocket, 1992.

MODERNITÉ

voir : POSTMODERNITÉ

La modernité est une forme de civilisation, de mode d'être d'une société, qui se définit d'abord à partir de ce avec quoi elle fait rupture : la tradition, c'est-à-dire toutes les autres formes de société.

La *modernité* est cette configuration culturelle qui est apparue en Europe vers le XVIe siècle et dont la lente cristallisation avait commencé dès la fin du XIVe siècle. Ainsi peut-on situer dans l'espace (l'Occident) et dans le temps (la Renaissance) un mode d'existence sociale dans lequel nous continuons d'être et qui tend à s'universaliser.

1 La *modernité* affiche d'abord sa prétention à une rupture avec tout ce qui la précède et qu'elle réunit sous le vocable de « tradition ». Cette façon de ranger toutes les sociétés « non modernes » dans une même catégorie, abstraction faite de leurs différences, trouve sa justification : la modernité soumet en effet le monde à une sorte de révolution copernicienne. L'homme n'y est plus soumis à une quelconque transcendance ou à un quelconque ordre cosmologique. Il devient fondement et fin. La *modernité* est donc ce moment où l'homme se réapproprie le monde, se désigne comme source unique du sens et comme fondement des pouvoirs auxquels il se soumet. C'est ce qui s'inscrit dans l'avènement du cartésianisme. Mais elle est aussi ce moment où, lorsque tombent les ivresses prométhéennes, l'homme découvre le désenchantement d'une finitude qu'aucun infini ne vient illusionner. En ce sens, ce que certains nomment la postmodernité, c'est-à-dire notre époque contemporaine, n'est pas autre chose qu'une des formes de la modernité, soumise à la même logique qu'elle. La modernité et la postmodernité sont le temps venu de l'individualisme, mais la modernité est celui d'un individualisme civique où le moi individuel se grandit de se soumettre à l'universalité citoyenne ; la postmodernité inverse les valeurs, voit dans toute universalité une illusion et fait du moi et de sa jubilation hédonique la fin suprême. À l'universalité citoyenne se substitue la particularité tribale et réticulaire.

2 Parce qu'elle est affirmation de l'égalité, la *modernité* sera le monde où l'économie devient la norme de toutes choses. En effet l'égalité, qui est d'abord une égalité symbolique et politique, tendra, par une dérive logique, à devenir revendication de l'égalité réelle dans la société civile. Dès lors les inégalités matérielles existantes seront perçues comme des injustices, des déchirures du pacte social, sauf à être légitimées comme différences obtenues par le mérite ou le travail. C'est ce que ARENDT appelle (1963) la politisation de la misère. La différence de sort entre « nantis » et « miséreux » d'hier devient la guerre des « bourgeois » et des « prolétaires » puis, d'une façon plus générale, celle des « riches » et des « pauvres ». Et la modernité est alors travaillée par l'envie et le ressentiment comme le notait TOCQUEVILLE qui écrivait que, lorsque les rangs se confondent, l'envie d'acquérir se présente à l'esprit du pauvre et la crainte de perdre à l'esprit du riche. Mais quel riche n'est pas pauvre comparé à plus riche que lui ? Et, d'autre part, est-il pauvre qui le soit absolument ?

3 Mais la modernité est aussi, et peut-être surtout, un autre rapport des hommes au temps. Écho de ce sentiment de l'historicité du monde, l'exclamation de Paul VALÉRY : « *Nous, savons que nous sommes mortelles.* » La modernité c'est la découverte du devenir. Les philosophies de l'histoire qui soumettent le devenir à une sorte de transcendance du sens de l'histoire tentent de l'occulter ou de surmonter son incertitude, mais on connaît maintenant l'inanité de ces ripostes. MARX témoignait de cette force du devenir lorsqu'il écrivait, dans *Le Manifeste du Parti communiste* (1848) : « *Ce qui distingue l'époque bourgeoise de toutes les précédentes, c'est le bouleversement incessant de la production, l'ébranlement continuel de toutes les institutions sociales, bref la permanence de l'instabilité et du mouvement. Tous les rapports sociaux immobilisés dans la rouille avec leur cortège d'idées et d'opinions admises et vénérées se dissolvent ; ceux qui les remplacent vieillissent avant même de se scléroser. Tout ce qui était solide, bien établi, se volatilise, tout ce qui était sacré se trouve profané, et à la fin les hommes sont forcés de considérer d'un œil détrompé la place qu'ils tiennent dans la vie.* »

À quoi fait écho WEBER lorsqu'il parle du « désenchantement du monde » à propos du monde moderne.

4 Peut-on faire de la modernité un concept sociologique ou n'est-ce qu'une notion vague à valeur descriptive ? Il est difficile de trancher, tant sont impliquées, derrière le choix, des conceptions différentes de la sociologie. Prendre la modernité comme notion centrale, c'est privilégier en sociologie le sens, la façon dont s'organise le rapport des hommes à leur monde, à eux-mêmes, et la façon dont est réfléchi et légitimé leur vivre-ensemble. C'est faire de la « culture » non un effet des mondes objectifs que sont l'économique (capitalisme / socialisme), les techniques (la société industrielle), mais l'expression d'une sorte de « choix symbolique » par lequel advient un mode d'existence sociale.

André AKOUN

bibliographie

ARENDT Hannah, *La Condition de l'homme moderne*, Calmann-Lévy, 1983.

DUMONT Louis, *Essais sur l'individualisme*, Seuil, 1982.

GIDDENS Anthony, *The Consequences of Modernity*, Cambridge, Polity Press, 1990.

TOURAINE Alain, *Critique de la modernité*, Fayard, 1992.

MŒURS

du latin *mores* « manières de se comporter, façons d'agir (physique ou morale), déterminées non par la loi, mais par l'usage »

all. SITTEN	esp. COSTUMBRES
angl. MANNERS	ital. COSTUMI

voir : PRATIQUE SOCIALE, SOCIABILITÉ, VIE QUOTIDIENNE

Ensemble des habitudes sociales et des usages non codifiés par les lois.

La distinction romaine entre les activités régies par des lois et la multiplicité des usages, des habitudes approuvées tenues pour normales au sein d'une culture, a été d'une grande signification pour la genèse de la sociologie. MONTESQUIEU part de cette distinction pour différencier les systèmes politiques asiatiques et les systèmes occidentaux : il formule l'hypothèse que la société chinoise s'ordonnerait avant tout à partir du respect des formes et des usages, et non par l'obéissance à des lois écrites. Il conviendrait donc, pour mieux comprendre « l'esprit des lois », de porter le regard, non sur les constitutions, mais sur les façons d'être et de vivre, les usages peu explicités et vécus sur le mode de l'évidence. TOCQUEVILLE retrouve cette inspiration dans ***De la démocratie en Amérique***, quand il appelle à observer moins les lois de la démocratie que « l'état social » qui les soutient et en assure le fonctionnement. C'est aussi ce que suggère DURKHEIM lorsqu'il fixe à la sociologie la tâche d'étudier toutes les « façons d'agir ou de sentir ou de penser » (1988, p. 105). La notion de « mœurs » a perdu de son importance sociologique en raison de son extension. Les sociologies spécialisées, en étudiant séparément le travail, l'éducation, la famille, ont parcellisé la notion et l'ont abandonné aux études ethnologiques. Cependant, le regain des études de la vie quotidienne, les monographies, lui redonnent intérêt en ce qu'il invite à mieux étudier tout ce que les individus pratiquent sur le mode du non-dit et de l'évidence. Les études des interactions et, entre autres, des rituels quotidiens, de la vie familiale, des différentes formes de la sociabilité, retrouvent le vaste domaine que désignaient les mœurs.

Pierre ANSART

bibliographie

DIBIE Pascal, *Ethnologie de la chambre à coucher*, Grasset, 1987.

DURKHEIM Émile, *Règles de la méthode sociologique* (1895), Flammarion, 1988.

GEERTZ Clifford, *Bali, interprétation d'une culture*, Gallimard, 1983.

GOFFMAN Erving, *Les Rites d'interaction*, Éd. de Minuit, 1974.

LUCAS Philippe, *La Religion de la vie quotidienne*, PUF, 1981.

MONTESQUIEU, *L'Esprit des lois*, in *Œuvres*, « La Pléiade », t. 2, Gallimard.

MONDIALISATION

voir : COMMUNICATIONS DE MASSE, GLOBALITÉ, POSTMODERNISME.

1 Processus par lequel un ou des phénomènes se répandent dans le monde entier, sous des formes qui tendent à devenir universelles, et par l'effet du développement des communications★.

2 Appliqué aux phénomènes économiques *(mondialisation de l'économie)*, le terme souligne, à côté du nivellement et d'une tendance à l'uniformisation des phénomènes, le durcissement de la compétition économique à l'échelle mondiale, dû aux inégalités des conditions de production (niveau technologique, prix de la main-d'œuvre notamment) et à la circulation non maîtrisable des capitaux. Uniformisation et nivellement seraient donc la conséquence de ce processus, lié au développement des techniques de communication.

MONISME

du grec *monos* « seul, unique »

En philosophie d'abord, en sociologie par analogie, le monisme est une conception qui pose un seul principe constitutif et explicatif du tout.

En philosophie, le *matérialisme*, par exemple, est un *monisme*, ainsi que l'*idéalisme*. En sociologie, le *monisme* s'incarne dans des doctrines qui supposent un lieu producteur de l'ensemble social, une cause essentielle d'où tout dérive. Ces dérivations peuvent être pensées comme de simples effets ou comme ayant une relative autonomie (surdétermination) ; il n'en reste pas moins que le monisme donne une clé unique explicative de l'ensemble. Un exemple parmi d'autres : le marxisme fait de l'infrastructure économique (forces productives et rapports de production) le lieu d'où procèdent les superstructures. Mais l'affirmation marxiste qu'il s'agit d'un matérialisme non mécaniste implique une étude plus fine de l'effet rétroactif des superstructures et du rôle du politique ou de l'idéologique.

Si, comme doctrine, le *monisme* a les défauts de toute doctrine absolue, il a, comme hypothèse porteuse d'une ambition de synthétiser l'ensemble des traits d'une société et de la définir, une valeur heuristique.

André AKOUN

MONOGRAPHIE

composé de *mono* et *graphie*, littéralement « écrit sur un sujet unique »

all. MONOGRAPHIE	esp. MONOGRAFÍA
angl. MONOGRAPHY	ital. MONOGRAFIA

voir : ENQUÊTE, ETHNOLOGIE, MICROSOCIOLOGIE

Étude d'un groupement social localisé (famille, village, ville, région, atelier, entreprise...) à partir d'une enquête directe.

Si l'idée de *monographie* est déjà présente chez les physiocrates et même chez STENDHAL (***De l'amour***, 1822), c'est LE PLAY qui, avec ses monographies de familles ouvrières (1855), en fait un mode de connaissance majeur des sciences sociales. Chaque famille, étudiée dans le détail de son histoire et de son existence, est replacée dans son environnement géographique et social. Ce cadre d'analyse est perfectionné par TOURVILLE, sa *Nomenclature des faits sociaux* (1883) permettant d'analyser les rapports de la famille avec le système social auquel elle appartient. Pour Le Play comme pour Tourville, les monographies ne sont pas une fin en soi ; elles constituent la base empirique de leur théorie des sociétés. Sans avoir cette ambition, d'autres leplaysiens élaborent des cadres monographiques pour l'étude de la commune et de l'atelier (CHEYSSON, 1896), de la ville et ses fonctions (DU MAROUSSEM, 1900).

Aujourd'hui, la *monographie* est plus pratiquée en géographie humaine et en ethnologie qu'en sociologie où elle fait l'objet de trois critiques principales. Celle de circonscrire l'analyse à des unités dont la singularité empêche des conclusions de portée générale. Celle de décrire la réalité étudiée, sans parvenir à l'expliquer. Enfin, celle de « modéliser » les recherches au risque de tomber dans une mécanisation et une « routinisation » peu créatives. En dépit de ces critiques, la monographie reste une voie féconde pour procéder à des études comparatives, pour combiner démarche empirique et analyse théorique, enfin, pour articuler les dimensions micro- et macrosociales. Elle conserve de ce fait une pertinence bien actuelle, dont témoignent les travaux contemporains de BETTELHEIM, FRÈRE, MORIN, MENDRAS, PENEFF...

Antoine SAVOYE

bibliographie

BETTELHEIM Charles, *Une ville française moyenne : Auxerre en 1950*, Armand Colin, 1950.

BURGUIÈRE André, *Bretons de Plozévet*, Flammarion, 1975.

DION Michel, « Des monographies en sociologie », *in* MENDRAS et JOLLIVET, *Les Collectivités rurales françaises*, Armand Colin, 1974.

KALAORA Bernard, SAVOYE Antoine, *Les Inventeurs oubliés*, Champ Vallon, Seyssel, 1989.

LE PLAY Frédéric *et alii*, *Les Melouga. Une famille pyrénéenne au XIXe siècle* (postface d'A. Chenu), Nathan, 1994.

MORIN Edgar, *Commune en France. La métamorphose de Plodémet*, Fayard, 1967.

PENNEF Jean, *Écoles publiques, écoles privées dans l'Ouest 1880-1950*, L'Harmattan, 1987.

ROUX Paul, *Précis de science sociale* (1914), rééd. in *Les Études sociales*, n°s 108-110, 1979-1981.

SOCIOLOGIE DE LA **MORALE**

du latin *moralis* « relatif aux mœurs »

all. MORAL	esp. MORAL
angl. MORALE	ital. MORALE, ETICA

voir : DÉONTOLOGIE, ÉTHIQUE, MŒURS, VALEURS

1. Dans un premier sens, la morale est l'un des grands chapitres des questionnements philosophiques classiques, celui qui s'interroge sur l'action humaine, ses déterminants et la définition de ses orientations.

2. Dans un second sens, la morale est l'ensemble des règles qui régissent le comportement des individus dans la société. La notion inclut alors aussi celle de mœurs.

MORALE, NORMALITÉ ET NORMATIVITÉ. Plus généralement, en sociologie, la notion de *morale*, comme la plupart de ses corrélats, renvoie à l'interrogation sur les fondements des normes et des comportements, à la question de la normalité sociale (celle qui n'est pas « cristallisée » dans un cadre juridique), à celle de la normalité des comportements, enfin à celle de la normativité.

MORALE ET SOCIOLOGIE. Avant que la sociologie ne conquière définitivement en France une stature académique autonome, cette discipline est associée à la morale, dans le cadre des enseignements de philosophie. « Morale et sociologie » : l'articulation est dans le droit fil de la conception durkheimienne du rôle de la sociologie. DURKHEIM écrit en effet : *« Nous estimerions que nos recherches ne méritent pas une heure de peine si elles ne devaient avoir qu'un intérêt spéculatif. »* L'objectif de faire de la sociologie un pilote moral de la société était aussi au centre de la réflexion de COMTE, et il constitue l'axe central de l'œuvre de Durkheim. Il s'agit d'élaborer des réponses, voire des solutions, aux phénomènes d'anomie, aux manifestations de désintégration sociale, au mal que secrète le développement de la société. Ainsi, *« la sociologie de la morale liée à la pathologie sociale trouve en Durkheim son achèvement sous la forme morale de la division du travail social »* (NAMER et CINGOLANI). Le vœu d'un rôle social donc moral de la sociologie s'exprime aussi chez LÉVY-BRUHL : *« Une science des mœurs permettrait de pratiquer un " art social rationnel " qui donnerait pour la société des résultats analogues à ceux de l'art médical ou chirurgical. »*

LE « SOCIALEMENT CORRECT » ET L'OBJECTIVITÉ. De la tradition durkheimienne, aura surtout été retenue la leçon de méthode, fondatrice d'une posture intellectuelle débarrassée en apparence de préoccupations normatives. Celles-ci n'ont pas été au centre des travaux sociologiques, quels que soient leurs axes, en tout cas de façon manifeste ou déclarée. Même si, globalement, la sociologie sert la connaissance du social, elle n'est pas toujours dégagée d'objectifs d'action sur le social. Si l'expertise sociologique ne se pose jamais comme édiction de normes ou d'action, elle va souvent de pair avec de l'intervention, de la réorganisation sociale, du politique. Elle relève donc bien alors de l'ordre d'une morale, d'une conception de ce qui est ou sera « socialement correct ».

France AUBERT

bibliographie

ARISTOTE, *Les Grands Livres d'éthique : la grande morale*, Arlea, 1995.

COMTE Auguste, *Cours de philosophie positive*, Hermann, 1975.

DURKHEIM Émile, *De la division du travail social* (1893), PUF, 1986.

DURKHEIM Émile, *Le Suicide. Étude de sociologie*, PUF, 1981.

KANT Emmanuel, *Fondements de la métaphysique des mœurs*, Le Livre de Poche, 1993.

LÉVY-BRUHL Lucien, *La Morale et la science des mœurs* (1903), PUF, 1971.

NAMER Gérard, CINGOLANI Patrick, *Morale et société*, Méridiens-Klincksieck, 1995.

MORPHOLOGIE

formé (1822) des éléments grecs *morphê* « forme » et *logos* « discours »

all. MORPHOLOGIE	esp. MORFOLOGÍA
angl. MORPHOLOGY	ital. MORFOLOGIA

voir : ÉCOLE DE CHICAGO, HABITAT, VILLE

Configuration, structure externe des phénomènes sociaux.

À l'exemple de la biologie ou de la zoologie, le terme de *morphologie* sociale désigne les formes générales d'un ensemble social (géographie humaine, répartition entre ville et campagne, densité...). DURKHEIM, fidèle au principe selon lequel il est nécessaire d'étudier les phénomènes sociaux à partir de leurs caractères extérieurs, insiste sur l'utilité d'en considérer la morphologie et, tout d'abord, les formes spatiales, la concentration et la dispersion dans l'espace (nomadisme, sédentarité, type d'habitat...). GURVITCH dénommera ce niveau d'approche « la surface morphologique et écologique ».

La morphologie sociale désigne d'autre part, dans le vocabulaire durkheimien, l'ensemble des institutions dans leur forme générale. Ces deux significations du terme morphologie sont en continuité : on le voit dans l'analyse qui est faite des états d'effervescence dans ***Les Formes élémentaires de la vie religieuse*** (1912). C'est à partir de la concentration spatiale festive que peuvent se comprendre les moments d'effervescence religieuse.

Pierre ANSART

bibliographie

DURKHEIM Émile, *Les Formes élémentaires de la vie religieuse* (1912), PUF, 1985.

SOCIOLOGIE DE LA MORT

du latin *mors* (génitif *mortis*) « mort »

all. TOD	esp. MUERTE
angl. DEATH	ital. MORTE

voir : HISTOIRE, MENTALITÉ, MÉMOIRE, MŒURS, SOCIOLOGIE DE LA SANTÉ, TEMPS

Étude des représentations collectives et de l'évolution des attitudes et des pratiques sociales face à la mort.

La littérature scientifique sur la mort. Conscient du rôle prédominant des phénomènes collectifs sur les comportements individuels, GORER (1955) fut le pionnier de ce que l'on nomme la *sociologie de la mort*. L'hypothèse de départ du sociologue britannique, à savoir que l'occultation du chagrin à la suite du décès d'un proche s'impose désormais comme une nouvelle norme et, à partir de là, qu'il existe une corrélation entre l'absence de rituel et l'incapacité à achever le travail de deuil, se trouva confirmée par les résultats de l'enquête quantitative qu'il réalisa au début des années 60. À leur tour, des auteurs américains s'intéressèrent aux implications sociologiques et culturelles du deuil (FEIFEL, 1959 ; MILFORD, 1963). Les années suivantes seront marquées par une profusion d'études et d'enquêtes, tant dans le monde anglo-saxon qu'en Europe occidentale ; elles reflètent la diversification des approches : aux sociologues et aux ethnologues vont s'adjoindre des médecins et des psychologues qui se penchent sur les mourants et les conditions de la fin de la vie (KUBLER-ROSS, 1969, 1975). Quant à l'école française, outre la convergence et la richesse des travaux menés par des anthropologues et des sociologues (MORIN, 1970 ; THOMAS, 1975, 1978, 1985), sa spécificité réside dans le souci d'une mise en perspective historique des représentations collectives de la mort (ARIÈS, 1975, 1977 ; VOVELLE, 1983).

La mort « tabou ». Ainsi, le constat s'est imposé : les rituels funéraires, de deuil en particulier, se sont progressivement défaits, et cette défection induit une *consigne de silence* et un nouveau *modèle de mort*, la mort *inversée* ou *tabou*. Amorcé dans les aires les plus urbanisées et industrialisées des pays anglo-saxons au lendemain de la Première Guerre mondiale, le mouvement du *déni de la mort* a ensuite gagné la France dans la décennie 1960. Depuis, assez largement, la mort n'est plus appréhendée comme destinée ou dimension fondatrice de la condition humaine, mais comme un événement malséant, honteux et même scandaleux. Dans une société axée sur la vie, éprise d'individuation et vouée au culte du bien-être comme la nôtre, la mort ne peut être ressentie que comme un échec, une sorte de *défaut social* qu'il va s'agir de repousser ou de dissimuler. Ultime défaillance, la mort n'est plus un phénomène naturel mais la conséquence d'une conjoncture, peut-être un jour maîtrisable, grâce aux progrès de la science médicale... *Mort-accident*, la *belle* mort moderne (rapide, sans souffrance, voire dans l'inconscience) a remplacé dans l'imaginaire collectif la mort *familière* et *apprivoisée* d'autrefois.

Une médicalisation de la fin de vie. Les faits sont connus : la plupart des décès ont lieu en milieu hospitalier (près de 67% en 1994 et plus encore dans les grandes villes) ; on a ainsi abouti à une *médicalisation* de la fin de vie, souvent doublée d'une mise en solitude du mourant ; ensuite, tout est fait pour faire disparaître le corps le plus discrètement possible.

Déritualisation et désocialisation du cycle funéraire. La *déritualisation* et la *désocialisation* sont manifestes tout au long du cycle funéraire : les familles se déchargent des opérations à effectuer sur des professionnels, l'absence de veillée funèbre, les enfants qu'on éloigne, des cérémonies simplifiées et banalisées, l'affaiblissement du culte du souvenir, etc. Cela étant, les nouveaux choix de nos contemporains attestent d'un souci d'hygiène, d'écologie et d'esthétique. Trois pratiques, d'ailleurs ambivalentes, sont en nette progression :

- les soins de conservation temporaire ou *thanatopraxie* (35% des corps) ;
- l'exposition en *chambre funéraire*, *funérarium* ou *athanée* (plus d'un tiers des défunts) ;
- la crémation (13% des décédés en 1996), suivie de l'immersion ou de la dispersion des cendres dans les *jardins du souvenir* des crématoriums dans 25% des cas.

Quant aux causes profondes de ce changement radical dans les rapports que les hommes entretiennent avec la mort, on ne peut manquer d'invoquer :

- d'une part, l'accélération de l'urbanisation qui, liée à une logique économique productiviste, rend de plus en plus difficile toute manifestation collective de la mort ;

. d'autre part, le déclin des croyances religieuses et des valeurs spirituelles, qui jouaient le rôle d'une véritable propédeutique de l'au-delà.

En outre, l'observation attentive des usages funéraires actuels témoigne du développement de conduites autonomes ; elles incitent à penser que la relation personnelle à l'égard des défunts, fondée sur l'affectif et l'intime, l'emporte délibérément sur le caractère socialisé du rite, basé sur le devoir et l'obligation. Désacralisation du dernier passage et désenchantement de la mort semblent donc bel et bien consommés en ce XXe siècle finissant : situation inédite dans notre histoire, dont il reste à prendre pleinement la mesure en termes d'enjeux socioéconomiques.

Annick BARRAU

bibliographie

ARIÈS Philippe, *Essais sur l'histoire de la mort en Occident du Moyen Âge à nos jours*, Seuil, 1975.

ARIÈS Philippe, *L'Homme devant la mort*, Seuil, 1977.

BARRAU Annick, *Mort à jouer. Mort à déjouer. Socio-anthropologie du mal de mort*, PUF, 1994.

FEIFEL Herman, *The Meaning of Death*, New York, McGraw Hill, 1959.

GORER Geoffrey, *Ni pleurs ni couronnes* (1965), précédé de *Pornographie de la mort* (1955), EPEL, 1995.

KUBLER-ROSS Élisabeth, *Les Derniers Instants de la vie* (1969), Genève, Labor & Fides, 1993.

KUBLER-ROSS Élisabeth, *La Mort, dernière étape de la croissance*, Monaco, Éd. du Rocher, 1985.

MILFORD Jessica, *La Mort à l'américaine*, Plon, 1965.

MORIN Edgar, *L'Homme et la mort* (1951), « Points », Seuil, 1970.

THOMAS Louis Vincent, *Anthropologie de la mort* (1975), Payot, 1989.

THOMAS Louis Vincent, *Rites de mort pour la paix des vivants*, Fayard, 1985.

URBAIN Jean Didier, *L'Archipel des morts*, Plon, 1989.

VOVELLE Michel, *La Mort et l'Occident de 1300 à nos jours*, Gallimard, 1983.

ZIEGLER Jean, *Les Vivants et la mort*, « Points », Seuil, 1975.

MOTIVATION

du latin *movere* « mouvoir »

voir : AFFECTIVITÉ, BESOIN, CAUSALITÉ, PSYCHOLOGIE SOCIALE

1. Dans la philosophie classique et sa partie psychologique et morale classique, les motivations sont l'ensemble des considérations alléguées par le sujet comme motifs de ses actes

2. Aujourd'hui, dans un sens plus général et plus soucieux d'objectivité, on dira que les motivations sont les forces qui déterminent les actes d'un individu.

Dans les deux cas, la *motivation* précède l'acte et se présente comme sa cause. Dans une psychologie étroitement comportementaliste, la motivation est ce qui engendrera le réflexe conditionné d'appétence. La relation est causale et mécanique, et s'appuie sur la tradition pavlovienne ou béhavioriste (WATSON). Mais avec la notion de conduite* l'espace des motivations devient complexe ; on y prend en compte la dimension du sujet, avec sa personnalité, son imaginaire et le sens que les objets de son environnement en reçoivent. La notion de *champ* de LEWIN est, de ce point de vue, très enrichissante. Pour celui-ci, environnement psychologique et sujet ne sont qu'un seul et même champ dynamique. Non seulement des « forces » contrôlent le cours des processus, mais il y a « guidage » du processus par le champ perceptif lui-même. Ainsi, objectivité et subjectivité se nouent sans qu'on puisse déterminer une relation purement causale.

La sociologie, surtout la sociologie de la consommation et ses dérivées en publicité, s'est intéressée aux motivations. Elle a pris en considération que l'acte de consommer ne se réduit pas à une motivation économique ni à un comportement utilitaire ; c'est un acte répondant aussi à une demande de sens et visant une satisfaction d'un autre ordre, qui participe à la construction de l'ego. C'est sur ces analyses que DICHTER développa des techniques publicitaires pour inciter à l'achat.

André AKOUN

bibliographie

AKOUN André, « Société et publicité », in *Histoire des mœurs*, « La Pléiade », Gallimard, 1991.

ALBOU Pierre, *Psychologie de la vente et de la publicité*, PUF, 1977.

KAUFMANN Pierre, *Kurt Lewin, une théorie du champ dans les sciences de l'homme*, Vrin, 1968.

LAGACHE Daniel, *L'Unité de la psychologie*, PUF, 1949.

MOUVEMENT SOCIAL

du latin *movere* « remuer, bouger »

all. BEWEGUNG	esp. MOVIMIENTO
angl. MOVEMENT	ital. MOVIMENTO

voir : ACTION COLLECTIVE, CONFLIT, IDENTITÉ, MANIFESTATION, MUTATION

MOUVEMENT SOCIAL ET MOUVEMENT OUVRIER. Le concept apparaît en 1850 sous la plume de Lorenz von STEIN. Rejetant, à l'instar de MARX, l'idéalisme hégélien, l'auteur identifie le *mouvement social* à l'action du *mouvement ouvrier.* Si la référence à la classe porteuse du destin de l'Histoire est encore présente dans la définition qu'en donne HEBERLE, les « *actions visant à instaurer des changements fondamentaux dans l'ordre social et particulièrement dans les rapports de propriété et les relations de travail* » (1951, p. 6) ne sont plus censées se limiter à cette classe. Élargissant le champ de l'objet, BLUMER fait des mouvements sociaux « des entreprises visant à établir un nouvel ordre de vie » (1946, p. 199). Comme le souligneront TURNER et KILLIAN, de tels mouvements peuvent tout autant viser à promouvoir un changement qu'à lui résister (1958, 1972, p. 246). Smelser y voit pour sa part une « *action dont le but est de modifier un ou plusieurs types de tensions sur la base d'une reconstitution généralisée d'une composante de l'action* » (1963, p. 71). Tandis que TOURAINE, en se fondant sur la combinaison de trois grands principes — identité, opposition et totalité —, en fait l'« *action conflictuelle d'agents de classes sociales luttant pour le contrôle du système d'action historique* » (1973, p. 347).

LE PROBLÈME DE LA DÉLIMITATION DU PHÉNOMÈNE. Une première difficulté consiste à délimiter les frontières externes du phénomène. Turner et Killian parlent de « quasi-mouvements » pour désigner des conduites collectives qui possèdent, sans en être, certaines caractéristiques des mouvements sociaux. Le statut sociologique des messianismes ou autres mouvements millénaristes peut, dans cette perspective, être sujet à débat. Il est toutefois admis que, dès lors qu'ils prennent la forme d'une protestation et en appellent à l'instauration d'un autre ordre social, de tels phénomènes font partie intégrante des mouvements sociaux. SMELSER invite à dissocier les mouvements sociaux des autres types de comportements collectifs, comme les émeutes, les engouements ou encore les mouvements de panique. Pour Heberle, c'est davantage la portée historique du mouvement qui constitue le critère permettant de séparer les authentiques mouvements *(genuine social movements)* des mouvements de protestations éphémères. On retrouve ce genre de préoccupation chez Touraine, où la référence au système d'action historique conduit à écarter les conduites de crise organisationnelle, les tensions institutionnelles et les protestations modernisatrices de la catégorie des mouvements sociaux.

TYPOLOGIES DES MOUVEMENTS SOCIAUX. Si certaines typologies restent purement descriptives (mouvements réformistes, réactionnaires, expressifs et escapistes), d'autres sont plus analytiques. Smelser, par exemple, en se référant au niveau de généralité des croyances collectives, parvient à identifier deux grands types de mouvements sociaux : les mouvements orientés vers les normes et les mouvements orientés vers les valeurs. Dans une tout autre perspective, Touraine oppose les « anciens mouvements sociaux » — qui occupaient une place centrale dans la société industrielle — aux « nouveaux mouvements sociaux » qui voient le jour dans la société postindustrielle.

En mettant l'accent sur le rôle que jouent les supports organisationnels (Églises, syndicats ou partis politiques) dans la dynamique de l'action collective, l'école de la mobilisation des ressources en vient à contester la ligne de démarcation retenue jusque-là par les théoriciens du comportement collectif : l'opposition rationalité / irrationalité. La contrepartie en a été la disqualification des croyances dans la compréhension de l'émergence et du développement de ces mouvements. La sociologie des mouvements sociaux apparaît donc plus que jamais déchirée entre, d'un côté, un courant qui met la logique de l'intérêt au cœur de l'analyse, mais qui oublie que les « intérêts » visés par les acteurs sont des *construits sociaux* ; et, de l'autre côté, un courant qui tend à faire de l'idéologie une sorte d'attrappe-tout et oublie que les individus sont des êtres doués de raison. Une voie médiane se dégage pourtant, qui conduit les chercheurs à s'intéresser à la façon dont les acteurs potentiellement mobilisables confèrent du sens à la situation. L'analyse de cette « montée en généralité » a l'avantage de préserver des sirènes du holisme tout en sauvegardant l'inspiration originelle de Smelser (lorsque celui-ci affirme que c'est la croyance généralisée qui « identifie la source de la tension, lui attribue certaines caractéristiques et suggère certaines solutions appropriées » [1963, p. 16]). Partant des travaux menés par GOFFMAN sur les cadres de l'expérience, certains auteurs redécouvrent aujourd'hui les composantes cognitives et normatives de la dynamique idéologique qui accompagne l'essor de tout mouvement social. Des voies prometteuses se dessinent ainsi, notamment à la faveur d'un renouveau des travaux sur l'argumentation.

Patrice MANN

bibliographie

BLUMER Herbert G., « Social Movements », *in* A. M. LEE (éd.), *New Outline of the Principles of Sociology*, New York, Barnes & Noble, 1946, pp. 199 à 220 ; repris *in* B. MCLAUGHLIN, *Studies in Social Movements*, New York, Free Press, 1969, pp. 8 à 29.

GOFFMAN Erving, *Les Cadres de l'expérience* (1974), Éd. de Minuit, 1991.

HEBERLE R., *Social Movements : An Introduction to Political Sociology*, New York, Appleton-Century-Crofts Inc., 1951.

SMELSER Neil J., *Theory of Collective Behavior*, New York, Free Press, 1963.

TOURAINE Alain, *Production de la société*, Seuil, 1973.

TURNER Ralph, KILLIAN Lewis M., *Collective Behavior* (1957), Englewood Cliffs, Prentice Hall, 1972.

VON STEIN Lorenz, *Die Geschischte der sozialen Bewegung in Frankreich von 1789 bis auf unser Tage* (1850), trad. angl. K. Mengelberg, *The History of the Social Movement in France, 1789-1850*, Bedminster Press, Totowa, 1964.

WILKINSON P., *Social Movement*, Londres, McMillan Press, 1971.

WILSON William Julius, *Introduction to Social Movements*, New York, Basic Books, 1973.

MOYENNE ARITHMÉTIQUE

voir : PARAMÈTRES DE TENDANCE CENTRALE

On appelle moyenne arithmétique *de la distribution d'une variable quantitative, prenant pour chaque individu* i, *d'un échantillon de taille* n, *la modalité* x_i, *la valeur suivante :*

$$\bar{x} = \frac{1}{n}\sum_{i=1}^{i=n} x_i$$

Lorsque n_k individus prennent la même modalité x_k, la moyenne se calcule de la manière suivante :

$$\bar{x} = \frac{1}{n}\sum_{k} n_k x_k$$

Ou encore avec $f_k = \frac{n_k}{n}$, $\bar{x} = \sum_{k} f_k x_k$. On parle alors de moyenne pondérée.

La moyenne est l'indicateur de tendance centrale le plus fréquemment utilisé, bien que sensible aux valeurs aberrantes.

Depuis 300 ans, on s'interroge sur le sens à donner à cet indicateur et sur les conditions de son utilisation. Au XVIIIe siècle, deux termes sont employés pour désigner ce calcul. La *moyenne proportionnelle* désigne la moyenne des différentes mesures que l'on peut effectuer sur *un même objet* (avec différents instruments plus ou moins précis), alors qu'on parle de *valeur commune* pour rendre compte de la moyenne de mesures d'objets différents. Le calcul est identique, mais il s'agit de réalités distinctes. Il faut attendre QUÉTELET (1796-1874), véritable père de la théorie de la moyenne et grand précurseur de la sociologie quantitative, pour que soient réunis ces deux indicateurs sous le même terme de *moyenne*, grâce à la notion de *cause constante*. Pour Quételet, de même qu'il existe une « vraie mesure » de l'objet que l'on cherche à approcher à l'aide de différents instruments et du calcul de la moyenne proportionnelle, il doit exister un « homme moyen » créé par Dieu, dont les humains concrets ne sont que de pâles copies. Examinant les tailles des conscrits, il remarque que celles-ci varient considérablement une année donnée, mais que leur moyenne en revanche reste relativement stable d'une année sur l'autre. Il retrouve cette permanence temporelle de la moyenne dans d'autres domaines grâce à l'examen des statistiques administratives ou morales (naissances, mariages, crime, suicide), ce qui lui permet d'ébaucher les premiers fondements du déterminisme sociologique en estimant la « propension » des individus à se marier, à commettre un crime, etc. Dans les ***Règles de la méthode sociologique***, DURKHEIM se fonde sur la théorie de l'homme moyen de Quételet : il pose que la société (et non plus l'homme idéal créé par Dieu) possède des propriétés de régularité dans ses comportements, par-delà une diversité individuelle. Il s'interroge cependant sur le sens de la moyenne, qui ne permet peut-être pas, selon lui, d'appréhender le tout collectif réel. Aujourd'hui, la question de la « réalité » de la moyenne ne se pose plus. Comme tout indicateur, elle est considérée comme une valeur résultant d'une série de mesures et de mises en forme, indissociablement liées à un énoncé verbal sur la société, à une vision du monde particulière, cognitivement constitués.

Félicité des NÉTUMIÈRES

bibliographie

DESROSIÈRES Alain, *La Politique des grands nombres. Histoire de la raison statistique*, La Découverte, 1993.

WONNACOTT Thomas, WONNACOTT Ronald, *Statistique*, Economica, 1995.

MULTICULTURALISME

voir : ETHNICITÉ, IDENTITÉ, INTÉGRATION, MÉTISSAGE, MINORITÉ, PLURALISME

Apparu au Canada à la fin des années 60 à l'occasion de débats politiques liés à la question québécoise, le thème du *multiculturalisme* a pris son essor dans les années 80. Il renvoie à trois registres distincts analytiquement mais souvent confondus dans la pratique.

1 Le registre proprement sociologique s'intéresse à la présence, dans une société donnée, de différences culturelles, à l'existence de demandes et d'affirmations identitaires, religieuses, ethniques, nationales, raciales, etc. Quatre logiques principales sont à l'œuvre ici : logique d'antériorité (Indiens d'Amérique par exemple), d'importation (avec l'immigration), de reproduction (minorités régionales par exemple), enfin et surtout de production.

2 Le registre de la philosophie politique et de l'éthique situe le multiculturalisme dans les tensions entre tenants d'un universalisme qui n'admet que des individus dans l'espace public, et partisans d'une plus ou moins grande reconnaissance des particularismes culturels. Dans le monde anglo-saxon, la discussion oppose *communitarians*, favorables à cette reconnaissance, et *liberals*, qui lui sont hostiles ; en France, les positions radicales d'intellectuels « républicains » universalistes, assimilant toute reconnaissance de la différence au déploiement d'un communautarisme ravageur, ont longtemps retardé l'ouverture du débat.

3 Enfin, le multiculturalisme peut être une politique, éventuellement inscrite dans la loi fondamentale d'un État, dont l'objectif est de concilier le droit des individus et des groupes à maintenir une culture propre, et la possibilité pour chacun de s'intégrer à la nation et de participer pleinement à la vie de la cité. Au Canada, en Australie, en Suède, cette politique s'efforce d'articuler la reconnaissance des particularismes culturels au traitement des inégalités et des difficultés sociales des groupes concernés. Aux États-Unis, le multiculturalisme est éclaté ; les problèmes sociaux des minorités sont l'objet des politiques très controversées de l'*affirmative action* (discrimination positive), tandis que leur reconnaissance culturelle, surtout à l'école et dans l'Université, relève d'autres efforts, débouchant parfois sur les excès du *politically correct*.

Michel WIEVIORKA

bibliographie

CRESPI Franco, SEGATORI Roberto (sous la dir. de), *Multiculturalismo e democrazia*, Rome, Donzelli, 1996.

GLAZER Nathan, *We Are All Multiculturalists Now*, Cambridge, Harvard UP, 1997.

GOLDBERG David Theo, *Multiculturalism. A Critical Reader*, Oxford-Cambridge, Blackwell, 1994.

INGLIS Christine, *Multiculturalisme : New Policy Responses to Diversity*, UNESCO, Most, 1996.

TAYLOR Charles, *Multiculturalisme. Différence et démocratie*, Aubier, 1994.

TOURAINE Alain, *Pourrons-nous vivre ensemble, égaux et différents ?*, Fayard, 1997.

WIEVIORKA Michel (sous la dir. de), *Une société fragmentée ? Le multiculturalisme en débat*, La Découverte, 1997.

SOCIOLOGIE DE LA MUSIQUE

du latin *musica*, lui-même emprunté au grec *mousikê* « l'art des Muses »

all. SOZIOLOGIE DER MUSIK	esp. SOCIOLOGÍA DE LA MÚSICA
angl. SOCIOLOGY OF MUSIC	ital. SOCIOLOGIA DELLA MUSICA

voir : ART, CULTURE, ÉDUCATION, ETHNOMUSICOLOGIE, MŒURS

La sociologie de la musique analyse les conditions de la création, de la diffusion et de la réception de la musique.

Bien que les philosophes grecs (PLATON, ARISTOTE) se soient intéressés, comme SAINT AUGUSTIN plus tard, aux interrelations entre musique et société, c'est au XXᵉ siècle qu'apparaissent les premières études de sociologie de la musique.

WEBER. Dans ***Les Fondements rationnels et sociologiques de la musique*** (1921), WEBER analyse les circonstances qui ont présidé à l'apparition, depuis la Renaissance, de phénomènes musicaux qui tendent vers un degré de rationalité croissante (systèmes d'accords, systèmes de notation, registres de voix, orchestre, facture instrumentale). Pour Weber, ces phénomènes ont revêtu une valeur universelle bien qu'ils n'aient existé qu'en Occident. Cette analyse a été lue trop souvent dans une perspective étroitement historique ; elle a été critiquée pour son évolutionnisme et son ethnocentrisme (la musique occidentale est le modèle d'évolution sociale).

ADORNO. Pour ADORNO, philosophe et sociologue de l'École de Francfort, l'œuvre musicale n'est pas le reflet des structures sociales, mais le révélateur des contradictions de la société, et par là, elle exerce une fonction critique et utopique (*Mahler*, 1960). Alors qu'il reconnaît cette fonction aux œuvres savantes, et particulièrement à celles de l'École de Vienne, il la refuse au jazz et aux productions de l'industrie culturelle. La sociologie de la musique la plus récente a pris ses distances avec les approches essentiellement théoriques pour s'orienter vers des recherches plus empiriques qui permettent aux chercheurs de recueillir et de vérifier leurs données. Les premières, souvent dictées par la demande des institutions, ont été des enquêtes d'audience (des concerts, de la radio) et de consommation musicale (disques).

LES POLITIQUES D'AIDE À LA CRÉATION. Le développement des politiques publiques d'aide à la création (et à la diffusion) a suscité, notamment en France, des enquêtes sur l'origine sociale, la biographie, la formation des musiciens et leurs profils de carrière ainsi que leurs systèmes de représentations esthétiques et professionnelles. Les chercheurs ont analysé également l'influence du rôle de l'État — qui intervient pour concurrencer ou suppléer le marché — dans la légitimation de certains courants esthétiques. Enfin s'est posée la question de la démocratisation de l'accès des publics à la musique (dans les conservatoires, les concerts ou à l'Opéra).

LES MÉTHODES D'ÉTUDE. Les méthodes en usage sont celles des diverses écoles sociologiques, mais adaptées à la spécificité de la musique, qui est un langage particulièrement formalisé. Le recours de plus en plus fréquent à l'histoire (et à l'histoire sociale), comme à l'économie, permet d'éviter les écueils du sociologisme. Le recours à l'histoire aide à comprendre les transformations qui affectent les différents genres musicaux et corrélativement les conditions dans lesquelles se trouvent créateurs, interprètes et publics aujourd'hui, face à des genres multiséculaires (comme l'opéra ou la chanson). L'apparition, depuis les années 60, de musiques « populaires » comme le rock, la pop ou les « musiques métissées », a provoqué l'ouverture de nouveaux chantiers de recherche, tant en Europe qu'aux États-Unis (les anglo-saxons ayant été des pionniers dans ce domaine). Les études tendent à montrer que ces musiques, comme les musiques « savantes », sont la résultante d'interrelations et d'interactions entre les divers acteurs qui participent à leurs « mondes » (BECKER), rapidement affectés par le changement, ce qui en rend l'étude et la compréhension encore plus difficiles. La sociologie de la musique est une discipline jeune, mais qui offre d'ores et déjà des études de référence et dont le développement à l'échelle internationale laisse augurer un avenir qui la rendra indispensable pour comprendre les faits musicaux, en collaboration avec la musicologie et l'histoire de la musique.

Bruno BREVAN

bibliographie

ADORNO Theodor W., *Mahler* (1960), Éd. de Minuit, 1976.

ADORNO Theodor W., *Introduction à la sociologie de la musique* (1962), Contrechamps, 1994.

BECKER Howard S., *Outsiders* (1963), Métailié, 1985.

ELIAS Norbert, *Mozart. Sociologie d'un génie*, Seuil, 1991.

FRITH Simon, *The Sociology of Rock*, Londres, Constable, 1978.

HENNION Antoine, *La Passion musicale*, Métailié, 1993.

MENGER Pierre Michel, *Le Paradoxe du musicien*, Flammarion, 1983.

MIGNON Patrick, HENNION Antoine (sous la dir. de), *Rock : de l'histoire au mythe*, Anthropos, 1991.

WEBER Max, *Sociologie de la musique* (1921), Métailié, 1998.

MUTATION

du latin *mutatio* « changement, altération »

all. VERÄNDERUNG, MUTATION (biologie), VERSETZUNG (administration)	esp. MUDANZA
angl. MUTATION	ital. MUTAMENTO

voir : HISTOIRE, RÉVOLUTION

En sociologie, changement social relativement rapide et étendu.

Le mot *mutation*, qui a le sens classique de « changement, transformation » a d'abord pris une acception administrative. Il désigne, pour un emploi, un changement de personne ou de lieu ; puis il a servi à désigner, en biologie, le changement brusque et transmissible des caractères héréditaires chez un individu, l'évolution. Par analogie, dans les sciences humaines, on entend par *mutation* un changement social en profondeur relativement rapide. Cette rapidité est toute relative lorsqu'il s'agit des changements majeurs de l'histoire humaine : révolution néolithique, avec l'invention de la poterie et de l'agriculture, création et diffusion de l'écriture, expansion des grandes religions, mondialisation des échanges, révolutions industrielle, nucléaire, informatique...

La volonté de développement et les contraintes dues à l'explosion démographique rendent à présent les mutations à la fois souhaitées et nécessaires, mais leur sociologie reste balbutiante, surtout à la suite de l'échec du marxisme et des autres théories, dont le projet était justement d'instaurer le savoir scientifique et la pratique rationnelle de la mutation. On en revient aux approches plus modestes des culturalistes américains (HERSKOVITS, LINTON, REDFIELD) et aux études de cas, qui précisent comment un détail, parfois, suffit à provoquer un bouleversement : ainsi la liberté qu'avaient les femmes africaines d'aller troquer leurs surplus au marché (⇒ COUTUME) a pu faire à présent de certaines d'entre elles de riches commerçantes capitalistes, qui prêtent souvent de l'argent à leur mari et le tiennent dans une dépendance imprévue.

Des exemples typiques, comme celui du Japon, montrent que la mutation durable est celle qui s'appuie sur certaines traditions, qui intègre certains syncrétismes et qui sait réveiller les dynamismes sous-jacents aux développement autocentrés, les seuls viables, semble-t-il.

Philippe LABURTHE-TOLRA

bibliographie

BALANDIER Georges, *Sociologie actuelle de l'Afrique noire. Dynamique des changements sociaux en Afrique centrale*, PUF, 1955.

BASTIDE Roger, *Anthropologie appliquée*, Payot, 1971.

POIRIER Jean (sous la dir. de), *Histoire des mœurs*, « La Pléiade », Gallimard, 3 t., 1990-1991.

MUTILATIONS CORPORELLES

du latin *mutilare* « retrancher, couper (notamment une partie du corps) »

all. KÖRPERLICHE VERSTÜMMELUNGEN	esp. MUTILACIONES CORPORALES
angl. BODY MUTILATIONS	ital. MUTILAZIONE

voir : CORPS, CULTURE, ÉDUCATION, MŒURS

Les mutilations corporelles *qualifient les marquages intervenant sur le corps à différentes étapes de sa formation. Le terme de* mutilation *indique qu'ils sont aujourd'hui perçus comme globalement négatifs en Occident.*

Par *mutilations corporelles*, on désigne l'ensemble des marquages réalisés au cours de l'éducation sur le corps des enfants et adolescents. Elles varient considérablement selon les cultures et tendent actuellement à régresser. Elles concernaient toutes les formes de scarification ornant le torse ou le visage, la perforation des lèvres, du nez ou des oreilles permettant la pose d'anneaux (ou de labret), le limage des dents, certains tatouages, diverses pratiques d'élongation ou de réduction des membres et du squelette (crâne), et plus spécifiquement les manipulations relatives au sexe, circoncision (et subincision) chez les hommes, excision et infibulation chez les femmes.

Le marquage corporel peut être réalisé à des fins esthétiques — auxquelles le courage nécessaire pour supporter la douleur de l'opération contribue —, en vue de favoriser un apprentissage spécifique, celui de la parole par exemple, ou encore de garantir la fécondité des personnes. De façon générale, il impose l'image du corps social sur le corps individuel, lui signifiant sa loi en l'absence ou en complément de l'écriture. Dans la pratique, il peut être vécu comme une valorisation impatiemment recherchée, ou comme une épreuve redoutée, sans exclure les réactions intermédiaires.

De façon plus spécifique, la notion de *mutilation* implique l'idée de perte d'intégrité physique — celle d'un membre ou d'un organe, en particulier sexuel. Le terme a pu être évoqué à propos de la circoncision, bien que son adoption rituelle par deux grandes religions monothéistes, sa pratique pour raison hygiénique dans nombre de pays de tradition protestante, ou ailleurs sous couvert médical, fassent obstacle à cette qualification. Dans bien des sociétés de tradition animiste, même christianisées, l'adhésion à cette pratique apparaît avec force tant chez les hommes que chez les femmes, qui en font une condition à leur reconnaissance de l'identité masculine.

Mais c'est surtout à l'excision et *a fortiori* à l'infibulation, répandues essentiellement en Afrique de l'Ouest et de l'Est, que ce terme a été appliqué : objet de campagnes de dénonciation internationales, ces pratiques ont été condamnées parce qu'elles mettent en danger la santé des femmes, leur intégrité sexuelle, et ne respectent pas le droit des enfants à disposer de leur corps. Leur perpétuation dans les pays d'immigration a contribué à intensifier le débat : certains pays occidentaux interdisent sans poursuivre, d'autres, comme la France, condamnent avec sanctions pénales. Si la perception traditionnelle de l'excision en particulier l'assimilait à la circoncision, sa réinterprétation contemporaine la voue à une remise en question. Celle-ci ne devrait cependant pas conduire à « diaboliser » les parents qui peuvent encore la faire pratiquer, à leur sens, pour le bien de leurs enfants.

Anne RAULIN

bibliographie

BETTELHEIM Bruno, *Les Blessures symboliques* (1954), Gallimard, 1971.

DEOTTE-LEFEUVRE Martine, *L'Excision en procès : un différend culturel*, « Logiques sociales », L'Harmattan, 1997.

DUTRUGE Anne, *Rites initiatiques et pratique médicale dans la société française contemporaine*, « Connaissance des hommes », L'Harmattan, 1994.

ERLICH Michel, *La Mutilation*, « Les champs de la santé », PUF, 1990.

ERLICH Michel, *Les Mutilations sexuelles*, « Que sais-je ? », PUF, 1991.

GELIS Jacques, « Refaire le corps. Les déformations volontaires du corps de l'enfant à la naissance », in *Ethnologie française*, janvier 1984.

HOSKEN Françoise, *Les Mutilations sexuelles féminines*, « Femme », Denoël-Gonthier, 1983.

RAULIN Anne, « Problèmes éthiques d'une recherche en sciences sociales : l'excision et sa présence en France », in *Cahiers internationaux de sociologie*, 1990.

MYSTIQUE

emprunté (1380) au latin *mysticus* « relatif aux mystères »

all. MYSTIK	esp. MÍSTICO
angl. MYSTIC	ital. MISTICO

voir : CROYANCE, RELIGION, SACRÉ

Mystique : *relatif au* mysticisme *qui est la recherche de l'union de l'âme avec le principe divin, union expérimentée de façon personnelle et intérieure dans la prière et l'ascèse.*

Le mot *mystique* est associé étymologiquement au secret, au mystère et aux voies qui permettent d'y accéder. En s'hellénisant, le christianisme a repris l'idée néoplatonicienne selon laquelle l'âme peut (par la mort ou l'extase) s'émanciper du monde sensible et s'unir au principe divin. L'expérience mystique suppose que l'individu se défasse non seulement de ses sentiments et de ses passions, mais également des représentations et analogies qui lui servent à penser Dieu. Les moines du mont Athos (à partir du Xe siècle) mirent au point, pour y parvenir, des techniques (telle que la maîtrise du souffle et l'oraison brève indéfiniment répétée) qu'on trouve attestées non seulement dans des courants importants de la mystique chrétienne (russe notamment), mais également dans d'autres traditions religieuses (hindouiste, bouddhiste, juive — hassidique — et musulmane, entre autres) ; ces courants développent également le désir de l'union amoureuse de l'âme à Dieu, expérimentée de façon personnelle et intérieure dans la prière et l'ascèse. Inséparable de l'Écriture, l'expérience mystique chrétienne a nourri, à travers ses grands foyers flamand et rhénan (XIIe-XIVe siècles), puis espagnol (XVIe siècle) une véritable « science mystique » à laquelle sont attachés les noms de Jean de La Croix et Thérèse d'Avila. Les courants de spiritualité du XVIIe siècle français ont diffusé une voie mystique orientée vers le repos de l'âme en Dieu (Madame Guyon). Après le XVIIIe, l'ésotérisme favorisera un nouvel essor de la recherche (chrétienne et non chrétienne) d'union intime à l'Un, non sans connexions avec certains des rameaux mystiques de la Kabbale juive. Étranger en principe à la mystique (qui n'est pas fondée dans la Bible), le protestantisme a pourtant fait surgir, du fait de l'insistance sur la relation personnelle, intérieure et sans médiation institutionnelle de l'homme à Dieu, d'importantes figures mystiques qui ont vécu et théorisé l'expérience affective de la présence divine en soi. C'est en référence à ces représentants d'un individualisme religieux qui privilégie l'expérience intérieure sur toute forme de conformité doctrinale qu'Ernst TROELTSCH a forgé le type-idéal du « spiritualisme mystique », dans lequel se dessine la figure moderne de la religiosité de l'individu.

Danièle HERVIEU-LÉGER

bibliographie

CERTEAU Michel de, *La Fable mystique 1, XVIe-XVIIe*, Gallimard, 1982.

CHODKIEWICZ Michel, *Le Sceau des Saints. Prophétie et sainteté dans la doctrine d'Ibn Arabî*, Gallimard, 1986.

DINZELBACHER Peter (sous la dir. de), *Dictionnaire de la mystique*, Brepols, 1993.

JOSSUA Jean-Pierre, *Seul avec Dieu. L'Aventure mystique*, Gallimard, 1996.

LIBÉRA Alain de, *La Mystique rhénane d'Albert Le Grand à Maître Eckart*, Seuil, 1994.

MAITRE Jacques, *Mystique et féminité. Essai de psychanalyse socio-historique*, Cerf, 1997.

MOPSIK Charles, *Cabale et cabalistes*, Bayard, 1997.

POPOVIC Alexandre, VEINSTEIN Gilles, *Les Voies d'Allah. Les Ordres mystiques dans le monde musulman des origines à aujourd'hui*, Fayard, 1996.

SCHOLEM Gershom, *Les Grands Courants de la mystique juive*, Payot, 1950.

VAUCHEZ André, *La Spiritualité du Moyen Âge occidental*, PUF, 1975.

MYTHE

emprunté tardivement (1803) au bas latin *mythos* « fable, récit fabuleux », emprunté au grec *muthos* « suite de paroles qui ont un sens »

all. MYTHUS	esp. MITO
angl. MYTH	ital. MITO

voir : ETHNOLOGIE, MÉMOIRE, RELIGION, RITE, STRUCTURALISME, TEMPS

Récits imagés, objets d'adhésions religieuses.

En tant que récit fondateur, le *mythe* énonce dans un langage imagé, mi-ésotérique, mi-populaire, les bases du credo d'un peuple quant à ses dieux, quant à des phénomènes jugés extraordinaires et quant aux rapports de l'homme avec le sacré.

Qu'il soit cosmogonique, expliquant la création et la structure du monde (genèse biblique, mise à l'épreuve de l'homme) ou bien étiologique et de fondation, justifiant un ordre de choses en le projetant dans le passé (origine du mal et de la mort, installation d'une dynastie, inégalité des castes, nécessité de l'excision chez les Dogon), le mythe renvoie aux sources héroïques et primordiales d'une culture dont il justifie les traditions. Il revêt un caractère sérieux et sacré en ce que le drame des origines donne sens au tragique et au banal des existences par un jeu de miroirs, de symboles, de correspondances, de métamessages qui résolvent d'éventuelles contradictions.

Situé dans le hors-temps, il pousse à une remémoration du passé. Du registre de l'affect et moteur de l'action, il évoque des normes qu'il importe de respecter sous peine de sanctions surnaturelles et se revivifie par des rites qui le rendent symboliquement opératoire. On le récite par fragments lors des fêtes et il se présente souvent sous forme morcelée, allusive, dispersée en diverses versions. On l'apprend lors des initiations. Il circule de génération en génération en se modifiant dans les détails et dégénère en fable ou en légende lorsqu'on ne croit plus qu'il véhicule la vérité.

Par *mythologie*, on entend un ensemble considérable de mythes appartenant à une même culture, rassemblés sans nécessaire souci de cohérence, car des mythes différents se contredisent du point de vue de leur sens, et beaucoup de mythes ont été élaborés à des époques différentes par des auteurs anonymes.

Interprétations. Pour FRAZER comme pour LÉVY-BRUHL, le mythe, bien que mode de connaissance et d'explication, relève de la pensée irrationnelle des primitifs. LEENHARDT et ELIADE soulignent combien le mythe vécu est un geste qui cimente la communauté. Tandis que MALINOWSKI voit dans le mythe la charte pragmatique, éthique, justificatrice et normalisatrice d'une collectivité, BALANDIER souligne qu'il fonde l'imposition contraignante des hiérarchies et du pouvoir. Si le mythe exprime de manière déguisée les conflits de l'inconscient (FREUD), il apaise aussi l'angoisse de l'inconnu. S'il manifeste les archétypes de l'inconscient collectif (JUNG), il aide aussi l'individu à mieux vivre en proposant exemples et maximes.

LÉVI-STRAUSS, à partir de mythes variés ou redondants dégage des mini-unités significatives (mythèmes), les met en relation et procède à des oppositions et permutations. Il analyse les mythes comme des systèmes de classification plutôt qu'en référence aux coutumes et techniques de la société élaboratrice ou transformatrice. Selon lui, du mythe d'Œdipe se dégage comme idée essentielle l'opposition entre l'origine chrétienne de l'homme (série nature) et son origine familiale (série culture), les deux éléments étant traités sous leurs pôles positif et négatif : l'homme a les infirmités qu'on a sur terre mais peut aussi s'affronter à des puissances surnaturelles, la parenté est à la fois écartelée par le meurtre du père et court-circuitée dans l'inceste.

Claude RIVIÈRE

bibliographie

AKOUN André (éd.), *Mythes et croyances du monde entier*, Brepols, Lidis, 5 t., 1985.

BALANDIER Georges, *Anthropologie politique*, PUF, 1984.

CAILLOIS Roger, *Le Mythe et l'homme*, Gallimard, 1937.

ELIADE Mircea, *Aspects du mythe*, Gallimard, 1963.

FREUD Sigmund, *Totem et tabou*, Gallimard, 1993.

JUNG Carl Gustav, *Introduction à l'essence de la mythologie*, Payot, 1993.

LÉVI-STRAUSS Claude, *Mythologiques*, Plon, 4 vol., 1964-1971.

MALINOWSKI Bronislaw, *Une théorie scientifique de la culture* (1944), Seuil, 1970.

N

NARCISSISME

du latin *narcissus*, qui désigne une fleur symbole d'un personnage mythologique, Narcisse

all. NARZISMUS	esp. NARCISISMO
angl. NARCISSISM	ital. NARCISISMO

voir : ATOME SOCIAL

1 En référence au mythe grec de Narcisse, amoureux de sa propre image reflétée dans l'eau de la rivière et qui se noya en voulant l'étreindre, le terme de *narcissisme*, utilisé d'abord en psychanalyse, définit l'intérêt porté à sa propre image, qui devient la personne aimée.

2 En sociologie, certains auteurs usent métaphoriquement de ce terme pour définir les sociétés où l'individu n'est intéressé que par son moi particulier et par l'image qu'il en donne. Lorsque FEUERBACH écrivait : « *Notre temps préfère l'image à la chose, la copie à l'original, la représentation à la réalité, l'apparence à l'être.* [...] *Ce qui est sacré pour lui ce n'est que l'illusion* », il annonçait à sa façon cette société de l'apparence où l'homme s'aliène dans l'amour de sa propre image.

SOCIÉTÉ NARCISSIQUE. On parlera aussi de *société narcissique* à propos de ces sociétés où la modernité rompt avec son idéologie humaniste ou civique, et où l'individu fait de son moi particulier un absolu et le seul objet de son intérêt ; il ne recherche alors plus que les rapports « imaginaires » avec des « semblables », dans des « familles » fusionnelles.

André AKOUN

bibliographie

BAUDRILLARD Jean, *De la séduction*, Galilée, 1979.

CAZENEUVE Jean, *La Société de l'ubiquité*, Denoël, 1972.

FEUERBACH Ludwig, *L'Essence du christianisme* (1843), Maspero, 1968.

FREUD Sigmund, « Pour introduire le narcissisme », in *La Vie sexuelle*, PUF, 1966.

GREEN André, *Narcissisme de vie, narcissisme de mort*, Éd. de Minuit, 1983.

LASH Christopher, *Le Complexe de Narcisse. La nouvelle sensibilité américaine*, Laffont, 1981.

LIPOVETSKY Gilles, *L'Ère du vide*, Gallimard, 1983.

SENETT Richard, *Les Tyrannies de l'intimité*, Seuil, 1979.

NATALITÉ ⇒ DÉMOGRAPHIE, POLITIQUE DE POPULATION

NATION

du latin *natio* « naissance » puis, par métonymie, « ensemble d'individus nés en même temps dans le même lieu »

all. NATION	esp. NACIÓN
angl. NATION	ital. NAZIONE

voir : COMMUNAUTÉ, ÉTAT, IDÉOLOGIE, MONDIALISATION

La nation est la forme globale d'existence des sociétés modernes ou la forme vers laquelle ont tendu ces sociétés. Elle dépasse les anciennes communautés ethniques et intègre les diversités religieuses.

NATION ET PEUPLE. Le mot latin *natio* (pluriel : *nationes*) désigne un peuple ou, le plus souvent, des peuples, par opposition au terme *populus*, qui est l'appellation du peuple par excellence, *populus romanus*. Au XVIIIe siècle, un renversement se produit entre ces deux vocables : la *nation* désigne désormais la société « libérée de l'absolutisme », la *nation française*, tandis que le terme *peuple* s'applique aux autres, c'est-à-dire aux *peuples* « encore soumis au despotisme ». Produit de l'histoire, la nation provient initialement de la conjonction entre un pouvoir politique (les monarchies modernes) et un espace économique (le marché).

LE XIXe SIÈCLE. Dès le XIXe siècle, la question nationale suscite des oppositions idéologiques, notamment entre l'Allemagne, où la nation est conçue comme une communauté biologique ou même raciale (TREITSCHKE), et la France, où la nation est définie comme « une âme, un principe spirituel » (RENAN).

LE XXe SIÈCLE. Au début du XXe siècle, cette opposition se complique avec la doctrine qui fait de la nation le résultat d'un contrat entre ses membres, en souvenir de la fête de la Fédération du 14 juillet 1790. Historiquement, tout s'est passé comme si les nations provenaient de la décomposition d'empires antérieurs. La décomposition de l'Empire romain d'Occident aurait ainsi abouti, après le millénaire médiéval, aux premières nations modernes. La décomposition de l'Empire byzantin serait à l'origine de l'émergence des nations slaves. La fin de l'Empire ottoman aurait généré la volonté de construction de la nation turque et de diverses nations arabes. Enfin, le processus de la décolonisation aurait produit la naissance de nouvelles nations dans les Amériques, en Asie et en Afrique. Même s'il est vrai que la nation est un cadre dépassé pour les activités économiques actuelles, en raison notamment de la mondialisation, elle demeure une référence identitaire. Au début de notre siècle, l'appartenance à une nation l'emportait le plus souvent sur les autres appartenances. Aujourd'hui, le sentiment national s'est affaibli, tandis que le sentiment d'appartenance à une région, voire à une ethnie, et la conscience d'appartenir à un ensemble continental se sont renforcés.

NATION ET SOCIÉTÉ GLOBALE. Pour la sociologie, le problème est de savoir si la nation, comme mode d'existence de la société globale, comporte un fondement objectif ou si elle est seulement le produit de représentations collectives.

Pierre FOUGEYROLLAS

bibliographie

ANDERSON Benedict, *L'Imaginaire national. Réflexion sur l'origine et l'essor du nationalisme*, La Découverte, 1996.

BAUER Otto, *La Question des nationalités et la social-démocratie* (1907), EDI-Arcantère-Guérin Littérature, 1988.

FOUGEYROLLAS Pierre, *La Nation. Essor et déclin des sociétés modernes*, Fayard, 1987.

GIRARDET Raoul, *Nationalismes et nation*, Complexe, 1996.

MAUSS Marcel, « La Nation », in *Œuvres*, t. 3, Éd. de Minuit, 1969.

RENAN Ernest, *Qu'est-ce qu'une nation ?* (1882), « Agora », Pocket, 1992.

SCHNAPPER Dominique, *La Communauté de citoyens. Sur l'idée moderne de nation*, Gallimard, 1994.

STALINE Joseph, *Le Marxisme et la question nationale* (1913), Éd. du Centenaire, 1978.

NÉGOCIATION

du latin *negotiatio* « commerce »

all. VERHANDLUNG	esp. NEGOCIACIÓN
angl. NEGOTIATION	ital. NEGOZIATO

voir : CONFLIT SOCIAL, CONSENSUS, INTERACTION, PROCESSUS, STRATÉGIE

La négociation *est un processus par lequel deux ou plusieurs parties interagissent dans le but d'atteindre une position acceptable au regard de leurs divergences.*

La *négociation* est d'abord une interaction, c'est-à-dire un mouvement dynamique susceptible d'être saisi et conceptualisé en tant que processus. Elle suppose l'existence d'une divergence qui justifie précisément la mise en œuvre de ce processus destiné à la résoudre. La divergence peut prendre des formes multiples, depuis la discussion sur une nuance jusqu'au conflit ouvert. Elle implique également l'existence, au moins momentanée, d'une relation de dépendance qui constitue la raison pour laquelle un acteur va choisir d'entrer en négociation. Celui-ci n'est pas en mesure d'atteindre seul l'objectif poursuivi ou bien sait qu'il ne l'atteindra à meilleur coût que par le moyen de la négociation. Enfin, l'objet même de la négociation consiste à parvenir à une position commune, c'est-à-dire une décision conjointe, sachant que, par définition, chacune des parties dispose d'un droit de veto sur tout type d'accord. Si tel n'était pas le cas, c'est-à-dire si l'une des parties pouvait contraindre l'autre à signer un accord, il ne s'agirait plus d'une négociation mais d'une décision unilatérale dans laquelle l'autre partie ne tiendrait qu'un rôle d'exécutant.

1 UN RÔLE ET DES ENJEUX CONSIDÉRABLES. La *négociation*, forme archétypale de l'activité sociale, assure des fonctions très diverses : la régulation des systèmes complexes (entreprises, administrations, États, organisations internationales) ; l'échange et la répartition (notamment dans le cadre de l'activité économique) ; les décisions concertées (au sein de la cellule familiale comme lors de la fusion d'entreprises) ; la résolution de conflits (là où apparaissent des antagonismes ouverts, que ce soit dans la famille, l'entreprise, entre voisins ou bien entre États).

La *négociation* comme objet offre une synthèse des enjeux sociétaux majeurs observables. Elle est un lieu d'articulation de l'intérêt individuel et de l'intérêt collectif, car elle confronte deux dimensions fondamentales de l'activité humaine : la coopération et la compétition. En tant que processus, elle intègre une réalité multiple et foisonnante qui est l'expression même de la vie. Enfin, elle témoigne de la possibilité de transformer une divergence d'intérêts en gains conjoints, c'est-à-dire de modifier la structure même du jeu social.

2 UNE PERMANENCE ET UNE ACTUALITÉ. Négocier est vraisemblablement un des actes les plus anciens que l'on puisse imaginer, car il s'agit d'une des modalités de base de la vie en commun et de l'ajustement mutuel. Le nouveau-né, dans sa relation à la mère, négocie avant de savoir parler. Aujourd'hui, la multiplication des échanges et des formes de coopération, la mondialisation de l'économie accroissent considérablement les opportunités de négociation. Dans les sociétés industrielles, l'évolution vers une plus grande prise en compte des demandes de chacun conduit à des ajustements de plus en plus souvent placés sous le signe de la négociation. De même, les conflits sociaux se soldent de moins en moins par une reddition de l'une des parties. Les valeurs de notre temps impliquent la recherche d'un arrangement, c'est-à-dire une situation exprimant un certain état d'équilibre.

À cette actualité du thème, correspond une très significative montée en puissance de la recherche. En Europe aujourd'hui, mais plus encore aux États-Unis, plusieurs centaines de chercheurs travaillent sur ce thème. La théorie de la négociation a récemment bénéficié d'une reconnaissance intellectuelle majeure avec HARSANYI et NASH, récipiendaires d'un prix Nobel en 1994 au titre de l'économie.

3 DES APPROCHES THÉORIQUES CONSTITUÉES. Domaine de recherche récent puisque constitué depuis tout juste une génération, l'objet « négociation » n'a pas encore conduit à l'élaboration d'une théorie globale. En revanche, il existe plusieurs systèmes analytiques qui ont permis de développer un savoir conceptualisé, d'essence assez largement interdisciplinaire.

Sawyer et Guetzkow. SAWYER et GUETZKOW proposent un modèle descriptif dans lequel les nombreuses variables susceptibles d'être à l'œuvre dans une négociation sont regroupées en cinq grandes catégorie dotées chacune d'un mode d'intervention particulier. Les *facteurs fondamentaux* (cognitifs, idéologiques, variables de personnalité) et les *préconditions* (objectifs, degré de conflit, relations de pouvoir), qui sont situés en amont du processus, existent indépendamment de la négociation elle-même. Les *variables d'organisation* (nombre de parties, existence de mandants, caractère public du déroulement de la négociation, possibilité d'intervention de tiers externes tels que médiateurs, degré de transparence de l'information, existence de stress et de tensions, complexité situationnelle) influent directement sur le processus et de façon simultanée quant à son déroulement. Les *variables de processus* (stratégies, tactiques, persuasion, concessions) sont l'ingrédient de base de l'interaction, qui doit conduire à la dernière catégorie analytique de ce modèle, c'est-à-dire à un *résultat* (existence d'un accord, satisfaction des parties, créativité de l'accord).

Walton et McKersie. WALTON et MCKERSIE considèrent l'activité de négociation comme la résultante de quatre processus distincts, doté chacun d'une logique particulière : un processus *distributif* mettant en œuvre une logique de répartition de type « jeu à somme nulle » ; un processus *intégratif* de type « résolution de problème », dans lequel les parties se confrontent au problème en faisant appel à la créativité et à l'innovation pour trouver une solution mutuellement satisfaisante, basée sur l'accroissement des gains conjoints ; un processus de *structuration des attitudes* centré sur les relations entre les parties, où opèrent variables de personnalité, éléments tactiques, facteurs subjectifs et émotionnels ; enfin, un processus *intraorganisationnel* de négociation au sein de chacune des parties, afin d'établir un consensus interne sur une position commune vis-à-vis de l'extérieur.

Lax et Sebenius. LAX et SEBENIUS proposent de distinguer deux composantes dans l'activité du négociateur, la création de la valeur puis l'appropriation de celle-ci. La *création de la valeur* consiste à découvrir des opportunités de gains communs par l'accroissement des ressources à partager, de façon à maximiser le potentiel du jeu. Cette activité, pour coopérative qu'elle soit, ne supprime pas la nécessité de partager ultérieurement ce qui a été produit. C'est précisément le but de la seconde composante, l'*appropriation de la valeur*, qui renvoie à une interaction beaucoup plus antagoniste où il s'agit de maximiser ses propres gains.

Zartman. Centrant son approche sur la chronologie des opérations auxquelles les négociateurs doivent se livrer, ZARTMAN suggère un modèle en trois phases, chacune dotée d'une fonction spécifique et d'une logique particulière.

- La première, la *prénégociation*, porte sur la fixation de l'objet de la discussion et s'achève par la décision d'engager la négociation.
- La seconde, essentiellement de construction et de transformation, consiste en l'élaboration d'une *formule* globale, d'un cadre général d'accord traitant de principes et de points généraux.
- Ceux-ci sont affinés dans le détail au cours d'une troisième phase qui consiste en une *mise au point* de l'accord à l'aide d'ajustements précis, d'échanges de concessions et de compromis partiels.

Un modèle théorique à cinq termes. Un collectif (FAURE, KREMENYUK, LANG, RUBIN, SJÖSTEDT, ZARTMAN) a développé dans le cadre d'une institution internationale un outil conceptuel composé de cinq éléments fondamentaux susceptibles de saisir toute négociation, quelles que soient ses manifestations empiriques :

1. les *acteurs*, c'est-à-dire les protagonistes de l'interaction tels que négociateurs, mandants, publics, médiateurs éventuels ;
2. la *structure*, ou le système des contraintes qui pèse sur l'action, la canalise (cadre juridique, organisationnel, culturel, nombre de parties, nombre de clauses à négocier et liens entre elles) ;
3. la *stratégie*, en l'occurrence l'orientation générale de l'action au regard des objectifs poursuivis ;
4. le *processus*, c'est-à-dire le cœur de l'interaction avec ses mouvements d'échange et de recadrage ;
5. enfin le *résultat*, ou les fins atteintes (existence d'un accord, satisfaction à son égard, mise en œuvre, stabilité).

4 DES PERSPECTIVES MULTIPLES EN MATIÈRE DE RECHERCHE. La recherche sur la négociation est encore dans sa phase pionnière. Mais les ouvertures qu'elle procure par son positionnement non disciplinaire sont d'ores et déjà particulièrement stimulantes. Son application au champ international conduit non seulement à l'intégration de la dimension culturelle, mais aussi à l'étude des rapports entre les différentes cultures impliquées, qu'elles soient, par exemple, nationales, professionnelles ou organisationnelles. L'essentiel des travaux porte sur des situations bilatérales, mais le développement des instances multilatérales offre un nouveau champ d'investigation riche de potentialités.

Les sciences de l'action conjuguent trois ambitions distinctes : expliquer, prédire et prescrire. La négociation correspond typiquement à un domaine où des méthodologies spécifiques permettent de mettre en œuvre ces trois fonctions, qu'elles s'inscrivent dans une quête heuristique ou qu'elles participent d'une recherche d'efficacité du point de vue de l'acteur.

Enfin, la négociation est un lieu particulièrement adapté à des travaux instrumentaux sur des variables emblématiques de la vie des hommes telles que l'incertitude, la complexité, le pouvoir ou encore l'équité. À ce titre, elle est un véritable modèle réduit de la vie en société.

Guy Olivier FAURE

bibliographie

DUPONT Christophe, *La Négociation : conduite, théorie, applications*, Dalloz, 1994.

FAURE Guy Olivier, RUBIN Jeffrey, *Culture and Negotiation*, Newbury Park (Californie), Sage, 1993.

FAURE Guy Olivier, MERMET Laurent, TOUZARD Hubert, DUPONT Christophe, *La Négociation. Situations et problématiques*, Nathan, 1998.

HARSANYI John C., *Rational Behavior and Bargaining Equilibrium in Games and Social Situations*, Cambridge UP, 1977.

KREMENYUK Victor, *International Negotiation*, San Francisco, Jossey-Bass, 1991.

LAX David, SEBENIUS James, *The Manager as Negotiator*, New York, Free Press, 1986.

NASH John, *The Bargaining Problem*, Econometrica, XVIII, 1, 1950.

PRUITT Dean, *Negotiation Behavior*, New York, Academic Press, 1981.

RAIFFA Howard, *The Art and Science of Negotiation*, Cambridge, The Belknap Press of Harvard UP, 1982.

RUBIN Jeffrey, BROWN Bert, *The Social Psychology of Bargaining and Negotiation*, Orlando, Academic Press, 1975.

SHAKUN Melvin, *Evolutionary Systems Design : Policy-making Under Complexity*, Oakland (Californie), Holden-Day, 1988.

STRAUSS Anselm Leonard, *Negotiations : Variation, Contexts, Processus and Social Orders*, San Francisco, Jossey-Bass, 1978.

WALDER Francis, *Saint-Germain ou la négociation*, Gallimard, 1959.

WALTON Richard, MCKERSIE Robert, *A Behavioral Theory of Labor Negotiations*, New York, McGraw-Hill, 1965.

ZARTMAN William, *The Negotiation Process : Theories and Applications*, Beverly Hills, Sage, 1978.

ZARTMAN William, *International Multilateral Negotiation : Approaches to the Management of Complexity*, San Francisco, Jossey-Bass, 1994.

NEUTRALITÉ AXIOLOGIQUE

voir : DÉONTOLOGIE, IDÉOLOGIE, OBJET, OBJECTIVITÉ

Traduit de l'allemand Wertfreiheit, *qui signifie littéralement « liberté par rapport aux valeurs », le terme désigne l'attitude que doit adopter le savant.*

À la différence de la notion d'objectivité qui, en s'opposant à la subjectivité, implique l'absence de tout jugement de valeur, la notion de *Wertfreiheit* part de l'existence préalable d'un rapport aux valeurs. Pour WEBER, à qui l'on doit l'introduction de ces deux notions, la connaissance est toujours le produit d'une orientation axiologique. C'est à partir d'elle que le savant pose des questions à la réalité, sélectionne un point de vue, privilégie une imputation causale. En revanche, et c'est là qu'intervient la liberté par rapport aux valeurs, l'orientation axiologique ne doit pas intervenir dans l'établissement des faits. Les propositions de la science doivent avoir une validité objective, c'est-à-dire pouvoir réaliser l'accord rationnel des esprits. Bien évidemment, cette exigence présente dans la démarche de recherche l'est aussi dans le discours du savant. Il ne doit pas présenter comme scientifique ce qui ne serait qu'un jugement de valeur. En fait, à travers la notion de *Wertfreiheit*, c'est un véritable code de déontologie professorale que propose Weber. Un professeur s'il ne veut pas trahir sa vocation de savant ne doit jamais céder à la tentation du prophétisme. Il n'est pas un dispensateur des biens du salut et des révélations, mais un expert qui doit savoir mettre à distance ses engagements, son évaluation personnelle des phénomènes.

Monique HIRSCHHORN

bibliographie

WEBER Max, *Le Savant et le politique* (1919), Plon, 1958.

WEBER Max, *Essais sur la théorie de la science* (1922), Plon, 1965, pp. 131 à 132.

*
* *

NÉVROSE SOCIALE

du grec *neuron* « nerf » ; terme adapté de l'anglais *neurosis*, créé par le médecin écossais William CULLEN en 1777 : maladie non inflammatoire

all. NEUROSE	esp. NEUROSIS
angl. NEUROSIS	ital. NEVROSI

voir : AFFECT, ALIÉNATION, IDENTIFICATION, PSYCHANALYSE

Trouble psychosomatique aux symptômes divers affectant un ensemble social et tout ou partie de ses membres.

Terme employé souvent de façon peu rigoureuse mais évoquant des problèmes importants qu'il convient de distinguer.

1 Troubles psychiques et types de famille. Des travaux sur la famille (LAFORGUE, 1936), la profession, la classe sociale... ont montré comment des types de famille, par exemple, peuvent constituer un lieu générateur de troubles psychiques atteignant tous ses membres, et particulièrement les enfants. Analysant les difficultés psychologiques rencontrées par des sujets issus de milieux populaires au cours de leur trajectoire sociale ascendante, DE GAULEJAC (1987) fait l'hypothèse d'une « névrose de classe », au sens où ces sujets manifestent des symptômes et éprouvent des difficultés liées à leur origine sociale.

2 Névroses traumatiques d'origine sociale. Des névroses dites « traumatiques » peuvent être qualifiées de sociales en ce sens qu'elles sont directement causées par des phénomènes sociaux tels que les violences et les guerres. Les troubles et l'apparition des symptômes sont consécutifs au choc émotionnel et frappent des individus qui ont été exposés à l'événement traumatisant.

3 Sectes et groupes violents. Dans la grande diversité des phénomènes de sectes, depuis les communautés mystiques moralement exigeantes jusqu'aux associations secrètes portées à la violence, un certain nombre de cas font apparaître un ensemble de symptômes qui évoquent directement des mutations psychologiques à caractère pathologique : clôture du groupe sur lui-même, déréalisation, soumission hypnotique à un leader mégalomane ou paranoïaque. Ces phénomènes extrêmes font apparaître la possibilité de configurations psychosociologiques destructrices, exerçant une emprise radicale sur les membres du groupe sectaire.

4 Névroses momentanées ou circonstancielles. C'est une autre signification du concept qui est utilisée lorsque l'auteur suggère qu'un groupe peut être provisoirement marqué par une forme de pathologie en raison de circonstances historiques et culturelles particulières.

[1] En ce sens, MARX (1852) suggère qu'une nation entière peut être provisoirement entraînée dans un « délire » inexplicable par des schémas de rationalité.

[2] Dans son analyse de la panique (1921), FREUD offre l'exemple d'une situation où une foule traverse une crise névrotique qui conduit une armée à se débander. Il fait l'hypothèse qu'un traumatisme tel que l'annonce de la mort du chef entraîne la destruction des liens affectifs entre les soldats et provoque une crise d'angoisse généralisée.

[3] De même, l'essai de LE BON (1895) sur les mouvements de foule suggère qu'un ensemble d'individus peut, dans des conjonctures particulières, manifes-

ter des comportements de violence exceptionnelle en rupture avec les comportements habituels et la maîtrise des affects. En ce sens, les symptômes névrotiques (peur extrême, angoisse, agressivité) seraient éminemment collectifs et étroitement liés au phénomène de foule.

5 Système social et phénomènes névrotiques : Marcuse, Fromm, Enriquez. C'est une hypothèse beaucoup plus générale qu'ont formulée des auteurs critiques tels MARCUSE, FROMM ou ENRIQUEZ. Considérant un système sociopolitique dans son ensemble, le totalitarisme ou le régime capitaliste, ces auteurs posent la question de savoir si de tels systèmes ne seraient pas porteurs de processus destructeurs (aliénation, guerres, taux de suicides élevé...), caractéristiques de phénomènes névrotiques. Fromm a développé la thèse selon laquelle la pathologie mentale ne serait pas un phénomène exclusivement individuel : une civilisation pourrait aussi être atteinte de maladie mentale et « non saine » (1956). Considérant la situation du régime capitaliste, le développement de la destructivité, de la violence, le conformisme, les comportements irrationnels, il conclut qu'une société peut être malade et il caractérise en ces termes le régime capitaliste. Marcuse (1955) dénonçait en des termes comparables la sur-répression comme un trait pathologique des sociétés industrielles avancées. Poursuivant les hypothèses de Freud sur les rapports entre le pouvoir et la mort, Enriquez fait du pouvoir le lieu éminent de la pathologie sociale, non sans distinguer les différentes formes de régimes sociopolitiques (1983). Les régimes totalitaires seraient typiques de la position paranoïaque : toute-puissance, rigidité, domination d'un seul, le régime capitaliste serait typique de la position perverse : narcissisme, hédonisme, réduction des rapports humains aux rapports financiers et comptables, enfermement des désirs dans la consommation privée.

Pierre ANSART

bibliographie

COHEN Stanley, *Folk Devils and Moral Panics*, Oxford, Basic Blackwell, 1990.

ENRIQUEZ Eugène, *De la horde à l'État. Essai de psychanalyse du lien social*, Gallimard, 1983.

FREUD Sigmund, « Psychologie collective et analyse du Moi », in *Essais de psychanalyse* (1921), Payot, 1977.

FROMM Erich, *Société aliénée et société saine. Du capitalisme au socialisme humaniste. Psychanalyse de la société contemporaine* (1956), Le Courrier du livre, 1971.

GAULEJAC Vincent de, *La Névrose de classe. Trajectoire sociale et conflits d'identité*, Hommes et groupes, 1987.

LAFORGUE René, « La Névrose familiale », in *Revue française de psychanalyse*, 1956, IX, 3, pp. 327 à 355.

MARX Karl, *Le 18-Brumaire de Louis Bonaparte* (1852), Éditions sociales, 1969.

NIHILISME

du latin *nihil* « rien »

all. NIHILISMUS	esp. NIHILISMO
angl. NIHILISM	ital. NICHILISMO

Le mot désigne en philosophie les doctrines qui posent que les valeurs n'ont pas de fondement en vérité et sont des constructions pour limiter le vouloir-vivre et la volonté de puissance.

Avec NIETZSCHE, la notion de *nihilisme*, dont le sens est non pas le triomphe du rien, du néant, mais le triomphe du négatif et donc la peur de l'intensité qualitative de la vie, prend une dimension nouvelle. C'est l'*esprit* du monde moderne, monde qui érige des idoles en valeurs ou en vérités sacrées et en qui s'achève un choix fait du temps de SOCRATE : celui de la métaphysique. Les étapes en ont été le ressentiment, la mauvaise conscience, l'idéal ascétique, enfin le nihilisme (c'est donc de façon abusive qu'on parle du nihilisme de Nietzsche, alors qu'il se veut l'annonciateur de son dépassement, au-delà de la « mort de Dieu »). Citons-le : *« Dès que l'homme découvre que ce monde n'est bâti que sur ses propres besoins psychologiques et qu'il n'est nullement fondé à y croire, on voit se dégager la dernière forme du nihilisme, qui implique la négation du monde métaphysique et qui s'interdit de croire à un monde vrai. Parvenu à ce stade, on avoue que la réalité du devenir est la seule réalité, on s'interdit tous les chemins détournés qui ramèneraient la croyance en d'autres mondes et à de faux dieux. Mais on ne supporte pas ce monde que l'on n'a déjà plus la volonté de nier* [...] *On est arrivé au sentiment de la non-valeur de l'existence »* (*La Volonté de puissance*, 1881).

En sociologie, la notion prend un sens métaphorique et polémique. Soit on y voit ce moment où l'homme se libère des abstractions auxquelles il était asservi, pour enfin adhérer à la surface des choses où réside leur vérité ; ce seront les différents lyrismes de la postmodernité ; soit on y voit le triomphe de la décadence dans l'effondrement de ce qui faisait la valeur de l'humanité : on parlera, alors, par exemple à propos du nazisme, de « révolution nihiliste ».

André AKOUN

bibliographie

DELEUZE Gilles, *Nietzsche et la philosophie* (1962), PUF, 1997.

SIMMEL Georg, *Philosophie de la modernité*, Payot, t. 1, 1988 ; t. 2, 1990.

NIVEAU

voir : BARRIÈRE, ORDRE SOCIAL, STRATIFICATION

Terme couramment employé pour distinguer les différents degrés dans un ordre hiérarchisé : *niveau scolaire* pour distinguer l'ordre des enseignements, *niveau de vie* pour désigner les différents degrés de revenus et de consommation.

GURVITCH a proposé de donner à cette notion une signification plus abstraite pour désigner les différents niveaux constitutifs d'un ensemble social. Ces « paliers en profondeur » permettraient de différencier les phénomènes généraux, depuis la morphologie jusqu'aux idéologies et aux croyances. Il propose de différencier dix niveaux du plus accessible au moins accessible :

. la surface morphologique et écologique,
. les appareils organisés,
. les modèles sociaux et les règles,
. les conduites collectives régulières,
. les rôles,
. les attitudes collectives,
. les symboles,
. les conduites novatrices,
. les idées et valeurs,

. les états psychiques collectifs.

Pierre ANSART

bibliographie

GURVITCH Georges (sous la dir. de), « Sociologie en profondeur », in *Traité de sociologie*, PUF, t.1, 1967.

NOMENCLATURE

du latin *nomenclator* « celui qui appelle les noms »

voir : CATÉGORIES SOCIOPROFESSIONNELLES, CLASSEMENT, CODE

Liste des individus, catégories, groupes, pratiques sociales, distingués dans un domaine particulier.

Au sens général, la *nomenclature* est la « liste de termes techniques d'une science » (comme la nomenclature des éléments chimiques). Dans l'usage statistique, c'est la « liste des catégories distinguées dans un domaine particulier » : la *nomenclature des activités ou produits* (NAP) classe les biens ou services économiques et les unités de production correspondantes (en branches) ; la *nomenclature des professions et catégories socioprofessionnelles* classe les individus en groupes sociaux en fonction de leur activité professionnelle. Le terme *code*, qui implique qu'à chaque catégorie est attribué un numéro de code en vue du codage ou chiffrement, est à peu près synonyme ; *taxinomie* est un autre équivalent savant.

Les *nomenclatures* intéressent le sociologue à plusieurs titres : en construisant les catégories d'analyse d'un matériel documentaire, il en produit lui-même ; comme utilisateur de données statistiques, il a besoin d'en connaître le mode de construction ; mais aussi, qu'elles soient savantes et formalisées par une institution statistique, ou indigènes et mises en œuvre dans les pratiques sociales ordinaires, les nomenclatures sont des productions sociales qui constituent des objets, et non pas seulement des outils, de l'analyse sociologique.

Dominique MERLLIÉ

bibliographie

BOLTANSKI Luc, « Taxinomies populaires, taxinomies savantes : les objets de consommation et leur classement », in *Revue française de sociologie*, XI, n° 1, 1970.

MERLLIÉ Dominique, « Le Travail des catégories statistiques », in *Sociétés contemporaines*, n° 14-15, 1993.

VOLLE Michel, « L'Évolution des découpages », in *Le Métier de statisticien*, Hachette, 1980.

NOMINALISME

voir : THÉORIE

Notion philosophique qui vient de la « querelle des universaux » au Moyen Âge. S'opposaient alors les *nominalistes* et les *réalistes*. Pour ces derniers, l'universel (c'est-à-dire le concept) existe dans les choses ; pour les nominalistes, au contraire, il n'y a d'autre réalité que les individus et l'universel n'est qu'un mot grâce auquel on désigne commodément un ensemble de plusieurs individus. L'universel n'est que phénomène de langage. L'homme, par exemple, n'est qu'un signe conventionnel, il n'y a que PLATON, SOCRATE, ou n'importe quel individu, qui soient réels. On retrouve l'héritage nominaliste chez les empiristes et, aujourd'hui, dans le positivisme logique.

Il est inutile de nous étendre sur les avatars du *nominalisme* en philosophie, en logique ou en linguistique. Retenons qu'on retrouve le même débat en sociologie et en anthropologie. Lorsque DURKHEIM affirme la réalité de la conscience collective et sa transcendance sur les individus, il a une attitude équivalente au réalisme, et quand TARDE pose que « *l'individuel écarté le social n'est rien* », il est nominaliste. On voit que l'alternative implique, pour le sociologue et l'anthropologue, des choix théoriques et méthodologiques d'importance.

André AKOUN

bibliographie

BOUDON Raymond, *À quoi sert la notion de structure ?*, Gallimard, 1968.

DURKHEIM Émile, *Règles de la méthode sociologique* (1895), PUF, 1997.

TARDE Gabriel de, *Les Lois de l'imitation* (1890), Slatkine, 1980.

LE NORMAL ET LE PATHOLOGIQUE

du latin *normalis* dérivé de *norma* « équerre » *(normal)* ; du grec *pathologicos*, relatif à la science qui a pour objet la connaissance de la maladie *(pathologique)*

all.	NORMAL PATHOLOGISCH	esp.	NORMAL PATOLÓGICO
angl.	NORMAL PATHOLOGICAL	ital.	NORMALE PATOLOGICO

voir : ANOMIE, DIVISION DU TRAVAIL, ÉCOLE DE DURKHEIM, SOCIOLOGIE

Ces deux concepts définissent une partition à l'intérieur des faits sociaux selon qu'ils contribuent ou qu'ils entravent la reproduction d'un système social.

Ces concepts ont été introduits par Durkheim lorsqu'il a cherché à mettre en œuvre l'impératif pratique qu'il assignait à la sociologie : celle-ci doit déboucher sur des pratiques sociales directement éclairées par la science, par opposition à des pratiques sans fondements scientifiques ou à des énoncés scientifiques dépourvus d'applications pratiques.

Selon DURKHEIM, est *normal* un phénomène général ; cela rend possible une objectivation statistique de la normalité : le fait normal, c'est le fait moyen. Il faut prêter attention au fait que cette généralité peut apparaître statistiquement de deux manières : soit il s'agit de faits massivement diffusés dans un groupe social (le mariage), soit il s'agit de faits peu nombreux, mais qui existent dans toutes les sociétés (le suicide touche toute société humaine, mais selon des taux extrêmement faibles). Par antithèse, les phénomènes sont définis comme *pathologiques* lorsqu'ils s'écartent de cette généralité et qu'ils ont des caractéristiques statistiques opposées à celles des faits normaux. Cette distinction conceptuelle est utilisée par Durkheim lorsqu'il examine la division du travail, le taux de suicide ou le crime ; ce dernier cas est le plus connu. Le crime (la violation de la loi) est un fait normal : on le constate statistiquement et on l'explique sociologiquement par le fait que l'existence de normes et de règles entraîne leur violation par une partie des individus. Durkheim en tire deux conséquences : premièrement, il est vain de rechercher à éradiquer le fait social qu'est le crime ; et de surcroît, cela serait nuisible car le crime peut aussi être un facteur de changement social, changement que la société doit pouvoir assumer. Deuxièmement, le législateur s'efforce de contenir le taux de criminalité à un niveau normal (car si le crime est un fait normal, n'importe quel taux de criminalité n'est pas normal) par des peines appropriées. En effet, contrairement à la polémique lancée par TARDE, il ne s'agit pas pour DURKHEIM d'exonérer le criminel des conséquences de ses actes ; c'est l'association crime-peine qui est normale.

La présentation que Durkheim fait de ses idées dans les ***Règles de la méthode sociologique*** est très abrupte et peut donner l'impression d'un scientisme achevé : le sociologue montre au législateur ce qu'il doit faire pour être en accord avec la science. Durkheim adopte des formulations beaucoup plus modérées par la suite, et considère que le sociologue a, pour longtemps encore, un rôle bien plus modeste dans la cité.

Philippe STEINER

bibliographie

BESNARD Philippe, « Les Pathologies des sociétés modernes », *in* Philippe BESNARD, Massimo BORLANDI, Paul VOGT (sous la dir. de), *Division du travail et lien social. Durkheim un siècle après*, PUF, 1993.

DURKHEIM Émile, *Règles de la méthode sociologique* (1895), PUF, 1997.

FILLOUX Jean-Claude, *Durkheim et le socialisme*, Genève, Droz, 1977.

GANE Mike, « Le Normal et le pathologique », *in* Massimo BORLANDI, Laurent MUCCHIELLI (sous la dir. de), *La Sociologie et sa méthode. Les « Règles » de Durkheim un siècle après*, L'Harmattan, 1995.

LOI NORMALE

voir : ÉCHANTILLON, GRAPHIQUE

La loi Normale (ou loi de Laplace-Gauss) est définie par sa fonction de densité f(x) et caractérisée par sa moyenne m et son écart-type s :

$$f(x) = \frac{1}{\sigma\sqrt{2\Pi}} exp\left[\frac{-(x-\mu)^2}{2\sigma^2}\right] \quad \text{On la note N(m,s}^2\text{).}$$

On la représente habituellement sous sa forme graphique, dite courbe en cloche :

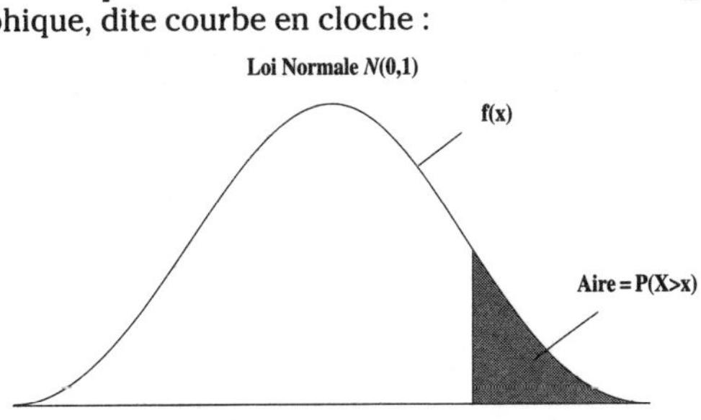

La *loi Normale* N(0,1), appelée *loi Normale centrée réduite*, est tabulée, et un simple changement de variable permet de passer d'une loi N(m,s) à la loi N(0,1).

Si une variable X est distribuée selon une loi N(m,s),
alors la variable $Y = \frac{X-\mu}{\sigma}$ suit une loi N(0,1).

QUELQUES VALEURS REMARQUABLES. Si X suit une loi N(0,1), et Y une loi N(m,s) alors :

$$P(-1,64<X<1,64) = 0,90 = P(\mu-1,64\sigma<Y<\mu+1,64\sigma)$$
$$P(-1,96<X<1,96) = 0,95 = P(\mu-1,96\sigma<Y<\mu+1,96\sigma)$$
$$P(-2,57<X<2,57) = 0,99 = P(\mu-2,57\sigma<Y<\mu+2,57\sigma)$$

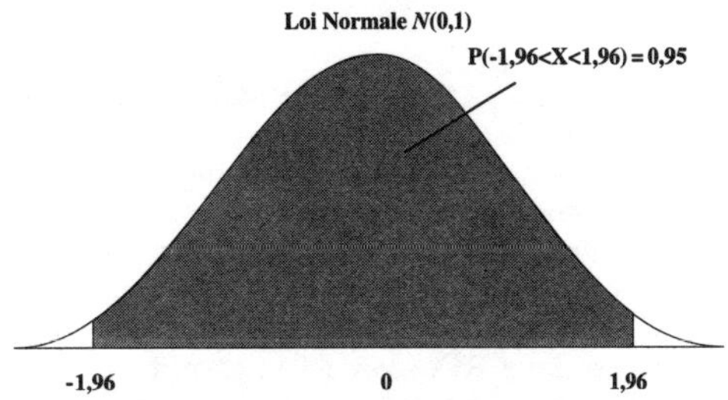

La loi Normale est la loi statistique la plus connue et la plus utilisée. Au-delà de ses propriétés mathématiques tout à fait remarquables, l'intérêt particulier dont elle fait l'objet s'explique, d'une part, par sa capacité à rendre compte de phénomènes réels aussi nombreux que variés (par exemple la distribution des fréquences des tailles des individus, ou de celles des salaires en France...), d'autre part, parce qu'elle permet de mesurer le degré de confiance que l'on peut accorder à une estimation, dès lors que celle-ci est réalisée à partir d'un échantillon aléatoire suffisamment grand.

Félicité des NÉTUMIÈRES

bibliographie

WONNACOTT Thomas, WONNACOTT Ronald, *Statistique*, Economica, 1995.

NORME

du latin *norma* « équerre », et, par métaphore, « règle, ligne de conduite »

all. NORM angl. NORM	esp. NORMA ital. NORMA

voir : CROYANCE, DÉONTOLOGIE, INTÉGRATION, NORMAL, VALEUR

Précepte d'action régissant la conduite des acteurs sociaux.

Les termes de *norme* et de *normatif*, qui entrent dans l'usage au XIXe siècle, ne comportent pas à l'origine de signification univoque. Ainsi, dans son ***Vocabulaire technique et critique de la philosophie*** (1926), LALANDE distingue, à l'intérieur du normatif, deux grandes espèces, l'*impératif* et l'*appréciatif* : le premier fixe ce qu'il faut faire ou au contraire ne pas faire, le second spécifie ce qu'il est bien ou, à l'inverse, mal de penser et de mettre en pratique. Or la sociologie, qui s'est fortement investie dans l'étude des normes, a tendu à les envisager essentiellement sous le premier angle, celui de l'impératif ou du *prescriptif* : la notion de norme désigne classiquement dans cette discipline les règles régissant la conduite des acteurs sociaux. À ce titre, les normes constituent des préceptes d'action pour les membres d'un groupe ou d'une organisation et même, pour les plus générales d'entre elles, d'une société. Elles ont en ce sens une portée collective : sans acceptation de la part d'une pluralité de personnes et sans application — au moins partielle — de la règle qu'elle énonce, une norme est privée de ses attributs essentiels. Les normes correspondent donc en général à des manières d'agir répandues dans une population donnée, mais il faut se garder de les confondre avec de simples régularités statistiques observables dans les comportements, compte tenu de leur caractère prescriptif, auquel est associée l'existence de *sanctions*, positives ou négatives.

1 LA DIFFÉRENCIATION DES NORMES. Les normes sont présentes dans les divers secteurs de la vie sociale et revêtent en conséquence des formes multiples. Un premier type de normes est constitué par les mœurs *(mores)*, véritables codes de morale collective, qui spécifient la conduite à tenir dans telles ou telles circonstances : SUMNER a bien souligné leur importance dans *Folkways*, en y voyant même *« les pratiques jugées propres à assurer la prospérité publique »*. On peut rattacher aux mœurs les usages, qui en sont une forme affaiblie et définissent le comportement approprié selon les situations rencontrées. Les caractéristiques inhérentes aux sociétés modernes amènent à insister sur un second type de normes, les déontologies professionnelles : celles-ci, qui définissent les responsabilités et les devoirs d'un praticien vis-à-vis de ses « clients », ne sont pas dissociables, comme l'ont montré à la fois DURKHEIM et PARSONS, d'un ensemble de règles, de portée plus générale, visant à fonder la coopération autour de la tâche et de la finalité communes. Enfin les normes peuvent être institutionnellement définies et se présenter sous l'aspect de règles juridiques, s'accompagnant de l'existence d'organes spécialisés, appelés à punir le crime ou simplement à réparer les atteintes à la règle édictée. Il ne faudrait cependant pas faire du règlement et de la loi le prototype de la norme telle qu'elle est envisagée d'un point de vue sociologique. Le sociologue s'intéresse tout autant aux sanctions informelles et positives qu'aux sanctions formelles et négatives, dont un délit juridiquement constitué peut faire l'objet. Les sanctions informelles, dont la première est l'approbation de son entourage, jouent en effet un rôle essentiel dans les processus d'interaction qui constituent la trame de la vie quotidienne.

2 LA CONFORMITÉ AUX NORMES. Elle peut être obtenue par des voies bien différentes. Trois modes principaux paraissent devoir être distingués.

1 L'acteur procède à une appréciation réaliste de la situation et tient compte des risques de sanction négative comme des récompenses attachées aux sanctions positives : c'est le calcul d'intérêt qui guide, dans ce cas, la conduite de l'acteur, sans qu'au contenu même de la norme soit attribuée une valeur intrinsèque.

2 La conformité peut se fonder sur une intériorisation de la norme, que l'acteur a en quelque sorte faite sienne : il se sent alors engagé à s'y conformer, en vertu d'une obligation qui revêt un caractère moral. Le lien des normes et des valeurs, de l'impératif et de l'appréciatif est, dans ce mode, particulièrement étroit : les normes sont manifestement ici, en tant que préceptes dérivés de valeurs générales, des « modèles culturels de conduite », selon l'expression de Parsons. Ces modèles sont d'autant plus prégnants qu'ils ont fait l'objet d'un apprentissage et d'une assimilation progressive à travers le processus de socialisation. Cependant — et il est essentiel de le souligner — l'intériorisation d'une norme ne suffit pas à garantir qu'elle sera respectée en toutes circonstances.

3 Il arrive enfin que la conformité repose sur un attachement intense pour un groupe spécifique. Les normes ne sont pas valorisées en tant que telles, mais dans la mesure où elles sont l'expression d'un groupe auquel on s'identifie fortement. La personne veut apparaître comme un membre exemplaire du groupe auquel elle appartient ou souhaite appartenir : il ne faut pas en effet négliger les phénomènes de socialisation anticipatrice, dont MERTON a signalé l'importance. La conformité aux normes demande donc à être interprétée. Et elle est toujours relative. C'est pourquoi le sociologue est amené à étudier, en même temps que la conformité, la face complémentaire de la déviance, c'est-à-dire les écarts par rapport aux normes.

3 LA GENÈSE DES NORMES. Le problème a retenu l'attention à partir du moment où l'on s'est interrogé sur les solutions du « dilemme des prisonniers » : peut-on établir une *règle* de coopération là où il n'y a, au départ, que des stratégies spontanées de non-coopération ? Tout un courant de pensée s'est ainsi efforcé de mettre en évidence le rôle de l'intérêt dans la formation des normes, selon les principes du « choix rationnel ». Cette entreprise a le mérite de rompre avec une « conception sursocialisée de l'homme », postulant des effets mécaniques de l'intériorisation des normes ; et le facteur de l'intérêt a parfois été sous-estimé par les sociologues. Elle n'est pas, pour autant, pleinement convaincante : comme le met en évidence le paradoxe de l'action collective, un intérêt peut être partagé sans donner lieu à une action coordonnée — et donc régie par des normes — au service de cet intérêt ; et les auteurs représentatifs de ce courant, comme ULLMAN-MARGALIT, sont de ce fait amenés à compléter, voire à nuancer leur argument central. L'accord autour de valeurs communes reste donc une dimension significative à observer dans la création des normes, même si l'on est plus conscient aujourd'hui de la fragilité de semblables accords et du renouvellement des normes qu'elle est susceptible d'entraîner ; et il ne faut pas non plus négliger la capacité d'imposer des normes dont peut faire preuve un agent extérieur tel que l'État.

François CHAZEL

bibliographie

DURKHEIM Émile, *De la division du travail social* (1893), PUF, 1991.

DURKHEIM Émile, *Leçons de sociologie : physique des mœurs et du droit*, PUF, 1950.

GOFFMAN Erving, « Les Échanges réparateurs », in *Les Relations en public*, Éd. de Minuit, 1973, chap. IV.

ISAMBERT François André, « Durkheim et la sociologie des normes », *in* F. CHAZEL et J. COMMAILLE (sous la dir. de), *Normes juridiques et régulation sociale*, LGDJ, 1991.

MERTON Robert K., *Éléments de théorie et de méthode sociologique* (1957), Plon, 1965.

PARSONS Talcott, *The Social System*, New York, Free Press, 1951.

SUMNER William G., *Folkways*, Boston, Ginn, 1906; rééd. 1940.
ULLMAN-MARGALIT Edna, *The Emergence of Norms*, Oxford, Clarendon Press, 1977.
WRONG Dennis, « The Oversocialized Conception of Man in Modern Sociology », in *American Sociological Review*, 1961, XXVI.

NOTABLE

voir : CLASSE SOCIALE, CLIENTÈLE, ÉLITE, POUVOIR

Usité en sociologie politique, ce terme désigne, au niveau local, une personne détentrice d'une certaine autorité dans les affaires publiques, et jouissant d'une estime sociale acquise par sa position ou par l'élection. Ce terme suggère une différenciation au sein du personnel politique par rapport aux professionnels de parti et aux experts de l'administration. Le *notable* est défini par son implantation dans une circonscription, une région, et par la confiance d'une clientèle électorale. Une nuance péjorative s'attache fréquemment à ce terme *(parti de notables)*, en raison de la régression de ce statut face aux professionnels de la politique. Ce statut subsiste, en fait, particulièrement au centre de l'échiquier politique.

Pierre ANSART

bibliographie

RICHARD Michel Edmond, *Notables protestants en France dans la première moitié du XIXe siècle*, Éd. du Lys, 1996.

NUMÉRIQUE

voir : ÉCONOMIE, INDIVIDUALISME, MACHINISME

Procédé technologique reposant sur la conversion de toutes formes de données (texte, son ou image) en une succession de 0 et de 1 (bits). Ce codage binaire commande et autorise le traitement et l'exploitation de l'information sur un même support.

Les procédés ou dispositifs techniques *numériques* (on dit aussi *digitaux*, au singulier *digital*) emploient donc un mode de représentation « discrète » par opposition aux modes « continus » des procédés *analogiques*.

PROCESSUS D'EXPLOITATION. Cette phase de codage effectuée *(numérisation)*, l'application numérique se décline dans un processus marqué par trois temps.

1 Dans la phase de *compression* qui lui succède, redondances et autres bruits qui ponctuent l'information sont éliminés, afin de ne conserver que l'essentiel de celle-ci.

2 Vient ensuite sa *transmission* par voie de satellite qui, selon le cas, donne lieu à une réception directe grâce à une parabole, ou indirecte par le biais d'un relais, tel une tête de réseaux câblés.

3 À l'ultime phase de *décompression*, les *bits* restituent les données sous leur forme initiale.

Outre des atouts technologiques ayant trait à l'amélioration des données (pureté du son, netteté de l'image) ou aux performances de son transport (sans altération de contenu, ni contrainte d'aucune sorte), le numérique s'accorde aux impératifs d'une économie de marché, en ce qu'il permet des économies d'échelle importantes (grâce à la compression) et une instantanéité de la communication (sans contrainte de lieu ou de temps). Originellement circonscrit au monde de l'informatique, le numérique a peu à peu gagné d'autres sphères, substituant toujours plus son principe à celui du mode analogique jusque-là en cours. Son application a trouvé au sein des télécommunications un premier lieu d'investissement (fax et vidéotexte) avant de s'étendre à l'univers du son (disque compact, radio) et, plus récemment, de l'image (télévision, Internet).

CONSÉQUENCES SOCIOLOGIQUES DE L'EXPANSION DU NUMÉRIQUE. Condition *sine qua non* de l'avenir communicationnel (télévision interactive, autoroutes de l'information, multimédia), le numérique soulève toutefois diverses interrogations qu'une réflexion sociologique permet d'organiser.

1 **L'abolition de toutes formes de frontières.** La nature même de ces procédés (utilisation des satellites et des câbles internationaux) est d'échapper à la notion de territoire national. Et l'on constate que quel que soit le domaine envisagé, le numérique appose, tout autant qu'il suppose, un principe d'égalité où nous avions coutume de voir opérationnels des découpages structurants.

Les incidences en sont plurielles, puisque cette dissipation concerne des balises aussi bien physiques que symboliques. L'universalité des réseaux, au mieux incarnée par Internet, en est la forme d'expression la plus déclinée. Mais il convient tout autant de s'interroger sur l'irrépressible équivalence du *bit* qui code de la même manière tout contenu, sans cloisonnement (de genres, d'adresse...) ni nivellement d'aucune sorte. Parce qu'il inscrit la similitude au cœur de son dispositif, le numérique suggère l'amalgame (espaces privés et publics), l'équivalence (des données), ou bien encore l'égalité (accès de tous à l'information).

2 **L'idéal d'un monde structuré autour de la technologie.** On peut considérer que le numérique a insufflé une nouvelle dynamique au rêve prophétique de MCLUHAN. Subordonnée au déterminisme technologique, la réflexion sur la cohésion sociale se ramène alors à un problème de raccordement aux réseaux. Considérer que l'information, l'informatique, ou encore la cybernétique, peuvent prendre en charge le lien social repose sur une fâcheuse méprise : celle de la toute-puissance technologique.

Or toute innovation, si fine et révolutionnaire soit-elle, n'a de sens que si elle possède une dimension sociale. Parce qu'elle apparaît dans un cadre spécifique, elle s'inscrit en marge d'attentes sociales conscientes et inconscientes qui, *in fine*, auront raison d'elle (refus, acceptation, détournement). De sorte qu'une innovation s'impose moins par sa technicité que par sa capacité à être en adéquation avec son contexte. Aussi devons-nous nous convaincre qu'une technologie révèle plus son époque qu'elle ne la transforme.

À cet égard, il y a tout lieu de croire que le sociologue apprendra plus de l'exploration de l'imaginaire véhiculé par le numérique (média de connaissances, d'intégration...) que par l'étude de ses applications concrètes à venir. De toute évidence, à des degrés certes très divers, tous les secteurs de la vie économique et sociale vont être retravaillés par la technologie numérique. À titre d'indice, on voit se développer des activités dont le terme, ou sa racine, sont précédés du préfixe *télé* (*téléenseignement, télétravail, téléachat*, etc.).

Si l'on s'accorde à voir à travers chacune de ces avancées numériques le signe d'une tendance progressive à la dématérialisation des êtres et des lieux (téléprésence), le regard sociologique souligne dans le même temps la *permanence d'un idéal de communication*. Ce point concentre tout l'intérêt heuristique en ce qu'il permet d'avancer l'idée selon laquelle le numérique aurait substitué, aux récits idéologiques et religieux en déclin, un projet technologique et social à construire. La crise du lien social étant symptomatique de la massification de nos sociétés, il n'est pas surprenant que la communication ait été perçue comme le seul moyen de contrecarrer les effets d'anomie et, de fait, érigée en maxime universelle. Communiquer ne servirait plus seulement à des fins précises (communiquer quelque chose à quelqu'un) mais reviendrait à marquer et à assurer son appartenance à une société. Le numérique a été, bien évidemment, galvanisé par cette dynamique ; il met en parallèle ses atouts technologiques (universalité, transparence, diffusion...) et un mieux social (résolution de conflit, dissipation des malentendus, bonheur associé à l'omniprésence de la communication...). Cependant, loin d'être neutre, cette technologie a orienté chaque secteur communicationnel vers les exigences d'une société toujours plus centrée sur l'individu et son espace privé.

Magali MONSAVOIR

bibliographie

ARSAC Jacques, *Les Machines à penser. Des ordinateurs et des hommes*, Seuil, 1987.

BRZEZINSKI Zbigniew, *La Révolution technétronique*, Calmann-Lévy, 1971.

Centre de coordination pour la recherche et l'enseignement en informatique et société, *L'Informatisation quotidienne*, Delagrave, 1986.

NUPTIALITÉ ⇒ MARIAGE

O

OBJET, OBJECTIVATION, OBJECTIVITÉ, OBJECTIVISME

du latin *objectum*, participe passé de *objicere* « jeter, placer devant » et « opposer »

all.	OBJEKT (GEGENSTAND), OBJEKTIVATION, OBJEKTIVITÄT, OBJEKTIVISMUS	esp.	OBJETO, OBJETIVACIÓN, OBJETIVIDAD, OBJETIVISMO
angl.	OBJECT, OBJECTIVATION, OBJECTIVITY, OBJECTIVISM	ital.	OBIETTO (OGGETTO), OBBIETTIVATIONE, OBBIETTIVITÀ, OBBIETTIVISMO

voir : CONCEPT, CONSTRUCTIVISME, ÉPISTÉMOLOGIE, MÉTHODOLOGIE, PHÉNOMÈNE, PHILOSOPHIE [2], POSITIVISME, PRAGMATISME, SCIENCES

*Le problème de la définition épistémologique de l'*objet *venant à la suite d'un long débat, coextensif à l'histoire de la philosophie, puis intériorisé par la sociologie, il n'est pas possible de donner une définition préalable de l'objet, et encore moins de l'objectivité scientifique, hors d'une prise de position théorique. En sociologie, on peut dire que ces définitions oscillent entre deux modèles opposés : l'*objectivisme *et le* constructivisme.

OBJET ET SUJET. Classiquement, et en particulier dans la continuité du débat philosophique entre le rationalisme cartésien et l'empirisme, le processus de connaissance est décrit comme la rencontre d'un *sujet* et d'un *objet*. Le premier est conçu comme un ensemble de facultés ou de capacités de connaissance (la perception, l'entendement, la raison) ; le second désigne toute entité, empirique ou idéelle, instituée par le sujet comme le terme, l'« objectif » de son examen. La difficulté, même linguistique, qu'il y a à définir l'objet, but de la connaissance scientifique, sans se référer à un sujet, indique assez l'acuité de la question qui est au cœur de l'épistémologie. En sociologie, cette difficulté se retrouve dans la définition du « fait* social » : ce « fait » peut être conçu comme un « donné » ou un ensemble de données — à découvrir, mesurer ou expliquer — ou comme une « re-présentation » inévitablement liée à une subjectivité qui tente d'interpréter la réalité sociale.

OBJECTIVITÉ. Si, d'un point de vue logique, le but de la connaissance est de produire des énoncés *vrais*, d'un point de vue épistémologique il convient qu'ils soient en outre *objectifs*, c'est-à-dire conformes aux caractéristiques de l'objet étudié et également valables pour tous les sujets. L'objectivité est ainsi à la fois un but, un critère et une valeur pour la connaissance scientifique.

Les sciences expérimentales classiques ont fourni le modèle méthodologique d'une connaissance objective : à l'encontre des théories préconçues et des opinions hâtives, elles ne considèrent que des *faits* ramenés à des quantités mesurables, aisément vérifiables par tous. L'objectivité scientifique, et particulièrement en sociologie, est donc d'abord une affaire de méthode, et la question de l'objet se déplace sur une définition de la méthodologie* et des méthodes (observation*, mesure*) qui oppose là encore deux attitudes : l'une tend à éliminer toute forme de subjectivité dans la connaissance, l'autre prend en compte la dimension inévitablement subjective des faits sociaux et de la démarche sociologique.

OBJECTIVISME. De formation récente (fin XIXe - début XXe s.), ce terme désigne une conception pour laquelle il y a une réalité extérieure à l'esprit et fait de la connaissance de celle-ci une valeur essentielle. L'*objectivisme* en sociologie généralise la méthode expérimentale en l'appliquant aux sciences humaines : il en fait la condition de toute connaissance objective : désireux de faire de la sociologie une science, DURKHEIM préconise de « considérer les faits sociaux comme des choses » et de « rompre avec les prénotions » « comme des choses », c'est-à-dire comme des phénomènes (des « faits ») objectifs spécifiques, soumis à un déterminisme*. On peut rapprocher de cette conception le positivisme* d'Auguste COMTE. À la même époque, la psychologie expérimentale, rejette l'introspection au profit de l'expérimentation : le behaviorisme, à la fois matérialiste et déterministe, en représente la forme la plus extrême puisque le comportement humain ou animal s'analyse comme une réaction à des stimuli ou une adaptation à un milieu.

CRITIQUE DE L'OBJECTIVISME ET CONSTRUCTIVISME.

[1] **La dimension subjective des phénomènes sociaux.** Bien que le courant objectiviste se soit développé tout au long du siècle dans les sciences sociales, WEBER, SIMMEL, SCHÜTZ insistent très tôt sur la dimension *subjective* des phénomènes sociaux, c'est-à-dire sur l'impossibilité pour le sociologue de séparer leur structure objective des *significations* que leur accordent les acteurs. *Expliquer* le social (par des

rapports de causalité) ne suffit pas. Il faut le *comprendre*, saisir le sens que lui donnent à un moment donné les acteurs, sans lequel leur action est inintelligible. Le problème épistémologique central de la sociologie devient alors de concilier la dimension subjective de l'objet et le nécessaire critère d'objectivité d'une connaissance prétendant à la scientificité (SCHÜTZ).

Mais l'objectivisme ne résiste pas mieux aux mutations contemporaines des sciences de la nature. La micro-physique révélant que l'expérience peut modifier la situation objectale décrite rend problématique la stricte séparation de l'objet et du sujet.

2 **Origines philosophiques du constructivisme.** On peut faire remonter à KANT les origines du *constructivisme* et qualifier sa doctrine, rétrospectivement, de constructivisme « transcendantal » puisque le fondement de toute connaissance est en fin de compte un entendement qui, mettant en ordre les données de l'expérience, les constitue (les « construit ») comme phénomènes, les « choses en soi » restant inconnaissables.

Héritiers de Kant, BACHELARD et POPPER furent confrontés à la crise ouverte dans les sciences physiques par l'apparition de la mécanique quantique : la mise en cause du déterminisme (qui ouvrait la voie au probabilisme), et l'impossibilité exprimée par les relations d'incertitude, de séparer le sujet de l'objet dans les expériences, conduisirent ceux-ci à considérer l'objectivité *stricto sensu* comme un leurre : celle-ci impliquerait que le sujet soit face à la chose elle-même, alors que l'objet scientifique « ne se donne » qu'à travers la médiation de dispositifs empiriques et expérimentaux complexes. L'objectivité scientifique est, en fait, *une intersubjectivité rationnelle*, l'accord que les savants élaborent à partir de l'examen critique des données expérimentales. Cette nouvelle conception inverse « le vecteur épistémologique » (Bachelard). Les faits scientifiques ne sont pas donnés (comme pour l'objectivisme) mais construits.

OBJECTIVATION

Le constructivisme empirique. Ce constructivisme transcendantal (postulant un sujet rationnel) s'est transformé dans la réflexion contemporaine en un constructivisme empirique (l'objet est construit par le chercheur), dérivant parfois vers un relativisme critique ou sceptique : l'objet porte la marque du *point de vue* du chercheur ; il exprime sa position historique, de classe, de sexe, d'appartenance, etc. L'objectivité se dilue irrémédiablement, à moins d'être arbitrairement associée à un point de vue particulier. C'est finalement l'idée d'*objectivation* qui émerge de ce processus : si l'objet n'est pas donné mais construit, il résulte de procédures d'objectivation, et le problème de l'objectivité n'est plus le problème d'un hypothétique accord avec une réalité inassignable, mais bien d'un contrôle des procédures d'objectivation et d'aptitude des énoncés produits à résister à l'épreuve de la critique. On a un bon exemple de procédures d'objectivation à l'article QUESTIONNAIRE* de ce dictionnaire.

Jean-Michel BERTHELOT

bibliographie

DURKHEIM Émile, *Règles de la méthode sociologique* (1895), PUF, 1997.

POPPER Karl R., « La Logique des sciences sociales », in *De Vienne à Francfort* (1969), Bruxelles, Complexe, 1979.

SCHÜTZ Alfred, « Formation du concept et de la théorie dans les sciences sociales » (1954), in *Le Chercheur et le quotidien*, Méridiens-Klincksieck, 1987.

WEBER Max, « Essai sur l'objectivité de la connaissance » (1904), in *Essais sur la théorie de la science* 1904, Plon, 1965.

OBSERVATION

du latin *observare* « observer, surveiller »

all. BEOBACHTUNG	esp. OBSERVACIÓN
angl. OBSERVATION	ital. OSSERVAZIONE

voir : FAIT, MÉTHODES

Considération d'un fait, directement ou par l'intermédiaire d'instruments, en vue de le connaître.

1 Il faut insister sur cette finalité de connaissance qui définit l'*observation*. Elle implique qu'il n'y a pas d'observation qui ne soit inscrite dans un programme ou dans une idée qui lui donne sens. Comme l'écrit Claude BERNARD (*Principes de médecine expérimentale*, 1847) : « *Les observations empiriques sont les observations faites sans aucune idée préconçue et dans le seul but de constater le fait* [...]. *Mais une fois les faits d'observation empirique établis, il faut leur donner une signification, en déduire des lois à l'aide d'hypothèses et d'observations, qui sont la pierre de touche propre à les vérifier. C'est à ces dernières observations qu'il faut donner le nom d'observations scientifiques. Elles sont nécessairement faites en vue d'une idée préconçue qu'il s'agit de vérifier.* »

On voit donc combien l'observation est loin d'un empirisme passif où *observer* serait *voir*, *enregistrer*. Pour affirmer la préséance de l'idée (de la théorie) sur l'observation, certains soutiendront non seulement la thèse selon laquelle toute observation scientifique est imprégnée de théorie et suppose une interprétation des données, mais que c'est l'observation elle-même qui diffère. Tycho BRAHÉ (partisan du géocentrisme) et KEPLER (partisan de l'héliocentrisme) ne voyaient pas la même chose en voyant le soleil se lever et, bien que leurs données visuelles fussent apparemment identiques, les jugements théoriques qui affectaient leur observation changeaient les contenus de leurs expériences.

2 Ce débat de la communauté scientifique se retrouve en sociologie et en anthropologie, dans l'observation de terrain. L'enquêteur peut rester extérieur au groupe, le décrire, noter des faits qui permettront l'analyse factorielle. Mais il peut aussi faire de l'observation *participante* et chercher à s'intégrer au groupe étudié tout en préservant la distance de l'observateur. La question se pose, dès qu'il s'agit de « comprendre », de savoir ce qu'il en est de l'observation et de la projection subjective qui s'y substitue.

André AKOUN

bibliographie

BACHELARD Gaston, *Le Nouvel Esprit scientifique* (1934), PUF, 1991.

KUHN Thomas Samuel, *La Structure des révolutions scientifiques*, Flammarion, 1970.

POPPER Karl R., *La Logique de la découverte scientifique* (1959), Payot, 1973.

OCCULTATION

du latin *occultatio* « action de cacher »

all. VERSCHLEIRUNG	esp. OCULTACIÓN
angl. OCCULTATION	ital. OCCULTAZIONE

voir : CENSURE, SOCIOLOGIE DE LA CONNAISSANCE, IDÉOLOGIE

Processus idéologique par lequel un ensemble de réalités politiques ou sociales sont voilées, dissimulées ou niées à des fins intéressées (politiques ou économiques).

Les deux définitions que propose MANNHEIM de l'idéologie différencient le *mensonge* et l'*occultation*.

1 La définition « particulière » de l'idéologie est impliquée lorsque l'on soupçonne un locuteur de prendre des positions en fonction de ses seuls intérêts. Cette conception ne s'éloigne pas de celle du mensonge (Mannheim, 1936).

2 La définition « générale » de l'idéologie en fait, au contraire, un système de représentations à travers lequel un groupe se perçoit et construit une image efficace de sa situation sociale et de ses aspirations. Un tel système, qui vise davantage la pratique sociopolitique que la connaissance, exerce une fonction d'occultation : il élude des difficultés, des contradictions, des potentialités pressenties comme nuisibles et détourne de leur prise de conscience. Cette fonction peut revêtir des formes explicites (censures, interdiction des expressions déviantes), ambiguës (contrôle indirect des expressions) ou implicites.

La critique sociologique s'attache davantage à l'analyse de cette dernière forme de l'occultation qui échappe à la conscience commune. Cette occultation, à laquelle n'échappe aucune idéologie politique, remplit des fonctions diverses selon l'idéologie concernée et la situation historique : négation des intérêts poursuivis, des contradictions, effacement des luttes internes et des résistances, déni des autres possibilités politiques, effacement des oppositions.

Pierre ANSART

bibliographie

ANSART Pierre, « L'Occultation idéologique », in *Cahiers internationaux de sociologie*, 1972, vol. LIII, pp. 213 à 229.

MANNHEIM Karl, *Idéologie et utopie* (1936), trad. partielle, M. Rivière, 1956.

OLIGARCHIE

emprunté au grec *oligarkhia* « régime où commande un petit nombre », du grec *oligos* « petit, peu nombreux » et *arkhê* « commandement, autorité »

voir : BUREAUCRATIE, CLASSE, PARTI

Régime politique dans lequel le pouvoir se trouve concentré entre les mains d'un petit nombre.

Étudiant le Parti social allemand du début du XXe siècle, MICHELS (1876-1936) concluait à la tendance de toute organisation (parti politique, syndicat, État) à générer une *oligarchie* dirigeante, tendance qu'il nomme « loi d'airain de l'oligarchie ». Selon cette analyse, les professionnels de la manipulation de la parole se saisiraient nécessairement, au nom de la division des tâches, des pouvoirs et des avantages du pouvoir au détriment des adhérents.

Pierre ANSART

bibliographie

MICHELS Robert, *Les Partis politiques* (1911), Flammarion, 1971.

PARADOXE D' OLSON

voir : ACTEUR, ACTION COLLECTIVE, MOBILISATION, MOUVEMENT SOCIAL, GROUPE DE PRESSION

C'est une idée communément admise qu'un mouvement social, une rébellion ou une grève sont issus d'une situation de frustration et de mécontentement. Bien que les thèses de MARX fassent appel à des médiations, tels la conscience de classe et l'intervention d'un parti, l'hypothèse générale du *Capital* est bien que l'approfondissement des contradictions économiques entraînera nécessairement le soulèvement de la classe ouvrière. Or, l'observation montre que cette hypothèse, qui repose sur le rapport « frustration-agression », est loin d'être toujours vérifiée. En bien des situations, l'aggravation objective de la situation n'entraîne pas un mouvement de protestation.

Dans la ***Logique de l'action collective***, Olson part du constat paradoxal que, contrairement à l'illusion commune, les individus d'un groupe ayant des intérêts communs ne tentent pas nécessairement de les défendre. Le paradoxe s'approfondit lorsque l'on constate que les membres du groupe peuvent reconnaître l'existence de ces intérêts partagés et, cependant, ne pas entreprendre d'action pour les défendre. C'est ce paradoxe qu'il s'agit d'expliquer.

La réponse d'OLSON s'inscrit dans le paradigme utilitariste et individualiste. Au lieu de postuler l'existence d'une dynamique collective, il conviendrait de s'interroger sur les avantages et les inconvénients qu'un individu peut attendre des initiatives qu'il prendrait pour défendre les intérêts collectifs. Il peut, dans certaines conditions, estimer que sa participation serait pour lui d'un coût disproportionné et que, dans le cas d'une action menée et réussie par d'autres, il profiterait aussi des avantages obtenus. C'est donc en recourant au paradigme utilitariste et individualiste que le paradoxe pourrait être analysé et expliqué.

Pierre ANSART

bibliographie

MANN Patrice, *L'Action collective. Mobilisation et organisation des minorités actives*, Armand Colin, 1991.

OLSON Mançur, *Logique de l'action collective* (1966), PUF, 1978.

OLSON Mançur, *Grandeur et décadence des nations*, Bonnel, 1992.

TILLY Charles, « Action collective et mobilisation individuelle », *in* Pierre BIRNBAUM et Jean LECA (sous la dir. de), *Sur l'individualisme*, Presses de la FNSP, 1986.

OPACITÉ ET TRANSPARENCE

voir : ALIÉNATION, DYSFONCTION

Caractère de ce qui est obscur, difficilement compréhensible.

Le caractère d'obscurité désigné par ce terme ne concerne pas le secret stratégiquement recherché par des groupes ayant intérêt à se soustraire à la connaissance publique (organisations maffieuses, par exemple) mais l'obscurité dysfonctionnelle d'institutions ou de processus sociaux. Le concept est, en ce sens, relatif et d'un usage souvent polémique. Le *degré d'opacité* dépend, dans une certaine mesure, de la position des observateurs : un fonctionnement bureaucratique peut être opaque pour les agents assujettis et relativement « transparent » pour les membres de cette bureaucratie. Le reproche d'opacité est le plus souvent formulé par des publics qui souhaiteraient connaître des mécanismes qui leur échappent ou par des porte-parole qui cherchent à exercer une pression sur une institution. La relativité des positions rend possible un usage polémique du terme et la revendication réitérée de la « transparence ».

Pierre ANSART

bibliographie

MERTON Robert K., *Éléments de théorie et de méthode sociologique* (1957), Plon, 1965.

OPINION PUBLIQUE

du latin *opinio* « opinion, croyance »

all. ÖFFENTLICHE MEINUNG	esp. OPINIÓN PÚBLICA
angl. PUBLIC OPINION	ital. OPINIONE PUBLICA

voir : POLITIQUE

Dira-t-on de l'opinion publique qu'elle est ce qu'en mesurent les sondages, après avoir dit que les sondages mesurent l'opinion publique ? Joli cercle vicieux qui souligne la difficulté de définir l'opinion publique. On peut, évidemment, se contenter de définir l'opinion publique comme la somme d'opinions individuelles convergentes sur un sujet d'intérêt général. Reste à savoir comment se crée cette convergence et de quel public il s'agit.

La sociologie distingue diverses approches de l'*opinion publique* dont chacune pose des problèmes particuliers :

- la mesure distributive des opinions obtenues par enquête : on sait la faveur que connaissent aujourd'hui ces sondages ; on sait moins les interrogations qui se posent quant à leur validité et quant à leur utilisation ;
- l'opinion des *leaders d'opinion* et des supports d'opinion (presse, radio, télé, etc.) identifiés à des « porte-parole » de l'opinion publique ;
- enfin l'opinion publique qui s'organise en manifestations et en pétitions pour dénoncer la décision politique, mais qui semble être encadrée, soumise à la logique de l'espace politique institutionnalisé.

OPINION PUBLIQUE ET DÉMOCRATIE. Peut-on trouver une problématique qui rassemble cet ensemble apparemment hétéroclite ? Posons d'abord la différence entre l'*opinion publique* et la *volonté populaire*. Celle-ci s'exprime à travers un ensemble d'institutions représentatives et selon un cérémonial qui vise à en souligner la sacralité, alors que celle-là n'est que l'avis commun d'un ensemble d'individus sur un problème posé en termes généraux, sans que cela implique un engagement personnel profond. Dans la volonté populaire, le mot important est *volonté*, alors que dans l'opinion publique le mot important est *opinion*, ce qui en explique la mobilité et la versatilité. Il reste que cette distinction, pour réelle qu'elle soit, n'abolit pas leurs relations ni leur origine commune.

L'avènement des sociétés démocratiques a installé l'opinion publique dans une place qui, pour être purement mythique, n'en mérite pas moins d'être analysée, car l'effet en est important. Avec l'extension et l'importance qui est la sienne dans notre société, l'opinion publique n'a pu exister et occuper la scène publique sans que l'individu n'ait au préalable été pensé comme fondement d'une société qui lui est soumise et qui lui est donc seconde dans l'ordre des valeurs. L'opinion publique s'affirme alors comme une sorte d'intermédiaire entre la société et l'État, signifiant à ce dernier qu'il est assujetti à ceux qui le font être. En quelque sorte, elle se veut le rappel, à l'État-mandataire, de l'attente de ses mandants. Notons cependant qu'il s'agit d'opinion, non pas d'une instance de connaissance ou de vérité, mais d'une instance d'évaluation et de choix, l'expression de désirs plus que d'une volonté. Ainsi le politique risque-t-il de se voir soumis à un ordre qui mine sa sacralité et sa pérennité.

HISTOIRE. À bien suivre le sens qu'a la notion (qui n'apparaît dans les dictionnaires qu'à la fin du XIIIe siècle), on voit comment sa dérive l'amène d'un statut de fondement de la légitimité démocratique à l'instrumentalisation qui sera son destin. Au XVIIIe siècle finissant, l'opinion publique s'oppose, non pas à l'idée d'une opinion *privée*, mais à l'idée d'une opinion dissimulée, secrète, comme le sont les secrets d'État, et elle lui oppose la notion de transparence du politique. C'est l'opinion, non pas de la foule, de la populace, mais l'instance critique des hommes de culture et de raison, c'est-à-dire des élites éclairées. Avec la Révolution française, elle s'érige en source et fondement de légitimité politique et, d'expression d'une élite, elle devient celle des citoyens, avec le fantasme d'une démocratie la plus directe possible. Mais qui va « dire » l'opinion publique ? Car l'opinion publique, à y bien voir, n'est localisable, par nature, dans aucun corps. Elle est informe, latente, et ne peut devenir « quelque chose » qu'au moment où des groupes, des supports, organisent son expression. Dès lors, soumise à des porte-parole, elle se verra « fabriquée » et sous la dépendance des idées auxquelles chacun est invité à opiner. Partis, clubs, organes de presse seront ainsi les traducteurs-faiseurs d'opinion. Passons sur le risque de voir l'opinion publique réduite à n'être que l'écho d'un appareil partisan monopolistique et devenant sa propre ombre dans un espace politique totalitaire. Restons dans l'espace de sociétés pluralistes, celle des polyarchies dont parle DAHL.

SONDAGES D'OPINION ET POUVOIR MÉDIATIQUE. Avec la technique des sondages a été inventé un instrument de mesure de l'opinion qui se voulait scientifique. Le principe était de faire poser des questions préalablement testées par des professionnels sur un échantillon. Le but était d'éclairer le citoyen dans ses choix, contre les effets des propagandes. Remarquons que cette technique, qui existe depuis la fin des années 30, ne se développera qu'avec la médiatisation de la politique, c'est-à-dire avec la transformation de la communication politique en communication publicitaire. Dès lors, le problème de nos sociétés est celui des avatars de l'opinion publique dans un monde où elle connaît les effets de médias-spectacles. Le sondage d'opinion devient un élément vedette du journalisme en même temps qu'il répond au désir narcissique d'un public qui y trouve une image de ce qu'il « est » et de ce qu'il lui est convenable (c'est-à-dire majoritairement) de penser. Avec le sondage un nouveau « maître à penser » s'impose : le pouvoir médiatique, que Milan KUNDERA appelle (dans son roman *L'Immortalité*, 1990) le *pouvoir imagologique*.

OPINION PUBLIQUE ET VOLONTÉ DU PEUPLE. Les critères de l'opinion publique permettent de la distinguer de la volonté populaire, car, entre elles, il y a un seuil qui, sociologiquement autant que politiquement, ne peut être ignoré sans dommage. Si, notamment, les institutions représentatives souffrent aujourd'hui d'un malaise que nul ne songe à nier, c'est parce que, conçues pour être des instruments de l'opinion, leur utilisation par des volontés particulières les trouve inadaptées. L'opinion révèle un vœu national, les volontés nourrissent des impératifs partisans.

1 Une première différence réside dans leurs sources respectives. Tandis que l'opinion publique est une synthèse réalisée à partir d'éléments disparates, la volonté du peuple exprime des exigences unifiées. L'opinion n'existe qu'au niveau du collectif ; les individus dont elle reçoit l'adhésion conservent leur originalité car ils ne sont liés que par leur participation à un avis commun limité à la question qui fait l'objet de l'opinion. Ce qui les rapproche, c'est leur accord : leur entente est un terme, ce n'est pas un point de départ. La volonté populaire, au contraire, s'enracine bien plus profondément dans les vouloirs individuels. Ce n'est pas une synthèse, mais un faisceau d'impératifs qui ont leur origine dans la conscience de tous ceux qui communient en elle. Elle ne transforme pas des vouloirs particuliers ; elle les amplifie en enregistrant leur concordance. Tandis que l'opinion publique est le résultat d'une élaboration, la volonté populaire est le produit d'une addition. D'où il suit que l'on retrouve en elle l'influence de tous les facteurs qui conditionnent les volontés individuelles, et, au premier chef, la situation concrète de ceux qui la formulent.

2 Par là s'explique une deuxième différence qui sépare la volonté populaire de l'opinion publique, et qui concerne leur contenu. En tant que représentation propre à un groupe national, l'opinion publique se cristallise autour de problèmes posés en termes généraux et, en quelque sorte, impersonnels. Ce qui revient à dire qu'elle porte sur des questions à propos desquelles les individus ne se sentent pas directement ou gravement concernés. Il y a incontestablement une opinion publique sur le problème de l'alcoolisme. Admettra-t-on pour la former l'avis des bouilleurs de cru ? La jeune fille qui attend un enfant sans l'avoir voulu a certainement une idée relativement à la « pilule » ; il serait cependant abusif de considérer qu'elle participe à l'opinion publique sur l'emploi des contraceptifs. Ce qui est vrai, c'est qu'il y a dans l'opinion publique ce que l'on pourrait appeler une communauté d'indifférence qui explique sa mobilité et qui la rend plus perméable aux influences que la volonté du peuple.

En effet, la substance de celle-ci est faite d'exigences individuelles intégralement conçues avant de se fondre dans une volonté commune qui est lourde de toutes les préoccupations, des soucis, souvent même des angoisses qui sont le lot de la vie quotidienne. La volonté populaire procède de situations concrètes qui seront directement affectées par le sort de ses revendications. C'est bien pourquoi elle ne peut se permettre cette sorte d'ascétisme dont se prévaut parfois l'opinion, mais qui, au fond, révèle qu'elle n'est qu'un luxe pour celui qui la professe.

3 D'où une troisième différence entre opinion publique et volonté du peuple, et qui tient à l'inégalité de leur intensité. Certes, depuis VOLTAIRE, tout est dit sur la puissance de l'opinion. Il lui manque cependant ce qui fait la force véritable, c'est-à-dire la constance et le courage. Qu'elle soit versatile, il n'est plus besoin de le démontrer. Mais il faut noter que cette inconstance lui ôte de son efficacité puisqu'il n'est guère de circonstances où l'on ne puisse avoir raison de l'opinion publique à condition de savoir attendre. D'autre part, même dans les moments où elle paraît bien assurée, elle n'est forte que de la faiblesse des obstacles qu'elle rencontre. Qu'une résistance se dessine, servie par une volonté ferme, alors elle se désagrège. C'est qu'en effet elle est sans courage parce qu'elle est sans conscience. Non qu'elle soit dépourvue de valeur morale, mais parce que, phénomène collectif, elle est trop détachée de l'être profond des hommes pour s'adresser à cette ressource qui n'existe qu'en eux et qui est la foi. Foi religieuse, foi politique, foi sociale ou philosophique, ce sont là des richesses dont le collectif ne bénéficie que lorsque l'homme se donne à lui tout entier. Or, dans la mesure où il contribue à former l'opinion publique, l'individu ne s'engage pas ; il se prête, et encore partiellement. L'opinion participe au rite plus qu'à la croyance : finie la cérémonie, il n'y a plus de fidèles. Chacun rentre chez soi, regarde la télévision ou répare une étagère.

Tout autre est l'intensité de la volonté populaire. Comme elle prend naissance au niveau des vouloirs individuels, elle porte la marque qui caractérise les engagements personnels : plus d'obstination, de constance et de combativité. Tandis que l'opinion se transforme sous l'influence de facteurs qui sont étrangers à l'objet qui la motive (que l'on songe à l'accident qui change les rieurs de côté), la volonté du peuple n'est sensible qu'aux variations qui affectent son objet. Il est de son essence de tendre à se réaliser. Il y a en elle un dynamisme dont l'opinion est rarement animée. L'opinion publique juge ; elle suggère rarement et ne crée jamais. Elle se saisit des problèmes portés devant elle, mais ce n'est pas elle qui les pose.

L'OPINION PUBLIQUE, INSTRUMENT POLITIQUE. La distinction entre *opinion publique* et *volonté populaire* est politiquement essentielle car elle permet d'attribuer une signification précise à la formule « gouvernement d'opinion » en évitant de la confondre avec tout régime où les gouvernés ont la possibilité de se faire écouter par les gouvernants.

Le gouvernement d'opinion a été pratiqué effectivement dans le cadre de l'État libéral.

André AKOUN

bibliographie

BOURDIEU Pierre, *Questions de sociologie*, Éd. de Minuit, 1980.

BRULE Michel, *L'Empire des sondages*, Laffont, 1988.

CHAMPAGNE Patrick, *Faire l'opinion*, Éd. de Minuit, 1990.

KUNDERA Milan, *L'Immortalité*, Gallimard, 1990.

STOËTZEL Jean, GIRARD Alain, *Les Sondages d'opinion publique*, PUF, 1973.

CULTURE ORALE ET ORALITÉ

voir : COMMUNAUTÉ, COMMUNICATION DE MASSE, DOMINATION, ÉCRITURE

1 Avant l'invention de l'écriture, les cultures traditionnelles se transmettaient et se renouvelaient exclusivement de façon orale. Et de même, aussi longtemps que l'écrit fut une pratique minoritaire, les échanges sociaux étaient essentiellement médiés par la parole comme forme normale de l'interaction sociale. L'invention de l'écriture, puis, tardivement, celle de l'imprimerie, la généralisation enfin de l'enseignement entraînèrent la suprématie de l'écrit.

2 MCLUHAN (1911-1980) a développé la thèse selon laquelle l'intervention massive de l'audiovisuel (radio, télévision, cinéma) aurait pour effet de bouleverser à nouveau la culture en redonnant à l'oralité la place qu'elle avait perdue face aux conquêtes de l'imprimé. Au message analytique et froid de l'écrit, succéderait le message audiovisuel, holiste, chaud et instantané. Le « village global » serait réalisé par l'universalité de l'audiovisuel. Ces thèses audacieuses ont eu le mérite d'attirer l'attention sur les multiples conséquences des médias, l'extension des messages et des images. La question se pose de façon aiguë dans l'enseignement, où les pratiques de l'oral peuvent freiner, selon certaines observations, les apprentissages de l'écriture et de la lecture, avec de multiples conséquences sur le développement des compétences scolaires.

Pierre ANSART

bibliographie

MCLUHAN Marshall, *Pour comprendre les médias*, Seuil, 1968.

MCLUHAN Marshall, *La Galaxie Gutenberg. La Genèse de l'homme typographique* (1962), Gallimard, t. 1, 1977.

MCLUHAN Marshall, POWERS Bruce R., *The Global Village, Transformations in World Life and Media in the 21st Century*, Oxford UP, 1989.

ORDINATEUR

all. COMPUTER	esp. COMPUTADORA
angl. COMPUTER	ital. COMPUTER

voir : COMMUNICATION DE MASSE, ÉDUCATION, INFORMATIQUE, TRAVAIL

L'ordinateur est une technologie qui permet de décomposer toute opération complexe en une suite de calculs exécutés automatiquement. Son évolution en micro-ordinateur a permis son extension à toutes les sphères d'activité et à tous les espaces sociaux.

DE L'AUTOMATISME À L'INFORMATIQUE : LA « MÉCANISATION DU RAISONNEMENT ». Les premières tentatives d'automatisation des calculs remontent à trois siècles. Les machines raisonnantes des XVIIe et XVIIIe siècles représentaient le premier pas vers la « mécanisation du raisonnement ». Pensons aux multiples machines à calculer à roues dentées. Dès le début du XVIIe siècle, SCHICKARD inventa la première machine à calculer. La machine de PASCAL, réalisée en 1643, effectuait la conversion des différentes monnaies de l'époque. Et celle de LEIBNIZ, en 1673, était capable d'extraire les racines carrées. Vers 1833, BABBAGE conçoit sa machine analytique, qui doit permettre de résoudre toute équation et opération compliquée. À la fin du XIXe siècle, HOLLERITH invente la mécanographie, qui utilise le système des cartes perforées pour réaliser le recensement démographique aux États-Unis. Enfin, pour répondre à des besoins particuliers de l'armement, le premier gros calculateur (l'ENIAC) est construit dès 1943, et enfin les ordinateurs le sont à partir des années 50. Depuis, ces machines ont connu des mutations successives. La première génération d'ordinateurs (1950-1959) commence avec la commercialisation de l'UNIVAC 1. À partir des années 60, apparaît la deuxième génération d'ordinateurs transistorisés ; puis, la troisième génération utilise des circuits intégrés. Enfin, l'invention du microprocesseur au début des années 70 permet le développement des micro-ordinateurs. VON NEUMANN et TURING ont joué un rôle crucial dans l'histoire de la construction de l'ordinateur moderne. WIENER a aussi largement contribué à l'élaboration de certaines notions capitales pour les fondements de l'informatique.

LES ORDINATEURS ET LE CORPS SOCIAL. L'extension de l'informatique en dehors du marché militaire a commencé vers les années 60. Avec l'évolution technologique, l'informatique a investi les entreprises en modifiant sensiblement les méthodes, la division et l'organisation du travail. Avec cette nouvelle technologie, de nouvelles branches productives et de nouveaux métiers sont créés. Mais l'effet le plus important est la transformation qu'il impose à la sphère du travail en la rendant plus technique et plus individualisée et en faisant éclater les distributions sociales spécifiques de la société industrielle d'hier. Après le développement de l'informatique dans le secteur professionnel, l'« effet micro » s'est étendu à la vie domestique, bouleversant ainsi toute une série d'oppositions qui structurent les modes de vie (travail / loisir, professionnel / non-professionnel, public / privé). Il accentue le nouveau rapport au temps et à l'espace qui structure aujourd'hui la vie quotidienne, où les frontières entre vie privée et espace public sont devenues incertaines. L'ordinateur, dans ses usages et dans son évolution, tend à répondre à la pente de la logique sociale et peut être traité comme un symptôme actif et réactif de la nature d'une société. Ainsi, on a vu cette technique d'information s'individualiser, se miniaturiser et se faire l'écho actif d'une demande sociale latente, d'un imaginaire ou d'une réalité de sens désignée comme l'« esprit du temps ».

Nous nous limiterons à ces quelques effets sociaux et aux transformations qu'entraîne l'informatique dans les domaines du travail, de l'enseignement, de la vie domestique et de la communication.

LE TÉLÉTRAVAIL. Le télétravail traduit un nouveau rapport au travail, qui supprime la distance entre le lieu de travail et chez soi. Il s'inscrit hors de l'espace de travail traditionnel syndicalisé, avec la sociabilité qui le caractérise. Et il transforme l'espace public professionnel, avec toutes les retombées sociales qui en résultent quant à l'affaiblissement des identités communautaires de travail, de couches, de classes, etc. La conscience de classe, comme défense des intérêts de groupe, disparaît dans la mesure où s'instaure de plus en plus une dynamique de satisfaction des intérêts particuliers. De plus, en prolongeant le travail à domicile, le télétravail — dans la logique même de la souveraineté du moi et des droits à la satisfaction — peut concilier efficacité professionnelle et chaleur du foyer. Il contribue aussi à transformer la nature de l'intimité. Une nouvelle répartition entre le temps hors travail et le temps du travail s'instaure au profit de ce dernier. Cette forme d'activité fragilise et rend floue la barrière séparant espace public et espace intime. Et cette transformation est grosse de nouvelles évolutions de la famille et de la sphère du travail, dès lors que l'équilibre espace public et vie privée se dissout.

LE TÉLÉENSEIGNEMENT. Aujourd'hui, apparaissent dans le domaine de l'enseignement, de nouvelles technologies comme les techniques informatiques et l'enseignement assisté par ordinateur (EAO). L'introduction de ces nouvelles technologies en pédagogie a pour objectif d'assister l'enseignement traditionnel ou de palier ses manques. Compte tenu de ses capacités, l'ordinateur est capable d'exercer les fonctions élémentaires de l'enseignement que sont l'apport d'informations, le contrôle des acquisitions et des savoirs, la correction des erreurs. De plus, le téléenseignement permet d'adapter l'enseignement au rythme d'apprentissage de chacun mais, surtout, de porter cet enseignement partout et dans des conditions identiques pour tous. En effet, le recours au terminal évite tout déplacement. À longue échéance, on peut penser que la télématique fera éclater les lieux d'enseignement. Mais cette concurrence ne peut gommer la relation pédagogique ; celle-ci ne se réduit pas à la seule transmission d'une information, d'un savoir ou d'une compétence. Le métier d'enseigner renvoie à la dimension singulière d'un rapport de sujet à sujet, aux ambiguïtés et aux obscurités de la relation « maître-élève », du rapport au savoir médiatisé par l'adulte. On ne saurait négliger la nécessité psychologique pour les élèves du contact avec un enseignant humain et « charismatique ».

L'ORDINATEUR DOMESTIQUE. Avec une faible capacité de mémoire (1 kO), les premiers « micros » domestiques restaient souvent liés aux jeux vidéo. En pénétrant le milieu du travail, la micro-informatique allait se tourner vers des activités plus sérieuses. Si l'on ne voyait pas très bien à quels usages concrets pouvaient correspondre les premiers ordinateurs domestiques, l'évolution technologique et le développement de l'industrie des logiciels renforcent le sentiment d'une nécessaire intrusion de cette technique dans l'habitat et confèrent au micro-ordinateur domestique un destin pragmatique, gestionnaire et aussi imaginaire. On privilégie une fonction utilitaire qui s'enracine dans les valeurs de confort domestique et du pouvoir chez soi. Même si le rapport à la machine informatique reste essentiellement ludique, cela n'exclut pas une évolution vers la rationalisation des pratiques (budget, éducation, travail, etc.).

Quand on s'intéresse au micro-ordinateur dans l'espace domestique, celui-ci engendre des effets spécifiques, certes, mais ceux-ci accentuent, plutôt qu'ils ne créent, tel trait, telle ligne d'évolution de la famille, de ses rapports internes, entre générations, conjoints, etc. Plus qu'un facteur de dissolution de l'unité familiale, l'expérience du micro-ordinateur représente un nouveau mode de consommation individuelle au sein de la famille, au même titre que le baladeur, le magnétoscope ou le pluriéquipement télévisuel. S'intégrant à la logique de la famille, l'ordinateur et les nouvelles technologies accentuent la transformation du milieu familial, qui n'est plus tout à fait le lieu d'une loi commune transcendante mais l'espace où le confort et les pratiques hédoniques de chacun organisent leur compatibilité. De plus, l'ordinateur domestique révèle plus qu'il ne crée des déséquilibres antérieurs à son introduction et renforce certains clivages sociaux comme les rapports de génération ou les scènes de conflit de la vie conjugale.

INTERNET ET LES NOUVELLES COMMUNICATIONS. *Internet* comme toute technologie de la télécommunication, vise à remodeler l'espace social de la communication et à en faire éclater les contraintes. Le rêve du « village global » de Mac Luhan illustre le désir d'abolition des distances et des frontières auxquelles les nouvelles technologies de l'information et des communications (NTIC) semblent satisfaire. À ce scénario globaliste répond aussi la thèse de l'éclatement du monde en multiples réseaux, au sein desquels se réorganisent des communautés d'intérêt, d'identité et de solidarité, communautés désormais « transnationales ». Dans un cas comme dans l'autre, l'avènement des NTIC paraît revêtir une puissante et magique symbolique. On y reconnaît le vieux rêve chamanique de la distance abolie et du don d'ubiquité. Avec les nouvelles technologies de la communication, le domicile est ouvert sur le monde de façon illimitée. Elles obligent ainsi les États à s'interroger sur les moyens de contenir leur puissance anarchique et de réguler leur usage en fonction des normes de la morale et des intérêts nationaux. Notons que la France, par un effet pervers, a vu son avance technologique liée à l'invention du Minitel se transformer en handicap, freinant ainsi l'extension d'Internet.

LES UTOPIES. Le micro-ordinateur en particulier et l'informatique en général ont redonné vigueur au courant du déterminisme technologique des sociétés dont le représentant le plus connu est Marshall McLuhan. Ce courant explique, d'une part les formes et les évolutions de la société à partir de la seule technique et d'autre part, attribue aux nouvelles technologies, dans des utopies prospectives, le pouvoir de résoudre les contradictions et les conflits de société. C'est ainsi que sont nées les illusions sur une Cité idéale, à la gestion de laquelle participeraient directement tous les citoyens, et sur un tissu social permettant à la fois une nouvelle convivialité et les moyens pour chaque individu de se réaliser. Le discours sociologique prospectif s'apparentait pour une part aux écrits de science-fiction. Ces utopies, qui sont par ailleurs un support publicitaire important pour la diffusion des nouvelles techniques, ne tiennent pas compte de ce qu'une technologie ne s'enracine que dans la mesure où elle s'accorde à l'espace social et à sa logique.

Laurence Le Douarin

bibliographie

Flichy Patrice, *L'Innovation technique. Récents développement en sciences sociales. Vers une nouvelle théorie de l'innovation*, La Découverte, 1995.

ROUX Marie-Agnès, *Un micro-ordinateur à la maison. Le micro-ordinateur et la construction des identités familiales*, L'Harmattan, 1994.

ORDRE

du latin *ordo* « rang, alignement », d'où « le bon arrangement des choses »

all. ORDNUNG	esp. ORDÉN
angl. ORDER	ital. ORDINE

voir : COHÉSION, ÉQUILIBRE, INTÉGRATION, REPRODUCTION, STABILITÉ

État de stabilité des institutions et des rapports sociaux.

1 Dans la société de l'Ancien Régime, le terme désignait les trois grandes catégories sociales, le clergé, la noblesse et le tiers état : il évoquait les traits essentiels de la différenciation sociale et en suggérait implicitement la stabilité.

2 Dans le vocabulaire postérieur à la Révolution, le terme se redéfinit par opposition au désordre et au changement. Soucieux de souligner à la fois les continuités et les transformations historiques, COMTE invite à distinguer la « statique » (étude de l'ordre social) et la « dynamique » (caractérisée par la « loi des trois états »).

Les multiples utilisations idéologiques de cette notion (ordre « moral », « établi », « nouveau ») et son caractère flou ont détourné les sociologues d'y recourir explicitement. Toutefois, le terme est retenu pour rappeler des questions qu'il suggère : pourquoi y a-t-il, dans une société, un ordre et une reproduction de cet ordre ? Quelles forces sociales tendent à défendre une hiérarchie, une institution, et s'opposent à leur transformation ? Par quels mécanismes se réalise la reproduction* des inégalités (BOURDIEU, 1970) ? Quel est le rôle des systèmes symboliques dans la stabilité de l'ordre politique ? Quels rapports s'instituent entre l'ordre économique, l'ordre social et l'ordre politique ?

Pierre ANSART

bibliographie

FRITSCH Philippe (sous la dir. de), *L'Activité sociale normative. Esquisse sociologique sur la production sociale des normes*, CNRS, 1992.

PADIOLEAU Jean G., *L'Ordre social. Principes d'analyse sociologique*, L'Harmattan, 1986.

SUE Roger, *Temps et ordre social : sociologie des temps sociaux*, PUF, 1994.

TOCQUEVILLE Alexis de, *De la démocratie en Amérique* (1835-1840), « Folio », Gallimard, 1986.

ORGANICISME

du grec *organon* « élément du corps humain considéré comme un instrument »

voir : ÉVOLUTIONNISME, SYSTÈME, VITALISME

Théorie tendant à assimiler la société à un organisme vivant.

Le débat entre le *mécanicisme*, qui réduisait l'activité physiologique à des échanges physicochimiques, et l'*organicisme* qui soulignait la spécificité du vivant, a inspiré une tendance importante de la sociologie au XIXe siècle. Dénonçant la conception mécaniciste, SPENCER fait de la biologie le paradigme majeur permettant de penser la société comme un être vivant, intégrant ses structures et ses fonctions en une unité dynamique dans laquelle le tout l'emporte sur les parties. L'évolution* serait marquée par le passage progressif vers des organismes sociaux de plus en plus complexes et hétérogènes. Une certaine forme d'organicisme se retrouve dans les premières expressions du systémisme, qui s'efforçaient d'opérer une synthèse du mécanicisme, de l'organicisme et du vitalisme, tout en privilégiant les modèles biologiques. BERTALANFFY fait du système une unité dont les caractères s'apparentent au dynamisme du vivant : intégration des fonctions, interrelation dynamique (et non séparation mécanique) des parties, activité finalisée. Les paradigmes sociologiques attentifs à l'historicité*, aux conflits sociaux ou aux choix rationnels des acteurs excluent ces références à des modèles inspirés de l'organicisme.

Pierre ANSART

bibliographie

BERTALANFFY Ludwig von, *Théorie générale des systèmes*, Dunod, 1973.

SCHLANGER Judith, *Les Métaphores de l'organisme*, L'Harmattan, 1995.

SPENCER Herbert, *Principes de sociologie, 1877-1896*, Baillière, 4 t., 1878-1898.

ORGANISATION

Le mot vient de la biologie avant d'arriver en sociologie. Initialement (XIVe s.), *organiser* c'est « rendre apte à la vie ». Un *organe* est une partie d'un être vivant. Un *organisme* est un ensemble vivant dans un milieu. Par analogie, l'*organisation* désigne un mode de fonctionnement : celui d'une action ou de l'entité qui en résulte.

all. ORGANISATION	esp. ORGANIZACIÓN
angl. ORGANIZATION	ital. ORGANIZZAZIONE

voir : ADMINISTRATION, BUREAUCRATIE, ENTREPRISE, INSTITUTION, MANAGEMENT

*Toute organisation comporte des éléments invariants. C'est un ensemble d'acteurs doté d'une structure d'autorité, de rôles, et d'un système de communication permettant la coordination et le contrôle des activités afin de réaliser un (ou des) but(s). Autrement dit : « On peut définir une organisation comme la forme sociale qui, par application d'une règle et sous l'autorité de leaders, assure la coopération des individus à une œuvre commune, dont elle détermine la mise en œuvre et répartit les fruits » (*BOURRICAUD*).*

Concrètement, on peut étudier l'organisation d'une association humanitaire, d'une coopérative agricole, d'un camp de prisonniers, de la Maffia, de la cuisine d'un restaurant, d'un orchestre, d'un journal, du Parti communiste, d'une secte, d'un asile psychiatrique, de l'ordre des médecins, d'une équipe de football, d'un club de vacances, etc. Ces études sont souvent dispersées entre les branches de la sociologie. La sociologie de l'éducation étudie l'école ; la sociologie militaire observe l'armée ; celle des religions analyse l'Église. Devant cette diversité, les manuels de sociologie des organisations insistent sur un cas très prégnant : celui de la grande entreprise. BERNOUX ou BALLÉ en donnent ainsi de nombreuses illustrations. L'ambition d'une sociologie des organisations reste de détailler les traits communs à toutes les organisations. Ces traits se ramènent à :

1 des buts,
2 une coordination,
3 un environnement,
4 des images,
5 des règles pour fédérer les acteurs.

1 BUTS. Il serait naïf de penser que chaque organisation a un but clair, unique et partagé par tous. D'abord, un but n'est pas univoque (l'armée défend la paix, mais prépare la guerre). Ensuite, il n'est pas unique (l'université transmet des connaissances, mais c'est aussi un centre de recherche et un lieu d'orientation ou d'insertion). Enfin, tous n'apprécient pas les buts de la même façon (dans l'Église, un fidèle pensera à son salut, un prêtre se préoccupera de mobiliser pour le carême, un évêque s'inquiétera de la baisse des vocations, le pape s'occupera de la foi des jeunes en vue du troisième millénaire...).

MARCH et SIMON font ressortir avec force que seuls les individus ont des buts. Ils les poursuivent en outre avec des ressources cognitives limitées (à l'université, un étudiant aime la sociologie, ses parents attendent qu'il obtienne sa maîtrise, les enseignants mettront au programme leurs sujets préférés, un employeur voudra quelqu'un d'opérationnel dès l'embauche). C'est donc un abus de langage que de parler de but de l'organisation, comme si l'université avait une ligne de conduite uniforme ou comme si une banque avançait avec une idée en tête ! PERROW complète une telle conclusion en remarquant que si les organisations n'ont pas de buts, elles produisent des effets collectifs. Survivre ensemble, sans gaspillage ni abandon, sont des effets de pérennité, de cohésion, de cohérence, de contrôle qui constituent autant de forces émergentes, observées dans toute organisation. En définitive, MINTZBERG indique que les théories sur les buts de l'organisation sont passées de la vision d'un acteur dominant, qui impose son but unique, à l'analyse d'acteurs multiples, qui hésitent chacun entre plusieurs visées, avant que des effets ne résultent de leurs actions communes. Le problème central dans toute organisation, c'est alors de coordonner les actions individuelles pour produire des effets collectifs attendus.

2 COORDINATION. Une fable souvent utilisée illustre ce problème central. Trois voisins veulent dégager leur chemin obstrué par une lourde pierre. L'un est costaud, l'autre a un levier, le dernier est ingénieur. Comment vont-ils s'organiser pour coordonner leurs actions et atteindre leur but ? BARNARD est l'un des premiers à avoir mis ce problème au cœur d'une analyse véritable des organisations. Il indique que toute solution doit assurer un équilibre entre les contributions et les rétributions de chacun pour être acceptable par tous. HIRSCHMANN précise d'ailleurs que si quelqu'un est déçu, sa loyauté va se transformer en prise de parole ou en défection : il va protester ou s'en aller. Ainsi, un client peut faire une réclamation ou passer à la concurrence. De manière plus graduée, un salarié peut doser son zèle, faire grève, occuper son lieu de travail, s'absenter, démissionner.

Face à ces contraintes, toute coordination se trouve en tension entre deux pôles : différencier ou intégrer. Différencier, c'est diviser le travail et répartir les tâches entre spécialistes (dans la fable : l'un utilise son levier, le costaud déplace la pierre, l'ingénieur effectue les calculs). Intégrer, c'est fédérer les efforts au sein d'une ligne hiérarchique qui conduit au but commun (dans la fable : les trois soulèvent ensemble ou un chef surveille les deux autres). LAWRENCE et LORSCH montrent que plus on différencie des spécialistes, plus il est difficile de les intégrer ; plus on intègre les membres d'une organisation, plus il est difficile de les différencier. Coordonner, c'est alors choisir un bon dosage entre les éléments et le liant, comme un maçon qui ne met ni trop de ciment, ni trop d'eau pour que le mélange prenne. Dans les organisations, les choix sont multiples. Mintzberg indique cinq modes alternatifs de coordination : désigner un chef ; mettre en place une procédure ; fixer des objectifs ; ajuster les compétences ; généraliser la communication. Ce choix dépend de ce qui se passe « dans » mais aussi « autour de » l'organisation, c'est-à-dire dans son environnement.

3 ENVIRONNEMENT. Il faut se garder d'une vision substantialiste des « frontières » ou des « limites » de l'organisation. Malgré les origines biologiques du mot, l'organisation n'est pas dans son environnement comme l'organisme est dans son milieu. Distinguer les acteurs qui sont « dedans » de ceux qui sont « dehors » est surtout une commodité utilisée par l'observateur ou l'organisateur. Pour celui qui étudie une prison, les détenus sont « dedans » même s'ils rêvent d'être « dehors ». Pour l'observateur d'une entreprise, les salariés sont « dedans », mais il est plus délicat de placer les clients ou les actionnaires. Pour qui analyse l'Église, les non-croyants sont à l'extérieur mais sont tous invités à franchir le seuil de la porte. La distinction entre « dehors » et « dedans » est donc une simple commodité. « Dehors » conduit à qualifier l'environnement. Il peut être hostile, routinier, turbulent, prévisible... « Dedans », cela permet d'éclairer les choix qui en résultent et qui se font entre différencier et intégrer. Les paramètres qui caractérisent un environnement peuvent se ramener à la complexité et à l'incertitude.

Un environnement complexe pousse à différencier. En guérilla urbaine, il faut une multitude de petits commandos. En construction automobile, il faut séparer les étapes de fabrication. Un environnement incertain pousse à intégrer. Une offensive de masse suppose de regrouper ses forces. La prospection pétrolière incite à multiplier les tentatives de forage. Il y a des situations qui sont surtout complexes (les échecs). Il y a des situations qui sont surtout incertaines (le poker). Mais d'autres sont les deux à la fois (le bridge). Un environnement à la fois complexe et incertain pose le dilemme entre différenciation et intégration. La conquête spatiale suppose à la fois petites équipes et grand projet.

La mise en avant d'une frontière entre l'organisation et son environnement ne doit pas faire oublier les acteurs puisque tout passe par eux. Ils se retrouvent tout particulièrement dans les transactions qui s'opèrent aux frontières. Les travaux de PFEFFER et SALANCIK montrent, à travers ces transactions aux frontières, que les offres développées dans l'organisation ne sont jamais indépendantes des demandes ou des contraintes émanant de l'extérieur. Un conseil municipal gère les services internes de la mairie, mais sa composition reflète la situation politique de la ville. Un conseil d'administration contrôle le PDG, mais représente normalement les actionnaires ; si ces derniers sont trop faibles ou très confiants, le PDG accroît sa latitude d'action discrétionnaire.

Acteurs, buts, coordination, environnement : l'essentiel de la grille d'analyse des organisations est là. Toutefois, des recherches récentes indiquent que ce qui compte, ce n'est pas seulement l'organisation mais l'image que les acteurs se font d'elle.

4 IMAGE. Chaque acteur de l'organisation s'en fait une image, une représentation qui va influer sur ses manières d'agir, comme la carte géographique utilisée influe sur la manière de s'orienter sur le territoire. MORGAN identifie huit grandes métaphores couramment utilisées pour se représenter l'organisation : la machine, l'organisme, le cerveau, le centre de culture, l'arène politique, la prison psychique, le flux de transformation, l'instrument de domination. Il n'est pas anodin d'arriver au travail en imaginant ses collègues comme les « doigts d'une même main » plutôt que comme des « valets du capital ». Il n'est pas neutre de considérer une association comme réunissant les « défenseurs d'une noble cause », plutôt que comme un « panier de crabes ». En même temps, ces représentations ne sont pas tout le territoire. Une image trop caricaturale finit même par obscurcir la perception.

À une extrémité, ne voir dans l'organisation qu'un « gros individu », un « corps », comme dans la métaphore organiciste depuis l'analogie ancienne avec la biologie, c'est nier que cette entité collective résulte des actions coordonnées d'individus différents. À l'autre extrémité, ne voir dans l'économie que des rapports de production conflictuels qui aboutissent toujours à une domination et à l'exploitation, c'est nier l'organisation elle-même, constituée pour rendre compatibles des buts variés.

Le grand apport de la sociologie des organisations est précisément de s'interroger sur ce qui se passe entre sphère individuelle et sphère sociale, au niveau de ces multiples centres d'initiatives où les actions se coordonnent. Cela entraîne un regain d'intérêt pour les règles locales qui s'établissent entre les acteurs. Cela débouche sur les recherches concernant la dimension institutionnelle des organisations, comme les résume ROWLINSON.

5 INSTITUTIONS. Il convient de ne pas confondre *organisation* et *institution*. L'organisation est opérative, on y coordonne des actions. L'institution est régulative, on y construit des cadres de référence. L'organisation produit de la transformation. L'institution apporte de la stabilité. On organise un club sportif mais les règles du jeu constituent l'institution. On organise une cérémonie de noces mais le mariage reste une institution.

Cette distinction a deux conséquences. D'une part, toute organisation a des ancrages institutionnels : pas d'État sans constitution au moins implicite ; pas de rencontres sportives sans règles du jeu. D'autre part, toute organisation a une dimension institutionnelle : l'école, l'armée, l'Église sont des organisations mais ce sont aussi des lieux d'apprentissage, de citoyenneté, de salut. Cette dimension institutionnelle n'est cependant pas toujours aussi accentuée. Elle semble moins nette dans le cas d'organisations comme les entreprises. « L'entreprise citoyenne » est certes censée remplacer l'État ou la famille selon certains esprits. Il n'est pas sûr que sa fonction soit de devenir une institution centrale régulant la vie sociale. Dans le même esprit, on rêve d'institutionnaliser les associations caritatives ; mais c'est surtout pour pallier les difficultés rencontrées par l'État-Providence en matière de protection sociale.

En définitive, on le constate, une société peut être analysée comme un agglomérat d'organisations multiples. Ces organisations sont — comme le rappellent CROZIER et FRIEDBERG — des « systèmes d'acteurs ». Complétons en ajoutant que chaque organisation naît de ces « acteurs » de la vie en société que nous pouvons tous devenir par nos initiatives et nos appels à autrui.

Jean-Michel MORIN

bibliographie

BALLÉ Catherine, *Sociologie des organisations*, « Que sais-je ? », PUF, 1990.

BARNARD Chester Irving, *The Functions of the Executive*, Cambridge, Harvard UP, 1938.

BERNOUX Philippe, *La Sociologie des organisations. Initiation théorique suivie de douze cas pratiques*, « Points », Seuil, 1985.

BOURRICAUD François, « Les Organisations », *in* Patrick JOFFRE et Yves SIMON (sous la dir. de), *Encyclopédie de gestion*, Economica, t. 2, 1989, pp. 2008 à 2022.

CROZIER Michel, FRIEDBERG Erhard, *L'Acteur et le système. Les contraintes de l'action collective*, Seuil, 1977.

HIRSCHMANN Albert O., *Face au déclin des entreprises et des institutions*, Éditions ouvrières, 1972 ; nouv. trad., *Défection et prise de parole*, Fayard, 1995.

LAWRENCE Paul, LORSCH Jay, *Adapter les structures de l'entreprise, intégration ou différenciation* (1967), Éd. d'Organisation, 1973 ; rééd. « Les Classiques E. O. », 1989.

MARCH James G., SIMON Herbert A., *Les Organisations*, Dunod, 1969.

MINTZBERG Henry, *Le Pouvoir dans les organisations*, Éd. d'Organisation, 1986.

MORGAN Gareth, *Les Images de l'organisation*, Québec, PU Laval, 1989.

PERROW Charles, *Organizational Analysis : A Sociological View*, Londres, Tavistock, 1970.

PFEFFER Jeffrey, SALANCIK G., *The External Control of Organizations : a Ressource Dependance Perspective*, New York, Harper and Row, 1978.

ORIGINE SOCIALE

voir : MOBILITÉ SOCIALE, REPRODUCTION, STRATIFICATION

Milieu social d'où provient une personne.

L'*origine sociale* désigne le milieu d'où est issu un individu ou un groupe. De nombreuses enquêtes définissent pratiquement l'origine par la profession du père ou par celle des deux parents. L'origine peut aussi être caractérisée par la classe sociale, par la catégorie socioprofessionnelle ou par tout autre critère, selon les objectifs de l'enquête. La question de l'origine sociale est essentielle pour les recherches sur la mobilité sociale et soulève tous les problèmes relatifs au devenir des acteurs sociaux et aux mutations de la population. Par exemple, les travaux concernant le rôle du système scolaire dans la mobilité sociale reposent la question de l'égalité des chances en rapport avec l'origine sociale des enfants : est-ce que leur réussite scolaire puis leur devenir professionnel sont, et dans quelle mesure, déterminés par leur origine sociale ?

Pierre ANSART

bibliographie

BOUDON Raymond, *L'Inégalité des chances : la mobilité sociale dans les sociétés industrielles*, Armand Colin, 1973.

BOURDIEU Pierre, PASSERON Jean-Claude, *La Reproduction*, Éd. de Minuit, 1970.

ISAMBERT-JAMATI Viviane, *Solidarité fraternelle et réussite sociale*, L'Harmattan, 1995.

ORTHODOXIE

du grec *orthos* « droit » et *doxa* « opinion, opinion droite »

voir : CROYANCE, DÉVIANCE, DISSIDENCE, IDÉOLOGIE, RELIGION

Ensemble des propositions tenues pour vraies et servant de référence pour distinguer les opinions conformes des opinions déviantes désignées comme condamnables.

Les expériences de psychologie sociale montrent que les individus appartenant à une communauté de croyants ont tendance à approuver une proposition dès lors qu'elle leur est présentée comme émanant de l'autorité instituée (DECONCHY, 1971). Une idéologie politique définit implicitement un ensemble de propositions posées comme vraies et telles qu'elles ne peuvent être contestées sans déviance condamnable. Les orthodoxies religieuses, politiques, morales, participent, à des degrés divers, au contrôle social et à la régulation des conduites.

Pierre ANSART

bibliographie

DECONCHY Jean-Pierre, *L'Orthodoxie religieuse. Essai de logique psycho-sociale*, Éditions ouvrières, 1971.

OUVRIÉRISME

voir : CLASSE, IDÉOLOGIE, POPULISME

Attitude consistant à valoriser systématiquement les comportements et les opinions des catégories ouvrières.

Ce terme, fréquemment utilisé dans un sens polémique, désigne une tendance de nombreux intellectuels, issus majoritairement de la classe bourgeoise, aux XIXe et XXe siècles, à entretenir un préjugé favorable à l'égard de la classe ouvrière. En dehors de cet usage polémique, l'ouvriérisme peut désigner la conception selon laquelle la gestion de l'économie doit être dirigée par les mouvements ouvriers, par opposition à la gestion capitaliste ou bureaucratique.

Pierre ANSART

OUVRIER ET CLASSE OUVRIÈRE

issu du latin *operarius* « relatif au travail », substantivé pour désigner un travailleur

all. ARBEITER	esp. OBRERO
angl. WORKER	ital. OPERAIO

voir : CAPITALISME, CLASSE, IDENTIFICATION, IDÉOLOGIE, SALAIRE, SYNDICALISME

1 LES ORIGINES. Le terme « ouvrier » désigne la catégorie des producteurs ou salariés d'exécution, employés d'une entreprise (ce qui les distingue des artisans). La notion évoque, à l'origine, un travail manuel : « *Ils vendent leurs bras* » (VERRET). Par extension, le groupe ouvrier prend l'acception de « classe ouvrière », à signification sociale : classe du bas de l'échelle sociale, en proie à la misère ou du moins à la pauvreté, classe aliénée, exploitée.

En réponse à cette situation de domination, la classe ouvrière s'est d'abord définie comme « conscience fière », fierté productive des ouvriers de métier revendiquant d'être reconnus dans leur savoir-faire manuel, dans leur habileté professionnelle, promouvant la valeur du travail comme formation morale et instrument de culture. Cette prise de conscience a présidé à la constitution des « corps de métier » proches de l'artisanat et du compagnonnage, qui avaient pour mission d'apprendre le métier d'ouvrier. Parmi les qualités « émergeant » des attitudes ouvrières, les enquêtes évoquent couramment leur intérêt pour le travail ainsi qu'une culture de la solidarité de l'« entente » (Verret). Il faut y ajouter une culture de mobilisation, une culture militante, source de la conscience de classe, qui va s'accompagner d'un rôle messianique : construire un monde meilleur, « incarner l'humanité de demain » (NAVILLE, préface à Andrieux et Lignon, 1960).

Cette identification collective des ouvriers va se concrétiser historiquement par de nombreuses formes de communautés et d'organisations : sociétés, associations, mutuelles, corps de métier, corporations, syndicats. Elles contribuent à l'« héroïsation » de la classe ouvrière (TERRAIL), à sa glorification, à son auto-exaltation. Mais la fonction de ces organisations n'est pas seulement symbolique. Elle suscite une action de classe qui se confronte avec l'ensemble de la société et vise à transformer les rapports entre les classes. Ce rôle fut l'une des missions du syndicalisme révolutionnaire. L'action ouvrière s'est manifestée dans les émeutes et mouvements populaires : insurrections de 1830, 1848, de la Commune, mouvements de 1936 et de la Libération. Le Parti communiste, avec son image du parti ouvrier, va encadrer la mobilisation politique de la classe ouvrière. Celle-ci est conçue comme force sociale et agent historique de transformation de la société.

2 LES ÉVOLUTIONS. L'évolution du rôle historique de la classe ouvrière tient tout d'abord à la transformation des structures de production. Celle-ci est qualitative : la déqualification du travail, liée au développement du taylorisme*, relègue les ouvriers de métier dans les tâches d'entretien. La rationalisation du travail détruit les références aux valeurs de métier. L'automatisation introduit de nouvelles compétences : ponctualité, responsabilité, au détriment du savoir-faire. Elle est source d'un clivage entre d'une part les non qualifiés, réduits à un rôle d'exécutants sans pouvoir et sans espoir de promotion et, d'autre part, les qualifiés, polyvalents, futurs techniciens ou futurs contremaîtres. L'éclatement de la classe ouvrière détruit l'espoir qu'elle puisse servir de base à un prolétariat porteur d'une mission historique.

Cette évolution se traduit dans la structure quantitative des emplois. En quelques décennies les emplois industriels basculent au profit du secteur tertiaire : sur 28 millions d'emplois créés aux États-Unis entre 1970 et 1986, 27 millions proviennent du secteur tertiaire (LALLEMENT, 1994). En France, selon l'NSEE, les emplois « employés » ont dépassé le chiffre des ouvriers : 6 130 000 employés en 1993 contre 5 853 000 ouvriers. Ceux-ci ne représentent plus que

27% de la population active (*Économie et statistiques*, INSEE, n° 279-280, 9-10 / 1994).

D'où la perte de prestige de l'élite professionnelle qui formait le vivier des militants ouvriers, un déclin du syndicalisme et, du même coup, du mythe de la classe ouvrière porteuse d'une mission historique universelle (FRIEDMANN et NAVILLE, chap. 25). Celle-ci voit son rôle réduit à celui d'un groupe de pression n'ayant d'accès au pouvoir que sous forme d'une alliance avec les classes moyennes du secteur tertiaire.

3 LA NOUVELLE CLASSE OUVRIÈRE. Devant ces évolutions, les sociologues s'interrogent sur les nouvelles missions de la classe ouvrière, dont la transformation se cristallise dans la notion de « nouvelle classe ouvrière » (MALLET, 1963). Les auteurs s'accordent sur un certain nombre de caractéristiques économiques et sociales qui la définissent. Les liens entre travail et mode de vie se distendent. Avec la croissance des classes moyennes, les conditions d'existence deviennent relativement communes à l'ensemble des classes (TERRAIL, 1990). On assiste à la fin d'une « culture d'exclusion » : homogénéisation des modes de vie, disparition des « banlieues rouges » au profit de quartiers résidentiels caractérisés par un plus grand brassage des couches sociales, accroissement spécifique (déjà souligné par Friedmann) des loisirs et du courant vers la consommation de masse. Plus qu'une fin en soi, le travail est perçu comme moyen de consommer. Ces attitudes nouvelles tendent à rapprocher les milieux sociaux et à renforcer la thèse de « la fin des idéologies ».

Le travail s'intellectualise : techniciens et « blouses blanches » commencent à prendre le leadership de mouvements revendicatifs. La transformation du mode de vie, une plus grande mobilité sociale entre les générations sont des signes de la fin de la « culture d'exclusion » et de la régression du sentiment d'appartenance de classe. Il y a déclin de l'antithèse ouvriers / non-ouvriers, manuels / non-manuels. La forte automatisation du travail, la part croissante des activités intellectuelles, la modification qualitative des tâches expliquent et renforcent ce courant.

Ces constatations ont ouvert, entre sociologues, un débat sur l'embourgeoisement de la classe ouvrière. La nouvelle classe ouvrière, ainsi dénommée par Mallet, était largement composée et animée par des techniciens et des ouvriers hautement qualifiés. L'auteur les a observés dans l'électronique professionnelle et l'industrie informatique. La définition de la classe ouvrière devenait plus malaisée. Mallet s'efforçait cependant de lui conserver un certain messianisme, moins révolutionnaire qu'autogestionnaire. Il s'agit pour lui de chercher à institutionnaliser des pouvoirs de contrôle des syndicats sur l'orientation économique de la firme. L'appel même des politiques patronales au développement des capacités et de l'initiative des producteurs constitue un encouragement pour ce type d'orientation.

GOLDTHORPE et ses collègues anglais (1970) ont vivement dénoncé la thèse de l'embourgeoisement : « *L'ouvrier continue de gagner sa vie en mettant son travail à la disposition d'un employeur en échange d'un salaire.* » Son travail est toujours ressenti comme une tâche. Ces nouveaux « ouvriers de l'abondance » privatisent en effet leur mode de vie et se préoccupent du progrès économique. Leur travail devient plus instrumental, destiné à leur assurer un revenu plus élevé et un meilleur niveau de vie. N'étant plus sensibilisés par des projets révolutionnaires, ces ouvriers refusent cependant de s'intégrer aux classes moyennes et maintiennent leur soutien aux partis de gauche et une certaine identification de classe. S'il y a désaffection à l'égard du syndicalisme, c'est peut-être aux syndicats de se rendre plus attractifs en esquissant des formules plus réalistes de démocratisation des rapports sociaux et de la vie économique.

Claude DURAND

bibliographie

ANDRIEUX Andrée, LIGNON Jean, *L'Ouvrier d'aujourd'hui*, M. Rivière, 1960.

DOFNY Jacques, DURAND Claude, REYNAUD Jean-Daniel, TOURAINE Alain, *Les Ouvriers et le progrès technique*, Armand Colin, 1966.

DUBOIS Pierre, *Les Ouvriers divisés*, Presses de la FNSP, 1981.

FRIEDMANN Georges, NAVILLE Pierre, *Traité de sociologie du travail*, Armand Colin, 1972.

GOLDTHORPE John A., LOCKWOOD David, BECHHOFER Frank, PLATT Jennifer, *L'Ouvrier de l'abondance*, Seuil, 1972.

LALLEMENT Michel (sous la dir. de), *Travail et emploi : le temps des métamorphoses*, L'Harmattan, 1994.

LINHART Robert, *L'Établi*, Éd. de Minuit, 1978.

MALLET Serge, *La Nouvelle Classe ouvrière*, Seuil, 1963.

MOTHÉ Daniel, *Journal d'un ouvrier (1956-1958)*, Éd. de Minuit, 1978.

TERRAIL Jean-Pierre, *Destins ouvriers. La fin d'une classe*, PUF, 1990.

VERRET Michel, *Le Travail ouvrier*, Armand Colin, 1982.

VERRET Michel, *La Culture ouvrière*, ACL Édition, 1988.

P

PANEL

Mot anglais, lui-même emprunté à l'ancien français, forme ancienne de *panneau* «tapis de selle». Au XIVe s., il désigne en Angleterre le parchemin sur lequel sont inscrits les noms des jurés, puis, par extension, le jury lui-même

Le sens actuel apparaît aux États-Unis au cours du XXe siècle, désignant un échantillon de mêmes personnes faisant l'objet d'enquêtes ou d'observations renouvelées.

PANIQUE

emprunté au grec *panikos* « de Pan », adjectif couramment employé pour qualifier la peur, parce que l'apparition de Pan était considérée comme terrifiante

all. PANIK	esp. PÁNICO
angl. PANIC	ital. PANICO

voir : AFFECT, ÉMOTION, PSYCHANALYSE, PSYCHOLOGIE SOCIALE

Peur collective intense se traduisant par des réactions régressives et la rupture des liens sociaux.

Dans *La Psychologie des foules* (1895), LE BON fait des mouvements de foule des moments de désorganisation sociale marqués par la dissolution des contrôles individuels ; il esquisse ainsi une *théorie de la panique,* caractérisée par des processus de désindividualisation. Reprenant ces descriptions, FREUD met l'accent sur l'effondrement de la structure psychique (la « structure libidinale »), consécutif, par exemple, à une information traumatisante.

Toutefois les paniques n'ont pas toutes et pour tous le caractère de brutalité que l'on constate dans les catastrophes (incendies, catastrophes naturelles). L'exemple de la panique financière fait apparaître d'autres processus, dans lesquels interviennent des informations inquiétantes, éventuellement des rumeurs alarmistes et une accumulation de comportements identiques qui, en se répétant, entraînent la catastrophe redoutée. Dans ces situations, les processus de désindividualisation ne se vérifient pas.

Pierre ANSART

bibliographie

DUPUIS Jean-Pierre, *La Panique*, Les Empêcheurs de tourner en rond, 1991.

FREUD Sigmund, « Psychologie collective et analyse du Moi » (1930), in *Essais de psychanalyse*, Payot, 1977.

JEUDY Henri-Pierre, *La Panique*, Galilée, 1981.

LEMPÉRIÈRE Thérèse, *Le Trouble panique*, Masson, 1998.

PARADIGME

du grec *paradeigma* « modèle, exemple », composé de *para* « à côté de, parallèlement à », et de *deigma* « exemple »

all. PARADIGMA	esp. PARADIGMA
angl. PARADIGM	ital. PARADIGMA

voir : CONCEPT, ÉPISTÉMOLOGIE, FALSIFIABILITÉ, THÉORIE

Modèle fournissant à l'analyse son cadre de référence.

LA NOTION CHEZ KUHN. Dans la tradition platonicienne, un *paradigme* constitue l'expression imagée et concrète d'une réalité abstraite. Les notions de *modèle* et d'*exemplarité* lui sont associées. Depuis le succès du livre de KUHN, *La Structure des révolutions scientifiques*, le terme bénéficie d'un effet de mode qui en multiplie les usages et en dilue la signification.

Kuhn l'introduit pour rendre compte du caractère discontinu de l'évolution des sciences physiques. Il analyse les ruptures qu'ont connues ces disciplines, depuis l'Antiquité jusqu'à nos jours, comme des changements dans les cadres de référence. Baptisés *paradigmes*, ces derniers se distinguent par des méthodes, des langages, des principes et des valeurs différents ; ils constituent le système de certitudes ou de postulats d'une communauté scientifique et s'incarnent de façon sensible dans des œuvres exemplaires, des expériences types, des manuels. Ainsi conçus, les paradigmes représentent de véritables langages, différents et irréductibles, que seuls des arguments pragmatiques (leur plus ou moins grande efficacité) permettent de différencier.

POLYSÉMIE DU TERME CHEZ KUHN ET DANS LES SCIENCES SOCIALES. Polysémique dans l'ouvrage de KUHN (qui le reconnaîtra volontiers et distinguera, dans sa postface, le système des principes et valeurs, *la matrice disciplinaire*, des paradigmes au sens étroit, *les exemples communs*), le terme fait en sciences sociales l'objet d'acceptions d'autant plus lâches et proliférantes que la pluralité des approches en multiplie les usages. Susceptible de s'appliquer à toute théorie ou construction conceptuelle, il connote globalement les idées de *pluralité* (il y a nécessairement plusieurs paradigmes), d'*irréductibilité* ou d'*incommensurabilité* (chaque paradigme constitue un système langagier différent), d'*exemplarité* (un paradigme fournit un modèle d'analyse), d'*indécidabilité* (aucun argument rationnel ne permet de fonder la supériorité d'un paradigme sur un autre). Il devient souvent ainsi l'instrument et l'indice d'un *relativisme* plus ou moins avoué.

LE PARADIGME EN SOCIOLOGIE. À l'encontre de ces usages, le terme de *paradigme* a, en sociologie, une histoire différente, relevant de l'analyse logique des systèmes théoriques.

Merton. Contre la tradition humaniste des effets de style, MERTON en fait un instrument de clarification et de codification de l'analyse sociologique. Il donne aux *paradigmes de l'analyse qualitative* (qu'il distingue des systèmes formels de l'analyse quantitative) une fonction rédactionnelle, analytique, heuristique, systématique et codificatrice. Appliqué par exemple à l'analyse fonctionnelle, l'outil paradigmatique permet de briser la gangue idéologique du fonctionnalisme.

Boudon. BOUDON reprend cet héritage dans une perspective plus vaste, mettant davantage en avant la portée heuristique et théorique des paradigmes que leur vertu méthodologique : il distingue les théories au sens étroit (dont la structure est strictement hypothético-déductive) des théories au sens large, auxquelles il réserve l'appellation de *paradigmes*. Ces derniers peuvent être *analogiques* (transfert d'une théorie d'un domaine à un autre), *formels* (définissant une syntaxe logique : paradigme fonctionnel, analyse causale) ou *conceptuels* (proposition d'un cadre notionnel sous lequel subsumer les phénomènes, comme l'opposition tradition/modernité).

Structure logique des grandes approches sociologiques. L'héritage de Kuhn, malgré les dérives auxquelles il a donné lieu, peut être intégré à cette tradition. On pourra notamment distinguer, en mettant en évidence le *schème d'intelligibilité* et les *programmes* qui spécifient les paradigmes (BERTHELOT), la structure logique des grandes approches sociologiques (fonctionnalisme, structuralisme, causalisme, interactionnisme, etc.) par rapport aux théories ou ensembles conceptuels particuliers dans lesquels elles se sont incarnées et qui ont pu valoir comme *modèles* : on désignera ces derniers du nom de *paradigmes analogiques*, quand ils sont fondés sur le transfert et la traduction d'une théorie ou d'un schème formel d'un domaine à un autre (comme le paradigme éthologique dont se réclame GOFFMAN), et de *paradigmes théoriques*, lorsqu'ils procéderont de l'extension du champ d'une théorie donnée à de nouveaux domaines (comme ce fut le cas pour la psychanalyse en ethnologie, ou la théorie de l'*Homo œconomicus* en sociologie). Reste aujourd'hui posée à la sociologie la question de savoir si elle est susceptible de s'unifier sous un paradigme général, si, dans le cas contraire, elle est capable d'organiser une confrontation raisonnée et analytique de ses approches ou si, en dernier ressort, elle est vouée à une irrémédiable dispersion.

Jean-Michel BERTHELOT

bibliographie

ANSART Pierre, *Les Sociologies contemporaines*, Seuil, 1990.

BERTHELOT Jean-Michel, *L'Intelligence du social*, PUF, 1990.

BOUDON Raymond, « Théories, théorie et théorie », in *La Crise de la sociologie*, Genève, Droz, 1971.

KUHN Thomas S., *La Structure des révolutions scientifiques* (1962), « Champs », Flammarion, 1983.

MERTON Robert K., *Éléments de théorie et de méthode sociologique* (1957), Plon, 1965.

PARADOXE D'OLSON ⇒ OLSON

PARAMÈTRE

1 Dans une analyse de causalité, ce terme désigne toute variable quantitative donnant lieu à des variations contrôlables.

2 Dans un sens plus général, ce terme peut désigner tout élément, toute condition, que l'on estime déterminants dans l'analyse d'une pratique sociale, individuelle ou collective.

Pierre ANSART

PARENTÉ

du latin *parens* (génitif *parentis*) « parent, lignage, hérédité »

all. VERWANDTSCHAFT	esp. PARENTESCO
angl. RELATIONSHIP	ital. PARENTELA

voir : FAMILLE, LIEN SOCIAL

La parenté consiste en la reconnaissance d'un lien social primaire fondamental, qui peut ou non coïncider avec une relation biologique entre les parents.

Si la *parenté consanguine* paraît en être le type, on connaît aussi la *parenté par alliance*, la *parenté par adoption*, la *parenté de convention* (amis de la famille, appelés *oncles à la mode de Bretagne*), les parentés *rituelles, spirituelles* ou *simulées* (parrains, « frères », « sœurs » d'initiation ou de religion, etc.). À travers les divers systèmes de parenté, la culture humaine remodèle profondément la nature et intervient ainsi dans tous les secteurs de la vie sociale ; d'où l'importance centrale de cette étude dans l'histoire de l'anthropologie. On l'a abordée soit par le biais de la filiation (étude des règles qui déterminent les lignages), soit par le biais de l'alliance (étude des formes d'échanges matrimoniaux) ; ainsi, LÉVI-STRAUSS définit l'« atome de parenté » comme constitué par quatre personnes, le frère qui donne sa sœur à un époux étranger et l'enfant issu de cette union ; cet ensemble récapitule les trois modes essentiels de la parenté : consanguinité, alliance et filiation. Le système des appellations d'adresse a permis à MURDOCK d'établir une typologie célèbre des relations de parenté.

Primordiale dans l'approche des sociétés traditionnelles, la parenté paraît tout aussi importante en Europe, avec les études de GOODY, CUISENIER pour l'Europe et celles de François de SINGLY sur la famille actuelle en France.

Philippe LABURTHE-TOLRA

bibliographie

CUISENIER Jean, *Le Feu vivant. La Parenté et ses rituels dans les Carpates*, PUF, 1994.

GOODY Jack, *Comparative Studies in Kinship*, Londres, Routledge and K. Paul, 1985.

LÉVI-STRAUSS Claude, *Les Structures élémentaires de la parenté*, PUF, 1949.

MURDOCK George Peter, *Culture and Society, Twenty Four Essays*, University of Pittsburgh Press, 1956.

PARTI POLITIQUE

du latin *pars* (génitif *partis*) « partie, part », mais aussi « parti, cause »

all. POLITISCHE PARTEI	esp. PARTIDO POLÍTICO
angl. POLITICAL PARTY	ital. PARTITO POLITICO

voir : CONFLIT SOCIAL, DÉMOCRATIE, ÉLECTIONS, SOCIOLOGIE POLITIQUE

Groupement volontaire de personnes mobilisées pour accéder au pouvoir et y faire triompher un programme politique.

PARTI ET CONFLITS. Le terme *parti* a d'abord été employé pour désigner une faction armée luttant contre le gros des troupes. Il a souvent été utilisé pour désigner un clan défendant une cause, par exemple le « parti catholique » ou le « parti protestant » pendant les guerres de Religion. Le parti a donc dès les origines à voir avec les conflits d'une société. Le parti étant un groupement volontaire, l'adhésion est en principe libre. Mais dans certains systèmes politiques autoritaires, l'adhésion peut se faire sous contrainte. Si l'objectif du régime est d'embrigader le plus grand nombre possible de citoyens, l'adhésion est parfois quasiment imposée. On peut d'ailleurs se demander si le terme de parti ne recouvre pas alors une réalité totalement différente de celle que l'on peut observer dans les régimes démocratiques.

LES PARTIS ET LA « LOI D'AIRAIN DE L'OLIGARCHIE ». Beaucoup de sociologues et de politistes ont, depuis WEBER, souligné que les partis se développent au rythme de la démocratie. Les transitions démocratiques s'accompagnent toujours d'une effervescence idéologique et d'une émergence de nombreux partis politiques. Corrélatifs du développement des démocraties, les partis politiques ne sont pourtant pas des modèles d'organisation démocratique. Depuis MICHELS, on a souvent souligné que les partis fonctionnent selon la « loi d'airain de l'oligarchie ». Le pouvoir est concentré dans les mains de quelques dirigeants. Pour le dire sous une forme plus euphémisée et réduire le paradoxe : les partis politiques fonctionnent sur le mode de la démocratie représentative et non pas de la démocratie directe. Les dirigeants investis par la base tendent à monopoliser le pouvoir au détriment de l'expression des adhérents. Ce modèle de la démocratie représentative est aussi celui qui fonctionne dans les sociétés modernes, l'utopie de la démocratie directe se révélant être un modèle peu opératoire.

I. CRITÈRES DE DÉFINITION. La définition énoncée plus haut est en fait minimale. LA PALOMBARA et WEINER ont identifié quatre critères plus précis pour définir un parti politique, critères aujourd'hui assez consensuels parmi les politistes :

1 une organisation politique n'est véritablement un parti que si elle dure dans le temps. Au fond, la capacité qu'a une organisation de survivre à ses fondateurs et de « se routiniser », comme aurait dit WEBER, est un trait constitutif des partis politiques. Ils incarnent dans la durée une tradition politique ;

2 pour qu'on puisse parler de parti politique, il faut aussi que l'organisation existe sur l'ensemble du territoire national, avec des structures locales dont les relations avec le centre sont précisées. Un groupe parlementaire n'est donc pas un parti, dans la mesure où il ne fonctionne qu'autour d'une chambre législative. De même un comité électoral local, destiné à soutenir l'élection d'un candidat, ne saurait être considéré comme formant un parti ;

3 l'objectif d'un parti politique réside dans la conquête du pouvoir central. Tous les groupes qui se contentent de chercher à influencer le gouvernement, par exemple les différents groupes de pression ou les syndicats, ne constituent pas des partis politiques ;

4 pour accéder au pouvoir, un parti est une organisation qui recherche le soutien populaire. Il cherche à convaincre l'opinion publique et à recueillir le maximum de voix dans les processus électoraux. Ce dernier critère permet de rejeter en dehors de l'étude des phénomènes partisans les groupes paramilitaires, qui cherchent à parvenir au pouvoir par les armes. Il souligne surtout la nature idéologique et programmatique des partis politiques. Car on ne peut obtenir le soutien populaire qu'avec des arguments politiques sur ce que doit être la bonne organisation de la société.

II. TYPOLOGIE DES PARTIS.

1 TYPOLOGIES BASÉES SUR L'ORGANISATION. La sociologie des partis politiques a bien sûr proposé des typologies.

Duverger. Celle de DUVERGER, élaborée en 1951, a eu beaucoup de succès. Elle distingue les *partis de cadres* et les *partis de masse*. Les premiers regroupent un petit nombre de membres, surtout des élus bien implantés dans leur circonscription et des personnes ayant de l'influence sociale. Ce sont des partis faiblement structurés, dont les membres gardent une grande indépendance de jugement par rapport à leur organisation. Les *partis de cadres* sont surtout actifs pendant les campagnes électorales pour assurer l'élection ou la réélection des notables. Dans une perspective évolutionniste, on a pu considérer parfois ce type de partis comme prémoderne et plus adapté aux exigences d'une démocratie censitaire qu'à ceux du suffrage universel. La perdurance de ce type d'organisation aujourd'hui montrerait plutôt leur fonctionnalité dans le cadre des démocraties modernes. On peut très bien insister en ce sens sur leur affinité avec des modes d'organisation en réseau, dans lesquels les liens personnels sont au moins aussi importants que les relations formalisées.

Les *partis de masse* donnent une importance beaucoup plus grande à l'éducation politique des citoyens. Un parti doit convaincre de la validité d'un mode d'organisation de la société. Il a pour cela besoin d'adhérents et de militants nombreux et dévoués, relais du parti dans l'opinion publique. Le militant est l'avocat d'une idéologie partisane, il est le défenseur d'un programme. Les élus sont en principe davantage contrôlés dans un *parti de masse* par la structure partisane, celle-ci étant d'ailleurs plus forte.

Kirchheimer. Cette typologie a été critiquée parce qu'elle serait trop simple et ne permettrait pas de classer un nombre croissant de partis. Ainsi, KIRCHHEIMER a expliqué en 1966 que les partis de cadres intermittents et faiblement organisés étaient devenus exceptionnels. Les partis de masse eux-mêmes seraient en régression. Ils correspondent à un état de la société dans laquelle les conflits idéologiques étaient centraux. De nos jours, un nouveau modèle de partis deviendrait dominant, les *catch all party*, ou partis « attrape-tout », partis de rassemblement. Cette évolution correspond à une valorisation des enjeux électoraux au détriment de l'encadrement idéologique des individus. Les partis cherchent désormais surtout à ratisser large, à gagner le plus grand nombre d'électeurs. De ce fait, ils ne peuvent avoir une idéologie trop marquée et se contentent de populariser quelques valeurs politiques largement consensuelles. Les grands partis américains, les partis sociaux-démocrates ou démocrates-chrétiens, ont parfaitement compris la nécessité de cette adaptation pour faire face efficacement à la concurrence électorale.

Charlot. CHARLOT a repris en 1971 cette thèse et proposé une typologie ternaire, distinguant les « partis de notables », les « partis de militants » et les « partis d'électeurs ». Les deux premières catégories reprennent celles de DUVERGER, tandis que la dernière s'apparente au modèle développé par KIRCHHEIMER. Les partis d'électeurs n'ont qu'une idéologie vague, comme les partis de notables. Mais leur souci électoraliste les conduit à mettre en place une véritable machine électorale, une structure solide, sur le modèle des partis de masses. Charlot se démarque de ses prédécesseurs en soulignant que ces trois types de partis restent fonctionnels dans une société moderne, alors que chez Kirchheimer, le *catch all party* était, à l'image des grands partis américains, le modèle unique vers lequel tous les partis démocratiques devaient tendre.

2 TYPOLOGIES BASÉES SUR L'IDÉOLOGIE DES PARTIS. Plutôt que de classer les partis politiques selon leur mode d'organisation, certains essaient de les classer selon leur orientation idéologique. Cela donne assez souvent des classifications très descriptives.

3 TYPOLOGIE GÉNÉTIQUE CHEZ ROKKAN. La problématique de ROKKAN, développée à la fin des années 60, est beaucoup plus intéressante. C'est une tentative d'explication génétique et historique de la formation des familles de partis politiques. Pour Rokkan en effet, l'histoire longue continue de marquer le présent. Les partis actuels s'enracinent dans l'histoire des conflits centraux qui ont agité les sociétés aux siècles passés. Le conflit entre bourgeoisie et prolétariat dans les sociétés industrielles naissantes a produit l'émergence de partis bourgeois et de partis ouvriers, le conflit entre l'Église et l'État en pays catholique a produit l'émergence de partis cléricaux et de partis anticléricaux ou laïques, les conflits sur l'unité nationale ont produit des partis centralistes et des partis autonomistes ; enfin, le clivage urbain-rural n'a donné naissance qu'à des partis agrariens et écologistes, il n'y a pas eu structuration de partis de défense urbaine. Tous les partis occidentaux peuvent donc être classés dans l'une des sept familles identifiées dans le cadre de cette théorie. Dans cette problématique, les partis politiques naissent des conflits sociaux fondamentaux et les institutionnalisent. Ils contribuent ainsi à les canaliser et à les réduire au fil du temps. Nés des conflits, les partis ont une fonction de régulation sociale dans des sociétés en voie de pacification.

III. FONCTIONS DES PARTIS POLITIQUES EN DÉMOCRATIE.

Au-delà de cette fonction globale de régulation, quelles sont les fonctions jouées par les partis politiques dans les démocraties occidentales ? À partir des nombreuses typologies proposées, trois fonctions principales peuvent être identifiées :

1 les partis structurent l'opinion publique : ils analysent la situation du pays, l'évaluent en fonction d'une idéologie ou de quelques valeurs de référence, ils proposent des solutions aux problèmes sociaux du moment. Le programme du parti constitue une mise en cohérence de ces propositions ;

2 les partis mobilisent l'opinion : ils doivent chercher à faire adhérer à leur programme par tous les moyens possibles de conviction, à travers, notamment, la présence dans les médias (pour commenter l'actualité), la publicité politique, la propagande électorale. Pour mobiliser, les partis doivent exprimer les demandes des différents groupes sociaux, mais s'ils veulent conquérir une large audience, ils doivent aussi pondérer les attentes d'un groupe par celles des autres ;

3 les partis sélectionnent et contrôlent les élites politiques. Avant chaque élection, les partis sélectionnent les candidats qu'ils vont soutenir ; ils contribuent ainsi à faire émerger des élites politiques. Ils sont aussi censés contrôler l'action de leurs élus. Mais, bien sûr, ceci se fait dans des jeux de pouvoir complexes et il arrive souvent que les élites politiques s'affranchissent du contrôle partisan et mettent le parti à leur service.

Dans beaucoup de pays, les partis n'ont pas une très bonne image. Ils constituent cependant des organes de médiation indispensables entre les citoyens et le pouvoir politique dans un système qui se veut démocratique.

Pierre BRÉCHON

bibliographie

BRÉCHON Pierre (sous la dir. de), « Évolution des idées partisanes », in *Le Discours politique en France*, La Documentation française, 1994.

CHARLOT Jean (sous la dir. de), *Les Partis politiques*, Armand Colin, 1971.

CHARLOT Jean, CHARLOT Monica, « Les Groupes politiques dans leur environnement », *in* Madeleine GRAWITZ, Jean LECA (sous la dir. de), *Traité de science politique*, t. 3, 1985.

DUVERGER Maurice, *Les Partis politiques*, « Points, Politique », Armand Colin, 1981.

KIRCHHEIMER Otto, « The Transformation of the Western European Party Systems », *in* J. LAPALOMBARA, M. WEINER (éd.), *Political Parties and Political Development*, Princeton U P, 1966.

LAPALOMBARA Joseph, WEINER M., « The Origin and Development of Political Parties », *ibid.*

MICHELS Roberto, *Les Partis politiques* (1911), Flammarion, 1971.

ROKKAN Stein, *Citizens, Elections, Parties*, Oslo UP, 1970.

SEILER Daniel Louis, *Les Partis politiques*, « Cursus », Armand Colin, 1993.

* * *

PARTICIPATION

du latin *participatio* « partage, action de participer à »

all. BETEILIGUNG, MITBESTIMMUNG, PARTIZIPATION	esp. PARTICIPACIÓN
angl. PARTICIPATION	ital. PARTECIPAZIONE

voir : CITOYENNETÉ, NATION, MENTALITÉ PRÉLOGIQUE, SYNDICAT

Fait de prendre part à une activité économique, sociale ou politique.

La *loi de participation* se ramène, pour LÉVY-BRUHL, à une fusion mystérieuse et inexplicable des êtres. PARSONS voit dans la demande de participation démocratique un symbole positif exprimant le désir d'inclusion de l'individu dans un groupe de solidarité. L'obligation politique, circonscrite à la participation électorale, peut-elle s'élargir à une citoyenneté civile et sociale ? L'optimisme de ALMOND et VERBA, quant à l'évolution des sociétés vers une culture politique de participation, semble contrarié par certains faits. Pour le courant néomarxiste de l'École de Francfort, la conception du citoyen rationnel et politisé, telle que l'avait conçue l'*Aufklärung*, est menacée par la culture de masse. Décelant moins un déclin qu'une mutation des formes d'engagement, INGLEHART voit dans la désertion des jeunes générations vis-à-vis des organisations syndicales et partisanes le signe d'une demande plus qualitative de participation. Sous sa double face d'exigence éthique et de gage de gouvernabilité des sociétés, la participation n'en soulève pas moins la question des conditions d'une communication sans contraintes (HABERMAS).

Patrice MANN

bibliographie

ADORNO Theodor W., HORKHEIMER Max, *Dialectique de la raison* (1947), Gallimard, 1974.

ADORNO Theodor W., *Minima moralia* (1951), Payot, 1980.

ALMOND Gabriel A., VERBA Sidney, *The Civic Culture*, Boston, Little Brown & Co, 1963.

HABERMAS Jürgen, *Théorie de l'agir communicationnel*, Fayard, 1987.

HORKHEIMER Max, *Éclipse de la raison* (1947), Payot, 1974.

INGLEHART Ronald, *The Silent Revolution : Changing Values and Political Styles Among Western Publics*, Princeton, Princeton UP, 1977.

LÉVY-BRUHL Lucien, *Carnets*, Vuibert, 1952.

PARSONS Talcott, *Le Système des sociétés modernes*, Dunod, 1973.

RITE DE PASSAGE

voir : ANTHROPOLOGIE, RITE

Ensemble des rituels destinés à marquer le passage d'un état à un autre, ou d'un statut à un autre.

Ces *rites* particulièrement significatifs ont été abondamment étudiés en ethnologie. Dans les sociétés contemporaines, si le mariage est un exemple de *rite de passage*, on peut se demander si d'autres pratiques non reconnues comme telles (les examens scolaires, l'entrée dans la vie active) ne comportent pas des significations comparables.

Pierre ANSART

bibliographie

VAN GENNEP Arnold, *Les Rites de passage* (1909), Picard, 1981.

PASSION

du latin *passio* « fait de subir, d'éprouver », « souffrance ». Au IIIe s., le mot connaît un sens actif d'où sont issus « mouvement, affection, sentiment de l'âme »

all. LEIDENSCHAFT	esp. PASIÓN
angl. PASSION	ital. PASSIONE

voir : AFFECT, CHARISME, IDÉALISATION, PSYCHANALYSE

Affectivité intense se manifestant par des comportements collectifs créateurs ou destructeurs, des mobilisations d'énergie, des attitudes peu accessibles au raisonnement.

Comme l'écrit l'anthropologue Claudine VIDAL, « *il est des passions instituées, corrélatives d'un ensemble de valeurs. Ces états d'adhésion aux normes impliquent tout à la fois le corps, la raison, l'imagination, déterminent les individus et les groupes à des conduites qui, pour sembler paradoxales à un observateur en position d'extériorité, n'en possèdent pas moins leurs logiques* » (1991, p. 9). Les penseurs classiques de la vie politique ont amplement médité sur la nature des passions sociales et politiques selon les régimes (PLATON, MONTESQUIEU), sur leurs fonctions et conséquences pour l'ordre social et dans les conflits. TOCQUEVILLE distingue trois passions « générales et dominantes » dans les démocraties : l'avidité des richesses, la recherche de l'égalité et le désir de liberté. Selon son analyse, les deux premières sont les plus ardentes et menacent les démocraties de régression dans un « despotisme doux » par l'affaiblissement des désirs de liberté. MARX perçoit une opposition radicale entre la passion de l'acquisition propre aux classes bourgeoises et la révolte ouvrière que vient soutenir, selon son expression, la « passion révolutionnaire ».

La vie politique est un domaine privilégié de l'étude des passions. Les avidités de prestige et de pouvoir, la permanence des rivalités et des concurrences, les menaces sur les loyautés et les sentiments d'identité entretiennent des situations propices aux investissements et aux pulsions agressives, aux fortes identifications et aux idéalisations. Les idéologies sociales et politiques entretiennent des adhésions ferventes et peuvent mobiliser les hostilités. Les conflits entre les idéologies religieuses, politiques et ethniques... peuvent constituer une situation favorable aux violences passionnelles. L'analyse, nécessairement complexe, de ces situations suppose une approche pluridisciplinaire faisant appel, outre la sociologie, à l'anthropologie, à la psychologie sociale et, sans doute, à la psychanalyse.

Pierre ANSART

bibliographie

ANSART Pierre, *Les Cliniciens des passions politiques*, Seuil, 1997.

BRAUD Philippe, *L'Émotion en politique*, Presses de la FNSP, 1996.

DUVIGNAUD Jean, *La Genèse des passions de la vie sociale*, PUF, 1990.

TOCQUEVILLE Alexis de, *De la démocratie en Amérique* (1835-1840), Gallimard, 2 vol., 1986.

VIDAL Claudine, *Sociologie des passions*, Côte-d'Ivoire, Karthala, 1991.

PATERNALISME

du latin *paternus*, de *pater* « père »

voir : DOMINATION, GENRE

Le paternalisme définit un ensemble de relations sociales où il y a, à la fois, affirmation de l'égalité des hommes et affirmation de la « responsabilité » qu'a un pouvoir, qui se définit comme « paternel », sur ses supposés administrés/enfants, qu'il a charge de « protéger » et d'« éduquer ».

Dans le *paternalisme*, la répartition hiérarchisée du supérieur (paternel) et de l'inférieur (filiale) n'est pas fondée en nature, mais elle est symbolique et trouve sa *légitimité* dans la loi d'amour du père pour ses fils et de gratitude des fils pour le père. Ainsi est soulignée la façon dont le paternalisme s'offre comme rhétorique d'une sorte de despotisme non institutionnel, dans une société dont l'égalité de tous devant la loi est à la fois le principe affirmé et la source démocratique de toute légitimité politique.

Ce paternalisme trouve sa meilleure définition sociopolitique chez TOCQUEVILLE, lorsque, dans ***De la démocratie en Amérique*** (tome 2), évoquant la façon dont la démocratie peut inventer une nouvelle sorte de tyrannie, il écrit : *« Au-dessus* [des hommes] *s'élève un pouvoir immense et tutélaire, qui se charge seul d'assurer leur jouissance et de veiller sur leur sort. Il est absolu, détaillé, régulier, prévoyant et doux. Il ressemblerait à la puissance paternelle si, comme elle, il avait pour objet de préparer les hommes à l'âge viril ; mais il ne cherche, au contraire, qu'à les fixer irrévocablement dans l'enfance. »* On ne saurait donc confondre société patriarcale, dont les membres ont conscience (vraie ou imaginaire) d'être apparentés par les liens du sang, où chacun se situe par rapport à chaque autre membre en terme de lignage (« il descend du mariage de la fille du petit-cousin de ma nièce avec le grand-oncle de mon père ») et où les hommes sont le pivot de ces relations de famille.

Il y a une psychanalyse à faire du paternalisme dans les rapports *homme/femme, colonisateur/colonisé, assistants/assistés*. On y verrait l'ambiguïté des sentiments qui travaillent ces couples sous les traits de la charité, de la commisération, de l'amour de l'Humanité dans son abstraction la plus pure.

André AKOUN

bibliographie

FANON Franz, *Peaux noires et masques blancs*, Maspero, 1952.

MEMMI Albert, *Portrait du colonisé*, Gallimard, 1985.

SARTRE Jean-Paul, *Réflexions sur la question juive* (1957), Gallimard, 1985.

SENNETT Richard, *Autorité*, Fayard, 1982.

TOCQUEVILLE Alexis de, *De la démocratie en Amérique* (1835-1840), Gallimard, 1991.

PATHOLOGIQUE ⇒ NORMAL

PATRIARCAT ⇒ MATRIARCAT

PATRIE

du latin *patria* « pays du père », d'où « sol, pays natal »

voir : AFFECT ET AFFECTIVITÉ, IDÉOLOGIE, NATION

La patrie s'identifie aujourd'hui à la nation, et celle-ci est considérée à partir de sa dimension affective, l'accent étant mis sur la ferveur communautaire.

La *patria* de l'homme de l'Antiquité, c'était le pays de ses pères, c'est-à-dire sa cité natale, et cette notion s'est maintenue au Moyen Âge, où elle est le « pays » (du latin *pagus*), voire à l'intérieur du « pays », la ville où l'on est né et domicilié. Les habitants de la *patria*, soumis à la coutume territoriale, se définissent par rapport aux hommes « étrangers » (du latin *extranei*).

Cette *patria*, concrète et limitée par définition, n'empêche pas le sentiment d'appartenance à la *patria communis* que constitue alors le monde chrétien. C'est entre ces groupes territoriaux, les uns trop restreints pour avoir une puissance politique, l'autre trop vaste, que va s'instituer l'idée moderne de nation avec son sentiment propre : le patriotisme.

Toute une intelligentsia universaliste opposera, au XIXe siècle, l'internationalisme à la patrie, jugée « réactionnaire » (*« On croit mourir pour la patrie, on meurt pour des industriels »*, disait Anatole FRANCE [à propos de la guerre 14-18]). Paradoxalement cela n'empêchera pas le mot *patriote* de continuer à désigner les révolutionnaires.

Nation, patrie, aujourd'hui Communauté européenne... Mais qu'en est-il du patriotisme ?

André AKOUN

PATRILINÉAIRE

du latin *pater* « père »

voir : MATRILINÉARITÉ, PARENTÉ

Si les droits sociaux, le rang, le nom, la religion, les ancêtres, les biens sont transmis par les parents paternels, c'est-à-dire en ligne agnatique, la société est *patrilinéaire*. Les enfants font partie du lignage de leur père et non de leur mère. Seuls les enfants mâles transmettent l'appartenance lignagère.

Claude RIVIÈRE

PATRIMOINE

du latin *patrimonium* « bien de famille », au propre et au figuré

all. ERBE, VERMÖGEN	esp. PATRIMONIO
angl. PATRIMONY	ital. PATRIMONIO

voir : HÉRITAGE, LOISIR, NATION

Ensemble des biens transmissibles propres à une personne ou à une collectivité.

Cette notion d'abord d'ordre économique associe la propriété et l'héritage. Dès le XVIIIe siècle, le terme est, en français (il ne se traduit pas dans toutes les langues), associé à l'idée d'universalité. Aujourd'hui, tout en gardant sa signification économique (divers organismes étudient le patrimoine des Français, c'est-à-dire l'ensemble des biens qu'ils possèdent, mesuré en valeur monétaire), le *patrimoine* (souvent avec une majuscule) désigne l'ensemble des biens dont la valeur ne se définit pas principalement en termes économiques. À ces biens, produits de l'activité humaine ou non (on parle de patrimoine naturel), sont attachées des significations suffisamment fortes et universelles pour justifier qu'ils triomphent de la durée, qu'ils soient donc reçus du passé et transmis à nos héritiers.

Mais comment les reconnaître ? À la suite de CHOAY, on considère que l'idée de patrimoine, en particulier lorsqu'elle se développe en Europe au XIXe siècle, s'organise autour de quatre grandes valeurs : l'historicité, de la simple ancienneté au témoignage historique, l'exemplarité, de l'objet typique d'un style au modèle à imiter, l'esthétique et l'identité. Or, l'historicité s'efface dans la simple évocation du passé ou d'une intemporalité indéfinissable ; l'exemplarité est radicalement mise en doute au nom de la spécificité des objets et des pratiques (on a remis en cause l'idée de style architectural) ; l'esthétique devient affaire de pur choix personnel lorsque domine le relativisme (tout se vaut), seule triomphe l'identité. Une telle évolution aboutit à rendre tout objet « éligible » au patrimoine ; il est alors porteur de valeurs non économiques souvent floues, par une simple capacité d'évocation, comme témoin d'une identité culturelle ou en raison de sa spécificité. Cela ne crée pas de grandes difficultés avec les objets immatériels (la musique) : le patrimoine est alors extensible à l'infini. Mais il n'en va pas de même avec les objets matériels. Comme le dit CHASTEL, *« tel est bien le sens du patrimoine : une interrogation permanente, puisqu'il nous faut savoir ce qu'exige sa préservation, ce que signifie sa ruine »* (1980, p. 49). Dans ces conditions, la question centrale est bien celle de la production sociale et de l'usage socio-économique (mondial, national, local) des nouvelles versions de l'idée de patrimoine avec leurs conséquences sur le choix des objets patrimoniaux.

Alain BOURDIN

bibliographie

BOURDIN Alain, *Le Patrimoine réinventé*, PUF, 1984.

CHASTEL André, *Supplément* (art. « Patrimoine », p. 49), *Encyclopædia Universalis*, 1980.

CHOAY Françoise, *L'Allégorie du patrimoine*, Seuil, 1993.

PATRONAT

du latin *patronus* « patron » (par opposition à client), « protecteur des plébéiens », au figuré « défenseur, protecteur, appui »

all. ARBEITGEBER EMPLOYERS,	esp. EMPRESARIOS, PATRONATO
angl. EMPLOYERS ASSOCIATION	ital. IMPRENDITORIA

voir : CAPITALISME, ENTREPRISE, OUVRIER, SALAIRE, TECHNOCRATIE

Ensemble des chefs d'entreprise, c'est-à-dire des personnes investies du pouvoir de direction, d'orientation stratégique des entreprises et de commandement des salariés de celles-ci.

La fonction de dirigeant s'est longtemps confondue avec celle de propriétaire de l'entreprise capitaliste. Ce qui reste vrai dans les petites et moyennes entreprises familiales ne l'est plus dans les grandes entreprises, où les actionnaires, propriétaires de l'entreprise, se dissocient de ses dirigeants (patrons). Par ailleurs, l'osmose entre la haute fonction publique et le patronat des grandes firmes ne cesse de se renforcer en France depuis les années 60.

Le *patronat* s'est constitué en groupe social, en réaction à la classe ouvrière qui s'organisait et menait des grèves ou des mouvements sociaux contre les mauvaises conditions de travail et les bas salaires. Le partage du surplus économique est au cœur du conflit entre patronat et classe ouvrière (puis des salariés plus généralement). Selon les crises économiques, selon les réactions ouvrières et selon les fractions du capital en cause, le patronat a adopté des positions morales et politiques variées, allant de la répression violente, quelquefois avec l'aide de l'État, à un humanisme éclairé par le catholicisme social ou par les valeurs laïques.

Le patronat français s'est organisé dès 1824 à travers le Comité des filateurs de Lille, puis le fameux Comité des Forges (1864), jusqu'à la Confédération générale de la production française (1919), dissoute en 1941. Le Conseil national du patronat français (CNPF), né en 1946 et devenu depuis peu le MEDEF, est organisé par branches ; ce ne sont pas les patrons qui y adhèrent individuellement, mais la personne morale (la société) qu'ils représentent. De son côté, la Confédération générale des petites et moyennes entreprises (CGPME) défend les intérêts de celles-ci. Dans le système tripartite français des relations professionnelles (salariés/patronat/État), les organisations patronales représentent et défendent les intérêts des directions d'entreprise auprès de l'État et dans leurs rapports avec les organisations syndicales des salariés.

Jean-Pierre DURAND

bibliographie

BAUER Michel, COHEN Élie, *Qui gouverne les groupes industriels ?*, Seuil, 1981.

BERNOUX Philippe, *Les Nouveaux Patrons*, Éditions ouvrières, 1974.

BIRNBAUM Pierre (sous la dir. de), *Les Élites socialistes au pouvoir, 1981-1985*, PUF, 1985.

BOURDIEU Pierre, SAINT-MARTIN Monique de, « Le Patronat », in *Actes de la recherche en sciences sociales*, n° 20-21, mars-avril 1978.

BOURDIEU Pierre, *La Noblesse d'État*, Éd. de Minuit, 1989.

BRIZAY Bernard, *Le Patronat. Histoire, structure, stratégie du CNPF*, Seuil, 1975.

CAILLE Marcel, *Les Truands du patronat*, Éditions sociales, 1977.

DAHRENDORF Ralf, *Classes et conflits de classes dans la société industrielle*, Mouton, 1972.

DE MASI Domenico, BONZANINI Angelo (sous la dir. de), *Trattaro di sociologica del lavoro e dell'organizzazione. Le tipologie*, Milan, Franco Angeli, 1987.

GAURON André, *Histoire économique et sociale de la Ve République*, t. 1, *Le Temps des modernistes*, La Découverte, 1983.

HARRIS André, SÉDOUY Alain de, *Les Patrons*, Seuil, 1963.

PRIOURET Roger, *Origines du patronat français*, Grasset, 1963.

Revue d'économie industrielle, « Les Groupes industriels et financiers », numéro spécial, 1er trimestre 1989.

SISSON Reith, *The Management of Collective Bargaining : an International Comparison*, Oxford, Blackwell, 1987.

VALLÉE P., *Le Syndicalisme patronal. Humanisme et entreprise*, 1965.

WEBER Henri, *Le Parti des patrons*, Seuil, 1986.

PAUVRETÉ

du latin *paupertas* « indigence, manque de ressources »

all. ARMUT	esp. POBREZA
angl. POVERTY	ital. POVERTÀ

voir : DISQUALIFICATION SOCIALE, EXCLUSION SOCIALE

État d'une personne ou d'un groupe qui manque de moyens matériels, d'argent, de ressources.

Même si le paupérisme a fait l'objet au XIXe siècle de multiples enquêtes (BURET, 1840 ; ENGELS, 1845; VILLERMÉ, 1838) et que l'on retrouve chez les fondateurs de la pensée sociologique, MARX (1867) et TOCQUEVILLE (1835) en particulier, des analyses théoriques de ce phénomène, la *pauvreté* ne constitue pas aujourd'hui, du moins en tant que tel, un champ de la sociologie. Certes, il existe d'abondants travaux qui touchent à cette question, mais la plupart d'entre eux sont dérivés d'autres objets sociologiques, soit plus restreints, soit au contraire plus vastes. Les spécialistes de la stratification sociale s'intéressent à la pauvreté en ce qu'elle éclaire une partie de la hiérarchie sociale, mais n'en font pas toujours une spécificité de leurs travaux. Les chercheurs qui étudient la formation de l'État-Providence et les modes de régulation sociale se penchent généralement sur la pauvreté, mais leur intention est avant tout de l'appréhender sous l'angle de la question sociale (GEREMEK, 1978 ; CASTEL, 1995). Tel est le paradoxe apparent de cet objet souvent présent dans les recherches empiriques et finalement peu élaboré en tant que tel (OGIEN, 1983). Son intérêt résiderait dans l'effort des chercheurs pour le dépasser et le replacer dans un cadre analytique dans lequel il ne serait qu'un élément.

On peut regrouper les travaux réalisés dans ce domaine en trois catégories : ceux qui touchent à la mesure de ce phénomène et qui renvoient le plus souvent à une approche descriptive de la stratification sociale, ceux qui tentent d'expliquer théoriquement sa reproduction de génération en génération et enfin ceux qui l'appréhendent sous l'angle des rapports sociaux, comme un élément du système social dans son ensemble.

LA MESURE DE LA PAUVRETÉ ET SES AMBIGUÏTÉS. Le réflexe spontané lorsque l'on se penche sur la question de la pauvreté est de commencer par définir qui sont les pauvres afin de les compter, d'étudier comment ils vivent et d'analyser l'évolution de leur situation dans le temps. Les économistes et les statisticiens de la pauvreté ont toujours cherché à donner une définition substantialiste de ce phénomène social. L'économiste anglais, Seebohm ROWNTREE, par exemple, a fortement contribué, au début du siècle, à orienter les recherches sur la pauvreté dans cette direction. L'étude détaillée des budgets de consommation des ménages pauvres qu'il réalisa dans la ville de York, en 1900, et qu'il renouvela en 1936 et même, de façon plus légère, en 1950, accompagna la réflexion théorique sur le salaire de subsistance et servit, au moins partiellement, de fondement à l'élaboration des politiques sociales de garantie de revenus. Il existe aujourd'hui une abondante documentation sur la mesure statistique de la pauvreté. La plupart des travaux sont fondés sur une conception relative de la pauvreté, sachant qu'il est difficile, sinon impossible, de définir une fois pour toutes un seuil absolu.

On peut distinguer au moins trois approches pour mesurer statistiquement la pauvreté : l'approche monétaire, l'approche subjective et l'approche par les conditions de vie

1 **L'approche monétaire.** La plus répandue, elle prend en compte l'ensemble des revenus du ménage et cherche à définir le seuil le plus adapté. Celui-ci dépend de la taille du ménage. Pour en tenir compte, il faut déterminer une échelle d'équivalence. Pendant de nombreuses années, l'INSEE a retenu l'échelle dite d'Oxford, qui consiste à attribuer au premier adulte du ménage 1 unité de consommation, aux autres adultes 0,7 unité de consommation et aux enfants de moins de 14 ans 0,5. Le seuil de pauvreté dépend de la distribution des revenus. Il correspond à un pourcentage donné du revenu moyen (ou revenu médian). La norme en France est de retenir le seuil de 50% du revenu médian. Ainsi, est considéré comme pauvre un ménage dont le niveau de vie mesuré par le revenu par unité de consommation est inférieur à la moitié du revenu médian. Cette méthode de définition de l'échelle date de plusieurs décennies. Beaucoup considèrent qu'elle n'est plus adaptée à la structure actuelle de la consommation. Elle sous-estimerait les économies d'échelle des ménages puisque l'habitation est devenue le principal poste budgétaire, à la place de l'alimentation et de l'habillement. Or, le coût du logement augmente moins vite avec la taille du ménage que les dépenses de produits alimentaires et de vêtements. De ce fait, l'augmentation des besoins avec la taille du ménage est sans doute moins forte aujourd'hui qu'autrefois. C'est pourquoi, de plus en plus de statisticiens s'accordent sur la nécessité de revoir à la baisse les coefficients de 0,7 à 0,5 pour les adultes, de 0,5 à 0,3 pour les enfants de moins de 14 ans.

Il est clair que ce choix, justifié par une réflexion méthodologique fondée sur des données objectives, n'élimine pas entièrement la part d'arbitraire et d'ambiguïté dans les critères retenus. Outre que le passage d'une échelle à l'autre a de fortes incidences sur le nombre et les caractéristiques des ménages considérés comme pauvres et qu'il existe, par conséquent, un enjeu social et politique autour de la définition de cette méthode, il convient, en effet, de souligner que le choix qui est fait repose toujours sur des hypothèses impossibles à vérifier, qui reflètent avant tout l'a priori du statisticien. Les notions de besoins, de bien-être indispensables à la définition de l'échelle sont relatives. Le statisticien doit postuler que les économies d'échelle selon la taille du ménage sont identiques selon les lieux, ou alors il faudrait entrer dans des analyses subtiles pour lesquelles il ne dispose pas de données suffisantes. Il faudrait tenir compte du rôle de l'économie domestique dans le calcul du coût de l'enfant ; or une telle évaluation ne peut aisément aboutir à un résultat facile à intégrer dans la définition d'une échelle. Par ailleurs, les échelles sont élaborées en fonction du modèle de l'individu rationnel, et le ménage lui-même est toujours caractérisé par un système unique de préférences dans lequel tous les membres sont considérés avoir le même niveau de bien-être, ce qui reste une hypothèse sans doute incontournable, mais en partie excessive (LECHÊNE, 1993).

2 **L'approche subjective.** L'approche subjective de la pauvreté entend contourner ce type de problèmes. Elle se réfère non plus au jugement de l'expert, mais à l'opinion de la personne enquêtée sur sa propre situation financière et son bien-être. Des questions comme « Pouvez-vous joindre les deux bouts ? » et « De quel revenu minimal un ménage comme le vôtre doit-il disposer pour pouvoir simplement subvenir à ses besoins ? » servent alors de référence au statisticien pour définir un seuil dit subjectif de pauvreté. Cette méthode a été mise au point par VAN PRAAG (1968) et elle a fait l'objet de nombreux travaux au cours des dernières années (Van Praag, VAN WEEREN, 1981 ; HAGENAARS, 1986). Elle permet de tenir compte de l'aspect positif que peut représenter pour un ménage le fait d'avoir des enfants. Elle soulève cependant toujours de vives critiques. Ses opposants lui reprochent d'être trop sensible à la formulation des questions, en particulier chaque fois que l'on utilise des langues différentes et que l'on cherche à faire des comparaisons internationales : l'expression « être à l'aise » peut, par exemple, ne pas avoir le même sens d'un pays à l'autre. Cette méthode ne permet pas non plus de préciser comment les répondants définissent leur champ de référence lorsqu'on leur demande de se déterminer par rapport à « un ménage comme le leur » : s'agit-il d'un ménage de même profession, ayant le même nombre d'enfants, habitant le même quartier ?

3 **L'approche par les conditions de vie.** Enfin, pour définir statistiquement la pauvreté, plusieurs auteurs préfèrent se fonder sur une approche en termes de conditions de vie. Ils insistent sur l'idée que ce n'est pas le manque de tel ou tel bien matériel élémentaire qui permet de définir la catégorie des pauvres, mais le cumul de handicaps. Le sociologue anglais TOWNSEND (1970, 1988) a élaboré dans cet esprit le concept de *deprivation* à partir de plusieurs indicateurs, comme le manque de bien-être matériel ou de possibilités de participation à la vie sociale. La fragilité de cette approche repose sur la difficulté de définir de façon totalement objective ces indicateurs. Pour limiter la possibilité de dérive subjective, les défenseurs de cette approche tentent de choisir des critères conformes à la définition du bien-être et de la participation sociale de la majorité de la population. Townsend a défini ainsi douze catégories de *deprivation* : l'alimentation, l'habillement, le chauffage et l'électricité, l'équipement du ménage, les conditions de logement, les conditions de travail, la santé, l'éducation, l'environnement, les activités familiales, de loisirs, les relations sociales. Cette approche fait encore aujourd'hui l'objet de plusieurs travaux de recherche et de discussions méthodologiques sur la façon de calculer ce type d'index (MACK, LANSLEY, 1984 ; NOLAN, WHELAN, 1996).

LES THÉORIES DE LA REPRODUCTION DE LA PAUVRETÉ. Sur le thème de la reproduction des comportements jugés caractéristiques des pauvres, deux thèses ont été développées, celle de la « culture de la pauvreté » et celle, pour ainsi dire opposée, que l'on pourrait appeler « structurelle », puisqu'elle préconise l'étude des causes externes.

1 **Interprétation culturaliste : Lewis.** Parmi les tenants de l'interprétation culturelle, il faut citer en premier lieu LEWIS, qui considère que « *la culture de la pauvreté est tout à la fois une adaptation et une réaction des pauvres à leur position marginale dans une société à classes stratifiées, hautement individualisée et capitaliste. Elle représente un effort pour faire face aux sentiments de désespoir qui naissent quand les pauvres comprennent à quel point il est improbable qu'ils parviennent à la réussite telle qu'elle se conçoit d'après les valeurs et les objectifs de la société au sein de laquelle ils vivent* ». Et il ajoute : « *La culture de la pauvreté n'est pas seulement une adaptation à un ensemble de conditions objectives de la société dans son ensemble. Une fois qu'elle existe, elle a tendance à se perpétuer de génération en génération en raison de l'effet qu'elle a sur les enfants. Lorsque les enfants des taudis ont atteint l'âge de six ou sept ans, ils ont en général assimilé les valeurs fondamentales et les habitudes de leur subculture et ne sont pas psychologiquement équipés pour profiter pleinement de l'évolution ou des progrès susceptibles de se produire durant leur vie* » (Lewis, 1969). L'approche culturaliste de la pauvreté permet d'atteindre les formes de pensée et les structures de comportements incorporés à l'expérience vécue et admet l'hypothèse que cette sous-culture présente un côté positif puisqu'elle repose sur un système de rationalisation et d'autodéfense sans lequel les pauvres ne pourraient guère survivre (Lewis, 1981).

2 **Interprétation par des facteurs structurels : Leeds.** Les tenants de la thèse adverse contestent l'existence d'une culture spécifique ayant une logique propre et, surtout, l'explication de la reproduction de la pauvreté par des causes internes, ou, en d'autres termes, par des déficiences internes transmises de génération en génération. LEEDS (1971), par exemple, propose au contraire de prendre en considération les contraintes structurelles qui pèsent sur l'environnement des pauvres et qui leur échappent totalement ou presque. Les comportements décrits par Lewis ne seraient donc qu'une conséquence — et non la cause — des obstacles à la participation directe des populations défavorisées au système d'organisation économique et sociale, et du statut inférieur que la société leur donne. Cette thèse procède donc à un changement de perspectives : si les plus démunis sont écartés du marché du travail et des institutions officielles, ce n'est pas parce qu'ils se désintéressent des valeurs de la société globale, c'est parce que, faute de revenu stable, de pouvoir et d'instruction, ils savent leurs chances de promotion sociale compromises et n'ignorent pas qu'ils sont condamnés à vivre à plus ou moins long terme dans un cadre culturel à la limite de l'exclusion sociale.

Ces deux thèses, dont les connotations idéologiques renforcent l'antagonisme, ont permis d'expliquer la reproduction de la pauvreté par deux types de facteurs : internes et externes. Peu de travaux de recherche ont été menés pour tenter de les articuler.

FORMES SOCIALES DE LA PAUVRETÉ. Dans le prolongement de l'approche théorique de SIMMEL (1908), plusieurs recherches portent aujourd'hui sur les formes sociales de la pauvreté et entendent étudier les relations d'interdépendance entre les populations jugées pauvres et les autres à l'intérieur d'une société comprise comme un *tout*. Cette approche n'a pas pour objectif de définir un seuil de pauvreté, mais d'étudier à la fois comment les catégories de la pauvreté sont constituées à partir des politiques sociales, comment se régule la relation d'assistance et quelles en sont les expériences vécues. « *Le but de l'assistance,* disait Simmel, *est précisément de mitiger certaines manifestations extrêmes de différenciation sociale, afin que la structure sociale puisse continuer à se fonder sur cette différenciation. Si l'assistance devait se fonder sur les intérêts du pauvre, il n'y aurait, en principe, aucune limite possible quant à la transmission de la propriété en faveur du pauvre, une transmission qui conduirait à l'égalité de tous. Mais puisque ce but est le* tout social [...], *il n'y a aucune raison d'aider le pauvre plus que ne le demande le maintien du* statu quo *social.* » Cette approche systémique, qui fait de l'assistance aux pauvres un facteur de cohésion et d'autoprotection de la société, ouvre la voie à des comparaisons internationales (PAUGAM, 1998). Il est possible de distinguer plusieurs formes élémentaires de la pauvreté, au sens d'un système organisé d'interdépendances, selon le niveau du développement économique des sociétés, l'intensité des liens sociaux, notamment des solidarités familiales et communautaires, et le mode d'intervention de l'État-Providence. À partir d'une recherche comparative sur les sociétés européennes (Paugam, 1996), trois formes ont été distinguées : la *pauvreté intégrée*, la *pauvreté marginale* et la *pauvreté disqualifiante*. À chacune de ces formes correspondent à la fois des représentations et des expériences vécues spécifiques de la pauvreté.

Serge PAUGAM

bibliographie

BURET Eugène, *De la misère des classes laborieuses en France et en Angleterre* (1840).

CASTEL Robert, *Les Métamorphoses de la question sociale. Une chronique du salariat*, Fayard, 1995.

ENGELS Friedrich, *La Situation de la classe laborieuse en Angleterre* (1845), Éditions sociales, 1975.

GEREMEK Bronislaw, *La Potence et la pitié. L'Europe et les pauvres du Moyen Âge à nos jours* (1978), « Bibliothèque des histoires », Gallimard, 1987.

HAGENAARS Aldi, *The Perception of Poverty*, Amsterdam, North Holland Publishing Company, 1986.

LABBENS Jean, *Sociologie de la pauvreté. Le Tiers-Monde et le Quart Monde*, Gallimard, 1978.

LECHÊNE Valérie, « Une revue de la littérature sur les échelles d'équivalence », in *Économie et prévision*, 110-111, 1993, 4/5, pp. 169 à 182.

MACK John, LANSLEY Stewart, *Poor Britain*, Londres, Allen and Unwin, 1984.

NOLAN Brian, WHELAN Christopher, *Ressources, Deprivation and Poverty*, Oxford, Clarenton Press, 1996.

OGIEN Ruwen, *Théories ordinaires de la pauvreté*, « Le Sociologue », PUF, 1983.

PAUGAM Serge, « Pauvreté et exclusion : la force des contrastes nationaux », *in* Serge PAUGAM (sous la dir. de), *L'Exclusion, l'état des savoirs*, « Textes à l'appui », La Découverte, 1996, pp. 389 à 404.

PAUGAM Serge (sous la dir. de), *Conjurer la misère. Les expériences nationales de revenu minimum en Europe*, La Documentation française, 1998.

ROWNTREE Seebohm, *Poverty, a Study of Town Life*, Londres, Thomas Nelson and Sons, 1902.

TOCQUEVILLE Alexis de, *Mémoire sur le paupérisme*, Mémoires de l'Académie de Cherbourg (1835), in *Commentaire*, 1983, 23, pp. 630 à 636, 24, pp. 880 à 888.

TOWNSEND Peter, *The Concept of Poverty*, Londres, Heinemann, 1970.

TOWNSEND Peter, « Deprivation », in *Journal of Social Policy*, 16, 2, 1988, pp. 125 à 146.

PAYSAN, PAYSANNERIE ET CLASSE PAYSANNE

du latin *paganus* « habitant d'un district rural *(pagus)* ». La paysannerie (XVIIe s.), variation de *paysanterie* (XVIe s.), définit la condition des gens habitant dans un même territoire, un même canton

all. BAUER	esp. CAMPESINO, CAMPESINADO
angl. PEASANT	ital. CONTADINO

voir : CLASSE, DIVISION DU TRAVAIL, SOCIÉTÉ INDUSTRIELLE

Homme, femme vivant à la campagne et s'occupant des travaux des champs et, par extension, les artisans, commerçants et notables vivant à la campagne.

PAYSAN, PAYSANNERIE ET SOCIÉTÉ PAYSANNE. Qu'est-ce qu'un *paysan* ? Question délicate, d'autant que l'utilisation contradictoire qui est couramment faite de ce terme entretient le flou et l'ambiguïté.

Connotations et « flous » idéologiques. Pour certains, la *paysannerie* symbolise les valeurs morales essentielles, l'ordre éternel, universel, la sagesse dont les paysans sont les garants. Pour d'autres, *paysannerie* est synonyme de traditionalisme, d'archaïsme, et les paysans sont des retardataires, des rustres, des ploucs, etc. Répondre à cette question devient d'autant plus délicat que l'utilisation du terme est toujours plus ou moins empreinte d'idéologie, d'affectivité et de passion. Pour les chercheurs, sociologues ruralistes, qui prennent, autant que faire se peut, quelque recul par rapport à leur objet, les choses sont à peine plus claires. La plupart admettent avec MENDRAS que « *les paysans à travers le monde donnent le sentiment d'avoir tous quelque chose en commun, ce qui induit l'ethnologue à vouloir à toute force trouver* les valeurs essentielles *de la paysannerie* » : « *erreur scientifique*, affirme-t-il, *qui retombe dans l'idéologie de l'âme paysanne, de la race paysanne* ».

Deux approches sociologiques opposées. Mendras. Une profonde divergence théorique et méthodologique s'exprime cependant sur l'intellection sociologique du paysan et la façon de l'appréhender. Il y a ceux qui, partisans du principe que la société fabrique l'individu, admettent que c'est le fait d'appartenir à une société paysanne qui définit le paysan. « *Pour le sociologue, comme pour le philosophe antique, c'est la cité qui fait le citoyen* », de sorte que « [...] *le paysan ne saurait survivre au démantèlement de la collectivité villageoise* » (Mendras, 1976). C'est donc par l'étude des sociétés paysannes et de leur diversité que doit s'analyser le changement. D'autres, au contraire, pensent que ce sont les individus, ou plutôt les groupes d'individus qui, par le type de rapports sociaux qu'ils entretiennent, structurent la société. L'étude du changement implique alors de mettre en évidence d'abord les différents groupes présents dans les rapports sociaux et ensuite d'analyser la nature de ces rapports (alliances, conflits, luttes, etc.).

Ceci étant, pour tout sociologue rural, le terme de *paysan* (ou de *société paysanne*) n'est pas un simple terme générique ; définissant un mode de fonctionnement spécifique, c'est un concept d'analyse fondamental pour étudier les transformations de l'agriculture et du monde rural. Sur les traces de TCHAYANOV et de REDFIELD, MENDRAS propose un schéma théorique fondé sur l'existence de trois types idéaux de sociétés : la société Sauvage, la société Paysanne et la société Industrielle. Il oppose la société Paysanne aux deux autres. Cinq traits essentiels la définissent : l'autonomie relative de la collectivité à l'égard de la société globale, l'importance de la famille et du groupe domestique dans la vie économique et sociale de la collectivité, un système économique semi-autarcique, une collectivité fondée sur des rapports d'interconnaissance et la présence de notables, véritables médiateurs entre la société paysanne et la société urbaine et industrielle.

PAYSANNERIE ET TERRITOIRE. Malgré toute sa diversité, la paysannerie constitue un objet sociologique spécifique qui, caractérisé par une structure de type moléculaire, s'inscrit dans l'espace ; il y a *« la parcelle, le paysan et sa famille ; à côté, une autre parcelle, un autre paysan et une autre famille. Un certain nombre de ces familles forment un village, et un certain nombre de villages, un département »* (MARX, 1852). De sorte qu'à un niveau plus général la paysannerie, définie par un territoire, est traditionnellement opposée à l'espace industriel et urbain. Monde rural et monde urbain s'opposent par leur genre de vie et se présentent comme des civilisations ayant des systèmes économiques et politiques profondément différents : l'autarcie s'oppose à l'économie de marché, la localité à la nation, le local au global. Mais pour LEFEBVRE, ce rapport ville/campagne doit se comprendre comme *« une relation dialectique, une opposition conflictuelle qui tend à se dépasser* [...] *Ce qui définit la société urbaine s'accompagne d'une lente dégradation et disparition de la campagne, des paysans, du village, ainsi que d'un éclatement, d'une dispersion* [...] *de ce qui fut jadis la Ville »* (1970, p. 17).

PAYSAN, PAYSANNERIE ET CLASSE PAYSANNE : HOMOGÉNÉITÉ OU HÉTÉROGÉNÉITÉ DE LA «CLASSE» PAYSANNE. *« La paysannerie forme-t-elle un groupe social homogène à part entière qui s'affirme comme tel en s'opposant au reste de la société, ou est-elle elle-même divisée en groupes sociaux distincts, dont les intérêts économiques et politiques respectifs convergeraient avec ceux de groupes sociaux différents de la société globale »* (JOLLIVET, 1972, éd. 1980) ? Cette question était au centre du débat durant toute la période des années 60-70.

Aron. Pour ARON, les paysans constituent une formation sociale homogène, *« un groupe plus distinct des autres que les ouvriers eux-mêmes, ils forment un groupe réel »* (1964, p. 121), et par groupe il est bien clair qu'il pense classe sociale ; la référence faite aux ouvriers ne laisse aucun doute là-dessus.

Jollivet. Par contre, Jollivet estime que *« si la paysannerie forme bien un tout opposable au reste de la société, ce n'est pas à la façon d'une classe sociale, mais selon son mode propre familial et villageois »* (1972, p. 250), et, concernant la paysannerie, il emploie volontiers le terme de *catégorie sociale*.

La paysannerie «plurielle». Il est aujourd'hui communément admis que la paysannerie n'est pas une classe sociale. La paysannerie est plurielle et lorsqu'on la présente comme un groupe homogène — « la paysannerie pense que... », « le mouvement paysan se caractérise par... », « les revendications paysannes sont... » —, c'est toujours à des fins politiques et pour servir les intérêts spécifiques d'un groupe particulier d'individus. « C'est grâce à la notion d'*unité paysanne* que la bourgeoisie française a réussi à maintenir sous sa férule idéologique l'ensemble des couches les plus exploitées des campagnes » (Jollivet). Pour WRIGHT, *« les syndicats créés par les grands propriétaires fonciers, aristocrates et bourgeois, étaient ouverts au monde rural tout entier, depuis les grands propriétaires jusqu'aux métayers et aux ouvriers agricoles ; ils reposaient sur le principe d'*une classe paysanne *unique, d'*un monde paysan *complètement différent par ses valeurs et ses mœurs du reste de la société française »* (1967, p. 39). S'il est une preuve, aujourd'hui, que la paysannerie n'est pas une classe sociale, c'est que la politique agricole définie par une cogestion État/profession n'a pas satisfait l'ensemble de la paysannerie, mais bien certains groupes au détriment des autres.

Ainsi la paysannerie est diverse, et nombreux sont les chercheurs qui ont voulu mettre en évidence les divers groupes qui composent son hétérogénéité ; il y a les petits et les gros paysans, les fermiers, les métayers et les propriétaires, il y a aussi les paysans sans terre. Ne serait-ce pas alors dans cette diversité que se définiraient les classes sociales et que se détermineraient les luttes de classes en agriculture ?

Marx. S'il ne fait aucun doute pour MARX que la bourgeoisie agraire est une classe sociale, il reste partagé sur la masse des paysans parcellaires. *« Dans la mesure où des millions de familles paysannes vivent dans des conditions économiques qui opposent leur genre de vie, leurs intérêts et leur culture à ceux des autres classes de la société, elles constituent une classe. Mais elles ne constituent pas une classe dans la mesure* [...] *où la similitude de leurs intérêts ne crée entre eux aucune communauté, aucune liaison nationale, ni aucune organisation politique »* (1852).

Stavenhagen. Selon STAVENHAGEN, dans les sociétés paysannes, c'est avant tout à partir de la terre que se déterminent les principaux regroupements sociaux : *« Plusieurs critères peuvent être employés pour délimiter ces groupements : la possession ou la non-possession de la terre ; l'extension de l'exploitation agricole, les relations de l'agriculteur avec le propriétaire de la terre, l'emploi de main-d'œuvre salariée, etc. »*

Lefebvre. Pour Lefebvre, *« l'expression* classe paysanne *n'a aucun sens précis. La paysannerie, ou population rurale vivant de l'agriculture, comporte des classes et des groupes ou catégories ne constituant pas une classe »* (1970, p. 51). Nul doute, par contre, que les propriétaires fonciers, les métayers, les salariés ou les gros fermiers capitalistes forment des classes sociales bien spécifiques.

CLASSES PAYSANNES ET LUTTE DES CLASSES.

Aron. Si on admet avec Aron qu'*« une des conditions pour qu'il y ait lutte des classes est que l'individu considère que son sort individuel ne peut pas être influencé par ses propres efforts, mais dépend essentiellement du sort de la classe à laquelle il appartient »*, il n'y a pas de luttes de classes en agriculture, car les paysans croient généralement que leur avenir dépend avant tout de leur capacité individuelle, et non de leur destin de classe.

Servolin. SERVOLIN met en avant l'existence de deux sortes de paysans, les petits et les gros ; ces *« deux catégories sont profondément différentes par leur statut* *économique et par la place qu'elles occupent dans les rapports de production*[...] *Mais, en tant qu'exploitants agricoles, leurs intérêts, quoique distincts, ne sont pas directement antagonistes. Bien que les uns soient évidemment des capitalistes et que les autres possèdent certaines des caractéristiques les plus importantes du prolétaire, il n'y a pas entre eux ce rapport direct d'exploitation qui constitue la lutte de classe* » (1972, p. 76).

Lambert. LAMBERT défend une position quelque peu différente ; le paysan perd dans sa fonction de producteur de plus en plus le contrôle de sa production et même ses moyens de production ; il se prolétarise, même s'il ne devient pas au sens propre du terme un salarié. Les capitalistes exploitent les petits et les moyens paysans qui doivent lutter pour défendre leurs intérêts. Cette prolétarisation de la paysannerie crée une situation objective d'alliance avec les autres prolétaires qui se battent pour changer la société.

L'intégration de la paysannerie dans le mode de production capitaliste. Ce débat, très présent dans les années 70, paraît aujourd'hui bien archaïque, tout au moins dans les sociétés industrialisées. En effet, l'intégration de la paysannerie dans le mode de production capitaliste est achevée. La très grande majorité des petits et moyens paysans ont disparu, éliminés par la concurrence et la compétition dans l'économie de marché. Une seule couche sociale domine l'agriculture actuelle ; les paysans ont laissé la place aux agriculteurs, les petits et moyens exploitants aux entrepreneurs, la société paysanne à la société rurale. Et même si quelques différences subsistent encore entre la ville et la campagne, les agriculteurs, tant dans leur système de valeurs et de représentation que dans leur comportement, ne constituent plus un monde à part, différent du reste de la société. Il n'en demeure pas moins réel que même si « *la paysannerie a disparu, elle continue à être présente dans l'idéologie, les façons de voir et les valeurs des Occidentaux les plus urbanisés* » (MENDRAS, 1976).

Hugues LAMARCHE

bibliographie

ARON Raymond, *La Lutte des classes. Nouvelles leçons sur les sociétés industrielles*, « Idées », Gallimard, 1964.

GRATTON Philippe, *Les Paysans français contre l'agrarisme*, Maspero, 1972.

HALBWACHS Maurice, *Les Classes sociales*, Centre de documentation universitaire, 1939.

JOLLIVET Marcel, « Sociétés rurales et classes sociales », in *L'Univers politique des paysans dans la France contemporaine* (1972), Armand Colin/FNSP, 1980.

JOLLIVET Marcel (sous la dir. de), *Sociétés paysannes ou lutte de classes au village*, Armand Colin, 1974.

LAMBERT Bernard, *Les Paysans dans la lutte des classes*, Seuil, 1970.

LEFEBVRE Henri, *Du rural à l'urbain*, « Société et urbanisme », Anthropos, 1970.

MARX Karl, *Le 18-Brumaire de Louis Bonaparte* (1852), Éditions sociales, 1968.

MENDRAS Henri, *La Fin des paysans* (1970); rééd. « Babel », Actes Sud, 1991.

MENDRAS Henri, *Les Sociétés paysannes*, Armand Colin, 1976 ; rééd. « Folio Histoire », 1995.

REDFIELD Robert, *Peasant Society and Culture*, Chicago, The University of Chicago Press, 1956.

TAVERNIER Yves, SERVOLIN Claude (sous la dir. de), *L'Univers politique des paysans*, « Cahiers de la FNSP », Armand Colin, 1972.

TCHAYANOV Aleksandre, *L'Organisation de l'économie paysanne*, Librairie du regard, 1990.

WRIGHT Gordon, *La Révolution rurale en France*, L'Épi, 1967.

PÉNURIE ⇒ ABONDANCE

PERFORMANCE

emprunté (1839) à l'anglais *performance* « accomplissement, réalisation, résultats », dérivé de l'ancien français *performer* « accomplir, achever »

voir : COMPÉTITION, ÉPREUVE, SPORT

Ce terme revêt des significations précises dans trois domaines des sciences sociales.

1 La linguistique générative (CHOMSKI) distingue les deux notions de *compétence* et de *performance*. La compétence désigne la connaissance des structures d'une langue qui permet à un sujet parlant de produire une série infinie de phrases. Selon cette signification, les performances ne correspondent qu'à la mise en œuvre de cette compétence dans les situations concrètes.

2 Dans l'étude microsociologique des interactions, la distinction entre compétence et performance s'estompe au profit des performances. L'observateur des interactions porte son attention sur toutes les performances, particulièrement verbales, et en décrit les diverses formes : performances de la vie quotidienne, performances de représentation dans lesquelles le sujet se met en scène, etc. (GOFFMAN).

3 Le terme de *performance* prend un autre sens dans le domaine des sports où il désigne les résultats chiffrés (en termes de temps ou de scores) d'un athlète ou d'une équipe. Dans la compétition nationale et internationale, la poursuite des performances les plus élevées induit des conséquences multiples (efforts, rationalisation des épreuves, recherche des records) et, éventuellement, dangereuses (stress, accidents, tentation du dopage). On peut se demander si la quête de la performance ne serait pas l'une des mythologies de notre temps dont l'exploit sportif serait emblématique (EHRENBERG, 1991).

Pierre ANSART

bibliographie

EHRENBERG Alain, *Le Culte de la performance*, Calmann-Lévy, 1991.

GAULEJAC Vincent de, AUBERT Nicole, *Le Coût de l'excellence*, Seuil, 1991.

LE SCANFF Christine, BERTSCH Jean (sous la dir. de), *Stress et performance*, PUF, 1995.

PÉRIPHÉRIE ⇒ CENTRE

PERSONNALITÉ DE BASE

all. GRUNDPERSÖNLICHKEIT	esp. PERSONALIDAD DE BASE
angl. BASIC PERSONALITY	ital. PERSONALITÀ DI BASE

voir : CULTURALISME, CULTURE, INTERACTION, PSYCHANALYSE

La personnalité de base désigne l'ensemble des processus culturels qui participent de la structuration de la personne, y compris dans ses fonctions psychiques inconscientes. Les interactions entre individus et institutions culturelles sont mises en évidence en suivant une méthodologie comparative.

Un concept pluridisciplinaire. Le concept de *personnalité de base* est au centre d'une démarche méthodologique à l'articulation de plusieurs disciplines, psychanalyse et psychologie, anthropologie et sociologie, mettant en œuvre une approche comparative interculturelle. Sous une formulation à connotation statique, la personnalité de base est en réalité un concept dynamique qui cherche à rendre compte des modalités culturelles de structuration de la personne. *Personne, Ego, Moi :* les notions désignent ici l'ensemble des processus adaptatifs subjectivement perçus et communs aux membres d'une même culture. Cette définition, fort distincte de celle du Moi établie par FREUD, n'en intègre pas moins les éléments fondamentaux de l'héritage freudien, augmenté des apports de FERENCZI, Anna FREUD, FROMM, HORNEY, RADO, REICH...

KARDINER : LE COURANT « CULTURE ET PERSONNALITÉ ». Dans la mouvance du courant « Culture et personnalité », le concept de *personnalité de base* fut élaboré par KARDINER, psychiatre, psychanalyste (lui-même analysé par Freud), en étroite collaboration avec des anthropologues, en particulier LINTON et BENEDICT. Son propos était de mettre en correspondance, selon les formules de Kardiner, des « constellations psychiques » avec des « constellations culturelles » et de procéder à « une reconstruction dynamique de la culture », résultant de la puissance des interactions entre l'individu et les institutions culturelles. Pour Kardiner, l'individu est *« simultanément le créateur, le vecteur et la créature de toutes les institutions »* (1969, éd. 1981), et il importe de restituer la part de la créativité individuelle sous ce rapport. Les institutions incluent les modes de pensée, de relation et les comportements : la distinction entre institutions primaires (famille, éducation, alimentation, sexualité...) et institutions secondaires (religion, rituel, mythologie, folklore...) est une tentative pour rendre compte de cette dynamique, les premières sont censées être formatrices de l'individu alors que les secondes seraient des réponses élaborées en fonction des gratifications ou des frustrations engendrées par les primaires. La prééminence accordée aux processus d'éducation est corrélative de l'état de dépendance spécifique à la nature humaine, dont la relation « biosociale » mère/enfant constitue le prototype. En croisant les approches ethnographiques et psychanalytiques, il s'agit de décrire la façon dont les institutions gèrent les besoins biologiques élémentaires (faim, sexualité) et les affects en mettant en place des systèmes de sécurité ou de défense.

Cette réhabilitation du rôle des institutions culturelles dans la structuration du psychisme individuel constitue une critique manifeste de certaines options privilégiées par Freud : hypertrophie du référent biologique (à travers les concepts d'instinct et de libido), du référent sexuel (conduisant à une survalorisation de la notion de refoulement par rapport aux autres fonctions psychiques telles que l'identification, le déplacement, la projection, le transfert...). Enfin, c'est la conception évolutionniste de Freud (de REIK et de RÓHEIM) que Kardiner remet en question en n'accordant à la question des origines qu'une place secondaire.

Le dialogue entre psychanalyse et anthropologie. Kardiner créa les conditions d'un dialogue approfondi entre psychanalystes et anthropologues, dans le cadre d'un séminaire tenu à l'Institut de psychanalyse de New York à partir de 1936, puis à l'université Columbia. Y furent exposés de nombreux travaux anthropologiques : Linton et Benedict présentèrent leurs propres terrains, Marquisiens de Polynésie et Tanala de Madagascar pour le premier, Indiens Zuni pour la seconde. Ultérieurement, les études de Cora DU BOIS sur les Alorais (1944), habitants d'une petite île d'Indonésie, conjugueront d'emblée anthropologie et psychologie expérimentale, intégrant la notion de personnalité de base. C'est aussi de façon pluridisciplinaire que sera effectuée l'observation d'une petite ville du Middle West américain, témoin comparatif de la culture occidentale, puis celle de la personnalité de base opprimée dans le cas des Noirs américains, en prenant en considération leur diversité sociale de classe.

Les travaux de Linton sur les Marquisiens furent l'occasion de relancer le débat sur l'universalité du complexe d'Œdipe, débat ouvert par JONES, MALINOWSKI et Róheim. En effet, cette population se caractérise par un certain nombre de traits comme l'anthropophagie, la polyandrie, la primogéniture, l'absence de répression sexuelle mais aussi de tendresse maternelle. Reformulant le complexe d'Œdipe comme représentation de *« la fusion des besoins de dépendance et du désir sexuel axés sur un même objet »* (1969, p. 508), Kardiner interroge son existence dans une société qui possède une économie affective incompatible avec cette confusion. Néanmoins, le propos de Kardiner tient plus du relativisme méthodologique que théorique : les universaux psychiques ne sont pas remis en question, mais ce sont les modalités culturelles de leur fonctionnement qu'il cherche à mettre en lumière, explorant *« les frontières de la similarité et de la variété »* (1969, p. 158). Maintes interprétations sont présentées à titre d'hypothèses de travail, et de nombreuses mises en garde sont formulées tant par Linton que par Kardiner. Ainsi, aucune culture ne saurait présenter de cohérence absolue ; toutes sont traversées par des contradictions et des conflits d'intérêts et de valeurs ; aucun individu n'a accès à l'intégralité de la culture, et chacun en effectue une réinterprétation qui varie en fonction de son statut, de sa classe, de son genre, de son âge, de son physique et de son caractère, qu'il ne faut pas confondre avec la personnalité de base. Linton introduisit ultérieurement le concept de « personnalité statutaire » pour rendre compte de cette variété de « rôles » ou de modèles culturels associés à chaque statut et se conjuguant avec la personnalité de base.

Influence de Kardiner en France : l'ethnopsychologie. L'œuvre de Kardiner commença à être diffusée en France grâce aux travaux de BASTIDE (1950), qui entreprit, non sans prudence, de (ré)concilier les concepts de contrainte sociale et de censure psychique, de DUFRENNE (1953), et de MERLEAU-PONTY. Publié en américain en 1939 et en français en 1969, la traduction de *L'Individu et sa société* reçut alors un accueil critique. Le concept de personnalité de base fut qualifié de « positiviste » au vu de son projet de penser l'adaptation de l'individu à sa société : l'adaptation fut perçue comme mise en conformité ; son interactionnisme fut taxé de psychologisme et d'empirisme, parce qu'il s'appuie sur l'étude des comportements et des institutions. Il fut parfois confondu avec la notion de « caractère national », et sa prise en considération de l'inconscient fut mise en doute, alors que les travaux de Kardiner font preuve d'une grande pertinence analytique dans ses exposés cliniques. Aujourd'hui, en France, le courant dénommé *ethnopsychologie* reprend en les discutant les thèses de Kardiner et de Linton et poursuit sur le terrain les observations comparatives nécessaires à la qualification des formes de socialisation primaire.

Anne RAULIN

bibliographie

BASTIDE Roger, *Sociologie et psychanalyse*, « Quadrige », PUF, 1950.

DUFRENNE Michel, *La Personnalité de base. Un concept sociologique*, PUF, 1953.

GUIDETTI M., LALLEMAND S., MOREL M.-F., *Enfances d'ailleurs, d'hier et d'aujourd'hui. Approche comparative*, « Cursus Psychologie », Armand Colin, 1997.

KARDINER Abram, *L'Individu et sa société. Essai d'anthropologie psychanalytique* (1939), avant-propos, avec deux études, de Ralf LINTON, introduction de Claude LEFORT, Gallimard, 1969.

KARDINER Abram *et alii*, *The Psychological Frontiers of Society*, New York, Columbia UP, 1945.

KARDINER Abram, OVESEY L., *The Mark of Oppression. Explorations in the Personality of the American Negro* (1951), New York, World Publishing, 1972.

LEFORT Claude, *Les Formes de l'histoire. Essais d'anthropologie politique*, Gallimard, 1978.

LINTON Ralf, *Les Fondements culturels de la personnalité* (1945), Dunod, 1959.

MEAD George Herbert, *L'Esprit, le soi et la société* (1934), PUF,1963.

PERSONNE

du latin *persona* « le masque de l'acteur » et, par métonymie, « le rôle qu'il joue » (traduction du grec *prosôpon* « masque, visage »)

all. PERSON	esp. PERSONA
angl. PERSON	ital. PERSONA

voir : ACTEUR, EXCLUSION, INDIVIDU, MEMBRE

Personne : *concept théoanthropologique élaboré pour désigner une entité substantielle, d'abord divine — dans les débats (théologiques) trinitaires et christologiques —, puis, aussi bien humaine que divine, dans l'histoire de la philosophie et du droit et, enfin, avec l'avènement de la modernité, essentiellement humaine.*

LA NOTION COMMUNE ET JURUDIQUE. Institutionnalisée dans le droit positif et largement répandue dans le sens commun, la *personne* désigne un être équipé moralement pour engager l'action et pouvoir en répondre. Or, ce qui confère socialement sa valeur, sa « dignité » à la personne, c'est cela même qui la disqualifie comme concept sociologique.

SYSTÈME SOCIAL, PERSONNE ET INDIVIDU. Du point de vue sociologique, on considère, en effet, qu'il existe une interface entre l'action et son agent, un ordre social, un ordre de l'interaction..., interface tel que les individus n'ont précisément pas à s'engager personnellement, mais seulement eu égard à une appartenance, au titre d'un rôle, dans le cadre d'une interaction ; l'excellence conceptuelle est alors atteinte lorsque, avec une socialisation entendue comme intériorisation, incorporation, la médiation est rendue, comme telle, invisible : du sein même de l'acteur, c'est le système qui est principe d'action. Plutôt que la *personne*, c'est l'*individu* qui s'apparie à la « société », dans une relation en abyme du tout et de la partie. La sociologie, dans cette mesure, n'a rien à faire du concept de personne... à moins qu'on n'en vienne à thématiser quelque « crise de la société ».

LA PERSONNE COMME THÈME D'ANALYSE. Pour autant, la notion de personne n'est pas absente de la pensée sociologique. Mais c'est au titre de catégorie, c'est-à-dire comme objet d'analyse (thème) et non comme concept (ressource), que la personne est d'emblée prise en compte, par DURKHEIM puis par MAUSS ; et encore, comme le précise ce dernier, est-ce dans le cadre d'un programme plus vaste, portant sur « l'histoire sociale des catégories de l'esprit humain ».

C'est comme un nouveau chapitre de cette « histoire sociale » qu'il faudrait donc considérer la prolifération actuelle des occurrences de la notion dans l'espace social — jusque dans ce dictionnaire — et plus particulièrement sur le terrain du travail social (lui-même transformé par là en un travail moral), où c'est désormais sur la personne même des « désaffiliés » et autres « exclus » qu'il importe de travailler, c'est-à-dire la personne de ceux qui sont en risque de n'être plus rien.

Reste que le moment historique, qui pourrait être celui du basculement d'une société des individus à une « sociation » de personnes, engageant un autre modèle de formation et de permanence du lien, non plus juridique mais éthique, non plus par le contrat mais par le témoignage (PERONI), ne peut précisément être saisi que si la « personne » n'est plus seulement appréhendée comme une catégorie, mais bien comme une « chose morale à être » (GARFINKEL) et, en ce sens, comme une « catégorie réalisée » (BOURDIEU).

Michel PERONI

bibliographie

DURKHEIM Émile, « L'Idée d'âme et l'idée de personne : éléments impersonnels de la personnalité », in *Les Formes élémentaires de la vie religieuse*, PUF, 1968.

ION Jacques, PERONI Michel, *Engagement public et exposition de la personne*, Éd. de l'Aube, 1997.

MAUSS Marcel, « Une catégorie de l'esprit humain : la notion de personne, celle de “ moi ” », in *Sociologie et anthropologie*, PUF, 1950.

NOVAES Simone, *Biomédecine et devenir de la personne*, Seuil, 1991.

PERSUASION

du latin *persuadere* « persuader, convaincre »

all. ÜBERZEUGEN, ÜBERREDEN	esp. PERSUASIÓN
angl. PERSUASION	ital. PERSUASIONE

voir : CHANGEMENT SOCIAL, CONNAISSANCE, CROYANCE

La persuasion consiste à exercer une influence sur autrui (ou sur soi-même) par des modes argumentatifs spécifiques, à des fins de changement d'opinion, d'adhésion à des valeurs ou d'incitation à l'action.

Persuader et convaincre. Pour parfaire cette définition, il faut rappeler les critères de distinction entre *persuader* et *convaincre*, dont Chaïm PERELMAN et Lucie OLBRECHTS-TYTECA (1988) proposent une synthèse. Ces critères rejoignent les intérêts de la sociologie en ce qu'ils opposent la subjectivité (ou l'affectivité), propre au premier terme, à l'objectivité (ou rationalité) qui est rattachée au second. Ce couple d'opposés ramène la persuasion à l'opinion et la conviction à la vérité, le fait intéressant étant que la persuasion est l'œuvre d'autrui et à ce titre d'« un degré supérieur » d'intériorisation sociale au niveau du résultat, mais la conviction, qui passe par le jugement personnel et touche « tout être de raison », s'avère supérieure en rationalité et accessible à un auditoire beaucoup plus vaste, ou « auditoire universel » (1988, pp. 35-36 et p. 614). C'est là une profession de foi sur laquelle les auteurs émettent cependant quelque doute, en s'interrogeant en particulier sur ce qu'il faut entendre par rationalité et auditoire universel, dont *« chaque culture et chaque individu ont leur propre conception »* (*ibid.*, p. 43).

Rôle des présupposés et des idées reçues dans la pensée ordinaire et la pensée scientifique. *L'Art de se persuader des idées douteuses, fragiles ou fausses* de BOUDON (1990) reprend la question en montrant comment la pensée ordinaire comme la pensée scientifique peuvent se prévaloir de présupposés, d'idées reçues, de propositions implicites et non conscientes pour aboutir à des raisonnements circulaires ou à des conclusions ou croyances fausses, quand bien même l'argumentation est « valide », la logique non détournée et les raisons reconnues comme « bonnes ». Les théories de la magie chez DURKHEIM, des croyances religieuses chez LÉVY-BRUHL, des croyances idéologiques chez MARX, les théories économiques de KEYNES ou politiques de HUME et certaines théories relativistes de la connaissance illustrent ces types de raisonnement (Boudon, *ibid.*, p. 28). L'analyse des phénomènes sociaux, et en particulier des phénomènes de croyance, peut pourtant échapper aux effets de ces modes persuasifs, ou présupposés allant de soi, en élargissant la notion de rationalité et de vérité unique sans renoncer pour autant à la notion d'objectivité (*ibid.*, p. 213).

Les travaux réalisés, en sciences sociales, à partir de ce concept, ont suivi le développement des sociétés contemporaines, celui de leur évolution, de leurs crises et de leurs technologies. Ainsi le concept de persuasion a intéressé différents domaines d'application : la propagande politique lors de guerres ou de conflits mondiaux et celle des régimes totalitaires (LASWELL, ELLUL, WOLTON), la communication de masse (KATZ et LAZARSFELD, 1955 ; MERTON, 1965 ; STOETZEL, 1963), l'information et la publicité, avec l'émergence des médias et de la société de consommation (KATZ, DAYAN, MATTELART). Des recherches empiriques essentiellement américaines, à partir des années 50 jusqu'aux années 60, ont également tenté d'identifier les variables sociologiques de la sensibilité à la persuasion (sexe, éducation, estime de soi, prestige des communicateurs, conformisme, présence du groupe, différenciation des publics, etc.) (ASCH, 1952 ; HOVLAND, 1957 ; LEWIN, 1958).

Persuasion et socialisation. En dehors de ces domaines d'application qui, pour certains, relèvent de la pure stratégie, pouvant aller jusqu'à la manipulation ou l'intimidation, la persuasion est un mode de la rhétorique, mais il est aussi inhérent aux processus de socialisation et, à ce titre, garant du lien social et d'un monde commun.

Françoise REUMAUX

bibliographie

ELLUL Jacques, *Propagandes*, Armand Colin, 1962.

CHALIAND Gérard (sous la dir. de), *La Persuasion de masse, guerre psychologique, guerre médiatique*, « Agora », Laffont, 1992.

HERMÈS (revue), « À la recherche du public. Réception, télévision, média », Éd. du CNRS, nº 11-12, 1993.

MATTELART Armand, MATTELART Michèle, *Penser les médias*, La Découverte, 1986.

PERELMAN Chaïm, OLBRECHTS-TYTECA Lucie, *Traité de l'argumentation : les nouvelles rhétoriques*, Bruxelles, Éd. de l'Université de Bruxelles, 1988.

EFFET PERVERS

du latin *perversus* « sens dessus-dessous » et, au figuré, « appliqué à contretemps, vicieux »

voir : CAUSE, DÉTERMINISME, INDIVIDUALISME MÉTHODOLOGIQUE

La notion d'*effet pervers* est sans rapport direct avec les concepts psychiatriques relatifs à la perversion. On désigne par *effets pervers* les conséquences non voulues, et généralement indésirées, d'actions, de décisions ou de processus sociaux. Ainsi, en économie, la décision apparemment rationnelle d'augmenter les impôts pour augmenter la redistribution peut avoir pour effet de diminuer les rentrées fiscales et de tarir les possibilités d'augmenter, comme on le souhaitait, la redistribution. La décision d'interdire une manifestation pour éviter les désordres peut avoir pour conséquence de susciter des protestations et d'accroître la violence que l'on cherchait à éviter.

L'intérêt de ces réflexions est, en particulier, de contribuer au débat sur le déterminisme et sur la notion de loi en sociologie. En effet, la fréquence et la banalité des effets imprévus et non voulus montrent que le déroulement des phénomènes sociaux ne se laisse pas réduire à des enchaînements déterminés qui, s'ils l'étaient, seraient plus largement prévisibles (BOUDON, 1977). De ces constatations on déduit le constat des hasards dans les évolutions et, plus largement, on peut y chercher des arguments pour une théorie de l'indéterminisme essentiel des faits sociaux.

Pierre ANSART

bibliographie

BOUDON Raymond, *Effets pervers et ordre social*, PUF, 1977.

PÉTITION

issu du vocabulaire juridique (le *peticiun* médiéval est une « réclamation faite en justice »), le mot a trouvé son sens moderne avec l'usage que fit, au XVIIe s., le Parlement anglais des requêtes adressées à la Couronne (*petition*, pour lui opposer la force du nombre)

all. BITTSCHRIFT, PETITION	esp. PETICIÓN
angl. PETITION	ital. PETIZIONE

voir : MANIFESTATIONS, SOCIOLOGIE POLITIQUE, POLITISATION

Demande écrite, formulée et signée par plusieurs personnes en vue d'obtenir le redressement d'un tort ou simplement intervenir dans les affaires publiques.

Avec la Révolution française, la *pétition* fut assimilée à un droit naturel et, partant, ouverte à tous les nationaux, sans distinction d'âge, de sexe ou de condition. Parent pauvre des études sur les formes de l'action collective, la pétition constitue de nos jours un véritable *espace d'appel* : d'abord, parce que, contrairement au vote, cette prise de parole est nominative et directe, ensuite, parce qu'elle tient lieu de recours devant une juridiction suprême, celle de l'opinion publique.

Olivier IHL

bibliographie

CLÉRÉ Jean-Jacques, « Le Droit de pétition aux Chambres de 1789 à nos jours », in *1791. La première Constitution française*, Economica, 1992, pp. 299 à 319.

LEYS Colin, « Petitioning in the Nineteenth and Twentieth Centuries », in *Political Studies*, 3, 1, 1955, pp. 45 à 64.

PEUPLE

du latin *populus* « peuple »

all. VOLK	esp. PUEBLO
angl. PEOPLE	ital. POPOLO

voir : NATION, POPULATION, POPULISME

1. Ensemble des hommes et des femmes composant un pays, une nation.
2. Partie la moins favorisée d'une société.
3. Foule, multitude.

Le mot et ses connotations. Le mot *peuple* ne s'est jamais départi de son ambiguïté constitutive : il ne cesse de rappeler le *populus* romain, l'ensemble organisé des citoyens, mais glisse toujours vers la *plebs* qui désigne les plus humbles d'entre eux. Par les glissements de sens qu'il permet, il est propice à des investissements émotionnels, à des stratégies symboliques faisant fond sur sa qualité de référent légitime de la décision politique et juridique, voire à un processus de mythologisation.

Peuple, race, nation. Circonscrivant une totalité concrète (l'ensemble des membres d'une nation ou d'une entité comparable), le terme tend à souligner la valorisation d'une vertu collective qui fait de cette unité, d'abord simplement distinctive, une unité morale : on ne parle de peuple que pour lui accorder une tradition, lui reconnaître des actes de fondation. L'unité et l'identité du peuple sont davantage fonction de ses mœurs, de sa culture, de son histoire, que de sa spécificité morphologique, linguistique... Il est différent de la race, même lorsque cette notion est utilisée, car son identité est construite ou conquise et non pas simplement reçue ; elle est un fait de culture et non de nature. Le peuple est souvent confondu avec la nation (DIDEROT, MONTESQUIEU...), mais il peut en être distingué, en ce sens que la nation fait référence à l'institutionnalisation du lien social par un ensemble humain et s'assure d'une inscription dans la permanence, alors que la notion de peuple n'alerte la conscience collective qu'en des périodes où l'intensité des enjeux communs est particulièrement vive (guerres, révolutions...).

« Le peuple » dans « un peuple ». À l'intérieur de la totalité que constitue *un peuple*, ne cesse d'être reconnue et parfois valorisée l'entité sociologiquement confuse que constitue *le peuple*, l'ensemble des plus humbles, la *« classe la plus pauvre et la plus nombreuse »*, selon le mot de SAINT-SIMON, et aussi la plus utile, celle qui s'oppose aux catégories parasitaires dont elle est victime. En cela le terme conserve sa souplesse : il n'est pas substituable à celui de classe, car il ne permet aucune délimitation sociologique précise, n'implique pas l'idée d'une contradiction sociale radicale, et surtout échappe à l'idée d'aliénation : le peuple est présumé intact sous la souillure et l'injustice de l'histoire. Ainsi, pour MICHELET, une société peut être vue comme une superposition de couches géologiques : le peuple est au plus profond, mais les couches supérieures, la bourgeoisie notamment, ne sont que du peuple refroidi. Le « peuple » est pour lui une qualité générale, la vertu originaire et dynamisante de la vie sociale. Une véritable mythologisation du peuple est à l'œuvre en France comme en Russie au XIXe siècle. Valorisé comme seul capable de revitaliser les sociétés dans leur ensemble, le peuple y est utilisé surtout comme instrument logique servant de pivot à la pensée de l'histoire : il est capable de réinjecter dans le drame de l'histoire les vertus de l'intemporel et, par cette conciliation, l'histoire peut reprendre sens et se réarticuler à une pensée du progrès.

Alain PESSIN

bibliographie

BERNARD-GRIFFITHS Simone, PESSIN Alain (sous la dir. de), *Peuple, mythe et histoire*, PU Toulouse-Le Mirail, 1997.

BOURDIEU Pierre, « Vous avez dit populaire ? », in *Actes de la recherche en sciences sociales*, n° 48, 1983, pp. 98 à 105.

DAVID Marcel, *La Souveraineté du peuple*, PUF, 1996.

MICHELET Jules, *Le Peuple* (1846), Flammarion, 1974.

PESSIN Alain, *Le Mythe du peuple et la société française du XIXe siècle*, PUF, 1992.

PHÉNOMÈNE

du grec *phainô* « faire, briller », et *phainomai* « briller, paraître » (*ta phainomena* « les apparences, ce qui apparaît »)

all. PHÄNOMEN, ERSCHEINUNG	esp. FENÓMENO
angl. PHENOMENON	ital. FENOMENO

voir : FAIT SOCIAL, OBJET, PHÉNOMÉNOLOGIE, SUJET

Pris dans son sens étymologique le phénomène *est « ce qui apparaît ».*

Mais quel statut donner à cet apparaître ? Doit-il être ce dont on doit se méfier parce qu'il est investi de toutes nos prénotions sans compter la relativité de nos sens ? Dès lors *penser*, c'est penser contre le phénomène. Ainsi retrouve-t-on à la fois toute une tradition philosophique qui, de PLATON à DESCARTES, définit l'intelligible dans sa rupture avec le sensible, et une tradition scientifique qui, sous le phénomène et son chatoiement qualitatif, découvre le jeu des relations mathématiques.

En sociologie, cette méfiance à l'égard de ce qui se donne dans l'immédiateté du rapport au monde se retrouve dans le structuralisme, mais aussi dans toute une tradition sociologique qui, à la suite de DURKHEIM, traite les faits sociaux « comme des choses » et voit dans la sociologie une science « comme les autres ». Or la notion de phénomène en sciences sociales prend une tout autre importance dès lors que celles-ci se donnent la recherche du *sens* pour finalité. Le phénomène devient ce lieu privilégié où le mariage de l'homme et de son monde, donc de sa société et de son monde, se manifeste et doit être compris au ras de son apparaître, avant tout jugement. La prise de position, tant du philosophe que du sociologue phénoménologue, est résumée dans cette citation de MERLEAU-PONTY : « *Revenir aux choses mêmes, c'est revenir à ce monde avant la connaissance dont la connaissance parle toujours, et à l'égard duquel toute détermination est abstraite, significative et dépendante, comme la géographie à l'égard du paysage où nous avons d'abord appris ce qu'est une forêt, une prairie ou une rivière* » (1960).

Comme il le dit aussi : « *Tout le savoir s'installe dans les horizons ouverts par la perception* », ou encore : « *Les déterminations numériques de la science repassent sur le pointillé d'une constitution du monde déjà faite avant elle.* »

Derrière la question du statut du phénomène s'impose toute une interrogation épistémologique sur le type de scientificité — si scientificité il y a — de la sociologie.

André AKOUN

bibliographie

MERLEAU-PONTY Maurice, *Phénoménologie de la perception*, Gallimard, 1960.

PHÉNOMÉNOLOGIE

du grec *phainomai* « apparaître » et *logos* « savoir, raison »

all. PHÄNOMENOLOGIE	esp. FENOMENOLOGÍA
angl. PHENOMENOLOGY	ital. FENOMENOLOGIA

voir : LES MÉTHODES, SUJET, VIE QUOTIDIENNE

Au sens propre, science des phénomènes. La phénoménologie est ce mouvement philosophique, puis sociologique, qui prend au sérieux l'apparaître et ne le récuse pas au profit de ce qui est derrière ou dessous. En sociologie, le mouvement phénoménologique s'intéresse au vécu quotidien comme significatif.

Origines philosophiques. Le terme de *phénoménologie* est d'abord utilisé par KANT dans *Les Premiers Principes métaphysiques de la science de la nature* (1786). Mais c'est avec HEGEL que le terme atteint sa plénitude philosophique. *La Phénoménologie de l'esprit* est l'ouvrage, unique en son genre, où se déploie l'odyssée de la conscience qui, de la *certitude sensible*, s'élève, de dépassement en dépassement, au *Savoir absolu*, dans un parcours où se succèdent les diverses configurations culturelles, les divers *mondes* dont le devenir est le devenir même de l'histoire. La phénoménologie de Hegel ne fait pas partie des sources revendiquées par les phénoménologues sociologues, parce que ceux-ci n'en retiennent que la rigueur d'un système qui s'achève dans la proclamation de la *fin de l'histoire*. Passons sur l'injuste contresens qui est fait sur l'entreprise grandiose de Hegel. On ne peut ignorer qu'au-delà de cette volonté de système, celui-ci inaugure le mouvement de la connaissance qui fait de l'apparaître, du phénomène, le porteur d'un sens qu'on ne peut découvrir qu'en allant « *aux choses mêmes* ».

Environ un siècle plus tard, HUSSERL définira également de cette façon la phénoménologie. Husserl est le père de ce qu'aujourd'hui on appelle mouvement phénoménologique, tant en philosophie qu'en anthropologie. La démarche est celle que MERLEAU-PONTY décrit ainsi : « *La phénoménologie, c'est l'étude des essences* [...]. *Mais la phénoménologie, c'est aussi une philosophie qui replace les essences dans l'existence et ne pense pas qu'on puisse comprendre l'homme et le monde autrement qu'à partir de leur " facticité ". Ainsi est-elle une philosophie d'un monde toujours " déjà-là ", avant toute réflexion, et qu'il s'agira de retrouver dans la naïveté de ce contact antéprédicatif, comme monde vécu dont on décrira l'expérience telle qu'en elle-même elle se donne, sans aucun recours à des genèses sociales ou psychologiques et sans aucune explication causale* » (1945). Il s'agit de décrire, non d'expliquer, de revenir à ce monde d'avant la connaissance car toute détermination scientifique est abstraite. Avant la géographie comme science, il y a « *ce paysage où nous avons d'abord appris ce que c'est qu'une forêt, une prairie ou une rivière* ».

Retenons, toujours dans l'ouvrage de Merleau-Ponty, l'exemple qu'il nous donne, de la ville de Paris, pour mieux comprendre ce que peut être la démarche phénoménologique en anthropologie : « *Paris*, écrit-il, *n'est pas pour moi un objet à mille facettes, une somme de perceptions, ni d'ailleurs la loi de toutes ces perceptions. Comme un être manifeste la même essence affective dans les gestes de sa main, dans sa démarche et le son de sa voix, chaque perception expresse dans mon voyage à travers Paris — les cafés, les visages des gens, les peupliers des quais, les tournants de la Seine — est découpée dans l'être total de Paris. Et quand j'y suis arrivé pour la première fois, les premières rues que j'ai vues à la sortie de la gare n'ont été, comme les premières paroles d'un inconnu, que les manifestations d'une essence encore ambiguë mais déjà incomparable.* » Toute phénoménologie est refus de penser abstraitement le monde *objectif* et d'oublier le rapport charnel, antéprédicatif aux choses d'où tout procède. Il faut laisser se dérouler le cours propre de ce qui se donne au lieu de le soumettre d'abord à un jugement et à une analyse.

La révolution phénoménologique en sociologie. Peut-être faut-il cependant rappeler que la phénoménologie, dans son acte originaire, n'est pas un irrationalisme ou un esthétisme qui se satisfait d'une approche impressionniste des choses. Elle est née en réaction contre tous les positivismes qui débouchaient sur le relativisme. Aussi cherche-t-elle dans le phénomène son sens, c'est-à-dire son essence. Mais il est vrai qu'en sociologie la révolution phénoménologique est d'abord une volonté de revenir à l'importance de la vie quotidienne, telle qu'elle se donne, dans son jaillissement et son effervescence, et qu'elle n'est pas chez tous l'ambition d'une nouvelle rationalité.

Il nous faut citer, dans ce grand courant phénoménologique en anthropologie : SCHELER, SCHÜTZ, WATIER, TACUSSEL, MAFFESOLI.

André AKOUN

bibliographie

MAFFESOLI Michel, *Éloge de la raison sensible*, Grasset, 1996.

MERLEAU-PONTY Maurice, *Phénoménologie de la perception*, Gallimard, 1945.

MERLEAU-PONTY Maurice, *Les Sciences de l'homme et la phénoménologie* (cours en Sorbonne, 1951), Centre de documentation universitaire, 1962.

SCHÜTZ Alfred, *Le Chercheur et le quotidien*, Méridiens-Klincksieck, 1987.

TACUSSEL Patrick, *Mythologie des formes sociales*, Méridiens-Klincksieck, 1995.

WATIER Patrick, *Le Savoir commun, la typification et la sociologie*, « Sociologia Internationalis », Berlin, Duncker & Humblot, 1995.

PHILOSOPHIE ET SOCIOLOGIE

latin *philosophia*, emprunté au grec composé, de *philein* « amour, goût » et de *sophia* « habileté, prudence, sagesse » : « amour du savoir, de la sagesse »

all. PHILOSOPHIE	esp. FILOSOFÍA
angl. PHILOSOPHY	ital. FILOSOFIA

voir : SOCIOLOGIE DE LA CONNAISSANCE, OCCULTATION, SOCIOLOGIE

Philosophie : *1. Ensemble des œuvres léguées, depuis l'Antiquité, par les penseurs et moralistes, et dont est issue, en partie, la sociologie.*
2. Ensemble des idéologies et des visions du monde dont la sociologie poursuit l'analyse.

La place de la réflexion philosophique au sein des recherches sociologiques est l'objet d'un débat permanent et significatif de la spécificité de la sociologie. Deux tendances peuvent être, à grands traits, distinguées dans ce débat depuis les origines de la sociologie : COMTE puis DURKHEIM ont insisté sur la nécessaire rupture entre la recherche sociologique et la tradition philosophique antérieure. À l'inverse, DILTHEY, puis WEBER, non sans nuances et réserves, ont eu tendance à ranger la sociologie, comme la philosophie, dans l'ensemble des sciences de la culture.

Quels sont, en fait, les rapports entre les sociologies et les philosophies depuis la fin de la Seconde Guerre mondiale ? Pour répondre à cette question, il est opportun de distinguer différents domaines de la philosophie qui, pour les sociologues, ont un intérêt variable : l'histoire de la philosophie, la philosophie des sciences, les théories philosophiques, et enfin, les « visions du monde ».

1 L'HISTOIRE DE LA PHILOSOPHIE. La très longue histoire des philosophies n'offre pas d'intérêt direct pour les recherches sociologiques ponctuelles et résolument spécialisées. Par contre, de nombreuses recherches ne cessent d'être menées sur les origines de la sociologie et rencontrent en cela les travaux des historiens de la philosophie. Ces travaux, sur MONTESQUIEU ou SAINT-SIMON, HOBBES ou LOCKE, ne relèvent pas d'un simple souci d'érudition, mais visent à repenser les problématiques sociologiques à travers leur genèse. Il n'est pas indifférent de montrer quelle perspective présociologique était mise en œuvre par Hobbes ou ROUSSEAU, quelles interprétations anthropologiques se trouvaient alors construites par ces philosophes et à partir de quelles expériences. L'histoire de la philosophie fournit ainsi aux sociologues matière à interrogation sur les origines mais aussi matière à l'exercice d'une pensée réflexive sur la sociologie. On ne s'étonnera donc pas que les sociologues des différentes écoles aient eu tendance à privilégier l'étude de traditions philosophiques différentes, selon les orientations qu'ils souhaitaient défendre. En étudiant l'œuvre de Saint-Simon plutôt que celle de COMTE, Durkheim voulait justifier l' étude concrète des structures de la société industrielle et critiquer la confusion entre la sociologie et la philosophie positiviste telle que la concevait Comte. Les sociologues marxistes, au contraire, privilégiaient la relecture de Marx et de HEGEL, à la recherche de modèles qui leur paraissaient les plus proches de leurs objectifs. ARON proposait, dans *Les Étapes de la pensée sociologique* (1976), d'étudier successivement Montesquieu, Comte, MARX, TOCQUEVILLE et, en d'autres textes, MACHIAVEL et Weber, désignant ainsi de toutes autres orientations théoriques et une conception moins dogmatique de la sociologie. En privilégiant les œuvres de FICHTE et PROUDHON, GURVITCH recherchait les fondements théoriques d'une sociologie de l'action sociale. Ainsi, dans ce premier domaine, la philosophie est loin d'être indifférente aux sociologues, soit qu'ils y recherchent les origines de leur discipline, soit qu'ils repensent leur propre paradigme à la lumière du passé.

2 LES THÉORIES DE LA CONNAISSANCE. Les problèmes de la connaissance, qui constituent un chapitre essentiel de la tradition philosophique, renouvelée sur ce point par la critique kantienne, ne sauraient être éludés par la science sociale qui se trouve, là aussi, concernée par la philosophie, non sans ambiguïté. C'était l'ambition de Durkheim que d'opposer aux constructions philosophiques une théorie anthropologique et sociologique de la connaissance et de tirer toutes les conséquences d'une telle autonomie de la critique sociologique. Cependant, malgré ses intentions explicites, il ne pouvait, en ce domaine, échapper à l'emprise des problématiques philosophiques et son concept de « conscience collective » évoque une version de la tradition kantienne où le sujet transcendantal serait non plus la conscience de l'individu mais la conscience sociale.

La question de la connaissance constitue un problème permanent de la sociologie : c'est, en particulier, une question fondamentale de savoir si l'on peut admettre, et dans quelle mesure, l'existence d'un savoir (ou d'une idéologie) de groupe, de catégorie ou de classe, et si une telle hypothèse est fondée. Durkheim ne doutait pas qu'une telle perspective fût justifiée et il entendait par *conscience collective* un système cohérent de représentations et de connaissances propres à un groupe particulier. Marx avait admis le même principe en postulant l'existence d'une conscience de classe. On peut rapprocher de ce modèle les thèses de BOURDIEU : lorsqu'il analyse, dans *Trois essais d'ethnologie kabyle* (1972), les modes de connaissance des paysans kabyles, ou, dans *Les Héritiers* (1964), les représentations et les valeurs des étudiants français, il retrouve les hypothèses de Durkheim sur les systèmes de connaissance structurés par le contexte social. C'est une autre version de cette tradition qu'ont proposée les historiens et les sociologues des structures intellectuelles qui, de KUHN à FOUCAULT, ont admis l'existence de modèles de pensée, de paradigmes propres à une époque et entraînant les esprits d'un même milieu à percevoir le monde dans des formes communes. Avec bien des nuances, ces sociologues poursuivent une grande tradition qui, depuis PLATON, admet comme un fait d'expérience l'existence de croyances communes, de modes de pensée collectifs, dont il convient d'analyser les logiques propres.

Mais cette hypothèse est-elle satisfaisante et ne risque-t-elle pas de prêter aux savoirs une obscure objectivité et de méconnaître la place du sujet dans la connaissance et la spécificité des actes de connaissance ? Faut-il admettre, comme le firent Marx ou Durkheim, que les idéologies ou les consciences collectives s'imposent aux intelligences d'une époque et penser que cette perspective est exhaustive ? Une autre tradition philosophique ouverte par DESCARTES introduit à une tout autre perspective et place au centre de la connaissance le sujet connaissant. Les sociologies qui mettent au coeur de leur démarche la compréhension, ou la reconstitution des cognitions, dans les savoirs et les pratiques, retrouvent cette autre tradition philosophique et l'esprit de sa critique. Là encore apparaît une certaine continuité des problèmes liant la tradition philosophique et les différentes orientations sociologiques. Certes, les sociologies ne sont pas des prolongements de la pensée philosophique et il serait illusoire de les réduire à cette origine intellectuelle, mais le sociologue trouve ample matière à réflexion dans ce long passé riche d'orientations divergentes.

3 LES THÉORIES PHILOSOPHIQUES. Un autre problème est celui des emprunts théoriques que les sociologies ont pu faire à la philosophie. La liste des « ismes » est imposante (positivisme, matérialisme dialectique, évolutionnisme, idéalisme, réalisme...). Comte ne doutait pas que la sociologie dût se fonder sur la philosophie positiviste ; Marx fondait ses analyses sociales sur le matérialisme dialectique et historique ; SPENCER construisait toute sa conception des sociétés sur les schémas de la théorie évolutionniste. Ces emprunts sont loin d'être sans conséquences et méritent qu'on s'y arrête : ils permettent de souligner les fonctions créatrices des emprunts à la philosophie ainsi que leurs limites et, éventuellement, leurs dangers pour la sociologie. Prenons pour exemples le matérialisme historique et le structuralisme.

1 **Le matérialisme historique.** L'effacement de la problématique marxiste après les années 80 permet aujourd'hui de mieux apercevoir la fécondité de ce modèle et les méfaits de sa sclérose. Une histoire de la production sociologique des années 50-80 ne peut que rappeler l'importance de ce paradigme, son autorité intellectuelle et l'étendue des recherches sociologiques qu'il a inspirées. De très nombreuses recherches dans les différents domaines de la sociologie (travail, éducation, systèmes politiques) mirent en œuvre ces principes. Le marxisme renouvelait, dans une certaine mesure, les impératifs de l'École de Durkheim sur la réalité des faits sociaux, mais incitait à rechercher, dans les totalités sociales, les rapports de tension et de conflit, à s'interroger sur la dynamique des contradictions et sur leurs conséquences. Cependant, l'histoire du paradigme marxiste en sociologie est aussi exemplaire des limites et des dangers d'un modèle dogmatique tant au point de vue des choix d'objets que des interprétations. Tenu pour une vérité incontestable, le paradigme marxiste désignait les « bons » objets de recherche : la sociologie de l'éducation ou des classes ouvrières, et en excluait d'autres : la sociologie compréhensive des religions ou des bureaucratisations syndicales, par exemple. Du point de vue des méthodes à employer, les méthodes quantitatives pouvaient être appréciées, mais les approches à caractère psychosociologique, ou phénoménologique, étaient volontiers tenues pour superficielles et coupables de subjectivisme. Pour les interprétations, elles étaient souvent marquées par les préjugés politiques plus que par le souci de vérité. Cette histoire du marxisme appliqué à la sociologie illustre bien les risques de sclérose liés à l'intervention d'une philosophie dogmatique.

2 **Le structuralisme.** Moins important quant à ses conséquences, le structuralisme peut fournir un exemple de l'ambiguïté d'un recours à un modèle d'inspiration philosophique. Dans les années 60, le structuralisme a pu apparaître comme un paradigme intégrateur des sciences humaines et sociales, capable de procurer un cadre théorique pour la linguistique, la psychologie autant que pour la sociologie et même l'histoire. Là encore, en sociologie, le recours à ce paradigme a suscité des recherches originales en de multiples domaines, proposé des hypothèses stimulantes éloignées d'un positivisme étroit. Mais le structuralisme échouait, malgré les efforts menés pour l'adapter aux réalités observées, à procurer les instruments intellectuels nécessaires pour penser les changements, les conflits et les mutations.

Ces exemples, que l'on pourrait multiplier, expliquent les fortes réticences de bien des sociologues à accorder trop de crédit aux ambitieuses théories philosophiques, et leur préférence, soit pour des recherches empiriques éloignées de toute généralisation des résultats, soit, conformément à la recommandation de MERTON, pour les hypothèses « à moyenne portée » (1965). Cependant, tous les problèmes n'en sont pas résolus pour autant : ils se reposent si l'on considère non plus les philosophies explicites, mais les visions du monde.

4 LES VISIONS DU MONDE. Entendons par *visions du monde*, les formes de pensée communément partagées à l'intérieur desquelles s'élaborent à la fois les philosophies et les sociologies. Si nous prenons quelque distance par rapport à l'histoire de la sociologie depuis sa création au début du XIXe siècle, nous pouvons voir que les différentes écoles sociologiques se sont élaborées au sein d'une vision globale de l'histoire qui fut celle des XIXe et XXe siècles. Marx, comme Saint-Simon, construit son analyse dans le cadre d'une vision industrialiste de l'histoire moderne, qui serait animée par l'extension invincible des moyens de production. Spencer fonde ses conceptions sur une vision de l'histoire humaine progressant vers des stades de plus en plus sophistiqués d'hétérogénéité et d'individualisme. Weber ne doute pas que le nouveau monde est et sera marqué par une rationalisation croissante des rapports sociaux. Durkheim est moins affirmatif sur ce point, mais il ne doute pas de l'existence d'une tendance universelle vers une solidarité « organique », éloignée des sociétés closes et des religions traditionnelles. Tous, à des titres divers, souscrivent à une vaste conception du monde où l'idée de progrès est un thème incontesté. Il ne s'agit pas d'emprunts clairement circonscrits à des philosophies particulières, mais d'une participation intellectuelle à une philosophie commune, ou, en d'autres termes, à une vision commune du monde. Dans des versions différentes, Marx, Weber et Durkheim participent à un ample mouvement intellectuel propre au XIXe et au XXe siècles, confiant dans la rationalité et la rationalisation croissante du monde malgré, pensait-on, les obstacles provisoires issus des forces irrationnelles. Cette vision commune, bien adaptée au développement des sociétés industrielles, a néanmoins ses limites : elle a, certes, permis de multiplier les interrogations sur les phénomènes sociaux liés au développement économique, mais, ainsi concentrée sur ce thème, a été conduite à négliger ou à occulter des phénomènes aussi importants historiquement que les problèmes écologiques, les résistances à l'industrialisation, les souffrances liées aux développements industriels, la persistance des nationalismes, des idéologies, ou la résurgence des intégrismes religieux.

La question qui se trouve alors posée à la sociologie est celle non plus de ses relations avec des écoles philosophiques particulières, mais avec la vision commune du monde. Le problème est de savoir si des sociologies peuvent prendre suffisamment de distance lucide par rapport aux habitudes mentales de leur époque, aux philosophies implicites ou aux idéologies (exemple : l'économisme, le matérialisme, la philosophie du progrès...) pour accéder à une conscience critique et pertinente des conformismes intellectuels. Il s'agit là d'un défi permanent pour des sociologies critiques.

Pierre ANSART

bibliographie

ARON Raymond, *Les Étapes de la pensée sociologique*, Gallimard, 1976.

BOURDIEU Pierre, CHAMBOREDON Jean-Claude, PASSERON Jean-Claude, *Le Métier de sociologue*, Mouton-Bordas, 1968.

DURKHEIM Émile, *Sociologie et philosophie* (1898-1911), PUF, 1967.

FOUCAULT Michel, *Les Mots et les choses*, Gallimard, 1988.

GIDDENS Anthony, *La Constitution de la société*, PUF, 1987.

MERTON Robert K., *Éléments de théorie et de méthode sociologique* (1957), Plon, 1965.

VALADE Bernard, *Introduction aux sciences sociales*, PUF, 1996.

WEBER Max, *Économie et société* (1922), Plon, t. 1, 1971.

PHILOSOPHIE SOCIALE

voir : SOCIOLOGIE DE LA CONNAISSANCE, SOCIOLOGIE, THÉORIE

Partie de la philosophie qui s'interroge sur le fondement de la société, la légitimité de son organisation et le sens de son devenir.

Historiquement, la *philosophie sociale* précède de beaucoup la sociologie. Elle manifeste l'intérêt de la réflexion philosophique pour les problèmes de la *cité* et, loin de s'éteindre avec l'apparition des sciences sociales, trouve un aliment et des arguments nouveaux dans les bouleversements historiques et les problématiques philosophiques du XXe siècle.

Qu'il s'agisse de dresser le plan de la cité idéale (PLATON) ou de recenser les constitutions des cités grecques (ARISTOTE), la philosophie antique fait de la *polis* le cœur d'une réflexion sur l'homme, *zoôn politikon* (« animal politique ») et être de la cité. Marquée par la thématique de l'implication et du retrait, la philosophie hellénistique (épicurisme, stoïcisme, cynisme) est renouvelée par la distinction chrétienne entre cité humaine et cité de Dieu. Cette conception hiérarchique et verticale, faisant de la seconde le principe et l'idéal de la première, sera à son tour contestée par le développement de l'école du *droit naturel*. L'idée de *contrat social*, libre accord de souveraineté passé entre des individus autonomes, apparaîtra comme le seul fondement en légitimité de l'ordre social. Elle sera au cœur de la philosophie des Lumières et, à travers elle, de la *modernité*.

En contrepoint de cette interrogation radicale, la philosophie et, de façon plus large, la pensée sociale ont trouvé dans le spectacle de la diversité des mœurs et du devenir des civilisations l'invite à une méditation sur l'homme et son destin. MONTAIGNE, PASCAL, VOLTAIRE illustrent dans la tradition française cette orientation débordant les limites strictes de la philosophie. La révolution industrielle, la rupture avec l'Ancien Régime, le développement de la démocratie en Amérique, les luttes ouvrières en Europe ont renouvelé ces inspirations et les ont associées à de nouvelles idéologies politiques : libéralisme, socialisme, christianisme social, anarchisme...

Cet héritage complexe constitue le terrain sur lequel la sociologie s'est construite et dont elle s'est séparée. D'inspiration *analytique*, la nouvelle discipline qui émerge à la fin du XIXe siècle ne prétend plus saisir l'essence du social ou dégager les fins de l'histoire. DURKHEIM et WEBER, quelles que soient par ailleurs leurs différences, se retrouvent dans un idéal de scientificité et de *neutralité axiologique* commun : l'objet de la sociologie est de décrire, analyser, expliquer, prouver. Qu'elle recoure à la méthode expérimentale ou adopte une démarche compréhensive, elle doit s'appuyer sur des données pertinentes et se garder de toute tentation normative ou prophétique.

Un tel programme peut cependant sembler insuffisant, et le développement de la sociologie, tout au long du siècle, loin de provoquer la disparition de la philosophie sociale, va de pair avec son renouvellement. Les espoirs et les drames de l'histoire contemporaine, la puissance des théories globales comme le marxisme ou la psychanalyse, le renouvellement de l'interrogation philosophique sous l'égide de la phénoménologie sont autant d'éléments qui vont nourrir une pensée sociale aux formes multiples : méditation sur le fondement de l'*être-ensemble* (HUSSERL, HEIDEGGER) ; critique d'une modernité soumise à l'hégémonie d'une rationalité capitaliste pénétrant toutes les sphères du social (École de Francfort, HABERMAS) et réduisant l'homme à la caricature de l'*Homo œconomicus* (FROMM, MARCUSE) ; dénonciation du *totalitarisme*, mal nouveau, responsable des pires tragédies du siècle et fossoyeur de l'angélisme progressiste hérité des Lumières (ARENDT)... Conjuguant une interrogation renouvelée sur le sens de *l'être-*

ensemble aux angoisses et aux bouleversement d'une modernité oscillant entre les modèles de l'excès (la *surmodernité*) ou de la rupture (la *postmodernité*), la philosophie sociale pénètre à son tour la sociologie ; elle l'investit de la protestation de nouveaux mouvements sociaux (le féminisme, les minorités sexuelles...), y promeut une approche et une écriture alternatives (BAUDRILLARD, MAFFESOLI), y développe le goût pour de nouvelles synthèses (BALANDIER, TOURAINE).

Jean-Michel BERTHELOT

bibliographie

BALANDIER Georges, *Le Dédale*, Fayard, 1995.
TOURAINE Alain, *Critique de la modernité*, Fayard, 1995.
VALADE Bernard, *Introduction aux sciences sociales*, PUF, 1996.
WIGGERHAUS Ralf, *L'École de Francfort : histoire, développement, signification*, PUF, 1993.

PHRATRIE ET FRATRIE

du grec *phratria* « association de citoyens » ; en latin *frater* « frère »

voir : FAMILLE, TRAJECTOIRE

Ensemble des frères et sœurs, dans un sens réel ou métaphorique.

Ces termes sont employés, en anthropologie et en sociologie, en trois significations corrélatives :

1 PHRATRIE est utilisé précisément dans le sens grec de *phratria*, synonyme de *genos*, pour désigner un groupe de descendance patrilinéaire.

2 FRATRIE en anthropologie, désigne un groupe de clans, dans une tribu ou dans groupe de descendance, dont les membres sont liés par des rites partagés, le sentiment de descendre d'ancêtres communs.

3 En sociologie, *fratrie* désigne l'ensemble des frères et des sœurs d'une même famille. Les recherches sur les trajectoires sociales (de la famille aux statuts professionnels des frères et sœurs) étudient particulièrement la « fratrie » pour y vérifier l'homogénéité ou la disparité des trajectoires individuelles (CHAUDRON, 1984).

Pierre ANSART

bibliographie

CHAUDRON Martine, « Sur les trajectoires sociales des femmes et des hommes. Stratégies familiales de reproduction et trajectoires individuelles », in *Le Sens du travail. Structures familiales et système productif*, PU Grenoble, 1984.
SINGLY François de (sous la dir. de), *La Famille. L'état des savoirs*, La Découverte, 1991.

PLACE ET POSITION SOCIALE

du latin *platea* « grande rue, place publique »

all. PLATZ	esp. SITIO, LUGAR
angl. POSITION	ital. POSTO

voir : CLASSE SOCIALE, POSITION, STATUT

Position qu'un individu occupe dans la société.

Le langage courant utilise le terme de *place* dans des formules telles que : « je n'ai pas ma place », « je cherche une place », « j'ai changé de place »... Ces métaphores spatiales sont couramment utilisées comme système de représentation de la société pour situer les individus les uns par rapport aux autres, ou encore pour rendre compte des trajectoires de vie.

Les sociétés holistes fonctionnent selon un ordre qui confère à chaque individu et à chaque groupe une place, un rang, un statut intangible et les moyens de se situer les uns par rapport aux autres (LÉVI-STRAUSS, 1949).

INDIVIDUALISME ET MOBILITÉ SOCIALE. Le développement de l'individualisme a favorisé la mobilité sociale, donc la possibilité pour les individus de changer de place, mais aussi le risque de la perdre. D'où l'attention portée par les sociologues aux phénomènes de mobilité, de placement et de déplacement, ainsi qu'à l'analyse des trajectoires sociales et des stratégies mises en œuvre par les acteurs pour maintenir ou améliorer leurs positions (THÉLOT, 1982 ; BERTAUX, 1977 ; BOURDIEU, 1975). Dans cette perspective, la notion de place peut se définir à partir de trois pôles : la *position objective* se mesure à partir d'un certain nombre d'indicateurs sociologiques (catégories socioprofessionnelles, niveaux de revenus, titres scolaires, types d'habitats...) ; la *position espérée* désigne la place que l'individu lui-même souhaiterait occuper en fonction de ses aspirations ; la *position subjective* est le produit des écarts entre d'une part la position d'origine et la position acquise, d'autre part la position objective et la position espérée.

DÉSAFFILIATION ET DÉSINSERTION. L'intérêt pour la notion de place s'est précisé à partir des travaux sur les processus de *désaffiliation* (CASTEL, 1995) et de *désinsertion* (GAULEJAC, TABOADA-LÉONETTI, 1993). Ces deux notions voisines décrivent les situations d'individus qui se retrouvent en rupture de lien social par une combinaison de facteurs : perte d'emploi, de logement, séparation conjugale, diminution des revenus, éclatement familial, perte d'identité, disqualification civique, déconsidération, sentiment d'inutilité, dépression nerveuse. Ces différents facteurs désignent en négatif les éléments nécessaires pour avoir une place dans la société : un emploi, une famille, des revenus, des liens affectifs et amicaux, mais aussi une utilité sociale, de la considération, de la reconnaissance et de l'estime de soi. Ces dimensions subjectives du lien social sont essentielles. Chaque individu tend à être renvoyé à lui-même pour « trouver une situation » et prouver son utilité sociale. C'est lui qui porte la responsabilité de son insertion sociale. D'où le développement de *la lutte des places*, qui est le combat que chaque individu doit mener sur les plans économique, social et symbolique pour obtenir ou conserver une existence sociale.

Vincent de GAULEJAC

bibliographie

BERTAUX Daniel, *Destins personnels et structure de classe*, PUF, 1977.
BOURDIEU Pierre, *La Distinction, critique sociale du jugement*, Éd. de Minuit, 1975.
CASTEL Robert, *Les Métamorphoses de la question sociale*, Fayard, 1995.
DUMONT Louis, *Essai sur l'individualisme*, Seuil, 1983.
GAULEJAC Vincent de, *La Névrose de classe*, Hommes et groupes, 1987.
GAULEJAC Vincent de, TABOADA-LÉONETTI Isabel, *La Lutte des places*, Desclée de Brouwer, 1993.

LÉVI-STRAUSS Claude, *Les Structures élémentaires de la parenté*, PUF, 1949.

THÉLOT Claude, *Tel père, tel fils ? Position sociale et origine familiale*, Dunod, 1982.

PLAISANTERIE

dérivé de *plaisant* « chose ou personne agréable »

all. SPASS	esp. BROMA
angl. JOKE	ital. BATTUTA

voir : CULTURE, INTERACTION, IRONIE, MŒURS

Les études menées sur les « parentés à plaisanteries » montrent le caractère très particulier de ces relations à la fois ludiques et agressives entre groupes apparentés (parents et alliés, belle-mère et gendre...) (MAUSS, 1926). De tels exemples suscitent des questions générales d'ordre sociologique : de qui plaisante-t-on dans un milieu social donné ? De qui la plaisanterie est-elle admise et de qui est-elle jugée inconvenante ?

Politiquement, les plaisanteries à l'égard des détenteurs du pouvoir politique sont particulièrement significatives, de même que la violence des interdits qui pèsent sur ces insolences dans les régimes à caractère totalitaire. Les subtilités du risible et leurs changements rapides ne manquent pas de constituer un indicateur significatif des conditions culturelles et politiques (CAZENEUVE, 1984).

Pierre ANSART

bibliographie

CAZENEUVE Jean, *Le Mot pour rire*, La Table ronde, 1984.

MAUSS Marcel, « Parentés à plaisanteries » (1926), in *Œuvres*, Éd. de Minuit, t. 3, 1969, pp. 109 à 135.

PLANIFICATION

formé à partir de *plan*, déverbal de *planter* « rester immobile », puis dessin représentant la disposition d'ensemble d'un édifice

all. PLANUNG	esp. PLANIFICACIÓN
angl. PLANNING	ital. PLANIFICAZIONE

voir : DÉVELOPPEMENT, ÉQUILIBRE, MARCHÉ

Coordination consciente, a priori, *des activités économiques d'une organisation ou d'une économie nationale, qui s'oppose à la coordination spontanée* a posteriori, *opérée à travers le marché.*

Le contraste entre la *planification* et le *marché* en tant que mode de coordination a plusieurs dimensions. La *planification* suppose un sujet individuel ou collectif conscient, qui établit à l'avance la corrélation entre des moyens et des objectifs recherchés sur un horizon de moyen ou de long terme. Le *marché* implique un processus impersonnel d'interaction entre des participants nombreux poursuivant des objectifs immédiats, processus d'où résulte une coordination effective spontanée, en l'absence d'autorité organisatrice ou de délibération collective sur les moyens et les fins.

La planification concerne une organisation ou une économie nationale. Les controverses portent notamment sur la faisabilité et la désirabilité d'une planification centralisée à l'échelle d'une économie ; sur ce thème s'opposent radicalement les traditions marxienne et hayekienne, qui diffèrent dans leur évaluation du marché et de ses conséquences économiques et sociales.

La planification impérative, telle qu'elle fut pratiquée dans les économies socialistes, est diversement interprétée, en termes d'« économie dirigée » ou, au contraire, comme processus complexe d'interaction entre niveaux hiérarchiques non maîtrisés par le centre. Les expériences de planification indicative dans les économies capitalistes au cours des années 50 et 60 ne cherchaient pas à remplacer la coordination par le marché, mais surtout à limiter l'incertitude produite par ce dernier.

Bernard CHAVANCE

bibliographie

CHAVANCE Bernard, *Le Système économique soviétique*, Nathan, 1989.

HAYEK Friedrich, *La Présomption fatale : les erreurs du socialisme*, PUF, 1993.

MASSÉ Pierre, *Le Plan ou l'anti-hasard*, Hermann, 1991.

PLANIFICATION DES NAISSANCES

all. GEBURTENREGELUNG, FAMILIENPLANUNG	esp. PLANIFICACIÓN FAMILIAR
angl. FAMILY PLANNING	ital. PLANIFICAZIONE DELLE NASCITE

voir : DÉMOGRAPHIE, FAMILLE, NATALITÉ, POLITIQUE DE POPULATION, TRANSITION DÉMOGRAPHIQUE

Traduite directement de l'anglais, l'expression renvoie à l'attitude générale de rationalisation de la vie dont parle LANDRY dès 1934 : les sociétés avancées se mettent à lutter contre la mort, mais aussi à maîtriser la vie. Au fur et à mesure que la mort recule, elles souhaitent restreindre la taille des familles et espacer les naissances. La limitation volontaire des naissances dans la famille, qui conduit à la deuxième phase de la *transition démographique*, la baisse de la fécondité s'expliqueraient par des facteurs comme l'augmentation du niveau de vie, le recul de l'économie rurale, l'élévation du niveau d'instruction, l'augmentation du coût de l'enfant, le changement du statut social des femmes, l'urbanisation, etc.

Contrairement à d'autres pays industrialisés, ce mouvement a commencé très tôt en France, pratiquement en même temps que la baisse de la mortalité : dès 1778, MOHEAU, auteur d'un traité sur la population, pouvait écrire : « *On trompe la nature jusque dans les villages.* » Cette restriction des naissances était obtenue par le moyen de l'allaitement prolongé, de l'abstinence, de l'avortement, mais probablement surtout par le recours au coït interrompu. Cette « première révolution contraceptive » est intervenue en l'absence de moyens sophistiqués de contrôle des naissances. À la fin du XIXe siècle, presque tous les pays industrialisés ont rejoint les comportements des couples français. À l'époque, les connaissances sur la contraception et sur la libre maternité se diffusent largement dans tous les milieux sociaux, sous l'impulsion des associations *néomalthusiennes*. La « deuxième révolution contraceptive » est intervenue après la Seconde Guerre mondiale alors que des moyens comme la pilule contraceptive, le stérilet ou le diaphragme sont inventés.

Les résultats de la planification des naissances sont à la fois quantitatifs et qualitatifs : les enfants mis au monde sont en petit nombre, ce qui crée de nouvelles conditions de vie pour les familles et les sociétés, mais peut à terme menacer l'équilibre démographique des pays. Par ailleurs, ces enfants qui naissent en petit nombre sont désirés : ils font l'objet d'un fort investissement parental, investissement affectif, mais aussi en termes de soins éducatifs, de réalisation des projets parentaux. Des enquêtes révèlent qu'en France plus des 9/10e des enfants sont aujourd'hui désirés.

La planification des naissances a constitué l'un des enjeux majeurs des *politiques démographiques* de l'après-guerre : tandis que le Japon adoptait dès 1948 un programme visant à restreindre les naissances, les pays anglo-saxons exerçaient une forte pression pour que les pays pauvres adoptent des mesures visant à introduire le planning familial dans les dispensaires ; beaucoup d'États africains et asiatiques, d'abord opposés à de telles solutions, se sont progressivement engagés dans des programmes visant à accroître le bien-être des femmes et des enfants. La planification des naissances, par l'intermédiaire de méthodes variées, y compris la stérilisation, est devenue une réalité pour l'ensemble des pays de la planète.

Catherine ROLLET

bibliographie

LANDRY Adolphe, *La Révolution démographique* (1934), INED, 1982.

LÉRIDON Henri, *Les Enfants du désir*, Julliard, 1995.

MOHEAU Jean-Baptiste, *Recherches et considérations sur la population de la France* (1778), INED, 1994.

PLOUTOCRATIE

du grec *ploutokratia* « gouvernement des riches », composé de *kratos* « domination, pouvoir », et de *ploutos* « richesse »

all. PLUTOKRATIE	esp. PLUTOCRACIA
angl. PLUTOCRACY	ital. PLUTOCRACIA

voir : DOMINATION, SOCIOLOGIE POLITIQUE

Régime politique où le pouvoir est détenu par les riches.

1 Le terme relève moins de la sociologie politique que de la polémique, dès lors que la *ploutocratie* est dénoncée comme main invisible derrière l'apparence du parlementarisme démocratique. À gauche, on a un exemple de cet usage quand Jean JAURÈS (*Discours à la Chambre*, 7 mars 1895) déclare : « *Tant que dans chaque nation, une classe restreinte d'hommes possédera les grands moyens de production et d'échange, elle possédera ainsi et gouvernera les autres hommes.* » À droite, c'est Maurice BARRÈS qui écrit (*Scènes et doctrine du nationalisme*) : « *Quel gobemouche peut croire que notre forme de gouvernement est une démocratie ? Nous sommes en ploutocratie.* »

2 Avec l'antisémitisme et le nazisme, le mot s'enrichira, si on ose dire, d'une extrapolation antisémite, la ploutocratie étant définie comme la puissance occulte de la finance juive.

3 Après la guerre la notion s'est trouvée moins employée. Lorsque Guizot défendait l'idée que seuls les propriétaires, du fait même qu'ils avaient quelque chose à protéger, possédaient un sens aigu de la responsabilité civique, et qu'il exhortait les citoyens français à s'enrichir, peut-on y voir la théorisation d'une ploutocratie parlementaire ?

André AKOUN

PLURALISME

du latin *pluralis* « qui contient plusieurs éléments »

all. PLURALISMUS	esp. PLURALISMO
angl. PLURALISM	ital. PLURALISMO

voir : ÉCOLE DE DURKHEIM, MARXISME, LES MÉTHODES

Théorie soulignant la coexistence d'éléments différents et faisant des réalités étudiées des éléments multiples, individuels et irréductibles à une unité.

1 Sans constituer une tendance sociologique distincte, le souci de privilégier l'étude du *pluralisme* des organisations et des groupes s'oppose à la tendance contraire de privilégier l'étude des unités homogènes. Contre MARX, qui tendait à penser le système capitaliste comme une unité de lois et de structures et, plus encore, imaginait la société communiste comme une unité régie par l'État, les proudhoniens s'efforçaient de penser le « régime propriétaire » comme une pluralité de contradictions et, plus encore, prônaient un socialisme non autoritaire et fondé sur une libre fédération des groupements sociaux. La divergence se poursuit ultérieurement entre DURKHEIM, porté à rechercher les modèles d'intégration par le renforcement de la « conscience collective », et les sociologues soucieux de souligner la diversité du social (GURVITCH, 1962). Le débat est implicite entre les sociologies « holistes » (portées à analyser le social comme unité) et les sociologies individualistes (portées à prendre les pluralités comme données de base pour toute analyse). La notion de « système social » suggère le dépassement de cette opposition et peut suggérer de considérer l'unité du multiple.

2 Toute situation est qualifiée de *pluraliste* dès lors que s'y confrontent plusieurs centres de décision : par exemple, la démocratie, fondée, en principe, sur la pluralité des partis politiques, s'oppose au totalitarisme du parti unique.

3 Une investigation sociologique peut, dans sa recherche des explications, solliciter l'apport d'autres sources de connaissance (pluridisciplinarité) ou/et mobiliser plusieurs modèles d'explication sociologiques.

Pierre ANSART

bibliographie

BERTHELOT Jean-Michel, *L'Intelligence du social. Le pluralisme explicatif en sociologie*, PUF, 1990.

GURVITCH Georges, *Dialectique et sociologie*, Flammarion, 1962.

*

* *

POLÉMOLOGIE

du grec *polemos* « guerre » et *logos* « discours »

all. POLEMOLOGIE	esp. POLEMOLOGÍA
angl. POLEMOLOGY	ital. POLEMOLOGIA

voir : CONFLIT SOCIAL, ORGANISATION, REPRÉSENTATIONS SOCIALES, VIOLENCE

Analyse des guerres, des moyens de violence, des conflits, des antagonismes, en les considérant sous l'angle d'une relation sociale particulière.

La *polémologie* peut s'entendre en un sens restreint et en un sens large.

1 *Au sens restreint*, elle analyse les guerres dans leur contexte historique et social, montrant comment celles-ci se modifient avec l'entrée en scène de la conscription de masse, du partisan, d'une défense populaire et du terrorisme de la guerre totale, pour reprendre une distinction de SCHMITT, sans oublier ce qui a fait l'essentiel des débats jusqu'à la chute du mur de Berlin, à savoir la modification fondamentale apportée par la dissuasion nucléaire et son effet de stabilisation, qui conduit à la création du terme de « guerre froide ».

La guerre et la paix doivent pouvoir s'étudier de manière scientifique, que ce soit de manière quantitative, en analysant les masses mises en œuvre, ou bien en cherchant à conceptualiser les notions d'ami et d'ennemi. L'angle d'analyse est celui des relations interétatiques (ARON), relations qui incluent la force, pour autant que les États assurent la paix interne et la sûreté externe. L'on peut typifier les fonctions de la politique interétatique par les figures du soldat et du diplomate, ou encore classer les guerres sur une échelle qui va de « la guerre d'extermination jusqu'à une simple observation armée » (CLAUSEWITZ, p. 59), de même qu'à l'intérieur des guerres se succèdent des périodes de répit et des phases de tension. Il faut bien dire que l'analyse des conflits armés et de la guerre elle-même ne constituent pas une des préoccupations majeures en sciences sociales contemporaines.

2 *Au sens large* que lui donnait FREUND, s'inspirant sans doute pour une part de SIMMEL, il faut saisir que la conflictualité est immanente à toute société ; il s'agit alors de trouver les formes dans lesquelles les groupes se moulent en état de conflit. Et faire un pas de plus avec l'hypothèse que nos sociétés actuelles sont caractérisées par l'industrialisation, le capitalisme, l'économie de marché, mais au moins autant par la place qu'elles font au conflit. En ce sens, la guerre est une sous-partie de l'étude du conflit et une de ses manifestations. Il faut en préciser les contours en montrant, que ce soit dans le cadre d'un conflit patrons/ouvriers ou entre grandes puissances (excluant de fait les guerres d'anéantissement), l'existence de négociation implicite, d'un état de paix virtuel à l'intérieur du conflit (SCHELLING). Ces éléments ont été particulièrement développés par les théories de stratégie du conflit, qui se sont appuyées sur la présence d'un intérêt commun au-delà de l'antagonisme, pour montrer que la dissuasion reposait sur la crainte de l'anéantissement réciproque : mise en évidence d'une collaboration implicite, qui maintient ouvertes les possibilités d'une éventuelle négociation ultérieure.

Un des plus grands paradoxes est sans doute que la guerre, qu'elle vise des conquêtes territoriales ou une victoire totale, suppose dans les deux cas l'usage de la puissance et de la violence, et que se soient développées des règles de la guerre qui, comme le souligne Simmel, assurent en quelque sorte la possibilité d'une négociation ou d'un compromis ultérieurs. Seul le respect de ces règles fonde la confiance inséparable du processus de négociation ou de paix. La situation dans l'ex-Yougoslavie illustre *a contrario* les difficultés de sortir de guerres d'anéantissement et de leur lot d'atrocités. FREUND proposait ainsi de distinguer entre lutte et combat, ce dernier étant, selon l'expression de VATTEL, une guerre en formes. Un dernier aspect concerne les conséquences sociales d'un état de guerre ou, à un moindre degré, d'un état de conflit. Elles ont été développées notamment par SIMMEL qui insistait sur l'unification interne de chacun des groupes en lutte. L'état de paix implique une indétermination plus grande, les liens sont plus desserrés, alors que la lutte implique une forte unification du groupe et une répression des dissidences individuelles.

Patrick WATIER

bibliographie

ANSART Pierre, *Idéologies, conflits, pouvoirs*, PUF, 1977.

ARON Raymond, *Paix et guerre entre nations* (1962), Calmann-Lévy, 1984.

ARON Raymond, *Penser la guerre, Clausewitz*, t. 1, *L'Âge européen* ; t. 2, *L'Âge planétaire*, Gallimard, 1976.

BOUTHOUL Gaston, *Traité de polémologie*, Payot, 1970.

CAILLOIS Roger, *Bellone ou la pente de la guerre*, Bruxelles, La Renaissance du livre, 1965.

CLAUSEWITZ Carl von, *De la guerre*, Éd. de Minuit, 1955.

FREUND Julien, *Sociologie du conflit*, PUF, 1983.

FREUND Julien, « La Guerre dans les sociétés modernes », in *Histoire des mœurs*, Encyclopédie de la Pléiade, 1991.

SCHELLING Thomas, *Stratégie du conflit*, PUF, 1986.

SCHMITT Carl, *La Notion de politique. Théorie du partisan*, Calmann-Lévy, 1972.

SIMMEL Georg, *Le Conflit*, Saulxures, Circé, 1992.

WATIER Patrick, « Confiance et négociation », in *Autrement*, n° 163, 1996, pp. 87 à 94.

POLITESSE

du latin *politus* « lisse, brillant, orné », emprunté à l'italien *politezza*, d'abord « propreté (physique) » au XVIe s., puis « élégance, raffinement »

all. HÖFLICHKEIT	esp. CORTESIA
angl. POLITENESS	ital. CORTESIA

voir : CIVILITÉ, MŒURS, PRÉSENTATION DE SOI, STATUT

Manières d'agir, de parler, exprimant le respect envers autrui et conformes au code de bienséances en usage dans une société donnée.

Malgré l'appel de DURKHEIM à étudier toutes les « manières d'agir », la sociologie a été longtemps rétive à prendre pour objet d'étude les codes de bienséances et leurs significations sociales. Or, il faut constater l'extrême importance donnée communément à la formulation, à l'expression de ces codes et de ces usages, et à leur observation. La culture confucéenne leur prête une importance cruciale, à la fois morale, politique et philosophique : les rites de politesse y sont donnés pour conformes à la « Voie » légitime et à la nature. Les auteurs de la Renaissance (ÉRASME, 1549) font des nouveaux usages une rupture essentielle dans les mœurs et les rapports sociaux. La publication renouvelée des ouvrages sur le savoir-vivre indique assez l'importance des bons usages et des « bonnes » manières.

Le regain d'intérêt pour ce sujet est venu à la fois des anthropologues et des historiens, devenus plus attentifs à l'histoire des mœurs, et des sociologies de la vie quotidienne. Ces travaux mettent en valeur la relativité bien connue de ces usages, mais aussi l'importance considérable de ces règles qui touchent tout à la fois à l'éducation, aux normes de maintien dans les familles, dans les professions, en public, et jusqu'aux formes des relations convenables entre les classes sociales. Un débat permanent concerne les ambiguïtés de l'étiquette et de la sincérité. On reproche aux usages d'hier d'être des coutumes sans authenticité et l'on souligne la nécessité de réconcilier les codes du mieux-vivre et la sincérité des sentiments. Les travaux de GOFFMAN mettent en relief le fait que les formes de politesse ne sont pas des normes imposées de l'extérieur, mais le renouvellement incessant, par les acteurs sociaux, des manières complexes visant à l'entretien de la socialité, à l'évitement des malaises, des pertes de face réciproques, visant à l'organisation pacifique de la vie sociale elle-même.

Claudine HAROCHE

bibliographie

ÉRASME, *De Civilitate morum pueriliium libellus*, Robert Étienne, 1549.

MONTANDON Alain (sous la dir. de), *Dictionnaire raisonné de la politesse et du savoir-vivre du Moyen Âge à nos jours*, Seuil, 1995.

MONTANDON Alain (sous la dir. de), *Civilités extrêmes*, Faculté des lettres et sciences humaines de Clermont-Ferrand, 1997.

ROMAGNOLI Daniela (sous la dir. de), *La Ville et la cour. Des bonnes et des mauvaises manières*, Fayard, 1995.

POLITIQUE ⇒ SOCIOLOGIE POLITIQUE

POLITIQUE DE POPULATION

all. BEVÖLKERUNGSPOLITIK	esp. POLÍTICA DE POBLACIÓN
angl. POPULATION POLICY	ital. POLITICA (POLITICHE) DI POPOLAZIONE

voir : DÉMOGRAPHIE, MIGRATION(S), NATALITÉ, PLANIFICATION DES NAISSANCES, TRANSITION DÉMOGRAPHIQUE, VIEILLESSE

Ensemble des mesures tendant à réguler des processus démographiques.

Une politique de population représente une ligne de conduite définie collectivement et associée à des mesures visant à influencer les tendances démographiques ou à modifier certaines caractéristiques de la population.

L'ANCIENNETÉ DES POLITIQUES DE POPULATION. Les politiques de population et la réflexion sur celles-ci sont une réalité très ancienne. Elles ont précédé très largement l'investigation scientifique. Avant d'être capables d'observer, les sociétés ont été pressées d'agir. Agir pour peupler des territoires nouveaux, pour améliorer la qualité des populations, pour restreindre l'accroissement d'un groupe : il y a toujours eu des projets collectifs de régulation.

Platon et Aristote. Parmi les plus anciens théoriciens des politiques de population, citons les philosophes grecs PLATON et ARISTOTE (Ve et IVe siècles avant J.-C.). L'un et l'autre avaient un idéal de stationnarité, le danger le plus grand selon eux étant la démesure, créatrice de désordres de toutes sortes pour la cité. Ils se sont efforcés de donner des conseils permettant d'approcher du nombre « juste » de la population, de l'équilibre démographique. Pour Platon, l'idéal étant d'atteindre le nombre de 5 040 citoyens, il préconise d'abord d'agir sur le mariage et la procréation, puis de recourir à l'émigration de masse ou à la naturalisation d'office des étrangers. On a tous les ingrédients d'une politique de population, avec des actions sur la natalité, sur la nuptialité, sur la santé et sur les migrations.

XVIIe siècle. Par la suite, les États ont sinon conduit des politiques de population cohérentes, du moins pris des mesures visant tel ou tel objectif. Colbert, ministre du roi de France, a mené une double politique : encourager les familles nombreuses par l'exemption de la taille et par l'octroi de pensions, peupler la nouvelle province du Canada en envoyant des filles à marier, les *Filles du roi*. L'objectif est *populationniste*, il vise à l'accroissement de la population et au peuplement des terres nouvelles.

XVIIIe siècle. C'est la baisse de la mortalité qui, on le sait, a provoqué, depuis la fin du XVIIIe siècle, l'accroissement de la population. Certaines mesures (encouragement à la vaccination antivariolique, programmes de lutte contre la mortalité infantile, tentatives d'éradication de maladies comme le typhus, le paludisme) peuvent être considérées comme des éléments d'une *politique de santé* ; introduites dès le XVIIIe siècle, elles ont été systématisées au XXe siècle.

Malthus. En plaçant le débat au niveau des relations entre population et ressources, MALTHUS a inspiré les politiques de contrôle de la croissance de la population, même si, personnellement, il n'a préconisé que la maîtrise individuelle des comportements (célibat et chasteté).

Les conférences sur la population. Le débat sur les politiques de population a traversé toutes les grandes conférences sur la population, de Bucarest en 1974 au Caire en 1994, en passant par Mexico (1984). Planning familial ou développement ? Planning familial et développement ? Éducation et développement ? Le débat s'est déplacé, révélant l'intérêt et les limites des programmes de limitation des naissances, l'importance d'une intégration de ces programmes dans des politiques plus générales de développement, l'importance enfin des facteurs de développement tels que l'éducation, le statut des femmes, etc. Des discussions ont eu lieu également sur ce qu'il convenait de faire pour faire face au *vieillissement* des populations et à l'urbanisation rapide, pour réguler les flux de population à l'intérieur et à l'extérieur des frontières.

UN CAS DE POLITIQUE DE POPULATION : L'EXPÉRIENCE CHINOISE. L'expérience de la Chine permet d'expliciter la question des conditions de l'efficacité des politiques de population, une question primordiale. La Chine populaire offre en effet un exemple de politique de population multidimensionnelle, c'est-à-dire touchant à peu près tous les aspects de la démographie. Des actions ont été menées visant à modifier l'âge au mariage, le niveau de la fécondité, les flux migratoires, l'état de santé de la population, ceci dès le début de la fondation de la Chine populaire. Concernant la fécondité, le contrôle des naissances est encouragé dès le milieu des années 50, mais ce n'est qu'après le « Grand Bond en Avant » (1959-1961) et la « Révolution culturelle » (1966) que la fécondité entre dans une phase de diminution soutenue, passant d'une moyenne de 5,8 enfants par femme en 1970 à 2,7 enfants par femme en 1978.

La politique de l'enfant unique. Cette année 1978 ouvre une nouvelle phase de la politique de limitation des naissances. L'encouragement au planning familial devient un article de la Constitution. En 1980, le Conseil d'État préconise la politique de l'enfant unique. Des « mesures d'accompagnement » ont été prises de façon à atteindre les objectifs fixés, mesures incitatrices d'une part (gratuité des visites médicales, priorité en crèche et en maternelle), mesures répressives d'autre part (paiement de taxes).

Devenue de plus en plus stricte, cette politique a-t-elle été efficace ? Si l'on en juge par les indices de fécondité, la réponse est oui, mais avec des nuances. La fécondité a été maintenue au-dessous de 3 enfants par femme mais, depuis quelques années, cette politique se heurte à deux problèmes : d'abord un problème sociopolitique qui se traduit par une opposition de la population aux objectifs visés, ensuite un problème de structure démographique, qui se manifeste par l'arrivée à l'âge de la procréation de générations nombreuses.

Les Chinois, surtout les paysans, admettent mal de devoir procréer un seul enfant, surtout si cet enfant est une fille. Il faut, selon les traditions, avoir au moins un fils pour pouvoir perpétuer le culte des ancêtres ; le mieux est d'en avoir au moins deux. De plus, la nouvelle politique mise en œuvre dans l'agriculture incite les paysans à avoir plusieurs enfants qui les aideront à produire plus. Le gouvernement a si bien compris ces arguments qu'il a dû assouplir sa politique depuis quelques années. Tout se passe comme si environ 10% des couples ruraux étaient autorisés à procréer un second enfant si l'enfant unique est une fille ou si la famille est pauvre. On a là l'illustration d'une politique contraignante qui a dû prendre en compte les dimensions culturelles et économiques de la fécondité : l'ouverture à l'économie de marché ne pouvait que réactiver la préférence pour des familles de plusieurs enfants, comprenant au moins un fils.

Se surajoute à cette contradiction l'arrivée à l'âge de la procréation des générations nombreuses nées à partir de 1962. Ce baby-boom explique la remontée des taux de natalité depuis le milieu des années 80. La marge de manœuvre des dirigeants chinois est donc étroite, entre ce qui est acceptable par la population et ce qui est souhaitable du point de vue économique.

La politique de santé. En ce qui concerne la santé, les mesures prises ont permis de très substantiels progrès, dont témoigne l'espérance de vie à la naissance, passée de 35 ans en 1948 à 65 ans en 1981. Les maladies infectieuses ont régressé et les Chinois ont un profil de causes de décès qui ressemble à celui des pays industrialisés, avec une prédominance des maladies cardio-vasculaires et des tumeurs. Des problèmes demeurent néanmoins, dont de fortes disparités régionales et la persistance de maladies comme le paludisme. L'originalité du système chinois a été de s'appuyer sur un corps de médecins formés sur le tas, parmi les paysans, dits « médecins aux pieds nus », système en partie remis en cause aujourd'hui.

Le système du *hukou*. Les autorités chinoises ont également cherché à limiter les flux des campagnes vers les villes et à sécuriser les frontières. L'ancien système chinois du *hukou*, qui désignait comme résidence légale de chaque citoyen sa commune de naissance, facilita du reste la tâche des dirigeants communistes. Cette politique a permis, pendant un temps, un sérieux freinage de l'exode rural et une limitation de la croissance des villes, mais, depuis le milieu des années 80, les autorités paraissent avoir perdu la maîtrise de ces migrations. Toutes les villes contiennent aujourd'hui une nombreuse population dite « flottante », c'est-à-dire dont le *hukou* se situe ailleurs. Les autorités chinoises parlent elles-mêmes d'une « marée humaine » qui sillonne le pays, à la recherche d'un logement et surtout d'un emploi.

Ce changement est le résultat (imprévu ?) de la nouvelle politique économique, dévalorisant le travail agricole d'un certain nombre de paysans et attirant en ville les ruraux. Assez modestement, la politique migratoire a eu pour effet de rééquilibrer le peuplement au profit des régions qui forment frontière avec l'ex-URSS, régions qui comportent pour la plupart de fortes minorités nationales.

COMPLEXITÉ DES POLITIQUES DÉMOGRAPHIQUES ET DE LEURS EFFETS. Le cas chinois montre la complexité des politiques démographiques et de leurs effets : il s'agit d'influer sur le cours des évolutions démographiques, mais aussi de faire face à des tendances nouvelles. La Chine de demain, tout comme les pays industrialisés d'aujourd'hui, aura à faire face au *vieillissement* de sa population, lequel sera d'autant plus rapide que la baisse de la fécondité aura été vive. Ce qui constitue une difficulté pour le régime actuel — la résistance des populations à appliquer la politique de l'enfant unique — pourrait bien constituer un avantage par la suite : le vieillissement sera quelque peu freiné. Mais on a pu voir également les effets limités des mesures préconisées lorsque celles-ci viennent en contradiction avec l'intérêt immédiat des populations : l'intégration, la cohérence, la continuité apparaissent alors comme des principes clés de toute politique démographique. Ce sont donc les mesures qui sont acceptées par la population, qui confortent leurs aspirations profondes, qui ont le plus de chances d'être efficaces.

L'expérience des pays scandinaves. C'est peut-être en ce sens que l'expérience des pays scandinaves, en particulier de la Suède, intéresse les nombreux pays industrialisés qui s'interrogent sur le déclin de la fécondité : la politique de soutien financier aux familles, d'accueil des enfants en bas âge, d'égalité entre les sexes a contribué à maintenir un niveau de fécondité satisfaisant car ces mesures rejoignent les aspirations de la population. Cependant, pour ces pays comme pour la France, la question de l'impact direct de ces politiques reste une question controversée et difficilement mesurable : politique familiale et tendances démographiques forment un couple aux relations multiples dont il est délicat de saisir le fonctionnement dans toute sa complexité. Les individus, les couples, les familles, en définitive, restent les acteurs des comportements démographiques, dont témoigne la diversité qui reste grande face à l'union, à la procréation, à la mort, à la mobilité spatiale.

Catherine ROLLET

bibliographie

FAGNANI Jeanne, « L'Impact des politiques familiales sur la fécondité », in *Recherches et prévisions*, CNAF, mars 1994, n° 35, pp. 43 à 45.

Population Research (traduction anglaise d'articles de la revue chinoise *Renkou Yanjiu*).

ROLLET Catherine, *La Politique à l'égard de la petite enfance sous la IIIe République*, INED/PUF, 1990

TROLLIET Pierre, BÉJA Jean-Philippe, *L'Empire du milliard, population et société en Chine*, Armand Colin, 1986.

POLITIQUES PUBLIQUES

all. STAATSPOLITIK, ÖFFENTLICHE POLITIK	esp. POLÍTICAS PUBLÍCAS
angl. PUBLIC POLICIES ou POLICIES	ital. POLITICA PUBBLICA

voir : ADMINISTRATION, DOMINATION, ÉTAT

Terme de sciences politiques qui désigne l'action des autorités publiques, en particulier de l'État et de son administration.

« POLITIQUE » ET « POLITIQUES PUBLIQUES ». Les Anglo-Saxons différencient ce qui est spécifiquement la politique *(politics)* et l'action publique, ou politiques publiques *(policies)*. À chacune des deux correspond une manière différente de mobiliser la sociologie. Le travail classique de la sociologie politique, lorsqu'elle analyse le pouvoir, l'État, la légitimité, le rapport des forces politiques (y compris dans son expression électorale), les mouvements sociaux... s'inscrit dans la première, alors que la seconde fait beaucoup plus appel à la sociologie des organisations, à celle de la connaissance ou encore aux questions d'organisation et de stratification sociale.

« POLITIQUES PUBLIQUES » ET ACTIVITÉ DES AUTORITÉS PUBLIQUES. L'étude des politiques publiques est celle d'une partie de l'activité des autorités publiques : en effet, quotidiennement, l'administration publique gère des dispositifs (par exemple celui que constitue le recouvrement de l'impôt) qui souvent résultent de l'accumulation de politiques successives, et elle fournit des services (par exemple celui de l'enseignement public) ; ces tâches n'entrent pas dans le champ des politiques publiques, qui rassemble toutes celles qui sont destinées à produire un changement dans la société (par exemple les politiques de l'emploi) ou à l'organiser (par exemple les politiques de protection sociale). C'est pourquoi l'étude des politiques publiques accorde une grande importance aux conditions de leur mise en place (débat public, « mise sur agenda » — c'est-à-dire dans le programme d'action d'une autorité —, expérimentation...) et à leur évaluation.

« POLITIQUES PUBLIQUES » ET IDÉOLOGIE. Mais l'action sur la société passe également par la gestion quotidienne et la manière dont elle est conduite. D'un autre côté, les choix de politiques publiques sont totalement liés à des idéologies, à des conceptions de l'État et de son rôle, à des stratégies politiques, à la recherche d'une légitimité et à des rapports de forces. Dans ces conditions, l'opposition entre *politics* et *policies* paraît plutôt d'ordre méthodologique : elle ne découpe pas deux domaines séparés, mais deux perspectives : d'un côté, celle qui privilégie, pour étudier le politique, la connaissance des rapports de forces et de leur gestion, de l'autre, celle qui conduit son analyse, à partir de l'action, de ce qui est produit par le système politique.

Une politique publique est constituée par un ensemble de séquences d'action dans un secteur précis (éducation, logement, santé, etc.). Elle mobilise un segment déterminé de l'appareil d'État (ou plusieurs), ainsi que leurs « partenaires » dans la société civile (syndicats, organisations diverses, groupes de pression) pour constituer des réseaux plus ou moins stables, isolats buraucratico-corporatifs de CROZIER, *policy networks* des Anglo-Saxons.

LÉGITIMITÉ DES POLITIQUES PUBLIQUES ET RÉFÉRENTIEL. L'école française d'analyse des politiques publiques (notamment JOBERT et MULLER) insiste sur l'importance de la légitimité des enjeux de chaque politique publique. La notion de *référentiel* permet de rendre compte du fait que des acteurs ayant des positions, des intérêts et des choix différents s'accordent sur un ensemble de grandes définitions, d'orientations fondamentales (par exemple la valorisation du travail, traditionnellement commune aux syndicats de salariés et au patronat), mais également de recettes ou de modèles. C'est dans ces référentiels qu'une politique trouve sa légitimité.

L'étude des politiques publiques est très liée au développement de l'État-Providence et des nombreuses politiques qu'il introduit. Elle est évidemment directement concernée par les débats sur le rôle de l'État provoqué par les courants néolibéraux. Avec la décentralisation, on s'interroge actuellement en France sur le développement de politiques locales.

Alain BOURDIN

bibliographie

DUPUY François, THOENIG Jean-Claude, *Sociologie de l'administration française*, Armand Colin, 1983.

JOBERT Bruno, MULLER Pierre, *L'État en action : politiques publiques et corporatismes*, PUF, 1987.

LE GALÈS Patrick, « Du gouvernement local des villes à la gouvernance urbaine », in *RFSP*, vol. 45, n° 1, février 1995.

MENY Yves, THOENIG Jean-Claude, *Politiques publiques*, « Thémis », PUF, 1989.

MULLER Pierre, *Les Politiques publiques*, « Que sais-je ? », PUF, 1990.

PADIOLEAU Jean Gustave, *L'État au concret*, PUF, 1982.

POLITISATION

du grec *polis* « cité »

all. POLITISIERUNG	esp. POLITIZACIÓN
angl. POLITIZATION	ital. POLITICIZZAZIONE

voir : ACTION COLLECTIVE, CITOYENNETÉ, ÉTAT, MILITANT

Processus engageant une personne, un groupe, une institution, dans une action ou des attitudes à caractère politique.

Les variations dans le degré de participation des citoyens à la vie politique ont rendu sensibles aux faits de *politisation* et de *dépolitisation*, repérés, en particulier, par les taux de participation aux élections. En réalité, cette participation à la vie politique dépend tout d'abord de la nature du régime établi et revêt de multiples formes. Un régime féodal réserve l'action politique à une caste et interdit, ou limite fortement, les prétentions du tiers état à s'immiscer dans les décisions publiques (HABERMAS, 1962). La révolution populaire marque un moment exceptionnel de politisation, de même que le reflux de la révolution est marqué par un processus de dépolitisation relative. Les régimes totalitaires imposent un engagement idéologique sans réserve, tout en proscrivant la participation aux processus de décision.

C'est dans les démocraties que les processus de politisation et de dépolitisation importent au fonctionnement des institutions puisque le système politique est formellement fondé sur la participation exprimée par les élections. Le degré de politisation individuelle se révèle dans les élections, mais, plus largement, par de multiples activités, depuis les moins intenses (inscription sur les listes électorales) jusqu'aux plus visibles (adhésion à un parti, manifestations publiques). Quant à la politisation des institutions, elle désigne plus particulièrement l'extension des activités politiques dans les lieux publics où elle est contestable du point de vue démocratique : l'enseignement, l'armée, la magistrature. Cette forme de politisation est un enjeu pour les forces politiques : les partis peuvent en effet chercher à étendre leur influence par des moyens divers dans ces institutions pour accroître leur pouvoir.

La dépolitisation des citoyens comme celle des institutions n'est pas sans rapport avec l'ensemble des transformations sociales. Les menaces de conflit ou de guerre tendent à modifier les attitudes en faveur d'une politisation ; les périodes de paix favorisent généralement le désintérêt des citoyens à l'égard de la chose publique. Ceux-ci ont alors tendance à s'en remettre aux partis et aux organisations spécialisées pour la gestion des affaires communes. La professionnalisation du personnel politique vient renforcer cette indifférence en provoquant l'accaparement des fonctions de responsabilité. De même, l'extension de l'individualisme détourne le citoyen de s'engager dans l'activité politique. Dès lors, la dépolitisation devient une préoccupation pour les professionnels de la politique, qui redoutent de perdre leur légitimité en raison de l'indifférence de citoyens exclus, en fait, de la vie politique (PERRINEAU, 1994).

L'oscillation entre ces deux processus ne disparaît pas et dépend de circonstances multiples. Des citoyens peu portés à se mobiliser pour des causes abstraites, à faire confiance à leurs représentants, peuvent réagir et s'organiser dès lors que leurs intérêts sont plus directement menacés, par le chômage par exemple. De même, en des périodes où les dirigeants sont perçus comme de simples gestionnaires aux pouvoirs limités, des citoyens peuvent vouloir défendre leur identité culturelle, religieuse ou ethnique, créer des associations distinctes ; ils établissent ainsi des rapports ambigus avec les instances politiques.

Pierre ANSART

bibliographie

ANSART Pierre, *La Gestion des passions politiques*, Lausanne, L'Âge d'Homme, 1983.

HABERMAS Jürgen, *L'Espace public. Archéologie de la publicité comme dimension constitutive de la société bourgeoise* (1962), Payot, 1978.

OLSON Mançur, *La Logique de l'action collective* (1966), PUF, 1987.

PERRINEAU Pascal (sous la dir. de), *L'Engagement politique, déclin ou mutation ?*, Presses de la FNSP, 1994.

VERBA Sidney, NIE Norman H., *Participation and Political Equality : A Seven Nation Comparison*, Cambridge UP, 1978.

POLYARCHIE

du grec *polus* « nombreux » et *arkhein* « commander »

voir : DÉMOCRATIE, LOBBY

Ce terme, introduit par le politologue américain Robert Dahl, désigne la forme de démocratie occidentale où le pouvoir du peuple est délégué, par le moyen du suffrage universel, à une pluralité de candidats et de partis.

Ce qui caractérise la *polyarchie* — et qui n'est donc pas un défaut mais sa nature même —, c'est la permanence des affrontements liés à la pluralité des intérêts particuliers portés par des associations, groupements, syndicats, partis, etc. Mais ces affrontements trouvent, dans l'organisation politique polyarchique, un règlement pacifique. DAHL montre ainsi qu'un tel système fonctionne grâce au processus de marchandage *(bargaining)* entre leaders et partis qui mènent la lutte concurrentielle et la négociation, avec, en dernier ressort, l'arbitrage des mandants, c'est-à-dire du *peuple*, car dans son principe la polyarchie n'est pas une oligarchie des élites mais une démocratie.

Pour que la négociation réussisse, Dahl souligne l'exigence de certaines conditions ; elles se ramènent aux principes de la liberté des personnes et d'une inégalité dans la répartition de la richesse qui n'aille pas jusqu'à la rupture des classes, par l'exclusion de l'une d'elles dans une trop grande pauvreté. L'originalité vient de ce que Dahl montre comment les conflits politiques limités, caractéristiques des polyarchies, reposent sur un certain type de relations entre le sous-système politique et les sous-systèmes culturel et économique. En utilisant le concept de polyarchie, il a voulu éviter la confusion liée à la notion de démocratie, tant le sens de celle-ci est général et ne définit qu'un principe regroupant une multiplicité de régimes gouvernementaux. À y regarder de près, sa notion, nouvelle dans son énonciation, ne l'est pas dans sa conception. Elle ne fait qu'expliciter ce qui est au fondement du libéralisme politique. Ses ancêtres sont la limitation et l'équilibre des pouvoirs de MONTESQUIEU, la définition de la liberté chez les modernes de CONSTANT, la démocratie américaine, décentralisée et aux multiples associations que décrit TOCQUEVILLE. On demeure dans une tradition de démocratie parlementaire qui tourne le dos aux conceptions de ROUSSEAU, avec son absence de délégation de souveraineté, avec l'unité de la *volonté générale* et son rêve d'une république vertueuse et non dispersée (le regret de l'antique Athènes, comme le lui reprochait Constant).

André AKOUN

bibliographie

CONSTANT Benjamin, *De la liberté chez les modernes* (textes choisis par Marcel GAUCHET), Le Livre de Poche / Pluriel, 1980.

DAHL Robert A., *Qui gouverne ?* (1956), Armand Colin, 1971.

POLYGAMIE ET POLYANDRIE

du grec *polus* « nombreux » et *gamos* « mariage »

all. POLYGAMIE	esp. POLIGAMIA
angl. POLYGAMY	ital. POLYGAMIA

voir : CHEF ET CHEFFERIE, LIGNAGE, MARIAGE

MONOGAMIE ET POLYGAMIE. Par opposition à la *monogamie*, la *polygamie* est le mariage d'une personne avec plusieurs conjoints. La polygamie désigne l'alliance matrimoniale d'un homme avec plusieurs épouses vivantes légitimes. On distingue la petite polygamie (deux ou trois épouses, quatre au maximum selon l'islam) et la grande polygamie, apanage des chefs. La polygamie sororale est le mariage d'un homme avec plusieurs sœurs.

POLYANDRIE On appelle *polyandrie* l'union matrimoniale d'une femme avec plusieurs hommes simultanément. Elle n'apparaît que dans de rares sociétés, par exemple chez les Toda de l'Inde qui pratiquent l'infanticide des filles, au Tibet où plusieurs frères ont la même épouse (polyandrie fraternelle), aux îles Marquises, où les maris vivent dans des habitats séparés.

Claude RIVIÈRE

POPULATION

de l'anglais *population* (1682), du latin *populus* « peuple »

all. BEVÖLKERUNG	esp. POBLACIÓN
angl. POPULATION	ital. POPOLAZIONE

voir : [1] ANALYSE DÉMOGRAPHIQUE, DÉMOGRAPHIE, POLITIQUE DE POPULATION ; [2] ÉCHANTILLON

1. Le mot population *vient, pour l'une de ses sources lointaines, du latin classique* populatio, *qui signifie « dévastation, ravage » puis « butin ». Ce terme est employé par de nombreux auteurs de l'Antiquité romaine pour évoquer des catastrophes : famines, épidémies, invasions. Pendant des siècles, les problèmes de population ont été posés en fonction de peurs collectives, notamment la crainte d'une population trop nombreuse.*

2. Du point de vue méthodologique, une population *est un ensemble d'individus que l'on souhaite étudier.*

1 DÉMOGRAPHIE ET SOCIOLOGIE DES POPULATIONS.

POLYSÉMIE DU CONCEPT DE POPULATION. Entrée dans le vocabulaire des sciences humaines, la notion de *population* peut recouvrir des réalités très différentes. En matière de recensements, l'existence de plusieurs modes de vie et formes d'habitat conduit à distinguer plusieurs « populations » recensées en France selon des modalités différentes. La population des « ménages ordinaires » est constituée par la grande majorité des habitants, qui vivent dans des logements individuels (à l'exclusion des « ménages collectifs », comme la population des maisons de retraite ou la population « comptée à part », comme les élèves vivant en internat) ; la population légale de la France métropolitaine comprend toutes les personnes, françaises ou étrangères, qui y résident habituellement au moment du recensement ; la population au 1er janvier de chaque année est évaluée à partir de la population totale des recensements et des données d'état civil, afin de tenir compte de l'accroissement naturel, auquel s'ajoute le solde migratoire.

DYNAMIQUE ET MORPHOLOGIE DES POPULATIONS. L'étude des populations est essentiellement celle de leur dynamique, c'est-à-dire de leur évolution historique, avec des rythmes d'accroissement rapides ou lents selon les périodes, des phases de stabilité ou même de décroissance. Chaque population connaît un processus spécifique complexe de transition, dans lequel s'inscrit la baisse historique de la mortalité et de la fécondité ainsi que les mouvements migratoires.

La dynamique de population détermine ses structures par âge et par sexe, qui interagissent, à leur tour, sur son mouvement, puisque la mortalité et la fécondité dépendent aussi de l'état de la population, de sa « morphologie » à un moment donné de son évolution.

Partant de jeux d'hypothèses sur les déterminants de la dynamique démographique, des projections à différentes dates du futur sont établies ; elles ont un caractère conditionnel et s'appuient sur l'hypothèse d'une stabilisation de la population mondiale avant 2100.

LES GROUPES PARTICULIERS DE POPULATION. La définition des groupes particuliers de la population fait largement appel à la sociologie et à l'économie. Ainsi, l'identification de la population « active » exige préalablement une définition de l'activité et de ses limites au regard de l'inactivité. Celles-ci peuvent sensiblement varier en fonction des pays et des époques, modifiant d'autant les catégories de la population considérée sous cet angle. De même, la notion de population « urbaine » ou de population « rurale » présuppose une délimitation des formes de peuplement dans un espace donné qui résulte, selon les États, de critères d'ordre sociologique, historique, administratif et politique.

L'étude des faits de population comme faits sociaux et culturels a connu une avancée décisive avec la publication de l'ouvrage de Maurice HALBWACHS, ***Morphologie sociale***, en 1938. Elle s'est développée, en sociologie, avec des éclairages démographiques plus ou moins importants, et par des recherches sur des groupes spécifiques de la population (populations scolaires, immigrées, professionnelles, hospitalières, etc.).

Léon GANI

2 LA NOTION MÉTHODOLOGIQUE DE POPULATION.

Une *population* est un ensemble d'individus que l'on souhaite étudier. Définir précisément une population est ainsi une des premières tâches du chercheur.

Il doit le faire d'un point de vue *conceptuel* d'une part, dans la mesure où cette définition est directement liée à la délimitation d'un objet de recherche ; et, d'autre part, d'un point de vue *pratique*, puisque c'est du sein de la population qu'est tiré l'échantillon.

Les liens entre la définition de la population et la délimitation de l'objet de recherche sont de nature différente selon les cas. Lorsque le chercheur souhaite étudier un groupe social particulier et analyser les différenciations internes à ce groupe, la population est constituée de tous les individus appartenant à ce même groupe. Les critères objectifs permettant d'appréhender le groupe en question seront ceux utilisés pour définir la population. Par exemple, si dans une étude visant à décrire les « jeunes » en France en 1997, on choisit de les repérer comme étant les individus âgés de 15 à 24 ans, la population est l'ensemble des individus vivant en France, qui, en 1997, appartiennent à la classe d'âge des 15-24 ans. En revanche, lorsque l'objet de l'étude porte sur des différences de comportement, de pratiques ou de goût, ou encore sur les inégalités d'accès à tel ou tel statut ou position, la population doit recouvrir non seulement les individus concernés par ce comportement, mais également ceux qui ne le sont pas. Quand on cherche à expliquer la pratique de la lecture chez les enfants, la population ne se limite pas aux seuls lecteurs, mais englobe l'ensemble des enfants, que ceux-ci aient l'habitude de lire ou non.

Félicité des NÉTUMIÈRES

bibliographie

CHESNAIS Jean-Claude, *La Transition démographique*, INED, cahier n° 113, PUF, 1986.

GÉRARD Hubert, PICHE Victor, *La Sociologie des populations*, Québec, Presses de l'Université de Montréal, 1995.

GIRARD Alain, *L'Homme et le nombre des hommes*, PUF, 1984.

HALBWACHS Maurice, *Morphologie sociale* (1938), Armand Colin, 1970.

POURSIN Jean-Marie, *L'Homme stable*, Gallimard, 1989.

ROLLET Catherine, *Introduction à la démographie*, Nathan, 1995.

POPULISME

formé (1929) sur le latin *populus* « peuple »

voir : DOMINATION, PEUPLE, SOCIOLOGIE POLITIQUE

Ce terme, qui désignait initialement des créations artistiques ou littéraires destinées au peuple, entre dans le domaine politique au XIXe siècle. Fondamentalement, c'est un phénomène lié à l'entrée des masses sur la scène publique, et il exprime les luttes, les tensions et les poussées sociales dans un pays donné. Il a pour trait général de faire du peuple une entité indifférenciée, de le valoriser et de l'exalter en vue du changement social, et il peut définir un mouvement d'idées ou un régime politique.

On sait depuis les travaux de GELLNER et IONESCU que le terme est polysémique et que ses connotations varient selon les auteurs et les contextes dans lesquels on l'emploie. Roland LEW distingue deux variantes du populisme.

1 La première, socialisante, s'inspire du modèle russe, celui des Narodniki, mouvement d'intellectuels dressés contre l'autocratie et se réclamant d'un socialisme agraire. Elle domine dans le tiers-monde et s'explique par quatre facteurs : le choc d'une modernité exogène, la dépendance, le poids du monde rural et l'isolement des intellectuels. Elle porte en elle un culturalisme anti-occidental et le rejet des valeurs étrangères au nom de la spécificité ou de la religion.

2 La seconde variante, anti-intellectuelle et extérieure aux traditions du socialisme historique, renvoie au mouvement de protestation des fermiers américains au XIXe siècle. Elle prolifère dans les pays de l'Est. Des mouvements comme le Front national en France, la Ligue du Nord en Italie, l'intégrisme islamique relèvent de cette variante. Ce sont des avatars du nationalisme.

C'est dans les manifestations des régimes populistes qu'on perçoit le mieux certains traits : manipulation plébiscitaire par un leader charismatique (Nasser, Perón), encadrement corporatiste de la mobilisation des masses pour mieux les contrôler et servir de médiateur entre elles (Boumédiène en Algérie, Sékou Touré en Guinée), patrimonialisation du pouvoir par des civils ou des militaires, monopole de la dénonciation anti-impérialiste comme alternative à la lutte des classes. Selon les rapports sociaux propres à chaque pays, les régimes populistes, contrôlant depuis le sommet le suffrage universel, autoritaires donc, peuvent tendre à sauvegarder les inégalités traditionnelles (Getulisme au Brésil, 1931-1954) ou bouleverser l'équilibre social dans le cadre d'un « socialisme patrimonial » (Algérie).

Mohamed HARBI

bibliographie

BADIE Bertrand, HERMET Guy, *Politique comparée*, « Thémis », PUF, 1990.

GALISSOT René (sous la dir. de), *Populismes du tiers-monde*, « L'Homme et la société », L'Harmattan, 1997.

POSITION SOCIALE

du latin *positio*, tiré du participe passé de *ponere* « placer, poser »

all. SOZIALE STELLUNG	esp. POSICIÓN
angl. SITUATION	ital. POSIZIONE

voir : CLASSE SOCIALE, HIÉRARCHIE, ORDRE SOCIAL, PLACE, STATUT

Place sociale où se trouve une personne ou un groupe ; rang occupé dans un ordre différencié et hiérarchisé.

Le concept de *position*, désignant les places relatives dans un ordre social, prend un sens précis dans une société aux structures relativement stables ou considérée statiquement. On peut ainsi définir la classe sociale, telle que MARX la conçoit, comme l'ensemble des agents sociaux détenant la même position dans un mode de production ; le critère de la position est, en ce sens, le rapport à la propriété des moyens de production. En insistant sur les structures inégalitaires de l'espace social, Bourdieu caractérise la classe comme l'ensemble des agents occupant la même position dans cet espace. Il insiste aussi sur le fait que ces positions ne se réduisent pas aux seules conditions économiques : *« la représentation que les agents se font de leur propre position et de la position des autres... »* participe directement à la définition de ces positions (BOURDIEU, 1980, p. 241) : les agents dominants ont davantage de force pour imposer leur échelle d'appréciation et définir ainsi l'ordre des positions.

Pierre ANSART

bibliographie

BOURDIEU Pierre, *Le Sens pratique*, Éd. de Minuit, 1980.

MERTON Robert K., *Éléments de théorie et de méthodes sociologiques* (1957), Plon, 1963.

POSITIVISME

du bas latin *positivus* « conventionnel, accidentel » et, en parlant d'un adjectif, « employé au positif, pour poser une qualité sans la comparer »

all. POSITIVISMUS	esp. POSITIVISMO
angl. POSITIVISM	ital. POSITIVISMO

voir : ÉVOLUTION ET ÉVOLUTIONNISME, PARADIGME, SOCIOLOGIES, THÉORIE

1. Au sens propre, nom donné par Auguste Comte à sa philosophie, sa théorie des sciences, et reprise par ses disciples.

2. Aujourd'hui, tendance sociologique à considérer les phénomènes sociaux comme des données objectives et à réduire l'importance des subjectivités.

1 Au sens propre, système philosophique de COMTE (1798-1857) développé dans le *Cours de philosophie positive* (1830-1842) ; le *Discours sur l'esprit positif* (1844) ; le *Catéchisme positiviste* (1852) ; le *Système de politique positive* (1852-1854). *« Réel, utile, certain, précis, apte à présider à l'organisation, relatif, tous ces termes se résument dans une synonymie entre positivité et socialité » (Discours préliminaire à l'ensemble du positivisme).*

Le positivisme comprend, selon les propres termes de Comte, une « philosophie », c'est-à-dire un « système général des conceptions humaines » et une « politique », qui « sont nécessairement inséparables, comme constituant l'une la base et l'autre le but d'un système universel où l'intelligence et la sociabilité se trouvent intimement combinées » *(Discours préliminaire à l'ensemble du positivisme)*. Cette liaison renvoie à une théorie de la connaissance et à une classification des sciences qui se fondent sur « une grande loi fondamentale » — la loi des trois états : *« cette loi consiste en ce que chacune de nos conceptions principales, chaque branche de nos connaissances passe successivement par trois états théoriques différents : l'état théologique ou fictif, l'état métaphysique ou abstrait ; l'état scientifique ou positif »* (Avertissement de l'auteur pour la première édition du *Cours de philosophie positive*). En fonction de cette loi, la dernière à naître et la plus importante des sciences, la science sociale ou physique sociale, que Comte a appelée la sociologie et qui comprend une « statique » et une « dynamique sociale », doit permettre de vaincre la « grande crise moderne » qui affecte la société occidentale et assurer ainsi sa « régénération ». Le but de la philosophie positive est donc de redéfinir les bases de l'action sociale et celui de la politique de reconstruire la société en se fondant sur la science.

Le *positivisme* est une philosophie de l'histoire — plus précisément un évolutionnisme social. L'histoire humaine a un sens, est intelligible ; l'avenir n'est donc pas non plus inconnaissable : les sociétés humaines évoluent, progressent, se transforment et meurent suivant des lois que précisément la philosophie positive doit établir : *« [...] le caractère fondamental de la philosophie positive est de regarder tous les phénomènes comme assujettis à des lois naturelles invariables dont la découverte précise et la réduction au moindre nombre possible sont le but de nos efforts, en considérant comme absolument inaccessible et vide de sens pour nous la recherche de ce qu'on appelle les causes soit premières soit finales »* (Avertissement de l'auteur pour la première édition du *Cours de philosophie positive*).

Le positivisme est aussi une religion, la religion de l'Humanité, *« seule complète et réelle, destinée à prévaloir sur toutes les systématisations imparfaites et provisoires qui émanèrent du théologisme initial »* (*Cours de philosophie positive*, I). Cette religion implique un culte, celui du Grand Être, un clergé et une pratique sociale, une morale tournée vers l'amour de l'humanité et les valeurs de l'ordre, du progrès et de l'amour. En définitive, on ne peut pas ne pas souligner certaines des tensions et des contradictions internes du positivisme : affirmation conjointe de la valeur de la science positive et de la religion de l'humanité ; contradiction, déjà soulignée par BERNARD, entre la critique des systèmes philosophiques au nom de la science positive et le fait d'être un système philosophique. Mais en distinguant « pouvoir spirituel » et « pouvoir temporel », Comte reconnaissait lui-même les limites de son système et en particulier de la politique positive : aucune réforme sociale et *a fortiori* aucune régénération de l'humanité ne peut se faire sans une réforme des mœurs.

2 Au sens large, le positivisme désigne l'ensemble des doctrines qui se rattachent à celle de Comte. Il y a d'abord celles de ses disciples, au premier rang desquels il faut citer LITTRÉ en France et MILL en Angleterre. Puis, à la fin du XIXe siècle, celles d'auteurs comme RENAN et TAINE, même si ces derniers sont loin de partager en tout point les idées et les vues de Comte. Leur point commun est de postuler que la seule connaissance est celle des faits et que les sciences expérimentales sont le modèle de toute scientificité.

Du point de vue historique, le positivisme a alimenté le combat contre l'Église et les philosophies spiritualistes et contribué à la laïcisation de la société. Il est l'un des éléments constitutifs de l'idéologie républicaine de la IIIe République. Le positivisme a joué également un grand rôle dans l'établissement de la sociologie en France à la fin du XIXe siècle. Tout en affirmant qu'il ne restait plus rien de son héritage, DURKHEIM a repris en effet sur plus d'un point l'enseignement de Comte, qu'il s'agisse de la nécessité affirmée dans les *Règles de la méthode sociologique* (1895) de traiter les faits sociaux comme des choses ou de définir « la conscience collective » sur le modèle du consensus comtien.

Alain DROUARD

bibliographie

COMTE Auguste, *Système de politique positive ou Traité de sociologie instituant la religion de l'humanité*, Société positiviste, 4 vol. (1929).

COMTE Auguste, *Discours sur l'esprit positif* (1844), Vrin, 1995.

COMTE Auguste, *Cours de philosophie positive*, Hermann,

GOUHIER Henri, *La Jeunesse d'Auguste Comte et la formation du positivisme*, Vrin, 3 vol., 1933-1941.

GRANGE Juliette, *La Philosophie d'Auguste Comte. Science, politique, religion*, PUF, 1996.

KREMER-MARIETTI Angèle, *Auguste Comte et la théorie sociale du positivisme* (choix de textes), « Philosophes de tous les temps », Seghers, 1970.

KREMER-MARIETTI Angèle, « Auguste Comte et la science politique », in *Plan des travaux scientifiques nécessaires pour réorganiser la société*, « La philosophie en poche », Aubier, 1970.

KREMER-MARIETTI Angèle, « Auguste Comte et l'histoire générale », in *Sommaire appréciation de l'ensemble du passé moderne*, « La philosophie en poche », Aubier, 1971.

KREMER-MARIETTI Angèle, *L'Anthropologie positiviste d'Auguste Comte*, Champion, 1980.

KREMER-MARIETTI Angèle, *Le Projet anthropologique d'Auguste Comte*, CDU-SEDES, 1981.

KREMER-MARIETTI Angèle, *Entre le signe et l'histoire. L'anthropologie positiviste d'Auguste Comte*, Paris, Klincksieck, 1982.

KREMER-MARIETTI Angèle, *Le Positivisme*, « Que sais-je ? », PUF, 1993.

NICOLET Claude, *L'Idée républicaine en France* (chap. VIII), « NRF », Gallimard, 1982.

WRIGHT T. D., *The Religion of Humanity : the Impact of Comtean Positivism on Victorian Britain*, Cambridge UP, 1986.

POSTMODERNITÉ

du latin *post* « après » puis « depuis », et du bas latin *modernus* « récent, actuel »

all. POSTMODERNITÄT	esp. POSTMODERNIDAD
angl. POSTMODERNITY	ital. POSTMODERNITÀ

voir : AFFECT ET AFFECTIVITÉ, IDÉOLOGIE, MODERNITÉ, SOCIALITÉ

Concept récent et discuté, introduit pour définir des évolutions de la société depuis deux ou trois décennies, évolutions caractérisées, selon les promoteurs de ce concept, par un éloignement voire une rupture avec la modernité née au temps des Lumières.

Qu'est-ce que la *postmodernité* ? Le mot a été employé d'abord dans le domaine de la création artistique, pour marquer une sorte d'épuisement de l'art moderne, qui était basé sur l'inventivité, la nouveauté, la rupture permanente. À partir des années 60, les avant-gardes tournent à vide pour ainsi dire, dans la répétition des formes modernes ou anciennes ; pour conjurer ce vide, elles se complaisent dans le jusqu'au-boutisme de la violence, de la cruauté, de la pornographie, tandis que le public n'est plus scandalisé par rien. Dans la culture sociale, politique, éthique..., les mentalités et les comportements sont désormais dominés par un individualisme outrancier, marqués par le désir effréné de réalisation de soi et l'attention portée au corps. On parle alors de la fin des idéologies, des « grands récits » (Lyotard), de l'affaiblissement des grands corps sociaux (syndicats, partis, Églises) et des antagonismes qu'ils symbolisaient. L'industrialisation lourde est supplantée par l'impact des nouvelles technologies d'information et de communication, qui marquent aussi l'entrée en force de la société de spectacle (DEBORD), de la médiatisation à outrance, du « village planétaire » (MCLUHAN). En postmodernité, les rationalités et les techniques cessent d'être exclusives : par exemple, la médecine de pointe coexiste (au moins chez les usagers) avec l'art du guérisseur, avec les médecines douces, parallèles. On a aussi parlé d'un « retour du religieux ». Du côté des sciences, l'espoir d'une théorie unifiée du réel s'éloigne. Aux théories sinon déterministes, du moins assurées d'elles-mêmes, a succédé un temps d'incertitude généralisé sur les fondements de la science. En réalité, plutôt que rupture, la postmodernité serait la coexistence de tout, la fin des exclusions d'hier, le bricolage théorique et pratique des contraires, la « synergie de phénomènes archaïques et du développement technologique ». Il importe néanmoins de préciser et d'affiner tous ces ingrédients du postmoderne.

Le retour des valeurs « locales » : pays, terre... Le local est l'un des premier indices de l'hétérogénéisation galopante parcourant nos sociétés. On note le retour en force, dans les divers discours sociaux, de termes tels que « pays », « territoire », « espace », toutes choses renvoyant à un sentiment d'appartenance renforcé, au partage émotionnel, en bref, au fait que le lieu fait lien. Ce lien n'est pas abstrait, théorique, rationnel. Il ne s'est pas constitué à partir d'un idéal lointain, mais, bien au contraire, il se fonde sur la commune possession de valeurs enracinées : langue, coutumes, cuisine, postures corporelles. Tout ce quotidien, concret, allie en un paradoxe, qui n'est pas qu'apparent, le matériel et le spirituel d'un peuple. Il y a lieu de méditer ce point : un tel matérialisme spirituel, vécu localement, va, de plus en plus, prendre la place du politique en ses diverses mutations.

Le néotribalisme. Cet enracinement dynamique est cause et effet de la fragmentation institutionnelle. En effet, les diverses institutions sociales, devenues de plus en plus abstraites et désincarnées, ne semblent plus en prise avec l'exigence réaffirmée de proximité. D'où l'émergence d'un néotribalisme postmoderne reposant sur le besoin de solidarité et de protection caractérisant tout ensemble social. Dans les jungles de pierre que sont les mégapoles contemporaines, la tribu joue le rôle qui était le sien dans la jungle forestière tropicale.

Les diverses institutions ne sont plus ni contestées ni défendues. Elles sont tout simplement « mitées » et servent de niches à des micro-entités fondées sur le choix et l'affinité. Affinités électives que l'on retrouve au sein des partis, des universités, des syndicats et autres organisations formelles, et fonctionnant selon les règles de solidarité d'une franc-maçonnerie généralisée. Et ce, bien sûr, pour le meilleur et pour le pire. Tribus religieuses, sexuelles, culturelles, sportives, musicales, leur nombre est infini, leur structure est identique : entraide, partage du sentiment, ambiance affectuelle. Et l'on peut supposer qu'une telle fragmentation de la vie sociale est appelée à se développer d'une manière exponentielle, constituant ainsi une nébuleuse insaisissable n'ayant ni centre précis, ni périphéries discernables. Cela engendre une sociabilité fondée sur la concaténation de marginalités dont aucune n'est plus importante qu'une autre.

Le bricolage mythologique. Une telle structure sociale induit ce que l'on peut appeler le bricolage mythologique. Il n'est peut-être pas opportun de parler de la fin des idéologies. Par contre, il est possible de constater leur transfiguration. Elles prennent une autre figure. En l'occurrence, celle de petits récits spécifiques, propres à la tribu qui en est détentrice. Les « grands récits de référence » se particularisent, s'incarnent, se limitent à la dimension d'un territoire donné. D'où les pratiques langagières juvéniles, le retour des dialectes locaux, la recrudescence des divers syncrétismes philosophique ou religieux.

Babélisation et mondialisation. La vérité absolue, qu'il faut atteindre, se fragmente en vérités partielles, qu'il convient de vivre. Ce qui dessine bien les contours de la structure mythologique. Chaque territoire, réel ou symbolique, sécrète en quelque sorte son mode de représentation et sa pratique langagière : *cujus regio ejus religio.* D'où la babélisation potentielle, que l'on s'emploie communément à dénier en invoquant le spectre de la globalisation. En fait, il y a bien des uniformisations mondiales : économiques, musicales, consuméristes, mais il faut s'interroger sur leur véritable prégnance et se demander si la véritable efficacité n'est pas à chercher du côté des mythes tribaux et de leur aspect existentiel. La communication en réseaux, dont Internet est une bonne illustration, forcerait à repenser, en ce sens, pour la postmodernité « l'universel concret » de la philosophie hégélienne.

Si l'on s'accorde, à titre d'hypothèse, sur un local et un tribal générant des petites mythologies, quel pourrait être son substrat épistémologique ? Empiriquement, il semble que l'Individu, l'Histoire et la Raison laissent, peu ou prou, la place à la fusion affective s'incarnant au présent autour d'images communionelles.

Fragilisation de l'individu. Le terme d'individu ne semble plus de mise. En tout cas dans son sens strict. Peut-être faudrait-il parler, pour la postmodernité, d'une *personne (persona)* jouant des rôles divers au sein des tribus auxquelles elle adhère. L'identité se fragilise. Les identifications multiples, par contre, se multiplient.

Résurgence moderne de la loi d'imitation : la mode. Les grands rassemblements musicaux, sportifs, consuméristes en font foi. Dans chacun de ces cas, il s'agit de se perdre dans l'autre. « Dépense », au sens de Bataille, comme recherche de la fusion. Tout un chacun n'existe que dans et par le regard de l'autre, que l'autre soit celui de la tribu affinitaire, l'altérité de la nature, ou le grand Autre qu'est la déité. Fusions, confusions de divers ordres, qui ne sont pas sans rappeler le mythe dionysiaque. Il s'agit là d'un processus qui est rien moins qu'exceptionnel : il renvoie, au contraire, à la simple réalité quotidienne. Nombreux sont les phénomènes de la vie courante qui sont, sans cela, incompréhensibles. Dans tous les domaines, le « devenir mode » du monde est à l'ordre du jour. Et les « lois de l'imitation » proposées, d'une manière inactuelle, par TARDE, semblent être la règle actuelle.

En bref, ce n'est plus l'autonomie « je suis ma propre loi » qui prévaut, mais bien l'hétéronomie « la loi, c'est l'autre ».

Peut-être est-ce là le changement paradigmatique le plus important. Ce qui va prédominer est bien un *présent* que je vis avec d'autres en un lieu donné. De quelque manière qu'on puisse le nommer, un tel « présentéisme » va contaminer les représentations et les pratiques sociales, en particulier juvé-niles. C'est un *carpe diem*, d'antique mémoire, traduisant bien un hédonisme diffus. La jouissance n'est plus reportée à quelques hypothétiques « lendemains qui chantent », elle n'est plus espérée dans un paradis à venir, mais bien vécue, tant bien que mal, au présent. Le présent postmoderne rejoint ainsi la philosophie du *kairos*, qui mit l'accent sur les occasions et les bonnes opportunités. L'existence n'est, en quelque sorte, qu'une suite d'instants éternels qu'il convient de vivre au mieux, ici et maintenant. Peut-être faut-il rappeler ici une distinction d'importance. Celle du drame et du tragique. Autant le drame, en son sens étymologique, évolue, autant il est tendu vers une solution possible, toutes choses que l'on retrouve dans le bourgeoisisme moderne, autant le tragique est « aporique », c'est-à-dire ne recherche pas, n'espère pas de solutions, ni de résolutions. On peut même dire qu'il repose sur la tension des éléments hétérogènes.

L'invasion de l'image. Dernier point, enfin, du substrat épistémologique postmoderne : l'importance que va prendre l'image dans la constitution du sujet et dans celle de la société. Là encore on ne peut être qu'allusif et renvoyer aux analyses qui ont abordé en tant que tel ce problème. Il suffit de rappeler que, dans la foulée de la tradition judéo-chrétienne, la modernité a été, essentiellement, iconoclaste. Tout comme dans la tradition biblique, l'icône ou l'idole ne permettait pas d'adorer le vrai Dieu « en esprit et en vérité », l'image ou l'imaginaire, de DESCARTES à SARTRE, entravait le bon fonctionnement de la raison. Souvenons-nous ici de l'expression philosophique devenue proverbe populaire, qui fait de l'imagination la « folle du logis ». Cette stigmatisation marqua profondément nos modes de pensée et toute notre sensibilité théorique.

Le réenchantement du monde. Or, qu'observe-t-on de nos jours, sinon le retour en force de cette image niée ou déniée ? Image publicitaire, image télévisuelle, image virtuelle. Rien n'est indemne. « Image de marque » intellectuelle, religieuse, politique, industrielle..., tout et toutes choses doivent se donner à voir, se mettre en spectacle. On peut dire, dans une optique wébérienne, que l'on peut comprendre le réel à partir de l'irréel (ou de ce qui est réputé tel). Il se trouve que, durant la modernité, le développement technologique avait durablement désenchanté le monde. On peut dire que, pour ce qui concerne la postmodernité naissante, la technologie favorise un réel *réenchantement du monde.* Afin de bien accentuer un tel phénomène on peut parler de la (re)naissance d'un « monde imaginal ». C'est-à-dire d'une manière d'être et de penser traversée entièrement par l'image, l'imaginaire, le symbolique, l'immatériel.

« L'être-ensemble imaginal ». De quelque manière dont cet « imaginal » puisse s'exprimer (virtuel, ludique, onirique), il va être là, présent et prégnant, il ne sera plus cantonné dans la vie privée et individuelle, mais sera élément constitutif d'un être-ensemble fondamental. C'est tout cela qui peut faire dire que le social s'élargit en socialité, intégrant d'une manière holistique des paramètres humains que le rationalisme moderne avait laissés de côté. L'imaginal est ainsi une autre manière de rendre attentif à la société complexe, à la solidarité organique qui s'amorce, à la « correspondance », dans le sens baudelairien, entre tous les éléments de l'environnement social et naturel.

L'époque est peut-être plus réceptive à l'impermanence des choses les plus établies. En tout cas, l'émergence de valeurs archaïques que l'on avait crues totalement dépassées doit nous rendre attentifs au fait que si les civilisations sont mortelles, la vie, quant à elle, curieusement, perdure. Ainsi, en n'accordant pas à ce terme un statut conceptuel par trop rigide, la postmodernité naissante nous rappelle que la modernité fut une « postmédiévalité », c'est-à-dire qu'elle permit une nouvelle composition de l'être-ensemble. Devenir spiralesque du monde : quand cesse l'évidence d'une idée sur laquelle s'était fondée une civilisation donnée, une autre constellation prend naissance, intégrant certains éléments de ce qui a été et redonnant vie à certains autres qui avaient été déniés.

L'épistémè postmoderne. En ayant ce schéma à l'esprit, l'on peut, d'une manière non judicative, non normative, faire apparaître les grandes caractéristiques de l'*épistémè* postmoderne. Ce que FOUCAULT a bien fait pour la modernité reste à faire pour l'époque qui s'annonce. Il s'agit là d'un défi d'envergure nécessitant une posture intellectuelle audacieuse, un défi à relever si l'on ne veut pas que la pensée soit marginalisée. D'autant que, ainsi que le rapportait Victor HUGO en une autre époque, « rien n'arrête une idée dont le temps est venu ».

Michel MAFFESOLI

bibliographie

BOISVERT Yves, *Le Monde postmoderne : analyse du discours sur la postmodernité*, L'Harmattan, 1996.

DUMONT Louis, *Essais sur l'individualisme*, Seuil, 1983.

DURAND Gilbert, *Les Structures anthropologiques de l'imaginaire*, Bordas, 1960.

HABERMAS Jürgen, *Le Discours philosophique de la modernité*, Gallimard, 1988.

LYOTARD Jean-François, *La Postmodernité expliquée aux enfants*, Galilée, 1986.

MAFFESOLI Michel, *L'Ombre de Dionysos* (1982), Le Livre de Poche, 1991.

MAFFESOLI Michel, *Le Temps des tribus* (1988), Le Livre de Poche, 1991.

MAFFESOLI Michel, *La Transfiguation du politique* (1992), Le Livre de Poche, 1995.

MAFFESOLI Michel, *La Contemplation du monde* (1993), Le Livre de Poche, 1996.

MORIN Edgar, *Pour sortir du XXe siècle*, Seuil, 1984.

MOSCOVICI Serge, *Hommes sauvages, hommes domestiques*, Bourgois, 1974.

MOSCOVICI Serge, *La Machine à faire les dieux*, Fayard, 1990.

POTLATCH

voir : CÉRÉMONIE, DON, ETHNOLOGIE, FAIT SOCIAL TOTAL, RITE

Terme qui, en chinook, langue de traite de la fin du XVIIIe siècle, sur la côte nord-ouest du Pacifique (Amérique du Nord), signifie « action de donner ».

Il s'agit d'un ensemble d'activités ostentatoires (fêtes, danses, discours, distribution de biens) qui, organisées à l'occasion d'événements importants de la vie de l'individu (mariage, funérailles, succession, initiation, changement de nom lié à un changement de statut), donnent lieu à des distributions et à des destructions de biens, dans un contexte de compétition et de rivalité entre les chefs. Ces pratiques, qui ont été observées par des ethnologues (BOAS) au cours de la seconde moitié du XIXe siècle parmi les populations des pêcheurs-chasseurs-cueilleurs de la côte (Kwakiult, Tlinglit, Haida, etc.), seront interdites par le gouvernement canadien en 1884 (mais elles persisteront jusqu'en 1920).

Le terme, devenu classique en anthropologie, fait maintenant partie de la langue française (Petit Robert ou Larousse).

Marcel FOURNIER

bibliographie

BARBEAU Marius, « Du potlatch en Colombie britannique », in *Bulletin de la Société de géographie de Québec*, vol. 5, n° 4, août et septembre 1911, pp. 325 à 334 ; vol. 5, n° 5, octobre 1911, pp. 275 à 278 ; vol. 6, n° 4, mai et juin 1913, pp. 177 à 188.

BARNETT H. G., « The Nature of the Potlatch », in *American Anthropologist*, 40 (1938), pp. 349 à 358.

BOAS Franz, *The Social Organization and the Secret Societies of the Kwakiult Indians*, Washington, 1997.

MAUSS Marcel, « Essai sur le don. Forme et raison de l'échange dans les sociétés archaïques » (1925), in *Sociologie et anthropologie*, PUF, 1966, pp. 142 à 289.

POUVOIR

du latin populaire *potere* « être capable de, avoir de l'importance, de l'influence, de l'efficacité »

all. MACHT	esp. PODER
angl. POWER	ital. POTERE

voir : AUTORITÉ, COERCITION, DOMINATION, IDÉOLOGIE, INFLUENCE, OCCULTATION

Capacité, au sein de relations sociales asymétriques, d'exercer une emprise ou une influence sur des individus.

Le terme de *pouvoir* constitue un exemple d'infinitif substantivé ; et à ce titre, il signifie la faculté générale associée au verbe correspondant, à savoir celle d'accomplir une action ou de produire un effet. Il sert ainsi à désigner l'aptitude globale d'un agent donné à entreprendre des actions efficaces. Le champ de l'action n'est pas ici spécifié : ce qui importe, c'est « la production d'effets recherchés », pour reprendre la caractérisation de RUSSELL. Le pouvoir est ainsi entendu dans une acception générique ; et ce type de définition offre l'intérêt de faire ressortir le *pouvoir de*. Mais il reste trop général pour appréhender le pouvoir dans ses dimensions sociales et politiques, qui est exercé par des hommes sur d'autres hommes : en sociologie, comme en science politique, l'analyse vise prioritairement à saisir le *pouvoir sur*. Le pouvoir s'observe dans le champ de l'interaction : il est tributaire des rapports qui se nouent entre les personnes et les groupes et doit être abordé en termes *relationnels*. Le danger de toute conception *substantielle* est en effet de le réduire à un pur attribut de l'acteur, comme pourrait inviter à le croire l'assertion de HOBBES, selon laquelle « *le pouvoir d'un homme consiste dans ses moyens présents d'obtenir quelque bien apparent futur* ». Sans doute n'existe-t-il pas de pouvoir sans ressources ; mais le pouvoir implique leur mobilisation et appelle, si besoin est, leur mise en œuvre effective. C'est, en définitive, à l'existence de relations *asymétriques* entre acteurs et groupes d'acteurs que se reconnaît le pouvoir.

POUVOIR ET CAUSE. Bien que ce débat soit aujourd'hui tranché, il mérite d'être évoqué, ne serait-ce que pour son enjeu proprement épistémologique. Il n'est en principe pas acceptable de remplacer, comme l'a suggéré SIMON, la proposition « C *a du*

pouvoir sur R » par la suivante : « la conduite de C *cause* celle de R ». Il est en effet vain de chercher à associer à l'étude du pouvoir une conception de la causalité définie en termes de condition nécessaire et suffisante, dans la mesure où le langage de l'implication réciproque est inadéquat pour la recherche en sciences sociales. Et, d'une manière plus générale, le modèle explicatif sous-jacent à l'analyse de la causalité n'est pas le plus fécond pour l'examen des phénomènes de pouvoir : là où le premier s'attache aux seuls résultats, les seconds comportent une dimension *stratégique* essentielle.

POUVOIR ET CONFLIT. La définition que WEBER propose du pouvoir, à savoir « *la chance de faire triompher au sein d'une relation sociale sa propre volonté, même contre la résistance d'autrui* », constitue sur ce plan un utile point de départ pour la discussion. Ces résistances éventuelles représentent un indice manifeste d'un conflit de volontés ou d'intérêts entre les acteurs engagés dans une relation de pouvoir. Et l'exercice même du pouvoir implique que de telles résistances soient vaincues. Souvent liés, pouvoir et conflit ne le sont pourtant pas toujours, comme Weber le souligne expressément par l'adjonction de l'adverbe « même ». Sans doute ne faut-il pas assimiler précipitamment l'absence de résistance à l'inexistence de tout conflit : il y a des situations où la résistance a été sapée par des actions préventives, voire découragée par les manifestations de supériorité de l'autre camp et où l'antagonisme subsiste sous une forme latente. Mais d'autres cas de figure méritent d'être relevés. Toute relation de pouvoir ne se ramène pas en effet à un jeu à somme nulle, dans lequel tout gain de A entraîne une perte équivalente de B : une coordination d'activités peut ainsi, tout en étant fondée sur des rapports de pouvoir, conférer des avantages effectifs, quoique différenciés, à l'ensemble des participants. Par ailleurs, le pouvoir peut faire l'objet d'une large acceptation, qui le rend *légitime* : il bénéficie alors, sinon d'un consentement actif, au moins d'un acquiescement de la majorité de ceux sur lesquels il s'exerce. La légitimité du pouvoir n'abolit pas pour autant tout recours à la force. Il est vrai que sans quelque soutien — plus ou moins intense et étendu — de la part de la population concernée, il n'est pas de pouvoir légitime ; mais celui-ci se caractérise également par le droit d'en appeler à la coercition contre les éventuels récalcitrants. La définition wébérienne de l'État, qui « revendique avec succès le monopole de la contrainte physique légitime », met fortement en évidence cette étroite association de la légitimité et de la coercition. Tout pouvoir comporte une capacité d'imposer des sanctions négatives, dont la simple menace est souvent efficace ; mais seul le pouvoir légitime jouit d'une assise solide et de la latitude d'action qu'elle permet.

François CHAZEL

bibliographie

BACHRACH Peter, BARATZ Morton, « Les Deux Faces du pouvoir », *in* Pierre BIRNBAUM (sous la dir. de), *Le Pouvoir politique*, Dalloz, 1975.

BLAU Peter, *Exchange and Power in Social Life*, New York, Wiley, 1964.

CHAZEL François, « Pouvoir, structure et domination », in *Revue française de sociologie*, 1983, XXIV.

CHAZEL François, « Pouvoir et cause », *in* Pierre BIRNBAUM (sous la dir. de), *ibid.*

CHAZEL François, « Pouvoir », *in* Raymond BOUDON (sous la dir. de), *Traité de sociologie*, PUF, 1992.

DAHL Robert A., *L'Analyse politique contemporaine*, Laffont, 1973.

FRIEDBERG Erhard, *Le Pouvoir et la règle*, Seuil, 1993.

HOBBES Thomas, *Léviathan*, Sirey, 1971.

PARSONS Talcott, « On the Concept of Political Power », in *Sociological Theory and Modern Society*, New York, Free Press, 1967.

RUSSEL Bertrand, *Power* (1938), Londres, Allen and Unwin, 1985.

SIMON Hubert, *Models of Man : Social and Rational*, New York, Wiley, 1957.

WEBER Max, *Économie et société*, Plon, 1971.

WRONG Dannis, *Power*, Oxford, Blackwell, 1979.

PRAGMATISME

du grec *pragma* « ce qui est fait », réemprunté à l'anglais *pragmatism*

all. PRAGMATISMUS	esp. PRAGMATISMO
angl. PRAGMATISM	ital. PRAGMATISMO

voir : OBJECTIVISME, UTILITARISME

Le pragmatisme serait une philosophie pour laquelle tout ce qui est vrai est utile et tout ce qui est utile est vrai. Cette simplification, dont William James est en partie responsable par la maladresse de certaines de ses formules, ne rend pas compte d'une conception qui, avec Peirce, qui en énonça le principe avec James et Dewey, est en fait une philosophie de la science. Il est aussi une philosophie sociale, faisant des méthodes de mise à l'épreuve et de vérification qui caractérisent l'esprit de laboratoire le modèle même de la tâche politique.

1 LE PRAGMATISME DE PEIRCE. Le mouvement pragmatiste est né et s'est développé en Amérique du Nord à la fin du XIXe siècle et au début du XXe. L'idée en est venue à Charles S. PEIRCE qui la rendit publique dans un article intitulé : « Comment rendre nos idées claires » (1879). Il y énonce le principe du pragmatisme : « *Considérons quels effets, quelles répercussions pratiques que nous pouvons concevoir, que l'objet de notre pensée est susceptible d'avoir. Dans ces conditions, notre conception de ces effets constitue le contenu tout entier de notre idée de l'objet.* »

En 1905 (*What Pragmatism is*, Collected papers of C. S. Peirce), il précise encore : « *Si l'on peut définir avec précision tous les phénomènes expérimentaux concevables que l'affirmation ou la négation d'un concept peut impliquer, on aura, par le fait même, une définition complète du concept et il n'y a absolument rien d'autre dans le concept.* » C'est une philosophie qui n'est rien d'autre que l'extension de la méthode de vérification expérimentale, laquelle pose que le contenu d'une hypothèse consiste dans les effets qu'on en tire dans l'expérience. Nous sommes loin de cet utilitarisme vulgaire qui est attribué au pragmatisme à partir d'une ignorance des textes fondateurs. Nous sommes loin, aussi, d'une théorie de la vérité qui serait dans la descendance du cartésianisme. Celle-ci est remplacée par une théorie de la signification et une réflexion sur le bon usage des mots. Ainsi, quoi qu'on puisse dire, on est dans l'alternative suivante : ou ce que l'on dit ne veut rien dire, ou cela a une signification, et celle-ci implique une prescription en vue d'une expérimentation. Que veut-on dire quand on dit qu'un objet est dur sinon que, dans l'expérience il n'est pas rayé par un grand nombre d'objets que, par contre, il raie ?

2 LE PRAGMATISME DE WILLIAM JAMES. Il en ira autrement avec William JAMES. Celui-ci appliqua d'abord les principes du pragmatisme à la religion et à la philosophie, avant de le transformer en théorie de la vérité, en 1906, au cours de conférences qu'il publia l'année suivante dans un livre (*Le Pragmatisme*, 1907). C'est là qu'on trouve les formulations qui prêtèrent à accusation. Y est affirmé qu'une idée a pour fonction de « nous servir de guide et de guide agréable » : « *Le vrai consiste simplement dans ce qui est avantageux pour notre pensée* ». James parle de « *monnayer* » les vérités qui n'ont « *pour caractère commun que d'être, toutes, des idées qui paient.* » « *Nos pensées et nos croyances,* poursuit-il, *passent comme monnaie ayant cours tant que rien ne les fait refuser, exactement comme les billets de banque tant que personne ne les refuse. Mais tout ceci sous-entend des vérifications, expressément faites quelque part, des confrontations directes avec les faits, sans quoi tout notre édifice de vérités s'écroule, comme s'écroulerait un système financier à la base duquel manquerait toute réserve métallique. Vous acceptez ma vérification pour une chose, et moi j'accepte pour une autre votre vérification. Il se fait entre nous un trafic de vérités. Mais il y a des croyances qui, vérifiées par quelqu'un, servent d'assises à toute la superstructure.* » Ainsi les vérités ne sont-elles que des croyances.

3 PEIRCE, CRITIQUE DE WILLIAM JAMES. À quoi Peirce objectera : « *Une conclusion vraie resterait vraie si nous n'avions aucune propension à l'accepter, et la fausse resterait fausse bien que nous ne puissions résister à la tendance d'y croire.* » « *La vérité,* écrit-il, *est cette concordance d'un énoncé abstrait avec la limite idéale vers laquelle tendra la recherche, qui n'aura pas de fin, pour produire la croyance scientifique, concordance que l'énoncé abstrait peut avoir en vertu de son inexactitude et de son caractère partiel avoués, et cet aveu est un élément essentiel de la vérité.* » Il y a donc bien du vrai (qui ne se confond pas avec cet absolu métaphysique : la vérité) et on ne saurait le réduire à la « volonté de croire ».

Tout essai de comprendre le pragmatisme à partir des écrits de James est voué à l'échec. Et en découvrant le pragmatisme dans les seuls textes de celui-ci, l'Europe n'y entendit qu'une philosophie de banquiers, et, qui plus est, de banquiers américains pour qui ne *vaut* que ce qui *sert*. Or, à lire Peirce, on voit que le pragmatisme n'est pas fondé sur une psychologie de l'action, mais sur une logique de l'expérience.

4 LE PRAGMATISME COMME FOI EN LA DÉMOCRATIE. Philosophie américaine, le *pragmatisme* se veut tout naturellement foi en la démocratie. Sans nous étendre sur cet aspect des choses, contentons-nous de citer DEWEY (qui, à Chicago, avait élaboré une théorie instrumentaliste de l'idée qu'il fit connaître en 1903 dans un ouvrage collectif : *Studies in Logical Theory*). Il écrit (*Liberté et culture*, 1939) : « *La démocratie, comparée à tous les autres modes de vie, est le seul qui croit sincèrement au processus de l'expérience comme fin et comme moyen et comme ce qui est capable d'engendrer la science, qui est la seule autorité sur laquelle on puisse s'appuyer pour diriger l'expérience future et qui libère les émotions, les besoins et les désirs de façon à appeler à l'être des choses qui n'ont pas existé dans le passé. Car tout mode de vie qui échoue dans sa démocratie limite les contacts, les échanges, les communications, les interactions par lesquels l'expérience se raffermit en même temps qu'elle s'élargit et s'enrichit. Cette tâche de libération et d'enrichissement est une tâche qui doit être menée jour après jour. Puisque c'est une tâche qui ne peut avoir de fin tant que l'expérience ne parvient pas à une fin, la tâche de la démocratie est à jamais celle de la création d'une expérience plus libre et plus humaine à laquelle tous participent et à laquelle tous contribuent.* »

5 LES LEÇONS DU PRAGMATISME EN SOCIOLOGIE. Il importe de réévaluer un courant philosophique avec lequel la sociologie a plus à faire qu'elle ne le croit et qui permet d'éviter le penchant relativiste ou culturaliste sans recourir à un dogmatisme métaphysique. Il faut redonner à l'adjectif « pragmatique » le sens qui est le sien, celui d'avoir à prendre en considération la relation entre le *dire* et le *faire* et à définir le processus de connaissance à partir des potentialités expérimentales qu'il permet et, donc, de la créativité. Ne plus le réduire à la qualification de pratiques politiques cyniques qui ignoreraient tout autre critère que celui de la réussite. Il en va des malheurs du pragmatisme, dans ses dérives langagières, comme, avant lui, du machiavélisme, victime lui aussi de contresens.

André AKOUN

bibliographie

DELEDALLE Gérard, *La Philosophie américaine*, Bruxelles, De Boeck, 1987.

DEWEY John, *Démocratie et éducation* (1916), Lausanne, L'Âge d'Homme, 1983.

DEWEY John, *Logique : la théorie de l'enquête* (1938), PUF, 1993.

DEWEY John, *Liberté et culture* (1939), Aubier, 1955.

JAMES William, *Le Pragmatisme* (1907), Flammarion, 1968.

PEIRCE Charles Sanders, *Textes fondamentaux de sémiologie*, Méridiens-Klincksieck, 1987.

PEIRCE Charles Sanders, « Comment rendre nos idées claires », in *Revue philosophique*, janvier 1879.

PRATIQUE

du latin *practicus* « actif, agissant », tiré du grec *praktikos* même sens, opposé à *theorêtikos* « contemplatif »

all. PRAKTISCH	esp. PRÁCTICA
angl. PRACTICE	ital. PRATICA

voir : ACTEUR, ACTION, HABITUS, SUJET

Comportement ou activité sociale envisagés dans la manière dont ils sont exercés de façon habituelle par une personne ou un groupe.

1 Conformément à son étymologie, la notion de *pratique* s'oppose à la connaissance abstraite, et cette opposition est communément reprise en sociologie. Une recherche sur la « pratique » médicale (ou éducative, religieuse...) porte non sur les savoirs biologiques ou médicaux, mais sur les comportements des médecins, des soignants, et sur les problèmes rencontrés dans ces activités relationnelles.

2 La notion de *pratique sociale* en revanche introduit aux problématiques générales de la recherche sociologique. Étudier la « pratique » annonce que l'objet ne sera pas d'étudier les lois (comme y invite le positivisme), ni les institutions, les organisations ou les systèmes symboliques considérés en eux-mêmes, mais bien les conduites sociales concrètes, les pratiques religieuses des croyants, par exemple, et non les institutions ecclésiales. Dès lors peuvent se reposer les questions fondamentales concernant l'objet de la sociologie, car il sera indispensable de préciser la conception de la pratique. Il importera de préciser si la pratique doit être pensée dans ses déterminants (économiques, culturels), ce qui la définirait comme sociale par les règles et les normes qui s'y trouvent mises en œuvre ; ou doit-on la penser dans l'action du sujet individuel, se spécifiant par ses choix dans les rapports interindividuels ? Les problèmes ainsi posés rejoignent ceux que posent les concepts de sujet, d'acteur, d'action.

Pierre ANSART

bibliographie

BARBIER Jean-Marie (sous la dir. de), *Savoirs théoriques et savoirs d'action*, PUF, 1996.

BOURDIEU Pierre, *Le Sens pratique*, Éd. de Minuit, 1980.

LAHIRE Bernard, *L'Homme pluriel, les ressorts de l'action*, Nathan, 1998.

TOURAINE Alain, *Le Retour de l'acteur : essai de sociologie*, Fayard, 1984.

PRAXÉOLOGIE

du grec *praxis* « action »

all. PRAXEOLOGIE	esp. PRAXEOLOGÍA
angl. PRAXEOLOGY	ital. PRAXEOLOGIA

voir : ACTION

La praxéologie se veut la science de l'action volontaire d'un agent humain, c'est-à-dire l'étude de l'agencement des moyens permettant d'atteindre une fin. Étude des règles donnant le meilleur choix du système des moyens à mettre en œuvre, la praxéologie se présente comme la science de l'efficacité de l'action.

La stratégie, la science de la décision, le calcul économique, la gestion scientifique, la planification, par exemple, sont des objets qui relèvent de la *praxéologie*. Et celle-ci s'ouvre aux mathématiques par l'usage du calcul des probabilités, de la théorie des jeux et de la théorie des risques. Parmi les pères de la praxéologie, il faut citer Alfred ESPINAS (*Les Origines de la technologie*, 1890), MISES (*Human Action*, 1949) KOTARBINSKI (*Idée de la méthodologie générale. Praxéologie*, 1937). Il faut aussi souligner l'importance de la science économique qui, dès ses débuts, a été une praxéologie qui s'ignorait.

André AKOUN

bibliographie

DAVAL R., *La Praxéologie*, Sociologie du travail, 1963.

GUILBAUD G. T., « La Théorie des jeux », in *Revue d'économie politique*, 1955.

KOTARBINSKI T., *Idée de la méthodologie générale. Praxéologie*, Hermann, 1937.

*
* *

EMPLOI PRÉCAIRE ET PRÉCARITÉ

du latin *precarius* « qui s'obtient par la prière »

all. PREKÄR, UNSICHER	esp. PRECARIO
angl. PRECARIOUS	ital. PRECARIO

voir : ANOMIE, CHÔMAGE, EXCLUSION, MARGINAL, PROLÉTARIAT, TRAVAIL

1 Il est des noms promis à un bel avenir, par exemple le mot *prolétaire*, devenu emblème populaire, emblème de la communauté des exclus de la communauté. Le nom *précaire* semblait promis à un tel destin lorsque, dans la sociologie française des années 70 inspirée par l'« opéraïsme » italien, il se confondait avec l'« ouvrier-social ». Identifié, en effet, aux travailleurs assignés aux nouveaux types d'« emplois précaires », cet ouvrier-social s'avérait être le résultat d'une nouvelle étape du capitalisme, caractérisée par la déterritorialisation de l'usine. L'apparition massive dans ces années de la sous-traitance et du travail intérimaire, mais aussi l'émergence manifeste d'un marché de l'emploi segmenté et de secteurs informels attestait de cette théorie organisée encore autour du concept d'« usine sociale ». L'intérêt théorique de l'« opéraïsme » n'a pas trouvé l'écho subjectif suffisant pour que le mot *précaire* s'impose dans le cadre de mouvements collectifs visibles.

2 Il reste donc aujourd'hui, pour principale acception du terme, l'idée juridique d'une *autorisation révocable à tout moment* ; on retrouve cette idée dans l'expression « à titre précaire », et le mot persiste à n'être qu'un adjectif. Les *emplois précaires* sont ainsi les emplois dont le statut suppose un effritement des garanties juridiques qui caractérisent les emplois sous contrat à durée déterminée (CDD). La généralisation de ce type de statut dans le monde du travail, où une fraction de plus en plus grande de salariés est rendue vulnérable par la révocabilité de l'emploi, a prêté à l'adjectif sa haute visibilité.

PRÉCARITÉ. L'idée de *précarité* s'applique aux populations assujetties à ces emplois atypiques, mais elle s'étend plus largement aux groupes touchés par les nouvelles formes du paupérisme, associant à la fois misère et désaffiliation. C'est alors à sa racine étymologique, « prière », qu'il faut rattacher l'usage du mot dans les médias ; comme si la vie elle-même était suspendue à un rapport de *demande* pour se perpétuer.

Patrick CINGOLANI

bibliographie

AUFFREY Danièle, BAUDOUIN Thierry, COLLINS Michèle, *Le Travail et après...*, Delarge, 1978.

CASTEL Robert, *Les Métamorphoses de la question sociale*, Fayard, 1995.

CINGOLANI Patrick, *L'Exil du précaire*, Méridiens-Klincksieck, 1986.

LYON-CAEN Gérard, « Plasticité du capital et nouvelles formes d'emploi », in *Droit social*, n° 9-10, septembre-octobre 1980.

NEGRI Antonio, *La Classe ouvrière contre l'État*, Galilée, 1978.

PACI Massimo, *Mercato del lavoro e classi sociali in Italia*, Bologna, Il Mulino, 1973.

PAUGAM Serge, *La Disqualification sociale*, PUF, 1994.

PIORE Michael J., BERGER Suzanne, *Dualism and Discontinuity in Industrial Societies*, New York, Cambridge UP, 1979.

PRÉENQUÊTE

Enquête, volontairement limitée, organisée avant la mise en place d'un dispositif plus étendu. Cet exercice préparatoire vise à vérifier la faisabilité de l'enquête projetée et, éventuellement, à améliorer les objectifs, les formulations, les moyens de réalisation.

Pierre ANSART

MENTALITÉ PRÉLOGIQUE

du grec *logos* « discours rationnel »

voir : COMMUNAUTÉ, ÉVOLUTION ET ÉVOLUTIONNISME, GEMEINSCHAFT

Selon Lévy-Bruhl, la « mentalité pré-logique » serait celle où le processus confus, ou « confondant », de la « participation » permettrait à des êtres humains primitifs de se considérer comme des animaux ou des êtres de la nature ; autrement dit, à un homme de se juger comme un non-homme, selon une formule « pré-logique » A = non-A.

Cette façon de penser serait caractéristique d'un être incapable de percevoir la contradiction et méconnaissant le principe d'identité (A = A), qui est la base de la logique et de la rationalité de l'homme civilisé. On trouverait là le fondement de la croyance au totem*, bien résumé dans la célèbre formule : « Les Bororos [= des Indiens d'Amérique du Sud] sont des araras [= des perroquets] » ; cette croyance illustrait, pour la vieille ethnologie impérialiste, la vision évolutionniste de l'histoire de l'humanité.

LÉVY-BRUHL (qui n'avait jamais fait de « terrain ») a très honnêtement admis à la fin de sa vie qu'il s'était trompé et que les « primitifs » reconnaissent la contradiction dès qu'ils l'aperçoivent.

D'une manière plus générale, « participation » ne signifie pas « identité » avec l'être auquel on participe. Il s'agit d'un problème central de l'histoire de la philosophie. PLATON place au centre de sa pensée le problème de la participation des réalités sensibles aux Idées et celui de la participation des grands genres entre eux : ainsi, un être est à la fois *être* et *un* ; la nécessité d'assumer cette contradiction, qui fait que le « même » est en même temps « autre », se trouve au cœur du projet de HEGEL, qui présente sa doctrine comme forme ultime, et non primitive, du savoir.

Philippe LABURTHE-TOLRA

bibliographie

LÉVY-BRUHL Lucien, *La Mentalité primitive* (1922), PUF, 1960.

PRÉSENTATION DE SOI

voir : CIVILITÉ, MICROSOCIOLOGIE, MŒURS, POLITESSE, SOCIABILITÉ

Dans l'ouvrage qu'il a consacré à ce sujet (1959), GOFFMAN s'est proposé d'analyser minutieusement les scènes, rencontres, regards échangés, échanges verbaux, stratégies langagières, dans un esprit d'investigation microsociologique de la vie quotidienne. La métaphore du théâtre, de la scène, de la coulisse, sert de cadre théorique pour montrer comment les acteurs en présence construisent une présentation d'eux-mêmes, formulent une définition de la situation, dramatisent les scènes, attendent que les partenaires acceptent cette définition de soi pour permettre le déroulement de l'échange. Les interactions se déroulent dans des « décors » différents selon les situations, les professions, les lieux de travail. Les personnes engagées dans l'interaction, amicale ou professionnelle, tendent à maintenir le déroulement de l'échange, qui peut toujours se rompre ou susciter embarras, malaise ou désaccord. La poursuite de l'échange suppose un art de chacun, le tact et le respect de la personne d'autrui. Cet ouvrage entièrement consacré à inventorier les complexités de la présentation de soi peut être considéré comme exemplaire de la sociologie interactionniste.

Claudine HAROCHE

bibliographie

COSTALAT-FOUINEAU Anne-Marie, *Identité sociale et dynamique représentationnelle*, Rennes, PU Rennes, 1997.

GOFFMAN Erving, *La Mise en scène de la vie quotidienne, la présentation de soi* (1959), Éd. de Minuit, t. 1, 1973.

LA PRESSE

du latin *presso* (participe passé *pressum*), ou de *presso* « presser ; serrer »

all. PRESSE	esp. PRENSA
angl. PRESS	ital. STAMPA

voir : COMMUNICATIONS DE MASSE (MASS MÉDIA), CONFORMISME, INFLUENCE DES MÉDIAS, INFORMATION

La presse désigne d'abord la machine ou l'ensemble des équipements permettant d'imprimer des journaux. L'usage a fini par imposer une acception plus large : la presse désigne l'ensemble des publications nées de l'imprimerie, les institutions auxquelles elles ont donné naissance, leur mode d'organisation, leur mode de fonctionnement, leur influence sur chacun de nous, sur la société, sur la vie internationale.

NAISSANCE ET HISTOIRE. GUTENBERG, le premier, à Mayence, entre 1430 et 1440, fabrique des caractères suffisamment résistants pour permettre l'invention de la presse à imprimer. En 1456, avec ses associés, il achève l'impression de la Bible, le premier livre du monde occidental. Il y eut pourtant des journaux, bien longtemps avant cette date : dès le XIIIe siècle, des correspondances manuscrites étaient organisées en Allemagne et en Italie, où on les appelle *avvisi*. Ainsi, les ancêtres des journalistes ne sont autres que les auteurs de ces « nouvelles à la main » auxquels l'Italie donne le nom de *menanti*. Ils rivalisaient d'ardeur et de rapidité pour déjouer la vigilance des censeurs, qu'ils soient ou non officiels.

Théophraste Renaudot. En 1631, deux siècles après l'invention de l'imprimerie, un libraire parisien publie les *Nouvelles originaires de divers endroits*. À la fin mai de la même année, Théophraste RENAUDOT lance une feuille imprimée hebdomadaire, *La Gazette* ; après une vive concurrence avec les *Nouvelles*, il obtient du roi Louis XIII le privilège exclusif de « faire imprimer et vendre par qui bon lui semblera les gazettes, nouvelles et récits de tout ce qui s'est passé et se passe tant dedans que dehors le royaume ». Renaudot fait figure d'innovateur et d'inventeur pour la presse moderne : pour la première fois, avec *La*

Gazette, des nouvelles sont imprimées et diffusées selon une périodicité régulière.

Le XIXe siècle. Il faudra attendre le XIXe siècle, la révolution industrielle et les lois sur la liberté d'expression, pour que naissent ensemble la presse et le journalisme modernes, signes vraiment distinctifs d'une société radicalement autre. Les journaux quotidiens, enfants légitimes des rotatives et de la libre parole, inaugurent une ère nouvelle pour l'information et la démocratie : le *New York Sun* et le *New York Herald*, fondés respectivement en 1833 et 1835, *La Presse* d'Émile de GIRARDIN, lancé à Paris en 1836, suivi en 1863 du *Petit Journal* de Moïse MILLAUD, et les représentants de la *penny press*, en Angleterre, avec le *Sheffield Daily Telegraph* et le *Evening News*, sont les prototypes de ce que l'on appellera, après 1950, les « mass media ». Pour la première fois dans l'histoire, des nouvelles d'actualité, considérables ou dérisoires, ordinaires ou spectaculaires, sont divulguées auprès d'un public de lecteurs beaucoup plus nombreux, dans des délais toujours raccourcis, et selon une technique industrielle. La presse est désormais soumise aux lois de l'économie marchande. En quelques années, elle a ses géants, parfois ses empires : HEARST, immortalisé par le *Citizen Kane* d'Orson Welles, devient le symbole de ce nouveau « pouvoir ». En même temps, elle trouve sa légitimité dans la doctrine libérale qui prône la concurrence : le principe, c'est la concurrence des journaux auprès d'un public dont les attentes sont toujours plus diverses ; le souhaitable, c'est la diversité des journaux et la multiplicité de leurs sources d'approvisionnement en nouvelles. *« Il n'y a qu'un journal,* écrit TOCQUEVILLE en 1835, *qui puisse venir déposer au même moment dans mille esprits la même pensée. »* En 1894, ZOLA évoque déjà avec nostalgie la fin, pour la presse, d'un âge artisanal : *« L'information* [...] *a transformé le journalisme, tué les grands articles* [...], *donné chaque jour plus de place aux dépêches, aux nouvelles, grandes ou petites, aux procès-verbaux des reporters et des interviewers. »*

Le reportage. Entre ces deux dates, le reportage moderne était né, subrepticement, presque par accident, pendant la guerre de Sécession aux États-Unis : il deviendra la pierre angulaire du journalisme moderne, l'avenir que l'Amérique conquérante du XIXe siècle a donné aux journaux quotidiens de l'Europe des années 1830-1840, par la force des choses tout autant que par celle des idées.

Le XXe siècle. Ainsi, la presse de masse se répand dans toutes les sociétés industrialisées, sous l'effet conjoint d'évolutions distinctes mais simultanées : l'évolution du niveau de vie pour le plus grand nombre ; l'expansion de l'instruction, qui étend le public potentiel et le champ des curiosités ; l'amélioration, enfin, des techniques d'impression, qui permet l'augmentation rapide des tirages. Face au défi de la radio et de la télévision, la presse découvre que le prix de sa croissance, voire de sa survie, réside dans une diversité accrue de ses rubriques et dans la recherche de ce que les spécialistes du marketing appellent des « cibles pures » : une fois atteint un certain seuil, la presse, à l'instar de n'importe quelle activité marchande, doit enrichir son « offre », la « démassifier ». En 1963, deux événements ont pour la presse une valeur de symbole.

. Le premier résulte de la publication des résultats d'une enquête menée auprès des lecteurs de journaux américains : pour la première fois, ils déclarent que leur source d'information la plus courante et la plus crédible n'est plus la presse, mais la télévision.

. Le second événement, d'un tout autre ordre, n'est autre que l'assassinat du président Kennedy, que les personnes interrogées, non seulement aux États-Unis mais également en Europe, apprennent grâce à la radio ou à la télévision, ou bien à la faveur d'appels téléphoniques, bien plus souvent que par les journaux.

L'évolution de la presse, depuis cette date, emprunte simultanément deux directions, tandis que la presse professionnelle suit le cours de la professionnalisation croissante des sociétés modernes.

[1] D'un côté, la presse entend s'adresser à un public particulier, aisément identifiable : les journaux d'un seul public excellent ainsi dans la propagation des signes, objectifs et subjectifs, qui permettent à une minorité, à un public identifié ou « ciblé », de se distinguer par rapport au reste de la société ; il en va ainsi de la presse des élites, de la presse d'évasion, de la presse féminine ou de celle qui est destinée aux enfants ou aux adolescents.

[2] D'un autre côté, la presse choisit de se consacrer à un seul sujet : les audiences visées par ces journaux sont souvent plus jeunes que celles des journaux d'un seul public. Les journaux d'un seul sujet sont très variés, de la presse des militants jusqu'à la presse de vulgarisation en passant par les journaux de radio-télévision et les revues littéraires ou artistiques.

Si les quotidiens continuent d'en être le symbole, ils ne représentent plus dans aucun pays toute la presse. Leur destinée varie du reste considérablement. Peu après 1900, le plus grand quotidien du monde, du moins par les tirages, est français : *Le Petit Parisien* tire chaque jour à plus d'un million et demi d'exemplaires. Le tenant du titre, dès la fin des années 70, est japonais : en 1995, le *Yomiriu Shimbun* dépasse les 10 millions d'exemplaires le matin et frôle les 5 millions d'exemplaires à midi, soit chaque jour un tirage supérieur à 15 millions. En France, le nombre d'exemplaires diffusés en moyenne pour 1 000 habitants n'a pas cessé de diminuer : 370 en 1946, 252 en 1960, 188 en 1980 et 156 seulement en 1995, ce qui place le pays où sont nés les grands quotidiens très loin derrière le record mondial de la Norvège, avec ses 600 exemplaires par millier d'habitants, suivie du Japon, relégué en 1993 à la deuxième place, avec 576 exemplaires.

FONCTIONS DE LA PRESSE.

[1] **Stoetzel.** L'évolution de la presse n'a pas cessé de confirmer les analyses de STOETZEL : dès 1951, il dressait l'inventaire des fonctions assumées par elle, « à côté de l'information ». En même temps qu'elle lui apporte les nouvelles de l'actualité, ce qui constitue sa fonction « officielle », la presse favorise l'insertion de l'individu dans un groupe, celui auquel il appartient ou celui auquel il se réfère, en lui donnant le moyen d'être « dans le coup », objectivement ou subjectivement. Mais, considérée à travers la diversité de ses organes, elle apparaît également à ses lecteurs comme un moyen pour eux de s'évader, ce qui du reste leur permet de mieux accomplir leurs tâches

quotidiennes. Enfin et surtout, elle remplit une fonction « cathartique », opérant ainsi cette « purgation des passions » qui était dévolue, selon ARISTOTE, à la musique et à la tragédie.

2 **Edgar Morin.** Avec des concepts qu'il emprunte à la psychanalyse, Edgar MORIN explique en 1962 (*L'Esprit du temps*), comment les olympiens — stars du cinéma, vedettes du petit écran — irriguent « la vie réelle d'imaginaire et l'imaginaire de vie réelle », à la faveur du double mécanisme de la projection et de l'identification qui relie les lecteurs de la presse à leurs nouveaux modèles.

3 **Cazeneuve.** Dans *La Société de l'ubiquité* (1972), CAZENEUVE nous conduit à considérer les fonctions de la presse, aujourd'hui sous l'empire de la télévision, non plus au niveau de l'individu, mais au niveau de la société. La presse, à l'instar des médias, assurerait, selon lui, la fonction dévolue jadis au sacré : *« en transfigurant le réel en spectacle »*, elle règle les rapports *« entre l'homme et la condition humaine* [...], *entre cette condition et l'inconditionné »*. Par le truchement des médias, et par conséquent de la presse, leur ancêtre et chef de file, *« c'est le social lui-même qui devient spectacle, c'est l'humanité qui à la fois vit sa vie et se regarde vivre comme un objet »*.

Francis BALLE

bibliographie

ALBERT Pierre, *La Presse française*, La Documentation française, 1990.
ALBERT Pierre, *Histoire de la presse*, « Que sais-je ? », PUF, 1993.
BALLE Francis, *Et si la presse n'existait pas...*, Lattès, 1987.
BALLE Francis, *Médias et sociétés*, Montchrestien, 1997.
CHARON Jean-Marie, *La Presse en France de 1945 à nos jours*, « Points », Seuil, 1991.
CHARON Jean-Marie, *La Presse quotidienne*, La Découverte, 1996.
DERIEUX Emmanuel, *Droit de la communication*, LGDJ, 1991, 1994.
DERIEUX Emmanuel, *Droit des médias*, Dalloz, 1995.
JUNQUA Daniel, *La Presse écrite et audiovisuelle*, CFPJ, 1995.
MATHIEN Michel, *La Presse quotidienne régionale*, « Que sais-je ? », PUF, 1995.
TOUSSAINT-DESMOULINS Nadine, *L'Économie des médias*, « Que sais-je ? », PUF, 1996.

GROUPE DE PRESSION

de l'italien *gruppo* « nœud », lui-même issu du mot germanique *Kruppa* « masse arrondie »

all. INTERESSENVERBAND, LOBBY	esp. GRUPO DE PRESIÓN
angl. PRESSURE-GROUP, LOBBY	ital. GRUPPO DI PRESSIONE

voir : CONFLIT SOCIAL, ÉCONOMIE, ÉTAT, PARADOXE D'OLSON

L'étymologie évoque ce qui fait tenir ensemble les éléments. Dans le sens habituel, le groupe est un ensemble d'individus dont la réunion peut se faire sur des bases différentes : le lieu, l'action, le partage de valeurs. Dans le cas du groupe de pression, c'est un objectif commun, la pression, qui fait exister le groupe.

DÉFINITION. Par *pression*, on entend une action auprès des détenteurs d'autorité en vue d'obtenir un résultat conforme aux intérêts du groupe. Le terme, qui vient initialement de la science politique américaine, désigne alors tout groupe dont l'existence est légalement reconnue. Une société secrète peut se comporter comme un groupe de pression, mais n'appartient pas à cette catégorie. À partir de cette définition, divers problèmes se posent.

TYPOLOGIE. Le premier est celui des types de groupes de pression. Ceux-ci peuvent être extrêmement divers, car si l'on prend la définition la plus extensive, tout groupe d'intérêts organisé peut être considéré comme un groupe de pression. Pour l'opérationnalité du terme, il convient d'en exclure les partis politiques, en ce sens que leur objectif n'est pas seulement la défense d'idées ou d'intérêts, mais l'accès au pouvoir. En revanche, un club, une société de pensée, une organisation syndicale, une association professionnelle... constituent des groupes de pression.

GROUPES DE PRESSION ET DÉMOCRATIE. Un second problème, posé essentiellement par la sociologie politique, est celui de l'articulation entre les groupes de pression et la démocratie représentative. On peut aussi bien voir dans les groupes de pression un relais indispensable entre le citoyen et l'État qu'une source de lobbying, qui fait éventuellement triompher les intérêts collectifs particuliers au détriment de l'intérêt général.

FACTEURS DE FORMATION. Un troisième problème, plus directement sociologique, est de savoir pourquoi un groupe se forme. En matière d'action collective, la tentation peut être grande pour chaque acteur individuel d'adopter le comportement du *free rider*, le passager clandestin décrit par OLSON*, c'est-à-dire de profiter de l'action des autres sans s'impliquer directement. L'utilitarisme ne peut alors être le seul ressort de la constitution et du maintien des groupes de pression. Il faut faire intervenir d'autres facteurs, comme les gratifications symboliques et affectives qu'un individu peut tirer de sa participation.

Monique HIRSCHHORN

bibliographie

CHAZEL François, *Action collective et mouvements sociaux*, PUF, 1993.
MEYNAUD Jean, *Les Groupes de pression en France*, Hachette, 1974.
OLSON Mançur, *Logique de l'action collective* (1965), PUF, 1978.

PRESTIGE

emprunté au latin *præstigium* « charlatanisme, imposture, illusion »

all. PRESTIGE, ANSEHEN	esp. PRESTIGIO
angl. PRESTIGE	ital. PRESTIGIO

voir : DOMINATION, MŒURS, PSYCHOLOGIE SOCIALE

Autorité morale entourant un individu, un groupe ou une institution.

Les recherches ethnologiques mettent fortement en relief l'importance du *prestige* social : l'admiration et le respect sont accordés à un individu en fonction de sa position, éventuellement de son origine, de son âge ou de ses prestations exceptionnelles. L'affaiblissement de ce prestige peut entraîner la diminution de l'autorité et de la cohésion sociale (MAUSS, 1934).

Dans les sociétés contemporaines, les études menées sur les « échelles de prestige » confirment le classement des activités et des professions opéré communément, et ses variations selon les groupes interrogés. Toutefois, il importe de distinguer le prestige individuel acquis par une personne dans un milieu particulier (une entreprise, une organisation), en raison de ses compétences et de ses comportements, des prestiges plus impersonnels attachés à un groupe plus éloigné (une élite politique, par exemple) ; ces derniers suscitent plus aisément des attitudes ambiguës d'où la défiance n'est pas exclue.

Pierre ANSART

bibliographie

GOODE William J., *The Celebration of Heroes : Prestige as a Social Control System*, Berkeley, University of California Press, 1978.

MAUSS Marcel, « Fragment d'un plan de sociologie générale descriptive », in *Œuvres*, Éd. de Minuit, t. 3, pp. 303 à 359.

PREUVE

dérivé de *prouver*, issu du latin *probare* « approuver » et aussi « mettre à l'épreuve, vérifier »

all. BEWEIS	esp. PRUEBA
angl. PROOF	ital. PROVA

voir : DÉTERMINISME, PARADIGME, POSITIVISME, THÉORIE

Procédure susceptible d'établir la réalité, la vérité d'un fait, d'une assertion.

Dans les **Règles de la méthode sociologique** (1895), DURKHEIM impose aux recherches sociologiques de pouvoir être démontrées. Ces preuves seront recherchées, selon une méthodologie inspirée des sciences de la nature, par le recours à la méthode comparative et à la méthode des variations concomitantes, qui font appel aux schémas de causalité. Cette exigence durkheimienne se retrouve, sous des formes renouvelées, dans les recherches statistiques et quantitatives : un ensemble de contrôles sur la construction des objets et sur les méthodes utilisées, peuvent constituer des procédures de vérification et de preuve dans les limites du champ construit. Les difficultés sont par contre inévitables dans les recherches qualitatives, où les hypothèses ne sont pas totalement démontrables, où le chercheur attend de la fréquence des relations détectées une forme de preuve. Par ailleurs, ne peut être éliminée la part de construction au niveau des théories et des paradigmes, qui ne peuvent échapper à la critique et au renouvellement.

Enfin la sociologie, science d'objets historiques, porte sur des faits marqués par la contingence, qui ne peuvent être assimilés à des faits naturels et répétitifs.

Pierre ANSART

bibliographie

BERTHELOT Jean-Michel, *Les Vertus de l'incertitude : le travail de l'analyse dans les sciences sociales*, PUF, 1996.

BOUDON Raymond, *La Place du désordre : critique des théories du changement social*, PUF, 1984.

DURKHEIM Émile, *Règles de la méthode sociologique* (1895), Flammarion, 1988.

PRÉVISION ⇒ PROSPECTIVE

PRIÈRE

du latin *prex* (génitif *precis*) « demande » (*precarius* « obtenu par la prière »)

all. GEBET	esp. ORACIÓN
angl. PRAYER	ital. PREGHIERA

voir : LITURGIE, RELIGION, SACRIFICE

Qu'elle prenne la forme de la requête, de l'invocation, de la louange, de l'action de grâces, la *prière* tente, par la puissance de la parole et du geste, de favoriser l'union mystique avec une puissance supérieure : dieu, esprit, ancêtre... Ainsi, le *mantra* de l'Inde védique a une fonction d'adoration et de purification, de même la *salât* musulmane, répétée cinq fois par jour. La prière est, plus que le sacrifice, le rite fondamental de toute religion.

Claude RIVIÈRE

PRIMITIF

voir : ÉVOLUTION ET ÉVOLUTIONNISME, MENTALITÉ

Terme aujourd'hui périmé, désignant les peuples de culture supposée élémentaire et originelle.

Ce terme était employé, dans le cadre d'une conception évolutionniste, pour désigner les peuples supposés représenter les débuts de la civilisation. Dans une perspective plus relativiste, les connotations idéologiques que ce vocable comportait l'ont rendu caduc. Plusieurs propositions conceptuelles ont été faites pour remplacer ce mot : mentalité « archaïque », sociétés « sans écriture », « pensée sauvage » (LÉVI-STRAUSS, 1962).

Pierre ANSART

bibliographie

LÉVY-BRUHL Lucien, *La Mentalité primitive*, Retz, CEPL, 1976.

LÉVI-STRAUSS Claude, *La Pensée sauvage*, Plon, 1962.

PRISON

du latin *prehensio* ou *prensio* « action d'appréhender quelqu'un au corps »

all. GEFÄNGNIS	esp. CÁRCEL, PRISIÓN
angl. PRISON, JAIL	ital. PRIGIONE, CARCERE

voir : CONTRAINTE, CONTRÔLE SOCIAL, DROIT, SANCTION

Peine privative de liberté et lieu de détention, établissement clos aménagé pour recevoir des condamnés ou des prévenus en instance de jugement.

On distingue les maisons d'arrêt (pour les prévenus et condamnés à des peines courtes) des établissements pour peine (le centre de détention et la maison centrale à régime plus sécuritaire). La *prison* est aujourd'hui la peine la plus grave en France, depuis la suppression de la peine de mort (9 octobre 1981).

La prison comme institution d'État n'a pas toujours existé. Sous l'Ancien Régime, la prison pénale ne figure pas dans l'éventail répressif, mais l'enfermement existe : l'enfermement judiciaire (moyen de maintenir les accusés à la disposition de la justice avant leur procès), mais aussi un enfermement autoritaire (lettres de cachet). C'est en août 1789 que vont être établis les grands principes d'organisation judiciaires, avec la suppression des anciennes juridictions, la proclamation de l'égalité de tous devant la justice et de la légalité des peines. Les lois pénales de 1791 transforment l'enfermement en une peine ordinaire, avec l'idée de correction. Les châtiments corporels sont peu à peu remplacés par la peine de prison, ce qui conduit à la mise en place d'une organisation administrative hiérarchisée et centralisée.

C'est dans les années 40 qu'ont eu lieu, dans les pays anglo-saxons, les premières recherches carcérales. Les thèmes clés de cette sociologie sont les modèles d'organisation carcérale, la « communauté » et le code des détenus, les conséquences des peines d'emprisonnement. L'un des pionniers, CLEMMER *(The Prison Community)*, a montré le caractère enveloppant de la prison, à travers le concept de *prisonization*, cette intériorisation par le détenu de valeurs propres à la prison. Mais ces premières études négligent les liens de la prison à la société environnante.

Pour GOFFMAN , la prison fait partie des institutions totales, ces institutions au caractère plus contraignant que les autres, qu'il définit *« comme un lieu de résidence et de travail où un grand nombre d'individus* [...] *mènent ensemble une vie recluse dont les modalités sont explicitement et minutieusement réglées »* (*Asiles*, p. 41). Ce concept paraît heuristiquement fécond pour la prison actuelle, même si la coupure entre la vie normale et la vie recluse a fortement évolué ces vingt dernières années avec la disparition de certains aspects dégradants de la vie des détenus (coupe de cheveux, costume pénal...) et l'ouverture de la prison (visites, entrée d'un nombre croissant d'intervenants, possibilité de s'informer grâce aux journaux et à la télévision). Goffman montre que des adaptations secondaires permettent de limiter le pouvoir de l'institution sur les « reclus ». « Institution totale » ne correspond pas à « pouvoir total ».

Une réflexion sur le pouvoir de punir est à l'origine de l'étude de FOUCAULT *(Surveiller et punir)*. Une des idées fortes de ce livre, qui fait référence à l'histoire et au droit tout en situant les enjeux de la prison dans le champ politique, est de montrer la continuité historique entre les systèmes de punition d'hier à aujourd'hui. Le passage des supplices à la peine de prison est en fait une mutation technique. Sous des apparences humanistes, la prison apparaît comme une structure d'amendement, et non comme une institution punitive. Mais cet appareil scientifico-judiciaire constitue une technologie de pouvoir, consacrée à la domination des classes populaires. La répression, qui apparaît comme légitime lorsqu'elle s'adresse à des criminels, vise en réalité à une normalisation de la société.

Cette analyse a été critiquée par les historiens (PERROT, 1980), car elle n'étudie pas la réalité de l'enfermement de l'époque étudiée ; elle s'appuie davantage sur les discours que sur les faits. Fondée sur une conception du social dominée par des « appareils », cette thèse laisse peu de place à la résistance des acteurs sociaux. La démarche sociologique actuelle, qui repose sur des recherches empiriques, tend à inverser la démarche de Foucault. La prison s'ouvre davantage aux chercheurs depuis quelques années.

Corinne ROSTAING

bibliographie

BUFFARD Simone, *Le Froid pénitentiaire, l'impossible réforme des prisons*, Seuil, 1973.

CHAUVENET Antoinette, ORLIC François, BENGUIGUI Georges, *Le Monde des surveillants de prison*, PUF, 1994.

CLEMNER Donald, *The Prison Community* (1940), New York, Holt, Rinehart and Winston, 1958.

CRESSEY Donald R., *The Prison. Studies in Institutional Organization and Change*, New York, Holt, Rinehart and Winston, 1961.

FAUGERON Claude, CHAUVENET Antoinette, COMBESSIE Philippe, *Approches de la prison*, Paris-Bruxelles, De Boeck Université, 1996.

FOUCAULT Michel, *Surveiller et punir*, Gallimard, 1975.

GOFFMAN Erving, *Asiles. Étude sur la condition sociale des malades mentaux*, Éd. de Minuit, 1968.

MONTANDON Cléopâtre, CRETTAZ Bernard, *Paroles de gardiens, paroles de détenus. Bruits et silences de l'enfermement*, Genève, Médecine et hygiène, 1981.

PERROT Michelle, *L'Impossible Prison. Recherche sur le système pénitentiaire au XIXe siècle*, Seuil, 1980.

PETIT Jacques Guy (sous la dir. de), *Histoire des galères, bagnes et prisons. XIIIe siècle-XXe siècle*, Toulouse, Privat, 1991.

SYKES Gresham M., *The Society of Captives, a Study of a Maximum Security Prison*, Princeton, Princeton UP, 1958.

LE PRIVÉ ET LE PUBLIC

voir : COMMUNICATIONS DE MASSE, DÉMOCRATIE, TOTALITARISME, VIE QUOTIDIENNE

Opposition théorique entre ce qui concerne la collectivité (pratiques politiques, professionnelles) et la vie intime, réputée protégée.

1 La distinction entre la *sphère publique* (liée à la vie collective et régulée par les lois) et la *sphère privée* (protégée du collectif et régulée par l'initiative de chacun) peut s'analyser à plusieurs niveaux : politique, social, économique, culturel. La frontière entre ces deux sphères est essentiellement incertaine et constitue un enjeu sociopolitique permanent. Un régime totalitaire a vocation à supprimer la séparation et à rendre publique la sphère privée. L'idéologie démocratique proclame la défense des droits privés, mais l'extension des contrôles étatiques (sur l'éducation, la santé...) et des moyens de communication de masse (radio, télévision) ne cesse d'introduire le domaine public dans le privé. Inversement, les demandes privées contraignent les pouvoirs politiques et économiques à user de multiples stratégies pour influencer les individus et les communautés familiales.

2 L'opposition s'emploie aussi pour distinguer l'ensemble des entreprises industrielles et commerciales, le marché, d'une part, et les entreprises d'État et les administrations publiques, d'autre part. L'investigation sociologique étudie les conséquences sociales de cette distinction sur les types d'activité, de carrière, et sur les attitudes des agents concernés.

Pierre ANSART

bibliographie

SENNETT Richard, *Les Tyrannies de l'intimité* (1974), Seuil, 1979.

SINGLY François de, THÉLOT Claude, *Gens du privé, gens du public : la grande différence*, Dunod, 1989.

PRIVILÈGE

voir : DISTINCTION

Avantage accordé à une personne ou à un groupe, qui en jouit à l'exclusion des autres.

Ce terme est peu utilisé en sociologie, car il ne peut être évalué qu'à travers les opinions et représentations qui contestent une situation jugée injuste ou, au contraire, nient qu'une différence constitue un *privilège*. Par contre, la dénonciation des privilèges est un thème essentiel dans les débats politiques, où le privilège est opposé directement aux valeurs de justice et d'égalité.

Pierre ANSART

PROBLÉMATIQUE

voir : PARADIGME, THÉORIE

Les termes *théorie, paradigme, problématique* ne peuvent être dissociés, mais ils doivent être distingués. Le terme *paradigme* est usité pour particulariser l'appareil intellectuel mis en œuvre dans la réalisation d'une recherche. La problématique ainsi entendue évoque à la fois l'ensemble de la conceptualisation, des hypothèses, de la construction d'objet, et les objectifs poursuivis dans les processus d'investigation. Le terme de *problématique* suggère que les procédures tendent à faire de l'objet un *problème* dont les réponses ne sont pas acquises et dont les relations restent à découvrir.

Pierre ANSART

bibliographie

BOURDIEU Pierre, PASSERON Jean-Claude, CHAMBOREDON Jean-Claude, *Le Métier de sociologue. Préalables épistémologiques*, Mouton-Bordas, 1983.

BERTHELOT Jean-Michel, *Les Vertus de l'incertitude : le travail de l'analyse dans les sciences sociales*, PUF, 1996.

PROCÉDURE

du latin *procedere*, formé de *pro* « devant » et *cedere* « aller », d'où « aller en avant, avancer »

voir : DROIT, LES MÉTHODES EN SOCIOLOGIE

Ensemble des démarches utilisées pour arriver à un résultat, succession des techniques dans la recherche.

Le sens général n'est pas éloigné du sens juridique qui dit de la *procédure*, qu'elle est l'« *ensemble des règles et des formes qu'il convient d'observer pour agir en justice, avant et pendant un procès, et jusqu'à son terme* ». Cette formulation a le mérite de rappeler que la connaissance n'est pas un enregistrement passif de l'objet, mais un acte par lequel cet objet est mis en situation de se soumettre au questionnement du sujet (pour reprendre KANT) et d'y répondre. Bref, la notion de *procédure* souligne l'importance de la méthodologie, celle-ci ne se réduit pas à un choix de *procédures* qui seraient indépendantes de l'objet à étudier et de la finalité de la recherche.

André AKOUN

PROCESSUS

voir : CAUSE, ÉVOLUTION, HASARD, EFFET PERVERS

Enchaînement de phénomènes successifs supposés constituer une chaîne causale et dynamique.

Le repérage d'un *processus* social est un objectif de la recherche dans les différents domaines de la sociologie. Cette recherche se heurte toutefois à des obstacles importants du fait de la complexité des interrelations, de l'impossibilité d'isoler totalement un processus et de faire disparaître la marge de contingence.

Pierre ANSART

bibliographie

BALANDIER Georges, *Sens et puissance, les dynamiques sociales*, PUF, 1981.

WEBER Max, *Essais sur la théorie de la science* (1922), Presses Pocket, 1992.

PROFANE

du latin *profanus* « qui est devant l'enceinte consacrée », c'est-à-dire « hors du temple »

voir : RELIGION, SACRÉ, SÉCULARISATION

Par opposition au religieux, tout ce qui n'appartient pas au sacré.

Dans une société où la religion est un facteur essentiel et organisateur de la culture, la distinction entre le *sacré* et le *profane* participe à la structuration de l'organisation sociale. DURKHEIM souligne la signification de cette structuration en faisant du religieux et du profane deux termes qui se définissent dialectiquement. Dans une culture sécularisée, la définition du profane perd de cette simplicité. Pour autant que des lieux, signes et objets, conservent des significations symboliques, comme les lieux de culte, les cimetières, ils sont opposés aux objets profanes. Les agressions envers ces lieux symboliques sont ressenties comme des actes de profanation.

Pierre ANSART

bibliographie

DURKHEIM Émile, *Les Formes élémentaires de la vie religieuse* (1912), PUF, 1985.

PROFESSION

du latin *professio* « déclaration publique », d'où, au IIIe s., « métier, profession »

all. BERUF	esp. PROFESIÓN
angl. PROFESSION	ital. PROFESSIONE

voir : CARRIÈRE, CATÉGORIES SOCIOPROFESSIONNELLES, CORPORATION, MÉTIER

Occupation ou métier fondé sur une compétence et une autonomie avérées, qui bénéficie à ce titre d'un réel prestige social ou intellectuel et implique l'existence, fût-elle sommaire, d'un plan de carrière le plus souvent négocié.

1 Bien que l'on puisse faire référence aux fondateurs de la discipline (DURKHEIM, WEBER, SCHUMPETER) qui s'interrogeaient déjà sur la signification des professions dans le monde moderne et le rôle d'intermédiaire qu'elles pourraient jouer entre « l'État et les particuliers » (cf. ***De la division du travail social***, préface à la seconde édition, 1901), c'est à la sociologie américaine des années 30 que l'on doit la focalisation sur un terme (et sur un concept) qui n'ont pas d'équivalents stricts en français.

Est définie habituellement comme *profession* une activité de travail plus ou moins « libre », qui implique une formation préalable de niveau universitaire (ou assimilé), le maniement d'un art (plutôt que d'une technique) débouchant sur une spécialisation légitimée par une instance supérieure, l'insertion codifiée au sein d'une communauté de pairs dotés des mêmes compétences, portés par un même idéal de service et obéissant à des règles de fonctionnement communes. On aura reconnu là quelques-unes des caractéristiques des professions du droit et de la médecine, dont l'exercice est massivement libéral. Pour certains auteurs, l'accent doit être mis sur l'aspect spécialisé du travail, alors que pour d'autres le contrôle exercé sur son propre travail est l'élément déterminant. Mais la plupart considèrent que ce concept, auquel PARSONS attachait un grand prix, conserve un fort contenu idéologique et qu'il s'accorde (trop) bien avec les valeurs, individualistes et capitalistes, de la société américaine.

Par rapport au débat initial, les enjeux ont bien évidemment changé. Nombre d'occupations qui, au départ, n'avaient rien de libéral se sont « professionnalisées ». Ainsi, les enseignants, les ingénieurs ou encore les militaires peuvent être considérés comme des professionnels, si l'on songe que leur activité prend souvent la forme d'une carrière, où le contrôle par les pairs vient contrebalancer, dans certaines limites, le contrôle par la hiérarchie. Reste que le principal problème, aujourd'hui non résolu, porte plutôt sur la « déprofessionnalisation » des compétences et des occupations les mieux établies, qui paraît accompagner la remise en cause de la division sociale du travail héritée de l'État de *welfare*.

2 En sociologie descriptive, *profession* est un terme synthétique qui tient compte à la fois du métier, de l'activité économique, de la qualification professionnelle et de la position hiérarchique d'un individu donné. Très tôt en France, dans une perspective caméraliste, s'est imposé l'usage d'opérer des découpages socioprofessionnels dans la masse d'informations fournies par la statistique sociale. Des nomenclatures de classes sont ainsi proposées, dès le XVIIIe siècle, mais il faut attendre la fin des années 40 pour que s'impose définitivement l'idée de décomposer la population en « catégories socioprofessionnelles » (CSP), supposées socialement homogènes.

Cette grille d'analyse, malgré ses insuffisances notoires, a été adoptée par la plupart des utilisateurs de données sociales (économistes, géographes, sociologues, démographes), qui ont poussé à la mise sur pied d'une nouvelle nomenclature, dite des « professions et catégories* socioprofessionnelles » (PCS), en usage depuis 1982. Le principe sur lequel celle-ci repose est relativement simple. Prenant appui sur des monographies de métiers (détaillant elles-mêmes la qualification requise, la fonction assumée, la taille et le secteur de l'entreprise d'exercice), 489 postes ont été distingués qui, par emboîtements successifs, ont été ramenés à des groupes comprenant respectivement 42, 24 ou 8 postes. La nomenclature la plus agrégée comporte 6 groupes d'actifs (agriculteurs exploitants, chefs d'entreprise, cadres et professions intellectuelles supérieures, professions intermédiaires, employés, ouvriers) et 2 groupes d'inactifs (retraités, autres sans activité professionnelle). Plus récemment (1995), une nouvelle nomenclature a été mise au point (les « familles professionnelles ») qui vise à analyser plus finement le marché du travail par type de métier, à partir des statistiques croisées de l'INSEE et de l'ANPE. C'est dire l'usage multiforme d'instruments de mesure tous basés sur la « profession ».

François GRESLE

bibliographie

DUBAR Claude, TRIPIER Pierre, *Sociologie des professions*, Armand Colin, 1998.

FREIDSON Eliot, *La Profession médicale*, Payot, 1984.

HUGHES Everett, *Men and their Work*, New York, The Free Press of Glencoe, 1958.

PARSONS Talcott, *Éléments pour une sociologie de l'action* (1951), Plon, 1955.

STRAUSS Anselm, *La Trame de la négociation* (1922), L'Harmattan, 1978.

Nomenclature des professions et catégories socioprofessionnelles, in INSEE, 1983.

PROFILS (PROFILS LIGNES ET PROFILS COLONNES) ⇒ TRI CROISÉ

PROGRÈS

du latin *progressus* qui désigne proprement « la marche en avant », d'où, au figuré, « le développement, l'accroissement »

all. FORTSCHRITT	esp. PROGRESO
angl. PROGRESS	ital. PROGRÈSSO

voir : IDÉOLOGIE, PROJET, UTOPIE

Transformation, évolution, estimée, objectivement et subjectivement, positive.

Les fondateurs de la sociologie ne doutaient pas, après les révolutions sociales et politiques de la fin du XVIIIe siècle, que l'évolution de l'humanité était celle du *progrès*. Comte voit dans l'âge positif l'âge de la science, délivré des illusions des âges théologique et métaphysique. MARX ne doute pas que le communisme marquera la fin des aliénations et, par là, la fin de l'histoire et de ses tourments. Deux idées se trouvaient ainsi confondues, celle de la définition du progrès (que signifie, pour un ensemble social, que d'être en progrès par rapport à son passé ?) et, d'autre part, celle de la nécessité de ce devenir. Les notions d'*évolution* et de *développement* comportent, dans leur usage le plus fréquent, la même ambiguïté.

Les premières années du XXe siècle et, plus encore, celles qui ont suivi, ont été marquées par un recul de cet optimisme. DURKHEIM s'interroge sur les formes d'anomie engendrées par le développement économique ; WEBER y voit émerger le règne de la bureaucratie mêlant rationalisation et désenchantement. Les deux questions de la nature du progrès et de sa nécessité éventuelle doivent être distinguées. De plus, rien n'assure qu'un progrès dans un secteur social entraîne des effets favorables pour tous les autres. Le domaine des techniques est clairement celui où les progrès, en termes de gains de vitesse, d'efficacité ou de sécurité, sont les moins contestables. De même, les connaissances scientifiques ne cessent d'étendre le champ de leurs investigations. Mais un progrès technique ne constitue pas nécessairement une progression sociale : un progrès dans la technique des transports suscite des nuisances pour l'environnement et pour tous ceux qui en sont victimes. De même, les incontestables progrès scientifiques n'entraînent pas de progrès en termes de pacification dans les rapports internationaux.

Quant à l'idée de la nécessité du progrès, elle a été battue en brèche par l'histoire du XXe siècle. Les totalitarismes nazi et communiste ont suffisamment démontré que des progrès que l'on croyait définitivement acquis pouvaient être effacés, imposant ainsi de réfléchir à la possibilité de la décadence.

La participation de la sociologie à ces débats n'est pas mince. Elle a longuement contribué, dans sa version critique, à l'analyse des désillusions du progrès (ARON, 1986), en montrant comment les incontestables progrès partiels pouvaient engendrer des régressions non moins contestables. Mais elle souligne aussi l'importance, dans les sociétés historiques, du progrès en tant que projet et lieu de négociation. Le progrès social est un enjeu très largement partagé, et c'est en partie au sein de cette valeur reconnue que se heurtent les positionnements politiques et les projets d'action.

Pierre ANSART

bibliographie

ARON Raymond, *Les Désillusions du progrès : essai sur la dialectique de la modernité*, Gallimard, 1996.

FERRAROTTI Franco, *The Myth of Inevitable Progress*, Westport, Conn., Greenwood Press, 1985.

FEYERABEND Paul, *Adieu la raison*, Seuil, 1989.

LE GUEN René, *Les Enjeux du progrès*, Éditions sociales, 1983.

MUMFORD Lewis, *Le Mythe de la machine*, Fayard, 2 t., 1974.

PROJECTION (DE POPULATION) ⇒ POLITIQUE DE POPULATION

PROJET

du latin *projectus* « lancé en avant »

voir : CARRIÈRE, IDÉOLOGIE, IMAGINAIRE SOCIAL

Représentations, idées, images, plans, concernant l'avenir et désignant ce que l'on a dessein de réaliser.

C'est l'une des caractéristiques de l'action sociale que de comporter une représentation du futur recherché et de s'ordonner en fonction de cette représentation. L'action collective suppose un *projet* (de répétition sociale ou de changement), une représentation des finalités admise par la majorité des agents ou imposée. Les imaginaires sociaux ainsi que les idéologies politiques comportent une dimension projective, valorisant des finalités et en condamnant d'autres, ils donnent sens aux actions par cette représentation des buts souhaités.

Pierre ANSART

bibliographie

BOURDIEU Pierre, *Méditations pascaliennes*, Seuil, 1997.

PROLÉTARIAT

du latin *proletarius*, désignant le citoyen appartenant à la dernière classe de la société romaine, qui ne compte dans l'État que par ses enfants

all. PROLETARIAT	esp. PROLETARIADO
angl. PROLETARIAT	ital. PROLETARIATO

voir : MARXISME, OUVRIER ET CLASSE OUVRIÈRE

Ensemble des agents sociaux ne disposant, pour subsister, que de la vente aléatoire de leur force de travail.

Le sens ancien du terme (ensemble de ceux qui ne possèdent rien) est repris dans les années 1840 par les porte-parole des ouvriers et ouvriers-artisans. Il est retenu par MARX dans le même sens : le prolétaire est celui qui n'a pour tout bien que sa force de travail. Dès ses œuvres de jeunesse (1842), il fait du *prolétariat* la classe essentiellement révolutionnaire qui, n'ayant rien à défendre pour elle-même, conduirait, par son soulèvement, à l'égalité et à l'institution d'une société à caractère universel. Marx exclut de ce prolétariat le sous-prolétariat *(Lumpenproletariat)*, catégorie sociale restée docile aux forces dominantes et inapte à l'action révolutionnaire.

Pierre ANSART

bibliographie

HOGGART Richard, *La Culture du pauvre. Étude sur le style de vie des classes populaires en Angleterre*, Éd. de Minuit, 1991.

MARX Karl, *Manifeste du Parti communiste*, 1847.

THOMPSON Edward P., *La Formation de la classe ouvrière anglaise* (1963), Hautes Études-Gallimard-Seuil, 1988.

PROPAGANDE

du latin ecclésiastique moderne *propaganda*, ellipse de l'expression *Congregatio de propaganda fide*, institution créée par Grégoire XV en 1622

voir : DOMINATION, EFFICACITÉ SYMBOLIQUE, INFLUENCE, POUVOIR

Le terme propagande *pénètre le langage politique avec la Révolution. Il désigne une association ayant pour but de propager des opinions politiques (1790) et, par métonymie, l'action organisée en vue de répandre une doctrine. Elle est opposée à l'information politique (publicité des débats). Le mot prendra une valeur négative avec le développement des manipulations d'opinion par les régimes totalitaires et avec l'omniprésence, supposée omnipotente, des techniques de communication de masse.*

La *propagande* politique est liée au fait explicite du politique. C'est à partir du moment où la question du pouvoir est ouvertement posée, où il n'est plus dissous dans la représentation mythique ou dans le droit divin, que s'impose la nécessité de convaincre l'en dehors. En ce sens, la propagande est spécifique de la modernité ; elle est née comme forme réactive à la souveraineté de l'individu citoyen, lorsque la question du pouvoir cesse d'être fondée sur une transcendance naturelle.

Sur le plan sociologique, la propagande a été traitée essentiellement dans la perspective du conditionnement de l'homme, et elle est reliée, dans son omnipotence, au développement des médias. Le premier manifeste en la matière fut *Le Viol des foules*, de TCHAKHOTINE. Écrit avant la dernière guerre, il étudiait le rôle de la propagande hitlérienne et en arrivait à la conclusion que les thèmes idéologiques, le matraquage des slogans grâce à la radio avaient permis aux nazis de contrôler les esprits. Depuis, les épigones de TCHAKHOTINE sont légion. Pourtant, le fait supposé de l'omnipuissance de la propagande est loin d'être empiriquement démontré. En 1940, suite aux élections opposant Roosevelt à Willkie, LAZARSFELD constate ainsi que les campagnes électorales diffusées par les médias ont fait statistiquement peu varier l'électorat ; il relève, en revanche, l'influence des leaders d'opinion. Il reste que l'important n'est pas peut-être de se demander si la propagande a ou non des effets, mais de s'interroger sur les conditions socio-historiques de son existence. À ELLUL revient ce mérite. Il a montré que le pouvoir de la propagande ne vient pas du charisme du propagandiste, mais de la posture de propagandés, d'emblée ouverte aux persuasions : le propagandé existe avant le propagandiste, écrit Ellul, et c'est la société moderne, avec son *bluff* technologique, qui a favorisé une telle ouverture aux manipulations. À cette thèse, on opposera celle de AKOUN, qui rappelle que ce n'est pas la société moderne en tant qu'elle est technicienne qui favorise une telle propension à la manipulation ; mais elle est « *ce temps où toute identité est minée par le sentiment de son caractère aléatoire et où deviennent réactionnellement possibles aussi bien les jubilations hédoniques* [...] *que les tentations désespérées de retrouver la minéralité des insertions et des certitudes anciennes* ».

Propagande et publicité. Le développement, dans les années 80, du marketing politique tend à faire croire aujourd'hui que la propagande s'est faite publicité sous l'effet des techniques d'images, que donc propagande et publicité sont de même nature, et de nature évidemment diabolique. Il y a abus dans l'analogie. La propagande n'est pas la publicité, non pas du fait que l'une cherche à propager des opinions et l'autre à vendre des objets, que l'une persuade et que l'autre séduit, mais parce qu'elles s'inscrivent dans des espaces différents : la propagande vise l'individu-citoyen et tend à abolir l'espace privé au profit d'un espace public communautaire ; la publicité vise l'individu consommateur dans son moi narcissique et dissout l'espace de l'opinion publique dans l'espace privé des opinions du public. Reste la question : qu'en est-il des avatars d'une société où l'espace civique est réduit à l'espace des investissements égotistes ?

Valérie SACRISTE

bibliographie

AKOUN André, *La Communication démocratique*, PUF, 1995.

ELLUL Jacques, *Propagande*, Armand Colin, 1963.

LAZARSFELD Paul, *The People's Choice*, New York, Columbia University Press, 1944.

TCHAKHOTINE Serge, *Le Viol des foules*, Gallimard, 1951.

PROPHÈTE ET PROPHÉTISME

all. PROPHETISMUS	esp. PROFETISMO
angl. PROPHETISM	ital. PROFETISMO

voir : MESSIANISME, RELIGION, SYNCRÉTISME

Selon l'étymologie grecque *prophêtês*, le prophète n'est pas le devin qui dit à l'avance, mais le messager qui parle sous l'inspiration de Dieu dont il révèle aux hommes les desseins, qui promet le bonheur pour les bons et le châtiment pour les méchants. Il est l'inspiré (*nabi* en hébreu) et l'envoyé du Très-Haut. À la fondation de nouvelles Églises modernes préside souvent un prophète charismatique, qui non seulement réinterprète d'anciens oracles et exhorte la communauté, mais évoque l'avenir, en annonçant parfois l'arrivée d'un messie salvateur.

Claude RIVIÈRE

PROPRIÉTÉ

du latin juridique *proprietas* « caractère propre, spécifique », et « droit de possession »

all. EIGENTUM, BESITZ	esp. PROPRIEDAD
angl. PROPERTY	ital. PROPRIETÀ

voir : ASSOCIATION, CAPITAL, CAPITALISME, ÉCONOMIE, OUVRIER

Fait de posséder ; ce que l'on possède.

En sociologie, la *propriété* est moins importante comme concept (on reprend le plus souvent les définitions juridiques) ou comme objet (il existe relativement peu d'enquêtes sur ce sujet) que comme question (comme problème).

1 PROUDHON ET SAINT-SIMON. On connaît la célèbre formule « La propriété, c'est le vol » de PROUDHON (dans son mémoire de 1841 intitulé *Qu'est-ce que la propriété ?*). Cette affirmation, dont certains n'ont retenu que le caractère radical, exprime une théorie des rapports sociaux. Pour Proudhon, il existe une différence entre possession et propriété. La première, par exemple lorsqu'un artisan possède ses instruments de travail, n'entraîne pas l'exercice d'un pouvoir sur les autres, alors que tel est le cas de la propriété, qui permet d'obtenir des revenus sans travail. Proudhon s'oppose au *régime propriétaire* (qui correspond au capitalisme chez MARX). Ce faisant, il se situe dans la continuité de SAINT-SIMON. Ce dernier insiste sur la radicalité de l'affrontement entre les non-producteurs oisifs, les propriétaires rentiers (qu'il appelle les « frelons ») et les producteurs, la classe industrielle, qui comprend tous les travailleurs, propriétaires ou non. Chez Proudhon comme chez Saint-Simon, l'emporte une dénonciation de la propriété parasitaire.

2 MARX. Même si elle garde des liens de parenté avec la théorie de Proudhon, la perspective marxiste est différente. Pour Marx, les rapports sociaux sont commandés par les rapports de production, qui eux-mêmes dépendent des forces productives (technologies, travailleurs). Ils s'expriment dans des rapports de propriété et la question des moyens de production constitue un enjeu majeur. Mais, comme le dit Marx dans la préface de la *Contribution à la critique de l'économie politique*, les forces productives évoluent et, en modifiant les rapports de production, elles entrent en contradiction avec le système de propriété correspondant aux rapports de production antérieurs. Dans le marxisme domine l'idée d'une association entre domination économique et sociale, organisation politique (État) et système de propriété. En même temps, il montre comment ces éléments peuvent entrer en contradiction. C'est ainsi que l'analyse du capitalisme montre une contradiction entre le caractère social de la production et la propriété privée. Le régime de propriété est donc étudié par les marxistes comme élément d'un mode de production ou (pour reprendre un vocabulaire plus récent) d'une formation économique et sociale.

3 WEBER. WEBER, lorsqu'il présente « *les concepts fondamentaux de la sociologie* », élabore une définition spécifiquement sociologique de la propriété. Après avoir distingué des relations sociales ouvertes (auxquelles on peut participer sans conditions) et des relations fermées (dans lesquelles les nouveaux participants ne sont pas admis, ou seulement sous conditions), il indique que la fermeture ou l'ouverture peuvent être choisies rationnellement en fonction des chances qu'elles offrent de servir les intérêts des participants. Une des modalités par lesquelles une relation close peut servir les intérêts de ses membres de manière exclusive est l'« *appropriation durable et relativement ou entièrement inaliénable au profit d'individus ou de groupes* [...] *Les chances appropriées à des individus ou à des communautés ou sociétés à titre héréditaire, nous les appelons* propriété [...] *et lorsqu'elles sont appropriées de façon inaliénable nous les appelons* libre *propriété* » (1971, p. 44). Weber privilégie donc une définition de la propriété en termes d'utilité (conformément à une perspective d'inspiration économique qui influence également Marx) et non de patrimoine.

Dans sa sociologie économique, il va dans le même sens en mettant l'accent sur la structuration du marché par la propriété (au sens défini ci-dessus) : « *Toute économie* [...] *avec appropriation des moyens de production par des entreprises particulières, toute économie fondée sur la " propriété " est donc tributaire de la rentabilité des prix que les consommateurs peuvent ou veulent payer (en fonction de l'utilité marginale de l'argent selon leur revenu) : la production rentable n'est donc possible qu'au bénéfice des consommateurs disposant* [...] *de ressources adéquates* [...] » (1971, p. 94.).

4 LES ÉTUDES CONTEMPORAINES. Il reste que la propriété pourrait être traitée plus souvent comme un objet de recherche par la sociologie. Elle l'est déjà dans les études rurales (en particulier par les géographes et les ethnologues). On pourrait notamment s'interroger sur les évolutions de la définition juridique de ce qui est, dans les principes du droit romain, exercice du droit d'usage, d'aliénation, de disposition absolue *(jus utandi et abutandi)*, ou encore sur les définitions données dans des cultures se référant à d'autres traditions.

Les formes de la propriété collective (qu'elle soit d'État, publique ou privée), les redéfinitions permanentes du droit de propriété (on le voit en France actuellement avec les évolutions du droit et de la jurisprudence en matière d'expropriations) constituent autant de domaines d'étude, et la position de propriétaire (quelles que soient la nature et l'ampleur de la propriété) et les réactions de ceux qui l'occupent (cf. LÉVY, 1972) constituent un domaine de recherche vaste et d'un grand intérêt.

Alain BOURDIN

bibliographie

ANSART Pierre, *Sociologie de Proudhon*, PUF, 1965.

LÉVY Jean-Philippe, *Histoire de la propriété*, PUF, 1972.

PROUDHON Pierre Joseph, *Qu'est-ce que la propriété ?* (1841), Genève, Slatkine, 1992.

WEBER Max, *Économie et Société* (1922), Plon, t. 1, 1971.

PROSPECTIVE

emprunté au latin *prospectivus* « permettant de voir de loin, offrant une perspective »

all. FUTUROLOGIE, ZUKUNFTSFORSCHUNG, PROGNOSE	esp. PREVISIÓN FUTUROLOGÍA
angl. FUTUROLOGY	ital. FUTUROLOGIA

voir : DÉTERMINISME, ÉCONOMIE ET SOCIOLOGIE, PLANIFICATION

Ensemble des pratiques scientifiques qui permettent une réflexion sur l'avenir qui soit à la fois la moins incertaine possible et la plus utile quant aux actions des hommes.

La *prospective*, parfois aussi appelée *futurologie*, est née aux États-Unis à la fin de la Seconde Guerre mondiale, à des fins militaires. Elle sera développée en France par Gaston BERGER, à partir de 1957, puis, de façon plus élaborée, par Bertrand de JOUVENEL.

L'interrogation sur l'avenir et le désir d'en prévoir le cours n'est certes pas une originalité de notre siècle. Toutes les sociétés ont, à leur façon, fait de la « prévision ». La différence est que la prospective aujourd'hui ne se présente pas comme un dévoilement de ce « qui est écrit ». Elle n'est pas une lecture passive d'un destin inéluctable mais une anticipation rationnelle à partir des données scientifiquement établies de l'état présent du monde en vue d'une action possible. Nous restons dans la logique de l'entreprise scientifico-technique constitutive de l'esprit de la modernité : connaître le réel pour le soumettre aux fins de l'homme.

Les procédés dont use la prospective sont disparates et mal définis. Science nouvelle, elle n'est, à bien des égards, qu'un regroupement de sciences existantes, son originalité étant qu'elle les envisage dans une interrogation sur l'avenir. Ainsi s'intéressera-t-elle à ce qui relève des tendances lourdes : l'évolution démographique, le rythme du progrès technique, celui de l'urbanisation, la permanence de certaines habitudes de vie et de certaines traditions. Les interrogations qui minent la certitude de toute prospective sont celles portant sur le choix des tendances lourdes à prolonger et sur leur hiérarchisation, mais surtout le fait que l'histoire est imprévisible et que des innovations techniques bouleversantes peuvent surgir sans préavis.

Malgré cela, malgré le fait qu'elle ne peut proposer que des conjectures, que les modèles qu'elle construit et les prévisions que ceux-ci permettent doivent être corrigés sans cesse afin de prendre en compte les écarts entre ses conclusions et la réalité, la prospective reste un instrument apprécié des acteurs économiques et des décideurs politiques, nationaux et internationaux. C'est ainsi que, depuis la fin de la dernière guerre, se sont multipliés des organismes comme, aux États-Unis, la « Commission pour l'an 2000 », dirigée par Daniel BELL, celle de la Rand Corporation, créée en 1948, l'Hudson Institute dirigé par Hermann KAHN ; en Grande-Bretagne, « Mankind 2000 », groupe international fondé en 1967 ; en France, l'association internationale « Futuribles » dont le principal animateur aura été Bertrand de Jouvenel. À cela s'ajoutent les divers organismes de réflexion prospective au sein de l'ONU et de l'UNESCO et des très grandes entreprises industrielles.

André AKOUN

bibliographie

BELL Daniel, *L'An 2000 : la Bible des trente prochaines années*, 1968, Marabout Université, 1972.

COUTROT Bernard, DROESBEKE Jean-Jacques, *Les Méthodes de prévision*, PUF, 1995.

DECOUFLÉ André-Clément, *Traité élémentaire de prévision et de prospective*, PUF, 1978.

TOFFLER Alvin, *Le Choc du futur*, Denoël, 1971.

PROXÉMIE

Adaptation de l'anglo-américain *proxemics*, forgé par l'anthropologue Edward T. HALL en 1963 à partir du radical de *proximity* (correspondant à *proximité*)

voir : ÉCOLE DE CHICAGO, ÉCOLOGIE, SOCIOLOGIE URBAINE

Discipline qui étudie l'organisation signifiante de l'espace par les espèces animales et par l'homme.

Au sens large, les recherches sur la construction des espaces domestiques, sur les relations de voisinage, sur la vie des quartiers, sur les petits groupes urbains occupant un territoire s'attachent à décrire et à restituer ces relations de proximité en tenant compte de la construction culturelle permanente des espaces.

Pierre ANSART

bibliographie

HALL Edward T., *La Dimension cachée*, Seuil, 1978.

PSYCHANALYSE ET SOCIOLOGIE

contraction de l'allemand *Psychoanalyse* (composé de *psycho* et *Analyse*), mot créé par Sigmund Freud (1896)

all. PSYCHOANALYSE	esp. PSICOANÁLISIS
angl. PSYCHO-ANALYSIS	ital. PSICANALISI

voir : AFFECT, IDÉOLOGIE, ÉMOTION, PASSION, SOCIOLOGIES

Théorie et méthode de traitement des désordres psychiques, névroses et psychoses, développées initialement par Sigmund Freud.

La question des rapports entre la psychanalyse et la sociologie est subordonnée à des problèmes de fond. Une conception objectiviste de la sociologie, insistant sur les seules données factuelles, dans la tradition de DURKHEIM, et séparant rigoureusement le social et le psychologique, exclut logiquement tout recours aux interprétations psychanalytiques. De plus, pour une épistémologie qui refuse une telle séparation et intègre les acteurs et leur psychologie dans ses champs d'étude, il reste à préciser de quelle psychologie elle attendra ses interprétations complémentaires, et si elle retient l'hypothèse de l'inconscient qui est aux fondements de l'approche psychanalytique. Les rapports entre la psychanalyse et la sociologie posent ainsi des problèmes essentiels ; ils ont, de ce fait, donné lieu à des débats soulevant des questions fondamentales.

1 INTERRELATIONS DU PSYCHIQUE ET DU SOCIAL CHEZ FREUD. Dès ses premiers travaux sur l'hystérie et les obsessions, FREUD s'interroge sur les liens entre l'inconscient individuel et la culture ; il propose de transgresser les frontières entre la connaissance du sujet et les sciences sociales. Étudiant les rituels et les interdits, il fait l'hypothèse que ces pratiques culturelles sont en rapport direct avec des comportements liés à l'inconscient (Freud, 1907, 1912). Dans cette perspective, et dans la pratique de la cure analytique, le sujet n'est pas considéré comme isolé par rapport à son environnement social, mais bien dans l'entrelacement de ses liens avec son milieu, avec la culture dans laquelle il agit et dont il subit l'emprise. La seconde topique, que Freud développe après 1920, approfondit cette théorie des interrelations entre le psychique et le social. La distinction des trois instances constitutives de la personnalité multiplie leurs liens avec l'environnement social. Le sujet a une existence dès avant sa naissance dans le désir de ses parents, comme dans la structure œdipienne dont les développements ne manquent pas de le marquer. L'instance pulsionnelle (le *ça*) trouve, dès les premiers mois, matière à s'investir et à réagir. Au niveau de l'instance du moi, les interrelations entre l'inconscient et le social sont non moins constitutives : l'agencement social, la répartition des statuts et des rôles masculins-féminins, la hiérarchie des valeurs participent à la structuration du moi, à la formation de l'identité. Dans le cas exemplaire de l'identification au père, puis au chef, on voit comment s'opère à la fois la projection des désirs inconscients, la conciliation entre la dynamique du désir et les images sociales, et la répétition des investissements psychiques antérieurs. Enfin, au niveau du surmoi, les interrelations sont non moins formatrices du sujet, puisque ce sont les idéaux sociaux, les valeurs culturelles, politiques ou religieuses, qui organisent l'instance surmoïque, orientent les refoulements et la culpabilité, conditionnent les docilités ou les agressivités (Freud, 1930). Ces liens multiples, ce tissu serré dans lequel les sujets sont engagés, se modifient au cours du temps et en fonction des circonstances. Une institution (armée ou Église, par exemple) favorise les fixations affectives et les identifications, elle crée une « structure libidinale » dans laquelle les membres s'attachent au chef, se reconnaissent entre eux dans une même idéalisation. Des changements historiques, la mort du héros, peuvent détruire cette structure et provoquer des phénomènes de régression collective (Freud, 1921).

2 ANTHROPOLOGIE ET PSYCHANALYSE : LE PROBLÈME DE LA RELATIVITÉ DES CONCEPTS FREUDIENS.

1 **Malinowski.** Ces thèses de Freud ont suscité, tout d'abord en anthropologie, des interrogations concernant la théorie de l'inconscient et l'emprise des variables sociologiques. Étudiant les populations des îles Trobriand, MALINOWSKI affirme que ces sociétés matrilinéaires font apparaître un complexe nucléaire distinct du complexe d'Œdipe : les pulsions hostiles et les rêves d'agression seraient dirigés contre l'oncle maternel, les désirs incestueux seraient portés non vers la mère, comme dans les cultures patrilinéaires, mais vers la sœur (Malinowski, 1927). Malinowski reprend ainsi une partie des thèses de Freud sur les rêves et la théorie des complexes, mais accentue à l'extrême la relativité des cultures.

2 **Mead, Bateson, Kardiner.** Cette tendance relativiste, qui retient quelques éléments du freudisme mais récuse l'universalité de ses concepts, se retrouve dans les travaux de nombreux anthropologues culturalistes (MEAD, 1928 ; BATESON, 1942 ; KARDINER, 1945).

3 **Róheim et les anthropologues freudiens.** Au contraire, des anthropologues plus proches des thè-

ses de Freud ont soutenu qu'une investigation plus attentive montrait la permanence, à travers des cultures différentes, des mêmes traits généraux, comme les mythes sexuels ou l'hostilité contre le père représentant de la loi (RÓHEIM, 1950).

3 SOCIOLOGIE ET PSYCHANALYSE : LA SOCIOPSYCHANALYSE. En sociologie, les débats ont été non moins nombreux et fondamentaux puisqu'ils mettaient en jeu à la fois la conception du social, l'épistémologie sociologique et toute la théorie du lien social. En outre, des travaux exemplaires furent marqués par les conjonctures historiques et leurs interprétations.

Reich. Ainsi, la montée du fascisme en Allemagne dans les années 30 conduit REICH, dans ses tout premiers écrits, à percevoir l'importance de l'autorité paternelle et de sa projection sur l'image du Führer, ainsi que la dynamique de la répression sexuelle dans l'adhésion aux dogmes totalitaires (Reich, 1933). Après 1945, la transformation des relations familiales et des mœurs sexuelles a provoqué une actualisation des interprétations sociopsychanalytiques.

Marcuse. MARCUSE a suggéré que l'évolution des mœurs imposait une reconsidération de certaines thèses freudiennes sur l'autorité paternelle, sur l'intériorisation des répressions dans la société de consommation (Marcuse, 1955).

Mendel, Mitscherlich. Les observateurs des structures familiales ont souligné que les transformations concernant les rapports intra-familiaux induisaient des changements dans les personnalités : l'effacement relatif de l'autorité paternelle et donc de l'identification subjective à un rôle protecteur pourrait expliquer, particulièrement chez des adolescents, une instabilité des structures psychiques (MENDEL, 1972 ; MITSCHERLICH, 1963).

4 LES CHAMPS D'APPLICATION DE LA SOCIOPSYCHANALYSE. Dans ces travaux, l'analyse sociologique prend une orientation sociopsychanalytique ; elle interroge l'évolution des structures sociales et son incidence sur la subjectivité des agents, dans une perspective d'interaction. Les champs d'investigation de la sociopsychanalyse s'avèrent ainsi considérables et recouvrent plus particulièrement les domaines où la subjectivité des acteurs sociaux est directement concernée.

1 **Étude des socialisations comparées.** Citons quelques exemples, allant de la socialisation jusqu'aux conflits. L'étude des socialisations comparées selon les différents milieux sociaux, classes et aires culturelles, s'enrichit considérablement à partir des questions posées par la sociopsychanalyse. Il convient alors de rechercher quelles pratiques d'apprentissage et d'éducation sont mises en œuvre, quels modèles d'interaction, quelles valeurs sont inculquées et avec quels résultats dans la formation des individualités (BENEDICT, 1935).

2 **Dynamique des identités individuelles.** De même, les recherches sur la nature et les changements des identités reçoivent un éclairage important d'une approche qui permet d'approfondir la dynamique des échanges entre le sujet et son groupe — réel ou imaginaire — et des sujets entre eux. L'intériorisation des modèles sociaux, les conflits psychiques et leurs dynamiques, les projections des conflits sur le collectif, les processus de sublimation liés aux sollicitations et aux pressions sociales participent à la dynamique des identités et permettent d'en mieux comprendre les contradictions. L'hypothèse freudienne des « liens libidinaux » et de leurs changements peut constituer une féconde provocation à la réflexion (STÉPHANE, 1969). Les affectivités politiques, les émotions, sentiments et passions, qui accompagnent les événements et les actions de la vie politique et qui sont peu accessibles à une approche positiviste, offrent un champ d'étude privilégié pour une sociopsychanalyse.

3 **Groupuscules et sectes.** On le voit dans le cas des groupuscules et des sectes politiques qui forment des lieux affectivement intenses, procurant aux adeptes des satisfactions et des contraintes exceptionnelles. Les recherches menées de ce point de vue sur des sectes ont mis en évidence la diversité des économies affectives propres à ces petits groupes et comment ces affectivités particulières donnent lieu à des comportements radicalement opposés (CHOUVIER, 1982).

4 **Partis politiques et institutions.** Les partis politiques ainsi que les institutions, s'ils constituent des lieux d'investissement moins intenses, n'en manifestent pas moins des affectivités particulières dont l'étude révèle les fonctionnements (identification au chef, ambivalences affectives, culpabilisation...) (ANSART, 1977).

5 **Croyances et idéologies.** D'autre part, l'étude des croyances et des systèmes idéologiques n'a pas manqué de constituer un terrain privilégié pour l'approche sociopsychanalytique, soit qu'on étudie les structures inconscientes immanentes aux textes (BESANÇON, 1967), soit qu'on analyse la réception d'un type de message ou les attitudes provoquées chez les récepteurs. En règle générale, pour autant que le politique participe de l'imaginaire, il requiert, pour être compris dans la totalité de ses dimensions, une approche sociopsychanalytique (CASTORIADIS, 1975). Cette approche n'a pas vocation de se substituer à d'autres, mais elle constitue une contribution féconde pour l'extension de la compréhension et de l'explication. L'étude d'un conflit social, par exemple, impose certes l'analyse objective des forces en présence, mais requiert aussi la prise en compte des fantasmes et des rêves, des identités et des identifications, des enthousiasmes et des humiliations.

6 **« Autoanalyse sociologique ».** Enfin l'approche sociopsychanalytique peut favoriser une critique exigeante de la sociologie en invitant le chercheur à s'interroger sur ses propres investissements préconscients, ses transferts et ses contre-transferts face à ses objets d'investigation.

Pierre ANSART

bibliographie

ANSART Pierre, *Idéologies, conflits et pouvoirs*, PUF, 1977.

BASTIDE Roger, *Sociologie et psychanalyse*, Payot, 1971.

BATESON Gregory, *Vers une écologie de l'esprit*, Seuil, t. 1, 1977 ; t. 2, 1980.

BENEDICT Ruth, *Échantillons de civilisation* (1935), Gallimard, 1950.

BESANÇON Alain, *Le Tsarevitch immolé. La symbolique de la loi dans la culture russe*, Plon, 1967.

CASTORIADIS Cornelius, *L'Institution imaginaire de la société*, Seuil, 1975.

CHOUVIER Bernard, *Militance et inconscient*, PU Lyon, 1982.

FREUD Sigmund, *Totem et tabou* (1912), Payot, 1936.

FREUD Sigmund, « Psychologie collective et analyse du Moi » (1930), in *Essais de psychanalyse*, Payot, 1977.
FREUD Sigmund, *Malaise dans la civilisation* (1930), PUF, 1971.
KARDINER Abram, *L'Individu dans sa société. Essai d'anthropologie psychanalytique* (1939), Gallimard, 1951.
MALINOWSKI Bronislaw, *La Sexualité et sa répression dans les sociétés primitives* (1927), Payot, 1932.
MARCUSE Herbert, *Éros et civilisation* (1955), Éd. de Minuit, 1963.
MEAD George H., *L'Esprit, le soi et la société* (1934), PUF, 1963.
MENDEL Gérard, *La Révolte contre le père. Une introduction à la sociopsychanalyse*, Payot, 1974.
REICH Wilhelm, *Psychologie de masse du fascisme* (1933), Payot, 1972.
STÉPHANE André, *L'Univers contestationnaire*, Payot, 1969.

PSYCHOLOGIE SOCIALE ET SOCIOLOGIE

(psychologie) du grec *psychê* « l'âme » et de *logos* « science » ; (sociologie) du latin *socius* « compagnon, associé »

all.	SOZIALPSYCHOLOGIE UND SOZIOLOGIE	esp.	PSICOLOGÍA SOCIAL Y SOCIOLOGÍA
angl.	SOCIAL PSYCHOLOGY AND SOCIOLGY	ital.	PSICOLOGIA SOCIALE E SOCIOLOGIA

voir : ATTITUDE, CHAMP SOCIAL, DISTANCE SOCIALE, REPRÉSENTATIONS SOCIALES, RÔLE, STATUT

Les liens de la psychologie sociale *et de la* sociologie *sont complexes, ils restent dépendants des contextes sociaux historiques et politiques.*

PSYCHOLOGIE SOCIALE ET SCIENCES HUMAINES. De par son histoire, la *psychologie sociale* entretient des liens très étroits avec la philosophie, la psychologie, la psychanalyse, l'anthropologie culturelle, la psychologie collective. Selon ANSART (1990), ses rapports avec la sociologie sont complexes. En France, TARDE a rencontré beaucoup d'obstacles pour la reconnaissance de ses théories et s'est heurté à l'École de DURKHEIM. Cela peut expliquer l'émergence tardive de la psychologie sociale en tant que discipline instituée. Ainsi, APFELBAUM (1993) signale que la première chaire de psychologie de la vie sociale a été créée en 1946. En revanche, aux États-Unis, selon le même, la psychologie sociale a pu se développer grâce à la demande sociale des entreprises industrielles et à la participation des psychologues sociaux à l'effort de guerre. ALLPORT a également souligné l'importance de la Première Guerre mondiale dans le développement de la psychologie sociale au nom de considérations humanitaires et pratiques. Il s'en est suivi un effort pour comprendre les phénomènes de leadership, d'opinion publique, de rumeur, de propagande, de communication, de prise de décision, de relations entre races et de conflits de valeurs. Même si, plus tard, des convergences se manifesteront entre la psychologie sociale clinique et les recherches sociologiques, les objets de la sociologie et de la psychologie sociale sont différents.

SPÉCIFICITÉS DU CHAMP PSYCHOSOCIAL.

Maisonneuve. Pour MAISONNEUVE, le domaine de la psychologie sociale est « *celui des interactions et des relations dans toutes leurs acceptions : celle des facteurs sociaux et psychiques intervenant dans les conduites concrètes ; celle des personnes et des groupes dans leur environnement ; celle des échanges selon un système de rôle et signes...* » (éd. 1993, p. 124). Il cite aussi MOSCOVICI, qui définit la spécificité de la psychologie sociale comme prise d'autonomie par rapport à la psychologie, celle-ci séparant l'objet et le sujet. Il évoque le regard psychosocial, qui peut être comparé avec celui du sociologue pour l'examen des faits, à travers l'usage d'une grille de lecture ternaire comprenant le sujet individuel, le sujet social et l'objet, étant entendu que dans le cas de la sociologie, le sujet n'est pas un individu mais une collectivité (le groupe, la classe sociale, l'État...). Maisonneuve mentionne également quelques thèmes importants du champ psychosocial : processus de groupe, interaction et influence sociales, rituels d'interaction quotidienne, opinions, représentations et catégorisation sociales. Ensuite il évoque la méthode clinique pratiquée plutôt sur le terrain et la méthode expérimentale pratiquée en laboratoire.

Doise. Parmi les recherches en psychologie sociale expérimentale, il cite DOISE (1982) et la distinction que fait ce dernier entre quatre niveaux d'analyse de la réalité :

- le niveau intra-individuel (perception, évaluation de l'environnement social et comportement des individus à l'égard de cet environnement) ;
- le niveau interindividuel et situationnel (dynamique des relations entre individus donnés dans une situation donnée) ;
- le niveau positionnel (différence de position sociale avant l'interaction) ;
- le niveau idéologique (les systèmes de croyances, de représentations, d'évaluation et de normes).

LA SOCIOLOGIE ENTRE FONCTIONNALISME ET ACTIONNALISME.

Filloux. En ce qui concerne la sociologie, FILLOUX (1993) s'interroge sur l'objet de ses différents courants, sur leur autonomie par rapport aux sciences humaines et à la société. Il se demande si le concept de société concerne l'objet de la sociologie. Il constate une opposition entre deux conceptions : une sociologie dite classique, qui privilégie une approche holistique et pense pouvoir construire des théories d'ensemble portant sur la société globale ; et une approche individualiste, centrée sur l'étude des interactions concrètes entre individus dans des secteurs déterminés de la vie sociale. Pour spécifier l'objet de la sociologie, Filloux se réfère à deux de ses fondateurs, DURKHEIM et WEBER : pour l'un, les « faits sociaux », caractérisés par la contrainte exercée sur les individus, devraient être analysés en tant qu'éléments d'un tout et expliqués par la découverte de lois générales, en se situant dans une perspective dite « fonctionnaliste ». Pour l'autre, il s'agit de comprendre et d'interpréter le sens d'activités sociales pouvant être schématisées en termes de types idéaux dans une perspective dite « actionnaliste ».

Les concepts communs de la sociologie et de la psychologie sociale. Parmi les courants de la sociologie présentés par Filloux, plusieurs utilisent des concepts qui sont communs avec ceux de la psychologie sociale, notamment la perspective fonctionnaliste de MERTON à propos de la théorisation des notions de rôle et de statut. Dans une approche différente, BOU-

DON montre que pour expliquer le comportement individuel les sociologues comme les psychologues ont utilisé la notion d'attitude. Les liens entre ces disciplines peuvent être considérés plus largement. Selon CORCUFF, la sociologie est issue de traditions philosophiques dont elle a gardé quelques traces conceptuelles (rapport entre idéalisme et matérialisme, sujet et objet). Par ailleurs, elle a été aussi marquée par l'opposition entre le collectif et l'individuel, la société et l'individu. Cet auteur esquisse les contours d'une problématique constructiviste *« qui suppose un déplacement de l'objet de la sociologie : ni la société ni les individus, envisagés comme entités séparées, mais les relations entre individus »* (éd. 1995, p. 16).

RECOMPOSITION DU CHAMP DE LA PSYCHOLOGIE SOCIALE. Les limites du territoire de la psychologie sociale ont changé. En examinant les publications contemporaines on peut constater une recomposition de ce champ. Trois courants principaux en sont issus : celui de la psychologie sociale cognitive, un courant centré sur la psychologie interculturelle, et le courant psychosociologique. Tandis que les deux premiers se sont associés soit à des champs disciplinaires autonomes de la psychologie (la psychologie générale, la psychologie du développement, la psychologie industrielle), soit à l'anthropologie et à la sociologie, le courant psychosociologique a établi des liens avec la sociologie clinique, la psychologie clinique, la psychanalyse, la psychologie de l'éducation.

Ariel CORDIER

bibliographie

ALLPORT Gordon W., « The Historical Background of Modern Social Psychology », *in* G. LINDZEY, E. ARONSON (éd.), *The Handbook of Social Psychology*, t. 1, Reading Addison Wesley, 1968.

ANSART Pierre, *Les Sociologies contemporaines*, « Points », Seuil, 1990.

APFELBAUM Erika, « Quelques leçons d'une histoire de la psychologie sociale », in *Societés contemporaines*, n° 13, 1993.

AUBERT Nicole, GAULEJAC Vincent de, NAVRIDIS Klimis, *L'Aventure psychosociologique*, Desclée de Brouwer, 1997.

BOUDON Raymond, BOURRICAUD François, *Dictionnaire critique de la sociologie*, PUF, 1982.

CORCUFF Philippe, *Les Nouvelles Sociologies*, Nathan, 1995.

DOISE Willem, *L'Explication en psychologie sociale*, PUF, 1982.

FILLOUX Jean-Claude, MAISONNEUVE Jean, *Anthologie des sciences de L'homme*, t. 2, *L'Essor des sciences humaines*, Dunod, 1993.

FISCHER Gustave Nicholas, *Les Domaines de la psychologie sociale*, t. 1, *Le Champ du social*, t. 2, *Les Processus du social*, Dunod, 1990.

GHIGLIONE Rodolphe, BONNET Claude, RICHARD Jean-François, *Traité de psychologie cognitive 3, Cognition, représentation, communication*, Dunod, 1990.

MAISONNEUVE Jean, *Introduction à la psychosociologie*, PUF, 1973.

MERTON Robert K., *Éléments de théorie et de méthode sociologique*, Plon, 1965.

MOSCOVICI Serge (sous la dir. de), *Introduction à la psychologie sociale*, Larousse, 1973.

MOSCOVICI Serge, *Psychologie sociale*, PUF, 1984.

VALLERAND Robert J., *Les Fondements de la psychologie sociale*, Gaëtan Morin, 1994.

PUBLIC

du latin *publicus* « qui concerne le peuple, qui relève de l'État »

all. PUBLIKUM, ZUSCHAUER, ZUHÖRER	esp. PÚBLICO
angl. PUBLIC, AUDIENCE	ital. PUBLICO

voir : SOCIOLOGIE DE L'ART, COMMUNICATIONS DE MASSE, CULTURE, HABITUS, INFLUENCE DES MÉDIAS

Ensemble des individus participant à des pratiques culturelles identiques. Ce qui concerne la collectivité par opposition au privé.

L'histoire de la constitution des différents *publics* en fait apparaître la complexité comme le montre, par exemple, l'histoire de la littérature. Dès avant le XVIIe siècle, se constitue entre la cléricature et les paysans un public de consommateurs culturels issus de la noblesse et de la riche bourgeoisie. La littérature et le théâtre s'adressent à ce public tandis que la littérature de colportage, anonyme et répétitive, est destinée au public populaire. Au XVIIIe puis au XIXe siècle, les publics se diversifient et une nouvelle hiérarchie des genres littéraires se constitue ; dans la littérature populaire, les publics se spécialisent parallèlement à la spécialisation des genres : romans sentimentaux pour les femmes, romans d'aventures et policiers pour les hommes. Le public forme une clientèle suscitant une offre culturelle orientée vers cette demande. BOURDIEU souligne la dualité des publics et son renouvellement par le processus de socialisation. L'étude des publics des musées montrerait que la disposition cultivée qui caractérise ce public est produite par l'éducation qui a engendré une compétence artistique, un *habitus**, permettant la maîtrise du code culturel correspondant, le déchiffrement des œuvres d'art.

Pierre ANSART

bibliographie

BOURDIEU Pierre, DARBEL A., *L'Amour de l'art : les musées et leur public*, Éd. de Minuit, 1966.

MANDROU Robert, *La Culture populaire aux XVIIe et XVIIIe siècles, la Bibliothèque bleue de Troyes*, « Imago », Payot, 1985.

PUBLICITÉ

du latin *publicus* « qui concerne le peuple, d'un usage public, commun à tous »

all. WERBUNG	esp. PUBLICIDAD
angl. ADVERTISING	ital. PUBLICITÀ

voir : COMMUNICATIONS DE MASSE, CULTURE, HABITUS, INFLUENCE DES MÉDIAS

Ensemble de techniques visant par des moyens de communication de masse à promouvoir auprès d'un public un produit, un service, une entreprise, en vue d'accroître la demande commerciale.

À l'origine « action de rendre public », la *publicité* est devenue une notion juridicopolitique. Renvoyant à « publier » (XVIIe siècle), le terme incarnera après la Révolution l'idée de dévoiler à un vaste public ce qui est dit dans les coulisses des assemblées parlementaires. Au XIVe siècle, le terme prend son acception économique, apparemment par dérivation de son sens initial, puisque la publicité est alors un moyen de rendre publique une offre de vente, moyen qui sous-entend l'idée de rendre transparent le marché. Elle s'oppose alors au terme *réclame* qui, contrairement à ce que l'on croit, n'acquiert son sens commercial qu'après celui de publicité, il désigne, jusqu'à la fin du XIXe siècle, un article de critique artistique élogieux et mensonger. Cependant, très vite, les intérêts économiques vont changer cet idéal du vrai qu'incarnait la notion de publicité. À l'idée d'informer succède celle de frapper, conditionner et suggérer, tant et si bien que le terme désigna une communication polémique et manipulatrice et se rapproche alors, par analogie, de la propagande. Aujourd'hui, le mot *publicité* semble avoir été banni du vocabulaire des professionnels ; s'y est substitué celui de « communication publicitaire », notion plus vaste qui englobe la publicité dans les médias et hors des médias, mais aussi la communication politique, sociale et culturelle... Ainsi, par un dernier avatar, la publicité ne désignerait plus une technique de communication commerciale, mais une technique de communication sociale. Mais on ne s'y trompera pas : la publicité rend « communiquant » au sens où elle rend médiatique et influent, et non pas public et transparent. À l'ascétisme du vrai, s'est substituée la séduction empathique, rhétorique, qui dans sa démagogie se rapproche de la sophistique, dont PLATON avait relevé la perversité.

HISTOIRE DE LA PUBLICITÉ. L'apparition récente du mot rappelle que la publicité est fille de la modernité. L'histoire montre aussi que si, de tous temps, les messages économiques ont existé dans toutes les sociétés, ce n'est pourtant qu'au XVIIIe et au XIXe siècles qu'est apparu dans les sociétés occidentales un système de promotion commerciale unifié et distinct. Or si le commerce a pu se passer des siècles durant de ce corps de techniques, c'est que la naissance de la publicité est liée à la révolution industrielle, au développement des moyens de communication de masse, à l'économie de marché et à l'élévation du niveau de vie. En effet, lorsque les produits excédèrent la demande, lorsque le pouvoir d'achat augmenta et lorsque la distribution devint un échange entre producteur et consommateur anonyme, s'imposa la nécessité de faire de la publicité auprès d'un vaste public. De là le recours aux moyens de communication de masse qui permirent par leur progrès technique à la publicité de toucher dans un minimum de temps des consommateurs dispersés sur l'ensemble du territoire. À ces facteurs, économiques, sociaux et techniques, s'ajouta le poids de l'imprégnation culturelle. Ainsi, dans les pays de culture catholique, la publicité s'est plus lentement développée que dans les pays protestants : parce qu'elle relevait du mercantile, on supputa qu'elle était forcément immorale et vile ; de plus, la notoriété était perçue comme suspecte, contrairement à la renommée acquise par expérience. « Bon vin n'a pas d'enseigne », rappelait le proverbe. Aujourd'hui, la publicité est devenue omniprésente dans toutes les sociétés, jusque dans les endroits les plus reculés de la civilisation moderne.

DISCOURS DE LA PUBLICITÉ. Il s'agit d'un discours de mise en scène, toujours optimiste et affirmatif. Reste que la spécificité technique du discours publicitaire réside surtout dans le fait qu'il est construit à partir des modèles de comportement du consommateur. Derrière chaque annonce réside en effet l'idée implicite que l'on se fait de la façon dont la publicité agit sur le destinataire. Intuitifs au départ, les modèles s'appuieront ensuite sur les théories des sciences de l'homme : de l'économie d'abord, de la psychologie ensuite, de la sociologie et de l'anthropologie enfin. On repérera ainsi quatre styles de publicités :

1. la publicité informative (le consommateur est appréhendé comme un être rationnel achetant un produit de façon réfléchie ; la publicité fait alors appel aux arguments liés à la connaissance du produit) ;
2. la publicité mécaniste (l'homme est passif et agit par réflexe ; la publicité se fonde alors sur la répétition de ses slogans) ;
3. la publicité suggestive (le consommateur est un homme de désir, achetant en fonction de ses motivations et affects ; la publicité joue sur l'évocation et l'émotion de l'image) ;
4. la publicité projective ou sociologique (le consommateur est un acteur social réalisant ses choix en fonction du groupe auquel il appartient ou veut appartenir ; la publicité valorise alors la marque en lui greffant des signes distinctifs, mettant en avant soit un statut soit un mode de vie). Reste la question : la technique publicitaire est-elle omnipotente ?

PUBLICITÉ ET SOCIÉTÉ. Du point de vue économique, il semble que l'efficacité de la publicité sur les ventes soit moins prépondérante que les publicitaires ne l'affirment ; en effet, si la publicité agit sur le choix des marques, elle semble n'avoir qu'un effet limité sur le volume global de la consommation. Reste ce point : la publicité médiatise et débanalise les objets, elle les rend différents et donc éligibles dans des marchés saturés.

Du point de vue social, ou de son rôle dans la société, nombreuses sont les thèses dénonçant son pouvoir manipulatoire : persuasion clandestine, information mensongère, véhicule d'une réalité tronquée, la publicité aurait la capacité de conditionner les choix, de créer de faux besoins, d'instaurer un mode de vie unidimensionnel, de banaliser les valeurs ou encore de porter une mythologie, frustrante, d'un bonheur inaccessible : elle montre aux plus démunis tout ce qu'ils ne pourront jamais se procurer. BAUDRILLARD remettra en cause ces thèses, fondées sur une théorie de la manipulation par le conditionnement du besoin ; il démontre que l'efficacité de la publicité ne tient pas à son pouvoir de persuasion mais à sa thématique latente de gratification qui nous maternerait en rationalisant nos envies. La publicité grefferait sur les objets des valeurs et des signes tels que nous les consommerions non pour ce qu'ils sont mais pour ce qu'ils représentent. Depuis, le débat s'est déplacé du système des objets au système politique, de la question du libre choix des marchandises à celle des candidats, la plupart du temps en soulignant le lien indubitable entre technique publicitaire et élection du candidat. Or, si la technique n'est pas sans effet, la question du choix politique reste politique et implique au préalable qu'on s'interroge sur la nature des convictions. La question est : Qu'est-ce qui a rendu possible la mutation de l'espace politique en espace publicitaire ?

Valérie SACRISTE

bibliographie

AKOUN André, *La Communication démocratique*, PUF, 1995.

BAUDRILLARD Jean, *Le Système des objets*, Gallimard, 1968.

CATHELAT Bernard, *Publicité et société*, Payot, 1992.

MATTELARD Armand, *La Publicité*, « Repères », La Découverte, 1990.

PACKARD Vance, *La Persuasion clandestine*, Calmann-Lévy, 1958.

PURETÉ ET SOUILLURE

du latin *purus* « sans tache, sans souillure » et, par suite, « net, sans mélange, exempt de »

all. REINHEIT	esp. PUREZA
angl. PURITY	ital. PUREZZE

voir : CASTE, INTERDIT, SACRÉ

Si, étymologiquement, le pur *s'identifie à ce qui est simple et sans mélange, par extension il a acquis le sens moral de « sans défaut » et « sans souillure ».*

Outre ses significations esthétiques (la pureté des lignes) et philosophiques (la « raison pure » est pour KANT celle qui ne dépend pas de l'expérience pratique), l'idée de *pureté* a des résonances surtout morales et religieuses, mais elle est évidemment conçue de manière différente selon les religions. Dans le christianisme, des degrés de pureté différencient le saint de celui qui est en état de péché mortel ou véniel. Chaque caste hindoue *(varna)* se situe sur un palier dans une échelle idéologique de pureté, au sommet de laquelle le brahmane doit pratiquer le végétarisme mais considère la bouse de vache comme purificatrice.

FRAZER, DURKHEIM, FREUD, CAZENEUVE ont mis l'accent sur les tabous et l'impureté qui résulte de leur transgression. DOUGLAS a analysé les divers registres de la souillure : l'alimentation et ses tabous sélectifs, le corps et ses sécrétions, la sexualité, la naissance et la mort, les animaux et les végétaux interdits de contact, les éléments bons ou mauvais : eau lustrale ou diluvienne, feu nettoyeur ou dévastateur, terre féconde ou stérile, air pur ou gaz fétide. Toute transgression d'un interdit est supposée générer un malheur, mais tandis que le péché (au sens chrétien) suppose l'intention de faire le mal, dans beaucoup de religions traditionnelles le danger peut provenir d'une faute involontaire ou du transfert d'une offense commise par d'autres membres du groupe.

L'impureté s'évacue généralement par des moyens rituels : ablutions dans l'Islam, balayage aérien du corps en Afrique, fumée d'encens en Asie, fustigation chez les Indiens zuni... L'aveu, en tant que parole sortie du corps, symbolise l'acte d'évacuation d'un mal interne. La mise en quarantaine des deuilleurs ou des guerriers, l'expulsion d'un bouc émissaire ont aussi la fonction d'effacer une souillure et de purifier.

Claude RIVIÈRE

bibliographie

DOUGLAS Mary, *De la Souillure* (1966), Maspero, 1971.

DUMONT Louis, *Homo hierarchicus*, Gallimard, 1971.

PYRAMIDE DES ÂGES ⇒ ÂGE

Q

LES QUANTILES

Nombre qui divise la suite ordonnée des valeurs prises par un caractère quantitatif en n parties d'égale étendue.

QUARTILES. On appelle premier quartile, noté q1 (respectivement le troisième quartile noté q3) de toute série statistique, la valeur du caractère correspondant à 25% (respectivement 75%) des effectifs cumulés croissants. Le deuxième quartile q_2 n'est autre que la médiane* de la série considérée.

DÉCILES, CENTILES, MILLILES. De même, l'on appelle *d-ième décile* d'une série statistique la valeur du caractère correspondant à 10.d % des effectifs cumulés croissants. *Idem* pour les *centiles, milliles*.

Félicité des NÉTUMIÈRES

bibliographie

WONNACOTT Thomas, WONNACOTT Ronald, *Statistique*, Economica, 1995.

QUESTIONNAIRE

du bas latin *quaestionarius* « bourreau », lui-même issu de *quaestio* « recherche ; interrogatoire »

all. FRAGEBOGEN, FRAGEN	esp. QUESTIONARIO
angl. QUESTIONNAIRE	ital. QUESTIONARIO

voir : CODE, ÉCHANTILLON, ENQUÊTE, OPINION, STATISTIQUES SOCIOLOGIQUES

Ensemble de questions posées aux individus de l'échantillon, susceptibles de donner lieu à un traitement informatique des réponses.

Les sciences humaines proposent tout un arsenal de techniques, de méthodes et d'instruments, allant de l'observation ethnographique aux récits de vie (⇒ AUTOBIOGRAPHIE et BIOGRAPHIE) et à l'entretien semi-directif, en passant par l'enquête standardisée par questionnaire, qui constitue l'un des instruments privilégiés de toute étude extensive. Il s'agit d'une série de questions posées à un enquêté. Elle peut recouvrir des domaines aussi divers que ses représentations, ses croyances, ses opinions, ses pratiques, ou encore différents renseignements sociodémographiques le concernant.

SCHÉMA MÉTHODOLOGIQUE. Dans la pratique, toute enquête par questionnaire suit un schéma directeur.

1 **Élaboration des notion de l'enquête.** Ce dernier, comme tout construit statistique (symbole de rigueur, ou, au moins, des apparences de rigueur qui confèrent la légitimité scientifique), peut et doit être soumis à la critique des classifications *a priori* qu'il opère. Il est de ce fait important, lorsque l'on a dessein de construire un questionnaire, d'entreprendre un travail de délimitation de l'objet d'étude. Cette opération préalable et incontournable, que le chercheur en sciences sociales a coutume d'appeler « construction de l'objet », consiste en une élaboration provisoire des notions ou des concepts qui vont être au centre de l'enquête. Ceci afin de circonscrire, de la façon la plus judicieuse et précise possible, un certain nombre d'indicateurs pertinents susceptibles de répondre aux questions que le chercheur se pose.

2 **Définition du champ d'enquête.** Par-delà l'élaboration *a priori* des notions sous-jacentes au questionnaire, le chercheur est également dans l'obligation de définir, toujours préalablement au questionnement, un « champ d'enquête » le plus objectivement possible. Il est aisé de comprendre que les difficultés d'objectivation sont intimement liées à l'objet d'étude retenu par le chercheur. Dans certains cas, les problèmes d'accès et les thèmes abordés (la maladie, la sexualité, etc.) limitent le recours à certains types de questionnement ou, au moins, introduisent des biais quasi systématiques. Ces derniers sont dès lors à expliciter et à définir clairement, afin de pouvoir circonscrire de façon précise les limites de validité des résultats obtenus. En outre, viennent se surajouter des problèmes de délimitation des groupes d'étude.

RÈGLES MÉTHODOLOGIQUES. Dans la pratique du chercheur, le premier questionnaire est un questionnaire exploratoire.

1 **Questions ouvertes et questions fermées.** En l'absence de tout modèle préalable ou préexistant, il recourt à quelques questions ouvertes. Ces dernières ont l'intérêt, lors d'une phase exploratoire, de laisser libre cours à l'expression d'un spectre étendu d'informations. Ce type de questionnement permet de baliser le champ futur du questionnaire, mais a pour inconvénient majeur de fournir des réponses dont l'interprétation est difficile ou d'avoir un taux de non-réponses relativement important. Le recours à des questions semi-ouvertes réduit sensiblement la marge de liberté de l'enquêté, contraint de choisir des réponses parmi une liste non exhaustive d'items

proposés dans le questionnaire. Ces items, étant généralement précodés, offrent une facilité et une rapidité de traitement au chercheur. Cette enquête exploratoire peut être complétée par des entretiens ethnographiques réalisés afin d'affiner la pertinence des champs potentiellement abordés dans la future enquête. La difficulté à laquelle va être confronté le chercheur par la suite est celle qui consiste à transformer les questions ouvertes en questions fermées. Dans la pratique courante, on se base sur trois critères principaux de sélection : l'ampleur et l'analyse des non-réponses, l'analyse des réponses « majoritaires » et le profil social des répondants. Dans le cas de questions semi-ouvertes, il va de soi que l'augmentation des items possibles accroît le niveau de précision des réponses. Cependant le chercheur va devoir effectuer également une sélection, afin d'éviter des problèmes de comparaison et d'échantillonnage. En effet, plus les questions et les items seront nombreux, plus l'échantillon devra être conséquent pour leur donner une représentativité et comparabilité acceptables.

2 **Questions de fait et questions d'opinion.** Une autre règle communément admise dans la fabrication du questionnaire est la dichotomie opérée entre les questions de « fait » et les questions d'« opinion ». La question dite de « fait » (par exemple : « Combien de temps passez-vous chaque semaine à regarder la télévision ? ») implique une réponse dont les contours sont extrêmement délimités et univoques. La question d'« opinion » (par exemple : « Aimez-vous regarder la télévision ? ») implique une réponse beaucoup plus équivoque. Ce dernier type de questionnement, par le caractère ambivalent et subjectif des réponses qu'il induit, sera souvent proscrit par bon nombre de sociologues ayant pour dessein premier l'objectivation des phénomènes sociaux. Cependant, il est à noter, nonobstant la subjectivité intrinsèque des questions d'opinion, qu'elles peuvent renseigner le chercheur, non pas sur une caractéristique objective des pratiques des agents sociaux, mais sur le sens manifeste qu'ils attribuent ou perçoivent de leur propre pratique. Ainsi, les questions d'opinion n'apparaissent pas comme dénuées de tout fondement scientifique.

In concreto, la délimitation entre question de fait et question d'opinion n'est pas toujours aussi limpide. Bien souvent, l'on constate une superposition et une coexistence des deux types de questions. Le questionnaire est avant tout un des moyens que se donne le sociologue pour appréhender ou décrire l'évolution temporelle et la structure des pratiques et des opinions des agents sociaux, ainsi que l'évolution de leurs conditions de vie.

Félicité des NÉTUMIÈRES

bibliographie

SINGLY François de, *L'Enquête et ses méthodes : le questionnaire*, « 128 », Nathan, 1992.

SONDAGE PAR QUOTA

Mot latin, neutre pluriel de l'adjectif *quotus* « en quel nombre, combien de »

voir : SONDAGE

On appelle quota *un échatillon représentatif d'une population dans une enquête par sondage.*

SOCIOLOGIE DU QUOTIDIEN ⇒ SOCIALITÉ, VIE QUOTIDIENNE

R

RACISME

du latin *ratio* « espèce », en passant par l'italien *razza*

all. RASSISMUS angl. RACIALISM USA. RACISM	esp. RACISMO ital.. RAZZISMO

voir : DISCRIMINATION, EXCLUSION, SÉGRÉGATION, XÉNOPHOBIE

Le racisme consiste à définir un ensemble humain par des attributs naturels, à en déduire des caractéristiques intellectuelles et morales qui valent pour chacun des membres de cet ensemble, quelles que soient leur action et leur volonté, et à éventuellement prolonger ces représentations par des pratiques d'infériorisation et/ou d'exclusion.

Le terme de *racisme* date de l'entre-deux-guerres et est lié à la montée de l'antisémitisme nazi, mais sa réalité, généralement associée à la modernité, est antérieure à son concept. Son premier âge est celui du racisme scientifique, inauguré pour l'essentiel à la fin du XVIIIe siècle et culminant avec le nazisme ; la période actuelle est dominée par de nouvelles modalités du phénomène, désormais moins soucieux d'inférioriser les groupes racisés au nom de leur infériorité naturelle que de les rejeter, les ségréguer voire les détruire au nom de leur différence culturelle. C'est ainsi que sont apparues, dans les années 80, les notions très proches de « nouveau racisme » en Angleterre (BARKER, 1981), de racisme culturel, ou différencialiste, en France (TAGUIEFF, 1988) ou encore, aux États-Unis, de racisme symbolique. En fait, le racisme combine nécessairement une logique d'infériorisation, permettant de dominer et d'exploiter le groupe victime, et une logique de différenciation, destinée à le tenir à l'écart. Ses principales formes élémentaires, le préjugé, la discrimination, la ségrégation, la violence, la doctrine, sont d'autant plus aisément intégrées qu'il se hausse au niveau politique et institutionnel, et plus encore à celui de l'État, comme ce fut le cas avec le nazisme et avec l'apartheid en Afrique du Sud.

Dans les sociétés occidentales, qui pouvaient s'en croire débarrassées après la Deuxième Guerre mondiale et la décolonisation, son retour procède de transformations générales, internes (décomposition des rapports sociaux de la société industrielle, crise des institutions assurant l'égalité et la solidarité, fragmentation culturelle et sociale) et planétaires (mondialisation de l'économie, internationalisation de la culture de masse et de la communication sous hégémonie américaine, migrations et phénomènes diasporiques).

Michel WIEVIORKA

bibliographie

BANTON Michael, *The Idea of Race*, Londres, Tavistock, 1977.

FREDRICKSON George M., *The Arrogance of Race*, Middletown, Wesleyan UP, 1989.

MILES Robert, *Racism*, Londres, Routledge, 1989.

REX John, *Race and Ethnicity*, Londres, Open UP, 1986.

SOLOMOS, John, BACKS Les, *Racism and Society*, Londres, MacMillan Press, 1996.

TAGUIEFF Pierre-André, *La Force du préjugé*, La Découverte, 1988.

WIEVIORKA Michel, *L'Espace du racisme*, Seuil, 1991.

RAISON

du latin *ratio* « calcul », « faculté de raisonner », « raison, argumentation, théorie »

all. VERNUNFT angl. REASON	esp. RAZÓN ital. RAGIONE

voir : IRRATIONNEL, MENTALITÉ PRÉLOGIQUE, SUJET

Le terme raison *vient de la traduction latine* (ratio) *du terme grec* logos, *lequel signifiait certes raison, mais aussi discours, sens que perd la notion de raison. Ainsi, dire de l'homme qu'il est un être de raison était lié, en grec, au fait que l'homme est un être de langage (l'animal du* logos).

La *raison* a été longtemps définie dans son opposition au *sensible* et au *passionnel*, c'est-à-dire à tout ce qui, en l'homme, renvoie à sa passivité. Elle était la faculté qui, dans la connaissance, transcendait le sensible et ouvrait à l'intelligible ; dans l'ordre de la pratique, elle libérait des passions et était donc liberté. Avec KANT et son affirmation que la connaissance métaphysique est impossible, la raison connaît deux « intérêts ». Un intérêt théorique, qui lui fait dynamiser l'activité de l'entendement par ses idées régulatrices, et un intérêt pratique, par lequel elle fonde l'autonomie de la volonté. La raison comme faculté de connaissance a priori reste une notion attachée à la philosophie. Les sciences, y compris les sciences de l'homme, utilisent le concept de « rationalité ». C'est que, à partir de la révolution copernicienne (ou galiléenne), la rationalité devient inséparable de la vérification expérimentale et de ses extrapolations techniques (ainsi parlera-t-on de rationalité scientificotechnique) et cesse d'appartenir au spéculatif et à son ambition d'une raison absolue, lumière de l'être en son entier.

La notion de rationalité, dans les sciences sociales, vient de l'économie. La rationalité économique est définie comme une rationalité de moyens au service de fins qui lui seraient extérieures. Mais cette conception, présentée comme une abstraction permettant la construction de modèles mathématiques, est très insuffisante, y compris en économie. C'est ainsi que les recherches de l'anthropologie économique montrent que des comportements ou des institutions, qui apparemment excluent l'appel à une rationalité économique, entrent dans le champ des stratégies rationnelles à la condition de ne pas seulement définir la *satisfaction* ou l'*utilité* en termes de biens et de services consommables, mais d'y comprendre les catégories de *prestige* et de *pouvoir*. Ainsi en est-il d'une institution telle que le *potlatch** qui, sous l'apparence de l'irrationalité, est un acte rationnel de réaffirmation de pouvoir.

WEBER opère une distinction célèbre (dans ***Économie et société***) entre « rationalité par rapport à un but » *(Zweckrationalität)* et « rationalité par rapport aux valeurs » *(Wertrationalität)*. L'action économique se situe tout entière du côté de la rationalité *par rapport à un but* alors que dans l'action rationnelle par rapport aux valeurs, l'acteur est conséquent avec l'idée qu'il se fait de ce qui est moralement valable.

Dans la même perspective théorique que Weber, mais en différenciant les « bonnes raisons » de l'acteur social des raisons objectivement utilitaires, BOUDON écrit : « [Le modèle] *rationnel part du principe fondamental que, pour expliquer le comportement, les attitudes ou les croyances de l'acteur social, il faut tenter de démontrer que celui-ci a, étant donné son passé, ses ressources et son environnement, de bonnes raisons d'adopter tel comportement, telle attitude ou telle croyance.* »

Prise en ce sens, la notion de rationalité se rapporte à la notion de « sens » de l'action et ouvre sur la *compréhension*. Elle s'oppose à une sociologie de la « cause ».

André AKOUN

bibliographie

BOUDON Raymond, *La Logique du social*, Hachette, 1979.

DAVAL Roger, *La Logique de l'action individuelle*, PUF, 1981.

GODELIER Maurice, *Rationalité et irrationalité en économie*, Maspero, 1971.

POPPER Karl, *La Logique de la découverte scientifique* (1934), Payot, 1984.

RANG

du francique *hring* « anneau, cercle », d'où « disposition de personnes assemblées » puis « ordre hiérarchique »

voir : CONCURRENCE, PLACE, STATUT

Dans une société d'ordres, le *rang social* est transmis héréditairement ; il prend sens dans le système social : il désigne non la seule séparation des ordres, mais la position dans la hiérarchie. Dans la noblesse, il donne lieu à des stratégies défensives (« défendre son rang ») et au refus des mésalliances (ne pas « déroger »). L'idéologie démocratique dénonce la notion de rang comme son antinomie, chaque citoyen étant désigné dans son égalité politique. Cependant, l'importance et le souci du rang se prolongent, dans des formes renouvelées et euphémisées, à travers les luttes de prestige, les stratégies de distinction, de conquête des places.

Pierre ANSART

bibliographie

BOURDIEU Pierre, *La Distinction, critique sociale du jugement*, Éd. de Minuit, 1979.

GAULEJAC Vincent de, TABOADA-LEONETTI Isabel, *La Lutte des places*, Desclée de Brouwer, 1992.

THELOT Claude, *Tel père, tel fils ? Position sociale et origine familiale*, Dunod, 1982.

RATIONALITÉ LIMITÉE

Cette notion a été formulée au sein des débats sur la rationalité de l'acteur. Une conception abstraite des préférences et des choix supposerait que le sujet, dans ses choix et décisions, a une connaissance exhaustive de sa situation, des conséquences de ses décisions, une claire conscience de son environnement. L'expression *rationalité limitée* souligne l'insuffisance de cette conception et la nécessité, dans l'interprétation des comportements, de comprendre les limites des connaissances de l'acteur et la marge d'incertitude présente en toute décision et en toute action.

Pierre ANSART

bibliographie

CROZIER Michel, FRIEDBERG Erhard, *L'Acteur et le système. Les Contraintes de l'action collective*, Seuil, 1981.

MARCH James G., SIMON Herbert A., *Les Organisations* (1958), Dunod, 1974.

RECENSEMENT

du latin *recensere* « passer en revue, faire l'examen critique de, recenser »

all. VOLKSZÄHLUNG	esp. EMPADRONAMIENTO
angl. CENSUS	ital. CENSO

voir : DÉMOGRAPHIE, ENQUÊTE, POPULATION, STATISTIQUES SOCIOLOGIQUES

Opération consistant à recueillir, grouper et analyser des données démographiques, économiques et sociales se rapportant à tous les habitants d'un pays ou d'une région.

HISTOIRE. Le dénombrement des hommes et la comptabilité des biens apparaissent dans les sociétés hiérarchisées depuis la plus haute antiquité. Avec l'émergence de grands États centralisés, en Orient comme en Occident, le pouvoir et son administration s'organisent pour identifier et compter la population, classer et archiver ces données avec des préoccupations d'ordre politique, économique, fiscal et militaire. Les recensements, inventaires plus détaillés que les dénombrements, apparaissent pendant la République romaine et en Chine, sous les empereurs Ming, pour contrôler les populations, confirmer les identités familiales et sociales, lever l'impôt ou les troupes, exiger les corvées, distribuer des terres, etc. (DUPÂQUIER, 1985).

En Europe, les dénombrements ne sont plus effectués pendant le Moyen Âge, hormis quelques opérations isolées (Guillaume le Conquérant, Philippe VI de Valois). Le principe du recensement démocratique moderne est affirmé par la Révolution française ; il est mis en œuvre dès 1790 aux États-Unis afin d'établir le nombre de représentants élus de chaque État au Congrès. Dans tous les États européens, avec la création de services statistiques, des recensements sont organisés à partir du XIXe siècle, selon une périodicité régulière parfois interrompue par les guerres. Au XXe siècle, ils vont se généraliser, au moins ponctuellement, dans les autres États du monde.

LA DÉFINITION ONUSIENNE. Les Nations Unies (1992) définissent le recensement de la population comme « *l'ensemble des opérations qui consistent à recueillir, à grouper, à évaluer, à analyser, à publier et à diffuser* [...] *des données démographiques, économiques et sociales se rapportant à un moment donné à tous les habitants d'un pays ou d'une partie bien déterminée d'un pays* ». C'est une opération coûteuse de grande ampleur, qui permet d'établir une « image », un état de la population d'un pays à un moment donné.

LE QUESTIONNAIRE NATIONAL, RÉVÉLATEUR DE L'IDENTITÉ NATIONALE. En France, le recensement constitue un élément essentiel du dispositif statistique : il fournit une bonne description des structures démographiques et sociales ainsi que de la répartition de la population sur le territoire à un niveau géographique très fin : départements, cantons, communes. C'est un cadre de référence pour la gestion des collectivités comme pour les autres enquêtes spécialisées.

Connaître la société, c'est identifier ses changements : pour assurer valablement la comparaison d'états successifs de la population, les recensements doivent donc se plier à des règles de continuité dans leurs thèmes et leurs concepts. Ceux-là peuvent varier sensiblement selon les pays : ainsi, en France, aucune question n'est posée sur la connaissance et la pratique des langues ou sur la religion, alors qu'elles figurent dans le recensement en Suisse. Aux États-Unis, le questionnaire détaillé adressé à 20 % de la population couvre aussi bien l'ascendance que les revenus des personnes recensées.

Dans chaque pays, le recensement est donc révélateur de certaines caractéristiques de l'identité nationale telle qu'elle est définie par l'État, mais aussi de la qualité des relations entre le pouvoir et la société civile. Dans les régimes démocratiques, des lois garantissent le secret statistique des informations collectées, ce qui permet de renforcer la légitimité du recensement auprès de l'opinion publique. La qualité d'un recensement — c'est-à-dire l'exhaustivité et la fiabilité des données recueillies — ne dépend pas seulement de son organisation, mais aussi de son acceptation par toute la population.

CRITIQUE DES PROCÉDURES DE RECENSEMENT. Cependant, tout recensement, du fait même de son importance dans la vie politique et sociale, suscite inévitablement des critiques et des résistances. Ainsi, dans ses procédures classiques, le recensement a été mis en cause dans plusieurs pays européens, certains groupes de la population exprimant leurs craintes à l'égard d'une intrusion dans la vie privée et du non-respect du secret statistique. Par ailleurs, le coût élevé des opérations censitaires, les délais de publication des résultats, leur périodicité trop longue ont contribué à l'utilisation de méthodes alternatives par rapport au recensement traditionnel, notamment dans les pays scandinaves et aux Pays-Bas. Dans ces pays, on intègre, selon différentes modalités, des informations provenant de plusieurs *registres administratifs* (éducation, logement, revenus, entreprises), de *registres de population* et de différentes enquêtes, afin de produire à moindres frais et rapidement des données sur la population (EGGERICKX, BÉGEOT, 1993). Les finalités, la méthodologie et le coût des recensements classiques sont aujourd'hui au centre de nombreux débats, aussi bien dans les pays en développement que dans les pays anciennement industrialisés ; l'accent est mis sur le besoin croissant de statistiques récentes et fiables mais aussi sur le respect des minorités linguistiques et culturelles et la protection de la vie privée des individus.

Léon GANI

bibliographie

DUPÂQUIER Jacques, DUPÂQUIER Michel, *Histoire de la démographie*, Librairie académique Perrin, 1985.

ROLLET Catherine, *Introduction à la démographie*, Nathan, 1995.

RÉCEPTEUR

du latin *receptor* « celui qui a repris »

voir : COMMUNICATIONS DE MASSE

D'une façon générale le récepteur est un dispositif qui reçoit un signal et le transforme en un signal différent. Ce signal, devenu message reçu, peut à son tour engendrer une réaction ou une réponse.

En physiologie, le *récepteur* est l'organe sensoriel (rétine, oreille...) qui assure la transduction entre la stimulation et le message nerveux. Par analogie, il désigne en linguistique celui qui reçoit et décode le message. En sociologie des communications, le récepteur est l'appareil qui transforme un signal reçu en sons et en images (radio, télévision). Un récepteur peut, s'il est prévu pour cela, devenir à son tour émetteur (ainsi du téléphone). Le terme désigne aussi l'individu ou le groupe recevant une information ou un message.

André AKOUN

RÉCEPTIVITÉ

du latin *receptum*, lui-même de *recipere* « recevoir »

voir : COMMUNICATIONS DE MASSE, ÉPISTÉMOLOGIE, INFLUENCE DES MÉDIAS

Ensemble des conditions qui rendent possible la réception d'un message, son acceptation, ses réinterprétations ou son rejet.

Dans le domaine de la sociologie des idéologies, comme dans celui des médias, le problème de la *réceptivité* est essentiel. Il importe en effet d'analyser et d'expliquer comment et pourquoi un public fait crédit, comment il est persuadé par un ensemble de messages et reste indifférent ou hostile à d'autres. Dans ses études sur la religion, BERGER en donne pour exemple la *plausibilité* : un message religieux est d'autant plus crédible aux yeux d'une population que celle-ci a l'expérience de pratiques communes, d'institutions homologues aux messages transmis : « *La situation pluraliste, en ravissant son monopole à la religion, fait qu'il est de plus en plus difficile de maintenir ou de construire à neuf des structures de crédibilité valables pour la religion »* (BERGER, 1971).

Sur le plan de l'épistémologie sociologique, la question de la réception se pose en des termes particuliers, puisque la sociologie entretient un dialogue permanent et des liens spécifiques avec les phénomènes sociaux et les expériences communes. On peut penser que le fait de cette réception définit une scientificité spécifique, différente de la scientificité des sciences de la nature (BOUILLOUD, 1997).

Pierre ANSART

bibliographie

BERGER Peter L., *La Religion dans la conscience moderne. Essai d'analyse culturelle*, Éd. du Centurion, 1971.

BOUILLOUD Jean-Philippe, *Sociologie et société. Épistémologie de la réception*, PUF, 1997.

RECHERCHE-ACTION

voir : ACTION, ENQUÊTE, INTERACTION, MÉTHODES

Ensemble de pratiques et de procédures visant à associer la connaissance et l'action dans le but de modifier les comportements, et donc la pensée qui les anime.

Les origines de la *recherche-action* se situent à la fois dans la sociologie et dans la psychologie sociale. Dès le XIXe siècle, nombre de sociologues (MARX, LE PLAY) s'efforçaient de rompre le divorce entre les connaissances et l'action, de développer une connaissance des actions conduisant à une transformation des pratiques. Dans les années 40-44, LEWIN, dans le cadre du Tavistock Institute, a réalisé une série d'expérimentations, devenues exemplaires, ayant pour objectif de modifier le comportement des participants (par exemple, les habitudes alimentaires). La recherche-action trouve là sa définition liminaire : elle s'organise à partir d'une exigence pratique et dans le but de modifier les comportements ; elle se réalise à travers une expérimentation ou des interventions dynamiques qui, réciproquement, transforment les connaissances.

À partir de ces principes généraux, bien des formes et procédures se sont développées, dont on a proposé de distinguer cinq types (RESWEBER, 1996).

- Dans la recherche de *diagnostic*, des acteurs sociaux en difficulté font appel à des experts et analysent avec eux la situation pour la comprendre et proposer des mesures correctives.
- Dans la recherche *participative*, il s'agit d'engager les participants dans des relations et des rôles, éventuellement dans des jeux de rôles, afin de modifier leurs relations et interactions.
- Dans la recherche-action dite *empirique*, des acteurs sociaux, par exemple éducateurs et parents, face à une crise locale des liens sociaux, se réunissent pour décider d'un projet d'actions culturelles destiné à réduire les tensions.
- Dans la recherche *expérimentale*, au contraire, la situation est construite, organisée, des expériences sont entreprises et comparées pour élaborer un programme d'action.
- Il est possible (Resweber, p. 22) d'ajouter à ces quatre types un cinquième, *engagé*, proche des attitudes militantes que l'on peut constater dans des groupes contestataires, dans une dynamique de grève, par exemple, où il s'agit de provoquer un changement social en accord avec les intéressés à partir de leur situation et de leurs expressions.

Les lieux de réalisation des recherches-action, les « terrains », sont multiples : entreprises, institutions scolaires, services hospitaliers, quartiers urbains. Les demandes sociales peuvent concerner les conditions de vie dont on cherche l'amélioration, l'innovation pour répondre à une situation imprévue, la thérapie d'une tension pénible, la création de relations sociales plus satisfaisantes, ou encore plusieurs finalités, dont certaines encore confuses.

Pierre ANSART

bibliographie

BARBIER René, *La Recherche-action*, Anthropos, 1996.

DUBOST Jean, « Une analyse comparative des pratiques de recherche-action », in *Connexions*, n° 43, 1984.

LESSARD-HERBERT M., *Recherche-action en milieu éducatif*, Montréal, L'Agence d'Arc, 1991.

LEWIN Kurt, *Psychologie dynamique* (1931), PUF, 1972.

LEWIN Kurt, *Resolving Social Conflicts*, New York, Harper & Row, 1948.

LIU Michel, *Fondements et pratiques de la recherche-action*, L'Harmattan, 1995.

RESWEBER René, *La recherche-action*, PUF, 1996.

RECONNAISSANCE

du latin *recognoscere* « retrouver, rappeler à sa mémoire », d'où « ce qui sert à reconnaître »

voir : MŒURS, POLITESSE, SOCIABILITÉ

Dans la *Phénoménologie de l'esprit* (1807), HEGEL fait de la lutte pour la reconnaissance une dynamique essentielle de la dialectique* de l'histoire. Par le travail, l'esclave parvient à lutter contre le maître et à se faire reconnaître. Les idéaux démocratiques, laïcisant la reconnaissance divine de tout homme, affirment la nécessité de la reconnaissance égale de tout citoyen, ce qu'exprime le principe des « droits de l'homme ».

En fait, la méritocratie, les hiérarchies, la disparité des compétences, le renouvellement des inégalités socio-économiques, ne cessent de contredire le principe de la reconnaissance égalitaire. Ces contradictions essentielles soutiennent les revendications de toute catégorie sociale pouvant s'estimer insuffisamment reconnue, soit dans une organisation particulière, soit dans le contexte politique ; elles légitiment des pratiques politiques cherchant à créer de nouvelles formes de reconnaissance.

Claudine HAROCHE

bibliographie

BELL Daniel, *Les Contradictions culturelles du capitalisme*, PUF, 1979.

CHAUMONT Jean-Michel, *La Concurrence des victimes : génocide, identités, reconnaissance*, La Découverte, 1997.

HEGEL Wilhelm Friedrich, *Phénoménologie de l'esprit* (1807), Aubier, 1944.

RÉEL

du latin *realis* « effectif, qui existe par soi-même »

all. WIRKLICHKEIT, REALITÄT	esp. REAL
angl. REAL	ital. REALE

voir : IMAGINAIRE, OBJET, UTOPIE

Le réel, la réalité, c'est ce qui existe effectivement, l'ensemble des choses qui sont. On peut y voir une de ces notions à la fois évidentes et difficiles à définir, dont DESCARTES *disait qu'elles sont d'elles-mêmes « si claires qu'on les obscurcit en les voulant définir » (Principes, I, x). On peut évidemment le définir à partir d'un de ses contraires : l'imaginaire, l'illusoire, l'idéal.*

PHILOSOPHIE. Dans un premier sens, le *réel*, c'est le donné, c'est-à-dire le contenu même de notre expérience, l'immédiateté de la relation au monde, avant toute construction intellectuelle. C'est le retour aux *choses mêmes* dont parlent les phénoménologues. Mais ce réel, ce vécu originaire, est-il la réalité du monde, c'est-à-dire sa vérité ? Celle-ci n'exige-t-elle pas une conscience réfléchie, scientifique, rationnelle ? L'immédiateté sensible est certes un donné, donc un réel, mais c'est un pseudo-réel. Comme le constatait Descartes dans ses ***Méditations métaphysiques***, le vin, doux à la langue de l'homme sain, paraît amer à celle du malade, une même eau tiède semble chaude à une main que l'on sort de l'eau froide, froide à une main que l'on sort de l'eau chaude, l'amputé ressent des douleurs en un membre qu'il ne possède plus, le rêve me présente comme existantes des choses qui ne sont pas. Le sensible, l'immédiat exigent non d'être récusés mais d'être fondés en raison. À la pseudo-réalité du sensible, la science est amenée à substituer la réalité des résultats de sa pratique et poser qu'elle est la structure des choses et l'ensemble des lois qui régissent le monde. Mais, dans le même temps, elle pose que cette réalité est toujours au-delà d'un savoir défini comme approche asymptotique.

SCIENCES. Cependant, peut-on reprendre cette définition du réel dans les sciences humaines et en faire ainsi une donnée positive soumise à des lois ? Doit-on tenir pour négligeable que le réel social soit fait aussi de croyances, d'imaginaires et de tout un imprévisible lié à sa nature d'ouverture au temps historique ?

LACAN. Enfin notons, chez LACAN, le sens qu'a la notion de *réel* dans sa lecture de FREUD. Le *réel* s'inscrit dans une structure qui comprend aussi le *symbolique* et l'*imaginaire*. Disons, pour simplifier, que le *symbolique* est le champ du langage, et que l'*imaginaire* est le champ par excellence du narcissisme, le lieu du leurre, du mirage, du fantasme. Quant au *réel*, il existe comme ce qui s'oppose à toute reconnaissance. Il est l'au-delà du langage et on peut, par analogie, le penser comme la *chose en soi* kantienne.

André AKOUN

*
* *

RÉFÉRENCE

du latin *referre* « reporter, rapporter », au propre et au figuré

voir : ÉPISTÉMOLOGIE, ORTHODOXIE, PARADIGME, THÉORIE

Ensemble normatif auquel se rapportent des pratiques sociales ou des procédures de recherche.

1 Dans les pratiques sociales, les actions et les expressions peuvent se rapporter à des *cadres référentiels* différents : des codes formels (le droit, la langue), des règles explicites (règlements) ou implicites (mœurs et usages), des systèmes symboliques (idéologies) ou des systèmes sociaux (famille, cité), servant de sources de normativité. Ces pratiques référentielles peuvent être l'objet de nombreuses interrogations : comment un système référentiel a-t-il été constitué ? Comment s'y réfère la population faisant l'objet de l'enquête ? Comment sont-ils contestés et transformés ? Quelles sont leurs fonctions dans la construction des actions collectives ?

2 Dans la pratique de recherche, l'expression *cadre de référence* peut désigner soit le paradigme au sein duquel se déploient ces pratiques, soit les auteurs ou traditions intellectuelles crédités d'une valeur épistémologique positive et source des interprétations.

3 Dans la dualité conceptuelle opposant *groupe d'appartenance* et *groupe de référence*, ce dernier désigne le groupe auquel un individu ou une collectivité se rapporte et, éventuellement, se compare.

4 En méthodologie, le *groupe de référence* désigne le groupe auquel est comparé l'échantillon étudié.

Pierre ANSART

bibliographie

DANON-BOILEAU Laurent (sous la dir. de), *La Référence*, Gap, Ophrys, 1987.

DUPUY Jean-Pierre, *Paradoxes of Self-Reference in the Humanities, Law and Social Science*, Saratoga, Anna Libri, 1990.

GARETH Evans, *The Varieties of Reference*, Oxford, Oxford UP, 1982.

MOROT Sir Edouard, *The Imagination of Reference*, Tampa, Florida UP, 1993.

RÉFLEXIVITÉ

all. ÜBERLEGUNG, REFLEXIVITÄT	esp. REFLEXIVIDAD
angl. REFLEXIVITY	ital. REFLESSIVITÀ

voir : ACTION, ÉPISTÉMOLOGIE, THÉORIE

Capacité pour un sujet de se retourner vers sa propre activité pour en analyser la genèse, les procédés ou les conséquences.

L'exercice de *réflexivité* désigne la possibilité pour tout acteur social de considérer sa propre situation et son activité. GIDDENS fait du « contrôle réflexif de l'action » un trait constant de l'action humaine. Il ajoute : *« Avec l'avènement de la modernité, la réflexivité prend un caractère différent. Elle participe du fondement même de la reproduction du système, de telle sorte que la pensée et l'action se réfractent constamment l'une sur l'autre »* (Giddens, 1994, pp. 43-44).

Dans la recherche sociologique, la *réflexivité* revêt des caractères particuliers. Elle porte, en premier lieu, sur les concepts, les méthodes et les procédures mis en œuvre, participant ainsi à la vigilance critique.

Elle peut aussi porter sur les conditions sociales de production de la connaissance sociologique, sur son propre statut social : elle tend alors à mettre à jour et à problématiser toutes les conditions qui rendent possible le savoir sociologique, qu'elles soient historiques, institutionnelles, culturelles, voire idéologiques. Elle peut enfin porter sur la réception de ses informations par les différents agents sociaux et sur les effets de cette réception. La réflexivité ainsi entendue s'inscrit dans une exigence critique de la sociologie à l'égard d'elle-même et dans une épistémologie des sciences sociales.

Pierre ANSART

bibliographie

BOURDIEU Pierre, *Méditations pascaliennes*, Seuil, 1997.

GIDDENS Anthony, *Les Conséquences de la modernité*, L'Harmattan, 1994.

ÉCOLE DE LA RÉFORME SOCIALE

voir : MONOGRAPHIE, SOCIOLOGIE

Appellation sous laquelle la tradition sociologique a longtemps désigné un courant de pensée continuateur de l'œuvre de Frédéric Le Play.

De son vivant, LE PLAY (1806-1882) patronne un ensemble d'institutions scientifiques qui comprend la Société d'économie sociale (1856, société savante internationale sise à Paris), les Unions de la paix sociale (1872, cercles de réflexion sociale implantés en France et à l'étranger), l'École des voyages (1876, structure d'enseignement et de recherche installée à Paris), enfin *La Réforme sociale*, revue bimensuelle fondée en 1881.

Ces institutions composent l'École de la Réforme sociale, plus couramment qualifiée par ses animateurs d'« École de la paix sociale ». Elles ont pour but de diffuser la méthode d'observation (monographies de familles et de nations) de Le Play et ses conclusions théoriques (typologie des formes familiales, classification et constitution des sociétés), ainsi que ses principes d'action sociale (liberté testamentaire, rôle des autorités sociales, application des « pratiques essentielles », etc.). Elles continuent également son œuvre d'analyse de la réalité sociale, contemporaine ou historique, selon ses principes méthodologiques.

En 1885, l'École de la Réforme sociale connaît une grave crise interne. TOURVILLE et DEMOLINS créent une revue rivale, *La Science sociale*, puis une société savante du même nom. Cette sécession n'empêche pas le rayonnement croissant de l'École de la Réforme sociale. Réunissant à travers ses différentes composantes plusieurs centaines de membres, multipliant travaux et publications, elle atteint son apogée au tournant du siècle. Les deux écoles leplaysiennes se rapprochent durant l'entre-deux-guerres, pour finalement se réunifier en 1945 et former la Société d'économie et de science sociales.

Antoine SAVOYE

bibliographie

KALAORA Bernard, SAVOYE Antoine, *Les Inventeurs oubliés. Le Play et ses continuateurs aux origines des sciences sociales*, Champ Vallon, Seyssel, 1989.

LE PLAY Frédéric, *L'École de la paix sociale, son histoire, sa méthode et sa doctrine*, Tours, A. Mame et fils, 1881.

Société d'économie et de science sociales, *Recueil d'études sociales à la mémoire de F. Le Play*, Picard, 1956.

TRÉPANIER Pierre, « La Société canadienne d'économie sociale de Montréal, 1888-1911 : sa fondation, ses buts et ses activités », in *Canadian Historical Review*, LXVII, 3, 1986, pp. 343 à 367.

RÈGLE

du latin *regula* « instrument servant à mettre d'équerre ; étalon permettant de juger, de corriger »

all. REGEL	esp. REGLA
angl. RULE	ital. NORMA

voir : CONTRAINTE, DÉTERMINISME, DÉVIANCE, ETHNOMÉTHODOLOGIE, VIOLENCE

Deux significations sont retenues en sociologie : l'une désigne les multiples prescriptions de la vie sociale, l'autre les conditions logiques de la recherche.

La notion de *règle* est l'une des notions fondamentales de la sociologie. Elle soulève des questions essentielles. DURKHEIM en fait un critère majeur du *fait social*. Elle a, en effet, une valeur universelle puisque toute culture, toute organisation sociale, comporte des règles, mais celles-ci sont si multiformes que le mot requiert distinctions et catégorisations.

1 La distinction traditionnelle, développée par MONTESQUIEU, entre les mœurs et les lois sépare deux formes de règles : d'une part, les règles de la vie quotidienne, des relations interindividuelles et communautaires, qui sont le plus souvent vécues comme évidentes ; d'autre part, les règles de la vie publique, dont les lois écrites sont l'expression la plus achevée. Sur cette distinction repose la dichotomie schématique entre la *communauté* et la *société*, au sens que TÖNNIES lui a donné : l'univers communautaire ne connaîtrait que les coutumes et les usages incontestés, alors que la société serait régulée par les contraintes imposées aux individus dissociés.

2 De même, la distinction ancienne entre le *sacré* et le *profane* trace une séparation entre les règles des religions et les règles profanes de la technique. Là encore, cette distinction, pour simplifiée qu'elle soit, n'est pas sans intérêt et souligne une ambiguïté du concept de règle. Le même terme est employé pour désigner d'une part les formes rituelles, les règles cérémonielles et, d'autre part, les règles d'action qui permettent la production et sont la condition de son succès. L'ambiguïté est considérable mais intellectuellement provocante : on s'interrogera sur les règles de la magie, qui sont à la fois mystérieuses et instrumentales.

3 Ces distinctions posent le problème permanent que l'on pourrait exprimer par l'antinomie de la contrainte et du jeu. À une extrémité de cette antinomie, la règle est imposée aux individus comme une contrainte extérieure : la prison, l'asile décrit par GOFFMAN peuvent en être une illustration. À l'autre extrémité, la règle du jeu n'est qu'une obligation pratique et acceptée par le joueur, qui se retire du jeu quand il le désire. Le point essentiel dans cette tout autre définition de la règle est que le jeu constitue un lieu d'action stratégique dans lequel le joueur invente ses « coups », s'efforce de gagner, utilise ses capacités et sa liberté dans le cadre défini par les règles.

4 Cette opposition entre la règle-contrainte et la règle-jeu peut servir de modèle pour différencier les règles des organisations bureaucratiques des règles propres aux organisations ouvertes, où les relations de pouvoir ne sont pas totalement imposées à des employés passifs mais peuvent faire l'objet de discussions et de négociations. Cette même opposition différencie, sous d'autres formes, règles autoritaires/libérales, directives/non directives.

5 Ces oppositions concernant la nature et la conception des règles sont nécessairement en rapport avec d'autres concepts non moins fondamentaux tels que ceux de *pouvoir* (quel est le pouvoir de la règle et qui est autorisé à en vérifier le respect ?) et de *rôle* (quel est le rôle du sujet face à un système de règles ?). La psychologie sociale et la sociologie se rencontrent pour répondre à l'une des questions permanentes : pourquoi les individus acceptent-ils les règles ou pourquoi les rejettent-ils ?

6 La question de la déviance est, en quelque sorte, immanente à la définition concrète d'une règle. Si le droit est normatif et rappelle la loi, la sociologie étudie non seulement la règle mais sa mise en pratique. Et les possibilités sont d'une considérable diversité à ce sujet, entre le respect scrupuleux d'une règle et sa transgression résolue. Entre ces pôles, dans les différentes pratiques sociales, les conduites de détournement, d'évitement, de compromis sont indéfinies.

7 L'importance majeure des règles dans la vie collective est confirmée par l'ampleur des imaginaires sociaux les concernant. Les mythologies mettent en scène des affrontements de héros contre les règles, soit que la transgression soit la condition d'une refondation, soit qu'elle exprime un risque permanent. Dans la théologie chrétienne, le diable ne cesse d'inciter à la négation de la règle. Dans la littérature, la tragédie, le cinéma, les thèmes de la transgression des lois, des conflits entre la loi et les déviances sont des thèmes permanents, incessamment renouvelés.

8 Le mot *règle* désigne aussi les méthodes intellectuelles à mettre en œuvre dans la recherche des connaissances. Dans cette autre signification, le mot renvoie à l'épistémologie* des savoirs.

Pierre ANSART

bibliographie

BOURDIEU Pierre, CHAMBOREDON Jean-Claude, PASSERON Jean-Claude, *Le Métier de sociologue*, Mouton-Bordas, 1983.

CROZIER Michel, FRIEDBERG Erhard, *L'Acteur et le système ; les contraintes de l'action collective*, Seuil, 1981.

DURKHEIM Émile, *Règles de la méthode sociologique* (1895), Flammarion, 1988.

RÉGRESSION

du latin *regressio* « retour, reprise à la fin d'un énoncé de ce qui est énoncé au début »

all. REGRESSION	esp. REGRESIÓN
angl. REGRESSION	ital. REGRESSIONE

voir : EFFET NET, MODÈLE, STATISTIQUES SOCIOLOGIQUES

Ensemble de techniques d'analyse permettant le traitement de grandes enquêtes.

LES TECHNIQUES DE RÉGRESSION DANS LES SCIENCES EXPÉRIMENTALES. On ne peut comprendre le sens et l'intérêt des techniques de *régression* sans effectuer un détour par le raisonnement expérimental, tel qu'il est pratiqué dans les sciences de la nature, en médecine, et dans certaines sciences humaines comme la psychologie. Ce raisonnement est le suivant. Lorsqu'un médecin veut tester l'effet d'un médicament sur l'évolution d'une maladie, il réalise une *expérimentation*. Pour cela, il constitue deux groupes de patients atteints de la maladie en question, puis il prescrit le médicament aux membres d'un des groupes et un placebo à ceux de l'autre groupe. C'est en comparant au bout d'un certain temps les pourcentages de guérison dans chacun des groupes qu'il conclura à l'efficacité (ou à l'absence d'efficacité) du traitement. Pour que cette méthode soit valide, il doit prendre un certain nombre de précautions. En effet, une multitude d'autres facteurs peuvent intervenir dans le processus de guérison et fausser les résultats de l'expérience. Afin d'en annihiler les effets, le médecin doit s'assurer que ces facteurs sont distribués *de la même façon* parmi les individus des deux groupes, de manière à ce que le seul élément qui les différencie soit la prise ou non du médicament. De cette façon, le médecin sera certain qu'il mesure bien l'« effet propre » de son traitement.

Pour s'assurer que les deux groupes sont bien équivalents, il suffit (à condition qu'ils soient de taille suffisante) :

- d'affecter *au hasard* les individus entre les deux groupes ;
- qu'ils ne sachent pas dans quels groupes ils se trouvent ;
- que le médecin lui-même, au moment de l'évaluation, ne puisse pas différencier les patients traités de ceux qui ne l'ont pas été.

EN SOCIOLOGIE. En sociologie, il est bien évident qu'il est la plupart du temps impossible de procéder de la sorte. Si l'on cherche à déterminer l'effet propre du sexe sur la détermination des salaires (si on se pose la question de savoir s'il y a ou non discrimination salariale selon le sexe), il faudrait affecter un sexe au hasard aux individus, ce qui n'a évidemment pas de sens. Il faut donc trouver un moyen de s'assurer que les groupes dont on va comparer la moyenne des salaires sont bien équivalents du point de vue de toutes les autres variables qui peuvent avoir un effet sur le salaire (diplôme, ancienneté, PCS, type d'entreprise, etc.). En d'autres termes, il faut chercher à éliminer tout effet de structure* qui viendrait fausser les résultats de l'étude.

L'ANALYSE MULTIVARIÉE. Une première méthode, que LAZARSFELD a introduite sous le nom d'« analyse multivariée », consiste à composer autant de groupes qu'il y a de croisements possibles entre les diverses modalités des variables dont on cherche à annihiler l'effet (tris croisés de profondeur égale au nombre de variables). On voit immédiatement la limite que rencontre cette tentative : le nombre de groupes à constituer croît exponentiellement, et si grand que soit l'échantillon dont on dispose au départ, on risque de se trouver en face d'effectifs minuscules, voire nuls, à l'intérieur de chaque sous-population. Et, bien entendu, il n'est pas possible de prendre en compte l'effet de variables quantitatives continues (à moins d'effectuer des regroupements en classe, ce qui entraîne une perte d'information).

TECHNIQUES DE RÉGRESSION MULTIPLES. Les techniques de régression multiple permettent de s'affranchir de ces difficultés. On n'en détaillera pas ici les fondements, qui nécessitent des connaissances statistiques poussées. Il suffit de savoir que l'idée générale consiste à rechercher l'effet propre (ou net) d'une variable sur une autre, comme dans le raisonnement expérimental, et que cela est possible grâce à des hypothèses probabilistes.

Effectuer une régression multiple consiste à construire un modèle, en faisant un certain nombre d'hypothèses, parmi lesquelles certaines seront assumées, et d'autres testées. Reprenons l'exemple de la discrimination salariale. On se pose la question de savoir si le sexe, en tant que tel, a un effet propre sur le salaire, c'est-à-dire une fois que tous les autres effets sont contrôlés. À emploi égal, y a-t-il salaire égal entre les hommes et les femmes ? On imagine que parmi les déterminants du salaire vont intervenir des éléments tels que le niveau de diplôme, la PCS, l'ancienneté, la fonction, le secteur (public ou privé) de l'entreprise, la taille de l'entreprise et bien d'autres choses encore, que l'on peut ou non identifier et mesurer. On écrit donc le modèle suivant, qui indique que le salaire est fixé en fonction de ces caractéristiques et du sexe :

$$Y=a_1X_1+a_2X_2+...+a_nX_n+aS+u$$

avec :

Y : le salaire

$X_1,..., X_n$: les variables explicatives du salaire

S : le sexe

u : un résidu, qui capture toute l'hétérogénéité qu'on n'a pas pu prendre en compte avec les variables explicatives du modèle.

Le logiciel de régression est alors capable de calculer la valeur des coefficients ($a, a_1,..., a_n$). Un coefficient nul signifiera que la variable auquel il est associé n'a pas d'effet propre. S'il est différent de 0 au contraire, cela voudra dire que « toutes choses égales par ailleurs », c'est-à-dire une fois contrôlé l'effet de toutes les autres variables explicatives, la variable a un effet propre sur le salaire dont on cherche à comprendre les déterminants.

On voit bien que le but visé ici est de se rapprocher le plus possible des conditions expérimentales, sachant bien qu'on ne pourra jamais les atteindre. Il est en effet impossible de prendre en compte toutes les variables qui ont un effet, soit qu'elles ne soient pas mesurables, soit qu'on n'en imagine pas l'existence. L'erreur résiduelle *u* est là pour le rappeler. Bien évidemment, si elle est trop importante, on dira que le modèle est *mal spécifié*, et les résultats seront ininterprétables. Il existe des moyens de tester la spécification du modèle, mais quels que soient les verdicts du test, on ne pourra jamais être sûr à 100 % de la véracité de ce que l'on affirme. Ceci est un problème dont il faut être conscient, mais qui n'invalide pas pour autant la démarche dans son ensemble. Il faut en effet garder à l'esprit qu'aucune science n'est jamais à même de garantir la vérité de ces propositions et ne pas chercher à être plus royaliste que le roi. Rappelons-nous la position de POPPER : « *La meilleure stratégie pour un scientifique est de formuler chaque proposition de telle sorte qu'elle survive aux tests les plus sévères qu'il pourra inventer ; et si son hypothèse se révèle fausse, il doit en énoncer une nouvelle qui survive à tous les tests précédents, recommençant ainsi le cycle hypothèse et réfutation.* » Ainsi, le sociologue introduit dans son modèle toutes les variables auxquelles il peut penser et qui sont disponibles dans son enquête, tout en sachant qu'il y aura sans doute un jour une nouvelle enquête, avec d'autres variables, et que ses résultats ne sont pas à l'abri d'une réfutation.

Félicité des NÉTUMIÈRES

bibliographie

LAZARSFELD Paul, « L'Interprétation des relations statistiques comme procédure de recherches », *in* Raymond BOUDON, Paul LAZARSFELD (sous la dir. de), *L'Analyse empirique de la causalité*, Mouton, 1996.

POPPER Karl R., *The Logic of Scientific Discovery*, New York, Basic Books, 1959.

RÉIFICATION

du latin *res* « chose » et *facere* « faire »

all. VERDINGLICHUNG	esp. COSIFICACION
angl. REIFICATION	ital. REIFICAZIONE

voir : CONFLIT SOCIAL, FÉTICHISME, OBJECTIVISME, XÉNOPHOBIE

Processus psychosociologique et idéologique par lequel des individus ou des groupes sont stigmatisés et perçus non plus comme des personnes mais comme des choses.

MARX. Par ce terme *(Verdinglichung)*, Marx désigne le processus par lequel une réalité sociale est niée en tant que telle et réduite à l'état d'objet, notamment dans le cas de la transformation de l'activité de travail en marchandise. Le « fétichisme de la marchandise » illustre ces représentations illusoires : les échanges capitalistes conduisent à percevoir la circulation des marchandises comme l'échange indéfini d'objets doués de la faculté de s'échanger entre eux, masquant ainsi le travail des hommes et la réalité de l'exploitation (MARX, 1867).

CONFLITS ET RÉIFICATION. Dans le domaine des interactions sociales et des stigmatisations symboliques, et dans le cadre de l'analyse psychosociologique et psychiatrique, la xénophobie est souvent donnée en exemple de ce processus négateur des personnes et de leurs droits. À des degrés très variables, depuis les stratégies polémiques jusqu'aux guerres, les conflits suscitent des tendances à cette réification des adversaires qui autorise leur condamnation et, à la limite, leur élimination.

OBJECTIVATION ET RÉIFICATION. Sur le plan épistémologique, l'objectivation du fait social dans le travail sociologique pose la question contestée de la réification des objets sociaux et des pratiques étudiées. Les épistémologies critiques du positivisme développent la thèse selon laquelle l'objectivation, inspirée des sciences de la nature, conduirait à une réification du social. GIDDENS reprend l'esprit de cette critique contre les principes durkheimiens : en appelant à considérer les « faits sociaux comme des choses », et en donnant à la sociologie l'objectif de découvrir des lois, DURKHEIM n'échapperait pas à cette tentation de la réification : « *Ainsi, le discours réifié met en évidence le caractère* factuel *de l'impact des phénomènes sociaux sur les acteurs individuels, en le présentant d'une façon qui ne tient pas compte des* *modes par lesquels l'action humaine produit et reproduit ces phénomènes* » (Giddens, 1987, p. 238).

Pierre ANSART

bibliographie

GABEL Joseph, *Sociologie de l'aliénation*, PUF, 1970.

GIDDENS Anthony, *La Constitution de la société* (1984), PUF, 1987.

LAMO DE ESPINOSA E., *La Teoría de la cosificación : de Marx a la Escuela de Francfort*, Madrid, Alianza, 1981.

MARX Karl, *Le Capital* (1867), « La Pléiade », Gallimard, (sous la dir. de M. Rubel), Économie, I, 1977.

THOMASON Burke C., *Making Sense of Reification : Alfred Schütz and Constructionist Theory*, Londres, MacMillan Press, 1982.

LE MOUVEMENT DES RELATIONS HUMAINES

all. MENSCHLICHE BEZIEHUNGEN	esp. RELACIONES HUMANAS
angl. HUMAN RELATIONS	ital. RELAZIONI UMANE

voir : ORGANISATION, TAYLORISME, THÉORIE, TRAVAIL

ELTON MAYO. Le « mouvement des relations humaines » est issu d'une série d'expériences, devenues célèbres, menées dans les usines de la Western Electric à Hawthorne (1924-1933). Ces expériences avaient pour objectif d'étudier l'influence des conditions matérielles du travail sur la productivité des ouvrières. Une longue série d'expériences fut menée dans ce but sur un petit groupe d'ouvrières volontaires. Au terme de ces expériences, il apparut que tous les changements conduisaient à des résultats identiques, démontrant ainsi que l'augmentation de la production n'était pas due aux changements des conditions matérielles. Elton MAYO et ses collaborateurs en vinrent alors à conclure que l'augmentation était due, non aux variations introduites, mais au fait de l'expérience mise en place, favorisant les relations entre les personnes, modifiant le comportement des surveillants, transformant de ce fait le climat du groupe et les attitudes de chacun. Ces conclusions apparemment simples eurent, à l'époque, des conséquences considérables. Elles s'opposaient totalement au taylorisme qui, tout au contraire, visait à écarter toute considération psychosociologique et à réduire le travail à ses dimensions techniques. Elles s'opposaient aussi au postulat économique selon lequel les ouvriers ne se préoccupaient que du montant de leurs salaires. Elles donnèrent lieu à cet ample courant de recherche et d'action que fut le « mouvement des relations humaines ».

UN MANAGEMENT ANTI-TAYLORISTE. Ce mouvement incita à introduire dans l'étude du travail et des organisations des considérations issues de l'anthropologie et de la psychologie sociale. L'image de l'homme au travail s'en trouva modifiée en profondeur : il n'était plus un organe dans un univers mécanisé, mais un sujet motivé par ses besoins personnels et des attentes sociales dont il importait de tenir compte. Quant à l'organisation, elle devait cesser de n'être qu'un assemblage technique pour devenir un ensemble motivant de relations sociales où les rapports de pouvoir, les relations hiérarchiques et de commandement devaient faire l'objet d'une révision critique. Sur le plan pratique, les recherches sur les organisations et le management s'en trouvèrent profondément influencées : développement des programmes de formation, extension des pratiques interactives, attention résolument apportée à l'affectivité des personnes et non plus seulement à leur performance technique.

Les critiques à l'égard de ce mouvement et de ses excès n'ont pas manqué, on a contesté l'imprécision des conclusions pratiques ou le risque d'utopisme, mais il a eu des conséquences importantes dans les recherches et les pratiques concernant la conception du travail et le fonctionnement des organisations.

Pierre ANSART

bibliographie

BERNOUX Philippe, *La Sociologie des organisations*, Seuil, 1986.

CROZIER Michel, FRIEDBERG Erhard, *L'Acteur et le système*, Seuil, 1977.

IRIBARNE Philippe d', *La Logique de l'honneur*, Seuil, 1989.

KATZ Daniel, KAHN R., *The Social Psychology of Organisations*, New York, Wiley, 1966.

LÉCUYER Bernard-Pierre, « Rationalité et idéologie dans les sciences de l'homme. Le cas des expériences de Hawthorne (1924-1933) et de leur réexamen historique », in *Revue de synthèse*, 1988, pp. 401 à 427.

SAINSAULIEU Renaud, *L'Identité au travail*, Presses de la FNSP, 1977.

RELATIONS INTERETHNIQUES

emprunt savant au latin chrétien *ethnicus* « païen, gentil », lui-même emprunté au grec *ethnikos* « de la nation, de la race »

all. ETHNISCHE BEZIEHUNGEN	esp. RELACIONES INTERETNICAS
angl. ETHNIC RELATIONS	ital. RELAZIONI ETNICHE

voir : CULTURE, ETHNIE, ÉTRANGER, IDENTITÉ, MIGRATION(S), NATION

Étude des relations sociales, politiques, économiques, culturelles entre groupes qualifiés d'ethnies.

UNE ÉTUDE COMMUNE À L'ANTHROPOLOGIE ET À LA SOCIOLOGIE. Les rapports entre *groupes ethniques* sont étudiés en anthropologie et actuellement en sociologie. L'analyse suppose moins l'existence d'*ethnies**, introuvables dans leur forme idéale, que de *groupes ethniques* définis par le rapport même qui s'établit entre eux. Elle implique le repérage des *frontières ethniques* (BARTH, 1969) qui définissent « Nous » et « Eux », une activité de catégorisation associée à l'*ethnocentrisme* et qui apparaît universellement. L'objet de la sociologie est la compréhension des formes singulières de ce trait commun et répond aux questions suivantes : quelle est l'importance de la référence à « l'ethnique » dans le fonctionnement d'un système social (par exemple en Afrique du Sud, au Liban...) ? Quelle hiérarchisation s'instaure entre les groupes ethniques (rapports sociaux interethniques) ? Comment les individus jouent-ils leur rôle sur cette scène dont le répertoire est déjà distribué (relations interethniques) ? Quelles visions du monde, de soi et de l'autre sous-tendent la stabilité de ces rapports ?

UNE APPROCHE INTERACTIONNISTE. Cette approche abandonne un point de vue essentialiste, au profit d'une approche interactionniste. Dans l'interaction se produit (éventuellement) l'*ethnicisation* des rapports interindividuels ou de groupes, la mobilisation d'une identification ethnique. Dans les sociétés modernes, ce principe de catégorisation sociale n'est jamais seul à l'œuvre pour qualifier un individu voire un groupe social, mais des circonstances historiques peuvent lui donner une importance cruciale.

L'analyse des relations interethniques est pertinente quand des rapports de domination se nouent au nom d'un enjeu « ethnique », au demeurant fort labile car s'appuyant alternativement ou cumulativement sur des critères, réels ou supposés, censés en fonder l'identité : l'origine commune, la langue, la religion, la culture, la « race ». *« L'analyse des relations interethniques présuppose trop souvent " l'ethnique " et sous-estime le relationnel »* (Véronique de RUDDER, 1990). Cette relation de domination est assurée grâce à l'utilisation par le dominant ou le majoritaire de mécanismes de légitimation comme la supériorité de sa race ou de sa culture, et elle entraîne parfois, en retour, la revendication par le dominé ou le minoritaire de cette identité pourtant assignée. On trouve de nombreux exemples de ce processus dans les situations coloniales et postcoloniales (MEMMI, 1957).

En France, ce champ de recherche s'est développé sous une triple impulsion :

- à travers les mouvements régionalistes et leur appréciation du caractère fallacieux et oppressif de la conception universaliste de la nation française ;
- à travers les multiples formes de *racisme* et de discriminations envers les immigrés et leurs enfants et l'expression de revendications identitaires qui y sont liées, de la part des dominants et des dominés ;
- à travers la rémanence d'un courant nationaliste ethnicisant qui existe depuis l'affaire Dreyfus, et qui passe par Vichy et l'extrême droite actuelle.

RELATIONS ETHNIQUES ET RELATIONS INTERCULTURELLES. L'usage du terme « relations interculturelles » semble, quant à lui, réservé aux relations entre cultures considérées idéalement comme équivalentes et non hiérarchisées.

Maryse TRIPIER

bibliographie

BARTH Fredrick, *Ethnic Groups and Boundaries : the Social Organization of Culture Difference*, Bergen/Oslo, Universitetsforlaget, 1969.

CASHMORE Ernest, *Dictionary of Race and Ethnic Relations*, Londres, New York, Routledge and Kegan Paul, 2e éd., 1988.

MEMMI Albert, *Portrait du colonisé*, précédé du *Portrait du colonisateur*, Correa, 1957.

POUTIGNAT Philippe, STREIFF-FENART Jocelyne, *Théories de l'ethnicité*, PUF, 1995.

RUDDER Véronique de, « La Cohabitation pluriethnique et ses enjeux », in *Migrants-Formation*, n° 80, mars 1990, p. 68.

SIMON Pierre-Jean (sous la dir. de), *Vocabulaire historique et critique des relations inter-ethniques*, « Pluriel-recherches », Cahiers nos 1 à 4, L'Harmattan, 1993-1996.

* * *

RELATIVISME

du latin *relativus* « ce qui n'est *tel* que par rapport à certaines conditions »

all. RELATIVISMUS	esp. RELATIVISMO
angl. RELATIVISM	ital. RELATIVISMO

voir : CULTURALISME, UNIVERSEL

Conception générale qui souligne la relativité de la connaissance et celle des normes morales et politiques (« Vérité en deçà des Pyrénées, erreur au-delà », disait Pascal).

1 Le *relativisme*, en philosophie, trouve ses racines dans la Grèce antique, avec les sophistes et, plus tard, les sceptiques (Pyrrhon, IVe s. ap. J.-C.). Pour l'essentiel, ils soulignaient la relativité de la sensation, celle des circonstances, celle des cultures, etc., et l'impossibilité d'un lieu d'où il serait possible de trancher.

2 LE CULTURALISME. En sociologie et en anthropologie, le relativisme a le mérite de souligner la multiplicité et la diversité des cultures, mais il pose le problème de la possibilité d'universaux dans les sciences de l'homme. Ce relativisme a été affirmé avec force dans le culturalisme, en particulier dans les travaux de MEAD (*Male and Female*, 1949) et les enquêtes de BENEDICT qui comparent les cultures des Kwakiutl, des Pueblo et des Dobuans (*Patterns of Culture*, 1934).

3 LE RELATIVISME COMME EXIGENCE MÉTHODOLOGIQUE. Si le relativisme a permis une remarquable extension du champ anthropologique, grâce aux multiples enquêtes consacrées à des univers jusqu'alors dépréciés par l'ethnocentrisme de l'Occident, il n'en soulève pas moins une difficulté. La pluralité et la spécificité des cultures n'interdisent-elles pas le projet de traduire un système de croyances propre à une société dans des conceptions universalisantes, nécessaires à la constitution d'une science de l'homme rigoureuse qui, sans cela, se verrait réduite à la description empirique de l'arc-en-ciel des cultures ? Le relativisme est une exigence méthodologique qui, érigée en doctrine, risque de devenir une impasse théorique pour les sciences de l'homme. Il pose des problèmes analogues dès lors qu'en éthique ou en politique on pose l'universalité des droits de l'homme et, d'autre part, le droit à la différence et à la spécificité des cultures.

André AKOUN

bibliographie

BENEDICT Ruth, *Échantillons de civilisation* (1934), Gallimard, 1950.

LÉVI-STRAUSS Claude, *Race et histoire*, UNESCO, 1952.

MEAD Margaret, *L'Un et l'autre sexe* (1949), Gonthier, 1966.

RELIANCE

voir : ALIÉNATION, DÉLIANCE, LIEN SOCIAL, UTOPIE

Ensemble d'actions visant à reconstituer des liens et des échanges sociaux.

Ce concept a été proposé par Marcel BOLLE DE BAL pour désigner les actions orientées vers la reconstitution des liens entre sujets et la situation ainsi créée. L'auteur en donne cette définition : *« L'acte*

— ou le résultat de cet acte — de créer ou recréer des liens, d'établir ou rétablir une liaison entre des acteurs sociaux séparés, dont l'un au moins est une personne ; de réunir, mettre ou remettre en rapport ou en communication des acteurs distincts, disjoints ou isolés » (1985, p. 250). Ce terme se comprend comme le contraire de la *déliance* : alors que ce dernier désigne le phénomène de désintégration des communautés, la reliance désigne les pratiques visant à instituer des médiations entre les acteurs sociaux, en réaction contre les processus de désintégration. Il importerait de développer une critique des formes apparentes de reliance, tels les médias ou les ordinateurs qui, sous une apparence de communication interpersonnelle, entretiennent davantage l'isolement de chacun. Les expériences communautaires, malgré les difficultés rencontrées, constituent des tentatives significatives pour surmonter la déliance et instituer des structures plus ou moins institutionnalisées de reliance entre les acteurs.

Pierre ANSART

bibliographie

BOLLE DE BAL Marcel, *La Tentation communautaire. Les Paradoxes de la reliance et de la contre-culture*, Bruxelles, Éd. de l'Université de Bruxelles, 1985.

BOLLE DE BAL Marcel (sous la dir. de), *Voyages au cœur des sciences humaines : de la reliance*, L'Harmattan, 2 t., 1996.

RELIGION

du latin *religio*, dont l'étymologie est controversée depuis l'Antiquité ; *religio* y est rattaché soit au verbe *religare* « relier », soit à *legere* « ramasser » ou *relegere* « recueillir »

all. RELIGION	esp. RELIGIÓN
angl. RELIGION	ital. RELIGIONE

voir : COMMUNAUTÉ, CROYANCE, ÉGLISE ET SECTE, IMAGINAIRE SOCIAL, INSTITUTION, RITE

La religion est une forme d'organisation du croire qu'on définit couramment soit à partir des contenus de croyance qu'elle véhicule, soit à partir des fonctions sociales qu'elle remplit. Une autre approche met en avant le type particulier de légitimation que ce croire requiert.

SOCIOLOGIE DES RELIGIONS : UN CHAMP D'ÉTUDES AUX FRONTIÈRES INCERTAINES. Est-il indispensable, pour traiter sociologiquement des faits religieux, de disposer d'une définition de la *religion* ? La tradition sociologique n'a pas cessé de poser cette question sans lui apporter de réponse claire. DURKHEIM insiste, en ouverture des *Formes élémentaires de la vie religieuse*, sur la nécessité de définir ce qu'il convient d'entendre par religion, sous peine de s'exposer *« soit à appeler religion un système d'idées et de pratiques qui n'aurait rien de religieux, soit à passer à côté de faits religieux sans en apercevoir la véritable nature »*. WEBER ouvre au contraire le chapitre V d'*Économie et société* (Sociologie de la religion) en soulignant l'impossibilité de définir *a priori* la religion : lui-même ne s'attachera, dit-il, qu'à l'étude d'« une espèce particulière de façon d'agir en communauté ». Avec le même souci de se prémunir contre la tentation phénoménologique de capter une impossible « essence » de la religion, les sociologues des religions ont adopté longtemps la même règle, en évitant soigneusement toute définition de la religion en soi. Cette réserve était justifiée par l'impossibilité d'assigner des bornes précises à un objet coextensif avec le phénomène humain. Elle présentait par ailleurs deux avantages : d'une part, elle évitait aux sociologues d'affronter directement le reproche de réductivisme que les religions, soucieuses de préserver la définition qu'elles donnent d'elles-mêmes, ne cessent pas de leur adresser ; d'autre part, elle leur épargnait d'avoir eux-mêmes à se prononcer sur la « réalité » d'un objet qu'une tradition scientifique longuement dominante considérait d'abord comme une illusion ou une fiction idéologique.

Religion au sens propre et formes analogiques de la religion. Un accord se fit donc pour considérer que le domaine de recherche des sociologues des religions (sociologues « des religions », et non pas sociologues « de la religion ») s'étendait à tous les objets que la société elle-même désigne comme « religieux ». On acceptait éventuellement d'étendre l'investigation aux plus patentes des manifestations « analogiquement religieuses » : rituels civils et militaires, cultes révolutionnaires et autres formes de « religions séculières ». Mais dans ce cas, la question des rapports entre la « religion au sens propre du terme » — représentée par les différentes variantes des grandes religions historiques — et ces formes « analogiques » de la religion demeurait soigneusement réservée. Cette position prudente n'a guère posé de problèmes tant que les sociologues se sont intéressés essentiellement au devenir (c'est-à-dire au refoulement inéluctable) des institutions religieuses dans des sociétés modernes sécularisées. Elle est devenue intenable lorsque se sont imposées à eux la prolifération moderne du croire et la dérégulation du champ religieux institutionnel. Si l'on veut étudier comment la croyance religieuse se disperse et se distribue en dehors des espaces du croire contrôlés par les grands systèmes religieux, il faut pouvoir identifier ce qui, dans les productions modernes du croire, relève ou ne relève pas de la religion. Il faut, autrement dit, se doter d'une « définition » de la religion permettant non pas de saisir l'essence ultime de la religion, mais simplement de classer les phénomènes observables.

DEUX PERSPECTIVES : RELIGIONS INVISIBLES ET RELIGIONS HISTORIQUES. En ce domaine, deux perspectives s'opposent :

- une première perspective, qu'illustrent par exemple les travaux de LUCKMANN sur « la religion invisible » des sociétés modernes, développe une conception extensive de la religion. Celle-ci englobe l'ensemble des constructions imaginaires par lesquelles la société, des groupes dans cette société, et des individus dans ces groupes, tentent de donner un sens à leur expérience quotidienne et de se représenter leur origine et leur avenir ;
- une autre perspective, résolument restrictive, réserve au contraire la désignation de religion à celles, parmi ces « productions de sens », qui font appel, de façon explicite, au capital de références et de symboles qui appartiennent aux traditions des « religions historiques ».

LES NOUVEAUX MOUVEMENTS RELIGIEUX. Le débat qui s'est instauré entre ces deux perspectives n'est pas purement théorique. Il a resurgi avec une particulière vivacité aux États-Unis, puis en Europe, à propos du déploiement des « nouveaux mouvements religieux » au cœur même des sociétés les plus modernes : cultes et sectes venus récemment concurrencer les religions historiques, groupes syncrétiques d'inspiration orientale, mouvements de renouveau à l'œuvre dans les religions instituées, courants multiples d'une « nébuleuse mystique-ésotérique » aux frontières floues, etc. Si ces nouveaux mouvements posent la question des limites du religieux, c'est parce qu'ils participent du caractère éclaté, mouvant, dispersé, de l'imaginaire moderne dans lequel ils s'inscrivent : ils se présentent comme un conglomérat mal joint de croyances bricolées, bric-à-brac insaisissable de réminiscences et de rêves que les individus organisent, de façon subjective et privée, en fonction des situations concrètes auxquelles ils sont affrontés. Faut-il, parce qu'ils offrent à leurs adhérents un type d'« accomplissement intérieur » qui peut être interprété comme une proposition individualiste et séculière du salut, y repérer la figure nouvelle d'une religion moderne ? Faut-il, parce que la référence à une quelconque transcendance leur fait défaut et parce qu'ils sont le plus souvent dépourvus de tout projet social, leur dénier toute qualification « religieuse » ?

RELIGIONS SÉCULIÈRES OU MÉTAPHORIQUES. La discussion sur la définition de la religion a été relancée également par un ensemble de travaux portant sur les « religions séculières » ou « métaphoriques ». On découvre de la religion présente, de façon plus ou moins diffuse, implicite ou invisible, dans l'économique, dans le politique, dans l'esthétique, dans le scientifique, dans l'éthique, dans le culturel, etc. Plutôt qu'aux relations entre un champ religieux (celui des institutions des religions historiques) qui s'amenuise et les autres champs sociaux (politique, thérapeutique, esthétique, etc.), on est alors porté à s'intéresser aux diverses manifestations subreptices de la religion, dans toutes les sphères profanes (non réputées religieuses) où s'exerce l'activité humaine. Mais jusqu'où faudra-t-il pousser l'investigation ? S'arrêtera-t-on à l'identification des influences discrètes des religions repérées comme telles (christianisme, judaïsme, islam, etc.) hors de leur espace propre ? Ou bien interrogera-t-on l'ensemble des manifestations croyantes, ascétiques, militantes, extatiques, etc. qui se développent sur le terrain de l'économie, de la politique, de la musique, du sport ou de la science ?

DÉFINITION SUBSTANTIELLE OU DÉFINITION FONCTIONNELLE ? La discussion tend à s'enliser dans la réédition à l'infini de l'affrontement classique entre les tenants (tel ROBERTSON) d'une définition « substantielle » (et restrictive) de la religion, qui implique toujours la croyance en une puissance surnaturelle, et les tenants d'une définition fonctionnelle, qui embrasse dans la « religion » l'ensemble des significations « ultimes » ou « fondamentales » que les individus et les groupes sont amenés à produire pour donner un sens à leur vie (comme le fait YINGER, par exemple).

- Soit on définit la religion en fonction du contenu des croyances (croyance en Dieu, par exemple) et des activités rituelles qui y sont explicitement associées, et l'on est impuissant à dire quelque chose du caractère éventuellement religieux d'un ensemble de phénomènes dans lesquels d'aucuns voient des formes modernes de « sacralité » (des matches de football aux grands concerts publics qui réunissent ces « foules en fusion » chères à Durkheim, en passant par toutes les formes de la « religiosité séculière ») ;
- soit on étend la notion de religion à tout ce qui, dans nos sociétés, touche à la question du sens et aux interrogations ultimes de l'homme sur la signification du monde dans lequel il vit, et on dilue alors les phénomènes religieux dans la nébuleuse insaisissable des « systèmes de significations »...

Les définitions fonctionnelles de la religion attestent la dispersion à l'infini des symboles religieux dans les sociétés contemporaines. Les définitions substantielles de la religion, construites en fait à partir du seul repère des religions historiques, ne peuvent que réitérer à perte de vue l'analyse de la perte de la religion instituée dans le monde moderne. La religion est partout, ou bien elle n'est (tendanciellement) nulle part : ce qui, en fin de compte, revient exactement au même.

UNE SYNTHÈSE POSSIBLE : LA DÉFINITION PAR LA NOTION DE LIGNÉE CROYANTE. Comment sortir de ce cercle ? Ce qui intéresse le sociologue, ce n'est pas de savoir, une fois pour toutes, ce qu'est la religion en soi. C'est de rendre compte, à travers ses manifestations sociohistoriques, de cette mobilité spécifique de la « religion » des sociétés modernes, qui ne renvoie ni à des objets de croyance particuliers, ni à des pratiques sociales spécifiques, ni même à des représentations originales du monde. Une façon — conforme à la méthode wébérienne des types* idéaux — d'approcher sociologiquement cette réalité insaisissable consiste à se doter d'un *angle de vue* particulier qui puisse servir à ordonner, en un tableau de pensée cohérent, la diversité des phénomènes empiriques observés. C'est ce qu'on propose de faire en s'attachant au mode particulier d'organisation et de fonctionnement du croire qui caractérise la religion. L'hypothèse dans laquelle s'inscrit le point de vue adopté ici est qu'il n'y a pas de religion sans que soit invoquée, à l'appui de l'acte de croire (et de façon qui peut être explicite, semi-explicite, ou entièrement implicite) l'autorité légitimatrice d'une tradition. On dira « religieuse », dans cette perspective, toute forme de croire qui se justifie en postulant et en effectuant l'inscription du croyant dans une *lignée croyante*. La légitimation de l'acte de croire par référence à l'autorité d'une tradition va plus loin que la simple allégation de la continuité des croyances et des pratiques d'une génération à l'autre. Le « croyant religieux » (individu ou groupe) ne se contente pas de croire simplement « parce que cela s'est toujours fait » : il se considère comme « engendré » par l'ensemble de ceux qui l'ont précédé. Ce n'est pas la continuité qui vaut en elle-même, mais le fait qu'elle est l'expression visible d'une filiation que le croyant individuel ou collectif revendique expressément et qui le fait membre d'une communauté spirituelle qui rassemble les croyants passés, présents et futurs. La lignée croyante fonctionne comme référence imaginaire, légitimatrice de la croyance présente. Sous sa forme institutionnalisée (celle des religions historiques), elle fonctionne inséparablement, comme principe d'identification sociale, *ad intra* (par incorporation du croyant à une communauté croyante) et *ad extra* (par différenciation d'avec ceux qui ne sont pas de cette lignée). Toute « religion » se présente de ce point de vue comme un dispositif idéologique, pratique et symbolique par lequel est constituée, entretenue, développée et contrôlée la conscience (individuelle et collective) de l'appartenance à une lignée croyante particulière. Mais l'invocation normative (religieuse) d'une continuité croyante peut émerger, en dehors de toute institutionnalisation de la lignée des croyants, dans tous les domaines de la vie sociale où s'imposent, en principe, d'autres formes de légitimation du croire commun : la sphère du politique ou celle de la science en offrent de multiples exemples. Plus largement, dans le contexte moderne de la dérégulation du croire, où les institutions des religions historiques ont perdu leur capacité exclusive de définir la lignée croyante authentique, c'est l'individu lui-même qui peut identifier et même inventer la lignée croyante dans laquelle il choisit de se reconnaître. Se vouloir engendré, plutôt que se savoir engendré : ce déplacement du rapport à la lignée est au cœur des recompositions religieuses de la modernité.

Danièle HERVIEU-LÉGER

bibliographie

DURKHEIM Émile, *Les Formes élémentaires de la vie religieuse* (1912), PUF, 1968.

HATZFELD Henri, *Les Racines de la religion. Tradition, rituel, valeurs*, Seuil, 1993.

HERVIEU-LÉGER Danièle, *La Religion pour mémoire*, Éd. du Cerf, 1993.

LAMBERT Yves, « La Tour de Babel des définitions de la religion », in *Social Compass*, vol. 38, n° 1, mars 1991.

LUCKMANN Thomas, *The Invisible Religion. The Problem of Religion in Modern Society*, New York, MacMillan, 1967.

MCGUIRE M., *Religion, the Social Context* (1983), Belmont, Wadsworth, 1992.

PIETTE Albert, *Les Religions séculières*, PUF, 1993.

ROBERTSON R., *The Sociological Interpretation of Religion*, Oxford, Basil Blackwell, 1970.

WEBER Max, *Économie et société*, Plon, 1971

WILLAIME Jean-Paul, *Sociologie des religions*, PUF, 1995.

YINGER J. Milton, *The Scientific Study of Religion*, New York, MacMillan, 1970.

RÉPONSE

du latin *respondere* « répondre à un engagement pris solennellement », puis « répliquer par oral ou par écrit »

all. ANTWORT	esp. RESPUESTA
angl. REPLY	ital. RISPOSTA

voir : RÉCEPTEUR, RÉCEPTIVITÉ

1 En psychologie, la *réponse* (ou la réaction) est le comportement qui intervient à la suite d'un stimulus. D'où le schéma behavioriste : stimulus-réaction, dont le but est d'étudier le comportement dans ce qu'il a d'observable (et donc en traitant la conscience comme une boîte noire). Il en résulte une méthodologie intéressante, mais qui s'achève en une étude simplifiée de comportements expérimentaux, dans un environnement où l'on cherchera à contrôler tous les stimuli.

2 En sociologie des communications, le schéma de LASSWELL *(qui ? dit quoi ? à qui ? par quel média ? pour quels effets ?)* s'inscrit dans cette même ligne de pensée. La notion de *conduite* en psychologie sera une façon de dépasser une approche par trop mécaniste.

⇒ INFLUENCE DES MÉDIAS

André AKOUN

bibliographie

LE NY Jean-François, *Le Conditionnement et l'apprentissage*, PUF, 1980.

REPRÉSENTANT ET REPRÉSENTATION

du latin *repraesentare* « faire advenir, rendre présent et effectif au vu et au su de tous », d'où découle le sens juridique d'« être mandaté pour exercer les droits ou défendre les intérêts d'un collectif »

all. VERTRETER, VERTRETUNG	esp. REPRESENTANTE, REPRESENTACIÓN
angl. REPRESENTATIVE, REPRESENTATION	ital. RAPPRESENTANTE, RAPPRESENTANZA

voir : DÉMOCRATIE, DOMINATION, POUVOIR, SYMBOLIQUE

Le représentant désigne l'individu qui, par ses propriétés sociales, revendique avec succès le droit de prendre en charge et de mettre en forme les intérêts d'un groupe.

Ce mécanisme de délégation tire sa légitimité d'une présomption de compétence. Celle-ci peut recouvrir la détention d'un capital économique (un tiers des membres du Sénat américain sont des millionnaires), l'affirmation d'orientations idéologiques mobilisées par des organisations en compétition, l'exercice de relations clientélaires (« boss » des machines politiques locales aux États-Unis, « patrons » du parti démocrate chrétien en Italie) ou encore valorisation d'attributs religieux, linguistiques ou professionnels (boutiquiers du mouvement poujadiste en 1956, nationalistes hindous du parti de la Baratya Jana Sangh dans l'Inde hindiphone). Ce que WEBER a appelé la « représentation libre » (la démocratie représentative) désigne des activités de direction légitimées par des élections concurrencielles et arbitrées par un système organisé de partis. Émancipé de toute stipulation traditionnelle comme de tout contrôle corporatiste, le *représentant* y est réputé exprimer ses convictions et intérêts propres. Un avènement provoqué par l'ébranlement, au XVIIIe siècle, d'une société d'ordre attachée, elle, à la représentation liée (le mandat impératif), voire appropriée (les chefs charismatiques ou hiérarques héréditaires).

Olivier IHL

bibliographie

BOURDIEU Pierre, « La Représentation politique. Éléments pour une théorie du champ politique », in *Actes de la recherche en sciences sociales*, n° 36-37, février-mars 1981, pp. 1 à 23.

WEBER Max, *Économie et Société* (1921), Plon, 1971.

* * *

REPRÉSENTATIF

du latin *repraesentare* « rendre présent »

all. REPRÄSENTATIV	esp. REPRESENTATIVO
angl. REPRESENTATIVE	ital. RAPPRESENTATIVO

voir : ÉCHANTILLON, POPULATION, SONDAGE, VARIABLE

L'adjectif apparaît à la fin du XVIe siècle en philosophie, puis en philosophie politique au XVIIIe siècle. Le sens actuel du mot en statistique (modèle d'une catégorie de personnes) date du début du siècle. Le substantif représentativité *est employé depuis le début des années 60.*

Lorsqu'un chercheur construit un échantillon, il a toujours le souci que celui-ci soit *représentatif* ; il sous-entend ainsi l'idée que les résultats qu'il pourra y établir seront généralisables à la population dont il est issu. Il s'agit dans cette optique de concevoir l'échantillon comme un modèle réduit de la population (⇒ SONDAGE), et donc représentatif de cette population. Or cette idée très répandue ne correspond pas aux principes de la théorie des sondages telle qu'elle a été élaborée au cours du XXe siècle. Celle-ci est fondée sur le fait que l'on cherche à représenter, non pas des individus ou groupes d'individus (c'est-à-dire une population), mais la manière dont se distribue une variable à l'intérieur de cette population. Il s'agit alors de constituer un échantillon capable de rendre compte le mieux possible de la répartition de ce caractère, dont les individus ne sont que le support.

De cette manière, on peut être conduit à sur-représenter une catégorie d'individus, parce que la variable en question présente une dispersion particulièrement forte au sein de cette catégorie. Par exemple, si l'on fait une étude sur les carrières professionnelles des élèves d'une école d'ingénieur, l'échantillon sera plus représentatif de celles-ci s'il sur-représente les femmes, parce que celles-ci sont peu nombreuses et connaissent une diversité dans leurs parcours professionnels plus importante que les hommes. Cet échantillon ne sera pas représentatif de la variable « Sexe », mais cela n'a pas d'importance. En revanche, si le sujet de l'étude porte sur la féminisation de cette école, alors il faudra que l'échantillon soit représentatif de la variable « Sexe » et donc que les proportions d'hommes et de femmes soient le plus proches possible de celles de la population. Ainsi, selon le type de recherche que l'on effectue, on peut être amené, à partir de la même population, à constituer des échantillons très différents, chacun étant représentatif du sujet de la recherche envisagée.

Félicité des NÉTUMIÈRES

*
* *

REPRÉSENTATIONS SOCIALES

du latin *repraesentatio* « action de mettre sous les yeux », « tableau » (au figuré), et de *repraesentare* « rendre présent, reproduire, montrer »

all. SOZIALE VORSTELLUNGEN	esp. REPRESENTACIONES SOCIALES
angl. SOCIAL REPRESENTATIONS	ital. RAPPRESENTAZIONI SOZIALI

voir : ATTITUDE, CROYANCE, IDÉOLOGIE, MENTALITÉ, OPINION PUBLIQUE, PSYCHOLOGIE SOCIALE

Forme de savoir individuelle et collective distincte de la connaissance scientifique, qui présente des aspects cognitifs, psychiques et sociaux en interaction.

Située au carrefour de la psychologie sociale, de la sociologie, de l'anthropologie et de l'histoire, cette notion a été ainsi définie par FISCHER : « *La représentation sociale est un processus d'élaboration perceptive et mentale de la réalité qui transforme les objets sociaux (personnes, contextes, situations) en catégories symboliques (valeurs, croyances, idéologies) et leur confère un statut cognitif permettant d'intégrer les aspects de la vie ordinaire par un recadrage de nos propres conduites à l'intérieur des interactions sociales* » (1987, p. 118).

Dans l'ouvrage de JODELET (1989), MOSCOVICI fait l'historique de la notion en évoquant, d'une part, son rôle dans l'histoire des mentalités, d'autre part, la place que certains sociologues lui ont accordée dans une théorie de la société (DURKHEIM, SIMMEL, WEBER). Ensuite, il met en évidence les structures intellectuelles et affectives des représentations en soulignant la spécificité de leur nature psychique à partir de l'apport de PIAGET. Il évoque aussi la contribution de FREUD à l'analyse du processus d'intériorisation des représentations. Jodelet affirme qu'il n'y a pas de représentation sans construction par le sujet d'une interprétation de l'objet (personne, chose, événement, idée...). Pour l'auteur, « *c'est une forme de connaissance socialement élaborée et partagée, ayant une visée pratique et encourageant à la construction d'une réalité commune à un ensemble social* [...] *On reconnaît généralement que les représentations sociales en tant que systèmes d'interprétation régissent notre relation au monde et aux autres, orientent et organisent les conduites et les communications sociales. De même interviennent-elles dans des processus aussi variés que la diffusion et l'assimilation des connaissances, le développement individuel et collectif, la définition des identités personnelles et sociales, l'expression des groupes et les transformations sociales* » (1989, pp. 36 à 37).

Les processus à l'origine des représentations sociales relèvent de la communication sociale, en référence aux multiples processus individuels, interindividuels, intergroupes et idéologiques. DOISE, cité par Jodelet, explique aussi la constitution des représentations sociales par l'influence des rapports de communication dans un contexte interindividuel ou intergroupe, ainsi que par le processus d'ancrage des attitudes. Dans des travaux sur le système éducatif, GILLY (1980) analyse le rôle des normes et des modèles idéologiques. Il montre que les influences normatives sont génératrices d'un certain nombre de modèles de référence en termes d'attitude, de comportement et de produit de comportement. Ces références vont ensuite intervenir dans la construction d'un système général de représentation. Gilly montre que les représentations réciproques maître-élèves sont tributaires de normes de valeurs liées aux rôles, aux attentes et aux positions des deux partenaires. Pour illustrer ce constat, il présente les résultats de recherches expérimentales sur la représentation de l'élève par le maître et les effets d'attente en situation éducative, dont « l'effet Pygmalion », décrit par ROSENTHAL et JACOBSON.

Les principaux usages des concepts de représentations sociales et d'idéologie ont été explicités lors d'un colloque tenu à l'université de Paris X-Nanterre (1987). Selon LIPIANSKY, « *les représentations sociales et les idéologies constituent des formations discursives structurées, ayant par là même une fonction cognitive structurante dans la construction et la reproduction de la réalité sociale* » (1992, p. 60).

Ariel CORDIER

bibliographie

AEBISCHER Verena, DECONCHY Jean-Pierre, LIPIANSKY Marc E., *Idéologies et représentations sociales*, Delval, 1992.

DOISE Willem, PALMONARI Augusto, *L'Étude des représentations sociales*, Delachaux et Niestlé, 1986.

FISCHER Gustave-Nicholas, *Les Concepts fondamentaux de la psychologie sociale*, Dunod, 1987.

GHIGLIONE Rodolphe, BONNET Claude, RICHARD Jean-François, *Cognition, représentation, communication*, Dunod, 1994.

GILLY Michel, *Maître-élève, rôles institutionnels et représentations* (1980), PUF, 1994.

JODELET Denise, *Les Représentations sociales* (1989), PUF, 1994.

MOSCOVICI Serge, *La Psychanalyse, son image et son public* (1961), PUF, 1976.

RÉPRESSION

du latin *reprimere* (participe passé *repressum*) « contenir ; refouler, réprimer »

voir : DOMINATION, ÉTAT, PSYCHANALYSE, VIOLENCE

Action de s'opposer à, d'arrêter une action ; fait de combattre, par la violence et par des sanctions, un mouvement collectif d'opposition ou de révolte.

1 RÉPRESSION « NORMALE ». En distinguant le normal et le pathologique parmi les faits sociaux, DURKHEIM indique que tout ordre social, organisé ou non en État, exerce une *répression normale* des déviances qui le menacent, définit des délits et détermine des sanctions (1895). Les différents régimes sociopolitiques, quels qu'ils soient, exercent des formes diverses de répression en rapport avec leurs institutions. Ces répressions font l'objet de justifications idéologiques dont la formulation et la diffusion constituent un enjeu politique majeur.

2 RÉPRESSION ET REFOULEMENT. La critique d'inspiration freudo-marxiste, suivant en cela certaines indications de FREUD, a étendu ce terme de répression aux processus culturels d'intériorisation et de refoulement. En ce sens, la répression désigne l'effet de contrainte exercé par les structures sociales sur les pulsions, et particulièrement sur la pulsion sexuelle.

3 SURRÉPRESSION. Sans nier la nécessité de la répression légale liée à l'état de pénurie et à l'obligation du travail, MARCUSE dénonce la « surrépression » qu'il met en rapport avec la domination de l'idéologie industrielle et la soumission au principe de rendement (1955).

Pierre ANSART

bibliographie

ANSART Pierre, DOURLEN-ROLLIER Anne-Marie, *La Société, le sexe et la loi*, Calmann-Lévy, 1971.

CUSSON Maurice, *Pourquoi punir ?*, Dalloz, 1987.

DURKHEIM Émile, *Règles de la méthode sociologique* (1895), Flammarion, 1988.

FOUCAULT Michel, *Surveiller et punir : naissance de la prison*, Gallimard, 1993.

MARCUSE Herbert, *Éros et civilisation* (1955), Éd. de Minuit, 1963.

RUSCHE Georg, *Peine et structure sociale. Histoire et théorie critique du régime pénitentiaire*, Éd. du Cerf, 1994.

REPRODUCTION

du latin *producere* (participe passé *productum*) « conduire en avant, mener »

all. REPRODUKTION	esp. REPRODUCCIÓN
angl. REPRODUCTION	ital. RIPRODUZIONE

voir : CAPITAL, CHANGEMENT, CLASSE SOCIALE, ÉMERGENCE, MOUVEMENT SOCIAL

Dans le sens de reproduction sociale, *ensemble des mécanismes qui engendrent le renouvellement sans modification des rapports sociaux et de la culture.*

Comte et Marx. La question de la *reproduction sociale*, comme celle du changement, pose un problème permanent. En distinguant la *statique* et la *dynamique* dans l'analyse sociologique, COMTE invite à désigner et à expliquer ce qui demeure à travers les générations. MARX situe la reproduction des rapports de classe dans les nécessités du mode de production : la séparation de la force de travail et des moyens de production appropriés par les capitalistes se trouve incessamment reproduite au sein du procès de travail. L'appel à une rupture révolutionnaire trouve l'un de ses arguments dans l'incapacité du système à échapper de lui-même aux nécessités internes de sa reproduction.

Bourdieu. Reprenant ce problème, BOURDIEU propose d'expliquer la reproduction sociale, entendue comme la reproduction du système des relations de classe. Il met l'accent non sur le renouvellement des rapports économiques, mais sur les conséquences des reproductions culturelles, en soulignant plus particulièrement les fonctions du système scolaire dans cette reproduction (1970) et les effets de la *distinction* culturelle (1979). L'école, selon cette analyse, participe au renouvellement de l'inégalité sociale, par le biais de l'imposition de la culture dominante comme culture légitime. La neutralité proclamée des enseignements occulte l'arbitraire culturel qui défavorise les enfants issus des milieux populaires et favorise les enfants issus des milieux privilégiés, mieux préparés à se conformer à l'arbitraire culturel véhiculé par le système scolaire. Cette analyse de la reproduction par le système scolaire se complète par l'étude des stratégies de reproduction (1979). En effet, la reproduction sociale n'est pas seulement un effet de structure : elle est soutenue activement par les agents des classes supérieures qui s'efforcent, en recourant à de mutiples distinctions, de marquer leur supériorité par rapport aux classes désignées comme inférieures. Les goûts, tenus pour naturels et innés selon l'idéologie commune, sont, en fait, des dispositions acquises, des dispositions à différencier, à établir des classements entre les classes. Un ensemble de concepts permet, dans la théorisation de Bourdieu, de développer cette conception de la reproduction sociale. Les concepts de *violence symbolique, habitus, capital social* et *culturel, champ social, domination culturelle* se complètent pour permettre l'élaboration de cette théorie de la reproduction.

En raison de l'importance des problèmes soulevés, cette thèse de la reproduction a suscité critique et discussion : les théoriciens du changement n'ont pas manqué d'en critiquer les conclusions, les sociologues d'inspiration individualiste d'en contester les prémisses théoriques. Nulle sociologie générale ne peut faire l'économie de ce problème.

Pierre Ansart

bibliographie

Bourdieu Pierre, *La Distinction, critique sociale du jugement*, Éd. de Minuit, 1979.

Bourdieu Pierre, Passeron Jean-Claude, *La Reproduction, éléments pour une théorie du système d'enseignement*, Éd. de Minuit, 1970.

RÉSEAU

du latin *retis* « filet pour prendre des oiseaux », devenu au XIIIe s. « réseau »

all. NETZ	esp. RED
angl. NETWORK	ital. RETE

voir : COMMUNICATIONS DE MASSE, INFORMATIQUE, TRAVAIL SOCIAL

1. Système d'éléments matériels organisés en vue d'assurer une communication (réseau routier, téléphonique).

2. Système de liaisons entre des personnes formant un ensemble ; cet ensemble.

DÉVELOPPEMENT DU PHÉNOMÈNE ET EXTENSION DE LA NOTION. L'existence de liens et d'échanges entre des personnes ou des institutions est un phénomène permanent. Au Moyen Âge, par exemple, des monastères étaient en étroite relation, formant un réseau social. La monarchie centralisait les relations, contrôlait la circulation postale et le maintien des échanges. Au XIXe siècle, le mot a pris l'une de ses significations actuelles pour désigner les réseaux routiers, le réseau ferroviaire, les réseaux urbains. C'est toutefois avec l'explosion des communications, après les années 50, que la notion de *réseau* s'est appliquée à de multiples phénomènes économiques, communicationnels, politiques (réseaux d'entreprises, de transport, de télécommunication, nationaux et internationaux). Elle concerne à la fois la géographie, l'économie, la psychologie sociale, la sociologie. L'inflation de cet emploi peut engendrer une certaine confusion tant la notion perd en précision. Elle requiert un emploi contrôlé. Si tel est le cas, cette notion de réseau, en économie et en sociologie particulièrement, est de grande importance et oriente vers des problèmes négligés par la sociologie classique. Le concept de réseau s'impose tout d'abord en économie et dans le domaine des communications.

En économie, la réduction relative du travail de fabrication au profit des phases de conception, de recherche, de préparation et, en aval, de commercialisation, a imposé de considérer l'ensemble intégré des différentes phases et non plus leur isolement ou la seule fabrication. L'aiguisement de la concurrence, la globalisation des échanges, l'incertitude de la demande ont poussé à cette intégration pratique en réseau. Non moins clairement, le développement des communications a imposé le fait des réseaux et la nécessité de penser en termes de relations intégrées. Un média, quel qu'il soit, met en relation changeante des locuteurs et des récepteurs pour la circulation de messages, dans un système d'échanges plus ou moins étendu. Les différents agents jouant des rôles hétérogènes sont intégrés dans un système qu'ils entretiennent sans en être maîtres. Le phénomène de réseau prend tout son sens au niveau international où les phénomènes partiels d'émission, d'écoute, d'interaction prennent place dans cette toile internationale qu'est le réseau Internet.

SOCIOLOGIE DES RÉSEAUX. La sociologie s'est proposé simultanément trois tâches essentielles : étudier plus particulièrement les *réseaux sociaux*, construire des formalisations adaptées aux différents phénomènes de réseaux, réfléchir sur les significations générales de ces transformations.

1 L'étude de réseaux sociaux a trouvé une première illustration dans la sociométrie. Dès 1943, Moreno proposait de réaliser une analyse formelle des petits groupes pour formaliser, par exemple, les préférences des enfants d'une même classe à l'égard les uns des autres. En regroupant leurs réponses à une question sans équivoque (« À côté de qui souhaiteriez-vous être assis ? »), l'expérimentateur dégageait les réseaux de préférence dans un groupe clos. À partir d'un graphe sociométrique, de multiples questions peuvent être posées : sur la nature des choix (positifs, négatifs, indifférents), sur les affinités entre les enfants, sur leurs attitudes réciproques. Par-delà cette étude de relations dans les groupes restreints, l'analyse des réseaux s'est appliquée de manière systématique aux structures les plus variées : relations dans les échanges amicaux, entreprises, administrations, collectivités locales, associations, voisinage, quartiers urbains. Dans ces travaux se trouvent soulevées des questions essentielles sur les relations de sociabilité, l'entraide, le pouvoir, la centralité, les accords et antagonismes, les appartenances multiples (Degenne, Forsé, 1994).

2 Une tâche sociologique importante a été de proposer des modèles formalisés susceptibles d'être appliqués à des cas multiples. Ces formalisations doivent permettre de mettre en évidence des propriétés générales des réseaux : vulnérabilité, proximité, centralité, densité, compacité, équilibres et déséquilibres. L'accent est mis, dans de telles formalisations, sur les structures et les équilibres, mais elles n'excluent pas d'apporter des indications sur les évolutions d'un réseau et sur les raisons internes de ces évolutions (Parlebas, 1992).

3 L'abondance des travaux sur les réseaux dans les différents domaines d'activité ouvre à une réflexion sur la diffusion d'un mode de pensée ou, a-t-on pu dire, d'une « culture réseau » (Kerven, 1993). On entendrait par là un ensemble de représentations et de modes d'action portant à considérer les domaines

sociaux comme essentiellement relationnels, à tous les niveaux, et appelés à résoudre leurs difficultés par une extension ou une amélioration de leurs échanges. Le travail social peut fournir un exemple de la dimension éthique de cette culture : lorsque des travailleurs sociaux se donnent pour objectif d'arracher des exclus à leur condition d'assistés et s'efforcent de les engager dans des réseaux de solidarité fondés sur la reconnaissance réciproque des personnes et des responsabilités.

Pierre ANSART

bibliographie

« Les Réseaux sociaux », in *L'Année sociologique*, 47-1, PUF, 1997.

(Collectif), *De l'assistance à la solidarisation : un nouveau sens au travail social*, L'Harmattan, 1994.

CURRIEN Nicolas (sous la dir. de), *Économie et management des entreprises de réseau*, Economica, 1992.

DEGENNE Alain, FORSÉ Michel, *Les Réseaux sociaux*, Armand Colin, 1994.

DUJARDIN Philippe (sous la dir. de), *Du groupe au réseau*, CNRS, 1988.

KERVEN Georges-Yves, *La Culture réseau. Éthique et écologie de l'entreprise*, Eska, 1993.

MORENO Jacob L., *Fondements de la sociométrie* (1943), PUF, 1970.

PARLEBAS Pierre, *Sociométrie, réseaux et communication*, PUF, 1992.

RÉSISTANCE

du latin *resistere* « s'arrêter, se tenir en faisant face, faire obstacle à »

all. WIDERSTAND	esp. RESISTENCIA
angl. RESISTANCE	ital. RESISTENZA

voir : ALIÉNATION, DISSIDENCE, STRATÉGIE, VIE QUOTIDIENNE

Opposition, explicite ou implicite, violente ou non violente, aux forces ou situations perçues comme oppressives.

RÉSISTANCE, DÉVIANCE, RÉBELLION, MARGINALITÉ. Le concept de *résistance* ne doit pas être confondu avec ceux de déviance, de rébellion, ou encore de marginalité. Quoiqu'il soit assez polysémique et qu'il figure rarement dans les index des traités de sociologie, il est permis de l'ancrer (hors des résistances de l'histoire politique) dans une sociologie de la vie quotidienne qui met d'abord l'accent sur l'existence concrète, les sociabilités immédiates, l'inertie des « us et coutumes », en regard des systèmes d'action collective liés aux vastes structures politiques ou économiques. Il commande un paradigme, au sens linguistique du terme, dans lequel figureraient des termes comme « ruse », « dissidence », « duplicité », etc. *« C'est par la duplicité, plus ou moins consciente, que les individus apparemment intégrés à l'ordre social gardent un quant à soi qui leur permet de survivre aux diverses impositions de cet ordre »* (MAFFESOLI). Il s'agit de mettre en évidence les multiples voies et moyens par lesquels les individus, tout en donnant l'impression d'obéir aux prescriptions de l'ordre global, le subvertissent « en douce » par diverses pratiques généralement ignorées des sociologues appartenant aux courants dominants, à moins qu'elles ne soient considérées comme des « dysfonctions ». DE CERTEAU les range parmi nombre de « manières de faire », assimilables à des tactiques (en opposition aux « stratégies », désignant les calculs de rapports de force pouvant être envisagés à partir d'une position de pouvoir) : *« réussites du " faible " contre le plus " fort " (les puissants, la maladie, la violence des choses ou d'un ordre, etc.), bons tours, arts de faire des coups, astuces de " chasseurs ", mobilités manœuvrières, simulations polymorphes, trouvailles jubilatoires, poétiques autant que guerrières »* (DE CERTEAU). Ces tactiques évoquent le mensonge social cher à GOFFMAN, qui fait de l'hypocrisie des acteurs l'une des conditions de l'apparente concorde sociale. Il fait ainsi écho au DIDEROT du *Paradoxe sur le comédien*, où l'on peut lire la « résistance » du comédien qui, pour continuer à exister en tant qu'individu autonome, veille à ne pas s'identifier aux rôles qu'il doit tenir sur la scène.

RÉSISTANCES À LA MODERNITÉ ET RÉSISTANCES À LA QUOTIDIENNETÉ. De manière un peu formelle, il est permis de distinguer, au sein de la culture moderne, les résistances à la *modernité* elle-même et les résistances à la *quotidienneté*, celle-ci étant entendue, après Henri LEFEBVRE, comme la présence de l'aliénation au sein de la vie quotidienne (« métro-boulot-dodo »). Parmi les premières, on rangera entre autres les pratiques en apparence irrationnelles (horoscopes, superstitions), le recours aux dialectes ou aux patois, les usages traditionnels, etc. Parmi les secondes pourront figurer le goût des jeux de hasard, la recherche des occasions festives, le culte des vedettes, etc. L'individu qui résiste n'est pas nécessairement dupe des tactiques qu'il met en œuvre. Elles lui paraissent toutefois suffisamment efficaces pour lui permettre de mener une existence sur laquelle il peut exercer un certain contrôle. Les thèmes résistantialistes sont souvent rapprochés de celui du « réenchantement du monde », propre à une sociologie anti-positiviste.

Claude JAVEAU

bibliographie

CERTEAU Michel de, *L'Invention du quotidien. I. Arts de faire*, « 10/18 », UGE, 1980.

JAVEAU Claude, *Le Petit Murmure et le bruit du monde*, Bruxelles, Éperonniers, 1985.

MAFFESOLI Michel, *La Conquête du présent*, PUF, 1979.

RESPONSABILITÉ

du latin *responsum*, participe passé de *respondere* « se porter garant, répondre », influencé par l'anglais *responsability*, terme spécialisé du droit constitutionnel

all. VERANTWORTUNG	esp. RESPONSABILIDAD
angl. RESPONSABILITY	ital. RESPONSABILITÀ

voir : CONVICTION, MORALE, VOCATION

La *responsabilité* est d'abord un concept juridique. En droit constitutionnel, il désigne l'obligation, pour le ministre, de démissionner lorsque le corps législatif lui retire sa confiance. En droit civil, il implique l'obligation, dans certaines conditions, de réparer un dommage que l'on a causé. Dans l'usage courant, il renvoie à l'obligation pour un individu d'assumer et de supporter les conséquences de ses actes et a une signification morale. En sociologie, le terme n'est pas un concept. Il a seulement été utilisé par WEBER dans l'identification idéal-typique de deux conceptions de l'éthique : celle de la conviction, celle de la responsabilité. La première repose sur le respect inconditionnel des valeurs, quelles qu'en soient les conséquences. Le martyr qui choisit la mort plutôt que de renoncer à ses valeurs agit en conformité avec l'éthique de la conviction. À l'inverse, l'éthique de la responsabilité suppose la prise en compte des conséquences des actes. L'homme politique comme homme d'action est renvoyé à l'éthique de la responsabilité, ce qui l'oblige parfois à choisir, pour atteindre des fins morales, des moyens immoraux. La distinction entre les deux éthiques renvoie donc chez WEBER au paradoxe des conséquences et à l'antagonisme des valeurs, c'est-à-dire à l'expérience irréductible de l'irrationalité éthique du monde.

Monique HIRSCHHORN

bibliographie

WEBER Max, « Le Métier et la vocation de l'homme politique » (1919), in *Le Savant et le politique*, « 10/18 », UGE, 1958.

RÉTROACTION

du latin *retroactum*, de *retroagere* « faire reculer, rétrograder »

all. RÜCKWIRKUNG	esp. RETROACCIÓN
angl. FEED-BACK	ital. RETROAZIONE

voir : SYSTÉMISME

Action exercée sur les causes d'un phénomène par le phénomène lui-même. Notion de cybernétique, empruntée à la physiologie, étudiant les phénomènes d'autorégulation d'un système qui utilise directement l'énergie fournie pour accomplir une fin inscrite dans la structure du système.

On peut prendre pour exemple le thermostat d'un réfrigérateur qui vise à maintenir un état stable, indépendant des variations accidentelles qui viennent de l'extérieur. La notion est utilisée en communication, où le modèle des ingénieurs a été souvent utilisé. C'est ainsi que l'idéal d'une société stable suppose une société construite sur des mécanismes sociaux objectivement contrôlables (homéostasie), qui la transforment en système social d'interactions.

On peut, en dehors de ce qui relèverait d'une utopie techniciste du social, voir un processus de feed-back dans une organisation pyramidale, lorsque les messages du sommet sont compensés par des réactions renvoyant le message reçu d'où il est parti ; en comparant ce qui a été reçu à ce qui a été envoyé, il est possible d'envisager des actions correctives.

André AKOUN

bibliographie

WIENER Norbert, *Cybernétique et société* (1954), « 10/18 », UGE, 1962.

ENQUÊTE RÉTROSPECTIVE

du latin *retro* « en arrière » et *spectare* « regarder »

⇒ ENQUÊTE LONGITUDINALE

*
* *

RÉUSSITE SOCIALE

de l'italien *riuscita* « issue », d'où « bonne issue, succès »

all. SOZIALER ERFOLG	esp. ÉXITO SOCIAL, LOGRO
angl. SOCIAL ACHIEVEMENT	ital. COMPIMENTO

voir : CLASSE SOCIALE, MOBILITÉ, RÔLE, STATUT, STRATIFICATION SOCIALE

Expérience individuelle de réalisation d'objectifs statutaires socialement valorisés.

On ne peut parler de *réussite sociale* que lorsqu'un individu (plus rarement un groupe) a connu une mobilité sociale ascendante, d'amplitude suffisante pour que la position statutaire atteinte puisse être considérée comme *sans commune mesure* avec celle occupée au départ. En outre, il s'attache généralement à cette expression une idée de *volonté* délibérée et d'*effort* personnel particulièrement important. Ont « réussi » l'ouvrier devenu patron, le militant devenu dirigeant, le « fils du peuple » sorti de sa condition. La réussite sociale s'apprécie donc moins dans l'absolu (comme accès aux catégories sociales supérieures, voire aux élites) que par rapport à la hiérarchie de l'enviable propre à un segment donné de la stratification sociale ; de ce fait, elle est plus régulièrement valorisée par les candidats potentiels, voire par les membres de la catégorie d'accueil, que par les observateurs extérieurs.

À cet égard, il faut souligner le caractère relatif du traitement culturel de cette expérience. En contraste avec la faveur anglo-saxonne — et, plus généralement, des « nouvelles nations » — pour l'*achievement* individuel, les vieilles sociétés européennes (en particulier catholiques) peuvent dévaloriser la réussite sociale — de la réprobation populaire pour l'« arriviste » à la moquerie bourgeoise envers le « parvenu » lorsque, comme en France, instruction et diplômes font défaut aux élus. Corrélativement, la croyance en la « réussite sociale » est un puissant enjeu idéologique : plus la réussite individuelle est valorisée et jugée réalisable, mieux l'ordre social existant est légitime et accepté.

De GALTON à GIRARD en passant par SOROKIN, l'étude des facteurs de la réussite sociale montre que si celle-ci est évidemment fonction des opportunités offertes par la conjoncture historique (par exemple, révolutions politiques ou crises économiques lui sont particulièrement favorables), elle dépend également de la conjonction plus ou moins favorable d'un grand nombre de facteurs individuels, en particulier des facteurs religieux, ou tenant au caractère atypique du milieu social d'origine et des conditions d'éducation, ou encore à la place dans la fratrie. Parmi ces facteurs, les capacités proprement psychologiques d'intériorisation d'une culture du succès, voire de la puissance, inégalement distribuée entre les groupes sociaux, sont certainement décisives.

Charles-Henri CUIN

bibliographie

GALTON Francis, *Heredity Genius*, Londres, MacMillan, 1914.

GIRARD Alain, *La Réussite sociale en France*, PUF, 1967.

SOROKIN Pitirim A., *Social Mobility*, Glencoe, Free Press, 1927.

RÊVE

d'origine incertaine ; peut-être du latin *evadere* « sortir, s'échapper »

voir : ART, IMAGINAIRE SOCIAL, UTOPIE

Si ce mot désigne communément l'activité onirique et nocturne propre à un individu, la sociologie des mythes, des religions, des imaginaires sociaux ou des arts* ne cesse de rencontrer la question des rêves collectifs et de leurs significations sociales. L'appel au rêve, la promesse de satisfactions imaginaires, est un thème permanent dans les idéologies politiques et les utopies. C'est une autre question que de savoir si les contenus oniriques individuels sont variables selon les catégories et les classes sociales. Une enquête dirigée par DUVIGNAUD incite à répondre affirmativement à cette interrogation (1979).

Pierre ANSART

bibliographie

DUVIGNAUD Jean, *La Banque des rêves. Essai d'anthropologie du rêveur contemporain*, Payot, 1979.

REVENDICATION

du latin juridique *rei vindicatio* « réclamation d'une chose »

all. FORDERUNG, ANSPRUCH	esp. REIVINDICACIÓN
angl. DEMAND	ital. RIVENDICAZIONE

voir : MANIFESTATION, PÉTITION, POUVOIR, REPRÉSENTANT

Action concertée visant à obtenir satisfaction sur une exigence constituée en cause légitime de mécontentement.

Introduire une explication, c'est ici plus qu'ailleurs désenchanter les apparences : rien n'est moins spontané que la formulation d'une *revendication*. Cela suppose d'abord de prendre en charge et de mettre en forme la justesse, sinon la justice, de l'intérêt défendu : présentation du grief, désignation d'un porte-parole, obtention d'appuis logistiques. Il faut ensuite mobiliser des savoir-faire pour faire pression sur les centres de décision. Enfin, dernière exigence : choisir des répertoires d'action, du plus accessible (lettre d'appel, journée d'informations) au plus sophistiqué (grève, manifestation), pour rendre plausible son expression publique et, partant, intensifier un rapport de forces dont on attend une issue favorable.

Olivier IHL

bibliographie

GAMSON William, *The Strategy of Social Protest* (1975), Belmont, 1990.

LE GOFF Jacques, *Du silence à la parole. Droit du travail, société, État, 1830-1985*, Quimper, Calligrammes/La Digitale, 1985.

* * *

RÉVOLUTION

du latin *revolutio* « déroulement ; cycle », « retour périodique d'un astre à son point de départ »

all. REVOLUTION	esp. REVOLUCIÓN
angl. REVOLUTION	ital. RIVOLUZIONE

voir : ACTION, CHANGEMENT, CONFLIT, IDÉOLOGIE, IMAGINAIRE SOCIAL, MARXISME

Changement social et politique, rupture par rapport au monde social antérieur et institutionnalisation d'un nouvel ordre sociopolitique.

Platon et Aristote. L'idée de *révolution*, au sens d'une transformation profonde de l'ordre social et politique, était une idée familière à la philosophie grecque. PLATON décrit les processus qui président au cycle des changements successifs depuis la monarchie jusqu'à la tyrannie (***République***, L. VII, VIII). ARISTOTE s'interroge sur la nature et les causes des révolutions dans les constitutions : parmi les causes multiples (démographiques, économiques), c'est, à ses yeux, le principe de l'égalité qui est en question dans ces changements et qui suscite les mécontentements : *« Partout, en effet, c'est l'inégalité qui cause la sédition, à moins toutefois que les gens inégaux ne reçoivent une compensation (ainsi une royauté à vie n'est une inégalité que si elle existe parmi des égaux) ; car, en général, c'est la recherche de l'égalité qui provoque les séditions »* (***La Politique***, L. V, 1301 a).

Le XVIIIe siècle. Cette conception de la révolution comme une phase de rupture et de substitution d'un régime sociopolitique à un autre fut reprise jusqu'au XVIIIe siècle, sans que soit totalement écarté le sens cyclique du terme, de restauration d'un ordre naturel et fondateur.

Les révolutions qui ont marqué la sociologie. Les révolutions sociopolitiques anglaise (1688), américaine (1776), française (1789) et leur déroulement ont imposé une redéfinition des processus révolutionnaires. La Révolution française, en particulier, a donné lieu à de multiples interprétations, soit que l'on y ait vu la preuve d'un destin providentiel (DE MAISTRE), l'aboutissement de la centralisation administrative commencée plusieurs siècles auparavant (TOCQUEVILLE), le préambule de la « société industrielle » (SAINT-SIMON), l'œuvre de la lutte des classes (MARX) ou le combat du peuple pour la justice et la liberté (MICHELET). La reprise de ces problèmes par les fondateurs de la sociologie devait revêtir une importance d'autant plus grande que ces révolutions furent des moments éminemment révélateurs des structures et des changements sociaux.

La sociologie s'est largement constituée à travers cette réflexion sur les révolutions et en réponse aux interrogations imposées par les faits révolutionnaires.

MARX. Le modèle d'analyse que Marx a construit dans ses ouvrages économiques comme dans ses écrits historiques a constitué le centre de référence de la théorie des révolutions modernes tant pour ses disciples que pour ses opposants. Cette conception est cependant plus nuancée que pourraient le faire penser quelques formules lapidaires.

Transformation des rapports sociaux de production et lutte des classes. Conformément à sa théorie des substructures et des superstructures, Marx perçoit dans les transformations des rapports sociaux de production la cause profonde et, simultanément, le but de la révolution. Selon la formule de l'*Introduction à la critique de l'économie politique* : « *À un certain degré de leur développement, les forces productives matérielles de la société entrent en collision avec les rapports de production existants* [...]. *Alors commence une ère de révolution sociale* » (Marx, 1977, p. 273). La révolution est ainsi le résultat de transformations socioéconomiques de longue durée et a, dans une large mesure, un caractère inéluctable dès lors que la contradiction s'est radicalisée entre le développement des forces productives et les rapports sociaux de production. Cette contradiction est bien de nature sociale puisqu'elle exprime un rapport conflictuel entre les propriétaires des moyens de production (la bourgeoisie) et les détenteurs de leur seule force de travail (le prolétariat). En ces années du milieu du XIXe siècle, Marx associe la montée de la contradiction économique, les crises économiques, à l'approfondissement de la lutte des classes, puisque les rapports de production sont fondamentalement des rapports sociaux.

Le rôle exceptionnel des idéologies et l'instauration du communisme. Le déroulement de la Révolution de 1848 en France devait à la fois confirmer Marx dans ses analyses antérieures et, cependant, le conduire à les compléter en insistant davantage sur le processus complexe des conflits et sur le rôle exceptionnel des idéologies au cours des révolutions. La révolution lui apparaît alors comme un processus fait de progressions et de régressions, où la lutte des classes est tantôt portée à l'extrême, tantôt en phase d'instabilité ou de décomposition. Dans ces périodes exceptionnelles où « *l'enthousiasme extatique est l'état permanent de la société* » (éd. 1969, p. 19), les hommes peuvent agir beaucoup plus en fonction de leurs illusions et de leurs idéologies que selon leurs intérêts réels. C'est dans ces phases accélérées de l'histoire que, paradoxalement, « *la tradition de toutes les générations mortes pèse d'un poids très lourd sur le cerveau des vivants* » (éd. 1969, p. 15). Enfin, pour Marx, une révolution sociale se caractérise aussi par ses conséquences : les grandes révolutions fondent des réorganisations durables de l'ensemble du système social. La révolution ouvrière dont il se fait le théoricien correspondrait à la rupture et à la destruction du mode de production capitaliste et à l'instauration du communisme : elle marquerait ainsi l'achèvement de l'exploitation du travail, le triomphe du prolétariat et l'avènement d'une société parvenue à son émancipation.

Critiques et réélaborations dans les mouvements se réclamant du marxisme. Cette théorie de la révolution devait donner lieu à des critiques et réélaborations nombreuses au sein des mouvements marxistes : LÉNINE accentue le rôle de direction du parti chargé d'orienter la classe ouvrière vers l'action révolutionnaire ; TROTSKI appelle à la « révolution permanente », à la continuité du processus révolutionnaire au sein de la révolution elle-même. En fait, aucune révolution parmi celles qui se sont voulues fidèles au modèle marxiste ne lui fut conforme : la Révolution de 1917 ne se produisit ni en Angleterre, ni en France, pays de capitalisme développé, comme le prévoyait Marx, mais dans un pays où les structures sociales restaient marquées par le féodalisme et un prolétariat faible en nombre et en force ; la Révolution chinoise se produisit dans un pays où le capitalisme était embryonnaire et où la lutte politique prit appui sur la guerre contre l'occupant étranger. Dans ces deux grandes expériences historiques, le modèle marxiste de la révolution apporta surtout une référence théorique, un ensemble de thèmes devenus idéologiques : l'exploitation capitaliste, la science des chefs révolutionnaires, la lutte des classes, l'avenir universel du communisme. Quant au but que Marx assignait à la révolution sociale, l'émancipation du prolétariat, le régime soviétique conduisit, en fait, à la bureaucratisation du pouvoir et à de nouvelles formes d'exploitation.

LES THÈMES ESSENTIELS D'UNE SOCIOLOGIE DES RÉVOLUTIONS. Parmi les thèmes essentiels d'une sociologie des révolutions, retenons l'analyse des causes, de l'action collective, des idéologies, des acteurs et, enfin, des enjeux de pouvoir. Les recherches sur les causes ont fait l'objet d'une considérable production, que l'on ait plus particulièrement étudié les évolutions économiques, démographiques, les transformations culturelles ou idéologiques. La sociologie rejoint la démographie, l'histoire, les sciences politiques dans ces investigations, avec l'objectif de centrer la recherche sur l'étude des rapports sociaux et de leurs changements. Mais on peut douter qu'il soit possible d'isoler, en ce domaine, une cause déterminante ou des lois de l'histoire. Si l'on peut s'interroger sur l'importance des facteurs socioéconomiques, politiques, culturels ou idéologiques dans la genèse d'une crise révolutionnaire, on ne peut privilégier dogmatiquement un facteur universellement déterminant.

La notion de cause et les sociologies de l'action. La notion même de cause exige d'être réexaminée en ce qui concerne les révolutions, qui ne peuvent être envisagées comme de simples conséquences, alors qu'elles sont précisément des moments d'action collective et de conflit. Contrairement aux visions déterministes, les sociologies de l'action appellent, à juste titre, à étudier une révolution comme un processus, comme un enchaînement d'actions se provoquant les unes les autres dans des conjonctures non maîtrisées par les acteurs individuels et collectifs. La problématique de l'action collective s'applique adéquatement ici et invite à rechercher, en chaque conjoncture, comment et pourquoi l'action a pu se constituer et émerger.

Rôle des idéologies. Les observateurs les plus opposés dans leur appréciation, positive ou négative, du fait révolutionnaire (BURKE et, à l'opposé, Marx, par exemple) se sont accordés pour prêter aux idéologies, aux systèmes de représentations politiques, un rôle essentiel dans les actions révolutionnaires. Qu'elle soit soutenue par un projet d'inspiration rationaliste (les révolutions américaine et française), nationaliste (les révolutions anticoloniales) ou religieuse, une action révolutionnaire rassemble des aspirations, des affects et des passions, désigne les obstacles à surmonter, esquisse les objectifs à atteindre, interprète les réalités sociales, donne des significations au présent comme au futur. Les volontés et les enthousiasmes trouvent dans les systèmes de représentations politiques une source majeure et une condition de l'action commune.

Acteurs et bénéficiaires des révolutions. Pareto. La question se pose de savoir quels sont les acteurs principaux des actions révolutionnaires et, éventuellement, quels en seront les véritables bénéficiaires par-delà l'illusion égalitaire des mouvements populaires. Les thèses de PARETO sur la circulation des élites trouvent ici à s'appliquer. Elles font des révolutions non un moment de libération des peuples mais un moment privilégié du remplacement d'une élite par une autre. Là encore, il revient à une analyse attentive de vérifier quels groupes sociaux déclenchent le mouvement révolutionnaire, quels autres le poursuivent, quels groupes l'achèvent et, enfin, quelles catégories sociales en tirent les plus grands avantages et de quelle nature. Il se peut que les initiateurs en soient les bénéficiaires ou les victimes.

Révolution et pouvoir. Les relations avec le pouvoir sont, en effet, un enjeu majeur des révolutions puisque leur raison initiale en est l'opposition aux pouvoirs en place, et leur achèvement provisoire ou durable promet l'instauration de nouveaux rapports de pouvoir. La valeur symbolique d'une révolution, valeur positive ou négative pour les générations ultérieures, se joue sur ce bilan et sur l'ordre sociopolitique qu'elle a instauré. En cela, une révolution fondatrice n'est jamais totalement acquise et les conflits sociaux ultérieurs en renouvellent et corrigent les significations.

Pierre ANSART

bibliographie

ARENDT Hannah, *Essai sur la Révolution*, Gallimard, 1985.

ARISTOTE, *La Politique*, Livre V.

BURKE Edmund, *Réflexions sur la Révolution de France* (1791), Hachette, 1989.

GRESLE François, CHAZEL François (sous la dir. de), « Sociologie de la révolution », in *Revue française de sociologie*, juillet-décembre 1989, 3/4.

MARX Karl, *Introduction à la critique de l'économie politique* (1859), « La Pléiade », Gallimard, t. 1, 1977.

PARETO Vilfredo, *Traité de sociologie générale* (1916), Genève, Droz, 1968.

PLATON, *La République*, Livres VII et VIII.

TILLY Charles, *From Mobilization to Revolution*, Reading, Addison-Wesley Public., 1978.

RÉVOLUTION CULTURELLE

voir : CULTURE, MUTATION, POUVOIR

L'expression révolution culturelle *prétend signifier un bouleversement radical de la civilisation, c'est-à-dire des manières de vivre et de penser, en vue de l'engendrement d'un « homme nouveau ».*

RÉVOLUTION CULTURELLE ET BUREAUCRATIE. On appelle communément *révolution culturelle* les affrontements très violents qui ont opposé en Chine, de 1965 à1969, les partisans de MAO ZEDONG et les forces restées fidèles à la direction du parti communiste chinois. Après la prise du pouvoir par le parti bolchevik, en Russie, en 1917, Lénine estimait que la révolution serait menacée par un risque majeur : celui de la bureaucratisation. C'est contre ce péril qu'il en appelait à une *révolution culturelle*, autrement dit à un changement qui ne se bornerait pas au bouleversement politique et même aux transformations dans le régime de la propriété, mais qui affecterait l'être humain dans ses profondeurs.

LA RÉVOLUTION CULTURELLE CHINOISE. Le problème sociologique, c'est de savoir si la *révolution culturelle chinoise* provenait d'un mécontentement de masse contre l'appareil communiste au pouvoir depuis plus de quinze ans, que Mao et ses partisans auraient exprimé et canalisé, ou si elle n'était qu'une manœuvre démagogique organisée par Mao pour reprendre le pouvoir suprême.

Pierre FOUGEYROLLAS

bibliographie

DAUBIER Jean, *Histoire de la révolution culturelle prolétarienne en Chine*, Maspero,1970.

LEYS Simon, *Les Habits neufs du Président Mao*, Lebovici, 1987.

MAO ZEDONG, « La Grande Révolution culturelle prolétarienne », in *Les transformations de la révolution*, « 10/18 », Plon, 1970.

MURY Gilbert, *De la révolution culturelle au Xe congrès du Parti communiste chinois*, « 10/18 », Plon, 2 t., 1973.

RÉVOLUTION INDUSTRIELLE

voir : ÉCONOMIE ET SOCIOLOGIE, MUTATION, RÉVOLUTION

L'apparition des sociétés industrielles fut considérée comme le résultat d'une *révolution* économique et sociale. C'est cette révolution qui, à partir du milieu du XVIIIe siècle, en Angleterre, s'étend progressivement à l'Europe occidentale et bouleverse non seulement les techniques de production et le circuit économique, mais encore les structures sociales. L'industrialisation donne à l'homme des moyens tels que celui-ci réalise (ou du moins le croit-il) le projet cartésien de se rendre « maître et possesseur de la nature ». Elle fait de l'espace économique le lieu privilégié de la différenciation sociale. Ce ne sont plus l'honneur et le rang, mais la richesse, et la réussite économique qui en seront les signes. Et les classes sociales deviennent les sujets de la société civile et de l'histoire.

Marx et Engels. Parmi les analyses, nombreuses, de cette révolution, une des plus significatives de la façon dont fut alors comprise cette mutation est sans doute celle que MARX et ENGELS développent, en simplifiant beaucoup, dans les premières pages du ***Manifeste du parti communiste***. L'accent est mis sur l'ébranlement de toutes les institutions et sur le sentiment aigu d'une mobilité vertigineuse : *« Tout ce qui était solide, bien établi, se volatilise, tout ce qui était sacré se trouve profané et, à la fin, les hommes ont considéré d'un œil détrompé la place qu'ils tiennent dans la vie et leurs rapports mutuels. »*

Si on examine la situation économique dans les grands pays de l'Europe occidentale, l'expansion accélérée de l'industrialisation, bien qu'elle se solde par un bilan technologiquement positif, se découpe sur fond de crises. De 1825 à 1848, huit années d'essor, quinze années de crises : des entreprises s'effondrent et ferment leurs portes, des capitaux circulent, les « coups de Bourse » se succèdent, des fortunes naissent, des fortunes disparaissent.

Balzac. L'œuvre de BALZAC est la meilleure description de ce monde d'une bourgeoisie tumultueuse. Ainsi, le baron de Nucingen, banquier, s'occupe aussi des fournitures gouvernementales, des vins, des laines (rien de ce qui peut procurer un gain ne laisse indifférent cet « éléphant de la finance »). Ou encore, Frédéric du Tillet débute comme commis chez le parfumeur Birotteau et finit dans la peau d'un des plus riches banquiers parisiens et d'un député à la Chambre.

La condition ouvrière au XIXᵉ siècle. De l'autre côté, une classe se constitue, avec ces travailleurs arrachés récemment à la glèbe et à leur terroir. Un demi-siècle après BALZAC, ZOLA décrira la noirceur et la précarité de leur existence. De cette situation rendent compte des textes cités par Eugène DOLLEANS, tel celui de l'ouvrier typographe Royer (1841), ou encore les rapports du *Saddler's Committee* sur le travail des enfants (1831), ceux de la *Poor Land Commission* (1834), ceux du Dr Guepin sur *Nantes au XIXᵉ siècle* (1835), le *Discours sur quelques recherches de statistique comparée faites à Mulhouse* de PENOT (1828), enfin et surtout le célèbre *Tableau de l'état physique et moral des ouvriers employés dans les manufactures de soie, coton et laine* établi à la demande de GUIZOT (1840). Citons-le : « *Sans instruction, sans prévoyance, abrutis par la débauche, énervés par les travaux des manufactures, entassés dans des caves obscures ou dans des greniers où ils sont exposés à toutes les rigueurs des saisons, les ouvriers parviennent à l'âge mûr sans avoir fait aucune épargne et hors d'état de suffire complètement à l'existence de leur famille, qui est presque toujours nombreuse.* »

La révolution industrielle engendrera un pullulement de théories sociales, d'utopies et d'idéologies qu'il serait trop long d'énumérer ici et qui, pour la plupart, mettent au centre une approche sociologique où l'industrie, la technique les rapports de classes sont les notions privilégiées, à la différence des conceptions du XVIIIᵉ siècle qui mettaient l'accent sur le politique (LOCKE, ROUSSEAU).

André AKOUN

bibliographie

DOLLEANS Eugène, *Histoire du mouvement ouvrier*, Armand Colin, 1935.
POLANYI Karl, *La Grande Transformation*, Gallimard, 1983.

RISQUE

de l'ancien italien *risco* « risque »

all. RISIKO	esp. RIESGO
angl. RISK	ital. RISCHIO

voir : COMMUNICATIONS DE MASSE, LOISIR, MORT, SOLIDARITÉ

Danger plus ou moins prévisible, inhérent à une situation ou une activité ; par extension, préjudice éventuel nécessitant des garanties.

1 La prise en considération des *risques*, sous la forme exemplaire des assurances maritimes évaluées selon les aléas de la navigation, est apparue bien avant notre ère. Au XIXᵉ siècle se sont constitués la représentation des risques sociaux et le problème de leur prévention (chômage, accident, invalidité...). Les sociétés contemporaines sont marquées par une extension considérable de la représentation des dangers, de leur inventaire et des systèmes correspondants de prévention. Les risques perçus portent sur la vie individuelle (maladie, vieillissement, décès), sur les activités sociales et professionnelles (accidents, risques liés à la profession, perte d'emploi, diminution du niveau de vie familial), sur les risques naturels et physiques (incendies), sur les agressions (vols), les risques financiers... Le développement des sciences et des techniques s'accompagne d'une représentation de risques nouveaux : depuis les atteintes à l'environnement jusqu'aux risques liés aux manipulations génétiques. Ces modifications ont entraîné le développement de multiples pratiques sociales et de savoirs nouveaux.

2 L'étude des représentations fait apparaître un décalage entre la réalité des risques et la tendance à les exagérer ou, au contraire, à les négliger excessivement. Des enquêtes auprès des spécialistes de la connaissance des dangers (DUCLOS, 1989) montrent combien ces savants et techniciens, ainsi que d'autres catégories professionnelles, ont fortement tendance à opposer la fiabilité technique et la faillibilité humaine, ainsi qu'à séparer vérité matérielle et engagement éthique. L'imaginaire social du risque tend à accentuer ces oppositions : les médias, en particulier, ont tendance à occulter les risques techniques et à leur substituer une dramatisation des conflits entre les acteurs sociaux. Ces décalages et ces dramatisations, ces oscillations entre savoir et émotion entretiennent les incertitudes et les angoisses face à l'incontrôlable (Duclos, 1989).

3 Du point de vue des comportements de loisir, des pratiques sportives font apparaître, soit par la nature des épreuves (saut en parachute, parapente, saut à l'élastique, par exemple), soit par la quête systématique des situations extrêmes, de multiples formes d'affrontement/évitement du risque mortel. Tout se passe comme si ces exploits procuraient des émotions puissantes et systématiquement recherchées. Ils constituent, d'autre part, des spectacles appréciés offrant au public des images de lutte incertaine contre la mort : l'identification provisoire avec l'adepte du sport dangereux procure une émotion forte simulant la négation de la mort (LE BRETON, 1995).

Pierre ANSART

bibliographie

DUCLOS Denis, *La Peur et le savoir : la société face à la science, la technique et leurs dangers*, La Découverte, 1989.
LE BRETON David, *La Sociologie du risque*, PUF, 1995.
LUHMANN Niklas, *Soziologie des Risikos*, Berlin-New York, De Gruyter, 1991.

RISQUE D'ERREUR

voir : ÉCHANTILLON, INFÉRENCE STATISTIQUE, POPULATION

Dans le cadre de l'inférence statistique, on est amené, dès lors que l'on cherche à fournir une estimation* d'une grandeur quelconque pour une population*, à partir d'un résultat établi dans un échantillon*, à renoncer à être sûr de ce que l'on avance. Dès lors que l'on cherche à généraliser une assertion, un doute s'installe quant à la véracité de l'énoncé que l'on produit, doute dont on peut néanmoins connaître l'ampleur. Il s'agit du* risque d'erreur.

Le *risque d'erreur* s'exprime par un pourcentage, correspondant à la probabilité que l'énoncé en question ne soit pas vrai, que l'estimation avancée soit erronée, ce qui peut arriver dans le cas où, par une singulière malchance, on a tiré un échantillon dont les caractéristiques sont particulièrement éloignées de celles de la population. Le risque d'erreur est donc censé mesurer le degré de significativité des résultats établis. En d'autres termes, il permet de mesurer le degré auquel l'effet mis en évidence, la différence de pourcentage avancée... sont dus à un effet ou une différence réels, c'est-à-dire existent réellement dans la population, *en aucun cas* il ne peut être le signe de la plus ou moins grande *importance* de l'effet.

Ce risque est indéfectiblement lié à la précision de l'estimation que l'on effectue, et ce par l'intermédiaire d'une loi statistique qui relie le degré d'erreur à la marge d'erreur de l'estimation.

Dans le cas d'une moyenne, par exemple :

- si l'on choisit d'assumer un risque de 5%, la marge d'erreur vaudra $1{,}96\sqrt{\frac{s^2}{n}}$ (avec s^2 la variance dans l'échantillon et n la taille de l'échantillon) ;
- À un risque d'erreur de 1 % correspondra une marge de $2{,}57\sqrt{\frac{s^2}{n}}$;
- et à un risque de 10 % une marge de $1{,}64\sqrt{\frac{s^2}{n}}$.

Les différents coefficients multiplicateurs (1,64 ; 1,96...) sont fournis par la Loi normale.

Quand on s'interroge sur l'indépendance potentielle entre deux variables, c'est la loi du Khi*-deux qui est utilisée. Et lorsque l'on cherche l'effet pur d'une variable sur une autre, la nullité des effets est testée à l'aide de la loi de Fisher ou de Student.

Il y a deux façons d'interpréter ce risque, chacune d'elles correspondant au point de vue particulier des grands précurseurs de la statistique inférentielle, au début du XXe siècle, dont le désaccord sur cette question a donné lieu à une célèbre polémique non dépassée à ce jour. La première interprétation est directement issue des travaux de sir Ronald FISHER. Ce professeur de génétique végétale, considéré comme le père de la statistique moderne, a toujours refusé d'assimiler cette probabilité à un risque de se tromper. À l'inverse, il a préféré raisonner en termes de niveau de conviction, ou de degré auquel il est possible de faire confiance à une hypothèse établie préalablement. Considérons par exemple le cas d'un test d'indépendance entre deux variables, et supposons que la probabilité associée à ce test soit de 15 %. Pour Fisher, face à ce résultat, le chercheur doit établir, *en fonction des connaissances préalables dont il dispose sur le sujet*, s'il peut faire confiance à son hypothèse d'indépendance, le test et sa probabilité associée ne constituant qu'un élément de plus pour permettre d'approcher la réalité. En d'autres termes, il doit établir, à partir de son expérience propre, si cette probabilité de 85 % lui paraît suffisante pour corroborer son hypothèse ou non. La seconde interprétation, proposée en 1928 par NEYMAN et PEARSON, se présente sous la forme d'une règle de décision. Pour ces deux mathématiciens, le chercheur se fixe *a priori* un « seuil critique » (généralement 5 %, parfois 10 %) correspondant au niveau de risque au-dessus duquel il refusera d'emblée l'hypothèse de départ. Ainsi, dans notre exemple, Neyman et Pearson auraient refusé l'hypothèse d'indépendance, et ce, si nombreux qu'aient pu être les résultats préalables plaidant à l'encontre de ce refus. Tous deux fournissent un outil à utiliser presque mécaniquement, tandis que la vision de Fisher, nettement plus empirique et aux ambitions bien moindres, laisse une large place à la propre interprétation du chercheur. On voit immédiatement les conséquences, au point de vue pratique, de l'adhésion à l'une ou l'autre de ces conceptions du risque. Dans les sciences humaines en général, c'est plutôt la seconde qui prévaut, en raison vraisemblablement de sa formidable efficience pratique. Il est toujours très « confortable » de pouvoir disposer d'un outil qui permet de tirer rapidement des conclusions, sans avoir besoin de réfléchir préalablement à la vraisemblance, à la portée, aux conséquences et plus généralement au sens de ce qu'il est ainsi possible d'avancer. Il faut néanmoins prendre garde au fait que la puissance pratique de l'interprétation du risque, au sens de Neyman et Pearson, repose sur la croyance, que certains vont jusqu'à qualifier de « fantasmatique », en l'existence d'une méthode permettant en sociologie de mettre au jour des vérités « scientifiquement » démontrées. Dans un autre ordre d'idée, il est clair que le choix *a priori* d'un seuil ne peut être considéré comme neutre. Il va de soi que selon le type d'étude réalisée et l'importance plus ou moins grande, politiquement ou socialement parlant, des implications des résultats établis, on puisse se demander dans quelle mesure la détermination du seuil doit relever de la seule responsabilité du sociologue (ou du statisticien). Il faut bien avoir à l'esprit qu'au risque est associé un coût, celui que l'on a à payer si l'on se trompe effectivement, et qui dans certains cas peut s'avérer très lourd socialement. Dès lors que l'on décide d'accepter une hypothèse lorsque le risque est inférieur à une certaine valeur, et que de ce fait on prétende énoncer une vérité quant au fonctionnement de la société, la détermination de ladite valeur prend une importance capitale, qu'il ne paraît pas souhaitable de choisir *a priori* égale à 5 % en toutes circonstances.

Félicité des NÉTUMIÈRES

bibliographie

CAPEL Roland, MONOD Denis, MÜLLER Jean-Pierre, « De l'usage perverti des tests inférentiels en sciences humaines », in *Genèses*, n° 26, avril 1997.

GIGERENZER Gerd, « The Superego, the Ego and the Id in Statistical Reasoning », *in* Gideon KEREN, Charles LEWIS (sous la dir. de), *Handbook for Data Analysis in the Behavioral Sciences : Methodological Issues*, Hillsdale, Lawrence Erlbaum Associates Publishers, 1993.

WONNACOTT Thomas, WONNACOTT Ronald, *Statistique*, Economica, 1995.

* * *

RITE

emprunté au latin *ritus* « rite, cérémonie religieuse »

all. RITUS	esp. RITO
angl. RITUAL	ital. RITO

voir : CULTE, FÊTE, LITURGIE, RELIGION

Rite et religion ont la même étymologie védique arta. Toute religion comporte des pratiques de culte souvent régulées et administrées par un corps sacerdotal, mais aussi par quelques personnes auxquelles sont attribuées des compétences de prophète, de guérisseur, de devin, de chaman. Un rite se définit comme un ensemble de conduites, d'actes répétitifs et codifiés, souvent solennels, d'ordre verbal, gestuel et postural, à forte charge symbolique, fondés sur la croyance en la force agissante d'êtres et de puissances sacrés avec lesquels l'homme tente de communiquer en vue d'obtenir un effet espéré. Certaines pratiques mystiques donnent l'impression de l'immédiateté d'un rapport entre les forces surnaturelles et les hommes, par exemple les miracles, les oracles, les possessions.

CLASSIFICATIONS. Les typologies sont fréquemment établies de manière dichotomique : rite solennel ou domestique, religieux ou magique, manuel ou verbal, occasionnel ou périodique. MAUSS distingue les rites positifs d'action participante, tels que prière, offrande, sacrifice, et les rites négatifs, tels que les tabous sexuels et alimentaires, le jeûne ou l'ascèse, qui prohibent le contact avec un pouvoir dangereux. DURKHEIM y ajoute les rites piaculaires d'expiation et de purification qui visent à se libérer d'une impureté contagieuse ou à la conjurer, les rites apotropaïques étant des pratiques de protection contre les mauvais esprits.

GLUCKMAN différencie les rites d'inversion (inceste royal, transgression temporairement permise des normes) et les rites de conversion pour transcender le désordre ou vouer un fidèle aux puissances sacrées. TURNER oppose les rites d'affliction lors de la survenance d'un malheur (sécheresse, guerre, maladie, stérilité) aux rites *life-crisis* qui marquent les étapes de la vie (naissance, initiation, mariage, mort, commémoration). Des rites de formes relativement semblables peuvent viser différentes finalités : demande de pluie, de fécondité..., interrogation du transcendant dans la divination, action de grâces après une naissance, une victoire, « désécration » pour rendre un objet de culte à un usage profane, vengeance, propitiation, régénération, etc.

INTERPRÉTATIONS. VAN GENNEP a découpé trois grands moments dans l'initiation : séparation et rupture d'avec le monde profane ; marginalisation dans un lieu sacré et formation à un nouveau mode d'être ; résurrection symbolique et agrégation dans la communauté avec un statut supérieur. Frazer et GIRARD ont insisté sur le rite du bouc émissaire, de même que sur l'idée d'une violence détournée, sublimée et transcendée dans le sacrifice. Mais rien ne saurait justifier les hypothèses de FRAZER (les rites religieux dérivent de rites magiques), de Girard (la violence est fondatrice), de FREUD (le sacrifice est le modèle initial du rite), de SMITH (il y a filiation de la mort de l'animal totémique jusqu'à l'eucharistie). Il est faux de dire comme ELIADE que tous les rites font revivre le temps sacré de la genèse et correspondent à un mythe, mais il est vrai qu'ils visent à maîtriser les aléas du temps destructeur.

STRUCTURE, FONCTION, DYNAMIQUE. Dans un but heuristique, on analysera le rite comme séquence temporelle d'actions (le rite global comprenant des rites élémentaires, ritèmes et motifs), comme ensemble de rôles asymétriques fondés sur le rapport contrôle-dépendance, orienté vers des valeurs considérées comme primordiales par un groupe et ayant une triple charge cognitive, affective et active ; ordonnant des moyens réels et symboliques (temps, lieu, objets, gestes) aux fins à réaliser ; visant à faire communiquer entre eux par messages les hommes ainsi que les hommes avec les esprits.

Si le rite a pour fonction de renouveler et de revivifier des croyances, façonnant ainsi la personnalité, il agit aussi sur l'intégration de l'individu dans le groupe, comme DURKHEIM le montre à propos du *corrobori* australien. Il remémore et légitime les traditions tout en renforçant les ordres religieux et social. Il joue un rôle sécurisant, bien que l'appareillage excessif et ésotérique de prescriptions et d'interdits puisse créer de l'anxiété. Il porte en lui un dynamisme en ce qu'il catalyse les énergies vers des actions à réaliser, pour un mieux-être individuel et social.

Bien qu'ayant un aspect répétitif et standardisé, les rites naissent, se développent, déclinent, meurent ou se réaniment au cours de l'histoire. Il arrive même que des ferveurs politiques suscitent des célébrations civiques de l'ordre instauré, en empruntant des schèmes de type religieux. Et même dans la vie profane, beaucoup de nos actions : saluer, manger, jouer au football, pratiquer les arts martiaux, travailler dans une entreprise..., bien que ne mettant pas en rapport à une transcendance, revêtent cependant un aspect formel ritualisé.

Claude RIVIÈRE

bibliographie

CAZENEUVE Jean, *Les Rites et la condition humaine*, PUF, 1958.

FREUD Sigmund, *Totem et tabou* (1912), Payot, 1924.

GIRARD René, *Le Bouc émissaire*, Grasset, 1982.

GLUCKMAN Max H., *Order and Rebellion in Tribal Africa*, Londres, Cohen & West, 1963.

MAISONNEUVE Jean, *Les Conduites rituelles*, PUF, 1988.

RIVIÈRE Claude, *Les Rites profanes*, PUF, 1995.

TURNER Victor, *Le Phénomène rituel*, PUF, 1990.

VAN GENNEP Arnold, *Les Rites de passage*, Nourry, 1909.

RÔLE

du latin *rotulus* « rouleau » (feuille roulée portant un écrit, registre d'acte, liste) et de *rota* « roue »

all. ROLLE	esp. PAPEL
angl. ROLE	ital. RUOLO

voir : ATTITUDE, INTERACTIONNISME, MENTALITÉ, STATUT, VALEUR

Le concept de rôle renvoie à des conduites ou à des modèles de conduite qui relèvent d'une affirmation identitaire et d'un processus d'interaction entre les individus et la structure sociale.

MAISONNEUVE : TROIS ASPECTS DU RÔLE. Dans une perspective psychosociologique, MAISONNEUVE (1973) relève trois aspects du *rôle* : les rôles au niveau institutionnel, au niveau individuel et au niveau interactionnel.

1 **Niveau institutionnel.** Au niveau institutionnel, « *le rôle est défini comme l'ensemble des conduites normales d'un sujet lorsque il possède tel statut social ; celles qui conviennent à tel âge, tel sexe, telle position familiale, professionnelle, politique* » (1973, p. 72). Une distinction est faite entre les rôles institutionnels et les rôles fonctionnels à l'intérieur de groupes et d'organisations. Pour l'analyse des rôles fonctionnels dans les petits groupes, les travaux de BALES décrivent les interventions orientées vers la tâche du groupe et les rôles relevant des aires interpersonnelles socio-affectives positives et négatives, tandis que ceux de BENNET et SHEATS, outre la centration sur la tâche, portent sur les rôles de maintien de la cohésion, de satisfaction des besoins individuels et les rôles parasites.

2 **Niveau individuel.** Au niveau individuel, grâce au rôle, l'individu peut exprimer sa personnalité.

3 **Niveau interactionnel.** Au niveau interactionnel, MAISONNEUVE évoque l'attente de rôle et l'évolution à l'intérieur du rôle : « *L'attente du rôle, c'est une sorte d'anticipation des conduites d'autrui en fonction des positions respectives et de la situation locale* [...]. *En fonction du développement des interactions entre personnes, il peut se produire une transformation de la façon d'être envers les autres ou envers la situation ou le problème qu'on traite ensemble* » (1973, p. 78).

FILLOUX ET LE POINT DE VUE FONCTIONNALISTE. FILLOUX reprend la conception sociologique du rôle. Il cite le point de vue fonctionnaliste représenté par MERTON, pour qui « *une structure sociale consiste en un agencement des rôles et des statuts, de leur ensemble et de leurs séquences* » (1993, p. 15). La conception de LINTON, à propos du fondement culturel de la personnalité, est aussi évoquée : « *Le rôle désigne les attitudes, les valeurs et les comportements que la société assigne à une personne qui occupe ce statut* » (1993, p. 15). Il faut remarquer qu'à un statut particulier correspond non pas un rôle mais toute une série de rôles associés. Le rôle représente un point de vue dynamique et fonctionnel.

CHAPPUIS ET THOMAS. CHAPPUIS et THOMAS (1995) citent les théoriciens du rôle (JAMES, BALDWIN, Linton, MEAD, MORENO, GOFFMAN). Ils affirment que le concept de rôle sert de point d'articulation entre la psychologie et la sociologie. En effet cette notion est liée à celle de personnalité et à celle de norme et de valeur. « *Le rôle est comme la totalité des modèles culturels associés à un statut* [...] *C'est l'intériorisation des valeurs générales de la société et de celles de ses groupes d'appartenance qui permet à l'individu d'articuler ses rôles* », (1995, p. 8).

Ils distinguent trois niveaux :

. le rôle prescrit qui correspond aux attentes liées aux rôles ;

. le rôle subjectif ou la conception du rôle ;

. le rôle mis en acte ou l'interprétation du rôle.

Du fait que l'individu possède de nombreux rôles, ceux-ci peuvent être plus ou moins en harmonie, d'où l'émergence de conflits de rôle. En outre, les rôles peuvent évoluer car ils subissent l'influence des mentalités, donc de la culture. Chappuis et Thomas citent la définition du rôle par ROCHEBLAVE-SPENLÉ : « *Le rôle est un modèle organisé de conduites relatif à une certaine position de l'individu dans un ensemble interactionnel* » (1995, p. 35). Cette définition constitue un compromis entre le modèle social prescrit afférent au statut et la personne qui, cherchant à se conformer à ce modèle, l'interprète de façon unique. Rocheblave-Spenlé insiste non seulement sur l'évolution des rôles due aux transformations socio-économiques mais encore sur la modification des normes et des valeurs de la société suite à des changements dans les rôles.

MONTMOLLIN ET LE POINT DE VUE INTERACTIONNISTE. Quant à MONTMOLLIN (1965), il relève trois sens distincts de la notion de rôle. « *Il est l'ensemble des exigences (normes, attentes, responsabilités...) qui proviennent de la structure sociale et qui sont associées à une position donnée dans cette structure. Une deuxième signification du rôle se rapporte à l'ensemble des actes que réalisent les individus en tant qu'ils ont, dans la structure sociale, une position définie. Le troisième sens se réfère à l'orientation ou à la conception qu'a un membre de la part qu'il joue dans cette organisation, c'est-à-dire son système d'attitude et de valeurs* » (1977, p. 184). À l'explication du fonctionnement social fondée sur le déterminisme fait pendant une conception interactionniste qui restitue à l'individu son statut de personne. Selon GOFFMAN, le rôle correspond à un modèle d'action préétabli. Le *social role* est conçu comme « *l'actualisation de droits et de devoirs rattachés à un statut donné* » (1973, p. 24).

STATUT ET RÔLE. À propos de la relation entre le statut et le rôle, Chappuis et Thomas déclarent que le statut est un élément essentiel de l'organisation des rapports sociaux et le rôle un élément essentiel de l'évolution des mentalités. En effet, les rôles sont influencés par les conséquences de la crise de civilisation.

Ariel CORDIER

bibliographie

ANCELIN-SCHÜZENBERGER Anne, *L'Observation dans les groupes de formation et de thérapie*, Épi, 1972.

BALES Robert, *Interaction Process Analysis. A Method for the Study of Small Groups*, Cambridge, Addison-Wesley, 1950.

BENNET Kenneth, SHEATS Paul, « Functionnal Roles of Group Members », in *Journal of Social Issue*, IV, pp. 41 à 50.

CHAPPUIS Raymond, THOMAS Raymond, *Rôle et statut*, « Que sais-je ? », PUF, 1995.

FILLOUX Jean-Claude, MAISONNEUVE Jean, *Anthologie des sciences de l'homme*, Dunod, t. 2, 1993.

GOFFMAN Erving, *La Présentation de soi dans la vie quotidienne*, Éd. de Minuit, t. 1, 1973.

LINTON Ralph, *Le Fondement culturel de la personnalité*, Dunod, 1967.

MAISONNEUVE Jean, *Introduction à la psychosociologie*, PUF, 1973.

MEAD George H., *L'Esprit, le soi et la société*, PUF, 1963.

MERTON Robert K., *Éléments de théorie et de méthode sociologiques*, Plon, 1965.

MORENO Jacob, *Les Fondements de la sociométrie*, PUF, 1970.

POSTIC Marcel, *Observation et formation des enseignants*, PUF, 1977.

ROCHEBLAVE-SPENLÉ Anne-Marie, « Rôles et statut », in *Encyclopædia Universalis*, 1995.

RUMEUR

issu du latin *rumor* « bruits vagues ; bruit qui court ; propos colportés ; opinion courante »

all. GERÜCHT	esp. RUMOR
angl. RUMOUR	ital. RUMORE

voir : DIFFUSIONNISME, MOUVEMENT SOCIAL, OPINION, PERSUASION

La rumeur désigne le processus de transmission d'une nouvelle d'intérêt général par bouche à oreille, face à une situation d'indétermination.

La valeur informative de la *rumeur* et la fiabilité ou la fausseté avérée de ses nouvelles est ce qui a prévalu sur sa valeur communicative, renvoyée par les premiers chercheurs à l'émotion ou à l'irrationnel (KNAPP, 1944 ; ALLPORT et POSTMAN, 1948), à la contagion sur le mode de l'épidémie (PENROSE, 1953), voire à l'humeur (SHIBUTANI, 1966).

Les années 40. Le choix du paradigme « information » s'explique par le contexte de guerre où ont commencé les recherches, essentiellement américaines, dans les années 40 ; elles ont associé la rumeur à la propagande ennemie et l'ont considérée comme mettant en danger les populations civiles et la sécurité d'État. Dans cette perspective furent créées les *cliniques de rumeurs*, destinées à dénoncer les effets nocifs du phénomène, dans une interprétation plus psychanalytique que sociologique. Les circonstances ont ainsi délimité les champs d'application des premières investigations, et les théories de l'époque (LE BON, FREUD) en ont orienté les hypothèses. Pour élucider les « lois » de la transmission d'une nouvelle, des expérimentations par simulation de rumeurs sur le terrain ont ensuite tenté de valider des hypothèses sociométriques, psychologiques, symboliques ou empiriques (DODDS, 1955), sans être concluantes.

Les années 60 et 70. Dans les années 60 et 70, période de conflits sociaux et d'émeutes raciales aux États-Unis, le phénomène est toujours jugé facteur de désordres civils, au point d'amener les États à créer, sur tout le territoire, des *centres de contrôle de rumeurs* (RCC), seuls habilités à fournir des informations fiables en cas de crises et comptant sur un personnel mixte de permanents et de volontaires locaux (PONTING, 1973). Dans ce contexte, l'assimilation entre émeutes et rumeurs trouve dans le travail de KNOPF (1975) une invalidation intéressante.

« Phénomène social total » et « phénomène de masse ». L'acception plus large du paradigme de la connaissance rend mieux compte de la variété des situations d'apparition des rumeurs et des modélisations plurielles qui en résultent. Ainsi la notion maussienne de *phénomène social total* peut valablement être substituée à celle de phénomène de masse, qui a prévalu comme représentation scientifique de la rumeur, et peut être intégrée dans l'analyse une *causalité verticale*, dont les trois stades de gestation de la rumeur (stade larvaire, stade nymphal, stade d'éclosion) définissent trois temporalités distinctes ou complémentaires, selon les situations et les acteurs concernés, ce qui implique des différenciations de savoirs et de compétences. La *forme-récit* et la *forme-discours*, inhérentes au phénomène, illustrent bien les deux pôles extrêmes d'un processus d'échanges et d'interactions, pris entre narrativité et discursivité, car inégalement voué aux aléas des circonstances, à la nature des attentes et des contraintes subies ainsi qu'à leur réception.

La valeur heuristique du phénomène-rumeur, pour le sociologue, tient dans l'identification des ressources utilisées par le bouche-à-oreille, des niveaux de réalité sollicités et de la capacité à réagir collectivement à des circonstances nouvelles, dans une orientation donnée, dont la visée essentielle est l'élaboration d'un sens en commun.

Françoise REUMAUX

bibliographie

ALLPORT Gordon W., POSTMAN Leo, *The Psychology of Rumor*, New York, Henry Holt and Company, 1948.

GRITTI Jules, *Elle court, elle court la rumeur*, Ottawa, Stanké, 1978.

MORIN Edgar, *La Rumeur d'Orléans*, Seuil, 1969 ; rééd. « Points », 1982.

REUMAUX Françoise, *Toute la ville en parle. Esquisse d'une théorie des rumeurs*, « Logiques sociales », L'Harmattan, 1994.

REUMAUX Françoise, *La Veuve noire. Message et transmission de la rumeur*, « Sociétés », Méridiens-Klincksieck, 1996.

ROUQUETTE M.- L., *Les Rumeurs*, PUF, 1975.

SOCIOLOGIE **RURALE**

du bas latin *ruralis* « des champs, de la campagne », dérivé du latin classique *rus* « campagne »

voir : COMMUNAUTÉ, MONOGRAPHIE, SOCIOLOGIE, THÉORIE, VILLE

Apparue en France après la guerre, la sociologie rurale est une des branches empiriques de la sociologie qui a pour objectif l'analyse des faits sociaux à la campagne.

Le terme *rural* (*rus* en latin) prend tout son sens dans son opposition avec celui de *urbain (urbs)* puisqu'il évoque dès l'Antiquité romaine une vie rustique faisant contraste avec la Ville par excellence qu'était alors Rome. Cette opposition entre la ville et la campagne trouvera une traduction statistique en 1847, avec l'établissement du seuil de 2 000 habitants pour distinguer parmi plus de 36 000 communes celles pouvant être qualifiées de « rurales ». La genèse de ce terme a eu d'emblée une influence sur le champ disciplinaire qui s'en est réclamé : d'une part, en faisant de l'opposition entre ville et campagne le socle de la problématique ruraliste, que cette relation soit perçue comme une dichotomie ou comme un *continuum* ; d'autre part, en assimilant le rural et l'agricole, en raison de la place dominante et déterminante de l'agriculture dans l'organisation de la vie sociale à la campagne.

Le terme « rural » est aussi un adjectif dont le rattachement à un substantif traduit tout à la fois des évolutions problématiques et des incertitudes scientifiques : en évoquant plutôt le « monde rural » dans les années 50, on désigne un univers clos et replié sur lui-même ; pour se démarquer de cette posture très empreinte de l'agrarisme dominant de l'avant-guerre, on parlera par la suite de « milieu rural », de « sociétés ou collectivités rurales » à un moment où la recherche porte sur la structure et le fonctionnement des groupes sociaux vivant à la campagne puis, dans les années 70, d'« espace rural », insistant en cela sur le contenant afin de gommer un contenu de plus en plus difficile à identifier. Selon les contextes ou les problématiques, ces divers emprunts notionnels sont aujourd'hui courants, même si le terme de « campagne » semble retrouver quelque faveur, dans une période où certes la « vie rustique » génère nostalgies et convoitises (la résidence secondaire est une « maison de campagne » et non une « maison rurale »), mais aussi où le caractère opératoire de la catégorie de « rural » est particulièrement interrogé.

Le paradigme rural. Ces glissements sémantiques recouvrent des enjeux scientifiques, en particulier sur le caractère spécifique des formes de la vie sociale à la campagne. Si les sociologues ruraux se démarquent dès l'origine d'une vision du monde rural comme d'un monde à part, ils n'abandonnent pas pour autant l'idée que celui-ci recèle un particularisme sociologique. Pionnier en la matière, Henri LEFEBVRE affirme en 1953 *« parler d'un " monde " paysan, non pas en ce sens que la réalité paysanne constituerait un " monde " isolé, mais à cause de sa variété extraordinaire et de ses caractéristiques propres »* (1981, p. 63). Dans la « communauté rurale », il voit une « forme de communauté organique » *(ibid.*, p. 29) basée sur un régime de propriété (collective, indivise et privée) qui génère des rapports sociaux particuliers (disciplines collectives, relations de voisinage, liens au territoire...).

Donner un contenu sociologique à la question rurale en identifiant des propriétés spécifiques à la vie à la campagne est une tâche que reprendra et accomplira MENDRAS quelques années plus tard, en proposant un modèle théorique pour l'analyse des « sociétés paysannes ». S'inspirant des anthropologues américains qui, depuis les années 20, ont étudié les communautés rurales, en particulier REDFIELD, il construit une théorie de la société paysanne. Comme Lefebvre auparavant, il l'identifie systématiquement à une société villageoise ou rurale. Autarcie, homogénéité culturelle et diversité sociale, tels sont les traits caractéristiques d'une société historiquement située puisqu'elle suppose une « société englobante » au sein de laquelle elle dispose d'une autonomie qualifiée de « relative » : *« Il n'existe pas à proprement parler de paysans tant qu'il n'existe pas de villes ou de système de pouvoir (féodalité, despotisme oriental, colonisation) qui domine la société paysanne tout en respectant ses particularités et son autonomie »* (« Sociologie des ruraux », p. 257). On retrouve donc dans cette théorie, qui apparaît comme l'un des fondements de la sociologie rurale française, deux traits caractéristiques de ce champ disciplinaire : la référence constante à un cadre d'analyse opposant ville et campagne, avec son corollaire : la domination de l'une sur l'autre et l'assimilation entre paysan et rural.

Ces deux traits reflètent parfaitement le contexte d'émergence de la sociologie rurale en France, où domine dans l'après-guerre une « société à fondements agraires » (JOLLIVET, 1996) dont les caractéristiques essentielles sont issues des transformations de la société au cours du XIXe siècle (exode rural et formation d'une agriculture à dominante paysanne d'un côté, industrialisation et urbanisation de l'autre). La sociologie rurale, au sein du CNRS, investit donc un domaine déjà largement abordé — et depuis longtemps — par l'Université, où les historiens (de BLOCH à DUBY) et les géographes (FÈVRE et VIDAL DE LA BLACHE) ont bâti une école « ruraliste » avec laquelle les sociologues dialoguent encore aujourd'hui. Chez les premiers, ils prennent la mesure des héritages agraires, qu'ils soient structurels ou qu'ils relèvent des mentalités ; chez les seconds, ils trouveront une méthode, la monographie régionale, qui s'avérera essentielle dans la construction d'un rural ne se limitant pas à la question paysanne.

Ainsi, la sociologie rurale aura dès l'origine une double facette, selon qu'elle s'intéresse d'abord au paysan (sa place dans les processus de modernisation) ou selon qu'elle aborde de front la question rurale (le statut des microsociétés) : dans les deux cas, les recherches seront étroitement liées à l'évolution de la société française et plus particulièrement à la place de la question agraire dans cette évolution. De façon un peu schématique, on peut distinguer plusieurs phases, sachant que les questions qui émergent dans ce découpage ne sont jamais closes et sont constamment récurrentes.

Les pionniers. À partir des années 50, les sociologues ruraux sont particulièrement sollicités par l'État engagé dans la reconstruction et la modernisation de l'après-guerre ; on les invite alors à évaluer les capacités de changement d'une société dominée par la paysannerie. Cette demande étatique va se traduire dans deux types de travaux sociologiques. D'une part, une sociologie de l'innovation, largement inspirée de la sociologie empirique américaine, mais qui s'en démarquera par la critique des présupposés de ce type de démarche (BODIGUEL, 1975) : le « retard » des paysans à l'égard des processus de modernisation (augmentation de la productivité, mécanisation) n'est pas imputable à une « routine » propre à ce groupe social, mais est lié au traitement spécifique de la question agraire par la société globale. D'autre part, une sociologie moins centrée sur le problème paysan et qui, pour cette raison, s'avérera l'un des pôles de référence du champ disciplinaire : un « inventaire typologique des collectivités rurales françaises » est entrepris sous forme de monographies de villages (Mendras, 1971).

Ces travaux ont en commun de ne pas rompre vraiment avec le postulat fondateur de la sociologie rurale, à savoir l'opposition entre la ville et la campagne, dans la mesure où celle-ci alimente la conception qui fonde la modernisation de l'après-guerre : la ville apparaît comme le moteur du changement et la campagne comme un pôle de stabilité. Ils sont sans doute plus précieux pour leurs acquis méthodologiques : les sociologues sont sortis de l'université et ont expérimenté des techniques d'enquêtes empruntant à l'ethnologie, l'anthropologie, l'histoire. Et surtout, en ayant recours à la monographie inspirée de celles des géographes, ils ont dressé un tableau des collectivités rurales introduisant à la complexité de leur analyse : dans une monographie, on analyse le milieu « naturel », l'histoire du village (le plus souvent à partir du milieu du XIXe siècle, représentant l'apogée de la démographie rurale), les activités économiques, et enfin le système social lui-même, sous forme de divers chapitres sur les structures agraires, la famille, les couches sociales, les rapports sociaux locaux, les comportements religieux et politiques, etc. La monographie rurale relève ainsi à la fois d'une approche structuro-fonctionnaliste — sur le plan théorique — et d'une approche systémique — sur le plan méthodologique.

Une mise en critique. La critique à laquelle seront soumis ces travaux par la suite (les années 70) sera d'inspiration plutôt marxiste. La théorie de la petite production marchande et de son articulation avec le mode de production capitaliste sera proposée par des économistes (TEPICHT et SERVOLIN), retrouvant en cela le courant analytique de l'économie paysanne dans les pays de l'Est (CHAYANOV), qui insistait sur les particularités de la logique paysanne dans sa confrontation avec une économie de marché. Ce travail correspondra à une réévaluation de la question agraire qui, chez les marxistes, se heurtait à la conservation de formes de production précapitalistes en agriculture ; le concept de « soumission formelle » introduisait à une compréhension de ce qu'est l'exploitation familiale modernisée et de son statut dans une économie capitaliste. À sa façon, cette analyse critique de la place du paysan dans la société globale s'inscrivait dans la thèse de la spécificité agricole en évitant l'enfermement de la perspective agrarienne. Une critique analogue fut portée sur les monographies (JOLLIVET, 1974). Celles-ci, du fait même de leur procédure méthodologique, faisaient en effet des microsociétés analysées des « totalités sociales » dont l'articulation avec la société globale (la théorie des notables proposée par Mendras) restait prisonnière d'un schéma d'opposition entre la ville et la campagne et tendait à surestimer la spécificité rurale, c'est-à-dire, en définitive, à faire de celle-ci la manifestation d'un monde clos. En ayant recours également au concept de « soumission formelle », les tenants d'une approche marxiste proposaient une théorie de l'absorption du monde rural dans une société globale dominée par la ville et l'industrie.

Structure, changement et espace. Ces grands débats théoriques, qui ont marqué la période d'installation de la sociologie rurale dans le champ scientifique, sont quelque peu en friche aujourd'hui, ce qui a pu faire écrire, assez justement, à ROBERT (1986) que *« la sociologie rurale se définira donc davantage par son champ d'application que par une coloration théorique originale »* (p. 5). Accompagnant les grandes transformations de la société française dans sa phase de modernisation de l'après-guerre, ces débats, en définitive, portaient sur le statut du paysan et du rural dans une société qui perdait peu à peu son caractère agraire ; ils résisteront mal à la crise de l'objet lui-même. Le paysan s'efface devant l'agriculteur et la sociologie de l'innovation semble peu apte à faire l'analyse des crises de surproduction agricole qui jettent le trouble sur un modèle technique difficilement assimilable à l'idée de progrès sous-jacente à cette approche théorique. Les collectivités rurales s'estompent, et la démarche monographique apparaît comme un obstacle à l'appréhension de phénomènes plus diffus (les migrations ville-campagne, du néorural au résident secondaire) ou prenant sens à une échelle dépassant les unités villageoises (la périurbanisation, le processus d'urbanisation dans les campagnes, comme le phénomène de « vivre au pays » et son projet de développement local).

L'effacement de ces débats, qui n'est pas propre à cette branche de la sociologie, a sans doute permis, à partir des années 80, un foisonnement de recherches qui seront autant de tentatives pour valider des questions permettant l'analyse des nouveaux processus sociaux émergeant à la campagne. Ainsi en est-il de l'analyse des transformations de l'agriculture qui, délaissant la question de l'idéal-type du paysan, s'intéresse plutôt aux logiques familiales et patrimoniales dans leur articulation avec la dynamique économique de l'exploitation et le secteur de l'industrie agroalimentaire et débouche sur une réflexion théorique sur ce qu'est une pratique technique et sur la nature du lien entre la famille et l'exploitation. Ainsi en est-il de l'analyse des transformations de l'espace rural qui, délaissant la question du statut des microsociétés rurales, privilégie la notion de « local ». Celle-ci correspond à une mise à distance avec celle de « société rurale » et permet d'appréhender les politiques publiques de l'aménagement du territoire, sources d'une nouvelle articulation entre le microsocial (et son pouvoir local) et le global. Moins focalisée sur la question du rapport villes/campagnes, cette génération de recherches a réintroduit dans l'analyse des faits sociaux à la campagne une variable territoriale, peu présente dans la phase précédente, plus préoccupée par les problèmes de structure, en posant la question du rapport entre une organisation sociale et son territoire. En cela, le rural est devenu moins un objet de recherche qu'un lieu d'observation d'une société complexe dans son rapport à l'espace, qu'il soit productif ou politique.

Une démarche holiste. Cette diversité de travaux est aussi une diversité disciplinaire, dans la mesure où la plupart des champs spécialisés de la sociologie sont à l'œuvre en sociologie rurale. L'analyse de l'ensemble des faits sociaux à la campagne suppose que l'on s'intéresse au travail, aux rapports économiques, aux comportements politiques, aux systèmes d'action et de gestion, aux modes de construction des représentations sociales et collectives. La démarche est pluridisciplinaire (ne serait-ce que pour intégrer les acquis des autres disciplines ruralistes), et la spécialisation qu'induit le champ de recherche suppose une posture généraliste. Ces approches, que l'on peut qualifier d'« holistes », représentent l'un des apports les plus intéressants à la sociologie. Malgré les critiques qu'on a pu ou qu'on peut faire aux travaux pionniers de la discipline, il apparaît qu'ils ont introduit à la compréhension des grands mouvements de la société française au cours du XXe siècle. L'ambition, qui exprimait aussi une crainte, de ne pas s'enfermer dans un ghetto rural n'a pas toujours été atteinte, mais les torts sont sans doute partagés : l'analyse du travail non salarié, des relations entre la famille et le patrimoine auraient mérité plus d'échanges avec les sociologues du travail ; les recherches sur les notables et plus généralement sur les modes d'intégration entre différents niveaux d'analyse (l'articulation micro/macro) auraient pu dialoguer davantage avec la sociologie des organisations, non seulement sur les questions de l'administration territoriale mais sur le problème plus théorique du rapport local/global. Au chapitre des réussites, on remarquera les apports importants des sociologues ruraux à une sociologie politique du rapport entre l'État, les paysans et les groupes sociaux localisés ; à celui des échecs, on notera l'ignorance réciproque des sociologues ruraux et urbains qui, à quelques exceptions près (LEFEBVRE puis le programme du CNRS sur l'Observation du changement social), n'ont pas su mettre à l'épreuve de la critique commune leur problématique fondatrice de la relation ville-campagne.

Reconstruire une problématique ? Cette relation est aujourd'hui l'un des principaux objets de débat parmi les ruralistes qui, à travers la crise manifeste de leur objet, sont confrontés à la crise de leur discipline (A.R.F., 1986), certains préférant parler d'une sociologie du rural plutôt que d'une sociologie rurale (BODSON, 1989). Toute la question est de savoir si la dilution de l'opposition entre la ville et la campagne, dilution tout aussi spatiale (urbanisation des campagnes comme la rurbanisation des villes) que sociale (uniformisation des modes de vie) rend caduque une problématique qui se réduirait alors à n'être dans le champ scientifique qu'une expression formalisée de la représentation symbolique qu'une société se donne à elle-même depuis le XIXe siècle : après la fin des paysans, faut-il parler de la fin du rural ? Ce débat a pris de la vigueur lorsque, sur la base d'un renouveau démographique devenu incontestable, le rural a semblé renaître (KAYSER, 1989). Certes, le paradigme fondateur — une correspondance entre un territoire, une production et un genre de vie — ne correspond plus à la réalité : certes, les indicateurs statistiques (y compris en proposant de nouveaux seuils démographiques) et sociaux sont toujours discutables et ne permettent pas de trancher sur la nature même de l'objet. Mais l'interprétation de ce renouveau démographique, qui n'est pas propre à la France, invite à réévaluer le rapport ville-campagne dans sa capacité à rendre compte des nouveaux processus, liés à une société rendue plus complexe par les discontinuités entre l'habitat, le travail et les modes de vie.

Y a-t-il une ruralité nouvelle qui, ne pouvant plus être paysanne, ne se réduise pas à un mode de représentation collective d'une société nostalgique ? Et si oui, à quelles conditions peut-on en faire un objet de recherche scientifique ? Ces questions restent posées.

Jean-Paul BILLAUD

bibliographie

Association des ruralistes français, *Les Études rurales sont-elles en crise ?*, ARF, 41-42, 1986.

BODIGUEL Maryvonne, *Les Paysans face au progrès*, Presses de la FNSP, 1975.

BODSON Daniel, « Sociologie rurale ou sociologie du rural », in *Recherches sociologiques*, 20 (3), 1989.

JOLLIVET Marcel, MENDRAS Henri (sous la dir. de), *Les Collectivités rurales françaises*, Armand Colin, t. 1, 1971 ; t. 2, 1974.

JOLLIVET Marcel, EIZNER Nicole (sous la dir. de), *L'Europe et ses campagnes*, Presses de la FNSP, 1996.

KAYSER Bernard, *La Renaissance rurale*, « Sociologie des campagnes du monde occidental », Armand Colin, 1989.

LEFEBVRE Henri, *Du rural à l'urbain* (1953), Anthropos, 1981.

MENDRAS Henri, « Sociologie des ruraux », in *Encyclopædia Universalis*, 1986.

MENDRAS Henri, *Les Sociétés paysannes*, « Folio », Gallimard, 1995.

ROBERT Michel, *Sociologie rurale*, « Que sais-je ? », PUF, 1986.

SERVOLIN Claude, « L'Absorption de l'agriculture dans le mode de production capitaliste », in *L'Univers politique des paysans*, Armand Colin, 1972.

S

SACRÉ

voir : RELIGION

Le sacré est une notion forgée par Durkheim et l'École française de sociologie pour rendre compte de l'emprise symbolique que la société exerce sur les individus. Son association constante avec la notion de religion en rend problématique l'usage sociologique.

Confrontée à la prolifération des croyances dans les sociétés modernes, la sociologie des religions a été portée, depuis les années 70, à faire un large usage de la notion de *sacré* pour désigner les univers de significations que les individus modernes produisent pour résoudre — sans le secours des grands codes religieux du sens — le problème du mystère, de la transcendance, du sens de la vie et de la mort. À travers la référence au « retour », au « renouveau », aux « dérives » et aux « mutations » du sacré moderne, on tente d'identifier une dimension anthropologique commune aux religions historiques et aux formes nouvelles de réponses aux « questions ultimes » de l'existence. Le « sacré » dont il est question ici réfère peu à l'opposition établie par Durkheim entre deux ordres absolument séparés de réalités (celui des choses sacrées « que les interdits protègent et isolent » et celui des choses profanes « auxquelles ces interdits s'appliquent et qui doivent rester à l'écart des premières »). Il renvoie plus couramment à la description que l'auteur des *Formes élémentaires de la vie religieuse* donne de cette « émotion des profondeurs » à travers laquelle la société se crée elle-même et dans laquelle toute forme de religiosité s'origine. Utilisée pour repérer la présence d'une « religion invisible » dans les manifestations collectives des sociétés modernes où s'exprime la puissance du sentiment du « nous » (des matches de football aux concerts de rock), la référence au « sacré de communion » demeure inséparable de l'idée que les croyances et pratiques religieuses instituées ne sont jamais que la forme « administrée », froide et assagie d'une expérience fondatrice et « chaude » du sacré qui déborde, par définition, toutes ses expressions sociales observables. En valorisant une « expérience du sacré » qui transcende les formes sociales dans lesquelles elle se réalise et en postulant que toutes les voies religieuses renvoient in fine au même « sacré », on accrédite l'idée d'une dimension religieuse irréductible de l'humain, qui résiste à la marginalisation sociale et culturelle des institutions religieuses dans la modernité. Mais dans la mesure exacte où cette expérience est ainsi placée « hors société », la notion de sacré se trouve exclue de la batterie des concepts que la sociologie peut utiliser pour penser la diversité des phénomènes religieux, passés et présents.

Danièle HERVIEU-LÉGER

bibliographie

BASTIDE Roger, *Le Sacré sauvage,* Payot, 1975.

CAILLOIS Roger, *L'Homme et le sacré,* Gallimard, 1963.

DURKHEIM Émile, *Les Formes élémentaires de la vie religieuse,* Paris, Alcan, 1912 (PUF, 1968)

FERRAROTTI Franco, *Le Retour du sacré. Vers une foi sans dogmes*, Méridiens-Klincksieck, 1993.

HAMMOND Philipp (sous la dir. de), *The Sacred in a Secular Age*, Berkeley, Berkeley University Press, 1985.

HUBERT Henri, MAUSS Marcel, « Essai sur la nature et la fonction du sacrifice », *in* M. Mauss, t. 1, Éd. de Minuit, 1968.

ISAMBERT François, *Le Sens du sacré. Fêtes et religion populaire*, Éd. de Minuit, 1982.

OTTO Rudolf, *Le Sacré*, Payot, 1963.

RIVIÈRE Claude, PIETTE André, *Nouvelles Idoles, nouveaux cultes. Dérives de la sacralité*, L'Harmattan, 1990.

SACRIFICE

voir : RITE

Acte religieux qui, par l'intermédiaire d'une victime, assure la communication entre le monde sacré et le monde profane.

L'anthropologie a longuement étudié les rites sacrificiels, universellement présents dans toutes les civilisations. S'est d'abord imposée une approche analogique et généalogique marquée par la problématique chrétienne du *sacrifice.* TYLOR décrit la trajectoire de la démagification qui assure le passage d'une conception du sacrifice comme don, puis comme hommage à la divinité, à une conception éthique du sacrifice comme renoncement intérieur. Situant dans le totémisme* l'origine du sacrifice, Robertson SMITH privilégie la dimension communielle attachée à la consommation de la victime sacrificielle. Frazer enfin fait dériver le sacrifice du dieu ou du roi sacré du sacrifice animal et associe sa mise à mort et sa résurrection au renouvellement du cycle végétal. Cet évolutionnisme ne disparaît pas entièrement chez Hubert et Mauss qui font du sacrifice du dieu un « perfectionnement » du sacrifice primitif. Ils s'en séparent cependant en donnant du sacrifice une définition générale qui renvoie, derrière la variété infinie des rites, à un « schème sacrificiel » unique. S'appuyant sur le cas du sacrifice védique, ils définissent celui-ci comme *« un acte religieux qui, par la consécration d'une victime, modifie l'état de la personne morale qui l'accomplit ou de certains objets auxquels elle s'intéresse »*. Ce passage d'un état dans un autre renvoie à l'opposition radicale du profane et du sacré. Le sacrifice assure, par l'intermédiaire d'une victime, la relation entre ces deux mondes disjoints. Cette communication s'effectue dans les deux sens, du profane vers le sacré (sacrifices de « sacralisation ») et du sacré vers le profane (sacrifices de désacralisation). Evans-Pritchard ne s'éloigne pas de cette perspective lorsqu'il explore les rites de purification qu'appelle, chez les Nuers, le contact dangereux entre l'homme et le divin. Mais cette logique ne dessine pas une « grammaire » universelle du sacrifice: ainsi, la cuisine grecque du sacrifice, étudiée par Vernant et Detienne, sert seulement à attester la séparation sans recours qui existe entre les dieux et les hommes. La pluralité des scénarios sacrificiels est irréductible à un schème unique : elle donne à voir les jeux d'« identifications » (Lévi-Strauss) qui s'établissent, dans tous les sens, entre le sacrifiant, le sacrificateur, la victime et la divinité.

Danièle HERVIEU-LÉGER

bibliographie

BIARDEAU Madeleine, MALAMOUD Charles, *Le Sacrifice dans l'Inde ancienne,* PUF, 1976.

CARTRY Michel (sous la dir. de), *Sous le masque de l'animal. Essais sur le sacrifice en Afrique Noire,* PUF, 1987.

DETIENNE Marcel, Vernant Jean-Pierre, *La Cuisine du sacrifice en pays grec,* Gallimard, 1979.

EVANS-PRITCHARD Edward Enan, *Les Nuers*, Gallimard, 1978.

DE HEUSCH Luc, *Le Sacrifice dans les religions africaines,* Gallimard, 1986.

HUBERT Henri, MAUSS Marcel, « Essai sur la nature et les fonctions du sacrifice » (1899), *in* M. Mauss, Œuvres, I, Éd. de Minuit, 1968.

LÉVI-STRAUSS Claude, *La Pensée sauvage,* Plon, 1973.

SAINT-SIMONISME

voir : DOMINATION, MARXISME, RÉVOLUTION, SOCIALISME, SOCIÉTÉ INDUSTRIELLE

Mouvement intellectuel inspiré des écrits de Saint-Simon, considéré comme l'un des fondateurs de la sociologie.

Dans les premières années du XIXe siècle, Henri de SAINT-SIMON (1760-1825) parvient à la certitude qu'il assiste à l'effondrement d'un monde social et à l'avènement d'un nouveau type de société : le *système industriel.* L'histoire des sociétés européennes serait marquée par la succession de trois « modes d'organisation sociale » : le système féodal, organisé en vue de la guerre et de la défense, dans lequel les chefs militaires assurent leur domination ; la phase de désorganisation, illustrée par la Révolution de 1789 et qui se prolonge dans les années 1820 ; la société industrielle, enfin, qui sera tout entière organisée en vue de la production des biens matériels et intellectuels. À l'opposé de la société féodale où s'exerçait le pouvoir de domination, la société industrielle entraînerait la primauté de la classe des industriels, c'est-à-dire de tous les producteurs réunis dans des rapports de *sociétaires* et non plus de dépendance. Au lieu d'entraîner des rapports politiques de subordination, la dynamique de la production pousserait les associés à prendre les décisions dans une concertation où les « capacités », artistes, savants et chefs industriels, auraient un rôle privilégié et rendraient possible la réalisation des travaux collectifs selon des plans rationnels. L'administration des choses se substituerait au gouvernement des hommes.

Après la mort de Saint-Simon, ses disciples se rassemblèrent pour diffuser la doctrine du Maître (Auguste COMTE, ENFANTIN, Adolphe BLANQUI, Philippe BUCHEZ, Michel CHEVALIER). Une « Église saint-simonienne » fut fondée en 1829. L'influence du saint-simonisme, depuis ces premières années jusqu'en 1870, fut considérable, donnant naissance à deux tendances opposées, l'une néocapitaliste, l'autre socialiste. Sous le Second Empire, des entrepreneurs et des banquiers considéraient que leur action économique poursuivait les projets de Saint-Simon : primauté de l'industrie, accélération du développement économique, critique du libéralisme individualiste, importance des capacités et des ingénieurs. La tradition socialiste a au contraire considéré Saint-Simon comme le fondateur du socialisme et comme son premier théoricien. PROUDHON estimait qu'en affirmant la primauté des producteurs sur le politique Saint-Simon préfigurait les grandes lignes d'un socialisme libertaire. MARX pouvait penser qu'en appelant à l'union de la classe productrice et à une révolution sociale le saint-simonisme avait tracé les objectifs principaux de la pensée socialiste.

Non sans de fortes raisons, DURKHEIM considérait cette école comme le foyer de création de la sociologie, et Saint-Simon, plus qu'Auguste Comte, comme son véritable inspirateur. Bien des problèmes novateurs avaient été formulés par Saint-Simon : la définition des systèmes sociaux, la dynamique de la société industrielle, les classes sociales et leurs conflits, l'importance conjointe des sciences et des techniques, le changement des systèmes intellectuels et des valeurs communes, les différents modèles de domination, l'exercice du pouvoir dans les sociétés industrielles...

Pierre ANSART

bibliographie

ANSART Pierre, *La Sociologie de Saint-Simon*, PUF, 1970.

DURKHEIM Émile, *Le Socialisme : sa définition, ses débuts, la doctrine saint-simonienne* (1928), PUF, 1992.

SAINT-SIMON Henri de, *Œuvres complètes*, Anthropos, 6 vol., 1966.

*

* *

SALAIRE, SALARIÉ

du latin *salarium*, à l'origine « ration de sel », puis « somme donnée aux soldats pour acheter leur sel »

all. LOHN, GEHALT LOHNARBEITER	esp. SALARIO SALARIADO
angl. WAGE, SALARY WAGE EARNER	ital. SALARIO SALARITO

voir : CAPITAL, TRAVAIL, VALEUR

Le salaire est la rémunération monétaire du travail. Le salarié celui dont le revenu dépend de cette rémunération.

L'ÉCHANGE TRAVAIL-SALAIRE. Les conditions historiques de l'échange marchand et monétaire travail-salaire sont celles qui accompagnent l'émergence et le développement des sociétés capitalistes modernes. La compréhension théorique et logique de ce rapport ainsi que les facteurs de sa dynamique sont au cœur de l'économie et de la sociologie.

Historiquement, la configuration du rapport salarial (AGLIETTA, BOYER) se transforme en épousant les contraintes que l'antagonisme entre capital et travail génère entre salaire et profit, salariés et propriétaires du capital. Quant à la nature du salaire, deux approches théoriques s'opposent.

1 **L'approche substantialiste.** Une approche *substantialiste* de la valeur mène Marx à définir le salaire comme le paiement de la force de travail, et non de *tout* le travail délivré lors du procès de production des marchandises. La plus-value (ou survaleur), à l'origine du *profit*, représente la différence entre la valeur produite par l'usage de la force de travail et celle du salaire payé. Derrière le libre contrat de travail se cache donc un rapport d'exploitation fondateur de la société salariale. Mais dans les sociétés capitalistes développées, le revenu salarial ne dépend pas du seul contrat individuel de travail : une part décisive de ce revenu consiste en un salaire indirect, fondé sur des normes et des institutions sociales. Pour cette raison on a pu parler de « société salariale » (Aglietta, CASTEL).

2 **L'approche néoclassique ou standard.** L'approche néoclassique (théorie *subjective* de la valeur) pose qu'à l'équilibre le salaire rémunère précisément et complètement le travail fourni, le *prix du travail* étant équivalant à sa *productivité marginale*, c'est-à-dire au rendement de l'effort fourni par le salarié (PIGOU, MARSHALL). Cette approche économique, dite *standard*, fait abstraction de l'inégale distribution des droits de propriété sur les moyens de production, pour ne s'intéresser qu'à l'optimisation par le marché du prix des services échangés.

L'antinomie de ces deux approches se retrouve dans les interprétations qui sont données de la crise de l'emploi. Pour la première approche, le salaire est le revenu principal de soutien de la demande, et il assure la réalisation des débouchés de la croissance dans une économie sociale. Pour la seconde famille théorique, le salaire est un coût, et seul un marché du travail déréglementé peut en donner une détermination optimale.

SALARIÉ. Les salariés forment aujourd'hui un ensemble hétérogène. Certains restent fondamentalement dépendants des pôles marchands d'accès à l'emploi et au revenu, alors que d'autres peuvent être propriétaires de revenus capitalistes et exercer des fonctions de direction au plus haut niveau d'autorité de l'organisation économique et sociale.

Henri NADEL

bibliographie

AGLIETTA Michel, BRENDER Anton, *Les Métamorphoses de la société salariale*, Calmann-Lévy, 1984.

BOYER Robert, *La Théorie de la régulation*, La Découverte, 1986.

CASTEL Robert, *Les Métamorphoses de la question sociale*, Fayard, 1995.

MARSHALL Alfred, *Principes d'économie politique*, Gordon & Breach, 1971.

MARX Karl, *Le Capital* (1867), « La Pléiade », Gallimard, 1965.

NADEL Henri, *Marx et le salariat*, L'Harmattan, 1994.

SANCTION

voir : DÉVIANCE, DROIT, NORME, RÉFÉRENCE

Action positive ou négative par laquelle la société approuve ou désapprouve un comportement jugé par référence à ses normes.

1 Dans le sens le plus général du terme, réaction positive (récompense, éloge, approbation, etc.), ou négative (blâme, réprobation, punitions, etc.) aux comportements des acteurs sociaux. Toute sanction est normative : elle rappelle la norme et incite à la respecter.

2 Au sens étroit, action négative appliquée à la suite d'une procédure de jugement et par une instance légitime par référence à des normes explicites.

Pierre ANSART

bibliographie

CUSSON Maurice, *Pourquoi punir ?*, Dalloz, 1987.

DURKHEIM Émile, *De la division du travail social* (1893), PUF, 1996.

GIDDENS Anthony, *La Constitution de la société*, PUF, 1987.

SOCIOLOGIE DE LA SANTÉ, DE LA MALADIE ET DE LA MÉDECINE

du latin *sanitas* « santé (du corps et de l'esprit) »
du latin *male habitus* « en mauvais état, malade »
du latin *medicina* « science de la médecine, médecine »

all. GESUNDHEIT KRANKHEIT MEDIZIN	esp. SALUD ENFERMEDAD MEDICINA
angl. HEALTH ILLNESS MEDICINE	ital. SALUTE MALATTIA MEDICINA

voir : CORPS, DÉVIANCE, PROFESSION, SOCIOLOGIE DES SCIENCES

La sociologie de la santé, de la maladie et de la médecine a pour objet aussi bien l'étude des définitions sociales de la santé et de la maladie et des pratiques qui s'y rapportent que celles du fonctionnement des institutions de soins et de prise en charge, notamment l'institution médicale.

PARSONS ET LA SIGNIFICATION SOCIALE DE LA SANTÉ. *« La santé apparaît de la manière la plus immédiate, comme une des conditions requises du fonctionnement de tout système social* [...]. *Un trop haut niveau de maladie, un trop bas niveau de santé apparaissent comme dysfonctionnels par rapport au fonctionnement du système considéré. C'est d'abord que la maladie* *nous empêche de nous acquitter de nos rôles sociaux.* » Avec ces phrases, écrites en 1951, PARSONS mettait en évidence l'intérêt pour la sociologie de réalités jusque-là négligées par les pères fondateurs de la discipline. Ce texte sera considéré comme fondateur de la sociologie de la maladie et de la médecine, car la portée de l'analyse parsonienne ne se limite pas à la reconnaissance de la signification sociale de la santé et de la maladie ; elle appelle à l'étude de la place centrale occupée par la médecine dans les sociétés modernes et, au-delà de ses fonctions techniques, à analyser son rôle de régulation sociale.

Développement des concepts sociologiques à partir des études sur la santé : profession et expertise. La réflexion sociologique sur ces problèmes est donc née au sein d'une démarche théorique visant à la compréhension des formes de l'action et des conditions de l'ordre social. Quelques années plus tard, les auteurs qui, aux États-Unis d'abord, s'intéressent à la médecine se situent également dans une perspective généraliste. Ainsi, pour FREIDSON (1970), la médecine constitue un cas privilégié, permettant de mieux cerner le concept de « profession » et d'étudier le rôle du savoir dans les sociétés modernes ainsi que l'autorité spécifique qui y est liée. Aujourd'hui encore la médecine demeure le cas paradigmatique sur lequel se sont construites l'analyse des diverses formes de l'expertise et la sociologie des professions.

Carrière et trajectoire centrale. De même, GOFFMAN, BECKER, STRAUSS trouvent dans ce domaine les matériaux pour l'élaboration de concepts concurrents des modèles théoriques de Parsons. C'est à partir d'études portant sur les malades mentaux, les tuberculeux, les enfants atteints de poliomyélite et leurs parents, que s'élaborent les notions de « carrière » et de « trajectoire centrale » pour la perspective interactionniste.

L'« ordre négocié ». L'étude de la vie d'un hôpital psychiatrique sert de base à la théorie de l'« ordre négocié » (Strauss, 1963) dont la portée est générale : l'ordre social n'est pas considéré comme déterminé par des valeurs préétablies, mais ses bases doivent, au contraire, être constamment redéfinies dans l'interaction et les négociations entre tous les acteurs.

LA SOCIOLOGIE FACE À LA DEMANDE POLITIQUE. Cependant, ce nouveau domaine s'est constitué dans la rencontre entre ces préoccupations théoriques, qui trouvent dans la maladie et la médecine des objets féconds, et une demande sociale qui, au lendemain de la Deuxième Guerre mondiale, a sa source dans l'importance croissante attachée à la santé dans les sociétés développées ainsi que dans l'explosion des avancées thérapeutiques ; on assiste parallèlement à l'expansion sans précédent des consommations de soins et services médicaux. Dans tous les cas, la demande d'analyse sociologique est donc, au sens large, d'ordre politique : elle a trait à l'efficacité et à l'équité de ce secteur devenu central dans la vie sociale. Mais les problèmes sont différents selon les pays.

Aux États-Unis. Aux États-Unis, le caractère libéral et pluraliste du système de santé engendre une hétérogénéité extrême des services et des différences considérables dans l'accès aux soins des divers groupes sociaux et ethniques. L'appel aux sociologues est perçu comme pouvant aider à trouver des solutions dans un contexte où toute réforme de structure est refusée, notamment la généralisation de l'assurance-maladie.

En Grande-Bretagne. En Grande-Bretagne, au contraire, la montée des recherches sociologiques est liée à la création du National Health Service, au désir d'optimiser son efficacité, puis à la prise de conscience des problèmes que son implantation pose ou ne résout pas.

En France. En France, la dimension sociale des problèmes de santé demeure longtemps masquée ; notre système de santé apparaît comme une synthèse harmonieuse, entre les avantages de la médecine libérale — le libre choix du médecin par le malade — et les garanties de la couverture financière des soins par la sécurité sociale. Vers la fin des années 60 cependant, la prise de conscience des coûts croissants de la santé, l'importance de l'enjeu que constitue le développement hospitalier transforment ces appréciations. Le développement des recherches s'amorce au cours des années 70.

STATUT SOCIOLOGIQUE DU FAIT PATHOLOGIQUE ET DE LA MORT. Le domaine de recherche qui s'est constitué a pour base les définitions et les constructions sociales dont la santé, la maladie, la mort, ainsi que les savoirs qui en rendent compte et les pratiques qui les prennent en charge, sont l'objet. Ces notions, qui peuvent paraître banales aujourd'hui, ont donné aux sociologues l'espace propre à leurs analyses. Est central le statut que le sociologue accorde dans sa démarche à la nature même du fait pathologique et à la distinction qu'il opère entre la réalité organique de la maladie et sa réalité sociale, c'est-à-dire l'état défini comme maladie par la médecine et le médecin. Une des premières études relevant de cette perspective (GLASER et Strauss, 1965) montre de quelle manière la gestion de la mort à l'hôpital, l'organisation du travail médical accompli pour et sur les mourants, les interactions entre les membres de l'équipe, ainsi qu'avec les malades et leurs proches, définissent une mort sociale distincte de la réalité organique et, puisque celle-ci désormais se produit majoritairement dans le cadre hospitalier, donnent aujourd'hui à la mort sa forme et son contenu typiques. Cependant la définition de la réalité sociale de la maladie n'est pas seulement le fait de la médecine et des médecins. La société tout entière y participe, notamment à travers le jeu des interprétations et représentations qui, dans toute société, sont à l'œuvre pour donner sens à la santé, à la maladie et au corps et orienter notre rapport à eux, à travers aussi le fonctionnement des institutions, la mise en place des politiques et des juridictions qui déterminent les statuts sociaux attribués aux malades (HERZLICH et PIERRET, 1984).

INÉGALITÉS SOCIALES ET POLITIQUES SANITAIRES. En regard de ces études vouées à la nature même des faits pathologiques, de nombreuses autres se sont centrées sur les inégalités sociales face à la santé, sur les politiques sanitaires, sur leur évolution et leurs conséquences en termes sanitaires, sur les différents types de professionnels de santé, leur formation, la diversité de leurs modalités d'exercice. Elles ont analysé les différents contextes et formes des relations malades-soignants.

L'INSTITUTION HOSPITALIÈRE. L'institution hospitalière a été étudiée d'un triple point de vue : comme type d'organisation traversée par la tension entre exigences bureaucratiques et perspectives professionnelles, comme communauté de malades, comme lieu de production du travail médical enfin.

ÉVOLUTION DES DÉMARCHES ET DES PARADIGMES. Dans l'approche de ces problèmes, l'évolution des démarches et des paradigmes utilisés atteste de la sensibilité aux mouvements intellectuels traversant les sciences sociales. Les études de la profession médicale en sont un bon exemple, elles témoignent de la réticence croissante envers les catégorisations « dures », prédéfinissant les réalités et les groupes sociaux. Après le travail fondateur de Freidson, les études se sont ouvertes à la perspective historique (STARR, 1982). Puis elles ont abandonné leur centration première sur l'unité et l'homogénéité du groupe professionnel pour s'intéresser à sa diversité : diversité des trajectoires et modalités d'exercice (Herzlich, 1993), diversité des formes mêmes de la pratique, des modèles d'intervention et de « cadrage » des patients (DODIER, 1993).

ÉVOLUTION DES THÈMES D'ÉTUDE. Au cours du temps, certains problèmes ont pris de l'importance. L'étude de la maladie chronique (BURY, 1982), de ses modes de gestion, de ses retentissements identitaires, de ses conséquences dans tous les lieux de la vie sociale a peu à peu pris une place centrale. L'étude de l'innovation thérapeutique s'est développée. Les travaux pionniers de Fox (FOX, 1959 ; Fox et SWAZEY, 1975) ont éclairé le difficile passage de l'expérimentation à la thérapie dans le domaine des transplantations ; aujourd'hui, les études allient souvent une perspective de sociologie de la maladie et de sociologie des sciences, combinant l'étude de la genèse des catégories médicales, l'analyse de l'émergence de nouvelles pratiques et celle des points de vue et logiques d'action des malades (BASZANGER, 1995). Enfin, de nouveaux champs d'étude sont apparus : ainsi, la recherche a commencé d'aborder les enjeux éthiques autour des avancées scientifiques et médicales, les articulations entre santé, précarité sociale, environnement, organisation urbaine, mais, au cours de la dernière décennie, c'est surtout le sida (POLLAK, 1988), ainsi que les stigmatisations et marginalisations, d'une part, les mobilisations dont il s'est accompagné, d'autre part, qui ont été l'objet d'investigations très nombreuses.

DES PROBLÈMES NOUVEAUX LIÉS AUX PROGRÈS TECHNOLOGIQUES. Cette évolution des thématiques est aussi liée à une manière nouvelle d'envisager les problèmes de la santé et de la médecine. Pendant plusieurs décennies, la médecine étant portée par le développement de l'État-Providence et par des avancées thérapeutiques importantes, toute prestation médicale semblait répondre positivement à un besoin social. Aujourd'hui, en revanche, des problèmes que l'on croyait réglés resurgissent : développement de nouvelles maladies, apparition de formes de « mal-être » liées à la précarité sociale, que la médecine ne sait pas appréhender, carences de soins pour certains groupes dans une société globalement « sur-soignée ». Par ailleurs, l'explosion des équipements et services aboutit à un système coûteux, opaque et devenant contreproductif. Le développement des sciences et des techniques biomédicales se traduit par de fréquents décalages entre évolution des connaissances et possibilités thérapeutiques. Certaines utilisations du savoir paraissent menacer les valeurs fondatrices des identités et des liens sociaux. La question de l'efficacité de la médecine se pose donc en termes nouveaux : ceux de la pertinence, pour une « vie bonne », d'une médecine extrêmement « effective ». Des débats publics très vifs, des mobilisations parfois spectaculaires posent le problème de l'articulation entre scientifiques, médecins, industriels et politiques et mettent en question la capacité de l'État à assurer la sécurité des citoyens et à garantir les valeurs d'équité et de solidarité en matière de santé. Dans ce contexte, les analyses des sociologues sont de plus en plus nécessaires, mais aussi les enjeux sociétaux autour de la santé prennent une importance accrue. Étudier ces problèmes devient central pour la compréhension de la vie sociale.

Claudine HAROCHE

bibliographie

BASZANGER Isabelle, *Douleur et médecine : la fin d'un oubli*, Seuil, 1995.

BURY Michael, « Chronic Illness as Biographical Disruption », in *Sociology of Health and Illness*, 1982, vol. IV, nº 2, pp. 167 à 182.

DODIER Nicolas, *L'Expertise médicale. Essai de sociologie du jugement*, Éd. Métailié, 1993.

FOX Renée C., SWAZEY Judith, *The Courage to Fail : a Social View of Organ Transplants and Dialiysis*, Chicago UP, 1975.

FREIDSON Eliot, *La Profession médicale* (1970), Payot, 1984.

GLASER Barney, STRAUSS Anselm, *Awareness of Dying*, Chicago, Aldine, 1965.

HERZLICH Claudine, PIERRET Janine, *Malades d'hier, malades d'aujourd'hui. De la mort collective au devoir de guérison*, Payot, 1991.

HERZLICH Claudine, BUNGENER Martine, PAICHELER Geneviève, *Cinquante ans d'exercice de la médecine en France. Carrières et pratiques des médecins français : 1930-1980*, INSERM-Doin, 1993.

PARSONS Talcott, « Social Structure and Dynamic Process : the Case of Modern Medical Practice », in *The Social System*, Glencoe, The Free Press, 1951.

POLLAK Michael, *Les Homosexuels et le sida. Sociologie d'une épidémie*, Éd. Métailié, 1988.

STRAUSS Anselm, « L'Hôpital et son ordre négocié », in *La Trame de la négociation* (textes réunis par Isabelle Baszanger), L'Harmattan, 1992.

SCHÈME

voir : SOCIOLOGIE DE LA CONNAISSANCE

Notion qui, opposée aux conceptions atomistes, met l'accent sur la forme (la *Gestalt*) comme ensemble qui ne se réduit pas à la somme de ses éléments et constitue une synthèse imaginative d'un type particulier. En psychologie, la notion de *schème* est utilisée pour définir le schéma corporel, qui est la représentation interne que nous avons de notre corps et de ses différentes parties les unes par rapport aux autres.

Chez PIAGET, le *schème*, notion éclairant le développement de l'enfant, est le fait que par coordination d'actions se répétant sur des objets divers, se constituent des systèmes organisés, des structures motrices ou intellectuelles. Les stades de développement s'analysent à partir de ces schèmes.

André AKOUN

SOCIOLOGIE DES SCIENCES

du latin *scientia*, qui vient de *scire* « savoir »

all. WISSENSCHAFT	esp. SCIENCIA
angl. SCIENCE	ital. SCIENZA

voir : CONNAISSANCE, ÉPISTÉMOLOGIE, MÉTHODES, OBJET ET OBJECTIVITÉ, PARADIGME

Étude systématique des relations entre les savoirs scientifiques et leur contexte social : analyse des conditions de leur création, de leur diffusion et de leurs effets.

SCIENCES. Les *sciences* désignent à la fois des activités productrices de connaissances et le résultat de ces activités : théories, découvertes, méthodes de travail et règles de comportement entre scientifiques. Mobilisées au profit du développement techno-économique et de l'action publique, elles font souvent autorité. Elles soulèvent des questions de légitimité dans la société tandis que leur spécificité a fait l'objet de nombreux débats chez les philosophes. Pour le sociologue, elles sont à la fois un objet de recherche et une posture d'enquête, ce qui soulève la question de la réflexivité de sa posture.

SOCIOLOGIE DE LA SCIENCE. La *sociologie de la science* se structure grâce aux travaux de MERTON, dans les années 40 ; son influence sera dominante aux États-Unis jusqu'à la fin des années 70. Pour lui, la science est une institution sociale exemplaire, conforme à sa théorie structuro-fonctionnaliste, destinée à produire de la connaissance rationnelle. Elle forme un espace homogène et distinct du reste de la société, car régie par un ensemble de normes de comportement telles que l'universalisme, le communalisme, le désintéressement et le scepticisme organisé. Les savants, agissant conformément à ces normes, sont rationnels et humbles, capables de soumettre leurs productions à l'évaluation critique de leurs pairs, d'évaluer sans *a priori* le travail d'autrui et de s'autocontrôler.

Le respect de ces normes tient également aux systèmes de communication (publication dans les revues scientifiques) et de gratification (nomination, prix, patronyme...) dont l'exploration constitue la principale contribution de cette sociologie. Par contre, l'analyse en termes de normes a suscité divers débats : existence de contre-normes, statut politique (légitimation de l'autonomie des sciences) et rhétorique des normes (mobilisées dans les disputes scientifiques). Soucieux de protéger la science du reste de la société, Merton l'a traitée comme un modèle de démocratie des esprits, à l'abri des influences politiques.

D'autres modèles d'analyse du monde social des sciences ont été proposés : HAGSTROM y décode un système d'échange de dons, BOURDIEU un système d'échange capitaliste et de lutte compétitive pour l'accumulation d'un capital symbolique, et LATOUR un système politique où chacun tend à développer son domaine en gagnant de la crédibilité. Les acteurs sont des individus motivés par les récompenses, l'accumulation de crédit scientifique, l'occupation d'une position dans un champ compétitif, la crédibilité convertible en ressources à réinvestir. Leur comportement s'explique par le système d'échange et non par l'adhésion à des normes.

De l'idée d'échange et de relation, la sociologie est passée à l'étude des réseaux sociaux que tissent les scientifiques entre eux et avec des acteurs non scientifiques (hétérogénéité du monde social des sciences). À partir de l'idée de cycle de crédibilité et de lutte pour le financement ou pour la légitimité des activités, la sociologie montre les articulations entre les sciences et les autres composantes de la société : organismes de recherche, entreprises, médias...

SOCIOLOGIE DE LA CONNAISSANCE SCIENTIFIQUE. Dans les années 60, une nouvelle génération de sociologues investit l'étude des sciences. Elle s'inspire du philosophe WITTGENSTEIN (jeux de langages) et de l'historien KUHN (paradigme). La sociologie des sciences prend un tournant radical : de l'analyse des comportements et des institutions, elle passe à l'étude des contenus (Sociology of Scientific Knowledge, SSK). Elle refuse d'être cantonnée à l'examen des conditions sociales de possibilité de la science ; elle veut expliquer les résultats scientifiques (théories et concepts) à partir de facteurs sociaux. Elle démontre la flexibilité interprétative des énoncés scientifiques, car ni la nature ni la méthode ni la logique n'imposent de vérité unique aux savants. Si consensus il y a, ceci doit être expliqué par des facteurs tels que le rapport de forces ou le mouvement de la société. L'action scientifique est une lutte entre savants pour produire des énoncés de connaissances et les imposer aux autres. Les intérêts des groupes sociaux auxquels ils appartiennent orientent leurs activités, tandis que les controverses qui les opposent sont le moteur de la dynamique scientifique. Les savoirs s'expliquent alors par les structures sociales et par la dynamique locale des controverses. Leur étude est un objet privilégié. Les notions de paradigmes et de conventions sociales tacites sont également utilisées.

Dans les années 70, les sociologues britanniques BLOOR et COLLINS explicitent les principes (causalité, impartialité, symétrie et réflexivité) d'un programme de recherche pour la sociologie des sciences : le programme fort. Le principe de symétrie précise que le sociologue fera appel dans ses explications au même type de cause pour expliquer la « connaissance vraie » et la « croyance fausse ». Ce point est au cœur de nombreuses controverses entre sociologues et philosophes ; les rationalistes objectent, au contraire, qu'une différence de nature existe entre connaissance scientifique et croyance ou erreur. D'autres éléments sont également débattus entre sociologues, ainsi de la notion d'intérêt : les intérêts qui meuvent les acteurs ne sont-ils pas aussi socialement construits que les énoncés scientifiques qu'ils sont censés expliquer ?

La sociologie de la connaissance scientifique a connu ses heures de gloire durant les années 70 et 80, avec les écoles d'Édimbourg (BARNES, BLOOR, EDGE, SHAPIN, qui tracent des relations causales entre des variables sociologiques classiques et des contenus de connaissance), de Bath (Collins, qui étudie la production négociée de connaissances consensuelles et la clôture des controverses, dans une perspective microsociologique) et de York (MULKAY, PINCH, qui s'intéressent aussi à l'analyse du discours).

ANTHROPOLOGIE DES SCIENCES. À la fin des années 70, la sociologie commence à s'intéresser aux pratiques scientifiques concrètes. Elle observe les processus d'ajustement locaux et contingents et décode les savoirs tacites incorporés dans les individus, les instruments et les formes d'organisation. Leur étude fine montre les mécanismes de production des faits « bruts » et des accords entre chercheurs, l'articulation entre éléments hétérogènes, la construction collective et négociée des publications. Elle rend compte des processus de stabilisation des énoncés scientifiques.

Plusieurs sociologues pénètrent alors dans les laboratoires. Ainsi, en France, Latour débarque dans un laboratoire réputé pour y étudier « la pensée scientifique » et publie *Laboratory Life. The Social Construction of Scientific Facts* en 1979. Il en est de même pour quelques auteurs inspirés par l'ethnométhodologie, KNORR-CETINA en Allemagne, WOOLGAR et LYNCH aux États-Unis. D'autres chercheurs (FUJIMURA, STAR, GERSON) se réfèrent à l'école pragmatique américaine (DEWEY, MEAD) et à l'interactionnisme symbolique de Chicago (BLUMER, STRAUSS, BECKER). L'anthropologue TRAWEEK étudie le monde des physiciens des particules. Ces travaux ont le mérite de documenter finement les pratiques scientifiques effectives. Il leur est toutefois reproché de rester souvent trop locaux et microsociologiques, incapables d'expliquer l'action des sciences dans la société.

Dans les années 80, les sociologues de l'École nationale supérieure des mines de Paris (Latour, CALLON) proposent une nouvelle approche pour rendre compte du succès ou de l'échec des innovations scientifiques et techniques. Leur théorie de la traduction et de l'acteur-réseau (Actor-Network Theory, ANT) articule l'étude des pratiques scientifiques et l'analyse des réseaux. Le modèle est de nature politique. Le but est d'expliquer, par la construction des réseaux, comment des asymétries (entre vérité et erreur, réussite et échec) sont produites et étendues. Il s'agit alors de rendre compte empiriquement, cas par cas, de la dynamique du processus de mise en relation (traduction) des éléments hétérogènes (objets, textes et êtres humains) constitutifs des réseaux et de la production simultanée des contenus et des contextes, de la science et de la société. Les acteurs (humains ou non humains) sont les points du réseau. En scientométrie, les sociologues ont mis au point des instruments d'analyse quantitative (réseaux de mots-associés) dans cette perspective.

Dominique VINCK

bibliographie

BAGLA-GÖKALP Lusin, « Le Chercheur et son instrument », in *Revue française de sociologie*, n° 37 (4), 1966, pp. 537 à 566.

BLOOR David, *Sociologie de la logique : les limites de l'épistémologie* (1976), Pandore, 1983.

CALLON Michel, COURTIAL Jean-Pierre, PENAN Hervé, *La Scientométrie*, « Que sais-je ? », PUF, 1993.

CALLON Michel, LATOUR Bruno, *La Science telle qu'elle se fait*, La Découverte, 1991.

COLLINS Harry, *Changing Order. Replication and Induction in Scientific Practice*, Londres, Sage Publications, 1985.

JASANOFF Sheila *et alii* (éd.), *Handbook of Science and Technology Studies*, Londres, Sage Publications, 1995.

KNORR-CETINA Karin, *The Manufacture of Knowledge. An Essay on the Constructivist and Contextual Nature of Science*, Oxford, Pergamon Press, 1981.

LATOUR Bruno, *La Science en action*, La Découverte, 1989.

LATOUR Bruno, WOOLGAR Steve, *La Vie de laboratoire. La production des faits scientifiques* (1979), La Découverte, 1996.

MERTON Robert K., *The Sociology of Science*, Chicago, University Press of Chicago, 1973.

PICKERING Andrew (éd.), *Science as Practice and Culture*, Chicago, University Press of Chicago, 1992.

PINCH Trevor, *Confronting Nature. The Sociology of Neutrino Detection*, Dordrecht, Reidel, 1986.

VINCK Dominique, *Sociologie des sciences*, Armand Colin, 1995.

SCIENCES SOCIALES

all. SOZIALWISSENSCHAFTEN, GEISTESWISSENSCHAFTEN	esp. CIENCIAS SOCIALES
angl. SOCIAL SCIENCES	ital. SCIENZA SOCIALE

voir : ÉPISTÉMOLOGIE, SOCIOLOGIE

Ensemble des sciences ayant pour objet d'étude les pratiques, les expressions et les relations sociales, ainsi que les systèmes sociaux.

La distinction entre *sciences sociales* (démographie, ethnologie, anthropologie, sociologie) et *sciences de l'homme/sciences humaines* (psychologie) est davantage liée aux structures institutionnelles, académiques, qu'à des critères épistémologiques incontestés. En histoire, par exemple, les recherches attentives aux phénomènes sociaux et démographiques peuvent être considérées comme relevant davantage des sciences sociales, alors que la « psycho-histoire » peut être rapprochée des sciences humaines. De même, la psychologie sociale se trouve tantôt considérée comme une science sociale, tantôt confondue, selon des critères administratifs, avec la psychologie. La désignation de « sciences de l'homme » rassemble tous ces savoirs en les opposant aux sciences de la nature.

Ces divergences terminologiques prolongent une discussion qui a été significative au XIXe siècle : alors que COMTE avait conçu la sociologie comme la science unificatrice des différents savoirs sur l'humain, DILTHEY (1909) multipliait les distinctions et citait, parmi la pluralité des sciences du « genre humain » : « *L'histoire, l'économie politique, les sciences juridiques et politiques, la science de la religion, l'étude de la littérature et de la poésie, des arts plastiques et de la musique, des visions philosophiques du monde et des systèmes, enfin la psychologie. Toutes ces sciences se rapportent au même grand fait : le genre humain* » (éd. 1988, p. 31).

Ces distinctions se transforment sous l'effet conjugué des conditions historiques, institutionnelles, et sous l'effet des évolutions épistémologiques propres aux différents domaines du savoir.

Pierre ANSART

bibliographie

DILTHEY Wilhelm, *L'Édification du monde historique dans les sciences de l'esprit* (1909), Éd. du Cerf, 1988.

PIAGET Jean, *Épistémologie des sciences de l'homme*, Gallimard, 1970.

SCIENTISME

du latin *scientia* « connaissance »

all. WISSENSCHAFTSGLÄUBIGKEIT	esp. CIENTIFICISMO
angl. SCIENTISM	ital. SCIENTISMO

voir : MODERNITÉ, OBJECTIVISME, POSITIVISME

Le scientisme postule que la science, entendue comme l'ensemble des connaissances positives, est capable de fournir un principe d'explication du monde ayant une valeur et une portée universelles et de résoudre tous les problèmes humains, y compris ceux de l'organisation de la cité.

Ce néologisme, souvent connoté péjorativement, est apparu en 1911, quand le biologiste LE DANTEC, qui combattait la métaphysique, s'est proclamé « scientiste ». Le *scientisme* est alors défini comme « *la foi dans la toute-puissance des sciences* » (*Mercure de France*, 16 août 1911). RENAN illustre ce courant de pensée dans la préface de *L'Avenir de la science* : « *Organiser scientifiquement l'humanité, tel est le dernier mot de la science moderne, telle est son audacieuse mais légitime prétention* », et plus loin il ajoute : « *L'idéal d'un gouvernement serait un gouvernement scientifique, où des hommes compétents et spéciaux traiteraient les questions gouvernementales comme des questions scientifiques et en chercheraient rationnellement la solution. Jusqu'ici, c'est la naissance, l'intrigue ou le privilège du premier occupant qui ont généralement conféré les grades aux gouvernants ; le premier intrigant qui réussit à s'installer devant une table verte est qualifié homme d'État. Je ne sais si un jour, sous une forme ou sous une autre, il ne se produira pas quelque chose d'analogue à l'institution des lettrés chinois et si le gouvernement ne deviendra pas le partage naturel des hommes compétents, d'une sorte d'académie des sciences morales et politiques* » (p. 350). En dépit de ses prétentions, le scientisme peut être assimilé à une idéologie, c'est-à-dire un ensemble de représentations sociales exprimant les intérêts d'acteurs sociaux, en l'occurrence des scientifiques eux-mêmes.

Toutefois la crise qui affecte toutes les idéologies n'a pas fait disparaître le scientisme. Sous des formes différentes — comme le discours sur les nouvelles technologies —, il continue d'être une croyance forte du monde actuel.

Alain DROUARD

bibliographie

HAYEK Friedrich, *Scientisme et sciences sociales. Essai sur le mauvais usage de la raison*, Plon, 1953.

RENAN Ernest, *L'Avenir de la science. Pensées de 1848*, Calmann-Lévy, 1890.

SECTE ⇒ ÉGLISE, RELIGION

*
* *

SÉCULARISATION

du latin *saeculum* « siècle »

voir : MODERNITÉ, RELIGION

Processus historique de l'affaissement de l'influence des institutions religieuses, inséparable de la privatisation et de l'individualisation du sentiment religieux dans les sociétés modernes.

En français, le mot *sécularisation* vient du droit : il désigne originellement le transfert de biens d'Église à un propriétaire civil et le processus par lequel un religieux retourne à l'état séculier. Le terme est donc associé à l'idée d'une émancipation par rapport à l'autorité religieuse. C'est dans cette acception qu'il a fait son entrée dans le langage religieux, soit pour désigner l'affaiblissement de la tutelle des églises sur la société qui résulte de la différenciation moderne des institutions, soit pour signifier, plus radicalement, la perte du sens religieux dans une société gouvernée par la raison scientifique et technique. De cette ambiguïté découlent les controverses théologiques auxquelles la sécularisation a donné lieu, selon qu'elle était entendue comme la condition d'entrée dans un christianisme « adulte » rendu à l'authenticité de son message ou qu'elle était associée à l'idée d'un évidement religieux inéluctable de la modernité. En passant du terrain théologique au terrain sociologique, la notion de sécularisation n'a rien perdu de sa polysémie. La tradition anglo-saxonne l'a liée — dans une perspective wébérienne — à l'analyse du processus de rationalisation et d'individualisation caractéristique des sociétés modernes. Dans un monde désenchanté par la science et la technique, la plausibilité des grandes constructions religieuses du sens s'effondre. La religion devient affaire de choix privés et pluriels. De son côté, la tradition française inspirée par Durkheim a mis davantage l'accent sur le processus de laïcisation par lequel les diverses institutions sociales conquièrent leur autonomie et se dotent d'idéologies, de valeurs et de règles de fonctionnement propres. Ce processus se traduit par la perte d'emprise des institutions religieuses sur la société et sur leurs propres fidèles, perte qui les conduit à composer avec la modernité en consentant elles-mêmes à un certain degré de sécularisation interne. Mais ces approches classiques renvoient l'une et l'autre à l'idée d'une éviction de la religion par la modernité. Elles ont été bousculées, depuis les années 70, par la découverte des phénomènes contemporains d'innovation et de renouveaux religieux, qui invitent à considérer, au-delà de la notion de sécularisation, les productions religieuses de la modernité elle-même.

Danièle HERVIEU-LÉGER

bibliographie

ACQUAVIVA Sabino, *L'Éclipse du sacré dans la civilisation industrielle*, Mame, 1967.

BELLAH Robert, *Beyond Belief. Essays on Religion in a Post-Traditional World,* New York, Harper and Row, 1970.

BERGER Peter, *La Religion dans la conscience moderne*, Éd. du Centurion, 1971.

DE CERTEAU Michel, Domenach Jean-Marie, *Le Christianisme éclaté*, Éd. du Seuil, 1974.

DOBBELAERE Karel, *Secularization : A Multidimensional Concept*, Londres, Sage, 1981.

GAUCHET Marcel, *Le Désenchantement du monde. Une histoire politique de la religion*, Gallimard, 1985.

HERVIEU-LÉGER Danièle, *Vers un nouveau chrisitianisme. Introduction à la sociologie du christianisme occidental*, Éd. du Cerf, 1986.

ISAMBERT François, « La Sécularisation interne du christianisme », in *Revue française de sociologie*, 17, 1976.

LUCKMANN Thomas, *The Invisible Religion. The Problem of Religion in Modern Society*, New York, MacMillan, 1967.

MARTIN David, *A General Theory of Secularization*, Oxford, B. Blackwell, 1978.

TSCHANNEN Olivier, *Les Théories de la sécularisation*, Droz, 1992.

WILSON Bryan, *Religion in Secular Society. A Sociological Comment*, Baltimore, Penguin Books, 1969.

WILSON Bryan, *Religion in a Sociological Perspective*, New York, New York UP, 1982.

SEGMENTAIRE

voir : CLAN, ETHNIE

Sont dites *segmentaires* les sociétés qui se composent d'unités distinctives *(tribus, clans, sous-clans, lignages, phratries)* conçues par référence à l'ascendance d'ancêtres communs, eux-mêmes apparentés et hiérarchisés selon leurs conditions de naissance. Ainsi ramifiées en segments de divers niveaux, ces sociétés permettent à l'individu (qui peut se repérer sur différents registres, depuis la totalité qui les englobe tous jusqu'à ses ramifications les plus ténues) de se comporter, selon les circonstances, en fonction de son appartenance à tel ou tel segment, pour régler ses relations avec tout autre personnage, ou groupe de personnages identifiés comme relevant d'une unité de même niveau, au sein du même système de segmentarisation.

André Marcel d'ANS

SÉGRÉGATION

du latin *segregare* « séparer du troupeau », puis « mettre à part, isoler, éloigner »

all. TRENNUNG, SEGREGATION	esp. SEGREGACIÓN
angl. SEGREGATION	ital. SEGREGAZIONE

voir : EXCLUSION SOCIALE, GHETTO, RACISME

Pratique de séparation des habitations à partir de critères sociaux tels que la nationalité, la race ou l'ethnie.

Éventuellement visible dans l'espace, à l'échelle d'une nation, comme ce fut le cas en Afrique du Sud avec l'apartheid et ses Bantoustans, ou à l'échelle d'une ville ou d'un quartier, la *ségrégation* peut être sociale, raciale, ou les deux à la fois. Elle procède d'une logique différencialiste, qui consiste à tenir un groupe à distance, au nom d'une différence à préserver et à renforcer, différence réelle ou fantasmée.

Elle peut être *de jure*, lorsque la loi en fixe les termes, indiquant aux groupes concernés les territoires où ils peuvent vivre et les conditions de leurs déplacements. Dans les démocraties, elle résulte de mécanismes plus subtils, où des comportements individuels s'accumulent pour aboutir à une ségrégation *de facto*, dans le logement ou l'éducation, par exemple lorsque des parents d'élèves retirent leurs enfants d'une école publique pour un établissement plus conforme à leurs attentes sociales ou ethniques.

Les sociologues de Chicago furent les premiers à étudier concrètement les phénomènes de ségrégation spatiale et à chercher à en déduire des lois de développement de la ville. Leurs travaux, à commencer par la célèbre étude de WIRTH sur le ghetto, montrent que la ségrégation, ethnique en l'occurrence, peut être au moins en partie voulue par le groupe concerné ; elle a constitué, pour les Juifs notamment, un sas, non une nasse, leur offrant des ressources pour entrer à leur rythme dans la cité.

Le thème de la ségrégation raciale est devenu central dans les sciences sociales à partir des années 30 et 40, lorsqu'il a pu être montré, aux États-Unis, que les Noirs, contrairement aux autres minorités dites ethniques, sont victimes de processus de mise à distance qui leur rendent très difficiles l'intégration et la cohabitation. Elle résulte alors d'un racisme mis en place par les Blancs. À la fin des années 70, le sociologue américain WILSON a parlé de *declining significance of race* (« signification déclinante de la race »), montrant que la ségrégation raciale, pour les Noirs des ghettos des grandes métropoles, s'est renforcée et prolongée par des logiques sociales et économiques d'exclusion qui ont abouti à la formation, au sein de vastes poches de misère, d'une *underclass* noire, un sous-prolétariat qui n'a plus besoin du racisme pour se perpétuer et s'enfermer dans la misère.

Michel WIEVIORKA

bibliographie

DUCHAC René, *La Sociologie des migrations aux États-Unis*, Mouton, 1974.

GRAFMEYER Yves, JOSEPH Isaac, *L'École de Chicago*, Aubier, 1990.

WILSON William J., *The Declining Significance of Race*, Chicago, The University of Chicago Press, 1978.

WIRTH Louis, *Le Ghetto* (1928), PU Grenoble, 1980.

SÉLECTION

du latin *selectio* « choix, triage », dérivé de *seligere* « choisir, mettre à part »

all. AUSWAHL	esp. SELECCIÓN
angl. SELECTION	ital. SELEZIONE

voir : BARRIÈRE, CLASSE SOCIALE, ÉDUCATION, NIVEAU, REPRODUCTION

Processus conduisant aux choix de personnes ou de groupes de personnes, selon des critères explicites ou implicites.

Les processus de *sélection* des individus revêtent des formes diverses dans les différents domaines d'activité et selon les objectifs poursuivis : sélection par concours dans une administration, choix sélectifs dans les embauches selon les niveaux de compétences, choix des personnes à interroger pour une enquête, sélections par la compétition dans les sports, choix des représentants par les élections. En sociologie de l'éducation, la question de la sélection se pose en termes de succès et d'échec des élèves, d'égalité ou d'inégalité des chances ; elle a suscité des recherches et des débats considérables. La thèse selon laquelle la classe sociale serait le facteur déterminant des sélections, positives ou négatives, a été vigoureusement développée et argumentée dans les travaux de BOURDIEU et de ses collaborateurs (Bourdieu et PASSERON, 1970). À l'encontre de cette thèse, des recherches comparatives menées sur les systèmes éducatifs de plusieurs pays tendent à conclure que les facteurs essentiels ne seraient pas l'origine sociale, mais les caractéristiques propres aux institutions scolaires, leurs méthodes et leurs programmes (CHERKAOUI, 1979). Les processus de sélection ne sont pas absents, mais obéiraient à des logiques sociales différentes.

Pierre ANSART

bibliographie

BOUDON Raymond, *L'Inégalité des chances. La Mobilité sociale dans les sociétés industrielles*, Armand Colin, 1973.

BOURDIEU Pierre, PASSERON Jean-Claude, *La Reproduction*, Éd. de Minuit, 1970.

CHERKAOUI Mohamed, *Les Paradoxes de la réussite scolaire*, PUF, 1979.

DUBET François, *À l'école. Sociologie de l'expérience scolaire*, Seuil, 1996.

LAHIRE Bernard, *Culture écrite et inégalités sociales. Sociologie de l'échec scolaire*, PU Lyon, 1993.

SÉMIOLOGIE

du grec *semeion* « signe » et *logos* « discours, raison »

all. SEMIOLOGIE	esp. SEMIOLOGÍA
angl. SEMIOLOGY	ital. SEMIOLOGIÀ

voir : SOCIOLINGUISTIQUE, STRUCTURALISME, SYMBOLIQUE

La sémiologie est la science des signes. Le terme a été d'abord utilisé en médecine, où il signifie l'interprétation des signes cliniques de la maladie. Repris par l'école des formalistes russes, puis par Ferdinand de Saussure, elle entre dans le domaine de la linguistique mais aussi dans celui des sciences sociales en tant que les faits sociaux sont des signes.

SÉMIOLOGIE ET LINGUISTIQUE. La *sémiologie* est-elle une science différente de la linguistique ou renvoie-t-elle, en fin de compte, à celle-ci ? Le point de départ de Saussure était de constituer ainsi la linguistique comme partie d'une *sémiologie* qui serait la science générale des signes, traitant de tous les systèmes signifiants, verbaux ou non verbaux. La sémiologie, science des signes, aura donc partie liée avec les sciences sociales en général. SAUSSURE écrit : *« On peut concevoir une science qui étudie la vie des signes au sein de la vie sociale ; elle formerait une partie de la psychologie sociale, et par conséquent de la psychologie générale ; nous la nommerons sémiologie. Elle nous apprendrait en quoi consistent les signes, quelles lois les régissent* [...]. *La linguistique n'est qu'une partie de cette science générale* [...]. *La tâche du linguiste est de définir ce qui fait de la langue un système spécial dans l'ensemble des faits sémiologiques* [...]. *Si l'on veut découvrir la véritable nature de la langue, il faut la prendre d'abord dans ce qu'elle a de commun avec tous les autres systèmes du même ordre* [...]. *Par là, non seulement on éclairera le problème linguistique, mais nous pensons qu'en considérant les rites, les coutumes, etc. comme des signes, ces faits apparaîtront sous un autre jour, et on sentira le besoin de les grouper dans la sémiologie et de les expliquer par les lois de cette science. »*

VIE DES SIGNES ET VIE SOCIALE. BARTHES, qui voit dans la *sémiologie*, comme Saussure l'avait postulé dans son *Cours de linguistique générale* (introduction), une *« science qui étudie la vie des signes au sein de la vie sociale »* inversera cependant l'hypothèse de ce dernier. Au lieu de projeter de fondre la linguistique dans une science générale des signes, il suppose le contraire. La signification passant toujours par le langage, la sémiologie ne sera, pour lui, qu'une spécification et non une extension de la linguistique : *« La sémiologie n'a eu jusqu'ici à traiter que de codes d'intérêt dérisoire, tel le code routier ; dès que l'on passe à des ensembles doués d'une véritable profondeur sociale, on rencontre de nouveau le langage »* (1964). Il suffira donc d'emprunter à la linguistique sa rigueur de méthode et ses concepts les plus opératoires (principalement ces couples fondamentaux que sont : langue/parole, signifiant/signifié, syntagme/paradigme, dénotation/connotation), de prendre pour modèle le système langagier avec ses principes spécifiques d'articulation et de combinaison, pour pouvoir dès lors constituer et analyser en système tout champ social important et traiter en sémiotiques particulières les discours littéraire, cinématographique, musical, voire alimentaire ou vestimentaire (les travaux de Julia KRISTEVA pour la littérature ou de Christian METZ pour le cinéma en sont en grande partie issus). Il en résulte, en sociologie des faits culturels, au-delà d'apports indéniables, un dogmatisme d'école, qui substitue à l'interrogation sur le *sens* une mécanique de plus en plus abstraite. Notons qu'avant cette mode de soumission des sciences humaines à un dogme linguistique il y a eu les travaux de LÉVI-STRAUSS sur les structures de la parenté et sur les mythes et leurs transformations. À noter, ironie des choses, que Barthes, pour son plus grand bonheur d'écrivain, a développé une œuvre de « lecteur » des grands écrivains (MICHELET, SADE, FOURIER...) qui ne sacrifie pas à son dogme sémiologique.

André AKOUN

bibliographie

BENVENISTE Émile, *Problèmes de linguistique générale*, Gallimard, 1966.

JAKOBSON Roman, *Essais de linguistique générale*, Éd. de Minuit, 1963.

LÉVI-STRAUSS Claude, *Mythologiques*, Plon, 1964-1971.

SENTIMENT

du latin *sentire* « percevoir par les sens ou par l'intelligence »

all. GEFÜHL	esp. SENTIMIENTO
angl. FEELING	ital. SENTIMENTO

voir : AFFECT ET AFFECTIVITÉ, ÉMOTION, PASSION

Réactions affectives de longue durée, positives ou négatives, intervenant dans la socialisation, les motivations et la construction des actions collectives.

Après TOCQUEVILLE et MARX, qui soulignaient le caractère social et l'importance des *sentiments* dans les comportements quotidiens et les conflits, DURKHEIM compte, parmi les tâches de la sociologie, celle d'étudier la nature et la relativité des sentiments (1895). Il montre comment les religions entretiennent des sentiments collectifs et les renforcent par les fêtes et les rituels (1912). Dans une perspective socio-historique, ELIAS s'est proposé de décrire l'évolution de l'économie affective dans le processus de civilisation des sociétés occidentales (Elias, 1939).

SENTIMENTS, SOCIALISATION ET ORGANISATION. Les travaux contemporains font apparaître le rôle des sentiments dans la socialisation, dans la formation des motivations et des stratégies, comme dans la construction des pratiques collectives. La socialisation des enfants se réalise en partie à travers la formation de l'affectivité. Dans le cadre familial et scolaire, l'enfant est marqué par les réactions affectives des proches, selon les modèles socioculturels du milieu (DENZIN, 1984 ; MONTANDON, 1996). Les relations affectives ne sont pas absentes du fonctionnement des organisations ; en comparant plusieurs entreprises fortement bureaucratisées, CROZIER montre comment ces structures renforcent les solidarités au sein des différentes catégories de personnel et favorisent la méfiance ou l'hostilité à l'égard des dirigeants. Réciproquement, le maintien de ces attitudes affectives participe au blocage des structures (1963).

SENTIMENTS, CONFLITS, CHARISME. Au niveau politique, les oppositions et les convergences affectives favorisent les conflits et les tolérances, les animosités à l'égard des rivaux et la sensibilisation au charisme des leaders (BRAUD, 1996). Les sentiments des citoyens font l'objet d'actions permanentes de la part des partis pour les influencer, pour favoriser les identifications et écarter les méfiances.

Pierre ANSART

bibliographie

ANSART Pierre, *La Gestion des passions politiques*, Lausanne, L'Âge d'Homme, 1983.

BRAUD Philippe, *L'Émotion en politique*, Presses de la FNSP, 1996.

CROZIER Michel, *Le Phénomène bureaucratique*, Seuil, 1963.

ELIAS Norbert, *La Civilisation des mœurs* (1939), Calmann-Lévy, 1975.

SERVICE ⇒ TERTIARISATION

SEX-RATIO ⇒ GENRE

SEXUALITÉ

dérivé du latin *sexus* « partage d'une espèce en mâles et femelles »

voir : AFFECT, ÉROS, FAMILLE, PSYCHANALYSE, SOCIABILITÉ

Au sens courant, la sexualité désigne l'ensemble des comportements en vue du plaisir érotique. La sociologie, partant du constat de la diversité des comportements sexuels, étudie la relation entre les normes et les pratiques de la sexualité et de la culture, et d'abord cette organisation originelle qu'est la parenté, avec ses interdits et ses règles d'alliance.

LA PROHIBITION DE L'INCESTE. Lorsque LÉVI-STRAUSS, dès l'ouverture de son ouvrage *Les Structures élémentaires de la parenté*, interroge l'universalité paradoxale de la prohibition de l'inceste (paradoxale puisque universelle dans l'espèce humaine, comme une loi naturelle, et dans le même temps, particulière, historique, de formes différentes selon les sociétés), il souligne l'importance de la sexualité qui est comme le lieu originel où la nature se fait culture et institution.

ANTHROPOLOGIE. L'anthropologie s'est efforcée de décrire les formes sociales de la sexualité et la façon dont elle définit et régule les deux axes : celui de la masculinité/féminité et celui de la différence parents/enfants (notons, dans ce registre, les travaux de chercheurs comme MEAD, BENEDICT, KARDINER, BATESON, MALINOWSKI).

SOCIOLOGIE. La sociologie, quant à elle, s'est tournée vers l'analyse des évolutions de la famille occidentale et vers l'étude des usages du corps (SINGLY, BOLTANSKI). Elle montre comment, dans le système parental, le mariage était hier un lien impliquant la lignée, la maison et ses traditions, et qu'il est aujourd'hui un lien conjugal interpersonnel entre deux époux. Cette individualisation a pour corollaire un changement de la définition et de la complémentarité homme/femme. L'affectif et le sensuel y deviennent des valeurs centrales, avec les difficultés nouvelles que cela entraîne.

LA PSYCHANALYSE DE FREUD À MALINOWSKI. Il est difficile de ne pas souligner le rôle de la psychanalyse dans cette importance donnée par les sociologues et les anthropologues à la sexualité. C'est en effet FREUD qui arrache la sexualité à sa réduction au physiologique ou au psychologique pour y voir une dimension constitutive du sujet, à partir de la relation triangulaire du complexe d'Œdipe. On sait, à ce propos, les controverses soulevées par Malinowski à propos de cette universalité (qu'il contestait) de l'Œdipe. Le refus de Malinowski a sa source dans une compréhension restrictive du complexe d'Œdipe, qu'il réduit à la topologie du père et de la mère. On peut le concevoir autrement : comme la constellation parentale (quelle qu'elle soit) qui préside à l'entrée de l'enfant dans l'ordre humain, comme jeu de positions où le désir court comme un furet, toujours ailleurs que là où il est, désir dont les méandres organisent une histoire et un destin. Dès lors Œdipe est coextensif à la culture, car il n'est pas de champ social qui ne pourvoie la place du *porteur de la loi*, même si le *père* ainsi assigné n'est pas le père géniteur.

Notons que si le « psychanalysme », dans ses excès, rend myope (comme du reste toute réduction), la psychanalyse, elle, ne saurait être totalement récusée par l'anthropologie sans que celle-ci perde une dimension essentielle de toute culture, le caractère fondateur de la sexualité.

André AKOUN

bibliographie

LÉVI-STRAUSS Claude, *Les Structures élémentaires de la parenté* (1948), PUF, 1967.

MALINOWSKI Bronislaw, *La Sexualité et sa répression dans les sociétés primitives* (1927), Payot, 1990.

MEAD Margaret, *L'Un et l'autre sexe* (1948), Gallimard, 1988.

SINGLY François de (sous la dir. de), *La Famille. L'état des savoirs*, La Découverte, 1988.

* * *

SIMULATION

du latin *simulatio* « feinte », et spécialement « folie simulée »

all. HEUCHELEI, SIMULIEREN	esp. SIMULACIÓN
angl. SIMULATION	ital. SIMULAZIONE

voir : COMMUNICATION DE MASSE, OCCULTATION

Action de déguiser un acte sous l'apparence d'un autre ou de faire paraître réel ce qui ne l'est pas.

Les sociétés ont toujours utilisé le simulacre comme un moyen de se mettre en scène. La *simulation*, créant des effets de miroir sur le comportement des groupes et des individus, est d'abord un jeu avec les codes culturels. Dans les sociétés « primitives », la parodie servait à caricaturer le pouvoir et à préserver ainsi sa possibilité de transmission. On est donc habitué à penser la simulation comme un détournement de ce qui est, comme l'expression d'un jeu social entre le paraître et l'être. Mais avec le développement des technologies de la communication, la simulation lance-t-elle un défi à nos représentations de la réalité ? Pour le sociologue, le statut d'une « réalité objective » devient d'autant plus problématique que la tendance dominante des sociétés modernes consiste à reproduire des simulacres et à prendre la simulation pour elle-même, comme une réalité à part entière. Le fonctionnement des médias — particulièrement au cours des guerres les plus récentes — révèle combien la simulation est essentielle aux modalités contemporaines de la communication. Si tout est simulacre (BAUDRILLARD), les catégories usuelles qui nous permettent de distinguer le vrai du faux deviennent caduques. On sait que les médias peuvent créer l'événement de toutes pièces et le faire passer pour vrai. La reconnaissance du pouvoir croissant des simulacres contraint le sociologue à adopter une position nouvelle : au lieu de traiter les médias comme un champ déterminé, il doit considérer que tout phénomène de société est d'emblée « médiatisé ». Si on peut émettre de sérieuses réserves à l'égard d'une théorie de la « simulation généralisée », il est indéniable que l'essor des images de synthèse introduit une nouvelle conception de la « réalité virtuelle » comme produit d'une simulation technologique.

Henri-Pierre JEUDY

bibliographie

BAUDRILLARD Jean, *Simulacres et simulation*, Galilée, 1981.
Traverses, n° 10, *Le Simulacre*, Éd. de Minuit, 1978.

SITUATION SOCIALE

du latin médiéval *situatio* « fait d'être placé dans un lieu »

all. LAGE, ZUSTAND	esp. SITUACIÓN
angl. SITUATION	ital. SITUAZIONE

voir : HABITUS, INTERACTION, ORDRE, POSITION, RANG, VIE QUOTIDIENNE

« Environnement fait de possibilités mutuelles de contrôle, au sein duquel un individu se trouvera partout accessible aux perceptions directes de tous ceux qui sont " présents " et qui lui sont accessibles de la même manière » (Goffman).

Dans le cadre d'une *situation* se déroulent une ou plusieurs interactions, lesquelles présentent à la fois un enjeu *instrumental* (satisfaire des intérêts ponctuels) et un enjeu *moral* (ne pas perdre la face), valables pour tous les intervenants. La tâche incombant à tout acteur social qui aborde une situation consiste à la *définir*, à partir des trois paramètres de lieu, de temps et de scénario, dont les modalités figurent (ou non) dans des répertoires constitués lors de ses socialisations successives. Une situation sera vécue de manière correspondant aux attentes des coactants si ceux-ci en partagent une définition commune. Il n'est pas nécessaire, toutefois, que cette définition se rapporte à un ordre canonique défini par des ensembles sociaux plus vastes. Comme le précise THOMAS (1863-1947) dans son célèbre « théorème » : *« Si des hommes définissent une situation comme réelle, elle est réelle dans ses conséquences. »* Le défaut de définition commune d'une situation dans le chef de ses acteurs engendre le quiproquo, l'une des figures majeures de la *vis comica* traditionnelle. Le concept de situation occupe une place importante dans les théories de l'*interactionnisme symbolique* (BLUMER, GOFFMAN, STRAUSS).

Claude JAVEAU

bibliographie

GOFFMAN Erving, *Behavior in Public Places : Notes on the Social Organization of Gatherings*, Glencoe, The Free Press, 1963.
JAVEAU Claude, *Leçons de sociologie*, « U », A. Colin, 1997.
WINKIN Yves, *Erving Goffman. Les Moments et leurs hommes*, Seuil/Éd. de Minuit, 1988.

SITUATIONNISTES

1 LE MOUVEMENT. Revue qui a marqué profondément les années 1960, l'*Internationale situationniste* a eu douze numéros entre 1958 et 1969 (repris en volume, *Champ libre*, 1975) et a influé, par ses critiques idéologiques, sociales et politiques, sur le mouvement de mai 1968. Le principal animateur du groupe situationniste fut Guy DEBORD (1931-1994), qui découvrit dans les années 1950 la pensée du philosophe marxiste Henri LEFEBVRE, alors en rupture avec le Parti communiste français. Il puisa notamment dans *La Critique de la vie quotidienne* (1947) et dans *La Somme et le reste* (1958) les fondements d'une critique non seulement théorique, mais aussi pratique de la société moderne (cf. R. Hess, *Henri Lefebvre et l'aventure du siècle*, 1988). En 1965, Debord rompt avec Lefebvre, qu'il juge trop abstrait, en prétextant que *La Proclamation de la Commune* (1965) est un plagiat d'un tract situationniste. Pour les situationnistes, il convient d'être davantage dans la pratique que dans la philosophie. L'Internationale situationniste a rassemblé soixante-dix membres entre 1958 et 1969, année de son autodissolution. Elle est alors composée de sections nationales qui ont déployé leurs activités en France, aux Pays-Bas, en Grande-Bretagne, en Allemagne, en Suède, en Belgique, au Danemark, en Amérique, en Algérie, en Tunisie, en Italie. Un autre membre influent du mouvement est Raoul VANEIGEM, auteur du célèbre *Traité de savoir-vivre à l'usage des jeunes générations* (1967). Un groupe d'étudiants situationnistes se développe à Strasbourg (où enseigne Lefebvre) entre 1964 et 1966. Il fait la critique de la « misère en milieu étudiant » et considère que l'étudiant moyen n'aspire qu'à une chose : être le valet du grand capital en tentant le plus rapidement possible d'obtenir une place dans une société de classe (*De la misère en milieu étudiant... et de quelques moyens pour y remédier*, 1966). Plus généralement, la revue l'*Internationale situationniste* s'attaque à la pensée de gauche de l'époque, notamment à *Arguments*, publication animée par Edgar MORIN, Kostas AXELOS, Jean DUVIGNAUD, Pierre FOUGEYROLLAS, Georges LAPASSADE, et à *Socialisme ou barbarie*, revue dirigée par Cornélius CASTORIADIS et Claude LEFORT. Elle porte ses critiques sur l'art, l'urbanisme, la sociologie. Radicale et polémique, elle n'hésite pas à pratiquer l'insulte, élevée au rang de nouveau genre culturel.

En 1967, Debord publie *La Société du spectacle*, ouvrage qui reprend toutes les critiques élaborées dans l'*Internationale situationniste* et qui, écrit sous forme d'aphorismes, montre que notre société *« préfère l'image à la chose, la copie à l'original, la représentation à la réalité, l'apparence à l'être* [...] » (citation de FEUERBACH, placée en exergue du premier chapitre). La marchandise n'est plus une réalité, mais avant tout un spectacle. Poussant jusqu'à leur terme les conséquences de cette affirmation, Debord conclut que le prolétariat, s'il est un sujet, est aussi une « repré-sentation ». Ce livre, fondamental pour comprendre les contradictions de la « société de consommation », où l'acte de consommation symbolique l'emporte sur l'acte productif, a eu des prolongements dans le champ de la critique esthétique, culturelle, sociologique. Il a marqué, par exemple, l'œuvre de BAUDRILLARD (cf. *La Société de consommation*, 1974). L'Internationale situationniste a aussi exercé son influence sur les praticiens de l'aménagement du territoire, de la publicité, etc. René LOURAU, dans *L'Autodissolution des avant-gardes* (1980), et, plus généralement, dans sa conception de l'analyse institutionnelle, lui reprend cette affirmation selon laquelle la perspective révolutionnaire doit mêler la critique théorique et la critique pratique de la société.

À une époque où les médias dominent le monde et où, par conséquent, la question du pouvoir politique se pose de manière nouvelle, l'Internationale situationniste critique et analyse les formes qu'ont prises à partir des années 1960 les rapports sociaux : *La Société du spectacle* peut avoir, pour penser ces derniers, une fonction analogue à celle qu'eut *Le Prince* de MACHIAVEL à son époque. En même temps que l'on critique, on décrit les nouvelles formes de ces rapports. Debord expliquait en 1979, dans la Préface à la quatrième édition italienne de son livre (1979), le sens qu'avait cet ouvrage : *« En 1967, je voulais que l'Internationale situationniste ait un livre de théorie. L'I.S. était à ce moment le groupe extrémiste qui avait le plus fait pour ramener la contestation révolutionnaire dans la société moderne ; et il était facile de voir que ce groupe, ayant déjà imposé sa victoire sur le terrain de la critique théorique, et l'ayant habilement poursuivie sur celui de l'agitation pratique, approchait alors du point culminant de son action historique. Il s'agissait donc qu'un tel livre fût présent dans les troubles qui viendraient bientôt et qui le transmettraient après eux à la vaste suite subversive qu'ils ne pourraient manquer d'ouvrir. »*

Outre les ouvrages cités, on peut mentionner, comme relevant du situationnisme ou comme en traitant, les ouvrages suivants : VIÉNET, *Enragés et situationnistes dans le mouvement des occupations* (1968) ; *La Véritable Scission dans l'Internationale*, circulaire publique de l'Internationale situationniste (1972) ; RASTAUD et VOYER, *L'Internationale situationniste* (1972) ; SEMPRÚN, *Précis de récupération, illustré de nombreux exemples tirés de l'histoire récente* (1976) ; Vaneigem, *Le Livre des plaisirs* (1979).

2 GUY-ERNEST DEBORD (1931-1994). Peut-on parler du situationnisme et, singulièrement, de Debord ? Le premier s'est paradoxalement ingénié à rassembler des révolutionnaires qui refusaient de devenir un parti politique ou un mouvement artistique d'avant-garde ; le second a construit sa vie en n'en livrant que le mythe fragmentaire, du lieu même qui était le sien, c'est-à-dire la clandestinité intellectuelle et la mystification. De là une double gêne : il y a de l'imposture à résumer la vie de qui s'est acharné à dénoncer l'aliénation de la vie par sa mise en spectacle ; de l'imposture aussi à rédiger le formulaire hâtif d'une pensée hégélienne dans son principe, qui s'impose dialectiquement de porter en elle sa propre critique et qui méprise l'argumentation ou l'art dès lors qu'ils ne se *réalisent* pas dans la praxis et l'accomplissement révolutionnaire de la vie quotidienne. Debord propose précisément la critique radicale de cette vie quotidienne, que le capitalisme moderne a organisée en « spectaculaire diffus » et le bloc des pays de l'Est en « spectaculaire concentré ». Ce système totalitaire d'illusions sera réanalysé plus tard sous le concept de « spectaculaire intégré » (*Commentaires sur la société du spectacle*, 1988), quand le discours médiatique aura définitivement assis le pouvoir des propriétaires du monde. Il n'y a pas de distinction à opérer entre de bonnes et de mauvaises représentations : le faux est la règle commune dès lors qu'on a affaire à l'activité séparée, à la pensée spécialisée, auxquelles s'oppose la construction globalisante de la révolution. C'est elle qui peut détruire l'aliénation des individus, expulsés de leur propre vie par le spectacle qui s'offre à eux comme seul substitut possible. Quant aux intellectuels, ils s'emploient à diffuser une idéologie de la survie dans la consommation du vide, interdisant de la sorte l'*usage* de la vie librement réinventée.

La biographie connue de Debord se réduit à peu de chose : *Panégyrique* (1989) ruine le projet autobiographique au moment même où il l'annonce. Le mystère est entretenu sur les activités, les lieux, les amours de cet esprit subversif qui se fixe comme géographie mentale le réseau des cafés du monde où il a beaucoup bu. Le même brouillage des pistes se lit dans les *Considérations sur l'assassinat de Gérard Lebovici* (1985), ou encore *Cette mauvaise réputation* (1993). Que sait-on néanmoins ? Que Guy Debord est né en 1931 dans une famille bourgeoise et qu'il fit ses études à Pau et à Cannes, avant de venir à Paris. Il participa au mouvement lettriste d'Isidore ISOU et tourna son premier film, *Hurlements en faveur de Sade*, en 1952. En 1957, il fonda, avec d'autres, l'Internationale situationniste (I.S.). Il fut le directeur de la revue qui portait le même nom, et dont les collaborateurs les plus importants furent Raoul Vaneigem, Mustapha KHAYATI et René Viénet, jusqu'en 1969, où la publication cessa. En 1967 parut aux éditions Buchet-Chastel *La Société du spectacle*, qui fixe l'apport personnel de Debord au situationnisme. C'est le monde existant dans sa totalité qui est critiqué, à travers la dénonciation du fétichisme de la marchandise et du spectacle dans la société moderne. Autant dire qu'il fut, avec le *Traité de savoir-vivre à l'usage des jeunes générations*, de Raoul Vaneigem, paru la même année, un inspirateur, souvent ignoré comme tel, du mouvement de mai 1968. Des films comme *Critique de la séparation* (1961) et *In girum imus nocte et consumimur igni* (1978), atypiques et anticinématographiques, poursuivirent l'entreprise d'analyse démystificatrice, tout en se démarquant d'un faux révolutionnaire comme Godard et en proposant un cinéma sans spectacle (*Œuvres cinématographiques complètes*, 1978). Enfin, son nom fut évoqué au moment de l'assassinat de son ami et éditeur Gérard Lebovici, en 1984. Guy Debord s'est suicidé en 1994.

Rebelle radical, analyste suraigu, Debord est d'abord l'homme d'un *style*, rigoureux, impeccable, emprunté à des modèles comme le cardinal de RETZ, qui fait de sa pensée un gai savoir et lui donne une gravité enjouée, à l'opposé de la langue débraillée et pesante qui est souvent l'apanage de la littérature contestataire. Tout au long de ses analyses, qui excluent le doute, l'indignation bien-pensante ou la prise de conscience de l'humanisme engagé, ce « professionnel » sème les pavés qui enragent et découragent les critiques et les journalistes façonnés par trente ans de sartrisme. La passion contenue de cette écriture, l'humour, dont LAUTRÉAMONT pourrait être le modèle, l'usage systématique du chiasme qui, de figure de rhétorique, se métamorphose en schème du penser révolutionnaire classent Debord parmi les classiques paradoxaux de notre temps. Le goût de la violence polémique, chez ce grand lecteur des théoriciens de la guerre ou de la politique — car il a autant réfléchi sur Machiavel, GRACIÁN, CLAUSEWITZ ou SUN TSE que sur le jeune MARX, les anarchistes du XIXe siècle ou Dada —, il en donne la pleine mesure dans la distance hautaine avec laquelle il considère tant ses détracteurs que ses admirateurs, lorsqu'ils restent les agents, même critiques, de l'organisation du spectacle. L'histoire a tragiquement illustré des thèses formulées voici plus de trente ans, mais l'éthique de ce conspirateur cynique de la révolution totale reste un modèle admirable. L'appel à une vie qui serait une poésie sans poèmes, la conscience du temps dans l'angoisse de l'histoire qui échappe aux hommes se changent, comme chez CHATEAUBRIAND qu'il évoque à plus d'un titre, en *« une sombre mélancolie, qu'ont exprimée tant de mots railleurs et tristes, dans le café de la jeunesse perdue » (Panégyrique)*.

André AKOUN

bibliographie

DEBORD Guy, *La Société du spectacle* (1967), Gallimard, 1996.

HESS Rémi, *Henri Lefebvre et l'aventure du siècle*, Métailié, 1988.

LOURAU René, *De l'autodissolution des avant-gardes*, L'Espace critique, 1980.

*

* *

SOCIABILITÉ

du latin *socius* « allié, associé »

all. GESELLIGKEIT	esp. SOCIABILIDAD
angl. SOCIABILITY	ital. SOCIEVOLEZZA

voir : ASSOCIATION, ANALYSE CONVERSATIONNELLE ET CONVERSATION, PHÉNOMÉNOLOGIE, VIE QUOTIDIENNE

Existence, au sein d'un groupe, d'échanges symboliques nombreux ; aptitude, pour ses membres, d'entretenir un commerce agréable.

Cherchant à circonscrire l'étendue des lieux de *sociabilité*, WEBER regroupe dans cette catégorie toutes les structures communément appelées sociales, c'est-à-dire tout ce qui se trouve entre les pouvoirs organisés et reconnus, l'État, la commune, l'Église, d'une part, et la communauté familiale d'autre part (1922). Il conviendrait donc d'entendre par cette notion toutes les associations volontaires et tous les groupements hors des structures de l'État, des Églises, et des groupes familiaux. La notion de *sociabilité* serait donc peu précise et susceptible de nombreuses formes et interprétations. Elle est cependant féconde en ce qu'elle invite à étudier les interactions sociales dans leur spécificité, telles qu'elles sont expérimentées et menées par les acteurs. En cela, la notion a une portée universelle et incite à examiner un aspect essentiel des mœurs dans leurs structures et leur actualisation.

- L'étude des structures des sociabilités conduit à désigner les lieux et pratiques communes qui les organisent. Ce sont, par exemple, les lieux de travail (l'atelier, l'institution), les organisations professionnelles, syndicales, les lieux de loisirs (le café, le salon, le théâtre, les clubs sportifs). Dans la sphère politique, les délimitations sont incertaines : les clubs politiques sont aussi créateurs de formes particulières de sociabilité.
- L'étude des formes conduit à examiner les inclusions et exclusions, formelles et informelles. Certaines sociétés sont ouvertes à tous (la manifestation), d'autres sélectives et rigoureusement exclusives (la secte, le ghetto). Un ensemble de pratiques particulières peuvent ponctuer la vie de l'association et mettre en évidence l'intensité des liens de sociabilité : des fêtes, des rites diversement élaborés et formalisés.
- Le terme *sociabilité* ne peut être dissocié de l'adjectif « sociable ». On suggère que les personnes participant à ces sociabilités ont aussi le goût et l'art de les entretenir : le membre « sociable » est celui qui, non seulement fait partie du groupe de sociabilité, mais l'apprécie et participe à son déroulement. Les travaux sur la conversation et les interactions symboliques (GOFFMAN) s'inscrivent dans cette élucidation et examinent comment les associés exercent l'art de la sociabilité. L'observation microsociologique met en relief les signes échangés d'appartenance et de différenciation, les rôles joués dans la rencontre, dans l'entretien des échanges. Il s'opère, dans ces relations, une esthétisation des rapports qui dénie les distinctions, et fait des échanges des lieux de satisfaction dans l'intersubjectivité.

Pierre ANSART

bibliographie

AGULHON Maurice (sous la dir. de), *Les Associations au village*, Actes Sud, 1981.

CHOMBART DE LAUWE Paul-Henry, *L'Espace social dans une grande ville*, PUF, 1952.

GEMELLI Giuliana, *Forme di sociabilità : nella storiografia francese contemporanea*, Milan, Feltrinelli, 1982.

GOFFMAN Erving, *La Mise en scène de la vie quotidienne*, t. 2, *Les Relations en public*, Éd. de Minuit, 1994.

LEMÉNOREL Alain, *Sociabilité et culture ouvrières*, PU Rouen, 1998.

THÉLAMON Françoise (sous la dir. de), *Sociabilité, pouvoirs et société*, PU Rouen, 1987.

SOCIALISATION

du latin *socialis* « fait pour la société, sociable », dérivé de *socius* « compagnon »

voir : ADOLESCENCE, ANOMIE, DÉVIANCE, INTÉGRATION, PERSONNALITÉ DE BASE

Processus par lequel les individus intériorisent codes, normes et valeurs d'une société. La socialisation consiste donc d'abord à comprendre comment, selon le mot de Margaret MEAD, *un enfant manu devient un manu et un enfant arapesh un Arapesh. Mais c'est aussi comprendre comment un adulte venu d'une société donnée peut s'intégrer à une société différente et faire siennes les valeurs de cette dernière. L'intégration est une forme de la socialisation.*

La conformité aux normes semble relever, dans une approche simpliste de l'existence, de la contrainte externe d'une sanction en cas de transgression. Mais réduire la conformité sociale à ce seul facteur confine au simplisme. L'accent doit être mis d'abord sur l'intériorisation des normes. Une telle intériorisation n'implique évidemment pas le respect de la norme, car la transgression, la déviance impliquent aussi la norme et son intériorisation comme structurantes pour le sujet.

S'interroger sur les mécanismes de la *socialisation*, c'est donc d'abord comprendre comment un homme est à la fois différent de tous et, dans le même temps, semblable aux autres hommes de sa culture. L'apport de la psychanalyse aura été d'attirer l'attention sur les premiers moments de la vie de l'individu, cette histoire d'avant l'histoire qui se développe dans le milieu familial ; dans le commerce permanent qu'il entretient avec les objets et avec les autruis qui l'entourent, l'enfant intériorise les codes symboliques qui le constituent comme sujet, et comme sujet social, c'est-à-dire sujet du langage.

L'écueil est de tomber dans un déterminisme moral qui fait du sujet l'effet de l'environnement social, son simple produit. C'est bien dans la famille et sous sa législation que l'individu intériorise les structures d'autorité. Mais il serait faux de ne voir en elle que le cadre au sein duquel s'opérerait la médiation passive et transparente entre l'ordre social et l'individu. La famille possède en propre son autonomie, sa consistance, sa temporalité. Dans l'espace qui est le sien, elle unit diverses déterminations mais celles-ci sont incarnées dans une mise en scène dont les personnages sont d'abord le père, la mère, les personnages de leur propre inconscient et de leurs mythologies personnelles, etc.

On peut, avec l'anthropologie culturelle (KARDINER, Linton), voir dans la famille le lieu d'un apprentissage qui permet à l'enfant d'acquérir le système d'attitudes et de comportements nécessaires à son intégration sociale. L'action de la famille se donne alors tout entière dans ce que l'observation ethnologique peut enregistrer objectivement. C'est ainsi que LINTON, analysant le système marquisien, souligne que les mécanismes de la filiation font du premier-né, quel que soit son sexe, le chef de famille, et il conclut que, dans une société où l'enfant peut, dès sa naissance, prendre le pas sur le père, celui-ci ne saurait occuper la position d'un rival menaçant. Il rejoint ainsi les conclusions de MALINOWSKI sur les populations des îles Trobriand. Contre un empirisme qui contestait le principe de l'universalité de l'Œdipe, RÓHEIM objectait, dans *Psychanalyse et anthropologie* (1950) : « *Si l'on croit que le complexe d'Œdipe vient de l'autorité exercée par le père, alors on peut dire que, dans une société de ce genre, il ne saurait y avoir de complexe d'Œdipe. Nous pensons, quant à nous, que les sentiments de culpabilité résultant du complexe d'Œdipe (autrement dit du surmoi) sont si forts que le père quitte le champ de bataille avant même que la bataille se soit engagée et qu'il se punit de son désir de tuer son fils en se rabaissant de cette manière.* »

Contre une approche qui, même lorsqu'elle prend apparemment en compte la psychanalyse, se réduit à un behaviorisme où la libido s'identifie au besoin sexuel, LEFORT (dans son introduction au livre de Kardiner, *L'Individu et sa société*, 1939) rappelle que la psychanalyse définit autrement la relation du désir aux interdits. Ce n'est pas une angoisse consécutive aux interdits qui empêche le désir de se réaliser, mais l'angoisse devant l'effondrement possible des interdits, une angoisse que le sujet éprouve devant sa propre abolition comme sujet qui parle, l'angoisse que le manque ne manque.

On doit cependant rester redevable à Kardiner de la notion de « personnalité de base » qui indique le lieu où s'échangent individu et société et où se constituent l'un par l'autre deux ordres de phénomènes symboliques.

À cette première enfance succède une autre histoire, portée par d'autres institutions, qui jouent un rôle essentiel dans la formation sociale ou dans les processus d'intégration d'un enfant d'immigré. Peut-on parler, à ce sujet, d'un affaiblissement des liens sociaux en France et, de ce fait, d'une crise identitaire ? Les grandes institutions intégratrices qu'étaient l'armée et l'école ne remplissent plus leur ancien rôle. L'armée n'est plus le lieu d'encadrement et de brassage qu'elle fut et l'école n'est plus cette Église/armée des « hussards de la République » ; la « transcendance républicaine » s'efface.

Cet affaissement des liens sociaux engendre un mouvement : vers l'intime comme refuge et comme foyer de formation. C'est un repli sur la famille. TOCQUEVILLE disait déjà : « *La démocratie détend les liens sociaux, mais elle resserre les liens naturels. Elle rapproche les parents dans le même temps qu'elle sépare les citoyens.* » Mais la famille contemporaine peut-elle être ce lieu de préparation et d'intégration sociale alors même qu'elle « s'intimise » ?

André AKOUN

bibliographie

DUFRENNE Mikael, *La Personnalité de base*, PUF, 1953.

KARDINER Abraham, *L'Individu et sa société* (1939), Gallimard, 1969.

LINTON Ralph, *Le Fondement culturel de la personnalité* (1945), Dunod, 1968.

MEAD Margaret, *Mœurs et sexualité en Océanie* (1935), Plon, 1969.

RÓHEIM Geza, *Psychanalyse et anthropologie* (1950), Gallimard, 1967.

SAFOUAN Mustafa, *La Parole ou la mort : comment une société humaine est-elle possible ?*, Seuil, 1993.

SOCIALISME

du latin *socialis* « fait pour la société, sociable, social »

all. SOZIALISMUS	esp. SOCIALISMO
angl. SOCIALISM	ital. SOCIALISMO

voir : ANARCHISME, COMMUNISME, JUSTICE, MARXISME

Théorie économique, sociale et politique, opposée au libéralisme économique et visant, selon des modalités très diverses, à une organisation de la vie collective à des fins de justice sociale.

Ce terme, proposé par Pierre LEROUX en 1822 pour désigner une doctrine ayant une finalité sociale par opposition au libéralisme individualiste, fut rapidement repris par divers mouvements réformateurs (saint-simonisme*, fouriérisme, anarchisme), non sans polémiques, oppositions ou conciliations avec les mouvements communistes. DURKHEIM faisait de SAINT-SIMON le véritable inspirateur de la sociologie et estimait que cette nouvelle science partageait la même finalité fondamentale que le socialisme. Sa propre conception du socialisme, très éloignée du communisme, proposait une extension des contrôles étatiques sur l'économie, et un renforcement des groupements professionnels, dans le but de réduire les maux, en particulier l'anomie*, engendrés par le capitalisme. Plus réservé sur ce sujet, WEBER voyait dans le socialisme la poursuite du processus de rationalisation commencé par le capitalisme, parallèlement à l'extension de la bureaucratisation à l'économie et à l'organisation de l'État.

Par-delà les multiples débats politiques, l'influence diffuse des théories socialistes a été considérable sur les orientations de nombreuses recherches sociologiques, critiques à l'égard des inégalités sociales et recherchant les modalités de réalisation sinon de l'égalité, du moins d'une meilleure justice distributive.

Pierre ANSART

bibliographie

ANSART Pierre, *Sociologie de Saint-Simon*, PUF, 1970.

DROZ Jacques, *Histoire générale du socialisme*, PUF, 4 t., 1979.

DURKHEIM Émile, *Le Socialisme. Sa définition, ses débuts, la doctrine saint-simonienne*, PUF, 1992.

TOURAINE Alain, *L'Après-socialisme*, Grasset, 1980.

* * *

SOCIALITÉ

voir : PHÉNOMÉNOLOGIE, RÉSISTANCE, SOCIABILITÉ, VIE QUOTIDIENNE

La notion de socialité tente de faire ressortir, dans une approche phénoménologique, les dimensions cachées, non dites, du lien social et qui affleurent dans la vie quotidienne et dans ses manifestations les plus humbles : conversations, proverbes, attitudes de tous les jours...

Le non-dit des relations sociales. Dans le souci, hérité du XIXe siècle, de soumettre tout à la raison, de demander des raisons à tout, on a oublié, pour reprendre une belle expression poétique, que « la rose est sans pourquoi » (poème de Jean Silésius). D'un point de vue épistémologique, à trop avoir fait fond sur le « dit » des relations sociales, on a oublié que celles-ci reposaient aussi sur le « non-dit ». Une telle vacuité est un conservatoire à explorer.

Une pensée organique de la concrétude. Il se trouve que cette perspective peut nous introduire au fondement même d'une socialité concrète qui ne doit pas être considérée comme le simple reflet de nos idées, mais qui a sa consistance propre. Il s'agit là de simple bon sens, mais la question ne manque pas de resurgir régulièrement à la fois dans la vie courante et dans le débat d'idées. Ainsi on peut dire que s'il y a désaffection vis-à-vis des idéologies surplombantes et lointaines, c'est parce que l'on assiste à la naissance d'une multiplicité d'idéologies vécues au jour le jour, et reposant sur des valeurs proches, sur le vécu et la proxémie*. Ce sens de la concrétude de l'existence peut être considéré comme une expression de bonne santé, comme l'expression d'une vitalité propre. Vitalisme qui sécrète en quelque sorte une pensée organique, avec bien sûr les qualités propres à ce genre de pensée, à savoir l'insistance sur la pénétration intuitive : vue de l'intérieur, sur la compréhension ; saisie globale, holistique, des divers éléments du donné et sur l'expérience commune, ce qui est ressenti avec d'autres comme instituant un savoir vécu.

L'« apologie du sens commun ». Quelques auteurs, bien rares il est vrai, ont insisté sur une telle pensée organique. On peut renvoyer à DILTHEY, naturellement, mais aussi à toute pensée d'inspiration nietzschéenne, qui privilégie la socialité et ses aspects tactiles, émotionnels, collectifs, conjonctifs. On peut également citer MOORE et son *Apologie du sens commun* insistant sur les vérités que recèle ce dernier. Moore qui remarque avec finesse que « *la plupart des philosophe* [...] *vont contre ce sens commun auquel ils participent pourtant dans leur vie quotidienne* ». On pourrait encore citer quelques sociologues qui focalisent leurs investigations sur une thématique proche, ainsi la phénoménologie* sociologique qui, avec SCHÜTZ, BERGER et LUCKMANN, montra tout l'intérêt thématique et épistémologique de cette perspective. En effet, ce que l'on peut appeler le vitalisme et la « sens-communologie » est lié ; leur conjonction permet de mettre l'accent sur la qualité intrinsèque du *hic et nunc*, sur la valeur du « présentéisme » dont on n'a pas fini d'explorer la richesse.

En effet, rien n'est unidimensionnel au sein de la vie sociale. Celle-ci est par de nombreux aspects monstrueuse, éclatée, toujours ailleurs que là où l'on a cru la fixer. C'est le pluralisme qui la meut en profondeur. Et il convient d'appréhender cet état de chose. Voilà ce qu'entend faire ressortir la notion de socialité, parce que l'existence, outre les diverses rationalisations et légitimations que l'on connaît, est pétrie d'affects, de sentiments mal définis, en un mot de tous ces « instants obscurs » dont on ne peut pas faire l'économie et dont on mesure de plus en plus l'impact dans la vie sociale.

Proverbes et conversations courantes : un enjeu épistémologique. L'on doit en effet se souvenir qu'avant tout c'est ce qui est donné (Schütz : *taken for granted*), ce qui se donne à voir, qui constitue le support des constructions intellectuelles, quelles qu'elles soient. On peut prendre l'exemple du proverbe, en quoi DURKHEIM voyait *« l'expression condensée d'une idée ou d'un sentiment collectif »*, ou encore la conversation courante, qui contient parfois une philosophie de l'existence et un sens des problèmes à venir plus grand que nombre de discussions académiques. Il s'agit là de manifestations culturelles, *strictissimo sensu*, c'est-à-dire ce qui fonde la société. Cela peut inciter à voir dans la socialité un enjeu épistémologique de premier plan dans le débat sociologique.

Il est fréquent de considérer le quotidien comme l'exact opposé de la vie publique. Et il est certain que les diverses théories sur l'individualisme, ou encore *« the fall of public man »*, qui ont marqué le début sociologique de cette dernière décennie vont en ce sens.

La socialité comme fondement du lien social. Mais dans une perspective phénoménologique, qui analyse ce qui est et non ce qui « devrait être », on peut considérer la socialité en elle-même comme le lieu à partir de quoi se fonde le lien* social. Il s'agirait dès lors de la vie « sans qualité », échappant aux diverses instances des pouvoirs (économique, politique, symbolique) et assurant, sur la longue durée, la perdurance de l'espèce. En ce sens, la socialité doit être comprise comme laboratoire alchimique des minuscules créations qui ponctuent la vie quotidienne. C'est le lieu de « re-création » de soi, de la maintenance de l'identité qui permet la résistance. Ce phénomène est perceptible tout à fait explicitement dans une enquête sur les jeunes. Analysant ce qui est appelé « l'émigration intérieure », elle montre comment s'effectue la recherche de « niches », le repliement sur les bases quotidiennes.

Au-delà du politique et des mots d'ordre. Ainsi le repliement sur soi, la passivité de masse permettent de se « ressaisir », de s'identifier pour mieux affronter collectivement la polymorphe imposition extérieure. C'est dans la trame de tous les jours, au-delà du politique, de ses mots d'ordre et de ses divers jeux, que peut se comprendre la socialité. Peut-être faut-il dire que toute sa force tient dans le fait qu'elle reste cachée, c'est une puissance occulte qui n'a que faire de l'apparence du pouvoir.

Les mots de passe d'une résistance : fondements de la reconnaissance. Une des formes de cette socialité peut être cette « culture du pauvre » dont parle avec tant de pertinence HOGGART. Le corpus immense des bons mots, des sentences, des dictons, des expressions argotiques, du théâtre partisan ou des littératures mineures, tout cela a souvent été présenté, à juste titre, comme le lieu d'une résistance* efficace ; on peut ajouter que cette résistance réussit à fonctionner parce que ces pratiques ne peuvent s'exercer, au sens simple du terme, que symboliquement. Elles sont facteurs de socialité. Elles constituent en quelque sorte des mots de passe qui permettent la reconnaissance. Reconnaissance de soi à partir de la reconnaissance du groupe.

Les minuscules attitudes de tous les jours. Il existe, dans le sens où BACHELARD emploie ce terme, une « poétique » du quotidien qui, bien qu'elle ne soit pas reconnue, officielle, canonisée, n'en reste pas moins génératrice de socialité. Elle est constituée de minuscules attitudes de tous les jours, trajets, discussions, bricolages, cuisine, promenades, recherches vestimentaires, etc., attitudes par lesquelles un groupe d'individus se reconnaît comme tel. Cette reconnaissance ou cette identité n'est pas unifiée, loin de là ; elle est mutante et changeante, mais elle constitue au travers même de la pluralité de ses expressions une trame solide, à l'image de ces fils divers dans leur texture et leur coloration qui constitue dans leurs entrecroisements multiples les tissus résistants que nous connaissons. Pour faire état de cette communauté labile mais intense, LUCKÁCS parle de « socialité intérieure » qui se manifeste dans le lyrisme des relations humaines.

Une structuration discrète de la communauté. Le lyrisme bon marché des chansons, des petits romans, de la littérature pour midinettes est à cet égard instructif. Peu importe son contenu, c'est le signifiant qui est à prendre en compte. Ce qui est dit a peu d'importance, il suffit que soit dit quelque chose qui structure la communauté, et cette structuration est favorisée par la discrétion, par la niche matricielle du quartier ou du village.

Le recours à la socialité est avant tout une attitude commune, c'est le retour à un lien collectif que l'on retrouve couramment dans les histoires humaines et qui sert de terreau aux cristallisations ponctuelles (civilisations, mœurs, institutions, gouvernements) sans cela inexistantes. Mais alors que ces cristallisations ont façonné l'historiographie, la socialité qui leur sert de support n'a d'autre garant que son existence, sa perdurance propre. C'est une puissance abyssale, le royaume des ombres, la théologie négative, la nuit mystique, le trou noir de l'astrophysique. De quelque nom qu'on l'appelle suivant les siècles et les mythologies, ce substrat continue d'interpeller le penseur exigeant et lucide ; comme un refoulé renaissant, il est toujours là, avec sa pression constante. Il semble même que l'on observe actuellement le resurgissement d'une telle puissance « privée ». Ce qui ne peut laisser le sociologue indifférent.

Michel MAFFESOLI

bibliographie

DURKHEIM Émile, *De la division du travail social* (1893), PUF, 1996.

DUVIGNAUD Jean, *La Planètes des jeunes*, 1975.

LUKÁCS Giörgy, *L'Âme et les formes*, 1974.

MAFFESOLI Michel, *La Connaissance ordinaire : précis de sociologie compréhensive*, Méridiens, 1985.

MAFFESOLI Michel, *Éloge de la raison sensible*, Grasset, 1996.

SOCIOANALYSE ⇒ PSYCHANALYSE ET SOCIOLOGIE

SOCIÉTÉ

du latin *societas* « association, réunion », de *socius* « compagnon, associé »

all. GESELLSCHAFT	esp. SOCIEDAD
angl. SOCIETY	ital. SOCIETÀ

voir : COMMUNAUTÉ, CONTRAT SOCIAL

À qui poserait la question : « Quel est l'objet de la sociologie », répondrait-on : « la société » ? Ce serait une réponse aussi vraie et aussi indéfinie que dire du physicien que son objet est la nature. Disons que la société est à la fois l'horizon de tous les faits sociaux et leur totalisation signifiante.

La société et les sous-sociétés : groupes, groupements et niveaux structurés. Les hommes vivent en société. Or, lorsqu'il s'agit de définir cet espace familier, dans lequel s'inscrivent toutes leurs pratiques — individuelles ou collectives — et toutes leurs représentations, il révèle une opacité inattendue. L'analyse sociologique construit des niveaux de réalité sociale, des systèmes de relations : ordre du politique, de l'économique, du religieux ou, plus généralement, du culturel. Se voulant plus proche des faits, elle étudie, par ailleurs, les groupes et les groupements (familles, clans, classes, ethnies, etc.), êtres collectifs qui ont les apparences, la cohésion et les contraintes de sous-sociétés dans la société et qui posent, à leur échelle, le mystère du serment qui les constitue et les unifie. Mais réseaux de relations, niveaux structurés, groupes, tous ces objets sociologiques s'inscrivent dans une totalité particulière — la *société* —, unité concrète que les sujets découvrent dans l'intensité même des relations qui les unissent et les opposent à ceux qu'elles ne rassemblent pas, ordre ultime du sens qui donne à chacun l'identité dans son appartenance.

La société comme totalité organique. Le mystère que représente l'unité du social a été exposé par CASTORIADIS dans *L'Institution imaginaire de la société* (1975). « *Qu'est-ce qui fait,* se demande-t-il, *que la société " tient ensemble ", que les règles (juridiques ou morales) qui ordonnent le comportement des adultes sont cohérentes avec les motivations de ceux-ci, qu'elles sont non seulement compatibles, mais profondément et mystérieusement apparentées au mode de travail et de production, que tout cela à son tour correspond à la structure familiale, au mode d'allaitement, de sevrage, d'éducation des enfants, qu'il y a une structure finalement définie de la personnalité humaine dans cette culture, que cette culture comporte ses névroses et pas d'autres, et que tout cela se coordonne avec une vision du monde, une religion, telles façons de manger et de danser ?* » Mais n'est-ce pas une définition exorbitante que de penser la société comme un tout organique, c'est-à-dire comme une totalité *réelle* ? La notion de *tout organique* a un sens lorsqu'elle s'inscrit dans l'espace de la philosophie hégélienne qui, en vérité, ne connaît qu'un seul tout, l'Esprit, dont le devenir historique implique le parcours de différentes figures, de différents moments, qui sont autant de types de sociétés (monde grec, monde romain, etc.), jusqu'à l'achèvement dans la société ultime où il se possède lui-même, dans le « savoir absolu ». Mais ces types de sociétés ne sont des totalités que dans la mesure où ce sont toujours l'unité et l'unicité de l'Esprit qui se manifestent en elles. Aussi, quels que soient les niveaux envisagés, ceux de l'économie, de la religion, du politique, ils sont tous en correspondance réciproque parfaite, chacun d'eux, dans son ordre propre, exprimant le même tout que les autres. Le sociologue ne saurait accepter une telle réponse spéculative. Il est pris dans l'impossible alternative : considérer que le tissu historico-social est constitué des séries qui possèdent chacune leur propre périodisation*, de sorte qu'on ne saurait penser leur contemporanéité et chercher une unité totalisante de cet ensemble ; en effet, il ne saurait se contenter d'empiler ou de faire s'entrecroiser structures, niveaux, systèmes, séries... et se résoudre à toujours différer le moment d'effectuer la grande synthèse, celle qui assigne un *sens*.

Une notion métasociologique. Ces paralogismes nous indiquent, en fait, que n'étant pas un objet sociologique, la société fait moins question pour la sociologie que pour ce qu'il nous faut bien nommer la métasociologie. C'est qu'elle ne renvoie ni à un tout organique intégrant réellement les différents éléments qui la constituent, ni à un sujet ou à une intersubjectivité qui en serait le fondement, ni à un niveau privilégié qui soumettrait les autres à sa propre logique (comme le fait l'infrastructure économique chez MARX). Le sociologue définit la société à partir de ce qui lui paraît donner sens aux diverses pratiques sociales. Il assigne ainsi un horizon théorique aux recherches variées et partielles, mais il ne peut ignorer la contingence d'un choix qu'il ne peut éluder.

André AKOUN

bibliographie

AUGÉ Marc, *Symbole, fonction, histoire*, Hachette, 1979.

CASTORIADIS Cornélius, *L'Institution imaginaire de la société*, Seuil, 1975.

ENRIQUEZ Eugène, *De la horde à l'État*, Gallimard, 1983.

LEFORT Claude, *Les Formes de l'histoire*, Gallimard, 1978.

PARSONS Talcott, *Sociétés. Essai sur leur évolution comparée* (1966), Dunod, 1973.

SOCIÉTÉ INDUSTRIELLE

voir : RÉVOLUTION INDUSTRIELLE

Raymond ARON décrivait la société industrielle par deux traits sociaux : la famille perd son rôle dans la production et la main-d'œuvre tend à se concentrer en masses. Il y ajoutait deux traits économiques : l'accumulation du capital avec la croissance et le calcul économique rationnel. C'est secondairement que se différencient deux espèces : les sociétés industrielles capitalistes de l'Ouest, caractérisées par la libre concurrence, et les sociétés socialistes de l'Est, caractérisées par la planification.

Qu'on parle de société *industrielle*, de société *capitaliste*, de société *de masse*, de société *de consommation*, de société *des médias*, de société *postindustrielle*, de société *postmoderne*, etc., les épithètes varient, qui s'offrent pour définir les sociétés modernes. Évidemment, l'épithète choisie n'est pas innocente mais son statut est ambigu. Soit elle ambitionne de définir ce qui est l'essence d'une société et le lieu où s'originent les autres caractéristiques sociales (c'est ce que fait MARX dans sa définition du capitalisme), soit elle se contente de définir un aspect important de la société concernée, en fonction du type de question que lui pose le sociologue.

En ce sens, définir une société comme *industrielle*, c'est partir des révolutions technologiques qui constituent ce qu'on a appelé la révolution industrielle et ses effets sociaux, et d'une conception du monde où l'économique est au service d'une ambition prométhéenne ainsi que d'une idéologie du progrès matériel comme source du progrès moral.

André AKOUN

bibliographie

ARON Raymond, *Dix-huit leçons sur la société industrielle*, Gallimard, 1962.

DAHRENDORF Ralf, *Classes et conflits de classes dans la société industrielle* (1959), Mouton, 1972.

SOCIOBIOLOGIE

all. SOZIOBIOLOGIE	esp. SOCIOBIOLOGÍA
angl. SOCIOBIOLOGY	ital. SOCIOBIOLOGIA

voir : SOCIOLOGIE ANIMALE, BIOLOGIE, ÉVOLUTION ET ÉVOLUTIONNISME, ORGANICISME, SOCIOLOGIE, THÉORIE

Discipline scientifique fondée par Edward O. Wilson qui a suscité à la fin des années 70 et au début des années 80 de vives polémiques idéologiques.

Dans ***Sociobiologie. La nouvelle synthèse***, WILSON, professeur de zoologie à l'Université Harvard, spécialiste des insectes sociaux, définit la *sociobiologie* comme « l'étude systématique de la base biologique de tous les comportements sociaux », et il précise que la sociobiologie, qui est d'abord une sociobiologie animale, comprend aussi l'étude des comportements sociaux de l'homme. La « base biologique » est fournie par la théorie moderne de l'évolution telle qu'elle s'est développée à partir de l'œuvre de DARWIN et par la génétique contemporaine. Les comportements sociaux sont le résultat de l'évolution ; ils ont été sélectionnés et sont donc déterminés. La sociobiologie est en ce sens un déterminisme biologique sans être pour autant un réductionnisme biologique, dans la mesure où les sociobiologistes, et Wilson le premier, affirment que l'être humain est le produit des influences conjointes de l'hérédité et de l'environnement. Pour Wilson, « biologique » signifiait seulement qu'il existe des prédispositions génétiques contribuant au comportement social. Pour ses adversaires, « biologique » signifiait que le comportement social était « biologiquement » déterminé. La question centrale de la sociobiologie et la plus débattue a été celle de l'altruisme. S'agissant d'« insectes sociaux », cette notion prête à confusion en raison de son anthropomorphisme implicite. Si la sélection naturelle est un processus égoïste qui confère à certains individus un avantage reproductif, comment expliquer l'altruisme que l'on observe chez les insectes sociaux ou plus précisément comment la sélection naturelle peut-elle favoriser un acte préjudiciable à son auteur ? HAMILTON a suggéré que des actes altruistes envers des parents proches pouvaient favoriser la survie et la dissémination des gènes de l'altruiste que ces parents ont en commun avec lui (« sélection de parentèle »). De même l'instinct maternel et les soins prodigués à l'enfant sont expliqués par les sociobiologistes comme le meilleur moyen d'assurer la transmission des gènes d'une génération à l'autre.

Alain DROUARD

bibliographie

DAWKINS Robert, *Le Gène égoïste*, Mengès, 1978.

HAMILTON William D., « The Genetical Theory of Social Behaviour », *Journal of Theorical Biology*, I-II, n° 7, 1964, pp. 1-52.

JAISSON Pierre, *La Fourmi et le sociobiologiste*, Odile Jacob, 1993.

LANGANEY André, *Le Sexe et l'innovation*, Seuil, 1979.

SAHLINS Marshall, *Critique de la sociobiologie. Aspects anthropologiques*, Gallimard, 1980.

VEUILLÉ Michel, *La Sociobiologie*, « Que sais-je ? », PUF, 1986.

WILSON Edward O., *L'Humaine Nature. Essai de sociobiologie*, Stock, 1979.

WILSON Edward O., *Sociobiologie. La nouvelle synthèse*, Monaco, Éd. du Rocher, 1987.

SOCIOCENTRISME

voir : ANTHROPOLOGIE, ÉPISTÉMOLOGIE

Attitude consistant à considérer la société dont on fait partie comme le modèle à partir duquel on juge toutes les autres.

L'obligation, pour le sociologue, de surmonter cette attitude commune, ou de lutter contre elle, a été soulignée par les fondateurs de la sociologie, SPENCER et DURKHEIM notamment. Spencer montre que le *sociocentrisme* revêt plusieurs formes dont les plus importantes sont insidieuses et difficilement surmontables : le sociologue risque, en permanence, de prendre pour modèle les normes et les idéologies de sa communauté, de son ethnie, de sa classe sociale, de sa nation ou de sa religion. Malgré ces appels non dénués de positivisme, le sociocentrisme reste une tentation permanente, que les théories et les méthodologies aident à problématiser et à relativiser.

Pierre ANSART

bibliographie

DURKHEIM Émile, *Règles de la méthode sociologique* (1895), PUF, 1999.

SPENCER Herbert, *Introduction à la science sociale* (1876), Alcan, 1885.

SOCIOCULTUREL

voir : CULTURE, DIFFUSIONNISME, ETHNOGRAPHIE, INSTITUTION, LOISIR, MÉDIATION

Adjectif qualifiant des caractéristiques et des situations sociales du point de vue culturel dans un cadre socio-éducatif.

Projet socioculturel et projet socio-éducatif. Du même ordre que la contraction en « socioprofessionnel » de « social » et « professionnel » (par exemple, les « catégories socioprofessionnelles »), ce terme est apparu plus récemment, et il nous vient tout droit de l'*animation*, le dernier-né, au début des années 60, des secteurs du travail social, après l'assistance, puis l'éducation : le projet socioculturel se confond là avec le projet socio-éducatif.

Les études socioculturelles dans les années 50. Si l'utilisation, tout à la fois la plus ancienne, la plus courante et la plus restrictive du mot en sociologie désigne les caractéristiques socioculturelles, les situations socioculturelles, ou mieux encore des indicateurs, au premier rang desquels le niveau de scolarisation, ce champ du « culturel » a été investi par des sociologues venus d'horizons fort différents, qui ont mis en évidence, chacun à sa manière, les déterminants sociaux du « culturel ». Par contre, ce qui réunit ces auteurs, c'est bien la période : leurs premières analyses datent du milieu des années 50, couvrant ainsi ces fameuses « Trente Glorieuses », porteuses de plein emploi et de prospérité économique, d'un élargissement du temps de non-travail, temps libre, temps de loisirs, temps de la culture, mais également d'un grand progrès de la scolarisation, et enfin du développement d'une politique culturelle « territorialisée », le tout sous l'étendard de la démocratisation.

Les années 60 et la « civilisation des loisirs ». DUMAZEDIER, qui « *dès les années 60* [...] *a rassemblé les études empiriques sur le loisir pour poser la question d'une civilisation naissante du loisir dans ses limites et son étendue* [...] » (1988, p. 99), retrace les différents courants de recherche autour de ce thème, « *entre les aspects contraignants et libérateurs de ce fait social* » (p. 296). Le temps libre, temps du loisir, se définit d'abord comme du temps de non-travail. Il est question de l'itinéraire du (temps de) loisir, constitutif des « classes oisives », analysées avec tant d'ironie dès 1899 par VEBLEN, dans sa *Théorie de la classe de loisir*, tandis que pour les « classes laborieuses », il est un temps conquis de haute lutte sur le temps du travail, pour s'épanouir dans une « société de loisir », celle, répétons-le, du plein emploi. « Comment se sont créés les usages modernes du temps libre ? » L'historien Alain CORBIN (1995) tente de répondre, pour les XIXe et XXe siècles, à cette interrogation : « *L'antique loisir cultivé survit, s'enrichit tout au long d'un siècle qu'on a décrit, à tort, totalement soumis à l'obsession du travail* [...]. *La grande ville est le laboratoire privilégié du loisir moderne* [...]. *Ainsi s'élaborent, dans le brassage de la foule, des manières de vivre qui définissent la culture de masse.* » Il insiste également sur la redistribution des temps sociaux, et surtout sur les revendications d'un temps pour soi. On peut en écho évoquer ARENDT, qui, dès 1954, écrit : « *La société de masse au contraire ne veut pas la culture, mais les loisirs* (entertainment) *et les articles offerts par l'industrie des loisirs sont bel et bien consommés par la société comme tous les autres objets de consommation* » (1992, p. 263). Quant à ELIAS et DUNNING, ils distinguent cinq sphères différentes dans le temps libre : travail privé et gestion familiale, repos, soins accordés aux besoins biologiques, sociabilité, classe des activités ou des jeux mimétiques, d'où il ressort que seule une partie du temps libre de tout travail professionnel est consacrée aux loisirs. « *Les activités de loisir en tant que lieu social où l'individu peut se libérer des contraintes existent dans toutes les sociétés et à tous les niveaux de développement* [...] *mais leur caractère et l'équilibre entre elles changent au cours d'un processus de civilisation pendant lequel les contraintes vis-à-vis du comportement des individus deviennent omniprésentes* » (Elias et Dunning, 1994, pp. 86-87). C'est qu'ils voient dans la confusion/superposition encore fréquente entre les deux termes — temps libre et temps de loisir — un sérieux obstacle à la constitution d'une théorie centrale du loisir : « *Aujourd'hui, le discours sociologique a tendance à envisager le loisir simplement comme un ajout au travail. La satisfaction engendrée par les activités de loisir est souvent considérée comme un moyen d'arriver à une fin — soulager la tension produite par le travail et améliorer la capacité des individus à travailler. Observer que, dans une société qui travaille, l'unique sphère publique où l'on puisse prendre des décisions individuelles essentiellement en fonction de sa propre satisfaction représente déjà un pas vers la levée de cet obstacle* » (Elias et Dunning, 1994, p. 124).

Les années 60 et les « pratiques cultivées ». Toujours durant ces mêmes années 60, s'élabore une réflexion ancrée dans la sociologie de l'éducation et de la culture. Paru en 1964, le livre de BOURDIEU et PASSERON, *Les Héritiers*, est sous-titré : *Les étudiants et la culture*. Le débat autour de la difficile démocratisation, voire la non-démocratisation de (l'accès à) l'enseignement supérieur rencontre celui sur la démocratisation de (l'accès à) la culture. Mais de quelle culture s'agit-il ? On ne s'inquiète plus tant des loisirs, que des pratiques ou des comportements culturels, on les désigne comme « pratiques cultivées » : ainsi, de la fréquentation des musées de beaux-arts (Bourdieu, DARBEL, 1969 ; CHAUDRON, 1995), et plus largement de l'ensemble des pratiques culturelles (DONNAT, 1995) ; on parle des « conditions sociales de l'accession à la pratique cultivée », ou encore des (dures) « lois de la diffusion culturelle » : même la pratique culturelle la plus diffusée en France, *aller au cinéma*, continue, comme on le voit au fil des enquêtes (1973, 1981, 1988), à varier considérablement selon le niveau de scolarisation ! Cette question de la diffusion culturelle dans les différents groupes sociaux, abordée dans une problématique de la légitimité culturelle (Bourdieu, 1979), a fait et continue de faire l'objet d'un débat autour du traitement par les sciences sociales des culture(s) populaire(s) entre populisme (le relativisme culturel) et misérabilisme (la théorie de la légitimité culturelle) (GRIGNON, Passeron, 1989) : l'interrogation a été lancée par la publication en France, en 1970, de *La Culture du pauvre*, le premier ouvrage de Richard HOGGART.

Les travaux récents : le socioculturel et la culture de l'exclusion. Enfin, des travaux très récents autour des modes d'appropriation de l'écrit, le plus souvent par la lecture, et plus rarement par l'écriture, insistent sur leur contribution à la constitution des dimensions de l'identité sociale et personnelle (Chaudron, de SINGLY, 1993). Ou encore, s'agissant de parcours de jeunes issus de l'immigration, on se demande : « *Quand on vit dans des quartiers sensibles, comment la bibliothèque aide-t-elle à résister aux processus d'exclusion et à construire son droit de cité ? Elle est* [...] *un lieu donnant accès à des lectures qui aident à élaborer une identité singulière, à devenir un peu plus sujet de son destin, et pas seulement objet du discours des autres* [...] » (PETIT, BALLEY, LADEFROUX, 1997).

Vous avez dit « socioculturel » ? « *Les ateliers d'écriture de rap, un " prose combat " dans les cités. Cancres le jour, poètes le soir : à Paris, Lyon ou Marseille, de nombreux adolescents choisissent la rime et la joute orale pour exprimer leurs révoltes* » (*Le Monde*, 12 novembre 1997). Difficile d'imaginer un pareil titre dans les années 60 ! Ne laisse-t-on pas de plus en plus volontiers se produire les musiques, les danses, les cultures urbaines (*Rencontres des cultures urbaines*,

La Villette, 1997) ? L'action culturelle, issue des mouvements d'éducation populaire, « retravaillée » par la politique culturelle inaugurée par le ministère Malraux (1959), en particulier à travers « *la politique des maisons de la culture, érigée en modèle de l'action culturelle de l'État* [...] » (URFALINO, 1996) « [...] *vit depuis 1983 une période difficile sur le mode du paradoxe* [...] » (CAUNE, 1992). Autres temps, autres mœurs ! « *C'est précisément la* non-reconnaissance *de la légitimité culturelle par de vastes groupes sociaux qui fait obstacle à la conversion des goûts ; c'est ce que l'aptitude à ne pas reconnaître un " ordre légitime " contient et révèle de* force autonome *qui fait ici la difficulté pratique de la diffusion* » (Passeron, 1991, p. 307). Juste retour des choses, n'est-ce pas là, enfin, l'expression de la « culture au pluriel » (titre d'un essai de M. de CERTEAU, 1993) ?

Martine CHAUDRON

bibliographie

ARENDT Hannah, *La Crise de la culture* (1954), Gallimard, 1992.

BOURDIEU Pierre, *La Distinction. Critique sociale du jugement*, Éd. de Minuit, 1979.

BOURDIEU Pierre, DARBEL Pierre, *L'Amour de l'art. Les musées d'art européens et leur public*, Éd. de Minuit, 1969.

CAUNE Jean, *La Culture en action. De Vilar à Lang : le sens perdu*, PU Grenoble, 1992.

CERTEAU Michel de, *La Culture au pluriel*, Seuil, 1993.

CHAUDRON Martine, « Égyptomania : la réponse des publics à l'offre multimédianne (films, opéras filmés, conférences, colloques) », in *Musées et collections publiques de France*, n° 209, décembre 1995.

CHAUDRON Martine, SINGLY François de (sous la dir. de), *Identité, lecture, écriture*, BPI-Centre Georges-Pompidou, 1993.

CORBIN Alain, *L'Avènement des loisirs 1850-1960*, Aubier, 1995.

DONNAT Olivier, « Pratiques culturelles et sociologie de la culture », in *Institutions et vie culturelle*, La Documentation française, 1995.

DUMAZEDIER Joffre, *Révolution culturelle du temps libre 1968-1988*, Méridiens-Klincksieck,1988.

ELIAS Norbert, DUNNING Eric, *Sport et civilisation. La violence maîtrisée* (1972), Fayard, 1994.

GRIGNON Claude, PASSERON Jean-Claude, *Le Savant et le populaire*, Hautes Études/Gallimard/Seuil, 1989.

PASSERON Jean-Claude, « Figures et contestations de la culture », in *Le Raisonnement sociologique*, Nathan, 1991.

PETIT Michèle, BALLEY Chantal, LADEFROUX Raymonde, *De la bibliothèque au droit de cité. Parcours de jeunes*, BPI-Centre Georges-Pompidou, 1997.

URFALINO Philippe, *L'Invention de la politique culturelle*, La Documentation française, 1996.

SOCIODRAME

Le *sociodrame* est l'application du psychodrame de MORENO aux groupes et aux collectivités. Il s'agit, par une sorte de *catharsis*, de mettre en lumière les problèmes et les conflits qui travaillent le groupe et de permettre ainsi de réduire les tensions. Rappelons que le psychodrame est une méthode thérapeutique à fondement psychanalytique, qui utilise le jeu dramatique improvisé comme moyen d'investigation psychologique et de libération des complexes. Dans les rôles joués et les situations inventées se révèlent les systèmes cachés de significations et les relations intersubjectives.

André AKOUN

SOCIOGRAMME

voir : GROUPE, PSYCHOLOGIE SOCIALE

Diagramme qui, grâce à une série de conventions graphiques, permet de représenter le réseau des interrelations dans un groupe.

Les premiers graphiques construits par Jacob L. MORENO présentaient un caractère confus et peu systématique. Mary L. NORTHWAY, une de ses disciples, a inventé une façon plus claire de représenter les résultats du test sociométrique : *la méthode de la cible*. Elle consiste à représenter le groupe en plaçant au centre du *sociogramme* les leaders (les individus les plus populaires), à l'extérieur ceux qui disposent d'un nombre restreint ou nul de choix et, entre le centre et la périphérie, une succession de cercles concentriques en fonction du nombre des choix.

André AKOUN

SOCIOLINGUISTIQUE

all. SPRACHSOZIOLOGIE	esp. SOCIOLINGUISTÍCA
angl. SOCIOLINGUISTICS	ital. SOCIOLINGUISTICA

voir : CLASSE, CONTRÔLE SOCIAL, ÉDUCATION, ETHNOLINGUISTIQUE, LANGAGE

Étude des multiples activités langagières, de leurs formes, de leurs stratégies, de leurs conséquences, dans leurs relations avec les structures et les fonctions sociales, les groupes et les situations dans lesquelles elles se déroulent.

LA LANGUE COMME FAIT SOCIAL. Dans son *Cours de linguistique générale* (1916), SAUSSURE assignait pour objet à la linguistique de n'étudier que « la langue envisagée en elle-même et pour elle-même », rejetant ainsi l'étude des usages sociaux du langage, la parole, les multiples pratiques langagières. Au contraire, le linguiste MEILLET, d'inspiration durkheimienne, faisait le choix opposé et invitait à considérer la langue comme un fait social et à tirer toutes les conséquences de ce principe. Dans son article « Comment les mots changent de sens », publié dans *L'Année sociologique* (1905-1906), il reprend les termes de DURKHEIM : « *Une langue existe indépendamment de chacun des individus qui la parlent, et, bien qu'elle n'ait aucune réalité en dehors de la somme de ces individus, elle est cependant, de par sa généralité, extérieure à lui.* » Deux conceptions opposées de la linguistique se trouvaient ainsi tracées : la première attachée à poursuivre l'étude des langues dans leur logique et leurs structures propres, la seconde, la *sociolinguistique*, attachée à inventorier toutes les activités langagières dans leur histoire, leurs diversités et leurs éventuels conflits.

IMPORTANCE SOCIALE ET POLITIQUE DES LANGUES. Les champs de recherche de la sociolinguistique sont d'une exceptionnelle étendue, depuis les considérations historiques et politiques jusqu'aux études microsociologiques des comportements interactionnels et individuels. L'importance sociale et politique des langues est mise en évidence par leur histoire et celle de leurs liens étroits avec les intégrations ou les discriminations sociales. La communauté linguistique fonctionne, en de multiples situations, comme facteur d'unité sociale, et la différence linguistique comme facteur de distanciation, au niveau national, par exemple, ou au niveau microsociologique. En bien des cas, l'instauration d'une langue officielle, la reconnaissance d'une langue d'État, l'exclusion ou le non-enseignement des langues locales, stigmatisées comme des patois, ont été des phénomènes contemporains du renforcement de l'État central. Au XVIIe siècle, en France, la monarchie a construit une politique de la langue visant à légitimer l'usage de la langue pratiquée dans le centre et le nord de la France (fondation de l'Académie française par Richelieu, en 1635) et à renforcer l'unité du royaume par l'unité linguistique. Une certaine idéologie de la langue indigène peut souvent être mise en évidence, valorisant, par exemple, la pratique de cette langue comme moyen d'affirmation identitaire et de défense contre les groupes étrangers. Une langue commune ou une différence dialectale identifie très fréquemment un groupe et sert de marqueur identitaire.

ÉTUDES MICROSOCIOLOGIQUES. L'étude des pratiques langagières de différentes catégories ou classes sociales met en évidence des différenciations culturelles révélatrices et aux conséquences multiples. Analysant les productions linguistiques d'élèves anglais, BERNSTEIN (1971) mettait en relief l'existence de deux codes linguistiques : un *code restreint* utilisé par les enfants de milieux défavorisés, un *code élaboré* utilisé par les enfants issus des classes aisées. Le code restreint se caractériserait par des phrases courtes, sans subordination, et par un vocabulaire limité, handicapant gravement ces enfants dans leur apprentissage scolaire. Ces thèses ont donné lieu à de nombreuses critiques portant sur les procédures d'expérimentation et sur les conclusions. Les recherches ultérieures de LABOV (1978) ont développé une thèse inverse, à partir d'investigations auprès d'enfants noirs américains ; elles tendaient à démontrer que les carences linguistiques étaient liées davantage au code scolaire imposé dans le cadre scolaire qu'à des handicaps sociaux insurmontables (BOURDIEU, 1970).

INTERACTIONS ENTRE LES LANGUES : LE STATUT DES CRÉOLES. Un ample terrain de recherche a été ouvert concernant les contacts entre différentes langues, les emprunts et les interférences, ainsi que les stratégies utilisées au cours de ces interactions. Une attention particulière a été apportée à l'étude des créoles, considérés soit comme des approximations d'une langue originaire, soit comme des langues à part entière, non sans que des préoccupations identitaires et politiques interviennent en ces débats.

CONVERSATIONS FAMILIÈRES ET ÉCHANGES RITUALISÉS. L'étude minutieuse des interactions langagières, comme les conversations familières ou les échanges ritualisés au sein d'une institution, met en relief de multiples variables sociales : rapports d'autorité (qui joue le premier rôle ?), reconnaissance d'une compétence (qui est écouté ?), familiarité, distinction, animosité, querelle. Dans un tel domaine, les expérimentations ne cessent d'être renouvelées par l'inventivité des questions et des hypothèses (GUMPERZ, 1989). Notons que les politiques éducatives et les stratégies d'apprentissage sont particulièrement concernées par l'ensemble de ces recherches, comme elles offrent un champ privilégié d'observation et d'une grande fécondité.

Pierre ANSART

bibliographie

BERNSTEIN Basil, *Langage et classes sociales*, Éd. de Minuit, 1975.

BOURDIEU Pierre, *Ce que parler veut dire*, Fayard, 1982.

BOYER Henri, *Éléments de sociolinguistique, langue, communication et société*, Dunod, 1991.

BRUCKERT Jean-Pierre, *Langage et milieu social chez l'enfant : déficit ou différence*, Éd. du CNRS, 1984.

CALVET Louis-Jean, *Les Langues véhiculaires*, PUF, 1981.

FASOLD Ralph, *The Sociolinguistics of Language*, Oxford, Blackwell, 1990.

GUMPERZ John Joseph, *Sociolinguistique interactionnelle. Une approche interprétative*, L'Harmattan, 1989.

LABOV William, *Le Parler ordinaire. La langue dans les ghettos noirs des États-Unis*, Éd. de Minuit, t. 1, 1978.

LOPEZ MORALES Humberto, *Sociolinguistica*, Madrid, Gredos, 1989.

SOCIOLOGIE

concept créé (1830) par Auguste Comte, du latin *socius* « compagnon » et du grec *logos* « discours »

voir : ÉPISTÉMOLOGIE, HISTOIRE, MÉTHODES, PARADIGME, THÉORIE

HISTOIRE. La *sociologie* naît au XIXe siècle dans un type radicalement nouveau de société : la société industrielle avec sa dimension économique, et démocratique, dans sa dimension sociopolitique. La généalogie prestigieuse qui la fait remonter à PLATON et à ARISTOTE ou, dans une proximité plus grande, aux penseurs de la Renaissance comme MACHIAVEL, est erronée. Elle occulte l'originalité d'un nouveau mode de pensée et de pratique. Mais ceci n'interdit évidemment pas de rechercher une continuité des interrogations séculaires qu'à son tour elle inscrira dans son entreprise « scientifique ». Qui niera qu'il y a une réflexion sur les sociétés, leurs normes et leur histoire dans *La République* de Platon, dans les textes d'AUGUSTIN, de THOMAS D'AQUIN, d'Ibn KHALDOUN, de HOBBES, de ROUSSEAU ? Pour s'inscrire dans l'espace de la philosophie ou de la théologie, ces auteurs n'en déterminent pas moins des concepts et des synthèses avec lesquels la sociologie aura toujours à compter, sauf à s'enfermer dans un empirisme étroit et un utilitarisme aveugle.

LA PROBLÉMATIQUE DES PREMIERS SOCIOLOGUES : SCIENCE ET CONSCIENCE. Les premiers sociologues sont confrontés à la destruction des anciens équilibres, à la transformation simultanée des conditions de travail, de la technique, des rapports sociaux, confrontés aussi au déracinement que connaissent les hommes par la perte de leur ancien cadre de vie et des légitimations spirituelles qui berçaient leur vécu quotidien. Ils se proposent de répondre aux questions que leur pose leur temps : fournir, certes, les instruments nécessaires à l'organisation rationnelle de la vie économique et sociale, mais aussi, et surtout, donner sens à ce monde qu'avait déserté le sacré, recréer un lien social fragilisé par les immenses mutations.

Il est important de le noter, car l'oubli de cette dimension est la source de bien des dégâts épistémologiques. La sociologie naît et ne peut naître que dans une société qui s'interroge sur elle-même, met en question ses normes, fait de son existence et de son fonctionnement un problème ; une société qui ne se pense plus ancrée dans un ordre qui lui soit extérieur, celui du cosmos ou celui de Dieu. Ainsi la sociologie s'offre-t-elle, dans l'ambiguïté, comme *forme de la conscience* des sociétés nouvelles et comme *science* de ces sociétés. Mais que penser de cette ambition d'une conscience qui soit science ? Que ce soit COMTE, SPENCER, SAINT-SIMON, PROUDHON ou d'autres, tous ont voulu se faire à la fois savants et prophètes, et tous, sous une forme ou sous une autre, ont cette ivresse orgueilleuse et cette illusion lyrique qu'on trouve chez MARX lorsqu'il écrit dans *Le Capital* : « *Le voile qui dérobait au regard des hommes les fondements matériels de leur vie, la production sociale, commence à être soulevé durant l'époque manufacturière et fut entièrement déchiré à l'avènement de la grande industrie.* »

L'ambition des premières grandes conceptions sociologiques. Les premières grandes conceptions sociologiques auront l'ambition d'unir trois projets : appréhender la société dans l'unité de ses déterminations, expliquer le devenir historique et son sens, dire ce qu'il doit en être de la pratique sociale et politique convenable.

Cette production intellectuelle, caractéristique des commencements, est un bouillonnement riche où se mêlent idées, rêves et utopies. Mais, si relire ces « grands ancêtres » peut être une tâche de la sociologie d'aujourd'hui, ce ne saurait être sous la forme d'un tri à faire pour séparer le *bon grain* des vérités sociologiques de l'*ivraie* des convictions morales et messianiques. Comment oublier, en effet, l'avertissement de ARON (*Les Étapes de la pensée sociologique*, 1967) : « *Celui même qui veut distinguer ces deux éléments — la part des convictions et la part des affirmations scientifiques — les distingue en fonction de ses propres convictions* » ?

Les premières monographies. À côté de ces vastes et ambitieuses constructions, il faut citer les autres formes de la recherche que sont les enquêtes qui semblent être plus proches de ce qu'est la pratique sociologique aujourd'hui. La liste serait longue de ceux qui, dès le XVIIe siècle, accumulèrent les données quantitatives sur les phénomènes sociaux. Mais ces enquêtes, lorsqu'elles ne se réduisaient pas à une simple technique d'information administrative, tombaient dans le discours moralisateur. Dans ses « Notes sur l'histoire de la quantification » (*Philosophie des sciences sociales*, recueil publié en France en 1970), LAZARSFELD écrit par exemple à propos de Le Play : « *Le Play attribuait à ses monographies un rôle très précis. Il voyait en elles l'instrument d'une analyse comparative permettant de dégager les conditions du bonheur ou du malheur des peuples. La connaissance de ces conditions doit être transmise à l'élite du pays concerné. C'est à elle qu'il appartient ensuite de prendre les mesures appropriées.* » Et c'est ainsi qu'on voit que la masse d'informations par lui recueillie n'aboutit, chez LE PLAY, qu'à définir sa conception du bonheur social : respect des commandements du Décalogue et renforcement de l'autorité paternelle. Le travail monographique se ramène à un édifice idéologique de conformisme social.

LA FIN DU XIXe SIÈCLE ET LE DÉBUT DU XXe SIÈCLE : NEUTRALITÉ AXIOLOGIQUE. Le siècle finissant, le temps des enthousiasmes laisse place à une recherche sociologique qui se veut plus rigoureuse, plus soucieuse de ses fondements épistémologiques quant à la construction de son objet et qui cherche à s'instituer officiellement comme discipline, n'hésitant pas à prendre la pompe académique du discours universitaire... sans cependant renoncer à ses ambitions quant à son rôle de conseiller du Prince, c'est-à-dire du législateur. Les problèmes posés par les fondateurs ne sont pas radicalement récusés, mais on veut les poser dans une *neutralité axiologique* et présenter des « réformes » qui ne s'apparenteraient plus au lyrisme des prophètes mais au diagnostic des médecins. Ainsi fut-il de WEBER, de PARETO ou de DURKHEIM. Et les maux dont ils voulaient guérir la société, quelles que soient leur différence d'analyse des causes ou leurs solutions, se résument à l'affaiblissement du consensus, du lien social, des formes que prend l'individualisme ; « désenchantement du monde » chez Weber, « anomie* » chez Durkheim...

Durkheim. La division sociale du travail, dit Durkheim, rend objectivement l'individu plus dépendant d'autrui du fait du caractère parcellaire de sa tâche et, en même temps, lui fait prendre conscience de sa « différence », c'est-à-dire de son individualité. « *À mesure que toutes les autres croyances et toutes les autres pratiques prennent un caractère de moins en moins religieux, l'individu devient l'objet d'une sorte de religion* » (*De la division du travail social*, 1893) : paradoxe d'une société dont l'interdépendance objective s'accompagne de l'affaiblissement de la communauté et d'anomie.

Weber. Même mal du siècle pour Weber mais dans des analyses qui se centrent sur la perte du sacré et le processus de rationalisation, et non pas sur une causalité menant de la sphère objective du travail à la sphère subjective de la culture. Dans *Le Savant et le politique*, il écrit : « *Abraham ou les paysans d'autrefois sont morts " vieux et comblés par la vie " parce qu'ils étaient installés dans le cycle organique de la vie, parce que celle-ci leur avait apporté, au déclin de leurs jours, tout le sens qu'elle pouvait leur offrir et parce qu'il ne subsistait aucune énigme qu'ils auraient encore voulu résoudre. Ils pouvaient donc se dire satisfaits de la vie. L'homme civilisé, au contraire, placé dans le mouvement d'une civilisation qui s'enrichit continuellement de pensées, de savoirs et de problèmes, peut se sentir las de la vie et non pas comblé par elle. C'est pourquoi la mort est à ses yeux un événement qui n'a pas de sens. Et parce que la mort n'a pas de sens, la vie du civilisé comme telle n'en a pas non plus, puisque du fait de sa progressivité dénuée de signification, elle fait également de la vie un événement sans signification.* »

Nous érigeons Durkheim et Weber en emblèmes d'une époque de l'histoire de la sociologie tout en sachant que place devrait être faite à des auteurs comme SIMMEL ou Pareto, mais nous ne pensons pas qu'ils contrediraient le sens général de notre parcours généalogique.

Le débat sur la scientificité de la sociologie. Nous entrons aussi dans le grand temps de l'inquiétude épistémologique. Que doit-il en être de l'objet de la sociologie ? Et si science il y a, doit-elle se construire sur le modèle des sciences exactes par l'établissement de lois, ou inventer un modèle de scientificité de type radicalement nouveau ?

Le débat sur la scientificité de la sociologie et sur la nature de son objet s'organise autour du dilemme « sciences de la nature-sciences de l'homme ». Doit-on, comme Durkheim, « traiter les faits sociaux comme des choses », se méfier des « prénotions » et se donner comme fin l'établissement de relations de causalité, ou doit-on, comme Weber, poser que le sociologue se doit de renoncer à expliquer pour mettre au jour des significations et « comprendre » ? « *Il est absurde de croire* [...] *que le but, si éloigné soit-il, des sciences de la culture pourrait consister à élaborer un système clos de concepts, qui condenserait, d'une façon ou d'une autre, la réalité dans une articulation définitive à partir de laquelle on pourrait, à nouveau la déduire après coup.* » Le débat s'est tout naturellement durci à en devenir caricatural, oubliant que l'antagonisme des conceptions de Durkheim et de Weber, pour réel qu'il soit, n'est peut-être pas si insurmontable qu'il y paraît et ne se réduit pas à une alternative manichéenne.

L'ENTRE-DEUX-GUERRES. Au temps des chantres de la société moderne et aux lyrismes prophétiques, au temps qu'on pourrait appeler celui de l'institutionnalisation d'un nouveau savoir, va succéder une sociologie à la fois plus modeste et plus exigeante. Multiplication de recherches pointues sur des objets restreints, souci de ne plus être pris dans l'idéologie (souci qui ne signifiera pas qu'on n'en soit plus le prisonnier) et, dans le même temps, multiplication des interrogations épistémologiques tant sur les théorisations ou les « grandes synthèses » que sur les méthodes, et, toujours, la hantise contrariée et persistante de comprendre le contemporain dans sa totalité afin d'ouvrir à une réflexion sur le sens de ce qui se fait. Le sens, c'est-à-dire la signification de ce qui est et non de son devenir. Les sociologues, dans leur rapport à l'histoire, feraient leur le mot de MERLEAU-PONTY : « *L'histoire n'a pas Un sens mais elle a Du sens.* » Le panorama est nécessairement partiel de ces temps d'après la Grande Guerre, qui nous mènent du retour des grandes idéologies (fascisme, communisme, nazisme) à leur chute et au retour (au repliement ?) sur le sérieux de la recherche.

LES LENDEMAINS DE LA SECONDE GUERRE MONDIALE. Au lendemain de la Seconde Guerre mondiale, les recherches sociologiques connurent une phase de forte expansion. En France, dans un état d'esprit marqué par la tradition durkheimienne, la reconstruction nationale, l'extension des pouvoirs étatiques, la renaissance des conflits sociaux rendaient urgente la production de données scientifiques concernant les rapports sociaux et leur évolution.

Les institutions de recherche. De grandes institutions de recherche et de collecte des données furent créées ou développées : Institut national de la statistique et des études économiques (INSEE), Institut national d'études démographiques (INED), Centre d'études sociologiques, Section de sociologie, créée au Centre national de la recherche scientifique. En 1950 fut instituée la licence de sociologie dans les universités ; elle entraîna un recrutement de professeurs et l'organisation de filières d'enseignement.

Les conflits idéologiques. Dans ces années de guerre froide où les intellectuels étaient sommés de définir leur position face au communisme et à l'affrontement Est-Ouest, la sociologie ne pouvait échapper aux conflits idéologiques et aux contradictions de l'époque. Gurvitch (1950) tentait d'intégrer et de surmonter les schémas issus du marxisme. HALBWACHS (1930) avait poursuivi, jusqu'à sa disparition en 1944, la tradition de l'École de Durkheim. Aron (1967) appelait à retrouver la tradition libérale sur le plan intellectuel et la critique wébérienne sur le plan scientifique. L'influence directe et diffuse du paradigme marxiste se faisait sentir à la fois dans les choix privilégiés d' objets et dans les interprétations : c'est alors que se développèrent les sociologies du travail (FRIEDMANN, 1950), des classes sociales (GURVITCH, 1955), de la connaissance (GOLDMANN, 1955).

Le structuralisme : Lévi-Strauss. La formulation puis la diffusion rapide du paradigme structuraliste eut, à partir des années 50, une importance considérable. L'œuvre anthropologique de LÉVI-STRAUSS obligeait à repenser les rapports entre les sciences sociales, les liens entre la sociologie, l'anthropologie, la linguistique, et à reposer des problèmes fondamentaux de la sociologie : l'importance à accorder aux structures sociales, leur définition, la conception des changements et des reproductions sociales (Lévi-Strauss, 1949, 1958). De plus, une telle réflexion n'hésitait pas à soulever des questions philosophiques et universelles sur la condition humaine, constituant ainsi, pour la sociologie, une stimulation et un défi.

Bourdieu et le structuralisme génétique. Les premiers travaux de BOURDIEU, de 1964 à 1970, s'inscrivent de façon critique dans ce paradigme. Reprenant à la fois la conception marxiste de la division sociale en classes sociales et la théorie structurale, ses travaux mettent l'accent sur la répartition des agents en classes dans un système d'inégalité. Ce ne sont pas les inégalités économiques qui font l'objet des analyses, mais essentiellement les comportements culturels. Les enquêtes sur les pratiques et sur les connaissances culturelles des étudiants (1964) comme les enquêtes sur l'usage de la photographie (1965) ou sur la fréquentation des musées (1966) font apparaître combien les comportements culturels sont différenciés selon l'origine et l'appartenance de classe. Le but de ces interprétations est de mettre au jour les relations entre la structure des positions sociales et les comportements culturels, entre le système des positions et les pratiques. Bourdieu et ses collaborateurs retrouvent ainsi le projet durkheimien de découvrir, sinon des lois, du moins des causes qui permettent d'expliquer les faits sociaux. Une telle recherche suppose l'existence d'un déterminisme qui, sans se confondre avec celui des sciences naturelles, peut faire l'objet d'investigations et de démonstrations. L'une des explications de ce déterminisme et de la « reproduction » des structures sociales (1970) sera recherchée dans l'analyse des *habitus**, c'est-à-dire dans le système des dispositions acquises par les individus et la production des pratiques qui lui sont conformes : cet *habitus* est à la fois le produit de l'intériorisation des modèles objectifs et la condition des reproductions individuelles (1972).

Critique du structuralisme et sociologie dynamique : Balandier. Au moment où s'élaborait ainsi un « structuralisme génétique », tout un ensemble de recherches s'éloignaient résolument du paradigme structuraliste pour majorer, au contraire, l'étude des changements et des bouleversements sociaux. Les données historiques de cette époque, la décolonisation, la construction de nouvelles nations, les mouvements révolutionnaires, fournissaient ample matière à réflexion. Dans ce vaste courant de la sociologie des changements, les travaux de Balandier et TOURAINE sont exemplaires. À partir du milieu des années 50, le premier étudie les conditions de la décolonisation en Afrique, les transitions depuis le système politico-économique colonial aux régimes d'autonomie politique. Il montre l'intrication et la complexité des mutations : les déplacements de population, l'urbanisation et les conséquences des entassements urbains, la transformation des lignages* ou leur résistance aux changements. BALANDIER qualifie alors cette sociologie de « dynamique » et lui donne pour objectif, non seulement de décrire les changements, mais de découvrir les différents dynamismes, conflits, déséquilibres, compromis, qui soutiennent ces changements et les orientent.

Touraine. C'est dans un esprit comparable que Touraine récuse, au milieu des années 60, le structuralisme sociologique. Loin, en effet, de donner pour objet à la sociologie l'étude des structures et de leur reproduction, il se propose d'étudier la « production » de la société par elle-même. Dans son ouvrage de 1973, *Production de la société*, il part de l'hypothèse que « *les sociétés apprennent à se connaître sociologiquement quand elles se reconnaissent comme le produit de leur travail et de leurs rapports sociaux, quand ce qui semble d'abord un ensemble de " données " sociales est reconnu comme le résultat d'une action sociale, de décisions ou de transactions, d'une domination ou de conflits* » (éd. 1973, p. 7). Une telle sociologie n'exclut pas l'étude des classes sociales et de leur division, mais loin d'y voir des forces structurellement affrontées, une sociologie de l'action étudiera les rapports dynamiques qui les lient, les compromis et les conciliations. Elle étudiera particulièrement les types de domination qu'exerce la classe dominante, l'ambiguïté de son pouvoir ainsi que les résistances qu'y opposent les classes dominées. Après 1978, Touraine développe toute une théorie des « mouvements sociaux », en donnant à ce terme une signification particulière : ne serait ainsi qualifiable qu'un ensemble d'actions sociales qui ne serait pas seulement des actes dispersés et répétitifs, mais une action sociale conflictuelle susceptible de s'opposer à une classe adverse et capable d'entraîner une réorientation de l'ensemble sociétal. Une telle sociologie ne serait pas nécessairement limitée dans un rôle d'observation ; elle pourrait, grâce à des modes particuliers d'intervention, participer à un mouvement social pour l'aider à prendre conscience de lui-même.

Les années 1970-1980 : le développement des sociologies spécialisées. Les années 70-80 ont été marquées par l'affaiblissement des grands modèles théoriques (marxisme, structuralisme, fonctionnalisme) et par le développement des sociologies spécialisées. Le dynamisme de la recherche s'est particulièrement manifesté par la construction de nouveaux champs d'investigation. Aux sociologies antérieurement délimitées (sociologies du travail, de l'éducation, de la famille, des religions, des professions, de la délinquance ; sociologies urbaine, rurale...) se sont ajoutés des domaines nouveaux ou profondément redéfinis (sociologies de la culture, de la condition féminine, des communications, de l'immigration, des sciences, du troisième âge, de la pauvreté, du chômage, des sports, des loisirs). De plus, et sous la double pression des évolutions sociales et des transformations des paradigmes scientifiques, de nouveaux objets ont été constitués qui n'avaient pas été antérieurement développés. Citons la sociologie de la vie quotidienne, de la sexualité, l'analyse des processus de négociation et de transaction. Des pratiques qui n'attiraient pas l'attention des sociologues font l'objet d'analyses particulières et souvent significatives de problèmes généraux : recherches sur la lecture*, par exemple, ou sur les musées. D'autres domaines restent cependant négligés pour des raisons complexes d'où les pressions politiques et idéologiques ne sont pas absentes. Au cours de cette période ultérieure à l'affaiblissement des grands modèles théoriques, de considérables remaniements paradigmatiques se sont produits et se poursuivent.

Le déclin des dogmatismes. L'effacement du dogmatisme marxiste a jeté le doute sur les déterminismes économiques ou technologiques ainsi que sur les théories dogmatiques concernant les classes et les mutations sociales révolutionnaires. L'affaiblissement du structuralisme a été contemporain d'une critique des déterminismes structuraux et de la redécouverte de l'action des sujets individuels ou collectifs. Le déclin du fonctionnalisme a permis que se développe une attention plus grande quant à la multiplicité des conflits, à leur spécificité et leurs conséquences contradictoires. Cet effacement des dogmatismes a ouvert aux chercheurs des espaces de liberté intellectuelle diversement utilisés. Pour beaucoup, en face de ces mises en question, la solution prudente s'avère celle qu'avait préconisée MERTON : ne recourir qu'à des « hypothèses à moyenne portée », aux ambitions limitées à des objets circonscrits. Cette solution s'avère efficace en bien des cas.

Tendances actuelles. Toutefois des tendances générales peuvent être distinguées, tels la critique des déterminismes, l'urgence de repenser l'action sociale et les acteurs sociaux, le développement du modèle constructiviste.

1 La critique des déterminismes, qu'ils soient historique, biologique, économique ou structuraliste, ouvre la voie aux théorisations qui majorent le rôle des sujets individuels ou collectifs et interrogent les processus sociaux dans cette perspective, soit en problématisant l'« agrégation » des comportements individuels dans le cadre de l'individualisme méthodologique, soit en interrogeant les rapports multiples entre l'acteur et le système dans lequel il se trouve engagé (CROZIER et FRIEDBERG, 1977 ; Touraine, 1984).

2 Le constructivisme peut aussi être considéré comme une réponse à l'effacement des grandes théories sociologiques et comme une critique de leur dogmatisme. Les réalités sociales y sont considérées comme des constructions historiques et quotidiennes des acteurs. L'objectif est alors de comprendre comment le monde social se construit à partir du passé, comment les formes sociales passées sont reproduites et transformées alors que d'autres sont inventées dans les pratiques et les interactions, et

comment ce travail quotidien ouvre de nouvelles possibilités pour l'avenir. De nombreuses voies sont ouvertes dans cette problématique d'ensemble par des auteurs différents (BERGER et LUCKMANN, 1966 ; Bourdieu, 1980 ; Touraine, 1984 ; BOLTANSKI, 1982 ; GIDDENS, 1984 ; WATZLAWICK, 1988 ; DUBET, 1994).

André AKOUN et Pierre ANSART

bibliographie

ARON Raymond, *Les Étapes de la pensée sociologique*, Gallimard, 1967.

BERGER Peter, LUCKMANN Thomas, *La Construction sociale de la réalité*, Méridiens-Klincksieck, 1986.

BOLTANSKI Luc, *Les Cadres*, Éd. de Minuit, 1982.

BOUDON Raymond, *La Logique du social : introduction à l'analyse sociologique* (1979), Hachette, 1983.

BOURDIEU Pierre, *Le Sens pratique*, 1980.

DUBET François, *Sociologie de l'expérience*, Seuil, 1994.

DURKHEIM Émile, *De la division du travail social* (1893), PUF, 1996.

GIDDENS Anthony, *La Constitution de la société*, PUF, 1987.

GOFFMAN Erving, *Les Cadres de l'expérience* (1974), Éd. de Minuit, 1991.

LAZARSFELD Paul, *Philosophie des sciences sociales*, Gallimard, 1970.

PADIOLEAU Jean G., *L'Ordre social. Principes d'analyse sociologique*, L'Harmattan, 1986.

TOURAINE Alain, *Production de la société*, Seuil, 1973.

WATZLAWICK Paul (éd.), *L'Invention de la réalité. Contribution au constructivisme*, Seuil, 1988.

SOCIOLOGIE CRITIQUE

C'est le nom qui est donné à l'École de Francfort, dont les auteurs furent, entre autres, Horkheimer, Adorno, BENJAMIN, *Marcuse,* FROMM.

Ces chercheurs étaient tous associés à l'*Institut für Sozialforschung*, fondé en 1923 à Francfort-sur-le-Main. Mais ce n'est qu'en 1931 que Horkheimer prit la tête de l'Institut et que furent jetées les bases de ce qu'on appellera ensuite l'École de Francfort (la mal nommée, car nazisme oblige, les travaux les plus importants furent réalisés en exil aux États-Unis). L'École retrouva Francfort après la guerre, en 1950, avec le retour de HORKHEIMER, puis celui d'ADORNO, qui prendra, en 1956, HABERMAS comme assistant. La « théorie critique » redevenait ce qu'elle n'avait cessé d'être, un courant de la pensée allemande.

Un thème commun : la domination, à la lumière de Marx, Hegel et Freud. Ce qui, malgré la diversité de leurs œuvres, rassemble ces auteurs, et d'autres qui vinrent après eux, comme Habermas, c'est qu'ils traitent d'un objet commun — la domination — à partir d'une même tradition de pensée, un hégélo-marxisme que n'hypothéquait pas la vulgate stalinienne et qui fondait une approche pluridisciplinaire et totalisante de la société. À quoi s'ajoute un freudisme épuré de ce par quoi il aurait contredit le marxisme : l'École invente un freudo-marxisme, synthèse théorique qui scotomise la psychanalyse de tout ce qui contredirait les perspectives politiques et sociales révolutionnaires. Significative de ce choix est l'œuvre de MARCUSE ; en particulier dans *Éros et civilisation* (1963) et, avant elle, l'œuvre commune de Horkheimer et Adorno, *The Authoritarian Personality* (1950).

Du radicalisme révolutionnaire au démocratisme. Mais au fil des événements d'une histoire qui connut le bolchevisme, le stalinisme, le nazisme, on assiste à une lente évolution de l'École, un véritable chemin de croix d'une illusion lyrique qui se délite et qui mènera d'un radicalisme révolutionnaire à un démocratisme fondé en raison : en sociologie, cela se traduira par une fidélité maintenue à un MARX qu'accompagne toujours FREUD, mais aussi à un WEBER de plus en plus présent.

La réification. Les concepts qui dominent sont ceux de la réification, de l'aliénation, du fétichisme de la marchandise. La société moderne y est caractérisée par la façon dont elle traite l'individu comme une chose. Leurs interrogations, concernant par exemple le système communicationnel conçu comme instrument du contrôle social, seront du type : « Qui contrôle ? Qui manipule ? Au bénéfice de qui ? » Ils forgent la notion de « culture de masse », produit de la transformation de l'art sous l'effet des industries culturelles et en font le signe du règne de la marchandise et de son fétichisme. Citons Adorno : « *Les productions de l'esprit dans le style de l'industrie culturelle ne sont pas* aussi *des marchandises, mais le sont intégralement. Ce déplacement est si énorme qu'il produit des qualités entièrement nouvelles. En définitive, l'industrie culturelle n'est même plus obligée de viser partout un profit immédiat, ce qui était sa motivation primitive. Le produit s'est objectivé dans l'idéologie de l'industrie culturelle, et parfois s'est émancipé de la contrainte de vendre les marchandises culturelles qui, de toute façon, doivent être consommées. L'industrie culturelle se mue en* public relations, *à savoir la fabrication d'un* good will *tout court, sans égard à des producteurs ou des objets de vente particuliers. On s'en va chercher le client pour lui vendre un consentement total et sans réserve, on fait de la réclame pour le monde tel qu'il est, tout comme chaque produit de l'industrie culturelle est sa propre réclame* » (*Communications*, mars 1963).

Société du spectacle et société de consommation. C'est à cette sociologie critique qu'on devra des notions totalisantes comme « société de consommation », « société du spectacle », « homme unidimensionnel », et c'est elle, en particulier les travaux de Marcuse, qui sera revendiquée comme idéologie par les révoltes étudiantes des années 60.

Habermas et la nouvelle génération. Avec Habermas nous entrons dans une nouvelle génération de l'École alors qu'elle retrouve son berceau, la philosophie et la sociologie allemandes.

Rejouant l'itinéraire de ses pères, Habermas commence par être un des inspirateurs du gauchisme allemand le plus radical et achève son parcours en théoricien de la démocratie, qui trouve dans les Lumières et dans Kant ses pères. Dans son ouvrage *Théorie de l'agir communicationnel* (1987), il propose de déduire la théorie politique de la démocratie à partir de la nature même de la communication et en reprenant la différence que fait KANT entre les intérêts différents de la raison : intérêt théorique qui produit le savoir scientifique, intérêt pratique qui légifère pour le monde de l'action et de la volonté. Résumons sa thèse : les prétentions à la vérité qui sont émises dans des échanges communicationnels ne peuvent être satisfaites que dans un accord intersubjectif obtenu dans le cadre d'une communication illimitée et sans autre contrainte que l'échange d'arguments. Ceci implique que l'espace politique soit celui d'une société ouverte, d'une démocratie. La crise de la démocratie est due au fait que les dispositifs sociaux qui devraient faciliter les échanges et le déploiement de la raison communicationnelle se sont autonomisés, identifiant la circulation de l'information à une circulation d'objets marchands et abolissant l'activité des individus et des groupes créateurs de sens.

Influence de l'École de Francfort. L'École de Francfort a eu une influence marquée qui va très au-delà de son cercle de disciples affirmés. Il n'est pas abusif d'en découvrir l'écho, en France, dans les recherches d'un BOURDIEU, d'un BAUDRILLARD ou d'un VINCENT, et en Angleterre dans celles d'un GIDDENS ou d'une Margaret ARCHER.

André AKOUN

bibliographie

ADORNO Theodor W., *Minima moralia. Réflexions sur la vie mutilée* (1951), Payot, 1980.

HABERMAS Jürgen, *L'Espace public* (1962), Payot, 1978.

HABERMAS Jürgen, *Logique des sciences sociales et autres essais*, PUF, 1987.

HABERMAS Jürgen, *Théorie de l'agir communicationnel*, Fayard, 1987.

HORKHEIMER Max, *Théorie traditionnelle et théorie critique*, Gallimard, 1974.

MARCUSE Herbert, *Éros et civilisation*, Éd. de Minuit, 1963.

VINCENT Jean-Marie, *La Théorie critique de l'École de Francfort*, Galilée, 1976.

WIGGERSHAUS Rolf, *L'École de Francfort*, PUF, 1993.

SOCIOLOGIE POLITIQUE

all. STAATSSOZIOLOGIE	esp. SOCIOLOGÍA POLITICA
angl. POLITICS	ital. SOCIOLOGIA POLITICA

voir : BUREAUCRATIE, COMMUNICATIONS DE MASSE, DÉMOCRATIE, IDÉOLOGIE, PARTI POLITIQUE, PROPAGANDE, TOTALITARISME

*L'espace de la sociologie politique se diversifie en de nombreux objets de recherche : études sur l'influence des médias dans l'élection (*LAZARSFELD*), sur la nature et le rôle des partis politiques (*MICHELS*), sur les bureaucraties d'État ; approche microsociologique des groupes et les formes et mécanismes de production du leadership (*LEWIN*) ; approches psychanalytiques de l'économie psychologique des rapports de domination-soumission, depuis l'étude de* LE BON *sur la foule et sa critique par* FREUD *jusqu'à l'analyse du fascisme par* REICH *et son écho dans l'Anti-Œdipe de* GUATTARI *et* DELEUZE*. Enfin, comment ne pas noter le rôle important qu'aura joué le totalitarisme, avec les œuvres fondamentales de Hannah* ARENDT*, de Raymond* ARON *et de Claude* LEFORT *? À cela s'ajoutent les objets d'autres champs qui recoupent l'espace du politique, et au premier chef la sociologie des communications et des médias de masse. La sociologie politique, indépendamment de sa limitation à un domaine précis où elle se fait sociologie de la politique dans son effectuation, est au cœur de la sociologie, car le politique concerne l'essence même du social.*

SOCIOLOGIE ET SCIENCE POLITIQUE.

Nous votons, mais qu'est-ce qui fonde le vote et la légitimité des pouvoirs issus du vote ? À ces questions, à d'autres, la « science politique » prétend répondre. La *science politique* (elle a aujourd'hui une visibilité universitaire, avec ses structures administratives, ses professeurs, ses concours et ses examens) n'est pas la sociologie. Celle-ci ne se donne pas explicitement la finalité technique de préparer des gens à la « carrière ». Mais l'une n'est pas sans lien avec l'autre. Et toutes deux jouent avec cette idée : il y a une *science* du politique. Voire !

HISTOIRE. S'il est incontestable que la sociologie politique ne saurait, en tant que telle, être sous la dépendance d'une philosophie politique, il est non moins certain que la connaissance de sa généalogie philosophique est indispensable à sa compréhension. Mais il y a plus. Sauf à enfermer le politique dans une définition positiviste qui le réduit à des terrains empiriques bien circonscrits d'où peuvent être déduites des techniques, il faut lui donner un autre sens, qui le fait renouer avec la réflexion philosophique.

LA GRÈCE ANTIQUE. Une généalogie de la pensée politique peut éclairer les soubassements tant de la sociologie que de la « science » politique. Il y a d'abord la racine grecque. La première forme d'État, au sens où nous l'entendons, est la Cité grecque, cette Athènes où s'amorce la *réflexion* politique. Les Grecs se posent le problème de la *justesse* et de l'*efficacité* de l'institution (à ne pas confondre avec la question moderne de la légitimité).

Thucydide. Ainsi THUCYDIDE, l'historien de la guerre du Péloponnèse, met en évidence le fond social des constitutions politiques : celle de Sparte, État agricole quasi autarcique organisant la pérennité du *statu quo ante* ; celle d'Athènes, ouverte sur la mer, ouverte aux métèques, à la fois démocratique et impérialiste. Bref, il faut voir en Thucydide à la fois le père de l'histoire et de la sociologie, dans sa mise en évidence qu'une cité est une structure dont les éléments forment un *ensemble*.

Platon. Avec PLATON, la « sociologie » laisse place à la « politique » au sens propre. Sa *callipolis*, sa belle Cité *(La République)*, est une cité idéale (où les rois sont philosophes et où règne la « justice »), déduite et construite sur une analogie avec l'homme idéal, et en qui le cœur (la classe des guerriers) permet à la raison (la classe des magistrats) de dominer ses passions (la classe des artisans et paysans).

Aristote. Avec ARISTOTE, la politique est à la fois fondement et prolongement de l'éthique. La recherche de l'intérêt commun (le « Bien commun ») est elle-même fondée sur une analyse des groupes et groupements, et une observation des types de rapports humains, très proches d'une démarche sociologique.

Éthique individuelle et éthique politique. Le fond commun, latent ou explicite, de la mentalité grecque est une conception dans laquelle la Cité est pensée comme l'expression de la nature sous sa double réalité de nature humaine et de nature cosmique. D'où la nécessité de lois qui correspondent avec plus ou moins de justesse à l'ordre profond, immuable et incréé du monde. Éthique individuelle et éthique politique sont homologues ; hommes et sociétés doivent, pour leur bonheur, se conformer aux indications du cosmos.

LA MODERNITÉ : LES PENSEURS DU CONTRAT (XVIIe-XVIIIe s.). Bien des siècles plus tard, acte de naissance de la modernité, il y a la théorie du politique comme tel. Car la modernité, c'est d'abord la réflexion sur le politique dans son autonomie. Celui-ci cesse d'être partie d'un discours métaphysique dont il serait un chapitre, il devient un objet de plein droit, avec l'interrogation sur la notion de légitimité. La théorie — source de la modernité étatique et démocratique, avec les penseurs du Contrat (notamment Hobbes, puis Rousseau) — institue l'individu libre comme fondement et le politique comme l'acte par lequel celui-ci se fait citoyen législateur et source de l'État, médiateur de la volonté populaire et son exécutif.

NAISSANCE DE LA SOCIOLOGIE AU XIXe SIÈCLE. À la théorie politique qui a inventé le politique au sens propre succède le temps de la sociologie. Celle-ci sera, d'une façon générale, une réaction contre le volontarisme du siècle précédent et aura tendance à dissoudre dans la trame du social et ses causalités l'individu originairement libre, dans lequel elle voit une abstraction. Le politique tendra à n'être plus que l'écume à expliquer à partir de caractéristiques mieux cernables, plus objectives, par exemple la structure industrielle, les exigences de l'économie, la structure de classe ; bref, c'est une approche qui rêve de scientificité. Ainsi en sera-t-il de Marx, avec sa différence entre infrastructure et superstructures. Quant aux théories anciennes, on les réduira à des rhétoriques légitimatrices. Ainsi procède MACPHERSON dans sa magistrale étude, *Théorie politique de l'individualisme possessif de Hobbes à Locke* (1962), qui écrit : *« L'individualisme au XVIIe siècle* [est] *l'affirmation d'une propriété, il est essentiellement possessif. Nous désignons ainsi la tendance à considérer que l'individu n'est nullement redevable à la société de sa propre personne ou de ses capacité, dont il est au contraire, par essence, le propriétaire exclusif. À cette époque, l'individu n'est conçu ni comme un tout moral ni comme la partie d'un tout social qui le dépasse, mais comme son propre propriétaire. L'individu, pense-t-on, n'est libre que dans la mesure où il est propriétaire de sa personne et de ses capacités. Or, l'essence de l'homme c'est d'être libre, indépendant de la volonté d'autrui, et cette liberté est fonction de ce qu'il possède. »* Et il ajoute, parlant de la société politique, qu'elle n'est qu'un *« artifice destiné à protéger cette propriété et à maintenir l'ordre dans les rapports d'échange ».*

Tocqueville. Une exception d'importance doit être faite avec Tocqueville, exception qui explique peut-être que longtemps celui-ci a été, en France, marginalisé par les sociologues. Son *De la démocratie en Amérique*, ouvrage dont on n'épuise pas la richesse, met le politique à la source mais, dans le même temps, le définit autrement que d'une façon étroitement institutionnelle. TOCQUEVILLE fait de la démocratie non pas un type d'organisation des pouvoirs, mais un type de société. Le politique devient ainsi la façon dont une société organise son mode d'installation dans l'être, c'est-à-dire la façon dont s'inscrit dans son symbolisme le rapport de l'homme à soi, de l'homme à autrui et de l'homme au monde.

NAISSANCE DE LA SOCIOLOGIE POLITIQUE : WEBER. Mais il nous faut quitter une généalogie qui reste, par sa présence culturelle, une composante des recherches contemporaines. Tournons-nous vers la sociologie politique telle qu'elle s'inaugure avec WEBER. À la question : « Qu'entendons-nous par politique ? », Weber répond : *« Nous entendrons uniquement par politique la direction du groupement politique que nous appelons aujourd'hui État. »* Mais qu'est-ce qu'un État ? *« Celui-ci ne se laisse définir sociologiquement que par le moyen spécifique qui lui est propre ainsi qu'à tout autre groupement politique, à savoir la violence physique. »* Ainsi, avec Weber, l'ordre politique est défini fondamentalement comme rapport de domination, mais une domination s'appuyant sur une violence dotée d'un caractère spécifique : une violence « légitime ». Il souligne ainsi que le rapport de forces dans l'ordre politique n'est jamais pur rapport de forces, mais qu'il s'inscrit toujours dans un champ de langage (rhétorique et violence pure étant comme les deux faces d'une soumission imposée/acceptée). Et Weber distingue trois types de légitimité : la légitimité traditionnelle, la légitimité charismatique, la légitimité démocratique. Cette approche macrosociologique est à situer dans l'analyse du pouvoir que fait Weber au niveau microsociologique. Le concept de pouvoir est d'abord une interaction entre deux acteurs sociaux où l'un obtient de l'autre qu'il fasse ce qu'il n'aurait pas fait de lui-même, par des effets de persuasion ou d'intimation. De cette relation, le premier tire un accroissement de capacité. Aux dépens de l'autre ? La question reste ouverte.

CRITIQUE DE LA CONCEPTION WÉBÉRIENNE : CLASTRES. Une difficulté cependant surgit, à définir ainsi l'objet de la sociologie politique à partir de la relation « commandement/obéissance ». Les études de CLASTRES sur la chefferie indienne *(La Société contre l'État)* posent un problème. Dans toutes les sociétés indiennes, nous dit-il, à l'exception des hautes cultures du Mexique, d'Amérique centrale et des Andes, les « chefs », ceux qu'ailleurs on nommerait les « détenteurs du pouvoir », sont en fait sans pouvoir, le politique se caractérisant par l'absence de coercition, de violence, de subordination hiérarchique. Dans un article (*Critique*, novembre 1969) où il contestait l'analyse classique de LAPIERRE dans son livre *Essai sur le fondement du pouvoir politique*, il écrivait : *« L'expérience directe du terrain, les monographies des chercheurs et les plus anciennes chroniques ne laissent là-dessus aucun doute : s'il est quelque chose de tout à fait étranger à un Indien quel qu'il soit, c'est l'idée de donner un ordre ou d'avoir à obéir, sauf en des circonstances très spéciales comme lors d'une expédition guerrière. »* La question que pose Clastres oblige le sociologue politique, dès lors qu'il ne se contente pas de l'investigation pointue d'un domaine particulier de son champ, à se demander s'il n'est pas resté prisonnier de son provincialisme européen et si une étude du politique ne doit pas affirmer à la fois qu'il n'est pas de société sans politique, mais que cette universalité du politique n'équivaut pas à l'universalité du coercitif et de son ultime rationalisation : l'État. Contentons-nous de constater que pouvoir coercitif et conscience de l'historicité vont de pair. L'avènement dans la conscience sociale de la valeur du changement et la naissance du pouvoir coercitif sont un seul et même avènement. C'est du reste ce que note également Lapierre, qui écrit : *« Le pouvoir politique se développe d'autant plus que l'innovation sociale est plus importante, son rythme plus intense, sa portée plus étendue. »*

Ces discussions ne sont pas byzantines. D'abord parce que les sociétés dites « primitives » ou « sans histoire » et « sans État » ne peuvent être exclues de la réflexion sociologique. Ensuite, parce qu'il nous faut comprendre le politique dans toute son ampleur et comme consubstantiel à l'homme. Disons que le politique se définit moins par les formes de son exercice (formes de domination ou de non-domination) que par la nature de l'assujettissement qu'il induit et de cette « division » qui est la marque même du symbolique. Les Indiens ne sont pas assujettis à un chef ou à un pouvoir mais sont assujettis aux dieux et aux ancêtres. Avec le pouvoir politique de domination, l'assujettissement est médiatisé par une instance déléguée par légitimité. Que cette instance soit de droit divin ou de peuple souverain, la structure d'assujettissement demeure. C'est dans cet horizon que sont à inscrire les travaux de LEFORT et ceux de GAUCHET sur « la sortie du religieux » (*Le Désenchantement du monde*, 1985).

MILLS. À la question « Qui détient le pouvoir ? qui décide ? qui influence ? », les sociologues qui s'inscrivent dans une perspective marxiste répondent en expliquant le pouvoir à partir de la stratification de la société en classes antagonistes et de l'emprise d'une classe dominante qui dissimule, brouille, camoufle le fait par l'idéologie. On peut prendre pour exemple de ce courant l'ouvrage de MILLS (*L'Élite du pouvoir*, 1956). Étudiant le pouvoir politique aux États-Unis et s'appuyant sur de nombreuses monographies et enquêtes, il met en évidence ce qu'il nomme l'*élite du pouvoir*, englobant ceux qui occupent les postes de direction : les chefs d'industrie, les chefs politiques, les chefs militaires, trois élites qui n'en forment qu'une du fait de l'origine sociale commune de leurs membres et de la fréquence des liens personnels et familiaux qui les lient entre eux. L'*élite du pouvoir* est un véritable cercle restreint où se retrouvent les « patriciens des grandes villes », les « propriétaires privés » et les « seigneurs de la guerre ». Notons cependant que Mills se différencie des marxistes en ce que l'élite du pouvoir ne peut être définie comme classe sociale. Il y a des élites de classes, pas une classe d'élites. La nuance est d'importance et a initié des recherches consacrées aux différentes élites. Mais il reste qu'est donnée là une sociologie politique où le politique en tant que tel n'existe plus que comme effet de la stratification sociale.

CROZIER. Une autre postérité est celle qui vient de Weber et de ses analyses sur la bureaucratie. On peut citer ainsi CROZIER (*Le Phénomène bureaucratique*, 1963, et *La Société bloquée*, 1970). Celui-ci ne ramène pas le problème politique à l'analyse d'une forme étatique et au rapport entre celle-ci et la sphère économique. Il le rapporte à l'analyse des processus d'organisation qui, dans une société donnée (en l'occurrence la société française), régissent les relations des hommes entre eux et réglementent leurs stratégies en vue du pouvoir des uns sur les autres. De ce point de vue, le politique est défini par le type d'équilibre que produisent les différents partenaires pris dans le jeu des hiérarchies et des rapports de forces. On ne réduit donc pas le politique au mode de pouvoir que connaît la société globale ; on doit l'étendre aux relations de pouvoir dans les multiples organisations particulières (entreprises, administrations, universités, etc.). Ce mélange de langages, de stratégies et de forces, Crozier le définit ainsi : « *Le pouvoir de A sur B correspond à la capacité de A d'obtenir que, dans sa négociation avec B, les termes de l'échange lui soient favorables.* » Le pouvoir n'est donc pas cette sorte de rapport où le faible est obligé de se soumettre à la puissance du fort, mais le lieu d'une stratégie où les comportements des acteurs sociaux sont soumis à la logique des situations historiques et aux contextes institutionnels. Ainsi le faible peut-il avoir le plus grand des pouvoirs s'il met le fort en situation (morale ou autre) d'être empêché d'utiliser sa force. C'est ainsi que Crozier écrit : « *Dans la réalité* [...], *les subordonnés ont des moyens puissants sur le supérieur, car la réussite de celui-ci dans l'organisation dépend finalement de leur application et de leur bon vouloir. Le supérieur ne peut répondre à ces pressions que s'il se livre à un détournement de pouvoir. Il lui est nécessaire, en effet, pour disposer d'une liberté de manœuvre suffisante, de faire peser la menace d'une application stricte des règles et de laisser entendre, en revanche, qu'il tolérera des entorses substantielles en échange d'un comportement de bonne volonté.* »

L'analyse politique renvoie ainsi à l'analyse des formes d'organisation qui médiatisent la violence et le conflit en imposant les règles du jeu, celles d'une sorte de pacte fondateur.

André AKOUN

bibliographie

CHAZEL François, « Pouvoir, cause et force », in *Revue française de sociologie*, XV, 4, 1974.

CHAZEL François, « Pouvoir, structure et domination », in *Revue française de sociologie*, XV, 4, 1983.

CROZIER Michel, *Le Phénomène bureaucratique*, Seuil, 1963.

CROZIER Michel, *La Société bloquée*, Seuil, 1970.

CROZIER Michel, FRIEDBERG Erhard, *L'Acteur et le système*, Seuil, 1977.

GAUCHET Marcel, *La Religion dans la démocratie*, Gallimard, 1998.

LEFORT Claude, *L'Invention démocratique*, Fayard, 1981.

LIPSET Seymour, *L'Homme et la politique*, Seuil, 1993.

LIPSET Seymour, « Sociologie du politique », in *Cahiers internationaux de sociologie*, XCIV, 1993.

MACPHERSON C. B., *Théorie politique de l'individualisme possessif de Hobbes à Locke* (1962), NRF/Gallimard, 1977.

SOCIOLOGISME

voir : DÉTERMINISME, POSITIVISME, SOCIOCENTRISME, STÉRÉOTYPE

Prétention contestée de la sociologie à rendre compte de tous les phénomènes humains sans recourir aux autres sources de connaissance.

Cette critique a été fréquemment adressée à DURKHEIM et à son principe, formulé dans les *Règles de la méthode sociologique*, d'expliquer tous les faits sociaux par les seuls faits sociaux (et non par la biologie ou la psychologie). Dans les débats théoriques, cette critique est formulée par des auteurs issus d'origines diverses (phénoménologues, actionnalistes...) contre les paradigmes sociologiques auxquels il est reproché d'accepter le principe exclusif du déterminisme social (par exemple, le marxisme*).

Au niveau de l'opinion commune, la tendance à expliquer, et à excuser, tous les comportements individuels par l'obscure action d'un système social est un préjugé courant, usité dans les polémiques politiques et judiciaires.

Pierre ANSART

bibliographie

BOURRICAUD François, « Contre le sociologisme : une critique et des propositions », in *Revue française de sociologie*, XVI, suppl., 1975.

BOURDIEU Pierre, CHAMBOREDON Jean-Claude, PASSERON Jean-Claude, *Le Métier de sociologue. Préalables épistémologiques* (1968), Mouton-Bordas, 1983.

SOCIOMÉTRIE

voir : MÉTHODES, PSYCHOLOGIE SOCIALE

En psychosociologie, technique particulière d'analyse des petits groupes inventée par Jacob L. MORENO.

À l'intérieur d'un groupe déterminé, on fait passer à chacun des membres le test sociométrique : il doit dire quels sont les membres du groupe à qui il voudrait s'associer dans telle situation (échelle des attractions en fonction d'un critère de situation) et ceux dont il ne voudrait pas (échelle de répulsion). Les critères sont choisis (en général au nombre de deux ou trois) en fonction de la vie du groupe. Les résultats sont transcrits dans un sociogramme*.

André AKOUN

bibliographie

MORENO Jacob L., *Les Fondements de la sociométrie* (1934), PUF, 1954.

SOI

issu du latin classique *se*, accusatif du pronom réfléchi de la première personne

voir : ACTEUR, SUJET

Concept psychosociologique utilisé par George H. Mead. Il écrit : « L'individu s'éprouve lui-même comme tel, non pas directement, mais seulement indirectement, en se plaçant aux divers points de vue des autres membres du même groupe social, ou au point de vue généralisé de tout le groupe social auquel il appartient. Il entre dans sa propre expérience comme un Soi (...) dans la mesure où il devient d'abord un objet pour lui de la même manière que les autres individus sont des objets pour lui. Il ne devient un tel objet qu'en prenant les attitudes d'autrui envers lui à l'intérieur d'un milieu social, ou un contexte d'expérience et de comportements où il est engagé avec eux ».

1 Le *soi* se constitue donc par l'intermédiaire de nombreuses prises de rôles rendues possibles par le langage. Les rôles disparates, morcelés, s'ordonnent peu à peu en unités plus vastes, de l'intériorisation du rôle de l'autre à l'intériorisation de l'*autrui généralisé (The generalized other)*.

Se caractérisant lui-même comme un behavioriste social, MEAD rejette à la fois toute démarche partant de l'individu isolé de la société et toute démarche inverse partant d'une collectivité transcendant les individus. Il prend pour origine l'acte social : *« C'est-à-dire une activité qui requiert la coopération de plus d'un individu et dont l'objet est un objet social. »* L'accent est mis sur le réseau des relations interpersonnelles qui s'établissent entre des individus placés les uns par rapport aux autres dans des positions définies.

2 La première topique de FREUD utilisait le terme *soi* pour définir l'inconscient, avant d'utiliser le terme *ça* dans la seconde topique.

André AKOUN

bibliographie

MEAD George H., *L'Esprit, le soi, et la société* (1934), PUF, 1963.

SOLIDARITÉ

du latin *solidus* « entier »

all. SOLIDARITÄT	esp. SOLIDARIDAD
angl. SOLIDARITY	ital. SOLIDARIETÀ

voir : ATOME (SOCIAL), LIEN SOCIAL, RELIANCE

Existence de liens sociaux se manifestant par des comportements de coopération réciproque entre les membres d'un groupe.

SOLIDARITÉ MÉCANIQUE ET SOLIDARITÉ ORGANIQUE. Dans *De la division du travail social*, DURKHEIM fait de la solidarité un trait essentiel des liens sociaux. Les deux formes qu'il distingue, la *solidarité mécanique* et la *solidarité organique*, différencient fondamentalement les sociétés archaïques des sociétés modernes. Dans cette conception, la solidarité mécanique ou par similitude associerait des individus ayant les mêmes compétences et les mêmes croyances. À l'opposé, dans la solidarité organique, chacun, dépendant du travail d'autrui, se trouve organiquement lié à l'ensemble social. Pour Durkheim et dans cet ouvrage, c'est donc à partir de la solidarité que peuvent se comprendre tout un ensemble de phénomènes sociaux. Ainsi, le système juridique est une expression de la solidarité : dans les sociétés à solidarité mécanique, le droit donne lieu à des sanctions répressives liées à une conscience collective forte et contraignante ; dans les sociétés à solidarité organique, le droit majore les sanctions restitutives, correspondant à une conscience collective moins forte et recherchant non la vengeance mais la remise des choses en leur état antérieur.

LE SOLIDARISME. Cette importance accordée à la solidarité se retrouve dans les idéologies qui font de sa défense et de son extension la valeur politique majeure. Le « solidarisme » (BOURGEOIS, 1896) reprend les conclusions de Durkheim sur les dangers que fait courir l'affaiblissement de la solidarité ; cette situation provoque l'isolement des individus et peut être comptée, selon Durkheim, comme l'une des causes du suicide (Durkheim, 1897).

FORMES ET STRUCTURES DE LA SOLIDARITÉ. L'examen des formes et des structures où se déroulent des pratiques de solidarité montre toutefois la grande diversité de celles-ci et le risque qu'il y aurait à les confondre dans une même définition.

On doit en effet distinguer bien des formes différentes. La famille, fondée sur des liens de consanguinité, n'est pas un lieu de solidarité au sens durkheimien du terme ; cependant, au sein de la famille élargie, dans les aides que s'apportent les générations, on reconnaît des liens spécifiques de solidarité (ATTIAS-DONFUT, 1995). L'école, l'université génèrent des liens de camaraderie, de convivialité et, éventuellement, de solidarité. Les communautés villageoises étaient, jusqu'au milieu du XXe siècle, des lieux éminents de solidarité (échanges de services, fêtes locales). Les compagnonnages, qui ont subsisté jusqu'au-delà du XIXe siècle, créaient des solidarités liées aux pratiques et aux savoirs partagés, non sans concurrence interne. Les solidarités ouvrières du XIXe siècle n'ont pas totalement disparu malgré les transformations des conditions de travail. Les conflits sociaux tendent à réanimer les solidarités professionnelles. Ces solidarités, qui se fondent sur des bases sociales différentes, prennent, de ce fait, des caractères propres. Enfin, on ne confondra pas les solidarités provisoires, liées, par exemple, au temps d'une manifestation ou d'une émotion partagée, et les solidarités durables maintenues par le travail commun et les entraides quotidiennes (DUVIGNAUD, 1986).

RÉGRESSION DES SOLIDARITÉS LOCALES ET SOLIDARITÉ NATIONALE. Les historiens et sociologues des liens sociaux ont souligné la régression des solidarités locales, urbaines, du fait de l'extension des pouvoirs de l'État (dans les domaines de la protection civile, des services sociaux) et de la substitution d'une solidarité nationale aux solidarités plus personnelles. En effet, les représentations sociopolitiques contemporaines assimilent volontiers la solidarité à une gestion étatique et abstraite, éloignée des initiatives des personnes. Cependant les difficultés sociales et individuelles (mutation des rapports familiaux, chômage, faillites) donnent lieu, non à la disparition de tout lien de solidarité, mais à des initiatives et à des formes différentes de la solidarité.

Pierre ANSART

bibliographie

ATTIAS-DONFUT Claudine, *Les Solidarités entre générations*, Nathan, 1995.

BOLLE DE BAL Marcel, *La Tentation communautaire : les paradoxes de la reliance et de la contre-culture*, Bruxelles, Éd. de l'Université de Bruxelles, 1985.

BOURGEOIS Léon, *Les Applications sociales de la solidarité*, Alcan, 1904.

DURKHEIM Émile, *De la division du travail social* (1893), PUF, 1996.

DUVIGNAUD Jean, *La Solidarité : liens de sang et liens de raison*, Fayard, 1986.

SERVOIN François, DUCHEMIN Roberte, *Inégalités et solidarités*, Méridiens-Klincksieck, 1935.

1. SONDAGE (D'OPINION)

de l'ancien nordique *sund* « mer, bras de mer »

all. UMFRAGE	esp. SONDEO
angl. STAMPLE SURVEY	ital. SONDAGGIO

voir : ENQUÊTE, MÉTHODES, MÉTHODOLOGIE, QUESTIONNAIRE

Méthode standardisée de recueil de données auprès d'un échantillon représentatif d'une population, afin d'en déterminer et d'en mesurer diverses caractéristiques.

HISTOIRE. La méthode des *sondages* en sciences sociales résulte de la convergence d'intérêts scientifiques et pratiques divers, ce qui explique les confusions auxquelles le terme donne souvent lieu et sa restriction abusive aux seuls sondages d'opinion. Présent dès l'Antiquité, le souci de *recensement* des populations et des biens s'est considérablement développé à partir du XVIIIe siècle pour aboutir à la mise en place des modernes instituts de statistiques. La généralisation et le coût des enquêtes ont suscité l'appel à des techniques de sondage permettant d'inférer des tendances générales à partir d'observations particulières. Ces techniques résultaient de l'application du calcul des probabilités et des méthodes statistiques au problème du recueil de données, et notamment de la systématisation des procédures d'échantillonnage. Les outils ainsi fournis par les statisticiens rencontrèrent l'intérêt des chercheurs en sciences sociales. La recherche empirique prend son essor et se codifie aux États-Unis après la Première Guerre mondiale. Identifier et mesurer les *attitudes* d'une population, établir leurs corrélations avec ses caractéristiques fondamentales, inférer parfois des décisions à prendre deviennent l'enjeu de vastes enquêtes et l'instrument d'une codification rigoureuse (LAZARSFELD). Simultanément deux domaines se spécifient, les sondages électoraux et les enquêtes de marché. Directement orientés par des soucis d'information pratique, ils permettent une standardisation accrue des procédures, le développement de nombreux organismes privés d'études et un approfondissement de la réflexion théorique sur les notions d'*opinion* et d'*opinion publique* (STOETZEL). Depuis la Seconde Guerre mondiale, la méthode de l'enquête par sondage s'est généralisée, bénéficiant d'une demande sans cesse accrue et de l'apport des nouvelles techniques informatiques de calcul et de traitement de l'information.

MÉTHODE. Quels sont les comportements alimentaires des Français ? Quels sports pratiquent-ils ? À quelles valeurs adhèrent-ils ?... Ces questions, que le sociologue se pose, ont la caractéristique de ne pouvoir obtenir de réponse sans le recours à une enquête directe. Elles visent soit des caractéristiques *objectives*, constatables, comme la pratique du jogging ou la consommation de poisson, soit des caractéristiques *subjectives* (attitudes, opinions, valeurs). Toute population étant segmentée par certains traits fondamentaux, comme l'âge, le sexe, la catégorie socioprofessionnelle, etc., l'hypothèse fondamentale du sociologue est que les propriétés qu'il veut étudier, objectives et subjectives, se répartissent différentiellement en fonction de ces critères. Cette hypothèse commune se spécifie selon l'objectif de la recherche et donne lieu à des infléchissements techniques particuliers, aux trois moments clés de l'élaboration du questionnaire, de la détermination de l'échantillon et de l'analyse des données. Schématiquement, il est possible de distinguer deux cas extrêmes : soit le chercheur s'intéresse à la structure des liens entre diverses caractéristiques objectives et subjectives d'une population et multiplie les variables afin de saisir au mieux cette complexité ; soit il vise à mesurer de la façon la plus serrée et la plus fidèle quelques caractéristiques déterminées. Les enquêtes socioculturelles sur les pratiques et les représentations ressortissent plutôt au premier pôle, les sondages préélectoraux au second.

La problématique et le cadre d'analyse fixés, toute enquête par sondage passe par trois moments : détermination de l'échantillon d'étude ; construction et passation du questionnaire ; analyse des résultats. Ces trois phases peuvent impliquer des sous-moments, comme ceux du test du questionnaire ou du redressement de l'échantillon.

ÉCHANTILLONNAGE. Soit une population d'étude *M*, constituée d'un nombre fini d'individus théoriquement recensés ou recensables ; un échantillon représentatif *m* de *M* est un sous-ensemble de *M* tel que la distribution d'une variable Y dans *M* puisse être inférée de façon satisfaisante de sa distribution *y* dans *m*. Cette question relève de la statistique qui distingue deux grands ensembles de techniques (Desabie) : *empiriques* ou par *sondage aléatoire*. Parmi les premières, les plus utilisées sont les techniques des *quotas* et des *groupes cibles*. La méthode des quotas requiert que, connaissant la distribution des caractéristiques fondamentales de *M* — par exemple le sexe, l'âge, la catégorie socioprofesionnelle —, leurs proportions se retrouvent parmi les personnes interrogées de *m*. La méthode des groupes cibles, fondée sur un *a priori* structural, accorde moins d'importance à la distribution des variables d'étude prises une à une qu'à leurs connexions en ensembles spécifiques, rattachables à des groupes sociaux particuliers. La définition de ces derniers privilégie le plus souvent les contrastes et les oppositions. Ces techniques sont largement utilisées dans les enquêtes relevant du premier pôle défini ci-dessus. Leur *significativité* sociologique l'emporte sur leur *représentativité* statistique. Les sondages aléatoires, à l'inverse, sont fondés sur l'exigence mathématique que chaque individu de *M* ait rigoureusement la même chance d'être sélectionné. Seul un tirage aléatoire à partir d'une liste nominale exhaustive des membres de *M* satisfait cette condition. Pratiquement les chercheurs ont recours à des techniques à plusieurs niveaux. Les individus à interroger sont choisis sur la base d'une sélection préalable de regroupements déterminés : ainsi, pour connaître l'état d'esprit des ouvriers d'un grand groupe, on peut sélectionner deux ateliers par usine, et au sein de ceux-ci, interroger un individu sur 10. Ces unités de base sont données ou construites. Dans le premier cas, on parle de *grappes* (ici les ateliers) ; lorsque la définition de ces grappes se fait sur la base de l'appartenance à une aire déterminée (une rue, un quartier), on parle de sondage *aréolaire*. Le regroupement préalable peut être à l'inverse construit à partir de sous-populations définies par la distribution d'une variable déterminée : taille de la surface cultivée (exploitations agricoles), nombre d'habitants (communes), classes de revenus... On parle alors de *strates*. Leur mode de définition détermine le nombre d'individus, tirés au sort, à interroger par strate retenue. Cette technique est la plus satisfaisante sur le plan mathématique et correspond au second pôle des enquêtes sociologiques.

QUESTIONNAIRE. Outil fondamental de l'enquête, il peut être administré par entretien direct, à domicile, dans la rue, ou indirect, par téléphone. Il peut également être rempli par la personne interrogée, à laquelle il aura été remis ou envoyé par la poste. Ces diverses variantes sont fonction du type d'enquête mené et du budget qui lui est alloué. Elles impliquent un appel plus ou moins large à des enquêteurs. Elles sont définies par les objectifs de l'enquête et interviennent dans les choix de construction du questionnaire. Schématiquement, celui-ci peut osciller entre une forme strictement standardisée de *questions fermées* — n'appelant à la limite que des réponses par oui ou par non — et une articulation complexe de questions de divers types, comportant notamment des *questions ouvertes*. Les sondages d'opinion relevant d'organismes privés standardisent au mieux leurs procédures afin de réduire les coûts, d'accélérer les délais de réponse et de permettre comparaisons et *panels* (interrogations successives d'un même échantillon). Les enquêtes universitaires, davantage exploratoires, recourent à des outils plus diversifiés. Les instituts officiels de statistiques, en situation intermédiaire, doivent concilier la standardisation des procédures et une certaine complexité dans la construction et le choix des variables. Enfin, préenquête et test préalable du questionnaire sont recommandés dans le cas de recherches scientifiques complexes ou de sondages portant sur de nouveaux domaines.

TRAITEMENT. De type quantitatif, le traitement des données a largement bénéficié des progrès des instruments de calcul et du développement de l'informatique. Codage, croisements, analyses inférentielles, analyses de correspondances sont autant d'étapes et de ressources. Les techniques statistiques utilisées dépendent de la nature de l'enquête, de ses objectifs, du type d'échantillonnage effectué et des variables retenues. Les sondages exigeant une représentativité forte recourent à des techniques de redressement et de rectification (élimination de réponses aberrantes, pondération, etc.). Généralement, on compare la distribution des variables fondamentales au sein de *m* et de *M* afin d'évaluer et, si possible, de mesurer le degré de *confiance* accordable aux résultats. En cas de questions ouvertes, une *analyse de contenu* précède le codage. Selon les objectifs de l'enquête, seront privilégiés des pourcentages de réponses à des questions clés (sondages d'opinion) ou la mise au jour de structures complexes de relations entre variables de divers niveaux.

INTÉRÊT ET LIMITES. Depuis leur utilisation régulière, les enquêtes par sondage n'ont pas échappé à diverses critiques dont la sociologie s'est faite largement le porte-parole.

CRITIQUES MÉTHODOLOGIQUES. La sophistication croissante des techniques mathématiques de construction et de traitement des données a parfois entraîné chez les chercheurs une sorte d'artificialisme et de culte aveugle du chiffre que SOROKIN dénonça dès les années 1960 sous les termes de *numérologie* et de *quantophrénie*. Recherches mathématiquement exactes, mais parfois taxées d'un déficit de sens, les enquêtes sociologiques par sondage sont souvent complétées par des investigations plus qualitatives, fondées sur l'observation ou l'entretien. Ces dernières tendent même à les supplanter dans la recherche universitaire, abandonnant aux grands organismes les travaux lourds et coûteux. Cette tendance est renforcée par le développement de courants privilégiant la construction du sens par les acteurs (interactionnisme* symbolique, ethnométhodologie*) ou une approche herméneutique du social.

CRITIQUES ÉPISTÉMOLOGIQUES. Les critiques méthodologiques n'invalident pas les sondages. Elles en fustigent les excès et revendiquent le droit à une politique alternative d'investigation et d'analyse. Il est cependant possible de contester le bien-fondé même de la méthode appliquée aux sciences sociales. Pour la *théorie critique* de l'École de Francfort, adopter le point de vue statistique, c'est décomposer les phénomènes socio-historiques en exemplaires particuliers de lois de distribution, alors qu'ils sont les *moments* indissolublement liés d'une totalité en devenir. La technique du sondage présuppose une loi de probabilité qui n'a de sens que pour les phénomènes naturels (ADORNO).

CRITIQUES POLITIQUES. Mettant en cause la réalité même de l'opinion censée être mesurée, des critiques vigoureuses se sont attachées à dénoncer le rôle joué par les sondages dans la construction et la manipulation d'une opinion publique dont la véritable fonction serait de participer au fonctionnement du champ politique comme lieu d'imposition symbolique et médiatique (BOURDIEU, CHAMPAGNE).

Quel que soit le bien-fondé de ces diverses critiques dans leur ordre, il n'empêche que les sondages entendus au sens large sont devenus un instrument irremplaçable d'investigation en sciences sociales. Les multiples enquêtes menées par les instituts nationaux de statistiques et les divers organismes publics de recherche relèvent de cette méthode, ainsi qu'une grande partie de celles produites par les laboratoires universitaires. Après quelques décennies d'utilisation, cette extension permet de construire des séries temporelles d'évolution pour de multiples indicateurs socio-économiques et socioculturels ainsi que des tables de comparaison. En ce sens, l'ensemble des résultats obtenus par cette méthode participe d'une accumulation raisonnée des données indispensable à toute entreprise de connaissance scientifique du social.

Jean-Michel BERTHELOT

bibliographie

ADORNO Theodor W., « Sociologie et recherche empirique » (1969), in *De Vienne à Francfort, la querelle allemande des sciences sociales*, Bruxelles, Éd. Complexes, 1979.

BOURDIEU Pierre, « L'opinion publique n'existe pas » (1973), in *Questions de sociologie*, Éd. de Minuit, 1980.

CHAMPAGNE Patrick, *Faire l'opinion*, Éd. de Minuit, 1990.

DESABIE Jacques, *Théorie et pratique des sondages*, Dunod, 1966.

STOETZEL Jean-Albin, *Les Sondages d'opinion publique*, PUF, 1973.

2. SONDAGE

(MÉTHODOLOGIE : « ÉCHANTILLONNAGE »)

de l'ancien nordique *sund* « mer »

all. STICHPROBE	esp. MUESTREO
angl. SAMPLING	ital. CAMPIONATURA

voir : ÉCHANTILLON, ENQUÊTE, MATHÉMATIQUES ET SOCIOLOGIE

Opération de sélection, parmi une population, des individus qui vont appartenir à un échantillon.*

Le terme de *sondage* apparaît à la fin du XVIIIe siècle. Il remplace le mot *sondement* et désigne l'action de « chercher à mesurer une profondeur » (celle de la mer par exemple). Au XIXe siècle, il est également employé au sens d'« investigation discrète et rapide », annonçant ainsi sa signification actuelle, en usage depuis les années 50.

On crée un échantillon pour ne travailler que sur une sous-partie de la population visée, tout en ayant la possibilité d'en inférer des résultat sur la population elle-même. Historiquement, deux grandes familles de méthodes se sont développées depuis le début du XXe siècle, elles relèvent de logiques distinctes.

1 La première consiste à considérer que l'échantillon doit être un modèle réduit de la population, et donc que la distribution des variables doit être la même dans la population et dans l'échantillon. Cette vision des choses a conduit à engendrer la *méthode des quotas*, qui consiste à faire en sorte que l'échantillon respecte, pour certaines variables, les proportions présentes dans la population, que l'on connaît à l'avance grâce aux recensements. Les variables en question sont habituellement le sexe, l'âge, la catégorie professionnelle, la taille de la commune... Cette méthode est la plus largement employée par les instituts de sondage d'opinion, car elle est peu coûteuse et relativement simple à mettre en œuvre. Elle présente néanmoins deux inconvénients majeurs.

- En premier lieu, elle suppose que les variables retenues sont bien discriminantes du comportement que l'on étudie, ce qui n'est *a priori* pas forcément le cas.
- En second lieu, elle interdit tout recours à la théorie de l'inférence et, notamment, ne permet pas le calcul d'intervalles de confiance*, et donc de se faire une idée de la précision des résultats que l'on produit. Le *sondage aléatoire simple* conduit également à obtenir une maquette de la population. Il s'agit alors de tirer au hasard dans la population un nombre d'individus suffisamment élevé pour que la loi des grands nombres garantisse que les distributions de toutes les variables soient respectées. L'intervention du hasard permet alors de s'adosser aux théories de statistique mathématique et au calcul des probabilités, et de mettre en œuvre des techniques d'estimation*.

2 La seconde logique, beaucoup plus récente et plus délicate à utiliser, consiste à remettre en question ce principe de « modèle réduit » et de construire un modèle déformé de la population, en surreprésentant certaines catégories au détriment de certaines autres. Cette manière d'opérer (connue sous le nom de *sondage de Neyman*) a du sens à partir du moment où l'on *sait* à l'avance que le comportement que l'on étudie présente une variabilité plus grande à l'intérieur d'une certaine catégorie (celle que l'on surreprésente) que chez les autres. Elle permet alors d'améliorer considérablement la précision des estimations.

Il existe bien d'autres méthodes plus ou moins élaborées de création d'échantillon (sondage stratifié, par grappes, à plusieurs degrés...) que l'on ne traitera pas ici, et d'une manière pratique, on recommande aux chercheurs peu initiés à la théorie des sondages de recourir autant que faire se peut au sondage aléatoire simple, qui reste aisé à employer et qui permet de contrôler, grâce au calcul d'intervalles de confiance, la fiabilité des résultats.

Félicité des NÉTUMIÈRES

SOUS-DÉVELOPPEMENT

⇒ DÉVELOPPEMENT

SPONTANÉITÉ SOCIALE

du latin *spontaneus* « spontané, volontaire », dérivé de *sponte* (ablatif de *spons* « inusité »), « selon (ta, sa) volonté », « volontairement, spontanément »

voir : DÉTERMINISME, DISSIDENCE, LIBERTÉ, RÉSISTANCE

Caractère propre des actions non conditionnées par des facteurs externes.

L'idée de la *spontanéité sociale* constitue un thème significatif d'idéologies tel l'anarchisme, qui souligne l'autonomie possible des groupements, hors des conformismes et des soumissions politiques. On suppose que des groupes sociaux sont en mesure, compte tenu de leur situation, de créer des réponses nouvelles et adaptées. Sans souscrire à ces dichotomies idéologiques opposant conformisme et liberté, les paradigmes sociologiques abordent ces problèmes par leur réflexion critique sur les notions de déterminisme social, de lois sociales, de résistance aux dominations.

Pierre ANSART

bibliographie

OLSON Mançur, *Logique de l'action collective*, PUF, 1978.

PROUDHON Pierre Joseph, *De la capacité politique des classes ouvrières* (1865), Éd. du Trident, 1989.

SPORT

emprunt à l'anglais *sport* (XVe s.), de l'ancien français *desport* (XIIIe s.) « divertissement »

all. SPORT	esp. DEPORTE
angl. SPORT	ital. SPORT

voir : COMPÉTITION, CORPS, CULTURE, INSTITUTION, NORME

Activité corporelle à caractère ludique, individuelle ou collective, dont la pratique suppose un entraînement et le respect de règles.

L'extension considérable des pratiques sportives et leur importance au niveau national et international a entraîné le développement des recherches en plusieurs directions.

1 L'HISTOIRE SOCIALE DES SPORTS. L'histoire des activités corporelles met fortement en relief les liens étroits entre ces pratiques et les cultures. L'histoire retient particulièrement la création des jeux panhelléniques en 776 avant J.-C., mais HOMÈRE, dans l'*Iliade*, décrivait déjà les courses de chars, les pugilats, le pancrace, la course à pied, l'escrime, le lancer du disque, le tir à l'arc. Nombre de ces pratiques s'inspiraient des apprentissages guerriers, mais elles revêtaient d'autres finalités, le spectacle, l'exhibition individuelle, la compétition et, pour les Olympiades, des objectifs politiques et religieux. Dans les temps modernes, l'histoire des sports participe à l'histoire des transformations socioculturelles : régression des jeux villageois au profit des loisirs urbains, diffusion des modèles élaborés dans les classes nobles et bourgeoises, promotion du sport professionnel et commercialisation des spectacles au cours du XXe siècle.

2 LA SOCIOLOGIE DES PRATIQUANTS. L'étude des pratiques sportives par enquêtes, questionnaires ou observation participante fait apparaître régulièrement une forte corrélation entre les catégories sociales et le choix de pratiques. La pratique est maximale lors de la scolarisation et décroît après la vingtième année (RODGERS, 1977). Parmi les adultes, elle est fortement corrélée avec la stratification sociale : les enquêtes confirment l'attrait des sports collectifs (football, rugby) dans les milieux populaires, et la faveur des classes aisées pour les pratiques individuelles (tennis, golf). Une analyse fine des résultats montre que les choix ne sont pas seulement déterminés par des motifs économiques mais bien culturellement selon des rapports d'affinité effective ou imaginaire. Les représentations du classement social, de la distinction n'en sont pas absentes (POCIELLO, 1995).

3 LES INSTITUTIONS. Les pratiques sportives s'effectuent dans des organisations (établissements scolaires, entreprises, armée) et des institutions différenciées. Pour les institutions du sport amateur, les clubs (omnisports ou spécialisés) constituent les lieux de regroupement des pratiquants. Généralement soutenus financièrement par les municipalités, ils forment des lieux particuliers de sociabilité. Les installations ouvertes au public constituent un autre modèle : régies par des promoteurs privés ou publics, elles correspondent aux besoins de pratiquants préférant échapper aux affiliations. Enfin bien des pratiques (natation, jogging urbain, moto verte...) échappent à toute institution et ne sont soumises qu'aux préférences individuelles. Elles s'opposent totalement aux pratiques professionnalisées qui obéissent à des règles rigoureuses de recrutement, d'entraînement, de compétition et qui génèrent toute une organisation de métiers spécialisés (entraîneurs, gestionnaires...).

4 LES SPECTACLES SPORTIFS. L'utilisation des pratiques sportives en spectacle se manifeste dès les jeux panhelléniques. Avec l'apparition moderne des médias, elle a pris un caractère de masse et de dimension internationale. Ses conséquences sont multiples : introduction de ces spectacles dans les loisirs, apparition d'une presse sportive et des métiers correspondants, création d'émissions radiophoniques et télévisuelles, développement des pratiques se prêtant aux spectacles (football, volley-ball, patinage) au détriment des sports qui s'y prêtent moins (marche, golf), commercialisation des images, intervention déterminante des ressources publicitaires, utilisation commerciale.

5 LES IMAGINAIRES SOCIAUX DU SPORT. La sociologie ne peut qu'être attentive à la richesse des imaginaires sociaux qui accompagnent les pratiques sportives et contribuent à leur donner sens. On le voit chez les jeunes pratiquants qui sont attirés par un sport particulier à travers les images séduisantes du jeu, de la compétition, du succès et des représentations positives d'eux-mêmes dans la participation au groupe. Chaque sport donne lieu à des représentations propres, les idéologies, les mythes, socialement et psychologiquement significatifs (l'équipe, les règles, l'effort sur soi, le dépassement, l'agressivité, la violence contrôlée, le héros solitaire..), et ces représentations sont, réciproquement, régulatrices des comportements. Le sport diffuse des images moralisantes (l'esprit d'équipe, le respect des règles) ou éventuellement mortifères (la fascination du risque) (BAUDRY, 1991).

6 SPORT ET POLITIQUE. L'ampleur du phénomène sportif pose nécessairement le problème de ses liens avec le politique. Le soin apporté par les totalitarismes nazi et soviétique au développement des sports ne laisse pas de doute sur les ressources qu'ils y trouvèrent en termes d'embrigadement de la jeunesse, de mobilisation guerrière et d'accroissement de prestige (CLÉMENT, 1994). Dans les régimes démocratiques, tout gouvernement se pose en protecteur des sports, preuve de son aptitude à gratifier les citoyens et à participer à leurs émotions. Le sport peut être utilisé dans les stratégies électorales, détourné de son éthique par les prétentions identitaires ou nationalistes, instrumentalisé dans les relations internationales (BROHM, 1976).

Pierre ANSART

bibliographie

BAUDRY Patrick, *Le Corps extrême : approche sociologique des conduites à risque*, L'Harmattan, 1991.

BROHM Jean-Marie, *Sociologie politique du sport*, Éditions universitaires, 1976.

CLÉMENT Jean-Paul, DEFRANCE Jacques, POCIELLO Christian, *Sports et pouvoirs au XXe siècle. Enjeux culturels, sociaux et politiques*, PU Grenoble, 1994.

JAMET Michel, *Le Sport dans la société, entre raisons(s) et passion(s)*, L'Harmattan, 1991.

PARLEBAS Pierre, *Éléments de sociologie du sport*, PUF, 1986.

POCIELLO Christian (sous la dir. de), *Sports et société : approche socioculturelle des pratiques*, Vigot, 1981.

POCIELLO Christian, *Les Cultures sportives : pratiques, représentations et mythes sportifs*, PUF, 1995.

ULMANN Jacques, *Corps et civilisation : éducation physique, médecine, sport*, Vrin, 1993.

STADE

voir : ÉVOLUTION, PÉRIODISATION

La notion de *stade* ou d'*étape*, telle qu'elle est utilisée dans la pensée marxiste ou dans certaines théories évolutionnistes, suggère que les sociétés traverseraient nécessairement des étapes successives au cours du temps. MARX trace ainsi une évolution de l'humanité à partir du « communisme primitif » jusqu'à la société communiste, à travers le féodalisme et le capitalisme. ROSTOW, dans sa théorie du développement économique, différencie le stade rural, la phase de décollage, de croissance, puis la société de consommation. Les critiques de ces conceptions évolutionnistes portent à fois sur leurs hypothèses déterministes, sur leur universalisme contestable et leur négligence des particularités économiques et culturelles.

Pierre ANSART

bibliographie

MARX Karl, *Introduction générale à la critique de l'économie politique* (1857), in *Œuvres*, « La Pléiade », Gallimard, 1965.

ROSTOW Walt Whitman, *Les Étapes de la croissance économique*, Seuil, 1963.

*

* *

STATIQUE

du grec *statos* « stationnaire, ce qui se tient droit »

voir : DYNAMIQUE, ÉQUILIBRE, STRUCTURALISME

1. Phénomène qui est en état de repos ou d'équilibre
2. Approche théorique qui privilégie l'étude des systèmes et des relations dans leur stabilité.

COMTE désigne par *statique sociale* la partie de la sociologie qui étudie les lois générales de l'ordre social, les conditions d'existence et d'équilibre de la société. La « dynamique sociale » étudierait les transformations historiques et les évolutions sociales, telle la « loi des trois états ». En raison du caractère temporel des phénomènes sociaux, l'étude purement statique ne peut qu'être abstraite et provisoire. Toutefois, les différents paradigmes sociologiques peuvent être amenés à majorer l'étude des équilibres (structuralisme) ou l'étude des dynamiques de transformation (sociologie dynamique).

Pierre ANSART

bibliographie

BALANDIER Georges, *Sens et puissance, les dynamiques sociales*, PUF, 1981.

COMTE Auguste, *Cours de philosophie positive* (1826-1844), Leçons 46 à 69, Hermann, 1975.

STATISTIQUES SOCIOLOGIQUES

du latin moderne *statisticus* « relatif à l'État »

all. SOZIOLOGISCHE STATISTIKEN	esp. ESTADÍSTICA SOCIOLÓGICA
angl. SOCIOLOGICAL STATISTICS	ital. STATISTICHE SOCIOLOGICHE

voir : ANALYSE FACTORIELLE, CATÉGORIES SOCIOPROFESSIONNELLES, CLASSEMENT, DONNÉES, ENQUÊTE

Les statistiques, conçues ici comme le produit de procédures de classification d'entités sociales puis de dénombrement des entités classées, constituent, idéalement, des instruments d'objectivation. Elles doivent néanmoins être soumises à l'analyse critique.

RÔLES DES DONNÉES STATISTIQUES EN SOCIOLOGIE. Les données statistiques, entendues ici au sens de « données issues de procédures d'identification de formes sociales stables, de classification et de dénombrement de ces formes », constituent des instruments d'objectivation. En aidant le sociologue à rompre avec les représentations individuelles du social, en lui fournissant des outils pour dépasser la somme des subjectivités des acteurs, les statistiques contribuent directement à la construction de l'objet sociologique. Elles constituent des « techniques de rupture » avec les prénotions (BOURDIEU *et alii*, 1968, pp. 28 et 29). Offrant une représentation du monde social extérieur aux subjectivités et perceptions individuelles, elles permettent de répondre à l'impératif méthodologique de Durkheim : pour étudier les faits sociaux, il faut les traiter comme des choses et, pour cela, « *il faut considérer les phénomènes sociaux en eux-mêmes, détachés des sujets conscients qui les représentent ; il faut les étudier du dehors comme des choses extérieures* » (DURKHEIM, 1895, éd. 1993, p. 28). C'est ce qu'il réalise dans *Le Suicide* — qui constitue sans doute le symbole historique du recours à l'objectivation statistique en sociologie —, en proposant une définition du suicide qui lève l'ambiguïté des mots et la confusion des catégories de la langue usuelle (Durkheim, 1897, éd. 1986 pp. 1 à 7), et permette de dissocier l'individuel du collectif : *« Au premier abord,* [les faits sociaux] *semblent inséparables des formes qu'ils prennent dans les cas particuliers. Mais la statistique nous fournit le moyen de les isoler »* (Durkheim, 1895, p. 9). Dans leur volonté d'identifier et de classer des formes sociales stables (dans le temps, dans l'espace social), et de les caractériser par des critères « objectifs », les démarches des statisticiens et celles des sociologues se rejoignent, à la fois épistémologiquement et historiquement. Au fond, l'objectivation statistique n'est, pour le sociologue, qu'une forme particulière de l'objectivation sociologique : en rejeter la possibilité, c'est remettre en cause les fondements de l'objectivation sociologique (*Économie et statistique*, HÉRAN, SINGLY, 1984).

Plus précisément, la participation des informations statistiques à l'objectivation est double : *« Manié avec prudence et intelligence, le procédé statistique est non seulement le moyen de mesurer mais le moyen d'analyser tout fait social »* (MAUSS, 1971, p. 62). En effet, les statistiques sociologiques, comme toutes données statistiques, revêtent deux aspects indissociables l'un de l'autre, et utiles l'un comme l'autre au travail sociologique : les catégories et les effectifs. Le premier aspect, le plus décisif, est celui qui les fonde : ce sont les catégories issues des procédures de classification des formes sociales considérées. Il n'y a pas de statistiques sans catégorisation, et les opérations de définition des catégories, de construction des classifications, contribuent à l'objectivation. Le second aspect, le plus apparent, est le produit des opérations de classification : ce sont les nombres qui représentent les effectifs. Une fois les catégories définies, les dénombrements permettent de connaître les effectifs associés à chaque catégorie et, éventuellement, d'engager des calculs de pourcentages (fréquences relatives) ou des analyses statistiques plus complexes.

De ces informations chiffrées ressort une meilleure connaissance de l'amplitude, de la fréquence et de la variabilité des phénomènes considérés. Il est par exemple possible de conduire des études sur la mobilité sociale en analysant la répartition statistique de la catégorie sociale du fils en fonction de celle du père (THÉLOT, 1982) ; des études sur l'endogamie en construisant un indicateur de proximité des deux conjoints à partir de variables caractérisant leurs origines sociale et géographique (GIRARD, 1974) ; ou encore des études sur la distribution temporelle précise des activités domestiques, professionnelles et de loisir en fonction de l'âge, du sexe ou de la situation familiale (*Économie et statistique*, 1989). Toutefois, de même qu'il est simpliste de nier la possibilité du recours aux statistiques (soit en raison de leur caractère arbitrairement construit, soit au nom de l'impossible totalisation des phénomènes humains et sociaux), il est naïf de concevoir les données comme parfaitement objectives et objectivantes, comme indiscutables (MARTIN, 1997). Elles ne réalisent pas parfaitement l'idéal scientifique de la rupture avec les notions communes et subjectives : elles doivent donc être soumises à une analyse critique, à un usage raisonné.

L'INSCRIPTION HISTORIQUE ET SOCIALE DES STATISTIQUES. Spontanément, le regard de l'utilisateur de statistiques se porte sur les informations chiffrées : Quelles sont les fréquences ou les amplitudes des phénomènes étudiés ? Quels sont les groupes sociaux le plus souvent associés à tel ou tel type de phénomène ? Mais en fait, avant même de pouvoir analyser les données quantitatives, le sociologue doit s'interroger sur leurs conditions de production, et sur les catégories (classifications) qui leur sont sous-jacentes : *« Dans tout travail qui s'appuie sur des éléments statistiques, il est important, indispensable, d'exposer soigneusement la façon dont on est arrivé aux données dont on se sert »* (Mauss, 1971, p. 33). L'essentiel est de toujours tenir compte du fait que, contrairement à un usage bien ancré, les données statistiques ne sont pas « données », et ce, en un double sens. Premièrement, elles ne s'imposent pas d'elles-mêmes aux sociétés et aux individus : elles sont le résultat de longues procédures d'enregistrement, de codification et de traitement des informations primaires ; elles supposent l'existence de dispositifs très exigeants en temps, en argent et en moyens humains. Les informations statistiques ont un coût. Deuxièmement, et là se situe un point essentiel pour le sociologue, les statistiques reposent sur des catégories elles-mêmes construites, produits d'un long processus social et historique. Ces catégories sont donc chargées d'un sens et d'une logique qui peuvent peser sur les recherches qui y ont recours. Il est donc impératif de s'interroger sur les conditions intellectuelles et sociales (donc historiques) d'élaboration des catégories au fondement des dénombrements statistiques.

Catégoriser, c'est diviser (donc distinguer) puis classer (donc regrouper) : dans chacune de ces deux étapes, les principes doivent être explicités. Ici, le travail du sociologue rejoint celui de l'historien. Cela ne signifie toutefois pas que les catégories de la statistique sociologique sont sans réalité puisqu'elles peuvent être reconnues et admises collectivement et faire l'objet d'une définition légale, instituée socialement. La catégorie de « cadre » est aujourd'hui présente à l'esprit de tous suite à une socialisation dans un environnement où cette catégorie est omniprésente : elle constitue, pour nous tous, une catégorie de l'entendement, de la représentation du monde social, même si sa naissance est récente (BOLTANSKI, 1982). Autre exemple : la catégorie de chômeur résulte d'un long travail de classification à l'issue duquel on peut distinguer le chômeur des pauvres, des saltimbanques, des vagabonds, des filles publiques et des sans-profession. Elle repose sur la prise de conscience que la pauvreté ne résulte pas toujours de tares héréditaires ni des conditions de vie dans les grandes villes ; elle s'appuie sur l'idée que l'organisation de l'industrie et du commerce peut être la cause d'une certaine paupérisation. Accompagné d'évolutions dans le regard porté sur l'organisation de la société et de son système de production, ce travail de classification a débuté à la fin du XIXe siècle et se poursuit aujourd'hui, puisque la définition du « chômeur » est encore un enjeu pour les pouvoirs publics, les syndicats ou le patronat (TOPALOV, 1994).

La connaissance des conditions de production des statistiques et d'élaboration des catégories qui les sous-tendent est d'autant plus cruciale que les sociologues manipulent très souvent des données qui n'ont pas été conçues pour leur usage propre et dans la perspective de recherche qui est la leur : leur analyse des données est souvent une analyse dite « secondaire », qui nécessite impérativement une connaissance des conditions premières de leur production et de leur visée. « *Les* data *les plus riches ne sauraient jamais répondre complètement et adéquatement à des questions pour lesquelles et par lesquelles ils n'ont pas été construits. Il ne s'agit pas de contester par principe la validité de l'utilisation d'un matériel de seconde main, mais de rappeler les conditions épistémologiques de ce travail de retraduction qui porte toujours sur des faits construits (bien ou mal)* » (Bourdieu *et alii*, 1980, p. 55). Les réinterprétations des données qu'utilise Durkheim dans *Le Suicide* constituent un exemple d'un tel travail. À plus forte raison, la comparaison internationale ou historique de données statistiques, ou plus simplement l'utilisation de données d'origines diverses, ne peut pas faire l'économie d'une connaissance des logiques qui ont présidé à leur naissance, puis d'une harmonisation de ces logiques (*Économie et statistique*, BRIAND, 1984). Méconnaître les conditions de production, c'est risquer d'attribuer aux individus ou aux entités sociales catégorisées des qualités originales, des propriétés et des traits qu'ils doivent simplement à l'histoire de leur production. Par exemple, une analyse sociologique de la délinquance qui souhaiterait s'appuyer sur des statistiques devrait prendre garde au fait que les données disponibles sont davantage des statistiques sur les modes de répression que des statistique sur la délinquance : les informations statistiques sur la « délinquance juvénile » sont relatives non aux seuls « faits originaux » (vols, bagarres, dépravations), mais à des faits transformés par un long processus qui mène des « faits originaux » à leur codification en un délit régi par le droit (constat des faits par la police, intégration des circonstances sociales, mise en forme dans un procès-verbal, qualification du délit par le parquet, jugement par le tribunal puis verdict). C'est un méfait dont les qualités ont été filtrées et reconstruites qui sert à l'établissement des statistiques (CHAMBOREDON, 1971).

LES CATÉGORIES AU FONDEMENT DES DÉNOMBREMENTS. Les catégories sur lesquelles reposent les statistiques sont d'origines diverses : elles varient notamment en fonction de leur degré de « solidité sociale », c'est-à-dire en fonction de leur niveau d'institutionnalisation. Entre les catégories définies par le législateur et celles définies par des conventions sociales peu stables, restreintes dans le temps et dans l'espace, la gamme des catégories susceptibles de faire l'objet de dénombrements statistiques est vaste. À titre d'exemple de catégories fortement instituées, dont la stabilité sociale est élevée (au moins sur le territoire français), nous pouvons citer le statut matrimonial (les catégories « célibataire, concubin, marié, divorcé, veuf » sont précisément définies par la loi), le diplôme, la catégorie socioprofessionnelle (PCS ou CSP ; DESROSIÈRES et THÉVENOT, 1996) et, bien sûr, l'âge et le sexe. La stabilité juridique de ces catégories ne doit toutefois pas faire illusion : il peut arriver, comme dans le cas du mariage, que la forme sociale à laquelle il renvoie se défasse et change de sens (la baisse du nombre de mariages signifie-t-elle la baisse de la vie en couple stable et structuré, ou plutôt une baisse du nombre de couples qui légalisent leur union ?). Il existe d'autres catégories utiles au sociologue, qui ne sont pas instituées aussi clairement que les catégories juridiques ou administratives mais dont la stabilité est grande : par exemple, la sympathie politique classée en « extrême gauche, gauche, centre gauche, centre droit, droite, extrême droite » est une catégorisation de l'espace politique et des positionnements individuels intelligible par tous. À l'opposé, très nombreuses sont les catégories définies par des conventions sociales très instables, dont la prégnance est limitée à un groupe, voire à quelques individus. Par exemple, les qualificatifs spontanément utilisés pour décrire des tenues vestimentaires varient significativement d'un individu à un autre (*Économie et statistique*, HERPIN, 1984) : une enquête statistique sur les goûts et représentations vestimentaires devra nécessairement tenir compte de ce fait. De même, toute enquête sur les opinions ou les attitudes doit impérativement songer au fait que les catégories linguistiques ou cognitives varient considérablement d'un individu à un autre. Les difficultés sont grandes mais, pour le sociologue et le statisticien, l'enjeu se situe là : parvenir à identifier des formes sociales stables, parvenir à proposer des catégories pertinentes (aussi univoques et précises que possible) pour l'analyse et la compréhension du social.

LES PRINCIPALES SOURCES DE STATISTIQUES POUR LES SOCIOLOGUES. Les principales sources de statistiques « sociales » en France sont l'INSEE (Institut national de la statistique et des études économiques), l'INED (Institut national des études démographiques), les services d'études et de statistiques des différents ministères (notamment, le ministère de l'Éducation, le ministère du Travail et des Affaires sociales, le ministère de la Culture), ainsi que les multiples instituts ou organismes d'études spécialisés (l'INRETS pour les transports, le CREDOC pour les conditions de vie et la consommation, le CREDES pour le système de santé, l'INSERM pour les maladies et la santé, la CNAF pour le système de protection sociale et d'aide sociale, etc.). Ces diverses institutions réalisent à la fois des enquêtes régulières sur leurs principaux objets de recherche et, plus ponctuellement, des enquêtes plus circonscrites et plus approfondies sur des thèmes particuliers. Étant pour l'essentiel publiques, les données statistiques produites par ces institutions font l'objet de publications : signalons notamment l'*Annuaire statistique de la France* publié par l'INSEE, l'ouvrage *Données sociales*, composé d'analyses des principales données statistiques publié tous les trois ans par l'INSEE, ou encore l'*Annuaire des statistiques sanitaires et sociales* publié par le ministère du Travail et des Affaires sociales. À ces institutions dont la raison est en grande partie la production et l'analyse de statistiques, il faut ajouter toutes les enquêtes statistiques menées par des organismes (universités, entreprises) qui entreprennent ponctuellement des enquêtes statistiques, ainsi que les nombreuses enquêtes réalisées par les instituts de sondage (SOFRES, IFOP, CSA, etc). Plus difficiles d'accès, ces sources d'informations n'en sont pas moins riches pour le sociologue. La concertation entre les divers producteurs et les utilisateurs de statistiques, la coordination des enquêtes statistiques publiques, le suivi de la programmation de ces enquêtes sont assurés, en France, par le CNIS (Conseil national de l'information statistique).

Au niveau de l'union européenne, EUROSTAT est chargé de la centralisation et surtout de l'harmonisation des différentes statistiques nationales des pays membres. Au niveau mondial, sur des thèmes nécessairement très limités (du fait de l'hétérogénéité des systèmes nationaux de production de statistiques), l'UNESCO, l'OMS, l'OCDE et l'ONU centralisent et publient des statistiques par pays (structure de population, scolarisation, culture, recherche scientifique, santé).

Olivier MARTIN

bibliographie

BOLTANSKI Luc, *Les Cadres. La Formation d'un groupe social*, Éd. de Minuit, 1982.

BOURDIEU Pierre, CHAMBOREDON Jean-Claude, PASSERON Jean-Claude, *Le Métier de sociologue. Préalables épistémologiques*, EHESS, 1986.

CHAMBOREDON Jean-Claude, « La Délinquance juvénile : essai de construction d'objet », in *Revue française de sociologie*, vol. 12, 1971, pp. 335 à 377.

DESROSIÈRES Alain, THÉVENOT Laurent, *Les Catégories socioprofessionnelles*, « Repères », La Découverte, 1996.

DURKHEIM Émile, *Règles de la méthode sociologique* (1895), « Quadrige », PUF, 1993.

DURKHEIM Émile, *Le Suicide* (1897), « Quadrige », PUF, 1986.

Économie et statistique, n° 168, « Sociologie et statistique », juillet-août 1984 (notamment les articles de J.-P. BRIAND, F. HÉRAN, N. HERPIN, F. de SINGLY).

Économie et statistique, n° 223, « Enquête emploi du temps », juillet-août 1989 (notamment les articles de E. MAURIN et C. ROY).

GIRARD Alain, *Le Choix du conjoint*, PUF, 1974 (cahier de l'INED, n° 70).

MARTIN Olivier, « Regards sur la construction sociale des statistiques », in *La Pensée confisquée* (éd. Club Merleau-Ponty), « Cahiers libres », La Découverte, 1997, pp. 173 à 191.

MAUSS Marcel, *Essais de sociologie*, « Points », Seuil, 1971.

MERLLIÉ Dominique, « La Construction statistique », in *Initiation à la pratique sociologique* (1989) (éd. par P. Champagne, R. Lenoir, D. Merllié et L. Pinto), Dunod, 1996, pp. 101 à 163.

THÉLOT Claude, *Tel père, tel fils ? Position sociale et origine familiale*, Dunod, 1982.

TOPALOV Christian, *Naissance du chômeur 1880-1910*, « L'Évolution de l'humanité », Albin Michel, 1994.

STATUS

Ensemble des positions occupées par un individu et des rôles attachés à ces positions.*

Groupe de status : *ensemble des rôles sociaux détenus par un groupe.*

*
* *

STATUT

du latin *status* « état, position »

all. STELLUNG, STATUS	esp. CONDICIÓN, ESTADO
angl. STATUS	ital. STATUTO

voir : MOBILITÉ SOCIALE, RANG, RÔLE, STRUCTURE

Ensemble des positions sociales occupées par une personne et des rôles attachés à ces positions.

Le concept de *statut social* est l'un des concepts essentiels du vocabulaire sociologique. Il est redéfini selon les perspectives adoptées.

1 STATUT ET POSITION SOCIALE. Considéré statiquement, en termes de positions sociales, les statuts sont objectivement définis par les institutions et les organisations. Une bureaucratie administrative définit rigoureusement des statuts professionnels auxquels sont attachés des droits (salaires) et des tâches imposées. En ce sens, le concept rejoint les significations juridiques (par exemple, les statuts de la fonction publique).

2 STATUT ASSIGNÉ ET STATUT ACQUIS. La distinction entre statut assigné et statut acquis répond à la question de l'acquisition du statut ; on oppose la société d'ordres, où les statuts sont héréditaires, et la société moderne, où les statuts sont obtenus par les divers moyens du travail, du concours, des performances économiques, politiques ou culturelles. Dans cette perspective, la définition du statut renvoie aux questions de la mobilité sociale.

3 STATUT ET CLASSE SOCIALE. Considérés dans leur agencement, les statuts renvoient à l'ample problème des classes sociales ou à celui de la stratification. C'est sur ce point que se situe l'apport de WEBER. Reprenant le débat sur les classes sociales et contestant la définition marxiste limitée au critère de la production, il souligne la nécessité de distinguer, au sein des classes, les différents statuts, particulièrement pour les classes moyennes, où les statuts sont multiples et différenciés.

4 STATUT ACTUEL ET STATUTS LATENTS. Considéré comme le lieu d'un fonctionnement social, le statut peut être pensé en termes de structure et de rôle. Linton a proposé cette double caractérisation du statut : il le définit, d'une part, par la place occupée par un individu dans le système social et donc dans la structure sociale, et, d'autre part, par le rôle, c'est-à-dire par « l'ensemble des modèles culturels associés à un statut donné » (LINTON, 1945). Chaque individu détenant plusieurs statuts, Linton distingue le statut *actuel*, selon lequel une personne agit à un moment donné, et les statuts *latents*, qui sont provisoirement non manifestes. Le problème de la cohérence des statuts pourra, en ce sens, se poser.

5 DÉFENSE INDIVIDUELLE DU STATUT. Une cinquième question doit être soulevée, celle de savoir comment le sujet défend son statut selon les moyens dont il dispose. Cette défense revêt des formes différentes selon qu'elle est effectuée dans une bureaucratie (CROZIER, 1963) ou dans une organisation dans laquelle les détenteurs de statuts de pouvoir peuvent manipuler les symboles et exercer un contrôle sur les représentations sociales. Au niveau microsociologique, GOFFMAN montre que le statut n'est pas seulement une situation, mais qu'il revêt les caractères d'une aptitude à jouer, à faire face aux menaces susceptibles d'atteindre le statut.

6 REDÉFINITION DES INTERRELATIONS STATUAIRES. Enfin le statut peut faire l'objet de recherches sur la transformation des statuts. Si l'on choisit l'exemple des statuts masculins/féminins, on pourra successivement s'interroger sur leur acquisition (et/ou sur leur assignation), sur la redéfinition des interrelations statutaires selon les classes sociales, sur les redéfinitions des rôles, sur les initiatives et les luttes symboliques menées pour la modification des représentations sociales.

Pierre ANSART

bibliographie

BENDIX Reinhardt, LIPSET Seymour M., *Class, Status and Power ; Social Stratification in Comparative Perspective* (1953), New York, The Free Press, 1966.

BLAU Peter Michael, *Inequality and Heterogeneity, a Primitive Theory of Social Structure*, New York, The Free Press, 1977.

GOFFMAN Erving, *Façons de parler*, Éd. de Minuit, 1987.

LAHIRE Bernard, *L'Homme pluriel*, Nathan, 1998.

LINTON Ralph, *Le Fondement culturel de la personnalité* (1945), Dunod, 1967.

WEBER Max, « Classe et action de classe », *in* R. CORNU et J. LAGNEAU, *Hiérarchie et classes sociales. Textes*, Armand Colin, 1969.

STÉRÉOTYPE

du grec *tupos* « caractère, figure, ébauche » et de *stéréos* « solide, ferme »

all. STEREOTYP	esp. ESTEREOTIPO
angl. STEREOTYPE	ital. STEREOTIPO

voir : ATTITUDE, DISCRIMINATION, OPINION PUBLIQUE, RACISME, REPRÉSENTATIONS SOCIALES

Le stéréotype est une représentation simplifiée à l'extrême des autres et de soi-même, reproductible dans différents contextes, alors que le préjugé est une attitude négative envers un ou plusieurs groupes sociaux.

STÉRÉOTYPE ET REPRÉSENTATION SOCIALE. Selon ROZE (1997), le *stéréotype* apparaît comme un élément de la structure des représentations. Du point de vue sociologique, ce terme permet de désigner les opinions ou les jugements que les groupes sociaux portent les uns sur les autres et sur eux-mêmes. Sur le plan de la psychologie individuelle, le stéréotype serait une réaction de défense contre l'angoisse de la différence et de l'abandon des normes.

STÉRÉOTYPE ET CROYANCE. Selon CHADRON, YSERBYT, dans l'ouvrage de BEAUVOIS, JOULE, MONTEIL, « *les stéréotypes sont classiquement définis comme des croyances concernant les caractéristiques partagées par les membres d'un groupe ou d'une catégorie sociale* » (1993, p. 15).

STÉRÉOTYPE ET JUGEMENT. Des études de type expérimental dans le domaine de la perception sociale ont permis de tester l'impact des stéréotypes sur le jugement des individus. La situation de jugement comporte non seulement des éléments informatifs utilisables pour porter un jugement, mais encore des éléments de définition de la situation. Un stéréotype peut fournir deux types d'information : il présente un contenu et signale que la cible du jugement est membre du groupe.

STÉRÉOTYPES ET RELATIONS INTERGROUPALES. LEYENS définit les stéréotypes comme « *des théories implicites de personnalité que partage l'ensemble des membres d'un groupe à propos de l'ensemble des membres d'un autre groupe et du sien propre* » (1993, p. 67).

BOURHIS et GAGNON constatent que le contenu des stéréotypes est composé de croyances positives et négatives au sujet de divers groupes sociaux. Par ailleurs, ils remarquent dans les relations intergroupes la tendance à favoriser les membres de son propre groupe. Ils présentent les stéréotypes comme des produits du processus de catégorisation favorisant l'adaptation à l'environnement par l'accentuation des différences entre groupes distincts et la minimisation des différences à l'intérieur du même groupe.

STÉRÉOTYPE ET PRÉJUGÉ. Ces auteurs rappellent la définition du préjugé selon ALLPORT : le préjugé est une attitude négative ou une prédisposition à adopter un comportement négatif envers un groupe ou envers les membres de ce groupe ; il repose sur une généralisation erronée et rigide. Les préjugés sont présentés comme des attitudes injustifiables qui impliquent des cognitions et des croyances envers des individus membres d'un groupe particulier.

FISCHER (1987) présente les préjugés et les stéréotypes comme des modalités de perception sociale faisant partie d'un même processus qui consiste globalement à schématiser la réalité sociale. Ils sont considérés comme des élaborations mentales qui résultent d'un apprentissage social. Leur fonction se rapporte à la différenciation sociale et à la justification sociale. « *Le préjugé est une représentation acquise qui s'apprend d'abord par l'intériorisation des modèles parentaux* » (1987, p. 110). La scolarisation apparaît comme un autre facteur de la formation des préjugés.

PROCESSUS STÉRÉOTYPIQUE. Pour MAISONNEUVE (1973), la stéréotypie relève de deux processus : la tendance à schématiser ainsi qu'une attitude réactionnelle à une situation collective. Les stéréotypes ont plusieurs caractéristiques : l'uniformité, la simplicité, la prégnance, le ton affectif, le contenu.

FONCTIONNEMENT DU STÉRÉOTYPE. POIRIER (1988), cité par CAIN (1995), décrit le fonctionnement du stéréotype selon plusieurs critères : ils ont une histoire ; pour beaucoup, ils prennent l'universel pour le particulier ; ils confondent l'inné et l'acquis, prennent la partie pour le tout ; leur rôle n'est pas d'expliquer, mais d'éviter l'explication ; ils décrivent les pays en minimisant, voire en niant, le rôle des hommes.

Ariel CORDIER

bibliographie

ALLPORT Gordon W., *The Nature of Prejudice*, Reading (Mass.) Addison-Wesley, 1954.

BOURHIS Richard Y., GAGNON André, « Stéréotypes, discriminations, relations intergroupes », *in* Robert J. VALLERAND, *Les Fondements de la psychologie sociale*, Gaëtan Morin, 1994.

CAIN Albanne *et alii*, *Stéréotypes culturels et apprentissages des langues* (étude pilotée par INRP et IRDP de Neuchâtel), UNESCO, 1995.

CHADRON Georges, YSERBYT Vincent, *in* Jean-Léon BEAUVOIS, Robert JOULE, Jean-Marc MONTEIL, *Perspectives cognitives et conduites sociales . Jugements sociaux et changement des attitudes*, Delachaux et Niestlé, 1993.

FISCHER Gustave-Nicolas, *Les Concepts fondamentaux en psychologie sociale*, Dunod, 1987.

LEYENS Jacques-Philippe, *Sommes-nous tous des psychologues ? Approche psychosociale des théories implicites de la personnalité*, Mardaga, 1993.

MAISONNEUVE Jean, *Introduction à la psychosociologie*, PUF, 1973.

TAGIEFF Pierre-André, *La Force du préjugé : essai sur le racisme et ses doubles*, Gallimard, 1987.

ROZE Xavier, « Stéréotypes sociaux » (1985), in *Encyclopædia Universalis*, 1997.

STIGMATISATION

du grec *stigma* « piqûre » et du latin *stigma* (génitif *stigmatis*) « marque imprimée au fer rouge ; marque d'infamie »

all. STIGMATISIERUNG	esp. ESTIGMATISACIÓN
angl. STIGMATISATION	ital. STIMATIZZAZIONE

voir : IDENTITÉ, RÔLE, SÉLECTION, STATUT

Processus par lequel un stigmate, c'est-à-dire un signe de déclassement, est attribué à un individu ou une catégorie d'individus.

STIGMATE, DÉCLASSEMENT ET SURCLASSEMENT. Selon la théorie développée par GOFFMAN (1920-1982), chaque acteur social possède à la fois une identité *sociale*, correspondant à son « moi projeté » sur les autres *(self)* et une identité *individuelle*, correspondant à sa singularité biographique. La première relève de la répartition socialement organisée des attributs liés aux statuts occupés dans les systèmes de domination et aux rôles qui leur sont liés. Elle répond aux attentes qui sont habituellement adressées à l'individu, à partir des attributs qui lui sont typiquement reconnus. La seconde n'est accessible, à des degrés divers, qu'à un nombre réduit de partenaires intimes. Lorsqu'une caractéristique de son identité personnelle vient perturber les attentes qui sont adressées à l'acteur social, celle-ci peut intervenir pour le *déclasser*, de manière plus ou moins prononcée. On aura alors affaire à un *stigmate* et l'individu sera dit *stigmatisé*. Il peut aussi arriver qu'à l'inverse du stigmate la caractéristique dérogeant aux attentes contribue à *surclasser* l'individu concerné (cas de la personne de statut modeste dont il est révélé qu'elle a eu un comportement héroïque). Bien que Goffman ait envisagé ce cas de figure, que nous proposerons de baptiser *chevron*, il ne s'y est guère attardé et a concentré toute son attention à théoriser le stigmate ; il l'assimile à un handicap, lequel transforme l'identité sociale *virtuelle* (celle qui devrait être typiquement dévolue à l'individu) en identité sociale *réelle* (celle qui résulte du processus de déclassement engendré par la stigmatisation).

TYPOLOGIE DES STIGMATES. Le stigmate peut être d'ordre *physique*, visible (par exemple, une infirmité), ou invisible mais révélable (par exemple, une maladie grave sans symptômes extérieurs), ou *moral*, nécessairement invisible (par exemple, une condamnation infamante). À cette catégorie on peut rattacher des attributs créés par l'ordre institutionnel, ainsi le fait d'appartenir, sous un régime totalitaire, à un groupe considéré comme répudiable (par exemple, être juif dans l'Allemagne nazie). Le stigmate invisible peut être révélé par l'individu lui-même, par des proches au courant de son identité individuelle ou par la rumeur. Il n'est pas exclu de porter un stigmate devant revenir à un autre, comme c'est le cas, par exemple, lorsque l'on porte le même nom qu'un criminel célèbre ou lorsque l'on est le descendant d'un tel personnage. Selon la manière dont le stigmate est envisagé par les groupes sociaux où il est défini comme tel, le déclassement sera plus ou moins élevé. Il pourra même s'accompagner, le cas échéant, de compassion (en Occident, les aveugles ne font en général pas l'objet de moqueries, à la différence des sourds). On peut aussi noter l'existence de *microstigmates*, dont la portée ne déborde pas des limites du contexte où il est construit (par exemple, la maladresse d'un myope sur un court de tennis). Il suffit, pour ne pas le voir mettre en œuvre, que l'intéressé évite de se trouver dans de telles situations.

RÉACTIONS INDIVIDUELLES AUX STIGMATES. Lorsque son stigmate est visible ou révélé, l'individu stigmatisé peut adopter divers types de conduites. Il peut :

- soit *nier* son stigmate, allant éventuellement contre l'évidence (par exemple, un sourd qui prétend ne pas l'être) ;
- soit masquer son stigmate sous les apparences d'une conduite « normale » (par exemple, l'homosexuel qui se marie et a des enfants) ;
- soit utiliser son stigmate pour modifier son effet déclassant dans les relations sociales (par exemple, le bossu qui invite ses partenaires à caresser sa bosse « parce que cela porte bonheur ») ;
- soit encore migrer vers un environnement où l'attribut en question n'est pas retenu comme stigmate (par exemple, un criminel libéré rejoignant un ordre monastique).

STIGMATE ET ENVIRONNEMENT SOCIAL. Le stigmate n'est évidemment pas *absolu* : tel attribut qui est pris pour stigmate dans tel environnement ne l'est pas dans un autre environnement. Il est donc essentiellement *relationnel*. Mais s'il semble évident qu'un individu stigmatisé l'est en raison d'un certain attribut, il faut toutefois tenir compte du degré d'intensité de cet attribut dont il est porteur : par exemple, un boiteux léger pourra stigmatiser une personne atteinte d'une claudication beaucoup plus grave.

STIGMATISATION ET CRIMINOLOGIE. La théorie de la stigmatisation joue un rôle important en criminologie, notamment dans les conceptions reposant sur la *labellisation* sociale, selon laquelle la stigmatisation d'un individu ou d'un groupe peut entraîner un comportement déviant en réponse à ce processus.

Claude JAVEAU

bibliographie

GOFFMAN Erving, *Stigmate. Les Usages sociaux des handicaps* (1963), « Le sens commun », Éd. de Minuit, 1975.

*

* *

STOCK DE CONNAISSANCES

all. WISSENSVORRAT	esp. STOCK DE CONOCIMIENTOS
angl. STOCK OF KNOWLEDGE AT HAND	ital. STOCK DE CONOSCENZE

voir : ACTION, HABITUS, SITUATION, SOCIALISATION

Selon Alfred SCHÜTZ *(1899-1959), qui s'inspire de William* JAMES *(1842-1910), le stock de connaissances disponibles est constitué par la sédimentation d'activités conscientes passées, lesquelles sont mises en œuvre par le système des redevances, c'est-à-dire de constitution des motivations dans le cours des actions.*

Le *stock de connaissances* comporte quatre zones :

. la connaissance *approfondie*, recouvrant le secteur relativement restreint où l'individu possède une connaissance complète, claire et consistante du monde environnant, qu'il s'agisse de son « quoi », de son « comment » ou de son « pourquoi » ;

. la connaissance *informative*, qui permet à l'individu de se déplacer dans le monde sans s'interroger sur son mode d'être, son intérêt ne portant que sur le « quoi » et non sur le « comment » et le « pourquoi » ;

. la connaissance reposant sur la simple *croyance*, avec toutes les nuances que celle-ci peut comporter, telles la vraisemblance, la confiance en l'autorité, l'acceptation aveugle, etc. ;

. la reconnaissance de l'*ignorance du connaissable* : cette zone est celle de la part inconnue du monde, dont l'individu reconnaît toutefois l'existence.

Claude JAVEAU

bibliographie

SCHÜTZ Alfred, *Reflections on the Problem of Relevance* (éd. R. V. ZANER), Yale UP, 1970.

WILLIAME Robert, *Les Fondements phénoménologiques de la sociologie compréhensive : Alfred Schütz et Max Weber*, La Haye, Martinus Nijhoff, 1973.

STRATÉGIE

du latin *strategia* « stratégie, préfecture militaire », repris du grec *stratêgia* « gouvernement militaire d'une province »

all. STRATEGIE	esp. ESTRATEGIA
angl. STRATEGY	ital. STRATEGIA

voir : ACTEUR, LOGIQUE SOCIALE, ORGANISATION, POUVOIR

Ensemble de moyens mis en œuvre par un ou des individus pour parvenir à leurs fins, dans un système dont les règles implicites sont formées par la combinaison de ces stratégies.

Le concept de *stratégie* est apparu dans les travaux de CROZIER vers 1970, contribuant de façon déterminante au « retour de l'acteur » sur la scène sociologique. Il a été formalisé dans *L'Acteur et le système*, paru en 1977. On peut citer comme exemple, dans un monopole industriel, les ouvriers d'entretien qui font aux ouvriers de production un chantage à la panne et donc aux primes pour être élus délégués syndicaux et du personnel (Crozier, 1977). En travail social, la base dit implicitement aux cadres : « On vous donnera de l'information sur la clientèle si vous nous donnez liberté technique et protection face aux tuteurs du service », ce que les cadres acceptent en général, contents de pouvoir ainsi vaquer à leurs affaires (DUTRENIT, 1996). En bref, les moyens stratégiques se résument à l'exercice d'un pouvoir dont les sources peuvent être les alliances, la maîtrise de l'incertitude critique du partenaire, l'expertise et la hiérarchie. Les objectifs dépendent des critères de satisfaction des acteurs, qui dépendent à leur tour de leurs *bonnes raisons* de les désigner comme tels. Ces phénomènes introduisent dans les systèmes humains des *marges de liberté* considérables, dont ANSART a donné des exemples historiques. La tactique est la manière de décliner la stratégie : variation dans l'exposé des motifs selon les partenaires, dans la forme des satisfactions obtenues, mais constance dans le maintien de la règle implicite installée.

Jean-Marie DUTRENIT

bibliographie

ANSART Pierre, *Les Cliniciens des passions politiques*, Seuil, 1997.

BOUDON Raymond, *La Place du désordre*, PUF, 1981.

CROZIER Michel, FRIEDBERG Erhardt, *L'Acteur et le système*, Seuil, 1977.

DUTRENIT Jean-Marie, *Le Travail social*, La Documentation française, 1996.

TOURAINE Alain, *Le Retour de l'acteur*, Fayard, 1984.

STRATIFICATION SOCIALE

du latin *stratum* « couverture (de lit), selle de cheval, pavage de route »

all. SOZIALE SCHICHTUNG	esp. ESTRATIFICACIÓN SOCIAL
angl. SOCIAL STRATIFICATION	ital. STRATIFICAZIONE SOCIALE

voir : CLASSE SOCIALE, MOBILITÉ SOCIALE, RÔLE, STATUT

Représentation d'une population comme distribuée selon un principe de différenciation sociale verticale, ou d'une société structurée selon ce principe — par analogie géologique.

Dès 1927, SOROKIN définissait la *stratification sociale* comme correspondant à « la différenciation d'une population donnée en classes hiérarchiquement superposées ». Elle se manifeste, précisait-il, dans l'existence de couches supérieures et inférieures. *« Son fondement et son essence même consistent en une distribution inégale des droits et des privilèges, des devoirs et des responsabilités, des valeurs sociales et des privations, du pouvoir social et des influences parmi les membres d'une société »* (p. 11). Le phénomène ainsi décrit est *universel* : toute société connaît un schéma de gradation (OSSOWSKI) comprenant, à l'image d'une structure géologique, des « couches » plus ou moins nombreuses et distinctes. Selon la nature des éléments de cette structure, on parlera plutôt de « strates » ou plutôt de « classes » (dans une acception non marxiste). Dans le premier cas, ces éléments sont largement « ouverts », donnant à la structure sociale une fluidité propice à la mobilité individuelle ; dans le second, des « barrières » séparent les différents « niveaux » (GOBLOT), conférant à l'ensemble une rigidité, à l'image des sociétés d'« ordres » (d'Ancien Régime) ou de castes, où ces barrières sont tout simplement infranchissables. Mais, dans tous les cas, le concept de stratification renvoie d'abord à une hiérarchie sociale et, secondairement, à des différenciations fonctionnelles. Ainsi, une définition « classiste » de la structure sociale (de type marxiste, par exemple) n'est jamais exclusive d'une représentation stratifiée.

1 DE LA DIFFÉRENCIATION À LA HIÉRARCHISATION. À l'évidence, la division du travail et des fonctions sociales est, quel que soit son niveau de développement, à l'origine de la segmentation du corps social. Reste à savoir ce qui conduit à l'instauration d'un principe d'inégalité entre ces segments. Pour l'école fonctionnaliste, c'est d'abord la lourdeur des obligations qui incombent aux détenteurs des différents rôles sociaux (en termes de difficulté éprouvée et d'agrément retiré de leur accomplissement, de compétences et de formation requises) ; en les rendant plus ou moins enviables et donc difficiles à pourvoir en candidats adaptés, cette lourdeur explique l'inégalité statutaire qui les caractérise. Il convient en effet, pour que tous les rôles sociaux soient pourvus et qu'ils soient tenus avec compétence et efficacité, que leurs titulaires soient motivés par des rémunérations sociales (en forme de richesse, de prestige et/ou de pouvoir) proportionnelles à leur difficulté — et donc inégales. Pourtant la *rareté* des candidats potentiels n'est pas le seul critère en jeu. L'« importance fonctionnelle » d'un rôle social (c'est-à-dire son degré de contribution au fonctionnement et au maintien de la société) contribue également à sa position relative dans l'échelle des rémunérations sociales. Mais s'il est nécessaire qu'un rôle soit fonctionnellement plus important qu'un autre pour être mieux rémunéré, ce n'est pas suffisant : ainsi, le statut social de l'universitaire serait plus élevé que celui de l'instituteur non pas à cause d'une importance fonctionnelle supérieure mais parce que les candidats potentiels sont plus rares, du fait de la longueur et de la difficulté de la formation requise. Dans une telle perspective, la stratification sociale serait donc *« le dispositif inconsciemment élaboré par lequel les sociétés obtiennent que les positions les plus importantes soient consciencieusement tenues par les personnes les plus compétentes »* (DAVIS et MOORE).

PARSONS propose un complément sans doute éclairant à la difficultueuse notion d'« importance fonctionnelle » en la rapportant au *système de valeurs* d'une société donnée. Chaque société accorde une priorité différente à chacune des « fonctions » nécessaires à l'existence et au maintien de tout système social, elle est donc conduite à privilégier certaines orientations culturelles de l'action sociale. Ainsi, dans nos sociétés occidentales où la fonction « adaptative » (c'est-à-dire le contrôle, l'exploitation et la transformation de l'environnement naturel) prévaut sur les autres (la poursuite de buts communs, l'intégration collective et le maintien des modèles), c'est en référence au degré d'« universalisme » et d'« accomplissement » des qualités et performances des individus que ceux-ci sont évalués et classés. D'où les privilèges sociaux accordés à l'activité économique de production, ainsi que la prépondérance statutaire dont jouissent les chefs d'entreprise et les professions scientifiques et techniques — par opposition aux sociétés traditionnelles qui privilégient le maintien des modèles culturels et donneront un statut de choix aux acteurs concourant à la sauvegarde des traditions collectives (prêtres, anciens, etc.).

Ces théories ne sont pas négligeables ; elles montrent bien le rôle joué par l'évaluation normative dans la production de l'inégalité sociale (DAHRENDORF) et permettent de rendre compte de certains traits essentiels de la stratification sociale en les interprétant comme des adaptations fonctionnelles. Toutefois, elles ne pèchent pas seulement par leur circularité (les classements sociaux révèlent les valorisations fonctionnelles, elles-mêmes déduites des classements en vigueur), mais aussi par leurs limites explicatives. Comment, en particulier, rendre compte des nombreux cas où ni l'importance fonctionnelle, ni la rareté, ni la culture globale ne peuvent expliquer des privilèges collectifs ? Ou encore du fait qu'une « sélection sociale » efficace puisse s'accommoder du maintien d'une forte hérédité sociale ?

2 RICHESSE, PRESTIGE ET POUVOIR. D'aucuns ont voulu trouver dans le marxisme, qui n'a pourtant pas pour problématique explicite la structure de l'inégalité sociale, des éléments de réponse à ces questions. Affirmant que c'est la propriété économique des moyens de production et d'échange qui, pour l'essentiel, confère richesse et pouvoir (social et politique), la théorie marxiste de la structure sociale n'est cependant pas en mesure de rendre compte expressément, au-delà de vastes distinctions structurelles (les « classes »), de la grande multiplicité des statuts sociaux, de leur structuration originale ainsi que du prestige relatif dont ils jouissent. Si elle présente d'intéressantes hypothèses sur le rôle des rapports sociaux dans la génération des représentations et de l'action collectives, la critique faite par Weber à la réduction des différentes dimensions de la stratification, et donc des statuts sociaux à la seule dimension économique de la propriété semble bien être dirimante. En distinguant soigneusement la *classe* (ensemble des individus ayant les mêmes « chances » de « disposer, ou ne pas disposer, de biens ou de services afin de se procurer des rentes ou des revenus ») du statut (« privilège positif ou négatif de considération sociale revendiqué de façon efficace » et fondé sur le mode de vie, l'instruction et le prestige de la naissance ou de la profession) et du pouvoir, la conception analytique wébérienne invalide une approche à la fois réaliste et moniste de la structure sociale. C'est désormais au pluriel que les sociologues parlent de stratifications, comme d'autant de constructions théoriques dont il leur revient d'analyser les formes empiriques d'interférence et de structuration (BENDIX et LIPSET).

3 UN INSTRUMENT D'ANALYSE. Les questions lancinantes de la morphologie et des contenus empiriques de *la* stratification sociale (combien de « strates », composées de qui ?) sont donc sans grande pertinence : il existe autant de « strates » qu'il est nécessaire d'en distinguer pour rendre compte d'un phénomène historique donné selon une problématique particulière, et leurs « frontières » éventuelles correspondent aux points d'inflexion ou de rupture des équations statistiques intégrant les variables pertinentes de cette problématique. Le concept sociologique de stratification (ou celui de « strate ») n'a pas, comme celui de « classe » dans la tradition marxiste, de contenu empirique défini. Aussi, contrairement à une idée répandue, les deux concepts ne sont pas opposables comme le seraient deux formes polaires de structuration objective des rapports sociaux : au premier revient l'analyse et la description des multiples et diverses modalités de l'inégalité sociale, au second celle de la dynamique des mouvements sociaux et de l'action collective — deux réalités pouvant, *à la limite*, n'avoir strictement aucun rapport.

Parce que le statut social relatif des acteurs (individuels ou collectifs) ainsi que le degré de congruence des différentes dimensions de ce statut (LENSKI) peuvent contribuer — dans une mesure d'ailleurs très inférieure à ce qu'ont pu affirmer certaines théories déterministes (culturalistes ou fonctionnalistes) — à l'interprétation des représentations ou des conduites sociales, les sociologues n'ont cessé de multiplier et d'affiner les instruments d'observation et de mesure des différentes stratifications sociales, et d'évaluation des positions qu'y occupent individus et groupes (CHERKAOUI et LINDSEY).

En France, la nomenclature des professions et catégories socioprofessionnelles (PCS ou CSP) élaborée par l'INSEE constitue justement une tentative de prise en compte des différentes dimensions du statut social à travers la *profession*, tentative qui se révèle être un indicateur très efficace de celui-ci (DESROSIÈRES et THÉVENOT). Les sociologues possèdent là un instrument que, moyennant certains ajustements conjecturaux, ils utilisent généralement avec grand profit.

Charles-Henri CUIN

bibliographie

BENDIX Reinhard, LIPSET Seymour M. (sous la dir. de), *Class, Status and Power. Social Stratification in Comparative Perspective*, New York, Free Press, 1953.

CHERKAOUI Mohamed, LINDSEY James K., « Mesures des classes sociales », in *Revue française de sociologie*, XVIII, 2, 1977, pp. 233 à 270.

DAHRENDORF Ralf, *Essays in the Theory of Society*, Stanford, Stanford UP, 1968.

DAVIS Kingsley et MOORE Wilbert E., « Some Principles of Stratification », in *American Sociological Review*, 10, 2, 1945, pp. 242 à 249.

DESROSIÈRES Alain, THÉVENOT Laurent, *Les Catégories socioprofessionnelles*, La Découverte, 1986.

GOBLOT Edmond, *La Barrière et le niveau* (1925), PUF, 1967.

LENSKI Gerhard E., *Power and Privilege. A Theory of Social Stratification*, New York, McGraw-Hill, 1966.

MARX Karl, *Le Manifeste du parti communiste* (1848), *Le Capital* (1867-1875), in *Œuvres*, « La Pléiade » Gallimard, t. 1, 1965.

OSSOWSKI Stanislas, *La Structure de classes dans la conscience sociale*, Anthropos, 1971.

PARSONS Talcott, « Nouvelle Ébauche d'une théorie de la stratification » (1953), in *Éléments pour une sociologie de l'action*, Plon, 1955, pp. 256 à 325.

SOROKIN Pitirim A., *Social Mobility*, New York, Harper and Brothers, 1927 ; rééd. sous le titre *Social and Cultural Mobility*, Glencoe, The Free Press, 1959.

WEBER Max, *Économie et société* (1922), Plon, 1971.

*

* *

STRUCTURALISME

du latin *structura* « construction, maçonnerie », d'où « disposition, arrangement des mots »

voir : HOLISME, SÉMIOLOGIE, STRUCTURE, SUJET, SURDÉTERMINATION, SYMBOLIQUE

À entendre Jean Piaget, « le structuralisme est une méthode, non pas une doctrine ». Mais cette méthode se double souvent d'une épistémologie qui implique une certaine conception du social et de la sociologie (ou de l'anthropologie), voire d'une philosophie.

CLAUDE LÉVI-STRAUSS ET « LA RÉVOLUTION PHONOLOGIQUE ». Dans son *Anthropologie structurale*, LÉVI-STRAUSS assigne comme origine à l'analyse structurale la révolution linguistique de SAUSSURE et celle (en phonologie) de Nicolas TROUBETSKOÏ, animateur, avec Roman JAKOBSON, du cercle linguistique de Prague. Il précise, dans une interview accordée à la revue *Esprit* (novembre 1963) : « *La révolution phonologique consiste dans la découverte que le sens résulte toujours de la combinaison d'éléments qui ne sont pas eux-mêmes signifiants. Dans ma perspective, le sens n'est jamais un phénomène premier. Le sens est toujours réductible. Autrement dit, derrière tout sens il y a non-sens, et le contraire n'est pas vrai.* » Ce « *non-sens qui est derrière* » est une combinaison, une topologie, susceptible d'un traitement mathématique.

Ainsi, la notion de « sens » est placée d'emblée comme l'une des catégories fondamentales du structuralisme, dans le couple qu'elle forme avec celle de « structure* » sous-jacente, elle-même associée à celle de *culture*.

La communication. Ethnologue de formation, et s'opposant à l'évolutionnisme* unilinéaire de L.H. MORGAN et au fonctionnalisme* de Malinowski et de Radcliffe-Brown, Lévi-Strauss (⇒ TOTÉTISME) part du constat que toute société est fondée sur la communication : celle-ci doit être étudiée non seulement à la lumière des recherches physiques et mathématiques, mais aussi en s'inspirant de la phonologie et de la linguistique structurale.

Saussure et la terminologie structuraliste. Les grandes oppositions instituée par Saussure, notamment, permettent de comprendre la démarche de Lévi-Strauss et de ses héritiers intellectuels :

. *langue* (système abstrait, fait social) et *parole* (réalité observable, individuelle) ;

. *synchronie* (ensemble des faits considérés comme formant un système à un moment donné d'une évolution), et *diachronie** (évolution considérée comme succession de synchronies) ;

. *signifiant* (suite de phonèmes ou de lettres), support sensible du sens, et *signifié*, le contenu (le sens) du *signe* linguistique (⇒ SÉMIOLOGIE) ;

. enfin la notion de *double articulation* (A. Martinet, 1949) oppose une première articulation (celle des « unités de signification », morphèmes ou monèmes) à des unités de deuxième articulation, les *phonèmes* (les voyelles et les consonnes).

Toutes ces oppositions contribuent à éclairer la notion de structure, qui reprend les déterminations essentielles permettant à Saussure de définir la langue : celle-ci est un système de différences, sinon d'oppositions, dans lequel chaque élément ne reçoit sa signification que par l'opposition qu'il entretient avec le reste des unités de signification.

Le structuralisme en anthropologie. Partant d'une observation et d'une description minutieuses des relations sociales, la méthode de l'ethnologue consiste à construire des modèles capables de mettre en évidence la structure des sociétés : ces modèles doivent rendre compte de l'ensemble des phénomènes observés. Ainsi, dans *Les Structures élémentaires de la parenté* (1949), la prohibition de l'inceste est interprétée comme un moyen positif d'assurer l'échange des femmes, cristallisant la différence entre nature et culture. De même, l'étude des mythes portant sur la nourriture préparée montre que la structure de ceux-ci repose sur des systèmes d'oppositions : *Le Cru et le cuit* (1964), *Du miel aux cendres* (1967).

Le mouvement intellectuel après Lévi-Strauss. Ce mouvement, qui n'a jamais été une école au sens strict, très puissant en France dans les années 60, au point qu'il pouvait apparaître comme un phénomène de mode, affirme la prééminence du tout par rapport aux parties, le primat des relations par rapport aux éléments, la prépondérance causale de la structure. LACAN, en psychanalyse, réinterprète le cas du petit Hans (cf. Freud, *Cinq psychanalyses*) comme un mythe : le sens des éléments vient de leur place dans le récit. En s'appuyant sur F. de Saussure, il propose une formule qui fera florès : « *L'inconscient est structuré comme un langage* » (*Écrits*, 1966).

Dans ses premiers travaux, Pierre BOURDIEU se réclame lui et aussi de Lévi-Strauss. Louis ALTHUSSER réinterprète le marxisme en rompant avec le modèle mécaniste : il pense les formations sociales comme des ensembles de modes de production ; d'où la notion d'une autonomie relative de certaines instances par rapport à l'économie (*Lire le Capital*, 1965). À ce « mouvement », on peut rattacher Michel FOUCAULT (*Les Mots et les choses*, 1966) et Roland BARTHES, dans ses recherches sur les lois de la signification (*Éléments de sémiologie*, 1964 ; *Système de la mode*, 1967).

Critique du structuralisme : une problématique récusation du sujet. Les critiques du structuralisme sont nombreuses et diverses, comme celles de Sartre et Aron, entre autres. Sur le plan méthodologique, on peut lui reprocher de privilégier le synchronique et d'oublier la diachronie dans l'interprétation des phénomènes.

L'autre dimension de la critique porte sur le fondement de ses options méthodologiques et conduit aux frontières de la sociologie et de la philosophie : en expliquant les phénomènes sociaux ou individuels par les seules structures qui sont « derrière le sens », et donc postulées comme « non-sens » producteur de « sens », l'attitude structuraliste aboutit à une récusation épistémologique, sinon philosophique, du sujet : l'explication ultime, c'est la structure inapparente, mais mathématisable ou modélisée par le chercheur.

Comme l'écrira Althusser (1966), les *places* et les *fonctions* sont certes occupées par des êtres et des objets réels, mais les vrais sujets ne sont pas les occupants de ces places ni les fonctionnaires de ces fonctions ; ce sont les définisseurs et les distributeurs de ces places et de ces fonctions. Et comme ce sont des rapports, on ne saurait les penser sous la catégorie de sujet. Ils sont irréductibles à toute intersubjectivité anthropologique.

SENS ET SCIENCE. Ce que le structuralisme en sociologie pose comme interrogation, c'est la *question du sens*, de l'*intentionnalité* comme essence du fait social. Certes, les phénomènes sociaux sont signifiants, mais comment faire une science des faits signifiants, une science et non une herméneutique ? À cela le structuralisme répond en posant qu'on ne peut, quant au sens, que s'interroger sur les conditions et les formes de sa production. Il n'y a pas de question intérieure à la sphère de la signification qui puisse être scientifique. Le sens se réduit à un scintillement et la sociologie à une *sociologique*. Mais peut-être n'est-ce là que l'effet d'une volonté, qu'on peut ne pas partager, de réduire la sociologie à une « science ».

André AKOUN

bibliographie

ALTHUSSER Louis, *Pour Marx*, Maspero, 1966.

DOSSE François, *Histoire du structuralisme*, La Découverte, 1992.

LACAN Jacques, *Écrits*, Seuil, 1966.

FOUCAULT Michel, *L'Archéologie du savoir*, Gallimard, 1969.

AUGÉ Marc, *Système, fonction, histoire*, Hachette, 1979.

STRUCTURE

voir : STRUCTURALISME, STRUCTURO-FONCTIONNALISME, THÉORIE

La structure est un ensemble d'éléments entre lesquels existent des relations telles que toute modification d'un élément ou d'une relation entraîne la modification des autres éléments ou relations.

1 LA NOTION DANS LES SCIENCES HUMAINES. L'emploi de la notion de *structure* ne date évidemment pas de sa définition et de son traitement au sein de la mouvance structuraliste. On relève la première application au XVIIe siècle dans les sciences naturelles, avec pour sens celui d'« organisation ». Au XIXe siècle, les sciences sociales en font usage, d'abord à partir d'une analogie entre corps vivant, organisme et société, puis, de façon plus originale, comme « système ». Ainsi, nous avons d'une part COMTE, pour qui aucun fait social ne peut être expliqué sans être rapporté à la structure du tout, et d'autre part MARX, qui distingue infrastructure économique et superstructures juridiques et politiques. On retrouve la notion dans les sciences psychologiques (psychologie de la forme de KOEHLER, psychologie génétique de PIAGET, psychosociologie du champ de LEWIN), dans la linguistique et la phonologie (SAUSSURE, TROUBETSKOÏ).

2 LA NOTION EN SOCIOLOGIE. À partir du principe selon lequel les termes ne peuvent pas être étudiés comme des entités indépendantes, et qu'importent exclusivement les systèmes de relations, un terme n'ayant de réalité que différentielle, la structure s'éloigne de la simple notion d'agencement ou d'organisation pour se rapprocher de la notion de combinatoire et de système. Elle devient la règle de variabilité d'une pluralité d'ensembles concrets et entre dans l'espace du langage mathématique. La définition qu'en donne BARBUT peut alors être reprise en sociologie : « *Une structure algébrique, c'est un ensemble dont les éléments sont quelconques, mais entre lesquels sont définies une ou plusieurs lois de* *composition ou opérations. La façon selon laquelle les éléments se composent peut être donnée par une table (ou des tables s'il y a plusieurs opérations) indiquant pour chaque couple d'éléments quel est le résultat de leur composition. Un procédé beaucoup plus général, et universellement employé, consiste à donner des conditions de règles auxquelles satisfont la ou les opérations, et qui permettent soit de reconstituer la table (cas des ensembles finis), soit plus généralement de déterminer univoquement le composé de tels éléments quelconques que l'on se donnera. L'ensemble des conditions auxquelles satisfont les opérations constitue ce que l'on appelle souvent les axiomes de la structure* » (1966).

En sociologie, la notion de *structure* oscille entre deux extrêmes. Soit elle est posée comme le modèle rationnel dont les éléments sont, en quelque sorte, la manifestation (la conséquence en est le risque de dissoudre tout contenu social concret et signifiant au profit d'une grande logique du social). Soit elle est définie comme le résultat des corrélations multiples établies entre les faits (la conséquence en est le risque de rendre inutile la notion au seul profit d'une description empirique).

Pour la définition structuraliste de la notion, voir en particulier l'article STRUCTURALISME, § Lévi-Strauss.

André AKOUN

bibliographie

BARBUT Marc, *Les Temps modernes*, n° 26, novembre 1966.

BOUDON Raymond, *À quoi sert la notion de structure* ?, Gallimard, 1968.

LÉVI-STRAUSS Claude, *Anthropologie structurale*, Plon, 1958.

PIAGET Jean, *Six études de psychologie*, Denoël-Gonthier, 1964.

STRUCTURO-FONCTIONNALISME

voir : SOCIOLOGIE DE L'ACTION [II,3], FONCTIONNALISME, SYSTÈME SOCIAL, SYSTÉMISME, THÉORIE

Théorie sociologique illustrée par l'œuvre de Talcott Parsons.

Le *structuro-fonctionnalisme* est une théorie sociologique de portée générale qui a été créée et développée par PARSONS et qui a servi, dans les années 50, de point de ralliement à une véritable école de pensée. Son ambition et sa démarche permettent de le distinguer d'autres formes de fonctionnalisme. D'une part, il vise à expliquer le fonctionnement global des systèmes sociaux ; d'autre part, il met en œuvre un mode d'analyse original, comportant deux étapes bien différenciées. La première consiste à dégager au sein du système étudié des composantes relativement stables : celles-ci forment la *structure* du système et, compte tenu de leur indépendance des fluctuations à court terme, sont traitées comme des « constantes » ; elles servent ainsi de base de référence pour la suite de la recherche. La seconde a pour objet de mettre en évidence les mécanismes qui assurent, eu égard à la structure interne du système, une réponse ajustée de celui-ci aux conditions de son environnement : c'est le moment dynamique de l'analyse, qui implique une attention soutenue aux processus et à leur signification d'un point de vue *fonctionnel*, c'est-à-dire par rapport au maintien du système considéré. Même si Parsons lui-même a fini, vers le milieu des années 60, par renoncer à l'expression de « structuro-fonctionnalisme » pour caractériser ses propres constructions théoriques, certains des principes qu'il a fermement défendus nous paraissent intrinsèquement liés à ce type de perspective. On peut en distinguer quatre.

1 Parsons s'est efforcé de saisir les systèmes sociaux dans leur totalité, en tant qu'ensembles structurés : l'analyse des sociétés globales a tendu de ce fait à occuper progressivement une plus large place dans ses travaux, même si celles-ci ne représentent, bien sûr, qu'une forme spécifique de système social.

2 Il est resté fidèle à un certain ordre dans les opérations de recherche : le sociologue doit isoler d'abord la configuration structurelle du système examiné, qui fournit ainsi une base indispensable à l'analyse dynamique, entreprise dans un second temps. C'est dire l'importance qu'il accorde aux « modèles institutionnalisés de culture normative », constitutifs à ses yeux de la structure d'un système social.

3 Même si le terme employé a pu varier, l'idée d'exigences fonctionnelles générales est, depuis 1945, présente dans son œuvre. Elle s'exprime dans le schéma des quatre fonctions fondamentales — l'adaptation, la réalisation des fins, l'intégration et le maintien des modèles culturels — auxquelles doit, selon lui, satisfaire tout système social. Ces exigences revêtent donc une portée *universelle*.

4 Il existe une hiérarchie des fonctions et des sous-systèmes qui leur correspondent : celle-ci s'exprime à travers ce que Parsons a appelé une « hiérarchie cybernétique de contrôle ». À ce titre les sous-systèmes riches en information, comme le système de maintien des modèles et la communauté sociétale, réguleraient les systèmes surtout pourvus en énergie, comme le système politique et le système économique. Ainsi se trouverait consacrée la priorité donnée aux valeurs et au maintien des modèles culturels ainsi qu'à l'institutionnalisation des normes et à l'intégration du système.

On peut être tenté, avec MERTON, de contester l'idée de fonctions universelles ou de regretter, avec COSER, l'importance centrale accordée ici à la dimension normative. Mais si la première critique conduit à l'adoption d'une autre variété de fonctionnalisme, la seconde reste compatible avec un cadre d'analyse structuro-fonctionnaliste. Et ni l'une ni l'autre ne refusent par principe au structuro-fonctionnalisme, tel qu'il a été conçu par Parsons, toute possibilité de fécondité *heuristique*.

François CHAZEL

bibliographie

ALEXANDER Jeffrey, *The Modern Reconstruction of Classical Thought : Talcott Parsons*, t. 4, *Theoretical Logic in Sociology*, Berkeley, University of California Press, 1983.

CHAZEL François, *La Théorie analytique de la société dans l'œuvre de Talcott Parsons*, Mouton, 1974.

PARSONS Talcott, « An Outline of the Social System », *in* T. PARSONS *et alii*, *Theories of Society*, New York, Free Press, 1961 ; trad. partielle *in* P. BIRNBAUM et F. CHAZEL (sous la dir. de), *Théorie sociologique*, PUF, 1975.

STYLE DE VIE ⇒ MODE DE VIE

SUBJECTIF ⇒ SUJET

SUBJECTIVISME

voir : NARCISSISME, SOI

1. Fait d'être prisonnier de sa subjectivité et de prendre pour vérité ou observation objective ce qui n'est que projection inconsciente de préjugés.
2. En sociologie et en anthropologie, fait d'interpréter les phénomènes sociaux à partir d'un ethnocentrisme qui postule l'universalité des valeurs de la société et de la culture de l'observateur.

Si, dans les sciences de la nature, les critères de l'objectivité ont une sorte de garantie reconnue par la société savante, il n'en va pas de même dans les sciences de l'homme.

1 WEBER soulignait l'importance du subjectif, individuel ou historique, dans les questions posées au réel social, mais soulignait les exigences d'objectivité dans le travail de la recherche. En fait, si on accepte qu'en sciences humaines il s'agit de significations à comprendre, comment refuser une sorte de relation intersubjective entre le sujet et son « objet » de recherche ?

2 À partir d'une philosophie de l'histoire marxiste, LUKÁCS organise la dialectique de la subjectivité et de l'objectivité, en la ramenant à celle du particulier et de l'universel. Toute classe sociale a, selon lui, une conscience subjective de classe, y compris le prolétariat. Mais celui-ci se caractérise par le fait qu'en lui le particulier se fait universel, car le prolétariat ne peut réaliser son intérêt de classe qu'en abolissant les classes. Ainsi, en lui, l'universel et le particulier, le subjectif et la vérité coïncident. La rhétorique est subtile, mais elle reste dans l'espace de la pure spéculation.

André AKOUN

bibliographie

LUKÁCS Giörgy, *Histoire et conscience de classe* (1922), Éd. de Minuit, 1960.
WEBER Max, *Essai sur la théorie de la science* (1904), Plon, 1965.

SUICIDE

formé du latin *se* (génitif *sui*) « soi » et de *occido* « tuer, abattre »

all. SELBSTMORD angl. SUICIDE	esp. SUICIDIO ital. SUICIDIO

voir : ANOMIE, CAUSE, DÉVIANCE, INDIVIDUALISME MÉTHODOLOGIQUE

Durkheim définit en ces termes le suicide : « Tout cas de mort qui résulte directement ou indirectement d'un acte positif ou négatif, accompli par la victime elle-même et qu'elle savait devoir produire ce résultat. »

LE PARI DE DURKHEIM. Depuis la publication du *Suicide* (1897) de DURKHEIM, l'étude des suicides constitue un champ de recherche exemplaire en sociologie. En effet, l'acte de se donner la mort est essentiellement personnel et, apparemment, extérieur au social. Le projet de l'étudier sociologiquement paraît constituer un paradoxe. C'était précisément le but de Durkheim, dans cette recherche, que de démontrer que les suicides pouvaient être considérés comme des conduites dépendantes de facteurs sociaux. Son but était aussi de démontrer cette thèse par un traitement statistique de données étendues et de réaliser ainsi une recherche sociologique exemplaire. Pour conduire son enquête, Durkheim disposait de statistiques officielles dressées, depuis les années 1840, dans les différents pays européens (Angleterre, Autriche, Belgique, Danemark, France, Italie, Prusse, Suède), montrant une augmentation régulière des taux de suicides pendant toute la période considérée. Par un traitement multivarié de ces données, Durkheim se propose de démontrer que les variations des taux de suicides sont dépendantes de variables sociales et, essentiellement, du degré d'intégration des individus. Il distingue trois types de suicides : égoïste, altruiste, anomique.

1 Lorsque l'individu est isolé, moins soutenu par sa famille ou sa religion, le suicide égoïste se développe (les hommes célibataires se suicident davantage que les hommes mariés).

2 Des normes très contraignantes contribuent à favoriser des suicides altruistes (comme dans les armées, où l'esprit militaire favorise ce type de suicides).

3 Enfin des normes trop peu contraignantes, au cours d'une période d'expansion économique par exemple, affaiblissent les liens sociaux, développent l'indéfini des désirs et entraînent un accroissement des suicides de type anomique.

LES CRITIQUES ADRESSÉES À DURKHEIM. Ces thèses ont donné lieu à de considérables discussions. Reprenant, en 1930, les données utilisées par Durkheim, HALBWACHS soulignait les difficultés de certaines conclusions. S'il est exact, par exemple, que, selon ces statistiques, les protestants ont un taux de suicides plus élevé que les catholiques, la cause en est-elle l'appartenance religieuse ou le fait que les protestants sont plus souvent urbains que ruraux ? Ou la variable explicative ne serait-elle pas l'activité professionnelle ? Il serait nécessaire, montre Halbwachs, de multiplier les variables de contrôle et de poursuivre l'enquête au-delà des « statistiques morales ». La critique fondamentale faite à ces investigations sociologiques (étudiant les *causes* des suicides) est venue des approches individualisantes, qui affirment qu'un tel acte doit d'abord être considéré dans sa signification pour celui qui le commet (DOUGLAS, 1967). Prolongeant cette critique, Baechler s'est proposé de montrer que tout suicide peut être interprété comme une solution « stratégique » choisie par l'individu en réponse à des problèmes existentiels (BAECHLER, 1975). Loin de devoir analyser les causes du suicide, il reviendrait aux sciences sociales d'en analyser les motivations et les choix.

LES RECHERCHES RÉCENTES. Les recherches plus récentes, sans trancher entre ces paradigmes concurrents ni récuser la validité des approches psychologiques, psychanalytiques ou psychiatriques, mettent en évidence un certain nombre de données nouvelles. On constate que les causes évoluent fortement avec le temps : la cause très forte que fut l'alcoolisme pendant le XIXe siècle n'a plus d'incidence significative. Par contre, depuis la fin des

« Trente Glorieuses » (1975), on constate en France une progression du nombre des suicides (en 1985, 23 décès pour 100 000 habitants). L'hypothèse de Durkheim selon laquelle la famille serait un facteur protecteur continue à se vérifier. Les taux sont croissants dans l'ordre qu'il indiquait : mariés, célibataires, divorcés, veufs. Cependant la diminution du nombre des mariages et le relâchement des liens familiaux rendent cette variable moins déterminante. Le chômage, la précarité de l'emploi apparaissent, depuis 1975, comme un facteur important d'augmentation, en particulier chez les hommes dans la tranche d'âge 25-49 ans, non sans variations difficiles à interpréter d'une année sur l'autre. Toutes les hypothèses particulières de Durkheim (sur la condition féminine, par exemple) ne se vérifient pas et les conditions sociales se sont modifiées depuis 1897, mais son hypothèse initiale selon laquelle les taux de suicides sont en rapport avec les situations sociales reste éclairante : le suicide est un révélateur du mal-être social.

Pierre ANSART

bibliographie

BAECHLER Jean, *Les Suicides*, Calmann-Lévy, 1975.

BAUDELOT Christian, ESTABLET Roger, *Durkheim et le suicide* (1984), PUF, 1993.

CHAUVEL Louis, « Âge et suicide », in *Revue française de sociologie*, XXXVIII-4, octobre-décembre 1997.

DOUGLAS Jack, *The Social Meanings of Suicide*, Princeton, Princeton UP, 1967.

DURKHEIM Émile, *Le Suicide. Étude de sociologie* (1897), PUF, 1960.

HALBWACHS Maurice, *Les Causes du suicide*, Alcan, 1930.

SELVIN Hanan C., « Aspects méthodologiques du suicide » (1958), *in* Raymond BOUDON, Paul LAZARSFELD (sous la dir. de), *L'Analyse empirique de la causalité*, Mouton, 1969.

SUJET

terme apparu avec son sens philosophique au XIXe s. (notamment chez Maine de Biran, 1824), du latin *subjectum* « ce qui est sous, substrat »

all. SUBJEKT	esp. SUJETO
angl. SUBJECT	ital. SOGGETTO

voir : DUALISME, HOLISME, PHÉNOMÉNOLOGIE, PHILOSOPHIE, SOCIOLOGIE, STRUCTURALISME

La notion de sujet possède à l'évidence de nombreuses significations. Mais son sens le plus important, et qui intéresse les sciences de l'homme, est celui qui est contenu dans l'expression « philosophies du sujet » et qui définit la tradition philosophique inaugurée par DESCARTES *(celle du cogito).*

La constitution des sciences de la nature (physique mathématique, astronomie) entraîne avec elle une dévalorisation de l'Être. La nature est désormais désenchantée, c'est un univers régi partout par des lois mathématiques encore inconnues, mais sans mystère ontologique. C'en est fini du cosmos grec comme de l'univers chrétien du Moyen Âge avec sa hiérarchie qualitative des êtres, du minéral aux anges et au Dieu créateur. Ce désenchantement se fait au profit d'un « sujet de la connaissance », défini comme celui auquel tout se rapporte sans que lui-même fasse partie de ce Tout : il est celui qui parle, mais dont les sciences dites exactes ne sauraient valablement parler.

Certes, on ne saurait confondre le *sujet* (ni le *cogito* cartésien ni le sujet transcendantal kantien) avec l'*homme* dans ses déterminations empiriques concrètes. Mais une sorte de dérive logique verra le sujet s'ancrer dans le réel, s'étoffer, s'anthropologiser et devenir l'homme. Se pose alors la question de l'ambivalence de celui-ci, à la fois objet et sujet de la science. C'est la crise qui s'ouvre avec l'avènement des sciences de l'homme.

Cette crise, avec la prise en compte de la psychanalyse et des approches structuralistes des sciences de la société, trouve son écho en philosophie. Ainsi en est-il de Foucault ou d'ALTHUSSER, pour ne citer qu'eux. FOUCAULT ira jusqu'à écrire que l'homme est mort et Althusser relira MARX pour y mettre en évidence l'antihumanisme philosophique de celui-ci.

Est-ce à dire que c'en est fini des philosophies du sujet ? Il suffit de citer Sartre et ses polémiques avec LÉVI-STRAUSS et Foucault pour répondre par la négative. En fait, lorsque, dans les sciences de l'homme, l'accent est mis sur les limites des explications causales et sur la nécessité de poser la question du sens, on retrouve une nouvelle figure des philosophies du sujet, qui tient compte de l'importance des sciences humaines (MERLEAU-PONTY, RICŒUR...).

André AKOUN

bibliographie

FOUCAULT Michel, *Les Mots et les choses*, Gallimard, 1966.

RICŒUR Paul, *De l'interprétation. Essai sur Freud*, Seuil, 1965.

SUPERSTRUCTURE ⇒ INFRASTRUCTURE

SURDÉTERMINATION

issu du latin *supra* « au-dessus de, au-delà de » et de *determinatio* « fixation d'une limite, fin » ; traduction de l'allemand *Überdeterminierung* (Freud, 1895)

voir : CAUSE, PSYCHANALYSE ET SOCIOLOGIE, STRUCTURALISME

Concept employé en psychanalyse pour signifier qu'une formation de l'inconscient, telle qu'un symptôme, un rêve, un lapsus, est déterminée non par un seul facteur, mais par plusieurs, qui s'organisent en des chaînes signifiantes différentes, chacune d'elles possédant sa cohérence et requérant une interprétation particulière.

Le concept de *surdétermination* a donc pour corrélatif essentiel celui de surinterprétation (soit une interprétation polyvalente, multiple, soit une interprétation à un autre degré de « profondeur », ou encore l'une et l'autre). L'inconscient ignore le langage aux concepts univoques. S'il est « *structuré comme un langage* » (LACAN), ce langage, par nature, est constitué de termes qui supportent déplacements de sens et condensations. La surdétermination est une condensation. FREUD a décrit ce phénomène psychique dans son analyse du rêve. S'il n'y avait pas surdétermination, mais détermination à sens unique, les « clés des songes » pourraient être vraies et l'on parviendrait à établir un dictionnaire exact des symboles et des signes oniriques, des lapsus, des actes manqués, etc. Mais c'est une entreprise qui s'avère impossible, dans la mesure notamment où « *chacun des éléments du contenu manifeste du rêve est surdéterminé* [...], *représenté plusieurs fois dans les pensées latentes du rêve »* (*L'Interprétation des rêves*, 1900).

Toutefois, cela ne signifie nullement qu'il faille aller à l'infini dans la psychanalyse ; on doit pouvoir atteindre un point nodal où les différentes interprétations se rejoignent et relèvent alors d'une sorte de vérification scientifique. Ce qui est vrai du rêve l'est des autres formations inconscientes. Dès 1895, dans ses *Études sur l'hystérie*, Freud avait remarqué que le symptôme était surdéterminé. Lacan notera que *« la surdétermination n'est strictement concevable que dans la structure du langage »* (*Écrits*). C'est parce que son discours est surdéterminé que l'analysant utilise toutes les ruses en son pouvoir pour éviter la liberté de parole qu'implique la règle fondamentale de l'association libre.

Toute la technique de l'association *libre* repose sur la *détermination* inconsciente, mieux, sur la surdétermination symbolique (et non réelle) telle que la promeut Lacan, quand il parle par exemple de la détermination que l'animal humain reçoit de l'ordre symbolique : *« Il n'y a pas d'autre lieu que celui de cette détermination symbolique où puisse se situer cette surdétermination signifiante dont Freud nous apporte la notion, et qui n'a jamais pu être conçue comme une surdétermination* réelle *dans un esprit comme le sien* [...]. *Cette position de l'autonomie du symbolique est la seule qui permette de dégager de ses équivoques la théorie et la pratique de l'association libre en psychanalyse. Car c'est tout autre chose d'en rapporter le ressort à la détermination symbolique et à ses lois qu'aux présupposés scolastiques d'une inertie imaginaire, qui la supportent dans l'associationnisme, philosophique ou pseudo-tel, avant de se prétendre expérimental »* (*Écrits*).

André AKOUN

SURPOPULATION

all. ÜBERVÖLKERUNG	esp. SOBREPOPULACIÓN
angl. OVERPOPULATION	ital. SOVRAPPOPOLAZIONE

voir : POPULATION

Cette notion se réfère au rapport entre la population d'un territoire donné et ses ressources. On dit d'une région qu'elle est *surpeuplée* par rapport à ses ressources si ces dernières ne permettent pas des conditions de vie décentes. L'appréciation de cette *surpopulation* est difficile : il n'existe pas de seuil à partir duquel on peut affirmer que dans tel pays il y a surpopulation ; il s'agit donc d'une notion relative et qui peut n'être que transitoire. Cette notion a alimenté le débat entre néo-malthusiens et marxistes.

Catherine ROLLET

SURVIVANCE

du latin *vivere* « être vivant » et, préfixé, « demeurant en vie après quelqu'un »

En anthropologie, on désigne ainsi le fait qu'une coutume persiste alors même que la société dans laquelle elle s'inscrit s'est transformée et que son « utilité » a disparu, du point de vue de la société envisagée comme totalité.

Évidemment, ceci contredit un certain fonctionnalisme rigide alors qu'un fonctionnalisme ouvert à l'idée d'évolution conserve la notion de fonction en considérant que la *survivance* est survivance d'une fonction ancienne. En fait, il faut poser comme principe qu'une société n'est jamais contemporaine à elle-même. Ceci implique une conception de la totalité sociale comme constituée de réalités qui ne sont pas toutes « à la même heure historique ». Par exemple, il y a une définition de la famille moderne qui ne se retrouve pas dans toutes les familles existantes. Certaines apparaissent donc comme des survivances de la famille traditionnelle. Mais si on veut préserver la notion de totalité sociale, on devra s'interroger sur la façon dont l'esprit du temps agit sur la survivance.

André AKOUN

SYMBOLIQUE

du latin classique *symbolus* « signe de reconnaissance »

voir : ETHNOLINGUISTIQUE, SÉMIOLOGIE, SOCIOLINGUISTIQUE

Concept utilisé en psychanalyse par LACAN, *mais aussi dans d'autres domaines par les structuralistes (en particulier* ALTHUSSER *et* FOUCAULT*).*

FREUD. Le mot *symbolique* est employé sous sa forme substantive par FREUD dans *L'Interprétation des rêves* : il désigne l'ensemble des symboles ayant une signification constante et qu'on peut retrouver dans certaines productions de l'inconscient, notamment le rêve. La cinquième section du chapitre VI de *L'Interprétation des rêves* est consacrée à la « figuration par symboles en rêve » : c'est ainsi qu'on y voit dans le chapeau un symbole de l'homme, dans le petit doigt un organe génital masculin, dans les sentiers la représentation des organes féminins, etc. En fait, l'ensemble de l'œuvre de Freud consacrée au rêve contredit un tel usage du terme *symbolique*, qui fonderait l'interprétation d'après un décryptage des symboles telle qu'elle se pratique dans toute clé des songes. L'interprétation des rêves est menée à partir du travail analytique et des associations qui sont faites avec les divers éléments du rêve. Il n'y a donc pas de symbolique avec un sens préétabli, mais une signification qui se déploie, se développe et s'enrichit.

LACAN. Partant de cette constatation, Lacan précise qu'elle rend problématique une conception du symbolique défini comme un registre spécifique du champ analytique, à côté de deux autres registres, ceux de l'imaginaire et du réel. L'inconscient structuré comme un langage est fondé par le symbolique autant qu'il le fonde. Sa conception du symbolique est empruntée à Saussure et à sa thèse du *Cours de linguistique générale* : SAUSSURE y défend l'idée que le signifiant n'est pas un lien direct et significatif avec le signifié, mais que le signifié se constitue dans un rapport du *« signifiant avec un autre signifiant »* (Lacan). D'où l'importance de la diachronie* (genèse, histoire du signifiant) et de la synchronie (sens donné par le contexte, c'est-à-dire les autres signifiants, autrement dit les associations faites à partir du texte du rêve). Le sujet, qui entre dans un langage préétabli, se définit suivant un ordre symbolique désigné par le nom du Père, figure symbolique du complexe d'Œdipe et de l'interdit, ordonnatrice de sa résolution à travers le dépassement dans la castration symbolique.

André AKOUN

SYMPATHIE

du latin *sympathia* « accord, affinité naturelle », lui-même emprunté au grec *sumpathia* « participation à la souffrance d'autrui »

voir : AFFECT, EMPATHIE, SENTIMENT

Participation affective aux sentiments et aux émotions d'autrui, notamment par le truchement des conduites expressives.

Max SCHELER distingue deux types de *sympathie* : l'une par contagion, l'autre par projection affective. Dans la première, le sujet reproduit par influence ou par imitation les attitudes et les affects d'autrui. Ainsi, dans une panique collective, une réaction de peur se transmet aux différents membres de la foule comme par un phénomène de contagion ou de fusion affective. Pour Scheler, la véritable sympathie est, au contraire, un acte intentionnel, c'est-à-dire une projection vers les affects d'autrui par laquelle nous prenons part aux émotions des autres dans une communication intersubjective. Les idéologies morales ou politiques tendent à favoriser ces attitudes entre les membres concernés, non sans renforcer la sympathie par contagion ou imitation dans les périodes de conflit.

Pierre ANSART

bibliographie

BOLTANSKI Luc, *La Souffrance à distance. Morale humanitaire, médias et politique*, Éd. Métailié, 1993.

SCHELER Max, *Nature et forme de la sympathie. Contribution à l'étude des lois de la vie émotionnelle* (1928), Payot, 1971.

SYNCHRONIE ⇒ DIACHRONIE, STRUCTURALISME

SYNCRÉTISME

voir : RELIGION

Désigne les combinaisons, dont la cohérence est problématique, entre plusieurs doctrines ou fragments de doctrines religieuses ou philosophiques. Par extension, ce terme s'applique, en anthropologie et en sociologie, pour désigner les cas de synthèse de plusieurs éléments culturels issus de sources différentes.

Pierre ANSART

* * *

SYNDICAT ET SYNDICALISME

du latin *syndicus* « avocat et représentant d'une ville », et du grec *sundikos* « celui qui assiste quelqu'un en justice ». Apparaît sous sa forme moderne d' « association ayant pour objet la défense d'intérêts communs » à la fin du XVIIe s.

all.	GEWERKSCHAFT, VERBAND, GEWERKSCHAFTS-BEWEGUNG	esp.	SINDICATO, SINDICALISMO
angl.	TRADE UNION, TRADE UNIONISM	ital.	SINDICATO, SINDICALISMO

voir : GRÈVE, MOUVEMENT SOCIAL, OUVRIER, PATRONAT, TRAVAIL

Association ou groupement constitués pour la défense d'intérêts économiques, industriels ou agricoles communs : syndicat ouvrier, syndicat patronal.

HISTOIRE. Dès le XVIIIe siècle, les ouvriers s'organisent en *corresponding societies* (Angleterre) ou en associations pour défendre leurs intérêts contre des patrons qui les exploitent 12 à 14 heures par jour dans des usines ou dans des ateliers bien souvent insalubres. La loi Le Chapelier (1791), rédigée pour lutter contre la puissance des corporations, est utilisée contre les associations ouvrières. Le mouvement s'organise alors en mutuelles et en caisses d'entraide. À la suppression du délit de coalition (1864) succède l'autorisation de constituer des syndicats professionnels (loi Waldeck-Rousseau du 21 mars 1884). La Confédération générale du travail (CGT), née en 1895, affirme son caractère révolutionnaire dans la charte d'Amiens (Congrès de 1905). Suite au Congrès de Tours (1920) où se séparent les socialistes et les communistes, la CGT se divise à son tour en CGT et CGT unifiée (proche des communistes). La réunification a lieu en 1935-1936 avant une nouvelle scission en 1948 entre la CGT et la CGT-Force ouvrière (réformiste).

Parallèlement, les chrétiens fondent en 1919 la Confédération française des travailleurs chrétiens, en réaction à la radicalité de la CGT. La déconfessionalisation de la Centrale en 1964 voit naître la Confédération française démocratique du travail (CFDT), tandis que se renouvelle la CFTC maintenue ; le courant le plus contestataire prend son autonomie au cours des années 80, jusqu'à l'exclusion et la création de SUD (Syndicat unitaire et démocratique) en 1989, d'abord dans les PTT, qui sont suivies par d'autres professions après décembre 1995. Par ailleurs, les cadres cherchent à faire reconnaître leur identité depuis 1936 — en particulier en se différenciant des ouvriers et de la CGT. Ils créent la Confédération générale des cadres (CGC) en 1944. Enfin, en 1947, les syndicats enseignants s'autonomisent en créant la Fédération de l'Éducation nationale (FEN), qui exclut deux syndicats en 1992, lesquels se regrouperont avec d'autres pour donner naissance à la Fédération syndicale unitaire (FSU).

FONCTIONS DU SYNDICALISME. En aménageant les thèses de ROSANVALLON (1988), on peut considérer que l'essence du syndicalisme repose sur une triple fonction :

- . représenter des groupes sociaux (à travers les procédures formelles de négociation ou plus généralement par les revendications ou l'expression d'aspirations) ;
- . contribuer à la régulation sociale (en agrégeant des intérêts devenus ainsi gérables par la négociation collective) ;

. créer des identités sociales de groupe ou de classe — en particulier par opposition aux autres groupes sociaux — indispensables à la réalisation de la première fonction. Constituer le groupe social, organiser sa cohésion sociale et créer la coopération entre travailleurs ne va pas de soi : de ce point de vue, le syndicalisme apparaît bien comme un construit social.

RÉVOLUTION OU RÉFORME ? Que l'on privilégie la fonction contestataire ou la fonction de régulation sociale résume les débats de l'histoire syndicale : à la position réformiste qui prône l'aménagement du capitalisme s'oppose la position révolutionnaire de classe, qui vise la destruction et le dépassement de celui-ci. Les syndicats de tous les pays ont été traversés par ce débat, que ce soit dans des confédérations unifiées (Grande-Bretagne, Allemagne, États-Unis...) ou à travers le pluralisme syndical (France, Italie, Espagne...).

DIVERSITÉ DU SYNDICALISME SELON LES PAYS. Au-delà de ces différences (syndicalisme unifié ou divisé), les logiques de l'organisation des salariés diffèrent profondément d'un pays à l'autre. En France, historiquement, les syndicats professionnels rassemblent des personnes exerçant les mêmes professions, des métiers similaires ou des professions connexes concourant au même type de produit ; ils sont organisés par branches en fédérations. Ce système fédéral se croise avec les organisations territoriales (ville, département, région). En Grande-Bretagne, une confédération unique (TUC) rassemble des syndicats de métiers très différenciés sur le lieu de travail : électriciens, mécaniciens, chauffeurs... En Allemagne et aux États-Unis, la branche l'emporte sur toute autre spécificité. Au Japon, les confédérations syndicales sont faibles par rapport aux puissants syndicats d'entreprise.

En France, l'adhésion syndicale est facultative tandis qu'en Grande-Bretagne ou aux États-Unis elle a longtemps été la condition de l'embauche *(closed shop)*, certains syndicats tentant quand même de maintenir l'obligation de se syndiquer après l'embauche *(union shop)* comme dans certaines usines automobiles américaines.

SYNDICATS ET PARTIS POLITIQUES. Les liens entre syndicats et partis politiques (partis ouvriers communistes ou sociaux-démocrates) ont toujours été étroits. Partout, le syndicalisme a fait évoluer le droit du travail (journée de 8 heures, semaine de 40 heures, congés payés, délégués du personnel...). L'État intervient différemment dans les relations syndicats/patronat : peu présent aux États-Unis ou en Angleterre, il est l'initiateur d'une grande part des négociations et des accords en France, en Espagne et en Italie.

UNE INFLUENCE EN BAISSE. Le syndicalisme a perdu beaucoup de son influence durant les trois dernières décennies dans les pays de l'OCDE : baisse du nombre de militants et d'adhérents (9 % de syndiqués seulement dans la population active en France contre 60 % dans les pays scandinaves, voire 80 % dans la métallurgie en Suède), réduction de sa représentativité (28 % d'élus non syndiqués aux comités d'entreprise en France en 1996). Cette perte d'audience tient à la nette amélioration du pouvoir d'achat des salariés et des ouvriers en particulier (les chômeurs ont plus de mal à s'organiser en raison de leur dispersion), aux changements des méthodes managériales (expression des salariés, individualisation de la relation salariale, etc.) et, paradoxalement, aux succès de l'activité syndicale elle-même : des spécialistes élus prennent en charge le fait syndical et en dispensent ainsi tout un chacun. Ainsi le syndicalisme d'hier a perdu une partie de sa raison d'être : son renouveau passe certainement par l'invention de nouvelles fonctions sociales sur le lieu de travail.

Jean-Pierre DURAND

bibliographie

ABENDROTH Wolfgang, *Histoire du mouvement ouvrier en Europe*, Maspero, 1973.

ACCORNERO Aris, *La parabola del sindicato. Ascesa e declino di una cultura*, Bologne, Il Mulino, 1992.

ADAM Gérard, REYNAUD Jean-Daniel, *Conflits du travail et changement social*, PUF, 1978.

DURAND Claude, *Conscience ouvrière et action syndicale*, Mouton, 1971.

DURAND Jean-Pierre (sous la dir. de), *Le Syndicalisme au futur*, Syros, 1996.

ÉDELMAN Bernard, *La Légalisation de la classe ouvrière*, Bourgois, 1978.

GROUX Guy, MOURIAUX René, *La CGT. Crises et alternatives*, Economica, 1992.

LABBÉ Dominique, CROISAT Maurice, *La Fin des syndicats*, L'Harmattan, 1992.

MAGNIADAS Jean, *Le Syndicalisme de classe*, Messidor, 1987.

MIGUELEZ LOBO F., « Las organizaciones sindicales », *in* F. MIGUELEZ LOBO, C. PRIETO, *Las Relaciones laborales en Espana*, Madrid, Siglo XXI, 1991.

NOBLECOURT Michel, *Les Syndicats en question*, Éditions ouvrières, 1990.

REYNAUD Jean-Daniel, *Les Syndicats en France*, 2 t., « Points », Seuil, 1975.

ROSANVALLON Pierre, *La Question syndicale*, Calmann-Lévy, 1988.

ROZENBLATT Patrick (sous la dir. de), *Les Coordinations de travailleurs dans la confrontation sociale*, L'Harmattan, 1994.

SIWEK-POUYDESSEAU Jeanne, *Le Syndicalisme des cols blancs*, L'Harmattan, 1996.

TOURAINE Alain, WIEVIORKA Michel, DUBET François, *Le Mouvement ouvrier*, Fayard, 1984.

SYNTHÈSE

voir : SYSTÉMISME

Opération intellectuelle consistant à réunir divers éléments donnés séparément pour en constituer un tout. Sur le plan des phénomènes sociaux, réunion en une nouvelle totalité d'éléments antérieurement distincts.

En sociologie, les deux opérations de l'*analyse* et de la *synthèse* ne sont pas, du moins théoriquement, antagoniques : une recherche peut s'attacher à la connaissance des éléments, puis se proposer de reconstituer un ensemble ou inversement. Toutefois, un débat subsiste quant au privilège à accorder à l'une ou l'autre de ces deux approches. Le systémisme, comme le structuralisme ou la psychologie de la forme ont développé une critique vigoureuse des approches analytiques, accusées de détourner de la connaissance des ensembles. Selon ces perspectives, seule une connaissance synthétique des systèmes, des structures ou des formes peut rendre compte des phénomènes, d'après le principe général affirmant que le tout l'emporte.

Pierre ANSART

bibliographie

LÉVI-STRAUSS Claude, *Les Formes élémentaires de la parenté*, PUF, 1949.

ROSNAY Joël de, *Le Macroscope*, Seuil, 1977.

SYSTÈME DE PRODUCTION

all. PRODUKTIONSSYSTEM	esp. SISTEMA DE PRODUCCIÓN
angl. PRODUCTION SYSTEM	ital. SISTEMA DI PRODUZIONE

voir : ÉCONOMIE, MODE DE PRODUCTION, ORGANISATION, TRAVAIL

1 Au niveau microsociologique, le système de production désigne l'ensemble des moyens techniques et humains destinés à produire des biens ou des services. Ici l'analyse prend appui sur l'histoire et l'état des techniques d'une part, sur les rapports hommes/machines d'autre part. Ce dernier objet, dit aussi appareil productif et lieu de prédilection de la sociologie du travail, rassemble les interrogations sur les qualifications ou les compétences, l'organisation du travail, les méthodes de commandement et de motivation au travail, etc.

2 Dans un sens plus macrosociologique (et macroéconomique), le système de production (et d'échange) est constitué de l'appareil productif et des rapports qu'il entretient avec les régulations macroéconomiques. Ici les concepts de système et de modèle se confondent. Plus précisément, le concept de modèle productif désigne les paradigmes mis en œuvre au niveau microsocial et au niveau macrosocial, et il rend compte de leurs interrelations ainsi que de leur cohérence.

ORGANISATION PRODUCTIVE ET RELATION SALARIALE. Le cœur de l'appareil productif est constitué des relations qu'entretiennent l'*organisation productive* (les procédés techniques sans cesse modifiés par le progrès technique, par le souci de productivité et par les exigences des salariés) et la *relation salariale*, définie comme la cristallisation, au niveau microsocial, du rapport capital/travail à travers la mise en mouvement de la capacité de travail en un temps donné, avec la plus grande efficacité possible (d'où la recherche de l'implication la plus grande du salarié dans son emploi).

LES MARCHÉS. Le niveau macrosocial et/ou macroéconomique est celui des marchés : offre et demande de biens et de services, mais aussi marché du travail. Les deux se recouvrent partiellement, puisque les revenus des salariés constituent la majeure partie de la demande de biens et de services. À ce niveau, l'État joue un rôle important en tant qu'État-Providence ou de régulateur du rapport salarial.

Le concept de modèle productif organise le va-et-vient systématique entre niveaux d'analyse. Par ailleurs, il prend en compte à la fois la contradiction capital/travail et la cohérence entre paradigmes, facteur premier de l'efficacité du système productif.

Jean-Pierre DURAND

bibliographie

BOYER Robert, DURAND Jean-Pierre, *L'Après-fordisme*, Syros, 1998.

CASTILLO Juan-José, « Fabricando la organización del trajo de manana : una fabrica lider en la mecanica », in *Sociologia del Trabajon,* nueva época, n° 27, 1996.

CERI Paolo, *Impresa e lavoro in trasformazione. Halia-Europa*, Bologne, Il Mulino, 1988.

DURAND Jean-Pierre (sous la dir. de), *Vers un nouveau système productif*, Syros, 1993.

KÖLHER C., « Existe un modelo de producción español », *Sociologia del Trabajon*, nueva época, n° 20 invierno, 1993/1994.

LANE C., *Industry and Society in Europe : Stability and Change in Britain, Germany and France*, Aldeschot, Edward Elgar, 1995.

NAVILLE Pierre, *Vers l'automatisme social ?*, Gallimard, 1963.

Sociologie du travail, n° 1, numéro spécial « Systèmes productifs : les modèles en question », 1993.

TOURAINE Alain, *Les Ouvriers des usines Renault*, Éd. du CNRS, 1955.

SYSTÈME-EXPERT

vers 1970, expression composée de « système », du grec *sustêma* « assemblage, composition », et de « expert », du latin *expertus*, participe passé du verbe *experiri* « faire l'expérience de »

all. EXPERT-SYSTEM	esp. SISTEMA-EXPERTO
angl. EXPERT-SYSTEM	ital. SISTEMA-ESPERTO

voir : ACTIVITÉ, COMPÉTENCE, EXPERTISE, NUMÉRIQUE, ORDINATEUR, ORGANISATION, SYSTÈME DE PRODUCTION

Un *système-expert*, fruit de la collaboration de l'ingénierie et de la psychologie du travail, consiste en un algorithme qui vise à aider un opérateur dans sa tâche de conduite d'une machine ou d'une installation, le plus souvent dans l'industrie, mais parfois aussi dans certaines fonctions moins mécanisées, très techniques (médecine, maintenance, services financiers). À partir des années 70, avec la diffusion de l'informatique dans les systèmes de production et le développement des sciences cognitives, les ingénieurs, constatant leur incapacité à automatiser complètement certains processus de production, ont cherché à équiper les postes de travail stratégiques de dispositifs qui fournissent en temps réel des informations sur les variables déterminantes du procès de production, alertent l'opérateur dès que ces indicateurs entrent dans une fourchette de variation déterminée à l'avance, en fonction de normes préfixées, et proposent des canevas d'interventions hiérarchisées pour résoudre le problème et rétablir le système de production dans son fonctionnement normal. Ces dispositifs, qui ne se substituent pas à l'opérateur, reposent sur une analyse fine du travail réel d'un opérateur-expert, choisi en raison de sa grande maîtrise du poste de travail, dans différentes situations de dégradation des installations, afin de mettre en évidence l'ensemble des différentes tâches qu'exécute cet opérateur-expert avant de décider une action. Ce travail d'analyse du travail concret exige de repérer le type d'informations recherchées par l'opérateur-expert pour chaque situation critique, les modes de recherche de l'information pertinente, les raisonnements de recherche des causes de l'incident, l'établissement des seuils qui doivent déclencher les alertes et les opérations de régulation, les procédures de correction du système de production. Il s'agit donc de construire un outil d'aide à la décision de l'opérateur (un logiciel), en automatisant certaines tâches de production d'informations sur les variables pertinentes, et en fournissant, en fonction de certains seuils, des propositions de séquences d'opérations à réaliser, pour obtenir un but déterminé à l'avance. Les systèmes-experts sont extrêmement complexes, et donc coûteux à réaliser, car l'ordinateur ne peut traiter que de l'information formalisée et soigneusement sélectionnée, pour ne pas noyer l'opérateur sous une masse d'informations qu'il ne pourrait plus maîtriser. Ils supposent des procédures très codifiées, des installations en place pour une longue période et surtout des caractéristiques des matériaux traités et transformés très stables. En outre, l'efficacité d'un système-expert tient dans sa capacité à prévoir tous les cas de dysfonctionnement ou de panne possibles, à partir de l'information recueillie lors des pannes antérieures, tout en anticipant sur des pannes potentielles. Malgré leurs limites, ils constituent une phase essentielle dans l'automatisation des procès de production.

Mireille DADOY

bibliographie

CAVERNI Jean-Pierre, « Psychologie de l'expertise : éléments d'introduction », in *Psychologie française*, vol. 33, 1988, nº 3, pp. 114 à 125.

CHATAIN Jean-Noël, DUSSAUCHOY Alain, *Systèmes-experts, méthodes et outils*, Eyrolles, 1986.

COHENDET Patrick, LLERENA Patrick, PECQUET P., *La Productique*, Economica, 1987.

COLLINS Harry M., *Experts artificiels. Machines intelligentes et savoir social*, Seuil, 1992.

DODIER Nicolas, *L'Expertise médicale. Essai de sociologie de l'exercice du jugement*, « Leçons de choses », Éd. Métailié, 1993.

HATCHUEL Armand, SARDAS Jean-Claude, « Le Pilotage des systèmes complexes de production », in *Les Nouvelles Rationalisations de la production*, Cépaduès, 1992, pp. 227 à 247.

HATCHUEL Armand, WEILL Benoît, *L'Expert et le système. Gestion des savoirs et métamorphose des acteurs dans l'entreprise industrielle, quatre histoires de systèmes-experts*, Economica, 1992.

HATON Jean-Paul, HATON Marie-Christine, *L'Intelligence artificielle*, « Que sais-je ? », PUF, 1993.

MERCHIERS Jacques, PHARO Patrick, « Éléments pour un modèle sociologique de la compétence d'expert », in *Sociologie du travail*, nº 2, 1992, pp. 47 à 63.

MONTMOLLIN Maurice de, *L'Intelligence de la tâche. Éléments d'ergonomie cognitive*, Berne, « Science pour la communication », Peter Lang, 1984.

TERSSAC Gilbert de, DUBOIS Pierre, *Les Nouvelles Rationalisations de la production*, Cépaduès. 1992.

TREPOS Jean-Yves, *Sociologie de la compétence professionnelle*, « Espace social », PU Nancy, 1992.

TREPOS Jean-Yves, *La Sociologie de l'expertise*, « Que sais-je ? », PUF, 1996.

* * *

SYSTÈME POLITIQUE

du latin *systema* « assemblage », ensemble d'éléments en interaction

all. POLITISCHES SYSTEM	esp. SISTEMA POLÍTICO
angl. POLITICAL SYSTEM	ital. SISTEMA POLITICO

voir : DOMINATION, ÉTAT, POLITIQUES PUBLIQUES, POUVOIR

Ensemble des normes, institutions, comportements politiques, caractérisés par leurs interdépendances.

Dans la théorie cosmologique d'ARISTOTE, le *sustêma* (« ensemble ordonné ») équivaut à la notion de confédération ; il s'applique à un corps de nations pourvu des mêmes institutions. Mais présenter les rapports politiques en ces termes, c'est, dans la sociologie contemporaine, faire référence à une autre grille de lecture : celle du systémisme*, dont le développement, au début des années 60, doit beaucoup aux travaux de l'Américain EASTON.

LE SYSTÉMISME. L'approche en termes de système est née de recherches en biologie, où elle fut présentée, au début des années 20, comme un effort d'uniformisation de la démarche scientifique (*Théorie générale des systèmes* de BERTALANFFY). Il s'agissait de mettre en évidence un groupe d'organes reliés selon certaines structures et exerçant une influence réciproque les uns sur les autres selon des procédures précises. Après la Seconde Guerre mondiale, cette construction théorique reçut l'appui de la cybernétique et de la servomécanique. C'est alors qu'elle devint le cheval de bataille d'un courant de pensée soucieux d'unifier le champ des connaissances par une théorie définie comme universelle et « non engagée ». Promue par la Société pour l'avancement de la recherche en analyse systémique, créée en 1956, elle reçut l'appui de nombre de ceux qui, dans le contexte de la guerre froide, s'opposaient aux avancées de l'analyse marxiste. Quels en sont les fondements ? Pour un exposé des origines et des principes épistémologiques, voir ci-dessous l'article SYSTÉMISME.

Inséré dans un environnement dont il dépend et dont il subit les influences, le système politique exerce un rôle fondamental : celui de maintenir et de reproduire l'ordre social. Correspondant à un ensemble de comportements en situation d'interdépendance (chaque modification d'une des parties constitutives affecte les propriétés des autres parties et du tout), il recouvre, selon l'expression d'Easton, *« les interactions par lesquelles les objets de valeur sont répartis par voie d'autorité dans une société »*.

L'« oughtness » des positions d'autorité. L'idée du politique, c'est donc l'idée d'une contrainte nécessaire et acceptée. C'est dire si, pour assurer sa légitimité, le système politique doit engendrer et perpétuer la croyance que les institutions existantes sont les plus appropriées. Cette capacité est perçue comme une qualité inhérente aux positions d'autorité (le sociologue utilise le mot *oughtness*).

D'où provient-elle ? Pour les systémistes, elle résulte de ce que le système politique convertit les exigences ou les pressions de l'environnement en interventions publiques propres à assurer sa stabilité fonctionnelle. De là une caractéristique qui s'observe dans tout système politique : permettre la circulation et la conversion des ressources nécessaires à l'autorégulation du système tout entier.

L'autorégulation des systèmes. Cette « adaptation contrôlée », ou « équilibre dynamique », décrit un flux continu d'échanges et de communications opérant à double sens.

1 D'un côté, il s'agit d'extraire de l'environnement les éléments indispensables au travail politique (les *inputs* ou entrées) : cela désigne d'une part des « demandes » (de biens et services, d'informations) qui font connaître l'état des attentes d'une société et que des « gardes-barrières » (partis, syndicats, églises, associations) vont sélectionner et mettre en forme, d'autre part des « soutiens », c'est-à-dire des actions et des attitudes contribuant, de manière latente ou manifeste, à la légitimité du système tout entier (vote, participation aux cérémonies et symboles du pouvoir, impôt).

2 D'un autre côté, il s'agit d'imposer les règles et buts au moyen desquels pourront être orientées les énergies collectives (les *outputs* ou sorties). On peut en distinguer deux sortes :

. les « décisions » qui, plus ou moins formalisées, modifient la définition légale de la réalité (lois, décrets, arrêts) ;
. les « actions » qui, plus spécifiques, matérialisent la lutte contre l'entropie effectuée par les autorités (nominations, distributions d'aides).

Décisions et actions représentent ce qu'Easton nomme des « attributions impératives de valeurs ». Elles aideront au total à stabiliser la vie sociale par des effets en retour appelés « boucles de rétroaction » *(feedback loops)* : chaque échange avec l'environnement, sous la forme d'un *output* suivi par un retour d'information, va ajouter à la connaissance que le système développe pour accroître la performance de ses décisions et, partant, endiguer l'érosion de ses soutiens.

Guidage, tensions, équilibre. On le voit : la politique relève d'une véritable science du guidage, ce que WIENER a appelé une « théorie de la commande et de la communication ». Il est vrai que dans la logique de PARSONS (1937), dont les conceptions empruntent largement au systémisme, tout système social doit satisfaire des exigences fonctionnelles : les unes relatives à l'efficience (adaptation et formulation des buts collectifs), les autres conditionnant sa stabilité (intégration et « latence », c'est-à-dire maintien du système de valeurs dominant). Réagissant aux « perturbations » *(disturbances)* de son environnement, le système politique est plus que d'autres exposé à des « tensions » *(stresses)* qui en menacent la survie : on dira qu'il y a *tension* lorsque les variables essentielles de son fonctionnement risquent d'être poussées au-delà d'un seuil critique *(critical threshold)*, à partir duquel les décisions cessent de bénéficier de l'appui, même tacite, du plus grand nombre. Si le système politique parvient à surmonter ces tensions, c'est en raison de ses capacités propres qui, selon ALMOND et POWELL, se décomposent analytiquement en quatre phases :

. « extractive » (mobilisation de l'énergie nécessaire à l'action des acteurs du système) ;
. régulatrice (contrôle et coordination des activités des individus et des groupes) ;
. distributive (allocations de biens, de services et de récompenses symboliques) ;
. et *responsive* (réponse aux demandes sociales pour éviter le risque permanent de surcharge — *stress* — quantitative et qualitative).

On l'aura compris : le changement est ici l'autre nom de l'équilibre et l'adaptation une dialectique secrète de la permanence.

CRITIQUE DU SYSTÉMISME. Plusieurs critiques ont été faites à cette entreprise théorique. Retenons-en simplement trois, que les développements de la science politique rendent aujourd'hui très sensibles.

1 Premier point : cet échange entre politique et société est un processus *sans épaisseur historique*. Entièrement « bouclé », il ne permet pas de distinguer un avant ou un après, ni même d'appréhender les structures d'opportunités ou les répertoires d'action qui, héritées du passé, façonnent les interventions de l'État. Traduction d'une aspiration à une science du politique « modelée selon les postulats méthodologiques des sciences de la nature » (Easton), cette conception s'expose, ce faisant, à un aveuglement scientifique en occultant le fait que les phénomènes politiques sont, dans leurs effets comme dans leur architecture, les produits d'une histoire.

2 Par ailleurs, limitant le politique à un lieu, voire à des fonctions spécifiques, le systémisme assimile le pouvoir à un simple instrument de gouvernement. Easton en fera l'aveu : *« L'approche par le système nous éloigne des questions concernant la façon dont est coupé le gâteau politique et les raisons pour lesquelles il est coupé d'une façon ou d'une autre »* (p. 444). Comme si l'avènement des sociétés industrielles, que certains auteurs mesurent par l'essor de « la culture civique », avait le don de changer la contrainte en communication, la coercition en compétence. Le résultat, c'est que dans la problématique systémiste, le pouvoir n'est plus ni le centre ni l'essence du politique.

3 Enfin, une telle conceptualisation postule une sorte d'équilibre général fait d'accommodements et d'adaptations successifs. Un schéma qui a du mal à rendre compte de l'échec de l'échange, des crises ou des ruptures révolutionnaires. Faut-il le rappeler ? L'État n'est pas seulement l'instigateur de politiques publiques. Il est investi par des groupes sociaux qui, dans le cadre des rivalités qui les opposent, le servent autant qu'ils s'en servent. BACHRACH et BARATZ l'ont bien montré en examinant l'incidence des clivages sociaux et des groupes de pression dans les phénomènes de « non-décision ». C'est là assurément une dimension cruciale de la sociologie comme de l'histoire du politique. Si les problèmes sociaux sont, chez Easton, politiquement construits (l'action de la « boîte* noire » consiste en un « filtrage » de « désirs » multiples et contradictoires, transformés en « exigences » reconnues et régulées), en revanche, les réponses apportées n'apparaissent jamais socialement déterminées. Le fait mérite d'être souligné : demandes et soutiens ne sont pas adressés à des agents de pouvoir, mais à des « autorités ». Un terme volontairement neutre, qui désigne des rôles désinvestis de toute relation de domination. Récusant les notions de classe dirigeante (MARX), d'élite (PARETO), de classe politique (MOSCA) ou d'oligarchie (MICHELS), Easton ne veut connaître que des rôles anonymes. Des hommes sans qualité au service d'une « machine » rebaptisée « système » mais qui, à

l'instar de la parabole de SAINT-SIMON, fonctionne indépendamment des acteurs et des valeurs qui pourtant la constituent. Aussi ne faut-il pas s'étonner si le systémisme apparaît de nos jours largement désaffecté. Ce qui reste, en revanche, c'est une notion qui, mieux que les termes de régime ou d'institutions politiques, exprime l'existence de rôles et d'activités constitués en un ensemble organisé d'interactions. En somme, un concept devenu l'héritage anonyme d'une théorie demeurée, elle, sans héritiers proclamés.

Olivier IHL

bibliographie

EASTON David, *Analyse du système politique*, Armand Colin, 1974.

LAPIERRE Jean-William, *L'Analyse des systèmes politiques*, PUF, 1973.

PARSONS Talcott, *Le Système des sociétés modernes*, Dunod, 1973.

SYSTÈME SOCIAL

all. SOZIALSYSTEM	esp. SISTEMA SOCIAL
angl. SOCIAL SYSTEM	ital. SISTEMA SOCIAL

voir : COMMUNICATIONS DE MASSE, ENTROPIE, FONCTION, INFORMATION, ORGANISATION, REPRODUCTION, STRUCTURE

Conception des organisations sociales comme ensembles d'éléments interdépendants, liés entre eux par des relations telles qu'une variation de l'un entraîne des modifications des autres.

LA CONCEPTION SYSTÉMIQUE PARSONIENNE. « *Les faits sociaux sont organisés en des ensembles qui constituent des systèmes. Les relations sociales s'y trouvent comme des facteurs interdépendants dont les rapports dynamiques sont en même temps la cause et le produit de l'existence du systèmes considéré. À chaque variation d'un facteur correspondent une ou plusieurs variations qui tendent à maintenir le système en l'adaptant. Il s'agit de rééquilibrations successives dues à des processus d'autocompensation. Ces processus sont l'expression de l'action et de la force intégratives du système qui tend à se maintenir. Entre le " tout " et les " parties ", il y a donc une réciprocité d'influences, mais c'est le " tout " qui assure la cohésion de l'ensemble* » (JAME). Cette définition est encore influencée par la conception des systèmes sociaux telle que PARSONS (1902-1978), avant la Seconde Guerre mondiale, l'avait déjà exposée. Il s'agissait alors, dans le sillage du *New Deal* de Roosevelt, d'assigner à la sociologie américaine la tâche pratique d'étudier les conditions de mise en place d'une conformité normative au sein de populations d'origines diverses et, partant, d'examiner celles qui présidaient à l'auto-équilibrage des « systèmes sociaux ». Cette vision conservatrice, consubstantielle à la démarche structuro-fonctionnaliste, qui s'exprime notamment par sa difficulté à passer d'un cadre conceptuel statique à un mode d'explication dynamique, capable de dégager les causes du changement social, a été vivement reprochée à Parsons et à ses épigones. Parsons fait reposer sa théorie sur le concept de « système général d'action », au sein duquel se distinguent, selon une hiérarchie de type cybernétique, les quatre sous-systèmes biologique, psychologique, social et culturel. À chaque sous-système correspond une fonction fondamentale, à savoir :

- pour le sous-système biologique, celle d'adaptation ;
- pour le sous-système psychologique, celle de définir les objectifs d'action et de les poursuivre ;
- pour le sous-système social, celle d'intégration des acteurs au groupe social (et à la société en général) ;
- pour le sous-système culturel, celle de maintenir par le jeu des éléments abstraits qui le composent (valeurs, idéologies, connaissances, etc.) le modèle culturel dominant dans la société considérée.

Dans la conception systémique parsonienne, la réalité sociale est répartie en deux sous-systèmes distincts, le sous-système social et le sous-système culturel. Le sous-système social peut être à son tour envisagé comme composé de quatre sous-systèmes correspondant aux fonctions d'adaptation, de définition et de poursuite des objectifs, d'intégration et de socialisation. Ces sous-systèmes constituent des composantes analytiques et non descriptives de la société globale ; elles ne peuvent être totalement indépendantes l'une de l'autre, au risque de rendre la société inintelligible. L'autonomie des sous-systèmes est donc relative et variable selon les sociétés et les périodes (LUGAN). Il n'est évidemment pas possible de décrire dans le détail la formidable construction parsonienne, dont les aspects proprement rhétoriques ne doivent pas être niés, même si l'ambition première de l'entreprise, rapprocher micro et macrosociologie, en l'occurrence la psychosociologie américaine et l'héritage des « pères fondateurs », MARX, DURKHEIM et WEBER, était des plus estimables et a continué d'inspirer pas mal de sociologues postérieurs à Parsons (BERGER et LUCKMANN, GIDDENS, etc.).

LE SYSTÉMISME. En réaction au modèle systémique de Parsons, d'autres chercheurs s'inspireront du paradigme entropique, emprunté à la thermodynamique, pour rendre compte des assemblages constitutifs du « social ». BUCKLEY, en particulier, a distingué entre les systèmes en équilibre clos et entropiques et les systèmes adaptatifs ouverts et néguentropiques, dont font partie les systèmes socioculturels qualifiés de « complexes ». Les systèmes sociaux sont situés dans un environnement qui est à la fois diversifié et contraignant, ce qui les oblige à faire preuve d'une certaine plasticité, consistant notamment en une capacité à conserver et à diffuser les transformations réussies. Dans l'ordre des phénomènes sociaux, la capacité d'adaptation et de transformation repose davantage sur le jeu d'éléments symboliques que sur celui d'éléments génétiques. Les systémistes qui ont adopté ce paradigme s'efforcent de démontrer que pour éviter une évolution vers un état de désordre croissant, les systèmes sociaux doivent incorporer de l'énergie disponible, sous la forme d'*information*, de nature néguentropique. Cette énergie étant empruntée à l'extérieur, il n'y a pas de renversement par rapport à la prédiction du deuxième principe de la thermodynamique, puisque dans l'ensemble la somme système + milieu subira une augmentation globale et irréversible d'entropie. Il est évidemment permis de s'interroger sur la pertinence de l'assimilation de l'information à de l'énergie, et de n'y voir qu'une métaphore.

LA SYSTÉMIQUE SOCIALE. Ce qu'on appelle désormais la systémique sociale s'est intégrée dans la *théorie*

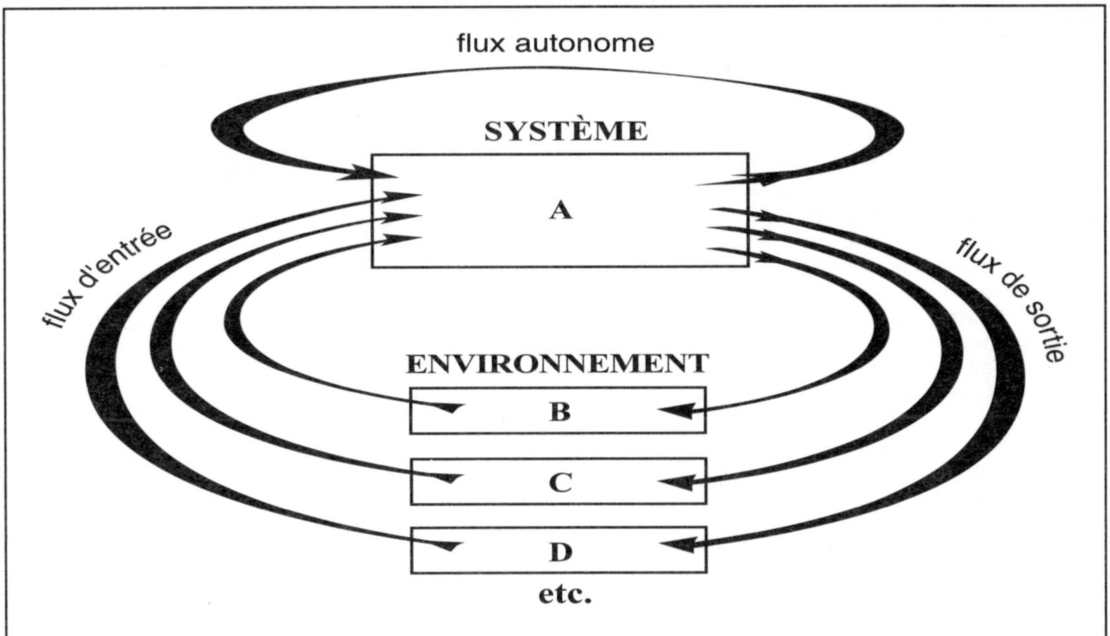

La rétroaction

générale des systèmes, dont le principal représentant est l'Autrichien Ludwig von BERTALANFFY. Ce que nous appelons le social est constitué d'une grande pluralité de systèmes complexes dotés de capacités d'auto-organisation et d'auto-transformation. Cependant, un système social (par exemple la famille, l'école, l'administration, etc.) ne peut être assimilé à une totalité concrète ou à une partie d'une telle totalité. Il s'agit d'un concept d'« analyse » et non d'un concept d'objet : « *Connaître un système est en construire un modèle dans lequel on ne retient que les variables, les processus, les sous-systèmes pertinents par rapport à la problématique de la recherche* » (Lapierre). On retrouve dans cette proposition la définition de l'idéal-type* wébérien.

D'une manière générale, un système se présente comme un dispositif alimenté par des éléments *entrants*, dont sont issus des éléments *extrants* (par exemple, dans le système « école », les entrants sont des enfants non encore scolarisés et les *sortants* sont des écoliers diplômés ou des écoliers n'ayant pas accompli leur scolarité jusqu'à la certification, qui se trouvent donc en état de « décrochage scolaire »). Une des caractéristiques essentielles du fonctionnement de ce dispositif est l'existence de la *rétroaction (feed-back)*. Les flux de sortie, traversant d'autres systèmes qui figurent dans l'environnement du système concerné, en ressortent sous la forme de nouveaux flux d'entrée en direction de ce système. Il faut aussi compter avec l'existence de flux autonomes, certains extrants du système redevenant des entrants. Ce phénomène joue un rôle primordial dans le processus d'autorégulation des systèmes : « *Ce qui sort du système A entre dans certains systèmes de son environnement, par exemple dans un système B. Celui-ci réagit à ce qui est ainsi entré en lui, et cette réaction se manifeste par un changement dans ce qui sort de B. La boucle de rétroaction signifie que va entrer dans A une information sur ce changement, ce qui peut être schématisé graphiquement comme suit : (cf. schéma ci-dessus)* » (LAPIERRE).

Loin de l'impérialisme parsonien, les partisans de la systémique nouvelle soulignent que leur mode d'analyse des phénomènes sociaux ne vise nullement à produire un savoir unique, total et définitif. Répudiant le modèle de l'homéostat, dont l'ordinateur est une belle illustration, ils optent pour un modèle paradoxal (BAREL), dans lequel une place est laissée à la liberté humaine, fauteuse de désordre alors même que l'ordre régnant devrait satisfaire le plus grand nombre. L'acte de connaissance se détourne ici de la méthode cartésienne. Il s'agit en fait d'une épistémologie proche de celle de Weber, même si, par certains aspects, la modélisation systémique semble peu compatible avec la recherche du sens des actions humaines, objectif essentiel de la démarche wébérienne. Ce sens, il faut le mettre en évidence par rapport aux processus dont la modélisation des systèmes s'efforce de rendre compte. C'est lui qui commande en quelque sorte les voies empruntées par cette modélisation. Il n'est pas interdit de parler, à cet égard, d'une rétroaction herméneutique. La systémique d'aujourd'hui a pris ses distances de manière nette avec la construction parsonienne. Elle cherche son inspiration du côté des sciences « exactes », dans leurs développements les plus récents. Face à la « crise théorique » qui affecte les sciences du social, et qu'illustrent à la fois l'effondrement des théories suprêmes (MILLS), y compris celles qui reposaient sur diverses versions des postulats marxistes, et l'avènement d'un « paradigme de l'acteur » aux multiples avatars, le concept de système a connu une résurgence remarquée dans l'œuvre de Luhmann.

Luhmann. Dans son *magnum opus*, celui-ci propose des fondations théoriques qui exploitent les ressources conceptuelles de la science moderne et fournissent un cadre devant servir à la description de la société contemporaine en tant que système complexe de communications, qui s'est réparti horizontalement en un réseau de sous-systèmes sociaux interconnectés. Ce faisant, il s'inscrit dans la perspective d'une « révolution scientifique » (au sens de Thomas KUHN), qui a fait du principe d'auto-organisation le pivot sur lequel il bâtit ses propositions théoriques. Parmi les développements qu'il tire de ce point de vue, Luhmann, tout en revendiquant pour sa « super-théorie » un statut d'universalité, doit aussi rendre compte de la nature auto-impliquante de ses propres observations. Une théorie générale des systèmes sociaux doit se préoccuper de tout ce qui est social, y compris d'elle-même en qualité de fragment contingent de la réalité qu'elle décrit. Ceci implique qu'à la différence de Parsons il n'est plus possible d'imaginer un point d'Archimède à partir duquel le réseau des sous-systèmes sociaux pourrait être envisagé dans une vision absolument totalisante. Luhmann considère que notre société se développe dans le sens d'une différenciation et d'une complexité croissantes, ce qui entraîne une intensification de l'interdépendance des sous-systèmes qui la composent, alors même que ces sous-systèmes se reproduisent de manière récurrente à partir de leurs modes opératoires spécifiques. Chaque sous-système s'évalue lui-même et évalue son environnement, constitué par les autres sous-systèmes, mais ce qu'il évalue relève seulement de sa propre perspective.

Critique de l'approche luhmannienne. LUHMANN, chef de file dans la pensée allemande du « tournant autopoétique », a été souvent critiqué, à la fois pour la tonalité positive de ses propositions et pour sa conception de la société globale comme système en quête permanente de son équilibre. L'idée de la sélectivité opératoire des sous-systèmes peut être rapprochée du concept de « système-expert », développé par Giddens dans ses écrits sur la « modernité tardive » *(late modernity).* L'individu a de plus en plus souvent affaire à des systèmes sociaux à références *internes (internally referential social systems)*, c'est-à-dire à des dispositifs de régulation des conduites, d'ordres très divers (technique, juridique, moral, esthétique, scientifique, etc.), dont les modalités d'usage ne peuvent être trouvées qu'au sein des systèmes eux-mêmes. L'expérience individuelle se trouve ainsi « séquestrée », de sorte que, lorsque survient un « moment fatidique » (une perte d'emploi, une rupture affective, une maladie grave, etc.), l'individu se trouve dans une situation de très haute insécurité. La société de modernité avancée n'est plus capable, à la différence des sociétés plus anciennes, d'unifier tous ces systèmes en un seul, capable de produire une matrice de référence unique. Dans un autre lexique, on parlerait d'un défaut de principes légitimateurs universels.

RENOUVEAU DE LA THÉORIE DES SYSTÈMES. La théorie des systèmes, après avoir connu un certain délaissement, occupe de nouveau une position solide dans l'ensemble des théories sociologiques. Récusant le structuro-fonctionnalisme rigide mis à l'honneur par Parsons, elle se réfère davantage à un modèle de système ouvert, combinant ordre et désordre et tissé de nombreux paradoxes, que Lapierre assimile à celui de l'œuvre d'art. Il n'en reste pas moins que la tentation de préférer l'équilibre ordonné au foisonnement désordonné reste grande, et qu'il convient de ne pas emprunter leurs concepts aux sciences de la nature sans une forte dose de prudence.

Claude JAVEAU

bibliographie

BAREL Yves, *Le Paradoxe et le système*, PU Grenoble, 1979.

BUCKLEY Walter, *Sociology and Modern Systems Theory*, Englewood Cliffs, Prentice Hall, 1967.

GIDDENS Anthony, *Modernity and Self-Identity*, Cambridge, Polity Press, 1991.

JAME Henri, *Le Système social. Essai de théorie générale*, Bruxelles, Éd. de l'Institut de sociologie de l'Université libre de Bruxelles, 1968.

LAPIERRE Jean-William, *L'Analyse de systèmes. L'application aux sciences sociales*, Syros, 1992.

LUGAN Jean-Claude, *La Systémique sociale*, « Que sais-je ? », PUF, 1996.

LUHMANN Niklas, *Soziale Systeme* (1987) ; trad. angl., *Social Systems*, Stanford UP, 1995.

PARSONS Talcott, *The Social System*, Glencoe, Free Press, 1951.

SYSTÉMISME

du grec *sustêma* « assemblage, ensemble »

all. SYSTEMISMUS, SYSTEMENANALYSE	esp. SISTEMISMO
angl. SYSTEMS ANALYSIS	ital. SISTEMISMUS

voir : INTERACTION, MODÈLE, PARADIGME, SYSTÈME POLITIQUE, SYSTÈME SOCIAL, THÉORIE

Théorie générale des ensembles (naturels, biologiques, sociaux) considérés comme des système de relations et d'interactions dynamiques.

La notion de système a été introduite en sociologie dès le début du XIXe siècle. SAINT-SIMON invite à considérer les organisations sociales non plus comme des assemblages sans unité, mais comme des systèmes. La société issue de l'effondrement du régime féodal, le « système industriel », selon son expression, constituera un ensemble organisé dans lequel toutes les catégories sociales seraient en interrelations dynamiques et engagées dans une même action collective, celle de la production des biens matériels et culturels. Ces prémisses théoriques ont été systématisées dans les années 50 sous l'impulsion de divers courants venus des sciences biologiques, de la cybernétique (WIENER), des sciences de la communication (SHANNON, 1948). Ludwig von BERTALANFFY a proposé, en 1965, une *Théorie générale des systèmes*, largement inspirée de la biologie et comprise comme une théorie et une méthode valables pour toutes les connaissances, naturelles ou sociales. Ces propositions, sans donner lieu à une véritable école en sociologie, ont été reprises, sous des versions diverses, en de nombreux travaux de sociologie, car elles confirmaient des modèles de pensée antérieurement mis en œuvre.

PRINCIPES ÉPISTÉMOLOGOGIQUES. Le systémisme, comme, antérieurement, la « théorie de la forme », part de la critique des approches parcellaires et renouvelle l'idée générale selon laquelle la partie dépend de l'ensemble où elle est située. Selon la formule venue de la théorie de la forme et de la biologie : « le tout l'emporte sur les parties ». L'accent se trouve ainsi placé, non plus sur les caractéristiques de tel ou tel élément, mais sur les interdépendances entre les éléments, sur les interactions et leurs effets, sur les complémentarités fonctionnelles entre les parties, leurs échanges et leurs temporalités. L'approche systémique appelle à construire une perception globale et à approfondir l'étude des interactions au sein du système ainsi construit. Elle invite, par exemple, à considérer une organisation, une institution (la ville, le système éducatif), non comme des objets isolables de la totalité, mais comme des ensembles d'interactions engagées dans la totalité, comme des sous-systèmes dans un système englobant. De tels sous-systèmes, comme les systèmes eux-mêmes, sont plus ou moins ouverts sur l'extérieur, plus ou moins capables de s'adapter aux demandes externes, plus ou moins ouverts sur leur environnement ou fermés aux pressions de celui-ci. L'approche systémique n'exclut pas, comme c'est le cas de recherches sur les seules causalités, la prise en compte des finalités : une organisation poursuit en effet des objectifs (produire, gérer, instruire...) et en tient compte dans son action, mais son efficacité ou ses échecs ne peuvent être évalués qu'en prenant en compte l'ensemble complexe où il est placé. L'approche systémique privilégie un certain nombre de concepts significatifs : ensemble, complexité, action, énergie et entropie, information, communication, objectifs... Elle met l'accent sur des types d'actions : rétroaction, interaction, régulation, équilibre et déséquilibre, processus, tension...

LE STRUCTURO-FONCTIONNALISME DE PARSONS. Cette théorie a donné lieu à bien des applications et à des versions différentes. L'une de ses possibilités était de mettre davantage l'accent sur les régulations que sur les tensions, davantage sur les continuités que sur les ruptures et les conflits. PARSONS, dans sa théorie générale largement inspirée du systémisme, fait la plus grande part aux équilibres entre les sous-systèmes et aux fonctions, mais rend difficilement intelligibles les conflits et les changements. Cette interprétation à caractère structuro-fonctionnaliste a été, de ce fait, fortement critiquée. La question reste posée de savoir si l'approche systémique est nécessairement portée à ignorer les changements et à rendre impossible l'analyse des conflits et des ruptures. LUHMANN s'est proposé de démontrer que les systèmes sociaux ne sauraient être comparés à des organismes autorégulés, que leur intégration reste aléatoire, jamais entièrement stabilisée. Selon cette critique, les systèmes sociaux devraient toujours être pensés comme des systèmes traversés de contradictions et d'incertitudes.

Voir aussi les articles SYSTÈME POLITIQUE et SYSTÈME SOCIAL, où les méthodes et mises en œuvre de cette théorie sont exposées de façon particulièrement détaillée.

Pierre ANSART

bibliographie

BERTALANFFY Ludwig von, *Théorie générale des systèmes. Physique, biologie, psychologie, sociologie, philosophie*, Dunod, 1973.

BUCKLEY Walter, *Sociology and Modern Systems Theory*, Englewood Cliffs, Prentice Hall, 1967.

EASTON David, *Analyse du système politique*, Armand Colin, 1974.

LE MOIGNE Jean-Louis, *Les Systèmes de décision dans les organisations*, PUF, 1974.

LUHMANN Niklas, *Soziale Systeme. Grundrisse einer Allgemeinen Theorie*, Francfort, Suhrkamp, 1985.

ROSNAY Joël de, *Le Macroscope*, Seuil, 1975.

SAINT-SIMON Henri de, *Du système industriel* (1821), in *Œuvres*, t. 3, Anthropos, 1966.

T

TABLE DÉMOGRAPHIQUE

all. DEMOGRAPHISCHE AUFSTELLUNG	esp. TABLA DEMOGRÁFICA
angl. DEMOGRAPHIC TABLE	ital. TAVOLA DEMOGRAFICA

voir : MODÈLE ET MODÉLISATION, POPULATION, STATISTIQUES SOCIOLOGIQUES

Mode de présentation de la façon dont surviennent, dans une cohorte, les événements relatifs à un ou plusieurs phénomènes, selon l'ancienneté de la cohorte.

TABLE DE MORTALITÉ. Dans l'histoire de la démographie, l'invention au XVIIe siècle de la *table de mortalité*, partant de nécessités pratiques et de travaux mathématiques, a constitué une avancée scientifique de première importance. Conçue par GRAUNT, de WITT, les frères HUYGENS, LEIBNIZ, la première table de mortalité opérationnelle, fondée sur des observations réelles, a été mise au point par l'astronome anglais Edmond HALLEY en 1693.

La table de mortalité (ou table de survie) est un modèle qui permet de décrire, en fonction du temps indiqué par l'âge, la survenance des décès depuis la naissance d'une génération jusqu'à son extinction complète.

TABLE DE GÉNÉRATION, TABLE DU MOMENT. Elle peut être établie pour une génération réelle dont on suit le parcours sur une durée d'un siècle *(table de génération)*, ou pour une génération fictive afin de décrire, par juxtaposition, les conditions de mortalité à chaque âge, au cours d'une année donnée *(table du moment)*.

Ces tables se présentent exactement de la même façon : aux âges successifs (repérés par la suite des anniversaires de 0 à 100 ans) sont calculés les survivants, les décès et les probabilités de décès, ou quotients de mortalité, qui mesurent le risque encouru de décéder, à partir d'un anniversaire donné avant d'atteindre le suivant. La construction de la table de mortalité de génération s'appuie sur les probabilités de décès propres à cette génération, alors que la table du moment résulte de l'application à une génération fictive des quotients de mortalité successifs fournis par une centaine de générations différentes observées de manière transversale. À partir de la table de mortalité, on peut calculer la durée de vie moyenne ou espérance de vie à la naissance, qui représente le nombre moyen d'années vécues par une génération réelle ou fictive. La modélisation de la mortalité par une table a été adaptée et développée afin de décrire, en fonction de la durée, des phénomènes plus complexes, se traduisant par des événements renouvelables ayant trait à la nuptialité, la divortialité, la fécondité, la migration, etc.

On a également recours à ce modèle pour l'étude de sous-populations particulières : ainsi, en démographie carcérale, il est possible d'établir des « tables de libération » pour différentes catégories de condamnés ou des « tables de récidive » permettant de mesurer le risque de retour en prison pour les détenus libérés.

Léon GANI

bibliographie

DUPAQUIER Jacques, *L'Invention de la table de mortalité*, PUF, 1996.

PRESSAT Roland, *Dictionnaire de démographie*, PUF, 1979.

ROLLET Catherine, *Introduction à la démographie*, « 128 », Nathan, 1995.

TOURNIER Pierre, « Enquête sur la récidive des condamnés... », Direction de l'Administration pénitentiaire, *Concepts et méthodes*, n° 6, 1981.

TABOU ⇒ INTERDIT, TOTÉMISME

TACTIQUE ⇒ STRATÉGIE

TAXINOMIE

voir : CLASSEMENT

La notion de *taxinomie*, « science des lois de la classification », soulève, en sociologie, de nombreuses réserves et critiques. Les classifications sociales (nous/autrui, supérieurs/inférieurs, dirigeants/dirigés...) sont essentiellement entachées d'historicité et évolutives ; elles constituent des enjeux sociaux et doivent être envisagées dans leurs conséquences éventuelles pour les reproductions sociales, où elles peuvent constituer des éléments de stigmatisation. Épistémologiquement, les taxinomies sont indispensables ; elles rendent possibles les interprétations, mais requièrent une critique permanente pour être scientifiquement opératoires.

Pierre ANSART

TAYLORISME ET ORGANISATION SCIENTIFIQUE DU TRAVAIL (OST)

de l'américain *taylorism* (1918), mot forgé à partir du nom de l'ingénieur F. W. Taylor (1856-1915)

all. TAYLORISMUS	esp. TAYLORISMO
angl. TAYLORISM	ital. TAYLORISM

voir : DIVISION DU TRAVAIL, ORGANISATION, RELATIONS HUMAINES, TECHNIQUE ET SOCIÉTÉ, SOCIOLOGIE DU TRAVAIL

Le taylorisme est la forme « scientifique » de la division du travail appliquée à l'industrie de série, dont F. W. Taylor a défini les principes.

1 L'IMPLANTATION DU TAYLORISME. Même si elle lui est bien antérieure, la division du travail prend une ampleur et une forme spécifiques avec le développement du capitalisme industriel et de la production de masse : la forme du *taylorisme* et de l'organisation scientifique du travail (OST). La présentant comme un facteur d'enrichissement des nations, SMITH (1776) avait donné l'une des premières analyses de la division du travail. Un siècle plus tard, MARX en explicitera les effets sociaux : la division du travail accroît la productivité, mais elle aliène les travailleurs. PROUDHON montre comment elle fragmente le travail et décompose les métiers. DURKHEIM verra dans la division du travail un facteur de cohésion sociale et la base de la solidarité organique (1893). Elle est théorisée comme une évolution logique de la société, conséquence de l'accroissement de son volume et de sa densité.

Durant la Première Guerre mondiale, le taylorisme s'implante aux États-Unis. L'organisation scientifique du travail, dont TAYLOR définissait les principes et la méthode (1909), vise à remédier à la « flânerie ouvrière » et à l'anarchie de l'organisation. Elle est conçue pour diminuer les coûts de fabrication et accroître la productivité. La méthode s'inspire de la séparation entre tâches de gestion, confiées aux bureaux d'étude, et de préparation du travail, et tâches d'exécution, effectuées par les ouvriers. Le « bureau des méthodes » décompose le travail en éléments simples et le recompose afin d'obtenir une efficacité maximum des mouvements, testés par la mesure des temps (chronométrage). Est recherchée la plus grande économie de gestes, qui va définir la *one best way* (la meilleure manière de travailler). Cette phase de l'analyse du travail définit également les outils et matériels utilisés. Elle comporte l'équilibrage des charges de travail et l'égalisation des temps de cycle entre les différents postes. Les modes opératoires sont ensuite enseignés aux ouvriers sélectionnés comme les plus aptes à effectuer ce type de travail. Ils sont entraînés, dans le respect des modes opératoires définis par les fiches d'instruction, à accomplir le travail à l'allure la plus rapide.

Cette méthode nouvelle de rationalisation du travail prévoit la création dans les entreprises d'un certain nombre de services spécialisés se consacrant à la préparation et au contrôle du travail : services techniques, bureaux d'études, bureau des méthodes, dont le rôle est central dans l'organisation du travail, dans le planning et l'ordonnancement qui établissent les programmes de production. C'est la fabrication qui s'assure du respect des normes requises et qui sanctionne et récompense les performances (par la pratique du salaire incitatif). Le fordisme va ajouter à ces principes la mécanisation du transport des pièces en cours de fabrication (convoyeur). Dans le « travail à la chaîne », la cadence de travail est mécaniquement réglée par la vitesse du convoyeur. Ainsi se généralisent, dans les années 30, les chaînes de montage de l'industrie automobile dont l'exemple va être suivi dans l'ensemble des industries de série et, beaucoup plus tard (années 60), appliqué au secteur tertiaire (banques, assurances, chèques postaux...). Cette transformation de l'organisation du travail conduit, dans l'industrie, au passage de l'ouvrier de métier à l'ouvrier-masse, non qualifié, le savoir-faire de l'ouvrier de métier se cantonnant dans les secteurs d'entretien et de fabrication de machines.

2 LA PRATIQUE TAYLORIENNE ET SES DYSFONCTIONS. Georges FRIEDMANN a clairement décrit les conséquences de l'OST sur le travail et les travailleurs (1946, 1956). La déqualification du travail ouvrier, sa réduction à un travail d'exécution parcellisé et répétitif, prive l'ouvrier spécialisé de toute responsabilité de métier. On lui demande d'exécuter les consignes avec ponctualité et discipline, et surtout de ne pas faire preuve d'initiative. Ce type de travail, qui a été au départ source de conflit — les ouvriers professionnels réagissant à la dépossession de leur métier —, est devenu, pour les ouvriers spécialisés (OS), source d'aliénation. Les salariés sur chaîne ne peuvent manifester qu'indifférence et apathie envers ce travail sans intérêt.

Les premières réactions ont été de freiner pour se préserver des cadences infernales et de fuir le travail (*turn-over*, absentéisme). Des réactions plus violentes eurent lieu avec le sabotage des machines et le déclenchement de conflits sociaux de grande ampleur (mai 68) ; les OS, victimes du taylorisme, en furent les principaux acteurs, y compris parmi des catégories habituellement très résignées, tels les femmes et les travailleurs immigrés. Devant le risque de paralysie des grands appareils de production consécutif à ces révoltes contre les conditions de travail, le patronat a cherché un certain nombre de palliatifs. Le courant humaniste des relations humaines, avec MAYO et la psychosociologie industrielle, avait été, dès avant la guerre, une première tentative pour compenser les formes aliénantes du travail par l'amélioration des relations dans le groupe de travail et une meilleure intégration à l'entreprise. Les tentatives d'importation de ces méthodes en France, dans l'immédiat après-guerre, furent sans résultat. Les expériences de restructuration des tâches des années 70 ont représenté des tentatives plus sérieuses pour remédier à la monotonie des tâches et à l'anonymat du travail de série (DURAND, 1978). Ces expériences s'appuyaient sur les analyses sociotechniques du Tavistock Institute (TRIST *et alii*, 1963 ; THORSRUD, 1975). Cette école a mis en évidence, par différentes expérimentations, la flexibilité organisationnelle du travail par rapport aux techniques de production : il est possible, par une organisation moins contraignante que le taylorisme et tout aussi productive, d'élargir les responsabilités confiées aux travailleurs en leur donnant une plus grande autonomie et un contrôle sur leur travail. Dans la ligne de ce courant, les mesures d'élargissement et d'enrichissement des tâches et les expériences de groupes autonomes ont tenté de recomposer le travail en tâches plus globales dont la responsabilité est assurée collectivement.

Du côté de l'évolution des techniques de production, le développement de l'automation a confirmé les pronostics de NAVILLE (1963) d'une certaine requalification du travail et d'une libération intellectuelle et culturelle à l'égard du travail industriel. Ces théoriciens optimistes ont été critiqués, dans les années 70, par MARCUSE, HABERMAS et ILLICH, pour qui la critique de la division du travail s'insère dans une dénonciation plus globale de la science et de la technique qui seraient à la base des pathologies des sociétés modernes.

3 LES MODÈLES D'ORGANISATION POST-TAYLORIENS. L'évolution des techniques de production a d'elle-même conduit à un travail moins taylorisé où la surveillance d'appareils, la signalisation, les tâches d'information et de communication prennent le pas sur les interventions directes (Durand *et alii*, 1972). Les exigences d'une plus grande flexibilité liée à la crise économique et au souci d'une meilleure réponse aux besoins du marché poussent à une conception de l'organisation et de la production qui mise sur la polyvalence et sur la valorisation des capacités d'innovation et de responsabilité. Ces évolutions préparaient le terrain à l'avènement des systèmes de production « postfordistes » (BOYER, Durand, 1993).

Il s'agit de sortir des rigidités de l'organisation du travail en série. On prend conscience que l'excès de rationalisation devient contreproductif. Une division du travail trop poussée représente un gaspillage, une prise en compte insuffisante des capacités d'initiative et des savoir-faire. Au début des années 90 s'opère un basculement des principes productifs pour répondre aux déséquilibres hérités du fordisme, au profit d'une organisation capable d'absorber plus d'innovations. Les modèles de production japonais mettant l'accent sur les objectifs de qualité influencent les conceptions occidentales. On prône de plus en plus le développement des compétences de base, la polyvalence, une meilleure formation, l'intéressement des salariés aux objectifs de l'entreprise. Ceci permet de mieux adapter les entreprises aux fluctuations des marchés et d'optimiser le couple qualité-productivité. L'intégration informationnelle se double de la préoccupation d'une intégration sociale.

Le toyotisme et les autres nouveaux systèmes révèlent aussi leurs inconvénients : le stress, une forte astreinte. Les systèmes de contrôle de la qualité ne sont pas moins contraignants psychologiquement que les contraintes tayloriennes sur les comportements. Le modèle productif japonais, qui fascine les dirigeants industriels, implique une mobilisation totale des individus au service des objectifs de l'entreprise, ce qui présuppose une conception des rapports sociaux de production très éloignée de l'esprit du capitalisme (TRINH, 1992).

Claude DURAND

bibliographie

BOYER Robert, DURAND Jean-Pierre, *L'Après-fordisme*, Syros, 1993.

DURAND Claude, *Le Travail enchaîné. Organisation du travail et domination sociale*, Seuil, 1978.

DURAND Claude, PRESTAT C., WILLENER A., *Travail, salaire, production. Le contrôle des cadences*, Mouton, 1972.

DURKHEIM Émile, *De la division du travail social* (1893), PUF, 1986.

FRIEDMANN Georges, *Problèmes humains du machinisme industriel* (1946), Gallimard, 1965.

FRIEDMANN Georges, *Le Travail en miettes*, Gallimard, 1956.

NAVILLE Pierre, *Vers l'automatisme social*, Gallimard, 1963.

RICHTA Radovan, *La Civilisation au carrefour* (1968), Seuil, 1974.

SMITH Adam, *Recherches sur la nature et les causes de la richesse des nations* (1776).

TAYLOR Frederik W., *La Direction scientifique des entreprises* (1911), Bibliothèque Marabout Service, 1957.

THORSRUD Einar, « La Démocratisation du travail et le processus de transformation de l'organisation », in *Sociologie du travail*, n° 3, 1975.

TRINH Sylvaine, *Il n'y a pas de modèle japonais*, Odile Jacob, 1992.

TRIST E. L., HIGGIN G. W., MURRAY H., POLLOCK A., *Organizational Choice Capabilities of Groups at the Cool Face Under Changing Technologies*, Londres, Tavistock Publications, 1963.

TECHNIQUE ET SOCIÉTÉ

du grec *technê* « art, habileté, moyen »

all. TECHNIK	esp. TÉCNICA
angl. TECHNIQUE	ital. TECNICO

voir : ÉCONOMIE SOCIALE, INNOVATION, SOCIOLOGIE DU TRAVAIL

La technique peut être définie comme la mise en œuvre d'un savoir en vue de produire des moyens d'action efficaces. La technique est donc création et fabrication d'instruments subordonnées à un ensemble de connaissances qui la guident et suscitées par des besoins qui en déterminent la finalité.

GÉNÉALOGIE. La *technique* est conçue aujourd'hui comme un moment de ce qu'on pourrait appeler la rationalité scientifico-technique, et donc elle ne se sépare pas de la conception de la rationalité telle qu'elle s'impose dans l'espace de la modernité. Ainsi comprend-on le rôle parfois déterminant qu'on accorde à la technique dans le processus historique d'une société qui met au centre de ses valeurs la domination de la nature en vue de la « posséder » (DESCARTES), et qui verra donc dans le progrès machinique la cause de son propre devenir. Mais il n'en a pas toujours été ainsi, et il est bon de faire une généalogie de cette conception qui rompt avec la notion de *technê* grecque (PLATON, ARISTOTE).

Ce qui domine dans la pensée grecque, c'est l'idée — et l'idéal — d'une théorie désintéressée, tournée vers la connaissance, qui ne vise aucun but de transformation des choses. La seule action qui vaille est celle qui porte sur la vie de la Cité et la vie de l'individu (éthique et politique). En un sens, les seules techniques nobles sont celles qui ont pour objet le langage, l'argumentation et l'établissement des lois. Le travail productif, celui qui met en branle des techniques du *faire*, relève des esclaves, « ces animaux à pieds d'homme », comme dit ARISTOTE. Certes, la réalité est plus complexe, en particulier chez Aristote, qui dit que l'artisan a un commerce avec les essences puisqu'il produit ce que la nature est dans l'impossibilité d'élaborer. Il reste que *praxis* et *theôria* sont séparées.

Avec la modernité, la rationalité est en rupture avec cet idéal à dimension exclusivement spéculative. Et devenant « science », au sens qu'a ce mot pour nous, elle se fait instrument par lequel l'homme impose au monde d'être conforme à ses propres fins. La science n'est plus savoir métaphysique mais édifice technico-scientifique lié à l'expérimentation, à sa preuve et sa source, à partir de résultats, de produits techniques induits par son savoir. Bien mieux, la technique précédera parfois la théorie et lui posera les problèmes qui la feront progresser, car il s'agira alors de comprendre scientifiquement, c'est-à-dire mathématiquement, le résultat offert par la technique afin d'en permettre l'extension. Ainsi est créé le pôle dialectique science/technique. Le rôle donné à la technique et à l'entreprise prométhéenne va induire tout un ensemble de conceptions — la plus élaborée étant celle de MARX —, où la matérialité du « faire » devient cause productrice du social.

Sans s'attarder à l'analyse et à la critique de ces conceptions, on peut y voir un symptôme de l'esprit de la modernité. Nous nous intéresserons plutôt à la façon dont technique et société s'articulent (et ce ne saurait être sous la forme d'un déterminisme technique).

TECHNIQUE ET SOCIÉTÉ. Quelles relations peut-on établir entre technique et société ? Comment une technique investit-elle le corps social et quels en sont les effets induits ? À ces questions, certains discours « prospectifs » ou « promotionnels » répondront que la technique est toute-puissante et qu'elle impose ses lois sur une vie sociale passive. Il existerait un lien mécanique entre technique et société. Cette conception positiviste oublie qu'une société n'est pas un objet mais qu'elle est d'abord soumise à sa propre nature symbolique. La technique ne se diffuse que dans la mesure où elle s'inscrit dans l'espace des significations propres à une société, où elle répond à des demandes latentes et à un imaginaire, c'est-à-dire à tout un ensemble de valeurs résumé dans la notion « esprit du temps ». Ce n'est donc jamais à partir des seules caractéristiques d'une technologie et selon une logique purement fonctionnelle et utilitaire, qui réduirait l'explication à la seule nature intrinsèque de cette technologie, que peut être comprise son acceptation par la société.

L'univers social intervient dans la configuration des usages d'une nouvelle technologie et peut transformer les usages initialement définis. Les exemples ne manquent pas de technologies dont les modes d'emplois prévus ont été modifiés sous la pression du corps social. Cependant, on ne saurait tomber dans la simplification inverse du déterminisme technologique, qui postule la centralité des usagers dans le procès sociotechnique. Il faut prendre en considération le milieu des inventeurs avec sa spécificité sociale. En fait, on a affaire à une sorte d'interaction sociale entre l'invention et la réception, en notant cependant que les deux moments s'inscrivent dans la logique sociale. Comme l'écrit FLICHY : *« Une innovation ne devient stable que si les acteurs techniques ont réussi à créer un alliage entre le cadre de fonctionnement et le cadre d'usage.* [...] *Le cadre sociotechnique n'est pas la somme du cadre de fonctionnement et du cadre d'usage, mais une nouvelle entité »* (pp. 243 à 270). Une entité dont le sens relève de ce que nous avons appelé l'esprit du temps. Il convient de dépasser les réflexions exclusives à l'égard du couple technique et société au profit d'une approche dynamique du lien sociotechnique. Certes, une technique ne fonctionne qu'en répondant à des demandes sociales latentes. Mais il s'agit évidemment d'une relation dialectique car les techniques accentuent en retour tel trait de la société aux dépens de tel autre. Le paradoxe que MASSIE appelle « la codétermination indéterminée » réside dans le fait que technique et société sont à la fois déterminantes et déterminées dans leur relation de détermination réciproque.

IMAGINAIRE ET UTOPIE. On ne saurait séparer les techniques et les outils de l'espace imaginaire ou utopique qui est à leur origine ou dont elles sont elles-mêmes l'origine. Tantôt, c'est un imaginaire porté par la peur ou la transgression de l'ordre des choses, ou par la peur de l'homme victime de sa propre création (le mythe d'Icare, de Phaéton, celui du golem ou le Frankenstein de Mary SHELLEY en témoignent). Les nouvelles technologies sont ainsi ouvertes à une utopie dans laquelle la communication deviendrait totale, la démocratie directe et la transparence du corps social absolue. Ces utopies sont le pendant inverse des prophéties qui voient se profiler la domination des robots et l'instrumentalisation des hommes. Pour contestables qu'elles soient, elles ne font que refléter ce que nous avons cherché à établir : les techniques ne relèvent pas d'une pure analyse positiviste mais participent du tout d'une société comme réalité symbolique.

Laurence LE DOUARIN

bibliographie

FLICHY Patrice, *L'Innovation technique. Récents développements en sciences sociales. Vers une nouvelle théorie de l'innovation*, La Découverte, 1995.

FLICHY Patrice, *Sociologie de la communication*, Réseaux CNET, 1997.

MIQUEL Christian, MÉNARD Guy, *Les Ruses de la technique*, Méridiens-Klincksieck, 1988.

SCARDIGLI Victor, *Les Sens de la technique*, « Sociologie d'aujourd'hui », PUF, 1992.

TECHNOCRATIE ET TECHNOBUREAUCRATIE

termes dérivés du grec *technê* « art, métier » et *kratos* « pouvoir »

all.	TECHNOKRATIE TECHNOBÜROKRATIE	esp.	TECNOCRACIA TECNOBUROCRACIA
angl.	TECHNOCRACY TECHNOBUREAUCRACY	ital.	TECNOCRATICO TECHNOBUROCRAZIA

voir : BUREAUCRATIE, DÉTERMINISME, FONCTION, MANAGEMENT, SYSTÉMISME, TECHNOSTRUCTURE

Expression critique désignant un système de domination intégrant le pouvoir des experts et celui des organismes bureaucratisés.

DES QUASI-SYNONYMES. Si les mots *technocratie* et *bureaucratie* sont forgés avec les deux mots grecs *technê* (« art, métier ») et *kratos* (« pouvoir »), la délimitation de leur signification respective n'est pas d'emblée évidente. Maints auteurs les emploient comme des synonymes, bien qu'on puisse les distinguer par leur champ d'application. D'un côté, la technocratie désigne littéralement une forme d'organisation de la société au sein de laquelle le pouvoir est exercé par des experts qui, en vertu de la compétence et du savoir technique dont ils disposent dans un domaine précis, décident de l'ensemble des questions relatives à l'ordre public en arguant de l'intérêt général. De l'autre, la *technobureaucratie* consacre aussi la prépondérance des élites gestionnaires, mais sert cependant à marquer une insistance sur la spécificité de son cadre de déploiement. Réunion de technocratie et de bureaucratie, cette dénomination permet, en effet, de circonscrire le « règne du spécialiste » à l'intérieur des enceintes administratives, privées ou publiques, d'où se pratique la diffusion d'une connaissance présumée d'utilité universelle. Dans toutes ces occurrences, le même phénomène se manifeste : celui d'un débordement de la sphère technicienne et, par voie de corollaire, d'une énonciation de prescriptions susceptibles sinon d'orienter, du moins d'infléchir la conduite d'autrui. L'enjeu consiste à suggérer que les problèmes de la vie sociale se résorberont en dernier ressort en leur donnant une solution technique.

L'UTOPIE D'UN POUVOIR RATIONNEL. Depuis l'Antiquité, le rêve technocratique refait régulièrement surface : confier aux « meilleurs », pour emprunter le mot de SAINT-SIMON, la direction de la Cité, affranchir le social de l'arbitraire des passions et y élire la raison comme seul guide dans le fonctionnement des affaires communes. PLATON a consigné cet idéal dans *La République*, en plaçant au sommet de la hiérarchie les rois-philosophes, ceux que le savoir rend dignes de l'exercice du pouvoir. HOBBES, craignant par-dessus tout le désordre de la politique, évoque cette aspiration dans *Le Léviathan* : « *Il faut savoir pour pouvoir.* » BACON avait auparavant présenté cette injonction de façon encore plus frappante dans son *Novum Organum* : « *Savoir, c'est pouvoir.* » D'autres civilisations ont aussi connu des modèles équivalents à la technocratie, du moins si l'on admet, avec DUCASSÉ, que la technique peut avoir une multiplicité de modes d'existence, allant du rite et des pratiques de magie jusqu'aux instruments les plus sophistiqués. Toutefois, dans la culture occidentale, DESCARTES est peut-être celui qui en dégage le plus éloquemment toutes les prémisses : le mécanisme comme mode d'explication, l'esprit de conquête de la nature et un désir de géométriser la société en lui appliquant la rigueur des mathématiques.

SAINT-SIMON. Au XIXe siècle, le sociologue Saint-Simon, considéré comme le véritable inspirateur de la technocratie, systématise cette ambition en y ajoutant une méfiance légendaire à l'égard de la politique. Sa célèbre parabole conjugue le pragmatisme, l'utilitarisme et le scientisme, tout en opposant les praticiens (ingénieurs, techniciens, etc.) aux métaphysiciens (moralistes, politiciens, etc.). Dans l'hypothèse d'un cataclysme, déclare-t-il, la perte des premiers serait éminemment plus dommageable à l'humanité que celle des seconds. Un tel discours fait ressortir une tension, non résorbée depuis lors, entre la technocratie et la démocratie. Ce dilemme entre l'efficacité et la légitimité pose le problème de savoir s'il faut fonder la prise des décisions dans l'arène publique sur le recours à une minorité qualitative (les experts) ou à la force du nombre (le cumul des votes). La connotation, souvent péjorative, liée à cette terminologie dans le langage courant vient d'ailleurs en partie d'une impression d'usurpation de la souveraineté dont les technocrates sont, à tort ou à raison selon les écoles de pensée, tenus pour responsables.

LA TECHNOCRATIE AU XXe SIÈCLE. Annoncée par la philosophie, pensée par la sociologie et la science politique, la technocratie ne fut d'abord nommée, puis son application tentée que dans le courant du XXe siècle. Dans l'esprit des thèses de TAYLOR sur l'organisation scientifique du travail, de VEBLEN sur les limites du système de fixation des prix dans le capitalisme et de BURNHAM sur l'avènement des administrateurs (les *managers*), un mouvement technocratique eut une audience notable aux États-Unis entre la crise de 1929 et la fin de la Seconde Guerre mondiale. Si le premier usage du mot en 1919 est attribué à l'ingénieur américain SMYTH, les aspirations qu'il représente furent inscrites sur l'échiquier politique à l'aube des années 30 avec la fondation du Parti technocratique par Howard SCOTT. De brève durée, cette aventure eut néanmoins une influence certaine jusqu'au New Deal de Roosevelt.

L'Europe, surtout la France, fut moins enthousiaste face à l'idée technocratique. La parution, en 1949, de l'ouvrage *Industrialisation et technocratie*, sous la direction de GURVITCH, contribua à consacrer la légitimité du terme dans le vocabulaire des sciences sociales et, de ce fait, à ouvrir un nouveau champ d'étude. À l'exception de MOUNIER et des appels prosélytes d'ELLUL en faveur du système technicien, les voix se multiplièrent pour dénoncer une forme de jacobinisme étatique. Gurvitch y voyait un « danger » et une « confiscation » ; MOULIN en parla comme d'un « épouvantail » et d'une « menace » ; MITRANI en dénonçait le caractère « manipulateur » ; MEYNAUD y voyait la fonction de « désaisissement » du politique. Autant d'argumentations qui rappellent la désignation de la sphère technique, chez HEIDEGGER, comme « arraisonnement » du monde.

Le plaidoyer classique des avocats de la technocratie revient à soutenir que la société contemporaine est devenue trop complexe pour être laissée au jeu d'équilibrisme des lois du marché et au seul entrechoquement des forces politiques. LEFEBVRE a bien montré qu'un tel discours se retrouve tout autant dans les régimes dits de gauche que dans ceux que l'on identifie à droite. Le paradoxe dont il procède, cependant, conduit à reconstituer, en pratique, un effet de totalisation sémantique, c'est-à-dire de prise en charge complète de l'univers symbolique, en laissant croire que le patronage d'une expertise éclairée aurait virtuellement la capacité de rendre compte de tous les référents possibles. La technocratie fait donc coïncider le réductionnisme épistémologique avec un nouvel aristocratisme, dans la mesure où l'ordre des solutions s'y révèle toujours prédéterminé. Ainsi devient-elle une forme d'interrogation orientée ou, si l'on préfère, une problématisation sans énigme.

Gilbert LAROCHELLE

bibliographie

AKIN William E., *Technocracy and the American Dream*, Los Angeles, University of California Press, 1977.

BOISDÉ Raymond, *Technocratie et démocratie*, Plon, 1964.

BURNHAM James, *L'Ère des organisateurs*, Calmann-Lévy, 1947.

DE LA HERTA Marcos Garcia, *Critique de la raison technocratique*, L'Harmattan, 1996.

DUCASSÉ Pierre, *Les Techniques et le philosophe*, PUF, 1958.

ELLUL Jacques, *La Technique ou l'enjeu du siècle*, Armand Colin, 1954.

FISCHER Franck, *Technocracy and the Politics of Expertise*, Newbury Park, Sage Publications, 1990.

GURVITCH Georges, *Industrialisation technocratique*, Armand Colin, 1949.

LAROCHELLE Gilbert, *L'Imaginaire technocratique*, Montréal, Boréal, 1990.

LAROCHELLE Gilbert, « Éléments pour une compréhension subversive de la technocratie », in *Cahiers internationaux de sociologie*, vol. XCIV, pp. 121 à 143.

LEFEBVRE Henri, *Position contre les technocrates*, Gonthier, 1967.

MEYNAUD Jean, *La Technocratie : mythe ou réalité ?*, Payot, 1964.

MOUNIER Emmanuel, *La Petite Peur du XX*e *siècle*, Seuil, 1949.

SEGAL Howard P., *Technological Utopianism in American Culture*, Chicago, The University of Chicago Press, 1985.

VEBLEN Thorstorn, *The Engineers and the Price System*, New York, Viking, 1963.

TECHNOSTRUCTURE

voir : DOMINATION, POUVOIR, TECHNOBUREAUCRATIE

Terme proposé dans les années 60, notamment par GALBRAITH, pour désigner l'autorité collégiale, succédant à l'entrepreneur individuel, et assurant la direction des grandes entreprises et leur stratégie sans dépendre directement des propriétaires et des actionnaires. Cette évolution, de la direction individuelle à une direction de groupe, serait la conséquence des exigences techniques de l'industrie moderne, du besoin de planification et de la nécessité de cordonner les talents de façon cohérente. Les débats autour de cette notion renvoient aux recherches sur la technocratie* et la technobureaucratie.

Pierre ANSART

bibliographie

GALBRAITH John Kenneth, *Le Nouvel État industriel*, Gallimard, 1968.

TÉLÉOLOGIE

du grec *telos* « achèvement, terme », d'où « fin » et particulièrement « but »

voir : INSTITUTION, MOTIVATION, ORGANISATION

1. Doctrine supposant une finalité des processus et des actions dans les phénomènes sociaux.
2. Étude de ces finalités.

L'approche sociologique met en question les philosophies de l'histoire, qui supposent une « fin » de l'histoire, et fait la critique des *téléologies* spiritualistes (COMTE, HEGEL) ou matérialistes (MARX). Cependant la question des finalités se repose dans les termes propres à la sociologie. Ainsi, dans l'étude des institutions et des organisations, on ne peut écarter l'examen des finalités, exprimées par des programmes, par des justifications concernant leur fondation ou leurs conflits. De même, dans le développement de l'institution, la question se repose de savoir si les acteurs sont ou non conscients de ces finalités et s'ils concilient leurs motivations avec les buts de l'institution.

Pierre ANSART

bibliographie

CROZIER Michel, FRIEDBERG Erhard, *L'Acteur et le système, les contraintes de l'action collective*, Seuil, 1992.

TÉLÉVISION

du grec *têle* « loin, au loin », et du latin *visio* « action de voir »

all. FERNSEHEN angl. TELEVISION	esp. TELEVISIÓN ital. TELEVISIONE

voir : COMMUNICATIONS DE MASSE, SOCIOLOGIE DE LA CULTURE, INDIVIDUALISME, INFLUENCE DES MÉDIAS

La *télévision*, diffusion à distance des sons et des images, est devenue un phénomène de société depuis qu'elle s'est répandue dans presque tous les pays. Elle a suscité de nombreuses études de la part des sociologues, qui peuvent s'appuyer sur des sondages concernant les choix des téléspectateurs.

À la fin du XXe siècle, les progrès techniques déjà réalisés ou prévisibles en ce domaine modifient les rapports entre cette technique et la société moderne. La diffusion des programmes en couleur, la transmission par câble ont marqué l'évolution récente. Désormais, la substitution de la transmission numérique à l'analogique ainsi que la très haute définition — la télévision interactive — et les multimédias annoncent une grande multiplication des chaînes, un grand choix de programmes. Les problèmes qui suscitent le plus de discussions et de recherches de la part des sociologues sont l'organisation de la programmation par des chaînes publiques ou privées, la pénétration dans les diverses couches sociales, l'influence sur les loisirs, la culture, les comportements moraux, politiques et sociaux.

1 L'ORGANISATION, LES STRUCTURES DE LA DIFFUSION. Au début de son expansion, la télévision a été le plus souvent l'affaire des États. Puis, notamment en Grande-Bretagne, ont été créées des chaînes privées financées par la publicité. Aux États-Unis, la concurrence entre organismes commerciaux a été la règle dès l'origine. Il s'agit souvent là de choix politiques, mais on a pu observer divers types de pression sur la conception des programmes et l'influence soit des gouvernements, soit de la nécessité de plaire aux annonceurs en élargissant l'audience. Celle-ci est contrôlée par des sondages, dont la technique s'est perfectionnée. On doit tenir compte aussi des chaînes à péage et même de la possibilité de facturer non seulement par abonnement, mais en fonction des émissions choisies.

On peut également s'intéresser à la sociologie des producteurs et des dirigeants des chaînes. La multiplication des organismes de diffusion et leur caractère international, avec l'utilisation des satellites, peuvent conduire à des discussions sur l'abaissement du niveau culturel des programmes et sur la progression de nouvelles chaînes dites culturelles.

2 LA PÉNÉTRATION DANS LES DIVERSES COUCHES SOCIALES. Pendant longtemps, l'expansion de la télévision a été freinée dans les classes défavorisées par le prix des appareils récepteurs et, dans la catégorie des intellectuels, par le désir de ne pas se laisser séduire par des émissions populaires et par le souci de protéger les enfants contre une distraction jugée abêtissante. Avec l'abaissement du prix des téléviseurs et la pression de l'environnement social, ces deux catégories de réfractaires s'amenuisent. Les sociologues, dans ce domaine, se bornent à mesurer des évolutions qui les intéressent surtout par leurs effets sur la vie sociale.

3 L'INFLUENCE SUR LES LOISIRS ET LA CULTURE. La télévision, que l'on a appelée « le mangeur de temps », a fortement concurrencé la fréquentation des salles de spectacle et la lecture des livres. Elle a contribué à faire de certains sports une affaire d'argent par les sommes versées pour les retransmissions. En ce qui concerne la presse écrite, on s'interroge sur le point de savoir si la cause principale de ses difficultés est d'ordre financier, en raison de la baisse des ressources publicitaires, ou si celle-ci est due à une diminution d'intérêt, parce que les informations dispensées par la télévision sont jugées suffisantes par une partie du public.

Le rôle culturel du petit écran donne lieu à des discussions très vives. D'abord, il faut s'entendre sur ce qu'on entend par émissions culturelles. Certains sociologues ont soutenu que les nouveaux médias ne se bornent pas à agir sur la culture du public, mais finissent par créer un type spécial de culture qu'ils appellent « culture de masse ». Il semble que cette notion n'ait plus beaucoup de partisans, car la grande expansion de la télévision a plus ou moins intégré ses effets dans la conception générale de la culture moderne. D'autre part, les thèses de MCLUHAN ont eu un assez grand retentissement, qui s'estompe aujourd'hui. Selon ce sociologue canadien, les systèmes de communication ont, dans l'histoire des civilisations, produit trois types successifs de culture. Après la société tribale, induite par la communication orale, est venue celle de l'écriture, qui développe l'individualisme et la vie sociétaire fondée sur le calcul des intérêts. Enfin, avec l'avènement des communications* de masse et surtout de la télévision est née une nouvelle forme de vie sociale qui crée une sorte de vie tribale planétaire, en conférant aux groupes un esprit universaliste. On a surtout beaucoup discuté le principe macluhanien selon lequel c'est le système de communications plus que le contenu des messages qui donne à ceux-ci la qualité de leur influence sociale. Plus récemment, les sociologues se sont intéressés davantage à l'action de la télévision sur les structures sociales. C'est ainsi que l'on attache une grande importance aux modèles qu'elle nous présente, notamment à travers les « stars », ou les exemples qu'elle donne de la vie familiale, tantôt en renforçant le conformisme, tantôt en cherchant plutôt à « déranger », à briser les tabous. En réalité, on trouve de bons exemples pour soutenir l'une ou l'autre thèse. On peut attribuer au petit écran une influence sur les structures sociales par le clivage qu'il établit entre ceux qui s'y montrent et ceux qui n'y paraissent jamais. Par exemple, on constate que les métiers du music-hall exercent un attrait nouveau sur les jeunes.

4 L'INFLUENCE SUR LES COMPORTEMENTS. Les sociologues se sont beaucoup intéressés aux rapports entre l'expansion de la télévision et une éventuelle montée de la violence. Tout d'abord, il importerait de s'assurer que notre société moderne est réellement plus violente que les sociétés d'autrefois, par exemple au Moyen Âge. Mais il est vrai que les analyses de contenu prouvent que la violence tient une grande place aussi bien dans les informations que dans les émissions de fiction. On a établi que les enfants sont plus perturbés par le spectacle des meurtres à l'arme blanche que par celui des armes à feu, qu'ils le sont peu par la violence insérée dans un contexte très différent de celui de la vie réelle et encore moins par celle qui se déroule dans une fiction très stylisée, comme dans les westerns. Quant à savoir si la violence à la télévision est responsable de la criminalité, les réponses sont diverses. Il semble que les délinquants soient en général des amateurs d'émissions violentes. Par ailleurs, les enquêtes de FESHBACH et SINGER montrent que les écoliers soumis à de tels spectacles sont plus sociables que ceux qui en sont privés, ce qui donnerait raison à des sociologues psychanalystes qui insistent sur la nécessité du défoulement des pulsions agressives par le spectacle plutôt que par le passage à l'acte. Mais ce qui reste le plus certain, c'est que la télévision risque d'accoutumer les jeunes à ces spectacles et de rendre la violence banale à leurs yeux.

L'étude des effets de la télévision sur les comportements politiques et plus particulièrement électoraux donne lieu également à des affirmations contradictoires entre ceux qui stigmatisent et ceux qui minimisent les pouvoirs du petit écran. La frontière entre information et propagande est floue. Depuis que les disciples de TCHAKHOTINE ont cru que les médias électroniques pouvaient faire varier les opinions à volonté, des enquêtes précises ont montré que la réalité est plus nuancée. D'autre part, les enquêtes de KATZ et LAZARSFELD montrent que l'influence de la télévision en ce domaine s'exerce en plusieurs étapes, par l'intermédiaire de ce qu'on nomme les « leaders d'opinion », qui sont des téléspectateurs assidus et qui influencent à leur tour leurs concitoyens. D'autres études ont mis en lumière le fait que les effets négatifs, dus par exemple à de mauvaises prestations, ont plus d'impact que les prestations positives. Il faut aussi tenir compte des réactions à une pression excessive, à la saturation.

On a souvent reproché à la télévision de dévoyer la démocratie en personnalisant à l'excès la politique. Il faudrait, pour en juger, comparer la situation actuelle avec ce qui, avant l'apparition du petit écran, a pu conduire au culte de la personnalité et à la dictature. Des études empiriques restent à mener dans ce domaine très controversé. Enfin, on peut s'interroger sur les effets sociaux du laxisme télévisuel en matière de sexualité. Effet abréactif ou perversion des mœurs ? Censure ou libéralisme ? Entre l'ordre moral et la démoralisation, les sociologues peuvent chercher à définir un juste équilibre.

La télévision reste donc un sujet d'études et de réflexions largement ouvert au débat sociologique.

Jean CAZENEUVE

bibliographie

AKOUN André, *La Communauté démocratique et son destin*, PUF, 1994.

BALLE Francis, *Introduction aux médias*, PUF, 1994.

BALLE Francis, *Médias et société*, Monchrestien, 1994.

CAZENEUVE Jean, *La Société de l'ubiquité*, Denoël, 1972.

CAZENEUVE Jean, *Sociologie de la radio-télévision*, PUF, 1996.

CLUZEL Jean, *Téléviolence*, Plon, 1978.

CLUZEL Jean, *Éducation, culture et télévision*, Librairie générale de droit, 1994.

HUISMAN Denis, *La Grande Aventure de la communication*, Parot Seguier, 1988.

MCLUHAN Herbert Marshall, *La Galaxie Gutenberg*, Mame, 1967.

MORIN Edgar, *L'Esprit du temps*, Grasset, 1962.

WOLTON Dominique, *Éloge du grand public*, Flammarion, 1993.

TEMPORALITÉ

du latin *tempus* « temps, durée »

all. ZEITLICHKEIT	esp. TEMPORALIDAD,
angl. TEMPORALITY	ital. TEMPORALITÀ

voir : DIACHRONIE, HISTOIRE ET SOCIOLOGIE, HISTORICITÉ

La temporalité *est le temps tel qu'il est vécu par la conscience, tant individuelle que sociale, le temps dont elle fait l'expérience. Avec la notion de temporalité, le temps est défini comme une histoire ouverte sur un futur qui ne saurait être inscrit dans un ordre quelconque de nécessité et qui se définit comme projet, et grosse d'un passé qui donne sens au projet.*

La *temporalité* se différencie du temps de la physique, temps unique, linéaire, sans surprise car soumis à des lois, auquel sont rapportés tous les phénomènes de l'univers. La temporalité, elle, implique toujours une dimension *dramatique*, c'est-à-dire de *mise en scène* et de *mise en sens*. Elle est donc inséparable de l'idée d'angoisse tout autant que des lyrismes révolutionnaires. Les philosophies de l'histoire nient la temporalité malgré l'apparence de sa prise en compte, avec la notion de *devenir*. Postulant un savoir du sens de l'histoire et donc de sa fin (ou de sa finalité), ce ne sont, selon le mot de KIERKEGAARD contre HEGEL, que des philosophies du *devenu*.

La sociologie, quant à elle, s'intéresse à la temporalité dans la mesure où elle ne rapporte pas le vécu des agents sociaux à un ordre qui le transcenderait et le soumettrait à une loi du devenir : transposition de l'évolutionnisme darwinien dans l'espace de ce qui doit rester *histoire*. Mais le sociologue aura également à comprendre la nature et la production de ces temporalités spécifiques aux diverses sociétés. Ainsi doit-il s'interroger sur la temporalité de l'Antiquité grecque — temporalité cyclique —, sur la temporalité du Moyen Âge chrétien — temporalité eschatologique et soumise à l'idée d'éternité —, et enfin sur la temporalité propre à la modernité qui naît au XVIIIe siècle, temporalité historique soumise à l'idée de progrès.

Notons, pour finir, l'intérêt des travaux de HALBWACHS sur la mémoire collective, production sociale de la temporalité. *« Elle ne conserve pas le passé, mais elle le reconstruit à l'aide des traces matérielles, des rites, des traditions qu'il a laissés, et aussi à l'aide des données psychologiques et sociales récentes, c'est-à-dire avec le présent »* (1925).

André AKOUN

bibliographie

ARON Raymond, *Introduction à la philosophie de l'histoire*, Gallimard, 1938.

ARON Raymond, *Les Désillusions du progrès*, Calmann-Lévy, 1969.

HALBWACHS Maurice, *Les Cadres sociaux de la mémoire* (1925), Albin Michel, 1994.

PARAMÈTRE DE TENDANCE CENTRALE

voir : ÉCHANTILLON, MÉDIANE, VARIABLE

Le paramètre de tendance centrale *est un des chiffres calculés à partir d'une série de nombres (par exemple, la série des réponses des individus à une question ayant donné lieu à la création d'une variable quantitative), visant à en fournir un résumé. Il s'agit, comme son nom l'indique, de la valeur « centrale », c'est-à-dire autour de laquelle se répartissent les nombres de la série. Les principaux paramètres utilisés sont le mode, la médiane et la moyenne.*

Quel *paramètre* choisir ? On ne peut répondre simplement à la question du choix du paramètre à utiliser, car celui-ci dépend de ce que l'on cherche et du sens que l'on donne à la notion de « centre ». Rappelons pour illustration la phrase célèbre de Lucien MARCH : *« Dans un rassemblement de troupes, la position moyenne convient comme centre d'approvisionnement, la médiane signale suffisamment la position générale des troupes déployées, le mode marque l'emplacement du gros des troupes. »* Il est fréquent, par exemple, que dans une entreprise syndicats et patronat s'affrontent sur l'évaluation du niveau global des salaires : les syndicats calculent le mode des salaires et le trouvent inférieur à celui d'autres entreprises de la branche, et le patronat calcule le salaire moyen et le trouve supérieur à celui des autres sociétés. Il faut néanmoins savoir que dans le cas où la série comporte des valeurs aberrantes, il vaut mieux préférer la médiane à la moyenne. Exemple : pour la série de nombres 1,4,4,7,8,1000, la moyenne = 146,6, la médiane = 4.

De même, lorsqu'on étudie des durées, l'utilisation de la moyenne est à proscrire au profit de la médiane, car la simple moyenne arithmétique donne un résultat toujours inférieur à la vraie moyenne des durées dans la population. Le mode présente l'avantage d'être très facile à calculer (contrairement à la médiane), mais il ne tient compte que d'une partie des observations de la série. Enfin, il faut noter que l'inférence statistique n'est simple que dans le cas d'une moyenne. En ce qui concerne la médiane et le mode, des connaissances plus poussées en statistique mathématique sont nécessaires.

Félicité des NÉTUMIÈRES

bibliographie

WONNACOTT Thomas, WONNACOTT Ronald, *Statistique*, Economica, 1995.

*

* *

TENSION

emprunté au bas latin *tensio* « tension, manière de tendre »

all. SPANNUNG, GESPANNTHEIT	esp. TENSIÓN
angl. TENSION, STRAIN, STRESS	ital. TENSIONE

voir : CONCURRENCE, CONFLIT SOCIAL, CONTRADICTION

Relation de conflit latent, d'intensité variable, entre individus ou groupements.

Dans son usage courant, le terme désigne l'état d'une relation entre individus, groupes ou organisations. On parlera par exemple de la *tension* (all. *Gespanntheit*) entre deux États au niveau des relations internationales. Dans un sens plus abstrait, la tension peut concerner deux ou plusieurs entités dont le couplage devient de plus en plus problématique (all. *Spannung*). C'est dans ce sens que WEBER parle de « la tension entre le monde et l'éthique de la conviction ». Dans les deux cas, les tensions résultent d'un jeu de forces s'écartant progressivement ou brutalement les unes des autres pour suivre des directions opposées. Mais alors que des relations distendues sont la marque d'une indifférence réciproque, les relations tendues conduisent assez souvent à des ruptures. Par analogie, on pourrait être tenté de retrouver cette différence dans la caractérisation durkheimienne des formes anormales de division du travail : si la division du travail contrainte semble propice aux conflits de classes, la division anomique favoriserait plutôt le relâchement des rapports sociaux.

TENSION INTRA-INDIVIDUELLE. D'une manière générale, le champ d'application du concept concerne deux niveaux d'analyse. Le premier est celui de l'acteur : l'ambivalence chez FREUD, les oppositions de valences chez LEWIN ou les « conflits de rôle » sont des exemples de tensions intra-individuelles que doit résoudre tout individu confronté à des choix incompatibles. Retrouvant l'inspiration kantienne de « l'insociable sociabilité des hommes », SIMMEL nous donne à voir des individus déchirés entre leur désir de se conformer au vouloir collectif et leur répulsion à le faire.

TENSION STRUCTURELLE. Plus familier au sociologue, le second niveau d'application du concept concerne le système. La sociologie anglo-saxonne recourt tantôt au mot *strain* pour désigner une tension structurelle (SMELSER en fait un des déterminants des mouvements sociaux), tantôt au mot *stress* (utilisé par EASTON pour désigner les « surcharges » auxquelles donne lieu un afflux de demandes en direction du système politique). Dans la théorie marxiste, les contradictions structurelles sont assimilables à des « tensions » qui favorisent l'éclosion d'une conscience de classe. Mais le passage de la tension au conflit n'a rien de mécanique. Pour les défenseurs de la thèse de la fin des idéologies (BELL), les tensions ne seraient à la limite qu'une pathologie propre aux sociétés en voie d'industrialisation. Reste que le constat d'une institutionnalisation des conflits dans les sociétés modernes ne signifie nullement la fin de l'Histoire. Sans doute la *dynamique de l'Occident* s'est-elle accompagnée, comme l'a montré ELIAS, d'une domestication progressive de l'affectivité et d'un essor des règles de civilité. Mais ni la prétendue « ère du vide », chère à certains postmodernistes, ni la prétendue victoire du libéralisme économique et politique (FUKUYAMA) ne semblent avoir mis un point final à l'évolution idéologique de l'humanité. Reviendrait-il alors à la recherche empirique de construire les indices permettant d'identifier puis de mesurer le *seuil* au-delà duquel les tensions sont susceptibles de déboucher sur un conflit ou sur une crise ? Mettant en garde contre le risque d'une substantialisation de tels effets de seuils, certains auteurs font valoir que ce sont les acteurs sociaux eux-mêmes qui, subjectivement, construisent ces seuils en essayant de donner *sens* au monde dans lequel ils vivent.

Patrice MANN

bibliographie

BELL Daniel, *The End of Ideology*, Glencoe, The Free Press, 1967.

EASTON David, *Analyse du système politique*, Armand Colin, 1974.

ELIAS Norbert, *La Dynamique de l'Occident* (1939), « Agora », Pocket, 1994.

FUKUYAMA Francis, *La Fin de l'histoire et le dernier homme*, Flammarion, 1992.

LEWIN Kurt, *Resolving Social Conflicts*, New York, Harper & Brothers, 1948.

SIMMEL Georg, *Le Conflit*, Circé/Poche, 1995.

SMELSER Neil J., *Theory of Collective Behavior*, New York, The Free Press of Glencoe, 1963.

TERRITOIRE

emprunté au latin classique *territorium* « étendue sur laquelle vit un groupe humain »

all. GEBIET, BEREICH, BEZIRK	esp. TERRITORIO
angl. TERRITORY	ital. TERRITORIO

voir : ENVIRONNEMENT, ESPACE, GÉOGRAPHIE, INTERACTION

Espace sur lequel vit un groupe.

1 Espace sur lequel vit un groupe, aire géographique sur laquelle un individu, un groupe ou une institution exerce une influence, une autorité ou un pouvoir.

Pour WEBER, dans l'État moderne rationnel légal, les formes personnelles ou traditionnelles de domination sont remplacées par un appareil administratif appliquant un système légal et réglementaire sur un territoire. On peut considérer le *territoire* comme une entité naturelle, qui s'impose à l'homme. La question devient alors celle de l'appropriation de ces entités par les groupes humains et de l'influence des caractéristiques des territoires sur les groupes. La géographie humaine a souvent raisonné en ces termes.

Plus fréquemment, on reconnaît au territoire le caractère d'une construction humaine, mais si certains y voient un espace d'organisation de la vie sociale, résultant d'ailleurs des « accidents » de l'histoire, donc instable, d'autres (depuis les théories du *Lebensraum*, « espace vital ») lui donnent une valeur substantielle, en font les composantes d'une identité immuable ou d'une culture et, comme le note LE BRAS (1994), subordonnent le « sol » au « sang », le « vivre ensemble » à l'identité.

2 Espace qu'un animal s'approprie et interdit à ses congénères. Ce sens, venu de l'éthologie et qui donne « territorialité », a pris une grande importance en sociologie, en particulier chez les interactionnistes. Comme l'affirment RÉMY et VOYÉ, *« c'est l'éthologie* *animale, et notamment l'œuvre de* LORENZ*, qui a remis en honneur la notion de territorialité, en associant les comportements territoriaux à l'acquisition et à la défense des biens nécessaires à la survie [...] La territorialité apparaît comme un instrument conceptuel qui permet d'interrelier des comportements dans leur manière de se dérouler dans un contexte d'espace et de temps* » (1981, p. 143). Les utilisateurs de ce terme, notamment GOFFMAN, s'intéressent aux règles d'appropriation, de prise de contact, de mise à distance et de circulation qui définissent un cadre de l'interaction. Celles-ci supposent l'existence de caractéristiques formelles invariantes (concernant par exemple l'intrusion visuelle ou phonique). Cependant ces dernières font l'objet de définitions culturelles : comme le montre la « proxémique » de HALL (1978), il existe partout une distance (physique) à respecter pour ne pas entrer dans l'espace intime de l'autre, mais cette distance varie selon les cultures.

Alain BOURDIN

bibliographie

ASHCRAFT Norman, SCHEFLEN Albert E., *People Space*, New York Garden City, Anchor Books, 1976.

DURAND Marie-Françoise, LÉVY Jacques, RETAILLED Denis, *Le Monde : espaces et systèmes*, Presses de la FNSP, 1992.

HALL Edward T., *La Dimension cachée*, Seuil, 1971.

LE BRAS Hervé, *Le Sol et le sang*, La Tour d'Aigues, Éd. de l'Aube, 1994.

RÉMY Jean, VOYÉ Liliane, *Ville, ordre et violence*, « Espace et liberté », PUF, 1981.

TERRORISME

du latin *terror* « effroi, épouvante »

all. TERRORISMUS	esp. TERRORISMO
angl. TERRORISM	ital. TERRORISMO

voir : COMMUNICATIONS DE MASSE, IDÉOLOGIE, INTERACTION

Emploi systématique de la violence extrême dans un but politique.

Le *terrorisme* est une forme particulière de violence politique, où les ressources mobilisées par l'acteur sont disproportionnées par rapport aux effets, éventuellement démultipliés par les médias, qu'il escompte de son action (attentat, enlèvement, détournement d'avion, etc.). Il peut être interne, limité au cadre national à l'intérieur duquel il surgit, ou international, procéder d'idéologies d'extrême droite ou d'extrême gauche. Le terrorisme, contrairement à une idée reçue, n'est pas tant l'arme des faibles que la mise en forme de significations sociales, politiques ou culturelles par des acteurs qui s'arrogent de façon plus ou moins artificielle le rôle historique de les exprimer. Les conditions favorables à son émergence, puis à son développement peuvent être fournies par le contexte politique dans lequel il se constitue (par exemple : État faible ou, au contraire, particulièrement répressif et autoritaire, système politique bloqué), mais aussi et surtout par l'état de la population au nom de laquelle il s'exprime. Une communauté culturelle, religieuse, nationale puissante et organisée ne laisse guère d'espace à un terrorisme prétendant la représenter sur la longue durée, un mouvement politique ou un mouvement social à leur apogée pas davantage. Par contre, une nation fragile, ou émergente, une idéologie politique décomposée, ou dans sa phase utopique, un mouvement social naissant ou déclinant peuvent voir des acteurs terroristes se substituer à leur action.

Le terrorisme peut être instrumental, aussi longtemps qu'il garde un contact réel avec les lieux de sens dont il procède ; plus ce contact se défait, plus il donne l'image d'un engrenage ou d'une logique aveugle et illimitée qui témoigne d'une perte de sens. Celle-ci peut devenir hétéronomie, l'acteur terroriste se mettant alors, notamment dans le cas du terrorisme international, au service d'un État « sponsor » qui l'utilise à ses propres fins, comme ce fut souvent le cas avec l'Irak, la Syrie, l'Iran et la Libye à partir des années 70.

Michel WIEVIORKA

bibliographie

CRENSHAW Martha, *Terrorism in Context*, University Park, The Pennsylvania State UP, 1995.

DELLA PORTA Donatella, PASQUINO, Gianfranco, *Terrorismo e violenza politica*, Bologne, Il Mulino, 1983.

LAQUEUR Walter, *Terrorism*, Londres, Weidenfeld and Nicolson, 1987.

WIEVIORKA Michel, WOLTON Dominique, *Terrorisme à la « Une ». Médias, terrorisme et démocratie*, Gallimard, 1987.

WIEVIORKA Michel, *Sociétés et terrorisme*, Fayard, 1988.

TERTIARISATION

de *(activité) tertiaire*

all. DIENSTLEISTUNGS-GESELLSCHAFT	esp. TERCIARIZACIÓN
angl. TERTIARIZATION	ital. SVILUPPO DEL SETTORE TERZIARIO

voir : ÉCONOMIE ET SOCIOLOGIE, ENTREPRISE, TECHNIQUE ET SOCIÉTÉ

Processus de développement des activités de services dans une économie développée.

SECTEURS D'ACTIVITÉ ET ACTIVITÉ TERTIAIRE. Les *services*, ou les *activités tertiaires* pour reprendre la terminologie introduite par l'économiste anglais Colin CLARK et reprise en France par Jean FOURASTIÉ, sont le plus souvent définis de façon négative comme des activités qui ne sont ni primaires (celles qui correspondent aux secteurs de l'agriculture, de la pêche et des mines) ni secondaires (secteur manufacturier). La nébuleuse d'activités marchandes ainsi concernées recouvre trois grandes catégories : les services marchands aux ménages, les services marchands aux entreprises et les services d'intermédiation comme le commerce, la banque, le transport ou les communications, qui s'adressent aussi bien aux entreprises qu'aux ménages. Selon la thèse des trois secteurs d'activités, progrès technique et développement s'accompagnent d'une croissance relative du secteur tertiaire, qui finit par devenir prédominant.

TERTIARISATION ET STAGNATION ÉCONOMIQUE. Cet avènement d'une économie tertiaire est-il synonyme de stagnation économique ? La question paraît d'actualité quand nos économies développées, où le tertiaire représente selon les cas entre les trois quarts (aux États-Unis) et les deux tiers (au Japon) de l'emploi total, connaissent des rythmes de croissance économique particulièrement faibles.

La réponse serait positive si la tertiarisation correspondait au développement d'emplois improductifs ou domestiques, comme le suggéraient les économistes classiques (SMITH, RICARDO, MARX). Mais leur appréciation s'inscrivait dans le cadre d'une théorie de la valeur travail strictement associée à un processus d'élaboration matérielle de la marchandise. Le contexte a profondément changé et la division du travail s'est étendue, en particulier entre les firmes. Il faut de plus distinguer la tertiarisation des activités de celle des tâches, même si la distinction entre cols bleus et cols blancs est rendue de moins en moins évidente par l'évolution des conditions de travail. L'accroissement des activités tertiaires s'est traduit par une forte croissance de leur part dans l'emploi total depuis plus d'un siècle. Mais cette croissance, qui est allée longtemps de conserve avec celle de l'emploi industriel, s'accompagne du relatif déclin des activités agricoles dans les pays industriels. Dans les années 80 et 90, le secteur industriel, à son tour, a vu décroître sa part dans l'emploi total.

LA TERTIARISATION DANS LES ANNÉES 1980-1990. Cette croissance des activités tertiaires n'est pas pour autant uniforme. D'abord, dans l'après-guerre, se sont développés les services aux ménages et les services non marchands, accompagnant l'avènement d'une société salariale. Puis les années 80 et 90 ont vu le développement des services aux entreprises, cette phase correspondant à une réorganisation des activités productives. Les entreprises ont alors recours à des services externes soit pour bénéficier de savoir-faire spécialisés, soit pour gérer de façon plus flexible des tâches tertiaires à la périphérie de leur métier. Ces activités non seulement facilitent une nouvelle division du travail entre firmes, mais concourent aussi à une réorganisation des marchés. Elles sont en particulier au cœur du processus de mondialisation, dont elles assurent non seulement la logistique directe de transport, de communication et de distribution, mais aussi les composantes plus stratégiques, comme le financement des opérations internationales, le marketing ou le conseil. De ce fait, on les trouve aussi directement impliquées dans les échanges internationaux (des activités de conseil au tourisme en passant par le transport, la publicité et les médias, ce qui représente près de la moitié des échanges de biens).

Les services. Les services sont aussi très liés à la diffusion des nouvelles technologies de l'information et de la communication. D'une part, ces technologies jouent un rôle important dans l'organisation des grands réseaux du commerce, de la banque ou de la télécommunication. D'autre part, tout un ensemble de services spécialisés assure la mise au point des programmes et logiciels ainsi que les tâches de formation auprès des utilisateurs des technologies nouvelles. Cette demande très diversifiée de services favorise le développement de deux types d'emploi. D'un côté, des emplois professionnels qualifiés, de l'autre des emplois peu qualifiés et mal payés. Ce dualisme est particulièrement net aux États-Unis, mais il se développe aussi en Europe. Cette évolution va-t-elle se poursuivre et les inégalités s'accroître avec l'intensification du mouvement de tertiarisation ? Il n'y a en la matière aucun déterminisme. Certes, le nombre important de petites et moyennes entreprises et la faible syndicalisation favorisent le développement d'emplois précaires et mal payés dans une partie importante du secteur tertiaire. Cela peut, à court terme, contribuer à créer plus d'emplois, mais avec le risque, à plus long terme, d'affecter les chances d'une croissance plus forte et mieux répartie.

L'évolution des modes de vie (en particulier la façon dont temps de travail et temps de loisir s'articuleront), tout comme la manière dont les avantages des technologies de l'information bénéficieront à toutes les catégories de la société joueront un rôle déterminant sur le volume et la qualité des emplois de services. Les politiques de formation et de revenu qui favoriseraient un plein emploi « de qualité » restent encore largement à inventer. Le débat autour de cet enjeu majeur des économies tertiaires ne fait que commencer.

Pascal PETIT

bibliographie

GADREY Jean, *L'Économie des services*, La Découverte, 1996.

MADDISON Angus, *Dynamic Forces in Capitalist Development : a Long-run Comparative View*, Oxford UP, 1991.

PETIT Pascal, *La Croissance tertiaire*, Economica, 1987.

THÉORIE

du latin *theoria* « recherche spéculative », repris du grec *theôria* « action d'observer »

all. THEORIE	esp. TEORÍA
angl. THEORY	ital. TEORIA

voir : PARADIGME, THÈSE

Système structuré d'hypothèses à vocation explicative.

Deux formes de *théories* peuvent être distinguées :

1 Les théories les plus générales et englobantes (ex. : évolutionnisme, matérialisme dialectique, fonctionnalisme, structuralisme...) ont pour ambition d'offrir une explication générale des phénomènes et un cadre d'analyse des pratiques sociales. Ainsi entendue, la théorie n'est pas un corps de connaissances, mais un système cohérent de conjectures orientant la recherche par voie de déduction dans l'étude des données. Elle se formule par des concepts privilégiés, des hypothèses, qui orientent la construction intellectuelle des objets et la recherche des explications, qui restent confrontées à l'obligation de vérification. Mais l'épreuve de falsification (⇒ FALSIFIABILITÉ) est difficilement applicable à une théorie d'une grande généralité. D'autre part, une démarche trop exclusivement théorique, ou d'une ambition trop englobante peut faire encourir un risque de clôture intellectuelle par l'application incontrôlée des déductions.

2 Les théories « à moyenne portée » (MERTON, 1957) se proposent, non de construire des explications universelles, mais de fournir des hypothèses partielles plus aisément révisables et contrôlables. Pour Merton, de telles théories, construites à partir de la codification des résultats, doivent être suscitées, corrigées et vérifiées par la recherche empirique. Ainsi, une théorie des conflits sociaux, de la bureaucratie, du chômage dans une société donnée n'a pas pour vocation de fournir des explications universalisables, mais de répondre à des problèmes circonscrits et vérifiables.

La distinction entre ces deux types de théories n'est cependant pas rigoureuse : des théories à moyenne portée ne sont pas sans conséquences pour l'élaboration éventuelle de théories générales.

Pierre ANSART

bibliographie

ANSART Pierre, *Les Sociologies contemporaines*, Seuil, 1993.

KUHN Thomas S., *La Structure des révolutions scientifiques*, Flammarion, 1991.

MERTON Robert K., *Éléments de théorie et de méthode sociologique* (1957), Plon, 1965.

THÈSE

voir : DIALECTIQUE, MARXISME

Affirmation positive, descriptive ou explicative, concernant un ensemble défini de phénomènes.

Par opposition à l'hypothèse, qui formule une possibilité d'interprétation et l'éventualité d'une mise en doute, la *thèse* énonce une affirmation, bien que tous les arguments démonstratifs ne puissent être développés. Dans le vocabulaire de la philosophie hégélienne, la thèse désigne le premier moment de la dialectique qui sera mis en contestation par le principe négatif, l'antithèse. Ce schéma a été repris par MARX pour illustrer le mouvement des conflits sociaux et le processus historique orienté vers la synthèse.

Pierre ANSART

bibliographie

MARX Karl, « Thèses sur Feuerbach » (1845), in *L'Idéologie allemande*, Éditions sociales, 1968.

TIERS-MONDE ET TIERS-MONDISME

voir : CENTRE ET PÉRIPHÉRIE, DÉVELOPPEMENT, POLITIQUE DE POPULATION

Lorsque, en 1952, Alfred SAUVY forgeait le concept de tiers-monde, *il ne savait pas qu'il mettait le doigt sur les limites de l'anticolonialisme en Occident.*
L'expression tiers-mondisme *caractérise l'émergence de forces nouvelles en Afrique, en Asie et en Amérique latine, qui, à l'image du tiers état à la veille de la Révolution française, décident de se prendre en charge et de défendre leurs intérêts face à l'Occident et au bloc soviétique.*

Le *tiers-mondisme* est l'idéologie des révolutions anticoloniales en quête d'une troisième voie, entre capitalisme et socialisme. Il a ses théoriciens (Fanon, Debray, etc.) et ses héros (Che Guevara, Mehdi Ben Barka). Formulées *a posteriori* à la lumière des expériences algérienne, cubaine et vietnamienne, les théories du tiers-monde estiment que les « damnés de la terre » sont le sel d'une révolution mondiale que le marxisme soviétique s'est avéré incapable de mener à son terme.

Entre la conférence de Bandung (1955), moment fondateur de l'affirmation symbolique du tiers-monde, et la tenue de la Tricontinentale à La Havane (1966), la question du développement devient le centre de tous les débats. Les modèles formels consacrés au développement abondent. La dépendance devient la clé de l'explication du retard du tiers-monde. On invoque « le pillage du tiers-monde » (JALEE), le transfert de surplus des pays pauvres vers les pays riches, du Sud vers le Nord en raison de l'échange inégal. On prône la « déconnexion » (AMIN), le développement autocentré. Toutes ces constructions souffrent de la prétention à l'universalité. Sous le vernis des idéologies apparaît le phénomène de groupes sociaux privilégiés, en mal de moyens pour se stabiliser et dérogeant aux principes du non-alignement.

LA CRISE DU TIERS-MONDISME DANS LES ANNÉES 1980. Par un retournement de l'histoire, les certitudes du tiers-mondisme s'effondrent dans les années 80. La guerre entre la Chine et le Vietnam, la tragédie du Cambodge, les conflits armés à l'intérieur des États en Afrique contribuent à l'effacement des anciens dogmes. L'unité du tiers-monde est à juste raison contestée. Le pluriel était de rigueur comme en témoigne la diversité des trajectoires. Poussant plus loin, des auteurs anti-tiers-mondistes dénoncent la « culpabilité » et la « haine de soi » des intellectuels occidentaux (BRUCKNER), ou nient la responsabilité de l'Occident dans la genèse du sous-développement (RANGER). Au-delà de ce procès facile, les économistes s'accordent sur quelques évidences : il n'y a pas de modèle de développement valable pour tous les pays ; l'État doit limiter son intervention ; le tiers-monde ne peut pas payer sa dette.

Le retour à l'histoire s'impose. LIAUZU analyse le tiers-mondisme en France comme l'utopie d'un « parti intellectuel » qui a projeté « ses espoirs révolutionnaires sur les trois continents ». Les causes de ce transfert constituent *« une réponse irréelle à des problèmes réels* [...]. *C'est l'université qui en a été le lieu central comme elle a été le bastion du tiers-mondisme »*. Le débat reste ouvert.

Mohamed HARBI

bibliographie

BESSIS *et alii* (dir.), *L'État du tiers-monde*, La Découverte, 1989.

BRUCKNER Pascal, *Le Sanglot de l'homme blanc. Tiers-monde, culpabilité, haine de soi*, Seuil, 1983.

COUTROT Thomas, HUSSON Michel, *Les Destins du tiers-monde. Analyse, bilan et perspectives*, Nathan, 1993.

JALÉE Pierre, *Le Pillage du tiers-monde*, Maspero, 1968.

LIAUZU Claude, *Aux origines des tiers-mondismes, colonisés et anticolonialistes (1919-1939)*, L'Harmattan, 1982.

TOTALITARISME

de *totalitaire*

all. TOTALITARISMUS angl. TOTALITARIANISM	esp. TOTALITARISMO ital. TOTALITARISMO

voir : DÉMOCRATIE, DICTATURE

On peut retenir comme définition celle que nous donne Zbigniew Brzezinski, dans son livre Ideology and Power in Soviet Politics *(1969) : « Une nouvelle forme de gouvernement tombant dans la classification générale de la dictature (...), un système dans lequel des mécanismes technologiquement développés du pouvoir politique sont maniés par la direction centralisée d'un mouvement élitiste, dans le dessein de réaliser totalement une révolution sociale, comportant le conditionnement de l'homme sur la base de certains postulats idéologiques proclamés par les dirigeants, dans une atmosphère d'unanimité de toute la population ».*

DESPOTISME ET TOTALITARISME. Le *totalitarisme*, qui qualifie un nouveau type de pouvoir, diffère de toutes les formes anciennes connues de despotisme. La notion a d'abord été utilisée (dans un sens non péjoratif) par MUSSOLINI, qui définissait ainsi (en 1920) l'État fasciste *(stato totalitario)*. La formule visait à affirmer que l'État totalitaire ne laissait rien à l'extérieur de sa propre réalité, et surtout pas l'individu avec son droit à un espace privé. Retournée contre ses inventeurs, la notion apparaît, au sortir de la guerre et pour longtemps, comme une simple arme idéologique et éristique dans le cadre de la guerre froide opposant l'Occident à l'Union soviétique. Mais, à côté de ces polémiques, le travail de conceptualisation se poursuivra. Un certain nombre d'ouvrages qui ont jalonné les années d'avant-guerre apparaîtront alors comme les précurseurs d'une authentique recherche. Citons ceux qui ont fait date par leurs qualités : le ***Staline*** de SOUVARINE (1935), ***La Révolution du nihilisme*** de Hermann RAUSCHNING (1938). De tels ouvrages, s'ils ont en effet permis une approche descriptive du phénomène, se présentaient comme une recherche moins sociologique qu'historique, à valeur de témoignage. L'exigence théorique n'apparaîtra que plus tard, avec ARENDT en 1951 *(The Origins of Totalitarianism)*, avec, ensuite, FRIEDRICH et BRZEZINSKI (*Totalitarian Dictatorship and Autocraty*, 1956). Plus tard, viendront les travaux d'ARON (***Démocratie et totalitarisme***, 1965) et, plus près de nous, ceux de LEFORT (*Un homme en trop*, 1976 ; ***L'Invention démocratique***, 1981).

Arendt. Mais c'est avec Arendt que la notion de totalitarisme est devenue un concept incontournable de la sociologie politique. On lui reprochera sa démarche essentialiste : il reste que ses descriptions ne seront que très partiellement remises en question et qu'elles offrent un véritable type*-idéal du phénomène. Alors que les pouvoirs autoritaires ou dictatoriaux tolèrent la dépolitisation, l'absence d'une idéologie forte, les totalitarismes sont comme en effervescence permanente pour mobiliser les masses, détruire les anciens liens sociaux et les anciennes médiations au profit de l'Un. Il n'y a pas d'État au sens classique, c'est-à-dire une institution stable et différenciée de la société, mais une dynamique illimitée, qui est censée perpétuer de la révolution. De même est dissous le for intérieur de l'individu, car il ne saurait y avoir de limite à la colonisation de l'homme intérieur pour qu'advienne l'homme nouveau. Comme le dit LEFORT, « *le rapport de l'un à l'autre n'est plus médiatisé par un principe permettant de dire " je " depuis sa propre place* » (*Un homme en trop*, 1976). L'*esprit* du totalitarisme est la terreur conduite au nom de l'idéologie et menée par le parti, ingénieur des âmes et accoucheur de l'homme nouveau. C'est donc vers l'analyse de l'idéologie et du parti que nous devons nous retourner. On usera pour cela de la notion de *mouvement idéologique militant*.

LE MOUVEMENT IDÉOLOGIQUE MILITANT. On désigne ainsi le parti totalitaire, structure où s'inscrit un nouvel imaginaire et qui diffère des partis tels que l'entend la tradition démocratique parlementaire. Ceux-ci se pensent comme particuliers dans un espace politique pluriel, dont l'essence est la précarité d'un pouvoir soumis aux aléas de l'élection. Le mouvement idéologique militant n'inscrit jamais la pluralité compétitive des partis dans le principe de son existence. Il ne se veut pas porteur d'objectifs politiques particuliers, mais d'une vision du monde qui s'offre comme vérité du sens de l'histoire. Aussi son rapport à l'espace électoral est-il toujours celui d'une guerre d'anéantissement. D'où l'intérêt de l'analogie religieuse que propose Aron quand il parle de *religion séculière*. Citons BOUKHARINE : « *Chez nous aussi d'autres partis peuvent exister. Mais voici le principe fondamental qui nous distingue de l'Occident. La seule situation imaginable est la suivante : un parti règne, tous les autres sont en prison* » (*Troud*, XI, 1927). Citons aussi TOMSKI : « *Sous la dictature du prolétariat, deux, trois, quatre partis peuvent exister, mais à une seule condition : un au pouvoir, les autres en prison. Celui qui ne comprend pas cela n'a pas la moindre notion de l'essence de la dictature du prolétariat, du parti bolchevik* » (*Pravda*, XI, 1927).

Quant à Hitler, on trouve chez lui un écho paradoxal du bolchevisme, non pas dans son marxisme mais dans la théorie léniniste du parti et sa pratique par STALINE. C'est ainsi que RAUSCHNING (*Hitler m'a dit*, 1939) rapporte un de ses propos : « *Il existe entre nous et les bolchevistes plus de points communs que de divergences, et tout d'abord le véritable esprit révolutionnaire que l'on trouve en Russie comme chez nous* [...]. *Les petits bourgeois sociaux-démocrates ne pourront jamais devenir de véritables nationaux-socialistes ; les communistes toujours.* »

Idéologie et organisation. Certes, aucun parti ne se réduit à une simple machine électorale et tous, peu ou prou, forment une communauté de convictions dont les adhérents partagent, selon une intensité variable mais non nulle, un sentiment d'appartenance. Mais avec le mouvement idéologique militant, nous avons quelque chose de nouveau : un parti qui ne « marche » qu'à l'idéologie et s'organise autour d'elle. On ne peut réduire le mouvement à sa seule idéologie, celle-ci étant, par ailleurs, inséparable d'une structure organisationnelle qui la fait s'incarner dans l'espace sociopolitique en même temps que s'y perpétuer. Mais l'organisation n'est que le verbe se faisant chair, et son centralisme fait du chef la source et la fin de tout.

Aron. À propos de cette idéologie, Aron se sépare de Arendt, non pas à propos du rôle monopolistique et religieux, qui n'est pas contesté, mais par le fait que la différence entre l'idéologie bolchevique et l'idéologie hitlérienne oblige à parler de deux types de totalitarisme. En effet l'idéologie bolchevique « prolonge » la visée universalisable de la démocratie, alors que l'autre érige un principe de différence, particularisant une race aux dépens de l'idée d'humanité. Reste que ce sont deux régimes totalitaires dont l'économie libidinale semble bien identique.

Lefort. C'est dans la façon dont l'idéologie fabrique cet « homme nouveau » qu'est le militant que nous voyons l'unité des deux faces : la « conviction » et l'« *organisation* ». Les apports de Lefort sont ici irremplaçables. Réfutant toute causalité artificielle (l'industrialisation, la lutte des classes, etc.), il s'attarde sur la nature de cette idéocratie dans laquelle se donne une nouvelle économie du symbolique : « *Le modèle s'impose d'une société qui s'instituerait sans division, disposerait de la maîtrise de son organisation, se rapporterait à elle-même dans toutes ses parties* » (*Un homme en trop*, 1976).

L'idéologie comme mécanisme de défense. L'idéologie se veut explication claire et simple de la réalité passée, présente et future de l'homme. Mais, et c'est en quoi elle diffère du discours religieux, elle ne repose pas sur une « révélation » et ne demande pas une adhésion par la foi. Elle se revendique discours de vérité d'une vérité scientifique (évidemment, la vraie finalité n'est pas de dire le vrai, mais de donner sens au monde. Si le réel contredit le discours, c'est le réel qui est erreur). Riposte à la menace fantasmatique de voir l'identité collective et individuelle se défaire et le tissu social s'effilocher, l'idéologie est comme la défense crispée d'un moi qui y trouve son dernier recours devant l'angoisse du corps morcelé qui l'habite. En ceci, un parallélisme peut être évoqué avec certaines formes de psychoses. Il y a interrelation entre le parti (dont la convivialité bureaucratique est porteuse de gratifications effectives, et non pas seulement affectives) et les demandes des individus, de sorte que se répondent la hantise de la dislocation anomique, qui habite la société en voie de démocratisation et que manifeste l'angoisse de la perte d'identité, et la recherche individuelle de prothèses partisanes qui reconstituent l'unité d'un corps commun où l'individu se sauve en s'y abolissant. Cette fonction psychonévrotique se résume dans ce qui caractérise l'idéologie : une histoire eschatologique, la définition d'un *sujet* de l'histoire (classe, race, nation...), enfin la définition d'un *grand Satan*. Que serait le nazisme sans le *juif* et le bolchevisme sans le *bourgeois* ? À ce sujet, on ne saurait sous-estimer cette fonction du rejet de l'*Autre*, posé comme source de toutes les perversions et de tous les déboires. C'est dans cette voie que peut se comprendre et s'analyser une psychologie du totalitaire et sa structure paranoïaque. L'affirmation exacerbée d'un « nous » fusionnel bardé de défenses est la réaction contre l'angoisse d'une ouverture à l'autre vécue comme la menace d'une destruction du soi*. Citons à propos de cette fragilisation et de cette crispation identitaire la nouvelle de SARTRE (*L'Enfance d'un chef*, reprise dans *Le Mur*) qui est l'odyssée d'un jeune fasciste.

Avec LEFORT, la notion de totalitarisme, tout en désignant une réalité politico-sociale très précise, débouche sur une réflexion plus générale, et qui unit la spécificité de « l'invention démocratique » et la perpétuelle hantise du totalitarisme, en qui s'incarne le fantasme de la communauté indivise et de la fusion océanique des « moi » dans un « nous » indifférencié. Le totalitarisme se manifesterait alors jusque dans ces microcosmes sociaux où chacun est animé par le désir absolu de la transparence, de l'absence de secret et de toute opacité privée, c'est-à-dire de l'absence de moi, qui s'achève dans l'identification à l'Unique en qui s'incarne le nous : le gourou, le prêtre de la secte ou le chef charismatique.

André AKOUN

bibliographie

AKOUN André, *L'Illusion sociale*, PUF, 1989.

ARENDT Hannah, *Les Origines du totalitarisme* (1951), Seuil, 3 vol., 1984-1995.

ARON Raymond, *Démocratie et totalitarisme*, Gallimard, 1965.

ENRIQUEZ Eugène, *De la horde à l'État*, Gallimard, 1983.

LEFORT Claude, *Un homme en trop. Réflexions sur « L'Archipel du Goulag »*, Seuil, 1976.

LEFORT Claude, *L'Invention démocratique*, Fayard, 1981.

RAUSCHNING Hermann, *La Révolution du nihilisme* (1964), PUF, 1989.

RAUSCHNING Hermann, *Hitler m'a dit*, Hachette Littératures, 1995.

TOTALITÉ ⇒ GLOBAL ET GLOBALITÉ

TOTÉMISME

de *totem* (1833), du mot algonkin *ototeman* « il est mon parent »

all. TOTEMISMUS	esp. TÓTEMISMO
angl. TOTEMISM	ital. TOTEMISMO

voir : ANTHROPOLOGIE ET SOCIOLOGIE, CROYANCE, SYSTÈME SOCIAL

Le totémisme serait le système social et religieux fondé sur la croyance au totem, animal ou objet pris par un groupe pour son ancêtre et/ou son dieu.

LA NOTION DE TOTÉMISME : UNE « INVENTION OCCIDENTALE ». Les notions de *totem* et *totémisme* ont pris corps dans l'anthropologie du XIXe siècle. La notion de *totémisme* s'y est progressivement imposée, comme manifestation du système social propre aux peuples « primitifs », et trouve un écho aussi bien chez DURKHEIM, comme forme primitive de la religion *(La Prohibition de l'inceste)*, que chez FREUD pour qui les *tabous*, dont le totem est l'objet, représentent la forme primitive de la morale *(Totem et tabou)*.

La critique de Lévi-Strauss. La critique de LÉVI-STRAUSS (reprenant LINTON) établit qu'il s'agit là d'un « monstre conceptuel » inventé par les Occidentaux. L'opération a consisté à amalgamer trois démarches en soi indépendantes les unes des autres, à savoir :

1. la répartition d'un ensemble social en sous-groupes (clans ou lignages) *exogamiques* (c'est-à-dire à l'intérieur desquels le mariage est interdit) ;
2. la classification de sous-groupes sociaux (éventuellement ceux définis au 1) au moyen d'*emblèmes*, ce qui correspond à une exigence de discernement logique ; ces emblèmes constituent les totems à proprement parler ;
3. la *relation privilégiée* qu'entretiennent certains groupes ou sous-groupes humains avec certains êtres de la nature (animaux, végétaux, astres, phénomènes météorologiques, etc.), considérés comme manifestation ou symbole du « sacré », en un sens qui reste à spécifier dans chaque religion. Ces êtres de la nature peuvent correspondre aux emblèmes définis ci-dessus au 2, emblèmes qui acquièrent alors une forte charge symbolique.

L'analyse de l'amalgame montre qu'aucun de ces éléments n'est ignoré de l'homme dit « civilisé ». Au 1, le mot « clan » désigne au sens propre une institution écossaise. Au 2, la classification totémique, loin d'émaner de sentiments confus, traduit au contraire une analyse *logique* qui distingue, à l'intérieur de séries naturelles (groupes d'animaux, de plantes, etc.), des différences analogues à celles qui existent à l'intérieur des autres groupements humains ; par exemple, elle divise tel groupement en deux moitiés portant chacune le nom d'oiseaux carnivores (comme les hommes), mais l'un connu comme oiseau de proie, l'autre comme charognard, tels faucon et corneille, aigle et vautour, etc. Il s'agit donc d'une opération intellectuelle : la saisie d'une opposition au sein d'un ensemble. Enfin, à propos de [3], on peut remarquer au sein même du christianisme, dont on ne saurait nier l'importance dans la culture occidentale, l'attitude « totémique » des premiers siècles à l'égard du poisson, puisque les initiales du mot grec correspondant signifie « Jésus-Christ fils de Dieu ». D'où la coutume de manger du poisson en mémoire du Christ ; pour ne rien dire de la déification du pain et du vin auxquels communie le fidèle dans l'Eucharistie.

DES FAITS APPAREMMENT TOTÉMIQUES. En conséquence, les mots *totem*, *totémisme*, *totémique* sont à éviter, même si on les rencontre souvent dans les vieux ouvrages. Partout en effet, on trouve des groupes exogamiques, clans ou lignages.

Mythes et tabous. Ces groupes sont la plupart du temps caractérisés par des interdits alimentaires *(tabous)* qui servent de marqueurs d'identité. L'animal (ou plante) qu'il est interdit de manger (ou de tuer, ou de toucher) est souvent mis en relation avec le groupe au moyen de légendes ou de mythes qui en font un protecteur ou un parent, et lui confèrent un statut symbolique : on voit ainsi fréquemment réunies les composantes du prétendu « totémisme ». Par exemple, la panthère est le « totem » de la famille royale d'Aboney, dont le premier souverain serait né de l'union en brousse d'une panthère mâle avec une princesse. Mais il convient toujours d'y regarder de près, sans se laisser abuser par ce qui peut n'être que métaphore. Louis XIV, le Roi-Soleil français, se prenait-il réellement pour le soleil ? Lorsqu'un *lamido* peul s'entend appeler par son griot « Taureau du Mali », il sait que ce n'est qu'une image. Mais en d'autres cas, l'identification paraît se réaliser, à des degrés d'intensité sans doute variables. Ainsi, chez les Kotoko, le *Miarré* de Logone-Birni est la Lune, et son mouvement est celui même de l'univers.

Ressemblance et identification. Très souvent, il est interdit à un membre de consommer l'être auquel son groupe s'apparente. Mais l'ambivalence du sacré peut entraîner l'inverse. Tel est le cas chez les Bétis du Cameroun, qui partent du principe suivant : « Qui ne se ressemble pas ne se mange pas. » La grande initiation du So se donne alors pour tâche de rendre les jeunes gens en quelque manière semblables au gibier, que les initiés seuls ont le droit de manger (à commencer par l'antilope *so [cephalophus leucogaster]*, qui donne son nom au rituel).

L'étude récente la plus riche d'un « complexe totémique » est celle d'ADLER sur les Moundang de Léré (Tchad), qui se divisent en clans exogamiques, portant parfois le nom d'un animal (clan du Buffle, du Singe, du Serpent, du Chien, des Oiseaux), mais aussi noms propres, avec des masques et interdits spécifiques, des fonctions politiques et rituelles propres, le roi étant à la fois l'exception au système et sa clé de voûte. Cependant, dans le détail, on voit que les gens du Singe n'ont pas de mythe de dénomination, que l'interdit du Serpent est partagé par tous, et qu'il s'agit au mieux de ressemblance avec l'éponyme, mais jamais d'identification.

Philippe LABURTHE-TOLRA

bibliographie

ADLER Alfred, *La mort est le masque du roi. La royauté sacrée des Moundang du Tchad*, Payot, 1982.

LABURTHE-TOLRA Philippe, *Les Seigneurs de la forêt*, Publications de la Sorbonne, 1981.

LABURTHE-TOLRA Philippe, *Initiations et sociétés secrètes au Cameroun : les mystères de la nuit. Essai sur la religion béti*, Karthala, 1985.

LÉVI-STRAUSS Claude, *Le Totémisme aujourd'hui*, PUF, 1965.

MASSON-DETOURBET Annie, *Les Principautés Kotoko. Essai sur le caractère sacré de l'autorité*, Éd. du CNRS, 1969.

NEKES Hermann, *Totemistische manistiche Anschauungen der Jaunde in ihren Kultfeiern und Geheimbünden*, Berlin, Koloniale Rundschau (1913).

TRADITION ET TRADITIONALISME

voir : ANTHROPOLOGIE, ETHNOLOGIE

La tradition est l'ensemble des institutions, normes, croyances, rites, savoirs et savoirs faire qui s'imposent à la société, aux groupes et aux individus au nom de la continuité nécessaire du présent et du passé.
Le traditionalisme est la conception du monde qui se fonde sur l'évidence indépassable de cette continuité.

SOCIÉTÉS TRADITIONNELLES ET SOCIÉTÉS MODERNES. La notion de *tradition* ne s'éclaire, du point de vue sociologique, que si on la met en rapport avec la notion de modernité qui lui est habituellement opposée. Or, les sociétés traditionnelles ne s'opposent pas aux sociétés modernes comme des sociétés immobiles à des sociétés de changement. Elles s'opposent, par contre, dans la façon dont les unes et les autres reconnaissent et évaluent le changement. Les sociétés modernes valorisent l'innovation et revendiquent qu'elle soit le ressort de leur développement ; elles sont, selon M. Gauchet, gouvernées par « l'impératif du changement ». Les sociétés traditionnelles sont, au contraire, régies par l'impératif de la continuité. Elles postulent que la survie du groupe s'inscrit dans la permanence des institutions, des normes, des croyances, des rites, des manières de faire.

LA TRADITION ET LE PASSÉ. La tradition exprime la relation contraignante qui lie ces sociétés à leur passé : elle renvoie à un univers de significations collectives dans lequel les expériences quotidiennes sont rapportées en permanence à un ordre immuable et nécessaire, qui préexiste aux individus et au groupe lui-même. Cet univers constitutif du *traditionalisme* est caractérisé, selon Max Weber, par « la propension à accepter le quotidien habituel et à croire qu'il constitue une norme pour l'action ». Il impose à tous de se conformer à un code de sens transmis de génération en génération. Pour G. Balandier, la tradition est « un héritage qui définit et entretient un ordre, en effaçant l'action transformatrice du temps, en ne retenant que les moments fondateurs dont elle tire sa légitimité et sa force ».

Tradition et tradita. Cette perspective exclut d'englober dans la tradition — comme le fait E. Schils — l'ensemble des *tradita* d'une société ou d'un groupe, c'est-à-dire tout le stock de représentations, d'images, de savoirs théoriques et pratiques, de comportements, d'attitudes etc. dont une société ou un groupe hérite, qu'il reçoit du passé. Ne sont constitués comme « tradition », au sens propre du terme, que les ensembles de ce stock dont la valeur est liée à la continuité qu'ils attestent entre le passé et le présent, et qui sont transmis à ce titre. L'invocation de cette continuité par rapport au passé peut être extrêment fruste (« cela s'est toujours fait ») ou au contraire extrêmement formalisée : c'est le cas de la tradition doctrinale. Mais dans tous les cas, elle permet à la tradition de s'imposer comme norme aux individus et aux groupes. On peut, dès lors, désigner comme *tradition* l'ensemble des représentations, images, savoirs théoriques et pratiques, valeurs, comportements, attitudes etc. qu'un groupe ou une société accepte au nom de la continuité nécessaire entre le passé et le présent.

Ancienneté et continuité. Que ce passé soit relativement court, ou qu'il soit au contraire très long n'importe que de façon seconde : l'ancienneté confère à la tradition une valeur supplémentaire, mais elle n'est pas ce qui fonde d'abord son autorité sociale. Le passé qu'on invoque peut même être entièrement inventé. Ce qui importe avant tout, c'est que la démonstration de la continuité soit capable d'incorporer jusqu'aux innovations et réinterprétations qu'exige le présent. Cette dynamique exclut donc que la tradition soit pure répétition : le propre de la tradition est d'actualiser le passé dans le présent. Les opérations de tri et de mise en forme de la mémoire que requiert ce travail permanent d'interprétation sont réalisées, en principe, par ceux qui, dans un groupe ou une société, sont investis du pouvoir de les accomplir et/ou qui disposent des instruments de coercition physique, idéologique et symbolique pour les imposer.

Rôle du charisme. Ce monopole social de la régulation de la tradition est toujours menacé par le coup de force du prophète qui prétend, au nom de la révélation personnelle qu'il a reçue, en redéfinir les principes. C'est en ce sens que le charisme constitue bien, selon M. Weber, « la grande puissance révolutionnaire des époques liées à la tradition ». De façon plus générale, la définition de cette mémoire autorisée qu'est la tradition est un enjeu de luttes sociales, à travers lesquelles se crée un rapport constamment renouvelé au passé en même temps que s'invente le rapport d'une société à son présent. Même dans les sociétés dites traditionnelles, qu'on présente comme des sociétés entièrement gouvernées par les injonctions de la tradition et peu productrices d'innovation, la tradition doit composer avec des circonstances nouvelles qui interdisent l'immobilisme. Elle n'y parvient que dans la mesure où elle est effectivement porteuse d'« *un dynamisme qui lui permet l'adaptation et lui confère une capacité de traiter l'évènement et d'exploiter certaines des possibilités alternatives* ».

Typologie des traditions. En insistant sur ce dernier point, G. Balandier est conduit à distinguer trois réalisations du traditionnalisme : le *traditionalisme fondamental* qui vise le maintien des pratiques sociales et culturelles les plus enracinées et la conservation des valeurs considérées comme constitutives de l'homme et de la société ; le *traditionalisme formel*, qui utilise des formes maintenues dont le contenu a été modifié, et qui établit une continuité des apparences tout en servant des visées nouvelles ; le *pseudo-traditionalisme* enfin, qui correspond à une tradition refaçonnée et réinventée et qui domestique le changement en lui donnant un aspect connu et rassurant : caractéristique des périodes bouleversées, il exprime le désir de continuité qui permet à un ordre nouveau d'émerger du désordre. Ces trois figures du traditionalisme sont idéal-typiques et toutes les sociétés – y compris les sociétés de haute modernité – peuvent incorporer et combiner, dans des proportions variables, ces trois formes de traditionalisme dont le jeu permet l'articulation du changement à la continuité.

D. Hervieu-Léger

bibliographie

Balandier Georges, *Le Désordre. Éloge du Mouvement.* Paris, Fayard, 1988

Gauchet Marcel, *Le Désenchantement du monde. Une histoire politique de la religion.* Paris, Gallimard, 1985

Halbwachs Maurice, *Les Cadres sociaux de la mémoire,* Paris, Albin Michel, 1994

Halbwachs Maurice, *Topographie légendaire des évangiles en Terre-Sainte*, Paris, PUF, 1971

Hatzfeld Henri, *Les Racines de la religion. Tradition, rituel, valeurs*, Paris, Seuil, 1993

Hervieu-Léger Danièle, *La Religion pour mémoire*, Paris, Cerf, 1993

Hobsawm Eric and T. Tanger, *The Invention of Tradition*, Cambridge, Cambridge University Press, 1983

Namer Gérard, *Mémoire et société*, Paris, Méridiens Klincksieck, 1987

Shils Edward, *Tradition*, Londres et Boston, Faber and Faber, 1981

Weber Max, *Économie et société*. Paris, Plon

TRAJECTOIRE

dérivé du latin *trajectus* « traversée »

all. LAUFBAHN, KARRIERE angl. LIFE PATH	esp. TAJECTORIA ital. PERCORSO (di vitta), TRAETTORIA

voir : AUTOBIOGRAPHIE, CARRIÈRE, CYCLE DE VIE, LIGNAGE, SOCIALISATION

Trajectoire sociale *: parcours ou itinéraire d'un individu de sa classe sociale d'origine à sa classe sociale d'arrivée. Ce parcours s'effectue à travers différentes étapes ou passages par les institutions de la reproduction (principalement la famille, l'école) et de la production (le système productif) ; il est bien différencié pour les hommes et pour les femmes.*

TRAJECTOIRE SCOLAIRE ET TRAJECTOIRE SOCIALE. C'est d'abord le terme de *trajectoire scolaire* (mais également et indifféremment carrière scolaire, biographie scolaire) qui apparaît en clair dans le champ de la sociologie de l'éducation et de la culture (Bourdieu, Passeron, 1970), dans une problématique de « l'école conservatrice », institution de la reproduction culturelle contribuant à la reproduction sociale, pour se développer dans une problématique plus large de l'« espace des classes sociales » (Bourdieu, 1974, 1979) : soit le passage de la trajectoire scolaire à la *trajectoire sociale*. Cet outil est mis en œuvre aussi bien dans l'analyse de la vie de Moreau (Flaubert, *L'Éducation sentimentale*), favorisant une avancée dans la question des déterminants sociaux de la carrière de l'écrivain et de la position de l'intellectuel dans la structure de la classe dominante (Bourdieu, 1975), que dans celle de la vie de *« Mohand A., jeune immigré, âgé de 21 ans, arrivé en France (d'Algérie) depuis un peu plus d'une année seulement »* (Sayad, 1975).

SOCIOLOGIES DE LA MOBILITÉ SOCIALE. On le trouve de même en clair, du côté de la sociologie de la mobilité* sociale (THÉLOT, 1982) : sont distingués cinq grands types de *trajectoires sociales*, « *selon que l'origine sociale, la position initiale, la position finale sont identiques ou non : les* [hommes] *" ancrés ", les " revenants ", les " transfuges ", les " enracinés ", les " déracinés "* » (p. 103). Mais il s'agit là d'une apparition fugace : les sociologues classiques de la mobilité sociale, pas même Thélot, ne « filent » pas plus avant cette métaphore. Une exception, cependant : à l'initiative et autour de BERTAUX, s'amorce une analyse critique, en particulier des *tables de mobilité* (qui croisent la catégorie socioprofessionnelle du père et du fils), instrument privilégié de cette sociologie de la mobilité sociale (BERTAUX, 1974 ; BERTAUX-WIAME, 1982 ; GAULEJAC, 1987). Parce qu'elle est trop exclusivement quantitative en opérant une coupe transversale dans le temps, on lui préfère la *méthode biographique* (⇒ AUTOBIOGRAPHIE et BIOGRAPHIE) qui permet de saisir du « longitudinal », et, ce faisant, des trajectoires individuelles dans leurs méandres.

CLASSES DE TRAJECTOIRES MASCULINES ET FÉMININES. Un troisième courant, issu des recherches féministes, et d'ailleurs non exclusif des deux premiers (il intègre l'essentiel de leurs acquis), s'applique à construire les *trajectoires sociales différenciées* (trajectoires sexuées) *des femmes et des hommes*, et ce, dans une problématique qui tente d'articuler et de tenir ensemble division sexuelle et division sociale du travail, rapports sociaux de sexe et rapports sociaux de classe. Ainsi se déplace-t-on de la mobilité sociale (tant intergénérationnelle qu'intragénérationnelle) ou d'une mobilité biographique aux trajectoires sociales des femmes et des hommes. On pose l'existence de « *classes de trajectoires* » (BOURDIEU, 1979) masculines, et de classes de trajectoires féminines, bien différenciées : pour une génération et une origine sociale données, les itinéraires probables/possibles pour les hommes ne sont fondamentalement pas les mêmes que pour les femmes. En outre, on envisage l'enracinement des trajectoires individuelles sexuées dans la famille d'origine : ce qui implique une autre définition de cette dernière, et un examen de l'ensemble des *stratégies familiales de reproduction* (Bourdieu, 1974) ; on postule alors une division du travail de reproduction ou de continuation de la lignée entre filles et garçons, aîné(e)s et cadet(te)s, elle-même modulée selon la taille et, indissociablement, la composition sexuelle de la fratrie (CHAUDRON, 1984, 1987).

Ce dernier courant s'élabore principalement à partir d'une interrogation critique sur le cloisonnement entre sphère de la production et sphère de la reproduction — l'analyse classique enferme les hommes dans la première (le système productif), les femmes dans la seconde (la famille) —, pour lui préférer une mise en relation systématique des deux, et par conséquent une réflexion sur les itinéraires de l'un et l'autre sexes simultanément à travers ces deux sphères. On envisage alors différemment les relations entre générations, les « grands passages » de la socialisation — de l'enfance à l'adolescence, à la vie adulte, à la maturité, etc. —, le « temps des insertions » et les étapes du cycle de vie — de la scolarisation à l'entrée puis à la confirmation dans la vie active, et enfin la retraite — pour l'un et l'autre sexes. Où l'on voit que la trajectoire familiale, par exemple, qui s'est considérablement complexifiée — elle peut comprendre le célibat, le mariage, la procréation, le divorce, le veuvage, le remariage, la constitution d'une famille recomposée —, n'a pas le même sens ni les mêmes effets, en particulier sur l'itinéraire professionnel, selon que l'on est homme ou femme, et qu'elle n'évolue pas de la même manière, les années passant (BATTAGLIOLA, 1988 ; CACOUAULT, 1988 ; SINGLY, 1987).

TRAJECTOIRES INDIVIDUELLES ET STRUCTURE SOCIALE. L'intérêt de ce « *projet de description* [...] *des rapports entre structure sociale et parcours individuel* » (PASSERON, 1990) tient, entre autres, à ses multiples déclinaisons : on peut ainsi situer une trajectoire individuelle en tirant une multitude de fils. Ce peut être la trajectoire, ou l'itinéraire, professionnel, scolaire, démographique/familial, culturel, migratoire/résidentiel (GRIBAUDI, 1987), religieux, juridique, carcéral, etc.

Le lecteur, la lectrice pourront s'étonner de voir les références bibliographiques commencer en 1970 et s'arrêter en 1990 : à notre sens, ces vingt années, en tout cas en France, constituent la période de fondation et de développement de cet instrument de la sociologie qui, depuis, s'est largement diffusé dans le champ des sciences sociales, et bien au-delà.

Martine CHAUDRON

bibliographie

BATTAGLIOLA Françoise, *La Fin du mariage ?*, Syros/Alternatives, 1988.

BERTAUX Daniel, « Mobilité sociale biographique. Une critique de l'approche transversale », in *Revue française de sociologie*, XV-3, 1974, pp. 329 à 362.

BERTAUX-WIAME Isabelle, « Récits de vie, itinéraires professionnels, trajectoires sociales : la boulangerie artisanale », in *L'Emploi. Enjeux économiques et sociaux*, Maspero, 1982.

BOURDIEU Pierre, « Avenir de classe et causalité du probable », in *Revue française de sociologie*, n° 15, 1974.

BOURDIEU Pierre, *La Distinction. Critique sociale du jugement*, Éd. de Minuit, 1979.

BOURDIEU Pierre, PASSERON Jean-Claude, *La Reproduction. Éléments pour une théorie du système d'enseignement*, Éd. de Minuit, 1970.

CACOUAULT Marlaine, « Diplôme et célibat, les femmes professeurs de lycée entre les deux guerres », *in* Arlette FARGE, Christiane KLAPISCH-ZUBER (sous la dir. de), *Madame ou Mademoiselle ? Itinéraires de la solitude féminine*, Arthaud-Montalba, 1984, pp. 177 à 203.

CHAUDRON Martine, « Sur les trajectoires sociales des femmes et des hommes », in *Le Sexe du travail*, PU Grenoble, 1984.

GAULEJAC Vincent de, *La Névrose de classe. Trajectoire sociale et conflits d'identité*, Hommes et Groupes éditeurs, 1987.

GRIBAUDI Maurizio, *Itinéraires ouvriers. Espaces et groupes sociaux à Turin au début du XXe siècle*, EHESS, 1987.

PASSERON Jean-Claude, « Biographies, flux, itinéraires, trajectoires », in *Le Raisonnement sociologique. L'espace non-poppérien du raisonnement naturel*, Nathan, 1992.

SAYAD Abdelmalek, « Elghorba : le mécanisme de la reproduction de l'émigration », in *Actes de la recherche en sciences sociales*, n° 2, mars 1975, pp. 50 à 66.

SINGLY François de, « Théorie critique de l'homogamie », in *L'Année sociologique*, PUF, 1987, pp.181 à 205.

THÉLOT Claude, *Tel père, tel fils ? Position sociale et origine familiale*, Dunod, 1982.

TRANSACTION SOCIALE

du latin *transactio* « action de mener à terme »

all. TRANSAKTION	esp. TRANSACCIÓN
angl. TRANSACTION	ital. TRANSAZIONE

voir : CULTURE, ETHNOMÉTHODOLOGIE, LIEN SOCIAL, NÉGOCIATION

Dans le vocabulaire commun ce terme désigne : 1. soit l'acte par lequel on transige, c'est-à-dire que l'on trouve un accord supposant des concessions réciproques, 2. soit un échange économique.

1 Pour l'École de Chicago et les interactionnistes, ce terme exprime l'idée que les relations sociales se construisent à partir d'accommodements avec autrui, d'arrangements, de petits abandons territoriaux. On se trouve alors dans le registre de l'urbanité ou de la civilité. La *transaction* n'est pas un phénomène marginal ; au contraire, elle fait l'objet d'une syntaxe qui contribue fortement à structurer la vie sociale et les échanges au quotidien. STRAUSS (1978) en fait même le fondement de l'ordre social.

2 Pour certains sociologues, en particulier RÉMY et ses collègues (VOYÉ, SERVAIS, 1978-1980), la *transaction* constitue un paradigme, un cadre d'analyse pour penser le changement social. Leur point de départ n'est pas très éloigné de celui de Strauss, qui voit dans la transaction le moyen de transformer la différence en complémentarité, pour aboutir à l'assimilation. En effet, ils la définissent comme un processus social par lequel un jeu de différences structurales (par exemple entre les cultures des classes sociales) est recomposé par les acteurs, soit pour aboutir au dépassement de cette opposition, soit pour constituer un nouveau jeu d'oppositions qui sera producteur de changement social. Ceci présuppose que les situations sociales sont structurées et sous contrainte, mais restent relativement indéterminées ou ouvertes.

Le paradigme de la transaction emprunte à la dialectique et à la sémiotique de GREIMAS. Rompant avec des théories du changement qui mettent l'accent sur l'innovation et les groupes effervescents, il voit dans ce dernier l'effet d'une action sur le contexte d'acteurs sociaux privilégiant l'objectif de vivre ensemble plutôt que celui de l'apartheid ou de la guerre sociale. C'est pourquoi le processus de reconnaissance mutuelle y tient une place essentielle. Des dispositifs, ceux que fournissent les pouvoirs régulateurs ou l'inscription matérielle des phénomènes sociaux (par exemple le territoire), donnent un cadre à l'élaboration des transactions sociales. En suivant cette idée, on pourrait avancer que la laïcité à la française, à son origine, constitue moins un projet d'assimilation que la tentative de définir le cadre favorable à une transaction sociale dans une société profondément divisée.

Ce paradigme ouvre la voie, reprenant en cela certaines interrogations de GRAMSCI, à une autre analyse des rapports de domination (on pourrait voir dans l'hégémonie gramscienne le résultat d'une transaction sociale), ou encore des mouvements sociaux, l'identité et l'opposition ne débouchant pas, comme chez TOURAINE, sur une affirmation universelle mais sur un dépassement qui est d'abord dépassement de soi. Ce paradigme de la transaction peut être utilisé à des échelles très variables. Mais son opérationnalisation nécessite l'élaboration d'instruments spécifiques.

3 Dans la théorie économique contemporaine, le néo-institutionnalisme définit les *coûts de transaction* comme ceux qui sont induits par toute relation contractuelle, essentiellement les coûts de négociation, mais également ceux qui sont entraînés par le travail d'anticipation des contractants (envisager les situations et les problèmes qui peuvent se poser dans la réalisation du contrat, donc identifier et évaluer les risques) et par la mise en place des instruments juridiques ou autres qui permettent de garantir l'exécution du contrat (par exemple le recours à un conseiller juridique).

Cette définition peut avoir divers développements sociologiques, dans la mesure où elle introduit à l'analyse par les acteurs des modalités de la gestion du risque qu'entraînent toute négociation, tout arrangement et, à la limite, toute interaction sociale. Elle paraît, en particulier, un instrument d'opérationnalisation de la définition précédente.

Alain BOURDIN

bibliographie

RÉMY Jean, SERVAIS Émile, VOYÉ Liliane (sous la dir. de), *Produire ou reproduire. Une sociologie de la vie quotidienne*, Bruxelles, De Boeck Université, 1988.

STRAUSS Anselme L., *Negociations, Varieties, Contexts, Processes and Social Order*, Jossey Bass, 1978.

TRANSCENDANCE

du latin *transcendere* « monter en passant au-delà », d'où « franchir, dépasser »

all. TRANSZENDENZ	esp. TRASCENDENCIA
angl. TRANSCENDENCE	ital. TRASCENDENZA

voir : IMMANENCE

Dès lors qu'on divise le monde entre intelligible et sensible, ou créateur et créatures, il faut poser une relation qui permette de penser la supériorité de l'un sur l'autre en même temps que le fait qu'il n'y a pas continuité de l'un à l'autre mais différence absolue.

1 À la notion de *transcendance* s'oppose la notion d'*immanence*, qui refuse cette dualité. La transcendance implique qu'au-delà du sensible et du créé il y a un principe créateur : Dieu échappe, par nature, à toute dissolution dans un ordre intelligible, sans nécessairement contredire l'ordre des raisons dont il est l'auteur, comme de toutes choses par ailleurs.

La conscience collective chez DURKHEIM est, d'une certaine façon, transcendante (supérieure aux individus et s'imposant à eux). Mais on pourrait aussi dire qu'elle est immanente puisqu'elle n'existe que dans — et d'une certaine manière par — l'individu. Peut-être serait-il bon alors de parler d'une transcendance immanente.

2 Un autre sens peut être donné à la transcendance : c'est celle du principe sur l'ensemble qu'il gouverne et explique, l'immanence impliquant que le principe est intérieur. On est alors dans une interrogation d'ordre épistémologique et non plus métaphysique.

André AKOUN

TRANSCULTURALITÉ ⇒ MÉTISSAGE

TRANSGRESSION

emprunté au latin *transgressio* « action de passer de l'autre côté, de traverser »

all. TRANSGRESSION, ÜBERTRETUNG	esp. TRANSGRESIÓN
angl. TRANSGRESSION	ital. TRANSGRESSIONE

voir : ART, DÉVIANCE, NORME

Fait, pour un individu ou un groupe, d'enfreindre une norme sociale, d'y contrevenir.

Les normes sociales étant multiples et contraignantes, leur transgression est un phénomène permanent et revêt des formes multiples, depuis les formes ritualisées jusqu'à la rébellion* sociopolitique. Le terme de *transgression* est moins utilisé pour les formes de déviance liées aux intérêts individuels que pour les formes créatrices de désobéissance, où un individu enfreint une règle ressentie comme restrictive afin de créer un mode de vie, une forme culturelle ou artistique vécus comme plus satisfaisants ou de valeur supérieure. Dans le domaine de la création artistique moderne, la transgression apparaît comme une condition permanente du renouvellement des formes.

Pierre ANSART

bibliographie

GIRIN Jacques, GROSJEAN Michèle, *La Transgression des règles au travail*, « Langage et Travail », L'Harmattan, 1996.

GLUCKMAN Max, *Order and Rebellion in Tribal Africa*, Londres, 1966.

MAFFESOLI Michel, BRUSTON André (sous la dir. de), *Violence et transgression*, Anthropos, 1979.

TRANSITION DÉMOGRAPHIQUE

du latin *transitio*, de *transire* « action de passer », au figuré « passage dans un autre ordre social »

all. DEMOGRAPHISCHER ÜBERGANG	esp. TRANSICIÓN DEMOGRÁFICA
angl. DEMOGRAPHIC TRANSITION	ital. TRANSIZIONE DEMOGRAFICA

voir : CLASSE D'ÂGE, ESPÉRANCE DE VIE, MIGRATION(S), NATALITÉ, PYRAMIDE DES ÂGES, VIEILLESSE ET VIEILLISSEMENT

La transition démographique est un modèle qui rend compte du processus par lequel les populations humaines passent d'un régime démographique de type ancien à un régime de type moderne. Par régime ancien, on entend un taux de mortalité élevé qu'équilibre à peine un taux de natalité élevé, d'où un accroissement annuel faible ; par régime moderne, on entend un taux de mortalité faible auquel correspond un taux de natalité lui aussi faible, d'où là encore un faible accroissement naturel. C'est le passage d'une situation à l'autre que décrit la transition démographique.

Pour décrire ce processus, des auteurs comme LANDRY, NOTESTEIN ou COALE ont examiné l'expérience des pays industrialisés, lesquels se sont lancés dans l'aventure de la *transition démographique* en même temps qu'ils expérimentaient de nouvelles organisations du travail et une prospérité croissante : la transition démographique accompagne la révolution industrielle et ses multiples expressions (progrès technologiques, urbanisation, diffusion de l'instruction, en particulier). Mais le processus a gagné aussi d'autres contrées plus pauvres, d'où l'idée d'une transition généralisée qui caractériserait la planète au XXe siècle.

LES PHASES DE LA TRANSITION DÉMOGRAPHIQUE. On a pu distinguer différentes phases dans la transition :

1 d'abord une phase pendant laquelle la mortalité décroît (*transition sanitaire* ou *épidémiologique*) tandis que la natalité reste élevée, voire augmente ; à ce moment se produisent les taux d'accroissement les plus élevés.

2 Dans un deuxième temps, la natalité se met à baisser, d'abord lentement puis rapidement, rejoignant alors le taux de mortalité. Le *vieillissement* de la population accompagne cette deuxième phase. Par rapport à ce modèle général, les pays suivent des cheminements différenciés.

- Certains, ceux qui sont entrés le plus anciennement dans cette voie, ont connu une transition longue et peu sensible à l'échelle des générations (cas de la Suède).
- D'autres, comme la France, ont également connu une transition étalée mais avec la particularité d'une natalité décroissant aussi rapidement que la mortalité, d'où un accroissement très faible pendant tout le XIXe siècle.
- D'autres encore, comme l'Allemagne ou l'Angleterre, s'engagent très tard dans la deuxième phase de la transition, d'où une pression démographique forte au XIXe siècle, mais ensuite une dépression rapide.
- Certains pays du tiers-monde, tardivement entrés dans le processus, parcourent les différentes étapes très rapidement, surtout lorsque des programmes de *planification des naissances* ont été mis en place.

L'évolution démographique des pays européens n'a pas complètement vérifié le modèle puisque, selon l'expression de HERZLICH, le baby-boom *« a marqué une rupture dans le déroulement majestueux de la transition démographique »*. Des incertitudes demeurent en effet sur l'avenir de la natalité (va-t-elle se stabiliser à un niveau faible ? Va-t-elle connaître des évolutions cycliques ?), et aussi sur celui de la mortalité. Des phénomènes aussi différents que la crise économique, le passage des pays d'Europe de l'Est à l'économie de marché, l'irruption du sida ont été accompagnés d'une remontée significative de la morbidité et de la mortalité, en particulier chez les adultes. En Russie, l'*espérance de vie* masculine, qui atteignait près de 66 ans à la fin des années 80, est redescendue jusqu'à 57,6 ans en 1994.

Le démographe MUHSAN estime qu'une avancée dans la théorisation démographique consisterait à intégrer l'idée qu'à très long terme, c'est-à-dire à l'échelle de l'histoire de l'espèce humaine, les fluctuations démographiques ont abouti à un accroissement proche de zéro, les périodes de diminution rapide de la population succédant aux périodes de rapide croissance. La population de la planète pourrait être à la veille d'une inversion de la tendance amorcée depuis maintenant plus de deux siècles.

Catherine ROLLET

bibliographie

CHESNAY Jean-Claude, *La Transition démographique*, PUF/INED, 1986.

GRIMAL Jean-Claude, HERZLICH Guy, *La Population du monde*, Le Monde/Marabout, 1995.

LANDRY Adolphe, *La Révolution démographique* (1934), INED, 1984.

MUHSAN H. V., *What Is and What Is not a Population Theory ?*, Communication présentée lors de la Conférence européenne de démographie, 1989.

TRANSPARENCE

voir : OPACITÉ

Le premier sens de la transparence est celui d'une transparence politique qui s'oppose au secret. Elle inaugure, comme revendication, la démocratie. Il s'agit de permettre au citoyen d'être informé des affaires publiques puisqu'il en est le souverain.

Par une dérive qui élargit de façon utopique son domaine, la *transparence* s'oppose à l'idée d'opacité ou d'aliénation et inaugure l'illusion d'un monde où les hommes deviendraient consciemment et totalement maîtres des significations sociales auxquelles ils sont assujettis. L'opacité des agents sociaux n'est plus pensée comme consubstantielle à toute société, mais comme le malheur conjoncturel, historique, d'une aliénation dépassable. Ainsi chez MARX : parfois, celui-ci voit dans le fait que l'homme est étranger à soi et à sa société le résultat de la division en classes et il imagine (dans ***L'Idéologie allemande***) ce qu'il en sera lorsque cette préhistoire sera achevée pour entrer dans le règne de la *lumière* et de l'*histoire*. De même REICH voit dans l'Œdipe l'effet de la domination et de la répression sexuelle et imagine ce qu'il en sera dès lors que tomberont les interdits opposés au désir, enfin libéré. Il en va de même chez certains sociologues, qui voient dans le développement des techniques de communication (aujourd'hui du Net) l'avènement d'une transparence et d'une démocratie directe enfin devenues possibles.

Il s'agit toujours d'une utopie qui veut oublier ce fait : l'homme n'est jamais le contemporain de ses significations. Qu'il s'agisse de l'inconscient, qu'il s'agisse du fait social lui-même, qu'il s'agisse du langage, il n'est rien qui ne soit condamné à l'obscurité, du fait de ce clivage originel par lequel l'homme est à la fois source et effet de soi.

Enfin, peut-être faut-il rappeler le lien caché qui peut exister entre le fantasme de la transparence et le fantasme totalitaire d'une société sans dehors et sans division, une société qui nie l'homme privé et le soumet au regard du tout ?

André AKOUN

bibliographie

AKOUN André, *L'Illusion sociale*, PUF, 1989.

LEFORT Claude, *L'Invention de la démocratie*, Fayard, 1981.

STAROBINSKI Jean, *Jean-Jacques Rousseau. La transparence et l'obstacle*, Gallimard, 1976.

SOCIOLOGIE DU **TRAVAIL**

all. ARBEITSSOZIOLOGIE	esp. SOCIOLOGÍA DEL TRABAJO
angl. SOCIOLOGY OF WORK	ital. SOCIOLOGIA DEL LAVORO

voir : CLASSE SOCIALE, ENTREPRISE, MOUVEMENT SOCIAL, ORGANISATION, PROFESSION, TECHNIQUE ET SOCIÉTÉ

La sociologie du travail est l'observation de l'homme dans sa situation de travail : comportement, attitudes au travail, valeurs professionnelles. Elle analyse les rapports sociaux de production et la transformation de la société par le travail.

FRIEDMANN note que la dénomination *sociologie du travail* apparaît pour la première fois dans la littérature scientifique en janvier 1949 comme titre d'un numéro spécial de l'***American Journal of Sociology***. Jusqu'alors le terme usité était plutôt celui de *sociologie industrielle*. La revue ***Sociologie du travail***, à sa naissance (1959), utilise cette terminologie pour se différencier de la sociologie empirique américaine dont Friedmann reconnaît cependant l'influence. Pour être exhaustif et marquer son originalité, il faut rappeler également l'influence de la pensée marxiste sur la sociologie du travail française. Cette alliance originale de la méthodologie américaine et de l'utilisation des concepts marxistes a marqué la naissance en France de la sociologie du travail.

La sociologie empirique américaine. La sociologie empirique américaine, et notamment les recherches de MAYO et de son école à la Western Electric (ROETHLISBERGER et DICKSON, 1939) sont souvent cités en France, dans les années 50, comme modèle méthodologique de la sociologie empirique naissante : observer l'homme dans sa situation de travail en interprétant ses attitudes et ses comportements au travail dans le contexte de son groupe de travail. Ces recherches ont inspiré la conception de l'entreprise comme organisation et la définition de l'entreprise comme système social. Tout en l'influençant dans ses méthodes, la sociologie américaine a servi en même temps de repoussoir à la sociologie du travail française, qui refusait la perspective réformiste et les pratiques des relations humaines de la psychosociologie américaine.

L'influence du marxisme. C'est sous cet angle d'introduction d'une sociologie critique qu'entre en jeu l'influence du marxisme sur la sociologie du travail. Aussi bien FRIEDMANN, dans sa réflexion sur la déshumanisation du travail industriel (1946), que NAVILLE, dans son marxisme militant, montrent la voie. Plutôt que de chercher à adapter l'homme au travail taylorisé, Friedmann va souligner les pathologies du taylorisme*, recherchant des alternatives culturelles à l'aliénation du travail (1956). La place de l'aliénation est centrale dans l'œuvre de Naville. Sous leur impulsion, la sociologie des classes sociales va jouer un rôle déterminant dans les orientations de la sociologie du travail. Les catégories de l'analyse marxiste (l'aliénation, le salariat, les rapports sociaux de production, les classes sociales) vont pénétrer les recherches.

Le développement de la recherche contractuelle. Pourtant, celles-ci sont influencées, dans leur développement, par la demande administrative baptisée « demande sociale ». La sociologie du travail qui, à son origine, représente deux tiers des chercheurs en sciences sociales, va être stimulée par un large développement de la recherche contractuelle, qui inclut notamment de nombreux financements internationaux (AEP, CECA), sans que se développe pour autant la pratique du conseil. De nombreuses institutions de recherche vont se créer : Centre d'études sociologiques (1946), École pratique des Hautes Études (1947), Institut des sciences sociales du travail (1952), avant même que ne s'institutionnalise la recherche universitaire. Les quatre premières chaires de sociologie ne sont créées qu'en 1958 (avec la licence), si bien que la recherche se développe largement dans un esprit artisanal, les chercheurs apprenant le métier sur le tas, dans le cadre d'une formation d'origine philosophique ou psychologique.

1 LE CHAMP DE LA SOCIOLOGIE DU TRAVAIL. Les sujets de recherche sont à la fois influencés par la demande administrative et les intérêts des chercheurs.

La modernisation. Les interrogations des fondateurs et le fort développement industriel du pays vont privilégier les recherches sur le changement technique, la modernisation, l'automatisation : recherches de l'ISST (DOFNY, 1966), recherches CECA dans les mines et la sidérurgie, recherches de MOSCOVICI au CERP (1961), de NAVILLE au CES (1961). Le progrès est défini comme l'antithèse de l'aliénation et on s'intéresse à la façon dont il est reçu par la classe ouvrière, à ses conséquences sur le travail et la qualification, aux effets du développement des techniques sur l'avenir de la classe ouvrière. Ce courant de recherche se poursuivra jusque dans les années 70, à travers les études sur l'enrichissement des tâches et l'autonomie ouvrière. Dans le même temps, se diversifient les sujets au profit de recherches sur les organisations et sur les professions, qui élargissent le champ de la sociologie à l'étude des employés, des cadres, des techniciens, mais aussi débordent l'industrie (agriculture, professions libérales).

La division du travail. La fascination de FRIEDMANN pour les techniques va encourager les recherches sur la division du travail, les nouveaux métiers, les expériences de restructuration, mais en même temps les études de freinage, de résistance au changement, des comportements informels et contestataires. Ces recherches auront leur prolongement naturel, à l'époque contemporaine, avec l'analyse des systèmes de travail et de production : l'après-fordisme, le toyotisme, le modèle japonais (BOYER et DURAND, 1993).

Avec le temps et la grande diversification des laboratoires et des institutions de recherche, les sujets de recherche vont s'élargir, élargissement favorisé par le fait que la sociologie du travail s'est toujours présentée en France, dès ses origines, comme une sociologie générale.

2 SOCIOLOGIE DU TRAVAIL ET SOCIOLOGIE GÉNÉRALE. Nous avons vu que NAVILLE concevait la sociologie comme une étude des rapports sociaux de production, de l'aliénation et des espoirs de libération (1963). La revue *Sociologie du travail* définit la notion de travail comme « l'activité par laquelle les hommes maîtrisent et créent leur société », justifiant ainsi l'accueil d'articles portant sur le pouvoir, les organisations, le développement. TOURAINE privilégie dans la sociologie du travail une orientation socio-historique : étudier la société comme œuvre des hommes, concevoir ses transformations comme le produit du travail collectif. La conscience ouvrière est le sens vécu, par des sujets personnels, d'un système d'action historique (TOURAINE, 1966, 1973). Le travail est considéré par la sociologie du travail « comme l'expérience centrale de la vie en société » et « le fondement de la société industrielle » (Durand, 1985).

Ce désir de la sociologie du travail d'insérer l'analyse sociologique dans les rapports sociaux de production va conduire les chercheurs à analyser le travail, les formes de salaire, les méthodes d'organisation et de gestion en regard de la « situation de travail ». C'est par rapport à la situation de travail que sont également expliquées attitudes et action ouvrières (Durand, 1971). La situation de travail ne prend pas seulement en considération les postes de travail ou l'atelier et son organisation : elle inclut la place occupée dans la société par la classe ouvrière et ses attentes de participation au pouvoir politique. Ces dernières orientations sont plus particulières à la perspective de la sociologie de l'action ou de la sociologie critique. La permanence des liens à la société est cependant redécouverte par des écoles où on l'attendait moins : *L'Entreprise, une affaire de société* (SAINSAULIEU, 1990) ; les recherches du Laboratoire d'économie et de sociologie du travail sur l'« effet sociétal », celles du Groupe de sociologie du travail sur les politiques industrielles montrent la constance de cette préoccupation dans les différentes écoles de la sociologie du travail.

3 DIVERSIFICATION DE LA SOCIOLOGIE DU TRAVAIL. L'unité de perspective de la sociologie du travail va être victime de son développement. Dans les années 60, les centres de recherche se multiplient. Le développement de l'enseignement implante la sociologie du travail en province : Aix-en-Provence, Lyon, Lille, Nantes, Toulouse, où se créent, au sein ou à côté des universités, des laboratoires de recherche. Cette expansion diversifie les orientations, chaque laboratoire ayant le souci de se définir par un champ ou par une problématique propre.

Sociologie des organisations. Avec CROZIER, le Centre de sociologie des organisations a été l'un des premiers à prendre son autonomie en créant une école très structurée : la sociologie des organisations. Dans la voie de la sociologie américaine (BARNARD, SIMON), la sociologie des organisations recoupe une part de la sociologie du travail, en même temps qu'elle la déborde largement vers l'analyse des administrations. La sociologie des organisations se définit par l'analyse stratégique du pouvoir : relations entre acteurs, refus du face-à-face, esprit de corps, jeux des acteurs. Elle s'attache à l'étude des négociations, des jeux d'influence, des structures de décision, du rôle de l'informel et du formel dans les rapports de pouvoir. Par la dénonciation de la bureaucratie, le modèle se généralise à un diagnostic sur le fonctionnement des rouages de l'État (« la société bloquée »).

Sociologie de la régulation conjointe. Autour de la chaire du CNAM, REYNAUD crée le Laboratoire de sociologie du travail et des relations professionnelles dont le champ reste l'analyse des rapports de pouvoir et de négociation dans l'industrie. Les conflits du travail sont abordés dans les limites de l'affrontement des intérêts et de la recherche d'une

« régulation conjointe » et d'équilibres sociaux (ADAM, REYNAUD, 1978). L'ambition est de relier sociologie du travail et des organisations à travers l'analyse de la régulation.

Le management participatif. Se situant davantage dans la perspective de l'école des relations humaines, SAINSAULIEU va aborder les problèmes des relations de travail sous un angle culturel. L'accent est mis sur l'identité au travail, et les effets de l'organisation sur les groupes et les individus en termes de représentation et de valeurs professionnelles. Cette approche se présente comme une légitimation du management participatif et de la conception de l'entreprise comme communauté de travail.

L'actionnalisme. La lignée actionnaliste des recherches sur le travail et les conflits va s'opposer à ces dernières orientations : elle en critique le réformisme et l'esprit fonctionnaliste. Au Laboratoire de sociologie industrielle, qui se mue en Centre d'études des mouvements sociaux (CEMOS) et se ramifie avec le Groupe de sociologie du travail (1970), se maintient l'optique originale présentant les conflits dans l'entreprise comme inséparables de la dénonciation des rapports sociaux de production. L'analyse du travail est conçue comme liée à celle du mouvement ouvrier et de l'action historique, c'est-à-dire à la capacité de la société de se produire elle-même en donnant un sens à ses pratiques (les orientations de l'action). Les recherches du GST sur les grèves, celles du CADIS sur les conduites inspirant les mouvements sociaux restent dans cette ligne théorique.

Autres orientations. Ces présentations rapides ne font qu'exprimer les orientations des laboratoires qui ont maintenu une certaine unité théorique. Il faudrait citer beaucoup d'autres institutions qui, dans ce courant de diversification, ont gardé une place importante à la sociologie du travail en privilégiant un champ de recherche spécifique. C'est le cas de VERRET avec la culture ouvrière (1982), des recherches du LEST sur l'éducation, l'organisation et leur analyse sociétale (MAURICE *et alii*, 1982), de l'étude sur le travail des femmes (KERGOAT, 1982), des recherches du Groupe lyonnais de sociologie industrielle sur le poids des structures locales dans les rapports de production (RAVEYRE, SAGLIO, 1984). Plusieurs centres ont mis en relief les problèmes de mobilité et du rapport de la mobilité professionnelle à la mobilité sociale : DUBAR à Lille (Coutrot, Dubar, 1992), Travail et mobilité à Nanterre (DUBOIS, 1981 ; TRIPIER, 1984), recherches de l'Institut des sciences sociales du travail (C. et M. Durand, 1971) et du CEMOS (BERTAUX, 1977). La diversification se fait également au profit de laboratoires échappant au champ de la sociologie du travail, mais qui maintiennent avec elle des rapports étroits : recherches du groupe Mendras et JOLLIVET sur le monde rural (MENDRAS, 1984), de la sociologie de l'éducation qui reste reliée à l'observation des qualifications (TANGUY, 1983).

Orientations praticiennes de la recherche : économistes et sociologues du travail. Dans les années récentes, on observe, sous l'influence gouvernementale, un aiguillage de la recherche vers des orientations plus engagées dans la pratique. C'est l'esprit de la création d'institutions de grande envergure, telles que le Centre d'étude de l'emploi, le GIP Mutations industrielles, qui échappent à un statut universitaire tout en restant animées par des économistes du travail et des sociologues du travail.

Cette orientation praticienne va inspirer également le courant de création des centres de recherche dans les grandes écoles d'ingénieurs : centres de recherche de l'École nationale supérieure des mines, de l'École polytechnique (recherche en gestion), de l'École centrale, de l'École nationale des ponts et chaussées. Ces initiatives ont suscité souvent des courants de recherche très créateurs : sur l'innovation, la gestion, l'analyse du changement, les systèmes de production. Leurs chercheurs (CALLON, FREYSSENET, VELTZ) ont animé plusieurs numéros spéciaux de *Sociologie du travail*, montrant la rénovation de certains champs de recherche. En s'ouvrant aux débats et confrontations, les revues ne sont pas les seuls lieux qui s'efforcent de parer au risque de dispersion provoqué par cette grande diversification des champs et des orientations. De nombreux colloques ont été l'occasion de ces confrontations : débats des sociologues du travail et des économistes du travail lors du colloque de Dourdan organisé par le GST, journées de la revue *Sociologie du travail* sur l'entreprise (colloque de Lille, 1988), sur le rôle de la codification (journées de Toulouse, 1990).

Critique de l'idéologisation de la technique. Les évolutions récentes de la sociologie du travail révèlent une propension à s'intéresser davantage au fonctionnement de l'entreprise (management, processus d'innovation, gestion de la production) qu'aux principes fondateurs de la société industrielle. Ce courant ne va-t-il pas dans le sens du refoulement de la signification téléologique des évolutions sociales sous l'impact de leurs aspects instrumentaux, tel qu'il est dénoncé par HABERMAS : idéologisation de la technique prise comme fin en soi et non comme moyen du progrès social (Habermas, 1973) ?

Depuis 1968, sous l'influence d'Habermas, de MARCUSE et du mouvement écologique, on assiste à une remise en cause du rôle de la technique comme source de progrès social et à une dénonciation des idéologies modernistes. Ceci conduit les sociologues à rechercher ailleurs que dans le travail un nouveau fondement du lien social. Ce courant se trouve consolidé par la crise structurelle de l'emploi qui ébranle nos sociétés : les machines et la productivité évincent les ouvriers du travail, ce qui conduit l'État à revitaliser le « tiers secteur », celui des services sociaux et culturels (RIFKIN, 1996). Ceci oblige à se demander si le travail reste encore la valeur fondamentale de nos sociétés. À la fin du XXe siècle, le déclin de la place du travail dans la société conduit à rechercher dans la culture, l'information, la communication ou la solidarité de nouvelles formes de lien social.

Claude DURAND

bibliographie

ADAM Gérard, REYNAUD Jean-Daniel, *Conflits du travail et changement social*, PUF, 1978.

DURAND Claude, *Conscience ouvrière et action syndicale*, Mouton, 1971.

DURAND Claude (sous la dir. de), *Le Travail et sa sociologie*, « Avant-propos », L'Harmattan, 1985.

DUBOIS Pierre, *Les Ouvriers divisés*, Presses de la FNSP, 1981.

DURAND Claude, DURAND Michelle, *De l'OS à l'ingénieur : carrière ou classe sociale*, Les Éditions ouvrières, 1971.

FRIEDMANN Georges, *Problèmes humains du machinisme industriel*, Gallimard, 1946.
KERGOAT Danièle, *Les Ouvrières*, Le Sycomore, 1982.
MENDRAS Henri, *La Fin des paysans. Vingt ans après*, Actes Sud, 1984.
MOSCOVICI Serge, *Reconversion industrielle et changements sociaux*, Armand Colin, 1961.
NAVILLE Pierre, *Vers l'automatisme social. Problèmes du travail et de l'automation*, Gallimard, 1963.
RIFKIN Jeremy, *La Fin du travail*, La Découverte, 1996.
SAINSAULIEU Renaud (sous la dir. de), *L'Entreprise, une affaire de société*, Presses de la FNSP, 1990.
TOURAINE Alain, *La Conscience ouvrière*, Seuil, 1966.
TRIPER Pierre, *Approches sociologiques du marché du travail*, Thèse, Université Paris VII, 1984.
VERRET Michel, *Le Travail ouvrier*, Armand Colin, 1982.

TRAVAIL SOCIAL ET TRAVAILLEURS SOCIAUX

all. SOZIALARBEIT	esp. TRABAJO SOCIAL
angl. SOCIAL WORK	ital. LAVORO SOCIALE

voir : COMPÉTENCE, ÉVALUATION DU TRAVAIL, INTÉGRATION, LOGIQUE SOCIALE, MOBILITÉ SOCIALE

Le travail social consiste en tout acte qui, au moyen d'interaction, d'enseignement ou de service, vise à développer la compétence sociale d'individus ou de groupes tombés au-dessous ou en dehors des normes de la société locale. À la différence de l'utilisation qu'en fit Durkheim dans sa thèse intitulée* De la division du travail social.

Le terme de *travail social* désigne de nos jours un champ réduit et précis. Vers 1955, l'Organisation des Nations Unies définissait le travail social comme une adaptation des hommes aux structures et, réciproquement, des structures aux hommes. Les travaux de recherche effectués ces dernières années autorisent l'énoncé de la définition plus circonstanciée présentée ci-dessus. Ils montrent en effet que les personnes concernées soit ne participent plus à la vie sociale selon les normes de l'environnement (parents maltraitant leurs enfants, étrangers non instruits des usages locaux, etc.), soit n'en reçoivent plus les gratifications normales (personnes handicapées par l'âge, la maladie, l'éducation, la situation professionnelle, urbanistique, etc.), ou les deux. Bref leurs liens de réciprocité avec les autres sont rompus ou sérieusement endommagés. Les acteurs divers du travail social tentent d'en retisser la trame.

UNIVERSALITÉ DES PHÉNOMÈNES D'ASSISTANCE. L'inventaire des phénomènes d'assistance dans les sociétés du monde entier et dans toutes les périodes historiques (DUTRENIT, 1989) permet d'affirmer que leur présence est universelle, mais que leurs formes dépendent des acteurs locaux. Cette universalité signe certainement une fonction sociale fondamentale : *l'entretien et le développement de la réciprocité* dans les sociétés humaines, même si d'autres instances sociales participent à cette fonction. Dans les sociétés tribales, la famille étendue, le clan et les classes d'âge jouaient ce rôle. L'Église a pris le relais au Moyen Âge. La société civile lui a succédé depuis le XIXe siècle, en développant progressivement les professions du travail social : 200 000 personnes en 1995 (assistantes sociales, éducateurs, animateurs, etc.). Les conceptions du travail social ont évidemment varié au cours de l'histoire. Elles se situent *grosso modo* entre deux attitudes extrêmes face à l'usager secouru : le « tout assistance » (Moyen Âge) et le « tout exigence » (Âge classique), autour d'un pivot central associant à égalité exigence et assistance. Notre époque s'oriente lentement semble-t-il vers ce pivot central. Mais selon les endroits et les acteurs, on peut observer tous les cas de figure, car il n'est guère de profession où les degrés de liberté soient si grands.

LE PROBLÈME DU DIAGNOSTIC. Le métier de travailleur social en France se trouve dans une situation paradoxale : le diagnostic du « client » est fait par des professions externes (magistrats, médecins, formateurs, etc.) sans être accompagné de prescriptions de traitement. De leur côté, les travailleurs sociaux ne disposent que rarement d'outils de diagnostic précis de l'usager. Ils se trouvent donc dans une situation paradoxale : organiser un traitement sans prescription, et/ou prescrire sans outils de diagnostic. Un dispositif juridique très structurant organise néanmoins le travail social. Aucun handicap, aucune situation sociale n'échappe à ce dispositif. Il est si codifié que la simple fréquentation d'un établissement ou service comme solution au problème d'intégration de l'usager est une illusion répandue. Car la faiblesse technologique de l'action sociale et de l'intégration réduit trop souvent la répartition des usagers entre établissements au rang de regroupements de symptômes, par opposition à des traitements circonstanciés.

Depuis 1980, un nouveau courant de recherche tente de traiter cette question en se penchant non pas sur des problèmes globaux de structures (comme le faisaient les paradigmes du fonctionnalisme ou de l'habitus* culturel), mais sur les interactions entre travailleurs sociaux, usagers, famille et entourage immédiat. L'alliance de la microsociologie, de la psychologie sociale expérimentale et de la psychologie cognitive permet de substantiels progrès en la matière. On doit citer sur ce point les travaux de Dutrenit, de DURNING, mais aussi ceux de nombreux nouveaux chercheurs qui abordent ce champ de manière à la fois fondamentale et appliquée.

Jean-Marc DUTRENIT

bibliographie

BIN-HENG Mary, CHERBIT Framboise, LOMBARDI Édith, *Traiter la violence conjugale. Parcours pour une alternative*, L'Harmattan, 1996.
BORN Michel, LIONTI Anne-Marie, *Familles pauvres et intervention en réseau*, L'Harmattan 1996.
CASPAR Philippe, *L'Accompagnement des personnes handicapées mentales. Un dispositif social*, L'Harmattan, 1994.
DURNING Paul (sous la dir. de), *Éducation familiale*, Matrice, 1988.
DUTRENIT Jean-Marc, *Gestion et évaluation des services sociaux*, Economica, 1989.
DUTRENIT Jean-Marc, *Le Travail social*, La Documentation française, 1996.
DUTRENIT Jean-Marc, *La Compétence sociale. Diagnostic et développement*, L'Harmattan, 1997.
GILLET Jean-Claude, *Animation et animateurs. Le sens de l'action*, L'Harmattan, 1996.
LEPAGE-CHABRIAIS Michèle, *Réussir le placement des mineurs en danger*, L'Harmattan, 1996.
MÉRIGOT Dominique, *Familles en structures d'accueil*, L'Harmattan, 1997.

MESSU Michel, *Les Assistés sociaux. Analyse identitaire d'un groupe social*, Privat, 1991.
RUHAUD Bernard, *Accueil familial et gestion de l'autorité parentale*, L'Harmattan, 1997.
ZAFFRAN Joël, *L'Intégration scolaire des handicapés*, L'Harmattan, 1997.

ÉVALUATION DU **TRAVAIL SOCIAL**

dérivé de l'ancien français *value* « valeur, prix »

all.	SCHÄTZUNG, ABSCHÄTZUNG DER SOZIALEN ARBEIT	esp.	EVALUACIÓN DEL TRABAJO SOCIAL
angl.	EVALUATION OF SOCIAL WORK	ital.	VALUTAZIONE DEL LAVORO SOCIAL

voir : COMPÉTENCE SOCIALE, PRÉVISION, TRAVAIL SOCIAL

Ensemble de mesures correspondant à l'introduction progressive du raisonnement scientifique dans la vie professionnelle quotidienne du travail social.*

Ces dispositifs s'appliquent à deux objets essentiels : les traitements et les territoires.

En ce qui concerne les *modalités de traitement des populations*, on peut énoncer six critères pour des évaluations satisfaisantes :

. Mesurer des *changements d'état* des sujets bénéficiaires aux différentes étapes de l'action.
. Mesurer les *composantes de l'action* et leur intensité.
. Établir des *rapports* statistiques entre les composantes de l'action *et* les changements d'état des bénéficiaires.
. Mesurer le rapport *coût/avantage* des modalités de l'action face aux effets obtenus.
. *Informatiser* la collecte des données pour la rendre habituelle.
. Choisir les champs d'observation de sorte qu'ils servent les intérêts réciproques des usagers, des professionnels et de la société globale à long terme, car une *éthique de l'équilibre* est inséparable d'un développement durable.

En ce qui concerne les *territoires*, trois composantes sont fondamentales :

. Une *cartographie des catégories de problèmes* traités par le travail social, qui permette de repérer des zones où la nécessité existe d'actions préventives ou curatives.
. Une *projection démographique* à long terme des populations concernées par les problèmes repérés.
. Une *cartographie des dispositifs* sociaux.

L'appréciation de leur degré de correspondance avec les *problèmes* cartographiés en première phase et avec les projections démographiques élaborées en deuxième phase permet aux services compétents de proposer un schéma prévisionnel de travail social.

Jean-Marc DUTRENIT

bibliographie

DUTRENIT Jean-Marc, *Gestion et évaluation des services sociaux*, Economica, 1989.
DUTRENIT Jean-Marc, *Évaluer un centre social*, L'Harmattan, 1994.
DUTRENIT Jean-Marc, *La Compétence sociale*, L'Harmattan, 1997.
LEPAGE-CHABRIAIS Michèle, *Réussir le placement des mineurs en danger*, L'Harmattan, 1996.
VEZINA Aline, LORD Monique, THIBAULT Michel, *Diagnostic et traitement de l'enfant en danger*, L'Harmattan, 1995.

TRIADE

voir : CONFLIT SOCIAL, LIEN SOCIAL

Système social comprenant trois éléments, individus ou groupes, liés entre eux par une relation durable.

SIMMEL note la fréquence, dans les relations sociales et les conflits, des configurations entre trois protagonistes et des coalitions entre deux acteurs contre un. Les relations familiales (père, mère, enfant), les relations de coalition dans les ordres hiérarchiques, les compétitions sportives devant le public, les coalitions entre des partis politiques confirment cette fréquence des *triades*. CAPLOW s'est efforcé de *« démontrer que les triades sont les matériaux de base à partir desquels se constituent toutes les organisations sociales »* (Caplow, 1971, p. 9), non sans rappeler la grande diversité de formes de ce phénomène dans les différentes cultures.

Pierre ANSART

bibliographie

CAPLOW Theodore, *Deux contre un. Les coalitions dans les triades*, Armand Colin, 1971.

TRI À PLAT

voir : ANALYSE UNIVARIÉE

Le tri à plat est un tableau synthétisant la distribution d'une variable qualitative ou quantitative discrète, mettant en relation les différentes modalités x_k de la variable avec le nombre d'individus (effectif) n_k et la fréquence f_k ($f_k = n_k/n$) correspondant dans l'échantillon.

Il s'agit de passer du fichier des données brutes à un tableau plus simple à appréhender, permettant de décrire la variable considérée (⇒ ANALYSE UNIVARIÉE).

Exemple : Nombre d'enfants par ménage

Données brutes d'un échantillon de 10 individus (n = 10)

Identifiant	Nb. enfants
1	4
2	0
3	1
4	2
5	3
6	0
7	2
8	2
9	1
10	1

Tri à plat :

nk : Effectif correspondant à la modalité xk. On parle aussi de fréquence absolue. (Le terme anglais est *frequency*.)

f_k : Fréquence correspondant à la modalité x_k. On parle aussi de fréquence relative. (Le terme anglais est *percent.*)

Nb. enfants	Effectifs	Fréquence
X		
x1 = 0	n1 = 2	20% = 0,2
x2 = 1	n2 = 3	30% = 0,3
x3 = 2	n3 = 3	30% = 0,3
x4 = 3	n4 = 1	10% = 0,1
x5 = 4	n5 = 1	10% = 0,1
Total	10	100% = 1

$$n = n_1 + n_2 + n_3 + n_4 + n_5$$

$$n = \sum_{k=1}^{5} n_k$$

$$f_k = \frac{n_k}{n} \quad ou \quad f_k\% = \frac{n_i}{n} \times 100$$

$$\sum_{k=1}^{5} f_k = \sum_{k=1}^{5} \frac{n_k}{n} = \frac{1}{n} \sum_{i=1}^{5} n_k = \frac{n}{n} = 1$$

Félicité des NÉTUMIÈRES

TRIBU

voir : CLAN, ETHNIE

1 Issu du vocabulaire politique de l'Antiquité, le terme *tribu* ne renvoie plus, dans son usage le plus relâché, qu'à l'imprécise notion d'une « organisation primitive », qu'on suppose commandée par un « chef ». Peut-être ceci constitue-t-il la trace des conceptions évolutionnistes qui remontent à MORGAN, lequel faisait de la tribu le stade intermédiaire entre la bande et la chefferie*, sur la voie conduisant à l'invention de l'État.

2 Dans une acception plus technique, *tribu* désigne une société segmentaire, constituée d'un ensemble hiérarchisé de groupes généalogiquement définis, dont la solidarité résulte de l'affirmation de leur descendance commune à partir d'un ancêtre fondateur.

André Marcel d'ANS

TRI CROISÉ

voir : ÉCHANTILLON, VARIABLE

Le tri croisé est un tableau synthétisant la distribution conjointe de deux variables qualitatives ou quantitatives discrètes, mettant en relation les différents couples de modalités (x_j, y_k) des variables X et Y avec le nombre d'individus (effectif) n_{jk} et la fréquence f_{jk} ($f_{jk} = n_{jk}/n$) correspondant dans l'échantillon.

Exemple. Tableau des effectifs (n = 200) :

	Pour	Indifférent	Contre
Hommes	96	6	18
Femmes	24	14	42

Tableau des fréquences :

	Pour	Indifférent	Contre
Hommes	48%	3%	9%
Femmes	12%	7%	21%

On appelle « distribution marginale » la distribution de chacune des variables considérées indépendamment de l'autre :

$$n_{j.} = \sum_k n_{jk} \; et \; n_{.k} = \sum_j n_{jk}.$$

De la même manière, on définit les fréquences marginales :

$$f_{j.} = \frac{n_{j.}}{n} \; et \; f_{.k} = \frac{n_{.k}}{n}.$$

Il s'agit en fait des tris à plat de chacune des deux variables.

	Pour	Indifférent	Contre	$n_{j.}$
Hommes	96	6	18	120
Femmes	24	14	42	80
$n_{.k}$	120	20	60	n = 200

On définit également les « distributions conditionnelles », correspondant à la distribution d'une variable, pour une modalité de l'autre variable fixée.
Par exemple, la distribution de l'opinion chez les hommes (Pour : 80% Indifférent : 5% Contre : 15%), puis chez les femmes (Pour : 30% Indifférent : 17,5% Contre : 52,5%). On construit ainsi le tableau des *profils lignes.*

	Pour	Indifférent	Contre	
Hommes	80%	5%	15%	100%
Femmes	30%	17,5%	52,5%	100%
$f_{.k}$	60%	10%	30%	100%

De façon analogue, on construit le tableau des *profils colonnes* en examinant la répartition des hommes et des femmes parmi les individus favorables.

	Pour	Indifférent	Contre	$f_{j.}$
Hommes	80%	30%	30%	60%
Femmes	20%	70%	70%	40%
	100%	100%	100%	100%

L'examen des distributions conditionnelles permet de mettre en évidence un éventuel effet* brut d'une des variables sur l'autre. Ici, les hommes sont plus souvent « pour » que les femmes et les femmes sont plus souvent « contre » ou « indifférentes » que les hommes. Pour pouvoir énoncer cette affirmation, il a fallu annihiler l'effet* de structure (il y a plus d'hommes que de femmes dans l'échantillon, ce qui interdit la comparaison directe des effectifs).

D'une manière générale, le tri croisé est, du point de vue technique, un outil *statique*, qui traite les deux variables de manière *symétrique*. Il convient donc d'être vigilant au moment de l'interprétation. Dans l'exemple ici considéré, l'association entre les variables n'est pas symétrique (le fait d'être « pour », « indifférent » ou « contre » n'a évidemment aucune influence sur le sexe des individus), mais il y a des cas où on ignore le sens de la dépendance, et rien dans les méthodes qu'on utilise ici ne permet de le déterminer. De même, il faut se garder de faire une interprétation de type causal (⇒ CAUSE et CAUSALITÉ) d'un tri croisé, ce dernier reste un outil descriptif et non explicatif.

Félicité des NÉTUMIÈRES

bibliographie

WONNACOTT Thomas, WONNACOTT Ronald, *Statistique*, Economica, 1995.

TROC

voir : ÉCONOMIE SOCIALE, ETHNOLOGIE

L'échange direct de marchandises ou de services, sans recours à la monnaie, a été longtemps considéré comme une forme rudimentaire de l'échange (*économie de troc*). Il peut cependant revêtir des formes multiples au sein des sociétés marchandes et, éventuellement, au niveau international.

Pierre ANSART

bibliographie

HUMPHREY Caroline, *Barter, Exchange and Value, an Anthropological Approach,* Cambridge, Cambridge UP, 1992.

MAUSS Marcel, *Essai sur le don* (1923-1924), in *Sociologie et anthropologie,* PUF, 1950.

TROPICALISME ⇒ MÉTISSAGE

TYPE-IDÉAL (IDÉALTYPE)

voir : COMPRÉHENSION, LES MÉTHODES EN SOCIOLOGIE, THÉORIE

Le terme idéaltype renvoie à la méthodologie wébérienne, où il sert à désigner ce que l'on nomme ailleurs un concept.

1 Utilisée déjà à l'époque par nombre d'historiens, la méthode idéaltypique n'est pas propre à WEBER. Son mérite est de l'avoir explicitée, formalisée, et donc d'en avoir montré les limites et la portée. Il faut distinguer chez Weber deux formes d'idéaltypes : celle qui correspond à la saisie d'une individualité historique et celle qui renvoie à la mise en place d'une typologie à prétention universaliste. En ce qui concerne la première forme, Weber a donné d'une façon très explicite son mode d'emploi, en prenant en particulier l'exemple du capitalisme. Pour élaborer l'idéaltype de ce phénomène, il convient, à partir d'un point de vue donné, de sélectionner par la pensée, en les accentuant, un certain nombre de traits singuliers qui doivent constituer un tableau cohérent. Il en résulte deux caractéristiques essentielles de l'idéaltype.

1 La première est que l'idéaltype ne s'identifie jamais à la réalité. Sa valeur heuristique tient au contraire au fait qu'il constitue une représentation idéelle, une rationalisation utopique. On peut ainsi systématiser la réalité empirique par la mesure de l'écart qui la sépare de cette construction.

2 La seconde est qu'il ne saurait exister un seul idéaltype d'une individualité historique. Partant d'un autre rapport aux valeurs, donc d'un autre questionnement, un chercheur proposera un autre idéaltype. Le seul critère est celui de l'opérationnalité. La méthode idealtypique implique donc sur le plan épistémologique un certain relativisme de la connaissance.

2 L'autre emploi du terme *idéaltype* est tout différent puisqu'il ne renvoie plus à la saisie des individualités historiques, mais à la constitution de typologies à portée universelle. Fondées comme précédemment sur une rationalisation, mais prétendant à une certaine exhaustivité dans la différenciation, les typologies proposées par Weber — celles des formes de domination, des types d'action, des types de rationalité qui ont connu une grande fortune — n'échappent pas à toute critique. Il est évident par exemple que la distinction entre la *Wertrationalität* (rationalité selon des valeurs) et la *Zweckrationalität* (rationalité selon des fins) n'épuise pas, et de loin, toutes les formes possibles de la rationalité. Weber a d'ailleurs fait preuve d'une grande prudence quant à l'évaluation de la pertinence de ces typologies. Bien qu'il soit plus difficile ici que dans le cas d'un idéaltype d'individualité historique d'invoquer le rapport aux valeurs pour fonder le relativisme, il n'en fait pas des instruments définitifs.

La référence à la procédure idéaltypique comme caution méthodologique est très fréquente chez les sociologues. BOURDIEU et PASSERON en donnent une illustration célèbre en construisant l'idéaltype de l'héritier : l'étudiant en lettres parisien et de milieu aisé.

Monique HIRSCHHORN

bibliographie

BOURDIEU Pierre, PASSERON Jean-Claude, *Les Héritiers*, Éd. de Minuit, 1964.

WEBER Max, *L'Éthique protestante et l'esprit du capitalisme* (1905, 1920), Plon, 1964.

WEBER Max, *Économie et société* (1922), Plon, 1971.

WEBER Max, *Essais sur la théorie de la science* (1922), Plon, 1965.

TYPIFICATION

voir : MODÈLE, PARADIGME, STÉRÉOTYPE, TYPE-IDÉAL

Activité intellectuelle et perceptive d'organisation du divers par création de modèles synthétiques et exemplaires.

1 La création de types et d'images typiques est une activité commune de la connaissance quotidienne. Les différentes cultures élaborent, en particulier, des images génériques, positives, neutres ou stigmatisantes, qui représentent et symbolisent une catégorie sociale. Les idéologies religieuses et politiques construisent leur propre *typification* (le héros révolutionnaire, le saint...). SCHÜTZ fait de la *typicalité* une forme fondamentale de la connaissance ordinaire, l'individu ne pouvant se diriger dans la vie quotidienne qu'en typifiant les autruis et les fonctions (le médecin, le commerçant...).

2 Dans la création conceptuelle, WEBER analyse les concepts sociologiques comme des *types*-idéaux* (Weber, 1965). Le concept est construit par un processus d'abstraction, qui ordonne en un tableau homogène les caractéristiques tenues pour essentielles d'un phénomène (par exemple la féodalité, le capitalisme). Le type-idéal est non pas une reproduction de la réalité ni une synthèse adéquate au réel, mais une construction qui peut être qualifiée d'utopique, d'irréelle, destinée à mettre en évidence un choix de relations empiriques. Il permet de saisir les diverses relations dans leur singularité sans correspondre nécessairement aux complexités empiriques. Weber propose ainsi de distinguer trois types de domination : traditionnelle, légale, charismatique, mais il souligne qu'un régime concret de domination peut faire apparaître la combinaison de plusieurs de ces types idéaux.

Pierre ANSART

bibliographie

FREUND Julien, *Sociologie de Max Weber*, PUF, 1983.

SCHÜTZ Alfred, *Le Chercheur et le quotidien. Phénoménologie des sciences sociales*, Klincksieck, 1987.

WEBER Max, *Essais sur la théorie de la science* (1922), Plon, 1965.

U

UNIVERSEL

du latin *universalis* « relatif au tout »

voir : RAISON, VALEUR

L'universel n'est pas de l'ordre du fait, résultat d'un recensement empirique (ce serait confondre universalité et généralité), il est de l'ordre du concept ou de la loi. La fleur (« cette absente de tout bouquet », comme disait Mallarmé) n'est pas cette rose que je regarde, ni cet œillet ni toute autre. De même la loi de la pesanteur n'est pas la conséquence d'une observation mille fois répétée montrant que les corps tombent selon $1/2gt^2$.

Cette question, qui est au fondement du statut de la connaissance, a opposé PLATON (il n'y a de connaissance que des idées) et ARISTOTE (les formes connaissables viennent de l'expérience sensible). Plus tard cette opposition resurgit entre DESCARTES (et sa théorie des idées innées), l'empirisme de HUME (et sa théorie nominaliste) et KANT (et ses formes *a priori* de la connaissance).

Il y a une autre forme de l'universalité, c'est celle de valeurs posées comme universelles et transcendant toute culture. Ainsi dira-t-on que les *droits de l'homme* sont des valeurs universelles, que le suffrage universel est celui de la totalité des citoyens (qu'ils aient ou non participé au vote) conçus comme législateurs et soumis à la loi dont ils sont les auteurs. La question relève d'une tout autre approche que l'universalité des concepts ou des lois scientifiques et pose la question de la valeur et des limites du culturalisme. Peut-on légitimement parler de l'humanité comme universalité ?

André AKOUN

SOCIOLOGIE URBAINE

du latin *urbanus* « de la ville » (de *urbs* « ville »)

all. STADTSOZIOLOGIE	esp. SOCIOLOGÍA URBANA
angl. URBAN SOCIOLOGY	ital. SOCIOLOGIA URBANA

voir : ÉCOLE DE CHICAGO, URBANISATION, URBANISME, VILLE, VOISINAGE

Champ de la sociologie qui étudie les effets de l'urbanisation sur la vie en société et sur les processus sociaux intervenant dans l'évolution des espaces urbanisés.

MARX ET ENGELS. La ville est présente de diverses façons chez les auteurs classiques de la discipline. Ainsi, pour MARX et ENGELS, la séparation ville/campagne est l'un des fondements de la division du travail, de l'accumulation du capital et du déve-loppement des rapports d'exploitation sociale (***L'Idéologie allemande***, 1846).

DURKHEIM. Pour DURKHEIM, les dispositifs matériels, les structures sociales et les institutions qui forment la ville sont autant de faits morphologiques où la vie sociale se cristallise en substrats relativement stables. C'est en ville que la vie sociale atteint sa plus forte densité, aussi bien « morale » que « physique ». Le « milieu interne » qui en résulte définit à son tour le contexte des actions humaines et contribue à en orienter le cours : il stimule la différenciation des activités et les solidarités fondées sur l'interdépendance ; il renforce tout à la fois la vitalité des échanges sociaux et l'individuation des personnes (***De la division du travail social***, 1893).

SIMMEL. De son côté, SIMMEL analyse les effets induits par la grande ville moderne sur les attitudes et les comportements du citadin : intellectualisation du rapport aux êtres et aux choses, réserve dans l'échange, valorisation de l'individu dans sa singularité (***Métropoles et mentalité***, 1903).

WEBER. La partie d'***Économie et société*** que WEBER consacre à la ville (***Die Stadt***, 1921) ne comporte que quelques allusions aux formes contemporaines de l'urbanisation. L'intention majeure de ce texte est en effet de démontrer l'originalité radicale du système communal qui apparaît dans l'Occident médiéval. En marge des institutions féodales, la ville du Moyen Âge est le lieu où s'affirment une économie marchande qui a sa rationalité propre et des institutions relativement autonomes, contrôlées par les bourgeoisies locales qui sont les principales bénéficiaires des privilèges de la cité. Aussi cette figure historique occupe-t-elle, aux yeux de Weber, une place tout à fait particulière dans la typologie qu'il construit à partir d'une comparaison systématique des civilisations et des périodes historiques depuis l'Antiquité jusqu'à l'âge classique. Weber ouvre ainsi la voie d'une analyse globale du fait urbain, en définissant chaque type de ville par un agencement original de traits interdépendants (économiques, politiques, juridiques, sociaux, culturels...).

L'ÉCOLE DE CHICAGO. Ce n'est cependant qu'avec l'École de Chicago que se met en place, au début des années 20, un programme scientifique, qui constitue l'acte de naissance de la *sociologie urbaine* proprement dite. PARK, BURGESS et leurs élèves conçoivent la ville comme un gigantesque dispositif de tri, qui met en relation des comportements sociaux différenciés avec des modes spécifiques d'occupation de l'espace. Leurs travaux sont très marqués par la croissance spectaculaire des grandes villes américaines, par le rôle prépondérant qu'y joue l'immigration et par les phénomènes de désorganisation sociale et de déviance* qui sont intimement liés à la gestation d'un ordre urbain en perpétuel déséquilibre. Dans l'histoire de la sociologie, l'École de Chicago représente la première entreprise cohérente et de grande envergure visant à prendre en compte la dimension spatiale des phénomènes sociaux. Elle privilégie toutefois une vision naturaliste des dynamiques urbaines, alimentée par divers emprunts aux concepts de l'écologie animale.

LE CHAMP DE LA SOCIOLOGIE URBAINE.

Par-delà l'extrême diversité des auteurs, des objets et des traditions nationales, on peut considérer que le champ de la sociologie urbaine est structuré par trois grandes orientations thématiques : la distribution et le mouvement des populations dans l'espace ; les pratiques et les attitudes des individus vivant en milieu urbain ; les actions publiques ou privées qui prennent part à l'organisation de la ville, à son fonctionnement et à ses transformations.

1 LA DISTRIBUTION SPATIALE DES POPULATIONS. La distribution spatiale des populations a donné lieu à une abondante littérature spécialisée. Plus largement, elle représente une dimension importante pour toutes les recherches sociologiques qui s'intéressent au monde urbain. En effet, l'inscription des groupes sociaux dans l'espace est toujours, sinon la traduction directe, du moins une résultante des différences et des divisions constitutives de toute société. En pratique, la différenciation sociale de l'espace urbain a surtout été appréciée à partir de la localisation des domiciles. Au niveau descriptif, il s'agit de repérer des configurations relativement stables : opposition entre le centre-ville et les périphéries, partage entre les secteurs appropriés par des couches aisées et ceux dont la composition sociale est plus populaire, « mosaïque » parfois complexe de groupes qui se distinguent non seulement par leurs niveaux de ressources, mais aussi par leurs origines géographiques, leurs modèles culturels ou leur genre de vie.

L'interprétation de ces faits morphologiques ne peut être séparée des débats entourant la notion de ségrégation, que les uns assimilent à toute forme de division de l'espace urbain, tandis que d'autres préfèrent en limiter l'usage aux situations de clivage fort et de discrimination explicite. La manière même de construire les données varie selon le point de vue que l'on adopte et les questions qui en découlent. Si l'on souhaite comparer les modes respectifs de localisation des groupes sociaux, des indices permettent de mesurer l'ampleur de ces écarts, et peut-être des distances sociales qu'ils révèlent. En revanche, d'autres méthodes sont mieux appropriées à l'étude des chances inégales d'accès aux services offerts par la ville, ou encore des rapports sociaux qui sont à la source de ces inégalités de position dans l'espace urbain.

Facteurs d'explication. Si l'on passe du registre de la description à celui de l'explication, l'un des apports majeurs de la sociologie urbaine est d'avoir montré toute la complexité des processus à l'œuvre, qui ne se limitent pas à la seule compétition économique pour l'occupation du sol. Certes, la distribution spatiale des ménages et des activités dépend pour partie de l'ajustement marchand entre des agents qui se distinguent tant par leurs préférences que par leurs ressources et leurs contraintes. Mais elle met aussi en jeu des représentations et des conduites collectives où s'imbriquent en proportion variable la recherche du semblable et la mise à distance de l'autre, l'agrégation voulue et la ségrégation subie. L'accès au logement est lui-même régi par une pluralité de logiques qui se combinent diversement selon les segments du parc immobilier : mécanismes du marché foncier ou locatif, transmissions patrimoniales, procédures d'attribution des logements sociaux, réseaux de recommandation et de cooptation.

Le mouvement des populations. Au rythme des flux d'entrée et de sortie, mais aussi des circulations internes, le devenir des villes est inséparable du mouvement des hommes. Ces mouvements sont en partie régulés par la distribution des groupes sociaux, des emplois et des offres de logement au sein du tissu urbain. Mais ils ont aussi leurs logiques propres, qui contribuent à remodeler en permanence la physionomie de la ville. Les sociologues de l'École de Chicago avaient accordé une attention particulière aux parcours centrifuges conduisant les migrants depuis les quartiers communautaires qui leur servaient de premier lieu d'accueil jusqu'aux périphéries urbaines appropriées par les classes moyennes. Depuis lors, de très nombreux travaux ont analysé les diverses composantes des mobilités urbaines : interactions entre itinéraires résidentiels et mobilité sociale, délocalisations scandées par les étapes de la vie familiale, migrations régionales ou internationales qui relient la ville à d'autres territoires, etc.

2 PRATIQUES SOCIALES EN MILIEU URBAIN. Le cadre urbain exerce en retour des effets sur les façons de vivre en ville. Les villes, ou tels ou tels des territoires qui les composent, peuvent ainsi être analysés comme des milieux spécifiques faits de personnes et d'objets matériels rassemblés et agencés selon un certain ordre. Produits d'une histoire accumulée, ces milieux de vie sont aussi, à chaque moment de leur histoire, au principe d'un ordre particulier de contraintes, de possibilités et de représentations.

Dans quelle mesure, et pour qui, la production d'« effets de milieux » se nourrit-elle de processus de territorialisation des ressources, des relations interpersonnelles, des univers mentaux ? Les études intensives de contextes locaux ont exploré une large palette de cas de figure plus ou moins typés : quartiers populaires traditionnels où s'imbriquent les interconnaissances de voisinage, les liens familiaux et amicaux, les solidarités professionnelles et les réseaux d'entraide ; « beaux quartiers » appropriés par des groupes dominants qui en contrôlent l'accès et y imposent leurs manières d'habiter et de cohabiter ; tissus interstitiels propices au développement d'activités marginales ou délinquantes ; quartiers « ethniques » préservant les liens communautaires et certains traits de la culture d'origine ;

grands ensembles d'habitat social imposant une coexistence parfois difficile entre des populations hétérogènes...

Les relations interindividuelles. Certaines de ces configurations socio-spatiales sont, sans nul doute, plus favorables que d'autres à l'affirmation identitaire, au développement de liens de proximité ou à la reconduction des positions sociales. Mais la ville est aussi, par excellence, un lieu de confrontation entre des personnes qui diffèrent par leurs origines, leurs trajectoires*, leurs projets, leurs catégories de perception et d'action. Quelles sont alors les formes de relation qui se nouent sur la base de ces situations de coprésence : coopération ou conflit, évitement ou ajustement mutuel, conduites de mise à distance, voire de mise en scène des différences, ou au contraire de réduction des distances ?

La question peut être traitée à différentes échelles. Elle se pose déjà au niveau très localisé des espaces de résidence, même lorsque y prévaut une relative homogénéité sociale. En effet, les régulations qui, naguère encore, passaient souvent par le voisinage ou le quartier tendent à se reporter à des échelles plus larges, qui débordent parfois du cadre de la cité. Ce sont tous les rythmes de vie qui se diversifient, au gré des attaches qui relient chaque citadin à une multiplicité de territoires : logement et voisinage, lieu de travail, mais aussi lieux de la formation, des approvisionnements, des loisirs, des sociabilités, des origines familiales... La capacité à maîtriser les distances, à jouer sur plusieurs espaces, reste inégalement distribuée selon les groupes sociaux. Mais, d'une façon générale, les espaces de proximité résidentielle apparaissent de moins en moins pertinents pour saisir les nouvelles lignes de partage qui se dessinent au sein des populations urbaines. C'est en tout lieu de la ville que coexistent des personnes qui tendent à se différencier non plus seulement par leur position professionnelle, leur niveau de ressources ou leur lieu d'habitat, mais aussi par leurs usages de l'espace et du temps.

Les interactions dans les espaces publics. Fait à la fois d'ancrages territoriaux et de mobilités, le monde urbain ne se résume donc pas à une simple addition de microcosmes fortement articulés au lieu de résidence. La vieille question de SIMMEL, reprise par WIRTH dans un article célèbre (1938), est plus que jamais d'actualité : comment l'habitant des villes « s'arrange-t-il » de la multiplicité des contacts et de l'hétérogénéité des situations ? Un intérêt tout particulier a été accordé par divers auteurs aux interactions dans les espaces publics qui sont, par excellence, les lieux de production de la citadinité.

3 L'ORGANISATION DE LA VILLE : ACTION PUBLIQUES OU PRIVÉES. Le troisième axe majeur de la sociologie urbaine est centré sur les acteurs qui interviennent le plus directement dans l'organisation sociale de la ville et dans la transformation de sa structure matérielle. Deux perspectives peuvent être adoptées : d'un côté, la ville, à la fois comme entité sociale et échelon territorial, est l'un des cadres pertinents de la vie politique ; de l'autre, les espaces urbains eux-mêmes peuvent constituer des enjeux de pouvoir et des cibles de l'action publique.

La première de ces deux orientations a été abondamment développée par la sociologie nord-américaine, dans un contexte où les villes jouissent d'une assez grande autonomie vis-à-vis des États et de l'échelon fédéral. La question du pouvoir local a été ainsi explorée dans ses différentes dimensions : imbrication entre les réseaux d'influence et l'action municipale officielle, formes de participation des citadins à la vie publique, processus de décision, modes de régulation entre des intérêts divergents, effets des jeux de pouvoir sur la structuration des groupes sociaux et des espaces de la ville.

En France, l'intérêt des chercheurs s'est plutôt focalisé sur les interventions publiques visant à gérer la croissance urbaine et ses effets sur les conditions de vie des habitants. Le rôle prépondérant de l'État planificateur et aménageur, ses rapports avec les agents économiques et les collectivités locales ont fait l'objet de très nombreux travaux. Ceux conduits au cours des années 70 dans une perspective néo-marxiste ont vu dans les mouvements sociaux urbains l'effet de contradictions croissantes autour des enjeux d'appropriation des espaces de la ville (logement, transport, cadre de vie...). Depuis lors, les recherches ont davantage mis l'accent sur la diversité des contextes et des processus locaux. Elles sont elles-mêmes devenues plus diversifiées dans leurs références théoriques et dans leurs approches. Leurs objets d'étude portent également la marque des transformations qui affectent aujourd'hui la vie urbaine : mondialisation des échanges, redéfinition des rapports entre l'État et les collectivités locales, territorialisation des actions publiques en faveur des milieux défavorisés, réhabilitation du patrimoine historique, promotion culturelle de la cité.

Yves GRAFMEYER

bibliographie

AMIOT Michel, *Contre l'État, les sociologues. Éléments pour une histoire de la sociologie urbaine en France (1900-1980)*, Éditions de l'EHESS, 1986.

CASTELLS Manuel, *La Question urbaine*, Maspero, 1972.

CHAMBORÉDON Jean-Claude, LEMAIRE M., « Proximité spatiale et distance sociale : les grands ensembles et leur peuplement », in *Revue française de sociologie*, vol. XI, n° 1, 1970.

CHOMBART DE LAUWE Paul-Henry *et alii*, *Paris et l'agglomération parisienne*, 2 vol., PUF, 1951-1952.

Collectif, *L'Esprit des lieux. Localités et changement social en France*, Éditions du CNRS, 1986.

GRAFMEYER Yves, JOSEPH Isaac, *L'École de Chicago. Naissance de l'écologie urbaine*, Aubier, 1994.

GRAFMEYER Yves, *Sociologie urbaine*, Nathan, 1993.

RÉMY Jean, VOYÉ Liliane, *La Ville et l'urbanisation*, Louvain-la-Neuve, Cabay, 1982.

RÉMY Jean, VOYÉ Liliane, *La Ville : vers une nouvelle définition ?*, L'Harmattan, 1992.

YOUNG Michael, WILLMOTT Peter, *Le Village dans la ville* (1957), Centre de création industrielle, 1983.

WEBER Max, *La Ville* (1921), Aubier, 1982.

URBANISATION

all. VERSTÄDTERUNG	esp. URBANIZACIÓN
angl. URBANIZATION	ital. URBANIZZAZIONE

voir : URBANISME, VILLE

Action d'urbaniser, de créer des villes ou d'étendre l'espace urbain.

1 Croissance des villes par leur nombre d'habitants et par l'espace qu'elles occupent. L'Europe a connu un mouvement d'urbanisation considérable aux XIXe et XXe siècles. La population des villes, qui est de 75% en Angleterre dès le XIXe siècle, atteint maintenant ce niveau dans presque tous les pays européens. Depuis les années 70, elle ne progresse pas. En revanche, l'urbanisation du « tiers-monde », inférieure à 15% jusqu'au milieu du siècle, devrait atteindre les 50% peu après l'an 2000.

2 Dans un sens plus sociologique : accroissement du nombre de ceux qui bénéficient des avantages liés à la ville et qui participent aux modes de vie urbain. Certains estiment que les sociétés contemporaines voient le déclin de la ville et le triomphe de l'urbanisation.

3 Action spontanée ou organisée par laquelle l'espace urbain est produit. L'urbanisme fournit des principes et des méthodes pour l'urbanisation.

Alain BOURDIN

bibliographie

RÉMY Jean, VOYÉ Liliane, *La Ville et l'urbanisation* Gembloux, Duculot, 1974), Louvain-la-Neuve, Cabay, 1982.

URBANISME

du latin *urbanus* « de la ville »

all. STÄDTEBAU	esp. URBANISMO
angl. CITY PLANNING	ital. URBANÉSIMO

voir : URBANISATION, VIE QUOTIDIENNE

Terme utilisé en français depuis le XXe siècle.

1 La production urbanistique (ou urbaine), en particulier d'une époque, d'une culture, d'un pouvoir : on parlera d'un urbanisme de domination ou de l'urbanisme colonial.

2 Plus habituellement : ensemble de doctrines, de méthodes, de savoirs et de savoir-faire qui concernent la production de l'espace urbain, voire de la ville en général.

L'histoire des doctrines concernant la production de la ville est ancienne. CHOAY (1965) montre notamment l'influence de l'art urbain : celui d'Alberti (*De re aedificatoria*, 1483) au XVe siècle, qui privilégie l'esthétique, celui de l'urbanisme utopique (FOURIER, CABET...), celui des culturalistes qui respectent tout ce qui existe (de RUSKIN à HOWARD avec ses cités-jardins), ou encore celui des modernistes avec LE CORBUSIER. À chacune de ces doctrines correspondent des productions, donc des manières de faire et un ensemble de connaissances. Une grande rupture se produit lorsque la méthode (liée à une visée scientifique) et la définition d'objectifs précis et limités l'emportent sur la doctrine. C'est le cas avec CERDÁ (*Teoria de l'urbanización*, 1867) et, dans une certaine mesure, avec HAUSSMANN.

Actuellement, l'urbanisme, qui fait toujours l'objet de doctrines, se présente avant tout comme un espace où se composent divers apports scientifiques, en particulier ceux des sciences sociales, pour élaborer les instruments de l'action qui produit la ville. C'est pourquoi les théories (y compris philosophiques, par exemple le pragmatisme et la théorie d'HABERMAS) et les analyses de l'action (notamment sociologiques) y tiennent une place croissante.

Alain BOURDIN

bibliographie

ASCHER François, *La République contre la ville : essai sur la modernité de la France urbaine*, La Tour d'Aigues, Éd. de l'Aube, 1998.

CHOAY Françoise, *L'Urbanisme. Utopies et réalités*, Seuil, 1965.

LACAZE Jean-Paul, *Les Méthodes de l'urbanisme*, « Que sais-je ? », PUF, 1993.

USAGES

du latin classique *usus* « usage, emploi », « droit d'usage », « pratique, expérience »

all. SITTEN	esp. USOS
angl. CUSTOMS	ital. USI

voir : INTERACTION, MODE DE VIE, MŒURS, VIE QUOTIDIENNE

1. Pratique sociale que l'ancienneté ou la fréquence rend normale dans une culture donnée.

2. Utilisation d'un objet, naturel ou symbolique, à des fins particulières.

1 Proches du terme « mœurs », les *usages* désignent les pratiques culturelles qui sont couramment mises en œuvre dans la vie quotidienne et qui sont, le plus souvent, vécues comme naturelles et non contestées. La nuance approbative qui entoure ces pratiques ressenties comme normales et bénéfiques s'exprime dans l'expression « le bon usage ».

2 En un tout autre sens, le terme *usage* renvoie aux utilisations particulières qu'un individu ou un groupe peut faire d'un bien, d'un instrument, d'un objet. L'étude se révèle particulièrement significative lorsqu'il s'agit d'étudier un instrument universel comme le corps (MAUSS, 1935), ou un objet technique apparemment neutre (BOURDIEU, DARBEL, 1965). Il s'agit ici de mettre en relief les usages sociaux, leur subtilité, les significations culturelles complexes de ces conduites de la vie quotidienne.

Pierre ANSART

bibliographie

ANSART Pierre (sous la dir. de), *Usages et mésusages de l'informatique dans l'enseignement et la recherche*, Publications de la Sorbonne, 1988.

BOURDIEU Pierre, BOLTANSKI Luc, CASTEL Robert, CHAMBOREDON Jean-Claude, *Un art moyen. Essai sur les usages sociaux de la photographie*, Éd. de Minuit, 1989.

MAUSS Marcel, « Les Techniques du corps » (1935), in *Sociologie et anthropologie*, PUF, 1999.

UTILITARISME

du latin *utilitas* « caractère de ce qui est utile »

voir : SOCIOLOGIE DE L'ACTION, BESOINS, ÉCONOMIE ET SOCIOLOGIE

Théorie où le bonheur est pensé à la façon d'une gestion d'un capital et dans des termes qui relèvent métaphoriquement de l'économie politique. L'auteur de cette théorie morale est Jeremy Bentham (1748-1842). On ne saurait confondre pragmatisme et utilitarisme.

Citons BENTHAM : « *La nature a placé l'homme sous le gouvernement de deux souverains maîtres, le plaisir et la douleur. Le principe d'utilité reconnaît cette sujétion et la suppose comme fondement du système qui a pour objet d'ériger, avec le secours de la raison et de la loi, l'édifice de la félicité. »*

Dès lors il faut inventer une arithmétique pour calculer le rapport d'un maximum de bonheur pour un minimum de douleur (une sorte de rapport qualité/prix).

Il est difficile de ne pas voir, dans cette entreprise folle, les débuts d'une pensée techniciste soumettant tout au calcul et à la mesure.

André AKOUN

UTOPIE

du grec *ou*, préfixe privatif, et *topos* « lieu », donc « non lieu, sans lieu, de nulle part »

all. UTOPIE	esp. UTOPÍA
angl. UTOPIA	ital. UTOPIA

voir : SOCIOLOGIE DE LA CONNAISSANCE, IDÉOLOGIE, IMAGINAIRE SOCIAL, MARXISME, TOTALITARISME

1. Au sens étroit : *plan imaginaire d'une société idéale où les besoins et désirs seraient satisfaits.* Au sens large :

2. Au sens large :*représentations imaginaires propres à une mentalité, une religion, un mouvement social, concernant le futur souhaité.*

Le terme d'*utopie*, forgé par MORE (1516) pour qualifier son projet imaginaire d'une république parfaite, mais présentée comme irréalisable, a été retenu pour désigner les textes dressant le projet détaillé d'une organisation sociale idéale (PLATON, CAMPANELLA, FOURIER). Plus largement, des croyances mythiques ou religieuses, un mouvement social, un programme politique peuvent comporter une dimension *utopique*, c'est-à-dire le projet d'une société estimée souhaitable et désirable.

UTOPIE ET SOCIOLOGIE DE LA CONNAISSANCE. Ainsi définies, les utopies offrent un champ de recherche significatif pour la sociologie de la connaissance. De multiples questions se posent concernant la production de ces imaginaires, leurs relations avec les structures sociales et les expériences vécues, leurs fonctions et, éventuellement, leurs tentatives de réalisation.

Mannheim. Dans son ouvrage *Idéologie et utopie*, MANNHEIM définit l'utopie comme un système de représentations en rupture avec l'ordre existant et qui en constitue une critique : *« Un état d'esprit est utopique quand il est en désaccord avec l'état de réalité dans lequel il se produit »* (1956, p. 124). Alors que les classes dominantes seraient portées à adopter des représentations idéologiques justifiant l'ordre établi, les groupes et les classes subordonnés constitueraient les lieux d'expression des utopies, exprimant, à l'inverse des idéologies, les possibilités de changement et de bouleversement. Mannheim en donne successivement pour exemples le « chiliasme orgiastique des Anabaptistes », la pensée « humanistelibérale », la pensée « conservatrice » et l'utopie « socialiste-communiste ».

Contradictions entre aspirations et expérience réelle. DURKHEIM faisait déjà l'hypothèse que la pensée utopique serait issue de la contradiction ressentie entre les aspirations et les expériences réelles. LACROIX (1981), étudiant l'utopie communautaire postérieure à 1968, montre que ce mouvement traduisait, en effet, une frustration frappant plus particulièrement des jeunes, issus de la classe moyenne, et menacés de déclassement social. L'expression de cette insatisfaction et sa mise en forme imaginaire revêtent des formes d'une infinie diversité, que l'utopie exprime davantage le rêve d'une aristocratie menacée (DE BONALD), ou, au contraire, les aspirations d'une classe dominée (BABEUF, BAKOUNINE). Dans ces conflits, le terme d'*utopie* ne peut faire l'unanimité et constitue un enjeu symbolique : une classe ou un groupe dominant qualifiera d'utopiques et d'irréalisables des propositions jugées inquiétantes. De même, dans les conflits qui opposaient les différents socialismes, les marxistes qualifiaient de « socialismes utopiques » les tendances qu'ils souhaitaient combattre. Cependant, la relation entre une classe sociale et une utopie n'est pas, dans tous les cas, unilatérale. Le propre de l'utopiste est d'échapper aux limites du présent et d'opérer une distanciation imaginaire : le discours utopique a cette particularité de décrire un monde autre et, simultanément, de réaliser une distanciation par rapport au réel. En décrivant minutieusement l'harmonie parfaite des passions dans le quotidien qu'il avait créé, *le Phalanstère*, Fourier dénonce les frustrations sexuelles, la répression exercée contre les femmes et les jeunes gens. L'utopie négative poursuit le même objectif : ORWELL, en décrivant un univers de violence et de mensonge, dénonce les souffrances et l'avilissement des sociétés totalitaires. L'utopie construit une image critique de la société présente qu'elle redéfinit sous les apparences de l'imaginaire. C'est pourquoi bien des utopies ont suscité de vives réactions de la part des pouvoirs en place, mais c'est pourquoi aussi leur audience a pu, comme le saint-simonisme*, s'étendre largement au-delà des frontières de classe.

LES COMMUNAUTÉS UTOPIQUES. La création de communautés s'efforçant de réaliser, fût-ce provisoirement, les principes de CABET ou de Fourier, par exemple, vérifie combien ces utopies n'étaient pas de simples fantaisies de l'imagination, mais aussi une réponse à des aspirations, des rêves et des attentes sociales. Mais les échecs, parfois dramatiques, de ces tentatives peuvent induire un doute sur la véritable étendue de la critique de l'ordre établi : on ne peut écarter le soupçon qu'en rêvant d'une société méticuleusement organisée, certaines utopies, telle l'Icarie de Cabet (*Voyage en Icarie*), renfermaient les éléments d'un système social non moins répressif que le régime dénoncé.

L'UTOPIE COMME PHÉNOMÈNE PERMANENT DE LA CULTURE. Une redéfinition élargie de l'utopie conduit à poser de nouveaux problèmes. BLOCH a suggéré de voir dans les phénomènes culturels une « fonction utopique » immanente aux œuvres d'art, aux aspirations religieuses ou aux mouvements sociaux, fonction qui se manifesterait dans l'activité créatrice portée par le « principe Espérance » (1923). Cette conception, qui fait de l'utopie un phénomène permanent de la culture, peut aider à évaluer des utopies modernes aussi diffuses que celle de la communication généralisée ou de la mondialisation des cultures. De même que l'utopie du progrès a constitué un ensemble dynamique de croyances informant de multiples pratiques sociales, l'utopie de la communication généralisée procure un ensemble d'images régulatrices, des modèles de résolution (ou d'évitement) des problèmes, permettant à de multiples acteurs sociaux de trouver un langage commun. Sous ces formes renouvelées, l'utopie n'est aucunement absente du monde contemporain.

Pierre ANSART

bibliographie

BLOCH Ernst, *Le Principe Espérance* (1923), Gallimard, 1977.

DUVEAU Georges, *Sociologie de l'utopie*, PUF, 1961.

FRANKEL Boris, *The Post-industrial Utopians*, Madison, University of Wisconsin Press, 1987.

LACROIX Bernard, *L'Utopie communautaire*, PUF, 1981.

MANNHEIM Karl, *Idéologie et utopie* (1929), M. Rivière, 1956.

MUCCHIELLI Roger, *Le Mythe de la cité idéale*, PUF, 1960.

ORWELL George, *1984* (1949), Gallimard, 1991.

RICŒUR Paul, *L'Idéologie et l'utopie*, Seuil, 1998.

V-X

VALEUR

issu du latin classique *valor, valoris* « valeur », dérivé de *valere* « valoir »

all. WERT	esp. VALOR
angl. VALUE	ital. VALORE

voir : ACTION COLLECTIVE, CONFLIT SOCIAL, IDENTITÉ, INTÉGRATION, LIEN SOCIAL

Importance accordée à une personne, une action, ou un objet. Finalité idéale poursuivie par une collectivité.

Le concept de *valeur* ne peut être utilisé en sociologie qu'avec précaution en raison à la fois de l'importance des faits qu'il évoque, mais aussi en raison de sa polysémie. Il requiert une critique particulière. On distinguera ici deux champs de problèmes (hors des débats sur les conceptions économiques de la valeur et de l'usage de ce mot dans le vocabulaire statistique) : d'une part, celui des faits et des jugements de valeur et, d'autre part, celui de la connaissance sociologique face au problème des valeurs.

1 LES ORIENTATIONS DE L'ACTION ET LES JUGEMENTS DE VALEUR. Les difficultés à cerner la nature et l'importance des valeurs sont nombreuses. Elles tiennent tout d'abord au fait que les actions « rationnelles par rapport aux valeurs », selon l'expression de WEBER, ont une dimension subjective en ce que le sujet adhère, par *conviction*, aux fins qu'il poursuit, et également une dimension objective manifestée par des actes. La valeur désigne ainsi une relation entre le sujet désirant et le but valorisé. De plus, le jugement de valeur (« la vie est préférable à la mort »), qui conduit à des normes et à des devoirs (« tu ne tueras point »), ne peut être déduit de la connaissance scientifique limitée à la constatation empirique des faits. Enfin, si l'expérience montre la relativité historique des valeurs, elle montre aussi l'étroite relation entre les valeurs (morales, religieuses, politiques) et les cultures, et pose ainsi la question de leur rôle dans l'activité sociale. Les questions posées par la sociologie concernent les valeurs collectives et tous les problèmes qu'une telle interrogation fait surgir : dans quelle mesure des valeurs peuvent-elles être tenues pour collectives ? Quelles sont leurs fonctions dans les activités communes et dans la vie culturelle ? En quoi les conduites individuelles sont-elles motivées par de telles valeurs ?

Les sociologues classiques. Les sociologues classiques, COMTE, Durkheim, Weber, ont fait des valeurs un thème central de leur réflexion et de l'adhésion à des valeurs communes un élément essentiel de la vie sociale.

Durkheim. DURKHEIM, comme Comte, en donne pour figure exemplaire les valeurs mythiques et religieuses qui, dans les sociétés antérieures à la modernité, auraient permis à la fois la participation à des croyances identiques, la cohésion des finalités et l'unité des motivations. En ce cas, les valeurs sont simultanément des croyances (en la volonté du dieu, ou en l'ordre du monde), la base des contrôles sociaux, la source des évaluations et des motivations individuelles. Mais toutes les valeurs ne se fondent pas sur des croyances absolues, et l'une des questions posées par ces sociologies classiques sera de comprendre le statut et le rôle des valeurs dans les sociétés marquées par le « désenchantement du monde » (Weber).

La réponse de Durkheim à cette interrogation accentue fortement l'opposition entre les communautés traditionnelles, intégrées par des valeurs communes, et les sociétés modernes, organisées selon les nécessités de la division du travail. Dans les sociétés traditionnelles à solidarité mécanique, l'individu est comme absorbé par le groupe, les valeurs s'imposent à lui et fondent la cohésion sociale. Dans les sociétés modernes où domine la solidarité organique, le développement de la division du travail entraîne une autonomie croissante de l'individu, l'individualisation des buts et des idéaux. Il se produirait donc une érosion des valeurs, une désintégration du lien social, favorisant des situations d'« anomie* » (1893).

Parsons. Écartant cette perspective à caractère évolutionniste au profit d'une réflexion sur les *systèmes sociaux*, PARSONS a tenté de montrer que toute société, pour subsister, doit assurer le renouvellement de ses valeurs. Sa distinction des quatre sous-systèmes interdépendants (culturel, politique, économique, sociétal) renvoie à quatre types de valeurs assurant la cohérence de tout ensemble social. Le sous-système culturel assurerait la fonction de maintien des modèles valorisés de l'action, le sous-système politique assurerait la fonction de réalisation des finalités collectives, enfin le sous-système sociétal assurerait la fonction d'intégration permettant aux individus d'intérioriser les obligations de loyalisme à l'égard de la communauté (1951). Cette construction théorique ne comporte cependant pas de réponse à la question essentielle de l'évolution des valeurs, des raisons et des conséquences de leurs transformations.

Weber. Dans *L'Éthique protestante et l'esprit du capitalisme*, WEBER a proposé un ensemble d'hypothèses exemplaires sur l'évolution d'un système de valeurs et de son importance historique. En analysant les conséquences du puritanisme sur la formation de l'esprit du capitalisme, le rôle de l'éthique calviniste valorisant le travail et l'épargne, puis son effacement dans la quête du profit et l'organisation rationnelle du travail, Weber montre tout à la fois le rôle des valeurs sur les attitudes et les comportements, leur mutation et les conséquences éventuelles d'une telle mutation.

Pluralisme des valeurs. Afin de poursuivre cette réflexion et l'adapter aux conjonctures contemporaines, il conviendrait d'insister davantage sur le pluralisme des valeurs et sur les conflits qu'il entraîne.

Le pluralisme ne doit pas s'entendre seulement entre cultures ou entités sociales différentes, mais au sein d'une même organisation, d'une même nation. Aux valeurs individualistes, par exemple, s'opposent les valeurs défendues par des groupes, partis politiques ou ethnies ; aux valeurs hédonistes s'opposent les appels au travail et à l'efficacité ; aux valeurs de l'être, la valeur de l'argent et de la possession ; aux valeurs légitimant la révolte, la docilité des petits groupes sectaires. Cette pluralité peut se retrouver dans la vie de la personne appelée à arbitrer entre l'être et l'avoir, entre l'accomplissement personnel et la vie familiale, par exemple. Dans une telle diversité des références, un individu n'est pas nécessairement fidèle au même système de valeurs : il peut, dans une certaine conjoncture politique, adhérer intensément à une valeur partisane, puis se faire plus indifférent ou sceptique dans une autre conjoncture.

Conflits de valeurs. Les conflits de valeurs sont donc permanents, soit entre systèmes différents, soit au sein d'une même communauté. Les débats publics à caractère juridique sur les sanctions pénales sont exemplaires de conflits de valeurs entre, par exemple, le respect dû aux victimes et le droit du coupable à sa défense. De tels débats ne sont pas aussi simples qu'il peut paraître, car les défenseurs de l'accusé ne nient pas complètement la nécessité de combattre les violences, et les défenseurs des victimes ne récusent pas totalement le droit des personnes à la protection de la loi. Ces conflits sont incessants et illustrent la permanence du problème des valeurs. Ils revêtent des formes multiples, depuis les plus quotidiennes (au sein d'une famille, par exemple) jusqu'aux plus élaborées et argumentées (au sein d'un tribunal).

[1] *Microsociologie.* Évoquons deux exemples issus l'un de la microsociologie, l'autre de la macrosociologie. GOFFMAN montre comment, dans les relations de face-à-face, les interlocuteurs poursuivent des valeurs à travers des procédures subtiles : ménager la susceptibilité d'autrui, maintenir l'estime de soi à travers des interventions ou des silences. Les interactions quotidiennes ne cessent de manifester ces orientations vers la bonne entente ou vers l'affirmation de soi contre l'autre. Les acteurs ne se réfèrent pas explicitement à des valeurs communes, mais appliquent des normes qui les cristallisent et répondent à la valeur universelle du respect d'autrui.

[2] *Macrosociologie.* Au niveau macrosociologique, l'entreprise constitue un champ d'élaboration et d'affrontement des valeurs. À grands traits, elles peuvent opposer les personnels d'exécution qui recourent à l'entreprise pour obtenir les rétributions du travail, la reconnaissance de leurs droits, et les dirigeants, qui poursuivent des valeurs telles que l'efficacité, l'accroissement des capitaux ou la maîtrise de l'environnement. Les conflits de valeurs se manifestent à travers les grèves ou le freinage des activités. Mais hors de ces situations conflictuelles, la succession des négociations et des compromis peut susciter des accommodements provisoires et la révision des valeurs de chacun. Pour les dirigeants de l'entreprise, les valeurs ne sont pas nécessairement figées : l'entreprise ne poursuit pas toujours la seule valeur du profit, elle compose les différentes valeurs selon la conjoncture (efficacité économique, amélioration des compétences, solidarité des acteurs). L'évolution des valeurs s'opère à travers les conflits et les compromis, comme à travers la formulation de nouvelles normes.

La « guerre des dieux ». La question reste cependant posée quant aux possibilités de conciliation des valeurs et des limites de cette conciliation. Weber désigne par cette expression de « guerre des dieux » la situation où l'affrontement des valeurs opposées est sans issue et sans compromis possible. Entre deux États-Nations convoitant le même territoire, entre deux groupes s'identifiant intensément à des religions différentes, aucune place n'est laissée au compromis.

2 VALEURS ET CONNAISSANCE SOCIOLOGIQUE. L'importance et la relativité des valeurs posent à la sociologie un problème spécifique, puisque l'observateur est lui-même porteur de préférences et de valeurs. DURKHEIM et Weber n'ont pas manqué, l'un et l'autre, d'appeler les sociologues à se déprendre de leurs propres valeurs pour échapper à la tentation de projeter leurs préférences (ou leurs préjugés) sur leur objet. C'est ce à quoi appelle Durkheim lorsqu'il invite à considérer les faits sociaux « comme des choses », c'est-à-dire avec le souci de l'objectivité. Weber exprime une idée comparable, dans son vocabulaire propre, lorsqu'il appelle le sociologue à la « neutralité axiologique », c'est-à-dire à éviter de condamner ou d'approuver pour tenter de comprendre et d'expliquer les valeurs de toutes les cultures. Toutefois, l'énoncé de ces principes ne suffit pas à résoudre toutes les difficultés : l'idéal scientiste du positivisme reste en partie utopique. Weber dit aussi, et non sans fortes raisons, que l'attention de l'historien (et du sociologue) est soutenue par son propre « rapport aux valeurs ». En fait, le danger est permanent, pour le sociologue, de poser ses questions à partir des problèmes et des valeurs de son époque, et de risquer ainsi d'introduire dans sa recherche et par quelque biais les valeurs de son temps. La rigueur méthodologique est certainement un remède à ce risque, mais elle requiert elle-même un regard critique et rencontre ses limites.

Pierre ANSART

bibliographie

BOUDON Raymond, *Le Juste et le vrai : études sur l'objectivité des valeurs et de la connaissance*, Fayard, 1995.

BOUDON Raymond, *Le Sens des valeurs*, PUF, 1999.

CROZIER Michel, FRIEDBERG Erhard, *L'Acteur et le système*, Seuil, 1977.

FROMM Erich, *Avoir ou être ?*, Marabout, 1996.

MARCH J. G., SIMON H. A., *Les Organisations*, Dunod, 1974.

MESURE Sylvie, RENAUT Sylvain, *La Guerre des dieux : essai sur la querelle des valeurs*, Grasset, 1996.

PARSONS Talcott, *The Social System*, New York, The Free Press, 1951.

STOETZEL Jean, *Les Valeurs du temps présent : une enquête européenne*, PUF, 1983.

WEBER Max, *Le Savant et le politique* (1919), Plon, 1958.

WEBER Max, *Essais sur la théorie de la science*, Presses Pocket, 1992.

VARIABLE

du latin *varius* « varié, nuancé »

all. VARIABEL	esp. VARIABLE
angl. VARIABLE, COVARIATE	ital. VARIABILE

voir : ANALYSE UNIVARIÉE, GRAPHIQUE

Attribut qui permet de caractériser, dans le contexte de l'objet d'étude, les individus de la population ou de l'échantillon.

VARIABLES D'ÉTAT ET VARIABLES D'INTÉRÊT. Le terme apparaît au XIIe siècle et commence à être employé en mathématique au XVIIIe siècle. *D'un point de vue logique*, on distingue usuellement les variables d'état des variables d'intérêt. Les variables d'état, comme le sexe, l'âge, la catégorie socioprofessionnelle, sont censées définir *ce que sont* les individus au moment de l'enquête. À l'opposé, les variables d'intérêt ont pour but de représenter les pratiques, les comportements, les résultats, en d'autres termes, *ce que font* les individus, ce qu'ils ont obtenu, la situation qu'ils ont atteinte. Dans une étude portant sur le travail des femmes, la variable d'intérêt peut être, par exemple, la situation par rapport à l'activité ; dans une étude sur la réussite scolaire, la note obtenue à tel examen, etc. Il est à noter que, selon le type de recherche effectuée, une variable peut être soit une variable d'intérêt, soit une variable d'état (le niveau de diplôme en est un exemple). Parler de variables explicatives ou indépendantes pour désigner les variables d'état, et de variables expliquées ou dépendantes pour les variables d'intérêt suppose que l'on cherche à mener une analyse de type causal (⇒ EXPLICATION), ce qui ne peut être le cas que dans le cadre bien particulier de l'analyse multivariée (au sens de LAZARSFELD) ou de la modélisation.

VARIABLE QUANTITATIVE. *D'un point de vue technique*, on classe les variables selon le type de modalité qu'elles peuvent prendre. On qualifie une variable de quantitative dès lors que ses modalités sont mesurables, à savoir que les différentes valeurs qu'elle peut prendre ont un sens en soi. L'âge, le revenu, la durée passée dans un état, le nombre d'habitants d'une ville, le nombre de salariés d'une entreprise en sont des exemples.

Variable discrète et variable continue. Parmi celles-ci, il faut distinguer les variables *discrètes*, comme le nombre d'enfants, qui prennent des valeurs isolées (on ne peut pas avoir 2,5 enfants), des variables *continues*, dont les valeurs possibles sont tous les nombres, entiers ou non, d'un intervalle donné. L'âge est une valeur continue par nature puisqu'il est toujours possible, du moins théoriquement, d'en préciser davantage la mesure (un individu dont on dit qu'il a 20 ans a en réalité 20 ans 3 mois 8 jours 7 heures 3 minutes...). Concernant la taille d'un appartement, la variable « nombre de pièces » est une variable discrète, alors que la variable « surface » est continue.

VARIABLE QUALITATIVE. Une variable est dite qualitative lorsqu'elle est non mesurable et qu'elle s'exprime par l'appartenance à une catégorie. Les chiffres utilisés pour en coder les modalités sont parfaitement arbitraires et ne font référence à aucune quantification. Le sexe, la nationalité, la catégorie socioprofessionnelle sont qualitatifs.

CODAGE ET DÉTERMINATION DES VARIABLES. Lors du codage ou du traitement, il est fréquent de décider de la manière dont on va considérer les variables. Lorsque l'on effectue des regroupements en classes, on transforme une variable continue en variable discrète ou qualitative, et une variable discrète en variable qualitative.

Prenons l'exemple de la variable « âge » qui, comme nous l'avons dit, est continue, et supposons que l'on décide d'utiliser des classes suivantes :

classes	codage « qualitatif »	codage discret centre	codage discret inf.	codage discret sup.
20-30	1	25	20	30
30-40	2	35	30	40
40-50	3	45	40	50
50-60	4	55	50	60
60-70	5	65	60	70

Selon les besoins, on peut décider de privilégier l'appartenance à une catégorie, et la variable sera traitée comme une variable qualitative, ou bien de la discréditer en affectant à chaque individu soit le centre de la classe auquel il appartient, soit la borne inférieure, soit la borne supérieure. Notons pour terminer que lorsque l'on affecte l'âge de 20 ans à un individu qui a en réalité 20 ans 3 mois 8 jours 7 heures 3 minutes, on ne fait rien d'autre qu'un regroupement en classes d'amplitude d'un an (20-21), suivi d'une affectation de la borne inférieure (20).

Cette distinction de nature (aussi bien logique que technique) entre les variables est fondamentale du point de vue du type de traitement statistique à mettre en œuvre.

Félicité des NÉTUMIÈRES

VARIANCE ⇒ DISPERSION

*

* *

VIE QUOTIDIENNE

du latin *quotidianus* « de tous les jours, quotidien », « ordinaire, commun »

all. ALLTAGSLEBEN	esp. COTIDIANIDAD
angl. EVERYDAY LIFE	ital. VITA QUOTIDIANA

voir : ANALYSE CONVERSATIONNELLE ET CONVERSATION, SOCIOLOGIE DE L'ÉDUCATION, LOISIR, MODE DE VIE, SOCIABILITÉ, SOCIOLOGIE DU TRAVAIL

Analyse de la manière dont la vie courante s'organise en fonction de conditions temporelles, cognitives, sociales et relationnelles.

La sociologie de la *vie quotidienne* a vraiment pris son essor dans les années 60. La manière dont les individus mènent leur existence au jour le jour, les temporalités qui organisent la vie sociale, les modes de réalisation des unités sociales, les façons dont les individus s'associent, si fugaces soient-elles, ont alors conquis droit de cité. L'intérêt de connaissance donne ses lettres de noblesse à une exploration du mode ou du style de vie ; elle rejoint une accentuation du présent dans les représentations. Si ce dernier aspect est sans doute celui qui a acquis la plus grande visibilité sociale à travers, par exemple, l'analyse des interactions dans la famille, ou de la présentation de soi, il ne faudrait pas négliger les recherches phénoménologiques qui se sont donné pour objet les structures du monde vécu, « l'attitude naturelle » de l'homme ordinaire, les formes de savoir présentes dans la vie quotidienne, ni l'impulsion critique qui caractérisait les premières analyses, se proposant de montrer comment, *« dans la quotidienneté, les aliénations, les fétichismes, les réifications (celles venant de l'argent et de la marchandise) produisent tous leurs effets »*, tout en reconnaissant dans le même mouvement que *« les besoins, y devenant (jusqu'à un certain point) désirs, rencontrent les biens et se les approprient »* (LEFEBVRE, 1961, t. 2, p. 71). Cette dernière approche peut trouver des inspirations du côté des ambiances et des créations de situations explorées par le mouvement situationniste.

1 DES FORMES MINIMES DE LA VIE SOCIALE. Le foisonnement des recherches actuelles ne permet pas d'en donner une vue synthétique ; par contre, l'orientation vers la vie quotidienne trouve sans doute une de ses sources dans les travaux de SIMMEL qui mettait l'accent sur les formes apparemment minimes de socialisation. Il soulignait que la société n'existerait pas si les individus ne tissaient incessamment les fils par lesquels ils sont reliés les uns aux autres. Analysant la forme du repas, la manière dont les individus sont conduits à se traiter dans les transports en commun, soulignant les modes d'être différents lors d'un concert ou d'une exposition, insistant sur le rôle des sens, ou encore sur la place du secret dans la vie sociale, il dirigeait le regard vers la manière dont les situations sont appréhendées et vécues ; comment naissent, de ces multiples actions réciproques, des socialisations qui manifestent l'élasticité et la plasticité du tissu social. Mais pour qui s'intéresse au quotidien, il est tout aussi fondamental d'analyser les rythmes temporels, et notamment la manière dont la temporalité abstraite des montres règle nos existences. Une telle approche met l'accent, en lieu et place des grandes formes qui organisent la société, sur l'activité sociale de liaison, sur les liens fragiles dans les relations entre les individus, que ce soit au cours d'une promenade, lors d'un repas, dans le hall d'un hôtel ou encore dans les transports en commun. Simmel insiste sur le caractère quotidien des formes de socialisation ; il ne s'agit pas tant de décrire les grandes formes d'organisation que la manière dont elles sont parcourues par des relations entre individus, en faisant une place aux sentiments psychosociaux tels que la confiance, la fidélité, la gratitude, qui contribuent à construire des liens à la fois flexibles et fragiles. La sociologie de la vie quotidienne est ainsi conduite à l'analyse des formes d'amitié, de relations amoureuses, et elle accorde à l'expérience vécue une place cardinale. La « déambulation existentielle » (MAFFESOLI) et sa présentation seront cernées par de grandes formes. Bien entendu, un tel intérêt ne saurait se séparer de conditions sociales plus générales et, pour ne prendre que deux exemples, on pourra voir comment certaines socialisations se modifient du fait de la domination de l'économie monétaire, ou encore comment la vie quotidienne et son analyse sont liées à un rapport au temps qui accentue le présent.

2 LES STRUCTURES DU MONDE DE LA VIE QUOTIDIENNE. L'approche phénoménologique et l'interactionnisme symbolique mettent l'accent sur l'expérience et l'activité des individus dans des situations où ils s'orientent selon des schémas d'attentes réciproques, ce qui conduit à repérer *les cadres de l'expérience* (GOFFMAN) grâce auxquels des individus en situation de coprésence tiennent pour réelle et construisent comme allant de soi la situation partagée. On se donne pour objectif de repérer les grandes formes d'organisation de l'expérience quotidienne, les savoirs quotidiens, les anticipations qui assurent la fluidité du contact social, de montrer à quel point l'idéalisation du « je peux le faire à nouveau » structure les activités et les actions.

Les structures du quotidien et de l'expérience quotidienne sont considérées comme nécessaires et comme des préalables à toute analyse sociologique. Il s'agit alors de décrire la structure et le type de réalité du monde de la vie quotidienne, en soulignant qu'il s'agit toujours déjà d'un monde intersubjectif. L'analyse phénoménologique, et les études interactionnistes puis ethnométhodologiques cherchent à définir les modes de constitution de la réalité, ou pour parler comme SCHÜTZ, à décrire l'attitude naturelle, ses motifs pragmatiques, et à souligner la consistance sociale du monde de la vie quotidienne.

3 MÉTHODES DESCRIPTIVES ET COMPRÉHENSIVES. La manière dont la vie est vécue, les espaces appropriés ou non, la façon dont des relations se nouent entre individus, entre sexes, entre étrangers au sens de Simmel, mais aussi entre communautés aux règles et modes de vie différents, tous ces thèmes ne peuvent se saisir qu'à travers des descriptions minutieuses, au jour le jour, car le quotidien, à travers sa répétitivité, les routines qui le caractérisent, est aussi le lieu des innovations par bifurcations minimes des comportements ou des modes de vie. Si l'accent est mis sur le vécu, le monde vécu et sa représentation, c'est parce que la sociologie voit mieux comment le quotidien est le lieu où « l'individualité qualitative » affronte et se confronte aux exigences de l'ensemble social. Le quotidien, en ce sens, est le lieu où se manifeste cette résistance face aux impératifs d'un certain type d'organisation sociale, que l'on pense au coulage, à la perruque, etc. Bien entendu, le sens du quotidien, même s'il ne prétendait pas faire une telle sociologie, n'est pas absent des travaux de WEBER. L'analyse des conduites de vie dans leur relation aux ordres de vie emprunte la voie d'une reconstitution des manières de faire les plus ordinaires des puritains : le rapport au temps, au corps, à la sexualité, aux croyances, le type de confiance entre coreligionnaires, autant d'indications de ce qu'une sociologie du quotidien doit prendre en charge ; et il est clair que la sociologie du quotidien a des affinités avec une méthode compréhensive qui met au centre de son interrogation la question du sens subjectivement vécu et visé.

Une des questions qui se pose et que doit résoudre la sociologie de la vie quotidienne est, bien entendu, celle de l'interprétation des descriptions opérées, et la voie est étroite entre le simple enregistrement d'une part, la critique idéologique de l'autre, pour parvenir à tirer du banal des interprétations éclairantes conduisant au cœur des choses.

Patrick WATIER

bibliographie

Cahiers internationaux de sociologie, « Sociologie des quotidiennetés », Vol. LXXIV, 1983.

CERTEAU Michel de, *L'Invention du quotidien*, 1. *Arts de faire*, UGE, 1980.

GIARD Luce, MAYOL Pierre, *L'Invention du quotidien*, 2. *Habiter, cuisiner*, UGE, 1980.

GOFFMAN Erving, *La Mise en scène de la vie quotidienne*, Éd. de Minuit, 1973.

GOFFMAN Erving, *Les Cadres de l'expérience*, Éd. de Minuit, 1991.

KAUFMANN Jean-Claude, *La Trame conjugale*, Nathan, 1992.

LEFEBVRE Henri, *Critique de la vie quotidienne*, 2. *Fondements d'une sociologie de la quotidienneté*, L'Arche, 1961.

MAFFESOLI Michel, *La Conquête du présent. Pour une sociologie de la vie quotidienne*, PUF, 1979.

SCHÜTZ Alfred, *Le Chercheur et le quotidien*, Méridiens-Klincksieck, 1987.

SCHÜTZ Alfred, LUCKMANN Thomas, *Strukturen der Lebenswelt*, 2 vol., Francfort, Suhrkamp, 1979-1984.

SIMMEL Georg, « La Sociabilité et la sociologie des sens », in *Sociologie et épistémologie*, PUF, 1981.

SIMMEL Georg, « La Mode, la coquetterie », in *Philosophie de la modernité*, Payot, t. 1, 1989.

SIMMEL Georg, *Secret et sociétés secrètes*, Circé, 1991.

SIMMEL Georg, « Le Problème de la sociologie » et « Digression sur la fidélité et la gratitude », in *Georg Simmel et les sciences humaines*, Méridiens-Klincksieck, 1992.

SOEFFNER Hans-Georg, *Auslegung des Alltags – Der Alltag der Auslegung*, Francfort, Suhrkamp, 1989.

WATIER Patrick, « Formes de socialisation et vie courante » et « Confiance et socialisation », in *La Sociologie et les représentations de l'activité sociale*, Méridiens-Klincksieck, 1996.

*
* *

VIEILLESSE ET VIEILLISSEMENT

dérivé de *vieil*, issu du latin *vetulus* « vieux, ancien »

all. ALTER / ALTERN, ÜBERÄLTERUNG	esp. VEJEZ / ENVEJECIMIENTO
angl. OLD AGE / AGEING	ital. VECCHIAIA / INVECCHIAMENTO

voir : CLASSE D'ÂGE, CYCLE DE VIE, FAMILLE, JEUNESSE

VIEILLESSE. La *vieillesse* constitue la dernière grande étape du cycle de vie après l'enfance et l'âge adulte. Elle s'interrompt avec la mort. En revanche, la question de savoir à quel âge commence la vieillesse ne peut trouver réponse dans la réduction à une réalité biologique, faite d'usures et d'incapacités résultant du processus continu de la sénescence. La vieillesse doit être comprise comme une construction sociale, produite par les cadres sociaux et perpétuellement renégociée et redéfinie en fonction de l'évolution de ces cadres.

Les représentations sociales de la vieillesse. L'histoire et la démographie historique nous ont éclairés sur les variations des représentations de la vieillesse et sur les définitions de son seuil. Elles ont établi que si la vieillesse a surtout été perçue, jusqu'au XVIIe siècle, comme décrépitude physique, à l'époque des Lumières une autre manière de se représenter cet âge s'impose. La vieillesse devient l'âge de la raison et de la sagesse. Loin des débordements et des avidités de la jeunesse, se constitue la figure du patriarche, chef de famille aimé et entouré (BOIS, 1994). Mais le développement de la bureaucratie et la montée de l'industrialisation vont progressivement donner un poids nouveau à l'âge chronologique pour marquer les seuils de passage d'un âge à l'autre. L'âge prend le pas sur les repères en termes d'événements familiaux ou de capacités physiques ou sociales. Cette « chronologisation » du parcours des âges, qui s'accompagne inévitablement d'une standardisation des seuils, doit beaucoup aux premières législations sociales qui s'inventent à la fin du XIXe siècle et au début du XXe.

La retraite. En particulier, la création, puis l'extension, d'institutions de *retraite* pour la vieillesse va jouer un rôle majeur pour définir le seuil d'entrée dans la vieillesse (GUILLEMARD, 1986). L'âge fixé pour le droit à la retraite devient désormais l'un des repères essentiels de l'entrée dans la vieillesse. Vieillesse et retraite vont devenir indissociablement liées.

Pourtant, depuis deux décennies, la diffusion de la pratique des préretraites et des sorties anticipées du marché du travail des salariés vieillissants crée un nouveau seuil d'entrée dans la vieillesse. L'inactivité définitive, souvent fixée autour de l'âge de 55 ans, intervient bien avant toute possibilité d'entrée dans le système de retraite. Désormais, pour le groupe concerné, devenu majoritaire dans nombre de pays européens, l'heure de la vieillesse professionnelle sonne bien avant la liquidation de la retraite. Ainsi, vieillesse et retraite tendent à se disjoindre (Guillemard, 1993). Le temps de la vieillesse professionnelle, où l'on est déclaré inutile sur le marché du travail, commence bien avant la retraite, et alors que tous les autres repères (place dans la famille, santé, dynamisme...) situent encore ce groupe dans l'âge adulte.

VIEILLISSEMENT. Si la vieillesse correspond à une étape du cycle de vie, dont la définition comme les seuils sont en permanence reconstruits en fonction du contexte social, le *vieillissement* s'entend comme un processus. Il peut concerner l'individu, un groupe ou la société dans son ensemble. Au plan individuel, le vieillissement désigne la trajectoire qu'accomplit l'individu tout au long de son parcours des âges de la vie. Cette approche en termes de vieillissement autorise une vision large du phénomène, puisqu'elle ouvre sur des considérations sur la façon dont la vie est socialement découpée ainsi que sur la manière dont l'éducation reçue, les ressources accumulées, les modes de vie adoptés déterminent les conduites dans la vieillesse. Il a été établi que le processus de vieillissement est différentiel selon les groupes sociaux, les sociétés et les générations successives. Ainsi, le passage à la retraite provoque plus souvent la perte d'insertion sociale, voire la « mort sociale » parmi les classes populaires, alors que les classes supérieures peuvent mettre à profit l'ensemble de leurs ressources sociales pour prolonger leurs rôles et leurs fonctions de l'âge adulte (GUILLEMARD, 1972).

S'agissant du vieillissement des populations, on souligne les apories d'une utilisation de seuils d'âge fixes pour réaliser les projections mesurant « le vieillissement » futur des populations. En effet, les seuils d'âge de 60 ou 65 ans sont couramment utilisés par les démographes pour effectuer ces projections. Ces pratiques consistent, de fait, à « naturaliser » et à figer des représentations de la vieillesse dans des catégories qui ne correspondent plus à la réalité évolutive de l'âge, laquelle se transforme avec le renouvellement des générations, qui n'ont connu ni les mêmes conditions de vie ni la même espérance de vie (BOURDELAIS, 1993). Les sexagénaires des années 90 ne ressemblent plus guère à ceux de 1945 dans leur état de santé, leur place et leur rôle dans la succession des générations.

Dès lors, il n'est pas légitime de considérer que l'accroissement de la proportion de la population des plus de 60 ans signifierait que la France se « ride » (DUMONT, 1979), perd de son dynamisme et de sa capacité d'entreprendre. Il reste à la recherche sociologique à établir ce que sont les rapports entre les âges et les générations, les flux d'échanges et les nouvelles répartitions des rôles et des fonctions dans cette société dite « vieillie », qui est un modèle social encore inédit.

Anne-Marie GUILLEMARD

bibliographie

BOIS Jean-Pierre, *Histoire de la Vieillesse*, « Que sais-je ? », PUF, 1994.

BOURDELAIS Patrice, *L'Âge de la Vieillesse*, Odile Jacob, 1993.

DUMONT Gérard-François *et alii*, *La France ridée*, Hachette, 1979.

GUILLEMARD Anne-Marie, *La Retraite, une mort sociale*, Mouton, 1972.

GUILLEMARD Anne-Marie, *Le Déclin du social*, PUF, 1986.

GUILLEMARD Anne-Marie, « Emploi, protection sociale et cycle de vie : résultats d'une comparaison internationale des dispositifs de sortie anticipée d'activité », in *Sociologie du travail*, n° 3, 1993, pp. 257 à 284.

VILLE

du latin *villa* « maison rurale »

all. STADT angl. CITY	esp. CIUDAD ital. CITTÀ

voir : ÉCOLE DE CHICAGO, SOCIOLOGIE URBAINE, VOISINAGE

Ensemble diversifié de populations, d'activités et d'institutions concentrées sur un même territoire.

Le critère du nombre d'habitants n'est pas le plus décisif. Il est d'ailleurs variable : 2 000 en France, souvent 5 000 dans d'autres pays. Plus essentielle est l'idée de regroupement sur un espace restreint : densité du peuplement, primat du cadre bâti sur l'environnement naturel, et donc des activités industrielles ou tertiaires sur la production agricole. La proximité spatiale étant à la fois une condition et une source d'interaction, les *villes* sont des entités sociales et matérielles façonnées par les rapports d'échange et de coopération qui s'instaurent entre les hommes. Pour DURKHEIM, elles *« résultent toujours du besoin qui pousse les individus à se tenir d'une manière constante en contact aussi intime que possible les uns avec les autres ; elles sont comme autant de points où la masse sociale se contracte plus fortement qu'ailleurs »* (**De la division du travail social**, 1893). Fondée sur l'interdépendance, cette densité renforce à son tour la différenciation des activités, des populations et des espaces. En tant que processus social, l'urbanisation ne se réduit ni à la croissance des agglomérations ni à l'étalement des tissus urbains hors des limites traditionnelles de la cité ou même de ses banlieues. Plus fondamentalement, elle désigne le passage à un mode de vie pris dans une tension permanente entre la localité et la mobilité, entre des ancrages territoriaux multiples et l'expérience de l'hétérogénéité des contacts et des situations. Pôle d'attraction et de rayonnement, la ville bouscule les découpages administratifs. Nœud de relations dont l'inscription spatiale est de moins en moins tributaire de contraintes techniques, elle est inséparable de tous les mouvements de personnes, de biens, d'informations, qui la relient à d'autres territoires.

Yves GRAFMEYER

bibliographie

BURGEL Guy, *La Ville aujourd'hui*, Hachette, 1993.

RÉMY Jean, VOYÉ Liliane, *La Ville : vers une nouvelle définition ?*, L'Harmattan, 1992.

RONCAYOLO Marcel, *La Ville et ses territoires*, Gallimard, 1990.

WEBER Max, *La Ville* (1921), Aubier, 1982.

*

*   *

VIOLENCE

du latin *violentia* « violence »

all. GEWALT	esp. VIOLENCIA
angl. VIOLENCE	ital. VIOLENZA

voir : ANOMIE, CHANGEMENT SOCIAL, CONFLIT SOCIAL, DÉVIANCE

C'est un de ces concepts dont le sens n'échappe à personne et qui, cependant, est difficilement définissable. On l'identifie à l'idée de rupture de l'ordre des choses. Comme l'appréhension de la violence dépend largement des critères qui sont en vigueur d'un groupe à un autre pour caractériser ce qui est normal ou anormal, sa définition est soumise à cette relativité des espaces culturels. La sociologie traite des phénomènes de violence plutôt que de la violence comme telle.

La *violence* est un concept limite qui ne se dessine que dans son rapport à des normes qu'elle contredit. Presque indéfinissable, au même titre que des notions comme celles de chaos, de désordre*, de transgression*, elle implique l'idée d'un écart ou d'une infraction par rapport aux normes ou aux règles définies comme normales ou légales, l'idée d'une perturbation de *l'ordre des choses*, mais aussi celle d'instrument nécessaire au maintien de cet ordre dès lors qu'elle est légalisée. Elle devient alors « force de l'ordre » (WEBER définissait l'État comme celui qui détient le monopole de la violence légitime). Ainsi la violence est-elle à la fois négation et affirmation. Elle ne saurait être pensée en dehors de l'ordre humain, et si on la réduit à la pure nature, c'est dans la mesure où cette *nature* est inscrite dans le couple d'opposés complémentaires « nature-culture ». Comme l'écrit WEIL : « *L'être violent qu'est l'homme se comprend lui-même et, par le fait qu'il se comprend (il faut ajouter : à partir du fait qu'il se comprend), il cesse d'être pure violence, pur être-là empirique et seulement constatable. Bien plus, il ne se comprend comme violence que parce qu'il n'est pas seulement cela : la roche tombante qui écrase une maison avec ses habitants, le lion qui tue et dévore sa proie ne sont violents que pour l'homme qui, lui, a, déjà, l'idée de la non-violence et qui, pour cette raison, peut voir la violence dans la nature. Il n'y a du non-sens que du point de vue du sens* » (*Philosophie morale*, 1961).

Étudiée dans la multiplicité de ses formes, elle devient le thème d'une approche historico-sociale de phénomènes circonscrits dans l'espace et le temps. Les médias, les statistiques de la justice, les spécialistes de politique nationale ou internationale parleront alors d'agression et de criminalité, de guerre, de terrorisme, de torture ou de formes d'oppression plus discrètes, mais tout aussi dommageables.

LA VIOLENCE FONDATRICE. Étudiée en tant que consubstantielle à l'homme et à l'humanité, la violence devient ce fonds contre quoi et dans le détournement de quoi s'institue l'*humanité*. Avant d'entrer dans la considération des manifestations sociales de la violence, il est donc bon d'interroger cette violence fondatrice.

Ne nous attardons pas sur le rôle que joue la violence dans les mythes et les religions. Rappelons seulement, pour n'évoquer que la Bible, l'expulsion hors de l'Éden d'Adam et d'Ève, pour avoir (forme de violence) transgressé la loi ; le crime de Caïn contre Abel et son châtiment ; la violence du Déluge, où la nature se fait agent d'exécution de la colère de Dieu ; la crucifixion du Christ... Tournons-nous vers la pensée occidentale, et d'abord vers ce qui marque son début, l'avènement, dans l'Athènes du Ve siècle av. J.-C., de la philosophie, tout entière inscrite dans le couple antagoniste violence-langage.

La philosophie grecque. La philosophie, dit PLATON, est née du scandale de la mort de SOCRATE. Le plus juste des hommes est injustement condamné par la Cité. Il faut donc penser la violence, y compris sous le masque de la loi. Le discours philosophique sera la réponse. La violence est due à l'erreur ; elle relève du monde de la *doxa*. Qu'advienne le discours qui dise le vrai et les hommes cesseront de s'opposer. Là est l'illusion métaphysique : croire qu'un certain type de langage (celui de la raison et de la vérité, et donc celui de la pédagogie) mettra les hommes d'accord. Mais les hommes sont-ils êtres de raison ?

La pensée moderne. Lorsque naît le monde moderne et que la pensée s'interroge sur le fondement du lien social et politique, c'est-à-dire sur ce qui institue durablement et légitimement la paix civile, est inventée la notion d'*état de nature* pour y inscrire, dans son rejet, l'*état de société*. Cet état de nature, c'est-à-dire cet état des hommes dès lors qu'on fait abstraction de tout lien social, qu'est-il ? En général celui de la violence. Le plus exemplaire de ces penseurs de l'aube de notre modernité, le plus radical, est HOBBES. Pour lui, l'état de nature est la guerre de tous contre tous *(homo homini lupus)*, non que les hommes se haïssent, mais chacun envie les biens de chacun, d'où la peur généralisée de la mort, du meurtre. La société est conçue dans son rapport à l'originaire qu'est la violence, comme organisation des désirs par leur soumission à une norme commune et à un État seul détenteur de la *force*.

Freud. Lorsque FREUD écrit *Malaise dans la civilisation* ou encore *Totem et tabou*, nous retrouvons cette même référence à une violence originaire, dont seul l'arrachement (et la culpabilisation qui en résulte) institue interdits, lois, société. Du meurtre du *mâle dominateur* dans *la horde primitive* (*Totem et tabou*) au malaise qu'induisent les interdits et leur intériorisation et au rôle exutoire des victimes boucs émissaires tels que les juifs (*Malaise dans la civilisation*), nous voyons toujours l'ombre de la violence, origine abyssale et hantise permanente, tant par l'horreur qu'elle suscite que par son pouvoir de fascination (thématisés par le couple *Éros/Thanatos*). Une violence liée aux *désirs* anarchiques, quand n'existe plus la norme comme structure de la relation à autrui et à soi.

Sociologie des formes de violence. La sociologie s'intéresse peu à un débat en vérité métasociologique, pour se tourner plus naturellement vers l'analyse des formes manifestes de violence : délinquance, agressivité de groupes, guerre, etc. Pourtant, à bien lire DURKHEIM (*Le Suicide*), on découvre une définition de l'anomie* qui mérite d'être retenue. Le suicide, cette violence dans la société, et particulièrement le suicide anomique, pathologie de la modernité, est expliqué par ce vertige qui naît quand l'individu n'a plus de normes intégratrices et que, de ce fait, il se trouve devant le vertige de son vide, de son absence de « réalité », dès lors que ce qui est sa *réalité*, c'est-à-dire la société, se fait *manque*. C'est pourquoi Durkheim relie l'anomie et ses effets à l'individualisation croissante. Autre chose s'ouvre comme pendant à cet individualisme croissant et à cet affaiblissement des liens sociaux : c'est le rôle des médias, et du spectacle qu'ils offrent de violence à effets incitateurs.

Intégration sociale et anomie. Retenons l'importance de ce constat. La violence sera désormais pensée par les sociologues avec ces deux notions qui font couple : *intégration sociale/anomie* ; un couple qui ouvre sur bien des études sociologiques dans un temps où la question d'une intégration de communautés exogènes dans la collectivité nationale semble poser un certain nombre de problèmes. L'anomie, qui se caractérise par une dissolution du lien social et de la prégnance des valeurs, engendre soit la violence sous la forme d'explosions qui entraînent la décomposition de la collectivité, soit une réinvention de solidarités et de liens dans l'organisation de bandes de délinquants. Cependant le couple violence/anomie, s'il demeure pertinent, exige que soient analysées les formes d'anomie et les formes multiples de violence. Lorsqu'un système économique et politique entre en décomposition, les violences qui éclatent — et qui peuvent aller de l'émeute à l'insurrection et à la révolution — demandent d'autres approches que celles de la bande d'adolescents qui règne dans tel quartier « difficile ».

Quant à la « violence d'État », le concept est difficile à cerner. Il demande qu'on dissocie un usage légitime, qui est la force assurant la sécurité dans le corps social, et la violence qui relèverait d'une illégitimité instituée. Mais comment juger de celle-ci sans être victime de jugements de valeur subjectifs ? Enfin il y aurait à étudier cette forme de violence qu'est la guerre entre nations, et qui a une spécificité autre que l'anomie.

André AKOUN

bibliographie

ARENDT Hannah, *Du mensonge à la violence* (1969), Calmann-Lévy, 1972.
ARON Raymond, *Histoire et dialectique de la violence*, Gallimard, 1973.
BODY-GENDROT S., *Ville et violence : l'irruption de nouveaux acteurs*, PUF, 1993.
CUSSON Maurice, *Le Contrôle social du crime*, PUF, 1983.
FREUD Sigmund, *Essais de psychanalyse*, Payot, 1963.
GIRARD René, *La Violence et le sacré*, Grasset 1972.
TOFFLER Alwin, *Les Nouveaux Pouvoirs*, Fayard, 1991.
WEIL Éric, *Philosophie morale*, Vrin, 1961.
WIEVIORKA Michel, *Sociétés et terrorisme*, Fayard, 1988.

VISION DU MONDE ⇒ PHILOSOPHIE [4]

VITALISME

emprunt au latin classique *vita* « vie »

all. VITALISMUS	esp. VITALISMO
angl. VITALISM	ital. VITALISMO

voir : ÉVOLUTION, RÉSISTANCE

Doctrine suivant laquelle les phénomènes vitaux sont irréductibles aux phénomènes physico-chimiques et manifestent une force propre.

La querelle philosophique du mécanisme et du *vitalisme* n'a pas eu de reproduction directe en sociologie. Cependant, le vitalisme trouve un certain écho dans les sociologies particulièrement attentives aux spontanéités et aux dynamismes sociaux. L'inspiration bergsonienne, héritière de la tradition antimécaniciste, évoque la création incessante de formes nouvelles : elle n'est pas absente des phénoménologies sociales soulignant les processus d'adaptation des organisations, les dynamismes des groupes et leur inventivité, les vitalités du social, et sévèrement critiques à l'égard des conceptions statiques, structuralistes ou fonctionnalistes. Des conceptions proches de la pensée libertaire opposent à la sclérose étouffante de l'État ou des idéologies conservatrices la vitalité des classes opprimées.

Pierre ANSART

bibliographie

BERGSON Henri, *L'Évolution créatrice* (1907), PUF, 1981.
MAFFESOLI Michel, *L'Ombre de Dionysos : contribution à une sociologie de l'orgie*, Anthropos, 1982.

VOCATION

emprunt au latin classique *vocatio* « action d'appeler ; invitation »

voir : ÉTHIQUE, MORALE, RESPONSABILITÉ

1. Au sens étroit : *se sentir appelé à la prêtrise.*
2. Au sens large : *rôle auquel un groupe semble être appelé.*

Par extension, il renvoie à la conscience qu'un individu a d'un appel, qu'il soit ou non de nature religieuse. Le seul usage proprement sociologique qui en a été fait est celui de WEBER. Cependant, son analyse ne porte pas sur la vocation *stricto sensu*, mais sur le contenu du terme allemand *Beruf*, dont le sens est un peu différent, car il associe l'idée de « vocation » au sens religieux, et celle de « profession ». L'accomplissement de l'activité professionnelle devient alors l'activité morale la plus élevée. Cette conception, qui est un produit de la Réforme, a favorisé selon Weber le développement du capitalisme. Dans deux conférences, l'une sur l'activité professionnelle du savant, l'autre sur celle du politique, Weber a utilisé également le terme de *Beruf*, qui devient alors presque synonyme de déontologie.

Mais il est également possible de faire de la vocation *stricto sensu* un objet sociologique. Dans ce cas, l'intérêt de la démarche ne réside pas seulement dans la mise en évidence des déterminants sociaux de la vocation. Elle suppose aussi une analyse compréhensive, qui montre comment et en liaison avec quels enjeux se construit socialement chez certains individus le sentiment d'une vocation particulière.

Monique HIRSCHHORN

bibliographie

SCHLANGER Judith, *La Vocation*, Seuil, 1998.
WEBER Max, *Le Savant et le politique* (1919), Plon, 1958.
WEBER Max, *L'Éthique protestante et l'esprit du capitalisme* (1905, 1920), Plon, 1964.

*
* *

VOISINAGE

du latin *vicinus* « voisin »

all. NACHBARSCHAFT, NÄHE angl. NEIGHBOURHOOD USA NEIGHBORHOOD	esp. VECINDAD, VECINDARIO ital. VICINATO

voir : SOCIOLOGIE URBAINE, VILLE

1 Rapports entre personnes habitant les unes près des autres : les rapports de voisinage prennent des formes diverses (sociabilité, solidarité, conflit...) selon les contextes locaux.

2 Ensemble des lieux et des habitants situés à proximité du domicile : son extension dépend de perceptions subjectives. Souvent, ce que les habitants identifient comme faisant partie de leur voisinage tend à se limiter d'autant plus aux alentours immédiats de leur logement que ce dernier est situé dans un environnement plus densément peuplé.

3 Espace habité de dimension relativement restreinte, présentant des caractéristiques propres qui le différencient des territoires environnants : repères topographiques, unité du cadre de vie, réseaux locaux d'interconnaissance ou d'entraide...

Yves GRAFMEYER

bibliographie

HÉRAN François, « Comment les Français voisinent », in *Économie et statistique*, n° 195, janvier 1987, pp. 43 à 59.

MCKENZIE Robert, « Le Voisinage : une étude de la vie locale à Colombus, Ohio » (1921), *in* Yves GRAFMEYER, Isaac JOSEPH, *L'École de Chicago. Naissance de l'écologie urbaine*, Aubier, 1994, pp. 213 à 254.

XÉNOPHOBIE

du grec *xenos* « hôte, étranger », et *phobos* « action de faire fuir ; fuite »

all. XENOPHOBIE, FREMDENFEINDLICHKEIT angl. XENOPHOBIE	esp. XENOFOBIA ital. XENOFOBIA

voir : IDENTITÉ, PSYCHANALYSE, RACISME

Hostilité contre les personnes désignées comme étrangères, extérieures au groupe d'appartenance.

Ce terme est communément utilisé pour désigner les sentiments d'hostilité répandus dans une nation à l'égard, en particulier, des étrangers immigrés, sentiments liés aux conflits économiques et aux concurrences culturelles. L'analyse de contenu de lettres reçues par des journaux suisses lors des « votations » sur la politique de l'immigration fait apparaître la complexité de ces attitudes. WINDICSH et ses collaborateurs distinguent trois configurations idéologiques différentes : celle des « nationalistes », qui opposent l'unité de la nation aux non-nationaux, celle des « populistes », qui opposent le peuple et ses intérêts à ceux des étrangers, celle enfin des « technocrates », qui souhaitent la réduction du nombre des travailleurs immigrés pour des raisons économiques.

Pierre ANSART

bibliographie

TAGUIEFF Pierre-André, *La Force du préjugé : essai sur le racisme et ses doubles*, La Découverte, 1988.

WINDICSH Uli, JAEGGI Jean-Marc, RHAM Gérard de, *Xénophobie ? Logique de la pensée populaire*, Lausanne, L'Âge d'Homme, 1978.

ANNEXES

INDEX DES AUTEURS CITÉS

C

D

E

F

G

H

I

J

K

N

O

P

Q

R

S

T

U

V

W

X

Y

Z

INDEX THÉMATIQUE

systémisme, téléologie, theorie des jeux, universel, valeur, vitalisme.

ESPACES SOCIAUX Articles : banlieue, ghetto, habitat, isolat, marginalité, métropole, milieu, patrie, prison, socialité, sociologie urbaine, territoire, tiers-monde et tiers-mondisme, ville, voisinage.

ESPACE Article : espace.

ÉTAT . Voir aussi POLITIQUE. Article : nation.

ÉVOLUTION . Voir aussi CHANGEMENT. Article : hétérogénéité.

EXCLUSION . Voir aussi DÉMOGRAPHIE, LIEN SOCIAL, POPULATION. Articles : asile, marginalité, précaire et précarité, prison, ségrégation, xénophobie.

FAMILLE Articles : ancêtre, androcratie, avortement, budget de famille, désorganisation, endogamie et exogamie, famille, homogamie et hétérogamie, hypergamie et hypogamie, inceste, isolat, lignage, mariage, matriarcat et patriarcat, matrilinéarité, parenté, patrilinéaire, politique de population, polygamie et polyandrie, sociologie de la famille.

FEMME . Voir aussi FAMILLE, SEXE. Articles : féminisme, genre masculin et féminin, gynécocratie.

FOULE . Voir aussi CROYANCES, IDÉOLOGIE. Articles : bouc émissaire, foule, grégarisme, horde, masse et masses, messianisme, panique, rumeur.

GROUPES . Voir aussi CLASSES, SOCIÉTÉ. Articles : agrégat et agrégation, association, bande, clan, clientèle, collectif, communauté, condition, configuration, directivité, distance sociale, économie sociale, énergie sociale, en-groupe et hors-groupe, équilibre et déséquilibre, faction, fanatisme, formation sociale, gang, ghetto, groupe, groupe de pression, lobby, membre, minorité, parti politique, phratrie et fratrie, politisation, société, société globale, stratification sociale, système social, triade.

HISTOIRE . Voir aussi CHANGEMENT, TEMPS. Articles : changement, crise, cycle, événement, fanatisme, humanisme, idéalisme, individualisme, machinisme, manifestation, marxisme, messianisme, modernité, postmodernité, religion, révolution industrielle, survivance, syncrétisme.

IDÉOLOGIE . Voir aussi CROYANCES. Articles : occultation, opacité et transparence, ouviérisme, progrès, propagande, réification, représentations sociales, reproduction, typification.

INCONSCIENT . Voir aussi CONCEPTS, CONNAISSANCE, PROCESSUS, SOCIALISATION. Articles : inconscient, instinct, latent, logique sociale, mimétisme, motivation, stéréotype.

INDIVIDU . Voir aussi ACTION, COMPORTEMENT, CORPS, PSYCHOLOGIE, RÔLE, SUJET. Articles : accommodation, accomplissement, acteur, adhésion, affect et affectivité, agent, agression et agressivité, allégeance, anthropologie et sociologie du corps, apprentissage, arbitraire, archétype, atome social, attente, attitude, autonomie, besoins, biographie > autobiographie, budget-temps, carrière, cas, comportement, concurrence, conduite, confiance, conformisme, congruence, conviction, désir, dissonance cognitive, distance sociale, égoïsme, émotion, éros, expérience sociale, frustration, identification, imitation, individu<1+2>, intérêt, invention, irrationnel, libido, membre, motivation, narcissisme, niveau d'aspiration, origine sociale, passion, personnalité de base, personne, rationalité limitée, réussite sociale, sociologie de la décision, spontanéité, trajectoire.

INSTITUTIONS . Voir aussi CULTURE, ORGANISATION, POLITIQUE, RÉGIMES. Articles : analyse institutionnelle, autonomie, bureaucratie, institution, institutionnalisation, justice, laïcité et laïcisation, morphologie.

INTELLECTUELS Article : sociologie des intellectuels.

LIEN SOCIAL Articles : affinité, allégeance, alliance, altruisme, amitié, anomie, antagonisme, autonomie, autrui, banlieue, champ social, coercition, cohésion, communauté et societé, compétition, compromis, configuration, congruence, conscience collective, consensus, considération, contrainte, contrat, contrat social, contrôle social, convivialité, cosmopolitisme, déliance, désordre, dialogue, dissonance cognitive, distance sociale, dysfonction, empathie, exclusion sociale, fracture, fusion, identification, identité, imaginaire social, imitation, impact, implication, influence, intégration, intersubjectivité, lien social, marginalité, négociation, participation, politesse, politisation, reconnaissance, reliance, sociabilité, socialité, solidarité, stigmatisation, sympathie, transaction sociale, voisinage.

LOISIRS Articles : fête, jeu, loisir, risque.

LUTTE, CONFLITS, GUERRE Articles : autrui, l'autre, conflit social, contradiction, discrimination, épreuve, exploitation, faction, fanatisme, fondamentalisme, force, génocide, grève, hégémonie, identité, inégalité sociale, inertie, lutte des classes, militant, militantisme, militarisme, mobilisation et démobilisation, mouvement social, négociation, oligarchie, paradoxe d'Olson, performance, pétition, polémologie, racisme, réification, répression, résistance, revendication, révolution, révolution culturelle, ségrégation, stigmatisation, stratégie, tension, terrorisme, violence, voisinage, xénophobie.

MARXISME Articles : appareil, base, capital, capitalisme, collectivisme, communisme, contradiction, dialectique, exploitation, formation sociale, idéologie, infrastructure et superstructure, marxisme, médiation, mode de production, réification, système de production.

MÉDECINE . Voir aussi SANTÉ. Articles : mort, santé.

MÉTHODES ET MÉTHODOLOGIE Articles : analyse conversationnelle et conversation, analyse de contenu, analyse démographique, analyse des correspondances multiples (ACM), analyse des données, analyse factorielle des correspondances (AFC), analyse secondaire, analyse univariée, artefact, autobiographie, biographie et histoire de vie, cas, causalité statistique, chiffre noir, chiffrement, classement, codage statistique, code et codification, contexte, corpus, corrélation, déduction et induction, déchiffrement, densité de population, données, écart-type, échantillon, échantillonnage, effet brut, effet de structure, effet net, enquête, enquête démographique, enquête longitudinale, enquête rétrospective, entretien, équivalent fonctionnel, estimation statistique, évaluation du travail social, facteur, formalisation, graphique, heuristique, indépendance, indice, individu, individualisme méthodologique, inférence statistique, intervalle de confiance, ironie, irrationnel, les méthodes en sociologie, les quantiles, loi binomiale, loi normale, marge d'erreur, médiane, mesure, méthodes comparatives, mode d'une distribution, classe modale, modèle et modélisation, monographie, morphologie, moyenne arithmétique, niveau, nomenclature, observation, panel, paramètre, paramètre de dispersion, paramètre de tendance centrale, population, pré-enquête, procédure, questionnaire, recensement, régression, représentatif, risque d'erreur, segmentaire, sélection, simulation, sociogramme, sociologie clinique, sociométrie, sondage (méthodologie), sondage aléatoire, sondage par quota, stade, statistiques sociologiques, synthèse, système-expert, table démographique, tableau de contingence, taxinomie, test du khi-deux (X2), tri à plat, tri croisé, variable.

MŒURS Articles : pratique, usages.

MORALE . Voir aussi NORMES, VALEURS. Articles : inceste, interdit, pureté et souillure, raison, règle, responsabilité, sanction, sociologie de la morale, stigmatisation.

MORT Articles : sociologie de la mort, suicide.

MYTHES . Voir aussi CROYANCES, CULTURE, RELIGION. Articles : eschatologie, mythe, rêve, société d'abondance.

NORME Articles : le normal et le pathologique, norme, ordre, référence, règle, transgression, violence.

OPINION . Voir aussi FOULE, COMMUNICATION, CROYANCES, IDÉOLOGIE. Article : opinion publique.

ORGANISATION Articles : administration, autogestion, bureaucratie, coopération, gestion, hiérarchie, le mouvement des relations humaines, management, méritocratie, organisation, planification, sociologie de la décision, technocratie et technobureaucratie, triade.

PÉDAGOGIE . Voir aussi ÉDUCATION, SOCIALISATION. Articles : apprentissage, étudiant.

PEUPLE . Voir aussi DÉMOGRAPHIE, ESPACES SOCIAUX. Articles : assimilation, caractère national, ethnie et ethnicité, ethnocentrisme, ethnocide, génocide, nation, patrie, peuple, populisme, racisme, relations interethniques, tiers-monde et tiers-mondisme.

PHÉNOMÉNOLOGIE . Voir aussi PHILOSOSOPHIE. Articles : intentionnalité, objet (objectivité), phénoménologie, socialité.

PHILOSOPHIE Articles : contrat, contrat social, désordre, discours, dualisme, hédonisme, herméneutique, humanisme, idéalisme, idéologie, intentionnalité, ironie, liberté, marxisme, matérialisme, médiation, multiculturalisme, neutralité axiologique, nihilisme, nominalisme, phénoménologie, philosophie et sociologie, philosophie sociale, reconnaissance, réel, réflexivité, relativisme, sujet, temporalité, thèse, transcendance, universel, utilitarisme, violence, vitalisme.

POLITIQUE . Voir aussi AUTORITÉ, LUTTE, ORGANISATION, PEUPLE, POUVOIR. Articles : absolutisme, anarchie, anarchisme, apolitisme, appareil, arbitraire, censure, citoyenneté, contrat, contrat social, démocratie, désordre, despotisme oriental, dialogue, dictature, discrimination, dissidence, effets pervers, égalitarisme, égalité, élection et sociologie électorale, eugénisme et eugénique, fascisme, fédéralisme, féodalisme, groupe de pression, hiérocratie, indépendance<1+2>, le privé et le public, liberté, manifestation, militant, militantisme, mobilisation et démobilisation, multiculturalisme, opinion publique, parti politique, passion, pétition, politiques publiques, politisation, polyarchie, populisme, propagande, représentant et représentation, répression, revendication, révolution, révolution culturelle, socialisme, sociologie de l'État, sociologie politique, système politique, terrorisme, totalitarisme, transparence.

POLITIQUE INTERNATIONALE Articles : colonie, sociologie du développement, tiers-monde et tiers-mondisme.

POPULATION . Voir aussi DÉMOGRAPHIE. Articles : diaspora, diaspora, immigration, métissage, migration(s), multiculturalisme, planification des naissances, politique de population, population <1+2>, surpopulation, table démographique, transition démographique.

POUVOIR . Voir aussi RÉGIMES POLITIQUES. Articles : bureaucratie, force, gérontocratie, hiérarchie, indépendance <1+2>, inertie, légitimité et légitimation, maîtrise, notable, paternalisme, patronat, persuasion, ploutocratie, pouvoir, privilège, résistance, technocratie et technobureaucratie, totalitarisme, transparence.

PROCESSUS . Voir aussi CONCEPT, INCONSCIENT, STRUCTURE. Articles : acculturation, accumulation du capital, aliénation, catastrophe, crise, décivilisation, désacralisation, désenchantement, désocialisation, désorganisation, diaspora, disqualification sociale, dissidence, dynamique sociale, dysfonction, enculturation, exclusion sociale, fanatisme, fracture, industrialisation, machinisme, marginalité, mondialisation, nihilisme, occultation, processus, révolution industrielle, urbanisation.

PROFANE . Voir aussi RELIGION. Articles : laïcité et laïcisation, sécularisation.

PSYCHOLOGIE . Voir aussi INDIVIDU, SUJET. Articles : angoisse sociale, archétype, attitude, besoins, comportement, conduite, confiance, conformisme, désir, désocialisation, dissonance cognitive, double lien, émotion, éros, frustration, idéalisation, implication, intérêt, libido, passion, réponse, sentiments de culpabilité, sociologie de la décision.

TABLE DES MATIÈRES

N° d'éditeur 10070824 - (I) - (8) - BSBM 80
Dépôt légal Octobre 1999
Achevé d'imprimer sur les presses de Mame Imprimeurs à Tours (n°99102123)
Flashage numérique CTP
MAME

SUPPLÉMENT AU DICTIONNAIRE DE SOCIOLOGIE

(janvier 2000)

COMPÉTENCE SOCIALE

voir : HABITUS, INTÉGRATION, MOBILITÉ SOCIALE, SOCIALISATION

Ensemble de capacités nécessaires à l'individu pour être intégré à la société

Être capable d'échanger dons et contre-dons équilibrés avec l'entourage immédiat ou lointain, tout en mettant en œuvre des facteurs de motivation, d'anticipation, d'image de soi positive, de sens des responsabilités, de maîtrise de l'espace, d'utilisation des acquis, dans les disciplines implicites de la vie quotidienne que sont la gestion de sa santé, de sa formation, de son emploi, de son logement, de ses loisirs, de son budget et de sa famille : ainsi peut-on définir la *compétence sociale*.

Ce concept récent (1987) permet de rendre compte d'un point d'application familier, mais obscur, du travail en société. Il précise en effet les composantes indispensables à l'intégration individuelle, composantes accessibles grâce à une formation, familiale ou extrafamiliale. Il nuance utilement celui d'habitus culturel, dont l'attribution demeure à la fois héréditaire et aléatoire. La faculté d'acquérir la compétence sociale permet de comprendre et de faciliter l'indispensable mobilité sociale actuelle, une mobilité que la notion d'habitus laisse inexpliquée.

Jean-Marc DUTRÉNIT

bibliographie

DUBAR Claude, *La Socialisation*, Armand Colin, 1997.

DUTRÉNIT Jean-Marc, *La Compétence sociale*, L'Harmattan, 1997.

SARGENT Laurence R., *Systematic Instruction of Social Skills*, Iowa State Dept. of Education, Des Moines (États-Unis), 1988.

DÉFÉRENCE

voir : CIVILITÉ, CONSIDÉRATION, MŒURS, POLITESSE, SOCIABILITÉ

Manifestation d'égards particuliers envers une personne socialement estimée.

Dans une société fortement hiérarchisée selon un ordre de dignités différenciées, les formes de salutation, les postures ainsi que les paroles et les écrits entre personnes de rangs différents traduisent cette hiérarchie et sa reconnaissance par les personnes de rang inférieur. Dans ce contexte, les normes de la *déférence* sont peu ambiguës, leur manifestation fait partie du code des usages, et leur non respect peut entraîner la réprobation ou le retrait d'un soutien attendu (SHILS, 1975).

La contestation des hiérarchies sociales entraîne celle des formes de déférence, comme on le voit au XVIIIe siècle dans la mouvance de la philosophie des Lumières. L'insolence est alors prisée et s'exprime par des plaisanteries inversant les usages de la déférence, désormais ressentis comme humiliants.

Dans la société démocratique, qui valorise l'idéal d'égalité, la déférence revêt des formes beaucoup plus discrètes. Si elle ne peut se manifester dans l'anonymat des relations urbaines, elle réapparaît dans des milieux sociaux limités où les personnes peuvent être connues et reconnues dans les interactions (entreprises, administration, associations). Les travaux de GOFFMAN sur les interactions symboliques fournissent de nombreuses indications sur les formes de déférence et leur mobilité. Ainsi une personne pourra exprimer sa déférence en situation de face à face avec un interlocuteur dont elle voudra exprimer le mérite, mais répugnera à le faire en public, redoutant alors que ses expressions de respect ne soient interprétées par ses pairs comme serviles. De même que les formes de politesse dont elles sont une partie, les expressions de déférence sont du domaine de l' « art de vivre » et de la civilité.

Claudine HAROCHE

bibliographie

Revue *Autrement, Le respect : de l'estime à la déférence. Une question de limite*, Paris, Éditions Autrement, 1993.

GOFFMAN Erving, *Les rites d'interaction* (1967), Paris, Minuit, 1974.

SHILS Edward, « Deference », dans *Center and Periphery. Essays in Macro-Sociology*, Chicago University Press, 1975.

ÉTAT CIVIL

all. PERSONALIEN, PERSONALDATEN	esp. ESTADO CIVIL
angl. CIVIL STATUS	ital. STATO CIVILE

voir : DÉMOGRAPHIE, FAMILLE, MORT, RECENSEMENT

L'état civil assure deux fonctions importantes dans les États modernes : il fournit aux individus des documents officiels qui établissent l'identité, la filiation, la situation matrimoniale, etc. ; il permet de suivre le mouvement naturel de la population par la mesure de la natalité et de la mortalité au cours des années successives.

L'*état civil* est chargé de l'enregistrement systématique des naissances, des décès et des changements de statut matrimonial. D'autre part, il comptabilise les événements démographiques. L'origine de cet enregistrement est ancien puisqu'il remonte, en Europe occidentale, à la fin du Moyen Âge : ce sont les Églises qui tiennent les registres sur lesquels sont portés les baptêmes, les mariages, les sépultures. Ces registres paroissiaux sont progressivement réglementés en Europe par le pouvoir civil (en France, la première ordonnance qui tente d'organiser cet enregistrement est celle de Villers-Cotterêts, en 1539) ; ils seront laïcisés en 1792 par l'Assemblée nationale législative (Dupâquier). Le pouvoir des curés est transféré aux maires en même temps qu'est proclamé l'indépendance du pouvoir civil à l'égard de toute référence religieuse (Rollet).

Source fondamentale de la statistique publique, l'état civil ne fonctionne pas correctement dans de nombreux pays. Ainsi, en Chine, en dépit de l'encadrement politico-administratif de la population, le sous-enregistrement des naissances, notamment des filles, est très important, allant jusqu'à 40% ou plus dans certaines provinces. Ce phénomène résulte de la résistance d'une partie de la population à la politique de « l'enfant unique » ainsi que de la falsification des états statistiques par les responsables administratifs (BLAYO).

En Afrique, il est courant que les zones rurales soient très peu couvertes par l'état civil et qu'en milieu urbain, la complétude des événements enregistrés, surtout pour les mariages et les décès, soit faible (GARENNE et ZANOU). À quoi s'ajoute un problème qui affecte également les données des recensements africains, à savoir la mauvaise qualité des informations concernant l'âge et les caractéristiques socio-économiques.

Léon GANI

bibliographie

BLAYO Yves, *Des politiques démographiques en Chine*, INED, Cahier n°137, série « Travaux et Documents », PUF, 1997.

DUPÂQUIER Jacques, DUPÂQUIER Michel, *Histoire de la démographie*, Librairie Académique Perrin, 1985.

EGGERICKX Thierry, BEGEOT François, « Les recensements en Europe dans les années 1990 », *Population* n°6, 1993, p.1705-1732.

GARENNE Michel, ZANOU Benjamin, « L'état civil en Afrique : que peut-on en tirer ? » in *Clins d'oeil de démographes à l'Afrique et à Michel François*, Documents et Manuels du CEPED n°2, 1995 p. 29-42.

ROLLET Catherine, *Introduction à la démographie*, Nathan, coll. « 128 », Paris, 1995.

MONDIALISATION

all. INTERNATIONALISIERUNG	esp. MUNDIALISACIÓN
angl. GLOBALIZATION	ital. GLOBALIZZAZIONE

Processus qui conduit un nombre toujours plus grand d'agents économiques à situer leurs projets et à réaliser leurs opérations dans une perspective et à échelle mondiale.

UNE PHASE NOUVELLE DU DÉVELOPPEMENT DU CAPITALISME. Le terme de *mondialisation* est souvent employé sans plus de précision comme un synonyme d'internationalisation des marchés et des processus productifs. Mais si l'on considère tous les aspects des relations économiques internationales, des échanges de biens et de services aux accords de coopération et échanges d'information en passant par les différentes sortes d'opérations financières, la mondialisation représente une phase nouvelle et décisive du développement du capitalisme.

Certes l'importance relative des échanges internationaux de biens et de services par rapport au Produit Intérieur Brut n'a rien d'exceptionnel au regard de celle expérimentée à la fin du XIXème siècle par quelques rares nations industrialisées. Il en va de même des flux d'investissements directs à l'étranger, particulièrement importants à l'époque de la constitution des empires coloniaux. Mais le nombre des pays impliqués à ce niveau d'échange international comme la variété des produits est sans précédent.

MOBILITÉ DES CAPITAUX ET NOUVELLES TECHNOLOGIES. Les différences sont tout aussi nettes si l'on considère les flux financiers. La masse des capitaux sur lesquels porte les transactions, la rapidité des réactions des agents à toute heure et en tout lieu introduisent des différences radicales avec les phases précédentes de l'internationalisation des économies capitalistes. Cette mondialisation prend de plus largement appui sur les nouvelles technologies. La diffusion du nouveau système technique, centré sur les technologies de l'information et de la communication, s'effectue simultanément à l'échelle des pays développés de la planète, portée principalement par le réseau des firmes multinationales. Le développement des services financiers ainsi que des services de transport et de commerce a favorisé cette évolution, incitant les entreprises à intervenir sur les marchés à une échelle mondiale.

En regard, l'internationalisation de la production conserve un caractère encore « régional » (en ce qui concerne l'Europe, l'Amérique du Nord et l'Asie du Sud-Est). C'est bien dans ce contexte d'une mondialisation de la production, essentiellement entre pays développés, qu'il faut apprécier le phénomène contemporain, dit de délocalisation des emplois. La concurrence des pays pauvres à bas salaires, situés à la périphérie de ces zones de développement, n'est pas une cause majeure du chômage des pays du centre. On ne peut pas non plus attribuer à la concurrence des pays à faibles coûts salariaux le relatif déclin des emplois non qualifiés; plusieurs facteurs peuvent être invoqués : l'évolution vers des marchés de produits plus différenciés, l'offre accrue de travailleurs qualifiés, la sous-traitance de travaux aux entreprises de services, etc.

FAIBLESSE DES FLUX MIGRATOIRES. Enfin, la phase actuelle d'internationalisation se caractérise aussi par la relative faiblesse des flux migratoires entre régions comme à l'intérieur des régions. Le contraste entre mobilité des capitaux et immobilité des personnes est particulièrement net en Europe et en Asie du Sud-Est, alors qu'en Amérique du Nord la réduction des flux migratoires, traditionnellement élevés, reste partielle. Par contre, certains professionnels de qualification élevée (les manipulateurs de symboles selon REICH, 1993) parcourent le monde et leur marché du travail est lui aussi mondial.

Le processus de mondialisation contemporain, spécifique par sa diversité et son ampleur, pose la question essentielle du devenir de l'État-nation. Quel peut être son rôle dans cette phase nouvelle d'internationalisation, mais aussi quelles formes d'organisation juridiques et politiques sont à même de régir le nouvel ensemble composite que constitue l'économie mondiale ?

UNE RÉGULATION DIFFICILE. Trois dynamiques complémentaires contribuent pour l'instant à la régulation de l'espace économique mondial en formation. La première passe par la formation d'unités régionales (de nature très différente, comme la Communauté Européenne, l'association de libre échange nord américaine ALENA ou l'association des pays de l'Asie du Sud-Est). La deuxième prolonge le mouvement international de libéralisation des échanges en s'appuyant sur de grandes institutions comme l'Organisation Mondiale du Commerce. La troisième s'apparente au développement d'un droit privé international par le biais de codes de bonne conduite qu'instaurent entre elles les grandes entreprises multinationales (le plus souvent d'origine américaine) en diffusant leurs normes de gestion et d'arbitrage.

Mais ce processus de régulation souffre d'un manque de cohérence globale. Les trois dynamiques précitées ne suffisent pas à constituer la mondialisation en projet politique de développement coordonné de l'économie monde. En conséquence, non seulement les risques de crises financières internationales majeures restent très présents mais de plus le processus de mondialisation peut accentuer encore les inégalités entre pays riches et pays pauvres (surtout en dehors des unions régionales), dérive qui va de pair avec une montée des inégalités au sein même des États-nations.

L'absence d'une volonté et d'une réelle coordination politique à ce niveau mondial rend encore plus aléatoire la résolution des grands problèmes écologiques auxquels une si petite planète va se trouver de plus en plus confrontée. Dans un tel contexte le rôle régulateur des États-nations, comme leur coopération, reste à la fois légitime et nécessaire. Alors que la mondialisation est parfois invoquée pour disqualifier sur le plan interne toute régulation publique nationale, il importe de voir qu'elle n'offre en réalité aucune alternative.

Pascal PETIT

bibliographie

Collectif, *Mondialisation, au-delà des mythes*, La Découverte, 1997.

Revue SCIENCES HUMAINES, *La Mondialisation en débat*, Hors série n°17, juin-juillet 1997.

CHESNAIS François, *La Mondialisation du capital*, Syros, Paris, 1997.

REICH Robert, *L'Économie mondialisée*, Economica , Paris, 1993.

PROFIT

du latin classique *proficere* « progresser »

all. PROFIT, GEWINN	esp. BENEFICIO
angl. PROFIT, BENEFIT	ital. PROFITTO

voir : CAPITAL, CAPITALISME, SALAIRE, VALEUR

Rémunération du capital, le profit *est l'écart entre les recettes et les dépenses nécessaires à la mise en valeur de ce capital.*

Le profit est un revenu quand il rémunère les propriétaires du capital, et la source de l'accumulation quand il est réinvesti dans la production. Les économistes proposent des approches divergentes du profit.

MARX ET LA PLUS-VALUE. Si les fondateurs de l'économie politique cherchent à expliquer le profit par la division du travail et de l'échange (SMITH, RICARDO), il reviendra à MARX de démontrer que le profit est issu de la plus-value créée par le travail lors du processus de production. Le profit est réalisé à travers la vente des marchandises. La « survaleur » est alors appropriée légitimement par le propriétaire de l'avance en capital. On retrouve les fondements marxiens de l'analyse de classe et la critique du mode de production capitaliste : reproduction de salariés ne disposant que de leur force de travail à un pôle, accumulation du capital et enrichissement privé à l'autre pôle.

La concurrence entre les capitaux égalise les taux de profit entre les différentes branches de la production. Le mouvement de l'accumulation tend à augmenter la *quantité* globale du capital et du profit mais il entraîne une tendance à la baisse du taux de profit (qui est le rapport entre la plus-value et l'ensemble du capital et des salaires avancés). Cela génère une contradiction entre accumulation et répartition qui est à l'origine des crises dans le mode de production capitaliste. Cependant, profit et salaire ne sont pas dans une relation de stricte opposition de type « qui perd gagne ». Chez Marx , mais également chez d'autres auteurs (KEYNES et les post-keynésiens, les partisans de la « régulation », etc.), le capitalisme connaît des périodes où des régimes de croissance (plus ou moins stables) voient profit et salaire croître de concert.

L'APPROCHE NÉO-CLASSIQUE ET L'ÉQUILIBRE DU MARCHÉ. Si dans l'approche classique et marxiste le profit est lié à une relation antagoniste entre travail et capital, l'approche néoclassique détache la notion de l'un comme de l'autre. Travail et capital apparaissent en effet comme des facteurs de production qui sont rémunérés au prix du marché. Le profit se définit alors comme la différence comptable entre la rémunération de ces facteurs et les recettes réalisées par l'entreprise. Toutefois, dans une situation de concurrence pure et parfaite, ce résidu tend à s'annuler pour les entreprises dont les recettes viennent à compenser exactement la rémunération des facteurs de production. Le profit, dans l'acception néoclassique, est nul à l'équilibre du marché, et se distingue donc de la rémunération du capital.

Ayant traité le capital et le travail de manière symétrique, cette approche fournit un modèle abstrait du marché qui ne requiert aucune théorie historique ou sociologique de l'origine de la répartition de la propriété sur ces facteurs.

SCHUMPETER ET LE RÔLE DES ENTREPRENEURS. SCHUMPETER propose, lui, une théorie du profit comme étant le résultat de l'action innovante d'une catégorie d'individus aptes à créer du déséquilibre : les entrepreneurs. Sans ces innovateurs en matière de produits ou de procédés et sans l'appui que leur porte la finance, l'état stationnaire redouté par les classiques ou la crise annoncée par MARX seraient atteint.

Mais la frontière entre propriétaires de revenu capitalistes et stricts salariés devient difficile à tracer à mesure que se développent les sociétés salariales modernes : on doit s'interroger sur le fait qu'aujourd'hui la plus grande part du capital mondial est constituée de l'épargne salariale des nations les plus riches.

Henri NADEL

bibliographie

GUERRIEN Bernard, *La Théorie néo-classique*, Economica, 1989.

MARX Karl, *Le Capital* (1867), « La Pléiade », Gallimard (M. Rubel, éd.), 1965.

RICARDO David, *Des principes de l'économie politique et de l'impôt*, Flammarion, 1993.

SCHUMPETER Joseph, *Capitalisme, socialisme et démocratie*, « Bibliothèque historique », Payot, 1990.

SMITH Adam, *Recherches sur la nature et les causes de la richesse des nations*, t. I et II, Flammarion, 1991.

SOCIOLOGIE JUDICIAIRE

voir : DROIT, JUSTICE

La sociologie judiciaire s'intéresse aux acteurs et aux modalités institutionnelles de la mise en œuvre du droit, tout particulièrement aux écarts qui s'instaurent entre la règle explicite et les pratiques effectives.

Le fait que l'égalité de principe devant la loi puisse coexister avec un traitement pénal différencié des catégories sociales a suscité une gamme d'hypothèses et divers travaux empiriques mettant en cause directement les rapports de forces sociaux, notamment à travers le filtre opéré par le travail de police judiciaire (la présélection de sous-populations étiquetées « à risques », cibles privilégiées des contrôles d'identité) ou encore la dépénalisation *de jure* ou *de facto* d'abus financiers commis par des « cols blancs » et aiguillés vers des transactions et arbitrages civils (voir, pour la justice française, les travaux de LÉVY sur l'action policière ou de LASCOUMES sur les « affaires de l'ombre »). Certaines enquêtes suggèrent cependant des relations plus complexes, faisant intervenir les effets pervers, ou du moins non intentionnels, de logiques bureaucratiques et corporatives, ou de dérivations populaires des qualifications juridiques. Herpin (1977) souligne ainsi que les juges correctionnels, enclins à ne pas désavouer les décisions antérieures de leurs collègues et souvent incités à gérer « économiquement » les dossiers, accordent rarement l'acquittement ou le sursis aux inculpés ayant effectué une détention préventive : or celle-ci ne dépend pas seulement de la gravité des affaires jugées mais aussi de l'estimation des « garanties de représentation » (emploi stable, domicile fixe, liens familiaux), donc de propriétés dont la distribution sociale est inégale. GRUEL (1991) indique que les jurés de cour d'Assises adoptent une typification des crimes faisant intervenir (indépendamment du code pénal) le sexe ou le statut social de l'accusé et qu'ils sont disposés à une surenchère répressive en cas d'inversion des rôles sociaux; or cette inversion (même si elle peut être figurée par un médecin empoisonneur) est moins probable aux sommets de la société qu'à ses marges (mère alcoolique maltraitant son enfant, journalier incendiant la récolte, etc.).

Louis GRUEL

bibliographie

GRUEL Louis, *Pardons et châtiments. Les jurés français face aux violences criminelles*, Paris, Nathan, 1991.

HERPIN Nicolas, *L'Application de la loi. Deux poids, deux mesures*, Paris, Seuil, 1977.

LASCOUMES Pierre, *Les Affaires ou l'art de l'ombre*, Le Centurion, 1986

LÉVY René, *Du Suspect au coupable. Le travail de la police judiciaire*, Genève, Méridiens-Klincksieck, 1987.

ENQUÊTE TRANSVERSALE

voir : LONGITUDINAL

Une enquête transversale (en anglais cross sectional survey*) est une enquête dans laquelle les individus ne sont interrogés qu'une fois et qui ne traite que de leur situation à la date de l'enquête.*

Des questions portant sur le passé des individus, comme le diplôme obtenu, peuvent néanmoins être posées dans une enquête transversale, dans la mesure où le diplôme est considéré comme une caractéristique actuelle de l'individu. En revanche, une question sur la situation professionnelle passée est de l'ordre du longitudinal. Dans la pratique, une enquête n'est jamais purement transversale ou longitudinale, et cette qualification devrait s'appliquer aux variables du fichier plutôt qu'au fichier lui-même.

Félicité des NÉTUMIÈRES

VALEUR ET PRIX

Issus du latin classique *valor* « valeur » et *pretium* « prix à payer »

all. WERT UND PREIS	esp. VALOR Y PRECIO,
angl. VALUE AND PRICE,	ital. VALORE E PREZZO.

voir : CAPITALISME, MONNAIE, TRAVAIL, SALAIRE, PROFIT, SPÉCULATION, TERTIAIRE ...

Fondement du prix des biens, la valeur est au centre de la question de la mesure de la contribution du travail à la richesse.

La complexe, mystérieuse et décisive question de la valeur en tant que fondement de la mesure du prix des biens remonte à Aristote. Dès les premiers travaux de l'économie politique, une opposition se fait jour entre ceux que Polanyi qualifiera de *substantivistes*, qui cherchent une substance objective à la valeur (le travail), et les *subjectivistes*, pour qui la valeur est l'*utilité* que le *sujet* reconnaît à un bien. Adam Smith fut le premier à distinguer la *valeur en usage* de la *valeur en échange*, cette dernière fondant une théorie du prix naturel et du prix de marché.

MARX ET LA VALEUR DU TRAVAIL. Pour Marx, si deux biens d'usages différents ont le même prix, celui-ci est l'expression d'une même valeur. Cette valeur est l'expression d'une même dépense de travail humain. Ce travail est entendu comme abstrait et général, il est la substance de la valeur tandis que le prix est la manifestation sociale de cette valeur. De sorte que le prix est une forme sociale, un fétiche indispensable à la métamorphose des objets en marchandises, et plus généralement au fonctionnement du capitalisme comme mode de production et d'échange. Derrière le monde quotidien de la monnaie et des prix se trouve le laboratoire de la production et de l'utilisation de la force de travail, des techniques et de l'organisation.

KEYNES ET LES KEYNÉSIENS. Bien qu'il ne s'intéresse pas à la question de la valeur, Keynes fait jouer à la monnaie un rôle entier et premier dans son économie. Les prix et les variables monétaires s'établissent en fonction des anticipations et des comportements des agents, sans référence à une quelconque valeur substantielle, ou valeur d'équilibre des biens. Il existe donc une fondamentale incertitude dans la fixations et l'évolution des prix. Au contraire des approches libérales pour lesquelles les prix ajustent les capacités aux besoins, la macro-économie keynésienne donne dès lors aux institutions un rôle régulateur décisifs. Au coeur d'un système par nature incertain et instable, l'État se trouve justifié dans ses fonctions de stabilisateur économique et sociale.

MONÉTARISME ET ANTICIPATIONS DES AGENTS. Le monétarisme fait retour sur la thèse keynésienne, en dénonçant précisément le rôle perturbateur des interventions institutionnelles sur les « anticipations rationnelles » des agents. De sorte que le débat sur la valeur, sa nature sociale et sa relation à la division du travail et au système des prix, se transpose en un débat sur le caractère légitime ou non de l'intervention institutionnelle.

En cette fin de siècle la question de la monnaie a obtenu son autonomie au regard du travail et de la valeur. Le problème du lien entre valeur et prix semble bien abandonné par les économistes au bénéfice de la compréhension du rôle de la monnaie et des institutions monétaires et financières.

Henri NADEL

bibliographie

AGLIETTA Michel et ORLEAN André, *La Violence de la monnaie*, PUF, 1982.

LIPIETZ Alain, *Le Monde enchanté. De la valeur à l'envol inflationniste*, La Découverte, 1983.
MARX Karl, *Le Capital* (1867), « La Pléiade », Gallimard (M. Rubel, éd.), 1965.
POLANYI Karl, *La Grande Transformation*, Gallimard, 1983.
RICARDO David, *Des principes de l'économie politique et de l'impôt*, Flammarion, 1993.
SMITH Adam, *Recherches sur la nature et les causes de la richesse des nations*, Flammarion, 1991.
KEYNES John Maynard, *Théorie générale de l'emploi, de l'intérêt et de la monnaie*, « Petite Bibliothèque Payot », Payot, 1990.

ERRATA

Plusieurs erreurs se sont glissées dans la signature des articles du *Dictionnaire de Sociologie* Le Robert/Seuil.

. L'article « DÉVIANCE » (pp. 145-146) a été rédigé par Louis GRUEL et doit donc être signé de ce nom (et non pas Léon GANI, p. 146).

. Les articles « FAIT SOCIAL » (pp. 215-216) et « FAIT SOCIAL TOTAL » (p. 216) ont été rédigés par Marcel FOURNIER et doivent donc être signés de ce nom (et non pas Félicité des NÉTUMIÈRES, p. 216).

. L'article « FÉMINISME » (p. 223) a été rédigé par Claude ZAIDMAN et doit donc être signé de ce nom (et non pas Catherine ROLLET, p. 223).

. L'article « SOCIOLOGIE DE LA SANTÉ, DE LA MALADIE ET DE LA MÉDECINE » (pp. 469-471) a été rédigé par Claudine HERZLICH et doit donc être signé de ce nom (et non pas Claudine HAROCHE, p. 471).

. L'entrée « DÉNOMBREMENT » (p. 139) renvoie à RECENSEMENT (et non pas à DÉCHIFFREMENT).